Direction de l'ouvrage/*Gesamtleitung*
Ralf Brockmeier

Pour la présente édition/*Für diese Ausgabe*

Coordination éditoriale/*Koordinierung*
Marc Chabrier

Rédaction/*Redaktion*
Sabine Tholen, Marie-Victoire Tousch

Secrétariat de rédaction/*Manuskriptbearbeitung*
Susanne Gniech, Marie Ollivier, Cédric Pignon, Nicole Wycisk

Correction/*Korrektur*
Sylvie Lebeau, Volker Lückenkemper

Informatique éditoriale/*Programmierung*
Abdul Aziz Ndao

Direction artistique/*Grafische Gestaltung*
Sophie Compagne

Pour le supplément « l'allemand au quotidien »
Bearbeitung des Anhangs

Rédaction/*Redaktion*
Anne Cassagne-Brockmeier

Maquette/*Layout*
J.A.D. Hersienne

Illustrations/*Zeichnungen*
Charles Simpson

Pour la première édition/*Für die erste Ausgabe*

Rédaction/*Redaktion*
Susanne Gniech, Ruth Janssen, Sophie Jaquet, Karine Mue,
Gabrielle C. Schenk, Marie-Noëlle Tilliette

21, rue du Montparnasse
75283 Paris Cedex 06, France

ISBN 2-03-540030-9
Larousse/HER, Paris
Distributeur exclusif au Québec : Messageries ADP, 1751 Richardson, Montréal (Québec)

DÉPARTEMENT DE LA MOSELLE

CONSEIL GÉNÉRAL
MOSELLE

La construction de l'Union Européenne comme l'accroissement des relations internationales ont entraîné depuis 15 ans un formidable développement des échanges de toutes natures entre la France, l'Europe et le reste du monde.

Il n'a jamais paru aussi indispensable de communiquer et donc de parler une ou deux langues étrangères afin de participer à tous ces échanges.

On peut donc penser qu'il sera difficile demain de trouver et exercer une profession en ne connaissant que le français.

Dans le but d'aider les jeunes dans leur apprentissage des langues vivantes, le Conseil Général de la Moselle a décidé de donner à chaque collégien qui entre en 6ème un outil pour les étudier.

Tu as choisi l'allemand comme première langue vivante aussi je suis heureux de t'offrir ce dictionnaire bilingue qui t'accompagnera tout au long de tes études.

bien à toi

Le Président du Conseil Général de la Moselle

LAROUSSE

Petit
DICTIONNAIRE

FRANÇAIS ALLEMAND

ALLEMAND FRANÇAIS

LAROUSSE

21, rue du Montparnasse 75283 Paris Cedex 06

Trennbarkeit des deutschen Verbs
séparatibilité des verbes allemands

eigenes Stichwort für das Femininum bei Formunterschied
articles indépendants pour le féminin en cas de différence graphique

Genusangabe durch den bestimmten Artikel
indication du genre allemand par l'article défini

langer betonter Vokal
accent tonique long

Angaben zum Sprachniveau
information sur les niveaux de langue

Abkürzungen
sigles et abréviations

Erläuterungen, falls es keine Übersetzung gibt
explications lorsqu'il n'y a pas de traduction

Hervorhebung der Ausdrücke
mise en relief des locutions

genaue Angaben zur Übersetzung
précisions sur la traduction

kurzer betonter Vokal
accent tonique bref

Schreibvarianten
variantes

Plural mit eigener Bedeutung
pluriels ayant leur propre sens

Entsprechungen
équivalences culturelles françaises

Dialektvarianten des Deutschen
variantes de l'allemand

zu benutzende Hilfsverben
indication des auxiliaires

Kasusangaben für das Deutsche
indication des cas en allemand

---

ab|biegen (*perf* **hat/ist abgebogen**) (*unreg*) ◇ *vi* (*ist*) tourner ◇ *vt* (*hat*) *fam* [Plan, Thema] éluder.

Arzt [aːɐ̯tst] (*pl* **Ärzte**) *der* médecin *m*.

Arzthelfer, in *der, die* secrétaire médical *m*, secrétaire médicale *f*.

Ärztin ['ɛːɐ̯tstɪn] (*pl* **-nen**) *die* médecin *m*.

bisschen *adj* [wenig] peu de. ◆ **ein bisschen** ◇ *adj* [etwas] un peu de ◇ *adv* [ein wenig] un peu. ◆ **kein bisschen** ◇ *adj* pas du tout de ◇ *adv* pas du tout.

BND (*abk für* **Bundesnachrichtendienst**) *der (ohne Pl) service fédéral des renseignements généraux,* ≃ RG.

Frei|bier *das (ohne Pl)* tournée *f* gratuite *(de bière)*.

Frei|tag *der* vendredi *m* ; *siehe auch* **Samstag.**

Funke (*pl* -n), **Funken** (*pl* -) *der* étincelle *f*.

Gänse|füßchen *pl fam* guillemets *mpl*.

Kern|seife *die* ≃ savon *m* de Marseille.

Nachricht (*pl* **-en**) *die* nouvelle *f*. ◆ **Nachrichten** *pl* informations *fpl*.

Semmel (*pl* **-n**) *die Österr & Süddt* petit pain *m*.

stürzen (*perf* **hat/ist gestürzt**) ◇ *vi* (*ist*) [fallen] tomber ◇ *vt* (*hat*) [Regierung, Herrscher] renverser. ◆ **sich stürzen** *ref* **- 1.** [springen] se jeter **- 2.** [herfallen] : **sich auf jn/etw ~** [bestürmen] se précipiter sur qqn/qqch ; [angreifen] se jeter sur qqn/qqch **- 3.** [sich begeben] : **sich in etw** *(A)* **~** [springen] se jeter dans qqch.

zugrunde, zu Grunde *adv* : **an etw** *(D)* **~ gehen** [sterben] mourir de qqch ; [ruiniert werden] échouer en raison de qqch.

---

klare Bedeutungsdifferenzierungen und Kontextangaben
signalisation précise des sens et du contexte

Haupt- und Nebenvariante
Forme principale et forme secondaire

grammatische Gebrauchsmuster
constructions grammaticales

LAROUSSE

Schul-
WÖRTERBUCH

FRANZÖSISCH DEUTSCH

DEUTSCH FRANZÖSISCH

LAROUSSE

21, rue du Montparnasse 75283 Paris Cedex 06

Au lecteur

Le PETIT DICTIONNAIRE LAROUSSE est un compagnon idéal pour le travail scolaire, l'auto-apprentissage ou le voyage.

Cet ouvrage apporte une réponse directe et pratique au plus grand nombre de questions posées par la lecture de l'allemand d'aujourd'hui. Avec plus de 55 000 mots et expressions éclairés par plus de 80 000 traductions, il permet d'avoir accès à un large éventail de textes, et de traduire l'allemand courant rapidement et avec précision. De nombreux sigles et noms propres, les termes les plus courants du lexique économique et informatique en font une référence des plus actuelles.

Par le traitement clair et détaillé du vocabulaire fondamental, les exemples de constructions grammaticales, les tournures idiomatiques, les indications de sens soulignant la ou les traductions appropriées, le PETIT DICTIONNAIRE permet de s'exprimer dans une langue simple sans risque de contresens et sans hésitation.

Enfin, un supplément de 48 pages situé à la fin de l'ouvrage propose un précis de grammaire allemande et des fiches pratiques illustrées pour apprendre l'allemand au quotidien.

L'Éditeur

Vorbemerkung

Das SCHULWÖRTERBUCH Französisch-Deutsch von LAROUSSE richtet sich an alle, die Französisch lernen. Es gibt schnelle und präzise Auskunft bei Fragen, die sich beim Erlernen des Französischen ergeben. Mit mehr als 80 000 Übersetzungen von über 55 000 Stichwörtern und Wendungen, zahlreichen Abkürzungen und Eigennamen gestattet es dem deutschsprachigen Benutzer, eine Vielzahl französischer Texte zu verstehen und zu übersetzen.

Die Artikel sind übersichtlich und klar gegliedert. Bedeutungsanzeiger helfen beim Auffinden der gewünschten Übersetzung. Grammatische Gebrauchsmuster, gebräuchliche Kollokationen und idiomatische Wendungen betten das Wort in seinen natürlichen Kontext ein und helfen bei der korrekten Formulierung von Sachverhalten in der Fremdsprache.

Der 48 Seiten starke Anhang enthält eine deutsche Kurzgrammatik sowie einen illustrierten Sprachführer.

Der Herausgeber

Sommaire
Inhaltszverzeichnis

Sommaire

du supplément « l'allemand au quotidien »

Répertoire grammatical

Fiches pratiques

Les rencontres
- Saluer quelqu'un
- Prendre congé
- Se présenter
- Présenter quelqu'un

Les remerciements, les excuses et les vœux
- Remercier
- Répondre à des remerciements
- S'excuser
- Accepter des excuses
- Exprimer des vœux

Les invitations et les rendez-vous
- Inviter quelqu'un
- Accepter une invitation
- Décliner une invitation
- Prendre rendez-vous
- Accepter un rendez-vous
- Refuser un rendez-vous

La conversation
- Approuver quelqu'un
- Désapprouver quelqu'un
- Dire ce qu'on aime
- Dire ce qu'on n'aime pas
- Parler de sa famille
- Parler du temps qu'il fait
- Si vous n'avez pas compris
- Demander l'heure

L'hébergement
- À l'hôtel
- À l'auberge de jeunesse
- Dans la famille d'accueil

Les repas
- Au café
- Au restaurant
- Au salon de thé

La correspondance

Encadrés

Faux-amis

appartement
batterie
blouse
brave
champignon
chicorée
clavier
compas
costume
démonstration
désintéressé
dôme
endive
fantaisie
figure
filial filiale
gymnase
indiscutable
infusion
luxurieux
messe
ordinaire
pénible
politesse
professeur
recette
rendez-vous
tablette
terrine
veste

Phrases usuelles

affirmer
chance souhaiter bonne chance
comparer
confirmation demander confirmation
congé comment prendre congé
conversation comment engager la conversation
déçu être déçu
étonner s'étonner
incertitude
indifférence exprimer son indifférence
opinion donner son opinion
permission demander la permission
promettre
proposer
rassurer
réconforter
regretter
réjouir se réjouir
sceptique être sceptique
souhait
soulager être soulagé
supposer

Scolaire et culturel

addition
bulletin bulletin scolaire
café
calendrier calendrier scolaire
cantine
collège
date
eau
école
goûter le goûter
journée bonne journée
légumes
lycée
madame Madame le ...
mademoiselle Mademoiselle
monsieur Monsieur
pain
permanence
préparatoire classes préparatoires
principal
proviseur
rentrée
surveillant
vous

Zusatzinformationen

Faux-amis

blamieren
Bluse
brav
Creme
demonstrieren
Dom
Dur
Fantasie
Feuilleton
Format
Infusion
Kamera
Klavier
Kompass
Kostüm
Lokal
Maschine
Messe
nett
Palme
planen
Politesse
Post
Prise
Regisseur
Regisseur/ Regisseurin
Route
sortieren
Tablett
Tresor
Visage
Weste

Wortschatz für den Alltag

berichten
beruhigen
bestätigen
bitten
egal
egal sein
entschuldigen
sich entschuldigen
enttäuscht
enttäuscht sein
erlauben
fassungslos
fassungslos sein
Glück
Glück wünschen
helfen
Meinung seine
Meinung äußern
missbilligen
Überraschung
ungewiss
ungewiss sein
unterhalten
sich unterhalten
verabschieden
sich verabschieden
vergleichen
versprechen
vorschlagen
wünschen
Zeit
keine Zeit haben

Schulsystem und Landeskunde

Abiturfeier
Begrüßung
bitte
Brief
blauer Brief
Datum
Doktor
Fahrplan
Gemüse
Gesamtschule
Grundkurs
Händedruck
Hauptschule
Kaffee
Leistungskurs
Orientierungsstufe
Projektwoche
Realschule
Sahne
Schülervertretung
Schulferien
Schultüte
Sekundarstufe
Tanzstunde
Vertrauenslehrer
Wasser

Abkürzungen | Abréviations

Akkusativ	*A*	accusatif
Abkürzung	*abk /abr*	abréviation
abwertend	*abw*	péjoratif
Adjektiv	*adj*	adjectif
Verwaltung	ADMIN	administration
Adverb	*adv*	adverbe
Flugwesen, Luftfahrt	AÉRON	aéronautique
Landwirtschaft	AGRIC	agriculture
amtssprachlich, formell	*amt*	registre écrit
Anatomie	ANAT	anatomie
Archeologie	ARCHÉOL	archéologie
Architektur	ARCHIT	architecture
Artikel	*art*	article
Astrologie	ASTRO(L)	astrologie
Astronomie	ASTRO(N)	astronomie
Kfz-Technik	AUTO(M)	automobile
Hilfsverb	*aux*	auxiliaire
belgisches Französisch	*Belg*	belgicisme
Biologie	BIOL	biologie
Botanik	BOT	botanique
kanadisches Französisch	*Can*	canadien
Chemie	CHEM/CHIM	chimie
Film	CIN	cinéma
Handel	COMM	commerce
Komparativ	*compar*	comparatif
Konjunktion	*conj*	conjonction
Bauwesen	CONSTR	construction
Kochkunst	CULIN	art culinaire
Dativ	*D*	datif
Determinant	*Det*	déterminant
Umweltschutz	ÉCOL	écologie
Wirtschaft	ÉCON	économie
Datenverarbeitung	EDV	informatique
eigentliche Bedeutung	*eigtl*	sens propre
Elektrotechnik	ELEKTR/ÉLECTR	électricité, électronique
Femininum	*f*	nom féminin
umgangssprachlich	*fam*	familier
übertragene Bedeutung	*fig*	sens figuré
Finanzen	FIN	finance
Flugwesen, Luftfahrt	FLUG	aéronautique
Fotografie	FOTO	photographie
Femininum im Plural	*fpl*	nom féminin pluriel
Genitiv	*G*	génitif
gehoben	*geh*	soutenu
Geografie	GEOGR/GÉOGR	géographie
Geologie	GÉOL	géologie
Geometrie	GÉOM	géométrie
Grammatik	GRAM	grammaire
schweizerisches Französisch	*Helv*	helvétisme
Geschichte	HIST	histoire
humorvoll	*hum*	humoristique

Abkürzungen / Abréviations

Industrie	IND	industrie
unbestimmt	*indéf*	indéfini
Datenverarbeitung	INFORM	informatique
Interjektion	*Interj/interj*	interjection
Interrogativpronomen	*interr*	interrogatif
intransitives Verb	*intr*	verbe intransitif
unveränderlich	*inv*	invariable
ironisch	*iron*	ironique
Rechtswesen	JUR	droit
Komparativ	*Kompar*	comparatif
Konjunktion	*Konj*	conjonction
Kochkunst	KÜCHE	art culinaire
Linguistik	LING	linguistique
wörtlich	*litt*	littéral
Redewendung	*loc*	locution(s)
Maskulinum	*m*	nom masculin
Mathematik	MATH(S)	mathématiques
Medizin	MED/MÉD	médecine
Meteorologie	MÉTÉOR	météorologie
Maskulinum und Femininum	*mf*	nom masculin et féminin
Militärwesen	MIL	domaine militaire
Maskulinum im Plural	*mpl*	nom masculin pluriel
Musik	MUS	musique
Mythologie	MYTH	mythologie
Substantiv bei Städte-und Ländernamen	*n*	nom de ville ou de pays
Schifffahrt	NAVIG	navigation
Femininum	*nf*	nom féminin
Femininum im Plural	*nfpl*	nom féminin pluriel
Maskulinum	*nm*	nom masculin
Maskulinum und Femininum (gleiche Form, z.B.: **démocrate**)	*nmf*	nom masculin et féminin (même forme pour le masculin et le féminin; **démocrate**, p. ex.)
Maskulinum und Femininum (Femininum mit eigener Form, z.B.: **menteur, euse**)	*nm, f*	nom masculin et féminin (avec une désinence féminine; **menteur, euse**, p. ex.)
Maskulinum im Plural	*nmpl*	nom masculin pluriel
Norddeutsch	*Norddt*	allemand du Nord
Neutrum bei Länder- und Städtenamen	*nt*	nom de pays ou de ville
numeral	*num*	numéral
Zahlwort	*Num*	adjectif numéral
Österreichisch	*Österr*	autrichien
abwertend	*péj*	péjoratif
Perfekt	*Perf*	parfait
persönlich	*pers*	personnel
Physik	PHYS	physique
Plural	*Pl/pl*	pluriel

Abkürzungen | Abréviations

Politik	POL(IT)	politique
besitzanzeigend	*poss*	possessif
Partizip Perfekt	*PP/pp*	participe passé
Präposition	*Präp*	préposition
Präsens	*Präs*	présent
Präteritum	*Prät*	prétérit
Präposition	*prép*	préposition
Pronomen	*Pron/pron*	pronom
Psychologie	PSYCHOL	psychologie
Rechtswesen	RECHT	droit
reflexives Verb	*ref*	verbe pronominal
regelmäßig	*reg*	régulier
Religion	REL(IG)	religion
Redewendung	*RW*	locution(s)
Schifffahrt	SCHIFF	navigation
Schule	SCHULE/SCOL	domaine scolaire
Schweizerdeutsch	*Schweiz*	helvétisme
gehoben	*sout*	soutenu
Subjekt	Subj/suj	sujet
Süddeutsch	*Süddt*	allemand du Sud
Superlativ	*Superl/superl*	superlatif
Technik, Technologie	TECH(NOL)	technique, technologie
Fernmeldewesen	TELEKOM/TÉLÉCOM	télécommunications
salopp	*tfam*	très familier
transitives Verb	*tr*	verbe transitif
Fernsehen	TV/TÉLÉ	télévision
Druckwesen	TYPO	typographie
Universität	UNI(V)	université
unregelmäßig	*unreg*	irrégulier
unveränderlich	*unver*	invariable
prädikatives Verb	*v attr*	verbe suivi d'un attribut
Hilfsverb	*v aux*	verbe auxiliaire
intransitives Verb	*vi*	verbe intransitif
unpersönliches Verb	*v impers*	verbe impersonnel
reflexives Verb	*vp*	verbe pronominal
Verb mit Präposition	*v prép*	verbe suivi d'une préposition
transitives Verb	*vt*	verbe transitif
vulgär	*vulg*	vulgaire
Wirtschaft	WIRTSCH	économie
Zoologie	ZOOL	zoologie
kulturelle Entsprechung	≃	équivalent culturel
a) Im Verb: Trennbarkeit des deutschen Verbs b) Im zusammengesetzten Substantiv: Angaben zum Plural unter dem Wort nach dem Balken (z.B. steht der Plural von **Ab|bild** unter dem Stichwort **Bild**)	|	a) Dans un verbe: marque la séparabilité du verbe allemand b) Dans un nom composé: le pluriel du mot se trouve sous l'entrée du terme après la barre (pour **Ab|bild**, l'indication du pluriel se trouve sous **Bild**)

Lautschrift — Phonétique

Vokale		Voyelles
Adverb, Alph**a**	[a]	l**a**c, p**a**pillon, t**a**s, **â**me
Arzt, Antr**a**g	[aː]	
Galli**er**	[ɐ]	
Desse**rt**	[ɐ̯]	
Emaille	[e]	p**a**ys, ann**ée**
edel	[eː]	
Fitn**e**ss	[ɛ]	b**e**c, **ai**me
Aktion**ä**r	[ɛː]	
Akti**e**	[ə]	l**e**, j**e**
V**i**tamin	[i]	f**i**lle, **î**le, s**y**stème
v**ie**r	[iː]	
Kalz**i**um	[i̯]	
Anwält**i**n	[ɪ]	
Mel**o**die	[o]	dr**ô**le, **au**be, **eau**
aprop**os**	[oː]	
l**o**yal	[o̯]	
Abs**o**lvent	[ɔ]	h**o**tte, aut**o**mne
Ökologie	[ø]	av**eu**, j**eu**
Gouvern**eu**r	[øː]	
K**ö**chin, P**u**mps	[œ]	p**eu**ple, b**œu**f
K**u**waiter, K**u**vert	[u]	**ou**til, g**oû**t
K**uh**	[uː]	
Silh**ou**ette	[u̯]	
k**u**ltivieren	[ʊ]	
B**ü**chse, S**y**stem	[y]	**u**sage, l**u**ne
T**ü**r	[yː]	
N**u**ance	[y̆]	

Halbvokale		Semi-voyelles
	[j]	**y**eux, l**i**eu
Hard**w**are	[w]	**ou**est, **ou**i
	[ɥ]	l**u**i, n**u**it

Nasale		Nasales
Ch**an**son	[ɑ̃]	ch**am**p, **en**nui
Abonnem**ent**	[ɑ̃ː]	
po**in**tiert	[ɛ̃]	l**im**be, m**ain**
P**oin**te	[ɛ̃ː]	
Chans**on**, Jet**on**	[ɔ̃]	**on**gle, m**on**
	[œ̃]	parf**um**, br**un**

Diphthonge		Diphtongues
D**ei**chsel	[ai̯]	
Auge	[au̯]	
Euro	[ɔy̯]	

Konsonanten		Consonnes
Ba**b**y	[b]	**b**ateau, ra**b**at
i**ch**	[ç]	
A**ch**se, **K**aviar	[k]	**c**o**q**, **qu**atre, **k**épi
Duell, Me**d**ium	[d]	**d**alle, ron**d**e
Gin	[dʒ]	
Fantasie, **v**ier	[f]	**f**ort, **ph**ysique
Al**g**erier, **G**allien	[g]	**g**arder, épilo**gu**e
Hobby	[h]	
Jubiläum	[j]	
A**l**phabet, **L**aser	[l]	**l**it, ha**ll**e
Samm**el**surium	[l̩]	
Material, Tea**m**	[m]	**m**ât, dra**m**e
groß**em**	[m̩]	
November, u**n**fair	[n]	**n**ager, trô**n**e
lieb**en**	[n̩]	
	[ɲ]	a**gn**eau, pei**gn**er
si**ng**en, So**ng**	[ŋ]	parki**ng**
Pony, De**pp**	[p]	**p**rendre, gri**pp**e
A**pf**el	[pf]	
Revue, **r**ot	[r]	a**rr**acher, sab**r**e
Slang, e**ss**en	[s]	**c**ela, **s**avant
Stadion, **Sch**am	[ʃ]	**ch**arrue, **sch**éma
Toas**t**, Vol**t**	[t]	**t**emps, **th**éâtre
Konven**t**ion	[ts]	
Chili	[tʃ]	
Vase, La**v**a, **W**agen	[v]	**v**oir, ri**v**e, **w**agon
Ya**ch**t, Hypo**ch**onder	[x]	
Sache, **S**onne	[z]	frai**s**e, **z**éro
Eta**g**e	[ʒ]	**j**abot, rou**g**e

Die Betonung der deutschen Stichwörter wird mit einem Punkt für einen kurzen betonten Vokal (z. B. **Bẹrg**) und mit einem Strich für einen langen betonten Vokal (z. B. **Ma̲gen**) angegeben. Um Ausspracheproblemen vorzubeugen, wurde einigen Einträgen eine Fonetikangabe hinzugefügt.

L'accentuation de tous les libellés allemands est indiquée par un point dans le cas d'une voyelle courte (**Bẹrg**, p. ex.) ou par un trait dans le cas d'une voyelle longue (**Ma̲gen**, p. ex.). Les entrées allemandes sont suivies d'une transcription phonétique uniquement dans les cas où la prononciation présente une difficulté particulière.

Das Zeichen [ʼ] markiert das französische „h aspiré" wie z. B. in **hachis** [ʼaʃi].

Le symbole [ʼ] représente le « h aspiré » français, dans **hachis** [ʼaʃi], par exemple.

Das Zeichen [ˈ] zeigt die Betonung der folgenden Silbe an.

Le symbole [ˈ] indique un accent primaire sur la syllabe qui suit.

Conjugaisons françaises

1. avoir : ind prés ai, as, a, avons, avez, ont ; imparfait avais, avais, avait, avions aviez, avaient ; ind fut aurai, auras, aura, aurons, aurez, auront ; subj prés que j'aie, que tu aies, qu'il ait, que nous ayons, que vous ayez, qu'ils aient ; imp aie, ayons ; pprés ayant ; pp eu

2. être : ind prés suis, es, est, sommes, êtes, sont ; imparfait étais, étais, était, étions, étiez, étaient ; ind fut serai, seras, sera, serons, serez, seront ; subj prés que je sois, que tu sois, qu'il soit, que nous soyons, que vous soyez, qu'ils soient ; imp sois, soyons ; pprés étant ; pp été

3. chanter : ind prés chante, chantes, chante, chantons, chantez, chantent ; imparfait chantais, chantais chantait, chantions, chantiez, chantaient ; ind fut chanterai, chanteras, chantera, chanterons, chanterez, chanteront ; subj prés que je chante, que tu chantes, qu'il chante, que nous chantions, que vous chantiez, qu'ils chantent ; imp chante, chantons ; pprés chantant ; pp chanté

4. baisser : ind prés baisse, baissons ; imparfait baissais ; ind fut baisserai ; subj prés que je baisse ; imp baisse, baissons ; pprés baissant ; pp baissé

5. pleurer : ind prés pleure, pleurons ; imparfait pleurais ; ind fut pleurerai ; subj prés que je pleure ; imp pleure, pleurons ; pprés pleurant ; pp pleuré

6. jouer : ind prés joue, jouons ; imparfait jouais ; ind fut jouerai ; subj prés que je joue ; imp joue, jouons ; pprés jouant ; pp joué

7. saluer : ind prés salue; saluons ; imparfait saluais ; ind fut saluerai ; subj prés que je salue ; imp salue, saluons ; pprés saluant ; pp salué

8. arguer : ind prés argue, arguons imparfait arguais ; ind fut arguerai ; subj prés que j'argue ; imp argue, arguons ; pprés arguant ; pp argué

9. copier : ind prés copie, copions ; imparfait copiais ; ind fut copierai ; subj prés que je copie ; imp copie, copions ; pprés copiant ; pp copié

10. prier : ind prés prie, prions ; imparfait priais ; ind fut prierai ; subj prés que je prie ; imp prie, prions ; pprés priant ; pp prié

11. payer : ind prés paie, payons, paient ; imparfait payais ; ind fut paierai ; subj prés que je paie ; imp paie, payons ; pprés payant ; pp payé

12. grasseyer : ind prés grasseye, grasseyons ; imparfait grasseyais ; ind fut grasseyerai ; subj prés que je grasseye ; imp grasseye, grasseyons ; pprés grasseyant ; pp grasseyé

13. ployer : ind prés ploie, ployons, ploient ; imparfait ployais ; ind fut ploierai ; subj prés que je ploie ; imp ploie, ployons ; pprés ployant ; pp ployé

14. essuyer : ind prés essuie, essuyons, essuient ; imparfait essuyais ; ind fut essuirai ; subj prés que j'essuie, que nous essuyions ; imp essuie, essuyons ; pprés essuyant ; pp essuyé

15. créer : ind prés crée, créons ; imparfait créais ; ind fut créerai ; subj prés que je crée ; imp crée, créons ; pprés créant ; pp créé

16. avancer : ind prés avance, avançons, avancent ; imparfait avançais ; ind fut avancerai ; subj prés que j'avance ; imp avance, avançons ; pprés avançant ; pp avancé

17. manger : ind prés mange, mangeons ; imparfait mangeais ; ind fut mangerai ; subj prés que je mange ; imp mange, mangeons ; pprés mangeant ; pp mangé

18. céder : ind prés cède, cédons, cèdent ; imparfait cédais ; ind fut céderai ; subj prés que je cède ; imp cède, cédons ; pprés cédant ; pp cédé

19. semer : ind prés sème, semons sèment ; imparfait semais ; ind fut sèmerai ; subj prés que je sème ; imp sème, semons ; pprés semant ; pp semé

20. rapiécer : ind prés rapièce, rapiéçons, rapiècent ; imparfait rapiéçais ; ind fut rapiécerai ; subj prés que je rapièce ; imp rapièce, rapiéçons ; pprés rapiéçant ; pp rapiécé

21. acquiescer : ind prés acquiesce, acquiesçons, acquiescent ; imparfait acquiesçais ; ind fut acquiescerai ; subj prés que j'acquiesce ; imp acquiesce, acquiesçons ; pprés acquiesçant ; pp acquiescé

22. siéger : ind prés siège, siégeons, siègent ; imparfait siégeais ; ind fut siégerai ; subj prés que je siège ; imp siège, siégeons ; pprés siégeant ; pp siégé

23. déneiger : ind prés déneige, déneigeons ; imparfait déneigeais ; ind fut déneigerai ; subj prés que je déneige ; imp déneige, déneigeons ; pprés déneigeant ; pp déneigé

24. appeler : ind prés appelle, appelons, appellent ; imparfait appelais ; ind fut appellerai ; subj prés que j'appelle ; imp appelle, appelons ; pprés appelant ; pp appelé

25. peler : ind prés pèle, pelons, pèlent ; imparfait pelais ; ind fut pèlerai ; subj prés que je pèle ; imp pèle, pelons ; pprés pelant ; pp pelé

26. interpeller : ind prés interpelle, interpellons ; imparfait interpellais ; ind fut interpellerai ; subj prés que j'interpelle ; imp interpelle, interpellons ; pprés interpellant ; pp interpellé

27. jeter : ind prés jette, jetons, jettent ; imparfait jetais ; ind fut jetterai ; subj prés que je jette ; imp jette, jetons ; pprés jetant ; pp jeté

28. acheter : ind prés achète, achetons, achètent ; imparfait achetais ; ind fut achèterai ; subj prés que j'achète ; imp achète, achetons ; pprés achetant ; pp acheté

29. dépecer : ind prés dépèce, dépeçons, dépècent ; imparfait dépeçais ; ind fut dépècerai ; subj prés que je dépèce ; imp dépèce, dépeçons ; pprés dépeçant ; pp dépecé

30. envoyer : ind prés envoie, envoyons, envoient ; imparfait envoyais ; ind fut enverrai ; subj prés que j'envoie ; imp envoie, envoyons ; pprés envoyant ; pp envoyé

31. aller : ind prés vais, allons, vont ; imparfait allais ; ind fut irai ; subj prés que j'aille ; imp va, allons ; pprés allant ; pp allé

32. finir : ind prés finis, finis, finit, finissons, finissez, finissent ; imparfait finissais, finissais, finissait, finissions, finissiez, finissaient; ind fut finirai, finiras, finira, finirons, finirez, finiront ; subj prés que je finisse, que tu finisses, qu'il finisse, que nous finissions, que vous finissiez, qu'ils finissent ; imp finis, finissons ; pprés finissant ; pp fini

33. haïr : ind prés je hais, haïssons ; imparfait haïssais ; ind fut haïrai ; subj prés que je haïsse ; imp hais, haïssons ; pprés haïssant ; pp haï

34. ouvrir : ind prés ouvre, ouvrons ; imparfait ouvrais ; ind fut ouvrirai ; subj prés que j'ouvre ; imp ouvre, ouvrons ; pprés ouvrant ; pp ouvert

35. fuir : ind prés fuis, fuyons, fuient ; imparfait fuyais ; ind fut fuirai ; subj prés que je fuie ; imp fuis, fuyons ; pprés fuyant ; pp fui

36. dormir : ind prés dors, dormons ; imparfait dormais ; ind fut dormirai ; subj prés que je dorme ; imp dors, dormons ; pprés dormant ; pp dormi

37. mentir : ind prés mens, mentons ; imparfait mentais ; ind fut mentirai ; subj prés que je mente ; imp mentais ; pprés mentant ; pp menti

38. servir : ind prés sers, servons ; imparfait servais ; ind fut servirai ; subj prés que je serve ; imp sers, servons ; pprés servant ; pp servi

39. acquérir : ind prés acquiers, acquérons, acquièrent ; imparfait acquérais ; ind fut acquerrai ; subj prés que j'acquière ; imp acquiers, acquérons ; pprés acquérant ; pp acquis

40 venir : ind prés viens, venons, viennent ; imparfait venais ; ind fut viendrai ; subj prés que je vienne ; imp viens, venons ; pprés venant ; pp venu

41. cueillir : ind prés cueille, cueillons ; imparfait cueillais ; ind fut cueillerai ; subj prés que je cueille ; imp cueille, cueillons ; pprés cueillant ; pp cueilli

42. mourir : ind prés meurs, mourons, meurent ; imparfait mourais ; ind fut mourrai ; subj prés que je meure ; imp meurs, mourons ; pprés mourant ; pp mort

43. partir : ind prés pars, partons ; imparfait partais ; ind fut partirai ; subj prés que je parte ; imp pars, partons ; pprés partant ; pp parti

44. revêtir : ind prés revêts, revêtons ; imparfait revêtais ; ind fut revêtirai ; subj prés que je revête ; imp revêts, revêtons ; pprés revêtant ; pp revêtu

45. courir : ind prés cours, courons ; imparfait courais ; ind fut courrai ; subj prés que je coure ; imp cours, courons ; pprés courant; pp couru

46. faillir : ind prés faillis, faillissons ; imparfait faillissais ; ind fut faillirai ; subj prés que je faillisse ; pprés faillissant ; pp failli

47. défaillir : ind prés défaille, défaillons ; imparfait défaillais ; ind fut défaillirai ; subj prés que je défaille ; imp défaille, défaillons ; pprés défaillant ; pp défailli

48. bouillir : ind prés bous, bouillons ; imparfait bouillais ; ind fut bouillirai ; subj prés que je bouille ; imp bous, bouillons ; pprés bouillant ; pp bouilli

49. gésir : ind prés gis, gisons ; imparfait gisais ; pprés gisant

50. saillir : ind prés il saille, ils saillent ; imparfait il saillait ; ind fut il saillera ; subj prés qu'il saille, qu'ils saillent ; pprés saillant ; pp sailli

51. ouïr : ind prés ouïs, ouïssons ; imparfait ouïssais ; ind fut ouïrai ; subj prés que j'ouïsse ; imp ouïs, ouïssons ; pprés oyant ; pp ouï

52. recevoir : ind prés reçois, recevons, reçoivent ; imparfait recevais ; ind fut recevrai ; subj prés que je reçoive ; imp reçois, recevons ; pprés recevant ; pp reçu

53. devoir : ind prés dois, devons, doivent ; imparfait devais ; ind fut devrai ; subj prés que je doive ; pprés devant ; pp dû

54. mouvoir : ind prés meus, mouvons, meuvent ; imparfait mouvais ; ind fut mouvrai ; subj prés meuve, mouvions, meuvent ; imp meus, mouvons ; pprés mouvant ; pp mû

55. émouvoir : ind prés émeus, émouvons, émeuvent ; imparfait émouvais ; ind fut émouvrai ; subj prés que j'émeuve ; imp émeus, émouvons ; pprés émouvant ; pp ému

56. promouvoir : ind prés promeus, promouvons, promeuvent ; imparfait promouvais ; ind fut promouvrai ; subj prés que je promeuve ; imp promeus, promouvons ; pprés promouvant ; pp promu

57. vouloir : ind prés veux, voulons, veulent ; imparfait voulais ; ind fut voudrai ; subj prés que je veuille, que nous voulions, qu'ils veuillent ; imp veuille, veuillons ; pprés voulant ; pp voulu

58. pouvoir : ind prés peux, pouvons, peuvent ; imparfait pouvais ; ind fut pourrai ; subj prés que je puisse ; pprés pouvant ; pp pu

59. savoir : ind prés sais, savons ; imparfait savais ; ind fut saurai ; subj prés que je sache ; imp sache, sachons ; pprés sachant ; pp su

60. valoir : ind prés vaux, valons ; imparfait valais ; ind fut vaudrai ; subj prés que je vaille ; imp vaux, valons ; pprés valant ; pp valu

61. prévaloir : ind prés prévaux, prévalons ; imparfait prévalais ; nd fut prévaudrai ; subj prés que je prévale ; imp prévaux, prévalons ; pprés prévalant ; pp prévalu

62. voir : ind prés vois, voyons, voient ; imparfait voyais ; ind fut verrai ; subj prés que je voie ; imp vois, voyons ; pprés voyant ; pp vu

63. prévoir : ind prés prévois, prévoyons, prévoient ; imparfait prévoyais ; ind fut prévoirai ; subj prés que je prévoie ; imp prévois, prévoyons ; pprés prévoyant ; pp prévu

64. pourvoir : ind prés pourvois, pourvoyons, pourvoient ; imparfait pourvoyais ; ind fut pourvoirai ; subj prés que je pourvoie ; imp pourvois, pourvoyons ; pprés pourvoyant ; pp pourvu

65. asseoir : ind prés assieds, asseyons, assoient ; imparfait asseyais ; ind fut assiérai ; subj prés que j'asseye ; imp assieds, asseyons ; pprés asseyant ; pp assis

66. surseoir : ind prés sursois, sursoyons, sursoient ; imparfait sursoyais ; ind fut surseoirai ; subj prés que je surseoie ; imp sursois, sursoyons ; pprés sursoyant ; pp sursis

67. seoir : ind prés il sied, ils siéent ; imparfait il seyait ; ind fut il siéra ; subj prés qu'il siée, qu'ils siéent ; pprés seyant

68. pleuvoir : ind prés il pleut ; imparfait il pleuvait ; ind fut il pleuvra ; subj prés qu'il pleuve ; pprés pleuvant ; pp plu

69. falloir : ind prés il faut ; imparfait il fallait ; ind fut il faudra ; subj prés qu'il faille ; pp fallu

70. échoir : ind prés il échoit, ils échoient ; imparfait il échoyait ; ind fut il échoira ; subj prés qu'il échoie ; pprés échéant ; pp échu

71. déchoir : ind prés déchois, déchoyons, déchoient ; ind fut déchoirai ; subj prés que je déchoie, qu'ils déchoient ; pp déchu

72. choir : ind prés je chois, ils choient ; ind fut choirai ; pp chu

73. vendre : ind prés vends, vends, vend, vendons, vendez, vendent ; imparfait vendais, vendais, vendait, vendions, vendiez, vendaient ; ind fut vendrai, vendras, vendra, vendrons, vendrez, vendront ; subj prés que je vende, que tu vendes, qu'il vende, que nous vendions, que vous vendiez, qu'ils vendent ; imp vends, vendons ; pprés vendant ; pp vendu

74. répandre : ind prés répands, répandons ; imparfait répandais ; ind fut répandrai; subj prés que je répande ; imp répands, répandons ; pprés répandant ; pp répandu

75. répondre : ind prés réponds, répondons ; imparfait répondais ; ind fut répondrai ; subj prés que je réponde ; imp réponds, répondons ; pprés répondant ; pp répondu

76. mordre : ind prés mors, mordons ; imparfait mordais ; ind fut mordrai ; subj prés que je morde ; imp mors, mordons ; pprés mordant ; pp mordu

77. perdre : ind prés perds, perdons ; imparfait perdais ; ind fut perdrai ; subj prés que je perde ; imp perds, perdons ; pprés perdant ; pp perdu

78. rompre : ind prés romps, rompons ; imparfait rompais ; ind fut romprai ; subj prés que je rompe ; imp romps, rompons ; pprés rompant ; pp rompu

79. prendre : ind prés prends, prenons, prennent ; imparfait prenais ; ind fut prendrai ; subj prés que je prenne ; imp prends, prenons ; pprés prenant ; pp pris

80. craindre : ind prés crains, craignons ; imparfait craignais ; ind fut craindrai ; subj prés que je craigne ; imp crains, craignons ; pprés craignant ; pp craint

81. peindre : ind prés peins, peignons ; imparfait peignais ; ind fut peindrai ; subj prés que je peigne ; imp peins, peignons ; pprés peignant ; pp peint

82. joindre : ind prés joins, joignons ; imparfait joignais ; ind fut joindrai ; subj prés que je joigne ; imp joins, joignons ; pprés joignant ; pp joint

83. battre : ind prés bats, battons ; imparfait battais ; ind fut battrai ; subj prés que je batte ; imp bats, battons ; pprés battant ; pp battu

84. mettre : ind prés mets, mettons ; imparfait mettais ; ind fut mettrai ; subj prés que je mette ; imp mets, mettons ; pprés mettant ; pp mis

85. moudre : ind prés mouds, moulons ; imparfait moulais ; ind fut moudrai ; subj prés que je moule ; imp mouds, moulons ; pprés moulant ; pp moulu

86. coudre : ind prés couds, cousons ; imparfait cousait ; ind fut coudrai ; subj prés que je couse ; imp couds, cousons ; pprés cousant ; pp cousu

87. absoudre : ind prés absous, absolvons ; imparfait absolvais ; ind fut absoudrai ; subj prés que j'absolve ; imp absous, absolvons ; pprés absolvant ; pp absous

88. résoudre : ind prés résous, résolvons ; imparfait résolvais ; ind fut résoudrai ; subj prés que je résolve ; imp résous, résolvons ; pprés résolvant ; pp résolu

89. suivre : ind prés suis, suivons ; imparfait suivais ; ind fut suivrai ; subj prés que je suive ; imp suis, suivons ; pprés suivant ; pp suivi

90. vivre : ind prés vis, vivons ; imparfait vivais ; ind fut vivrai ; subj prés que je vive, que nous vivions ; imp vis, vivons ; pprés vivant ; pp vécu

91. paraître : ind prés parais, paraissons ; imparfait paraissais ; ind fut paraîtrai ; subj prés que je paraisse ; imp parais, paraissons ; pprés paraissant ; pp paru

92. naître : ind prés nais, naissons ; imparfait naissais ; ind fut naîtrai ; subj prés que je naisse ; imp nais, naissons ; pprés naissant ; pp né

93. croître : ind prés croîs, croissons ; imparfait croissait ; ind fut croîtrai ; subj prés que je croisse ; imp croîs, croissons ; pprés croissant ; pp crû

94. accroître : ind prés accrois, accroissons ; imparfait accroissait ; ind fut accroîtrai ; subj prés que j'accroisse ; imp accrois, accroissons ; pprés accroissant ; pp accru

95. rire : ind prés ris, rions ; imparfait riais ; ind fut rirai ; subj prés que je rie ; imp ris, rions ; pprés riant ; pp ri

96. conclure : ind prés conclus, concluons ; imparfait concluais ; ind fut conclurai ; subj prés que je conclue ; imp conclus, concluons ; pprés concluant ; pp conclu

97. nuire : ind prés nuis, nuisons ; imparfait nuisais ; ind fut nuirai ; subj prés que je nuise ; imp nuis, nuisons ; pprés nuisant ; pp nui

98. conduire : ind prés conduis, conduisons ; imparfait conduisais ; ind fut conduirai ; subj prés que je conduise ; imp conduis, conduisons ; pprés conduisant ; pp conduit

99. écrire : ind prés écris, écrivons ; imparfait écrivais ; ind fut écrirai ; subj prés que j'écrive ; imp écris, écrivons ; pprés écrivant ; pp écrit

100. suffire : ind prés suffis, suffisons ; imparfait suffisais ; ind fut suffirai ; subj prés que je suffise ; pprés suffisant ; pp suffi

101. confire : ind prés confis, confisons ; imparfait confisais ; ind fut confirai ; subj prés que je confise ; imp confis, confisons ; pprés confisant ; pp confit

102. dire : ind prés dis, disons ; imparfait disais ; ind fut dirai ; subj prés que je dise ; imp dis, disons ; pprés disant ; pp dit

103. contredire : ind prés contredis, contredisons ; imparfait contredisais ; ind fut contredirai ; subj prés que je contredise ; imp contredis, contredisons ; pprés contredisant ; ppcontredit

104. maudire : ind prés maudis, maudissons ; imparfait maudissais ; ind fut maudirai ; subj prés que je maudisse ; imp maudis, maudissons ; pprés maudissant ; pp maudit

105. bruire : ind prés bruis ; imparfait bruyais ; ind fut bruirai ; pp bruit

106. lire : ind prés lis, lisons ; imparfait lisais ; ind fut lirai ; subj prés que je lise, que nous lisions ; imp lis, lisons ; pprés lisant ; pp lu

107. croire : ind prés crois, croyons, croient ; imparfait croyais ; ind fut croirai ; subj prés que je croie ; imp crois, croyons ; pprés croyant ; pp cru

108. boire : ind prés bois, buvons, boivent ; imparfait buvais ; ind fut boirai ; subj prés que je boive ; imp bois, buvons ; pprés buvant ; pp bu

109. faire : ind prés fais, faisons, font ; imparfait faisais ; ind fut ferai ; subj prés que je fasse ; imp fais, faisons, faites ; pprés faisant ; pp fait

110. plaire : ind prés plais, plaisons ; imparfait plaisais ; ind fut plairai ; subj prés que je plaise ; imp plais, plaisons ; pprés plaisant ; pp plu

111. taire : ind prés tais, taisons ; imparfait taisais ; ind fut tairai ; subj prés que je taise ; imp tais, taisons ; pprés taisant ; pp tu

112. extraire : ind prés extrais, extrayons, extraient ; imparfait extrayais ; ind fut extrairai ; subj prés que j'extraie ; imp extrais, extrayons ; pprés extrayant ; pp extrait

113. clore : ind prés clos, closons ; ind fut clorai ; subj prés que je close ; imp clos ; pprés closant ; pp clos

114. vaincre : ind prés vaincs, vainquons ; imparfait vainquais ; ind fut vaincrai ; subj prés que je vainque ; imp vaincs, vainquons ; pprés vainquant ; pp vaincu

115. frire : ind prés fris ; ind fut frirai ; imp fris ; pp frit

116. foutre : ind prés fous, foutons ; imparfait foutais ; ind fut foutrai ; subj prés que je foute ; imp fous, foutons ; pprés foutant ; pp foutu

Einige unregelmäßige deutsche Verben
Quelques verbes irréguliers allemands

Infinitiv *infinitif*	**Präsens** *présent*	**Präteritum** *prétérit*	**Perfekt** *parfait*
beginnen	beginnt	begann	hat begonnen
beißen	beißt	biss	hat gebissen
biegen	biegt	bog	hat gebogen
bitten	bittet	bat	hat gebeten
bleiben	bleibt	blieb	ist geblieben
brechen	bricht	brach	hat/ist gebrochen
bringen	bringt	brachte	hat gebracht
denken	denkt	dachte	hat gedacht
dürfen	darf	durfte	hat gedurft/dürfen
essen	isst	aß	hat gegessen
fahren	fährt	fuhr	hat/ist gefahren
finden	findet	fand	hat gefunden
fliegen	fliegt	flog	hat/ist geflogen
fließen	fließt	floss	ist geflossen
fressen	frisst	fraß	hat gefressen
geben	gibt	gab	hat gegeben
gehen	geht	ging	ist gegangen
gelten	gilt	galt	hat gegolten
geschehen	geschieht	geschah	ist geschehen
gießen	gießt	goss	hat gegossen
greifen	greift	griff	hat gegriffen
haben	hat	hatte	hat gehabt
halten	hält	hielt	hat gehalten
hängen	hängt	hing/hängte	hat gehangen/ gehängt
heben	hebt	hob	hat gehoben
heißen	heißt	hieß	hat geheißen
helfen	hilft	half	hat geholfen
kennen	kennt	kannte	hat gekannt
kneifen	kneift	kniff	hat gekniffen
kommen	kommt	kam	ist gekommen
können	kann	konnte	hat können/gekonnt
lassen	lässt	ließ	hat gelassen/lassen
laufen	läuft	lief	hat/ist gelaufen
leiden	leidet	litt	hat gelitten
leihen	leiht	lieh	hat geliehen
lesen	liest	las	hat gelesen
liegen	liegt	lag	hat gelegen
lügen	lügt	log	hat gelogen
messen	misst	maß	hat gemessen
mögen	mag	mochte	hat gemocht/mögen
müssen	muss	musste	hat gemusst/müssen
nehmen	nimmt	nahm	hat genommen
nennen	nennt	nannte	hat genannt
quellen	quillt	quoll	ist gequollen

Infinitiv *infinitif*	Präsens *présent*	Präteritum *prétérit*	Perfekt *parfait*
raten	rät	riet	hat geraten
reißen	reißt	riss	hat/ist gerissen
rennen	rennt	rannte	ist gerannt
riechen	riecht	roch	hat gerochen
rufen	ruft	rief	hat gerufen
saufen	säuft	soff	hat gesoffen
schieben	schiebt	schob	hat geschoben
schießen	schießt	schoss	hat/ist geschossen
schlafen	schläft	schlief	hat geschlafen
schlagen	schlägt	schlug	hat/ist geschlagen
schließen	schließt	schloss	hat geschlossen
schmeißen	schmeißt	schmiss	hat geschmissen
schneiden	schneidet	schnitt	hat geschnitten
schreiben	schreibt	schrieb	hat geschrieben
schreien	schreit	schrie	hat geschrie(e)n
schwimmen	schwimmt	schwamm	hat/ist geschwommen
sehen	sieht	sah	hat gesehen
sein	ist	war	ist gewesen
senden	sendet	sandte	hat gesendet/gesandt
singen	singt	sang	hat gesungen
sitzen	sitzt	saß	hat gesessen
sprechen	spricht	sprach	hat gesprochen
springen	springt	sprang	hat/ist gesprungen
stehen	steht	stand	hat gestanden
stehlen	stiehlt	stahl	hat gestohlen
sterben	stirbt	starb	ist gestorben
stoßen	stößt	stieß	hat/ist gestoßen
streiten	streitet	stritt	hat gestritten
tragen	trägt	trug	hat getragen
treffen	trifft	traf	hat getroffen
treiben	treibt	trieb	hat/ist getrieben
treten	tritt	trat	hat getreten
trinken	trinkt	trank	hat getrunken
tun	tut	tat	hat getan
verlieren	verliert	verlor	hat verloren
waschen	wäscht	wusch	hat gewaschen
wenden	wendet	wendete/ wandte	hat gewendet/ gewandt
werden	wird	wurde	ist geworden/ worden
werfen	wirft	warf	hat geworfen
wissen	weiß	wusste	hat gewusst
wollen	will	wollte	hat gewollt/wollen

Comment utiliser le dictionnaire ?

Comment trouver le mot ou l'expression que l'on recherche ?

Il faut d'abord se poser plusieurs questions :
- S'agit-il d'un mot isolé, d'un mot à trait d'union ou d'une abréviation ?
- S'agit-il d'un nom composé ?
- S'agit-il d'un verbe allemand composé ?
- S'agit-il d'une forme féminine allemande ?
- S'agit-il d'une expression ?
- S'agit-il d'un verbe pronominal ?
- S'agit-il d'une forme verbale irrégulière allemande ?

Mots isolés, mots à trait d'union et abréviations

En règle générale, on trouve le mot recherché à la place qui lui correspond dans l'ordre alphabétique. Si l'on veut traduire un mot français en allemand, on regardera du côté français-allemand du dictionnaire, et si l'on ignore le sens d'un terme allemand, on regardera du côté allemand-français. Le mot en **gras** au début de chaque article s'appelle « mot d'entrée ».

Les entrées commençant par une *majuscule* apparaissent après celles qui s'écrivent de la même façon mais commencent par une minuscule.

> **kọsten** *vt* [einen Preis] : **(jn etw) ~** coûter (qqch à qqn) ...
> **Kọsten** *pl* frais *mpl*, coût *m* ; **auf js ~** [finanziell] aux frais de qqn ...

Les mots comportant un *trait d'union*, un *point* ou une *apostrophe* viennent après ceux qui s'écrivent de la même façon mais sans aucun de ces signes.

> **a, A** [aː] (*pl* - ODER **-s**) *das* - **1.** [Buchstabe] a *m inv*, A *m inv* ...
> **a.** (*abk für* **am**) : **a. Rhein** sur le Rhin.

Les entrées françaises portant un *accent* se trouvent après celles qui s'écrivent de la même façon mais sans accent.

> **ou** [u] *conj* [gén] oder.
> **où** [u] *pron rel* [spatial] wo ; **la maison ~ j'habite** das Haus, in dem ich wohne ...

Dans certains cas, l'entrée est suivie d'un chiffre en *exposant*. Ceci veut dire que, juste avant ou juste après, il y a une autre entrée, elle aussi suivie d'un chiffre, qui s'écrit de la même façon mais a un sens ou une prononciation totalement différents. Il faut donc s'assurer que l'on ne se trompe pas d'entrée.

> **mo̲dern**[1] (*perf* **hat/ist gemo̲dert**) *vi* moisir.
> **modẹrn**[2] ◇ *adj* moderne ◇ *adv* de manière moderne.

On trouve parfois des mots suivis d'un losange noir (◆), appelés « sous-entrées ».

animal, e, aux [animal, o] *adj* - **1.** [propre à l'animal] Tier-, tierisch - **2.** *fig* [peur, réaction] instinktiv. ◆ **animal, aux** *nm* [bête] Tier *das* ; ~ **domestique** Haustier.

Si l'on cherche un nom qui possède une forme avec ***majuscule*** à l'initiale avec un sens différent de la forme sans majuscule, il faut regarder la forme sans majuscule.

midi [midi] *nm* - **1.** [heure] zwölf Uhr - **2.** [période du déjeuner] Mittag *der* ; **à ~ heute** Mittag - **3.** GÉOGR Süden *der*. ◆ **Midi** *nm* : **le Midi** Südfrankreich *nt*.

Les noms correspondant à une nationalité sont traités en sous-entrées.

belge [bɛlʒ] *adj* belgisch. ◆ **Belge** *nmf* Belgier *der*, -in *die*.

Si l'on cherche un nom qui, au ***pluriel***, a un sens différent de celui du singulier (comme **lunettes** en français), c'est sous la forme au singulier (**lunette**) qu'on le trouvera : le mot au pluriel y figure en sous-entrée, indiquée par le symbole ◆.

lunette [lynɛt] *nf* ASTRON Fernglas *das*. ◆ **lunettes** *nfpl* : **~s (de vue)** Brille *die*.

Certains noms apparaissent directement au pluriel dans la liste alphabétique, soit parce qu'ils n'existent pas au singulier, soit parce que ce dernier est rare (**Teigwaren** en allemand, **abats** en français).

Noms composés

Un nom composé français est une expression dotée d'une signification globale, mais constituée de plusieurs mots (p. ex. **café au lait**). Lorsqu'un composé français est formé de plusieurs mots séparés par des espaces, on le trouvera dans le dictionnaire à l'entrée correspondant à son premier élément. Ainsi, **café au lait** sera sous **café**. Les différents noms composés, **café crème**, **café en grains**, etc. sont classés par ordre alphabétique, sans tenir compte de la préposition médiane (par exemple le **au** dans **café au lait**).

café [kafe] *nm* [plante, boisson] Kaffee *der* ; **~ crème** Sahnekaffee ; **~ en grains/moulu** ungemahlener/gemahlener Kaffee ; **~ au lait** Milchkaffee.

En allemand, il existe de très nombreux noms composés dont les éléments sont rattachés et ne forment qu'un seul et même mot. Un trait vertical indique la séparation entre les différents éléments qui constituent chacun de ces noms composés.

Schul|jahr *das* année *f* scolaire.

Pour savoir le pluriel de ce nom, il faut se reporter à **Jahr**.

Jahr (*pl* **-e**) *das* [Zeitabschnitt] an *m* ; [im Verlauf] année *f* ; **im ~(e) 1992** en 1992 ...

D'autres noms composés allemands, constitués de deux mots distincts, font l'objet d'une entrée à part entière, que l'on trouve à l'ordre alphabétique du premier élément. C'est le cas par exemple de **Grüne Punkt** *der* ou de **Rote Kreuz** *das*.

Verbes allemands composés

Les composés verbaux du type **an sein**, qui s'écrivaient auparavant en un mot (**an|sein**), s'écrivent en deux mots depuis la réforme de l'orthographe allemande. Cependant, ils demeurent à leur ancien ordre alphabétique.

> **ansehnlich** *adj* - **1.** [groß] non négligeable, appréciable ...
> **an sein** (*perf* **ist an gewesen**) *vi fam (unreg)* être allumé(e).
> **an|setzen** *vt* [in Stellung bringen - Werkzeug] mettre, poser, placer ...

Ainsi, **an sein** se trouve toujours entre **an|sehnlich** et **an|setzen**.

Formes féminines allemandes

La forme féminine d'un nom allemand est traitée avec la forme masculine lorsque les formes féminine et masculine sont identiques ou se suivent dans l'ordre alphabétique. Ainsi, on trouvera **Lehrerin** sous **Lehrer**.

> **Lehrer, in** (*mpl* **-** ; *fpl* **-nen**) *der, die* professeur *m* ; [an Grundschule] instituteur *m*, -trice *f*.

Dans les autres cas, le féminin fait l'objet d'une entrée à part.

> **Ärztin** ['ɛːɐtstɪn] (*pl* **-nen**) *die* médecin *m*.

Expressions

Il convient de chercher les expressions sous le premier nom dont elles se composent. S'il n'y a pas de nom dans l'expression, on cherchera sous l'adjectif et, sinon, sous le verbe. À l'intérieur de chaque article, les expressions apparaissent en gras ; le symbole **~** représente l'entrée.

> **Zeit** (*pl* **-en**) *die* - **1.** [gen] temps *m* ; **im Laufe der ~** avec le temps ; **~ raubend** de longue haleine ; **~ sparend** qui économise du temps ; **sich** *(D)* **für jn/etw ~ nehmen** se réserver du temps pour qqn/qqch ; **sich** *(D)* **die ~ vertreiben** passer le temps ; **sich** *(D)* **~ lassen** prendre son temps - **2.** [Zeitpunkt] : **seit dieser ~** depuis ; **von ~ zu ~** de temps en temps ...

Certaines expressions très figées, telles que **tout à coup** en français, ou **auf jeden Fall** en allemand, apparaissent sous le premier élément important, précédées du symbole ◆.

> **coup** [ku] *nm* [choc, gifle] Schlag *der*.
> ◆ **tout à coup** *loc adv* plötzlich.

Ce système sert à mettre en relief la différence de sens entre une expression et l'entrée à laquelle elle figure.

Verbes pronominaux

Les verbes pronominaux sont placés sous la forme principale, après le symbole ◈.

> **rappeler** [24] [raple] *vt* - **1.** [faire penser à] : **~ qqch à qqn** jn an etw *(A)* erinnern - **2.** [personne, chien] zurück|rufen ... ◈ **se rappeler** *vp* : **se ~ (qqn/qqch)** sich (js/einer Sache) erinnern.

Formes verbales allemandes

Si l'on ignore à quel infinitif correspond une certaine forme verbale, c'est peut-être qu'il s'agit d'une forme irrégulière. Les tableaux de conjugaison (en début d'ouvrage) permettront de retrouver l'infinitif et, d'autre part, si l'on cherche la forme en question dans le dictionnaire même, on l'y trouvera aussi.

> **aß** *prät* ▷ **essen.**

Comment trouver la bonne traduction ?

Une fois que l'on aura localisé le mot ou l'expression recherchés, il apparaîtra peut-être qu'il existe plusieurs traductions possibles. Cela n'est pas un problème, car on trouvera dans le dictionnaire tous les éléments nécessaires pour identifier la bonne traduction.

Étape 1 Imaginons que l'on veuille traduire **il a attrapé une grosse grippe**.
Examinons d'abord l'article **attraper** du côté français-allemand du dictionnaire. Sous le sens 3, on trouvera le mot utilisé pour parler d'une maladie : **sich holen**.

> **attraper** [3] [atrape] *vt* - **1.** [ballon, animal] fangen - **2.** [voleur] ein|fangen - **3.** [maladie] sich *(D)* etw holen - **4.** [train, avion] noch erreichen - **5.** [surprendre] erwischen.

Étape 2 Passons maintenant au deuxième mot recherché : **grosse**. Examinons l'article **gros**.
Attention, il convient en premier lieu de choisir la bonne catégorie grammaticale : chacune d'entre elles est introduite par un losange évidé (◇). C'est sous ***l'adjectif*** qu'il faut chercher le sens qui nous intéresse.

> **gros, grosse** [gro, gros] ◇ *adj (avant le nom)* - **1.** [volumineux, corpulent] dick - **2.** [grand, important] groß ; [orage, grippe] schwer ; [buveur, mangeur] stark - **3.** [grossier] grob - **4.** [fort, sonore] laut - **5.** [riche] wohlhabend ; **~ industriel** Großindustrielle *der* ◇ *nm, f* Dicke *der, die.*

Étape 3 En lisant les solutions proposées au sens numéro 2 de **gros**, on trouvera le mot utilisé pour décrire une grippe ; la traduction recherchée est **schwer**.

Étape 4 Maintenant, on peut appliquer les mots choisis à la phrase que l'on désire traduire : **er hat sich eine schwere Grippe geholt.**

Les atouts de ce dictionnaire pour une meilleure exploitation de l'information par l'utilisateur

Indication du genre des substantifs allemands par l'article défini

Du côté allemand-français, l'article défini placé après le substantif allemand indique le genre.
Pour le pluriel, on a choisi l'indication *pl* afin d'éviter la confusion avec l'article féminin *die*.

> **Baum** (*pl* **Bäume**) *der* arbre *m*.
> **Hand** (*pl* **Hände**) *die* main *f*.
> **Kind** (*pl* **-er**) *das* enfant *mf*.
> **Kosten** *pl* frais *mpl*, coût *m*.

Indication du genre des substantifs allemands en traduction lorsque le substantif est précédé d'un adjectif

Du côté français-allemand, lorsqu'un substantif allemand apparaît allié à un adjectif, c'est l'adjectif qui porte le genre du substantif.

> **premier, ère** [prəmje, ɛr] ◇ *adj* erste,-r,-s ... ◆ **première** *nf* - **1.** [exploit & THÉÂTRE] Premiere *die* - **2.** TRANSPORT erste Klasse

Dans **erste Klasse**, le genre du mot **Klasse** est porté par l'adjectif **erste** (**e** correspondant au féminin).

Présentation des adjectifs uniquement épithètes

Les adjectifs uniquement épithètes – qui ne peuvent donc pas se présenter non déclinés – sont présentés en commençant par la forme féminine, suivie de la désinence masculine, puis neutre.

> **letztere, r, s** ◇ *adj* dernier(ère) ◇ *pron :* **Anja und Eva, ~ ist meine Schwester** Anja et Eva, cette dernière est ma sœur ...

Présentation des adjectifs substantivés

Les adjectifs substantivés sont présentés avec l'article défini, qui indique également leur genre, et portent donc la désinence que leur impose cet article défini.

> **Intellektuelle** [ɪntɛlɛk'tu̯ɛlə] (*pl* **-n**) *der, die* intellectuel *m*, -elle *f*.

Nota : avec un article indéfini, la terminaison de ce type de substantifs change. Ainsi, **Intellektuelle der, die** deviendra **ein Intellektueller** et **eine Intellektuelle**.

Indication du cas

Certaines prépositions ne sont pas toujours suivies du même cas. On indique alors le cas qu'il convient d'utiliser. Sous **gehen**, par exemple, on trouve l'expression **in etw** ***(A)*** **~** tenir dans qqch.
On indique également le cas qu'il convient d'utiliser dans une construction verbale. Sous **machen**, par exemple, on trouve la construction **sich** ***(D)*** **etw ~ lassen** se faire faire qqch.

Indication de l'auxiliaire

Lorsqu'un verbe se conjuge tantôt avec l'auxiliaire haben tantôt avec l'auxiliaire sein, on le mentionne. À l'entrée **fahren**, on a en effet l'indication **hat/ist**.

> **fa̱hren** (*präs* **fä̱hrt** ; *prät* **fu̱hr** ; *perf* **hat/ist gefa̱hren**) ...

Séparabilité des verbes

La barre séparant le préfixe du radical indique la séparabilité du verbe.

> **ạb|fahren** (*perf* **hat/ist ạbgefahren**) *(unreg)* <> *vi (ist)* [losfahren] partir ; **wieder ~** repartir ; **auf jn/etw ~** *fam fig* craquer pour qqn/qqch <> *vt (hat)* [abtransportieren] emmener ...

Parenthèses dans les traductions allemandes

Lorsque les traductions allemandes contiennent des parenthèses, deux solutions sont proposées.

> **témoignage** [temwaɲaʒ] *nm* **- 1.** JUR (Zeugen)aussage *die* ...

La traduction du mot **témoignage** dans le sens juridique est (**Zeugen**)**aussag**e ; dans ce cas, il est possible de traduire par **Zeugenaussage** ou par **Aussage**.

Traduction des adjectifs en allemand

Certains adjectifs français sont traduits par une partie de substantif qui devra être accolée au substantif allemand pour former un mot composé.

> **élémentaire** [elemɑ̃tɛr] *adj* **- 1.** [de base] Anfangs- **- 2.** [rudimentaire] Grund- ...

Ainsi, pour traduire **principe élémentaire**, il convient d'accoler **Grund-** à **Prinzip**, et l'on obtient alors **Grundprinzip**.

Ordre alphabétique et nouvelle orthographe allemande

La réforme de l'orthographe allemande entraîne parfois des modifications de l'ordre alphabétique dans la partie allemand-français du dictionnaire. Afin d'aider le lecteur à s'orienter, nous nous sommes efforcés d'indiquer dans ce cas-là à la fois l'ancienne et la nouvelle graphie.

Si la nouvelle graphie d'un mot implique son déplacement dans l'ordre alphabétique, l'ancienne graphie est toujours indiquée, mais avec un renvoi à la nouvelle graphie. C'est là que se trouve l'entrée complète.

> **aufwendig** = aufwändig.
> **aufwändig** <> *adj* dispendieux(euse) ; [Film] à gros budget <> *adv* largement.

Dans de nombreux cas, cependant, la nouvelle graphie se trouve très proche de l'ancienne graphie dans l'ordre alphabétique. Un renvoi n'est donc pas nécessaire.

> **Choreografie, Choreographie** [koreogra'fiː] (*pl* **-n**) *die* chorégraphie *f*.

On utilise parfois les renvois quand l'ancienne graphie d'un mot est acceptée au même titre que la nouvelle.

> **Chicorée, Schikoree** ['ʃikore] (*pl* **-s**) *die* ODER *der* endive *f*.
> **Schikoree** = Chicorée.

Les composés, qui s'écrivaient auparavant en un mot et qui s'écrivent maintenant en deux mots, restent à leur place « habituelle ». **kennen lernen** figure à l'endroit où se trouvait **kennenlernen**.

> **kennen** (*prät* **kannte** ; *perf* **hat gekannt**) *vt* connaître ...
> **kennen lernen** *vt* [Person] : **jn ~** faire la connaissance de qqn.
> **Kenntnis** *die (ohne Pl)* connaissance *f* ...

Dans certains cas, en revanche, nous avons laissé l'ancienne graphie avec un renvoi vers la nouvelle.

> **rad|fahren** ▷ **Rad.**
> **Rad** (*pl* **Räder**) *das* **- 1.** [von Fahrzeug, Maschine] roue *f* ... **- 2.** [Fahrrad] vélo *m* ; **mit dem ~** à vélo ; **~ fahren** faire du vélo ...

Dans la partie français-allemand, lorsque seule la nouvelle graphie d'un mot est acceptée, c'est celle-ci qu'on indique. On n'écrit plus **rauh** mais **rau**, sans h.

> **rugueux, euse** [rygø, øz] *adj* rau ...

Lorsque deux orthographes sont considérées comme correctes la variante principale est retenue pour les traductions.

> **biographie** [bjɔgrafi] *nf* Biografie *die*.

Si l'ancienne et la nouvelle orthographe sont toutes les deux acceptées, on donne la nouvelle graphie.

> **autonome** [otɔnɔm] *adj* [personne] selbstständig ...

Les encadrés

Faux-amis

Afin de déjouer les pièges de traduction nous signalons et commentons dans des encadrés insérés dans le texte les principaux faux-amis, c'est-à-dire les mots qui se ressemblent beaucoup dans les deux langues mais dont le sens diffère. Dans la partie allemand-français du dictionnaire, le lecteur trouvera les termes allemands qui peuvent prêter à confusion. Ils sont mis en valeur dans une phrase d'exemple, suivie de sa traduction, ainsi pour les mots Dom et dôme.

Dom

Attention, le mot allemand **Dom** ne se traduit pas par « dôme » mais par « cathédrale » comme on peut le voir dans la phrase suivante : **Im letzten Krieg wurde der Kölner Dom nicht zerstört** qui équivaut à la traduction : « Durant la dernière guerre, la cathédrale de Cologne n'a pas été détruite ».
En revanche, le terme français « le dôme » équivaut à l'allemand **die Kuppel**. Ainsi, la phrase « Ce bâtiment est surmonté d'un dôme » se traduira par **Dieses Gebäude ist mit einer Kuppel versehen**.

Vocabulaire scolaire et civilisation

Afin d'aider l'utilisateur français à comprendre le système scolaire allemand nous avons inséré dans ce dictionnaire des informations concernant la vie de l'école. On trouvera la définition précise de certains termes ou, de manière plus générale, des renseignements sur certaines pratiques courantes dans les établissements allemands comme celle du blauer Brief.

blauer Brief

Lorsque le niveau d'un élève baisse (du niveau 4 au niveau 5 ou du niveau 5 au niveau 6), l'école envoie à cet élève un courrier officiel trois mois avant la fin de l'année scolaire. Cette lettre informe l'élève et sa famille du risque de redoublement. C'est ce courrier que les élèves appellent **blauer Brief**.

S'il veut se familiariser avec la vie dans les pays germanophones, le lecteur français trouvera également dans cet ouvrage l'explication de certains usages courants qui sont différents de ceux des pays francophones. Il peut s'agir de règles de savoir vivre mais aussi d'éléments de la vie quotidienne qu'il est important de connaître avant d'effectuer un séjour en pays germanophone. On trouvera, ainsi à l'entrée Begrüßung des explications sur la manière de saluer la plus fréquente.

Begrüßung

Quand on salue quelqu'un, la formule choisie (**Guten Tag, Guten Abend, ...**) est utilisée seule, contrairement au français où elle est accompagnée du terme « Madame » ou « Mademoiselle » ou « Monsieur ». On peut également faire suivre la formule de salutation par le nom de famille ou le titre complet : **Guten Morgen Herr Müller**, **Guten Tag Frau Doktor Ludwig**.

Phrases usuelles regroupées par thèmes

Outre la traduction littérale l'utilisateur français est souvent confronté à un problème d'expression : il ne connait pas en allemand les diverses possibilités pour formuler un même concept. C'est dans ce but qu'a été créée la rubrique consacrée aux phrases usuelles. On y trouvera plusieurs formules courantes utilisables dans un même contexte. Ainsi on guidera l'utilisateur qui souhaite donner son opinion en mettant à sa disposition plusieurs formulations possibles.

Donner son opinion

Meiner Meinung/Ansicht nach muss man etwas unternehmen. À mon avis, il faut faire quelque chose.

Wenn ihr mich fragt, ist das ein abgekartetes Spiel. Si vous voulez mon avis, c'est joué d'avance.

Ich glaube, Sie irren sich. Je crois que vous vous trompez.

Ich finde, man sollte die Gelegenheit nutzen. Je trouve qu'on devrait profiter de l'occasion.

Was mich angeht, könnt ihr auf mich zählen. En ce qui me concerne, vous pouvez compter sur moi.

Warenzeichen

Als Warenzeichen geschützte Wörter sind in diesem Wörterbuch durch das Zeichen ® gekennzeichnet. Die Markierung mit diesem Symbol oder sein Fehlen hat keinen Einfluss auf die Rechtskräftigkeit eines Warenzeichens.

Noms de Marque

Les noms de marque sont désignés dans ce dictionnaire par le symbole ®. Cependant, ni ce symbole, ni son absence, ne sont représentatifs du statut légal de la marque.

FRANÇAIS-ALLEMAND

FRANZÖSISCH-DEUTSCH

A

a, A [a] *nm inv* [lettre] a *das*, A *das ;* **prouver qqch par a + b** etw eindeutig nach|weisen ; **de A à Z** von Anfang bis Ende. ◆ **A** (*abr de* **autoroute**) A *die*.

a [a] ◇ ▷ **avoir** ◇ (*abr de* **are**) a.

à [a] *prép (forme contractée de à+le* **au** [o]*, forme contractée de à+les* **aux** [o]) **- 1.** [introduit un complément d'objet indirect] : **donner qqch à qqn** jm etw geben ; **parler à qqn** mit jm sprechen **- 2.** [introduit une situation] : **être à la maison** zu Hause sein ; **il habite à Paris** er wohnt in Paris **- 3.** [introduit la direction] nach ; **aller à Paris** nach Paris gehen OU fahren ; **de Paris à Londres** von Paris nach London **- 4.** [introduit un complément de temps] : **à onze heures** um elf Uhr ; **de 8 à 10 heures** von 8 bis 10 Uhr ; **à lundi!** bis Montag! ; **à plus tard!** bis später! **- 5.** [introduit la manière] mit ; **à bicyclette** mit dem Fahrrad **- 6.** [introduit un chiffre] : **ils sont venus à dix** sie sind zu zehnt gekommen ; **un groupe de 10 à 12 personnes** eine Gruppe von 10 bis 12 Personen ; **la vitesse est limitée à 50 km/h** die Geschwindigkeit ist auf 50 km/h beschränkt **- 7.** [marque l'appartenance] : **être à qqn** jm gehören ; **c'est à moi/toi/lui/elle** es gehört mir/dir/ihm/ihr **- 8.** [introduit le but] : **voiture à vendre** Auto zu verkaufen ; **coupe à champagne** Sektschale *die*.

Å (*abr de* **Ångström**) Å.

abaisser [4] [abese] *vt* **- 1.** [levier] herunter|drücken **- 2.** [store] herunter|lassen **- 3.** [diminuer] senken. ◆ **s'abaisser** *vp* **- 1.** [gén] sich senken **- 2.** [s'humilier] sich demütigen ; **s'~ à faire qqch** sich dazu herab|lassen, etw zu tun.

abandon [abɑ̃dɔ̃] *nm* **- 1.** [désertion & SPORT] Aufgabe *die ;* **à l'~** verwahrlost **- 2.** [renonciation] Verzicht *der* **- 3.** [d'enfant, d'animal] Aussetzung *die* **- 4.** [délaissement] Verlassen *das* **- 5.** [de bien] Abtretung *die*.

abandonné, e [abɑ̃dɔne] *adj* **- 1.** [village, maison] verlassen **- 2.** [jardin] verwildert **- 3.** [chien, enfant] ausgesetzt.

abandonner [3] [abɑ̃dɔne] *vt* **- 1.** [quitter, déserter] verlassen ; [enfant, animal] aus|setzen **- 2.** [renoncer à] auf|geben ; [course] ab|brechen **- 3.** [céder] : **~ qqch à qqn** jm etw ab|treten OU überlassen.

abasourdi, e [abazurdi] *adj* **- 1.** [ahuri] betäubt **- 2.** [stupéfié] wie vor den Kopf geschlagen, verblüfft.

abat-jour *nm inv* Lampenschirm *der*.

abats [aba] *nmpl* Innereien *Pl*.

abattement [abatmɑ̃] *nm* **- 1.** [physique] Abgeschlagenheit *die*, Mattigkeit *die ;* [moral] Niedergeschlagenheit *die* **- 2.** [déduction] Preisnachlass *der ;* **~ fiscal** Steuernachlass *der*.

abattis [abati] *nmpl* Geflügelklein *das*.

abattoir [abatwar] *nm :* **les ~s** der Schlachthof.

abattre [83] [abatr] *vt* **- 1.** [mur] ein|reißen ; [bâtiment] ab|reißen ; [arbre] fällen **- 2.** [personne] um|legen ; [animal - à l'abattoir] schlachten ; [- à la chasse] erlegen **- 3.** [avion] ab|schießen **- 4.** [épuiser - physiquement] erschöpfen ; [- moralement] entmutigen ; **se laisser ~** sich entmutigen lassen.

abbaye [abei] *nf* Abtei *die*.

abbé [abe] *nm* **- 1.** [dans abbaye] Abt *der* **- 2.** [prêtre] Priester *der*.

abbesse [abɛs] *nf* Äbtissin *die*.

abc [abese] *nm* [rudiments] Grundkenntnisse *Pl*, Grundlagen *Pl*.

abcès [apsɛ] *nm* Geschwür *das*, Abszess *der*.

abdication [abdikasjɔ̃] *nf* [de roi] Abdankung *die*.

abdiquer [3] [abdike] *vi* **- 1.** [roi] ab|danken **- 2.** [abandonner] auf|geben.

abdomen [abdɔmɛn] *nm* Unterleib *der*.

abdominal, e, aux [abdɔminal, o] *adj* Bauch-, Unterleibs-. ◆ **abdominaux** *nmpl* **- 1.** [muscles] Bauchmuskeln *Pl* **- 2.** [exercices] Bauchmuskeltraining *das ;*

faire des abdominaux die Bauchmuskeln trainieren.

abeille [abɛj] *nf* Biene *die.*

aberrant, e [abɛrɑ̃, ɑ̃t] *adj* [décision] wahnwitzig ; [comportement] abartig.

abîme [abim] *nm* Abgrund *der.*

abîmer [3] [abime] *vt* beschädigen. ◆ **s'abîmer** *vp* [se détériorer] verderben ; **s'~ qqch** sich *(D)* etw verderben.

abject, e [abʒɛkt] *adj* abstoßend, niederträchtig.

abnégation [abnegasjɔ̃] *nf* Selbstverleugnung *die.*

aboiement [abwamɑ̃] *nm* Bellen *das ;* **les ~s** das Gebell *(sans pl).*

abolir [32] [abɔlir] *vt* ab|schaffen, auf|heben.

abominable [abɔminabl] *adj* **- 1.** [acte] abscheulich, entsetzlich **- 2.** [temps] eklig, scheußlich.

abondance [abɔ̃dɑ̃s] *nf* **- 1.** [profusion] Reichhaltigkeit *die ;* **en ~** in reichlicher Anzahl, in Hülle und Fülle **- 2.** [opulence] Überfluss *der,* Wohlstand *der ;* **société d'~** ÉCON Überflussgesellschaft *die.*

abondant, e [abɔ̃dɑ̃, ɑ̃t] *adj* [nourriture] reichlich ; [végétation] üppig ; [chevelure] füllig ; [pluie] heftig.

abonder [3] [abɔ̃de] *vi* in reichlicher Anzahl vorhanden sein ; **~ en qqch** an etw *(D)* reich sein.

abonné, e [abɔne] *nm, f* **- 1.** [à un journal] Abonnent *der,* -in *die* **- 2.** [au téléphone] Teilnehmer *der,* -in *die ;* [au gaz, à l'électricité] Abnehmer *der,* -in *die.*

abonnement [abɔnmɑ̃] *nm* **- 1.** [à un journal, à un théâtre] Abonnement *das* **- 2.** [au gaz, au téléphone - connexion au réseau] Anschluss *der ;* [- droits] Grundgebühr *die.*

abonner [3] [abɔne] *vt :* **~ qqn à qqch** [journal] etw für jn abonnieren. ◆ **s'abonner** *vp* **- 1.** [prendre un abonnement] : **s'~ à qqch** [journal] etw abonnieren **- 2.** [téléphone, gaz, électricité] an|melden.

abord [abɔr] *nm :* **être d'un ~ difficile/facile** schwer/leicht zugänglich sein. ◆ **abords** *nmpl* Umgebung *die (sans pl) ;* **aux ~s de Paris** kurz vor Paris. ◆ **d'abord** *loc adv* (zu)erst, zunächst. ◆ **tout d'abord** *loc adv* zunächst einmal.

abordable [abɔrdabl] *adj* **- 1.** [lieu] erreichbar **- 2.** [personne] zugänglich **- 3.** [marchandise] (preis)günstig, preiswert.

abordage [abɔrdaʒ] *nm* [assaut] Entern *das.*

aborder [3] [abɔrde] ◇ *vi* an|legen ◇ *vt* **- 1.** [personne] : **~ qqn** jn an|sprechen, an jn heran|treten **- 2.** [question] an|gehen.

aborigène [abɔriʒɛn] ◇ *adj* einheimisch, Ur- ◇ *nmf* [d'Australie] australischer Ureinwohner, australische Ureinwohnerin.

aboutir [32] [abutir] *vi* **- 1.** [chemin] : **~ à** ou **dans qqch** an ou in etw *(D)* enden **- 2.** *fig* [déboucher] : **~ à qqch** zu etw führen **- 3.** [négociations] zu einem erfolgreichen Abschluss kommen.

aboyer [13] [abwaje] *vi* [chien] bellen.

abrasif, ive [abrazif, iv] *adj* [récurant] Scheuer-.

abrégé, e [abreʒe] *adj* abgekürzt.

abréger [22] [abreʒe] *vt* **- 1.** [raccourcir] ab|kürzen ; [texte] kürzen **- 2.** [écourter] ab|brechen.

abreuvoir [abrœvwar] *nm* Tränke *die.*

abréviation [abrevjasjɔ̃] *nf* Abkürzung *die.*

abri [abri] *nm* **- 1.** [lieu] Schutz *der ;* **être à l'~ (de qqch)** (vor etw *(D)*) geschützt sein ; *fig* (von etw) frei ou enthoben sein **- 2.** [construction] Schutzraum *der ;* **~ antiatomique** Atomschutzbunker *der,* Atomschutzkeller *der.*

abricot [abriko] *nm* Aprikose *die.*

abricotier [abrikɔtje] *nm* Aprikosenbaum *der.*

abriter [3] [abrite] *vt* **- 1.** [protéger] : **~ qqn/qqch (de qqch)** jn/etw (vor etw *(D)*) in Sicherheit bringen **- 2.** [héberger] beherbergen. ◆ **s'abriter** *vp* sich unter|stellen ; **s'~ de qqch** vor etw *(D)* Schutz suchen, sich vor etw *(D)* in Sicherheit bringen.

abrupt, e [abrypt] *adj* **- 1.** [chemin, pente] steil, schroff **- 2.** [ton, manières] schroff, barsch.

abruti, e [abryti] *fam* ◇ *adj* [stupide] blöd, dumm ◇ *nm, f* Schwachkopf *der,* Blödmann *der.*

abrutir [32] [abrytir] *vt* **- 1.** [abêtir] verdummen **- 2.** [étourdir] ab|stumpfen.

abrutissant, e [abrytisɑ̃, ɑ̃t] *adj* **- 1.** [abêtissant] abstumpfend, stumpfsinnig **- 2.** [fatigant] strapaziös, aufreibend **- 3.** [étourdissant] ohrenbetäubend.

ABS [abeɛs] (*abr de* **AntiblockierSystem**) *nm* ABS *das.*

absence [apsɑ̃s] *nf* **- 1.** [de personne] Abwesenheit *die,* Fernbleiben *das ;* **en l'~ de qqn** in js Abwesenheit **- 2.** [carence] Fehlen *das.*

absent, e [apsɑ̃, ɑ̃t] ◇ *adj* **- 1.** [personne, air, regard] abwesend ; **il est ~ de Paris** er ist nicht in Paris **- 2.** [chose] nicht vorhanden ◇ *nm, f* Abwesende *der, die.*

absenter [3] [apsɑ̃te] ◆ **s'absenter** *vp :* **je dois m'~ quelques instants** ich muss kurz weggehen.

absinthe [apsɛ̃t] *nf* [boisson] Absinth *der.*

absolu, e [apsɔly] *adj* **- 1.** [total] völlig,

unbeschränkt, absolut - **2.** [caractère, jugement] kompromisslos.

absolument [apsɔlymɑ̃] *adv* - **1.** [à tout prix] unbedingt, unter allen Umständen - **2.** [totalement] völlig, absolut.

absolutisme [apsɔlytism] *nm* Absolutismus *der.*

absorbant, e [apsɔrbɑ̃, ɑ̃t] *adj* - **1.** [matière] saugfähig - **2.** [occupation] beanspruchend.

absorber [3] [apsɔrbe] *vt* - **1.** [s'imprégner de] auf|saugen - **2.** [entreprise] ein|gliedern, über|nehmen - **3.** [occuper] in Anspruch nehmen - **4.** [manger] : **~ qqch** etw zu sich nehmen.

abstenir [40] [apstənir] ◈ **s'abstenir** *vp* sich enthalten ; **s'~ de qqch** sich einer Sache *(G)* enthalten ; **s'~ de faire qqch** davon ab|sehen, etw zu tun.

abstention [apstɑ̃sjɔ̃] *nf* Enthaltung *die.*

abstentionnisme [apstɑ̃sjɔnism] *nm* Wahlmüdigkeit *die.*

abstenu, e [apstəny] *pp* ▷ **abstenir.**

abstinence [apstinɑ̃s] *nf* Abstinenz *die,* Enthaltung *die ;* **faire ~** enthaltsam leben.

abstraction [apstraksjɔ̃] *nf* [raisonnement] Abstrahieren *das ;* **faire ~ de qqch** von etw ab|sehen.

abstrait, e [apstrɛ, ɛt] *adj* [art, concept] abstrakt ; [texte, auteur] abstrakt, schwer verständlich. ◈ **abstrait** *nm :* **l'~** das Abstrakte ; **dans l'~** abstrakt gesehen OU gesprochen.

absurde [apsyrd] ◇ *adj* absurd ◇ *nm :* **l'~** das Absurde ; **démontrer par l'~** indirekt beweisen.

absurdité [apsyrdite] *nf* Absurdität *die,* Unsinnigkeit *die.*

abus [aby] *nm* Missbrauch *der ;* **~ d'alcool** übertriebener Alkoholgenuss ; **~ de confiance** Vertrauensmissbrauch ; **~ de pouvoir** Amtsanmaßung *die.*

abuser [3] [abyze] ◇ *vi* übertreiben, zu weit gehen ; **~ de** missbrauchen ◇ *vt sout* täuschen. ◈ **s'abuser** *vp sout* sich täuschen.

abusif, ive [abyzif, iv] *adj* übertrieben, übermäßig.

acabit [akabi] *nm :* **de cet** OU **du même ~** *péj* von diesem OU gleichem Schlage.

acacia [akasja] *nm* Akazie *die.*

académicien, enne [akademisjɛ̃, ɛn] *nm, f* Mitglied *das* der Akademie.

académie [akademi] *nf* - **1.** SCOL & UNIV *Schulverwaltungsbezirk in Frankreich* - **2.** [institut] Akademie *die.*

acajou [akaʒu] ◇ *nm* [bois] Mahagoni(holz) *das ;* [arbre] Mahagoni(baum) *der* ◇ *adj inv* fuchsrot.

acariâtre [akarjatr] *adj* zänkisch.

acarien [akarjɛ̃] *nm* Milbe *die.*

accablant, e [akablɑ̃, ɑ̃t] *adj* - **1.** [soleil] sengend ; [chaleur] drückend - **2.** [preuve, témoignage] belastend.

accabler [3] [akable] *vt* [surcharger] : **~ qqn de qqch** [travail] jn mit etw überlasten ; [injures, reproches] jn mit etw überhäufen.

accalmie [akalmi] *nf* - **1.** [climatique] Windstille *die* - **2.** [d'activité] Flaute *die.*

accéder [18] [aksede] *vi* - **1.** [pénétrer] : **~ à qqch** auf OU zu etw *(D)* gelangen, etw erreichen - **2.** [parvenir] : **~ à qqch** zu etw gelangen.

accélérateur [akseleratœr] *nm* Gaspedal *das.*

accélération [akselerasjɔ̃] *nf* - **1.** [de mécanisme] Beschleunigung *die* - **2.** [de projet] beschleunigte Ausführung.

accélérer [18] [akselere] *vt* beschleunigen ; AUTOM Gas geben ; **accélère!** mach schneller!

accent [aksɑ̃] *nm* Akzent *der ;* **mettre l'~ sur qqch** *fig* etw besonders hervor|heben.

accentuation [aksɑ̃tɥasjɔ̃] *nf* - **1.** [de problème, de crise] Zuspitzung *die ;* [de tendance] Zunahme *die* - **2.** [de syllabe] Betonung *die.*

accentuer [7] [aksɑ̃tɥe] *vt* - **1.** [insister sur] heraus|streichen, hervor|heben - **2.** [trait, air, syllabe] betonen - **3.** [intensifier] verstärken. ◈ **s'accentuer** *vp* sich zu|spitzen, zu|nehmen.

acceptable [akseptabl] *adj* annehmbar, akzeptabel.

acceptation [akseptasjɔ̃] *nf* Annahme *die ;* [d'invitation] Zusage *die.*

accepter [4] [aksepte] *vt* - **1.** [prendre] an|nehmen - **2.** [donner son accord à] : **~ qqch** etw an|nehmen, auf etw *(A)* ein|gehen ; **~ de faire qqch** sich bereit erklären, etw zu tun - **3.** [admettre] akzeptieren, hin|nehmen ; **~ que** *(+ subjonctif)* akzeptieren, dass.

acception [aksɛpsjɔ̃] *nf* Sinn *der,* Bedeutung *die.*

accès [aksɛ] *nm* - **1.** [entrée] Eingang *der,* Zugang *der ;* **donner ~ à qqch** zu etw führen, in OU auf etw *(A)* führen ; **'~ interdit'** 'Zutritt verboten' - **2.** [admission] Einlass *der ;* **avoir ~ à qqch** zu etw Zugang haben - **3.** [voie] Zugang *der,* Zufahrtsweg *der* - **4.** [de fièvre] Schub *der ;* [de tristesse, de jalousie] Anfall *der.*

accessible [aksesibl] *adj* - **1.** [gén] zugänglich ; [lieu] erreichbar, zugänglich - **2.** [prix, achat] erschwinglich.

accession [aksɛsjɔ̃] *nf :* **~ à qqch** [organisation] Beitritt *der* zu etw ; [fonction, pouvoir] Übernahme *die* einer Sache *(G)* ; **~ au trône** Thronbesteigung *die.*

accessoire [akseswar] <> *nm* - **1.** [de mode] Accessoire *das* - **2.** [de machine] Zubehörteil *das* ; **les ~s** das Zubehör *(sans pl)* - **3.** THÉÂTRE & CIN Requisitenteil *das* ; **les ~s** die Requisiten <> *adj* [secondaire] nebensächlich.

accident [aksidã] *nm* - **1.** [malheur] Unfall *der* ; [d'avion, de train] Unglück *das* ; **~ du travail** Arbeitsunfall ; **~ de voiture** Autounfall - **2.** [événement fortuit] Vorfall *der* ; **par ~** durch Zufall, zufällig *(adv).*

accidenté, e [aksidãte] <> *adj* - **1.** [terrain] hügelig, Hügel- ; [surface] uneben - **2.** [véhicule, personne] Unfall- <> *nm, f* Unfallopfer *das.*

accidentel, elle [aksidãtɛl] *adj* zufällig ; **mort ~le** Unfalltod *der.*

acclamation [aklamasjɔ̃] *nf* Zustimmung *die*, Akklamation *die.*

acclamer [3] [aklame] *vt* : **~ qqn** jm zu|jubeln.

acclimatation [aklimatasjɔ̃] *nf* : **~ (à qqch)** Akklimatisierung *die* OU Gewöhnung *die* (an etw *(A)*).

acclimater [3] [aklimate] *vt* : **~ qqn/qqch à qqch** jn/etw an etw *(A)* akklimatisieren OU gewöhnen. ◆ **s'acclimater** *vp* : **s'~ à qqch** sich an etw *(A)* gewöhnen.

accolade [akɔlad] *nf* - **1.** TYPO geschweifte Klammer - **2.** [embrassade] Umarmung *die.*

accommodant, e [akɔmɔdã, ãt] *adj* umgänglich, verträglich.

accommodement [akɔmɔdmã] *nm* Arrangement *das.*

accommoder [3] [akɔmɔde] *vt* - **1.** CULIN zu|bereiten - **2.** [adapter] : **~ qqch à qqch** etw an etw *(A)* an|passen.

accompagnateur, trice [akɔ̃paɲatœr, tris] *nm, f* Begleiter *der*, -in *die.*

accompagnement [akɔ̃paɲmã] *nm* - **1.** [gén] Begleitung *die* - **2.** CULIN Beilage *die.*

accompagner [3] [akɔ̃paɲe] *vt* [gén] begleiten.

accompli, e [akɔ̃pli] *adj* vollendet.

accomplir [32] [akɔ̃plir] *vt* aus|führen, durch|führen. ◆ **s'accomplir** *vp* in Erfüllung gehen, sich erfüllen.

accomplissement [akɔ̃plismã] *nm* - **1.** [de souhait] Erfüllung *die* - **2.** [déroulement] Ausführung *die*, Durchführung *die.*

accord [akɔr] *nm* - **1.** [entente & GRAM] Übereinstimmung *die*, Einvernehmen *das* - **2.** [traité] Abkommen *das*, Vereinbarung *die* - **3.** [acceptation] Einverständnis *das* - **4.** MUS Akkord *der.* ◆ **d'accord** <> *loc adv* einverstanden, o.k <> *loc adj* : **être d'~ (avec qqch)** (mit etw) einverstanden sein ; **je suis d'~ avec toi** da hast du Recht ; **tomber** OU **se mettre d'~** einig werden.

accordéon [akɔrdeɔ̃] *nm* Akkordeon *das*, Ziehharmonika *die* ; **en ~** [chaussette, pantalon] zerknittert ; [circulation] zähflüssig *(adv).*

accorder [3] [akɔrde] *vt* - **1.** [donner] : **~ qqch à qqn** jm etw gewähren - **2.** [attribuer] : **~ de l'importance/de la valeur à qqch** einer Sache *(D)* Bedeutung/Wert bei|messen - **3.** [harmoniser] aufeinander ab|stimmen ; **~ qqch avec qqch** GRAM etw mit etw übereinstimmen lassen - **4.** MUS stimmen.

accoster [3] [akɔste] <> *vt* - **1.** [personne] an|sprechen, an|reden - **2.** NAVIG : **~ qqch** an etw *(D)* anlegen <> *vi* an|legen.

accotement [akɔtmã] *nm* Randstreifen *der.*

accouchement [akuʃmã] *nm* Geburt *die*, Entbindung *die* ; **~ sans douleur** schmerzfreie Geburt.

accoucher [3] [akuʃe] <> *vi* entbinden ; **~ d'une fille/d'un garçon** ein Mädchen/einen Jungen bekommen ; **~ de qqch** *fig* etw zustande bringen <> *vt* entbinden.

accouder [3] [akude] ◆ **s'accouder** *vp* sich mit dem Ellbogen auf|stützen ; **s'~ à qqch** sich auf etw *(D)* stützen.

accoudoir [akudwar] *nm* Armlehne *die*, Seitenlehne *die.*

accouplement [akupləmã] *nm* Paarung *die.*

accoupler [akuple] *vt* - **1.** [relier] (zusammen)|koppeln - **2.** [animaux] paaren. ◆ **s'accoupler** *vp* [animaux] sich paaren.

accourir [45] [akurir] *vi* herbei|laufen.

accouru, e [akury] *pp* ▷ **accourir.**

accoutré, e [akutre] *adj péj* heraus|staffiert.

accoutrement [akutrəmã] *nm péj* Aufmachung *die*, Ausstaffierung *die.*

accoutumer [3] [akutyme] *vt* : **~ qqn à qqn/qqch** jn an jn/etw gewöhnen. ◆ **s'accoutumer** *vp* - **1.** [s'habituer] : **s'~ à qqn/qqch** sich an jn/etw gewöhnen - **2.** MÉD : **s'~ à qqch** von etw abhängig werden.

accréditation [akreditasjɔ̃] *nf* Akkreditierung *die.*

accréditer [3] [akredite] *vt* : **~ qqn (auprès de qqn)** jn (bei jm) akkreditieren.

accroc [akro] *nm* - **1.** [déchirure] Riss *der* - **2.** [incident] Hindernis *das.*

accrochage [akrɔʃaʒ] *nm* - **1.** [accident] Zusammenstoß *der*, Aufprall *der* - **2.** *fam* [dispute] kleine Auseinandersetzung.

accroche [akrɔʃ] *nf* Aufhänger *der (Werbung).*

accrocher [3] [akrɔʃe] *vt* **- 1.** [suspendre, fixer] auf|hängen ; **~ qqch à qqch** [suspendre] etw auf etw *(A)* hängen ; [fixer] etw an etw *(A)* hängen **- 2.** [déchirer] : **~ qqch (à qqch)** mit etw (an etw *(D)*) hängen bleiben **- 3.** [heurter] an|fahren. ◆ **s'accrocher** *vp* **- 1.** [s'agripper] : **s'~ à qqch** sich an etw *(D)* fest halten ; **s'~ à qqn** *fig* sich an jn klammern **- 2.** *fam* [se disputer] aneinander geraten **- 3.** *fam* [persévérer] sich dran|halten, dran|bleiben.

accroissement [akrwasmɑ̃] *nm* Anwachsen *das,* Vermehrung *die.*

accroître [94] [akrwatr] *vt* vermehren, vergrößern. ◆ **s'accroître** *vp* zu|nehmen.

accroupir [32] [akrupir] ◆ **s'accroupir** *vp* hocken.

accru, e [akry] *pp* ▷ **accroître.**

accueil [akœj] *nm* Empfang *der.*

accueillant, e [akœjɑ̃, ɑ̃t] *adj* **- 1.** [personne] gastfreundlich, entgegenkommend **- 2.** [lieu] gemütlich, gastlich.

accueillir [41] [akœjir] *vt* **- 1.** [recevoir] empfangen **- 2.** [héberger] auf|nehmen.

accumulateur [akymylatœr] *nm* Akkumulator *der.*

accumulation [akymylasjɔ̃] *nf* Anhäufung *die.*

accumuler [3] [akymyle] *vt* **- 1.** [argent, biens] an|häufen **- 2.** [objets] zusammen|tragen. ◆ **s'accumuler** *vp* [objets] sich an|häufen.

accusateur, trice [akyzatœr, tris] ◇ *adj* Anklage- ◇ *nm, f* Ankläger *der,* -in *die.*

accusation [akyzasjɔ̃] *nf* JUR Anklage *die.*

accusé, e [akyze] *nm, f* Angeklagte *der, die.* ◆ **accusé de réception** *nm* Rückschein *der.*

accuser [3] [akyze] *vt* **- 1.** [personne] : **~ qqn (de qqch)** jn (wegen etw *(G)*) beschuldigen ou an|klagen **- 2.** [accentuer] hervor|heben **- 3.** [laisser paraître] auf|weisen.

acerbe [asɛrb] *adj* bissig, beißend.

acéré, e [asere] *adj* scharf.

achalandé, e [aʃalɑ̃de] *adj* [approvisionné] : **bien ~** reich sortiert.

acharné, e [aʃarne] *adj* hartnäckig.

acharnement [aʃarnəmɑ̃] *nm* Verbissenheit *die,* Hartnäckigkeit *die.*

acharner [3] [aʃarne] ◆ **s'acharner** *vp* **- 1.** [combattre] : **s'~ contre** ou **sur qqn/qqch** von jm/etw nicht ab|lassen, sich mit jm/etw ab|mühen **- 2.** [s'obstiner] : **s'~ à faire qqch** alles daran|setzen, etw zu tun.

achat [aʃa] *nm* Kauf *der ;* **faire des ~s** Einkäufe machen.

acheminer [3] [aʃmine] *vt* befördern. ◆ **s'acheminer** *vp :* **s'~ vers qqn/qqch** auf jn/etw zu|gehen ou zu|fahren.

acheter [28] [aʃte] *vt* **- 1.** [acquérir] kaufen ; **~ qqch à qqn** [pour offrir] jm etw kaufen ; [racheter] jm etw ab|kaufen ; **~ qqch pour qqn** etw für jn kaufen **- 2.** *péj* [corrompre] bestechen.

acheteur, euse [aʃtœr, øz] *nm, f* Käufer *der,* -in *die.*

achevé, e [aʃve] *adj* [complet] vollkommen, vollendet.

achèvement [aʃɛvmɑ̃] *nm* Beendigung *die.*

achever [19] [aʃve] ◇ *vt* **- 1.** [terminer] beenden, fertig machen **- 2.** [tuer] den Rest geben, vollends töten **- 3.** *fig* [accabler] nieder|drücken, betroffen machen ◇ *vi :* **~ de lire un roman** einen Roman zu Ende lesen. ◆ **s'achever** *vp* zu Ende gehen.

acide [asid] ◇ *adj* **- 1.** [saveur & CHIM] sauer **- 2.** [propos] beißend, bissig ◇ *nm* **- 1.** CHIM Säure *die* **- 2.** *fam* [drogue] LSD *das.*

acidité [asidite] *nf* **- 1.** CHIM Säuregehalt *der* **- 2.** [saveur] Säure *die.*

acier [asje] *nm* Stahl *der ;* **~ inoxydable** rostfreier (Edel)stahl.

aciérie [asjeri] *nf* Stahlwerk *das.*

acné [akne] *nf* Akne *die ;* **~ juvénile** Pubertätsakne.

acolyte [akɔlit] *nm péj* Helfershelfer *der.*

acompte [akɔ̃t] *nm* Anzahlung *die.*

à-côté (*pl* **à-côtés**) *nm* **- 1.** [point accessoire] Nebenseite *die* **- 2.** [gain d'appoint] Nebeneinnahmen *Pl.*

à-coup (*pl* **à-coups**) *nm* Ruck *der,* Stoß *der ;* **par ~s** ruckweise, stoßweise.

acoustique [akustik] ◇ *nf* Akustik *die* ◇ *adj* akustisch.

acquéreur [akerœr] *nm* Erwerber *der,* -in *die.*

acquérir [39] [akerir] *vt* **- 1.** [acheter] erwerben, kaufen **- 2.** [privilège, certitude] erlangen, erreichen **- 3.** [affection, respect] : **~ qqch** sich *(D)* etw verschaffen **- 4.** [apprendre] erlernen ; **~ des connaissances** Kenntnisse erwerben.

acquiescement [akjɛsmɑ̃] *nm* Zustimmung *die,* Einwilligung *die.*

acquiescer [21] [akjese] *vi* zu|stimmen ; **~ à qqch** etw *(D)* zu|stimmen ou bei|pflichten.

acquis, e [aki, iz] ◇ *pp* ▷ **acquérir** ◇ *adj* **- 1.** [caractère] erworben **- 2.** [droit, avantage] gesichert, zustehend. ◆ **acquis** *nm* Errungenschaft *die.*

acquisition [akizisjɔ̃] *nf* - **1.** [action] Erwerb *der* - **2.** [objet] Anschaffung *die.*

acquit [aki] *nm* - **1.** COMM Quittung *die* ; **pour ~** Betrag (dankend) erhalten - **2.** *loc* : **par ~ de conscience** um ganz sicher zu gehen.

acquittement [akitmɑ̃] *nm* - **1.** [d'obligation] Begleichen *das,* Begleichung *die* - **2.** [d'accusé] Freispruch *der.*

acquitter [3] [akite] *vt* - **1.** [accusé] freilsprechen - **2.** [régler] bezahlen, entrichten.

âcre [akr] *adj* - **1.** [saveur] herb, bitter - **2.** [fumée] beißend.

acrobate [akrɔbat] *nmf* Akrobat *der,* -in *die.*

acrobatie [akrɔbasi] *nf* Akrobatik *die.*

acrylique [akrilik] ◇ *nm* Acryl *das* ◇ *adj* Acryl-.

acte [akt] *nm* - **1.** [action] Tat *die,* Handlung *die* - **2.** THÉÂTRE Akt *der* - **3.** [document] Urkunde *die* ; **~ d'accusation** Anklageschrift *die* ; **~ de mariage** Heiratsurkunde ; **~ de naissance** Geburtsurkunde - **4.** *loc* : **faire ~ de présence** (physisch) anwesend sein ; **prendre ~ de qqch** etw zur Kenntnis nehmen.

acteur, trice [aktœr, tris] *nm, f* CIN & THÉÂTRE Schauspieler *der,* -in *die.*

actif, ive [aktif, iv] *adj* - **1.** [gén] aktiv - **2.** [produit, médicament] wirksam, gut wirkend. ◆ **actif** *nm* FIN Aktiva *Pl,* Aktivvermögen *das.*

action [aksjɔ̃] *nf* - **1.** [acte] Handlung *die,* Tat *die* - **2.** [faculté d'agir] Tat *die,* Handeln *das* - **3.** [activité] Handlung *die* - **4.** JUR Klage *die* - **5.** [mouvement & MIL] Aktion *die* - **6.** [influence] Wirkung *die* - **7.** FIN Aktie *die.*

actionnaire [aksjɔnɛr] *nmf* FIN Aktionär *der,* -in *die.*

actionner [3] [aksjɔne] *vt* betätigen.

activement [aktivmɑ̃] *adv* aktiv.

activer [3] [aktive] *vt* - **1.** [hâter] beschleunigen - **2.** [raviver] schüren. ◆ **s'activer** *vp* geschäftig sein.

activiste [aktivist] *nmf* POLIT Aktivist *der,* -in *die.*

activité [aktivite] *nf* - **1.** [dynamisme] Aktivität *die* ; **en ~** tätig - **2.** [processus] Tätigkeit *die* ; **l'~ économique** das Wirtschaftsleben - **3.** [occupation] Beschäftigung *die.*

actrice ▷ **acteur.**

actualisation [aktɥalizasjɔ̃] *nf* Aktualisierung *die.*

actualiser [3] [aktɥalize] *vt* aktualisieren.

actualité [aktɥalite] *nf* - **1.** [événements] : **l'~** das (aktuelle) Geschehen, das Zeitgeschehen ; **l'~ politique** das politische Tagesgeschehen - **2.** [d'un sujet] Aktualität *die.* ◆ **actualités** *nfpl* : **les ~s** die Nachrichten.

actuel, elle [aktɥɛl] *adj* - **1.** [contemporain, présent] derzeitig, aktuell - **2.** [d'actualité] aktuell.

actuellement [aktɥɛlmɑ̃] *adv* zurzeit.

acuité [akɥite] *nf* Schärfe *die.*

acupuncture, acuponcture [akypɔ̃ktyr] *nf* Akupunktur *die.*

adaptateur, trice [adaptatœr, tris] *nm, f* Bearbeiter *der,* -in *die.* ◆ **adaptateur** *nm* ÉLECTR Adapter *der.*

adaptation [adaptasjɔ̃] *nf* - **1.** [adéquation] : **~ (à qqch)** Anpassung (an etw *(A)*) *die* - **2.** [d'œuvre] Bearbeitung *die.*

adapter [3] [adapte] *vt* - **1.** [gén] : **~ qqch (à qqn/qqch)** etw (an jn/etw) anlpassen - **2.** [œuvre] bearbeiten ; **~ à l'écran** verfilmen. ◆ **s'adapter** *vp* : **s'~ (à qqch)** sich (an etw *(A)*) anlpassen.

additif, ive [aditif, iv] *adj* Zusatz-. ◆ **additif** *nm* - **1.** [supplément] Nachtrag *der* - **2.** [substance] Zusatz *der.*

addition [adisjɔ̃] *nf* - **1.** [ajout] Zufügung *die* - **2.** [calcul] Addition *die* - **3.** [note] Rechnung *die* ; **l'~ s'il vous plaît** zahlen bitte.

> **l'addition**
>
> Geht man in Frankreich mit mehreren Leuten etwas essen oder trinken, zahlt am Ende nicht jeder einzeln, sondern die Bedienung bringt - meistens auf einem kleinen Teller - eine Rechnung für den ganzen Tisch. Jeder legt seinen Anteil hin, die Bedienung nimmt den Gesamtbetrag mit und kommt mit dem Restgeld wieder zurück. Möchte man Trinkgeld geben, lässt man dies einfach auf dem Tisch oder dem Tellerchen liegen.

additionner [3] [adisjɔne] *vt* - **1.** [ajouter] : **~ qqch à qqch** etw mit etw mischen - **2.** [calculer] addieren, zusammenlrechnen.

adepte [adɛpt] *nmf* - **1.** [de secte, de parti politique] Anhänger *der,* -in *die* - **2.** [amateur] Liebhaber *der,* -in *die,* Fan *der.*

adéquat, e [adekwa, at] *adj* - **1.** [chose] angemessen, entsprechend - **2.** [personne] geeignet.

adéquation [adekwasjɔ̃] *nf* Übereinstimmung *die.*

adhérence [aderɑ̃s] *nf* Haftvermögen *das.*

adhérent, e [aderɑ̃, ɑ̃t] ◇ *adj* haftend, Haft- ◇ *nm, f* Mitglied *das.*

adhérer [18] [adere] *vi* - **1.** [coller] : **~ à qqch** an etw *(D)* haften - **2.** [être membre] :

~ à qqch etw *(D)* an|gehören **- 3.** [être d'accord] : **~ à qqch** etw *(D)* zu|stimmen.

adhésif, ive [adezif, iv] *adj* Klebe-. ◆ **adhésif** *nm* Klebstoff *der.*

adhésion [adezjɔ̃] *nf* : **~ (à qqch)** [parti] Mitgliedschaft *die* (bei etw) ; [idée] Zustimmung *die* (zu etw).

adieu, x [adjø] ◇ *interj* : **adieu!** leb wohl! ◇ *nm* : **tu peux dire ~ à tes vacances** mit deinen Ferien ist es jetzt aus. ◆ **adieux** *nmpl* Abschied *der.*

adipeux, euse [adipø, øz] *adj* fett.

adjectif [adʒɛktif] *nm* Adjektiv *das.*

adjoindre [82] [adʒwɛ̃dr] *vt* : **~ qqch à qqch** einer Sache *(D)* etw hinzu|fügen.

adjoint, e [adʒwɛ̃, ɛ̃t] ◇ *adj* stellvertretend ◇ *nm, f* Stellvertreter *der,* -in *die.*

adjonction [adʒɔ̃ksjɔ̃] *nf* Hinzufügung *die.*

adjudant [adʒydɑ̃] *nm* Feldwebel *der.*

adjuger [17] [adʒyʒe] *vt* **- 1.** [décerner] : **~ qqch à qqn** jm etw verleihen **- 2.** [aux enchères] : **~ qqch à qqn** jm den Zuschlag geben OU erteilen.

admettre [84] [admɛtr] *vt* **- 1.** [accepter] zu|lassen ; [raison, excuse] gelten lassen ; [dans organisme] auf|nehmen **- 2.** [supposer] : **admettons que** *(+ subjonctif)* angenommen (, dass) **- 3.** [autoriser] gestatten, zu|lassen.

administrateur, trice [administratœr, tris] *nm, f* [gérant] Verwalter *der,* -in *die.*

administratif, ive [administratif, iv] *adj* administrativ, behördlich.

administration [administrasjɔ̃] *nf* Verwaltung *die.*

administrer [3] [administre] *vt* [gérer] verwalten.

admirable [admirabl] *adj* **- 1.** [personne, comportement] bewundernswert **- 2.** [paysage, spectacle] wunderschön.

admirateur, trice [admiratœr, tris] *nm, f* Bewunderer *der,* -derin *die.*

admiratif, ive [admiratif, iv] *adj* voller Bewunderung.

admiration [admirasjɔ̃] *nf* Bewunderung *die.*

admiratrice ▷ **admirateur.**

admirer [3] [admire] *vt* bewundern.

admis, e [admi, iz] *pp* ▷ **admettre.**

admissible [admisibl] *adj* **- 1.** [attitude] zulässig **- 2.** [candidat] : **~ (à l'oral)** zur mündlichen Prüfung zugelassen.

admission [admisjɔ̃] *nf* [acceptation & JUR] Zulassung *die.*

admonester [3] [admɔnɛste] *vt littéraire* verwahren, ermahnen.

ADN (*abr de* **acide désoxyribonucléique**) *nm* DNS *die,* DNA *die (Desoxyribonucleinsäure).*

ado [ado] (*abr de* **adolescent**) *nmf fam* Teenie *der.*

adolescence [adɔlesɑ̃s] *nf* Jugendalter *das.*

adolescent, e [adɔlesɑ̃, ɑ̃t] *nm, f* Jugendliche *der, die,* Teenager *der.*

adopter [3] [adɔpte] *vt* **- 1.** [enfant] adoptieren **- 2.** [idée] an|nehmen, über|nehmen **- 3.** [loi] verabschieden.

adoptif, ive [adɔptif, iv] *adj* Adoptiv-.

adoption [adɔpsjɔ̃] *nf* **- 1.** [d'enfant] Adoption *die* **- 2.** [de loi] Verabschiedung *die.*

adorable [adɔrabl] *adj* **- 1.** [personne] lieb **- 2.** [chose] süß, niedlich.

adoration [adɔrasjɔ̃] *nf* **- 1.** [amour] Vergötterung *die* **- 2.** RELIG Anbetung *die.*

adorer [3] [adɔre] *vt* **- 1.** [personne] vergöttern **- 2.** [chose] lieben.

adosser [3] [adose] *vt* : **adossé à qqch** an OU gegen etw *(A)* gelehnt. ◆ **s'adosser** *vp* : **s'~ à qqch** sich gegen OU an etw *(A)* lehnen.

adoucir [32] [adusir] *vt* **- 1.** [peine, douleur] mildern **- 2.** [eau] enthärten. ◆ **s'adoucir** *vp* **- 1.** [climat] milder werden **- 2.** [personne] sich besänftigen.

adoucissant, e [adusisɑ̃, ɑ̃t] *adj* mildernd, besänftigend. ◆ **adoucissant** *nm* Enthärter *der.*

adresse [adrɛs] *nf* **- 1.** [domicile & INFORM] Adresse *die,* Anschrift *die* ; **~ électronique** E-Mail-Adresse *die* **- 2.** [habileté] Geschick *das,* Geschicklichkeit *die* **- 3.** [finesse, ruse] Verschlagenheit *die,* Wendigkeit *die.*

adresser [4] [adrese] *vt* **- 1.** [destiner] : **~ qqch à qqn** etw an jn richten **- 2.** [envoyer] : **~ qqch à qqn** etw an jn schicken. ◆ **s'adresser** *vp* : **s'~ à qqn** sich an jn richten.

adroit, e [adrwa, at] *adj* geschickt.

adroitement [adrwatmɑ̃] *adv* geschickt.

aduler [3] [adyle] *vt* vergöttern.

adulte [adylt] ◇ *nmf* Erwachsene *der, die* ◇ *adj* [personne] erwachsen ; [animal, plante] ausgewachsen.

adultère [adyltɛr] ◇ *nm* Ehebruch *der* ◇ *adj* ehebrecherisch.

advenir [40] [advənir] *v impers* : **qu'adviendra-t-il de notre projet?** was soll aus unserem Projekt werden?

advenu, e [advəny] *pp* ▷ **advenir.**

adverbe [advɛrb] *nm* Adverb *das.*

adversaire [advɛrsɛr] *nmf* Gegner *der,* -in *die.*

adverse [advɛrs] *adj* **- 1.** [opposé] gegnerisch, Gegen- **- 2.** JUR ▷ **parti.**

adversité [advɛrsite] *nf* Unglück *das.*

aération [aerasjɔ̃] *nf* Lüftung *die,* Belüftung *die.*

aérer [18] [aere] *vt* **- 1.** [pièce] lüften **- 2.** [chose] aus|lüften.

aérien, enne [aerjɛ̃, ɛn] *adj* **- 1.** AÉRON Flug-, Luft- **- 2.** [comme l'air] luftig, Luft-.

aérobic [aerɔbik] *nm* Aerobic *das.*

aérodrome [aerɔdrom] *nm* Flugplatz *der.*

aérodynamique [aerɔdinamik] *adj* aerodynamisch, stromlinienförmig.

aérogare [aerɔgar] *nf* **- 1.** [aéroport] Flughafengebäude *das* **- 2.** [gare routière] Abfahrtstelle *die* der Flughafenbusse.

aéroglisseur [aerɔglisœr] *nm* Luftkissenboot *das.*

aérogramme [aerɔgram] *nm* Aerogramm *das.*

aéronautique [aerɔnotik] ◇ *nf* Luftfahrt *die* ◇ *adj* Flug-, Luft-.

aéronaval, e, als [aerɔnaval] *adj* Marineluft-. ◆ **aéronavale** *nf* : **l'~e** die Marineluftwaffe.

aérophagie [aerɔfaʒi] *nf* Luftschlucken *das* ; **avoir de l' ~** Blähungen haben.

aéroport [aerɔpɔr] *nm* Flughafen *der.*

aéroporté, e [aerɔpɔrte] *adj* luftbefördert.

aérosol [aerɔsɔl] ◇ *nm* Aerosol *das,* Treibgas *das* ◇ *adj inv* Aerosol-, Treibgas-.

aérospatial, e, aux [aerɔspasjal, o] *adj* Raumfahrt-. ◆ **aérospatiale** *nf* : **l'~e** die Raumfahrt.

affable [afabl] *adj* **- 1.** [parole, ton] entgegenkommend, freundlich **- 2.** [personne] leutselig, wohlwollend.

affaiblir [32] [afeblir] *vt* [fatiguer] schwächen. ◆ **s'affaiblir** *vp* [se fatiguer] schwächer werden, ermatten.

affaire [afɛr] *nf* **- 1.** [question] Sache *die,* Angelegenheit *die* **- 2.** [histoire, polémique] Affäre *die* **- 3.** [marché, entreprise] Geschäft *das* **- 4.** JUR Fall *der,* Sache *die* **- 5.** *loc* : **tu auras ~ à moi!** du wirst es mit mir zu tun bekommen! ◆ **affaires** *nfpl* **- 1.** [situation, objets] Sachen **- 2.** [publiques] öffentliche Angelegenheiten ; [commerciales] Geschäfte *Pl.*

affairé, e [afere] *adj* sehr beschäftigt.

affairer [4] [afere] ◆ **s'affairer** *vp* geschäftig sein.

affairisme [aferism] *nm* Geschäftemacherei *die.*

affaisser [4] [afɛse] ◆ **s'affaisser** *vp* **- 1.** [sol] nach|geben, ein|sacken **- 2.** [personne] zusammen|brechen.

affaler [3] [afale] ◆ **s'affaler** *vp* : **s'~ dans qqch** *fam* sich in etw *(A)* fallen lassen.

affamé, e [afame] *adj* **- 1.** [personne] sehr hungrig **- 2.** [animal] ausgehungert.

affecté, e [afɛkte] *adj* [attitude] affektiert.

affecter [4] [afɛkte] *vt* **- 1.** [consacrer] : **~ qqch à qqn** jm etw zu|weisen **- 2.** [nommer] : **~ qqn à un poste** jn auf einen Posten versetzen **- 3.** [émouvoir] treffen, erschüttern **- 4.** *sout* [feindre] vor|täuschen, vor|spielen.

affectif, ive [afɛktif, iv] *adj* affektiv, Gefühls-.

affection [afɛksjɔ̃] *nf* **- 1.** [sentiment] Zuneigung *die* ; **prendre qqn en ~** jn lieb gewinnen **- 2.** [maladie] Erkrankung *die.*

affectionner [3] [afɛksjɔne] *vt* : **~ qqch** eine Vorliebe für etw haben.

affectueux, euse [afɛktɥø, øz] *adj* [personne] liebevoll ; [animal] anhänglich.

affichage [afiʃaʒ] *nm* **- 1.** [action] Anschlagen *das* **- 2.** TECHNOL : **~ numérique** Digitalanzeige *die.* ◆ **affichage publicitaire** *nm* Plakatwerbung *die.*

affiche [afiʃ] *nf* Plakat *das.*

afficher [3] [afiʃe] *vt* **- 1.** [publier] an|schlagen, öffentlich bekannt geben **- 2.** *sout* [expression] zur Schau tragen.

affilée [afile] ◆ **d'affilée** *loc adv* hintereinander.

affiner [3] [afine] *vt fig* [goût] verfeinern ; [esprit] schärfen.

affinité [afinite] *nf* Affinität *die,* Wesensverwandtschaft *die.*

affirmatif, ive [afirmatif, iv] *adj* **- 1.** [positif] bejahend, bestätigend **- 2.** [certain] sicher, bestimmt. ◆ **affirmatif** *interj* : **affirmatif!** richtig! ◆ **affirmative** *nf* : **répondre par l'affirmative** zusagen.

affirmation [afirmasjɔ̃] *nf* [assertion & GRAM] Behauptung *die.*

affirmer [3] [afirme] *vt* **- 1.** [certifier] bestätigen **- 2.** [prétendre] behaupten.

> **affirmer**
>
> **Ich bin ganz sicher, dass das richtig war.** Je suis absolument sûr que c'était juste.
>
> **Ich bin davon überzeugt, dass sie Recht hatte.** Je suis convaincu qu'elle avait raison.
>
> **Da bin ich mir ganz sicher.** Alors là, je suis sûr de moi.
>
> **Daran besteht kein Zweifel.** Il n'y a aucun doute là-dessus.
>
> **Darauf können Sie sich verlassen.** Vous pouvez y compter.

affleurer [5] [aflœre] *vi littéraire* **- 1.** [paraître] zu Tage treten - 2. [sentiment] auf|kommen.

affliction [afliksjɔ̃] *nf sout* Kümmernis *die*, Betrübnis *die*.

affligé, e [afliʒe] *adj* - 1. *sout* [attristé] betroffen - 2. [souffrant] : **~ de qqch** [défaut] mit etw behaftet ; [maladie] von etw heimgesucht.

affligeant, e [afliʒɑ̃, ɑ̃t] *adj* - 1. [nouvelle, affaire] betrüblich - 2. [défaut] beklagenswert.

affliger [17] [afliʒe] *vt sout* betrüben. ◆ **s'affliger** *vp sout* : **s'~ de qqch** um etw bekümmert sein.

affluence [aflyɑ̃s] *nf* Zulauf *der*, Andrang *der*.

affluent [aflyɑ̃] *nm* Nebenfluss *der*.

affluer [3] [aflye] *vi* - 1. [sang, capitaux, dons] zusammen|fließen - 2. [personnes] zusammen|strömen.

afflux [afly] *nm* - 1. [de liquide, de personnes] Andrang *der* - 2. [de capitaux, de dons] Zufluss *der*.

affoler [3] [afɔle] *vt* - 1. [inquiéter] : **~ qqn** jm große Sorgen bereiten - 2. [paniquer] : **~ qqn** jm Angst ein|jagen - 3. [émouvoir] verwirren, aus der Fassung bringen. ◆ **s'affoler** *vp* - 1. [paniquer] den Kopf verlieren - 2. [s'énerver] sich auf|regen.

affranchir [32] [afrɑ̃ʃir] *vt* - 1. [timbrer] frankieren, frei|machen - 2. *fig* [libérer] : **~ qqn de qqch** jn von etw frei machen.

affreux, euse [afrø, øz] *adj* - 1. [blessure, crime] ungeheuer, schrecklich - 2. [pensée, cauchemar] fürchterlich - 3. [temps, situation] grässlich.

affriolant, e [afrijɔlɑ̃, ɑ̃t] *adj sout* verführerisch.

affront [afrɔ̃] *nm* Kränkung *die*, Affront *der*.

affrontement [afrɔ̃tmɑ̃] *nm* Auseinandersetzung *die*.

affronter [3] [afrɔ̃te] *vt* - 1. [personne] : **~ qqn** jm trotzen, sich jm stellen - 2. [situation] an|gehen.

affubler [3] [afyble] *vt péj* : **~ qqn de qqch** jn mit etw aus|staffieren.

affût [afy] *nm* : **être à l'~ (de qqch)** (auf etw *(A)*) lauern.

affûter [3] [afyte] *vt* schleifen.

afin [afɛ̃] ◆ **afin de** *loc prép* um zu. ◆ **afin que** *loc conj (+ subjonctif)* damit.

africain, e [afrikɛ̃, ɛn] *adj* afrikanisch. ◆ **Africain, e** *nm, f* Afrikaner *der*, -in *die*.

Afrique [afrik] *nf* : **l'~** Afrika *nt*.

after-shave [aftœrʃɛv] *nm inv* Aftershave *das*.

AG (*abr de* **assemblée générale**) *nf* GV *die*, Generalversammlung *die*.

agaçant, e [agasɑ̃, ɑ̃t] *adj* lästig.

agacer [16] [agase] *vt* : **~ qqn** jm auf die Nerven gehen, jn ärgern.

âge [aʒ] *nm* - 1. [gén] Alter *das* ; **quel ~ as-tu/avez-vous?** wie alt bist du/sind Sie? ; **prendre de l'~** alt werden ; **le troisième ~** das Seniorenalter - 2. [époque] Zeit *die* ; **~ d'or** *fig* Hochblüte *die*.

âgé, e [aʒe] *adj* alt ; **être ~ de 20 ans** 20 Jahre alt sein ; **un enfant ~ de trois ans** ein dreijähriges Kind ; **les personnes ~es** die Senioren.

agence [aʒɑ̃s] *nf* Agentur *die*, Geschäftsstelle *die* ; **~ immobilière** Maklerbüro *das* ; **~ de voyages** Reisebüro *das*. ◆ **Agence nationale pour l'emploi** *nf* ≃ Arbeitsamt *das*.

agencer [16] [aʒɑ̃se] *vt* - 1. [éléments] zusammen|stellen - 2. [espace] ein|richten - 3. [programme] an|ordnen.

agenda [aʒɛ̃da] *nm* Taschenkalender *der*, Terminkalender *der*.

agenouiller [3] [aʒnuje] ◆ **s'agenouiller** *vp* : **s'~ (devant qqn)** sich (vor jm) hin|knien OU nieder|knien.

agent [aʒɑ̃] *nm* - 1. [représentant] Vertreter *der*, -in *die* ; **~ de change** Börsenmakler *der*, -in *die* ; **~ de police** Polizeibeamte *der*, -tin *die* ; **~ secret** Geheimagent *der*, -in *die* - 2. [facteur] Kräfte *Pl* - 3. [substance] Wirkstoff *der*.

agglomération [aglɔmerasjɔ̃] *nf* [ville] Siedlung *die*.

aggloméré [aglɔmere] *nm* [bois] Pressholz *das*.

agglomérer [18] [aglɔmere] *vt* an|häufen, auf|häufen.

agglutiner [3] [aglytine] *vt* zusammen|kleben. ◆ **s'agglutiner** *vp* - 1. [particules] zusammen|kleben - 2. [foule] sich drängen.

aggraver [3] [agrave] *vt* - 1. [gén] verschärfen - 2. [maladie, état] verschlechtern. ◆ **s'aggraver** *vp* - 1. [gén] sich zu|spitzen - 2. [état, maladie] sich verschlechtern.

agile [aʒil] *adj* - 1. [corps] wendig, gewandt - 2. [esprit] agil.

agilité [aʒilite] *nf* Wendigkeit *die*.

agir [32] [aʒir] *vi* - 1. [faire] handeln - 2. [se comporter] handeln, sich verhalten - 3. [influencer] : **~ sur qqn/qqch** auf jn/etw ein|wirken - 4. [être efficace] wirken. ◆ **s'agir** *v impers* : **de quoi s'agit-il?** worum handelt es sich? ; **il s'agit de** es handelt sich um ; **il s'agit de faire qqch** es geht darum, etw zu tun.

agissements [aʒismɑ̃] *nmpl* Machenschaften *Pl*.

agitateur, trice [aʒitatœr, tris] *nm, f* POLIT Agitator *der*, -in *die*.
agitation [aʒitasjɔ̃] *nf* - **1.** [nervosité, trouble] Unruhe *die* - **2.** [mouvement] Wogen *das*.
agité, e [aʒite] *adj* unruhig ; [mer] stürmisch.
agiter [3] [aʒite] *vt* - **1.** [remuer] hin- und her|bewegen, schütteln - **2.** [énerver] verstören. ◈ **s'agiter** *vp* unruhig sein OU werden.
agneau, x [aɲo] *nm* - **1.** [animal] Lamm *das* - **2.** [viande] Lammfleisch *das*.
agonie [agɔni] *nf* Todeskampf *der ; fig* Untergang *der*.
agoniser [3] [agɔnize] *vi* mit dem Tode ringen ; *fig* unter|gehen.
agrafe [agraf] *nf* - **1.** [de bureau] Heftklammer *die* - **2.** MÉD Klammer *die*.
agrafer [3] [agrafe] *vt* an|klammern.
agrafeuse [agraføz] *nf* Hefter *der*.
agraire [agrɛr] *adj* Agrar-.
agrandir [32] [agrɑ̃dir] *vt* [élargir & PHOT] vergrößern. ◈ **s'agrandir** *vp* - **1.** [s'étendre] sich vergrößern, sich erweitern - **2.** [se développer] sich vergrößern, expandieren.
agrandissement [agrɑ̃dismɑ̃] *nm* [élargissement & PHOT] Vergrößerung *die*.
agréable [agreabl] *adj* angenehm.
agréer [15] [agree] *vt sout* - **1.** [accepter] zulassen ; **veuillez ~ mes salutations distinguées** OU **l'expression de mes sentiments distingués** mit freundlichen Grüßen - **2.** [convenir] : **~ à qqn** jm recht sein.
agrégation [agregasjɔ̃] *nf französische Staatsprüfung für das Lehramt an Gymnasien und Universitäten.*
agrément [agremɑ̃] *nm* - **1.** [avantage] Vorzug *der* - **2.** *sout* [approbation] Einwilligung *die*.
agrès [agrɛ] *nmpl* Turngeräte *Pl*.
agresser [4] [agrese] *vt* [physiquement] an|greifen, überfallen.
agressif, ive [agresif, iv] *adj* aggressiv.
agression [agrɛsjɔ̃] *nf* Angriff *der*.
agressivité [agrɛsivite] *nf* Aggressivität *die*.
agricole [agrikɔl] *adj* landwirtschaftlich, Landwirtschafts-.
agriculteur, trice [agrikyltœr, tris] *nm, f* Landwirt *der*, -in *die*.
agriculture [agrikyltyr] *nf* Landwirtschaft *die*.
agripper [3] [agripe] *vt* - **1.** [personne] packen - **2.** [objet] ergreifen.
agroalimentaire [agroalimɑ̃tɛr] *adj* von Nahrungsmitteln ; **industrie ~** Nahrungsmittelindustrie *die ;* **produit ~** Nahrungsmittel *das*.
agronome [agrɔnɔm] *nmf* Diplomlandwirt *der*, -in *die*.
agrumes [agrym] *nmpl* Zitrusfrüchte *Pl*.
aguets [agɛ] ◈ **aux aguets** *loc adv* : **être** OU **rester aux ~** auf der Lauer sein OU stehen ; *fig* auf der Hut sein.
aguicher [agiʃe] *vt* an|machen.
ah [a] *interj* - **1.** [de plaisir] oh - **2.** [de douleur] au - **3.** [de surprise, exclamation] ach.
ahuri, e [ayri] ◇ *adj* verdattert ◇ *nm, f* Trottel *der*.
ahurissant, e [ayrisɑ̃, ɑ̃t] *adj* verblüffend.
ai [ɛ] ▷ **avoir.**
aide [ɛd] ◇ *nf* - **1.** [assistance] Hilfe *die ;* **venir en ~ à qqn** jm Hilfe leisten - **2.** [financière] Unterstützung *die ;* **~ sociale** Sozialhilfe *die* - **3.** [personne] : **~ familiale** Familienhelferin *die ;* **~ ménagère** Haushaltshilfe *die* ◇ *nmf* - **1.** [adjoint] Gehilfe *der*, -fin *die* - **2.** [en renfort] Hilfskraft *die*. ◈ **à l'aide de** *loc prép* : **à l'~ de qqch** mit Hilfe einer Sache *(G)*.
aide-comptable *nmf* Hilfsbuchhalter *der*, -in *die*.
aide-mémoire *nm inv* - **1.** [note] Gedächtnisstütze *die* - **2.** [mémento] kurz gefasstes Lehrbuch.
aider [4] [ede] ◇ *vt* - **1.** [assister] : **~ qqn** jm helfen ; **~ qqn à faire qqch** jm helfen, etw zu tun - **2.** [être utile à] : **~ qqn** jm hilfreich sein ◇ *vi* : **~ à qqch** für OU bei etw hilfreich sein.
aide-soignant, e *nm, f* Krankenpflegehelfer *der*, -in *die*.
aie *etc* ▷ **avoir.**
aïe [aj] *interj* - **1.** [de douleur] au - **2.** [de désagrément] o je.
aigle [ɛgl] *nm* Adler *der*.
aigre [ɛgr] *adj* - **1.** [saveur] sauer - **2.** [odeur] säuerlich.
aigre-doux, -douce *adj* - **1.** CULIN süßsauer - **2.** [propos] bittersüß.
aigrelet, ette [ɛgrəlɛ, ɛt] *adj* - **1.** [vin] herb - **2.** [voix] quäkig.
aigreur [ɛgrœr] *nf* - **1.** [d'aliment] saurer Geschmack - **2.** [de propos] Bitterkeit *die*. ◈ **aigreurs d'estomac** *nfpl* Sodbrennen *das (sans pl)*.
aigri, e [egri] ◇ *adj* verbittert ◇ *nm, f* verbitterter Mensch.
aigu, uë [egy] *adj* - **1.** [cri] schrill ; [note] hoch - **2.** [angle] spitz - **3.** [douleur] stechend - **4.** [conflit] zugespitzt - **5.** [développé] ausgeprägt ; [intelligence, perception] scharf.
aiguillage [egɥijaʒ] *nm* RAIL Weichenstellen *das ;* [dispositif] Weiche *die*.
aiguille [egɥij] *nf* - **1.** [à coudre, de conifère]

Nadel *die* ; **chercher une ~ dans une botte de foin** *fig* eine Stecknadel in einem Heuhaufen suchen - **2.** [de pendule] Zeiger *der* - **3.** GÉOGR & ARCHIT Spitze *die*.

aiguiller [egɥije] *vt* - **1.** RAIL Weichen stellen - **2.** [orienter] : **~ qqn vers qqch** jn auf etw *(A)* orientieren ; **~ la conversation sur qqch** das Gespräch auf etw *(A)* bringen.

aiguilleur [egɥijœr] *nm* - **1.** RAIL Weichenwärter *der* - **2.** AÉRON : **~ du ciel** Fluglotse *der*, -sin *die*.

aiguiser [3] [egize] *vt* [outil] schleifen.

ail [aj] (*pl* **ails** OU **aulx** [o]) *nm* Knoblauch *der (sans pl)*.

aile [ɛl] *nf* - **1.** [gén] Flügel *der* - **2.** [de voiture] Kotflügel *der* - **3.** [d'avion] Tragfläche *die*. ◆ **ailes du nez** *nfpl* Nasenflügel *Pl*.

aileron [ɛlrɔ̃] *nm* - **1.** [de requin] Flosse *die* - **2.** [d'avion] Querruder *das*.

ailier [elje] *nm* Flankenspieler *der*, Flügelstürmer *der*.

aille *etc* ▷ **aller.**

ailleurs [ajœr] *adv* woanders. ◆ **d'ailleurs** *loc adv* übrigens. ◆ **par ailleurs** *loc adv* im Übrigen, außerdem.

aimable [ɛmabl] *adj* - **1.** [propos] nett - **2.** [personne, caractère] liebenswürdig - **3.** [air, sourire] freundlich.

aimablement [ɛmabləmɑ̃] *adv* freundlich.

aimant, e [ɛmɑ̃, ɑ̃t] *adj* lieb, liebevoll. ◆ **aimant** *nm* Magnet *der*.

aimer [4] [eme] *vt* - **1.** [d'amour] lieben - **2.** [d'affection] lieb haben - **3.** [apprécier] mögen ; **bien ~ qqch** etw mögen ; **bien ~ faire qqch** etw gern tun ; **~ que** *(+ subjonctif)* es mögen, dass OU wenn ; **mieux ~ qqch (que qqch)** etw (einer Sache *(D)*) vor|ziehen ; **j'aime mieux nager que faire du ski** ich schwimme lieber, als dass ich Ski fahre - **4.** *(au conditionnel)* : **j'aimerais/il aimerait (bien) qqch** ich hätte/er hätte etw gern ; **j'aimerais/il aimerait bien que** *(+ subjonctif)* es wäre mir/es wäre ihm lieb, wenn.

aine [ɛn] *nf* Leiste *die*.

aîné, e [ene] ◇ *adj* älteste,-r,-s ◇ *nm, f* Älteste *der, die, das* ; **elle est mon ~e de deux ans** sie ist zwei Jahre älter als ich.

ainsi [ɛ̃si] *adv* so. ◆ **ainsi que** *loc conj* - **1.** [comme] (so) wie ; **c'est ~ que** und so. - **2.** [et] sowie.

air [ɛr] *nm* - **1.** [que l'on respire, espace] Luft *die* ; **prendre l'~** frische Luft schnappen ; **~ conditionné** Aircondition *die*, Klimaanlage *die* ; **en plein ~** im Freien - **2.** [apparence] Anschein *der* ; **avoir l'~ de qqch** so aus|sehen wie etw - **3.** [mine] Gesichtsausdruck *der* - **4.** MUS Melodie *die*. ◆ **en l'air** ◇ *loc adv* : **être en l'~** in der Luft sein ; **lancer en l'~** in die Luft werfen ◇ *loc adj* : **paroles en l'~** leere Worte.

Airbag® [ɛrbag] *nm* Airbag® *der*.

aire [ɛr] *nf* - **1.** [zone] Platz *der* ; **~ d'atterrissage** Landezone *die* ; **~ de jeux** Spielplatz ; **~ de repos** Rastplatz - **2.** [superficie] Fläche *die*.

aisance [ɛzɑ̃s] *nf* - **1.** [facilité] Leichtigkeit *die* - **2.** [richesse] Wohlstand *der*.

aise [ɛz] *nf* : **être à l'~** OU **à son ~** sich wohl fühlen ; **mettez-vous à l'~** machen Sie es sich bequem ; **mettre qqn mal à l'~** jn in Verlegenheit bringen. ◆ **aises** *nfpl* Bequemlichkeit *die* ; **prendre ses ~s** sich breit machen.

aisé, e [eze] *adj* - **1.** *sout* [facile] einfach - **2.** [riche] wohlhabend.

aisément [ezemɑ̃] *adv* mühelos.

aisselle [ɛsɛl] *nf* Achselhöhle *die*.

ait [ɛ] ▷ **avoir.**

ajonc [aʒɔ̃] *nm* Stechginster *der*.

ajourner [3] [aʒurne] *vt* [réunion] vertagen ; [rendez-vous] auf|schieben.

ajout [aʒu] *nm* Zusatz *der*.

ajouter [3] [aʒute] *vt* - **1.** [additionner] hinzu|geben - **2.** [mot, précision] hinzu|setzen ; **~ un mot à une phrase** einem Satz ein Wort hinzu|fügen. ◆ **ajouter à** *v prép* [ennui, détresse] verschlimmern ; [joie, plaisir] vergrößern. ◆ **s'ajouter** *vp* : **s'~ à qqch** zu etw hinzu|kommen.

ajusté, e [aʒyste] *adj* - **1.** [coupé] antailliert - **2.** [fixé] passend.

ajuster [3] [aʒyste] *vt* - **1.** [adapter] an|passen - **2.** [tir] aus|richten - **3.** [cravate] zurecht|rücken.

ajusteur [aʒystœr] *nm* Schlosser *der*, -in *die*.

alangui, e [alɑ̃gi] *adj* ermattet.

alarme [alarm] *nf* - **1.** [alerte] Alarm *der* ; **donner l'~** Alarm schlagen - **2.** [sonnerie] Alarmsignal *das* - **3.** [dispositif] Alarmanlage *die*.

alarmer [3] [alarme] *vt* beunruhigen. ◆ **s'alarmer** *vp* sich beunruhigen.

Albanie [albani] *nf* : **l'~** Albanien *nt*.

albâtre [albatr] *nm* Alabaster *der*.

albatros [albatros] *nm* Albatros *der*.

albinos [albinos] ◇ *nmf* Albino *der* ◇ *adj* Albino-.

album [albɔm] *nm* - **1.** [classeur, disque] Album *das* ; **~ photo** Fotoalbum - **2.** [livre] Band *der*.

alchimiste [alʃimist] *nmf* Alchimist *der*, -in *die*.

alcool [alkɔl] *nm* Alkohol *der* ; **~ à 90°** ; 90%iger Alkohol ; **~ à brûler** Brennspiritus *der*.

alcoolique [alkɔlik] <> *nmf* Alkoholiker *der*, -in *die* <> *adj* Alkohol-, alkoholisch.

alcoolisé, e [alkɔlize] *adj* alkoholisch.

alcoolisme [alkɔlism] *nm* Alkoholismus *der*.

Alcootest®, Alcotest [alkotɛst] *nm Alkoholtest mit Blasröhrchen*.

alcôve [alkov] *nf* Alkoven *der*.

aléatoire [aleatwar] *adj* zufallsbedingt, ungewiss.

alentour [alɑ̃tur] *adv sout* ringsumher. ◆ **alentours** *nmpl* [abords] : **les ~s** die Umgebung *(sans pl)* ; **aux ~s de** [lieu] in der Gegend von ; [heure] etwa um, gegen.

alerte [alɛrt] <> *adj* - **1.** [personne] munter - **2.** [esprit] aufgeweckt - **3.** [style] locker <> *nf* Alarm *der* ; **donner l'~** Alarm geben.

alerter [3] [alɛrte] *vt* alarmieren.

algèbre [alʒɛbr] *nf* Algebra *die*.

Alger [alʒe] *n* Algier *nt*.

Algérie [alʒeri] *nf* : **l'~** Algerien *nt*.

algérien, enne [alʒerjɛ̃, ɛn] *adj* algerisch. ◆ **Algérien, enne** *nm, f* Algerier *der*, -in *die*.

algue [alg] *nf* Alge *die*.

alibi [alibi] *nm* Alibi *das*.

aliénation [aljenasjɔ̃] *nf* - **1.** PSYCHOL Entfremdung *die* - **2.** JUR Übertragung *die*.

aliéné, e [aljene] <> *adj* - **1.** PSYCHOL entfremdet, fremdbestimmt - **2.** JUR übertragen - **3.** MÉD geistesgestört <> *nm, f* MÉD Geisteskranke *der, die*.

alignement [aliɲmɑ̃] *nm* [disposition] Ausrichtung *die*.

aligner [3] [aliɲe] *vt* - **1.** [objets] auf|reihen - **2.** [chiffres] auf|stellen - **3.** [attitude] : **~ qqch sur qqch** etw nach etw aus|richten. ◆ **s'aligner** *vp* - **1.** [soldats, enfants] sich in Reih und Glied auf|stellen - **2.** *fig* [se rallier] : **s'~ sur qqch** auf etw *(A)* ein|schwenken.

aliment [alimɑ̃] *nm* - **1.** [nourriture] Nahrungsmittel *das* - **2.** *fig* [matière] Stoff *der*.

alimentaire [alimɑ̃tɛr] *adj* - **1.** [produit] Nahrungs- ; **produits ~s** Lebensmittel *Pl* - **2.** [industrie] Lebensmittel-, Nahrungsmittel- - **3.** [travail] lediglich dem Broterwerb dienend.

alimentation [alimɑ̃tasjɔ̃] *nf* - **1.** [nourriture] Ernährung *die* - **2.** [produits] : **l'~** die Lebensmittel *Pl* - **3.** [approvisionnement] Versorgung *die*.

alimenter [3] [alimɑ̃te] *vt* - **1.** [nourrir] : **~ qqn** jm zu essen geben - **2.** [approvisionner] : **~ qqch en qqch** etw mit etw versorgen - **3.** [entretenir] : **~ qqch** einer Sache *(D)* Stoff liefern.

alinéa [alinea] *nm* [paragraphe] Absatz *der*.

aliter [3] [alite] *vt* : **être alité** krank im Bett liegen. ◆ **s'aliter** *vp* sich ins Bett legen.

allaitement [alɛtmɑ̃] *nm* Stillen *das*.

allaiter [4] [alete] *vt* stillen.

alléchant, e [aleʃɑ̃, ɑ̃t] *adj* verlockend.

allécher [18] [aleʃe] *vt* an|locken.

allée [ale] *nf* - **1.** [chemin] Allee *die* - **2.** [passage] Gang *der*. ◆ **allées et venues** *nfpl* Lauferei *die* ; **faire des ~s et venues** hin- und her|fahren.

allégé, e [aleʒe] *adj* light, leicht ; **régime ~** fettarme Kost.

alléger [22] [aleʒe] *vt* - **1.** [poids] leichter machen - **2.** [programme, impôts] entlasten - **3.** *fig* [soucis, peine] lindern.

allégorie [alegɔri] *nf* Allegorie *die*.

allègre [alɛgr] *adj* [démarche] munter.

allégresse [alegrɛs] *nf* Jubel *der*.

Allemagne [almaɲ] *nf* : **l'~** Deutschland *nt*.

allemand, e [almɑ̃, ɑ̃d] *adj* deutsch. ◆ **allemand** *nm* [langue] Deutsch(e) *(das)*. ◆ **Allemand, e** *nm, f* Deutsche *der, die*.

aller [31] [ale] <> *nm* - **1.** [à pied] Hinweg *der* ; [en train, en voiture] Hinfahrt *die* ; [en avion] Hinflug *der* - **2.** [billet - de train] einfache Fahrkarte ; [- d'avion] einfaches Flugticket <> *vi* - **1.** [se déplacer - en véhicule] fahren ; [- à pied, au cinéma] gehen ; **~ faire qqch** fort|gehen, um etw zu tun ; **~ travailler** zur Arbeit gehen ; **~ chercher qqn/qqch** jn/etw ab|holen ; **~ se promener** spazieren gehen ; **on y va?** können wir? ; **allons-y!** dann also los! ; **vas-y!** mach (doch)! ; **allez, au revoir!** also dann, auf Wiedersehen! - **2.** [santé, état, personne] : **comment vas-tu?** wie geht es dir? ; **(comment) ça va?** wie geht's? ; **ça va** es geht ganz gut ; **il va mieux** ihm geht es besser - **3.** [couleur, vêtement, style] : **~ avec qqch** zu etw passen ; **~ à qqn** jm stehen ; **~ ensemble** zusammen|passen - **4.** [être adapté] : **~ pour qqch** für etw geeignet sein ; **le cahier va avec le manuel** das Heft und das Lehrbuch gehören zusammen ; **ça ira!** ist schon gut! - **5.** *loc* : **il en va de cette affaire comme des autres** mit dieser Sache verhält es sich wie mit den anderen <> *v aux (exprime le futur proche)* werden ; **je vais être en retard** ich werde zu spät kommen ; **nous allons bientôt avoir fini** wir sind bald fertig. ◆ **s'en aller** *vp* - **1.** [partir] gehen - **2.** [disparaître] weg|gehen.

allergie [alɛrʒi] *nf* Allergie *die* ; **avoir une ~ à qqch** *litt & fig* gegen etw allergisch sein.

allergique [alɛrʒik] *adj* allergisch ; **être ~ à qqn/qqch** *litt & fig* gegen jn/etw allergisch sein.

aller-retour [aler(ə)tur] *nm* Rückfahrkarte *die* ; [en avion] Hin- und Rückflug *der.*

alliage [aljaʒ] *nm* Legierung *die.*

alliance [aljɑ̃s] *nf* - **1.** [union] Allianz *die,* Bündnis *das* - **2.** [anneau] Trauring *der* - **3.** [mariage] (eheliche) Verbindung ; **par ~** angeheiratet *(adj).*

allié, e [alje] *nm, f* - **1.** [soutien] Verbündete *der, die, das* - **2.** MIL Alliierte *der, die, das.*

allier [alje] *vt* : **~ qqch à qqch** *fig* etw mit etw verbinden. ◆ **s'allier** *vp* [pays] : **s'~ (à un État)** sich (mit einem Staat) verbünden.

alligator [aligatɔr] *nm* Alligator *der.*

allô [alo] *interj in Frankreich Begrüßungsformel des Angerufenen am Telefon.*

allocation [alɔkasjɔ̃] *nf* [financière] : **~ (de) chômage** Arbeitslosengeld *das* ; **~s familiales** Kindergeld *das* ; **~ (de) logement** Wohngeld *das.*

allocution [alɔkysjɔ̃] *nf* Ansprache *die.*

allonger [17] [alɔ̃ʒe] *vt* - **1.** [vêtement, durée] verlängern - **2.** [visage, silhouette] länger erscheinen lassen - **3.** [bras, jambe] aus|strecken ; [personne] hin|legen. ◆ **s'allonger** *vp* - **1.** [personne] sich hin|legen - **2.** [visage, silhouette] länger werden.

allopathique [alɔpatik] *adj* allopathisch.

allumage [alymaʒ] *nm* - **1.** [de feu] Anzünden *das* - **2.** [d'appareil] Einschalten *das* - **3.** AUTOM [fonction] Zünden *das* ; [dispositif] Zündanlage *die.*

allume-cigares [alymsigar] *nm inv* Zigarettenanzünder *der.*

allume-gaz [alymgaz] *nm inv* Gasanzünder *der.*

allumer [3] [alyme] *vt* - **1.** [enflammer] an|zünden - **2.** [mettre en marche] ein|schalten, an|machen - **3.** [éclairer] : **~ une pièce** in einem Raum (das) Licht anschalten OU an|machen.

allumette [alymɛt] *nf* Streichholz *das.*

allumeuse [alymøz] *nf fam péj* Anmacherin *die.*

allure [alyr] *nf* - **1.** [vitesse] Geschwindigkeit *die* ; **à toute ~** [manger] im Eiltempo ; [rouler] mit hohem Tempo - **2.** [prestance] Auftreten *das* ; **avoir de l'~** vornehm wirken - **3.** [apparence] äußere Erscheinung.

allusion [alyzjɔ̃] *nf* Anspielung *die* ; **faire ~ à qqn/qqch** auf jn/etw an|spielen.

alluvions [alyvjɔ̃] *nfpl* Anschwemmungen *Pl.*

almanach [almana] *nm* Almanach *der.*

aloi [alwa] *nm* : **de bon ~** gediegen *(adj)* ; **de mauvais ~** unpassend *(adj).*

alors [alɔr] *adv* - **1.** [à ce moment-là] dann ; **et ~?** na und? ; **ou ~** sonst ; **~, qu'est-ce qu'on fait?** was machen wir nun? - **2.** [par conséquent] also - **3.** [autrefois] damals. ◆ **alors que** *loc conj* - **1.** [d'opposition] obwohl - **2.** [temporel] als.

alouette [alwɛt] *nf* Lerche *die.*

alourdir [32] [alurdir] *vt* - **1.** [véhicule, fardeau] schwerer machen - **2.** [impôts, charges] erhöhen.

aloyau, x [alwajo] *nm* Lendenstück *das.*

Alpes [alp] *nfpl* : **les ~** die Alpen.

alphabet [alfabɛ] *nm* Alphabet *das.*

alphabétique [alfabetik] *adj* alphabetisch.

alphabétiser [3] [alfabetize] *vt* : **~ qqn** jm Lesen und Schreiben bei|bringen ; **~ un pays** in einem Land das Analphabetentum beseitigen.

alpin, e [alpɛ̃, in] *adj* Berg-.

alpinisme [alpinism] *nm* Bergsteigen *das.*

alsacien, enne [alzasjɛ̃, ɛn] *adj* elsässisch. ◆ **Alsacien, enne** *nm, f* Elsässer *der,* -in *die.*

alter ego [altɛrego] *nm inv* zweites Ich.

altérer [18] [altere] *vt* - **1.** [détériorer] verschlechtern - **2.** [rapport] beeinträchtigen - **3.** [vérité] verfälschen. ◆ **s'altérer** *vp* - **1.** [aliment] verderben - **2.** [état] sich verschlechtern.

alternance [altɛrnɑ̃s] *nf* Wechsel *der* ; **en ~** abwechselnd *(adv).*

alternatif, ive [alternatif, iv] *adj* - **1.** [périodique] Wechsel- - **2.** [parallèle] Alternativ-. ◆ **alternative** *nf* Alternative *die.*

alternativement [altɛrnativmɑ̃] *adv* abwechselnd.

alterner [3] [alterne] ◇ *vt* : **~ qqch avec qqch** etw auf etw *(A)* folgen lassen ◇ *vi* ab|wechseln.

altesse [altɛs] *nf* : **Son/Votre ~** Seine/Eure Hoheit.

altier, ère [altje, ɛr] *adj sout* stolz.

altimètre [altimɛtr] *nm* Höhenmesser *der.*

altitude [altityd] *nf* Höhe *die* ; **en ~** in großen Höhen.

alto [alto] *nm* [voix] Alt *der* ; [violon] Bratsche *die.*

alu [aly] *fam* ◇ *nm* Alu *das* ◇ *adj* : **papier ~** Alufolie *die.*

aluminium [alyminjɔm] *nm* Aluminium *das.*

alvéole [alveɔl] *nm* ou *nf* - **1.** [de ruche] Zelle *die* - **2.** [de poumon, dentaire] Alveole *die* - **3.** [cavité] wabenartige Vertiefung.

amabilité [amabilite] *nf* Liebenswürdigkeit *die* ; **avoir l'~ de faire qqch** die Liebenswürdigkeit haben, etw zu tun.

amadouer [6] [amadwe] *vt* für sich gewinnen.

amaigri, e [amegri] *adj :* **être ~** abgemagert sein.
amaigrissant, e [amegrisɑ̃, ɑ̃t] *adj* Abmagerungs-.
amaigrissement [amegrismɑ̃] *nm* Abmagerung *die.*
amalgame [amalgam] *nm* - **1.** [alliage, assimilation] Amalgam *das ;* **faire l'~ de qqch et de qqch** etw mit etw gleich|stellen ; **il ne faut pas faire l' ~ entre ces deux questions** man darf diese beiden Fragen nicht über einen Kamm scheren - **2.** *fig* [mélange] Gemisch *das.*
amalgamer [3] [amalgame] *vt* - **1.** [combiner] vermengen - **2.** *fig* [mélanger] verbinden.
amande [amɑ̃d] *nf* Mandel *die.*
amandier [amɑ̃dje] *nm* Mandelbaum *der.*
amant, e [amɑ̃, ɑ̃t] *nm, f* Liebhaber *der,* -in *die.*
amarre [amar] *nf* Leine *die.*
amarrer [3] [amare] *vt* - **1.** NAVIG fest machen, vertäuen - **2.** [attacher] fest binden.
amas [ama] *nm* - **1.** [d'objets] Haufen *der* - **2.** [de connaissances] Ansammlung *die,* Anhäufung *die.*
amasser [3] [amase] *vt* - **1.** [objets] an|sammeln, an|häufen - **2.** [argent] an|häufen. ◆ **s'amasser** *vp* [foule] sich an|sammeln ; **s'~ autour de qqn/qqch** sich um jn/etw scharen.
amateur [amatœr] *nm* - **1.** [de sport, d'art] Liebhaber *der,* -in *die ;* **être ~ de football** ein Fußballliebhaber sein - **2.** *péj* [dilettante] Amateur *der ;* **faire de la peinture en ~** ein Hobbymaler sein.
ambassade [ɑ̃basad] *nf* Botschaft *die.*
ambassadeur, drice [ɑ̃basadœr, dris] *nm, f* [diplomate] Botschafter *der,* -in *die.*
ambiance [ɑ̃bjɑ̃s] *nf* Stimmung *die.*
ambiant, e [ɑ̃bjɑ̃, ɑ̃t] *adj* Umgebungs- ; **température ~e** Raumtemperatur *die.*
ambidextre [ɑ̃bidɛkstr] ◇ *nmf* Beidhänder *der,* -in *die* ◇ *adj* beidhändig.
ambigu, uë [ɑ̃bigy] *adj* - **1.** [attitude, parole] zweideutig, mehrdeutig - **2.** [regard] zwielichtig.
ambiguïté [ɑ̃bigɥite] *nf* Mehrdeutigkeit *die.*
ambitieux, euse [ɑ̃bisjø, øz] ◇ *adj* ehrgeizig ◇ *nm, f péj* Ehrgeizling *der.*
ambition [ɑ̃bisjɔ̃] *nf* - **1.** *péj* [arrivisme] Ehrgeiz *der* - **2.** [désir] Streben *das ;* **avoir l'~ de faire qqch** bestrebt sein, etw zu tun.
ambivalent, e [ɑ̃bivalɑ̃, ɑ̃t] *adj* ambivalent.
ambre [ɑ̃br] *nm* - **1.** [jaune] Bernstein *der* - **2.** [gris] Amber *der.*
ambré, e [ɑ̃bre] *adj* - **1.** [couleur] bernsteinfarben - **2.** [parfum] nach Amber duftend.
ambulance [ɑ̃bylɑ̃s] *nf* Krankenwagen *der.*
ambulant, e [ɑ̃bylɑ̃, ɑ̃t] *adj* Wander- ; **marchand ~** fliegender Händler.
âme [am] *nf* - **1.** [esprit] Seele *die ;* **avoir une ~ d'artiste** eine Künstlerseele haben - **2.** [caractère] Geist *der* - **3.** [sensibilité] Gefühl *das* - **4.** [personne] : **~ sœur** *richtiger Partner fürs Leben.*
amélioration [ameljɔrasjɔ̃] *nf* Verbesserung *die.*
améliorer [3] [ameljɔre] *vt* verbessern. ◆ **s'améliorer** *vp* sich bessern.
amen [amɛn] *nm inv* amen.
aménagement [amenaʒmɑ̃] *nm* - **1.** [de lieu] Einrichten *das ;* [équipement] Ausstattung *die* - **2.** [organisation] Gestaltung *die.*
aménager [17] [amenaʒe] *vt* - **1.** [lieu] ein|richten - **2.** [terrain] erschließen - **3.** [programme] gestalten.
amende [amɑ̃d] *nf* Geldstrafe *die.*
amendement [amɑ̃dmɑ̃] *nm* POLIT Abänderung *die.*
amender [3] [amɑ̃de] *vt* - **1.** POLIT ab|ändern - **2.** AGRIC verbessern.
amener [19] [amne] *vt* - **1.** [mener] bringen - **2.** [venir avec] mit|bringen - **3.** [inciter] : **~ qqn à faire qqch** jn dazu bringen, etw zu tun - **4.** [provoquer] zur Folge haben - **5.** [préparer] mit sich bringen.
amenuiser [3] [amənɥize] *vt* - **1.** [amincir] verkleinern - **2.** [réduire] verringern. ◆ **s'amenuiser** *vp* schrumpfen.
amer, ère [amɛr] *adj* - **1.** [gén] bitter - **2.** [personne] verbittert.
américain, e [amerikɛ̃, ɛn] *adj* amerikanisch. ◆ **américain** *nm* [langue] Amerikanisch(e) (*das*). ◆ **Américain, e** *nm, f* Amerikaner *der,* -in *die.*
Amérique [amerik] *nf :* **l'~** Amerika *nt ;* **l'~ centrale** Zentralamerika ; **l'~ du Nord** Nordamerika ; **l'~ du Sud** Südamerika ; **l'~ latine** Lateinamerika.
amerrir [32] [amerir] *vi* wassern.
amertume [amɛrtym] *nf* [rancœur] Verbitterung *die.*
améthyste [ametist] *nf* Amethyst *der.*
ameublement [amœbləmɑ̃] *nm* Möbel *Pl.*
ami, e [ami] ◇ *adj* befreundet, Freundes- ◇ *nm, f* - **1.** [camarade, partisan, amoureux] Freund *der,* -in *die ;* **~ d'enfance** Jugendfreund ; **mon petit ~** mein Freund - **2.** [relation] Bekannte *der, die.*
amiable [amjabl] ◆ **à l'amiable** *loc adv* gütlich.
amiante [amjɑ̃t] *nm* Asbest *der.*

amibe [amib] *nf* Amöbe *die.*

amical, e, aux [amikal, o] *adj* [conseil, geste] freundschaftlich ; [personne, sourire] freundlich.

amidon [amidɔ̃] *nm* Stärke *die.*

amidonner [3] [amidɔne] *vt* stärken.

amincissant, e [amɛ̃sisɑ̃, ɑ̃t] *adj* Schlankheits-.

amiral, aux [amiral, o] *nm* Admiral *der.*

amitié [amitje] *nf* - **1.** [rapports] Freundschaft *die* - **2.** [affection] Zuneigung *die* ; **faire ses ~s à qqn** jm Grüße auslrichten.

ammoniac, aque [amɔnjak] *adj* Ammoniak-, ammoniakalisch. ◆ **ammoniac** *nm* Ammoniak *das.* ◆ **ammoniaque** *nf* Salmiakgeist *der.*

amnésie [amnezi] *nf* Gedächtnisschwund *der.*

amniocentèse [amnjɔsɛ̃tɛz] *nf* Fruchtwasseruntersuchung *die.*

amnistie [amnisti] *nf* - **1.** [de loi] Amnestie *die* - **2.** [de personne] Straferlass *der.*

amnistier [9] [amnistje] *vt* begnadigen.

amoindrir [32] [amwɛ̃drir] *vt* beeinträchtigen. ◆ **s'amoindrir** *vp* schwinden.

amonceler [24] [amɔ̃sle] *vt* auflstapeln.

amont [amɔ̃] *nm* : **en ~** GÉOGR stromaufwärts ; **en ~ d'un lieu** oberhalb einer Stelle.

amoral, e, aux [amɔral, o] *adj* unmoralisch.

amorce [amɔrs] *nf* - **1.** [d'explosif] Zündung *die* - **2.** PÊCHE Köder *der* - **3.** *fig* [commencement] Auftakt *der.*

amorcer [16] [amɔrse] *vt* - **1.** [explosif] scharf machen - **2.** PÊCHE (be)ködern - **3.** *fig* [commencer] in die Wege leiten.

amorphe [amɔrf] *adj* [personne] träge.

amortir [32] [amɔrtir] *vt* - **1.** [atténuer] dämpfen - **2.** [capital] zurücklzahlen - **3.** [achat] ablschreiben.

amour [amur] *nm* - **1.** [sentiment] Liebe *die* - **2.** *loc* : **faire l'~ avec qqn** mit jm schlafen. ◆ **amours** *nfpl littéraire* Liebe *die* ; **~s de jeunesse** Jugendliebe ; **à tes ~s!** *fam* [après éternuement] Gesundheit!

amoureux, euse [amurø, øz] ◇ *adj* - **1.** [personne, regard] verliebt ; **tomber ~ de qqn** sich in jn verlieben - **2.** [histoire, ébats] Liebes- - **3.** [amateur] : **être ~ de qqch** für etw schwärmen ◇ *nm, f* - **1.** [prétendant] Verliebte *der, die* - **2.** [amateur] : **~ de qqch** Liebhaber einer Sache *(G).*

amour-propre *nm* Eigenliebe *die.*

amovible [amɔvibl] *adj* - **1.** [roue] abnehmbar - **2.** [capuche, doublure] abtrennbar.

ampère [ɑ̃pɛr] *nm* Ampere *das.*

amphétamine [ɑ̃fetamin] *nf* Amphetamin *das.*

amphi [ɑ̃fi] *nm fam* UNIV Hörsaal *der.*

amphibie [ɑ̃fibi] *adj* - **1.** BIOL amphibisch - **2.** [char, véhicule] Amphibien-.

amphithéâtre [ɑ̃fiteatr] *nm* - **1.** UNIV Hörsaal *der* - **2.** HIST [théâtre] Amphitheater *das.*

ample [ɑ̃pl] *adj* [large] weit ; [geste] weit ausholend ; **pour de plus ~s informations s'adresser à** Näheres OU weitere Informationen bei.

amplement [ɑ̃pləmɑ̃] *adv* [largement] völlig.

ampleur [ɑ̃plœr] *nf* - **1.** [de vêtement] Weite *die* - **2.** [de mouvement] Umfang *der* - **3.** *fig* [importance] Ausmaß *das.*

ampli [ɑ̃pli] (*abr de* **amplificateur**) *nm fam* Verstärker *der.*

amplificateur, trice [ɑ̃plifikatœr, tris] *adj* verstärkend. ◆ **amplificateur** *nm* Verstärker *der.*

amplifier [9] [ɑ̃plifje] *vt* - **1.** [mouvement] vergrößern - **2.** [son, grandeur] verstärken - **3.** [événement] auflbauschen.

amplitude [ɑ̃plityd] *nf* - **1.** [de geste] Weite *die* - **2.** [d'onde] Schwingungsweite *die* - **3.** [de température] Schwankungsbreite *die.*

ampoule [ɑ̃pul] *nf* - **1.** [de lampe] Glühbirne *die* - **2.** [de peau] Blase *die* - **3.** [médicament] Ampulle *die.*

amputation [ɑ̃pytasjɔ̃] *nf* MÉD Amputation *die.*

amputer [3] [ɑ̃pyte] *vt* - **1.** MÉD amputieren - **2.** [budget, texte] kürzen.

Amsterdam [amstɛrdam] *n* Amsterdam *nt.*

amulette [amylɛt] *nf* Amulett *das.*

amusant, e [amyzɑ̃, ɑ̃t] *adj* lustig.

amuse-gueule [amyzgœl] *nm inv fam* Appetithäppchen *das.*

amusement [amyzmɑ̃] *nm* Vergnügen *das.*

amuser [3] [amyze] *vt* [distraire] unterhalten. ◆ **s'amuser** *vp* - **1.** [se distraire] sich vergnügen ; **s'~ à faire qqch** seinen Spaß daran haben, etw zu tun - **2.** [jouer] spielen.

amygdale [amidal] *nf* Rachenmandel *die,* Mandel *die.*

an [ɑ̃] *nm* Jahr *das* ; **avoir sept ~s** sieben Jahre alt sein ; **bon ~ mal ~** jahraus, jahrein ; **le nouvel ~** Neujahr ; **le premier** OU **le jour de l'~** Neujahr.

anabolisant [anabɔlizɑ̃] *nm* Anabolikum *das.*

anachronique [anakrɔnik] *adj* - **1.** [décor] anachronistisch - **2.** *fig* [dépassé] überholt, unzeitgemäß.

anachronisme [anakrɔnism] *nm* Anachronismus *der.*

anagramme [anagram] *nf* Anagramm *das.*

anal, e, aux [anal, o] *adj* ANAT After-, anal.

analgésique [analʒezik] *nm* Schmerzmittel *das.*

anallergique [analɛrʒik] *adj* nicht allergen.

analogie [analɔʒi] *nf* **- 1.** [ressemblance] Entsprechung *die* **- 2.** LING Analogie *die.*

analogique [analɔʒik] *adj* analog.

analogue [analɔg] *adj* entsprechend.

analphabète [analfabɛt] ◇ *nmf* Analphabet *der,* -in *die* ◇ *adj* analphabetisch.

analphabétisme [analfabetism] *nm* Analphabetismus *der.*

analyse [analiz] *nf* **- 1.** [intellectuelle, chimique] Analyse *die* **- 2.** MÉD Untersuchung *die ;* ~ **de sang** Blutuntersuchung, Blutprobe *die* **- 3.** PSYCHOL Psychoanalyse *die.*

analyser [3] [analize] *vt* analysieren.

analyste [analist] *nmf* **- 1.** [gén] Analytiker *der,* -in *die* **- 2.** PSYCHOL Psychoanalytiker *der,* -in *die.*

analyste-programmeur, euse *nm, f* Systemanalytiker *der,* -in *die.*

analytique [analitik] *adj* **- 1.** [esprit, travail] analytisch **- 2.** PSYCHOL psychoanalytisch.

ananas [anana(s)] *nm* Ananas *die.*

anarchie [anarʃi] *nf* **- 1.** POLIT Anarchie *die* **- 2.** *péj* [désordre] Durcheinander *das.*

anarchique [anarʃik] *adj* **- 1.** POLIT anarchistisch **- 2.** *péj* [désordonné] chaotisch.

anarchiste [anarʃist] ◇ *nmf* Anarchist *der,* -in *die* ◇ *adj* anarchistisch.

anatomie [anatɔmi] *nf* [science] Anatomie *die.*

anatomique [anatɔmik] *adj* anatomisch.

ancestral, e, aux [ɑ̃sɛstral, o] *adj* uralt.

ancêtre [ɑ̃sɛtr] *nmf* [aïeul] Vorfahr *der,* -in *die,* Ahn *der,* -in *die ; fig* Vorläufer *der.*

anchois [ɑ̃ʃwa] *nm* Sardelle *die.*

ancien, enne [ɑ̃sjɛ̃, ɛn] *adj* **- 1.** [vieux, du passé] alt ; [coutume] althergebracht **- 2.** *(avant le nom)* [précédent] ehemalig.

anciennement [ɑ̃sjɛnmɑ̃] *adv* vormals.

ancienneté [ɑ̃sjɛnte] *nf* **- 1.** [de tradition] Alter *das* **- 2.** [d'employé] Dienstalter *das.*

ancrage [ɑ̃kraʒ] *nm* **- 1.** NAVIG Verankern *das* **- 2.** *fig* [enracinement] Verankerung *die.*

ancre [ɑ̃kr] *nf* Anker *der ;* **jeter/lever l'~** den Anker werfen/lichten.

Andorre [ɑ̃dɔr] *nf :* **(la principauté d')~** (das Fürstentum) Andorra *nt.*

andouille [ɑ̃duj] *nf* **- 1.** [charcuterie] *Wurst aus Kutteln* **- 2.** *fam* [imbécile] Dummkopf *der ;* **faire l'~** herumalbern.

âne [an] *nm* **- 1.** ZOOL Esel *der* **- 2.** *fam* [imbécile] Esel *der.*

anéantir [32] [aneɑ̃tir] *vt* **- 1.** *litt & fig* [détruire] vernichten **- 2.** [démoraliser] bestürzen, nieder|schmettern.

anecdote [anɛkdɔt] *nf* Anekdote *die.*

anecdotique [anɛkdɔtik] *adj* [événementiel] anekdotisch.

anémie [anemi] *nf* MÉD Blutarmut *die ; fig* Abschwächen *das.*

anémique [anemik] *adj* MÉD anämisch, blutleer ; *fig* ausgeblutet.

anémone [anemɔn] *nf* Anemone *die.*

ânerie [anri] *nf fam* Unsinn *der (sans pl).*

ânesse [anɛs] *nf* Eselin *die.*

anesthésie [anɛstezi] *nf* Narkose *die ;* ~ **générale** Vollnarkose ; ~ **locale** Lokalanästhesie *die.*

anesthésier [9] [anɛstezje] *vt* betäuben.

anesthésique [anɛstezik] ◇ *nm* Narkotikum *das* ◇ *adj* narkotisch.

anesthésiste [anɛstezist] *nmf* Anästhesist *der,* -in *die.*

ange [ɑ̃ʒ] *nm* Engel *der ;* ~ **gardien** Schutzengel ; **être aux ~s** *fig* im siebten Himmel sein.

angélique [ɑ̃ʒelik] *adj* engelhaft.

angélus [ɑ̃ʒelys] *nm* Angelus *der.*

angine [ɑ̃ʒin] *nf* Angina *die.*

anglais, e [ɑ̃glɛ, ɛz] *adj* englisch. ◆ **anglais** *nm* [langue] Englisch(e) *(das).* ◆ **Anglais, e** *nm, f* Engländer *der,* -in *die.* ◆ **à l'anglaise** ◇ *loc adj :* **pommes de terre à l'~e** Salzkartoffeln ◇ *loc adv :* **filer à l'~e** *fig* sich dünn machen. ◆ **anglaises** *nfpl* Korkenzieherlocken *Pl.*

angle [ɑ̃gl] *nm* **- 1.** [coin] Ecke *die* **- 2.** MATHS Winkel *der ;* ~ **droit/aigu/obtus** rechter/spitzer/stumpfer Winkel **- 3.** [point de vue] Blickwinkel *der.*

Angleterre [ɑ̃glətɛr] *nf :* **l'~** England *nt.*

anglican, e [ɑ̃glikɑ̃, an] ◇ *adj* anglikanisch ◇ *nm, f* Anglikaner *der,* -in *die.*

anglophone [ɑ̃glɔfɔn] ◇ *nmf* englischer Muttersprachler, englische Muttersprachlerin ◇ *adj* englischsprachig.

anglo-saxon, onne [ɑ̃glɔsaksɔ̃, ɔn] *adj* angelsächsisch. ◆ **Anglo-Saxon, onne** *nm, f* Angelsachse *der,* -sächsin *die.*

angoissant, e [ɑ̃gwasɑ̃, ɑ̃t] *adj* beängstigend.

angoisse [ɑ̃gwas] *nf* Angst *die.*

Angola [ɑ̃gɔla] *nm :* **l'~** Angola *nt.*

anguille [ɑ̃gij] *nf* Aal *der.*

anguleux, euse [ɑ̃gylø, øz] *adj* [visage] kantig.

anicroche [anikrɔʃ] *nf* Zwischenfall *der.*

animal, e, aux [animal, o] *adj* **- 1.** [propre

à l'animal] Tier-, tierisch - **2.** *fig* [peur, réaction] instinktiv. ◈ **animal, aux** *nm* - **1.** [bête] Tier *das* ; ~ **domestique** Haustier ; ~ **sauvage** wildes Tier - **2.** *fam* [personne] Kerl *der*.

animateur, trice [animatœr, tris] *nm, f* - **1.** RADIO & TÉLÉ Moderator *der*, -in *die* - **2.** [de voyage] Animateur *der* - **3.** [de manifestation] Veranstaltungsleiter *der*, -in *die* - **4.** [sportif] Leiter *der*, -in *die* - **5.** [de colonie de vacances] Gruppenleiter *der*, -in *die*.

animation [animasjɔ̃] *nf* - **1.** [entrain] Anregung *die* - **2.** [spectacle] Veranstaltung *die* - **3.** [activités] Freizeitgestaltung *die*.

animatrice ▷ **animateur.**

animé, e [anime] *adj* - **1.** [regard, visage] lebendig - **2.** [conversation] lebhaft - **3.** [rue, quartier] belebt.

animer [3] [anime] *vt* - **1.** [conversation, soirée] beleben - **2.** [émission] moderieren - **3.** [diriger] leiten. ◈ **s'animer** *vp* sich beleben.

animosité [animozite] *nf* Feindseligkeit *die*.

anis [ani(s)] *nm* Anis *der*.

ankylosé, e [ɑ̃kiloze] *adj* steif.

ankyloser [3] [ɑ̃kiloze] ◈ **s'ankyloser** *vp* steif werden.

annales [anal] *nfpl* [recueil, histoire] Annalen *Pl* ; **les ~ du bac** die Jahrbücher der Abiturprüfungsthemen.

anneau, x [ano] *nm* Ring *der*.

année [ane] *nf* Jahr *das* ; ~ **scolaire** Schuljahr.

année-lumière *nf* Lichtjahr *das*.

annexe [anɛks] ◇ *adj* - **1.** [document] beiliegend - **2.** [problème] : **les problèmes ~s** die damit einhergehenden Probleme ◇ *nf* - **1.** [de dossier] Anhang *der* - **2.** [de bâtiment] Nebengebäude *das*.

annexer [4] [anɛkse] *vt* - **1.** [document] : ~ **qqch à qqch** einer Sache *(D)* etw beillegen - **2.** [pays] annektieren.

annexion [anɛksjɔ̃] *nf* Annexion *die*.

annihiler [3] [aniile] *vt* zunichte machen.

anniversaire [anivɛrsɛr] ◇ *nm* [de personne] Geburtstag *der* ; [d'événement] Jahrestag *der* ; ~ **de mariage** Hochzeitstag *der* ◇ *adj* Jahres-.

annonce [anɔ̃s] *nf* - **1.** [déclaration] Ankündigung *die*, Ansage *die* - **2.** [texte] Anzeige *die* ; **petite ~** Kleinanzeige - **3.** [indice] Ankündigung *die*.

annoncer [16] [anɔ̃se] *vt* - **1.** [faire savoir] verkünden - **2.** [indiquer, prédire] anlkündigen. ◈ **s'annoncer** *vp* : **s'~ bien/mal** sich gut/schlecht anllassen.

annonceur [anɔ̃sœr] *nm* Auftraggeber *der* einer Werbung.

Annonciation [anɔ̃sjasjɔ̃] *nf inv* : **l'~** Mariä Verkündigung *(sans art déf)*.

annoter [3] [anɔte] *vt* mit Anmerkungen versehen.

annuaire [anɥɛr] *nm* Jahresverzeichnis *das* ; ~ **téléphonique** Telefonbuch *das*.

annuel, elle [anɥɛl] *adj* - **1.** [tous les ans] jährlich - **2.** [d'une année] Jahres-.

annuité [anɥite] *nf* [paiement] Jahreszahlung *die* ; [crédit] Jahresrate *die*.

annulaire [anylɛr] *nm* Ringfinger *der*.

annulation [anylasjɔ̃] *nf* - **1.** [de commande, de vol] Stornierung *die* - **2.** [de rendez-vous, de réservation] Absage *die*.

annuler [3] [anyle] *vt* - **1.** [rendez-vous] ablsagen - **2.** [réservation] rückgängig machen ; [commande] stornieren - **3.** [vol] streichen - **4.** [élection] für ungültig erklären - **5.** [mariage, jugement] auflheben. ◈ **s'annuler** *vp* sich gegenseitig auflheben.

anode [anɔd] *nf* ÉLECTR Anode *die*.

anodin, e [anɔdɛ̃, in] *adj* - **1.** [sans danger] harmlos - **2.** [insignifiant] unbedeutend.

anomalie [anɔmali] *nf* Anomalie *die*.

ânon [anɔ̃] *nm* Eselsjunge *das*.

ânonner [3] [anɔne] *vi* stockend auflsagen.

anonymat [anɔnima] *nm* Anonymität *die*.

anonyme [anɔnim] ◇ *nmf* Unbekannte *der*, *die* ◇ *adj* - **1.** [sans nom] anonym - **2.** [impersonnel] unauffällig.

anorak [anɔrak] *nm* Anorak *der*.

anorexie [anɔrɛksi] *nf* Magersucht *die*.

anormal, e, aux [anɔrmal, o] *adj* - **1.** [inhabituel] anormal - **2.** [intolérable, injuste] nicht normal - **3.** [arriéré] zurückgeblieben.

ANPE (*abr de* **Agence nationale pour l'emploi**) *nf* ≃ AA *(Arbeitsamt), französische Zentralstelle für Arbeitsvermittlung* ; **s'inscrire à l'~** sich arbeitslos melden.

anse [ɑ̃s] *nf* - **1.** [d'ustensile] Henkel *der* - **2.** GÉOGR Bucht *die*.

antagoniste [ɑ̃tagɔnist] ◇ *nmf* Widersacher *der* ◇ *adj* gegensätzlich.

antarctique [ɑ̃tarktik] *adj* antarktisch ; **le cercle polaire ~** der südliche Polarkreis. ◈ **Antarctique** ◇ *nf* [continent] Antarktis *die* ◇ *nm* [océan] : **l'Antarctique, l'océan Antarctique** das Südpolarmeer, das Südliche Eismeer.

antécédent [ɑ̃tesedɑ̃] *nm* Vorgeschichte *die (sans pl)*.

antenne [ɑ̃tɛn] *nf* - **1.** [d'insecte] Fühler *der* - **2.** [de télévision, de radio] Antenne *die* ; ~ **parabolique** Satellitenschüssel *die*, Parabolantenne *die* - **3.** [succursale] Außenstelle *die*.

antérieur, e [ɑ̃terjœr] *adj* - **1.** [dans le temps] vorherig - **2.** [dans l'espace] Vorder-.
antérieurement [ɑ̃terjœrmɑ̃] *adv* zuvor.
antériorité [ɑ̃terjɔrite] *nf* Vorherigkeit *die.*
anthologie [ɑ̃tɔlɔʒi] *nf* Anthologie *die.*
anthracite [ɑ̃trasit] <> *nm* Anthrazit *das* <> *adj inv* anthrazitfarben.
anthrax *nm* Anthrax *das.*
anthropologie [ɑ̃trɔpɔlɔʒi] *nf* Anthropologie *die.*
anthropophage [ɑ̃trɔpɔfaʒ] *nmf* Menschenfresser *der,* -in *die.*
anti-âge [ɑ̃tiaʒ] *adj :* **crème ~** *Creme zur Bekämpfung der Hautalterung und gegen vorzeitige Fältchenbildung.*
antialcoolique [ɑ̃tialkɔlik] *adj* Antialkoholiker-.
antibiotique [ɑ̃tibjɔtik] *nm* Antibiotikum *das.*
antibrouillard [ɑ̃tibrujar] *nm :* **(feu) ~** Nebelschlussleuchte *die ;* **(phare) ~** Nebelscheinwerfer *der.*
antibruit [ɑ̃tibrɥi] *adj inv :* **mur ~** Lärmschutzwand *die.*
antichambre [ɑ̃tiʃɑ̃br] *nf* Vorzimmer *das.*
anticipation [ɑ̃tisipasjɔ̃] *nf* - **1.** [prévision] Vorwegnahme *die* - **2.** FIN : **payer par ~** voraus|zahlen.
anticipé, e [ɑ̃tisipe] *adj* [retour] verfrüht ; [remboursement] vorzeitig.
anticiper [3] [ɑ̃tisipe] <> *vt* - **1.** [paiement] im Voraus leisten - **2.** [événement] vorweg|nehmen <> *vi :* **~ (sur qqch)** (auf etw *(A)*) vor|greifen.
anticorps [ɑ̃tikɔr] *nm* Antikörper *der.*
anticyclone [ɑ̃tisiklon] *nm* Hoch *das.*
antidépresseur [ɑ̃tidepresœr] *nm* Antidepressivum *das.*
antidopage [ɑ̃tidɔpaʒ], **antidoping** [ɑ̃tidɔpiŋ] *adj inv :* **contrôle ~** Dopingkontrolle *die.*
antidote [ɑ̃tidɔt] *nm* Gegenmittel *das.*
antieffraction [ɑ̃tiefraksjɔ̃] *adj :* **dispositif ~** Einbruchssicherung *die.*
antigel [ɑ̃tiʒɛl] *nm inv* Frostschutzmittel *das.*
Antilles [ɑ̃tij] *nfpl :* **les ~** die Antillen ; **aux ~** auf den Antillen.
antilope [ɑ̃tilɔp] *nf* Antilope *die.*
antimilitariste [ɑ̃timilitarist] *nmf* Antimilitarist *der,* -in *die.*
antimite [ɑ̃timit] *nm :* **(produit) ~** ≃ Mottenpulver *das.*
antipathie [ɑ̃tipati] *nf* Abneigung *die.*
antipathique [ɑ̃tipatik] *adj* unsympathisch.
antiphrase [ɑ̃tifraz] *nf* Antiphrase *die.*
antipode [ɑ̃tipɔd] *nm :* **être à l'~** OU **aux ~s** GÉOGR am anderen Ende der Welt sein.
antiquaire [ɑ̃tikɛr] *nmf* Antiquitätenhändler *der,* -in *die.*
antique [ɑ̃tik] *adj* antik.
antiquité [ɑ̃tikite] *nf* [objet] Antiquität *die.* ◆ **Antiquité** *nf :* **l'Antiquité** die Antike.
antirabique [ɑ̃tirabik] *adj* Tollwutschutz-.
antirides [ɑ̃tirid] *adj inv :* **crème ~** Faltencreme *die.*
antirouille [ɑ̃tiruj] *adj inv* Rostschutz-.
antisémite [ɑ̃tisemit] <> *nmf* Antisemit *der,* -in *die* <> *adj* antisemitisch.
antisémitisme [ɑ̃tisemitism] *nm* Antisemitismus *der.*
antiseptique [ɑ̃tisɛptik] <> *nm* Antiseptikum *das* <> *adj* antiseptisch.
antisismique [ɑ̃tisismik] *adj* [construction] erdbebensicher.
antithèse [ɑ̃titɛz] *nf* - **1.** LITTÉRATURE & PHILOSOPHIE Antithese *die* - **2.** [opposé] Gegenteil *das.*
antiviral [ɑ̃tiviral] *nm* Virusstatikum *das.*
antivol [ɑ̃tivɔl] *nm* - **1.** [pour maison, pour coffre] : **(dispositif) ~** Diebstahlsicherung *die* - **2.** [de vélo, de moto] Schloss *das.*
antre [ɑ̃tr] *nm* Höhle *die.*
anus [anys] *nm* After *der.*
anxiété [ɑ̃ksjete] *nf* Angst *die,* Beklemmung *die.*
anxieux, euse [ɑ̃ksjø, øz] <> *adj* ängstlich ; **être ~ de faire qqch** Angst haben, etw zu tun <> *nm, f* ängstlicher Mensch.
aorte [aɔrt] *nf* Aorta *die.*
août [u(t)] *nm* August *der ; voir aussi* **septembre.**
apaisement [apɛzmɑ̃] *nm* - **1.** [moral] Besänftigung *die* - **2.** [physique] Linderung *die.*
apaiser [4] [apɛze] *vt* - **1.** [personne, foule] beschwichtigen - **2.** [conscience] beruhigen - **3.** [douleur] lindern - **4.** [soif, faim] stillen - **5.** [passion] dämpfen. ◆ **s'apaiser** *vp* - **1.** [personne, passion] sich beruhigen - **2.** [soif, faim] gestillt werden - **3.** [scrupules, tempête] sich legen - **4.** [douleur] nach|lassen.
apanage [apanaʒ] *nm sout* Privileg *das.*
aparté [aparte] *nm vertrauliches Einzelgespräch in einer Gruppe ;* **en ~** vertraulich *(adv).*
apartheid [apartɛd] *nm* Apartheid *die.*
apathie [apati] *nf* Apathie *die.*
apathique [apatik] <> *nmf* apathischer Mensch <> *adj* teilnahmslos, stumpf.
apatride [apatrid] <> *nmf* Staatenlose *der, die* <> *adj* staatenlos.

apercevoir [52] [apɛrsəvwar] *vt* - **1.** [voir] erblicken - **2.** [comprendre] wahr|nehmen. ◆ **s'apercevoir** *vp :* **s'~ de qqch** etw bemerken ; **s'~ que** bemerken, dass.

aperçu, e [apɛrsy] *pp* ▷ **apercevoir.** ◆ **aperçu** *nm* Überblick *der.*

apéritif, ive [aperitif, iv] *adj* appetitanregend. ◆ **apéritif** *nm* Aperitif *der.*

apesanteur [apəzɑ̃tœr] *nf* Schwerelosigkeit *die.*

à-peu-près [apøprɛ] *nm inv* Halbheiten *Pl.*

apeuré, e [apøre] *adj* verängstigt.

aphasie [afazi] *nf* Sprachverlust *der.*

aphone [afɔn] *adj* ohne Stimme, heiser.

aphrodisiaque [afrɔdizjak] ◇ *nm* Aphrodisiakum *das* ◇ *adj* aphrodisisch.

aphte [aft] *nm* Aphte *die.*

apiculteur, trice [apikyltœr, tris] *nm, f* Imker *der,* -in *die.*

apiculture [apikyltyr] *nf* Bienenzucht *die.*

apitoyer [13] [apitwaje] *vt :* **~ qqn** js Mitleid erregen. ◆ **s'apitoyer** *vp :* **s'~ sur qqn/qqch** jn/etw bemitleiden.

aplanir [32] [aplanir] *vt* - **1.** [aplatir] ebnen - **2.** *fig* [difficultés, obstacles] aus dem Weg räumen, schlichten.

aplati, e [aplati] *adj* platt.

aplatir [32] [aplatir] *vt* - **1.** [écraser] flach drücken - **2.** [cheveux] glätten.

aplomb [aplɔ̃] *nm* - **1.** [stabilité] Lot *das* - **2.** [audace] Dreistigkeit *die.* ◆ **d'aplomb** *loc adv :* **être d'~** [chose] stabil sein ; [personne] fest auf den Beinen stehen.

apocalypse [apɔkalips] *nf fig* [catastrophe] Weltuntergang *der,* Apokalypse *die.* ◆ **Apocalypse** *nf :* **l'Apocalypse** die Apokalypse.

apogée [apɔʒe] *nm* Höhepunkt *der.*

apolitique [apɔlitik] ◇ *nmf* unpolitischer Mensch ◇ *adj* unpolitisch.

apologie [apɔlɔʒi] *nf* Verteidigung *die.*

apoplexie [apɔplɛksi] *nf* Schlaganfall *der.*

apostrophe [apɔstrɔf] *nf* [signe] Apostroph *der.*

apostropher [3] [apɔstrɔfe] *vt sout* grob an|sprechen.

apothéose [apɔteoz] *nf* [point culminant] Krönung *die.*

apôtre [apotr] *nm* Apostel *der.*

apparaître [91] [aparɛtr] *vi* - **1.** [gén] erscheinen - **2.** *fig* [vérité, difficulté] ans Licht kommen, sich heraus|stellen - **3.** *(emploi impersonnel) :* **il apparaît que** es stellt sich heraus, dass.

apparat [apara] *nm* Prunk *der ;* **d'~** Fest-, feierlich *(adj).*

appareil [aparɛj] *nm* - **1.** [instrument] Gerät *das,* Apparat *der ;* **~ digestif** Verdauungsapparat ; **~ photo** Fotoapparat ; **~ photo numérique** Digitalkamera *die* - **2.** [de parti] Apparat *der.*

appareillage [aparɛjaʒ] *nm* [équipement] Ausrüstung *die,* Ausstattung *die.*

appareiller [4] [aparɛje] ◇ *vt* [assortir] zusammen|stellen ◇ *vi* NAVIG aus|laufen.

apparemment [aparamɑ̃] *adv* anscheinend.

apparence [aparɑ̃s] *nf* [de chose] Äußere *das ;* [de personne] Aussehen *das.* ◆ **en apparence** *loc adv* scheinbar.

apparent, e [aparɑ̃, ɑ̃t] *adj* - **1.** [perceptible] offensichtlich - **2.** [visible] deutlich sichtbar - **3.** [trompeur] scheinbar.

apparenté, e [aparɑ̃te] *adj :* **~ à** verwandt mit ; **être ~ à un parti politique** einer Partei *(D)* nahe stehen.

apparenter [aparɑ̃te] ◆ **s'apparenter** *vp :* **s'~ à qqn** jm ähnlich sein ; **s'~ à qqch** mit etw verwandt sein.

apparition [aparisjɔ̃] *nf* - **1.** [de personne] Erscheinen *das* - **2.** [de symptômes, de boutons] Auftreten *das* - **3.** [d'idées, de techniques] Entstehung *die,* Aufkommen *das* - **4.** [vision] Erscheinung *die.*

apparoir [aparwar] *v impers :* **il appert que** *sout* & JUR es geht daraus hervor, dass.

appart [apart] *(abr de* **appartement***) nm fam* Wohnung *die.*

appartement [apartəmɑ̃] *nm* Wohnung *die.*

appartement

Der französische Begriff **appartement** bedeutet ganz allgemein „Wohnung" und hat nicht die eingeschränkte Bedeutung des deutschen Substantivs „Apartment" als moderne Kleinwohnung oder Hotelsuite.
Ils se sont acheté un appartement à la montagne wird mit „Sie haben sich eine Wohnung in den Bergen gekauft" übersetzt. „Ihr Apartment ist elegant eingerichtet" dagegen heißt auf Französisch **Son studio est très élégant**.

appartenance [apartənɑ̃s] *nf :* **~ à qqch** [famille] Zugehörigkeit *die* zu etw ; [parti] Mitgliedschaft *die* in einer Sache *(D).*

appartenir [40] [apartənir] *vi* - **1.** [être la propriété] : **~ à qqn** jm gehören - **2.** [faire partie] : **~ à qqch** zu etw gehören - **3.** *(emploi impersonnel) sout :* **il ne m'appartient pas de faire qqch** es steht mir nicht zu, etw zu tun.

appartenu [apartəny] *pp inv* ▷ **appartenir.**

apparu, e [apary] *pp* ▷ **apparaître.**

appât [apa] *nm* Köder *der.*

appauvrir [32] [apovrir] *vt* - **1.** [personne] arm machen - **2.** [terre, sol] auslaugen. ◆ **s'appauvrir** *vp* - **1.** [personne] arm werden - **2.** [sol] unfruchtbar werden.

appel [apɛl] *nm* - **1.** [cri, demande] Ruf *der* ; **faire ~ à qqn** sich an jn wenden, an jn appellieren ; **faire ~ à qqch** [exiger] etw erfordern ; [solliciter] an etw *(A)* appellieren - **2.** [exhortation] : **~ à qqch** Aufruf *der* zu etw - **3.** JUR Berufung *die* ; **faire ~** JUR Berufung einlegen ; SCOL Widerspruch einlegen ; **sans ~** unwiderruflich *(adj)* - **4.** SCOL (namentlicher) Aufruf. ◆ **appel d'offre** *nm* Ausschreibung *die.* ◆ **appel de phares** *nm* : **faire un ~ de phares à qqn/qqch** jn/etw (mit der Lichthupe) anblinken. ◆ **appel téléphonique** *nm* Anruf *der.*

appeler [24] [aple] *vt* - **1.** [personne, médecin, police] rufen - **2.** [téléphoner] anrufen - **3.** [prénommer] nennen - **4.** [exiger] erfordern. ◆ **s'appeler** *vp* - **1.** [se nommer] heißen - **2.** [se téléphoner] telefonieren.

appendice [apɛ̃dis] *nm* - **1.** [de livre] Anhang *der* - **2.** ANAT Blinddarm *der.*

appendicite [apɛ̃disit] *nf* Blinddarmentzündung *die.*

appentis [apɑ̃ti] *nm* Schuppen *der.*

appesantir [32] [apəzɑ̃tir] *vt* beschweren. ◆ **s'appesantir** *vp* [s'alourdir] schwer(er) werden ; **s'~ sur qqn/qqch** [peser sur] auf jm/etw lasten ; [insister sur] sich mit jm/etw aufhalten.

appétissant, e [apetisɑ̃, ɑ̃t] *adj* appetitlich.

appétit [apeti] *nm* - **1.** [faim] Appetit *der* - **2.** [désir] : **~ sexuel** sexuelles Verlangen.

applaudir [32] [aplodir] *vt* applaudieren, klatschen.

applaudissements [aplodismɑ̃] *nmpl* Beifall *der (sans pl).*

application [aplikasjɔ̃] *nf* - **1.** [de peinture, de crème] Auftragen *das* - **2.** [de loi, de tarif, de technique] Anwendung *die* - **3.** [sérieux] Fleiß *der* - **4.** INFORM Anwendungsprogramm *das.*

applique [aplik] *nf* Wandleuchte *die.*

appliquer [3] [aplike] *vt* - **1.** [peinture, crème] auftragen - **2.** [décision] durchführen - **3.** [loi, mesure] anwenden - **4.** [connaissances] praktisch anwenden. ◆ **s'appliquer** *vp* - **1.** [peinture] sich auftragen lassen - **2.** [se concentrer] : **s'~ (à faire qqch)** sich bemühen (, etw zu tun).

appoint [apwɛ̃] *nm* [monnaie] passendes Kleingeld ; **faire l'~** mit abgezähltem Geld zahlen. ◆ **d'appoint** *loc adj* [salaire] Neben-, Zusatz- ; [chauffage] zusätzlich, Zusatz-.

appointements [apwɛ̃tmɑ̃] *nmpl* [d'employé] Gehalt *das* ; [de fonctionnaire] Bezüge *Pl.*

apport [apɔr] *nm* - **1.** FIN Einlage *die* - **2.** [contribution] Beitrag *der.*

apporter [3] [apɔrte] *vt* - **1.** [porter] : **~ qqch (à qqn)** (jm) etw bringen - **2.** [avec soi] mitbringen - **3.** [raison] anführen - **4.** [preuve] erbringen.

apposer [3] [apoze] *vt* : **~ sa signature à qqch** etw mit seiner Unterschrift versehen ; **~ une affiche** ein Plakat anbringen.

apposition [apozisjɔ̃] *nf* Apposition *die* ; **en ~** appositiv.

appréciable [apresjabl] *adj* - **1.** [changement, progrès] beachtlich, nennenswert - **2.** [résultat] bedeutend - **3.** [avantage] schätzenswert.

appréciation [apresjasjɔ̃] *nf* - **1.** [estimation] Einschätzung *die,* Schätzung *die* - **2.** [jugement] Beurteilung *die.*

apprécier [9] [apresje] *vt* - **1.** [évaluer] (ab)schätzen - **2.** [percevoir] wahrnehmen - **3.** [aimer] schätzen ; **~ de faire qqch** etw gern tun.

appréhender [3] [apreɑ̃de] *vt* - **1.** [arrêter] festnehmen - **2.** [craindre] : **~ (de faire qqch)** fürchten (, etw zu tun).

appréhension [apreɑ̃sjɔ̃] *nf* Furcht *die,* Besorgnis *die.*

apprendre [79] [aprɑ̃dr] *vt* - **1.** [étudier] lernen ; [métier] erlernen ; **j'apprends à nager** ich lerne schwimmen ; **elle apprend l'allemand** sie lernt Deutsch - **2.** [nouvelle] erfahren ; **~ qqch à qqn** jm etw mitteilen - **3.** [enseigner] : **~ qqch à qqn** jm etw beibringen, jn etw lehren ; **~ à qqn à faire qqch** jm beibringen, etw zu tun.

apprenti, e [aprɑ̃ti] *nm, f* Lehrling *der,* Auszubildende *der, die.*

apprentissage [aprɑ̃tisaʒ] *nm* - **1.** [formation] Lehre *die* - **2.** [de langue, de métier] Erlernen *das.*

apprêter [4] [aprete] *vt* zubereiten. ◆ **s'apprêter** *vp* - **1.** [être sur le point] : **s'~ à faire qqch** sich anschicken, etw zu tun - **2.** [s'habiller] : **s'~ pour qqch** sich für etw fertig machen.

appris, e [apri, iz] *pp* ▷ **apprendre.**

apprivoiser [3] [aprivwaze] *vt* zähmen.

approbateur, trice [aprɔbatœr, tris] *adj* zustimmend.

approbation [aprɔbasjɔ̃] *nf* - **1.** [adhésion] Zustimmung *die* - **2.** [autorisation] Genehmigung *die.*

approche [aprɔʃ] *nf* - **1.** [d'événement] Nahen *das,* Herannahen *das* ; [de personne] Herankommen *das* ; **à l'~ de** kurz vor - **2.** *fig* [de sujet] Ansatz *der.*

approcher [3] [aprɔʃe] ◇ *vt* - **1.** [mettre plus près] näher rücken, näher stellen - **2.** [venir près de] näher kommen - **3.** [aborder] : ~ **qqn** sich jm nähern - **4.** [côtoyer] : ~ **qqn** mit jm Umgang haben ◇ *vi* näher kommen, nahen ; ~ **de qqch** *fig* sich einer Sache *(D)* nähern. ◆ **s'approcher** *vp* näher kommen, näher treten ; **s'~ de qqn/qqch** sich jm/etw nähern ; **s'~ de qqch** *fig* einer Sache *(D)* nahe kommen.

approfondir [32] [aprɔfɔ̃dir] *vt* - **1.** [trou] tiefer machen - **2.** [réflexion] vertiefen ; [question] untersuchen.

approprié, e [aprɔprije] *adj* angemessen ; ~ **à qqch** für etw geeignet.

approprier [10] [aprɔprije] *vt* - **1.** [adapter] : ~ **qqch à qqch** etw einer Sache *(D)* an|passen - **2.** *Belg* [nettoyer] sauber machen. ◆ **s'approprier** *vp :* **s'~ qqch** sich *(D)* etw an|eignen.

approuver [3] [apruve] *vt* - **1.** [être d'accord] : ~ **qqn/qqch** jm/einer Sache zu|stimmen - **2.** [choix, propos] gut|heißen - **3.** [projet, loi] genehmigen.

approvisionnement [aprɔvizjɔnmɑ̃] *nm* Belieferung *die*, Beschaffung *die*.

approvisionner [3] [aprɔvizjɔne] *vt* - **1.** FIN : ~ **un compte** Geld auf ein Konto ein|zahlen - **2.** [magasin] beliefern.

approximatif, ive [aprɔksimatif, iv] *adj* annähernd.

approximation [aprɔksimasjɔ̃] *nf* Schätzung *die*.

approximativement [aprɔksimativmɑ̃] *adv* ungefähr.

appt (*abr de* **appartement**) App.

appui [apɥi] *nm* - **1.** [soutien] Stütze *die* - **2.** [aide] Unterstützung *die ;* **avoir des ~s** Beziehungen haben.

appui-tête (*pl* **appuis-tête**) *nm* Kopfstütze *die*.

appuyé, e [apɥije] *adj* [regard] aufdringlich.

appuyer [14] [apɥije] ◇ *vt* - **1.** [adosser] an|lehnen ; ~ **qqch contre qqch** etw an etw *(A)* lehnen - **2.** [poser] : ~ **qqch sur qqch** etw auf etw *(A)* auf|stützen - **3.** [presser] : ~ **qqch sur qqch** mit etw auf etw *(A)* drücken - **4.** *fig* [candidature, demande] unterstützen ◇ *vi* - **1.** [reposer] : ~ **sur qqch** auf etw *(D)* ruhen - **2.** [presser] : ~ **sur qqch** auf etw *(A)* drücken - **3.** [insister] : ~ **sur qqch** etw hervor|heben. ◆ **s'appuyer** *vp* - **1.** [se tenir] : **s'~ sur qqn/qqch** sich auf jn/etw stützen ; **s'~ contre qqn/qqch** sich an jn/etw lehnen - **2.** [se baser] : **s'~ sur qqch** sich auf etw *(A)* stützen.

apr. (*abr de* **après**) n.

âpre [apr] *adj* - **1.** [goût] herb - **2.** [ton] rau - **3.** [épreuve, concurrence] hart - **4.** [discussion, critique, combat] heftig.

après [aprɛ] ◇ *prép* - **1.** [temporel] nach ; **répétez ~ moi** sprechen Sie nach ; ~ **avoir mangé** nach dem Essen ; ~ **cela** dann, danach ; ~ **quoi** wonach - **2.** [spatial] : ~ **qqch** nach etw, hinter etw *(D)* - **3.** [indique l'attirance, l'attachement, l'hostilité] : **crier ~ qqn** nach jm schreien ◇ *adv* - **1.** [temporel] danach, nachher, hinterher ; **un mois ~** einen Monat später ; **le mois d'~** der Monat danach - **2.** [spatial] dahinter - **3.** [dans un ordre, dans un rang] danach. ◆ **après coup** *loc adv* im Nachhinein, hinterher. ◆ **après que** *loc conj* nachdem ; **nous mangerons ~ qu'il sera parti** später, wenn er weggefahren ist, essen wir. ◆ **après tout** *loc adv* im Grunde genommen. ◆ **d'après** *loc prép :* **d'~ qqch** einer Sache nach ; **d'~ qqn** jm zufolge ; **d'~ moi/lui** meiner/seiner Meinung nach. ◆ **et après** *loc adv* - **1.** [questionnement] : **et ~?** und dann? - **2.** [exprime l'indifférence] : **et ~?** na und?

après-demain *adv* übermorgen.

après-midi *nm inv* OU *nf inv* Nachmittag *der ;* **cet ~** heute Nachmittag.

après-rasage ◇ *adj inv* Aftershave- ◇ *nm* Rasierwasser *das*.

après-ski *nm* Après-Ski-Stiefel *der*.

après-vente ▷ **service.**

apr. J.-C. (*abr de* **après Jésus-Christ**) n. Chr.

à-propos *nm inv* Schlagfertigkeit *die*.

apte [apt] *adj :* ~ **à qqch** für etw geeignet ; **être ~ à faire qqch** dazu fähig sein, etw zu tun ; ~ **au service** tauglich.

aptitude [aptityd] *nf* - **1.** [professionnelle] Fähigkeit *die* - **2.** [naturelle] : **avoir des ~s pour** OU **à qqch** eine Begabung für etw haben.

aquagym [akwaʒim] *nf* Wassergymnastik *die*.

aquarelle [akwarɛl] *nf* Aquarell *das*.

aquarium [akwarjɔm] *nm* Aquarium *das*.

aquatique [akwatik] *adj* Wasser-.

aqueduc [akdyk] *nm* Aquädukt *der*.

aqueux, euse [akø, øz] *adj* wässrig.

arabe [arab] ◇ *adj* arabisch ◇ *nm* [langue] Arabisch(e) *(das)*. ◆ **Arabe** *nmf* Araber *der*, -in *die*.

arabesque [arabɛsk] *nf* - **1.** ART Arabeske *die* - **2.** [ligne sinueuse] Schnörkel *der*.

Arabie [arabi] *nf :* **l'~** Arabien *nt ;* **l'~ Saoudite** Saudi-Arabien *nt*.

arachide [araʃid] *nf* Erdnuss *die*.

araignée [areɲe] *nf* Spinne *die ;* ~ **de mer** Seespinne.

arbalète [arbalɛt] *nf* Armbrust *die*.

arbitrage [arbitraʒ] *nm* SPORT *Ausüben des Schiedsrichteramtes ;* **erreur d'~** Fehlentscheidung *die* des Schiedsrichters.

arbitre [arbitr] *nm* Schiedsrichter *der*, -in *die.*

arbitrer [3] [arbitre] *vt* - **1.** [conflit] schlichten - **2.** SPORT : **~ un match** ein Spiel leiten.

arboriculture [arbɔrikyltyr] *nf* Baumzucht *die.*

arbre [arbr] *nm* - **1.** [gén] Baum *der ;* **~ généalogique** Stammbaum - **2.** TECHNOL Achse *die ;* **~ de transmission** AUTOM Antriebswelle *die.*

arbrisseau [arbriso] *nm* strauchartiger Baum.

arbuste [arbyst] *nm* Strauch *der.*

arc [ark] *nm* Bogen *der ;* **~ de cercle** GÉOM Kreisbogen.

arcade [arkad] *nf* Arkade *die.* ◆ **arcade sourcilière** *nf* Augenbrauenbogen *der.*

arc-bouter [3] [arkbute] ◆ **s'arc-bouter** *vp :* **s'~ à** OU **contre** OU **sur qqch** sich gegen etw stemmen.

arceau [arso] *nm* Gewölbebogen *der.*

arc-en-ciel (*pl* **arcs-en-ciel**) *nm* Regenbogen *der.*

archaïque [arkaik] *adj* archaisch.

archange [arkɑ̃ʒ] *nm* Erzengel *der.*

arche [arʃ] *nf* ARCHIT Bogen *der.* ◆ **arche de Noë** *nf* Arche Noah *die.*

archéologie [arkeɔlɔʒi] *nf* Archäologie *die.*

archéologique [arkeɔlɔʒik] *adj* archäologisch.

archéologue [arkeɔlɔg] *nmf* Archäologe *der*, -gin *die.*

archet [arʃɛ] *nm* MUS Bogen *der.*

archevêque [arʃəvɛk] *nm* Erzbischof *der.*

archipel [arʃipɛl] *nm* Archipel *der*, Inselgruppe *die.*

architecte [arʃitɛkt] *nmf* Architekt *der*, -in *die.*

architectural, e, aux [arʃitɛktyral, o] *adj* architektonisch.

architecture [arʃitɛktyr] *nf* ART Architektur *die.*

archiver [3] [arʃive] *vt* archivieren.

archives [arʃiv] *nfpl* Archiv *das (sans pl).*

archiviste [arʃivist] *nmf* Archivar *der*, -in *die.*

arctique [arktik] *adj* arktisch ; **le cercle polaire ~** der nördliche Polarkreis. ◆ **Arctique** *nm :* **l'Arctique, l'océan Arctique** das Nordpolarmeer, das Nördliche Eismeer.

ardemment [ardamɑ̃] *adv* sehnlichst.

ardent, e [ardɑ̃, ɑ̃t] *adj* - **1.** [soleil] glühend heiß - **2.** [sensation] heftig - **3.** [yeux] feurig - **4.** [couleur] rot.

ardeur [ardœr] *nf* - **1.** [vigueur] Feuer *das*, Ungestüm *das* - **2.** [zèle] Eifer *der.*

ardoise [ardwaz] *nf* Schiefer *der.*

ardu, e [ardy] *adj* - **1.** [travail, problème] schwierig - **2.** [pente] steil.

are [ar] *nm* Ar *das.*

arène [arɛn] *nf* Arena *die.* ◆ **arènes** *nfpl :* **les ~s** ARCHIT die Arena *(sans pl).*

arête [arɛt] *nf* - **1.** [de poisson] Gräte *die* - **2.** [de toit, de montagne] Grat *der.*

argent [arʒɑ̃] *nm* - **1.** [métal, couleur] Silber *das* - **2.** [monnaie] Geld *das ;* **~ de poche** Taschengeld.

argenté, e [arʒɑ̃te] *adj* silbern.

argenterie [arʒɑ̃tri] *nf* Silber *das.*

argentin, e [arʒɑ̃tɛ̃, in] *adj* argentinisch. ◆ **Argentin, e** *nm, f* Argentinier *der*, -in *die.*

Argentine [arʒɑ̃tin] *nf :* **l'~** Argentinien *nt.*

argile [arʒil] *nf* Ton *der.*

argileux, euse [arʒilø, øz] *adj* lehmig, Lehm-.

argot [argo] *nm* [langue populaire] Slang *der.*

argotique [argɔtik] *adj* Slang-.

Argovie [argɔvi] *n :* **l'~** der Aargau.

argument [argymɑ̃] *nm* [raison] Argument *das.*

argumentaire [argymɑ̃tɛr] *nm :* **~ (de vente)** Verkaufshandbuch *das.*

argumentation [argymɑ̃tasjɔ̃] *nf* Argumentation *die.*

argumenter [argymɑ̃te] ◇ *vi* argumentieren ◇ *vt* untermauern.

argus [argys] *nm* ≃ Gebrauchtwarenpreisliste *die.* ◆ **argus de l'automobile** *nm* Gebrauchtwagenpreisliste *die ;* **être coté à l'~ de l'automobile** in der Gebrauchtwagenpreisliste notiert sein.

aride [arid] *adj* - **1.** [terre] ausgetrocknet, ausgedörrt - **2.** [sujet, travail] trocken.

aristocrate [aristɔkrat] *nmf* Aristokrat *der*, -in *die.*

aristocratie [aristɔkrasi] *nf* Aristokratie *die.*

aristocratique [aristɔkratik] *adj* aristokratisch.

arithmétique [aritmetik] ◇ *nf* Arithmetik *die* ◇ *adj* arithmetisch.

armateur [armatœr] *nm* Reeder *der.*

armature [armatyr] *nf* - **1.** [de parapluie] Gestänge *das* - **2.** [base] Gerüst *das.*

arme [arm] *nf* Waffe *die ;* **~ à feu** Feuerwaffe, Schusswaffe ; **~ blanche** *Waffe mit einer Klinge.*

armée [arme] *nf* Armee *die* ; **faire** ou **être à l'~** beim Militär sein ; **l'~ de l'air** die Luftwaffe ; **l'~ de terre** die Landstreitkräfte *Pl.* ◆ **Armée du salut** *nf* Heilsarmee *die.*

armement [armәmɑ̃] *nm* - **1.** [action d'armer] Bewaffnung *die* - **2.** [armes] Rüstung *die* - **3.** [de fusil, d'appareil-photo] Spannen *das.*

Arménie [armeni] *nf* : **l'~** Armenien *nt.*

armer [3] [arme] *vt* - **1.** [armée, pays, personne] bewaffnen - **2.** [fusil] spannen, entsichern - **3.** [appareil-photo] spannen.

armistice [armistis] *nm* Waffenstillstand *der.*

armoire [armwar] *nf* Schrank *der.*

armoiries [armwari] *nfpl* Wappen *das.*

armure [armyr] *nf* Rüstung *die.*

armurier [armyrje] *nm* Waffenfabrikant *der.*

arnaque [arnak] *nf fam* Schwindel *der.*

arnaquer [3] [arnake] *vt fam* übers Ohr hauen ; **se faire ~** sich übers Ohr hauen lassen.

aromate [arɔmat] *nm* Gewürz *das.*

arôme [arom] *nm* - **1.** [odeur - de plat] Aroma *das* ; [- de fleur, de vin] Duft *der* - **2.** [goût] Geschmack *der.*

arpège [arpɛʒ] *nm* Arpeggio *das.*

arpenter [3] [arpɑ̃te] *vt* [marcher] : **~ une pièce** in einem Raum mit großen Schritten auf und ab gehen.

arqué, e [arke] *adj* gebogen, gekrümmt ; **jambes ~es** O-Beine *Pl.*

arr. *abr de* **arrondissement.**

arrache-pied [araʃpje] ◆ **d'arrache-pied** *loc adv* unermüdlich.

arracher [3] [araʃe] *vt* - **1.** [extraire - plante] (her)aus|reißen ; [- dent] ziehen - **2.** [amputer] ab|reißen - **3.** [prendre] : **~ qqch à qqn** jm etw entreißen ; *fig* [promesse, augmentation] jm etw ab|ringen - **4.** [détourner] : **~ qqn à qqch** jn aus etw reißen.

arrangeant, e [arɑ̃ʒɑ̃, ɑ̃t] *adj* entgegenkommend.

arrangement [arɑ̃ʒmɑ̃] *nm* - **1.** [disposition] Anordnung *die* - **2.** [adaptation, accord] Arrangement *das.*

arranger [17] [arɑ̃ʒe] *vt* - **1.** [convenir à] : **~ qqn** jm passen - **2.** [entrevue, voyage & MUS] arrangieren - **3.** [différend, affaire] ein|renken. ◆ **s'arranger** *vp* sich arrangieren ; **s'~ pour** es so ein|richten, dass.

arrestation [arɛstasjɔ̃] *nf* Festnahme *die.*

arrêt [arɛ] *nm* - **1.** [de véhicule, de machine] Stillstand *der* - **2.** [action] Ausschalten *das* ; **tomber en ~ devant qqch** wie angewurzelt vor etw *(D)* stehen bleiben ; **sans ~** ununterbrochen - **3.** [station] Haltestelle *die* - **4.** JUR Entscheid *der.* ◆ **arrêt maladie** *nm* : **être en ~ maladie** krankgeschrieben sein.

arrêté [arete] *nm* ADMIN Erlass *der.*

arrêter [4] [arete] ◇ *vt* - **1.** [véhicule, machine] an|halten - **2.** [date] fest|legen - **3.** [voleur] fest|nehmen - **4.** [abandonner] ab|brechen - **5.** FIN [compte] ab|schließen ◇ *vi* - **1.** [véhicule] an|halten - **2.** [cesser] auf|hören. ◆ **s'arrêter** *vp* : **s'~ à qqch** sich mit etw auf|halten ; **s'~ de faire qqch** auf|hören, etw zu tun ; **s'~ quelque part** an einer Stelle *(D)* Halt machen.

arrhes [ar] *nfpl* Anzahlung *die* ; **verser des ~** eine Anzahlung leisten.

arrière [arjɛr] ◇ *adj inv* Rück- ; **roues ~** Hinterräder *die* ◇ *nm* - **1.** [partie postérieure] hinterer Teil ; **à l'~** hinten - **2.** SPORT Verteidiger *der.* ◆ **en arrière** *loc adv* - **1.** [dans la direction opposée] zurück, nach hinten - **2.** [derrière] hinten. ◆ **en arrière de** *loc prép* hinter.

arriéré, e [arjere] *adj péj* - **1.** [personne] zurückgeblieben - **2.** [pays, région] rückständig. ◆ **arriéré** *nm* Rückstand *der.*

arrière-boutique (*pl* **arrière-boutiques**) *nf* Hinterzimmer *das.*

arrière-garde (*pl* **arrière-gardes**) *nf* Nachhut *die (sans pl).*

arrière-goût (*pl* **arrière-goûts**) *nm* Nachgeschmack *der.*

arrière-grand-mère (*pl* **arrière-grands-mères**) *nf* Urgroßmutter *die.*

arrière-grand-père (*pl* **arrière-grands-pères**) *nm* Urgroßvater *der.*

arrière-pensée (*pl* **arrière-pensées**) *nf* Hintergedanke *der.*

arrière-plan (*pl* **arrière-plans**) *nm* Hintergrund *der.*

arrière-saison (*pl* **arrière-saisons**) *nf* Spätherbst *der* ; [touristique] Nachsaison *die.*

arrière-train (*pl* **arrière-trains**) *nm* Hinterteil *das.*

arrimer [3] [arime] *vt* stauen.

arrivage [arivaʒ] *nm* - **1.** [de marchandises] Eingang *der* - **2.** [de touristes] Ankunft *die.*

arrivée [arive] *nf* - **1.** [venue] Ankunft *die* - **2.** TECHNOL Zufuhr *die.*

arriver [3] [arive] ◇ *vi* - **1.** [venir] an|kommen ; **en ~ à faire qqch** *fig* schließlich etw tun - **2.** [survenir] kommen - **3.** [socialement] es zu etwas bringen - **4.** [réussir] : **~ à faire qqch** etw schaffen ◇ *v impers* : **il arrive que** *(+ subjonctif)* es kommt vor, dass ; **quoi qu'il arrive** komme was wolle.

arrivisme [arivism] *nm péj* Streberei *die.*

arrobas, arobas [arɔbas] *nf* INFORM Klammeraffe *der.*

arrogance [arɔgɑ̃s] *nf* Arroganz *die.*

arrogant, e [arɔgɑ̃, ɑ̃t] *adj* arrogant.

arroger [17] [arɔʒe] ◆ **s'arroger** *vp* : **s'~ qqch** sich *(D)* etw an|maßen.

arrondi [arɔ̃di] *nm* Rundung *die.*

arrondir [32] [arɔ̃dir] *vt* ab|runden ; [capital, fortune] auf|stocken.

arrondissement [arɔ̃dismɑ̃] *nm* [de ville] ≃ Stadtbezirk *der.*

arroser [3] [aroze] *vt* - **1.** [plante] gießen - **2.** [sujet : rivière] : **~ une région** durch eine Gegend fließen - **3.** [pelouse] sprengen - **4.** *fam* [événement, succès] begießen.

arrosoir [arozwar] *nm* Gießkanne *die.*

arsenal, aux [arsənal, o] *nm* - **1.** NAVIG Werft *die* - **2.** MIL Zeughaus *das.*

arsenic [arsənik] *nm* Arsen *das.*

art [ar] *nm* Kunst *die* ; **~s ménagers** Kunst der Haushaltsführung ; **~s plastiques** bildende Kunst ; **le septième ~** die Filmkunst.

art. (*abr de* **article**) Art.

Arte (*abr de* **Association relative à la télévision européenne**) [arte] *npr* Arte.

artère [artɛr] *nf* - **1.** ANAT Schlagader *die* - **2.** [rue] Verkehrsader *die.*

artériel, elle [arterjɛl] *adj* arteriell.

artériosclérose [arterjɔskleroz] *nf* Arterienverkalkung *die.*

arthrite [artrit] *nf* Arthritis *die.*

arthrose [artroz] *nf* Arthrose *die.*

artichaut [artiʃo] *nm* Artischocke *die.*

article [artikl] *nm* - **1.** [gén] Artikel *der* ; **~ de fond** Leitartikel - **2.** [de loi] Paragraph *der.*

articulation [artikylasjɔ̃] *nf* - **1.** ANAT Gelenk *das* - **2.** [prononciation] Artikulation *die* - **3.** TECHNOL Zusammenspiel *das.*

articuler [3] [artikyle] *vt* [prononcer] deutlich sprechen.

artifice [artifis] *nm* Trick *der.*

artificiel, elle [artifisjɛl] *adj* - **1.** [lac, fleur, jambe] künstlich - **2.** [gaieté] gekünstelt.

artificiellement [artifisjɛlmɑ̃] *adv* künstlich.

artillerie [artijri] *nf* Artillerie *die.*

artilleur [artijœr] *nm* Artillerist *der.*

artisan, e [artizɑ̃, an] *nm, f* Handwerker *der.*

artisanal, e, aux [artizanal, o] *adj* handwerklich.

artisanat [artizana] *nm* - **1.** [art] Kunsthandwerk *das* - **2.** [classe sociale] Handwerk *das.*

artiste [artist] *nmf* Künstler *der,* -in *die.*

artiste-peintre [artistəpɛ̃tr] *nm* Kunstmaler *der.*

artistique [artistik] *adj* - **1.** [d'art] künstlerisch, Kunst- - **2.** [présenté avec art] kunstvoll.

as[1] [a] ▷ **avoir.**

as[2] [as] *nm* [aux cartes, champion] Ass *das* ; **~ de pique** Pikass ; **~ de trèfle** Kreuzass ; **~ de carreau** Karoass ; **~ de cœur** Herzass.

AS (*abr de* **association sportive**) *nf* SV *der.*

ascendant, e [asɑ̃dɑ̃, ɑ̃t] *adj* [courbe] steigend. ◆ **ascendant** *nm* - **1.** [parent] Vorfahr *der,* -in *die* - **2.** ASTROL Aszendent *der.*

ascenseur [asɑ̃sœr] *nm* Aufzug *der.*

ascension [asɑ̃sjɔ̃] *nf* - **1.** [de montagne] Besteigung *die* - **2.** [sociale, d'avion] Aufstieg *der.* ◆ **Ascension** *nf* : **l'Ascension** Himmelfahrt *(sans art déf).*

ascète [asɛt] *nmf* Asket *der.*

aseptiser [asɛptize] *vt* keimfrei machen.

asiatique [azjatik] *adj* asiatisch. ◆ **Asiatique** *nmf* Asiat *der,* -in *die.*

Asie [azi] *nf* : **l'~** Asien *nt* ; **l'~ centrale** Zentralasien *nt,* Mittelasien *nt* ; **l'~ du Sud-Est** Südostasien *nt.*

asile [azil] *nm* - **1.** [refuge] Asyl *das* - **2.** [psychiatrique] Anstalt *die.*

asocial, e, aux [asɔsjal, o] *adj* asozial.

aspect [aspɛ] *nm* - **1.** [de personne] Aussehen *das* - **2.** [de problème & GRAM] Aspekt *der.*

asperge [aspɛrʒ] *nf* Spargel *der.*

asperger [17] [aspɛrʒe] *vt* : **~ qqn/qqch (de qqch)** jn/etw (mit etw) bespritzen. ◆ **s'asperger** *vp* : **s'~ de qqch** sich mit etw besprühen.

aspérité [asperite] *nf* [du sol] Unebenheit *die.*

asphalte [asfalt] *nm* Asphalt *der.*

asphyxie [asfiksi] *nf* MÉD Ersticken *das.*

asphyxier [9] [asfiksje] *vt* MÉD ersticken.

aspic [aspik] *nm* ZOOL Aspisviper *die.*

aspirant, e [aspirɑ̃, ɑ̃t] *adj* saugend.

aspirateur [aspiratœr] *nm* Staubsauger *der* ; **passer l'~** Staub saugen.

aspiration [aspirasjɔ̃] *nf* - **1.** [souffle] Einatmen *das* - **2.** TECHNOL Ansaugen *das.* ◆ **aspirations** *nfpl* [désirs] Streben *das* *(sans pl).*

aspirer [3] [aspire] *vt* - **1.** [respirer] ein|atmen - **2.** [pomper] an|saugen - **3.** [désirer] : **~ à faire qqch** danach streben, etw zu tun.

aspirine [aspirin] *nf* Aspirin *das.*

assagir [32] [asaʒir] *vt* - **1.** [personne] besänftigen - **2.** [passion] zügeln. ◆ **s'assagir** *vp* vernünftig werden.

assaillant, e [asajɑ̃, ɑ̃t] *nm, f* Angreifer *der,* -in *die.*

assaillir [47] [asajir] *vt* [attaquer]

überfallen ; ~ **qqn** *fig* über jn her|fallen ; ~ **qqn de qqch** *fig* jn mit etw bestürmen.

assainir [32] [asenir] *vt* - **1.** [pièce, eau] reinigen - **2.** [quartier, situation] sanieren.

assaisonnement [asɛzɔnmɑ̃] *nm* [sauce] Dressing *das.*

assaisonner [3] [asɛzɔne] *vt* - **1.** [salade] an|machen - **2.** [propos] würzen - **3.** *fam* [gronder] zurecht|stutzen.

assassin, e [asasɛ̃, in] *adj* tödlich. ◈ **assassin** *nm* Mörder *der*, -in *die.*

assassinat [asasina] *nm* Mord *der.*

assassiner [3] [asasine] *vt* ermorden.

assaut [aso] *nm* MIL Sturm *der ;* **monter à l'~ de qqch** *litt & fig* zum Angriff auf etw *(A)* über|gehen ; **prendre qqch d'~** *litt & fig* [conquérir] etw im Sturm erobern.

assécher [18] [aseʃe] *vt* - **1.** [terre] trocken|legen - **2.** [réserve d'eau] auf|brauchen.

ASSEDIC, Assedic [asedik] (*abr de* **Association pour l'emploi dans l'industrie et le commerce**) *nfpl* ≃ Arbeitslosenversicherung *die ;* **toucher les ~** Arbeitslosengeld beziehen.

assemblage [asɑ̃blaʒ] *nm* - **1.** [ensemble d'éléments] Verbund *der* - **2.** [montage] Zusammenbau *der.*

assemblée [asɑ̃ble] *nf* Versammlung *die.* ◈ **Assemblée** *nf :* **l'Assemblée nationale** *französische Nationalversammlung.*

assembler [3] [asɑ̃ble] *vt* - **1.** [machine, meuble] zusammen|bauen - **2.** [personnes] versammeln. ◈ **s'assembler** *vp* sich versammeln.

assener [19], **asséner** [18] [asene] *vt* verpassen.

assentiment [asɑ̃timɑ̃] *nm* Einwilligung *die.*

asseoir [65] [aswar] *vt :* ~ **qqn sur qqch** jn auf etw *(A)* setzen ; **faire ~ qqn** jm einen Sitzplatz an|bieten. ◈ **s'asseoir** *vp* sich setzen ; **s'~ sur qqch** sich auf etw *(A)* setzen.

assermenté, e [asɛrmɑ̃te] *adj* vereidigt.

assertion [asɛrsjɔ̃] *nf* Behauptung *die.*

asservir [asɛrvir] *vt :* ~ **qqn/qqch** sich jn/etw untertan machen.

assesseur [asesœr] *nm* Beisitzer *der.*

assez [ase] *adv* - **1.** [suffisamment] genug ; **il est ~ grand** er ist groß genug ; **~ de temps** genug Zeit ; **en avoir ~ de qqn/qqch** von jm/etw genug haben - **2.** [plutôt] ziemlich ; **il est ~ avancé pour son âge** er ist ziemlich weit für sein Alter.

assidu, e [asidy] *adj* - **1.** [élève] fleißig - **2.** [travail] regelmäßig.

assiduité [asidɥite] *nf* - **1.** [zèle] Eifer *der* - **2.** [fréquence] : **avec ~** regelmäßig *(adv).* ◈ **assiduités** *nfpl péj & sout* Nachstellungen *Pl.*

assiéger [22] [asjeʒe] *vt* belagern.

assiette [asjɛt] *nf* - **1.** [de vaisselle & CULIN] Teller *der* - **2.** *loc :* **ne pas être dans son ~** *fam* daneben sein.

assigner [3] [asiɲe] *vt* - **1.** [fonds, tâche] : ~ **qqch à qqn** jm etw zu|weisen - **2.** [affecter] : ~ **qqn à qqch** jn einer Sache *(D)* zu|teilen - **3.** JUR : ~ **qqn en justice** jn vor Gericht laden.

assimiler [3] [asimile] *vt* - **1.** [intégrer] ein|gliedern - **2.** [confondre] : ~ **qqn/qqch à qqn/qqch** jn/etw jm/etw gleich|stellen - **3.** [aliments] assimilieren - **4.** [connaissances] verarbeiten.

assis, e [asi, iz] ◇ *pp* ▷ **asseoir** ◇ *adj* sitzend ; **être ~** sitzen. ◈ **assises** *nfpl* - **1.** JUR Schwurgericht *das (sans pl)* - **2.** [congrès] Tagung *die.*

assistance [asistɑ̃s] *nf* - **1.** [auditoire] Anwesenden *Pl* - **2.** [aide] Hilfe *die* - **3.** [secours] Hilfeleistung *die.* ◈ **Assistance publique** *nf* öffentliche Fürsorge.

assistant, e [asistɑ̃, ɑ̃t] *nm, f* Assistent *der*, -in *die.* ◈ **assistante sociale** *nf* Sozialarbeiterin *die.*

assister [3] [asiste] ◇ *vi :* ~ **à qqch** einer Sache *(D)* bei|wohnen ◇ *vt :* ~ **qqn** [seconder] jm bei|stehen ; [porter secours à] jm helfen.

association [asɔsjasjɔ̃] *nf* [professionnelle] Verband *der ;* [de bienfaisance, sportive] Verein *der.*

associé, e [asɔsje] *nm, f* - **1.** [collaborateur] Partner *der* - **2.** [actionnaire] Teilhaber *der*, -in *die.*

associer [9] [asɔsje] *vt* - **1.** [personne] : ~ **qqn à qqch** jn an etw *(D)* beteiligen - **2.** [idées] verknüpfen. ◈ **s'associer** *vp* - **1.** [participer] : **s'~ à qqch** sich an einer Sache *(D)* beteiligen - **2.** [collaborer] : **s'~ à** ou **avec qqn** sich jm an|schließen - **3.** [se combiner] : **s'~ à qqch** mit etw einher|gehen.

assoiffé, e [aswafe] *adj* durstig.

assombrir [32] [asɔ̃brir] *vt* verfinstern. ◈ **s'assombrir** *vp* sich verfinstern.

assommer [3] [asɔme] *vt* - **1.** [frapper] nieder|schlagen - **2.** *fam* [ennuyer] anöden.

assorti, e [asɔrti] *adj* [accordé - choses] passend ; [- personnes] zueinander passend ; **bien/mal ~** [choses] gut/schlecht abgestimmt ; [personnes] gut/schlecht zusammenpassend.

assortir [32] [asɔrtir] *vt* - **1.** [objets] : ~ **qqch à qqch** etw auf etw *(A)* abstimmen - **2.** [magasin] aus|statten.

assoupi, e [asupi] *adj* [endormi] eingeschlummert.

assoupir [32] [asupir] *vt sout* [personne]

einlschläfern. ◈ **s'assoupir** *vp* [s'endormir] einlschlummern.

assouplir [32] [asuplir] *vt* - **1.** [corps] gelenkig machen - **2.** [matière] geschmeidig machen - **3.** [règlement] lockern - **4.** [caractère] umgänglich machen.

assouplissant [asuplisɑ̃] *nm* Weichspülmittel *das.*

assourdir [32] [asurdir] *vt* - **1.** [personne] betäuben - **2.** [bruit] dämpfen.

assouvir [32] [asuvir] *vt* stillen.

assujettir [32] [asyʒetir] *vt* unterwerfen ; **~ qqn à qqch** jn einer Sache *(D)* unterwerfen.

assumer [3] [asyme] *vt* - **1.** [fonction] wahrlnehmen - **2.** [risque, frais] übernehmen.

assurance [asyrɑ̃s] *nf* - **1.** [comportement] sicheres Auftreten - **2.** [contrat] Versicherung *die ;* **~ maladie** Krankenversicherung ; **~ tous risques** AUTOM Vollkaskoversicherung - **3.** [conviction] Bewusstsein *das.*

assurance-vie [asyrɑ̃svi] *nf* Lebensversicherung *die.*

assuré, e [asyre] *nm, f* Versicherte *der, die ;* **~ social** Sozialversicherte *der.*

assurément [asyremɑ̃] *adv* sicherlich.

assurer [3] [asyre] ◇ *vt* - **1.** [garantir] : **~ à qqn que** jm versichern, dass ; **~ qqn de qqch** jm etw versichern - **2.** [permanence, service] übernehmen - **3.** [voiture] versichern - **4.** [paix, ordre] sichern - **5.** [avenir, situation] : **~ qqch à qqn** jm etw zulsichern ◇ *vi :* **il assure** *fam* er bringts OU packts. ◈ **s'assurer** *vp* - **1.** [pour confirmation] : **s'~ que** sich vergewissern, dass ; **s'~ de qqch** sich einer Sache *(G)* vergewissern - **2.** [pour protection] : **s'~ contre qqch** sich gegen etw versichern - **3.** [obtenir] : **s'~ (de) qqch** etw sicherlstellen.

astérisque [asterisk] *nm* Sternchen *das.*

asthme [asm] *nm* Asthma *das.*

asticot [astiko] *nm* Made *die.*

astiquer [3] [astike] *vt* wienern.

astre [astr] *nm* - **1.** ASTRON Gestirn *das* - **2.** ASTROL Stern *der.*

astreignant, e [astrɛɲɑ̃, ɑ̃t] *adj* [obligation] einengend ; [travail] Zeit raubend.

astreindre [81] [astrɛ̃dr] *vt :* **~ qqn à faire qqch** jn dazu zwingen, etw zu tun.

astreint, e [astrɛ̃, ɛ̃t] *pp* ▻ **astreindre.**

astringent, e [astrɛ̃ʒɑ̃, ɑ̃t] *adj* adstringierend.

astrologie [astrɔlɔʒi] *nf* Astrologie *die.*

astrologue [astrɔlɔg] *nmf* Astrologe *der,* -gin *die.*

astronaute [astrɔnot] *nmf* Astronaut *der,* -in *die.*

astronautique [astrɔnotik] *nf* Raumfahrt *die.*

astronome [astrɔnɔm] *nmf* Astronom *der,* -in *die.*

astronomie [astrɔnɔmi] *nf* Astronomie *die.*

astronomique [astrɔnɔmik] *adj* astronomisch.

astuce [astys] *nf* - **1.** [truc] Trick *der* - **2.** [ingéniosité] Findigkeit *die.*

astucieux, euse [astysjø, øz] *adj* - **1.** [idée] pfiffig - **2.** [personne] schlau.

asymétrique [asimetrik] *adj* asymmetrisch.

atelier [atəlje] *nm* - **1.** [d'artisan] Werkstatt *die* - **2.** [de peintre] Atelier *das.*

athée [ate] ◇ *adj* atheistisch ◇ *nmf* Atheist *der,* -in *die.*

athéisme [ateism] *nm* Atheismus *der.*

Athènes [atɛn] *n* Athen *nt.*

athlète [atlɛt] *nmf* Athlet *der,* -in *die.*

athlétique [atletik] *adj* athletisch.

athlétisme [atletism] *nm* Leichtathletik *die.*

atlantique [atlɑ̃tik] *adj* atlantisch, Atlantik- ; **la côte ~** die Atlantikküste. ◈ **Atlantique** *nm :* **l'Atlantique** der Atlantik ; **l'océan Atlantique** der atlantische Ozean.

atlas [atlas] *nm* Atlas *der.*

atmosphère [atmɔsfɛr] *nf* - **1.** [gén] Atmosphäre *die* - **2.** [de pièce] Luft *die.*

atmosphérique [atmɔsferik] *adj* atmosphärisch.

atome [atom] *nm* Atom *das.*

atomique [atɔmik] *adj* [énergie, masse] Atom- ; [guerre, puissance] atomar.

atomiseur [atɔmizœr] *nm* Zerstäuber *der.*

atone [atɔn] *adj* [œil, regard] ausdruckslos.

atout [atu] *nm* Trumpf *der.*

âtre [atr] *nm littéraire* Feuerstelle *die.*

atroce [atrɔs] *adj* - **1.** [crime, souffrance] abscheulich - **2.** [temps] scheußlich.

atrocité [atrɔsite] *nf* - **1.** [horreur] Abscheulichkeit *die (sans pl) ;* **les ~s de la guerre** die Schrecken des Krieges - **2.** [calomnie] : **dire des ~s** abscheuliche Dinge sagen.

atrophie [atrɔfi] *nf* - **1.** [d'organe] Schwund *der* - **2.** *fig* [de faculté] Nachlassen *das.*

atrophier [9] [atrɔfje] *vt* [muscle] schwinden lassen. ◈ **s'atrophier** *vp* [muscle] schwinden.

attabler [3] [atable] ◈ **s'attabler** *vp* sich zu Tisch setzen.

attachant, e [ataʃɑ̃, ɑ̃t] *adj* einnehmend.

attache [ataʃ] *nf* - **1.** [lien] Befestigung *die*

- 2. [agrafe] Klammer *die.* ◈ **attaches** *nfpl* - 1. [poignets, chevilles] Gelenke *Pl* - 2. [liens] Bindung *die.*

attaché, e [ataʃe] *nm, f* Attaché *der* ; ~ **de presse** Pressereferent *der*, -in *die.*

attaché-case [ataʃekɛz] *nm* Aktenkoffer *der.*

attachement [ataʃmɑ̃] *nm* Zuneigung *die.*

attacher [3] [ataʃe] ◇ *vt* - 1. [lier] : ~ **qqch (à qqch)** etw (an etw *(D)*) fest|machen - 2. [paquet] zu|binden - 3. [lacet] binden - 4. [animal] an|binden ◇ *vi* CULIN an|brennen. ◈ **s'attacher** *vp* - 1. [affection] : **s'~ à qqn/qqch** jn/etw lieb gewinnen - 2. [se fermer] : **s'~ avec/par qqch** mit/durch etw zugemacht werden.

attaquant, e [atakɑ̃, ɑ̃t] *nm, f* Angreifer *der*, -in *die.*

attaque [atak] *nf* - 1. [offensive] Angriff *der* - 2. MÉD Anfall *der* - 3. *loc* : **être d'~** fit sein.

attaquer [3] [atake] *vt* - 1. [gén] an|greifen - 2. [travail, difficulté] : ~ **qqch** sich *(D)* etw vor|nehmen - 3. JUR : ~ **qqn en justice** jn verklagen. ◈ **s'attaquer** *vp* : **s'~ à qqn** es mit jm auf|nehmen ; **s'~ à qqch** *fig* etw in Angriff nehmen.

attardé, e [atarde] *adj* - 1. [en retard] verspätet - 2. [arriéré] zurückgeblieben.

attarder [3] [atarde] ◈ **s'attarder** *vp* : **s'~ à faire qqch** sich damit auf|halten, etw zu tun.

atteindre [81] [atɛ̃dr] *vt* - 1. [sujet : balle, arme, malheur] treffen - 2. *litt & fig* [arriver à] erreichen - 3. [toucher] : ~ **qqch** an etw *(A)* heran|kommen.

atteint, e [atɛ̃, ɛ̃t] ◇ *pp* ▷ **atteindre** ◇ *adj* - 1. [malade] : **être ~ d'un cancer** an Krebs leiden - 2. *fam* [fou] : **être ~** sie nicht mehr alle haben. ◈ **atteinte** *nf* - 1. [préjudice] Beeinträchtigung *die* ; **hors d'~e** [hors de portée] außer Reichweite ; [inattaquable] unantastbar - 2. [effet] Auswirkung *die.*

attelage [atlaʒ] *nm* [de chevaux] Gespann *das.*

atteler [24] [atle] *vt* - 1. [animaux] ein|spannen - 2. [véhicules] an|hängen.

attelle [atɛl] *nf* Schiene *die.*

attenant, e [atnɑ̃, ɑ̃t] *adj* : ~ **(à qqch)** (an etw *(A)*) angrenzend.

attendre [73] [atɑ̃dr] ◇ *vt* - 1. [personne, voiture] : ~ **qqn/qqch** auf jn/etw warten - 2. [événement, réponse, enfant] erwarten ; ~ **que** *(+ subjonctif)* darauf warten, dass ; ~ **qqch de qqn/qqch** etw von jm/etw erwarten ◇ *vi* warten. ◈ **s'attendre** *vp* : **s'~ à qqch** [prévoir] auf etw *(A)* gefasst sein. ◈ **en attendant** *loc adv* vorerst.

attendrir [32] [atɑ̃drir] *vt* - 1. [personne] rühren - 2. [viande] weich klopfen. ◈ **s'attendrir** *vp* gerührt sein.

attendrissant, e [atɑ̃drisɑ̃, ɑ̃t] *adj* rührend.

attendrissement [atɑ̃drismɑ̃] *nm* Rührung *die.*

attendu, e [atɑ̃dy] ◇ *pp* ▷ **attendre** ◇ *adj* erwartet.

attentat [atɑ̃ta] *nm* Attentat *das.*

attente [atɑ̃t] *nf* - 1. [fait d'attendre] Warten *das* - 2. [espoir] Erwartung *die.*

attenter [3] [atɑ̃te] *vt* : ~ **à qqch** etw beeinträchtigen.

attentif, ive [atɑ̃tif, iv] *adj* - 1. [auditeur, soin] aufmerksam - 2. [soucieux] : **être ~ à qqch** auf etw *(A)* bedacht sein.

attention [atɑ̃sjɔ̃] ◇ *nf* Aufmerksamkeit *die* ; **à l'~ de** zu Händen von ◇ *interj* Achtung ; **faire ~** [par prudence] vorsichtig sein ; **faire ~ à qqch** [par concentration] auf etw *(A)* achten ; [par prudence] auf etw *(A)* Acht geben.

attentionné, e [atɑ̃sjɔne] *adj* aufmerksam.

attentivement [atɑ̃tivmɑ̃] *adv* aufmerksam.

atténuer [7] [atenɥe] *vt* - 1. [douleur] lindern - 2. [propos] ab|schwächen - 3. [lumière, son] dämpfen. ◈ **s'atténuer** *vp* - 1. [lumière] schwächer werden - 2. [douleur, bruit] nach|lassen.

atterrir [32] [aterir] *vi* landen.

atterrissage [aterisaʒ] *nm* Landung *die.*

attestation [atɛstasjɔ̃] *nf* - 1. [certificat] Bescheinigung *die* ; ~ **médicale** ärztliches Attest - 2. [acte] Bescheinigen *das.*

attester [3] [atɛste] *vt* - 1. [sujet : personne] bestätigen - 2. [sujet : document] bescheinigen.

attique [atik] *adj* attisch.

attirail [atiraj] *nm* - 1. [matériel] Ausrüstung *die* - 2. *fam* [affaires] Kram *der.*

attirance [atirɑ̃s] *nf* : **avoir** ou **éprouver de l'~ pour qqn/qqch** sich von jm/etw angezogen fühlen.

attirant, e [atirɑ̃, ɑ̃t] *adj* anziehend.

attirer [3] [atire] *vt* - 1. [personne, métal] an|ziehen ; ~ **qqn à** ou **vers soi** jn zu sich ziehen - 2. [attention, regard] auf sich *(A)* ziehen - 3. [ennui, critique] ein|bringen. ◈ **s'attirer** *vp* : **s'~ qqch** sich *(D)* etw zu|ziehen.

attiser [3] [atize] *vt* schüren.

attitré, e [atitre] *adj* - 1. [titulaire] ständig - 2. [réservé] : **place ~e** Stammplatz *der.*

attitude [atityd] *nf* - 1. [posture] Haltung *die* - 2. [comportement] Verhalten *das.*

attouchements [atuʃmɑ̃] *nmpl* Berührung *die.*

attractif, ive [atraktif, iv] *adj* [prix] attraktiv.

attraction [atraksjɔ̃] *nf* - **1.** [force] Anziehung *die* - **2.** [attirance] Anziehungskraft *die* - **3.** [centre d'intérêt] Anziehungspunkt *der.*

attrait [atrɛ] *nm* Reiz *der ;* **éprouver un vif ~ pour qqn** sich zu jm stark hingezogen fühlen.

attrape-nigaud [atrapnigo] (*pl* **attrape-nigauds**) *nm* Bauernfängerei *die (sans pl).*

attraper [3] [atrape] *vt* - **1.** [ballon, animal] fangen - **2.** [voleur] ein|fangen - **3.** [maladie] sich *(D)* etw holen - **4.** [train, avion] noch erreichen - **5.** [surprendre] erwischen.

attrayant, e [atrɛjɑ̃, ɑ̃t] *adj* attraktiv.

attribuer [7] [atribɥe] *vt :* **~ qqch à qqn** [tâche, responsabilité] jm etw zu|weisen ; [récompense] jm etw verleihen ; [privilège] jm etw gewähren ; [part] jm etw zu|teilen ; [erreurs] jm etw zu|schreiben. ◆ **s'attribuer** *vp* - **1.** [s'approprier] für sich in Anspruch nehmen - **2.** [revendiquer] : **s'~ qqch** sich *(D)* etw zu|schreiben.

attribut [atriby] *nm* - **1.** [caractéristique] wesentliches Merkmal - **2.** [symbole] Symbol *das* - **3.** GRAM Attribut *das.*

attribution [atribysjɔ̃] *nf* - **1.** [de prix] Verleihung *die* - **2.** [de part] Zuteilung *die* - **3.** [d'avantage] Gewährung *die* - **4.** [de tâche] Zuweisung *die.* ◆ **attributions** *nfpl* Aufgabenbereich *der (sans pl).*

attrister [3] [atriste] *vt* betrüben. ◆ **s'attrister** *vp* traurig werden.

attroupement [atrupmɑ̃] *nm* Ansammlung *die.*

attrouper [3] [atrupe] ◆ **s'attrouper** *vp* sich ansammeln.

au ▻ **à.**

aubade [obad] *nf* Morgenständchen *das.*

aubaine [obɛn] *nf* Glücksfall *der.*

aube [ob] *nf* - **1.** [aurore] Morgengrauen *das ;* **à l'~** bei Tagesanbruch ; **être à l'~ de qqch** *fig* am Anfang einer Sache *(G)* stehen - **2.** RELIG [vêtement] Alba *die.*

aubépine [obepin] *nf* Weißdorn *der.*

auberge [obɛrʒ] *nf* Gasthaus *das ;* **~ de jeunesse** Jugendherberge *die.*

aubergine [obɛrʒin] ◇ *nf* Aubergine *die* ◇ *adj inv* aubergine(farben).

aubergiste [obɛrʒist] *nmf* Wirt *der,* -in *die.*

auburn [obœrn] *adj inv* kastanienbraun.

aucun, e [okœ̃, yn] ◇ *adj* - **1.** [sens négatif] kein - **2.** [sens positif] irgendein ◇ *pron* - **1.** [sens négatif] keine,-r,-s - **2.** [sens positif] irgendeine,-r,-s.

audace [odas] *nf* - **1.** [hardiesse] Wagemut *der* - **2.** [insolence] Unverschämtheit *die.*

audacieux, euse [odasjø, øz] ◇ *adj* - **1.** [projet] gewagt - **2.** [personne] wagemutig ◇ *nm, f* kühner Mensch.

au-dedans [odədɑ̃] *adv* drinnen ; **vert ~, rouge au-dehors** innen grün, außen rot. ◆ **au-dedans de** *loc prép :* **~ de qqch** innerhalb einer Sache *(G) ;* **~ de qqn** in js Inneren ; **~ de lui-même, il regrette ses paroles** in seinem Inneren bereut er seine Worte.

au-dehors [odəɔr] *adv* draußen ; **vert au-dedans, rouge ~** innen grün, außen rot. ◆ **au-dehors de** *loc prép :* **~ de qqch** außerhalb einer Sache *(G).*

au-delà [odəla] ◇ *adv* - **1.** [plus loin] weiter entfernt - **2.** [davantage] noch mehr ◇ *nm :* **l'~** das Jenseits. ◆ **au-delà de** *loc prép :* **~ de qqch** jenseits einer Sache *(G) ; fig* über etw *(A)* hinaus.

au-dessous [odsu] *adv* d(a) runter ; **les chambres sont ~** die Zimmer sind unten. ◆ **au-dessous de** *loc prép :* **~ de qqch** unter etw *(D) ;* **être ~ de tout** unter aller Würde sein ; **~ de 10 ans** unter 10 Jahre.

au-dessus [odəsy] *adv* d(a) rüber ; **les chambres sont ~** die Zimmer sind oben. ◆ **au-dessus de** *loc prép :* **~ de qqch** über etw *(D) ;* **~ de la mer** über dem Meeresspiegel ; **~ de 15 ans** über 15 Jahre.

au-devant [odəvɑ̃] *adv* vorn. ◆ **au-devant de** *loc prép :* **aller ~ de qqn** jm entgegen|gehen.

audience [odjɑ̃s] *nf* - **1.** [public] Publikum *das* - **2.** JUR Verhandlung *die* - **3.** [entretien] Unterredung *die.*

Audimat® [odimat] *nm* - **1.** [système] *französisches System zum Messen der Einschaltquoten* - **2.** [d'émission] Einschaltquote *die.*

audionumérique [odjɔnymerik] *adj :* **disque ~** Ton-Compactdisc *die,* CD *die.*

audiovisuel, elle [odjɔvizɥɛl] *adj* audiovisuell. ◆ **audiovisuel** *nm* Audio-Videotechnik *die.*

audit [odit] *nm :* **~ marketing** Marketing-Audit *das,* Marketingkontrolle *die.*

auditeur, trice [oditœr, tris] *nm, f* Zuhörer *der,* -in *die.*

audition [odisjɔ̃] *nf* - **1.** [ouïe] Hören *das* - **2.** JUR Vernehmung *die* - **3.** [essai] : **passer une ~** [de théâtre] vor|sprechen ; [de musique] vor|spielen.

auditionner [odisjɔne] *vt* [au théâtre] vorsprechen lassen ; [de musique] vorspielen lassen.

auditoire [oditwar] *nm* Zuhörer *Pl.*

auditorium [oditɔrjɔm] *nm* Konzertsaal *der.*

auditrice ▻ **auditeur.**

auge [oʒ] *nf* Trog *der.*

augmentation [ɔgmɑ̃tasjɔ̃] *nf* - 1. [de prix, d'inflation] Anstieg *der* - 2. [de taux, de capital, de salaire] Erhöhung *die* - 3. [de quantité] Steigerung *die.*

augmenter [3] [ɔgmɑ̃te] ◇ *vt* - 1. [prix, salaire] erhöhen ; **être augmenté** eine Gehaltserhöhung erhalten - 2. [en quantité] steigern - 3. [en intensité] stärker machen ◇ *vi* - 1. [en quantité] steigen - 2. [en intensité] stärker werden.

augure [ogyr] *nm* Vorzeichen *das ;* **de bon/mauvais ~** gutes/schlechtes Vorzeichen.

aujourd'hui [oʒurdɥi] *adv* - 1. [ce jour] heute - 2. [notre époque] heutzutage ; **les jeunes d'~** die heutige Jugend.

aulx ▷ **ail.**

aumône [omon] *nf* Almosen *das ;* **faire l'~ à qqn** jm ein Almosen geben ; **faire l'~ de qqch à qqn** *fig* jm gütigst etw schenken.

auparavant [oparavɑ̃] *adv* - 1. [tout d'abord] vorher - 2. [avant] davor.

auprès [oprɛ] ◆ **auprès de** *loc prép :* **~ de qqn/qqch** bei jm/etw ; [comparé à] im Vergleich zu jm/etw ; **~ de qqn** [aux yeux de] in js Augen.

auquel [okɛl] ▷ **lequel.**

aurai *etc* ▷ **avoir.**

auréole [oreɔl] *nf* - 1. RELIG Heiligenschein *der* - 2. [trace] Rand *der.*

auréoler [3] [oreɔle] *vt :* **être auréolé de gloire** vom strahlenden Glanz des Ruhms umgeben sein.

auriculaire [orikylɛr] ◇ *adj* Ohr- ◇ *nm* kleiner Finger.

aurons [orɔ̃], **aurez** [ore] ▷ **avoir.**

aurore [orɔr] *nf* [aube] Morgenrot *das.*

ausculter [3] [oskylte] *vt* abhorchen.

auspice [ospis] *nm (gén pl)* [signe] : **sous les ~s de qqn** *fig* unter js Auspizien.

aussi [osi] *adv* - 1. [également] auch ; **tu y vas? j'y vais ~** gehst du hin? ich gehe auch hin - 2. [comparatif] : **~ ... que** so ... wie ; **il n'est pas ~ intelligent que son frère** er ist nicht so intelligent wie sein Bruder ; **je n'ai jamais rien vu d'~ beau** ich habe nie etwas so Schönes gesehen - 3. *sout* [d'explication] deshalb. ◆ **(tout) aussi bien** *loc adv* genauso gut ; **j'aurais pu (tout) ~ bien refuser** ich hätte genauso gut ablehnen können. ◆ **aussi bien ... que** *loc conj* genauso gut ... wie ; **tu le sais ~ bien que moi** du weißt das genauso gut wie ich.

aussitôt [osito] *adv* gleich. ◆ **aussitôt que** *loc conj* sobald.

austère [ostɛr] *adj* - 1. [personne] streng - 2. [vie, région] karg - 3. [chose] nüchtern.

austérité [osterite] *nf* - 1. [de personne] Strenge *die* - 2. [de vie] Einfachheit *die* - 3. [de chose] Nüchternheit *die.*

austral, e, als ou **aux** [ostral, o] *adj* südlich.

Australie [ostrali] *nf :* **l'~** Australien *nt.*

australien, enne [ostraljɛ̃, ɛn] *adj* australisch. ◆ **Australien, enne** *nm, f* Australier *der,* -in *die.*

autant [otɑ̃] *adv* - 1. [comparatif] : **~ ... que** (eben)so ... wie, so viel ... wie, so sehr ... wie ; **cette voiture coûte ~ que l'autre** dieser Wagen kostet (genau) so viel wie der andere ; **il y a ~ de femmes que d'hommes** es gibt genauso viele Frauen wie Männer - 2. [à tel point] so ; **en dire/faire ~** dasselbe sagen/tun - 3. [en si grande quantité] : **~ de** so viel ; **~ de patience** so viel Geduld - 4. [si nombreux] : **~ de** so viele ; **~ de gens** so viele Leute - 5. *(+ infinitif)* [il vaut mieux] : **~ dire la vérité** man sollte lieber die Wahrheit sagen ; **~ y aller tant qu'il ne pleut pas** man sollte besser hingehen, solange es nicht regnet. ◆ **autant ... autant** *loc corrélative* so ... so ; **~ il est gentil avec moi, ~ il est désagréable avec elle** so nett er zu mir ist, so unfreundlich ist er zu ihr. ◆ **autant que** *loc conj :* **~ que je sache** meines Wissens ; **pour ~ que je sache** soviel ich weiß. ◆ **d'autant** *loc adv* gleichermaßen. ◆ **d'autant mieux** *loc adv* umso besser ; **cela ira d'~ mieux** das wird umso besser gehen. ◆ **d'autant que** *loc conj* zumal ; **d'~ plus/moins que** umso mehr/weniger als. ◆ **pour autant** *loc adv* deswegen ; **il a du succès mais ce n'est pas un génie pour ~** er hat Erfolg aber deswegen ist er lange kein Genie.

autarcie [otarsi] *nf* Autarkie *die.*

autel [otɛl] *nm* Altar *der.*

auteur [otœr] *nm* - 1. [responsable] Verursacher *der* - 2. [inventeur] Urheber *der* - 3. ART Autor *der,* -in *die.*

authentique [otɑ̃tik] *adj* - 1. [objet] echt - 2. [événement] verbürgt.

autisme [otism] *nm* Autismus *der.*

autistique [otistik] *adj* autistisch.

auto [oto] *nf* Auto *das.*

autobiographie [otɔbjɔgrafi] *nf* Autobiografie *die.*

autobronzant, e [otɔbrɔ̃zɑ̃, ɑ̃t] *adj* selbstbräunend. ◆ **autobronzant** *nm* Selbstbräuner *der.*

autobus [otɔbys] *nm* Autobus *der.*

autocar [otɔkar] *nm* Reisebus *der.*

autochtone [otɔktɔn] *nmf* Einheimische *der, die.*

autocollant, e [otɔkɔlɑ̃, ɑ̃t] *adj* selbstklebend. ◆ **autocollant** *nm* Aufkleber *der.*

autocouchettes *adj inv :* **train ~** Autoreisezug *der.*
autocritique [otɔkritik] *nf* Selbstkritik *die.*
autocuiseur [otɔkɥizœr] *nm* Schnellkochtopf *der.*
autodéfense [otɔdefɑ̃s] *nf* Selbstverteidigung *die.*
autodidacte [otɔdidakt] ◇ *adj* autodidaktisch ◇ *nmf* Autodidakt *der.*
autodiscipline [otɔdisiplin] *nf* Selbstdisziplin *die.*
auto-école (*pl* **auto-écoles**) *nf* Fahrschule *die.*
autofinancement [otɔfinɑ̃smɑ̃] *nm* Selbstfinanzierung *die.*
autofocus [otɔfɔkys] *nm* Autofokus *der.*
autogestion [otɔʒɛstjɔ̃] *nf* Selbstverwaltung *die.*
autographe [otɔgraf] *nm* Autogramm *das.*
automate [otɔmat] *nm* Automat *der.*
automatisation [otɔmatizasjɔ̃] *nf* Automatisierung *die.*
automatiser [otɔmatize] *vt* automatisieren.
automatisme [otɔmatism] *nm* **- 1.** TECHNOL Automatik *die* **- 2.** [réflexe] Automatismus *der.*
automne [otɔn] *nm* Herbst *der ;* **en ~** im Herbst.
automobile [otɔmɔbil] ◇ *adj* Auto-, Kfz- ◇ *nf* Kraftfahrzeug *das.*
automobiliste [otɔmɔbilist] *nmf* Autofahrer *der,* -in *die.*
autonettoyant, e [otɔnɛtwajɑ̃, ɑ̃t] *adj* selbstreinigend.
autonome [otɔnɔm] *adj* **- 1.** [personne] selbstständig **- 2.** [groupe, militant] autonom **- 3.** [territoire] unabhängig.
autonomie [otɔnɔmi] *nf* **- 1.** [de personne] Selbstständigkeit *die* **- 2.** TECHNOL Netzunabhängigkeit *die* **- 3.** POLIT Unabhängigkeit *die.*
autonomiste [otɔnɔmist] *nmf* Autonomist *der,* -in *die.*
autopsie [otɔpsi] *nf* Obduktion *die.*
autoradio [otɔradjo] *nm* Autoradio *das.*
autorail [otɔraj] *nm* Triebwagen *der.*
autorisation [otɔrizasjɔ̃] *nf* **- 1.** [permission] Genehmigung *die,* Erlaubnis *die ;* **avoir l'~ de faire qqch** die Genehmigung haben, etw zu tun **- 2.** [attestation] Bewilligung *die.*
autorisé, e [otɔrize] *adj* [milieu] maßgebend ; [personne] befugt.
autoriser [3] [otɔrize] *vt* **- 1.** [donner la permission] : **~ qqn à faire qqch** jm erlauben, etw zu tun **- 2.** [donner la possibilité, tolérer] : **~ qqn à faire qqch** jm gestatten, etw zu tun **- 3.** [officiellement] : **~ qqn à faire qqch** jm genehmigen, etw zu tun.
autoritaire [otɔritɛr] *adj* autoritär.
autorité [otɔrite] *nf* **- 1.** [pouvoir] Macht *die* **- 2.** JUR Gewalt *die* **- 3.** [référence] Kapazität *die ;* **faire ~** [personne] als Kapazität gelten ; [ouvrage] als Standardwerk gelten **- 4.** ADMIN Behörde *die.* ◆ **autorités** *nfpl* Behörde *die.*
autoroute [otɔrut] *nf* Autobahn *die ;* **~ de l'information** Datenautobahn *die.*
auto-stop *nm :* **faire de l'~** per Anhalter reisen, trampen.
auto-stoppeur, euse [otɔstɔpœr, øz] *nm, f* Anhalter *der,* -in *die,* Tramper *der,* -in *die.*
autour [otur] *adv* d(a) rum herum. ◆ **autour de** *loc prép* **- 1.** [lieu] um **- 2.** [date, heure] : **il est ~ de deux heures** es ist ungefähr zwei Uhr ; **je reviendrai ~ de dix heures** ich komme gegen zehn Uhr zurück.
autre [otr] ◇ *adj indéf* **- 1.** [gén] andere,-r,-s ; **un ~ homme** ein anderer Mann ; **~ chose** etwas anderes ; **l'un et l'~ projets** beide Projekte **- 2.** [restant] übrige,-r,-s ; **les ~s passagers sont partis** die übrigen Fahrgäste sind weggegangen **- 3.** [supplémentaire] : **un** OU **une ~** ein anderer, eine andere, ein anderes ; **tu veux une ~ bière?** willst du noch ein Bier? ◇ *pron indéf* **- 1.** [gén] andere,-r,-s ; **un ~** ein anderer ; **aucun** OU **nul ~** kein anderer ; **personne d'~** niemand anderes ; **quelqu'un d'~** jemand anderes ; **rien d'~** nichts anderes ; **ce livre ou l'~** das Buch oder das andere ; **l'une chante, l'~ danse** die eine singt, die andere tanzt ; **l'un et l'~ sont venus** beide sind gekommen ; **l'un à côté de l'~** nebeneinander **- 2.** [supplémentaire] noch eine,-r,-s ; **j'en veux une ~** ich möchte noch eine.
autrefois [otrəfwa] *adv* früher.
autrement [otrəmɑ̃] *adv* **- 1.** [différemment] anders ; **~ dit** anders gesagt **- 2.** [sinon] sonst.
Autriche *nf :* **l'~** Österreich *nt.*
autrichien, enne [otriʃjɛ̃, ɛn] *adj* österreichisch. ◆ **Autrichien, enne** *nm, f* Österreicher *der,* -in *die.*
autruche [otryʃ] *nf* Strauß *der.*
autrui [otrɥi] *pron indéf* die anderen *Pl.*
auvent [ovɑ̃] *nm* Vordach *das.*
aux ▷ **à.**
auxiliaire [oksiljɛr] ◇ *adj* Hilfs- ◇ *nmf* Hilfskraft *die* ◇ *nm* GRAM Hilfszeitwort *das.*
auxquels, auxquelles [okɛl] ▷ **lequel.**
av. *abr de* **avenue.**

avachi, e [avaʃi] *adj* [personne] schlapp.

avais *etc* ▷ **avoir.**

aval [aval] *nm* GÉOGR : **en ~** flussabwärts ; **en ~ d'un lieu** unterhalb einer Stelle. ◆ **aval, als** *nm* [caution] Bürgschaft *die ;* **donner son ~ à qqn/qqch** jn/etw unterstützen.

avalanche [avalɑ̃ʃ] *nf* GÉOL Lawine *die.*

avaler [3] [avale] *vt* **- 1.** [gén] schlucken **- 2.** [manger vite] verschlingen.

avance [avɑ̃s] *nf* **- 1.** [distance, anticipation] Vorsprung *der ;* **~ de qqch sur qqn/qqch** Vorsprung einer Sache *(G)* vor jm/etw **- 2.** [somme d'argent] Vorschuss *der.* ◆ **avances** *nfpl :* **faire des ~s à qqn** jm Avancen machen. ◆ **d'avance** *loc adv* **- 1.** [avant l'heure] : **une heure d'~** eine Stunde zu früh **- 2.** [par anticipation] im Voraus **- 3.** [distance] voraus. ◆ **en avance** *loc adv :* **être en ~ sur qqch** einer Sache *(D)* voraus sein ; **être en ~ sur l'heure** zu früh kommen.

avancement [avɑ̃smɑ̃] *nm* **- 1.** [développement] Fortschreiten *das* **- 2.** [promotion] Beförderung *die.*

avancer [16] [avɑ̃se] ◇ *vt* **- 1.** [objet] vor|rücken **- 2.** [départ] vor|verlegen **- 3.** [projets] voran|treiben **- 4.** [montre, horloge] vor|stellen **- 5.** [argent, tête, main] vor|strecken ; **~ qqch à qqn** jm etw vor|strecken **- 6.** [affirmer] behaupten ◇ *vi* **- 1.** [progresser] fort|schreiten ; **~ dans qqch** bei etw voran|kommen **- 2.** [montre, horloge] vor|gehen **- 3.** [servir] : **ça n'avance à rien** das bringt uns nicht weiter. ◆ **s'avancer** *vp* **- 1.** [s'approcher] vor|rücken ; **s'~ vers qqn/qqch** auf jn/etw zu|gehen **- 2.** [prendre de l'avance] : **s'~ dans qqch** etw im Voraus machen.

avant [avɑ̃] ◇ *prép :* **~ qqn/qqch** vor jm/etw ◇ *adv* **- 1.** [dans le temps] vorher ; **quelques jours ~** einige Tage vorher **- 2.** [dans l'espace, dans un ordre] davor ; **bien ~** [spatial] weit davor ; [temporel] viel früher ◇ *adj inv* Vorder- ◇ *nm* **- 1.** [partie antérieure] Vorderteil *der* **- 2.** SPORT Stürmer *der.* ◆ **avant de** *loc prép* bevor ; **~ de partir, il faudra** bevor wir weggehen, müssen wir. ◆ **avant que** *loc conj (+ subjonctif) :* **~ que nous (ne) partions, vous devez** bevor wir weggehen, müsst ihr. ◆ **avant tout** *loc adv* zuallererst. ◆ **en avant de** *loc prép* vor ; **il marche toujours en ~ des autres** er marschiert immer an der Spitze.

avantage [avɑ̃taʒ] *nm* **- 1.** [supériorité] Vorzug *der ;* **se montrer à son ~** sich von seiner besten Seite zeigen **- 2.** [intérêt, au tennis] Vorteil *der* **- 3.** [privilège] Vergünstigung *die.*

avantager [17] [avɑ̃taʒe] *vt* **- 1.** [favoriser] begünstigen **- 2.** [mettre en valeur] vorteilhaft sein.

avantageux, euse [avɑ̃taʒø, øz] *adj* **- 1.** [intéressant] vorteilhaft **- 2.** [économique] preisgünstig **- 3.** [flatteur] günstig.

avant-bras *nm inv* Unterarm *der.*

avant-centre *nm* Mittelstürmer *der.*

avant-dernier, ère (*mpl* **avant-derniers ;** *fpl* **avant-dernières**) *adj* vorletzte, -r, -s.

avant-garde (*pl* **avant-gardes**) *nf* MIL Vorhut *die ; fig* Avantgarde *die.*

avant-goût (*pl* **avant-goûts**) *nm* Vorgeschmack *der.*

avant-hier [avɑ̃tjɛr] *adv* vorgestern.

avant-première (*pl* **avant-premières**) *nf* Vorpremiere *die ;* **en ~** in einer Vorpremiere.

avant-projet (*pl* **avant-projets**) *nm* Vorentwurf *der.*

avant-propos *nm inv* Vorwort *das.*

avant-veille (*pl* **avant-veilles**) *nf* zweiter Tag zuvor.

avare [avar] ◇ *adj* geizig ; **être ~ de qqch** *fig* mit etw geizen ◇ *nmf* Geizhals *der.*

avarice [avaris] *nf* Geiz *der.*

avarie [avari] *nf* Havarie *die.*

avatar [avatar] *nm* [transformation] Veränderung *die.* ◆ **avatars** *nmpl* Unglück *das (sans pl).*

ave [ave] *nm inv* Ave *das.*

avec [avɛk] ◇ *prép* **- 1.** [gén] mit **- 2.** [vis-à-vis de] zu **- 3.** [à cause de] wegen **- 4.** [au moment de] bei **- 5.** [contre] gegen ◇ *adv* damit.

avenant, e [avnɑ̃, ɑ̃t] *adj* [personne] zuvorkommend ; [comportement] einnehmend. ◆ **avenant** *nm :* **~ à un contrat** Nachtrag *der* zu einem Vertrag.

avènement [avɛnmɑ̃] *nm* **- 1.** [de roi] Thronbesteigung *die* **- 2.** [début] Beginn *der.*

avenir [avnir] *nm* **- 1.** [futur] Zukunft *die* **- 2.** [perspective] Zukunftsaussichten *Pl.* ◆ **à l'avenir** *loc adv* künftig.

avent [avɑ̃] *nm* RELIG Advent *der.*

aventure [avɑ̃tyr] *nf* Abenteuer *das.*

aventureux, euse [avɑ̃tyrø, øz] *adj* **- 1.** [personne, caractère] abenteuerlustig **- 2.** [projet] gewagt **- 3.** [vie] abenteuerlich.

aventurier, ère [avɑ̃tyrje, ɛr] *nm, f* Abenteurer *der,* -in *die.*

avenu [avny] ◆ **nul et non avenu** *loc adj* JUR null und nichtig.

avenue [avny] *nf* Avenue *die.*

avéré, e [avere] *adj* erwiesen.

avérer [18] [avere] ◆ **s'avérer** ◇ *vp :* **s'~ qqch** sich als etw erweisen ◇ *v impers :* **il s'avère que** es stellt sich heraus, dass.

averse [avɛrs] *nf* Regenschauer *der.*

aversion [avɛrsjɔ̃] *nf :* **~ pour qqn/qqch** Abneigung *die* gegen jn/etw.

averti, e [avɛrti] *adj* **- 1.** [personne] erfahren **- 2.** [public] sachkundig.

avertir [32] [avɛrtir] *vt* **- 1.** [mettre en garde] warnen **- 2.** [prévenir] benachrichtigen ; **~ qqn de qqch** jm etw melden.

avertissement [avɛrtismɑ̃] *nm* **- 1.** [conseil] Warnung *die* **- 2.** [signe] Hinweis *der* **- 3.** [menace de sanction] SPORT Verweis *der ;* [- école] Tadel *der* **- 4.** [avis] Aufforderung *die.*

avertisseur, euse [avɛrtisœr, øz] *adj* Warn-. ◆ **avertisseur** *nm* **- 1.** [klaxon] Hupe *die* **- 2.** [d'incendie] Feuermelder *der.*

aveu, x [avø] *nm* Geständnis *das ;* **de l'~ de qqn** nach js Aussagen ; **faire un ~** etwas gestehen.

aveugle [avœgl] ◇ *adj* blind ◇ *nmf* Blinde *der, die.*

aveuglement [avœgləmɑ̃] *nm* Verblendung *die.*

aveuglément [avœglemɑ̃] *adv* **- 1.** [fidèlement] blind **- 2.** [inconsidérément] unüberlegt.

aveugler [5] [avœgle] *vt* **- 1.** [priver de la vue] blind machen **- 2.** [éblouir] blenden ; *fig* verblenden.

aveuglette [avœglɛt] ◆ **à l'aveuglette** *loc adv* tastend ; *fig* aufs Geratewohl.

aviateur, trice [avjatœr, tris] *nm, f* Flieger *der,* -in *die.*

aviation [avjasjɔ̃] *nf* **- 1.** [transport] Luftfahrt *die* **- 2.** MIL Luftstreitkräfte *Pl.*

avide [avid] *adj* **- 1.** [vorace] gierig ; **être ~ de qqch** *fig* begierig nach etw sein ; **être ~ de faire qqch** *fig* begierig darauf sein, etw zu tun **- 2.** [héritier, regard] begierig.

avidité [avidite] *nf* [voracité] Gier *die.*

avilir [32] [avilir] *vt* [personne] erniedrigen. ◆ **s'avilir** *vp* [personne] sich erniedrigen.

aviné, e [avine] *adj :* **avoir l'haleine ~e** eine Fahne haben.

avion [avjɔ̃] *nm* Flugzeug *das ;* **en ~** mit dem Flugzeug ; **par ~** [courrier] mit Luftpost ; **~ à réaction** Düsenflugzeug.

aviron [avirɔ̃] *nm* **- 1.** [rame] Ruder *das* **- 2.** SPORT Rudern *das.*

avis [avi] *nm* **- 1.** [opinion] Ansicht *die,* Meinung *die ;* **changer d'~** die Meinung ändern ; **être d'~ que** der Ansicht sein, dass ; **à mon ~** meiner Ansicht nach **- 2.** [conseil] Rat *der* **- 3.** [notification] Anzeige *die.*

avisé, e [avize] *adj* klug ; **être bien/mal ~ de faire qqch** klug/unklug sein, etw zu tun.

aviser [3] [avize] ◇ *vt :* **~ qqn de qqch** jn von einer Sache benachrichtigen ◇ *vi* einen Beschluss fassen. ◆ **s'aviser** *vp* [oser] : **s'~ de faire qqch** auf den Gedanken kommen, etw zu tun.

aviver [avive] *vt* [couleur, teint] auflfrischen ; *fig* verstärken.

av. J.-C. (*abr de* **avant Jésus-Christ**) v. Chr.

avocat, e [avɔka, at] *nm, f* Rechtsanwalt *der,* -wältin *die,* Anwalt *der,* -wältin *die ;* **~ d'affaires** Geschäftsanwalt ; **~ de la défense** den Beklagten vertretender Anwalt ; **~ général** Oberstaatsanwalt. ◆ **avocat** *nm* Avokado *die.*

avoine [avwan] *nf* Hafer *der.*

avoir[1] [1] [avwar] ◇ *v aux* haben ; **il a attendu pendant deux heures** er hat zwei Stunden lang gewartet ; **il a été vu à Paris** er ist in Paris gesehen worden ; **j'ai fini** ich bin fertig ◇ *vt* **- 1.** [posséder, éprouver] haben **- 2.** [être âgé de] : **il a vingt ans** er ist zwanzig Jahre alt **- 3.** [obtenir] bekommen **- 4.** *loc :* **se faire ~** *fam* [par blague] hereinlfallen ; [par escroquerie] hereingelegt werden ; **en ~ assez de qqch** etw satt haben ; **j'en ai pour cinq minutes** ich brauche noch fünf Minuten ; **en ~ après qqn** etw gegen jn haben. ◆ **avoir à** *vi + prép* **- 1.** [avoir besoin de] müssen ; **tu n'as pas à t'inquiéter de ça** darum brauchst du dich nicht zu kümmern ; **tu n'as pas à t'occuper de ça** darum musst du dich nicht kümmern ; **tu n'as qu'à y aller toi-même** du kannst ja selbst hingehen ; **tu n'avais qu'à demander** du hättest nur fragen brauchen OU müssen **- 2.** [avoir le droit de] dürfen ; **il n'a pas à me parler sur ce ton** er hat nicht so mit mir zu sprechen. ◆ **il y a** *v impers* **- 1.** [présentatif] es gibt ; **il y a un problème** es gibt ein Problem ; **qu'est-ce qu'il y a?** was ist los? ; **il n'y a qu'à en finir** da kann man nur Schluss machen **- 2.** [temporel] vor ; **il y a dix ans** vor zehn Jahren ; **il y a longtemps (de cela)** vor langer Zeit.

avoir[2] [avwar] *nm* **- 1.** [crédit] Guthaben *das* **- 2.** [document] Gutschrift *die.*

avoisinant, e [avwazinɑ̃, ɑ̃t] *adj* **- 1.** [proche] angrenzend **- 2.** *fig* [ressemblant] ähnlich.

avons [avɔ̃]**, avez** [ave] ▷ **avoir.**

avortement [avɔrtəmɑ̃] *nm* Abtreibung *die ; fig* Scheitern *das.*

avorter [3] [avɔrte] *vi* abltreiben ; *fig* scheitern.

avorton [avɔrtɔ̃] *nm* Kümmerling *der.*

avouer [6] [avwe] *vt* **- 1.** [confesser, déclarer] gestehen **- 2.** [admettre, reconnaître] zulgeben.

avril [avril] *nm* April *der ; voir aussi* **septembre.**

axe [aks] *nm* GÉOM & TECHNOL Achse *die.*

axer [3] [akse] *vt :* **~ qqch sur** OU **autour de qqch** etw auf eine Sache ausrichten.
ayant [ejɑ̃] *participe présent* ▷ **avoir.**
ayant droit [ejɑ̃drwa] (*pl* **ayants droit**) *nm* Anspruchsberechtigte *der.*
ayons [ejɔ̃], **ayez** [eje] ▷ **avoir.**
azalée [azale] *nf* Azalee *die.*
azimut [azimyt] ◆ **tous azimuts** *loc adv* allseitig.
azote [azɔt] *nm* Stickstoff *der.*
aztèque [aztɛk] *adj* aztekisch, Azteken-. ◆ **Aztèque** *nmf* Aztek *der*, -kin *die.*
azur [azyr] *nm* **- 1.** [couleur] Azurblau *das* **- 2.** [ciel] Azur *der.*

B

b, B [be] *nm inv* [lettre] b *das*, B *das ;* **être le B.-A.-Ba de qqch** das ABC einer Sache *(G)* sein.
BA (*abr de* **bonne action**) *nf fam* gute Tat.
babiller [3] [babije] *vi* babbeln.
babines [babin] *nfpl* Lefzen *Pl.*
bâbord [babɔr] *nm* Backbord *das ;* **à ~** an Backbord.
babouin [babwɛ̃] *nm* Pavian *der.*
baby-sitter [bebisitœr] (*pl* **baby-sitters**) *nmf* Babysitter *der.*
baby-sitting [bebisitiŋ] *nm :* **faire du ~** babysitten.
bac[1] [bak] (*abr de* **baccalauréat**) *nm fam* ≃ Abi *das ;* **passer son ~** Abitur machen.
bac[2] [bak] *nm* **- 1.** [bateau] Fähre *die* **- 2.** [de réfrigérateur] : **~ à glace** Eisfach *das ;* **~ à légumes** Gemüsefach *das* **- 3.** [d'évier] Spülbecken *das.*
baccalauréat [bakalɔrea] *nm französischer Sekundarschulabschluss,* ≃ Abitur *das.*
bâche [baʃ] *nf* Plane *die.*
bachelier, ère [baʃəlje, ɛr] *nm, f* Abiturient *der*, -in *die.*
bacille [basil] *nm* Bazillus *der*, Bazille *die.*
bâcler [3] [bakle] *vt :* **~ qqch** bei etw schlampen.
bactérie [bakteri] *nf* Bakterie *die.*
badaud, e [bado, od] *nm, f* Schaulustige *der, die.*
Bade [bad] *n :* **le pays de ~** Baden *nt.*
badge [badʒ] *nm* Anstecker *der.*
badigeonner [3] [badiʒɔne] *vt* **- 1.** [mur] tünchen **- 2.** MÉD & CULIN bestreichen.
badiner [3] [badine] *vi sout* scherzen ; **ne pas ~ avec qqch** mit etw nicht spaßen.
badminton [badmintɔn] *nm* Federballspiel *das*, Federball *der*, Badminton *das.*
BAFA, Bafa [bafa] (*abr de* **brevet d'aptitude aux fonctions d'animation**) *nm französischer Befähigungsnachweis für Freizeitgestalter.*
baffe [baf] *nf fam* Backpfeife *die.*
baffle [bafl] *nm* Lautsprecherbox *die.*
bafouiller [3] [bafuje] *vt & vi* stammeln.
bâfrer [3] [bafre] *fam* ◇ *vt* weglessen ◇ *vi* sich voll stopfen.
bagage [bagaʒ] *nm* **- 1.** *(gén pl)* [valise, sac] Gepäck *das (sans pl) ;* **~ à main** Handgepäck **- 2.** [connaissances] Rüstzeug *das ;* **~ intellectuel/culturel** geistiges/kulturelles Rüstzeug.
bagagiste [bagaʒist] *nmf für die Gepäckbeförderung zuständige Person.*
bagarre [bagar] *nf* Schlägerei *die.*
bagarrer [3] [bagare] *vi* kämpfen. ◆ **se bagarrer** *vp* **- 1.** [lutter] sich raufen **- 2.** [se disputer] sich streiten.
bagatelle [bagatɛl] *nf* **- 1.** [objet] Tinnef *der (sans pl)* **- 2.** [somme d'argent] Spottpreis *der ;* **la ~ de 10 000 F** *iron* die lächerliche Summe von 10 000 F **- 3.** [motif] Bagatelle *die.*
bagnard [baɲar] *nm* Sträfling *der.*
bagne [baɲ] *nm* Straflager *das.*
bagnole [baɲɔl] *nf fam* Karre *die.*
bague [bag] *nf* [gén] Ring *der ;* **~ de fiançailles** Verlobungsring.
baguer [3] [bage] *vt* beringen.
baguette [bagɛt] *nf* **- 1.** [bâton] Stab *der ;* **~ magique** Zauberstab **- 2.** [pain] Baguette *das* **- 3.** [pour manger] Stäbchen *das.*
bahut [bay] *nm* **- 1.** [buffet] Schränkchen *das* **- 2.** *arg scol* [lycée] Penne *die* **- 3.** *fam* [camion] Brummer *der.*
baie [bɛ] *nf* **- 1.** [fruit] Beere *die* **- 2.** GÉOGR Bucht *die.* ◆ **baie vitrée** *nf* großes Fenster.
baignade [bɛɲad] *nf* Baden *das.*
baigner [4] [beɲe] *vt* **- 1.** [bébé, chien] baden **- 2.** [mains, pieds] tauchen. ◆ **se baigner** *vp* baden.
baigneur, euse [bɛɲœr, øz] *nm, f* Badende *der, die.*
baignoire [bɛɲwar] *nf* **- 1.** [de salle de bains] Badewanne *die* **- 2.** THÉÂTRE Orchesterloge *die.*
bail [baj] (*pl* **baux** [bo]) *nm* [privé] Mietvertrag *der ;* [commercial] Pachtvertrag *der.*
bâillement [bajmɑ̃] *nm* Gähnen *das.*
bâiller [3] [baje] *vi* [personne] gähnen.
bailleur, eresse [bajœr, bajrɛs] *nm, f* Vermieter *der*, -in *die ;* **~ de fonds** Geldgeber *der*, -in *die.*

bâillon [bajɔ̃] *nm* Knebel *der.*

bâillonner [3] [bajɔne] *vt* knebeln.

bain [bɛ̃] *nm* Bad *das ;* **prendre un ~** ein Bad nehmen ; **~ de mer** Meerbad ; **~ moussant** Schaumbad ; **~ à remous** Whirlpool *der ;* **prendre un ~ de soleil** *fig* ein Sonnenbad nehmen.

bain-marie [bɛ̃mari] ◆ **au bain-marie** *loc adv* im Wasserbad.

baïonnette [bajɔnɛt] *nf* Bajonett *das ;* **à ~** [douille, ampoule] mit Bajonettfassung.

baisemain [bɛzmɛ̃] *nm* Handkuss *der.*

baiser [4] [beze] ◇ *nm* Kuss *der* ◇ *vt* **- 1.** [embrasser] küssen **- 2.** *vulg* [coucher avec] bumsen **- 3.** *vulg* [tromper] bescheißen ◇ *vi vulg* bumsen.

baisse [bɛs] *nf* Sinken *das ;* **à la** ou **en ~** fallend.

baisser [4] [bese] ◇ *vt* **- 1.** [descendre] herunter|lassen **- 2.** [diminuer - prix] herunter|setzen ; [- voix] leiser sprechen ; [- radio] leiser stellen ◇ *vi* **- 1.** [descendre] sinken **- 2.** [diminuer - jour] sich neigen ; [- prix] fallen ; [- vue, talent] nach|lassen. ◆ **se baisser** *vp* sich bücken.

bajoue [baʒu] *nf* **- 1.** [d'animal] Backe *die* **- 2.** *péj* [de personne] Hängebacke *die.*

bal [bal] *nm* Ball *der ;* **~ populaire** ou **musette** Tanz *der ;* **~ masqué** ou **costumé** Maskenball.

balade [balad] *nf fam* Spaziergang *der.*

balader [3] [balade] *fam vt* spazieren führen. ◆ **se balader** *vp fam* [se promener] spazieren gehen.

baladeur [baladœr] *nm* Walkman *der.*

baladeuse [baladøz] *nf* Handleuchte *die.*

balafre [balafr] *nf* **- 1.** [blessure] Hiebwunde *die* **- 2.** [cicatrice] Narbe *die.*

balafré, e [balafre] *adj* zernarbt.

balai [balɛ] *nm* **- 1.** [de nettoyage] Besen *der* **- 2.** *fam loc :* **avoir 40 ~s** 40 Jahre alt sein ; **du ~!** raus!

balai-brosse *nm* Schrubber *der.*

balaise = **balèze.**

balance [balɑ̃s] *nf* **- 1.** [gén] Waage *die* **- 2.** COMM Bilanz *die.* ◆ **Balance** *nf* ASTRON & ASTROL Waage *die ;* **sous le signe de la Balance** im Zeichen der Waage.

balancer [16] [balɑ̃se] ◇ *vt* **- 1.** [bouger] schwenken **- 2.** *fam* [lancer] hin|schleudern **- 3.** *fam* [jeter] weg|werfen ◇ *vi* **- 1.** [hésiter] schwanken **- 2.** [osciller] pendeln. ◆ **se balancer** *vp* schaukeln ; **je m'en balance!** das ist mir schnuppe!

balancier [balɑ̃sje] *nm* **- 1.** [de pendule] Pendel *das* **- 2.** [de funambule] Balancierstange *die.*

balançoire [balɑ̃swar] *nf* **- 1.** [escarpolette] Schaukel *die* **- 2.** [bascule] Wippe *die.*

balayer [11] [baleje] *vt* **- 1.** [nettoyer] fegen **- 2.** [écarter] weg|wischen.

balayette [balɛjɛt] *nf* Handfeger *der.*

balayeur, euse [balɛjœr, øz] *nm, f* Straßenkehrer *der,* -in *die.* ◆ **balayeuse** *nf* Reinigungsfahrzeug *das.*

balbutier [9] [balbysje] ◇ *vi* **- 1.** [bafouiller] stammeln **- 2.** *fig* [débuter] in den Kinderschuhen stecken ◇ *vt* [bafouiller] stammeln.

balcon [balkɔ̃] *nm* Balkon *der.*

Bâle [bal] *n* Basel *nt.*

baleine [balɛn] *nf* **- 1.** [animal] Wal *der* **- 2.** [de parapluie] Schirmstange *die.*

balèze, balaise [balɛz] *adj fam :* **être ~** stark sein.

balise [baliz] *nf* **- 1.** [de signalisation] Markierung *die* **- 2.** NAVIG Bake *die.*

baliser [3] [balize] *vi fam* Muffe haben.

balivernes [balivɛrn] *nfpl* Gewäsch *das (sans pl).*

Balkans [balkɑ̃] *nmpl :* **les ~** der Balkan.

ballade [balad] *nf* Ballade *die.*

ballant, e [balɑ̃, ɑ̃t] *adj* baumelnd ; **les bras ~s** mit schlenkernden Armen.

ballast [balast] *nm* **- 1.** [de voie ferrée] Schotter *der* **- 2.** NAVIG Ballast *der.*

balle [bal] *nf* **- 1.** [de revolver] Kugel *die ;* **~ perdue** verschossene Kugel **- 2.** [de sport] Ball *der* **- 3.** [de coton] Ballen *der* **- 4.** *fam* [franc] *Franc oder Centime.*

ballerine [balrin] *nf* **- 1.** [danseuse] Balletttänzerin *die* **- 2.** [chaussure] Ballerinaschuh *der.*

ballet [balɛ] *nm* Ballett *das.*

ballon [balɔ̃] *nm* **- 1.** SPORT [de jeu] Ball *der ;* **~ de basket** Basketball ; **~ de football** Fußball ; **~ de rugby** Rugbyball **- 2.** [jouet] : **~ de baudruche** Luftballon *der* **- 3.** AÉRON Ballon *der.*

ballonné, e [balɔne] *adj* aufgebläht ; **avoir le ventre ~** Blähungen haben.

ballot [balo] *nm* **- 1.** [de marchandises] Packen *der* **- 2.** *vieilli* [imbécile] Trottel *der.*

ballottage [balɔtaʒ] *nm :* **candidat en ~** Kandidat *der* bei einer Stichwahl.

ballotter [3] [balɔte] ◇ *vt* **- 1.** [chose] schütteln **- 2.** [personne] durch|schütteln ◇ *vi* **- 1.** [rouler] hin- und her|rollen **- 2.** [glisser] hin- und her|rutschen.

balluchon = **baluchon.**

balnéaire [balneɛr] *adj* Bade- ; **station ~** Seebad *das.*

balourd, e [balur, urd] *adj* schwerfällig. ◆ **balourd** *nm* Depp *der.*

balte [balt] *adj* baltisch. ◆ **Balte** ◇ *nmf* Balte *der,* -tin *die* ◇ *adj :* **les pays Baltes**

das Baltikum ; **les républiques Baltes** die Baltenrepubliken.

baltique [baltik] *adj* baltisch. ◈ **Baltique** *nf* : **la (mer) Baltique** die Ostsee.

baluchon, balluchon [balyʃɔ̃] *nm* Bündel *das ;* **faire son ~** *fam fig* seine Siebensachen packen.

balustrade [balystrad] *nf* - **1.** ARCHIT Balustrade *die* - **2.** [rambarde] Brüstung *die.*

bambin [bɑ̃bɛ̃] *nm kleines Kind.*

bambou [bɑ̃bu] *nm* Bambus *der.*

ban [bɑ̃] *nm* - **1.** [de mariage] Aufgebot *das ;* **publier** OU **afficher les ~s** das Aufgebot veröffentlichen - **2.** [applaudissements] Hoch *das* - **3.** *loc :* **mettre qqn au ~ (de la société)** jn (aus der Gesellschaft) ausschließen.

banal, e, als [banal] *adj* - **1.** [ordinaire] banal - **2.** [sans originalité] einfallslos.

banalisé, e [banalize] *adj :* **véhicule ~, voiture ~e** Zivilstreifenwagen *der.*

banaliser [3] [banalize] *vt* alltäglich machen.

banalité [banalite] *nf* Banalität *die.*

banane [banan] *nf* - **1.** [fruit] Banane *die* - **2.** [sac] Hüfttasche *die* - **3.** [coiffure] Einschlagfrisur *die.*

bananier, ère [bananje, ɛr] *adj* Bananen-. ◈ **bananier** *nm* - **1.** [arbre] Bananenstaude *die* - **2.** [cargo] Bananenschiff *das.*

banc [bɑ̃] *nm* Bank *die ;* **le ~ des accusés** JUR die Anklagebank. ◈ **banc d'essai** *nm* Prüfbank *die.* ◈ **banc de sable** *nm* Sandbank *die.*

bancaire [bɑ̃kɛr] *adj* Bank-.

bancal, e, als [bɑ̃kal] *adj* - **1.** [personne] hinkend - **2.** [meuble] wackelig - **3.** [phrase, idée] verquer.

bandage [bɑ̃daʒ] *nm* Bandage *die.*

bande [bɑ̃d] *nf* - **1.** [de tissu, de papier] Streifen *der* - **2.** [bandage] Binde *die ;* **~ Velpeau®** elastische Binde - **3.** [groupe] Bande *die ;* **en ~** in Klicken *Pl* - **4.** [de film, de magnétophone, de fréquence] Band *das ;* **~ magnétique** Tonband ; **~ vidéo** Videofilm *der.* ◈ **bande dessinée** *nf* Comic *der.*

bande-annonce *nf* Vorspann *der.*

bandeau, x [bɑ̃do] *nm* - **1.** [sur les yeux] Binde *die* - **2.** [serre-tête] Haarband *das.*

bander [3] [bɑ̃de] ◇ *vt* - **1.** [plaie, yeux] verbinden - **2.** [arc] spannen - **3.** [muscle] an|spannen ◇ *vi vulg* [avoir une érection] einen Steifen haben.

banderole [bɑ̃drɔl] *nf* Spruchband *das.*

bande-son (*pl* **bandes-son**) *nf* Tonspur *die.*

bandit [bɑ̃di] *nm* - **1.** [hors-la-loi] Bandit *der* - **2.** [escroc] Gauner *der.*

bandoulière [bɑ̃duljɛr] *nf* Schulterriemen *der ;* **en ~** über die Schulter gehängt.

banlieue [bɑ̃ljø] *nf :* **la ~** die Vororte *Pl.*

banlieusard, e [bɑ̃ljøzar, ard] *nm, f* Vorstädter *der,* -in *die.*

bannière [banjɛr] *nf* Banner *das.*

bannir [32] [banir] *vt :* **~ qqn/qqch (de qqch)** jn/etw (aus etw) verbannen.

banque [bɑ̃k] *nf* - **1.** [établissement] Bank *die ;* **Banque centrale européenne** Europäische Zentralbank ; **la Banque de France** die Französische Zentralbank - **2.** INFORM : **~ de données** Datenbank - **3.** MÉD : **~ d'organes** Organbank ; **~ du sang** Blutbank ; **~ du sperme** Samenbank.

banqueroute [bɑ̃krut] *nf* Bankrott *der.*

banquet [bɑ̃kɛ] *nm* Bankett *das.*

banquette [bɑ̃kɛt] *nf* Sitzbank *die.*

banquier, ère [bɑ̃kje, ɛr] *nm, f* FIN Banker *der,* -in *die.*

banquise [bɑ̃kiz] *nf* Packeis *das.*

baptême [batɛm] *nm* Taufe *die ;* **~ de l'air** *fig* Erstlingsflug *der.*

baptiser [3] [batize] *vt* taufen.

baquet [bakɛ] *nm* Kübel *der.*

bar [bar] *nm* - **1.** [débit de boissons] Kneipe *die,* Bar *die* - **2.** [comptoir] Theke *die* - **3.** [poisson] Seebarsch *der* - **4.** PHYS Bar *das.*

baraque [barak] *nf* [cabane] Hütte *die.*

baraqué, e [barake] *adj fam* athletisch.

baraquement [barakmɑ̃] *nm* Baracken *Pl.*

baratin [baratɛ̃] *nm fam* Schmus *der ;* **faire du ~ à qqn** jm etw vor|machen.

baratiner [3] [baratine] *fam* ◇ *vt* [personne] beschwatzen ◇ *vi* schwatzen.

barbare [barbar] ◇ *adj* - **1.** [invasion, peuple] Barbaren- - **2.** [mœurs, manières, musique] barbarisch - **3.** [crime] unmenschlich ◇ *nmf* Barbar *der,* -in *die.*

barbarie [barbari] *nf* Barbarei *die.*

barbe [barb] *nf* - **1.** [d'homme, d'animal] Bart *der ;* **~ à papa** Zuckerwatte *die* - **2.** BOT Granne *die.*

barbelé, e [barbəle] *adj :* **fil de fer ~** Stacheldraht *der.* ◈ **barbelés** *nmpl* Stacheldrahtzaun *der.*

barbiche [barbiʃ] *nf* kurzer Kinnbart.

barbiturique [barbityrik] *nm* Barbiturat *das.*

barboter [3] [barbɔte] ◇ *vi* plantschen ◇ *vt fam* mopsen.

barboteuse [barbɔtøz] *nf* Strampler *der.*

barbouiller [3] [barbuje] *vt* - **1.** [écrire, peindre] schmieren - **2.** [salir] beschmieren - **3.** [donner la nausée] Übelkeit hervor|rufen.

barbouillé (*f inv*) [barbuje] *adj* : **j'ai l'estomac ~, je suis ~** mir ist schlecht.

barbu, e [barby] *adj* bärtig. ◆ **barbu** *nm* Bärtige *der*.

barder [3] [barde] ◇ *vt* CULIN bardieren ; **être bardé de qqch** *fig* etw in Hülle und Fülle haben ◇ *vi fam* : **ça va ~** es wird Krach geben.

barème [barɛm] *nm* Tariftabelle *die*.

baril [baril] *nm* Barrel *das*.

bariolé, e [barjɔle] *adj* bunt.

barmaid [barmɛd] *nf* Bardame *die*.

barman [barman] (*pl* **barmans** OU **barmen** [barmɛn]) *nm* Barmann *der*.

baromètre [barɔmɛtr] *nm* Barometer *das* ; *fig* Messlatte *die*.

baron, onne [barɔ̃, ɔn] *nm, f* Baron *der*, -in *die*.

baroque [barɔk] *adj* **- 1.** [style] barock **- 2.** [bizarre] seltsam.

barque [bark] *nf* Barke *die*.

barquette [barkɛt] *nf* **- 1.** [tartelette] Törtchen *das* **- 2.** [récipient - de fruits] Schale *die*, Schälchen *das*.

barrage [baraʒ] *nm* **- 1.** CONSTR Staudamm *der* **- 2.** [de rue] Sperre *die*.

barre [bar] *nf* **- 1.** [de bois, de métal] Stange *die* ; **~ fixe** Reck *das* ; **~s parallèles** Barren *der* **- 2.** [de gouvernail] Ruderpinne *die* ; **être à la ~** am Ruder sein **- 3.** [de chocolat] Riegel *der* **- 4.** JUR : **à la ~** vor Gericht **- 5.** INFORM : **~ d'espacement** Leertaste *die* ; **~ de menu** Menüleiste *die* ; **~ d'outils** Symbolleiste *die*.

barreau, x [baro] *nm* **- 1.** [de métal, de bois] Stab *der* **- 2.** JUR Anwaltsstand *der*.

barrer [3] [bare] *vt* **- 1.** [rue, route] sperren **- 2.** [mot, phrase] durch|streichen. ◆ **se barrer** *vp fam* ab|hauen.

barrette [barɛt] *nf* Haarspange *die*.

barreur, euse [barœr, øz] *nm, f* Steuermann *der*, -frau *die*.

barricade [barikad] *nf* Barrikade *die*.

barrière [barjɛr] *nf* Schranke *die*.

barrique [barik] *nf* Fass *das*.

baryton [baritɔ̃] *nm* Bariton *der*.

bas, basse [ba, bas] *adj* **- 1.** [ciel, maison, plafond, température] niedrig **- 2.** [voix - douce] leise ; [- grave] tief **- 3.** [extraction, rang] untere,-r,-s **- 4.** [âme, action, sentiment] niederträchtig. ◆ **bas** ◇ *nm* **- 1.** [partie inférieure] unterer Teil **- 2.** [vêtement] Damenstrumpf *der* ◇ *adv* **- 1.** [à faible niveau] niedrig **- 2.** [à faible intensité] : **parler ~** leise sprechen **- 3.** *loc* : **mettre ~** werfen. ◆ **à bas** *loc prép* : **à ~ la dictature!** nieder mit der Diktatur! ◆ **en bas** *loc adv* unten ; **ça vient d'en ~** das kommt von unten. ◆ **en bas de** *loc prép* : **en ~ de qqch** unten an etw *(D)*. ◆ **bas de gamme** ◇ *loc adj* der unteren Preisklasse ◇ *nm* untere Preisklasse.

basalte [bazalt] *nm* Basalt *der*.

basané, e [bazane] *adj* gebräunt.

bas-côté (*pl* **bas-côtés**) *nm* Straßenrand *der*.

bascule [baskyl] *nf* **- 1.** [balance] Waage *die* **- 2.** [balançoire] Wippe *die*.

basculer [3] [baskyle] ◇ *vi* um|kippen ; **~ dans qqch** *fig* einer Sache *(D)* verfallen ◇ *vt* kippen.

base [baz] *nf* **- 1.** [partie inférieure] Sockel *der* **- 2.** [de parti, de syndicat] Basis *die* **- 3.** [principe fondamental] Grundlage *die* **- 4.** INFORM : **~ de données** Datenbank *die* **- 5.** MIL Stützpunkt *der* ; **~ aérienne** Flugstützpunkt ; **~ navale** Marinestützpunkt. ◆ **à base de** *loc prép* : **à ~ de qqch** mit etw als Grundbestandteil. ◆ **sur la base de** *loc prép* ausgehend von.

baser [3] [baze] *vt* **- 1.** MIL : **être basé à Marseille** in Marseille stationiert sein **- 2.** [fonder] : **~ qqch sur qqch** etw auf etw *(A)* gründen. ◆ **se baser** *vp* : **se ~ sur qqch** sich auf etw *(A)* stützen.

bas-fond *nm* Untiefe *die*. ◆ **bas-fonds** *nmpl* Elendsviertel *das*.

basilic [bazilik] *nm* BOT Basilikum *das*.

basilique [bazilik] *nf* Basilika *die*.

basique [bazik] *adj* **- 1.** CHIM basisch **- 2.** [de base] Basis-.

basket [baskɛt] ◇ *nf* Turnschuh *der* ◇ *nm* = **basket-ball.**

basket-ball [baskɛtbol] *nm* Basketball *der*.

basque [bask] ◇ *adj* baskisch ; **le Pays ~** das Baskenland ◇ *nm* [langue] Baskisch(e) (*das*). ◆ **Basque** *nmf* Baske *der*, -kin *die*.

bas-relief *nm* Basrelief *das*.

basse [bas] ◇ *adj* ▷ **bas** ◇ *nf* **- 1.** [MUS - personne] Bass *der* ; [- voix] Bassstimme *die* **- 2.** [instrument - de jazz] Bass *der* ; [- de rock] Bassgitarre *die*.

basse-cour *nf* **- 1.** [lieu] Hühnerhof *der* **- 2.** [animaux] Geflügel und Kaninchen *Pl.*

bassement [basmɑ̃] *adv* **- 1.** [avec mesquinerie] schäbig **- 2.** [sans noblesse] niederträchtig.

Basse-Saxe [bas(ə)saks] *nf* : **la ~** Niedersachsen *nt*.

bassin [basɛ̃] *nm* Becken *das* ; **grand ~** Schwimmerbecken ; **petit ~** Nichtschwimmerbecken.

bassine [basin] *nf* [petite] Schüssel *die* ; [grande] Wanne *die*.

bassiste [basist] *nmf* **- 1.** [contrebassiste] Bassist *der*, -in *die* **- 2.** [de rock] Bassgitarrist *der*, -in *die*.

basson [basɔ̃] *nm* - **1.** [instrument] Fagott *das* - **2.** [personne] Fagottist *der*, -in *die*.

bastingage [bastɛ̃gaʒ] *nm* Schanzkleid *das*.

bastion [bastjɔ̃] *nm* Bastei *die* ; *fig* Bollwerk *das*.

baston [bastɔ̃] *nm* ou *nf tfam* Keilerei *die*, Zoff *der*.

bas-ventre *nm* Unterleib *der*.

bât [ba] *nm* Packsattel *der* ; **c'est là que le ~ blesse** *fig* da liegt der Haken.

bataille [bataj] *nf* MIL Schlacht *die*. ◆ **en bataille** *loc adj* zerzaust.

bataillon [batajɔ̃] *nm* Bataillon *das* ; **un ~ de** *fig* eine Schar von.

bâtard, e [batar, ard] ◇ *adj* - **1.** [enfant] außerehelich - **2.** [hybride] Zwitter- ◇ *nm, f péj* Bastard *der*. ◆ **bâtard** *nm* - **1.** [pain] *kurzes Stangenweißbrot* - **2.** [chien] Mischling *der*.

bateau [bato] *nm* - **1.** [embarcation] Boot *das* ; **~ à moteur** Motorboot ; **~ à voile** Segelboot ; **mener qqn en ~** *fam fig* jn auf den Arm nehmen - **2.** [de trottoir] Grundstücksausfahrt *die*.

bâti, e [bati] *adj* - **1.** [construit] bebaut - **2.** [personne] : **bien ~** kräftig ; **mal ~** schmächtig.

batifoler [3] [batifɔle] *vi* herum|albern.

bâtiment [batimɑ̃] *nm* - **1.** [édifice] Gebäude *das* - **2.** IND : **le ~** das Baugewerbe - **3.** NAVIG Schiff *das*.

bâtir [32] [batir] *vt* - **1.** [construire, faire construire] bauen - **2.** [fortune, théorie] auf|bauen.

bâtisse [batis] *nf* Gebäude *das*.

bâton [batɔ̃] *nm* - **1.** [canne, gourdin, de ski] Stock *der* ; **mettre des ~s dans les roues à qqn** *fig* jm Steine in den Weg legen - **2.** *fam* [million de centimes] 10.000 Franc.

bâtonnet [batɔnɛ] *nm* Stäbchen *das*.

batracien [batrasjɛ̃] *nm* Lurch *der*.

battant, e [batɑ̃, ɑ̃t] ◇ *adj* schlagend ; **sous une pluie ~e** im strömenden Regen ; **le cœur ~** mit klopfendem Herzen ◇ *nm, f* [personne] Kämpfernatur *die*. ◆ **battant** *nm* - **1.** [de porte, de fenêtre] Flügel *der* - **2.** [de cloche] Klöppel *der*.

battement [batmɑ̃] *nm* - **1.** [d'aile, de cœur, de porte] Schlagen *das* ; [de cils, de paupières] Aufschlagen *das* - **2.** [de pluie] Prasseln *das* - **3.** [intervalle de temps] Zwischenzeit *die* ; **une heure de ~** eine Stunde Pause.

batterie [batri] *nf* - **1.** [d'appareil] Akku *der* ; [d'automobile] Batterie *die* - **2.** MIL Batterie *die* - **3.** MUS Schlagzeug *das* - **4.** [attirail] : **~ de cuisine** Küchenzubehör *das*.

> **batterie**
>
> Das französische Substantiv **batterie** in der Bedeutung von „Autobatterie" wird mit „Batterie" übersetzt, für andere elektrische Geräte wird „Akkumulator" verwendet.
>
> **La batterie de mon portable est vide** heißt auf Deutsch „Der Akku meines Handys ist leer".
>
> Bei herkömmlichen Gerätebatterien spricht man von **piles.** „Ich muss neue Batterien in meinen Taschenrechner einlegen" heißt **Je dois changer les piles de ma calculatrice**.

batteur, euse [batœr, øz] *nm, f* MUS Schlagzeuger *der*, -in *die*. ◆ **batteur** *nm* CULIN Rührgerät *das*. ◆ **batteuse** *nf* AGRIC Heudrescher *der*.

battre [83] [batr] ◇ *vt* - **1.** [gén] schlagen - **2.** [tapis] klopfen - **3.** [cartes] mischen ◇ *vi* - **1.** [cœur, pouls] schlagen - **2.** [frapper, heurter] prasseln - **3.** *loc* : **~ en retraite** einen Rückzieher machen ; **~ son plein** auf vollen Touren laufen. ◆ **se battre** *vp* - **1.** [combattre] : **se ~ (contre** ou **avec qqn)** sich (mit jm) schlagen - **2.** [s'acharner] : **se ~ pour/contre qqch** um/gegen etw kämpfen.

battu, e [baty] *pp* ▷ **battre.** ◆ **battue** *nf* Treibjagd *die*.

baume [bom] *nm* Balsam *der*.

baux ▷ **bail.**

bavard, e [bavar, ard] ◇ *adj* geschwätzig ◇ *nm, f* Schwätzer *der*, -in *die*.

bavardage [bavardaʒ] *nm* [papotage] Schwatzen *das*.

bavarder [3] [bavarde] *vi* schwatzen.

bavarois, e [bavarwa, az] *adj* bayerisch. ◆ **bavarois** *nm* *Fruchtcreme-Schichttorte*. ◆ **bavaroise** *nf* *Fruchtcreme*. ◆ **Bavarois, e** *nm, f* Bayer *der*, -in *die*.

bave [bav] *nf* - **1.** [salive] Geifer *der*, Sabber *der* - **2.** [d'escargot] Schleim *der*.

baver [3] [bave] *vi* - **1.** [personne] geifern, sabbern - **2.** *loc* : **en ~** *fam* viel mit|machen.

bavette [bavɛt] *nf* - **1.** [de tablier] Latz *der* ou *das* - **2.** [viande] Flankenstück *das*.

baveux, euse [bavø, øz] *adj* - **1.** [bouche, enfant] geifernd, seibernd - **2.** [omelette] kurzgegart.

Bavière [bavjɛr] *nf* : **la ~** Bayern *nt*.

bavoir [bavwar] *nm* Lätzchen *das*.

bavure [bavyr] *nf* - **1.** [tache] Fleck *der* - **2.** [erreur] Ausrutscher *der* ; [de police] Übergriff *der*.

bazar [bazar] *nm* - **1.** [boutique] Basar *der* - **2.** *fam* [désordre] Durcheinander *das*.

bazarder [3] [bazarde] *vt fam* weg|schmeißen.
BCBG (*abr de* **bon chic bon genre**) <> *adj* schickimicki <> *nmf* Schickimicki *der, die.*
BCE (*abr de* **Banque centrale européenne**) *n pr f* EZB *die.*
BCG (*abr de* **bacille Calmette-Guérin**) *nm* BCG *der.*
bcp *abr de* **beaucoup.**
bd *abr de* **boulevard.**
BD, bédé [bede] (*abr de* **bande dessinée**) *nf* Comic *der.*
béant, e [beɑ̃, ɑ̃t] *adj* auseinander klaffend.
béat, e [bea, at] *adj* einfältig.
beau, belle, beaux [bo, bɛl, bo] (**bel** [bɛl] *devant voyelle ou h muet) adj (avant le nom)* schön ; **c'est du ~ travail** das ist gute Arbeit ; **un ~ jour/matin/soir** eines schönen Tages/Morgens/Abends. ◆ **beau** <> *adv :* **il fait ~** es ist schönes Wetter ; **vous avez ~ dire** Sie können sagen, was Sie wollen <> *nm :* **le temps est/reste au ~ fixe** es OU das Wetter ist/bleibt schön. ◆ **belle** *nf* - **1.** JEU entscheidende Runde - **2.** *loc :* **se faire la belle** *fam* aus|brechen. ◆ **de plus belle** *loc adv* immer mehr, mit neuem Schwung.
Beaubourg [boːbur] *n Pariser Kunst- und Kulturzentrum.*
beaucoup [boku] <> *adv* - **1.** [un grand nombre] : **~ de** eine Menge, viele ; **~ de gens** eine Menge Leute, viele Leute - **2.** [une grande quantité] : **~ de** viel ; **~ d'argent** viel Geld - **3.** [fortement] sehr ; **ça m'a ~ déçu** das hat mich sehr enttäuscht - **4.** [énormément] viel ; **~ trop** viel zu viel ; **il travaille ~** er arbeitet viel ; **c'est ~ dire** das wäre zu viel gesagt ; **c'est ~ mieux** das ist viel OU wesentlich besser <> *pron inv* viele *Pl.* ◆ **de beaucoup** *loc adv* bei weitem.
beauf [bof] *nm fam* - **1.** *péj* Spießer *der* - **2.** [beau-frère] Schwager *der.*
beau-fils *nm* - **1.** [gendre] Schwiegersohn *der* - **2.** [de remariage] Stiefsohn *der.*
beau-frère *nm* Schwager *der.*
beau-père *nm* - **1.** [père du conjoint] Schwiegervater *der* - **2.** [de remariage] Stiefvater *der.*
beauté [bote] *nf* Schönheit *die ;* **de toute ~** wunderschön *(adj).*
beaux-arts *nmpl* bildende Kunst *(sans pl) ;* **les** OU **l'École des Beaux-Arts** *französische Kunsthochschule.*
beaux-parents *nmpl* Schwiegereltern *Pl.*
bébé [bebe] <> *nm* - **1.** [enfant] Baby *das* - **2.** [animal] Kleine *das* <> *adj inv* babyhaft.
bébé-éprouvette (*pl* **bébés- éprouvette**) *nm* Retortenbaby *das.*
bec [bɛk] *nm* - **1.** [d'oiseau] Schnabel *der* - **2.** [d'instrument à vent] Mundstück *das* - **3.** [de casserole, de carafe] : **~ (verseur)** Ausguss *der.* ◆ **bec de gaz** *nm* Gaslaterne *die.*
bécane [bekan] *nf fam* - **1.** [deux-roues - cyclomoteur] Feuerstuhl *der ;* [- vélo] Drahtesel *der* - **2.** [ordinateur] Maschine *die.*
bécasse [bekas] *nf* Schnepfe *die.*
bec-de-lièvre (*pl* **becs-de-lièvre**) *nm* Hasenscharte *die.*
bêche [bɛʃ] *nf* Spaten *der.*
bêcher [4] [beʃe] *vt* um|graben.
bécoter [3] [bekɔte] *vt fam* ab|knutschen. ◆ **se bécoter** *vp* knutschen.
becquée [beke] *nf* Happen *der ;* **donner la ~** füttern.
becqueter, béqueter [27] [bɛcte] *vt* auf|picken.
bedaine [bədɛn] *nf fam* Schmerbauch *der.*
bédé = **BD.**
bedonnant, e [bədɔnɑ̃, ɑ̃t] *adj fam* dickbäuchig.
bégayer [11] [begeje] <> *vi* stottern <> *vt* stammeln.
bègue [bɛg] <> *adj :* **être ~** stottern <> *nmf* Stotterer *der,* -rin *die.*
béguin [begɛ̃] *nm :* **avoir le ~ pour qqn/qqch** sich in jn/etw verschießen.
beige [bɛʒ] <> *adj* beige <> *nm* Beige *das.*
beignet [bɛɲɛ] *nm* Krapfen *der.*
bel ▷ **beau.**
bêler [4] [bele] *vi* [chèvre] meckern ; [mouton] blöken.
belette [bəlɛt] *nf* Wiesel *das.*
belge [bɛlʒ] *adj* belgisch. ◆ **Belge** *nmf* Belgier *der,* -in *die.*
Belgique [bɛlʒik] *nf :* **la ~** Belgien *nt.*
bélier [belje] *nm* - **1.** [animal] Widder *der* - **2.** [poutre] Stoßheber *der.* ◆ **Bélier** *nm* ASTRON & ASTROL Widder *der ;* **sous le signe du Bélier** im Zeichen des Widders.
belle ▷ **beau.**
belle-famille *nf* Schwiegerfamilie *die.*
belle-fille *nf* - **1.** [épouse du fils] Schwiegertochter *die* - **2.** [de remariage] Stieftochter *die.*
belle-mère *nf* - **1.** [mère du conjoint] Schwiegermutter *die* - **2.** [de remariage] Stiefmutter *die.*
belle-sœur *nf* Schwägerin *die.*
belligérant, e [beliʒerɑ̃, ɑ̃t] <> *adj* Krieg führend <> *nm, f* Krieg führende Partei.
belliqueux, euse [belikø, øz] *adj* - **1.** [guerrier] kriegerisch - **2.** [agressif] angriffslustig.
belvédère [bɛlvedɛr] *nm* Belvedere *das.*

bémol [bemɔl] ◇ *adj* : **do ~** ces *das*, Ces *das* ; **mi ~** es *das*, Es *das* ◇ *nm* b *das*.

bénédiction [benediksjɔ̃] *nf* **- 1.** RELIG Segnung *die* **- 2.** [assentiment] Absegnung *die*.

bénéfice [benefis] *nm* **- 1.** [profit] Gewinn *der* **- 2.** [avantage] Wohl *das* ; **au ~ de qqn** zugunsten js.

bénéficiaire [benefisjɛr] ◇ *adj* Gewinn- ◇ *nmf* **- 1.** [d'aide, de chèque] Empfänger *der*, -in *die* **- 2.** [de droit] Berechtigte *der, die*.

bénéficier [9] [benefisje] *vt* : **~ de qqch** in den Genuss von etw kommen.

bénéfique [benefik] *adj* wohl tuend.

Benelux [benelyks] *nm* : **le ~** Benelux *die* ; **les pays du ~** die Benelux-Staaten.

benêt [bənɛ] *nm* Tollpatsch *der*.

bénévole [benevɔl] ◇ *adj* ehrenamtlich ◇ *nmf* ehrenamtlich Tätige *der, die*.

bénin, igne [benɛ̃, iɲ] *adj* **- 1.** [accident] harmlos **- 2.** MÉD [tumeur] gutartig.

bénir [32] [benir] *vt* segnen.

bénitier [benitje] *nm* Weihwasserbecken *das*.

benjamin, e [bɛ̃ʒamɛ̃, in] *nm, f* Jüngste *der, die*.

benne [bɛn] *nf* **- 1.** [de camion] Kipper *der* **- 2.** [poubelle] Container *der* **- 3.** [cabine] Wagenkasten *der*.

benzine [bɛ̃zin] *nf* Benzol *das*.

BEP, Bep (*abr de* **brevet d'études professionnelles**) *nm französischer Abschluss nach 2-jähriger Ausbildung am berufsbildenden Gymnasium*.

BEPC, Bepc (*abr de* **brevet d'études du premier cycle**) *nm französischer Gesamtschulabschluss*, ≃ mittlere Reife.

béqueter = **becqueter**.

béquille [bekij] *nf* **- 1.** [pour marcher] Krücke *die* **- 2.** [de deux-roues] Ständer *der*.

berceau, x [bɛrso] *nm* [lit] Wiege *die*.

bercer [16] [bɛrse] *vt* wiegen.

berceuse [bɛrsøz] *nf* MUS [chanson] Wiegenlied *das* ; [morceau] Berceuse *die*.

béret [berɛ] *nm* : **~ (basque)** Baskenmütze *die*.

berge [bɛrʒ] *nf* **- 1.** [bord] Ufer *das* **- 2.** *fam* [année] : **il a 40 ~s** er ist 40.

berger, ère [bɛrʒe, ɛr] *nm, f* Schafhirt *der*, -in *die*. ◆ **bergère** *nf* Sessel *der*. ◆ **berger allemand** *nm* deutscher Schäferhund.

bergerie [bɛrʒəri] *nf* Schafstall *der*.

Berlin [bɛrlɛ̃] *n* Berlin *nt* ; **le mur de ~** die Berliner Mauer.

berline [bɛrlin] *nf* Limousine *die*.

berlingot [bɛrlɛ̃go] *nm* **- 1.** [bonbon] *pyramidenförmiges Bonbon* **- 2.** [emballage] Tetrapack-Verpackung *die*.

berlinois, e [bɛrlinwa, az] *adj* Berliner (*adj inv*). ◆ **Berlinois, e** *nm, f* Berliner *der*, -in *die*.

berlue [bɛrly] *nf* : **avoir la ~** nicht richtig sehen.

bermuda [bɛrmyda] *nm* Bermudashorts *Pl*.

berne [bɛrn] ◆ **en berne** *loc adv* auf halbmast.

Berne [bɛrn] *n* Bern *nt*.

berner [3] [bɛrne] *vt* hereinlegen.

besogne [bəzɔɲ] *nf* Arbeit *die*.

besoin [bəzwɛ̃] *nm* **- 1.** [exigence, désir] Bedürfnis *das* ; **les ~s** ÉCON der Bedarf ; **avoir ~ de qqch** etw benötigen OU brauchen ; **au ~** notfalls, wenn es nötig ist **- 2.** [dénuement] Not *die*.

bestial, e, aux [bɛstjal, o] *adj* bestialisch.

bestiole [bɛstjɔl] *nf kleines, unsympathisches Tier*.

bétail [betaj] *nm* Vieh *das*.

bête [bɛt] ◇ *adj* **- 1.** [personne] dumm **- 2.** [chose] blöd ◇ *nf* Tier *das*.

bêtise [betiz] *nf* [de personne] Dummheit *die* ; **se disputer pour une ~** sich wegen einer Lappalie streiten.

béton [betɔ̃] *nm* Beton *der* ; **~ armé** Stahlbeton.

betterave [betrav] *nf* Rübe *die*.

beugler [5] [bøgle] *vi* **- 1.** [bovin] muhen **- 2.** *fam* [personne] quäken.

beur [bœr] *nmf Angehöriger der zweiten Generation nordafrikanischer Gastarbeiter*.

beurre [bœr] *nm* [aliment] Butter *die*.

beurrer [5] [bœre] *vt* **- 1.** [tartine] mit Butter bestreichen **- 2.** [moule] einlfetten.

beuverie [bœvri] *nf* Zecherei *die*.

biais [bjɛ] *nm* **- 1.** [ligne oblique] Schräge *die* ; **en** OU **de ~** schräg (*adv*) ; *fig* von der Seite **- 2.** [moyen détourné] Kniff *der* ; **par le ~ de qqn/qqch** über jn/etw.

biaiser [4] [bjeze] *vi* [parler] sich in Andeutungen ergehen ; [agir] Winkelzüge machen.

bibelot [biblo] *nm* Nippes *Pl*.

biberon [bibrɔ̃] *nm* Flasche *die*.

bible [bibl] *nf* Bibel *die*.

bibliographie [biblijɔgrafi] *nf* Bibliografie *die*, Literaturverzeichnis *das*.

bibliothécaire [biblijɔtekɛr] *nmf* Bibliothekar *der*, -in *die*.

bibliothèque [biblijɔtɛk] *nf* **- 1.** [meuble] Bücherschrank *der* **- 2.** [édifice] Bibliothek *die*, Bücherei *die*.

Bibliothèque nationale de France *nf neue französische Nationalbibliothek*.

biblique [biblik] *adj* biblisch.

bicarbonate [bikarbɔnat] *nm* Bikarbonat *das* ; ~ **de soude** kohlensaures Natron.

biceps [bisɛps] *nm* Bizeps *der*.

biche [biʃ] *nf* ZOOL Hirschkuh *die*.

bicolore [bikɔlɔr] *adj* zweifarbig.

bicoque [bikɔk] *nf fam* Bude *die*.

bicyclette [bisiklɛt] *nf* Fahrrad *das*.

bide [bid] *nm fam* - **1.** [ventre] Wampe *die* - **2.** [échec] Flop *der*.

bidet [bidɛ] *nm* [sanitaire] Bidet *das*.

bidon [bidɔ̃] ◇ *nm* [récipient] Kanister *der* ◇ *adv fam* Schein-.

bidonville [bidɔ̃vil] *nm* Elendsviertel *das*.

bielle [bjɛl] *nf* Pleuel *das*.

Biélorussie [bjelɔrysi] *nf* : **la** ~ Weißrussland *nt*, Bjelorussland *nt*.

bien [bjɛ̃] (*compar & superl* **mieux** [mjø]) ◇ *adv* - **1.** [de manière satisfaisante] gut ; **on mange ~ ici** hier isst man gut - **2.** [sens intensif] recht ; ~ **souvent** recht oft ; **en es-tu ~ sûr?** bist du dir ganz sicher? ; **c'est ~ ce que je disais** das ist doch mein Reden - **3.** [très] sehr - **4.** [au moins] gewiss ; **il y a ~ trois heures que je t'attends** ich warte bestimmt schon drei Stunden auf dich - **5.** [avec un comparatif] bei weitem ; ~ **mieux** viel besser ; **il est parti ~ plus tard** er ist wesentlich später gegangen - **6.** [pour conclure ou introduire] : ~**, je t'écoute** gut, ich höre ◇ *interj* : **eh ~!** nun denn! ◇ *adj inv* - **1.** [sérieux, en bonne santé] gut ; **je ne me sens pas ~** ich fühle mich nicht gut - **2.** [beau] schön - **3.** [à l'aise] wohl ; **je me sens ~ ici** ich fühle mich wohl hier ; **être ~ avec qqn** mit jm gut stehen ◇ *nm* - **1.** [sens moral] : **le ~** das Gute - **2.** [bien-être] : **ça fait du ~** das tut gut - **3.** [richesse] Eigentum *das* ; ~**s de consommation** Verbrauchsgüter *Pl* - **4.** [intérêt] : **c'est pour ton ~!** das ist zu deinem Besten! - **5.** *loc* : **dire du ~ de qqn/qqch** Gutes von jm/etw sagen. ◆ **bien entendu** *loc adv* na klar. ◆ **bien mieux** *loc adv* mehr noch. ◆ **bien que** *loc conj* obwohl, obschon ; ~ **qu'il ait fini son travail** obwohl er seine Arbeit fertig hat ; ~ **que malade** obschon krank. ◆ **bien sûr** *loc adv* sicher.

bien-aimé, e (*mpl* **bien-aimés** ; *fpl* **bien-aimées**) ◇ *adj* geliebt ◇ *nm, f* Geliebte *der, die*.

bien-être *nm inv* - **1.** [physique] Wohlbefinden *das* - **2.** [matériel] Wohlstand *der*.

bienfaisance [bjɛ̃fəzɑ̃s] *nf* Wohltätigkeit *die*.

bienfaisant, e [bjɛ̃fəzɑ̃, ɑ̃t] *adj* - **1.** [climat, influence] wohl tuend - **2.** [personne] wohltätig.

bienfait [bjɛ̃fɛ] *nm* - **1.** [faveur] Wohltat *die* - **2.** [effet bénéfique] wohl tuende Wirkung.

bienfaiteur, trice [bjɛ̃fɛtœr, tris] *nm, f* Wohltäter *der*, -in *die*.

bien-fondé (*pl* **bien-fondés**) *nm* - **1.** [de plainte, de requête] Rechtmäßigkeit *die* - **2.** [d'opinion, de remarque] Stichhaltigkeit *die*.

bienheureux, euse [bjɛ̃nørø, øz] ◇ *adj* selig ◇ *nm, f* Selige *der, die*.

bientôt [bjɛ̃to] *adv* bald ; **à ~!** bis bald!

bienveillance [bjɛ̃vejɑ̃s] *nf* Wohlwollen *das*.

bienveillant, e [bjɛ̃vejɑ̃, ɑ̃t] *adj* wohlwollend.

bienvenu, e [bjɛ̃v(ə)ny] ◇ *adj* willkommen ◇ *nm, f* : **être le ~** OU **la ~e** willkommen sein. ◆ **bienvenue** *nf* : **souhaiter la ~e à qqn** jn willkommen heißen.

bière [bjɛr] *nf* - **1.** [boisson] Bier *das* ; ~ **blonde/brune** helles/dunkles Bier - **2.** [cercueil] Sarg *der*.

bifidus [bifidys] *nm* Bifidobakterium *das* ; **yaourt au ~** Joghurt *der* mit Bifidobakterien.

bifteck [biftɛk] *nm* Beefsteak *das*.

bifurcation [bifyrkasjɔ̃] *nf* Gabelung *die*.

bifurquer [3] [bifyrke] *vi* - **1.** [route, voie ferrée] sich gabeln - **2.** [voiture] ab|biegen - **3.** [personne] : ~ **vers qqch** zu etw über|wechseln.

bigamie [bigami] *nf* Bigamie *die*.

bigarré, e [bigare] *adj* bunt.

bigoudi [bigudi] *nm* Lockenwickler *der*.

bijou, x [biʒu] *nm* Schmuckstück *das*. ◆ **bijoux** *nmpl* Schmuck *der (sans pl)*.

bijouterie [biʒutri] *nf* [magasin] Juweliergeschäft *das*.

bijoutier, ère [biʒutje, ɛr] *nm, f* Juwelier *der*, -in *die*.

bikini [bikini] *nm* Bikini *der*.

bilan [bilɑ̃] *nm* - **1.** FIN & COMM Bilanz *die* ; **déposer son ~** Konkurs an|melden - **2.** [résultat] Endergebnis *das* ; **faire le ~ de qqch** die Bestandsaufnahme von etw machen.

bilatéral, e, aux [bilateral, o] *adj* - **1.** [stationnement] beidseitig - **2.** [contrat, décision] zweiseitig.

bile [bil] *nf* Galle *die*.

biliaire [biljɛr] *adj* Gallen-.

bilieux, euse [biljø, øz] *adj* [teint] gelblich.

bilingue [bilɛ̃g] *adj* - **1.** [livre, secrétaire] zweisprachig - **2.** [personne] zweisprachig aufgewachsen.

bilinguisme [bilɛ̃gɥism] *nm* Zweisprachigkeit *die*.

billard [bijar] *nm* Billard *das*.

bille [bij] *nf* - **1.** [d'enfant] Murmel *die* - **2.** [de billard] Kugel *die* - **3.** [de bois] (geschlagener) Baumstamm.
billet [bijɛ] *nm* - **1.** [monnaie] : ~ **(de banque)** Banknote *die* - **2.** [de concert, de théâtre] Eintrittskarte *die* ; ~ **d'avion** Flugschein *der* ; ~ **de train** Fahrkarte *die* ; ~ **de loterie** Los *das*.
billetterie [bijɛtri] *nf* - **1.** BANQUE Geldautomat *der* - **2.** [de transport, de spectacle] Schalter *der*.
billion [biljɔ̃] *nm* Billion *die*.
bimensuel, elle [bimɑ̃sɥɛl] *adj* - **1.** PRESSE monatlich zweimal erscheinend - **2.** [événement] monatlich zweimal stattfindend. ◆ **bimensuel** *nm* Halbmonatsschrift *die*.
bimoteur [bimɔtœr] *adj* zweimotorig.
binaire [binɛr] *adj* binär.
biner [3] [bine] *vt* hacken.
binocle [binɔkl] *nm* Zwicker *der*. ◆ **binocles** *nmpl fam* Brille *die*.
binôme [binom] *nm* Binom *das*.
bio [bjo] *adj inv* Bio-.
biocarburant [bjɔkarbyrɑ̃] *nm* Biotreibstoff *der*.
biochimie [bjɔʃimi] *nf* Biochemie *die*.
biodégradable [bjɔdegradabl] *adj* biologisch abbaubar, ≃ umweltfreundlich.
biographie [bjɔgrafi] *nf* Biografie *die*.
biologie [bjɔlɔʒi] *nf* Biologie *die*.
biologique [bjɔlɔʒik] *adj* biologisch.
biopsie [bjɔpsi] *nf* Biopsie *die*.
biorythme [bjɔritm] *nm* Biorhythmus *der*.
biper [bipe] *vt* anpiep(s)en.
biréacteur [bireaktœr] *nm* zweimotoriger Jet.
bis[1] [bis] <> *adv* - **1.** [numéro] : **13** ~ 13a - **2.** MUS : **bis!** Zugabe! <> *nm* Dakapo *das*.
bis[2]**, e** [bi, biz] *adj* graubraun.
bisannuel, elle [bizanɥɛl] *adj* zweijährlich.
biscornu, e [biskɔrny] *adj* - **1.** [difforme] bizarr - **2.** [bizarre] wunderlich.
biscotte [biskɔt] *nf* (ungesüßter) Zwieback *der*.
biscuit [biskɥi] *nm* CULIN Biskuit *das* ; ~ **(sec)** Keks *der*.
bise [biz] *nf* - **1.** *fam* [baiser] Küsschen *das* - **2.** [vent] eisiger Nord(ost) wind.
biseau, x [bizo] *nm* [bord] Schrägkante *die* ; **en** ~ schräg.
bison [bizɔ̃] *nm* Bison *der*.
bisou [bizu] *nm fam* Küsschen *das*.
bistouri [bisturi] *nm* Skalpell *das*.
bistrot, bistro [bistro] *nm fam* Kneipe *die*.
bit [bit] *nm* Bit *das*.
bivouac [bivwak] *nm* Biwak *das*.
bivouaquer [3] [bivwake] *vi* biwakieren.
bizarre [bizar] *adj* merkwürdig, ungewöhnlich.
bizutage [bizytaʒ] *nm Mutprobe für neue Klassenmitglieder an französischen Gymnasien und Eliteschulen.*
blabla, bla-bla [blabla] *nm inv fam* Blabla *das*.
black-out [blakawt] *nm* - **1.** [panne de courant] Black-out *das* - **2.** [censure] : **faire le** ~ **sur qqch** etw tot|schweigen.
blafard, e [blafar, ard] *adj* bleich.
blague [blag] *nf* - **1.** [plaisanterie] Witz *der* - **2.** [farce] Streich *der* - **3.** [bêtise] Dummheit *die*.
blaguer [3] [blage] *fam* <> *vi* scherzen <> *vt :* ~ **qqn (sur qqch)** jn (mit etw) auf|ziehen.
blagueur, euse [blagœr, øz] *fam* <> *adj* spöttisch <> *nm, f* Spaßvogel *der*.
blaireau, x [blɛro] *nm* - **1.** ZOOL Dachs *der* - **2.** [de rasage] Rasierpinsel *der*.
blâme [blam] *nm* - **1.** [désapprobation] Tadel *der* - **2.** [sanction] Verweis *der*.
blâmer [3] [blame] *vt* - **1.** [désapprouver] tadeln - **2.** [sanctionner] verwarnen.
blanc, blanche [blɑ̃, blɑ̃ʃ] *adj* weiß. ◆ **blanc** *nm* - **1.** [couleur] Weiß *das* - **2.** [linge] Kochwäsche *die* - **3.** [sur une page] leere Stelle - **4.** [dans une conversation] Lücke *die* - **5.** [de volaille] Brust *die* - **6.** [vin] Weißwein *der*. ◆ **blanc d'œuf** *nm* Eiweiß *das*. ◆ **Blanc, Blanche** *nm, f* Weiße *der, die*.
blanc-bec [blɑ̃bɛk] *nm péj & vieilli* Grünschnabel *der*.
blanche [blɑ̃ʃ] <> *adj* ⊳ **blanc** <> *nf* MUS halbe Note.
blancheur [blɑ̃ʃœr] *nf* - **1.** [de chose] Weiß *das* - **2.** [de teint] Blässe *die*.
blanchiment [blɑ̃ʃimɑ̃] *nm* - **1.** [décoloration] Bleichen *das* - **2.** [coloration] Weißen *das*. ◆ **blanchiment d'argent** *nm* Geldwaschen *das*.
blanchir [32] [blɑ̃ʃir] <> *vt* - **1.** [mur] tünchen - **2.** [papier, tissu - décolorer] bleichen ; [- colorer] weiß färben - **3.** [légumes] blanchieren - **4.** *fig* [argent] waschen - **5.** *fig* [accusé] rein|waschen <> *vi* - **1.** [personne] : ~ **(de peur/ colère)** (vor Angst/ Wut) erbleichen - **2.** [cheveux] weiß werden.
blanchissage [blɑ̃ʃisaʒ] *nm* [du linge] Waschen *das*.
blanchisserie [blɑ̃ʃisri] *nf* Wäscherei *die*.
blanchisseur, euse [blɑ̃ʃisœr, øz] *nm, f* Wäscher *der*, -in *die*.
blasé, e [blaze] <> *adj* blasiert <> *nm, f* blasierter Mensch.
blason [blazɔ̃] *nm* Wappen *das*.

blasphème [blasfɛm] *nm* Gotteslästerung *die.*
blasphémer [18] [blasfeme] ◇ *vt* lästern ◇ *vi* Gotteslästerungen ausǀstoßen.
blatte [blat] *nf* Schabe *die.*
blazer [blazɛr] *nm* Blazer *der.*
blé [ble] *nm* - **1.** [céréale] Weizen *der* - **2.** *fam* [argent] Kohle *die.*
blême [blɛm] *adj* bleich.
blennorragie [blenɔraʒi] *nf* Gonorrhöe *die.*
blessant, e [blɛsɑ̃, ɑ̃t] *adj* verletzend.
blessé, e [blese] *nm, f* Verletzte *der, die* ; **un grand ~** ein schwer Verletzter.
blesser [4] [blese] *vt* [gén] verletzen ; **être blessé au bras** am Arm verletzt sein.
blessure [blesyr] *nf* Verletzung *die.*
blet, blette [blɛ, blɛt] *adj* überreif.
bleu, e [blø] *adj* - **1.** [couleur] blau - **2.** CULIN englisch. ◆ **bleu** *nm* - **1.** [couleur] Blau *das* - **2.** [meurtrissure] blauer Fleck - **3.** [novice] Neuling *der* - **4.** [fromage] Blauschimmelkäse *der* - **5.** [vêtement] : **~ (de travail)** Montageanzug *der.*
bleuet [bløɛ] *nm* Kornblume *die.*
bleuir [32] [bløir] *vi* blau werden.
bleuté, e [bløte] *adj* bläulich.
blindé, e [blɛ̃de] *adj* - **1.** [porte, coffre] gepanzert, Panzer- - **2.** *fam* [personne] abgehärtet. ◆ **blindé** *nm* Panzer *der.*
blinder [3] [blɛ̃de] *vt* - **1.** [porte] panzern - **2.** *fam* [personne] feien.
blizzard [blizar] *nm* Blizzard *der.*
bloc [blɔk] *nm* Block *der* ; **en ~** in Bausch und Bogen ; **faire ~** *fig* eine geschlossene Front bilden. ◆ **bloc opératoire** *nm* Operationssaal *der*, OP *der.*
blocage [blɔkaʒ] *nm* - **1.** [des prix, des salaires] Stopp *der* - **2.** [de roues] Blockieren *das* - **3.** PSYCHOL Hemmung *die.*
blockhaus [blɔkos] *nm* Bunker *der.*
bloc-moteur [blɔkmɔtœr] *nm* Motorblock *der.*
bloc-notes *nm* Notizblock *der.*
blocus [blɔkys] *nm* Blockade *die.*
blond, e [blɔ̃, blɔ̃d] ◇ *adj* - **1.** [cheveux, personne] blond - **2.** [couleur] hell ◇ *nm, f* Blonde *der*, -dine *die.*
blondeur [blɔ̃dœr] *nf* Blondheit *die.*
blondir [32] [blɔ̃dir] *vi* erblonden.
bloquer [3] [blɔke] *vt* - **1.** [immobiliser] blockieren - **2.** [obstruer] versperren - **3.** [prix, salaires] einǀfrieren - **4.** [compte en banque] sperren - **5.** [regrouper] zusammenǀlegen. ◆ **se bloquer** *vp* [se coincer] klemmen.
blottir [32] [blɔtir] ◆ **se blottir** *vp* : **se ~ (contre qqn)** sich (an jn) kuscheln.
blouse [bluz] *nf* - **1.** [de travail] Kittel *der* - **2.** [corsage] Bluse *die.*

> **blouse**
>
> Achtung! **blouse** bedeutet nur selten „Bluse", sondern meistens „Kittel". **Il porte une blouse de travail** wird also mit „Er trägt einen Arbeitskittel" übersetzt. Generell verwendet man für das deutsche Wort „Bluse" die Übersetzung **chemisier**. Bei weiter geschnittenen Blusen zieht man das Wort **blouse** vor. „Sie trägt gerne Blusen zum Kostüm" wird mit **Elle aime porter des chemisiers avec son tailleur** wiedergegeben.

blouson [bluzɔ̃] *nm* Blouson *das.*
blue-jean [bludʒin], **blue-jeans** [bludʒins] (*pl* **blue-jeans**) *nm* Bluejeans *Pl.*
blues [bluz] *nm inv* MUS Blues *der.*
bluff [blœf] *nm* Bluff *der.*
bluffer [3] [blœfe] *vi & vt fam* bluffen.
BNF (*abr de* **Bibliothèque nationale de France**) *n pr f französische Nationalbibliothek.*
boa [bɔa] *nm* Boa *die.*
boat people [botpipɔl] *nmpl* Boatpeople *Pl.*
bobard [bɔbar] *nm fam* Lügengeschichte *die.*
bobine [bɔbin] *nf* - **1.** [de fil] Rolle *die* - **2.** ÉLECTR & CIN Spule *die.*
bocage [bɔkaʒ] *nm charakteristische Landschaft Westfrankreichs.*
bocal, aux [bɔkal, o] *nm* - **1.** [de conserve] Einmachglas *das* - **2.** [de poisson] Glas *das.*
body-building [bɔdibildiŋ] *nm* Bodybuilding *das.*
bœuf [bœf *pl* bø] *nm* - **1.** [animal] Rind *das* - **2.** [viande] Rindfleisch *das.*
bof [bɔf] *interj fam* pfhh.
bogue [bɔg], **bug** [bʌg] *nm* (Programmierungs)fehler *der.*
bohème [bɔɛm] *adj* unkonventionell.
bohémien, enne [bɔemjɛ̃, ɛn] ◇ *adj* böhmisch ◇ *nm, f* Böhme *der*, -min *die.*
boire [108] [bwar] *vt* - **1.** [sujet : personne] trinken - **2.** [sujet : papier] aufǀsaugen.
bois [bwa] *nm* - **1.** [forêt] Wald *der* - **2.** [matériau] Holz *das* ; **en ~** aus Holz, Holz-.
boisé, e [bwaze] *adj* bewaldet, Wald-.
boiser [3] [bwaze] *vt* aufǀforsten.
boiseries [bwazri] *nfpl* Holztäfelung *die.*
boisson [bwasɔ̃] *nf* Getränk *das.*
boîte [bwat] *nf* - **1.** [récipient] Schachtel *die* ; **en ~** in der Dose ; **~ de conserves** Konservendose *die* ; **~ à gants** Handschuhfach *das* ; **~ aux lettres** Briefkasten *der* ; **~ à musique** Spieldose *die* ; **~ postale** Postfach *das* ;

~ **de vitesse** AUTOM Getriebe *das* ; ~ **vocale** Mailbox *die* - **2.** *fam* [entreprise] Laden *der* - **3.** [discothèque] : ~ **(de nuit)** Disko *die*.

boiter [3] [bwate] *vi* [personne] hinken.

boiteux, euse [bwatø, øz] *adj* - **1.** [personne] lahm ; **être** ~ hinken - **2.** [meuble] wackelig - **3.** [raisonnement] nicht ganz richtig.

boîtier [bwatje] *nm* Gehäuse *das*.

bol [bɔl] *nm* Schale *die* ; **avoir du** ~ *fam fig* Schwein haben.

bolet [bɔlɛ] *nm* Röhrling *der*.

bolide [bɔlid] *nm* Rennwagen *der*.

Bolivie [bɔlivi] *nf* : **la** ~ Bolivien *nt*.

bolivien, enne [bɔlivjɛ̃, ɛn] *adj* bolivianisch, bolivisch. ◆ **Bolivien, enne** *nm, f* Bolivianer *der*, -in *die*, Bolivier *der*, -in *die*.

bombance [bɔ̃bɑ̃s] *nf* : **faire** ~ schlemmen.

bombardement [bɔ̃bardəmɑ̃] *nm* Bombardierung *die*.

bombarder [bɔ̃barde] *vt* MIL : ~ **de qqch** mit etw bombardieren.

bombardier [bɔ̃bardje] *nm* [avion] Bomber *der*.

bombe [bɔ̃b] *nf* - **1.** MIL Bombe *die* ; ~ **atomique** Atombombe ; ~ **à retardement** Zeitbombe - **2.** [atomiseur] Spray *der* ou *das*.

bombé, e [bɔ̃be] *adj* gewölbt.

bomber [3] [bɔ̃be] ◇ *vt* - **1.** [rendre convexe] wölben - **2.** [dessiner à la bombe] : ~ **qqch sur qqch** etw auf etw *(A)* sprühen ◇ *vi* sausen.

bon, bonne [bɔ̃ *(*bɔn *devant nm commençant par voyelle ou h muet)*, bɔn] *(compar & superl* **meilleur** [mɛjœr]) *(avant le nom) adj* - **1.** [gén] gut ; **bonne année!** ein gutes neues Jahr! ; **bonne chance!** viel Glück! ; ~ **à savoir** gut zu wissen ; **il serait ~ de faire qqch** es wäre gut, etw zu tun ; **tu t'es trompé, tu es ~ pour tout recommencer** du hast dich geirrt, jetzt kannst du alles wieder von vorn anfangen ; **être ~ à qqch** zu etw taugen - **2.** [vacances, soirée] schön - **3.** [billet, carte] gültig - **4.** [réponse, solution] richtig - **5.** [grippe, leçon] ordentlich. ◆ **bon** ◇ *adv* : **il fait** ~ es ist angenehm warm ; **sentir** ~ gut riechen ; **tenir** ~ durch|halten ◇ *interj* - **1.** [de satisfaction] gut - **2.** [de surprise] : **ah ~!** ah ja! ◇ *nm* [d'achat, d'essence] Gutschein *der* ; ~ **de commande** Bestellschein *der* ; ~ **du Trésor** Schatzanweisung *die*.

bonbon [bɔ̃bɔ̃] *nm* [friandise] Bonbon *der* ou *das*.

bonbonne [bɔ̃bɔn] *nf* Flasche *die*.

bonbonnière [bɔ̃bɔnjɛr] *nf* Bonbonniere *die*.

bond [bɔ̃] *nm* Sprung *der* ; **faire un** ~ *fig* einen Sprung machen.

bonde [bɔ̃d] *nf* [d'évier - trou] Abfluss *der* ; [- bouchon] Stöpsel *der*.

bondé, e [bɔ̃de] *adj* überfüllt.

bondir [32] [bɔ̃dir] *vi* - **1.** [sauter] : ~ **(sur qqn/qqch)** (auf jn/etw) springen - **2.** [se précipiter] los|stürzen ; ~ **sur qqn/qqch** auf jn/etw stürzen - **3.** *fig* [réagir violemment] : **faire ~ qqn** jn wahnsinnig machen.

bonheur [bɔnœr] *nm* Glück *das* ; **porter** ~ Glück bringen ; **par** ~ zum Glück.

bonhomme [bɔnɔm] *(pl* **bonshommes**) *nm* - **1.** *fam péj* [homme] Kerl *der* - **2.** [petit garçon] : **mon (petit)** ~ kleiner Mann - **3.** [figure humaine] Männchen *das* ; ~ **de neige** Schneemann *der*.

bonification [bɔnifikasjɔ̃] *nf* - **1.** [du vin] Verbesserung *die* - **2.** SPORT Punktvorteil *der*.

bonjour [bɔ̃ʒur] *nm* Guten Tag ; **dire ~ (à qqn)** (jm) Guten Tag sagen.

bonne [bɔn] ◇ *adj* ▻ **bon** ◇ *nf* Hausmädchen *das*.

bonnement [bɔnmɑ̃] ◆ **tout bonnement** *loc adv* ganz einfach.

bonnet [bɔnɛ] *nm* [coiffure] Mütze *die* ; ~ **de bain** Badekappe *die*.

bonsoir [bɔ̃swar] *nm* Guten Abend ; **dire ~ (à qqn)** (jm) Guten Abend sagen.

bonté [bɔ̃te] *nf* [bienveillance] Güte *die* ; **avoir la ~ de faire qqch** *sout* so gütig sein, etw zu tun.

bonus [bɔnys] *nm* - **1.** [d'assurance] Schadenfreiheitsrabatt *der* - **2.** [supplément] Bonus *der*.

bord [bɔr] *nm* - **1.** [côté] Rand *der* ; **à ras ~s** randvoll *(adv)* ; **au ~ de qqch** am Rand einer Sache *(G)* ; **être au ~ des larmes** den Tränen nahe sein - **2.** [angle] Kante *die* - **3.** [rivage] Ufer *das* - **4.** NAVIG : **passer par-dessus** ~ über Bord gehen. ◆ **à bord** *loc adv* : **à ~ d'un bateau/avion** an Bord eines Schiffes/Flugzeuges ; **monter à ~ d'une voiture** in einen Wagen steigen.

bordeaux [bɔrdo] ◇ *adj inv* weinrot, bordeaux ◇ *nm* - **1.** [vin] Bordeaux *der* - **2.** [couleur] Weinrot *das*, Bordeaux *das*.

bordée [bɔrde] *nf* Salve *die*.

bordel [bɔrdɛl] *nm tfam* - **1.** [maison close] Puff *der* - **2.** [désordre] Durcheinander *das*.

border [3] [bɔrde] *vt* - **1.** [vêtement] : ~ **qqch de qqch** etw mit einer Sache ein|fassen - **2.** [être en bordure de] säumen - **3.** [lit] : ~ **un lit** die Bettlaken ein|schlagen - **4.** [enfant] zu|decken.

bordereau, x [bɔrdəro] *nm* [liste] Verzeichnis *das* ; ~ **d'expédition** Versandschein *der*.

bordure [bɔrdyr] *nf* - **1.** [bord] Rand *der* ; **en ~ d'un lieu** am Rand eines Ortes - **2.** [de fleurs] Rabatte *die.*

borgne [bɔrɲ] ◇ *adj* - **1.** [personne] einäugig - **2.** [fenêtre] blind - **3.** [hôtel] anrüchig ◇ *nmf* Einäugige *der, die.*

borne [bɔrn] *nf* - **1.** [marque] Markierungsstein *der* - **2.** *fam* [kilomètre] Kilometer *der* - **3.** [limite] Grenze *die* ; **sans ~s** grenzenlos *(adj)* ; **dépasser les ~s** *fig* zu weit gehen - **4.** Informationssäule *die.*

borné, e [bɔrne] *adj* - **1.** [esprit, personne] engstirnig - **2.** [horizon] begrenzt.

borner [3] [bɔrne] *vt* - **1.** [limiter] ablstecken - **2.** [restreindre] beschränken. ◆ **se borner** *vp* : **se ~ à faire qqch** sich darauf beschränken, etw zu tun.

bosniaque [bɔsnjak] *adj* bosnisch. ◆ **Bosniaque** *nmf* Bosnier *der*, -in *die.*

Bosnie [bɔsni] *nf* : **la ~** Bosnien *nt.*

bosquet [bɔskɛ] *nm* Wäldchen *das.*

bosse [bɔs] *nf* - **1.** [enflure] Beule *die* - **2.** [de bossu, sur route] Buckel *der* - **3.** [de crâne, de chameau] Höcker *der.*

bosser [3] [bɔse] *vi fam* schuften.

bossu, e [bɔsy] ◇ *adj* buckelig ◇ *nm, f* Buckelige *der, die.*

botanique [bɔtanik] ◇ *adj* botanisch ◇ *nf* Botanik *die.*

botte [bɔt] *nf* - **1.** [chaussure] Stiefel *der* ; **~ de caoutchouc** Gummistiefel - **2.** [de légumes] Bund *der* - **3.** [d'escrime] Stoß *der.*

botter [3] [bɔte] *vt* - **1.** [chausser] : **être botté** Stiefel anlhaben - **2.** *fam* [frapper] : **~ les fesses de qqn** jm einen Fußtritt geben.

bottier [bɔtje] *nm* Schuhmacher *der.*

Bottin® [bɔtɛ̃] *nm* Telefonbuch *das.*

bottine [bɔtin] *nf* Stiefelette *die.*

bouc [buk] *nm* - **1.** [animal] Ziegenbock *der* ; **~ émissaire** Sündenbock *der* - **2.** [barbe] Spitzbart *der.*

boucan [bukɑ̃] *nm fam* Radau *der.*

bouche [buʃ] *nf* Mund *der* ; **~ d'incendie** Hydrant *der* ; **~ de métro** U-Bahn-Eingang *der.*

bouché, e [buʃe] *adj* - **1.** [obstrué] verstopft - **2.** [en bouteille] : **vin ~** Flaschenwein *der.*

bouche-à-bouche [buʃabuʃ] *nm inv* : **faire du ~ à qqn** jn Mund-zu-Mund beatmen.

bouchée [buʃe] *nf* Bissen *der.*

boucher¹ [3] [buʃe] *vt* - **1.** [bouteille] verkorken ; [récipient] verschließen - **2.** [trou] zulstopfen - **3.** [passage, vue] versperren.

boucher², ère [buʃe, ɛr] *nm, f* Metzger *der*, -in *die*, Schlachter *der*, -in *die.*

boucherie [buʃri] *nf* - **1.** [magasin] Fleischerei *die*, Metzgerei *die* - **2.** [commerce] Fleischerhandwerk *das* - **3.** [carnage] Schlächterei *die.*

bouche-trou (*pl* **bouche- trous**) *nm* [personne] Lückenbüßer *der.*

bouchon [buʃɔ̃] *nm* - **1.** [fermeture] Stöpsel *der* ; [en liège] Korken *der* - **2.** [embouteillage] Stau *der* - **3.** [de canne à pêche] Schwimmer *der.*

boucle [bukl] *nf* - **1.** [de ceinture, de soulier] Schnalle *die* - **2.** [de cheveux] Locke *die.* ◆ **boucle d'oreille** *nf* Ohrring *der.*

bouclé, e [bukle] *adj* - **1.** [cheveux] gelockt - **2.** [personne] : **être ~** gelocktes Haar haben.

boucler [3] [bukle] *vt* - **1.** [attacher] zulschnallen - **2.** *fam* [enfermer] einlsperren - **3.** [encercler] ablriegeln - **4.** [cheveux] locken - **5.** [travail] beenden.

bouclier [buklije] *nm* Schild *der* ; *fig* Schutz *der.*

bouddhiste [budist] ◇ *nmf* Buddhist *der*, -in *die* ◇ *adj* buddhistisch.

bouder [3] [bude] ◇ *vi* schmollen ◇ *vt* - **1.** [personne] : **~ qqn** mit jm schmollen - **2.** [chose] meiden.

boudeur, euse [budœr, øz] ◇ *adj* schmollend ◇ *nm, f* schmollender Mensch.

boudin [budɛ̃] *nm* CULIN : **~ (noir)** Blutwurst *die.*

boudoir [budwar] *nm* - **1.** [biscuit] Löffelbiskuit *der* - **2.** [salon] Boudoir *das.*

boue [bu] *nf* Schlamm *der.*

bouée [bwe] *nf* - **1.** [pour nager] Schwimmreifen *der* ; **~ de sauvetage** Rettungsring *der* - **2.** [balise] Boje *die.*

boueux, euse [buø, øz] *adj* schlammig.

bouffe [buf] *nf fam* Essen *das.*

bouffée [bufe] *nf* - **1.** [d'air, de parfum] Schwall *der* - **2.** [de pipe, de cigarette] Zug *der* - **3.** [accès] : **~ de colère** Wutanfall *der.*

bouffer [3] [bufe] ◇ *vi* sich bauschen ◇ *vt fam* essen.

bouffi, e [bufi] *adj* verquollen.

bouffon, onne [bufɔ̃, ɔn] *adj* ulkig. ◆ **bouffon** *nm* - **1.** HIST Hofnarr *der* - **2.** [pitre] Spaßmacher *der.*

bouge [buʒ] *nm* - **1.** [taudis] Saustall *der* - **2.** [café] Spelunke *die.*

bougeoir [buʒwar] *nm* Kerzenleuchter *der.*

bougeotte [buʒɔt] *nf* : **avoir la ~** *fam* [envie de bouger] kein Sitzfleisch haben ; [envie de voyager] reiselustig sein.

bouger [17] [buʒe] ◇ *vt* - **1.** [remuer] bewegen - **2.** [déplacer] umlstellen ◇ *vi* - **1.** [remuer] sich bewegen - **2.** [sortir] : **ne pas ~ de chez soi** zu Hause bleiben.

bougie [buʒi] *nf* - **1.** [chandelle] Kerze *die* - **2.** [de moteur] Zündkerze *die*.
bougon, onne [bugɔ̃, ɔn] <> *adj* mürrisch <> *nm, f* Griesgram *der*.
bougonner [3] [bugɔne] *vt* murren.
bouillant, e [bujɑ̃, ɑ̃t] *adj* [qui bout] kochend.
bouillir [48] [bujir] *vi* kochen ; **faire ~** [lait, eau] kochen ; [légumes] in Wasser kochen ; [stériliser] aus|kochen ; **~ d'impatience** *fig* vor Ungeduld vergehen.
bouilloire [bujwar] *nf* Wasserkessel *der*.
bouillon [bujɔ̃] *nm* - **1.** [soupe] Brühe *die* - **2.** [bouillonnement] : **bouillir à gros ~s** brodelnd kochen.
bouillonner [3] [bujɔne] *vi* - **1.** [liquide, idées] brodeln - **2.** [torrent] sprudeln.
bouillotte [bujɔt] *nf* Wärmflasche *die*.
boulanger, ère [bulɑ̃ʒe, ɛr] *nm, f* Bäcker *der*, -in *die*.
boulangerie [bulɑ̃ʒri] *nf* - **1.** [magasin] Bäckerei *die* - **2.** [commerce] Bäckerhandwerk *das*.
boule [bul] *nf* - **1.** [objet] Kugel *die* ; **~ de neige** Schneeball *der* - **2.** *loc* : **faire ~ de neige** sich schnell vergrößern.
bouleau [bulo] *nm* Birke *die*.
bouledogue [buldɔg] *nm* Bulldogge *die*.
boulet [bulɛ] *nm* - **1.** [de canon] Kanonenkugel *die* - **2.** [de forçat] Eisenkugel *die* - **3.** *fig* [fardeau] Klotz *der*.
boulette [bulɛt] *nf* [de pain, de papier] Kügelchen *das* ; [de viande] Klößchen *das*.
boulevard [bulvar] *nm* Boulevard *der*. ◆ **Boulevard** *nm* : **les Grands Boulevards** *die Boulevards, die in Paris von der Place de la République bis zur Madeleine führen.*
bouleversant, e [bulvɛrsɑ̃, ɑ̃t] *adj* erschütternd.
bouleversé, e [bulvɛrse] *adj* - **1.** [personne] erschüttert - **2.** [lieu] durcheinander gewühlt.
bouleversement [bulvɛrsəmɑ̃] *nm* Umwälzung *die*.
bouleverser [3] [bulvɛrse] *vt* - **1.** [mettre en désordre] durcheinander bringen - **2.** [transformer] tief greifend verändern - **3.** [émouvoir] erschüttern.
boulier [bulje] *nm* Rechenbrett *das*.
boulimie [bulimi] *nf* Bulimie *die*.
boulon [bulɔ̃] *nm* Bolzen *der*.
boulonner [3] [bulɔne] *vt* an|schrauben.
boulot¹, otte [bulo, ɔt] *adj* drall.
boulot² [bulo] *nm fam* - **1.** [travail] Arbeit *die* - **2.** [emploi] Job *der*.
bouquet [bukɛ] *nm* - **1.** [de fleurs] Strauß *der* - **2.** [du vin] Bukett *das* - **3.** [crevette] rosa Garnele *die* - **4.** : **~ de programmes** Programmpaket *das*.
bouquin [bukɛ̃] *nm fam* Buch *das*.
bouquiner [3] [bukine] *vi & vt fam* lesen.
bouquiniste [bukinist] *nmf* Bukinist *der*, -in *die*.
bourbier [burbje] *nm* - **1.** [lieu] Morast *der* - **2.** *fig* [situation] Klemme *die*.
bourde [burd] *nf fam* Schnitzer *der*.
bourdon [burdɔ̃] *nm* - **1.** [insecte] Hummel *die* - **2.** [cloche] große Glocke.
bourdonnement [burdɔnmɑ̃] *nm* - **1.** [de moteur, d'insecte] Brummen *das* - **2.** [de voix] Gemurmel *das* - **3.** [d'oreilles] Sausen *das*.
bourdonner [3] [burdɔne] *vi* - **1.** [insecte, voix, machine] brummen - **2.** [oreille] sausen.
bourg [bur] *nm* Städtchen *das*.
bourgade [burgad] *nf* kleiner Marktflecken.
bourgeois, e [burʒwa, az] <> *adj* - **1.** [goûts] bürgerlich - **2.** [cuisine] gutbürgerlich - **3.** *péj* [personne] spießbürgerlich <> *nm, f* - **1.** [classe sociale] Bürger *der* - **2.** *péj* [personne] Spießbürger *der*.
bourgeoisie [burʒwazi] *nf* Bürgertum *das*.
bourgeon [burʒɔ̃] *nm* Knospe *die*.
bourlinguer [3] [burlɛ̃ge] *vi* herum|reisen.
bourrade [burad] *nf* Rippenstoß *der*.
bourrage [buraʒ] *nm* Füllung *die*.
bourrasque [burask] *nf* Böe *die*.
bourratif, ive [buratif, iv] *adj* sättigend.
bourreau [buro] *nm* [exécuteur] Henker *der*. ◆ **bourreau de travail** *nm* Arbeitstier *das*.
bourrelet [burlɛ] *nm* - **1.** [de porte] Dichtungsband *das* - **2.** [de graisse] Fettwulst *der*.
bourrer [3] [bure] <> *vt* - **1.** [coussin] füllen - **2.** [valise, pipe] stopfen - **3.** *fam* [gaver] : **~ qqn de qqch** jn mit einer Sache voll stopfen <> *vi* stopfen.
bourrique [burik] *nf* Eselin *die*.
bourru, e [bury] *adj* barsch.
bourse [burs] *nf* - **1.** [porte-monnaie] Geldbörse *die* - **2.** [d'études] Stipendium *das*. ◆ **Bourse** *nf* Börse *die*. ◆ **bourses** *nfpl* Hodensack *der*.
boursier, ère [bursje, ɛr] *nm, f* FIN Börsianer *der*.
boursouflé, e [bursufle] *adj* [enflé] aufgedunsen.
bousculade [buskylad] *nf* - **1.** [cohue] Gedränge *das* - **2.** [précipitation] Hast *die*.
bousculer [3] [buskyle] *vt* - **1.** [pousser] an|rempeln - **2.** [presser] hetzen - **3.** [modifier] erschüttern.

bouse [buz] *nf :* ~ **(de vache)** (Kuh)fladen *der.*
bousiller [3] [buzije] *vt fam* lädieren.
boussole [busɔl] *nf* Kompass *der.*
bout [bu] *nm* - **1.** [extrémité] Ende *das ;* **d'un ~ à l'autre** von einem Ende zum anderen ; **cigarette ~ filtre** Filterzigarette *die* - **2.** *fam* [morceau] Stück *das* - **3.** *loc :* **au ~ du compte** letzlich ; **pousser à ~** fertig machen ; **venir à ~ de qqn/qqch** mit jm/etw fertig werden. ◆ **au bout de** *loc prép* nach.
boutade [butad] *nf* scherzhafte Bemerkung.
boute-en-train [butɑ̃trɛ̃] *nm inv* Stimmungskanone *die.*
bouteille [butɛj] *nf* Flasche *die.*
boutique [butik] *nf* Geschäft *das.*
bouton [butɔ̃] *nm* - **1.** [d'habit, de porte, d'appareil] Knopf *der ;* ~ **de manchette** Manschettenknopf - **2.** [interrupteur] Schalter *der* - **3.** [bourgeon] Knospe *die* - **4.** [sur la peau] Pickel *der ;* [d'insecte] Stich *der.*
bouton-d'or (*pl* **boutons-d'or**) *nm* Butterblume *die.*
boutonner [3] [butɔne] *vt* zu|knöpfen.
boutonneux, euse [butɔnø, øz] *adj* pickelig.
boutonnière [butɔnjɛr] *nf* Knopfloch *das.*
bouton-pression (*pl* **boutons-pression**) *nm* Druckknopf *der.*
bouture [butyr] *nf* Ableger *der.*
bovin, e [bɔvɛ̃, in] *adj* Rinder-. ◆ **bovin** *nm* Rind *das.*
bowling [buliŋ] *nm* - **1.** [jeu] Bowling *das* - **2.** [lieu] Bowlingbahn *die.*
box [bɔks] (*pl* **boxes** OU *inv*) *nm* - **1.** [garage, d'écurie] Box *die* - **2.** [compartiment] abgeteilter Raum. ◆ **box des accusés** *nm* Anklagebank *die.*
boxe [bɔks] *nf* Boxen *das.*
boxer[1] [3] [bɔkse] *vi & vt* boxen.
boxer[2] [bɔksɛr] *nm* [chien] Boxer *der.*
boxeur [bɔksœr] *nm* SPORT Boxer *der.*
boyau, x [bwajo] *nm* - **1.** [d'animal] Darm *der* - **2.** [de pneu] Schlauch *der* - **3.** [corde] Darmsaite *die* - **4.** [galerie] enger Gang.
boycotter [3] [bɔjkɔte] *vt* boykottieren.
BP (*abr de* **boîte postale**) Postf., PF.
bracelet [braslɛ] *nm* Armband *das.*
bracelet-montre *nm* Armbanduhr *die.*
braconner [3] [brakɔne] *vi* wildern.
braconnier [brakɔnje] *nm* Wilderer *der.*
brader [3] [brade] *vt* - **1.** [solder] verramschen - **2.** [liquider] verscheuern.
braderie [bradri] *nf* Ramschverkauf *der.*
braguette [bragɛt] *nf* Hosenschlitz *der.*
braille [braj] *nm* Blindenschrift *die.*
braillement [brajmɑ̃] *nm* Geschrei *das (sans pl)*, Brüllen *das (sans pl).*
brailler [3] [braje] ◇ *vi* brüllen ◇ *vt* grölen.
braire [112] [brɛr] *vi* iahen.
braise [brɛz] *nf* Glut *die.*
braiser [4] [breze] *vt* schmoren.
bramer [3] [brame] *vi* röhren.
brancard [brɑ̃kar] *nm* [civière] Bahre *die.*
brancardier, ère [brɑ̃kardje, ɛr] *nm, f* Krankenträger *der*, -in *die.*
branchage [brɑ̃ʃaʒ] *nm* Astwerk *das.* ◆ **branchages** *nmpl* Zweige *Pl.*
branche [brɑ̃ʃ] *nf* - **1.** [d'arbre] Ast *der* - **2.** [de lunettes] Bügel *der* - **3.** [de compas] Schenkel *der* - **4.** [secteur, discipline] Branche *die.*
branché, e [brɑ̃ʃe] *adj* - **1.** ÉLECTR angeschlossen - **2.** *fam* [à la mode] in.
branchement [brɑ̃ʃmɑ̃] *nm* Anschluss *der.*
brancher [3] [brɑ̃ʃe] *vt* - **1.** [raccorder] an|schließen ; **~ qqch à** OU **sur qqch** ÉLECTR etw an etw *(A)* an|schließen ; *fig* [conversation] etw auf etw *(A)* lenken - **2.** *fam* [aborder] an|sprechen - **3.** *fam* [plaire] : **ça te branche de venir?** hast du Bock zu kommen?
branchies [brɑ̃ʃi] *nfpl* Kiemen *Pl.*
Brandebourg [brɑ̃dbur] *nm :* **le ~** Brandenburg *nt.*
brandir [32] [brɑ̃dir] *vt* - **1.** [arme] schwingen - **2.** [pancarte, drapeau] schwenken.
branlant, e [brɑ̃lɑ̃, ɑ̃t] *adj* wackelig.
branle-bas [brɑ̃lba] *nm inv* Aufregung *die.*
braquage [brakaʒ] *nm* - **1.** AUTOM Einschlagen *das* - **2.** *fam* [attaque] Überfall *der.*
braquer [3] [brake] ◇ *vt* - **1.** [diriger] : **~ qqch sur qqn/qqch** etw auf jn/etw richten - **2.** [contrarier] auf|bringen - **3.** *fam* [attaquer] überfallen ◇ *vi* - **1.** [voiture] : **bien/mal ~** einen guten/schlechten Einschlag haben - **2.** [chauffeur] ein|schlagen. ◆ **se braquer** *vp* sich sträuben.
bras [bra] *nm* Arm *der ;* **~ de fer** Armdrücken *das ; fig* Machtprobe *die ;* **~ de mer** Meeresarm ; **~ droit** *fig* rechte Hand ; **à ~ ouverts** *fig* mit offenen Armen ; **avoir le ~ long** *fig* einen langen Arm haben.
brasier [brazje] *nm* Feuer *das.*
bras-le-corps ◆ **à bras-le-corps** *loc adv :* **saisir qqn à ~** jn (fest) umschlingen.
brassage [brasaʒ] *nm* - **1.** [de bière] Brauen *das* - **2.** *fig* [mélange] Mischung *die.*
brassard [brasar] *nm* Armbinde *die.*
brasse [bras] *nf* [nage] : **~ (coulée)** Brustschwimmen *das ;* **~ papillon** Schmetterlingsschwimmen *das.*

brassée [brase] *nf* : **une ~ de fleurs** ein Arm voll Blumen.

brasser [3] [brase] *vt* - **1.** [bière] brauen - **2.** [salade] mischen - **3.** *loc* : **~ des affaires** Geschäfte machen ; **~ de l'argent** mit großen Geldsummen um|gehen.

brasserie [brasri] *nf* - **1.** [café-restaurant] Gaststätte *die* - **2.** [usine] Brauerei *die*.

brasseur, euse [brasœr, øz] *nm, f* - **1.** [de bière] Brauer *der* - **2.** [nageur] Brustschwimmer *der*, -in *die*.

brassière [brasjɛr] *nf* [de bébé] Hemdchen *das*.

bravade [bravad] *nf* Trotzhandlung *die*.

brave [brav] *adj* - **1.** *(après le nom)* [courageux] mutig - **2.** *(avant le nom)* [honnête] anständig - **3.** *péj* [gentil] brav, einfach.

brave

Man kann leicht das französische Adjektiv **brave** mit dem deutschen „brav" verwechseln. Das französische Adjektiv **brave** bedeutet generell „mutig" oder vor einem Substantiv „anständig", kann aber auch mit „einfach" im Sinne von „harmlos" übersetzt werden.
C'est une brave fille de la campagne heißt auf Deutsch „Sie ist ein einfaches Mädchen vom Land."
„Brav" dagegen wird mit **sage** wiedergegeben. So wird „Wenn du brav bist, bekommst du ein Bonbon" mit **Si tu es sage, tu auras un bonbon** übersetzt.

braver [3] [brave] *vt* - **1.** [personne] : **~ qqn** jm die Stirn bieten - **2.** [mort, misère] : **~ qqch** einer Sache *(D)* trotzen - **3.** [règlement] : **~ qqch** sich über eine Sache hinweg|setzen.

bravo [bravo] *interj* : **bravo!** bravo!

bravoure [bravur] *nf* Tapferkeit *die*.

break [brɛk] *nm* [voiture] Kombi *der*.

brebis [brəbi] *nf* (weibliches) Schaf ; **~ galeuse** *fig* schwarzes Schaf.

brèche [brɛʃ] *nf* - **1.** [de mur] Lücke *die* - **2.** MIL Bresche *die* - **3.** *loc* : **être sur la ~** im Einsatz sein.

bredouille [brəduj] *adj* : **être** ou **rentrer ~** mit leeren Händen zurück|kehren ; *fig* unverrichteter Dinge zurück|kehren.

bredouiller [3] [brəduje] *vi & vt* stammeln.

bref, brève [brɛf, brɛv] *adj* - **1.** [gén] kurz - **2.** [sec] barsch. ◆ **bref** *adv* kurzum ; **en ~** mit knappen Worten.

brème [brɛm] *nf* Brasse *die*.

Brême [brɛm] *n* Bremen *nt*.

Brésil [brezil] *nm* : **le ~** Brasilien *nt*.

brésilien, enne [breziljɛ̃, ɛn] *adj* brasilianisch. ◆ **Brésilien, enne** *nm, f* Brasilianer *der*, -in *die*.

Bretagne [brətaɲ] *nf* : **la ~** die Bretagne.

bretelle [brətɛl] *nf* - **1.** [d'autoroute] Zubringer *der* - **2.** [de vêtement] Träger *der*. ◆ **bretelles** *nfpl* : **(une paire de) ~s** Hosenträger *Pl*.

breton, onne [brətɔ̃, ɔn] *adj* bretonisch. ◆ **breton** *nm* [langue] Bretonisch(e) *(das)*. ◆ **Breton, onne** *nm, f* Bretone *der*, -nin *die*.

breuvage [brœvaʒ] *nm* Gebräu *das*.

brevet [brəvɛ] *nm* - **1.** [diplôme] Zeugnis *das* ; **~ de pilote** Pilotenschein *der* - **2.** [d'invention] Patent *das*.

breveter [27] [brəvte] *vt* patentieren.

bréviaire [brevjɛr] *nm* Brevier *das*.

bribes [brib] *nfpl* Brocken *der*.

bric-à-brac [brikabrak] *nm inv* Sammelsurium *das*.

bricolage [brikɔlaʒ] *nm* - **1.** [travaux] Basteln *das*, Heimwerkerarbeit *die* - **2.** *péj* [réparation provisoire] Pfuscherei *die*.

bricole [brikɔl] *nf* - **1.** [objet] Kleinigkeit *die* - **2.** [fait insignifiant] Nebensächlichkeit *die*.

bricoler [3] [brikɔle] ◇ *vi* basteln ◇ *vt* zurecht|basteln.

bricoleur, euse [brikɔlœr, øz] *nm, f* Bastler *der*, -in *die*, Heimwerker *der*, -in *die*.

bride [brid] *nf* - **1.** [de cheval] Zaumzeug *das* - **2.** [de chapeau] Band *das*.

brider [3] [bride] *vt* [cheval] zäumen.

bridge [bridʒ] *nm* - **1.** [jeu] Bridge *das* - **2.** [dentaire] Brücke *die*.

brièvement [brijɛvmɑ̃] *adv* kurz.

brièveté [brijɛvte] *nf* kurze Dauer.

brigade [brigad] *nf* - **1.** [de gendarmerie] Abteilung *die* ; **~ des stups** Rauschgiftdezernat *das* - **2.** MIL Brigade *die* - **3.** [d'ouvriers] Trupp *der*.

brigand [brigɑ̃] *nm* - **1.** [bandit] Straßenräuber *der* - **2.** [homme malhonnête] Halsabschneider *der*.

brigandage [brigɑ̃daʒ] *nm* - **1.** [vol] Raubüberfall *der* - **2.** [action malhonnête] Halsabschneiderei *die*.

briguer [3] [brige] *vt sout* an|streben.

brillamment [brijamɑ̃] *adv* glänzend.

brillant, e [brijɑ̃, ɑ̃t] *adj* glänzend. ◆ **brillant** *nm* - **1.** [diamant] Brillant *der* - **2.** [éclat] Glanz *der*.

briller [3] [brije] *vi* - **1.** *litt & fig* [être brillant] glänzen - **2.** [soleil] scheinen.

brimade [brimad] *nf* Schikane *die*.

brimer [3] [brime] *vt* schikanieren.

brin [brɛ̃] *nm* - **1.** [tige] Halm *der* ; **~ d'herbe** Grashalm - **2.** [fil] Fädchen *das* - **3.** [petite quantité] : **un ~ d'imagination** ein bisschen Fantasie.

brindille [brɛ̃dij] *nf* Zweiglein *das.*

bringue [brɛ̃g] *nf fam* - **1.** *péj* : **une grande ~** eine Hopfenstange *iron* - **2.** [noce] : **faire la ~** einen drauflmachen.

bringuebaler, brinquebaler [3] [brɛ̃gbale] *vi* scheppern.

brio [brijo] *nm* Brillanz *die* ; **avec ~** brillant *(adv).*

brioche [brijɔʃ] *nf* - **1.** [pâtisserie] Brioche *die* - **2.** *fam* [gros ventre] Wampe *die.*

brique [brik] <> *nf* - **1.** [pierre] Backstein *der* - **2.** [emballage] Karton *der* - **3.** *fam* [un million de centimes] 10 000 Franc <> *adj inv* ziegelrot.

briquer [3] [brike] *vt fam* wienern.

briquet [brikɛ] *nm* Feuerzeug *das.*

brise [briz] *nf* Brise *die.*

brise-glace, brise-glaces *nm inv* Eisbrecher *der.*

brise-lames *nm inv* Wellenbrecher *der.*

briser [3] [brize] *vt* - **1.** [objet] zerschlagen - **2.** [carrière] ruinieren - **3.** [résistance, grève] brechen - **4.** [espérances] zunichte machen. ◆ **se briser** *vp* - **1.** [objet] zerbrechen - **2.** [espérances] vernichtet werden - **3.** [vagues] sich brechen.

briseur [brizœr] ◆ **briseur de grève** *nm* Streikbrecher *der.*

bristol [bristɔl] *nm* - **1.** [papier] Bristolkarton *der* - **2.** [carte de visite] Visitenkarte *die.*

britannique [britanik] *adj* britisch. ◆ **Britannique** *nmf* Brite *der*, -tin *die.*

broc [bro] *nm* Krug *der.*

brocante [brɔkɑ̃t] *nf* Trödelladen *der.*

brocanteur, euse [brɔkɑ̃tœr, øz] *nm, f* Trödler *der*, -in *die.*

broche [brɔʃ] *nf* - **1.** [bijou] Brosche *die* - **2.** CULIN Spieß *der* ; **cuire à la ~** am Spieß braten - **3.** [en chirurgie] Klammer *die* - **4.** ÉLECTR Stift *der.*

broché, e [brɔʃe] *adj* - **1.** [tissu] Broché- - **2.** [livre] broschiert.

brochet [brɔʃɛ] *nm* Hecht *der.*

brochette [brɔʃɛt] *nf* - **1.** [ustensile] Bratspieß *der* - **2.** [plat] Schaschlik *das.*

brochure [brɔʃyr] *nf* - **1.** [imprimé] Prospekt *der* - **2.** [de livre] Broschur *die.*

broder [3] [brɔde] *vt* [tissu] sticken.

broderie [brɔdri] *nf* Stickerei *die.*

bromure [brɔmyr] *nm* Bromid *das.*

bronche [brɔ̃ʃ] *nf* Bronchie *die.*

broncher [3] [brɔ̃ʃe] *vi* sich rühren ; **sans ~** ohne aufzumucken.

bronchite [brɔ̃ʃit] *nf* Bronchitis *die.*

bronzage [brɔ̃zaʒ] *nm* - **1.** [fait de brunir] Bräunen *das* - **2.** [hâle] Bräune *die.*

bronze [brɔ̃z] *nm* Bronze *die.*

bronzé, e [brɔ̃ze] *adj* braun.

bronzer [3] [brɔ̃ze] *vi* braun werden.

brosse [brɔs] *nf* [ustensile] Bürste *die* ; **~ à cheveux** Haarbürste ; **~ à dents** Zahnbürste.

brosser [3] [brɔse] *vt* [nettoyer] (ab)lbürsten. ◆ **se brosser** *vp* sich ablbürsten ; **se ~ les cheveux** sich die Haare bürsten ; **se ~ les dents** sich die Zähne putzen.

brouette [bruɛt] *nf* Schubkarre *die.*

brouhaha [bruaa] *nm* Getöse *das.*

brouillard [brujar] *nm* Nebel *der.*

brouille [bruj] *nf* Zwist *der.*

brouiller [3] [bruje] *vt* - **1.** [désunir] entzweien ; **être brouillé avec qqn** mit jm zerstritten sein - **2.** [parasiter] stören - **3.** [rendre confus] : **~ les pistes** die Spuren verwischen. ◆ **se brouiller** *vp* - **1.** [se fâcher] : **se ~ (avec qqn)** sich (mit jm) zerstreiten - **2.** [vue] trüb werden ; **ma vue se brouille** ich sehe alles ganz verschwommen - **3.** [idées] sich verwirren - **4.** [temps] sich einltrüben.

brouillon, onne [brujɔ̃, ɔn] *adj* - **1.** [élève] zerfahren - **2.** [travail] unordentlich, unübersichtlich. ◆ **brouillon** *nm* Entwurf *der.*

broussaille [brusaj] *nf* : **les ~s** das Gestrüpp *(sans pl).*

brousse [brus] *nf* GÉOGR Busch *der.*

brouter [3] [brute] <> *vt* (ab)lgrasen <> *vi* [animal] weiden.

broutille [brutij] *nf* Lappalie *die.*

broyer [13] [brwaje] *vt* zerstoßen.

bru [bry] *nf* Schwiegertochter *die.*

Bruges [bryʒ] *n* Brügge *nt.*

brugnon [bryɲɔ̃] *nm* Nektarine *die.*

bruine [brɥin] *nf* Nieselregen *der*, Sprühregen *der.*

bruiner [brɥine] *v impers* : **il bruine** es nieselt.

bruissement [brɥismɑ̃] *nm sout* Rascheln *das.*

bruit [brɥi] *nm* - **1.** [son] Geräusch *das* - **2.** [vacarme] Lärm *der* ; **faire du ~** Lärm machen ; *fig* von sich reden machen ; **sans ~** geräuschlos *(adv)* - **3.** [rumeur] Gerücht *das.*

bruitage [brɥitaʒ] *nm* Geräuschkulisse *die.*

brûlant, e [brylɑ̃, ɑ̃t] *adj* - **1.** [chaud] brennend heiß - **2.** [fiévreux, passionné] heiß - **3.** [question] brennend.

brûle-pourpoint [brylpurpwɛ̃] ◆ **à brûle-pourpoint** *loc adv* aus heiterem Himmel, mir nichts dir nichts.

brûler [3] [bryle] <> *vt* - **1.** [bois, papier, main, peau] verbrennen - **2.** [café] brennen

- **3.** [électricité, charbon] verbrauchen - **4.** [feu rouge] überfahren ◇ *vi* - **1.** [gén] brennen ; **~ de faire qqch** darauf brennen, etw zu tun ; **~ de fièvre** vor Fieber glühen - **2.** [gâteau] : **(faire) ~** anbrennen (lassen) - **3.** [être brûlant] brennend heiß sein. ◆ **se brûler** *vp* sich verbrennen.

brûlure [brylyr] *nf* - **1.** [lésion] Verbrennung *die* ; **~ au premier/troisième degré** Verbrennung ersten/dritten Grades - **2.** [sensation] Brennen *das* ; **avoir des ~s d'estomac** Sodbrennen haben - **3.** [marque] Brandfleck *der*.

brume [brym] *nf* Dunst *der*, Nebel *der*.

brumeux, euse [brymø, øz] *adj* - **1.** [nuageux] dunstig - **2.** *fig* [obscur] verworren.

brun, e [brœ̃, bryn] ◇ *adj* [couleur] braun ◇ *nm, f* braunhaarige Person ; [femme] Brünette *die*. ◆ **brun** *nm* [couleur] Braun *das*. ◆ **brune** *nf* - **1.** [cigarette] *Zigarette aus schwarzem Tabak* - **2.** [bière] dunkles Bier.

brunir [32] [brynir] ◇ *vt* bräunen ◇ *vi* braun werden.

brushing [brœʃiŋ] *nm* : **faire un ~ à qqn** jm eine Föhnfrisur machen.

brusque [brysk] *adj* - **1.** [brutal] schroff - **2.** [soudain] plötzlich.

brusquement [bryskəmɑ̃] *adv* - **1.** [soudainement] plötzlich - **2.** [avec brusquerie] brüsk.

brusquer [3] [bryske] *vt* - **1.** [événement] überstürzen - **2.** [personne] brüskieren.

brusquerie [bryskəri] *nf* Barschheit *die* ; **avec ~** brüsk *(adv)*.

brut, e [bryt] *adj* - **1.** [naturel] Roh-, roh ; **à l'état ~** im Rohzustand ; **des faits ~s** nackte Tatsachen - **2.** [champagne] trocken - **3.** ÉCON Brutto-, brutto. ◆ **brute** *nf* Wüstling *der*.

brutal, e, aux [brytal, o] *adj* - **1.** [violent] brutal ; **être ~ avec qqn** brutal zu jm sein - **2.** [soudain] plötzlich.

brutaliser [3] [brytalize] *vt* brutal behandeln.

brutalité [brytalite] *nf* - **1.** [violence] Brutalität *die* - **2.** [soudaineté] Plötzlichkeit *die*.

Bruxelles [bry(k)sɛl] *n* Brüssel *nt*.

bruyamment [brɥijamɑ̃] *adv* - **1.** [parler, rire] laut - **2.** [protester] lauthals.

bruyant, e [brɥijɑ̃, ɑ̃t] *adj* - **1.** [qui fait du bruit] lärmend - **2.** [où il y a du bruit] laut.

bruyère [bryjɛr] *nf* Heide *die*.

BTS (*abr de* **brevet de technicien supérieur**) *nm* ≃ Fachhochschulabschluss *der*.

bu, e [by] *pp* ▷ **boire.**

buanderie [byɑ̃dri] *nf* [pièce] Waschküche *die*.

Bucarest [bykarɛst] *n* Bukarest *nt*.

buccal, e, aux [bykal, o] *adj* Mund-.

bûche [byʃ] *nf* Holzscheit *das*. ◆ **bûche de Noël** *nf Buttercreme-Biskuitrolle, die zur Weihnachtszeit gegessen wird.*

bûcher[1] [byʃe] *nm* Scheiterhaufen *der*.

bûcher[2] [3] [byʃe] *vi & vt* pauken.

bûcheron, onne [byʃrɔ̃, ɔn] *nm, f* Holzfäller *der*, -in *die*.

bûcheur, euse [byʃœr, øz] ◇ *adj* lerneifrig ◇ *nm, f* Büffler *der*, -in *die*.

bucolique [bykɔlik] *adj* bukolisch.

Budapest [bydapɛst] *n* Budapest *nt*.

budget [bydʒɛ] *nm* - **1.** [d'État] Etat *der*, Haushalt *der* - **2.** [individuel] Budget *das*.

budgétaire [bydʒetɛr] *adj* Etat- ; **année ~** Haushaltsjahr *das*.

buée [bɥe] *nf* Niederschlag *der* ; **fenêtre couverte de ~** beschlagenes Fenster.

buffet [byfɛ] *nm* - **1.** [meuble] Anrichte *die* - **2.** [réception] Büffet *das*. ◆ **buffet de la gare** *nm* Bahnhofsgaststätte *die*.

buffle [byfl] *nm* Büffel *der*.

bug [bʌg] *nm* = **bogue.**

buis [bɥi] *nm* - **1.** [arbre] Buchsbaum *der* - **2.** [bois] Buchsbaumholz *das*.

buisson [bɥisɔ̃] *nm* Strauch *der*.

buissonnière [bɥisɔnjɛr] ▷ **école.**

bulbe [bylb] *nm* Zwiebel *die*.

bulgare [bylgar] ◇ *adj* bulgarisch ◇ *nm* [langue] Bulgarisch(e) *(das)*. ◆ **Bulgare** *nmf* Bulgare *der*, -rin *die*.

Bulgarie [bylgari] *nf* : **la ~** Bulgarien *nt*.

bulldozer [byldozɛr] *nm* Bulldozer *der*, Planierraupe *die*.

bulle [byl] *nf* - **1.** [d'air] Blase *die* ; **~ de savon** Seifenblase - **2.** [de bande dessinée] Sprechblase *die* - **3.** RELIG Bulle *die* - **4.** MÉD Plastikzelt *das*.

bulletin [byltɛ̃] *nm* - **1.** [communiqué] Bulletin *das* ; **~ (de la) météo** Wetterbericht *der* - **2.** [d'inscription, de participation] Formular *das* ; **~ de vote** Stimmzettel *der* - **3.** [scolaire] Zeugnis *das* - **4.** [certificat] Schein *der* ; **~ de salaire** OU **de paie** Gehaltsabrechnung *die*.

bulletin scolaire

In Frankreich ist das Schuljahr in drei Trimester eingeteilt. Nach jedem Trimester, also kurz vor Weihnachten, Ostern und im Juni, bekommen die Schüler ein Zeugnis, **bulletin scolaire**, auf dem die Durchschnittsnoten jedes Faches und Anmerkungen der einzelnen Lehrer zum Leistungsniveau und Betragen stehen. Das Zeugnis, das im Juni ausgehändigt wird, entscheidet darüber, ob der Schüler versetzt wird.

bulletin-réponse (*pl* **bulletins-réponse**) *nm* Antwortschein *der.*

buraliste [byralist] *nmf* - **1.** [de bureau de tabac] *Betreiber eines Tabakwarenladens* - **2.** [de poste] Kassierer *der*, -in *die.*

bure [byr] *nf schwerer Wollstoff.*

bureau [byro] *nm* - **1.** [meuble] Schreibtisch *der* - **2.** [pièce] Arbeitszimmer *das* - **3.** [lieu de travail] Büro *das* - **4.** [service] Amt *das* ; ~ **de poste** Postamt ; ~ **de tabac** Tabakwarenladen *der* ; ~ **de vote** Wahllokal *das.*

bureaucrate [byrokrat] *nmf péj* Bürokrat *der*, -in *die.*

bureaucratie [byrokrasi] *nf péj* - **1.** ADMIN Bürokratie *die* - **2.** [fonctionnaires] : **la** ~ die Beamtenschaft.

bureaucratique [byrokratik] *adj Péj* bürokratisch.

bureautique [byrotik] *nf* (elektronische) Bürokommunikation.

burette [byrɛt] *nf* - **1.** [petit flacon] Bürette *die* - **2.** [de mécanicien] Ölkännchen *das.*

burin [byrɛ̃] *nm* - **1.** [pour couper] Stichel *der* - **2.** [pour graver] Graviernadel *die.*

buriné, e [byrine] *adj* - **1.** [objet] gestochen - **2.** *fig* [visage] zerfurcht.

burlesque [byrlɛsk] *adj* burlesk.

bus [bys] *nm* Bus *der.*

buse [byz] *nf* [oiseau] Bussard *der.*

buste [byst] *nm* - **1.** [torse] Oberkörper *der* - **2.** [poitrine de femme, sculpture] Büste *die.*

bustier [bystje] *nm* - **1.** [sous-vêtement] Bustier *das* - **2.** [caraco] Top *das.*

but [byt] *nm* - **1.** [objectif] Ziel *das* ; **aller droit au** ~ [parler] es ohne Umschweife sagen ; [agir] es geradewegs tun ; **dans le** ~ **de faire qqch** mit dem Ziel, etw zu tun ; **toucher au** ~ fast am Ziel sein - **2.** SPORT Tor *das* ; **marquer un** ~ ein Tor schießen.

buté, e [byte] *adj* bockig.

buter [3] [byte] ◇ *vi* [se heurter] : ~ **sur** OU **contre qqch** an OU gegen etw *(A)* stoßen ; ~ **sur qqch** *fig* an etw *(D)* hängen bleiben ◇ *vt* - **1.** [braquer] verstocken, störrisch machen - **2.** *tfam* [tuer] ab|murksen.

butin [bytɛ̃] *nm* - **1.** [de guerre, de vol] Beute *die* - **2.** [de recherche] Ausbeute *die.*

butiner [3] [bytine] ◇ *vi* Blütenstaub sammeln ◇ *vt* [sujet : abeille] : ~ **une fleur** Blütenstaub von einer Blume sammeln.

butte [byt] *nf* Hügel *der.*

buvard [byvar] *nm* [papier] Löschblatt *das* ; **papier** ~ Löschpapier *das.*

buvette [byvɛt] *nf* Imbissstube *die.*

buveur, euse [byvœr, øz] *nm, f* Trinker *der*, -in *die.*

C

c, C [se] *nm inv* [lettre] c *das*, C *das.* ◆ **c** (*abr de* **centime**) Ct., c. ◆ **C** - **1.** (*abr de* **Celsius**) C - **2.** (*abr de* **code**) G JUR, Kz *(Kennzahl).*

c' [s] ▷ **ce.**

ça [sa] *pron dém* - **1.** [désigne un objet] das da ; **donne-moi** ~**!** gib mir das da! - **2.** [reprenant ce qui vient d'être vu ou dit] es, das ; **si** ~ **ne vous plaît pas** wenn Ihnen das nicht gefällt ; **que dis-tu de** ~**?** was sagst du dazu? - **3.** [sujet indéterminé] es ; **c'est** ~ genau ; **comment** ~ **va?** wie geht es? ; ~ **ira comme** ~ es geht schon ; ~ **y est, j'ai fini** so, ich bin fertig ; ~ **vaut mieux** es ist besser - **4.** [renforcement] : **où/quand** ~**?** wo/wann denn?

çà [sa] ◆ **çà et là** *loc adv* hier und dort.

caban [kabɑ̃] *nm* Caban *der.*

cabane [kaban] *nf* - **1.** [abri] Hütte *die* - **2.** [à lapins] Stall *der* - **3.** [remise] Verschlag *der.*

cabanon [kabanɔ̃] *nm* [cabane] Verschlag *der.*

cabaret [kabarɛ] *nm* Varieteetheater *das.*

cabas [kaba] *nm* Einkaufstasche *die.*

cabillaud [kabijo] *nm* Kabeljau *der.*

cabine [kabin] *nf* - **1.** [de navire, d'avion, de douche] Kabine *die* ; ~ **d'essayage** Ankleidekabine ; ~ **téléphonique** Telefonzelle *die* - **2.** [de camion] Führerhaus *das.*

cabinet [kabinɛ] *nm* - **1.** [petite pièce] Kammer *die* ; ~ **de toilette** Waschraum *der* ; ~ **de travail** Arbeitszimmer *das* - **2.** [local professionnel] Praxis *die* ; ~ **dentaire** Zahnarztpraxis ; ~ **médical** Arztpraxis - **3.** [POLIT - gouvernement] Kanzlei *die* ; [- collaborateurs] Mitarbeiter *Pl.* ◆ **cabinets** *nmpl* Toilette *die.*

câble [kabl] *nm* - **1.** [filin] Seil *das* - **2.** ÉLECTR Kabel *das.*

câblé, e [kable] *adj* TÉLÉ verkabelt.

câbler [kable] *vt* TÉLÉCOM & TÉLÉ verkabeln.

cabosser [3] [kabɔse] *vt* verbeulen.

cabotage [kabɔtaʒ] *nm* Küstenschifffahrt *die.*

caboteur [kabɔtœr] *nm* Küstenschiff *das.*

cabrer [3] [kabre] ◆ **se cabrer** *vp* - **1.** [cheval, avion] steigen - **2.** *fig* [personne] sich empören.

cabri [kabri] *nm* Zicklein *das.*

cabriole [kabrijɔl] *nf* Kapriole *die.*

cabriolet [kabrijɔlɛ] *nm* Kabrio(lett) *das.*

caca [kaka] *nm fam* Aa *das ;* **faire ~** Aa machen.

cacahouète, cacahuète [kakawɛt] *nf* Erdnuss *die.*

cacao [kakao] *nm* Kakao *der.*

cachalot [kaʃalo] *nm* Pottwal *der.*

cache [kaʃ] *nm* Maske *die.*

cache-cache [kaʃkaʃ] *nm inv :* **jouer à ~** Versteck spielen.

cachemire [kaʃmir] *nm* - **1.** [laine] Kaschmir *der* - **2.** [dessin] Paisley-Muster *das.*

cache-nez [kaʃne] *nm inv* Schal *der.*

cache-pot [kaʃpo] (*pl* **cache-pots** ou *inv*) *nm* Übertopf *der.*

cacher [3] [kaʃe] *vt* - **1.** [dissimuler] verstecken ; **je ne vous cache pas que** ich mache kein(en) Hehl daraus, dass - **2.** [masquer] verdecken.

cache-sexe [kaʃsɛks] *nm inv* Lendenschurz *der.*

cachet [kaʃɛ] *nm* - **1.** [comprimé] Tablette *die* - **2.** [style] Eigenart *die ;* **avoir du ~** ein besonderes Gepräge haben - **3.** [rétribution] Gage *die* - **4.** [sceau, marque] Stempel *der ;* **le ~ de la poste faisant foi** das Datum des Poststempels ist ausschlaggebend.

cacheter [27] [kaʃte] *vt* - **1.** [lettre, enveloppe] zu|kleben - **2.** [bouteille] versiegeln.

cachette [kaʃɛt] *nf* Versteck *das ;* **en ~** heimlich *(adv).*

cachot [kaʃo] *nm* [cellule] Kerker *der.*

cachotterie [kaʃɔtri] *nf* Geheimnistuerei *die ;* **il me fait des ~s** er verheimlicht mir irgendetwas.

cachottier, ère [kaʃɔtje, ɛr] *nm, f* Geheimniskrämer *der,* -in *die.*

cactus [kaktys] *nm* Kaktus *der.*

c.-à-d. (*abr de* **c'est-à-dire**) d. h.

cadastre [kadastr] *nm* - **1.** [registre] Kataster *das* - **2.** ADMIN Katasteramt *das.*

cadavérique [kadaverik] *adj* Leichen-, leichenhaft.

cadavre [kadavr] *nm* Leiche *die.*

Caddie® [kadi] *nm* [de supermarché] Einkaufswagen *der.*

cadeau, x [kado] ◇ *nm* Geschenk *das ;* **faire ~ de qqch à qqn** jm etw schenken ◇ *adj inv* Geschenk-.

cadenas [kadna] *nm* Vorhängeschloss *das.*

cadenasser [3] [kadnase] *vt* mit einem Vorhängeschloss ab|schließen.

cadence [kadɑ̃s] *nf* Takt *der ;* **en ~** im Takt.

cadet, ette [kadɛ, ɛt] ◇ *adj* jüngste,-r,-s ◇ *nm, f* - **1.** [de deux] Jüngere *der, die ;* **être le ~ de qqn** jünger als jd sein - **2.** [de plusieurs] Jüngste *der, die* - **3.** SPORT : **les ~s** die B-Jugend.

cadran [kadrɑ̃] *nm* - **1.** [de montre, de baromètre] Zifferblatt *das ;* **~ solaire** Sonnenuhr *die* - **2.** [de téléphone] Wählscheibe *die.*

cadre [kadr] *nm* - **1.** [gén] Rahmen *der ;* **sortir du ~ de qqch** *fig* den Rahmen einer Sache *(G)* übersteigen - **2.** [employé] Führungskraft *die ;* **~ moyen/supérieur** mittlere/höhere Führungskraft - **3.** [de parti] Kader *der.*

cadrer [3] [kadre] ◇ *vi* passen ; **ne pas ~ avec qqch** nicht zu etw passen ◇ *vt* PHOT, TÉLÉ & CIN ein|stellen.

caduc, caduque [kadyk] *adj* - **1.** [théorie] überholt - **2.** [contrat, accord] ungültig.

cafard[1]**, e** [kafar, ard] *nm, f fam* [rapporteur] Petzer *der,* Petze *die.*

cafard[2] [kafar] *nm* - **1.** [insecte] Schabe *die* - **2.** *fig* [mélancolie] : **avoir le ~** Trübsal blasen.

café [kafe] *nm* - **1.** [plante, boisson] Kaffee *der ;* **~ crème** Sahnekaffee ; **~ en grains/moulu** ungemahlener/gemahlener Kaffee ; **~ au lait** Milchkaffee ; **~ soluble** löslicher Kaffee - **2.** [lieu] Café *das.*

> **café**
>
> Wenn man in Frankreich eine kleine Tasse starken Kaffee trinken möchte, dann bestellt man einen **(petit) café**, einen **express** oder umgangssprachlich **un petit noir**. Man kann den Kaffee **serré**, **très fort**, **léger** oder **allongé** (mit etwas warmem Wasser verdünnt) bestellen. Ein **express** mit etwas Milch heißt **noisette**; eine große Tasse schwarzen Kaffees nennt man **un grand café**, **un double express** oder **un grand noir**. Ein Kaffee mit etwas aufgeschäumter Milch heißt **un grand/petit crème**. Der Ausdruck **café au lait** wird in Cafés fast nie benutzt.

caféine [kafein] *nf* Koffein *das.*

cafetier [kaftje] *nm* Cafébetreiber *der.*

cafetière [kaftjɛr] *nf* - **1.** [récipient] Kaffeekanne *die* - **2.** [électrique] Kaffeemaschine *die.*

cafouiller [3] [kafuje] *vi* - **1.** *fam* [personne] : **~ à un examen** eine Prüfung verpatzen - **2.** [moteur] aus|fallen.

cage [kaʒ] *nf* - **1.** [pour animaux] Käfig *der* - **2.** FOOTBALL Tor *das* - **3.** ANAT : **~ thoracique** Brustkorb *der.*

cageot [kaʒo] *nm* [caisse] Lattenkiste *die.*

cagibi [kaʒibi] *nm* Abstellkammer *die.*

cagneux, euse [kaɲø, øz] *adj* [personne] x-beinig ; **jambes cagneuses** X-Beine *Pl.*

cagnotte [kaɲɔt] *nf* - **1.** [au jeu]

Gemeinschaftskasse *die* **- 2.** [économies] Sparschwein *das.*

cagoule [kagul] *nf* **- 1.** [passe-montagne] Kapuzenmütze *die* **- 2.** [de voleur] Strumpfmaske *die.*

cahier [kaje] *nm* Heft *das ;* **~ de brouillon** Kladde *die ;* **~ de textes** Aufgabenheft. ◆ **cahier des charges** *nm* Lastenheft *das,* Pflichtenheft *das.*

cahin-caha [kaɛ̃kaa] *adv :* **aller ~** so lala gehen.

cahot [kao] *nm* Ruck *der.*

cahoter [3] [kaɔte] ◇ *vi* ruckeln ◇ *vt* [secouer] durch|rütteln.

cahute [kayt] *nf* Hütte *die.*

caille [kaj] *nf* Wachtel *die.*

caillé, e [kaje] *adj* geronnen. ◆ **caillé** *nm :* **(lait) ~** Sauermilch *die.*

caillot [kajo] *nm* Blutklumpen *der.*

caillou, x [kaju] *nm* **- 1.** [pierre] (Kiesel)stein *der* **- 2.** *fam* [crâne] Glatze *die.*

caillouteux, euse [kajutø, øz] *adj* steinig.

caïman [kaimɑ̃] *nm* Kaiman *der.*

caisse [kɛs] *nf* **- 1.** [de bouteilles, de livres] Kiste *die ;* **~ à outils** Werkzeugkasten *der* **- 2.** [de supermarché, guichet, organisme] Kasse *die ;* **~ enregistreuse** Registrierkasse ; **~ d'épargne** Sparkasse ; **~ de retraite** Rentenkasse. ◆ **grosse caisse** *nf* Basstrommel *die.*

caissier, ère [kesje, ɛr] *nm, f* Kassierer *der,* -in *die.*

caisson [kɛsɔ̃] *nm* [de bouteilles, de munitions] Kiste *die.*

cajoler [3] [kaʒɔle] *vt* schmeicheln, verhätscheln.

cajou [kaʒu] ▷ **noix.**

cake [kɛk] *nm Kuchen mit kandierten Früchten (in einer Kastenform gebacken).*

cal [kal] *nm* [durillon] Schwiele *die.*

calamar [kalamar], **calmar** [kalmar] *nm* Tintenfisch *der.*

calamité [kalamite] *nf* Kalamität *die.*

calandre [kalɑ̃dr] *nf* [de voiture] Kühlerverkleidung *die.*

calanque [kalɑ̃k] *nf* Felsbucht *die.*

calcaire [kalkɛr] ◇ *adj* Kalk-, kalkhaltig ◇ *nm* Kalk(stein) *der.*

calciner [3] [kalsine] *vt* **- 1.** [brûler] verkohlen **- 2.** [métal] kalzinieren.

calcium [kalsjɔm] *nm* Kalzium *das.*

calcul [kalkyl] *nm* **- 1.** [opération] Rechnen *das ;* **~ mental** Kopfrechnen **- 2.** [compte] Berechnung *die* **- 3.** [plan] Kalkül *das.* ◆ **calcul rénal** *nm* Nierenstein *der.*

calculateur, trice [kalkylatœr, tris] *nm, f* Rechner *der,* -in *die.* ◆ **calculateur** *nm* INFORM Rechner *der.* ◆ **calculatrice** *nf* Rechner *der ;* **calculatrice de poche** Taschenrechner.

calculer [3] [kalkyle] ◇ *vt* **- 1.** [prix, surface] berechnen **- 2.** [chances, avantages] aus|rechnen **- 3.** [prévoir] ein|kalkulieren ; **mal/bien ~ qqch** etw schlecht/gut ein|kalkulieren ◇ *vi* rechnen.

calculette [kalkylɛt] *nf* Taschenrechner *der.*

cale [kal] *nf* **- 1.** [de navire] Bilge *die ;* **~ sèche** Trockendock *das* **- 2.** [pour immobiliser] Keil *der.*

calé, e [kale] *adj fam* **- 1.** [personne] : **~ (en qqch)** (in etw *(D)*) beschlagen **- 2.** [difficile] knifflig.

caleçon [kalsɔ̃] *nm* **- 1.** [sous-vêtement masculin] Boxershorts *Pl* **- 2.** [vêtement féminin] Leggings *Pl.*

calembour [kalɑ̃bur] *nm* Wortspiel *das.*

calendrier [kalɑ̃drije] *nm* **- 1.** [système, objet] Kalender *der* **- 2.** [de voyage, de projet] Zeitplan *der* **- 3.** [emploi du temps] Terminkalender *der.*

> **calendrier scolaire**
>
> Die Schüler in Frankreich haben zwei Monate lang Sommerferien, eine Woche Ferien zu Allerheiligen und zwei Wochen zu Weihnachten. Danach folgen die jeweils zweiwöchigen Ferien im Februar oder März und im April oder Mai.
>
> In ganz Frankreich sind die Ferientermine im Sommer, zu Allerheiligen und zu Weihnachten einheitlich festgelegt und im Winter und Frühjahr je nach Region zeitlich versetzt, um zu Ferienbeginn und Ferienende Staus auf den Straßen zu vermeiden.

cale-pied [kalpje] (*pl* **cale-pieds**) *nm* Pedalhaken *der.*

calepin [kalpɛ̃] *nm* Notizbuch *das.*

caler [3] [kale] ◇ *vt* **- 1.** [avec une cale] verkeilen **- 2.** [stabiliser, appuyer] zurecht|rücken ◇ *vi* **- 1.** [moteur, véhicule] den Motor ab|würgen **- 2.** *fam* [être rassasié] sich geschlagen geben.

calfeutrer [3] [kalføtre] *vt* ab|dichten.

calibre [kalibr] *nm* **- 1.** [de fusil] Kaliber *das ;* **du même ~** *fig* gleichen Kalibers **- 2.** [de fruit] Größe *die.*

calibrer [3] [kalibre] *vt* **- 1.** [fusil, machine] kalibrieren **- 2.** [fruits, œufs] nach Größe sortieren.

Californie [kalifɔrni] *nf :* **la ~** Kalifornien *nt.*

califourchon [kalifurʃɔ̃] ◆ **à califour-**

chon *loc adv :* **à ~ (sur qqch)** rittlings (auf etw *(D))*.
câlin, e [kalɛ̃, in] *adj* zärtlich. ◆ **câlin** *nm* Liebkosung *die.*
câliner [3] [kaline] *vt* - **1.** [caresser] liebkosen - **2.** [dorloter] : **~ qqn** mit jm schmusen.
calleux, euse [kalø, øz] *adj* schwielig.
calligraphie [kaligrafi] *nf* Kalligrafie *die.*
calmant, e [kalmɑ̃, ɑ̃t] *adj* - **1.** [infusion, piqûre] Beruhigungs- - **2.** [paroles] beruhigend. ◆ **calmant** *nm* Beruhigungsmittel *das.*
calmar = **calamar.**
calme [kalm] ◇ *adj* ruhig ◇ *nm* - **1.** [tranquillité, silence] Ruhe *die,* Stille *die* - **2.** [sang-froid] (Gemüts)ruhe *die.*
calmer [3] [kalme] *vt* - **1.** [personne] beruhigen - **2.** [querelle] beschwichtigen - **3.** [douleur, inquiétude] lindern. ◆ **se calmer** *vp* - **1.** [personne, mer] sich beruhigen - **2.** [tempête] sich legen - **3.** [douleur, inquiétude] nachllassen.
calomnie [kalɔmni] *nf* Verleumdung *die.*
calomnier [9] [kalɔmnje] *vt* verleumden.
calorie [kalɔri] *nf* Kalorie *die.*
calorique [kalɔrik] *adj* Kalorien-.
calot [kalo] *nm* [de militaire] Käppi *das.*
calotte [kalɔt] *nf* - **1.** [bonnet] Kappe *die* - **2.** *fam* [gifle] Ohrfeige *die* - **3.** GÉOGR : **~ glacière** Eiskappe *die* - **4.** ANAT : **~ crânienne** Schädeldach *das.*
calque [kalk] *nm* - **1.** [dessin] Pauszeichnung *die* - **2.** [papier] Pauspapier *das* - **3.** [imitation] Nachahmung *die.*
calquer [3] [kalke] *vt* - **1.** [reproduire] durchlpausen - **2.** [imiter] : **~ qqch (sur qqch)** etw (einer Sache *(D))* nachlahmen.
calvaire [kalvɛr] *nm* - **1.** RELIG [croix] Kalvarienberg *der* - **2.** *fig* [épreuve] Leidensweg *der.*
calvitie [kalvisi] *nf* [absence de cheveux] Haarlosigkeit *die ;* [crâne dégarni] Glatze *die.*
camaïeu [kamajø] *nm* einfarbiges Gemälde ; **~ de gris** Abstufung *die* von Grautönen.
camarade [kamarad] *nmf* - **1.** [ami] Kamerad *der,* -in *die ;* **~ d'école** OU **de classe** Schulfreund *der,* -in *die,* Mitschüler *der,* -in *die* - **2.** POLIT Genosse *der,* -sin *die.*
camaraderie [kamaradri] *nf* Kameradschaft *die.*
Cambodge [kɑ̃bɔdʒ] *nm :* **le ~** Kambodscha *nt ;* **au ~** in Kambodscha.
cambouis [kɑ̃bwi] *nm* Schmieröl *das.*
cambré, e [kɑ̃bre] *adj* gewölbt.
cambriolage [kɑ̃brijɔlaʒ] *nm* Einbruch *der.*
cambrioler [3] [kɑ̃brijɔle] *vt :* **~ qqch** in etw *(A)* einlbrechen ; **ils ont été cambriolés** bei ihnen ist eingebrochen worden.
cambrioleur, euse [kɑ̃brijɔlœr, øz] *nm, f* Einbrecher *der,* -in *die.*
caméléon [kameleɔ̃] *nm* Chamäleon *das.*
camélia [kamelja] *nm* Kamelie *die.*
camelote [kamlɔt] *nf péj* Schund *der.*
caméra [kamera] *nf* Kamera *die (zum Filmen).*
cameraman [kameraman] (*pl* **cameramen** [kameramɛn], **cameramans**) *nm* Kameramann *der,* -frau *die.*
Camescope® [kameskɔp] *nm* Camcorder *der.*
camion [kamjɔ̃] *nm* Lastwagen *der,* LKW *der ;* **~ de déménagement** Möbelwagen *der.*
camion-citerne *nm* Tankfahrzeug *das.*
camionnette [kamjɔnɛt] *nf* Lieferwagen *der.*
camionneur [kamjɔnœr] *nm* - **1.** [conducteur] Lastwagenfahrer *der,* LKW-Fahrer *der* - **2.** [entrepreneur] Spediteur *der.*
camisole [kamizɔl] *nf :* **~ de force** Zwangsjacke *die.*
camomille [kamɔmij] *nf* - **1.** [plante] Kamille *die* - **2.** [tisane] Kamillentee *der.*
camouflage [kamuflaʒ] *nm* - **1.** MIL Tarnung *die* - **2.** [dissimulation] Verschleierung *die.*
camoufler [3] [kamufle] *vt* - **1.** MIL tarnen - **2.** [faute] verheimlichen.
camp [kɑ̃] *nm* - **1.** [gén] Lager *das ;* **~ de concentration** Konzentrationslager, KZ *das* - **2.** SPORT Feld *das.*
campagnard, e [kɑ̃paɲar, ard] ◇ *adj* - **1.** [de la campagne] ländlich - **2.** [rustique] bäuerlich ◇ *nm, f* Landbewohner *der,* -in *die.*
campagne [kɑ̃paɲ] *nf* - **1.** [région rurale] Land *das (sans pl) ;* **à la ~** auf dem Land(e) - **2.** MIL Feldzug *der* - **3.** [d'information] Kampagne *die ;* **~ d'affichage** Plakatkampagne ; **~ électorale** Wahlkampf *der ;* **~ publicitaire** Werbekampagne.
campement [kɑ̃pmɑ̃] *nm* Lagerplatz *der.*
camper [3] [kɑ̃pe] *vi* zelten, campen ; **~ chez qqn** *fig* vorübergehend bei jm wohnen.
campeur, euse [kɑ̃pœr, øz] *nm, f* Camper *der,* -in *die.*
camphre [kɑ̃fr] *nm* Kampfer *der.*
camping [kɑ̃piŋ] *nm* - **1.** [activité] Zelten *das ;* **faire du ~** zelten, campen - **2.** [terrain] Campingplatz *der.*
Canada [kanada] *nm :* **le ~** Kanada *nt ;* **au ~** in Kanada.
canadien, enne [kanadjɛ̃, ɛn] *adj* kanadisch. ◆ **canadienne** *nf* Felljacke *die.*

Canadien, enne *nm, f* Kanadier *der*, -in *die*.

canaille [kanaj] *nf* Schuft *der*.

canal, aux [kanal, o] *nm* Kanal *der* ; **par le ~ de qqn** *fig* über jn.

Canal+ [kanalplys] *n französisches Pay-TV-Programm*.

canalisation [kanalizasjɔ̃] *nf* - **1.** [conduit] Leitung *die* - **2.** [des eaux] Kanalisation *die* - **3.** *fig* [orientation] Kanalisierung *die*.

canaliser [3] [kanalize] *vt* kanalisieren.

canapé [kanape] *nm* - **1.** [siège] Sofa *das*, Couch *die* - **2.** CULIN Kanapee *das*, Häppchen *das* ; **sur ~** auf Weißbrot.

canapé-lit *nm* Schlafcouch *die*.

canard [kanar] *nm* - **1.** [oiseau] Ente *die* - **2.** *fam* [journal] Zeitung *die*.

canari [kanari] *nm* Kanarienvogel *der*.

cancan [kɑ̃kɑ̃] *nm* [ragot] Tratsch *der (sans pl)*.

cancer [kɑ̃sɛr] *nm* Krebs *der*. **Cancer** *nm* ASTRON & ASTROL Krebs *der* ; **sous le signe du Cancer** im Zeichen des Krebses.

cancéreux, euse [kɑ̃serø, øz] ◇ *adj* - **1.** [tumeur] Krebs-, krebsartig - **2.** [personne] krebskrank ◇ *nm, f* Krebskranke *der, die*.

cancérigène [kɑ̃seriʒɛn] *adj* Krebs erregend.

cancérologue [kɑ̃serɔlɔg] *nmf* Facharzt *der*, -ärztin *die* für Krebserkrankungen.

cancre [kɑ̃kr] *nm fam schlechter Schüler*.

cancrelat [kɑ̃krəla] *nm* Kakerlak *der*.

candélabre [kɑ̃delabr] *nm* Armleuchter *der*.

candeur [kɑ̃dœr] *nf* Treuherzigkeit *die*.

candidat, e [kɑ̃dida, at] *nm, f* : **~ (à qqch)** [examen, élection] Kandidat *der*, -in *die* (bei etw) ; [emploi] Bewerber *der*, -in *die* (für etw).

candidature [kɑ̃didatyr] *nf* - **1.** [à un poste] Bewerbung *die* ; **poser sa ~ (à** OU **pour qqch)** sich (um etw) bewerben - **2.** [à une élection] Kandidatur *die*.

candide [kɑ̃did] *adj* - **1.** [personne] treuherzig - **2.** [question, remarque] unschuldig.

cane [kan] *nf* weibliche Ente.

caneton [kantɔ̃] *nm* Entenküken *das*.

canette [kanɛt] *nf* - **1.** [petite cane] Entlein *das* - **2.** [petite bouteille] kleine Flasche.

canevas [kanva] *nm* - **1.** COUTURE Stickmustertuch *das* - **2.** [plan] Entwurf *der*.

caniche [kaniʃ] *nm* Pudel *der*.

canicule [kanikyl] *nf* - **1.** [chaleur] Gluthitze *die* - **2.** [période] Hundstage *Pl*.

canif [kanif] *nm* Taschenmesser *das*.

canin, e [kanɛ̃, in] *adj* Hunde-.

canine [kanin] *nf* Eckzahn *der*.

caniveau [kanivo] *nm* Gosse *die*, Rinnstein *der*.

canne [kan] *nf* Stock *der* ; **~ à pêche** Angel(rute) *die*. **canne à sucre** *nf* Zuckerrohr *das*.

canné, e [kane] *adj* : **chaise ~e** Rohrstuhl *der*.

cannelle [kanɛl] *nf* Zimt *der*.

cannelure [kanlyr] *nf* Riefelung *die*.

cannibale [kanibal] ◇ *adj* kannibalisch ◇ *nmf* Menschenfresser *der*, -in *die*.

canoë [kanɔe] *nm* Kanu *das*.

canoë-kayak *nm* : **faire du ~** Kanu und Kajak fahren.

canon [kanɔ̃] *nm* - **1.** [arme] Kanone *die* - **2.** [tube d'arme] Lauf *der* - **3.** RELIG & MUS Kanon *der*.

canoniser [3] [kanɔnize] *vt* heilig sprechen.

canot [kano] *nm* Boot *das* ; **~ pneumatique** Schlauchboot ; **~ de sauvetage** Rettungsboot.

cantatrice [kɑ̃tatris] *nf* (Opern)sängerin *die*.

cantine [kɑ̃tin] *nf* - **1.** [réfectoire] Kantine *die* - **2.** [malle] Offizierskiste *die*.

> **cantine**
>
> Da die französischen Schüler sowohl vormittags als auch nachmittags Unterricht haben, gibt es in jeder Schule, auch in der **maternelle**, dem französischen Kindergarten, eine Kantine, in der ein warmes Mittagessen serviert wird. Die meisten Schüler nehmen diese Möglichkeit in Anspruch, da es zu zeitaufwendig ist, über Mittag nach Hause zu gehen. Die Mittagspause dauert anderthalb bis zwei Stunden.

cantique [kɑ̃tik] *nm* Kirchenlied *das*.

canton [kɑ̃tɔ̃] *nm* - **1.** [en France] ≃ Landkreis *der* - **2.** [en Suisse] Kanton *der*.

cantonade [kɑ̃tɔnad] **à la cantonade** *loc adv* : **parler à la ~** für alle vernehmbar sprechen.

cantonnier [kɑ̃tɔnje] *nm* [de route] Angestellte *der* einer Straßenmeisterei.

canular [kanylar] *nm* Streich *der*.

canyoning [kaɲɔniŋ] *nm* Canyoning *das*.

caoutchouc [kautʃu] *nm* - **1.** [substance] Kautschuk *der* - **2.** [plante] Gummibaum *der* - **3.** [élastique] Gummiband *das*.

cap [kap] *nm* - **1.** GÉOGR Kap *das* ; **passer le ~ de qqch** *fig* etw hinter sich *(A)* bringen - **2.** [direction] Kurs *der* ; **mettre le ~ sur un lieu** Kurs auf einen Ort nehmen.

CAP (*abr de* **certificat d'aptitude professionnelle**) *nm französischer Lehrabschluss.*

capable [kapabl] *adj* - **1.** [compétent] tüchtig - **2.** [apte, susceptible] fähig ; **~ de qqch** fähig zu etw ; **être ~ de faire qqch** in der Lage sein, etw zu tun.

capacité [kapasite] *nf* - **1.** [contenance] Fassungsvermögen *das* - **2.** [aptitude] Fähigkeit *die.*

cape [kap] *nf* Cape *das ;* **rire sous ~** *fig* sich ins Fäustchen lachen.

CAPES, Capes [kapɛs] (*abr de* **certificat d'aptitude au professorat de l'enseignement du second degré**) *nm Lehrbefähigung für Sekundarschulen,* ≃ Staatsexamen *das.*

capharnaüm [kafarnaɔm] *nm* Durcheinander *das.*

capillaire [kapilɛr] *adj* - **1.** [soins] Haar- - **2.** [vaisseau, racine] Kapillar-.

capillarité [kapilarite] *nf* Kapillarität *die.*

capitaine [kapitɛn] *nm* - **1.** MIL Hauptmann *der* - **2.** NAVIG & SPORT Kapitän *der.*

capitainerie [kapitɛnri] *nf* Hafenamt *das.*

capital, e, aux [kapital, o] *adj* entscheidend, Haupt-. ◆ **capital** *nm* Kapital *das ;* **~ social** Gesellschaftskapital. ◆ **capitale** *nf* - **1.** [ville] Hauptstadt *die* - **2.** [majuscule] Großbuchstabe *der ;* **écrire en ~es** in Blockschrift schreiben. ◆ **capitaux** *nmpl* Kapital *das.*

capitaliser [3] [kapitalize] <> *vt* kapitalisieren ; *fig* an|häufen <> *vi* Kapital bilden.

capitalisme [kapitalism] *nm* Kapitalismus *der.*

capitaliste [kapitalist] <> *adj* kapitalistisch <> *nmf* Kapitalist *der,* -in *die.*

capiteux, euse [kapitø, øz] *adj* - **1.** [vin] stark - **2.** [parfum] süß - **3.** [charme] sinnlich.

capitonnée [kapitɔne] *adj* gepolstert.

capituler [3] [kapityle] *vi :* **~ (devant qqn/qqch)** (vor jm/etw) kapitulieren.

caporal, aux [kapɔral, o] *nm* - **1.** MIL Gefreite *der* - **2.** [tabac] Knaster *der.*

capot [kapo] <> *nm* [de voiture] Motorhaube *die* <> *adj inv* [aux cartes] : **être ~** keinen Stich machen.

capote [kapɔt] *nf* - **1.** [de voiture] (Wagen)verdeck *das* - **2.** *fam* [préservatif] : **~ (anglaise)** Pariser *der.*

câpre [kapr] *nf* Kaper *die.*

caprice [kapris] *nm* - **1.** [envie subite] Laune *die* - **2.** [changement soudain] Launen *Pl.*

capricieux, euse [kaprisјø, øz] *adj* [personne - coléreux] launisch ; [- fantasque] eigensinnig.

capricorne [kaprikɔrn] *nm* Bockkäfer *der.* ◆ **Capricorne** *nm* ASTRON & ASTROL Steinbock *der ;* **sous le signe du Capricorne** im Zeichen des Steinbocks.

capsule [kapsyl] *nf* - **1.** [de bouteille] Kronenkorken *der* - **2.** [de médicament, de fleur] Kapsel *die* - **3.** [spatiale] Raumkapsel *die.*

capter [3] [kapte] *vt* - **1.** [radio] empfangen - **2.** [énergie, eaux] an|zapfen - **3.** *fig* [attention, confiance] gewinnen.

captif, ive [kaptif, iv] <> *adj* gefangen <> *nm, f* Gefangene *der, die.*

captivant, e [kaptivɑ̃, ɑ̃t] *adj* fesselnd.

captiver [3] [kaptive] *vt* fesseln.

captivité [kaptivite] *nf* Gefangenschaft *die.*

capture [kaptyr] *nf* - **1.** [d'animal] Fang *der* - **2.** [de personne] Gefangennahme *die.*

capturer [3] [kaptyre] *vt* - **1.** [animal] (ein)|fangen - **2.** [personne] gefangen nehmen.

capuche [kapyʃ] *nf* Kapuze *die.*

capuchon [kapyʃɔ̃] *nm* - **1.** [bouchon] Kappe *die* - **2.** [bonnet] Kapuze *die.*

capucine [kapysin] *nf* Kapuzinerkresse *die.*

caquet [kakɛ] *nm péj* [bavardage] Tratschen *das ;* **rabattre le ~ à** OU **de qqn** jn zurecht|weisen.

car[1] [kar] *nm* (Reise)bus *der.*

car[2] [kar] *conj* denn.

carabine [karabin] *nf* Karabiner *der.*

caractère [karaktɛr] *nm* - **1.** [gén] Charakter *der,* Wesen *das ;* **avoir du ~** Willensstärke haben - **2.** [écriture] Buchstabe *der ;* **~ d'imprimerie** Druckbuchstabe.

caractériel, elle [karakterјɛl] <> *adj* Charakter- ; **être ~** verhaltensgestört sein <> *nm, f* Verhaltensgestörte *der, die.*

caractérisé, e [karakterize] *adj* eindeutig.

caractériser [3] [karakterize] *vt* - **1.** [décrire] kennzeichnen - **2.** [définir] : **~ qqch** für etw charakteristisch sein. ◆ **se caractériser** *vp :* **se ~ par qqch** sich durch etw aus|zeichnen.

caractéristique [karakteristik] <> *adj :* **~ (de qqch)** charakteristisch (für etw) <> *nf* Merkmal *das.*

carafe [karaf] *nf* - **1.** [bouteille] Karaffe *die* - **2.** *loc :* **rester en ~** *fam* hocken bleiben.

Caraïbes [karaib] *nfpl :* **les ~** die Karibischen OU Westindischen Inseln ; **aux** OU **dans les ~** auf den Karibischen Inseln, auf den Westindischen Inseln.

carambolage [karɑ̃bɔlaʒ] *nm* (Massen)karambolage *die.*

caramel [karamɛl] *nm* - **1.** [sucre fondu] Karamell *der* - **2.** [bonbon] Karamelle *die.*

carapace [karapas] *nf* - **1.** [d'animal] Panzer *der* - **2.** *fig* [protection] Schutzpanzer *der.*

carat [kara] *nm* Karat *das.*

caravane [karavan] *nf* - **1.** [de camping]

Wohnwagen *der* - **2.** [de désert] Karawane *die*.

caravaning [karavaniŋ] *nm* Caravaning *das*.

caravelle [karavɛl] *nf* [bateau] Karavelle *die*.

carbone [karbɔn] *nm* Kohlenstoff *der* ; **(papier)** ~ Durchschlagpapier *das*.

carboniser [3] [karbɔnize] *vt* verkohlen.

carburant [karbyrɑ̃] *nm* Kraftstoff *der*.

carburateur [karbyratœr] *nm* Vergaser *der*.

carcasse [karkas] *nf* - **1.** [d'animal] Gerippe *das* - **2.** [épave] Wrack *das*.

cardiaque [kardjak] *adj* - **1.** [crise, artère] Herz- - **2.** [personne] herzkrank.

cardinal, e, aux [kardinal, o] *adj* - **1.** [nombre] Kardinal- - **2.** [principal] Haupt-. ◆ **cardinal** *nm* - **1.** RELIG Kardinal *der* - **2.** MATHS : **(nombre)** ~ Kardinalzahl *die*.

cardiologue [kardjɔlɔg] *nmf* Kardiologe *der*, -gin *die*.

carême [karɛm] *nm* Fasten *das*. ◆ **Carême** *nm* Fastenzeit *die*.

carence [karɑ̃s] *nf* Mangel *der*.

caressant, e [karɛsɑ̃, ɑ̃t] *adj* - **1.** [câlin] zärtlich, Schmuse- - **2.** *fig* [voix, regard] zärtlich.

caresse [karɛs] *nf* [de personne] Liebkosung *die*.

caresser [4] [karese] *vt* - **1.** [personne] streicheln - **2.** *fig* [espoir, projet] hegen.

cargaison [kargɛzɔ̃] *nf* Ladung *die*.

cargo [kargo] *nm* Frachtdampfer *der*.

caricature [karikatyr] *nf* Karikatur *die*.

carie [kari] *nf* Karies *die (sans pl)*.

carié, e [karje] *adj* kariös.

carillon [karijɔ̃] *nm* - **1.** [cloche, horloge] Glockenspiel *das* - **2.** [de porte] Türgong *der*.

Carinthie [karɛ̃ti] *nf* : **la** ~ Kärnten *nt*.

carlingue [karlɛ̃g] *nf* [d'avion] Flugzeugkabine *die*.

carmin [karmɛ̃] *adj inv* karminrot.

carnage [karnaʒ] *nm* Gemetzel *das*.

carnassier, ère [karnasje, ɛr] *adj* Fleisch fressend. ◆ **carnassier** *nm* Raubtier *das*.

carnaval [karnaval] *nm* Karneval *der*, Fasching *der*.

carnet [karnɛ] *nm* Heft *das* ; ~ **d'adresses** Adressbuch *das (persönlich)* ; ~ **de chèques** Scheckheft.

carnivore [karnivɔr] ◇ *adj* Fleisch fressend ◇ *nm* Fleischfresser *der*.

carotte [karɔt] ◇ *nf* Karotte *die*, Möhre *die* ◇ *adj inv* [couleur] fuchsrot.

carpe [karp] ◇ *nf* Karpfen *der* ◇ *nm* ANAT Handwurzel *die*.

carpette [karpɛt] *nf* [petit tapis] kleiner Teppich.

carquois [karkwa] *nm* Köcher *der*.

carré, e [kare] *adj* - **1.** [objet] viereckig, quadratisch - **2.** [personne, réponse] offen. ◆ **carré** *nm* - **1.** MATHS & GÉOM Quadrat *das* ; **élever un nombre au** ~ eine Zahl ins Quadrat erheben - **2.** [aux cartes] Vierling *der*.

carreau [karo] *nm* - **1.** [carrelage] Kachel *die*, Fliese *die* - **2.** [vitre] Fensterscheibe *die* - **3.** [aux cartes] Karo *das*. ◆ **à carreaux** *loc adj* karriert.

carrefour [karfur] *nm* - **1.** [de routes] (Straßen)kreuzung *die* ; *fig* Scheideweg *der* - **2.** [forum] Treffen *das*.

carrelage [karlaʒ] *nm* [surface] Fliesenboden *der*.

carrément [karemɑ̃] *adv fam* - **1.** [franchement] glatt - **2.** [complètement] geradezu.

carrière [karjɛr] *nf* - **1.** [gisement] Grube *die* - **2.** [profession] Karriere *die*, Laufbahn *die* ; **faire** ~ **dans qqch** in etw *(D)* Karriere machen.

carriériste [karjerist] *nmf péj* Karrierist *der*, -in *die*.

carriole [karjɔl] *nf* [charrette] Karren *der*.

carrossable [karɔsabl] *adj* befahrbar.

carrosse [karɔs] *nm* Kutsche *die*.

carrosserie [karɔsri] *nf* [de voiture] Karosserie *die*.

carrossier [karɔsje] *nm* Karosseriebauer *der*.

carrure [karyr] *nf* - **1.** [de personne, de vêtement] Schulterbreite *die* - **2.** *fig* [envergure] Format *das*.

carry = **curry.**

cartable [kartabl] *nm* Schultasche *die*.

carte [kart] *nf* - **1.** [gén] Karte *die* ; ~ **bancaire** Kundenkarte, ≃ EC-Karte ; ~ **de crédit** Kreditkarte ; ~ **d'étudiant** Studentenausweis *der* ; ~ **grise** Kraftfahrzeugschein *der*, Zulassung *die* ; ~ **d'identité** Personalausweis *der* ; ~ **orange** *Monats- oder Wochenkarte für die Pariser Verkehrsbetriebe* ; ~ **postale** Postkarte ; ~ **routière** Straßenkarte ; ~ **de séjour** Aufenthaltserlaubnis *die* ; ~ **vermeil** ≃ Seniorenpass *der* - **2.** INFORM : ~ **à mémoire** OU **à puce** Chip-Karte - **3.** [de restaurant] Speisekarte *die* ; **à la** ~ à la carte ; *fig* nach Wahl - **4.** *loc* : **donner** ~ **blanche à qqn** jm freie Hand lassen.

cartilage [kartilaʒ] *nm* Knorpel *der*.

cartomancien, enne [kartɔmɑ̃sjɛ̃, ɛn] *nm, f* Kartenleger *der*, -in *die*.

carton [kartɔ̃] *nm* - **1.** [matière] Pappe *die* - **2.** [emballage] Karton *der*. ◆ **carton à dessin** *nm* Zeichenmappe *die*.

cartonné, e [kartɔne] *adj* kartoniert.

carton-pâte *nm* Pappmaschee *das.*

cartouche [kartuʃ] *nf* **- 1.** [munition, recharge] Patrone *die* **- 2.** [de cigarettes] Stange *die.*

cas [ka] *nm* Fall *der* ; **au ~ où** *(+ conditionnel)* falls ; **au ~ où il pleuvrait** falls es regnet ; **en ~ de retard** bei einer Verspätung ; **en ~ de besoin** notfalls ; **en ~ d'urgence** im Notfall ; **en aucun ~** keinesfalls ; **en tout ~** auf jeden Fall ; **le ~ échéant** gegebenenfalls. ◆ **cas de conscience** *nm* Gewissenskonflikt *der.* ◆ **cas social** *nm* Sozialfall *der.*

casanier, ère [kazanje, ɛr] ◇ *adj* häuslich ◇ *nm, f* häuslicher Mensch.

casaque [kazak] *nf* Jockeyjacke *die.*

cascade [kaskad] *nf* **- 1.** [d'eau] Wasserfall *der* **- 2.** *fig* [série] Schwall *der* **- 3.** CIN Stunt *der.*

cascadeur, euse [kaskadœr, øz] *nm, f* **- 1.** [au cirque] Kaskadeur *der*, -in *die* **- 2.** CIN Stuntman *der*, -woman *die.*

case [kaz] *nf* **- 1.** [compartiment] Fach *das* **- 2.** [division] Feld *das* **- 3.** [habitation] Hütte *die.*

caser [3] [kaze] *vt fam* **- 1.** [gén] unter|bringen **- 2.** [marier] unter die Haube bringen. ◆ **se caser** *vp fam* **- 1.** [trouver un travail] eine Stelle finden **- 2.** [se marier - femme] einen Mann finden ; [- homme] eine Frau finden **- 3.** [se loger] unter|kommen.

caserne [kazɛrn] *nf* Kaserne *die.*

cash [kaʃ] *nm* Bargeld *das* ; **payer ~** bar (be)zahlen.

casier [kazje] *nm* **- 1.** [compartiment] Fach *das* **- 2.** [meuble] Aktenschrank *der.* ◆ **casier judiciaire** *nm* Strafregister *das.*

casino [kazino] *nm* Spielbank *die*, Kasino *das.*

casque [kask] *nm* **- 1.** [de protection] Helm *der* **- 2.** [à écouteurs] Kopfhörer *der.*

casquette [kaskɛt] *nf* Schirmmütze *die.*

cassant, e [kasɑ̃, ɑ̃t] *adj* **- 1.** [verre, cheveux] brüchig **- 2.** [ton] scharf.

cassation [kasasjɔ̃] ▻ **cour.**

casse [kas] ◇ *nm fam* Einbruch *der* ◇ *nf* [de voitures] Schrottplatz *der.*

casse-cou *nm inv* Draufgänger *der*, -in *die.*

casse-croûte *nm inv* Imbiss *der.*

casse-noisettes *nm inv* Nussknacker *der.*

casse-pieds *fam* ◇ *adj inv* lästig ◇ *nmf inv* Nervensäge *die.*

casser [3] [kase] ◇ *vt* **- 1.** [briser] zerbrechen **- 2.** [abîmer] kaputtmachen ◇ *vi* zerbrechen. ◆ **se casser** *vp* **- 1.** [se briser] zerbrechen **- 2.** [se fracturer] : **se ~ qqch** sich etw brechen **- 3.** *fam* [s'en aller] sich verdrücken.

casserole [kasrɔl] *nf* [ustensile] Kochtopf *der.*

casse-tête *nm inv* **- 1.** [problème] harte Nuss **- 2.** [jeu] : **~ (chinois)** Geduldsspiel *das.*

cassette [kasɛt] *nf* **- 1.** [audio, vidéo] Kassette *die* **- 2.** [coffret] Schatulle *die.*

cassis [kasis] *nm* **- 1.** [fruit] schwarze Johannisbeere **- 2.** [liqueur] Johannisbeerlikör *der* **- 3.** [arbuste] schwarzer Johannisbeerstrauch **- 4.** [sur la route] Querrinne *die.*

cassure [kasyr] *nf* Bruch *der.*

caste [kast] *nf* Kaste *die.*

casting [kastiŋ] *nm* CIN [distribution] Rollenbesetzung *die.*

castor [kastɔr] *nm* **- 1.** [rongeur] Biber *der* **- 2.** [fourrure] Biberfell *das.*

castrer [3] [kastre] *vt* kastrieren.

cataclysme [kataklism] *nm* Naturkatastrophe *die* ; *fig* Katastrophe *die.*

catalogue [katalɔg] *nm* **- 1.** [brochure] Katalog *der* **- 2.** [liste] Verzeichnis *das.*

cataloguer [3] [katalɔge] *vt* **- 1.** [classer] katalogisieren, in einen Katalog auf|nehmen **- 2.** *péj* [juger] ein|stufen.

catalyseur [katalizœr] *nm* Katalysator *der.*

catalytique [katalitik] ▻ **pot.**

catamaran [katamarɑ̃] *nm* Katamaran *der.*

cataplasme [kataplasm] *nm* Umschlag *der* MÉD.

catapulter [3] [katapylte] *vt* katapultieren.

cataracte [katarakt] *nf* **- 1.** [chute d'eau] Katarakt *der* **- 2.** MÉD grauer Star.

catastrophe [katastrɔf] *nf* Katastrophe *die* ; **~ aérienne** Flugzeugunglück *das.*

catastrophé, e [katastrɔfe] *adj* erschüttert.

catastrophique [katastrɔfik] *adj* **- 1.** [effroyable] entsetzlich **- 2.** [mauvais] katastrophal **- 3.** [grave] verheerend.

catch [katʃ] *nm* Catch *das.*

catéchisme [kateʃism] *nm* Religionsunterricht *der (außerhalb der Schule).*

catégorie [kategɔri] *nf* **- 1.** [de personnel] Gruppe *die* ; **~ socioprofessionnelle** Berufsgruppe **- 2.** [de produit] Güteklasse *die* **- 3.** SPORT Klasse *die.*

catégorique [kategɔrik] *adj* kategorisch.

cathédrale [katedral] *nf* Kathedrale *die*, Dom *der.*

cathode [katɔd] *nf* Kathode *die.*

catholicisme [katɔlisism] *nm* Katholizismus *der.*

catholique [katɔlik] *adj* katholisch.

catimini [katimini] ◆ **en catimini** *loc adv* heimlich.

cauchemar [kɔʃmar] *nm* **- 1.** [rêve] Albtraum *der* **- 2.** *fig* [situation] Gräuel *der.*

cauchemardesque [kɔʃmardɛsk] *adj* Grauen erregend.

cause [koz] *nf* **- 1.** [origine, motif] Ursache *die,* Grund *der ;* **pour ~ de qqch** wegen etw *(G)* **- 2.** *loc :* **être en ~** auf dem Spiel stehen ; **remettre en ~** in Frage stellen. ◆ **à cause de** *loc prép :* **à ~ de qqn/qqch** wegen jm/etw.

causer [3] [koze] *vt* verursachen.

causerie [kozri] *nf* **- 1.** [exposé] zwangloser Vortrag **- 2.** [conversation] Plauderei *die.*

caustique [kostik] *adj* **- 1.** [acide] ätzend **- 2.** [esprit] bissig.

cautériser [3] [koterize] *vt* kauterisieren.

caution [kosjɔ̃] *nf* **- 1.** [argent] Kaution *die* **- 2.** [personne] Bürge *der ;* **se porter ~ pour qqn** für jn Bürgschaft leisten.

cautionner [3] [kosjɔne] *vt* **- 1.** JUR für jn Bürgschaft leisten **- 2.** *fig* [soutenir] unterstützen.

cavalcade [kavalkad] *nf* **- 1.** [de personnes] Gerenne *das* **- 2.** [de cavaliers] Kavalkade *die.*

cavalerie [kavalri] *nf* Kavallerie *die.*

cavalier, ère [kavalje, ɛr] ◇ *adj* **- 1.** [allée] Reit- **- 2.** [manière, personne] ungehörig ◇ *nm, f* **- 1.** [à cheval] Reiter *der,* -in *die* **- 2.** [de danse] Tanzpartner *der,* -in *die.* ◆ **cavalier** *nm* [aux échecs] Springer *der.*

cavalièrement [kavaljɛrmɑ̃] *adv* ungehörig, unverschämt.

cave [kav] *nf* **- 1.** [cellier] Keller *der* **- 2.** [à vins] Weinkeller *der* **- 3.** [cabaret] Kellerlokal *das.*

caveau [kavo] *nm* **- 1.** [petite cave] Keller *der* **- 2.** [sépulture] Gruft *die.*

caverne [kavɛrn] *nf* Höhle *die.*

caviar [kavjar] *nm* Kaviar *der.*

cavité [kavite] *nf* Hohlraum *der,* Mulde *die.*

CB [sibi] *(abr de* **citizen's band, canaux banalisés)** *nf* CB-Funk *der.*

CCP *(abr de* **compte chèque postal, compte courant postal)** *nm* PSchK *das,* PSchKto *das.*

CD *nm* **- 1.** *(abr de* **compact disc)** CD *die* **- 2.** *(abr de* **comité directeur)** Vorst. **- 3.** *(abr de* **corps diplomatique)** CD *das.*

CDD *nm abr de* **contrat à durée déterminée.**

CDI *nm* **- 1.** *(abr de* **centre de documentation et d'information)** Dokumentations- und Informationszentrum *das* **- 2.** *abr de* **contrat à durée indéterminée.**

ce [sə] *(m* **cet** [sɛt] *devant voyelle ou h muet, f* **cette** [sɛt] ; *pl* **ces** [se]) ◇ *adj dém* diese, -r, -s ; **~ mois, ~ mois-ci** in diesem Monat ; **cette année, cette année-là** in diesem Jahr ; **pas ~ livre-ci, mais ~ livre-là** nicht dieses Buch, sondern jenes Buch ◇ *pron dém* *(***c'** *devant voyelle ou h muet)* das ; **c'est mon bureau** das ist mein Büro ; **~ sont mes enfants** das sind meine Kinder ; **c'est elle qui a téléphoné** sie hat angerufen ; **qui est-~?** wer ist das? ; **~ qui** ou **que** ou **dont** (das,) was.

CE ◇ *nm* *(abr de* **comité d'entreprise)** ≃ Betriebsrat *der* ◇ *nf* *(abr de* **Communauté européenne)** EG *die.*

ceci [səsi] *pron dém* dies, das ; **~ (étant) dit** abgesehen davon ; **à ~ près que** abgesehen davon, dass.

cécité [sesite] *nf* Blindheit *die.*

céder [18] [sede] ◇ *vt* [donner] ab|treten, übergeben ; **~ qqch à qqn** [laisser] jm etw überlassen ; [vendre] jm etw verkaufen ◇ *vi :* **~ à qqn/qqch** jm/etw nach|geben.

CEDEX, Cedex [sedɛks] *(abr de* **courrier d'entreprise à distribution exceptionnelle)** *nm gesonderte Postzustellung für Firmen und Großempfänger in Frankreich.*

cédille [sedij] *nf* Cedille *die.*

cèdre [sɛdr] *nm* Zeder *die.*

CEE *(abr de* **Communauté économique européenne)** *nf* EWG *die.*

CEI *(abr de* **Communauté d'États indépendants)** *nf* GUS *die.*

ceinture [sɛ̃tyr] *nf* **- 1.** [gén] Gürtel *der ;* **~ de sécurité** Sicherheitsgurt *der* **- 2.** [de jupe, de pantalon] Bund *der.*

ceinturer [sɛ̃tyre] *vt* **- 1.** [entourer] umzingeln **- 2.** [immobiliser] umfassen.

ceinturon [sɛ̃tyrɔ̃] *nm* Koppel *das.*

cela [səla] *pron dém* **- 1.** [désigne un objet] jene,-r,-s, das da ; **prenez ~** nehmen Sie das **- 2.** [reprend ce qui vient d'être vu ou dit] es, das ; **~ ne vous regarde pas** das geht Sie nichts an ; **il y a des années de ~** das ist Jahre her ; **après ~** danach ; **~ dit** abgesehen davon ; **malgré ~** trotzdem **- 3.** [sujet impersonnel] : **c'est ~** genau ; **~ ira comme ça** es geht schon ; **~ vaut mieux** es ist besser **- 4.** [renforcement] : **où/quand ~?** wo/wann denn?

célèbre [selɛbr] *adj* berühmt.

célébrer [18] [selebre] *vt* **- 1.** [événement] feiern **- 2.** [messe] zelebrieren **- 3.** [mérites] rühmen.

célébrité [selebrite] *nf* **- 1.** [renommée] Ruhm *der* **- 2.** [personne] Berühmtheit *die.*

céleri [sɛlri] *nm* Sellerie *der.*

célérité [selerite] *nf* Flinkheit *die,* Raschheit *die.*

céleste [selɛst] *adj* **- 1.** [du ciel] Himmels- **- 2.** [divin, merveilleux] göttlich, himmlisch.

célibat [seliba] *nm* Ehelosigkeit *die ;* [du prêtre] Zölibat *das.*

célibataire [selibatɛr] ◇ *adj* ledig ◇ *nmf* Ledige *der, die.*

celle, celles ▷ **celui.**

celle-ci, celles-ci ▷ **celui-ci.**

celle-là, celles-là ▷ **celui-là.**

cellier [selje] *nm* Vorratskammer *die.*

Cellophane® [selɔfan] *nf* Zellophan® *das.*

cellulaire [selylɛr] *adj* **-1.** BIOL Zell- **-2.** [carcéral] Haft-, Gefängnis-.

cellule [selyl] *nf* Zelle *die.*

cellulite [selylit] *nf* Zellulitis *die.*

celui [səlɥi] (*f* **celle** [sɛl] ; *mpl* **ceux** [sø] ; *fpl* **celles** [sɛl]) *pron dém* der, die, das ; **celle de devant** die vorne ; **~ qui** jene welche, jener welcher, jenes welches, die(jenige), die, der(jenige), der, das(jenige), das ; **~ que** jene welche, jenen welchen, jenes welches, die(jenige), die, den(jenigen), den, das(jenige), das ; **~ que vous voyez** den, den Sie sehen ; **ceux que je connais** die, die ich kenne ; **ceux d'entre vous qui** diejenigen unter euch, die.

celui-ci [səlɥisi] (*f* **celle-ci** [sɛlsi] ; *mpl* **ceux-ci** [søsi] ; *fpl* **celles-ci** [sɛlsi]) *pron dém* diese,-r,-s.

celui-là [səlɥila] (*f* **celle-là** [sɛlla] ; *mpl* **ceux-là** [søla] ; *fpl* **celles-là** [sɛlla]) *pron dém* jene,-r,-s.

cendre [sɑ̃dr] *nf* Asche *die.*

cendré, e [sɑ̃dre] *adj* aschfarben ; **blond ~** aschblond.

cendrier [sɑ̃drije] *nm* **-1.** [récipient] Aschenbecher *der* **-2.** [de poêle] Aschkasten *der.*

Cène [sɛn] *nf* RELIG Letztes Abendmahl.

censé, e [sɑ̃se] *adj* : **être ~ faire qqch** eigentlich eine Sache tun sollen.

censeur [sɑ̃sœr] *nm* **-1.** [de lycée] Studiendirektor *der* **-2.** [de censure] Zensor *der* **-3.** *fig* [critique, juge] Richter *der.*

censure [sɑ̃syr] *nf* Zensur *die.*

censurer [3] [sɑ̃syre] *vt* **-1.** [interdire] zensieren **-2.** [critiquer] verurteilen.

cent [sɑ̃] ◇ *adj num* hundert ◇ *nm* Hundert *die* ; **~ pour ~** hundertprozentig ; *voir aussi* **six.**

centaine [sɑ̃tɛn] *nf* **-1.** [cent unités] Hundert *das* **-2.** [environ cent] : **une ~ de places** ungefähr hundert Plätze ; **des ~s de bateaux** hunderte von Booten.

centenaire [sɑ̃tnɛr] ◇ *adj* hundertjährig ◇ *nmf* Hundertjährige *der, die* ◇ *nm* Hundertjahrfeier *die.*

centième [sɑ̃tjɛm] ◇ *adj* hundertste,-r,-s ◇ *nmf* Hundertste *der, die, das* ◇ *nm* Hundertstel *das.*

centigrade [sɑ̃tigrad] ▷ **degré.**

centigramme [sɑ̃tigram] *nm* Zentigramm *das.*

centilitre [sɑ̃tilitr] *nm* Zentiliter *der.*

centime [sɑ̃tim] *nm* Centime *der* ; **~ (d'euro)** Eurocent *der.*

centimètre [sɑ̃timɛtr] *nm* **-1.** [mesure] Zentimeter *der* **-2.** [règle] Zentimetermaß *das.*

central, e, aux [sɑ̃tral, o] *adj* **-1.** [lieu] zentral gelegen **-2.** [principal] Haupt- **-3.** ADMIN Zentral-. ◆ **central** *nm* **-1.** [de réseau] Zentrale *die* **-2.** [de tennis] : **le (court) ~** der Center Court. ◆ **centrale** *nf* **-1.** [usine] Werk *das* ; **~e hydroélectrique** Wasserkraftwerk ; **~e nucléaire** Kernkraftwerk **-2.** [syndicale] Gewerkschaftsbund *der* **-3.** [coopérative] : **~e d'achat** Einkaufszentrale *die.*

centraliser [3] [sɑ̃tralize] *vt* zentralisieren.

centre [sɑ̃tr] *nm* **-1.** [milieu] Mittelpunkt *der* ; **~ de gravité** Schwerpunkt *der* **-2.** [lieu d'activité & POLIT] Zentrum *das* ; **~ aéré** *Freizeitzentrum für Kinder (während der Schulferien)* ; **~ d'appels** Callcenter *das* ; **~ commercial** Einkaufszentrum ; **~ culturel** Kulturzentrum **-3.** SPORT Mittelstürmer *der.*

centrer [3] [sɑ̃tre] *vt* **-1.** [disposer] in die Mitte setzen OU legen OU stellen **-2.** TECHNOL zentrieren.

centre-ville *nm* Stadtmitte *die,* City *die.*

centrifugeuse [sɑ̃trifyʒøz] *nf* **-1.** TECHNOL Zentrifuge *die* **-2.** CULIN Entsafter *der.*

centuple [sɑ̃typl] *nm* Hundertfache *das* ; **au ~** hundertfach.

cep [sɛp] *nm* Weinstock *der.*

cèpe [sɛp] *nm* Steinpilz *der.*

cependant [səpɑ̃dɑ̃] *conj* jedoch, dennoch.

céramique [seramik] *nf* Keramik *die.*

cerceau [sɛrso] *nm* **-1.** [de tonneau, jouet] Reifen *der* **-2.** [de robe] Reif *der.*

cercle [sɛrkl] *nm* Kreis *der* ; **~ vicieux** Teufelskreis.

cercueil [sɛrkœj] *nm* Sarg *der.*

céréale [sereal] *nf* Getreideart *die* ; **les ~s** das Getreide.

cérémonial, als [seremɔnjal] *nm* Zeremoniell *das.*

cérémonie [seremɔni] *nf* **-1.** [de mariage, d'inauguration] Zeremonie *die* **-2.** [manifestation solennelle] Feierlichkeit *die* **-3.** [politesse] : **faire des ~s** Umstände machen.

cérémonieux, euse [seremɔnjø, øz] *adj* förmlich.

cerf [sɛr] *nm* Hirsch *der.*

cerfeuil [sɛrfœj] *nm* Kerbel *der.*

cerf-volant *nm* [jouet] Drachen *der.*

cerise [səriz] *nf* Kirsche *die* ; **et la cerise sur le gâteau, c'est que le salaire est très intéressant** und als Sahnehäubchen noch ein sehr großzügiges Gehalt.

cerisier [sərisje] *nm* [arbre] Kirschbaum *der.*

cerne [sɛrn] *nm* [d'arbre] Jahresring *der.* ◆ **cernes** *nmpl* [des yeux] Schatten *Pl*, Ringe *Pl.*

cerner [3] [sɛrne] *vt* **- 1.** [encercler] umzingeln **- 2.** *fig* [sujet, problème] erfassen.

certain, e [sɛrtɛ̃, ɛn] ◇ *adj (après n)* sicher, bestimmt ; **des progrès ~s** klare Fortschritte ; **un talent ~** ein sicheres Talent ; **être ~ que** sicher sein, dass ; **je suis ~e de mes calculs** ich bin sicher, dass meine Berechnungen stimmen ◇ *adj indéf (avant n)* gewisse,-r,-s ; **un ~ talent** ein gewisses Talent ; **un ~ temps** eine Zeit lang ; **d'un ~ âge** mittleren Alters, älter. ◆ **certains** (*fpl* **certaines**) ◇ *adj indéf pl* manche, gewisse ; **dans ~s cas** in manchen Fällen ◇ *pron indéf pl* manche, einige.

certainement [sɛrtɛnmɑ̃] *adv* **- 1.** [très probablement] sicher **- 2.** [assurément] gewiss.

certes [sɛrt] *adv sout* **- 1.** [bien sûr] sicher, gewiss **- 2.** [en vérité] wahrlich.

certificat [sɛrtifika] *nm* Zeugnis *das ;* **~ médical** ärztliches Attest.

certifier [9] [sɛrtifje] *vt* **- 1.** [assurer] : **~ qqch à qqn** jm etw bescheinigen **- 2.** [authentifier] beglaubigen.

certitude [sɛrtityd] *nf* **- 1.** [conviction] Gewissheit *die* **- 2.** [évidence] Sicherheit *die.*

cerveau, x [sɛrvo] *nm* Gehirn *das.*

cervelle [sɛrvɛl] *nf* **- 1.** ANAT Gehirn *das* **- 2.** CULIN Hirn *das.*

cervical, e, aux [sɛrvikal, o] *adj* Hals-.

ces ▷ **ce.**

CES (*abr de* **collège d'enseignement secondaire**) *nm französische Gesamtschule für 11-16-jährige.*

CES (*abr de* **Contrat emploi-solidarité**) *nm vom französischen Staat subventionierter Arbeitsvertrag zwischen 3 und 12 Monaten für Schulabgänger und Arbeitslose.*

césarienne [sezarjɛn] *nf* Kaiserschnitt *der.*

cesse [sɛs] *nf* : **n'avoir de ~ que** *(+ subjonctif) sout* nicht eher ruhen, als bis. ◆ **sans cesse** *loc adv* dauernd, unaufhörlich.

cesser [4] [sese] ◇ *vi* auf|hören ; **ne pas ~ de faire qqch** etw ständig tun ◇ *vt* ein|stellen.

cessez-le-feu [seselfø] *nm inv* Waffenruhe *die.*

cession [sɛsjɔ̃] *nf* Übertragung *die*, Abtretung *die.*

c'est-à-dire [setadir] *loc adv* [en d'autres termes] das heißt. ◆ **c'est-à-dire que** *loc conj* : **~ que je n'y avais pas pensé** leider hatte ich nicht daran gedacht.

cet ▷ **ce.**

cétacé [setase] *nm* Wal *der.*

cette ▷ **ce.**

ceux ▷ **celui.**

ceux-ci ▷ **celui-ci.**

ceux-là ▷ **celui-là.**

cf (*abr de* **confer**) vgl. *(vergleiche)*, s. *(siehe).*

CFDT (*abr de* **Confédération française démocratique du travail**) *nf linksorientierter, demokratischer Gewerkschaftsbund in Frankreich.*

CFTC (*abr de* **Confédération française des travailleurs chrétiens**) *nf christlicher Gewerkschaftsbund in Frankreich.*

cg (*abr de* **centigramme**) cg.

CGC (*abr de* **Confédération générale des cadres**) *nf französische Gewerkschaft für mittlere und leitende Angestellte.*

CGT (*abr de* **Confédération générale du travail**) *nf kommunistisch orientierter Gewerkschaftsbund in Frankreich.*

CH (*abr de* **Confédération helvétique**) CH.

chacun, e [ʃakœ̃, yn] *pron indéf* jede,-r,-s ; **~ de nous** OU **d'entre nous** jeder von uns ; **~ d'eux** OU **d'entre eux** jeder von ihnen ; **~ pour soi** jeder für sich ; **tout un ~** ein jeder.

chagrin, e [ʃagrɛ̃, in] *adj* betrübt. ◆ **chagrin** *nm* Kummer *der ;* **avoir du ~** Kummer haben.

chagriner [3] [ʃagrine] *vt* **- 1.** [peiner] : **~ qqn** jm Kummer bereiten **- 2.** [contrarier] bedrücken.

chahut [ʃay] *nm* Radau *der.*

chahuter [3] [ʃayte] *vi* Radau machen.

chaîne [ʃɛn] *nf* **- 1.** [gén] Kette *die ;* **~ de montagnes** Bergkette **- 2.** IND Fließband *das ;* **à la ~** am Fließband **- 3.** [de télévision] Sender *der*, Programm *das ;* **~ à péage** Pay-TV *das*, Fernsehkanal *der ;* **~ thématique** Spartenkanal *der* **- 4.** [appareil] *Radio, CD-Player und Kassettenrecorder mit Verstärker und Lautsprechern ;* **~ hi-fi** Hi-Fi-Anlage *die ;* **~ stéréo** Stereoanlage *die.* ◆ **chaînes** *nfpl* [de pneus] Schneeketten *Pl.*

chaînon [ʃɛnɔ̃] *nm* **- 1.** [maillon] (Ketten)glied *das* **- 2.** *fig* [élément] Glied *das.*

chair [ʃɛr] *nf* **- 1.** [d'homme, d'animal] Fleisch *das ;* **avoir la ~ de poule** *fig* Gänsehaut haben **- 2.** [de fruit] Fruchtfleisch *das.*

chaire [ʃɛr] *nf* **- 1.** [estrade - de curé] Kanzel *die ;* [- de professeur] Katheder *das* **- 2.** [poste de professeur] Lehrstuhl *der.*

chaise [ʃɛz] *nf* Stuhl *der ;* **~ électrique** elektrischer Stuhl ; **~ longue** Liegestuhl.

châle [ʃal] *nm* Schultertuch *das.*

chalet [ʃalɛ] *nm* [de montagne] Chalet *das.*

chaleur [ʃalœr] *nf* **- 1.** [du soleil, du chauffage] Wärme *die*, Hitze *die* **- 2.** [des femelles]

Brunst *die* ; **en ~** [gén] brünstig ; [chienne] läufig.

chaleureux, euse [ʃalœrø, øz] *adj* herzlich.

chaloupe [ʃalup] *nf* [de sauvetage] Rettungsboot *das*.

chalumeau, x [ʃalymo] *nm* [outil - à souder] Schweißbrenner *der* ; [- à découper] Schneidbrenner *der*.

chalutier [ʃalytje] *nm* Fischdampfer *der*, Trawler *der*.

chamailler [3] [ʃamaje] ◆ **se chamailler** *vp fam* sich zanken.

chambranle [ʃɑ̃brɑ̃l] *nm* [de porte, de fenêtre] Rahmen *der*.

chambre [ʃɑ̃br] *nf* - **1.** [pièce] (Schlaf)zimmer *das* ; **~ d'amis** Gästezimmer ; **~ forte** Tresorraum *der* ; **~ froide** Kühlraum *der* ; **~ noire** Dunkelkammer *die* - **2.** JUR, POLIT & COMM Kammer *die*. ◆ **Chambre** *nf* : **la Chambre des députés** das Abgeordnetenhaus.

chambrée [ʃɑ̃bre] *nf* - **1.** [occupants] Stubengemeinschaft *die* - **2.** [pièce] Stube *die*.

chambrer [3] [ʃɑ̃bre] *vt* - **1.** [vin] auf Zimmertemperatur bringen - **2.** *fam* [personne] necken, auf den Arm nehmen.

chameau, x [ʃamo] *nm* Kamel *das*.

chamois [ʃamwa] *nm* - **1.** [animal] Gämse *die* - **2.** [peau] Gämsleder *das*.

champ [ʃɑ̃] *nm* [gén] Feld *das* ; **~ de bataille** Schlachtfeld ; **~ de courses** Rennbahn *die*.

champagne [ʃɑ̃paɲ] *nm* Champagner *der*.

champêtre [ʃɑ̃pɛtr] *adj* ländlich.

champignon [ʃɑ̃piɲɔ̃] *nm* - **1.** BOT & MÉD Pilz *der* ; **~ de Paris** Champignon *der* - **2.** *fam* [accélérateur] Gaspedal *das*.

champignon

Vorsicht! Der französische Begriff **champignon** bedeutet ganz generell „Pilz", dabei kann es sich auch um Pfifferlinge oder andere Pilzsorten handeln. Steht auf einer Speisekarte **Escalope aux champignons**, ist noch lange nichts darüber ausgesagt, welche Art von Pilz gemeint ist, es kann sich aber auch um Champignons handeln.
Der deutsche Begriff „Champignon" dagegen wird mit **champignon de Paris** übersetzt. „Diese Champignons in Sahnesoße sind sehr lecker" heißt auf Französisch **Ces champignons de Paris à la crème sont délicieux**.

champion, onne [ʃɑ̃pjɔ̃, ɔn] *nm, f* SPORT Meister *der*, -in *die*.

championnat [ʃɑ̃pjɔna] *nm* Meisterschaft *die*.

chance [ʃɑ̃s] *nf* - **1.** [sort] Glück *das* ; **avoir de la ~** Glück haben ; **bonne ~!** viel Glück! - **2.** [probabilité, possibilité] Chance *die* ; **avoir des ~s de faire qqch** eine Chance haben, etw zu tun.

souhaiter bonne chance

Hals und Beinbruch. Je te dis m...
Halt die Ohren steif. Haut les coeurs !
Viel Glück. Bonne chance.
Toi, toi, toi. Je te souhaite plein de bonnes choses.
Ich drücke dir die Daumen. Je croise les doigts.

chanceler [24] [ʃɑ̃sle] *vi* - **1.** [vaciller] wanken - **2.** [être instable] ins Wanken geraten.

chancelier [ʃɑ̃səlje] *nm* Kanzler *der*.

chanceux, euse [ʃɑ̃sø, øz] *adj* : **être ~** Glück haben, ein Glückspilz sein.

chancre [ʃɑ̃kr] *nm* MÉD Schanker *der*.

chandail [ʃɑ̃daj] *nm* Pullover *der*.

Chandeleur [ʃɑ̃dlœr] *nf* Lichtmess *die*.

chandelier [ʃɑ̃dəlje] *nm* Kerzenleuchter *der*.

chandelle [ʃɑ̃dɛl] *nf* Kerze *die* ; **dîner aux ~s** bei Kerzenlicht dinieren.

change [ʃɑ̃ʒ] *nm* Wechsel *der*.

changeant, e [ʃɑ̃ʒɑ̃, ɑ̃t] *adj* - **1.** [temps] unbeständig - **2.** [humeur] wechselhaft.

changement [ʃɑ̃ʒmɑ̃] *nm* - **1.** [fait de changer] Änderung *die* ; **~ de vitesse** Gangschaltung *die* - **2.** [résultat de transformation] Veränderung *die* - **3.** [remplacement] Auswechseln *das* - **4.** [de saison, de temps] Wechsel *der*.

changer [17] [ʃɑ̃ʒe] ◇ *vt* - **1.** [choses] ändern - **2.** [personne] verändern - **3.** [remplacer - voiture] wechseln ; [- ampoule] aus|wechseln - **4.** [échanger] : **~ qqch contre qqch** etw gegen etw ein|tauschen - **5.** [argent] wechseln ; **~ qqch en qqch** etw in etw *(A)* um|tauschen - **6.** [bébé] trocken|legen - **7.** [transformer] : **~ qqn/qqch en qqch** jn/etw in etw *(A)* verwandeln ◇ *vi* - **1.** [évoluer] sich verändern - **2.** [apporter un changement] Abwechslung bringen. ◆ **changer de** *v prép* - **1.** [transformer] ändern ; **~ d'avis** seine Meinung ändern - **2.** [échanger] wechseln ; **~ de médecin** den Arzt wechseln. ◆ **se changer** *vp* [changer de vêtement] sich um|ziehen.

changeur [ʃɑ̃ʒœr] *nm* [personne] Wechsler *der*.

chanson [ʃɑ̃sɔ̃] *nf* Lied *das*.

chansonnier, ère [ʃɑ̃sɔnje, ɛr] *nm, f* (Chanson)sänger *der*, -in *die*.
chant [ʃɑ̃] *nm* - **1.** [son - de personne, d'oiseau] Gesang *der* ; [- d'insecte] Zirpen *das* - **2.** [chanson] Lied *das*.
chantage [ʃɑ̃taʒ] *nm* Erpressung *die* ; **faire du ~ à qqn** jn erpressen.
chanter [3] [ʃɑ̃te] ◇ *vt* MUS singen ◇ *vi* - **1.** [personne, oiseau] singen ; **~ juste/faux** richtig/falsch singen - **2.** [insecte] zirpen - **3.** *loc* : **faire ~** erpressen.
chanteur, euse [ʃɑ̃tœr, øz] *nm, f* Sänger *der*, -in *die*.
chantier [ʃɑ̃tje] *nm* - **1.** CONSTR Baustelle *die* - **2.** *fig* [désordre] Durcheinander *das*. ◆ **chantier naval** *nm* Werft *die*.
chantonner [3] [ʃɑ̃tɔne] *vt & vi* vor sich hin|singen.
chanvre [ʃɑ̃vr] *nm* Hanf *der*.
chaos [kao] *nm* Chaos *das*.
chaotique [kaɔtik] *adj* chaotisch.
chaparder [3] [ʃaparde] *vt* mopsen.
chapeau, x [ʃapo] *nm* [coiffure] Hut *der*.
chapeauter [3] [ʃapote] *vt* : **~ qqn/qqch** jm/etw vor|stehen.
chapelet [ʃaplɛ] *nm* RELIG Rosenkranz *der*.
chapelle [ʃapɛl] *nf* Kapelle *die*.
chapelure [ʃaplyr] *nf* Paniermehl *das*.
chaperon [ʃaprɔ̃] *nm* [personne] Anstandsdame *die*. ◆ **Chaperon** *nm* : **le petit Chaperon rouge** das Rotkäppchen.
chapiteau, x [ʃapito] *nm* [de cirque] Zirkuszelt *das*.
chapitre [ʃapitr] *nm* - **1.** [de livre & RELIG] Kapitel *das* - **2.** [sujet] Thema *das*.
chaque [ʃak] *adj indéf* jede,-r,-s ; **~ personne** jeder ; **j'ai payé ces livres quinze euros ~** die Bücher haben fünfzehn Euro das Stück gekostet.
char [ʃar] *nm* - **1.** MIL : **~ (d'assaut)** Panzer *der* - **2.** [de carnaval & HIST] Wagen *der*.
charabia [ʃarabja] *nm* Kauderwelsch *das*.
charade [ʃarad] *nf* Scharade *die*.
charbon [ʃarbɔ̃] *nm* - **1.** [combustible] Kohle *die* ; **~ de bois** Holzkohle - **2.** MED : **le ~** Milzbrand *der*.
charbonnier, ère [ʃarbɔnje, ɛr] *nm, f* [marchand] Kohlenhändler *der*, -in *die*.
charcuterie [ʃarkytri] *nf* - **1.** [magasin] Wursterei *die* - **2.** [produits] Wurstwaren *Pl* - **3.** [dans supermarché] Wurstabteilung *die*.
charcutier, ère [ʃarkytje, ɛr] *nm, f* [commerçant] Schweinemetzger *der*.
chardon [ʃardɔ̃] *nm* Distel *die*.
charge [ʃarʒ] *nf* - **1.** [fardeau] Last *die* - **2.** [fonction] Amt *das* - **3.** [mission] Auftrag *der* - **4.** *loc* : **être à la ~ de qqn** [facture] zu js Lasten gehen ; [personne] von jm unterhalten werden ; **prendre qqch en ~** [payer] etw übernehmen ; [s'occuper de] sich um etw kümmern ; **prendre qqn en ~** sich js an|nehmen. ◆ **charges** *nfpl* - **1.** [dépenses] Kosten *die* ; **~s sociales** Sozialabgaben *Pl* - **2.** [de loyer] Nebenkosten *Pl* ; **~s comprises** warm *(adv)* ; **sans les ~s** kalt *(adv)*.
chargé, e [ʃarʒe] ◇ *adj* - **1.** [occupé] geschäftig - **2.** [encombré] beladen ; **~ de qqch** mit etw bepackt - **3.** [langue] belegt ◇ *nm, f* : **~ d'affaires** Geschäftsträger *der*, -in *die* ; **~ de mission** Beauftragte *der, die*.
chargement [ʃarʒəmɑ̃] *nm* - **1.** [marchandises] Ladung *die*, Fracht *die* - **2.** [de camion] Beladen *das* - **3.** [d'appareil photo] Einlegen *das* eines Films - **4.** [d'arme] Laden *das*.
charger [17] [ʃarʒe] ◇ *vt* - **1.** [voiture] beladen ; [personne] belasten ; [animal] bepacken - **2.** [donner une mission à] : **~ qqn de qqch** jn mit etw beauftragen ; **~ qqn de faire qqch** jn beauftragen, etw zu tun - **3.** [arme, programme] laden ; [appareil photo] : **~ qqch** in etw *(A)* einen Film ein|legen - **4.** [batterie] auf|laden - **5.** [sujet : animal] an|greifen - **6.** [accusé] belasten ◇ *vi* an|greifen. ◆ **se charger** *vp* [prendre soin, s'occuper] : **se ~ de qqn/qqch** sich um jn/etw kümmern.
chargeur [ʃarʒœr] *nm* - **1.** [d'appareil photo] Kassette *die*, Ladevorrichtung *die* - **2.** [de batterie] Ladegerät *das* - **3.** [d'arme] Magazin *das* - **4.** [personne] Befrachter *der*.
chariot [ʃarjo] *nm* - **1.** [charrette] Karren *der* - **2.** [de manutention, de machine à écrire] Wagen *der*.
charisme [karism] *nm* Charisma *das*.
charitable [ʃaritabl] *adj* - **1.** [généreux] mildtätig - **2.** [compréhensif] einfühlsam - **3.** [conseil] christlich.
charité [ʃarite] *nf* - **1.** [bonté] Güte *die* - **2.** RELIG Nächstenliebe *die*.
charlatan [ʃarlatɑ̃] *nm péj* Quacksalber *der*.
charmant, e [ʃarmɑ̃, ɑ̃t] *adj* reizend.
charme [ʃarm] *nm* [de chose] Reiz *der* ; [de personne] Charme *der*.
charmer [3] [ʃarme] *vt* - **1.** [public, auditoire] fesseln - **2.** [personne] faszinieren - **3.** [ravir] : **être charmé de faire qqch** entzückt sein, etw zu tun.
charmeur, euse [ʃarmœr, øz] ◇ *adj* einschmeichelnd ◇ *nm, f* Charmeur *der*, Schmeichlerin *die*.
charnel, elle [ʃarnɛl] *adj* körperlich.
charnier [ʃarnje] *nm* Massengrab *das*.
charnière [ʃarnjɛr] ◇ *nf* Scharnier *das* ; *fig* Übergang *der* ◇ *adj fig* Schlüssel-.
charnu, e [ʃarny] *adj* - **1.** [lèvres, fruit] fleischig - **2.** [corps] weich.

charpente [ʃarpɑ̃t] *nf* - **1.** [de bâtiment] Gerüst *das* ; [de toit] Dachstuhl *der* - **2.** [ossature] Knochengerüst *das* - **3.** *fig* [structure] Aufbau *der*.

charpentier [ʃarpɑ̃tje] *nm* Zimmermann *der*.

charretier, ère [ʃartje, ɛr] *nm, f* Fuhrmann *der*.

charrette [ʃarɛt] *nf* Wagen *der*, Karren *der*.

charrier [9] [ʃarje] ◇ *vt* - **1.** [entraîner] mit sich führen - **2.** [transporter] transportieren ◇ *vi fam* zu weit gehen.

charrue [ʃary] *nf* Pflug *der*.

charte [ʃart] *nf* Charta *die*.

charter [ʃartɛr] *nm* - **1.** [avion] Chartermaschine *die* - **2.** [vol] Charterflug *der*.

chas [ʃa] *nm* (Nadel)öhr *das*.

chasse [ʃas] *nf* - **1.** [action] Jagd *die* - **2.** [période] Jagdzeit *die* - **3.** [domaine] : **~ gardée** Jagdrevier *das* ; *fig* Revier *das* - **4.** [poursuite] Verfolgungsjagd *die* ; **prendre qqn en ~** js Verfolgung auf|nehmen - **5.** [des toilettes] : **~ (d'eau)** Wasserspülung *die* ; **tirer la ~ (d'eau)** die Wasserspülung ziehen.

chassé-croisé [ʃasekrwaze] *nm* Kommen und Gehen *das*.

chasse-neige [ʃasnɛʒ] *nm inv* Schneepflug *der*.

chasser [3] [ʃase] ◇ *vt* - **1.** [gibier] jagen - **2.** [mouches, personne, soucis] vertreiben - **3.** [congédier] hinaus|werfen ◇ *vi* - **1.** [aller à la chasse] jagen, auf die Jagd gehen - **2.** [déraper] (seitlich) aus|rutschen.

chasseur, euse [ʃasœr, øz] *nm, f* Jäger *der*, -in *die*. ◆ **chasseur** *nm* - **1.** [d'hôtel] Page *der* - **2.** [avion] Jagdflugzeug *das*, Jäger *der*.

châssis [ʃasi] *nm* - **1.** [de fenêtre, de porte, de tableau] Rahmen *der* - **2.** [de véhicule] Fahrgestell *das* - **3.** [de machine] Gestell *das*, Kasten *der*.

chaste [ʃast] *adj* keusch.

chasteté [ʃastəte] *nf* Keuschheit *die*.

chasuble [ʃazybl] *nf* RELIG Messgewand *das*.

chat, chatte [ʃa, ʃat] *nm, f* [animal] Katze *die* ; [mâle] Kater *der*.

châtaigne [ʃatɛɲ] *nf* [fruit] Kastanie *die*.

châtaignier [ʃateɲe] *nm* [arbre] Kastanie *die*, Kastanienbaum *der*.

châtain [ʃatɛ̃] *adj* hellbraun.

château, x [ʃato] *nm* - **1.** [forteresse] : **~ (fort)** Burg *die* - **2.** [résidence seigneuriale] Schloss *das*. ◆ **château d'eau** *nm* Wasserturm *der*.

châtiment [ʃatimɑ̃] *nm* - **1.** [action] Bestrafung *die* - **2.** [résultat] Strafe *die*.

chaton [ʃatɔ̃] *nm* [chat, bourgeon] Kätzchen *das*.

chatouiller [3] [ʃatuje] *vt* kitzeln.

chatoyant, e [ʃatwajɑ̃, ɑ̃t] *adj* schillernd.

châtrer [3] [ʃatre] *vt* kastrieren.

chatte ▷ **chat**.

chaud, e [ʃo, ʃod] *adj* [gén] warm ; [de température très élevée] heiß ; **j'ai ~** mir ist warm ; **il fait ~** es ist warm ; **tenir ~** warm sein. ◆ **chaud** *nm* Hitze *die*.

chaudement [ʃodmɑ̃] *adv* - **1.** [s'habiller] warm - **2.** [accueillir] herzlich.

chaudière [ʃodjɛr] *nf* Heizkessel *der*.

chaudron [ʃodrɔ̃] *nm* (Koch)kessel *der*.

chauffage [ʃofaʒ] *nm* [appareil] Heizung *die* ; **~ central** Zentralheizung.

chauffant, e [ʃofɑ̃, ɑ̃t] *adj* aufheizbar, Heiz-.

chauffard [ʃofar] *nm péj* aggressiver Fahrer *der*, aggressive Fahrerin *die*.

chauffe-eau [ʃofo] *nm inv* Boiler *der*.

chauffer [3] [ʃofe] ◇ *vt* heizen ; [eau] erhitzen, erwärmen ; [métal] erhitzen ◇ *vi* - **1.** [devenir chaud] warm werden - **2.** [moteur, appareil] sich heiß laufen - **3.** [soleil, radiateur] warm sein - **4.** *fam* [barder] krachen, knallen.

chauffeur [ʃofœr] *nm* - **1.** [conducteur] (Auto)fahrer *der*, -in *die* - **2.** [employé] Chauffeur *der*.

chaume [ʃom] *nm* [paille] Stroh *das* ; **toit de ~** Strohdach *das*.

chaumière [ʃomjɛr] *nf* *kleines strohgedecktes Haus*.

chaussée [ʃose] *nf* Fahrbahn *die*.

chausse-pied [ʃospje] (*pl* **chausse-pieds**) *nm* Schuhanzieher *der*.

chausser [3] [ʃose] ◇ *vt* - **1.** [souliers] an|ziehen ; [lunettes] auf|setzen - **2.** [enfant] : **~ qqn** jm Schuhe an|ziehen ◇ *vi* : **~ du 40** Schuhgröße 40 haben. ◆ **se chausser** *vp* sich die Schuhe an|ziehen.

chaussette [ʃosɛt] *nf* Kniestrumpf *der*.

chausseur [ʃosœr] *nm* [fournisseur] Schuhhändler *der*.

chausson [ʃosɔ̃] *nm* - **1.** [pantoufle] Hausschuh *der* - **2.** [de danse] Ballettschuh *der* - **3.** [de bébé] Babyschuh *der* - **4.** [pâtisserie] *gefülltes Blätterteiggebäck* ; **~ aux pommes** Apfeltasche *die*.

chaussure [ʃosyr] *nf* [soulier] Schuh *der* ; **~ basse** Halbschuh ; **~ de marche** Wanderschuh ; **~ montante** hochgeschlossener Schuh ; **~ à scratch** Schuh *der* mit Klettverschluss ; **~ de ski** Skistiefel *der*.

chauve [ʃov] ◇ *adj* kahl(köpfig), glatzköpfig ; **devenir/être ~** eine Glatze bekommen/haben ◇ *nm* Glatzkopf *der*.

chauve-souris [ʃovsuri] *nf* Fledermaus *die.*

chauvin, e [ʃovɛ̃, in] ◇ *adj* chauvinistisch ◇ *nm, f* Chauvinist *der,* -in *die.*

chaux [ʃo] *nf* Kalk *der ;* **blanchi à la ~** gekalkt.

chavirer [3] [ʃavire] ◇ *vi* [bateau] kentern ◇ *vt* - **1.** [bateau] zum Kentern bringen - **2.** [personne] mit|nehmen.

chef [ʃɛf] *nm* - **1.** [dirigeant] Chef *der,* -in *die,* Leiter *der,* -in *die ;* **~ de famille** Familienoberhaupt *das ;* **~ de file** Leiter, Anführer *der ;* **~ de gare** Bahnhofsvorsteher *der ;* **~ d'orchestre** Dirigent *der ;* **~ de service** ADMIN Dienst habender Leiter ; [d'entreprise] Abteilungsleiter ; [d'hôpital] Stationsarzt *der* - **2.** [cuisinier] Chef *der* - **3.** [champion] Meister *der,* -in *die.* ◆ **chef d'accusation** *nm* Anklagepunkt *der.*

chef-d'œuvre [ʃɛdœvr] (*pl* **chefs-d'œuvre**) *nm* ART Meisterwerk *das.*

chef-lieu *nm :* **~ de département** Sitz *der* der Präfektur.

chemin [ʃəmɛ̃] *nm* Weg *der ;* **demander son ~ (à qqn)** (jn) nach dem Weg fragen ; **en ~** unterwegs ; **faire son ~** *fig* sich durch|setzen. ◆ **chemin de fer** *nm* Eisenbahn *die.*

cheminée [ʃəmine] *nf* - **1.** [foyer] Kamin *der* - **2.** [conduit] Schornstein *der* - **3.** [d'usine, de volcan] Schlot *der.*

cheminement [ʃəminmɑ̃] *nm* [d'idée, de projet] Voranschreiten *das,* Wandel *der.*

cheminer [3] [ʃəmine] *vi* - **1.** [marcher] marschieren - **2.** *fig* [évoluer] sich *(D)* einen Weg bahnen.

cheminot [ʃəmino] *nm* Eisenbahner *der.*

chemise [ʃəmiz] *nf* - **1.** [vêtement] Hemd *das ;* **~ de nuit** Nachthemd - **2.** [dossier] Mappe *die.*

chemisette [ʃəmizɛt] *nf* - **1.** [d'homme] kurzärmeliges Hemd - **2.** [de femme] kurzärmelige Bluse.

chemisier [ʃəmizje] *nm* [vêtement] Bluse *die.*

chenal, aux [ʃənal, o] *nm* Fahrrinne *die.*

chêne [ʃɛn] *nm* Eiche *die.*

chenil [ʃənil] *nm* - **1.** [pour chiens] Zwinger *der* - **2.** *Helv* [désordre] Unordnung *die.*

chenille [ʃənij] *nf* - **1.** [animal] Raupe *die* - **2.** [de véhicule] Raupenkette *die.*

chèque [ʃɛk] *nm* Scheck *der ;* **~ en blanc** Blankoscheck ; **~ postal** Postscheck ; **~ sans provision** ungedeckter Scheck ; **~ de voyage** Reisescheck.

Chèque-Restaurant® *nm* Restaurantscheck *der.*

chéquier [ʃekje] *nm* Scheckheft *das.*

cher, chère [ʃɛr] ◇ *adj* - **1.** [coûteux] teuer - **2.** *(avant n)* [aimé, dans lettre] lieb ; **~ Monsieur Dupont** sehr geehrter Herr Dupont ◇ *nm, f* Liebe *der, die.* ◆ **cher** *adv* teuer. ◆ **chère** *nf :* **la bonne chère** gutes Essen.

chercher [3] [ʃɛrʃe] ◇ *vt* - **1.** [rechercher] suchen - **2.** [prendre] : **aller ~ qqn/qqch** jn/etw holen ; **venir ~ qqn/qqch** jn/etw ab|holen - **3.** *fam* [provoquer] : **~ qqn** mit jm Streit suchen ◇ *vi :* **~ à faire qqch** versuchen, etw zu tun.

chercheur, euse [ʃɛrʃœr, øz] *nm, f* Forscher *der,* -in *die.*

chéri, e [ʃeri] ◇ *adj* geliebt ◇ *nm, f* - **1.** [terme d'affection] Liebe *der, die* - **2.** [chouchou] Liebling *der.*

chérir [32] [ʃerir] *vt* - **1.** [aimer] lieben - **2.** [être attaché à] : **~ qqch** an etw *(D)* hängen.

chétif, ive [ʃetif, iv] *adj* - **1.** [enfant] schwächlich - **2.** [arbre] mickerig.

cheval, aux [ʃəval, o] *nm* - **1.** [animal] Pferd *das ;* **~ d'arçons** SPORT Pferd ; **être à ~ sur qqch** [chevaucher] rittlings auf etw *(D)* sitzen ; *fig* [lieux] beiderseits einer Sache *(G)* sein ; *fig* [tenir à] auf etw *(A)* pochen - **2.** [équitation] Reiten *das ;* **faire du** OU **monter à ~** reiten - **3.** AUTOM *Pferdestärke nach Kfz-Steuer.*

chevalerie [ʃəvalri] *nf* Ritterstand *der.*

chevalet [ʃəvalɛ] *nm* - **1.** [de peintre] Staffelei *die* - **2.** [de violon] Steg *der.*

chevalier [ʃəvalje] *nm* Ritter *der.*

chevalière [ʃəvaljɛr] *nf* Siegelring *der.*

chevauchée [ʃəvoʃe] *nf* Ritt *der.*

chevaucher [3] [ʃevoʃe] *vt* rittlings sitzen ; **~ qqch** rittlings auf etw *(D)* sitzen. ◆ **se chevaucher** *vp* sich überlappen.

chevelu, e [ʃəvly] *adj* behaart.

chevelure [ʃəvlyr] *nf* Haar *das (sans pl).*

chevet [ʃəvɛ] *nm* Kopfende *das ;* **être au ~ de qqn** an js Krankenbett sein.

cheveu, x [ʃəvø] *nm* Haar *das.* ◆ **cheveux** *nmpl* [chevelure] Haar *das.*

cheville [ʃəvij] *nf* - **1.** ANAT Knöchel *der* - **2.** [pour vis] Dübel *der.*

chèvre [ʃɛvr] ◇ *nf* Ziege *die* ◇ *nm* Schafskäse *der.*

chevreau, x [ʃəvro] *nm* - **1.** [animal] Zicklein *das* - **2.** [peau] Ziegenleder *das.*

chèvrefeuille [ʃɛvrəfœj] *nm* Geißblatt *das.*

chevreuil [ʃəvrœj] *nm* - **1.** [animal] Reh *das* - **2.** CULIN Rehfleisch *das.*

chevronné, e [ʃəvrɔne] *adj* geübt.

chevrotine [ʃəvrɔtin] *nf* Grobschrot *das.*

chewing-gum [ʃwiŋgɔm] (*pl* **chewing-gums**) *nm* Kaugummi *der* OU *das.*

chez [ʃe] *prép* bei ; **être ~ qqn** bei jm sein ; **aller ~ qqn** zu jm gehen ; **il rentre ~ lui** er geht nach Hause ; **je reste ~ moi** ich bleibe zu Hause ; **il vient ~ nous** er kommt zu uns nach Hause ; **ce que j'aime ~ lui** was ich an ihm besonders mag.

chez-soi [ʃeswa] *nm inv* Zuhause *das.*

chic [ʃik] ◇ *adj* **- 1.** [élégant] schick **- 2.** [serviable] nett ◇ *nm* Schick *der.*

chicorée [ʃikɔre] *nf* **- 1.** [salade] Endivie *die* **- 2.** [racine torréfiée] Zichorie *die ;* [boisson] Zichorienkaffee *der.*

chicorée

Das französische Substantiv **chicorée** hat im Deutschen nicht die Bedeutung von „Chicorée", sondern von „Endivie". **Il existe de la chicorée frisée ou non** heißt auf Deutsch „Endivien gibt es als kraus- und glattblättrige Sorte".
Das deutsche Wort „Chicorée" dagegen wird mit **endive** übersetzt. „Chicorée isst man als Salat oder gedünstet" wird im Französischen mit **Les endives se mangent en salade ou cuites à l'étouffée** wiedergegeben.

chien, chienne [ʃjɛ̃, ʃjɛn] *nm, f* **- 1.** [animal] Hund *der,* Hündin *die ;* **~ de chasse** Jagdhund ; **~ de garde** Wachhund **- 2.** [d'arme à feu] Hahn *der ;* **en ~ de fusil** *fig* mit angewinkelten Beinen.

chiendent [ʃjɛ̃dɑ̃] *nm* Quecke *die.*

chien-loup *nm* Wolfshund *der.*

chienne ▷ **chien.**

chiffon [ʃifɔ̃] *nm* Lappen *der.*

chiffonné, e [ʃifɔne] *adj* [fatigué] übernächtigt.

chiffonner [3] [ʃifɔne] *vt* **- 1.** [froisser] verknittern **- 2.** [contrarier] besorgen. ◆ **se chiffonner** *vp* knittern.

chiffre [ʃifr] *nm* **- 1.** [caractère] Ziffer *die* **- 2.** [montant] Zahl *die ;* **~ rond** runde Zahl **- 3.** [code secret] Geheimzahl *die.* ◆ **chiffre d'affaires** *nm* Umsatz *der.*

chiffrer [ʃifre] ◇ *vt* [évaluer] beziffern ◇ *vi* sich summieren.

chignole [ʃiɲɔl] *nf* Bohrer *der.*

chignon [ʃiɲɔ̃] *nm* Haarknoten *der.*

Chili [ʃili] *nm :* **le ~** Chile *nt ;* **au ~** in Chile.

chilien, enne [ʃiljɛ̃, ɛn] *adj* chilenisch. ◆ **Chilien, enne** *nm, f* Chilene *der,* -nin *die.*

chimère [ʃimɛr] *nf* **- 1.** MYTH Schimäre *die* **- 2.** *fig* [illusion] Luftschloss *das.*

chimie [ʃimi] *nf* Chemie *die.*

chimiothérapie [ʃimjɔterapi] *nf* Chemotherapie *die.*

chimique [ʃimik] *adj* chemisch ; **produits ~s** Chemikalien *Pl.*

chimiste [ʃimist] *nmf* Chemiker *der,* -in *die.*

chimpanzé [ʃɛ̃pɑ̃ze] *nm* Schimpanse *der.*

Chine [ʃin] *nf :* **la ~** China *nt.*

chiné, e [ʃine] *adj* meliert.

chiner [3] [ʃine] *vi auf Trödelmärkten oder bei Antiquitätenhändlern nach schönen Stücken stöbern.*

chinois, e [ʃinwa, az] *adj* chinesisch. ◆ **chinois** *nm* **- 1.** [langue] Chinesisch(e) *(das)* **- 2.** [passoire] Trichtersieb *das.* ◆ **Chinois, e** *nm, f* Chinese *der,* -sin *die.*

chiot [ʃjo] *nm* Welpe *der.*

chipie [ʃipi] *nf* Biest *das.*

chips [ʃips] *nfpl :* **(pommes) ~** (Kartoffel)chips *Pl.*

chiquer [ʃike] *vt* Tabak kauen.

chirurgical, e, aux [ʃiryrʒikal, o] *adj* chirurgisch.

chirurgie [ʃiryrʒi] *nf* Chirurgie *die.*

chirurgien, enne [ʃiryrʒjɛ̃, ɛn] *nm, f* Chirurg *der,* -in *die.*

chiure [ʃjyr] *nf :* **~ de mouche** Fliegendreck *der.*

ch.-l. *abr de* **chef-lieu.**

chlore [klɔr] *nm* Chlor *das.*

chloroforme [klɔrɔfɔrm] *nm* Chloroform *das.*

chlorophylle [klɔrɔfil] *nf* Chlorophyll *das.*

choc [ʃɔk] *nm* **- 1.** [coup] Schlag *der* **- 2.** [conflit] Konfrontation *die* **- 3.** [émotionnel] Schock *der.*

chocolat [ʃɔkɔla] ◇ *nm* **- 1.** [produit] Schokolade *die* **- 2.** [boisson] Schokolade *die,* Kakao *der ;* **~ chaud/glacé** heiße/kalte Schokolade **- 3.** [bonbon] Praline *die* ◇ *adj inv* schokoladenbraun.

chœur [kœr] *nm* **- 1.** [gén] Chor *der ;* **en ~** *fig* gemeinsam **- 2.** MUS [morceau] Chorwerk *das.*

choir [72] [ʃwar] *vi :* **se laisser ~** sich fallen lassen.

choisi, e [ʃwazi] *adj* **- 1.** [recherché] gewählt **- 2.** [distingué] erlesen.

choisir [32] [ʃwazir] ◇ *vt* **- 1.** [élire] wählen **- 2.** [sélectionner] auswählen, aussuchen ◇ *vi :* **~ de faire qqch** sich dazu entscheiden, etw zu tun.

choix [ʃwa] *nm* **- 1.** [décision] Wahl *die ;* **au ~** nach Wahl **- 2.** [sélection, variété] Auswahl *die* **- 3.** [qualité] : **de premier/second ~** erster/zweiter Wahl.

choléra [kɔlera] *nm* Cholera *die.*

cholestérol [kɔlɛsterɔl] *nm* Cholesterin *das ;* **taux de ~** Cholesterinspiegel *der.*

chômage [ʃomaʒ] *nm* Arbeitslosigkeit *die* ; **~ partiel** Kurzarbeit *die*.
chômer [3] [ʃome] *vi* : **ne pas ~** *fig* alle Hände voll zu tun haben.
chômeur, euse [ʃomœr, øz] *nm, f* Arbeitslose *der, die*.
chope [ʃɔp] *nf* Schoppen *der*.
choper [3] [ʃɔpe] *vt fam* **- 1.** [arrêter] erwischen **- 2.** [attraper] : **~ qqch** sich etw ein|fangen.
choquant, e [ʃɔkɑ̃, ɑ̃t] *adj* schockierend.
choquer [3] [ʃɔke] *vt* **- 1.** [scandaliser] schockieren **- 2.** [traumatiser] schwer treffen.
choral, e, als ou **aux** [kɔral, o] *adj* Chor-. ◆ **choral, als** *nm* Choral *der*. ◆ **chorale** *nf* Chor *der*.
chorégraphie [kɔregrafi] *nf* Choreografie *die*.
choriste [kɔrist] *nmf* Chorsänger *der*, -in *die*.
chose [ʃoz] <> *nf* **- 1.** [objet] Ding *das*, Sache *die* **- 2.** [événement, éventualité] Sache *die* **- 3.** *(gén pl)* [situation] Dinge *Pl* **- 4.** *loc* : **c'est (bien) peu de ~** das ist ja wohl das Mindeste ; **de deux ~s l'une** eins von beiden <> *nm fam* Dingsbums.
chou, x [ʃu] <> *nm* **- 1.** [légume] Kohl *der* ; **~ de Bruxelles** Rosenkohl **- 2.** [pâtisserie] Windbeutel *der* <> *adj inv* goldig.
chouchou, oute [ʃuʃu, ut] *nm, f fam* **- 1.** Liebling *der* **- 2.** [pour les cheveux] Haargummi *der*, Haarband *das*.
choucroute [ʃukrut] *nf* Sauerkraut *das*.
chouette [ʃwɛt] <> *nf* Eule *die* <> *adj & interj* toll.
chou-fleur *nm* Blumenkohl *der*.
chou-rave *nm* Kohlrabi *der*.
choyer [13] [ʃwaje] *vt sout* umsorgen.
CHR (*abr de* **centre hospitalier régional**) *nm* ≃ Kreiskrankenhaus *das*.
chrétien, enne [kretjɛ̃, ɛn] <> *adj* christlich <> *nm, f* Christ *der*, -in *die*.
chrétienté [kretjɛ̃te] *nf* Christenheit *die*.
christ [krist] *nm* Kruzifix *das*. ◆ **Christ** *nm* Christus *(sans art déf)*.
christianisme [kristjanism] *nm* Christentum *das*.
chrome [krom] *nm* Chrom *das*. ◆ **chromes** *nmpl* Chromteile *Pl*.
chromé, e [krome] *adj* verchromt.
chromosome [krɔmɔzom] *nm* Chromosom *das*.
chronique [krɔnik] <> *adj* **- 1.** MÉD chronisch **- 2.** [crise] andauernd <> *nf* **- 1.** [annales] Chronik *die* **- 2.** PRESSE : **~ sportive** Sportteil *der* **- 3.** [rumeur] Gerüchteküche *die*.
chronologie [krɔnɔlɔʒi] *nf* **- 1.** [d'événements] zeitliche Abfolge **- 2.** [science] Chronologie *die*.
chronologique [krɔnɔlɔʒik] ▷ **ordre**.
chronomètre [krɔnɔmɛtr] *nm* **- 1.** [de sport] Stoppuhr *die* **- 2.** [montre] Chronometer *der*.
chronométrer [18] [krɔnɔmetre] *vt* mit der Stoppuhr messen, stoppen.
chrysalide [krizalid] *nf* Puppe *die* ; **sortir de sa ~** *fig* flügge werden.
chrysanthème [krizɑ̃tɛm] *nm* Chrysantheme *die*.
CHU (*abr de* **centre hospitalo-universitaire**) *nm* Uni-Klinik *die*, Universitätsklinikum *das*.
chuchotement [ʃyʃɔtmɑ̃] *nm* Flüstern *das (sans pl)*.
chuchoter [3] [ʃyʃɔte] *vt & vi* flüstern.
chut [ʃyt] *interj* : **chut!** pst!
chute [ʃyt] *nf* **- 1.** [de personne, de gouvernement] Fall *der*, Sturz *der* ; [de cheveux] Ausgehen *das* ; [de feuilles] Abfallen *das* ; **faire une ~** fallen, stürzen ; **la ~ du mur de Berlin** HIST Mauerfall *der*, Maueröffnung *die* ; **~ de neige** Schneefall **- 2.** [des cours, de température, de tension] Abfall *der* **- 3.** [cascade] : **~ (d'eau)** Wasserfall *der* **- 4.** [de tissu] Stoffrest *der*.
Chypre [ʃipr] *n* Zypern *nt*.
ci [si] *adv* : **ce livre-~** dieses Buch hier ; **ces jours-~** in den kommenden Tagen.
CIA (*abr de* **Central Intelligence Agency**) *nf* CIA *der*.
ci-après [siaprɛ] *loc adv* nachstehend.
cible [sibl] *nf* **- 1.** [de tir] Zielscheibe *die* ; **être la ~ de qqn, servir de ~ à qqn** *fig* für jn Zielscheibe sein **- 2.** COMM & PUB : **(groupe) ~** Zielgruppe *die*.
ciblé, e [sible] *adj* COMM & PUB gezielt.
ciboulette [sibulɛt] *nf* Schnittlauch *der*.
cicatrice [sikatris] *nf* Narbe *die*.
cicatriser [3] [sikatrize] *vt* **- 1.** [guérir] vernarben **- 2.** *fig* [chagrin] heilen.
ci-contre [sikɔ̃tr] *adv* nebenstehend.
ci-dessous [sidəsu] *adv* unten stehend ; **voir** ou **cf ~** siehe unten.
ci-dessus [sidəsy] *adv* oben stehend ; **voir** ou **cf ~** siehe oben.
CIDJ (*abr de* **centre d'information et de documentation de la jeunesse**) *nm* Jugendinformations- und Dokumentationszentrum *das*.
cidre [sidr] *nm* Cidre *der*.
Cie (*abr de* **compagnie**) Co.
ciel [sjɛl] (*pl* **cieux** [sjø]) *nm* [gén] Himmel *der* ; **à ~ ouvert** im Tagebau. ◆ **cieux** *nmpl* [paradis] Himmel *der (sans pl)*.
cierge [sjɛrʒ] *nm* Kerze *die (in der Kirche)*.

cieux ▷ ciel.

cigale [sigal] *nf* Zikade *die*, Grille *die*.

cigare [sigar] *nm* Zigarre *die*.

cigarette [sigarɛt] *nf* Zigarette *die*.

ci-gît [siʒi] *loc adv* hier ruht.

cigogne [sigɔɲ] *nf* Storch *der*.

ciguë [sigy] *nf* Schierling *der*.

ci-inclus, e [siɛ̃kly, yz] *adj* beiliegend. ◆ **ci-inclus** *adv* anbei.

ci-joint, e [siʒwɛ̃, ɛ̃t] *adj* beiliegend. ◆ **ci-joint** *adv* : **veuillez trouver ~** anbei finden Sie.

cil [sil] *nm* ANAT Wimper *die*.

ciller [3] [sije] *vi* zwinkern.

cime [sim] *nf* [d'arbre] Krone *die* ; [de montagne] Gipfel *der*.

ciment [simɑ̃] *nm* - **1.** [matériau] Zement *der* - **2.** *fig* [lien] Bindemittel *das*.

cimenter [3] [simɑ̃te] *vt* - **1.** CONSTR zementieren - **2.** *fig* [consolider] festigen.

cimetière [simtjɛr] *nm* Friedhof *der*.

ciné [sine] *nm fam* Kino *das*.

cinéaste [sineast] *nmf* Filmemacher *der*, -in *die*.

ciné-club [sineklœb] (*pl* **ciné-clubs**) *nm* Filmklub *der*.

cinéma [sinema] *nm* - **1.** [art, salle, technique] Kino *das* - **2.** [industrie] Filmbranche *die*.

cinémathèque [sinematɛk] *nf* Filmarchiv *das*, Kinemathek *die*.

cinématographique [sinematɔgrafik] *adj* Film-.

cinéphile [sinefil] *nmf* Filmfan *der*.

cinglé, e [sɛ̃gle] *fam* ◇ *adj* plemplem ◇ *nm, f* Verrückte *der, die*.

cinq [sɛ̃k] ◇ *adj inv* & *pron inv* fünf ◇ *nm inv* Fünf *die* ; *voir aussi* **six.**

cinquantaine [sɛ̃kɑ̃tɛn] *nf* an die fünfzig ; **une ~ de personnes** ungefähr fünfzig Leute ; **avoir la ~** um die Fünfzig sein, an die fünfzig Jahre alt sein.

cinquante [sɛ̃kɑ̃t] ◇ *adj inv* & *pron inv* fünfzig ◇ *nm inv* Fünfzig *die* ; *voir aussi* **six.**

cinquantième [sɛ̃kɑ̃tjɛm] ◇ *adj* fünfzigste,-r,-s ◇ *nmf* Fünfzigste *der, die, das* ; *voir aussi* **sixième.**

cinquième [sɛ̃kjɛm] ◇ *adj* fünft-, fünfte,-r,-s ◇ *nmf* Fünfte *der, die, das* ◇ *nf* - **1.** SCOL ≃ siebte Klasse - **2.** [vitesse] Fünfte *der* ◇ *nm* - **1.** [fraction] Fünftel *das* - **2.** [étage] fünfter Stock, fünfte Etage - **3.** [arrondissement] fünftes Arrondissement ; *voir aussi* **sixième.**

cintre [sɛ̃tr] *nm* - **1.** [pour vêtements] Kleiderbügel *der* - **2.** ARCHIT Bogen *der*.

cintré, e [sɛ̃tre] *adj* - **1.** [courbé] Bogen- - **2.** COUTURE (an)tailliert.

cirage [siraʒ] *nm* - **1.** [produit - pour sol] Bohnerwachs *das* ; [- pour chaussures] Schuhcreme *die* - **2.** [action de cirer - sol] Bohnern *das* ; [- chaussures] Wichsen *das*.

circoncis, e [sirkɔ̃si, iz] *adj* beschnitten.

circoncision [sirkɔ̃sizjɔ̃] *nf* Beschneidung *die*.

circonférence [sirkɔ̃ferɑ̃s] *nf* - **1.** GÉOM Umfang *der* - **2.** [pourtour] Grenzlinie *die*.

circonscription [sirkɔ̃skripsjɔ̃] *nf* ADMIN Bezirk *der* ; **~ électorale** Wahlbezirk.

circonscrire [99] [sirkɔ̃skrir] *vt* - **1.** [incendie, épidémie] ein|dämmen - **2.** *fig* [sujet] ab|stecken.

circonspect, e [sirkɔ̃spɛ, ɛkt] *adj* - **1.** [personne, parole] vorsichtig - **2.** [conduite] bedacht.

circonstance [sirkɔ̃stɑ̃s] *nf* Gelegenheit *die*. ◆ **circonstances** *nfpl* Umstände *Pl*.

circonstancié, e [sirkɔ̃stɑ̃sje] *adj* ausführlich.

circuit [sirkɥi] *nm* - **1.** [chemin] Weg *der* - **2.** [itinéraire] Route *die* - **3.** [touristique] Rundreise *die* - **4.** [de sport] Rennbahn *die* ; **en ~ fermé** *fig* vertraulich *(adv)* - **5.** ÉLECTR Stromkreis *der* ; **~ d'alimentation** Versorgungsleitung *die*. ◆ **circuit de distribution** *nm* Vertriebsnetz *das*.

circulaire [sirkylɛr] ◇ *adj* - **1.** [en forme de cercle] Kreis- - **2.** [qui décrit un cercle] kreisförmig ◇ *nf* Rundschreiben *das*.

circulation [sirkylasjɔ̃] *nf* - **1.** [du sang] Kreislauf *der* - **2.** [d'air] Zirkulation *die* - **3.** [de capitaux, de biens] Umlauf *der* ; **mettre en ~** in Umlauf bringen - **4.** [trafic] Verkehr *der*.

circuler [3] [sirkyle] *vi* - **1.** [sang, air] zirkulieren - **2.** [argent, rumeur] im Umlauf sein - **3.** [passer - personnes] hin- und her|gehen ; [- véhicule] fahren - **4.** [nouvelle] sich verbreiten.

cire [sir] *nf* - **1.** [matière] Wachs *das* - **2.** [encaustique] Bohnerwachs.

ciré, e [sire] *adj* [parquet] gebohnert. ◆ **ciré** *nm* Ölzeug *das*.

cirer [3] [sire] *vt* - **1.** [meuble, parquet] bohnern - **2.** [chaussures] wichsen - **3.** : **j'en ai rien à cirer** das ist mir total egal.

cirque [sirk] *nm* - **1.** [gén] Zirkus *der* - **2.** GÉOL Kessel *der*.

cirrhose [siroz] *nf* Zirrhose *die*.

cisaille [sizaj] *nf* - **1.** [à métaux] Blechschere *die* - **2.** [de jardinier] Heckenschere *die*.

cisailler [3] [sizaje] *vt* - **1.** [métal] schneiden - **2.** [branches] stutzen.

ciseau, x [sizo] *nm* [outil - de sculpteur, de menuisier] Meißel *der* ; [- de serrurier] Stemmeisen *das*. ◆ **ciseaux** *nmpl* [instrument] Schere *die*.

ciseler [25] [sizle] *vt* [pierre, métal] ziselieren.
Cisjordanie [sisʒɔrdani] *nf* : **la ~** Cisjordanien *nt,* das Westjordanland.
citadelle [sitadɛl] *nf* Zitadelle *die ; fig* Hochburg *die.*
citadin, e [sitadɛ̃, in] <> *adj* städtisch, Stadt- <> *nm, f* Städter *der,* -in *die.*
citation [sitasjɔ̃] *nf* - **1.** [extrait] Zitat *das* - **2.** JUR Vorladung *die.*
cité [site] *nf* - **1.** [ville] Stadt *die* - **2.** [lotissement] Wohnsiedlung *die ;* **~ universitaire** Studentenwohnheim *das.*
citer [3] [site] *vt* - **1.** [rapporter] zitieren - **2.** JUR vorlladen.
citerne [sitɛrn] *nf* Tank *der.*
citoyen, enne [sitwajɛ̃, ɛn] *nm, f* (Staats)bürger *der,* -in *die.*
citoyenneté [sitwajɛnte] *nf* Staatsbürgerschaft *die.*
citron [sitrɔ̃] *nm* Zitrone *die ;* **~ pressé** Zitronensaft *der ;* **~ vert** Limone *die.*
citronnade [sitrɔnad] *nf* Zitronenwasser *das.*
citronnier [sitrɔnje] *nm* Zitronenbaum *der.*
citrouille [sitruj] *nf* Kürbis *der.*
civet [sivɛ] *nm* Pfeffer *der (Gericht) ;* **~ de lièvre** Hasenpfeffer.
civière [sivjɛr] *nf* Tragbahre *die.*
civil, e [sivil] <> *adj* - **1.** [relatif aux citoyens] bürgerlich - **2.** [non-militaire] zivil - **3.** JUR Zivil- ; **se porter partie ~e** Privatklage erheben <> *nm, f* Zivilperson *die ;* **dans le ~** im Zivilleben ; **en ~** in Zivil.
civilisation [sivilizasjɔ̃] *nf* - **1.** [société évoluée] Zivilisation *die* - **2.** [culture] Kultur *die.*
civilisé, e [sivilize] *adj* zivilisiert.
civiliser [3] [sivilize] *vt* zivilisieren.
civique [sivik] *adj* staatsbürgerlich, Staatsbürger-.
civisme [sivism] *nm* staatsbürgerliches Pflichtgefühl.
clair, e [klɛr] *adj* - **1.** [couleur, voix, son] hell - **2.** [eau, explication, attitude] klar ; **il est ~ que** es steht außer Zweifel, dass ; **~ et net** ganz klar. ◆ **clair** *adv :* **voir ~** gut sehen ; *fig* klar sehen. ◆ **clair de lune** (*pl* **clairs de lune**) *nm* Mondschein *der.* ◆ **en clair** *loc adj* TÉLÉ nicht kodiert.
clairement [klɛrmɑ̃] *adv* klar.
claire-voie ◆ **à claire-voie** *loc adj :* **porte à ~** Gittertür *die.*
clairière [klɛrjɛr] *nf* Lichtung *die.*
clairon [klɛrɔ̃] *nm* Horn *das.*
claironner [3] [klɛrɔne] <> *vi* Horn blasen <> *vt* hinauslposaunen.
clairsemé, e [klɛrsəme] *adj* spärlich.
clairvoyant, e [klɛrvwajɑ̃, ɑ̃t] *adj* hellsichtig.
clamer [3] [klame] *vt* beteuern.
clameur [klamœr] *nf* Geschrei *das (sans pl).*
clan [klɑ̃] *nm* - **1.** [famille] Clan *der* - **2.** [groupe de personnes] Clique *die.*
clandestin, e [klɑ̃dɛstɛ̃, in] <> *adj* Geheim- <> *nm, f* nicht aufenthaltsberechtigte Person.
clandestinité [klɑ̃dɛstinite] *nf* Untergrund *der.*
clapier [klapje] *nm* Kaninchenstall *der.*
clapoter [3] [klapɔte] *vi* plätschern.
claquage [klakaʒ] *nm* Zerrung *die.*
claque [klak] *nf* [gifle] Backpfeife *die.*
claquer [3] [klake] <> *vt* - **1.** [fermer] zulschlagen - **2.** [doigts] schnippen - **3.** *fam* [gifler] : **~ qqn** jm eine knallen - **4.** *fam* [dépenser] auf den Kopf hauen - **5.** *fam* [fatiguer] fertig machen ; **être claqué** kaputt sein <> *vi* - **1.** [porte, volet, fouet] knallen - **2.** *fam* [mourir] ablnibbeln.
claquettes [klakɛt] *nfpl* Stepp *der (sans pl).*
clarifier [9] [klarifje] *vt* klären. ◆ **se clarifier** *vp* sich klären.
clarinette [klarinɛt] *nf* Klarinette *die.*
clarté [klarte] *nf* - **1.** [luminosité] Helligkeit *die* - **2.** [d'eau, de démonstration] Klarheit *die.*
classe [klas] <> *nf* - **1.** [gén] Klasse *die* - **2.** [distinction] Format *das* - **3.** [cours] Unterricht *der ;* **aller en ~** zur Schule gehen ; **~ de neige/verte** Klassenfahrt *die* zum Skilaufen/ins Grüne - **4.** MIL [contingent] Rekrutenjahrgang *der ;* **faire ses ~s** die Grundausbildung erhalten <> *adj inv fam* edel.
classement [klasmɑ̃] *nm* - **1.** [rangement] Einordnen *das* - **2.** [classification] Reihenfolge *die* - **3.** [rang] Rang *der* - **4.** [liste] Rangliste *die.*
classer [3] [klase] *vt* - **1.** [ranger] ordnen - **2.** [classifier] klassifizieren - **3.** *fig* [personne] einlordnen - **4.** [attribuer un rang à] einlstufen.
classeur [klasœr] *nm* - **1.** [d'écolier] Schnellhefter *der* - **2.** [meuble] Aktenschrank *der.*
classification [klasifikasjɔ̃] *nf* Klassifizierung *die.*
classique [klasik] <> *nm* - **1.** [auteur, film] Klassiker *der* - **2.** [musique] : **le ~** die klassische Musik - **3.** [œuvre] klassisches Werk <> *adj* - **1.** ART klassisch - **2.** [histoire] üblich.
clause [kloz] *nf* Klausel *die.*

claustrophobie [klostrɔfɔbi] *nf* Platzangst *die.*

clavecin [klavsɛ̃] *nm* Cembalo *das.*

clavicule [klavikyl] *nf* Schlüsselbein *das.*

clavier [klavje] *nm* - **1.** [de piano] Klaviatur *die* - **2.** [de machine à écrire, d'ordinateur] Tastatur *die.*

clavier

Das französische Wort **clavier** hat nichts mit dem deutschen Substantiv „Klavier" zu tun, sondern bedeutet „Tastatur" und „Klaviatur".
Tu sais où sont les majuscules sur le clavier ? wird auf Deutsch mit „Weißt du, wo auf der Tastatur die Taste für die Großbuchstaben ist?" übersetzt.
„Klavier" heißt auf Französisch **piano**. So wird „Sie spielt Klavier" mit **Elle joue du piano** wiedergegeben.

clé, clef [kle] *nf* - **1.** [gén] Schlüssel *der*, ab|schließen ; **~ de contact** Zündschlüssel - **2.** [outil] Schraubenschlüssel *der* ; **~ anglaise** OU **à molette** Engländer *der* - **3.** MUS Notenschlüssel *der* ; **~ de sol** G-Schlüssel *der* ; **il y a une récompense à la ~ pour qui arrêtera le voleur** für denjenigen, der den Dieb fasst, gibt es am Ende eine Belohnung.

clémence [klemɑ̃s] *nf sout* Milde *die.*

clément, e [klemɑ̃, ɑ̃t] *adj* mild.

clémentine [klemɑ̃tin] *nf* Klementine *die.*

cleptomane = **kleptomane.**

clerc [klɛr] *nm* - **1.** RELIG Geistliche *der* - **2.** [de notaire, d'avoué] Gehilfe *der* ; **~ de notaire** Notarsgehilfe.

clergé [klɛrʒe] *nm* Geistlichkeit *die (sans pl).*

cliché [kliʃe] *nm* - **1.** PHOT Negativ *das* - **2.** [lieu commun] Klischee *das.*

Clic-Clac® [klikklac] *nm* Klappsofa *das.*

client, e [klijɑ̃, ɑ̃t] *nm, f* [gén] Kunde *der*, -din *die* ; [de notaire, d'avocat] Klient *der*, -in *die* ; [d'hôtel, de restaurant] Gast *der.*

clientèle [klijɑ̃tɛl] *nf* - **1.** [gén] Kundschaft *die* - **2.** [d'avocat] Klientel *die.*

cligner [3] [kliɲe] ◇ *vt* : **~ les yeux** blinzeln ◇ *vi* : **~ de l'œil** zwinkern ; **~ des yeux** blinzeln.

clignotant, e [kliɲɔtɑ̃, ɑ̃t] *adj* blinkend. ◆ **clignotant** *nm* Blinker *der* ; *fig* Warnsignal *das.*

clignoter [3] [kliɲɔte] *vi* [lumière] blinken.

climat [klima] *nm* Klima *das.*

climatisation [klimatizasjɔ̃] *nf* - **1.** [appareil] Klimaanlage *die* - **2.** [procédé] Klimatisierung *die.*

climatisé, e [klimatize] *adj* klimatisiert.

clin [klɛ̃] ◆ **clin d'œil** *nm* : **faire un ~ d'œil (à qqn)** (jm) zu|zwinkern. ◆ **en un clin d'œil** *loc adv* im Handumdrehen.

clinique [klinik] *nf* Klinik *die.*

clinquant, e [klɛ̃kɑ̃, ɑ̃t] *adj* [bijou] protzig. ◆ **clinquant** *nm* - **1.** [bijou] Flitter *der (sans pl)* - **2.** [éclat trompeur] Effekthascherei *die.*

clip [klip] *nm* - **1.** [vidéo] (Video)clip *der* - **2.** [bijou] (Ohr)klipp *der.*

cliquer [klike] *vi* INFORM : **~ (sur qqch)** (etw) an|klicken.

cliqueter [27] [klikte] *vi* - **1.** [pièces, clés] klappern - **2.** [verres, chaînes] klirren.

clitoris [klitɔris] *nm* Klitoris *die.*

clivage [klivaʒ] *nm* [division - social] Kluft *die* ; [- des opinions] Auseinanderklaffen *das.*

clochard, e [klɔʃar, ard] *nm, f* Penner *der*, -in *die*, Clochard *der.*

cloche [klɔʃ] ◇ *nf* Glocke *die* ◇ *adj fam* dämlich.

cloche-pied ◆ **à cloche-pied** *loc adv* auf einem Bein.

clocher[1] [klɔʃe] *nm* Glockenturm *der.*

clocher[2] [3] [klɔʃe] *vi* schief sein.

clochette [klɔʃɛt] *nf* [cloche] Glöckchen *das.*

cloison [klwazɔ̃] *nf* Trennwand *die.*

cloisonner [3] [klwazɔne] *vt* - **1.** [salle] Trennwände ein|ziehen - **2.** *fig* [compartimenter] ab|grenzen.

cloître [klwatr] *nm* Kloster *das.*

clone [klon] *nm* - **1.** BIOL Klon *der* - **2.** INFORM vollkompatibles Computersystem.

clopin-clopant [klɔpɛ̃klɔpɑ̃] *adv* : **aller ~** humpeln ; *fig* mittelprächtig gehen.

cloporte [klɔpɔrt] *nm* Kellerassel *die.*

cloque [klɔk] *nf* Blase *die.*

clore [113] [klɔr] *vt* - **1.** *sout* [porte, lettre, yeux] schließen - **2.** [terrain, marché, débat, inventaire] ab|schließen.

clos, e [klo, kloz] *adj* - **1.** [fermé] geschlossen - **2.** [terminé] abgeschlossen.

clôture [klotyr] *nf* - **1.** [enceinte - haie] Abschluss *der* ; [- en fil de fer] Zaun *der* - **2.** [de magasin] Schließung *die* - **3.** [de session, de débats] Abschluss *der.*

clôturer [3] [klotyre] *vt* - **1.** [jardin] ein|zäunen - **2.** [débat, négociations] zum Abschluss bringen.

clou [klu] *nm* - **1.** [pointe] Nagel *der*

- **2.** [attraction] Clou *der.* ◈ **clou de girofle** *nm* (Gewürz)nelke *die.*

clouer [3] [klue] *vt* [fixer] nageln.

clouté, e [klute] *adj* [chaussure, pneu] Spikes- ; [ceinture, blouson] Nieten-.

clown [klun] *nm* Clown *der ;* **faire le ~** den Clown spielen.

club [klœb] *nm* - **1.** [association] Klub *der* - **2.** GOLF Golfschläger *der.*

cm (*abr de* **centimètre**) cm.

CNRS (*abr de* **Centre national de la recherche scientifique**) *nm staatliche Forschungseinrichtung in Frankreich,* ≃ DFG *die.*

coactionnaire [kɔaksjɔnɛr] *nmf* Koaktionär *der*, -in *die.*

coaguler [kɔagyle] <> *vt* [lait, sang] zum Gerinnen bringen <> *vi* gerinnen. ◈ **se coaguler** *vp* gerinnen.

coaliser [3] [kɔalize] *vt* eine Koalition herbeilführen. ◈ **se coaliser** *vp* sich verbünden.

coalition [kɔalisjɔ̃] *nf* Koalition *die.*

coasser [3] [kɔase] *vi* quaken.

cobaye [kɔbaj] *nm* Meerschweinchen *das ; fig* Versuchskaninchen *das.*

cobra [kɔbra] *nm* Kobra *die.*

cocaïne [kɔkain] *nf* Kokain *das.*

cocaïnomane [kɔkainɔman] *nmf* Kokainsüchtige *der*, Kokainsüchtige *die.*

cocarde [kɔkard] *nf* [insigne] Kokarde *die.*

cocardier, ère [kɔkardje, ɛr] <> *adj* hurrapatriotisch <> *nm, f* Hurrapatriot *der*, -in *die.*

cocasse [kɔkas] *adj fam* urkomisch.

coccinelle [kɔksinɛl] *nf* - **1.** [insecte] Marienkäfer *der* - **2.** [Volkswagen] Käfer *der.*

coccyx [kɔksis] *nm* Steißbein *das.*

cocher¹ [kɔʃe] *nm* Kutscher *der.*

cocher² [3] [kɔʃe] *vt* anlkreuzen.

cochon, onne [kɔʃɔ̃, ɔn] *adj* schweinisch. ◈ **cochon** *nm* Schwein *das.*

cochonnerie [kɔʃɔnri] *nf fam* - **1.** [nourriture] Mist *der* - **2.** [chose sans valeur] Schund *der* - **3.** [saleté, obscénité] Schweinerei *die.*

cochonnet [kɔʃɔnɛ] *nm* [aux boules] Zielkugel *die.*

cocktail [kɔktɛl] *nm* - **1.** [réception] Cocktailparty *die* - **2.** [boisson] Cocktail *der* - **3.** *fig* [mélange] Mixtur *die.*

coco [kɔko] *nm* ▻ **noix.**

cocon [kɔkɔ̃] *nm* Kokon *der.*

cocorico [kɔkɔriko] *nm* Kikeriki *das.*

cocotier [kɔkɔtje] *nm* Kokospalme *die.*

cocotte [kɔkɔt] *nf* - **1.** [marmite] Topf *der* - **2.** [poule] Putput *das* - **3.** [fille] Schätzchen *das* - **4.** *péj* [courtisane] Kokotte *die.*

cocotte-minute® [kɔkɔtminyt] *nf* Schnellkochtopf *der.*

cocu, e [kɔky] *fam* <> *nm, f* betrogener Ehepartner <> *adj* betrogen.

code [kɔd] *nm* - **1.** [lois, règlement] Gesetzbuch *das ;* **~ pénal** Strafgesetzbuch ; **~ de la route** Straßenverkehrsordnung *die* - **2.** [de politesse] Regeln *Pl* - **3.** [système de signes] Kode *der*, Gencode *der ;* **~ postal** Postleitzahl *die ;* **~ secret** Geheimcode *der.* ◈ **codes** *nmpl* Abblendlicht *das (sans pl).*

code-barres (*pl* **codes-barres**) *nm* Strichcode *der.*

coder [3] [kɔde] *vt* kodieren.

codifier [9] [kɔdifje] *vt* - **1.** JUR kodifizieren - **2.** [organiser en système] : **~ qqch** für etw ein Regelwerk erstellen.

coefficient [kɔefisjɑ̃] *nm* - **1.** MATHS Faktor *der* - **2.** PHYS Koeffizient *der* - **3.** [pourcentage] Quote *die.*

cœur [kœr] *nm* - **1.** [gén] Herz *das ;* **avoir mal au ~** Übelkeit empfinden ; **j'ai mal au ~** mir ist schlecht OU übel ; **cette odeur me soulève le ~** mir wird übel von dem Gestank ; **faire qqch de bon ~** etw von Herzen gern tun - **2.** [bonté] : **avoir bon ~** gutherzig sein - **3.** [centre] : **~s de palmier** Palmherzen *Pl.* ◈ **par cœur** *loc adv :* **apprendre/savoir qqch par ~** auswendig lernen/können.

coexister [3] [kɔɛgziste] *vi* koexistieren.

coffrage [kɔfraʒ] *nm* Schalung *die.*

coffre [kɔfr] *nm* - **1.** [meuble] Truhe *die* - **2.** [de voiture] Kofferraum *der.*

coffre-fort *nm* Safe *der.*

coffret [kɔfrɛ] *nm* - **1.** [boîte] Kasten *der ;* **~ à bijoux** Schmuckkasten - **2.** [de disques, de cassettes] Kassette *die.*

cogner [3] [kɔɲe] <> *vt fam* [battre] verkloppen <> *vi* [frapper] : **~ sur/contre/dans qqch** auf/gegen/in etw *(A)* schlagen. ◈ **se cogner** *vp* - **1.** [se heurter] : **se ~ (à/contre qqch)** sich (an/gegen etw *(A)*) stoßen - **2.** *fam* [se battre] sich keilen.

cohabiter [3] [kɔabite] *vi* - **1.** [habiter ensemble] zusammenlleben - **2.** POLIT *als politisch gegensätzliches Gefüge regieren.*

cohérence [kɔerɑ̃s] *nf* Schlüssigkeit *die.*

cohérent, e [kɔerɑ̃, ɑ̃t] *adj* - **1.** [logique] schlüssig - **2.** [unifié] zusammenhängend.

cohésion [kɔezjɔ̃] *nf* Zusammenhalt *der.*

cohorte [kɔɔrt] *nf* Kohorte *die.*

cohue [kɔy] *nf* - **1.** [foule] Menge *die* - **2.** [bousculade] Gedränge *das.*

coiffe [kwaf] *nf* Haube *die.*

coiffer [3] [kwafe] *vt* - **1.** [arranger les cheveux] frisieren - **2.** [mettre sur la tête] : **~ qqn de qqch** jm etw auflsetzen - **3.** [diriger] : **~ qqch** einer Sache *(D)* vorlstehen. ◈ **se**

coiffer *vp* [arranger ses cheveux] sich frisieren.

coiffeur, euse [kwafœr, øz] *nm, f* Friseur *der*, -euse *die*. ◆ **coiffeuse** *nf* Frisiertoilette *die*.

coiffure [kwafyr] *nf* - **1.** [arrangement des cheveux] Frisur *die* - **2.** [chapeau] Kopfbedeckung *die*.

coin [kwɛ̃] *nm* - **1.** [angle] Ecke *die* - **2.** [endroit retiré] Ort *der* ; **le petit ~** *fam* der stille Ort - **3.** [outil - pour caler] Keil *der* ; [- pour fendre] Spaltkeil *der*.

coincer [16] [kwɛ̃se] *vt* - **1.** [bloquer] fest|klemmen - **2.** *fam* [acculer] in die Enge treiben.

coïncidence [kɔɛ̃sidɑ̃s] *nf* Zufall *der*.

coïncider [3] [kɔɛ̃side] *vi* - **1.** [être simultané] : **~ (avec qqch)** (zeitlich) (mit etw) zusammen|fallen - **2.** [concorder] : **~ (avec qqch)** (mit etw) überein|stimmen.

coing [kwɛ̃] *nm* Quitte *die*.

Coire [kwar] *n* Chur *nt*.

coït [kɔit] *nm* Koitus *der*.

col [kɔl] *nm* - **1.** [de vêtement] Kragen *der* ; **~ roulé** [genre de col] Rollkragen ; [pull] Rolli *der* - **2.** [de vase, de bouteille] Hals *der* - **3.** ANAT : **~ du fémur** Oberschenkelhalsknochen *der* ; **~ de l'utérus** Gebärmutterhals *der* - **4.** GÉOGR Pass *der*.

coléoptère [kɔleɔptɛr] *nm* Käfer *der*.

colère [kɔlɛr] *nf* - **1.** [irritation] Zorn *der* ; **être/se mettre en ~** wütend sein/werden - **2.** [accès d'humeur] Wut *die*.

coléreux, euse [kɔlerø, øz] *adj* leicht reizbar.

colérique [kɔlerik] *adj* cholerisch.

colimaçon [kɔlimasɔ̃] ◆ **en colimaçon** *loc adj* : **escalier en ~** Wendeltreppe *die*.

colin [kɔlɛ̃] *nm* Seehecht *der*.

colique [kɔlik] *nf* - **1.** [douleur] Kolik *die* - **2.** *fam* [diarrhée] : **avoir la ~** Durchfall haben.

colis [kɔli] *nm* Paket *das*.

collaborateur, trice [kɔlabɔratœr, tris] *nm, f* [employé] Mitarbeiter *der*, -in *die*. ◆ **collaborateur** *nm* [sous l'Occupation] Kollaborateur *der*.

collaboration [kɔlabɔrasjɔ̃] *nf* - **1.** [à un travail] Mitarbeit *die* - **2.** [coopération] Zusammenarbeit *die* - **3.** HIST Kollaboration *die*.

collaboratrice ▷ **collaborateur.**

collaborer [3] [kɔlabɔre] *vi* - **1.** [coopérer] : **~ avec qqn** mit jm zusammen|arbeiten - **2.** [participer] : **~ à qqch** [journal] zu etw Beiträge liefern ; [travail] an etw *(D)* mit|arbeiten - **3.** HIST kollaborieren.

collant, e [kɔlɑ̃, ɑ̃t] *adj* - **1.** [qui colle] Klebe- - **2.** [vêtement] hauteng - **3.** *fam* [importun] penetrant. ◆ **collant** *nm* - **1.** [vêtement] Gymnastikhose *die* - **2.** [sous-vêtement] Strumpfhose *die*.

collation [kɔlasjɔ̃] *nf* Zwischenmahlzeit *die*.

colle [kɔl] *nf* - **1.** [substance] Kleber *der* - **2.** [question] harte Nuss.

collecte [kɔlɛkt] *nf* Kollekte *die*.

collectif, ive [kɔlɛktif, iv] *adj* - **1.** [responsabilité] gemeinsam - **2.** [travail, œuvre] Gemeinschafts- - **3.** [billet, voyage] Gruppen-. ◆ **collectif** *nm* [équipe] Team *das*.

collection [kɔlɛksjɔ̃] *nf* - **1.** [d'objets] Sammlung *die* - **2.** [série de livres] Reihe *die* - **3.** COUTURE Kollektion *die*.

collectionner [3] [kɔlɛksjɔne] *vt* - **1.** [conserver] sammeln - **2.** [accumuler] reihenweise bekommen.

collectionneur, euse [kɔlɛksjɔnœr, øz] *nm, f* Sammler *der*, -in *die*.

collectivité [kɔlɛktivite] *nf* Gemeinschaft *die* ; **les ~s locales** die Gebietskörperschaften.

collège [kɔlɛʒ] *nm* - **1.** SCOL *in Frankreich Gesamtschule der Sekundarstufe I* - **2.** [de personnes] Kollegium *das*.

> **collège**
>
> Grundsätzlich besuchen alle französischen Kinder das **collège**. Es gibt vier Stufen (**sixième, cinquième, quatrième** und **troisième**). Die Schüler haben vormittags und nachmittags Unterricht und eine Mittagspause von anderthalb bis zwei Stunden. Der Unterricht wird von Lehrern erteilt, die auf die jeweiligen Fächer spezialisiert sind. Am Ende der **troisième** legen die Schüler eine staatliche Prüfung ab, das so genannte **diplôme national du brevet**.

collégien, enne [kɔleʒjɛ̃, ɛn] *nm, f Schüler in einem Collège*.

collègue [kɔlɛg] *nmf* Kollege *der*, -gin *die*.

coller [3] [kɔle] ◇ *vt* - **1.** [fixer] kleben, an|kleben, fest|kleben ; **~ qqch sur qqch** etw auf etw *(A)* kleben - **2.** [appuyer] : **~ qqch à/contre qqch** etw an/gegen etw *(A)* drücken - **3.** INFORM (Textbausteine) einfügen ◇ *vi* - **1.** [adhérer] kleben - **2.** [vêtement] : **~ à qqch** an etw *(D)* eng an|liegen - **3.** [correspondre] eng zusammen|hängen. ◆ **se coller** *vp* [se plaquer] : **se ~ contre qqn/qqch** sich an jn/etw drücken.

collet [kɔlɛ] *nm* - **1.** [de vêtement] Kragen *der* ; **être ~ monté** *fig* steif sein - **2.** [en boucherie] Nackenstück *das* - **3.** [piège] Schlinge *die*.

collier [kɔlje] *nm* - **1.** [bijou] Kette *die*

- **2.** [d'animal] Halsband *das* **- 3.** [barbe] Krause *die.*

colline [kɔlin] *nf* Hügel *der.*

collision [kɔlizjɔ̃] *nf* [choc] Zusammenstoß *der ;* **entrer en ~ avec qqn/qqch** mit jm/etw zusammen|stoßen.

colloque [kɔlɔk] *nm* Kolloquium *das.*

colmater [3] [kɔlmate] *vt* **- 1.** [brèche] schließen **- 2.** [fuite] ab|dichten.

colo [kɔlo] *nf fam* Feriencamp *das.*

Cologne [kɔlɔɲ] *n* Köln *nt.*

colombe [kɔlɔ̃b] *nf* (weiße) Taube.

Colombie [kɔlɔ̃bi] *nf :* **la ~** Kolumbien *nt.*

colombien, enne [kɔlɔ̃bjɛ̃, ɛn] *adj* kolumbianisch, kolumbisch. ◆ **Colombien, enne** *nm, f* Kolumbianer *der,* -in *die,* Kolumbier *der,* -in *die.*

colon [kɔlɔ̃] *nm* Kolonist *der,* -in *die.*

côlon [kolɔ̃] *nm* Grimmdarm *der.*

colonel [kɔlɔnɛl] *nm* Oberst *der.*

colonelle [kɔlɔnɛl] *nf Frau eines Obersten.*

colonial, e, aux [kɔlɔnjal, o] *adj* Kolonial-.

colonialisme [kɔlɔnjalism] *nm* Kolonialismus *der.*

colonie [kɔlɔni] *nf* Kolonie *die ;* **~ de vacances** Ferienlager *das.*

colonisation [kɔlɔnizasjɔ̃] *nf* Kolonisierung *die.*

coloniser [3] [kɔlɔnize] *vt* **- 1.** [occuper] besiedeln **- 2.** *fig* [envahir] kolonisieren.

colonne [kɔlɔn] *nf* **- 1.** [pilier] Säule *die* **- 2.** [file] Kolonne *die ;* **en ~** in (einer) Kolonne **- 3.** [de chiffres, de journal] Spalte *die.* ◆ **colonne vertébrale** *nf* Wirbelsäule *die.*

colorant, e [kɔlɔrɑ̃, ɑ̃t] *adj* Färbe-. ◆ **colorant** *nm* Farbstoff *der.*

colorer [3] [kɔlɔre] *vt :* **~ (de qqch)** (mit etw) färben.

colorier [9] [kɔlɔrje] *vt* kolorieren.

coloris [kɔlɔri] *nm* Farbgebung *die,* Farbe *die.*

colossal, e, aux [kɔlɔsal, o] *adj* **- 1.** [objet] kolossal **- 2.** [richesse] enorm **- 3.** [effort] gewaltig.

colporter [3] [kɔlpɔrte] *vt* **- 1.** [marchandises] : **~ qqch** mit etw hausieren **- 2.** [information] verbreiten.

coma [kɔma] *nm* Koma *das.*

comateux, euse [kɔmatø, øz] *adj* komatös.

combat [kɔ̃ba] *nm* Kampf *der ;* **~ de boxe** Boxkampf.

combatif, ive [kɔ̃batif, iv] *adj* kämpferisch.

combattant, e [kɔ̃batɑ̃, ɑ̃t] ◇ *adj* kämpfend ◇ *nm, f* Kämpfer *der,* -in *die ;* **ancien ~** ehemaliger Frontkämpfer.

combattre [83] [kɔ̃batr] ◇ *vt* bekämpfen ◇ *vi* kämpfen.

combattu, e [kɔ̃baty] *pp* ▷ **combattre.**

combien [kɔ̃bjɛ̃] ◇ *adv* wie ◇ *conj* wie viel ; **ça fait ~?** [prix] wie viel macht das? ; **~ de temps?** wie lange? ; **~ de personnes?** wie viele Leute? ◇ *nm inv :* **le ~ sommes-nous?** der Wievielte ist heute?

combinaison [kɔ̃binɛzɔ̃] *nf* **- 1.** [d'éléments] Kombination *die* **- 2.** [sous-vêtement] Unterrock *der* **- 3.** [vêtement de travail] Overall *der ;* **~ de plongée sous-marine** Tauchanzug *der ;* **~ de ski** Skianzug *der* **- 4.** [code] Zahlenkombination *die.*

combine [kɔ̃bin] *nf fam* Trick *der.*

combiné [kɔ̃bine] *nm* **- 1.** [de téléphone] (Telefon)hörer *der* **- 2.** SKI Kombination *die.*

combiner [3] [kɔ̃bine] *vt* **- 1.** [arranger] kombinieren **- 2.** [organiser] organisieren.

comble [kɔ̃bl] ◇ *nm* Gipfel *der ;* **c'est un** OU **le ~** das ist doch die Höhe ◇ *adj* voll. ◆ **combles** *nmpl* Dachgeschoss *das (sans pl).*

combler [3] [kɔ̃ble] *vt* **- 1.** [gâter] : **~ qqn (de qqch)** jn (mit etw) verwöhnen **- 2.** [remplir] aus|füllen **- 3.** [déficit, lacune] aus|gleichen.

combustible [kɔ̃bystibl] ◇ *nm* Brennstoff *der* ◇ *adj* brennbar.

combustion [kɔ̃bystjɔ̃] *nf* Verbrennung *die.*

COMECON, Comecon [kɔmɛkɔn] (*abr de* **Council for Mutual Economic Assistance**) *nm* RGW *der.*

comédie [kɔmedi] *nf* THÉÂTRE & CIN Komödie *die ;* **~ musicale** Musical *das.*

comédien, enne [kɔmedjɛ̃, ɛn] *nm, f* Schauspieler *der,* -in *die.*

comédon [kɔmedɔ̃] *nm* Mitesser *der.*

comestible [kɔmɛstibl] *adj* essbar.

comète [kɔmɛt] *nf* Komet *der.*

comique [kɔmik] ◇ *nm* [acteur] Komiker *der,* -in *die* ◇ *adj* komisch.

comité [kɔmite] *nm* Komitee *das ;* **~ d'entreprise** ≃ Betriebsrat *der.*

commandant [kɔmɑ̃dɑ̃] *nm* MIL Kommandant *der.*

commande [kɔmɑ̃d] *nf* **- 1.** [de marchandises] Bestellung *die ;* **passer une ~** eine Bestellung auf|geben **- 2.** [de machine] Steuerung *die* **- 3.** INFORM Befehl *der.*

commander [3] [kɔmɑ̃de] ◇ *vt* **- 1.** [donner des ordres à] kommandieren **- 2.** [diriger] leiten **- 3.** [contrôler] betätigen **- 4.** [réserver] bestellen ◇ *vi* bestimmen ; **~ à qqn de faire qqch** jm befehlen, etw zu tun.

commanditaire [kɔmɑ̃ditɛr] *nm* Auftraggeber *der*, -in *die*.

commando [kɔmɑ̃do] *nm* Kommando *das*.

comme [kɔm] ◇ *conj* **- 1.** [introduisant une comparaison, une manière] wie ; **fais ~ il te plaira** mach es, wie du willst ; **~ prévu** OU **convenu** wie abgemacht **- 2.** [en tant que] als ; **~ professeur, il est nul** als Lehrer taugt er nichts **- 3.** [ainsi que] sowie **- 4.** [introduisant une cause] da ; **~ il pleuvait, nous sommes rentrés** da es regnete, sind wir nach Hause gegangen ◇ *adv* wie ; **regarde ~ il nage bien!** guck, wie gut er schwimmt!

commémoration [kɔmemɔrasjɔ̃] *nf* Gedenkfeier *die*.

commémorer [3] [kɔmemɔre] *vt* gedenken.

commencement [kɔmɑ̃smɑ̃] *nm* Anfang *der*.

commencer [16] [kɔmɑ̃se] ◇ *vt* beginnen ◇ *vi* an|fangen ; **~ à faire qqch** an|fangen, etw zu tun.

comment [kɔmɑ̃] *adv* **- 1.** [interrogatif] wie ; **~ cela?** wie das? **- 2.** [exclamatif] was ; **~, je ne suis pas d'accord!** da bin ich aber nicht einverstanden!

commentaire [kɔmɑ̃tɛr] *nm* Kommentar *der*. ◈ **commentaires** *nmpl* Gerede *das (sans pl)*.

commentateur, trice [kɔmɑ̃tatœr, tris] *nm, f* Kommentator *der*, -in *die*.

commenter [3] [kɔmɑ̃te] *vt* kommentieren.

commérage [kɔmeraʒ] *nm* Gerede *das (sans pl)*.

commerçant, e [kɔmɛrsɑ̃, ɑ̃t] ◇ *adj* **- 1.** [rue, quartier] Geschäfts- **- 2.** [personne] geschäftstüchtig ◇ *nm, f* Händler *der*, -in *die*.

commerce [kɔmɛrs] *nm* **- 1.** [achat et vente] Handel *der* ; **~ électronique** INFORM Homeshopping *das* **- 2.** [magasin] Geschäft *das*.

commercial, e, aux [kɔmɛrsjal, o] ◇ *adj* **- 1.** [entreprise, politique] Handels- **- 2.** [spectacle, film] kommerziell ◇ *nm, f* Handelsvertreter *der*, -in *die*.

commercialisation [kɔmɛrsjalizasjɔ̃] *nf* Vermarktung *die*.

commercialiser [3] [kɔmɛrsjalize] *vt* vermarkten.

commère [kɔmɛr] *nf péj* Klatschbase *die*.

commettre [84] [kɔmɛtr] *vt* begehen.

commis, e [kɔmi, iz] *pp* ▷ **commettre.** ◈ **commis** *nm* kaufmännischer Angestellter ; **~ voyageur** Handelsreisende *der*.

commisération [kɔmizerasjɔ̃] *nf sout* Mitgefühl *das*.

commissaire [kɔmisɛr] *nm* **- 1.** [de police] Kommissar **- 2.** [chargé de mission] Ausschussmitglied *das*.

commissaire-priseur [kɔmisɛrprizœr] *nm* Auktionator *der*, -in *die*.

commissariat [kɔmisarja] *nm* Kommissariat *das*.

commission [kɔmisjɔ̃] *nf* **- 1.** [délégation] Kommission *die* **- 2.** [message] Mitteilung *die* ; **faire une ~ à qqn** jm etw bestellen **- 3.** [objet] : **j'ai une ~ à vous remettre** man hat mir etwas für Sie mitgegeben **- 4.** [rémunération - d'intermédiaire] Provision *die* ; [- de banquier] Bearbeitungsgebühr *die*. ◈ **commissions** *nfpl* Einkäufe *Pl* ; **faire les ~s** Besorgungen machen.

commissionnaire [kɔmisjɔnɛr] *nm* Kommissionär *der*.

commode [kɔmɔd] ◇ *adj* **- 1.** [pratique] praktisch **- 2.** [personne] : **pas ~** nicht einfach **- 3.** [exercice, travail] einfach, bequem ◇ *nf* Kommode *die*.

commodité [kɔmɔdite] *nf* Bequemlichkeit *die*.

commotion [kɔmɔsjɔ̃] *nf* MÉD Erschütterung *die* ; **~ cérébrale** Gehirnerschütterung.

commun, e [kɔmœ̃, yn] *adj* **- 1.** [collectif, semblable] gemeinsam **- 2.** [répandu] weit verbreitet **- 3.** *péj* [banal] gewöhnlich **- 4.** *péj* [vulgaire] ordinär. ◈ **commune** *nf* Gemeinde *die*. ◈ **en commun** *loc adv & loc adj* gemeinsam.

communal, e, aux [kɔmynal, o] *adj* Gemeinde-.

communauté [kɔmynote] *nf* **- 1.** [collectivité, accord] Gemeinschaft *die* **- 2.** RELIG Ordensgemeinschaft *die*. ◈ **Communauté européenne** *nf* Europäische Gemeinschaft *die*.

communément [kɔmynemɑ̃] *adv* gewöhnlich.

communiant, e [kɔmynjɑ̃, ɑ̃t] *nm, f* Kommunikant *der*, -in *die*.

communication [kɔmynikasjɔ̃] *nf* **- 1.** [échange] Verständigung *die* **- 2.** [d'information] Kommunikation *die* **- 3.** [message] Mitteilung *die* **- 4.** [ligne téléphonique, de transport] Verbindung *die* ; **~ téléphonique** Telefongespräch *das*.

communier [9] [kɔmynje] *vi* RELIG kommunizieren.

communion [kɔmynjɔ̃] *nf* **- 1.** RELIG Kommunion *die* **- 2.** [d'idées, de sentiments] Verbundenheit *die*.

communiqué [kɔmynike] *nm* Bekanntmachung *die* ; ADMIN & POLIT Kommunikee *das* ; **~ de presse** Pressemitteilung *die*.

communiquer [3] [kɔmynike] ◇ *vt* **- 1.** [information] : **~ qqch à qqn** jm etw mit|teilen - **2.** [maladie] : ~ **qqch à qqn** jn mit etw an|stecken - **3.** [sentiment] : ~ **qqch à qqn** etw auf jn übertragen ◇ *vi :* ~ **(avec qqn)** (mit jm) kommunizieren.

communisme [kɔmynism] *nm* Kommunismus *der.*

communiste [kɔmynist] ◇ *nmf* Kommunist *der*, -in *die* ◇ *adj* kommunistisch.

commutateur [kɔmytatœr] *nm* Schalter *der.*

compact, e [kɔ̃pakt] *adj* - **1.** [épais] fest - **2.** [dense] dicht gedrängt - **3.** [chaîne, voiture] Kompakt-. ◆ **compact** *nm :* **(disque)** ~ CD *die*, CD-Platte *die.*

compagne ▷ **compagnon.**

compagnie [kɔ̃paɲi] *nf* - **1.** [gén] Gesellschaft *die ;* **fausser ~ à qqn** *jn plötzlich alleine lassen ;* **tenir ~ à qqn** jm Gesellschaft leisten - **2.** MIL Kompanie *die.*

compagnon, compagne [kɔ̃paɲɔ̃, kɔ̃paɲ] *nm, f* - **1.** [ami] Gefährte *der*, -tin *die* - **2.** *sout* [époux, concubin] Lebensgefährte *der*, -tin *die.*

comparable [kɔ̃parabl] *adj* vergleichbar.

comparaison [kɔ̃parɛzɔ̃] *nf* Vergleich *der ;* **en ~ de qqch, par ~ avec qqch** im Vergleich zu etw.

comparaître [91] [kɔ̃parɛtr] *vi* JUR erscheinen.

comparer [3] [kɔ̃pare] *vt* vergleichen ; ~ **qqn/qqch avec** OU **à qqn/qqch** jn/etw mit jm/etw vergleichen.

comparer

Er ist mindestens so alt wie sie. Il a au moins son âge.

Wir sind gleich alt. Nous avons le même âge.

Er arbeitet nur halb so viel wie sein Kollege. Il travaille moitié moins que son collègue.

Im Vergleich zu damals ist sie heute richtig dynamisch. Par rapport à cette époque-là, elle est vraiment dynamique.

Sie singt besser als ihre Konkurrentin. Elle chante mieux que sa rivale.

Sie hat die gleiche Art wie ihre Mutter. Elle a les mêmes manières que sa mère.

comparse [kɔ̃pars] *nmf péj* Gehilfe *der*, -fin *die.*

compartiment [kɔ̃partimɑ̃] *nm* - **1.** [division] Fach *das* - **2.** [de train] Abteil *das.*

comparution [kɔ̃parysjɔ̃] *nf* JUR Erscheinen *das*, Vernehmung *die.*

compas [kɔ̃pa] *nm* - **1.** GÉOM Zirkel *der* - **2.** NAVIG Kompass *der.*

compas

Achtung! Das französische Wort **compas** darf nicht mit dem deutschen Substantiv „Kompass" verwechselt werden. Die allgemeine Bedeutung von **compas** ist nämlich Zirkel. **Peux-tu me prêter ton compas?** wird mit „Kannst du mir deinen Zirkel leihen?" übersetzt. Generell wird „Kompass" mit **boussole** übersetzt. „Ohne Kompass wäre er verloren gewesen" heißt auf Französisch **Sans boussole il aurait été perdu**. Das gilt allerdings nicht für den Bereich der Navigation, denn dort spricht man auch von **compas**. **Sans compas on ne peut pas naviguer** wird mit „Ohne Kompass kann man nicht navigieren" wiedergegeben.

compassion [kɔ̃pasjɔ̃] *nf sout* Anteilnahme *die.*

compatible [kɔ̃patibl] *adj* - **1.** [conciliable] harmonisch ; ~ **avec qqch** vereinbar mit etw - **2.** INFORM kompatibel.

compatir [32] [kɔ̃patir] *vi :* ~ **à qqch** etw nach|fühlen ; ~ **avec qqn** mit jm mit|fühlen.

compatriote [kɔ̃patrijɔt] *nmf* Landsmann *der*, -männin *die.*

compensation [kɔ̃pɑ̃sasjɔ̃] *nf* - **1.** [dédommagement] Entschädigung *die* - **2.** [équilibrage] Ausgleich *der.*

compensé, e [kɔ̃pɑ̃se] *adj* [semelle] Keil-.

compenser [3] [kɔ̃pɑ̃se] *vt* aus|gleichen.

compère [kɔ̃pɛr] *nm* Kumpane *der.*

compétence [kɔ̃petɑ̃s] *nf* Kompetenz *die.*

compétent, e [kɔ̃petɑ̃, ɑ̃t] *adj* - **1.** [connaisseur, qualifié] kompetent - **2.** [tribunal, autorités] zuständig.

compétitif, ive [kɔ̃petitif, iv] *adj* wettbewerbsfähig.

compétition [kɔ̃petisjɔ̃] *nf* - **1.** SPORT Wettkampf *der* - **2.** [concurrence] Wettbewerb *der.*

compil [kɔ̃pil] *nf fam* Sampler *der.*

complainte [kɔ̃plɛ̃t] *nf* Klagelied *das.*

complaisant, e [kɔ̃plɛzɑ̃, ɑ̃t] *adj* - **1.** [aimable] zuvorkommend - **2.** [indulgent] nachgiebig.

complément [kɔ̃plemɑ̃] *nm* - **1.** [supplément] Ergänzung *die ;* ~ **d'information** zusätzliche Information - **2.** LING : ~ **d'objet direct** Akkusativobjekt *das ;* ~ **d'objet indirect** Präpositionalobjekt *das.*

complémentaire [kɔ̃plemɑ̃tɛr] *adj* - **1.** [clause, indemnité] Zusatz-, zusätzlich - **2.** [caractères] sich ergänzend - **3.** [couleurs] Komplementär-.

complet, ète [kɔ̃plɛ, ɛt] *adj* - **1.** [intégral] vollständig - **2.** [plein - hôtel] voll belegt ; [- théâtre] ausverkauft. ◆ **complet** *nm* Anzug *der.*

complètement [kɔ̃plɛtmɑ̃] *adv* vollkommen.

compléter [18] [kɔ̃plete] *vt* vervollständigen.

complexe [kɔ̃plɛks] ◇ *nm* - **1.** PSYCHOL Komplex *der* - **2.** [ensemble] Komplex *der* ; ~ **multisalle** Multiplexkino *das* ; ~ **sportif** Sportkomplex ◇ *adj* komplex.

complexé, e [kɔ̃plɛkse] *adj* : **être** ~ Komplexe haben.

complexifier [9] [kɔ̃plɛksifje] *vt* komplexer machen.

complexité [kɔ̃plɛksite] *nf* - **1.** [de situation] Komplexität *die* - **2.** [de machine, de technique] Kompliziertheit *die.*

complication [kɔ̃plikasjɔ̃] *nf* Kompliziertheit *die.*

complice [kɔ̃plis] ◇ *nmf* Komplize *der*, -zin *die* ◇ *adj* - **1.** [personne] mitschuldig - **2.** [sourire, regard] verschwörerisch.

complicité [kɔ̃plisite] *nf* - **1.** [de meurtre] Mittäterschaft *die* - **2.** [connivence] Einverständnis *das.*

compliment [kɔ̃plimɑ̃] *nm* Kompliment *das.*

complimenter [3] [kɔ̃plimɑ̃te] *vt* : ~ **qqn** jm Komplimente machen.

compliqué, e [kɔ̃plike] *adj* kompliziert.

compliquer [3] [kɔ̃plike] *vt* komplizieren.

complot [kɔ̃plo] *nm* Komplott *das.*

comploter [3] [kɔ̃plɔte] ◇ *vt* - **1.** [coup d'État] planen - **2.** *fig* [manigancer] ausǀhecken ◇ *vi* Komplotte schmieden.

comportement [kɔ̃pɔrtəmɑ̃] *nm* Verhalten *das*, Benehmen *das.*

comporter [3] [kɔ̃pɔrte] *vt* - **1.** [impliquer] mit sich bringen - **2.** [être composé de] : ~ **qqch** aus etw bestehen. ◆ **se comporter** *vp* sich verhalten, sich benehmen.

composant, e [kɔ̃pozɑ̃, ɑ̃t] *adj* : **élément** ~ Bestandteil *der.* ◆ **composant** *nm* - **1.** [élément] Bestandteil *der* - **2.** ÉLECTR Bauteil *das.* ◆ **composante** *nf* Element *das*, Faktor *der.*

composé, e [kɔ̃poze] *adj* : ~ **(de qqch)** (aus etw) zusammengesetzt. ◆ **composé** *nm* CHIM Verbindung *die.*

composer [kɔ̃poze] ◇ *vt* - **1.** [constituer] bilden - **2.** [créer - poème] schreiben ; [- morceau de musique] komponieren - **3.** [numéro de téléphone] wählen ◇ *vi* sich arrangieren. ◆ **se composer** *vp* : **se** ~ **de qqch** sich aus etw zusammenǀsetzen.

composite [kɔ̃pozit] *adj* - **1.** [mobilier] zusammengewürfelt - **2.** [foule] bunt gemischt - **3.** [matériau] Verbund-.

compositeur, trice [kɔ̃pozitœr, tris] *nm, f* MUS Komponist *der*, -in *die.*

composition [kɔ̃pozisjɔ̃] *nf* - **1.** [formation, structure] Zusammensetzung *die* - **2.** ART Komposition *die* - **3.** [confection] Zubereitung *die* - **4.** SCOL Klassenarbeit *die.*

composter [3] [kɔ̃pɔste] *vt* [billet] entwerten.

compote [kɔ̃pɔt] *nf* Kompott *das.*

compréhensible [kɔ̃preɑ̃sibl] *adj* verständlich.

compréhensif, ive [kɔ̃preɑ̃sif, iv] *adj* verständnisvoll.

compréhension [kɔ̃preɑ̃sjɔ̃] *nf* Verständnis *das.*

comprendre [79] [kɔ̃prɑ̃dr] ◇ *vt* - **1.** [saisir, se rendre compte de] verstehen - **2.** [se composer de] : ~ **qqch** aus etw bestehen - **3.** [inclure] mit einǀschließen ◇ *vi* verstehen.

compresse [kɔ̃prɛs] *nf* Kompresse *die.*

compresseur [kɔ̃presœr] ▷ **rouleau.**

compression [kɔ̃presjɔ̃] *nf* - **1.** [d'air] Verdichtung *die* - **2.** *fig* [réduction] : ~ **de dépenses** Einsparung *die* ; ~ **de personnel** Personalabbau *der.*

comprimé, e [kɔ̃prime] *adj* Druck-. ◆ **comprimé** *nm* Tablette *die.*

comprimer [3] [kɔ̃prime] *vt* - **1.** [gaz] verdichten - **2.** *fig* [dépenses] einǀschränken.

compris, e [kɔ̃pri, iz] ◇ *pp* ▷ **comprendre** ◇ *adj* - **1.** [situé] : ~ **entre deux et quatre euros** zwischen zwei und vier Euro liegen - **2.** [inclus] einschließlich.

compromettre [84] [kɔ̃prɔmɛtr] *vt* - **1.** [personne] kompromittieren - **2.** [réputation] gefährden.

compromis, e [kɔ̃prɔmi, iz] *pp* ▷ **compromettre.** ◆ **compromis** *nm* Kompromiss *der.*

compromission [kɔ̃prɔmisjɔ̃] *nf* Kompromittierung *die.*

comptabilité [kɔ̃tabilite] *nf* Buchhaltung *die.*

comptable [kɔ̃tabl] ◇ *nmf* Buchhalter *der*, -in *die* ◇ *adj* buchhalterisch, buchmäßig.

comptant [kɔ̃tɑ̃] ◇ *adj m* bar ◇ *adv* : **payer** OU **régler** ~ bar (be) zahlen. ◆ **au comptant** *loc adv* gegen bar.

compte [kɔ̃t] *nm* - **1.** [calcul] Berechnung *die* ; **faire le** ~ **de qqch** etw zählen - **2.** COMPTABILITÉ & BANQUE Konto *das* ; **ouvrir un** ~ ein Konto eröffnen ; ~ **bancaire** OU **en banque** Bankkonto ; ~ **postal** Postscheckkonto - **3.** *loc* : **se rendre** ~ **de qqch** sich *(D)* einer Sache *(G)* bewusst werden ; **se rendre**

~ que sich *(D)* bewusst werden, dass ; **tenir ~ de qqch, prendre qqch en ~** etw berücksichtigen ; **tout ~ fait** alles in allem.

compte-chèques, compte chèques (*pl* **comptes chèques**) [kɔ̃tʃɛk] *nm* Scheckkonto *das.*

compte-gouttes [kɔ̃tgut] *nm inv* Tropfenzähler *der.*

compter [3] [kɔ̃te] ◇ *vt* **- 1.** [dénombrer] zählen **- 2.** [avoir l'intention de] : **~ faire qqch** beabsichtigen, etw zu tun ◇ *vi* **- 1.** [calculer] rechnen **- 2.** [être important] zählen **- 3.** [se fier] : **~ sur qqn/qqch** auf jn/etw zählen. ◆ **à compter de** *loc prép :* **à ~ du 1ᵉʳ mai** ab dem ersten Mai.

compte-rendu (*pl* **comptes-rendus**), **compte rendu** [kɔ̃trɑ̃dy] *nm* Bericht *der.*

compte-tours [kɔ̃ttur] *nm inv* Drehzahlmesser *der.*

compteur [kɔ̃tœr] *nm* Zähler *der.*

comptine [kɔ̃tin] *nf* Abzählvers *der.*

comptoir [kɔ̃twar] *nm* **- 1.** [de bar] Theke *die* **- 2.** [de magasin] Ladentisch *der,* Tresen *der.*

compulser [3] [kɔ̃pylse] *vt* durch|sehen.

comte [kɔ̃t] *nm* Graf *der.*

con, conne [kɔ̃, kɔn] *tfam* ◇ *adj* blöd ◇ *nm, f* Vollidiot *der,* -in *die.*

concave [kɔ̃kav] *adj* konkav.

concéder [18] [kɔ̃sede] *vt* **- 1.** [octroyer] : **~ qqch à qqn** jm etw vergeben **- 2.** *sout* [accorder] : **~ qqch à qqn** jm etw zugestehen ; **~ à qqn que** zu|geben, dass.

concentration [kɔ̃sɑ̃trasjɔ̃] *nf* Konzentration *die.*

concentré, e [kɔ̃sɑ̃tre] *adj* konzentriert. ◆ **concentré** *nm* Konzentrat *das.*

concentrer [3] [kɔ̃sɑ̃tre] *vt* konzentrieren. ◆ **se concentrer** *vp* **- 1.** [se rassembler] sich ansammeln **- 2.** [réfléchir] sich konzentrieren.

concentrique [kɔ̃sɑ̃trik] *adj* konzentrisch.

concept [kɔ̃sɛpt] *nm* Konzept *das.*

conception [kɔ̃sɛpsjɔ̃] *nf* **- 1.** BIOL Empfängnis *die* **- 2.** [élaboration] Gestaltung *die* **- 3.** [opinion] Anschauung *die.*

concerner [3] [kɔ̃sɛrne] *vt* betreffen ; **être concerné par qqch** von etw betroffen sein ; **en ce qui concerne qqn/qqch** was jn/etw anbetrifft.

concert [kɔ̃sɛr] *nm* Konzert *das.*

concertation [kɔ̃sɛrtasjɔ̃] *nf* Absprache *die.*

concerté, e [kɔ̃sɛrte] *adj* konzertiert.

concerter [3] [kɔ̃sɛrte] *vt* ab|sprechen. ◆ **se concerter** *vp* sich ab|sprechen.

concerto [kɔ̃sɛrto] *nm* Konzert *das.*

concession [kɔ̃sesjɔ̃] *nf* [compromis] Zugeständnis *das ;* **faire des ~s (à qqn)** (jm) Zugeständnisse machen.

concessionnaire [kɔ̃sesjɔnɛr] *nmf* Konzessionär *der,* Konzessionsinhaber *der,* -in *die.*

concevoir [52] [kɔ̃səvwar] *vt* **- 1.** [imaginer] entwickeln **- 2.** [comprendre] begreifen **- 3.** [engendrer] empfangen.

concierge [kɔ̃sjɛrʒ] *nmf* Hausmeister *der,* -in *die.*

conciliation [kɔ̃siljasjɔ̃] *nf* **- 1.** [accord] Versöhnung *die* **- 2.** JUR Schlichtung *die.*

concilier [9] [kɔ̃silje] *vt* **- 1.** [accorder, allier] : **~ qqch et** OU **avec qqch** etw mit etw in Einklang bringen **- 2.** [disposer favorablement] : **~ qqn à qqn/qqch** jn für jn/etw gewinnen.

concis, e [kɔ̃si, iz] *adj* präzis, prägnant ; **être ~** kurz und bündig sein.

concision [kɔ̃sizjɔ̃] *nf* Präzision *die.*

concitoyen, enne [kɔ̃sitwajɛ̃, ɛn] *nm, f* Mitbürger *der,* -in *die.*

conclu, e [kɔ̃kly] *pp* ▻ **conclure.**

concluant, e [kɔ̃klyɑ̃, ɑ̃t] *adj* beweiskräftig.

conclure [96] [kɔ̃klyr] ◇ *vt* **- 1.** [discours, affaire] ab|schließen **- 2.** [déduire] : **en ~ que** daraus schließen, dass ◇ *vi :* **~ à qqch** auf etw *(A)* erkennen.

conclusion [kɔ̃klyzjɔ̃] *nf* **- 1.** [signature, dénouement] Abschluss *der* **- 2.** [partie finale] Schluss *der ;* **~, je n'irai pas** kurzum, ich werde nicht gehen.

concombre [kɔ̃kɔ̃br] *nm* Salatgurke *die.*

concordance [kɔ̃kɔrdɑ̃s] *nf* Übereinstimmen *das ;* **~ des temps** GRAM Zeitenfolge *die.*

concorde [kɔ̃kɔrd] *nf* Übereinstimmung *die,* Eintracht *die.*

concorder [3] [kɔ̃kɔrde] *vi* **- 1.** [coïncider] : **~ (avec qqch)** (mit etw) überein|stimmen **- 2.** [avoir un même but] in die gleiche Richtung gehen.

concourir [45] [kɔ̃kurir] *vi* **- 1.** [contribuer] : **~ à qqch** zu etw bei|tragen **- 2.** [prendre part] : **~ à qqch** an etw *(D)* teil|nehmen.

concours [kɔ̃kur] *nm* **- 1.** [examen, sélection, jeu] Wettbewerb *der* **- 2.** SPORT Ausscheidung *die ;* **~ hippique** Reitturnier *das.* ◆ **concours de circonstances** *nm* Zusammenspiel *das* verschiedener Umstände.

concret, ète [kɔ̃krɛ, ɛt] *adj* konkret.

concrétiser [3] [kɔ̃kretize] *vt* verwirklichen, konkretisieren. ◆ **se concrétiser** *vp* sich verwirklichen.

concubinage [kɔ̃kybinaʒ] *nm* nicht eheliche Lebensgemeinschaft.

concupiscent, e [kɔ̃kypisɑ̃, ɑ̃t] *adj* wollüstig.

concurrence [kɔ̃kyrɑ̃s] *nf* Konkurrenz *die*.

concurrent, e [kɔ̃kyrɑ̃, ɑ̃t] ◇ *adj* Konkurrenz- ◇ *nm, f* Konkurrent *der*, -in *die*.

concurrentiel, elle [kɔ̃kyrɑ̃sjɛl] *adj* wettbewerbsfähig.

condamnation [kɔ̃danasjɔ̃] *nf* Verurteilung *die*.

condamné, e [kɔ̃dane] ◇ *adj* [malade] todgeweiht ◇ *nm, f* JUR Verurteilte *der*, Verurteilte *die*.

condamner [3] [kɔ̃dane] *vt* **- 1.** [juger, réprouver] verurteilen ; **~ qqn à qqch** jn zu etw verurteilen **- 2.** [obliger] : **être condamné à faire qqch** gezwungen sein, etw zu tun **- 3.** [porte, fenêtre] sperren.

condensateur [kɔ̃dɑ̃satœr] *nm* Kondensator *der*.

condensation [kɔ̃dɑ̃sasjɔ̃] *nf* Kondensation *die*.

condensé, e [kɔ̃dɑ̃se] *adj* kondensiert. ◆ **condensé** *nm* Abriss *der*.

condenser [3] [kɔ̃dɑ̃se] *vt* **- 1.** [gaz] kondensieren **- 2.** [résumer] um|reißen.

condiment [kɔ̃dimɑ̃] *nm* Gewürz *das*.

condisciple [kɔ̃disipl] *nm* Kommilitone *der*, -nin *die*.

condition [kɔ̃disjɔ̃] *nf* **- 1.** [exigence] Bedingung *die*, Voraussetzung *die* ; **sans ~** bedingungslos **- 2.** [classe sociale] Stellung *die*, Stand *der*. ◆ **conditions** *nfpl* **- 1.** [circonstances] Bedingungen *Pl* ; **~s de vie** Lebensumstände *Pl* **- 2.** [modalités] Konditionen *Pl* ; **~s de paiement** Zahlungsbedingungen *Pl*. ◆ **à condition de** *loc prép* vorausgesetzt, dass. ◆ **à condition que** *loc conj (+ subjonctif)* vorausgesetzt, dass ; **à ~ qu'il vienne** vorausgesetzt (, dass) er kommt.

conditionné, e [kɔ̃disjɔne] *adj* **- 1.** [emballé] : **~ sous vide** vakuumverpackt **- 2.** ▷ **air, réflexe.**

conditionnel, elle [kɔ̃disjɔnɛl] *adj* **- 1.** [soumis à une condition] bedingt **- 2.** GRAM konditional. ◆ **conditionnel** *nm* GRAM Konditional *der*.

conditionnement [kɔ̃disjɔnmɑ̃] *nm* **- 1.** [emballage] Verpackung *die* **- 2.** PSYCHOL Konditionieren *das*.

condoléances [kɔ̃dɔleɑ̃s] *nfpl* Beileid *das (sans pl)*.

conducteur, trice [kɔ̃dyktœr, tris] *nm, f* Fahrer *der*, -in *die*. ◆ **conducteur** *nm* ÉLECTR Leiter *der*.

conduire [98] [kɔ̃dɥir] ◇ *vt* **- 1.** [piloter] fahren **- 2.** [emmener] begleiten **- 3.** [transmettre, diriger] leiten ◇ *vi* : **~ à qqch** zu etw führen. ◆ **se conduire** *vp* sich benehmen.

conduit, e [kɔ̃dɥi, it] *pp* ▷ **conduire.** ◆ **conduit** *nm* Leitung *die*. ◆ **conduite** *nf* **- 1.** [de véhicule] Fahren *das* **- 2.** [comportement] Benehmen *das* **- 3.** [canalisation] : **~e d'eau** Wasserleitung *die* ; **~e de gaz** Gasleitung *die*.

cône [kon] *nm* Kegel *der*.

confection [kɔ̃fɛksjɔ̃] *nf* **- 1.** [réalisation] Anfertigung *die* **- 2.** [prêt-à-porter] Konfektion *die*.

confectionner [3] [kɔ̃fɛksjɔne] *vt* **- 1.** [réaliser] an|fertigen **- 2.** [vêtement] konfektionieren.

confédération [kɔ̃federasjɔ̃] *nf* **- 1.** [union d'États] (Staaten)bund *der* **- 2.** [groupement] Verband *der*.

conférence [kɔ̃ferɑ̃s] *nf* Konferenz *die* ; **~ de presse** Pressekonferenz.

conférencier, ère [kɔ̃ferɑ̃sje, ɛr] *nm, f* Referent *der*, -in *die*.

conférer [18] [kɔ̃fere] *vt* : **~ qqch à qqn** jm etw verleihen.

confesser [4] [kɔ̃fese] *vt* **- 1.** [faute] beichten **- 2.** [personne] : **~ qqn** jm die Beichte ab|nehmen. ◆ **se confesser** *vp* beichten.

confession [kɔ̃fesjɔ̃] *nf* **- 1.** [aveu] Bekenntnis *das* ; [devant prêtre] Beichte *die* **- 2.** [religion] Konfession *die*.

confessionnal, aux [kɔ̃fesjɔnal, o] *nm* Beichtstuhl *der*.

confessionnel, elle [kɔ̃fesjɔnɛl] *adj* Konfessions-.

confetti [kɔ̃feti] *nm* Konfetti *das*.

confiance [kɔ̃fjɑ̃s] *nf* Vertrauen *das* ; **avoir ~ en qqn/qqch** Vertrauen in jn/etw haben ; **avoir ~ en soi** Selbstvertrauen haben ; **faire ~ à qqn/qqch** jm/etw vertrauen.

confiant, e [kɔ̃fjɑ̃, ɑ̃t] *adj* **- 1.** [sans méfiance] vertrauensvoll **- 2.** [assuré] zuversichtlich.

confidence [kɔ̃fidɑ̃s] *nf* vertrauliche Mitteilung, Geständnis *das*.

confident, e [kɔ̃fidɑ̃, ɑ̃t] *nm, f* Vertraute *der, die*.

confidentiel, elle [kɔ̃fidɑ̃sjɛl] *adj* vertraulich.

confier [9] [kɔ̃fje] *vt* : **~ qqn/qqch à qqn** jm jn/etw an|vertrauen. ◆ **se confier** *vp* : **se ~ à qqn** jm sein Herz aus|schütten.

confins [kɔ̃fɛ̃] ◆ **aux confins de** *loc prép* im hintersten Winkel von.

confirmation [kɔ̃firmasjɔ̃] *nf* **- 1.** [réaffirmation] Bestätigung *die* **- 2.** [RELIG

- catholique] Firmung *die* ; [- protestante] Konfirmation *die.*

demander confirmation

Was meinen Sie damit? Que voulez-vous dire par là ?
Verstehst du, (was ich meine)? Tu comprends (ce que je veux dire) ?
Habe ich das richtig verstanden? Ai-je bien compris ?
Wie bitte? Könnten Sie das wiederholen? Pardon ? Vous pouvez répéter ?
Wollen Sie damit sagen, dass ...? Vous voulez dire que ... ?

confirmer [3] [kɔ̃firme] *vt* - **1.** [certifier, conforter] bestätigen ; ~ **qqn dans qqch** jn in etw *(D)* bestätigen - **2.** [RELIG - catholique] firmen ; [- protestant] konfirmieren. ◆ **se confirmer** *vp* sich bestätigen.

confiserie [kɔ̃fizri] *nf* - **1.** [magasin] Süßwarenladen *der* - **2.** [sucrerie] Süßwaren *Pl*, Süßigkeiten *Pl.*

confiseur, euse [kɔ̃fizœr, øz] *nm, f* Süßwarenhändler *der*, -in *die.*

confisquer [3] [kɔ̃fiske] *vt* - **1.** [biens] beschlagnahmen - **2.** [jouet] : ~ **qqch à un enfant** einem Kind etw weg|nehmen.

confiture [kɔ̃fityr] *nf* Konfitüre *die.*

conflit [kɔ̃fli] *nm* Konflikt *der.*

confondre [75] [kɔ̃fɔ̃dr] *vt* - **1.** [ne pas distinguer] verwechseln - **2.** [accusé] überführen.

confondu, e [kɔ̃fɔ̃dy] *pp* ▷ **confondre.**

conformation [kɔ̃fɔrmasjɔ̃] *nf* Aufbau *der.*

conforme [kɔ̃fɔrm] *adj* : ~ **à qqch** einer Sache *(D)* entsprechend.

conformément [kɔ̃fɔrmemɑ̃] *adv* : ~ **à qqch** JUR einer Sache *(D)* gemäß ; [selon] einer Sache *(D)* entsprechend.

conformer [3] [kɔ̃fɔrme] *vt* : ~ **qqch à qqch** etw an etw *(A)* an|passen. ◆ **se conformer** *vp* : **se ~ à qqch** [s'adapter] sich an etw *(A)* an|passen ; [obéir] sich an etw *(A)* halten.

conformiste [kɔ̃fɔrmist] ◇ *nmf* Konformist *der*, -in *die* ◇ *adj* konformistisch.

conformité [kɔ̃fɔrmite] *nf* : ~ **(à qqch)** Übereinstimmung *die* (mit etw).

confort [kɔ̃fɔr] *nm* Komfort *der* ; **tout ~** mit allem Komfort.

confortable [kɔ̃fɔrtabl] *adj* - **1.** [agréable] komfortabel, bequem - **2.** [important] satt.

confrère, consœur [kɔ̃frɛr, kɔ̃sœr] *nm, f* Kollege *der*, -gin *die.*

confrontation [kɔ̃frɔ̃tasjɔ̃] *nf* - **1.** [face à face] Konfrontation *die* - **2.** [comparaison] Gegenüberstellung *die.*

confronter [3] [kɔ̃frɔ̃te] *vt* - **1.** [mettre face à face] konfrontieren ; **être confronté à qqch** mit etw konfrontiert sein - **2.** [comparer] gegenüber|stellen.

confus, e [kɔ̃fy, yz] *adj* - **1.** [indistinct] unüberschaubar - **2.** [embrouillé] wirr.

confusion [kɔ̃fyzjɔ̃] *nf* - **1.** [embarras, désordre] Verwirrung *die* - **2.** [erreur] Verwechslung *die.*

congé [kɔ̃ʒe] *nm* - **1.** [arrêt de travail] Beurlaubung *die* ; **être en ~ (de) maladie** krankgeschrieben sein ; ~ **de maternité** Mutterschaftsurlaub *der* - **2.** [vacances] Urlaub *der* ; **être en ~** Urlaub haben ; **~s payés** bezahlter Urlaub - **3.** [renvoi] : **donner son ~ à qqn** jm kündigen - **4.** [adieu] : **prendre ~** sich verabschieden.

comment prendre congé

Ich muss jetzt leider gehen. Malheureusement, il faut que je parte.
Ich bin in Eile. Je suis pressé.
Ja dann, bis zum nächsten Mal. Bon, à la prochaine.
War schön, Sie getroffen zu haben. C'était un plaisir de vous avoir rencontré.
Es hat mich sehr gefreut, Sie kennengelernt zu haben. J'ai été très content de faire votre connaissance.

congédier [9] [kɔ̃ʒedje] *vt* entlassen.

congélateur [kɔ̃ʒelatœr] *nm* Gefrierschrank *der.*

congeler [25] [kɔ̃ʒle] *vt* ein|frieren.

congénital, e, aux [kɔ̃ʒenital, o] *adj* angeboren.

congère [kɔ̃ʒɛr] *nf* Schneewehe *die.*

congestion [kɔ̃ʒɛstjɔ̃] *nf* Blutandrang *der* ; ~ **pulmonaire** Lungenstauung *die.*

Congo [kɔ̃go] *nm* : **le ~** der Kongo.

congratuler [3] [kɔ̃gratyle] *vt sout* beglückwünschen, gratulieren.

congrégation [kɔ̃gregasjɔ̃] *nf* Orden *der.*

congrès [kɔ̃grɛ] *nm* Kongress *der.*

conifère [kɔnifɛr] *nm* Konifere *die.*

conique [kɔnik] *adj* kegelförmig.

conjecture [kɔ̃ʒɛktyr] *nf* Mutmaßung *die.*

conjecturer [3] [kɔ̃ʒɛktyre] *vt* mutmaßen.

conjoint, e [kɔ̃ʒwɛ̃, ɛ̃t] ◇ *adj* - **1.** [lié] zusammenhängend - **2.** [simultané] gemeinsam ◇ *nm, f* Ehegatte *der*, -tin *die.*

conjonction [kɔ̃ʒɔ̃ksjɔ̃] *nf* - **1.** [réunion]

Zusammenspiel *das* - **2.** GRAM Konjunktion *die.*

conjonctivite [kɔ̃ʒɔ̃ktivit] *nf* Bindehautentzündung *die.*

conjoncture [kɔ̃ʒɔ̃ktyr] *nf* Konjunktur *die.*

conjugaison [kɔ̃ʒygezɔ̃] *nf* - **1.** [union] Zusammenwirken *das* - **2.** GRAM Konjugation *die.*

conjugal, e, aux [kɔ̃ʒygal, o] *adj* Ehe-.

conjuguer [3] [kɔ̃ʒyge] *vt* - **1.** [unir] vereinen - **2.** GRAM konjugieren.

conjuration [kɔ̃ʒyrasjɔ̃] *nf* [conspiration] Verschwörung *die.*

connaissance [kɔnɛsɑ̃s] *nf* - **1.** [savoir] Kenntnisse *Pl* ; **prendre ~ de qqch** etw zur Kenntnis nehmen ; **à ma ~** meines Wissens ; **en ~ de cause** wissentlich *(adv)* - **2.** [personne] Bekannte *der*, Bekannte *die* ; **faire ~ avec qqn** mit jm Bekanntschaft schließen, jn kennen lernen - **3.** [conscience] : **perdre ~** bewusstlos werden.

connaisseur, euse [kɔnɛsœr, øz] ◇ *adj* Kenner- ◇ *nm, f* Kenner *der*, -in *die.*

connaître [91] [kɔnɛtr] *vt* - **1.** [gén] kennen ; **~ qqn de vue/de nom** jn vom Sehen/vom Namen her kennen - **2.** [être spécialiste en] : **~ qqch** sich mit etw aus|kennen.

connecter [4] [kɔnɛkte] *vt* - **1.** ÉLECTR & INFORM an|schließen - **2.** [éléments] miteinander verbinden.

connexion [kɔnɛksjɔ̃] *nf* - **1.** [lien] Verbindung *die* - **2.** ÉLECTR Anschluss *der.*

connu, e [kɔny] ◇ *pp* ▷ **connaître** ◇ *adj* : **~ (de qqn)** (jm) bekannt.

conquérant, e [kɔ̃kerɑ̃, ɑ̃t] *nm, f* Eroberer *der*, -erin *die.*

conquérir [39] [kɔ̃kerir] *vt* erobern.

conquête [kɔ̃kɛt] *nf* Eroberung *die.*

conquis, e [kɔ̃ki, iz] *pp* ▷ **conquérir.**

consacrer [3] [kɔ̃sakre] *vt* [employer] : **~ qqch à qqch** etw einer Sache *(D)* widmen. ◆ **se consacrer** *vp* : **se ~ à qqn/qqch** sich jm/etw widmen.

consanguin, e [kɔ̃sɑ̃gɛ̃, in] *adj* blutsverwandt.

conscience [kɔ̃sjɑ̃s] *nf* - **1.** [connaissance] Bewusstsein *das* ; **avoir ~ de qqch** sich *(D)* einer Sache *(G)* bewusst sein - **2.** [état moral] Gewissen *das* ; **avoir bonne/mauvaise ~** ein gutes/schlechtes Gewissen haben ; **~ professionnelle** berufliche Gewissenhaftigkeit.

consciencieux, euse [kɔ̃sjɑ̃sjø, øz] *adj* gewissenhaft.

conscient, e [kɔ̃sjɑ̃, ɑ̃t] *adj* : **être ~ de qqch** sich *(D)* einer Sache *(G)* bewusst sein.

conscription [kɔ̃skripsjɔ̃] *nf* Musterung *die.*

conscrit [kɔ̃skri] *nm* Rekrut *der.*

consécration [kɔ̃sekrasjɔ̃] *nf* - **1.** [reconnaissance] Anerkennung *die* - **2.** RELIG Weihe *die.*

consécutif, ive [kɔ̃sekytif, iv] *adj* - **1.** [successif] aufeinander folgend - **2.** [résultant] : **~ à qqch** einer Sache *(D)* nachfolgend.

conseil [kɔ̃sɛj] *nm* - **1.** [avis] Rat(schlag) *der* ; **donner un ~ (à qqn)** (jm) einen Rat geben - **2.** [assemblée] Rat *der* ; **~ d'administration** Verwaltungsrat ; **~ de discipline** Disziplinarrat.

conseiller¹ [kɔ̃seje] ◇ *vt* - **1.** [recommander] : **~ qqch à qqn** jm etw empfehlen - **2.** [guider] beraten ◇ *vi* [donner un conseil] : **~ à qqn de faire qqch** jm raten, etw zu tun ; **~ qqch à qqn** [prudence] jm zu etw raten.

conseiller², ère [kɔ̃seje, ɛr] *nm, f* - **1.** [qui donne son avis] Berater *der*, -in *die* ; **~ matrimonial** Eheberater - **2.** [membre de conseil] Ratsmitglied *das* ; **~ municipal** Gemeinderatsmitglied, Stadtverordnete *der, die.*

consentement [kɔ̃sɑ̃tmɑ̃] *nm* Einwilligung *die.*

consentir [37] [kɔ̃sɑ̃tir] *sout* ◇ *vt* : **~ qqch à qqn** jm etw bewilligen ◇ *vi* : **~ à qqch** einer Sache *(D)* zu|stimmen.

conséquence [kɔ̃sekɑ̃s] *nf* Konsequenz *die* ; **ne pas tirer à ~** keine Konsequenzen nach sich ziehen.

conséquent, e [kɔ̃sekɑ̃, ɑ̃t] *adj* - **1.** [cohérent] konsequent - **2.** [important] ansehnlich. ◆ **par conséquent** *loc adv* folglich.

conservateur, trice [kɔ̃sɛrvatœr, tris] ◇ *adj* POLIT konservativ ◇ *nm, f* - **1.** POLIT Konservative *der, die* - **2.** [administrateur] Konservator *der*, -in *die.* ◆ **conservateur** *nm* [produit] Konservierungsmittel *das.*

conservation [kɔ̃sɛrvasjɔ̃] *nf* Konservierung *die.*

conservatoire [kɔ̃sɛrvatwar] *nm* Konservatorium *das* ; **~ de musique/d'art dramatique** Konservatorium für Musik/Schauspielkunst.

conserve [kɔ̃sɛrv] *nf* Konserve *die* ; **en ~** aus der Dose, Dosen-.

conserver [3] [kɔ̃sɛrve] *vt* - **1.** [garder] auf|bewahren - **2.** [entretenir] wach halten.

considérable [kɔ̃siderabl] *adj* beachtlich.

considération [kɔ̃siderasjɔ̃] *nf* - **1.** [motif] Überlegung *die* ; **en ~ de qqch** in Anbetracht einer Sache *(G)* - **2.** [estime] Achtung *die.*

considérer [18] [kɔ̃sidere] *vt* - **1.** [examiner] ab|wägen - **2.** [estimer] : **~ que** der Ansicht sein, dass - **3.** [observer] betrachten.

consigne [kɔ̃siɲ] *nf* - **1.** [instruction] Anweisung *die* - **2.** [de bagages] Gepäckaufbewahrung *die* - **3.** [argent] Pfand *das*.

consigné, e [kɔ̃siɲe] *adj* [bouteille, emballage] Pfand-.

consigner [3] [kɔ̃siɲe] *vt* - **1.** [bagages] zur Gepäckaufbewahrung geben - **2.** *sout* [relater] fest|halten.

consistance [kɔ̃sistɑ̃s] *nf* [solidité] Beschaffenheit *die*.

consistant, e [kɔ̃sistɑ̃, ɑ̃t] *adj* - **1.** [épais] dickflüssig - **2.** [nourrissant] gehaltvoll.

consister [3] [kɔ̃siste] *vi* : **~ en qqch** [éléments] aus etw bestehen ; [action] in etw *(D)* bestehen ; **~ à faire qqch** darin bestehen, etw zu tun.

consœur ▷ **confrère.**

consolation [kɔ̃sɔlasjɔ̃] *nf* Trost *der*.

console [kɔ̃sɔl] *nf* Konsole *die* ; **~ de jeux** Spielkonsole *die*.

consoler [3] [kɔ̃sɔle] *vt* - **1.** [personne] : **~ qqn (de qqch)** jn (über etw *(A)*) trösten - **2.** [peine] lindern.

consolider [3] [kɔ̃sɔlide] *vt* - **1.** [construction] verstärken - **2.** [mur, alliance] stärken.

consommateur, trice [kɔ̃sɔmatœr, tris] *nm, f* - **1.** [acheteur] Verbraucher *der*, -in *die* - **2.** [de bar] Kunde *der*, -din *die*.

consommation [kɔ̃sɔmasjɔ̃] *nf* - **1.** [utilisation] Verbrauch *der* - **2.** [de voiture] Benzinverbrauch *der* - **3.** [d'appareil électrique] Stromverbrauch *der* - **4.** [boisson] Getränk *das*.

consommé, e [kɔ̃sɔme] *adj sout* vollendet. ◆ **consommé** *nm* Kraftbrühe *die*.

consommer [3] [kɔ̃sɔme] ◇ *vt* - **1.** [utiliser] verbrauchen - **2.** [manger] verzehren ◇ *vi* - **1.** [personne] *etwas trinken oder verzehren* - **2.** [véhicule] Benzin verbrauchen.

consonne [kɔ̃sɔn] *nf* Konsonant *der*.

conspirateur, trice [kɔ̃spiratœr, tris] *nm, f* Verschwörer *der*, -in *die*.

conspiration [kɔ̃spirasjɔ̃] *nf* Verschwörung *die*.

conspirer [3] [kɔ̃spire] ◇ *vt* planen ◇ *vi* : **~ (contre qqn/qqch)** sich (gegen jn/etw) verschwören.

constamment [kɔ̃stamɑ̃] *adv* ständig.

Constance [kɔ̃stɑ̃s] *n* : **le lac de ~** der Bodensee.

constant, e [kɔ̃stɑ̃, ɑ̃t] *adj* - **1.** [continuel] ständig - **2.** [invariable] konstant - **3.** [graduel] stetig - **4.** [persévérant] beharrlich.

constat [kɔ̃sta] *nm* - **1.** [procès-verbal] Tatbestandsaufnahme *die* - **2.** [constatation] Feststellung *die*.

constatation [kɔ̃statasjɔ̃] *nf* Feststellung *die*.

constater [3] [kɔ̃state] *vt* fest|stellen.

constellation [kɔ̃stelasjɔ̃] *nf* ASTRON Konstellation *die*.

consternation [kɔ̃stɛrnasjɔ̃] *nf* Betroffenheit *die*.

consterner [3] [kɔ̃stɛrne] *vt* bestürzt machen.

constipation [kɔ̃stipasjɔ̃] *nf* Verstopfung *die*.

constipé, e [kɔ̃stipe] *adj* MÉD verstopft.

constituer [7] [kɔ̃stitɥe] *vt* - **1.** [créer] gründen - **2.** [composer] bilden.

constitution [kɔ̃stitysjɔ̃] *nf* - **1.** [création] Gründung *die* - **2.** [composition] Zusammensetzung *die* - **3.** [de personne] Körperbau *der*. ◆ **Constitution** *nf* Verfassung *die*.

constitutionnel, elle [kɔ̃stitysjɔnɛl] *adj* - **1.** [morphologique] Körperbau- - **2.** JUR Verfassungs-.

constructeur, trice [kɔ̃stryktœr, tris] *nm, f* - **1.** [fabricant] Hersteller *der*, -in *die* - **2.** [bâtisseur] Erbauer *der*, -in *die*.

construction [kɔ̃stryksjɔ̃] *nf* - **1.** [de bâtiments] Bau *der* - **2.** *fig* [structure] Aufbau *der* - **3.** GRAM Satzbau *der*.

construire [98] [kɔ̃strɥir] *vt* - **1.** [bâtir, fabriquer] bauen - **2.** [élaborer] erstellen.

construit, e [kɔ̃strɥi, it] *pp* ▷ **construire.**

consul [kɔ̃syl] *nm* Konsul *der*.

consultation [kɔ̃syltasjɔ̃] *nf* - **1.** [d'ouvrage] Nachschlagen *das* - **2.** [de banque de données, d'opinion] Befragung *die* - **3.** [d'expert] Anhörung *die* - **4.** [médicale] Sprechstunde *die*.

consulter [3] [kɔ̃sylte] ◇ *vt* - **1.** [ouvrage] : **~ qqch** in etw *(D)* nach|schlagen - **2.** [banque de données, opinion] befragen - **3.** [demander conseil à] um Rat fragen - **4.** [spécialiste] auf|suchen ◇ *vi* Sprechstunde haben.

contact [kɔ̃takt] *nm* - **1.** [gén] Kontakt *der* ; **au ~ de l'air** an der Luft ; **au ~ de qqn** durch den Kontakt zu jm ; **prendre ~ avec qqn** sich mit jm in Verbindung setzen - **2.** [de voiture] Zündung *die*.

contacter [3] [kɔ̃takte] *vt* : **~ qqn** jn an|sprechen, mit jm Kontakt auf|nehmen.

contagieux, euse [kɔ̃taʒjø, øz] *adj* - **1.** [maladie, rire] ansteckend - **2.** [personne] : **être ~** an|stecken.

contagion [kɔ̃taʒjɔ̃] *nf* - **1.** [de maladie] Ansteckung *die* - **2.** [du rire] Verbreitung *die*.

contaminer [3] [kɔ̃tamine] *vt* - **1.** [infecter] verseuchen - **2.** *fig* [gagner] an|stecken.

conte [kɔ̃t] *nm* Märchen *das* ; **~ de fées** Märchen.

contemplation [kɔ̃tɑ̃plasjɔ̃] *nf* - **1.** [admiration] eingehende Betrachtung - **2.** RELIG Kontemplation *die.*

contempler [3] [kɔ̃tɑ̃ple] *vt* eingehend betrachten.

contemporain, e [kɔ̃tɑ̃pɔrɛ̃, ɛn] <> *adj* zeitgenössisch <> *nm, f* Zeitgenosse *der,* -sin *die.*

contenance [kɔ̃tnɑ̃s] *nf* - **1.** [capacité] Fassungsvermögen *das* - **2.** [attitude] Fassung *die ;* **perdre ~** die Fassung verlieren.

contenir [40] [kɔ̃tnir] *vt* - **1.** [sujet : récipient, salle] fassen - **2.** [inclure] enthalten - **3.** [émotion] zurück|halten. ◆ **se contenir** *vp* die Fassung bewahren.

content, e [kɔ̃tɑ̃, ɑ̃t] *adj* froh, zufrieden ; **~ de qqn/qqch** zufrieden mit jm/etw ; **être bien ~ de faire qqch** wirklich froh sein, etw zu tun.

contentement [kɔ̃tɑ̃tmɑ̃] *nm* Zufriedenheit *die.*

contenter [3] [kɔ̃tɑ̃te] *vt* - **1.** [satisfaire] zufrieden stellen - **2.** [assouvir] befriedigen. ◆ **se contenter** *vp :* **se ~ de qqch** sich mit etw zufrieden geben ; **se ~ de faire qqch** sich darauf beschränken, etw zu tun.

contentieux [kɔ̃tɑ̃sjø] *nm* - **1.** [affaire] Rechtsstreitigkeit *die* - **2.** [service] Rechtsabteilung *die.*

contenu, e [kɔ̃tny] *pp* ▻ **contenir.** ◆ **contenu** *nm* Inhalt *der.*

conter [3] [kɔ̃te] *vt* erzählen.

contestable [kɔ̃tɛstabl] *adj* anfechtbar.

contestataire [kɔ̃tɛstatɛr] <> *nmf* Protestler *der,* -in *die* <> *adj* Protest-.

contestation [kɔ̃tɛstasjɔ̃] *nf* - **1.** [protestation] Anfechtung *die* - **2.** POLIT Protestbewegung *die.*

conteste [kɔ̃tɛst] ◆ **sans conteste** *loc adv* zweifelsohne.

contester [3] [kɔ̃tɛste] <> *vt* an|fechten ; **être contesté** umstritten sein <> *vi* protestieren.

contexte [kɔ̃tɛkst] *nm* Kontext *der.*

contigu, uë [kɔ̃tigy] *adj* angrenzend ; **être ~ à qqch** an etw *(A)* an|grenzen.

continent [kɔ̃tinɑ̃] *nm* Kontinent *der.*

continental, e, aux [kɔ̃tinɑ̃tal, o] *adj* Kontinental-.

contingences [kɔ̃tɛ̃ʒɑ̃s] *nfpl* Unwägbarkeiten *Pl.*

continu, e [kɔ̃tiny] *adj* kontinuierlich.

continuation [kɔ̃tinɥasjɔ̃] *nf* Fortsetzung *die.*

continuel, elle [kɔ̃tinɥɛl] *adj* - **1.** [continu] ständig - **2.** [répété] fortwährend.

continuer [7] [kɔ̃tinɥe] <> *vt* fort|setzen <> *vi* weiter|gehen ; **~ à** OU **de faire qqch** etw weiterhin tun.

continuité [kɔ̃tinɥite] *nf* Kontinuität *die.*

contorsionner [kɔ̃tɔrsjɔne] ◆ **se contorsionner** *vp* sich verrenken.

contour [kɔ̃tur] *nm* [bord] Kontur *die.*

contourner [3] [kɔ̃turne] *vt* umgehen.

contraceptif, ive [kɔ̃traseptif, iv] *adj* empfängnisverhütend ; **pilule contraceptive** Anti-Baby-Pille *die.* ◆ **contraceptif** *nm* Empfängnisverhütungsmittel *das.*

contraception [kɔ̃trasɛpsjɔ̃] *nf* Empfängnisverhütung *die.*

contracter [3] [kɔ̃trakte] *vt* - **1.** [muscle] an|spannen - **2.** [visage] verziehen - **3.** [personne] hemmen - **4.** [souscrire - engagement] ein|gehen ; [- assurance] ab|schließen - **5.** [maladie] bekommen - **6.** [habitude] sich zu Eigen machen.

contraction [kɔ̃traksjɔ̃] *nf* - **1.** [de muscle] Anspannung *die* - **2.** [avant l'accouchement] Wehe *die.*

contradiction [kɔ̃tradiksjɔ̃] *nf* - **1.** [contestation] Widersprechen *das* - **2.** [discordance] Widerspruch *der.*

contradictoire [kɔ̃tradiktwar] *adj* widersprüchlich.

contraignant, e [kɔ̃trɛɲɑ̃, ɑ̃t] *adj* - **1.** [occupation, travail] lästig - **2.** JUR zwingend.

contraindre [80] [kɔ̃trɛ̃dr] *vt :* **~ qqn à faire qqch** jn zwingen, etw zu tun.

contrainte [kɔ̃trɛ̃t] *nf* [obligation] Zwang *der ;* **parler sans ~** frei sprechen.

contraire [kɔ̃trɛr] <> *nm* Gegenteil *das* <> *adj* - **1.** [opposé] entgegengesetzt - **2.** [non conforme] : **~ au règlement** vorschriftswidrig. ◆ **au contraire** *loc adv* im Gegenteil. ◆ **au contraire de** *loc prép :* **au ~ de qqn** im Gegensatz zu jm.

contrairement [kɔ̃trɛrmɑ̃] ◆ **contrairement à** *loc prép :* **~ à qqch** entgegen einer Sache *(D).*

contrarier [9] [kɔ̃trarje] *vt* - **1.** [contrecarrer] behindern - **2.** [ennuyer] verstimmen ; **être contrarié** ärgerlich sein.

contrariété [kɔ̃trarjete] *nf* Ärgernis *das.*

contraste [kɔ̃trast] *nm* Kontrast *der.*

contraster [3] [kɔ̃traste] *vi :* **~ (avec qqn/qqch)** (mit jm/etw) kontrastieren.

contrat [kɔ̃tra] *nm* Vertrag *der ;* **être sous ~** unter Vertrag stehen ; **~ d'apprentissage** Ausbildungsvertrag *der ;* **~ à durée déterminée/indéterminée** befristeter/unbefristeter Vertrag ; **~ emploi-solidarité** *vom französischen Staat subventionierter befristeter Arbeitsvertrag.*

contravention [kɔ̃travɑ̃sjɔ̃] *nf* Geldstrafe *die.*

contre [kɔ̃tr] <> *prép* - **1.** [juxtaposition] an ; **la table est ~ le mur** der Tisch steht an der Wand ; **pousser la table ~ le mur** den

Tisch an die Wand schieben - **2.** [opposition, échange] gegen ; **échanger une bille ~ un timbre** eine Murmel gegen eine Briefmarke ein|tauschen - **3.** [proportion] zu ; **élu à 15 voix ~ 9** mit 15 gegen 9 Stimmen gewählt ◇ *adv* - **1.** [juxtaposition] daran, dagegen - **2.** [opposition] dagegen ◇ *nm* ▷ **pour.** ◆ **par contre** *loc adv* hingegen.

contre-attaque (*pl* **contre-attaques**) *nf* Gegenangriff *der.*

contrebande [kɔ̃trəbɑ̃d] *nf* Schmuggel *der.*

contrebandier, ère [kɔ̃trəbɑ̃dje, ɛr] *nm, f* Schmuggler *der*, -in *die.*

contrebas [kɔ̃trəba] ◆ **en contrebas** *loc adv* unten. ◆ **en contrebas de** *loc prép* : **en ~ de qqch** unterhalb etw *(G).*

contrebasse [kɔ̃trəbas] *nf* [instrument] Kontrabass *der.*

contrecarrer [3] [kɔ̃trəkare] *vt* durch|kreuzen.

contrecœur [kɔ̃trəkœr] ◆ **à contrecœur** *loc adv* widerwillig.

contrecoup [kɔ̃trəku] *nm* Rückschlag *der.*

contre-courant [kɔ̃trəkurɑ̃] ◆ **à contre-courant** *loc adv* stromaufwärts. ◆ **à contre-courant de** *loc prép* : **aller à ~ de qqch** etw zuwider|handeln.

contredire [103] [kɔ̃trədir] *vt* : **~ qqn/qqch** jm/etw widersprechen. ◆ **se contredire** *vp* sich widersprechen.

contrée [kɔ̃tre] *nf* Gegend *die.*

contre-espionnage (*pl* **contre-espionnages**) *nm* Spionageabwehr *die.*

contre-exemple (*pl* **contre-exemples**) *nm* Gegenbeispiel *das.*

contre-expertise (*pl* **contre-expertises**) *nf* Gegengutachten *das.*

contrefaçon [kɔ̃trəfasɔ̃] *nf* - **1.** [marchandise] Nachahmung *die* - **2.** [falsification] Fälschung *die.*

contrefort [kɔ̃trəfɔr] *nm* - **1.** [pilier] Strebe *die* - **2.** [de chaussure] Kappe *die.* ◆ **contreforts** *nmpl* [de montagne] Ausläufer *Pl.*

contre-indication (*pl* **contre-indications**) *nf* Gegenanzeige *die.*

contre-jour (*pl* **contre-jours**) *nm* Gegenlicht *das (sans pl).* ◆ **à contre-jour** *loc adv* im Gegenlicht.

contremaître [kɔ̃trəmɛtr] *nm* Vorarbeiter *der*, -in *die.*

contre-offensive (*pl* **contre-offensives**) *nf* Gegenoffensive *die.*

contrepartie [kɔ̃trəparti] *nf* - **1.** [compensation] Gegenleistung *die* - **2.** [d'idée, de thèse] entgegengesetzte Vorstellung. ◆ **en contrepartie** *loc adv* im Gegenzug.

contre-performance (*pl* **contre-performances**) *nf* Fehlleistung *die.*

contrepèterie [kɔ̃trəpɛtri] *nf Wortspiel mit Buchstaben- oder Silbenvertauschung.*

contre-pied (*pl* **contre-pieds**) *nm* : **prendre le ~ de qqch** Gegenposition zu etw beziehen.

contreplaqué [kɔ̃trəplake] *nm* Sperrholz *das.*

contre-plongée [kɔ̃trəplɔ̃ʒe] (*pl* **contre-plongées**) *nf* CIN & PHOT Aufnahme *die* von unten.

contrepoids [kɔ̃trəpwa] *nm* Gegengewicht *das.*

contre-pouvoir (*pl* **contre-pouvoirs**) *nm* Opposition *die.*

contrer [3] [kɔ̃tre] ◇ *vt* kontern ◇ *vi* ein Kontra geben.

contresens [kɔ̃trəsɑ̃s] *nm* - **1.** [erreur] Sinnfehler *der* - **2.** *fig* [absurdité] Widersinnigkeit *die.* ◆ **à contresens** *loc adv* [en sens inverse] in Gegenrichtung.

contresigner [3] [kɔ̃trəsiɲe] *vt* gegen|zeichnen.

contretemps [kɔ̃trətɑ̃] *nm* : **avoir un ~** verhindert sein.

contrevenir [40] [kɔ̃trəvnir] *vi* : **~ à qqch** einer Sache *(D)* zuwider|handeln.

contribuable [kɔ̃tribɥabl] *nmf* Steuerzahler *der*, -in *die.*

contribuer [7] [kɔ̃tribɥe] *vi* : **~ à qqch** zu etw bei|tragen.

contribution [kɔ̃tribysjɔ̃] *nf* Beitrag *der* ; **~ à qqch** Beitrag zu etw ; **mettre qqn à ~** jn ein|spannen. ◆ **contributions** *nfpl* Steuern *Pl* ; **~s directes/indirectes** direkte/indirekte Steuern.

contrit, e [kɔ̃tri, it] *adj sout* reuig.

contrôle [kɔ̃trol] *nm* - **1.** [vérification, maîtrise] Kontrolle *die* ; **perdre le ~ de qqch** die Kontrolle über etw *(A)* verlieren ; **~ d'identité** Ausweiskontrolle - **2.** SCOL [interrogation] Klassenarbeit *die* - **3.** [surveillance] Aufsicht *die* - **4.** [réglementation] Überwachung *die.*

contrôler [3] [kɔ̃trole] *vt* - **1.** [vérifier] überprüfen - **2.** [maîtriser] unter Kontrolle haben - **3.** [dominer] : **~ qqn/qqch** die Kontrolle über jn/etw haben - **4.** [commander] steuern.

contrôleur, euse [kɔ̃trolœr, øz] *nm, f* Kontrolleur *der*, -in *die.*

contrordre [kɔ̃trɔrdr] *nm* Widerruf *der* ; **sauf ~** vorbehaltlich Widerruf.

controverse [kɔ̃trɔvɛrs] *nf* Kontroverse *die.*

controversé, e [kɔ̃trɔvɛrse] *adj* umstritten.

contumace [kɔ̃tymas] *nf :* **condamné par ~** in Abwesenheit verurteilt.

contusion [kɔ̃tyzjɔ̃] *nf* Quetschung *die,* Prellung *die.*

convaincant, e [kɔ̃vɛ̃kɑ̃, ɑ̃t] *adj* überzeugend.

convaincre [114] [kɔ̃vɛ̃kr] *vt* **- 1.** [persuader] : **~ qqn (de qqch)** jn (von etw) überzeugen ; **~ qqn de faire qqch** jn überreden, etw zu tun **- 2.** JUR : **~ qqn de qqch** jn einer Sache *(G)* überführen.

convaincu, e [kɔ̃vɛ̃ky] ◇ *pp* ▷ **convaincre** ◇ *adj* überzeugt.

convainquant [kɔ̃vɛ̃kɑ̃] *participe présent* ▷ **convaincre.**

convalescence [kɔ̃valesɑ̃s] *nf* Genesung *die ;* **être/entrer en ~** auf dem Weg der Genesung sein.

convalescent, e [kɔ̃valesɑ̃, ɑ̃t] ◇ *adj* genesend ◇ *nm, f* Genesende *der, die.*

convenable [kɔ̃vnabl] *adj* **- 1.** [approprié] angemessen **- 2.** [décent, acceptable] anständig **- 3.** [normal] annehmbar.

convenance [kɔ̃vnɑ̃s] *nf* **- 1.** [disponibilité] : **à votre ~** nach Ihrem Belieben, wie es Ihnen passt **- 2.** [affinité] Übereinstimmung *die.* ◆ **convenances** *nfpl* **- 1.** [conventions] Anstandsregeln *Pl* **- 2.** [raisons] : **pour ~s personnelles** ADMIN aus persönlichen Gründen.

convenir [40] [kɔ̃vnir] *vi* **- 1.** [plaire] : **~ à qqn** jm passen **- 2.** [décider] : **~ de qqch** etw ab|machen **- 3.** [être approprié] : **~ à** OU **pour qqch** für etw angemessen sein **- 4.** *(emploi impersonnel) :* **il convient de faire qqch** es empfiehlt sich, etw zu tun **- 5.** *sout* [admettre] : **~ de qqch** etw eingestehen ; **~ que** zulgeben, dass.

convention [kɔ̃vɑ̃sjɔ̃] *nf* **- 1.** [accord] Abkommen *das ;* **~ collective** Manteltarifvertrag *der* **- 2.** [assemblée] Tagung *die.* ◆ **conventions** *nfpl* Normen *Pl ;* **~s sociales** gesellschaftliche Verhaltensregeln. ◆ **de convention** *loc adj* konventionellen Zuschnitts.

conventionné, e [kɔ̃vɑ̃sjɔne] *adj :* **médecin ~** Kassenarzt *der.*

conventionnel, elle [kɔ̃vɑ̃sjɔnɛl] *adj* **- 1.** [convenu] üblich **- 2.** [conforme] förmlich **- 3.** MIL [armes] konventionell.

convenu, e [kɔ̃vny] *adj* **- 1.** [décidé] vereinbart ; **comme ~** wie vereinbart **- 2.** *péj* [stéréotypé] konventionell.

convergent, e [kɔ̃vɛrʒɑ̃, ɑ̃t] *adj* konvergent.

converger [17] [kɔ̃vɛrʒe] *vi* **- 1.** [rayons] zusammen|laufen **- 2.** [efforts] konvergieren.

conversation [kɔ̃vɛrsasjɔ̃] *nf* [entretien] Gespräch *das ;* **engager la ~ avec qqn** das Gespräch mit jm aufnehmen.

comment engager la conversation

Hätten Sie mal einen Augenblick Zeit? Vous avez un moment ?
Darf ich Sie unterbrechen? Vous permettez que je vous interrompe ?
Entschuldigen Sie, ich hätte da eine Frage. Excusez-moi, mais j'aimerais vous poser une question à ce sujet.
Hör mal,... Écoute, ...
Also, die Sache ist folgendermaßen. Alors, voilà ce qui se passe.

converser [3] [kɔ̃vɛrse] *vi sout* Konversation machen, sich unterhalten ; **~ avec qqn** mit jm konversieren, sich mit jm unterhalten.

conversion [kɔ̃vɛrsjɔ̃] *nf* **- 1.** POLIT & RELIG : **~ à qqch** Bekehrung *die* zu etw **- 2.** [de fraction, de mesure] : **~ (de qqch en qqch)** Umwandlung *die* (von etw in etw *(A)*) **- 3.** FIN [de titres] Konversion *die.*

convertir [32] [kɔ̃vɛrtir] *vt* **- 1.** [personne] : **~ qqn (à qqch)** jn (zu etw) bekehren **- 2.** [canapé, mesure, fraction] : **~ en qqch** in etw *(A)* um|wandeln **- 3.** FIN [titres, biens] konvertieren. ◆ **se convertir** *vp :* **se ~ à qqch** RELIG zu etw über|treten ; *fig* sich zu etw bekehren.

convexe [kɔ̃vɛks] *adj* konvex.

conviction [kɔ̃viksjɔ̃] *nf* Überzeugung *die.* ◆ **convictions** *nfpl* Auffassungen *Pl.*

convier [9] [kɔ̃vje] *vt :* **~ qqn à qqch** jn zu etw ein|laden.

convive [kɔ̃viv] *nmf* Gast *der (einer Mahlzeit).*

convivial, e, aux [kɔ̃vivjal, o] *adj* **- 1.** [réunion, assemblée] freundlich **- 2.** INFORM benutzerfreundlich.

convocation [kɔ̃vɔkasjɔ̃] *nf* **- 1.** [à une assemblée] Einberufung *die* **- 2.** [au tribunal] Vorladung *die* **- 3.** [à un examen] *Aufforderung zur Prüfungsteilnahme.*

convoi [kɔ̃vwa] *nm* **- 1.** [de véhicules] Konvoi *der* **- 2.** [train] Zug *der.*

convoiter [3] [kɔ̃vwate] *vt* begehren.

convoitise [kɔ̃vwatiz] *nf* Begehrlichkeit *die.*

convoquer [3] [kɔ̃vɔke] *vt* **- 1.** [assemblée] einberufen **- 2.** [candidat, expert] bestellen **- 3.** [au tribunal] : **~ à qqch** zu etw vor|laden.

convoyer [13] [kɔ̃vwaje] *vt* Geleitschutz geben.

convoyeur [kɔ̃vwajœr] *nm* **- 1.** [personne] : **~ de fonds** Geldtransporteur *der* **- 2.** [appareil] Förderer *der.*

convulsé, e [kɔ̃vylse] *adj* verzerrt.
convulsion [kɔ̃vylsjɔ̃] *nf* - **1.** MÉD Krampf *der* - **2.** *fig* [trouble] Zuckung *die.*
coopératif, ive [kɔɔperatif, iv] *adj* kooperativ. ◆ **coopérative** *nf* Genossenschaft *die.*
coopération [kɔɔperasjɔ̃] *nf* - **1.** [collaboration] Zusammenarbeit *die* - **2.** [aide] Entwicklungshilfe *die.*
coopérer [18] [kɔɔpere] *vi* kooperieren ; **~ à qqch** an etw *(D)* mit|arbeiten.
coordination [kɔɔrdinasjɔ̃] *nf* Koordinierung *die.*
coordonnée [kɔɔrdɔne] *nf* MATHS Koordinate *die.* ◆ **coordonnées** *nfpl* [de personne] *Name, Anschrift und Telefonnummer.*
coordonner [3] [kɔɔrdɔne] *vt* koordinieren.
copain, copine [kɔpɛ̃, kɔpin] *fam* ◇ *adj* : **être ~ avec qqn** mit jm befreundet sein ◇ *nm, f* Freund *der,* -in *die.*
copeau, x [kɔpo] *nm* Span *der.*
Copenhague [kɔpɛnag] *n* Kopenhagen *nt.*
copie [kɔpi] *nf* - **1.** [double] Abschrift *die* - **2.** [plagiat] Kopie *die* - **3.** SCOL Arbeit *die ;* **rendre ~ blanche** ein leeres Blatt ab|geben.
copier [9] [kɔpje] *vt* - **1.** [imiter] kopieren - **2.** [texte] ab|schreiben - **3.** INFORM (Textbausteine) kopieren - **4.** [tricher] : **~ (sur qqn)** (bei jm) ab|schreiben.
copieux, euse [kɔpjø, øz] *adj* üppig.
copilote [kɔpilɔt] *nmf* Kopilot *der,* -in *die.*
copine ▷ **copain.**
coproducteur, trice [kɔprɔdyktœr, tris] *nm, f* [de spectacle] Koproduzent *der,* -in *die.*
coproduction [kɔprɔdyksjɔ̃] *nf* Koproduktion *die.*
copropriété [kɔprɔprijete] *nf* - **1.** [immeuble] Miteigentum *das* - **2.** [propriétaires] Hauseigentümer *Pl.*
copulation [kɔpylasjɔ̃] *nf* Begattung *die.*
coq [kɔk] *nm* - **1.** ZOOL Hahn *der* - **2.** CULIN Huhn *das* - **3.** *loc :* **sauter** OU **passer du ~ à l'âne** vom Hölzchen aufs Stöckchen kommen.
coquard, coquart [kɔkar] *nm fam* [à l'œil] Veilchen *das.*
coque [kɔk] *nf* - **1.** [de fruits] Schale *die* - **2.** [de navire] Rumpf *der* - **3.** ZOOL Herzmuschel *die.*
coquelicot [kɔkliko] *nm* Klatschmohn *der.*
coqueluche [kɔklyʃ] *nf* Keuchhusten *der.*
coquet, ette [kɔkɛ, ɛt] *adj* - **1.** [personne] adrett - **2.** [maison] schmuck - **3.** *loc :* **la ~te somme de 150 euros** *iron* das hübsche Sümmchen von 150 Euro.
coquetier [kɔktje] *nm* Eierbecher *der.*
coquetterie [kɔkɛtri] *nf* Koketterie *die.*
coquillage [kɔkijaʒ] *nm* Muschel *die.*
coquille [kɔkij] *nf* - **1.** [de mollusque, de fruit] Schale *die* - **2.** [d'œuf] Eierschale *die* - **3.** TYPO Schnitzer *der.*
coquin, e [kɔkɛ̃, in] ◇ *adj* neckisch ◇ *nm, f* [malicieux] Schelm *der.*
cor [kɔr] *nm* - **1.** MUS Horn *das* - **2.** MÉD Hühnerauge *das.*
corail, aux [kɔraj, o] *nm* Koralle *die.*
Coran [kɔrɑ̃] *nm* Koran *der.*
corbeau [kɔrbo] *nm* - **1.** [oiseau] Rabe *der* - **2.** [délateur] Anschwärzer *der,* -in *die.*
corbeille [kɔrbɛj] *nf* - **1.** [panier] Korb *der* - **2.** THÉÂTRE Balkon *der.*
corbillard [kɔrbijar] *nm* Leichenwagen *der.*
corde [kɔrd] *nf* - **1.** [filin] Leine *die,* Seil *das* - **2.** [d'instrument] Saite *die* - **3.** [d'arc] Sehne *die* - **4.** ANAT : **~s vocales** Stimmbänder *Pl.*
cordée [kɔrde] *nf* Seilschaft *die.*
cordial, e, aux [kɔrdjal, o] *adj* - **1.** [accueil] herzlich - **2.** [sourire] freundlich.
cordon [kɔrdɔ̃] *nm* - **1.** [corde] Schnur *die* - **2.** [rangée] : **~ de police** Polizeikordon *der* - **3.** [insigne] Ordensband *das.* ◆ **cordon ombilical** *nm* Nabelschnur *die.*
cordon-bleu *nm* Meisterkoch *der,* -köchin *die.*
cordonnerie [kɔrdɔnri] *nf* [magasin, commerce] Schuhmacherei *die.*
cordonnier, ère [kɔrdɔnje, ɛr] *nm, f* Schuhmacher *der,* -in *die,* Schuster *der,* -in *die.*
Corée [kɔre] *nf* Korea *nt ;* **la ~ du Nord** Nordkorea ; **la ~ du Sud** Südkorea.
coréen, enne [kɔreɛ̃, ɛn] *adj* koreanisch. ◆ **coréen** *nm* [langue] Koreanisch(e) *(das).* ◆ **Coréen, enne** *nm, f* Koreaner *der,* -in *die.*
coriace [kɔrjas] *adj* - **1.** [viande] zäh - **2.** [caractère] hartnäckig.
cormoran [kɔrmɔrɑ̃] *nm* Kormoran *der.*
corne [kɔrn] *nf* - **1.** [gén] Horn *das* - **2.** [d'escargot] Fühler *der* - **3.** [callosité] Hornhaut *die.*
cornée [kɔrne] *nf* Augenhornhaut *die,* Hornhaut *die.*
corneille [kɔrnɛj] *nf* Krähe *die.*
cornemuse [kɔrnəmyz] *nf* Dudelsack *der.*
corner[1] [kɔrne] ◇ *vi* tuten ◇ *vt* - **1.** [page] um|knicken - **2.** *fam* [crier] trompeten.
corner[2] [kɔrnɛr] *nm* SPORT Eckstoß *der.*
cornet [kɔrnɛ] *nm* [d'aliment] Tüte *die.*
corniche [kɔrniʃ] *nf* - **1.** [falaise] Klippe *die* - **2.** [route] Klippenstraße *die.*
cornichon [kɔrniʃɔ̃] *nm* Gewürzgurke *die.*
corolle [kɔrɔl] *nf* Blütenkrone *die.*

coron [kɔrɔ̃] *nm* Bergarbeiterhaus *das.*

corporation [kɔrpɔrasjɔ̃] *nf* Innung *die,* Berufsverband *der.*

corporel, elle [kɔrpɔrɛl] *adj* körperlich.

corps [kɔr] *nm* **- 1.** ANAT & CHIM Körper *der ;* **~ gazeux/liquide** gasförmiger/ flüssiger Stoff **- 2.** [groupe] : **~ d'armée** Armeekorps *das ;* **~ diplomatique** diplomatisches Korps.

corpulent, e [kɔrpylɑ̃, ɑ̃t] *adj* korpulent.

correct, e [kɔrɛkt] *adj* **- 1.** [exact] korrekt **- 2.** [décent] anständig **- 3.** [acceptable] annehmbar.

correcteur, trice [kɔrɛktœr, tris] ◇ *adj* korrigierend ◇ *nm, f* Korrektor *der,* -in *die ;* : **~ orthographique** Rechtschreibprogramm *das.*

correction [kɔrɛksjɔ̃] *nf* **- 1.** [d'erreur] Berichtigung *die,* Verbesserung *die* **- 2.** [punition] Züchtigung *die* **- 3.** [d'épreuves, de devoirs] Korrektur *die* **- 4.** [qualité, rectitude] Korrektheit *die.*

correctionnel, elle [kɔrɛksjɔnɛl] *adj* JUR Vergehens-.

corrélation [kɔrelasjɔ̃] *nf* Korrelation *die.*

correspondance [kɔrɛspɔ̃dɑ̃s] *nf* **- 1.** [accord] Übereinstimmung *die* **- 2.** TRANSPORT Anschluss *der* **- 3.** [échange de lettres] Korrespondenz *die ;* **par ~** brieflich *(adv).*

correspondant, e [kɔrɛspɔ̃dɑ̃, ɑ̃t] ◇ *adj* entsprechend ◇ *nm, f* **- 1.** [par lettre] Brieffreund *der,* -in *die* **- 2.** [par téléphone] Gesprächspartner *der,* -in *die.*

correspondre [75] [kɔrɛspɔ̃dr] *vi* **- 1.** [être conforme] : **~ à qqch** einer Sache *(D)* entsprechen **- 2.** [communiquer] verbunden sein **- 3.** [par lettre] : **~ (avec qqn)** (mit jm) korrespondieren.

correspondu, e [kɔrɛspɔ̃dy] *pp* ▭▷ **correspondre.**

corrida [kɔrida] *nf* Stierkampf *der.*

corridor [kɔridɔr] *nm* Korridor *der.*

corrigé [kɔriʒe] *nm* Lösung *die,* Musterarbeit *die.*

corriger [17] [kɔriʒe] *vt* **- 1.** [épreuve, devoir] korrigieren **- 2.** [punir] züchtigen.

corroborer [3] [kɔrɔbɔre] *vt* bestätigen.

corroder [3] [kɔrɔde] *vt* korrodieren.

corrompre [78] [kɔrɔ̃pr] *vt* **- 1.** [soudoyer] bestechen **- 2.** [dépraver, gâter] verderben.

corrosion [kɔrozjɔ̃] *nf* Korrosion *die.*

corruption [kɔrypsjɔ̃] *nf* [fait de soudoyer] Bestechung *die.*

corsage [kɔrsaʒ] *nm* [chemisier] Bluse *die.*

corsaire [kɔrsɛr] *nm* **- 1.** [marin, navire] Korsar *der* **- 2.** [pantalon] Caprihose *die.*

corse [kɔrs] ◇ *adj* korsisch ◇ *nm* [langue] Korsisch(e) *(das).* ◆ **Corse** ◇ *nmf* Korse *der,* -sin *die* ◇ *nf* : **la Corse** Korsika *nt ;* **en Corse** auf Korsika.

corsé, e [kɔrse] *adj* **- 1.** [vin, café] stark **- 2.** [sauce, plat] scharf **- 3.** [histoire] gepfeffert.

corset [kɔrsɛ] *nm* Korsett *das.*

cortège [kɔrtɛʒ] *nm* [défilé] Zug *der.*

corvée [kɔrve] *nf* **- 1.** [travail] Dienst *der* **- 2.** *fig* [tâche pénible] Belastung *die.*

cosmétique [kɔsmetik] ◇ *nm* Schönheitsmittel *das ;* **les ~s** die Kosmetika ◇ *adj* kosmetisch.

cosmique [kɔsmik] *adj* kosmisch.

cosmonaute [kɔsmɔnot] *nmf* Kosmonaut *der,* -in *die.*

cosmopolite [kɔsmɔpɔlit] *adj* kosmopolitisch.

cosmos [kɔsmos] *nm* Kosmos *der.*

cosse [kɔs] *nf* [de légume] Schote *die.*

cossu, e [kɔsy] *adj* **- 1.** [personne] begütert **- 2.** [maison, intérieur] stattlich.

Costa Rica [kɔstarika] *nm* : **le ~** Costa Rica *nt ;* **au ~** in Costa Rica.

costaud [kɔsto] (*f inv* ou **costaude** [kɔstod]) *adj fam* [personne] kräftig.

costume [kɔstym] *nm* **- 1.** [vêtement d'homme] Anzug *der* **- 2.** [tenue] Tracht *die* **- 3.** THÉÂTRE Kostüm *das.*

> **costume**
>
> Bei dem französischen Begriff **costume** und dem deutschen Substantiv „Kostüm" handelt es sich zwar jeweils um Kleidungsstücke, doch **costume** bezeichnet den „Herrenanzug", wohingegen „Kostüm" ausschließlich das Ensemble für Damen benennt, was mit **tailleur** übersetzt wird. **Son père portait un costume élegant** wird mit „Ihr Vater trug einen eleganten Anzug" wiedergegeben. „Wie findest du mein neues Kostüm?" heißt dagegen auf Französisch **Comment est-ce que tu trouves mon nouveau tailleur ? Costume** kann mit „Kostüm "übersetzt werden, wenn es um eine „Verkleidung" oder eine Tracht geht, so heißt **Pour le carnaval, je me suis acheté un costume de clown** auf Deutsch „Für den Fasching habe ich mir ein Clownkostüm gekauft".

cotation [kɔtasjɔ̃] *nf* Notierung *die.*

cote [kɔt] *nf* **- 1.** [marque de classement] Kennziffer *die* **- 2.** FIN Kurs *der* **- 3.** [valeur marchande] Bewertung *die* **- 4.** [degré d'estime] : **~ de popularité** Beliebtheitsgrad *der* **- 5.** [indiquant un niveau] Stand *der ;* **~ d'alerte** kritischer Pegelstand ; *fig* kritischer Punkt.

côte [kot] *nf* - **1.** ANAT Rippe *die* ; **~ à ~** nebeneinander, Seite an Seite - **2.** [en boucherie] Rippenstück *das* - **3.** [pente] Steigung *die*, Hang *der* - **4.** [littoral] Küste *die*.

côté [kote] *nm* Seite *die* ; **sur le ~** auf der Seite ; **de l'autre ~ de qqch** auf der anderen Seite einer Sache *(G)* ; **~ opposé** gegenüberliegende Seite ; **les bons/mauvais ~s de qqn/qqch** js/einer Sache Vorteile/Nachteile.

coteau, x [kɔto] *nm* - **1.** [colline] Anhöhe *die* - **2.** [versant] Hang *der*.

Côte-d'Ivoire [cotdivwar] *nf* : **la ~** die Elfenbeinküste.

côtelé, e [kotle] *adj* gerippt ; **velours ~** Kord *der*.

côtelette [kotlɛt] *nf* Kotelett *das*.

coter [3] [kɔte] *vt* - **1.** [marquer] kennzeichnen - **2.** [noter] bewerten - **3.** FIN notieren.

côtier, ère [kotje, ɛr] *adj* Küsten-.

cotisation [kɔtizasjɔ̃] *nf* Beitrag *der*.

cotiser [3] [kɔtize] *vi* : **~ (à qqch)** (an etw *(A)*) Beitrag zahlen. ◆ **se cotiser** *vp* zusammen|legen.

coton [kɔtɔ̃] *nm* - **1.** [fibre, fil, tissu] Baumwolle *die* - **2.** [ouate] Watte *die* ; **~ hydrophile** (Verband)watte.

Coton-Tige® (*pl* **Coton-Tiges**) *nm* Wattestäbchen *das*.

côtoyer [13] [kɔtwaje] *vt* [fréquenter] : **~ qqn** mit jm verkehren.

cou [ku] *nm* Hals *der*.

couchant [kuʃɑ̃] ▷ **soleil.** ◆ **couchant** *nm* Abendland *das*, Westen *der*.

couche [kuʃ] *nf* - **1.** [pellicule, épaisseur, classe sociale] Schicht *die* ; **~ d'ozone** Ozonschicht *die* - **2.** [de bébé] Windel *die*. ◆ **couches** *nfpl* Wochenbett *das (sans pl)*. ◆ **fausse couche** *nf* Fehlgeburt *die*.

couche-culotte *nf* Windelhöschen *das*.

coucher¹ [kuʃe] ◇ *vt* - **1.** [mettre au lit] ins Bett legen - **2.** [étendre, poser à plat] legen ◇ *vi* - **1.** [dormir] schlafen - **2.** [passer la nuit] übernachten - **3.** *fam* [avoir des rapports sexuels] : **~ avec qqn** mit jm schlafen. ◆ **se coucher** *vp* - **1.** [s'allonger] sich hin|legen - **2.** [se mettre au lit] zu Bett gehen - **3.** [soleil] unter|gehen.

coucher² [kuʃe] *nm* [du soleil] Untergang *der* ; **au ~ du soleil** bei Sonnenuntergang.

couchette [kuʃɛt] *nf* - **1.** [de train] Liegeplatz *der* - **2.** [de navire] Koje *die*.

coucou [kuku] ◇ *nm* - **1.** [oiseau] Kuckuck *der* - **2.** [pendule] Kuckucksuhr *die* ◇ *interj* : **coucou!** kuckuck!

coude [kud] *nm* - **1.** ANAT & COUTURE Ellbogen *der* - **2.** [courbe] Knick *der*.

cou-de-pied (*pl* **cous-de-pied**) *nm* Rist *der*.

coudre [86] [kudr] ◇ *vt* - **1.** [bouton] an|nähen - **2.** [vêtement, plaie] nähen ◇ *vi* nähen.

couette [kwɛt] *nf* - **1.** [de lit] Daunendecke *die* - **2.** [coiffure] : **porter des ~s** Rattenschwänzchen tragen.

couffin [kufɛ̃] *nm* [berceau] Babytragetasche *die*.

couilles [kuj] *nfpl tfam* Eier *Pl.*

coulant, e [kulɑ̃, ɑ̃t] *adj* - **1.** [substance, style] fließend - **2.** *fam* [indulgent] kulant.

coulée [kule] *nf* - **1.** [de lave, de boue] Strom *der* - **2.** [de métal] Guss *der*.

couler [3] [kule] ◇ *vt* - **1.** [métal, béton] gießen - **2.** [bateau] versenken - **3.** [entreprise] in Grund und Boden wirtschaften ◇ *vi* - **1.** [liquide] fließen - **2.** [bateau, nageur] unter|gehen - **3.** [nez] laufen - **4.** [entreprise] Pleite gehen.

couleur [kulœr] *nf* [gén] Farbe *die* ; **annoncer la ~** *fam fig* Farbe bekennen.

couleuvre [kulœvr] *nf* Natter *die*.

coulisse [kulis] *nf* - **1.** [glissière] Schiene *die* - **2.** COUTURE Durchzug *der*. ◆ **coulisses** *nfpl* Kulissen *Pl.*

coulisser [3] [kulise] ◇ *vt* schieben ◇ *vi* gleiten ; **faire ~** schieben.

couloir [kulwar] *nm* - **1.** [corridor] Gang *der* - **2.** GÉOGR Furche *die* - **3.** SPORT [de piste, de piscine] Bahn *die*.

coup [ku] *nm* - **1.** [choc, gifle] Schlag *der* ; **~ dur** schwerer Schlag - **2.** [d'instrument] : **~ de ciseaux** Schnitt *der* ; **~ de crayon** Strich *der* - **3.** [bruit] : **~ de feu** Schuss *der* - **4.** *fam* [fois] Mal *das* ; [au jeu] Zug *der* ; **d'un seul ~** auf einmal - **5.** [de colère, de fatigue] Anfall *der* - **6.** [action spectaculaire] Coup *der* ; **~ de chance** Glücksfall *der* ; **~ d'État** Staatsstreich *der* ; **~ de théâtre** Knalleffekt *der* - **7.** *loc* : **boire un ~** einen trinken ; **donner un ~ de main à qqn** jm zur Hand gehen, jm helfen ; **tenir le ~** durch|halten ; **tenter le ~** es versuchen ; **valoir le ~** sich lohnen. ◆ **coup de fil** *nm* Anruf *der* ; **donner** OU **passer un ~ de fil** an|rufen. ◆ **coup de fouet** *nm* Peitschenhieb *der* ; **donner un ~ de fouet à qqn** *fig* jn munter machen. ◆ **coup franc** *nm* Freistoß *der*. ◆ **coup de téléphone** *nm* Anruf *der*. ◆ **à coup sûr** *loc adv* sicher. ◆ **du coup** *loc adv* deshalb. ◆ **du premier coup** *loc adv* auf Anhieb. ◆ **coup sur coup** *loc adv* Schlag auf Schlag. ◆ **sous le coup de** *loc prép* - **1.** [sous l'effet de] unter der Wirkung *(+G)* - **2.** [sous l'action de] unter *(+D)*. ◆ **tout à coup** *loc adv* plötzlich.

coupable [kupabl] ◇ *adj* - **1.** [fautif] schuldig - **2.** [condamnable] schuldhaft ◇ *nmf* Schuldige *der*, Schuldige *die*.

coupant, e [kupɑ̃, ɑ̃t] *adj* - **1.** [tranchant] scharf - **2.** [ton, réponse] schneidend.

coupe [kup] *nf* - **1.** [verre, contenu] Glas *das* - **2.** [récipient] Becher *der* - **3.** SPORT [trophée] Pokal *der* ; [compétition] Meisterschaft *die*, Cup *der* - **4.** COUTURE [action, forme] Schnitt *der*.

coupé, e [kupe] *adj* - **1.** [cheveux, vêtement] geschnitten ; **bien ~** gut geschnitten - **2.** [interrompu] unterbrochen.

coupe-ongles [kupɔ̃gl] *nm inv* Nagelknipser *der*.

coupe-papier [kuppapje] *nm inv* Papiermesser *das*.

couper [3] [kupe] <> *vt* - **1.** [matériau, cheveux] schneiden - **2.** [vêtement, tissu] zu|schneiden - **3.** [gaz, eau, électricité] ab|stellen - **4.** [communication téléphonique] ab|brechen - **5.** INFORM (Textbausteine) aus|schneiden - **6.** [mélanger] verdünnen - **7.** [aux cartes] mit Trumpf stechen <> *vi* - **1.** [être tranchant] schneiden - **2.** [prendre un raccourci] ab|schneiden - **3.** [aux cartes] ab|heben.

couper-coller *nm inv* INFORM : **faire un ~** ausschneiden und ein|fügen.

couperet [kuprɛ] *nm* - **1.** [de boucher] Hackbeil *das* - **2.** [de guillotine] Fallbeil *das*.

couperose [kuproz] *nf* geplatzte Äderchen *Pl*.

couple [kupl] *nm* - **1.** [gén] Paar *das*, Ehepaar *das* - **2.** [marié, animaux] Paar *das*, Pärchen *das*.

coupler [3] [kuple] *vt* koppeln.

couplet [kuplɛ] *nm* Strophe *die*.

coupole [kupɔl] *nf* Kuppel *die*.

coupon [kupɔ̃] *nm* - **1.** [reste de tissu] Stoffrest *der* - **2.** [billet] Abschnitt *der*.

coupon-réponse (*pl* **coupons-réponse**) *nm* Antwortschein *der*.

coupure [kupyr] *nf* - **1.** [blessure, dans un film] Schnitt *der* - **2.** [billet de banque] : **grosses/petites ~s** große/kleine Geldscheine - **3.** ÉLECTR : **~ de courant** Stromausfall *der*.

cour [kur] *nf* - **1.** [gén] Hof *der* - **2.** [tribunal] Gerichtshof *der* ; **~ d'assises** Schwurgericht *das* ; **~ martiale** Standgericht *das*. ◆ **Cour** *nf* : **Cour de cassation** Kassationshof *der*.

courage [kuraʒ] *nm* [bravoure] Mut *der*.

courageux, euse [kuraʒø, øz] *adj* - **1.** [brave] tapfer - **2.** [audacieux] mutig.

courant, e [kurɑ̃, ɑ̃t] *adj* - **1.** [habituel] üblich - **2.** [en cours] laufend. ◆ **courant** *nm* - **1.** [marin, atmosphérique] Strömung *die* ; **~ d'air** Luftzug *der* - **2.** ÉLECTR Strom *der*. ◆ **au courant** *loc adv* : **être au ~ (de qqch)** (über eine Sache) im Bilde sein ; **mettre** OU **tenir** qqn au **~ (de qqch)** jn (über eine Sache) auf dem Laufenden halten ; **se mettre** OU **se tenir au ~ (de qqch)** sich (über eine Sache) auf dem Laufenden halten.

courbature [kurbatyr] *nf* Muskelkater *der*.

courbaturé, e [kurbatyre] *adj* : **être ~** Muskelkater haben.

courbe [kurb] <> *nf* Kurve *die* ; **~ de niveau** Höhenlinie *die* <> *adj* gekrümmt.

courber [3] [kurbe] <> *vt* - **1.** [plier] biegen - **2.** [pencher] neigen <> *vi* sich beugen. ◆ **se courber** *vp* - **1.** [devenir courbe] sich krümmen - **2.** [se baisser] sich bücken.

courbette [kurbɛt] *nf* Verneigung *die* ; **faire des ~s à** OU **devant qqn** *fig* jm die Stiefel lecken.

coureur, euse [kurœr, øz] *nm, f* SPORT Läufer *der*, -in *die* ; **~ cycliste** Radrennfahrer *der*. ◆ **coureur** *nm* Casanova *der*, Verführer *der*.

courge [kurʒ] *nf* Kürbis *der*.

courgette [kurʒɛt] *nf* Zucchini *die* ; **les ~s** die Zucchini.

courir [45] [kurir] <> *vt* - **1.** SPORT laufen - **2.** [monde, pays] durchstreifen - **3.** [magasins] herum|laufen - **4.** *fig* [rechercher] an|streben - **5.** [fréquenter] häufig besuchen - **6.** [s'exposer à] : **~ un danger** Gefahr laufen <> *vi* - **1.** [aller rapidement] rennen ; **~ après qqch** *fig* einer Sache *(D)* nach|rennen ; **~ après qqn** jm nach|laufen ; *fig* jm nach|stellen - **2.** [disputer une course] an einem Rennen teil|nehmen - **3.** [se précipiter] laufen.

couronne [kurɔn] *nf* - **1.** [de roi, de dent, monnaie] Krone *die* - **2.** [de fleurs, pain] Kranz *der*.

couronnement [kurɔnmɑ̃] *nm* Krönung *die*.

couronner [3] [kurɔne] *vt* - **1.** [roi] krönen - **2.** [récompenser] aus|zeichnen.

courrier [kurje] *nm* Post *die* ; **~ du cœur** Kummerecke *die* ; **~ électronique** INFORM elektronische Post, E-Mail *die*.

courroie [kurwa] *nf* Riemen *der* ; **~ de transmission** Treibriemen.

courroucé, e [kuruse] *adj littéraire* wutentbrannt.

cours [kur] *nm* - **1.** [de fleuve] Lauf *der* ; **~ d'eau** Wasserlauf ; **donner** OU **laisser libre ~ à qqch** *fig* einer Sache *(D)* freien Lauf lassen - **2.** [déroulement] Verlauf *der* ; **en ~** laufend *(adj)* ; **en ~ de route** unterwegs - **3.** FIN Kurs *der* ; **avoir ~** gültig sein ; *fig* üblich sein - **4.** [leçon] Unterricht *der* ; **~ du soir** Abendkurs *der* - **5.** [école] Privatschule *die* ; **~ préparatoire** erste Klasse. ◆ **au cours de** *loc prép* : **au ~ de qqch** im Laufe einer Sache *(G)*.

course [kurs] *nf* - **1.** [action de courir] Laufen *das* - **2.** [compétition] Rennen *das* - **3.** [de taxi] Taxifahrt *die* - **4.** [achat] Besorgung *die* ; **faire les ~s** Besorgungen machen.

coursier, ère [kursje, ɛr] *nm, f* Bote *der*, -tin *die*.

court, e [kur, kurt] *adj* kurz. ◆ **court** ◇ *nm* : ~ **(de tennis)** Tennisplatz *der* ◇ *adv* : **couper ~ à qqch** eine Sache ab|schneiden ; **être à ~ d'argent/d'idées/d'arguments** kein Geld/keine Ideen/keine Argumente mehr haben ; **prendre de ~** überrumpeln ; **tourner ~** abgebrochen werden.

court-bouillon *nm gewürzte Brühe, in der Fisch gekocht wird.*

court-circuit *nm* Kurzschluss *der*.

courtier, ère [kurtje, ɛr] *nm, f* Makler *der*, -in *die*.

courtisan [kurtizɑ̃] *nm* HIST Höfling *der*.

courtisane [kurtiʒan] *nf littéraire* Kurtisane *die*.

court-métrage *nm* Kurzfilm *der*.

courtois, e [kurtwa, az] *adj* höflich.

courtoisie [kurtwazi] *nf* Höflichkeit *die*.

couru, e [kury] ◇ *pp* ▷ **courir** ◇ *adj* viel besucht.

cousin, e [kuzɛ̃, in] *nm, f* Cousin *der*, Kusine *die*.

coussin [kusɛ̃] *nm* Kissen *das*.

cousu, e [kuzy] *pp* ▷ **coudre.**

coût [ku] *nm* Kosten *Pl*, Preis *der*.

couteau, x [kuto] *nm* [pour couper] Messer *das* ; ~ **à cran d'arrêt** Stellmesser.

coûter [3] [kute] ◇ *vi* [valoir] kosten ; ~ **quinze euros à qqn** jn fünfzehn Euro kosten ; **ça coûte combien?** wie viel kostet das? ◇ *vt* [être pénible] : ~ **à qqn** jm schwer fallen. ◆ **coûte que coûte** *loc adv* um jeden Preis.

coûteux, euse [kutø, øz] *adj* kostspielig.

coutume [kutym] *nf* [habitude] Brauch *der*.

coutumier, ère [kutymje, ɛr] *adj* [habituel] üblich.

couture [kutyr] *nf* - **1.** [action de coudre] Nähen *das* - **2.** [points] Naht *die*.

couturier, ère [kutyrje, ɛr] *nm, f* Schneider *der*, -in *die*.

couvée [kuve] *nf* - **1.** [œufs] Gelege *das* - **2.** [oisillons] Brut *die*.

couvent [kuvɑ̃] *nm* Kloster *das*.

couver [3] [kuve] ◇ *vt* - **1.** [œufs] aus|brüten - **2.** [enfant] verhätscheln ◇ *vi* - **1.** [poule] brüten - **2.** [feu, complot] schwelen.

couvercle [kuvɛrkl] *nm* Deckel *der*.

couvert, e [kuvɛr, ɛrt] ◇ *pp* ▷ **couvrir** ◇ *adj* - **1.** [habillé] : **bien/pas assez ~** warm/nicht warm genug angezogen - **2.** [temps, ciel] bedeckt. ◆ **couvert** *nm* [à table] Gedeck *das* ; **mettre** OU **dresser le ~** den Tisch decken. ◆ **couverts** *nmpl* Besteck *das (sans pl)*.

couverture [kuvɛrtyr] *nf* - **1.** [de lit] Decke *die* ; ~ **chauffante** Heizdecke - **2.** [de livre - reliure] Einband *der* ; [- jaquette] Umschlag *der* - **3.** [de magazine] Titelseite *die*.

couveuse [kuvøz] *nf* - **1.** [pour bébés] Brutkasten *der* - **2.** [pour œufs] Brutapparat *der* - **3.** [poule] Bruthenne *die*.

couvre-chef [kuvrəʃɛf] (*pl* **couvre-chefs**) *nm* Kopfbedeckung *die*.

couvre-feu [kuvrəfø] (*pl* **couvre-feux**) *nm* Ausgangssperre *die*.

couvreur [kuvrœr] *nm* Dachdecker *der*.

couvrir [34] [kuvrir] *vt* - **1.** [protéger, recouvrir] : ~ **qqch (de qqch)** etw (mit etw) bedecken - **2.** [sujet : assurance] decken - **3.** [avec housse, avec couvercle] zu|decken - **4.** [livre] ein|binden - **5.** [bruit] übertönen - **6.** [habiller] : **bien ~ un enfant** ein Kind warm an|ziehen. ◆ **se couvrir** *vp* - **1.** [se vêtir] sich warm an|ziehen - **2.** [ciel] sich bewölken.

CPAM (*abr de* **caisse primaire d'assurance maladie**) *nf französische Ortskrankenkasse.*

crabe [krab] *nm* Krabbe *die*.

crachat [kraʃa] *nm* Spucke *die (sans pl)*.

cracher [3] [kraʃe] ◇ *vi* - **1.** [projeter de la salive] spucken ; **ne pas ~ sur qqch** *fam fig* einer Sache *(D)* nicht abgeneigt sein - **2.** [radio, télé] knistern ◇ *vt* - **1.** [gén] spucken - **2.** *fig* [injures] aus|stoßen.

crachin [kraʃɛ̃] *nm* Nieselregen *der*.

crachoir [kraʃwar] *nm* Spucknapf *der*.

craie [krɛ] *nf* Kreide *die*.

craindre [80] [krɛ̃dr] *vt* - **1.** [redouter] : ~ **qqch** vor etw *(D)* Angst haben ; ~ **de faire qqch** fürchten, etw zu tun ; ~ **que** *(+ subjonctif)* befürchten, (dass) - **2.** [être sensible à] nicht vertragen.

craint, e [krɛ̃, ɛ̃t] *pp* ▷ **craindre.**

crainte [krɛ̃t] *nf* Furcht *die*. ◆ **de crainte de** *loc prép* : **il a préféré partir de ~ de la rencontrer** er hat es vorgezogen wegzugehen, um ihr nicht zu begegnen. ◆ **de crainte que** *loc conj (+ subjonctif)* aus Furcht, (dass) ; **de ~ qu'il (ne) parte** aus Furcht, dass er wegginge OU er ginge weg.

craintif, ive [krɛ̃tif, iv] *adj* ängstlich.

cramoisi, e [kramwazi] *adj* dunkelrot.

crampe [krɑ̃p] *nf* Krampf *der* ; ~ **d'estomac** Magenkrampf.

crampon [krɑ̃pɔ̃] *nm* - **1.** [de chaussures - de foot] Stollen *der* ; [- d'athlétisme] Spike *der* - **2.** *fam* [personne] Klette *die*.

cramponner [3] [krɑ̃pɔne] ◆ **se cramponner** *vp fam* sich fest halten ; **se ~ à qqn/qqch** sich an jn/etw klammern.

cran [krɑ̃] *nm* - **1.** [de ceinture] Loch *das*

- 2. *fig* [degré] Stufe *die* - 3. [audace] Schneid *der* - 4. *loc* : **être à ~** äußerst gereizt sein.

crâne [kran] *nm* Schädel *der.*

crâner [3] [krane] *vi fam* an|geben.

crânien, enne [kranjɛ̃, ɛn] *adj* Schädel- ; **boîte ~ne** Hirnschale *die.*

crapaud [krapo] *nm* Kröte *die.*

crapule [krapyl] *nf* Lump *der.*

craquelure [kraklyr] *nf* feiner Riss.

craquement [krakmɑ̃] *nm* Krachen *das.*

craquer [3] [krake] ◇ *vi* - 1. [branche, parquet] knacken, knarren - 2. [se déchirer] platzen - 3. [personne] aus|rasten - 4. [être séduit] : **~ pour qqn** für jn schwärmen ; **~ pour qqch** sich zum Kauf von etw verführen lassen ◇ *vt* - 1. [déchirer] zerreißen - 2. [allumette] an|streichen.

crasse [kras] *nf* - 1. [saleté] Dreck *der* - 2. *fam* [mauvais tour] Gemeinheit *die.*

crasseux, euse [krasø, øz] *adj* schmutzig.

cratère [kratɛr] *nm* Krater *der.*

cravache [kravaʃ] *nf* Reitpeitsche *die.*

cravacher [3] [kravaʃe] ◇ *vt* peitschen ◇ *vi fam* sich ran|halten.

cravate [kravat] *nf* Krawatte *die.*

crawl [krol] *nm* Kraulschwimmen *das.*

crayon [krɛjɔ̃] *nm* Stift *der ;* **~ à bille** Kugelschreiber *der ;* **~ de couleur** Buntstift ; **~ optique** Lichtstift.

créancier, ère [kreɑ̃sje, ɛr] *nm, f* Gläubiger *der.*

créateur, trice [kreatœr, tris] ◇ *nm, f* - 1. [artiste] Schöpfer *der,* -in *die* - 2. [couturier] Designer *der,* -in *die* ◇ *adj* schöpferisch.

créatif, ive [kreatif, iv] *adj* kreativ.

création [kreasjɔ̃] *nf* - 1. [d'œuvre] Entstehung *die* - 2. [de poste, d'ambiance] Schaffung *die* - 3. [fondation] Gründung *die* - 4. DESIGN Kreation *die* - 5. RELIG : **la ~ (du monde)** die Schöpfung.

créativité [kreativite] *nf* Kreativität *die.*

créature [kreatyr] *nf* Kreatur *die,* Geschöpf *das.*

crécelle [kresɛl] *nf* Rassel *die.*

crèche [krɛʃ] *nf* - 1. [garderie] (Kinder)krippe *die* - 2. [de Noël] Krippe *die.*

crédible [kredibl] *adj* glaubwürdig.

crédit [kredi] *nm* - 1. [délai de paiement, prêt] Kredit *der ;* **faire ~ à qqn** jm Kredit geben ; **acheter/vendre qqch à ~** etw auf Kredit kaufen/verkaufen - 2. COMPTABILITÉ Haben *das* - 3. *fig* [respect] Ansehen *das.* ◆ **crédits** *nmpl* Mittel *Pl ;* **voter des ~s** Mittel gewähren.

crédit-bail *nm* Leasing *das.*

créditeur, trice [kreditœr, tris] ◇ *adj* ein Guthaben aufweisend ◇ *nm, f* Gläubiger *der,* -in *die.*

crédule [kredyl] *adj* leichtgläubig.

crédulité [kredylite] *nf* Leichtgläubigkeit *die.*

créer [15] [kree] *vt* - 1. [œuvre] schöpfen - 2. [poste, ambiance] schaffen - 3. [fonder] ins Leben rufen, gründen - 4. DESIGN kreieren - 5. [sujet : Dieu] erschaffen.

crémaillère [kremajɛr] *nf* [de cheminée] Kesselhaken *der ;* **pendre la ~** *fig* den Einzug in die neue Wohnung feiern.

crème [krɛm] ◇ *nf* - 1. [du lait] Rahm *der,* Sahne *die ;* **~ fouettée** Schlagsahne ; **~ fraîche** Crème fraîche *die* - 2. [entremets, cosmétique] Creme *die ;* **~ anglaise** Vanillesoße *die ;* **~ hydratante** Feuchtigkeitscreme ; **~ à raser** Rasiercreme ◇ *adj inv* cremefarben.

crémerie [krɛmri] *nf* Milchgeschäft *das.*

crémier, ère [kremje, ɛr] *nm, f* Milchhändler *der,* -in *die.*

créneau, x [kreno] *nm* - 1. [pour se garer] : **faire un ~** rückwärts ein|parken - 2. COMM Marktlücke *die* - 3. [de fortification] Schießscharte *die.*

créole [kreɔl] ◇ *nm* [langue] Kreol *das* ◇ *adj* kreolisch.

crêpe [krɛp] ◇ *nf* Crêpe *die* ◇ *nm* - 1. [tissu] Krepp *der* - 2. [caoutchouc] Kreppgummi *der ;* **semelles en ~** Kreppsohlen *die.*

crêperie [krɛpri] *nf* Crêperie *die.*

crépi [krepi] *nm* Putz *der.*

crépir [32] [krepir] *vt* verputzen.

crépiter [3] [krepite] *vi* prasseln.

crépon [krepɔ̃] *nm* Krepon *der.*

crépu, e [krepy] *adj* kraus.

crépuscule [krepyskyl] *nm* [tombée du jour] (Abend)dämmerung *die.*

cresson [kresɔ̃] *nm* Kresse *die.*

Crète [krɛt] *nf* : **la ~** Kreta *nt.*

crête [krɛt] *nf* - 1. [de coq] Hahnenkamm *der* - 2. [de montagne, de vague] Kamm *der.*

crétin, e [kretɛ̃, in] *fam* ◇ *adj* schwachsinnig ◇ *nm, f* Trottel *der.*

creuser [3] [krøze] ◇ *vt* - 1. [trou, tunnel, sol] graben - 2. [problème, idée] : **~ qqch** etw *(D)* nach|gehen ◇ *vi* : **ça creuse!** *fam* dabei bekommt man Hunger!

creuset [krøzɛ] *nm* Tiegel *der ; fig* Schmelztiegel *der.*

creux, euse [krø, krøz] *adj* - 1. [vide] hohl - 2. [période] umsatzschwach - 3. [récipient] tief. ◆ **creux** *nm* - 1. [concavité] Vertiefung *die* - 2. *fig* [moment] Flaute *die.*

crevaison [krəvɛzɔ̃] *nf* Reifenpanne *die.*

crevasse [krəvas] *nf* - 1. [de mur, de la peau] Riss *der* - 2. [de glacier] Spalte *die.*

crève-cœur *nm inv* Schmerz *der.*

crever [19] [krəve] ◇ *vi* - **1.** [éclater] platzen - **2.** *fam fig* [déborder] : **~ de qqch** [jalousie, rage] vor etw *(D)* platzen - **3.** *tfam* [mourir] krepieren ◇ *vt* - **1.** [percer - ballon] an|stechen ; [- œil] aus|stechen ; [- abcès] öffnen - **2.** *fam fig* [épuiser] schinden ; **être crevé** kaputt sein. ◆ **se crever** *vp fam* sich kaputt|machen.

crevette [krəvɛt] *nf* Garnele *die.*

cri [kri] *nm* - **1.** [de personne, d'animal] Schrei *der* ; **pousser un ~** einen Schrei aus|stoßen - **2.** [appel] Ruf *der.*

criant, e [krijɑ̃, ɑ̃t] *adj* schreiend.

criard, e [krijar, ard] *adj* - **1.** [voix] kreischend - **2.** [couleur] schreiend, grell.

crible [kribl] *nm* Sieb *das* ; **passer qqch au ~** *fig* etw genau prüfen.

criblé, e [krible] *adj* : **~ de** übersät mit ; **~ de balles** durchlöchert ; **~ de trous** durchschossen.

cric [krik] *nm* Wagenheber *der.*

crier [10] [krije] ◇ *vi* - **1.** [hurler] schreien ; **~ contre** OU **après qqn** jn an|schreien - **2.** [protester] : **~ à qqch** etw lautstark verurteilen ◇ *vt* brüllen.

crime [krim] *nm* Verbrechen *das* ; **~ contre l'humanité** Verbrechen *das* gegen die Menschlichkeit.

criminalité [kriminalite] *nf* Kriminalität *die.*

criminel, elle [kriminɛl] ◇ *adj* [gén] kriminell ; **incendie ~** Brandstiftung *die* ◇ *nm, f* Verbrecher *der*, -in *die* ; **~ de guerre** Kriegsverbrecher.

crin [krɛ̃] *nm* Rosshaar *das* ; **pacifiste à tous ~s** *fig* überzeugter Pazifist.

crinière [krinjɛr] *nf* Mähne *die.*

crique [krik] *nf* kleine Bucht.

criquet [krikɛ] *nm* Heuschrecke *die.*

crise [kriz] *nf* - **1.** [manifestation émotive & MÉD] Anfall *der* ; **~ cardiaque** Herzanfall ; **~ de foie** Magenverstimmung *die* ; **~ de nerfs** Nervenzusammenbruch *der* - **2.** [phase critique] Krise *die.*

crispation [krispasjɔ̃] *nf* - **1.** [contraction] Verkrampfung *die* - **2.** [agacement] Gereiztheit *die.*

crisper [3] [krispe] *vt* - **1.** [contracter] verkrampfen - **2.** [agacer] : **~ qqn** jm auf die Nerven gehen, jn nerven. ◆ **se crisper** *vp* - **1.** [se contracter] sich verzerren - **2.** [s'irriter] sich erregen.

crisser [3] [krise] *vi* [pneu, neige] knirschen.

cristal, aux [kristal, o] *nm* - **1.** [minéral] Kristall *der* ; **~ de roche** Bergkristall - **2.** [verre] Kristall *das.*

cristallin, e [kristalɛ̃, in] *adj* - **1.** [eau, voix] kristallklar - **2.** [roche] kristallin. ◆ **cristallin** *nm* [de l'œil] Linse *die.*

critère [kritɛr] *nm* Kriterium *das.*

critique [kritik] ◇ *nmf* Kritiker *der*, -in *die* ◇ *nf* Kritik *die* ◇ *adj* kritisch.

critiquer [3] [kritike] *vt* kritisieren.

croasser [3] [krɔase] *vi* krächzen.

croate [krɔat] *adj* kroatisch. ◆ **Croate** *nmf* Kroate *der*, -tin *die.*

Croatie [krɔasi] *nf* : **la ~** Kroatien *nt.*

croc [kro] *nm* [de chien] Reißzahn *der.*

croche [krɔʃ] *nf* Achtelnote *die.*

croche-pied [krɔʃpje] (*pl* **croche-pieds**) *nm* : **faire un ~ à qqn** jm ein Bein stellen.

crochet [krɔʃɛ] *nm* - **1.** [pièce de métal, coup de poing] Haken *der* - **2.** [ouvrage] Häkelarbeit *die* - **3.** TYPO eckige Klammer - **4.** [détour] Abstecher *der.*

crocheter [28] [krɔʃte] *vt* mit einem Dietrich öffnen.

crochu, e [krɔʃy] *adj* [bec, doigt] gekrümmt ; ▷ **atome.**

crocodile [krɔkɔdil] *nm* - **1.** [animal] Krokodil *das* - **2.** [cuir] Krokodilleder *das.*

crocus [krɔkys] *nm* Krokus *der.*

croire [107] [krwar] ◇ *vt* glauben ; **~ qqn** jm glauben ; **je crois qu'il n'est pas là** ich glaube, er ist nicht da ; **j'ai cru l'apercevoir hier** mir ist, als hätte ich ihn gestern gesehen ; **je te crois honnête** ich halte dich für ehrlich ◇ *vi* : **~ en qqn** an jn glauben ; **~ à qqch** an etw *(A)* glauben.

croisade [krwazad] *nf* HIST Kreuzzug *der.*

croisé, e [krwaze] *adj* - **1.** [rime] Kreuz- - **2.** [veste] zweireihig. ◆ **croisé** *nm* HIST Kreuzritter *der.* ◆ **croisée** *nf* - **1.** [de fenêtre] Fenster(kreuz) *das* - **2.** *loc* : **être à la ~e des chemins** am Kreuzweg stehen.

croisement [krwazmɑ̃] *nm* Kreuzung *die.*

croiser [3] [krwaze] ◇ *vt* - **1.** [gén] kreuzen - **2.** [passer à côté de] : **~ qqn** jm begegnen ◇ *vi* NAVIG kreuzen. ◆ **se croiser** *vp* - **1.** [se couper] sich kreuzen - **2.** [se rencontrer] : **on s'est croisé dans la rue** wir sind uns auf der Straße begegnet.

croisière [krwazjɛr] *nf* Kreuzfahrt *die.*

croisillon [krwazijɔ̃] *nm* [de fixage] Querstrebe *die* ; [de fenêtre] Sprosse *die.*

croissance [krwasɑ̃s] *nf* Wachstum *das* ; **~ économique** Wirtschaftswachstum.

croissant, e [krwasɑ̃, ɑ̃t] *adj* wachsend. ◆ **croissant** *nm* - **1.** [de lune] Mondsichel *die* - **2.** [pâtisserie] Croissant *das*, Hörnchen *das.*

croître [93] [krwatr] *vi* - **1.** [grandir] wachsen - **2.** [augmenter] zu|nehmen.

croix [krwa] *nf* Kreuz *das* ; **en ~** kreuzförmig.

Croix-Rouge [krwaruʒ] *nf :* **la ~** das Rote Kreuz.
croquant, e [krɔkɑ̃, ɑ̃t] *adj* knackig.
croque-mitaine (*pl* **croque-mitaines**) *nm* Schwarzer Mann.
croque-monsieur *nm inv überbackener Schinken- und Käsetoast.*
croque-mort (*pl* **croque-morts**) *nm fam* Leichenbestatter *der.*
croquer [3] [krɔke] *vt* **- 1.** [manger] knabbern ; **~ une pomme** in einen Apfel beißen **- 2.** [dessiner] skizzieren.
croquette [krɔkɛt] *nf* Krokette *die.*
croquis [krɔki] *nm* Skizze *die.*
cross [krɔs] *nm* Crosscountry *das.*
crotte [krɔt] *nf* Kot *der.*
crottin [krɔtɛ̃] *nm* [de cheval] Pferdeapfel *der.*
crouler [3] [krule] *vi* [être surchargé] : **~ sous qqch** fast unter etw *(D)* zusammen|brechen.
croupe [krup] *nf* Kruppe *die ;* **monter en ~** hinten auf|steigen.
croupier [krupje] *nm* Croupier *der.*
croupir [32] [krupir] *vi* **- 1.** [liquide] faulig werden **- 2.** *fig* [personne] dahin|vegetieren.
croustillant, e [krustijɑ̃, ɑ̃t] *adj* **- 1.** [croquant] knusprig **- 2.** [grivois] pikant.
croûte [krut] *nf* **- 1.** [de pain, terrestre] Kruste *die* **- 2.** CULIN Teigmantel *der* **- 3.** [de fromage] Rinde *die* **- 4.** [sur la peau] Schorf *der.*
croûton [krutɔ̃] *nm* **- 1.** [bout du pain] Kanten *der,* Knust *der* **- 2.** [pain frit] Croûton *der.*
croyance [krwajɑ̃s] *nf* Glaube *der.*
croyant, e [krwajɑ̃, ɑ̃t] RELIG ◇ *adj* gläubig ◇ *nm, f* Gläubige *der, die.*
CRS *nm Mitglied der mobilen Polizeitruppe in Frankreich,* ≃ Bereitschaftspolizist *der.*
cru, e [kry] ◇ *pp* ▷ **croire** ◇ *adj* **- 1.** [aliment, matière] roh **- 2.** [lumière, couleur] grell **- 3.** [remarque, réponse] brutal **- 4.** [grivois] deftig.
cruauté [kryote] *nf* Grausamkeit *die.*
cruche [kryʃ] *nf* [objet] Krug *der.*
crucial, e, aux [krysjal, o] *adj* entscheidend.
crucifix [krysifi] *nm* Kruzifix *das.*
crudités [krydite] *nfpl* Rohkost *die (sans pl) ;* **assiette de ~** Salatplatte *die.*
crue [kry] *nf* Hochwasser *das.*
cruel, elle [kryɛl] *adj* **- 1.** [méchant] grausam **- 2.** [douloureux] bitter.
crustacé [krystase] *nm* Krustentier *das.*
crypter [kripte] *vt* kodieren ; **chaîne cryptée** kodiertes Fernsehprogramm.
Cuba [kyba] *n* Kuba *nt ;* **à ~** auf Kuba.
cube [kyb] *nm* **- 1.** [parallélépipède] Würfel *der* **- 2.** MATHS Kubikzahl *die ;* **un mètre ~** ein Kubikmeter.
cueillette [kœjɛt] *nf* **- 1.** [récolte] Ernten *das* **- 2.** [action] Ernte *die.*
cueilli, e [kœji] *pp* ▷ **cueillir.**
cueillir [41] [kœjir] **- 1.** [fruits, fleurs] pflücken **- 2.** *fam* [personne] schnappen.
cuillère, cuiller [kɥijɛr] *nf* Löffel *der ;* **~ à café** Teelöffel ; **~ à dessert** Nachtischlöffel ; **~ à soupe** Esslöffel ; **petite ~** kleiner Löffel.
cuillerée [kɥijere] *nf :* **une ~ de lait** ein Löffel voll Milch.
cuir [kɥir] *nm* [matière] Leder *das.* ◆ **cuir chevelu** *nm* Kopfhaut *die.*
cuirasse [kɥiras] *nf* Brustharnisch *der ; fig* Panzer *der.*
cuirassé [kɥirase] *nm* Panzerkreuzer *der.*
cuire [98] [kɥir] ◇ *vt* **- 1.** [gâteau] backen ; [viande] braten ; [légume] kochen **- 2.** [matière] brennen ◇ *vi :* **(faire) ~** [gâteau] backen ; [viande] braten ; [légume] kochen.
cuisine [kɥizin] *nf* [pièce, art culinaire] Küche *die ;* **faire la ~** kochen.
cuisiné, e [kɥizine] *adj :* **plat ~** Fertiggericht *das.*
cuisiner [3] [kɥizine] ◇ *vt* **- 1.** [aliment] kochen **- 2.** *fam* [personne] in die Mangel nehmen ◇ *vi* kochen.
cuisinier, ère [kɥizinje, ɛr] *nm, f* Koch *der,* Köchin *die.* ◆ **cuisinière** *nf* [appareil] Küchenherd *der,* Herd *der.*
cuisse [kɥis] *nf* **- 1.** ANAT Oberschenkel *der,* Schenkel *der* **- 2.** CULIN Keule *die.*
cuisson [kɥisɔ̃] *nf* **- 1.** [de gâteau] Backen *das ;* [de viande] Braten *das ;* [de légume] Kochen *das ;* **quelle cuisson?** wie hätten Sie das Fleisch gern? **- 2.** [de matière] Brennen *das.*
cuit, e [kɥi, kɥit] ◇ *pp* ▷ **cuire** ◇ *adj* **- 1.** [aliment] gar ; **bien ~** [viande] durchgebraten **- 2.** [matière] gebrannt.
cuivre [kɥivr] *nm* Kupfer *das.*
cuivré, e [kɥivre] *adj* kupferfarben.
cul [ky] *nm* **- 1.** *tfam* [postérieur] Arsch *der* **- 2.** [de bouteille] Boden *der.*
culbute [kylbyt] *nf* **- 1.** [chute] Purzelbaum *der* **- 2.** [saut] Überschlagen *das.*
cul-de-sac [kydsak] (*pl* **culs-de-sac**) *nm* [voie] Sackgasse *die.*
culinaire [kylinɛr] *adj* kulinarisch.
culminer [3] [kylmine] *vi* [surplomber] den höchsten Punkt erreichen ; *fig* gipfeln.
culot [kylo] *fam* [toupet] Dreistigkeit *die ;* **avoir du ~** ganz schön dreist sein.
culotte [kylɔt] *nf* **- 1.** [sous-vêtement féminin] Unterhose *die* **- 2.** [vêtement masculin] Hose *die.*

culotté, e [kylɔte] *adj fam* [effronté] dreist, frech.
culpabilité [kylpabilite] *nf* Schuld *die*.
culte [kylt] *nm* - **1.** [vénération] Verehrung *die* - **2.** [religion, amour] Kult *der*.
cultivateur, trice [kyltivatœr, tris] *nm, f* Landwirt *der*, -in *die*.
cultivé, e [kyltive] *adj* [personne] gebildet.
cultiver [3] [kyltive] *vt* - **1.** [terre] bestellen - **2.** [plantes] züchten - **3.** [intelligence, goût] aus|bilden - **4.** [relation] pflegen.
culture [kyltyr] *nf* - **1.** AGRIC Anbau *der* ; **~s vivrières** Nährpflanzenanbau *der (sans pl)* - **2.** [savoir, civilisation] Kultur *die*.
culturel, elle [kyltyrɛl] *adj* - **1.** [phénomène, problème] kulturell - **2.** [manifestation, séjour] Bildungs-.
culturisme [kyltyrism] *nm* Bodybuilding *das*.
cumin [kymɛ̃] *nm* Kümmel *der*.
cumul [kymyl] *nm* Häufung *die*.
cumuler [3] [kymyle] *vt* an|häufen.
cupide [kypid] *adj* - **1.** [air, regard] gierig - **2.** [personne] habgierig.
cure [kyr] *nf* - **1.** [gén] Kur *die* - **2.** [habitation du curé] Pfarrhaus *das*.
curé [kyre] *nm* Pfarrer *der*.
cure-dents [kyrdɑ̃] *nm inv* Zahnstocher *der*.
curer [3] [kyre] *vt* [puits] reinigen.
curieux, euse [kyrjø, øz] *adj* - **1.** [ouvert] aufgeschlossen - **2.** [indiscret] neugierig - **3.** [étrange] eigenartig.
curiosité [kyrjozite] *nf* Neugier *die*.
curriculum vitae [kyrikylɔmvite] *nm inv* Lebenslauf *der*.
curry [kyri], **carry, cari** [kari] *nm* Curry *das*.
cutané, e [kytane] *adj* Haut-.
cuti [kyti] *nf abr de* **cuti-réaction.**
cuti-réaction [kytireaksjɔ̃] (*pl* **cuti-réactions**) *nf* Tuberkulinprobe *die*.
cuve [kyv] *nf* - **1.** [citerne] Tank *der* - **2.** [à vin] Weinbehälter *der*.
cuvée [kyve] *nf* - **1.** [récolte] Erntejahrgang *der* - **2.** [contenu de cuve] *Inhalt eines Weinbehälters*.
cuvette [kyvɛt] *nf* - **1.** [récipient] Schüssel *die* - **2.** [partie creuse] Becken *das* - **3.** GÉOGR Kessel *der*.
CV *nm* - **1.** *abr de* **curriculum vitae** - **2.** *abr de* **cheval-vapeur.**
cyanure [sjanyr] *nm* Zyanid *das*.
cybercafé [sibɛrkafe] *nm* Internetcafé *das*.
cybernaute [sibɛrnot] *nm* Internetsurfer *der*, -in *die*.
cyclable [siklabl] ▷ **piste.**
cycle [sikl] *nm* - **1.** [phénomène périodique & ASTRON] Zyklus *der* - **2.** SCOL : **premier ~** Grund- und Mittelstufe *die* ; **second ~** Oberstufe *die* - **3.** UNIV Studienabschnitt *der*.
cyclique [siklik] *adj* zyklisch.
cyclisme [siklism] *nm* Radsport *der*.
cycliste [siklist] ◇ *nmf* Radfahrer *der*, -in *die* ◇ *adj* Rad-.
cyclone [siklon] *nm* Zyklon *der*.
cygne [siɲ] *nm* Schwan *der*.
cylindre [silɛ̃dr] *nm* - **1.** GÉOM & MÉCAN Zylinder *der* - **2.** [rouleau] Walze *die*.
cymbale [sɛ̃bal] *nf* MUS Becken *das*.
cynique [sinik] ◇ *nmf* Zyniker *der*, -in *die* ◇ *adj* zynisch.
cynisme [sinism] *nm* Zynismus *der*.
cyprès [siprɛ] *nm* Zypresse *die*.
cyrillique [sirilik] *adj* kyrillisch.

D

d, D [de] *nm inv* [lettre] d *das*, D *das*.
d' [d] ▷ **de.**
d'abord [dabɔr] *loc adv* zunächst, zuerst.
d'accord [dakɔr] *loc adv* einverstanden ; **être ~ avec qqn/qqch** mit jm/etw einverstanden sein.
dactylo [daktilo] *nf* - **1.** [personne] Schreibkraft *die* - **2.** [technique] Maschinenschreiben *das*.
dactylographier [9] [daktilɔgrafje] *vt* tippen, mit der Maschine schreiben.
dada [dada] *nm* - **1.** [cheval] Hoppepferd *das* - **2.** *fam* [occupation] Steckenpferd *das*.
daigner [4] [deɲe] *vt* : **~ faire qqch** *sout* die Güte haben, etw zu tun ; **ne pas ~ faire qqch** nicht geruhen, etw zu tun.
daim [dɛ̃] *nm* - **1.** [animal] Damhirsch *der* - **2.** [peau] Wildleder *das*.
dallage [dalaʒ] *nm* [ensemble de dalles] Fliesen *Pl*.
dalle [dal] *nf* - **1.** [plaque] Fliese *die* - **2.** *fam loc* : **comprendre que ~** nur Bahnhof verstehen ; **voir que ~** nichts sehen.
daltonien, enne [daltɔnjɛ̃, ɛn] ◇ *adj* farbenblind ◇ *nm, f* Farbenblinde *der, die*.
dame [dam] *nf* Dame *die*.
damier [damje] *nm* [de jeu de dames] Damebrett *das*.

damné, e [dane] ◇ *adj fam* [satané] verdammt ◇ *nm, f* RELIG Verdammte *der*, Verdammte *die*.

damner [3] [dane] *vt* verdammen.

dancing [dɑ̃siŋ] *nm* Tanzlokal *das*.

dandiner [3] [dɑ̃dine] ◆ **se dandiner** *vp* - **1.** [canard] watscheln - **2.** [personne] sich in den Hüften wiegen.

Danemark [danmark] *nm* : **le ~** Dänemark *nt* ; **au ~** in Dänemark.

danger [dɑ̃ʒe] *nm* Gefahr *die* ; **en ~** in Gefahr ; **sans ~** ungefährlich.

dangereux, euse [dɑ̃ʒrø, øz] *adj* - **1.** [redoutable] gefährlich - **2.** [hasardeux] riskant.

danois, e [danwa, az] *adj* dänisch. ◆ **danois** *nm* - **1.** [langue] Dänisch(e) (*das*) - **2.** [chien] Deutsche Dogge. ◆ **Danois, e** *nm, f* Däne *der*, -nin *die*.

dans [dɑ̃] *prép* - **1.** [gén] in ; **il est ~ la chambre** er ist im Zimmer ; **il va ~ la chambre** er geht ins Zimmer ; **~ une île** auf einer Insel ; **~ la rue** auf der Straße - **2.** [dans le temps] in (*+D*) ; **il revient ~ un mois** er ist in einem Monat wieder da ; **finir ~ la semaine** bis Ende der Woche fertig werden - **3.** [environ] : **~ les** um die ; **ça coûte ~ les 200 francs** das kostet um die 200 Franc.

dansant, e [dɑ̃sɑ̃, ɑ̃t] *adj* [musique, soirée] Tanz-.

danse [dɑ̃s] *nf* - **1.** [art] Tanz *der* - **2.** [musique] Tanzmusik *die*.

danser [3] [dɑ̃se] ◇ *vi* [personne] tanzen ◇ *vt* tanzen.

danseur, euse [dɑ̃sœr, øz] *nm, f* Tänzer *der*, -in *die*.

Danube [danyb] *nm* : **le ~** die Donau.

dard [dar] *nm* [d'animal] Stachel *der*.

date [dat] *nf* Datum *das* ; **à quelle ~?** wann? ; **~ de naissance** Geburtsdatum.

> **la date**
>
> Im Gegensatz zur deutschen Datumsangabe, bei der der Tag eine Ordinalzahl ist und von einem Punkt gefolgt wird (3. April 2000 - dritter April 2000), wird bei der französischen Datumsangabe der Tag als normale Ziffer angegeben (le 3 avril 2000 - le trois avril 2000). In der Kurzschreibung trennt man in Frankreich Tag, Monat und Jahr durch einen Querstrich (03/04/00).

dater [3] [date] ◇ *vt* datieren ◇ *vi* - **1.** [provenir] stammen ; **~ du XVIIIe siècle** aus dem 18. Jahrhundert stammen - **2.** [être démodé] veraltet sein. ◆ **à dater de** *loc prép* : **à ~ du 1er mai** ab dem 1. Mai.

datte [dat] *nf* Dattel *die*.

dattier [datje] *nm* Dattelpalme *die*.

dauphin [dofɛ̃] *nm* - **1.** [mammifère] Delphin *der* - **2.** HIST *französischer Thronfolger*.

daurade, dorade [dɔrad] *nf* Goldbrasse *die*.

davantage [davɑ̃taʒ] *adv* - **1.** [plus] mehr - **2.** [plus longtemps] länger.

DDASS, Ddass [das] (*abr de* **Direction départementale d'action sanitaire et sociale**) *nf Sozialhilfeträger eines Départements*.

de [də], **d'** *(devant voyelle ou h muet)* ◇ *prép* - **1.** [exprime l'origine, la provenance] aus ; **il vient du Japon/des États-Unis/de Paris** er kommt aus Japan/aus den Vereinigten Staaten/aus Paris - **2.** [avec à, exprime la manière, exprime l'appartenance] von ; **~ juin à septembre** von Juni bis September ; **~ l'école à la poste** von der Schule bis zur Post ; **~ côté** von der Seite ; **la maison ~ mes parents** das Haus meiner Eltern - **3.** [exprime le moyen] mit ; **faire un signe ~ la tête** mit dem Kopf nicken - **4.** [exprime la cause] vor ; **trembler ~ froid** vor Kälte zittern - **5.** [exprime une caractéristique] : **le train ~ Paris** der Zug aus ou nach Paris ; **un verre d'eau** ein Glas Wasser ; **un bébé ~ 2 semaines** ein 2 Wochen altes Baby - **6.** [pendant] : **~ toute la journée** den ganzen Tag über - **7.** [par] pro ; **10 francs ~ l'heure** 10 Franc pro Stunde ◇ *article partitif* - **1.** [dans phrase affirmative ou interrogative] : **je voudrais du pain/du lait** ich möchte Brot/Milch ; **acheter des tickets** Karten kaufen - **2.** [dans phrase négative] : **ils n'ont pas d'enfants** sie haben keine Kinder.

dé [de] *nm* Würfel *der* ; [à coudre] Fingerhut *der*.

DEA (*abr de* **diplôme d'études approfondies**) *nm zum Doktorat weiterführender Abschluss nach 5-jährigem Universitätsstudium in Frankreich*.

dealer[1] [dile] *vt* dealen.

dealer[2] [dilœr] *nm* Dealer *der*, -in *die*.

déambuler [3] [deɑ̃byle] *vi* schlendern.

débâcle [debakl] *nf* - **1.** [débandade] Auflösung *die* - **2.** *fig* [ruine] Zusammenbruch *der*.

déballer [3] [debale] *vt* aus|packen.

débandade [debɑ̃dad] *nf* wilde Flucht.

débarbouiller [3] [debarbuje] *vt* : **~ qqn** jm das Gesicht sauber machen. ◆ **se débarbouiller** *vp* sich das Gesicht waschen.

débarcadère [debarkadɛr] *nm* Anlegestelle *die*.

débardeur [debardœr] *nm* [vêtement] Pullunder *der*.

débarquement [debarkəmɑ̃] *nm* - **1.** [de passager] Anlandgehen *das* - **2.** [de marchandises] Löschen *das*.

débarquer [3] [debarke] <> *vt* - **1.** [passager] an Land setzen - **2.** [marchandise] löschen <> *vi* - **1.** [de bateau] aus|steigen - **2.** MIL landen - **3.** *fam* [chez une personne] auf|kreuzen.

débarras [debara] *nm* [pièce] Abstellraum *der.*

débarrasser [3] [debarase] *vt* - **1.** [endroit] leer räumen ; **~ la table** den Tisch ab|räumen - **2.** [décharger] : **~ qqn de qqch** jm etw ab|nehmen.

débat [deba] *nm* - **1.** [sujet d'actualité] Diskussion *die* - **2.** [discussion] Debatte *die.*

débattre [83] [debatr] *vi* : **~ (de qqch)** (über etw *(A)*) diskutieren. ◆ **se débattre** *vp* sich wehren ; **se ~ avec** OU **contre qqch** *fig* sich mit etw herum|schlagen.

débattu, e [debaty] *pp* ▷ **débattre.**

débauche [deboʃ] *nf* Ausschweifung *die.*

débauché, e [deboʃe] <> *adj* ausschweifend <> *nm, f* Wüstling *der.*

débaucher [3] [deboʃe] *vt* - **1.** [corrompre] verderben - **2.** [licencier] entlassen - **3.** [déconcentrer] von der Arbeit ab|bringen.

débile [debil] <> *nmf* - **1.** [atteint de débilité] Schwachsinnige *der, die* ; **~ mental** Geisteskranke *der, die* - **2.** *fam* [idiot] Idiot *der*, -in *die* <> *adj fam* [idiot] schwachsinnig.

débit [debi] *nm* - **1.** [de fleuve, de robinet] Durchflussmenge *die* - **2.** [élocution] Redefluss *der* - **3.** BANQUE Sollseite *die* - **4.** [de marchandises] Absatz *der.*

débiter [3] [debite] *vt* - **1.** [arbre] zu|schneiden ; [viande] zerlegen - **2.** *fig & péj* [prononcer] herunter|leiern - **3.** BANQUE belasten - **4.** [marchandises] vertreiben.

débiteur, trice [debitœr, tris] <> *adj* - **1.** BANQUE Debitoren- - **2.** [société] Schuldner- <> *nm, f* Schuldner *der*, -in *die.*

déblaiement [deblɛmɑ̃], **déblayage** [deblɛjaʒ] *nm* Aufräumen *das.*

déblayage = **déblaiement.**

déblayer [11] [debleje] *vt* - **1.** [lieu] frei machen - **2.** [neige] weg|schaffen.

débloquer [3] [deblɔke] <> *vt* - **1.** [machine, mécanisme] wieder in Gang setzen - **2.** BANQUE & ÉCON frei|geben - **3.** [situation] klären <> *vi fam* [personne] spinnen. ◆ **se débloquer** *vp* - **1.** [machine, mécanisme] sich wieder in Gang setzen - **2.** [situation] sich klären.

déboires [debwar] *nmpl* - **1.** [déception] Enttäuschungen *Pl* - **2.** [échec] Niederlagen *Pl* - **3.** [ennui] Ärger *der (sans pl).*

déboiser [3] [debwaze] *vt* ab|holzen.

déboîter [3] [debwate] *vt* - **1.** [objet] heraus|nehmen - **2.** [membre] verrenken. ◆ **se déboîter** *vp* - **1.** [se démonter] sich herausnehmen lassen - **2.** [se démettre] : **se ~ qqch** sich etw verrenken.

débonnaire [debɔnɛr] *adj* gutmütig.

débordé, e [deborde] *adj* : **être ~** alle Hände voll zu tun haben.

déborder [3] [debɔrde] *vi* - **1.** [liquide] über|laufen ; [fleuve] über die Ufer treten - **2.** *fig* [être plein de] : **~ de qqch** von etw über|schäumen.

débouché [debuʃe] *nm* [issue] Ausgang *der.* ◆ **débouchés** *nmpl* - **1.** COMM Absatzmärkte *Pl* - **2.** [professionnels] Berufsmöglichkeiten *Pl.*

déboucher [3] [debuʃe] <> *vt* - **1.** [bouteille] entkorken - **2.** [conduite, nez] frei machen <> *vi* : **~ sur qqch** zu etw führen.

débourser [3] [deburse] *vt* aus|geben.

debout [dəbu] *adv* - **1.** [en position verticale] stehend - **2.** [en activité] auf ; **il est ~ depuis 7 heures du matin** er ist seit 7 Uhr morgens auf ; **debout!** aufstehen! - **3.** *loc* : **tenir ~** [construction] stehen ; [raisonnement] Hand und Fuß haben.

débraillé, e [debraje] *adj* nachlässig angezogen.

débrayage [debrɛjaʒ] *nm* - **1.** AUTOM Auskuppeln *das* - **2.** [du travail] Arbeitsniederlegung *die.*

débrayer [11] [debreje] *vi* AUTOM aus|kuppeln.

débris [debri] *nm* [fragment] Scherbenstück *das* ; **les ~** die Scherben.

débrouillard, e [debrujar, ard] *fam adj* pfiffig, gewieft.

débrouiller [3] [debruje] *vt* - **1.** [résoudre] auf|klären - **2.** [démêler] entwirren. ◆ **se débrouiller** *vp* zurecht|kommen ; **se ~ pour faire qqch** es fertig bringen, etw zu tun.

débroussailler [3] [debrusaje] *vt* [terrain] von Gestrüpp befreien.

début [deby] *nm* Anfang *der.* ◆ **au début de** *loc prép* : **au ~ de qqch** am Anfang von etw OU einer Sache *(G).*

débutant, e [debytɑ̃, ɑ̃t] <> *adj* ungeübt <> *nm, f* Anfänger *der*, -in *die.*

débuter [3] [debyte] *vi* - **1.** [spectacle] : **~ (par qqch)** (mit etw) beginnen OU an|fangen - **2.** [artiste] debütieren.

déca [deka] *nm fam abr de* **décaféiné.**

deçà [dəsa] ◆ **en deçà de** *loc prép* - **1.** [de ce côté-ci] : **en ~ d'un lieu** diesseits eines Ortes - **2.** *fig* [en dessous] : **en ~ de la vérité** untertrieben.

décacheter [27] [dekaʃte] *vt* öffnen *(Brief).*

décadence [dekadɑ̃s] *nf* - **1.** [déclin] Niedergang *der* - **2.** [débauche] Dekadenz *die.*

décadent, e [dekadɑ̃, ɑ̃t] *adj* dekadent.

décaféiné, e [dekafeine] *adj* koffeinfrei. ◆ **décaféiné** *nm* koffeinfreier Kaffee.

décalage [dekalaʒ] *nm* **- 1.** [spatial] Verschiebung *die* **- 2.** [temporel] Zeitspanne *die ;* **~ horaire** Zeitverschiebung *die* **- 3.** *fig* [différence] Diskrepanz *die.*

décaler [3] [dekale] *vt* **- 1.** [dans le temps] verlegen **- 2.** [dans l'espace] verschieben.

décalitre [dekalitr] *nm* Dekaliter *der.*

décalquer [3] [dekalke] *vt* durch|pausen.

décamper [3] [dekɑ̃pe] *vi* sich aus dem Staub machen.

décapant, e [dekapɑ̃, ɑ̃t] *adj* **- 1.** [produit] Beiz- **- 2.** *fig* [texte, humour] bissig. ◆ **décapant** *nm* Beizmittel *das.*

décaper [3] [dekape] *vt* ab|beizen.

décapiter [3] [dekapite] *vt* [personne] enthaupten.

décapotable [dekapɔtabl] ◇ *nf* Kabrio(lett) *das* ◇ *adj* Kabrio-.

décapsuler [3] [dekapsyle] *vt* öffnen *(Flasche).*

décapsuleur [dekapsylœr] *nm* Flaschenöffner *der.*

décati, e [dekati] *adj* verwelkt.

décédé, e [desede] *adj* verschieden, verstorben.

décéder [18] [desede] *vi* sterben.

déceler [25] [desle] *vt* **- 1.** [repérer] erkennen **- 2.** [révéler] erkennen lassen.

décembre [desɑ̃br] *nm* Dezember *der ; voir aussi* **septembre.**

décemment [desamɑ̃] *adv* **- 1.** [convenablement] anständigerweise **- 2.** [raisonnablement] vernünftigerweise.

décence [desɑ̃s] *nf* **- 1.** [bienséance] Anstand *der* **- 2.** [délicatesse] Takt *der.*

décennie [deseni] *nf* Jahrzehnt *das.*

décent, e [desɑ̃, ɑ̃t] *adj* **- 1.** [bienséant] anständig **- 2.** [acceptable] akzeptabel.

décentralisation [desɑ̃tralizasjɔ̃] *nf* Dezentralisierung *die.*

décentraliser [3] [desɑ̃tralize] *vt* dezentralisieren.

décentrer [3] [desɑ̃tre] *vt* aus der Mitte rücken.

déception [desɛpsjɔ̃] *nf* Enttäuschung *die.*

décerner [3] [desɛrne] *vt :* **~ qqch à qqn** jm etw verleihen.

décès [desɛ] *nm* Tod *der.*

décevant, e [desvɑ̃, ɑ̃t] *adj* enttäuschend.

décevoir [52] [desəvwar] *vt* enttäuschen.

déchaîné, e [deʃene] *adj* **- 1.** [vent, mer] tobend **- 2.** [passion] entfesselt **- 3.** [personne] : **être ~** [énervé] außer Rand und Band sein ; [de bonne humeur] aus dem Häuschen sein.

déchaîner [4] [deʃene] *vt* **- 1.** [passion] entfesseln **- 2.** [rire] aus|lösen. ◆ **se déchaîner** *vp :* **se ~ (contre qqn/ qqch)** *fig* (gegen jn/etw) toben.

déchanter [3] [deʃɑ̃te] *vi* seine Illusionen verlieren.

décharge [deʃarʒ] *nf* **- 1.** [d'arme à feu] Abfeuern *das* **- 2.** [électrique] Entladung *die ;* **prendre** OU **recevoir une ~** einen Schlag bekommen **- 3.** [dépotoir] Schuttabladeplatz *der* **- 4.** [écrite] Entlastung *die.*

déchargement [deʃarʒəmɑ̃] *nm* Ausladen *das*, Entladen *das ;* [de bateau] Löschen *das.*

décharger [17] [deʃarʒe] *vt* **- 1.** [véhicule] aus|laden, ab|laden ; [bateau] löschen **- 2.** [arme - vider] entladen ; [- faire feu] ab|feuern **- 3.** [personne] : **~ qqn de qqch** jn bei OU in etw *(D)* entlasten. ◆ **se décharger** *vp* [batterie] sich entladen.

déchaussé, e [deʃose] *adj :* **dent ~e** loser Zahn.

déchausser [3] [deʃose] *vi* die Schuhe aus|ziehen. ◆ **se déchausser** *vp* **- 1.** [personne] sich die Schuhe aus|ziehen **- 2.** [dent] locker werden.

déchéance [deʃeɑ̃s] *nf* **- 1.** [déclin] Verfall *der* **- 2.** [de souverain] Absetzung *die.*

déchet [deʃɛ] *nm* **- 1.** [résidu] Abfall *der* **- 2.** *fig & péj* [personne] Abschaum *der.*

déchiffrer [3] [deʃifre] *vt* **- 1.** [code] entziffern **- 2.** [énigme] auf|klären.

déchiqueter [27] [deʃikte] *vt* zerfetzen.

déchirant, e [deʃirɑ̃, ɑ̃t] *adj* herzzerreißend.

déchirement [deʃirmɑ̃] *nm* Zerreißprobe *die.*

déchirer [3] [deʃire] *vt* zerreißen. ◆ **se déchirer** *vp* **- 1.** [personnes] sich gegenseitig kaputt|machen **- 2.** [papier, tissu] zerreißen.

déchirure [deʃiryr] *nf* [accroc] Riss *der ;* **~ musculaire** Muskelriss.

déchu, e [deʃy] *adj* **- 1.** [prince] entthront **- 2.** [homme] heruntergekommen.

décibel [desibɛl] *nm* Dezibel *das.*

décidé, e [deside] *adj* [air, personne] entschlossen.

décidément [desidemɑ̃] *adv* also wirklich, wahrhaftig.

décider [3] [deside] *vt* **- 1.** [prendre une décision] entscheiden ; **~ de faire qqch** beschließen, etw zu tun ; **~ que** beschließen, dass **- 2.** [convaincre] : **~ qqn à faire qqch** jn dazu bewegen, etw zu tun. ◆ **se décider** *vp* [personne] sich entscheiden ; **se ~ à faire qqch** sich entschließen, etw zu tun.

décigramme [desigram] *nm* Dezigramm *das.*

décilitre [desilitr] *nm* Deziliter *der.*

décimal, e, aux [desimal, o] *adj* Dezimal-. ◆ **décimale** *nf* Dezimalzahl *die.*

décimer [3] [desime] *vt* dezimieren.

décimètre [desimɛtr] *nm* - **1.** [dixième de mètre] Dezimeter *der* - **2.** [règle] 10-cm-Lineal *das ;* **double ~** 20-cm-Lineal *das.*

décisif, ive [desizif, iv] *adj* entscheidend.

décision [desizjɔ̃] *nf* - **1.** [jugement] Beschluss *der* - **2.** [résolution] Entscheidung *die.*

déclamer [3] [deklame] *vt* vor|tragen.

déclaration [deklarasjɔ̃] *nf* Erklärung *die ;* **faire une ~** eine Erklärung ab|geben ; **~ d'impôts** Steuererklärung.

déclarer [3] [deklare] *vt* - **1.** [annoncer] : **~ (que)** erklären (, dass) - **2.** [vol] an|zeigen - **3.** [naissance] melden - **4.** [revenus] an|geben. ◆ **se déclarer** *vp* - **1.** [se prononcer] sich erklären ; **se ~ pour/contre** qqch sich für/gegen etw aus|sprechen - **2.** [fièvre, feu] aus|brechen.

déclenchement [deklɑ̃ʃmɑ̃] *nm* Auslösen *das.*

déclencher [3] [deklɑ̃ʃe] *vt* aus|lösen. ◆ **se déclencher** *vp* - **1.** [mécanisme] sich aus|lösen - **2.** *fig* [crise] ausgelöst werden.

déclic [deklik] *nm* - **1.** [mécanisme] Auslöser *der* - **2.** [bruit] Klicken *das.*

déclin [deklɛ̃] *nm* - **1.** [diminution] Rückgang *der* - **2.** [de civilisation] Niedergang *der.*

déclinaison [deklinɛzɔ̃] *nf* Deklination *die.*

décliner [3] [dekline] ◇ *vi* - **1.** [diminuer] zurück|gehen - **2.** [s'affaiblir] nach|lassen ◇ *vt* - **1.** GRAM deklinieren - **2.** [énoncer] an|geben - **3.** *sout* [refuser] aus|schlagen.

déclouer [3] [deklue] *vt :* **~ qqch** Nägel aus etw heraus|ziehen ; [boîte] etw öffnen.

décoction [dekɔksjɔ̃] *nf* Sud *der.*

décoder [3] [dekɔde] *vt* dekodieren.

décoiffer [3] [dekwafe] *vt :* **~ qqn** jm die Haare durcheinander bringen.

décoincer [16] [dekwɛ̃se] *vt* - **1.** [chose] lockern - **2.** *fam* [personne] auf|lockern.

décollage [dekɔlaʒ] *nm* - **1.** [d'avion] Abheben *das,* Start *der* - **2.** *fig* [d'activité] Aufschwung *der.*

décollé, e [dekɔle] *adj* (los)gelöst ; [oreilles] abstehend.

décoller [3] [dekɔle] ◇ *vt* ab|lösen ◇ *vi* - **1.** [avion] ab|heben - **2.** *fig* [activité] Auftrieb bekommen ; **faire ~ qqch** etw *(D)* Auftrieb geben.

décolleté, e [dekɔlte] *adj* - **1.** [personne] dekolletiert - **2.** [vêtement] tief ausgeschnitten. ◆ **décolleté** *nm* - **1.** [de personne] Dekolletee *das* - **2.** [de vêtement] Ausschnitt *der.*

décolonisation [dekɔlɔnizasjɔ̃] *nf* Dekolonisation *die.*

décoloration [dekɔlɔrasjɔ̃] *nf* Bleichen *das ;* [de cheveux] Blondieren *das.*

décolorer [3] [dekɔlɔre] *vt* bleichen.

décombres [dekɔ̃br] *nmpl* Schutt *der (sans pl),* Trümmer *Pl.*

décommander [3] [dekɔmɑ̃de] *vt* ab|sagen. ◆ **se décommander** *vp* ab|sagen.

décomposé, e [dekɔ̃poze] *adj* - **1.** [pourri] zersetzt - **2.** [altéré] verzerrt.

décomposer [3] [dekɔ̃poze] *vt* zergliedern. ◆ **se décomposer** *vp* - **1.** [se putréfier] sich zersetzen - **2.** [se diviser] : **se ~ en qqch** sich in etw *(A)* gliedern - **3.** [visage] entstellt werden.

décomposition [dekɔ̃pozisjɔ̃] *nf* - **1.** [division] Zerlegung *die* - **2.** [putréfaction] Zersetzung *die* - **3.** [analyse] Zergliederung *die.*

décompresser [4] [dekɔ̃prese] ◇ *vt* [gaz] : **~ qqch** den Druck von etw mindern ◇ *vi fam* aus|spannen.

décompression [dekɔ̃presjɔ̃] *nf* Druckminderung *die.*

décompte [dekɔ̃t] *nm* - **1.** [calcul] Abrechnung *die* - **2.** [déduction] Abzug *der.*

déconcentrer [3] [dekɔ̃sɑ̃tre] *vt* - **1.** [disséminer] : **~ qqch** *der Konzentration einer Sache gegensteuern* - **2.** [personne] durcheinander bringen, ab|lenken. ◆ **se déconcentrer** *vp* unkonzentriert werden.

déconcerter [3] [dekɔ̃sɛrte] *vt* verwirren.

déconfiture [dekɔ̃fityr] *nf* Pleite *die.*

décongélation [dekɔ̃ʒelasjɔ̃] *nf* Auftauen *das.*

décongeler [25] [dekɔ̃ʒle] *vt* auf|tauen.

décongestionner [3] [dekɔ̃ʒɛstjɔne] *vt fig* [circulation] entlasten.

déconnecter [4] [dekɔnɛkte] *vt* ab|schalten ; **être deconnecté** *fig* den Anschluss verloren haben.

déconseiller [4] [dekɔ̃seje] *vt :* **~ qqch à qqn** jm von etw ab|raten ; **~ à qqn de faire qqch** jm davon ab|raten, etw zu tun.

déconsidérer [18] [dekɔ̃sidere] *vt* in Verruf bringen.

décontenancer [16] [dekɔ̃tnɑ̃se] *vt* aus der Fassung bringen.

décontracté, e [dekɔ̃trakte] *adj* entspannt, lässig.

décontracter [3] [dekɔ̃trakte] *vt* entspannen. ◆ **se décontracter** *vp* sich entspannen.

déconvenue [dekɔ̃vny] *nf* Enttäuschung *die.*

décor [dekɔr] *nm* [cadre] Kulisse *die.* ◆ **décors** *nmpl* THÉÂTRE Bühnenbild *das.*

décorateur, trice [dekɔratœr, tris] *nm, f* Dekorateur *der*, -in *die*.
décoratif, ive [dekɔratif, iv] *adj* dekorativ.
décoration [dekɔrasjɔ̃] *nf* - **1.** [action] Dekorieren *das* - **2.** [ornement] Dekoration *die* - **3.** [insigne] Orden *der*.
décorer [3] [dekɔre] *vt* - **1.** [pièce] dekorieren - **2.** [personne] : ~ **qqn** jm einen Orden verleihen.
décortiquer [3] [dekɔrtike] *vt* [noisette] auf|knacken.
décorum [dekɔrɔm] *nm* Etikette *die*.
découcher [3] [dekuʃe] *vi* - **1.** [dormir ailleurs] außer Haus übernachten - **2.** [tromper] fremd|gehen.
découdre [86] [dekudr] *vt* auf|trennen. ◆ **se découdre** *vp* [bouton] ab|gehen ; [couture] auf|gehen.
découler [3] [dekule] *vi* : ~ **de qqch** sich aus etw ergeben.
découpage [dekupaʒ] *nm* - **1.** [action] Zerschneiden *das* - **2.** [jeu] Bilderausschneiden *das* - **3.** CIN Skript *das*.
découper [3] [dekupe] *vt* - **1.** [viande, gâteau] in Stücke schneiden - **2.** [article, dessin] aus|schneiden.
découpure [dekupyr] *nf* Zacke *die*, Einschnitt *der*.
découragement [dekuraʒmɑ̃] *nm* Entmutigung *die*.
décourager [17] [dekuraʒe] *vt* - **1.** [démoraliser] entmutigen - **2.** [dissuader] : ~ **qqn de faire qqch** jn davon ab|bringen, etw zu tun. ◆ **se décourager** *vp* den Mut verlieren.
décousu, e [dekuzy] *adj* - **1.** [bouton] abgegangen ; [couture] aufgegangen - **2.** [conversation] unzusammenhängend.
découvert, e [dekuvɛr, ɛrt] ◇ *pp* ▷ **découvrir** ◇ *adj* unbedeckt. ◆ **découvert** *nm* BANQUE Überziehung *die* ; **être à ~ (de 130 euros)** sein Konto (um 130 Euro) überzogen haben ; **accorder un ~** einen Überziehungskredit ein|räumen. ◆ **découverte** *nf* Entdeckung *die*.
découvrir [34] [dekuvrir] *vt* - **1.** [trouver] entdecken - **2.** [couvercle, secret, complot] auf|decken.
décrasser [3] [dekrase] *vt fam* : ~ **qqch** Dreck von etw ab|machen, etw reinigen.
décrépit, e [dekrepi, it] *adj* baufällig.
décrépitude [dekrepityd] *nf* Verfall *der*.
décret [dekrɛ] *nm* Verordnung *die*.
décréter [18] [dekrete] *vt* [décider] bestimmen.
décrire [99] [dekrir] *vt* beschreiben.
décrocher [3] [dekrɔʃe] ◇ *vt* - **1.** [tableau, téléphone] ab|nehmen - **2.** *fam* [obtenir] ergattern ◇ *vi fam* [ne plus suivre] auf der Strecke bleiben, ab|schalten.
décroître [94] [dekrwatr] *vi* zurück|gehen, ab|nehmen.
décru, e [dekry] *pp* ▷ **décroître.**
décrue [dekry] *nf* *Rückgang des Hochwassers.*
décrypter [3] [dekripte] *vt* entziffern.
déçu, e [desy] ◇ *pp* ▷ **décevoir** ◇ *adj* enttäuscht.

être déçu

Das finde ich aber schade. Je trouve ça dommage.
Schade, dass das Konzert ausfällt. Dommage que le concert soit annulé.
So ein Pech. C'est pas de chance !
Das habe ich nicht erwartet. Je ne m'attendais pas à ça.
Und jetzt war alle Mühe umsonst. Et tout ce travail pour rien !
Das hätte ich nie von ihm gedacht. Je n'aurais jamais cru ça de lui.

déculotter [3] [dekylɔte] *vt* : ~ **qqn** jm die Hose aus|ziehen.
décupler [3] [dekyple] ◇ *vt* - **1.** [prix, quantité] verzehnfachen - **2.** [force, envie] vervielfältigen ◇ *vi* - **1.** [prix] sich verzehnfachen - **2.** [force, envie] sich vervielfältigen.
dédaigner [4] [dedeɲe] *vt* - **1.** [mépriser] gering schätzen - **2.** [refuser] verschmähen.
dédaigneux, euse [dedɛɲø, øz] *adj* herablassend.
dédain [dedɛ̃] *nm* Geringschätzung *die*.
dédale [dedal] *nm* [labyrinthe] Labyrinth *das*.
dedans [dədɑ̃] *adv* drinnen, drin ; **la pièce était ouverte, il est entré ~** das Zimmer war offen, er ist hineingegangen ; **il m'est (r)entré ~** [véhicule] er ist mir rein gefahren. ◆ **de dedans** *loc adv* von drinnen. ◆ **en dedans** *loc adv* nach innen gekehrt.
dédicace [dedikas] *nf* Widmung *die*.
dédicacer [16] [dedikase] *vt* mit einer Widmung versehen.
dédier [9] [dedje] *vt* widmen.
dédire [103] [dedir] ◆ **se dédire** *vp* JUR seine Worte widerrufen.
dédommagement [dedɔmaʒmɑ̃] *nm* Entschädigung *die*.
dédommager [17] [dedɔmaʒe] *vt* entschädigen.
dédouanement [dedwanmɑ̃], **dédouanage** [dedwanaʒ] *nm* Verzollung *die*.
dédoubler [3] [deduble] *vt* - **1.** [partager]

spalten, teilen - **2.** [vêtement] das Futter heraus|nehmen. ◆ **se dédoubler** *vp* PSYCHOL an Persönlichkeitsspaltung leiden.

déduction [dedyksjɔ̃] *nf* - **1.** [réduction] Abziehen *das ;* [d'impôts] Absetzen *das* - **2.** [conclusion] Folgerung *die.*

déduire [98] [dedɥir] *vt* - **1.** [retrancher] ab|ziehen - **2.** [conclure] folgern.

déduit, e [dedɥi, it] *pp* ▭> **déduire.**

déesse [deɛs] *nf* Göttin *die.*

défaillance [defajɑ̃s] *nf* Versagen *das ;* ~ **cardiaque** Herzversagen.

défaillant, e [defajɑ̃, ɑ̃t] *adj* - **1.** [personne, mémoire] schwach - **2.** [force] schwindend.

défaillir [47] [defajir] *vi littéraire* [s'évanouir] einen Schwächeanfall haben.

défaire [109] [defɛr] *vt* - **1.** [nœud, cravate] auf|binden - **2.** [paquet] auf|machen - **3.** [valise] aus|packen - **4.** [lit] in Unordnung bringen. ◆ **se défaire** *vp* - **1.** [nœud, couture] auf|gehen - **2.** [se séparer] : **se ~ de qqn/qqch** sich js/einer Sache entledigen.

défait, e [defɛ, ɛt] ◇ *pp* ▭> **défaire** ◇ *adj* - **1.** [lit] zerwühlt - **2.** [visage] matt. ◆ **défaite** *nf* Niederlage *die.*

défaitiste [defetist] ◇ *nmf* Defätist *der,* -in *die* ◇ *adj* defätistisch.

défaut [defo] *nm* - **1.** [imperfection] Fehler *der* - **2.** [manque] Fehlen *das ;* **à ~ de** in Ermangelung von ; **faire (cruellement) ~** (dringend) benötigt werden.

défaveur [defavœr] *nf* Ungnade *die.*

défavorable [defavɔrabl] *adj* ungünstig.

défavoriser [3] [defavɔrize] *vt* benachteiligen.

défectif, ive [defɛktif, iv] *adj* defektiv.

défection [defɛksjɔ̃] *nf* - **1.** [absence] Abwesenheit *die* - **2.** [abandon] Austritt *der.*

défectueux, euse [defɛktɥø, øz] *adj* - **1.** [produit] defekt - **2.** *fig* [raisonnement] lückenhaft.

défendre [73] [defɑ̃dr] *vt* - **1.** [protéger] verteidigen - **2.** [interdire] : **~ qqch à qqn** jm etw untersagen ; **~ à qqn de faire qqch** jm untersagen, etw zu tun ; **~ que** *(+ subjonctif)* verbieten, dass. ◆ **se défendre** *vp* [se battre] sich verteidigen.

défendu, e [defɑ̃dy] *pp* ▭> **défendre.**

défenestrer [3] [defənɛstre] *vt* zum Fenster hinaus|werfen.

défense [defɑ̃s] *nf* - **1.** [protection] Verteidigung *die ;* **prendre la ~ de qqn/qqch** sich für jn/etw ein|setzen ; **légitime ~** Notwehr *die* - **2.** [d'éléphant] Stoßzahn *der* - **3.** [interdiction] Verbot *das* - **4.** MIL Abwehr *die.*

défenseur [defɑ̃sœr] *nm* - **1.** [partisan] Verfechter *der,* -in *die* - **2.** JUR Verteidiger *der,* -in *die.*

défensif, ive [defɑ̃sif, iv] *adj* defensiv.

déférence [deferɑ̃s] *nf* Ehrerbietung *die.*

déférer [18] [defere] *vt* JUR vor Gericht bringen.

déferlant, e [defɛrlɑ̃, ɑ̃t] *adj* : **(vague) ~e** Brecher *der.*

déferlement [defɛrləmɑ̃] *nm* - **1.** [de vague] Brechen *das (sans pl)* - **2.** *fig* [de violence, de passion] Wogen *Pl.*

déferler [3] [defɛrle] *vi* - **1.** [vague] sich brechen - **2.** *fig* [personnes] strömen.

défi [defi] *nm* Herausforderung *die.*

défiance [defjɑ̃s] *nf* Argwohn *der.*

déficit [defisit] *nm* Defizit *das ;* **être en ~** ein Defizit auf|weisen.

déficitaire [defisitɛr] *adj* defizitär, Verlust-.

défier [9] [defje] *vt* heraus|fordern ; **~ qqn de faire qqch** wetten, dass jd etw nicht tut.

défigurer [3] [defigyre] *vt* entstellen.

défilé [defile] *nm* - **1.** [parade] Aufmarsch *der* - **2.** GÉOL Schlucht *die.*

défiler [3] [defile] *vi* - **1.** [soldats, manifestants] marschieren - **2.** [visiteurs, clients] auf|marschieren - **3.** [images, jours] ab|laufen. ◆ **se défiler** *vp fam* sich aus dem Staub machen.

défini, e [defini] *adj* - **1.** [gén] genau - **2.** GRAM [article] bestimmt.

définir [32] [definir] *vt* definieren.

définitif, ive [definitif, iv] *adj* endgültig. ◆ **en définitive** *loc adv* letztendlich.

définition [definisjɔ̃] *nf* Definition *die.*

définitivement [definitivmɑ̃] *adv* endgültig.

défiscaliser [3] [defiskalize] *vt* von der Steuerpflicht befreien.

déflation [deflasjɔ̃] *nf* Deflation *die.*

déflationniste [deflasjɔnist] *adj* deflationär.

déflecteur [deflɛktœr] *nm* Ausstellfenster *das.*

déflorer [3] [deflɔre] *vt* - **1.** [jeune fille] entjungfern - **2.** *fig* [sujet] ab|grasen.

défoncer [16] [defɔ̃se] *vt* - **1.** [chemin] beschädigen - **2.** [fauteuil] durch|sitzen - **3.** [porte] ein|schlagen.

déformation [defɔrmasjɔ̃] *nf* - **1.** [d'objet] Verformung *die* - **2.** MÉD Missbildung *die.* ◆ **déformation professionnelle** *nf* berufsbedingte Unart.

déformer [3] [defɔrme] *vt* - **1.** [objet] verformen - **2.** *fig* [vérité, faits] verzerren. ◆ **se déformer** *vp* sich verformen.

défouler [3] [defule] *vt* auf andere Gedanken bringen. ◆ **se défouler** *vp* sich ab|reagieren.

défraîchi, e [defreʃi] *adj* [couleur] verschossen.
défrayer [11] [defreje] *vt* - **1.** *sout* [payer] : **~ qqn de qqch** jm etw zurück|erstatten - **2.** *loc* : **~ la chronique** Schlagzeilen machen.
défunt, e [defœ̃, œ̃t] ◇ *adj* [décédé] verblichen ◇ *nm, f* Verblichene *der*, Verblichene *die*.
dégagé, e [degaʒe] *adj* - **1.** [ciel, vue, nuque] frei - **2.** [désinvolte] ungezwungen.
dégager [17] [degaʒe] *vt* - **1.** [parfum] frei|setzen - **2.** [crédits] bereit|stellen - **3.** [table] ab|räumen - **4.** [vue] frei machen - **5.** [libérer] : **~ qqn (de qqch)** jn (von etw) befreien. ◈ **se dégager** *vp* - **1.** [se libérer] : **se ~ de qqch** [lien, étreinte] sich von OU aus etw befreien ; [promesse] sich von etw frei machen - **2.** [ciel] sich auf|klären - **3.** [nez] frei werden - **4.** [odeur] freigesetzt werden.
dégât [dega] *nm* Schaden *der* ; **faire des ~s** Schaden an|richten.
dégel [deʒɛl] *nm* - **1.** [hausse de température] Tauwetter *das* - **2.** [fonte des glaces] Tauen *das* - **3.** [de prix, de salaires, de crédits] Freigabe *die* - **4.** [de relations, d'atmosphère] Lockerung *die*.
dégeler [25] [deʒle] ◇ *vt* - **1.** [faire fondre] ab|tauen - **2.** [prix, salaires, crédits] frei|geben - **3.** [atmosphère] lockern ◇ *vi* auf|tauen.
dégénéré, e [deʒenere] ◇ *adj* - **1.** [personne] degeneriert - **2.** [art] entartet ◇ *nm, f* geistig Zurückgebliebene *der, die*.
dégénérer [18] [deʒenere] *vi* - **1.** [animal, plante, goût] entarten - **2.** [situation, dispute] : **~ (en qqch)** (in etw *(A)*) aus|arten.
dégivrer [3] [deʒivre] *vt* - **1.** [vitre] enteisen - **2.** [réfrigérateur] ab|tauen.
dégivreur [deʒivrœr] *nm* - **1.** [de réfrigérateur] Abtausystem *das* - **2.** [de voiture] Defroster *der*.
déglutir [32] [deglytir] *vi* schlucken.
dégonfler [3] [degɔ̃fle] ◇ *vt* entleeren ◇ *vi* ab|schwellen ; **faire ~ qqch** etw zum Abschwellen bringen. ◈ **se dégonfler** *vp* - **1.** [ballon] sich entleeren - **2.** *fam* [personne] Muffe haben.
dégouliner [3] [deguline] *vi* aus|laufen, herunter|laufen, triefen.
dégoupiller [3] [degupije] *vt* entsichern.
dégourdi, e [degurdi] *adj* aufgeweckt.
dégourdir [32] [degurdir] *vt* - **1.** [membres] gelenkig machen - **2.** *fig* [personne] aus sich herausgehen lassen. ◈ **se dégourdir** *vp* - **1.** [membres] : **se ~ les jambes** sich die Beine vertreten - **2.** *fig* [personne] selbstständig werden.
dégoût [degu] *nm* Ekel *der*.
dégoûtant, e [degutɑ̃, ɑ̃t] *adj* - **1.** [sale, grossier] eklig - **2.** [révoltant] abscheulich.
dégoûter [3] [degute] *vt* an|ekeln ; **~ qqn de qqch** jm etw verleiden.
dégoutter [3] [degute] *vi* ab|tropfen.
dégrader [3] [degrade] *vt* - **1.** [bâtiment, sol, énergie] beschädigen - **2.** [relation] verschlechtern. ◈ **se dégrader** *vp* - **1.** [bâtiment, sol, énergie] verfallen - **2.** [relation] verschlechtern.
dégrafer [3] [degrafe] *vt* auf|haken.
dégraisser [4] [degrese] ◇ *vt* [nettoyer] : **~ qqch** die Fettflecken aus einer Sache entfernen ◇ *vi fam* überschüssige Kapazitäten ab|bauen.
degré [dəgre] *nm* - **1.** [échelon, marche] Stufe *die* - **2.** [unité de mesure, niveau] Grad *der* ; **il fait 30 ~s** es sind 30 Grad ; **alcool à 90 ~s** 90%iger Alkohol ; **~ centigrade** OU **Celsius** Grad Celsius *der*.
dégressif, ive [degresif, iv] *adj* gestaffelt.
dégringoler [3] [degrɛ̃gɔle] *fam vi* [tomber] herunter|purzeln.
déguenillé, e [degnije] *adj* zerlumpt.
déguerpir [32] [degɛrpir] *vi* ab|hauen.
dégueulasse [degœlas] *tfam* ◇ *adj* versaut, Sau- ◇ *nmf* Kotzbrocken *der*.
dégueuler [5] [degœle] *vi tfam* kotzen.
déguisement [degizmɑ̃] *nm* Verkleidung *die*.
déguiser [3] [degize] *vt* - **1.** [travestir] verkleiden - **2.** [voix, écriture] verstellen. ◈ **se déguiser** *vp* sich verkleiden.
dégustation [degystasjɔ̃] *nf* Kostprobe *die* ; **~ de vin** Weinprobe *die*.
déguster [3] [degyste] *vt* - **1.** [savourer] kosten - **2.** *fam* [subir] etwas zu hören bekommen.
déhancher [3] [deɑ̃ʃe] ◈ **se déhancher** *vp* mit den Hüften wackeln.
dehors [dəɔr] ◇ *adv* draußen ; **aller ~** raus|gehen ◇ *nm* Äußere *das* ◇ *nmpl* äußere Erscheinung *(sans pl)*. ◈ **de dehors** *loc adv* von draußen. ◈ **en dehors** *loc adv* hinaus. ◈ **en dehors de** *loc prép* : **en ~ de qqn** bis auf jn.
déjà [deʒa] *adv* - **1.** [dès cet instant, précédemment] schon, bereits - **2.** [au fait] noch gleich - **3.** [renforce une affirmation] schon.
déjeuner[1] [5] [deʒœne] *vi* - **1.** [le matin] frühstücken - **2.** [à midi] zu Mittag essen.
déjeuner[2] [deʒœne] *nm* [repas de midi] Mittagessen *das*.
déjouer [6] [deʒwe] *vt* durchkreuzen.
délabré, e [delabre] *adj* - **1.** [bâtiment] baufällig - **2.** [santé] ruiniert.
délacer [16] [delase] *vt* auf|binden.
délai [delɛ] *nm* - **1.** [temps accordé] Frist

die ; **sans ~** unverzüglich ; **~ de livraison** Lieferfrist - **2.** [sursis] Aufschub *der.*

délaisser [4] [delese] *vt* - **1.** [abandonner] verlassen - **2.** [négliger] im Stich lassen.

délassant, e [delasɑ̃, ɑ̃t] *adj* entspannend.

délasser [3] [delase] *vt* entspannen. ◈ **se délasser** *vp* sich entspannen.

délation [delasjɔ̃] *nf* Denunziation *die.*

délavé, e [delave] *adj* verwaschen.

délayer [11] [deleje] *vt* verwässern.

délecter [delɛkte] ◈ **se délecter** *vp :* **se ~ de qqch** sich an etw *(D)* ergötzen.

délégation [delegasjɔ̃] *nf* - **1.** [de personnes] Delegation *die* - **2.** [de pouvoirs] Übertragung *die.*

délégué, e [delege] ◇ *adj* [personne] beauftragt ◇ *nm, f* Beauftragte *der,* Beauftragte *die,* Vertreter *der,* -in *die.*

déléguer [18] [delege] *vt* - **1.** [personne] ab|ordnen - **2.** [travail] delegieren - **3.** [pouvoirs] übertragen, ab|treten.

délester [3] [delɛste] *vt* - **1.** [route] entlasten - **2.** *fam hum* [voler] : **~ qqn de qqch** jn um etw erleichtern.

délibération [deliberasjɔ̃] *nf* Beratung *die.*

délibéré, e [delibere] *adj* - **1.** [intentionnel] bewusst ; **acte ~** vorsätzliche Handlung - **2.** [résolu] entschlossen. ◈ **délibéré** *nm* JUR : **affaire en ~** Rechtsstreit *der* in Beratung und Abstimmung.

délibérer [18] [delibere] *vi* beraten.

délicat, e [delika, at] *adj* - **1.** [difficile] heikel - **2.** [raffiné] fein - **3.** [aimable] zuvorkommend - **4.** [fragile] empfindlich.

délicatement [delikatmɑ̃] *adv* - **1.** [finement] fein - **2.** [avec précaution] behutsam - **3.** [avec tact] zart fühlend.

délicatesse [delikatɛs] *nf* - **1.** [finesse] Feinheit *die* - **2.** [précaution] Behutsamkeit *die* - **3.** [tact] Feingefühl *das.*

délice [delis] *nm* - **1.** [régal] Leckerbissen *der,* Genuss *der* - **2.** [plaisir] Wonne *die.*

délicieux, euse [delisjø, øz] *adj* - **1.** [savoureux] köstlich - **2.** *sout* [agréable] charmant, reizend.

délier [9] [delje] *vt* - **1.** [dénouer] lösen - **2.** [détacher] los|binden.

délimiter [3] [delimite] *vt* - **1.** [lieu, fonctions] ab|grenzen - **2.** [sujet] ein|grenzen.

délinquance [delɛ̃kɑ̃s] *nf* Kriminalität *die.*

délinquant, e [delɛ̃kɑ̃, ɑ̃t] ◇ *adj* straffällig ◇ *nm, f* Straftäter *der,* -in *die.*

délirant, e [delirɑ̃, ɑ̃t] *adj* - **1.** [exubérant] überschäumend - **2.** *fam* [extravagant] ausgeflippt - **3.** *fam* [extraordinaire] wahnsinnig - **4.** MÉD fantasierend.

délire [delir] *nm* - **1.** MÉD Delirium *das* - **2.** [enthousiasme] : **en ~** rasend ; **c'est le ~!** das ist Wahnsinn!

délirer [3] [delire] *vi* - **1.** MÉD fantasieren - **2.** *fam* [dérailler] spinnen.

délit [deli] *nm* Straftat *die ;* **~ de fuite** Fahrerflucht *die.*

délivrance [delivrɑ̃s] *nf* - **1.** [libération] Entlassung *die* - **2.** [soulagement] Erlösung *die.*

délivrer [3] [delivre] *vt* - **1.** [prisonnier] frei|lassen ; [pays] befreien - **2.** [remettre] : **~ qqch à qqn** [passeport] jm etw aus|stellen ; [ordonnance] jm etw aus|fertigen.

déloger [17] [delɔʒe] *vt* vertreiben ; **~ des habitants** Bewohner aus|quartieren.

déloyal, e, aux [delwajal, o] *adj* - **1.** [personne] verräterisch, treulos - **2.** [concurrence, procédé] unlauter - **3.** SPORT unfair.

delta [dɛlta] *nm* Delta *das.*

deltaplane, delta-plane (*pl* **deltaplanes**) *nm* - **1.** [appareil] Drachen *der* - **2.** [sport] Drachenfliegen *das.*

déluge [delyʒ] *nm* Sintflut *die ;* **un ~ de** *fig* eine Flut von.

déluré, e [delyre] *adj* - **1.** [malin] aufgeweckt - **2.** *péj* [dévergondé] leichtfertig, kess.

démagogie [demagɔʒi] *nf* Demagogie *die.*

démagogique [demagɔʒik] *adj* demagogisch.

démagogue [demagɔg] *nmf* Demagoge *der,* -gin *die.*

demain [dəmɛ̃] *adv* [jour suivant] morgen ; **à ~!** bis morgen!

demande [dəmɑ̃d] *nf* - **1.** [souhait, revendication] Bitte *die* - **2.** [démarche] Antrag *der ;* **~ d'emploi** Stellengesuch *das,* Bewerbung *die* - **3.** ÉCON Nachfrage *die* - **4.** JUR : **~ (en justice)** Klage *die.*

demandé, e [dəmɑ̃de] *adj* - **1.** [article] gefragt - **2.** [personne] beschäftigt.

demander [3] [dəmɑ̃de] *vt* - **1.** [réclamer] : **~ qqch à qqn** jn um etw bitten - **2.** [désirer] wünschen ; **ne ~ qu'à faire qqch** etw liebend gerne tun wollen - **3.** [s'enquérir] : **~ qqch** nach etw fragen - **4.** [solliciter] verlangen. ◈ **se demander** *vp :* **se ~ qqch** sich etw fragen ; **se ~ si** sich fragen, ob.

demandeur[1], eresse [dəmɑ̃dœr, drɛs] *nm, f* JUR Kläger *der,* -in *die.*

demandeur[2], euse [dəmɑ̃dœr, øz] *nm, f* ADMIN Antragsteller *der,* -in *die ;* **~ d'asile** Asylbewerber *der ;* **~ d'emploi** Arbeitssuchende *der, die.*

démangeaison [demɑ̃ʒezɔ̃] *nf* - **1.** [irritation] Juckreiz *der* - **2.** *fig* [envie] unbändiges Verlangen.

démanger [17] [demɑ̃ʒe] *vt* jucken.

démanteler [25] [demɑ̃tle] *vt* [réseau, groupe] zerschlagen.

démaquillant, e [demakijɑ̃, ɑ̃t] *adj* Abschmink-. ◆ **démaquillant** *nm* Make-up-Entferner *der*.

démaquiller [3] [demakije] *vt* ab|schminken. ◆ **se démaquiller** *vp* sich ab|schminken.

démarchage [demarʃaʒ] *nm* Kundenwerbung *die*, Akquisition *die*.

démarche [demarʃ] *nf* **- 1.** [manière de marcher] Gang *der* **- 2.** [raisonnement] Ansatz *der* **- 3.** [requête] Schritt *der* ; **faire les ~s nécessaires pour obtenir qqch** die notwendigen Schritte unternehmen, um etw zu erhalten.

démarcheur, euse [demarʃœr, øz] *nm, f* [représentant] Vertreter *der*, -in *die*.

démarque [demark] *nf* Sonderangebot *das*.

démarquer [3] [demarke] *vt* [solder] *ohne Herstellerbezeichnung und zu reduziertem Preis verkaufen*. ◆ **se démarquer** *vp fig* [se distinguer] : **se ~ de qqch** sich von etw ab|heben.

démarrage [demaraʒ] *nm* **- 1.** [de voiture - allumage] Anspringen *das* ; [- départ] Anfahren *das* **- 2.** *fig* [de projet] Anlauf *der*.

démarrer [3] [demare] ◇ *vi* **- 1.** [voiture - se mettre en marche] an|springen ; [- avancer] an|fahren ; **faire ~** starten **- 2.** *fig* [entreprise] anlaufen lassen ◇ *vt* **- 1.** [véhicule] an|lassen **- 2.** [entreprise] anlaufen lassen.

démarreur [demarœr] *nm* Anlasser *der*.

démasquer [3] [demaske] *vt* **- 1.** [voleur, coupable] ent|larven ; [espion] enttarnen **- 2.** [plan] enthüllen.

démêlant, e [demelɑ̃, ɑ̃t] *adj die Kämmbarkeit fördernd*.

démêlé [demele] *nm* Auseinandersetzung *die* ; **avoir des ~s avec la justice** Ärger mit der Justiz haben.

démêler [4] [demele] *vt* **- 1.** [cheveux] aus|kämmen **- 2.** [fil] entwirren **- 3.** [affaire, intrigue] auf|klären. ◆ **se démêler** *vp* [se coiffer] : **se ~ les cheveux** sich die Haare aus|kämmen.

déménagement [demenaʒmɑ̃] *nm* Umzug *der*.

déménager [17] [demenaʒe] ◇ *vt* um|räumen ◇ *vi* um|ziehen.

déménageur [demenaʒœr] *nm* **- 1.** [société] Möbelspedition *die* **- 2.** [personne] Möbelpacker *der*.

démence [demɑ̃s] *nf* Irrsinn *der*.

démener [19] [demne] ◆ **se démener** *vp* **- 1.** [se débattre] um sich schlagen **- 2.** *fig* [tout mettre en œuvre] sich ab|plagen.

dément, e [demɑ̃, ɑ̃t] *adj* **- 1.** MÉD [fou] geistesgestört **- 2.** *fam* [énorme] wahnsinnig **- 3.** *fam* [extravagant] verrückt.

démenti [demɑ̃ti] *nm* Richtigstellung *die*.

démentiel, elle [demɑ̃sjɛl] *adj* **- 1.** MÉD [fou] wahnsinnig **- 2.** *fam* [incroyable] Wahnsinns-.

démentir [37] [demɑ̃tir] *vt* **- 1.** [réfuter] dementieren, widerrufen **- 2.** [contredire] widersprechen.

démesure [deməzyr] *nf* Maßlosigkeit *die*.

démesuré, e [deməzyre] *adj* [énorme - en quantité] übermäßig viel ; [- en intensité] übermäßig stark.

démettre [84] [demɛtr] *vt* **- 1.** MÉD verrenken **- 2.** [destituer] : **~ qqn de qqch** jn einer Sache *(G)* entheben. ◆ **se démettre** *vp* MÉD : **se ~ qqch** sich *(D)* etw verrenken.

demeurant [dəmœrɑ̃] ◆ **au demeurant** *loc adv* übrigens, ansonsten.

demeure [dəmœr] *nf sout* [domicile] Wohnsitz *der*. ◆ **à demeure** *loc adv* für immer, dauerhaft.

demeuré, e [dəmœre] ◇ *adj* zurückgeblieben ◇ *nm, f* Trottel *der*.

demeurer [5] [dəmœre] ◇ *vi* [habiter] wohnen, wohnhaft sein ◇ *v attr* [rester] bleiben.

demi, e [dəmi] *adj* halb ; **un et ~** eineinhalb, anderthalb ; **deux et ~** zweieinhalb ; **il est deux heures et ~e** es ist halb drei. ◆ **demi** *nm* [bière] kleines (Glas) Bier. ◆ **à demi** *loc adv* halb- ; **ouvrir à ~** halb öffnen. ◆ **demie** *nf* **- 1.** [demi-heure] : **à la ~e** um halb **- 2.** [bouteille] halbe Flasche.

demi-cercle (*pl* **demi-cercles**) *nm* Halbkreis *der*.

demi-douzaine (*pl* **demi-douzaines**) *nf* **- 1.** [six] halbes Dutzend **- 2.** [environ six] : **une ~ de** ungefähr sechs.

demi-finale (*pl* **demi-finales**) *nf* Halbfinale *das*.

demi-frère (*pl* **demi-frères**) *nm* Halbbruder *der*.

demi-heure (*pl* **demi-heures**) *nf* halbe Stunde.

demi-journée (*pl* **demi-journées**) *nf* halber Tag.

démilitariser [3] [demilitarize] *vt* entmilitarisieren.

demi-litre (*pl* **demi-litres**) *nm* halber Liter.

demi-mesure (*pl* **demi-mesures**) *nf* [quantité] halbes Maß.

demi-mot ◆ **à demi-mot** *loc adv* andeutungsweise.

déminer [3] [demine] *vt* entminen.

demi-pension (*pl* **demi-pensions**) *nf* - **1.** [à l'hôtel] Halbpension *die* - **2.** [à l'école] Externat *das.*

demi-pensionnaire (*pl* **demi-pensionnaires**) *nmf* externer Schüler, externe Schülerin.

démis, e [demi, iz] *pp* ▻ **démettre.**

demi-saison (*pl* **demi-saisons**) *nf* Übergangszeit *die.*

demi-sœur (*pl* **demi-sœurs**) *nf* Halbschwester *die.*

démission [demisjɔ̃] *nf* - **1.** [d'emploi] Kündigung *die* - **2.** *fig* [renoncement] Preisgabe *die.*

démissionner [3] [demisjɔne] *vi* - **1.** [d'emploi] : **~ de qqch** etw kündigen ; [de fonction] von etw zurück|treten - **2.** *fig* [renoncer] auf|geben.

demi-tarif (*pl* **demi-tarifs**) ◇ *adj* zum halben Preis ◇ *nm* [tarification] halber Preis.

demi-tour (*pl* **demi-tours**) *nm* Kehrtwendung *die ;* **faire ~** um|kehren.

démocrate [demɔkrat] ◇ *adj* demokratisch ◇ *nmf* Demokrat *der,* - in *die.*

démocratie [demɔkrasi] *nf* Demokratie *die.*

démocratique [demɔkratik] *adj* demokratisch.

démocratiser [demɔkratize] *vt* demokratisieren.

démodé, e [demɔde] *adj* - **1.** [vêtement] altmodisch - **2.** [manière] unmodern - **3.** [technique] veraltet.

démographie [demɔgrafi] *nf* Demografie *die.*

démographique [demɔgrafik] *adj* demografisch.

demoiselle [dəmwazɛl] *nf* [jeune fille] Fräulein *das.*

démolir [32] [demɔlir] *vt* - **1.** [maison] ab|reißen - **2.** [appareil] kaputt|machen - **3.** *fig* [projet, réputation] zunichte machen.

démolition [demɔlisjɔ̃] *nf* [d'immeuble] Abbruch *der.*

démon [demɔ̃] *nm* - **1.** [diable, personne] Teufel *der* - **2.** MYTH Dämon *der.*

démoniaque [demɔnjak] *adj* teuflisch.

démonstrateur, trice [demɔ̃stratœr, tris] *nm, f* Demonstrator *der,* -in *die.*

démonstratif, ive [demɔ̃stratif, iv] *adj* - **1.** [personne] überschwänglich - **2.** [argument] einleuchtend. ◆ **démonstratif** *nm* GRAM Demonstrativ *das.*

démonstration [demɔ̃strasjɔ̃] *nf* - **1.** [d'appareils] Vorführung *die* - **2.** [raisonnement] Darlegung *die* - **3.** MATHS Beweis *der.*

démonstration

Vorsicht! Nicht das französische Wort **démonstration** mit dem deutschen Substantiv „Demonstration" verwechseln, denn **démonstration** bedeutet „Vorführung" bei Geräten, „Beweis" in der Mathematik und „Darlegung" im rhetorischen Sinn. So wird **J'ai vu cet aspirateur. Pouvez-vous me faire une démonstration ?** mit „Könnten Sie mir diesen Staubsauger vorführen?" übersetzt.
Das deutsche Substantiv „Demonstration" wird im Französischen mit **manifestation** wiedergegeben. „Er nahm an einer Demonstration gegen die hohe Arbeitslosigkeit teil" heißt auf Französisch **Il a été à une manifestation contre le chômage.**

démonter [3] [demɔ̃te] *vt* - **1.** [appareil] auseinander bauen, zerlegen - **2.** *fig* [troubler] aus der Fassung bringen. ◆ **se démonter** *vp* die Fassung verlieren.

démontrer [3] [demɔ̃tre] *vt* - **1.** [prouver] beweisen, auf|zeigen - **2.** [témoigner de] deutlich machen.

démoralisant, e [demɔralizɑ̃, ɑ̃t] *adj* deprimierend.

démoraliser [3] [demɔralize] *vt* entmutigen.

démordre [76] [demɔrdr] *vi :* **ne pas ~ de qqch** an etw *(D)* fest|halten, sich nicht von etw abbringen lassen.

démordu [demɔrdy] *pp inv* ▻ **démordre.**

démouler [3] [demule] *vt* aus der Form nehmen ; [en renversant] stürzen.

démultiplication [demyltiplikasjɔ̃] *nf* - **1.** Steigerung *die* - **2.** TECHN Untersetzung *die.*

démunir [32] [demynir] *vt* berauben ; **être démuni** mittellos sein. ◆ **se démunir** *vp* aus der Hand geben.

démystifier [9] [demistifje] *vt* - **1.** [détromper] auf|klären - **2.** [banaliser] : **~ qqn/qqch** jn/etw sachlich betrachten.

dénationaliser [3] [denasjɔnalize] *vt* privatisieren.

dénaturer [3] [denatyre] *vt* - **1.** [goût] verderben - **2.** [alcool, sel] denaturieren - **3.** [paroles] entstellen.

déneiger [23] [deneʒe] *vt* von Schnee freiräumen.

dénicher [3] [deniʃe] *vt* - **1.** [trouver] auf|stöbern - **2.** [oiseau] aus dem Nest nehmen.

dénigrer [3] [denigre] *vt* verleumden.

dénivellation [denivɛlasjɔ̃] *nf* [pente] Höhenunterschied *der.*

dénombrer [3] [denɔ̃bre] *vt* (auf)|zählen.

dénominateur [denɔminatœr] *nm* Nenner *der* ; ~ **commun** gemeinsamer Nenner.

dénomination [denɔminasjɔ̃] *nf* Bezeichnung *die.*

dénoncer [16] [denɔ̃se] *vt* - **1.** [personne] an|zeigen, denunzieren - **2.** [injustice, scandale] an|prangern - **3.** [traité, accord] kündigen - **4.** [indiquer] erkennen lassen.

dénonciation [denɔ̃sjasjɔ̃] *nf* [de personne] Anzeige *die.*

dénoter [3] [denɔte] *vt* : ~ **qqch** auf etw *(A)* schließen lassen.

dénouement [denumɑ̃] *nm* - **1.** [d'histoire, de film] Ausgang *der* - **2.** [de situation] Lösung *die.*

dénouer [6] [denwe] *vt* - **1.** [nœud] auf|binden - **2.** [cheveux] lösen - **3.** *fig* [intrigue, affaire] auf|klären.

dénoyauter [3] [denwajote] *vt* entsteinen.

denrée [dɑ̃re] *nf* (essbare) Ware ; **~s alimentaires** Lebensmittel *Pl.*

dense [dɑ̃s] *adj* - **1.** [gén] dicht ; [foule] dicht gedrängt - **2.** [style] gedrängt - **3.** [pensée] komplex.

densité [dɑ̃site] *nf* Dichte *die.*

dent [dɑ̃] *nf* - **1.** ANAT Zahn *der* ; ~ **de lait** Milchzahn ; ~ **de sagesse** Weisheitszahn - **2.** [de fourchette, de râteau] Zinke *die* - **3.** *loc* : **avoir une ~ contre qqn** etw gegen jn haben ; **ne pas desserrer les ~s** den Mund nicht auf|machen ; **ne rien avoir à se mettre sous la ~** nichts zu beißen haben.

dentaire [dɑ̃tɛr] *adj* Zahn -.

dentelé, e [dɑ̃tle] *adj* gezackt.

dentelle [dɑ̃tɛl] *nf* Spitze *die.*

dentier [dɑ̃tje] *nm* Gebiss *das.*

dentifrice [dɑ̃tifris] *nm* : **(pâte)** ~ Zahnpasta *die.*

dentiste [dɑ̃tist] *nmf* Zahnarzt *der*, -ärztin *die.*

dentition [dɑ̃tisjɔ̃] *nf* - **1.** [dents] Gebiss *das* - **2.** [croissance] Zahnen *das.*

dénuder [3] [denyde] *vt* - **1.** [partie du corps] entblößen - **2.** [chose] bloß legen.

dénué, e [denɥe] *adj* : ~ **de** ohne.

dénuement [denymɑ̃] *nm* Mittellosigkeit *die.*

déodorant, e [deɔdɔrɑ̃, ɑ̃t] *adj* Deo-. ◆ **déodorant** *nm* Deodorant *das.*

déontologie [deɔ̃tɔlɔʒi] *nf* Deontologie *die.*

dép. - **1.** (*abr de* **départ**) Abf - **2.** *abr de* **département.**

dépannage [depanaʒ] *nm* Reparatur *die* ; **service de ~** [de voiture] Pannendienst *der* ; [d'électroménager] Kundendienst *der.*

dépanner [3] [depane] *vt* - **1.** [appareil] wieder in Gang bringen, reparieren - **2.** [voiture] ab|schleppen - **3.** *fam fig* [personne] : ~ **qqn** jm aus der Klemme helfen.

dépareillé, e [depareje] *adj* - **1.** [ensemble] zusammengewürfelt - **2.** [paire] nicht zusammengehörig.

départ [depar] *nm* - **1.** [en voyage] Abreise *die* - **2.** [de train] Abfahrt *die* - **3.** [d'employé] Ausscheiden *das.*

départager [17] [departaʒe] *vt* : ~ **des candidats** den Gewinner ermitteln.

département [departəmɑ̃] *nm* - **1.** [territoire] Departement *das* ; ~ **d'outre-mer** Überseedepartement - **2.** ADMIN Abteilung *die.*

dépassé, e [depase] *adj* - **1.** [périmé] überholt - **2.** [déconcerté] überfordert.

dépassement [depasmɑ̃] *nm* - **1.** [en voiture] Überholen *das* - **2.** FIN Überschreitung *die.*

dépasser [3] [depase] ◇ *vt* - **1.** [doubler] überholen - **2.** [surpasser - en hauteur] überragen ; [- en prix] übersteigen ; [- en temps] überschreiten ; [- en qualité] übertreffen - **3.** [être plus long] : ~ **qqch** länger als eine Sache sein ◇ *vi* heraus|schauen ; ~ **de qqch** aus etw heraus|ragen.

dépaysement [depeizmɑ̃] *nm* - **1.** [lors d'un voyage] Kontakt *der* mit einer anderen Welt - **2.** [changement] Abwechslung *die.*

dépayser [3] [depeize] *vt* - **1.** [déconcerter] desorientieren - **2.** [changer] in eine andere Welt versetzen.

dépecer [29] [depəse] *vt* - **1.** [découper] in Stücke schneiden - **2.** [déchiqueter] in Stücke reißen.

dépêche [depɛʃ] *nf* PRESSE Agenturmeldung *die.*

dépêcher [4] [depeʃe] *vt sout* senden. ◆ **se dépêcher** *vp* sich beeilen.

dépendance [depɑ̃dɑ̃s] *nf* Abhängigkeit *die.* ◆ **dépendances** *nfpl* Nebengebäude *Pl.*

dépendre [73] [depɑ̃dr] ◇ *vi* - **1.** [être conditionné] : ~ **de qqn/qqch** von jm/einer Sache ab|hängen ; **ça dépend!** das kommt darauf an! - **2.** [être sous l'autorité] : ~ **d'une administration** einer Verwaltung unterstellt sein - **3.** [financièrement] : ~ **de qqn** von jm abhängig sein ◇ *vt* [linge] ab|hängen.

dépendu [depɑ̃dy] *pp inv* ▷ **dépendre.**

dépens [depɑ̃] *nmpl* : **aux ~ de qqn** auf js Kosten ; **aux ~ de qqch** auf Kosten von etw.

dépense [depɑ̃s] *nf* - **1.** [frais] Ausgabe *die* ; **les ~s publiques** die Staatsausgaben - **2.** [consommation] Verbrauch *der.*

dépenser [3] [depɑ̃se] *vt* - **1.** [argent] aus|geben - **2.** [temps, forces] auf|wenden.

◆ **se dépenser** *vp* [se fatiguer] sich verausgaben.

dépensier, ère [depɑ̃sje, ɛr] *adj* verschwenderisch.

déperdition [depɛrdisjɔ̃] *nf* **- 1.** [perte] Nachlassen *das* **- 2.** TECHNOL Verlust *der.*

dépérir [32] [deperir] *vi* **- 1.** [personne] verkümmern, schwächer werden **- 2.** [plante] ein|gehen **- 3.** [commerce, affaire] zugrunde gehen.

déphasé, e [defaze] *adj fam fig* [personne] völlig verwirrt.

dépistage [depistaʒ] *nm* [de maladie] Diagnose *die.*

dépister [3] [depiste] *vt* **- 1.** [gibier] auf|spüren **- 2.** [maladie] : **~ qqch** Vorsorgeuntersuchungen auf etw *(A)* durch|führen.

dépit [depi] *nm* Verdruss *der.* ◆ **en dépit de** *loc prép* trotz.

dépité, e [depite] *adj* betrübt, enttäuscht.

déplacé, e [deplase] *adj* **- 1.** [propos] unpassend **- 2.** [personne] verschleppt.

déplacement [deplasmɑ̃] *nm* **- 1.** [d'objet] Um|räumen *das* **- 2.** [voyage] Reise *die.*

déplacer [16] [deplase] *vt* **- 1.** [objet] um|räumen, verschieben **- 2.** [problème] umgehen **- 3.** [fonctionnaire] versetzen. ◆ **se déplacer** *vp* **- 1.** [changer de place, bouger] sich bewegen **- 2.** [aller voir] eigens kommen **- 3.** [voyager] reisen.

déplaire [110] [deplɛr] *vt* **- 1.** [ne pas plaire] : **~ à qqn** jm nicht zu|sagen **- 2.** [irriter] : **~ à qqn** js Missfallen erregen.

déplaisant, e [deplɛzɑ̃, ɑ̃t] *adj* unangenehm.

dépliant [deplijɑ̃] *nm* Prospekt *der.*

déplier [10] [deplije] *vt* auseinander falten.

déploiement [deplwamɑ̃] *nm* [d'efforts] Aufwand *der ;* **un grand ~ de** ein großer Aufwand von.

déplorer [3] [deplɔre] *vt* beklagen.

déployer [13] [deplwaje] *vt* **- 1.** [journal, carte, ailes] aus|breiten, entfalten **- 2.** MIL [troupes] aufmarschieren lassen **- 3.** [énergie, efforts] auf|bieten.

déportation [depɔrtasjɔ̃] *nf* Deportation *die ;* **en ~** im Konzentrationslager.

déporté, e [depɔrte] ◇ *nm, f* Deportierte *der,* Deportierte *die* ◇ *adj* deportiert.

déporter [3] [depɔrte] *vt* **- 1.** [prisonnier] deportieren **- 2.** [voiture] aus der Fahrbahn drängen ; [avion] ab|treiben.

déposé, e [depoze] *adj* hinterlegt ; **marque ~e** eingetragenes Warenzeichen.

déposer [3] [depoze] *vt* **- 1.** [poser] ab|legen **- 2.** [conduire, destituer] ab|setzen **- 3.** [argent] ein|zahlen. ◆ **se déposer** *vp* sich ab|lagern.

dépositaire [depozitɛr] *nmf* COMM Alleinvertreter *der,* -in *die.*

déposition [depozisjɔ̃] *nf* JUR Zeugenaussage *die,* Aussage *die.*

déposséder [18] [depɔsede] *vt* **- 1.** [propriétaire] : **~ qqn de qqch** jn einer Sache *(G)* berauben **- 2.** [souverain] entmachten.

dépôt [depo] *nm* **- 1.** [de chose] Hinterlegen *das* **- 2.** [de brevet] Anmeldung *die* **- 3.** FIN [d'argent] Einlage *die* **- 4.** [au fond] Bodensatz *der* **- 5.** [garage] Depot *das* **- 6.** [entrepôt] Lager *das ;* **~ de pain** Brotverkauf *der ;* **~ d'ordures** Mülldeponie *die* **- 7.** [prison] Arrestlokal *das.*

dépotoir [depɔtwar] *nm* **- 1.** [décharge] Schuttabladeplatz *der* **- 2.** *péj* [lieu en désordre] Rumpelkammer *die.*

dépouille [depuj] *nf* **- 1.** [peau] Balg *der* **- 2.** [humaine] Leiche *die.*

dépouillement [depujmɑ̃] *nm* **- 1.** [sobriété] Nüchternheit *die* **- 2.** [examen - de documents] genaue Durchsicht ; [- de scrutin] Auszählung *die.*

dépouiller [3] [depuje] *vt* **- 1.** [déposséder] : **~ qqn/qqch de qqch** jn/etw einer Sache *(G)* berauben **- 2.** [spolier] : **~ qqn de qqch** jn um etw bringen **- 3.** [examiner - documents] genau durch|sehen ; [- scrutin] aus|zählen.

dépourvu, e [depurvy] *adj :* **~ de** ohne. ◆ **au dépourvu** *loc adv :* **être pris au ~** unvorbereitet sein.

dépoussiérer [18] [depusjere] *vt* entstauben.

dépravation [depravasjɔ̃] *nf* Verdorbenheit *die.*

dépréciation [depresjasjɔ̃] *nf* Entwertung *die.*

déprécier [9] [depresje] *vt* entwerten. ◆ **se déprécier** *vp* **- 1.** [perdre de la valeur] an Wert verlieren **- 2.** [se sous-estimer] sich selbst ab|werten.

dépressif, ive [depresif, iv] ◇ *adj* depressiv ◇ *nm, f* depressiver Mensch.

dépression [depresjɔ̃] *nf* **- 1.** GÉOGR Senke *die* **- 2.** PSYCHOL & ÉCON Depression *die ;* **faire une ~ (nerveuse)** an einer Depression leiden.

déprimant, e [deprimɑ̃, ɑ̃t] *adj* deprimierend.

déprimé, e [deprime] *adj* deprimiert.

déprimer [3] [deprime] ◇ *vt* [démoraliser] deprimieren ◇ *vi fam* deprimiert sein.

déprogrammer [3] [deprɔgrame] *vt* streichen.

dépuceler [24] [depysle] *vt fam* entjungfern.

depuis [dəpɥi] ◇ *prép* **- 1.** [dans le temps] seit ; **~ 10 ans** seit 10 Jahren ; **~ longtemps**

seit langem - **2.** [dans l'espace] : ~ **qqch** von etw aus ; **faire un signe à qqn ~ la fenêtre** jm vom Fenster aus ein Zeichen geben <> *adv* seither ; **~, je ne l'ai plus revu** seither habe ich ihn nicht mehr gesehen. ◆ **depuis ... jusqu'à** *loc corrélative* von ... bis. ◆ **depuis que** *loc conj* seitdem ; **je ne l'ai pas revu ~ qu'il s'est marié** ich habe ihn nicht wieder gesehen, seitdem er geheiratet hat.

député [depyte], **e** *nm,f* Abgeordnete *der, die.*

déraciner [3] [derasine] *vt* entwurzeln.

déraillement [derajmɑ̃] *nm* Entgleisen *das.*

dérailler [3] [deraje] *vi* - **1.** [train] entgleisen - **2.** *fam* [personne] auslrasten.

dérailleur [derajœr] *nm* Kettenschaltung *die.*

déraisonnable [derɛzɔnabl] *adj sout* unvernünftig.

dérangement [derɑ̃ʒmɑ̃] *nm* - **1.** [gêne] Störung *die* - **2.** [déplacement] Aufwand *der* - **3.** TÉLÉCOM : **en ~** gestört.

déranger [17] [derɑ̃ʒe] <> *vt* - **1.** [mettre en désordre] durcheinander bringen - **2.** [gêner, interrompre] stören - **3.** [rendre fou] : **être dérangé** übergeschnappt sein <> *vi* stören.

dérapage [derapaʒ] *nm* [glissement] Ausrutschen *das ;* [de voiture] Schleudern *das.*

déraper [3] [derape] *vi* - **1.** [glisser] auslrutschen ; [voiture] ins Schleudern geraten - **2.** *fig* [dans discours, dans débat] entgleisen.

déréglé, e [deregle] *adj* [mœurs] unsolide ; [vie] unstet.

déréglementer [3] [dereglәmɑ̃te] *vt* liberalisieren.

dérégler [18] [deregle] *vt* [mécanisme] durcheinander bringen ; *fig* aus dem Gleichgewicht bringen. ◆ **se dérégler** *vp* [mécanisme] falsch gehen, nicht mehr funktionieren ; *fig* aus dem Gleichgewicht geraten.

dérider [3] [deride] *vt* auflheitern. ◆ **se dérider** *vp* heiter werden.

dérision [derizjɔ̃] *nf* Spott *der ;* **tourner qqch en ~** etw verspotten.

dérisoire [derizwar] *adj* lächerlich.

dérivatif [derivatif] *nm* Ablenkung *die.*

dérive [deriv] *nf* - **1.** [de bateau] Schwert *das* - **2.** [déviation] Abdrift *die ;* ~ **des continents** Kontinentalverschiebung *die ;* **aller** OU **être à la ~** *fig* ablgleiten.

dériver [3] [derive] <> *vt* [rivière] umlleiten <> *vi* - **1.** [découler] : **~ de qqch** sich aus etw ablleiten - **2.** [aller à la dérive] abldriften.

dermatologie [dɛrmatɔlɔʒi] *nf* Dermatologie *die.*

dermatologue [dɛrmatɔlɔg], **dermatologiste** [dɛrmatɔlɔʒist] *nmf* Hautarzt *der,* -ärztin *die.*

dernier, ère [dɛrnje, ɛr] <> *adj* - **1.** *(avant le nom)* [ultime] letzte,-r,-s - **2.** *(avant le nom)* [plus récent] neueste,-r,-s - **3.** [précédent] letzte,-r,-s ; **l'année dernière** letztes Jahr <> *nm, f* - **1.** [dans une série] Letzte *der,* Letzte *die, das* - **2.** [reprend un énoncé] : **ce ~** letztere,-r,-s. ◆ **en dernier** *loc adv* zuletzt.

dernièrement [dɛrnjɛrmɑ̃] *adv* letzthin, vor kurzem.

dérobade [derɔbad] *nf* Ausweichen *das.*

dérobé, e [derɔbe] *adj* - **1.** [volé] geraubt - **2.** [caché] versteckt. ◆ **à la dérobée** *loc adv* heimlich.

dérober [3] [derɔbe] *vt sout* rauben. ◆ **se dérober** *vp* [personne] : **se ~ à qqch** sich einer Sache *(D)* entziehen.

dérogation [derɔgasjɔ̃] *nf* Ausnahmeregelung *die.*

déroulement [derulmɑ̃] *nm* - **1.** [de bobine] Abwickeln *das* - **2.** *fig* [d'événement] Verlauf *der.*

dérouler [3] [derule] *vt* ablwickeln. ◆ **se dérouler** *vp* verlaufen.

déroute [derut] *nf* - **1.** MIL Flucht *die* - **2.** *fig* [échec] vernichtende Niederlage ; [situation catastrophique] Chaos *das.*

dérouter [3] [derute] *vt* [personne] verwirren.

derrière [dɛrjɛr] <> *prép* hinter ; **être ~ la maison** hinter dem Haus sein ; **aller ~ le parking** hinter den Parkplatz gehen <> *adv* hinten ; **regardez ~** schauen Sie nach hinten <> *nm* - **1.** [partie arrière] Hinterseite *die* - **2.** [fesses] Hintern *der.*

des [de] <> *art indéf* ▷ **un** <> *prép* ▷ **de.**

dès [dɛ] *prép* seit ; ~ **votre arrivée** gleich bei eurer Ankunft. ◆ **dès que** *loc conj* sobald.

désabusé, e [dezabyze] *adj* desillusioniert.

désaccord [dezakɔr] *nm* Uneinigkeit *die ;* **être en ~ avec qqn sur qqch** mit jm über etw *(A)* uneinig sein.

désaccordé, e [dezakɔrde] *adj* verstimmt.

désaffecté, e [dezafɛkte] *adj* stillgelegt.

désaffection [dezafɛksjɔ̃] *nf* Nachlassen *das* der Vorliebe.

désagréable [dezagreabl] *adj* unangenehm.

désagréger [22] [dezagreʒe] *vt* - **1.** [décomposer] zersetzen - **2.** [détruire] zerstören. ◈ **se désagréger** *vp* sich zersetzen.

désagrément [dezagremɑ̃] *nm* Unannehmlichkeit *die.*

désaltérant, e [dezalterɑ̃, ɑ̃t] *adj* durstlöschend.

désaltérer [18] [dezaltere] *vi* den Durst löschen. ◈ **se désaltérer** *vp* seinen Durst löschen.

désamorcer [16] [dezamɔrse] *vt* entschärfen.

désappointer [3] [dezapwɛ̃te] *vt* enttäuschen.

désapprobation [dezaprɔbasjɔ̃] *nf* Missbilligung *die.*

désapprouver [3] [desapruve] *vt* missbilligen.

désarmement [dezarməmɑ̃] *nm* Abrüstung *die.*

désarmer [3] [dezarme] <> *vt* - **1.** [personne, pays, navire] entwaffnen - **2.** [arme à feu] sichern <> *vi* ab|rüsten.

désarroi [dezarwa] *nm* Verwirrung *die.*

désastre [dezastr] *nm* - **1.** [calamité] Unheil *das* - **2.** [échec] Desaster *das.*

désastreux, euse [dezastrø, øz] *adj* verheerend.

désavantage [dezavɑ̃taʒ] *nm* Nachteil *der.*

désavantager [17] [dezavɑ̃taʒe] *vt* benachteiligen.

désavantageux, euse [dezavɑ̃taʒø, øz] *adj* unvorteilhaft.

désaveu, x [dezavø] *nm* - **1.** [reniement] Nichtanerkennung *die* - **2.** [désapprobation] Missbilligung *die.*

désavouer [6] [dezavwe] *vt* - **1.** [renier] ab|streiten - **2.** [désapprouver] missbilligen.

désaxé, e [dezakse] <> *adj* geistesgestört <> *nm, f* Geistesgestörte *der,* Geistesgestörte *die.*

descendance [desɑ̃dɑ̃s] *nf* [progéniture] Nachkommen *Pl.*

descendant, e [desɑ̃dɑ̃, ɑ̃t] <> *adj* Abwärts- <> *nm, f* Nachkomme *der.*

descendre [73] [desɑ̃dr] <> *vt (aux avoir)* - **1.** [escalier, étage, rue] herunter|gehen - **2.** [store] herunter|ziehen - **3.** [porter en bas] hinunter|tragen - **4.** *fam* [avion] ab|schießen ; [personne] um|bringen <> *vi (aux être)* - **1.** [être en pente] abwärts gehen - **2.** [venir en bas] herunter|kommen - **3.** [de véhicule] : ~ **de qqch** aus etw aus|steigen - **4.** [séjourner] : ~ **chez qqn** bei jm unter|kommen - **5.** [être issu] : ~ **de qqn** von jm ab|stammen - **6.** [niveau, température] sinken.

descendu, e [desɑ̃dy] *pp* ▷ **descendre.**

descente [desɑ̃t] *nf* Abstieg *der ;* [à ski] Abfahrt *die.* ◈ **descente de lit** *nf* Bettvorleger *der.*

descriptif, ive [dɛskriptif, iv] *adj* beschreibend. ◈ **descriptif** *nm* Beschreibung *die.*

description [dɛskripsjɔ̃] *nf* Beschreibung *die.*

désemparé, e [dezɑ̃pare] *adj* ratlos.

désenchanté, e [dezɑ̃ʃɑ̃te] *adj* ernüchtert.

désendettement [dezɑ̃dɛtmɑ̃] *nm* Entschuldung *die.*

désenfler [3] [dezɑ̃fle] *vi* ab|schwellen.

désensibiliser [3] [desɑ̃sibilize] *vt* desensibilisieren.

déséquilibre [dezekilibr] *nm* - **1.** [inégalité, instabilité] Ungleichgewicht *das* - **2.** [psychique] Störung *die.*

déséquilibré, e [dezekilibre] *nm, f* Geistesgestörte *der,* Geistesgestörte *die.*

déséquilibrer [3] [dezekilibre] *vt* aus dem Gleichgewicht bringen.

désert, e [dezɛr, ɛrt] *adj* verlassen. ◈ **désert** *nm* GÉOGR Wüste *die.*

déserter [3] [dezɛrte] <> *vt* [endroit] verlassen <> *vi* desertieren.

déserteur [dezɛrtœr] *nm* Deserteur *der.*

désertion [dezɛrsjɔ̃] *nf* MIL Fahnenflucht *die ; fig* Flucht *die.*

désertique [dezɛrtik] *adj* Wüsten-.

désespéré, e [dezɛspere] *adj* - **1.** [regard] verzweifelt - **2.** [situation] hoffnungslos.

désespérément [dezɛsperemɑ̃] *adv* - **1.** [sans espoir] verzweifelt - **2.** [beaucoup] hoffnungslos.

désespérer [18] [dezɛspere] <> *vt* verzweifeln ; ~ **que qqch arrive** die Hoffnung auf|geben, dass etw geschieht <> *vi* verzweifeln ; ~ **de qqn/qqch** *sout* an jm/etw verzweifeln. ◈ **se désespérer** *vp* den Mut verlieren, verzweifeln.

désespoir [dezɛspwar] *nm* Verzweiflung *die ;* **en ~ de cause** angesichts der hoffnungslosen Lage.

déshabillé, e [dezabije] *adj* ausgezogen. ◈ **déshabillé** *nm* Negligee *das.*

déshabiller [3] [dezabije] *vt* aus|ziehen. ◈ **se déshabiller** *vp* sich aus|ziehen.

désherbant, e [dezɛrbɑ̃, ɑ̃t] *adj* Unkraut vernichtend. ◈ **désherbant** *nm* Unkrautvernichtungsmittel *das.*

déshérité, e [dezerite] <> *adj* - **1.** [privé d'héritage] enterbt - **2.** [défavorisé] bedürftig <> *nm, f* Bedürftige *der,* Bedürftige *die.*

déshériter [3] [dezerite] *vt* enterben.

déshonneur [dezɔnœr] *nm* Schande *die.*

déshonorer [3] [dezɔnɔre] *vt* entehren.

déshydrater [3] [dezidrate] *vt* Feuchtigkeit entziehen. ◆ **se déshydrater** *vp* ausltrocknen.

designer [dizajnœr] *nmf* Designer *der*, -in *die*.

désigner [3] [deziɲe] *vt* - **1.** [choisir] bestimmen - **2.** [montrer] : ~ **qqn/qqch** auf jn/etw zeigen ; ~ **de la main** mit der Hand zeigen - **3.** [symboliser] bezeichnen.

désillusion [dezilyzjɔ̃] *nf* Desillusion *die*.

désincarné, e [dezɛ̃karne] *adj* - **1.** RELIG körperlos - **2.** *sout* [éthéré] vergeistigt.

désindustrialisation [dezɛ̃dystrializasjɔ̃] *nf* Rückzug *der* der Industrie.

désinfectant, e [dezɛ̃fɛktɑ̃, ɑ̃t] *adj* desinfizierend, Desinfektions-. ◆ **désinfectant** *nm* Desinfektionsmittel *das*.

désinfecter [4] [dezɛ̃fɛkte] *vt* desinfizieren.

désinflation [dezɛ̃flasjɔ̃] *nf* Inflationsrückgang *der*.

désintégrer [18] [dezɛ̃tegre] *vt* [désagréger] zersetzen ; [atome] spalten. ◆ **se désintégrer** *vp* zerfallen.

désintéressé, e [dezɛ̃terese] *adj* uneigennützig.

désintéressé

Das französische Adjektiv **désintéressé** hat nichts mit dem deutschen „desinteressiert" im Sinne von „nicht interessiert", „gleichgültig" zu tun, sondern bedeutet „uneigennützig". **C'est quelqu'un de désinteressé, en qui l'on peut avoir confiance** wird mit „Er tut die Dinge vollkommen uneigennützig. Man kann ihm also vertrauen" wiedergegeben.

„Er tat vollkommen desinteressiert" dagegen wird mit **Il se donnait un air indifférent** übersetzt.

désintéresser [4] [dezɛ̃terese] ◆ **se désintéresser** *vp* : **se ~ de qqn/qqch** das Interesse an jm/etw verlieren.

désintoxication [dezɛ̃tɔksikasjɔ̃] *nf* Entziehung *die*, Entwöhnung *die*.

désintoxiquer [3] [dezɛ̃tɔksike] *vt* [alcoolique, drogué] auf Entzug setzen, entwöhnen.

désinvolte [dezɛ̃vɔlt] *adj* - **1.** [à l'aise] lässig - **2.** *péj* [sans gêne] ungeniert.

désinvolture [dezɛ̃vɔltyr] *nf* Ungeniertheit *die*.

désir [dezir] *nm* - **1.** [souhait] Wunsch *der* - **2.** [charnel] Begierde *die*.

désirable [dezirabl] *adj* - **1.** [chose] wünschenswert - **2.** [personne] begehrenswert.

désirer [3] [dezire] *vt* - **1.** [souhaiter] : ~ **qqch** etw gerne haben mögen ; ~ **faire qqch** wünschen, etw zu tun - **2.** [personne] begehren.

désister [3] [deziste] ◆ **se désister** *vp* - **1.** JUR [renoncer] seine Klage zurücklnehmen - **2.** [candidat] zurückltreten.

désobéir [32] [dezɔbeir] *vi* ungehorsam sein ; ~ **à qqn/qqch** jm/einer Sache gegenüber ungehorsam sein.

désobéissance [dezɔbeisɑ̃s] *nf* Ungehorsam *der*.

désobéissant, e [dezɔbeisɑ̃, ɑ̃t] *adj* ungehorsam.

désobligeant, e [dezɔbliʒɑ̃, ɑ̃t] *adj* verletzend.

désodorisant, e [dezɔdɔrizɑ̃, ɑ̃t] *adj* geruchstilgend. ◆ **désodorisant** *nm* Deodorant *das*.

désœuvré, e [dezœvre] *adj* untätig.

désœuvrement [dezœvrəmɑ̃] *nm* Müßiggang *der*.

désolation [dezɔlasjɔ̃] *nf* Trostlosigkeit *die*.

désolé, e [dezɔle] *adj* - **1.** [contrarié] untröstlich ; **je suis ~** es tut mir Leid - **2.** [très affligé] betrübt - **3.** [ravagé] verwüstet.

désoler [3] [dezɔle] *vt* betrüben. ◆ **se désoler** *vp* untröstlich sein.

désolidariser [3] [desɔlidarize] *vt* - **1.** [choses] trennen - **2.** [personnes] auseinander bringen. ◆ **se désolidariser** *vp* : **se ~ de qqn/qqch** sich von jm/etw distanzieren.

désopilant, e [dezɔpilɑ̃, ɑ̃t] *adj* witzig.

désordonné, e [dezɔrdɔne] *adj* - **1.** [maison, personne] unordentlich - **2.** *fig* [vie] ausschweifend.

désordre [dezɔrdr] *nm* - **1.** [fouillis] Unordnung *die* - **2.** [confusion] Durcheinander *das* - **3.** [agitation] Unruhe *die*.

désorganiser [3] [dezɔrganize] *vt* durcheinander bringen.

désorienté, e [dezɔrjɑ̃te] *adj* orientierungslos.

désormais [dezɔrmɛ] *adv* nunmehr.

désosser [3] [dezɔse] *vt* [viande] vom Knochen abllösen.

despote [dɛspɔt] *nm* Despot *der*, -in *die*.

despotique [dɛspɔtik] *adj* despotisch.

despotisme [dɛspɔtism] *nm* - **1.** [forme de gouvernement] Despotismus *der* - **2.** *fig & péj* [autorité] Tyrannei *die*.

desquels, desquelles [dekɛl] ▭ **lequel**.

DESS (*abr de* **diplôme d'études supérieures spécialisées**) *nm* *Abschluss nach 5-jährigem berufsqualifizierenden Universitätsstudium in Frankreich*.

dessaler [3] [desale] ◇ *vt* - **1.** [poisson] :

faire ~ wässern - **2.** *fam* [personne] wachlrütteln <> *vi fam* kentern.
dessécher [18] [deseʃe] *vt* [déshydrater] ausltrocknen. ◆ **se dessécher** *vp* - **1.** [se déshydrater] ausltrocknen - **2.** [maigrir] verrunzeln.
desserrer [4] [desere] *vt* lockern.
dessert [desɛr] *nm* Nachspeise *die.*
desserte [desɛrt] *nf* - **1.** [par car] *Anschluss an das Verkehrsnetz* - **2.** [meuble] Beistelltisch *der.*
desservir [38] [desɛrvir] *vt* - **1.** [région] : **être desservi par qqch** Anschluss an etw *(A)* haben - **2.** [table] ablräumen - **3.** [désavantager] zum Nachteil gereichen.
dessin [desɛ̃] *nm* - **1.** [graphique] Zeichnung *die* - **2.** [action] Zeichnen *das.* ◆ **dessin animé** *nm* Zeichentrickfilm *der.*
dessinateur, trice [desinatœr, tris] *nm, f* Zeichner *der,* -in *die.*
dessiner [3] [desine] <> *vt* - **1.** [représenter] zeichnen - **2.** [souligner] betonen - **3.** [avoir la forme de] beschreiben <> *vi* zeichnen.
dessous [dəsu] <> *adv* d(a) runter <> *nm* [partie inférieure] Unterseite *die* <> *nmpl* [sous-vêtements] Dessous *Pl.* ◆ **en dessous** *loc adv* unten ; **agir par en ~** hintenherum handeln. ◆ **en dessous de** *loc prép* unter ; **en ~ de zéro** unter Null.
dessous-de-plat [dəsudpla] *nm inv* Untersetzer *der.*
dessus [dəsy] <> *adv* d(a) rauf <> *nm* - **1.** [partie supérieure] Oberseite *die* - **2.** *loc* : **avoir le ~** die Oberhand haben. ◆ **en dessus** *loc adv* oben.
dessus-de-lit [dəsydli] *nm inv* Bettdecke *die.*
destin [dɛstɛ̃] *nm* Schicksal *das.*
destinataire [dɛstinatɛr] *nmf* Empfänger *der,* -in *die.*
destination [dɛstinasjɔ̃] *nf* [direction] Bestimmungsort *der ;* **à ~ de** nach.
destinée [dɛstine] *nf* Bestimmung *die.*
destiner [3] [dɛstine] *vt* bestimmen ; **être destiné à qqn/qqch** für jn/etw bestimmt sein.
destituer [7] [dɛstitɥe] *vt* ablsetzen.
destructeur, trice [dɛstryktœr, tris] *adj* zerstörerisch.
destruction [dɛstryksjɔ̃] *nf* Zerstörung *die.*
déstructuration [destryktyrasjɔ̃] *nf* Strukturabbau *der.*
désuet, ète [dezɥɛ, ɛt] *adj* überholt.
désuni, e [dezyni] *adj* entzweit.
détachable [detaʃabl] *adj* abtrennbar.
détachant, e [detaʃɑ̃, ɑ̃t] *adj* fleckenlösend. ◆ **détachant** *nm* Fleckenentferner *der.*
détaché, e [detaʃe] *adj* - **1.** [séparé] lose, abgetrennt - **2.** [indifférent] distanziert - **3.** [affecté] : **~ auprès de qqn** zu jm abgeordnet ; **~ à qqch** nach etw abgeordnet.
détachement [detaʃmɑ̃] *nm* - **1.** [mission] Abordnung *die* - **2.** [indifférence] Distanziertheit *die.*
détacher [3] [detaʃe] *vt* - **1.** [découper] abltrennen - **2.** [nettoyer] : **~ qqch** Flecken aus etw entfernen - **3.** ADMIN : **~ qqn auprès de qqn** jn zu jm ablordnen ; **~ qqn à qqch** jn zu etw ablordnen. ◆ **se détacher** *vp* - **1.** [nœud, paquet] sich lösen - **2.** [ressortir] : **se ~ sur qqch** auf etw hervorltreten, sich von etw ablheben - **3.** [se désintéresser] : **se ~ de qqn** sich von jm lösen.
détail [detaj] *nm* [précision] Detail *das.* ◆ **au détail** *loc adj* Einzel-. ◆ **en détail** *loc adv* im Detail, ausführlich.
détaillant, e [detajɑ̃, ɑ̃t] *nm, f* Einzelhändler *der,* -in *die.*
détaillé, e [detaje] *adj* detailliert.
détailler [3] [detaje] *vt* - **1.** [expliquer] detaillieren - **2.** [marchandise] stückweise verkaufen.
détaler [3] [detale] *vi fam* ablhauen.
détartrant, e [detartrɑ̃, ɑ̃t] *adj* Kalk lösend. ◆ **détartrant** *nm* Entkalkungsmittel *das.*
détaxe [detaks] *nf* Steuererlass *der.*
détecter [4] [detɛkte] *vt* auflspüren.
détecteur, trice [detɛktœr, tris] *adj* Melde-. ◆ **détecteur** *nm* Melder *der.*
détection [detɛksjɔ̃] *nf* Auffindung *die.*
détective [detɛktiv] *nm* Detektiv *der,* -in *die ;* **~ privé** Privatdetektiv.
déteindre [81] [detɛ̃dr] <> *vt* entfärben <> *vi* ablfärben ; **~ sur qqn/qqch** *fig* auf jn/etw ablfärben.
déteint, e [detɛ̃, ɛ̃t] *pp* ▷ **déteindre.**
détendre [73] [detɑ̃dr] *vt* - **1.** [corde, ressort] lockern - **2.** [décontracter, reposer] entspannen. ◆ **se détendre** *vp* - **1.** [se relâcher] locker werden - **2.** [se décontracter, se reposer] sich entspannen.
détendu, e [detɑ̃dy] <> *pp* ▷ **détendre** <> *adj* - **1.** [lâche] lose - **2.** [reposé] entspannt.
détenir [40] [detnir] *vt* - **1.** [posséder] innelhaben - **2.** [personne] gefangen halten.
détente [detɑ̃t] *nf* - **1.** [de ressort, d'athlète] Lockerung *die* - **2.** [repos, politique] Entspannung *die.*
détenteur, trice [detɑ̃tœr, tris] *nm, f* [de brevet, de droit] Inhaber *der,* -in *die ;* [d'arme] Besitzer *der,* -in *die.*
détention [detɑ̃sjɔ̃] *nf* - **1.** [possession] Besitz *der* - **2.** [emprisonnement] Haft *die.*

détenu, e [detny] ◇ *pp* ▷ **détenir** ◇ *adj* gefangen ◇ *nm, f* Gefangene *der*, Gefangene *die*.

détergent, e [detɛrʒɑ̃, ɑ̃t] *adj* Detergens-, reinigend. ◆ **détergent** *nm* Detergens *das*, Waschmittel *das*.

détérioration [deterjɔrasjɔ̃] *nf* - **1.** [de bâtiment, d'objet] Beschädigung *die* - **2.** *fig* [de relation, de conditions] Verschlechterung *die*.

détériorer [3] [deterjɔre] *vt* - **1.** [bâtiment, objet] beschädigen - **2.** [relation, conditions] verschlechtern. ◆ **se détériorer** *vp* sich verschlechtern.

déterminant, e [determinɑ̃, ɑ̃t] *adj* ausschlaggebend.

détermination [determinasjɔ̃] *nf* - **1.** [définition] Bestimmung *die* - **2.** [résolution] Beschluss *der* - **3.** [fermeté] Bestimmtheit *die*.

déterminé, e [determine] *adj* bestimmt.

déterminer [3] [determine] *vt* - **1.** [définir] bestimmen - **2.** [décider] : **~ qqn à faire qqch** jn dazu bewegen, etw zu tun. ◆ **se déterminer** *vp* : **se ~ à faire qqch** sich entschließen, etw zu tun.

déterrer [4] [detere] *vt* aus|graben.

détestable [detɛstabl] *adj* abscheulich.

détester [3] [detɛste] *vt* verabscheuen, hassen.

détonateur [detɔnatœr] *nm* TECHNOL Detonator *der*.

détonation [detɔnasjɔ̃] *nf* Detonation *die*.

détoner [3] [detɔne] *vi* explodieren.

détonner [3] [detɔne] *vi* - **1.** [chose] nicht passen - **2.** [personne] unangenehm auf|fallen.

détour [detur] *nm* [crochet] Umweg *der*.

détourné, e [deturne] *adj* indirekt ; **de façon ~e** auf Umwegen.

détournement [deturnəmɑ̃] *nm* [vol] Hinterziehung *die*. ◆ **détournement d'avion** *nm* Flugzeugentführung *die*. ◆ **détournement de mineur** *nm* Verführung *die* Minderjähriger.

détourner [3] [deturne] *vt* - **1.** [fleuve, circulation] um|leiten - **2.** [écarter] : **~ qqn de qqch** jn von etw ab|lenken - **3.** [avion] entführen - **4.** [yeux, tête] ab|wenden - **5.** [argent, marchandises] hinterziehen. ◆ **se détourner** *vp* sich ab|wenden.

détraquer [3] [detrake] *vt* - **1.** [appareil] kaputt|machen - **2.** *fam* [estomac] verderben. ◆ **se détraquer** *vp fam* - **1.** [appareil] kaputt|gehen - **2.** [temps] sich verschlechtern.

détresse [detrɛs] *nf* - **1.** [sentiment] Verzweiflung *die* - **2.** [situation] Not *die*.

détriment [detrimɑ̃] ◆ **au détriment de** *loc prép* zu Lasten von.

détritus [detrity(s)] *nmpl* Abfall *der*, Abfälle *Pl.*

détroit [detrwa] *nm* Meerenge *die*.

détromper [3] [detrɔ̃pe] *vt* - **1.** [personne] : **~ qqn** jm seinen Irrtum klar machen - **2.** [soupçon, idée] widerlegen.

détrôner [3] [detrone] *vt* - **1.** [souverain] entthronen - **2.** *fig* [adversaire] ab|lösen.

détruire [98] [detrɥir] *vt* - **1.** [bâtiment, espoir] zerstören - **2.** [document, population] vernichten.

détruit, e [detrɥi, it] *pp* ▷ **détruire.**

dette [dɛt] *nf* Schuld *die*.

DEUG, Deug [dœg] (*abr de* **diplôme d'études universitaires générales**) *nm* *Universitätsabschluss nach dem Grundstudium in Frankreich*, ≃ Zwischenprüfung *die*.

deuil [dœj] *nm* - **1.** [douleur] Trauer *die* ; **être en ~** in Trauer sein - **2.** [période] Trauerzeit *die* - **3.** [décès] Trauerfall *der*.

deux [dø] ◇ *adj inv & pron inv* zwei ; **en moins de ~** *fam fig* im Nu ◇ *nm inv* Zwei *die* ; *voir aussi* **six.**

deuxième [døzjɛm] ◇ *adj* zweite,-r,-s ◇ *nmf* Zweite *der*, Zweite *die*, *das* ◇ *nm* - **1.** [étage] zweiter Stock, zweite Etage - **2.** [arrondissement] zweites Arrondissement ◇ *nf* zweiter Gang ; *voir aussi* **sixième.**

deuxièmement [døzjɛmmɑ̃] *adv* zweitens.

deux-pièces [døpjɛs] *nm inv* - **1.** [appartement] Zweizimmerwohnung *die* - **2.** [bikini] Zweiteiler *der*.

deux-roues [døru] *nm inv* Zweirad *das*.

dévaler [3] [devale] *vt & vi* [sujet : personne] hinunter|eilen ; [sujet : chose] hinunter|stürzen.

dévaliser [3] [devalize] *vt* - **1.** [cambrioler] aus|plündern - **2.** *fig* [magasin] leer kaufen.

dévalorisation [devalɔrizasjɔ̃] *nf* Entwertung *die*.

dévaloriser [3] [devalɔrize] *vt* - **1.** [monnaie] entwerten - **2.** [personne] herab|setzen. ◆ **se dévaloriser** *vp* - **1.** [monnaie] seinen OU ihren Wert verlieren - **2.** [personne] sich selbst herab|setzen.

dévaluation [devalɥasjɔ̃] *nf* Abwertung *die*.

dévaluer [7] [devalɥe] *vt* ab|werten. ◆ **se dévaluer** *vp* seinen OU ihren Wert verlieren.

devancer [16] [dəvɑ̃se] *vt* - **1.** [précéder] : **~ qqn** jm voraus|gehen - **2.** [surpasser] voraus sein - **3.** [anticiper] zuvor|kommen.

devant [dəvɑ̃] ◇ *prép* : **~ qqn/qqch** vor jm/etw ; **passer ~ un lieu** an einem Ort vorbei|kommen ; **regarder ~ soi** nach vorne

blicken <> *adv* - **1.** [en avant] voraus ; **partir ~** vorauslgehen - **2.** [en face] vorne <> *nm* Vorderseite *die* ; **prendre les ~s** vorlgreifen. ◆ **au devant de** *loc prép* : **aller au ~ de qqn/qqch** [à la rencontre] auf jn/etw zulgehen ; *fig* [prévenir] jm/etw zuvorlkommen. ◆ **de devant** *loc adj* von vorn ; [pattes, roues] Vorder-.
devanture [dəvɑ̃tyr] *nf* Auslage *die*.
dévaster [3] [devaste] *vt* verwüsten.
développement [devlɔpmɑ̃] *nm* - **1.** [croissance, évolution] Entwicklung *die* - **2.** PHOT Entwickeln *das*. ◆ **développements** *nmpl* Entwicklung *die (sans pl)*.
développer [3] [devlɔpe] *vt* - **1.** [gén] entwickeln - **2.** [idée, concept] weiterlentwickeln. ◆ **se développer** *vp* sich entwickeln.
devenir [40] [dəvnir] *vi* werden ; **que devenez-vous?** was machen Sie denn so?
devenu, e [dəvny] *pp* ▷ **devenir.**
dévergondé, e [devɛrgɔ̃de] *adj* zügellos.
déverser [3] [devɛrse] *vt* - **1.** [eau] schütten - **2.** [ordures] auslschütten. ◆ **se déverser** *vp* münden.
déviation [devjasjɔ̃] *nf* - **1.** [de trajectoire] Abweichung *die* - **2.** [de circulation] Umleitung *die*.
dévier [9] [devje] <> *vi* : **~ de qqch** von etw ablweichen <> *vt* umlleiten.
devin, devineresse [dəvɛ̃, dəvinrɛs] *nm, f* Hellseher *der*, -in *die*.
deviner [3] [dəvine] *vt* - **1.** [trouver] raten ; **devine qui a téléphoné?** rate mal, wer angerufen hat? - **2.** [percevoir] erraten.
devineresse ▷ **devin.**
devinette [dəvinɛt] *nf* Rätsel *das*.
devis [dəvi] *nm* Kostenvoranschlag *der*.
dévisager [17] [devizaʒe] *vt* anlstarren, mustern.
devise [dəviz] *nf* Devise *die*.
dévisser [3] [devise] *vt* ablschrauben.
dévitaliser [3] [devitalize] *vt* : **~ une dent** die Zahnpulpa abltöten.
dévoiler [3] [devwale] *vt* - **1.** [révéler] lüften - **2.** [découvrir] enthüllen.
devoir[1] [dəvwar] *nm* - **1.** [obligation] Pflicht *die* - **2.** SCOL : **~ (sur table)** (Klassen)arbeit *die* ; **faire ses ~s** seine Hausaufgaben machen - **3.** UNIV Klausur *die*.
devoir[2] [53] [dəvwar] *vt* - **1.** [marque l'obligation] müssen - **2.** [marque le futur, l'intention] sollen ; **ça devait arriver** es musste so kommen - **3.** [marque la probabilité] dürfen ; **ça doit coûter cher** das dürfte teuer sein - **4.** [être redevable de] : **~ qqch à qqn** jm etw verdanken ; **je lui dois de faire des études** ich verdanke ihm, dass ich studiere - **5.** [argent, respect] : **~ qqch à qqn** jm etw schulden.
dévolu, e [devɔly] *adj littéraire* zugefallen. ◆ **dévolu** *nm* : **jeter son ~ sur qqn/qqch** es auf jn/etw abgesehen haben.
dévorer [3] [devɔre] *vt* verschlingen.
dévotion [devɔsjɔ̃] *nf* [piété] Frömmigkeit *die*.
dévoué, e [devwe] *adj* ergeben.
dévouement [devumɑ̃] *nm* Ergebenheit *die*.
dévouer [6] [devwe] ◆ **se dévouer** *vp* - **1.** [se sacrifier] sich auflopfern - **2.** [se consacrer] : **se ~ à qqch** sich einer Sache *(D)* hinlgeben.
dévoyé, e [devwaje] *adj* verdorben.
devrai *etc* ▷ **devoir.**
dextérité [dɛksterite] *nf* Geschicklichkeit *die*.
diabète [djabɛt] *nm* Diabetes *der*.
diabétique [djabetik] <> *adj* diabetisch <> *nmf* Diabetiker *der*, -in *die*, Zuckerkranke *der*, Zuckerkranke *die*.
diable [djabl] *nm* [démon, espiègle] Teufel *der*. ◆ **au diable** <> *loc adv* hinter dem Mond <> *interj* : **au ~ ...!** zum Teufel mit ...!
diabolique [djabɔlik] *adj* teuflisch.
diadème [djadɛm] *nm* Diadem *das*.
diagnostic [djagnɔstik] *nm* Diagnose *die*.
diagnostiquer [3] [djagnɔstike] *vt* - **1.** MÉD diagnostizieren - **2.** *fig* [juger] beurteilen.
diagonal, e, aux [djagɔnal, o] *adj* diagonal. ◆ **diagonale** *nf* Diagonale *die* ; **en ~e** diagonal, schräg *(adv)*.
dialecte [djalɛkt] *nm* Dialekt *der*.
dialogue [djalɔg] *nm* Dialog *der*, Gespräch *das*.
dialoguer [3] [djalɔge] *vi* [converser] ein Gespräch führen.
diamant [djamɑ̃] *nm* [gén] Diamant *der*.
diamètre [djamɛtr] *nm* Durchmesser *der*.
diapason [djapazɔ̃] *nm* [instrument] Stimmgabel *die*.
diapositive [djapozitiv] *nf* Diapositiv *das*.
diarrhée [djare] *nf* Durchfall *der*.
dictateur [diktatœr] *nm* Diktator *der*.
dictature [diktatyr] *nf* Diktatur *die*.
dictée [dikte] *nf* Diktat *das*.
dicter [3] [dikte] *vt* diktieren.
diction [diksjɔ̃] *nf* Sprechweise *die*.
dictionnaire [diksjɔnɛr] *nm* Wörterbuch *das*.
dicton [diktɔ̃] *nm* Sprichwort *das*.
dièse [djɛz] <> *adj* : **do ~** cis *das*, Cis *das* ; **la ~** ais *das*, Ais *das* <> *nm* Kreuz *das*.
diesel [djezɛl] *nm* Diesel *der*.
diète [djɛt] *nf* - **1.** [régime] Diät *die* ; **être à**

la ~ auf Diät sein **- 2.** HIST [assemblée] Reichstag *der.*

diététicien, enne [djetetisjɛ̃, ɛn] *nm, f* Diätassistent *der*, -in *die.*

diététique [djetetik] ◇ *nf* Ernährungslehre *die* ◇ *adj* Diät-.

dieu, x [djø] *nm* Gott *der.* ◆ **Dieu** *nm* Gott.

diffamation [difamasjɔ̃] *nf* Verleumdung *die.*

diffamer [3] [difame] *vt* diffamieren.

différé, e [difere] *adj* vertagt. ◆ **en différé** *loc adv & loc adj* in (einer) Aufzeichnung.

différence [diferɑ̃s] *nf* **- 1.** [dissemblance] Unterschied *der ;* **faire la ~** unterscheiden ; **à la ~ de** im Unterschied zu **- 2.** [d'opinion, d'argent] Differenz *die.*

différencier [9] [diferɑ̃sje] *vt :* **~ qqch de qqch** etw von etw unterscheiden. ◆ **se différencier** *vp :* **se ~ de qqn** sich von jm unterscheiden.

différend [diferɑ̃] *nm* Meinungsverschiedenheit *die ;* **avoir un ~ avec qqn** Differenzen mit jm haben.

différent, e [diferɑ̃, ɑ̃t] *adj* **- 1.** [distinct] unterschiedlich **- 2.** *(avant n)* [divers] verschieden ; **~es solutions** verschiedene Lösungen.

différer [18] [difere] ◇ *vt* verschieben ◇ *vi* **- 1.** [être différent] : **~ de qqch** sich von etw unterscheiden **- 2.** [varier] unterschiedlich sein **- 3.** [diverger] : **~ sur qqch** über etw *(A)* uneinig sein.

difficile [difisil] ◇ *adj* schwierig ◇ *nmf* Nörgler *der*, -in *die ;* **faire le** OU **la ~** die Nase rümpfen, wählerisch sein.

difficilement [difisilmɑ̃] *adv* schwer.

difficulté [difikylte] *nf* Schwierigkeit *die.*

difforme [difɔrm] *adj* unförmig.

diffuser [3] [difyze] *vt* **- 1.** [lumière] diffundieren **- 2.** [information] verbreiten **- 3.** TÉLÉ & RADIO senden **- 4.** COMM vertreiben.

diffuseur [difyzœr] *nm* **- 1.** [appareil] Zerstäuber *der* **- 2.** [personne] Vertreiber *der.*

diffusion [difyzjɔ̃] *nf* **- 1.** [de lumière] Diffusion *die* **- 2.** [d'information] Verbreitung *die* **- 3.** TÉLÉ & RADIO Senden *das* **- 4.** COMM Vertrieb *der.*

digérer [18] [diʒere] *vi & vt* verdauen.

digeste [diʒɛst] *adj* gut verdaulich.

digestif, ive [diʒɛstif, iv] *adj* Verdauungs- ; **liqueur digestive** Magenlikör *der.* ◆ **digestif** *nm* Digestif *der.*

digestion [diʒɛstjɔ̃] *nf* Verdauung *die.*

digital, e, aux [diʒital, o] *adj* **- 1.** [code, affichage] Digital- **- 2.** ▷ **empreinte.**

digne [diɲ] *adj* würdig ; **~ de qqn/qqch** js/einer Sache würdig.

dignité [diɲite] *nf* Würde *die ;* **avec ~** würdig *(adv).*

digression [digresjɔ̃] *nf* Exkurs *der.*

dilapider [3] [dilapide] *vt* vergeuden.

dilater [3] [dilate] *vt* aus|dehnen.

dilemme [dilɛm] *nm* Dilemma *das.*

diligence [diliʒɑ̃s] *nf* **- 1.** *sout* [zèle] Eifer *der* **- 2.** [voiture] Kutsche *die.*

diluant [dilɥɑ̃] *nm* Verdünnungsmittel *das.*

diluer [7] [dilɥe] *vt* [liquide] verdünnen. ◆ **se diluer** *vp* verlängert werden.

diluvien, enne [dilyvjɛ̃, ɛn] *adj* sintflutartig.

dimanche [dimɑ̃ʃ] *nm* Sonntag *der ; voir aussi* **samedi.**

dimension [dimɑ̃sjɔ̃] *nf* **- 1.** [mesure] Maß *das ;* **prendre les ~s de qqch** etw ab|messen **- 2.** [taille] Abmessung *die ;* **de grande ~** geräumig **- 3.** [importance] Ausmaß *das* **- 4.** [portée] Dimension *die.*

diminuer [7] [diminɥe] ◇ *vt* verringern ◇ *vi* ab|nehmen.

diminutif, ive [diminytif, iv] *adj* Verkleinerungs-. ◆ **diminutif** *nm* Verkleinerungsform *die.*

diminution [diminysjɔ̃] *nf* Abnahme *die*, Verringerung *die.*

dinde [dɛ̃d] *nf* Pute *die.*

dindon [dɛ̃dɔ̃] *nm* Truthahn *der.*

dîner[1] [3] [dine] *vi* zu Abend essen.

dîner[2] [dine] *nm* Abendmahlzeit *die.*

dingue [dɛ̃g] *fam* ◇ *adj* **- 1.** [fou] bekloppt **- 2.** [incroyable] haarsträubend ◇ *nmf* Bekloppte *der*, Bekloppte *die.*

dinosaure [dinozɔr] *nm* Dinosaurier *der.*

diphtongue [diftɔ̃g] *nf* Diphthong *der.*

diplomate [diplɔmat] ◇ *adj* diplomatisch ◇ *nmf* [ambassadeur] Diplomat *der*, -in *die.*

diplomatique [diplɔmatik] *adj* diplomatisch.

diplôme [diplom] *nm* Diplom *das.*

diplômé, e [diplome] ◇ *adj* diplomiert, Diplom- ◇ *nm, f* Inhaber *der*, -in *die* eines Diploms ; **~ en chimie** Diplomchemiker *der.*

dire [102] [dir] *vt* **- 1.** [gén] sagen ; **~ qqch à qqn** jm etw sagen ; **~ à qqn qu'il fasse qqch** jm sagen, er solle etw tun ; **qu'en dis-tu?** was hältst du davon? ; **on dirait que** es sieht so aus, als ob **- 2.** *sout* [exprimer] verraten ; **vouloir ~** bedeuten **- 3.** [plaire] : **ça te dit/dirait d'aller au cinéma?** hast/hättest du Lust, ins Kino zu gehen? ◆ **se dire** *vp* **- 1.** [penser] : **se ~ qqch** sich *(D)* etw denken **- 2.** [se traduire] : **« chat » se dit « gato » en espagnol** „Katze" heißt auf Spanisch „gato". ◆ **à dire vrai** *loc adv* offen gesagt.

◆ **au dire de** *loc prép :* **au ~ de qqn** jm zufolge. ◆ **cela dit** *loc adv* abgesehen davon. ◆ **pour ainsi dire** *loc adv* sozusagen.

direct, e [dirɛkt] *adj* direkt, Direkt-. ◆ **direct** *nm* **- 1.** BOXE Gerade *die* **- 2.** [train] Eilzug *der* **- 3.** RADIO & TÉLÉ Livesendung *die ;* **en ~** live.

directement [dirɛktəmɑ̃] *adv* direkt.

directeur, trice [dirɛktœr, tris] ◇ *adj* **- 1.** [dirigeant] Leitungs- **- 2.** [principal] Leit- ; **idée directrice** Leitgedanke *der* **- 3.** TECHNOL : **roue directrice** Antriebsrad *das* ◇ *nm, f* [responsable] Direktor *der*, -in *die*, Leiter *der*, -in *die ;* **~ général** Generaldirektor.

direction [dirɛksjɔ̃] *nf* **- 1.** [gestion] Leitung *die ;* **sous la ~ de** unter der Leitung von **- 2.** [personnel dirigeant] Geschäftsführung *die* **- 3.** [orientation] Richtung *die ;* **en** OU **dans la ~ de Bâle** in (Fahrt)richtung Basel **- 4.** AUTOM Lenkung *die.*

directive [dirɛktiv] *nf* Richtlinie *die*, Direktive *die.*

directrice ▷ **directeur.**

dirigeable [diriʒabl] ◇ *adj* lenkbar ◇ *nm* Zeppelin *der.*

dirigeant, e [diriʒɑ̃, ɑ̃t] ◇ *adj* führend ◇ *nm, f* Führungskraft *die.*

diriger [17] [diriʒe] *vt* **- 1.** [entreprise, débat] leiten **- 2.** [véhicule] lenken **- 3.** [orchestre, acteur] dirigieren. ◆ **se diriger** *vp :* **se ~ vers qqch** sich zu etw begeben ; *fig* etw an|steuern.

discernement [disɛrnəmɑ̃] *nm* Urteilsvermögen *das.*

discerner [3] [disɛrne] *vt* **- 1.** [distinguer] unterscheiden **- 2.** [voir] erkennen.

disciple [disipl] *nmf* **- 1.** RELIG Jünger *der*, -in *die* **- 2.** [élève] Schüler *der*, -in *die.*

disciplinaire [disiplinɛr] *adj* Disziplinar-.

discipline [disiplin] *nf* Disziplin *die.*

discipliner [3] [disipline] *vt* disziplinieren ; [cheveux] bändigen.

discontinu, e [diskɔ̃tiny] *adj* **- 1.** [ligne] unterbrochen **- 2.** [bruit, effort] diskontinuierlich.

discordance [diskɔrdɑ̃s] *nf* **- 1.** [dissonance] Missklang *der* **- 2.** [divergence] Unstimmigkeit *die.*

discorde [diskɔrd] *nf* Zwietracht *die.*

discothèque [diskɔtɛk] *nf* Disko(thek) *die.*

discourir [45] [diskurir] *vi* große Reden schwingen.

discours [diskur] *nm* Rede *die.*

discouru, e [diskury] *pp* ▷ **discourir.**

discrédit [diskredi] *nm* Misskredit *der.*

discréditer [3] [diskredite] *vt* in Verruf bringen, diskreditieren.

discret, ète [diskrɛ, ɛt] *adj* [gén] diskret.

discrètement [diskrɛtmɑ̃] *adv* [gén] diskret, unauffällig.

discrétion [diskresjɔ̃] *nf* Diskretion *die.*

discrimination [diskriminasjɔ̃] *nf* Diskriminierung *die.*

discriminatoire [diskriminatwar] *adj* diskriminierend.

disculper [3] [diskylpe] *vt* entlasten. ◆ **se disculper** *vp* sich rechtfertigen.

discussion [diskysjɔ̃] *nf* **- 1.** [conversation] Diskussion *die* **- 2.** [altercation] Auseinandersetzung *die.*

discutable [diskytabl] *adj* fragwürdig.

discuté, e [diskyte] *adj* umstritten.

discuter [3] [diskyte] ◇ *vt* **- 1.** [débattre] besprechen **- 2.** [contester] in Frage stellen ◇ *vi* **- 1.** [bavarder] sich unterhalten **- 2.** [débattre] : **~ de qqch** über etw *(A)* diskutieren.

disgrâce [disgras] *nf* [défaveur] Ungnade *die ;* **tomber en ~** in Ungnade fallen.

disgracieux, euse [disgrasjø, øz] *adj* **- 1.** [sans grâce] schwerfällig **- 2.** [visage] unschön.

disjoncter [disʒɔ̃kte] *vi* **- 1.** [appareil, compteur] einen Kurzschluss haben ; [fusible] durch|brennen **- 2.**

disjoncteur [disʒɔ̃ktœr] *nm* ÉLECTR Sicherung *die.*

disloquer [3] [dislɔke] *vt* **- 1.** [objet] zerstückeln **- 2.** [empire] zersplittern.

disparaître [91] [disparɛtr] *vi* **- 1.** [gén] verschwinden **- 2.** [mourir] verscheiden **- 3.** [mode, tradition] in Vergessenheit geraten.

disparate [disparat] *adj* zusammengewürfelt.

disparité [disparite] *nf* **- 1.** [écart] Unterschied *der* **- 2.** [manque d'harmonie] Uneinheitlichkeit *die.*

disparition [disparisjɔ̃] *nf* **- 1.** [absence] Verschwinden *das* **- 2.** [mort] Verscheiden *das* **- 3.** [espèce, civilisation] Aussterben *das.*

disparu, e [dispary] ◇ *pp* ▷ **disparaître** ◇ *adj* **- 1.** [mort] verstorben **- 2.** [époque] vergangen **- 3.** [espèce, civilisation] ausgestorben ◇ *nm, f* [défunt] Verstorbene *der, die.*

dispatcher [3] [dispatʃe] *vt* auf|teilen.

dispensaire [dispɑ̃sɛr] *nm öffentliche Gesundheitseinrichtung.*

dispense [dispɑ̃s] *nf* **- 1.** [exemption] Freistellung *die* **- 2.** [certificat] Befreiungsbescheinigung *die.*

dispenser [3] [dispɑ̃se] *vt* [exempter] : **~ qqn de qqch** jn von etw frei|stellen.

disperser [3] [dispɛrse] *vt* **- 1.** [objets] verstreuen **- 2.** [personnes] zerstreuen **- 3.** [forces, efforts, attention] vergeuden. ◆ **se**

disperser *vp* [foule] sich zerstreuen ; *fig* sich verzetteln.

dispersion [dispɛrsjɔ̃] *nf* **- 1.** [de personnes] Zerstreuung *die* **- 2.** [de biens] Verstreutsein *das.*

disponibilité [dispɔnibilite] *nf* **- 1.** [de choses] Verfügbarkeit *die* **- 2.** [réceptivité] : **~ (d'esprit)** Aufgeschlossenheit *die* **- 3.** [de fonctionnaire] Wartestand *der.*

disponible [dispɔnibl] *adj* frei ; **fonds ~s** zur Verfügung stehende Mittel.

disposé, e [dispoze] *adj* bereit ; **être ~ à qqch** zu etw bereit sein ; **être ~ à faire qqch** bereit sein, etw zu tun ; **être bien ~ envers qqn** jm gut gesonnen sein.

disposer [3] [dispoze] ◇ *vt* [arranger - en position verticale] zurecht|stellen ; [- à plat] zurecht|legen ◇ *vi* **- 1.** [avoir à sa disposition] : **~ de qqch** etw zur Verfügung haben **- 2.** [décider] : **~ de qqch** etw bestimmen.

dispositif [dispozitif] *nm* [mécanisme] Vorrichtung *die ;* **~ d'alarme** Alarmanlage *die.*

disposition [dispozisjɔ̃] *nf* **- 1.** [arrangement] Anordnung *die* **- 2.** [disponibilité] : **à la ~ de qqn** zu js Verfügung.

disproportionné, e [disprɔpɔrsjɔne] *adj* [démesuré] disproportioniert.

dispute [dispyt] *nf* Streit *der.*

disputer [3] [dispyte] *vt* **- 1.** *fam* [réprimander] : **~ qqn** mit jm schimpfen ; **se faire ~** ausgeschimpft werden **- 2.** SPORT bestreiten. ◆ **se disputer** *vp* [se quereller] sich zanken.

disquaire [diskɛr] *nmf* Schallplattenhändler *der*, -in *die.*

disqualification [diskalifikasjɔ̃] *nf* SPORT Disqualifikation *die.*

disqualifier [9] [diskalifje] *vt* disqualifizieren.

disque [disk] *nm* **- 1.** MUS : **~ (vinyle)** (Schall)platte *die ;* **~ compact** OU **laser** CD(-Platte) *die* **- 2.** INFORM : **~ dur** Festplatte *die* **- 3.** SPORT Diskus *der.*

disquette [diskɛt] *nf* Diskette *die*, Floppydisk *die.*

dissection [disɛksjɔ̃] *nf* Sezieren *das.*

dissemblable [disɑ̃blabl] *adj* verschieden.

disséminer [3] [disemine] *vt* **- 1.** [répartir] verstreuen **- 2.** [répandre] aus|streuen.

disséquer [18] [diseke] *vt* **- 1.** [cadavre] sezieren **- 2.** *fig* [analyser] auseinander nehmen.

dissertation [disɛrtasjɔ̃] *nf* SCOL Aufsatz *der.*

dissident, e [disidɑ̃, ɑ̃t] POLIT ◇ *adj* dissidierend ◇ *nm, f* Dissident *der*, -in *die.*

dissimulation [disimylasjɔ̃] *nf* **- 1.** [de vérité] Verheimlichung *die* **- 2.** [hypocrisie] Verstellung *die.*

dissimuler [3] [disimyle] *vt* **- 1.** [masquer] verbergen **- 2.** [taire] verheimlichen. ◆ **se dissimuler** *vp* [se cacher] sich verbergen.

dissipation [disipasjɔ̃] *nf* **- 1.** [du brouillard] Auflösung *die* **- 2.** [indiscipline] Unaufmerksamkeit *die* **- 3.** [de malentendu, de crainte] Zerstreuen *das*, Beseitigung *die.*

dissiper [3] [disipe] *vt* **- 1.** [faire disparaître] zerstreuen **- 2.** [distraire] ablenken. ◆ **se dissiper** *vp* **- 1.** [brouillard, fumée] sich auf|lösen **- 2.** [être inattentif] sich ablenken lassen **- 3.** [malaise, doute] sich zerstreuen.

dissocier [9] [disɔsje] *vt* **- 1.** [séparer] getrennt betrachten **- 2.** CHIM dissoziieren.

dissolution [disɔlysjɔ̃] *nf* **- 1.** JUR Auflösung *die* **- 2.** [dans liquide] Auflösen *das.*

dissolvant, e [disɔlvɑ̃, ɑ̃t] *adj* Löse-. ◆ **dissolvant** *nm* Nagellackentferner *der.*

dissoudre [87] [disudr] *vt :* **faire ~ qqch dans qqch** etw in etw *(D)* auf|lösen. ◆ **se dissoudre** *vp* [substance] sich (auf)|lösen.

dissous, oute [disu, ut] *pp* ▷ **dissoudre.**

dissuader [3] [disɥade] *vt :* **~ qqn de faire qqch** jn davon ab|bringen, etw zu tun.

dissuasion [disɥazjɔ̃] *nf* Abschreckung *die.*

distance [distɑ̃s] *nf* **- 1.** [éloignement] Entfernung *die* **- 2.** [dans le temps] Abstand *der* **- 3.** [écart] Kluft *die.*

distancer [16] [distɑ̃se] *vt* [dépasser] hinter sich *(D)* lassen.

distant, e [distɑ̃, ɑ̃t] *adj* **- 1.** [éloigné] entfernt **- 2.** [froid] distanziert.

distendre [73] [distɑ̃dr] *vt* **- 1.** [ressort] überspannen **- 2.** [muscle] überdehnen. ◆ **se distendre** *vp* **- 1.** [peau] erschlaffen **- 2.** *fig* [liens] sich lösen.

distendu, e [distɑ̃dy] *pp* ▷ **distendre.**

distillation [distilasjɔ̃] *nf* Destillation *die.*

distiller [3] [distile] ◇ *vt* [alcool, pétrole] destillieren ◇ *vi* CHIM destillieren.

distinct, e [distɛ̃, ɛ̃kt] *adj* **- 1.** [séparé] unterschiedlich **- 2.** [clair] deutlich.

distinctement [distɛ̃ktəmɑ̃] *adv* deutlich.

distinctif, ive [distɛ̃ktif, iv] *adj* Unterscheidungs-.

distinction [distɛ̃ksjɔ̃] *nf* **- 1.** [différenciation] Unterscheidung *die* **- 2.** [marque d'honneur] Auszeichnung *die* **- 3.** [raffinement] Vornehmheit *die.*

distingué, e [distɛ̃ge] *adj* **- 1.** [raffiné] vornehm **- 2.** [éminent] anerkannt, bedeutend.

distinguer [3] [distɛ̃ge] *vt* **- 1.** [différencier] unterscheiden **- 2.** [percevoir] wahr|nehmen **- 3.** [voir] erkennen. ◆ **se distinguer**

vp - **1.** [se différencier] sich unterscheiden - **2.** [s'illustrer] sich auslzeichnen.

distraction [distraksjɔ̃] *nf* - **1.** [manque d'attention] Zerstreutheit *die* - **2.** [passe-temps] Hobby *das*, Zeitvertreib *der* - **3.** [diversion d'esprit] Zerstreuung *die*.

distraire [112] [distrɛr] *vt* - **1.** [divertir] unterhalten - **2.** [déranger] abllenken. ◆ **se distraire** *vp* sich zerstreuen.

distrait, e [distrɛ, ɛt] ◇ *pp* ▷ **distraire** ◇ *adj* zerstreut.

distribuer [7] [distribɥe] *vt* - **1.** [répartir] auslteilen - **2.** [alimenter en] verteilen - **3.** COMM vertreiben - **4.** [courrier] zulstellen.

distributeur, trice [distribytœr, tris] *nm, f* Verteiler *der*, -in *die*. ◆ **distributeur** *nm* - **1.** COMM Vertreiber *der* - **2.** [machine] Automat *der* ; ~ **(automatique) de billets** Geldautomat.

distribution [distribysjɔ̃] *nf* - **1.** [répartition] Ausgabe *die* - **2.** [approvisionnement] Versorgung *die* - **3.** COMM Vertrieb *der*.

district [distrikt] *nm* Distrikt *der*.

dit, e [di, dit] ◇ *pp* ▷ **dire** ◇ *adj* - **1.** [appelé] genannt - **2.** JUR besagte, -r, -s - **3.** [fixé] festgesetzt.

divagation [divagasjɔ̃] *nf* - **1.** [rêverie] Hirngespinst *das* - **2.** [propos incohérent] wirres Gerede *(sans pl)*.

divaguer [3] [divage] *vi* wirr reden.

divan [divɑ̃] *nm* [canapé] Couch *die*.

divergence [divɛrʒɑ̃s] *nf* Divergenz *die* ; ~ **d'opinions** Meinungsverschiedenheit *die*.

divergent, e [divɛrʒɑ̃, ɑ̃t] *adj* [opposé] abweichend.

diverger [17] [divɛrʒe] *vi* - **1.** [lignes, rayons] auseinander laufen - **2.** *fig* [avis, personnes] divergieren.

divers, e [divɛr, ɛrs] *adj* - **1.** [différent] verschieden - **2.** [varié] facettenreich.

diversifier [9] [divɛrsifje] *vt* variieren ; COMM diversifizieren. ◆ **se diversifier** *vp* sich unterscheiden.

diversion [divɛrsjɔ̃] *nf* Ablenkung *die* ; **créer une** OU **faire ~** vom Thema abllenken.

diversité [divɛrsite] *nf* Verschiedenheit *die*, Vielfalt *die*.

divertir [32] [divɛrtir] *vt* unterhalten. ◆ **se divertir** *vp* sich zerstreuen.

divertissement [divɛrtismɑ̃] *nm* [passe-temps] Unterhaltung *die*.

divin, e [divɛ̃, in] *adj* - **1.** RELIG Gottes-, göttlich - **2.** [parfait] göttlich.

divinité [divinite] *nf* [dieu] Gottheit *die*.

diviser [3] [divize] *vt* - **1.** [partager] (auf)lteilen ; ~ **25 par 5** 25 durch 5 teilen - **2.** [désunir] entzweien.

division [divizjɔ̃] *nf* - **1.** [séparation] Einteilung *die* - **2.** MATHS Teilung *die* - **3.** MIL Division *die* - **4.** [service] Abteilung *die* - **5.** [désaccord] Zwietracht *die*.

divorce [divɔrs] *nm* JUR Scheidung *die* ; **demander le ~** die Scheidung einlreichen.

divorcé, e [divɔrse] ◇ *adj* geschieden ◇ *nm, f* geschiedener Mann, geschiedene Frau.

divorcer [16] [divɔrse] *vi* sich scheiden lassen.

divulguer [3] [divylge] *vt* verbreiten.

dix [dis, di *devant consonne,* diz *devant voyelle ou h muet*] ◇ *adj inv & pron inv* zehn ◇ *nm inv* - **1.** [gén] Zehn *die* - **2.** [note] : **avoir ~ sur ~** ≃ eine Eins bekommen ; *voir aussi* **six.**

dix-huit [dizɥit] ◇ *adj inv & pron inv* achtzehn ◇ *nm inv* Achtzehn *die ; voir aussi* **six.**

dix-huitième [dizɥitjɛm] ◇ *adj* achtzehnte,-r,-s ◇ *nmf* Achtzehnte *der*, Achtzehnte *die, das* ◇ *nm* [arrondissement] achtzehntes Arrondissement ; *voir aussi* **sixième.**

dixième [dizjɛm] ◇ *adj* zehnte,-r,-s ◇ *nmf* Zehnte *der*, Zehnte *die, das* ◇ *nm* - **1.** [fraction] Zehntel *das* - **2.** [étage] zehnter Stock, zehnte Etage - **3.** [arrondissement] zehntes Arrondissement ◇ *nf* SCOL ≃ zweite Klasse ; *voir aussi* **sixième.**

dix-neuf [diznœf] ◇ *adj inv & pron inv* neunzehn ◇ *nm inv* Neunzehn *die ; voir aussi* **six.**

dix-neuvième [diznœvjɛm] ◇ *adj* neunzehnte,-r,-s ◇ *nmf* Neunzehnte *der*, Neunzehnte *die, das* ◇ *nm* [arrondissement] neunzehntes Arrondissement ; *voir aussi* **sixième.**

dix-sept [disɛt] ◇ *adj inv & pron inv* siebzehn ◇ *nm inv* Siebzehn *die ; voir aussi* **six.**

dix-septième [disɛtjɛm] ◇ *adj* siebzehnte,-r,-s ◇ *nmf* Siebzehnte *der*, Siebzehnte *die, das* ◇ *nm* [arrondissement] siebzehntes Arrondissement ; *voir aussi* **sixième.**

dizaine [dizɛn] *nf* - **1.** MATHS [dix] Zehner *der* - **2.** [environ dix] : **une ~ de personnes** ungefähr zehn Leute.

dl (*abr de* **décilitre**) dl.

DM (*abr de* **deutschmark**) DM.

do [do] *nm inv* MUS c *das*, C *das*.

doc [dɔk] (*abr de* **documentation**) *nf fam* Infos *Pl.*

doc. (*abr de* **document**) Dok.

docile [dɔsil] *adj* - **1.** [obéissant] gefügig - **2.** [soumis] folgsam.

dock [dɔk] *nm* - **1.** [bassin] Dock *das* - **2.** [hangar] Lagerhaus *das*.

docker [dɔkɛr] *nm* Hafenarbeiter *der*, -in *die*.

docteur [dɔktœr] *nm* [médecin] Doktor *der*.

doctrine [dɔktrin] *nf* Doktrin *die*.

document [dɔkymɑ̃] *nm* Dokument *das*.

documentaire [dɔkymɑ̃tɛr] ◇ *adj* dokumentarisch ◇ *nm* Dokumentarfilm *der*.

documentaliste [dɔkymɑ̃talist] *nmf* Dokumentar *der*, -in *die*, Dokumentalist *der*, -in *die*.

documentation [dɔkymɑ̃tasjɔ̃] *nf* - **1.** [recherche] Dokumentationsarbeit *die* - **2.** [documents] Unterlagen *Pl* - **3.** [brochures] Informationsmaterial *das (sans pl)*.

documenter [3] [dɔkymɑ̃te] *vt* dokumentieren. ◆ **se documenter** *vp* sich informieren.

dodo [dɔdo] *nm* Heia *die* ; **faire ~** Heia machen.

dodu, e [dɔdy] *adj* - **1.** [gras] gut genährt - **2.** *fam* [grassouillet] pummelig.

dogme [dɔgm] *nm* Dogma *das*.

dogue [dɔg] *nm* Dogge *die*.

doigt [dwa] *nm* - **1.** ANAT Finger *der* ; **lever le ~** SCOL sich melden ; **~ de pied** [orteil] Zeh *der*, Zehe *die* - **2.** [mesure] : **un ~ de porto** ein kleiner Schluck Porto ; **être à deux ~s de qqch** *fig* ganz nahe an etw *(D)* dran sein.

dois *etc* ▷ **devoir.**

dollar [dɔlar] *nm* Dollar *der*.

domaine [dɔmɛn] *nm* - **1.** [propriété] Gut *das* - **2.** [secteur] Gebiet *das* - **3.** [compétence] Zuständigkeitsbereich *der*.

dôme [dom] *nm* Kuppel *die*.

> **dôme**
>
> Der französische Begriff **dôme** hat nichts mit dem deutschen Substantiv „Dom" zu tun, sondern bedeutet „Kuppel". **Les touristes ont photographié le dôme de la basilique Saint-Pierre à Rome** heißt demnach auf Deutsch „Die Touristen haben die Kuppel des Sankt-Peter-Doms in Rom fotografiert".
> „Dom" wird dementsprechend mit **cathédrale** übersetzt. So wird „Der Kölner Dom ist das Wahrzeichen der Stadt" zu **La cathédrale de Cologne est l'emblème de la ville**.

domestique [dɔmɛstik] ◇ *adj* häuslich, Haus- ◇ *nmf* [employé] Hausangestellte *der, die*.

domestiquer [3] [dɔmɛstike] *vt* - **1.** [animal] zähmen - **2.** [vent, marée] bändigen.

domicile [dɔmisil] *nm* - **1.** [lieu d'habitation] Wohnsitz *der* ; **à ~** zu Hause ; **livrer à ~** ins Haus liefern ; **sans ~ fixe** obdachlos - **2.** JUR Sitz *der*.

domicilié, e [dɔmisilje] *adj* wohnhaft ; **être ~ à Paris** seinen Wohnsitz in Paris haben.

dominant, e [dɔminɑ̃, ɑ̃t] *adj* - **1.** [qui prévaut] vorherrschend - **2.** [qui exerce une autorité] herrschend.

domination [dɔminasjɔ̃] *nf* - **1.** [autorité] Vorherrschaft *die* - **2.** [influence] Macht *die*.

dominer [3] [dɔmine] ◇ *vt* - **1.** [commander] beherrschen - **2.** [surpasser] überlegen sein ◇ *vi* - **1.** [régner] herrschen - **2.** [prédominer] dominieren.

domino [dɔmino] *nm* - **1.** [jeu] Domino *das*, Dominospiel *das* - **2.** [pièce] Dominostein *der* - **3.** [électrique] Lüsterklemme *die*.

dommage [dɔmaʒ] *nm* Schaden *der* ; **~s et intérêts, ~s-intérêts** Schadensersatz *der*.

dompter [3] [dɔ̃te] *vt* [animal] zähmen.

dompteur, euse [dɔ̃tœr, øz] *nm, f* Dompteur *der*, -euse *die*.

don [dɔ̃] *nm* - **1.** [cadeau] Spende *die*, Schenkung *die* - **2.** [talent] Begabung *die*.

donateur, trice [dɔnatœr, tris] *nm, f* Spender *der*, -in *die*.

donation [dɔnasjɔ̃] *nf* JUR Schenkung *die*.

donc [dɔ̃k] *conj* - **1.** [de conséquence] demzufolge - **2.** [de résumé] also - **3.** [d'incitation] doch.

donjon [dɔ̃ʒɔ̃] *nm* Bergfried *der*.

donné, e [dɔne] *adj* [déterminé] bestimmte,-r,-s. ◆ **étant donné que** *loc conj* angesichts der Tatsache, dass.

donner [3] [dɔne] ◇ *vt* - **1.** [gén] : **~ qqch (à qqn)** (jm) etw geben - **2.** [maladie, passion] : **~ qqch à qqn** jm etw vermachen - **3.** [indiquer] : **~ l'heure** die Uhrzeit an|geben - **4.** [remettre] : **~ qqch à qqn** jm etw übergeben - **5.** [occasionner] : **~ l'impression que** den Eindruck machen, dass ; **~ soif/faim** durstig/hungrig machen ; **~ du souci (à qqn)** (jm) Sorgen bereiten ◇ *vi* - **1.** [terre, arbre] Früchte tragen - **2.** [avoir accès] : **~ sur qqch** auf etw *(A)* hinaus|gehen - **3.** [inciter] : **~ à réfléchir** zu denken geben ; **~ à croire** OU **penser que** zu der Annahme Anlass geben, dass.

donneur, euse [dɔnœr, øz] *nm, f* - **1.** [qui donne] Spender *der*, -in *die* - **2.** [qui distribue] Geber *der*, -in *die*.

dont [dɔ̃] *pron relatif* - **1.** [complément de verbe ou d'adjectif] : **la personne ~ tu parles** die Person, von der du sprichst ; **l'accident ~ il est responsable** der Unfall, für den er verantwortlich ist - **2.** [complément de nom ou de pronom] dessen, deren ; **un meuble ~ le bois est vermoulu** ein Möbel, dessen Holz wurmstichig ist ; **c'est quelqu'un ~ j'apprécie l'honnêteté** er ist jemand,

dessen Ehrlichkeit ich schätze - **3.** [indiquant la partie d'un tout] von denen ; **cinq personnes ont téléphoné, ~ ton frère** fünf Personen haben angerufen, unter anderem auch dein Bruder.
dopage [dɔpaʒ] *nm* Doping *das.*
doper [3] [dɔpe] *vt* dopen. ◆ **se doper** *vp* sich dopen.
dorade = **daurade.**
doré, e [dɔre] *adj* - **1.** [couvert d'or] vergoldet - **2.** [de la couleur de l'or] goldene,-r,-s.
dorénavant [dɔrenavɑ̃] *adv* von nun an.
dorer [3] [dɔre] *vt* - **1.** [couvrir d'or] vergolden - **2.** [peau, beurre] bräunen.
dorloter [3] [dɔrlɔte] *vt* verhätscheln.
dormeur, euse [dɔrmœr, øz] *nm, f* Schläfer *der*, -in *die.*
dormir [36] [dɔrmir] *vi* schlafen.
dortoir [dɔrtwar] *nm* Schlafsaal *der.*
dorure [dɔryr] *nf* - **1.** [couche d'or] Goldüberzug *der* - **2.** [chose dorée] Goldverzierung *die* - **3.** [action] Vergolden *das.*
dos [do] *nm* - **1.** ANAT Rücken *der ;* **de ~** von hinten ; **tourner le ~ à qqch** mit dem Rücken zu einer Sache stehen - **2.** [de siège] Rückenlehne *die* - **3.** [côté opposé] Rückseite *die.*
DOS, Dos [dɔs] (*abr de* **Disc Operating System**) *nm* DOS *das.*
dosage [dozaʒ] *nm* Dosierung *die.*
dos d'âne [dodan] *nm* Kuppe *die.*
dose [doz] *nf* - **1.** [de médicament] Dosis *die* - **2.** [quantité] Menge *die.*
doser [3] [doze] *vt* dosieren.
dossard [dosar] *nm* SPORT Startnummer *die.*
dossier [dosje] *nm* - **1.** [de siège] Rückenlehne *die* - **2.** [documents] Akte *die* - **3.** [classeur] Aktenmappe *die.*
dot [dɔt] *nf* Mitgift *die.*
doté, e [dɔte] *adj :* **~ de** bestückt OU versehen mit.
doter [3] [dɔte] *vt* aus|statten.
douane [dwan] *nf* Zoll *der (sans pl).*
douanier, ère [dwanje, ɛr] ◇ *adj* Zoll- ◇ *nm, f* Zollbeamte *der*, -tin *die.*
doublage [dublaʒ] *nm* - **1.** CIN Synchronisierung *die* - **2.** THÉÂTRE [d'acteur] Doubeln *das* - **3.** [vêtement] Füttern *das.*
double [dubl] ◇ *adj* Doppel-, doppelt ◇ *adv* doppelt ◇ *nm* - **1.** [quantité] Doppelte *das ;* **elle gagne le ~ de moi** sie verdient doppelt so viel wie ich - **2.** [copie] Doppel *das*, Kopie *die* - **3.** [sosie] Doppelgänger *der* - **4.** [au tennis] : **~ dames** Damendoppel *das ;* **~ messieurs** Herrendoppel *das.*
doublé, e [duble] *adj* - **1.** [vêtement] gefüttert - **2.** [film] synchronisiert.
doublement [dubləmɑ̃] *adv* doppelt.
doubler [3] [duble] ◇ *vt* - **1.** [multiplier par deux] verdoppeln - **2.** [vêtement] füttern - **3.** [dépasser] überholen - **4.** [film] synchronisieren ; [acteur] doubeln ◇ *vi* sich verdoppeln.
doublure [dublyr] *nf* - **1.** [renforcement] Futter *das* - **2.** THÉÂTRE & CIN [acteur] Double *das.*
douce ▷ **doux.**
doucement [dusmɑ̃] *adv* - **1.** [modérément] sachte ; **(eh,) ~!** nun mal langsam! - **2.** [bas] leise - **3.** [avec douceur] behutsam.
doucereux, euse [dusrø, øz] *adj* - **1.** [saveur] süßlich - **2.** *fig* [mielleux] zuckersüß.
douceur [dusœr] *nf* - **1.** [aux sens] Sanftheit *die ;* [de peau] Zartheit *die* - **2.** [de climat, de température] Milde *die* - **3.** [de caractère] Sanftmut *die.* ◆ **douceurs** *nfpl* Süßigkeiten *Pl.*
douche [duʃ] *nf* Dusche *die.*
doucher [3] [duʃe] *vt* ab|duschen. ◆ **se doucher** *vp* sich duschen.
doudoune [dudun] *nf fam* Daunenjacke *die.*
doué, e [dwe] *adj* begabt ; **être ~ pour qqch** für etw begabt sein.
douille [duj] *nf* [d'ampoule] Fassung *die.*
douillet, ette [dujɛ, ɛt] *adj* - **1.** [confortable] mollig - **2.** [sensible] wehleidig.
douleur [dulœr] *nf* - **1.** [physique] Schmerz *der* - **2.** [morale] Leid *das.*
douloureux, euse [dulurø, øz] *adj* - **1.** [blessure] schmerzhaft - **2.** [partie du corps] schmerzend - **3.** [séparation, événement] schmerzlich.
doute [dut] *nm* Zweifel *der.* ◆ **sans doute** *loc adv* sicherlich.
douter [3] [dute] *vi* Zweifel haben ; **~ de qqch** etw bezweifeln ; **~ de qqn** an jm zweifeln ; **~ que** bezweifeln, dass.
douteux, euse [dutø, øz] *adj* - **1.** [gén] zweifelhaft - **2.** [sale] nicht ganz sauber.
doux, douce [du, dus] *adj* - **1.** [aux sens] sanft - **2.** [au toucher] weich - **3.** [climat, température] mild - **4.** [souvenir] süß - **5.** [personne, caractère] sanftmütig. ◆ **doux** *adv :* **il fait ~** es ist angenehm warm. ◆ **en douce** *loc adv fam* heimlich ; **faire un coup en douce à qqn** jm eins aus|wischen.
douzaine [duzɛn] *nf* - **1.** [douze] Dutzend *das ;* **une ~ d'œufs** zwölf Eier - **2.** [environ douze] : **une ~ de personnes** ungefähr zwölf Leute.
douze [duz] ◇ *adj inv & pron inv* zwölf ◇ *nm inv* Zwölf *die ; voir aussi* **six.**
douzième [duzjɛm] ◇ *adj* zwölfte,-r,-s ◇ *nmf* Zwölfte *der*, Zwölfte *die*, *das* ◇ *nm* - **1.** [fraction] Zwölftel *das ; voir aussi* **sixième** - **2.** [étage] zwölfter Stock, zwölfte

Etage - **3.** [arrondissement] zwölftes Arrondissement.

doyen, enne [dwajɛ̃, ɛn] *nm, f* - **1.** [le plus vieux] Älteste *der*, Älteste *die* - **2.** [d'université] Dekan *der*.

Dr (*abr de* **Docteur**) Dr.

draconien, enne [drakɔnjɛ̃, ɛn] *adj* drakonisch.

dragée [draʒe] *nf* Dragee *das*.

dragon [dragɔ̃] *nm* Drache(n) *der*.

draguer [3] [drage] *vt* - **1.** *fam* [personne] an|machen - **2.** [lac, fleuve] aus|baggern.

dragueur, euse [dragœr, øz] *nm, f fam* Anmacher *der*, -in *die*.

drainage [drɛnaʒ] *nm* - **1.** [de marais] Trockenlegung *die* - **2.** [de capitaux] Finanzfluss *der*.

drainer [4] [drene] *vt* - **1.** [assécher] trocken|legen - **2.** MÉD dränieren - **3.** *fig* [attirer] an|ziehen.

dramatique [dramatik] <> *adj* - **1.** [grave] dramatisch - **2.** THÉÂTRE Theater- <> *nf* RADIO Hörspiel *das* ; TÉLÉ Fernsehspiel *das*.

dramatiser [3] [dramatize] *vt* dramatisieren.

dramaturge [dramatyrʒ] *nmf* Bühnenautor *der*, -in *die*.

drame [dram] *nm* Drama *das*.

drap [dra] *nm* [de lit] (Bett)laken *das*.

drapeau, x [drapo] *nm* Fahne *die* ; **être sous les ~x** *fig* Soldat sein.

Dresde [drɛzd] *n* Dresden *nt*.

dresser [4] [drese] *vt* - **1.** [mât, échelle, tête] auf|richten - **2.** [tente] auf|bauen - **3.** [monument, statue] errichten - **4.** [liste] erstellen - **5.** [animal, personne] dressieren - **6.** [mettre en opposition] : **~ qqn contre qqn** jn gegen jn auf|hetzen. ◆ **se dresser** *vp* - **1.** [se mettre debout] sich auf|richten - **2.** [montagne, tour, château] auf|ragen - **3.** [obstacle] auf|tauchen - **4.** *fig* [s'insurger] : **se ~ contre qqch** sich gegen etw auf|lehnen.

dresseur, euse [drɛsœr, øz] *nm, f* Dresseur *der*, -euse *die*.

dribbler [3] [drible] <> *vi* dribbeln <> *vt* umdribbeln.

driver [drajvœr] *nm* - **1.** [équitation] (Sulky)fahrer *der* - **2.** GOLF & TENNIS Driver *der*.

drogue [drɔg] *nf* [stupéfiant] Droge *die* ; *fig* Suchtmittel *das*.

drogué, e [drɔge] <> *adj* (rauschgift)süchtig <> *nm, f* Rauschgiftsüchtige *der*, Rauschgiftsüchtige *die*.

droguer [3] [drɔge] *vt* : **~ qqn** jn unter Drogen setzen. ◆ **se droguer** *vp* - **1.** [avec drogues] Drogen nehmen ; **se ~ à la cocaïne** Kokain nehmen - **2.** [avec médicaments] sich betäuben.

droguerie [drɔgri] *nf* Drogerie *die*.

droguiste [drɔgist] *nmf* Drogist *der*, -in *die*.

droit, e [drwa, drwat] *adj* - **1.** [à droite] rechte,-r,-s - **2.** [rectiligne] geradlinig, gerade - **3.** [vertical] gerade - **4.** [honnête] aufrichtig. ◆ **droit** <> *adv* - **1.** [rectiligne] gerade ; **tout ~** geradeaus - **2.** [directement] direkt <> *nm* - **1.** [lois, pouvoir] Recht *das* ; **avoir ~ à qqch** Anspruch auf etw *(A)* haben ; **être dans son ~** Recht haben ; **être en ~ de faire qqch** dazu berechtigt sein, etw zu tun ; **~ de vote** Wahlrecht - **2.** [science] Jura *(sans art déf)*, Rechtswissenschaft *die*. ◆ **droite** *nf* Rechte *die* ; **à ~e** rechts. ◆ **droits** *nmpl* [paiement] Gebühr *die*.

droitier, ère [drwatje, ɛr] <> *adj* rechtshändig <> *nm, f* Rechtshänder *der*, -in *die*.

drôle [drol] *adj* - **1.** [amusant] lustig - **2.** [bizarre] komisch - **3.** *fam* [remarquable] : **de ~s de progrès** erstaunliche Fortschritte.

dromadaire [drɔmadɛr] *nm* Dromedar *das*.

dru, e [dry] *adj* dicht.

drugstore [drœgstɔr] *nm* Drugstore *der*.

D.T.COQ. [detekɔk] (*abr de* **diphtérie, tétanos, coqueluche**) *nm* DPT-Impfstoff *der*.

du ▷ **de**.

dû, due [dy] <> *pp* ▷ **devoir** <> *adj* geschuldet. ◆ **dû** *nm* fälliger Betrag.

Dublin [dyblɛ̃] *n* Dublin *nt*.

duc [dyk] *nm* Herzog *der*.

duel [dɥɛl] *nm* [combat] Duell *das*.

dûment [dymɑ̃] *adv* ordnungsgemäß.

dumping [dœmpiŋ] *nm* Dumping *das*.

dune [dyn] *nf* Düne *die*.

duo [dɥo] *nm* [instrumental] Duo *das* ; [vocal] Duett *das*.

dupe [dyp] *adj* : **ne pas être ~** sich nicht hereinlegen lassen.

duper [3] [dype] *vt sout* betrügen.

duplex [dyplɛks] *nm* - **1.** [appartement] Maisonettenwohnung *die* - **2.** RADIO & TÉLÉ Duplexbetrieb *der*.

duplicata [dyplikata] *nm inv* Duplikat *das*.

dupliquer [3] [dyplike] *vt* : **~ qqch** [document] von etw eine Kopie an|fertigen.

duquel [dykɛl] ▷ **lequel.**

dur, e [dyr] <> *adj* - **1.** [solide, pénible, rude] hart - **2.** [difficile] schwer - **3.** [sévère] streng <> *nm, f* unerbittlicher Mensch. ◆ **dur** *adv* - **1.** [fort] stark - **2.** [beaucoup] hart.

durable [dyrabl] *adj* dauerhaft.

durant [dyrɑ̃] *prép* : **~ qqch** während einer Sache *(G)* ; **~ des heures** stundenlang.

durcir [32] [dyrsir] <> *vt* verhärten <> *vi* hart werden. ◆ **se durcir** *vp* sich verhärten.

durée [dyre] *nf* Dauer *die.*
durement [dyrmɑ̃] *adv* **- 1.** [violemment] schwer **- 2.** [péniblement, sévèrement] hart.
durer [3] [dyre] *vi* **- 1.** [se prolonger] dauern **- 2.** [se conserver] halten.
dureté [dyrte] *nf* **- 1.** [solidité] Festigkeit *die,* Härte *die* **- 2.** [difficulté] Schwere *die* **- 3.** [sévérité, rudesse] Härte *die* **- 4.** [insensibilité] Hartherzigkeit *die.*
Düsseldorf [dysɛldɔrf] *n* Düsseldorf *nt.*
DUT (*abr de* **diplôme universitaire de technologie**) *nm mittlerer Abschluss auf der technischen Fachhochschule in Frankreich.*
duvet [dyvɛ] *nm* **- 1.** [sac de couchage] Daunenschlafsack *der* **- 2.** [plumes] Daunen *Pl* **- 3.** [poils fins] Flaum *der.*
DVD-ROM [dvdrɔm] (*abr de* **Digital Video ou Versatile Disc Read Only Memory**) *nm* DVD-ROM *die.*
dynamique [dinamik] ◇ *adj* dynamisch ◇ *nf* Dynamik *die.*
dynamisme [dinamism] *nm* [vitalité] Dynamik *die.*
dynamite [dinamit] *nf* Dynamit *das.*
dynamiter [3] [dinamite] *vt* sprengen.
dynastie [dinasti] *nf* Dynastie *die.*

E

e, E [ə] *nm inv* [lettre] e *das,* E *das.* ◆ **E** (*abr de* **est**) O.
eau, x [o] *nf* Wasser *das ;* **~ de Cologne** Kölnischwasser ; **~ douce** Süßwasser ; **~ de mer** Salzwasser ; **~ gazeuse/plate** kohlensäurehaltiges/stilles Wasser ; **~ minérale** Mineralwasser ; **se jeter à l'~** *fig* den Sprung ins kalte Wasser wagen ; **tomber à l'~** *fig* ins Wasser fallen.

l'eau

Zum Essen sowie zwischen den Mahlzeiten trinkt man in Frankreich kohlensäurearmes Mineralwasser, manchmal auch Leitungswasser. Im Restaurant wird oft automatisch ein Krug Wasser auf den Tisch gestellt. Auch zu einem **café** wird häufig ein Glas Wasser serviert.

eau-de-vie (*pl* **eaux-de-vie**) *nf* Schnaps *der.*
ébahi, e [ebai] *adj* verdutzt.
ébats [eba] *nmpl sout* Herumtollen *das (sans pl).*
ébauche [eboʃ] *nf* **- 1.** [esquisse] Skizze *die* **- 2.** [commencement] Ansatz *der.*
ébaucher [3] [eboʃe] *vt* **- 1.** [esquisser] skizzieren **- 2.** [commencer] an|deuten.
ébène [ebɛn] *nf* Ebenholz *das.*
ébéniste [ebenist] *nm* Möbeltischler *der.*
éberlué, e [ebɛrlɥe] *adj* verdutzt.
éblouir [32] [ebluir] *vt* **- 1.** [aveugler] blenden **- 2.** [émerveiller] begeistern **- 3.** [impressionner] beeindrucken.
éblouissement [ebluismɑ̃] *nm* **- 1.** [aveuglement] Blendung *die* **- 2.** [émerveillement] Begeisterung *die.*
éborgner [3] [ebɔrɲe] *vt :* **~ qqn** jm ein Auge aus|stechen.
éboueur [ebwœr] *nm* Angestellte *der* der Müllabfuhr.
ébouillanter [3] [ebujɑ̃te] *vt* ab|brühen.
éboulement [ebulmɑ̃] *nm* Erdrutsch *der.*
éboulis [ebuli] *nm* Geröll *das.*
ébouriffer [3] [eburife] *vt* [cheveux] zerzausen.
ébrécher [18] [ebreʃe] *vt* **- 1.** [assiette, verre] an|schlagen **- 2.** [lame] schartig machen **- 3.** *fam fig* [fortune, réputation] an|greifen.
ébriété [ebrijete] *nf* Trunkenheit *die.*
ébruiter [3] [ebrɥite] *vt* verbreiten.
ébullition [ebylisjɔ̃] *nf* **- 1.** [de liquide] Sieden *das* **- 2.** *fig* [effervescence] : **en ~** in Aufruhr.
écaille [ekaj] *nf* **- 1.** [de poisson] Schuppe *die* **- 2.** [matière] : **lunettes en ~** Hornbrille *die* **- 3.** [de peinture, de vernis] Splitter *der,* abgesprungenes Stück.
écailler [3] [ekaje] *vt* **- 1.** [poisson] ab|schuppen **- 2.** [huîtres] öffnen. ◆ **s'écailler** *vp* ab|blättern.
écarlate [ekarlat] ◇ *adj* scharlachrot ◇ *nf* [couleur] Scharlachrot *das.*
écarquiller [3] [ekarkije] *vt :* **~ les yeux** die Augen auf|sperren.
écart [ekar] *nm* **- 1.** [dans l'espace] Abstand *der* **- 2.** [dans le temps] (Zeit)spanne *die* **- 3.** [différence] Unterschied *der* **- 4.** [incartade] Seitensprung *der.*
écarteler [25] [ekartəle] *vt* **- 1.** [torturer] vier|teilen **- 2.** *fig* [tirailler] : **être écartelé** hin- und hergerissen sein.
écartement [ekartəmɑ̃] *nm* Abstand *der.*
écarter [3] [ekarte] *vt* **- 1.** [ouvrir - bras] aus|breiten ; [- jambes] spreizen **- 2.** [rideau, meuble] zur Seite schieben **- 3.** [personne] fern halten **- 4.** [obstacle, danger] beseitigen. ◆ **s'écarter** *vp* **- 1.** [céder le passage] auseinander rücken **- 2.** [s'éloigner] sich entfernen.

ecchymose [ekimoz] *nf* blutunterlaufene Stelle.

ecclésiastique [eklezjastik] ◇ *adj* geistlich ◇ *nm* Geistliche *der.*

écervelé, e [esɛrvəle] *adj* gedankenlos.

échafaud [eʃafo] *nm* Schafott *das.*

échafaudage [eʃafodaʒ] *nm* - **1.** CONSTR Gerüst *das* - **2.** [assemblage] Aufbau *der.*

échalote [eʃalɔt] *nf* Schalotte *die.*

échancrure [eʃɑ̃kryr] *nf* [de robe] Ausschnitt *der.*

échange [eʃɑ̃ʒ] *nm* Austausch *der ;* **en ~ (de)** als Ersatz (für). ◆ **échanges** *nmpl* COMM Warenverkehr *der.*

échanger [17] [eʃɑ̃ʒe] *vt* - **1.** [troquer] : **~ qqch (contre qqch)** etw (gegen etw) aus|tauschen - **2.** [marchandise] um|tauschen.

échangisme [eʃɑ̃ʒism] *nm* [de partenaire sexuel] Partnertausch *der.*

échantillon [eʃɑ̃tijɔ̃] *nm* - **1.** [de produit] Probe *die* - **2.** [de population] repräsentative Bevölkerungsgruppe - **3.** COMM Muster *das.*

échappatoire [eʃapatwar] *nf* Ausflucht *die.*

échappement [eʃapmɑ̃] *nm* AUTOM Auspuff *der ;* ▷ **pot.**

échapper [3] [eʃape] *vi* - **1.** [se soustraire] : **~ à qqn** jm entkommen ; **~ à qqch** einer Sache *(D)* entgehen - **2.** [passer inaperçu] : **~ à qqn** jm entgehen - **3.** [être incompréhensible] : **ça m'échappe** da geht mir was ab - **4.** [involontairement] : **ça m'a échappé** das ist mir herausgerutscht. ◆ **s'échapper** *vp* - **1.** [s'évader] entfliehen ; **s'~ de qqch** aus etw aus|brechen - **2.** [gaz, eau] : **s'~ de** entweichen aus.

écharde [eʃard] *nf* Splitter *der.*

écharpe [eʃarp] *nf* - **1.** [cache-nez] Schal *der,* Halstuch *das* - **2.** [de maire] Schärpe *die.* ◆ **en écharpe** *loc adv* in der Binde.

échasse [eʃas] *nf* Stelze *die.*

échassier [eʃasje] *nm* Stelzvogel *der.*

échauder [3] [eʃode] *vt* heiß aus|spülen ; **j'ai été échaudé** *fam fig* das war mir eine Lehre.

échauffement [eʃofmɑ̃] *nm* - **1.** SPORT Warmmachen *das* - **2.** [de moteur, de terre] Erwärmung *die* - **3.** [surexcitation] Aufheizen *das.*

échauffer [3] [eʃofe] *vt* [atmosphère, débat] an|regen. ◆ **s'échauffer** *vp* - **1.** SPORT sich warm laufen - **2.** *fig* [s'animer] sich erhitzen.

échéance [eʃeɑ̃s] *nf* - **1.** [date] Fälligkeitsdatum *das ;* **à longue ~** langfristig *(adv)* - **2.** [paiement] fällige Zahlung - **3.** [délai] Zahlungsfrist *die.*

échéant [eʃeɑ̃] ▷ **cas.**

échec [eʃɛk] ◇ *nm* Misserfolg *der ;* **il se trouve en situation d'échec scolaire** er hat schulisch versagt ◇ *adj inv :* **~ et mat** schachmatt. ◆ **échecs** *nmpl* Schach(spiel) *das.*

échelle [eʃɛl] *nf* - **1.** [objet] Leiter *die* - **2.** [de plan, de carte] Maßstab *der ;* **à l'~ locale/internationale** *fig* auf lokaler/internationaler Ebene. ◆ **échelle sociale** *nf* gesellschaftliche Rangordnung.

échelon [eʃlɔ̃] *nm* - **1.** [barreau] Sprosse *die* - **2.** [étape] Stufe *die.*

échelonner [3] [eʃlɔne] *vt* staffeln.

écheveau, x [eʃvo] *nm* Strang *der.*

échevelé, e [eʃəvle] *adj* - **1.** [ébouriffé] zerzaust - **2.** [frénétique] wild.

échine [eʃin] *nf* Rückgrat *das.*

échiquier [eʃikje] *nm* [jeu] Schachbrett *das.*

écho [eko] *nm* Echo *das.*

échographie [ekografi] *nf* Ultraschalluntersuchung *die.*

échoir [70] [eʃwar] *vi* - **1.** [être dévolu] : **~ à qqn** jm zu|fallen - **2.** [expirer] ab|laufen.

échoit [eʃwa] ▷ **échoir.**

échoppe [eʃɔp] *nf* kleiner Laden.

échouer [6] [eʃwe] *vi* - **1.** [ne pas réussir] misslingen ; **~ à un examen** bei einer Prüfung durch|fallen - **2.** [navire] auf|laufen - **3.** *fam* [aboutir] landen.

échu, e [eʃy] *pp* ▷ **échoir.**

éclabousser [3] [eklabuse] *vt* - **1.** [de liquide] bespritzen - **2.** *fig* [compromettre] in Verruf bringen.

éclair [eklɛr] ◇ *nm* - **1.** [d'orage] Blitz *der* - **2.** [moment] Augenblick *der* - **3.** [gâteau] Liebesknochen *der* ◇ *adj inv* Blitz-.

éclairage [eklɛraʒ] *nm* [lumière] Beleuchtung *die.*

éclaircie [eklɛrsi] *nf* Aufheiterung *die.*

éclaircir [32] [eklɛrsir] *vt* - **1.** [couleur] auf|hellen - **2.** [sauce] verdünnen - **3.** [mystère, situation] auf|klären. ◆ **s'éclaircir** *vp* - **1.** [temps, couleur] sich auf|hellen - **2.** [forêt] sich lichten - **3.** [mystère, situation] sich klären.

éclaircissement [eklɛrsismɑ̃] *nm* Klarstellung *die.*

éclairer [4] [eklere] *vt* - **1.** [illuminer] beleuchten - **2.** [donner de la lumière à] : **~ qqn** jm leuchten - **3.** [expliquer] erhellen - **4.** *sout* [renseigner] auf|klären. ◆ **s'éclairer** *vp* - **1.** [s'illuminer] sich leuchten - **2.** *fig* [visage] auf|leuchten - **3.** [devenir compréhensible] sich auf|klären.

éclaireur, euse [eklɛrœr, øz] *nm, f* Pfadfinder *der,* -in *die.* ◆ **éclaireur** *nm* Späher *der.*

éclat [ekla] *nm* - **1.** [fragment] Splitter *der*

- 2. [de lumière] Helligkeit *die* - 3. [de couleur] Leuchtkraft *die* - 4. [beauté] Glanz *der* - 5. [faste] Pracht *die* - 6. [bruit] plötzlicher Lärm ; **~s de voix** heftiges Stimmengewirr ; **faire un ~** einen Skandal aus|lösen ; **rire aux ~s** schallend lachen.

éclater [3] [eklate] *vi* - 1. [pneu, obus] (zer)platzen ; [verre] zerspringen ; **faire ~ qqch** etw (zer)platzen lassen - 2. [incendie, guerre] aus|brechen ; [orage] sich entladen - 3. [scandale, affaire] ans Licht kommen.

éclectique [eklɛktik] *adj* eklektisch.

éclipse [eklips] *nf* : **~ (de soleil)** Sonnenfinsternis *die* ; **~ de lune** Mondfinsternis *die*.

éclipser [3] [eklipse] *vt* - 1. ASTRON verdecken - 2. [cacher] verbergen - 3. [surpasser] aus|schalten. ◆ **s'éclipser** *vp* verschwinden.

éclopé, e [eklɔpe] ◇ *adj* gehbehindert ◇ *nm, f* Gehbehinderte *der*, Gehbehinderte *die*.

éclore [113] [eklɔr] *vi* - 1. [fleur] auf|blühen - 2. [poussin] aus|schlüpfen - 3. [œuf] ausgebrütet sein - 4. [talent, vocation] ans Licht treten.

éclos, e [eklo, oz] *pp* ▷ **éclore.**

écluse [eklyz] *nf* Schleuse *die*.

écœurant, e [ekœrɑ̃, ɑ̃t] *adj* - 1. [répugnant] ekelhaft - 2. [trop sucré] zu süß - 3. [révoltant] widerlich.

écœurer [5] [ekœre] *vt* - 1. [dégoûter] an|ekeln - 2. [indigner] an|widern.

école [ekɔl] *nf* Schule *die* ; **~ laïque** *staatliche, nicht religiöse Schule* ; **~ maternelle** ≃ Kindergarten *der* ; **~ primaire** Grundschule ; **~ privée** ou **libre** Privatschule.

> **école**
>
> Französische Kinder haben die Möglichkeit, zwischen 3 und 6 Jahren die **école maternelle** zu besuchen. Sie ist in drei Stufen untergliedert (**petite, moyenne** und **grande section**). Schon sehr früh wird dort mit Unterricht begonnen, der spielerischen Charakter hat. Der Lehrer oder die Lehrerin wird von einer Erzieherin unterstützt. Die Grundschule **école primaire** ist Pflicht für alle Kinder ab 6 Jahren. Es gibt fünf Klassen (**cours préparatoire, cours élémentaire 1, cours élémentaire 2, cours moyen 1** und **cours moyen 2**).

écolier, ère [ekɔlje, ɛr] *nm, f* [élève] Schüler *der*, -in *die*.

écolo [ekɔlɔ] *nmf fam* Grüne *der*, Grüne *die*, Alternative *der*, Alternative *die* ; **les ~s** die Grünen.

écologie [ekɔlɔʒi] *nf* - 1. [écologisme] Umweltschutz *der* - 2. SCIENCE Ökologie *die*.

écologiste [ekɔlɔʒist] *nmf* - 1. [défenseur de l'environnement] Umweltschützer *der*, -in *die* - 2. POLIT ≃ Grüne *der*, Grüne *die* - 3. [scientifique] Ökologe *der*, -gin *die*.

éconduire [98] [ekɔ̃dɥir] *vt sout* ab|weisen.

économat [ekɔnɔma] *nm* [d'école, d'hôpital] Verwaltung *die*.

économe [ekɔnɔm] ◇ *adj* sparsam ; **être ~ de ses efforts** wenig Anstrengungen machen ◇ *nmf* Verwalter *der*, -in *die*.

économie [ekɔnɔmi] *nf* - 1. [activité économique] Wirtschaft *die* - 2. [science - macroéconomie] Volkswirtschaft *die* ; [- microéconomie] Betriebswirtschaft *die* - 3. [parcimonie] Sparsamkeit *die* - 4. [épargne] Einsparung *die* ; **faire des ~s** sparen. ◆ **économies** *nfpl* Ersparnisse *Pl* ; **~s d'échelle** Einsparungen durch erhöhte Produktivität.

économique [ekɔnɔmik] *adj* - 1. ÉCON wirtschaftlich, ökonomisch - 2. [avantageux] preiswert, billig.

économiser [3] [ekɔnɔmize] *vt* - 1. [argent] ein|sparen ; **~ pour faire qqch** sparen, um etw zu tun - 2. [temps, forces] : **~ qqch** mit etw sparsam um|gehen.

économiste [ekɔnɔmist] *nmf* Wirtschaftswissenschaftler *der*, -in *die*.

écoper [3] [ekɔpe] *vt* - 1. NAVIG leer schöpfen - 2. *fam* [sanction] : **~ (de) qqch** etw bekommen.

écorce [ekɔrs] *nf* - 1. [d'arbre] Rinde *die* - 2. [d'agrume] Schale *die*.

écorché, e [ekɔrʃe] *nm, f* : **~ vif** *fig* [personne] übersensible Person. ◆ **écorché** *nm* - 1. [mannequin] Lehrfigur *die* - 2. [schéma] Schnittbild *das*.

écorcher [3] [ekɔrʃe] *vt* - 1. [égratigner] auf|schürfen - 2. [dépecer] enthäuten.

écorchure [ekɔrʃyr] *nf* Schramme *die*.

écossais, e [ekɔsɛ, ɛz] *adj* - 1. [d'Écosse] schottisch - 2. [tissu] Schotten-. ◆ **écossais** *nm* [langue] Schottisch(e) (*das*). ◆ **Écossais, e** *nm, f* Schotte *der*, -tin *die*.

Écosse [ekɔs] *nf* : **l'~** Schottland *nt*.

écosser [3] [ekɔse] *vt* enthülsen.

écosystème [ekɔsistɛm] *nm* Ökosystem *das*.

écotourisme [ekɔturism] *nm* sanfter Tourismus.

écouler [3] [ekule] *vt* ab|setzen. ◆ **s'écouler** *vp* - 1. [liquide] ab|fließen - 2. [foule] (hinaus)|strömen - 3. [temps] vergehen.

écourter [3] [ekurte] *vt* ab|kürzen.
écouter [3] [ekute] *vt* - **1.** [prêter l'oreille à] : **~ qqn** jm zu|hören ; **~ un disque** sich eine Platte an|hören - **2.** [tenir compte de] : **~ qqn** auf jn hören ; **~ (ses parents)** (seinen Eltern) gehorchen.
écouteur [ekutœr] *nm* - **1.** [téléphonique] (Telefon)hörer *der* - **2.** [radiophonique] Kopfhörer *der*.
écoutille [ekutij] *nf* Luke *die*.
écran [ekrɑ̃] *nm* - **1.** [de protection] Schutzschild *das* - **2.** [de cinéma] Leinwand *die* - **3.** [de télé, d'ordinateur] Bildschirm *der* ; **le petit ~** das Fernsehen.
écrasant, e [ekrazɑ̃, ɑ̃t] *adj* - **1.** [lourd] groß, schwer - **2.** *fig* [accablant] erdrückend.
écraser [3] [ekraze] *vt* - **1.** [comprimer] zerdrücken ; [cigarette] aus|drücken - **2.** [accabler] belasten - **3.** [vaincre] besiegen - **4.** [renverser] überfahren ; **se faire ~** überfahren werden. ◆ **s'écraser** *vp* - **1.** [voiture] : **s'~ contre qqch** gegen etw prallen - **2.** [avion] ab|stürzen.
écrémer [18] [ekreme] *vt* - **1.** [lait] entrahmen - **2.** *fig* [prendre le meilleur] aus|sieben.
écrevisse [ekrəvis] *nf* Flusskrebs *der*.
écrier [10] [ekrije] ◆ **s'écrier** *vp* aus|rufen.
écrin [ekrɛ̃] *nm* Schatulle *die*.
écrire [99] [ekrir] *vt* schreiben.
écrit, e [ekri, it] ◇ *pp* ▷ **écrire** ◇ *adj* [exprimé par l'écriture] schriftlich ; **bien/mal ~** gut/schlecht geschrieben. ◆ **écrit** *nm* - **1.** [ouvrage] : **les ~s** das Werk - **2.** [examen] schriftliche Prüfung - **3.** [document] Schriftstück *das*. ◆ **par écrit** *loc adv* schriftlich.
écriteau, x [ekrito] *nm* (Hinweis)schild *das*.
écriture [ekrityr] *nf* - **1.** [système de signes] Schrift *die* - **2.** [de personne] (Hand)schrift *die* - **3.** *Sout* [style] Stil *der*. ◆ **écritures** *nfpl* COMM Bücher *Pl* ; **tenir les ~s** die Bücher führen.
écrivain [ekrivɛ̃] *nm* Schriftsteller *der*, -in *die*.
écrou [ekru] *nm* (Schrauben)mutter *die*.
écrouer [3] [ekrue] *vt* inhaftieren.
écrouler [3] [ekrule] ◆ **s'écrouler** *vp* - **1.** [mur] ein|stürzen - **2.** [personne] zusammen|brechen - **3.** *fam* [s'affaler] sich fallen lassen.
écru, e [ekry] *adj* Natur-.
écu [eky] *nm* - **1.** [bouclier] Schild *der* - **2.** [armoiries] Wappenschild *der* ou *das* - **3.** = **ÉCU**.
ÉCU, écu [eky] (*abr de* **European Currency Unit**) *nm* ECU *der* ou *die*, EWE *die*.
écueil [ekœj] *nm* - **1.** [rocher] Riff *das* - **2.** *fig* [obstacle] Klippe *die*.
écuelle [ekɥɛl] *nf* Napf *der*.
éculé, e [ekyle] *adj* - **1.** [usé] abgelaufen, abgenutzt - **2.** *fig* [dépassé] abgedroschen.
écume [ekym] *nf* Schaum *der*.
écumoire [ekymwar] *nf* Schaumlöffel *der*.
écureuil [ekyrœj] *nm* Eichhörnchen *das*.
écurie [ekyri] *nf* - **1.** [bâtiment] (Pferde)stall *der* - **2.** [de chevaux, automobile] Rennstall *der*.
écusson [ekysɔ̃] *nm* - **1.** [d'armoiries] Wappenschild *der* ou *das* - **2.** MIL [en tissu] Abzeichen *das*.
écuyer, ère [ekɥije, ɛr] *nm, f* [de cirque] Kunstreiter *der*, -in *die*. ◆ **écuyer** *nm* HIST Junker *der*.
eczéma [ɛgzema] *nm* Ekzem *das*.
édenté, e [edɑ̃te] *adj* zahnlos.
EDF, Edf (*abr de* **Électricité de France**) *nf* *staatliche französische Elektrizitätsgesellschaft*.
édifice [edifis] *nm* - **1.** [construction] Gebäude *das* - **2.** [ensemble organisé] Struktur *die*.
édifier [9] [edifje] *vt* - **1.** [bâtir] erbauen - **2.** [élaborer] erstellen - **3.** *sout* [renseigner] belehren.
éditer [3] [edite] *vt* [publier] heraus|geben.
éditeur, trice [editœr, tris] *nm, f* Herausgeber *der*, -in *die*.
édition [edisjɔ̃] *nf* - **1.** [publication] Veröffentlichung *die* - **2.** [version] Ausgabe *die* - **3.** [industrie] Verlagswesen *das* ; **maison d'~** Verlag *der*.
éditorial, aux [editɔrjal, o] *nm* Leitartikel *der*.
édredon [edrədɔ̃] *nm* Federbett *das*.
éducateur, trice [edykatœr, tris] ◇ *adj* erzieherisch ◇ *nm, f* Erzieher *der*, - in *die* ; **~ spécialisé** Sonderschullehrer *der*, -in *die* ; [pour délinquants] *Erzieher für schwer erziehbare Kinder* ; [pour handicapés] Heilerziehungspfleger *der*, -in *die*.
éducatif, ive [edykatif, iv] *adj* pädagogisch, Lern-.
éducation [edykasjɔ̃] *nf* - **1.** [apprentissage] Ausbildung *die* - **2.** [savoir-vivre] Erziehung *die*. ◆ **Éducation nationale** *nf* *französisches Erziehungsministerium*.
édulcorant [edylkɔrɑ̃] *nm* natürlicher Süßstoff ; **~ de synthèse** Süßstoff *der*.
édulcorer [3] [edylkɔre] *vt* - **1.** *sout* [boisson] süßen - **2.** *fig* [texte, propos] versüßen.
éduquer [3] [edyke] *vt* - **1.** [personne] erziehen ; [former l'esprit de] erziehen, bilden - **2.** [développer] aus|bilden.
E.E.G. (*abr de* **électroencéphalogramme**) *nm* MED EEG *das*.
effacé, e [efase] *adj* - **1.** [couleur] verblasst - **2.** [personne] unscheinbar, bescheiden.
effacer [16] [efase] *vt* - **1.** [inscription, ban-

de, écran] löschen - **2.** [oublier] aus|löschen. ◆ **s'effacer** *vp* - **1.** [s'estomper] verblassen - **2.** *sout* [s'écarter] zur Seite treten - **3.** *fig* [rester en retrait] in den Hintergrund treten.

effarant, e [efarɑ̃, ɑ̃t] *adj* erschreckend, entsetzlich ; [prix] horrend.

effarer [3] [efare] *vt* aus der Fassung bringen.

effaroucher [3] [efaruʃe] *vt* - **1.** [effrayer] verscheuchen - **2.** [intimider] ein|schüchtern.

effectif, ive [efɛktif, iv] *adj* konkret, effektiv. ◆ **effectif** *nm* - **1.** MIL Truppenstärke *die* - **2.** [de groupe] Stärke *die*.

effectivement [efɛktivmɑ̃] *adv* - **1.** [réellement] wirklich - **2.** [en effet] tatsächlich.

effectuer [7] [efɛktɥe] *vt* durch|führen.

efféminé, e [efemine] *adj* effeminiert.

effervescent, e [efɛrvesɑ̃, ɑ̃t] *adj* aufbrausend, Brause-.

effet [efɛ] *nm* - **1.** [conséquence] Folge *die*, Wirkung *die* - **2.** [emprise] Einfluss *der* ; **sous l'~ de** unter dem Einfluss von - **3.** [impression] Effekt *der* - **4.** JUR Kraft *die* - **5.** COMM Wertpapier *das*. ◆ **en effet** *loc adv* - **1.** [effectivement] in der Tat - **2.** [car] nämlich.

effeuiller [5] [efœje] *vt* entblättern.

efficace [efikas] *adj* - **1.** [remède, mesure] wirksam - **2.** [personne, machine] effizient.

efficacité [efikasite] *nf* - **1.** [action] Wirksamkeit *die* - **2.** [rendement] Effizienz *die*.

effigie [efiʒi] *nf* Abbild *das*.

effiler [3] [efile] *vt* - **1.** [tissu] aus|fasern - **2.** [lame] zu|spitzen.

effilocher [3] [efilɔʃe] *vt* zerfasern. ◆ **s'effilocher** *vp* sich zerfasern.

efflanqué, e [eflɑ̃ke] *adj* - **1.** [animal] ausgemergelt - **2.** [personne] dürr.

effleurer [5] [eflœre] *vt* - **1.** [frôler] leicht berühren - **2.** [thème] streifen - **3.** [sujet : idée] (in den Sinn) kommen.

effluve [eflyv] *nm* - **1.** [émanation] Ausdünstung *die* - **2.** *fig* [souvenir] Reminiszenz *die*.

effondrement [efɔ̃drəmɑ̃] *nm* - **1.** [écroulement] Einsturz *der* - **2.** [abattement] Zusammenbrechen *das* - **3.** *fig* [chute] Sturz *der*.

effondrer [3] [efɔ̃dre] ◆ **s'effondrer** *vp* - **1.** [mur] ein|stürzen - **2.** [personne, histoire, empire] zusammen|brechen.

efforcer [16] [efɔrse] ◆ **s'efforcer** *vp* : **s'~ de faire qqch** sich bemühen, etw zu tun.

effort [efɔr] *nm* [application] Anstrengung *die*.

effraction [efraksjɔ̃] *nf* Einbruch *der*.

effrayant, e [efrɛjɑ̃, ɑ̃t] *adj* - **1.** [effroyable] fürchterlich - **2.** *fam* [excessif] gewaltig.

effrayer [11] [efreje] *vt* - **1.** [terrifier] erschrecken - **2.** [rebuter] ab|schrecken. ◆ **s'effrayer** *vp* (sich) erschrecken.

effréné, e [efrene] *adj* - **1.** [course] zügellos - **2.** [sentiment, rythme] wild.

effriter [3] [efrite] *vt* zerbröckeln lassen. ◆ **s'effriter** *vp* [matière] zerbröckeln.

effroi [efrwa] *nm* Entsetzen *das*.

effronté, e [efrɔ̃te] ◇ *adj* unverfroren, frech ◇ *nm, f* unverfrorene Person.

effronterie [efrɔ̃tri] *nf* Frechheit *die*.

effroyable [efrwajabl] *adj* - **1.** [terrible] furchtbar - **2.** [repoussant] abstoßend - **3.** [extrême] entsetzlich.

effusion [efyzjɔ̃] *nf* Überschwang *der* ; **avec ~** [de sentiment] überschwänglich *(adv)* ; **~ de sang** Blutvergießen *das*.

égal, e, aux [egal, o] ◇ *adj* - **1.** [équivalent] gleich - **2.** [régulier] gleichmäßig - **3.** [indifférent] gleichgültig, egal ◇ *nm, f* Ebenbürtige *der*, Ebenbürtige *die*.

également [egalmɑ̃] *adv* - **1.** [aussi] ebenfalls - **2.** [avec égalité] in gleicher Weise, gleich.

égaler [3] [egale] *vt* - **1.** MATHS gleich sein - **2.** *fig* [être à la hauteur de] gleich|kommen.

égaliser [3] [egalize] ◇ *vt* [cheveux, haie] gerade schneiden ◇ *vi* SPORT aus|gleichen.

égalité [egalite] *nf* - **1.** [équivalence & JUR] Gleichheit *die* - **2.** [des sexes] Gleichstellung *die* - **3.** MATHS (Deckungs)gleichheit *die*.

égard [egar] *nm* Rücksicht *die*. ◆ **égards** *nmpl* Rücksichtnahme *die*. ◆ **à l'égard de** *loc prép* : **à l'~ de qqn** jm gegenüber.

égaré, e [egare] *adj* - **1.** [perdu] verirrt - **2.** [hagard] verstört.

égarer [3] [egare] *vt* - **1.** [objet] verlegen - **2.** [dérouter] irre|führen. ◆ **s'égarer** *vp* - **1.** [se perdre - à pied] sich verlaufen ; [- en voiture] sich verfahren - **2.** [chose] verloren gehen.

égayer [11] [egeje] *vt* - **1.** [ambiance, personne] auf|heitern - **2.** [lieu] beleben.

égide [eʒid] *nf* : **sous l'~ de** *sout* unter der Schirmherrschaft von.

églantine [eglɑ̃tin] *nf* [Blume] Heckenrose *die*.

église [egliz] *nf* Kirche *die*.

égocentrique [egɔsɑ̃trik] ◇ *adj* egozentrisch ◇ *nmf* Egozentriker *der*, -in *die*.

égoïsme [egɔism] *nm* Egoismus *der*.

égoïste [egɔist] ◇ *adj* egoistisch ◇ *nmf* Egoist *der*, -in *die*.

égorger [17] [egɔrʒe] *vt* : **~ qqn** jm die Kehle durch|schneiden.

égosiller [3] [egɔzije] ◈ **s'égosiller** *vp* sich heiser schreien.

égout [egu] *nm* Abwasserkanal *der* ; **bouche d'~** Gully *der.*

égoutter [3] [egute] *vt* abtropfen lassen. ◈ **s'égoutter** *vp* ab|tropfen.

égouttoir [egutwar] *nm* **- 1.** [à légumes] Durchschlag *der* **- 2.** [à vaisselle] Abtropfgestell *das.*

égrainer = **égrener.**

égratigner [3] [egratiɲe] *vt* [érafler] zerkratzen. ◈ **s'égratigner** *vp* sich zerkratzen.

égratignure [egratiɲyr] *nf* [éraflure] Kratzer *der.*

égrener [19] [egrəne], **égrainer** [4] [egrɛne] *vt* **- 1.** [épi] entkörnen **- 2.** [heures] schlagen.

égrillard, e [egrijar, ard] *adj* anzüglich.

Égypte [eʒipt] *nf* : **l'~** Ägypten *nt.*

égyptien, enne [eʒipsjɛ̃, ɛn] *adj* ägyptisch. ◈ **égyptien** *nm* [langue] Ägyptisch(e) *(das).* ◈ **Égyptien, enne** *nm, f* Ägypter *der,* -in *die.*

égyptologie [eʒiptɔlɔʒi] *nf* Ägyptologie *die.*

eh [e] *interj* : **eh!** he! ; **~ bien** nun.

éhonté, e [eɔ̃te] *adj* schamlos.

éjaculation [eʒakylasjɔ̃] *nf* Samenerguss *der* ; **~ précoce** vorzeitiger Samenerguss.

éjectable [eʒɛktabl] *adj* Schleuder-.

éjecter [4] [eʒɛkte] *vt* **- 1.** [rejeter] heraus|schleudern **- 2.** *fam* [personne] hinaus|werfen.

élaboration [elabɔrasjɔ̃] *nf* Ausarbeitung *die,* Erarbeitung *die.*

élaboré, e [elabɔre] *adj* hoch entwickelt.

élaborer [3] [elabɔre] *vt* aus|arbeiten.

élaguer [3] [elage] *vt* **- 1.** [arbre] beschneiden **- 2.** *fig* [texte] kürzen.

élan [elɑ̃] *nm* **- 1.** ZOOL Elch *der* **- 2.** [mouvement] Schwung *der,* Anlauf *der* **- 3.** *fig* [de joie] Ausbruch *der.*

élancé, e [elɑ̃se] *adj* schlank.

élancer [16] [elɑ̃se] *vi* schmerzen. ◈ **s'élancer** *vp* **- 1.** [se précipiter] : **s'~ sur qqn/qqch** sich auf jn/etw stürzen **- 2.** [prendre de l'élan] Schwung holen.

élargir [32] [elarʒir] *vt* **- 1.** [agrandir] weiter machen **- 2.** [connaissances] erweitern **- 3.** *fig* [débat] aus|weiten. ◈ **s'élargir** *vp* **- 1.** [devenir plus large] breiter werden **- 2.** *fig* [débat] sich erweitern.

élasticité [elastisite] *nf* **- 1.** PHYS Elastizität *die* **- 2.** [souplesse] Dehnbarkeit *die.*

élastique [elastik] ◇ *adj* dehnbar ◇ *nm* Gummiband *das.*

électeur, trice [elɛktœr, tris] *nm, f* Wähler *der,* -in *die.*

élection [elɛksjɔ̃] *nf* Wahl *die* ; **~ présidentielle** Präsidentschaftswahlen *Pl.*

électoral, e, aux [elɛktɔral, o] *adj* Wahl-.

électricien, enne [elɛktrisjɛ̃, ɛn] *nm, f* Elektriker *der,* -in *die.*

électricité [elɛktrisite] *nf* Elektrizität *die.*

électrifier [9] [elɛktrifje] *vt* elektrifizieren.

électrique [elɛktrik] *adj* **- 1.** PHYS elektrisch **- 2.** *fig* [atmosphère] geladen.

électroaimant [elɛktrɔɛmɑ̃] *nm* Elektromagnet *der.*

électrocardiogramme [elɛktrɔkardjɔgram] *nm* Elektrokardiogramm *das.*

électrochoc [elɛktrɔʃɔk] *nm* Elektroschock *der.*

électrocuter [3] [elɛktrɔkyte] *vt* durch einen elektrischen Schlag töten.

électrode [elɛktrɔd] *nf* Elektrode *die.*

électroencéphalogramme [elɛktrɔɑ̃sefalɔgram] *nm* Elektroenzephalogramm *das.*

électrogène [elɛktrɔʒɛn] *adj* Strom erzeugend ; **groupe ~** Stromaggregat *das.*

électrolyse [elɛktrɔliz] *nf* Elektrolyse *die.*

électromagnétique [elɛktrɔmaɲetik] *adj* elektromagnetisch.

électroménager, ère [elɛktrɔmenaʒe, ɛr] *adj* Elektro-. ◈ **électroménager** *nm* Haushaltsgeräte *Pl.*

électron [elɛktrɔ̃] *nm* Elektron *das.*

électronicien, enne [elɛktrɔnisjɛ̃, ɛn] *nm, f* Elektroniker *der,* -in *die.*

électronique [elɛktrɔnik] ◇ *adj* elektronisch, Elektronen- ◇ *nf* Elektronik *die.*

élégance [elegɑ̃s] *nf* **- 1.** [grâce] Eleganz *die* **- 2.** [courtoisie] Takt *der.*

élégant, e [elegɑ̃, ɑ̃t] *adj* elegant.

élément [elemɑ̃] *nm* **- 1.** [gén] Element *das* **- 2.** [composant] Teil *das* ou *der,* Element *das.*

élémentaire [elemɑ̃tɛr] *adj* **- 1.** [de base] Anfangs- **- 2.** [rudimentaire] Grund- **- 3.** CHIM Elementar- **- 4.** [évident] allgemein bekannt.

éléphant [elefɑ̃] *nm* Elefant *der.*

élevage [ɛlvaʒ] *nm* Zucht *die.*

élévateur, trice [elevatœr, tris] *adj* Hub-, Hebe-.

élévation [elevasjɔ̃] *nf* **- 1.** [mouvement] Heben *das* **- 2.** [hausse] Anhebung *die* **- 3.** GÉOGR & MATHS Erhebung *die* **- 4.** [de rang] Aufstieg *der.*

élève [elɛv] *nmf* Schüler *der,* -in *die.*

élever [19] [ɛlve] *vt* **- 1.** [prix, niveau de vie] erhöhen **- 2.** [statue, monument] errichten **- 3.** [voix, ton] heben **- 4.** [enfant] erziehen **- 5.** [animaux] züchten **- 6.** [protestation, critique] erheben. ◈ **s'élever** *vp* - **1.** [avion] ab|heben ; [température] an|steigen - **2.** [mur, montagne, cri] sich erheben - **3.** [protester] : **s'~ contre qqn/qqch** sich gegen jn/etw erheben.

éleveur, euse [ɛlvœr, øz] *nm, f* Züchter *der*, -in *die*.

elfe [ɛlf] *nm* Elfe *die*.

éligible [eliʒibl] *adj* wählbar.

élimination [eliminasjɔ̃] *nf* - **1.** [de candidat, SPORT & JEU] Ausscheiden *das* - **2.** [suppression] Beseitigung *die* - **3.** MÉD Entfernen *das*.

éliminer [3] [elimine] *vt* - **1.** [candidat] aus|schließen - **2.** [supprimer] beseitigen - **3.** SPORT, JEU & MÉD aus|scheiden.

élire [106] [elir] *vt* wählen.

élite [elit] *nf* Elite *die* ; **d'~** auserlesen *(adj)*.

élitiste [elitist] ◇ *nmf* elitärer Mensch ◇ *adj* elitär.

elle [ɛl] (*pl* **elles**) *pron pers* - **1.** [représentant une femme] sie ; **c'est ~ qui vous le demande** sie bittet Sie darum ; **Marie est-~ là?** ist Marie da? ; **si j'étais ~** an ihrer Stelle - **2.** [représentant une chose, un animal] er, sie, es.

elle-même [ɛlmɛm] (*pl* **elles-mêmes**) *pron pers* [en personne] selbst ; **j'ai vu la directrice ~** ich habe die Direktorin höchstpersönlich gesehen.

ellipse [elips] *nf* Ellipse *die*.

élocution [elɔkysjɔ̃] *nf* Redeweise *die*.

éloge [elɔʒ] *nm* - **1.** [discours] Lobrede *die* - **2.** [louange] Lob *das* ; **couvrir qqn d'~s** ein Loblied auf jn singen ; **faire l'~ de qqn/qqch** jn/etw rühmen.

élogieux, euse [elɔʒjø, øz] *adj* lobend.

éloignement [elwaɲmɑ̃] *nm* - **1.** [mise à l'écart] Entfernung *die* - **2.** [absence] Trennung *die* - **3.** [distance] Abstand *der* - **4.** [dans le temps] Distanz *die*.

éloigner [3] [elwaɲe] *vt* - **1.** [écarter] : **~ qqn/qqch d'un lieu** jn/etw von einem Ort entfernen - **2.** *fig* [détourner] : **~ qqn de qqch** jn von etw fern halten ; **~ un danger** eine Gefahr beseitigen. ◈ **s'éloigner** *vp* - **1.** [partir] : **s'~ d'un lieu** sich von einem Ort entfernen - **2.** [se détacher] : **s'~ de qqn** sich von jm entfremden.

élongation [elɔ̃gasjɔ̃] *nf* (Ver)zerrung *die*.

éloquence [elɔkɑ̃s] *nf* [d'orateur] Eloquenz *die*.

éloquent, e [elɔkɑ̃, ɑ̃t] *adj* - **1.** [personne] eloquent, sprachgewandt - **2.** [données, geste] aussagekräftig ; [regard] bedeutungsvoll - **3.** [silence] beredt.

élu, e [ely] ◇ *pp* ▻ **élire** ◇ *adj* - **1.** POLIT gewählt - **2.** RELIG auserwählt ◇ *nm, f* - **1.** POLIT gewählter Vertreter, gewählte Vertreterin - **2.** RELIG Auserwählte *der*, Auserwählte *die*.

élucider [3] [elyside] *vt* auf|klären.

élucubrations [elykybrasjɔ̃] *nfpl péj* Hirngespinst *das*.

éluder [3] [elyde] *vt* aus|weichen.

Élysée [elize] *nm* : **l'~** der Élyséepalast.

émacié, e [emasje] *adj sout* abgezehrt.

émail, aux [emaj, o] *nm* - **1.** [vernis] Email *das* - **2.** *(pl émails)* [de dents] (Zahn)schmelz *der*.

e-mail [imɛl] (*pl* **e-mails**) *nm* E-Mail *die*.

émaillé, e [emaje] *adj* : **~ de qqch** *fig* mit etw gespickt.

émanation [emanasjɔ̃] *nf* - **1.** [odeur] Ausdünstung *die* - **2.** CHIM [gaz] Emanation *die*.

émancipé, e [emɑ̃sipe] *adj* - **1.** [libéré] emanzipiert - **2.** JUR [mineur] mündig.

émanciper [3] [emɑ̃sipe] *vt* - **1.** [gén] emanzipieren - **2.** JUR [mineur] für volljährig erklären. ◈ **s'émanciper** *vp* - **1.** [se libérer] sich emanzipieren, sich befreien - **2.** *fam* [se dévergonder] abgebrüht werden.

émaner [3] [emane] *vi* - **1.** [lumière, gaz] aus|strömen - **2.** [volonté, sentiment] aus|gehen.

émarger [17] [emarʒe] *vt* [document] ab|zeichnen.

émasculer [3] [emaskyle] *vt* entmannen.

emballage [ɑ̃balaʒ] *nm* [conditionnement] Verpackung *die*.

emballer [3] [ɑ̃bale] *vt* - **1.** [objet] ein|packen - **2.** *fam* [plaire] begeistern, hin|reißen ; **être emballé par qqch** von etw begeistert sein. ◈ **s'emballer** *vp* - **1.** *fam* [personne] : **s'~ pour qqch** sich für etw begeistern - **2.** [de colère] in die Luft gehen - **3.** [moteur] durch|drehen.

embarcadère [ɑ̃barkadɛr] *nm* Landungsbrücke *die*.

embarcation [ɑ̃barkasjɔ̃] *nf* Boot *das*.

embardée [ɑ̃barde] *nf* : **faire une ~** einen Schlenker machen, auf die Seite geschleudert werden.

embargo [ɑ̃bargo] *nm* Embargo *das*.

embarquement [ɑ̃barkəmɑ̃] *nm* - **1.** [de marchandise] Verladen *das* - **2.** [de passager] Anbordgehen *das*.

embarquer [3] [ɑ̃barke] ◇ *vt* - **1.** [marchandise] verladen - **2.** [passager] an Bord nehmen ◇ *vi* an Bord gehen. ◈ **s'embarquer** *vp* - **1.** [sur bateau] sich ein|schiffen - **2.** *fam fig* [s'engager] : **s'~ dans qqch** sich auf etw *(A)* ein|lassen.

embarras [ɑ̃bara] *nm* - **1.** [perplexité, gêne] Verlegenheit *die* ; **tirer qqn d'~** jm aus der Klemme helfen - **2.** [souci] Sorge *die*,

Problem *das* - **3.** [incertitude] Unsicherheit *die*, Verwirrung *die*.

embarrassé, e [ɑ̃barase] *adj* - **1.** [gêné] verlegen - **2.** [encombré] : **~ de qqch** voller etw.

embarrasser [3] [ɑ̃barase] *vt* - **1.** [encombrer] verstellen - **2.** [gêner] behindern - **3.** [déconcerter] in Verlegenheit bringen. ◆ **s'embarrasser** *vp* - **1.** [s'encombrer] : **s'~ de qqch** sich mit etw belasten - **2.** *fig* [s'empêtrer] : **s'~ dans qqch** sich in etw *(A)* verstricken.

embauche [ɑ̃boʃ] *nf* Einstellung *die*.

embaucher [3] [ɑ̃boʃe] *vt* [employer] an|stellen.

embaumer [3] [ɑ̃bome] ◇ *vt* - **1.** [cadavre] einbalsamieren - **2.** [parfumer] parfümieren ◇ *vi* duften.

embellir [32] [ɑ̃belir] ◇ *vt* verschönern ◇ *vi* schöner werden.

embellissement [ɑ̃belismɑ̃] *nm* Verschönerung *die*.

embêtant, e [ɑ̃bɛtɑ̃, ɑ̃t] *adj fam* - **1.** [contrariant] ärgerlich, doof - **2.** [personne] lästig - **3.** [ennuyeux] öde.

embêtement [ɑ̃bɛtmɑ̃] *nm fam* Ärger *der (sans pl)*.

embêter [4] [ɑ̃bɛte] *vt fam* - **1.** [gêné] : **être embêté** verlegen sein - **2.** [importuner] ärgern - **3.** [contrarier] stören. ◆ **s'embêter** *vp fam* sich langweilen, sich an|öden.

emblée [ɑ̃ble] ◆ **d'emblée** *loc adv* auf Anhieb.

emblème [ɑ̃blɛm] *nm* Emblem *das*, Wahrzeichen *das*.

emboîter [3] [ɑ̃bwate] *vt* [insérer] : **~ qqch dans qqch** etw in etw *(A)* stecken. ◆ **s'emboîter** *vp* sich ineinander schieben.

embonpoint [ɑ̃bɔ̃pwɛ̃] *nm* Körperfülle *die*.

embouché, e [ɑ̃buʃe] *adj* : **mal ~** *fam* ausfällig, bissig.

embouchure [ɑ̃buʃyr] *nf* - **1.** [de fleuve] Mündung *die* - **2.** [d'instrument] Mundstück *das*.

embourber [3] [ɑ̃burbe] *vt* (im Schlamm) fest|fahren. ◆ **s'embourber** *vp* [véhicule] im Schlamm stecken bleiben.

embout [ɑ̃bu] *nm* [de tuyau] Stutzen *der*.

embouteillage [ɑ̃butɛjaʒ] *nm* (Verkehrs)stau *der*.

emboutir [32] [ɑ̃butir] *vt* - **1.** *fam* [voiture] zerbeulen, demolieren - **2.** TECHNOL hämmern.

embranchement [ɑ̃brɑ̃ʃmɑ̃] *nm* [carrefour] Gabelung *die*.

embraser [3] [ɑ̃braze] *vt* [incendier] in Flammen setzen. ◆ **s'embraser** *vp* [prendre feu] Feuer fangen.

embrassades [ɑ̃brasad] *nfpl* Begrüßungsküsse *Pl.*

embrasser [3] [ɑ̃brase] *vt* - **1.** [donner un baiser] küssen - **2.** *fig* [choisir - religion] an|nehmen ; [- métier] ergreifen. ◆ **s'embrasser** *vp* sich küssen.

embrasure [ɑ̃brazyr] *nf* Öffnung *die*.

embrayage [ɑ̃brɛjaʒ] *nm* - **1.** [action] Kuppeln *das* - **2.** [mécanisme] Kupplung *die*.

embrayer [11] [ɑ̃breje] *vi* auf die Kupplung treten, kuppeln.

embrocher [3] [ɑ̃brɔʃe] *vt* - **1.** [viande] auf einen Spieß stecken - **2.** *fam* [transpercer] auf|spießen.

embrouiller [3] [ɑ̃bruje] *vt* - **1.** [mélanger] durcheinander bringen - **2.** *fig* [compliquer] komplizierter machen - **3.** *fam* [déconcerter] verwirren. ◆ **s'embrouiller** *vp* : **s'~ dans qqch** sich in etw *(A)* verheddern.

embruns [ɑ̃brœ̃] *nmpl* Gischt *die (sans pl)*.

embryon [ɑ̃brijɔ̃] *nm* - **1.** MÉD Embryo *der* ou *das* - **2.** *fig* [début] Ansatz *der*.

embûche [ɑ̃byʃ] *nf* Falle *die*.

embué, e [ɑ̃bɥe] *adj* beschlagen.

embuer [7] [ɑ̃bɥe] *vt* [couvrir de buée] beschlagen.

embuscade [ɑ̃byskad] *nf* Hinterhalt *der*.

embusquer [3] [ɑ̃byske] *vt* MIL verstecken. ◆ **s'embusquer** *vp* [se poster] sich in den Hinterhalt legen.

éméché, e [emeʃe] *adj fam* beschwipst.

émeraude [emrod] *nf* [pierre] Smaragd *der*.

émerger [17] [emɛrʒe] *vi* - **1.** [de l'eau] auf|tauchen - **2.** *fig* [du niveau moyen] sich ab|heben ; **~ de la médiocrité** aus dem Rahmen fallen - **3.** *fam* [se réveiller] wach werden.

émérite [emerit] *adj* bedeutend.

émerveiller [4] [emɛrveje] *vt* entzücken.

émetteur, trice [emetœr, tris] *adj* Sende-. ◆ **émetteur** *nm* [appareil] Sender *der*.

émettre [84] [emɛtr] *vt* - **1.** [son] aus|senden - **2.** [lumière, message, émission] aus|strahlen - **3.** [monnaie, timbres-poste] in Umlauf bringen - **4.** [chèque] aus|stellen - **5.** [avis] äußern.

émeute [emøt] *nf* Aufruhr *der (sans pl)* ; **les ~s** die Unruhen.

émietter [4] [emjete] *vt* - **1.** [pain] zerbröckeln - **2.** *fig* [disperser] zersplittern, verzetteln.

émigrant, e [emigrɑ̃, ɑ̃t] ◇ *adj* emigriert, ausreisewillig ◇ *nm, f* Auswanderer *der*, -erin *die*, Emigrant *der*, -in *die*.

émigré, e [emigre] <> *adj* emigriert <> *nm, f* Emigrant *der*, -in *die*.

émigrer [3] [emigre] *vi* - **1.** [personne] emigrieren, auslwandern - **2.** [animal] (weg)lziehen.

émincé, e [emɛ̃se] *adj* [légume] in dünne Scheiben geschnitten ; [viande] geschnetzelt. ◆ **émincé** *nm* CULIN Geschnetzelte *das*.

éminemment [eminamɑ̃] *adv* außerordentlich.

éminence [eminɑ̃s] *nf* Eminenz *die*.

éminent, e [eminɑ̃, ɑ̃t] *adj* bedeutend.

émir [emir] *nm* Emir *der*.

émirat [emira] *nm* Emirat *das*.

émis, e [emi, iz] *pp* ▷ **émettre**.

émissaire [emisɛr] <> *adj* ▷ **bouc** <> *nm* Abgesandte *der*, Abgesandte *die*.

émission [emisjɔ̃] *nf* - **1.** [programme] Sendung *die* ; ~ **de variétés** Unterhaltungssendung - **2.** [de son, d'image] Übertragung *die* - **3.** [de gaz, d'onde, de rayon] Emission *die* - **4.** [de monnaie, de timbre] Ausgeben *das* ; ~ **d'un emprunt** Anleihebegebung *die*.

emmagasiner [3] [ɑ̃magazine] *vt* - **1.** [connaissances] anlhäufen - **2.** [marchandises] einllagern - **3.** [chaleur] speichern.

emmailloter [3] [ɑ̃majɔte] *vt* - **1.** [bébé] wickeln - **2.** [membre blessé] verbinden.

emmanchure [ɑ̃mɑ̃ʃyr] *nf* Armausschnitt *der*.

emmêler [4] [ɑ̃mele] *vt* durcheinander bringen.

emménagement [ɑ̃menaʒmɑ̃] *nm* Einzug *der*.

emménager [17] [ɑ̃menaʒe] *vi* : ~ **dans qqch** in etw *(A)* einlziehen.

emmener [19] [ɑ̃mne] *vt* - **1.** [amener avec soi] mitlnehmen - **2.** [déposer] begleiten, bringen.

emmerder [3] [ɑ̃mɛrde] *vt tfam* : ~ **qqn** jm lästig sein, jm auf die Nerven gehen ; **je t'emmerde!** du kannst mich mal! ◆ **s'emmerder** *vp tfam* sich (zu Tode) langweilen.

emmitoufler [3] [ɑ̃mitufle] *vt* einlmummen. ◆ **s'emmitoufler** *vp* sich einlmummen.

emmurer [3] [ɑ̃myre] *vt* einlmauern.

émoi [emwa] *nm sout* [agitation] Aufregung *die*.

émotif, ive [emɔtif, iv] <> *adj* - **1.** [personne] überempfindlich - **2.** [trouble, réaction] affektiv, Gefühls- <> *nm, f* [personne] empfindsamer Mensch, überempfindlicher Mensch.

émotion [emosjɔ̃] *nf* [sentiment] (Gemüts)bewegung *die*.

émotionnel, elle [emosjɔnel] *adj* gefühlsmäßig.

émousser [3] [emuse] *vt* - **1.** [lame] stumpf machen - **2.** *fig* [sentiment] ablstumpfen.

émouvant, e [emuvɑ̃, ɑ̃t] *adj* ergreifend, rührend.

émouvoir [55] [emuvwar] *vt* - **1.** [troubler] bewegen - **2.** [attendrir] rühren. ◆ **s'émouvoir** *vp* erschüttert sein.

empailler [3] [ɑ̃paje] *vt* - **1.** [animal] (mit Stroh) auslstopfen - **2.** [chaise] mit einem Strohgeflecht bespannen, mit Stroh flechten.

empaler [3] [ɑ̃pale] *vt* auflspießen.

empaqueter [27] [ɑ̃pakte] *vt* einlpacken.

emparer [3] [ɑ̃pare] ◆ **s'emparer** *vp* - **1.** [prendre de force] : **s'~ de qqn/qqch** sich js/einer Sache bemächtigen - **2.** [avec la main] : **s'~ de qqch** etw an sich *(A)* reißen - **3.** [sentiment] : **s'~ de qqn** *fig* jn überkommen.

empâter [3] [ɑ̃pate] *vt* [visage, traits] auflquellen. ◆ **s'empâter** *vp* dick werden.

empêchement [ɑ̃pɛʃmɑ̃] *nm* Hinderung *die* ; **avoir un** ~ verhindert sein.

empêcher [4] [ɑ̃peʃe] *vt* verhindern ; ~ **que** *(+ subjonctif)* verhindern, dass ; ~ **qqn/qqch de faire qqch** jn/etw hindern, etw zu tun ; ~ **qqn de travailler** jn von der Arbeit ablhalten ; **(il) n'empêche que** immerhin.

empereur [ɑ̃prœr] *nm* Kaiser *der*.

empesé, e [ɑ̃pɔze] *adj* - **1.** [linge] gestärkt - **2.** *fig* [style] steif, affektiert.

empester [3] [ɑ̃pɛste] <> *vt* - **1.** [sentir] : ~ **l'alcool** nach Alkohol stinken - **2.** [empuantir] verpesten <> *vi* stinken.

empêtrer [4] [ɑ̃petre] *vt* : **être empêtré dans qqch** in etw *(D)* stecken, in etw *(A)* verwickelt sein ; *fig* in etw *(A)* verstrickt sein. ◆ **s'empêtrer** *vp* : **s'~ (dans qqch)** sich (in etw *(A)*) verfangen ; *fig* sich (in etw *(A)*) verstricken.

emphase [ɑ̃faz] *nf péj* Emphase *die*.

empiéter [18] [ɑ̃pjete] *vi* : ~ **sur qqch** auf etw *(A)* überlgreifen ; *fig* etw beeinträchtigen, etw beschneiden.

empiffrer [3] [ɑ̃pifre] ◆ **s'empiffrer** *vp* : **s'~ (de qqch)** *fam* sich (mit etw) voll stopfen.

empiler [3] [ɑ̃pile] *vt* stapeln.

empire [ɑ̃pir] *nm* - **1.** HIST Reich *das* - **2.** [groupe puissant] Imperium *das*.

empirer [3] [ɑ̃pire] *vi* verschlechtern.

emplacement [ɑ̃plasmɑ̃] *nm* - **1.** [lieu] Stelle *die* - **2.** [position] Lage *die*.

emplâtre [ɑ̃platr] *nm* Pflaster *das*.

emplette [ɑ̃plɛt] *nf* (Ein)kauf *der*.

emplir [32] [ɑ̃plir] *vt sout* [remplir] : ~ **qqch (de qqch)** etw (mit etw) füllen.

emploi [ɑ̃plwa] *nm* - **1.** [utilisation] Gebrauch *der* ; **~ du temps** Zeitplan *der* ; SCOL Stundenplan *der* - **2.** [poste] Stelle *die* - **3.** [travail] : **l'~** die Arbeit.

employé, e [ɑ̃plwaje] ◇ *adj* beschäftigt ; **il est ~ chez BMW** er ist bei BMW beschäftigt ◇ *nm, f* Angestellte *der*, Angestellte *die*.

employer [13] [ɑ̃plwaje] *vt* - **1.** [utiliser] verwenden, benutzen - **2.** [salarier] beschäftigen.

employeur, euse [ɑ̃plwajœr, øz] *nm, f* Arbeitgeber *der*, -in *die*.

empocher [3] [ɑ̃pɔʃe] *vt fam* ein|stecken.

empoignade [ɑ̃pwaɲad] *nf* heftiger Streit.

empoigner [3] [ɑ̃pwaɲe] *vt* ergreifen. ◆ **s'empoigner** *vp* - **1.** [se battre] sich raufen - **2.** [se quereller] sich streiten.

empoisonnement [ɑ̃pwazɔnmɑ̃] *nm* - **1.** [intoxication] Vergiftung *die* - **2.** *fam fig* [souci] Ärger *der*.

empoisonner [3] [ɑ̃pwazɔne] *vt* - **1.** [atmosphère, relation] vergiften - **2.** [empuantir] verpesten - **3.** *fam* [ennuyer] : **~ qqn** jm auf die Nerven gehen.

emporté, e [ɑ̃pɔrte] *adj* jähzornig.

emportement [ɑ̃pɔrtəmɑ̃] *nm* Heftigkeit *die*.

emporter [3] [ɑ̃pɔrte] *vt* - **1.** [amener avec soi] mit|nehmen - **2.** [blessé] weg|bringen - **3.** [arracher] los|reißen - **4.** [faire mourir] dahin|raffen - **5.** [victoire] davon|tragen - **6.** [surpasser] : **l'~ sur qqn/qqch** stärker als jd/etw sein ; *fig* die Oberhand über jn/etw gewinnen. ◆ **s'emporter** *vp* sich erhitzen, sich auf|regen.

empoté, e [ɑ̃pɔte] *fam* ◇ *adj* unbeholfen ◇ *nm, f* Flasche *die*.

empreinte [ɑ̃prɛ̃t] *nf* - **1.** [trace] Abdruck *der* ; **~s digitales** Fingerabdrücke - **2.** *sout & fig* [impact] Spur *die*.

empressement [ɑ̃prɛsmɑ̃] *nm* [zèle] (Dienst)eifer *der*.

empresser [4] [ɑ̃prese] ◆ **s'empresser** *vp* : **s'~ de faire qqch** sich beeilen, etw zu tun ; **s'~ auprès de qqn** jn umsorgen.

emprise [ɑ̃priz] *nf* Einfluss *der*.

emprisonnement [ɑ̃prizɔnmɑ̃] *nm* - **1.** [peine] Gefängnisstrafe *die* - **2.** [mise en prison] Inhaftierung *die*.

emprisonner [3] [ɑ̃prizɔne] *vt* [voleur] ein|sperren, inhaftieren.

emprunt [ɑ̃prœ̃] *nm* [gén] Anleihe *die*.

emprunté, e [ɑ̃prœ̃te] *adj* unbeholfen.

emprunter [3] [ɑ̃prœ̃te] *vt* - **1.** [objet, argent] (aus)|leihen ; **~ qqch à qqn** von jm etw aus|leihen ; *fig* etw von jm übernehmen - **2.** [route] nehmen.

ému, e [emy] ◇ *pp* ▷ **émouvoir** ◇ *adj* - **1.** [troublé] ergriffen - **2.** [attendri] gerührt.

émulation [emylasjɔ̃] *nf* [concurrence] Wettstreit *der*.

émule [emyl] *nmf* Nacheiferer *der*, -erin *die*.

émulsion [emylsjɔ̃] *nf* Emulsion *die*.

en [ɑ̃] ◇ *prép* - **1.** [gén] in ; **~ juin** im Juni ; **il est né ~ 1993** er ist 1993 geboren ; **une maison ~ Suède/Sicile** ein Haus in Schweden/auf Sizilien ; **aller ~ Sicile/Suède** nach Sizilien/Schweden fahren ; **~ anglais** auf Englisch - **2.** [introduit la matière] aus ; **une théière ~ argent** eine silberne Teekanne - **3.** [introduit la forme] : **sucre ~ poudre** Puderzucker *der* ; **lait ~ poudre** Milchpulver *das* - **4.** [en tant que] als ; **avoir ~ cadeau** als Geschenk bekommen - **5.** [moyen] mit ; **~ avion/bateau/train** [paquet, lettre] per Flugzeug/Schiff/Zug ; [personne] mit dem Flugzeug/Schiff/Zug ; **nous allons ~ Grèce ~ avion** wir fliegen nach Griechenland - **6.** [devant un participe présent] : **~ arrivant à Paris** bei seiner Ankunft in Paris ; **tu y arriveras ~ faisant un effort** du wirst es schaffen, wenn du dich anstrengst ; **elle répondit ~ souriant que** mit einem Lächeln antwortete sie, dass ◇ *pron* - **1.** [complément de verbe, de nom, d'adjectif] : **il s'~ est souvenu** er hat sich daran erinnert ; **on ~ meurt, de ça!** daran stirbt man! ; **j'~ garde un très bon souvenir** das habe ich in guter Erinnerung behalten ; **sa maison ~ est pleine** sein Haus ist voll damit - **2.** [avec un indéfini, exprime une quantité] : **j'ai du chocolat, tu ~ veux?** ich habe Schokolade, willst du ein Stück? ; **j'~ connais un** ich kenne da einen ; **j'~ ai vu plusieurs** ich habe mehrere davon gesehen ; **j'ai besoin de piles, tu ~ as?** ich brauche Batterien, hast du welche? - **3.** [indique la provenance] : **j'~ reviens** ich komme von dort.

ENA, Ena [ena] *nf abr de* **École nationale d'administration.**

encadrement [ɑ̃kadrəmɑ̃] *nm* - **1.** [cadre] Rahmen *der* - **2.** [pose de cadres] Einrahmung *die* - **3.** [de personnes] Betreuung *die*.

encadrer [3] [ɑ̃kadre] *vt* - **1.** [photo] ein|rahmen - **2.** [visage] umrahmen - **3.** [personnes] betreuen.

encaissé, e [ɑ̃kese] *adj* tief eingeschnitten.

encaisser [4] [ɑ̃kese] *vt* - **1.** [argent] kassieren ; **~ un chèque** einen Scheck ein|lösen - **2.** *fam* [coups] ein|stecken ; [critique, insulte] schlucken.

encanailler [3] [ɑ̃kanaje] ◆ **s'encanailler** *vp* in schlechte Gesellschaft geraten.

encart [ɑ̃kar] *nm* Beilage *die.*

encastrer [3] [ɑ̃kastre] *vt* ein|bauen, ein|fügen. ◆ **s'encastrer** *vp* sich einbauen ou einfügen lassen.

encaustique [ɑ̃kostik] *nf* Bohnerwachs *das.*

enceinte [ɑ̃sɛ̃t] ◇ *adj* schwanger ; **elle est ~ de six mois** sie ist im sechsten Monat ◇ *nf* - **1.** [muraille] (Umfassungs)mauer *die* - **2.** [baffle] : **~ (acoustique)** (Lautsprecher)-box *die.*

encens [ɑ̃sɑ̃] *nm* Weihrauch *der.*

encenser [3] [ɑ̃sɑ̃se] *vt* beweihräuchern.

encensoir [ɑ̃sɑ̃swar] *nm* Räuchergefäß *das.*

encercler [3] [ɑ̃sɛrkle] *vt* - **1.** [quartier, ville] umzingeln - **2.** [environner] umgeben - **3.** [entourer] ein|kreisen.

enchaînement [ɑ̃ʃɛnmɑ̃] *nm* - **1.** [gén] Abfolge *die* - **2.** [d'idées, de paragraphes] Verknüpfung *die* - **3.** GYMNASTIQUE & DANSE Übung *die.*

enchaîner [4] [ɑ̃ʃene] ◇ *vt* - **1.** [attacher] an|ketten - **2.** [idées, paragraphes] verknüpfen ◇ *vi* fort|fahren. ◆ **s'enchaîner** *vp* [se suivre] aufeinander folgen.

enchanté, e [ɑ̃ʃɑ̃te] *adj* - **1.** [ravi] entzückt ; **enchanté!** sehr erfreut! - **2.** [ensorcelé] verzaubert.

enchantement [ɑ̃ʃɑ̃tmɑ̃] *nm* - **1.** [sortilège] Verzauberung *die* ; **comme par ~** wie durch ein Wunder - **2.** *sout* [ravissement] Wonne *die.*

enchanter [3] [ɑ̃ʃɑ̃te] *vt* - **1.** [ravir] begeistern - **2.** [charmer] entzücken - **3.** [ensorceler] verzaubern.

enchâsser [3] [ɑ̃ʃase] *vt* ein|fassen.

enchère [ɑ̃ʃɛr] *nf* - **1.** [offre] (Mehr)gebot *das* - **2.** [au jeu] Reizen *das.* ◆ **enchères** *nfpl* : **les ~s** die Versteigerung, die Auktion ; **vendre qqch aux ~s** etw versteigern.

enchevêtrer [4] [ɑ̃ʃvetre] *vt* - **1.** [emmêler] verheddern - **2.** *fig* [embrouiller] komplizieren.

enclave [ɑ̃klav] *nf* Enklave *die.*

enclencher [3] [ɑ̃klɑ̃ʃe] *vt* - **1.** [mécanisme] ein|schalten - **2.** *fig* [affaire] in Gang bringen. ◆ **s'enclencher** *vp* - **1.** [mécanisme] ein|rasten - **2.** *fig* [affaire] beginnen.

enclin, e [ɑ̃klɛ̃, in] *adj* : **être ~ à qqch** zu etw geneigt sein.

enclore [113] [ɑ̃klɔr] *vt* ein|zäunen.

enclos, e [ɑ̃klo, oz] *pp* ▷ **enclore.** ◆ **enclos** *nm* Koppel *die.*

enclume [ɑ̃klym] *nf* Amboss *der.*

encoche [ɑ̃kɔʃ] *nf* Kerbe *die.*

encoignure [ɑ̃kɔɲyr, ɑ̃kwaɲyr] *nf* Ecke *die.*

encolure [ɑ̃kɔlyr] *nf* - **1.** [gén] Hals *der* - **2.** [de vêtement] Ausschnitt *der.*

encombrant, e [ɑ̃kɔ̃brɑ̃, ɑ̃t] *adj* - **1.** [paquet] sperrig - **2.** *fig* [personne] störend.

encombre [ɑ̃kɔ̃br] ◆ **sans encombre** *loc adv* ohne Zwischenfälle.

encombré, e [ɑ̃kɔ̃bre] *adj* - **1.** [lieu] verstopft - **2.** *fig* [marché] gesättigt.

encombrement [ɑ̃kɔ̃brəmɑ̃] *nm* - **1.** [de circulation] Verkehrsstau *der* - **2.** [de lieu] Durcheinander *das* - **3.** [volume] Abmessungen *Pl.*

encombrer [3] [ɑ̃kɔ̃bre] *vt* - **1.** [lieu] versperren - **2.** *fig* [surcharger] belasten.

encontre [ɑ̃kɔ̃tr] ◆ **à l'encontre de** *loc prép* im Gegensatz zu.

encore [ɑ̃kɔr] *adv* - **1.** [toujours] (immer) noch ; **pas ~** noch nicht - **2.** [à nouveau] (schon) wieder ; **~ une fois** noch einmal - **3.** [de renforcement, de plus] noch (mehr) ; **c'est ~ moins cher** es ist noch billiger ; **~ un mois** noch einen Monat. ◆ **encore que** *loc conj* auch wenn. ◆ **et encore** *loc adv* : **avec ça tu ne peux t'acheter qu'un sandwich et ~** damit kannst du dir nur ein Sandwich kaufen, wenn überhaupt. ◆ **mais encore** *loc adv* was sonst noch. ◆ **si encore** *loc adv* wenn zumindest.

encouragement [ɑ̃kuraʒmɑ̃] *nm* - **1.** [parole] Ermutigung *die* - **2.** [action] Unterstützung *die.*

encourager [17] [ɑ̃kuraʒe] *vt* - **1.** [donner du courage à] ermutigen - **2.** [inciter] an|spornen ; **~ qqn à faire qqch** jn an|spornen, etw zu tun - **3.** [favoriser] fördern.

encourir [45] [ɑ̃kurir] *vt sout* : **~ qqch** sich einer Sache *(D)* aus|setzen.

encouru, e [ɑ̃kury] *pp* ▷ **encourir.**

encrasser [3] [ɑ̃krase] *vt* - **1.** [appareil] verschmutzen - **2.** *fam* [salir] verdrecken.

encre [ɑ̃kr] *nf* Tinte *die.*

encrier [ɑ̃krije] *nm* Tintenfass *das.*

encroûter [3] [ɑ̃krute] *vt* verkrusten. ◆ **s'encroûter** *vp* : **s'~ dans qqch** *fig* in etw *(D)* festgefahren sein.

encyclopédie [ɑ̃siklɔpedi] *nf* Enzyklopädie *die.*

encyclopédique [ɑ̃siklɔpedik] *adj* enzyklopädisch.

endémique [ɑ̃demik] *adj* endemisch.

endetter [4] [ɑ̃dete] *vt* verschulden. ◆ **s'endetter** *vp* sich verschulden.

endeuiller [5] [ɑ̃dœje] *vt* [pays] in Trauer versetzen.

endiablé, e [ɑ̃djable] *adj* wild.

endiguer [3] [ɑ̃dige] *vt* ein|dämmen.

endimancher [3] [ɑ̃dimɑ̃ʃe] ◆ **s'endimancher** *vp* Sonntagskleider an|ziehen.

endive [ɑ̃div] *nf* Chicorée *der* ou *die.*

endive

Das französische Substantiv **endive** ist nicht, wie man meinen könnte, mit „Endivie" zu übersetzen, sondern mit **Chicorée**. **Les endives se mangent en salade ou cuites à l'étouffée** heißt auf Deutsch „ Chicorée isst man als Salat oder gedünstet".
Das deutsche Wort „**Endivie**" dagegen wird mit **chicorée** übersetzt. „ Endivien gibt es als kraus- und als glattblättrige Sorte" heißt auf Französisch **Il existe de la chicorée frisée ou non**. Also ist alles genau umgekehrt!

endoctrinement [ɑ̃dɔktrinmɑ̃] *nm* Indoktrinierung *die*.

endoctriner [3] [ɑ̃dɔktrine] *vt* indoktrinieren.

endolori, e [ɑ̃dɔlɔri] *adj* schmerzend.

endommager [17] [ɑ̃dɔmaʒe] *vt* beschädigen.

endormi, e [ɑ̃dɔrmi] *adj* - **1.** [qui dort] eingeschlafen - **2.** [calme] verschlafen.

endormir [36] [ɑ̃dɔrmir] *vt* - **1.** [gén] ein|schläfern ; [enfant] zum Schlafen bringen - **2.** *fig* [douleur] betäuben. ◆ **s'endormir** *vp* ein|schlafen ; **s'~ sur qqch** *fig* sich auf etw *(D)* aus|ruhen.

endosser [3] [ɑ̃dose] *vt* - **1.** [manteau] über|ziehen - **2.** JUR & FIN indossieren - **3.** *fig* [responsabilité] übernehmen.

endroit [ɑ̃drwa] *nm* - **1.** [lieu] Ort *der* - **2.** [partie] Stelle *die* - **3.** [de vêtement] rechte Seite. ◆ **à l'endroit** *loc adv* [du bon côté] richtig herum.

enduire [98] [ɑ̃dɥir] *vt* : **~ qqch de qqch** etw mit etw bestreichen. ◆ **s'enduire** *vp* : **s'~ de crème** sich ein|cremen.

enduit, e [ɑ̃dɥi, it] *pp* ▷ **enduire**. ◆ **enduit** *nm* Putz *der*.

endurance [ɑ̃dyrɑ̃s] *nf* Ausdauer *die*.

endurcir [32] [ɑ̃dyrsir] *vt* [physiquement] ab|härten. ◆ **s'endurcir** *vp* : **s'~ (à qqch)** sich (gegen etw) ab|härten.

endurer [3] [ɑ̃dyre] *vt* ertragen.

énergétique [enɛrʒetik] *adj* [ressource] Energie-.

énergie [enɛrʒi] *nf* [gén] Energie *die* ; **~ renouvelable** erneuerbare Energie.

énergique [enɛrʒik] *adj* - **1.** [personne, protestation] energisch - **2.** [efficace] wirksam.

énergumène [enɛrgymɛn] *nmf* komische Type.

énerver [3] [enɛrve] *vt* nervös machen, auf die Nerven gehen. ◆ **s'énerver** *vp* sich auf|regen.

enfance [ɑ̃fɑ̃s] *nf* [âge] Kindheit *die*.

enfant [ɑ̃fɑ̃] *nmf* [gén] Kind *das*.

enfanter [3] [ɑ̃fɑ̃te] *vt sout* gebären.

enfantin, e [ɑ̃fɑ̃tɛ̃, in] *adj* - **1.** [relatif à l'enfance] kindlich - **2.** [facile] kinderleicht.

enfer [ɑ̃fɛr] *nm* RELIG & *fig* Hölle *die*. ◆ **Enfers** *nmpl* MYTH : **les Enfers** die Unterwelt.

enfermer [3] [ɑ̃fɛrme] *vt* - **1.** [personne, animal] ein|sperren - **2.** [objet] ein|schließen. ◆ **s'enfermer** *vp* sich ein|schließen.

enfilade [ɑ̃filad] *nf* Flucht *die*.

enfiler [3] [ɑ̃file] *vt* - **1.** [perles] auf|reihen ; [aiguille] ein|fädeln - **2.** *fam* [vêtements] : **~ qqch** etw überziehen ; [pantalon, chaussures] in etw *(A)* schlüpfen. ◆ **s'enfiler** *vp fam* : **s'~ qqch** sich etw rein|ziehen.

enfin [ɑ̃fɛ̃] *adv* - **1.** [de soulagement] endlich - **2.** [de récapitulation] kurzum - **3.** [de correction] das heißt.

enflammer [3] [ɑ̃flame] *vt* - **1.** [objet, bois] in Brand setzen - **2.** *fig* [personne, cœur] entflammen. ◆ **s'enflammer** *vp* - **1.** [bois, objet] sich entzünden - **2.** *fig* [personne] in Feuer geraten.

enflé, e [ɑ̃fle] *adj* (an)geschwollen.

enfler [3] [ɑ̃fle] *vi* [gonfler] an|schwellen.

enfoncer [16] [ɑ̃fɔ̃se] *vt* - **1.** [planter] : **~ qqch dans qqch** etw in etw *(A)* ein|schlagen - **2.** [faire pénétrer] : **~ qqch dans qqch** etw in etw *(A)* stecken - **3.** [enfouir] : **~ qqch dans qqch** etw in etw *(D)* vergraben - **4.** [défoncer] auf|brechen. ◆ **s'enfoncer** *vp* - **1.** [s'enliser] : **s'~ dans qqch** in etw *(D)* versinken - **2.** [avancer] : **s'~ dans qqch** in etw *(A)* tief ein|dringen - **3.** [pénétrer] : **s'~ dans qqch** in etw *(A)* ein|dringen - **4.** [s'écrouler] durch|brechen - **5.** *fig* [s'enferrer] : **s'~ dans qqch** sich in etw *(D)* verstricken.

enfouir [32] [ɑ̃fwir] *vt* vergraben.

enfourcher [3] [ɑ̃furʃe] *vt* : **~ qqch** auf etw *(A)* steigen.

enfourner [3] [ɑ̃furne] *vt* - **1.** [pain] in den Backofen schieben - **2.** *fam* [avaler] verdrücken.

enfreindre [81] [ɑ̃frɛ̃dr] *vt* übertreten.

enfreint, e [ɑ̃frɛ̃, ɛ̃t] *pp* ▷ **enfreindre**.

enfuir [35] [ɑ̃fɥir] ◆ **s'enfuir** *vp* [personne] fliehen.

enfumer [3] [ɑ̃fyme] *vt* verräuchern.

engageant, e [ɑ̃gaʒɑ̃, ɑ̃t] *adj* einnehmend.

engagement [ɑ̃gaʒmɑ̃] *nm* - **1.** [contrat, promesse] Verpflichtung *die* - **2.** [embauche, politique] Engagement *das* - **3.** SPORT Anstoß *der*.

engager [17] [ɑ̃gaʒe] ◇ *vt* - **1.** [mettre en

jeu] verpfänden - **2.** [embaucher] an|stellen - **3.** [faire entrer] hinein|fahren - **4.** [capitaux, énergie] ein|setzen - **5.** [commencer] ein|leiten - **6.** [compromettre] hinein|ziehen - **7.** [conseiller] : **~ qqn à qqch** jn zu etw ermahnen - **8.** [encourager] : **~ qqn à faire qqch** jn auf|fordern, etw zu tun ◇ *vi* SPORT den Anstoß geben. ◆ **s'engager** *vp* - **1.** [promettre] : **s'~ à faire qqch** sich verpflichten, etw zu tun - **2.** MIL : **s'~ dans qqch** sich zu etw melden - **3.** [se lancer] : **s'~ dans qqch** sich in etw *(A)* ein|lassen - **4.** [militer] sich engagieren.

engelure [ɑ̃ʒlyr] *nf* Frostbeule *die.*

engendrer [3] [ɑ̃ʒɑ̃dre] *vt* - **1.** *sout* [procréer] zeugen - **2.** *fig* [causer] nach sich ziehen.

engin [ɑ̃ʒɛ̃] *nm* [machine] Gerät *das.*

englober [3] [ɑ̃glɔbe] *vt* ein|schließen.

engloutir [32] [ɑ̃glutir] *vt* - **1.** [gén] verschlingen - **2.** *fig* [argent] verschleudern.

engorger [17] [ɑ̃gɔrʒe] *vt* - **1.** [obstruer] verstopfen - **2.** MÉD : **~ qqch** eine Stauung in etw *(D)* verursachen. ◆ **s'engorger** *vp* [s'obstruer] sich verstopfen.

engouement [ɑ̃gumɑ̃] *nm* Schwärmerei *die.*

engouffrer [3] [ɑ̃gufre] *vt* - **1.** [enfourner] hinein|schütten - **2.** *fam* [nourriture] hinunter|schlingen. ◆ **s'engouffrer** *vp* : **s'~ dans qqch** in etw *(A)* stürzen.

engourdi, e [ɑ̃gurdi] *adj* - **1.** [membre] eingeschlafen - **2.** [esprit] benommen.

engourdir [32] [ɑ̃gurdir] *vt* - **1.** [membre] gefühllos machen - **2.** *fig* [esprit] ab|stumpfen. ◆ **s'engourdir** *vp* [membre] steif werden.

engrais [ɑ̃grɛ] *nm* Dünger *der.*

engraisser [4] [ɑ̃grɛse] ◇ *vt* [animal] mästen ◇ *vi* Fett an|setzen.

engrenage [ɑ̃grənaʒ] *nm* - **1.** TECHNOL Getriebe *das* - **2.** *fig* [enchaînement] Räderwerk *das.*

engueulade [ɑ̃gœlad] *nf fam* Krach *der.*

engueuler [5] [ɑ̃gœle] *vt fam* an|schnauzen ; **se faire ~** angeschnauzt werden. ◆ **s'engueuler** *vp fam* sich an|schnauzen.

enhardir [32] [ɑ̃ardir] *vt* ermutigen. ◆ **s'enhardir** *vp* : **s'~ à faire qqch** Mut fassen und etw tun.

énième, n [ɛnjɛm] *adj fam* x-te, -r, -s ; **pour la ~ fois** zum x-ten Mal.

énigmatique [enigmatik] *adj* - **1.** [air, ton] rätselhaft - **2.** [personnage, caractère] geheimnisvoll.

énigme [enigm] *nf* Rätsel *das.*

enivrant, e [ɑ̃nivrɑ̃, ɑ̃t] *adj* berauschend.

enivrer [3] [ɑ̃nivre] *vt* berauschen. ◆ **s'enivrer** *vp* : **s'~ (de qqch)** sich (an etw *(D)*) berauschen.

enjambée [ɑ̃ʒɑ̃be] *nf* (großer) Schritt.

enjamber [3] [ɑ̃ʒɑ̃be] *vt* [obstacle] : **~ qqch** über etw *(A)* steigen.

enjeu [ɑ̃ʒø] *nm* - **1.** [but] : **l'~ est important** es steht viel auf dem Spiel - **2.** [mise] Einsatz *der.*

enjoindre [82] [ɑ̃ʒwɛ̃dr] *vt sout* : **~ à qqn de faire qqch** jm gebieten, etw zu tun.

enjoint, e [ɑ̃ʒwɛ̃, ɛ̃t] *pp* ▷ **enjoindre.**

enjôler [3] [ɑ̃ʒole] *vt* : **~ qqn** jm schmeicheln.

enjoliver [3] [ɑ̃ʒɔlive] *vt* - **1.** [décor] verzieren - **2.** [récit] aus|schmücken.

enjoliveur [ɑ̃ʒɔlivœr] *nm* AUTOM Radkappe *die.*

enjoué, e [ɑ̃ʒwe] *adj* munter, fröhlich.

enlacer [16] [ɑ̃lase] *vt* [personne] umarmen.

enlaidir [32] [ɑ̃ledir] *vt* hässlich machen.

enlèvement [ɑ̃lɛvmɑ̃] *nm* - **1.** [de personne] Entführung *die* - **2.** [d'objet] Abtransport *der.*

enlever [19] [ɑ̃lve] *vt* - **1.** [vêtement] aus|ziehen ; [chapeau, lunettes] ab|nehmen - **2.** [tache] entfernen - **3.** [meuble, ordures] abtransportieren - **4.** [personne] entführen - **5.** [ôter] : **~ qqch à qqn** jm etw nehmen.

enliser [3] [ɑ̃lize] *vt* [véhicule] festfahren lassen. ◆ **s'enliser** *vp* - **1.** [véhicule, discussion] sich fest|fahren - **2.** *fig* [s'embarrasser] : **s'~ (dans qqch)** sich (in etw *(D)*) verfangen.

enluminure [ɑ̃lyminyr] *nf* Miniaturmalerei *die.*

enneigement [ɑ̃nɛʒmɑ̃] *nm* : **bulletin d'~** Schneebericht *der.*

ennemi, e [ɛnmi] ◇ *adj* feindlich ◇ *nm, f* Feind *der*, -in *die.*

ennui [ɑ̃nɥi] *nm* - **1.** [lassitude] Lang(e)weile *die* - **2.** [problème] : **avoir des ~s avec qqn/qqch** mit jm/etw haben Ärger ; **l'~, c'est que** das Ärgerliche an der Sache ist, dass.

ennuyé, e [ɑ̃nɥije] *adj* [embarrassé] betrübt ; **je suis ~ que** *(+ subjonctif)* es ist mir unangenehm, dass.

ennuyer [14] [ɑ̃nɥije] *vt* - **1.** [contrarier] stören - **2.** [lasser] langweilen. ◆ **s'ennuyer** *vp* sich langweilen.

énoncer [16] [enɔ̃se] *vt* - **1.** [dire] vor|bringen - **2.** [exposer] formulieren.

enorgueillir [32] [ɑ̃nɔrgœjir] *vt* hochmütig machen. ◆ **s'enorgueillir** *vp* : **s'~ de qqch** auf etw *(A)* stolz sein ; **s'~ de faire qqch** stolz sein, etw zu tun.

énorme [enɔrm] *adj* - **1.** [personne] ungeheuer dick - **2.** [chose] mächtig - **3.** [intense] enorm - **4.** *fig* [incroyable] unglaublich.

énormément [enɔrmemɑ̃] *adv* enorm ; ~ **de** ungeheuer viel.

enquête [ɑ̃kɛt] *nf* - **1.** [de police] Untersuchung *die*, Ermittlung *die* - **2.** [sondage] Umfrage *die* - **3.** [recherche] Erkundigung *die.*

enquêter [4] [ɑ̃kete] *vi* - **1.** [police] ermitteln - **2.** [sonder] eine Umfrage veranstalten - **3.** [faire des recherches] Erkundigungen ein|ziehen.

enragé, e [ɑ̃raʒe] *adj* - **1.** [animal] tollwütig - **2.** *fig* [joueur] besessen.

enrager [17] [ɑ̃raʒe] *vi* sich ärgern ; **faire ~ qqn** jn auf die Palme bringen.

enrayer [11] [ɑ̃rɛje] *vt* ein|dämmen. ◆ **s'enrayer** *vp* blockiert sein ; [arme] Ladehemmung haben.

enregistrement [ɑ̃rəʒistrəmɑ̃] *nm* - **1.** [du son, de l'image] Aufnahme *die*, Aufzeichnung *die* - **2.** [à l'aéroport] Einchecken *das ;* ~ **des bagages** Gepäckabfertigung *die* - **3.** JUR & ADMIN Eintragung *die.*

enregistrer [3] [ɑ̃rəʒistre] *vt* - **1.** [son, image] auf|zeichnen, auf|nehmen - **2.** [bagages] auf|geben ; [passager] ein|checken - **3.** [subir] verzeichnen - **4.** [garder en mémoire] : ~ **qqch** sich *(D)* etw ein|prägen - **5.** JUR & ADMIN ein|tragen.

enrhumé, e [ɑ̃ryme] *adj* erkältet.

enrhumer [3] [ɑ̃ryme] *vt :* ~ **qqn** bei jm eine Erkältung auslösen. ◆ **s'enrhumer** *vp* sich erkälten.

enrichir [32] [ɑ̃riʃir] *vt* - **1.** [financièrement] reich machen - **2.** [intellectuellement] bereichern - **3.** [sol, terre] verbessern. ◆ **s'enrichir** *vp* reich werden.

enrobé, e [ɑ̃rɔbe] *adj* - **1.** [recouvert] : ~ **de qqch** mit etw überzogen - **2.** [grassouillet] beleibt.

enrober [3] [ɑ̃rɔbe] *vt* [recouvrir] : ~ **qqch de qqch** etw mit etw überziehen.

enrôler [3] [ɑ̃role] *vt* - **1.** [dans armée] ein|berufen - **2.** [dans groupe] : ~ **dans qqch** für etw an|werben. ◆ **s'enrôler** *vp* ein|treten.

enrouer [6] [ɑ̃rwe] *vt* heiser machen. ◆ **s'enrouer** *vp* heiser werden.

enrouler [3] [ɑ̃rule] *vt* auf|wickeln ; ~ **qqch autour de qqch** etw um etw wickeln. ◆ **s'enrouler** *vp :* **s'~ sur** OU **autour de qqch** sich um etw schlingen ; **s'~ dans qqch** sich in etw *(A)* ein|wickeln.

ensabler [3] [ɑ̃sable] *vt* mit Sand bedecken. ◆ **s'ensabler** *vp* im Sand stecken bleiben.

enseignant, e [ɑ̃sɛɲɑ̃, ɑ̃t] *nm, f* Lehrer *der*, -in *die.*

enseigne [ɑ̃sɛɲ] ◇ *nf* [de commerce] Ladenschild *das* ◇ *nm* Fähnrich *der.*

enseignement [ɑ̃sɛɲmɑ̃] *nm* - **1.** SCOL & UNIV Unterricht *der ;* ~ **primaire** ≃ Grundschulunterricht - **2.** [métier] Lehrerberuf *der* - **3.** [leçon] Lehre *die.*

enseigner [4] [ɑ̃seɲe] ◇ *vt* - **1.** SCOL & UNIV unterrichten - **2.** [apprendre] : ~ **qqch à qqn** jn in etw *(D)* unterrichten ; *fig* jn etw lehren ◇ *vi* unterrichten.

ensemble [ɑ̃sɑ̃bl] ◇ *adv* - **1.** [gén] gemeinsam, zusammen ; **aller ~** zusammen|passen - **2.** [en même temps] gleichzeitig ◇ *nm* - **1.** [totalité] Gesamtheit *die ;* **dans l'~** alles in allem ; **l'~ des participants** sämtliche Teilnehmer - **2.** [harmonie] Einklang *der* - **3.** [vêtement] Kostüm *das* - **4.** [série] Reihe *die* - **5.** MATHS Menge *die.*

ensemblier [ɑ̃sɑ̃blije] *nm* Dekorateur *der.*

ensemencer [16] [ɑ̃smɑ̃se] *vt* [terre] ein|säen.

enserrer [4] [ɑ̃sere] *vt* [entourer] um|schließen.

ensevelir [32] [ɑ̃səvlir] *vt* - **1.** [mort] bestatten - **2.** [recouvrir] verschütten.

ensoleillé, e [ɑ̃sɔleje] *adj* sonnig.

ensoleillement [ɑ̃sɔlɛjmɑ̃] *nm* Sonneneinstrahlung *die.*

ensommeillé, e [ɑ̃sɔmeje] *adj* verschlafen.

ensorceler [24] [ɑ̃sɔrsəle] *vt* - **1.** [jeter un sort sur] verzaubern - **2.** [charmer] bezaubern.

ensuite [ɑ̃sɥit] *adv* - **1.** [plus loin, en second lieu] dann - **2.** [après] danach.

ensuivre [89] [ɑ̃sɥivr] ◆ **s'ensuivre** *vp* darauf folgen ; **il s'ensuit que** das hat zur Folge, dass.

entaille [ɑ̃taj] *nf* - **1.** [encoche] (tiefer) Einschnitt - **2.** [blessure] Schnittwunde *die.*

entailler [3] [ɑ̃taje] *vt* ein|schneiden.

entamer [3] [ɑ̃tame] *vt* - **1.** [nourriture] an|brechen ; [avec un couteau] an|schneiden - **2.** [capital] an|greifen - **3.** [projet] in Angriff nehmen - **4.** [enthousiasme] an|tasten.

entartrer [3] [ɑ̃tartre] *vt :* ~ **qqch** auf etw *(D)* eine Ablagerung bilden. ◆ **s'entartrer** *vp :* **qqch s'entartre** eine Ablagerung bildet sich auf etw *(D).*

entassement [ɑ̃tasmɑ̃] *nm* - **1.** [d'objets] Aufeinanderstapeln *das* - **2.** [de personnes] Zusammenpferchen *das.*

entasser [3] [ɑ̃tase] *vt* - **1.** [objets] aufeinander stapeln - **2.** [personnes] zusammen|pferchen. ◆ **s'entasser** *vp* - **1.** [objets] sich stapeln - **2.** [personnes] sich zusammen|drängen.

entendement [ɑ̃tɑ̃dmɑ̃] *nm* Fassungsvermögen *das.*

entendre [73] [ɑ̃tɑ̃dr] *vt* - **1.** [gén] hören - **2.** [comprendre] : **laisser ~ que** zu verstehen geben, dass - **3.** *sout* [vouloir] : **~ que** darauf bestehen, dass. ◆ **s'entendre** *vp* - **1.** [gén] sich verstehen ; **s'~ avec qqn** sich mit jm verstehen - **2.** [s'accorder] sich mit jm einig werden.

entendu, e [ɑ̃tɑ̃dy] ◇ *pp* ▷ **entendre** ◇ *adj* - **1.** [convenu] abgemacht ; **c'est ~!** einverstanden! - **2.** [sourire, air] wissend.

entente [ɑ̃tɑ̃t] *nf* - **1.** [harmonie] Einverständnis *das* - **2.** [accord] Abkommen *das*.

entériner [3] [ɑ̃terine] *vt* gutheißen, billigen.

enterrement [ɑ̃tɛrmɑ̃] *nm* Beerdigung *die*.

enterrer [4] [ɑ̃tere] *vt* - **1.** [mort] beerdigen - **2.** [objet] vergraben - **3.** *fig* [projet] begraben.

en-tête (*pl* **en-têtes**) *nm* Briefkopf *der*.

entêté, e [ɑ̃tete] ◇ *adj* dickköpfig ◇ *nm, f* Dickkopf *der*.

entêter [4] [ɑ̃tete] *vt* [sujet : parfum] betäuben. ◆ **s'entêter** *vp péj* [s'obstiner] starrsinnig sein ; **s'~ à faire qqch** sich darauf versteifen, etw zu tun.

enthousiasme [ɑ̃tuzjasm] *nm* Begeisterung *die*.

enthousiasmer [3] [ɑ̃tuzjasme] *vt* begeistern. ◆ **s'enthousiasmer** *vp* : **s'~ pour qqch** sich für etw begeistern.

enticher [3] [ɑ̃tiʃe] ◆ **s'enticher** *vp* : **s'~ de qqch** für etw schwärmen ; **s'~ de qqn** sich in jn vernarren.

entier, ère [ɑ̃tje, ɛr] *adj* ganz. ◆ **en entier** *loc adv* ganz.

entièrement [ɑ̃tjɛrmɑ̃] *adv* ganz.

entité [ɑ̃tite] *nf* Gebilde *das*.

entonner [3] [ɑ̃tɔne] *vt* an|stimmen.

entonnoir [ɑ̃tɔnwar] *nm* Trichter *der*.

entorse [ɑ̃tɔrs] *nf* Verstauchung *die*.

entortiller [3] [ɑ̃tɔrtije] *vt* ein|wickeln.

entourage [ɑ̃turaʒ] *nm* - **1.** [famille, connaissances] Umfeld *das* - **2.** [clôture] Einfassung *die*.

entourer [3] [ɑ̃ture] *vt* - **1.** [enclore] umgeben - **2.** [encercler] umzingeln - **3.** *fig* [personne] : **~ qqn** jm Zuwendung entgegen|bringen.

entourloupette [ɑ̃turlupɛt] *nf fam* böser Streich.

entracte [ɑ̃trakt] *nm* (Theater)pause *die*.

entraide [ɑ̃trɛd] *nf* (gegenseitige) Hilfe.

entrailles [ɑ̃traj] *nfpl* [intestins] Eingeweide *Pl*.

entrain [ɑ̃trɛ̃] *nm* Schwung *der*.

entraînement [ɑ̃trɛnmɑ̃] *nm* - **1.** [sportif] Training *das* - **2.** [préparation] Übung *die*.

entraîner [4] [ɑ̃trene] *vt* - **1.** [emmener] mit|schleppen ; **~ qqn à faire qqch** *fig* jn zu etw an|stiften - **2.** TECHNOL an|treiben - **3.** [susciter] : **~ qqch** zu etw führen. ◆ **s'entraîner** *vp* - **1.** SPORT trainieren - **2.** [se préparer] üben ; **s'~ à faire qqch** sich in etw *(D)* üben.

entraîneur, euse [ɑ̃trɛnœr, øz] *nm, f* SPORT Trainer *der*, -in *die*.

entrave [ɑ̃trav] *nf* Fessel *die* ; **~ (à qqch)** *fig* Behinderung *die* (einer Sache *(G)*).

entraver [3] [ɑ̃trave] *vt* - **1.** [action] beeinträchtigen - **2.** [animal] fesseln.

entre [ɑ̃tr] *prép* - **1.** [gén] zwischen - **2.** [au milieu de, parmi] unter ; **~ nous** unter uns.

entrechoquer [3] [ɑ̃trəʃɔke] *vt* aneinander stoßen. ◆ **s'entrechoquer** *vp* aneinander stoßen.

entrecôte [ɑ̃trəkot] *nf* Entrecôte *das*.

entrecouper [3] [ɑ̃trəkupe] *vt* unterbrechen.

entrecroiser [3] [ɑ̃trəkrwaze] *vt* ineinander schlingen. ◆ **s'entrecroiser** *vp* - **1.** [motifs, voûtes] sich kreuzen - **2.** [branches] sich verflechten.

entrée [ɑ̃tre] *nf* - **1.** [accès] Zutritt *der* ; '**~ libre**' 'freier Zutritt' ; '**~ interdite**' 'Zutritt verboten' - **2.** [de véhicule] Einfahrt *die* - **3.** [porte, pièce] Eingang *der* - **4.** [billet] Eintrittskarte *die* - **5.** [plat] Vorspeise *die* - **6.** [début] Eintreten *das*.

entrefaites [ɑ̃trəfɛt] *nfpl* : **sur ces ~** genau in dem Augenblick.

entrefilet [ɑ̃trəfilɛ] *nm* kurze Notiz.

entrejambe [ɑ̃trəʒɑ̃b] *nm* - **1.** ANAT : **à l'~** zwischen den Beinen - **2.** [de pantalon] Schritt *der*.

entrelacer [16] [ɑ̃trəlase] *vt* ineinanderschlingen. ◆ **s'entrelacer** *vp* sich verflechten.

entremêler [4] [ɑ̃trəmele] *vt* vermischen ; **entremêlé de qqch** mit etw vermischt.

entremets [ɑ̃trəmɛ] *nm* Süßspeise *die*.

entremetteur, euse [ɑ̃trəmɛtœr, øz] *nm, f* Vermittler *der*, -in *die*.

entremise [ɑ̃trəmiz] *nf* Vermittlung *die* ; **par l'~ de qqn** über jn.

entrepont [ɑ̃trəpɔ̃] *nm* Zwischendeck *das*.

entreposer [3] [ɑ̃trəpoze] *vt* ab|stellen.

entrepôt [ɑ̃trəpo] *nm* Lagerhalle *die*.

entreprendre [79] [ɑ̃trəprɑ̃dr] *vt* - **1.** [commencer] in Angriff nehmen ; **~ de faire qqch** daran|gehen, etw zu tun - **2.** [essayer de] : **~ de faire qqch** es unternehmen, etw zu tun.

entrepreneur, euse [ɑ̃trəprənœr, øz] *nm, f* Unternehmer *der*, -in *die*.

entrepris, e [ɑ̃trəpri, iz] *pp* ▻ **entreprendre.**

entreprise [ɑ̃trəpriz] *nf* **- 1.** [travail] Vorhaben *das* **- 2.** [société] Unternehmen *das* **- 3.** [attaque] Eingriff *der.*

entrer [3] [ɑ̃tre] ◇ *vi* **- 1.** [pénétrer] ein|treten ; **~ dans qqch** [maison] in etw *(A)* gehen ; [baignoire, voiture] in etw *(A)* steigen ; [pièce] etw betreten **- 2.** [être admis à] : **~ à qqch** in etw *(A)* kommen **- 3.** [faire partie] : **~ dans qqch** zu etw gehören **- 4.** [adhérer] : **~ à qqch** etw *(D)* bei|treten ◇ *vt* **- 1.** [introduire] : **faire ~ qqch** etw ein|führen ; **faire ~ qqn** jn eintreten lassen **- 2.** INFORM ein|geben.

entresol [ɑ̃trəsɔl] *nm* Zwischengeschoss *das.*

entre-temps *adv* inzwischen.

entretenir [40] [ɑ̃trətnir] *vt* **- 1.** [gén] unterhalten **- 2.** [maison, jardin] instand halten **- 3.** [parler à] : **~ qqn de qqch** sich mit jm über etw *(A)* unterhalten. ◆ **s'entretenir** *vp* [parler] : **s'~ de qqch** sich über etw *(A)* unterhalten.

entretien [ɑ̃trətjɛ̃] *nm* **- 1.** [soins] Wartung *die ;* **frais d'~** Unterhaltskosten *Pl* **- 2.** [conversation] Unterredung *die ;* **~ d'embauche** Vorstellungsgespräch *das.*

entre-tuer [7] ◆ **s'entre-tuer** *vp* sich gegenseitig um|bringen.

entrevoir [62] [ɑ̃trəvwar] *vt* **- 1.** [distinguer] undeutlich sehen **- 2.** [voir rapidement] flüchtig sehen **- 3.** [deviner] erahnen. ◆ **s'entrevoir** *vp* sich nur kurz sehen.

entrevu, e [ɑ̃trəvy] *pp* ▻ **entrevoir.** ◆ **entrevue** *nf* Unterredung *die.*

entrouvert, e [ɑ̃truvɛr, ɛrt] ◇ *pp* ▻ **entrouvrir** ◇ *adj* halb offen.

entrouvrir [34] [ɑ̃truvrir] *vt* ein wenig öffnen. ◆ **s'entrouvrir** *vp* sich ein wenig öffnen.

énumération [enymerasjɔ̃] *nf* Aufzählung *die.*

énumérer [18] [enymere] *vt* auf|zählen.

env. (*abr de* **environ**) ca. ung. za.

envahir [32] [ɑ̃vair] *vt* **- 1.** MIL : **~ un pays** in ein Land ein|fallen **- 2.** *fig* [accaparer] in Beschlag nehmen **- 3.** [esprit] befallen **- 4.** [sujet : plante] überwuchern **- 5.** [sujet : eau] überschwemmen.

envahissant, e [ɑ̃vaisɑ̃, ɑ̃t] *adj* **- 1.** [végétation] wuchernd **- 2.** [personne, attitude] aufdringlich.

envahisseur [ɑ̃vaisœr] *nm* Eindringling *der.*

enveloppe [ɑ̃vlɔp] *nf* **- 1.** [de lettre] Umschlag *der* **- 2.** [protectrice] Hülle *die* **- 3.** [budget] Finanzierungsvolumen *das.*

envelopper [3] [ɑ̃vlɔpe] *vt* [objet] ein|wickeln. ◆ **s'envelopper** *vp :* **s'~ dans qqch** sich in etw *(A)* ein|wickeln.

envenimer [3] [ɑ̃vnime] *vt* **- 1.** [blessure] infizieren **- 2.** [querelle] schüren. ◆ **s'envenimer** *vp* **- 1.** [blessure] sich entzünden **- 2.** [querelle] sich verschlimmern.

envergure [ɑ̃vɛrgyr] *nf* **- 1.** [largeur] Spannweite *die* **- 2.** [importance] Ausmaß *das* **- 3.** [qualité] : **un homme d'~** ein Mann von Format.

envers[1] [ɑ̃vɛr] *prép :* **~ qqn/qqch** jm/etw gegenüber.

envers[2] [ɑ̃vɛr] *nm* **- 1.** [derrière] Rückseite *die* **- 2.** [face cachée] Kehrseite *die.* ◆ **à l'envers** *loc adv* **- 1.** [du mauvais côté] verkehrt herum **- 2.** [de travers] verkehrt.

envie [ɑ̃vi] *nf* **- 1.** [désir] Lust *die ;* **avoir ~ de qqch** auf etw *(A)* Lust haben ; [nourriture] auf etw *(A)* Appetit haben **- 2.** [convoitise] Lust *die,* Verlangen *das ;* **faire ~ à qqn** jn reizen.

envier [9] [ɑ̃vje] *vt* beneiden.

envieux, euse [ɑ̃vjø, øz] ◇ *adj* neidisch ◇ *nm, f* Neider *der,* -in *die ;* **faire des ~** beneidet werden.

environ [ɑ̃virɔ̃] *adv* ungefähr.

environnement [ɑ̃virɔnmɑ̃] *nm* **- 1.** [naturel] Umwelt *die* **- 2.** [socioculturel] Umfeld *das.*

environnemental, e, aux [ɑ̃virɔnmɑ̃tal, o] *adj* Umwelt-.

environs [ɑ̃virɔ̃] *nmpl* Umgebung *die ;* **aux ~ de** [lieu] nicht weit von ; [date] um.

envisager [17] [ɑ̃vizaʒe] *vt* **- 1.** [considérer] in Betracht ziehen **- 2.** [projeter] : **~ de faire qqch** ins Auge fassen, etw zu tun.

envoi [ɑ̃vwa] *nm* **- 1.** [expédition] Zuschicken *das* **- 2.** [lettre, marchandise] Sendung *die.*

envol [ɑ̃vɔl] *nm* **- 1.** [d'oiseau] Wegfliegen *das* **- 2.** [d'avion] Abflug *der.*

envoler [3] [ɑ̃vɔle] ◆ **s'envoler** *vp* **- 1.** [oiseau] weg|fliegen **- 2.** [avion] ab|fliegen **- 3.** [papiers] durcheinander|fliegen **- 4.** *fam fig* [disparaître] verschwinden.

envoûter [3] [ɑ̃vute] *vt* **- 1.** [jeter un sort à] verhexen **- 2.** [subjuguer] verzaubern.

envoyé, e [ɑ̃vwaje] ◇ *adj* **- 1.** [lettre, objet] verschickt **- 2.** *fam loc :* **c'est bien ~!** das war schlagfertig! ◇ *nm, f* Beauftragte *der, die.*

envoyer [30] [ɑ̃vwaje] *vt* **- 1.** [chose] schicken ; **~ qqch à qqn** [lettre] jm etw (zu)|schicken ; [marchandise] jm etw zu|senden ; [projectile] jm etw zu|werfen **- 2.** [personne] : **~ qqn faire qqch** jn (fort)|schicken, etw zu tun.

épagneul, e [epaɲœl] *nm, f* Spaniel *der.*

épais, aisse [epɛ, ɛs] *adj* - **1.** [chose] dick - **2.** [brouillard, forêt] dicht.

épaisseur [epɛsœr] *nf* - **1.** [d'objet] Dicke *die* - **2.** [de brouillard, de forêt] Dichte *die.*

épaissir [32] [epesir] ◇ *vt* verdicken, dicker machen ◇ *vi* dicker werden. ◆ **s'épaissir** *vp* - **1.** [liquide] sich verdicken - **2.** [brouillard, forêt] sich verdichten - **3.** [personne] dicker werden - **4.** [mystère] immer undurchdringlicher werden.

épanchement [epɑ̃ʃmɑ̃] *nm* Erguss *der.*

épancher [3] [epɑ̃ʃe] *vt :* ~ **son cœur** sein Herz auslschütten. ◆ **s'épancher** *vp* [parler] sich auslsprechen.

épanoui, e [epanwi] *adj* - **1.** [expression] glücklich - **2.** [fleur] aufgeblüht - **3.** [corps] voll entfaltet.

épanouir [32] [epanwir] *vt* [personne] erfüllen. ◆ **s'épanouir** *vp* - **1.** [fleur] auflblühen - **2.** [corps, personne] sich entfalten - **3.** [visage] auflleuchten.

épanouissement [epanwismɑ̃] *nm* - **1.** [de personnalité] Entwicklung *die* - **2.** [de fleur] Aufgehen *das.*

épargnant, e [eparɲɑ̃, ɑ̃t] ◇ *adj* sparend ◇ *nm, f* Sparer *der,* -in *die.*

épargne [eparɲ] *nf* - **1.** ÉCON Sparen *das* - **2.** BANQUE Sparguthaben *das.*

épargner [3] [eparɲe] *vt* - **1.** [argent] sparen - **2.** [laisser intact] verschonen - **3.** [éviter] : ~ **qqch à qqn** jm etw ersparen ; **n'~ aucun effort** keine Mühe scheuen.

éparpiller [3] [eparpije] *vt* - **1.** [gén] verstreuen - **2.** *fig* [forces, attention] verzetteln. ◆ **s'éparpiller** *vp* - **1.** [foule] sich zerstreuen - **2.** *fig* [perdre son temps] sich verzetteln.

épars, e [epar, ars] *adj sout* verstreut.

épatant, e [epatɑ̃, ɑ̃t] *adj fam* fantastisch.

épaté, e [epate] *adj* - **1.** *fam* [étonné] verblüfft - **2.** [nez] platt gedrückt.

épater [3] [epate] *vt fam* verblüffen.

épaule [epol] *nf* - **1.** ANAT Schulter *die* - **2.** CULIN Schulterstück *das.*

épauler [3] [epole] *vt* - **1.** [personne] unterstützen - **2.** [fusil] schultern.

épaulette [epolɛt] *nf* - **1.** [de veste] Schulterpolster *das* - **2.** MIL Schulterstück *das.*

épave [epav] *nf* Wrack *das.*

épée [epe] *nf* Schwert *das.*

épeler [24] [eple] *vt* buchstabieren.

éperdu, e [epɛrdy] *adj* [sentiment] leidenschaftlich ; **être ~ d'amour** vor Liebe vergehen.

éperon [eprɔ̃] *nm* Sporn *der.*

éperonner [3] [eprɔne] *vt* - **1.** [cheval] : ~ **un cheval** einem Pferd die Sporen geben - **2.** *fig* [stimuler] anlspornen.

épervier [epɛrvje] *nm* Falke *der.*

éphémère [efemɛr] ◇ *adj* - **1.** [insecte] eintägig - **2.** [sentiment] vergänglich ◇ *nm* ZOOL Eintagsfliege *die.*

éphéméride [efemerid] *nf* Abreißkalender *der.*

épi [epi] *nm* - **1.** BOT Ähre *die* - **2.** [de cheveux] (Haar)wirbel *der.*

épice [epis] *nf* Gewürz *das.*

épicé, e [epise] *adj* - **1.** [plat] (scharf) gewürzt - **2.** [histoire] schlüpfrig.

épicéa [episea] *nm* Fichte *die.*

épicer [16] [epise] *vt* würzen.

épicerie [episri] *nf* [magasin] Lebensmittelgeschäft *das.*

épicier, ère [episje, ɛr] *nm, f* Lebensmittelhändler *der,* -in *die.*

épidémie [epidemi] *nf* Epidemie *die.*

épiderme [epidɛrm] *nm* Epidermis *die.*

épidermique [epidɛrmik] *adj* - **1.** [de l'épiderme] epidermal - **2.** [réaction] überempfindlich.

épier [9] [epje] *vt* [personne] : ~ **qqn** jm nachspionieren.

épieu, x [epjø] *nm* Spieß *der.*

épigramme [epigram] ◇ *nf* [poème] Epigramm *das* ◇ *nm* CULIN (*oberes*) *Lammkotelett.*

épilation [epilasjɔ̃] *nf* Enthaarung *die.*

épilepsie [epilɛpsi] *nf* Epilepsie *die.*

épiler [3] [epile] *vt* enthaaren. ◆ **s'épiler** *vp :* **s'~ les jambes** sich die Haare von den Beinen entfernen.

épilogue [epilɔg] *nm* - **1.** [de roman] Epilog *der* - **2.** [d'affaire] Ausgang *der.*

épiloguer [3] [epilɔge] *vi :* ~ **sur qqch** lange über etw *(A)* diskutieren.

épinard [epinar] *nm* Spinat *der.*

épine [epin] *nf* [de fleur] Dorn *der ;* [de hérisson] Stachel *der.*

épineux, euse [epinø, øz] *adj* - **1.** BOT dornig - **2.** [problème] heikel.

épingle [epɛ̃gl] *nf* [métallique] Nadel *die.*

épingler [3] [epɛ̃gle] *vt* - **1.** [fixer] anlstecken, festlstecken - **2.** *fam* [personne] schnappen.

épinière [epinjɛr] ▷ **moelle.**

Épiphanie [epifani] *nf* Dreikönigsfest *das.*

épique [epik] *adj* - **1.** LITTÉRATURE episch - **2.** [extraordinaire] ungewöhnlich.

épiscopal, e, aux [episkɔpal, o] *adj* Bischofs-.

épisode [epizɔd] *nm* - **1.** [de film] Episode *die* - **2.** [événement] Ereignis *das.*

épisodique [epizɔdik] *adj* - **1.** [occasionnel] episodisch - **2.** [secondaire] nebensächlich.

épistolaire [epistɔlɛr] *adj* brieflich.

épitaphe [epitaf] *nf* Epitaph *das.*

épithète [epitɛt] ◇ *adj* GRAM : **adjectif ~** adjektivisches Attribut ◇ *nf* - **1.** GRAM Epitheton *das* - **2.** [qualificatif] : **~ injurieuse** Schimpfwort *das*.

épître [epitr] *nf* Epistel *die*.

éploré, e [eplɔre] *adj* - **1.** [en pleurs] verweint - **2.** [inconsolable] untröstlich.

épluche-légumes [eplyʃlegym] *nm inv* Schälmesser *das*.

éplucher [3] [eplyʃe] *vt* - **1.** [légumes] schälen - **2.** *fig* [texte, comptes] unter die Lupe nehmen.

épluchure [eplyʃyr] *nf* Schale *die*.

éponge [epɔ̃ʒ] *nf* Schwamm *der*.

éponger [17] [epɔ̃ʒe] *vt* - **1.** [liquide] auf|wischen - **2.** *fig* [déficit] tilgen.

épopée [epɔpe] *nf* - **1.** LITTÉRATURE Epos *das* - **2.** [aventure] Abenteuer *das*.

époque [epɔk] *nf* - **1.** [d'année, d'histoire] Zeit *die* ; **l'~ coloniale** die Kolonialzeit - **2.** [ère] Epoche *die*.

épouiller [3] [epuje] *vt* entlausen.

époumoner [3] [epumɔne] ◈ **s'époumoner** *vp* sich die Lunge aus dem Hals(e) schreien.

épouse ▷ **époux.**

épouser [3] [epuze] *vt* - **1.** [personne] heiraten - **2.** [idée, principe] über|nehmen.

épousseter [27] [epuste] *vt* ab|stauben.

époustouflant, e [epustuflɑ̃, ɑ̃t] *adj fam* verblüffend.

épouvantable [epuvɑ̃tabl] *adj* - **1.** [horrible] entsetzlich, schrecklich - **2.** [très mauvais] Besorgnis erregend - **3.** [très fort] fürchterlich.

épouvantail [epuvɑ̃taj] *nm* - **1.** [gén] Vogelscheuche *die* - **2.** *fig* [idée] Schreckgespenst *das*.

épouvante [epuvɑ̃t] *nf* Entsetzen *das*.

épouvanter [3] [epuvɑ̃te] *vt* - **1.** [terrifier] entsetzen - **2.** [angoisser] : **~ qqn** jm Angst ein|jagen.

époux, épouse [epu, epuz] *nm, f* Gemahl *der*, -in *die* ; **prendre pour épouse** zur Frau nehmen.

éprendre [79] [eprɑ̃dr] ◈ **s'éprendre** *vp* : **s'~ de qqn** sich in jn verlieben.

épreuve [eprœv] *nf* - **1.** [difficulté] Probe *die* ; **à l'~ des balles** kugelfest ; **~ de force** Kraftprobe - **2.** [examen, essai] Prüfung *die* - **3.** SPORT Wettkampf *der* - **4.** TYPO Fahne *die* - **5.** PHOT Abzug *der*.

épris, e [epri, iz] ◇ *pp* ▷ **éprendre** ◇ *adj* : **être ~ de qqn** in jn verliebt sein ; **être ~ de qqch** von etw ganz besessen sein.

éprouver [3] [epruve] *vt* - **1.** [sentiment] empfinden - **2.** *sout* [difficulté] erleiden - **3.** [faire souffrir] hart mit|nehmen ; **être éprouvé par qqch** von etw hart mitgenommen sein.

éprouvette [epruvɛt] *nf* Reagenzglas *das*.

épuisé, e [epɥize] *adj* - **1.** [personne, forces] (völlig) erschöpft - **2.** [marchandise] ausverkauft.

épuisement [epɥizmɑ̃] *nm* - **1.** [gén] Erschöpfung *die* - **2.** [de marchandises] (völliger) Ausverkauf.

épuiser [3] [epɥize] *vt* - **1.** [personne] erschöpfen - **2.** [ressources] auf|brauchen.

épuisette [epɥizɛt] *nf* Kescher *der (für Fische)*.

épurer [3] [epyre] *vt* - **1.** [eau] klären - **2.** [parti] säubern.

équarrir [32] [ekarir] *vt* - **1.** [animal] ab|decken - **2.** [poutre] behauen.

équateur [ekwatœr] *nm* Äquator *der*.

équation [ekwasjɔ̃] *nf* Gleichung *die*.

équatorial, e, aux [ekwatɔrjal, o] *adj* Äquatorial-.

équerre [ekɛr] *nf* - **1.** [instrument] Zeichendreieck *das* - **2.** [pièce en T ou L] Winkeleisen *das*.

équestre [ekɛstr] *adj* Reit- ; [statue] Reiter-.

équidistant, e [ekɥidistɑ̃, ɑ̃t] *adj* gleich weit entfernt.

équilatéral, e, aux [ekɥilateral, o] *adj* gleichseitig.

équilibre [ekilibr] *nm* - **1.** [gén] Gleichgewicht *das* ; [du comportement] seelisches Gleichgewicht - **2.** [de budget] Ausgeglichenheit *die*.

équilibré, e [ekilibre] *adj* ausgeglichen.

équilibrer [3] [ekilibre] *vt* - **1.** [objet] aus|balancieren - **2.** [situation, budget] aus|gleichen - **3.** [proportions] gut verteilen. ◈ **s'équilibrer** *vp* sich aus|gleichen.

équilibriste [ekilibrist] *nmf* Äquilibrist *der*.

équipage [ekipaʒ] *nm* Besatzung *die*.

équipe [ekip] *nf* - **1.** [groupe] Gruppe *die*, Team *das* - **2.** SPORT Mannschaft *die*.

équipée [ekipe] *nf* [aventure] Abenteuer *das*.

équipement [ekipmɑ̃] *nm* - **1.** [matériel] Ausrüstung *die* - **2.** [aménagement] Infrastruktur *die* ; **~s sportifs** Sporteinrichtungen.

équiper [3] [ekipe] *vt* - **1.** [navire, armée] aus|rüsten - **2.** [lieu] aus|statten - **3.** [doter] : **~ qqch de qqch** [région] etw mit etw versehen ; [machine] etw mit etw aus|statten. ◈ **s'équiper** *vp* : **s'~ (de qqch)** sich (mit etw) aus|rüsten.

équipier, ère [ekipje, ɛr] *nm, f* SPORT Mannschaftsmitglied *das*.

équitable [ekitabl] *adj* gerecht.

équitation [ekitasjɔ̃] *nf* Reitkunst *die.*

équité [ekite] *nf* Gerechtigkeit *die.*

équivalent, e [ekivalɑ̃, ɑ̃t] *adj* - **1.** [égal] gleichwertig - **2.** [de même niveau] entsprechend. ◆ **équivalent** *nm* Entsprechende *das.*

équivaloir [60] [ekivalwar] ◆ **équivaloir à** *v prép* - **1.** [être égal] : **~ à qqch** einer Sache *(D)* entsprechen - **2.** [revenir] : **~ à qqch** einer Sache *(D)* gleich|kommen.

équivoque [ekivɔk] ◇ *adj* - **1.** [ambigu] zweideutig - **2.** [mystérieux] mysteriös ◇ *nf* Zweideutigkeit *die* ; **sans ~** eindeutig.

érable [erabl] *nm* Ahorn *der.*

éradiquer [3] [eradike] *vt* beseitigen.

érafler [3] [erafle] *vt* - **1.** [peau] auf|schürfen - **2.** [mur, voiture] verschrammen. ◆ **s'érafler** *vp* sich auf|schürfen.

éraflure [eraflyr] *nf* - **1.** [de peau] Abschürfung *die* - **2.** [de mur] Kratzer *der.*

éraillé, e [eraje] *adj* [voix] krächzend.

ère [ɛr] *nf* - **1.** [époque] Ära *die* - **2.** [période] Zeitalter *das* ; GÉOL Erdzeitalter *das.*

érection [erɛksjɔ̃] *nf* - **1.** [de monument, de statue] Errichtung *die* - **2.** [de pénis] Erektion *die.*

éreintant, e [erɛ̃tɑ̃, ɑ̃t] *adj* sehr anstrengend.

éreinté, e [erɛ̃te] *adj* erschöpft.

éreinter [3] [erɛ̃te] *vt* - **1.** [fatiguer] erschöpfen - **2.** [critiquer] verreißen.

érémiste [eremist] *nmf* = **RMiste.**

ergonomique [ɛrgɔnɔmik] *adj* ergonomisch.

ergot [ɛrgo] *nm* [de coq] Sporn *der.*

ériger [17] [eriʒe] *vt* - **1.** [monument] errichten - **2.** *fig* [élever] : **~ qqn en héros** jn zu einem Helden machen.

ermite [ɛrmit] *nm* - **1.** RELIG Eremit *der* - **2.** [solitaire] Einsiedler *der.*

éroder [3] [erɔde] *vt* GÉOL erodieren.

érogène [erɔʒɛn] *adj* erogen.

érosion [erozjɔ̃] *nf* - **1.** [de relief] Erosion *die* - **2.** *fig* [de pouvoir] Verschleiß *der.*

érotique [erɔtik] *adj* erotisch.

érotisme [erɔtism] *nm* Erotik *die.*

errance [ɛrɑ̃s] *nf* Umherirren *das.*

erratum [eratɔm] (*pl* **errata** [erata]) *nm* Erratum *das.*

errer [4] [ɛre] *vi* - **1.** [personne] umher|irren - **2.** [regard] umher|schweifen.

erreur [ɛrœr] *nf* Fehler *der*, Irrtum *der* ; **par ~** aus Versehen.

erroné, e [ɛrɔne] *adj* falsch.

ersatz [ɛrzats] *nm* Ersatz *der.*

éructer [3] [erykte] *vi* auf|stoßen.

érudit, e [erydi, it] ◇ *adj* gebildet ◇ *nm, f* Gelehrte *der*, Gelehrte *die.*

érudition [erydisjɔ̃] *nf* Gelehrsamkeit *die.*

éruption [erypsjɔ̃] *nf* [gén] Eruption *die.*

es [ɛ] ▷ **être.**

ès [ɛs] *prép* : **docteur ~ lettres** Doktor der Philosophie.

ESB (*abr de* **Encéphalite Spongiforme Bovine**) *nf* BSE *die.*

escabeau, x [ɛskabo] *nm* - **1.** [échelle] Bockleiter *die* - **2.** [marchepied] Fußbank *die.*

escadre [ɛskadr] *nf* MIL Geschwader *das.*

escadrille [ɛskadrij] *nf* MIL Staffel *die.*

escadron [ɛskadrɔ̃] *nm* MIL Schwadron *die.*

escalade [ɛskalad] *nf* - **1.** [de montagne, de rocher] Klettern *das* - **2.** [de clôture] Übersteigen *das* - **3.** *fig* [de prix, de violence] Auftrieb *der.*

escalader [3] [ɛskalade] *vt* - **1.** [montagne] besteigen - **2.** [grille, mur] : **~ qqch** über etw *(A)* klettern.

escale [ɛskal] *nf* - **1.** [arrêt - d'avion] Zwischenlandung *die* ; [- de bateau, de voiture] Fahrtunterbrechung *die* ; **faire ~ à New York** in New York zwischen|landen - **2.** [lieu] Zwischenhalt *der.*

escalier [ɛskalje] *nm* Treppe *die* ; **~ roulant** OU **mécanique** Rolltreppe.

escalope [ɛskalɔp] *nf* CULIN Schnitzel *das.*

escamotable [ɛskamɔtabl] *adj* - **1.** [antenne, train d'atterrissage] einziehbar - **2.** [table, lit] Klapp-.

escamoter [3] [ɛskamɔte] *vt* - **1.** [faire disparaître] verschwinden lassen - **2.** [voler] stehlen - **3.** [syllabe, mot] verschlucken - **4.** [train d'atterrissage, antenne] ein|ziehen.

escapade [ɛskapad] *nf* - **1.** [sortie] Eskapade *die* - **2.** [petit voyage] Ausflug *der.*

escargot [ɛskargo] *nm* Schnecke *die.*

escarmouche [ɛskarmuʃ] *nf fig* [désaccord] Wortgefecht *das.*

escarpé, e [ɛskarpe] *adj* steil.

escarpement [ɛskarpəmɑ̃] *nm* Steilhang *der.*

escarpin [ɛskarpɛ̃] *nm* Pumps *der.*

escarre [ɛskar] *nf* MÉD Schorf *der.*

escient [esjɑ̃] *nm* : **à bon ~** (wohl)überlegt ; **à mauvais ~** unüberlegt.

esclaffer [3] [ɛsklafe] ◆ **s'esclaffer** *vp* in schallendes Gelächter aus|brechen.

esclandre [ɛsklɑ̃dr] *nm sout* Skandal *der.*

esclavage [ɛsklavaʒ] *nm* Sklaverei *die.*

esclave [ɛsklav] ◇ *adj* : **être ~ de qqn/qqch** js/einer Sache Sklave sein ◇ *nmf fam* Sklave *der*, -vin *die.*

escompte [ɛskɔ̃t] *nm* Rabatt *der* ; **taux d'~** Diskontsatz *der.*

escompter [3] [ɛskɔ̃te] *vt* [s'attendre à] : **~ qqch** mit etw rechnen.

escorte [ɛskɔrt] *nf* **- 1.** MIL Eskorte *die* **- 2.** [cortège] Begleitung *die.*

escorter [3] [ɛskɔrte] *vt* eskortieren.

escouade [ɛskwad] *nf* **- 1.** MIL Korporalschaft *die* **- 2.** [groupe] Schar *die.*

escrime [ɛskrim] *nf* SPORT Fechten *das.*

escrimer [3] [ɛskrime] ◈ **s'escrimer** *vp* : **s'~ à faire qqch** sich ab|mühen, etw zu tun ; **s'~ sur qqch** sich mit etw ab|mühen.

escroc [ɛskro] *nm* Gauner *der.*

escroquer [3] [ɛskrɔke] *vt* **- 1.** [personne] betrügen **- 2.** [argent] : **~ qqch à qqn** jn um etw betrügen.

escroquerie [ɛskrɔkri] *nf* Betrug *der.*

eskimo = **esquimau.**

espace [ɛspas] *nm* **- 1.** [spatial] Raum *der* **- 2.** [espacement] Abstand *der* **- 3.** [univers] Weltall *das* **- 4.** [temporel] Zeitraum *der ;* **en l'~ d'une minute** innerhalb einer Minute **- 5.** [zone] Fläche *die ;* **~ vert** Grünfläche.

espacement [ɛspasmɑ̃] *nm* Abstand *der.*

espacer [16] [ɛspase] *vt* **- 1.** [dans l'espace] auseinander rücken **- 2.** [dans le temps] staffeln. ◈ **s'espacer** *vp* seltener werden.

espadon [ɛspadɔ̃] *nm* Schwertfisch *der.*

espadrille [ɛspadrij] *nf* Espadrille *die.*

Espagne [ɛspaɲ] *nf* : **l'~** Spanien *nt.*

espagnol, e [ɛspaɲɔl] *adj* spanisch. ◈ **espagnol** *nm* [langue] Spanisch(e) *(das).* ◈ **Espagnol, e** *nm, f* Spanier *der,* -in *die.*

espalier [ɛspalje] *nm* **- 1.** [d'arbres] Spalierbäume *Pl* **- 2.** SPORT Sprossenwand *die.*

espèce [ɛspɛs] *nf* Art *die ;* **~ d'idiot!** du Idiot! ◈ **espèces** *nfpl* FIN Bargeld *das (sans pl) ;* **payer en ~s** in bar bezahlen.

espérance [ɛsperɑ̃s] *nf* Hoffnung *die ;* **~ de vie** Lebenserwartung *die.*

espérer [18] [ɛspere] ◇ *vt* : **~ qqch** auf etw *(A)* hoffen ◇ *vi* Hoffnung haben ; **~ (en qqn/qqch)** (auf jn/etw) hoffen.

espiègle [ɛspjɛgl] ◇ *adj* schalkhaft ◇ *nmf* Schalk *der.*

espion, onne [ɛspjɔ̃, ɔn] *nm, f* Spion *der,* -in *die.*

espionner [3] [ɛspjɔne] *vt* **- 1.** [par indiscrétion] bespitzeln **- 2.** [un État] : **~ qqch** gegen etw spionieren.

esplanade [ɛsplanad] *nf* Esplanade *die.*

espoir [ɛspwar] *nm* Hoffnung *die.*

esprit [ɛspri] *nm* **- 1.** [gén] Geist *der ;* **avoir de l'~** geistreich sein ; **reprendre ses ~s** sich fassen ; **~ de compétition** Konkurrenzdenken *das ;* **~ critique** kritischer Geist **- 2.** [entendement] Verstand *der.*

esquimau, aude, x [ɛskimo, od], **eskimo** [ɛskimo] *adj* Eskimo-, eskimoisch. ◈ **esquimau, eskimo** *nm* [langue] Eskimo *(das),* Eskimoisch(e) *(das).* ◈ **Esquimau, aude, x** *nm, f,* **Eskimo** *nmf* Eskimo *der,* Eskimofrau *die.*

Esquimau® [ɛskimo] *nm inv* [glace] *Eis am Stil, mit Schokolade überzogen.*

esquinter [3] [ɛskɛ̃te] *vt fam* [chose] (schlimm) zu|richten.

esquisse [ɛskis] *nf* **- 1.** [croquis] Skizze *die* **- 2.** [de projet] Entwurf *der* **- 3.** *fig* [de geste, de sourire] Ansatz *der.*

esquiver [3] [ɛskive] *vt* : **~ qqch** etw *(D)* aus|weichen. ◈ **s'esquiver** *vp* sich davon|stehlen.

essai [esɛ] *nm* **- 1.** [gén] Versuch *der ;* **à l'~** auf Probe ; **pilote d'~** Testpilot *der* **- 2.** [travail écrit] Essay *das* OU *der.*

essaim [esɛ̃] *nm* Schwarm *der.*

essayage [esɛjaʒ] *nm* Anprobe *die.*

essayer [11] [eseje] *vt* **- 1.** [machine] erproben ; [magasin, restaurant] aus|probieren **- 2.** [tenter] : **~ qqch** es mit etw versuchen ; **~ de faire qqch** versuchen, etw zu tun **- 3.** [vêtement] an|probieren.

essence [esɑ̃s] *nf* **- 1.** [carburant] Benzin *das* **- 2.** [extrait concentré] Essenz *die* **- 3.** [nature] Wesen *das.*

essentiel, elle [esɑ̃sjɛl] *adj* **- 1.** [indispensable] : **~ à** OU **pour** wesentlich für **- 2.** [fondamental] grundlegend. ◈ **essentiel** *nm* : **l'~** die Hauptsache ; **l'~ est que** *(+ subjonctif)* die Hauptsache ist, dass.

esseulé, e [esœle] *adj sout* einsam.

essieu, x [esjø] *nm* Achse *die.*

essor [esɔr] *nm* **- 1.** [développement] Aufschwung *der* **- 2.** [envol] : **prendre son ~** sich in die Lüfte schwingen ; *fig* einen Aufschwung erleben.

essorer [3] [esɔre] *vt* **- 1.** [en machine] (aus)|schleudern **- 2.** [à la main] aus|wringen.

essoreuse [esɔrøz] *nf* Schleuder *die.*

essouffler [3] [esufle] *vt* außer Atem bringen. ◈ **s'essouffler** *vp* **- 1.** [personne] außer Atem geraten **- 2.** *fig* [projet, industrie] ins Stocken geraten.

essuie-glace [esɥiglas] (*pl* **essuie-glaces**) *nm* Scheibenwischer *der.*

essuie-mains [esɥimɛ̃] *nm inv* Handtuch *das.*

essuie-tout [esɥitu] *nm inv* **- 1.** [en tissu] Küchentuch *das* **- 2.** [en papier] Küchenpapier *das.*

essuyer [14] [esɥije] *vt* **- 1.** [sécher] ab|trocknen **- 2.** [nettoyer] ab|wischen **- 3.** *sout* [subir] erleiden. ◈ **s'essuyer** *vp* sich ab|trocknen.

est[1] [ɛ] ▷ **être.**

est² [ɛst] ◇ *adj inv* Ost-, östlich ◇ *nm inv* : **l'~** der Osten. ◆ **Est** *nm inv* : **l'Est** der Osten.
estafette [ɛstafɛt] *nf* - **1.** MIL Meldegänger *der* - **2.** [voiture] (kleiner) Lieferwagen.
estafilade [ɛstafilad] *nf* Schmarre *die.*
estampe [ɛstɑ̃p] *nf* - **1.** [de bois] Holzschnitt *der* - **2.** [de cuivre] Kupferstich *der.*
estampille [ɛstɑ̃pij] *nf* Stempelaufdruck *der.*
est-ce que [ɛskə] *adv interr* : **~ tu viens?** kommst du?
esthète [ɛstɛt] *nmf* Ästhet *der*, -in *die.*
esthétique [ɛstetik] ◇ *adj* ästhetisch ◇ *nf* Ästhetik *die* ; **le sens de l'~** ein Gefühl für das Schöne.
estimation [ɛstimasjɔ̃] *nf* Schätzung *die.*
estime [ɛstim] *nf* Achtung *die.*
estimer [3] [ɛstime] *vt* - **1.** [valeur, objet, personne] schätzen - **2.** [nombre, quantité] ab|schätzen - **3.** [être d'avis] : **~ que** der Ansicht sein, dass.
estivant, e [ɛstivɑ̃, ɑ̃t] *nm, f* Sommerfrischler *der*, Sommerfrischler *die.*
estomac [ɛstɔma] *nm* Magen *der.*
estomaqué, e [ɛstɔmake] *adj* baff.
estomper [3] [ɛstɔ̃pe] *vt* - **1.** [contour] verschwommen erscheinen lassen - **2.** [sentiment] lindern. ◆ **s'estomper** *vp* [sentiment] schwinden.
Estonie [ɛstɔni] *nf* : **l'~** Estland *nt.*
estrade [ɛstrad] *nf* Podest *das.*
estragon [ɛstragɔ̃] *nm* Estragon *der.*
estropié, e [ɛstrɔpje] ◇ *adj* verkrüppelt ◇ *nm, f* Krüppel *der.*
estropier [9] [ɛstrɔpje] *vt* zum Krüppel machen ; *fig* verstümmeln. ◆ **s'estropier** *vp* zum Krüppel werden.
estuaire [ɛstɥɛr] *nm* Flussmündung *die.*
esturgeon [ɛstyrʒɔ̃] *nm* Stör *der.*
et [e] *conj* [gén] und ; **~ alors?** na und? ; **il parle l'anglais, ~ très bien** er spricht Englisch, und zwar sehr gut.
étable [etabl] *nf* Stall *der.*
établi [etabli] *nm* Werkbank *die.*
établir [32] [etablir] *vt* - **1.** [filiale, bureau] ein|richten - **2.** [devis, record] erstellen - **3.** [relation, silence] her|stellen - **4.** [fortune, réputation] konsolidieren - **5.** [fait, vérité] fest|stellen - **6.** [règle] fest|legen. ◆ **s'établir** *vp* - **1.** [s'installer] sich nieder|lassen - **2.** [relation, contact] sich entwickeln.
établissement [etablismɑ̃] *nm* - **1.** [création] Errichtung *die* - **2.** [d'un fait] Feststellung *die* - **3.** [entreprise] Betrieb *der* - **4.** [institution] Anstalt *die*, Einrichtung *die* ; **~ hospitalier** Krankenanstalt ; **~ scolaire** Lehranstalt.
étage [etaʒ] *nm* - **1.** [de bâtiment] Stockwerk *das*, Stock *der* - **2.** [de fusée, de terrain] Stufe *die.*
étagère [etaʒɛr] *nf* Regal *das.*
étain [etɛ̃] *nm* [métal] Zinn *das.*
étais *etc* ▷ **être.**
étal, als OU **aux** [etal, o] *nm* - **1.** [éventaire] Stand *der* - **2.** [de boucher] Fleischbank *die.*
étalage [etalaʒ] *nm* Auslage *die*, Schaufenster *das* ; *fig* Zurschaustellung *die* ; **faire ~ de qqch** etw zur Schau stellen.
étalagiste [etalaʒist] *nmf* [décorateur] Schaufensterdekorateur *der*, -in *die.*
étaler [3] [etale] *vt* - **1.** [marchandise] aus|legen - **2.** [carte, journal] aus|breiten - **3.** [peinture, beurre] auf|streichen - **4.** [exhiber] zur Schau stellen - **5.** [travail, paiement, vacances] zeitlich staffeln. ◆ **s'étaler** *vp* - **1.** [peinture, beurre] sich verstreichen lassen - **2.** *fam* [tomber] hin|knallen.
étalon [etalɔ̃] *nm* - **1.** [cheval] Hengst *der* - **2.** [mesure] Eichmaß *das.*
étamine [etamin] *nf* - **1.** [de fleur] Staubbeutel *der* - **2.** [tissu] Etamin *das.*
étanche [etɑ̃ʃ] *adj* undurchlässig, wasserdicht.
étancher [3] [etɑ̃ʃe] *vt* - **1.** [sang, larmes, soif] stillen - **2.** [rendre étanche] ab|dichten.
étang [etɑ̃] *nm* Teich *der.*
étape [etap] *nf* Etappe *die* ; **faire ~ à Paris/dans un village** in Paris/einem Dorf Station machen ; **procéder par ~s** stufenweise vorgehen.
état [eta] *nm* - **1.** [gén] Zustand *der* ; **en bon/mauvais ~** in gutem/schlechtem Zustand ; **être en ~/hors d'~ de faire qqch** dazu/nicht dazu in der Lage sein, etw zu tun ; **~ d'esprit** Geisteshaltung *die* - **2.** *sout* [social] Stand *der* ; **~ civil** ADMIN Personenstand - **3.** [inventaire] Aufstellung *die* ; **~ des lieux** Zustandsbefund *der*, Wohnungsabnahme *die.* ◆ **État** *nm* Staat *der.* ◆ **en tout état de cause** *loc adv* auf jeden Fall.
étatiser [3] [etatize] *vt* verstaatlichen.
état-major *nm* - **1.** [officiers] : **l'~** der Stab - **2.** [lieu] Hauptquartier *das* - **3.** [d'entreprise] Führungsspitze *die.*
États-Unis [etazyni] *npl* : **les ~** die Vereinigten Staaten.
étau, x [eto] *nm* Schraubstock *der.*
étayer [11] [eteje] *vt* ab|stützen ; **~ qqch de** OU **avec qqch** *fig* etw mit etw untermauern.
etc. (*abr de* **et cetera**) usw., etc.
été¹ [ete] *pp inv* ▷ **être.**
été² [ete] *nm* Sommer *der* ; **en ~** im Sommer.
éteindre [81] [etɛ̃dr] *vt* - **1.** [lumière,

appareil] aus|schalten ; ~ **le chauffage** die Heizung ab|stellen - **2.** [feu, sentiment] löschen. ◆ **s'éteindre** *vp* - **1.** [souvenir] verlöschen - **2.** [appareil, feu] aus|gehen - **3.** [mourir] verscheiden.

étendard [etɑ̃dar] *nm* Fahne *die.*

étendre [73] [etɑ̃dr] *vt* - **1.** [jambes, bras] aus|strecken ; [ailes] aus|breiten - **2.** [linge] auf|hängen - **3.** [coucher] hin|legen - **4.** [peinture] auf|tragen - **5.** [influence, pouvoir] aus|dehnen ; [connaissances] erweitern. ◆ **s'étendre** *vp* - **1.** [se coucher] sich hin|legen - **2.** [s'étaler] sich erstrecken - **3.** [influence, pouvoir] sich aus|breiten - **4.** [s'attarder] : **s'~ sur qqch** sich über etw *(A)* aus|lassen.

étendu, e [etɑ̃dy] ◇ *pp* ▷ **étendre** ◇ *adj* - **1.** [connaissances] umfassend - **2.** [parc] weitläufig. ◆ **étendue** *nf* - **1.** [surface] Weite *die* - **2.** [importance] Ausmaß *das.*

éternel, elle [etɛrnɛl] *adj* - **1.** [gén] ewig - **2.** [incontournable] unvermeidlich.

éterniser [3] [etɛrnize] *vt* [poursuivre] endlos hin|ziehen. ◆ **s'éterniser** *vp* - **1.** [se prolonger] sich endlos hin|ziehen - **2.** *fam* [rester] ewig bleiben.

éternité [etɛrnite] *nf* Ewigkeit *die.*

éternuer [7] [etɛrnɥe] *vi* niesen.

êtes [ɛt] ▷ **être.**

étêter [4] [etete] *vt* kappen.

éther [etɛr] *nm* Äther *der.*

éthiopien, enne [etjɔpjɛ̃, ɛn] *adj* äthiopisch, abessinisch. ◆ **Éthiopien, enne** *nm, f* Äthiopier *der,* -in *die.*

éthique [etik] ◇ *nf* Ethik *die* ◇ *adj* ethisch.

ethnie [ɛtni] *nf* Ethnie *die.*

ethnique [ɛtnik] *adj* ethnisch.

ethnologie [ɛtnɔlɔʒi] *nf* Ethnologie *die.*

éthylisme [etilism] *nm* Alkoholismus *der.*

étincelant, e [etɛ̃slɑ̃, ɑ̃t] *adj* [couleur, surface, regard] funkelnd.

étinceler [24] [etɛ̃sle] *vi* - **1.** [étoile, surface] funkeln - **2.** *sout* [yeux] blitzen.

étincelle [etɛ̃sɛl] *nf* Funke(n) *der.*

étioler [3] [etjɔle] *vt* verkümmern lassen. ◆ **s'étioler** *vp* verkümmern.

étions [etjɔ̃], **étiez** [etje] ▷ **être.**

étiqueter [27] [etikte] *vt* - **1.** [produit] etikettieren - **2.** *fig* [personne] ab|stempeln.

étiquette [etikɛt] *nf* - **1.** [marque] Etikett *das,* Preisschild *das* - **2.** *fig* [appartenance] Zuordnung *die* - **3.** [protocole] Etikette *die.*

étirer [3] [etire] *vt* strecken. ◆ **s'étirer** *vp* sich strecken.

étoffe [etɔf] *nf* [tissu] Stoff *der.*

étoffer [3] [etɔfe] *vt* aus|gestalten. ◆ **s'étoffer** *vp* kräftiger werden.

étoile [etwal] *nf* - **1.** [astre, emblème] Stern *der ;* ~ **filante** Sternschnuppe *die ;* ~ **de mer** Seestern ; **à la belle ~** *fig* unter freiem Himmel - **2.** [vedette] Star *der.*

étoilé, e [etwale] *adj* [ciel, nuit] sternklar.

étole [etɔl] *nf* Stola *die.*

étonnant, e [etɔnɑ̃, ɑ̃t] *adj* erstaunlich.

étonnement [etɔnmɑ̃] *nm* Erstaunen *das.*

étonner [3] [etɔne] *vt* erstaunen. ◆ **s'étonner** *vp* sich wundern ; **s'~ que** *(+ subjonctif)* sich wundern, dass ; **s'~ de qqch** sich über etw *(A)* wundern.

s'étonner

So eine Überraschung! Quelle surprise !
Wer hätte das gedacht? Qui l'eut cru ?
Was für ein Zufall! Quelle coïncidence !
Das wundert mich. Ça m'étonne.
Wie merkwürdig! Comme c'est curieux !
Das hätte ich nicht für möglich gehalten. Jamais je n'aurais cru ça.

étouffant, e [etufɑ̃, ɑ̃t] *adj* drückend.

étouffée [etufe] ◆ **à l'étouffée** *loc adv* gedünstet.

étouffer [3] [etufe] ◇ *vt* - **1.** [asphyxier, éteindre, réprimer] ersticken - **2.** [oppresser] zum Ersticken bringen - **3.** [opposition, révolte] unterdrücken - **4.** [bruit] dämpfen ; [scandale] vertuschen ◇ *vi* ersticken. ◆ **s'étouffer** *vp* ersticken.

étourderie [eturdəri] *nf* - **1.** [distraction] Gedankenlosigkeit *die* - **2.** [acte] Schnitzer *der.*

étourdi, e [eturdi] ◇ *adj* gedankenlos, zerstreut ◇ *nm, f* kopflose Person.

étourdir [32] [eturdir] *vt* betäuben.

étourdissement [eturdismɑ̃] *nm* - **1.** [vertige] Schwindelgefühl *das* - **2.** [évanouissement] Schwindelanfall *der.*

étourneau, x [eturno] *nm* Star *der (Vogel).*

étrange [etrɑ̃ʒ] *adj* seltsam.

étranger, ère [etrɑ̃ʒe, ɛr] ◇ *adj* - **1.** [langue, puissance, personne] fremd, Fremd- ; **être ~ à qqn** jm fremd sein - **2.** [politique, affaires] ausländisch, Auslands- ◇ *nm, f* - **1.** [de nationalité autre] Ausländer *der,* -in *die* - **2.** [inconnu] Fremde *der,* Fremde *die.* ◆ **étranger** *nm* [pays] : **à l'~** im OU ins Ausland.

étranglé, e [etrɑ̃gle] *adj* [voix] erstickte,-r,-s.

étranglement [etrɑ̃gləmɑ̃] *nm* [strangulation] Erwürgen *das.*

étrangler [3] [etrɑ̃gle] *vt* - **1.** [personne] erwürgen - **2.** [sujet : émotion] : ~ **qqn** jm den Atem verschlagen - **3.** [presse, libertés] ab|würgen. ◆ **s'étrangler** *vp* [s'étouffer] sich verschlucken.

être[1] [2] [ɛtr] ◇ *v aux* - **1.** [de temps composés] sein, haben ; **il est parti hier** er ist gestern weggegangen ; **il s'y est intéressé** er hat sich dafür interessiert - **2.** [de passif] werden ; **la maison a été vendue** das Haus ist verkauft worden ◇ *v attr* - **1.** [indique l'état] sein ; **la maison est blanche** das Haus ist weiß ; **il est médecin** er ist Arzt - **2.** [appartenir] : **~ à qqn** jm gehören ; **c'est à vous, cette voiture?** gehört Ihnen dieses Auto? ◇ *v impers :* **quelle heure est-il?** wie viel Uhr ist es? ; **il est dix heures dix** es ist zehn nach zehn ◇ *vi* - **1.** [indique une situation, un état, une origine] sein ; **il est à Paris** er ist in Paris ; **je suis bien dans cet appartement** ich fühle mich wohl in dieser Wohnung ; **il est de Paris** er ist aus Paris - **2.** [exister] (da)sein ; **il n'est plus** *sout* er ist nicht mehr. ◆ **être à** *v prép* - **1.** [indique une obligation] : **~ à faire** zu tun sein ; **cette chemise est à laver** dieses Hemd muss gewaschen werden - **2.** [indique une continuité] : **il est toujours à s'inquiéter** er ist immer besorgt.

être[2] [ɛtr] *nm* Wesen *das ;* **les ~s humains** die Menschen.

étreindre [81] [etrɛ̃dr] *vt* - **1.** [dans les bras] fest an sich *(A)* drücken OU umklammern - **2.** *fig & sout* [tenailler] packen. ◆ **s'étreindre** *vp* sich in die Arme schließen.

étreinte [etrɛ̃t] *nf* [dans les bras] Umarmung *die.*

étrenner [4] [etrene] *vt* zum ersten Mal tragen.

étrennes [etrɛn] *nfpl* (Neujahrs)geschenk *das.*

étrier [etrije] *nm* Steigbügel *der.*

étriller [3] [etrije] *vt* [cheval] striegeln.

étriper [3] [etripe] *vt* - **1.** [animal] aus|weiden - **2.** *fam* [personne] hin|schlachten, ab|murksen. ◆ **s'étriper** *vp fam* sich gegenseitig nieder|metzeln.

étriqué, e [etrike] *adj* - **1.** [vêtement] zu eng - **2.** [esprit] engstirnig.

étroit, e [etrwa, at] *adj* - **1.** [gén] eng ; **à l'~** beengt - **2.** *péj* [esprit, vues] kleinlich.

étroitesse [etrwatɛs] *nf* Enge *die.*

étude [etyd] *nf* - **1.** [apprentissage] Lernen *das* - **2.** [examen] Untersuchung *die ;* **~ de marché** Marktanalyse *die* - **3.** [ouvrage, essai] Studie *die* - **4.** MUS Etüde *die* - **5.** SCOL [salle] ≃ Arbeitsraum *der* [devoirs] *Erledigung der Hausaufgaben unter Beaufsichtigung* - **6.** [de notaire - local] Kanzlei *die ;* [- charge] Notariat *das.* ◆ **études** *nfpl* Studium *das (sans pl) ;* **faire des ~s** studieren.

étudiant, e [etydjɑ̃, ɑ̃t] ◇ *adj* Studenten-, studentisch ◇ *nm, f* UNIV Student *der,* -in *die.*

étudié, e [etydje] *adj* - **1.** [préparé] wohl überlegt - **2.** [affecté] einstudiert.

étudier [9] [etydje] *vt* - **1.** [apprendre] lernen ; [à l'université] studieren - **2.** [observer, analyser] studieren, untersuchen - **3.** [calculer] ein|studieren.

étui [etɥi] *nm* Etui *das.*

étuve [etyv] *nf* - **1.** [local] Trockenkammer *die ; fig* Sauna *die* - **2.** [appareil] Trockenapparat *der.*

étuvée [etyve] ◆ **à l'étuvée** *loc adv* gedünstet.

étymologie [etimɔlɔʒi] *nf* Etymologie *die.*

eu, e [y] *pp* ▷ **avoir.**

E.U., E.-U.A. (*abr de* **États-Unis (d'Amérique)**) *nmpl* USA *Pl.*

eucalyptus [økaliptys] *nm* Eukalyptus *der.*

euh [ø] *interj :* **euh!** hm!

eûmes [ym] ▷ **avoir.**

eunuque [ønyk] *nm* Eunuch *der.*

euphémisme [øfemism] *nm* Euphemismus *der.*

euphorie [øfɔri] *nf* Euphorie *die.*

eurasien, enne [ørazjɛ̃, ɛn] *adj* eurasisch. ◆ **Eurasien, enne** *nm, f* Eurasier *der,* -in *die.*

eurent [yr] ▷ **avoir.**

euro [ørɔ] *nm* Euro *der ;* **zone ~** Euroländer *pl.*

eurodevise [ørɔdəviz] *nf* Eurodevise *die.*

eurodollar [ørɔdɔlar] *nm* Eurodollar *der.*

euromissile [ørɔmisil] *nm* Euromissil *das.*

Europe [ørɔp] *nf :* **l'~** Europa *nt.*

européen, enne [ørɔpeɛ̃, ɛn] *adj* europäisch. ◆ **Européen, enne** *nm, f* Europäer *der,* - in *die.*

eus *etc* ▷ **avoir.**

eût [y] ▷ **avoir.**

euthanasie [øtanazi] *nf* Euthanasie *die.*

eux [ø] *pron pers* sie ; **je veux les voir ~** ich möchte sie sehen ; **c'est à ~ que je veux parler** ich möchte sie sprechen ; **ils sont contents d'~** sie sind mit sich zufrieden.

eux-mêmes [ømɛm] *pron pers* sie selbst ; **j'ai vu les responsables ~** ich habe die Verantwortlichen höchstpersönlich getroffen.

évacuation [evakɥasjɔ̃] *nf* - **1.** [d'eau] Ableitung *die* - **2.** [d'un lieu] Räumung *die* - **3.** [de personne] Evakuierung *die.*

évacuer [7] [evakɥe] *vt* - **1.** [eau] ab|leiten - **2.** [lieu] räumen - **3.** [personne] evakuieren.

évadé, e [evade] *nm, f* Ausbrecher *der*, -in *die*.

évader [3] [evade] ◆ **s'évader** *vp* : **s'~ (d'un lieu)** (aus einem Ort) auslbrechen ; **s'~ (de qqch)** *fig* (etw *(D)*) entfliehen.

évaluation [evalɥasjɔ̃] *nf* - **1.** [de valeur] (Ein)schätzung *die* - **2.** [d'élève] Bewertung *die*.

évaluer [7] [evalɥe] *vt* - **1.** [valeur] (ab)lschätzen - **2.** [élève] bewerten.

évangélique [evɑ̃ʒelik] *adj* evangelisch.

évangéliser [3] [evɑ̃ʒelize] *vt* evangelisieren.

évangile [evɑ̃ʒil] *nm* Evangelium *das*.

évanouir [32] [evanwir] ◆ **s'évanouir** *vp* [personne] ohnmächtig werden.

évanouissement [evanwismɑ̃] *nm* [de personne] Ohnmacht *die* ; **avoir un ~** ohnmächtig werden.

évaporer [3] [evapɔre] ◆ **s'évaporer** *vp* - **1.** [liquide] verdampfen - **2.** [disparaître] sich in Luft auflösen.

évasé, e [evaze] *adj* kelchförmig ; **jupe ~e** ausgestellter Rock.

évaser [3] [evaze] *vt* weiter machen. ◆ **s'évaser** *vp* weiter werden.

évasif, ive [evazif, iv] *adj* vage.

évasion [evazjɔ̃] *nf* Ausbruch *der*.

évêché [eveʃe] *nm* - **1.** [territoire] Bistum *das* - **2.** [résidence] Bischofssitz *der*.

éveil [evɛj] *nm* Erwachen *das*.

éveillé, e [eveje] *adj* - **1.** [qui ne dort pas] wach - **2.** [vif] aufgeweckt.

éveiller [4] [eveje] *vt* - **1.** [personne] wecken - **2.** [passion] erwecken. ◆ **s'éveiller** *vp* [sortir du sommeil] auflwachen.

événement [evɛnmɑ̃] *nm* Ereignis *das*.

événementiel, elle [evɛnmɑ̃sjɛl] *adj* [histoire] ereignisbezogen. ◆ **événementiel** *nm* [marketing] : **l'~** die Werbeveranstaltung.

éventail [evɑ̃taj] *nm* - **1.** [objet] Fächer *der* ; **en ~** fächerförmig *(adv)* - **2.** [choix] Auswahl *die* ; **~ de prix** Preisspanne *die*.

éventaire [evɑ̃tɛr] *nm* [étalage] Auslage *die*.

éventer [3] [evɑ̃te] *vt* [secret] lüften. ◆ **s'éventer** *vp* - **1.** [se rafraîchir] sich Kühlung zulfächeln - **2.** [s'altérer] verduften.

éventrer [3] [evɑ̃tre] *vt* - **1.** [étriper] : **~ qqn** jm den Bauch auflschlitzen - **2.** [fendre] auflschlitzen.

éventualité [evɑ̃tɥalite] *nf* - **1.** [possibilité] Möglichkeit *die* - **2.** [circonstance] Eventualität *die*.

éventuel, elle [evɑ̃tɥɛl] *adj* eventuell, möglich.

éventuellement [evɑ̃tɥɛlmɑ̃] *adv* eventuell.

évêque [evɛk] *nm* Bischof *der*.

évertuer [7] [evɛrtɥe] ◆ **s'évertuer** *vp* : **s'~ à faire qqch** sich bemühen, etw zu tun.

évidemment [evidamɑ̃] *adv* natürlich.

évidence [evidɑ̃s] *nf* - **1.** [caractère] Offenkundigkeit *die* - **2.** [fait] Selbstverständlichkeit *die* ; **mettre en ~** [objet] gut sichtbar hinllegen ; [évolution] betonen.

évident, e [evidɑ̃, ɑ̃t] *adj* offensichtlich.

évider [3] [evide] *vt* auslhöhlen.

évier [evje] *nm* Spülbecken *das*.

évincer [16] [evɛ̃se] *vt* : **~ qqn (de qqch)** jn (von etw) auslschalten.

éviter [3] [evite] *vt* - **1.** [personne] meiden - **2.** [dispute] vermeiden ; [obstacle] : **~ qqch** einer Sache *(D)* auslweichen - **3.** [s'abstenir] : **~ de faire qqch** es vermeiden, etw zu tun.

évocateur, trice [evɔkatœr, tris] *adj* vielsagend.

évocation [evɔkasjɔ̃] *nf* - **1.** [rappel] Wachrufen *das* - **2.** [mention] Erwähnung *die*.

évolué, e [evɔlɥe] *adj* - **1.** [développé] entwickelt - **2.** [libéral, progressiste] fortschrittlich.

évoluer [7] [evɔlɥe] *vi* - **1.** [se transformer] sich entwickeln - **2.** [changer d'opinion] sich weiterlentwickeln - **3.** [se mouvoir] sich bewegen.

évolution [evɔlysjɔ̃] *nf* - **1.** [transformation] (Weiter)entwicklung *die* - **2.** BIOL Evolution *die* - **3.** MÉD Verlauf *der*.

évoquer [3] [evɔke] *vt* - **1.** [rappeler] wachlrufen ; **son nom vous évoque-t-il quelque chose?** sagt Ihnen sein Name etwas? - **2.** [mentionner] erwähnen.

ex [ɛks] *nmf fam* Ex *der*, *die*, Verflossene *der*, *die*.

exacerber [3] [ɛgzasɛrbe] *vt* verschärfen.

exact, e [ɛgzakt] *adj* - **1.** [juste] richtig - **2.** [véridique] genau - **3.** [ponctuel] pünktlich.

exactement [ɛgzaktəmɑ̃] *adv* genau.

exactions [ɛgzaksjɔ̃] *nfpl* Ausschreitungen *Pl*.

exactitude [ɛgzaktityd] *nf* - **1.** [précision, conformité à la vérité] Genauigkeit *die* - **2.** [ponctualité] Pünktlichkeit *die*.

ex aequo [ɛgzeko] ◇ *adj inv* platzgleich, ranggleich ◇ *adv* [dans le temps] zeitgleich ; [au classement] auf dem gleichen Platz.

exagération [ɛgzaʒerasjɔ̃] *nf* Übertreibung *die*.

exagéré, e [ɛgzaʒere] *adj* übertrieben.

exagérer [18] [ɛgzaʒere] *vt & vi* übertreiben.

exalté, e [ɛgzalte] ◇ *adj* überspannt ◇ *nm, f* Schwärmer *der*, -in *die*.

exalter [3] [ɛgzalte] *vt* - **1.** [exciter] erregen - **2.** *littéraire* [vanter] preisen. ◆ **s'exalter** *vp* ins Schwärmen geraten.

examen [ɛgzamɛ̃] *nm* - **1.** [étude, analyse] Untersuchung *die* ; **mise en ~** JUR Einleitung *die* eines Verfahrens ; **~ médical** ärztliche Untersuchung - **2.** [SCOL [épreuve - ordinaire] Prüfung *die* ; [- de fin d'études] Examen *das* ; **passer un ~** eine Prüfung machen OU ab|legen.

examinateur, trice [ɛgzaminatœr, tris] *nm, f* Prüfer *der*, -in *die*.

examiner [3] [ɛgzamine] *vt* untersuchen.

exaspération [ɛgzasperasjɔ̃] *nf* Entrüstung *die*.

exaspérer [18] [ɛgzaspere] *vt* : **~ qqn** jm den letzten Nerv rauben.

exaucer [16] [ɛgzose] *vt* erhören ; **~ un vœu** einen Wunsch erfüllen.

excédent [ɛksedɑ̃] *nm* Überschuss *der* ; **un ~ de poids** Übergewicht *das* ; **en ~** überzählig, überschüssig.

excédentaire [ɛksedɑ̃tɛr] *adj* überschüssig.

excéder [18] [ɛksede] *vt* - **1.** [dépasser] übersteigen - **2.** [exaspérer] : **~ qqn** jm auf die Nerven gehen.

excellence [ɛkselɑ̃s] *nf* Vorzüglichkeit *die* ; **par ~** schlechthin. ◆ **Excellence** *nf* [titre] : **son Excellence** seine Exzellenz.

excellent, e [ɛkselɑ̃, ɑ̃t] *adj* - **1.** [parfait] ausgezeichnet - **2.** [de grande bonté] hervorragend.

exceller [4] [ɛksele] *vi* : **~ en** OU **dans qqch** in etw *(D)* hervorragend sein ; **~ à faire qqch** etw hervorragend tun.

excentré, e [ɛksɑ̃tre] *adj* : **c'est ~** es ist abgelegen.

excentrique [ɛksɑ̃trik] ◇ *adj* exzentrisch ◇ *nmf* Exzentriker *der*, -in *die*.

excepté[1], e [ɛksɛpte] *adj* ausgenommen.

excepté[2] [ɛksɛpte] *prép* : **~ qqn/qqch** bis auf jn/etw ; **ils ont tous péri dans l'accident, ~ cette personne** alle sind im Unfall umgekommen, bis auf diese Person.

exception [ɛksɛpsjɔ̃] *nf* Ausnahme *die* ; **faire ~** eine Ausnahme sein ; **à l'~ de** ausgenommen.

exceptionnel, elle [ɛksɛpsjɔnɛl] *adj* außergewöhnlich.

excès [ɛksɛ] ◇ *nm* Exzess *der* ; **~ de vitesse** Geschwindigkeitsüberschreitung *die* ◇ *nmpl* [violence] Ausschreitungen *Pl*.

excessif, ive [ɛksesif, iv] *adj* - **1.** [démesuré] übermäßig - **2.** [personne, jugement] maßlos.

excitant, e [ɛksitɑ̃, ɑ̃t] *adj* - **1.** [stimulant, passionnant] aufregend - **2.** [qui stimule l'organisme] anregend. ◆ **excitant** *nm* Anregungsmittel *das*.

excitation [ɛksitasjɔ̃] *nf* - **1.** [énervement, agitation] Aufregung *die* - **2.** [stimulation] Anregung *die* - **3.** MÉD Reizung *die*.

excité, e [ɛksite] ◇ *adj* [énervé] aufgeregt ◇ *nm, f* Hitzkopf *der*.

exciter [3] [ɛksite] *vt* - **1.** [gén] reizen ; [sentiment] an|regen - **2.** [inciter] : **~ qqn à qqch** jn zu etw an|regen - **3.** [éveiller le désir sexuel de] erregen.

exclamation [ɛksklamasjɔ̃] *nf* Ausruf *der*.

exclamer [3] [ɛksklame] ◆ **s'exclamer** *vp* aus|rufen ; **s'~ devant qqch** über etw *(A)* in großes Geschrei aus|brechen.

exclu, e [ɛkskly] ◇ *adj* ausgeschlossen ◇ *nm, f* Außenseiter *der*, -in *die*.

exclure [96] [ɛksklyr] *vt* : **~ qqn (de qqch)** jn (von etw) aus|schließen ; **il (n')est (pas) exclu que** es ist (nicht) ausgeschlossen, dass.

exclusion [ɛksklyzjɔ̃] *nf* Ausschluss *der*.

exclusivement [ɛksklyzivmɑ̃] *adv* ausschließlich.

exclusivité [ɛksklyzivite] *nf* - **1.** COMM [de vente] Alleinverkaufsrecht *das* ; [d'usage] Exklusivrecht *das* - **2.** CIN : **en ~** exklusiv.

excommunier [9] [ɛkskɔmynje] *vt* RELIG exkommunizieren.

excrément [ɛkskremɑ̃] *nm* Kot *der (sans pl)*.

excroissance [ɛkskrwasɑ̃s] *nf* - **1.** MÉD Auswuchs *der* - **2.** BOT Wucherung *die*.

excursion [ɛkskyrsjɔ̃] *nf* Ausflug *der*.

excursionniste [ɛkskyrsjɔnist] *nmf* Ausflügler *der*, -in *die*.

excuse [ɛkskyz] *nf* Entschuldigung *die*.

excuser [3] [ɛkskyze] *vt* - **1.** [justifier] entschuldbar machen - **2.** [pardonner] entschuldigen ; **excusez-moi** entschuldigen Sie, Entschuldigung. ◆ **s'excuser** *vp* : **s'~ (de qqch)** sich (für etw) entschuldigen.

exécrable [ɛgzekrabl] *adj* - **1.** [temps, humeur] scheußlich - **2.** [crime] abscheulich.

exécrer [18] [ɛgzekre] *vt* verabscheuen.

exécutant, e [ɛgzekytɑ̃, ɑ̃t] *nm, f* Ausführende *der*, Ausführende *die*.

exécuter [3] [ɛgzekyte] *vt* - **1.** [réaliser] aus|führen - **2.** MUS vor|tragen - **3.** [mettre à mort] hin|richten. ◆ **s'exécuter** *vp* sich fügen.

exécutif, ive [ɛgzekytif, iv] *adj* vollziehend, Exekutiv-. ◆ **exécutif** *nm* Exekutive *die*.

exécution [ɛgzekysjɔ̃] *nf* - **1.** [réalisation]

Ausführung *die* - **2.** MUS Vortrag *der* - **3.** [mise à mort] Hinrichtung *die.*

exemplaire [ɛgzɑ̃plɛr] ◇ *adj* beispielhaft ◇ *nm* Exemplar *das.*

exemple [ɛgzɑ̃pl] *nm* - **1.** [modèle] Beispiel *das* ; **citer qqn en ~** jn als Vorbild nennen ; **par ~** zum Beispiel - **2.** [mise en garde] Exempel *das* ; **faire un ~** ein Exempel statuieren.

exempt, e [ɛgzɑ̃, ɑ̃t] *adj* : **~ de qqch** [dispensé de] von etw befreit ; [à l'abri de] einer Sache *(G)* entledigt.

exempté, e [ɛgzɑ̃te] *adj* : **être ~ (de qqch)** (von etw) freigestellt sein.

exempter [3] [ɛgzɑ̃te] *vt* : **~ qqn de qqch** jn von etw frei|stellen.

exercer [16] [ɛgzɛrse] *vt* - **1.** [corps, facultés] schulen, trainieren - **2.** [autorité, métier] aus|üben ; **~ la médecine** praktizieren. ◆ **s'exercer** *vp* - **1.** [s'entraîner] üben, trainieren ; **s'~ à qqch** sich in etw *(D)* üben - **2.** [influence, fascination] ein|wirken.

exercice [ɛgzɛrsis] *nm* - **1.** [entraînement, travail] Übung *die* - **2.** [dépense physique] körperliche Betätigung ; **faire de l'~** sich bewegen - **3.** [pratique] Ausübung *die* ; **en ~** amtierend - **4.** COMM Geschäftsjahr *das* ; **~ fiscal** Steuerjahr *das.*

exhaler [3] [ɛgzale] *vt* [odeur] aus|strömen.

exhaustif, ive [ɛgzostif, iv] *adj* erschöpfend.

exhiber [3] [ɛgzibe] *vt* - **1.** [présenter] vor|zeigen - **2.** [faire étalage de] zur Schau tragen. ◆ **s'exhiber** *vp* sich zur Schau stellen.

exhibitionniste [ɛgzibisjɔnist] *nmf* Exhibitionist *der*, -in *die.*

exhorter [3] [ɛgzɔrte] *vt* : **~ qqn à qqch** jn zu etw ermahnen ; **~ qqn à faire qqch** jn ermahnen, etw zu tun.

exhumer [3] [ɛgzyme] *vt* aus|graben.

exigeant, e [ɛgziʒɑ̃, ɑ̃t] *adj* anspruchsvoll.

exigence [ɛgziʒɑ̃s] *nf* - **1.** [caractère] anspruchsvolle Art - **2.** [demande] Anspruch *der.*

exiger [17] [ɛgziʒe] *vt* verlangen ; **~ que** *(+ subjonctif)* verlangen, dass ; **~ qqch de qqn** etw von jm verlangen.

exigible [ɛgziʒibl] *adj* fällig.

exigu, ë [ɛgzigy] *adj* äußerst beschränkt.

exil [ɛgzil] *nm* Exil *das* ; **en ~** im Exil.

exilé, e [ɛgzile] *nm, f* Emigrant *der*, -in *die.*

exiler [3] [ɛgzile] *vt* ins Exil schicken, verbannen.

existence [ɛgzistɑ̃s] *nf* - **1.** [fait d'être] Sein *das* - **2.** [présence] Vorhandensein *das* - **3.** [façon de vivre] Existenz *die* - **4.** [durée de vie] Bestehen *das.*

exister [3] [ɛgziste] ◇ *vi* - **1.** [personne] leben - **2.** [chose] bestehen ◇ *v impers* : **il existe ...** es gibt ....

exode [ɛgzɔd] *nm* Auszug *der.*

exonération [ɛgzɔnerasjɔ̃] *nf* Befreiung *die* ; **~ d'impôts** Steuerbefreiung.

exorbitant, e [ɛgzɔrbitɑ̃, ɑ̃t] *adj* horrend.

exorciser [3] [ɛgzɔrsize] *vt* exorzisieren.

exotique [ɛgzɔtik] *adj* exotisch.

exotisme [ɛgzɔtism] *nm* [caractère étranger] Exotik *die.*

expansif, ive [ɛkspɑ̃sif, iv] *adj* mitteilsam.

expansion [ɛkspɑ̃sjɔ̃] *nf* Expansion *die.*

expansionniste [ɛkspɑ̃sjɔnist] ◇ *adj* expansionistisch ◇ *nmf Verfechter der Expansionspolitik.*

expatrié, e [ɛkspatrije] ◇ *adj* [personne] ausgewandert ; [capital] ins Ausland überführt ◇ *nm, f* Auswanderer *der*, -derin *die.*

expatrier [10] [ɛkspatrije] *vt* ins Ausland überführen. ◆ **s'expatrier** *vp* aus|wandern.

expédier [9] [ɛkspedje] *vt* - **1.** [paquet, lettre] versenden - **2.** [personne] ab|fertigen - **3.** [travail] schludrig machen OU erledigen.

expéditeur, trice [ɛkspeditœr, tris] ◇ *adj* Versand- ◇ *nm, f* Absender *der*, -in *die.*

expéditif, ive [ɛkspeditif, iv] *adj* - **1.** [personne] flink - **2.** [méthode, solution] rasch wirksam ; [justice] beschleunigt.

expédition [ɛkspedisjɔ̃] *nf* - **1.** [envoi] Versand *der* - **2.** [voyage, campagne militaire] Expedition *die.*

expérience [ɛksperjɑ̃s] *nf* - **1.** [pratique] Erfahrung *die* ; **avoir de l'~** Erfahrung haben - **2.** [essai] Experiment *das*, Versuch *der.*

expérimental, e, aux [ɛksperimɑ̃tal, o] *adj* Versuchs-.

expérimenté, e [ɛksperimɑ̃te] *adj* erfahren.

expert, e [ɛkspɛr, ɛrt] *adj* Kenner-. ◆ **expert** *nm* Sachverständige *der*, Sachverständige *die* ; **~ financier** Finanzfachmann *der.*

expert-comptable *nm* Rechnungsprüfer *der*, -in *die.*

expertise [ɛkspɛrtiz] *nf* Gutachten *das.*

expertiser [3] [ɛkspɛrtize] *vt* : **~ qqch** ein Gutachten über etw *(A)* erstellen.

expier [9] [ɛkspje] *vt* (ab)|büßen.

expiration [ɛkspirasjɔ̃] *nf* - **1.** [d'air] Ausatmen *das* - **2.** [de délai] Ablaufen *das.*

expirer [3] [ɛkspire] *vi* - **1.** [mourir]

entschlafen - **2.** *fig* [délai] ab|laufen ; [carte] verfallen.

explicatif, ive [ɛksplikatif, iv] *adj* erläuternd.

explication [ɛksplikasjɔ̃] *nf* - **1.** [justification] Erklärung *die* - **2.** [interprétation] Erläuterung *die ;* **~ de texte** Texterläuterung.

explicite [ɛksplisit] *adj* unmissverständlich, deutlich.

expliciter [3] [ɛksplisite] *vt* unmissverständlich formulieren.

expliquer [3] [ɛksplike] *vt* - **1.** [justifier] erklären - **2.** [problème, projet, texte] erläutern. ◆ **s'expliquer** *vp* - **1.** [exprimer sa pensée] seine Gedanken näher erläutern - **2.** [comprendre] : **s'~ qqch** sich *(D)* etw erklären - **3.** [mystère] klar werden - **4.** [avoir une discussion] : **s'~ avec qqn** sich mit jm aus|sprechen - **5.** [se justifier] sich rechtfertigen.

exploit [ɛksplwa] *nm* (Glanz)leistung *die.*

exploitant, e [ɛksplwatɑ̃, ɑ̃t] *nm, f:* **~ agricole** Landwirt *der,* -in *die ;* **~ d'un fonds de commerce** Geschäftsinhaber *der,* -in *die ;* **~ de salle de cinéma** Kinobesitzer *der,* -in *die.*

exploitation [ɛksplwatasjɔ̃] *nf* - **1.** [mise en valeur] Betreiben *das ;* [de ressources] Erschließung *die ;* **~ minière** Bergwerk *das* - **2.** [affaire] Betrieb *der ;* **~ agricole** landwirtschaftlicher Betrieb - **3.** [de personne] Ausbeutung *die.*

exploiter [3] [ɛksplwate] *vt* - **1.** [entreprise] betreiben ; [ressources] erschließen - **2.** [situation] nutzen - **3.** [personne] aus|nutzen ; [financièrement] aus|beuten.

explorateur, trice [ɛksplɔratœr, tris] *nm, f* Forschungsreisende *der,* Forschungsreisende *die.*

exploration [ɛksplɔrasjɔ̃] *nf* - **1.** [découverte] Erforschung *die* - **2.** [voyage] Forschungsreise *die.*

explorer [3] [ɛksplɔre] *vt* - **1.** [parcourir] erforschen - **2.** [examiner] untersuchen.

exploser [3] [ɛksploze] *vi* [bombe, personne] explodieren.

explosif, ive [ɛksplozif, iv] *adj* - **1.** [matière] explosiv - **2.** [situation] (spannungs)geladen. ◆ **explosif** *nm* Sprengstoff *der.*

explosion [ɛksplozjɔ̃] *nf* - **1.** [de bombe] Explosion *die* - **2.** [manifestation] Ausbruch *der ;* **~ de colère** Zornesausbruch ; **~ de joie** Freudenausbruch.

expo [ɛkspo] *nf fam* Ausstellung *die ;* **l'expo Vermeer** Vermeerausstellung *die.*

exportateur, trice [ɛkspɔrtatœr, tris] *nm, f* [pays] Ausfuhrland *das ;* [entreprise] Exportunternehmen *das.*

exportation [ɛkspɔrtasjɔ̃] *nf* - **1.** COMM Export *der* - **2.** [produits] Ausfuhr *die.*

exporter [3] [ɛkspɔrte] *vt* exportieren.

exposant, e [ɛkspozɑ̃, ɑ̃t] *nm, f* Aussteller *der,* -in *die.* ◆ **exposant** *nm* MATHS Hochzahl *die,* Exponent *der.*

exposé, e [ɛkspoze] *adj* - **1.** [orienté] gelegen ; **~ au nord** nach Norden liegend ; **bien ~** auf der Sonnenseite gelegen - **2.** [dangereux] exponiert. ◆ **exposé** *nm* - **1.** [compte-rendu] Darstellung *die,* Bericht *der* - **2.** SCOL Referat *das.*

exposer [3] [ɛkspoze] *vt* - **1.** [présenter] aus|stellen - **2.** [disposer, placer] aus|setzen - **3.** [expliquer] dar|stellen - **4.** [mettre en danger] gefährden. ◆ **s'exposer** *vp :* **s'~ à qqch** sich einer Sache *(D)* aus|setzen ; **s'~ au soleil** sich sonnen ; **s'~ à recevoir des critiques** Gefahr laufen, kritisiert zu werden.

exposition [ɛkspozisjɔ̃] *nf* - **1.** [d'art] Ausstellung *die* - **2.** [orientation] Lage *die.*

exprès¹, esse [ɛksprɛs] *adj* [formel, absolu] ausdrücklich. ◆ **exprès** *adj inv* [urgent] Eil-.

exprès² [ɛksprɛ] *adv* extra ; **faire ~ de faire qqch** etw absichtlich tun.

express [ɛksprɛs] ◇ *adj inv :* **train ~** D-Zug *der ;* **voie ~** Schnellstraße *die* ◇ *nm inv* - **1.** [train] D-Zug *der* - **2.** [café] Espresso *der.*

expressément [ɛksprɛsemɑ̃] *adv* ausdrücklich.

expressif, ive [ɛkspresif, iv] *adj* ausdrucksvoll.

expression [ɛksprɛsjɔ̃] *nf* Ausdruck *der ;* **liberté d'~** Redefreiheit *die.*

exprimer [3] [ɛksprime] *vt* aus|drücken. ◆ **s'exprimer** *vp* sich aus|drücken.

expropriation [ɛksprɔprijasjɔ̃] *nf* Enteignung *die.*

exproprier [10] [ɛksprɔprije] *vt* enteignen.

expulser [3] [ɛkspylse] *vt* - **1.** [renvoyer] hinaus|werfen ; **~ qqn du pays** jn des Landes verweisen OU aus dem Land aus|weisen - **2.** [du corps] aus|scheiden.

expulsion [ɛkspylsjɔ̃] *nf* - **1.** [renvoi] Verweisung *die ;* [d'étranger] Ausweisung *die* - **2.** [évacuation] Räumung *die.*

exquis, e [ɛkski, iz] *adj sout* - **1.** [nourriture] ausgezeichnet - **2.** [personne] wunderbar - **3.** [journée] herrlich.

exsangue [ɛksɑ̃g] *adj* blutleer.

extase [ɛkstaz] *nf* Ekstase *die.*

extasier [9] [ɛkstazje] ◆ **s'extasier** *vp* in Verzückung geraten ; **s'~ devant qqn/qqch** von jm/etw hell begeistert sein.

extensible [ɛkstɑ̃sibl] *adj* dehnbar.

extension [ɛkstɑ̃sjɔ̃] *nf* - **1.** [étirement]

Strecken *das* - **2.** [développement, élargissement] Ausweitung *die* ; **par ~** im weiteren Sinn.

exténuer [7] [ɛkstenɥe] *vt* erschöpfen.

extérieur, e [ɛksterjœr] *adj* - **1.** [gén] Außen- - **2.** [apparent] äußerlich. ◆ **extérieur** *nm* [de maison] Außenseite *die* ; [d'objet] Äußere *das* ; **à l'~ de qqch** außerhalb von etw.

extérieurement [ɛksterjœrmɑ̃] *adv* - **1.** [à l'extérieur] äußerlich - **2.** [en apparence] nach außen hin.

extérioriser [3] [ɛksterjɔrize] *vt* äußern.

exterminer [3] [ɛkstɛrmine] *vt* auslrotten, vernichten.

externat [ɛkstɛrna] *nm* - **1.** [lycée] Externat *das* - **2.** [en médecine] Arztpraktikum *das.*

externe [ɛkstɛrn] <> *adj* extern <> *nmf* - **1.** [élève] Externe *der*, Externe *die* - **2.** [étudiant en médecine] ärztlicher Praktikant.

extincteur [ɛkstɛ̃ktœr] *nm* Feuerlöscher *der.*

extinction [ɛkstɛ̃ksjɔ̃] *nf* - **1.** [de flammes] Löschen *das* - **2.** [disparition] : **être en voie d'~** vom Aussterben bedroht sein ; **~ de voix** Stimmlosigkeit *die.*

extirper [3] [ɛkstirpe] *vt* - **1.** [arracher] : **~ qqch (de qqch)** etw (aus etw) auslrupfen - **2.** [sortir] : **~ qqn/qqch de qqch** jn/etw aus etw herauslziehen.

extorquer [3] [ɛkstɔrke] *vt* : **~ qqch à qqn** [aveu] etw von jm erzwingen ; [argent] etw von jm erpressen.

extra [ɛkstra] <> *adj inv* - **1.** [de qualité] eins a, 1 a - **2.** *fam* [génial] spitze <> *nm* [employé] Aushilfskraft *die.*

extraction [ɛkstraksjɔ̃] *nf* - **1.** [de dent] Ziehen *das* - **2.** [de minerai] Förderung *die*, Gewinnung *die.*

extrader [3] [ɛkstrade] *vt* ausl liefern.

extradition [ɛkstradisjɔ̃] *nf* Auslieferung *die.*

extraire [112] [ɛkstrɛr] *vt* - **1.** [retirer] : **~ qqch (de qqch)** etw (aus etw) herauslziehen - **2.** [dent] ziehen - **3.** [passage de texte] entnehmen - **4.** [minerai] ablbauen.

extrait [ɛkstrɛ] *nm* Auszug *der* ; **~ de naissance** Geburtsschein *der.*

extraordinaire [ɛkstraɔrdinɛr] *adj* - **1.** [étonnant, exceptionnel] außergewöhnlich - **2.** [inhabituel, étrange] ungewöhnlich.

extrapoler [3] [ɛkstrapɔle] <> *vt* : **~ qqch (à partir de qqch)** etw (aus etw) folgern <> *vi* verallgemeinern.

extraterrestre [ɛkstraterɛstr] <> *adj* außerirdisch <> *nmf* außerirdisches Wesen.

extravagance [ɛkstravagɑ̃s] *nf* Überspanntheit *die.*

extravagant, e [ɛkstravagɑ̃, ɑ̃t] *adj* - **1.** [incroyable, fou] ausgefallen - **2.** [excessif] überzogen, überspannt.

extraverti, e [ɛkstravɛrti] *adj* extravertiert.

extrême [ɛkstrɛm] <> *adj* - **1.** [très grand] größte,-r,-s - **2.** [le plus loin] äußerste,-r,-s - **3.** [radical, excessif] extrem ; **les sports extrêmes** Extremsportarten *pl* <> *nm* Extrem *das.*

extrêmement [ɛkstrɛmmɑ̃] *adv* extrem.

extrême-onction *nf* Letzte Ölung.

Extrême-Orient [ɛkstrɛmɔrjɑ̃] *nm* : **l'~** der Ferne Osten.

extrémiste [ɛkstremist] <> *adj* extremistisch <> *nmf* Extremist *der*, -in *die.*

extrémité [ɛkstremite] *nf* - **1.** [bout] Ende *das* - **2.** [situation critique] Zwangslage *die.*

exubérant, e [ɛgzyberɑ̃, ɑ̃t] *adj* - **1.** [personne] überschwänglich - **2.** [végétation] üppig.

exulter [3] [ɛgzylte] *vi* frohlocken.

F

f, F [ɛf] *nm inv* - **1.** [lettre] f *das*, F *das* - **2.** [appartement] : **un F3** eine Dreizimmerwohnung. ◆ **F** (*abr de* **franc**) F, FF, fr.

fa [fa] *nm inv* MUS f *das*, F *das.*

fable [fabl] *nf* Fabel *die.*

fabricant, e [fabrikɑ̃, ɑ̃t] *nm, f* Hersteller *der*, -in *die.*

fabrication [fabrikasjɔ̃] *nf* Herstellung *die.*

fabrique [fabrik] *nf* [usine] Fabrik *die.*

fabriquer [3] [fabrike] *vt* - **1.** [confectionner] herlstellen - **2.** *fam* [faire] machen.

fabulation [fabylasjɔ̃] *nf* freie Erfindung.

fabuleux, euse [fabylø, øz] *adj* [énorme] sagenhaft.

fac [fak] (*abr de* **faculté**) *nf fam* ≃ Uni *die.*

façade [fasad] *nf* Fassade *die.*

face [fas] *nf* - **1.** [visage] (An)gesicht *das* - **2.** [côté, aspect] Seite *die* - **3.** *loc* : **faire ~ à qqch** [être situé du côté de] gegenüber von etw liegen ; [affronter] sich einer Sache *(D)* stellen. ◆ **de face** *loc adj* von vorne. ◆ **d'en face** *loc adj* von gegenüber.

◆ **en face de** *loc prép :* **en ~ de qqn/qqch** jm/einer Sache gegenüber.

face-à-face [fasafas] *nm inv* [entretien] Duell *das.*

facétie [fasesi] *nf* Spaß *der.*

facette [fasɛt] *nf* **- 1.** [de diamant] Facette *die* **- 2.** [de problème] Seite *die.*

fâché, e [faʃe] *adj* **- 1.** [contrarié] verärgert **- 2.** [brouillé] verkracht.

fâcher [3] [faʃe] *vt* (ver)ärgern. ◆ **se fâcher** *vp* **- 1.** [se mettre en colère] : **se ~ (contre qqn)** (über jn) verärgert sein, sich (über jn) ärgern OU auf|regen **- 2.** [se brouiller] verkracht sein ; **se ~ avec qqn** sich mit jm verkrachen.

fâcheux, euse [faʃø, øz] *adj* ärgerlich.

facial, e, aux [fasjal, o] *adj* Gesichts-.

faciès [fasjɛs] *nm péj* Visage *die.*

facile [fasil] *adj* **- 1.** [aisé] leicht ; **c'est ~ à dire** das ist leicht gesagt **- 2.** [ironie, plaisanterie] billig **- 3.** [conciliant] umgänglich.

facilement [fasilmɑ̃] *adv* **- 1.** [avec facilité] leicht **- 2.** [pour le moins] gut und gerne.

faciliter [3] [fasilite] *vt* erleichtern.

façon [fasɔ̃] *nf* **- 1.** [manière] Art *die* **- 2.** [travail] Verarbeitung *die.* ◆ **de façon à** *loc prép :* **de ~ à faire qqch** um etw zu tun. ◆ **de façon (à ce) que** *loc conj (+ subjonctif)* damit. ◆ **de toute façon** *loc adv* sowieso.

fac-similé [faksimile] (*pl* **fac-similés**) *nm* Faksimile *das.*

facteur, trice [faktœr, tris] *nm, f* Briefträger *der,* -in *die.*

factice [faktis] *adj* **- 1.** [faux] unecht **- 2.** [affecté] vorgetäuscht.

faction [faksjɔ̃] *nf* **- 1.** [groupe] Fraktion *die* **- 2.** MIL Wache *die.*

factrice ▷ **facteur.**

facture [faktyr] *nf* [note] Rechnung *die.*

facturer [3] [faktyre] *vt* in Rechnung stellen, fakturieren ; **je vous facture cet article (à) quinze euros** ich berechne Ihnen fünfzehn Euro für diesen Artikel.

facturette [faktyrɛt] *nf* Zahlungsbeleg *der.*

facultatif, ive [fakyltatif, iv] *adj* [devoir, exercice] freiwillig, fakultativ.

faculté [fakylte] *nf* **- 1.** UNIV Universität *die ;* [département] Fakultät *die ;* **~ de lettres/de droit/de médecine** philologische/juristische/medizinische Fakultät **- 2.** [droit] Recht *das* **- 3.** [pouvoir, aptitude] Fähigkeit *die ;* **~ de concentration** Konzentrationsfähigkeit.

fadaises [fadɛz] *nfpl* dummes Zeug *(sans pl).*

fade [fad] *adj* fade.

fagot [fago] *nm* Reisigbündel *das.*

fagoté, e [fagɔte] *adj* (schlecht) angezogen.

faible [fɛbl] ◇ *adj* **- 1.** [gén] schwach **- 2.** [petit] gering ; **en ~ quantité** in geringer Menge ◇ *nm* Vorliebe *die.* ◆ **faible d'esprit** *nmf* Schwachsinnige *der,* Schwachsinnige *die.*

faiblement [fɛbləmɑ̃] *adv* [peu] schwach.

faiblesse [fɛblɛs] *nf* **- 1.** [gén] Schwäche *die* **- 2.** [petitesse] Geringfügigkeit *die.*

faiblir [32] [feblir] *vi* **- 1.** [personne] schwächer werden **- 2.** [force, espoir] nach|lassen **- 3.** [baisser] nach|geben.

faïence [fajɑ̃s] *nf* Steingut *das.*

faignant, e = **feignant.**

faille[1] [faj] ▷ **falloir.**

faille[2] [faj] *nf* **- 1.** GÉOL Spalte *die* **- 2.** [défaut] schwache Stelle.

faillir [46] [fajir] *vi* **- 1.** *sout* [manquer] : **~ à qqch** etw verletzen ; **~ à une promesse** sein Wort brechen **- 2.** [être sur le point de] : **avoir failli faire qqch** beinah etw getan haben ; **j'ai failli tomber** ich wäre beinahe gefallen.

faillite [fajit] *nf* **- 1.** FIN Konkurs *der ;* **faire ~** Konkurs machen **- 2.** [échec] Scheitern *das,* Versagen *das.*

faim [fɛ̃] *nf* **- 1.** [besoin de manger] Hunger *der ;* **avoir ~** Hunger haben **- 2.** [désir] Verlangen *das.*

fainéant, e [feneɑ̃, ɑ̃t] ◇ *adj* faul ◇ *nm, f* Faulenzer *der,* - in *die.*

fainéantise [feneɑ̃tiz] *nf* Faulheit *die.*

faire [109] [fɛr] ◇ *vt* **- 1.** [préparer, procurer, s'occuper à] machen ; **~ qqch de qqch** etw aus etw machen ; **~ qqch de qqn** *fig* etw aus jm machen ; **~ un gâteau** einen Kuchen backen ; **~ du thé** Tee kochen ; **~ le ménage** putzen, die Hausarbeit erledigen ; **~ la cuisine** kochen ; **~ la vaisselle** ab|waschen ; **ça ne fait rien** das macht nichts **- 2.** [entreprendre] tun ; **qu'est-ce que je peux ~ pour vous?** was kann ich für Sie tun? **- 3.** [étudier] : **~ de l'allemand** [à l'école] Deutsch lernen ; [à l'université] Deutsch studieren **- 4.** [tenir le rôle de, SPORT & MUS] spielen ; **~ du sport** Sport treiben **- 5.** [imiter] so tun, als ob **- 6.** [calcul, mesure] : **deux fois deux font quatre** zwei mal zwei sind vier ; **il fait 1,80 m** er ist 1,80 m groß ◇ *vi :* **tu ferais bien de faire qqch** du würdest gut daran tun, etw zu tun ; **ça commence à bien ~!** jetzt reicht es langsam! ◇ *v attr* [avoir l'air] wirken ; **~ vieux** alt wirken ◇ *v substitut* tun ; **je lui ai demandé de venir, et c'est ce qu'il a fait** ich habe ihn gebeten zu kommen, und das hat er auch getan ◇ *v impers* **- 1.** [décrit l'atmosphère] : **il fait chaud/froid** es ist warm/kalt ; **il fait jour/nuit** es ist hell/dunkel ; **il fait 20 degrés** es sind 20 Grad - **2.** [exprime la durée, la distance] : **ça fait six mois que je ne l'ai pas vu** ich habe ihn schon seit sechs Monaten nicht mehr gesehen ; **ça fait 30 km qu'on roule sans phares** wir fahren schon seit 30 km ohne Scheinwerfer ◇ *v aux (+ infinitif) :* **~ ~ qqch à qqn** [obligation] jn dazu bringen, etw zu tun ; [aide] jm bei etw behilflich sein ; **~ ~ qqch par qqn** etw von jm erledigen lassen ; **~ démarrer une voiture** ein Auto anspringen lassen ; **~ manger un enfant** einem Kind zu essen geben ; **tu me fais rire** du bringst mich zum Lachen ; **ça me fait penser que** mir fällt gerade ein, dass. ◈ **se faire** *vp* - **1.** [avoir lieu] zustande kommen - **2.** [être à la mode] aktuell sein - **3.** [être convenable] : **ça ne se fait pas** das gehört sich nicht - **4.** [devenir] : **se ~** *(+ adjectif)* werden - **5.** [s'habituer] : **se ~ à qqch** sich an etw *(A)* gewöhnen - **6.** *loc :* **comment se fait-il que?** wie kommt es, dass? ◈ **s'en faire** *vi :* **s'en ~ (pour qqn/ qqch)** sich (um jn/etw) Sorgen machen ; **ne t'en fais pas!** mach dir nichts daraus!

faire-part [fɛrpar] *nm inv* Anzeige *die.*

fais *etc* ▷ **faire.**

faisable [fəzabl] *adj* machbar.

faisais *etc* ▷ **faire.**

faisan, e [fəzɑ̃, an] *nm, f* Fasan *der ;* **(poule) ~e** Fasanhenne *die.*

faisandé, e [fəzɑ̃de] *adj :* **être ~** [viande] einen Stich haben.

faisceau [fɛso] *nm* [rayon] Lichtkegel *der.*

faisons [fəzɔ̃] ▷ **faire.**

fait, e [fɛ, fɛt] ◇ *pp* ▷ **faire** ◇ *adj* - **1.** [fabriqué] hergestellt ; **~ pour qqch** [objet] für etw konzipiert sein ; *fig* [personne] für etw hervorragend geeignet sein ; **il est ~ pour la musique** er ist hoch musikalisch - **2.** [physiquement] : **être bien/mal ~** eine gute/schlechte Figur haben - **3.** *loc :* **c'est bien ~!** recht so! ; **c'est bien ~ pour toi!** das geschieht dir recht! ; **vite ~, bien ~** *fam* ruck, zuck. ◈ **fait** *nm* - **1.** [acte] : **le ~ de parler** das Sprechen ; **le ~ d'être absent aux cours** das Fehlen im Unterricht ; **être au ~ de qqch** über etw *(A)* Bescheid wissen ; **prendre qqn sur le ~** jn auf frischer Tat ertappen ; **être devant le ~ accompli** vor vollendeten Tatsachen stehen ; **~s et gestes** Tun und Lassen *das* - **2.** [événement] Ereignis *das ;* '**~ divers** ' PRESSE 'Vermischtes' ; **un ~ divers** ein zeittypisches Ereignis - **3.** [réalité] Tatsache *die ;* **le ~ est que** es ist eine Tatsache, dass. ◈ **au fait** *loc adv* übrigens. ◈ **en fait** *loc adv* in Wirklichkeit. ◈ **en fait de** *loc prép* anstelle von.

faîte [fɛt] *nm* - **1.** [de toit] Dachfirst *der* - **2.** *fig* [sommet] Gipfel *der.*

faites [fɛt] ▷ **faire.**

faitout [fɛtu] *nm,* **fait-tout** [fɛtu] *nm inv* Kochtopf *der.*

fakir [fakir] *nm* Fakir *der.*

falaise [falɛz] *nf* Klippe *die.*

fallacieux, euse [falasjø, øz] *adj* [promesse] falsch ; [argument] trügerisch.

falloir [69] [falwar] *v impers :* **il faut qqch à qqn** jd braucht etw ; **il me faut du temps** ich brauche Zeit ; **il faut que** *(+ subjonctif) :* **il faut que tu partes** du musst gehen ; **il faut qu'il soit très malade** er muss wirklich krank sein ; **il faut faire qqch** man muss etw tun, etw muss getan werden ; **il faut faire attention** darauf muss man achten ; **il le faut** es muss sein. ◈ **s'en falloir** *v impers :* **il s'en faut de peu** es fehlt nicht viel ; **il s'en faut de beaucoup pour qu'il ait l'examen** er ist weit davon entfernt, seine Prüfung zu bestehen.

fallu [faly] *pp inv* ▷ **falloir.**

fallut [faly] ▷ **falloir.**

falsifier [9] [falsifje] *vt* - **1.** [document, signature] fälschen - **2.** [comptes] manipulieren - **3.** [faits, histoire] verfälschen.

famé, e [fame] *adj :* **mal ~** verrufen.

famélique [famelik] *adj* ausgehungert.

fameux, euse [famø, øz] *adj* - **1.** [célèbre] berühmt - **2.** *fam* [superbe] sagenhaft.

familial, e, aux [familjal, o] *adj* Familien-.

familiariser [3] [familjarize] *vt :* **~ qqn avec qqch** jm etw nahe bringen.

familiarité [familjarite] *nf* - **1.** [intimité] Vertrautheit *die* - **2.** [désinvolture] Lässigkeit *die.* ◈ **familiarités** *nfpl* Zudringlichkeiten *Pl ;* **se permettre des ~s avec qqn** sich bei jm zu viel heraus|nehmen.

familier, ère [familje, ɛr] *adj* - **1.** [habituel] vertraut - **2.** [désinvolte] frei.

famille [famij] *nf* - **1.** [parents proches, groupe] Familie *die ;* **~ d'accueil** [lors d'un séjour linguistique] Gastfamilie *die ;* [pour enfant en difficulté] Pflegefamilie *die* - **2.** [parents éloignés] Verwandte *Pl.*

famine [famin] *nf* Hungersnot *die.*

fan [fan] *nmf fam* Fan *der.*

fanal, aux [fanal, o] *nm* - **1.** [de phare] Leuchtfeuer *das* - **2.** [lanterne] Signallaterne *die.*

fanatique [fanatik] ◇ *nmf* - **1.** [passionné] Fan *der* - **2.** RELIG Fanatiker *der,* -in *die* ◇ *adj* - **1.** [passionné] begeistert - **2.** RELIG fanatisch.

fanatisme [fanatism] *nm* Fanatismus *der.*

faner [3] [fane] *vi* [se flétrir] verwelken. ◈ **se faner** *vp* - **1.** [fleur] verwelken - **2.** [beauté, couleur] verbleichen.

fanfare [fɑ̃far] *nf* - **1.** [orchestre] Blaskapelle *die* - **2.** [musique] Tusch *der.*

fanfaron, onne [fɑ̃farɔ̃, ɔn] *adj* aufschneiderisch, angeberisch.
fange [fɑ̃ʒ] *nf sout* Schlamm *der.*
fanion [fanjɔ̃] *nm* Wimpel *der.*
fantaisie [fɑ̃tezi] *nf* **- 1.** [extravagance] verrückter Einfall **- 2.** [caprice] Laune *die* **- 3.** MUS Fantasie *die.*

fantaisie

Der französische Begriff **fantaisie** wird anders benutzt als der deutsche Begriff „Fantasie". **C'était encore une de ses fantaisies** wird auf Deutsch mit „Das war noch so ein verrückter Einfall von ihr" und **Il lui passe toutes ses fantaisies** mit „Er läßt ihr alle Launen durchgehen" wiedergegeben. „Dieses Kind hat extrem viel Fantasie" dagegen heißt auf Französisch **cet enfant a beaucoup d' imagination**.

fantaisiste [fɑ̃tezist] *adj* **- 1.** [affabulateur] unseriös **- 2.** [bizarre] aus der Luft gegriffen.
fantasme, phantasme [fɑ̃tasm] *nm* Tagtraum *der,* Fantasie *die.*
fantasque [fɑ̃task] *adj* eigenwillig.
fantassin [fɑ̃tasɛ̃] *nm* MIL Infanterist *der.*
fantastique [fɑ̃tastik] ◇ *adj* **- 1.** [surnaturel] Fantasie-, der Fantasie entsprungen ; [conte] Wunder- **- 2.** [extraordinaire] fantastisch **- 3.** [formidable] sagenhaft ◇ *nm :* **le ~** LITTÉRATURE Fantasy *die ;* [surnaturel] Übernatürliche *das.*
fantoche [fɑ̃tɔʃ] *nm* Marionette *die ; (comme adj)* Marionetten-.
fantôme [fɑ̃tom] *nm* [gén] Gespenst *das.*
faon [fɑ̃] *nm* ZOOL Rehkitz *das.*
farce [fars] *nf* **- 1.** CULIN Füllung *die* **- 2.** [blague] Streich *der* **- 3.** LITTÉRATURE : **la ~** die Farce.
farceur, euse [farsœr, øz] *nm, f* Spaßvogel *der,* Schelm *der.*
farci, e [farsi] *adj* CULIN gefüllt.
farcir [32] [farsir] *vt* CULIN füllen.
fard [far] *nm* Schminke *die.*
fardeau, x [fardo] *nm* Last *die.*
farder [3] [farde] *vt* [maquiller] schminken.
farfelu, e [farfəly] *adj* **- 1.** [personne] sonderbar **- 2.** [idée, projet] hirnverbrannt.
farfouiller [3] [farfuje] *vi fam* kramen.
farine [farin] *nf* Mehl *das.*
farineux, euse [farinø, øz] *adj* **- 1.** [aspect] mehlbestäubt **- 2.** [goût] mehlig.
farouche [faruʃ] *adj* **- 1.** [enfant, animal] scheu **- 2.** [sentiment, guerrier] wild.
fart [far(tœ] *nm* Skiwachs *das.*
farter [3] [farte] *vt* wachsen.
fascicule [fasikyl] *nm* Heft *das.*
fascination [fasinasjɔ̃] *nf* Faszination *die.*
fasciner [3] [fasine] *vt* faszinieren.
fascisme [faʃism] *nm* Faschismus *der.*
fasciste [faʃist] ◇ *nmf* Faschist *der,* -in *die* ◇ *adj* faschistisch.
fasse *etc* ▷ **faire.**
faste [fast] ◇ *nm* Prunk *der* ◇ *adj :* **jour ~** Glückstag *der.*
fastidieux, euse [fastidjø, øz] *adj* mühselig.
fastueux, euse [fastɥø, øz] *adj* prunkvoll.
fatal, e [fatal] *adj* **- 1.** [accident, maladie] tödlich **- 2.** [erreur] fatal, verhängnisvoll **- 3.** [inévitable] unausweichlich.
fataliste [fatalist] ◇ *adj* fatalistisch ◇ *nmf* Fatalist *der,* -in *die.*
fatalité [fatalite] *nf* **- 1.** [destin] Schicksal *das* **- 2.** [caractère inéluctable] Unabwendbarkeit *die* **- 3.** [coïncidence] Fügung *die.*
fatigant, e [fatigɑ̃, ɑ̃t] *adj* anstrengend.
fatiguant [fatigɑ̃] *participe présent* ▷ **fatiguer.**
fatigue [fatig] *nf* Müdigkeit *die.*
fatigué, e [fatige] *adj* [personne, visage, trait] müde ; **être ~ de qqch** etw leid sein.
fatiguer [3] [fatige] ◇ *vt* **- 1.** [épuiser] an|strengen **- 2.** [organe] belasten **- 3.** [ennuyer] auf die Nerven gehen ◇ *vi* [personne] müde werden. ◆ **se fatiguer** *vp* **- 1.** [s'épuiser] sich auf|reiben **- 2.** [s'évertuer] : **se ~ à faire qqch** sich ab|mühen, etw zu tun **- 3.** [se lasser] : **se ~ de qqch** etw leid werden.
fatras [fatra] *nm* **- 1.** [de choses] Wust *der* **- 2.** [d'idées] Haufen *der.*
fatuité [fatɥite] *nf* Überheblichkeit *die.*
faubourg [fobur] *nm* Vorstadt *die.*
fauché, e [foʃe] *adj fam* [personne] : **être ~** pleite sein.
faucher [3] [foʃe] *vt* **- 1.** [couper] mähen **- 2.** *fam* [voler] : **~ qqch à qqn** jm etw klauen **- 3.** [sujet : maladie, mort] hinweg|raffen.
faucille [fosij] *nf* Sichel *die.*
faucon [fokɔ̃] *nm* ZOOL Falke *der.*
faudra [fodra] ▷ **falloir.**
faufiler [3] [fofile] *vt* COUTURE heften. ◆ **se faufiler** *vp* **- 1.** [entrer] schleichen **- 2.** [se frayer un chemin] hindurch|schlüpfen ; **se ~ entre** sich hindurch|schlängeln zwischen.
faune [fon] ◇ *nf* **- 1.** [animaux] Fauna *die* **- 2.** *péj* [personnes] (merkwürdige) Typen *Pl* ◇ *nm* MYTH Faun *der.*
faussaire [fosɛr] *nmf* Fälscher *der,* - in *die.*
fausse ▷ **faux.**

faussement [fosmɑ̃] *adv* - **1.** [à tort] zu Unrecht - **2.** [prétendument] gespielt - **3.** [de façon erronée] fälschlicherweise.

fausser [3] [fose] *vt* - **1.** [rendre faux] verfälschen - **2.** [déformer] verbiegen ; [bois] verziehen.

fausseté [foste] *nf* - **1.** [hypocrisie] Unaufrichtigkeit *die* - **2.** [caractère erroné] Falschheit *die.*

faut [fo] ▷ **falloir.**

faute [fot] *nf* - **1.** [erreur & SPORT] Fehler *der ;* ~ **de calcul** Rechenfehler ; ~ **d'orthographe** Rechtschreibfehler ; ~ **professionnelle** Fehler bei der Berufsausübung ; [médecine] Kunstfehler - **2.** [méfait, infraction] Verstoß *der ;* **prendre en** ~ erwischen - **3.** [responsabilité] Schuld *die ;* **c'est de ma** ~ es ist meine Schuld ; **par la** ~ **de qqn** durch js Verschulden. ◆ **faute de** *loc prép* mangels ; ~ **d'argent** aus Geldmangel. ◆ **faute de mieux** *loc adv* in Ermanglung eines Besseren. ◆ **faute de quoi** *loc adv* anderenfalls. ◆ **sans faute** ◇ *loc adj* fehlerfrei ◇ *loc adv* ganz bestimmt.

fauteuil [fotœj] *nm* - **1.** [siège] Sessel *der ;* ~ **roulant** Rollstuhl *der* - **2.** [de théâtre] Platz *der ;* ~ **d'orchestre** Orchesterplatz - **3.** [de président] Vorsitz *der.*

fautif, ive [fotif, iv] ◇ *adj* - **1.** [coupable] schuldig - **2.** [erroné] fehlerhaft ◇ *nm, f* Schuldige *der, die.*

fauve [fov] ◇ *nm* [animal] Raubtier *das* ◇ *adj* [roux] rötlich.

fauvette [fovɛt] *nf* Grasmücke *die.*

faux[1] [fo] *nf* [outil] Sense *die.*

faux[2], fausse [fo, fos] *adj* - **1.** [gén] falsch - **2.** [bijou, fourrure] unecht - **3.** [illusoire] trügerisch - **4.** [alarme, poche] blind - **5.** [instrument] verstimmt. ◆ **faux** ◇ *adv* falsch ◇ *nm* [document, œuvre d'art] Fälschung *die.*

faux-filet *nm* Rindslendensteak *das.*

faux-fuyant *nm* Ausflucht *die.*

faux-monnayeur *nm* Falschmünzer *der.*

faux-sens *nm inv* Sinnfehler *der.*

faveur [favœr] *nf* - **1.** [service] Gefallen *der* - **2.** [popularité] Gunst *die.* ◆ **en faveur de** *loc prép :* **en** ~ **de qqn** für jn, zugunsten von jm. ◆ **à la faveur de** *loc prép :* **à la** ~ **de qqch** unter Ausnutzung einer Sache *(G).*

favorable [favɔrabl] *adj* - **1.** [propice] günstig - **2.** [bienveillant] positiv ; **être** ~ **à qqn/qqch** für jn/etw sein, mit jm/etw einverstanden sein.

favori, ite [favɔri, it] ◇ *adj* [préféré] Lieblings- ◇ *nm, f* - **1.** [préféré] Liebling *der* - **2.** SPORT & HIST Favorit *der,* -in *die.*

favoriser [favɔrize] *vt* - **1.** [encourager] fördern, unterstützen - **2.** [avantager, contribuer à] begünstigen - **3.** [faciliter] erleichtern.

favorite ▷ **favori.**

faxer [3] [fakse] *vt* faxen.

fébrile [febril] *adj* - **1.** [fiévreux] fiebrig - **2.** [impatient] fieberhaft.

fécond, e [fekɔ̃, ɔ̃d] *adj* [gén] fruchtbar.

fécondation [fekɔ̃dasjɔ̃] *nf* Befruchtung *die ;* ~ **in vitro** Befruchtung im Reagenzglas.

féconder [3] [fekɔ̃de] *vt* befruchten.

fécondité [fekɔ̃dite] *nf* [fertilité] Fruchtbarkeit *die.*

fécule [fekyl] *nf* Stärke *die.*

féculent, e [fekylɑ̃, ɑ̃t] *adj* stärkehaltig. ◆ **féculents** *nmpl* stärkehaltige Lebensmittel.

fédéral, e, aux [federal, o] *adj* Bundes-.

fédération [federasjɔ̃] *nf* - **1.** [association] Bund *der* - **2.** [d'États] Bündnis *das.*

fée [fe] *nf* Fee *die.*

féerie [fe(eœri] *nf* Zauber *der.*

féerique [fe(eœrik] *adj* zauberhaft.

feignant, e, faignant, e [fɛɲɑ̃, ɑ̃t] *fam* ◇ *adj* faul ◇ *nm, f* Faulpelz *der.*

feindre [81] [fɛ̃dr] ◇ *vt* vor|täuschen ; ~ **de faire qqch** vor|geben, etw zu tun ◇ *vi* sich verstellen.

feint, e [fɛ̃, fɛ̃t] *pp* ▷ **feindre.**

feinte [fɛ̃t] *nf* - **1.** [ruse] Winkelzug *der* - **2.** SPORT Finte *die.*

fêlé, e [fele] *adj* - **1.** [objet] gesprungen - **2.** *fam* [personne] nicht ganz dicht.

fêler [4] [fele] *vt* an|schlagen.

félicitations [felisitasjɔ̃] *nfpl* Glückwunsch *der.*

féliciter [3] [felisite] *vt :* ~ **qqn** jm gratulieren. ◆ **se féliciter** *vp :* **se** ~ **de qqch** sich über etw *(A)* freuen.

félin, e [felɛ̃, in] *adj* - **1.** [de chat] Katzen- - **2.** *fig* [gracieux, souple] katzenhaft. ◆ **félin** *nm* ZOOL Raubkatze *die.*

félon, onne [felɔ̃, ɔn] *sout* ◇ *adj* treubrüchig ◇ *nm, f* Verräter *der,* -in *die.*

fêlure [felyr] *nf* Riss *der.*

femelle [fəmɛl] ◇ *adj* - **1.** ZOOL & BOT weiblich - **2.** TECHNOL *mit Löchern oder Hohlräumen versehen ;* **prise** ~ Steckdose *die* ◇ *nf* ZOOL Weibchen *das.*

féminin, e [feminɛ̃, in] *adj* - **1.** [personne] weiblich, feminin - **2.** [condition, revue] Frauen- - **3.** GRAM weiblich. ◆ **féminin** *nm* GRAM Femininum *das.*

féminisme [feminism] *nm* Feminismus *der.*

féministe [feminist] ◇ *adj* feministisch ◇ *nmf* Feminist *der,* -in *die.*

féminité [feminite] *nf* Weiblichkeit *die.*
femme [fam] *nf* Frau *die ;* ~ **d'affaires** Geschäftsfrau ; ~ **de ménage** Putzfrau.
fémur [femyr] *nm* Oberschenkelknochen *der.*
fenaison [fənɛzɔ̃] *nf* Heuernte *die.*
fendre [73] [fɑ̃dr] *vt* - **1.** [couper] spalten - **2.** [fendiller] brüchig machen. ◆ **se fendre** *vp* [se fêler] sich spalten.
fendu, e [fɑ̃dy] *pp* ▷ **fendre.**
fenêtre [fənɛtr] *nf* Fenster *das.*
fenouil [fənuj] *nm* Fenchel *der.*
fente [fɑ̃t] *nf* - **1.** [fissure] Spalte *die* - **2.** [interstice] Spalt *der* - **3.** [de vêtement] Schlitz *der.*
féodal, e, aux [feɔdal, o] *adj* feudal.
féodalité [feɔdalite] *nf* Feudalsystem *das.*
fer [fɛr] *nm* [métal] Eisen *das ;* ~ **à cheval** Hufeisen ; ~ **forgé** Schmiedeisen ; ~ **à repasser** Bügeleisen ; ~ **à souder** Lötkolben *der.*
ferai *etc* ▷ **faire.**
fer-blanc *nm* (Weiß)blech *das.*
férié [ferje] ▷ **jour.**
ferme[1] [fɛrm] *nf* Bauernhof *der.*
ferme[2] [fɛrm] ◇ *adj* - **1.** [solide, dur] fest - **2.** [constant] standhaft - **3.** [assuré] bestimmt - **4.** [autoritaire] streng - **5.** [définitif] verbindlich ◇ *adv* [beaucoup] tüchtig ; **discuter** ~ heftig diskutieren.
ferment [fɛrmɑ̃] *nm* - **1.** [levure] Ferment *das* - **2.** [germe] Keim *der.*
fermentation [fɛrmɑ̃tasjɔ̃] *nf* CHIM Gärung *die.*
fermer [3] [fɛrme] ◇ *vt* - **1.** [porte, établissement, frontière] schließen ; [rideau] zu|ziehen ; [store] herunter|lassen - **2.** [gaz, radio] ab|stellen ; [télé, lumière] aus|schalten - **3.** [livre] zu|klappen ; [enveloppe] zu|kleben - **4.** [verrouiller] ab|schließen - **5.** [vêtement] zu|machen - **6.** [interdire l'accès de] sperren ; ~ **qqch à qqn** *fig* jm etw verschließen ◇ *vi* - **1.** [porte, magasin] schließen - **2.** [cesser toute activité] zu|machen - **3.** [vêtement] : **un pantalon qui ferme par devant** eine Hose mit Verschluss vorn.
fermeté [fɛrməte] *nf* - **1.** [consistance] Festigkeit *die* - **2.** [détermination] Beharrlichkeit *die* - **3.** [autorité] Strenge *die.*
fermeture [fɛrmətyr] *nf* - **1.** [de porte] Schließen *das* - **2.** [de vêtement, de sac] Verschluss *der ;* ~ **Éclair**® ou **à glissière** Reißverschluss - **3.** [d'établissement - le soir] Geschäftsschluss *der ;* [- définitive] Schließung *die ;* **heures de** ~ Geschäftszeiten *Pl ;* ~ **hebdomadaire** Ruhetag *der.*
fermier, ère [fɛrmje, ɛr] ◇ *nm, f* Bauer *der,* Bäuerin *die* ◇ *adj* vom Bauernhof.
fermoir [fɛrmwar] *nm* Verschluss *der.*
féroce [ferɔs] *adj* - **1.** [animal] blutrünstig - **2.** [personne, regard] erbarmungslos.
ferraille [fɛraj] *nf* - **1.** [vieux fer] Schrott *der (sans pl)* - **2.** *fam* [monnaie] Kleingeld *das.*
ferronnerie [fɛrɔnri] *nf* [atelier] Kunstschmiede *die.*
ferroviaire [fɛrɔvjɛr] *adj* Eisenbahn-, Schienen-.
ferry-boat [fɛribot] (*pl* **ferry-boats**) *nm* Fährschiff *das.*
fertile [fɛrtil] *adj* - **1.** [sol, femelle] fruchtbar - **2.** [imagination] schöpferisch - **3.** *fig* [fécond] : ~ **en qqch** reich an etw *(D).*
fertiliser [3] [fɛrtilize] *vt* düngen.
fertilité [fɛrtilite] *nf* Fruchtbarkeit *die.*
féru, e [fery] *adj :* **être** ~ **de qqch** *sout* für etw schwärmen.
fervent, e [fɛrvɑ̃, ɑ̃t] *adj* [dévot] tief religiös ; [prière] inbrünstig.
ferveur [fɛrvœr] *nf* Inbrunst *die.*
fesse [fɛs] *nf* Pobacke *die ;* **les ~s** der Hintern.
fessée [fese] *nf* Abreibung *die ;* **donner une ~ à qqn** jm den Hintern versohlen.
festin [fɛstɛ̃] *nm* - **1.** [banquet] Festmahl *das* - **2.** [repas] Festschmaus *der.*
festival, als [fɛstival] *nm* Festspiele *Pl.*
festivités [fɛstivite] *nfpl* Festlichkeiten *Pl.*
feston [fɛstɔ̃] *nm* COUTURE Feston *der.*
festoyer [13] [fɛstwaje] *vi* tafeln.
fêtard, e [fɛtar, ard] *nm, f* Hallodri *der,* Partygirl *das.*
fête [fɛt] *nf* - **1.** [jour chômé] Feiertag *der ;* ~ **nationale** Nationalfeiertag ; **les ~s (de fin d'année)** Weihnachten und Neujahr *(sans art déf)* - **2.** [réunion, réception] Feier *die,* Fest *das* - **3.** [kermesse] Volksfest *das ;* ~ **foraine** Jahrmarkt *der* - **4.** [date de célébration] Namenstag *der* - **5.** [soirée] Party *die* - **6.** *loc :* **ce soir on va faire la ~!** heute Abend machen wir einen drauf!
fêter [4] [fete] *vt* feiern.
fétiche [fetiʃ] *nm* - **1.** [objet de culte] Fetisch *der* - **2.** [mascotte] Glücksbringer *der.*
fétichisme [fetiʃism] *nm* Fetischismus *der.*
fétide [fetid] *adj* übel riechend ; **avoir une haleine** ~ Mundgeruch haben.
fétu [fety] *nm :* ~ **(de paille)** Strohhalm *der.*
feu[1], **e** [fø] *adj :* ~ **mon mari** mein seliger Mann.
feu[2], **x** [fø] *nm* - **1.** [flamme] Feuer *das ;* ~ **de camp** Lagerfeuer ; ~ **de cheminée** Kaminfeuer ; ~ **de joie** Freudenfeuer - **2.** CULIN Herd *der ;* **à** ~ **doux, à petit** ~ auf kleiner Flamme ; **à** ~ **vif** bei starker Hitze - **3.** [incendie] Brand *der ;* **au ~!** Feuer! ; **mettre le**

~ à **qqch** etw in Brand stecken - **4.** [signal routier] Ampel *die* ; **brûler** ou **griller un ~** bei Rot über die Ampel fahren - **5.** AUTOM : **~x de position** Standlicht *das* ; **~x de route** Fernlicht *das* - **6.** *loc* : **je ne vais pas faire long ~** ich werde nicht lange bleiben.

feuillage [fœjaʒ] *nm* Laub *das (sans pl)*.

feuille [fœj] *nf* - **1.** BOT Blatt *das* - **2.** [papier] : **~ de papier** Blatt Papier ; **~ de soins** Behandlungsschein *der*.

feuillet [fœjɛ] *nm* Seite *die*.

feuilleté, e [fœjte] *adj* CULIN Blätterteig-.

feuilleter [27] [fœjte] *vt* : **~ qqch** in etw *(D)* blättern.

feuilleton [fœjtɔ̃] *nm* Fortsetzungsroman *der*.

feutre [føtr] *nm* - **1.** [crayon] Filzstift *der* - **2.** [étoffe] Filz *der* - **3.** [chapeau] Filzhut *der*.

feutré, e [føtre] *adj* - **1.** [garni de feutre] mit Filz unterlegt - **2.** [laine] verfilzt - **3.** [bruit] gedämpft ; **à pas ~s** auf leisen Sohlen.

feutrine [føtrin] *nf dünner, besonders dichter Filz.*

fève [fɛv] *nf* - **1.** [plante, graine] (dicke) Bohne - **2.** [figurine] *im französischen Dreikönigskuchen verstecktes Figürchen.*

février [fevrije] *nm* Februar *der* ; *voir aussi* **septembre.**

fg *abr de* **faubourg.**

fi [fi] *interj littéraire* : **faire ~ de** in den Wind schlagen.

fiable [fjabl] *adj* zuverlässig.

fiacre [fjakr] *nm* Droschke *die*.

fiançailles [fjɑ̃saj] *nfpl* Verlobung *die*.

fiancé, e [fjɑ̃se] *nm, f* Verlobte *der*, Verlobte *die*.

fiancer [16] [fjɑ̃se] *vt* : **~ qqn** js Verlobung feiern. ◆ **se fiancer** *vp* sich verloben.

fibre [fibr] *nf* - **1.** ANAT & TECHNOL Faser *die* ; **~ de verre** Glasfaser - **2.** *fig* [sentiment] Ader *die*.

ficeler [24] [fisle] *vt* verschnüren.

ficelle [fisɛl] *nf* - **1.** [fil] Bindfaden *der* - **2.** [pain] *kleines dünnes Baguette* - **3.** *loc* : **connaître les ~s du métier** die Kniffe des Berufs kennen.

fiche [fiʃ] *nf* - **1.** [carte] Karteikarte *die* - **2.** ÉLECTR Stecker *der*. ◆ **fiche de paie** *nf* Gehaltszettel *der*.

ficher [3] [fiʃe] (*pp sens 1 & 2* **fiché** ; *pp sens 3 & 4* **fichu**) *vt* - **1.** [enfoncer] stecken - **2.** [inscrire] erfassen - **3.** *fam* [faire] : **qu'est-ce qu'il fiche?** was macht er denn bloß? ; **je n'ai rien fichu aujourd'hui** ich habe heute noch keinen Schlag getan - **4.** *fam* [mettre] hin|stecken. ◆ **se ficher** (*pp sens 1* **fiché** ; *pp sens 2 & 3* **fichu**) *vp* - **1.** [s'enfoncer] : **se ~ dans qqch** sich in etw *(A)* setzen - **2.** [se moquer] : **se ~ de qqn** sich über jn lustig machen - **3.** *fam* [ne pas tenir compte] : **je me fiche de ce qu'elle dit** was sie sagt, ist mir schnuppe.

fichier [fiʃje] *nm* - **1.** [de fiches] Kartei *die* - **2.** INFORM Datei *die*.

fichu¹ [fiʃy] *nm* Tuch *das*.

fichu², e [fiʃy] *adj fam* - **1.** [cassé] hinüber - **2.** *(avant n)* [caractère] schwierig - **3.** *loc* : **être mal ~** *fam* sich nicht wohl fühlen ; **ne pas être ~ de faire qqch** *fam* nicht einmal imstande sein, etw zu tun.

fictif, ive [fiktif, iv] *adj* - **1.** [imaginaire] frei erfunden - **2.** [faux] Schein-.

fiction [fiksjɔ̃] *nf* Dichtung *die*.

fidèle [fidɛl] ◇ *adj* : **être ~ (à qqn/ qqch)** (jm/einer Sache) treu sein ◇ *nmf* - **1.** RELIG Gläubige *der*, Gläubige *die* - **2.** [adepte] treuer Anhänger, treue Anhängerin.

fidéliser [3] [fidelize] *vt* für sich gewinnen ; **~ une clientèle** eine Stammkundschaft auf|bauen.

fidélité [fidelite] *nf* Treue *die*.

fief [fjɛf] *nm* Rittergut *das* ; *fig* Hochburg *die*.

fiel [fjɛl] *nm* - **1.** [bile] Galle *die* - **2.** [aigreur] Bosheit *die*.

fier¹, fière [fjɛr] *adj* stolz ; **~ de qqn/qqch** auf jn/etw stolz.

fier² [9] [fje] ◆ **se fier** *vp* : **se ~ à qqn/ qqch** sich auf jn/etw verlassen.

fierté [fjɛrte] *nf* - **1.** [dignité, satisfaction] Stolz *der* - **2.** [arrogance] Überheblichkeit *die*.

fièvre [fjɛvr] *nf* - **1.** MÉD Fieber *das* ; **avoir 40 de ~** 40 Fieber haben ; **~ aphteuse** Maul- und Klauenseuche *die* - **2.** *fig* [excitation] starke Erregung.

fiévreux, euse [fjevrø, øz] *adj* - **1.** [personne, yeux] fiebrig - **2.** *fig* [agitation, activité] fieberhaft.

fig. (*abr de* **figure**) Abb.

figer [17] [fiʒe] *vt* erstarren lassen. ◆ **se figer** *vp* - **1.** [s'immobiliser] erstarren - **2.** [se solidifier] fest werden.

fignoler [3] [fiɲɔle] *vt* : **~ qqch** etw *(D)* den letzten Schliff geben.

figue [fig] *nf* Feige *die*.

figuier [figje] *nm* Feigenbaum *der*.

figurant, e [figyrɑ̃, ɑ̃t] *nm, f* Statist *der*, -in *die*.

figuratif, ive [figyratif, iv] *adj* - **1.** ART figurativ - **2.** [plan] bildhaft.

figuration [figyrasjɔ̃] *nf* - **1.** THÉÂTRE & CIN Statistenrolle *die* - **2.** ART figurative Darstellung.

figure [figyr] *nf* - **1.** [gén] Figur *die* ; **faire ~ de** wirken wie ; **~ géométrique** geometrische Figur - **2.** [visage] Gesicht *das* - **3.** [personnage] Gestalt *die* - **4.** SPORT : **~s imposées** Pflicht *die* ; **~s libres** Kür *die*.

figure

Der französische Begriff **figure** kann nicht als Übersetzung für das deutsche Substantiv „Figur" im Sinne von „Linie" benutzt werden. **Figure** bezeichnet neben den Bedeutungen „Gesicht" und „Gestalt" die „Figur" aus der Geometrie.
Le carré est une figure geométrique heißt auf Deutsch „Ein Viereck ist eine geometrische Figur."
Va te laver la figure wird mit „Wasch dir das Gesicht" und **C'etait une figure de légende** mit „Das war eine legendäre Gestalt" wiedergegeben.
„Sie hat eine gute Figur" heißt auf Französisch dagegen **Elle est bien faite**.

figuré, e [figyre] *adj* - **1.** [plan] bildlich - **2.** [sens] übertragen. ◆ **figuré** *nm* : **au ~** im übertragenen Sinne.

figurer [3] [figyre] ◇ *vt* darlstellen ◇ *vi* : **~ dans qqch** in etw *(D)* vorlkommen ; **~ parmi qqch** zu etw gehören.

figurine [figyrin] *nf* Figur *die*.

fil [fil] *nm* - **1.** COUTURE Faden *der*, Garn *das* - **2.** [métallique] : **~ (de fer)** Draht *der* ; **~ électrique** Kabel *das*. ◆ **au fil de** *loc prép* im Laufe ; **au ~ de l'eau** flussabwärts.

filament [filamɑ̃] *nm* - **1.** ANAT & BOT Faser *die* - **2.** ÉLECTR Glühfaden *der* - **3.** [de bave, de colle] Faden *der*.

filandreux, euse [filɑ̃drø, øz] *adj* fasrig.

filasse [filas] *adj inv* flachsblond.

filature [filatyr] *nf* - **1.** [usine] Spinnerei *die* ; [fabrication] Spinnen *das* - **2.** [poursuite] Beschattung *die*.

file [fil] *nf* Schlange *die* ; **~ d'attente** (Warte)schlange.

filer [3] [file] ◇ *vt* - **1.** [coton, soie] spinnen - **2.** [personne] beschatten - **3.** *fam* [donner] : **~ qqch à qqn** jm etw geben ◇ *vi* - **1.** [bas] eine Laufmasche haben ; [maille] laufen - **2.** [aller vite] (vorbei)lsausen - **3.** *fam* [s'échapper] sich aus dem Staub machen - **4.** *loc* : **~ doux** spuren.

filet [filɛ] *nm* - **1.** [à mailles] Netz *das* ; **~ de pêche** Fischernetz ; **~ à provisions** Einkaufsnetz ; **attirer qqn dans ses ~s** *fig* jn umgarnen - **2.** CULIN Filet *das*.

filial, e, aux [filjal, o] *adj* Kindes-. ◆ **filiale** *nf* ÉCON Tochtergesellschaft *die*.

filiale

Das französische Wort **filiale** wird wie das deutsche Substantiv „Filiale" zwar im Bereich der Wirtschaft verwendet, hat jedoch die Bedeutung von „Tochtergesellschaft", wogegen „Filiale" mit **succursale** übersetzt wird.
Cette société a plusieurs filiales à l'étranger wird mit „Diese Firma hat mehrere Tochterunternehmen im Ausland" übersetzt.
„Sie haben eine neue Filiale eröffnet" heißt dagegen auf Französisch **Ils ont ouvert une nouvelle succursale**. Da die Begriffe meistens im selben Kontext verwendet werden, muss man besonders aufmerksam sein.

filiation [filjasjɔ̃] *nf* - **1.** [lien de parenté] Abstammung *die* - **2.** *fig* [enchaînement] Verknüpfung *die*.

filière [filjɛr] *nf* [réseau] Ring *der*.

filiforme [filifɔrm] *adj* - **1.** [objet] fadenförmig - **2.** [personne] gertenschlank.

filigrane [filigran] *nm* - **1.** [d'orfèvrerie] Filigranarbeit *die* - **2.** [dessin] Wasserzeichen *das*.

filin [filɛ̃] *nm* Tau *das*.

fille [fij] *nf* - **1.** [enfant] Tochter *die* - **2.** [femme] Mädchen *das* ; **jeune/petite ~** junges/kleines Mädchen ; **~ mère** ledige Mutter ; **vieille ~** alte Jungfer.

fillette [fijɛt] *nf* kleines Mädchen.

filleul, e [fijœl] *nm, f* Patenkind *das*.

film [film] *nm* - **1.** [gén] Film *der* - **2.** [alimentaire] Folie *die*.

filmer [3] [filme] *vt* filmen.

filmographie [filmɔgrafi] *nf* *Verzeichnis aller Filme eines Schauspielers, Regisseurs o. Ä.*

filon [filɔ̃] *nm* - **1.** [de mine] Ader *die* - **2.** *fam fig* [situation lucrative] Goldgrube *die*.

fils [fis] *nm* Sohn *der* ; **~ de famille** Sohn wohlhabender Eltern.

filtrant, e [filtrɑ̃, ɑ̃t] *adj* Filter-.

filtre [filtr] *nm* Filter *der*.

filtrer [3] [filtre] ◇ *vt* filtern ; *fig* sieben ◇ *vi* durchlsickern.

fîmes [fim] ▷ **faire.**

fin[1] [fɛ̃] *nf* - **1.** [terme] Ende *das* ; **mettre ~ à qqch** etw beenden ; **prendre ~** zu Ende gehen ; **tirer** ou **toucher à sa ~** ihrem ou seinem Ende zugehen ; **~ de série** Auslaufmodell *das* - **2.** [but] Zweck *der* ; **arriver** ou **parvenir à ses ~s** sein Ziel erreichen. ◆ **à la fin** *loc adv* - **1.** [pour finir] zum Schluss - **2.** [marque d'impatience] : à la **~** ! nun endlich! ◆ **à la fin de** *loc prép* : **à la ~ de qqch**

am Ende einer Sache *(G)*. ◆ **en fin de** *loc prép* : **en ~ de qqch** gegen Ende einer Sache *(G)*. ◆ **sans fin** *loc adj & loc adv* endlos.

fin², e [fɛ̃, fin] *adj* - **1.** [gén] fein - **2.** [partie du corps] schlank - **3.** [couche, papier] dünn - **4.** [personne, esprit] scharfsinnig - **5.** *loc* : **c'est ~!** sehr sinnig! ◆ **fin** *adv* fein.

final, e, als OU **aux** [final, o] *adj* - **1.** [dernier] letzte,-r,-s - **2.** [définitif] endgültige,-r,-s. ◆ **final, als** *nm* MUS Finale *das*. ◆ **finale** *nf* SPORT Finale *das*.

finalement [finalmɑ̃] *adv* endlich.

finaliste [finalist] *nmf* SPORT Finalist *der*, -in *die*.

finalité [finalite] *nf sout* Zweck *der*.

finance [finɑ̃s] *nf* Finanz *die*. ◆ **finances** *nfpl* Finanzen *Pl*.

financer [16] [finɑ̃se] *vt* finanzieren.

financier, ère [finɑ̃sje, ɛr] *adj* Finanz-. ◆ **financier** *nm* Finanzier *der*.

finaud, e [fino, od] *adj* gewitzt.

finesse [finɛs] *nf* - **1.** [gén] Feinheit *die* - **2.** [perspicacité] Scharfsinn *der*.

fini, e [fini] *adj* - **1.** *péj* [fieffé] ausgemacht - **2.** [sans avenir] abgewrackt - **3.** [limité] endlich - **4.** [objet] : **(bien) ~** (gut) verarbeitet. ◆ **fini** *nm* [d'objet] Vollendung *die*.

finir [32] [finir] ◇ *vt* - **1.** [terminer - travail, occupation] beenden ; [- période, saison] ab|schließen ; **as-tu fini de manger?** hast du fertig gegessen? - **2.** [vider - assiette, plat] leer essen ; [- verre] aus|trinken ◇ *vi* - **1.** [s'achever] zu Ende gehen, enden - **2.** [cesser, se terminer] auf|hören ; **en ~ avec qqn** jn los|werden ; **en ~ avec qqch** etw regeln ; **mal ~** schlecht aus|gehen - **3.** [parvenir] : **~ par faire qqch** zuletzt etw (doch noch) tun.

finition [finisjɔ̃] *nf* - **1.** [action] Feinarbeit *die* - **2.** [résultat] Verarbeitung *die (sans pl)*.

finlandais, e [fɛ̃lɑ̃dɛ, ɛz] *adj* finnländisch. ◆ **Finlandais, e** *nm, f* Finne *der*, -nin *die*.

Finlande [fɛ̃lɑ̃d] *nf* : **la ~** Finnland *nt*.

finnois, e [finwa, az] *adj* finnisch. ◆ **finnois** *nm* [langue] Finnisch(e) *(das)*.

fiole [fjɔl] *nf* Phiole *die*.

fioriture [fjɔrityr] *nf* Schnickschnack *der (sans pl)*.

firent [fir] ▷ **faire.**

firmament [firmamɑ̃] *nm sout* Firmament *das*.

firme [firm] *nf* Firma *die*.

fis *etc* ▷ **faire.**

fisc [fisk] *nm* Fiskus *der*.

fiscal, e, aux [fiskal, o] *adj* Steuer-.

fiscalité [fiskalite] *nf* Steuerwesen *das*.

fissure [fisyr] *nf* Riss *der*.

fissurer [3] [fisyre] *vt* Risse hervor|rufen ; *fig* spalten. ◆ **se fissurer** *vp* brüchig werden.

fiston [fistɔ̃] *nm fam* Filius *der*.

fît [fi] ▷ **faire.**

fixation [fiksasjɔ̃] *nf* - **1.** [action] Befestigen *das* - **2.** [attache] Befestigung *die* ; [de ski] Bindung *die* - **3.** PSYCHOL Fixierung *die*.

fixe [fiks] *adj* - **1.** [gén] fest - **2.** [yeux, regard] starr. ◆ **fixe** *nm* Fixum *das*.

fixement [fiksəmɑ̃] *adv* starr.

fixer [3] [fikse] *vt* - **1.** [volet, tableau] befestigen - **2.** [date] fest|setzen ; [prix, règle] fest|legen - **3.** [regarder] an|starren - **4.** [renseigner] : **être fixé sur qqch** sich im Klaren über etw *(A)* sein. ◆ **se fixer** *vp* - **1.** [s'arrêter] : **se ~ un but** OU **objectif** sich ein Ziel setzen - **2.** [s'installer] sich nieder|lassen.

fjord [fjɔrd] *nm* Fjord *der*.

flacon [flakɔ̃] *nm* Flakon *der*.

flageller [4] [flaʒɛle] *vt* [fouetter] aus|peitschen.

flageoler [3] [flaʒɔle] *vi* wackelig sein.

flageolet [flaʒɔlɛ] *nm* [haricot] *Art von grünen dicken Bohnen.*

flagrant, e [flagrɑ̃, ɑ̃t] *adj* [évident] offensichtlich.

flair [flɛr] *nm* Geruchssinn *der*.

flairer [4] [flɛre] *vt* wittern.

flambant, e [flɑ̃bɑ̃, ɑ̃t] *adj* lodernd ; **~ neuf** *fig* brandneu.

flambé, e [flɑ̃be] *adj* flambiert.

flambeau, x [flɑ̃bo] *nm* Fackel *die*.

flamber [3] [flɑ̃be] ◇ *vi* - **1.** [brûler] in Flammen stehen - **2.** *fam* [prix] in die Höhe schießen ◇ *vt* - **1.** [crêpe] flambieren - **2.** [volaille] ab|sengen.

flamboyant, e [flɑ̃bwajɑ̃, ɑ̃t] *adj* - **1.** [brillant] flammend ; [ciel, couleur] leuchtend ; [regard] funkelnd - **2.** ARCHIT flamboyant.

flamboyer [13] [flɑ̃bwaje] *vi* [feu] lodern.

flamingant, e [flamɛ̃gɑ̃, ɑ̃t] ◇ *adj* - **1.** [de langue] Flämisch sprechend - **2.** [nationaliste] flämisch-nationalistisch ◇ *nm, f* - **1.** [de langue] Flämischsprechende *der*, Flämischsprechende *die* - **2.** [nationaliste] flämischer Nationalist, flämische Nationalistin.

flamme [flam] *nf* [de bougie] Flamme *die*.

flan [flɑ̃] *nm* Pudding *der*.

flanc [flɑ̃] *nm* - **1.** [de personne, de navire] Seite *die* - **2.** [d'animal, de montagne] Flanke *die*.

flancher [3] [flɑ̃ʃe] *vi fam* nach|lassen, nach|geben ; [cœur] aus|setzen.

flanelle [flanɛl] *nf* Flanell *der*.

flâner [3] [flane] *vi* - **1.** [se promener] flanieren - **2.** [s'attarder] bummeln.

flâneur, euse [flanœr, øz] *nm, f* Flaneur *der*, -in *die*.

flanquer [3] [flɑ̃ke] *vt* - **1.** *fam* [jeter] schmeißen ; **~ qqch par terre** etw auf den Fußboden schmeißen ; **~ qqn dehors** jn raus|schmeißen - **2.** *fam* [donner] : **~ une gifle à qqn** jm eine runter hauen - **3.** [encadrer] : **être flanqué de qqch** von etw flankiert sein.

flapi, e [flapi] *adj fam* erledigt.

flaque [flak] *nf* Pfütze *die*.

flash [flaʃ] *nm* - **1.** PHOT Blitzlicht *das* - **2.** RADIO & TÉLÉ : **~ (d'information)** Kurznachrichten *Pl*.

flash-back [flaʃbak] *nm inv* Rückblende *die*.

flasher [3] [flaʃe] *vi fam* : **faire ~ qqn** jm den Kopf verdrehen.

flasque [flask] ◇ *adj* schlaff ◇ *nf* flache Flasche.

flatter [3] [flate] *vt* - **1.** [louer] : **~ qqn** jm schmeicheln - **2.** [animal] streicheln - **3.** [avantager] : **~ qqn** für jn vorteilhaft sein. ◆ **se flatter** *vp* sich rühmen ; **se ~ de faire qqch** stolz sein, etw zu tun.

flatterie [flatri] *nf* Schmeichelei *die*.

flatteur, euse [flatœr, øz] ◇ *adj* - **1.** [élogieux] schmeichelhaft - **2.** [qui embellit] vorteilhaft ◇ *nm, f* Schmeichler *der*, -in *die*.

fléau, x [fleo] *nm* [calamité] Geißel *die*.

flèche [flɛʃ] *nf* - **1.** [gén] Pfeil *der* - **2.** [d'église] Turmspitze *die*.

fléchette [fleʃɛt] *nf* kleiner Pfeil. ◆ **fléchettes** *nfpl* [jeu] Dartspiel *das*.

fléchir [32] [fleʃir] *vi* - **1.** [plier] biegen - **2.** [faiblir] nach|lassen - **3.** *sout* [céder] nach|geben.

fléchissement [fleʃismɑ̃] *nm* - **1.** [flexion] Beugen *das* - **2.** [affaiblissement] Abschwächung *die*, Nachlassen *das* - **3.** [baisse] Rückgang *der*.

flegmatique [flɛgmatik] ◇ *adj* phlegmatisch ◇ *nmf* Phlegmatiker *der*, -in *die*.

flegme [flɛgm] *nm* Phlegma *das*.

flemmard, e [flɛmar, ard] *fam* ◇ *adj* faul ◇ *nm, f* Faulpelz *der*.

flemme [flɛm] *nf fam* : **avoir la ~ de faire qqch** zu faul sein, um etw zu tun.

flétrir [32] [fletrir] *vt* [fleur] (ver)welken lassen. ◆ **se flétrir** *vp* - **1.** [fleur] verwelken - **2.** [visage] welk werden.

fleur [flœr] *nf* [de plante] Blume *die* ; [d'arbre] Blüte *die* ; **à ~s** [motif] geblümt ; **en ~(s)** blühend, in Blüte.

fleuret [flœrɛ] *nm* Florett *das*.

fleuri, e [flœri] *adj* - **1.** [jardin, vase] voller Blumen ; [table, appartement] blumengeschmückt - **2.** [tissu, motif] geblümt - **3.** *fig* [style] blumig.

fleurir [32] [flœrir] ◇ *vi* blühen ◇ *vt* [maison] mit Blumen schmücken ; [tombe] mit Blumen bedecken.

fleuriste [flœrist] *nmf* Blumenhändler *der*, -in *die*.

fleuron [flœrɔ̃] *nm fig* Prunkstück *das*.

fleuve [flœv] *nm* - **1.** [cours d'eau] Fluss *der* - **2.** *(en apposition)* [interminable] endlos ; **discours-~** Marathonrede *die*.

flexible [flɛksibl] *adj* - **1.** [chose] biegsam - **2.** [caractère] flexibel.

flexion [flɛksjɔ̃] *nf* - **1.** [du bras, du genou] Beugen *das* - **2.** LING Flexion *die*.

flibustier [flibystje] *nm* Seeräuber *der*.

flic [flik] *nm fam* Bulle *der*.

flinguer [3] [flɛ̃ge] *vt fam* um|legen, ab|knallen. ◆ **se flinguer** *vp fam* sich eine Kugel in den Kopf jagen.

flirter [3] [flœrte] *vi* : **~ (avec qqn)** (mit jm) flirten.

flocon [flɔkɔ̃] *nm* Flocke *die* ; **~ de neige** Schneeflocke ; **~s d'avoine** Haferflocken.

flonflons [flɔ̃flɔ̃] *nmpl* Festmusik *die*.

flop [flɔp] *nm* [échec] Flop *der*.

floraison [flɔrɛzɔ̃] *nf* Blüte *die*.

floral, e, aux [flɔral, o] *adj* Blumen-.

flore [flɔr] *nf* Flora *die*.

Florence [flɔrɑ̃s] *n* Florenz *nt*.

florissant, e [flɔrisɑ̃, ɑ̃t] *adj* blühend.

flot [flo] *nm* - **1.** [eaux] Flut *die*, Strom *der* ; **être à ~** [navire] flott sein ; **se remettre à ~** *fig* wieder auf den Beinen sein - **2.** *fig* [afflux] Strom *der*. ◆ **flots** *nmpl littéraire* Fluten *Pl*.

flottaison [flɔtɛzɔ̃] *nf* : **ligne de ~** Wasserlinie *die*.

flottant, e [flɔtɑ̃, ɑ̃t] *adj* - **1.** [sur l'eau] Treib-, schwimmend - **2.** [capitaux] fluktuierend ; [dette] schwebend.

flotte [flɔt] *nf* - **1.** MIL & NAVIG Flotte *die* - **2.** *fam* [eau] Wasser *das*.

flottement [flɔtmɑ̃] *nm* - **1.** [de drapeau] Flattern *das* - **2.** [relâchement] Nachlassen *das* - **3.** [indécision] Unschlüssigkeit *die* - **4.** [de monnaie] Floating *das*.

flotter [3] [flɔte] ◇ *vi* - **1.** [sur l'eau] schwimmen ; **~ sur qqch** auf etw *(D)* schwimmen - **2.** [drapeau] wehen - **3.** [brume, parfum] schweben - **4.** *fig* [dans un vêtement] : **~ dans qqch** zweimal in etw passen ◇ *v impers* : **il flotte** *fam* es gießt.

flotteur [flɔtœr] *nm* Schwimmer *der*.

flou, e [flu] *adj* - **1.** [photo] unscharf - **2.** [pensée] unklar. ◆ **flou** *nm* Unschärfe *die*.

flouer [3] [flue] *vt* hinters Licht führen.

fluctuer [3] [flyktɥe] *vi* schwanken.

fluet, ette [flyɛ, ɛt] *adj* **- 1.** [personne] schmächtig **- 2.** [voix] zart.

fluide [flɥid] <> *adj* **- 1.** [matière] fließend ; [liquide] dünnflüssig **- 2.** [circulation, style] flüssig <> *nm gasförmiger oder flüssiger Körper.*

fluidifier [9] [flɥidifje] *vt* [trafic] flüssiger machen.

fluidité [flɥidite] *nf* **- 1.** [de matière] flüssiger Zustand **- 2.** [de style, de circulation] Flüssigkeit *die.*

fluor [flyɔr] *nm* Fluor *das.*

fluorescent, e [flyɔresɑ̃, ɑ̃t] *adj* fluoreszierend.

flûte [flyt] *nf* **- 1.** MUS Flöte *die* **- 2.** [pain] dünnes Baguette.

flûtiste [flytist] *nmf* Flötenspieler *der,* -in *die.*

fluvial, e, aux [flyvjal, o] *adj* Fluss-.

flux [fly] *nm* **- 1.** [de sang & PHYS] Fluss *der ;* **~ menstruel** Menstruationsblutung *die* **- 2.** [marée] Flut *die.*

fluxion [flyksjɔ̃] *nf* Anschwellung *die.*

FN (*abr de* **Front national**) *nm rechtsextremistische Partei in Frankreich.*

foc [fɔk] *nm* Fock *die.*

focal, e, aux [fɔkal, o] *adj* Fokal-.

fœtal, e, aux [fetal, o] *adj* fötal.

fœtus [fetys] *nm* Fötus *der.*

foi [fwa] *nf* **- 1.** RELIG Glaube *der ;* **avoir la ~** gläubig sein **- 2.** [confiance] Vertrauen *das ;* **avoir ~ en qqn** zu jm Vertrauen haben ; **avoir ~ en qqch** in etw *(A)* Vertrauen haben **- 3.** *loc :* **être de bonne/mauvaise ~** aufrichtig/unehrlich sein.

foie [fwa] *nm* Leber *die.*

foin [fwɛ̃] *nm* Heu *das.*

foire [fwar] *nf* **- 1.** [marché] Markt *der* **- 2.** [fête foraine] Volksfest *das* **- 3.** [exposition, salon] Messe *die.*

fois [fwa] *nf* **- 1.** [gén] Mal *das ;* **une ~ par jour** einmal am Tag ; **cette ~** diesmal ; **il était une ~** es war einmal ; **une autre ~** ein andermal **- 2.** [marque la multiplication] mal ; **deux ~ trois** zwei mal drei ; **faire qqch deux ~** etw zweimal machen. ◆ **à la fois** *loc adv* gleichzeitig. ◆ **une fois (que)** *loc conj :* **une ~ au lit** OU **que je suis au lit, je m'endors** wenn ich erst einmal im Bett liege, schlafe ich.

foison [fwazɔ̃] ◆ **à foison** *loc adv* in Hülle und Fülle.

foisonner [3] [fwazɔne] *vi :* **~ (en qqch)** (von etw) wimmeln.

folâtre [fɔlatr] *adj* unbeschwert.

folâtrer [3] [fɔlatre] *vi* herum|tollen.

folie [fɔli] *nf* Wahnsinn *der.*

folklore [fɔlklɔr] *nm* [de pays] Folklore *die.*

folklorique [fɔlklɔrik] *adj* **- 1.** [danse] Volks- **- 2.** *fig* [situation, personne] komisch.

folle ▷ **fou.**

follement [fɔlmɑ̃] *adv* [très] irrsinnig.

fomenter [3] [fɔmɑ̃te] *vt* schüren.

foncé, e [fɔ̃se] *adj* dunkel, Dunkel-.

foncer [16] [fɔ̃se] <> *vt* dunkler machen <> *vi* **- 1.** [teinte] dunkler werden **- 2.** [se ruer] : **~ sur qqn/qqch** auf jn/etw los|stürzen **- 3.** [se dépêcher] sich beeilen, schnell machen.

foncier, ère [fɔ̃sje, ɛr] *adj* **- 1.** [impôt] Grund- **- 2.** [fondamental] grundlegend.

foncièrement [fɔ̃sjɛrmɑ̃] *adv* von Grund auf.

fonction [fɔ̃ksjɔ̃] *nf* **- 1.** [gén] Funktion *die ;* **faire ~ de qqch** als etw dienen ; **être ~ de qqch** von etw ab|hängen **- 2.** [profession] Amt *das ;* **entrer en ~** sein Amt an|treten. ◆ **en fonction de** *loc prép* unter Berücksichtigung von, nach.

fonctionnaire [fɔ̃ksjɔnɛr] *nmf* Beamte *der,* -in *die,* hohe Beamtin.

fonctionnel, elle [fɔ̃ksjɔnɛl] *adj* **- 1.** [pratique] funktionell, zweckmäßig **- 2.** MÉD Funktions-.

fonctionnement [fɔ̃ksjɔnmɑ̃] *nm* Funktionieren *das.*

fonctionner [3] [fɔ̃ksjɔne] *vi* funktionieren.

fond [fɔ̃] *nm* **- 1.** [partie inférieure] Boden *der (eines Gegenstandes) ;* **c'est au ~ de la valise** es liegt ganz unten im Koffer ; **~ d'artichaut** Artischockenboden **- 2.** [arrière-plan] Hintergrund *der* **- 3.** [essentiel, matière] Inhalt *der ;* **le ~ de ma pensée** was ich wirklich denke **- 4.** SPORT : **course de ~** Langstreckenlauf *der.* ◆ **à fond** *loc adv* [soigneusement] gründlich. ◆ **au fond** *loc adv* **- 1.** [au bout] (ganz) hinten **- 2.** [au-dessous] (ganz) unten **- 3.** [en fait] im Grunde genommen. ◆ **au fond de** *loc prép :* **au ~ de moi-même/lui-même** in meinem/seinem Innersten. ◆ **dans le fond** *loc adv* eigentlich. ◆ **de fond** *loc adj* gründlich. ◆ **de fond en comble** *loc adv* gründlich. ◆ **fond de teint** *nm* Make-up *das.*

fondamental, e, aux [fɔ̃damɑ̃tal, o] *adj* grundlegend.

fondant, e [fɔ̃dɑ̃, ɑ̃t] *adj* **- 1.** [au soleil] schmelzend **- 2.** [dans la bouche] im Munde zergehend. ◆ **fondant** *nm* Bonbon *der* OU *das.*

fondateur, trice [fɔ̃datœr, tris] *nm, f* Gründer *der,* -in *die.*

fondation [fɔ̃dasjɔ̃] *nf* **- 1.** [création] Gründung *die* **- 2.** [de bienfaisance] Stiftung *die.* ◆ **fondations** *nfpl* CONSTR Fundamente *Pl.*

fondé, e [fɔ̃de] *adj* [crainte, reproche] begründet. ◆ **fondé de pouvoir** *nm* Bevollmächtigte *der*, Bevollmächtigte *die.*

fondement [fɔ̃dmɑ̃] *nm* **- 1.** [base, principe] Grundlage *die* **- 2.** [motif] Grund *der* ; **sans ~** haltlos.

fonder [3] [fɔ̃de] *vt* **- 1.** [créer] gründen **- 2.** [baser] : **~ qqch sur qqch** etw auf etw *(A)* stützen ; **~ des espoirs sur qqn** in jn Hoffnungen setzen. ◆ **se fonder** *vp* : **se ~ sur qqch** sich auf etw *(A)* stützen.

fonderie [fɔ̃dri] *nf* Gießerei *die.*

fondre [75] [fɔ̃dr] ◇ *vi* **- 1.** [beurre, neige] schmelzen ; [sucre, sel] sich auf|lösen ; **faire ~** schmelzen lassen ; **faire ~ le beurre** Butter zergehen lassen **- 2.** [dans la bouche] zergehen **- 3.** [s'attendrir] weich werden **- 4.** [se ruer] : **~ sur qqch** sich auf etw *(A)* stürzen ◇ *vt* **- 1.** [liquéfier] schmelzen ; [sucre, sel] auf|lösen **- 2.** [objet] gießen.

fonds [fɔ̃] ◇ *nm* **- 1.** [bien immobilier] Grundstück *das* ; **~ de commerce** Geschäft *das*, Handelsunternehmen *das* **- 2.** [capital placé] Kapital *das* **- 3.** [institution] Fonds *der* ◇ *nmpl* Gelder *Pl.*

fondu, e [fɔ̃dy] *pp* ▻ **fondre.** ◆ **fondue** *nf* Fondue *das.*

font [fɔ̃] ▻ **faire.**

fontaine [fɔ̃tɛn] *nf* Brunnen *der.*

fonte [fɔ̃t] *nf* **- 1.** [de glace, de beurre] Schmelzen *das* **- 2.** [de métal] Verhüttung *die* **- 3.** [moulage] Grießen *das* **- 4.** [alliage] Gusseisen *das.*

football [futbol] *nm* Fußball *der* ; **faire du** OU **jouer au ~** Fußball spielen.

footballeur, euse [futbolœr, øz] *nm, f* Fußballspieler *der*, -in *die.*

footing [futiŋ] *nm* Jogging *das.*

for [fɔr] *nm* : **dans mon/ton etc ~ intérieur** in meinem/deinem etc Innersten.

forage [fɔraʒ] *nm* **- 1.** [action] Bohren *das* **- 2.** [résultat] Bohrung *die.*

forain, e [fɔrɛ̃, ɛn] *adj* : **fête ~e** Jahrmarkt *der.* ◆ **forain** *nm* [marchand] Jahrmarktshändler *der*, -in *die.*

forçat [fɔrsa] *nm* Sträfling *der.*

force [fɔrs] *nf* **- 1.** [résistance & PHYS] Kraft *die* **- 2.** [vigueur] Stärke *die* **- 3.** [violence] Gewalt *die* **- 4.** MIL Streitmacht *die.* ◆ **forces** *nfpl* [physique] Kräfte *Pl* ; **de toutes mes** OU **tes** OU **ses etc ~s** mit allen Kräften. ◆ **à force de** *loc prép* mit viel ; **à ~ de courir** vom vielen Laufen.

forcément [fɔrsemɑ̃] *adv* **- 1.** [obligatoirement] zwangsläufig **- 2.** [évidemment] natürlich.

forceps [fɔrsɛps] *nm* Geburtszange *die.*

forcer [16] [fɔrse] ◇ *vt* **- 1.** [obliger] : **~ qqn à qqch** jn zu etw zwingen ; **~ qqn à faire qqch** jn zwingen, etw zu tun ; **~ l'admiration** Bewunderung hervor|rufen **- 2.** [serrure] auf|brechen ◇ *vi* **- 1.** [abuser] : **~ sur qqch** *fam* von etw zu viel nehmen **- 2.** [se surmener] sich überanstrengen **- 3.** [insister] : **~ pour faire qqch** etw mit Gewalt tun. ◆ **se forcer** *vp* : **se ~ à faire qqch** sich zwingen, etw zu tun.

forcir [32] [fɔrsir] *vi* zu|nehmen.

forer [3] [fɔre] *vt* **- 1.** [puits] bohren **- 2.** [roche] an|bohren.

forestier, ère [fɔrɛstje, ɛr] *adj* **- 1.** [végétation] Wald- **- 2.** [exploitation] Forst-. ◆ **forestier** *nm* Förster *der.*

foret [fɔrɛ] *nm* Bohrer *der.*

forêt [fɔrɛ] *nf* Wald *der* ; **~ vierge** Urwald. ◆ **Forêt Noire** *nf* : **la Forêt Noire** der Schwarzwald.

forfait [fɔrfɛ] *nm* **- 1.** [prix fixe] Pauschalpreis *der* **- 2.** *sout* [crime] Schandtat *die.*

forge [fɔrʒ] *nf* Schmiede *die.*

forger [17] [fɔrʒe] *vt* **- 1.** [métal, plan] schmieden **- 2.** [caractère] prägen. ◆ **se forger** *vp* **- 1.** [réputation] sich erwerben **- 2.** [idéal] sich schaffen.

forgeron [fɔrʒərɔ̃] *nm* Schmied *der.*

formaliser [3] [fɔrmalize] *vt* formalisieren. ◆ **se formaliser** *vp* : **se ~ (de qqch)** Anstoß (an etw *(D)*) nehmen.

formaliste [fɔrmalist] *adj* formalistisch.

formalité [fɔrmalite] *nf* **- 1.** [procédure] Formalität *die* **- 2.** [convention] Förmlichkeit *die.*

format [fɔrma] *nm* Format *das.*

formatage [fɔrmataʒ] *nm* Formatieren *das.*

formater [3] [fɔrmate] *vt* INFORM formatieren.

formateur, trice [fɔrmatœr, tris] ◇ *nm, f* Ausbilder *der*, -in *die* ◇ *adj* Ausbildungs-.

formation [fɔrmasjɔ̃] *nf* **- 1.** [apprentissage] Ausbildung *die* **- 2.** [élaboration] Bildung *die* **- 3.** [de parti, d'entreprise] Gründung *die* **- 4.** [groupe] Verband *der.*

forme [fɔrm] *nf* Form *die* ; **en ~ de cercle** kreisförmig.

formel, elle [fɔrmɛl] *adj* **- 1.** [clair, définitif] ausdrücklich **- 2.** [de convention] formell.

former [3] [fɔrme] *vt* **- 1.** [constituer, créer] bilden **- 2.** [représenter] dar|stellen **- 3.** [plan, projet] entwerfen **- 4.** [personnel, élèves, goût, sensibilité] aus|bilden. ◆ **se former** *vp* sich bilden.

Formica® [fɔrmika] *nm* ≃ Resopal® *das.*

formidable [fɔrmidabl] *adj* - **1.** [épatant] toll - **2.** [incroyable] unglaublich.

formol [fɔrmɔl] *nm* Formaldehyd *das.*

formulaire [fɔrmylɛr] *nm* Formular *das ;* **remplir un ~** ein Formular auslfüllen.

formule [fɔrmyl] *nf* [gén] Formel *die ;* **~ de politesse** Höflichkeitsformel.

formuler [3] [fɔrmyle] *vt* äußern.

fort, e [fɔr, fɔrt] *adj* - **1.** [gén] stark - **2.** [corpulent] korpulent - **3.** [doué] : **être ~ (en qqch)** (in etw *(D))* gut sein - **4.** [voix] laut, kräftig - **5.** [somme, fièvre] hoch. ◆ **fort** ◇ *adv* - **1.** [frapper] fest - **2.** [sonner, parler] laut - **3.** *sout* [très] sehr ◇ *nm* - **1.** [château] Fort *das* - **2.** [personne] : **un ~ en qqch** ein Ass in etw *(D).*

forteresse [fɔrtərɛs] *nf* Festung *die.*

fortifiant, e [fɔrtifjɑ̃, ɑ̃t] *adj* stärkend. ◆ **fortifiant** *nm* Stärkungsmittel *das.*

fortification [fɔrtifikasjɔ̃] *nf* Befestigungsanlage *die.*

fortifier [9] [fɔrtifje] *vt* - **1.** [personne] stärken - **2.** [ville] befestigen.

fortiori [fɔrsjɔri] ◆ **a fortiori** *loc adv* erst recht.

fortuit, e [fɔrtɥi, it] *adj* zufällig, unvorhergesehen.

fortune [fɔrtyn] *nf* - **1.** [richesse] Vermögen *das* - **2.** *littéraire* [hasard] Schicksal *das.*

fortuné, e [fɔrtyne] *adj* [riche] vermögend.

forum [fɔrɔm] *nm* Forum *das.*

fosse [fos] *nf* Grube *die.*

fossé [fose] *nm* - **1.** [ravin] Graben *der* - **2.** *fig* [écart] Kluft *die.*

fossette [fosɛt] *nf* Grübchen *das.*

fossile [fosil] ◇ *adj* fossil ◇ *nm* [d'animal, de plante] Fossil *das.*

fossoyeur, euse [foswajœr, øz] *nm, f* Totengräber *der,* -in *die.*

fou, folle [fu, fɔl] ◇ *adj (* **fol** *devant voyelle ou h muet)* - **1.** [gén] verrückt, wahnsinnig ; **être ~ de qqn/qqch** nach jm/auf etw *(A)* verrückt sein - **2.** [succès, charme] wahnsinnig - **3.** [déraisonnable - espoir, passion] töricht ; [- dépense] unvernünftig ◇ *nm, f* Verrückte *der,* Verrückte *die.*

foudre [fudr] *nf* Blitz *der ;* **la ~ est tombée sur le toit** der Blitz hat in das Dach eingeschlagen.

foudroyant, e [fudrwajɑ̃, ɑ̃t] *adj* - **1.** [progrès, vitesse] rasant ; [succès] durchschlagend - **2.** [regard] vernichtend - **3.** [nouvelle] verblüffend.

foudroyer [13] [fudrwaje] *vt* - **1.** [sujet : foudre] : **être foudroyé** vom Blitz getroffen werden - **2.** [sujet : personne] : **~ qqn du regard** jm vernichtende Blicke zulwerfen - **3.** [sujet : maladie] dahinlraffen.

fouet [fwɛ] *nm* [en cuir] Peitsche *die.*

fouetter [4] [fwete] *vt* - **1.** [battre] auslpeitschen - **2.** *fig* [stimuler] anlregen.

fougère [fuʒɛr] *nf* Farn *der.*

fougue [fug] *nf* Schwung *der.*

fougueux, euse [fugø, øz] *adj* schwungvoll.

fouille [fuj] *nf* - **1.** [de personne, de maison, de bagage] Durchsuchung *die* - **2.** [du sol] Ausgrabung *die.*

fouiller [3] [fuje] ◇ *vt* - **1.** [personne, bagage, maison] durchlsuchen ; [région] ablsuchen - **2.** *fig* [approfondir] durchlackern ◇ *vi :* **~ dans qqch** in etw *(D)* (herum)lwühlen.

fouillis [fuji] *nm* Durcheinander *das.*

fouine [fwin] *nf* Steinmarder *der.*

fouiner [3] [fwine] *vi fam* heruml-schnüffeln.

foulard [fular] *nm* Halstuch *das.*

foule [ful] *nf* [de personnes] (Menschen)menge *die.*

foulée [fule] *nf* Schritt *der.*

fouler [3] [fule] *vt* - **1.** [sol] betreten - **2.** [raisin] keltern. ◆ **se fouler** *vp* [se faire mal] : **se ~ qqch** sich *(D)* etw verstauchen.

foulure [fulyr] *nf* Verstauchung *die.*

four [fur] *nm* - **1.** [de cuisson] (Back)ofen *der* - **2.** [échec] Fiasko *das.*

fourbe [furb] *sout* ◇ *adj* arglistig ◇ *nmf* Heuchler *der,* -in *die.*

fourbu, e [furby] *adj* erschöpft.

fourche [furʃ] *nf* - **1.** [outil] Gabel *die* - **2.** [de cheveu] Spliss *der (sans pl).*

fourchette [furʃɛt] *nf* - **1.** [de couvert] Gabel *die* - **2.** *fig* [écart] Spanne *die.*

fourgon [furgɔ̃] *nm* - **1.** [camionnette] Kastenwagen *der* - **2.** [ferroviaire] Wagen *der.*

fourgonnette [furgɔnɛt] *nf* Kastenwagen *der.*

fourmi [furmi] *nf* Ameise *die ;* **j'ai des ~s dans les jambes/bras** *fig* meine Beine/Arme sind (mir) eingeschlafen.

fourmilière [furmiljɛr] *nf* Ameisenhaufen *der.*

fournaise [furnɛz] *nf* - **1.** [feu] loderndes Feuer - **2.** [lieu] Brutkasten *der.*

fourneau, x [furno] *nm* - **1.** [cuisinière] Herd *der* - **2.** *vieilli* [poêle] Ofen *der.*

fournée [furne] *nf* Schub *der.*

fourni, e [furni] *adj* [barbe, cheveux] dicht.

fournil [furnil] *nm* Backstube *die.*

fournir [32] [furnir] ◇ *vt* - **1.** [procurer] : **~ qqch à qqn** jm etw geben ; [excuse, preuve] jm etw liefern - **2.** [produire - effort] machen ; [- travail] leisten - **3.** [approvisionner] :

~ **(en qqch)** (mit etw) beliefern ; ~ **en eau potable** mit Trinkwasser versorgen ◇ *vi :* ~ **à qqch** (ganz OU teilweise) für etw auf|kommen.

fournisseur, euse [furnisœr, øz] *nm, f* [fabricant] Lieferant *der*, -in *die* ; [commerçant] Händler *der*, -in *die* ; INFORM.

fourniture [furnityr] *nf* Lieferung *die*.

fourrage [furaʒ] *nm* Futter *das*.

fourrager, ère [furaʒe, ɛr] *adj* Futter-.

fourré [fure] *nm* Dickicht *das*.

fourreau, x [furo] *nm* [étui - de parapluie] Hülle *die* ; [- d'épée] Scheide *die*.

fourrer [3] [fure] *vt* - **1.** CULIN füllen - **2.** [vêtement] füttern - **3.** *fam* [mettre] hin|stecken.

fourre-tout *nm inv* - **1.** [sac] Campingbeutel *der* - **2.** *fig & péj* [d'idées] Allerlei *das*, Sammelsurium *das*.

fourreur [furœr] *nm* [fabricant] Kürschner *der*, -in *die* ; [marchand] Pelzhändler *der*, -in *die*.

fourrière [furjɛr] *nf* - **1.** [pour animaux] Tierheim *das* - **2.** [pour voitures] Abschleppdienst *der* ; [dépôt] *Sammelplatz für abgeschleppte Kraftfahrzeuge*.

fourrure [furyr] *nf* Pelz *der*.

fourvoyer [13] [furvwaje] ◆ **se fourvoyer** *vp sout* [se tromper] sich irren.

foutre [116] [futr] *vt tfam* - **1.** [mettre] schmeißen, stopfen ; ~ **dehors** raus|schmeißen - **2.** [donner] : ~ **une baffe à qqn** jm eine (Ohrfeige) verpassen - **3.** [faire] : **j'en ai rien à** ~ das kümmert mich einen Dreck.

foutu, e [futy] *adj fam* - **1.** [maudit] verdammt ; [caractère] schwierig - **2.** [malade] : **être** ~ am Ende sein.

foyer [fwaje] *nm* - **1.** [famille] Zuhause *das* - **2.** [résidence] Wohnheim *das* ; [de personnes âgées] Altersheim *das* - **3.** [de lunettes] : **à double** ~ mit Bifokalgläsern.

fracas [fraka] *nm* Krachen *das*.

fracasser [3] [frakase] *vt* zerschmettern ; [porte] ein|schlagen.

fraction [fraksjɔ̃] *nf* - **1.** MATHS Bruch *der* - **2.** [portion] Teil *der*.

fractionner [3] [fraksjɔne] *vt* auf|teilen.

fracture [fraktyr] *nf* Bruch *der*.

fracturer [3] [fraktyre] *vt* - **1.** MÉD brechen - **2.** [coffre, serrure] auf|brechen.

fragile [fraʒil] *adj* - **1.** [cassant] zerbrechlich - **2.** [délicat] empfindlich ; [santé] labil - **3.** [peu stable] wacklig.

fragiliser [3] [fraʒilize] *vt* schwächen.

fragilité [fraʒilite] *nf* - **1.** [d'objet] Zerbrechlichkeit *die* - **2.** [de personne] Empfindlichkeit *die* - **3.** [d'équilibre] Unbeständigkeit *die*.

fragment [fragmɑ̃] *nm* [de verre] Scherbe *die* ; [de roche, d'os] Splitter *der*.

fragmenter [3] [fragmɑ̃te] *vt* unterteilen.

fraîche ▷ **frais.**

fraîcheur [frɛʃœr] *nf* - **1.** [gén] Frische *die* - **2.** [froideur] Kühle *die*.

frais[1] [frɛ] *nmpl* Kosten *Pl* ; **faire des** ~ sich in Unkosten stürzen ; **rentrer dans ses** ~ die Kosten decken.

frais[2], **fraîche** [frɛ, frɛʃ] *adj* - **1.** [gén] frisch - **2.** [froid] kühl. ◆ **frais** ◇ *nm :* **mettre qqch au** ~ etw kalt stellen ◇ *adv :* **il fait** ~ es ist kühl.

fraise [frɛz] *nf* - **1.** [fruit] Erdbeere *die* - **2.** [outil - de dentiste] Bohrer *der* ; [- de menuisier] Fräse *die*.

fraiser [4] [frɛze] *vt* fräsen.

fraiseuse [frɛzøz] *nf* Fräsmaschine *die*, Fräse *die*.

fraisier [frɛzje] *nm* [plante] Erdbeere *die*.

framboise [frɑ̃bwaz] *nf* Himbeere *die*.

framboisier [frɑ̃bwazje] *nm* [plante] Himbeerstrauch *der*.

franc, franche [frɑ̃, frɑ̃ʃ] *adj* offen. ◆ **franc** *nm* Franc *der*.

français, e [frɑ̃sɛ, ɛz] *adj* französisch. ◆ **français** *nm* [langue] Französisch(e) (*das*). ◆ **Français, e** *nm, f* Franzose *der*, -zösin *die*.

France [frɑ̃s] *nf :* **la** ~ Frankreich *nt*.

franche ▷ **franc.**

franchement [frɑ̃ʃmɑ̃] *adv* - **1.** [sincèrement] offen ; ~**, qu'en dites-vous?** jetzt mal ganz ehrlich, was sagen Sie dazu? - **2.** [tout à fait] wirklich.

franchir [32] [frɑ̃ʃir] *vt* - **1.** [obstacle] überwinden - **2.** [frontière] überqueren.

franchise [frɑ̃ʃiz] *nf* - **1.** [sincérité] Offenheit *die*, Ehrlichkeit *die* - **2.** COMM Franchise *die* - **3.** [d'assurance] Selbstbeteiligung *die* - **4.** [détaxe] : ~ **postale** Portofreiheit *die (sans pl)* ; ~ **douanière** Zollfreiheit *die (sans pl)*.

francilien, enne [frɑ̃siljɛ̃, ɛn] ◇ *adj* der Île-de-France ◇ *nm,f Einwohner der Île-de-France*.

franciscain, e [frɑ̃siskɛ̃, ɛn] ◇ *adj* franziskanisch ◇ *nm, f* Franziskaner *der*, -in *die*.

franciser [3] [frɑ̃size] *vt* franzö(si) sieren.

franc-jeu (*pl* **francs-jeux**) *nm :* **jouer** ~ mit offenen Karten spielen.

franc-maçon, onne (*mpl* **francs-maçons** ; *fpl* **franc-maçonnes**) *adj* freimaurerisch. ◆ **franc-maçon** *nm* Freimaurer *der*.

franc-maçonnerie (*pl* **franc-maçonneries**) *nf* Freimaurerei *die*.

franco [frɑ̃ko] *adv* COMM : **~ de port** gebührenfrei.

francophone [frɑ̃kɔfɔn] ◇ *adj* frankofon, Französisch sprechend ◇ *nmf* Französischmuttersprachler *der*, -in *die*.

francophonie [frɑ̃kɔfɔni] *nf* frankofone Sprachgemeinschaft.

franc-parler *nm* : **avoir son ~** kein Blatt vor den Mund nehmen.

franc-tireur *nm* MIL Freischärler *der*.

frange [frɑ̃ʒ] *nf* - **1.** [de cheveux] Pony *der* - **2.** [de vêtement] Fransen *Pl*.

frangipane [frɑ̃ʒipan] *nf* *marzipanartige Creme zum Füllen von Backwaren.*

franglais [frɑ̃glɛ] *nm* *von Anglizismen durchzogenes Französisch.*

franquette [frɑ̃kɛt] ◆ **à la bonne franquette** *loc adv* einfach *(adj)*.

frappant, e [frapɑ̃, ɑ̃t] *adj* beeindruckend ; [ressemblance] verblüffend.

frappe [frap] *nf* - **1.** [de monnaie] Prägung *die* - **2.** [de texte] Anschlag *der* - **3.** [de boxeur] Schlagkraft *die* - **4.** *fam* [voyou] Gauner *der*, Ganove *der*.

frapper [3] [frape] ◇ *vt* - **1.** [cogner] schlagen - **2.** [toucher] treffen - **3.** [impressionner] beeindrucken ◇ *vi* an|klopfen.

frasques [frask] *nfpl* Dummheiten *Pl*.

fraternel, elle [fratɛrnɛl] *adj* [entre frères et sœurs] Geschwister-, geschwisterlich ; [entre frères] Bruder-, brüderlich ; [entre sœurs] Schwester-, schwesterlich.

fraterniser [3] [fratɛrnize] *vi* : **~ avec qqn** sich mit jm verbrüdern.

fraternité [fratɛrnite] *nf* Brüderlichkeit *die*.

fratricide [fratrisid] ◇ *nmf* [de frère] Brudermörder *der*, -in *die* ; [de sœur] Schwestermörder *der*, -in *die* ◇ *adj* brudermörderisch.

fraude [frod] *nf* Betrug *der*.

frauder [3] [frode] ◇ *vt* betrügen ; **~ le fisc** Steuern hinterziehen ◇ *vi* betrügen.

frauduleux, euse [frodylø, øz] *adj* betrügerisch.

frayer [11] [frɛje] ◆ **se frayer** *vp* : **se ~ un chemin (à travers qqch)** sich *(D)* (durch etw) einen Weg bahnen.

frayeur [frɛjœr] *nf* Angst *die*.

fredaines [frədɛn] *nfpl* Streiche *Pl*.

fredonner [3] [frədɔne] *vt* & *vi* summen.

freezer [frizœr] *nm* Gefrierfach *das*.

frégate [fregat] *nf* [bateau] Fregatte *die*.

frein [frɛ̃] *nm* Bremse *die*.

freinage [frɛnaʒ] *nm* Bremsung *die*.

freiner [4] [frene] *vt* & *vi* bremsen.

frelaté, e [frəlate] *adj* [vin] verfälscht.

frêle [frɛl] *adj* - **1.** [personne] zart - **2.** [espoir] schwach - **3.** [construction] klapprig.

frelon [frəlɔ̃] *nm* Hornisse *die*.

frémir [32] [fremir] *vi* - **1.** [personne] zittern ; [feuille] rascheln - **2.** [eau chaude] singen, summen.

frémissement [fremismɑ̃] *nm* [de personne, du corps] Zittern *das*.

frêne [frɛn] *nm* Esche *die*.

frénésie [frenezi] *nf* Raserei *die*.

frénétique [frenetik] *adj* [applaudissements] stürmisch, rasend.

fréquence [frekɑ̃s] *nf* - **1.** [répétition] Häufigkeit *die* - **2.** PHYS Frequenz *die*.

fréquent, e [frekɑ̃, ɑ̃t] *adj* häufig.

fréquentation [frekɑ̃tasjɔ̃] *nf* - **1.** [d'endroit] Besuch *der* - **2.** [de personne] : **~ de qqn** Umgang *der* mit jm. ◆ **fréquentations** *nfpl* Bekannte *Pl*.

fréquenté, e [frekɑ̃te] *adj* besucht.

fréquenter [3] [frekɑ̃te] *vt* - **1.** [lieu] (häufig) besuchen - **2.** [personne] : **~ qqn** mit jm Umgang haben.

frère [frɛr] *nm* Bruder *der*.

fresque [frɛsk] *nf* ART Fresko *das*.

fret [frɛ] *nm* Fracht *die*.

frétiller [3] [fretije] *vi* zappeln.

fretin [frətɛ̃] *nm* : **menu ~** *fig* kleine Fische *Pl*.

friable [frijabl] *adj* bröckelig.

friand, e [frijɑ̃, ɑ̃d] *adj* : **être ~ de qqch** auf etw *(A)* versessen sein. ◆ **friand** *nm* *mit Käse oder Fleisch gefüllte Blätterteigtasche.*

friandise [frijɑ̃diz] *nf* Süßigkeit *die*.

Fribourg [fribur] *n* Freiburg *nt*.

fric [frik] *nm fam* Knete *die*, Kohle *die*.

fric-frac [frikfrak] *nm inv fam* Einbruch *der*.

friche [friʃ] *nf* Brachland *das* ; **en ~** brachliegend *(adj)*.

friction [friksjɔ̃] *nf* - **1.** [massage] Einreiben *das* - **2.** *fig* [désaccord] Reiberei *die*.

frictionner [3] [friksjɔne] *vt* ein|reiben.

Frigidaire® [friʒidɛr] *nm* Kühlschrank *der*.

frigide [friʒid] *adj* frigid(e).

frigidité [friʒidite] *nf* Frigidität *die*.

frigo [frigo] *nm fam* Kühlschrank *der*.

frigorifié, e [frigɔrifje] *adj fam* (ganz) durch(ge)froren.

frileux, euse [frilø, øz] *adj* : **être ~** verfroren sein ; *fig* übervorsichtig sein.

frimeur, euse [frimœr, øz] *nm, f* Angeber *der*, -in *die*.

frimousse [frimus] *nf fam* Gesichtchen *das*.

fringale [frɛ̃gal] *nf fam* Heißhunger *der*.

fringant, e [frɛ̃gɑ̃, ɑ̃t] *adj* - **1.** [cheval] feurig - **2.** [personne] munter.

fripes [frip] *nfpl* Secondhandkleidung *die (sans pl).*

fripon, onne [fripɔ̃, ɔn] ◇ *nm, f fam* Schelm *der* ◇ *adj* schelmisch.

fripouille [fripuj] *nf fam péj* Lump *der.*

frire [115] [frir] ◇ *vt* braten ◇ *vi* braten.

frise [friz] *nf* Fries *der.*

friser [3] [frize] ◇ *vt* - **1.** [boucler - cheveux] in Locken legen ; [- personne] : **~ qqn** jm Locken legen - **2.** [frôler] : **~ qqch** an etw *(A)* grenzen ◇ *vi* (sich) locken.

frisson [frisɔ̃] *nm* Schauder *der ;* [de fièvre] Schüttelfrost *der.*

frissonner [3] [frisɔne] *vi* [personne] : **~ de froid** vor Kälte schlottern ; **~ de peur** vor Angst schaudern.

frit, e [fri, frit] *pp* ▷ **frire.**

frite [frit] *nf* Fritte *die ;* **des ~s** Pommes frites *Pl.*

friteuse [fritøz] *nf* Fritteuse *die.*

friture [frityr] *nf* - **1.** [bain d'huile] Frittüre *die* - **2.** *fam* RADIO Knistern *das.*

frivole [frivɔl] *adj* - **1.** [personne] oberflächlich - **2.** [occupation] trivial.

frivolité [frivɔlite] *nf* Oberflächlichkeit *die.*

froid, e [frwa, frwad] *adj* - **1.** [température] kalt - **2.** [personne] kühl. ◆ **froid** ◇ *adv :* **avoir ~** frieren ; **il fait ~** es ist kalt ; **prendre ~** sich erkälten ◇ *nm* Kälte *die.*

froidement [frwadmɑ̃] *adv* - **1.** [accueillir] kühl - **2.** [écouter, examiner] nüchtern - **3.** [tuer] kaltblütig.

froisser [3] [frwase] *vt* - **1.** [tissu] zerknittern ; [papier] zerknüllen - **2.** *fig* [personne] verletzen, kränken. ◆ **se froisser** *vp* - **1.** [sujet : tissu] knittern - **2.** [se vexer] : **il s'est froissé** er war pikiert.

frôler [3] [frole] *vt* streifen ; **~ qqch** *fig* knapp an etw *(D)* vorbei|gehen.

fromage [frɔmaʒ] *nm* Käse *der.*

fromager, ère [frɔmaʒe, ɛr] ◇ *adj* Käse- ◇ *nm, f* - **1.** [fabricant] Käser *der,* -in *die* - **2.** [marchand] Käsehändler *der,* -in *die.*

fromagerie [frɔmaʒri] *nf* Käserei *die.*

froment [frɔmɑ̃] *nm* Weizen *der.*

froncer [16] [frɔ̃se] *vt* - **1.** COUTURE kräuseln, fälteln - **2.** [sourcils] zusammen|ziehen.

frondaison [frɔ̃dɛzɔ̃] *nf* - **1.** [période] Belaubung *die* - **2.** [feuillage] Laubwerk *das.*

fronde [frɔ̃d] *nf* Schleuder *die.*

front [frɔ̃] *nm* - **1.** ANAT Stirn *die ;* **faire ~ à qqn/qqch** *fig* jm/einer Sache die Stirn bieten - **2.** MIL & POLIT Front *die.* ◆ **de front** *loc adv* [par-devant] frontal. ◆ **front de mer** *nm* Uferpromenade *die.*

frontal, e, aux [frɔ̃tal, o] *adj* - **1.** ANAT Stirn- - **2.** [par l'avant] Frontal-.

frontalier, ère [frɔ̃talje, ɛr] ◇ *adj* Grenz- ◇ *nm, f* Grenzgänger *der,* -in *die.*

frontière [frɔ̃tjɛr] *nf* Grenze *die.*

fronton [frɔ̃tɔ̃] *nm* ARCHIT Frontgiebel *der.*

frottement [frɔtmɑ̃] *nm* Reiben *das ; fig* Schererei *die.*

frotter [3] [frɔte] ◇ *vt* - **1.** [gén] reiben - **2.** [astiquer] (blank)|scheuern ◇ *vi* reiben.

frottis [frɔti] *nm* Abstrich *der ;* **~ vaginal** Scheidenabstrich.

fructifier [9] [fryktifje] *vi* - **1.** [arbre] (Früchte) tragen - **2.** [investissement] Zinsen tragen ; **faire ~** Zins bringend an|legen.

fructueux, euse [fryktɥø, øz] *adj* - **1.** [terre] ertragreich - **2.** [idée] fruchtbar.

frugal, e, aux [frygal, o] *adj* - **1.** [personne] genügsam - **2.** [nourriture] karg.

fruit [frɥi] *nm* Frucht *die ;* **~ sec** Trockenobst *das (sans pl).* ◆ **fruits de mer** *nmpl* Meeresfrüchte *Pl.*

fruité, e [frɥite] *adj* fruchtig.

fruitier, ère [frɥitje, ɛr] ◇ *adj* Obst- ◇ *nm, f* Obsthändler *der,* -in *die.*

fruste [fryst] *adj* roh.

frustration [frystrasjɔ̃] *nf* Frustration *die.*

frustrer [3] [frystre] *vt* - **1.** [priver] : **~ qqn de qqch** jn um etw bringen - **2.** [décevoir] frustrieren.

fuchsia [fyʃja] ◇ *nm* Fuchsie *die* ◇ *adj inv* pink.

fugace [fygas] *adj* rasch entfliehend, flüchtig.

fugitif, ive [fyʒitif, iv] ◇ *adj* flüchtig ◇ *nm, f* Entflohene *der,* Entflohene *die.*

fugue [fyg] *nf* - **1.** [fuite] Ausreißen *das ;* **faire une ~** aus|reißen - **2.** MUS Fuge *die.*

fuir [35] [fɥir] *vi* - **1.** [s'enfuir] : **~ (d'un endroit)** (aus einem Ort) fliehen OU flüchten - **2.** [récipient] lecken - **3.** [gaz] aus|strömen ; [liquide] aus|laufen.

fuite [fɥit] *nf* - **1.** [de personne] Flucht *die ;* **en ~** auf der Flucht ; **mettre qqn en ~** jn vertreiben ; **prendre la ~** die Flucht ergreifen - **2.** [écoulement] Ausströmen *das* - **3.** [fissure] Leck *das* - **4.** *fig* [indiscrétion] Indiskretion *die.*

fulgurant, e [fylgyrɑ̃, ɑ̃t] *adj* - **1.** [découverte] überwältigend - **2.** [vitesse] blitzschnell - **3.** [douleur] stechend.

fulminer [3] [fylmine] *vi* [personne] toben ; **~ contre qqn** auf jn wütend sein.

fumé, e [fyme] *adj* - **1.** CULIN geräuchert, Räucher- - **2.** [verre] Rauch-.

fumée [fyme] *nf* Rauch *der.*

fumer [3] [fyme] ◇ *vi* - **1.** [cheminée, personne] rauchen - **2.** [vapeur] dampfen ◇ *vt* - **1.** [cigarette] rauchen - **2.** [saumon] räuchern - **3.** AGRIC misten.

fûmes [fym] ▷ **être.**

fumet [fymɛ] *nm* **- 1.** [odeur] Geruch *der* **- 2.** CULIN Sud *der.*

fumeur, euse [fymœr, øz] *nm, f* Raucher *der,* -in *die.*

fumeux, euse [fymø, øz] *adj* verworren.

fumier [fymje] *nm* **- 1.** AGRIC Mist *der* **- 2.** *péj* [salaud] Mistkerl *der.*

fumiste [fymist] *nmf fam* Pfuscher *der,* -in *die.*

fumisterie [fymistəri] *nf* Pfuscherei *die.*

fumoir [fymwar] *nm* Rauchzimmer *das.*

funambule [fynɑ̃byl] *nmf* Seiltänzer *der,* -in *die.*

funèbre [fynɛbr] *adj* **- 1.** [funéraire] Toten-, Bestattungs- **- 2.** [lugubre] Trauer-.

funérailles [fyneraj] *nfpl* Bestattung *die.*

funéraire [fynerɛr] *adj* Bestattungs-.

funeste [fynɛst] *adj* **- 1.** [accident, conseil] verhängnisvoll **- 2.** [vision] Todes-.

funiculaire [fynikylɛr] *nm* Seilbahn *die.*

fur [fyr] ◆ **au fur et à mesure** *loc adv* nach und nach. ◆ **au fur et à mesure que** *loc conj* in dem Tempo, wie.

furent [fyr] ▷ **être.**

furet [fyrɛ] *nm* [animal] Frettchen *das.*

fureter [28] [fyrte] *vi* herum|schnüffeln.

fureur [fyrœr] *nf* **- 1.** [colère] Raserei *die* **- 2.** [passion] Leidenschaft *die* ; **faire ~** Furore machen.

furibond, e [fyribɔ̃, ɔ̃d] *adj* **- 1.** [personne] wutentbrannt **- 2.** [regard] vernichtend.

furie [fyri] *nf* **- 1.** [personne & MYTH] Furie *die* **- 2.** [colère] Rasen *das* ; **mettre qqn en ~** jn wütend machen ; **en ~** tobend *(adj)* **- 3.** [ardeur] Inbrunst *die.*

furieux, euse [fyrjø, øz] *adj* **- 1.** [en colère] wütend **- 2.** [forcené] wild **- 3.** [violent] heftig.

furoncle [fyrɔ̃kl] *nm* Furunkel *der.*

furtif, ive [fyrtif, iv] *adj* verstohlen.

fus etc ▷ **être.**

fusain [fyzɛ̃] *nm* **- 1.** [arbre] Spindelbaum *der* **- 2.** [crayon] Kohle *die* **- 3.** [dessin] Kohlezeichnung *die.*

fuseau, x [fyzo] *nm* **- 1.** [outil] Spindel *die* **- 2.** [vêtement] Steghose *die.* ◆ **fuseau horaire** *nm* Zeitzone *die.*

fusée [fyze] *nf* Rakete *die.*

fuselage [fyzlaʒ] *nm* (Flugzeug)rumpf *der.*

fuselé, e [fyzle] *adj* spindelförmig, schlank.

fuser [3] [fyze] *vi* [rires, applaudissements] erschallen.

fusible [fyzibl] *nm* (Schmelz)sicherung *die.*

fusil [fyzi] *nm* [arme] Gewehr *das.*

fusillade [fyzijad] *nf* Schießerei *die.*

fusiller [3] [fyzije] *vt* **- 1.** [exécuter] erschießen **- 2.** *fam* [abîmer] verhunzen.

fusion [fyzjɔ̃] *nf* **- 1.** [fonte] Schmelzen *das* ; **en ~** schmelzflüssig *(adj)* **- 2.** BIOL & PHYS Fusion *die* ; **~ nucléaire** Kernfusion **- 3.** *fig* [union, assimilation] Verschmelzung *die.*

fusionner [3] [fyzjɔne] ◇ *vt* **- 1.** ÉCON : **~ qqch (avec qqch)** etw (mit etw) fusionieren **- 2.** POLIT zusammen|schließen ◇ *vi* sich zusammen|schließen.

fustiger [17] [fystiʒe] *vt sout* geißeln.

fût[1] [fy] ▷ **être.**

fût[2] [fy] *nm* **- 1.** [d'arbre] Stamm *der* **- 2.** [tonneau] (Lager)fass *das.*

futaie [fytɛ] *nf* Hochwald *der.*

futile [fytil] *adj* **- 1.** [insignifiant] belanglos **- 2.** [frivole] oberflächlich.

futur, e [fytyr] ◇ *adj* **- 1.** [prochain] zukünftig ; **la génération ~e** die kommende Generation **- 2.** [vie] künftig ◇ *nm, f* Zukünftige *der,* Zukünftige *die.* ◆ **futur** *nm* **- 1.** [avenir] Zukunft *die* **- 2.** GRAM Futur *das.*

futuriste [fytyrist] *adj* futuristisch.

fuyant, e [fɥijɑ̃, ɑ̃t] *adj* **- 1.** [regard] ausweichend **- 2.** [front] fliehend **- 3.** ARCHIT spitz zulaufend.

fuyard, e [fɥijar, ard] ◇ *adj* flüchtig ◇ *nm, f* Flüchtige *der,* Flüchtige *die.*

G

g, G [ʒe] *nm inv* [lettre] g *das,* G *das.*

gabardine [gabardin] *nf* **- 1.** [étoffe] Gabardine *der* **- 2.** [vêtement] Gabardinemantel *der.*

gabarit [gabari] *nm* **- 1.** [dimensions] Ausmaße *Pl* **- 2.** *fam* [carrure] Statur *die.*

Gabon [gabɔ̃] *nm* : **le ~** Gabun *nt.*

gâcher [3] [gaʃe] *vt* **- 1.** [argent, vie] verschwenden ; [talent] verspielen **- 2.** [plaisir] verderben.

gâchette [gaʃɛt] *nf* Abzug *der.*

gâchis [gaʃi] *nm* **- 1.** [gaspillage] Verschwendung *die* **- 2.** [désordre] Schlamassel *der* OU *das.*

gadget [gadʒɛt] *nm* Spielerei *die.*

gadoue [gadu] *nf fam* Matsch *der.*

gaffe [gaf] *nf* **- 1.** *fam* [maladresse] Schnitzer *der* **- 2.** [outil] Bootshaken *der.*

gaffer [3] [gafe] ◇ *vi fam* ins Fettnäpfchen treten ◇ *vt* mit dem Bootshaken fangen.

gag [gag] *nm* Gag *der.*

gage [gaʒ] *nm* - **1.** [caution, preuve] Pfand *der* - **2.** JEU Bestrafung *die.* ◆ **gages** *nmpl* Lohn *der.*

gager [17] [gaʒe] *vt :* ~ **que** wetten, dass.

gageure [gaʒyr] *nf sout* gewagtes Vorhaben.

gagnant, e [gaɲɑ̃, ɑ̃t] ◇ *adj* Gewinn bringend, Gewinn- ◇ *nm, f* Gewinner *der,* -in *die,* Sieger *der,* -in *die.*

gagne-pain [gaɲpɛ̃] *nm inv* Broterwerb *der.*

gagner [3] [gaɲe] ◇ *vt* - **1.** [gén] gewinnen - **2.** [argent] verdienen ; ~ **de faire qqch** [mériter] es verdienen, etw zu tun ◇ *vi* - **1.** [être vainqueur] gewinnen - **2.** [s'améliorer] : ~ **à faire qqch** durch etw gewinnen ; ~ **en qqch** an etw *(D)* gewinnen - **3.** [se propager] sich aus|breiten.

gagneur, euse [gaɲœr, øz] *nm, f* Gewinner *der,* -in *die.*

gai, e [gɛ] *adj* - **1.** [personne, couleur] fröhlich - **2.** [endroit] freundlich.

gaieté [gete] *nf* Fröhlichkeit *die.*

gaillard, e [gajar, ard] ◇ *adj* - **1.** [alerte] munter - **2.** [licencieux] anzüglich ◇ *nm, f* Bursche *der,* kräftiges Mädchen.

gain [gɛ̃] *nm* - **1.** [bénéfice] Gewinn *der ;* ~ **de place** Platzgewinn ; ~ **de temps** Zeitgewinn - **2.** [fait de gagner] Gewinnen *das ;* **avoir** OU **obtenir ~ de cause** Recht bekommen - **3.** [rémunération] Verdienst *der.*

gaine [gɛn] *nf* - **1.** [étui] Hülle *die* - **2.** [sous-vêtement] Mieder *das.*

gaine-culotte *nf* Miederhose *die.*

gainer [4] [gene] *vt* umhüllen.

gala [gala] *nm* Galaabend *der.*

galant, e [galɑ̃, ɑ̃t] *adj* galant.

galanterie [galɑ̃tri] *nf* Galanterie *die.*

galaxie [galaksi] *nf* Galaxie *die.*

galbe [galb] *nm* Rundung *die.*

gale [gal] *nf* Krätze *die.*

galère [galɛr] *nf* - **1.** [bateau] Galeere *die* - **2.** *fam fig* [situation pénible] Kreuz *das ;* **quelle ~!** so ein Schlamassel!

galerie [galri] *nf* - **1.** [passage, balcon, magasin] Galerie *die ;* ~ **marchande** Einkaufspassage *die ;* ~ **de peinture** Gemäldegalerie ; **épater la** ~ *fig* an|geben - **2.** [tunnel] Stollen *der* - **3.** [porte-bagages] Dachgepäckträger *der.*

galet [galɛ] *nm* - **1.** [caillou] Kieselstein *der* - **2.** [roulette] Rolle *die.*

galette [galɛt] *nf* CULIN [crêpe] Buchweizen-Crêpe *die ;* [gâteau] Blätterteigkuchen *der ;* ~ **des rois** *Blätterteigkuchen zum Dreikönigsfest.*

galipette [galipɛt] *nf fam* Purzelbaum *der.*

gallicisme [galisism] *nm* Gallizismus *der.*

galon [galɔ̃] *nm* Tresse *die.*

galop [galo] *nm* Galopp *der ;* **au** ~ [cheval] im Galopp, galoppierend ; *fig* hopphopp.

galopade [galɔpad] *nf* Galopp *der.*

galoper [3] [galɔpe] *vi* galoppieren ; ~ **après qqch** *fig* hinter einer Sache *(D)* her|rennen.

galopin [galɔpɛ̃] *nm fam* Strolch *der.*

galvaniser [3] [galvanize] *vt* - **1.** [métalliser] verzinken - **2.** *fig* [stimuler] an|heizen, begeistern.

galvauder [3] [galvode] *vt* - **1.** [nom] schädigen - **2.** [talent] vergeuden.

gambader [3] [gɑ̃bade] *vi* - **1.** [personne] Luftsprünge machen - **2.** [animal, enfant] herum|tollen.

gamelle [gamɛl] *nf* [récipient] Napf *der.*

gamin, e [gamɛ̃, in] ◇ *adj* - **1.** [espiègle] schelmisch - **2.** [puéril] kindisch ◇ *nm, f fam* - **1.** [enfant] Kleine *der,* Kleine *die* - **2.** [gosse] Göre *die.*

gamme [gam] *nf* - **1.** MUS Tonleiter *die* - **2.** [gradation, série] Palette *die ;* ~ **de produits** Produktpalette.

Gand [gɑ̃] *n* Gent *nt.*

gang [gɑ̃g] *nm* Bande *die.*

ganglion [gɑ̃glijɔ̃] *nm* Ganglion *das.*

gangrène [gɑ̃grɛn] *nf* MÉD Brand *der.*

gangue [gɑ̃g] *nf* [de minerai] Gangart *die.*

gant [gɑ̃] *nm* Handschuh *der ;* ~ **de boxe** Boxhandschuh ; ~ **de toilette** Waschlappen *der.*

garage [garaʒ] *nm* - **1.** [abri] Garage *die* - **2.** [atelier] (Auto)werkstatt *die.*

garagiste [garaʒist] *nmf* Kfz-Mechaniker *der.*

garant, e [garɑ̃, ɑ̃t] *nm, f* [responsable & JUR] Bürge *der,* -gin *die ;* **se porter ~ de qqn/qqch** für jn/etw bürgen. ◆ **garant** *nm* [garantie] Garant *der.*

garantie [garɑ̃ti] *nf* Garantie *die.*

garantir [32] [garɑ̃tir] *vt* - **1.** [assurer] garantieren ; ~ **à qqn que** jm garantieren, dass - **2.** [protéger] : ~ **qqn/qqch de qqch** jn/etw vor etw *(D)* schützen.

garçon [garsɔ̃] *nm* - **1.** [enfant] Junge *der* - **2.** [serveur] Bedienung *die.*

garçonnet [garsɔnɛ] *nm* kleiner Junge.

garçonnière [garsɔnjɛr] *nf* Junggesellenbleibe *die.*

garde [gard] ◇ *nf* - **1.** [surveillance, conservation] Beaufsichtigung *die ;* **être de** ~ [médecin] Bereitschaftsdienst haben - **2.** MIL Wache *die ;* **monter la** ~ Wache schieben - **3.** *loc* : **être/se tenir sur ses ~s** auf der Hut sein/bleiben ; **mettre qqn en ~ contre qqch** jn vor etw *(D)* warnen ; **prendre ~ à qqch** auf etw *(A)* Acht geben ; **prendre ~ que** darauf achten, dass ◇ *nm* Wächter *der* ; **~ des Sceaux** französische Justizminister *der*, -in *die*.

garde-à-vous [gardavu] *nm inv* : **garde-à-vous!** stillgestanden! ; **se mettre au ~** stilllstehen, strammlstehen.

garde-boue [gardəbu] *nm inv* Schutzblech *das*.

garde-chasse [gardəʃas] (*pl* **gardes-chasse** OU **gardes-chasses**) *nm* Wildhüter *der*, -in *die*.

garde-fou [gardəfu] (*pl* **garde-fous**) *nm* Schutzgeländer *das*.

garde-malade [gard(əœmalad] *nmf* Krankenbetreuer *der*, -in *die*.

garde-manger [gardmɑ̃ʒe] *nm inv* Lebensmittelschrank *der*.

garde-meuble, garde-meubles [gardəmœbl] (*pl* **garde-meubles**) *nm* Möbellager *das*.

garder [3] [garde] *vt* - **1.** [surveiller] bewachen - **2.** [enfants] : **~ qqn** jn beaufsichtigen, auf jn auflpassen - **3.** [conserver - calme, silence] bewahren ; [- denrées] auflbewahren ; [- objet prêté] behalten ; [- vêtement] auflbehalten, anlbehalten - **4.** [réserver] freilhalten. ◆ **se garder** *vp* - **1.** [se conserver] sich halten - **2.** [se méfier] : **se ~ de qqn/qqch** sich vor jm/etw in Acht nehmen - **3.** [s'abstenir] : **se ~ de faire qqch** sich hüten, etw zu tun.

garde-robe [gardərɔb] (*pl* **garde-robes**) *nf* Garderobe *die*.

gardien, enne [gardjɛ̃, ɛn] *nm, f* - **1.** [surveillant] Wärter *der*, -in *die* ; **~ de but** Torwart *der* ; **~ de prison** Gefängniswärter - **2.** [concierge] : **~ (d'immeuble)** Hausmeister *der* - **3.** *fig* [défenseur] Hüter *der* - **4.** [agent] : **~ de la paix** Schutzmann *der*.

gare[1] [gar] *nf* Bahnhof *der* ; **~ routière** Busbahnhof.

gare[2] [gar] *interj* - **1.** [pour attirer l'attention] Vorsicht - **2.** [pour menacer] Achtung.

garer [3] [gare] *vt* parken. ◆ **se garer** *vp* - **1.** [stationner] parken - **2.** [se ranger de côté] zur Seite gehen.

gargariser [3] [gargarize] ◆ **se gargariser** *vp* [se rincer] gurgeln.

gargouiller [3] [garguje] *vi* gluckern.

garnement [garnəmɑ̃] *nm* Satansbraten *der*, Schlingel *der*.

garnir [32] [garnir] *vt* - **1.** [équiper, couvrir] : **~ qqch (de qqch)** etw (mit etw) auslstatten - **2.** [approvisionner] auflfüllen - **3.** [occuper] füllen - **4.** [orner] : **~ qqch de qqch** etw mit etw schmücken.

garnison [garnizɔ̃] *nf* - **1.** MIL [troupes] Garnison *die* - **2.** [ville] Garnisonsstadt *die*.

garniture [garnityr] *nf* - **1.** [ornement] Verzierung *die* ; **~ de lit** Bettzeug *das* - **2.** CULIN Beilage *die*.

garrigue [garig] *nf* ≃ Heide *die* (im Mittelmeerraum).

garrot [garo] *nm* - **1.** [de cheval] Widerrist *der* - **2.** MÉD Abbinde *die*.

gars [ga] *nm fam* Kerl *der*.

gas-oil = **gazole**.

gaspillage [gaspijaʒ] *nm* Verschwendung *die*.

gaspiller [3] [gaspije] *vt* verschwenden.

gastrique [gastrik] *adj* Magen-.

gastro-entérite [gastrɔɑ̃terit] (*pl* **gastro-entérites**) *nf* Magen- und Darmschleimhautentzündung *die*.

gastronome [gastrɔnɔm] *nmf* Feinschmecker *der*, -in *die*.

gastronomie [gastrɔnɔmi] *nf* Kochkunst *die*, Gastronomie *die*.

gâteau, x [gato] *nm* Kuchen *der* ; **~ sec** Gebäck *das (sans pl)*, Keks *der* ; **exiger sa part du ~** *fam fig* seinen Anteil verlangen.

gâter [3] [gate] *vt* - **1.** [gâcher, compromettre] verderben - **2.** [combler] verwöhnen. ◆ **se gâter** *vp* - **1.** [aliments] schlecht werden - **2.** [temps, situation] sich verschlechtern.

gâterie [gatri] *nf* - **1.** [plaisir] Extra *das* - **2.** [sucrerie] Süßigkeit *die*.

gâteux, euse [gatø, øz] ◇ *adj* verkalkt ◇ *nm, f* Tattergreis *der*, -in *die*.

gauche [goʃ] ◇ *adj* - **1.** [à gauche] linke, -r, -s - **2.** [maladroit] linkisch ◇ *nf* - **1.** [côté] linke Seite ; **à ~ (de)** links (von) ; **à ma/sa etc ~** zu meiner/seiner etc Linken - **2.** POLIT Linke *die* ; **de ~** Links-.

gaucher, ère [goʃe, ɛr] ◇ *adj* linkshändig ◇ *nm, f* Linkshänder *der*, -in *die*.

gauchisant, e [goʃizɑ̃, ɑ̃t] *adj* linksorientiert.

gauchisme [goʃism] *nm* Linkslastigkeit *die*.

gauchiste [goʃist] ◇ *adj* linke,-r,-s ◇ *nmf* Linke *der*, Linke *die*.

gaufre [gofr] *nf* Waffel *die*.

gaufrer [3] [gofre] *vt* prägen.

gaufrette [gofrɛt] *nf* Waffel *die*.

gaule [gol] *nf* - **1.** [perche] lange Stange - **2.** [canne à pêche] Angelrute *die*.

gaulliste [golist] ◇ *adj* gaullistisch ◇ *nmf* Gaullist *der*, -in *die*.

gausser [3] [gose] ◆ **se gausser** *vp* : **se ~ de qqn/qqch** *littéraire* sich über jn/etw lustig machen.

gaver [3] [gave] *vt* [oie, canard] stopfen.

gay [gɛ] *nm* Schwule *der.*
gaz [gaz] *nm inv* Gas *das.*
gaze [gaz] *nf* - **1.** [étoffe] Gaze *die* - **2.** [pansement] (Verband)mull *der.*
gazelle [gazɛl] *nf* Gazelle *die.*
gazer [3] [gaze] *vt* vergasen.
gazette [gazɛt] *nf* Zeitung *die.*
gazeux, euse [gazø, øz] *adj* - **1.** CHIM gasförmig - **2.** [boisson] kohlensäurehaltig.
gazoduc [gazɔdyk] *nm* Ferngasleitung *die.*
gazole [gazɔl], **gas-oil** [gazɔjl, gazwal] *nm* Dieselkraftstoff *der.*
gazon [gazɔ̃] *nm* - **1.** [herbe] Rasen *der* - **2.** [terrain] Rasenplatz *der.*
gazouiller [3] [gazuje] *vi* - **1.** [oiseau] zwitschern - **2.** [bébé] babbeln.
GB, G-B (*abr de* **Grande-Bretagne**) *nf* GB.
GDF (*abr de* **Gaz de France**) *staatliche französische Gasgesellschaft.*
geai [ʒɛ] *nm* Eichelhäher *der.*
géant, e [ʒeɑ̃, ɑ̃t] ◇ *adj* [très grand] riesig ◇ *nm, f* Riese *der*, -sin *die.*
geindre [81] [ʒɛ̃dr] *vi* stöhnen.
gel [ʒɛl] *nm* - **1.** MÉTÉOR Frost *der* - **2.** [cosmétique] Gel *das.*
gélatine [ʒelatin] *nf* Gelatine *die.*
gelé, e [ʒəle] *adj* eiskalt ; **j'ai les pieds ~s** ich habe eiskalte Füße. ◆ **gelée** *nf* - **1.** MÉTÉOR Frost *der* - **2.** CULIN Sülze *die* - **3.** [de fruit] Gelee *das.*
geler [25] [ʒəle] ◇ *vt* - **1.** [eau] zum Gefrieren bringen - **2.** *fig* [activité, capitaux] ein|frieren - **3.** [projet] auf Eis legen ◇ *vi* - **1.** [eau, sol, personne] frieren - **2.** [lac, canal] zu|frieren.
gélule [ʒelyl] *nf* Kapsel *die.*
Gémeaux [ʒemo] *nmpl* ASTRON & ASTROL Zwillinge *Pl ;* **sous le signe des ~** im Zeichen der Zwillinge.
gémir [32] [ʒemir] *vi* [personne] wimmern.
gémissement [ʒemismɑ̃] *nm* [de personne] Klagelaut *der.*
gemme [ʒɛm] *nf* (Halb)edelstein *der.*
gênant, e [ʒenɑ̃, ɑ̃t] *adj* - **1.** [encombrant] störend - **2.** [embarrassant] peinlich.
gencive [ʒɑ̃siv] *nf* Zahnfleisch *das.*
gendarme [ʒɑ̃darm] *nm* Gendarm *der.*
gendarmerie [ʒɑ̃darməri] *nf* [lieu] Polizeiwache *die.*
gendre [ʒɑ̃dr] *nm* Schwiegersohn *der.*
gène [ʒɛn] *nm* Gen *das.*
gêne [ʒɛn] *nf* - **1.** [physique] leichte Behinderung - **2.** [psychologique] Verlegenheit *die* - **3.** [financière] Not *die.*
gêné, e [ʒene] *adj* - **1.** [physiquement] behindert - **2.** [psychologiquement] verlegen - **3.** [financièrement] in Geldnot.
généalogie [ʒenealɔʒi] *nf* Ahnenforschung *die.*
généalogique [ʒenealɔʒik] *adj* Ahnen- ; ▻ **arbre.**
gêner [4] [ʒene] *vt* - **1.** [physiquement] : **~ qqn** jm unbequem sein - **2.** [moralement] : **~ qqn** jm unangenehm OU peinlich sein - **3.** [incommoder] stören. ◆ **se gêner** *vp* sich genieren.
général, e, aux [ʒeneral, o] *adj* - **1.** [gén] allgemein ; **en ~** im Allgemeinen - **2.** [s'appliquant à tous] allgemein gültig - **3.** ADMIN & JUR General-. ◆ **général** *nm* MIL General *der.*
généralement [ʒeneralmɑ̃] *adv* - **1.** [souvent] im Allgemeinen - **2.** [de façon générale] (ganz) allgemein.
généralisation [ʒeneralizasjɔ̃] *nf* - **1.** [extension] Ausweitung *die* - **2.** [règle générale] Verallgemeinerung *die.*
généraliser [3] [ʒeneralize] *vt* - **1.** [appliquer à la majorité] allgemein gültig machen - **2.** [tirer une conclusion générale] verallgemeinern. ◆ **se généraliser** *vp* sich aus|weiten.
généraliste [ʒeneralist] ◇ *adj* Allround- ◇ *nmf* praktischer Arzt, praktische Ärztin.
généralité [ʒeneralite] *nf* - **1.** [idée répandue] Allgemeinplatz *der* - **2.** [universalité] Allgemeingültigkeit *die.*
générateur, trice [ʒeneratœr, tris] *adj* verursachend. ◆ **génératrice** *nf* ÉLECTR Generator *der.*
génération [ʒenerasjɔ̃] *nf* - **1.** [production] Erzeugung *die* - **2.** [degré de descendance, tranche d'âge] Generation *die ;* **une nouvelle ~ de** *fig* [produit] eine neue Generation von.
générer [18] [ʒenere] *vt* verursachen.
généreux, euse [ʒenerø, øz] *adj* - **1.** [pas avare] großzügig - **2.** [terre] ergiebig ; [vin] vollmundig - **3.** [abondant] üppig.
générique [ʒenerik] *nm* TÉLÉ & CIN - **1.** [de début] Vorspann *der* - **2.** [de fin] Nachspann *der* - **3.** MÉD Generikum *das.*
générosité [ʒenerɔzite] *nf* [prodigalité] Großzügigkeit *die.*
genèse [ʒənɛz] *nf* Entstehung *die.* ◆ **Genèse** *nf* BIBLE : **la Genèse** die Schöpfungsgeschichte.
genêt [ʒənɛ] *nm* Ginster *der.*
génétique [ʒenetik] ◇ *adj* genetisch ◇ *nf* Genetik *die.*
Genève [ʒənɛv] *n* Genf *nt ;* **le lac de ~** der Genfersee.
genevois, e [ʒənvwa, az] *adj* aus Genf, genferisch. ◆ **Genevois, e** *nm, f* Genfer *der*, -in *die.*

génial, e, aux [ʒenjal, o] *adj* genial ; **c'est ~!** *fam* das ist spitze!

génie [ʒeni] *nm* - **1.** [personne, aptitude] Genie *das* - **2.** MYTH Geist *der.* ◈ **génie civil** *nm* Hoch- und Tiefbau *der.*

genièvre [ʒənjɛvr] *nm* Wacholder *der.*

génisse [ʒenis] *nf* Färse *die.*

génital, e, aux [ʒenital, o] *adj* Geschlechts-.

génitif [ʒenitif] *nm* GRAM Genitiv *der.*

génocide [ʒenɔsid] *nm* Völkermord *der.*

genou, x [ʒənu] *nm* Knie *das ;* **être à ~x** knien ; **se mettre à ~x** nieder|knien ; **prendre qqn sur ses** OU **les ~x** jn auf den Schoß nehmen.

genouillère [ʒənujɛr] *nf* - **1.** [bandage] Kniebandage *die* - **2.** SPORT Knieschützer *der* - **3.** [sur pantalon] Knieschoner *der.*

genre [ʒɑ̃r] *nm* - **1.** [type, style] Art *die ;* **en tous ~s** aller Art ; **se donner un ~** etwas Besonderes sein wollen - **2.** LITTÉRATURE Gattung *die* - **3.** GRAM Geschlecht *das,* Genus *das.*

gens [ʒɑ̃] *nmpl* Leute *Pl.*

gentiane [ʒɑ̃sjan] *nf* Enzian *der.*

gentil, ille [ʒɑ̃ti, ij] *adj* - **1.** [agréable] nett - **2.** [aimable] freundlich.

gentillesse [ʒɑ̃tijɛs] *nf* - **1.** [qualité] Freundlichkeit *die* - **2.** [action] Aufmerksamkeit *die.*

gentiment [ʒɑ̃timɑ̃] *adv* - **1.** [aimablement] liebenswürdig - **2.** [sagement] brav.

génuflexion [ʒenyflɛksjɔ̃] *nf* Kniefall *der.*

géographe [ʒeɔgraf] *nmf* Geograf *der, die* Geografin.

géographie [ʒeɔgrafi] *nf* Geografie *die.*

geôlier, ère [ʒolje, ɛr] *nm, f sout* Kerkermeister *der,* -in *die.*

géologie [ʒeɔlɔʒi] *nf* Geologie *die.*

géologue [ʒeɔlɔg] *nmf* Geologe *der,* -gin *die.*

géomètre [ʒeɔmɛtr] *nmf* [technicien] Landvermesser *der,* -in *die.*

géométrie [ʒeɔmetri] *nf* Geometrie *die.*

géosphère [ʒeɔsfɛr] *nf* Geosphäre *die.*

gérance [ʒerɑ̃s] *nf* Geschäftsführung *die.*

géranium [ʒeranjɔm] *nm* Geranie *die.*

gérant, e [ʒerɑ̃, ɑ̃t] *nm, f* Geschäftsführer *der,* -in *die.*

gerbe [ʒɛrb] *nf* - **1.** [de blé] Garbe *die ;* **~ de fleurs** Blumengebinde *das* - **2.** [d'étincelles] Funkenregen *der.*

gercé, e [ʒɛrse] *adj* aufgesprungen.

gerçure [ʒɛrsyr] *nf* Hautriss *der.*

gérer [18] [ʒere] *vt* - **1.** [organiser, diriger] führen ; **~ une affaire** ein Geschäft führen - **2.** [biens, intérêts, budget] verwalten.

gériatrie [ʒerjatri] *nf* Geriatrie *die.*

germanique [ʒɛrmanik] *adj* - **1.** [allemand] deutsch - **2.** HIST germanisch.

germe [ʒɛrm] *nm* Keim *der.*

germer [3] [ʒɛrme] *vi* BOT keimen.

gésier [ʒezje] *nm* Kaumagen *der.*

gestation [ʒɛstasjɔ̃] *nf* [de fœtus - humain] Schwangerschaft *die ;* [- animal] Trächtigkeit *die.*

geste [ʒɛst] *nm* Geste *die.*

gesticuler [3] [ʒɛstikyle] *vi* gestikulieren.

gestion [ʒɛstjɔ̃] *nf* - **1.** ADMIN, FIN & JUR Verwaltung *die* - **2.** [de budget] Führen *das* - **3.** UNIV Betriebswirtschaft *die.*

geyser [ʒɛzɛr] *nm* Geysir *der.*

Ghana [gana] *nm :* **le ~** Ghana *nt.*

ghetto [gɛto] *nm* Getto *das.*

ghettoïsation [gɛtoizasjɔ̃] *nf* Gettoisierung *die.*

gibet [ʒibɛ] *nm* Galgen *der.*

gibier [ʒibje] *nm* - **1.** CHASSE Wild *das (sans pl)* - **2.** [viande] Wildbret *das.*

giboulée [ʒibule] *nf* Regenschauer *der,* Hagelschauer *der.*

gicler [3] [ʒikle] *vi* spritzen.

gifle [ʒifl] *nf* Ohrfeige *die.*

gifler [3] [ʒifle] *vt* [sujet : personne] ohrfeigen.

gigantesque [ʒigɑ̃tɛsk] *adj* - **1.** [géant] riesengroß - **2.** [démesuré] gewaltig.

GIGN (*abr de* **Groupe d'intervention de la gendarmerie nationale**) *nm Gendarmerie-Einsatztruppe.*

gigolo [ʒigɔlo] *nm* Gigolo *der.*

gigot [ʒigo] *nm* Keule *die.*

gigoter [3] [ʒigɔte] *vi* zappeln ; [bébé] strampeln.

gilet [ʒilɛ] *nm* - **1.** [cardigan] Strickjacke *die* - **2.** [sans manches] Weste *die.*

gin [dʒin] *nm* Gin *der.*

gingembre [ʒɛ̃ʒɑ̃br] *nm* Ingwer *der.*

girafe [ʒiraf] *nf* Giraffe *die.*

girophare [ʒirɔfar] *nm* Blaulicht *das.*

girouette [ʒirwɛt] *nf* [objet] Wetterhahn *der,* Wetterfahne *die.*

gisement [ʒizmɑ̃] *nm* Vorkommen *das.*

gît [ʒi] ▷ **ci-gît.**

gitan, e [ʒitɑ̃, an] *adj* zigeunerisch, Zigeuner-. ◈ **Gitane** *nf* [cigarette] *französische Zigarettenmarke.* ◈ **Gitan, e** *nm, f* Zigeuner *der,* -in *die.*

gîte [ʒit] *nm* - **1.** [logement] Unterkunft *die* - **2.** [de lièvre] Sasse *die.*

givre [ʒivr] *nm* Reif *der.*

glabre [glabr] *adj* glatt(rasiert).

glace [glas] *nf* - **1.** [eau gelée, crème glacée] Eis *das* - **2.** [de voiture] Fenster *das* - **3.** [miroir] Spiegel *der.*

glacé, e [glase] *adj* - **1.** [gelé] gefroren

- **2.** [très froid] eiskalt - **3.** *fig* [hostile] frostig - **4.** CULIN glasiert.

glacer [16] [glase] *vt* - **1.** [refroidir] vor Kälte steif werden lassen - **2.** [gâteau] mit Glasur überziehen.

glacial, e, als OU **aux** [glasjal, o] *adj* eiskalt.

glacier [glasje] *nm* - **1.** GÉOGR Gletscher *der* - **2.** [marchand] Eismann *der.*

glacière [glasjɛr] *nf* Eisschrank *der* ; [portable] Kühltasche *die.*

glaçon [glasɔ̃] *nm* - **1.** [cube de glace] Eiswürfel *der* - **2.** [glace naturelle] Eiszapfen *der.*

gladiateur [gladjatœr] *nm* Gladiator *der.*

glaïeul [glajœl] *nm* Gladiole *die.*

glaire [glɛr] *nf* Schleim *der.*

glaise [glɛz] *nf* Ton *der.*

glaive [glɛv] *nm* Schwert *das.*

gland [glɑ̃] *nm* Eichel *die.*

glande [glɑ̃d] *nf* Drüse *die.*

glaner [3] [glane] *vt* - **1.** [blé, maïs] auf|sammeln - **2.** *fig* [idées, informations] zusammen|tragen.

glapir [32] [glapir] *vi* kläffen.

Glaris [glaris] *n* Glarus *nt.*

glas [gla] *nm* Totengeläut *das.*

glauque [glok] *adj* - **1.** *fam* [sordide] übel - **2.** *fam* [lugubre] trostlos.

glissade [glisad] *nf* Rutschen *das.*

glissant, e [glisɑ̃, ɑ̃t] *adj* - **1.** [surface] rutschig, glatt - **2.** [objet] glitschig.

glissement [glismɑ̃] *nm* - **1.** [action] Gleiten *das* - **2.** [déplacement] Rutsch *der.*

glisser [3] [glise] ◇ *vi* - **1.** [se déplacer] : **~ (sur qqch)** (auf etw *(D)*) gleiten - **2.** [déraper] : **~ (sur qqch)** (auf etw *(D)*) aus|rutschen - **3.** [surface] glatt sein ◇ *vt* schieben ; **~ qqch à qqn** [paquet, lettre] jm etw zu|stecken ; [mot, parole] jm etw zu|flüstern. ◆ **se glisser** *vp* [personne] schleichen.

glissière [glisjɛr] *nf* Gleitschiene *die.*

global, e, aux [glɔbal, o] *adj* Gesamt-.

globalement [glɔbalmɑ̃] *adv* insgesamt.

globalisation [glɔbalizasjɔ̃] *nf* [de marché] Globalisierung *die.*

globe [glɔb] *nm* - **1.** [terre] Globus *der* ; **~ terrestre** Erdball *der* - **2.** [sphère] Kugel *die* - **3.** [de verre] Glasglocke *die.*

globule [glɔbyl] *nm* Blutkörperchen *das* ; **~ blanc/rouge** weißes/rotes Blutkörperchen.

gloire [glwar] *nf* [renommée] Ruhm *der.*

glorieux, euse [glɔrjø, øz] *adj* - **1.** [combat, mort] glorreich - **2.** [héros, soldat] ruhmreich.

glossaire [glɔsɛr] *nm* Glossar *das.*

glousser [3] [gluse] *vi* [poule] glucken.

glouton, onne [glutɔ̃, ɔn] *nm, f* Vielfraß *der.*

glu [gly] *nf* [colle] Klebstoff *der.*

gluant, e [glyɑ̃, ɑ̃t] *adj* klebrig.

glucide [glysid] *nm* Zucker *der.*

glycémie [glisemi] *nf* Blutzucker *der.*

glycine [glisin] *nf* Glyzinie *die.*

GMT (*abr de* **Greenwich Mean Time**) WEZ *die.*

go [go] ◆ **tout de go** *loc adv fam* schlankweg.

goal [gol] *nm* Torwart *der.*

gobelet [gɔblɛ] *nm* Becher *der.*

gober [3] [gɔbe] *vt* - **1.** [avaler] gierig hinunter|schlucken ; [œuf] aus|schlürfen - **2.** *fam* [croire] schlucken.

godet [gɔdɛ] *nm* [récipient] Töpfchen *das.*

godiller [3] [gɔdije] *vi* - **1.** [avec godille] wricken - **2.** [skieur] wedeln.

goéland [gɔelɑ̃] *nm* Möwe *die.*

goélette [gɔelɛt] *nf* Schoner *der.*

goguenard, e [gɔgnar, ard] *adj* schalkhaft.

goinfre [gwɛ̃fr] *nmf fam* Vielfraß *der.*

goitre [gwatr] *nm* Kropf *der.*

golf [gɔlf] *nm* Golf(spiel) *das.*

golfe [gɔlf] *nm* Golf *der.*

gomme [gɔm] *nf* - **1.** [pour effacer] Radiergummi *der* - **2.** [substance] Gummi *der* - **3.** *loc* : **à la ~** *fam* unbrauchbar.

gommer [3] [gɔme] *vt* - **1.** [avec gomme] radieren - **2.** *fig* [atténuer] verwischen.

gond [gɔ̃] *nm* Angel *die.*

gondole [gɔ̃dɔl] *nf* Gondel *die.*

gondoler [3] [gɔ̃dɔle] *vi* sich wellen.

gonflé, e [gɔ̃fle] *adj* - **1.** [déformé] aufgebläht - **2.** [personne] : **~ d'orgueil** stolzgeschwellt.

gonfler [3] [gɔ̃fle] ◇ *vt* - **1.** [distendre] auf|blasen - **2.** [faire augmenter le volume de] anschwellen lassen ; [d'air] auf|pumpen ; [d'eau] auf|quellen - **3.** *fig* [grossir] auf|bauschen ◇ *vi* quellen.

gonflette [gɔ̃flɛt] *nf* : **faire de la ~** *fam péj* sich Muskelpakete an|trainieren.

gong [gɔ̃g] *nm* Gong *der.*

goret [gɔrɛ] *nm* [cochon] Ferkel *das.*

gorge [gɔrʒ] *nf* - **1.** [gosier] Kehle *die*, Hals *der* ; **avoir mal à la ~** Halsschmerzen haben - **2.** *littéraire* [poitrine de femme] Busen *der* - **3.** [vallée] Schlucht *die.*

gorgée [gɔrʒe] *nf* Schluck *der.*

gorger [17] [gɔrʒe] *vt* : **~ qqn de qqch** [gaver] jn mit etw voll stopfen ; **~ qqch de qqch** etw mit etw tränken.

gorille [gɔrij] *nm* Gorilla *der.*

gosier [gozje] *nm* Kehle *die.*

gosse [gɔs] *nmf fam* Gör *das.*

gothique [gɔtik] *adj* gothisch.

gouache [gwaʃ] *nf* Gouache *die.*

goudron [gudrɔ̃] *nm* Teer *der.*

goudronner [3] [gudrɔne] *vt* teeren.

gouffre [gufr] *nm* **- 1.** GÉOGR & *fig* Abgrund *der* **- 2.** [financier] Fass *das* ohne Boden.

goujat [guʒa] *nm* Rüpel *der.*

goujon [guʒɔ̃] *nm* [poisson] Gründling *der.*

goulot [gulo] *nm* Flaschenhals *der.*

goulu, e [guly] ◇ *adj* gierig ◇ *nm, f* gieriger Esser, gierige Esserin.

gourd, e [gur, gurd] *adj* steif vor Kälte.

gourde [gurd] *nf* **- 1.** [récipient] Feldflasche *die* **- 2.** *fam* [personne] Tollpatsch *der.*

gourdin [gurdɛ̃] *nm* Knüppel *der.*

gourmand, e [gurmɑ̃, ɑ̃d] ◇ *adj* naschhaft ◇ *nm, f* Schlemmer *der,* -in *die.*

gourmandise [gurmɑ̃diz] *nf* **- 1.** [caractère] Esslust *die* **- 2.** [sucrerie] Schleckerei *die.*

gourmet [gurmɛ] *nm* : **(fin)** ~ Feinschmecker *der,* -in *die.*

gourmette [gurmɛt] *nf* Armband *das (mit Namensschild).*

gousse [gus] *nf* Schote *die.*

goût [gu] *nm* **- 1.** [saveur, jugement esthétique] Geschmack *der* **- 2.** [sens] Geschmackssinn *der* **- 3.** [penchant] Vorliebe *die* **- 4.** [style] Stil *der.*

goûter[1] [3] [gute] ◇ *vt* **- 1.** [aliment - déguster] kosten ; [- essayer] probieren **- 2.** *littéraire* [apprécier] schätzen ◇ *vi* **- 1.** [prendre une collation] einen Nachmittagsimbiss zu sich nehmen **- 2.** [pour la première fois] : **~ à** ou **de qqch** etw kosten.

goûter[2] [gute] *nm* Nachmittagsimbiss *der.*

le goûter

Im Frankreich essen Kinder nachmittags, wenn sie aus der Schule kommen, ein **goûter** (**le quatre heures**). Der „Goûter" können Kekse, Joghurt, ein Glas Saft oder Milch sein.
Erwachsene laden nicht zum Kaffee und Kuchen ein, sondern treffen sich eher in einem **salon de thé**, der einer Konditorei ähnelt.

goutte [gut] *nf* **- 1.** [de liquide] Tropfen *der* **- 2.** [petite quantité] Schluck *der ;* **une ~ de café** ein Schluck Kaffee **- 3.** *fam* [alcool] Schnaps *der* **- 4.** [maladie] : **la ~** die Gicht.

goutte-à-goutte *nm inv* Tropf *der.*

gouttelette [gutlɛt] *nf* Tröpfchen *das.*

gouttière [gutjɛr] *nf* **- 1.** [de maison] Dachrinne *die* **- 2.** MÉD Schiene *die.*

gouvernail [guvɛrnaj] *nm* Ruder *das.*

gouvernante [guvɛrnɑ̃t] *nf* [d'enfant] Gouvernante *die.*

gouvernement [guvɛrnəmɑ̃] *nm* **- 1.** [cabinet] Regierung *die* **- 2.** [direction] Leitung *die.*

gouverner [3] [guvɛrne] *vt* regieren.

gouverneur [guvɛrnœr] *nm* Gouverneur *der.*

grâce [gras] *nf* **- 1.** [charme] Anmut *die* **- 2.** [faveur] Gnade *die* **- 3.** [miséricorde] Begnadigung *die* **- 4.** [gré] : **de bonne ~** bereitwillig ; **de mauvaise ~** widerwillig. ◆ **grâce à** *loc prép :* **~ à qqn/qqch** dank jm/etw ; **~ à Dieu!** Gott sei Dank!

gracier [9] [grasje] *vt* begnadigen.

gracieusement [grasjøzmɑ̃] *adv* **- 1.** [avec grâce] anmutig **- 2.** [gratuitement] kostenlos.

gracieux, euse [grasjø, øz] *adj* **- 1.** [charmant] graziös **- 2.** [gratuit] unentgeldlich.

gradation [gradasjɔ̃] *nf* Abstufung *die.*

grade [grad] *nm* Grad *der.*

gradé, e [grade] *nm, f Soldat des unteren Dienstgrades.*

gradin [gradɛ̃] *nm* Sitzreihe *die* (in Stufenanordnung).

graduation [gradɥasjɔ̃] *nf* Gradeinteilung *die.*

graduel, elle [gradɥɛl] *adj* [progressif] zunehmend.

graduer [7] [gradɥe] *vt fig* [augmenter progressivement] allmählich steigern.

graffiti [grafiti] (*pl inv* ou **graffitis**) *nm* Graffiti *Pl.*

grain [grɛ̃] *nm* **- 1.** [de céréale, de plante, de sable] Korn *das ;* [de café] Bohne *die* **- 2.** [de fruit] Beere *die* **- 3.** [averse] Schauer *der.*

graine [grɛn] *nf* Samen *der.*

graisse [grɛs] *nf* **- 1.** [du corps, pour cuisiner] Fett *das* **- 2.** [pour lubrifier] Schmiere *die.*

graisser [4] [grɛse] *vt* **- 1.** [machine] schmieren **- 2.** [salir] mit Fettflecken beschmutzen.

grammaire [gramɛr] *nf* Grammatik *die.*

grammatical, e, aux [gramatikal, o] *adj* grammatisch.

gramme [gram] *nm* Gramm *das.*

grand, e [grɑ̃, grɑ̃d] *adj* **- 1.** [gén] groß **- 2.** [puissant] Groß-. ◆ **grand** ◇ *nm* **- 1.** [adulte] Erwachsene *der* **- 2.** [puissance] Große *der* ◇ *adv :* **voir ~** Großes im Sinn haben.

grand-angle (*pl* **grands-angles** [grɑ̃zɑ̃gl]), **grand-angulaire** *nm* Weitwinkelobjektiv *das.*

grand-chose ◇ *pron indéf :* **pas ~** [rien de grave] nichts (weiter) ; [peu] nicht viel ◇ *nmf inv fam :* **pas ~** Nichtsnutz *der.*

Grande-Bretagne *nf :* **la ~** Großbritannien *nt.*

grandeur [grɑ̃dœr] *nf* - **1.** [de taille, morale] Größe *die* - **2.** [apogée] Höhepunkt *der.*

grandir [32] [grɑ̃dir] ◇ *vt* - **1.** [en taille] größer machen - **2.** [en estime] erhöhen ◇ *vi* - **1.** [en taille] wachsen - **2.** [en intensité] zu|nehmen - **3.** *fig* [monter] steigen.

grand-mère (*pl* **grand-mères** ou **grands-mères**) *nf* - **1.** [mère de parent] Großmutter *die* - **2.** *fam* [vieille femme] Oma *die.*

Grand Palais *nm Pariser Ausstellungszentrum.*

grand-père *nm* - **1.** [père de parent] Großvater *der* - **2.** *fam* [vieillard] Opa *der.*

grands-parents *nmpl* Großeltern *Pl.*

grange [grɑ̃ʒ] *nf* Scheune *die.*

granite, granit [granit] *nm* Granit *der.*

granulé, e [granyle] *adj* [surface] gekörnt. ◆ **granulé** *nm* Granulat *das.*

granuleux, euse [granylø, øz] *adj* - **1.** [surface] körnig - **2.** MÉD granulös.

graphique [grafik] ◇ *adj* [art] grafisch ◇ *nm* Grafik *die.*

graphisme [grafism] *nm* - **1.** [manière d'écrire] Schriftbild *das* - **2.** ART [manière de dessiner] Handführung *die.*

graphologie [grafɔlɔʒi] *nf* Grafologie *die.*

grappe [grap] *nf* Traube *die ;* **~ de raisin** Traube.

grappiller [3] [grapije] ◇ *vt* - **1.** [cueillir] pflücken - **2.** *fig* [renseignements] zusammen|suchen ; [argent] mitgehen lassen ◇ *vi fig* klauen.

grappin [grapɛ̃] *nm* [ancre] Suchanker *der.*

gras, grasse [gra, gras] *adj* - **1.** [matière, personne, animal] fett - **2.** [cheveux, mains] fettig - **3.** [plat, aliment] fetthaltig. ◆ **gras** ◇ *nm* - **1.** [de jambon] Fett *das* - **2.** [de jambe] Wade *die* ◇ *adv* [manger] fettig.

grasse ▷ **gras.**

grassement [grasmɑ̃] *adv* - **1.** [rire] lautstark - **2.** [payer] reichlich.

gratifier [9] [gratifje] *vt* [accorder] : **~ qqn de qqch** [compliment] jm etw zukommen lassen ; *iron* [reproche] jn mit etw bedenken.

gratin [gratɛ̃] *nm* - **1.** CULIN Auflauf *der* - **2.** *fam fig* [haute société] Creme *die.*

gratiné, e [gratine] *adj* - **1.** [plat] überbacken - **2.** *fam* [difficile] gepfeffert.

gratis [gratis] *adv* kostenlos, umsonst.

gratitude [gratityd] *nf :* **~ (envers qqn)** Dankbarkeit *die* (jm gegenüber).

gratte-ciel [gratsjɛl] *nm inv* Wolkenkratzer *der.*

grattement [gratmɑ̃] *nm* Kratzen *das.*

gratter [3] [grate] ◇ *vt* - **1.** [racler, enlever] ab|kratzen - **2.** [personne, partie du corps] kratzen - **3.** *fam* [gagner] heraus|schlagen - **4.** *fam* [devancer] ab|hängen ◇ *vi* - **1.** [gén] kratzen - **2.** *fam* [écrire] kritzeln. ◆ **se gratter** *vp* sich kratzen.

gratuit, e [gratɥi, it] *adj* - **1.** [entrée] kostenlos - **2.** [supposition] unbegründet.

gratuitement [gratɥitmɑ̃] *adv* - **1.** [sans payer] umsonst - **2.** [sans preuve] ohne Beweis.

gravats [grava] *nmpl* Bauschutt *der.*

grave [grav] *adj* - **1.** [important] groß ; **ce n'est pas ~** es ist nicht schlimm - **2.** [personne, maladie, menace] ernst - **3.** [attitude] würdevoll - **4.** [voix, son] tief.

gravement [gravmɑ̃] *adv* - **1.** [parler] ernst - **2.** [blesser] schwer.

graver [3] [grave] *vt* - **1.** [pierre] (ein)|gravieren - **2.** [disque] pressen - **3.** *fig* [dans l'esprit] ein|prägen.

gravier [gravje] *nm* Kies *der.*

gravillon [gravijɔ̃] *nm* Splitt *der.*

gravir [32] [gravir] *vt* erklimmen.

gravité [gravite] *nf* - **1.** [gén] Ernst *der ;* **sans ~** harmlos - **2.** PHYS Schwerkraft *die.*

graviter [3] [gravite] *vi* - **1.** [astre] kreisen - **2.** [évoluer] : **~ autour de qqn/qqch** ständig in der Nähe von jm/etw sein.

gravure [gravyr] *nf* - **1.** [technique] Gravierung *die* - **2.** [illustration] Bild *das.*

gré [gre] *nm* [volonté] : **contre mon/ton/son ~** gegen meinen/deinen/seinen Willen ; **de ~ ou de force** *fig* so oder so.

grec, grecque [grɛk] *adj* griechisch. ◆ **grec** *nm* [langue] Griechisch(e) (*das*). ◆ **Grec, Grecque** *nm, f* Grieche *der,* -chin *die.*

Grèce [grɛs] *nf :* **la ~** Griechenland *nt.*

grecque ▷ **grec.**

Greenwich [grinwitʃ] *n :* **le méridien de ~** der Nullmeridian.

greffe [grɛf] ◇ *nf* - **1.** MÉD [d'organe] Transplantation *die* - **2.** BOT Pfropfen *das* ◇ *nm* JUR Kanzlei *die.*

greffer [4] [grɛfe] *vt* - **1.** [organe] : **~ qqch (à qqn)** (jm) etw verpflanzen - **2.** BOT pfropfen.

greffier [grɛfje] *nm* Urkundsbeamte *der,* Urkundsbeamte *die.*

grégaire [gregɛr] *adj* Herden- ; **instinct ~** Herdentrieb *der.*

grêle [grɛl] ◇ *adj* - **1.** [jambes, bras] hager - **2.** [son] piepsig ◇ *nf* Hagel *der.*

grêler [4] [grele] *v impers :* **il grêle** es hagelt.

grêlon [grɛlɔ̃] *nm* Hagelkorn *das.*

grelot [grəlo] *nm* Glöckchen *das.*

grelotter [3] [grəlɔte] *vi* schlottern ; **~ de fièvre** vom Fieber geschüttelt sein.

grenade [grənad] *nf* **- 1.** [fruit] Granatapfel *der* **- 2.** MIL Granate *die.*

grenadier [grənadje] *nm* **- 1.** [arbre] Granatapfelbaum *der* **- 2.** MIL [soldat] Infanterist *der.*

grenat [grəna] ◇ *adj inv* granatrot ◇ *nm* **- 1.** [couleur] Granatrot *das* **- 2.** [pierre] Granat *der.*

grenier [grənje] *nm* [de maison] (Dach)-boden *der*, Speicher *der.*

grenouille [grənuj] *nf* ZOOL Frosch *der.*

grès [grɛ] *nm* [roche] Sandstein *der.*

grésiller [3] [grezije] *vi* **- 1.** [friture] brutzeln **- 2.** [radio] knistern.

grève [grɛv] *nf* **- 1.** [protestation] Streik *der* ; **être en** OU **faire ~** streiken **- 2.** [rivage] Uferstreifen *der.*

grever [19] [grəve] *vt* : **~ qqch (de qqch)** etw (mit etw) belasten.

gréviste [grevist] ◇ *adj* streikend ◇ *nmf* Ausständler *der*, -in *die.*

gribouiller [3] [gribuje] *vt* **- 1.** [écrire] kritzeln **- 2.** [dessiner] schmieren.

grief [grijɛf] *nm* Beschwerdegrund *der* ; **faire ~ de qqch à qqn** jm etw vor|werfen.

grièvement [grijɛvmɑ̃] *adv* schwer.

griffe [grif] *nf* **- 1.** [d'animal] Kralle *die* **- 2.** *Belg* [éraflure] Kratzer *der.*

griffer [3] [grife] *vt* [sujet : chat] (zer)kratzen.

grignoter [3] [griɲɔte] ◇ *vt* [manger] knabbern ◇ *vi* **- 1.** [manger] knabbern **- 2.** *fig* [rogner] : **~ sur qqch** etw an|knabbern.

gril [gril] *nm* [de cuisson] Grillrost *der.*

grillade [grijad] *nf* CULIN Gegrillte *das.*

grillage [grijaʒ] *nm* **- 1.** [de porte, de fenêtre] Gitter *das* **- 2.** [clôture] (Draht)zaun *der.*

grille [grij] *nf* **- 1.** [portail, fenêtre, guichet] Gitter *das* **- 2.** [de mots croisés, de loto] Raster *das* **- 3.** [tableau] Tabelle *die.*

grille-pain *nm inv* Toaster *der.*

griller [3] [grije] ◇ *vt* **- 1.** [aliment] grillen ; [pain] toasten **- 2.** [fruit, graine] rösten **- 3.** [végétation] verbrennen **- 4.** [ampoule] durch|brennen **- 5.** [fenêtre] vergittern ◇ *vi* [viande] grillen.

grillon [grijɔ̃] *nm* Grille *die.*

grimace [grimas] *nf* [moue] Grimasse *die.*

grimer [3] [grime] *vt* schminken. ◆ **se grimer** *vp* sich schminken.

grimper [3] [grɛ̃pe] ◇ *vt* erklettern ◇ *vi* **- 1.** [personne, animal] klettern ; **~ à** OU **sur qqch** auf etw *(A)* klettern **- 2.** *fam fig* [prix] in die Höhe klettern.

grincement [grɛ̃smɑ̃] *nm* Knarren *das.*

grincer [16] [grɛ̃se] *vi* knarren.

grincheux, euse [grɛ̃ʃø, øz] ◇ *adj* mürrisch ◇ *nm, f* Nörgler *der*, -in *die.*

grippe [grip] *nf* Grippe *die.*

grippé, e [gripe] *adj* [malade] vergrippt.

gripper [3] [gripe] *vi* **- 1.** [mécanisme] sich fest|fressen **- 2.** *fig* [processus] blockieren.

gris, e [gri, griz] *adj* **- 1.** [couleur] grau **- 2.** [morne] trüb **- 3.** [saoul] angetrunken. ◆ **gris** *nm* [couleur] Grau *das.*

grisaille [grizaj] *nf* **- 1.** [de ciel] verhangener Himmel **- 2.** *fig* [de vie] Eintönigkeit *die.*

grisant, e [grizɑ̃, ɑ̃t] *adj* betörend.

grisonner [3] [grizɔne] *vi* ergrauen.

grisou [grizu] *nm* Grubengas *das* ; **coup de ~** schlagendes Wetter.

grive [griv] *nf* Drossel *die.*

grivois, e [grivwa, az] *adj* pikant.

Groenland [grɔɛnlɑ̃d] *nm* : **le ~** Grönland *nt* ; **au ~** auf Grönland.

grog [grɔg] *nm* Grog *der.*

grognement [grɔɲmɑ̃] *nm* **- 1.** [de cochon] Grunzen *das* ; [de chien] Knurren *das* ; [d'ours] Brummen *das* **- 2.** [bougonnement] Murren *das.*

grogner [3] [grɔɲe] *vi* **- 1.** [cochon] grunzen ; [chien] knurren ; [ours] brummen **- 2.** [personne] murren.

groin [grwɛ̃] *nm* Rüssel *der.*

grommeler [24] [grɔmle] ◇ *vi* brummeln ◇ *vt* brummen.

grondement [grɔ̃dmɑ̃] *nm* **- 1.** [d'animal] Knurren *das* **- 2.** [de tonnerre, de train] Grollen *das* ; [de torrent] Tosen *das.*

gronder [3] [grɔ̃de] ◇ *vi* **- 1.** [animal] knurren **- 2.** [tonnerre] grollen ; [train, canon] donnern **- 3.** *fig* [colère, révolte] im Anzug sein ◇ *vt* schelten.

gros, grosse [gro, gros] ◇ *adj (avant le nom)* **- 1.** [volumineux, corpulent] dick **- 2.** [grand, important] groß ; [orage, grippe] schwer ; [buveur, mangeur] stark **- 3.** [grossier] grob **- 4.** [fort, sonore] laut **- 5.** [riche] wohlhabend ; **~ industriel** Großindustrielle *der* ◇ *nm, f* Dicke *der*, Dicke *die.*

groseille [grozɛj] *nf* Johannisbeere *die.*

grosse [gros] ◇ *nf* **- 1.** ▷ **gros - 2.** [douze douzaines] Gros *das* **- 3.** JUR *vollständige Abschrift einer offiziellen Urkunde* ◇ *adj* ▷ **gros.**

grossesse [grosɛs] *nf* Schwangerschaft *die.*

grosseur [grosœr] *nf* **- 1.** [dimension, taille] Größe *die* **- 2.** [corpulence] Dickleibigkeit *die* **- 3.** MÉD Geschwulst *die.*

grossier, ère [grosje, ɛr] *adj* **- 1.** [tissu, visage, personnage] grob **- 2.** [travail] oberflächlich ; [imitation] plump **- 3.** [approche, solution] vorläufig **- 4.** [vulgaire] derb **- 5.** [peu subtil] ungehobelt.

grossièrement [grosjɛrmɑ̃] *adv* **- 1.** [sommairement] in groben Umrissen **- 2.** [vulgairement] grob.

grossir [32] [grosir] ◇ *vi* **- 1.** [personne, économies] zu|nehmen **- 2.** [foule, tumeur] wachsen ◇ *vt* **- 1.** [sujet : microscope] vergrößern **- 2.** [sujet : vêtement] dick machen **- 3.** [exagérer] auf|bauschen.

grossiste [grosist] *nmf* Großhändler *der*, -in *die*.

grosso modo [grosomodo] *loc adv* im Großen und Ganzen.

grotte [grɔt] *nf* Grotte *die*.

grouiller [3] [gruje] *vi* : **~ (de qqch)** (von etw) wimmeln.

groupe [grup] *nm* **- 1.** [de personnes, de choses] Gruppe *die* ; **~ armé** bewaffnete Gruppe ; **~ sanguin** Blutgruppe **- 2.** MUS Band *die* **- 3.** POLIT Fraktion *die*.

groupement [grupmɑ̃] *nm* **- 1.** [action] Gruppierung *die* **- 2.** [groupe] Zusammenschluss *der*.

grouper [3] [grupe] *vt* in Gruppen auf|stellen. ◆ **se grouper** *vp* sich gruppieren.

grue [gry] *nf* **- 1.** ZOOL Kranich *der* **- 2.** TECHNOL Kran *der*.

grumeau, x [grymo] *nm* Klumpen *der*.

grunge [grʌnʒ] *adj* grunge.

Guadeloupe [gwadlup] *nf* : **la ~** Guadeloupe *nt* ; **à la ~** auf Guadeloupe.

Guatemala [gwatemala] *nm* : **le ~** Guatemala *nt* ; **au ~** in Guatemala.

gué [ge] *nm* Furt *die* ; **traverser à ~** durch seichtes Wasser waten.

guenille [gənij] *nf* Lumpen *der*.

guenon [gənɔ̃] *nf* Affenweibchen *das*.

guépard [gepar] *nm* Gepard *der*.

guêpe [gɛp] *nf* Wespe *die*.

guêpier [gepje] *nm* Wespennest *das*.

guère [gɛr] *adv* nicht sehr ; **ne ... ~** nicht sehr ; **il ne l'aime ~** er mag sie nicht sehr.

guéridon [geridɔ̃] *nm rundes Tischchen.*

guérilla [gerija] *nf* Guerilla *die*.

guérir [32] [gerir] ◇ *vt* heilen ◇ *vi* gesund werden.

guérison [gerizɔ̃] *nf* Heilung *die*.

guerre [gɛr] *nf* Krieg *der* ; **~ civile** Bürgerkrieg.

guerrier, ère [gɛrje, ɛr] *adj* kriegerisch. ◆ **guerrier** *nm* Krieger *der*.

guet [gɛ] *nm* : **faire le ~** auf der Lauer liegen.

guet-apens [gɛtapɑ̃] (*pl* **guets-apens**) *nm* Hinterhalt *der*.

guêtre [gɛtr] *nf* Gamasche *die*.

guetter [4] [gete] *vt* [épier, attendre] : **~ qqn/qqch** jm/etw auf|lauern.

gueule [gœl] *nf* **- 1.** [d'animal] Maul *das* **- 2.** *tfam* [d'homme] Schnauze *die*, Maul *das* **- 3.** [de canon, de tunnel] Mündung *die* **- 4.** *fam* [apparence] : **avoir une bonne/sale ~** sympathisch/unsympathisch aus|sehen.

gueuleton [gœltɔ̃] *nm fam* Festschmaus *der*.

gui [gi] *nm* Mistel *die*.

guichet [giʃɛ] *nm* Schalter *der* ; **~ automatique** BANQUE Geldautomat *der*.

guichetier, ère [giʃtje, ɛr] *nm, f* Schalterbeamte *der*, -tin *die*.

guide [gid] *nm* [personne] Führer *der*, -in *die*.

guider [3] [gide] *vt* **- 1.** [accompagner] führen **- 2.** [orienter] den Weg zeigen ; *fig* leiten.

guidon [gidɔ̃] *nm* Lenkrad *das*.

guignol [giɲɔl] *nm* **- 1.** [marionnette] Kasper *der* **- 2.** [théâtre] Kaspertheater *das*.

guillemet [gijmɛ] *nm* Anführungszeichen *das* ; **entre ~s** in Anführungszeichen.

guilleret, ette [gijrɛ, ɛt] *adj* munter.

guillotine [gijɔtin] *nf* **- 1.** [instrument] Guillotine *die* **- 2.** [de fenêtre] *Vertikalschiebefenster.*

guindé, e [gɛ̃de] *adj* affektiert.

Guinée [gine] *nf* : **la ~** Guinea *nt*.

guirlande [girlɑ̃d] *nf* Girlande *die*.

guise [giz] *nf* : **à ma/ta etc ~** so wie es mir/dir etc passt.

guitare [gitar] *nf* Gitarre *die*.

guitariste [gitarist] *nmf* Gitarrenspieler *der*, -in *die*.

guttural, e, aux [gytyral, o] *adj* Kehl-.

gymnase [ʒimnaz] *nm* **- 1.** [salle] Turnhalle *die* **- 2.** *Helv* [lycée] Gymnasium *das*.

gymnase

Der französische Begriff **gymnase** ist leicht mit dem deutschen Substantiv „Gymnasium" zu verwechseln, bedeutet jedoch „Turnhalle". **Il s'entraine au gymnase** heisst also auf Deutsch: „Er trainiert in der Turnhalle".
„Gymnasium" dagegen wird mit **lycée** übersetzt. „Er geht aufs Gymnasium" wird mit **Il va au lycée** wiedergegeben. In der französischen Schweiz bedeutet **gymnase** jedoch „Gymnasium".

gymnastique [ʒimnastik] *nf* Gymnastik *die*.

gynéco [ʒineko] (*abr de* **gynécologue**) *nmf fam* Frauenarzt *der*, -ärztin *die*.

gynécologie [ʒinekɔlɔʒi] *nf* Gynäkologie *die.*

gynécologue [ʒinekɔlɔg] *nmf* Frauenarzt *der,* -ärztin *die.*

H

h, H [aʃ] *nm inv* [lettre] h *das,* H *das.*

ha (*abr de* **hectare**) ha.

habile [abil] *adj* geschickt.

habileté [abilte] *nf* - **1.** [adresse] Geschicklichkeit *die* - **2.** [talent] Geschick *das.*

habiller [3] [abije] *vt* - **1.** [vêtir] an|ziehen - **2.** [fournir en vêtements] ein|kleiden - **3.** [sujet : vêtement] : **cette veste habille bien** diese Jacke ist sehr kleidsam - **4.** [recouvrir] beziehen. ◆ **s'habiller** *vp* - **1.** [se vêtir] sich an|ziehen - **2.** [se vêtir élégamment] sich fein machen - **3.** [se fournir en vêtements] : **s'~ chez qqn** sich bei jm ein|kleiden.

habit [abi] *nm* - **1.** [déguisement] : **~ de Pierrot** Pierrot-Gewand *das* - **2.** [veste d'homme] : **~ (de soirée)** Frack *der.* ◆ **habits** *nmpl* Kleidung *die (sans pl).*

habitacle [abitakl] *nm* - **1.** [d'avion] Cockpit *das* - **2.** [de voiture] Fahrgastraum *der.*

habitant, e [abitɑ̃, ɑ̃t] *nm, f* - **1.** [de pays] Einwohner *der,* -in *die* - **2.** [d'immeuble] Bewohner *der,* -in *die.*

habitation [abitasjɔ̃] *nf* [résidence] Wohnung *die.*

habiter [3] [abite] ◇ *vt* - **1.** [maison, appartement] bewohnen - **2.** [région, quartier] : **~ un lieu** in einem Ort wohnen ; **j'habite (à) la campagne** ich wohne auf dem Land ◇ *vi* wohnen.

habitude [abityd] *nf* - **1.** [façon de faire] Gewohnheit *die* ; **avoir l'~ de qqch** etw gewohnt sein ; **d'~** gewöhnlich *(adv)* - **2.** [coutume] Gepflogenheit *die.*

habitué, e [abitɥe] *nm, f* Stammgast *der.*

habituel, elle [abitɥɛl] *adj* - **1.** [coutumier] üblich - **2.** [caractéristique] gewohnt.

habituer [7] [abitɥe] *vt :* **~ qqn à qqch** jn an etw *(A)* gewöhnen. ◆ **s'habituer** *vp :* **s'~ à qqch** sich an etw *(A)* gewöhnen.

hache ['aʃ] *nf* Axt *die.*

hacher [3] ['aʃe] *vt* hacken.

hachisch = **haschisch.**

hachoir ['aʃwar] *nm* - **1.** [appareil] Fleischwolf *der* - **2.** [couteau] Hackmesser *das* - **3.** [planche] Hackbrett *das.*

hachure ['aʃyr] *nf* Schraffur *die.*

hagard, e ['agar, ard] *adj* verstört.

haï, e ['ai] *pp* ▷ **haïr.**

haie ['ɛ] *nf* - **1.** [d'arbustes] Hecke *die* - **2.** [de personnes] Spalier *das* - **3.** SPORT Hürde *die.*

haine ['ɛn] *nf* Hass *der.*

haïr [33] ['air] *vt* hassen.

Haïti [aiti] *n* Haiti *nt ;* **à ~** auf Haiti.

hâle ['al] *nm* Bräune *die.*

hâlé, e ['ale] *adj* gebräunt.

haleine [alɛn] *nf* Atem *der.*

haleter [28] ['alte] *vi* keuchen.

hall ['ol] *nm* Eingangshalle *die.*

halle ['al] *nf* Markthalle *die.*

hallucination [alysinasjɔ̃] *nf* Halluzination *die.*

halo ['alo] *nm* - **1.** [de lune] Hof *der* - **2.** [de réverbère] Lichtkegel *der.*

halogène [alɔʒɛn] ◇ *adj* Halogen- ; **lampe ~** Halogenlampe *die* ◇ *nm* Halogen *das.*

halte ['alt] *nf* - **1.** [pause] Halt *der* - **2.** [lieu] Rastplatz *der.*

halte-garderie ['altgardəri] *nf* ≃ Kindertagesstätte *die.*

haltère [altɛr] *nm* Hantel *die.*

haltérophilie [alterɔfili] *nf* Gewichtheben *das.*

hamac ['amak] *nm* Hängematte *die.*

Hambourg [ɑ̃bur] *n* Hamburg *nt.*

hamburger ['ɑ̃burgœr] *nm* Hamburger *der.*

hameau, x ['amo] *nm* Weiler *der.*

hameçon [amsɔ̃] *nm* Angelhaken *der.*

hamster ['amstɛr] *nm* Hamster *der.*

hanche ['ɑ̃ʃ] *nf* Hüfte *die.*

handball ['ɑ̃dbal] *nm* Handball *der.*

handicap ['ɑ̃dikap] *nm* - **1.** [infirmité] Behinderung *die* - **2.** *fig* [désavantage] Handicap *das.*

handicapé, e ['ɑ̃dikape] ◇ *adj* behindert ◇ *nm, f* Behinderte *der,* Behinderte *die.*

handicaper [3] ['ɑ̃dikape] *vt* handicapen.

hangar ['ɑ̃gar] *nm* Schuppen *der.*

hanneton ['antɔ̃] *nm* Maikäfer *der.*

Hanovre [anɔvr] *n* Hannover *nt.*

hanter [3] ['ɑ̃te] *vt* - **1.** [sujet : fantôme] heim|suchen ; **le château est hanté** im Schloss spukt es - **2.** [fréquenter] : **~ les bars** in den Kneipen herum|lungern - **3.** [obséder] : **~ qqn** jm keine Ruhe lassen.

happer [3] ['ape] *vt* - **1.** [sujet : animal] schnappen - **2.** [sujet : véhicule] erfassen.

haranguer [3] ['arɑ̃ge] *vt* : **~ qqn** vor jm eine Ansprache halten.
haras ['ara] *nm* Gestüt *das.*
harassant, e ['arasɑ̃, ɑ̃t] *adj* strapaziös.
harceler [25] ['arsəle] *vt* [importuner] : **~ qqn (de qqch)** jn (mit etw) behelligen.
hardes ['ard] *nfpl* Klamotten *Pl.*
hardi, e ['ardi] *adj* **- 1.** [audacieux] kühn **- 2.** *littéraire* [effronté] dreist **- 3.** [grivois] gewagt.
hardware ['ardwɛr] *nm* Hardware *die.*
harem ['arɛm] *nm* Harem *der.*
hareng ['arɑ̃] *nm* Hering *der.*
hargne ['arɲ] *nf* Gehässigkeit *die.*
haricot ['ariko] *nm* Bohne *die.*
harmonica [armɔnika] *nm* Mundharmonika *die.*
harmonie [armɔni] *nf* **- 1.** [gén] Harmonie *die* **- 2.** [fanfare] Kapelle *die.*
harmonieux, euse [armɔnjø, øz] *adj* harmonisch.
harmonique [armɔnik] *adj* Harmonie-.
harmoniser [3] [armɔnize] *vt* **- 1.** [coordonner] in Einklang bringen **- 2.** MUS harmonisieren **- 3.** [salaires] an|gleichen.
harnacher [3] ['arnaʃe] *vt* [cheval] an|schirren.
harnais ['arnɛ] *nm* **- 1.** [de cheval] Geschirr *das* **- 2.** SPORT Gurtzeug *das.*
harpe ['arp] *nf* Harfe *die.*
harpon ['arpɔ̃] *nm* Harpune *die.*
harponner [3] ['arpɔne] *vt* [poisson] harpunieren.
hasard ['azar] *nm* Zufall *der* ; **au ~** auf gut Glück.
hasarder [3] ['azarde] *vt* [tenter] wagen. ◆ **se hasarder** *vp* : **se ~ à faire qqch** es wagen, etw zu tun.
haschisch, haschich, hachisch ['aʃiʃ] *nm* Haschisch *das.*
hâte ['at] *nf* Eile *die.*
hâter [3] ['ate] *vt* beschleunigen. ◆ **se hâter** *vp* sich (be) eilen.
hausse ['os] *nf* Anstieg *der.*
hausser [3] ['ose] *vt* **- 1.** [mur] erhöhen **- 2.** [épaules, sourcils] zucken **- 3.** [prix] an|heben **- 4.** [voix] heben.
haut, e ['o, 'ot *devant voyelle ou h muet,* 'ot] *adj* [gén] hoch ; **un mur ~ de deux mètres** eine zwei Meter hohe Mauer ; **une maison très ~e** ein sehr hohes Haus. ◆ **haut** ◇ *adv* **- 1.** [gén] hoch **- 2.** [fort] : **parler ~** laut sprechen ◇ *nm* **- 1.** [hauteur] : **faire deux mètres de ~** zwei Meter hoch sein **- 2.** [sommet] oberer Teil **- 3.** [vêtement] Oberteil *das.* ◆ **de haut en bas** *loc adv* von oben bis unten. ◆ **du haut de** *loc prép* : **du ~ de qqch** von etw herab. ◆ **en haut de** *loc prép* : **en ~ de qqch** oben auf OU an etw *(D).*
hautain, e ['otɛ̃, ɛn] *adj* hochmütig.
hautbois ['obwa] *nm* Oboe *die.*
haut de gamme ◇ *adj* der Spitzenklasse, der oberen Preisklasse ◇ *nm* obere Preisklasse, Spitzenqualität *die.*
haute-fidélité (*pl* **hautes-fidélités**) *nf* Highfidelity *die.*
hautement ['otmɑ̃] *adv* hoch-.
hauteur ['otœr] *nf* **- 1.** [dimension, altitude] Höhe *die* **- 2.** [colline] Anhöhe *die.*
Haute-Volta ['otvɔlta] *nf* : **la ~** Obervolta *nt.*
haut-fourneau *nm* Hochofen *der.*
haut-parleur (*pl* **haut-parleurs**) *nm* Lautsprecher *der.*
Haye ['ɛ] *n* : **La ~** Den Haag *nt.*
hayon ['ajɔ̃] *nm* Heckklappe *die.*
hebdomadaire [ɛbdɔmadɛr] ◇ *adj* wöchentlich, Wochen- ◇ *nm* Wochenzeitschrift *die.*
héberger [17] [ebɛrʒe] *vt* beherbergen.
hébété, e [ebete] *adj* stumpfsinnig.
hébraïque [ebraik] *adj* hebräisch.
hécatombe [ekatɔ̃b] *nf* [massacre] Massensterben *das,* Blutbad *das.*
hectare [ɛktar] *nm* Hektar *das* OU *der.*
hectolitre [ɛktɔlitr] *nm* Hektoliter *der.*
hégémonie [eʒemɔni] *nf* Vorherrschaft *die.*
hein ['ɛ̃] *interj fam* **- 1.** [pour faire répéter] : **~, comment tu t'appelles?** was, wie heißt du? **- 2.** [n'est-ce pas] : **c'est gentil, ~?** das ist doch nett, oder? **- 3.** [pour marquer la surprise] : **~, mais c'est pas croyable!** wie bitte, das gibt es doch nicht!
hélas ['elas] *interj sout* leider.
héler [18] ['ele] *vt* **- 1.** [faire signe à] heran|winken **- 2.** [appeler] rufen.
hélice [elis] *nf* Propeller *der* ; [de bateau] Schraube *die.*
hélicoptère [elikɔptɛr] *nm* Hubschrauber *der.*
héliport [elipɔr] *nm* Hubschrauberlandeplatz *der.*
hélium [eljɔm] *nm* Helium *das.*
Helsinki ['ɛlsinki] *n* Helsinki *nt.*
hématome [ematom] *nm* Bluterguss *der.*
hémicycle [emisikl] *nm* [demi-cercle] Halbkreis *der.*
hémisphère [emisfɛr] *nm* GÉOGR Hemisphäre *die.*
hémophile [emɔfil] ◇ *adj* hämophil, Bluter- ◇ *nmf* Bluter *der,* -in *die.*
hémophilie [emɔfili] *nf* Bluterkrankheit *die.*

hémorragie [emɔraʒi] *nf* - **1.** MÉD Blutung *die* - **2.** *fig* [perte, fuite] Ausbluten *das.*
hémorroïdes [emɔrɔid] *nfpl* Hämorrhoiden *Pl.*
hennir [32] [ʻenir] *vi* wiehern.
hépatite [epatit] *nf* Hepatitis *die.*
herbe [ɛrb] *nf* - **1.** [de pelouse] Gras *das* - **2.** MÉD & CULIN Kraut *das* - **3.** *loc :* **en ~** werdend, in spe ; **couper l'~ sous le pied à qqn** jn ausltricksen.
herbicide [ɛrbisid] ◇ *nm* Unkrautvernichtungsmittel *das* ◇ *adj* unkrautvernichtend.
herboriste [ɛrbɔrist] *nmf* Heilpflanzenhändler *der,* -in *die.*
héréditaire [erediter] *adj* Erb-.
hérésie [erezi] *nf* - **1.** RELIG Häresie *die* - **2.** *fig* [sacrilège] Sakrileg *das.*
hérétique [eretik] ◇ *nmf* Ketzer *der,* -in *die* ◇ *adj* ketzerisch.
hérissé, e [ʻerise] *adj* gesträubt ; **~ de qqch** mit etw überzogen ; *fig* mit etw gespickt.
hérisser [3] [ʻerise] *vt* - **1.** [dresser] sträuben - **2.** [irriter] reizen, ärgern.
hérisson [ʻerisɔ̃] *nm* ZOOL Igel *der.*
héritage [eritaʒ] *nm* - **1.** [de biens] Erbschaft *die ;* **laisser qqch en ~ à qqn** jm etw vererben - **2.** *fig* [culturel] Erbe *das.*
hériter [3] [erite] ◇ *vi :* **~ (de qqch)** (etw) erben ◇ *vt :* **~ qqch de qqn** etw von jm erben.
héritier, ère [eritje, ɛr] *nm, f* Erbe *der,* Erbin *die.*
hermétique [ɛrmetik] *adj* - **1.** [étanche] (luft)dicht - **2.** [incompréhensible] hermetisch.
hermine [ɛrmin] *nf* - **1.** [animal] Hermelin *das* - **2.** [fourrure] Hermelin *der.*
hernie [ʻɛrni] *nf* Bruch *der.*
héroïne [erɔin] *nf* - **1.** [personne] Heldin *die* - **2.** [drogue] Heroin *das.*
héroïque [erɔik] *adj* - **1.** [personne] heldenhaft - **2.** [action] heroisch.
héroïsme [erɔism] *nm* Heldentum *das.*
héron [ʻerɔ̃] *nm* Reiher *der.*
héros [ʻero] *nm* Held *der.*
herse [ʻɛrs] *nf* AGRIC Egge *die.*
hertz [ʻɛrts] *nm inv* Hertz *das.*
hésitant, e [ezitɑ̃, ɑ̃t] *adj* - **1.** [personne, caractère] zögernd - **2.** [geste, démarche] zögerlich.
hésitation [ezitasjɔ̃] *nf* Zögern *das.*
hésiter [3] [ezite] *vi* [être dans l'incertitude] zögern ; **~ à faire qqch** zögern, etw zu tun ; **~ à répondre** mit der Antwort zögern ; **j'hésite!** ich bin unentschlossen!
Hesse [ʻɛs] *nf :* **la ~** Hessen *nt.*
hétéroclite [eterɔklit] *adj* verschiedenartig, zusammengewürfelt.
hétérogène [eterɔʒɛn] *adj* uneinheitlich ; [œuvre] vielfältig.
hétérosexuel, elle [eterɔsɛksɥɛl] ◇ *nm, f* Heterosexuelle *der,* Heterosexuelle *die* ◇ *adj* heterosexuell.
hêtre [ʻɛtr] *nm* Buche *die.*
heure [œr] *nf* - **1.** [unité de temps, de travail] Stunde *die ;* **faire des ~s supplémentaires** Überstunden machen ; **~s de bureau** Bürostunden *Pl* - **2.** [horaire] Uhr *die ;* **il est deux ~s** es ist zwei (Uhr) ; **être à l'~** [personne] pünktlich sein ; **quelle ~ est-il?** wie viel Uhr ist es?, wie spät ist es? - **3.** [moment du jour] Zeit *die ;* **c'est l'~** es ist Zeit ; **tout à l'~** gleich *(adv) ;* **~ de fermeture** Ladenschluss *der ;* [de restaurant, de bar] Sperrstunde *die.*
heureusement [œrøzmɑ̃] *adv* - **1.** [par chance] zum Glück - **2.** [favorablement] glücklich.
heureux, euse [œrø, øz] *adj* [gén] glücklich.
heurt [ʻœr] *nm* - **1.** [choc] Schlag *der* - **2.** *fig* [désaccord] Reibereien *Pl ;* **sans ~s** reibungslos.
heurter [3] [ʻœrte] *vt* - **1.** [chose] (an)lstoßen - **2.** [personne] verletzen. ◆ **se heurter** *vp* - **1.** [s'entrechoquer] zusammenlstoßen - **2.** [se cogner] : **se ~ contre qqch** sich an etw *(D)* stoßen - **3.** [se disputer] aneinander geraten - **4.** [rencontrer] : **se ~ à qqch** auf etw *(A)* stoßen.
hexagonal, e, aux [ɛgzagɔnal, o] *adj* [forme] sechseckig.
hexagone [ɛgzagɔn] *nm* Sechseck *das.*
hiatus [jatys] *nm* Hiatus *der.*
hiberner [3] [ibɛrne] *vi* Winterschlaf halten.
hibou, x [ʻibu] *nm* Eule *die.*
hideux, euse [ʻidø, øz] *adj* abscheulich.
hier [ijɛr] *adv* gestern.
hiérarchie [ʻjerarʃi] *nf* Hierarchie *die.*
hiéroglyphe [jerɔglif] *nm* Hieroglyphe *die.*
hilare [ilar] *adj* heiter.
hindou, e [ɛ̃du] *adj* hinduistisch.
hippie, hippy [ʻipi] (*pl* **hippies**) ◇ *nmf* Hippie *der* ◇ *adj* Hippie-.
hippique [ipik] *adj* Pferdesport-, Reit-.
hippodrome [ipɔdrom] *nm* Pferderennbahn *die.*
hippopotame [ipɔpɔtam] *nm* Nilpferd *das.*
hippy = **hippie.**
hirondelle [irɔ̃dɛl] *nf* Schwalbe *die.*
hirsute [irsyt] *adj* struppig.
hispanique [ispanik] *adj* - **1.** [gén] spanisch - **2.** [aux États-Unis] hispanisch.

◆ **Hispanique** *nmf* [aux États-Unis] Hispano *der*, Hispano *die*.
hisser [3] [ʻise] *vt* - **1.** [voile, drapeau] hissen - **2.** [charge] hoch hieven. ◆ **se hisser** *vp* [grimper] : **se ~ (sur qqch)** sich (auf etw *(A)*) hoch|hieven.
histoire [istwar] *nf* Geschichte *die*. ◆ **histoires** *nfpl* Unannehmlichkeiten *Pl*.
historique [istɔrik] *adj* - **1.** [recherche] geschichtswissenschaftlich - **2.** [monument, fait] historisch.
hiver [ivɛr] *nm* Winter *der* ; **en ~** im Winter.
HLM (*abr de* **habitation à loyer modéré**) *nm* ou *nf* ≃ Sozialwohnung *die*.
hochet [ʻɔʃɛ] *nm* Rassel *die*.
hockey [ʻɔkɛ] *nm* Hockey *das*.
holding [ʻɔldiŋ] *nm* Holding *die*.
hold-up [ʻɔldœp] *nm inv* Raubüberfall *der*.
hollandais, e [ʻɔlɑ̃dɛ, ɛz] *adj* holländisch. ◆ **hollandais** *nm* [langue] Holländisch(e) *(das)*. ◆ **Hollandais, e** *nm, f* Holländer *der*, -in *die*.
Hollande [ʻɔlɑ̃d] *nf* : **la ~** Holland *nt* ; **en ~** in Holland.
holocauste [ɔlɔkost] *nm* Holocaust *der*.
homard [ʻɔmar] *nm* Hummer *der*.
homéopathe [ɔmeɔpat] *nmf* : **(médecin) ~** Homöopath *der*, -in *die*.
homéopathie [ɔmeɔpati] *nf* Homöopathie *die*.
homicide [ɔmisid] ◇ *nm* Tötung *die* ◇ *adj* todbringend, mörderisch.
hommage [ɔmaʒ] *nm* [témoignage d'estime] Ehrung *die* ; **rendre ~ à qqn/qqch** jm/etw Ehre erweisen. ◆ **hommages** *nmpl* [salutations] Ehre *die*.
homme [ɔm] *nm* - **1.** [être humain] Mensch *der* - **2.** [individu de sexe masculin] Mann *der* ; **~ d'affaires** Geschäftsmann ; **~ d'État** Staatsmann ; **vêtement d' ~** Herrenbekleidung *die*.
homme-grenouille *nm* Froschmann *der*.
homogène [ɔmɔʒɛn] *adj* homogen.
homologue [ɔmɔlɔg] *nmf* Amtskollege *der*, -gin *die*.
homonyme [ɔmɔnim] *nm* - **1.** LING Homonym *das* - **2.** [personne] Namensvetter *der*.
homosexualité [ɔmɔsɛksɥalite] *nf* Homosexualität *die*.
homosexuel, elle [ɔmɔsɛksɥɛl] ◇ *nm, f* Homosexuelle *der*, Homosexuelle *die* ◇ *adj* homosexuell.
Honduras [ʻɔ̃dyras] *nm* : **le ~** Honduras *nt* ; **au ~** in Honduras.
Hongkong, Hong Kong [ʻɔ̃gkɔ̃g] *n* Hongkong *nt*, Hong Kong *nt*.
Hongrie [ʻɔ̃gri] *nf* : **la ~** Ungarn *nt*.
hongrois, e [ʻɔ̃grwa, az] *adj* ungarisch. ◆ **hongrois** *nm* [langue] Ungarisch(e) *(das)*. ◆ **Hongrois, e** *nm, f* Ungar *der*, -in *die*.
honnête [ɔnɛt] *adj* - **1.** [intègre] ehrlich - **2.** [convenable] anständig.
honnêtement [ɔnɛtmɑ̃] *adv* - **1.** [loyalement, franchement] ehrlich - **2.** [correctement] anständig.
honnêteté [ɔnɛtte] *nf* Ehrlichkeit *die*.
honneur [ɔnœr] *nm* Ehre *die* ; **à qui ai-je l'~?** *sout* mit wem habe ich die Ehre? ; **faire ~ à qqn/qqch** jm/einer Sache Ehre machen.
honorable [ɔnɔrabl] *adj* - **1.** [digne] ehrbar - **2.** [convenable] ordentlich.
honorablement [ɔnɔrabləmɑ̃] *adv* anständig.
honoraire [ɔnɔrɛr] *adj* Ehren-. ◆ **honoraires** *nmpl* Honorar *das*.
honorer [3] [ɔnɔre] *vt* - **1.** [attirer la considération sur] ehren - **2.** [payer] begleichen.
honte [ʻɔ̃t] *nf* [sentiment] Scham *die* ; **avoir ~ de qqn/qqch** sich für jn/etw schämen ; **avoir ~ de faire qqch** sich schämen, etw zu tun.
hooligan, houligan [ʼuligan] *nm* Hooligan *der*.
hôpital, aux [ɔpital, o] *nm* Krankenhaus *das* ; **~ de jour** Ambulanz *die*.
hoquet [ʻɔkɛ] *nm* - **1.** [contraction] Schluckauf *der* - **2.** [pleurs] Schluchzer *der*.
horaire [ɔrɛr] ◇ *nm* - **1.** [de départ, d'arrivée] Zeit *die* ; **~ des trains** Fahrplan *der* - **2.** [de travail] Arbeitszeit *die* ◇ *adj* Stunden-.
horizon [ɔrizɔ̃] *nm* Horizont *der*.
horizontal, e, aux [ɔrizɔ̃tal, o] *adj* waag(e)recht.
horloge [ɔrlɔʒ] *nf* [pendule] Uhr *die*.
horloger, ère [ɔrlɔʒe, ɛr] ◇ *nm, f* Uhrmacher *der*, -in *die* ◇ *adj* Uhren-.
hormis [ʻɔrmi] *prép littéraire* : **~ qqn/qqch** bis auf jn/etw.
hormone [ɔrmɔn] *nf* Hormon *das*.
horodateur [ɔrɔdatœr] *nm* [de stationnement] ≃ Parkuhr *die*.
horoscope [ɔrɔskɔp] *nm* Horoskop *das*.
horreur [ɔrœr] *nf* - **1.** [répulsion] Grauen *das*, Entsetzen *das* ; **avoir ~ de qqn/qqch** vor jm/etw einen Horror haben, jn/etw verabscheuen ; **avoir ~ de faire qqch** verabscheuen ou hassen, etw zu tun - **2.** [atrocité] Grauenhaftigkeit *die*. ◆ **horreurs** *nfpl* - **1.** [atrocités] Schrecken *Pl* - **2.** [calomnies] Horrorgeschichten *Pl*.
horrible [ɔribl] *adj* - **1.** [affreux] grauenhaft - **2.** [terrible] schrecklich.
horrifier [9] [ɔrifje] *vt* mit Grauen erfüllen.

horripiler [3] [ɔripile] *vt :* ~ **qqn** jm auf die Nerven gehen.

hors [ʻɔr] *prép :* ~ **pair** unvergleichlich. ◆ **hors de** *loc prép :* ~ **de qqch** außerhalb etw *(G)* ; ~ **d'ici!** raus hier! ; **être** ~ **de soi** außer sich *(D)* sein.

hors-bord *nm inv* Außenborder *der.*

hors-d'œuvre *nm inv* Vorspeise *die.*

hors-jeu *nm inv* Abseits *das.*

hors-la-loi *nm inv* Geächtete *der,* Geächtete *die.*

hors-piste, hors-pistes *nm inv :* **faire du (ski)** ~ Tiefschnee fahren.

hortensia [ɔrtɑ̃sja] *nm* Hortensie *die.*

horticulture [ɔrtikyltyr] *nf* Gartenbau *der.*

hospice [ɔspis] *nm :* ~ **(de vieillards)** (Alten)heim *das.*

hospitalier, ère [ɔspitalje, ɛr] *adj* **- 1.** [accueillant] gastfreundlich **- 2.** [relatif aux hôpitaux] Krankenhaus-.

hospitalisation [ɔspitalizasjɔ̃] *nf* Krankenhauseinweisung *die.*

hospitaliser [3] [ɔspitalize] *vt* ins Krankenhaus ein|weisen.

hospitalité [ɔspitalite] *nf* Gastfreundschaft *die.*

hostie [ɔsti] *nf* Hostie *die.*

hostile [ɔstil] *adj* **- 1.** [ennemi] : **être** ~ **à qqn/qqch** jm/etw feindlich gegenüber|stehen **- 2.** [inhospitalier] feindselig.

hostilité [ɔstilite] *nf* Feindseligkeit *die.*

hôte, hôtesse [ot, otɛs] *nm, f* Gastgeber *der,* -in *die.* ◆ **hôte** *nm* Gast *der.*

hôtel [otɛl] *nm* Hotel *das.*

hôtesse ▻ **hôte.**

hotte [ʻɔt] *nf* [panier] Kiepe *die.*

hot line [ˈɔtlaɪn] *(pl* **hot lines)** *nf* Hotline *die.*

houblon [ʻublɔ̃] *nm* Hopfen *der.*

houille [ʻuj] *nf* Steinkohle *die.*

houiller, ère [ʻuje, ɛr] *adj* Steinkohlen-. ◆ **houillère** *nf* Steinkohlenbergwerk *das.*

houle [ʻul] *nf* Seegang *der.*

houlette [ʻulɛt] *nf :* **sous la** ~ **de qqn** *sout* unter js Anleitung.

houppe [ʻup] *nf* **- 1.** [à poudre] Puderquaste *die* **- 2.** [de cheveux] Haarbüschel *das.*

houppette [ʻupɛt] *nf* kleine Puderquaste.

hourra, hurrah [ʻura] ◇ *nm* Hurra *das* ◇ *interj :* **hourra!** hurra!

house [aws], **house music** [awsmjuzik] *(pl* **house musics)** *nf* House *nt,* House Music *die.*

houspiller [3] [ʻuspije] *vt* aus|schimpfen.

housse [ʻus] *nf* **- 1.** [gén] Bezug *der* **- 2.** [de vêtement] Schutzhülle *die.*

houx [ʻu] *nm* Stechpalme *die.*

HS *(abr de* **hors service)** *adj* a.B.

HT ◇ *adj (abr de* **hors taxe)** o. MwSt. ; **300 F** ~ 300 F o. MwSt. ◇ *nf abr de* **haute tension.**

hublot [ʻyblo] *nm* **- 1.** [gén] Fenster *das* **- 2.** [de bateau] Bullauge *das.*

huées [ʻɥe] *nfpl* Buhrufe *Pl.*

huer [7] [ʻɥe] *vt* aus|buhen.

huile [ɥil] *nf* **- 1.** [gén] Öl *das* **- 2.** [peinture] Ölgemälde *das* **- 3.** *fam* [personnalité] hohes Tier, Bonze *der.*

huis [ɥi] ◆ **à huis clos** *loc adv* unter Ausschluss der Öffentlichkeit.

huissier [ɥisje] *nm* JUR Gerichtsvollzieher *der,* -in *die.*

huit [ʻɥit, ʻɥi *devant consonne*] ◇ *adj inv & pron inv* acht ◇ *nm inv* Acht *die ; voir aussi* **six.**

huitième [ʻɥitjɛm] ◇ *adj* achte,-r,-s ◇ *nmf* Achte *der,* Achte *die, das* ◇ *nf* SCOL vierte Klasse ◇ *nm* **- 1.** [fraction] Achtel *das* **- 2.** [arrondissement] achtes Arrondissement **- 3.** [étage] achter Stock, achte Etage **- 4.** SPORT : **le** ~ **de finale** das Achtelfinale ; *voir aussi* **sixième.**

huître [ɥitr] *nf* Auster *die.*

humain, e [ymɛ̃, ɛn] *adj* **- 1.** [gén] menschlich, Menschen- **- 2.** [secourable] human. ◆ **humain** *nm* [être humain] Mensch *der.*

humanitaire [ymanitɛr] ◇ *adj* humanitär ◇ *nm :* **l'** ~ humanitäre Hilfe *die.*

humanité [ymanite] *nf* **- 1.** [espèce humaine] Menschheit *die* **- 2.** [nature humaine, bonté] Menschlichkeit *die.*

humble [œ̃bl] *adj* **- 1.** [plein d'humilité] demütig **- 2.** [modeste] bescheiden.

humecter [4] [ymɛkte] *vt* an|feuchten. ◆ **s'humecter** *vp* [front, lèvres] : **s'**~ **qqch** sich *(D)* etw befeuchten.

humer [3] [ʻyme] *vt* [air, parfum] ein|atmen ; [plat] riechen.

humérus [ymerys] *nm* Oberarmknochen *der.*

humeur [ymœr] *nf* **- 1.** [disposition momentanée] Laune *die ;* **être d'**~ **à faire qqch** in der Stimmung sein, etw zu tun **- 2.** [tempérament] : **il est d'**~ **calme** er hat ein ruhiges Wesen.

humide [ymid] *adj* feucht ; [sol] nass.

humidificateur [ymidifikatœr] *nm* Luftbefeuchter *der.*

humidité [ymidite] *nf* Feuchtigkeit *die.*

humiliation [ymiljasjɔ̃] *nf* Demütigung *die.*

humilier [9] [ymilje] *vt* demütigen. ◆ **s'humilier** *vp :* **s'**~ **devant qqn** sich vor jm demütigen.

humilité [ymilite] *nf* Bescheidenheit *die.*
humoristique [ymɔristik] *adj* humoristisch, witzig.
humour [ymur] *nm* Humor *der.*
humus [ymys] *nm* Humus *der.*
huppé, e [ʻype] *adj* vornehm.
hurlement [ʻyrləmɑ̃] *nm* Schrei *der ;* **pousser des ~s** brüllen.
hurler [3] [ʻyrle] *vt & vi* brüllen, schreien.
hurrah = **hourra.**
hutte [ʻyt] *nf* Hütte *die.*
hybride [ibrid] ◇ *adj* hybrid ◇ *nmf* Hybride *der,* Hybride *die.*
hydratant, e [idratɑ̃, ɑ̃t] *adj* Feuchtigkeits-, feuchtigkeitsspendend.
hydrater [3] [idrate] *vt* **- 1.** MÉD : **~ qqch** etw *(D)* Feuchtigkeit zulführen **- 2.** CHIM hydratisieren.
hydraulique [idrolik] ◇ *adj* hydraulisch, Wasser- ◇ *nf* Hydraulik *die.*
hydravion [idravjɔ̃] *nm* Wasserflugzeug *das.*
hydrocarbure [idrɔkarbyr] *nm* Kohlenwasserstoff *der.*
hydrocution [idrɔkysjɔ̃] *nf durch kaltes Wasser ausgelöste Bewusstlosigkeit.*
hydroélectrique [idrɔelɛktrik] *adj* hydroelektrisch ; **centrale ~** Wasserkraftwerk *das.*
hydrogène [idrɔʒɛn] *nm* Wasserstoff *der.*
hydroglisseur [idrɔglisœr] *nm* Gleitboot *das.*
hydrophile [idrɔfil] *adj* [absorbant] hydrophil ; ▷ **coton.**
hyène [jɛn] *nf* Hyäne *die.*
hygiène [iʒjɛn] *nf* Hygiene *die.*
hygiénique [iʒjenik] *adj* hygienisch.
hymne [imn] *nm* Hymne *die.*
hypermarché [ipɛrmarʃe] *nm großer Supermarkt.*
hypermétrope [ipɛrmetrɔp] ◇ *adj* weitsichtig ◇ *nmf* Weitsichtige *der,* Weitsichtige *die.*
hypernerveux, euse [ipɛrnɛrvø, øz] *adj* übernervös.
hypertendu, e [ipɛrtɑ̃dy] *nm, f* Bluthochdruckkranke *der,* Bluthochdruckkranke *die.*
hypertension [ipɛrtɑ̃sjɔ̃] *nf* erhöhter Blutdruck.
hypertrophié, e [ipɛrtrɔfje] *adj* hypertroph(isch).
hypnotiser [3] [ipnɔtize] *vt* hypnotisieren ; *fig* faszinieren.
hypocondriaque [ipɔkɔ̃drijak] ◇ *nmf* Hypochonder *der* ◇ *adj* hypochondrisch.
hypocrisie [ipɔkrizi] *nf* **- 1.** [de personne] Heuchelei *die* **- 2.** [d'action] Scheinheiligkeit *die.*
hypocrite [ipɔkrit] ◇ *nmf* Heuchler *der,* -in *die* ◇ *adj* **- 1.** [personne] heuchlerisch **- 2.** [action] scheinheilig.
hypoglycémie [ipɔglisemi] *nf* stark verminderter Blutzuckergehalt.
hypophyse [ipɔfiz] *nf* Hypophyse *die.*
hypotension [ipɔtɑ̃sjɔ̃] *nf* zu niedriger Blutdruck.
hypothèque [ipɔtɛk] *nf* Hypothek *die.*
hypothéquer [18] [ipɔteke] *vt* mit einer Hypothek belasten.
hypothèse [ipɔtɛz] *nf* **- 1.** [postulat] Hypothese *die* **- 2.** [supposition] Annahme *die.*
hystérie [isteri] *nf* Hysterie *die.*
hystérique [isterik] ◇ *nmf* Hysteriker *der,* -in *die* ◇ *adj* hysterisch.

I

i, I [i] *nm inv* [lettre] i *das,* I *das ;* **mettre les points sur les i** *fig* es klipp und klar sagen.
iceberg [ajsbɛrg] *nm* Eisberg *der.*
ici [isi] *adv* **- 1.** [sens spatial - sans déplacement] hier ; [- avec déplacement] hierher ; **par ~** hier **- 2.** [sens temporel] jetzt ; **d'~ peu** in Kürze.
icône [ikon] *nf* **- 1.** RELIG Ikone *die,* Ikon *das* **- 2.** INFORM Piktogramm *das.*
iconographie [ikɔnɔgrafi] *nf* **- 1.** [ensemble d'images] Bilderbestand *der* **- 2.** [science] Ikonografie *die.*
idéal, e, als ou **aux** [ideal, o] *adj* ideal. ◆ **idéal** *nm* Ideal *das.*
idéalisme [idealism] *nm* Idealismus *der.*
idée [ide] *nf* **- 1.** [gén] Idee *die* **- 2.** [pensée] Gedanke *der* **- 3.** [conception] Vorstellung *die* **- 4.** *loc :* **avoir dans l'~ que** der Meinung sein, dass.
identification [idɑ̃tifikasjɔ̃] *nf :* **~ (à qqn/qqch)** Identifizierung *die* (mit jm/etw).
identifier [9] [idɑ̃tifje] *vt* **- 1.** [trouver l'identité de] identifizieren **- 2.** [bruit, odeur] bestimmen **- 3.** [assimiler] : **~ qqn à qqn/qqch** jn mit jm/etw identifizieren. ◆ **s'identifier** *vp :* **s'~ à qqn/qqch** sich mit jm/etw identifizieren.
identique [idɑ̃tik] *adj :* **~ (à qqn/qqch)** identisch (mit jm/etw).
identité [idɑ̃tite] *nf* Identität *die ;* ▷ **carte, contrôle.**

idéologie [ideɔlɔʒi] *nf* Ideologie *die.*

idiomatique [idjɔmatik] *adj* idiomatisch.

idiot, e [idjo, ɔt] ◇ *nm, f* Idiot *der,* -in *die* ◇ *adj* idiotisch.

idiotie [idjɔsi] *nf* **- 1.** [de personne] Dummheit *die* **- 2.** [de comportement] Schwachsinnigkeit *die* **- 3.** [parole, action] Schwachsinn *der* **- 4.** MÉD Idiotie *die.*

idolâtrer [3] [idɔlatre] *vt* vergöttern, abgöttisch lieben.

idole [idɔl] *nf* Idol *das.*

idylle [idil] *nf* [amour] Romanze *die.*

idyllique [idilik] *adj* idyllisch.

if [if] *nm* Eibe *die.*

igloo, iglou [iglu] *nm* Iglu *der* ou *das.*

ignare [iɲar] ◇ *nmf* Ignorant *der,* -in *die* ◇ *adj* unwissend, ungebildet.

ignoble [iɲɔbl] *adj* **- 1.** [abject] niederträchtig **- 2.** [hideux] grauenhaft.

ignominie [iɲɔmini] *nf* **- 1.** [état] Schande *die* **- 2.** [action] Schändlichkeit *die* **- 3.** [parole] Scheußlichkeit *die.*

ignorance [iɲɔrɑ̃s] *nf* [inculture] Unwissenheit *die.*

ignorant, e [iɲɔrɑ̃, ɑ̃t] ◇ *nm, f* Ignorant *der,* -in *die* ◇ *adj* [inculte] ungebildet.

ignorer [3] [iɲɔre] *vt* **- 1.** [ne pas savoir] : **~ (que)** nicht wissen (, dass) **- 2.** [ne pas tenir compte - de chose] nicht beachten ; [- de personne] ignorieren.

il [il] *pron pers* **- 1.** [représentant une personne] er ; **Pierre est-~ là?** ist Pierre da? **- 2.** [représentant un animal, une chose] er, sie, es **- 3.** [sujet impersonnel] es ; **~ pleut** es regnet. ◆ **ils** *pron pers* sie.

île [il] *nf* Insel *die.*

illégal, e, aux [ilegal, o] *adj* illegal.

illégalité [ilegalite] *nf* Illegalität *die.*

illégitime [ileʒitim] *adj* **- 1.** [non justifié - moralement] unbegründet ; [- légalement] illegitim **- 2.** [enfant] unehelich.

illettré, e [iletre] ◇ *nm, f* **- 1.** [analphabète] Analphabet *der,* -in *die* **- 2.** [inculte] Ungebildete *der,* Ungebildete *die* ◇ *adj* **- 1.** [analphabète] analphabetisch **- 2.** [inculte] ungebildet.

illicite [ilisit] *adj* unzulässig.

illimité, e [ilimite] *adj* **- 1.** [sans limite] unbegrenzt **- 2.** [entier] grenzenlos.

illisible [ilizibl] *adj* **- 1.** [indéchiffrable] unleserlich **- 2.** [incompréhensible & INFORM] nicht lesbar, unlesbar.

illogique [ilɔʒik] *adj* unlogisch.

illumination [ilyminasjɔ̃] *nf* **- 1.** [éclairage] Beleuchtung *die* **- 2.** [idée soudaine] Erleuchtung *die.*

illuminer [3] [ilymine] *vt* **- 1.** [éclairer] beleuchten **- 2.** [personne, regard] erhellen. ◆ **s'illuminer** *vp* sich erleuchten.

illusion [ilyzjɔ̃] *nf* **- 1.** [mirage] (Sinnes)täuschung *die* **- 2.** [imagination] Illusion *die.*

illusionner [3] [ilyzjɔne] *vt* täuschen. ◆ **s'illusionner** *vp* : **s'~ (sur qqn/qqch)** sich (über jm/etw) Illusionen machen.

illusoire [ilyzwar] *adj* illusorisch.

illustration [ilystrasjɔ̃] *nf* [image] Abbildung *die.*

illustre [ilystr] *adj* berühmt.

illustré, e [ilystre] *adj* illustriert. ◆ **illustré** *nm* Illustrierte *die.*

illustrer [3] [ilystre] *vt* **- 1.** [orner d'images] illustrieren **- 2.** [montrer] veranschaulichen. ◆ **s'illustrer** *vp* sich aus|zeichnen.

îlot [ilo] *nm* [gén] Insel *die.*

image [imaʒ] *nf* Bild *das.*

imaginaire [imaʒinɛr] ◇ *adj* **- 1.** [inventé] erfunden **- 2.** [chimérique] eingebildet ◇ *nm* Vorstellungswelt *die.*

imagination [imaʒinasjɔ̃] *nf* Fantasie *die.*

imaginer [3] [imaʒine] *vt* **- 1.** [supposer, croire] sich vor|stellen **- 2.** [trouver] sich aus|denken. ◆ **s'imaginer** *vp* **- 1.** [croire] sich vor|stellen **- 2.** [se voir] sich sehen.

imam [imam] *nm* Imam *der.*

imbattable [ɛ̃batabl] *adj* unschlagbar.

imbécile [ɛ̃besil] ◇ *nmf* [idiot] Dummkopf *der* ◇ *adj* [idiot] dumm.

imberbe [ɛ̃bɛrb] *adj* bartlos.

imbiber [3] [ɛ̃bibe] *vt* : **~ qqch de qqch** etw mit etw tränken.

imbriqué, e [ɛ̃brike] *adj* ineinander verschachtelt.

imbroglio [ɛ̃brɔglijo] *nm* Wirrwarr *der.*

imbu, e [ɛ̃by] *adj* : **être ~ de soi-même** von sich selbst eingenommen sein.

imbuvable [ɛ̃byvabl] *adj* **- 1.** [boisson] nicht trinkbar **- 2.** *fam* [personne] unerträglich.

imitateur, trice [imitatœr, tris] *nm, f* [comique] Imitator *der,* -in *die.*

imitation [imitasjɔ̃] *nf* **- 1.** [action] Nachahmung *die* **- 2.** [objet] Imitation *die.*

imiter [3] [imite] *vt* nach|ahmen.

immaculé, e [imakyle] *adj* [sans taches] makellos.

immangeable [ɛ̃mɑ̃ʒabl] *adj* ungenießbar.

immanquable [ɛ̃mɑ̃kabl] *adj* unausbleiblich.

immatriculation [imatrikylasjɔ̃] *nf* **- 1.** [de personne] Einschreibung *die* **- 2.** [de véhicule] Zulassung *die* ; ▷ **plaque.**

immédiat, e [imedja, at] *adj* **- 1.** [dans

l'espace] unmittelbar - **2.** [dans le temps] sofortig.

immédiatement [imedjatmɑ̃] *adv* sofort.

immense [imɑ̃s] *adj* - **1.** [salle, terrain] riesig - **2.** [chagrin, colère] maßlos.

immerger [17] [imɛrʒe] *vt* versenken. ◆ **s'immerger** *vp* : **s'~ (dans qqch)** (in etw *(D)*) unter|tauchen.

immérité, e [imerite] *adj* unverdient.

immeuble [imœbl] ◇ *adj* JUR unbeweglich ◇ *nm* Gebäude *das.*

immigration [imigrasjɔ̃] *nf* Einwanderung *die.*

immigré, e [imigre] *adj* : **travailleur ~** ≃ Gastarbeiter *der*, -in *die.*

immigrer [3] [imigre] *vi* ein|wandern.

imminent, e [iminɑ̃, ɑ̃t] *adj* nahe bevorstehend.

immiscer [16] [imise] ◆ **s'immiscer** *vp* : **s'~ dans qqch** sich in etw *(A)* ein|mischen.

immobile [imɔbil] *adj* [personne, mécanisme] unbeweglich.

immobilier, ère [imɔbilje, ɛr] *adj* [relatif aux immeubles] Immobilien-.

immobiliser [3] [imɔbilize] *vt* - **1.** [arrêter] an|halten - **2.** [maintenir immobile] blockieren - **3.** FIN fest an|legen. ◆ **s'immobiliser** *vp* stehen bleiben.

immobilité [imɔbilite] *nf* - **1.** [de personne, de visage] Starrheit *die* - **2.** [de chose] Bewegungslosigkeit *die* - **3.** *fig* [statisme] Unbeweglichkeit *die.*

immodéré, e [imɔdere] *adj* - **1.** [exagéré] unmäßig - **2.** [incontrôlé] maßlos.

immoler [3] [imɔle] *vt* : **~ qqch (à qqn/qqch)** (jm/einer Sache) etw opfern. ◆ **s'immoler** *vp* sich opfern.

immonde [imɔ̃d] *adj* - **1.** [sale] sehr dreckig - **2.** [abject] schändlich.

immondices [imɔ̃dis] *nfpl* Unrat *der*, Müll *der.*

immoral, e, aux [imɔral, o] *adj* - **1.** [dépravé] unmoralisch - **2.** [obscène] unsittlich.

immortaliser [3] [imɔrtalize] *vt* unsterblich machen.

immortel, elle [imɔrtɛl] *adj* - **1.** [auteur, artiste & RELIG] unsterblich - **2.** [gloire, sentiment] unvergänglich.

immuable [imɥabl] *adj* - **1.** [éternel] unabänderlich - **2.** [constant] beständig.

immuniser [3] [imynize] *vt* : **~ qqn (contre qqch)** jn (gegen etw) immunisieren.

immunité [imynite] *nf* Immunität *die.*

impact [ɛ̃pakt] *nm* - **1.** [choc] Einschlag *der* - **2.** *fig* [effet] (Aus)wirkung *die* ; **avoir de l'~ sur qqch** eine Auswirkung auf etw *(A)* haben - **3.** COMM Schlagkraft *die.*

impair, e [ɛ̃pɛr] *adj* ungerade. ◆ **impair** *nm* Fauxpas *der.*

imparable [ɛ̃parabl] *adj* - **1.** [coup] nicht abwehrbar - **2.** [argument] nicht zurückweisbar.

impardonnable [ɛ̃pardɔnabl] *adj* unverzeihlich.

imparfait, e [ɛ̃parfɛ, ɛt] *adj* - **1.** [insuffisant] unvollkommen - **2.** [défectueux] mangelhaft. ◆ **imparfait** *nm* GRAM Imperfekt *der.*

impartial, e, aux [ɛ̃parsjal, o] *adj* - **1.** [personne] unvoreingenommen - **2.** [décision] unparteiisch.

impartir [32] [ɛ̃partir] *vt* : **~ qqch à qqn** [donner] jm etw gewähren ; JUR jm etw zu|billigen.

impasse [ɛ̃pas] *nf* [gén] Sackgasse *die.*

impassible [ɛ̃pasibl] *adj* gefasst.

impatience [ɛ̃pasjɑ̃s] *nf* - **1.** [manque de patience] Ungeduld *die* - **2.** [excitation] Spannung *die.*

impatient, e [ɛ̃pasjɑ̃, ɑ̃t] ◇ *adj* [impétueux] ungeduldig ◇ *nm, f* Ungeduldige *der*, Ungeduldige *die.*

impatienter [3] [ɛ̃pasjɑ̃te] *vt* ungeduldig machen. ◆ **s'impatienter** *vp* die Geduld verlieren, ungeduldig werden.

impayé, e [ɛ̃pɛje] *adj* unbezahlt. ◆ **impayé** *nm* nichtbezahlte Rechnung, überfällige Forderung.

impeccable [ɛ̃pekabl] *adj* - **1.** [parfait] einwandfrei, tadellos - **2.** [propre] äußerst sauber, picobello.

impénétrable [ɛ̃penetrabl] *adj* - **1.** [lieu] undurchdringlich - **2.** *fig* [regard, visage] unergründlich.

impénitent, e [ɛ̃penitɑ̃, ɑ̃t] *adj* unverbesserlich.

impensable [ɛ̃pɑ̃sabl] *adj* undenkbar.

impératif, ive [ɛ̃peratif, iv] *adj* - **1.** [ton, air] Befehls- - **2.** [besoin] vordringlich. ◆ **impératif** *nm* - **1.** [obligation] absolutes Erfordernis - **2.** GRAM Imperativ *der.*

impératrice [ɛ̃peratris] *nf* Kaiserin *die.*

imperceptible [ɛ̃pɛrsɛptibl] *adj* - **1.** [bruit] nicht wahrnehmbar - **2.** [changement] kaum wahrnehmbar.

imperfection [ɛ̃pɛrfɛksjɔ̃] *nf* - **1.** [état] Unvollkommenheit *die* - **2.** [défaut] Fehler *der.*

impérialisme [ɛ̃perjalism] *nm* - **1.** POLIT Imperialismus *der* - **2.** *fig* [domination] Vorherrschaft *die.*

impérieux, euse [ɛ̃perjø, øz] *adj* - **1.** [ton, air] gebieterisch - **2.** [besoin, désir] zwingend.

impérissable [ɛ̃perisabl] *adj* nicht verderblich.

imperméabiliser [3] [ɛ̃pɛrmeabilize] *vt* imprägnieren.

imperméable [ɛ̃pɛrmeabl] ◇ *adj* (wasser)undurchlässig ; **~ à qqch** *fig* für etw unempfänglich ◇ *nm* Regenmantel *der.*

impersonnel, elle [ɛ̃pɛrsɔnɛl] *adj* unpersönlich.

impertinence [ɛ̃pɛrtinɑ̃s] *nf* Unverschämtheit *die.*

impertinent, e [ɛ̃pɛrtinɑ̃, ɑ̃t] *adj* unverschämt, frech.

imperturbable [ɛ̃pɛrtyrbabl] *adj* unerschütterlich.

impétueux, euse [ɛ̃petɥø, øz] *adj* [personne, caractère] stürmisch.

impie [ɛ̃pi] *littéraire* ◇ *adj* gottlos ◇ *nmf* Gottlose *der*, Gottlose *die.*

impitoyable [ɛ̃pitwajabl] *adj* - **1.** [personne] unerbittlich - **2.** [jugement, critique] schonungslos.

implacable [ɛ̃plakabl] *adj* - **1.** [haine, vengeance] erbarmungslos - **2.** [logique, argument] unwiderlegbar.

implanter [3] [ɛ̃plɑ̃te] *vt* [entreprise] an|siedeln. ◆ **s'implanter** *vp* sich an|siedeln.

implication [ɛ̃plikasjɔ̃] *nf* [conséquence] Auswirkung *die.*

implicite [ɛ̃plisit] *adj* stillschweigend.

impliquer [3] [ɛ̃plike] *vt* - **1.** [compromettre] : **~ qqn dans qqch** jn in etw *(A)* verwickeln - **2.** [entraîner] erfordern. ◆ **s'impliquer** *vp* : **s'~ dans qqch** sich bei etw ein|setzen.

implorer [3] [ɛ̃plɔre] *vt* : **~ qqch** *sout* um etw flehen.

implosion [ɛ̃plozjɔ̃] *nf* Implosion *die.*

impoli, e [ɛ̃pɔli] *adj* unhöflich.

impopulaire [ɛ̃pɔpylɛr] *adj* - **1.** [personne] unbeliebt - **2.** [décision, mesure] unpopulär.

importance [ɛ̃pɔrtɑ̃s] *nf* - **1.** [intérêt, autorité] Wichtigkeit *die* ; **se donner de l'~** sich wichtig tun - **2.** [taille] Größe *die* - **3.** [gravité] Bedeutung *die.*

important, e [ɛ̃pɔrtɑ̃, ɑ̃t] *adj* - **1.** [essentiel] wichtig - **2.** [considérable, influent] bedeutend.

importation [ɛ̃pɔrtasjɔ̃] *nf* Import *der*, Einfuhr *die* ; *fig* Einführung *die.*

importer [3] [ɛ̃pɔrte] ◇ *vt* ein|führen, importieren ; *fig* ein|führen ◇ *vi* - **1.** [compter] von Bedeutung sein - **2.** [intéresser] : **~ à qqn** *sout* jm etwas bedeuten ◇ *v impers* : **il importe de faire qqch** es ist wichtig, etw zu tun ; **il importe que** es ist wichtig, dass ; **peu importe que** gleichgültig, ob. ◆ **n'importe** *pron* egal ; **n'importe quoi** [tout] alles (Mögliche) ; [quelque chose] irgendetwas ; **il dit n'importe quoi** er redet immer dummes Zeug ; **n'importe qui** jeder (x-beliebige), irgendjemand ; **ce n'est pas n'importe qui** er ist nicht irgendwer.

import-export [ɛ̃pɔrɛkspɔr] *nm* Import-Export *der.*

importuner [3] [ɛ̃pɔrtyne] *vt* belästigen.

imposable [ɛ̃pozabl] *adj* steuerpflichtig.

imposant, e [ɛ̃pozɑ̃, ɑ̃t] *adj* - **1.** [personnage, air] imposant - **2.** [somme] beträchtlich.

imposer [3] [ɛ̃poze] ◇ *vt* - **1.** [dicter] durch|setzen ; **~ qqch à qqn** [règles, conditions] jm etw auf|erlegen - **2.** [personne] : **~ qqn à qqn** jm jn auf|zwingen - **3.** [taxer] besteuern ◇ *vi* : **en ~ à qqn** jn beeindrucken. ◆ **s'imposer** *vp* - **1.** [être nécessaire] geboten sein - **2.** [impressionner] sich durch|setzen - **3.** [de force] sich auf|drängen - **4.** [s'obliger] : **s'~ qqch** sich etw auferlegen ; **s'~ de faire qqch** sich dazu verpflichten, etw zu tun.

impossibilité [ɛ̃pɔsibilite] *nf* [incapacité] Unmöglichkeit *die* ; **être dans l'~ de faire qqch** außerstande sein, etw zu tun.

impossible [ɛ̃pɔsibl] ◇ *adj* - **1.** [irréalisable, extravagant] unmöglich - **2.** *fam* [enfant, situation] unerträglich ◇ *nm* Unmögliche *das* ; **tenter l'~** alles Menschenmögliche versuchen.

imposteur [ɛ̃pɔstœr] *nm* Hochstapler *der*, -in *die.*

impôt [ɛ̃po] *nm* Steuer *die* ; **~ sur le revenu** Einkommen(s) steuer.

impotent, e [ɛpɔtɑ̃, ɑ̃t] ◇ *adj* - **1.** [personne] gebrechlich - **2.** [membre] steif ◇ *nm, f* Gebrechliche *der*, Gebrechliche *die.*

impraticable [ɛ̃pratikabl] *adj* - **1.** [route] unbefahrbar - **2.** [projet, solution] undurchführbar.

imprécation [ɛ̃prekasjɔ̃] *nf littéraire* Verwünschung *die.*

imprécis, e [ɛ̃presi, iz] *adj* ungenau.

imprégner [18] [ɛ̃preɲe] *vt* : **~ qqch de qqch** etw mit etw durchtränken ; **~ qqn de qqch** *fig* jn mit etw erfüllen. ◆ **s'imprégner** *vp* : **s'~ de qqch** [s'imbiber] sich mit etw voll saugen ; *fig* etw in sich *(A)* auf|nehmen.

imprenable [ɛ̃prənabl] *adj* - **1.** [forteresse] uneinnehmbar - **2.** *fig* [vue] einmalig.

imprésario, impresario [ɛ̃presarjo] *nm* Agent *der*, -in *die (eines Künstlers).*

impression [ɛ̃presjɔ̃] *nf* - **1.** [sensation, sentiment, effet] Eindruck *der* ; **avoir l'~ que** den Eindruck OU das Gefühl haben, dass - **2.** [de tissu, de papier, de document] Druck *der* - **3.** [trace] Abdruck *der.*

impressionner [ɛ̃presjɔne] *vt* **- 1.** [gén] beeindrucken **- 2.** PHOT belichten.

impressionnisme [ɛ̃presjɔnism] *nm* Impressionismus *der.*

imprévisible [ɛ̃previzibl] *adj* unvorhersehbar.

imprévu, e [ɛ̃prevy] *adj* unvorhergesehen. ◆ **imprévu** *nm* Unvorhergesehene *das.*

imprimante [ɛ̃primɑ̃t] *nf* INFORM Drucker *der.*

imprimer [3] [ɛ̃prime] *vt* **- 1.** [texte] drucken **- 2.** [tissu] bedrucken.

imprimerie [ɛ̃primri] *nf* **- 1.** [technique] Drucktechnik *die* **- 2.** [usine] Druckerei *die.*

improbable [ɛ̃prɔbabl] *adj* unwahrscheinlich.

improductif, ive [ɛ̃prɔdyktif, iv] ◇ *adj* **- 1.** [stérile] unfruchtbar **- 2.** [travail, main-d'œuvre] unproduktiv ; **population improductive** nicht arbeitende Bevölkerung ◇ *nm, f* Unproduktive *der,* Unproduktive *die.*

impromptu, e [ɛ̃prɔ̃pty] *adj* improvisiert.

impropre [ɛ̃prɔpr] *adj* **- 1.** [terme, tournure] unsauber **- 2.** [inadapté] : **~ à qqch** für etw ungeeignet.

improvisé, e [ɛ̃prɔvize] *adj* improvisiert.

improviser [3] [ɛ̃prɔvize] *vt* improvisieren. ◆ **s'improviser** *vp* **- 1.** [secours] sich organisieren **- 2.** [devenir] : **s'~ qqch** sich als etw betätigen.

improviste [ɛ̃prɔvist] ◆ **à l'improviste** *loc adv* unangemeldet, unvermutet.

imprudence [ɛ̃prydɑ̃s] *nf* Unvorsichtigkeit *die.*

imprudent, e [ɛ̃prydɑ̃, ɑ̃t] ◇ *adj* unvorsichtig ◇ *nm, f* Unvorsichtige *der,* Unvorsichtige *die.*

impubère [ɛ̃pybɛr] *adj* vorpubertär.

impudique [ɛ̃pydik] *adj* **- 1.** [personne] schamlos **- 2.** [parole, geste] unzüchtig.

impuissance [ɛ̃pɥisɑ̃s] *nf* **- 1.** [sexuelle] Impotenz *die* **- 2.** [d'efforts] Vergeblichkeit *die.*

impuissant, e [ɛ̃pɥisɑ̃, ɑ̃t] *adj* **- 1.** [incapable] unfähig **- 2.** [sexuellement] impotent **- 3.** [vain] vergeblich.

impulsif, ive [ɛ̃pylsif, iv] *adj* impulsiv.

impulsion [ɛ̃pylsjɔ̃] *nf* **- 1.** [de force] Antrieb *der* **- 2.** [essor] Auftrieb *der* **- 3.** [instinct & ÉLECTR] Impuls *der* **- 4.** *fig* [effet] Einfluss *der* ; **sous l'~ de qqn/qqch** unter dem Einfluss von jm/etw ; **dire qqch sous l'~ de la colère** in seiner Wut etw sagen.

impunément [ɛ̃pynemɑ̃] *adv* **- 1.** [sans châtiment] ungestraft **- 2.** [sans inconvénient] ohne nachteilige Folgen.

impunité [ɛ̃pynite] *nf* Straffreiheit *die* ; **en toute ~** unbestraft *(adv).*

impur, e [ɛ̃pyr] *adj* [pollué & RELIG] unrein.

impureté [ɛ̃pyrte] *nf* Unreinheit *die.*

imputer [3] [ɛ̃pyte] *vt* **- 1.** [accuser] : **~ qqch à qqn** jm etw anllasten **- 2.** [expliquer] : **~ qqch à qqch** etw auf etw *(A)* zurücklführen **- 3.** FIN : **~ qqch à qqch** etw einer Sache *(D)* zulrechnen.

imputrescible [ɛ̃pytresibl] *adj* unverweslich.

inabordable [inabɔrdabl] *adj* **- 1.** [loyer] unerschwinglich **- 2.** [personne, lieu] unzugänglich.

inacceptable [inaksɛptabl] *adj* inakzeptabel.

inaccessible [inaksesibl] *adj* **- 1.** [côte, île] unzugänglich ; [sommet] unbezwingbar **- 2.** [concept, texte] unverständlich **- 3.** [objectif, poste] unerreichbar.

inaccoutumé, e [inakutyme] *adj* ungewohnt.

inachevé, e [inaʃve] *adj* unvollendet.

inaction [inaksjɔ̃] *nf* Untätigkeit *die.*

inactivité [inaktivite] *nf* **- 1.** [oisiveté] Inaktivität *die* **- 2.** ADMIN Freistellung *die,* vorläufige Dienstenthebung.

inadapté, e [inadapte] ◇ *adj* **- 1.** [matériel, méthode] : **~ à qqch** für etw ungeeignet **- 2.** [handicapé, asocial] verhaltensgestört **- 3.** *fig* [propos, attitude] : **~ à qqch** etw *(D)* nicht angepasst ◇ *nm, f* Verhaltensgestörte *der,* Verhaltensgestörte *die.*

inadmissible [inadmisibl] *adj* **- 1.** [preuve, erreur] unannehmbar **- 2.** [conduite, propos] unstatthaft.

inadvertance [inadvɛrtɑ̃s] *nf* *sout* [manque d'attention] : **par ~** aus Versehen.

inaliénable [inaljenabl] *adj* JUR unveräußerlich.

inaltérable [inalterabl] *adj* unveränderlich.

inamovible [inamɔvibl] *adj* **- 1.** [dispositif] nicht entfernbar **- 2.** [fonctionnaire] unabsetzbar.

inanimé, e [inanime] *adj* leblos.

inanité [inanite] *nf* Vergeblichkeit *die.*

inanition [inanisjɔ̃] *nf* : **mourir d'~** an Entkräftung sterben.

inaperçu, e [inapɛrsy] *adj* : **passer ~** unbemerkt bleiben.

inappréciable [inapresjabl] *adj* [précieux] unschätzbar.

inapte [inapt] *adj* **- 1.** [incapable] : **~ à qqch** für etw ungeeignet ; **être ~ à faire qqch** unfähig sein, etw zu tun **- 2.** MIL [réformé] untauglich.

inattaquable [inatakabl] *adj* [réputation, argument] unanfechtbar.

inattendu, e [inatɑ̃dy] *adj* - **1.** [personne, événement] unerwartet - **2.** [remarque, réaction] überraschend.
inattention [inatɑ̃sjɔ̃] *nf* - **1.** [étourderie] Unachtsamkeit *die* - **2.** [manque d'attention] Unaufmerksamkeit *die.*
inaugural, e, aux [inogyral, o] *adj* Eröffnungs-, Einweihungs-.
inauguration [inogyrasjɔ̃] *nf* [cérémonie] Eröffnung *die*, Einweihung *die.*
inaugurer [3] [inogyre] *vt* - **1.** [monument] ein|weihen - **2.** [procédé] ein|führen.
inavouable [inavwabl] *adj* [intention] nicht einzugestehen, unaussprechbar.
incalculable [ɛ̃kalkylabl] *adj* - **1.** [nombre] unberechenbar - **2.** [conséquences] unermesslich.
incandescence [ɛ̃kɑ̃desɑ̃s] *nf* Weißglut *die* ; **lampe à ~** Glühlampe *die.*
incantation [ɛ̃kɑ̃tasjɔ̃] *nf* Beschwörung *die.*
incapable [ɛ̃kapabl] ◇ *adj* : **être ~ de faire qqch** [inapte à] unfähig sein, etw zu tun ; [dans l'impossibilité de] nicht in der Lage sein, etw zu tun ◇ *nmf* [raté] Stümper *der*, -in *die.*
incapacité [ɛ̃kapasite] *nf* - **1.** [gén] Unfähigkeit *die* ; **~ à** ou **de faire qqch** Unfähigkeit, etw zu tun - **2.** [incompétence] Inkompetenz *die.*
incarcération [ɛ̃karserasjɔ̃] *nf* Inhaftierung *die.*
incarner [3] [ɛ̃karne] *vt* verkörpern.
incartade [ɛ̃kartad] *nf* Fehlverhalten *das.*
incassable [ɛ̃kasabl] *adj* unzerbrechlich.
incendie [ɛ̃sɑ̃di] *nm* Brand *der.*
incendier [9] [ɛ̃sɑ̃dje] *vt* [maison, forêt] in Brand stecken.
incertain, e [ɛ̃sɛrtɛ̃, ɛn] *adj* - **1.** [douteux] zweifelhaft - **2.** [indéfini] ungewiss - **3.** [indécis - personne] unentschlossen ; [- voix, pas] unsicher.
incertitude [ɛ̃sɛrtityd] *nf* - **1.** [gén] Ungewissheit *die* - **2.** [doute] Zweifel *der.*

Incertitude

Meinst du wirklich? Tu crois vraiment ?
Ich bin mir nicht so sicher. Je n'en suis pas si sûr.
Es könnte doch sein, dass er seine Meinung geändert hat. Qui sait, il a peut-être changé d'avis.
Ich weiß nicht so recht. Je ne sais pas vraiment.
Ich frage mich, ob ich richtig gehandelt habe. Je me demande si j'ai bien agi.

incessamment [ɛ̃sesamɑ̃] *adv* unverzüglich.
incessant, e [ɛ̃sesɑ̃, ɑ̃t] *adj* ständig.
inceste [ɛ̃sɛst] *nm* Inzest *der.*
inchangé, e [ɛ̃ʃɑ̃ʒe] *adj* unverändert.
incidence [ɛ̃sidɑ̃s] *nf* - **1.** [conséquence] Folge *die*, Auswirkung *die* - **2.** PHYS Einfallen *das.*
incident, e [ɛ̃sidɑ̃, ɑ̃t] *adj* - **1.** PHYS Einfalls- - **2.** LING eingeschoben. ◆ **incident** *nm* Zwischenfall *der.*
incinérer [18] [ɛ̃sinere] *vt* - **1.** [corps] ein|äschern - **2.** [ordures] verbrennen.
inciser [3] [ɛ̃size] *vt* - **1.** [en surface] ein|ritzen - **2.** [profond] ein|schneiden.
incisif, ive [ɛ̃sizif, iv] *adj* beißend. ◆ **incisive** *nf* Schneidezahn *der.*
inciter [3] [ɛ̃site] *vt* : **~ qqn à qqch** jn zu etw an|regen ; **~ qqn à faire qqch** jn dazu an|regen, etw zu tun.
inclassable [ɛ̃klasabl] *adj* nicht einzuordnen.
inclinable [ɛ̃klinabl] *adj* neigbar.
inclinaison [ɛ̃klinɛzɔ̃] *nf* - **1.** [pente & MATHS] Neigung *die* - **2.** ASTRON & PHYS Inklination *die.*
incliner [3] [ɛ̃kline] ◇ *vt* [pencher] neigen ◇ *vi* : **~ à qqch** zu etw neigen ; **~ à faire qqch** dazu neigen, etw zu tun. ◆ **s'incliner** *vp* - **1.** [se pencher] sich neigen - **2.** [respecter] : **s'~ devant qqch** einer Sache *(D)* Respekt zollen - **3.** [céder] : **s'~ devant qqch** sich einer Sache *(D)* fügen - **4.** [se soumettre] : **s'~ devant qqn** jm nach|geben.
inclure [96] [ɛ̃klyr] *vt* - **1.** [insérer] : **~ qqch dans qqch** etw in etw *(A)* ein|fügen - **2.** [contenir] enthalten.
incoercible [ɛ̃kɔɛrsibl] *adj sout* nicht unterdrückbar, unbezwingbar.
incognito [ɛ̃kɔɲito] ◇ *adv* inkognito ◇ *nm* Inkognito *das.*
incohérence [ɛ̃kɔerɑ̃s] *nf* Inkohärenz *die.*
incohérent, e [ɛ̃kɔerɑ̃, ɑ̃t] *adj* inkohärent.
incollable [ɛ̃kɔlabl] *adj* - **1.** [riz] nicht klebend - **2.** *fam* [personne] unschlagbar.
incolore [ɛ̃kɔlɔr] *adj* farblos.
incomber [3] [ɛ̃kɔ̃be] *vi* : **~ à qqn** jm zu|fallen ou obliegen.
incombustible [ɛ̃kɔ̃bystibl] *adj* nicht brennbar.
incommensurable [ɛ̃kɔmɑ̃syrabl] *adj* [immense] unermesslich.
incommodant, e [ɛ̃kɔmɔdɑ̃, ɑ̃t] *adj* unangenehm.
incommoder [3] [ɛ̃kɔmɔde] *vt* : **~ qqn** jn stören, jm lästig sein.
incomparable [ɛ̃kɔ̃parabl] *adj* - **1.** [différent] unvergleichbar - **2.** [extraordinaire] unvergleichlich.
incompatibilité [ɛ̃kɔ̃patibilite] *nf*

- 1. [opposition] Unvereinbarkeit *die* - 2. [sanguine, INFORM, JUR & MATHS] Inkompatibilität *die*.

incompatible [ɛ̃kɔ̃patibl] *adj* - 1. [inconciliable] unvereinbar - 2. JUR & MATHS inkompatibel - 3. INFORM nicht kompatibel.

incompétence [ɛ̃kɔ̃petɑ̃s] *nf* [incapacité] Inkompetenz *die*.

incompétent, e [ɛ̃kɔ̃petɑ̃, ɑ̃t] *adj* [incapable] inkompetent.

incomplet, ète [ɛ̃kɔ̃plɛ, ɛt] *adj* - 1. [insuffisant, partiel] unvollständig - 2. [inachevé] unvollendet.

incompréhensible [ɛ̃kɔ̃preɑ̃sibl] *adj* unverständlich.

incompréhensif, ive [ɛ̃kɔ̃preɑ̃sif, iv] *adj* [intolérant] nicht verständnisvoll.

incompris, e [ɛ̃kɔ̃pri, iz] ◇ *adj* [non compris] unverstanden ◇ *nm, f* Unverstandene *der*, Unverstandene *die*.

inconcevable [ɛ̃kɔ̃svabl] *adj* - 1. [idée] unfassbar - 2. [égoïsme, méchanceté] unvorstellbar.

inconciliable [ɛ̃kɔ̃siljabl] *adj* unvereinbar.

inconditionnel, elle [ɛ̃kɔ̃disjɔnɛl] ◇ *adj* - 1. [total] bedingungslos - 2. [fervent] hitzig ◇ *nm, f* bedingungsloser Anhänger, bedingungslose Anhängerin.

inconfortable [ɛ̃kɔ̃fɔrtabl] *adj* unbequem.

incongru, e [ɛ̃kɔ̃gry] *adj* - 1. [malséant] unschicklich - 2. [bizarre] merkwürdig.

inconnu, e [ɛ̃kɔny] ◇ *adj* - 1. [gén] unbekannt - 2. [région, sensation] unerforscht - 3. [objectif, destination] nicht festgelegt ◇ *nm, f* Unbekannte *der*, Unbekannte *die*.

inconsciemment [ɛ̃kɔ̃sjamɑ̃] *adv* [machinalement] unbewusst.

inconscient, e [ɛ̃kɔ̃sjɑ̃, ɑ̃t] ◇ *adj* - 1. [évanoui] bewusstlos - 2. [machinal] unbewusst - 3. [irresponsable] leichtfertig ◇ *nm, f* Leichtfertige *der*, Leichtfertige *die*.
◆ **inconscient** *nm* PSYCHOL Unterbewusstsein *das*.

inconsidéré, e [ɛ̃kɔ̃sidere] *adj* unüberlegt.

inconsistant, e [ɛ̃kɔ̃sistɑ̃, ɑ̃t] *adj* - 1. [aliment] wässrig - 2. [caractère] unbeständig, haltlos.

inconsolable [ɛ̃kɔ̃sɔlabl] *adj* untröstlich.

incontestable [ɛ̃kɔ̃tɛstabl] *adj* unbestreitbar.

incontinent, e [ɛ̃kɔ̃tinɑ̃, ɑ̃t] *adj* - 1. [sans retenue] ungehemmt - 2. MÉD : **être ~** an Inkontinenz leiden.

incontournable [ɛ̃kɔ̃turnabl] *adj* unumgänglich.

incontrôlable [ɛ̃kɔ̃trɔlabl] *adj* unkontrollierbar.

inconvenant, e [ɛ̃kɔ̃vnɑ̃, ɑ̃t] *adj* unschicklich.

inconvénient [ɛ̃kɔ̃venjɑ̃] *nm* [désavantage] Nachteil *der* ; **avantages et ~s** Vor- und Nachteile ; **si vous n'y voyez pas d'~** wenn für Sie nichts dagegen spricht.

incorporé, e [ɛ̃kɔrpɔre] *adj* Einbau-, eingebaut.

incorporer [3] [ɛ̃kɔrpɔre] *vt* - 1. [substance] : **~ qqch à** OU **dans qqch** etw einer Sache *(D)* bei|mengen - 2. [dialogue, texte] : **~ qqch dans qqch** etw in etw *(A)* ein|fügen - 3. [dispositif] integrieren - 4. MIL ein|berufen.

incorrect, e [ɛ̃kɔrɛkt] *adj* - 1. [réglage, fonctionnement] fehlerhaft - 2. [phrase, tenue, personne] unkorrekt - 3. [joueur, client] unfair.

incorrection [ɛ̃kɔrɛksjɔ̃] *nf* - 1. [faute] Unrichtigkeit *die* - 2. [impolitesse] Unkorrektheit *die*.

incorrigible [ɛ̃kɔriʒibl] *adj* - 1. [personne] unverbesserlich - 2. [défaut] hoffnungslos.

incorruptible [ɛ̃kɔryptibl] *adj* [personne] unbestechlich.

incrédule [ɛ̃kredyl] ◇ *adj* ungläubig ◇ *nmf* [sceptique] Skeptiker *der*, -in *die*.

increvable [ɛ̃krəvabl] *adj* - 1. [ballon] reißfest ; [pneu] pannensicher - 2. *fam fig* [moteur] unverwüstlich ; [personne] nicht unterzukriegen.

incriminer [3] [ɛ̃krimine] *vt* - 1. [personne] an|schuldigen - 2. [conduite] an|prangern.

incroyable [ɛ̃krwajabl] *adj* unglaublich.

incroyant, e [ɛ̃krwajɑ̃, ɑ̃t] RELIG *nm, f* Ungläubige *der*, Ungläubige *die*.

incruster [3] [ɛ̃kryste] *vt* [meuble, bijou] : **incrusté de qqch** mit etw verziert.
◆ **s'incruster** *vp* - 1. [saleté, tartre] : **s'~ dans qqch** sich in etw *(D)* fest|setzen - 2. *fam* [personne] sich ein|nisten.

incubation [ɛ̃kybasjɔ̃] *nf* - 1. [d'œuf] Ausbrüten *das* - 2. [de maladie] : **(période d')~** Inkubationszeit *die*.

inculpation [ɛ̃kylpasjɔ̃] *nf* Anklage *die* ; **sous l'~ de qqch** unter Anklage wegen etw *(G)*.

inculpé, e [ɛ̃kylpe] *nm, f* Angeklagte *der*, Angeklagte *die*.

inculper [3] [ɛ̃kylpe] *vt* an|klagen ; **~ qqn de qqch** jn wegen etw *(G)* unter Anklage stellen.

inculquer [3] [ɛ̃kylke] *vt* : **~ qqch à qqn** jm etw ein|schärfen OU bei|bringen.

inculte [ɛ̃kylt] *adj* - 1. [terre] unbebaut - 2. [personne] ungebildet.

incurable [ɛ̃kyrabl] ◇ *adj* - 1. [maladie] unheilbar - 2. [défaut] unausrottbar, hoffnungslos ◇ *nmf* unheilbarer Kranke, unheilbare Kranke.

incursion [ɛ̃kyrsjɔ̃] *nf* - **1.** [raid] Einfall *der* - **2.** [irruption] Eindringen *das.*

incurvé, e [ɛ̃kyrve] *adj* geschwungen, gekrümmt.

Inde [ɛ̃d] *nf* : **l'~** Indien *nt.*

indécent, e [ɛ̃desɑ̃, ɑ̃t] *adj* - **1.** [personne, conduite] unanständig - **2.** [luxe, gaspillage] schamlos.

indéchiffrable [ɛ̃deʃifrabl] *adj* - **1.** [texte, écriture] nicht entzifferbar - **2.** [énigme, personne] unergründlich.

indécis, e [ɛ̃desi, iz] ◇ *adj* - **1.** [personne] unentschlossen - **2.** [sourire, forme] unbestimmt - **3.** [résultat] unsicher ◇ *nm, f* [de caractère] Unentschlossene *der,* Unentschlossene *die.*

indécision [ɛ̃desizjɔ̃] *nf* Unschlüssigkeit *die.*

indécrottable [ɛ̃dekrɔtabl] *adj fam* eingefleischt.

indéfendable [ɛ̃defɑ̃dabl] *adj fig* [opinion] nicht vertretbar.

indéfini, e [ɛ̃defini] *adj* unbestimmt.

indéfinissable [ɛ̃definisabl] *adj* - **1.** [notion, malaise] undefinierbar - **2.** [charme] rätselhaft.

indéformable [ɛ̃defɔrmabl] *adj* formbeständig.

indélébile [ɛ̃delebil] *adj* - **1.** [encre] nicht zu entfernend - **2.** *fig* [image, souvenir] unauslöschlich ; [blessure] unheilbar.

indélicat, e [ɛ̃delika, at] *adj* - **1.** [grossier] taktlos - **2.** [malhonnête] unredlich.

indemne [ɛ̃dɛmn] *adj* unverletzt.

indemniser [3] [ɛ̃dɛmnize] *vt* : **~ qqn de qqch** [perte] jn für etw entschädigen ; [préjudice] jm für etw eine Abfindung geben ; [frais] jm etw vergüten.

indemnité [ɛ̃dɛmnite] *nf* Entschädigung *die.*

indémodable [ɛ̃demɔdabl] *adj* zeitlos.

indéniable [ɛ̃denjabl] *adj* unleugbar.

indépendance [ɛ̃depɑ̃dɑ̃s] *nf* - **1.** [liberté] Unabhängigkeit *die* - **2.** [autonomie] Selbstständigkeit *die.*

indépendant, e [ɛ̃depɑ̃dɑ̃, ɑ̃t] *adj* - **1.** [gén] unabhängig - **2.** [travailleur] selbstständig - **3.** [chambre] separat.

indéracinable [ɛ̃derasinabl] *adj fig* unausrottbar.

indescriptible [ɛ̃dɛskriptibl] *adj* unbeschreiblich.

indestructible [ɛ̃dɛstryktibl] *adj* unzerstörbar.

indéterminé, e [ɛ̃detɛrmine] *adj* - **1.** [quantité, date, sentiments] unbestimmt - **2.** [goût, odeur] undefinierbar.

indétrônable [ɛ̃detronabl] *adj* [directeur, concurrent] unschlagbar.

index [ɛ̃dɛks] *nm* - **1.** [doigt] Zeigefinger *der* - **2.** [alphabétique] Index *der.*

indexer [4] [ɛ̃dɛkse] *vt* : **~ qqch sur qqch** etw an etw *(A)* binden.

indicatif, ive [ɛ̃dikatif, iv] *adj* Richt-. ◆ **indicatif** *nm* - **1.** RADIO & TÉLÉ Erkennungsmelodie *die* - **2.** [téléphonique] Vorwahl *die.*

indication [ɛ̃dikasjɔ̃] *nf* Angabe *die.*

indice [ɛ̃dis] *nm* - **1.** [signe] Anzeichen *das* - **2.** [dans enquête policière] Indiz *das* - **3.** [taux] Messzahl *die* ; **~ d'écoute** Einschaltquote *die* - **4.** FIN, MATHS & TYPO Index *der.*

indicible [ɛ̃disibl] *adj sout* unsagbar.

indien, enne [ɛ̃djɛ̃, ɛn] *adj* - **1.** [d'Inde] indisch - **2.** [d'Amérique] indianisch. ◆ **Indien, enne** *nm, f* - **1.** [d'Inde] Inder *der,* -in *die* - **2.** [d'Amérique du Nord] Indianer *der,* -in *die* ; [d'Amérique du Sud] Indio *der.*

indifféremment [ɛ̃diferamɑ̃] *adv* unterschiedslos.

indifférence [ɛ̃diferɑ̃s] *nf* Gleichgültigkeit *die.*

exprimer son indifférence

Das ist mir vollkommen egal. Ça m'est complètement égal.
Das geht doch mich nichts an! Mais ça ne me regarde pas !
So ein Pech! C'est pas de chance !
Meinetwegen. Peu importe.
Das ist Ihre Sache. Ça vous regarde.
Wenn du meinst. Si tu veux.

indifférent, e [ɛ̃diferɑ̃, ɑ̃t] ◇ *adj* : **~ (à qqch)** gleichgültig (gegenüber etw *(D)*) ◇ *nm, f* gleichgültige Person.

indigence [ɛ̃diʒɑ̃s] *nf* - **1.** [pauvreté] Bedürftigkeit *die* - **2.** *fig* [de style, intellectuelle] Dürftigkeit *die.*

indigène [ɛ̃diʒɛn] ◇ *adj* [population] einheimisch ; [faune, flore] (ein)heimisch ◇ *nmf* [du pays] Einheimische *der,* Einheimische *die.*

indigent, e [ɛ̃diʒɑ̃, ɑ̃t] ◇ *adj* - **1.** [pauvre] bedürftig - **2.** *fig* [style, intellectuellement] dürftig ◇ *nm, f* Bedürftige *der,* Bedürftige *die.*

indigeste [ɛ̃diʒɛst] *adj* unverdaulich.

indigestion [ɛ̃diʒɛstjɔ̃] *nf* [alimentaire] Verdauungsstörung *die.*

indignation [ɛ̃diɲasjɔ̃] *nf* Empörung *die.*

indigne [ɛ̃diɲ] *adj* unwürdig.

indigné, e [ɛ̃diɲe] *adj* entrüstet.

indigner [3] [ɛ̃diɲe] *vt* empören. ◆ **s'indigner** *vp* : **s'~ de** ou **contre qqch** sich über etw *(A)* empören ; **s'~ que** *(+ subjonctif)* sich darüber empören, dass.

indigo [ɛ̃digo] *nm* Indigo *der* ou *das.*

indiquer [3] [ɛ̃dike] *vt* - **1.** [désigner] : **~ qqn/qqch** auf jn/etw weisen - **2.** [afficher, marquer] an|geben - **3.** [montrer] : **~ qqch à qqn** [chemin] jm etw weisen ou zeigen ; [procédure, avantage] jn auf etw *(A)* hin|weisen - **4.** [recommander] empfehlen.

indirect, e [ɛ̃dirɛkt] *adj* - **1.** [gén] indirekt - **2.** [chemin] Neben-, Seiten-.

indiscipliné, e [ɛ̃disipline] *adj* - **1.** [écolier, soldat] disziplinlos - **2.** [cheveux] widerspenstig.

indiscret, ète [ɛ̃diskrɛ, ɛt] ◇ *adj* - **1.** [personne] taktlos - **2.** [question, paroles] indiskret - **3.** [regard, oreille] neugierig ◇ *nm, f* taktlose Person.

indiscrétion [ɛ̃diskresjɔ̃] *nf* - **1.** [bavardage] Indiskretion *die* - **2.** [curiosité] Taktlosigkeit *die.*

indiscutable [ɛ̃diskytabl] *adj* unbestreitbar, unbestritten.

indiscutable

Das französische Adjektiv **indiscutable** hat nicht die Bedeutung des deutschen Wortes „indiskutabel", sondern heißt „unbestreitbar", „unbestritten".
Cette chanteuse a un talent indiscutable wird also mit „Sie ist unbestritten eine begabte Sängerin" übersetzt, wohingegen „Schlag dir das aus dem Kopf. Dein Plan ist indiskutabel" mit **Laisse tomber. Ton projet est inacceptable** wiedergegeben wird.

indispensable [ɛ̃dispɑ̃sabl] *adj* unerlässlich, notwendig ; **~ à qqn/qqch** für jn/etw unbedingt erforderlich.

indisponible [ɛ̃dispɔnibl] *adj* - **1.** [produit] nicht verfügbar - **2.** [personne] unabkömmlich.

indisposer [3] [ɛ̃dispoze] *vt* [rendre malade] : **~ qqn** jm nicht bekommen.

indistinct, e [ɛ̃distɛ̃(ktœ, ɛ̃kt] *adj* undeutlich.

individu [ɛ̃dividy] *nm* Individuum *das.*

individualiste [ɛ̃dividɥalist] ◇ *adj* individualistisch ◇ *nmf* Individualist *der,* -in *die.*

individuel, elle [ɛ̃dividɥɛl] *adj* individuell.

indivisible [ɛ̃divizibl] *adj* - **1.** [matière, élément] unteilbar - **2.** [famille, alliance] unzertrennlich.

indolent, e [ɛ̃dɔlɑ̃, ɑ̃t] *adj* - **1.** [personne, geste] träge - **2.** [regard] stumpfsinnig.

indolore [ɛ̃dɔlɔr] *adj* schmerzlos.

indomptable [ɛ̃dɔ̃tabl] *adj* - **1.** [animal, sentiment] unzähmbar - **2.** [personne] ungefügig - **3.** [caractère] unbeugsam.

Indonésie [ɛ̃dɔnezi] *nf* : **l'~** Indonesien *nt.*

indu, e [ɛ̃dy] *adj* ungelegen.

indubitable [ɛ̃dybitabl] *adj* unzweifelhaft.

induire [98] [ɛ̃dɥir] *vt* - **1.** [tromper] : **~ qqn en erreur** jn irre|führen - **2.** [entraîner] : **~ qqch** zu etw führen.

indulgence [ɛ̃dylʒɑ̃s] *nf* - **1.** [bienveillance] Nachsicht *die* - **2.** [de jugement] Milde *die.*

indulgent, e [ɛ̃dylʒɑ̃, ɑ̃t] *adj* - **1.** [personne] nachsichtig - **2.** [jugement] mild.

indûment [ɛ̃dymɑ̃] *adv* unberechtigt.

industrialisé, e [ɛ̃dystrijalize] *adj* : **pays ~** Industrieland *das.*

industrialiser [3] [ɛ̃dystrijalize] *vt* industrialisieren. ◆ **s'industrialiser** *vp* industrialisiert werden.

industrie [ɛ̃dystri] *nf* Industrie *die ;* **~ alimentaire** Nahrungsmittelindustrie ; **~ automobile** Automobilindustrie ; **~ lourde** Schwerindustrie.

industriel, elle [ɛ̃dystrijɛl] *adj* industriell. ◆ **industriel** *nm* Industrielle *der.*

inébranlable [inebrɑ̃labl] *adj* - **1.** [roc] erschütterungsfrei - **2.** *fig* [courage, volonté] unerschütterlich.

inédit, e [inedi, it] *adj* - **1.** [texte] unveröffentlicht - **2.** [événement] ganz neu.

ineffable [inefabl] *adj* unsäglich.

ineffaçable [inefasabl] *adj* unauslöschlich.

inefficace [inefikas] *adj* - **1.** [personne] untüchtig - **2.** [solution, remède] wirkungslos.

inefficacité [inefikasite] *nf* - **1.** [de personne] Untüchtigkeit *die* - **2.** [de solution, de remède] Wirkungslosigkeit *die.*

inégal, e, aux [inegal, o] *adj* - **1.** [distance, force, partage] ungleich - **2.** [surface, terrain] uneben - **3.** [humeur, qualité] wechselhaft - **4.** [pouls, rythme] unregelmäßig.

inégalé, e [inegale] *adj* unerreicht.

inégalité [inegalite] *nf* - **1.** [de longueur, de chances, de forces] Ungleichheit *die* - **2.** [de surface, de terrain] Unebenheit *die* - **3.** [d'humeur, de qualité] Wechselhaftigkeit *die.*

inélégant, e [inelegɑ̃, ɑ̃t] *adj* - **1.** [vêtement] unelegant - **2.** *fig* [procédé, attitude] rüde.

inéluctable [inelyktabl] *adj* - **1.** [mort,

sort] unabwendbar - **2.** [conséquence] unausweichlich.

inénarrable [inenarabl] *adj* unbeschreiblich (komisch).

inepte [inɛpt] *adj* albern, dumm.

ineptie [inɛpsi] *nf* Unsinnigkeit *die* ; **dire des ~s** Unsinn reden.

inépuisable [inepɥizabl] *adj* - **1.** [ressource, sujet, patience] unerschöpflich - **2.** [personne] nimmermüde.

inerte [inɛrt] *adj* - **1.** [matière, personne] leblos - **2.** [corps, membre] regungslos - **3.** [apathique] schlaff, träge.

inertie [inɛrsi] *nf* Trägheit *die*.

inespéré, e [inɛspere] *adj* unverhofft.

inesthétique [inɛstetik] *adj* unästhetisch.

inestimable [inɛstimabl] *adj* unschätzbar.

inévitable [inevitabl] *adj* - **1.** [gén] unvermeidlich - **2.** *hum* [éternel] obligatorisch.

inexact, e [inegza(ktœ, akt] *adj* [chiffre, information] ungenau.

inexactitude [inɛgzaktityd] *nf* - **1.** [de chiffre, d'information] Ungenauigkeit *die* - **2.** [retard] Unpünktlichkeit *die*.

inexcusable [inɛkskyzabl] *adj* unverzeihlich.

inexistant, e [inɛgzistɑ̃, ɑ̃t] *adj* - **1.** [absent] nicht vorhanden - **2.** *fig & péj* [soutien, résultat] dürftig.

inexorable [inɛgzɔrabl] *adj* unaufhaltsam.

inexpérience [inɛksperjɑ̃s] *nf* Unerfahrenheit *die*.

inexplicable [inɛksplikabl] *adj* unerklärlich.

inexpliqué, e [inɛksplike] *adj* ungeklärt.

inexpressif, ive [inɛkspresif, iv] *adj* ausdruckslos.

inexprimable [inɛksprimabl] *adj* unaussprechlich.

inexprimé, e [inɛksprime] *adj* unausgesprochen.

inextensible [inɛkstɑ̃sibl] *adj* nicht dehnbar.

in extremis [inɛkstremis] *loc adv* in letzter Minute.

inextricable [inɛkstrikabl] *adj* unentwirrbar.

infaillible [ɛ̃fajibl] *adj* unfehlbar.

infâme [ɛ̃fam] *adj* - **1.** [mixture, odeur] abscheulich - **2.** [mensonge, trahison] infam.

infanterie [ɛ̃fɑ̃tri] *nf* Infanterie *die*.

infanticide [ɛ̃fɑ̃tisid] <> *adj* : **mère ~** Kindesmörderin *die* <> *nmf* [meurtrier] Kindesmörder *der*, -in *die* <> *nm* [meurtre] Kindesmord *der*.

infantile [ɛ̃fɑ̃til] *adj* - **1.** [maladie] Kinder- ; [médecine] infantil - **2.** [puéril] kindisch, infantil.

infarctus [ɛ̃farktys] *nm* Infarkt *der* ; **~ du myocarde** Herzinfarkt.

infatigable [ɛ̃fatigabl] *adj* unermüdlich.

infect, e [ɛ̃fɛkt] *adj* - **1.** [nourriture, personne, attitude] widerlich, abscheulich - **2.** [marais, odeur] mod(e)rig.

infecter [4] [ɛ̃fɛkte] *vt* infizieren. ◆ **s'infecter** *vp* [plaie] sich infizieren.

infectieux, euse [ɛ̃fɛksjø, øz] *adj* Infektions-, infektiös.

infection [ɛ̃fɛksjɔ̃] *nf* Infektion *die* ; **c'est une ~!** *fig & péj* es stinkt wie die Pest!

inféoder [3] [ɛ̃feɔde] *vt* : **être inféodé à qqn/qqch** *fig* jm/etw unterstellt sein.

inférieur, e [ɛ̃ferjœr] <> *adj* - **1.** [mâchoire, étage, échelon] untere,-r,-s, Unter- - **2.** [qualité, puissance, quantité] gering ; **être ~ à qqch** [qualité] minderwertiger als etw sein ; [quantité] niedriger als etw sein <> *nm, f* [personne] Untergebene *der*, Untergebene *die*.

infériorité [ɛ̃ferjɔrite] *nf* - **1.** [en rang, en nombre] Unterlegenheit *die* - **2.** PSYCHOL Minderwertigkeit *die*.

infernal, e, aux [ɛ̃fɛrnal, o] *adj* - **1.** [personne] unausstehlich - **2.** [chaleur, bruit] höllisch - **3.** [complot, ruse] teuflisch.

infester [3] [ɛ̃fɛste] *vt* : **une région infestée de moustiques** eine von Mücken befallene OU verseuchte Gegend.

infidèle [ɛ̃fidɛl] *adj* - **1.** [mari, femme, ami] : **~ (à qqn)** (jm) untreu - **2.** [traduction, récit] ungenau ; [mémoire] unzuverlässig.

infidélité [ɛ̃fidelite] *nf* - **1.** [trahison] Untreue *die* - **2.** [de traduction, de récit] Ungenauigkeit *die* ; [de mémoire] Unzuverlässigkeit *die*.

infiltration [ɛ̃filtrasjɔ̃] *nf* Infiltration *die*.

infiltrer [3] [ɛ̃filtre] *vt* infiltrieren. ◆ **s'infiltrer** *vp* - **1.** [lumière] : **s'~ par/dans qqch** durch etw/in etw *(A)* ein|dringen ; [pluie] durch etw/in etw *(A)* ein|sickern - **2.** [hommes] sich ein|schleichen.

infime [ɛ̃fim] *adj* winzig.

infini, e [ɛ̃fini] *adj* - **1.** [étendue, douleur, ensemble] unendlich - **2.** [durée, querelles] endlos lang.

infiniment [ɛ̃finimɑ̃] *adv* unendlich.

infinité [ɛ̃finite] *nf* Unzahl *die*.

infinitif, ive [ɛ̃finitif, iv] *adj* GRAM Infinitiv-. ◆ **infinitif** *nm* Infinitiv *der*.

infirme [ɛ̃firm] <> *adj* [handicapé, accidenté] behindert ; [vieillard] gebrechlich <> *nmf* Behinderte *der*, Behinderte *die*.

infirmer [3] [ɛ̃firme] *vt* [hypothèse, témoignage] widerlegen.

infirmerie [ɛ̃firməri] *nf* Krankenzimmer *das.*

infirmier, ère [ɛ̃firmje, ɛr] *nm, f* Krankenpfleger *der,* -schwester *die.*

infirmité [ɛ̃firmite] *nf* Behinderung *die.*

inflammable [ɛ̃flamabl] *adj* feuergefährlich, entzündbar.

inflammation [ɛ̃flamasjɔ̃] *nf* Entzündung *die.*

inflation [ɛ̃flasjɔ̃] *nf* ÉCON Inflation *die.*

inflationniste [ɛ̃flasjɔnist] *adj* inflationistisch.

infléchir [32] [ɛ̃fleʃir] *vt fig* [politique] ab|ändern.

infléchissement [ɛ̃fleʃismɑ̃] *nm* Abwandlung *die.*

inflexible [ɛ̃flɛksibl] *adj* **- 1.** [personne, volonté] unbeugsam **- 2.** [règlement] starr.

inflexion [ɛ̃flɛksjɔ̃] *nf* **- 1.** [de tête] Beugen *das* **- 2.** [de voix] Tonfall *der.*

infliger [17] [ɛ̃fliʒe] *vt :* **~ qqch à qqn** [punition] jm etw erteilen ; [épreuve] jm etw auf|erlegen ; [présence] jm etw zu|muten.

influençable [ɛ̃flyɑ̃sabl] *adj* beeinflussbar.

influence [ɛ̃flyɑ̃s] *nf* Einfluss *der.*

influencer [16] [ɛ̃flyɑ̃se] *vt* beeinflussen.

influent, e [ɛ̃flyɑ̃, ɑ̃t] *adj* einflussreich.

influer [3] [ɛ̃flye] *vi :* **~ sur qqch** etw beeinflussen.

informaticien, enne [ɛ̃fɔrmatisjɛ̃, ɛn] *nm, f* Informatiker *der,* -in *die.*

information [ɛ̃fɔrmasjɔ̃] *nf* **- 1.** [action, renseignement] Information *die* **- 2.** [nouvelle] Meldung *die* **- 3.** INFORM Daten *Pl.* ◆ **informations** *nfpl* MÉDIA Nachrichten *Pl.*

informatique [ɛ̃fɔrmatik] ◇ *adj* EDV-, Informatik- ◇ *nf* (elektronische) Datenverarbeitung, EDV *die,* Informatik *die.*

informatiser [3] [ɛ̃fɔrmatize] *vt* computerisieren, auf EDV um|stellen.

informe [ɛ̃fɔrm] *adj* **- 1.** [masse, silhouette] unförmig **- 2.** [brouillon] unstrukturiert.

informé, e [ɛ̃fɔrme] *adj* informiert.

informel, elle [ɛ̃fɔrmɛl] *adj* informell.

informer [3] [ɛ̃fɔrme] *vt* [renseigner] informieren ; **~ qqn sur** OU **de qqch** jn über etw *(A)* informieren. ◆ **s'informer** *vp :* **s'~ (sur qqch)** sich (über etw *(A)*) informieren.

infortune [ɛ̃fɔrtyn] *nf littéraire* [malheur] Unglück *das.*

infos [ɛ̃fo] (*abr de* **informations**) *nfpl fam* Nachrichten *Pl.*

infraction [ɛ̃fraksjɔ̃] *nf :* **être en ~** sich ordnungswidrig verhalten.

infranchissable [ɛ̃frɑ̃ʃisabl] *adj* **- 1.** [en hauteur] unübersteigbar ; [en longueur] unüberschreitbar **- 2.** *fig* [difficultés] unüberwindlich.

infrarouge [ɛ̃fraruʒ] ◇ *adj* Infrarot-, infrarot ◇ *nm* Infrarot *das.*

infrastructure [ɛ̃frastryktyr] *nf* [économique, technique] Infrastruktur *die.*

infroissable [ɛfrwasabl] *adj* knitterfrei.

infructueux, euse [ɛ̃fryktɥø, øz] *adj* fruchtlos.

infuser [3] [ɛ̃fyze] *vi :* **laisser ~** ziehen lassen.

infusion [ɛ̃fyzjɔ̃] *nf* [tisane] Kräutertee *der.*

> **infusion**
>
> Das französische Wort **infusion** hat nichts mit der Bedeutung des deutschen Begriffs „Infusion" zu tun, sondern ist ganz einfach ein **Kräutertee,** denn in Frankreich unterscheidet man zwischen **thé** als schwarzem oder grünem Tee und der **infusion** als Kräutertee.
>
> **J'ai bu une infusion de camomille** wird auf Deutsch also mit „Ich habe einen Kamillentee getrunken" wiedergegeben.
>
> Die „Infusion" dagegen wird mit **perfusion** übersetzt, wie zum Beispiel „Er bekam eine Infusion": **on l'a mis sous perfusion**.

ingénier [9] [ɛ̃ʒenje] ◆ **s'ingénier** *vp :* **s'~ à faire qqch** alles daran|setzen, etw zu tun.

ingénieur [ɛ̃ʒenjœr] *nm* Ingenieur *der,* -in *die ;* **~ chimiste** Chemieingenieur ; **~ électronicien** Elektronikingenieur ; **~ des mines** Bergbauingenieur ; **~ du son** Toningenieur ; **~ des travaux publics** Tiefbauingenieur.

ingénieux, euse [ɛ̃ʒenjø, øz] *adj* **- 1.** [personne] einfallsreich **- 2.** [idée, procédé] schlau.

ingéniosité [ɛ̃ʒenjozite] *nf* **- 1.** [de personne] Einfallsreichtum *der* **- 2.** [de procédé, d'idée] Schlauheit *die.*

ingénu, e [ɛ̃ʒeny] ◇ *adj* [air, regard] treuherzig ◇ *nm, f* [candide] treuherziger Mensch.

ingérable [ɛ̃ʒerabl] *adj* unmöglich zu verwalten.

ingérer [18] [ɛ̃ʒere] *vt* [nourriture] zu sich *(A)* nehmen ; [médicament] ein|nehmen. ◆ **s'ingérer** *vp :* **s'~ dans qqch** sich in etw *(A)* ein|mischen.

ingrat, e [ɛ̃gra, at] ◇ *adj* **- 1.** [personne, métier] undankbar **- 2.** [physique] unschön ◇ *nm, f* undankbarer Mensch.

ingratitude [ɛ̃gratityd] *nf* Undankbarkeit *die.*

ingrédient [ɛ̃gredjɑ̃] *nm* CULIN Zutat *die.*

inguérissable [ɛ̃gerisabl] *adj* - **1.** [malade, maladie] unheilbar - **2.** [chagrin, détresse] unendlich.

ingurgiter [3] [ɛ̃gyrʒite] *vt* - **1.** [nourriture] in sich *(A)* hineinlschlingen - **2.** [connaissances] : **~ qqch** sich *(D)* etw einlpauken.

inhabitable [inabitabl] *adj* unbewohnbar.

inhabité, e [inabite] *adj* unbewohnt.

inhabituel, elle [inabitɥɛl] *adj* ungewöhnlich.

inhalateur, trice [inalatœr, tris] *adj* Inhalations-. ◈ **inhalateur** *nm* Inhalationsapparat *der.*

inhalation [inalasjɔ̃] *nf* - **1.** [action] Inhalieren *das* - **2.** [traitement] Inhalation *die.*

inhérent, e [inerɑ̃, ɑ̃t] *adj* : **~ à qqch** etw *(D)* innewohnend.

inhibition [inibisjɔ̃] *nf* Hemmung *die.*

inhospitalier, ère [inɔspitalje, ɛr] *adj* [peuple] ungastlich ; [lieu] unwirtlich.

inhumain, e [inymɛ̃, ɛn] *adj* unmenschlich.

inhumation [inymasjɔ̃] *nf* Bestattung *die.*

inhumer [3] [inyme] *vt* bestatten.

inimaginable [inimaʒinabl] *adj* - **1.** [bruit, confusion] unvorstellbar - **2.** [histoire, situation] unglaublich.

inimitable [inimitabl] *adj* unnachahmlich.

inimitié [inimitje] *nf sout* : **~ (à l'égard de qqn)** Feindseligkeit *die* (jm gegenüber).

ininflammable [inɛ̃flamabl] *adj* nicht entzündlich.

inintelligible [inɛ̃teliʒibl] *adj* unverständlich.

inintéressant, e [inɛ̃terɛsɑ̃, ɑ̃t] *adj* uninteressant.

ininterrompu, e [inɛ̃tɛrɔ̃py] *adj* - **1.** [travail, efforts] ununterbrochen - **2.** [ligne, suite] durchgehend.

initial, e, aux [inisjal, o] *adj* - **1.** [de début] Anfangs- - **2.** [d'origine] ursprünglich. ◈ **initiale** *nf* Anfangsbuchstabe *der,* Initiale *die.*

initiateur, trice [inisjatœr, tris] *nm, f* [auteur] Initiator *der,* -in *die.*

initiation [inisjasjɔ̃] *nf* - **1.** [apprentissage] : **~ à qqch** Einführung *die* in etw *(A)* - **2.** [rituel] Initiation *die.*

initiative [inisjativ] *nf* Initiative *die* ; **prendre l'~ de faire qqch** die Initiative ergreifen und etw tun ; **prendre l'~ de qqch** etw anlregen.

initié, e [inisje] ◇ *adj* eingeweiht ◇ *nm, f* Eingeweihte *der,* Eingeweihte *die.*

initier [9] [inisje] *vt* : **~ qqn à qqch** [technique, sport] jn in etw *(A)* einlführen ; [secret, culte] jn in etw *(A)* einlweihen.

injecté, e [ɛ̃ʒɛkte] *adj* : **des yeux ~s de sang** blutunterlaufene Augen.

injecter [4] [ɛ̃ʒɛkte] *vt* - **1.** MÉD spritzen - **2.** [liquide, résine] einlspritzen ; [gaz] einlblasen - **3.** [capitaux] pumpen.

injection [ɛ̃ʒɛksjɔ̃] *nf* - **1.** MED Injektion *die* - **2.** [de liquide, de résine] Einspritzen *das.*

injoignable [ɛ̃jwaɲabl] *adj* nicht zu erreichen.

injonction [ɛ̃ʒɔ̃ksjɔ̃] *nf* Anordnung *die,* Aufforderung *die.*

injure [ɛ̃ʒyr] *nf* [mot] Schimpfwort *das.*

injurier [9] [ɛ̃ʒyrje] *vt* beschimpfen.

injurieux, euse [ɛ̃ʒyrjø, øz] *adj* - **1.** [propos] abfällig - **2.** [article] beleidigend.

injuste [ɛ̃ʒyst] *adj* ungerecht ; **~ envers qqn** gegenüber jm OU gegen jn ungerecht.

injustice [ɛ̃ʒystis] *nf* - **1.** [manque d'équité] Ungerechtigkeit *die* - **2.** [acte] Unrecht *das (sans pl).*

inlassable [ɛ̃lasabl] *adj* - **1.** [patience] unerschöpflich - **2.** [personne] unermüdlich.

inlassablement [ɛ̃lasabləmɑ̃] *adv* unaufhörlich.

inné, e [ine] *adj* angeboren.

innocence [inɔsɑ̃s] *nf* - **1.** [d'enfant & JUR] Unschuld *die* - **2.** [d'attitude, de remarque] Arglosigkeit *die.*

innocent, e [inɔsɑ̃, ɑ̃t] ◇ *adj* - **1.** [air & JUR] unschuldig - **2.** [remarque] unverfänglich ; [plaisanterie] harmlos ◇ *nm, f* Unschuldige *der,* Unschuldige *die.*

innocenter [3] [inɔsɑ̃te] *vt* JUR für unschuldig erklären.

innombrable [inɔ̃brabl] *adj* - **1.** [foule] unübersehbar - **2.** [détails] zahllos.

innover [3] [inɔve] *vi* TECHNOL innovieren.

inobservation [inɔpsɛrvasjɔ̃] *nf* JUR Nichtbeachtung *die.*

inoccupé, e [inɔkype] *adj* - **1.** [maison, siège] frei - **2.** [personne] untätig.

inoculer [3] [inɔkyle] *vt* : **~ qqch à qqn** [virus, maladie] jm etw übertragen ; [doctrine, vaccin] jm etw einlimpfen.

inodore [inɔdɔr] *adj* geruchlos.

inoffensif, ive [inɔfɑ̃sif, iv] *adj* - **1.** [gén] harmlos - **2.** [remède] unschädlich.

inondation [inɔ̃dasjɔ̃] *nf* Überschwemmung *die.*

inonder [3] [inɔ̃de] *vt* - **1.** [région, terrain] überschwemmen ; **être inondé** [local] unter Wasser stehen - **2.** *fig* [envahir] : **inondé de qqch** [soleil, touristes, joie] mit etw überflutet.

inopérable [inɔperabl] *adj* nicht operierbar, inoperabel.

inopérant, e [inɔperɑ̃, ɑ̃t] *adj* wirkungslos.

inopiné, e [inɔpine] *adj* - **1.** [rencontre] unvorhergesehen - **2.** [mort, nouvelle] unerwartet.

inopportun, e [inɔpɔrtœ̃, yn] *adj* - **1.** [demande, intervention] unangebracht - **2.** [moment] ungelegen.

inoubliable [inublijabl] *adj* unvergesslich.

inouï, e [inwi] *adj* - **1.** [vitesse, dextérité] ungeheuer - **2.** [histoire, événement] unglaublich.

inoxydable [inɔksidabl] *adj* rostfrei.

inqualifiable [ɛ̃kalifjabl] *adj* unerhört.

inquiet, ète [ɛ̃kjɛ, ɛt] *adj* - **1.** [personne - de nature] ängstlich ; [- ponctuellement] besorgt ; **~ pour qqn/qqch** um jn/etw besorgt - **2.** [regard, attente] unruhig.

inquiéter [18] [ɛ̃kjete] *vt* - **1.** [alarmer] beunruhigen - **2.** [troubler] behelligen. ◆ **s'inquiéter** *vp* : **s'~ (pour qqn/qqch)** sich (um jn/etw) Sorgen machen ; **s'~ de qqch** sich nach etw erkundigen ; **ne pas s'~ de qqch** sich nicht um etw kümmern.

inquiétude [ɛ̃kjetyd] *nf* Sorge *die*, Besorgnis *die*.

inquisiteur, trice [ɛ̃kizitœr, tris] *adj* inquisitorisch. ◆ **inquisiteur** *nm* Inquisitor *der*.

inquisition [ɛ̃kizisjɔ̃] *nf* Inquisition *die*.

insalubre [ɛ̃salybr] *adj* - **1.** [logement, restaurant] unhygienisch - **2.** [climat] ungesund.

insanité [ɛ̃sanite] *nf* [parole, faiblesse d'esprit] Schwachsinn *der*.

insatiable [ɛ̃sasjabl] *adj* unstillbar.

insatisfait, e [ɛ̃satisfɛ, ɛt] ◇ *adj* - **1.** [personne] unzufrieden - **2.** [sentiment] unbefriedigt ◇ *nm, f* : **c'est un éternel ~** er ist ewig unzufrieden.

inscription [ɛ̃skripsjɔ̃] *nf* - **1.** [enregistrement] Einschreibung *die*, Anmeldung *die* - **2.** [écrit] Inschrift *die* - **3.** JUR Eintragung *die*.

inscrire [99] [ɛ̃skrir] *vt* - **1.** [adresse, mots] auf|schreiben ; [épitaphe] ein|meißeln - **2.** [personne] : **~ qqn à l'université** jn an der Uni(versität) ein|schreiben ; **~ qqn à un cours/à une excursion** jn zu einem Kurs/Ausflug an|melden. ◆ **s'inscrire** *vp* [personne] : **s'~ à qqch** sich in etw *(D)* ein|schreiben ; **s'~ au chômage** sich arbeitslos melden.

inscrit, e [ɛ̃skri, it] ◇ *pp* ▻ **inscrire** ◇ *adj* : **~ à** OU **pour qqch** [cours, compétition] für etw angemeldet ; [université] an etw *(D)* eingeschrieben ; **~ sur** OU **dans qqch** in etw *(D)* eingetragen ◇ *nm, f* Eingetragene *der*, Eingetragene *die*.

insecte [ɛ̃sɛkt] *nm* Insekt *das*.

insecticide [ɛ̃sɛktisid] *nm* Insekten(bekämpfungs)mittel *das*.

insécurité [ɛ̃sekyrite] *nf* Unsicherheit *die* ; **l'~ dans les grandes villes** die Kriminalität in den Großstädten.

insémination [ɛ̃seminasjɔ̃] *nf* Besamung *die* ; **~ artificielle** künstliche Besamung.

insensé, e [ɛ̃sɑ̃se] *adj* - **1.** [personne] wahnwitzig ; [propos] unsinnig - **2.** [espoir, événement, architecture] verrückt.

insensibiliser [3] [ɛ̃sɑ̃sibilize] *vt* MÉD betäuben.

insensible [ɛ̃sɑ̃sibl] *adj* - **1.** [résistant] : **~ à qqch** [froid, douleur] einer Sache *(D)* gegenüber unempfindlich ; [misère] für eine Sache unempfänglich - **2.** [indifférent] gefühllos - **3.** [imperceptible] unmerklich.

inséparable [ɛ̃separabl] *adj* - **1.** [personnes] unzertrennlich - **2.** [chose] : **~ (de qqch)** (von etw) untrennbar.

insérer [18] [ɛ̃sere] *vt* : **~ qqch dans qqch** etw in etw *(A)* ein|fügen ; **~ une annonce** eine Annonce auf|geben. ◆ **s'insérer** *vp* : **s'~ dans qqch** [personne] sich in etw *(A)* ein|fügen.

insidieusement [ɛ̃sidjøzmɑ̃] *adv* heimtückisch.

insidieux, euse [ɛ̃sidjø, øz] *adj* - **1.** [question] hinterhältig - **2.** [odeur] penetrant - **3.** [maladie] heimtückisch.

insigne [ɛ̃siɲ] *nm* [de club] Abzeichen *das*.

insignifiant, e [ɛ̃siɲifjɑ̃, ɑ̃t] *adj* - **1.** [personne] unscheinbar ; [physique] unbedeutend - **2.** [détail, pertes] unerheblich.

insinuation [ɛ̃sinɥasjɔ̃] *nf* [allusion] Andeutung *die*.

insinuer [7] [ɛ̃sinɥe] *vt* zu verstehen geben. ◆ **s'insinuer** *vp* : **s'~ dans qqch** [humidité, odeur] in etw *(A)* ein|dringen ; *fig* [personne] sich in etw *(A)* ein|schmeicheln.

insipide [ɛ̃sipid] *adj* - **1.** [aliment] fade - **2.** [personne, film, livre] langweilig.

insistance [ɛ̃sistɑ̃s] *nf* Beharrlichkeit *die*.

insister [3] [ɛ̃siste] *vi* : **~ sur qqch** etw nachdrücklich betonen ; **~ pour faire qqch** darauf bestehen, etw zu tun.

insolation [ɛ̃sɔlasjɔ̃] *nf* [malaise] Sonnenstich *der*.

insolence [ɛ̃sɔlɑ̃s] *nf* Frechheit *die*.

insolent, e [ɛ̃sɔlɑ̃, ɑ̃t] ◇ *adj* - **1.** [personne, acte, parole] frech - **2.** [joie, succès] unverschämt ◇ *nm, f* unverschämte Person.

insolite [ɛ̃sɔlit] *adj* ungewohnt, ausgefallen.

insoluble [ɛ̃sɔlybl] *adj* - **1.** [problème] unlösbar - **2.** [substance] nicht löslich.

insolvable [ɛ̃sɔlvabl] *adj* zahlungsunfähig.

insomnie [ɛ̃sɔmni] *nf* Schlaflosigkeit *die.*

insondable [ɛ̃sɔ̃dabl] *adj* unergründlich.

insonore [ɛ̃sɔnɔr] *adj* schalldicht.

insonorisé, e [ɛ̃sɔnɔrize] *adj* schallisoliert.

insonoriser [3] [ɛ̃sɔnɔrize] *vt* gegen Schall isolieren, schalldicht machen.

insouciance [ɛ̃susjɑ̃s] *nf* Sorglosigkeit *die.*

insouciant, e [ɛ̃susjɑ̃, ɑ̃t] *adj* sorglos.

insoumis, e [ɛ̃sumi, iz] *adj* - **1.** [caractère] trotzig - **2.** [peuple] rebellisch.

insoumission [ɛ̃sumisjɔ̃] *nf* - **1.** [d'enfant] Ungehorsam *der* - **2.** [de peuple] Widerstand *der.*

insoupçonné, e [ɛ̃supsɔne] *adj* ungeahnt.

insoutenable [ɛ̃sutnabl] *adj* - **1.** [rythme, douleur, scène] unerträglich - **2.** [théorie] unhaltbar.

inspecter [4] [ɛ̃spɛkte] *vt* [classe] inspizieren ; [bagages] durchsuchen ; [bâtiment, terrain] untersuchen, genau an|sehen.

inspecteur, trice [ɛ̃spɛktœr, tris] *nm, f* Inspektor *der*, -in *die.*

inspection [ɛ̃spɛksjɔ̃] *nf* - **1.** [contrôle] Inspektion *die* - **2.** [fonction] Aufsicht *die.*

inspiration [ɛ̃spirasjɔ̃] *nf* - **1.** [d'air] Einatmen *das* - **2.** [divine, poétique] Inspiration *die* ; **avoir de l'~** inspiriert sein.

inspiré, e [ɛ̃spire] *adj* [poète] inspiriert.

inspirer [3] [ɛ̃spire] *vt* - **1.** [air] ein|atmen - **2.** [peur, respect, confiance] : **~ qqch à qqn** jm etw ein|flößen ; **~ du dégoût à qqn** jn an|ekeln - **3.** [artiste] inspirieren ; **~ une œuvre à qqn** jn zu einem Werk inspirieren. ◆ **s'inspirer** *vp* : **s'~ de qqch** sich an etw *(A)* an|lehnen ; **s'~ de qqn** js Beispiel folgen.

instable [ɛ̃stabl] ◇ *adj* - **1.** [temps, personne] unbeständig - **2.** [vie] wechselvoll - **3.** [situation] unsicher - **4.** [objet] wackelig ◇ *nmf* [personne] labiler Mensch.

installation [ɛ̃stalasjɔ̃] *nf* - **1.** [action] Installation *die* - **2.** [appareil, infrastructure] Anlage *die* - **3.** [de personne - comme travailleur indépendant] Niederlassung *die* ; [- dans une fonction] Einsetzung *die* ins Amt.

installer [3] [ɛ̃stale] *vt* - **1.** [personne] unter|bringen - **2.** [appareil] installieren - **3.** [pièce, appartement] ein|richten - **4.** [meuble] stellen - **5.** [fonctionnaire, magistrat] ein|setzen *(in sein Amt).* ◆ **s'installer** *vp* - **1.** [personne] sich nieder|lassen ; [dans un local] sich ein|richten - **2.** [maladie] sich ein|nisten ; [habitude] sich ein|stellen.

instamment [ɛ̃stamɑ̃] *adv* inständig.

instance [ɛ̃stɑ̃s] *nf* [autorité & JUR] Instanz *die.* ◆ **en instance** *loc adv* unerledigt ; **être en ~ de qqch** in etw *(D)* begriffen sein.

instant, e [ɛ̃stɑ̃, ɑ̃t] *adj littéraire* dringlich. ◆ **instant** *nm* Augenblick *der* ; **à l'~** [il y a peu de temps] gerade eben ; [immédiatement] augenblicklich ; **à chaque** OU **tout ~** jederzeit ; **pour l'~** vorerst.

instantané, e [ɛ̃stɑ̃tane] *adj* - **1.** [réaction] sofortig ; **mort ~e** plötzlich eingetretener Tod - **2.** [café, potage] Instant-. ◆ **instantané** *nm* [photo] Momentaufnahme *die.*

instar [ɛ̃star] ◆ **à l'instar de** *loc prép* (eben)so wie.

instaurer [3] [ɛ̃stɔre] *vt* - **1.** [régime] begründen ; [politique] ein|leiten - **2.** [mode, usage] ein|führen.

instigateur, trice [ɛ̃stigatœr, tris] *nm, f* Anstifter *der*, -in *die.*

instigation [ɛ̃stigasjɔ̃] *nf* Anstiftung *die* ; **à l'~ de qqn** auf js Betreiben (hin).

instinct [ɛ̃stɛ̃] *nm* - **1.** [tendance innée] Instinkt *der* ; **~ maternel** Mutterinstinkt - **2.** [impulsion] Trieb *der* - **3.** [intuition] Gefühl *das*, sicherer Instinkt.

instinctif, ive [ɛ̃stɛ̃ktif, iv] *adj* instinktiv.

instituer [7] [ɛ̃stitɥe] *vt* [pratique] ein|führen, ins Leben rufen.

institut [ɛ̃stity] *nm* Institut *das* ; **~ de beauté** Kosmetiksalon *der.*

instituteur, trice [ɛ̃stitytœr, tris] *nm, f* Grundschullehrer *der*, -in *die* ; [en maternelle] Erzieher *der*, -in *die.*

institution [ɛ̃stitysjɔ̃] *nf* - **1.** [école] Privatschule *die* - **2.** [pratique courante] Institution *die* - **3.** [mise en place] Einrichtung *die.* ◆ **institutions** *nfpl* POLIT Institutionen *Pl.*

institutrice ▷ **instituteur.**

instructif, ive [ɛ̃stryktif, iv] *adj* - **1.** [expérience, conversation] lehrreich - **2.** [lecture] informativ.

instruction [ɛ̃stryksjɔ̃] *nf* - **1.** [enseignement, formation] Ausbildung *die* ; **~ civique** Gemeinschaftskunde *die* - **2.** [directive] Anweisung *die* - **3.** JUR [enquête] Ermittlungen *Pl*, Untersuchung *die.* ◆ **instructions** *nfpl* [mode d'emploi] (Gebrauchs)anweisung *die.*

instruire [98] [ɛ̃strɥir] *vt* - **1.** [éduquer, informer] unterrichten - **2.** JUR : **~ une affaire** ein Ermittlungsverfahren durch|führen. ◆ **s'instruire** *vp* [se former] sich bilden.

instruit, e [ɛ̃strɥi, it] ◇ *pp* ▷ **instruire** ◇ *adj* gebildet.

instrument [ɛ̃strymɑ̃] *nm* Instrument *das ; fig* Werkzeug *das* ; ~ **de musique** Musikinstrument ; ~ **à cordes** Saiteninstrument ; ~ **à percussion** Schlaginstrument ; ~ **à vent** Blasinstrument.

insu [ɛ̃sy] ◆ **à l'insu de** *loc prép* : **à l'~ de qqn** ohne js Wissen ; **à mon/son etc ~** ohne dass ich/er etc es wusste.

insubmersible [ɛ̃sybmɛrsibl] *adj* unsinkbar.

insubordination [ɛ̃sybɔrdinasjɔ̃] *nf* - **1.** MIL Gehorsamsverweigerung *die* - **2.** [désobéissance] Ungehorsam *der.*

insuccès [ɛ̃syksɛ] *nm* Scheitern *das.*

insuffisance [ɛ̃syfizɑ̃s] *nf* - **1.** [carence] Unzulänglichkeit *die* - **2.** [faiblesse] : **des ~s** Mängel *Pl* - **3.** MÉD Insuffizienz *die* ; ~ **cardiaque** Herzschwäche *die.*

insuffisant, e [ɛ̃syfizɑ̃, ɑ̃t] *adj* ungenügend.

insuffler [3] [ɛ̃syfle] *vt* [air] ein|blasen ; ~ **qqch à qqn** *fig* jm etw vermitteln.

insulaire [ɛ̃sylɛr] ◇ *adj* Insel- ◇ *nmf* Inselbewohner *der,* -in *die.*

insuline [ɛ̃sylin] *nf* Insulin *das.*

insulte [ɛ̃sylt] *nf* [parole] Schimpfwort *das.*

insulter [3] [ɛ̃sylte] *vt* [injurier] beschimpfen.

insupportable [ɛ̃sypɔrtabl] *adj* - **1.** [gén] unerträglich - **2.** [enfant] unausstehlich.

insurgé, e [ɛ̃syrʒe] ◇ *adj* aufständisch ◇ *nm, f* Aufständische *der,* Aufständische *die.*

insurger [17] [ɛ̃syrʒe] ◆ **s'insurger** *vp* : **s'~ (contre qqch)** sich (gegen etw) auf|lehnen ; **s'~ contre qqn** sich gegen jn erheben.

insurmontable [ɛ̃syrmɔ̃tabl] *adj* unüberwindlich.

insurrection [ɛ̃syrɛksjɔ̃] *nf* Aufstand *der.*

intact, e [ɛ̃takt] *adj* - **1.** [objet] heil - **2.** [réputation] unversehrt.

intangible [ɛ̃tɑ̃ʒibl] *adj* [principe, foi] unantastbar.

intarissable [ɛ̃tarisabl] *adj* - **1.** [source] nie versiegend - **2.** [personne] redselig, unerschöpflich.

intégral, e, aux [ɛ̃tegral, o] *adj* - **1.** [paiement] vollständig ; [texte] vollständig, ungekürzt - **2.** MATHS Integral-.

intégralement [ɛ̃tegralmɑ̃] *adv* vollständig.

intégration [ɛ̃tegrasjɔ̃] *nf* - **1.** [action] : ~ **(dans qqch)** Aufnahme *die* (in eine Sache) - **2.** [sociale, raciale] Eingliederung *die* - **3.** [unification] Integration *die.*

intègre [ɛ̃tɛgr] *adj* - **1.** [personne] integer, unbestechbar - **2.** [vie] moralisch einwandfrei.

intégré, e [ɛ̃tegre] *adj* - **1.** [logiciel] integriert - **2.** [élément] eingebaut.

intégrer [18] [ɛ̃tegre] *vt* - **1.** [incorporer] : ~ **qqch à** OU **dans qqch** etw in etw *(A)* ein|fügen ; ~ **qqn dans qqch** jn in etw *(A)* integrieren - **2.** MATHS integrieren. ◆ **s'intégrer** *vp* - **1.** [s'incorporer] : **s'~ à** OU **dans qqch** [objet] sich in etw *(A)* ein|fügen ; [personne] sich in etw *(A)* integrieren - **2.** [s'adapter] sich integrieren.

intégrisme [ɛ̃tegrism] *nm* Fundamentalismus *der.*

intégriste [ɛ̃tegrist] ◇ *adj* fundamentalistisch ◇ *nmf* Fundamentalist *der,* -in *die.*

intégrité [ɛ̃tegrite] *nf* - **1.** [honnêteté] Integrität *die* - **2.** [totalité] Vollständigkeit *die.* ◆ **intégrité du territoire** *nf* Unverletzlichkeit *die* des Staatsgebiets.

intellect [ɛ̃telɛkt] *nm* Intellekt *der.*

intellectuel, elle [ɛ̃telɛktɥɛl] ◇ *adj* - **1.** [supériorité, paresse] geistig - **2.** [mouvement, film] intellektuel ◇ *nm, f* Intellektuelle *der,* Intellektuelle *die.*

intelligence [ɛ̃teliʒɑ̃s] *nf* - **1.** [faculté mentale] Intelligenz *die* ; ~ **artificielle** künstliche Intelligenz - **2.** [complicité, harmonie] Einvernehmen *das* ; **vivre en bonne/mauvaise ~** in gutem Einvernehmen/in Zwietracht leben.

intelligent, e [ɛ̃teliʒɑ̃, ɑ̃t] *adj* intelligent.

intelligible [ɛ̃teliʒibl] *adj* - **1.** [voix] vernehmbar - **2.** [concept, texte] verständlich ; **rendre qqch ~ à qqn** jm etw begreiflich machen.

intello [ɛ̃telo] *fam péj* ◇ *adj* intellektuell ◇ *nmf* Intellektuelle *der,* Intellektuelle *die.*

intempérie [ɛ̃tɑ̃peri] *nf* Unwetter *das.*

intempestif, ive [ɛ̃tɑ̃pɛstif, iv] *adj* - **1.** [irruption, zèle] unangebracht - **2.** [arrêt, ouverture] ungewollt.

intenable [ɛ̃tənabl] *adj* - **1.** [chaleur] nicht auszuhalten - **2.** [personne] unerträglich - **3.** MIL [position] unhaltbar.

intendance [ɛ̃tɑ̃dɑ̃s] *nf* - **1.** [militaire, universitaire] Verwaltungsabteilung *die* - **2.** *fig* [de groupe] Organisation *die.*

intendant, e [ɛ̃tɑ̃dɑ̃, ɑ̃t] *nm, f* - **1.** [fonctionnaire] Leiter *der,* -in *die* - **2.** [régisseur] Verwalter *der,* -in *die* - **3.** THÉÂTRE Intendant *der,* -in *die.*

intense [ɛ̃tɑ̃s] *adj* - **1.** [lumière, circulation] stark - **2.** [sentiment] heftig - **3.** [activité] emsig.

intensif, ive [ɛ̃tɑ̃sif, iv] *adj* intensiv.

intensifier [9] [ɛ̃tɑ̃sifje] *vt* verstärken,

intensivieren. ◆ **s'intensifier** *vp* zu|nehmen.

intensité [ɛ̃tɑ̃site] *nf* - **1.** [de moment, de regard, d'activité] Intensität *die* - **2.** [lumineuse, électrique] Stärke *die*.

intenter [3] [ɛ̃tɑ̃te] *vt* JUR : **~ un procès contre** OU **à** qqn einen Prozess gegen jn an|strengen.

intention [ɛ̃tɑ̃sjɔ̃] *nf* Absicht *die* ; **avoir l'~ de faire qqch** die Absicht haben, etw zu tun ; **à l'~ de qqn** für jn.

intentionné, e [ɛ̃tɑ̃sjɔne] *adj* : **bien ~** wohlgesinnt ; **mal ~** übel wollend.

intentionnel, elle [ɛ̃tɑ̃sjɔnɛl] *adj* absichtlich, beabsichtigt.

interactif, ive [ɛ̃tɛraktif, iv] *adj* interaktiv.

intercalaire [ɛ̃tɛrkalɛr] *nm* [feuillet] Trennblatt *das*.

intercaler [3] [ɛ̃tɛrkale] *vt* : **~ qqch dans qqch** [feuillet] etw in etw *(A)* ein|legen ; [réunion] etw in etw *(A)* ein|schieben OU ein|schalten ; [citation] etw in etw *(A)* ein|fügen. ◆ **s'intercaler** *vp* : **s'~ entre qqch et qqch** zwischen etw *(A)* und etw *(A)* eingefügt werden.

intercéder [18] [ɛ̃tɛrsede] *vi* : **~ pour** OU **en faveur de** qqn sich für jn ein|setzen.

intercepter [4] [ɛ̃tɛrsɛpte] *vt* - **1.** [lettre, ballon] ab|fangen - **2.** [malfaiteur] fest|nehmen.

interchangeable [ɛ̃tɛrʃɑ̃ʒabl] *adj* austauschbar.

interclasse [ɛ̃tɛrklas] *nm* SCOL kleine Pause.

interconnexion [ɛ̃tɛrkɔnɛksjɔ̃] *nf* INFORM Verbindung *die*.

interdiction [ɛ̃tɛrdiksjɔ̃] *nf* [défense, prohibition] Verbot *das*.

interdire [103] [ɛ̃tɛrdir] *vt* - **1.** [défendre, prohiber] : **~ qqch (à qqn)** (jm) etw verbieten ; **~ à qqn de faire qqch** jm verbieten, etw zu tun - **2.** [empêcher] : **~ qqch (à qqn)** (jm) etw unmöglich machen ; **~ à qqn de faire qqch** es jm unmöglich machen, etw zu tun - **3.** [bloquer] : **~ l'accès à qqch** den Zugang zu etw versperren.

interdit, e [ɛ̃tɛrdi, it] ◇ *pp* ▻ **interdire** ◇ *adj* [défendu] untersagt, verboten ; **il a été ~ de séjour** er ist ausgewiesen worden. ◆ **interdit** *nm* : **braver les ~s** die Tabus verletzen.

intéressant, e [ɛ̃terɛsɑ̃, ɑ̃t] *adj* interessant.

intéressé, e [ɛ̃terese] ◇ *adj* - **1.** [concerné, motivé] interessiert ; **être ~ par qqch** an einer Sache *(D)* Interesse haben - **2.** [non gratuit] nicht uneigennützig ◇ *nm, f* Betroffene *der*, Betroffene *die*.

intéressement [ɛ̃terɛsmɑ̃] *nm* (Gewinn)beteiligung *die*.

intéresser [4] [ɛ̃terese] *vt* - **1.** [captiver] : **~ qqn (à qqch)** jn (für etw) interessieren - **2.** [faire participer] : **~ qqn à qqch** jn an etw *(D)* beteiligen - **3.** [concerner] betreffen. ◆ **s'intéresser** *vp* : **s'~ à qqn/qqch** sich für jn/etw interessieren.

intérêt [ɛ̃terɛ] *nm* - **1.** [gén] : **~ (pour qqn/qqch)** Interesse *das* (für jn/etw) ; **défendre ses ~s** seine (eigenen) Interessen verteidigen ; **c'est dans ton ~** es liegt in deinem Interesse ; **tu as ~ à y aller tout de suite** du solltest besser sofort hingehen - **2.** [importance] Bedeutung *die* ; **sans ~** unwichtig *(adj)* - **3.** [avantage] Vorteil *der*. ◆ **intérêts** *nmpl* FIN Zinsen *Pl*.

interface [ɛ̃tɛrfas] *nf* INFORM Schnittstelle *die* ; **~ graphique** Grafikschnittstelle.

interférer [18] [ɛ̃tɛrfere] *vi* Interferenzen erzeugen ; **~ avec qqch** *fig* mit etw kollidieren.

intérieur, e [ɛ̃terjœr] *adj* - **1.** [cour, politique] Innen- ; **marché ~** Binnenmarkt *der* - **2.** [sentiment] innerlich ; **vie ~e** Innenleben *das*. ◆ **intérieur** *nm* - **1.** [de pièce, d'armoire] Innere *das* ; **à l'~** drinnen ; **à l'~ de qqch** im Inneren einer Sache *(G)*, innen in etw *(D)* - **2.** [maison] Inneneinrichtung *die*. ◆ **Intérieur** *nm* : **(le ministère de) l'Intérieur** das Innenministerium.

intérim [ɛ̃terim] *nm* - **1.** [période] : **assurer l'~** die Vertretung übernehmen ; **ministre par ~** Interimsminister *der* - **2.** [travail temporaire] Zeitarbeit *die* ; **faire de l'~, travailler en ~** Zeitarbeit machen.

intérimaire [ɛ̃terimɛr] *nmf* [employé] Angestellte *der*, Angestellte *die* bei einer Zeitarbeitsfirma ; [ouvrier] Leiharbeiter *der*, -in *die*.

intérioriser [3] [ɛ̃terjɔrize] *vt* verinnerlichen.

interjection [ɛ̃tɛrʒɛksjɔ̃] *nf* GRAM Interjektion *die*.

interligne [ɛ̃tɛrliɲ] *nm* Zeilenabstand *der*.

interlocuteur, trice [ɛ̃tɛrlɔkytœr, tris] *nm, f* - **1.** [dans conversation] Gesprächspartner *der*, -in *die* - **2.** [dans négociation] Verhandlungspartner *der*, -in *die*.

interloquer [3] [ɛ̃tɛrlɔke] *vt* : **~ qqn** jm die Sprache verschlagen.

interlude [ɛ̃tɛrlyd] *nm* - **1.** MUS Interludium *das* - **2.** TÉLÉ Programmfüller *der*.

intermède [ɛ̃tɛrmɛd] *nm* - **1.** [interruption] Pause *die* - **2.** THÉÂTRE Zwischenspiel *das*.

intermédiaire [ɛ̃tɛrmedjɛr] ◇ *nmf* Vermittler *der*, -in *die* ◇ *adj* Zwischen- ◇ *nm* : **par l'~ de qqn/qqch** über jn/etw.

interminable [ɛ̃tɛrminabl] *adj* endlos (lang).

intermittence [ɛ̃tɛrmitɑ̃s] *nf* : **par ~** zeitweilig *(adv)*.

intermittent, e [ɛ̃tɛrmitɑ̃, ɑ̃t] *adj* - **1.** [travail, effort] zeitweilig ; **être ~** aus- und ein|setzen - **2.** [fièvre] intermittierend.

internat [ɛ̃tɛrna] *nm* [pensionnat] Internat *das*.

international, e, aux [ɛ̃tɛrnasjɔnal, o] ◇ *adj* international ◇ *nm, f* SPORT Nationalspieler *der*, -in *die*.

internaute [ɛ̃tɛrnot] *nmf* Internetsurfer *der*, -in *die*.

interne [ɛ̃tɛrn] ◇ *adj* - **1.** [gén] intern - **2.** ANAT inner, Innen-, intern ◇ *nmf* [pensionnaire] Internatsschüler *der*, -in *die*.

interner [3] [ɛ̃tɛrne] *vt* - **1.** [dans hôpital] ein|weisen - **2.** [dans prison, dans camp] internieren.

Internet [ɛ̃tɛrnɛt] *nm* Internet *das*.

interpeller [26] [ɛ̃tɛrpəle] *vt* - **1.** [apostropher] an|sprechen - **2.** [arrêter] fest|nehmen.

Interphone® [ɛ̃tɛrfɔn] *nm* Gegensprechanlage *die*.

interposer [3] [ɛ̃tɛrpoze] *vt* [faire intervenir] : **~ qqch** mit etw dazwischen|fahren. ◆ **s'interposer** *vp* : **s'~ dans qqch** bei etw dazwischen|treten ; **s'~ entre qqn et qqn** zwischen jn und jn treten.

interprétation [ɛ̃tɛrpretasjɔ̃] *nf* - **1.** [gén] Interpretation *die* - **2.** [explication] Auslegung *die* - **3.** [traduction] Dolmetschen *das*.

interprète [ɛ̃tɛrprɛt] *nmf* - **1.** MUS & THÉÂTRE & CIN Interpret *der*, -in *die* - **2.** [traducteur] Dolmetscher *der*, -in *die*.

interpréter [18] [ɛ̃tɛrprete] *vt* - **1.** MUS, THÉÂTRE & CIN interpretieren - **2.** [commenter] aus|legen ; [rêves] deuten.

interrogatif, ive [ɛ̃terɔgatif, iv] *adj* - **1.** [air, ton, regard] fragend - **2.** GRAM Interrogativ-.

interrogation [ɛ̃terɔgasjɔ̃] *nf* - **1.** [question] Befragung *die* - **2.** SCOL : **~ (écrite)** Klassenarbeit *die* - **3.** INFORM Abfragen *das*.

interrogatoire [ɛ̃terɔgatwar] *nm* [oral] Vernehmung *die*, Verhör *das*.

interrogeable [ɛ̃tɛrɔʒabl] *adj* : **répondeur ~ à distance** Anrufbeantworter *der* mit Fernabfrage.

interroger [17] [ɛ̃terɔʒe] *vt* [questionner, examiner] : **~ qqn (sur qqch)** jn (über etw *(A)*) befragen ; [suspect] jn (zu etw) vernehmen ; [élève] jn (über etw *(A)*) prüfen. ◆ **s'interroger** *vp* : **s'~ sur qqch** etw hinterfragen.

interrompre [78] [ɛ̃tɛrɔ̃pr] *vt* - **1.** [gén] : **~ qqn (dans qqch)** jn (bei etw) unterbrechen - **2.** [définitivement] ab|brechen. ◆ **s'interrompre** *vp* sich unterbrechen.

interrompu, e [ɛ̃tɛrɔ̃py] *pp* ▷ **interrompre**.

interruption [ɛ̃terypsjɔ̃] *nf* - **1.** [arrêt] Unterbrechung *die* - **2.** [par des paroles] Zwischenruf *der*.

intersection [ɛ̃tɛrsɛksjɔ̃] *nf* - **1.** [de routes] Kreuzung *die* - **2.** MATHS Schnittpunkt *der*.

interstice [ɛ̃tɛrstis] *nm* kleiner Zwischenraum.

intervalle [ɛ̃tɛrval] *nm* - **1.** [spatial] Zwischenraum *der* - **2.** [temporel] Zeitraum *der*.

intervenant, e [ɛ̃tɛrvənɑ̃, ɑ̃t] *nm, f* [orateur] Vortragende *der*, Vortragende *die*.

intervenir [40] [ɛ̃tɛrvənir] *vi* - **1.** [s'immiscer] : **~ (dans qqch)** (in etw *(A)*) ein|greifen - **2.** [se produire] ein|treten.

intervention [ɛ̃tɛrvɑ̃sjɔ̃] *nf* - **1.** [gén] Eingreifen *das* - **2.** MÉD Eingriff *der* - **3.** [discours] Diskussionsbeitrag *der*.

interventionnisme [ɛ̃tɛrvɑ̃sjɔnism] *nm* Interventionismus *der*.

intervenu, e [ɛ̃tɛrvəny] *pp* ▷ **intervenir**.

intervertir [32] [ɛ̃tɛrvɛrtir] *vt* vertauschen.

interview [ɛ̃tɛrvju] *nf* Interview *das*.

interviewer[1] [3] [ɛ̃tɛrvjuve] *vt* interviewen.

interviewer[2] [ɛ̃tɛrvjuvœr] *nm*, **intervieweur, euse** [ɛ̃tɛrvjuvœr, øz] *nm, f* Interviewer *der*.

intestin, e [ɛ̃tɛstɛ̃, in] *adj sout* intern. ◆ **intestin** *nm* Darm *der*.

intestinal, e, aux [ɛ̃tɛstinal, o] *adj* Darm-.

intime [ɛ̃tim] ◇ *nmf* Vertraute *der*, Vertraute *die* ◇ *adj* [soirée, ami] intim ; **ils sont très ~s** sie sind sehr eng befreundet.

intimider [3] [ɛ̃timide] *vt* ein|schüchtern.

intimité [ɛ̃timite] *nf* - **1.** [familiarité] Vertrautheit *die* - **2.** [vie privée] Intimsphäre *die*.

intitulé [ɛ̃tityle] *nm* [d'ouvrage] Titel *der* ; [de chapitre] Überschrift *die*.

intituler [3] [ɛ̃tityle] *vt* betiteln. ◆ **s'intituler** *vp* [ouvrage] : **ce livre s'intitule** dieses Buch trägt den Titel.

intolérable [ɛ̃tɔlerabl] *adj* - **1.** [insupportable] unerträglich - **2.** [inadmissible] unzumutbar.

intolérance [ɛ̃tɔlerɑ̃s] *nf* Intoleranz *die*.

intolérant, e [ɛ̃tɔlerɑ̃, ɑ̃t] *adj* intolerant.

intonation [ɛ̃tɔnasjɔ̃] *nf* - **1.** [inflexion] Tonfall *der (sans pl)* - **2.** LING & MUS Intonation *die*.

intouchable [ɛ̃tuʃabl] ◇ *nmf*

Unberührbare *der*, Unberührbare *die* ◇ *adj* unantastbar.

intoxication [ɛ̃tɔksikasjɔ̃] *nf* [empoisonnement] Vergiftung *die*.

intoxiquer [3] [ɛ̃tɔksike] *vt* [empoisonner] vergiften. ◆ **s'intoxiquer** *vp* [s'empoisonner] sich vergiften.

intraduisible [ɛ̃tradɥizibl] *adj* [texte] unübersetzbar.

intraitable [ɛ̃trɛtabl] *adj* unnachgiebig, kompromisslos ; **être ~ sur qqch** nicht von etw ab|gehen.

intransigeance [ɛ̃trɑ̃ziʒɑ̃s] *nf* - **1.** [de personne] Unnachgiebigkeit *die* - **2.** [de décision] Kompromisslosigkeit *die*.

intransigeant, e [ɛ̃trɑ̃ziʒɑ̃, ɑ̃t] *adj* - **1.** [personne] unnachgiebig - **2.** [décision] kompromisslos.

intransitif, ive [ɛ̃trɑ̃zitif, iv] *adj* GRAM intransitiv.

intransportable [ɛ̃trɑ̃spɔrtabl] *adj* - **1.** [personne] nicht transportfähig - **2.** [objet] nicht transportabel.

intraveineux, euse [ɛ̃travɛnø, øz] *adj* intravenös.

intrépide [ɛ̃trepid] *adj* [courageux] unerschrocken, furchtlos.

intrigue [ɛ̃trig] *nf* - **1.** [manœuvre] Intrige *die* - **2.** [histoire] Handlung *die*.

intriguer [3] [ɛ̃trige] ◇ *vt* beschäftigen, neugierig machen ◇ *vi* intrigieren.

introduction [ɛ̃trɔdyksjɔ̃] *nf* - **1.** [gén] : **~ (à qqch)** Einführung *die* (in etw *(A)*) - **2.** [de texte] Einleitung *die*.

introduire [98] [ɛ̃trɔdɥir] *vt* - **1.** [gén] ein|führen - **2.** [visiteur] hinein|führen. ◆ **s'introduire** *vp* - **1.** [pénétrer] : **s'~ (dans qqch)** (in etw *(A)*) ein|dringen - **2.** [mode, habitude] auf|kommen, sich durch|setzen.

introduit, e [ɛ̃trɔdɥi, it] *pp* ▷ **introduire**.

introspection [ɛ̃trɔspɛksjɔ̃] *nf* PSYCHOL Introspektion *die*.

introuvable [ɛ̃truvabl] *adj* - **1.** [caché] unauffindbar - **2.** [rare] äußerst selten.

introverti, e [ɛ̃trɔvɛrti] *adj* introvertiert.

intrus, e [ɛ̃try, yz] ◇ *adj* ungebeten ◇ *nm, f* Eindringling *der*.

intrusion [ɛ̃tryzjɔ̃] *nf* Eindringen *das* ; *fig* Einmischung *die*.

intuitif, ive [ɛ̃tɥitif, iv] *adj* intuitiv.

intuition [ɛ̃tɥisjɔ̃] *nf* - **1.** [pressentiment] Vorgefühl *das* - **2.** [flair] Intuition *die*.

inusable [inyzabl] *adj* unverwüstlich.

inusité, e [inyzite] *adj* ungebräuchlich.

inutile [inytil] *adj* nutzlos.

inutilisable [inytilizabl] *adj* unbrauchbar.

inutilité [inytilite] *nf* Nutzlosigkeit *die*.

inv. *abr de* **invariable.**

invaincu, e [ɛ̃vɛ̃ky] *adj* unbesiegt.

invalide [ɛ̃valid] ◇ *nmf* Invalide *der*, Invalide *die* ◇ *adj* MÉD invalid.

invalidité [ɛ̃validite] *nf* - **1.** JUR Ungültigkeit *die* - **2.** MÉD Invalidität *die*.

invariable [ɛ̃varjabl] *adj* unveränderlich.

invasion [ɛ̃vazjɔ̃] *nf* - **1.** MIL Einfall *der* - **2.** [irruption] Eindringen *das*.

invendable [ɛ̃vɑ̃dabl] *adj* unverkäuflich.

invendu, e [ɛ̃vɑ̃dy] *adj* unverkauft. ◆ **invendu** *nm* Restposten *der*.

inventaire [ɛ̃vɑ̃tɛr] *nm* - **1.** [dénombrement] Aufstellung *die* - **2.** COMM [document] Inventar *das* ; [opération] Inventur *die*.

inventer [3] [ɛ̃vɑ̃te] *vt* erfinden.

invention [ɛ̃vɑ̃sjɔ̃] *nf* [découverte, mensonge] Erfindung *die*.

inventorier [9] [ɛ̃vɑ̃tɔrje] *vt* - **1.** JUR inventarisieren - **2.** COMM ein Inventar auf|stellen.

inverse [ɛ̃vɛrs] ◇ *nm* : **l'~** das Gegenteil ◇ *adj* umgekehrt ; **en sens ~** in entgegengesetzter Richtung.

inversement [ɛ̃vɛrsəmɑ̃] *adv* - **1.** [contrairement] umgekehrt - **2.** [vice versa] wiederum.

inverser [3] [ɛ̃vɛrse] *vt* um|kehren.

invertébré, e [ɛ̃vɛrtebre] *adj* wirbellos. ◆ **invertébré** *nm* : **les ~s** die Wirbellosen.

investigation [ɛ̃vɛstigasjɔ̃] *nf* Nachforschung *die*.

investir [32] [ɛ̃vɛstir] *vt* FIN : **~ (qqch dans qqch)** (etw in etw *(A)*) investieren.

investissement [ɛ̃vɛstismɑ̃] *nm* FIN Investition *die*.

investiture [ɛ̃vɛstityr] *nf* - **1.** [de président] Investitur *die* - **2.** [de candidat] Aufstellung *die*.

invétéré, e [ɛ̃vetere] *adj* unverbesserlich.

invincible [ɛ̃vɛ̃sibl] *adj* - **1.** [personne] unbesiegbar - **2.** [courage, détermination] unerschütterlich - **3.** [difficulté, fatigue, timidité] unüberwindlich.

inviolable [ɛ̃vjɔlabl] *adj* [droit, asile] unverletzlich ; [serment] unverbrüchlich.

invisible [ɛ̃vizibl] *adj* [impossible à voir] unsichtbar.

invitation [ɛ̃vitasjɔ̃] *nf* [gén] : **~ (à qqch)** Einladung *die* (zu etw).

invité, e [ɛ̃vite] *nm, f* Gast *der*.

inviter [3] [ɛ̃vite] *vt* - **1.** [convier, inciter] : **~ qqn (à qqch)** jn (zu etw) ein|laden ; **~ qqn**

à faire qqch jn einladen, etw zu tun - 2. *sout* [ordonner] : ~ **qqn à faire qqch** jn auffordern, etw zu tun.

in vitro [invitro] ▷ **fécondation.**

invivable [ɛ̃vivabl] *adj* - **1.** [personne, situation] unerträglich - **2.** [lieu] trostlos.

involontaire [ɛ̃vɔlɔ̃tɛr] *adj* unfreiwillig, ungewollt.

invoquer [3] [ɛ̃vɔke] *vt* - **1.** [excuse, raison] vorbringen - **2.** [témoignage, loi] : ~ **qqch** sich auf etw *(A)* berufen.

invraisemblance [ɛ̃vrɛsɑ̃blɑ̃s] *nf* Unwahrscheinlichkeit *die.*

invulnérable [ɛ̃vylnerabl] *adj* - **1.** [personne] unverletzbar - **2.** [position] unangreifbar.

iode [jɔd] *nm* Jod *das.*

iodé, e [jɔde] *adj* Jod-.

ion [jɔ̃] *nm* Ion *das.*

irai *etc* ▷ **aller.**

Irak, Iraq [irak] *nm* : **l'~** der Irak, Irak *nt.*

irakien, enne, iraquien, enne [irakjɛ̃, ɛn] *adj* irakisch. ◆ **Irakien, enne, Iraquien, enne** *nm, f* Iraker *der,* -in *die.*

Iran [irɑ̃] *nm* : **l'~** der Iran, Iran *nt.*

iranien, enne [iranjɛ̃, ɛn] *adj* iranisch. ◆ **Iranien, enne** *nm, f* Iraner *der,* -in *die.*

Iraq = **Irak.**

iraquien, enne = **irakien.**

irascible [irasibl] *adj* jähzornig.

iris [iris] *nm* - **1.** BOT Schwertlilie *die* - **2.** ANAT Iris *die.*

irlandais, e [irlɑ̃dɛ, ɛz] *adj* irisch, irländisch. ◆ **irlandais** *nm* [langue] Irisch(e) *(das),* Irländisch(e) *(das).* ◆ **Irlandais, e** *nm, f* Ire *der,* Irin *die,* Irländer *der,* -in *die.*

Irlande [irlɑ̃d] *nf* : **l'~** Irland *nt* ; **l'~ du Nord** Nordirland ; **l'~ du Sud** Südirland.

ironie [irɔni] *nf* Ironie *die.*

ironique [irɔnik] *adj* ironisch.

ironiser [3] [irɔnize] *vi* : ~ **sur qqch** über etw *(A)* eine ironische Bemerkung machen OU spötteln.

irradier [9] [iradje] ◇ *vi* strahlen ◇ *vt* bestrahlen.

irraisonné, e [irɛzɔne] *adj* sinnlos.

irrationnel, elle [irasjɔnɛl] *adj* irrational.

irréalisable [irealizabl] *adj* nicht zu verwirklichen.

irrécupérable [irekyperabl] *adj* - **1.** [irréparable] schrottreif - **2.** [irrécouvrable] verloren, nicht eintreibbar.

irrécusable [irekyzabl] *adj* [preuve, témoignage] unwiderlegbar.

irréductible [iredyktibl] ◇ *nmf bis zum Äußersten gehende Person* ◇ *adj* [personne, volonté, opposition] unnachgiebig.

irréel, elle [ireɛl] *adj* unwirklich.

irréfléchi, e [irefleʃi] *adj* - **1.** [acte] unüberlegt - **2.** [personne] unbesonnen.

irréfutable [irefytabl] *adj* unwiderlegbar.

irrégularité [iregylarite] *nf* Unregelmäßigkeit *die.*

irrégulier, ère [iregylje, ɛr] *adj* - **1.** [gén] unregelmäßig - **2.** [non conforme] regelwidrig - **3.** [illégal] ungesetzlich ; **en situation irrégulière** ohne gültige Aufenthaltserlaubnis.

irrémédiable [iremedjabl] *adj* - **1.** [catastrophe] heillos ; [perte] unersetzlich - **2.** [défaut, mal] unheilbar - **3.** [erreur] nicht wieder gutzumachen.

irremplaçable [irɑ̃plasabl] *adj* unersetzlich.

irréparable [ireparabl] *adj* - **1.** [objet] nicht mehr zu reparieren - **2.** [erreur] nicht wieder gutzumachen ; [désastre] verheerend.

irrépressible [irepresibl] *adj* unzähmbar.

irréprochable [ireprɔʃabl] *adj* tadellos.

irrésistible [irezistibl] *adj* - **1.** [gén] unwiderstehlich - **2.** [amusant] unwiderstehlich komisch.

irrésolu, e [irezɔly] *adj* - **1.** [personne, attitude] unentschlossen - **2.** [problème] ungelöst.

irrespirable [irɛspirabl] *adj* - **1.** [à cause de l'odeur] äußerst stickig - **2.** [oppressant] unerträglich - **3.** [dangereux] irrespirabel.

irresponsable [irɛspɔ̃sabl] ◇ *nmf* verantwortungsloser Mensch ◇ *adj* - **1.** JUR schuldunfähig - **2.** [non fautif] nicht verantwortlich - **3.** [immature] verantwortungslos.

irréversible [ireversibl] *adj* nicht mehr rückgängig zu machen.

irrévocable [irevɔkabl] *adj* unwiderruflich.

irrigation [irigasjɔ̃] *nf* AGRIC Bewässerung *die.*

irriguer [3] [irige] *vt* AGRIC bewässern.

irritation [iritasjɔ̃] *nf* - **1.** [exaspération] Gereiztheit *die* - **2.** MÉD Reizung *die.*

irriter [3] [irite] *vt* reizen. ◆ **s'irriter** *vp* : **s'~ contre qqn/de qqch** sich über jn/etw aufregen.

irruption [irypsjɔ̃] *nf* [gén] Eindringen *das.*

islam [islam] *nm* [religion] Islam *der.*

islamique [islamik] *adj* islamisch.

islandais, e [islɑ̃dɛ, ɛz] *adj* isländisch. ◆ **islandais** *nm* [langue] Isländisch(e) *(das).* ◆ **Islandais, e** *nm, f* Isländer *der,* -in *die.*

Islande [islɑ̃d] *nf* : **l'~** Island *nt.*

isocèle [izɔsɛl] *adj* gleichschenklig.

isolant, e [izɔlɑ̃, ɑ̃t] *adj* isolierend, Isolier-, Isolations-. ◆ **isolant** *nm* Isoliermaterial *das.*

isolation [izɔlasjɔ̃] *nf* Isolation *die,* Isolierung *die.*

isolé, e [izɔle] *adj* - **1.** [éloigné] abgelegen - **2.** [seul] isoliert, einsam - **3.** [unique] vereinzelt ; **cas ~** Einzelfall *der* - **4.** [protégé] : **être ~ (contre qqch)** (gegen etw) isoliert sein.

isoler [3] [izɔle] *vt* - **1.** [gén] isolieren ; **~ qqch de qqch** ÉLECTR & CONSTR etw gegen etw isolieren ; MÉD etw aus etw isolieren ; CHIM etw von etw trennen - **2.** [principe, théorie] isoliert betrachten. ◆ **s'isoler** *vp* : **s'~ (de qqch)** sich (von etw) isolieren.

isoloir [izɔlwar] *nm* Wahlkabine *die.*

isotherme [izɔtɛrm] *adj* isotherm.

Israël [israɛl] *n* Israel *nt.*

israélien, enne [israeljɛ̃, ɛn] *adj* israelisch. ◆ **Israélien, enne** *nm, f* Israeli *der,* Israeli *die.*

israélite [israelit] *adj* israelitisch. ◆ **Israélite** *nmf* Israelit *der,* -in *die.*

issu, e [isy] *adj* : **~ de qqch** von etw ab|stammen ; **les résultats ~s de nos dernières recherches** die Resultate unserer jüngsten Forschungen. ◆ **issue** *nf* - **1.** [sortie] Ausgang *der* - **2.** [solution] Ausweg *der* - **3.** [terme] Ausgang *der.*

Istanbul [istɑ̃bul] *n* Istanbul *nt.*

isthme [ism] *nm* Isthmus *der.*

Italie [itali] *nf* : **l'~** Italien *nt.*

italien, enne [italjɛ̃, ɛn] *adj* italienisch. ◆ **italien** *nm* [langue] Italienisch(e) *(das).* ◆ **Italien, enne** *nm, f* Italiener *der,* -in *die.*

italique [italik] ◇ *nm* TYPO Kursivschrift *die* ◇ *adj* TYPO Kursiv-.

itinéraire [itinerɛr] *nm* Route *die.*

itinérant, e [itinerɑ̃, ɑ̃t] *adj* Wander-.

IUT (*abr de* **institut universitaire de technologie**) *nm technische Fachhochschule in Frankreich.*

ivoire [ivwar] *nm* - **1.** [matière] Elfenbein *das* - **2.** [objet] Elfenbeinarbeit *die* - **3.** ANAT Zahnbein *das.*

ivoirien, enne [ivwarjɛ̃, ɛn] *adj* aus OU von der Elfenbeinküste. ◆ **Ivoirien, enne** *nm, f* Ivorer *der,* -in *die.*

ivre [ivr] *adj* betrunken.

ivresse [ivrɛs] *nf* Trunkenheit *die.*

ivrogne [ivrɔɲ] *nmf* Säufer *der,* -in *die.*

J

j, J [ʒi] *nm inv* [lettre] j *das,* J *das.*

j' [ʒ] ▷ **je.**

jabot [ʒabo] *nm* - **1.** [d'oiseau] Kropf *der* - **2.** [de chemise] Jabot *das.*

jacasser [3] [ʒakase] *vi* - **1.** [pie] schreien - **2.** *péj* [personne] schnattern.

jachère [ʒaʃɛr] *nf* Brachland *das.*

jacinthe [ʒasɛ̃t] *nf* Hyazinthe *die.*

Jacuzzi® [ʒakyzi] *nm* Whirlpool® *der.*

jade [ʒad] *nm* Jade *der* ou *die.*

jadis [ʒadis] *adv* einst.

jaguar [ʒagwar] *nm* Jaguar *der.*

jaillir [32] [ʒajir] *vi* - **1.** [liquide] heraus|spritzen - **2.** [flamme] hoch schlagen - **3.** [cri] schallen - **4.** [personne] hervor|kommen.

jais [ʒɛ] *nm* Gagat *der.*

jalon [ʒalɔ̃] *nm* Bake *die,* Marke *die.*

jalonner [3] [ʒalɔne] *vt* ab|stecken.

jalouse ▷ **jaloux.**

jalousie [ʒaluzi] *nf* - **1.** [envie] Neid *der* - **2.** [en amour] Eifersucht *die.*

jaloux, ouse [ʒalu, uz] *adj* - **1.** [envieux] : **être ~ (de qqn/qqch)** (auf jn/etw) neidisch sein - **2.** [en amour] : **être ~ de qqn** auf jn eifersüchtig sein.

jamais [ʒamɛ] *adv* - **1.** [sens négatif] : **ne ... ~** nie(mals) ; **je ne reviendrai ~** ich komme nie wieder ; **lui pardonneras-tu? ~!** wirst du ihm verzeihen? niemals! ; **sans ~** ohne je ; **ne ~ plus, ne plus ~** nie wieder ; **~ plus je ne reviendrai** ich komme nie wieder - **2.** [sens positif] je, jemals ; **si ~ tu le vois** falls du ihn treffen solltest.

jambe [ʒɑ̃b] *nf* Bein *das.*

jambières [ʒɑ̃bjɛr] *nfpl* Beinschutz *der.*

jambon [ʒɑ̃bɔ̃] *nm* Schinken *der.*

jante [ʒɑ̃t] *nf* Felge *die.*

janvier [ʒɑ̃vje] *nm* Januar *der ; voir aussi* **septembre.**

Japon [ʒapɔ̃] *nm* : **le ~** Japan *nt ;* **au ~** in Japan.

japonais, e [ʒapɔnɛ, ɛz] *adj* japanisch. ◆ **japonais** *nm* [langue] Japanisch(e) *(das).* ◆ **Japonais, e** *nm, f* Japaner *der,* -in *die.*

japper [3] [ʒape] *vi* kläffen.

jaquette [ʒakɛt] *nf* - **1.** [d'homme] Frack *der ;* [de femme] Jacke *der* - **2.** [de livre] Umschlag *der.*

jardin [ʒardɛ̃] *nm* Garten *der.*
jardinage [ʒardinaʒ] *nm* Gärtnerei *die.*
jardinier, ère [ʒardinje, ɛr] *nm, f* Gärtner *der,* -in *die.* ◈ **jardinière** *nf* - **1.** [bac à fleurs] Blumenkasten *der* - **2.** CULIN : **jardinière (de légumes)** gemischtes Gemüse.
jargon [ʒargɔ̃] *nm* [langue spécialisée] Jargon *der.*
jarret [ʒarɛ] *nm* - **1.** ANAT Kniekehle *die* - **2.** CULIN Haxe *die.*
jarretelle [ʒartɛl] *nf* Straps *der,* Strumpfhalter *der.*
jarretière [ʒartjɛr] *nf* Strumpfband *das,* Straps *der.*
jars [ʒar] *nm* Gänserich *der.*
jaser [3] [ʒaze] *vi* klatschen.
jasmin [ʒasmɛ̃] *nm* - **1.** [fleur] Jasminblüte *die* - **2.** [arbre] Jasmin *der.*
jatte [ʒat] *nf* Schale *die.*
jauge [ʒoʒ] *nf* Messstab *der.*
jauger [17] [ʒoʒe] *vt fig* ab|taxieren.
jaune [ʒon] ◇ *adj* gelb ◇ *nm* Gelb *das.* ◈ **jaune d'œuf** *nm* Eigelb *das.*
jaunir [32] [ʒonir] ◇ *vi* [feuilles] gelb werden ; [papier] vergilben ◇ *vt* gelb färben.
jaunisse [ʒonis] *nf* Gelbsucht *die.*
java [ʒava] *nf Volkstanz im Dreivierteltakt.*
Javel [ʒavɛl] *nf* : **(eau de)** ~ *chlorhaltiges Reinigungsmittel.*
javelot [ʒavlo] *nm* - **1.** [arme] Speer *der* - **2.** [sport] Speerwerfen *das.*
jazz [dʒaz] *nm* Jazz *der.*
J.-C. (*abr de* **Jésus-Christ**) Chr.
je [ʒə], **j'** *(devant voyelle ou h muet) pron pers* ich.
jean [dʒin], **jeans** [dʒins] *nm* Jeans *Pl.*
Jeep® [dʒip] *nf* Jeep® *der.*
jérémiades [ʒeremjad] *nfpl* Jammern *das (sans pl).*
jerrican, jerrycan [ʒerikan] *nm* Benzinkanister *der.*
jersey [ʒɛrzɛ] *nm* Jersey *der.*
Jérusalem [ʒeryzalɛm] *n* Jerusalem *nt.*
jésuite [ʒezɥit] *nm* Jesuit *der.*
Jésus-Christ [ʒezykri] *nm* Jesus Christus.
jet¹ [ʒɛ] *nm* - **1.** [de liquide] Strahl *der* - **2.** [lancer] Wurf *der.*
jet² [dʒɛt] *nm* [avion] Jet *der.*
jetée [ʒəte] *nf* Mole *die.*
jeter [27] [ʒəte] *vt* - **1.** [lancer] werfen ; ~ **qqch à qqn** jm etw zu|werfen - **2.** [se débarrasser de] weg|werfen ; ~ **à la poubelle** in den Müll werfen. ◈ **se jeter** *vp* [se précipiter] : **se ~ sur qqn/qqch** sich auf jn/etw stürzen.
jeton [ʒətɔ̃] *nm* [de jeu] Spielmarke *die ;* [de téléphone] Telefonmünze *die.*
jeu, x [ʒø] *nm* [gén] Spiel *das ;* **par ~** aus Spaß ; ~ **de cartes** Kartenspiel ; ~ **d'équipe** Mannschaftsspiel ; ~ **de société** Gesellschaftsspiel.
jeudi [ʒødi] *nm* Donnerstag *der ; voir aussi* **samedi.**
jeun [ʒœ̃] ◈ **à jeun** *loc adv* [sans avoir mangé] mit nüchternem Magen.
jeune [ʒœn] *adj* - **1.** [personne, animal] jung ; ~ **fille** Mädchen *das,* junge Dame - **2.** [style, coiffure] jugendlich. ◈ **jeunes** *nmfpl* Jugend *die (sans pl).*
jeûne [ʒøn] *nm* Fasten *das.*
jeunesse [ʒœnɛs] *nf* Jugend *die.*
jingle [dʒingœl] *nm* Jingle *der.*
JO ◇ *nm* (*abr de* **Journal officiel**) ≃ BGBL *das* ◇ *nmpl* (*abr de* **jeux Olympiques**) Olympische Spiele *Pl.*
joaillier, ère [ʒɔaje, ɛr] *nm, f* Juwelier *der,* -in *die.*
job [dʒɔb] *nm fam* Job *der.*
jockey [ʒɔkɛ] *nm* Jockei *der,* Jockey *der.*
jogging [dʒɔgiŋ] *nm* - **1.** [activité] Jogging *das* - **2.** [vêtement] Jogginganzug *der.*
joie [ʒwa] *nf* Freude *die.*
joindre [82] [jwɛ̃dr] *vt* - **1.** [rapprocher] zusammen|fügen ; [mains] falten - **2.** [ajouter, insérer] : ~ **qqch à qqch** einer Sache *(D)* etw bei|legen - **3.** [par téléphone] erreichen. ◈ **se joindre** *vp* : **se ~ à qqn** sich jm an|schließen.
joint, e [ʒwɛ̃, ɛ̃t] ◇ *pp* ▷ **joindre** ◇ *adj* : **à pieds ~s** mit geschlossenen Beinen. ◈ **joint** *nm* - **1.** [d'étanchéité] Dichtung *die* - **2.** *fam* [de haschisch, de marijuana] Joint *der.*
joli, e [ʒɔli] *adj (avant n)* - **1.** [mignon] hübsch - **2.** *fam* [résultat, somme] ansehnlich.
joliment [ʒɔlimɑ̃] *adv* - **1.** [agréablement] nett - **2.** *iron* [complètement] ganz schön.
jonc [ʒɔ̃] *nm* Binse *die.*
joncher [3] [ʒɔ̃ʃe] *vt* übersäen.
jonction [ʒɔ̃ksjɔ̃] *nf* [de routes] Anschlussstelle *die.*
jongler [3] [ʒɔ̃gle] *vi* jonglieren.
jongleur, euse [ʒɔ̃glœr, øz] *nm, f* Jongleur *der,* -in *die.*
jonquille [ʒɔ̃kij] *nf* Osterglocke *die.*
Jordanie [ʒɔrdani] *nf* : **la ~** Jordanien *nt.*
joue [ʒu] *nf* Backe *die,* Wange *die.*
jouer [6] [ʒwe] ◇ *vi* spielen ; ~ **à qqch** [jeu, sport] etw spielen ; ~ **avec qqn/qqch** mit jm/etw spielen ; ~ **de qqch** MUS etw spielen ◇ *vt* - **1.** JEU, MUS & THÉÂTRE spielen - **2.** [somme d'argent] ein|setzen - **3.** [réputation, honneur] aufs Spiel setzen.
jouet [ʒwɛ] *nm* Spielzeug *das ;* **être le ~ de qqn** *fig* js Spielball sein.

joueur, euse [ʒwœr, øz] *nm, f* Spieler *der*, -in *die*.
joufflu, e [ʒufly] *adj* pausbackig.
joug [ʒu] *nm* Joch *das*.
jouir [32] [ʒwir] *vi* - **1.** [apprécier, posséder] : **~ de qqch** etw genießen - **2.** [sexuellement] einen Orgasmus haben.
jouissance [ʒwisɑ̃s] *nf* - **1.** JUR [de bien] Nutznießung *die* - **2.** [sexuelle] Orgasmus *der*.
joujou, x [ʒuʒu] *nm* Spielzeug *das*.
jour [ʒur] *nm* Tag *der* ; **~ après ~** tagaus, tagein ; **de ~ en ~** von Tag zu Tag ; **le ~ de l'an** Neujahrstag ; **~ de congé** Urlaubstag ; **~ férié** Feiertag ; **de nos ~s** heutzutage. ◆ **à jour** ◇ *loc adv* : **mettre qqch à ~** etw auf den neuesten Stand bringen ◇ *loc adj* auf dem neuesten Stand.
journal, aux [ʒurnal, o] *nm* - **1.** [publication] Zeitung *die*, ≃ Bundesgesetzblatt *das* - **2.** TÉLÉ Nachrichten *Pl* ; **~ télévisé** Fernsehnachrichten - **3.** [carnet] : **~ (intime)** Tagebuch *das*.
journalier, ère [ʒurnalje, ɛr] *adj* täglich.
journalisme [ʒurnalism] *nm* Journalismus *der*.
journaliste [ʒurnalist] *nmf* Journalist *der*, -in *die*.
journée [ʒurne] *nf* Tag *der* ; **bonne ~!** einen guten Tag noch! ; **~ porte(s) ouverte(s)** Tag der offenen Tür.

bonne journée

Im Unterschied zu **bonjour**, das je nach Tageszeit „Guten Morgen" oder „Guten Tag" heißen kann und als Begrüßungsformel benutzt wird, sagt man **bonne journée**, wenn man sich verabschiedet und dem Gesprächspartner noch einen schönen Tag wünscht.

joute [ʒut] *nf* Turnier *das*.
jovial, e, als OU **aux** [ʒɔvjal, o] *adj* - **1.** [personne, caractère] jovial - **2.** [air, sourire] freundlich.
joyau, x [ʒwajo] *nm* Juwel *das*.
joyeux, euse [ʒwajø, øz] *adj* fröhlich, vergnügt ; **~ Noël!** frohe Weihnachten!
jubilé [ʒybile] *nm* fünfzigjähriges Jubiläum ; [de mariage] fünfzigster Hochzeitstag.
jubiler [3] [ʒybile] *vi fam* frohlocken.
jucher [3] [ʒyʃe] *vt* : **~ qqn sur qqch** jn auf etw *(A)* hieven. ◆ **se jucher** *vp* : **se ~ sur qqch** sich auf etw *(A)* schwingen.
judaïque [ʒydaik] *adj* jüdisch.
judaïsme [ʒydaism] *nm* Judentum *das*.
judas [ʒyda] *nm* [de porte] Spion *der*.
judéo-chrétien, enne [ʒydeɔkretjɛ̃, ɛn] (*mpl* **judéo-chrétiens** ; *fpl* **judéo-chrétiennes**) *adj* jüdisch-christlich.
judiciaire [ʒydisjɛr] *adj* gerichtlich, richterlich.
judicieux, euse [ʒydisjø, øz] *adj* angemessen, sinnvoll.
judo [ʒydo] *nm* Judo *das*.
juge [ʒyʒ] *nm* Richter *der*, -in *die* ; **~ d'instruction** Untersuchungsrichter.
jugé [ʒyʒe] ◆ **au jugé** *loc adv* nach Gefühl.
jugement [ʒyʒmɑ̃] *nm* - **1.** [gén] Urteil *das* - **2.** [discernement] Urteilsvermögen *das*.
jugeote [ʒyʒɔt] *nf fam* Grips *der*.
juger [17] [ʒyʒe] ◇ *vt* - **1.** JUR : **~ qqn** über jn ein Urteil fällen ; **~ qqch** in einer Sache *(D)* entscheiden - **2.** [décider] beurteilen ; **~ que** zu dem Schluss kommen, dass - **3.** [estimer] : **~ qqn/qqch inutile/indispensable** jn/etw für überflüssig/unbedingt nötig halten ◇ *vi* : **~ de qqch** etw einlschätzen.
juif, juive [ʒɥif, ʒɥiv] *adj* jüdisch. ◆ **Juif, Juive** *nm, f* Jude *der*, Jüdin *die*.
juillet [ʒɥijɛ] *nm* Juli *der* ; *voir aussi* **septembre**.
juin [ʒyɛ̃] *nm* Juni *der* ; *voir aussi* **septembre**.
juive ▷ **juif**.
juke-box [dʒukbɔks] (*pl inv* OU **juke-boxes**) *nm* Musikautomat *der*.
jumeau, elle, x [ʒymo, ɛl] ◇ *adj* - **1.** [enfants] Zwillings- - **2.** [lits, maisons] Doppel- ◇ *nm, f* Zwilling *der*. ◆ **jumelles** *nfpl* Fernglas *das*.
jumelage [ʒymlaʒ] *nm* Städtepartnerschaft *die*.
jumeler [24] [ʒymle] *vt* : **~ deux villes** eine Städtepartnerschaft zwischen zwei Städten schließen.
jumelle ▷ **jumeau**.
jument [ʒymɑ̃] *nf* Stute *die*.
jungle [ʒœ̃gl] *nf* Dschungel *der*.
junior [ʒynjɔr] *adj* SPORT Junioren-.
junte [ʒœ̃t] *nf* Junta *die*.
jupe [ʒyp] *nf* Rock *der*.
jupe-culotte *nf* Hosenrock *der*.
jupon [ʒypɔ̃] *nm* Unterrock *der*.
juré [ʒyre] *nm* JUR Geschworene *der*, Geschworene *die*.
jurer [3] [ʒyre] ◇ *vt* : **~ qqch à qqn** jm etw schwören ; **~ (à qqn) que** (jm) schwören, dass ; **je vous jure!** *fam* das ist tatsächlich wahr! ◇ *vi* [blasphémer] fluchen. ◆ **se jurer** *vp* : **se ~ qqch** [à soi-même] sich *(D)* etw schwören ; [réciproquement] sich *(D)* etw gegenseitig schwören.
juridiction [ʒyridiksjɔ̃] *nf* - **1.** [pouvoir de juger] Gerichtsbarkeit *die* - **2.** [tribunaux] Gericht *das*.

juridique [ʒyridik] *adj* - **1.** [acte, preuve] Rechts- - **2.** [vocabulaire, formation] juristisch.

jurisprudence [ʒyrisprydɑ̃s] *nf* Rechtsprechung *die.*

juriste [ʒyrist] *nmf* Jurist *der,* -in *die.*

juron [ʒyrɔ̃] *nm* Fluch *der.*

jury [ʒyri] *nm* - **1.** JUR : **le ~** die Geschworenen *Pl* - **2.** [de concours] Prüfungsausschuss *der* - **3.** [de festival] Jury *die.*

jus [ʒy] *nm* Saft *der.*

jusque, jusqu' *(devant voyelle ou h muet)* [ʒysk(əœ] ◆ **jusqu'à** *loc prép* - **1.** [sens temporel] bis (zu) ; **jusqu'à hier** bis gestern ; **jusqu'à présent** bis jetzt - **2.** [sens spatial] bis nach ; **jusqu'au bout** bis zum Schluss - **3.** [même] selbst ; **aller jusqu'à faire qqch** sich erdreisten, etw zu tun. ◆ **jusqu'à ce que** *loc conj* bis (dass). ◆ **jusqu'en** *loc prép* bis. ◆ **jusqu'ici** *loc adv* - **1.** [dans l'espace] bis hierhin - **2.** [dans le temps] bislang.

jusque-là [ʒyskəla] *loc adv* bis dahin.

justaucorps [ʒystokɔr] *nm* Gymnastikanzug *der.*

juste [ʒyst] ◇ *adj* - **1.** [équitable] gerecht - **2.** [exact] richtig - **3.** [trop petit] knapp ◇ *adv* - **1.** [bien] richtig - **2.** [exactement] : **~ à côté** gleich nebenan ; **~ avant de partir, il m'a confié un secret** kurz bevor er fortgegangen ist, hat er mir ein Geheimnis anvertraut - **3.** [seulement] nur.

justement [ʒystəmɑ̃] *adv* - **1.** [précisément] genau - **2.** [avec raison] zu Recht.

justesse [ʒystɛs] *nf* - **1.** [de remarque] Zutreffen *das* - **2.** [de raisonnement] Richtigkeit *die.* ◆ **de justesse** *loc adv* mit knapper Not.

justice [ʒystis] *nf* - **1.** JUR Justiz *die ;* **passer en ~** vor Gericht kommen - **2.** [équité] Gerechtigkeit *die.*

justicier, ère [ʒystisje, ɛr] *nm, f* Rächer *der,* -in *die.*

justifiable [ʒystifjabl] *adj* vertretbar.

justificatif, ive [ʒystifikatif, iv] *adj :* **pièce justificative** Beweisstück *das.* ◆ **justificatif** *nm* COMM Beleg *der.*

justification [ʒystifikasjɔ̃] *nf* Rechtfertigung *die.*

justifier [9] [ʒystifje] *vt* - **1.** [gén] rechtfertigen - **2.** [texte] : **justifié à droite** rechtsbündig ; **justifié à gauche** linksbündig. ◆ **se justifier** *vp* sich rechtfertigen.

jute [ʒyt] *nm* Jute *die.*

juter [3] [ʒyte] *vi* Saft (ab)|geben.

juteux, euse [ʒytø, øz] *adj* saftig.

juvénile [ʒyvenil] *adj* jugendlich.

juxtaposer [3] [ʒykstapoze] *vt* nebeneinander stellen.

K

k, K [ka] *nm inv* [lettre] k *das,* K *das.*

kaki [kaki] ◇ *adj inv* kakifarben ◇ *nm* - **1.** [couleur] Kaki *das* - **2.** [fruit] Kakipflaume *die.*

kaléidoscope [kaleidɔskɔp] *nm* Kaleidoskop *das.*

kamikaze [kamikaz] *nm* Kamikaze *der.*

kangourou [kɑ̃guru] *nm* Känguru *das.*

karaté [karate] *nm* Karate *das.*

kasher, casher [kaʃɛr] *adj inv* koscher.

kayak [kajak] *nm* Kajak *der ;* **faire du ~** Kajak fahren.

Kenya [kenja] *nm :* **le ~** Kenia *nt.*

képi [kepi] *nm* Käppi *das,* Mütze *die.*

kermesse [kɛrmɛs] *nf* Wohltätigkeitsmarkt *der ;* **~ de l'école** ≃ Schulfest *das.*

kérosène [kerɔzɛn] *nm* Kerosin *das.*

keuf [kœf] *nm fam* Bulle *der.*

keum [kœm] *nm fam* Typ *der.*

kg (*abr de* **kilogramme**) kg.

kibboutz [kibuts] *nm inv* Kibbuz *der.*

kidnapper [3] [kidnape] *vt* kidnappen, entführen.

kidnappeur, euse [kidnapœr, øz] *nm, f* Kidnapper *der.*

kilo [kilo] *nm* Kilo *das.*

kilogramme [kilɔgram] *nm* Kilogramm *das.*

kilométrage [kilɔmetraʒ] *nm* [affiché] Kilometerstand *der.*

kilomètre [kilɔmɛtr] *nm* Kilometer *der.*

kilowatt [kilɔwat] *nm* Kilowatt *das.*

kimono [kimɔno] *nm* Kimono *der.*

kinésithérapeute [kineziterapøt] *nmf* Krankengymnast *der,* -in *die,* Physiotherapeut *der,* -in *die.*

kiosque [kjɔsk] *nm* - **1.** [de vente] Kiosk *der* - **2.** [à musique] Pavillon *der.*

kirsch [kirʃ] *nm* Kirschwasser *das.*

kitchenette [kitʃənɛt] *nf* Kochnische *die.*

kitsch [kitʃ] *adj inv* kitschig.

kiwi [kiwi] *nm* - **1.** [animal] Kiwi *der* - **2.** [fruit] Kiwi *die.*

Klaxon® [klaksɔn] *nm* Hupe *die.*

klaxonner [3] [klaksɔne] *vi* hupen.

kleptomane, cleptomane [klɛptɔman] ◇ *nmf* Kleptomane *der,* -nin *die* ◇ *adj* kleptomanisch.

km (*abr de* **kilomètre**) km.

km² (*abr de* **kilomètre carré**) km².
K.-O. [kao] (*abr de* **knock(ed)-out**) ◇ *nm* K.o. *der* ◇ *adj :* **être ~** k.o. sein.
Koweït [kɔwɛjt] *nm :* **le ~** Kuwait *nt*, Kuweit *nt ;* **au ~** in Kuwait.
krach [krak] *nm :* **~ (boursier)** Börsenkrach *der.*
kung-fu [kuŋfu] *nm inv* Kung-Fu *das.*
kyrielle [kirjɛl] *nf* Litanei *die.*
kyste [kist] *nm* Zyste *die.*

L

l, L [ɛl] ◇ *nm inv* [lettre] l *das*, L *das* ◇ (*abr de* **litre**) l.
la¹ ▷ **le.**
la² [la] *nm inv* MUS a *das*, A *das.*
là [la] *adv* **- 1.** [lieu] da, dort ; **de ~** von dort OU da (aus) ; **tu n'as qu'à passer par ~!** fahr einfach da lang! **- 2.** [temps] : **et ~, il est parti** in dem Augenblick OU da ist er weggegangen **- 3.** [dans cela] : **ne voyez ~ aucun reproche** sehen Sie darin keinen Vorwurf ; **~ est la vraie question** das ist die eigentliche Frage ; **que voulez-vous dire par ~?** was wollen Sie damit sagen? **- 4.** [pour préciser] : **ce soir-~** an jenem Abend **- 5.** *loc :* **de ~ à dire que** das heißt noch lange nicht, dass ; **en arriver ~** so weit kommen.
là-bas [laba] *adv* dort.
label [labɛl] *nm* **- 1.** [étiquette] : **~ de qualité** Gütesiegel *das* **- 2.** [marque] Markenzeichen *das.*
labeur [labœr] *nm sout* mühevolle Arbeit.
labo [labo] *nm fam abr de* **laboratoire.**
laborantin, e [labɔrɑ̃tɛ̃, in] *nm, f* Laborant *der*, -in *die.*
laboratoire [labɔratwar] *nm* Labor(atorium) *das.*
laborieux, euse [labɔrjø, øz] *adj* **- 1.** [travail] langwierig ; [récit] schwerfällig **- 2.** [personne] fleißig.
labourer [3] [labure] *vt* AGRIC (um)|pflügen, bearbeiten.
laboureur [laburœr] *nm* Pflüger *der.*
labyrinthe [labirɛ̃t] *nm* Labyrinth *das ; fig* Gewirr *das.*
lac [lak] *nm* See *der ;* **le ~ Léman** der Genfer See.
lacer [16] [lase] *vt* (zu)|schnüren.
lacérer [18] [lasere] *vt* **- 1.** [déchirer] zerreißen **- 2.** [entailler] auf|ritzen.
lacet [lasɛ] *nm* **- 1.** [de chaussure] Schnürsenkel *der* **- 2.** [zigzag] Schleife *die.*
lâche [laʃ] ◇ *adj* **- 1.** [personne] feige ; [action] niederträchtig **- 2.** [nœud] lose ; [corde] locker ◇ *nmf* Feigling *der.*
lâcher [3] [laʃe] ◇ *vt* **- 1.** [main, objet] los|lassen **- 2.** [bombe] : **~ qqch sur qqch** eine Sache auf etw *(A)* ab|lassen ◇ *vi* **- 1.** [corde] reißen **- 2.** [nerfs] versagen.
lâcheté [laʃte] *nf* [couardise] Feigheit *die ;* **avec ~** feige *(adv).*
laconique [lakɔnik] *adj* **- 1.** [personne] wortkarg **- 2.** [discours] lakonisch.
lacrymogène [lakrimɔʒɛn] *adj :* **gaz ~** Tränengas *das.*
lacté, e [lakte] *adj* Milch-, milchig.
lacune [lakyn] *nf* Lücke *die.*
lacustre [lakystr] *adj* **- 1.** [faune, plante] in Teichen lebend **- 2.** [sur pilotis] : **cité ~** Pfahlbaudorf *das.*
lad [lad] *nm* Stalljunge *der.*
là-dedans [laddɑ̃] *adv* darin, drin ; **que fais-tu ~?** was machst du da drin?
là-dessous [ladsu] *adv* hier drunter, darunter ; **il y a quelque chose ~** da steckt etwas dahinter.
là-dessus [ladsy] *adv* **- 1.** [dessus] drauf, darauf **- 2.** [de plus] daraufhin.
lagon [lagɔ̃] *nm* Lagune *die.*
lagune [lagyn] *nf* Lagune *die.*
là-haut [lao] *adv* da oben ; **montez ~** gehen sie nach oben.
laïc (*f* **laïque**), **laïque** [laik] ◇ *adj* nicht religiös ◇ *nm, f* Laie *der.*
laid, e [lɛ, lɛd] *adj* hässlich.
laideur [lɛdœr] *nf* Hässlichkeit *die ;* **être d'une ~ incroyable** ausgesprochen hässlich sein.
laie [lɛ] *nf* ZOOL Wildsau *die.*
lainage [lɛnaʒ] *nm* **- 1.** [étoffe] Wollstoff *der* **- 2.** [vêtement] Wollkleidung *die.*
laine [lɛn] *nf* Wolle *die ;* **~ polaire** Fleece® *das.*
laineux, euse [lɛnø, øz] *adj* wollig.
laïque ▷ **laïc.**
laisse [lɛs] *nf* Leine *die.*
laisser [4] [lese] ◇ *v aux* lassen ; **~ faire qqn** jn machen lassen ; **~ faire qqch** etw geschehen lassen ; **~ tomber qqn/qqch** jn/etw fallen lassen ◇ *vt* **- 1.** [gén] lassen ; **~ qqch à qqn** jm etw lassen **- 2.** [confier] : **~ qqn/qqch à qqn** jm jn/etw an|vertrauen **- 3.** [léguer, maintenir en état] : **~ qqch (à qqn)** (jm) etw hinterlassen. ◆ **se laisser** *vp :* **se ~ faire** sich alles gefallen lassen ; **se ~ aller** sich gehen lassen ; **se ~ aller à qqch** sich zu etw hinreißen lassen.
laisser-aller *nm inv* Nachlässigkeit *die.*
laisser-faire *nm inv* ÉCON Laisser-faire *das.*

laissez-passer *nm inv* Passierschein *der.*
lait [lɛ] *nm* Milch *die ;* ~ **écrémé** entrahmte Milch ; ~ **entier** Vollmilch.
laitage [lɛtaʒ] *nm* Milchprodukt *das.*
laiterie [lɛtri] *nf* - **1.** [usine] Molkerei *die* - **2.** [magasin] Milchgeschäft *das.*
laitier, ère [lɛtje, ɛr] ◇ *adj* Milch- ◇ *nm, f* Milchhändler *der,* -in *die.*
laiton [lɛtɔ̃] *nm* Messing *das.*
laitue [lety] *nf* Kopfsalat *der.*
laïus [lajys] *nm fam* Ansprache ; **faire un ~** eine Ansprache halten.
lambeau, x [lɑ̃bo] *nm* Fetzen *der.*
lambris [lɑ̃bri] *nm* Täfelung *die.*
lame [lam] *nf* - **1.** [d'épée, de couteau] Klinge *die ;* ~ **de rasoir** Rasierklinge - **2.** [de parquet] Brett(chen) *das* - **3.** [vague] Welle *die.*
lamé, e [lame] *adj* mit Lamé durchwirkt.
lamelle [lamɛl] *nf* Lamelle *die ;* [de microscope] Plättchen *das.*
lamentable [lamɑ̃tabl] *adj* - **1.** [minable] erbärmlich - **2.** [triste] trostlos.
lamentation [lamɑ̃tasjɔ̃] *nf* - **1.** [plainte] Klagen *das* - **2.** [jérémiade] Gejammer *das.*
lamenter [3] [lamɑ̃te] ◆ **se lamenter** *vp* jammern.
laminer [3] [lamine] *vt* - **1.** IND walzen - **2.** [détruire] zerstören ; [espoir] zerschlagen.
lampadaire [lɑ̃padɛr] *nm* - **1.** [d'intérieur] Stehlampe *die* - **2.** [de rue] Laterne *die.*
lampe [lɑ̃p] *nf* Lampe *die ;* ~ **de chevet** Nachttischlampe ; ~ **halogène** Halogenlampe ; ~ **de poche** Taschenlampe ; ~ **témoin** Kontrolllampe.
lampion [lɑ̃pjɔ̃] *nm* Laterne *die,* Lampion *der* ou *das.*
lance [lɑ̃s] *nf* - **1.** [arme] Lanze *die* - **2.** [de tuyau] Strahlrohr *das ;* ~ **d'incendie** Wasserkanone *die.*
lance-flammes *nm inv* Flammenwerfer *der.*
lancement [lɑ̃smɑ̃] *nm* - **1.** [de projectile] Werfen *das* - **2.** [de fusée] Abschuss *der* - **3.** [de produit] Einführung *die ;* [de campagne publicitaire] Start *der ;* [d'emprunt] Ausgabe *die.*
lance-pierres *nm inv* Steinschleuder *die,* Schleuder *die.*
lancer [16] [lɑ̃se] ◇ *vt* - **1.** [jeter] werfen ; ~ **qqch à qqn** [ballon, regard] jm etw zul-werfen - **2.** [cri, injure, nuage de fumée] ausl-stoßen ; [appel] richten ; [plaisanterie] erzählen - **3.** [moteur, programme] starten - **4.** [style, mode] einlführen ; [artiste] lancieren ; [produit] auf den Markt bringen - **5.** [orienter] : ~ **qqn sur un sujet** jn auf ein Thema bringen - **6.** [invitation] versenden - **7.** [affaire, débat] in Gang bringen ◇ *nm* SPORT Werfen *das.* ◆ **se lancer** *vp* - **1.** [débuter] sich (ge)trauen - **2.** [s'engager] : **se ~ dans qqch** sich auf etw *(A)* einllassen ; **se ~ dans la politique** in die Politik gehen - **3.** [se précipiter] : **se ~ dans/sur qqch** sich in/auf etw *(A)* stürzen.
lancinant, e [lɑ̃sinɑ̃, ɑ̃t] *adj* - **1.** [douleur] stechend - **2.** [souvenir] quälend - **3.** [musique] eintönig.
landau [lɑ̃do] *nm* Kinderwagen *der.*
lande [lɑ̃d] *nf* Heide *die.*
langage [lɑ̃gaʒ] *nm* Sprache *die.*
lange [lɑ̃ʒ] *nm* Windel *die.*
langer [17] [lɑ̃ʒe] *vt* wickeln.
langoureux, euse [lɑ̃gurø, øz] *adj* - **1.** [mélancolique] sehnsüchtig - **2.** [faible] matt.
langouste [lɑ̃gust] *nf* Languste *die.*
langoustine [lɑ̃gustin] *nf* Langoustine *die.*
langue [lɑ̃g] *nf* - **1.** ANAT Zunge *die* - **2.** LING Sprache *die ;* ~ **maternelle** Muttersprache - **3.** *loc :* **tenir sa ~** *fam* den Mund halten.
languette [lɑ̃gɛt] *nf* Lasche *die.*
langueur [lɑ̃gœr] *nf* - **1.** [apathie] Entkräftung *die* - **2.** [mélancolie] Sehnsucht *die.*
languir [32] [lɑ̃gir] *vi* - **1.** [personne] : ~ **(de qqch)** (vor etw *(D)*) vergehen - **2.** *sout* [conversation] dahinlsiechen - **3.** [attendre] : **faire ~ qqn** jn warten lassen.
lanière [lanjɛr] *nf* Streifen *der ;* [de cuir] Riemen *der.*
lanterne [lɑ̃tɛrn] *nf* - **1.** [lampe] Laterne *die* - **2.** [de voiture] Licht *das ;* **les ~s** das Standlicht.
Laos [laɔs] *nm :* **le ~** Laos *nt.*
laper [3] [lape] *vt & vi* schlabbern.
lapidaire [lapidɛr] *adj* lapidar, Lapidar-.
lapider [3] [lapide] *vt* [tuer] steinigen.
lapin [lapɛ̃] *nm* - **1.** ZOOL & CULIN Kaninchen *das* - **2.** [fourrure] Kanin *das.*
lapine [lapin] *nf* Kaninchen *das.*
lapon, one ou **onne** [lapɔ̃, ɔn] *adj* lappländisch, lappisch. ◆ **lapon** *nm* [langue] Lappisch(e) *(das).* ◆ **Lapon, one** ou **onne** *nm, f* Lappländer *der,* -in *die,* Lappe *der,* -pin *die.*
lapsus [lapsys] *nm* Versprecher *der ;* **faire un ~** sich versprechen.
laquais [lakɛ] *nm* Lakai *der.*
laque [lak] ◇ *nf* - **1.** [pour cheveux] Haarspray *das,* Haarlack *der* - **2.** [peinture] Lack *der* ◇ *nm* Lackarbeit *die.*
laqué, e [lake] *adj* - **1.** [meuble] lackiert - **2.** CULIN : **canard ~** Pekingente *die* - **3.** [cheveux] eingesprayt.
laquelle ▷ **lequel.**
larbin [larbɛ̃] *nm fam péj* - **1.** [domestique] Diener *der* - **2.** [personne] Kriecher *der.*
larcin [larsɛ̃] *nm sout* - **1.** [vol] kleiner Diebstahl - **2.** [butin] Diebesgut *das.*

lard [lar] *nm* Speck *der.*

lardon [lardɔ̃] *nm* **- 1.** CULIN Speckstückchen *das* **- 2.** *fam* [enfant] Gör *das.*

large [larʒ] ◇ *adj* **- 1.** [étendu, grand] breit **- 2.** [vêtement, cercle] weit **- 3.** [important] groß **- 4.** [généreux] großzügig **- 5.** [ouvert] : **avoir les idées ~s** liberal denken ◇ *nm* **- 1.** [largeur] Breite *die* **- 2.** [mer] offene See ; **au ~ des côtes françaises** vor den Küsten Frankreichs.

largement [larʒəmɑ̃] *adv* **- 1.** [diffuser, répandre, ouvrir] weit **- 2.** [généreusement] großzügig **- 3.** [au moins, de loin] bei weitem **- 4.** [amplement] reichlich.

largeur [larʒœr] *nf* **- 1.** [dimension] Breite *die* **- 2.** [d'idées, d'esprit] Weite *die.*

larguer [3] [large] *vt* **- 1.** [bombe] ab|werfen ; [parachutiste] ab|setzen **- 2.** *fam* [abandonner - emploi, objet, principe] schießen lassen ; [- personne] : **~ qqn** jn sitzen lassen, mit jm Schluss machen ; **se faire ~** sitzen gelassen werden.

larme [larm] *nf* Träne *die ;* **être en ~s** in Tränen aufgelöst sein.

larmoyant, e [larmwajɑ̃, ɑ̃t] *adj* **- 1.** [personne] weinerlich ; [yeux] tränend **- 2.** [ton, histoire] rührselig.

larron [larɔ̃] *nm fam* [compère] (Spieß)geselle *der.*

larve [larv] *nf* ZOOL Larve *die.*

laryngite [larɛ̃ʒit] *nf* Kehlkopfentzündung *die.*

larynx [larɛ̃ks] *nm* Kehlkopf *der.*

las, lasse [la, las] *adj sout* **- 1.** [fatigué] ermattet, müde **- 2.** [dégoûté, ennuyé] : **être ~ de qqch** einer Sache *(G)* überdrüssig sein.

lascar [laskar] *nm fam* **- 1.** [individu - louche] Kerl *der ;* [- rusé] Fuchs *der* **- 2.** [enfant] Kerlchen *das.*

lascif, ive [lasif, iv] *adj* sinnlich.

laser [lazɛr] *nm* Laser *der.*

lasse ▻ **las.**

lasser [3] [lase] *vt sout* **- 1.** [fatiguer] ermüden **- 2.** [ennuyer] langweilen. ◆ **se lasser** *vp sout :* **se ~ de qqch** einer Sache *(G)* überdrüssig werden.

lassitude [lasityd] *nf sout* **- 1.** [fatigue] Mattigkeit *die,* Müdigkeit *die* **- 2.** [découragement] Überdruss *der.*

lasso [laso] *nm* Lasso *das.*

latent, e [latɑ̃, ɑ̃t] *adj* latent.

latéral, e, aux [lateral, o] *adj* Seiten-.

latex [latɛks] *nm inv* Latex *der.*

latin, e [latɛ̃, in] *adj* [alphabet] lateinisch ; [langue] romanisch. ◆ **latin** *nm* [langue] Latein(ische) *(das).* ◆ **Latin, e** *nm, f* Romane *der,* -nin *die.*

latiniste [latinist] *nmf* Latinist *der,* -in *die.*

latitude [latityd] *nf* **- 1.** GÉOGR Breitengrad *der,* Breite *die* **- 2.** [liberté] Freiraum *der,* Freiheit *die.*

latrines [latrin] *nfpl* Latrinen *Pl.*

latte [lat] *nf* Latte *die ;* [de plancher] Diele *die.*

lauréat, e [lɔrea, at] ◇ *adj* preisgekrönt ◇ *nm, f* Preisträger *der,* -in *die.*

laurier [lɔrje] *nm* Lorbeer *der.*

lavable [lavabl] *adj* waschbar ; **~ en machine** maschinenwaschbar.

lavabo [lavabo] *nm* [cuvette] Waschbecken *das.* ◆ **lavabos** *nmpl* Toilette *die.*

lavage [lavaʒ] *nm* **- 1.** [nettoyage] : **~ de linge** Waschen *das ;* **~ de voiture** Autowäsche *die* **- 2.** MÉD : **~ d'estomac** Magenspülung *die.*

lavande [lavɑ̃d] *nf* **- 1.** BOT Lavendel *der* **- 2.** [essence] Lavendelöl *das.*

lave [lav] *nf* Lava *die.*

lave-glace (*pl* **lave-glaces**) *nm* Scheibenwaschanlage *die.*

lave-linge *nm inv* Waschmaschine *die.*

laver [3] [lave] *vt* **- 1.** [nettoyer - personne, linge] waschen ; [- vaisselle] (ab)|spülen ; [- vitres] putzen **- 2.** [disculper] : **~ qqn de qqch** jn von etw rein|waschen. ◆ **se laver** *vp* **- 1.** [se nettoyer] sich waschen ; **se ~ qqch** sich *(D)* etw waschen **- 2.** [se disculper] : **se ~ (de qqch)** sich (von etw) rein|waschen.

laverie [lavri] *nf* Wäscherei *die ;* **~ automatique** Waschsalon *der.*

lavette [lavɛt] *nf* **- 1.** [brosse] Spülbürste *die* **- 2.** [tissu] Waschlappen *der* **- 3.** *fam péj* [personne] Waschlappen *der.*

laveur, euse [lavœr, øz] *nm, f* Wäscher *der,* -in *die ;* **~ de carreaux** Fensterputzer *der ;* **~ de voitures** Autowäscher *der.*

lave-vaisselle *nm inv* (Geschirr)spülmaschine *die,* Geschirrspüler *der.*

lavoir [lavwar] *nm* **- 1.** [à l'extérieur] Waschstelle *die ;* [bâtiment] Waschhaus *das* **- 2.** [bac] Waschbecken *das.*

laxatif, ive [laksatif, iv] *adj* Abführ-. ◆ **laxatif** *nm* Abführmittel *das.*

laxisme [laksism] *nm* Laxheit *die.*

laxiste [laksist] ◇ *adj* lax, lasch ◇ *nmf* **- 1.** [sans-souci] lasche Person **- 2.** [antiautoritaire] Verfechter *der,* -in *die* des Laxismus.

layette [lɛjɛt] *nf* Babyausstattung *die.*

le [lə], **l'** *(devant voyelle ou h muet)* (*f* **la** [la] ; *pl* **les** [le]) ◇ *art déf* **- 1.** [gén] der, die, das ; **il arriva ~ 15 janvier 2000** er kam am 15. Januar 2000 an **- 2.** [devant les noms propres, abstraits et géographiques] : **l'amour** die Liebe ; **la liberté** die Freiheit **- 3.** [avec une caractéristique] : **avoir les cheveux noirs** schwarze Haare haben **- 4.** [marque une approximation] : **dans les** an die ; **vers les 4 heures** um 4 Uhr herum ◇ *pron pers* [personne, chose, animal] ihn, sie, es ; **je l'ai vu hier** ich habe ihn gestern gesehen ; **tu dois avoir la clé, donne-la-moi** du musst den Schlüssel haben, gib ihn mir ; ~ OU **la voici** hier ist er OU sie OU es ; ~ OU **la voilà** da ist er OU sie OU es. ◈ **le, l'** *pron pers* [représente une proposition] es ; **je ~ sais bien** ich weiß es ja.

LEA (*abr de* **langues étrangères appliquées**) *nfpl* angewandte Fremdsprachen *Pl.*

leader [lidœr] ◇ *nm* - **1.** [chef] Anführer *der*, -in *die* ; **le ~ de l'opposition** der Oppositionsführer - **2.** [concurrent] Spitzenreiter *der*, -in *die* ; **le ~ sur le marché** der Marktführer - **3.** MUS (Band)leader *der* ◇ *adj* führend.

leadership [lidœrʃip] *nm* Spitzenstellung *die* ; [d'entreprise] Marktführerschaft *die.*

lèche-bottes *nmf inv fam* Speichellecker *der.*

lécher [18] [leʃe] *vt* [gén] lecken ; [assiette] aus|lecken.

leçon [ləsɔ̃] *nf* - **1.** [cours] Stunde *die*, Unterricht *der* ; **~s particulières** Privatstunden ; SCOL Nachhilfestunden - **2.** [devoirs, conseil] Lektion *die* ; **faire la ~ à qqn** jn maßregeln - **3.** [enseignement moral] Lehre *die.*

lecteur, trice [lɛktœr, tris] *nm, f* - **1.** [de livres] Leser *der*, -in *die* - **2.** UNIV Lektor *der*, -in *die.* ◈ **lecteur** *nm* - **1.** [gén] Abspielgerät *das* ; **~ de CD** CD-Player *der* - **2.** INFORM Leser *der* ; **~ de disquettes** Diskettenlaufwerk *das.*

lecture [lɛktyr] *nf* - **1.** [gén] Lesen *das* - **2.** TECHNOL Abspielen *das* ; **tête de ~** Tonabnehmer *der.*

légal, e, aux [legal, o] *adj* gesetzlich, legal.

légalement [legalmɑ̃] *adv* gesetzmäßig, legal.

légaliser [3] [legalize] *vt* - **1.** [pratique, contrat] legalisieren - **2.** [signature] beglaubigen.

légalité [legalite] *nf* - **1.** [d'acte, de contrat] Gesetzmäßigkeit *die* - **2.** [loi] Legalität *die.*

légataire [legatɛr] *nmf* Legatar *der.*

légendaire [leʒɑ̃dɛr] *adj* - **1.** [mythique] legendenhaft ; [animal] Fabel- - **2.** [célèbre] legendär.

légende [leʒɑ̃d] *nf* Legende *die.*

léger, ère [leʒe, ɛr] *adj* - **1.** [gén] leicht - **2.** [agile] leichtfüßig - **3.** [propos, décision] leichtsinnig - **4.** [superficiel] leichtherzig - **5.** [volage] leichtfertig.

légèrement [leʒɛrmɑ̃] *adv* - **1.** [gén] leicht - **2.** [agir] leichtsinnig.

légèreté [leʒɛrte] *nf* - **1.** [gén] Leichtheit *die* - **2.** [agilité, grâce] Leichtigkeit *die* - **3.** [irréflexion] Leichtsinn *der* - **4.** [frivolité] Leichtfertigkeit *die.*

légiférer [18] [leʒifere] *vi* Gesetze erlassen.

légion [leʒjɔ̃] *nf* MIL Legion *die.* ◈ **Légion d'honneur** *nf* Ehrenlegion *die.*

légionnaire [leʒjɔnɛr] *nm* Legionär *der.*

législatif, ive [leʒislatif, iv] *adj* gesetzgebend. ◈ **législatif** *nm* Legislative *die.* ◈ **législatives** *nfpl* Parlamentswahlen *Pl.*

législation [leʒislasjɔ̃] *nf* Gesetzgebung *die*, Recht *das.*

légitime [leʒitim] *adj* - **1.** [femme] legitim ; [enfant] ehelich - **2.** JUR : **~ défense** Notwehr *die* - **3.** [demande] berechtigt.

légitimité [leʒitimite] *nf* - **1.** [de pouvoir] Legitimität *die* - **2.** [d'enfant] Ehelichkeit *die* - **3.** [de conduite, de récompense] Rechtmäßigkeit *die.*

legs [lɛg] *nm* Vermächtnis *das.*

léguer [18] [lege] *vt* : **~ qqch (à qqn)** jm (etw) vermachen.

légume [legym] *nm* [variété] Gemüseart *die* ; **les ~s** das Gemüse *(sans pl).*

> **les légumes**
>
> In Restaurants werden als Beilage zum Fleisch häufig **légumes** angeboten. Dazu gehört nicht nur, Gemüse, wie Erbsen, Karotten oder Bohnen, wie man meinen könnte, sondern auch „Kartoffeln", das heißt, diese werden nicht extra als **pommes de terres** erwähnt. Anders dagegen verhält es sich mit den Pommes frites. Sie zählen nicht zum Gemüse.

leitmotiv [lajtmɔtif] *nm* Leitmotiv *das.*

Léman [lemɑ̃] ▷ **lac.**

lendemain [lɑ̃dmɛ̃] *nm* - **1.** [jour qui suit] nächster Tag ; **le ~ de son départ** der Tag nach seiner Abfahrt - **2.** [avenir] Morgen *das* ; **penser au ~** an morgen denken.

lent, e [lɑ̃, lɑ̃t] *adj* - **1.** [gén] langsam - **2.** [personne] schwerfällig - **3.** [produit] schleichend.

lente [lɑ̃t] *nf* Nisse *die.*

lenteur [lɑ̃tœr] *nf* - **1.** [gén] Langsamkeit *die* ; **avec ~** langsam *(adv)* - **2.** [d'esprit] Trägheit *die.*

lentille [lɑ̃tij] *nf* Linse *die* ; **~s de contact** Kontaktlinsen *Pl.*

léopard [leɔpar] *nm* Leopard *der.*

lèpre [lɛpr] *nf* MÉD Lepra *die*, Aussatz *der.*

lequel, laquelle [ləkɛl, lakɛl] (*mpl* **lesquels** [lekɛl] ; *fpl* **lesquelles** [lekɛl]) ◇ *pron rel* - **1.** [complément] der, die, das ; **un ami avec ~ il sort souvent** ein Freund, mit dem

er oft ausgeht - 2. *sout* [sujet] welche,-r,-s <> *pron interr* welche,-r,-s.
les ▻ **le.**
lesbienne [lɛsbjɛn] *nf* Lesbierin *die.*
léser [18] [leze] *vt* [frustrer] : **~ qqn** jm Unrecht tun, jn benachteiligen.
lésiner [3] [lezine] *vi* : **ne pas ~ sur qqch** nicht mit etw geizen.
lésion [lezjɔ̃] *nf* Verletzung *die.*
lesquels, lesquelles ▻ **lequel.**
lessive [lɛsiv] *nf* - 1. [produit] Waschmittel *das*, Waschpulver *das* - 2. [nettoyage - de mur, de sol] Abwaschen *das* ; [- de linge] Waschen *das* - 3. [linge] Wäsche *die.*
lessivé, e [lɛsive] *adj fam* [exténué] fix und fertig.
lest [lɛst] *nm* Ballast *der.*
leste [lɛst] *adj* - 1. [personne, mouvement] behänd, gewandt - 2. [propos] anstößig.
lester [3] [lɛste] *vt* [navire, ballon] mit Ballast versehen ; [ligne de pêche] beschweren.
léthargie [letarʒi] *nf* Lethargie *die.*
léthargique [letarʒik] *adj* lethargisch.
Lettonie [lɛtɔni] *nf* : **la ~** Lettland *nt.*
lettre [lɛtr] *nf* - 1. [caractère] Buchstabe *der* ; **écrire en toutes ~s** [mot] aus|schreiben ; [chiffre] in Worten schreiben - 2. [écrit] Brief *der* ; **~ d'amour** Liebesbrief. ◆ **lettres** *nfpl* - 1. [culture littéraire] : **avoir des ~s** gebildet sein - 2. UNIV Geisteswissenschaften *Pl* ; **~s classiques** Altphilologie *die* ; **~s modernes** Neuphilologie *die.* ◆ **à la lettre** *loc adv* ganz genau. ◆ **au pied de la lettre** *loc adv* (wort)wörtlich.
lettré, e [lɛtre] <> *adj* gebildet <> *nm, f* Gebildete *der*, Gebildete *die.*
leucémie [løsemi] *nf* Leukämie *die.*
leucocyte [løkɔsit] *nm* Leukozyt *der.*
leur [lœr] *pron pers* ihnen ; **je vais ~ dire** ich werde ihnen sagen ; **je le ~ ai pris** ich habe es ihnen genommen. ◆ **leur** (*pl* **leurs**) *adj poss* ihr, -e *die.* ◆ **le leur** (*f* **la leur** ; *pl* **les leurs**) *pron poss* ihre,-r,-s, der OU die OU das ihre ; **ce n'est pas ma voiture, c'est la ~** das ist nicht mein Wagen, sondern ihrer.
leurrer [5] [lœre] *vt* ködern. ◆ **se leurrer** *vp* sich *(D)* Illusionen machen ; **se ~ sur qqn** sich in jm täuschen.
leurs ▻ **leur.**
levain [ləvɛ̃] *nm* Treibmittel *das* ; **pain au ~** Sauerteig-Brot *das.*
levant [ləvɑ̃] <> *nm* Morgen *der* <> *adj* ▻ **soleil.**
lever¹ [19] [ləve] <> *vt* - 1. [soulever, hausser] heben ; [ancre] lichten - 2. [rideau, drapeau, store] hoch|ziehen ; [vitre] hoch|schieben, hoch|kurbeln - 3. [séance, punition, interdiction] auf|heben ; [difficulté] beheben ; [obstacle] beseitigen - 4. [impôts, taxes] erheben <> *vi* auf|gehen. ◆ **se lever** *vp* - 1. [personne] auf|stehen, sich erheben - 2. [astre] auf|gehen ; [jour] an|brechen - 3. [vent, tempête] auf|kommen.
lever² [ləve] *nm* - 1. [d'astre] Aufgang *der* ; **~ du soleil** Sonnenaufgang - 2. [de personne] Aufstehen *das.*
lève-tard [lɛvtar] *nmf inv* Langschläfer *der*, -in *die.*
lève-tôt [lɛvto] *nmf inv* Frühaufsteher *der*, -in *die.*
levier [ləvje] *nm* Hebel *der* ; *fig* Mittel *das* ; **~ de vitesse** Schalthebel.
lévitation [levitasjɔ̃] *nf* Levitation *die.*
lèvre [lɛvr] *nf* ANAT Lippe *die.*
lévrier, levrette [levrije, ləvrɛt] *nm, f* Windhund *der*, -hündin *die.*
levure [ləvyr] *nf* Hefe *die* ; **~ de bière** Bierhefe ; **~ chimique** Backpulver *das.*
lexicographie [lɛksikɔgrafi] *nf* Lexikografie *die.*
lexique [lɛksik] *nm* - 1. [dictionnaire] Wortverzeichnis *das* - 2. [vocabulaire] Fachvokabular *das.*
lézard [lezar] *nm* Eidechse *die.*
lézarder [3] [lezarde] *vt* - 1. [fissurer] rissig machen - 2. *fam* [paresser] sich (in der Sonne) aalen. ◆ **se lézarder** *vp* Risse bekommen.
liaison [ljɛzɔ̃] *nf* - 1. [gén] Verbindung *die* ; **être en ~ avec qqn** mit jm in Verbindung stehen ; **entrer en ~ avec qqn** mit jm Verbindung auf|nehmen ; **avoir une ~ (avec qqn)** (mit jm) ein Verhältnis haben - 2. LING Liaison *die.*
liane [ljan] *nf* Liane *die.*
liant, e [ljɑ̃, ɑ̃t] *adj* kontaktfreudig. ◆ **liant** *nm* [substance] Bindemittel *das.*
Liban [libɑ̃] *nm* : **le ~** der Libanon, Libanon *nt.*
libanais, e [libanɛ, ɛz] *adj* libanesisch. ◆ **Libanais, e** *nm, f* Libanese *der*, -sin *die.*
libeller [4] [libele] *vt* - 1. [chèque] aus|stellen - 2. [lettre, demande] auf|setzen.
libellule [libelyl] *nf* Libelle *die.*
libéral, e, aux [liberal, o] <> *adj* - 1. POLIT liberal - 2. [indépendant] freiberuflich ; **profession ~e** freier Beruf - 3. ÉCON : **économie ~e** freie Marktwirtschaft <> *nm, f* POLIT Liberale *der*, Liberale *die.*
libéraliser [3] [liberalize] *vt* liberalisieren.
libéralisme [liberalism] *nm* - 1. POLIT Liberalismus *der* - 2. ÉCON freie Marktwirtschaft - 3. [tolérance] Liberalität *die.*
libération [liberasjɔ̃] *nf* - 1. [de prisonnier, de militaire, d'obligation] Entlassung *die* - 2. [de pays, des femmes] Befreiung *die.* ◆ **Libération** *nf* HIST *Befreiung Frankreichs von den deutschen Besatzungstruppen* (1944).

libérer [18] [libere] *vt* - **1.** [prisonnier, militaire] entlassen, freillassen - **2.** [d'obligation] : **~ qqn de qqch** jn aus etw entlassen ; [dette] jm etw erlassen - **3.** [pays, femmes] befreien - **4.** [passage] frei machen - **5.** [fonds] freilgeben ; [capital] einlzahlen. ◆ **se libérer** *vp* - **1.** [se rendre disponible] sich frei machen - **2.** [se dégager] : **se ~ de qqch** [lien] sich von etw befreien ; [dette] etw begleichen.

liberté [libɛrte] *nf* [gén] Freiheit *die* ; **parler en toute ~** seine Meinung frei OU offen zum Ausdruck bringen ; **en ~** in Freiheit ; [prisonnier] auf freiem Fuß ; [animal] in freier Wildbahn ; **~ d'expression** freie Meinungsäußerung ; **~ d'opinion** Meinungsfreiheit.

libertin, e [libɛrtɛ̃, in] ◇ *adj* [personne] sittenlos ; [image] lasziv ◇ *nm, f Mensch mit ausschweifendem Lebenswandel.*

libidineux, euse [libidinø, øz] *adj* lüstern.

libido [libido] *nf* Libido *die.*

libraire [librɛr] *nmf* Buchhändler *der,* -in *die.*

librairie [librɛri] *nf* Buchhandlung *die.*

libre [libr] *adj* frei ; **être ~ de faire qqch** frei sein, etw zu tun ; **être ~ de ses actes** sein eigener Herr sein.

libre-échange [librеʃɑ̃ʒ] *nm* Freihandel *der.*

librement [librəmɑ̃] *adv* - **1.** [vivre, interpréter] frei - **2.** [parler] offen - **3.** [consentir] freiwillig, aus freien Stücken.

libre-service [librəsɛrvis] *nm* - **1.** [magasin] Selbstbedienungsladen *der* ; [restaurant] Selbstbedienungsrestaurant *das* - **2.** [système] Selbstbedienung *die.*

Libye [libi] *nf* : **la ~** Libyen *nt.*

libyen, enne [libjɛ̃, ɛn] *adj* libysch. ◆ **Libyen, enne** *nm, f* Libyer *der,* -in *die.*

licence [lisɑ̃s] *nf* - **1.** [permis] Lizenz *die* ; [de pêche] Angelschein *der* ; [de débit de boissons] Schankerlaubnis *die* - **2.** UNIV *akademischer Grad nach 3-jährigem Studium in Frankreich* ; **~ ès lettres** *akademischer Grad nach 3-jährigem geisteswissenschaftlichem Studium.*

licencié, e [lisɑ̃sje] *nm, f* - **1.** UNIV *Hochschulabsolvent nach 3-jährigem Studium in Frankreich* - **2.** [sportif] Lizenzinhaber *der,* -in *die.*

licenciement [lisɑ̃simɑ̃] *nm* Entlassung *die.*

licencier [9] [lisɑ̃sje] *vt* entlassen.

lichen [likɛn] *nm* Flechte *die.*

licite [lisit] *adj* erlaubt, zulässig.

licorne [likɔrn] *nf* Einhorn *das.*

lie [li] *nf* Hefe *die.*

lié, e [lje] *adj* verbunden ; **être très ~s** befreundet sein ; **être ~ à qqn par qqch** durch etw an jn gebunden sein.

lie-de-vin [lidvɛ̃] *adj inv* weinrot.

liège [ljɛʒ] *nm* Kork *der.*

Liège [ljɛʒ] *n* Lüttich *nt.*

lien [ljɛ̃] *nm* - **1.** [sangle] Band *das* - **2.** [rapport] Zusammenhang *der.* ◆ **liens** *nmpl* Bindungen *Pl,* Bande *Pl.*

lier [9] [lje] *vt* - **1.** [attacher] zusammenlbinden ; **~ qqn à qqch** jn an etw *(D)* festlbinden, jn an etw *(A)* fesseln - **2.** [sujet : serment, contrat] : **~ qqn (par qqch)** jn (durch etw) binden - **3.** [amitié, conversation] anlknüpfen. ◆ **se lier** *vp* [s'attacher] Freundschaft schließen ; **se ~ (d'amitié) avec qqn** sich mit jm anlfreunden.

lierre [ljɛr] *nm* Efeu *der.*

liesse [ljɛs] *nf* Jubel *der.*

lieu, x [ljø] *nm* Ort *der* ; **au ~ de qqch** anstelle einer Sache *(G)* ; **au ~ de faire qqch** anstatt etw zu tun ; **en ~ sûr** an einem sicheren Ort ; **en dernier ~** zuletzt ; **en premier ~** erstens ; **en second ~** zweitens ; **~ de naissance** Geburtsort ; **avoir ~** stattlfinden ; [accident] sich ereignen ; **il n'y a pas ~ de faire qqch** es besteht keine Veranlassung, etw zu tun. ◆ **lieux** *nmpl* [d'événement] Ort *der* des Geschehens ; **sur les ~x du crime** am Tatort. ◆ **lieu commun** *nm* Gemeinplatz *der.*

lieu-dit *nm im Volksmund gebräuchlicher Ortsname.*

lieue [ljø] *nf* Meile *die.*

lieutenant [ljøtnɑ̃] *nm* MIL Oberleutnant *der.*

lièvre [ljɛvr] *nm* [animal & CULIN] Hase *der.*

lifting [liftiŋ] *nm* Lifting *das.*

ligament [ligamɑ̃] *nm* Band *das.*

ligaturer [3] [ligatyre] *vt* MÉD durch eine Ligatur ablschnüren.

light [lajt] *adj* [allégé] light.

ligne [liɲ] *nf* - **1.** [gén] Linie *die* ; **à 10 km en ~ droite** in 10 km Luftlinie ; **~ directrice** Leitlinie ; **~ aérienne** Fluglinie ; **~ d'arrivée** Ziellinie ; **~ de conduite** Richtschnur *die* ; **~ de départ** Startlinie ; **dans les grandes ~s** *fig* in groben Zügen ; **entrer en ~ de compte** *fig* berücksichtigt werden - **2.** [de texte] Zeile *die* ; **~ de commande** INFORM Kommandozeile - **3.** [silhouette] : **garder la ~** schlank bleiben ; **surveiller sa ~** auf die (schlanke) Linie achten - **4.** ÉLECTR & TÉLÉCOM Leitung *die* - **5.** [de pêche] Angelschnur *die,* Angelleine *die* ; **pêcher à la ~** angeln - **6.** [file] Reihe *die.*

lignée [liɲe] *nf* Nachkommenschaft *die.*

ligoter [3] [ligɔte] *vt* [attacher] : **~ qqn (à qqch)** jn (an etw *(A)*) fesseln.

ligue [lig] *nf* Liga *die.*

liguer [3] [lige] *vt* vereinen. ◈ **se liguer** *vp :* **se ~ (contre qqn)** sich (gegen jn) verbünden.
lilas [lila] ◇ *nm* Flieder *der* ◇ *adj inv* lila.
limace [limas] *nf* ZOOL Schnecke *die (ohne Gehäuse).*
limaille [limaj] *nf :* **la ~** Feilspäne *Pl.*
limande [limɑ̃d] *nf* Kliesche *die.*
lime [lim] *nf* Feile *die ;* **~ à ongles** Nagelfeile.
limer [3] [lime] *vt* **- 1.** [ongle] feilen **- 2.** [aspérité] ab|feilen **- 3.** [barreau] durch|feilen.
limier [limje] *nm* **- 1.** [chien] Spürhund *der* **- 2.** [détective] Spürnase *die.*
liminaire [liminɛr] *adj* einleitend.
limitation [limitasjɔ̃] *nf* **- 1.** [de pouvoir] Einschränkung *die* **- 2.** [de vitesse, de prix, d'armement] Beschränkung *die.*
limite [limit] ◇ *nf* **- 1.** [gén] Grenze *die ;* **~ d'âge** Altersgrenze **- 2.** MATHS Grenzwert *der* **- 3.** [terme, échéance] : **~ d'inscription** Anmeldeschluss *der* ◇ *adj* [prix, vitesse] Höchst- ; [cas] Grenz- ; [date] Schluss-. ◈ **à la limite** *loc adv* höchstens.
limiter [3] [limite] *vt* **- 1.** [pouvoir] ein|schränken **- 2.** [délimiter] begrenzen. ◈ **se limiter** *vp :* **se ~ à qqch** sich auf etw *(A)* beschränken ; **se ~ à faire qqch** sich darauf beschränken, etw zu tun.
limitrophe [limitrɔf] *adj* **- 1.** [frontalier] Grenz- ; **être ~ de qqch** an etw *(A)* grenzen **- 2.** [voisin] angrenzend, benachbart.
limoger [17] [limɔʒe] *vt* ab|sägen, kalt|stellen.
limon [limɔ̃] *nm* Schlamm *der.*
limonade [limɔnad] *nf* Limonade *die.*
limpide [lɛ̃pid] *adj* klar.
lin [lɛ̃] *nm* **- 1.** [tissu] Leinen *das* **- 2.** BOT Flachs *der.*
linceul [lɛ̃sœl] *nm* Leichentuch *das.*
linéaire [lineɛr] *adj* **- 1.** [dessin] linear ; **mesure ~** Längenmaß *das* **- 2.** [récit] geradlinig.
linge [lɛ̃ʒ] *nm* **- 1.** [gén] Wäsche *die ;* **~ de table** Tischwäsche **- 2.** [sous-vêtements] (Unter)wäsche *die* **- 3.** [tissu] Tuch *das.*
lingerie [lɛ̃ʒri] *nf* **- 1.** [sous-vêtements] Damenunterwäsche *die* **- 2.** [local] Bügelzimmer *das.*
lingot [lɛ̃go] *nm* Barren *der ;* **~ d'or** Goldbarren.
linguistique [lɛ̃gɥistik] ◇ *nf* Sprachwissenschaft *die,* Linguistik *die* ◇ *adj* sprachwissenschaftlich, linguistisch ; [communauté, famille] Sprach-.
linoléum [linɔleɔm] *nm* Linoleum *das.*
lion, lionne [ljɔ̃, ljɔn] *nm, f* ZOOL Löwe *der,* Löwin *die.* ◈ **Lion** *nm* ASTRON & ASTROL Löwe *der ;* **sous le signe du Lion** im Zeichen des Löwen.
lionceau, x [ljɔ̃so] *nm* junger Löwe.
lipide [lipid] *nm :* **les ~s** Fette *Pl.*
liquéfier [9] [likefje] *vt* verflüssigen. ◈ **se liquéfier** *vp* **- 1.** [gaz] sich verflüssigen ; [solide] schmelzen **- 2.** *fam* [personne] (ganz) aufgelöst sein.
liqueur [likœr] *nf* [boisson] Likör *der.*
liquidation [likidasjɔ̃] *nf* **- 1.** [de dettes] Bezahlung *die* **- 2.** [de compte] Auflösung *die* **- 3.** [de stock] Räumungsverkauf *der* **- 4.** [de société, de succession & BOURSE] Liquidation *die* **- 5.** [de témoin, de problème] Beseitigung *die.*
liquide [likid] ◇ *nm* **- 1.** [substance] Flüssigkeit *die* **- 2.** [argent] Bargeld *das ;* **en ~** (in) bar ◇ *adj* **- 1.** [fluide] flüssig **- 2.** [argent] bar, Bar-.
liquider [3] [likide] *vt* **- 1.** [compte] auf|lösen **- 2.** [dette] bezahlen **- 3.** [stock] aus|verkaufen **- 4.** [société, succession] liquidieren **- 5.** [témoin, problème] beseitigen.
liquidité [likidite] *nf* flüssiger Zustand. ◈ **liquidités** *nfpl* Bargeld *das (sans pl).*
lire¹ [106] [lir] *vt* **- 1.** [gén] lesen ; **~ l'avenir** die Zukunft deuten ; **'lu et approuvé'** 'gelesen und genehmigt' **- 2.** [jugement] verlesen **- 3.** [à haute voix] vorlesen.
lire² [lir] *nf* Lira *die.*
lis, lys [lis] *nm* Lilie *die.*
Lisbonne [lisbɔn] *n* Lissabon *nt.*
liseré [lizre], **liséré** [lizere] *nm* **- 1.** [ruban] Paspel *die* **- 2.** [bande] Borte *die.*
liseron [lizrɔ̃] *nm* Winde *die.*
liseuse [lizøz] *nf* **- 1.** [vêtement] Bettjäckchen *das* **- 2.** [lampe] Leselampe *die.*
lisible [lizibl] *adj* lesbar.
lisière [lizjɛr] *nf* [de forêt] Rand *der.*
lisse [lis] *adj* glatt.
lisser [3] [lise] *vt* glätten.
liste [list] *nf* Liste *die ;* **~ électorale** Wählerliste ; **~ de mariage** *in einem Geschäft hinterlegte Liste mit den Geschenkwünschen eines Brautpaars ;* **être sur la ~ rouge** eine Geheimnummer haben.
lister [3] [liste] *vt* auf|listen.
listing [listiŋ] *nm* Auflistung *die.*
lit [li] *nm* [meuble, de rivière] Bett *das ;* **faire son ~** das Bett machen ; **~ de camp** Feldbett.
litanie [litani] *nf* Litanei *die.*
literie [litri] *nf* Bettwaren *Pl.*
lithographie [litɔgrafi] *nf* Lithografie *die.*
litière [litjɛr] *nf* [d'animal] Streu *die.*
litige [litiʒ] *nm* **- 1.** JUR Rechtsstreit *der* **- 2.** [désaccord] Streit *der.*
litigieux, euse [litiʒjø, øz] *adj* strittig.
litre [litr] *nm* Liter *der.*
littéraire [literɛr] *adj* **- 1.** [œuvre, citation] literarisch **- 2.** [talent] schriftstellerisch **- 3.** [histoire, critique] Literatur-.

littéral, e, aux [literal, o] *adj* wörtlich.
littérature [literatyr] *nf* Literatur *die.*
littoral, e, aux [litɔral, o] *adj* Küsten-. ◆ **littoral** *nm* Küstenstreifen *der ;* **le ~ méditerranéen** die Mittelmeerküste.
Lituanie [litɥani] *nf :* **la ~** Litauen *nt.*
liturgie [lityrʒi] *nf* Liturgie *die.*
livide [livid] *adj* fahl, bleich.
livraison [livrɛzɔ̃] *nf* Lieferung *die ;* **~ à domicile** Lieferung ins Haus ; **délai de ~** Lieferfrist *die.*
livre [livr] ◇ *nm* Buch *das ;* **~ de bord** Logbuch ; **~ de cuisine** Kochbuch ; **~ d'images** Bilderbuch ; **~ d'or** Goldenes Buch ; **~ de poche** Taschenbuch ◇ *nf* Pfund *das.*
livré, e [livre] *adj :* **être ~ à qqch** einer Sache *(D)* ausgeliefert sein ; **être ~ à soi-même** auf sich selbst *(A)* gestellt sein.
livre-cassette [livrəkasɛt] (*pl* **livres-cassettes**) *nm* Hörbuch *das.*
livrée [livre] *nf* [uniforme] Livree *die.*
livrer [3] [livre] *vt* - **1.** [COMM - marchandise] liefern ; [- personne] beliefern - **2.** [confier] : **~ qqch à qqn** jm etw an|vertrauen - **3.** [dénoncer] : **~ qqn à qqn** jn jm aus|liefern. ◆ **se livrer** *vp* - **1.** [se rendre] : **se ~ (à qqn)** sich (jm) ergeben - **2.** [se confier] : **se ~ à qqn** sich jm an|vertrauen - **3.** [se consacrer] : **se ~ à qqch** [travail] einer Sache *(D)* nach|gehen ; [excès] sich einer Sache *(D)* hin|geben.
livret [livrɛ] *nm* - **1.** [carnet] (kleines) Buch, Heft *das ;* **~ de caisse d'épargne** Sparbuch ; **~ de famille** Stammbuch ; **~ scolaire** ≃ Zeugnisheft - **2.** MUS Libretto *das,* Textbuch *das.*
livreur, euse [livrœr, øz] *nm, f* Ausfahrer *der,* -in *die,* Fahrer *der,* -in *die.*
lobby [lɔbi] (*pl* **lobbies**) *nm* Lobby *die.*
lobe [lɔb] *nm :* **~ de l'oreille** Ohrläppchen *das.*
local, e, aux [lɔkal, o] *adj* lokal, örtlich. ◆ **local** *nm* Raum *der.* ◆ **locaux** *nmpl* Büroräume *die.*
localiser [3] [lɔkalize] *vt* - **1.** [repérer] orten - **2.** [circonscrire] ein|grenzen - **3.** INFORM lokalisieren.
localité [lɔkalite] *nf* Ort *der,* Ortschaft *die.*
locataire [lɔkatɛr] *nmf* Mieter *der,* -in *die.*
location [lɔkasjɔ̃] *nf* - **1.** [louage - par propriétaire] Vermietung *die,* Verleih *der ;* [- par locataire] Mieten *das ;* **~ de vélos** Fahrradvermietung ; **~ de voitures** Autovermietung - **2.** [bail] Mietvertrag *der* - **3.** THÉÂTRE Vorverkauf *der.*
location-vente [lɔkasjɔ̃vɑ̃t] *nf* Leasing *das.*
locomotion [lɔkɔmɔsjɔ̃] *nf* Fortbewegung *die ;* **moyen de ~** Transportmittel *das.*
locomotive [lɔkɔmɔtiv] *nf* [machine] Lokomotive *die,* Lok *die.*
locution [lɔkysjɔ̃] *nf :* **~ adverbiale** Adverbialbestimmung *die ;* **~ idiomatique** Redewendung *die.*
loft [lɔft] *nm* Loft *der.*
logarithme [lɔgaritm] *nm* Logarithmus *der.*
loge [lɔʒ] *nf* - **1.** [de concierge] Hausmeisterwohnung *die* - **2.** [d'acteur] Garderobe *die* - **3.** [de spectacle, de francs-maçons] Loge *die.*
logement [lɔʒmɑ̃] *nm* - **1.** [appartement] Wohnung *die ;* **~ de fonction** Dienstwohnung - **2.** [hébergement] Unterkunft *die,* Bleibe *die.*
loger [17] [lɔʒe] ◇ *vi* wohnen ◇ *vt* [personnes] unter|bringen. ◆ **se loger** *vp* [trouver un logement] eine Wohnung finden.
logiciel [lɔʒisjɛl] *nm* Software *die.*
logique [lɔʒik] ◇ *nf* - **1.** [gén] Logik *die* - **2.** [raisonnement] Denkweise *die* ◇ *adj* logisch ; **rester ~ avec soi-même** konsequent bleiben.
logiquement [lɔʒikmɑ̃] *adv* - **1.** [avec cohérence] logisch - **2.** [normalement] logischerweise.
logis [lɔʒi] *nm* Unterkunft *die,* Haus *das.*
logistique [lɔʒistik] *nf* Logistik *die.*
logo [logo] *nm* Logo *das.*
loi [lwa] *nf* - **1.** [gén] Gesetz *das* - **2.** [convention, autorité] Regel *die.*
loin [lwɛ̃] *adv* - **1.** [dans l'espace] weit (weg) - **2.** [dans le temps] weit - **3.** *loc :* **aller ~** [événement] weit reichende Folgen haben ; **il va un peu trop ~** er geht ein bisschen zu weit ; **il ira ~** er wird es weit bringen. ◆ **aussi loin que** *loc conj* - **1.** [dans l'espace] : **aussi ~ que l'on peut voir** so weit das Auge reicht - **2.** [dans le temps] so weit ; **d'aussi ~ que je me souvienne** so weit ich zurück|denken kann. ◆ **au loin** *loc adv* in der Ferne. ◆ **de loin** *loc adv* - **1.** [à distance] von weitem ; **de très ~** aus großer Ferne - **2.** [largement] bei weitem. ◆ **loin de** *loc prép* - **1.** [gén] weit von ; **~ de qqch** weit von etw entfernt ; **être ~ du compte** sich gewaltig irren - **2.** [à l'écart de] weit weg von ; **être ~ de faire qqch** *fig* weit davon entfernt sein, etw zu tun. ◆ **loin de là** *interj* ganz im Gegenteil.
lointain, e [lwɛ̃tɛ̃, ɛn] *adj* - **1.** [éloigné, approximatif] entfernt - **2.** [époque] fern.
loir [lwar] *nm* Siebenschläfer *der.*
Loire [lwar] *nf :* **la ~** die Loire.
loisir [lwazir] *nm* Freizeit *die.* ◆ **loisirs** *nmpl* Freizeitbeschäftigungen *Pl.*
lombago = **lumbago.**
Londres [lɔ̃dr] *n* London *nt.*

long, longue [lɔ̃, lɔ̃g] *adj* - **1.** [gén] lang - **2.** [habitude, expérience] groß - **3.** [lent] langsam ; **être ~ à faire qqch** für etw lange brauchen. ◈ **long** ◇ *nm* - **1.** [dans l'espace] : **cela fait 4 mètres de ~** das ist 4 Meter lang ; **le ~ du mur** die Mauer entlang - **2.** [dans le temps] : **tout le ~ du jour** den ganzen Tag lang ◇ *adv* [beaucoup] viel ; **en savoir ~ sur qqch** genau über etw *(A)* Bescheid wissen. ◈ **à la longue** *loc adv* mit der Zeit. ◈ **de long en large** *loc adv* hin und her. ◈ **en long et en large** *loc adv* lang und breit.

longer [17] [lɔ̃ʒe] *vt* - **1.** [sujet : route] entlang|führen - **2.** [sujet : piéton] entlang|gehen.

longévité [lɔ̃ʒevite] *nf* - **1.** [durée de vie] Lebensdauer *die* - **2.** [longue durée de vie] Langlebigkeit *die.*

longiligne [lɔ̃ʒiliɲ] *adj* lang gestreckt.

longitude [lɔ̃ʒityd] *nf* Längengrad *der,* Länge *die.*

longtemps [lɔ̃tɑ̃] *adv* lange ; **depuis ~** seit langem ; **il y a ~ que** es ist schon lange her, dass.

longue ▻ **long.**

longuement [lɔ̃gmɑ̃] *adv* lange.

longueur [lɔ̃gœr] *nf* Länge *die ;* **à ~ de journée** den ganzen Tag lang ; **à ~ de temps** ständig ; **en ~, dans le sens de la ~** längs.

longue-vue *nf* Fernrohr *das.*

look [luk] *nm* - **1.** [tendance] Look *der* - **2.** [aspect] Outfit *das.*

looping [lupiŋ] *nm* Looping *der.*

lopin [lɔpɛ̃] *nm* (Grund)stück *das ;* **~ de terre** Stück Erde.

loquace [lɔkas] *adj* gesprächig.

loque [lɔk] *nf* - **1.** [vêtement] Fetzen *der ;* **en ~s** zerfetzt - **2.** *fig* [personne] Wrack *das.*

loquet [lɔkɛ] *nm* Riegel *der.*

lorgner [3] [lɔrɲe] *vt* - **1.** [observer] beäugeln - **2.** [convoiter] : **~ qqch** auf etw *(A)* schielen.

lors [lɔr] ◈ **lors de** *loc prép* zur Zeit *(+ G),* bei. ◈ **pour lors** *loc adv* bis auf weiteres.

lorsque [lɔrskə] *conj* als.

losange [lɔzɑ̃ʒ] *nm* Raute *die.*

lot [lo] *nm* - **1.** [gén] Los *das* - **2.** [part] Parzelle *die.*

loterie [lɔtri] *nf* - **1.** [jeu] Lotterie *die* - **2.** [hasard] Lotteriespiel *das.*

loti, e [lɔti] *adj :* **être bien/mal ~** es gut/schlecht haben.

lotion [lɔsjɔ̃] *nf* Lotion *die.*

lotissement [lɔtismɑ̃] *nm* [d'habitations] Siedlung *die.*

loto [lɔto] *nm* Lotto *das.*

lotte [lɔt] *nf* [de mer] Seeteufel *der.*

lotus [lɔtys] *nm* Lotus *der.*

louange [lwɑ̃ʒ] *nf* Lobrede *die.*

louche[1] [luʃ] *nf* Schöpfkelle *die.*

louche[2] [luʃ] *adj* [acte] dubios ; [individu] nicht ganz koscher.

loucher [3] [luʃe] *vi* schielen ; **~ sur qqn/qqch** nach jm/etw schielen.

louer [6] [lwe] *vt* - **1.** [sujet : propriétaire] : **~ (qqch à qqn)** (jm etw) vermieten ; **à ~** zu vermieten - **2.** [sujet : locataire] mieten - **3.** [place] reservieren ; [de spectacle] vorl|bestellen - **4.** *sout* [personne] loben. ◈ **se louer** *vp* [objet, logement] vermietet werden.

loufoque [lufɔk] *fam* ◇ *nmf* Ausgeflippte *der,* Ausgeflippte *die* ◇ *adj* ausgeflippt.

loup [lu] *nm* - **1.** [carnassier] Wolf *der* - **2.** [poisson] Seewolf *der.*

loupe [lup] *nf* [optique] Lupe *die.*

louper [3] [lupe] *vt fam* - **1.** [train, avion] verpassen - **2.** [examen] verpfuschen.

loup-garou [lugaru] *nm* Werwolf *der.*

lourd, e [lur, lurd] *adj* - **1.** [gén] schwer - **2.** [indigeste] schwer verdaulich - **3.** [maladroit] schwerfällig ; [plaisanterie] plump. ◈ **lourd** *adv :* **peser ~** schwer wiegen.

loutre [lutr] *nf* - **1.** [animal] Fischotter *der* - **2.** [fourrure] Otterpelz *der.*

louve [luv] *nf* Wölfin *die.*

louveteau, x [luvto] *nm* Wölfling *der.*

louvoyer [13] [luvwaje] *vi* - **1.** NAVIG kreuzen - **2.** *fig* [biaiser] taktieren.

lover [3] [lɔve] ◈ **se lover** *vp* - **1.** [personne] sich kuscheln - **2.** [serpent] sich zusammen|rollen.

loyal, e, aux [lwajal, o] *adj* - **1.** [fidèle] treu - **2.** [honnête] loyal.

loyalement [lwajalmɑ̃] *adv* loyal, fair.

loyauté [lwajote] *nf* - **1.** [fidélité] Treue *die* - **2.** [honnêteté] Loyalität *die.*

loyer [lwaje] *nm* Miete *die.*

LP (*abr de* **lycée professionnel**) *nm* ≃ Berufsschule *die.*

LSD (*abr de* **Lysergic acid diethylamide**) *nm* LSD *das.*

lu, e [ly] *pp* ▻ **lire.**

lubie [lybi] *nf* Schnapsidee *die.*

lubrifier [9] [lybrifje] *vt* schmieren, ölen.

lubrique [lybrik] *adj* lüstern.

lucarne [lykarn] *nf* [fenêtre] Dachluke *die.*

Lucerne [lysɛrn] *n* Luzern *nt.*

lucide [lysid] *adj* - **1.** [conscient] klar (bei Verstand) - **2.** [clairvoyant] hellsichtig.

lucidité [lysidite] *nf* - **1.** [conscience] Klarheit *die ;* **moment de ~** klarer Moment - **2.** [clairvoyance] Hellsichtigkeit *die.*

lucratif, ive [lykratif, iv] *adj* lukrativ.

ludique [lydik] *adj* Spiel-, spielerisch.

lueur [lɥœr] *nf* - **1.** [lumière] Schein *der*

- **2.** *fig* [éclat] Funke *der* - **3.** *fig* [moment] Schimmer *der.*

luge [lyʒ] *nf* Schlitten *der ;* **faire de la ~** Schlitten fahren.

lugubre [lygybr] *adj* finster, düster.

lui¹ [lɥi] *pp inv* ▷ **luire.**

lui² [lɥi] *pron pers* - **1.** [complément indirect masculin] ihm ; [complément indirect féminin] ihr ; **je ~ ai parlé** ich habe mit ihm OU ihr gesprochen - **2.** [sujet, attribut, dans comparaison] er ; **elle est plus jeune que ~** sie ist jünger als er - **3.** [complément d'objet direct] ihn - **4.** [après une préposition] ihn, ihm - **5.** [remplaçant soi] sich selbst ; **il est content de ~** er ist mit sich selbst zufrieden.

lui-même [lɥimɛm] *pron pers* - **1.** [gén] er selbst ; **j'ai vu le directeur ~** ich habe den Direktor höchstpersönlich gesehen - **2.** [au téléphone] am Apparat.

luire [97] [lɥir] *vi* [briller] leuchten.

lumbago, lombago [lɔ̃bago] *nm* Hexenschuss *der.*

lumière [lymjɛr] *nf* - **1.** [éclairage] Licht *das* - **2.** [personne] Leuchte *die.*

lumineux, euse [lyminø, øz] *adj* - **1.** [brillant] Licht- ; **source lumineuse** Lichtquelle *die* - **2.** [clair] einleuchtend.

luminosité [lyminozite] *nf* - **1.** [éclat] Helligkeit *die* - **2.** PHYS & SCIENCE Leuchtkraft *die.*

lump [lœ̃p] *nm :* **œufs de ~** Kaviarersatz *der.*

lunaire [lynɛr] *adj* Mond-.

lunatique [lynatik] *adj* launisch.

lunch [lœnʃ] *nm* Lunch *der.*

lundi [lœ̃di] *nm* Montag *der ; voir aussi* **samedi.**

lune [lyn] *nf* Mond *der ;* **la Lune** der Mond ; **~ de miel** Flitterwochen *Pl ;* **être dans la ~** *fig* zerstreut sein.

lunette [lynɛt] *nf* ASTRON Fernglas *das.*
◆ **lunettes** *nfpl :* **~s (de vue)** Brille *die.*

lurette [lyrɛt] *nf :* **il y a belle ~ que** *fam* es ist schon ewig lange her, dass.

luron, onne [lyrɔ̃, ɔn] *nm, f :* **joyeux ~** lustiger Geselle.

lustre [lystr] *nm* - **1.** [luminaire] Kronleuchter *der* - **2.** [éclat] Glanz *der.*

lustré, e [lystre] *adj* blank.

lustrer [3] [lystre] *vt* blank putzen.

luth [lyt] *nm* Laute *die.*

lutin [lytɛ̃] *nm* Kobold *der.*

lutte [lyt] *nf* - **1.** [combat] Kampf *der ;* **~ des classes** Klassenkampf - **2.** SPORT Ringen *das.*

lutter [3] [lyte] *vi* kämpfen.

lutteur, euse [lytœr, øz] *nm, f* - **1.** SPORT Ringer *der,* -in *die* - **2.** *fig* [personne] Kämpfer *der,* -in *die.*

luxation [lyksasjɔ̃] *nf* Verrenkung *die.*

luxe [lyks] *nm* Luxus *der ;* **de ~** Luxus-.

Luxembourg [lyksɑ̃bur] *nm* - **1.** [pays] : **le ~** Luxemburg *nt ;* **au ~** in Luxemburg - **2.** [ville] Luxemburg *nt ;* **à ~** in Luxemburg.

luxembourgeois, e [lyksɑ̃burʒwa, az] *adj* luxemburgisch, Luxemburger *(adj inv).*
◆ **Luxembourgeois, e** *nm, f* Luxemburger *der,* -in *die.*

luxueux, euse [lyksɥø, øz] *adj* luxuriös, Luxus-.

luxure [lyksyr] *nf* Ausschweifung *die.*

luxurieux, euse [lyksyrjø, øz] *adj* lüstern, aufschweifend.

> **luxurieux**
>
> Das französische Adjektiv **luxurieux** bedeutet „lüstern", „ausschweifend" und darf keinesfalls mit dem deutschen Begriff „luxuriös" übersetzt werden. **Ils mènent une vie luxurieuse** wird also mit „Sie führen ein ausschweifendes Leben" übersetzt.
>
> „Luxuriös" dagegen wird mit dem ähnlich lautenden Begriff **luxeux, euse** wiedergegeben: „Sie leben in einem luxuriösen Apartment" heißt auf Französisch **Ils vivent dans un appartement luxueux**.

luzerne [lyzɛrn] *nf* Luzerne *die.*

lycée [lise] *nm* ≃ Gymnasium *das.*

> **lycée**
>
> Schüler, die möglichst früh eine Berufsausbildung anstreben und einen kurzen Schulzyklus durchlaufen möchten, besuchen das **lycée professionnel**, wo sie ein BEP (**brevet d'études professionnelles**) oder ein Fachabitur **bac professionnel** ablegen.
>
> Schüler, die den langen Schulzyklus vorziehen, besuchen das **lycée**, wo sie das Abitur vorbereiten. Sie können sich dort auf bestimmte Zweige spezialisieren und ein **bac L** (Geisteswissenschaft), **ES** (Wirtschaft und Soziales) oder **S** (Naturwissenschaft) vorbereiten. Mit diesem Abitur sind die Schüler berechtigt, die Universität zu besuchen.

lycéen, enne [liseɛ̃, ɛn] *nm, f* Gymnasiast *der,* -in *die.*

lymphatique [lɛ̃fatik] *adj* - **1.** MÉD Lymph- - **2.** *fig* [apathique] träge.

lyncher [3] [lɛ̃ʃe] *vt* lynchen.

lynx [lɛ̃ks] *nm* Luchs *der.*

lyophilisé, e [ljɔfilize] *adj* Trocken- ; [café] Pulver-.

lyre [lir] *nf* MUS Lyra *die.*

lyrique [lirik] *adj* - **1.** [poésie, enthousiaste] lyrisch - **2.** MUS & THÉÂTRE : **spectacle ~** musikalisches Schauspiel.

lys = lis.

M

m, M [ɛm] *nm inv* [lettre] m *das*, M *das*. ◆ **m** - **1.** (*abr de* **milli**) m - **2.** (*abr de* **mètre**) m. ◆ **M** - **1.** (*abr de* **méga**) M - **2.** (*abr de* **Monsieur**) Hr. *(Herr)* - **3.** (*abr de* **million**) Mio. - **4.** (*abr de* **masculin**) m. ◆ **m** (*abr de* **mètre carré**) m^2 ; ◆ **m** (*abr de* **mètre cube**) m^3 ;

ma ▷ mon.

macabre [makabr] *adj* makaber ; **danse ~** Totentanz *der.*

macadam [makadam] *nm* - **1.** [route] Asphalt *der* - **2.** [revêtement] Makadam *der.*

macaron [makarɔ̃] *nm* - **1.** [pâtisserie] Makrone *die* - **2.** [autocollant] Abzeichen *das.*

macaroni [makarɔni] *nm* Makkaroni *Pl.*

macédoine [masedwan] *nf* : **~ de fruits** Obstsalat *der.*

macérer [18] [masere] ◇ *vt* einllegen ◇ *vi* ziehen ; **faire ~** durchziehen lassen.

mâche [maʃ] *nf* Feldsalat *der.*

mâcher [3] [maʃe] *vt* kauen.

machiavélique [makjavelik] *adj* machiavellistisch, durchtrieben.

machination [maʃinasjɔ̃] *nf* Machenschaft *die.*

machine [maʃin] *nf* [gén] Maschine *die* ; **~ à écrire** Schreibmaschine ; **~ à laver** Waschmaschine.

machine-outil *nf* Werkzeugmaschine *die.*

machiniste [maʃinist] *nm* - **1.** THÉÂTRE & CIN Maschinenmeister *der*, -in *die* - **2.** TRANSPORT Maschinist *der.*

machisme [matʃism] *nm péj* Machismo *der.*

mâchoire [maʃwar] *nf* Kiefer *der.*

mâchonner [3] [maʃɔne] *vt* - **1.** [mâcher] (zer)kauen - **2.** [mordiller] : **~ qqch** an etw *(D)* knabbern OU kauen.

maçon [masɔ̃] *nm* Maurer *der.*

maçonnerie [masɔnri] *nf* - **1.** [travaux] Maurerei *die* - **2.** [construction] Mauerwerk *das.*

macramé [makrame] *nm* Makramee *das.*

macrobiotique [makrɔbjɔtik] ◇ *nf* Makrobiotik *die* ◇ *adj* makrobiotisch.

macroéconomie [makrɔekɔnɔmi] *nf* Volkswirtschaft *die.*

maculer [3] [makyle] *vt* beschmutzen.

madame [madam] (*pl* **mesdames** [medam]) *nf* - **1.** [gén] Frau ; **bonjour ~!** guten Tag! ; **bonjour ~ Dupont!** guten Tag Frau Dupont! ; **mesdames et messieurs** meine Damen und Herren - **2.** [dans titre] : **Madame la Directrice m'a dit que** die Direktorin hat mir gesagt, dass - **3.** [dans lettre ou discours] : **Madame le Ministre,** sehr geehrte Frau Ministerin.

Madame le ...

Bei den französischen Berufsbezeichnungen gibt es häufig keine weibliche Form. So spricht man bei einer Schriftstellerin von **écrivain**, bei einer Lehrerin von **professeur** und bei einer Fotografin von **photographe**. Dass es sich um eine Frau handelt, wird oft nur durch den Kontext deutlich. Zur Verdeutlichung fügt man auch oft ein **Madame le** hinzu, wie zum Beispiel **Madame le docteur** für eine Ärztin, oder **Madame le proviseur** für eine Schulleiterin. Bei einigen, oft auch traditionell von Frauen ausgeübten Berufen gibt es weibliche Formen, so bei **instituteur/institutrice** oder **maître/maîtresse**. Immer häufiger verwendet man jedoch den weiblichen Artikel vor der Berufsbezeichnung, zum Beispiel hört man **la ministre**.

madeleine [madlɛn] *nf* [gâteau] *Biskuitgebäck.*

mademoiselle [madmwazɛl] (*pl* **mesdemoiselles** [medmwazɛl]) *nf* Fräulein *das ; voir aussi* **madame**.

Mademoiselle

Die französische Anrede **Mademoiselle** wird im Alltag gegenüber Frauen verwendet, von denen man annimmt, dass sie nicht verheiratet sind. Sie wird relativ altersunabhängig gebraucht, wenngleich sie oft als Kompliment für ein jugendliches Aussehen zu verstehen ist. Auch im Verwaltungsbereich unterscheidet man die Kategorie der ledigen **Mademoiselle** deutlich von der Kategorie der verheirateten **Madame**, jedoch weniger im Hinblick auf Minder- oder Volljährigkeit.

madère [madɛr] *nm* Madeirawein *der.*

madone [madɔn] *nf* Madonna *die.*
Madrid [madrid] *n* Madrid *nt.*
madrier [madrije] *nm* Bohle *die.*
maestria [maɛstrija] *nf* Meisterhaftigkeit *die ;* **avec ~** meisterhaft *(adv).*
mafia, maffia [mafja] *nf* Mafia *die.*
magasin [magazɛ̃] *nm* **- 1.** [boutique] Geschäft *das ;* **faire les ~s** die Geschäfte ab|klappern ; [sans but] einen Einkaufsbummel machen ; **grand ~** Kaufhaus *das* **- 2.** [de machine, entrepôt] Magazin *das ;* **en ~** vorrätig.
magazine [magazin] *nm* **- 1.** [revue] Magazin *das,* Zeitschrift *die* **- 2.** TÉLÉ & RADIO [émission] Magazin *das.*
magicien, enne [maʒisjɛ̃, ɛn] *nm, f* Zauberer *der,* -berin *die.*
magie [maʒi] *nf* [sorcellerie] Zauberei *die ;* **faire de la ~** zaubern.
magique [maʒik] *adj* **- 1.** [occulte] magisch **- 2.** [merveilleux] zauberhaft.
magistral, e, aux [maʒistral, o] *adj* **- 1.** [excellent] überragend **- 2.** [doctoral] belehrend ; **cours ~** Vorlesung *die.*
magistrat [maʒistra] *nm* **- 1.** [gén] Amtsinhaber *der,* -in *die* **- 2.** JUR [juge] Richter *der ;* [procureur] Staatsanwalt *der.*
magistrature [maʒistratyr] *nf* **- 1.** [fonction] Amt *das* **- 2.** [ensemble des magistrats] *Richter- und Staatsanwaltschaft.*
magma [magma] *nm* **- 1.** GÉOL Magma *das* **- 2.** [mélange] Verquickung *die.*
magnanime [maɲanim] *adj sout* großherzig.
magnat [magna] *nm* Magnat *der.*
magnésium [maɲezjɔm] *nm* Magnesium *das.*
magnétique [maɲetik] *adj* **- 1.** PHYS Magnet- **- 2.** *fig* [attirant] fesselnd.
magnétisme [maɲetism] *nm* **- 1.** PHYS Magnetismus *der* **- 2.** *fig* [attirance] Anziehungskraft *die.*
magnéto [maɲeto] *(abr de* **magnétophone***) nm fam* Kassettenrekorder *der.*
magnétocassette [maɲetɔkasɛt] *nm* Kassettenrekorder *der.*
magnétophone [maɲetɔfɔn] *nm* Kassettenrekorder *der.*
magnétoscope [maɲetɔskɔp] *nm* Videorekorder *der.*
magnificence [maɲifisɑ̃s] *nf* Pracht *die.*
magnifique [maɲifik] *adj* **- 1.** [très beau] wunderschön **- 2.** [grandiose] prachtvoll.
magnum [magnɔm] *nm große Flasche (ca. 2 Liter).*
magot [mago] *nm fam* Schatz *der.*
mai [mɛ] *nm* Mai *der ; voir aussi* **septembre.**
maigre [mɛgr] *adj* mager, Mager-.
maigreur [mɛgrœr] *nf* Magerkeit *die.*
maigrichon, onne [mɛgriʃɔ̃, ɔn] *adj péj* dürr.
maigrir [32] [megrir] *vi* ab|nehmen.
mailing [meliŋ] *nm* Mailing *das.*
maille [maj] *nf* [de tricot, de filet] Masche *die.*
maillet [majɛ] *nm* Holzhammer *der.*
maillon [majɔ̃] *nm* Kettenglied *das.*
maillot [majo] *nm* [de sport] Trikot *das ;* **~ de bain** Badeanzug *der ;* **~ de corps** Unterhemd *das.*
main [mɛ̃] *nf* Hand *die ;* **donner la ~ à qqn** jn an die Hand nehmen ; **serrer la ~ à qqn** jm die Hand geben ; **haut les ~s!** Hände hoch! ; **à ~ armée** bewaffnet ; **de première/seconde ~** aus erster/zweiter Hand ; **se faire la ~ (sur qqch)** sich (an etw *(D)*) üben. ◆ **à la main** *loc adv* von Hand. ◆ **main courante** *nf* Handlauf *der.*
main-d'œuvre (*pl* **mains-d'œuvre**) *nf* Arbeitskraft *die,* Personal *das.*
mainmise [mɛ̃miz] *nf* Vorherrschaft *die ;* **avoir la ~ sur qqch** über etw *(A)* herrschen.
maint, e [mɛ̃, mɛ̃t] *adj littéraire* viel ; **~es fois** oftmals.
maintenance [mɛ̃tnɑ̃s] *nf* Wartung *die.*
maintenant [mɛ̃tnɑ̃] *adv* **- 1.** [à présent] jetzt ; **~ que** jetzt, wo **- 2.** [ceci dit] nun.
maintenir [40] [mɛ̃tnir] *vt* **- 1.** [soutenir] ab|stützen **- 2.** [retenir] halten **- 3.** [garder] aufrecht|erhalten **- 4.** [affirmer] : **~ qqch** an etw *(D)* fest|halten ; **~ que** daran festhalten, dass. ◆ **se maintenir** *vp* sich halten.
maintenu, e [mɛ̃tny] *pp* ▻ **maintenir.**
maintien [mɛ̃tjɛ̃] *nm* **- 1.** [conservation] Erhalt *der* **- 2.** [tenue] Haltung *die.*
maire [mɛr] *nm* Bürgermeister *der,* -in *die.*
mairie [meri] *nf* **- 1.** [bâtiment] Rathaus *das* **- 2.** [administration] Gemeinde *die,* Stadt *die.*
mais [mɛ] ◇ *conj* **- 1.** [introduit une objection, une restriction] aber ; **il est intelligent ~ paresseux** er ist intelligent, aber faul ; **~ non!** aber nein! ; **non ~!** also so was! **- 2.** [après une négation] sondern ; **ce n'est pas bleu, ~ vert** das ist nicht blau, sondern grün **- 3.** [introduit une transition] nun (doch) ; **~ revenons à notre sujet** kommen wir nun wieder zu unserem Thema **- 4.** [sert à intensifier] vielleicht ; **c'était d'un ennui, ~ d'un ennui!** das war vielleicht langweilig! ◇ *adv* aber ; **vous êtes prêts? - ~ bien sûr!** sind Sie fertig? - aber ja doch! ; **~ aussi** aber auch. ◆ **non seulement ... mais (encore)** *loc corrélative* nicht nur ..., sondern (auch).
maïs [mais] *nm* Mais *der.*
maison [mɛzɔ̃] ◇ *nf* **- 1.** [gén] Haus *das ;*

~ **d'arrêt** Strafanstalt *die* ; ~ **de retraite** Altersheim *das* - **2.** [logis] Zuhause *das* ; **être à la** ~ zu Hause sein ; **rentrer à la** ~ nach Hause gehen ◇ *adj inv* : **(fait)** ~ hausgemacht.

Maison-Blanche *nf* : **la** ~ das Weiße Haus.

maisonnée [mɛzɔne] *nf* Haus *das*.

maisonnette [mɛzɔnɛt] *nf* Häuschen *das*.

maître, maîtresse [mɛtr, mɛtrɛs] *adj* Haupt- ; **idée maîtresse** Hauptgedanke *der*. ◆ **maître** *nm* - **1.** [professeur] Lehrer *der* ; ~ **auxiliaire** SCOL *Lehrer mit zeitlich befristetem Vertrag* ; ~ **d'école** Grundschullehrer ; ~ **nageur** Bademeister *der* - **2.** [modèle, artiste] Meister *der* - **3.** [dirigeant] Herr *der* ; ~ **de maison** Hausherr ; **être** ~ **de soi** Herr seiner selbst *(G)* sein - **4.** [chef] : ~ **d'hôtel** [au restaurant] Oberkellner *der*. ◆ **maîtresse** *nf* - **1.** [professeur] : **maîtresse d'école** Grundschullehrerin *die* - **2.** [dirigeante] Herrin *die* ; **maîtresse de maison** Dame *die* des Hauses - **3.** [amante] Geliebte *die*.

maître-assistant, e *nm, f* UNIV erster Assistent, erste Assistentin.

maîtresse ▷ **maître.**

maîtrise [metriz] *nf* - **1.** [gén] Beherrschung *die* - **2.** [habileté] Geschick *das* - **3.** UNIV *Hochschulabschluss nach vierjährigem Studium*.

maîtriser [3] [metrize] *vt* - **1.** [personne, animal] bezwingen - **2.** [sentiment, réaction] im Zaum halten - **3.** [incendie, catastrophe] in den Griff bekommen. ◆ **se maîtriser** *vp* sich beherrschen.

majesté [maʒɛste] *nf* Majestät *die*. ◆ **Majesté** *nf* : **Sa/Votre Majesté** Seine/Ihre Majestät.

majestueux, euse [maʒɛstɥø, øz] *adj* majestätisch.

majeur, e [maʒœr] *adj* - **1.** JUR volljährig - **2.** [principal] größte,-r,-s - **3.** [important] bedeutend - **4.** MUS Dur-. ◆ **majeur** *nm* [doigt] Mittelfinger *der*.

major [maʒɔr] *nm* - **1.** MIL ≃ Major *der* - **2.** SCOL Primus *der*.

majordome [maʒɔrdɔm] *nm* Butler *der*.

majorer [3] [maʒɔre] *vt* erhöhen.

majorette [maʒɔrɛt] *nf* Majorette *die*.

majoritaire [maʒɔritɛr] *adj* Mehrheits-.

majorité [maʒɔrite] *nf* - **1.** [âge] Volljährigkeit *die* - **2.** [majeure partie] Mehrzahl *die* ; **en (grande)** ~ größtenteils - **3.** POLIT Mehrheit *die* ; ~ **absolue/relative** absolute/relative Mehrheit.

majuscule [maʒyskyl] ◇ *nf* Großbuchstabe *der* ; **en ~s** großgeschrieben ◇ *adj* groß ; **A** ~ großes A.

mal, maux [mal, mo] *nm* - **1.** [douleur physique, maladie] Schmerz *der*, Weh *das* ; **j'ai** ~ **au cœur** mir ist schlecht ; **avoir le** ~ **de mer** seekrank sein ; **avoir** ~ **à la tête** OU **des maux de tête** Kopfschmerzen haben ; **faire** ~ **à qqn** jm wehtun ; **se faire** ~ sich *(D)* wehtun - **2.** [difficulté] Mühe *die* - **3.** [douleur morale] Weh *das*, Kummer *der* ; **faire du** ~ **à qqn** jm Kummer bereiten ; ~ **du siècle** Weltschmerz *der* - **4.** [ce qui est amoral] Böse *das*. ◆ **mal** *adv* - **1.** [gén] schlecht ; **aller** ~ schlecht gehen ; ~ **prendre qqch** etw übel nehmen ; ~ **tourner** sich zu|spitzen - **2.** [respirer] schwer - **3.** *loc* : **de** ~ **en pis** immer schlimmer ; **pas** ~ **de choses** recht viele Sachen.

malade [malad] ◇ *nmf* Kranke *der*, Kranke *die* ; ~ **mental** Geisteskranke ◇ *adj* - **1.** [souffrant] krank ; **tomber** ~ krank werden - **2.** *fam* [fou] bescheuert.

maladie [maladi] *nf* MÉD Krankheit *die* ; ~ **d'Alzheimer** Alzheimer-Krankheit *die* ; ~ **de Creutzfeldt-Jakob** Creutzfeldt-Jakob-Krankheit *die* ; ~ **de Parkinson** Parkinson-Syndrom *das* ; ~ **de la vache folle** Rinderwahnsinn *der* ; ~ **du charbon** Milzbrand *der*.

maladresse [maladrɛs] *nf* Ungeschicklichkeit *die*.

maladroit, e [maladrwa, at] ◇ *adj* ungeschickt ◇ *nm, f* Tollpatsch *der*.

malaise [malɛz] *nm* - **1.** [indisposition] Übelkeit *die* - **2.** [tension, crise] Unbehagen *das*.

malaisé, e [maleze] *adj* schwierig.

Malaisie [malɛzi] *nf* : **la** ~ Malaya *nt*.

malappris, e [malapri, iz] ◇ *adj* unerzogen ◇ *nm, f* Flegel *der*.

malaria [malarja] *nf* Malaria *die*.

malavisé, e [malavize] *adj littéraire* - **1.** [personne] unbedarft - **2.** [démarche] unbedacht.

malaxer [3] [malakse] *vt* durch|kneten.

malchance [malʃɑ̃s] *nf* Pech *das*.

malchanceux, euse [malʃɑ̃sø, øz] ◇ *adj* unglücklich ◇ *nm, f* Pechvogel *der*.

malcommode [malkɔmɔd] *adj* unbequem.

mâle [mal] ◇ *adj* männlich ; **prise** ~ Stecker *der* ◇ *nm* - **1.** [homme] Mann *der* - **2.** [animal] Männchen *das* ; [chien] Rüde *der* ; [chat] Kater *der*.

malédiction [malediksjɔ̃] *nf* - **1.** [malheur] Fluch *der* - **2.** [action] Verfluchung *die*.

maléfique [malefik] *adj sout* unheilvoll.

malencontreux, euse [malɑ̃kɔ̃trø, øz] *adj* unglücklich.

malentendant, e [malɑ̃tɑ̃dɑ̃, ɑ̃t] ◇ *adj* schwerhörig ◇ *nm, f* Schwerhörige *der*, Schwerhörige *die*.

malentendu [malɑ̃tɑ̃dy] *nm* Missverständnis *das.*
malfaçon [malfasɔ̃] *nf* Herstellungsfehler *der.*
malfaiteur [malfɛtœr] *nm* Übeltäter *der,* -in *die.*
malfamé, e, mal famé, e [malfame] (*mpl* **mal famés ;** *fpl* **mal famées**) *adj* verrufen.
malformation [malfɔrmasjɔ̃] *nf* Missbildung *die.*
malfrat [malfra] *nm* Tunichtgut *der.*
malgré [malgre] *prép :* **~ qqch** trotz einer Sache *(G) ;* **~ tout** [quoi qu'il arrive] trotz allem ; [pourtant] dennoch.
malhabile [malabil] *adj* ungeschickt.
malheur [malœr] *nm* **- 1.** [gén] Unglück *das* **- 2.** [adversité] Pech *das* **- 3.** *loc :* **par ~** unglücklicherweise ; **porter ~ à qqn** jm Unglück bringen.
malheureusement [malœrøzmɑ̃] *adv* leider.
malheureux, euse [malœrø, øz] ◇ *adj* **- 1.** [gén] unglücklich **- 2.** *(avant le nom)* [sans valeur] läppisch ◇ *nm, f* **- 1.** [infortuné] Unglückliche *der,* Unglückliche *die* **- 2.** [indigent] Hilfsbedürftige *der,* Hilfsbedürftige *die.*
malhonnête [malɔnɛt] *adj* **- 1.** [personne] unehrlich **- 2.** [procédé] unredlich.
malhonnêteté [malɔnɛtte] *nf* **- 1.** [de personne] Unehrlichkeit *die* **- 2.** [de procédé] Unehrenhaftigkeit *die.*
Mali [mali] *nm :* **le ~** Mali *nt ;* **au ~** in Mali.
malice [malis] *nf* **- 1.** [vivacité] Schalkhaftigkeit *die* **- 2.** [mal] Boshaftigkeit *die.*
malicieux, euse [malisjø, øz] ◇ *adj* verschmitzt ◇ *nm, f* Schelm *der.*
malien, enne [maljɛ̃, ɛn] *adj* malisch. ◆ **Malien, enne** *nm, f* Malier *der,* -in *die.*
malin, igne [malɛ̃, iɲ] ◇ *adj* **- 1.** [rusé, malicieux] pfiffig **- 2.** *(avant le nom)* [méchant] boshaft **- 3.** [difficile] kniffelig **- 4.** MÉD bösartig ◇ *nm, f* Schlaumeier *der.*
malingre [malɛ̃gr] *adj* schmächtig.
malle [mal] *nf* **- 1.** [coffre] großer Reisekoffer **- 2.** [de voiture] Kofferraum *der.*
malléable [maleabl] *adj* **- 1.** [matière] verformbar **- 2.** [personne] leicht zu beeinflussen.
mallette [malɛt] *nf* Köfferchen *das.*
mal-logé, e (*mpl* **mal-logés ;** *fpl* **mal-logées**) *nm, f in unwürdigen Unterkünften lebende Person.*
malmener [19] [malməne] *vt* [brutaliser] übel zulrichten.
malnutrition [malnytrisjɔ̃] *nf* Unterernährung *die.*
malodorant, e [malɔdɔrɑ̃, ɑ̃t] *adj* übel riechend.
malotru, e [malɔtry] *nm, f* Rüpel *der.*
malpoli, e [malpɔli] ◇ *adj* unhöflich ◇ *nm, f* Flegel *der.*
malpropre [malprɔpr] *adj* [sale] unsauber.
malsain, e [malsɛ̃, ɛn] *adj* ungesund.
malt [malt] *nm* Malz *das.*
Malte [malt] *n* Malta *nt ;* **à ~** auf Malta.
maltraiter [4] [maltrete] *vt* [brutaliser] misshandeln.
malus [malys] *nm* Prämienzuschlag *der,* Malus *der.*
malveillant, e [malvɛjɑ̃, ɑ̃t] *adj* **- 1.** [personne] bösartig **- 2.** [propos] boshaft.
malversation [malvɛrsasjɔ̃] *nf* Veruntreuung *die.*
malvoyant, e [malvwajɑ̃, ɑ̃t] ◇ *adj* sehbehindert ◇ *nm, f* Sehbehinderte *der,* Sehbehinderte *die.*
maman [mamɑ̃] *nf* Mutti *die.*
mamelle [mamɛl] *nf* Brust *die.*
mamelon [mamlɔ̃] *nm* **- 1.** [du sein] Brustwarze *die* **- 2.** [butte] Hubbel *der.*
mamie, mamy [mami] *nf* Oma *die.*
mammifère [mamifɛr] *nm* Säugetier *das.*
mammographie [mamɔgrafi] *nf* Mammografie *die.*
mammouth [mamut] *nm* Mammut *das.*
mamy = **mamie.**
management [manadʒmɛnt] *nm* Management *das.*
manager[1] [manadʒɛr] *nm* Manager *der,* -in *die.*
manager[2] [17] [manadʒe] *vt* managen.
manche [mɑ̃ʃ] ◇ *nf* **- 1.** [de vêtement] Ärmel *der ;* **~s courtes/longues** kurze/lange Ärmel **- 2.** [de jeu] Satz *der* ◇ *nm* **- 1.** [d'outil] Stiel *der ;* **~ à balai** Besenstiel **- 2.** [d'instrument de musique] Hals *der.* ◆ **Manche** *nf* [mer] Ärmelkanal *der.*
manchette [mɑ̃ʃɛt] *nf* **- 1.** [de chemise] Manschette *die* **- 2.** [de journal] Schlagzeile *die* **- 3.** [de boxe] Unterarmschlag *der.*
manchon [mɑ̃ʃɔ̃] *nm* **- 1.** [en fourrure] Muff *der* **- 2.** TECHNOL Muffe *die.*
manchot, e [mɑ̃ʃo, ɔt] ◇ *adj* [privé d'une main] einhändig ; [privé d'un bras] einarmig ◇ *nm, f* [privé d'une main] Einhändige *der,* Einhändige *die ;* [privé d'un bras] Einarmige *der,* Einarmige *die.* ◆ **manchot** *nm* ZOOL Pinguin *der.*
mandarine [mɑ̃darin] *nf* Mandarine *die.*
mandat [mɑ̃da] *nm* **- 1.** [procuration] Vollmacht *die* **- 2.** POLIT Mandat *das* **- 3.** [effet à payer] Anweisung *die ;* **~ postal** Postanwei-

sung - **4.** JUR Befehl *der* ; **~ de perquisition** Durchsuchungsbefehl.

mandataire [mɑ̃datɛr] *nmf* Bevollmächtigte *der*, Bevollmächtigte *die*.

mandibule [mɑ̃dibyl] *nf* - **1.** [mâchoire] Kiefer *der* - **2.** [de crustacé, d'insecte, d'oiseau] Ober- und Unterkiefer *der*.

mandoline [mɑ̃dɔlin] *nf* Mandoline *die*.

manège [manɛʒ] *nm* - **1.** [de foire] Karussell *das* - **2.** [de chevaux] Reitbahn *die* - **3.** *fig* [manœuvre] Masche *die*.

manette [manɛt] *nf* Griff *der*, Hebel *der*.

manganèse [mɑ̃ganɛz] *nm* Mangan *das*.

mangeable [mɑ̃ʒabl] *adj* essbar.

mangeoire [mɑ̃ʒwar] *nf* Trog *der*.

manger [17] [mɑ̃ʒe] ◇ *vt* - **1.** [se nourrir de] essen - **2.** [sujet : mite, rouille] zerfressen - **3.** [dilapider] auf|zehren ◇ *vi* essen.

mangeur, euse [mɑ̃ʒœr, øz] *nm, f* Esser *der*, -in *die*.

mangue [mɑ̃g] *nf* Mango *die*.

maniable [manjabl] *adj* [objet] handlich.

maniaque [manjak] ◇ *nmf* - **1.** [méticuleux - de l'ordre] Ordnungsfanatiker *der*, -in *die* ; [- de la propreté] Putzteufel *der* - **2.** [malade] Besessene *der*, Besessene *die* ◇ *adj* - **1.** [méticuleux - de l'ordre] vom Ordnungsfimmel befallen ; [- de la propreté] vom Putzfimmel befallen - **2.** [malade] besessen.

manie [mani] *nf* - **1.** [habitude] Tick *der* ; **avoir la ~ de faire qqch** es an sich *(D)* haben, etw zu tun - **2.** [obsession] Manie *die*.

maniement [manimɑ̃] *nm* Handhabung *die*.

manier [9] [manje] *vt* - **1.** [objet, machine] handhaben - **2.** *fig* [idées, ironie] einzusetzen wissen.

manière [manjɛr] *nf* Art *die* ; **employer la ~ forte** hart durch|greifen ; **de toute ~** auf jeden Fall ; **d'une ~ générale** ganz allgemein. ◆ **manières** *nfpl* Manieren *Pl* ; **faire des ~s** sich zieren. ◆ **de manière à** *loc prép* damit ; **pousser le bouton de ~ à mettre l'appareil en service** den Knopf drücken, damit der Apparat funktioniert. ◆ **de manière (à ce) que** *loc conj (+ subjonctif)* sodass.

maniéré, e [manjere] *adj* - **1.** [personne] affektiert - **2.** [attitude] geschraubt.

manif [manif] *nf fam* Demo *die*.

manifestant, e [manifɛstɑ̃, ɑ̃t] *nm, f* Demonstrant *der*, -in *die*.

manifestation [manifɛstasjɔ̃] *nf* - **1.** [rassemblement] Demonstration *die* - **2.** [apparition] Ausbruch *der* - **3.** [témoignage] Äußerung *die*.

manifeste [manifɛst] ◇ *nm* Manifest *das* ◇ *adj* offenkundig.

manifester [3] [manifɛste] ◇ *vt* [exprimer] kund|tun, zeigen ◇ *vi* demonstrieren. ◆ **se manifester** *vp* - **1.** [apparaître] zutage treten - **2.** [personne] von sich hören lassen.

manigancer [16] [manigɑ̃se] *vt* aus|hecken.

manioc [manjɔk] *nm* Maniok *der*.

manipuler [3] [manipyle] *vt* - **1.** [appareil] handhaben ; [substance] : **~ qqch** mit etw um|gehen - **2.** [personnes, données] manipulieren.

manivelle [manivɛl] *nf* Kurbel *die*.

mannequin [mankɛ̃] *nm* - **1.** [personne - femme] Mannequin *das* ; [- homme] Dressman *der* - **2.** [de vitrine] Schaufensterpuppe *die*.

manœuvre [manœvr] ◇ *nf* - **1.** [d'appareil, de véhicule] Bedienung *die* - **2.** [militaire, machination] Manöver *das* ◇ *nm* [ouvrier] Hilfsarbeiter *der*, -in *die*.

manœuvrer [5] [manœvre] ◇ *vi* manövrieren ◇ *vt* [machine, cordages] bedienen ; [levier] betätigen ; [voiture] lenken.

manoir [manwar] *nm* Herrenhaus *das*, Schlösschen *das*.

manomètre [manɔmɛtr] *nm* Manometer *das*.

manquant, e [mɑ̃kɑ̃, ɑ̃t] *adj* fehlend.

manque [mɑ̃k] *nm* - **1.** [pénurie] : **~ (de qqch)** Mangel *der* (an etw *(D)*) - **2.** [de toxicomane] Entzugserscheinung *die* - **3.** [lacune] Lücke *die*.

manqué, e [mɑ̃ke] *adj* : **garçon ~** halber Junge.

manquer [3] [mɑ̃ke] ◇ *vi* - **1.** [gén] fehlen ; **~ à qqn** jm fehlen ; **il ne manque de rien** es fehlt ihm an nichts - **2.** [échouer] fehl|schlagen - **3.** [faillir] : **~ de faire qqch** beinahe etw tun ; **il a manqué de se noyer** er wäre beinahe ertrunken ◇ *vt* - **1.** [ne pas réussir] verpatzen ; **j'ai manqué mon coup** es ist schief gegangen - **2.** [personne, cible] verfehlen - **3.** [train, occasion, cours] versäumen.

mansarde [mɑ̃sard] *nf* Mansarde *die*.

mansardé, e [mɑ̃sarde] *adj* Mansarden-.

mansuétude [mɑ̃sɥetyd] *nf littéraire* Nachsicht *die*, Milde *die*.

mante [mɑ̃t] *nf* : **~ religieuse** Gottesanbeterin *die*.

manteau, x [mɑ̃to] *nm* Mantel *der*.

manucure [manykyr] *nf* Maniküre *die*.

manuel, elle [manɥɛl] ◇ *adj* Hand-, manuell ◇ *nm, f* : **c'est un ~** er ist manuell veranlagt. ◆ **manuel** *nm* Handbuch *das*.

manufacture [manyfaktyr] *nf* Manufaktur *die*.

manufacturé, e [manyfaktyre] *adj* Fertig-.

manuscrit, e [manyskri, it] *adj* handschriftlich. ◆ **manuscrit** *nm* - **1.** [ouvrage] Handschrift *die* - **2.** [original] Manuskript *das.*

manutention [manytɑ̃sjɔ̃] *nf* Verladen *das.*

manutentionnaire [manytɑ̃sjɔnɛr] *nmf* Lagerarbeiter *der*, -in *die.*

mappemonde [mapmɔ̃d] *nf* Weltkarte *die.*

maquereau, x [makro] *nm* - **1.** ZOOL Makrele *die* - **2.** *fam* [proxénète] Zuhälter *der.*

maquette [makɛt] *nf* - **1.** [ébauche, de page] Lay-out *das* - **2.** [modèle réduit] Modell *das.*

maquignon [makiɲɔ̃] *nm* Pferdehändler *der.*

maquillage [makijaʒ] *nm* - **1.** [action] Schminken *das* - **2.** [produits] Schminke *die*, Make-up *das* - **3.** [falsification] Frisieren *das.*

maquiller [3] [makije] *vt* - **1.** [farder] schminken - **2.** [falsifier] frisieren. ◆ **se maquiller** *vp* sich schminken.

maquis [maki] *nm* - **1.** [végétation] Macchia *die* - **2.** HIST Maquis *der.*

marabout [marabu] *nm* - **1.** ZOOL Marabu *der* - **2.** [guérisseur] Marabut *der.*

maraîcher, ère [marɛʃe, ɛr] ◇ *adj* Gemüse- ◇ *nm, f* Gemüsegärtner *der*, -in *die.*

marais [marɛ] *nm* Moor *das*, Sumpf *der.*

marasme [marasm] *nm* Flaute *die.*

marathon [maratɔ̃] *nm* SPORT Marathon(lauf) *der.*

marbre [marbr] *nm* [roche] Marmor *der.*

marc [mar] *nm* - **1.** [eau-de-vie] Branntwein *der* - **2.** [de fruits] Trester *Pl.* ◆ **marc de café** *nm* Kaffeesatz *der.*

marcassin [markasɛ̃] *nm* Frischling *der.*

marchand, e [marʃɑ̃, ɑ̃d] ◇ *adj* Handels- ◇ *nm, f* Händler *der*, -in *die* ; **~ de journaux** Zeitungshändler.

marchander [3] [marʃɑ̃de] ◇ *vt* - **1.** [prix] : **~ qqch** um etw handeln OU feilschen - **2.** [service, appui] : **ne pas ~ qqch** mit etw nicht geizen ◇ *vi* handeln, feilschen.

marchandise [marʃɑ̃diz] *nf* Ware *die.*

marche [marʃ] *nf* - **1.** [d'escalier] Stufe *die* - **2.** [action de marcher] Gehen *das* ; [promenade] Fußmarsch *der* ; **~ à pied** Wandern *das* - **3.** *fig* [procédé] : **~ (à suivre)** Vorgehensweise *die* - **4.** MUS Marsch *der* - **5.** [de train, de bus] Fahrt *die* ; **en ~ arrière** im Rückwärtsgang ; **faire ~ arrière** rückwärts fahren ; *fig* den Rückzug an|treten - **6.** [fonctionnement] Betrieb *der* ; **en ~** in Betrieb ; **se mettre en ~** [appareil] sich in Gang setzen.

marché [marʃe] *nm* - **1.** [gén] Markt *der* ; **faire son ~** (auf dem Markt) ein|kaufen ; **~ noir** Schwarzmarkt ; **~ du travail** Arbeitsmarkt - **2.** [contrat] Handel *der* ; **(à) bon ~** billig. ◆ **Marché commun** *nm* : **le Marché commun** der EG-Binnenmarkt.

marchepied [marʃəpje] *nm* Trittbrett *das.*

marcher [3] [marʃe] *vi* - **1.** [aller à pied] gehen - **2.** [poser le pied] : **~ (sur qqch)** (auf etw *(A)*) treten - **3.** [avancer] : **~ sur qqch** auf etw *(A)* zu|marschieren - **4.** *loc* : **faire ~ qqn** *fam* jn zum Narren halten ; **ça marche!** *fam* abgemacht!

mardi [mardi] *nm* Dienstag *der* ; **~ gras** Fastnacht(sdienstag), Faschingsdienstag ; *voir aussi* **samedi.**

mare [mar] *nf* Pfuhl *der* ; *fig* Lache *die.*

marécage [marekaʒ] *nm* Sumpf *der.*

marécageux, euse [marekaʒø, øz] *adj* - **1.** [terrain] sumpfig - **2.** [plante] Sumpf-.

maréchal, aux [mareʃal, o] *nm* Marschall *der.*

marée [mare] *nf* [de la mer] Gezeiten *Pl* ; **(à) ~ haute/basse** (bei) Flut/Ebbe. ◆ **marée noire** *nf* Ölpest *die.*

marelle [marɛl] *nf* : **jouer à la ~** Himmel und Hölle spielen.

margarine [margarin] *nf* Margarine *die.*

marge [marʒ] *nf* - **1.** [de page] Rand *der* ; **vivre en ~ de la société** *fig* am Rande der Gesellschaft leben - **2.** [d'action] Spielraum *der* ; **~ d'erreur** Fehlerbereich *der* - **3.** FIN : **~ commerciale** Handelsspanne *die.*

margelle [marʒɛl] *nf* Brunnenrand *der.*

marginal, e, aux [marʒinal, o] ◇ *adj* - **1.** [problème, occupation] Neben- - **2.** [personne] asozial ◇ *nm, f* gesellschaftlicher Außenseiter, gesellschaftliche Außenseiterin.

marginalisation [marʒinalizasjɔ̃] *nf* Ausgrenzung *die.*

marguerite [margərit] *nf* - **1.** BOT Margerite *die* - **2.** [d'imprimante] Typenrad *das.*

mari [mari] *nm* (Ehe)mann *der.*

mariage [marjaʒ] *nm* - **1.** [action] Heirat *die* - **2.** [état, institution] Ehe *die* - **3.** [cérémonie] Trauung *die* ; **~ civil/religieux** standesamtliche/kirchliche Trauung.

Marianne [marjan] *nf* *Symbolfigur der Französischen Republik.*

marié, e [marje] ◇ *adj* verheiratet ◇ *nm, f* Bräutigam *der*, Braut *die.*

marier [9] [marje] *vt* - **1.** [par le mariage] trauen ; **~ sa fille** seine Tochter verheiraten - **2.** *fig* [associer] verbinden, kombinieren. ◆ **se marier** *vp* [par le mariage] heiraten ; **se ~ avec qqn** jn heiraten.

marihuana [marirwana], **marijuana** [mariʒɥana] *nf* Marihuana *das.*

marin, e [marɛ̃, in] *adj* - **1.** [de la mer] Meeres-, See- - **2.** NAVIG See-. ◆ **marin** *nm* - **1.** [navigateur] Seefahrer *der* - **2.** [matelot] Seemann *der* ; ~ **pêcheur** Berufsfischer *der*. ◆ **marine** ◇ *adj inv* : **bleu ~e** marineblau ◇ *nf* - **1.** [navigation] (See)schifffahrt *die* - **2.** [ensemble de navires] Marine *die* ; **~e marchande** Handelsmarine, Handelsflotte.

mariner [3] [marine] *vi* - **1.** [aliment] durchl-ziehen ; **faire ~ qqch** etw marinieren - **2.** *fam fig* [attendre] auf heißen Kohlen sitzen ; **faire ~ qqn** jn schmoren lassen.

marionnette [marjɔnɛt] *nf* [figurine] Puppe *die* ; [à fils] Marionette *die*.

marital, e, aux [marital, o] *adj* : **contrat ~** Ehevertrag *der* ; **vie ~e** Eheleben *das*.

maritime [maritim] *adj* See- ; [ville] Küsten-.

mark [mark] *nm* Mark *die* ; **deux ~s** zwei Mark.

marketing [markɛtiŋ] *nm* Marketing *das* ; ~ **téléphonique** Telefonverkauf *der*.

marmaille [marmaj] *nf* Bälger *Pl*.

marmelade [marmәlad] *nf* Marmelade *die*.

marmite [marmit] *nf* (Koch)topf *der*.

marmonner [3] [marmɔne] *vt & vi* brummen, brummeln.

marmot [marmo] *nm fam* Knirps *der*.

marmotte [marmɔt] *nf* Murmeltier *das*.

Maroc [marɔk] *nm* : **le ~** Marokko *nt* ; **au ~** in Marokko.

marocain, e [marɔkɛ̃, ɛn] *adj* marokkanisch. ◆ **Marocain, e** *nm, f* Marokkaner *der*, -in *die*.

maroquinerie [marɔkinri] *nf* [magasin] Lederwarengeschäft *das*.

marotte [marɔt] *nf* Marotte *die*.

marquant, e [markɑ̃, ɑ̃t] *adj* bedeutend.

marque [mark] *nf* - **1.** [signe, témoignage] Zeichen *das* - **2.** [empreinte] Spur *die* ; **~s de doigt** Fingerabdrücke - **3.** [COMM - label] Marke *die* ; [- nom de produit] Warenzeichen *das* ; ~ **déposée** eingetragenes Warenzeichen ; **de ~** [produit] Marken- ; *fig* [personne] hochrangig - **4.** SPORT [score] (Spiel)stand *der* ; **à vos ~s, prêts, partez!** auf die Plätze, fertig, los!

marqué, e [marke] *adj* - **1.** [net] deutlich - **2.** [visage] : **~ par l'âge** vom Alter gezeichnet.

marquer [3] [marke] ◇ *vt* - **1.** [mettre un repère sur] markieren, kennzeichnen - **2.** *fam* [noter] notieren - **3.** [influer sur] prägen - **4.** [intérêt, désaccord] bekunden ◇ *vi* - **1.** [événement] von Bedeutung sein - **2.** [expérience] einen tiefen Eindruck OU eine nachhaltige Wirkung hinterlassen.

marqueur [markœr] *nm* [crayon] (dicker) Filzstift.

marquis, e [marki, iz] *nm, f* Marquis *der*, -e *die*. ◆ **marquise** *nf* [de verre] (gläsernes) Vordach.

marraine [marɛn] *nf* [de filleul] (Tauf)patin *die*, Patentante *die*.

marrant, e [marɑ̃, ɑ̃t] *adj fam* - **1.** [drôle] lustig - **2.** [bizarre] komisch.

marre [mar] *adv* : **en avoir ~ (de qqn/qqch)** *fam* (jn/etw) satt haben.

marrer [3] [mare] ◆ **se marrer** *vp fam* sich einen Ast lachen.

marron[1], onne [marɔ̃, ɔn] *adj péj* : **avocat ~** Winkeladvokat *der*.

marron[2] [marɔ̃] ◇ *nm* - **1.** [fruit] (Ess)kastanie *die*, Marone *die* - **2.** [couleur] (Kastanien)braun *das* ◇ *adj inv* (kastanien)braun.

marronnier [marɔnje] *nm* (Edel)kastanie *die*.

mars [mars] *nm* März *der* ; *voir aussi* **septembre**.

marsouin [marswɛ̃] *nm* Tümmler *der*.

marteau, x [marto] *nm* - **1.** [gén] Hammer *der* - **2.** [heurtoir] (Tür)klopfer *der*.

martèlement [martɛlmɑ̃] *nm* [bruit] Hämmern *das*.

marteler [25] [martәle] *vt* [frapper - au marteau] behämmern ; [- du poing] : **~ qqch** auf etw *(A)* hämmern.

martial, e, aux [marsjal, o] *adj* kriegerisch ; **loi ~e** Standrecht *das*.

martien, enne [marsjɛ̃, ɛn] ◇ *adj* Mars- ◇ *nm, f* Marsmensch *der*.

martinet [martinɛ] *nm* - **1.** ZOOL Segler *der* - **2.** [fouet] (kleine) Peitsche, (kleine) Knute.

Martini® [martini] *nm* Martini® *der*.

martyr, e [martir] ◇ *adj* - **1.** [enfant] misshandelt - **2.** [pays, peuple] unselig ◇ *nm, f* Märtyrer *der*, -in *die*. ◆ **martyre** *nm* Martyrium *das*.

martyriser [3] [martirize] *vt* quälen.

marxisme [marksism] *nm* Marxismus *der*.

mascarade [maskarad] *nf* [mise en scène] Maskerade *die*.

mascotte [maskɔt] *nf* Maskottchen *das*.

masculin, e [maskylɛ̃, in] *adj* männlich, Männer-. ◆ **masculin** *nm* GRAM Maskulinum *das*.

masochisme [mazɔʃism] *nm* Masochismus *der*.

masochiste [mazɔʃist] ◇ *adj* masochistisch ◇ *nmf* Masochist *der*, -in *die*.

masque [mask] *nm* Maske *die* ; **~ à gaz** Gasmaske ; **~ de plongée** Tauchermaske.

masquer [3] [maske] *vt* - **1.** [cacher] verdecken - **2.** [vérité] verbergen.

massacre [masakr] *nm* [tuerie] Massaker *das.*

massacrer [3] [masakre] *vt* [personne] niederlmetzeln.

massage [masaʒ] *nm* Massage *die.*

masse [mas] *nf* - **1.** [gén] Masse *die* ; **en ~** in Massen, massenweise - **2.** [quantité] : **une ~ de travail** eine Menge Arbeit - **3.** [maillet] Vorschlaghammer *der.* ◈ **masse monétaire** *nf* Geldmenge *die.* ◈ **masse salariale** *nf* Lohn- und Gehaltsumme *die.*

masser [3] [mase] *vt* - **1.** [rassembler] versammeln, zusammenlziehen - **2.** [frotter] massieren. ◈ **se masser** *vp* - **1.** [se rassembler] sich drängen - **2.** [se frotter] sich massieren.

masseur, euse [masœr, øz] *nm, f* Masseur *der,* -in *die.* ◈ **masseur** *nm* [appareil] Massagegerät *das.*

massicot [masiko] *nm* Papierschneidemaschine *die.*

massif, ive [masif, iv] *adj* - **1.** [bois, or] massiv - **2.** [dose] stark - **3.** [personne, monument] massig. ◈ **massif** *nm* - **1.** [de fleurs] Beet *das* - **2.** [de montagnes] Massiv *das.* ◈ **Massif central** *nm* : **le Massif central** das Zentralmassiv.

massue [masy] *nf* Keule *die ; (en apposition)* : **argument ~** durchschlagendes Argument.

mastic [mastik] *nm* Kitt *der.*

mastiquer [3] [mastike] *vt* - **1.** [mâcher] kauen - **2.** [boucher] kitten.

masturbation [mastyrbasjɔ̃] *nf* Selbstbefriedigung *die,* Onanie *die.*

masturber [3] [mastyrbe] ◈ **se masturber** *vp* masturbieren, sich (selbst) befriedigen, onanieren.

masure [mazyr] *nf* baufälliges Haus.

mat, e [mat] *adj* - **1.** [surface, couleur] matt - **2.** [peau] dunkel - **3.** [bruit, son] dumpf. ◈ **mat** *adj inv* [aux échecs] matt.

mât [ma] *nm* Mast *der.*

match [matʃ] (*pl* **matchs** ou **matches**) *nm* Match *das,* Spiel *das ;* **faire ~ nul** unentschieden spielen ; **~ aller** Hinspiel ; **~ retour** Rückspiel.

matelas [matla] *nm* Matratze *die.*

matelot [matlo] *nm* Matrose *der.*

mater [3] [mate] *vt* - **1.** [dompter] bändigen - **2.** [réprimer] niederlwerfen.

matérialiser [3] [materjalize] *vt* - **1.** [idée] (sinnfällig) darlstellen - **2.** [projet] verwirklichen. ◈ **se matérialiser** *vp* sich verwirklichen.

matérialiste [materjalist] ◇ *adj* materialistisch ◇ *nmf* Materialist *der,* -in *die.*

matériau, x [materjo] *nm* (Werk)stoff *der,* Material *das.* ◈ **matériaux** *nmpl* CONSTR : **~x (de construction)** Baustoffe *Pl.*

matériel, elle [materjɛl] *adj* materiell ; [preuve] handgreiflich. ◈ **matériel** *nm* - **1.** [gén] Ausrüstung *die* - **2.** INFORM Hardware *die.*

maternel, elle [maternɛl] *adj* - **1.** [instinct, lait] Mutter- ; [attitude] mütterlich - **2.** [du côté de la mère] mütterlicherseits *(adv).* ◈ **maternelle** *nf* ≃ Kindergarten *der.*

maternité [maternite] *nf* - **1.** [état] Mutterschaft *die* - **2.** [hôpital] Entbindungsklinik *die ;* [service] Entbindungsstation *die.*

mathématicien, enne [matematisjɛ̃, ɛn] *nm, f* Mathematiker *der,* -in *die.*

mathématique [matematik] *adj* mathematisch. ◈ **mathématiques** *nfpl* Mathematik *die.*

maths [mat] (*abr de* **mathématiques**) *nfpl fam* Mathe *die.*

matière [matjɛr] *nf* - **1.** [substance, matériau] Stoff *der ;* **~(s) grasse(s)** Fett *das ;* **~ grise** Grips *der ;* **~s premières** Rohstoffe *Pl* - **2.** SCOL Fach *das* - **3.** [sujet] Gegenstand *der,* Thema *das ;* **en ~ de qqch** was etw betrifft ; **il n'est pas expert en la ~** er ist auf diesem Gebiet kein Experte - **4.** SCIENCE & PHILOSOPHIE Materie *die.*

matin [matɛ̃] *nm* - **1.** [début du jour] Morgen *der* - **2.** [partie de la journée] Vormittag *der ;* **le ~** morgens, vormittags ; **ce ~** heute Morgen ; **demain ~** morgen früh.

matinal, e, aux [matinal, o] *adj* - **1.** [du matin] Morgen- - **2.** [qui se lève tôt] : **être ~** früh auflstehen, ein Frühaufsteher sein.

matinée [matine] *nf* - **1.** [partie de la journée] Vormittag *der* - **2.** [spectacle] Matinee *die.*

matou [matu] *nm* Kater *der.*

matraque [matrak] *nf* Knüppel *der.*

matraquer [3] [matrake] *vt* - **1.** [frapper] niederlknüppeln - **2.** *fam* [escroquer] auslnehmen - **3.** *fig* [répéter à] : **~ qqn de qqch** jm etw einlhämmern.

matriarcat [matrijarka] *nm* Matriarchat *das.*

matrice [matris] *nf* - **1.** [moule] Matrize *die* - **2.** MATHS Matrix *die* - **3.** ANAT Gebärmutter *die.*

matricule [matrikyl] ◇ *nm* : **(numéro) ~** Registriernummer *die* ◇ *nf* Matrikel *die.*

matrimonial, e, aux [matrimɔnjal, o] *adj* Ehe- ; **régime ~** Güterstand *der.*

matrone [matrɔn] *nf péj* Matrone *die.*

mature [matyr] *adj* reif.

maturité [matyrite] *nf* Reife *die ;* **venir à ~** [idée, projet] (heran)lreifen ; **être en pleine ~** [personne] in den besten Jahren sein.

maudire [104] [modir] *vt* verfluchen.

maudit, e [modi, it] ◇ *pp* ▷ **maudire** ◇ *adj* - **1.** [réprouvé] verfemt - **2.** *(avant le nom)* [détestable] verflucht ◇ *nm, f* Verdammte *der*, Verdammte *die*.

maugréer [15] [mogree] ◇ *vt* nuscheln ◇ *vi :* ~ **(contre qqn/qqch)** (über jn/etw) schimpfen.

mausolée [mozɔle] *nm* Mausoleum *das*.

maussade [mosad] *adj* - **1.** [personne, air] mürrisch - **2.** [temps] trüb.

mauvais, e [movɛ, ɛz] *adj* - **1.** [gén] schlecht - **2.** [inapproprié, faux] falsch - **3.** [maladie] übel - **4.** [coup, fracture] schlimm - **5.** [regard, tour, langue] böse. ◆ **mauvais** *adv :* **il fait ~** das Wetter ist schlecht ; **sentir ~** schlecht riechen.

mauve [mov] ◇ *nm* Malve *die* ◇ *adj* blasslila.

mauviette [movjɛt] *nf fam* [gringalet] Schwächling *der*.

maux ▷ **mal.**

maxillaire [maksilɛr] *nm* Kiefer *der*.

maxima ▷ **maximum.**

maximal, e, aux [maksimal, o] *adj* höchst, Höchst-, Maximal-.

maxime [maksim] *nf* Maxime *die*.

maximum [maksimɔm] (*pl* **maxima** [maksima], **maximums**) ◇ *nm* Maximum *das ;* **le ~ de personnes** die maximale Anzahl von Personen ; **le ~ de chances** die meisten Chancen ; **au ~** höchstens ◇ *adj* höchst, Höchst-, Maximal-.

mayonnaise [majɔnɛz] *nf* Majonäse *die*.

mazout [mazut] *nm* Heizöl *das*.

me [mə], **m'** *(devant voyelle ou h muet) pron pers* - **1.** [complément d'objet, réfléchi] mich, mir ; **ça m'a fait plaisir** es hat mich gefreut ; **il m'a remercié** er dankte mir - **2.** [avec un présentatif] : **~ voici/voilà** hier/da bin ich.

méandre [meɑ̃dr] *nm* Windung *die*.

mec [mɛk] *nm fam* Kerl *der*, Typ *der*.

mécanicien, enne [mekanisjɛ̃, ɛn] ◇ *adj :* **ingénieur ~** Maschinenbauingenieur *der* ◇ *nm, f* [de garage] Kfz-Mechaniker *der*, -in *die*.

mécanique [mekanik] ◇ *nf* Mechanik *die* ◇ *adj* mechanisch.

mécanisme [mekanism] *nm* Mechanismus *der*.

mécène [mesɛn] *nm* Mäzen *der*, -in *die*.

méchanceté [meʃɑ̃ste] *nf* Bosheit *die*.

méchant, e [meʃɑ̃, ɑ̃t] ◇ *adj* - **1.** [mauvais] böse - **2.** [animal sournois] bösartig ◇ *nm, f* Bösewicht *der*.

mèche [mɛʃ] *nf* - **1.** [de bougie] Docht *der* - **2.** [de cheveux] Strähne *die* - **3.** [d'explosif] Zündschnur *die* - **4.** [de perceuse] Bohrer *der*.

méchoui [meʃwi] *nm nordafrikanischer Hammelspießbraten*.

Mecklembourg [mɛklɛmbur] *nm :* **le ~** Mecklenburg *nt*.

méconnaissance [mekɔnɛsɑ̃s] *nf* Unkenntnis *die*.

méconnaître [91] [mekɔnɛtr] *vt sout* - **1.** [ignorer] nicht kennen - **2.** [sous-estimer] verkennen.

méconnu, e [mekɔny] *adj* verkannt.

mécontent, e [mekɔ̃tɑ̃, ɑ̃t] ◇ *adj* unzufrieden ◇ *nm, f* Unzufriedene *der*, Unzufriedene *die*.

mécontenter [3] [mekɔ̃tɑ̃te] *vt* verärgern.

médaille [medaj] *nf* Medaille *die*.

médaillon [medajɔ̃] *nm* Medaillon *das*.

médecin [mɛdsɛ̃] *nm* Arzt *der*, Ärztin *die ;* **~ de famille** Hausarzt ; **~ de garde** Bereitschaftsarzt ; **~ traitant** behandelnder Arzt, ≃ Ärzte ohne Grenzen.

médecine [mɛdsin] *nf* - **1.** [science] Medizin *die ;* **~ générale** Allgemeinmedizin - **2.** [profession] Arztberuf *der ;* **exercer la ~** den Arztberuf aus|üben.

Medef [medɛf] (*abr de* **Mouvement des entreprises de France**) *nm Dachorganisation der französischen Arbeitgeberverbände,* ≃ BDA *die*.

média [medja] *nm :* **les ~s** die Medien.

médian, e [medjɑ̃, an] *adj* Mittel-. ◆ **médiane** *nf* [ligne] Mittellinie *die*.

médiateur, trice [medjatœr, tris] ◇ *adj* Vermittlungs- ◇ *nm, f* Vermittler *der*, -in *die*. ◆ **médiateur** *nm* ADMIN Ombudsmann *der*, -frau *die*. ◆ **médiatrice** *nf* GÉOM Mittelsenkrechte *die*.

médiathèque [medjatɛk] *nf* Mediathek *die*.

médiatique [medjatik] *adj* medienwirksam.

médiatiser [3] [medjatize] *vt* über die Medien verbreiten ; **~ un événement** ein Ereignis medienwirksam dar|stellen.

médiatrice ▷ **médiateur.**

médical, e, aux [medikal, o] *adj* ärztlich, Arzt-, medizinisch.

médicament [medikamɑ̃] *nm* Arzneimittel *das*, Medikament *das*.

médicinal, e, aux [medisinal, o] *adj* Heil-.

médico-légal, e, aux [medikɔlegal, o] *adj* gerichtsmedizinisch.

médiéval, e, aux [medjeval, o] *adj* mittelalterlich.

médiocre [medjɔkr] ◇ *nmf* Dutzendmensch *der* ◇ *adj* - **1.** [gén] mäßig ; [élève] mittelmäßig - **2.** [roman, idée] banal.

médiocrité [medjɔkrite] *nf* Mittelmäßigkeit *die.*

médire [103] [medir] *vi* lästern ; **~ de qqn** jn schlecht machen.

médisant, e [medizɑ̃, ɑ̃t] ◇ *adj* diffamierend ◇ *nm, f* Lästerzunge *die.*

médit [medi] *pp inv* ▷ **médire.**

méditation [meditasjɔ̃] *nf* Meditation *die.*

méditer [3] [medite] ◇ *vt* **- 1.** [projeter] ersinnen ; **~ qqch** auf etw *(A)* sinnen ; **~ de faire qqch** im Sinn haben, etw zu tun **- 2.** [approfondir] : **~ qqch** über etw *(A)* nach|sinnen ◇ *vi* **- 1.** RELIG meditieren **- 2.** [réfléchir] : **~ (sur qqch)** (über etw *(A)*) nach|sinnen.

Méditerranée [mediterane] *nf* : **la (mer) ~** das Mittelmeer.

méditerranéen, enne [mediteraneɛ̃, ɛn] *adj* Mittelmeer-, mediterran, südländisch. ◆ **Méditerranéen, enne** *nm, f* Bewohner *der*, -in *die* des Mittelmeerraumes, Südländer *der*, -in *die.*

médium [medjɔm] *nm* **- 1.** [personne] Medium *das* **- 2.** MUS Mittelstimme *die.*

médius [medjys] *nm* Mittelfinger *der.*

méduse [medyz] *nf* Qualle *die.*

méduser [3] [medyze] *vt* : **être médusé** verblüfft sein.

meeting [mitiŋ] *nm* Versammlung *die.*

méfait [mefɛ] *nm* Missetat *die.* ◆ **méfaits** *nmpl* **- 1.** [du tabac, de l'alcool] schädliche Auswirkungen *Pl* **- 2.** [des intempéries] Unbilden *Pl.*

méfiance [mefjɑ̃s] *nf* Misstrauen *das.*

méfiant, e [mefjɑ̃, ɑ̃t] *adj* misstrauisch.

méfier [9] [mefje] ◆ **se méfier** *vp* sich vor|sehen ; **se ~ de qqn/qqch** jm/etw misstrauen.

mégalomane [megalɔman] ◇ *nmf* Größenwahnsinnige *der*, Größenwahnsinnige *die* ◇ *adj* größenwahnsinnig.

mégaoctet [megaɔktɛ] *nm* Megabyte *das.*

mégapole [megapɔl] *nf* Megalopolis *die*, Megalopole *die.*

mégarde [megard] ◆ **par mégarde** *loc adv* aus Versehen.

mégère [meʒɛr] *nf* Fuchtel *die.*

mégot [mego] *nm* Kippe *die.*

meilleur, e [mɛjœr] ◇ *adj* **- 1.** [comparatif relatif] besser, -e, -s **- 2.** [superlatif] : **le** OU **la ~** der OU die OU das Beste ◇ *nm, f* Beste *der*, Beste *die, das.* ◆ **meilleur** *nm* Beste *das* ; **uni pour le ~ et pour le pire** auf Gedeih und Verderb miteinander verbunden.

méjuger [17] [meʒyʒe] *littéraire* ◇ *vt* falsch beurteilen ◇ *vi* : **~ de qqn/qqch** jn/etw unterschätzen.

mélancolie [melɑ̃kɔli] *nf* Schwermut *die.*

mélancolique [melɑ̃kɔlik] *adj* schwermütig.

mélange [melɑ̃ʒ] *nm* **- 1.** [action] Mischen *das* **- 2.** [résultat] Mischung *die.*

mélanger [17] [melɑ̃ʒe] *vt* **- 1.** [mêler] (ver)mischen **- 2.** [déranger] durcheinander bringen. ◆ **se mélanger** *vp* **- 1.** [se mêler] sich (ver) mischen **- 2.** [se brouiller] durcheinander geraten.

mêlée [mele] *nf* **- 1.** [combat] (Hand)gemenge *das* **- 2.** RUGBY Gedränge *das.*

mêler [4] [mele] *vt* **- 1.** [substances, liquides] (ver)mischen **- 2.** [fils, cheveux] verheddern **- 3.** [impliquer] : **~ qqn à qqch** jn in etw *(A)* verwickeln **- 4.** *fig* [allier] : **~ qqch à qqch** etw mit etw verbinden. ◆ **se mêler** *vp* **- 1.** [rejoindre] : **se ~ à qqch** sich unter etw *(A)* mischen **- 2.** [s'occuper] : **se ~ de qqch** sich in etw *(A)* ein|mischen.

mélèze [melɛz] *nm* Lärche *die.*

mélo [melo] (*abr de* **mélodrame**) *nm fam* Schnulze *die.*

mélodie [melɔdi] *nf* **- 1.** [air] Melodie *die* **- 2.** MUS Lied *das.*

mélodieux, euse [melɔdjø, øz] *adj* melodisch.

mélodrame [melɔdram] *nm* Melodrama *das.*

mélomane [melɔman] ◇ *nmf* Musikliebhaber *der*, -in *die* ◇ *adj* Musik liebend.

melon [məlɔ̃] *nm* Melone *die.*

membrane [mɑ̃bran] *nf* Membran *die.*

membre [mɑ̃br] *nm* **- 1.** ANAT Glied *das* ; **~s inférieurs** Beine *Pl* ; **~s supérieurs** Arme *Pl* **- 2.** [personne] Mitglied *das* ; **les États ~s de l'ONU** die UNO-Mitglied(s)staaten.

même [mɛm] ◇ *adj indéf* **- 1.** [identique] : **~ ...(que)** selbe,-r,-s ...(wie) ; **j'étais dans la ~ école que Pierre** ich war in derselben Schule wie Pierre ; **il a le ~ âge que moi** er ist genauso alt wie ich **- 2.** [semblable à] gleiche,-r,-s ; **~ ...(que)** gleiche,-r,-s ... (wie) ; **elle a la ~ robe que moi** sie hat das gleiche Kleid wie ich ; **il fait la ~ température qu'hier** heute ist es genauso warm OU kalt wie gestern **- 3.** [pour insister] genau ; **je l'ai vu le jour ~ de son arrivée** ich habe ihn noch am Tage seiner Ankunft gesehen ; **celle-là ~ qui est arrivée hier** diejenige, die gestern angekommen ist ◇ *pron indéf* : **le** OU **la ~** derselbe, dasselbe, dieselbe ; **ce sont toujours les ~s qui gagnent** es sind immer dieselben OU die gleichen, die gewinnen ◇ *adv* sogar ; **il est calme, ~ timide** er ist ruhig, ja sogar schüchtern ; **~ pas** (noch) nicht einmal ; **~ plus** nicht einmal mehr. ◆ **à même de** *loc prép* : **être à ~ de faire qqch** fähig sein, etw zu tun. ◆ **de même** *loc adv* ebenso ; **il en va de**

il en va de ~ pour lui das gilt ebenso für ihn. ◆ **de même que** *loc conj* ebenso wie. ◆ **même quand** *loc conj* selbst wenn. ◆ **même lorsque** *loc conj* selbst wenn. ◆ **même si** *loc conj* selbst wenn. ◆ **tout de même** *loc adv* dennoch.

mémento [memɛ̃to] *nm* [agenda] Merkbuch *das.*

mémoire [memwar] ◇ *nf* - **1.** [faculté] Gedächtnis *das* ; **avoir de la ~** ein gutes Gedächtnis haben ; **se rafraîchir la ~** sein Gedächtnis auf|frischen ; **de ~** aus dem Gedächtnis - **2.** [souvenir] Andenken *das* ; **à la ~ de qqn** zum Andenken an jn - **3.** INFORM Speicher *der* ; **mettre en ~** (ab)|speichern ◇ *nm* - **1.** UNIV ≃ Diplomarbeit *die* - **2.** [exposé] Denkschrift *die.* ◆ **mémoires** *nmpl* Memoiren *Pl.*

mémorable [memɔrabl] *adj* denkwürdig.

mémorandum [memɔrɑ̃dɔm] *nm* - **1.** [note diplomatique] Note *die* - **2.** [mémento] Notizbuch *das.*

mémorial, aux [memɔrjal, o] *nm* Denkmal *das.*

mémorisable [memɔrizabl] *adj* INFORM speicherbar.

menaçant, e [mənasɑ̃, ɑ̃t] *adj* drohend.

menace [mənas] *nf* - **1.** [intimidation] Drohung *die* - **2.** [danger] Bedrohung *die.*

menacer [16] [mənase] ◇ *vt* bedrohen, an|drohen ; **~ qqn de qqch** jm mit etw drohen ; **~ de faire qqch** damit drohen, etw zu tun ◇ *vi* [pluie, orage] im Anzug sein.

ménage [menaʒ] *nm* - **1.** [nettoyage] Saubermachen *das,* Putzen *das* ; **faire le ~** sauber machen, putzen - **2.** [couple] (Ehe)paar *das* - **3.** ÉCON Haushalt *der.*

ménagement [menaʒmɑ̃] *nm* Schonung *die* ; **sans ~** schonungslos *(adv).*

ménager[1], **ère** [menaʒe, ɛr] *adj* Haushalts- ; **travaux ~s** Hausarbeit *die.* ◆ **ménagère** *nf* - **1.** [femme] Hausfrau *die* - **2.** [de couverts] Bestecksatz *der.*

ménager[2] [17] [menaʒe] *vt* - **1.** [bien traiter] : **~ qqn/qqch** auf jn/etw Rücksicht nehmen - **2.** [économiser] : **~ qqch** mit etw Haus halten. ◆ **se ménager** *vp* sich schonen.

ménagerie [menaʒri] *nf* Tiergehege *das* ; [au cirque] Tierschau *die.*

mendiant, e [mɑ̃djɑ̃, ɑ̃t] *nm, f* Bettler *der,* -in *die.*

mendier [9] [mɑ̃dje] *vt* : **~ qqch** um etw betteln, etw erbetteln.

mener [19] [məne] ◇ *vt* - **1.** [emmener - sujet : personne] bringen ; [- sujet : route] führen - **2.** [débat, affaire] leiten ; [enquête] durch|führen ◇ *vi* SPORT führen.

meneur, euse [mənœr, øz] *nm, f* Anführer *der,* -in *die* ; **~ d'hommes** Führernatur *die.*

menhir [menir] *nm* Menhir *der.*

méningite [menɛ̃ʒit] *nf* Hirnhautentzündung *die.*

ménopause [menɔpoz] *nf* Wechseljahre *Pl.*

menotte [mənɔt] *nf* Patschhändchen *das.* ◆ **menottes** *nfpl* Handschellen *Pl* ; **passer les ~s à qqn** jm Handschellen an|legen.

mensonge [mɑ̃sɔ̃ʒ] *nm* Lüge *die.*

menstruel, elle [mɑ̃stryɛl] *adj* Menstruations-.

mensualiser [3] [mɑ̃sɥalize] *vt* - **1.** [salarié] monatlich entlohnen - **2.** [salaire] monatlich aus|zahlen ; [facture] monatlich (be)zahlen ; **être mensualisé** monatlich (be)zahlt werden.

mensualité [mɑ̃sɥalite] *nf* - **1.** [traite] Monatsrate *die* - **2.** [salaire] Monatsgehalt *das* ; [d'ouvrier] Monatslohn *der.*

mensuel, elle [mɑ̃sɥɛl] *adj* Monats-, monatlich. ◆ **mensuel** *nm* Monatsschrift *die.*

mensuration [mɑ̃syrasjɔ̃] *nf* Körpermessung *die.* ◆ **mensurations** *nfpl* Körpermaße *Pl.*

mental, e, aux [mɑ̃tal, o] *adj* geistig.

mentalité [mɑ̃talite] *nf* Mentalität *die.*

menteur, euse [mɑ̃tœr, øz] ◇ *adj* verlogen ◇ *nm, f* Lügner *der,* -in *die.*

menthe [mɑ̃t] *nf* - **1.** [essence] Pfefferminz *(sans art déf)* - **2.** BOT Minze *die.*

menti [mɑ̃ti] *pp inv* ▻ **mentir.**

mention [mɑ̃sjɔ̃] *nf* - **1.** [citation] Erwähnung *die* ; **faire ~ de qqch** etw erwähnen - **2.** SCOL & UNIV : **avec ~** mit Auszeichnung.

mentionner [3] [mɑ̃sjɔne] *vt* erwähnen.

mentir [37] [mɑ̃tir] *vi* : **~ (à qqn)** (jn) belügen OU an|lügen.

menton [mɑ̃tɔ̃] *nm* Kinn *das.*

menu, e [məny] *adj* - **1.** [personne] zart - **2.** [écriture, tige] klein. ◆ **menu** *nm* - **1.** [repas & INFORM] Menü *das* ; **~ déroulant** INFORM Drop-down-Liste *die* - **2.** [liste des plats] Speisekarte *die.*

menuiserie [mənɥizri] *nf* Tischlerei *die,* Schreinerei *die.*

menuisier [mənɥizje] *nm* Tischler *der,* -in *die,* Schreiner *der,* -in *die.*

méprendre [79] [meprɑ̃dr] ◆ **se méprendre** *vp sout* : **se ~ sur qqn/qqch** sich in jm/etw irren ; **à s'y ~** zum Verwechseln.

mépris, e [mepri, iz] *pp* ▻ **méprendre.** ◆ **mépris** *nm* - **1.** [dédain] : **~ (pour qqn/qqch)** Verachtung *die* (für jn/etw) - **2.** [indifférence] : **~ de qqch** Missachtung *die* von etw. ◆ **au mépris de** *loc prép* : **au ~ de qqch** ungeachtet einer Sache *(G)*.

méprisable [meprizabl] *adj* verachtenswert.

méprisant, e [meprizɑ̃, ɑ̃t] *adj* verächtlich.

mépriser [3] [meprize] *vt* verachten.

mer [mɛr] *nf* Meer *das*, See *die* ; **la ~ Morte** das Tote Meer ; **la ~ Noire** das Schwarze Meer ; **en haute ~** auf hoher See.

mercantile [mɛrkɑ̃til] *adj péj* profitgierig.

mercenaire [mɛrsənɛr] ◇ *nm* Söldner *der* ◇ *adj* Söldner-.

mercerie [mɛrsəri] *nf* - **1.** [boutique] Kurzwarenladen *der* - **2.** [articles] : **la ~** Kurzwaren *Pl.*

merci [mɛrsi] ◇ *interj* danke ; **~ beaucoup!** vielen Dank! ◇ *nm* Dank *der* ; **dire ~ à qqn** jm Dankeschön sagen.

mercier, ère [mɛrsje, ɛr] *nm, f* Kurzwarenhändler *der*, -in *die*.

mercredi [mɛrkrədi] *nm* Mittwoch *der* ; *voir aussi* **samedi.**

mercure [mɛrkyr] *nm* Quecksilber *das*.

merde [mɛrd] *tfam interj* : **merde!** Scheiße!

mère [mɛr] *nf* Mutter *die*.

merguez [mɛrgɛz] *nf scharf gewürztes nordafrikanisches Bratwürstchen.*

méridien, enne [meridjɛ̃, ɛn] *adj* Mittags-. ◆ **méridien** *nm* Meridian *der*.

méridional, e, aux [meridjɔnal, o] *adj* südlich, Süd- ; [du Sud de la France] südfranzösisch.

meringue [mərɛ̃g] *nf* Baiser *das*.

merisier [mərizje] *nm* - **1.** [arbre] Wildkirsche *die* - **2.** [bois] Kirschbaum *der*.

mérite [merit] *nm* Verdienst *das* ; **il a du ~ à se lever si tôt** es ist schon beachtlich, dass er so früh aufsteht.

mériter [3] [merite] *vt* - **1.** [récompense, punition] verdienen ; **~ d'être puni** es verdienen, bestraft zu werden - **2.** [valoir] : **ceci mérite réflexion** es lohnt sich, darüber nachzudenken.

merlan [mɛrlɑ̃] *nm* Wittling *der*.

merle [mɛrl] *nm* Amsel *die*.

merveille [mɛrvɛj] *nf* Wunder *das* ; **à ~** wunderbar *(adv)*.

merveilleux, euse [mɛrvɛjø, øz] *adj* wunderbar.

mes ▻ **mon.**

mésalliance [mezaljɑ̃s] *nf* Mesalliance *die*.

mésange [mezɑ̃ʒ] *nf* Meise *die*.

mésaventure [mezavɑ̃tyr] *nf* Missgeschick *das*.

mesdames ▻ **madame.**

mesdemoiselles ▻ **mademoiselle.**

mésentente [mezɑ̃tɑ̃t] *nf* Zerwürfnis *das*.

mesquin, e [mɛskɛ̃, in] *adj* kleinlich.

mesquinerie [mɛskinri] *nf* - **1.** [caractère] Borniertheit *die* - **2.** [action] Kleinkariertheit *die*.

mess [mɛs] *nm* MIL Messe *die*.

message [mɛsaʒ] *nm* - **1.** [information] Nachricht *die* ; **laisser un ~ à qqn** jm eine Nachricht hinterlassen - **2.** [de texte] Aussage *die*.

messager, ère [mɛsaʒe, ɛr] *nm, f* Bote *der*, -tin *die*.

messagerie [mɛsaʒri] *nf* - **1.** [transport] Spedition *die*, Eilguttransport *der* - **2.** INFORM Mailbox *die*.

messe [mɛs] *nf* Messe *die* ; **aller à la ~** in die Messe gehen.

messe

Nicht in Versuchung geraten und den deutschen Begriff „Messe" im Sinne von Ausstellung mit **messe** übersetzen, denn **messe** hat nur die kirchliche Bedeutung von „Gottesdienst" oder „Messe". **Ses parents vont à la messe tous les dimanches** wird mit „Seine Eltern gehen jeden Sonntag zum Gottesdienst" wiedergeben.
Bei einer Ausstellung spricht man auf Französisch von **salon** oder **foire**. „Ich war auf der Schuhmesse in Frankfurt" wird mit **j'étais au salon de la chaussure à Francfort** übersetzt.

messeigneurs ▻ **monseigneur.**

messie [mesi] *nm* Messias *der*, Heiland *der*.

messieurs ▻ **monsieur.**

mesure [məzyr] *nf* - **1.** [disposition, acte] Maßnahme *die* ; **prendre des ~s** Maßnahmen ergreifen - **2.** [dimension, étalon, modération] Maß *das* ; **prendre les ~s de qqn** js Maße nehmen ; **prendre les ~s de qqch** etw vermessen ; **outre ~** übermäßig *(adv)* ; **sur ~** maßgeschneidert - **3.** [récipient] Messgefäß *das* - **4.** MUS Takt *der* - **5.** [mesurage] Messung *die* - **6.** *loc* : **à la ~ de qqch** einer Sache *(D)* angemessen ; **être en ~ de faire qqch** in der Lage sein, etw zu tun ; **dans la ~ du possible** falls möglich. ◆ **à mesure que** *loc conj* je ... desto ; **à ~ que le temps passait, elle perdait tout espoir** je mehr Zeit verging, desto mehr verlor sie die Hoffnung.

mesurer [3] [məzyre] *vt* - **1.** [gén] messen ; [risques, portée, ampleur] ermessen - **2.** [limiter] einlschränken - **3.** [proportionner] : **~ qqch à qqch** etw einer Sache *(D)* an|passen. ◆ **se mesurer** *vp* : **se ~ avec** OU **à qqn** sich mit jm messen.

métabolisme [metabɔlism] *nm* Stoffwechsel *der.*

métal, aux [metal, o] *nm* Metall *das.*

métallique [metalik] *adj* **- 1.** [de métal] metallisch **- 2.** [couleur, son] blechern.

métallisé, e [metalize] *adj* metallic.

métallurgie [metalyrʒi] *nf* **- 1.** [industrie] Metallindustrie *die* **- 2.** [technique] Metallverarbeitung *die.*

métamorphose [metamɔrfoz] *nf* **- 1.** BIOL Metamorphose *die* **- 2.** *fig* [transformation] (Ver)wandlung *die.*

métaphore [metafɔr] *nf* Metapher *die.*

métaphysique [metafizik] ◇ *nf* Metaphysik *die* ◇ *adj* metaphysisch.

métastase [metastaz] *nf* Metastase *die.*

métayer, ère [meteje, metɛjɛr] *nm, f* Teilpächter *der*, -in *die.*

météo [meteo] (*abr de* **météorologie**) *nf* **- 1.** [bulletin] Wetterbericht *der* **- 2.** [service] Wetterdienst *der.*

météore [meteɔr] *nm* Meteor *der.*

météorologique [meteɔrɔlɔʒik] *adj* Wetter-, meteorologisch.

météorologue [meteɔrɔlɔg], **météorologiste** [meteɔrɔlɔʒist] *nmf* Meteorologe *der*, -gin *die.*

méthane [metan] *nm* Methan(gas) *das.*

méthode [metɔd] *nf* **- 1.** [gén] Methode *die* **- 2.** [d'apprentissage] Lehrmethode *die.*

méthodologie [metɔdɔlɔʒi] *nf* Methodik *die.*

méthylène [metilɛn] *nm* **- 1.** [alcool] Methylalkohol *der* **- 2.** CHIM Methylen *das.*

méticuleux, euse [metikylø, øz] *adj* akkurat, sorgfältig.

métier [metje] *nm* **- 1.** [profession] Beruf *der* ; **avoir du ~** Berufserfahrung haben ; **être du ~** vom Fach sein ; **exercer un ~** einen Beruf aus|üben **- 2.** [machine] : **~ (à tisser)** Webstuhl *der.*

métis, isse [metis] ◇ *adj* Misch-, Mischlings- ◇ *nm, f* Mischling *der.*

métrage [metraʒ] *nm* **- 1.** [mesure] Vermessen *das* **- 2.** COUTURE [coupon] Stofflänge *die* **- 3.** CIN : **court ~** Kurzfilm *der* ; **long ~** Spielfilm *der.*

mètre [mɛtr] *nm* **- 1.** MATHS Meter *der* ; **~ carré** Quadratmeter ; **~ cube** Kubikmeter **- 2.** [instrument] Metermaß *das.*

métro [metro] *nm* Metro *die*, ≃ U-Bahn *die.*

métronome [metrɔnɔm] *nm* Metronom *das.*

métropole [metrɔpɔl] *nf* **- 1.** [ville] Metropole *die* **- 2.** [pays] Mutterland *das.*

métropolitain, e [metrɔpɔlitɛ̃, ɛn] *adj* aus dem Mutterland.

mets [mɛ] *nm* CULIN Speise *die.*

metteur [mɛtœr] ◆ **metteur en scène** *nm* Regisseur *der*, -in *die.*

mettre [84] [mɛtr] *vt* **- 1.** [placer - à plat] legen ; [- verticalement] stellen ; [- au mur, au plafond] auf|hängen ; **~ un livre sur la table** ein Buch auf den Tisch legen ; **~ de l'eau à bouillir** Wasser auf|setzen ; **~ un vase sur la commode** eine Vase auf die Kommode stellen ; **~ une affiche au mur** ein Plakat an die Wand hängen **- 2.** [vêtement] an|ziehen ; [lunettes, chapeau] auf|setzen **- 3.** [consacrer] auf|wenden ; **~ longtemps à faire qqch** lange brauchen, um etw zu tun **- 4.** [lumière, télévision] an|machen. ◆ **se mettre** *vp* **- 1.** [se placer - debout] sich stellen ; [- assis] sich setzen ; [- couché] sich legen **- 2.** [commencer] : **se ~ à faire qqch** an|fangen, etw zu tun ; **s'y ~** sich dran|machen **- 3.** [vêtement] : **se ~ qqch** sich etw an|ziehen ; [chapeau] etw auf|setzen.

meuble [mœbl] ◇ *nm* [mobilier] Möbel *das* ◇ *adj* **- 1.** AGRIC & GÉOL lose **- 2.** JUR beweglich.

meublé, e [mœble] *adj* möbliert. ◆ **meublé** *nm* [appartement] möblierte Wohnung ; [chambre] möbliertes Zimmer ; **habiter un ~** möbliert wohnen.

meubler [5] [mœble] ◇ *vt* **- 1.** [aménager] möblieren, ein|richten **- 2.** *fig* [occuper] füllen ◇ *vi* ein|richten. ◆ **se meubler** *vp* sich ein|richten.

meuf [mœf] *nf fam* Frau *die.*

meugler [5] [møgle] *vi* muhen.

meule [møl] *nf* **- 1.** [à moudre] Mahlstein *der* **- 2.** [à aiguiser] Schleifstein *der* **- 3.** [de fromage] Laib *der* **- 4.** [de foin] Schober *der.*

meunier, ère [mønje, ɛr] ◇ *adj* Müllerei- ◇ *nm, f* Müller *der*, -in *die.*

meurtre [mœrtr] *nm* Mord *der.*

meurtrier, ère [mœrtrije, ɛr] ◇ *adj* mörderisch, tödlich ◇ *nm, f* Mörder *der*, -in *die.*

meurtrir [32] [mœrtrir] *vt fig* brandmarken.

meute [møt] *nf* Meute *die.*

mexicain, e [mɛksikɛ̃, ɛn] *adj* mexikanisch. ◆ **Mexicain, e** *nm, f* Mexikaner *der*, -in *die.*

Mexico [mɛksiko] *n* Mexiko *nt.*

Mexique [mɛksik] *nm* : **le ~** Mexiko *nt* ; **au ~** in Mexiko.

mezzanine [mɛdzanin] *nf* **- 1.** ARCHIT Zwischengeschoss *das* **- 2.** THÉÂTRE Zwischenrang *der.*

mg (*abr de* **milligramme**) mg.

Mgr (*abr de* **Monseigneur**) s. Exz. *(Seine Exzellenz).*
mi [mi] *nm inv* MUS e *das*, E *das*.
mi- [mi] *préf* halb, Halb- ; **~août** Mitte August.
miasme [mjasm] *nm* Miasma *das*.
miaulement [mjolmɑ̃] *nm* Miauen *das*.
miauler [3] [mjole] *vi* miauen.
mi-bas *nm inv* Kniestrumpf *der*.
mi-carême *nf* : **la ~** Mittfasten *(sans art déf).*
mi-chemin ◈ **à mi-chemin** *loc adv* auf halbem Weg.
mi-clos, e *adj* halb geschlossen.
micro [mikro] ◇ *nm* - **1.** (*abr de* **microphone**) Mikro *das* - **2.** (*abr de* **micro-ordinateur**) PC *der* ◇ *nf abr de* **micro-informatique.**
microbe [mikrɔb] *nm* Mikrobe *die*.
microbiologie [mikrɔbjɔlɔʒi] *nf* Mikrobiologie *die*.
microclimat [mikrɔklima] *nm* Mikroklima *das*.
microcosme [mikrɔkɔsm] *nm* Mikrokosmos *der*.
microfiche [mikrɔfiʃ] *nf* Mikrofiche *das*.
microfilm [mikrɔfilm] *nm* Mikrofilm *der*.
micro-informatique [mikrɔɛ̃fɔrmatik] (*pl* **micro-informatiques**) *nf* Personalcomputertechnik *die*.
micro-ondes *nm inv* : **(four à) ~** Mikrowellengerät *das*, Mikrowellenherd *der*.
micro-ordinateur (*pl* **micro-ordinateurs**) *nm* Personalcomputer *der*.
microphone [mikrɔfɔn] *nm* Mikrofon *das*.
microprocesseur [mikrɔprɔsesœr] *nm* Mikroprozessor *der*.
microscope [mikrɔskɔp] *nm* Mikroskop *das*.
midi [midi] *nm* - **1.** [heure] zwölf Uhr - **2.** [période du déjeuner] Mittag *der* ; **à ~** heute Mittag - **3.** GÉOGR Süden *der*. ◈ **Midi** *nm* : **le Midi** Südfrankreich *nt*.
mie [mi] *nf* [de pain] Brotkrume *die*.
miel [mjɛl] *nm* Honig *der*.
mielleux, euse [mjɛlø, øz] *adj* zuckersüß.
mien [mjɛ̃] ◈ **le mien** (*f* **la mienne** [lamjɛn] ; *mpl* **les miens** [lemjɛ̃] ; *fpl* **les miennes** [lemjɛn]) *pron poss* meine,-r,-s, der OU die OU das meine ; **ton jour/prix sera le ~** bestimme du den Tag/Preis.
miette [mjɛt] *nf* [de pain] Krümel *der*. ◈ **miettes** *nfpl* [débris] Überreste *Pl*.
mieux [mjø] ◇ *adv* - **1.** [comparatif] besser ; **faire ~ de faire qqch** besser daran tun, etw zu tun ; **~ que** besser als ; **il travaille ~ que Pierre (ne travaillait)** er arbeitet besser als Pierre (arbeitete) ; **beaucoup ~** viel besser ; **bien ~** wesentlich besser - **2.** [superlatif] : **il est le ~ payé du service** er ist der Bestbezahlte in der Abteilung ; **le ~ qu'il peut** so gut er kann ◇ *adj* besser ◇ *nm* (etwas) Besseres ; **faire de son ~** sein Bestes tun. ◈ **au mieux** *loc adv* bestenfalls. ◈ **de mieux en mieux** *loc adv* immer besser ; **il va de ~ en ~** es geht ihm von Tag zu Tag besser. ◈ **pour le mieux** *loc adv* : **tout va pour le ~** alles steht zum Besten.
mièvre [mjɛvr] *adj nichts sagend und affektiert.*
mignon, onne [miɲɔ̃, ɔn] *adj* - **1.** [charmant] niedlich - **2.** [sage] lieb.
migraine [migrɛn] *nf* Migräne *die*.
migrant, e [migrɑ̃, ɑ̃t] *adj* wandernd.
migrateur, trice [migratœr, tris] *adj* Zug-. ◈ **migrateur** *nm* Zugvogel *der*.
migration [migrasjɔ̃] *nf* - **1.** [de personnes] (Ab)wanderung *die* - **2.** [d'animaux] Ziehen *das*.
mijoter [3] [miʒɔte] ◇ *vt* - **1.** CULIN kochen - **2.** *fig* [tramer] aus|brüten ◇ *vi* köcheln, schmoren.
mil [mil] ◇ *nm* BOT Hirse *die* ◇ *adj inv* = **mille.**
milan [milɑ̃] *nm* ZOOL Milan *der*.
milice [milis] *nf* Miliz *die*.
milicien, enne [milisjɛ̃, ɛn] *nm, f* Milizionär *der*, -in *die*.
milieu, x [miljø] *nm* - **1.** [centre] Mitte *die* - **2.** [environnement] Umgebung *die* - **3.** [groupe] Milieu *das* - **4.** [pègre] : **le ~** die Unterwelt. ◈ **au milieu de** *loc prép* - **1.** [spatial] auf der Mitte von, in der Mitte von - **2.** [temporel] in der Mitte von, mitten in - **3.** [parmi] inmitten *(+ G).* ◈ **en plein milieu de** *loc prép* - **1.** [spatial] mitten auf *(+ D)* - **2.** [temporel] mitten in *(+D).*
militaire [militɛr] ◇ *nm* Soldat *der* ◇ *adj* Wehr-, Militär-.
militant, e [militɑ̃, ɑ̃t] ◇ *adj* militant, engagiert ◇ *nm, f* militanter Anhänger, militante Anhängerin, Aktivist *der*, -in *die*.
militer [3] [milite] *vi* POLIT aktiv sein ; **~ pour qqch** sich für etw ein|setzen.
mille [mil] ◇ *adj inv* tausend ◇ *nm inv* - **1.** [unité] Tausend *das* - **2.** [de cible] Schwarze *das* ; **mettre dans le ~** ins Schwarze treffen - **3.** NAVIG : **~ (marin)** Seemeile *die* - **4.** *Can* [mile] Meile *die*.
mille-feuille (*pl* **mille-feuilles**) *nm* CULIN Napoleonschnitte *die*.
millénaire [milenɛr] ◇ *nm* Jahrtausend *das* ◇ *adj* tausendjährig.
mille-pattes *nm inv* Tausendfüßler *der*.
millésime [milezim] *nm* [vin] Jahrgang *der*.

millésimé, e [milezime] *adj mit der Jahrgangszahl versehen.*

millet [mijɛ] *nm* Hirse *die.*

milliard [miljar] *nm* Milliarde *die ;* **un ~ d'euros** eine Milliarde Euro ; **par ~s** zu Milliarden.

milliardaire [miljardɛr] ◇ *nmf* Milliardär *der,* -in *die* ◇ *adj* Milliardärs-.

millier [milje] *nm* Tausend *das ;* **un ~ d'euros** tausend Euro ; **par ~s** zu Tausenden.

milligramme [miligram] *nm* Milligramm *das.*

millilitre [mililitr] *nm* Milliliter *der.*

millimètre [milimɛtr] *nm* Millimeter *der.*

millimétré, e [milimetre] *adj :* **papier ~** Millimeterpapier *das.*

million [miljɔ̃] *nm* Million *die ;* **un ~ d'euros** eine Million Euro ; **par ~s** zu Millionen.

millionnaire [miljɔnɛr] ◇ *nmf* Millionär *der,* -in *die* ◇ *adj* Millionärs-.

mime [mim] ◇ *nm* [spectacle] Pantomime *die* ◇ *nmf* [acteur] Mime *der,* Mimin *die.*

mimer [3] [mime] *vt* - **1.** [exprimer sans parler] mimen - **2.** [imiter] nach|ahmen.

mimétisme [mimetism] *nm* - **1.** [imitation] Nachahmung *die* - **2.** BIOL Mimese *die.*

mimique [mimik] *nf* Mimik *die (sans pl).*

mimosa [mimɔza] *nm* Mimose *die.*

minable [minabl] *adj* - **1.** [misérable] erbärmlich - **2.** [mauvais] kümmerlich.

minaret [minarɛ] *nm* Minarett *das.*

minauder [3] [minode] *vi* sich zieren.

mince [mɛ̃s] ◇ *adj* - **1.** [personne] schlank - **2.** [peu épais] dünn - **3.** *fig* [insuffisant] schwach ◇ *interj fam :* **~, alors!** verflixt!

minceur [mɛ̃sœr] *nf* - **1.** [de personne] Schlankheit *die* - **2.** [finesse] Feinheit *die* - **3.** *fig* [insuffisance] Schwäche *die.*

mincir [32] [mɛ̃sir] *vi* schlanker werden.

mine [min] *nf* - **1.** [expression] Gesichtsausdruck *der ;* **avoir bonne/mauvaise ~** gut/schlecht aus|sehen - **2.** [apparence] Miene *die* - **3.** [gisement, explosif, de crayon] Mine *die ;* **~ de charbon** Kohlezeche *die* - **4.** [exploitation] Zeche *die.*

miner [3] [mine] *vt* - **1.** MIL verminen - **2.** *fig* [personne] zermürben.

minerai [minrɛ] *nm* Erz *das.*

minéral, e, aux [mineral, o] *adj* Mineral-, mineralisch. ◆ **minéral** *nm* Mineral *das.*

minéralogie [mineralɔʒi] *nf* Mineralogie *die.*

minéralogique [mineralɔʒik] *adj* - **1.** GÉOL mineralogisch - **2.** ▷ **plaque.**

minet, ette [minɛ, ɛt] *nm, f fam* - **1.** [chat] Miezekätzchen *das* - **2.** *péj* [personne] Schickimicki *der.*

mineur, e [minœr] ◇ *adj* - **1.** [secondaire] untergeordnet - **2.** JUR minderjährig - **3.** MUS moll ; **la ~** a-Moll ◇ *nm, f* JUR Minderjährige *der,* Minderjährige *die.* ◆ **mineur** *nm* [ouvrier] Bergmann *der ;* **~ de fond** Grubenarbeiter *der.*

miniature [minjatyr] ◇ *nf* - **1.** [objet] Miniatur *die ;* **en ~** im Kleinformat - **2.** ART Miniaturmalerei *die* ◇ *adj* Modell-.

miniaturiser [3] [minjatyrize] *vt* miniaturisieren.

minibus [minibys] *nm* Kleinbus *der.*

minichaîne [miniʃɛn] *nf* Kompaktanlage *die.*

minier, ère [minje, ɛr] *adj* Bergbau-.

minijupe [miniʒyp] *nf* Minirock *der.*

minima ▷ **minimum.**

minimal, e, aux [minimal, o] *adj* Mindest-.

minime [minim] ◇ *nmf* SPORT : **les ~s** die C-Jugend ◇ *adj* geringfügig.

minimiser [3] [minimize] *vt* herunter|spielen.

minimum [minimɔm] (*pl* **minimums** OU **minima** [minima]) ◇ *nm* - **1.** [niveau le plus bas] Mindestmaß *das ;* **le strict ~** das Nötigste ; **au ~** mindestens - **2.** MATHS Minimum *das* ◇ *adj* Minimal-.

ministère [ministɛr] *nm* - **1.** [fonction] Ministerium *das* - **2.** [ensemble des ministres] Kabinett *das.*

ministériel, elle [ministerjɛl] *adj* Ministerial-.

ministre [ministr] *nmf* [du gouvernement] Minister *der,* -in *die ;* **~ délégué à qqch** für etw zuständiger Minister ; **~ d'État** Staatsminister ; **Premier ~** Premier(minister).

Minitel® [minitɛl] *nm französisches Bildschirmtextsystem.*

minois [minwa] *nm* reizendes Gesicht.

minoritaire [minɔritɛr] *adj* Minderheits-.

minorité [minɔrite] *nf* - **1.** [gén] Minderheit *die ;* **une/la ~ de qqch** eine/die Minderheit von etw ; **en ~** in der Minderheit - **2.** JUR Minderjährigkeit *die.*

minuit [minɥi] *nm* Mitternacht *die ;* **à ~** um Mitternacht.

minuscule [minyskyl] ◇ *nf* Kleinbuchstabe *der* ◇ *adj* - **1.** [écriture] klein ; **a ~** kleines a - **2.** [très petit] winzig.

minute [minyt] ◇ *nf* - **1.** [gén] Minute *die ;* **dans une ~** in einer Minute ; **d'une ~ à l'autre** jeden Augenblick - **2.** JUR Urschrift *die* ◇ *interj :* **~!** *fam* Sekunde mal!

minuter [3] [minyte] *vt* zeitlich begrenzen.

minuterie [minytri] *nf* **- 1.** [d'éclairage] Zeitschalter *der* **- 2.** [d'horloge] Uhrwerk *das.*

minutie [minysi] *nf* **- 1.** [soin] Sorgfalt *die* ; **avec ~** [avec soin] sorgfältig *(adv)* ; [dans le détail] genau *(adv)* **- 2.** [précision] Präzision *die.*

minutieux, euse [minysjø, øz] *adj* sorgfältig.

mioche [mjɔʃ] *nmf fam* Knirps *der.*

mirabelle [mirabɛl] *nf* [fruit] Mirabelle *die.*

miracle [mirakl] *nm* Wunder *das* ; **croire aux ~s** *litt & fig* an Wunder glauben ; **par ~** wie durch ein Wunder.

miraculeux, euse [mirakylø, øz] *adj* **- 1.** [surnaturel] wunderbar **- 2.** [extraordinaire] Wunder-.

mirador [miradɔr] *nm* Wachturm *der.*

mirage [miraʒ] *nm* **- 1.** [d'optique] Fata Morgana *die* **- 2.** *fig* [illusion] Täuschung *die.*

mire [mir] *nf* **- 1.** TÉLÉ Testbild *das* **- 2.** [visée] : **ligne de ~** Schusslinie *die.*

mirifique [mirifik] *adj hum* verstiegen.

mirobolant, e [mirɔbɔlɑ̃, ɑ̃t] *adj hum* hochfliegend.

miroir [mirwar] *nm* [gén] Spiegel *der.*

miroiter [3] [mirwate] *vi* (wider)|spiegeln ; **faire ~ qqch à qqn** *fig* jm etw vor|gaukeln.

mis, e [mi, miz] *pp* ▻ **mettre.**

misanthrope [mizɑ̃trɔp] ◇ *nmf* Menschenfeind *der,* -in *die* ◇ *adj* menschenfeindlich.

mise [miz] *nf* **- 1.** [action] : **~ à jour** Aktualisierung *die* ; **~ en page** Seitenlayout *das* ; **~ au point** PHOT Scharfeinstellung *die* ; TECHNOL Einstellung *die* ; *fig* Klarstellung *die* ; **~ en scène** Inszenierung *die* **- 2.** [d'argent] Einsatz *der* **- 3.** *sout* [tenue] Aufmachung *die.*

miser [3] [mize] ◇ *vt* [parier] ein|setzen ◇ *vi* : **~ sur qqn/qqch** *fig* [compter] auf jn/etw zählen.

misérable [mizerabl] ◇ *nmf* **- 1.** [pauvre] Arme *der,* Arme *die* **- 2.** [vaurien] Halunke *der* ◇ *adj* **- 1.** [pauvre] armselig **- 2.** [déplorable, sans valeur] erbärmlich.

misère [mizɛr] *nf* **- 1.** [indigence] Armut *die,* Elend *das* **- 2.** [malheur] Leid *das* **- 3.** *fig* [bagatelle] Lappalie *die.*

miséricorde [mizerikɔrd] ◇ *nf* Barmherzigkeit *die* ◇ *interj* : **miséricorde!** barmherziger Gott!

misogyne [mizɔʒin] ◇ *nmf* Frauenfeind *der,* -in *die* ◇ *adj* frauenfeindlich.

missel [misɛl] *nm* Missale *das,* Messbuch *das.*

missile [misil] *nm* Flugkörper *der,* Rakete *die* ; **~ balistique** ballistischer Flugkörper.

mission [misjɔ̃] *nf* **- 1.** [charge, but] Auftrag *der* ; **en ~** auf Dienstreise **- 2.** RELIG Mission *die* **- 3.** [délégation] Abordnung *die.*

missionnaire [misjɔnɛr] ◇ *nmf* Missionar *der,* -in *die* ◇ *adj* Missions-.

missive [misiv] *nf littéraire* Schreiben *das.*

mitaine [mitɛn] *nf fingerloser Handschuh.*

mite [mit] *nf* Motte *die.*

mité, e [mite] *adj* vermottet.

mi-temps ◇ *nf inv* SPORT Halbzeit *die* ; **première/seconde ~** erste/zweite Halbzeit ◇ *nm inv* [travail] Halbtagsstelle *die.* ◆ **à mi-temps** ◇ *loc adv* : **travailler à ~** halbtags arbeiten ◇ *loc adj* : **travail à ~** Halbtagsarbeit *die.*

miteux, euse [mitø, øz] *adj* heruntergekommen, schäbig.

mitigé, e [mitiʒe] *adj* **- 1.** [mélangé] gemischt **- 2.** [tempéré] abgemildert.

mitonner [3] [mitɔne] ◇ *vt* **- 1.** CULIN gar|köcheln **- 2.** *fig* [préparer] aus|tüfteln ◇ *vi* CULIN köcheln.

mitoyen, enne [mitwajɛ̃, ɛn] *adj* angrenzend, gemeinschaftlich ; **maisons ~nes** Reihenhäuser *Pl.*

mitrailler [3] [mitraje] *vt* **- 1.** MIL unter Beschuss nehmen, beschießen **- 2.** *fam* [photographier] : **~ qqn** von jm Fotos schießen **- 3.** *fig* [assaillir] : **~ qqn de questions** jn mit Fragen überschütten.

mitraillette [mitrajɛt] *nf* Maschinenpistole *die.*

mitrailleur [mitrajœr] MIL *nm* Maschinengewehrschütze *der.*

mitrailleuse [mitrajøz] *nf* Maschinengewehr *das.*

mi-voix ◆ **à mi-voix** *loc adv* mit leiser Stimme.

mixage [miksaʒ] *nm* CIN & RADIO Mischen *das,* Mixen *das.*

mixer[1] [3] [mikse] *vt* **- 1.** CIN, MUS, TÉLÉ & RADIO mischen, mixen **- 2.** CULIN verquirlen.

mixer[2]**, mixeur** [miksœr] *nm* CULIN Mixer *der.*

mixte [mikst] *adj* gemischt.

mixture [mikstyr] *nf* **- 1.** CHIM Mixtur *die* **- 2.** CULIN Mischung *die.*

ml (*abr de* **millilitre**) ml.

Mlle (*abr de* **Mademoiselle**) Frl. *(Fräulein).*

mm (*abr de* **millimètre**) mm.

MM (*abr de* **Messieurs**) H. *(Herren).*

Mme (*abr de* **Madame**) Fr. *(Frau).*

mn (*abr de* **minute**) Min.

mnémotechnique [mnemotɛknik] *adj*

mnemotechnisch ; **moyen ~** Gedächtnisstütze *die.*

mobile [mɔbil] ◇ *nm* **- 1.** [objet] Mobile *das* **- 2.** [motivation] Motiv *das* ◇ *adj* **- 1.** [gén] beweglich **- 2.** [regard] unruhig.

mobilier, ère [mɔbilje, ɛr] *adj* JUR beweglich. ◆ **mobilier** *nm* Mobiliar *das.*

mobilisation [mɔbilizasjɔ̃] *nf* **- 1.** MIL : **~ (générale)** (allgemeine) Mobilmachung **- 2.** [de militants, de ressources, d'habitants] Mobilisierung *die.*

mobiliser [3] [mɔbilize] *vt* **- 1.** MIL mobil machen **- 2.** [habitants, électeurs, ressources] mobilisieren. ◆ **se mobiliser** *vp* mobil machen, sich ein|setzen.

mobilité [mɔbilite] *nf* [professionnelle, sociale] Mobilität *die.*

Mobylette® [mɔbilɛt] *nf* Mofa *das.*

mocassin [mɔkasɛ̃] *nm* **- 1.** [d'Indien] Mokassin *der* **- 2.** [de ville] Slipper *der.*

moche [mɔʃ] *adj fam* [personne, objet] hässlich ; [temps] scheußlich.

modalité [mɔdalite] *nf* [de processus] Modalität *die* ; **~s de paiement** Zahlungsbedingungen *Pl.*

mode [mɔd] ◇ *nf* Mode *die* ; **à la ~** modisch, in Mode ; **lancer la ~ de qqch** etw in Mode bringen ; **passé de ~** aus der Mode (gekommen) ◇ *nm* **- 1.** [manière & GRAM] Modus *der* **- 2.** [méthode] Art *die* ; **~ d'emploi** Gebrauchsanweisung *die* **- 3.** MUS Tonart *die* ; **en ~ mineur/majeur** in Moll/Dur. ◆ **mode de vie** *nm* Lebensart *die.*

modèle [mɔdɛl] ◇ *nm* **- 1.** [gén] Modell *das* ; **~ déposé** Gebrauchsmuster *das* **- 2.** [d'écriture, de référence] Vorbild *das* ; **sur le ~ de qqn** nach js Vorbild ◇ *adj* Muster-.

modeler [25] [mɔdle] *vt* modellieren ; **~ qqch sur qqch** etw nach etw nach|bilden.

modélisme [mɔdelism] *nm* Modellbau *der.*

modem [mɔdɛm] *nm* Modem *das.*

modération [mɔderasjɔ̃] *nf* Mäßigung *die.*

modéré, e [mɔdere] ◇ *adj* **- 1.** [enthousiasme, prix] mäßig **- 2.** POLIT gemäßigt ◇ *nm, f* POLIT : **les ~s** der gemäßigte Flügel.

modérer [18] [mɔdere] *vt* **- 1.** [enthousiasme] dämpfen **- 2.** [consommation, propos] mäßigen. ◆ **se modérer** *vp* sich mäßigen.

moderne [mɔdɛrn] *adj* [contemporain] modern.

moderniser [3] [mɔdɛrnize] *vt* modernisieren. ◆ **se moderniser** *vp* sich modernisieren.

modeste [mɔdɛst] *adj* **- 1.** [personne, ambitions, repas] bescheiden **- 2.** [tenue, origine] einfach.

modestement [mɔdɛstəmɑ̃] *adv* bescheiden.

modestie [mɔdɛsti] *nf* Bescheidenheit *die* ; **fausse ~** falsche Bescheidenheit.

modification [mɔdifikasjɔ̃] *nf* Veränderung *die*, Änderung *die.*

modifier [9] [mɔdifje] *vt* ändern. ◆ **se modifier** *vp* sich ändern.

modique [mɔdik] *adj* bescheiden.

modiste [mɔdist] *nf* Hutmacherin *die.*

modulation [mɔdylasjɔ̃] *nf* Modulation *die.*

module [mɔdyl] *nm* [de meuble, d'ordinateur] Modul *das.*

moduler [3] [mɔdyle] *vt* **- 1.** MUS & RADIO modulieren **- 2.** [structure] ab|wandeln, an|passen.

moelle [mwal] *nf* ANAT Mark *das* ; **~ épinière** Rückenmark ; **~ osseuse** Knochenmark.

moelleux, euse [mwalø, øz] *adj* **- 1.** [canapé, coussin] weich **- 2.** [fromage] cremig.

moellon [mwalɔ̃] *nm* Bruchstein *der.*

mœurs [mœr(sœ)] *nfpl* **- 1.** [gén] Sitten *Pl* **- 2.** ZOOL Lebensgewohnheiten *Pl.*

mohair [mɔɛr] *nm* **- 1.** [laine] Mohärwolle *die* **- 2.** [étoffe] Mohär *der.*

moi [mwa] *pron pers* **- 1.** [sujet, avec présentatif, avec comparatif, en renforcement de je] ich ; **qui est là?~** wer ist da? ich ; **~ non plus** ich auch nicht ; **~ seul** ich allein ; **c'est ~ qui lui ai dit de venir** ich habe ihm gesagt, er solle kommen ; **c'est ~!** ich bins! ; **~, je n'ai rien dit!** ich habe doch gar nichts gesagt! ; **plus âgé que ~** älter als ich **- 2.** [complément, avec un impératif] mich, mir ; **suivez-~!** folgen Sie mir! ; **aide-~** hilf mir ; **attends-~** warte auf mich ; **viens avec ~** komm mit mir ; **il me l'a dit, à ~** mir hat er es gesagt ; **c'est pour ~** das ist für mich.

moignon [mwaɲɔ̃] *nm* [de bras] Stumpf *der* ; [d'aile] Stummel *der.*

moi-même [mwamɛm] *pron pers* ich selbst.

moindre [mwɛ̃dr] ◇ *adj superl* : **il n'y a pas le ~ doute** es gibt nicht den geringsten Zweifel ; **c'est la ~ des choses** das ist das Mindeste ◇ *adj compar* [prix] geringer.

moine [mwan] *nm* Mönch *der.*

moineau, x [mwano] *nm* [oiseau] Spatz *der.*

moins [mwɛ̃] ◇ *adv* **- 1.** [quantité] : **~ (de)** weniger ; **un peu ~ de lait/de gens** etwas weniger Milch/Leute ; **redonne-m'en, mais un peu ~!** gib mir noch davon, aber etwas weniger! **- 2.** [comparatif] : **il est ~ vieux que ton frère** er ist jünger als dein

Bruder ; **ce livre est ~ intéressant** dieses Buch ist weniger OU nicht so interessant ; **d'autant ~ intéressant que** umso uninteressanter als ; **~ il mange, ~ il travaille** je weniger er isst, umso weniger arbeitet er - **3.** [superlatif] : **le ~ riche des hommes** der ärmste Mann ; **il est le ~ fort** er ist der Schwächste ; **c'est lui qui travaille le ~** er arbeitet am wenigsten ; **le ~ possible** so wenig wie möglich ◇ *prép* - **1.** [gén] minus ; **dix ~ huit font deux** zehn minus acht macht zwei ; **il fait ~ vingt** es sind minus zwanzig Grad - **2.** [pour indiquer l'heure] vor ; **il est 3 heures ~ le quart** es ist Viertel vor drei ◇ *nm* - **1.** [signe] Minuszeichen *das* - **2.** *loc :* **le ~ qu'on puisse dire, c'est que** man kann wohl sagen, dass. ◆ **à moins que** *loc conj (+ subjonctif)* es sei denn ; **nous irons nous promener à ~ qu'il ne se mette à pleuvoir** wir werden spazieren gehen, es sei denn, es fängt an zu regnen. ◆ **au moins** *loc adv* mindestens. ◆ **de moins en moins** *loc adv* immer weniger. ◆ **du moins** *loc adv* zumindest. ◆ **en moins** *loc adv* weniger ; **c'est la même histoire avec la violence en ~** es ist die gleiche Geschichte, nur ohne Gewalt. ◆ **en moins de** *loc prép :* **en ~ de rien** im Handumdrehen ; **en ~ de deux jours** in weniger als zwei Tagen. ◆ **ni plus ni moins que** *loc adv* nichts mehr und nichts weniger als. ◆ **on ne peut moins** *loc adv* ganz und gar nicht. ◆ **pour le moins** *loc adv* wenigstens. ◆ **tout au moins** *loc adv* wenigstens.

moiré, e [mware] *adj* [tissu] moiriert ; [reflets] Moiré-.

mois [mwa] *nm* - **1.** [de calendrier] Monat *der* - **2.** [salaire] Monatsgehalt *das* - **3.** [loyer] Monatsmiete *die.*

moisi, e [mwazi] *adj* verschimmelt. ◆ **moisi** *nm* Schimmel *der.*

moisir [32] [mwazir] *vi* [nourriture] verschimmeln, schimmelig werden ; [bois] vermodern.

moisissure [mwazisyr] *nf* Schimmel(pilz) *der.*

moisson [mwasɔ̃] *nf* - **1.** [produit] (Getreide)ernte *die* - **2.** [action] : **faire la ~** OU **les ~s** das Getreide ernten.

moissonner [3] [mwasɔne] *vt* ernten.

moissonneuse-batteuse *nf* Mähdrescher *der.*

moite [mwat] *adj* feucht.

moiteur [mwatœr] *nf* Schwüle *die.*

moitié [mwatje] *nf* - **1.** [d'objet, de temps] Hälfte *die* - **2.** [milieu] Mitte *die.* ◆ **à moitié** *loc adv* halb.

moka [mɔka] *nm* - **1.** [café] Mokka *der* - **2.** [gâteau] Mokkacremetorte *die.*

mol ▻ **mou.**

molaire [mɔlɛr] *nf* Backenzahn *der.*

molécule [mɔlekyl] *nf* Molekül *das.*

molester [3] [mɔlɛste] *vt :* **~ qqn** *sout* jn misshandeln, gegen jn Gewalt anlwenden.

molle ▻ **mou.**

mollement [mɔlmɑ̃] *adv* - **1.** [paresseusement] träge - **2.** [protester] lasch.

mollesse [mɔlɛs] *nf* - **1.** [de chose] Weichheit *die* - **2.** [de personne] Schlappheit *die.*

mollet [mɔlɛ] *nm* Wade *die.*

mollir [32] [mɔlir] *vi* - **1.** [corps, jambes] schwach werden - **2.** [beurre] weich werden - **3.** [vent] ablflauen.

mollusque [mɔlysk] *nm* Weichtier *das.*

molosse [mɔlɔs] *nm* [chien] großer Wachhund.

môme [mom] *fam* ◇ *nmf* [enfant] Gör *das* ◇ *nf* [jeune fille] Göre *die.*

moment [mɔmɑ̃] *nm* - **1.** [instant] Moment *der ;* **au ~ où il est parti** in dem Augenblick, als OU wo er gegangen ist ; **à un ~ donné** irgendwann ; **à tout ~** jederzeit ; **dans un ~** gleich ; **d'un ~ à l'autre** jeden Augenblick ; **n'avoir pas un ~ à soi** keinen Augenblick Ruhe haben ; **par ~s** manchmal - **2.** [durée] Zeit *die ;* **passer un mauvais ~** einen unangenehmen Augenblick erleben - **3.** [occasion] Augenblick *der ;* **ce n'est pas le ~ (de faire qqch)** es ist jetzt nicht der rechte Augenblick (, um etw zu tun) - **4.** [temps présent] : **en ce** OU **pour le ~** im Augenblick.

momentané, e [mɔmɑ̃tane] *adj* vorübergehend.

momentanément [mɔmɑ̃tanemɑ̃] *adv* vorübergehend.

momie [mɔmi] *nf* Mumie *die.*

mon [mɔ̃] (*f* **ma** [ma] ; *pl* **mes** [me]) *adj poss* mein,-e.

monacal, e, aux [mɔnakal, o] *adj* mönchisch.

Monaco [mɔnako] *n :* **(la principauté de) ~** (das Fürstentum) Monaco *nt.*

monarchie [mɔnarʃi] *nf* Monarchie *die ;* **~ absolue/constitutionnelle** absolute/konstitutionelle Monarchie.

monarque [mɔnark] *nm* Monarch *der*, -in *die.*

monastère [mɔnastɛr] *nm* Kloster *das.*

monceau, x [mɔ̃so] *nm* Berg *der ;* **un ~ de bêtises** *fig* jede Menge Unsinn.

mondain, e [mɔ̃dɛ̃, ɛn] ◇ *adj* - **1.** [dîner, chronique] Gesellschafts- - **2.** [personne] mondän ◇ *nm, f* mondäner Mensch.

mondanités [mɔ̃danite] *nfpl* - **1.** [événements mondains] Gesellschaftsleben *das* *(sans pl)* **- 2.** [comportements, paroles] mondänes Gehabe *(sans pl).*

monde [mɔ̃d] *nm* **- 1.** [gén] Welt *die ;* **le plus grand au** OU **du ~** der größte (auf) der Welt ; **l'autre ~** das Jenseits ; **le quart ~** [phénomène] die neue Armut ; [population] die Opfer der neuen Armut ; **mettre un enfant au ~** ein Kind zur Welt bringen ; **venir au ~** zur Welt kommen ; **pour rien au ~** für nichts in der Welt ; **c'est un ~!** das ist doch allerhand!, das ist nicht zu fassen! ; **se faire (tout) un ~ de qqch** eine Staatsaktion aus etw machen, viel Aufheben(s) von etw machen **- 2.** [gens] Leute *Pl ;* **beaucoup/peu de ~** viel(e)/wenig(e) Leute ; **tout le ~** jedermann ; **noir de ~** [salle] zum Brechen voll.

mondial, e, aux [mɔ̃djal, o] *adj* Welt-, weltweit.

mondialement [mɔ̃djalmɑ̃] *adv* weltweit.

mondialisation [mɔ̃djalizasjɔ̃] *nf* Internationalisierung *die.*

monétaire [mɔnetɛr] *adj* Währungs-.

mongolien, enne [mɔ̃gɔljɛ̃, ɛn] ◇ *adj* mongoloid ◇ *nm, f* mongoloide Person.

mongolisme [mɔ̃gɔlism] *nm* Mongolismus *der.*

moniteur, trice [mɔnitœr, tris] *nm, f* **- 1.** [de sport] Sportlehrer *der*, -in *die ;* **~ de ski** Skilehrer ; **~ d'auto-école** Fahrlehrer **- 2.** [animateur] Leiter *der*, -in *die.* ◆ **moniteur** *nm* INFORM Monitor *der*, Bildschirm *der.*

monnaie [mɔnɛ] *nf* **- 1.** [argent] Geld *das ;* **fausse ~** Falschgeld **- 2.** [devise] Währung *die ;* **~ unique** Einheitswährung *die ;* **cours d'une ~** Wechselkurs *der* **- 3.** [pièces] Kleingeld *das ;* **avoir de la ~** Kleingeld haben **- 4.** [appoint] : **avoir la ~** es passend haben ; **avoir la ~ de 2 euros** 2 Euro klein haben ; **faire (de) la ~** (Geld) wechseln ; **rendre la ~ à qqn (sur 50 euros)** jm (auf 50 Euro) heraus|geben.

monnayer [11] [mɔnɛje] *vt* **- 1.** [biens] zu Geld machen **- 2.** [silence, talent] verkaufen.

monochrome [mɔnɔkrom] *adj* einfarbig.

monocle [mɔnɔkl] *nm* Monokel *das.*

monocoque [mɔnɔkɔk] ◇ *nm* Einrümpfer *der* ◇ *adj* Einrumpf-.

monocorde [mɔnɔkɔrd] *adj* **- 1.** [voix] eintönig **- 2.** MUS Einsaiten-.

monoculture [mɔnɔkyltyr] *nf* Monokultur *die.*

monologue [mɔnɔlɔg] *nm* **- 1.** THÉÂTRE Monolog *der* **- 2.** [discours individuel] Vortrag *der.*

monôme [mɔnom] *nm* Monom *das.*

monoparental, e, aux [mɔnɔparɑ̃tal, o] *adj :* **éducation ~e** Alleinerziehung *die ;* **famille ~e** allein erziehende Mutter, allein erziehender Vater.

monoplace [mɔnɔplas] ◇ *nmf* Einsitzer *der* ◇ *adj* einsitzig.

monopole [mɔnɔpɔl] *nm* ÉCON Monopol *das ;* **avoir le ~ du tabac** das Tabakmonopol haben ; **~ d'État** Staatsmonopol ; **avoir le ~ de qqch** *fig* den Alleinbesitz einer Sache *(G)* haben.

monopoliser [3] [mɔnɔpɔlize] *vt* **- 1.** ÉCON monopolisieren **- 2.** [conversation, attention] für sich beanspruchen.

monoski [mɔnɔski] *nm* Monoski *der.*

monospace [mɔnɔspas] *nm* Großraumlimousine *die.*

monotone [mɔnɔtɔn] *adj* eintönig.

monotonie [mɔnɔtɔni] *nf* Eintönigkeit *die.*

monseigneur [mɔ̃sɛɲœr] (*pl* **messeigneurs** [mesɛɲœr], **nosseigneurs** [nosɛɲœr]) *nm* RELIG *Anrede eines hohen kirchlichen Würdenträgers.*

monsieur [məsjø] (*pl* **messieurs** [mesjø]) *nm* Herr *der ; voir aussi* **madame.**

Monsieur

Anders als in Deutschland, wo man bei einer persönlicheren Anrede sein Gegenüber mit Namen anspricht, wie zum Beispiel „Herr Meier, schön, Sie wieder zu sehen", benutzt man in Frankreich im öffentlichen Leben lediglich **Madame**, **Monsieur** oder **Mademoiselle** ohne Nachname: **Bonjour Madame, comment allez-vous ?** oder **Monsieur, veuillez vous asseoir**. Der Nachname muss keineswegs bekannt sein und tritt vollkommen in den Hintergrund. Das Gleiche gilt für die Anrede mit Titel, wie beispielsweise **Bonjour Docteur**, den auf kein Nachname folgen muss.

monstre [mɔ̃str] ◇ *nm* **- 1.** [gén] Monstrum *das* **- 2.** [de légende] Ungeheuer *das*, Monster *das* ◇ *adj fam :* **un repas ~** ein Riesenessen.

monstrueux, euse [mɔ̃stryø, øz] *adj* **- 1.** [taille, laideur] monströs **- 2.** [crime, erreur] ungeheuerlich.

monstruosité [mɔ̃stryozite] *nf* **- 1.** [action sauvage] monströse Tat **- 2.** [de propos, de crime] Ungeheuerlichkeit *die.*

mont [mɔ̃] *nm* Berg *der ;* **le ~ Blanc** der Montblanc ; **le ~ Cervin** das Matterhorn.

montage [mɔ̃taʒ] *nm* **- 1.** [de meuble, d'appareil] Aufbau *der* **- 2.** PHOT Fotomontage *die* - **3.** CIN Montage *die* - **4.** ÉLECTR Schaltung *die*.

montagnard, e [mɔ̃taɲar, ard] ◇ *adj* Berg- ◇ *nm, f* Bergbewohner *der*, -in *die*.

montagne [mɔ̃taɲ] *nf* - **1.** [relief] Berg *der*, Gebirge *das* - **2.** [région] Gebirge *das (sans pl)* ; **passer quelques jours à la ~** ein paar Tage im Gebirge verbringen ; **aller à la ~** ins Gebirge fahren ; **en/la haute ~** im/das Hochgebirge - **3.** *fig* [d'ordures, de livres] Berg *der*.

montant, e [mɔ̃tɑ̃, ɑ̃t] *adj* - **1.** [marée] (an)steigend ; [course] steigend - **2.** [col] hochgeschlossen. ◈ **montant** *nm* - **1.** [d'échelle] Holm *der* - **2.** [somme] Betrag *der*.

mont-de-piété (*pl* **monts-de-piété**) *nm* Pfandhaus *das*.

monte-charge *nm inv* Lastenaufzug *der*.

montée [mɔ̃te] *nf* - **1.** [action] Aufstieg *der* - **2.** [chemin, pente] Steigung *die*.

monte-plats *nm inv* Speisenaufzug *der*.

monter [3] [mɔ̃te] ◇ *vi (aux : être ou avoir)* - **1.** [à l'étage] hoch|gehen - **2.** [grimper] : **~ sur qqch** auf etw *(A)* steigen - **3.** [en importance, en popularité, en altitude] auf|steigen ; **il est monté dans mon estime** er ist in meiner Achtung gestiegen - **4.** [mer, route] an|steigen - **5.** [passager] : **~ (dans** OU **en qqch)** ein|steigen (in eine Sache *(A)*) - **6.** [chevaucher] : **~ (à cheval)** reiten - **7.** *fam* [se déplacer] : **~ à Paris** nach Paris gehen - **8.** [prix, température, niveau, avion] steigen - **9.** [colère, ton] sich verschärfen ◇ *vt (aux : avoir)* - **1.** [escalier, étage] hoch|gehen - **2.** [élever le son de] lauter stellen - **3.** [valise, courrier] hoch|bringen - **4.** [fixer, film] montieren ; **~ qqch sur qqch** etw auf etw *(A)* montieren - **5.** [meuble] zusammen|bauen - **6.** [cheval] reiten - **7.** [spectacle, entreprise] auf|ziehen - **8.** [tente] auf|bauen. ◈ **se monter** *vp* - **1.** [armoire] sich zusammenbauen lassen - **2.** [frais] : **se ~ à** sich auf *(+ A)* belaufen.

monteur, euse [mɔ̃tœr, øz] *nm, f* - **1.** TECHNOL Monteur *der*, -in *die* - **2.** CIN Cutter *der*, -in *die*.

monticule [mɔ̃tikyl] *nm* - **1.** [relief] Hubbel *der* - **2.** [tas] Haufen *der*.

montre [mɔ̃tr] *nf* Uhr *die* ; **~ à quartz** Quartzuhr ; **~ en main** haargenau *(adv)* ; **contre la ~** SPORT gegen die Uhr ; [cyclisme] Zeitfahren *das* ; **course contre la ~** *fig* Wettlauf *der* gegen die Zeit.

montre-bracelet *nf* Armbanduhr *die*.

montrer [3] [mɔ̃tre] *vt* - **1.** [gén] : **~ qqn/qqch à qqn** jm jn/etw zeigen ; **~ qqn/qqch du doigt** mit dem Finger auf jn/etw zeigen ; **donne, je vais te ~** gib her, ich zeige es dir - **2.** [passeport] (vor)|zeigen. ◈ **se montrer** *vp* sich zeigen ; **se ~ sous son meilleur jour** sich von der besten Seite zeigen.

monture [mɔ̃tyr] *nf* - **1.** [cheval] Ross *das* - **2.** [de lunettes] Brillengestell *das* - **3.** [de bijou] Fassung *die*.

monument [mɔnymɑ̃] *nm* - **1.** [mausolée] Denkmal *das* ; **un ~ à qqn/qqch** ein Denkmal für jn/etw ; **~ aux morts** Kriegerdenkmal - **2.** ARCHIT Bauwerk *das* - **3.** *fig* [chef-d'œuvre] Meisterwerk *das*.

monumental, e, aux [mɔnymɑ̃tal, o] *adj* - **1.** [maison, façade] monumental - **2.** [bêtise, erreur] gewaltig.

moquer [3] [mɔke] ◈ **se moquer** *vp* : **se ~ de qqn/qqch** sich über jn/etw lustig machen ; **je m'en moque complètement!** das ist mir völlig schnuppe OU egal!

moquerie [mɔkri] *nf* [ironie] Spott *der*.

moquette [mɔkɛt] *nf* Teppichboden *der*.

moqueur, euse [mɔkœr, øz] *adj* spöttisch.

moral, e, aux [mɔral, o] *adj* moralisch. ◈ **moral** *nm* [état d'esprit] geistige Verfassung ; **avoir/ne pas avoir le ~** gut/schlecht drauf sein ; **remonter le ~ à qqn** jn auf|muntern. ◈ **morale** *nf* [règle, mœurs, leçon] Moral *die* ; **faire la ~e à qqn** jm eine Moralpredigt halten.

moralisateur, trice [mɔralizatœr, tris] ◇ *adj* moralisierend ◇ *nm, f* Moralprediger *der*, -in *die*.

moralité [mɔralite] *nf* - **1.** [d'individu] Sittlichkeit *die* - **2.** [d'acte, de geste] Moralität *die* - **3.** [d'histoire] Moral *die*.

moratoire [mɔratwar] *nm* Zahlungsaufschub *der*.

morbide [mɔrbid] *adj* krankhaft.

morceau, x [mɔrso] *nm* Stück *das*.

morceler [24] [mɔrsəle] *vt* zerstückeln. ◈ **se morceler** *vp* : **se ~ (en qqch)** (in etw *(A)*) zersplittern.

mordant, e [mɔrdɑ̃, ɑ̃t] *adj* beißend. ◈ **mordant** *nm* [vivacité] Biss *der*.

mordiller [3] [mɔrdije] *vt* : **~ qqch** an etw *(D)* herum|beißen.

mordoré, e [mɔrdɔre] *adj* goldbraun.

mordre [76] [mɔrdr] ◇ *vt* - **1.** [sujet : chien, enfant] beißen - **2.** *fig* [sujet : froid, rouille] zerfressen ◇ *vi* - **1.** [personne, chien] : **~ dans qqch** in etw *(A)* beißen - **2.** [poisson] : **~ à l'appât** an|beißen - **3.** SPORT : **~ (sur la ligne)** über|treten.

mordu, e [mɔrdy] ◇ *pp* ▷ **mordre** ◇ *adj* [amoureux] verliebt ◇ *nm, f* [passionné] : **~ de foot** Fußballfan *der* ; **~ de sport** Sportfan *der.*

morfondre [75] [mɔrfɔ̃dr] ◆ **se morfondre** *vp* sich zu Tode langweilen.

morgue [mɔrg] *nf* - **1.** [lieu] Leichenhalle *die* - **2.** *sout* [attitude] Hochnäsigkeit *die.*

moribond, e [mɔribɔ̃, ɔ̃d] ◇ *adj* dahinvegetierend ◇ *nm, f* Sterbende *der,* Sterbende *die.*

morille [mɔrij] *nf* Morchel *die.*

morne [mɔrn] *adj* - **1.** [personne] trübselig - **2.** [visage, paysage] trostlos.

morose [mɔroz] *adj* - **1.** [visage, humeur] verdrießlich - **2.** [ambiance] mies.

morphine [mɔrfin] *nf* Morphium *das.*

morphologie [mɔrfɔlɔʒi] *nf* Morphologie *die.*

mors [mɔr] *nm* [de cheval] Gebiss *das.*

morse [mɔrs] *nm* - **1.** ZOOL Walross *das* - **2.** [code] Morsealphabet *das.*

morsure [mɔrsyr] *nf* Biss *der.*

mort, e [mɔr, mɔrt] ◇ *pp* ▷ **mourir** ◇ *adj* - **1.** [gén] tot ; **~ de fatigue** todmüde ; **~ de peur** zu Tode geängstigt - **2.** [décédé] gestorben, verstorben ◇ *nm, f* Tote *der,* Tote *die.* ◆ **mort** *nf* Tod *der* ; **condamner qqn à ~** jn zum Tode verurteilen ; **se donner la ~** sich das Leben nehmen.

mortadelle [mɔrtadɛl] *nf* Mortadella *die.*

mortalité [mɔrtalite] *nf* Sterblichkeit *die.*

mort-aux-rats *nf inv* Rattengift *das.*

mortel, elle [mɔrtɛl] ◇ *adj* - **1.** [personne, animal] sterblich - **2.** [coup, maladie] tödlich ◇ *nm, f* Sterbliche *der,* Sterbliche *die.*

morte-saison *nf* geschäftlich ruhige Zeit ; [tourisme] Nebensaison *die.*

mortier [mɔrtje] *nm* - **1.** CONSTR Mörtel *der* - **2.** [récipient, canon] Mörser *der.*

mortification [mɔrtifikasjɔ̃] *nf* [humiliation] Demütigung *die.*

mortuaire [mɔrtɥɛr] *adj* Sterbe-, Toten-, Leichen- ; **cérémonie ~** Trauerfeier *die.*

morue [mɔry] *nf* ZOOL Kabeljau *der.*

mosaïque [mɔzaik] *nf* Mosaik *das.*

Moscou [mɔsku] *n* Moskau *nt.*

moscovite [mɔskɔvit] *adj* moskauisch, Moskauer *(adj inv).* ◆ **Moscovite** *nmf* Moskauer *der,* -in *die.*

Moselle [mɔzɛl] *nf* : **la ~** die Mosel.

mosquée [mɔske] *nf* Moschee *die.*

mot [mo] *nm* - **1.** LING Wort *das* ; **~ à ~** wörtlich, Losung *die* - **2.** [message] Nachricht *die* ; **écrire un (petit) ~** ein paar Worte OU Zeilen schreiben.

motard [mɔtar] *nm* - **1.** [motocycliste] Motorradfahrer *der* - **2.** [policier] Polizist *der (auf einem Motorrad).*

mot-clé (*pl* **mots-clés**) *nm* Stichwort *das,* Schlagwort *das.*

motel [mɔtɛl] *nm* Motel *das.*

moteur, trice [mɔtœr, tris] *adj* - **1.** TECHNOL Antriebs- - **2.** ANAT motorisch. ◆ **moteur** *nm* Motor *der* ; INFORM **~ de recherche** Suchmaschine *die.*

motif [mɔtif] *nm* - **1.** [raison] Grund *der* - **2.** [dessin] Motiv *das.*

motion [mɔsjɔ̃] *nf* Antrag *der* ; **~ de censure** Misstrauensantrag.

motivation [mɔtivasjɔ̃] *nf* Motivation *die.*

motiver [3] [mɔtive] *vt* - **1.** [stimuler] motivieren - **2.** [provoquer] : **~ qqch** Grund für etw sein - **3.** [justifier] : **~ qqch** einen Grund für etw an|geben.

moto [mɔto] *nf* Motorrad *das.*

motocross [mɔtɔkrɔs] *nm* Moto-Cross *das.*

motoculteur [mɔtɔkyltœr] *nm* Einachsschlepper *der.*

motocycliste [mɔtɔsiklist] *nmf* Motorradfahrer *der,* -in *die.*

motorisé, e [mɔtɔrize] *adj* motorisiert.

motrice ▷ **moteur.**

motricité [mɔtrisite] *nf* Bewegungsfähigkeit *die.*

mou, molle [mu, mɔl] *(***mol** [mɔl] *devant voyelle ou h muet) adj* - **1.** [moelleux, souple] weich - **2.** [apathique] schlaff ; **avoir les jambes molles** weiche Knie haben - **3.** *fam* [sans dynamisme] schlapp. ◆ **mou** *nm* [poumon] Lunge *die.*

mouchard, e [muʃar, ard] *nm, f fam* [personne] Spitzel *der.* ◆ **mouchard** *nm* [appareil] Kontrollgerät *das* ; [de porte] Spion *der.*

mouche [muʃ] *nf* ZOOL Fliege *die.*

moucher [3] [muʃe] *vt* - **1.** [gén] putzen ; **~ un enfant** einem Kind die Nase putzen - **2.** *fam* [réprimander] : **~ qqn** jn an|pfeifen, es jm geben. ◆ **se moucher** *vp* sich die Nase putzen.

moucheron [muʃrɔ̃] *nm* Mücke *die,* kleine Fliege.

moucheté, e [muʃte] *adj* - **1.** [laine] getupft - **2.** [animal] gesprenkelt.

mouchoir [muʃwar] *nm* Taschentuch *das.*

moudre [85] [mudr] *vt* mahlen.

moue [mu] *nf* schiefes Gesicht.

mouette [mwɛt] *nf* Möwe *die.*

moufle [mufl] *nf* Fäustling *der.*

mouflon [muflɔ̃] *nm* Mufflon *der.*

mouillage [mujaʒ] *nm* NAVIG [emplacement] Ankerplatz *der ;* [manœuvre] Ankern *das.*

mouiller [3] [muje] ◇ *vt* - **1.** [humidifier] nass machen ; **se faire ~** nass werden - **2.** NAVIG : **~ l'ancre** den Anker werfen - **3.** *fam fig* [compromettre] kompromittieren ◇ *vi* NAVIG ankern, vor Anker gehen. ◆ **se mouiller** *vp* - **1.** [se tremper] nass werden - **2.** *fam* [se compromettre] : **ne pas se ~** kein Risiko ein|gehen.

moulage [mulaʒ] *nm* - **1.** [action] Gießen *das* - **2.** [objet] Abguss *der.*

moule [mul] ◇ *nm* - **1.** [objet] Form *die ;* **~ à gâteau** Kuchenform ; **~ à tarte** Obstkuchenform - **2.** [norme] Schablone *die* ◇ *nf* Miesmuschel *die.*

mouler [3] [mule] *vt* - **1.** [objet] gießen - **2.** [visage, main] ab|formen.

moulin [mulɛ̃] *nm* Mühle *die.*

moulinet [mulinɛ] *nm* - **1.** PÊCHE Rolle *die* - **2.** [mouvement] : **faire des ~s (avec les bras)** (die Arme) herum|wirbeln.

Moulinette® [mulinɛt] *nf* Passiermaschine *die.*

moulu, e [muly] ◇ *pp* ▷ **moudre** ◇ *adj* [en poudre] gemahlen.

moulure [mulyr] *nf* (Zier)leiste *die.*

mourant, e [murɑ̃, ɑ̃t] ◇ *adj* [personne] : **il est ~** er liegt im Sterben ◇ *nm, f* Sterbende *der,* Sterbende *die.*

mourir [42] [murir] *vi* - **1.** [personne, animal] sterben ; **~ de qqch** [maladie] an etw *(D)* sterben ; **~ de peur/soif/froid** vor Angst/Durst/Kälte sterben - **2.** [civilisation] unter|gehen - **3.** [feu] erlöschen.

mousquetaire [muskətɛr] *nm* Musketier *der.*

moussant, e [musɑ̃, ɑ̃t] *adj* Schaum-.

mousse [mus] ◇ *nf* - **1.** BOT Moos *das* - **2.** [substance] Schaum *der ;* **~ à raser** Rasierschaum - **3.** CULIN Mousse *die* - **4.** [matière plastique] Schaumstoff *der* ◇ *nm* NAVIG Schiffsjunge *der.*

mousseline [muslin] ◇ *nf* [tissu] Musselin *der* ◇ *adj inv :* **pommes ~** (feines) Kartoffelpüree.

mousser [3] [muse] *vi* schäumen.

mousseux, euse [musø, øz] *adj* schäumend ; **être ~** schäumen ; **(vin) ~** Schaumwein *der.*

mousson [musɔ̃] *nf* - **1.** [vent] Monsun *der* - **2.** [saison] Monsunzeit *die.*

moussu, e [musy] *adj* bemoost.

moustache [mustaʃ] *nf* - **1.** [de personne] Schnurrbart *der* - **2.** [d'animal] Bart *der,* Barthaare *Pl.*

moustiquaire [mustikɛr] *nf* Moskitonetz *das.*

moustique [mustik] *nm* (Stech)mücke *die ;* [des tropiques] Moskito *der.*

moutarde [mutard] *nf* Senf *der.*

mouton [mutɔ̃] *nm* - **1.** ZOOL Schaf *das* - **2.** [viande] Hammelfleisch *das* - **3.** *fam* [de poussière] (Staub)flocke *die.*

mouture [mutyr] *nf* - **1.** [de grain] Mahlen *das* - **2.** [de texte] Fassung *die.*

mouvance [muvɑ̃s] *nf :* **dans la ~ d'un parti** im Umfeld einer Partei.

mouvant, e [muvɑ̃, ɑ̃t] *adj* - **1.** [terrain] unsicher, beweglich - **2.** [situation] sich ständig wandelnd.

mouvement [muvmɑ̃] *nm* - **1.** [gén] Bewegung *die ;* **en ~** in Bewegung - **2.** [émotion] (Gefühls)regung *die ;* **~ de colère** Wutanfall *der* - **3.** MUS Satz *der.*

mouvementé, e [muvmɑ̃te] *adj* bewegt.

mouvoir [54] [muvwar] *vt* bewegen. ◆ **se mouvoir** *vp* sich bewegen.

moyen, enne [mwajɛ̃, ɛn] *adj* - **1.** [statistique] durchschnittlich - **2.** [intermédiaire] mittlere,-r,-s - **3.** [médiocre] mittelmäßig. ◆ **moyen** *nm* Mittel *das ;* **~ de communication** Kommunikationsmittel ; **~ de transport** OU **de locomotion** Transportmittel. ◆ **moyens** *nmpl* - **1.** [ressources] Mittel *Pl ;* **vivre au-dessus de ses ~s** über seine Verhältnisse leben - **2.** [capacités] Begabung *die (sans pl) ;* **avoir des ~s** begabt sein. ◆ **moyenne** *nf* - **1.** MATHS Mittel *das ;* **en ~ne** durchschnittlich *(adv)* - **2.** [niveau] Durchschnitt *der ;* **la ~ne d'âge** das Durchschnittsalter.

Moyen Âge [mwajɛnaʒ] *nm :* **le ~** das Mittelalter.

moyen-courrier *nm* - **1.** [vol] Mittelstreckenflug *der* - **2.** [avion] Mittelstreckenflugzeug *das.*

moyenne ▷ **moyen.**

Moyen-Orient [mwajɛnɔrjɑ̃] *nm :* **le ~** der Mittlere Osten ; **au ~** im Mittleren Osten.

MST *nf abr de* **maladie sexuellement transmissible.**

mû, mue [my] *pp* ▷ **mouvoir.**

mue [my] *nf* - **1.** [de reptile] Häutung *die* - **2.** [de voix] Stimmbruch *der.*

muer [7] [mɥe] *vi* - **1.** [reptile] sich häuten - **2.** [voix] : **sa voix mue** er ist im Stimmbruch.

muet, ette [mɥɛ, ɛt] ◇ *adj* stumm ; **~ de** stumm vor *(+ D)* ◇ *nm, f* Stumme *der,* Stumme *die.* ◆ **muet** *nm :* **le ~** der Stummfilm.

mufle [myfl] *nm* - **1.** [d'animal] Maul *das* - **2.** [goujat] Flegel *der.*

muflerie [myfləri] *nf* Flegelei *die.*

mugir [32] [myʒir] *vi* - **1.** [bovidé] brüllen - **2.** [vent, sirène] heulen ; [flots] tosen.

muguet [mygɛ] *nm* - **1.** [fleur] Maiglöckchen *das* - **2.** MÉD Soor *der.*

mule [myl] *nf* - **1.** [animal] (weibliches) Maultier, Mauleselin *die* - **2.** [pantoufle] Hausschuh *der.*

mulet [mylɛ] *nm* - **1.** [âne] Maultier *das,* Maulesel *der* - **2.** [poisson] Seebarbe *die.*

mulot [mylo] *nm* Waldmaus *die.*

multicolore [myltikɔlɔr] *adj* bunt.

multifonction [myltifɔ̃ksjɔ̃] *adj inv* mit mehreren Funktionen ausgestattet.

multilatéral, e, aux [myltilateral, o] *adj* multilateral.

multinational, e, aux [myltinasjɔnal, o] *adj* multinational. ◆ **multinationale** *nf* multinationaler Konzern.

multiple [myltipl] ◇ *nm* Vielfache *das* ◇ *adj* - **1.** [nombreux] vielfach ; **à de ~s reprises** mehrmals - **2.** [divers] vielfältig.

multiplication [myltiplikasjɔ̃] *nf* - **1.** [accroissement] Zunahme *die* - **2.** MATHS Multiplikation *die.*

multiplier [10] [myltiplije] *vt* - **1.** [répéter] mehrfach wiederholen ; [efforts] verdoppeln - **2.** MATHS multiplizieren ; **5 multiplié par 2 égale 10** 5 mal 2 ist 10. ◆ **se multiplier** *vp* - **1.** [se répéter] sich häufen - **2.** [se reproduire] sich vermehren.

multiracial, e, aux [myltirasjal, o] *adj* gemischtrassig.

multirisque [myltirisk] *adj* : **assurance ~** kombinierte Versicherung.

multitude [myltityd] *nf* [grand nombre de] : **une ~ de** eine Vielzahl von.

Munich [mynik] *n* München *nt.*

municipal, e, aux [mynisipal, o] *adj* [de commune] Gemeinde- ; [de ville] städtisch. ◆ **municipales** *nfpl* : **les (élections) ~es** Kommunalwahlen *Pl.*

municipalité [mynisipalite] *nf* [de commune] Gemeinde *die ;* [de ville] Stadt *die.*

munir [32] [mynir] *vt* : **~ qqn/qqch de qqch** jn/etw mit etw versehen. ◆ **se munir** *vp* : **se ~ de qqch** etw mit|nehmen.

munitions [mynisjɔ̃] *nfpl* Munition *die.*

muqueuse [mykøz] *nf* Schleimhaut *die.*

mur [myr] *nm* [extérieur] Mauer *die ;* [intérieur] Wand *die.* ◆ **mur du son** *nm* Schallmauer *die.*

mûr, e [myr] *adj* reif. ◆ **mûre** *nf* Brombeere *die.*

muraille [myraj] *nf* Mauer *die.*

mural, e, aux [myral, o] *adj* Wand-.

mûre ▷ **mûr.**

murène [myrɛn] *nf* Muräne *die.*

murer [3] [myre] *vt* - **1.** [trou, brèche] zu|mauern - **2.** [personne] ein|mauern. ◆ **se murer** *vp* : **se ~ dans son appartement** seine Wohnung nicht mehr verlassen ; **se ~ dans qqch** *fig* sich in etw *(A)* hüllen.

muret [myrɛ] *nm* (niedrige) Mauer.

mûrier [myrje] *nm* Brombeerstrauch *der.*

mûrir [32] [myrir] *vi* - **1.** [gén] reifen - **2.** [personne] reifer werden.

murmure [myrmyr] *nm* [voix] Murmeln *das.*

murmurer [3] [myrmyre] ◇ *vt* murmeln ◇ *vi* [personne] murmeln.

musaraigne [myzarɛɲ] *nf* Spitzmaus *die.*

musarder [3] [myzarde] *vi fam* bummeln, trödeln.

muscade [myskad] *nf* Muskat *der.*

muscadet [myskadɛ] *nm trockener Weißwein aus der Gegend von Nantes.*

muscat [myska] *nm* - **1.** [raisin] Muskatellertraube *die,* Muskateller *der* - **2.** [vin] Muskatellerwein *der,* Muskateller *der.*

muscle [myskl] *nm* Muskel *der.*

musclé, e [myskle] *adj* - **1.** [personne] muskulös - **2.** *fig* [énergique] energisch.

muscler [3] [myskle] *vt* : **~ une partie du corps** die Muskeln eines Körperteils stärken. ◆ **se muscler** *vp* : **se ~ le ventre** seine Bauchmuskeln stärken.

musculation [myskylasjɔ̃] *nf* : **faire de la ~** Bodybuilding machen.

muse [myz] *nf* Muse *die.*

museau, x [myzo] *nm* - **1.** [de chien, de chat] Schnauze *die ;* [de ruminant] Maul *das* - **2.** CULIN : **~ de bœuf** Rindersülze *die ;* **~ de porc** Schweinskopfsülze *die.*

musée [myze] *nm* Museum *das.*

museler [24] [myzle] *vt* - **1.** [animal] : **~ un chien** einem Hund einen Maulkorb an|legen - **2.** *fig* [presse, personne] mundtot machen.

muselière [myzəljɛr] *nf* Maulkorb *der.*

musette [myzɛt] *nf* (Umhänge)beutel *der,* Dudelsack *der ; (en apposition)* : **bal ~** *volkstümliche Tanzveranstaltung.*

musical, e, aux [myzikal, o] *adj* - **1.** [de musique] Musik- - **2.** [mélodieux] klangvoll.

music-hall [myzikol] (*pl* **music-halls**) *nm* Varietee *das.*

musicien, enne [myzisjɛ̃, ɛn] ◇ *adj* musikalisch ◇ *nm, f* Musiker *der,* -in *die.*

musicologie [myzikɔlɔʒi] *nf* Musikwissenschaft *die.*

musique [myzik] *nf* Musik *die ;* **~ de chambre** Kammermusik.

musulman, e [myzylmɑ̃, an] ◇ *adj*

mohammedanisch ◇ *nm, f* Mohammedaner *der*, -in *die*, Moslem *der*, Moslime *die*.

mutant, e [mytɑ̃, ɑ̃t] *adj* mutiert. ◆ **mutant** *nm* Mutant *der*, Mutante *die*.

mutation [mytasjɔ̃] *nf* - **1.** BIOL Mutation *die* - **2.** *fig* [révolution] Wandel *der* - **3.** [de fonctionnaire] Versetzung *die*.

muter [3] [myte] *vt* versetzen.

mutilation [mytilasjɔ̃] *nf* [de membre, de texte] Verstümmelung *die*.

mutilé, e [mytile] *nm, f* Versehrte *der*, Versehrte *die*.

mutiler [3] [mytile] *vt* [amputer, tronquer] verstümmeln.

mutin, e [mytɛ̃, in] *adj littéraire* schelmisch. ◆ **mutin** *nm* Meuterer *der*.

mutinerie [mytinri] *nf* Meuterei *die*.

mutisme [mytism] *nm* Schweigen *das* ; MÉD Mutismus *der*.

mutualité [mytɥalite] *nf* Versicherung *die* auf Gegenseitigkeit.

mutuel, elle [mytɥɛl] *adj* - **1.** [réciproque] gegenseitig - **2.** [partagé] beiderseitig - **3.** [assurance] auf Gegenseitigkeit. ◆ **mutuelle** *nf* Versicherung *die* auf Gegenseitigkeit, ≃ Zusatzversicherung *die*.

mycose [mikoz] *nf* Pilzkrankheit *die*, Mykose *die*.

myocarde [mjɔkard] *nm* Herzmuskel *der*.

myopathie [mjɔpati] *nf* Muskelerkrankung *die*.

myope [mjɔp] ◇ *nmf* Kurzsichtige *der*, Kurzsichtige *die* ◇ *adj* kurzsichtig.

myosotis [mjozɔtis] *nm* Vergissmeinnicht *das*.

myrtille [mirtij] *nf* Heidelbeere *die*.

mystère [mistɛr] *nm* - **1.** [secret] Geheimnis *das* - **2.** [énigme] Rätsel *das*.

mystérieux, euse [misterjø, øz] *adj* - **1.** [affaire, personnage] mysteriös - **2.** [hasard] merkwürdig - **3.** [parole, regard] geheimnisvoll.

mysticisme [mistisism] *nm* Mystik *die* ; [irrationalisme] Mystizismus *der*.

mystification [mistifikasjɔ̃] *nf* - **1.** [facétie] Scherz *der* - **2.** [tromperie] Schwindel *der*.

mystifier [9] [mistifje] *vt* - **1.** [duper] zum Narren halten - **2.** [tromper] irre|führen.

mystique [mistik] ◇ *nmf* Mystiker *der*, -in *die* ◇ *adj* mystisch.

mythe [mit] *nm* Mythos *der*.

mythique [mitik] *adj* mythisch.

mythologie [mitɔlɔʒi] *nf* Mythologie *die*.

mythomane [mitɔman] ◇ *nmf* Mythomane *der*, -nin *die*, Fantast *der* ◇ *adj* mythomanisch ; **être ~** ein Fantast sein.

N

n, N [ɛn] *nm inv* [lettre] n *das*, N *das*.

n' [n] ▷ **ne.**

N° (*abr de* **numéro**) Nr.

nacelle [nasɛl] *nf* Gondel *die*.

nacre [nakr] *nf* Perlmutt *das*, Perlmutter *die*.

nage [naʒ] *nf* Schwimmen *das* ; **traverser le lac à la ~** den See durchschwimmen ; **être en ~** schweißgebadet sein.

nageoire [naʒwar] *nf* Flosse *die*.

nager [17] [naʒe] ◇ *vi* [dans l'eau] schwimmen ◇ *vt* : **~ la brasse** brustschwimmen ; **~ le crawl** kraulen.

naguère [nagɛr] *adv littéraire* früher.

naïf, ïve [naif, iv] ◇ *adj* naiv ◇ *nm, f* Naivling *der*.

nain, e [nɛ̃, nɛn] ◇ *adj* Zwerg- ◇ *nm, f* Zwerg *der*, -in *die*.

naissance [nɛsɑ̃s] *nf* - **1.** [de personne] Geburt *die* - **2.** [de science, de mode] Entstehung *die* ; **donner ~ à qqch** zu etw führen.

naissant, e [nɛsɑ̃, ɑ̃t] *adj* - **1.** [jour] anbrechend ; [brise] aufkommend - **2.** [barbe] sprießend.

naître [92] [nɛtr] *vi* - **1.** [bébé] geboren werden, zur Welt kommen - **2.** [commencer] entstehen ; **~ de qqch** aus etw entstehen ; **faire ~** erwecken.

naïveté [naivte] *nf* Naivität *die*.

nana [nana] *nf fam* Frau *die*.

nanti, e [nɑ̃ti] ◇ *adj* begütert ◇ *nm, f* begüterte Person.

nantir [32] [nɑ̃tir] *vt* : **~ qqn de qqch** *littéraire* jn mit etw versorgen OU versehen.

nappe [nap] *nf* - **1.** [de table] Tischtuch *das*, Tischdecke *die* - **2.** [étendue] Fläche *die* ; **~ phréatique** Grundwasser *das* - **3.** [de pétrole, de gaz] Schicht *die*.

napper [3] [nape] *vt mit einer Sauce überziehen.*

napperon [naprɔ̃] *nm* kleine Tischdecke.

narcisse [narsis] *nm* Narzisse *die*.

narcissisme [narsisism] *nm* Narzissmus *der*.

narcotique [narkɔtik] ◇ *nm* Narkotikum *das*, Rauschmittel *das* ◇ *adj* narkotisch.

narguer [3] [narge] *vt* provozieren, heraus|fordern.

narine [narin] *nf* Nasenloch *das*.

narquois, e [narkwa, az] *adj* spöttisch.

narrateur, trice [naratœr, tris] *nm, f* Erzähler *der*, -in *die*.

narrer [3] [nare] *vt sout* erzählen.

nasal, e, aux [nazal, o] *adj* - **1.** [du nez] Nasen- - **2.** LING Nasal-.

naseau, x [nazo] *nm* Nüster *die*.

nasiller [3] [nazije] *vi* - **1.** [personne] näseln - **2.** [canard] schnattern.

nasse [nas] *nf* Reuse *die*.

natal, e, als [natal] *adj* [pays, ville] Geburts- ; **langue ~e** Muttersprache *die*.

natalité [natalite] *nf* : **(taux de) ~** Geburtenziffer *die*.

natation [natasjɔ̃] *nf* Schwimmsport *der*, Schwimmen *das*.

natif, ive [natif, iv] ◇ *adj* [originaire] : **~ (de)** gebürtig (aus) ◇ *nm, f* Eingeborene *der*, Eingeborene *die*.

nation [nasjɔ̃] *nf* - **1.** [État] Nation *die* - **2.** [peuple] Volk *das*.

national, e, aux [nasjɔnal, o] *adj* national, National-. ◈ **nationale** *nf* : **(route) ~e** ≃ Bundesstraße *die*.

nationaliser [3] [nasjɔnalize] *vt* verstaatlichen.

nationalisme [nasjɔnalism] *nm* Nationalismus *der*.

nationalité [nasjɔnalite] *nf* Staatsangehörigkeit *die*.

nativité [nativite] *nf* Christfest *das*.

natte [nat] *nf* - **1.** [tresse] Zopf *der* - **2.** [tapis] Matte *die*.

naturaliser [3] [natyralize] *vt* - **1.** [personne] ein|bürgern - **2.** [empailler] naturalisieren.

naturaliste [natyralist] ◇ *nmf* - **1.** [zoologiste] Naturforscher *der*, -in *die* - **2.** [empailleur] Präparator *der*, -in *die* ◇ *adj* LITTÉRATURE naturalistisch.

nature [natyr] ◇ *nf* Natur *die* ◇ *adj inv* - **1.** [aliment] einfach ; [café, thé] schwarz - **2.** *fam* [spontané] unverbildet.

naturel, elle [natyrɛl] *adj* - **1.** [gén] natürlich - **2.** [loi, science, droit] Natur- - **3.** [enfant] unehelich - **4.** [normal] selbstverständlich. ◈ **naturel** *nm* - **1.** [tempérament] Naturell *das* - **2.** [aisance, simplicité] Natürlichkeit *die*.

naturellement [natyrɛlmɑ̃] *adv* - **1.** [gén] natürlich - **2.** [de caractère] von Natur (aus).

naturisme [natyrism] *nm* [nudisme] Freikörperkultur *die*.

naufrage [nofraʒ] *nm* Schiffbruch *der* ; **faire ~** Schiffbruch erleiden.

naufragé, e [nofraʒe] ◇ *adj* schiffbrüchig ◇ *nm, f* Schiffbrüchige *der*, Schiffbrüchige *die*.

nauséabond, e [nozeabɔ̃, ɔ̃d] *adj* - **1.** [odeur] ekelhaft - **2.** [idéologie] übel.

nausée [noze] *nf* - **1.** [mal au cœur] Übelkeit *die* ; **avoir la ~** Übelkeit verspüren - **2.** *fig* [dégoût] Ekel *der*.

nautique [notik] *adj* nautisch.

naval, e, als [naval] *adj* - **1.** [chantier] Schiffs- - **2.** [bataille] See-.

navet [navɛ] *nm* - **1.** BOT kleine weiße Rübe - **2.** *fam péj* [film] langweiliger Film.

navette [navɛt] *nf* [bus] Pendelbus *der* ; [train] Pendelzug *der* ; **faire la ~** pendeln ; **~ spatiale** Spaceshuttle *der*.

navigable [navigabl] *adj* schiffbar.

navigateur, trice [navigatœr, tris] *nm, f* - **1.** [marin] Seefahrer *der* - **2.** AÉRON & NAVIG [pilote] Navigator *der*, -in *die*.

navigation [navigasjɔ̃] *nf* - **1.** [transport - maritime, fluvial] Schifffahrt *die* ; [- aérien, spatial] Luftfahrt *die* - **2.** [science] Navigation *die*.

naviguer [3] [navige] *vi* - **1.** [bateau] fahren ; [voilier] segeln - **2.** *fam* [voyager] (in der Welt) herum|kommen - **3.** INFORM (im Internet) surfen.

navire [navir] *nm* [bateau] Schiff *das*.

navrant, e [navrɑ̃, ɑ̃t] *adj* - **1.** [triste] bedauerlich - **2.** [regrettable, mauvais] erbärmlich.

navrer [3] [navre] *vt* bekümmern ; **être navré de qqch** etw zutiefst bedauern.

nazi, e [nazi] ◇ *adj* Nazi- ◇ *nm, f* Nazi *der*.

nazisme [nazism] *nm* Nazismus *der*.

NDLR (*abr de* **note de la rédaction**) Anm. d. Red.

ne [nə], **n'** *(devant voyelle ou h muet) adv* : **~ ... pas** nicht ; **il ~ veut pas** er will nicht ; **il ~ mange plus** er isst nicht mehr ; **il n'a rien dit** er hat nichts gesagt ; **il n'a jamais vu ma maison** er hat mein Haus nie gesehen ; **personne n'a vu ma maison** niemand hat mein Haus gesehen ; **il n'apprécie guère son chef** er schätzt seinen Chef wenig ; **je ~ pense qu'à elle** ich denke nur an sie ; **il se porte mieux que je ~ (le) croyais** ihm geht es besser, als ich annahm.

né, e [ne] ◇ *pp* ▷ **naître** ◇ *adj* geboren ; **il est ~ en France/à Paris** er ist in Frankreich/Paris geboren ; **~ le six février** geboren am sechsten Februar ; **Mme Martin, ~e Dupont** Frau Martin, geborene Dupont.

néanmoins [neɑ̃mwɛ̃] *adv sout* dennoch.

néant [neɑ̃] *nm* - **1.** [absence d'existence] Nichts *das* ; **réduire à ~** zunichte machen - **2.** [absence de valeur] Nichtigkeit *die*.

nébuleux, euse [nebylø, øz] *adj* [confus] verschwommen.

nécessaire [nesesɛr] <> *adj* - **1.** [primordial, logique] notwendig ; **~ à qqch** für etw notwendig ; **il est ~ de faire qqch** es ist notwendig, etw zu tun ; **il est ~ que** (+ *subjonctif*) es ist notwendig, dass - **2.** [utile] nützlich <> *nm* - **1.** [indispensable] Nötige *das* ; **faire le ~** das Nötige veranlassen ; **le strict ~** das Nötigste - **2.** [trousse] Necessaire *das*.

nécessité [nesesite] *nf* - **1.** [obligation] Notwendigkeit *die* - **2.** [besoin] Bedarf *der* - **3.** [situation] Not *die* ; **être dans la ~ de faire qqch** sich gezwungen sehen, etw zu tun.

nécessiter [3] [nesesite] *vt* erfordern.

nécrologique [nekrɔlɔʒik] *adj* : **rubrique ~** Todesanzeigen *Pl.*

nectar [nɛktar] *nm* - **1.** [gén] Nektar *der* - **2.** MYTH & LITTÉRATURE Göttertrank *der*.

nectarine [nɛktarin] *nf* Nektarine *die*.

néerlandais, e [neɛrlɑ̃dɛ, ɛz] *adj* niederländisch. ◆ **néerlandais** *nm* [langue] Niederländisch(e) (*das*). ◆ **Néerlandais, e** *nm, f* Niederländer *der*, -in *die*.

nef [nɛf] *nf* Schiff *das*.

néfaste [nefast] *adj* verhängnisvoll.

négatif, ive [negatif, iv] *adj* negativ. ◆ **négatif** *nm* PHOT Negativ *das*. ◆ **négative** *nf* : **répondre par la négative** abschlägig antworten.

négation [negasjɔ̃] *nf* Verneinung *die*.

négligé, e [negliʒe] *adj* ungepflegt.

négligeable [negliʒabl] *adj* unbedeutend.

négligence [negliʒɑ̃s] *nf* Nachlässigkeit *die* ; **par ~** aus Nachlässigkeit.

négliger [17] [negliʒe] *vt* - **1.** [dédaigner] nicht beachten - **2.** [oublier] : **~ de faire qqch** es unterlassen, etw zu tun - **3.** [délaisser] vernachlässigen. ◆ **se négliger** *vp* sich gehen lassen.

négoce [negɔs] *nm* (Groß)handel *der*.

négociant, e [negɔsjɑ̃, ɑ̃t] *nm, f* (Groß)-händler *der*, -in *die*.

négociateur, trice [negɔsjatœr, tris] *nm, f* [diplomate] Unterhändler *der*, -in *die*.

négociation [negɔsjasjɔ̃] *nf* Verhandlung *die* ; **~s de paix** Friedensverhandlungen *Pl.*

négocier [9] [negɔsje] *vt* - **1.** [gén] : **~ (qqch)** (über etw *(A)*) verhandeln - **2.** FIN begeben.

nègre, négresse [nɛgr, negrɛs] *nm, f péj* Neger *der*, -in *die*. ◆ **nègre** *nm fam* Ghostwriter *der*.

neige [nɛʒ] *nf* [flocons] Schnee *der*.

neiger [23] [neʒe] *v impers* : **il neige** es schneit.

neigeux, euse [nɛʒø, øz] *adj* verschneit.

nénuphar [nenyfar] *nm* Seerose *die*.

néologisme [neɔlɔʒism] *nm* Neologismus *der*.

néon [neɔ̃] *nm* - **1.** [gaz] Neon *das* - **2.** [enseigne] Neonlicht *das*.

néophyte [neɔfit] *nmf* Neuling *der*.

Népal [nepal] *nm* : **le ~** Nepal *nt*.

nerf [nɛr] *nm* - **1.** ANAT Nerv *der* - **2.** [vigueur] Mumm *der*.

nerveux, euse [nɛrvø, øz] <> *adj* - **1.** [cellule] Nerven- - **2.** [rire, tempérament] nervös - **3.** [voiture] spritzig <> *nm, f* nervöser Mensch.

nervosité [nɛrvozite] *nf* Nervosität *die*.

nervure [nɛrvyr] *nf* - **1.** [de feuille, d'aile] Ader *die* - **2.** [moulure] Rippe *die*.

n'est-ce pas [nɛspa] *adv* : **n'est-ce pas?** nicht wahr? ; **~ que** es stimmt doch, dass.

net, nette [nɛt] *adj* - **1.** [propre, rangé] sauber, einwandfrei - **2.** COMM & FIN Netto- ; **~ d'impôt** steuerfrei - **3.** [idée, réponse, écriture] klar - **4.** [image] scharf - **5.** [visible, manifeste] deutlich. ◆ **net** *adv* sofort, auf der Stelle ; **dire tout ~** klipp und klar sagen.

Net [nɛt] *nm* : **le ~** das Internet.

nettement [nɛtmɑ̃] *adv* - **1.** [clairement] klar - **2.** [incontestablement] deutlich ; **~ plus/moins** eindeutig mehr/weniger.

netteté [nɛtte] *nf* - **1.** [propreté] Sauberkeit *die* - **2.** [d'image] Schärfe *die*.

nettoyage [netwajaʒ] *nm* Säuberung *die* ; [de vêtement] : **~ (à sec)** (Trocken)reinigung *die*.

nettoyer [13] [nɛtwaje] *vt* - **1.** [laver, désinfecter] reinigen, säubern - **2.** [vider] ausräumen.

Neuchâtel [nøʃatɛl] *n* Neuenburg *nt*.

neuf[1], neuve [nœf, nœv] *adj* neu. ◆ **neuf** *nm* Neue *das* ; **quoi de ~?** was gibt es Neues? ; **remettre à ~** erneuern ; **rien de ~** nichts Neues.

neuf[2] [nœf] <> *adj inv* & *pron inv* neun <> *nm inv* Neun *die* ; *voir aussi* **six**.

neurasthénique [nørastenik] <> *nmf* Neurastheniker *der*, -in *die* <> *adj* neurasthenisch.

neurologie [nørɔlɔʒi] *nf* Neurologie *die*.

neutraliser [3] [nøtralize] *vt* - **1.** [gén] neutralisieren - **2.** [sentinelle, malfaiteur] außer Gefecht setzen.

neutralité [nøtralite] *nf* Neutralität *die*.

neutre [nøtr] <> *nm* Neutrum *das* <> *adj* neutral, Neutral-.

neutron [nøtrɔ̃] *nm* Neutron *das*.

neuve ▷ **neuf[1]**.

neuvième [nœvjɛm] <> *adj* neunte,-r,-s <> *nmf* Neunte *der*, Neunte *die*, *das* <> *nf* SCOL ≃ dritte Klasse <> *nm* - **1.** [fraction] Neuntel *das* - **2.** [arrondissement] neuntes

Arrondissement - **3.** [étage] neunter Stock, neunte Etage ; *voir aussi* **sixième.**

neveu [nəvø] *nm* Neffe *der.*

névralgie [nevralʒi] *nf* - **1.** MÉD Neuralgie *die* - **2.** [mal de tête] Kopfschmerzen *Pl.*

névrose [nevroz] *nf* Neurose *die.*

névrosé, e [nevroze] ◇ *adj* neurotisch ◇ *nm, f* Neurotiker *der*, -in *die.*

nez [ne] *nm* Nase *die* ; **saigner du ~** Nasenbluten haben.

ni [ni] *conj* : **sans pull ~ écharpe** ohne Pullover und Schal ; **je n'ai jamais rien mangé ~ bu d'aussi bon** ich habe noch nie so gut gegessen und getrunken ; **je ne peux ~ ne veux venir** ich kann und will nicht kommen. ◆ **ni ... ni** *loc corrélative* weder ... noch ; **~ lui ~ moi** weder er noch ich ; **je ne les connais ~ l'un ~ l'autre** ich kenne weder den einen noch den anderen ; **~ plus ~ moins** nicht mehr und nicht weniger ; **c'est ~ plus ~ moins un navet, ce film** das ist ganz einfach ein langweiliger Film.

niais, e [njɛ, njɛz] ◇ *adj* einfältig ◇ *nm, f* Einfaltspinsel *der.*

Nice [nis] *n* Nizza *nt.*

niche [niʃ] *nf* - **1.** [de chien] Hütte *die* - **2.** [de statue] Nische *die.*

nicher [3] [niʃe] *vi* - **1.** [oiseaux] nisten - **2.** *fam* [habiter] wohnen. ◆ **se nicher** *vp* [se cacher] sich verstecken.

nickel [nikɛl] ◇ *nm* Nickel *das* ◇ *adj inv fam* picobello, tipptopp.

nicotine [nikɔtin] *nf* Nikotin *das.*

nid [ni] *nm* Nest *das.*

nid-d'abeilles [nidabɛj] *nm* Waffelgewebe *das.*

nid-de-poule [nidpul] (*pl* **nids-de-poule**) *nm* Schlagloch *das.*

nièce [njɛs] *nf* Nichte *die.*

n^ième^ = **énième.**

nier [9] [nje] *vt* leugnen.

nigaud, e [nigo, od] ◇ *adj* dumm ◇ *nm, f* Dummkopf *der.*

Nigeria [niʒɛrja] *nm* : **le ~** Nigeria *nt.*

Nil [nil] *nm* : **le ~** der Nil.

n'importe ▷ **importer.**

nippon, onne OU **one** [nipɔ̃, ɔn] *adj* japanisch. ◆ **Nippon, onne** OU **one** *nm, f* Japaner *der*, -in *die.*

nitrate [nitrat] *nm* Nitrat *das.*

nitroglycérine [nitrɔgliserin] *nf* Nitroglyzerin *das.*

niveau, x [nivo] *nm* - **1.** [gén] Niveau *das* ; **~ de vie** Lebensstandard *der* - **2.** [hauteur] Stand *der* ; **~ d'huile** Ölstand ; **~ de la mer** Meeresspiegel *der* - **3.** [étage] Geschoss *das* - **4.** [hiérarchique] Stufe *die.* ◆ **au niveau de** *loc prép* - **1.** [en ce qui concerne] : **au ~ de qqch** was etw angeht OU anbelangt - **2.** [à la hauteur de] auf der Höhe von.

niveler [24] [nivle] *vt* nivellieren, einebnen ; *fig* angleichen.

noble [nɔbl] ◇ *nmf* Ad(e)lige *der*, Ad(e)lige *die* ◇ *adj* - **1.** [aristocratique] ad(e)lig - **2.** [généreux] edel - **3.** [majestueux] würdevoll - **4.** [supérieur] Edel-, edel.

noblesse [nɔblɛs] *nf* - **1.** [aristocratie] Adel *der* - **2.** [générosité] Edelmut *der*, Würde *die.*

noce [nɔs] *nf* - **1.** [mariage] Hochzeit *die* - **2.** *fam* [amusement] Budenzauber *der.* ◆ **noces** *nfpl* Hochzeit *die (sans pl)* ; **~s d'or/d'argent** goldene/silberne Hochzeit.

nocif, ive [nɔsif, iv] *adj* schädlich.

noctambule [nɔktɑ̃byl] *nmf* Nachtschwärmer *der*, Nachtmensch *der.*

nocturne [nɔktyrn] ◇ *nf* [de magasin] verkaufsoffener Abend ◇ *nm* MUS Nocturne *das* ◇ *adj* - **1.** [de nuit] nächtlich - **2.** [animal] Nacht-.

Noël [nɔɛl] *nm* Weihnachten (*das*) ; ▷ **père.**

nœud [nø] *nm* - **1.** [gén] Knoten *der* ; **~ de cravate** Krawattenknoten ; **double ~** Doppelknoten - **2.** [ruban] Schleife *die* ; **~ papillon** Fliege *die* - **3.** [croisement] Knotenpunkt *der* - **4.** *fig* [centre] Kern *der.*

noir, e [nwar] *adj* - **1.** [gén] schwarz, Schwarz- ; **~ de monde** voller Menschen - **2.** [obscur, sombre] dunkel - **3.** [roman, film] Krimi(nal) - - **4.** [des Noirs] Schwarz-, aus Schwarzafrika. ◆ **noir** *nm* - **1.** [couleur] Schwarz *das* ; **~ sur blanc** schwarz auf weiß - **2.** [obscurité] Dunkelheit *die.* ◆ **noire** *nf* MUS Viertelnote *die.* ◆ **Noir, e** *nm, f* Schwarze *der*, Schwarze *die.*

noirceur [nwarsœr] *nf* - **1.** *littéraire* [couleur] Schwärze *die* - **2.** [méchanceté] Gemeinheit *die.*

noircir [32] [nwarsir] ◇ *vi* schwarz werden ◇ *vt* [foncer] schwarz machen.

noisetier [nwaztje] *nm* Hasel(nuss)strauch *der.*

noisette [nwazɛt] ◇ *nf* [fruit] Haselnuss *die* ◇ *adj inv* nussbraun.

noix [nwa] *nf* [gén] Nuss *die* ; [de noyer] Walnuss *die* ; **~ de cajou** Cashewnuss ; **~ de coco** Kokosnuss ; **~ de muscade** Muskatnuss. ◆ **à la noix** *loc adj fam* : **explication à la ~** verfehlte Erklärung.

nom [nɔ̃] *nm* - **1.** [gén] Name *der* ; **~ de famille** Familienname ; **~ de jeune fille** Mädchenname ; **~ commun** Gattungsname ; **~ propre** Eigenname - **2.** [prénom] Vorname *der* - **3.** [désignation] Bezeichnung *die* - **4.** GRAM Hauptwort *das.*

nomade [nɔmad] ◇ *nmf* Nomade *der*, -din *die* ◇ *adj* Nomaden-, nomadisch.

nombre [nɔ̃bʀ] *nm* - **1.** MATHS & GRAM Zahl *die* ; ~ **pair/impair** gerade/ungerade Zahl - **2.** [effectif, quantité] Anzahl *die*.

nombreux, euse [nɔ̃bʀø, øz] *adj* - **1.** [multiple] zahlreich - **2.** [foule, public] groß ; [famille] kinderreich.

nombril [nɔ̃bʀil] *nm* (Bauch)nabel *der* ; *fig* Nabel *der*.

nominal, e, aux [nɔminal, o] *adj* - **1.** [par nom] Namens-, namentlich - **2.** [valeur] Nominal-, Nenn- - **3.** GRAM Nominal-.

nomination [nɔminasjɔ̃] *nf* Ernennung *die*.

nommé, e [nɔme] ◇ *adj* - **1.** [désigné] genannt - **2.** [choisi] : ~ **à qqch** zu etw ernannt ◇ *nm, f* : **un ~ Martin** ein gewisser Martin.

nommément [nɔmemɑ̃] *adv* namentlich.

nommer [3] [nɔme] *vt* - **1.** [donner le nom de] nennen - **2.** [promouvoir] : ~ **qqn qqch** jn zu etw ernennen. ◆ **se nommer** *vp* [s'appeler] heißen.

non [nɔ̃] ◇ *adv* - **1.** [réponse négative] nein ; **il me semble que ~** ich glaube nicht - **2.** [se rapporte à la phrase précédente, avec adverbe ou adjectif] nicht ; **une difficulté ~ négligeable** eine nicht unerhebliche Schwierigkeit - **3.** [appelle une confirmation] nicht wahr, oder ; **c'est une bonne idée, ~?** das ist eine gute Idee, nicht wahr? ◇ *nm inv* Nein *das*. ◆ **non pas ... mais** *loc corrélative* nicht ..., sondern ; ~ **(pas) que ...** (+ *subjonctif*) **mais** nicht dass ..., aber. ◆ **non sans** *loc prép* nicht ohne ; ~ **sans hésitation** allerdings nur unter Zögern ; **nous y sommes arrivés ~ sans peine** mit viel Mühe haben wir es geschafft ; ~ **sans avoir vérifié** nicht ohne überprüft zu haben. ◆ **non seulement ... mais (encore)** *loc corrélative* nicht nur ..., sondern auch.

nonagénaire [nɔnaʒenɛʀ] *nmf* Neunziger *der*, -in *die*.

non-agression [nɔnagʀɛsjɔ̃] *nf* : **pacte de ~** Nichtangriffspakt *der*.

nonchalance [nɔ̃ʃalɑ̃s] *nf* - **1.** [indolence] Nachlässigkeit *die* - **2.** [lenteur] Lässigkeit *die*.

non-fumeur, euse *nm, f* Nichtraucher *der*, -in *die*.

non-lieu *nm* Einstellung *die* des Strafverfahrens ; **rendre un ~** das Strafverfahren ein|stellen.

nonne [nɔn] *nf* Nonne *die*.

non-sens *nm inv* - **1.** [absurdité] Unsinn *der* - **2.** [contresens] Sinnfehler *der*.

non-violence *nf* Gewaltlosigkeit *die*.

non-voyant, e *nm, f* Blinde *der*, Blinde *die*.

nord [nɔʀ] ◇ *adj inv* Nord-, nördlich ◇ *nm inv* : **le ~** der Norden. ◆ **Nord** *nm inv* : **le Nord** der Norden ; **le grand Nord** der hohe Norden.

nord-africain, e (*mpl* **nord-africains** ; *fpl* **nord-africaines**) *adj* nordafrikanisch. ◆ **Nord-Africain, e** *nm, f* Nordafrikaner *der*, -in *die*.

nord-américain, e (*mpl* **nord-américains** ; *fpl* **nord-américaines**) *adj* nordamerikanisch. ◆ **Nord-Américain, e** *nm, f* Nordamerikaner *der*, -in *die*.

nord-est ◇ *adj inv* Nordost-, nordöstlich ◇ *nm inv* : **le ~** der Nordosten.

nordique [nɔʀdik] *adj* nordisch. ◆ **Nordique** *nmf* [Scandinave] Nordländer *der*, -in *die*.

nord-ouest ◇ *adj inv* Nordwest-, nordwestlich ◇ *nm inv* : **le ~** der Nordwesten.

normal, e, aux [nɔʀmal, o] *adj* normal. ◆ **normale** *nf* Normale *das*, Normalmaß *das*.

normalement [nɔʀmalmɑ̃] *adv* normalerweise.

normalisation [nɔʀmalizasjɔ̃] *nf* - **1.** [stabilisation] Normalisierung *die* - **2.** [standardisation] Normung *die*.

normaliser [3] [nɔʀmalize] *vt* - **1.** [stabiliser] normalisieren - **2.** [standardiser] normen. ◆ **se normaliser** *vp* sich normalisieren.

normand, e [nɔʀmɑ̃, ɑ̃d] *adj* - **1.** HIST normannisch - **2.** [de Normandie] (aus) der Normandie.

Normandie [nɔʀmɑ̃di] *nf* : **la ~** die Normandie.

norme [nɔʀm] *nf* Norm *die*.

Norvège [nɔʀvɛʒ] *nf* : **la ~** Norwegen *nt*.

norvégien, enne [nɔʀveʒjɛ̃, ɛn] *adj* norwegisch. ◆ **norvégien** *nm* [langue] Norwegisch(e) (*das*). ◆ **Norvégien, enne** *nm, f* Norweger *der*, - in *die*.

nos ▷ **notre**.

nostalgie [nɔstalʒi] *nf* - **1.** [mal du pays] : **la ~ de qqch** das Heimweh nach etw - **2.** [mélancolie] Sehnsucht *die*.

notable [nɔtabl] ◇ *nm* : **les ~s** die Honoratioren ◇ *adj* beachtlich.

notaire [nɔtɛʀ] *nm* Notar *der*, -in *die*.

notamment [nɔtamɑ̃] *adv* vor allem.

note [nɔt] *nf* - **1.** MUS & SCOL Note *die* ; **avoir une bonne/mauvaise ~** eine gute/schlechte Note haben - **2.** [trace écrite] Notiz *die* ; **prendre des ~s** sich Notizen machen - **3.** [communication] Mitteilung *die* - **4.** [facture] (Ab)rechnung *die* - **5.** [commentaire] Anmerkung *die*.

noté, e [nɔte] *adj* : **être bien/mal ~** gut/schlecht beurteilt werden.

noter [3] [nɔte] *vt* **- 1.** [écrire] notieren **- 2.** [constater] bemerken **- 3.** SCOL benoten.

notice [nɔtis] *nf* Kurzbeschreibung *die.*

notifier [9] [nɔtifje] *vt :* **~ qqch à qqn** jm etw bekannt geben.

notion [nɔsjɔ̃] *nf* Begriff *der.* ◆ **notions** *nfpl* [rudiment] Grundkenntnisse *Pl.*

notoire [nɔtwar] *adj* notorisch.

notre [nɔtr] (*pl* **nos** [no]) *adj poss* unser,-e.

nôtre [notr] ◆ **le nôtre** (*f* **la nôtre** ; *pl* **les nôtres**) *pron poss* unsere,-r,-s, der OU die OU das unsere ; **vous avez vos problèmes, et nous les ~s** Sie haben Ihre Probleme, und wir die unseren.

nouer [6] [nwe] *vt* **- 1.** [corde, lacet] knoten **- 2.** [gorge, estomac] zu|schnüren **- 3.** [relation] knüpfen ; [alliance] schließen **- 4.** [intrigue] spinnen **- 5.** [bouquet] binden. ◆ **se nouer** *vp* **- 1.** [gorge] sich zu|schnüren **- 2.** [relation, alliance] sich an|bahnen **- 3.** [intrigue] ein|setzen.

noueux, euse [nwø, øz] *adj* knotig.

nougat [nuga] *nm* ≃ türkischer Honig.

nouille [nuj] *nf* [pâte] Nudel *die.*

nourrice [nuris] *nf* [garde d'enfant] Tagesmutter *die ;* [qui allaite] Amme *die.*

nourrir [32] [nurir] *vt* **- 1.** [personne] ernähren ; [animal] füttern **- 2.** [feu] in Gang halten **- 3.** [sentiment, projet] nähren. ◆ **se nourrir** *vp* **- 1.** [s'alimenter] : **se ~ (de qqch)** sich (von etw) ernähren **- 2.** *fig* [s'entretenir] : **se ~ d'illusions** sich Illusionen hin|geben.

nourrissant, e [nurisɑ̃, ɑ̃t] *adj* nahrhaft.

nourrisson [nurisɔ̃] *nm* Säugling *der.*

nourriture [nurityr] *nf* Nahrung *die.*

nous [nu] *pron pers* **- 1.** [sujet, dans comparaison] wir ; **c'est à ~ de faire qqch** wir müssen selbst etw tun ; **aussi ... que ~** so ... wie uns **- 2.** [complément, avec verbe pronominal] uns ; **elle a parlé de ~** sie hat von uns gesprochen ; **~ ~ sommes rencontrés** wir haben uns getroffen ; **dépêchons-~!** lasst uns keine Zeit verlieren!

nous-mêmes [numɛm] *pron pers* wir selbst.

nouveau, elle, x [nuvo, nuvɛl] ◇ *adj* (**nouvel** *devant voyelle ou h muet*) neu ; [procédé] neuartig ◇ *nm, f* Neue *der, die, das.* ◆ **nouveau** *nm* Neue *das ;* [originalité] Neuartigkeit *die.* ◆ **nouvelles** *nfpl* MEDIA Nachrichten *Pl.* ◆ **à nouveau** *loc adv* erneut. ◆ **de nouveau** *loc adv* erneut.

nouveau-né, e (*mpl* **nouveau-nés** ; *fpl* **nouveau-nées**) ◇ *adj* neugeboren ◇ *nm, f* Neugeborene *das.*

nouveauté [nuvote] *nf* **- 1.** [actualité] Aktualität *die* **- 2.** [innovation, produit] Neuheit *die* **- 3.** [ouvrage] Novität *die.*

nouvelle ▷ **nouveau.**

Nouvelle-Calédonie [nuvɛlkaledɔni] *nf :* **la ~** Neukaledonien *nt.*

Nouvelle-Guinée [nuvɛlgine] *nf :* **la ~** Neuguinea *nt.*

Nouvelle-Zélande [nuvɛlzelɑ̃d] *nf :* **la ~** Neuseeland *nt.*

novateur, trice [nɔvatœr, tris] ◇ *adj* innovativ ◇ *nm, f* Neuerer *der,* -erin *die.*

novembre [nɔvɑ̃br] *nm* November *der ; voir aussi* **septembre.**

novice [nɔvis] ◇ *nmf* **- 1.** [débutant] Neuling *der* **- 2.** RELIG Novize *der,* -zin *die* ◇ *adj* neu.

noyade [nwajad] *nf* Ertrinken *das.*

noyau, x [nwajo] *nm* Kern *der.*

noyauter [3] [nwajote] *vt* [infiltrer] unterwandern.

noyé, e [nwaje] ◇ *adj* **- 1.** [personne] ertrunken **- 2.** [moteur] abgesoffen ◇ *nm, f* Ertrunkene *der,* Ertrunkene *die.*

noyer [13] [nwaje] *vt* **- 1.** [personne, animal, plante] ertränken **- 2.** [moteur] absaufen lassen. ◆ **se noyer** *vp* **- 1.** [dans l'eau] ertrinken **- 2.** *fig* [se perdre] : **se ~ dans qqch** sich in etw *(D)* verlieren.

nu, e [ny] *adj* **- 1.** [personne, vérité] nackt **- 2.** [arbre] kahl. ◆ **nu** *nm* ART Akt *der.*

nuage [nɥaʒ] *nm* Wolke *die.*

nuageux, euse [nɥaʒø, øz] *adj* **- 1.** [ciel] bewölkt **- 2.** [esprit] düster.

nuance [nɥɑ̃s] *nf* **- 1.** [de couleur, de son] Nuance *die* **- 2.** [de sentiment, d'idée] feiner Unterschied.

nuancé, e [nɥɑ̃se] *adj* nuanciert.

nubile [nybil] *adj* heiratsfähig.

nucléaire [nykleɛr] ◇ *nm* Kernkraft *die,* Atomkraft *die* ◇ *adj* **- 1.** PHYS Kern-, Atom-, nuklear ; **énergie ~** Kernkraft *die* **- 2.** BIOL Zellkern-.

nudisme [nydism] *nm* Freikörperkultur *die.*

nudité [nydite] *nf* **- 1.** [de personne] Nacktheit *die* **- 2.** [de lieu] Kahlheit *die.*

nue [ny] *nf :* **tomber des ~s** aus allen Wolken fallen.

nuée [nɥe] *nf* [multitude] : **une ~ de** ein Schwarm von.

nui [nɥi] *pp inv* ▷ **nuire.**

nuire [97] [nɥir] *vi :* **~ à qqn/qqch** jm/etw schaden.

nuisible [nɥizibl] *adj* schädlich.

nuit [nɥi] *nf* Nacht *die.* ◆ **de nuit** ◇ *loc adv* nachts ◇ *loc adj* Nacht-.

nul, nulle [nyl] ◇ *adj indéf (avant le nom) sout* kein,-er,-e ; **nulle part** nirgends ◇ *adj (après le nom)* **- 1.** [égal à zéro] gleich Null **- 2.** [sans valeur] armselig **- 3.** [match]

unentschieden <> *nm, f péj* Niete *die* <> *pron indéf sout* niemand.
nullement [nylmɑ̃] *adv* ganz und gar nicht.
nullité [nylite] *nf* - **1.** [médiocrité] Unbegabtheit *die* - **2.** *péj* [personne] Null *die* - **3.** JUR Ungültigkeit *die.*
numéraire [nymerɛr] *nm* (gesetzliches) Zahlungsmittel.
numération [nymerasjɔ̃] *nf* Zählung *die.*
numérique [nymerik] *adj* - **1.** [supériorité] zahlenmäßig - **2.** MATHS Zahlen- - **3.** INFORM numerisch, digital ; **affichage ~** Digitalanzeige *die.*
numéro [nymero] *nm* - **1.** [gén] Nummer *die ;* **composer un ~** eine Nummer wählen ; **faux ~** falsche Nummer ; **~ vert** gebührenfreie Telefonnummer - **2.** [de loterie] Los *das.*
numéroter [3] [nymerɔte] *vt* nummerieren.
nu-pieds *nm inv* Sandale *die* mit Zehenriemchen.
nuptial, e, aux [nypsjal, o] *adj :* **marche ~e** Hochzeitsmarsch *der.*
nuque [nyk] *nf* Nacken *der.*
nurse [nœrs] *nf* Kindermädchen *das.*
nutritif, ive [nytritif, iv] *adj* Nähr-.
nutritionniste [nytrisjɔnist] *nmf* Ernährungswissenschaftler *der,* -in *die.*
Nylon® [nilɔ̃] *nm* Nylon *das.*
nymphe [nɛ̃f] *nf* Nymphe *die.*
nymphomane [nɛ̃fɔman] <> *nf* Nymphomanin *die* <> *adj* nymphoman.

O

o, O [o] *nm inv* [lettre] o *das,* O *das.*
oasis [ɔazis] *nf* Oase *die.*
obéir [32] [ɔbeir] *vi :* **~ à qqn/qqch** jm/etw gehorchen ; **~ à ses instincts** seinem Instinkt folgen.
obéissance [ɔbeisɑ̃s] *nf* Gehorsam *der ;* **devoir ~ à qqn** jm Gehorsam schulden.
obélisque [ɔbelisk] *nm* Obelisk *der.*
obèse [ɔbɛz] <> *nmf* Fettleibige *der,* Fettleibige *die* <> *adj* fettleibig.
obésité [ɔbezite] *nf* Fettleibigkeit *die.*
objecteur [ɔbʒɛktœr] *nm* Kontrahent *der ;* **~ de conscience** Wehrdienstverweigerer *der.*
objectif, ive [ɔbʒɛktif, iv] *adj* objektiv. ◆ **objectif** *nm* - **1.** PHOT Objektiv *das* - **2.** [but, cible] Ziel *das.*
objection [ɔbʒɛksjɔ̃] *nf* Einwand *der ;* **faire ~ à qqn/qqch** gegen jn/etw einen Einwand erheben.
objectivité [ɔbʒɛktivite] *nf* - **1.** [impartialité] Objektivität *die* - **2.** [exactitude] Exaktheit *die.*
objet [ɔbʒɛ] *nm* - **1.** [chose & JUR] Gegenstand *der,* Sache *die ;* **~ d'art** Kunstgegenstand - **2.** [sujet & GRAM] Objekt *das* - **3.** [but] Ziel *das.*
obligation [ɔbligasjɔ̃] *nf* - **1.** [gén] Verpflichtung *die ;* **être dans l'~ de faire qqch** sich verpflichtet sehen, etw zu tun ; **avoir des ~s** Verpflichtungen haben - **2.** FIN Obligation *die.*
obligatoire [ɔbligatwar] *adj* [imposé] Pflicht-.
obligeance [ɔbliʒɑ̃s] *nf sout* Freundlichkeit *die ;* **avoir l'~ de faire qqch** so freundlich sein, etw zu tun.
obliger [17] [ɔbliʒe] *vt* - **1.** [contraindre moralement] : **~ qqn à qqch** jn zu etw verpflichten - **2.** [forcer] : **~ qqn à qqch** jn zu etw zwingen ; **être obligé de faire qqch** dazu gezwungen sein, etw zu tun. ◆ **s'obliger** *vp :* **s'~ à qqch** sich zu etw zwingen.
oblique [ɔblik] <> *adj* - **1.** [en biais] schräg ; [soleil] geneigt - **2.** GÉOM schief <> *nf* schräge Linie.
obliquer [3] [ɔblike] *vi* ab|biegen.
oblitérer [18] [ɔblitere] *vt* [tamponner] entwerten.
obnubiler [3] [ɔbnybile] *vt* völlig beherrschen ; **être obnubilé par qqn/qqch** an nichts anderes mehr denken können als an jn/etw.
obole [ɔbɔl] *nf* Obolus *der.*
obscène [ɔpsɛn] *adj* - **1.** [pornographique] obszön - **2.** [indécent] geschmacklos.
obscénité [ɔpsenite] *nf* Obszönität *die.*
obscur, e [ɔpskyr] *adj* - **1.** [sombre, confus] dunkel - **2.** [inconnu, douteux] obskur.
obscurantisme [ɔpskyrɑ̃tism] *nm* Obskurantismus *der.*
obscurcir [32] [ɔpskyrsir] *vt* [assombrir] verdunkeln. ◆ **s'obscurcir** *vp* [s'assombrir] sich verdunkeln.
obscurité [ɔpskyrite] *nf* [nuit] Dunkelheit *die.*
obsédé, e [ɔpsede] <> *adj* besessen <> *nm, f* Besessene *der,* Besessene *die.*
obséder [18] [ɔpsede] *vt :* **~ qqn** jm nicht aus dem Sinn gehen.
obsèques [ɔpsɛk] *nfpl* Trauerfeier *die (sans pl).*

obséquieux, euse [ɔpsekjø, øz] *adj* unterwürfig.

observateur, trice [ɔpsɛrvatœr, tris] <> *adj :* **être (très) ~** ein guter Beobachter sein <> *nm, f* Beobachter *der*, -in *die*.

observation [ɔpsɛrvasjɔ̃] *nf* - **1.** [gén] Beobachtung *die ;* **être en ~** MÉD beobachtet werden - **2.** [critique] Bemerkung *die*.

observatoire [ɔpsɛrvatwar] *nm* - **1.** ASTRON Observatorium *das* - **2.** [de surveillance] Beobachtungsstand *der*.

observer [3] [ɔpsɛrve] *vt* - **1.** [gén] beobachten ; **faire ~ qqch à qqn** jn auf etw *(A)* aufmerksam machen - **2.** [respecter] beachten.

obsession [ɔpsesjɔ̃] *nf* Zwangsvorstellung *die*.

obsolète [ɔpsɔlɛt] *adj* veraltet.

obstacle [ɔpstakl] *nm* Hindernis *das ;* **faire ~ à qqn/qqch** ein Hindernis für jn/etw sein ; **rencontrer un ~** auf ein Hindernis treffen.

obstétrique [ɔpstetrik] *nf* Geburtshilfe *die*.

obstination [ɔpstinasjɔ̃] *nf* Starrsinn *der*.

obstiné, e [ɔpstine] <> *adj* - **1.** [enfant] starrköpfig - **2.** [travail] zäh <> *nm, f* Starrkopf *der*.

obstiner [3] [ɔpstine] ◆ **s'obstiner** *vp* stur bleiben OU sein ; **s'~ à faire qqch** beharrlich etw tun ; **s'~ dans qqch** an etw *(D)* stur fest|halten.

obstruction [ɔpstryksjɔ̃] *nf* - **1.** MÉD & POLIT Obstruktion *die* - **2.** SPORT Behindern *das*.

obstruer [3] [ɔpstrye] *vt* - **1.** [boucher] verstopfen - **2.** [gêner] versperren. ◆ **s'obstruer** *vp* sich verstopfen.

obtempérer [18] [ɔptɑ̃pere] *vi :* **~ à qqch** etw *(D)* Folge leisten.

obtenir [40] [ɔptənir] *vt* - **1.** [acquérir] : **~ qqch (de qqn)** etw (von jm) erhalten ; **~ qqch à** OU **pour qqn** etw für jn erwirken - **2.** [résultat] erzielen.

obtention [ɔptɑ̃sjɔ̃] *nf* [visa] Ausstellung *die ;* [baccalauréat] Bestehen *das*.

obtenu, e [ɔptəny] *pp* ▷ **obtenir.**

obturer [3] [ɔptyre] *vt* [fuite] ab|dichten ; [porte, fenêtre] zu|mauern ; [dent] füllen.

obtus, e [ɔpty, yz] *adj* stumpf.

obus [ɔby] *nm* Granate *die*.

occasion [ɔkazjɔ̃] *nf* - **1.** [opportunité] Gelegenheit *die ;* **à l'~** gelegentlich ; **saisir l'~ (de faire qqch)** die Gelegenheit nutzen (, um etw zu tun) ; **rater une ~ de faire qqch** eine Gelegenheit verpassen, etw zu tun - **2.** [circonstance] Gelegenheit *die*, Anlass *der ;* **à l'~ de qqch** anlässlich einer Sache *(G)* - **3.** [achat] Gebrauchtkauf *der ;* **d'~** Gebraucht-.

occasionnel, elle [ɔkazjɔnɛl] *adj* - **1.** [accidentel] gelegentlich - **2.** [temporaire, saisonnier] Gelegenheits-.

occasionner [3] [ɔkazjɔne] *vt* verursachen.

occident [ɔksidɑ̃] *nm* Westen *der*.

occidental, e, aux [ɔksidɑ̃tal, o] *adj* - **1.** GÉOGR West-, westlich - **2.** [civilisation] abendländisch. ◆ **Occidental, e aux** *nm, f* Abendländer *der*, - in *die*.

occiput [ɔksipyt] *nm* Hinterkopf *der*.

occlusion [ɔklyzjɔ̃] *nf* MÉD Verschluss *der*.

occulte [ɔkylt] *adj* Geheim-.

occulter [3] [ɔkylte] *vt* - **1.** [dissimuler] verdunkeln - **2.** ASTRON bedecken.

occupation [ɔkypasjɔ̃] *nf* - **1.** [activité] Beschäftigung *die* - **2.** MIL & JUR Besetzung *die*. ◆ **Occupation** *nf* HIST : **l'Occupation** *die deutsche Besatzung von 1940-1944*.

occupé, e [ɔkype] *adj* - **1.** [personne] beschäftigt ; **être ~ à qqch** mit etw beschäftigt sein - **2.** [appartement] belegt - **3.** [lieu, zone] besetzt.

occuper [3] [ɔkype] *vt* - **1.** [habiter] bewohnen - **2.** [espace, fonction, temps] ein|nehmen - **3.** [envahir] besetzen - **4.** [ouvrier, enfant] beschäftigen. ◆ **s'occuper** *vp* - **1.** [s'activer] : **s'~ (à qqch)** sich (mit etw) beschäftigen - **2.** [se charger de] : **s'~ de qqn/qqch** sich um jn/etw kümmern.

occurrence [ɔkyrɑ̃s] *nf :* **en l'~** in diesem Fall.

océan [ɔseɑ̃] *nm* Ozean *der*.

Océanie [ɔseani] *nf :* **l'~** Ozeanien *nt*.

océanique [ɔseanik] *adj* ozeanisch.

océanographie [ɔseanɔgrafi] *nf* Meereskunde *die*.

ocre [ɔkr] <> *adj inv* ockerfarben <> *nf* Ocker *das* OU *der*.

octave [ɔktav] *nf* MUS Oktave *die*.

octet [ɔktɛ] *nm* Byte *das*.

octobre [ɔktɔbr] *nm* Oktober *der ; voir aussi* **septembre.**

octogénaire [ɔktɔʒenɛr] <> *nmf* Achtziger *der*, -in *die* <> *adj* achtzigjährig.

octogone [ɔktɔgɔn] *nm* Achteck *das*.

octroyer [13] [ɔktrwaje] *vt :* **~ qqch à qqn** jm etw gewähren. ◆ **s'octroyer** *vp :* **s'~ qqch** sich *(D)* etw gönnen.

oculaire [ɔkylɛr] <> *nm* Okular *das* <> *adj* Augen- ; **témoin ~** Augenzeuge *der*.

oculiste [ɔkylist] *nmf* Augenarzt *der*, -ärztin *die*.

ode [ɔd] *nf* Ode *die*.

odeur [ɔdœr] *nf* Geruch *der*.

odieux, euse [ɔdjø, øz] *adj* - **1.** [crime]

abscheulich - **2.** [personne, attitude] grässlich.

odorant, e [ɔdɔrɑ̃, ɑ̃t] *adj* einen Geruch ausströmend.

odorat [ɔdɔra] *nm* Geruchssinn *der*.

œdème [edɛm] *nm* Ödem *das*.

œil [œj] (*pl* **yeux** [jø]) *nm* ANAT Auge *das* ; **baisser les yeux** den Blick senken ; **écarquiller les yeux** die Augen aufreißen ; **lever les yeux** aufblicken.

œillade [œjad] *nf* verstohlener Blick.

œillère [œjɛr] *nf* Scheuklappe *die*.

œillet [œjɛ] *nm* - **1.** BOT Nelke *die* - **2.** [trou] Öse *die*.

œnologue [enɔlɔg] *nmf* Önologe *der*, -gin *die*.

œsophage [ezɔfaʒ] *nm* Speiseröhre *die*.

œuf [œf] (*pl* **œufs** [ø]) *nm* Ei *das* ; ~ **à la coque** weich *(gekocht) es Ei* ; ~ **dur** hart *(gekocht) es Ei* ; ~ **poché** pochiertes Ei ; ~ **au plat** Spiegelei.

œuvre [œvr] *nf* - **1.** [travail] : **mettre tout en ~** alles daran|setzen - **2.** [d'artiste] Werk *das* ; ~ **d'art** Kunstwerk - **3.** [organisation] Hilfswerk *das*.

OFAJ [ofaʒ] (*abr de* **Office franco-allemand pour la jeunesse**) *nm* DFJW *das (Deutsch-Französisches Jugendwerk)*.

offense [ɔfɑ̃s] *nf* [insulte] Kränkung *die*.

offenser [3] [ɔfɑ̃se] *vt* - **1.** [personne] kränken - **2.** [braver] : ~ **qqn** bei jm Anstoß erregen ; ~ **qqch** gegen etw verstoßen. ◆ **s'offenser** *vp* : **s'~ de qqch** etw übel nehmen.

offensif, ive [ɔfɑ̃sif, iv] *adj* Angriffs-. ◆ **offensive** *nf* MIL Offensive *die*.

offert, e [ɔfɛr, ɛrt] *pp* ▷ **offrir.**

office [ɔfis] *nm* - **1.** [fonction] : **faire ~ de qqch** als etw dienen ; **remplir son ~** seine Aufgabe erfüllen - **2.** [bureau] Stelle *die*, Amt *das*, Büro *das* ; ~ **du tourisme** Fremdenverkehrsamt - **3.** RELIG Messe *die*. ◆ **d'office** *loc adv* - **1.** [d'emblée] von vornherein - **2.** [d'autorité] zwangsweise ; **avocat commis d'~** Pflichtverteidiger *der*, -in *die*.

officialiser [3] [ɔfisjalize] *vt* offiziell anerkennen.

officiel, elle [ɔfisjɛl] ◇ *adj* offiziell ◇ *nm, f* offizieller Vertreter, offizielle Vertreterin.

officier [ɔfisje] *nm* Offizier *der*.

officieux, euse [ɔfisjø, øz] *adj* offiziös, inoffiziell.

offrande [ɔfrɑ̃d] *nf* - **1.** [don] Opfergabe *die* - **2.** RELIG Opferung *die*.

offre [ɔfr] *nf* Angebot *das* ; **la loi de l'~ et de la demande** das Gesetz von Angebot und Nachfrage ; ~ **d'emploi** Stellenangebot.

offrir [34] [ɔfrir] *vt* - **1.** [donner] : ~ **qqch à qqn** jm etw schenken - **2.** [présenter] bieten. ◆ **s'offrir** *vp* [s'acheter] : **s'~ qqch** sich *(D)* etw leisten.

offusquer [3] [ɔfyske] *vt* empören. ◆ **s'offusquer** *vp* sich empören ; **s'~ de qqch** an etw *(D)* Anstoß nehmen.

OGM (*abr de* **organisme génétiquement modifié**) *nm gentechnisch verändertes Lebewesen.*

ogre, ogresse [ɔgr, ɔgrɛs] *nm, f* Menschen fressender Riese, Menschen fressende Riesin.

oh [o] *interj* oh.

ohé [ɔe] *interj* he.

oie [wa] *nf* Gans *die*.

oignon [ɔɲɔ̃] *nm* - **1.** [gén] Zwiebel *die* - **2.** MÉD Fußballen *der*.

oiseau, x [wazo] *nm* Vogel *der* ; ~ **de proie** Raubvogel.

oisif, ive [wazif, iv] ◇ *adj* untätig ◇ *nm, f* Müßiggänger *der*, -in *die*.

oisillon [wazijɔ̃] *nm* Vögelchen *das*.

oisiveté [wazivte] *nf* Untätigkeit *die*.

O.K. [ɔke] *interj fam* O. K.

oléagineux, euse [ɔleaʒinø, øz] *adj* ölhaltig. ◆ **oléagineux** *nm* Ölpflanze *die*.

oléoduc [ɔleɔdyk] *nm* Öl-Pipeline *die*.

olfactif, ive [ɔlfaktif, iv] *adj* Geruchs-.

oligarchie [ɔligarʃi] *nf* POLIT Oligarchie *die*.

olive [ɔliv] *nf* Olive *die*.

olivier [ɔlivje] *nm* - **1.** [arbre] Olivenbaum *der* - **2.** [bois] Olivenholz *das*.

olympique [ɔlɛ̃pik] *adj* Olympia-, olympisch ; **les jeux Olympiques** die Olympischen Spiele.

ombilical, e, aux [ɔ̃bilikal, o] *adj* Nabel-.

ombrage [ɔ̃braʒ] *nm* Schatten *der*.

ombragé, e [ɔ̃braʒe] *adj* schattig.

ombrageux, euse [ɔ̃braʒø, øz] *adj* [personne] überempfindlich.

ombre [ɔ̃br] *nf* - **1.** [gén] Schatten *der* ; **à l'~ de** im Schatten von - **2.** [trace] Hauch *der*.

ombrelle [ɔ̃brɛl] *nf* Sonnenschirm *der*.

OMC (*abr de* **Organisation mondiale du commerce**) *nf* WTO *(Welthandelsorganisation)*.

omelette [ɔmlɛt] *nf* Omelett *das*.

omettre [84] [ɔmɛtr] *vt* aus|lassen ; ~ **de faire qqch** versäumen, etw zu tun.

omis, e [ɔmi, iz] *pp* ▷ **omettre.**

omission [ɔmisjɔ̃] *nf* Auslassung *die* ; **c'est une ~ de ma part** das ist ein Versäumnis meinerseits.

omnibus [ɔmnibys] *nm* Omnibus *der*.

omniprésent, e [ɔmniprezɑ̃, ɑ̃t] *adj* allgegenwärtig.

omnivore [ɔmnivɔr] ◇ *nm* Allesfresser *der* ◇ *adj* allesfressend.

omoplate [ɔmɔplat] *nf* Schulterblatt *das.*

on [ɔ̃] *pron pers indéf* - **1.** [gén] man ; ~ **vivait mieux autrefois** früher lebte man besser ; ~ **frappe à la porte** es klopft an der Tür ; **ici ~ ne fume pas** hier wird nicht geraucht - **2.** *fam* [nous] wir ; **nous, ~ n'y peut rien** wir können nichts dazu ; ~ **y va?** gehen wir?

oncle [ɔ̃kl] *nm* Onkel *der.*

onctueux, euse [ɔ̃ktɥø, øz] *adj* [liquide] cremig ; **crème onctueuse** glatte Creme.

onde [ɔ̃d] *nf* Welle *die.* ◆ **ondes** *nfpl* : **passer sur les ~s** im Rundfunk kommen.

ondée [ɔ̃de] *nf* Platzregen *der.*

ondoyant, e [ɔ̃dwajɑ̃, ɑ̃t] *adj littéraire* - **1.** [ondulant] wiegend - **2.** [changeant] wechselhaft.

ondulation [ɔ̃dylasjɔ̃] *nf* - **1.** [mouvement] Wellenbewegung *die* - **2.** [de coiffure] Welle *die.*

onduler [3] [ɔ̃dyle] ◇ *vi* - **1.** [cheveux] sich wellen - **2.** [drapeau] flattern ◇ *vt* in Wellen legen.

ongle [ɔ̃gl] *nm* - **1.** [de main] Fingernagel *der ;* [de pied] Fußnagel *der ;* **se faire les ~s** sich die Nägel pflegen ; **se ronger les ~s** Fingernägel kauen - **2.** [d'animal] Klaue *die.*

onglet [ɔ̃glɛ] *nm* CULIN Rinderbrust *die.*

onguent [ɔ̃gɑ̃] *nm* Balsam *der.*

onomatopée [ɔnɔmatɔpe] *nf* Lautmalerei *die.*

ont [ɔ̃] ▷ **avoir.**

ONU, Onu [ɔny] (*abr de* **Organisation des Nations unies**) *nf* UNO *die.*

onyx [ɔniks] *nm* Onyx *der.*

onze [ɔ̃z] ◇ *adj inv* & *pron inv* elf ◇ *nm inv* Elf *die ; voir aussi* **six.**

onzième [ɔ̃zjɛm] ◇ *adj* elfte,-r,-s ◇ *nmf* Elfte *der, die, das* ◇ *nm* [arrondissement] elftes Arrondissement ◇ *nf* SCOL ≃ erste Klasse ; *voir aussi* **sixième.**

opacité [ɔpasite] *nf* Undurchsichtigkeit *die.*

opale [ɔpal] *nf* Opal *der.*

opaline [ɔpalin] *nf* Opalglas *das.*

opaque [ɔpak] *adj* (licht)undurchlässig.

opéra [ɔpera] *nm* - **1.** MUS Oper *die* - **2.** [théâtre] Opernhaus *das Pariser Oper an der Place de la Bastille.*

opéra-comique *nm* komische Oper *die.*

opérateur, trice [ɔperatœr, tris] *nm, f* - **1.** [gén] Bediener *der,* -in *die* - **2.** INFORM Operator *der,* -in *die.*

opération [ɔperasjɔ̃] *nf* - **1.** [gén] Operation *die* - **2.** [action] Aktion *die* - **3.** COMM Geschäft *das.*

opérationnel, elle [ɔperasjɔnɛl] *adj* - **1.** [efficace] einsatzbereit - **2.** MIL operativ.

opérer [18] [ɔpere] *vt* - **1.** MÉD operieren - **2.** [exécuter] durch|führen ; [choix] treffen - **3.** [sujet : remède] wirken - **4.** [procéder] vor|gehen - **5.** [sévir] am Werke sein.

opérette [ɔperɛt] *nf* Operette *die.*

ophtalmologie [ɔftalmɔlɔʒi] *nf* Augenheilkunde *die.*

ophtalmologiste [ɔftalmɔlɔʒist] *nmf* Augenarzt *der,* -ärztin *die.*

Opinel® [ɔpinɛl] *nm* Klappmesser *das.*

opiner [3] [ɔpine] *vi sout* zulstimmen.

opiniâtre [ɔpinjatr] *adj* - **1.** [personne] eigensinnig, halsstarrig - **2.** [travail] unermüdlich - **3.** [fièvre, maladie] hartnäckig.

opinion [ɔpinjɔ̃] *nf* Meinung *die ;* **avoir (une) bonne/mauvaise ~ de qqn/qqch** eine gute/schlechte Meinung von jm/etw haben ; **donner son ~ sur qqn/qqch** seine Meinung zu jm/etw äußern ; **l'~ publique** die öffentliche Meinung.

Donner son opinion

Meiner Meinung/Ansicht nach muss man etwas unternehmen. À mon avis, il faut faire quelque chose.

Wenn ihr mich fragt, ist das ein abgekartetes Spiel. Si vous voulez mon avis, c'est joué d'avance.

Ich glaube, Sie irren sich. Je crois que vous vous trompez.

Ich finde, man sollte die Gelegenheit nutzen. Je trouve qu'on devrait profiter de l'occasion.

Was mich angeht, könnt ihr auf mich zählen. En ce qui me concerne, vous pouvez compter sur moi.

opium [ɔpjɔm] *nm* Opium *das.*

opportun, e [ɔpɔrtœ̃, yn] *adj* - **1.** [moment] geeignet - **2.** [démarche] opportun.

opportuniste [ɔpɔrtynist] ◇ *nmf* Opportunist *der,* -in *die* ◇ *adj* opportunistisch.

opportunité [ɔpɔrtynite] *nf* - **1.** [à-propos] Zweckmäßigkeit *die* - **2.** [occasion] Gelegenheit *die.*

opposant, e [ɔpozɑ̃, ɑ̃t] ◇ *adj* Oppositions- ◇ *nm, f* : ~ **(à qqch)** Gegner *der,* -in *die* (einer Sache *(G)*).

opposé, e [ɔpoze] *adj* - **1.** [direction, angle] gegenüberliegend - **2.** [intérêt, opinion] entgegengesetzt - **3.** [hostile] : **être ~ à qqn/qqch** gegen jn/etw sein. ◆ **opposé** *nm* Gegenteil *das ;* **à l'~ de** [contrairement à] im Gegensatz zu ; [du côté opposé à] am anderen Ende von, auf der anderen Seite von.

opposer [3] [ɔpoze] *vt* - **1.** [objecter,

bloquer] : ~ **qqch (à qqn/qqch)** (jm/etw) etw entgegen|setzen ; **il n'y a rien à ~ à cela** dem steht nichts entgegen - **2.** [confronter] : ~ **qqch à qqch** etw einer Sache *(D)* gegenüber|stellen - **3.** [diviser] trennen. ◆ **s'opposer** *vp* - **1.** [résister] : **s'~ à qqn/qqch** sich jm/etw widersetzen - **2.** [faire obstacle] : **s'~ à qqch** sich etw entgegen|stellen - **3.** [interdire] verbieten.

opposition [ɔpozisjɔ̃] *nf* - **1.** [résistance] Widerstand *der* - **2.** [conflit] Unversöhnlichkeit *die* ; **être en ~ avec qqn/qqch** nicht mit jm/etw einverstanden sein - **3.** POLIT Opposition *die* - **4.** JUR Einspruch *der ;* **faire ~ à qqch** [jugement] gegen etw Einspruch erheben ; [chèque] etw sperren ; [décision] sich einer Sache *(D)* widersetzen - **5.** [contraste] Kontrast *der,* Gegensatz *der ;* **par ~ à qqn/qqch** im Gegensatz zu jm/etw.

oppresser [4] [ɔprese] *vt :* ~ **qqn** jm den Atem nehmen ; *fig* jn bedrücken.

oppresseur [ɔpresœr] ◇ *nm* Unterdrücker *der,* -in *die* ◇ *adj m* unterdrückerisch.

oppression [ɔpresjɔ̃] *nf* [asservissement] Unterdrückung *die.*

opprimé, e [ɔprime] ◇ *adj* unterdrückt ◇ *nm, f* Unterdrückte *der,* Unterdrückte *die.*

opprimer [3] [ɔprime] *vt* unterdrücken.

opter [3] [ɔpte] *vi :* ~ **pour qqn/qqch** sich für jn/etw entscheiden.

opticien, enne [ɔptisjɛ̃, ɛn] ◇ *adj* Optiker- ◇ *nm, f* Optiker *der,* -in *die.*

optimal, e, aux [ɔptimal, o] *adj* optimal.

optimaliser ▷ **optimiser.**

optimiser [3] [ɔptimize], **optimaliser** [3] [ɔptimalize] *vt* optimieren.

optimisme [ɔptimism] *nm* Optimismus *der.*

optimiste [ɔptimist] ◇ *nmf* Optimist *der,* -in *die* ◇ *adj* optimistisch.

option [ɔpsjɔ̃] *nf* - **1.** [choix] Wahlmöglichkeit *die* - **2.** UNIV Wahlfach *das* - **3.** [accessoire] (aufpreispflichtige) Zusatzausstattung, Extra *das* - **4.** FIN & JUR Option *die.*

optionnel, elle [ɔpsjɔnɛl] *adj* nicht obligatorisch.

optique [ɔptik] ◇ *nf* - **1.** [science, technique] Optik *die* - **2.** [perspective] Betrachtungsweise *die* ◇ *adj* - **1.** ANAT Seh- - **2.** [verre] Brillen-.

opulence [ɔpylɑ̃s] *nf* - **1.** [richesse] Luxus *der,* Überfluss *der* - **2.** [ampleur] Fülle *die.*

opulent, e [ɔpylɑ̃, ɑ̃t] *adj* - **1.** [riche] reich - **2.** [fort, gros] üppig.

or¹ [ɔr] *nm* Gold *das ;* **en ~** aus Gold.

or² [ɔr] *conj* nun, aber.

oracle [ɔrakl] *nm* [divination] Orakel *das.*

orage [ɔraʒ] *nm* [tempête] Gewitter *das.*

orageux, euse [ɔraʒø, øz] *adj* - **1.** MÉTÉOR gewittrig ; [saison, région] gewitterreich - **2.** *fig* [agité] stürmisch.

oraison [ɔrɛzɔ̃] *nf :* ~ **funèbre** Grabrede *die.*

oral, e, aux [ɔral, o] *adj* - **1.** [verbal] mündlich - **2.** ANAT Mund- - **3.** PSYCHOL Oral-. ◆ **oral** *nm* mündliche Prüfung ; ~ **de rattrapage** mündliche Nachholprüfung ; **par ~** mündlich *(adv).*

oralement [ɔralmɑ̃] *adv* mündlich.

orange [ɔrɑ̃ʒ] ◇ *nf* Apfelsine *die,* Orange *die* ◇ *nm* [couleur] Orange *das* ◇ *adj inv* orangefarben, Orange-.

orangé, e [ɔrɑ̃ʒe] *adj* orangefarben.

orangeade [ɔrɑ̃ʒad] *nf* Orangenlimonade *die.*

oranger [ɔrɑ̃ʒe] *nm* Orangenbaum *der.*

orangerie [ɔrɑ̃ʒri] *nf* Orangerie *die.*

orang-outan, orang-outang [ɔrɑ̃utɑ̃] *nm* Orang-Utan *der.*

orateur, trice [ɔratœr, tris] *nm, f* Redner *der,* -in *die.*

orbital, e, aux [ɔrbital, o] *adj* orbital ; **station ~e** Raumstation *die.*

orbite [ɔrbit] *nf* - **1.** ANAT Augenhöhle *die* - **2.** AÉRON Umlaufbahn *die ; fig* Einflussbereich *der ;* **mettre sur ~** auf die Erdumlaufbahn bringen ; *fig* lancieren.

orchestre [ɔrkɛstr] *nm* - **1.** MUS Orchester *das* - **2.** CIN & THÉÂTRE Parkett *das.*

orchestrer [3] [ɔrkɛstre] *vt* - **1.** MUS orchestrieren - **2.** [organiser] inszenieren.

orchidée [ɔrkide] *nf* Orchidee *die.*

ordinaire [ɔrdinɛr] ◇ *adj* - **1.** [usuel] üblich - **2.** [standard] einfach - **3.** [banal] mittelmäßig ◇ *nm* - **1.** [moyenne] Übliche *das,* Gewöhnliche *das ;* **ça change de l'~** das ist mal was anderes - **2.** [alimentation] Alltagskost *die* - **3.** [essence] Normalbenzin *das.* ◆ **d'ordinaire** *loc adv* gewöhnlich.

ordinaire

Vorsicht! Der französische Begriff **ordinaire** hat wenig mit dem deutschen Adjektiv „ordinär" im Sinne von „niveaulos" gemein. Es hat eine wesentlich positivere Konnotation und bedeutet „einfach", „herkömmlich".
Nous avons commandé un vin ordinaire wird mit „Wir haben einen einfachen (Tafel)wein bestellt" wiedergegeben. „Diese Frau ist ordinär" dagegen würde mit **C'est une femme vulgaire** übersetzt.

ordinal, e, aux [ɔrdinal, o] *adj* Ordinal-. ◆ **ordinal** *nm* Ordinalzahl *die.*

ordinateur [ɔrdinatœr] *nm* Computer *der.*

ordonnance [ɔrdɔnɑ̃s] *nf* - **1.** MÉD Rezept *das* - **2.** [JUR - de gouvernement] Verordnung *die ;* [- de juge] Beschluss *der.*

ordonné, e [ɔrdɔne] *adj* - **1.** [gén] geordnet ; [maison] aufgeräumt - **2.** [élève] ordentlich.

ordonner [3] [ɔrdɔne] *vt* - **1.** [ranger] ordnen ; [maison] auf|räumen - **2.** [commander] an|ordnen ; **~ qqch à qqn** [enjoindre] jm etw befehlen ; MÉD jm etw verschreiben - **3.** RELIG [consacrer] weihen.

ordre [ɔrdr] *nm* - **1.** [organisation, stabilité sociale] Ordnung *die ;* **en ~** [maison, comptes] in Ordnung ; [idées] geordnet - **2.** [suite] Reihenfolge *die ;* **par ~ alphabétique** in alphabetischer Reihenfolge ; **par ~ chronologique** in zeitlicher Reihenfolge - **3.** [catégorie] Rang *der ;* **de premier ~** [affaire] sehr wichtig ; [produit] erstklassig ; **du même ~** der gleichen Art - **4.** [commandement] Befehl *der ;* **donner un ~ à qqn** jm einen Befehl erteilen ; **être aux ~s de qqn** jm zu Diensten stehen - **5.** RELIG Orden *der* - **6.** [d'achat, de vente] Auftrag *der.* ◈ **à l'ordre du jour** *loc adv & loc adj* [dans réunion] auf der Tagesordnung ; [d'actualité] aktuell.

ordure [ɔrdyr] *nf* - **1.** [grossièreté] : **dire/écrire des ~s** Schweinereien sagen/schreiben - **2.** *péj* [individu] Schwein *das.* ◈ **ordures** *nfpl* [déchets] Müll *der (sans pl).*

ordurier, ère [ɔrdyrje, ɛr] *adj* schmutzig.

orée [ɔre] *nf* Waldessaum *der.*

oreille [ɔrɛj] *nf* - **1.** ANAT & *fig* Ohr *das ;* **se boucher les ~s** sich *(D)* die Ohren zu|halten - **2.** [ouïe] Gehör *das.*

oreiller [ɔrɛje] *nm* Kopfkissen *das.*

oreillette [ɔrɛjɛt] *nf* - **1.** [du cœur] Vorhof *der* - **2.** [de casquette] Ohrenklappe *die.*

oreillons [ɔrɛjɔ̃] *nmpl* Mumps *der* OU *die.*

ores [ɔr] ◈ **d'ores et déjà** *loc adv* schon jetzt.

orfèvre [ɔrfɛvr] *nm* Goldschmied *der.*

orfèvrerie [ɔrfɛvrəri] *nf* [art] Goldschmiedekunst *die.*

organe [ɔrgan] *nm* [gén] Organ *das.*

organigramme [ɔrganigram] *nm* - **1.** [hiérarchique] Organigramm *das* - **2.** INFORM Flussdiagramm *das.*

organique [ɔrganik] *adj* organisch.

organisateur, trice [ɔrganizatœr, tris] *nm, f* Organisator *der,* -in *die.*

organisation [ɔrganizasjɔ̃] *nf* - **1.** [gén] Organisation *die* - **2.** [structure] Aufbau *der.*

organisé, e [ɔrganize] *adj* - **1.** [gén] organisiert ; **être ~ en qqch** in etw *(D)* organisiert sein ; **voyage ~** Gruppenreise *die* - **2.** [personne] : **c'est une fille très ~e** sie ist jemand, der gut planen kann.

organiser [3] [ɔrganize] *vt* - **1.** [voyage] organisieren ; [fête] veranstalten ; [réunion] aus|richten - **2.** [temps, travail] ein|teilen. ◈ **s'organiser** *vp* [personne] sich *(D)* seine Zeit (gut) ein|teilen.

organisme [ɔrganism] *nm* - **1.** BIOL Organismus *der* - **2.** [institution] Einrichtung *die.*

organiste [ɔrganist] *nmf* Organist *der,* -in *die.*

orgasme [ɔrgasm] *nm* Orgasmus *der.*

orge [ɔrʒ] *nf* Gerste *die.*

orgie [ɔrʒi] *nf* Orgie *die.*

orgue [ɔrg] *nm* Orgel *die.*

orgueil [ɔrgœj] *nm* Hochmut *der.*

orgueilleux, euse [ɔrgœjø, øz] ◇ *adj* hochmütig ◇ *nm, f* Hochmütige *der,* Hochmütige *die.*

orient [ɔrjɑ̃] *nm* [est] Orient *der.*

oriental, e, aux [ɔrjɑ̃tal, o] *adj* orientalisch.

orientation [ɔrjɑ̃tasjɔ̃] *nf* - **1.** [direction] Orientierung *die* - **2.** [de maison, de pièce, de jardin] Lage *die.*

orienté, e [ɔrjɑ̃te] *adj* tendenziös ; **~ à droite** rechtslastig ; **~ à gauche** linkslastig.

orienter [3] [ɔrjɑ̃te] *vt* - **1.** [maison, antenne] aus|richten - **2.** [guider] : **~ qqn** jm den Weg weisen - **3.** SCOL : **~ qqn vers qqch** jm zu etw raten. ◈ **s'orienter** *vp* - **1.** [se repérer] sich zurecht|finden - **2.** [se diriger] : **s'~ vers qqch** sich einer Sache *(D)* zu|wenden.

orifice [ɔrifis] *nm* Öffnung *die.*

originaire [ɔriʒinɛr] *adj* [natif] : **~ d'une région** aus einer Gegend stammend.

original, e, aux [ɔriʒinal, o] *adj* - **1.** [initial] Original- - **2.** [nouveau] originell - **3.** [singulier] sonderbar. ◈ **original** *nm* Original *das.*

originalité [ɔriʒinalite] *nf* - **1.** [nouveauté] Originalität *die* - **2.** [excentricité] Wunderlichkeit *die.*

origine [ɔriʒin] *nf* - **1.** [provenance] Herkunft *die* - **2.** [cause] Ursache *die* - **3.** [commencement] Ursprung *der ;* **à l'~** ursprünglich *(adv) ;* **d'~** [originel] ursprünglich *(adj)* - **4.** [souche] Abstammung *die.*

ORL *nmf* (*abr de* **oto-rhino-laryngologiste**) HNO-Arzt *der,* -Ärztin *die.*

orme [ɔrm] *nm* Ulme *die.*

ornement [ɔrnəmɑ̃] *nm* [décoration] Schmuck *der (sans pl),* Zierrat *der (sans pl).*

orner [3] [ɔrne] *vt :* **~ qqch (de qqch)** etw (mit etw) schmücken.

ornière [ɔrnjɛr] *nf* Spurrille *die.*

ornithologie [ɔrnitɔlɔʒi] *nf* Vogelkunde *die.*

orphelin, e [ɔrfəlɛ̃, in] ◇ *adj* verwaist ◇ *nm, f* Waise *die.*

orphelinat [ɔrfəlina] *nm* Waisenhaus *das.*

orteil [ɔrtɛj] *nm* Zeh *der,* Zehe *die.*

orthodontiste [ɔrtɔdɔ̃tist] *nmf* Kieferorthopäde *der,* -din *die.*

orthodoxe [ɔrtɔdɔks] ◇ *nmf* RELIG Orthodoxe *der,* Orthodoxe *die* ◇ *adj* orthodox.

orthographe [ɔrtɔgraf] *nf* Rechtschreibung *die ;* **l'~ d'un mot** die Schreibweise eines Wortes.

orthopédique [ɔrtɔpedik] *adj* orthopädisch ; **semelles ~s** Einlagen *Pl.*

orthophoniste [ɔrtɔfɔnist] *nmf* Logopäde *der,* -din *die.*

ortie [ɔrti] *nf* Brennnessel *die.*

os [ɔs, *pl* o] *nm* [gén] Knochen *der ;* **~ à moelle** Markknochen.

oscillation [ɔsilasjɔ̃] *nf* - **1.** PHYS Schwingung *die* - **2.** [de température] Schwankung *die.*

osciller [3] [ɔsile] *vi* - **1.** [se balancer] schwingen - **2.** [vaciller, hésiter] schwanken ; [flamme] flackern.

osé, e [oze] *adj* gewagt.

oseille [ozɛj] *nf* - **1.** BOT Sauerampfer *der* - **2.** *fam* [argent] Knete *die.*

oser [3] [oze] *vt* wagen ; **~ faire qqch** (es) wagen, etw zu tun.

osier [ozje] *nm* BOT Weide *die.*

Oslo [ɔslo] *n* Oslo *nt.*

ossature [ɔsatyr] *nf* ANAT Knochen *Pl.*

ossements [ɔsmɑ̃] *nmpl* Gebeine *Pl.*

osseux, euse [ɔsø, øz] *adj* - **1.** ANAT & MÉD Knochen- - **2.** [maigre] knochig.

ossuaire [ɔsɥɛr] *nm* [lieu] Beinhaus *das.*

ostensible [ɔstɑ̃sibl] *adj* demonstrativ.

ostensoir [ɔstɑ̃swar] *nm* Monstranz *die.*

ostentation [ɔstɑ̃tasjɔ̃] *nf* Prahlen *das.*

ostéopathe [ɔsteɔpat] *nmf* Facharzt *der,* -ärztin *die* für Osteopathie.

ostréiculture [ɔstreikyltyr] *nf* Austernzucht *die.*

otage [ɔtaʒ] *nm* Geisel *die ;* **prendre qqn en ~** jn als Geisel nehmen.

OTAN, Otan [ɔtɑ̃] (*abr de* **Organisation du traité de l'Atlantique Nord**) *nf* NATO *die.*

otarie [ɔtari] *nf* Ohrenrobbe *die.*

ôter [3] [ote] *vt* - **1.** [enlever] weg|nehmen ; [manteau] ab|legen - **2.** [soustraire] ab|ziehen ; **6 ôté de 10 égale 4** 10 weniger 6 macht 4 - **3.** [prendre] : **~ qqch à qqn** jm etw ab|nehmen.

otite [ɔtit] *nf* Ohrenentzündung *die.*

oto-rhino-laryngologie [ɔtɔrinɔlarɛ̃gɔlɔʒi] *nf* Hals-Nasen-Ohren-Heilkunde *die.*

ou [u] *conj* - **1.** [gén] oder ; **ils étaient cinq ~ six** es waren fünf bis ou oder sechs ; **c'est l'un ~ l'autre** eins von beiden - **2.** [sinon] sonst ; **rends-le-moi, ~ ça ira très mal** gib mir das zurück, sonst wird die Sache böse enden. ◆ **ou (bien) ... ou (bien)** *loc corrélative* entweder ... oder ; **~ (bien) c'est elle, ~ (bien) c'est moi!** (entweder) sie oder ich!

où [u] ◇ *pron rel* - **1.** [spatial] wo ; **la maison ~ j'habite** das Haus, in dem ich wohne - **2.** [temporel] als ; **le jour ~ je suis venu** der Tag, an dem ich kam ◇ *adv* wo ; **je vais ~ je veux** ich gehe, wohin ich will ; **~ que** (+ *subjonctif*) wo auch (immer) ; **~ que vous alliez** wo immer Sie hingehen mögen ◇ *adv interr* wo ; **~ vas-tu?** wohin gehst du? ◆ **d'où** *loc adv* woraus.

ouate [wat] *nf* Watte *die ;* **tampon d'~** Wattebausch *der.*

oubli [ubli] *nm* - **1.** [trou de mémoire] Vergessen *das* - **2.** [négligence] Versäumnis *das* - **3.** [étourderie] Versehen *das* - **4.** [collectif] Vergessenheit *die ;* **tomber dans l'~** in Vergessenheit geraten.

oublier [10] [ublije] *vt* vergessen ; [ne pas penser à] vernachlässigen.

oubliettes [ublijɛt] *nfpl* Verlies *das ;* **jeter qqn/qqch aux ~** *fam fig* jn/etw in der Versenkung verschwinden lassen.

ouest [wɛst] ◇ *adj inv* West-, westlich ◇ *nm inv :* **l'~** der Westen. ◆ **Ouest** *nm inv :* **l'Ouest** der Westen.

ouf [uf] *interj* uff.

Ouganda [ugɑ̃da] *nm :* **l'~** Uganda *nt.*

oui [wi] ◇ *adv* ja ◇ *nm inv* Ja(wort) *das ;* **pour un ~ pour un non** wegen jeder Kleinigkeit.

ouï-dire *nm inv* Hörensagen *das ;* **par ~** vom Hörensagen.

ouïe [wi] *nf* Gehör *das ;* **avoir l'~ fine** ein feines Gehör haben. ◆ **ouïes** *nfpl* Kiemen *Pl.*

ouragan [uragɑ̃] *nm* - **1.** MÉTÉOR Orkan *der* - **2.** *fig* [tempête] Sturm *der.*

ourlet [urlɛ] *nm* COUTURE Saum *der.*

ours [urs] *nm* - **1.** ZOOL Bär *der* - **2.** [peluche] Teddy(bär) *der.*

ourse [urs] *nf* ZOOL Bärin *die.*

oursin [ursɛ̃] *nm* Seeigel *der.*

ourson [ursɔ̃] *nm* junger Bär.

outil [uti] *nm* [instrument] Werkzeug *das ; fig* Hilfsmittel *das ;* **~ de jardinage** Gartengerät *das.*

outillage [utijaʒ] *nm* Werkzeug *das.*

outrage [utraʒ] *nm* Beleidigung *die* ; **~ à magistrat** Beamtenbeleidigung.

outrager [17] [utraʒe] *vt* [offenser] beleidigen.

outrance [utrɑ̃s] *nf* Übertreibung *die* ; **à ~** maßlos *(adv)*.

outrancier, ère [utrɑ̃sje, ɛr] *adj* - **1.** [personne, caractère] überspannt - **2.** [propos] übertrieben.

outre[1] [utr] *nf* Lederschlauch *der*.

outre[2] [utr] ◇ *prép sout :* **~ qqch** neben etw *(D)*, über etw *(A)* hinaus ◇ *adv :* **passer ~** sich darüber hinweg|setzen. ◆ **en outre** *loc adv* außerdem.

outré, e [utre] *adj* - **1.** [offusqué] außer sich, empört - **2.** *sout* [exagéré] unverschämt.

outre-Atlantique *loc adv* jenseits des Atlantiks.

outre-Manche *loc adv* jenseits des Ärmelkanals.

outremer [utrəmɛr] *adj inv* ultramarin.

outre-mer *loc adv* überseeisch ; ▷ **département, territoire.**

outrepasser [3] [utrəpase] *vt* überschreiten.

outrer [3] [utre] *vt* - **1.** [scandaliser] entrüsten - **2.** [exagérer] übertreiben.

outre-Rhin *loc adv* jenseits des Rheins, rechtsrheinisch.

outsider [awtsajdœr] *nm* Außenseiter *der*.

ouvert, e [uvɛr, ɛrt] ◇ *pp* ▷ **ouvrir** ◇ *adj* - **1.** [gén] offen - **2.** [magasin, musée] geöffnet - **3.** [pêche, chasse] eröffnet.

ouvertement [uvɛrtəmɑ̃] *adv* offen.

ouverture [uvɛrtyr] *nf* - **1.** [gén] Öffnung *die* ; **politique d'~** Politik *die* der Öffnung ; **~ d'esprit** Aufgeschlossenheit *die* - **2.** [de porte, de coffre] Öffnen *das* - **3.** [de débat] Eröffnen *das* ; [des hostilités, du jeu, de la chasse, de magasin] Eröffnung *die* - **4.** MUS Ouvertüre *die*.

ouvrable [uvrabl] *adj :* **jour ~** Werktag *der*.

ouvrage [uvraʒ] *nm* - **1.** [gén] Werk *das* ; **~ de référence** Nachschlagewerk - **2.** [travail] Arbeit *die* ; **se mettre à l'~** sich ans Werk machen.

ouvre-boîtes [uvrəbwat] *nm inv* Dosenöffner *der*.

ouvre-bouteilles [uvrəbutɛj] *nm inv* Flaschenöffner *der*.

ouvreuse [uvrøz] *nf* Platzanweiserin *die*.

ouvrier, ère [uvrije, ɛr] ◇ *adj* Arbeiter- ; **cité ouvrière** Arbeitersiedlung *die* ; **conflit ~** Arbeitskonflikt *der* ◇ *nm, f* [travailleur] Arbeiter *der*, -in *die* ; **~ qualifié** Facharbeiter ; **~ spécialisé** angelernter Arbeiter.

ouvrir [34] [uvrir] ◇ *vt* - **1.** [porte, fenêtre, meuble, percer] öffnen ; **~ qqch à qqn** jm etw öffnen - **2.** [tiroir, rideau] auf|ziehen - **3.** [paquet, yeux, bouche, opérer] auf|machen - **4.** [livre, journal] auf|schlagen - **5.** [débat, hostilités, restaurant, perspective] eröffnen - **6.** *fam* [radio, télévision] an|stellen ; [électricité] ein|schalten ; [eau, gaz] auf|drehen ◇ *vi* - **1.** [donner accès] : **~ sur qqch** zu OU nach etw führen - **2.** [magasin] öffnen. ◆ **s'ouvrir** *vp* - **1.** [meuble, porte, fenêtre, fleur] auf|gehen - **2.** [se confier, se sensibiliser] : **s'~ à qqn/qqch** sich jm/etw öffnen ; **s'~ à qqn de qqch** jm etw anvertrauen - **3.** [procès, séance] eröffnet werden.

ovaire [ɔvɛr] *nm* Eierstock *der*.

ovale [ɔval] ◇ *adj* oval ◇ *nm* Oval *das*.

ovation [ɔvasjɔ̃] *nf* Ovation *die* ; **faire une ~ à qqn** jm Ovationen bereiten.

ovationner [3] [ɔvasjɔne] *vt :* **~ qqn** jm rauschenden Beifall spenden.

overdose [ɔvœrdoz] *nf* Überdosis *die* ; **~ de qqch** *fam fig* Überdosis an etw *(D)*.

OVNI, Ovni [ɔvni] (*abr de* **objet volant non identifié**) *nm* UFO *das*, Ufo *das*.

ovulation [ɔvylasjɔ̃] *nf* Eisprung *der*.

ovule [ɔvyl] *nm* Eizelle *die*.

oxydation [ɔksidasjɔ̃] *nf* Oxidation *die*.

oxyde [ɔksid] *nm* Oxid *das* ; **~ de carbone** Kohlenmonoxid.

oxyder [3] [ɔkside] *vt* oxidieren. ◆ **s'oxyder** *vp* oxidieren.

oxygène [ɔksiʒɛn] *nm* Sauerstoff *der*.

oxygéné, e [ɔksiʒene] *adj* CHIM sauerstoffhaltig ; **eau ~e** Wasserstoffperoxid *das*.

ozone [ozɔn] *nm* Ozon *das*.

P

p, P [pe] *nm inv* [lettre] p *das*, P *das*. ◆ **p** (*abr de* **page**) S.

pacemaker [pɛsmekœr] *nm* Herzschrittmacher *der*.

pacha [paʃa] *nm* Pascha *der*.

pachyderme [paʃidɛrm] *nm* Dickhäuter *der*.

pacifier [9] [pasifje] *vt* - **1.** [peuple, pays] befrieden - **2.** [esprit] beruhigen.

pacifique [pasifik] *adj* [pays, coexistence] friedlich ; [personne] friedliebend.

Pacifique [pasifik] *nm :* **le ~** der Pazifik ; **l'océan ~** der Pazifische OU Stille Ozean.

pacifiste [pasifist] <> *nmf* Pazifist *der*, -in *die* <> *adj* pazifistisch ; **mouvement ~** Friedensbewegung *die*.

pack [pak] *nm* [de bouteilles] : **un ~ de six** ein Sechserpack.

packaging [pakadʒiŋ] *nm* [conditionnement] Aufmachung *die*.

pacotille [pakɔtij] *nf* Ramsch *der ;* **de ~** wertlos *(adj)*.

PACS [paks] (*abr de* **Pacte civil de solidarité**) *nm Solidargemeinschaftsvertrag zwischen zwei Personen.*

pacte [pakt] *nm* Pakt *der*.

pactiser [3] [paktize] *vi* [faire un pacte] : **~ avec qqn/qqch** mit jm/einer Sache einen Pakt schließen.

pactole [paktɔl] *nm* Quelle *die* des Reichtums.

pagaie [pagɛ] *nf* Paddel *das*.

pagaille, pagaye, pagaïe [pagaj] *nf fam* Schlachtfeld *das*.

pagayer [11] [pageje] *vi* paddeln.

page [paʒ] <> *nf* [feuillet] Seite *die* <> *nm* HIST Knappe *der*.

pagne [paɲ] *nm* Lendenschurz *der*.

pagode [pagɔd] *nf* Pagode *die*.

paie [pɛ], **paye** [pɛj] *nf* [salaire] Lohn *der*.

paiement [pɛmɑ̃], **payement** [pɛjmɑ̃] *nm* Bezahlung *die*.

païen, enne [pajɛ̃, ɛn] <> *adj* **- 1.** [non chrétien] heidnisch **- 2.** [impie] gottlos <> *nm, f* Heide *der*, -din *die*.

paillard, e [pajar, ard] <> *adj* lüstern ; [chanson] anstößig <> *nm, f* Lüstling *der*.

paillasse [pajas] *nf* **- 1.** [matelas] Strohmatte *die* **- 2.** [d'évier] Ablauffläche *die*.

paillasson [pajasɔ̃] *nm* [de porte] Fußmatte *die*.

paille [paj] *nf* **- 1.** BOT Stroh *das* **- 2.** [pour boire] Strohhalm *der*. ◆ **paille de fer** *nf* Stahlspäne *Pl*.

pailleté, e [pajte] *adj* mit Pailletten besetzt.

paillette [pajɛt] *nf* **- 1.** [de décoration] Paillette *die* **- 2.** [d'or] Goldpaillette *die* **- 3.** [de lessive, de savon] Flocke *die*.

pain [pɛ̃] *nm* **- 1.** [aliment] Brot *das ;* **~ d'épice** Lebkuchen *der ;* **~ de mie** Kastenweißbrot, Toastbrot **- 2.** [de savon] Seifenstück *das ;* [de cire] Wachsklumpen *der* **- 3.** *fam* [coup] Ohrfeige *die ;* **il lui a collé un ~** er hat ihm eine geklebt. ◆ **Pain de Sucre** *nm* GÉOGR Zuckerhut *der*.

le pain

Zu einem warmen Essen wird in Frankreich grundsätzlich Brot serviert. Es ist fester Bestandteil der Mahlzeit und wird zur Vor- oder Hauptspeise und dem anschließend gereichten Käse verzehrt. Ist der Brotkorb leer, wird er automatisch wieder aufgefüllt. In Restaurants wird Brot nicht extra berechnet.

pair, e [pɛr] *adj* gerade. ◆ **paire** *nf* Paar *das ;* **une ~e de lunettes/ciseaux** eine Brille/Schere. ◆ **au pair** *loc adj :* **jeune fille au ~** Au-pair(-Mädchen) *das*. ◆ **de pair** *loc adv :* **aller de ~ avec qqch** mit etw Hand in Hand gehen.

paisible [pezibl] *adj* **- 1.** [lieu, vie] ruhig **- 2.** [personne, air] friedlich.

paître [91] [pɛtr] <> *vt* ab|weiden <> *vi* weiden.

paix [pɛ] *nf* Frieden *der*, Ruhe *die ;* [entre les pays] Frieden *der ;* **en ~** [en harmonie] in Frieden ; [tranquillement] in Ruhe ; **avoir la ~** seine Ruhe haben ; **faire la ~ avec qqn** sich mit jm aus|söhnen.

Pakistan [pakistɑ̃] *nm :* **le ~** Pakistan *nt*.

palace [palas] *nm* Grandhotel *das*, Luxushotel *das*.

palais [palɛ] *nm* **- 1.** [château] Palast *der* **- 2.** ANAT Gaumen *der*.

palan [palɑ̃] *nm* TECHNOL Flaschenzug *der*.

Palatinat [palatina] *nm :* **le ~** die Pfalz.

pale [pal] *nf* (Propeller)blatt *das*.

pâle [pal] *adj* blass.

paléontologie [paleɔ̃tɔlɔʒi] *nf* Paläontologie *die*.

Palestine [palɛstin] *nf :* **la ~** Palästina *nt*.

palestinien, enne [palɛstinjɛ̃, ɛn] *adj* palästinensisch. ◆ **Palestinien, enne** *nm, f* Palästinenser *der*, -in *die*.

palet [palɛ] *nm* [de hockey] Puck *der*.

paletot [palto] *nm* (kurzer) Mantel, Paletot *der*.

palette [palɛt] *nf* **- 1.** [de peintre, de chariot élévateur] Palette *die* **- 2.** CULIN Schulterstück *das*.

pâleur [palœr] *nf* Blässe *die*.

palier [palje] *nm* **- 1.** [d'escalier] (Treppen)absatz *der* **- 2.** [niveau] Stufe *die* **- 3.** TECHNOL Lager *das*.

pâlir [32] [palir] *vi* **- 1.** [chose] verblassen **- 2.** [personne] : **~ (de qqch)** (vor etw *(D)*) erblassen.

palissade [palisad] *nf* Palisade *die*.

palissandre [palisɑ̃dr] *nm* Palisander *der*.

palliatif, ive [paljatif, iv] *adj* MÉD

(schmerz)lindernd. ◆ **palliatif** *nm fig* Notbehelf *der.*

pallier [9] [palje] *vt :* ~ **(à) qqch** etw notdürftig beheben.

palmarès [palmarɛs] *nm* - **1.** [sportif] Siegerliste *die* - **2.** MUS Hitparade *die.*

palme [palm] *nf* - **1.** [de nageur] Schwimmflosse *die* - **2.** [de palmier] Palmzweig *der.*

palmé, e [palme] *adj* - **1.** ZOOL : **patte ~e** Schwimmfuß *der* - **2.** BOT handförmig.

palmeraie [palmərɛ] *nf* Palmenhain *der.*

palmier [palmje] *nm* BOT Palme *die.*

palmipède [palmipɛd] *nm* Schwimmvogel *der.*

palombe [palɔ̃b] *nf* Ringeltaube *die.*

pâlot, otte [palo, ɔt] *adj fam* blässlich.

palourde [palurd] *nf* Venusmuschel *die.*

palper [3] [palpe] *vt* [toucher] ab|tasten.

palpitant, e [palpitɑ̃, ɑ̃t] *adj* - **1.** [cœur] klopfend - **2.** [histoire] spannend, fesselnd.

palpitation [palpitasjɔ̃] *nf* - **1.** [du cœur] (Herz)klopfen *das* - **2.** [de partie du corps] Zucken *das.*

palpiter [3] [palpite] *vi* - **1.** [battre] pochen - **2.** *littéraire* [vaciller] flackern.

paludisme [palydism] *nm* Malaria *die.*

pamphlet [pɑ̃flɛ] *nm* Pamphlet *das.*

pamplemousse [pɑ̃pləmus] *nm* Grapefruit *die.*

pan [pɑ̃] ◇ *nm* - **1.** [de vêtement] *größeres Stück Stoff* - **2.** [morceau] (großer) Fetzen ; ~ **de mur** Mauerfläche *die* ◇ *interj :* **pan!** peng!

panache [panaʃ] *nm* Federbusch *der ;* **avoir du ~** *fig* eine glänzende Erscheinung sein.

panaché, e [panaʃe] *adj* [mélangé] gemischt. ◆ **panaché** *nm* Radler *der,* Alsterwasser *das.*

panaris [panari] *nm* Nagelgeschwür *das.*

pancarte [pɑ̃kart] *nf* Schild *das.*

pancréas [pɑ̃kreas] *nm* Bauchspeicheldrüse *die.*

pané, e [pane] *adj* paniert ; **escalope ~e** Wiener Schnitzel *das.*

paner [3] [pane] *vt* panieren.

panier [panje] *nm* Korb *der ;* **mettre au ~** in den Papierkorb werfen ; **~ à provisions** Einkaufskorb.

panini [panini] (*pl inv* OU **paninis**) *nm* Panini *das.*

panique [panik] ◇ *nf* Panik *die* ◇ *adj* panisch.

paniquer [3] [panike] ◇ *vt* in Panik versetzen ◇ *vi* in Panik geraten.

panne [pan] *nf* Panne *die ;* **tomber en ~** eine Panne haben ; **~ d'électricité** OU **de courant** Stromausfall *der.*

panneau, x [pano] *nm* - **1.** [pancarte] Schild *das ;* **~ indicateur** Verkehrsschild ; **~ publicitaire** [emplacement] Reklamefläche *die ;* [affiche] Werbeplakat *das* - **2.** [élément] Platte *die.*

panoplie [panɔpli] *nf* - **1.** [déguisement] Verkleidung *die* - **2.** [d'armes] Sammlung *die* - **3.** *fig* [de mesures] Arsenal *das.*

panorama [panɔrama] *nm* - **1.** [paysage] Panorama *das* - **2.** [vue d'ensemble] Überblick *der.*

panoramique [panɔramik] ◇ *nm* CIN Schwenk *der* ◇ *adj* mit Rundsicht ; **écran ~** Breitwand *die.*

panse [pɑ̃s] *nf* - **1.** [d'estomac] Pansen *der* - **2.** *fam* [gros ventre] Wampe *die.*

pansement [pɑ̃smɑ̃] *nm* - **1.** [compresse] Verband *der* - **2.** [adhésif] Pflaster *das.*

panser [3] [pɑ̃se] *vt* - **1.** [plaie] verbinden - **2.** [cheval] striegeln.

pantalon [pɑ̃talɔ̃] *nm* Hose *die.*

pantelant, e [pɑ̃tlɑ̃, ɑ̃t] *adj* [personne] schnaufend, keuchend.

panthère [pɑ̃tɛr] *nf* Panther *der.*

pantin [pɑ̃tɛ̃] *nm* Hampelmann *der.*

pantomime [pɑ̃tɔmim] *nf* - **1.** [art] Pantomimik *die* - **2.** [pièce] Pantomime *die.*

pantouflard, e [pɑ̃tuflar, ard] *fam nm, f* Stubenhocker *der.*

pantoufle [pɑ̃tufl] *nf* Hausschuh *der,* Pantoffel *der.*

panure [panyr] *nf* Paniermehl *das.*

paon [pɑ̃] *nm* Pfau *der.*

papa [papa] *nm* Papa *der,* Vati *der.*

papauté [papote] *nf* Papsttum *das.*

pape [pap] *nm* Papst *der.*

paperasse [papras] *nf* Papierkram *der (sans pl).*

papeterie [papɛtri] *nf* - **1.** [magasin] Schreibwarengeschäft *das* - **2.** [fabrique] Papierfabrik *die.*

papetier, ère [paptje, ɛr] *nm, f* Schreibwarenhändler *der,* -in *die.*

papier [papje] *nm* - **1.** [matière] Papier *das ;* **~ alu(minium)** Alu(minium)folie *die ;* **~ hygiénique** Toilettenpapier ; **~ à lettres** Briefpapier ; **~ peint** Tapete *die ;* **~ recyclé** Umweltpapier - **2.** [morceau] : **donne-moi un ~** gib mir ein Stück Papier - **3.** PRESSE Artikel *der.*

papier-calque (*pl* **papiers-calque**) *nm* Pauspapier *das.*

papille [papij] *nf* Papille *die ;* **~s (gustatives)** Geschmacksknospen *Pl.*

papillon [papijɔ̃] *nm* - **1.** ZOOL Schmetterling *der* - **2.** [contravention] Knöllchen *das* - **3.** [nage] Schmetterlingsschwimmen *das.*

papillonner [3] [papijɔne] *vi :* **~ autour**

d'une femme um eine Frau herum|streichen.

papillote [papijɔt] *nf* - **1.** [bonbon] (eingewickeltes) Bonbon - **2.** [en cuisine, en coiffure] Papillote *die.*

papilloter [3] [papijɔte] *vi* [paupières] : **il a les yeux qui papillotent** er blinzelt.

papotage [papɔtaʒ] *nm fam* Geschwätz *das.*

papoter [3] [papɔte] *vi fam* plaudern.

paprika [paprika] *nm* [épice] Paprika *der.*

paquebot [pakbo] *nm* Passagierschiff *das.*

pâquerette [pakrɛt] *nf* Gänseblümchen *das.*

Pâques [pak] *nfpl* Ostern *(das)* ; **joyeuses ~** frohe Ostern ; **la semaine de ~** die Osterwoche.

paquet [pakɛ] *nm* - **1.** [colis] Paket *das* - **2.** [emballage] Packung *die ;* [de lessive] Paket *das ;* [de cigarettes] Schachtel *die ;* **~-cadeau** Geschenkpackung.

paquetage [paktaʒ] *nm* [de soldat] Gepäck *das.*

par [par] *prép* - **1.** [spatial, de manière] durch ; **entrer ~ la porte** zur Tür herein|kommen ; **regarder ~ la fenêtre** aus dem Fenster schauen ; **passer ~ la Suède** über Schweden fahren ; **~ en haut/la gauche** von oben/links ; **passez ~ ici/là** gehen Sie hier/dort entlang ; **il habite ~ ici** er wohnt in der Gegend - **2.** [temporel, avec une partie du corps où d'un objet] an *(+D) ;* **~ un jour d'été** an einem Sommertag ; **~ ce froid** bei dieser Kälte ; **attraper qqn ~ le bras** jm am Arm fest|halten - **3.** [moyen] mit ; **~ bateau/train/avion** mit dem Schiff/Zug/Flugzeug - **4.** [cause, origine] aus ; **~ mégarde** aus Versehen - **5.** [introduit le complément d'agent - de personne] von ; [- de chose] durch ; **faire faire qqch ~ qqn** etw von jm machen lassen ; **il a été prévenu ~ un message** er wurde durch eine Nachricht gewarnt - **6.** [sens distributif] pro ; **dépenser quinze euros ~ jour** fünfzehn Euro pro Tag aus|geben ; **deux ~ deux** paarweise ; **une heure ~ jour** eine Stunde jeden Tag OU täglich. ◆ **par-ci par-là** *loc adv* hier und da. ◆ **par suite de** *loc prép* infolge *(+ G).*

parabole [parabɔl] *nf* Parabel *die ;* [de la Bible] Gleichnis *das.*

parabolique [parabɔlik] *adj* - **1.** [allégorique] gleichnishaft - **2.** MATHS parabolisch ; **antenne ~** Parabolantenne *die.*

parachever [19] [paraʃve] *vt* vollenden.

parachute [paraʃyt] *nm* Fallschirm *der.*

parachutiste [paraʃytist] *nmf* Fallschirmspringer *der,* -in *die.*

parade [parad] *nf* - **1.** MIL & SPORT Parade *die* - **2.** [réponse] Entgegnung *die.*

paradis [paradi] *nm* Paradies *das.*

paradoxal, e, aux [paradɔksal, o] *adj* paradox.

paradoxe [paradɔks] *nm* Paradox *das.*

parafe, paraphe [paraf] *nm* Namenszug *der ;* ADMIN Paraphe *die.*

parafer, parapher [3] [parafe] *vt* ab|zeichnen, paraphieren.

paraffine [parafin] *nf* Paraffin *das.*

parages [paraʒ] *nmpl* NAVIG Gebiet *das ;* **être** OU **se trouver dans les ~** [dans les environs] hier in der Gegend sein.

paragraphe [paragraf] *nm* Absatz *der.*

Paraguay [paragwɛ] *nm :* **le ~** Paraguay *nt.*

paraître [91] [parɛtr] ◇ *vi* - **1.** [être publié, se montrer] erscheinen - **2.** [se manifester] zum Vorschein kommen ◇ *v attr* scheinen ; **il paraît jeune** er sieht jung aus ◇ *v impers :* **il paraît** OU **il paraîtrait que** es heißt, dass.

parallèle [paralɛl] ◇ *nm* - **1.** GÉOGR Breitengrad *der* - **2.** [comparaison] Parallele *die* ◇ *nf* MATHS Parallele *die* ◇ *adj* - **1.** [gén] parallel - **2.** [non officiel] inoffiziell - **3.** [médecine, énergie] alternativ.

parallélépipède [paralelepipɛd] *nm* Parallelepiped *das.*

parallélisme [paralelism] *nm* Parallelismus *der ;* [de roues] Parallelität *die.*

parallélogramme [paralelɔgram] *nm* Parallelogramm *das.*

paralyser [3] [paralize] *vt* lähmen ; *fig* lahm legen.

paralysie [paralizi] *nf* MÉD Lähmung *die.*

paramédical, e, aux [paramedikal, o] *adj :* **profession ~e** Heilhilfsberuf *der.*

paramètre [paramɛtr] *nm* Parameter *der.*

parano [parano] *(abr de* **paranoïaque***) adj fam* ≃ schizo.

paranoïa [paranɔja] *nf* Paranoia *die.*

paranoïaque [paranɔjak] ◇ *nmf* Paranoiker *der,* -in *die* ◇ *adj* paranoisch.

parapente [parapɑ̃t] *nm* - **1.** [engin] Paragliding *das* - **2.** [activité] Gleitschirm, *das ;* **faire du ~** Gleitschirm fliegen, Paragliding machen.

parapet [parapɛ] *nm* Brüstung *die.*

paraphe = **parafe.**

parapher = **parafer.**

paraphrase [parafraz] *nf* Paraphrase *die.*

paraplégique [parapleʒik] ◇ *nmf* Querschnitt(s) gelähmte *der,* Querschnitt(s)gelähmte *die* ◇ *adj* querschnitt(s)gelähmt.

parapluie [paraplɥi] *nm* Regenschirm *der.*

parasite [parazit] ◇ *nm* - **1.** BIOL Parasit *der,* Schmarotzer *der* - **2.** *péj* [personne] Schmarotzer *der* ◇ *adj* - **1.** BIOL Schmarotzer- - **2.** [gênant] störend. ◆ **parasites** *nmpl* RADIO & TÉLÉ Störgeräusche *Pl,* Störlinien *Pl.*

parasol [parasɔl] *nm* Sonnenschirm *der.*

paratonnerre [paratɔnɛr] *nm* Blitzableiter *der.*

paravent [paravɑ̃] *nm* Wandschirm *der.*

parc [park] *nm* **- 1.** [jardin & PÊCHE] Park *der* ; **~ d'attraction** Vergnügungspark ; **~ de loisirs** Freizeitpark *der* ; **~ national** Nationalpark ; **~ à thème** Themenpark *der* **- 2.** [de bébé] Laufstall *der.*

Parc de la Villette *nm Pariser Kulturkomplex mit Ausstellungs- und Konzertsälen.*

parcelle [parsɛl] *nf* [terrain] Parzelle *die.*

parce que, parce qu' *(devant voyelle ou h muet)* [parsk(ə)œ] *loc conj* weil.

parchemin [parʃəmɛ̃] *nm* Pergament *das.*

parcimonie [parsimɔni] *nf* peinliche Sparsamkeit.

parcimonieux, euse [parsimɔnjø, øz] *adj* sehr sparsam.

parcmètre [parkmɛtr], **parcomètre** [parkɔmɛtr] *nm* Parkuhr *die.*

parcourir [45] [parkurir] *vt* **- 1.** [traverser] : **~ qqch** [à pied] in etw *(D)* herum|gehen ; [en véhicule] in etw *(D)* herum|fahren **- 2.** [distance] zurück|legen **- 3.** [lire rapidement] überfliegen.

parcours [parkur] *nm* [itinéraire] Strecke *die* ; **~ de santé** Trimmpfad *der.*

parcouru, e [parkury] *pp* ▷ **parcourir.**

par-dedans *adv* innen durch.

par-delà *prép* : **~ qqch** jenseits einer Sache *(G).*

par-derrière *adv & prép* **- 1.** [en faisant le tour, en cachette] hintenherum **- 2.** [dans le dos] von hinten.

par-dessous *prép & adv* : **~ qqch** unter etw *(A)* durch.

pardessus [pardəsy] *nm* Mantel *der.*

par-dessus *prép & adv* : **~ qqch** über etw *(A)* ; **passe ~!** steig drüber!

par-devant *prép & adv* vorn herum.

pardi [pardi] *interj fam* ja freilich.

pardon [pardɔ̃] ◇ *nm* Verzeihung *die* ; **demander ~** um Verzeihung bitten ◇ *interj* Entschuldigung, Verzeihung.

pardonner [3] [pardɔne] ◇ *vt* : **~ qqch (à qqn)** (jm) etw verzeihen OU vergeben ◇ *vi* : **ne pas ~** einem teuer zu stehen kommen.

pare-balles [parbal] ◇ *nm inv* **- 1.** [plaque] Kugelfang *der* **- 2.** [gilet] kugelsichere Weste ◇ *adj inv* kugelsicher.

pare-boue [parbu] *nm inv* Schmutzfänger *der.*

pare-brise [parbriz] *nm inv* Windschutzscheibe *die.*

pare-chocs [parʃɔk] *nm inv* Stoßstange *die.*

pareil, eille [parɛj] ◇ *adj* **- 1.** [semblable] : **~ (à qqch)** gleich (einer Sache *(D)*) **- 2.** [tel] solch ◇ *nm, f* : **son ~** seinesgleichen ; **sa ~le** ihresgleichen. ◆ **pareil** *adv fam* gleich.

parent, e [parɑ̃, ɑ̃t] ◇ *adj* : **~ (de)** verwandt (mit) ◇ *nm, f* Verwandte *der*, Verwandte *die.* ◆ **parents** *nmpl* Eltern *Pl.*

parenté [parɑ̃te] *nf* Verwandtschaft *die.*

parenthèse [parɑ̃tɛz] *nf* **- 1.** TYPO (runde) Klammer ; **entre ~s** in Klammern ; **fermer la ~** die Klammer zu|machen ; **ouvrir la ~** die Klammer auf|machen **- 2.** *fig* [intermède] Abschweifung *die*, Zwischenbemerkung *die.*

parer [3] [pare] ◇ *vt* **- 1.** *sout* [orner] schmücken **- 2.** [contrer] parieren, ab|wehren ◇ *vi* : **~ à qqch** einer Sache *(D)* vor|beugen ; **~ au plus pressé** das Dringendste erledigen. ◆ **se parer** *vp* sich schmücken.

pare-soleil [parsɔlɛj] *nm inv* Sonnenblende *die.*

paresse [parɛs] *nf* [fainéantise] Faulheit *die.*

paresser [4] [parɛse] *vi* faulenzen.

paresseux, euse [parɛsø, øz] ◇ *adj* **- 1.** [fainéant] faul **- 2.** MÉD träge ◇ *nm, f* Faulenzer *der*, -in *die.* ◆ **paresseux** *nm* ZOOL Faultier *das.*

parfaire [109] [parfɛr] *vt* vervollkommnen.

parfait, e [parfɛ, ɛt] *adj* **- 1.** [sans défaut] perfekt ; [beauté] vollendet **- 2.** [total] vollkommen **- 3.** *(avant le nom)* [complet] vollendet, ausgemacht. ◆ **parfait** *nm* GRAM Perfekt *das.*

parfaitement [parfɛtmɑ̃] *adv* **- 1.** [admirablement] perfekt **- 2.** [totalement] völlig ; **être ~ heureux** wunschlos glücklich sein **- 3.** [marque l'approbation] jawohl.

parfois [parfwa] *adv* manchmal.

parfum [parfœ̃] *nm* **- 1.** [essence] Parfüm *das* **- 2.** [odeur] Duft *der* **- 3.** [d'aliment] Geschmack *der.*

parfumé, e [parfyme] *adj* **- 1.** [fleur] duftend **- 2.** [aliment] : **~ à la fraise** mit Erdbeergeschmack.

parfumer [3] [parfyme] *vt* **- 1.** [sujet : bougie, lavande] : **~ qqch** einer Sache *(D)* einen angenehmen Duft verleihen **- 2.** [vêtement, personne] parfümieren **- 3.** CULIN : **~ qqch** einer Sache *(D)* ein Aroma bei|geben. ◆ **se parfumer** *vp* sich parfümieren.

parfumerie [parfymri] *nf* **- 1.** [magasin, fabrique] Parfümerie *die* **- 2.** [produits] : **la ~** Parfümeriewaren *Pl.*

pari [pari] *nm* Wette *die.*

paria [parja] *nm* Paria *der.*

parier [9] [parje] *vt* : **~ (sur qqch)** (auf etw

(A)) wetten ; **je l'aurais parié** ich hätte es wetten können.

parieur [parjœr] *nm* Wetter *der*.

Paris [pari] *n* Paris *nt*.

parisien, enne [parizjɛ̃, ɛn] *adj* pariserisch, Pariser *(adj inv)*. ◆ **Parisien, enne** *nm, f* Pariser *der*, -in *die*.

parité [parite] *nf* - **1.** [égalité] Gleichheit *die* - **2.** FIN & MATHS Parität *die*.

parjure [parʒyr] <> *nmf* Meineidige *der*, Meineidige *die* <> *nm* Meineid *der*.

parka [parka] *nm* OU *nf* Parka *die* OU *der*.

parking [parkiŋ] *nm* Parkplatz *der*.

parlant, e [parlɑ̃, ɑ̃t] *adj* - **1.** [qui parle] sprechend - **2.** [données, résultats] aussagekräftig ; **être ~** für sich sprechen.

parlé, e [parle] *adj* : **langue ~e** gesprochene Sprache.

parlement [parləmɑ̃] *nm* Parlament *das*. ◆ **Parlement européen** *nm* Europäisches Parlament.

parlementaire [parləmɑ̃tɛr] <> *nmf* Parlamentarier *der*, -in *die* <> *adj* parlamentarisch.

parlementer [3] [parləmɑ̃te] *vi* verhandeln.

parler [3] [parle] <> *vi* - **1.** [gén] sprechen, reden ; **~ à** OU **avec qqn (de qqn/qqch)** mit jm (über jn/etw) sprechen OU reden ; **faire ~ de soi** von sich *(D)* reden machen ; **sans ~ de** abgesehen von, ganz zu schweigen von ; **il parle de démissionner** er sagt, er wolle kündigen ; **~ pour ne rien dire** nur schwafeln ; **tu parles!** *fam* ach wo!, keine Spur! - **2.** [sujet : texte, film] : **~ de qqn/qqch** von jm/etw handeln - **3.** [complice] ausl-packen <> *vt* sprechen ; **~ politique/affaires** über Politik/Geschäftliches sprechen <> *nm* - **1.** [manière de parler] Sprechweise *die* - **2.** [patois] Mundart *die*. ◆ **se parler** *vp* miteinander sprechen.

parloir [parlwar] *nm* Besuchszimmer *das*.

parmi [parmi] *prép* - **1.** [au milieu de, chez] zwischen *(+ D)* - **2.** [entre] unter *(+D)*.

parodie [parɔdi] *nf* - **1.** [caricature] Farce *die*, Karikatur *die* - **2.** LITTÉRATURE Parodie *die*.

parodier [9] [parɔdje] *vt* parodieren.

paroi [parwa] *nf* - **1.** [mur] Wand *die* ; **~ rocheuse** Felswand - **2.** [de récipient] (Innen)wand *die*.

paroisse [parwas] *nf* Pfarrgemeinde *die*.

paroissial, e, aux [parwasjal, o] *adj* Pfarr-.

paroissien, enne [parwasjɛ̃, ɛn] *nm, f* Pfarrgemeindemitglied *das*.

parole [parɔl] *nf* - **1.** [faculté de s'exprimer]. - **2.** [propos] Wort *das* ; **adresser la ~ à qqn** jn anlreden OU anlsprechen ; **couper la ~ à qqn** jm das Wort ablschneiden ; **prendre la ~** das Wort ergreifen ; **~ d'évangile** *iron* Evangelium *das*. ◆ **paroles** *nfpl* Text *der*, Worte *Pl*.

paroxysme [parɔksism] *nm* Höhepunkt *der*.

parquer [3] [parke] *vt* - **1.** [animaux] einl-pferchen - **2.** [prisonniers] zusammenl-pferchen.

parquet [parkɛ] *nm* - **1.** [plancher] Parkett *das*, Parkettfußboden *der* - **2.** JUR Staatsanwaltschaft *die*.

parqueter [27] [parkəte] *vt* parkettieren.

parrain [parɛ̃] *nm* - **1.** [d'enfant] (Tauf)pate *der* - **2.** [de membre] Bürge *der*.

parrainer [4] [parɛne] *vt* : **~ qqch** Schirmherr *der*, -in *die* einer Sache *(G)* sein.

parricide [parisid] *nm* [meurtre - de père] Vatermord *der* ; [- de mère] Muttermord *der*.

parsemer [19] [parsəme] *vt* - **1.** [couvrir] : **~ qqch (de qqch)** etw (mit etw) bedecken - **2.** [consteller] : **parsemé de fautes** mit Fehlern gespickt.

part [par] *nf* - **1.** [de gâteau] Stück *das* - **2.** [lot] Teil *der* OU *das*, Anteil *der* - **3.** [dans entreprise] Anteil *der* - **4.** *loc* : **c'est de la ~ de qui?** wen darf ich melden? *(am Telefon)* ; **de la ~ de qqn** in js Auftrag, von jm ; **prendre ~ à qqch** an etw *(D)* teillnehmen ; **faire ~ à qqn de qqch** jm etw mitlteilen ; **pour ma ~** meinerseits. ◆ **à part** <> *loc adv* gesondert, getrennt <> *loc adj* besondere,-r,-s ; **c'est une personne à ~** er ist ein ganz besonderer Mensch <> *loc prép* : **à ~ qqch** außer einer Sache *(D)*. ◆ **autre part** *loc adv* [sans déplacement] woanders, anderswo ; [avec déplacement] woandershin, anderswohin. ◆ **d'autre part** *loc adv* außerdem. ◆ **de part et d'autre** *loc adv* beiderseits, auf beiden Seiten. ◆ **d'une part ... d'autre part** *loc corrélative* einerseits ... andererseits. ◆ **nulle part** *loc adv* [être] nirgends, nirgendwo ; [aller] nirgend(s)hin, nirgendwohin. ◆ **quelque part** *loc adv* [sans déplacement] irgendwo ; [avec déplacement] irgendwohin.

partage [partaʒ] *nm* (Auf)teilung *die*.

partager [17] [partaʒe] *vt* - **1.** [gén] teilen - **2.** [opinion] (in zwei Lager) spalten OU scheiden ; **être partagé sur qqch** [avis] über etw *(A)* auseinander gehen ; [personnes] über etw *(A)* geteilter Meinung sein.

partance [partɑ̃s] ◆ **en partance pour** *loc prép* [à destination de] nach.

partant, e [partɑ̃, ɑ̃t] *adj fam* : **être ~ pour qqch** zu etw Lust haben ; **je suis ~!** ich bin dabei!, ich mache mit!

partenaire [partənɛr] *nmf* Partner *der*, -in *die* ; [pays] Partnerland *das*.

partenariat [partənarja] *nm* Partnerschaft *die.*

parterre [partɛr] *nm* **- 1.** [de fleurs] (Blumen)beet *das* **- 2.** THÉÂTRE Parterre *das.*

parti, e [parti] ◇ *pp* ▻ **partir** ◇ *adj fam* beschwipst. ◈ **parti** *nm* **- 1.** POLIT Partei *die* **- 2.** *loc :* **prendre ~** Partei ergreifen ; **prendre le ~ de faire qqch** sich entschließen, etw zu tun ; **être de ~ pris** voreingenommen sein ; **tirer ~ de** Nutzen ziehen aus. ◈ **partie** *nf* **- 1.** [élément] Teil *der ;* **en grande/majeure ~e** zum großen/größten Teil ; **faire ~e de qqch** zu etw gehören **- 2.** SPORT & JEU Partie *die* **- 3.** JUR Partei *die ;* **~e adverse** Gegenpartei ; **~e civile** Privatkläger *der* **- 4.** *loc :* **prendre à ~e** an|greifen. ◈ **en partie** *loc adv* zum Teil, teilweise.

partial, e, aux [parsjal, o] *adj* parteiisch.

partialité [parsjalite] *nf* Voreingenommenheit *die.*

participant, e [partisipɑ̃, ɑ̃t] ◇ *adj* teilnehmend ◇ *nm, f* Teilnehmer *der,* -in *die.*

participation [partisipasjɔ̃] *nf* **- 1.** [financière, contribution] Beteiligung *die* **- 2.** [présence] Teilnahme *die.*

participe [partisip] *nm* Partizip *das ;* **~ passé/présent** Partizip Perfekt/Präsens.

participer [3] [partisipe] *vt* **- 1.** [prendre part] : **~ à qqch** an einer Sache *(D)* teil|nehmen **- 2.** [financièrement] : **~ à qqch** [bénéfices] an etw *(D)* beteiligt sein ; [frais] sich an einer Sache *(D)* beteiligen.

particularisme [partikylarism] *nm* Partikularismus *der.*

particularité [partikylarite] *nf* Besonderheit *die.*

particule [partikyl] *nf* **- 1.** [de poussière, de sable] Teilchen *das* **- 2.** [de noblesse] Adelsprädikat *das* **- 3.** LING Partikel *die.*

particulier, ère [partikylje, ɛr] *adj* **- 1.** [voiture, secrétaire, cours] Privat- **- 2.** [cas, chambre] Einzel- **- 3.** [qualité, soin] besondere,-r,-s **- 4.** [individu] eigenartig. ◈ **en particulier** *loc adv* **- 1.** [surtout] besonders **- 2.** [spécialement] im Besonderen **- 3.** [seul à seul] unter vier Augen.

particulièrement [partikyljɛrmɑ̃] *adv* besonders ; **tout ~** ganz besonders.

partie ▻ **parti.**

partiel, elle [parsjɛl] *adj* Teil-. ◈ **partiel** *nm* UNIV ≃ Klausur *die.*

partir [43] [partir] *vi* **- 1.** [s'en aller - à pied] weg|gehen, fort|gehen ; [- en véhicule] weg|fahren, fort|fahren ; [- en train] ab|fahren ; [- en avion] ab|fliegen ; **~ en vacances** in Urlaub fahren **- 2.** [moteur] an|springen **- 3.** [commencer] an|fangen, beginnen. ◈ **à partir de** *loc prép* **- 1.** [date, lieu] von ... an, ab ; **à ~ d'aujourd'hui** von heute an **- 2.** [hypothèse] ausgehend von.

partisan, e [partizɑ̃, an] *adj* **- 1.** [défenseur] : **être ~ de qqch** für eine Sache sein **- 2.** [opinion] parteiisch **- 3.** [querelle] engstirnig. ◈ **partisan** *nm* **- 1.** [défenseur, adepte] Anhänger *der,* -in *die* **- 2.** [combattant] Partisan *der.*

partition [partisjɔ̃] *nf* **- 1.** MUS Partitur *die* **- 2.** [séparation] Teilung *die.*

partout [partu] *adv* überall.

paru, e [pary] *pp* ▻ **paraître.**

parure [paryr] *nf* Garnitur *die.*

parution [parysjɔ̃] *nf* Erscheinen *das.*

parvenir [40] [parvənir] *vi* **- 1.** [réussir] : **~ à qqch** etw erreichen ; **il parvient à faire qqch** es gelingt ihm, etw zu tun **- 2.** [bruit] : **~ à qqn** jn erreichen, bis zu jm gelangen.

parvenu, e [parvəny] ◇ *pp* ▻ **parvenir** ◇ *nm, f péj* Neureiche *der,* Neureiche *die.*

pas[1] [pa] *adv* **- 1.** [avec ne] : **ne ... ~** nicht, keine,-r,-s ; **il n'a ~ du tout envie** er hat überhaupt keine Lust ; **il n'a ~ assez de temps** er hat nicht genug Zeit ; **il n'est ~ encore arrivé** er ist noch nicht angekommen **- 2.** [sans ne] nicht ; **~ moi** ich nicht ; **une histoire ~ drôle** eine nicht sehr lustige Geschichte.

pas[2] [pa] *nm* **- 1.** [gén] Schritt *der ;* **~ à ~** Schritt für Schritt **- 2.** [empreinte] Fußspur *die,* Fußstapfen *der* **- 3.** *loc :* **c'est à deux ~ (d'ici)** es ist nur ein Katzensprung (von hier), es ist ganz in der Nähe ; **faire les cent ~** auf und ab gehen ; **faire un faux ~** einen Fehltritt OU Fauxpas begehen ; **rouler au ~** im Schritttempo fahren.

pascal, e, als OU **aux** [paskal, o] *adj* Oster-.

pas-de-porte *nm inv* Abstandszahlung *die,* Aufgeld *das.*

passable [pasabl] *adj* leidlich ; [note] ausreichend.

passage [pasaʒ] *nm* **- 1.** [action - à pied] Vorbeigehen *das ;* [- en véhicule] Vorbeifahren *das ;* **dans cette rue, il y a du ~** auf dieser Straße ist viel Verkehr **- 2.** [endroit - à pied] Durchgang *der ;* [- en véhicule] Durchfahrt *die ;* **~ clouté** Fußgängerübergang *der ;* **~ à niveau** (schienengleicher) Bahnübergang ; **~ souterrain** Unterführung *die ;* [de gare] Bahnsteigtunnel *der* **- 3.** [extrait] Passage *die.* ◈ **au passage** *loc adv* unterwegs ; *fig* nebenbei. ◈ **de passage** *loc adj* auf der Durchreise.

passager, ère [pasaʒe, ɛr] ◇ *adj* **- 1.** [bonheur] vergänglich **- 2.** [hôte] vorübergehend ◇ *nm, f* [de bateau, d'avion] Passagier *der ;* [de voiture] Insasse *der,* -sin *die.*

passant, e [pasɑ̃, ɑ̃t] ◇ *adj* belebt

◇ *nm, f* Passant *der,* -in *die.* ◆ **passant** *nm* [de ceinture] (Gürtel)schlaufe *die.*

passe [pas] ◇ *nm fam* (*abr de* **passe-partout**) Hauptschlüssel *der* ◇ *nf* - **1.** [avec ballon] Pass *der* - **2.** *fam* [prostitution] : **hôtel de ~** Stundenhotel *das.*

passé, e [pase] *adj* - **1.** [temps] vergangen - **2.** [couleur] verblichen. ◆ **passé** ◇ *nm* Vergangenheit *die* ◇ *prép :* **~ qqch** nach Ablauf einer Sache *(G).*

passe-droit [pasdrwa] (*pl* **passe-droits**) *nm* ungerechtfertigte Bevorzugung, Schiebung *die.*

passe-montagne [pasmɔ̃taɲ] (*pl* **passe-montagnes**) *nm* Kopfschützer *der.*

passe-partout [paspartu] ◇ *nm inv* Hauptschlüssel *der* ◇ *adj inv* für alle Gelegenheiten passend.

passeport [paspɔr] *nm* (Reise)pass *der.*

passer [3] [pase] ◇ *vi* - **1.** [au-dessus] : **~ par qqch** [en véhicule] über etw *(A)* hinüber|fahren ; [à pied] über etw *(A)* hinüber|gehen - **2.** [à travers] : **~ par qqch** [en véhicule] durch etw hindurch|fahren ; [à pied] durch etw hindurch|gehen - **3.** [à côté] : **~ par qqch** [en véhicule] an etw *(D)* vorbei|fahren ; [à pied] an etw *(D)* vorbei|gehen - **4.** [aller] : **~ faire qqch** vorbei|kommen, um etw zu tun ; **~ chercher qqn/qqch** jn/etw ab|holen - **5.** [se taire] : **~ sur qqch** etw aus|sparen OU beiseite lassen ; **passons!** lassen wir das! - **6.** [temps] vergehen - **7.** [film] laufen ; [pièce de théâtre] gespielt werden ◇ *v attr :* **~ pour** gelten als ; **se faire ~ pour qqn** sich als jd aus|geben ◇ *vt* - **1.** [frontière, rivière] überqueren - **2.** [soirée, vacances] verbringen - **3.** [ligne] aus|lassen - **4.** [marchandise, drogue] durch|schmuggeln - **5.** [filtrer] durchlaufen lassen, filtern - **6.** [film, diapositives] zeigen ; [disque] spielen - **7.** [vêtement] : **~ qqch** in etw *(A)* schlüpfen - **8.** [transmettre] : **~ qqch à qqn** jm etw reichen OU geben - **9.** [accord] ab|schließen - **10.** [au téléphone] : **je vous passe M. Lebrun** ich verbinde Sie mit Herrn Lebrun - **11.** *fam* [donner] geben. ◆ **se passer** *vp* - **1.** [événement] sich ereignen ; [scène] spielen ; **qu'est-ce qui se passe?** was ist los? - **2.** [s'enduire] : **se ~ de la crème (sur qqch)** sich *(D)* (etw) eincremen - **3.** [s'abstenir] : **se ~ de qqch** auf etw verzichten ; **se ~ de faire qqch** darauf verzichten, etw zu tun. ◆ **en passant** *loc adv* unterwegs ; *fig* nebenbei. ◆ **passe encore** *loc adv* nun gut.

passerelle [pasrɛl] *nf* - **1.** [pont] Steg *der* - **2.** [de bateau, d'avion] Laufsteg *der,* Gangway *die.*

passe-temps [pastɑ̃] *nm inv* Zeitvertreib *der.*

passif, ive [pasif, iv] *adj* - **1.** [sans réaction] passiv - **2.** GRAM passivisch. ◆ **passif** *nm* - **1.** GRAM Passiv *das* - **2.** FIN Passiva *Pl,* Schulden *Pl.*

passion [pasjɔ̃] *nf* Leidenschaft *die ;* **avoir la ~ du jeu** ein leidenschaftlicher Spieler sein. ◆ **Passion** *nf* - **1.** RELIG : **la Passion (du Christ)** die Passion, das Leiden Christi - **2.** MUS Passion *die.*

passionné, e [pasjɔne] ◇ *adj* - **1.** [personne] leidenschaftlich - **2.** [récit] begeistert ◇ *nm, f* [fanatique] : **un ~ de musique/d'échecs** ein leidenschaftlicher Musikliebhaber/Schachspieler.

passionner [3] [pasjɔne] *vt* - **1.** [personne] begeistern - **2.** [débat] beleben. ◆ **se passionner** *vp :* **se ~ pour qqn/qqch** sich für jn/etw leidenschaftlich interessieren.

passivité [pasivite] *nf* Passivität *die.*

passoire [paswar] *nf* Sieb *das.*

pastel [pastɛl] ◇ *nm* - **1.** [crayon] Pastellstift *der* - **2.** [œuvre] Pastell *das,* Pastellbild *das* ◇ *adj inv* Pastell-.

pastèque [pastɛk] *nf* Wassermelone *die.*

pasteur [pastœr] *nm* RELIG Pastor *der,* -in *die.*

pasteuriser [3] [pastœrize] *vt* pasteurisieren.

pastille [pastij] *nf* [bonbon] Pastille *die.*

pastis [pastis] *nm vor allem als Aperitif getrunkener französischer Anisschnaps.*

patate [patat] *nf fam* [pomme de terre] Kartoffel *die.*

patauger [17] [patoʒe] *vi* plantschen ; *fam fig* sich nicht mehr zurecht|finden.

patch [patʃ] *nm* MÉD Flicken *der.*

pâte [pat] *nf* - **1.** CULIN Teig *der ;* **~ à pain** Brotteig ; **~ à tarte** Teig für Tortenböden ; **~ d'amandes** Marzipan *das ;* **~ brisée** Mürbeteig ; **~ de coings** Quittenbrot *das ;* **~ feuilletée** Blätterteig ; **~ de fruits** ≃ Fruchtschnitte *die* - **2.** [mélange] Brei *der.* ◆ **pâtes** *nfpl* Teigwaren *Pl,* Nudeln *Pl.*

pâté [pate] *nm* - **1.** CULIN Pastete *die ;* **~ de foie** ≃ Streichwurst *die ;* **~ en croûte** Blätterteigpastete - **2.** [tache] (Tinten)klecks *der.*

patelin [patlɛ̃] *nm fam* Ort *der.*

patente [patɑ̃t] *nf* Gewerbesteuer *die.*

patère [patɛr] *nf* Kleiderhaken *der.*

paternalisme [patɛrnalism] *nm* - **1.** [de personne] patriarchalisches Wesen - **2.** [d'État, d'entreprise] Bevormundung *die.*

paternité [patɛrnite] *nf* Vaterschaft *die ; fig* Urheberschaft *die.*

pâteux, euse [patø, øz] *adj* - **1.** [aliment] breiig - **2.** [bouche] trocken.

pathétique [patetik] *adj* [scène] ergreifend ; [discours] pathetisch.
pathologie [patɔlɔʒi] *nf* Pathologie *die.*
patibulaire [patibylɛr] *adj péj :* **mine ~** Galgengesicht *das.*
patience [pasjɑ̃s] *nf* **- 1.** [calme] Geduld *die* **- 2.** [persévérance] Ausdauer *die* **- 3.** [jeu de cartes] Patience *die.*
patient, e [pasjɑ̃, ɑ̃t] ◇ *adj* geduldig ◇ *nm, f* MÉD Patient *der,* -in *die.*
patienter [3] [pasjɑ̃te] *vi* sich gedulden, warten ; **faire ~** warten lassen.
patin [patɛ̃] *nm* **- 1.** [chaussure] : **~ à glace** Schlittschuh *der ;* **~ à roulettes** Rollschuh *der* **- 2.** [de feutre] *Stück Filz, das man unter den Schuh legt, um das Parkett zu schonen.*
patinage [patinaʒ] *nm* Schlittschuhlaufen *das ;* **~ artistique** Eiskunstlauf *der ;* **~ de vitesse** Eisschnelllauf *der.*
patiner [3] [patine] ◇ *vi* **- 1.** SPORT Schlittschuh laufen **- 2.** [roues] durch|drehen ◇ *vt* patinieren. ◆ **se patiner** *vp* Patina an|setzen.
patinoire [patinwar] *nf* **- 1.** SPORT [piste] Eisbahn *die ;* [établissement] Eisstadion *das* **- 2.** [terrain glissant] Rutschbahn *die.*
pâtisserie [patisri] *nf* **- 1.** [gén] Konditorei *die* **- 2.** [gâteau] Stück *das* Gebäck.
pâtissier, ère [patisje, ɛr] ◇ *adj :* **crème pâtissière** *Creme aus Milch, Eigelb, Mehl und Zucker* ◇ *nm, f* Konditor *der,* -in *die.*
patois [patwa] *nm* Dialekt *der,* Mundart *die.*
patriarche [patrijarʃ] *nm* **- 1.** BIBLE Patriarch *der* **- 2.** [vieillard] ehrwürdiger Greis.
patrie [patri] *nf* [pays] Vaterland *das,* Heimat *die ;* [ville] Vaterstadt *die,* Heimat *die.*
patrimoine [patrimwan] *nm* Erbe *das.*
patriote [patrijɔt] ◇ *nmf* Patriot *der,* -in *die* ◇ *adj* patriotisch.
patriotique [patrijɔtik] *adj* patriotisch.
patron, onne [patrɔ̃, ɔn] *nm, f* **- 1.** [d'entreprise] Arbeitgeber *der,* -in *die* **- 2.** [chef] Chef *der,* -in *die* **- 3.** RELIG Patron *der,* -in *die.* ◆ **patron** *nm* COUTURE Schnittmuster *das.*
patronage [patrɔnaʒ] *nm* **- 1.** [protection] Schirmherrschaft *die* **- 2.** [de saint] Patronat *das,* Schutz *der* **- 3.** [organisation] Wohlfahrtsverband *der.*
patronal, e, aux [patrɔnal, o] *adj* **- 1.** [intérêt, organisation] Arbeitgeber-, unternehmerisch ; **charges ~es** Lohnnebenkosten *Pl* **- 2.** [fête] Patronats-.
patronat [patrɔna] *nm :* **le ~** die Arbeitgeber *Pl.*
patronyme [patrɔnim] *nm sout* Familienname *der.*
patrouille [patruj] *nf* Streife *die.*
patte [pat] *nf* [de canin, de félin] Pfote *die ;* [d'oiseau, d'insecte, de cheval] Bein *das ;* **se mettre à quatre ~s devant qqn** *fig* vor jm kriechen.
pâturage [patyraʒ] *nm* Weide *die.*
pâture [patyr] *nf* Futter *das.*
paume [pom] *nf* [de la main] Handfläche.
paumé, e [pome] *fam* ◇ *adj* **- 1.** [personne] hilflos **- 2.** [lieu] verloren ◇ *nm, f* gestrandete Existenz.
paumer [3] [pome] *vt fam* verlieren. ◆ **se paumer** *vp fam* [à pied] sich verlaufen ; [en voiture] sich verfahren.
paupière [popjɛr] *nf* (Augen)lid *das.*
pause [poz] *nf* Pause *die.*
pauvre [povr] ◇ *adj* **- 1.** [gén] arm ; **~ en qqch** arm an etw *(D)* **- 2.** [habit, décoration] armselig ◇ *nmf* Arme *der,* Arme *die, das.*
pauvreté [povrəte] *nf* Armut *die.*
pavaner [3] [pavane] ◆ **se pavaner** *vp* seine Schau ab|ziehen.
pavé, e [pave] *adj* gepflastert. ◆ **pavé** *nm* **- 1.** [chaussée] Pflaster *das ;* **être sur le ~** *fig* auf der Straße sitzen **- 2.** [de pierre] Pflasterstein *der* **- 3.** CULIN ≃ dickes Rindfleischstück.
pavillon [pavijɔ̃] *nm* **- 1.** [bâtiment] Haus *das* **- 2.** [drapeau] Flagge *die.*
pavot [pavo] *nm* Mohn *der.*
payant, e [pɛjɑ̃, ɑ̃t] *adj* **- 1.** [hôte] zahlend **- 2.** [parking, service] gebührenpflichtig ; [spectacle] eintrittspflichtig **- 3.** *fig* [effort, affaire] lohnend ; **être ~** sich aus|zahlen.
paye = **paie.**
payement = **paiement.**
payer [11] [peje] ◇ *vt* **- 1.** [gén] (be)zahlen ; **~ qqch à qqn** jm etw bezahlen **- 2.** [expier] bezahlen, büßen ◇ *vi* **- 1.** [verser de l'argent] : **~ (pour qqn/qqch)** (für jn/etw) (be)zahlen ; **~ de sa personne** *fig* sich persönlich engagieren **- 2.** [être profitable] sich aus|zahlen, sich lohnen.
pays [pei] *nm* [gén] Land *das.*
paysage [peizaʒ] *nm* Landschaft *die.*
paysagiste [peizaʒist] ◇ *nmf* **- 1.** [peintre] Landschaftsmaler *der,* -in *die* **- 2.** [concepteur de parcs] Landschaftsplaner *der,* -in *die,* Gartenarchitekt *der,* -in *die* ◇ *adj* Landschafts-.
paysan, anne [peizɑ̃, an] ◇ *adj* bäuerlich ◇ *nm, f* Bauer *der,* Bäuerin *die.*
Pays-Bas [pɛiba] *nmpl :* **les ~** die Niederlande *Pl ;* **aux ~** in den Niederlanden.
PC *nm* **- 1.** (*abr de* **Parti communiste**) KP *die* **- 2.** (*abr de* **personal computer**) PC *der.*
P-D G *nm abr de* **président-directeur général.**
péage [peaʒ] *nm* **- 1.** [droit] Straßenbenutzungsgebühr *die,* Maut *die* **- 2.** [poste] Mautstelle *die.*
peau, x [po] *nf* **- 1.** [de personne, de lait]

Haut *die* - **2.** [cuir] Leder *das* - **3.** [de fruit] Schale *die ;* [d'abricot, de pêche] Haut *die.*

péché [peʃe] *nm* Sünde *die.*

pêche [pɛʃ] *nf* - **1.** [fruit] Pfirsich *der* - **2.** [activité] Fischerei *die,* Fischen *das* - **3.** [poissons] Fang *der.*

pécher [18] [peʃe] *vi* sündigen ; ~ **contre qqch** gegen etw verstoßen ; ~ **par qqch** an etw *(D)* kranken.

pêcher¹ [4] [peʃe] *vt* [en mer] fischen ; [à la ligne] angeln.

pêcher² [peʃe] *nm* Pfirsichbaum *der.*

pécheur, eresse [peʃœr, peʃrɛs] ◇ *adj* sündig ◇ *nm, f* Sünder *der,* -in *die.*

pêcheur, euse [pɛʃœr, øz] *nm, f* [en mer] Fischer *der,* -in *die ;* [à la ligne] Angler *der,* -in *die.*

pécuniaire [pekynjɛr] *adj* finanziell.

pédagogie [pedagɔʒi] *nf* [science] Pädagogik *die.*

pédagogue [pedagɔg] ◇ *nmf* Pädagoge *der,* -gin *die* ◇ *adj* pädagogisch ; **il est ~** er ist ein guter Pädagoge.

pédale [pedal] *nf* [gén] Pedal *das.*

pédaler [3] [pedale] *vi* (in die Pedale) treten.

Pédalo® [pedalo] *nm* Tretboot *das.*

pédant, e [pedɑ̃, ɑ̃t] ◇ *adj* schulmeisterlich ◇ *nm, f* Schulmeister *der,* -in *die.*

pédéraste [pederast] *nm* Päderast *der.*

pédiatre [pedjatr] *nmf* Kinderarzt *der,* -ärztin *die.*

pédiatrie [pedjatri] *nf* Pädiatrie *die.*

pédicure [pedikyr] *nmf* Fußpfleger *der,* -in *die.*

peigne [pɛɲ] *nm* - **1.** [pour démêler] Kamm *der* - **2.** [barrette] Kämmchen *das.*

peigner [4] [peɲe] *vt* - **1.** [cheveux, laine, coton] kämmen - **2.** [chanvre, lin] hecheln.

peignoir [pɛɲwar] *nm* - **1.** [sortie de bain] : ~ **de bain** Bademantel *der* - **2.** [déshabillé] Morgenrock *der.*

peindre [81] [pɛ̃dr] *vt* - **1.** [mur, porte] (an)|streichen - **2.** ART bemalen - **3.** *fig* [décrire] schildern.

peine [pɛn] *nf* - **1.** [sanction] Strafe *die ;* **sous ~ d'amende** bei Geldstrafe ; **~ capitale** ou **de mort** Todesstrafe - **2.** [souffrance] Schmerz *der,* Kummer *der ;* **faire de la ~ à qqn** [blesser] jm wehtun ; [attrister] jm Kummer bereiten - **3.** [effort, difficulté] Mühe *die ;* **sans ~** mühelos *(adv).* ◆ **à peine** *loc adv* kaum ; [depuis peu] gerade erst ; **à ~ étiez-vous parti qu'elle arrivait** kaum waren Sie weg, da kam sie.

peint, e [pɛ̃, pɛ̃t] *pp* ▷ **peindre.**

peintre [pɛ̃tr] *nm* - **1.** [ouvrier] : **~ (en bâtiment)** Maler *der,* -in *die* - **2.** AUTOM Lackierer *der,* -in *die* - **3.** [artiste] Kunstmaler *der,* -in *die,* Maler *der,* -in *die.*

peinture [pɛ̃tyr] *nf* - **1.** [opération] Malen *das* - **2.** [résultat] Anstrich *der* - **3.** [produit] Farbe *die* - **4.** [art] Malerei *die* - **5.** [représentation] Gemälde *das.*

péjoratif, ive [peʒɔratif, iv] *adj* abwertend.

Pékin [pekɛ̃] *n* Peking *nt.*

pelage [pəlaʒ] *nm* Fell *das.*

pêle-mêle [pɛlmɛl] *adv* (wild) durcheinander.

peler [25] [pəle] ◇ *vt* [orange, pomme] schälen ; [tomate, oignon] pellen ◇ *vi* sich schälen.

pèlerin [pɛlrɛ̃] *nm* Pilger *der,* -in *die.*

pèlerinage [pɛlrinaʒ] *nm* Pilgerfahrt *die,* Wallfahrt *die.*

pélican [pelikɑ̃] *nm* Pelikan *der.*

pelle [pɛl] *nf* - **1.** [instrument] Schaufel *die* - **2.** [machine] : **~ (mécanique)** Bagger *der.*

pelleter [27] [pɛlte] *vt* schaufeln.

pellicule [pelikyl] *nf* Film *der.* ◆ **pellicules** *nfpl* Schuppen *Pl.*

pelote [pəlɔt] *nf* Knäuel *der* ou *das ;* **~ de laine** Wollknäuel.

peloton [plɔtɔ̃] *nm* - **1.** [de cyclistes] Hauptfeld *das* - **2.** [de soldats] Truppe *die ;* **~ d'exécution** Erschießungskommando *das* - **3.** [de laine] kleiner ou kleines Knäuel.

pelotonner [3] [pəlɔtɔne] ◆ **se pelotonner** *vp* sich zusammen|rollen.

pelouse [pəluz] *nf* Rasen *der.*

peluche [pəlyʃ] *nf* - **1.** [jouet] Stofftier *das* - **2.** [tissu] Plüsch *der* - **3.** [d'étoffe] : **les ~s** die Fusseln *Pl.*

pelure [pəlyr] *nf* [de fruit, de légume] Schale *die.*

pénal, e, aux [penal, o] *adj* Straf-.

pénaliser [3] [penalize] *vt* - **1.** [sanctionner] bestrafen - **2.** [désavantager] benachteiligen.

penalty [penalti] (*pl* **penaltys** ou **penalties**) *nm* Elfmeter *der,* Strafstoß *der.*

penaud, e [pəno, od] *adj* betreten, verlegen.

penchant [pɑ̃ʃɑ̃] *nm* [inclination] Neigung *die.*

penché, e [pɑ̃ʃe] *adj* geneigt.

pencher [3] [pɑ̃ʃe] ◇ *vi* - **1.** [être incliné - suspendu] schief hängen ; [- couché] schief liegen ; [- debout] schief stehen - **2.** [préférer] : **~ pour qqch** zu etw neigen ◇ *vt* neigen. ◆ **se pencher** *vp :* **se ~ sur qqn/qqch** sich über jn/etw beugen ; **se ~ vers qqn/qqch** sich zu jm/etw nieder|beugen.

pendaison [pɑ̃dɛzɔ̃] *nf* Hängen *das.*

pendant¹, e [pɑ̃dɑ̃, ɑ̃t] *adj* [bras, jambe] (herab)hängend. ◆ **pendant** *nm* - **1.** [bijou] Hänger *der* - **2.** [de paire] Gegenstück *das* - **3.** [équivalent] Entsprechung *die.*

pendant² [pɑ̃dɑ̃] *prép :* ~ **qqch** während etw *(G)*. ◆ **pendant que** *loc conj* während ; ~ **que j'y suis** wenn ich schon dabei bin ; ~ **que j'y pense** da fällt mir noch ein.

pendentif [pɑ̃dɑ̃tif] *nm* Anhänger *der.*

penderie [pɑ̃dri] *nf* [meuble] Kleiderschrank *der ;* [pièce] Ankleide *die.*

pendre [73] [pɑ̃dr] ◇ *vi* - **1.** [d'en haut] hängen - **2.** [descendre trop bas] zu lang sein ◇ *vt* - **1.** [rideau, tableau] : ~ **qqch (à qqch)** etw (an etw *(D)*) auf|hängen, etw (an etw *(A)*) hängen - **2.** [personne] auf|hängen, erhängen. ◆ **se pendre** *vp* [se suicider] sich auf|hängen, sich erhängen.

pendule [pɑ̃dyl] ◇ *nm* Pendel *das* ◇ *nf* Standuhr *die.*

pénétrer [18] [penetre] ◇ *vi* - **1.** [chose] ein|ziehen - **2.** [personne] ein|dringen ◇ *vt* - **1.** [transpercer] durchdringen - **2.** [mystère, intention] durchschauen.

pénible [penibl] *adj* - **1.** [travail] beschwerlich, mühsam - **2.** [nouvelle] schmerzvoll ; [maladie] qualvoll - **3.** *fam* [personne] lästig.

pénible

Das französische Wort **pénible** darf nicht mit der Bedeutung des deutschen Adjektivs „penibel" verwechselt werden, da beides nichts miteinander zu tun hat. **Pénible** bedeutet „mühsam" oder „qualvoll", manchmal auch „lästig". **C'était un voyage pénible** wird mit „Die Reise war anstrengend" wiedergegeben.
„Penibel" dagegen wird mit **pointilleux** oder **méticuleux** übersetzt. „Bei ihm herrscht penible Ordnung" heißt auf Französisch **Chez lui, tout est méticuleusement rangé**.

péniche [peniʃ] *nf* (Last)kahn *der.*

pénicilline [penisilin] *nf* Penizillin *das.*

péninsule [penɛ̃syl] *nf* Halbinsel *die.*

pénis [penis] *nm* Penis *der.*

pénitence [penitɑ̃s] *nf* - **1.** RELIG [repentir] Bußfertigkeit *die ;* [peine] Buße *die* - **2.** [punition] Strafe *die.*

pénitencier [penitɑ̃sje] *nm* Strafanstalt *die.*

pénombre [penɔ̃br] *nf* Halbdunkel *das.*

pense-bête [pɑ̃sbɛt] (*pl* **pense-bêtes**) *nm* [signe] Merkzeichen *das ;* [liste] Merkzettel *der.*

pensée [pɑ̃se] *nf* - **1.** [faculté] Denken *das,* Denkvermögen *das* - **2.** [esprit, opinion] Gedanken *Pl* - **3.** [idée] Gedanke *der* - **4.** BOT Stiefmütterchen *das.*

penser [3] [pɑ̃se] ◇ *vi* - **1.** [gén] : ~ **(à qqn/qqch)** (an jn/etw) denken ; ~ **à faire qqch** daran denken, etw zu tun ; **faire ~ à qqn/qqch** an jn/etw erinnern - **2.** [réfléchir] : ~ **à qqch** sich *(D)* etw überlegen ◇ *vt* denken ; ~ **que** (be)denken, dass ; **je pense que oui** ich denke ja OU schon ; ~ **faire qqch** gedenken, etw zu tun.

pensif, ive [pɑ̃sif, iv] *adj* nachdenklich.

pension [pɑ̃sjɔ̃] *nf* - **1.** [gén] Pension *die ;* ~ **alimentaire** Alimente *Pl ;* ~ **de famille** Familienpension - **2.** SCOL Internat *das.*

pensionnat [pɑ̃sjɔna] *nm* Internat *das.*

pentagone [pɛ̃tagɔn] *nm* Fünfeck *das.* ◆ **Pentagone** *nm :* **le Pentagone** das Pentagon.

pente [pɑ̃t] *nf* - **1.** [déclivité] Gefälle *das ;* **en** ~ abfallend ; ~ **douce** flacher Abhang - **2.** [de ski] Hang *der.*

Pentecôte [pɑ̃tkot] *nf* Pfingsten *(das).*

pénurie [penyri] *nf* Mangel *der,* Knappheit *die.*

pépier [9] [pepje] *vi* piepen.

pépin [pepɛ̃] *nm* - **1.** [graine] Kern *der* - **2.** *fam* [ennui] Malheur *das,* Problem *das ;* **il a eu un** ~ ihm ist was passiert.

pépinière [pepinjɛr] *nf* BOT Baumschule *die.*

pépite [pepit] *nf* [petite] (Gold)korn *das ;* [grande] (Gold)klumpen *der.*

perçant, e [pɛrsɑ̃, ɑ̃t] *adj* - **1.** [vue, regard] durchdringend, scharf - **2.** [son, voix, cri] schrill - **3.** [froid] schneidend.

percepteur [pɛrsɛptœr] *nm* Steuereinnehmer *der,* -in *die.*

perception [pɛrsɛpsjɔ̃] *nf* - **1.** [recouvrement] Erhebung *die* - **2.** [bureau] ≃ Finanzamt *das* - **3.** [sensation] Wahrnehmung *die.*

percer [16] [pɛrse] ◇ *vt* - **1.** [mur, fenêtre] durch|bohren ; [coffre-fort] auf|brechen - **2.** [mystère] ergründen ; ~ **qqn à jour** jn durchschauen ◇ *vi* - **1.** [apparaître, se manifester] durchdringen - **2.** [réussir] den Durchbruch schaffen.

perceuse [pɛrsøz] *nf* Bohrer *der,* Bohrmaschine *die.*

percevoir [52] [pɛrsəvwar] *vt* - **1.** [son, intention, nuance] wahr|nehmen - **2.** [somme] ein|nehmen.

perche [pɛrʃ] *nf* - **1.** [de bois, de métal] Stange *die ;* **saut à la** ~ Stabhochsprung *der* - **2.** [poisson] (Fluss)barsch *der.*

percher [3] [pɛrʃe] *vt :* ~ **qqch sur qqch** etw oben auf etw *(A)* stellen. ◆ **se percher** *vp :* **se** ~ **sur qqch** sich auf etw *(A)* schwingen.

perchoir [pɛrʃwar] *nm* [d'oiseau] Sitzstange *die.*

percolateur [pɛrkɔlatœr] *nm* Espresso-Maschine *die.*

perçu, e [pɛrsy] *pp* ▷ **percevoir.**

percussion [pɛrkysjɔ̃] *nf* Schlag *der,* Stoß

der. ◆ **percussions** *nfpl* Schlaginstrumente *Pl.*

percutant, e [pɛrkytɑ̃, ɑ̃t] *adj* - **1.** [argument] durchschlagend - **2.** [explosif] aufprallend, aufschlagend ; **obus ~** Granate *die* mit Aufschlagzünder.

percuter [3] [pɛrkyte] ◇ *vt* : **~ qqch** gegen etw prallen ◇ *vi* : **~ contre qqch** [bombe] in etw *(A)* ein|schlagen ; [voiture, avion] gegen etw prallen.

perdant, e [pɛrdɑ̃, ɑ̃t] ◇ *adj* : **billet** ou **numéro ~** Niete *die* ◇ *nm, f* Verlierer *der*, -in *die*.

perdre [77] [pɛrdr] ◇ *vt* - **1.** [gén] verlieren - **2.** [ruiner, discréditer] ins Verderben stürzen ◇ *vi* verlieren. ◆ **se perdre** *vp* - **1.** [coutume] in Vergessenheit geraten - **2.** [personne] sich verirren - **3.** [s'avarier] verderben.

perdrix [pɛrdri] *nf* Rebhuhn *das*.

perdu, e [pɛrdy] ◇ *pp* ▷ **perdre** ◇ *adj* - **1.** [isolé] abgelegen - **2.** [balle] verirrt - **3.** [temps, récolte] verloren ; [occasion] verpasst ; **emballage ~** Einweg(ver)packung *die*.

père [pɛr] *nm* - **1.** [parent, fondateur] Vater *der* ; **~ de famille** Familienvater - **2.** RELIG Pater *der*. ◆ **père Noël** *nm* Weihnachtsmann *der*.

péremptoire [perɑ̃ptwar] *adj* : **ton/mine ~** Ton/Gesichtsausdruck, der keinen Widerspruch duldet.

perfection [pɛrfɛksjɔ̃] *nf* [qualité] Vollkommenheit *die*, Perfektion *die*.

perfectionné, e [pɛrfɛksjɔne] *adj* [machine] hoch entwickelt.

perfectionner [3] [pɛrfɛksjɔne] *vt* verbessern.

perfide [pɛrfid] *adj sout* - **1.** [personne] arglistig - **2.** [propos] niederträchtig, perfid(e).

perforer [3] [pɛrfɔre] *vt* durchbohren ; [carte] perforieren, lochen.

performance [pɛrfɔrmɑ̃s] *nf* Leistung *die*.

performant, e [pɛrfɔrmɑ̃, ɑ̃t] *adj* leistungsfähig.

perfusion [pɛrfyzjɔ̃] *nf* Infusion *die*.

péril [peril] *nm sout* Gefahr *die*.

périlleux, euse [perijø, øz] *adj* gefährlich, heikel.

périmé, e [perime] *adj* - **1.** [passeport] abgelaufen - **2.** [idée] überholt.

périmètre [perimɛtr] *nm* - **1.** [contour] Umfang *der* - **2.** [zone] Umkreis *der*.

période [perjɔd] *nf* Zeit *die*.

périodique [perjɔdik] ◇ *nm* Zeitschrift *die* ◇ *adj* periodisch (wiederkehrend) ; [publication] periodisch erscheinend ; **serviette ~** Monatsbinde *die*.

péripétie [peripesi] *nf* Zwischenfall *der*.

périphérie [periferi] *nf* - **1.** [banlieue] Stadtrand *der* - **2.** [contour] Peripherie *die*.

périphrase [perifraz] *nf* Umschreibung *die*.

périple [peripl] *nm* [voyage] (Rund)reise *die*.

périr [32] [perir] *vi sout* - **1.** [mourir] um|kommen - **2.** [disparaître] unter|gehen.

périssable [perisabl] *adj* [denrée] verderblich.

perle [pɛrl] *nf* - **1.** [gén] Perle *die* - **2.** *fam* [erreur] Hammer *der*.

permanence [pɛrmanɑ̃s] *nf* - **1.** [continuité] Beständigkeit *die* ; **en ~** ständig *(adv)* - **2.** [service] Bereitschaftsdienst *der* - **3.** SCOL : **(salle de) ~** Gemeinschaftsraum *der*.

> **permanence**
>
> Manchmal liegen die Unterrichtsstunden der Schüler so, dass sie Freistunden haben, in denen es sich nicht lohnt, nach Hause zu gehen. Sie nutzen diese freie Zeit, um ihre Hausaufgaben in der Schule in der **salle de permanence** unter der Aufsicht eines **surveillant** zu machen.

permanent, e [pɛrmanɑ̃, ɑ̃t] ◇ *adj* - **1.** [comité] ständig - **2.** [cinéma] mit Dauerprogramm ◇ *nm, f* hauptamtliches Mitglied. ◆ **permanente** *nf* Dauerwelle *die*.

permettre [84] [pɛrmɛtr] *vt* gestatten, erlauben ; **~ à qqn de faire qqch** jm gestatten, etw zu tun.

permis, e [pɛrmi, iz] *pp* ▷ **permettre**. ◆ **permis** *nm* Erlaubnis *die* ; **~ de conduire** Führerschein *der*.

permission [pɛrmisjɔ̃] *nf* - **1.** [autorisation] Erlaubnis *die*, Genehmigung *die* - **2.** MIL Urlaub *der*.

> **demander la permission**
>
> **Darf ich das Fenster aufmachen?** Vous permettez que j'ouvre la fenêtre ?
>
> **Kann ich mal kurz telefonieren?** Je peux passer un coup de fil ?
>
> **Würde es Ihnen etwas ausmachen, wenn ich die Tür schließe?** Cela ne vous dérange pas si je ferme la porte ?
>
> **Könnte ich bitte mal vorbei?** Est-ce-que je peux passer s'il vous plaît ?
>
> **Wenn Sie nichts dagegen haben, würde ich jetzt gerne gehen.** Si vous n'y voyez pas d'inconvénient, j'aimerais m'en aller.

permuter [3] [pɛrmyte] ◇ *vt* aus|tauschen ◇ *vi* : **~ avec qqn** mit jm die Stelle tauschen.

pérorer [3] [perɔre] *vi péj* große Reden schwingen.

Pérou [peru] *nm* : **le ~** Peru *nt.*

perpendiculaire [pɛrpɑ̃dikylɛr] ◇ *nf* Senkrechte *die* ◇ *adj* [droite] senkrecht ; **rue ~** Seitenstraße *die.*

perpétrer [18] [pɛrpetre] *vt* JUR begehen.

perpétuel, elle [pɛrpetɥɛl] *adj* **- 1.** [continu, fréquent] unaufhörlich **- 2.** [régulier] ständig **- 3.** [à vie] ewig.

perpétuer [7] [pɛrpetɥe] *vt* fort|führen. ◆ **se perpétuer** *vp* fort|bestehen.

perpétuité [pɛrpetɥite] *nf sout* Ewigkeit *die* ; **à ~** lebenslänglich.

perplexe [pɛrplɛks] *adj* **- 1.** [personne] perplex **- 2.** [attitude] ratlos.

perquisition [pɛrkizisjɔ̃] *nf* Haussuchung *die.*

perron [pɛrɔ̃] *nm* Treppenvorbau *der,* Freitreppe *die.*

perroquet [pɛrɔkɛ] *nm* [oiseau] Papagei *der.*

perruche [pɛryʃ] *nf* [oiseau] Wellensittich *der.*

perruque [pɛryk] *nf* Perücke *die.*

persécuter [3] [pɛrsekyte] *vt* **- 1.** [harceler] hetzen, bedrängen **- 2.** [martyriser] verfolgen.

persécution [pɛrsekysjɔ̃] *nf* Verfolgung *die* ; **folie de la ~** Verfolgungswahn *der.*

persévérant, e [pɛrseverɑ̃, ɑ̃t] *adj* ausdauernd.

persévérer [18] [pɛrsevere] *vi* durch|halten, entschlossen weiter|machen.

persienne [pɛrsjɛn] *nf* Jalousie *die.*

persifler [3] [pɛrsifle] *vt sout* verspotten.

persil [pɛrsi] *nm* Petersilie *die.*

Persique [pɛrsik] *adj* : **le golfe ~** der Persische Golf.

persistant, e [pɛrsistɑ̃, ɑ̃t] *adj* **- 1.** [durable] andauernd **- 2.** BOT immergrün.

persister [3] [pɛrsiste] *vi* **- 1.** [s'obstiner] dabei bleiben ; **~ à faire qqch** etw hartnäckig tun ; **je persiste à croire que** ich bleibe der Ansicht, dass **- 2.** [continuer] an|dauern.

personnage [pɛrsɔnaʒ] *nm* **- 1.** [dignitaire, caractère] Persönlichkeit *die* **- 2.** [protagoniste] Gestalt *die* **- 3.** *péj* [individu] Person *die.*

personnalité [pɛrsɔnalite] *nf* **- 1.** [gén] Persönlichkeit *die* **- 2.** JUR Person *die.*

personne¹ [pɛrsɔn] *pron indéf* **- 1.** [aucune personne] niemand ; **ce manteau n'appartient à ~** dieser Mantel gehört niemandem ; **~ ne viendra** niemand OU keiner wird kommen ; **il n'y a plus ~** es ist niemand OU keiner mehr da ; **~ d'autre** niemand anders **- 2.** [quelqu'un] (irgend)jemand.

personne² [pɛrsɔn] *nf* Person *die* ; **des ~s** Leute *Pl* ; **en ~** (höchst)persönlich ; **les grandes ~s** die Großen.

personnel, elle [pɛrsɔnɛl] *adj* **- 1.** [gén] persönlich, eigen **- 2.** [égoïste] ichbezogen **- 3.** GRAM persönlich, Personal-. ◆ **personnel** *nm* Belegschaft *die,* Personal *das.*

personnellement [pɛrsɔnɛlmɑ̃] *adv* persönlich.

personnifier [9] [pɛrsɔnifje] *vt* **- 1.** [incarner] personifizieren **- 2.** [représenter] verkörpern.

perspective [pɛrspɛktiv] *nf* **- 1.** [gén] Perspektive *die* **- 2.** [panorama] Ausblick *der* **- 3.** [projet] Aussicht *die* ; **en ~** in Aussicht.

perspicace [pɛrspikas] *adj* weitsichtig, clever.

persuader [3] [pɛrsɥade] *vt* : **~ qqn de qqch** jn von etw überzeugen ; **~ qqn de faire qqch** jn überreden, etw zu tun.

persuasif, ive [pɛrsɥazif, iv] *adj* überzeugend.

persuasion [pɛrsɥazjɔ̃] *nf* Überzeugen *das,* Überreden *das.*

perte [pɛrt] *nf* **- 1.** [gén] Verlust *der* **- 2.** [de procès, de bataille] Verlieren *das.* ◆ **pertes** *nfpl* [morts] Verluste *Pl.* ◆ **à perte de vue** *loc adv* so weit das Auge reicht.

pertinent, e [pɛrtinɑ̃, ɑ̃t] *adj* treffend.

perturber [3] [pɛrtyrbe] *vt* stören, durcheinander bringen.

pervenche [pɛrvɑ̃ʃ] ◇ *adj inv* tiefblau ◇ *nf* **- 1.** BOT Immergrün *das* **- 2.** *fam* [contractuelle] Politesse *die.*

pervers, e [pɛrvɛr, ɛrs] ◇ *adj* **- 1.** [vicieux] pervers **- 2.** [effet] ungewollt ◇ *nm, f* pervers veranlagter Mensch.

perversion [pɛrvɛrsjɔ̃] *nf* **- 1.** PSYCHOL Perversion *die* **- 2.** *sout* [corruption] Verfall *der.*

pervertir [32] [pɛrvɛrtir] *vt* [corrompre] verderben.

pesamment [pəzamɑ̃] *adv* schwerfällig.

pesanteur [pəzɑ̃tœr] *nf* **- 1.** PHYS Schwerkraft *die* **- 2.** [lenteur, lourdeur] Schwerfälligkeit *die.*

pesée [pəze] *nf* **- 1.** [opération] Wiegen *das* **- 2.** [pression] Druck *der.*

pèse-personne [pɛzpɛrsɔn] (*pl* **pèse-personnes** OU *inv*) *nm* Personenwaage *die.*

peser [19] [pəze] ◇ *vt* **- 1.** [mesurer] (ab)|wiegen **- 2.** [considérer] ab|wägen ◇ *vi* **- 1.** [avoir un certain poids] schwer sein, einiges wiegen **- 2.** [appuyer] : **~ sur/contre qqch** auf/gegen etw *(A)* drücken OU lasten.

peseta [pezeta] *nf* Peseta *die.*

pessimisme [pesimism] *nm* Pessimismus *der.*
pessimiste [pesimist] ◇ *nmf* Pessimist *der*, -in *die* ◇ *adj* pessimistisch.
peste [pɛst] *nf* - **1.** MÉD Pest *die* - **2.** [personne] Hexe *die.*
pestiféré, e [pɛstifere] ◇ *adj* [personne] pestkrank ◇ *nm, f* Pestkranke *der*, Pestkranke *die.*
pestilentiel, elle [pɛstilɑ̃sjɛl] *adj sout* widerwärtig, grässlich.
pet [pɛ] *nm fam* Furz *der.*
pétale [petal] *nm* Blütenblatt *das.*
pétanque [petɑ̃k] *nf provenzalische Variante des französischen Boulespiels.*
pétarader [3] [petarade] *vi* knattern, stottern.
pétard [petar] *nm* - **1.** [explosif] Knaller *der* - **2.** *fam* [bruit] Radau *der* - **3.** *fam* [revolver] Schießeisen *das* - **4.** *fam* [postérieur] Po *der*, Hintern *der* - **5.** *fam* [de haschisch] Joint *der.*
péter [18] [pete] ◇ *vi* - **1.** *tfam* [personne] furzen - **2.** *fam* [exploser] krachen - **3.** *fam* [casser] kaputtgehen ◇ *vt fam* kaputtmachen.
pétiller [3] [petije] *vi* - **1.** [vin, eau] sprudeln - **2.** [yeux] funkeln.
petit, e [p(ə)ti, it] ◇ *adj* - **1.** *(avant ou après le nom)* [gén] klein - **2.** [mesquin] kleinlich - **3.** *(avant le nom)* [modeste] nieder ; **les ~s commerçants** die Kleinhändler ◇ *nm, f* Kleine *der*, Kleine *die, das.* ◆ **petit** ◇ *nm* - **1.** [d'animal] Junge *das* - **2.** [personne] : **les ~s** die Kleinen ; **ce sont toujours les ~s qui trinquent!** die Kleinen hängt man, die Großen lässt man laufen! ◇ *adv* klein. ◆ **petit à petit** *loc adv* nach und nach.
petit déjeuner *nm* Frühstück *das.*
petite-fille *nf* Enkelin *die*, Enkeltochter *die.*
petitement [p(ə)titmɑ̃] *adv* - **1.** [à l'étroit] beengt - **2.** [chichement] in kleinen Verhältnissen, ärmlich.
petitesse [p(ə)titɛs] *nf* - **1.** [de taille] Kleinheit *die* ; [de personne] Kleinwüchsigkeit *die* - **2.** [de revenu] Niedrigkeit *die.*
petit-fils *nm* Enkel *der*, Enkelsohn *der.*
petit-four *nm* : **des petits-fours** gemischtes Gebäck *(sans pl).*
pétition [petisjɔ̃] *nf* Bittschrift *die* ; **faire une ~** eine Unterschriftenaktion starten.
petit-lait *nm* Molke *die.*
petit-nègre *nm inv fam* Kauderwelsch *das.*
Petit Palais *nm Pariser Ausstellungszentrum.*
petits-enfants *nmpl* Enkel(kinder) *Pl.*
petit-suisse *nm Quark in Portionspackungen.*
pétrifier [9] [petrifje] *vt* versteinern.
pétrin [petrɛ̃] *nm* - **1.** [machine] Knetmaschine *die* - **2.** *fam* [embarras] Schlamassel *der* ; **être dans le ~** im Schlamassel stecken.
pétrir [32] [petrir] *vt* [pâte, muscle] (durch)kneten.
pétrole [petrɔl] *nm* Erdöl *das.*
pétrolier, ère [petrɔlje, ɛr] *adj* Erdöl-. ◆ **pétrolier** *nm* Erdöltanker *der.*
pétrolifère [petrɔlifɛr] *adj* Erdöl-.
pétulant, e [petylɑ̃, ɑ̃t] *adj sout* ungestüm.
peu [pø] ◇ *adv* [en quantité] wenig ; [en fréquence] selten ; **il travaille ~** er arbeitet wenig ; **je le connais ~** ich kenne ihn kaum ; **très/bien/assez/trop ~** [fréquence] sehr/recht/ziemlich/zu selten ; [quantité] sehr/recht/ziemlich/zu wenig ; **~ de** wenig ; **~ de temps** wenig Zeit ; **un ~** ein bisschen OU wenig ; **je le connais un ~** ich kenne ihn ein bisschen OU wenig ; **un ~ de pain** ein bisschen OU wenig Brot ◇ *adj inv* : **le ~ de** das bisschen ; **le ~ de sucre qu'il reste** das bisschen Zucker, das übrig bleibt ◇ *pron* - **1.** [représente un substantif singulier] wenig - **2.** [représente un substantif pluriel] wenige. ◆ **à peu de chose près** *loc adv* in etwa. ◆ **à peu près** *loc adv* ungefähr. ◆ **avant peu** *loc adv* schon bald. ◆ **de peu** *loc adv* um wenig. ◆ **depuis peu** *loc adv* seit kurzem. ◆ **peu à peu** *loc adv* allmählich. ◆ **pour peu que** *loc conj (+ subjonctif)* wenn ... nur, dann. ◆ **pour un peu** *loc adv* fast, um ein Haar. ◆ **si peu que** *loc conj (+ subjonctif)* wenn ... auch nur ein bisschen, dann. ◆ **sous peu** *loc adv* in Kürze.
peuplade [pœplad] *nf* Volksstamm *der.*
peuple [pœpl] *nm* Volk *das* ; **il y avait du ~!** *fam* es gab viel Volk!
peuplement [pœpləmɑ̃] *nm* - **1.** [démographie] Bevölkerung *die* - **2.** [action] Bevölkern *das.*
peupler [5] [pœple] *vt* [gén] : **~ qqch (de qqn/qqch)** etw (mit jm/etw) bevölkern. ◆ **se peupler** *vp* sich mit Menschen füllen.
peuplier [pøplije] *nm* Pappel *die.*
peur [pœr] *nf* Angst *die*, Furcht *die* ; **avoir ~ de qqn/qqch** vor jm/etw Angst haben ; **avoir ~ de faire qqch** Angst haben, etw zu tun ; **avoir ~ que** *(+ subjonctif)* Angst haben, dass ; **par** OU **de ~ de qqch** aus Angst vor etw *(D)* ; **de** OU **par ~ que** *(+ subjonctif)* aus Angst, dass.
peureux, euse [pœrø, øz] ◇ *adj* ängstlich ◇ *nm, f* Angsthase *der.*
peut-être [pøtɛtr] *adv* : **~ (que)** vielleicht ; **~ que je viendrai demain** vielleicht komme ich morgen.
peux [pø] ▷ **pouvoir.**

p. ex. (*abr de* **par exemple**) z.B., bspw.

phalange [falɑ̃ʒ] *nf* - **1.** ANAT [des doigts] Fingerglied *das ;* [des orteils] Zehenglied *das* - **2.** HIST Falange *die.*

phallocrate [falɔkrat] ◇ *nm* Phallokrat *der* ◇ *adj* phallokratisch.

phallus [falys] *nm* Phallus *der.*

phantasme = **fantasme.**

pharaon [faraɔ̃] *nm* Pharao *der.*

phare [far] *nm* - **1.** AUTOM Scheinwerfer *der* - **2.** NAVIG Leuchtturm *der* - **3.** *(en apposition)* [modèle] Leit-, bahnbrechend ; **produit ~** Spitzenprodukt *das.*

pharmaceutique [farmasøtik] *adj* pharmazeutisch ; **produit ~** Pharmakon *das.*

pharmacie [farmasi] *nf* - **1.** [magasin] Apotheke *die* - **2.** [science] Pharmazie *die* - **3.** [armoire, trousse] Hausapotheke *die.*

pharmacien, enne [farmasjɛ̃, ɛn] *nm, f* Apotheker *der,* -in *die.*

pharynx [farɛ̃ks] *nm* Rachen *der.*

phase [faz] *nf* Phase *die.*

phénoménal, e, aux [fenɔmenal, o] *adj* phänomenal.

phénomène [fenɔmɛn] *nm* - **1.** [gén] Phänomen *das* - **2.** *fam* [excentrique] Marke *die.*

philanthropie [filɑ̃trɔpi] *nf* Menschenfreundlichkeit *die,* Philanthropie *die.*

philatélie [filateli] *nf* Briefmarkenkunde *die.*

philatéliste [filatelist] *nmf* Briefmarkensammler *der,* -in *die.*

philharmonique [filarmɔnik] *adj* philharmonisch.

philologie [filɔlɔʒi] *nf* Philologie *die.*

philosophe [filɔzɔf] ◇ *nmf* - **1.** [penseur] Philosoph *der,* -in *die* - **2.** [sage] Weise *der,* Weise *die* ◇ *adj* besonnen, gelassen.

philosophie [filɔzɔfi] *nf* - **1.** [gén] Philosophie *die* - **2.** [sagesse] Gelassenheit *die.*

phobie [fɔbi] *nf* Phobie *die.*

phonétique [fɔnetik] ◇ *nf* Phonetik *die* ◇ *adj* phonetisch.

phonographe [fɔnɔgraf] *nm* Fonograf *der,* Grammofon *das.*

phoque [fɔk] *nm* Seehund *der.*

phosphate [fɔsfat] *nm* Phosphat *das.*

phosphore [fɔsfɔr] *nm* Phosphor *der.*

phosphorescent, e [fɔsfɔresɑ̃, ɑ̃t] *adj* phosphoreszierend.

photo [fɔto] ◇ *adj inv* Foto- ◇ *nf* - **1.** [technique] Fotografie *die* - **2.** [image] Foto *das ;* **~ d'identité** Passfoto ; **y a pas ~** *fam* das ist sonnenklar.

photocomposition [fɔtɔkɔ̃pozisjɔ̃] *nf* Fotosatz *der.*

photocopie [fɔtɔkɔpi] *nf* - **1.** [procédé] Fotokopieren *das* - **2.** [document] Fotokopie *die.*

photocopier [9] [fɔtɔkɔpje] *vt* fotokopieren.

photocopieur [fɔtɔkɔpjœr] *nm,* **photocopieuse** [fɔtɔkɔpjøz] *nf* Fotokopierer *der,* Kopierer *der.*

photoélectrique [fɔtɔelɛktrik] *adj* fotoelektrisch.

photogénique [fɔtɔʒenik] *adj* fotogen.

photographe [fɔtɔgraf] *nmf* - **1.** [artiste] Fotograf *der,* -in *die* - **2.** [commerçant] Fotohändler *der,* -in *die.*

photographie [fɔtɔgrafi] *nf* - **1.** [technique, cliché] Fotografie *die* - **2.** *fig* [reproduction] genaue Abbildung.

photographier [9] [fɔtɔgrafje] *vt* - **1.** PHOT fotografieren - **2.** [mémoriser] sich ein|prägen, mit den Augen ab|tasten.

Photomaton® [fɔtɔmatɔ̃] *nm* Fotoautomat *der.*

photoreportage [fɔtɔrəpɔrtaʒ] *nm* PRESSE Fotoreportage *die.*

phrase [fraz] *nf* - **1.** LING Satz *der* - **2.** MUS Tonsatz *der.*

physicien, enne [fizisjɛ̃, ɛn] *nm, f* Physiker *der,* -in *die.*

physiologie [fizjɔlɔʒi] *nf* Physiologie *die.*

physiologique [fizjɔlɔʒik] *adj* physiologisch ; ▻ **sérum.**

physionomie [fizjɔnɔmi] *nf* - **1.** [faciès] Physiognomie *die* - **2.** [apparence] Gestalt *die.*

physionomiste [fizjɔnɔmist] ◇ *nmf* Physiognom *der,* -in *die* ◇ *adj* physiognomisch.

physique [fizik] ◇ *adj* - **1.** [matériel] physisch - **2.** [du corps humain] körperlich ; **éducation ~** Leibeserziehung *die,* Turnen *das* - **3.** [propriétés] physikalisch ◇ *nf* Physik *die* ◇ *nm* - **1.** [constitution] Gestalt *die,* Körperliche *das* - **2.** [apparence] Äußere *das.*

physiquement [fizikmɑ̃] *adv* - **1.** [d'apparence] rein äußerlich, vom Aussehen her - **2.** [corporellement] physisch.

piaffer [3] [pjafe] *vi* - **1.** [cheval] scharren - **2.** [personne] von einem Bein aufs andere treten.

piailler [3] [pjaje] *vi* - **1.** [oiseaux] zwitschern - **2.** *fam* [enfant] quieken.

pianiste [pjanist] *nmf* Pianist *der,* -in *die.*

piano [pjano] *nm* Klavier *das.*

pianoter [3] [pjanɔte] *vi* - **1.** [jouer du piano] auf dem Klavier klimpern - **2.** [sur table] mit den Fingern hämmern.

piaule [pjol] *nf fam* Bude *die.*

pic [pik] *nm* - **1.** [outil] Spitzhacke *die* - **2.** [montagne] Bergspitze *die* - **3.** [oiseau] Specht *der* - **4.** : **~ d'audience** hohe Sehbeteiligung ; ~ **de pollution** hohe Umweltbelastung. ◆ **à pic** *loc adv* - **1.** [verticalement] senkrecht ; [fortement incliné] steil - **2.** *fam fig* [à point nommé] gerade recht.

pichenette [piʃnɛt] *nf fam* Schnipser *der.*

pichet [piʃɛ] *nm* kleiner Krug.

pickpocket [pikpɔkɛt] *nm* Taschendieb *der*, -in *die.*

pick-up [pikœp] *nm inv* Pick-up *der.*

picorer [3] [pikɔre] ◇ *vi* - **1.** [oiseau] picken - **2.** [personne] wie ein Spatz essen ◇ *vt* [sujet : oiseau] (auf)|picken.

picotement [pikɔtmɑ̃] *nm* Pieksen *das.*

pie [pi] *nf* [oiseau] Elster *die.*

pièce [pjɛs] *nf* - **1.** [élément] Teil *das*, Stück *das ;* ~ **détachée** Einzelteil ; **en ~s détachées** in die Bestandteile zerlegt - **2.** [unité, œuvre] Stück *das ;* **trois euros ~** drei Euro das Stück ; ~ **de théâtre** Theaterstück - **3.** [document] Schriftstück *das ;* ~ **d'identité** Ausweis *der* - **4.** [argent] : ~ **(de monnaie)** Münze *die* - **5.** [salle] Raum *der*, Zimmer *das.*

pied [pje] *nm* - **1.** [gén] Fuß *der ;* **à ~** zu Fuß ; **avoir ~** stehen können, Grund (unter den Füßen) haben ; **faire du ~ à qqn** mit jm füßeln - **2.** [plant] Pflanze *die ;* **sur ~** [blé] auf dem Halm ; [fruit, légume] als ganze Pflanze ; ~ **de vigne** Weinstock *der* - **3.** [de meuble] Bein *das.*

pied-à-terre *nm inv* Quartier *das.*

piédestal, aux [pjedɛstal, o] *nm* Sockel *der ;* **mettre qqn sur un ~** jn an|himmeln.

pied-noir *nm* Algerienfranzose *der*, -ösin *die.*

piège [pjɛʒ] *nm* - **1.** [gén] Falle *die* - **2.** *fig* [difficulté] Tücke *die.*

piéger [22] [pjeʒe] *vt* - **1.** [animal] fangen - **2.** [colis, véhicule] mit Sprengstoff bestücken - **3.** [personne] : ~ **qqn** jm eine Falle stellen.

piercing [piːrsiŋ] *nm* Piercing *das.*

pierraille [pjɛraj] *nf* Geröll *das.*

pierre [pjɛr] *nf* Stein *der.*

pierreries [pjɛrri] *nfpl* Juwelen *Pl.*

piété [pjete] *nf* RELIG Frömmigkeit *die.*

piétiner [3] [pjetine] ◇ *vi* - **1.** [trépigner] auf der Stelle treten - **2.** *fig* [stagner] sich fest|fahren ◇ *vt* - **1.** [écraser] nieder|trampeln - **2.** *fig* [bafouer] mit Füßen treten.

piéton, onne [pjetɔ̃, ɔn] ◇ *nm, f* Fußgänger *der*, -in *die* ◇ *adj* Fußgänger-.

piétonnier, ère [pjetɔnje, ɛr] *adj* Fußgänger-.

piètre [pjɛtr] *adj (avant n)* erbärmlich.

pieu, x [pjø] *nm* - **1.** [poteau] Pfahl *der* - **2.** *fam* [lit] Falle *die.*

pieuvre [pjœvr] *nf* Krake *der.*

pieux, euse [pjø, øz] *adj* [religieux] fromm.

pif [pif] *nm fam* [nez] Zinken *der ;* **au ~** Pi mal Daumen.

pigeon [piʒɔ̃] *nm* - **1.** ZOOL Taube *die* - **2.** *fam péj* [personne] Trottel *der.*

pigeonnier [piʒɔnje] *nm* [pour pigeons] Taubenschlag *der.*

pigment [pigmɑ̃] *nm* Pigment *das ;* [de peinture] Farbstoff *der.*

pile [pil] ◇ *nf* - **1.** [électrique] Batterie *die* - **2.** [tas] Stapel *der* - **3.** [de pièce] : ~ **ou face** Kopf oder Zahl ◇ *adv fam* auf die Minute genau ; **à 8 heures ~** um Punkt acht ; **tomber ~** genau hin|kommen.

piler [3] [pile] ◇ *vt* [broyer] zerstoßen, zerkleinern ◇ *vi fam* [freiner] scharf (ab)|bremsen.

pileux, euse [pilø, øz] *adj* Haar- ; **système ~** Behaarung *die.*

pilier [pilje] *nm* [de construction, d'organisation] Pfeiler *der.*

pillard, e [pijar, ard] *nm, f* Plünderer *der*, -in *die.*

pilon [pilɔ̃] *nm* - **1.** [de poulet] Hähnchenkeule *die* - **2.** [jambe de bois] Holzbein *das* - **3.** [de mortier] Stößel *der.*

pilonner [3] [pilɔne] *vt* - **1.** [écraser] zerstoßen, zerstampfen - **2.** [livre] ein|stampfen - **3.** MIL [bombarder] zerbomben, unter Trommelfeuer legen.

pilori [pilɔri] *nm* Pranger *der ;* **mettre** OU **clouer qqn au ~** *fig* jn an den Pranger stellen.

pilotage [pilɔtaʒ] *nm* Führung *die*, Steuerung *die ;* ~ **automatique** Selbststeuerung.

pilote [pilɔt] *nm* - **1.** [conducteur] Pilot *der*, -in *die ;* ~ **de ligne** Linienflugpilot - **2.** *(en apposition)* [expérimental] Pilot-.

piloter [3] [pilɔte] *vt* - **1.** [véhicule] führen, steuern - **2.** [personne] herum|führen.

pilotis [pilɔti] *nm* Pfahl *der.*

pilule [pilyl] *nf* Pille *die ;* **prendre la ~** die Pille nehmen.

piment [pimɑ̃] *nm* - **1.** [plante] Paprika *der* - **2.** *fig* [piquant] Würze *die.*

pimpant, e [pɛ̃pɑ̃, ɑ̃t] *adj* fesch.

pin [pɛ̃] *nm* Kiefer *die.*

pinacle [pinakl] *nm* First *der*, Zierabschluss *der.*

pinard [pinar] *nm fam* Wein *der.*

pince [pɛ̃s] *nf* - **1.** [instrument] Zange *die ;* ~ **à cheveux** Haarklemme *die ;* ~ **à épiler** Pinzette *die ;* ~ **à linge** Wäscheklammer *die* - **2.** [de crabe] Schere *die* - **3.** COUTURE Abnäher *der.*

pinceau, x [pɛ̃so] *nm* Pinsel *der ;* **s'emmêler les ~x** *fam* [trébucher] stolpern ; [s'embrouiller] sich verheddern.

pincée [pɛ̃se] *nf* Prise *die* ; **une ~ de sel** eine Prise Salz.

pincer [16] [pɛ̃se] *vt* - **1.** [serrer] zupfen ; [lèvres] zusammen|pressen - **2.** *fam fig* [arrêter] erwischen. ◆ **se pincer** *vp* : **se ~ le doigt** sich den Finger klemmen.

pincette [pɛ̃sɛt] *nf* Feuerzange *die*.

pingouin [pɛ̃gwɛ̃] *nm* Pinguin *der*.

ping-pong [piŋpɔ̃g] (*pl* **ping-pongs**) *nm* Pingpong *das*.

pinson [pɛ̃sɔ̃] *nm* Buchfink *der*.

pintade [pɛ̃tad] *nf* Perlhuhn *das*.

pin-up [pinœp] *nf inv* Pin-up-Girl *das*.

pioche [pjɔʃ] *nf* Kreuzhacke *die*, Hacke *die*.

piocher [3] [pjɔʃe] <> *vt* - **1.** [terre] hacken - **2.** JEU [carte] auf|nehmen <> *vi* - **1.** [creuser] hacken - **2.** [prendre] : **~ dans les réserves** ans Eingemachte gehen - **3.** JEU auf|nehmen.

pion, pionne [pjɔ̃, pjɔn] *nm, f fam* SCOL Aufseher *der*, -in *die*. ◆ **pion** *nm* Spielfigur *die*, Figur *die*.

pionnier, ère [pjɔnje, ɛr] *nm, f* - **1.** [colon] Erstbesiedler *der*, -in *die* - **2.** *fig* [initiateur] Pionier *der*, -in *die*.

pipe [pip] *nf* Pfeife *die*.

pipeline, pipe-line [pajplajn, piplin] (*pl* **pipe-lines**) *nm* Pipeline *die*, Fernleitung *die*.

pipi [pipi] *nm fam* Pipi *das* ; **faire ~** Pipi machen.

piquant, e [pikɑ̃, ɑ̃t] *adj* - **1.** [barbe] kratzig - **2.** [sauce] scharf - **3.** [détail] pikant. ◆ **piquant** *nm* - **1.** [épine - d'animal] Stachel *der* ; [- de végétal] Dorn *der* - **2.** *fig* [d'histoire] Würze *die*.

pique [pik] <> *nf* - **1.** [arme] Pike *die* - **2.** *fig* [parole] Stichelei *die* ; **lancer des ~s à qqn** jn sticheln <> *nm* [aux cartes] Pik *das*.

piqué, e [pike] *adj* - **1.** [taché] fleckig - **2.** [troué] wurmstichig.

pique-assiette (*pl* **pique-assiettes** OU *inv*) *nm péj* Schmarotzer *der*, -in *die*.

pique-nique (*pl* **pique-niques**) *nm* Picknick *das*.

piquer [3] [pike] <> *vt* - **1.** [sujet : insecte] stechen - **2.** [avec pointe] piken ; **~ un rôti d'ail** CULIN einen Braten mit Knoblauch spicken - **3.** MÉD : **~ qqn** jm eine Spritze geben - **4.** [animal] ein|schläfern - **5.** [sujet : tissu, barbe] kratzen - **6.** COUTURE (ab)|steppen - **7.** *fam* [voler] klauen, stibitzen <> *vi* - **1.** [épine, ortie] piken - **2.** [insecte] stechen - **3.** [épice] scharf sein, brennen - **4.** COUTURE nähen - **5.** *fam* [voler] klauen.

piquet [pikɛ] *nm* Pflock *der*. ◆ **piquet de grève** *nm* Streikposten *der*.

piqûre [pikyr] *nf* - **1.** [d'insecte] Stich *der* - **2.** [d'ortie] Brand *der* - **3.** [injection] Spritze *die* - **4.** COUTURE : **faire des ~s** reihen.

piratage [pirataʒ] *nm* - **1.** RADIO & TÉLÉ unerlaubtes Senden - **2.** INFORM Raubkopieren *das*.

pirate [pirat] <> *nm* [corsaire] Pirat *der* ; **~ de l'air** Flugzeugentführer *der*, -in *die* <> *adj* Piraten- ; **enregistrement ~** unerlaubter Mitschnitt ; **radio ~** Schwarzsender *der*.

pire [pir] <> *adj* - **1.** [comparatif relatif] schlimmer,-e,-s - **2.** [superlatif] : **le** OU **la ~** der OU die OU das schlimmste <> *nm* Schlimmste *das* <> *nmf* Schlimmste *der*, Schlimmste *die*, *das*.

pirogue [pirɔg] *nf* Piroge *die*.

pirouette [pirwɛt] *nf* - **1.** [tour sur soi-même] Umdrehung *die* - **2.** [de danse] Pirouette *die* - **3.** *fig* [faux-fuyant] Ausflucht *die*.

pis[1] [pi] *nm* [de vache] Euter *das*.

pis[2] [pi] *adv sout* schlimmer ; **de mal en ~, de ~ en ~** immer schlimmer.

pis-aller [pizale] *nm inv* Notlösung *die*.

pisciculture [pisikyltyr] *nf* Fischzucht *die*.

piscine [pisin] *nf* Schwimmbad *das* ; **~ couverte** Hallenbad *das* ; **~ découverte** Freibad *das*.

pissenlit [pisɑ̃li] *nm* Löwenzahn *der*.

pisser [3] [pise] *tfam* <> *vt* : **~ le** OU **du sang** saumäßig bluten <> *vi* pinkeln.

pissotière [pisɔtjɛr] *nf fam* Pissoir *das*.

pistache [pistaʃ] <> *nf* Pistazie *die* <> *adj inv* pistaziengrün.

piste [pist] *nf* - **1.** [trace, d'enregistrement] Spur *die* - **2.** [zone aménagée] : **~ cyclable** Radweg *der* ; **~ de danse** Tanzfläche *die* ; **~ de ski** Skipiste *die*.

pistil [pistil] *nm* Blütenstempel *der*.

pistolet [pistɔlɛ] *nm* - **1.** [arme] Pistole *die* - **2.** [à peinture] Spritzpistole *die*.

piston [pistɔ̃] *nm* - **1.** TECHNOL Kolben *der* - **2.** MUS [d'instrument] Ventil *das* - **3.** *fig* [appui] Vitamin B *das* ; **donner un coup de ~ à qqn** jm unter die Arme greifen.

pistonner [3] [pistɔne] *vt* : **~ qqn** jm nach|helfen.

pitance [pitɑ̃s] *nf vieilli & péj* Süppchen *das*.

pitbull, pit-bull [pitbul] (*pl* **pit-bulls**) *nm* Pitbull *der*.

piteux, euse [pitø, øz] *adj* erbärmlich.

pitié [pitje] *nf* Mitleid *das*, Erbarmen *das* ; **avoir ~ de qqn** mit jm Mitleid haben ; **arrêtez, par ~!** hören Sie auf, um Gottes willen!

piton [pitɔ̃] *nm* - **1.** [clou] Ringnagel *der* - **2.** [pic] Gipfel *der*.

pitoyable [pitwajabl] *adj* - **1.** [touchant] Mitleid erregend - **2.** [minable] erbärmlich.

pitre [pitr] *nm* Narr *der.*
pitrerie [pitrəri] *nf* Schabernack *der.*
pittoresque [pitɔrɛsk] *adj* **- 1.** [région] malerisch **- 2.** [détail] pikant.
pivot [pivo] *nm* **- 1.** [de mécanisme] Zapfen *der*, Drehzapfen **- 2.** [de dent] Stift *der* **- 3.** SPORT [basket] mittlerer Angriffsspieler **- 4.** *fig* [centre] Dreh- und Angelpunkt *der.*
pivoter [3] [pivɔte] *vi* **- 1.** [personne] sich um|drehen **- 2.** [porte] schwingen.
pizza [pidza] *nf* Pizza *die.*
placage [plakaʒ] *nm* [de bois] Furnier *das.*
placard [plakar] *nm* **- 1.** [armoire] (Wand)-schrank *der* ; **mettre qqn au ~** *fam fig* jn beiseite schieben **- 2.** [affiche] Anschlag *der* ; **~ publicitaire** Werbeanzeige *die.*
placarder [3] [plakarde] *vt* an|schlagen.
place [plas] *nf* **- 1.** [gén] Platz *der* ; **prendre de la ~** sperrig sein, viel Platz ein|nehmen ; **prendre la ~ de qqn** js Platz ein|nehmen ; **~ assise** Sitzplatz ; **faire ~ à qqch** *fig* einer Sache *(D)* weichen **- 2.** [emplacement, position] Stellung *die* ; **changer qqch de ~** etw um|stellen **- 3.** [emploi] Arbeitsplatz *der*, Stelle *die* **- 4.** FIN : **~ (boursière)** (Börsen)platz *der.*
placement [plasmɑ̃] *nm* **- 1.** [d'argent] Anlage *die* **- 2.** [d'employé] Stellenvermittlung *die* **- 3.** [de malade] Einweisung *die.*
placenta [plasɛ̃ta] *nm* Mutterkuchen *der.*
placer [16] [plase] *vt* **- 1.** [mettre] stellen ; [objet] hin|stellen, ein|räumen ; **~ qqn dans une situation délicate** jn in eine heikle Lage bringen ; **~ ses espérances en qqn/qqch** seine Hoffnung auf jn/etw setzen **- 2.** [invités, spectateurs] : **~ qqn** jm einen Platz zu|weisen ; **être bien/mal placé** [au spectacle] einen guten/schlechten Platz haben ; **être bien/mal placé pour faire qqch** *fig* es sich erlauben/nicht erlauben können, etw zu tun **- 3.** [argent] an|legen. ◆ **se placer** *vp* **- 1.** [prendre place] sich hin|setzen **- 2.** *fig* [se situer] : **se ~ du point de vue de qqn** sich in jn versetzen.
placide [plasid] *adj* ruhig, gelassen.
plafond [plafɔ̃] *nm* **- 1.** [de pièce] Decke *die* **- 2.** *fig* [limite] Obergrenze *die.*
plafonner [3] [plafɔne] *vi* [prix, salaire] die Obergrenze erreichen.
plage [plaʒ] *nf* **- 1.** [de sable] Strand *der* **- 2.** [de disque] Abschnitt *der* **- 3.** *fig* [de temps] : **~ horaire** Zeiteinteilung *die* ; **~ musicale** musikalisches Spektrum. ◆ **plage arrière** *nf* [de voiture] Rückablage *die.*
plagiat [plaʒja] *nm* Plagiat *das.*
plagier [9] [plaʒje] *vt* plagiieren.
plaider [4] [plede] ◇ *vt* verteidigen ◇ *vi* ein Plädoyer halten ; **~ contre qqn** gegen jn aus|sagen ; **~ pour qqn** [avocat] jn verteidigen ; *fig* für jn sprechen.
plaidoirie [plɛdwari] *nf* Plädoyer *das.*
plaidoyer [plɛdwaje] *nm* Plädoyer *das.*
plaie [plɛ] *nf* [blessure] Wunde *die.*
plaindre [80] [plɛ̃dr] *vt* beklagen ; **ne pas être à ~** nicht zu beklagen sein. ◆ **se plaindre** *vp* **- 1.** [se lamenter] sich beklagen, sich beschweren **- 2.** [souffrir] : **se ~ de qqch** über etw *(A)* klagen **- 3.** [être mécontent] : **se ~ de qqn/qqch** sich über jn/etw beklagen.
plaine [plɛn] *nf* Ebene *die.*
plain-pied [plɛ̃pje] ◆ **de plain-pied** *loc adv* **- 1.** [pièce] ebenerdig **- 2.** *fig* [directement] ohne Umschweife.
plaint, e [plɛ̃, plɛ̃t] *pp* ▷ **plaindre.**
plainte [plɛ̃t] *nf* **- 1.** [gémissement] Klage *die*, Wehklage **- 2.** [mécontentement, grief] Beschwerde *die* **- 3.** JUR Klage *die*, Anzeige *die* ; **porter ~ contre qqn** gegen jn Anzeige erstatten, jn verklagen.
plaintif, ive [plɛ̃tif, iv] *adj* jammernd.
plaire [110] [plɛr] *vi* gefallen ; **~ à qqn** jm gefallen ; **ça me plaît** es gefällt mir ; **ça te plairait d'aller au cinéma?** hättest du Lust, ins Kino zu gehen? ; **s'il vous** OU **te plaît** bitte.
plaisance [plɛzɑ̃s] ◆ **de plaisance** *loc adj* : **navigation de ~** Segelsport *der* ; **port de ~** Segel- und Yachthafen *der.*
plaisancier, ère [plɛzɑ̃sje, ɛr] *nm, f* Yachtsegler *der*, -in *die.*
plaisant, e [plɛzɑ̃, ɑ̃t] *adj* angenehm.
plaisanter [3] [plɛzɑ̃te] ◇ *vi* scherzen, Spaß machen ; **tu plaisantes?** soll das ein Witz sein? ◇ *vt* necken.
plaisanterie [plɛzɑ̃tri] *nf* [gén] Scherz *der*, Witz *der* ; **raconter une ~** einen Witz erzählen.
plaisantin [plɛzɑ̃tɛ̃] *nm* Witzbold *der.*
plaisir [plezir] *nm* **- 1.** [joie] Freude *die*, Gefallen *der* ; **avoir/prendre (du) ~ à faire qqch** Gefallen daran haben/finden, etw zu tun ; **faire ~ à qqn** [service] jm einen Gefallen tun ; [joie] jm eine Freude machen ; **avec ~!** aber gerne! ; **faire qqch avec ~** etw gerne tun ; **j'ai le ~ de vous annoncer que** ich darf Ihnen an|kündigen, dass **- 2.** [sexuel] Lust *die.* ◆ **plaisirs** *nmpl* Vergnügungen *Pl.*
plan¹, e [plɑ̃, an] *adj* eben.
plan² [plɑ̃] *nm* **- 1.** [surface] Fläche *die* ; **~ d'eau** Wasserfläche ; **~ de travail** Arbeitsplatte *die*, Arbeitsfläche **- 2.** [dessin] Plan *der* **- 3.** MATHS Ebene *die* **- 4.** CIN Einstellung *die* ; **gros ~** Nahaufnahme *die* **- 5.** [structure] Gliederung *die* **- 6.** [projet] Plan *der*, Vorhaben *das* ; **~ social** Sozialplan *der* ; **faire des**

~**s** Pläne machen OU schmieden - **7.** [domaine] : **sur tous les ~s** in jeder Hinsicht ; **sur le ~ affectif** in gefühlsmäßiger Hinsicht. ◆ **au premier plan** *loc adv* [dans l'espace] im OU in den Vordergrund. ◆ **à l'arrière plan** *loc adv* im OU in den Hintergrund. ◆ **en plan** *loc adv* : **laisser qqn en ~** jn sitzen lassen ; **laisser qqch en ~** etw (stehen und) liegen lassen. ◆ **sur le même plan** *loc adj* gleichrangig.

planche [plɑ̃ʃ] *nf* - **1.** [en bois] Brett *das ;* **~ à dessin** Zeichenbrett ; **~ à repasser** Bügelbrett ; **~ à voile** Surfbrett ; **faire la ~** den toten Mann machen - **2.** [illustration] Bildtafel *die.*

plancher[1] [plɑ̃ʃe] *nm* - **1.** [de maison] Fußboden *der* - **2.** [de voiture] Boden *der ;* **avoir le pied au ~** *fam* mit Bleifuß fahren - **3.** *fig* [minimum] untere Grenze ; **prix ~** Mindestpreis *der.*

plancher[2] [3] [plɑ̃ʃe] *vi arg scol* eine Klausur schreiben. ◆ **plancher sur** *v prép fam :* **~ sur qqch** für etw büffeln.

plancton [plɑ̃ktɔ̃] *nm* Plankton *das.*

planer [3] [plane] *vi* - **1.** [voler - avion, oiseau] im Gleitflug schweben ; [- feuille] schweben - **2.** *fig* [doute, mystère] : **~ sur qqn/qqch** über jm/etw liegen - **3.** *fam fig* [être dans la lune] in den Wolken schweben.

planétaire [planetɛr] *adj* - **1.** ASTRON Planeten-, planetarisch - **2.** [mondial] weltweit.

planétarium [planetarjɔm] *nm* Planetarium *das.*

planète [planɛt] *nf* Planet *der.*

planeur [planœr] *nm* Segelflugzeug *das.*

planification [planifikasjɔ̃] *nf* ÉCON Planung *die.*

planifier [9] [planifje] *vt* ÉCON planen.

planning [planiŋ] *nm* - **1.** [d'entreprise] Produktionsplan *der* - **2.** [personnel] Terminplan *der,* Programm *das.* ◆ **planning familial** *nm* - **1.** [contrôle des naissances] Familienplanung *die* - **2.** [organisme] Beratungsstelle *die* für Familienplanung.

planque [plɑ̃k] *nf fam* - **1.** [cachette - d'armes] Versteck *das ;* [- de malfaiteur] Unterschlupf *der* - **2.** *fig* [travail privilégié] cooler Job.

plant [plɑ̃] *nm* - **1.** [jeune plante] Setzling *der* - **2.** [culture] Beet *das.*

plantaire [plɑ̃tɛr] *adj :* **verrue ~** Fußwarze *die ;* **voûte ~** Fußgewölbe *das.*

plantation [plɑ̃tasjɔ̃] *nf* - **1.** [action] Pflanzen *das* - **2.** [culture] Anbau *der* - **3.** [exploitation agricole] Plantage *die.*

plante [plɑ̃t] *nf* - **1.** BOT Pflanze *die ;* **~ grasse** Sukkulente *die ;* **~ verte** OU **d'appartement** OU **d'intérieur** Grünpflanze, Zimmerpflanze - **2.** ANAT : **~ du pied** (Fuß)sohle *die.*

planter [3] [plɑ̃te] <> *vt* - **1.** [arbre] (ein)|pflanzen - **2.** [enfoncer - clou] ein|schlagen ; [- pieu] ein|rammen ; **~ un couteau dans le dos de qqn** jm ein Messer in den Rücken stoßen - **3.** [tente] auf|schlagen - **4.** *fam fig* [laisser tomber] : **~ là** stehen lassen, im Stich lassen <> *vi* INFORM *fam* ab|stürzen.

plantureux, euse [plɑ̃tyrø, øz] *adj* - **1.** [repas, poitrine] üppig - **2.** [femme] beleibt.

plaque [plak] *nf* - **1.** [objet plat] Platte *die ;* **~ chauffante** OU **de cuisson** Herdplatte ; **~ de chocolat** Schokoladentafel *die* - **2.** [gravée] Schild *das ;* **~ commémorative** Gedenktafel *die ;* **~ d'immatriculation** OU **minéralogique** Kraftfahrzeugkennzeichen *das,* Nummernschild - **3.** [sur la peau] großer Fleck.

plaquer [3] [plake] *vt* - **1.** [métal] plattieren - **2.** [bois] furnieren - **3.** [aplatir] : **~ qqn/qqch contre** OU **sur qqch** jn/etw gegen OU auf OU an etw *(A)* drücken - **4.** *fam* [abandonner - personne] sitzen lassen ; [- situation] : **tout ~** alles auf|geben.

plaquette [plakɛt] *nf* - **1.** [de métal, de chocolat] Tafel *die* - **2.** CULIN : **une ~ de beurre** ein Paket Butter - **3.** [de comprimés] Blister *der ;* [de pilules contraceptives] Kalenderpackung *die* - **4.** [publicitaire] Broschüre *die.* ◆ **plaquettes** *nfpl* [sanguines] Plättchen *Pl.*

plasma [plasma] *nm* Plasma *das.*

plastifié, e [plastifje] *adj* mit Kunststoffüberzug ; **carte d'identité ~e** foliengeschützter Ausweis.

plastique [plastik] <> *adj* - **1.** [matériau, beauté] plastisch ; **arts ~s** bildende Künste - **2.** [synthétique] : **matière ~** Kunststoff *der* <> *nf* Plastik *die* <> *nm* Plastik *das,* Kunststoff *der.*

plastiquer [3] [plastike] *vt* (mit Plastikbomben) sprengen.

plat, e [pla, plat] *adj* - **1.** [gén] flach - **2.** [eau] ohne Kohlensäure - **3.** *fig* [fade] langweilig. ◆ **plat** *nm* - **1.** [de four] feuerfeste Form ; [de service] Platte *die* - **2.** [mets] Gericht *das ;* [de menu] Gang *der ;* **~ du jour** Tagesgericht ; **~ de résistance** Hauptgericht. ◆ **à plat** <> *loc adj* - **1.** [dégonflé] platt - **2.** *fam* [épuisé] ausgelaugt <> *loc adv* [horizontalement] flach ; **poser à ~** flach legen.

platane [platan] *nm* Platane *die.*

plateau, x [plato] *nm* - **1.** [de cuisine] Tablett *das ;* **~ de fromages** Käseplatte *die* - **2.** [de balance] Waagschale *die* - **3.** GÉOGR Hochebene *die* - **4.** [de théâtre] Bühne *die ;*

[de télévision] Studio *das ;* **sur le ~** im Studio.

plateau-repas *nm* vollständige (auf einem Tablett servierte) Mahlzeit.

plate-bande [platbɑ̃d] *nf* Rabatte *die,* Beet *das.*

platée [plate] *nf* : **une ~ de qqch** ein Teller (voll) etw.

plate-forme [platfɔrm] *nf* **- 1.** [de bâtiment, de bus & POLIT] Plattform *die* **- 2.** [dispositif] Rampe *die ;* **~ de tir** Abschussrampe *die ;* **~ de forage** OU **pétrolière** Bohrinsel *die.*

platine [platin] ◇ *adj inv :* **blond ~** wasserstoffblond, platinblond ◇ *nm* [métal] Platin *das* ◇ *nf* [électrophone] : **~ laser** CD-Player *der.*

platonique [platɔnik] *adj* [amour, amitié] platonisch.

plâtras [platra] *nm* [gravats] Bauschutt *der.*

plâtre [platr] *nm* **- 1.** CONSTR Gips *der* **- 2.** MÉD Gips(verband) *der ;* **avoir qqch dans le ~** etw im Gips haben.

plâtrer [3] [platre] *vt* **- 1.** [mur] vergipsen **- 2.** MÉD ein|gipsen.

plausible [plozibl] *adj* plausibel.

play-back [plɛbak] *nm inv* Play-back *das ;* **chanter en ~** mit Play-back singen.

play-boy [plɛbɔj] (*pl* **play-boys**) *nm* Playboy *der.*

plébiscite [plebisit] *nm* Volksabstimmung *die.*

plein, e [plɛ̃, plɛn] *adj* **- 1.** [gén] voll ; **~ de qqch** voll mit etw ; **un vase ~ de fleurs** eine Vase voller Blumen ; **être en ~e forme** in Hochform sein ; **~e lune** Vollmond *der* **- 2.** [bois] massiv. ◆ **plein** ◇ *nm* [d'essence] Tankfüllung *die ;* **faire le ~** AUTOM voll tanken ; *fig* [théâtre] ausverkauft sein ◇ *prép fam :* **il a du chocolat ~ les doigts** er hat die Hände voll von Schokolade. ◆ **pleine** *adj* [femelle] trächtig. ◆ **en plein** *loc adv* mitten in *(+ D) ;* **être en ~ dedans** mitten drin sein. ◆ **en plein sur** *loc adv :* **foncer en ~ sur qqn/qqch** voll auf jn/etw zu|steuern.

plein-temps [plɛ̃tɑ̃] *nm* Vollzeitjob *der.* ◆ **à plein-temps** *loc adj* Vollzeit-, Ganztags-.

plénitude [plenityd] *nf sout* **- 1.** [de forme, de son] Fülle *die* **- 2.** [totalité] Gänze *die ;* **conserver la ~ de ses facultés** im Vollbesitz seiner Kräfte sein.

pléonasme [pleɔnasm] *nm* Pleonasmus *der.*

pleurer [5] [plœre] ◇ *vi* **- 1.** [verser des larmes] weinen **- 2.** *péj* [se plaindre] jammern **- 3.** [se lamenter] : **~ sur qqn/qqch** jn/etw beklagen **- 4.** [yeux] tränen ◇ *vt* **- 1.** [personne] beweinen **- 2.** [chose] : **~ qqch** um etw trauern.

pleurs [plœr] *nmpl sout :* **les ~** die Tränen, das Weinen ; **être en ~** in Tränen aufgelöst sein.

pleuvoir [68] [pløvwar] *v impers :* **il pleut** es regnet.

Plexiglas® [plɛksiglas] *nm* Plexiglas® *das.*

plexus [plɛksys] *nm* ANAT Plexus *der ;* **~ solaire** Sonnengeflecht *das.*

pli [pli] *nm* **- 1.** [de tissu, de peau] Falte *die ;* **faux ~** Knitterfalte **- 2.** [de vêtement, de cheveux] Form *die* **- 3.** [lettre] Brief *der* **- 4.** [aux cartes] Stich *der.*

pliant, e [plijɑ̃, ɑ̃t] *adj* Klapp-, klappbar.

plier [10] [plije] ◇ *vt* **- 1.** [papier, tissu] falten **- 2.** [vêtement] zusammen|falten **- 3.** [bras, jambes] an|winkeln ◇ *vi* **- 1.** [se courber] sich biegen **- 2.** *fig* [céder, faiblir] : **~ devant qqch** sich etw *(D)* fügen. ◆ **se plier** *vp* **- 1.** [lit, table] sich zusammenklappen lassen **- 2.** [se soumettre] : **se ~ à qqch** sich etw *(D)* beugen.

plinthe [plɛ̃t] *nf* Fußbodenleiste *die.*

plissé, e [plise] *adj* **- 1.** [jupe] Plissee- **- 2.** [peau] faltig **- 3.** [relief] gefaltet.

plissement [plismɑ̃] *nm* **- 1.** [de front] Runzeln *das ;* [d'yeux] Zusammenkneifen *das* **- 2.** GÉOL Faltung *die.*

plisser [3] [plise] ◇ *vt* COUTURE in Falten legen, plissieren ◇ *vi* [étoffe] zerknautschen.

plomb [plɔ̃] *nm* **- 1.** [métal] Blei *das* **- 2.** [de chasse] (Schrot)kugel *die* **- 3.** ÉLECTR : **les ~s** die Sicherung.

plombage [plɔ̃baʒ] *nm* **- 1.** [action] Verplomben *das* **- 2.** [de dent] Plombe *die.*

plomber [3] [plɔ̃be] *vt* **- 1.** [dent] plombieren **- 2.** [sceller] verplomben.

plombier [plɔ̃bje] *nm* Klempner *der.*

plonge [plɔ̃ʒ] *nf* : **faire la ~** Teller waschen.

plongeant, e [plɔ̃ʒɑ̃, ɑ̃t] *adj :* **une vue ~e sur qqch** ein Blick von oben herab auf etw *(A) ;* **décolleté ~** tiefer Ausschnitt.

plongée [plɔ̃ʒe] *nf* **- 1.** [immersion] Tauchen *das* **- 2.** PHOT & CIN Aufnahme *die* von oben.

plongeoir [plɔ̃ʒwar] *nm* Sprungbrett *das.*

plongeon [plɔ̃ʒɔ̃] *nm* [dans l'eau] (Kopf)sprung *der.*

plonger [17] [plɔ̃ʒe] ◇ *vt* **- 1.** [immerger] (ein)|tauchen ; **~ qqch dans qqch** etw in etw *(A)* tauchen **- 2.** [enfoncer] stecken ◇ *vi* [sauter] ins Wasser springen ; [s'immerger] tauchen.

plongeur, euse [plɔ̃ʒœr, øz] *nm, f* **- 1.** SPORT Taucher *der,* -in *die* **- 2.** [en cuisine] Tellerwäscher *der,* -in *die.*

ployer [13] [plwaje] *vi sout* [plier] sich biegen ; **faire ~ qqch** etw biegen.

plu [ply] *pp inv* ▷ **plaire** ▷ **pleuvoir.**

pluie [plɥi] *nf* [averse] Regen *der ;* **une ~ battante** ein strömender Regen.

plume [plym] *nf* Feder *die ;* **stylo ~** Federhalter *der ;* **homme de ~** *fig* Schriftsteller *der ;* **vivre de sa ~** *fig* von seiner Feder leben.

plumeau, x [plymo] *nm* Staubwedel *der.*

plumer [3] [plyme] *vt* **- 1.** [volaille] rupfen **- 2.** *fam* [personne] aus|nehmen.

plumier [plymje] *nm* Federkasten *der.*

plupart [plypar] *nf :* **la ~ de** der Großteil von ; **la ~ du temps** meistens ; **pour la ~** zum Großteil, größtenteils.

pluriel, elle [plyrjɛl] *adj* GRAM Plural-. ◆ **pluriel** *nm* GRAM Plural *der,* Mehrzahl *die.*

plus [ply(s)] ◇ *adv* **- 1.** [en quantité] mehr ; **beaucoup/un peu ~** viel/ein bisschen mehr **- 2.** [comparatif] : **c'est ~ court par là** da entlang ist es kürzer ; **il est ~ jeune que son frère** er ist jünger als sein Bruder ; **c'est ~ simple qu'on ne le croit** das ist einfacher, als man denkt ; **il a ~ d'argent que moi** er hat mehr Geld als ich ; **~ j'y pense, ~ je me dis que** je mehr ich daran denke, desto mehr meine ich, dass **- 3.** [superlatif] : **le ~** am meisten ; **un de ses tableaux les ~ connus** eines seiner bekanntesten Gemälde ; **le ~ souvent** meistens ; **le ~ vite possible** so schnell wie möglich **- 4.** [négation] : **(ne) ... ~ de** kein,-e,-r ... mehr ; **~ un mot!** kein Wort mehr! ; **ne ... ~** nicht mehr ; **je n'y comprends ~ rien** ich verstehe nichts mehr ; **il ne voit ~ personne** er trifft niemanden mehr ; **ne revenez ~ jamais!** kommen Sie nie mehr wieder! ; **il n'y a ~ personne** es ist keiner mehr da ◇ *nm* **- 1.** [signe] Pluszeichen *das* **- 2.** *fig* [atout] Pluspunkt *der* ◇ *prép* und, plus ; **1 000 F ~ la TVA** 1000 F zuzüglich MWSt ; **trois ~ trois = six** drei plus drei = sechs. ◆ **au plus** *loc adv* höchstens. ◆ **de plus** *loc adv* **- 1.** [en supplément] : **un mot de ~ et je m'en vais** noch ein Wort und ich gehe ; **une fois de ~, vous êtes en retard** Sie sind wieder einmal zu spät **- 2.** [en comparaison] : **une de ~ qu'hier** eine mehr als gestern **- 3.** [en outre] außerdem. ◆ **de plus en plus** *loc adv* immer mehr ; **de ~ en ~ dangereux/haut/souvent** immer gefährlicher/höher/öfter. ◆ **en plus** *loc adv* **- 1.** [en supplément] extra ; **et en ~ il m'a demandé de l'argent!** und dazu hat er mich noch um Geld gebeten! **- 2.** [d'ailleurs] außerdem. ◆ **en plus de** *loc prép* **- 1.** [temporel] : **en ~ de deux heures/vingt ans** in über OU mehr als zwei Stunden/zwanzig Jahren **- 2.** [outre] : **en ~ du squash, elle fait du tennis** außer Squash spielt sie auch noch Tennis. ◆ **et plus** *loc adv* ab ; **enfants de 10 ans et ~** Kinder ab 10 Jahren. ◆ **ni plus ni moins** *loc adv* ganz einfach. ◆ **plus ou moins** *loc adv* mehr oder weniger. ◆ **plus que** *loc adv* mehr als.

plusieurs [plyzjœr] ◇ *adj indéf pl* mehrere ; **~ fois** mehrmals ◇ *pron indéf pl :* **se mettre à ~ pour faire qqch** etw zu mehreren tun.

plus-que-parfait *nm* Plusquamperfekt *das.*

plus-value [plyvaly] *nf* **- 1.** [d'investissement] Wertzuwachs *der* **- 2.** [bénéfice] Mehrertrag *der* **- 3.** [surcoût] Aufpreis *der.*

plutôt [plyto] *adv* **- 1.** [de préférence] lieber, eher ; **une maladie qui touche ~ les enfants** eine Krankheit, die in erster Linie Kinder trifft **- 2.** [au lieu] : **~ que de** lieber OU besser als, anstatt **- 3.** [plus exactement] vielmehr ; **ou ~** oder genauer gesagt **- 4.** [assez] ziemlich.

pluvieux, euse [plyvjø, øz] *adj* regnerisch.

PME (*abr de* **petite et moyenne entreprise**) *nf* kleiner oder mittlerer Betrieb.

PMI *nf* (*abr de* **petite et moyenne industrie**) mittelständische Industrie.

PMU (*abr de* **Pari mutuel urbain**) *nm französischer Totalisator mit Wettannahmestellen.*

pneu [pnø] *nm* [de véhicule] Reifen *der ;* **~ arrière** Hinterreifen ; **~ avant** Vorderreifen.

pneumatique [pnømatik] ◇ *nm vieilli* [de véhicule] Reifen *der* ◇ *adj* **- 1.** [outil, machine] Druckluft-, pneumatisch **- 2.** [gonflé à l'air] : **bateau ~** Schlauchboot *das ;* **matelas ~** Luftmatratze *die.*

pneumonie [pnømɔni] *nf* Lungenentzündung *die.*

poche [pɔʃ] *nf* **- 1.** [de vêtement] Tasche *die* **- 2.** [de sac] Fach *das* **- 3.** [sac] (Trage)tasche *die* **- 4.** [d'air, de pétrole] Ansammlung *die.* ◆ **de poche** *loc adj* Taschen-.

poché, e [pɔʃe] *adj* **- 1.** CULIN pochiert **- 2.** *loc :* **avoir un œil ~** ein blaues Auge haben.

pochette [pɔʃɛt] *nf* **- 1.** [d'allumettes, de photos] Etui *das* **- 2.** [de disque] Hülle *die* **- 3.** [mouchoir] Einstecktuch *das.*

pochoir [pɔʃwar] *nm* Schablone *die.*

podium [pɔdjɔm] *nm* **- 1.** SPORT Siegerpodest *das* **- 2.** [de spectacle] Podium *das.*

poêle [pwal] ◇ *nf* CULIN Pfanne *die ;* **~ à frire** Bratpfanne ◇ *nm* [de chauffage] Ofen *der.*

poème [pɔɛm] *nm* Gedicht *das.*

poésie [pɔezi] *nf* **- 1.** [genre littéraire,

caractère poétique] Poesie *die* - **2.** [poème] Gedicht *das*.

poète [pɔɛt] <> *adj* poetisch <> *nm* [écrivain] Dichter *der*, -in *die*.

pogrom, pogrome [pɔgrɔm] *nm* Pogrom *das*.

poids [pwa] *nm* - **1.** [en kilos, de métal] Gewicht *das* ; **perdre du ~** ab|nehmen ; **prendre du ~** zu|nehmen ; **quel ~ fait-il?** wie schwer ist er? ; **~ lourd** [boxe] Schwergewicht ; [camion] Lastwagen *der* - **2.** *fig* [force] Stellenwert *der* ; **de ~** [personne] einflussreich ; [argument] schwer wiegend - **3.** *fig* [fardeau] Last *die* - **4.** SPORT Kugel *die* ; **lancer du ~** Kugelstoßen *das*.

poignant, e [pwaɲɑ̃, ɑ̃t] *adj* herzzerreißend.

poignard [pwaɲar] *nm* Dolch *der*.

poignée [pwaɲe] *nf* - **1.** [manche] Griff *der* ; **~ de porte** Türklinke *die* - **2.** [petite quantité] : **une ~ de** ein Hand voll von. ◆ **poignée de main** *nf* Händedruck *der*.

poignet [pwaɲɛ] *nm* - **1.** [articulation] Handgelenk *das* - **2.** [de chemise] Manschette *die*.

poil [pwal] *nm* - **1.** [de corps] Haar *das* - **2.** [pelage] Fell *das*.

poilu, e [pwaly] *adj* behaart. ◆ **poilu** *nm fam* HIST *französischer Soldat im Ersten Weltkrieg*.

poinçon [pwɛ̃sɔ̃] *nm* - **1.** [sceau] Stempel *der* - **2.** [outil] Punze *die*.

poinçonner [3] [pwɛ̃sɔne] *vt* - **1.** [bijou] punzen - **2.** [billet] lochen - **3.** [tôle] stanzen.

poing [pwɛ̃] *nm* Faust *die*.

point [pwɛ̃] *nm* - **1.** [gén] Punkt *der* ; **~ de chute** Stützpunkt ; **~ de départ** Ausgangspunkt ; **~ d'exclamation** Ausrufezeichen *das* ; **~ d'interrogation** Fragezeichen *das* ; **~ noir** [sur la peau] Mitesser *der* ; [problème] dunkler Punkt ; **~ de repère** Anhaltspunkt ; **~s de suspension** (drei) Pünktchen *Pl* ; **~ de vente** COMM Verkaufsstelle *die* ; **~ de vue** [panorama] Aussichtspunkt ; [opinion] Standpunkt ; **à ce ~** dermaßen ; **je ne suis pas naïve au ~ de croire ça** ich bin nicht so naiv, dass ich das glaube ; **au ~ où j'en suis, ça n'a plus d'importance** so wie die Dinge nun einmal liegen, ist das nicht mehr wichtig ; **avoir un ~ commun avec qqn** etwas mit jm gemeinsam haben ; **être mal en ~** gesundheitlich nicht auf der Höhe sein ; **être sur le ~ de faire qqch** sich an|schicken, etw zu tun ; **mettre qqch au ~** [machine] etw ein|stellen ; [idée, projet] etw entwickeln - **2.** COUTURE, TRICOT & MÉD Stich *der* ; **~ de suture** MÉD Stich *der* - **3.** [question] Frage *die*, Punkt *der* - **4.** [douleur] stechender Schmerz ; **~ de côté** Seitenstechen *das*. ◆ **à point** *loc adj* [cuisson] durch(gebraten). ◆ **à point (nommé)** *loc adv* zum richtigen Zeitpunkt. ◆ **points cardinaux** *nmpl* Himmelsrichtungen *Pl*.

pointe [pwɛ̃t] *nf* - **1.** [extrémité pointue] Spitze *die* ; **se hausser sur la ~ des pieds** sich auf die Zehenspitzen stellen - **2.** [clou] Nagel *der* - **3.** [de terre] Landzunge *die* - **4.** *fig* [d'humour, de jalousie] Spur *die* - **5.** *loc* : **être à la ~ de qqch** in etw *(D)* führend sein. ◆ **de pointe** *loc adj* Spitzen-.

pointer [3] [pwɛ̃te] <> *vt* - **1.** [cocher] ab|haken - **2.** [à l'usine] : **~ les employés** die Anwesenheit der Angestellten kontrollieren - **3.** [diriger] : **~ qqch vers** OU **sur qqn/qqch** etw auf jn/etw richten <> *vi* - **1.** [à l'usine] stechen - **2.** [au chômage] stempeln - **3.** [sentiment] durch|schimmern.

pointillé [pwɛ̃tije] *nm* gestrichelte Linie ; **en ~** [ligne] gestrichelt ; *fig* zwischen den Zeilen ; **détacher suivant les ~s** an der gestrichelten Linie ab|trennen.

pointu, e [pwɛ̃ty] *adj* - **1.** [forme, nez] spitz - **2.** [formation, méthode] hoch spezialisiert - **3.** [analyse] sehr gründlich.

pointure [pwɛ̃tyr] *nf* [de chaussure] Größe *die*.

point-virgule *nm* Strichpunkt *der*.

poire [pwar] *nf* - **1.** [fruit] Birne *die* - **2.** *fam* [tête] Birne *die* - **3.** [objet] : **~ à injection** Klistierspritze *die*.

poireau, x [pwaro] *nm* [légume] Lauch *der*, Porree *der*.

poirier [pwarje] *nm* [arbre] Birnbaum *der*.

pois [pwa] *nm* - **1.** [plante, légume] Erbse *die* ; **~ chiche** Kichererbse ; **petits ~** grüne Erbsen - **2.** *fig* [motif] Punkt *der* ; **à ~** gepunktet.

poison [pwazɔ̃] *nm* Gift *das* ; *fig* Plage *die*.

poisse [pwas] *nf fam* Pech *das*.

poisseux, euse [pwasø, øz] *adj* schmierig.

poisson [pwasɔ̃] *nm* Fisch *der* ; **~ rouge** Goldfisch ; **~ d'avril** *fig* Aprilscherz *der*. ◆ **Poissons** *nmpl* ASTRON & ASTROL Fische *die* ; **sous le signe des Poissons** im Zeichen der Fische.

poissonnerie [pwasɔnri] *nf* [boutique] Fischgeschäft *das*.

poissonnier, ère [pwasɔnje, ɛr] *nm, f* Fischhändler *der*, -in *die*.

poitrine [pwatrin] *nf* - **1.** [thorax, viande] Brust *die* ; **respirer à pleine ~** kräftig durch|atmen - **2.** [seins] Busen *der*.

poivre [pwavr] *nm* Pfeffer *der* ; **~ noir/blanc** schwarzer/weißer Pfeffer.

poivron [pwavrɔ̃] *nm* Paprika *der* ; **~ rouge/vert** roter/grüner Paprika.

poker [pɔkɛr] *nm* Poker *der ou das* ; **jouer au ~** Poker spielen.

polaire [pɔlɛr] *adj* - **1.** [cercle, région, climat] Polar- - **2.** ÉLECTR Pol-.

pôle [pol] *nm* - **1.** GÉOGR & ÉLECTR Pol *der* - **2.** [zone] Zentrum *das* - **3.** *fig* [extrémité] Extrem *das.*

polémique [pɔlemik] <> *nf* Kontroverse *die*, Polemik *die* <> *adj* polemisch.

poli, e [pɔli] *adj* - **1.** [courtois] höflich - **2.** [surface] poliert.

police [pɔlis] *nf* - **1.** [administration] Polizei *die* ; **être de/dans la ~** von/bei der Polizei sein ; **faire la ~** Polizei spielen ; **~ secours** Überfallskommando *das* - **2.** [contrat] Police *die* ; **~ d'assurance** Versicherungspolice - **3.** TYPO Schrift(art) *die.*

polichinelle [pɔliʃinɛl] *nm* - **1.** [jouet] Kasperpuppe *die* ; **secret de Polichinelle** offenes Geheimnis - **2.** *fam* [personne] Hampelmann *der.*

policier, ère [pɔlisje, ɛr] *adj* - **1.** [chien, État] Polizei- ; [mesure] polizeilich - **2.** [roman, film] Kriminal-. ◆ **policier** *nm* - **1.** [roman] Krimi *der* - **2.** [agent] Polizist *der*, -in *die.*

polio [pɔljo] (*abr de* **poliomyélite**) *nf* Kinderlähmung *die.*

polir [32] [pɔlir] *vt* [poncer] polieren.

polisson, onne [pɔlisɔ̃, ɔn] <> *adj* - **1.** [fripon] frech - **2.** [grivois] anzüglich <> *nm, f* Schlingel *der.*

politesse [pɔlitɛs] *nf* Höflichkeit *die.*

> **politesse**
>
> Der französische Begriff **politesse** bedeutet „Höflichkeit" und hat nichts mit dem deutschen Substantiv „Politesse" zu tun. Diese wird mit **contractuelle** übersetzt. **« Je vous en prie » est une formule de politesse** heißt auf Deutsch „« gern geschehen » ist eine Höflichkeitsformel."
>
> „Die Politesse hat mir einen Strafzettel an die Windschutzscheibe geklemmt" wird dagegen mit **La contractuelle m'a mis un PV sur le pare-brise** wiedergegeben.

politicien, enne [pɔlitisjɛ̃, ɛn] <> *adj* taktierend ; **politique ~ne** politische Querelen *Pl* <> *nm, f* Politiker *der*, -in *die.*

politique [pɔlitik] <> *nf* Politik *die* ; **faire de la ~** Politiker sein <> *nm* [personne] Politiker *der*, -in *die* <> *adj* [gén] politisch.

politiser [3] [pɔlitize] *vt* politisieren.

pollen [pɔlɛn] *nm* Pollen *der*, Blütenstaub *der.*

polluer [7] [pɔlɥe] *vt* verschmutzen.

pollution [pɔlysjɔ̃] *nf* Verschmutzung *die* ; [de l'environnement] Umweltverschmutzung *die* ; **~ atmosphérique** Luftverschmutzung.

polo [pɔlo] *nm* - **1.** [sport] Polo *das* - **2.** [chemise] Polohemd *das.*

Pologne [pɔlɔɲ] *nf* : **la ~** Polen *nt.*

polonais, e [pɔlɔnɛ, ɛz] *adj* polnisch. ◆ **polonais** *nm* [langue] Polnisch(e) (*das*). ◆ **Polonais, e** *nm, f* Pole *der*, -lin *die.*

poltron, onne [pɔltrɔ̃, ɔn] <> *adj* ängstlich <> *nm, f* Angsthase *der.*

polychrome [pɔlikrom] *adj* mehrfarbig.

polyclinique [pɔliklinik] *nf* *Klinik mit mehreren Fachbereichen.*

polycopier [9] [pɔlikɔpje] *vt* vervielfältigen.

polyester [pɔliɛstɛr] *nm* Polyester *der.*

polygamie [pɔligami] *nf* Polygamie *die.*

polyglotte [pɔliglɔt] <> *nmf* *mehrere Sprachen beherrschende Person* <> *adj* mehrsprachig, polyglott.

polygone [pɔligɔn] *nm* MATHS Vieleck *das.*

polymère [pɔlimɛr] <> *nm* Polymer *das* <> *adj* polymer.

Polynésie [pɔlinezi] *nf* : **la ~** Polynesien *nt* ; **la ~ française** Französisch-Polynesien *nt.*

polysémique [pɔlisemik] *adj* polysem.

polystyrène [pɔlistirɛn] *nm* Styropor *das.*

polytechnicien, enne [pɔlitɛknisjɛ̃, ɛn] *nm, f* *Ingenieur mit einem Abschluss der französischen Elitehochschule Polytechnique.*

Polytechnique [pɔlitɛknik] *n* : **l'École ~** *französische Ingenieurhochschule.*

polyvalent, e [pɔlivalɑ̃, ɑ̃t] *adj* - **1.** [objet, salle] Mehrzweck- - **2.** [secrétaire, professeur] vielseitig.

pommade [pɔmad] *nf* Salbe *die.*

pomme [pɔm] *nf* - **1.** [fruit] Apfel *der* ; **~ de pin** Tannenzapfen *der* - **2.** [pomme de terre] : **~s allumettes** (dünne) Pommes frites *Pl* ; **~s vapeur** Salzkartoffeln *Pl.* ◆ **pomme d'Adam** *nf* Adamsapfel *der.*

pomme de terre [pɔmdətɛr] (*pl* **pommes de terre**) *nf* Kartoffel *die* ; **pommes de terre à l'eau** Salzkartoffeln *Pl* ; **pommes de terre au four** Folienkartoffeln *Pl* ; **pommes de terre en robe des champs** Pellkartoffeln *Pl.*

pommette [pɔmɛt] *nf* Backenknochen *der.*

pommier [pɔmje] *nm* Apfelbaum *der.*

pompe [pɔ̃p] *nf* - **1.** [appareil] Pumpe *die* ; **~ à essence** Zapfsäule *die* - **2.** [magnificence] Pomp *der* - **3.** *fam* [chaussure] Schuh *der* - **4.** SPORT : **faire des ~s** Liegestütze machen. ◆ **pompes funèbres** *nfpl* Bestattungsinstitut *das.*

pomper [3] [pɔ̃pe] *vt* - **1.** [aspirer, puiser] pumpen - **2.** [absorber] auf|saugen.

pompeux, euse [pɔ̃pø, øz] *adj* pompös.

pompier [pɔ̃pje] *nm* Feuerwehrmann *der* ; **les ~s** die Feuerwehr.

pompiste [pɔ̃pist] *nmf* Tankwart *der*.

pompon [pɔ̃pɔ̃] *nm* Bommel *der* ; **c'est le ~!** *fam* das ist der Gipfel!

pomponner [3] [pɔ̃pɔne] *vt* heraus|putzen. ◆ **se pomponner** *vp* sich schön machen.

ponce [pɔ̃s] *adj* : **pierre ~** Bimsstein *der*.

poncer [16] [pɔ̃se] *vt* (ab)|schleifen.

ponceuse [pɔ̃søz] *nf* Schleifmaschine *die*.

ponction [pɔ̃ksjɔ̃] *nf* - **1.** MÉD Punktion *die* - **2.** *fig* [prélèvement] Aderlass *der*.

ponctualité [pɔ̃ktɥalite] *nf* Pünktlichkeit *die*.

ponctuation [pɔ̃ktɥasjɔ̃] *nf* Zeichensetzung *die*.

ponctuel, elle [pɔ̃ktɥɛl] *adj* - **1.** [à l'heure] pünktlich - **2.** [sporadique] vereinzelt.

pondéré, e [pɔ̃dere] *adj* bedächtig.

pondérer [18] [pɔ̃dere] *vt* - **1.** [nuancer] ab|wägen - **2.** [compenser] aus|gleichen.

pondre [75] [pɔ̃dr] *vt* - **1.** [œuf] legen - **2.** *fam* [projet, texte] produzieren, fabrizieren.

pondu, e [pɔ̃dy] *pp* ▻ **pondre.**

poney [pɔnɛ] *nm* Pony *das*.

pont [pɔ̃] *nm* - **1.** [de navire & CONSTR] Brücke *die* ; **~ aérien** Luftbrücke - **2.** [congé] Brückentag *der*. ◆ **Ponts et Chaussées** *nmpl* ADMIN Hoch- und Tiefbauamt *das*.

ponte [pɔ̃t] ◇ *nf* (Eier)legen *das* ◇ *nm* *fam* : **(grand) ~** hohes Tier.

pont-levis [pɔ̃ləvi] *nm* Zugbrücke *die*.

ponton [pɔ̃tɔ̃] *nm* Ponton *der*.

pop [pɔp] ◇ *nm* ou *nf* Popmusik *die* ◇ *adj inv* Pop-.

pop-corn [pɔpkɔrn] *nm inv* Popcorn *das*.

populace [pɔpylas] *nf péj* gemeines Volk.

populaire [pɔpylɛr] *adj* - **1.** [du peuple] Volks- - **2.** [folklorique] volkstümlich - **3.** [demandé, apprécié] beliebt, populär.

populariser [3] [pɔpylarize] *vt* bekannt machen.

popularité [pɔpylarite] *nf* Popularität *die*.

population [pɔpylasjɔ̃] *nf* Bevölkerung *die* ; **~ active** erwerbstätige Bevölkerung.

porc [pɔr] *nm* - **1.** [animal] Schwein *das* - **2.** [viande] Schweinefleisch *das* - **3.** *fam péj* [personne] Schwein *das*.

porcelaine [pɔrsəlɛn] *nf* [matière, objet] Porzellan *das*.

porc-épic [pɔrkepik] *nm* Stachelschwein *das*.

porche [pɔrʃ] *nm* Vorhalle *die*.

porcherie [pɔrʃəri] *nf* Schweinestall *der*.

porcin, e [pɔrsɛ̃, in] *adj* Schweine- ; **yeux ~s** Schweinsäuglein *Pl*. ◆ **porcins** *nmpl* Schweine *Pl*.

pore [pɔr] *nm* Pore *die*.

poreux, euse [pɔrø, øz] *adj* porös.

porno [pɔrno] *fam* ◇ *adj* Porno- ◇ *nm* Porno *der*.

pornographie [pɔrnɔgrafi] *nf* Pornografie *die*.

port [pɔr] *nm* - **1.** [pour bateaux] Hafen *der* ; **~ de commerce** Handelshafen ; **~ de pêche** Fischereihafen ; **~ de plaisance** Jachthafen - **2.** [de casque, de vêtement] Tragen *das* ; **~ d'armes** Tragen von Waffen - **3.** [frais de transport] Fracht *die*, Porto *das*.

portable [pɔrtabl] ◇ *nm* - **1.** INFORM tragbarer Computer, Laptop *der* - **2.** [téléphone] Handy *das* ◇ *adj* tragbar.

portail [pɔrtaj] *nm* Portal *das*, Tor *das*.

portant, e [pɔrtɑ̃, ɑ̃t] *adj* : **être bien/mal ~** gesund/nicht gesund sein.

portatif, ive [pɔrtatif, iv] *adj* tragbar.

porte [pɔrt] *nf* - **1.** [de maison, de voiture] Tür *die* ; **mettre qqn à la ~** jn raus|werfen ; **~ d'entrée** Eingangstür ; **~ de secours** Notausgang *der* ; **~ vitrée** Glastür - **2.** [au ski, de ville] Tor *das*.

porte-à-faux *nm inv* Überkragung *die* ; **en ~** [mur, objet] freitragend ; **être en ~ par rapport à qqch** *fig* im Konflikt mit etw stehen.

porte-à-porte *nm inv* Haustürverkauf *der* ; **faire du ~** an der Haustür verkaufen.

porte-avions *nm inv* Flugzeugträger *der*.

porte-bagages *nm inv* Gepäckträger *der*.

porte-bonheur *nm inv* Glücksbringer *der*.

porte-clés, porte-clefs *nm inv* Schlüsselanhänger *der*.

porte-documents *nm inv* Kollegmappe *die*.

portée [pɔrte] *nf* - **1.** [distance] Reichweite *die* ; **à ~ de vue** in Sichtweite ; **à ~ de main** griffbereit ; **à la ~ de qqn** [physiquement] in js Reichweite ; [financièrement] für jn erschwinglich ; [intellectuellement] für jn verständlich - **2.** [importance] Tragweite *die* - **3.** MUS Notenlinien *Pl* - **4.** [de chiots, de chatons] Wurf *der*.

porte-fenêtre *nf* Fenstertür *die*.

portefeuille [pɔrtəfœj] *nm* - **1.** [objet] Brieftasche *die* - **2.** [ministère] Geschäftsbereich *der* ; **~ des Affaires étrangères** Außenministerium *das* - **3.** COMM & FIN Portefeuille *das*.

porte-jarretelles *nm inv* Straps *der*.

portemanteau, x [pɔrtmɑ̃to] *nm* [sur pied] Kleiderständer *der ;* [mural] Kleiderhaken *der.*

porte-monnaie *nm inv* Portmonee *das.*

porte-parole *nm inv* Sprecher *der,* -in *die.*

porter [3] [pɔrte] ◇ *vt* - **1.** [gén] tragen - **2.** [apporter, amener] bringen ; **~ qqch à la poste** etw zur Post bringen - **3.** [inciter] : **~ à croire que** dafür sprechen, dass - **4.** [inscrire] ein|tragen ; **porté disparu** (als) vermisst gemeldet ◇ *vi* - **1.** [traiter] : **ce film/livre porte sur** in diesem Film/Buch geht es um ; **sur quoi porte votre question?** worauf bezieht sich Ihre Frage? - **2.** [s'appuyer] : **~ sur qqch** sich auf etw *(A)* stützen - **3.** [remarque, tir] treffen - **4.** [voix] tragen. ◆ **se porter** ◇ *vp* [personne] : **comment vous portez-vous?** wie geht es Ihnen? ; **il se porte bien/mal** es geht ihm gut/schlecht ◇ *v attr :* **se ~ acquéreur** als Käufer auf|treten ; **se ~ volontaire** sich freiwillig melden.

porte-savon (*pl* **porte-savons** OU *inv*) *nm* Seifenschale *die.*

porte-serviettes *nm inv* Handtuchhalter *der.*

porteur, euse [pɔrtœr, øz] ◇ *adj* - **1.** [mur] tragend - **2.** [femme] : **mère porteuse** Leihmutter *die* - **3.** [marché, créneau] viel versprechend ◇ *nm, f* - **1.** [de bagages] Gepäckträger *der* - **2.** [détenteur & FIN] Inhaber *der,* -in *die ;* **être ~ de faux papiers** im Besitz falscher Papiere sein.

portier [pɔrtje] *nm* Portier *der.*

portière [pɔrtjɛr] *nf* (Auto)tür *die.*

portion [pɔrsjɔ̃] *nf* - **1.** [part] (An)teil *der* - **2.** [ration] Portion *die* - **3.** [segment, tronçon] Teilstück *das.*

portique [pɔrtik] *nm* - **1.** ARCHIT Säulenvorbau *der* - **2.** [de jeu] (Turn)gerüst *das.*

porto [pɔrto] *nm* Portwein *der.*

Porto Rico [pɔrtoriko], **Puerto Rico** [pɥɛrtoriko] *n* Puerto Rico *nt.*

portrait [pɔrtrɛ] *nm* - **1.** ART & PHOT Porträt *das* - **2.** [description] Beschreibung *die.*

portraitiste [pɔrtretist] *nmf* [peintre] Porträtmaler *der,* -in *die ;* [photographe] Porträtfotograf *der,* -in *die.*

portrait-robot *nm* Phantombild *das.*

portuaire [pɔrtɥɛr] *adj* Hafen-.

portugais, e [pɔrtygɛ, ɛz] *adj* portugiesisch. ◆ **portugais** *nm* [langue] Portugiesisch(e) *(das).* ◆ **Portugais, e** *nm, f* Portugiese *der,* -sin *die.*

Portugal [pɔrtygal] *nm :* **le ~** Portugal *nt.*

pose [poz] *nf* - **1.** [de serrure, de vitre] Anbringen *das ;* [de câble, de moquette] Verlegen *das ;* **~ de papier peint** Tapezieren *das* - **2.** [position] Pose *die ;* **prendre la ~** eine Pose ein|nehmen - **3.** PHOT Belichtung *die ;* **temps de ~** Belichtungszeit *die.*

posé, e [poze] *adj* besonnen.

poser [3] [poze] ◇ *vt* - **1.** [à la verticale] (hin)|stellen ; [à l'horizontale] (hin)|legen ; **~ le vase sur la table** die Vase auf den Tisch stellen - **2.** [installer, fixer] an|bringen ; [moquette] verlegen ; **~ du carrelage** kacheln ; **~ du papier peint** tapezieren - **3.** [soumettre - question, condition] stellen ; [- problème] auf|werfen ; [- énigme] auf|geben ◇ *vi* - **1.** [modèle] Modell stehen - **2.** *fig* [en société] sich in Szene setzen. ◆ **se poser** *vp* [oiseau, avion] landen.

poseur, euse [pozœr, øz] ◇ *adj* wichtigtuerisch, affektiert ◇ *nm, f* Wichtigtuer *der,* -in *die.*

positif, ive [pozitif, iv] *adj* positiv. ◆ **positif** *nm* Positive *das ;* **du ~** etwas Positives.

position [pozisjɔ̃] *nf* - **1.** [d'objet, de navire] Lage *die* - **2.** [de troupe, situation] Position *die* - **3.** [du corps] Haltung *die* - **4.** [opinion] Einstellung *die ;* **avoir une ~ commune** derselben Ansicht sein ; **prendre ~** Stellung beziehen.

posologie [pozɔlɔʒi] *nf* Dosierung *die.*

posséder [18] [pɔsede] *vt* - **1.** [biens, mémoire, sexuellement] besitzen ; **~ la vérité** im Besitz der Wahrheit sein - **2.** [langue, art] beherrschen - **3.** [sujet : vice, démon] : **être possédé par qqch** von etw besessen sein - **4.** *fam* [duper] übers Ohr hauen.

possesseur [pɔsesœr] *nm* - **1.** [de bien] Besitzer *der,* -in *die* - **2.** [de diplôme] Inhaber *der,* -in *die.*

possessif, ive [pɔsesif, iv] *adj* - **1.** [personne] Besitz ergreifend - **2.** GRAM Possessiv-. ◆ **possessif** *nm* GRAM Possessivpronomen *das.*

possession [pɔsesjɔ̃] *nf* - **1.** [propriété] Besitz *der ;* **être en ma/ta etc ~** in meinem/deinem etc Besitz sein - **2.** [chose possédée] Besitztum *das.*

possibilité [pɔsibilite] *nf* Möglichkeit *die ;* **~ de qqch** Aussicht *die* auf etw *(A).*

possible [pɔsibl] ◇ *adj* möglich ; **il est ~ qu'elle vienne** möglicherweise kommt sie ; **c'est/ce n'est pas ~** das ist/ist nicht möglich ; **ce n'est plus ~** das ist nicht mehr tragbar OU auszuhalten ; **le plus lentement/vite ~** so langsam/schnell wie möglich ◇ *nm* Mögliche *das.* ◆ **au possible** *loc adv* unwahrscheinlich.

postal, e, aux [pɔstal, o] *adj* Post-.

poste [pɔst] ◇ *nf* Post *die ;* **envoyer/recevoir par la ~** auf dem Postweg schicken/erhalten ; '**~ restante**' 'postlagernd' ◇ *nm* - **1.** [emplacement, emploi] Posten *der ;* **~ de police** Polizeidienststelle *die* - 2. [appareil] : **~ de radio** Radiogerät *das* ; **~ de télévision** Fernsehgerät *das*.

poster [3] [pɔste] *vt* - 1. [lettre] auf|geben, ab|schicken - 2. [sentinelle] auf|stellen. ◆ **se poster** *vp* sich postieren.

postérieur, e [pɔsterjœr] *adj* - 1. [date] später ; **~ à qqch** später als etw - 2. [membre] Hinter-. ◆ **postérieur** *nm fam* Hintern *der*.

posteriori [pɔsterjɔri] ◆ **a posteriori** *loc adv* im Nachhinein.

postérité [pɔsterite] *nf* Nachwelt *die*.

posthume [pɔstym] *adj* post(h) um.

postiche [pɔstiʃ] ◇ *nm* [perruque] Perücke *die* ; [chignon] Haarteil *das* ; [barbe] falscher Bart ◇ *adj* [cheveux] falsch.

postier, ère [pɔstje, ɛr] *nm, f* Postbeamte *der*, -tin *die*.

postillonner [3] [pɔstijɔne] *vi* eine feuchte Aussprache haben.

Post-it® [pɔstit] *nm inv* Post-it® *das*.

postmoderne [pɔstmɔdɛrn] *adj* postmodern.

post-scriptum [pɔstskriptɔm] *nm inv* Nachsatz *der*, PS *das*.

postulant, e [pɔstylɑ̃, ɑ̃t] *nm, f* [candidat] Bewerber *der*, -in *die*.

postuler [3] [pɔstyle] ◇ *vi* : **~ à qqch** sich um etw bewerben ◇ *vt* : **~ qqch** von einer Sache aus|gehen.

posture [pɔstyr] *nf* Haltung *die* ; **être en mauvaise ~** *fig* in einer misslichen Lage sein.

pot [po] *nm* - 1. [récipient] Topf *der* ; **~ de chambre** Nachttopf ; **~ de fleur** Blumentopf - 2. AUTOM : **~ catalytique** Katalysator *der* ; **~ d'échappement** Auspuff(topf) *der* - 3. *fam* [boisson] Drink *der* ; **faire un ~** einen Umtrunk halten ; [pour départ] seinen Ausstand feiern ; **boire** OU **prendre un ~** etwas trinken - 4. *fam* [chance] : **avoir du ~** Schwein haben.

potable [pɔtabl] *adj* - 1. [buvable] Trink-, trinkbar - 2. *fam* [acceptable] passabel.

potache [pɔtaʃ] *nm fam* Pennäler *der*.

potage [pɔtaʒ] *nm* Suppe *die*.

potager, ère [pɔtaʒe, ɛr] *adj* Gemüse-. ◆ **potager** *nm* Gemüsegarten *der*.

potasse [pɔtas] *nf* Kali *das*.

potassium [pɔtasjɔm] *nm* Kalium *das*.

pot-au-feu *nm inv gekochtes Rindfleisch mit Gemüse und Brühe*.

pot-de-vin (*pl* **pots-de-vin**) *nm* Schmiergeld *das*.

poteau, x [pɔto] *nm* Pfosten *der* ; **~ indicateur** Wegweiser *der*.

potelé, e [pɔtle] *adj* - 1. [personne, visage] pummelig - 2. [mains] Patsch-.

potence [pɔtɑ̃s] *nf* - 1. CONSTR Träger *der* - 2. [gibet] Galgen *der*.

poterie [pɔtri] *nf* - 1. [art] Töpferhandwerk *das* - 2. [objet] : **les ~s** die Töpferwaren ; **faire de la ~** töpfern.

potiche [pɔtiʃ] *nf* [vase] *runde Porzellanvase*.

potier, ère [pɔtje, ɛr] *nm, f* Töpfer *der*, -in *die*.

potin [pɔtɛ̃] *nm fam* - 1. [bruit] Krach *der* - 2. [ragot] Klatsch *der (sans pl)*.

potion [posjɔ̃] *nf* Trank *der*.

potiron [pɔtirɔ̃] *nm* Kürbis *der*.

pot-pourri *nm* Potpourri *das*.

pou, x [pu] *nm* Laus *die*.

poubelle [pubɛl] *nf* Mülleimer *der*.

pouce [pus] ◇ *nm* - 1. [doigt] Daumen *der* ; **manger sur le ~** *fig* schnell etwas im Stehen essen - 2. [mesure] Zoll *der* ; **ne pas bouger d'un ~** sich nicht von der Stelle rühren ◇ *interj* : **pouce!** aus!

poudre [pudr] *nf* - 1. [poussière, explosif] Pulver *das* - 2. [fard] Puder *der*.

poudreux, euse [pudrø, øz] *adj* Pulver-, pulv(e) rig. ◆ **poudreuse** *nf* Pulverschnee *der*.

poudrier [pudrije] *nm* [boîte] Puderdose *die*.

poudrière [pudrijɛr] *nf* Pulverfass *das*.

pouf [puf] ◇ *nm* [siège] Puff *der* ◇ *interj* : **pouf!** bums!

pouffer [3] [pufe] *vi* kichern ; **~ de rire** los|lachen.

pouilleux, euse [pujø, øz] ◇ *adj* - 1. [qui a des poux] verlaust - 2. [miséreux] schäbig ◇ *nm, f* [gueux] armer Schlucker.

poulailler [pulaje] *nm* - 1. [de ferme] Hühnerstall *der* - 2. THÉÂTRE Olymp *der*.

poulain [pulɛ̃] *nm* ZOOL Fohlen *das*.

poule [pul] *nf* ZOOL Huhn *das*.

poulet [pulɛ] *nm* ZOOL Hähnchen *das*.

pouliche [puliʃ] *nf* Stut(en) fohlen *das*.

poulie [puli] *nf* Seilrolle *die*.

poulpe [pulp] *nm* Tintenfisch *der*.

pouls [pu] *nm* Puls *der* ; **prendre** OU **tâter le ~ de qqn** js Puls fühlen.

poumon [pumɔ̃] *nm* Lunge *die*.

poupe [pup] *nf* Heck *das* ; **avoir le vent en ~** *fig* unter einem günstigen Stern stehen.

poupée [pupe] *nf* - 1. [jouet] Puppe *die* - 2. [pansement] Fingerverband *der*.

poupon [pupɔ̃] *nm* - 1. [jouet] Babypuppe *die* - 2. [bébé] Säugling *der*.

pouponnière [pupɔnjɛr] *nf* Kinderkrippe *die*.

pour [pur] ◇ *prép* - 1. [gén] für ; **~ ce qui est de qqch** was etw betrifft - 2. [vers] nach ; **un billet ~** eine Fahrkarte nach

- 3. [pour cause de] wegen ; **condamner qqn ~ vol** jn wegen Diebstahls verurteilen **- 4.** [à l'occasion de] anlässlich *(+G)* ; **~ le centenaire** anlässlich der Hundertjahrfeier **- 5.** [indique le but] zu ; **je t'ai acheté qqch ~ ton anniversaire** ich habe dir etw zum Geburtstag gekauft ; **voyager ~ son plaisir** zum Vergnügen reisen **- 6.** [comme] als ◇ *adv* : **je suis ~!** ich bin dafür! ; **n'être ni ~ ni contre** weder dafür, noch dagegen sein ◇ *nm* : **le ~ et le contre** das Für und das Wider ◇ *conj* **- 1.** [gén] um ... zu ; **je suis venu ~ vous voir** ich bin gekommen, um Sie zu sehen ; **qu'a-t-il fait ~ vous mettre en colère?** was hat er getan, dass Sie wütend sind? **- 2.** [indique la cause] : **~ m'avoir écouté** weil er auf mich gehört hat. ◆ **pour que** *loc conj (+ subjonctif)* **- 1.** [gén] damit ; **je l'ai appelé ~ qu'il vienne** ich habe ihn angerufen, damit er kommt **- 2.** [indique la conséquence] als ... dass ; **il est trop égoïste ~ qu'on l'aide** er ist viel zu egoistisch, als dass wir ihm helfen würden.

pourboire [purbwar] *nm* Trinkgeld *das.*

pourcentage [pursɑ̃taʒ] *nm* **- 1.** [part] prozentualer Anteil **- 2.** [proportion pour cent] Prozentsatz *der.*

pourchasser [3] [purʃase] *vt* verfolgen.

pourparlers [purparle] *nmpl* Besprechungen *Pl*, Verhandlungen *Pl.*

pourpre [purpr] ◇ *nf* ou *nm* Purpur *der* ◇ *adj* purpurfarben.

pourquoi [purkwa] ◇ *adv* warum ; **~ pas?** warum nicht? ; **c'est ~** deshalb ◇ *nm inv* [raison] Warum *das.*

pourrai *etc* ▷ **pouvoir.**

pourri, e [puri] *adj* **- 1.** [avarié] faul **- 2.** [corrompu, gâté] verdorben.

pourrir [32] [purir] ◇ *vt* verderben ◇ *vi* verfaulen.

pourrissement [purismɑ̃] *nm* **- 1.** [détérioration] Verfaulen *das* **- 2.** [dégénérescence] Verschlechterung *die.*

pourriture [purityr] *nf* **- 1.** [putréfaction] Fäulnis *die* **- 2.** *fig* [corruption] Verdorbenheit *die* **- 3.** *péj* [personne] Schweinehund *der.*

poursuite [pursɥit] *nf* **- 1.** [course] Verfolgung *die* **- 2.** [continuation] : **la ~ de qqch** die Weiterführung einer Sache *(G)* **- 3.** JUR gerichtliche Verfolgung.

poursuivi, e [pursɥivi] *pp* ▷ **poursuivre.**

poursuivre [89] [pursɥivr] *vt* **- 1.** [gén] verfolgen ; **~ un rêve impossible** einem unerfüllbaren Traum nach|hängen **- 2.** [continuer] weiter|führen ; **poursuivez, je vous écoute!** fahren Sie fort, ich höre zu!

pourtant [purtɑ̃] *adv* und doch, dennoch.

pourtour [purtur] *nm* **- 1.** [circonférence] Umfang *der* **- 2.** [abords] Umkreis *der.*

pourvoi [purvwa] *nm* JUR Rechtsmittel *das* ; **~ en cassation** Revisionsverfahren *das.*

pourvoir [64] [purvwar] *vt* : **~ qqn/qqch de qqch** jn/etw mit etw versehen.

pourvu, e [purvy] *pp* ▷ **pourvoir.** ◆ **pourvu que** *loc conj (+ subjonctif)* **- 1.** [condition] vorausgesetzt, dass **- 2.** [souhait] hoffentlich.

pousse [pus] *nf* **- 1.** [croissance] Wachsen *das* **- 2.** [bourgeon] Trieb *der.*

poussé, e [puse] *adj* **- 1.** [technique] hoch entwickelt **- 2.** [examen] schwierig.

pousse-café [puskafe] *nm inv fam* Digestif *der.*

poussée [puse] *nf* **- 1.** [pression] Druck *der* **- 2.** [montée] Anstieg *der* **- 3.** [propulsion] Antriebskraft *die* **- 4.** [de maladie, de fièvre] Anfall *der.*

pousse-pousse [puspus] *nm inv* Rikscha *die.*

pousser [3] [puse] ◇ *vt* **- 1.** [faire avancer] schieben **- 2.** [bousculer] zur Seite drängen **- 3.** [cri, soupir] aus|stoßen **- 4.** [inciter] : **~ qqn à qqch** jn in etw *(A)* ou zu etw treiben ; **~ qqn à faire qqch** jn dazu drängen, etw zu tun ◇ *vi* **- 1.** [grandir] wachsen **- 2.** [aller] : **~ jusqu'à Rome** bis nach Rom fahren **- 3.** *fam* [exagérer] übertreiben. ◆ **se pousser** *vp* Platz machen.

poussette [pusɛt] *nf* [d'enfant] Sportwagen *der*, Buggy *der.*

poussière [pusjɛr] *nf* Staub *der* ; **avoir une ~ dans l'œil** ein Staubkorn im Auge haben.

poussiéreux, euse [pusjerø, øz] *adj* **- 1.** [meuble] staubig **- 2.** *fig* [administration, idées] verstaubt.

poussif, ive [pusif, iv] *adj* **- 1.** [moteur] lahm ; **ta voiture est un peu poussive** dein Auto bockt etwas **- 2.** [personne] kurzatmig.

poussin [pusɛ̃] *nm* **- 1.** ZOOL Küken *das* **- 2.** SPORT *Jungsportler unter 11 Jahren*, ≃ E-Jugend *die.*

poutre [putr] *nf* Balken *der.*

poutrelle [putrɛl] *nf* kleiner Balken.

pouvoir[1] [58] [puvwar] *vt* **- 1.** [avoir la possibilité de] können ; **pouvez-vous/peux-tu faire qqch?** können Sie/kannst du etw tun? ; **je n'en peux plus de rester là à ne rien faire** ich halte es nicht mehr aus, tatenlos zuzusehen **- 2.** [avoir la permission de] dürfen, können. ◆ **se pouvoir** *v impers* : **il se peut que** *(+ subjonctif)* es kann sein, dass.

pouvoir[2] [puvwar] *nm* **- 1.** [gén] Macht *die* ; **être au ~** an der Macht sein ; **~ d'achat**

ÉCON Kaufkraft *die* - **2.** [législatif, exécutif] Gewalt *die* ; **les ~s publics** die öffentliche Gewalt - **3.** [faculté] Fähigkeit *die* - **4.** JUR [procuration] Vollmacht *die* - **5.** [compétence, responsabilité] Befugnis *die*.

PR ◇ *nm* (*abr de* **Parti républicain**) *französische konservative Partei* ◇ *abr de* **poste restante.**

pragmatique [pragmatik] *adj* pragmatisch.

Prague [prag] *n* Prag *nt*.

prairie [preri] *nf* Wiese *die*.

praliné [praline] *nm* Praliné *das*.

praticable [pratikabl] *adj* - **1.** [carrossable] befahrbar - **2.** [réalisable] durchführbar.

praticien, enne [pratisjɛ̃, ɛn] *nm, f* [médecin] praktizierender Arzt, praktizierende Ärztin.

pratiquant, e [pratikɑ̃, ɑ̃t] ◇ *adj* praktizierend ◇ *nm, f* Kirchgänger *der*, -in *die*.

pratique [pratik] ◇ *adj* praktisch ◇ *nf* - **1.** [expérience] Praxis *die* ; **mettre qqch en ~** etw in die Praxis um|setzen - **2.** [usage] Gepflogenheit *die*.

pratiquement [pratikmɑ̃] *adv* praktisch.

pratiquer [3] [pratike] *vt* - **1.** [métier] aus|üben - **2.** RELIG : **~ une religion** streng gläubig sein.

pré [pre] *nm* Wiese *die*.

préadolescent, e [preadolɛsɑ̃, ɑ̃t] *nm, f* Beinah-Teenager *der*, -in *die*.

préalable [prealabl] ◇ *nm* : **~ de qqch** Voraussetzung *die* für etw ◇ *adj* vorherig. ◆ **au préalable** *loc adv* zuvor.

préambule [preɑ̃byl] *nm* - **1.** [paragraphe] Präambel *die* - **2.** [discours] Vorrede *die*.

préau, x [preo] *nm* Pausenhalle *die*.

préavis [preavi] *nm* - **1.** [avertissement] Ankündigung *die* - **2.** [délai - de grève] Frist *die* bis zum Streik ; [- de licenciement] Kündigungsfrist *die*.

précaire [prekɛr] *adj* [situation] heikel ; [santé] labil ; [bonheur] unsicher.

précaution [prekosjɔ̃] *nf* - **1.** [mesure] Vorsichtsmaßnahme *die* ; **par ~** vorsichtshalber - **2.** [prudence] Behutsamkeit *die*.

précédent, e [presedɑ̃, ɑ̃t] *adj* vorangehend, vorig. ◆ **précédent** *nm* JUR Präzedenzfall *der* ; **sans ~** einzigartig.

précéder [18] [presede] *vt* - **1.** [venir avant] : **~ qqn/qqch** jm/etw voraus|gehen - **2.** [marcher devant] : **~ qqn** vor jm her|gehen - **3.** [arriver avant] : **~ qqn** vor jm ein|treffen.

précepte [presɛpt] *nm* Gebot *das*.

précepteur, trice [presɛptœr, tris] *nm, f* Privatlehrer *der*, -in *die*.

prêcher [4] [preʃe] ◇ *vt* : **~ qqch (à qqn)** (jm) etw predigen ◇ *vi* predigen.

précieux, euse [presjø, øz] *adj* - **1.** [de valeur] kostbar, wertvoll ; [pierre, métal] Edel- - **2.** [très utile] wertvoll.

précipice [presipis] *nm* Abgrund *der*.

précipitation [presipitasjɔ̃] *nf* [hâte] Überstürzung *die* ; **avec ~** überstürzt *(adv)*. ◆ **précipitations** *nfpl* MÉTÉOR Niederschläge *Pl*.

précipiter [3] [presipite] *vt* - **1.** [hâter] überstürzen ; **~ son départ** überstürzt ab|reisen - **2.** [faire tomber] : **~ qqn/qqch du haut de qqch** jn/etw von etw hinunter|stürzen - **3.** [projeter] fort|schleudern. ◆ **se précipiter** *vp* - **1.** [se jeter] : **se ~ dans qqch** sich in etw *(A)* stürzen - **2.** [s'accélérer] sich überstürzen ; **ne nous précipitons pas!** nur keine Überstürzung!

précis, e [presi, iz] *adj* präzis(e), genau ; **il est arrivé à 6 heures ~es** er ist genau um 6 Uhr angekommen. ◆ **précis** *nm* Abriss *der*.

précisément [presizemɑ̃] *adv* genau ; **pas ~** nicht gerade.

préciser [3] [presize] *vt* - **1.** [heure, lieu] genau an|geben - **2.** [pensée] präzisieren. ◆ **se préciser** *vp* konkreter werden.

précision [presizjɔ̃] *nf* - **1.** [exactitude, rigueur] Präzision *die* - **2.** [détail] genauere Angabe.

précoce [prekɔs] *adj* - **1.** [plante, fruit] Früh- - **2.** [enfant] frühreif.

préconçu, e [prekɔ̃sy] *adj* vorgefasst.

préconiser [3] [prekɔnize] *vt* empfehlen.

précurseur [prekyrsœr] ◇ *nm* Wegbereiter *der*, -in *die* ◇ *adj m* : **signe ~** erstes Anzeichen.

prédateur, trice [predatœr, tris] *adj* räuberisch. ◆ **prédateur** *nm* Raubtier *das*.

prédécesseur [predesesœr] *nm* Vorgänger *der*, -in *die*.

prédestiner [3] [predɛstine] *vt* prädestinieren ; **être prédestiné à qqch** für etw prädestiniert sein ; **être prédestiné à faire qqch** dafür prädestiniert sein, etw zu tun.

prédicateur, trice [predikatœr, tris] *nm, f* Prediger *der*, -in *die*.

prédiction [prediksjɔ̃] *nf* Voraussage *die*.

prédilection [predilɛksjɔ̃] *nf* Vorliebe *die* ; **avoir une ~ pour qqn/qqch** eine Vorliebe für jn/etw haben.

prédire [103] [predir] *vt* voraus|sagen.

prédisposition [predispozisjɔ̃] *nf* : **~ à qqch** Veranlagung *die* für etw.

prédit, e [predi, it] *pp* ▷ **prédire.**

prédominer [3] [predɔmine] *vt* vor|herrschen.

préfabriqué, e [prefabrike] *adj* - **1.** [maison] Fertig- - **2.** [excuse, sourire] zurechtgelegt. ◆ **préfabriqué** *nm* Fertigbau *der.*

préface [prefas] *nf* Vorwort *das.*

préfacer [16] [prefase] *vt :* ~ **un livre** das Vorwort für ein Buch schreiben.

préfectoral, e, aux [prefɛktɔral, o] *adj* Präfektoral-.

préfecture [prefɛktyr] *nf* Präfektur *die.*

préférable [preferabl] *adj :* **être** ~ besser sein.

préféré, e [prefere] ◇ *adj* Lieblings-, bevorzugt ◇ *nm, f* Liebling *der.*

préférence [preferɑ̃s] *nf* - **1.** [prédilection] Vorliebe *die* - **2.** [choix] Vorzug *der ;* **de** ~ vorzugsweise ; **allez-y à pied de** ~ Sie gehen am besten zu Fuß dorthin.

préférentiel, elle [preferɑ̃sjɛl] *adj* Vorzugs-.

préférer [18] [prefere] *vt* - **1.** [aimer mieux] : ~ **(qqn/qqch à qqn/qqch)** (jn/etw jm/etw) vor|ziehen ; **je préfère ça!** das ist mir lieber! - **2.** [affectionner] bevorzugen.

préfet [prefɛ] *nm* Präfekt *der.*

préfixe [prefiks] *nm* Präfix *das.*

préhistoire [preistwar] *nf* Vorgeschichte *die.*

préhistorique [preistɔrik] *adj* vorgeschichtlich ; **homme** ~ Urmensch *der.*

préinscription [preɛ̃skripsjɔ̃] *nf* UNIV Voreinschreibung *die.*

préjudice [preʒydis] *nm* Schaden *der ;* **porter** ~ **à qqn** jm Schaden zu|fügen.

préjugé [preʒyʒe] *nm* Vorurteil *das ;* ~ **sur** OU **contre qqn/qqch** Vorurteil gegen jn/etw.

prélat [prela] *nm* Prälat *der.*

prélavage [prelavaʒ] *nm* - **1.** [programme] Vorwaschgang *der* - **2.** [action] Vorwäsche *die.*

prélèvement [prelɛvmɑ̃] *nm* - **1.** MÉD Entnahme *die* - **2.** BANQUE Abheben *das ;* ~ **automatique** Dauerauftrag *der ;* ~ **mensuel** monatliches Einzugsverfahren.

prélever [19] [prelǝve] *vt* - **1.** BANQUE : ~ **qqch (sur qqch)** etw (von etw) ab|heben - **2.** MÉD entnehmen.

préliminaire [preliminɛr] *adj* Vor-, vorangehend. ◆ **préliminaires** *nmpl* - **1.** [négociations] Vorverhandlungen *Pl ;* **~s de la paix** Friedensvorverhandlungen - **2.** [de discours] Einleitung *die.*

prélude [prelyd] *nm* - **1.** MUS Präludium *das* - **2.** [commencement] Auftakt *der.*

prématuré, e [prematyre] ◇ *adj* - **1.** [mort] vorzeitig ; [décision] verfrüht - **2.** [avant terme] : **enfant** ~ frühgeborenes Kind ; **naissance ~e** Frühgeburt *die* ◇ *nm, f* frühgeborenes Kind.

préméditation [premeditasjɔ̃] *nf* Vorbedacht *der ;* **avec** ~ mit Vorbedacht, vorsätzlich.

préméditer [3] [premedite] *vt* voraus|planen.

premier, ère [prǝmje, ɛr] ◇ *adj* erste,-r,-s ; **état** ~ ursprünglicher Zustand ; **principe** ~ oberstes Prinzip ◇ *nm, f* Erste *der,* Erste *die, das.* ◆ **premier** *nm* - **1.** [étage] erste Etage - **2.** [arrondissement] erstes Arrondissement. ◆ **première** *nf* - **1.** [exploit & THÉÂTRE] Premiere *die* - **2.** TRANSPORT erste Klasse - **3.** SCOL ≃ elfte Klasse *(vorletzte Klasse vor dem Abitur in Frankreich)* - **4.** [vitesse] Erste *der.* ◆ **en premier** *loc adv* als Erstes.

premièrement [prǝmjɛrmɑ̃] *adv* erstens.

prémisse [premis] *nf* Prämisse *die.*

prémonition [premɔnisjɔ̃] *nf* Vorahnung *die.*

prémunir [32] [premynir] *vt :* ~ **qqn contre qqch** jn vor etw *(D)* schützen. ◆ **se prémunir** *vp :* **se** ~ **(contre qqch)** sich (vor etw *(D)*) schützen.

prénatal, e, als OU **aux** [prenatal, o] *adj* pränatal ; **congé** ~ Schwangerschaftsurlaub *der.*

prendre [79] [prɑ̃dr] ◇ *vt* - **1.** [saisir, utiliser] nehmen - **2.** [emporter] mit|nehmen - **3.** [repas, boisson] ein|nehmen ; **vous prendrez quelque chose?** darf ich Ihnen etwas anbieten? - **4.** [mesures] ergreifen ; [précaution] treffen - **5.** [voleur] fest|nehmen ; **se faire** ~ erwischt werden - **6.** [durer] in Anspruch nehmen - **7.** [juger] : ~ **qqn pour qqch** jn für etw halten ◇ *vi* - **1.** [colle, sauce] fest werden - **2.** [bouture] Wurzeln schlagen. ◆ **se prendre** *vp* [se considérer] : **se** ~ **pour qqn** sich für jn halten.

prénom [prenɔ̃] *nm* Vorname *der.*

prénommer [3] [prenɔme] ◆ **se prénommer** *vp :* **se** ~ **Laurent** mit Vornamen Laurent heißen.

prénuptial, e, aux [prenypsjal, o] *adj* vorehelich.

préoccupation [preɔkypasjɔ̃] *nf* Sorge *die.*

préoccuper [3] [preɔkype] *vt :* ~ **qqn** jm Sorgen bereiten, jn beschäftigen. ◆ **se préoccuper** *vp :* **se** ~ **de qqn/qqch** sich um jn/etw kümmern.

préparatifs [preparatif] *nmpl* Vorbereitungen *Pl.*

préparation [preparasjɔ̃] *nf* - **1.** [préparatifs] Vorbereitung *die ;* [de repas] Zubereitung *die ;* ~ **à qqch** Vorbereitung auf OU für etw *(A)* - **2.** CHIM Präparat *das.*

préparatoire [preparatwar] *adj* Vor-, vorbereitend.

classes préparatoires

Nach dem Abitur haben Schüler mit sehr gutem Leistungsniveau die Möglichkeit, die **classes préparatoires** zu besuchen, die auf Eliteschulen vorbereiten. Es gibt naturwissenschaftlich, geisteswissenschaftlich und wirtschaftswissenschaftlich ausgerichtete Klassen, je nachdem, welche Art von Eliteschule man besuchen will. Der Leistungsdruck ist in diesen Klassen im Vergleich zur Universität sehr hoch und die Lerndisziplin recht streng.
Nach ein oder zwei Jahren **prépa** nehmen die Schüler an einem Auswahlverfahren teil, in dem entschieden wird, ob sie zur Eliteschule zugelassen werden.

préparer [3] [prepare] *vt* **- 1.** [gén] vor|bereiten ; **~ qqn à qqch** jn auf ou für etw *(A)* vor|bereiten **- 2.** [repas, plat] zu|bereiten **- 3.** CHIM an|setzen. ◆ **se préparer** *vp* **- 1.** [s'entraîner] : **se ~ à qqch** sich auf etw *(A)* vor|bereiten ; **se ~ à faire qqch** sich an|schicken, etw zu tun ; **je me prépare à toute éventualité** ich mache mich auf alles gefasst **- 2.** [être imminent] in Aussicht stehen.

prépondérant, e [prepɔ̃derɑ̃, ɑ̃t] *adj* ausschlaggebend, entscheidend.

préposé, e [prepoze] *nm, f* : **~ (des postes)** Briefträger *der*, -in *die*.

préposition [prepozisjɔ̃] *nf* Präposition *die*.

préréglé, e [preregle] *adj* bereits eingestellt.

préretraite [prerətrɛt] *nf* Vorruhestand *der*.

prérogative [prerɔgativ] *nf* Vorrecht *das*.

près [prɛ] *adv* nahe ; **il habite tout/assez ~** er wohnt ganz/ziemlich in der Nähe ; **il habite vraiment tout ~** er wohnt wirklich in nächster Nähe. ◆ **à ceci près que, à cela près que** *loc conj* abgesehen davon, dass. ◆ **de près** *loc adv* : **suivre qqn de ~** dicht hinter jm her|gehen ou her|fahren. ◆ **près de** *loc prép* **- 1.** [dans l'espace] in der Nähe von, bei ; **être (situé) ~ de qqch** an etw *(A)* grenzen ; **~ d'ici** hier in der Nähe **- 2.** [dans le temps] : **il est ~ de la retraite** er geht bald in den Ruhestand **- 3.** [presque] beinahe ; **ils sont ~ de 1 000** sie sind beinahe 1 000.

présage [prezaʒ] *nm* Ohmen *das*.

présager [17] [prezaʒe] *vt* [annoncer] vermuten lassen ; **laisser ~ qqch** eine Vorahnung von etw geben.

presbyte [prɛsbit] ◇ *nmf* Weitsichtige *der*, Weitsichtige *die* ◇ *adj* weitsichtig.

presbytère [prɛsbitɛr] *nm* Pfarrhaus *das*.

presbytérien, enne [prɛsbiterjɛ̃, ɛn] ◇ *nm, f* Presbyterianer *der*, -in *die* ◇ *adj* presbyterianisch.

presbytie [prɛsbisi] *nf* Weitsichtigkeit *die*.

prescience [presjɑ̃s] *nf sout* Kenntnis *die* der Zukunft.

préscolaire [preskɔlɛr] *adj* Vorschul-.

prescription [prɛskripsjɔ̃] *nf* **- 1.** MÉD Verschreibung *die* **- 2.** [de loi] Vorschrift *die* **- 3.** [de peine] Verjährung *die*.

prescrire [99] [prɛskrir] *vt* **- 1.** MÉD ver-schreiben **- 2.** [mesures] vor|schreiben.

prescrit, e [prɛskri, it] *pp* ▷ **prescrire.**

préséance [preseɑ̃s] *nf* Vortritt *der*.

présélection [preselɛksjɔ̃] *nf* **- 1.** [de candidats] Vorauswahl *die* **- 2.** [de programme, de station de radio] Vorwahl *die*, Voreinstellung *die*.

présélectionner [3] [preselɛksjɔne] *vt* **- 1.** [candidats] einer Vorauswahl unterziehen **- 2.** [programme, station de radio] vor|wählen, vorher ein|stellen.

présence [prezɑ̃s] *nf* **- 1.** [assistance, assiduité, compagnie] Anwesenheit *die* ; **se trouver en ~ de qqch** mit etw konfrontiert sein ; **en ~** (einander) gegenüberstehend ; **en ~ de qqn** in js Gegenwart ; **en ma/ta ~** in meiner/deiner Gegenwart **- 2.** [existence] Vorhandensein *das*. ◆ **présence d'esprit** *nf* Geistesgegenwart *die*.

présent, e [prezɑ̃, ɑ̃t] *adj* **- 1.** [concrètement] anwesend ; **présent!** hier! **- 2.** [actuel] gegenwärtig. ◆ **présent** *nm* **- 1.** [période] Gegenwart *die* **- 2.** GRAM Präsens *das* **- 3.** *sout* [cadeau] Präsent *das* ; **faire ~ à qqn de qqch** jm etw schenken. ◆ **à présent** *loc adv* jetzt. ◆ **à présent que** *loc conj* jetzt, da. ◆ **dès à présent** *loc adv* von heute an. ◆ **jusqu'à présent** *loc adv* bis heute.

présentable [prezɑ̃tabl] *adj* **- 1.** [chose] ansehnlich **- 2.** [personne] vorzeigbar.

présentateur, trice [prezɑ̃tatœr, tris] *nm, f* **- 1.** [animateur] Ansager *der*, -in *die* **- 2.** [journaliste] Präsentator *der*, -in *die*.

présentation [prezɑ̃tasjɔ̃] *nf* **- 1.** [d'invités] : **faire les ~s** die Gäste einander vor|stellen **- 2.** [aspect extérieur] Erscheinungsbild *das*, Erscheinung *die* ; **une bonne/mauvaise/excellente ~** ein gutes/schlechtes/sehr gutes Auftreten **- 3.** [de pièces justificatives] Vorlegen *das* ; **sur ~ de** gegen Vorlage von **- 4.** [exhibition] Vorführung *die* **- 5.** [de texte, de marchandise] Aufmachung *die*.

présentement [prezɑ̃tmɑ̃] *adv* gegenwärtig.

présenter [3] [prezɑ̃te] <> *vt* - **1.** [personne] : **~ qqn à qqn** jm jn vor|stellen - **2.** [pièces justificatives, projet] : **~ qqch à qqn** jm etw vor|legen - **3.** [exposer] dar|stellen - **4.** [avantage, caractéristique] auf|weisen <> *vi fam* : **bien/mal ~** ein gutes/schlechtes Bild machen. ◈ **se présenter** *vp* - **1.** [se faire connaître] : **se ~ (à qqn)** sich (jm) vor|stellen - **2.** [être candidat] : **se ~ à un examen** an einer Prüfung teil|nehmen ; **se ~ à une élection** kandidieren - **3.** [occasion, situation] sich an|bieten.

présentoir [prezɑ̃twar] *nm* Ständer *der.*

préservatif [prezɛrvatif] *nm* Präservativ *das*, Kondom *das.*

préservation [prezɛrvasjɔ̃] *nf* Schutz *der.*

préserver [3] [prezɛrve] *vt* bewahren. ◈ **se préserver** *vp* : **se ~ de qqch** sich vor etw *(D)* schützen.

présidence [prezidɑ̃s] *nf* - **1.** [de groupe] Vorsitz *der* - **2.** [d'État] Präsidentschaft *die.*

président, e [prezidɑ̃, ɑ̃t] *nm, f* [de groupe] Vorsitzende *der*, Vorsitzende *die* ; **~-directeur général** ≃ Generaldirektor *der.* ◈ **président** *nm* [d'État] Präsident *der*, -in *die* ; **~ de la République** Staatspräsident.

présidentiel, elle [prezidɑ̃sjɛl] *adj* Präsidenten- ; **élections ~les** Präsidentschaftswahlen ; **régime ~** Präsidialsystem *das.*

présider [3] [prezide] <> *vt* - **1.** [assemblée, débat] : **~ qqch** einer Sache *(D)* vor|sitzen - **2.** [dîner] : **~ qqch** den Ehrenplatz bei etw haben <> *vi* : **~ à qqch** [diriger] etw leiten ; [caractériser] einer Sache *(D)* zugrunde liegen.

présomptif, ive [prezɔ̃ptif, iv] *adj* vermutlich.

présomption [prezɔ̃psjɔ̃] *nf* - **1.** [hypothèse] Mutmaßung *die* - **2.** [prétention] Anmaßung *die* - **3.** JUR Verdacht *der.*

présomptueux, euse [prezɔ̃ptɥø, øz] <> *adj* anmaßend <> *nm, f* anmaßende Person.

presque [prɛsk] *adv* beinahe, fast.

presqu'île [prɛskil] *nf* Halbinsel *die.*

pressant, e [prɛsɑ̃, ɑ̃t] *adj* - **1.** [urgent] dringend - **2.** [insistant] aufdringlich.

presse [prɛs] *nf* Presse *die* ; **avoir bonne/mauvaise ~** einen guten/schlechten Ruf haben.

pressé, e [prese] *adj* - **1.** [urgent] dringend ; **être ~ (de faire qqch)** es eilig haben (, etw zu tun) - **2.** [citron] (aus)gepresst. ◈ **pressé** *nm* : **aller au plus ~** das Wichtigste erledigen ; **parer au plus ~** die wichtigsten Vorkehrungen treffen.

presse-citron [prɛssitrɔ̃] *nm inv* Zitruspresse *die.*

pressentiment [presɑ̃timɑ̃] *nm* Vorahnung *die.*

pressentir [37] [presɑ̃tir] *vt* - **1.** [chose] ahnen - **2.** [personne] : **être pressenti pour un poste** für einen Posten in Frage kommen.

presse-papiers [prɛspapje] *nm inv* Briefbeschwerer *der.*

presse-purée [prɛspyre] *nm inv* Kartoffelstampfer *der.*

presser [4] [prese] *vt* - **1.** [fruit] aus|pressen - **2.** [personne, bouton] drücken - **3.** [harceler] : **~ qqn de questions** jn mit Fragen bestürmen - **4.** [accélérer] beschleunigen. ◈ **se presser** *vp* [se dépêcher] sich beeilen ; **sans se ~** ohne Eile ; **pressons!** schnell!

pressing [presiŋ] *nm* [commerce] Reinigung *die.*

pression [prɛsjɔ̃] *nf* - **1.** [gén] Druck *der* ; **exercer une ~ sur qqn/qqch** auf jn/etw Druck aus|üben ; **faire ~ sur qqn** auf jn ein|wirken ; **sous ~** unter Druck ; **~ atmosphérique** Luftdruck - **2.** [bouton] Druckknopf *der* - **3.** [boisson] : **(bière) ~** Fassbier *das.*

pressoir [prɛswar] *nm* - **1.** [machine] Presse *die* - **2.** [bâtiment] Kelterei *die.*

pressurer [3] [presyre] *vt* - **1.** [comprimer] aus|pressen - **2.** [exploiter] aus|nehmen.

pressurisation [presyrizasjɔ̃] *nf* Druckregulierung *die.*

pressurisé, e [presyrize] *adj* Druck-.

pressuriser [3] [presyrize] *vt* : **~ qqch** einen konstanten Druck in etw *(D)* halten.

prestance [prɛstɑ̃s] *nf* Stattlichkeit *die* ; **avoir de la ~** eine stattliche Erscheinung sein.

prestataire [prɛstatɛr] *nmf* Leistungsträger *der*, -in *die* ; **~ de service** Dienstleistungserbringer *der.*

prestation [prɛstasjɔ̃] *nf* Leistung *die* ; **~ de service** Dienstleistung ; **~s sociales** Sozialleistungen *Pl.*

preste [prɛst] *adj sout* geschwind.

prestement [prɛstəmɑ̃] *adv* geschwind.

prestidigitateur, trice [prɛstidiʒitatœr, tris] *nm, f* Taschenspieler *der*, -in *die*, Zauberkünstler *der*, -in *die.*

prestidigitation [prɛstidiʒitasjɔ̃] *nf* Taschenspielerei *die.*

prestige [prɛstiʒ] *nm* - **1.** [gloire] Ansehen *das* - **2.** [réputation] Prestige *das* ; **de ~** Prestige-.

prestigieux, euse [prɛstiʒjø, øz] *adj* - **1.** [palais] imposant - **2.** [nom] angesehen.

présumé, e [prezyme] *adj* mutmaßlich ; **coupable ou ~ tel** schuldig oder für schuldig gehalten.

présumer [3] [prezyme] <> *vt* an|nehmen ; **~ que** mutmaßen, dass ; **être présumé coupable/innocent** als schuldig/

unschuldig gelten ◇ *vi :* ~ **de qqch** etw überschätzen.

prêt, e [prɛ, prɛt] *adj* - **1.** [personne] : **être ~ à faire qqch** bereit sein, etw zu tun ; **~ à tout** zu allem bereit - **2.** [sportif, dossier, dîner] fertig ; **~? partez!** fertig? los! ◆ **prêt** *nm :* **accorder un ~** FIN ein Darlehen gewähren.

prêt-à-porter (*pl* **prêts-à-porter**) *nm* Konfektion(skleidung) *die (sans pl).*

prétendant, e [pretɑ̃dɑ̃, ɑ̃t] *nm, f* Anwärter *der*, -in *die.* ◆ **prétendant** *nm hum* [soupirant] Bewerber *der.*

prétendre [73] [pretɑ̃dr] ◇ *vt* - **1.** [faire semblant de] vor|geben - **2.** [affirmer] : **~ que** behaupten, dass ◇ *vi :* **~ à qqch** auf etw *(A)* Anspruch erheben.

prétendu, e [pretɑ̃dy] ◇ *pp* ▷ **prétendre** ◇ *adj (avant n)* angeblich.

prétendument [pretɑ̃dymɑ̃] *adv* angeblich.

prête-nom [prɛtnɔ̃] (*pl* **prête-noms**) *nm* Strohmann *der.*

prétentieux, euse [pretɑ̃sjø, øz] ◇ *adj* - **1.** [personne] eingebildet - **2.** [chose] protzig ◇ *nm, f* Angeber *der*, -in *die.*

prétention [pretɑ̃sjɔ̃] *nf* - **1.** [suffisance] Dünkel *der* - **2.** [ambition] Vermessenheit *die ;* **avoir la ~ de faire qqch** sich an|maßen, etw zu tun.

prêter [4] [prete] ◇ *vt* - **1.** [objet, argent] : **~ qqch à qqn** jm etw leihen - **2.** [accorder] : **~ assistance** Hilfe leisten ; **~ attention** Aufmerksamkeit schenken - **3.** [qualité, propos] : **~ qqch à qqn** jm etw zu|schreiben ◇ *vi :* **~ à qqch** zu etw Anlass geben. ◆ **se prêter** *vp :* **se ~ à qqch** [participer à] sich zu etw her|geben, sich auf etw *(A)* ein|lassen ; [convenir à] sich für etw eignen.

prétérit [preterit] *nm* Präteritum *das.*

prêteur, euse [prɛtœr, øz] *adj :* **ne pas être ~** nicht gerne verleihen. ◆ **prêteur** *nm :* **~ sur gages** Pfandleiher *der.*

prétexte [pretɛkst] *nm* - **1.** [excuse] Vorwand *der ;* **sous aucun ~** unter welchem Vorwand auch immer ; **sous ~ que** unter dem Vorwand, dass - **2.** [occasion] Anlass *der.*

prétexter [4] [pretɛkste] *vt* vor|geben.

prêtre [prɛtr] *nm* Priester *der.*

preuve [prœv] *nf* - **1.** [gén] Beweis *der ;* **faire ~ de qqch** etw beweisen - **2.** [justificatif] Nachweis *der* - **3.** MATHS : **la ~ par neuf** die Neunerprobe.

prévaloir [61] [prevalwar] *vi sout* vor|herrschen ; **~ sur qqch** vor etw *(D)* Vorrang haben. ◆ **se prévaloir** *vp :* **se ~ de qqch** sich mit etw brüsten.

prévalu [prevaly] *pp inv* ▷ **prévaloir.**

prévenance [prevnɑ̃s] *nf* [attitude] Zuvorkommenheit *die.*

prévenant, e [prevnɑ̃, ɑ̃t] *adj* zuvorkommend.

prévenir [40] [prevnir] *vt* - **1.** [avertir] warnen ; [police] verständigen - **2.** [anticiper] : **~ qqch** einer Sache *(D)* vor|beugen ; **~ les désirs de qqn** jm zuvor|kommen.

préventif, ive [prevɑ̃tif, iv] *adj* - **1.** [mesure] vorbeugend - **2.** MÉD Vorsorge- - **3.** JUR : **détention préventive** Untersuchungshaft *die.*

prévention [prevɑ̃sjɔ̃] *nf* - **1.** [protection] Verhütung *die* - **2.** JUR Untersuchungshaft *die.*

prévenu, e [prevny] ◇ *pp* ▷ **prévenir** ◇ *nm, f* JUR Angeklagte *der*, Angeklagte *die.*

prévision [previzjɔ̃] *nf* - **1.** [évaluation] Veranschlagung *die* - **2.** FIN & ÉCON Prognose *die* - **3.** [pronostic] Voraussagung *die ;* **les ~s météorologiques** die Wettervorhersage. ◆ **en prévision de** *loc prép* im Hinblick auf.

prévoir [63] [prevwar] *vt* - **1.** [envisager] voraus|sehen - **2.** [prédire] vorher|sehen - **3.** [organiser, programmer] vor|sehen ; **comme prévu** wie vorgesehen OU geplant.

prévoyance [prevwajɑ̃s] *nf* Voraussicht *die ;* **caisse de ~** Vorsorgekasse *die.*

prévoyant, e [prevwajɑ̃, ɑ̃t] *adj* vorausschauend.

prévu, e [prevy] *pp* ▷ **prévoir.**

prie-Dieu [pridjø] *nm inv* Betstuhl *der.*

prier [10] [prije] ◇ *vt* - **1.** [gén] bitten ; **ne pas se faire ~ pour faire qqch** sich nicht bitten lassen, etw zu tun ; **~ qqn de faire qqch** jn bitten, etw zu tun - **2.** RELIG : **~ qqn/qqch** zu jm/etw beten ◇ *vi* RELIG beten.

prière [prijɛr] *nf* - **1.** [RELIG - recueillement] Beten *das ;* [- formule] Gebet das - **2.** [demande] Bitte *die.*

primaire [primɛr] *adj* - **1.** *péj* [simpliste] primitiv - **2.** GÉOL & ÉCON Primär- ; **l'ère ~** das Erdaltertum.

prime [prim] ◇ *nf* - **1.** [gratification, cotisation] Prämie *die ;* **~ d'intéressement** gewinnabhängige Prämie - **2.** [cadeau] Bonus *der* ◇ *adj* - **1.** MATHS : **a ~** a-Strich - **2.** [premier] : **de ~ abord** auf den ersten Blick.

primer [3] [prime] ◇ *vi* dominieren ; **~ sur qqch** vor etw *(D)* den Vorrang haben ◇ *vt* [récompenser] prämieren.

primesautier, ère [primsotje, ɛr] *adj littéraire* sprunghaft.

primeur [primœr] *nf :* **avoir la ~ de qqch** etw als Erste,-r,-s erfahren.

primevère [primvɛr] *nf* Primel *die.*

primitif, ive [primitif, iv] *adj* - **1.** [originel] Ur- - **2.** [initial] ursprünglich - **3.** [archaïque] primitiv.

primordial, e, aux [primɔrdjal, o] *adj* entscheidend, Grund-.

prince [prɛ̃s] *nm* - **1.** [souverain] Fürst *der* - **2.** [non régnant] Prinz *der.*

princesse [prɛ̃sɛs] *nf* - **1.** [non régnante] Prinzessin *die* - **2.** [souveraine] Fürstin *die.*

princier, ère [prɛ̃sje, ɛr] *adj* - **1.** [famille] Fürsten- - **2.** [luxe] fürstlich.

principal, e, aux [prɛ̃sipal, o] *adj* - **1.** [gén] Haupt- - **2.** [résidence] Erst-. ◆ **principal** *nm* - **1.** [important] : **le ~** das Wichtigste, die Hauptsache - **2.** SCOL Direktor *der*, -in *die.*

> **principal**
>
> Mit **principal** oder **proviseur** bezeichnet man Sekundarschulleiter, die durch ein Auswahlverfahren eingesetzt werden. Es handelt sich immer um ehemalige Lehrer.
>
> **Principal** nennt man den Schulleiter eines **collège**, **proviseur** den eines **lycée**. Die Lehrer einer Schule werden nicht vom Schulleiter eingestellt, sondern von staatlicher Stelle aus einer Schule zugewiesen.

principauté [prɛ̃sipote] *nf* Fürstentum *das.*

principe [prɛ̃sip] *nm* - **1.** [règle individuelle] Grundsatz *der* ; **par ~** aus Prinzip - **2.** [hypothèse, loi générale] Prinzip *das.* ◆ **en principe** *loc adv* im Prinzip.

printanier, ère [prɛ̃tanje, ɛr] *adj* - **1.** [climat] frühlingshaft - **2.** [humeur, tissu] Frühlings-.

printemps [prɛ̃tɑ̃] *nm* [saison] Frühling *der*, Frühjahr *das* ; **au ~** im Frühjahr OU Frühling.

priori [prijɔri] ◆ **a priori** ◇ *loc adv* grundsätzlich, von vornherein ◇ *adj inv* apriorisch ◇ *nm inv* Apriori *das.*

prioritaire [prijɔritɛr] *adj* - **1.** [souci, mesure] vorrangig - **2.** [voie, véhicule] vorfahrtsberechtigt.

priorité [prijɔrite] *nf* - **1.** [primauté] Vorrang *der* ; **donner la ~** den Vorzug geben - **2.** [en voiture] Vorfahrt *die* ; **~ à droite** Vorfahrt von rechts. ◆ **en priorité** *loc adv* vorrangig ; **venir en ~** vorrangig sein.

pris, e [pri, iz] ◇ *pp* ▷ **prendre** ◇ *adj* [occupé - personne] nicht frei ; [- place assise] besetzt ; **il est très ~ en ce moment** er hat zurzeit sehr viel zu tun. ◆ **prise** *nf* - **1.** [action de saisir] Fassen *das* - **2.** SPORT Griff *der* - **3.** [en escalade] Halt *der* ; **lâcher ~e** loslassen ; *fig* auflgeben - **4.** [de ville, de médicament] Einnahme *die* - **5.** PÊCHE Fang *der* - **6.** ÉLECTR : **~e (de courant)** Anschluss *der* ; **~e femelle** Steckdose *die* ; **~e mâle** Stecker *der* ; **~e multiple** Mehrfachsteckdose *die* ; **~e de terre** Erdung *die.* ◆ **prise de conscience** *nf* Bewusstwerdung *die.* ◆ **prise d'otages** *nf* Geiselnahme *die.* ◆ **prise de sang** *nf* Blutprobe *die.* ◆ **prise de son** *nf* Tonaufzeichnung *die.* ◆ **prise de vues** *nf* Aufnahme *die.*

prisé, e [prize] *adj* begehrt.

prisme [prism] *nm* Prisma *das.*

prison [prizɔ̃] *nf* Gefängnis *das.*

prisonnier, ère [prizɔnje, ɛr] ◇ *nm, f* - **1.** [détenu] Häftling *der* - **2.** [captif] Gefangene *der*, Gefangene *die* ; **faire qqn ~** jn gefangen nehmen ◇ *adj* gefangen ; *fig* gefesselt.

privatif, ive [privatif, iv] *adj* - **1.** JUR Privat- - **2.** GRAM Negations-.

privation [privasjɔ̃] *nf* JUR Entzug *der.* ◆ **privations** *nfpl* Entbehrungen *Pl.*

privatisation [privatizasjɔ̃] *nf* Privatisierung *die.*

privatiser [3] [privatize] *vt* privatisieren.

privé, e [prive] *adj* Privat-. ◆ **privé** *nm* - **1.** ÉCON Privatwirtschaft *die* ; **dans le ~** in der freien Wirtschaft - **2.** [détective] Privatdetektiv *der.* ◆ **en privé** *loc adv* unter vier Augen.

priver [3] [prive] *vt* - **1.** [démunir] : **~ qqn de qqch** jn um etw bringen - **2.** [interdire] : **~ qqn de qqch** jm eine Sache entziehen. ◆ **se priver** *vp* - **1.** [s'abstenir] : **se ~ de qqch** sich *(D)* etw versagen ; **ne pas se ~ de faire qqch** es sich nicht entgehen lassen, etw zu tun - **2.** [économiser] sich nichts gönnen.

privilège [privilɛʒ] *nm* - **1.** [avantage] Privileg *das* - **2.** [chance] Glück *das* - **3.** [exclusivité] Vorrecht *das.*

privilégié, e [privileʒje] ◇ *adj* - **1.** [avantagé] bevorteilt - **2.** [nanti] wohlhabend - **3.** [exceptionnel] bevorzugt, ausgezeichnet ◇ *nm, f* - **1.** [nanti] Privilegierte *der*, Privilegierte *die* - **2.** [favorisé] bevorzugte Person.

prix [pri] *nm* Preis *der* ; **à moitié ~** zum halben Preis ; **au ~ fort** zum vollen Preis ; **hors de ~** unbezahlbar ; **~ de gros** Großhandelspreis ; **~ net** Nettopreis ; **~ de revient** Selbstkostenpreis ; **à aucun ~** um keinen Preis ; **au ~ de** auf Kosten von ; **à tout ~** um jeden Preis.

pro [pro] (*abr de* **professionnel**) *nmf fam* Profi *der.*

probabilité [prɔbabilite] *nf* Wahrscheinlichkeit *die.*

probable [prɔbabl] *adj* [vraisemblable] wahrscheinlich ; **il est ~ qu'elle arrive à temps** wahrscheinlich wird sie rechtzeitig ankommen.

probant, e [prɔbɑ̃, ɑ̃t] - **1.** [argument] stichhaltig - **2.** [expérience] überzeugend.
probité [prɔbite] *nf* Ehrenhaftigkeit *die*.
problème [prɔblɛm] *nm* - **1.** [gén] Problem *das* ; **ça ne me pose aucun ~** das ist für mich überhaupt kein Problem - **2.** [exercice] Aufgabe *die*.
procédé [prɔsede] *nm* - **1.** [méthode] Verfahren *das* - **2.** [conduite] Methode *die*.
procéder [18] [prɔsede] *vi* - **1.** [agir] vor|gehen - **2.** [se livrer] : **~ à qqch** etw vor|nehmen.
procédure [prɔsedyr] *nf* Verfahren *das*.
procès [prɔsɛ] *nm* Verfahren *das*, Prozess *der* ; **intenter un ~ à qqn** gegen jn ein Verfahren an|strengen, jn verklagen.
processeur [prɔsesœr] *nm* Prozessor *der*.
procession [prɔsesjɔ̃] *nf* Prozession *die* ; **en ~** in einem langen Zug.
processus [prɔsesys] *nm* Prozess *der*.
procès-verbal *nm* - **1.** [contravention] Strafmandat *das* - **2.** [compte-rendu] Protokoll *das*.
prochain, e [prɔʃɛ̃, ɛn] *adj* - **1.** [suivant] nächste,-r,-s ; **à la ~e!** *fam* bis zum nächsten Mal! - **2.** [imminent] nahe bevorstehend. ◆ **prochain** *nm* Nächste *der*, Nächste *die*.
prochainement [prɔʃɛnmɑ̃] *adv* demnächst.
proche [prɔʃ] *adj* - **1.** [imminent] nahe - **2.** [intime] : **être ~** einander nahe sein - **3.** [parent] nah - **4.** [semblable] verwandt. ◆ **proches** *nmpl* nächste Angehörige *Pl*.
Proche-Orient *nm* : **le ~** der Nahe Osten, der Vordere Orient.
proclamation [prɔklamasjɔ̃] *nf* Erklärung *die*.
proclamer [3] [prɔklame] *vt* aus|rufen, verkünden ; **~ son innocence** seine Unschuld bekunden.
procréer [15] [prɔkree] *vt* zeugen.
procuration [prɔkyrasjɔ̃] *nf* Vollmacht *die* ; **voter par ~** durch einen Vertreter wählen.
procurer [3] [prɔkyre] *vt* - **1.** [sujet : personne] : **~ qqch à qqn** jm etw beschaffen - **2.** [sujet : chose] : **~ qqch à qqn** jm etw bereiten. ◆ **se procurer** *vp* : **se ~ qqch** sich *(D)* etw beschaffen.
procureur [prɔkyrœr] *nm* : **~ général** Staatsanwalt *der (höhere Instanz)* ; **~ de la République** Staatsanwalt *der (erste Instanz)*.
prodigalité [prɔdigalite] *nf* Verschwendungssucht *die*.
prodige [prɔdiʒ] *nm* - **1.** [miracle] Wunder *das* - **2.** [génie] Genie *das*.
prodigieux, euse [prɔdiʒjø, øz] *adj* unglaublich.
prodigue [prɔdig] *adj* verschwenderisch.
prodiguer [3] [prɔdige] *vt* [donner] : **~ qqch à qqn** jn mit etw überhäufen.
producteur, trice [prɔdyktœr, tris] ◇ *nm, f* - **1.** [fabricant] Hersteller *der*, -in *die* - **2.** AGRIC Erzeuger *der*, -in *die* - **3.** CIN & TÉLÉ Produzent *der*, -in *die* ◇ *adj* : **~ de pétrole** Erdöl produzierend ; **~ d'emplois** Arbeitsplätze schaffend.
productif, ive [prɔdyktif, iv] *adj* - **1.** [activité, personne] produktiv - **2.** [capital] Gewinn bringend.
production [prɔdyksjɔ̃] *nf* - **1.** [fabrication] Herstellung *die*, Produktion *die* - **2.** ÉCON, CIN & LITTÉRATURE Produktion *die*.
productivité [prɔdyktivite] *nf* Produktivität *die*.
produire [98] [prɔdɥir] *vt* - **1.** [fournir] her|stellen, produzieren ; [sujet : terre] liefern - **2.** [susciter] aus|lösen - **3.** [émettre] erzeugen - **4.** [financer] produzieren. ◆ **se produire** *vp* - **1.** [événement] sich ereignen - **2.** [artiste] auf|treten.
produit, e [prɔdɥi, it] *pp* ▷ **produire.** ◆ **produit** *nm* - **1.** [gén] Produkt *das* ; **~ de beauté** Schönheitsmittel *das* ; **~ de consommation** Konsumgut *das* ; **~s d'entretien** Putzmittel *Pl* - **2.** CHIM Stoff *der* ; **~s chimiques** Chemikalien *Pl* - **3.** [naturel] Erzeugnis *das* - **4.** [d'investissement] Ertrag *der* ; **~ financier** Kapitalertrag *der* - **5.** [résultat] Ergebnis *das*.
proéminent, e [prɔeminɑ̃, ɑ̃t] *adj* vorstehend.
profane [prɔfan] ◇ *nmf* - **1.** [non religieux] Ungeweihte *der*, Ungeweihte *die* - **2.** [novice] Laie *der* ◇ *adj* - **1.** [laïc] weltlich - **2.** [ignorant] : **être ~** ein Laie sein.
profaner [3] [prɔfane] *vt* - **1.** [église] entweihen - **2.** [mémoire] schänden.
proférer [18] [prɔfere] *vt* aus|stoßen.
professeur [prɔfɛsœr] *nm* [enseignant - d'école] Lehrer *der*, -in *die* ; [- d'université] Professor *der*, -in *die*.

professeur

Das französische Substantiv **professeur** kann zwar auch „Professor" bedeuten, heißt jedoch meistens „Lehrer". Die Bedeutung muss aus dem Kontext klar werden. **Son père est professeur** wird mit „Sein Vater ist Lehrer" übersetzt. Bei der Formulierung jedoch **Son père est professeur d'université** wird deutlich, dass es sich um einen Professor handelt und die deutsche Übersetzung „Ihr Vater ist Professor" lautet.

profession [prɔfɛsjɔ̃] *nf* - **1.** [métier] Beruf *der* ; **de ~** von Beruf - **2.** [corps de métier] Branche *die*.

professionnel, elle [prɔfɛsjɔnɛl] ◇ *adj* - **1.** [vie, maladie, lycée] Berufs- - **2.** [comédien, sportif] professionell ◇ *nm, f* - **1.** [spécialiste] Fachmann *der* - **2.** SPORT Profi *der*.

professorat [prɔfɛsɔra] *nm* Lehrberuf *der*.

profil [prɔfil] *nm* - **1.** [gén] Profil *das* - **2.** [silhouette] Umrisslinie *die*. ◆ **de profil** *loc adv* - **1.** [visage, corps] im Profil - **2.** [objet] von der Seite.

profit [prɔfi] *nm* - **1.** [avantage] Nutzen *der* ; **il ne cherche que son ~** er ist nur auf seinen Vorteil bedacht ; **au ~ de** zugunsten von ; **tirer ~ de qqch** aus etw Nutzen ziehen - **2.** ÉCON Profit *der*.

profitable [prɔfitabl] *adj* - **1.** [rentable] einträglich - **2.** [bénéfique] nützlich ; **être ~ à qqn** jm zuträglich sein.

profiter [3] [prɔfite] *vi* - **1.** [tirer avantage de] : **~ de qqn/qqch** jn/etw aus|nutzen - **2.** [abuser] : **~ de qqch** eine Sache nutzen ; **en ~** es aus|nutzen, es genießen.

profond, e [prɔfɔ̃, ɔ̃d] *adj* - **1.** [gén] tief - **2.** [pensée] tiefgründig, tief schürfend. ◆ **profond** ◇ *nm* : **au plus ~ de** im tiefsten Innern von ◇ *adv* tief.

profondément [prɔfɔ̃demɑ̃] *adv* [gén] tief.

profondeur [prɔfɔ̃dœr] *nf* [gén] Tiefe *die* ; **en ~** von Grund auf.

profusion [prɔfyzjɔ̃] *nf* : **une ~ de** eine Unmenge von ; **à ~** im Überfluss.

progéniture [prɔʒenityr] *nf* Nachkommenschaft *die*.

programmable [prɔgramabl] *adj* programmierbar.

programmation [prɔgramasjɔ̃] *nf* - **1.** INFORM Programmierung *die* - **2.** TÉLÉ & RADIO Programmgestaltung *die*.

programme [prɔgram] *nm* - **1.** [gén] Programm *das* - **2.** SCOL Lehrplan *der*.

programmer [3] [prɔgrame] *vt* - **1.** [organiser] planen - **2.** RADIO & TÉLÉ an|setzen - **3.** TECHNOL ein|stellen - **4.** INFORM programmieren.

programmeur, euse [prɔgramœr, øz] *nm, f* Programmierer *der*, -in *die*.

progrès [prɔgrɛ] *nm* Fortschritt *der* ; **faire des ~** Fortschritte machen.

progresser [4] [prɔgrese] *vi* - **1.** [avancer] vor|dringen - **2.** [maladie] fort|schreiten - **3.** [élève] Fortschritte machen.

progressif, ive [prɔgresif, iv] *adj* - **1.** [méthode] schrittweise - **2.** [difficulté] steigend.

progression [prɔgresjɔ̃] *nf* - **1.** [avancée] Vormarsch *der* - **2.** [développement, essor] Ausbreitung *die*.

prohiber [3] [prɔibe] *vt* (gesetzlich) verbieten.

proie [prwa] *nf* Beute *die* ; **être la ~ de qqn** jm zur Beute fallen ; **être la ~ de qqch** das Opfer einer Sache *(G)* werden ; **être en ~ à qqch** einer Sache *(D)* anheim fallen.

projecteur [prɔʒɛktœr] *nm* - **1.** [de lumière] Scheinwerfer *der* - **2.** [d'images] Projektor *der*.

projectile [prɔʒɛktil] *nm* Geschoss *das*.

projection [prɔʒɛksjɔ̃] *nf* - **1.** [de film] Vorführung *die* - **2.** PSYCHOL & GÉOM Projektion *die*.

projectionniste [prɔʒɛksjɔnist] *nmf* Filmvorführer *der*, -in *die*.

projet [prɔʒɛ] *nm* - **1.** [perspective] Plan *der*, Vorhaben *das* - **2.** [étude, ébauche] Projekt *das* ; **~ de loi** Gesetzesvorlage *die*.

projeter [27] [prɔʒte] *vt* - **1.** [envisager] planen, vor|haben ; **~ de faire qqch** planen OU vor|haben, etw zu tun - **2.** [film, diapos] vor|führen - **3.** PSYCHOL & GÉOM projizieren.

prolétaire [prɔletɛr] ◇ *nmf* Proletarier *der*, -in *die* ◇ *adj* proletarisch.

prolétariat [prɔletarja] *nm* Proletariat *das*.

proliférer [18] [prɔlifere] *vi* - **1.** [se multiplier] sich stark vermehren - **2.** [être nombreux] : **qqch prolifère** es wimmelt von etw, es herrscht ein Überfluss an etw *(D)*.

prolifique [prɔlifik] *adj* fruchtbar.

prologue [prɔlɔg] *nm* Prolog *der* ; *fig* Vorspiel *das*.

prolongation [prɔlɔ̃gasjɔ̃] *nf* Verlängerung *die*.

prolongement [prɔlɔ̃ʒmɑ̃] *nm* Verlängerung *die* ; **se trouver dans le ~ de qqch** die Fortsetzung einer Sache *(G)* sein. ◆ **prolongements** *nmpl* [conséquences] Folgen *Pl*.

prolonger [17] [prɔlɔ̃ʒe] *vt* : **~ qqch (de qqch)** etw (um etw) verlängern.

promenade [prɔmnad] *nf* - **1.** [balade - à pied] Spaziergang *der* ; [- en véhicule] Spazierfahrt *die* ; *fig* Ausflug *der* ; **faire une ~** einen Spaziergang machen - **2.** [lieu] Promenade *die*.

promener [19] [prɔmne] *vt* - **1.** [conduire - à pied] spazieren führen ; [- en voiture] spazieren fahren - **2.** *fig* [main, regard] gleiten lassen. ◆ **se promener** *vp* [à pied] spazieren gehen ; [en voiture] spazieren fahren.

promesse [prɔmɛs] *nf* Versprechen *das* ; **faire une ~ (à qqn)** (jm) ein Versprechen geben ; **tenir sa ~** sein Versprechen halten ; **~ d'achat** JUR Kaufvorvertrag *der*, Kaufversprechen ; **~ de vente** JUR Verkaufsvorvertrag *der*, Verkaufsversprechen ; **plein de ~s** *fig* viel versprechend *(adj)*.

prometteur, euse [prɔmɛtœr, øz] *adj* viel versprechend.

promettre [84] [prɔmɛtr] ◇ *vt* - **1.** [s'engager à] versprechen ; **~ qqch à qqn** jm etw versprechen ; **~ à qqn de faire qqch** jm versprechen, etw zu tun - **2.** [assurer] : **~ à qqn que** jm versichern, dass ◇ *vi* zu großen Hoffnungen Anlass geben ; **ça promet!** *iron* da kann man sich auf einiges gefasst machen!, das kann ja heiter werden!

promettre

Du kannst dich auf mich verlassen. Tu peux compter sur moi.
Das verspreche ich dir hoch und heilig. Promis, juré.
Ich werde mich darum kümmern. Je vais m'en occuper.
Das geht in Ordnung. Pas de problème, ça marche.
Versprochen! C'est promis !

promis, e [prɔmi, iz] ◇ *pp* ▷ **promettre** ◇ *adj* versprochen ◇ *nm, f hum* Zukünftige *der*, Zukünftige *die*.

promiscuité [prɔmiskɥite] *nf* enges Zusammenleben.

promontoire [prɔmɔ̃twar] *nm* Vorgebirge *das*.

promoteur, trice [prɔmɔtœr, tris] *nm, f* - **1.** [novateur] Initiator *der*, -in *die*, Wegbereiter *der*, -in *die* - **2.** [constructeur] Bauunternehmer *der*, -in *die* ; *péj* Baulöwe *der*.

promotion [prɔmɔsjɔ̃] *nf* - **1.** [avancement] Beförderung *die* ; **obtenir une ~** befördert werden - **2.** SCOL & MIL Jahrgang *der* - **3.** [réclame] Promotion *die* ; **en ~** im Sonderangebot - **4.** [soutien] Förderung *die*.

promouvoir [56] [prɔmuvwar] *vt* - **1.** [aider] fördern - **2.** [nommer] befördern ; **il a été promu général** er ist zum General befördert worden.

prompt, e [prɔ̃, prɔ̃t] *adj* schnell, rasch ; **être ~ à faire qqch** etw schnell tun.

promu, e [prɔmy] *pp* ▷ **promouvoir**.

promulguer [3] [prɔmylge] *vt* JUR verkünden.

prôner [3] [prone] *vt* [préconiser] predigen.

pronom [prɔnɔ̃] *nm* Pronomen *das*, Fürwort *das* ; **~ personnel** Personalpronomen ; **~ possessif** Possessivpronomen ; **~ relatif** Relativpronomen.

pronominal, e, aux [prɔnɔminal, o] *adj* [verbe] reflexiv.

prononcé, e [prɔnɔ̃se] *adj* stark ausgeprägt ; **avoir un goût ~ pour qqch** eine ausgesprochene Vorliebe für etw haben.

prononcer [16] [prɔnɔ̃se] *vt* - **1.** [gén] aus|sprechen - **2.** [dire] sagen ; **ne pas ~ un mot** kein (einziges) Wort sprechen OU sagen - **3.** [jugement] verkünden. ◆ **se prononcer** *vp* - **1.** [lettre, mot] ausgesprochen werden - **2.** [personne] : **se ~ sur qqch** sich zu etw OU über etw *(A)* äußern ; **se ~ pour/contre qqn/qqch** sich für/gegen jn/etw aus|sprechen.

prononciation [prɔnɔ̃sjasjɔ̃] *nf* - **1.** LING Aussprache *die* - **2.** JUR Verkündung *die*.

pronostic [prɔnɔstik] *nm* Prognose *die* ; [au tiercé] Tipp *der*.

propagande [prɔpagɑ̃d] *nf* Propaganda *die*.

propane [prɔpan] *nm* Propan *das*.

prophète [prɔfɛt] *nm* Prophet *der*.

prophétie [prɔfesi] *nf* - **1.** RELIG Weissagung *die* - **2.** [prédiction] Prophezeiung *die*.

prophétiser [3] [prɔfetize] *vt* - **1.** RELIG weis|sagen - **2.** [prédire] prophezeien.

propice [prɔpis] *adj* : **~ (à qqch)** (für etw) günstig ; **être ~ à qqch** etw begünstigen.

proportion [prɔpɔrsjɔ̃] *nf* [pourcentage] Anteil *der* ; **toutes ~s gardées** alles in allem. ◆ **proportions** *nfpl* - **1.** [dimensions] Ausmaß *das* - **2.** [harmonie] Proportion *die*.

proportionné, e [prɔpɔrsjɔne] *adj* : **bien/mal ~** gut/schlecht proportioniert.

proportionnel, elle [prɔpɔrsjɔnɛl] *adj* proportional ; **~ à qqch** einer Sache *(D)* entsprechend ; **être ~ à qqch** im Verhältnis zu etw stehen, einer Sache *(D)* entsprechen.

propos [prɔpo] *nm* - **1.** [parole] Wort *das*, Äußerung *die* ; **c'est à quel ~?** worum geht es? ; **hors de ~** unangebracht - **2.** [but] Absicht *die*. ◆ **à propos** *loc adv* - **1.** [opportunément] im rechten Augenblick - **2.** [au fait] übrigens, apropos. ◆ **à propos de** *loc prép* : **à ~ de qqch** was etw betrifft.

proposer [3] [prɔpoze] *vt* - **1.** [offrir] an|bieten ; **~ qqch à qqn** jm etw an|bieten - **2.** [suggérer] vor|schlagen ; **~ à qqn de faire qqch** jm vor|schlagen, etw zu tun ; **~ une**

loi/un amendement eine Gesetzesvorlage/einen Änderungsantrag ein|bringen.

proposer

Kann ich Ihnen helfen? Puis-je vous aider ?
Was kann ich für Sie tun? Que puis-je faire pour vous ?
Wenn Sie möchten, erledige ich das für Sie. Si vous voulez, je m'en charge.
Ich schlage vor, wir gehen alle zusammen ins Kino. Je propose que nous allions tous ensemble au cinéma.
Ich hätte da eine Idee. J'ai une idée.

proposition [prɔpozisjɔ̃] *nf* **- 1.** [offre] Angebot *das* **- 2.** [suggestion] Vorschlag *der* **- 3.** GRAM Satz *der.* ◆ **proposition de loi** *nf* Gesetzesvorlage *die.*

propre [prɔpr] ◇ *adj* **- 1.** [gén] sauber ; **son petit chat est déjà ~** sein kleiner Kater ist schon stubenrein ; **nous voilà ~s!** *fig & hum* jetzt stehen wir schön da! **- 2.** [personnel] eigen ; **remettre qqch en mains ~s** etw dem Empfänger persönlich übergeben **- 3.** [approprié] passend ; **~ à qqch** für ou zu etw geeignet ◇ *nm* [propreté] : **sentir le ~** sauber riechen. ◆ **au propre** *loc adv* **- 1.** LING im eigentlichen Sinn(e) **- 2.** [texte] : **mettre au ~** ins Reine schreiben.

proprement [prɔprəmɑ̃] *adv* **- 1.** [convenablement] ordentlich **- 2.** [véritablement] nachgerade ; **à ~ parler** genau gesagt **- 3.** [exclusivement] eigentlich. ◆ **proprement dit, proprement dite** *loc adj* eigentlich.

propreté [prɔprəte] *nf* Sauberkeit *die.*

propriétaire [prɔprijetɛr] *nmf* **- 1.** [possesseur] Eigentümer *der,* -in *die,* Besitzer *der,* -in *die* ; **~ foncier** ou **terrien** Grundbesitzer **- 2.** [de maison] Hauseigentümer *der,* -in *die* ; [d'appartement] Wohnungseigentümer *der,* -in *die.*

propriété [prɔprijete] *nf* **- 1.** [possession, domaine] Besitz *der* ; **avoir la ~ de qqch** im Besitz einer Sache *(G)* sein ; **~ privée** Privatgrundstück *das* **- 2.** JUR Eigentum *das* **- 3.** [particularité & MATHS] Eigenschaft *die.*

propulser [3] [prɔpylse] *vt* **- 1.** [faire avancer] an|treiben **- 2.** [projeter - objet] schleudern ; [- fusée, satellite] schießen **- 3.** *fig* [personne] : **~ qqn à un poste** jn auf einen Posten hieven. ◆ **se propulser** *vp* sich fort|bewegen ; *fig* sich katapultieren.

prorata [prɔrata] ◆ **au prorata** *loc adv* anteilmäßig. ◆ **au prorata de** *loc prép* im Verhältnis zu.

prosaïque [prozaik] *adj* prosaisch.

proscrit, e [prɔskri, it] ◇ *adj* [interdit] untersagt ◇ *nm, f* Verbannte *der,* Verbannte *die.*

prose [proz] *nf* **- 1.** [expression] Prosa *die* ; **en ~** in Prosa ; **poème en ~** Prosagedicht *das* **- 2.** *hum* [travail écrit] Text *der.*

prospecter [4] [prɔspɛkte] *vt* **- 1.** GÉOL nach Lagerstätten durchforschen ; **~ un endroit pour y découvrir de l'or** an einem Ort nach Gold schürfen **- 2.** COMM : **~ (une région/ un marché)** (in einer Gegend/ für einen Markt) Kunden werben.

prospection [prɔspɛksjɔ̃] *nf* **- 1.** [de minerais] Schürfen *das* ; [de pétrole] Bohren *das* **- 2.** COMM Kundenwerbung *die,* Akquisition *die.*

prospectus [prɔspɛktys] *nm* Prospekt *der.*

prospère [prɔspɛr] *adj* blühend ; **être ~** [affaires] blühen.

prospérité [prɔsperite] *nf* Wohlstand *der.*

prostate [prɔstat] *nf* Prostata *die,* Vorsteherdrüse *die.*

prosterner [3] [prɔstɛrne] ◆ **se prosterner** *vp* sich nieder|beugen, sich verneigen ; **se ~ devant qqn/qqch** sich vor jm/ etw nieder|werfen.

prostitué, e [prɔstitɥe] *nm, f* Strichjunge *der,* Prostituierte *die.*

prostituer [7] [prɔstitɥe] *vt* prostituieren. ◆ **se prostituer** *vp* sich prostituieren.

prostitution [prɔstitysjɔ̃] *nf* Prostitution *die.*

prostré, e [prɔstre] *adj* niedergeschlagen.

protagoniste [prɔtagɔnist] *nmf* Protagonist *der,* -in *die,* zentrale Gestalt.

protecteur, trice [prɔtɛktœr, tris] ◇ *adj* **- 1.** [personne, attitude] gönnerhaft **- 2.** [mesures] Schutz- **- 3.** ÉCON protektionistisch ◇ *nm, f* **- 1.** [défenseur] Beschützer *der,* -in *die* **- 2.** [bienfaiteur] Protektor *der,* -in *die* **- 3.** ART Gönner *der,* -in *die,* Förderer *der,* -rin *die.* ◆ **protecteur** *nm* [proxénète] Beschützer *der.*

protection [prɔtɛksjɔ̃] *nf* **- 1.** [défense, sauvegarde & ÉCON] Schutz *der* ; **prendre qqn sous sa ~** js Schutz übernehmen ; **~ de l'environnement** Umweltschutz **- 2.** [renfort] Schützer *der* ; **~s aux genoux** Knieschützer *Pl.*

protectionnisme [prɔtɛksjɔnism] *nm* Protektionismus *der.*

protégé, e [prɔteʒe] ◇ *adj* geschützt ◇ *nm, f* Schützling *der.*

protège-cahier [prɔtɛʒkaje] (*pl* **protège-cahiers**) *nm* Heftumschlag *der,* Schutzumschlag *der (für ein Heft).*

protéger [22] [prɔteʒe] *vt* **- 1.** [défendre] beschützen **- 2.** [préserver, garantir] schützen **- 3.** [pistonner] protegieren.

protéine [prɔtein] *nf* Protein *das.*

protestant, e [prɔtɛstɑ̃, ɑ̃t] ◇ *adj* protestantisch ◇ *nm, f* Protestant *der*, -in *die*.
protestation [prɔtɛstasjɔ̃] *nf* [contestation] Protest *der*.
protester [3] [prɔtɛste] *vi* - **1.** [contester] protestieren - **2.** [objecter] Einspruch erheben.
prothèse [prɔtɛz] *nf* Prothese *die* ; **~ dentaire** Zahnprothese, Zahnersatz *der*.
protide [prɔtid] *nm* Eiweißkörper *der*.
protocolaire [prɔtɔkɔlɛr] *adj* protokollarisch.
protocole [prɔtɔkɔl] *nm* Protokoll *das*.
proton [prɔtɔ̃] *nm* Proton *das*.
prototype [prɔtɔtip] *nm* Prototyp *der*.
protubérant, e [prɔtyberɑ̃, ɑ̃t] *adj* vorstehend, vorspringend.
proue [pru] *nf* Bug *der*.
prouesse [pruɛs] *nf* [exploit] Heldentat *die* ; *fig & iron* außergewöhnliche Leistung ; **accomplir des ~s** *fig* wahre Wunder vollbringen.
prouver [3] [pruve] *vt* beweisen.
provenance [prɔvnɑ̃s] *nf* Herkunft *die* ; **en ~ de** aus.
provenir [40] [prɔvnir] *vi* : **~ d'un endroit** aus einem Ort stammen ; **~ de** *fig* herlrühren von.
provenu, e [prɔvny] *pp* ▷ **provenir.**
proverbe [prɔvɛrb] *nm* Sprichwort *das*.
proverbial, e, aux [prɔvɛrbjal, o] *adj* sprichwörtlich.
providence [prɔvidɑ̃s] *nf* RELIG Vorsehung *die*.
providentiel, elle [prɔvidɑ̃sjɛl] *adj* von der Vorsehung gesandt, unverhofft.
province [prɔvɛ̃s] *nf* Provinz *die*.
provincial, e, aux [prɔvɛ̃sjal, o] ◇ *adj péj* [de la campagne] provinziell ◇ *nm, f* - **1.** [habitant de la province] Provinzbewohner *der*, -in *die* - **2.** *péj* [rustre] Provinzler *der*.
proviseur [prɔvizœr] *nm* Direktor *der*, -in *die (eines Gymnasiums)*.

proviseur

Mit **principal** oder **proviseur** bezeichnet man Sekundarschulleiter, die durch ein Auswahlverfahren eingesetzt werden. Es handelt sich immer um ehemalige Lehrer.
Principal nennt man den Schulleiter eines **collège**, **proviseur** den eines **lycée**. Die Lehrer einer Schule werden nicht vom Schulleiter eingestellt, sondern von staatlicher Stelle aus einer Schule zugewiesen.

provision [prɔvizjɔ̃] *nf* - **1.** [réserve] : **~ de qqch** Vorrat *der* an etw *(D)* - **2.** BANQUE Deckung *die* ; **chèque sans ~** ungedeckter Scheck - **3.** [acompte] Vorschuss *der*.
◆ **provisions** *nfpl* - **1.** [ravitaillement] Proviant *der* - **2.** [achats] Einkäufe *Pl* ; **faire ses** OU **aller aux ~s** einkaufen gehen.
provisoire [prɔvizwar] ◇ *adj* - **1.** [temporaire] provisorisch - **2.** JUR vorläufig ◇ *nm* Provisorium *das*, Notbehelf *der* ; **c'est du ~** das ist eine Zwischenlösung.
provocant, e [prɔvɔkɑ̃, ɑ̃t] *adj* - **1.** [agressif] provokativ - **2.** [aguicheur] aufreizend.
provocation [prɔvɔkasjɔ̃] *nf* Provokation *die*.
provoquer [3] [prɔvɔke] *vt* - **1.** [entraîner] verursachen - **2.** [défier] provozieren - **3.** [exciter] auflreizen.
proxénète [prɔksenɛt] *nmf* Zuhälter *der*, Kupplerin *die*.
proximité [prɔksimite] *nf* Nähe *die* ; **à ~ de qqch** in der Nähe einer Sache *(G)*.
prude [pryd] ◇ *nmf* prüder Mensch ◇ *adj* prüde.
prudence [prydɑ̃s] *nf* Vorsicht *die*.
prudent, e [prydɑ̃, ɑ̃t] *adj* vorsichtig.
prune [pryn] *nf* [fruit] Pflaume *die*.
pruneau [pryno] *nm* [fruit] Backpflaume *die*, Dörrpflaume *die*.
prunelle [prynɛl] *nf* ANAT Pupille *die*.
prunier [prynje] *nm* Pflaumenbaum *der*.
PS (*abr de* **Parti socialiste**) *nm französische sozialistische Partei.*
psalmodier [9] [psalmɔdje] ◇ *vt* herunterlleiern ◇ *vi* leiern.
psaume [psom] *nm* Psalm *der*.
pseudonyme [psødɔnim] *nm* Pseudonym *das*.
psy [psi] *fam nmf* (*abr de* **psychiatre**) Nervenklempner *der*.
psychanalyse [psikanaliz] *nf* Psychoanalyse *die* ; **être en ~** eine Psychoanalyse machen.
psychanalyste [psikanalist] *nmf* Psychoanalytiker *der*, -in *die*.
psychédélique [psikedelik] *adj* psychedelisch.
psychiatre [psikjatr] *nmf* Psychiater *der*, -in *die*.
psychiatrie [psikjatri] *nf* Psychiatrie *die*.
psychique [psiʃik] *adj* psychisch, seelisch.
psychologie [psikɔlɔʒi] *nf* - **1.** [caractère & SCIENCE] Psychologie *die* - **2.** [compréhension] Einfühlungsvermögen *das* ; **manquer de ~** wenig Einfühlungsvermögen haben.
psychologique [psikɔlɔʒik] *adj* - **1.** [théorie, étude] psychologisch - **2.** [réaction] psychisch.
psychologue [psikɔlɔg] ◇ *nmf* Psychologe *der*, -gin *die* ◇ *adj* [compréhensif]

psychologisch geschickt ; **ce n'était pas très ~** es war psychologisch nicht sehr geschickt.

psychose [psikoz] *nf* Psychose *die.*

psychosomatique [psikɔsɔmatik] *adj* psychosomatisch.

psychothérapie [psikɔterapi] *nf* Psychotherapie *die.*

PTT (*abr de* **Postes, télécommunications et télédiffusion**) *nfpl frühere Bezeichnung für das französische Post- und Fernmeldewesen.*

pu [py] *pp inv* ▷ **pouvoir.**

puant, e [pɥɑ̃, ɑ̃t] *adj* **- 1.** [odeur] stinkend ; **boule ~e** Stinkbombe *die* **- 2.** *fam* [attitude] aufgeblasen, eingebildet.

puanteur [pɥɑ̃tœr] *nf* Gestank *der.*

pub[1] [pyb] *nf fam* Werbung *die ;* **regarder les ~s à la télé** sich die Fernsehwerbung anlsehen.

pub[2] [pœb] *nm* [bar] Pub *das* ou *der.*

pubère [pybɛr] *adj* geschlechtsreif.

puberté [pybɛrte] *nf* Pubertät *die.*

pubis [pybis] *nm* Schamberg *der.*

public, ique [pyblik] *adj* **- 1.** [ouvert à tous] öffentlich **- 2.** [affaire, scandale] bekannt **- 3.** [de l'État] staatlich ; **services ~s** öffentlicher Dienst. ◆ **public** *nm* **- 1.** [auditoire] Publikum *das ;* **en ~** in der Öffentlichkeit ; **parler en ~** vor einem Publikum sprechen ; **être bon ~** ein dankbarer Zuhörer ou Zuschauer sein **- 2.** [population] Öffentlichkeit *die.*

publication [pyblikasjɔ̃] *nf* **- 1.** [sortie, ouvrage] Veröffentlichung *die* **- 2.** [de résultats, de bans] Bekanntmachung *die.*

publicitaire [pyblisitɛr] ◇ *nmf* Werbefachmann *der*, -frau *die* ◇ *adj* Werbe-.

publicité [pyblisite] *nf* [domaine, réclame] Werbung *die ;* **~ comparative** vergleichende Werbung ; **~ mensongère** irreführende Werbung.

publier [10] [pyblije] *vt* **- 1.** [éditer] veröffentlichen **- 2.** [communiquer] bekannt machen, bekannt geben.

publique ▷ **public.**

publireportage [pyblirəpɔrtaʒ] *nm* redaktionell gestaltete Werbung.

puce [pys] *nf* **- 1.** [animal] Floh *der* **- 2.** INFORM Chip *der ;* **carte à ~** Chipkarte *die.* ◆ **puces** *nfpl* [marché] : **les ~s, le marché aux ~s** der Flohmarkt.

puceau, x [pyso] *fam nm* unberührter Mann ; *iron* jungfräulicher Mann.

pucelle [pysɛl] *fam* ◇ *nf* Jungfrau *die* ◇ *adj f* jungfräulich ; **être ~** Jungfrau sein.

pudeur [pydœr] *nf* **- 1.** [physique] Scham *die ;* **attentat à la ~** unzüchtige Handlung **- 2.** [morale] Zurückhaltung *die.*

pudibond, e [pydibɔ̃, ɔ̃d] *adj* übertrieben schamhaft, prüde.

pudique [pydik] *adj* **- 1.** [physiquement] schamhaft **- 2.** [moralement] zurückhaltend, diskret.

puer [7] [pɥe] *fam* ◇ *vi* stinken ◇ *vt :* **~ le tabac/le fric** nach Tabak/Geld stinken.

puéricultrice [pɥerikyltris] *nf* Kinderpflegerin *die.*

puériculture [pɥerikyltyr] *nf* Säuglings- und Kleinkinderpflege *die.*

puéril, e [pɥeril] *adj* kindlich ; *péj* kindisch.

Puerto Rico = Porto Rico.

puis[1] [pɥi] ▷ **pouvoir.**

puis[2] [pɥi] *adv* dann ; **et ~** [d'ailleurs] nebenbei bemerkt.

puiser [3] [pɥize] *vt* **- 1.** [liquide] schöpfen **- 2.** *fig* [emprunter] : **~ qqch dans qqch** etw aus etw schöpfen ; **~ dans la boîte de biscuits** sich in der Keksdose bedienen.

puisque [pɥiskə], **puisqu'** *(devant voyelle ou h muet) conj* **- 1.** [introduit une cause] da, weil ; **tu ne peux pas acheter de voiture ~ tu n'as pas d'argent** du kannst keinen Wagen kaufen, da du kein Geld hast **- 2.** [étant donné que] wenn ; **~ vous voulez me parler, allons dans mon bureau** wenn Sie mit mir sprechen möchten, gehen wir (doch) in mein Büro ; **bon, ~ tu le dis** na gut, wenn ou wie du meinst ; **puisqu'il en est ainsi** wenn dem so ist **- 3.** [renforce une affirmation] wenn ... doch ; **mais ~ je te dis que je ne veux pas!** wenn ich dir doch sage, dass ich nicht will! **- 4.** [introduit une justification] denn ; **cette erreur, puisque erreur il y a,** dieser Fehler, denn das ist ja einer,

puissance [pɥisɑ̃s] *nf* **- 1.** [pouvoir, nation] Macht *die* **- 2.** [force] Stärke *die* **- 3.** TECHNOL Leistungsstärke *die* **- 4.** MATHS Potenz *die ;* **dix ~ quatre** zehn hoch vier. ◆ **en puissance** *loc adj* potenziell.

puissant, e [pɥisɑ̃, ɑ̃t] *adj* **- 1.** [gén] stark **- 2.** [physiquement] kräftig **- 3.** TECHNOL leistungsstark. ◆ **puissant** *nm* Mächtige *der.*

puisse etc ▷ **pouvoir.**

puits [pɥi] *nm* **- 1.** [d'eau] Brunnen *der* **- 2.** [d'extraction] Bohrloch *das ;* **~ de pétrole** [gisement] Ölquelle *die ;* [forage] Bohrloch.

pull [pyl], **pull-over** [pylɔvɛr] (*pl* **pull-overs**) *nm* Pulli *der.*

pulluler [3] [pylyle] *vi* **- 1.** [insectes, animaux] auslschwärmen, sich rasend vermehren **- 2.** *péj* [personne] : **ça pullule de journalistes ici!** hier wimmelt es nur so von Journalisten!

pulmonaire [pylmɔnɛr] *adj* Lungen-.

pulpe [pylp] *nf* [de fruit] Fruchtfleisch *das.*

pulsation [pylsasjɔ̃] *nf* [de cœur] Schlag *der ;* [d'artère] Pulsschlag *der.*

pulsion [pylsjɔ̃] *nf* Trieb *der* ; **obéir à ses ~s** seinen Trieben nach|geben.
pulvérisation [pylverizasjɔ̃] *nf* **- 1.** [projection] Besprühen *das* **- 2.** MÉD Spraybehandlung *die.*
pulvériser [3] [pylverize] *vt* **- 1.** [liquide] : **~ qqch (sur qqch)** etw (auf etw *(A)*) sprühen ; **~ du parfum** Parfum zerstäuben **- 2.** [détruire] zerfetzen **- 3.** [record] schlagen.
puma [pyma] *nm* Puma *der.*
punaise [pynɛz] *nf* **- 1.** [clou] Heftzwecke *die* **- 2.** [insecte] Wanze *die* **- 3.** *fam* [personne] Meckerliese *die.*
punch¹ [pɔ̃ʃ] *nm* [boisson] Punsch *der.*
punch² [pœnʃ] *nm inv fam* [énergie] Elan *der*, Mumm *der.*
punching-ball [pœnʃiŋbol] (*pl* **punching-balls**) *nm* Punchingball *der.*
puni, e [pyni] *adj* bestraft.
punir [32] [pynir] *vt* **- 1.** [personne] bestrafen ; **~ qqn de qqch** [mort, prison] jn mit etw bestrafen ; [jalousie, égoïsme] jn für etw bestrafen **- 2.** [crime, infraction] ahnden.
punition [pynisjɔ̃] *nf* Strafe *die.*
pupille [pypij] ◇ *nf* ANAT Pupille *die* ◇ *nmf* [orphelin] *minderjähriges, verwaistes Mündel* ; **~ de l'État** OU **la Nation** *staatlich unterstützter Kriegswaise.*
pupitre [pypitr] *nm* **- 1.** [support] Pult *das* **- 2.** TECHNOL Schaltpult *das*, Konsole *die* **- 3.** SCOL [bureau] Schultisch *der.*
pur, e [pyr] *adj* **- 1.** [gén] rein ; **~ coton** reine Baumwolle ; **~ et simple** schlicht und einfach **- 2.** [intention] ehrlich **- 3.** [forme, style] klar.
purée [pyre] *nf* Püree *das* ; **~ de pommes de terre** Kartoffelpüree. ◆ **purée de pois** *nf* [brouillard] dicke Suppe.
purement [pyrmɑ̃] *adv* (einfach) nur ; **une relation ~ platonique** eine rein platonische Beziehung ; **~ et simplement** schlicht und einfach.
pureté [pyrte] *nf* **- 1.** [gén] Reinheit *die* **- 2.** [chasteté] Unberührtheit *die.*
purgatif, ive [pyrgatif, iv] *adj* abführend. ◆ **purgatif** *nm* Abführmittel *das.*
purgatoire [pyrgatwar] *nm* RELIG Fegefeuer *das* ; *fig* Hölle *die.*
purge [pyrʒ] *nf* **- 1.** [organique] Abführen *das*, Entschlacken *das* **- 2.** [de chaudière, d'appareil] Entleeren *das*, Reinigen *das* ; [de radiateur] Entlüften *das* **- 3.** [politique] Säuberungsaktion *die.*
purger [17] [pyrʒe] *vt* **- 1.** [l'organisme] entschlacken ; [chien, chat] entwurmen **- 2.** [appareil] entleeren, reinigen ; [radiateur] entlüften **- 3.** [peine] ab|büßen **- 4.** [parti] säubern.
purifier [9] [pyrifje] *vt* **- 1.** [nettoyer] säubern, reinigen **- 2.** RELIG läutern.
purin [pyrɛ̃] *nm* Jauche *die.*
puritain, e [pyritɛ̃, ɛn] ◇ *adj* **- 1.** RELIG Puritaner- **- 2.** [pudibond] puritanisch ◇ *nm, f* Puritaner *der*, -in *die.*
puritanisme [pyritanism] *nm* Puritanismus *der.*
pur-sang [pyrsɑ̃] *nm inv* Vollblüter *der.*
purulent, e [pyrylɑ̃, ɑ̃t] *adj* eitrig.
pus¹ etc ▷ **pouvoir.**
pus² [py] *nm* Eiter *der.*
pusillanime [pyzilanim] *adj sout* kleinmütig.
putain [pytɛ̃] ◇ *nf vulg péj* [prostituée] Nutte *die*, Hure *die* ◇ *interj tfam* [merde] : **putain!** verdammt! ; **~, merde! j'ai encore oublié mes clés!** verdammte Scheiße, ich hab schon wieder meine Schlüssel vergessen!
putréfier [9] [pytrefje] ◆ **se putréfier** *vp* verwesen.
putsch [putʃ] *nm* Putsch *der.*
puzzle [pœzl] *nm* Puzzle *das* ; *fig* Mosaik *das.*
P-V *nm abr de* **procès-verbal.**
pygmée [pigme] *adj* pygmäisch. ◆ **Pygmée** *nmf* Pygmäe *der*, -äin *die.*
pyjama [piʒama] *nm* Pyjama *der*, Schlafanzug *der.*
pylône [pilon] *nm* **- 1.** [électrique] Leitungsmast *der* **- 2.** [de pont] Stütze *die.*
pyramide [piramid] *nf* Pyramide *die.*
Pyrex® [pirɛks] *nm* feuerfestes Glas, ≃ Jenaer Glas *das.*
pyromane [piroman] *nmf* Pyromane *der*, -nin *die.*
python [pitɔ̃] *nm* Python *der.*

Q

q, Q [ky] *nm inv* [lettre] q *das*, Q *das.* ◆ **q** (*abr de* **quintal**) dz.
QCM (*abr de* **questionnaire à choix multiple**) *nm* Multiple-choice-Fragebogen *der.*
QG (*abr de* **quartier général**) *nm* StQ *das (Stabsquartier).*
QI (*abr de* **quotient intellectuel**) *nm* IQ *der.*
qqch (*abr de* **quelque chose**) etw.
qqn (*abr de* **quelqu'un**) jd, jn, jm.
quadragénaire [kwadraʒenɛr] ◇ *nmf* Vierziger *der*, - in *die* ◇ *adj* vierzigjährig.

quadrangulaire [kwadrɑ̃gylɛr] *adj* viereckig.

quadrichromie [kwadrikrɔmi] *nf* Vierfarbendruck *der.*

quadrilatère [kwadrilatɛr] *nm* MATHS Viereck *das.*

quadrillage [kadrijaʒ] *nm* **- 1.** [de papier, de tissu] kariertes Muster **- 2.** [policier] Einteilung *die* in (Kontroll) zonen.

quadriller [3] [kadrije] *vt* **- 1.** [papier] quadrieren **- 2.** [ville] in (Kontroll)zonen ein|teilen.

quadrimoteur [kwadrimɔtœr] ◇ *nm* viermotoriges Flugzeug ◇ *adj m* viermotorig.

quadrupède [k(w)adrypɛd] ◇ *nm* Vierfüßer *der* ◇ *adj* vierfüßig.

quadrupler [3] [k(w)adryple] ◇ *vt* vervierfachen ◇ *vi* sich vervierfachen.

quadruplés, ées [k(w)adryple] *nm, f pl* Vierlinge *Pl.*

quai [kɛ] *nm* **- 1.** [de port] Kai *der* **- 2.** [rive aménagée] Uferstraße *die* **- 3.** [de gare] Bahnsteig *der.*

qualificatif, ive [kalifikatif, iv] *adj* **- 1.** GRAM : **adjectif ~** Adjektiv *das* **- 2.** SPORT Qualifikations-. ◆ **qualificatif** *nm* Bezeichnung *die.*

qualification [kalifikasjɔ̃] *nf* **- 1.** [compétence & SPORT] Qualifikation *die* **- 2.** [titre] Attribut *das.*

qualifier [9] [kalifje] *vt* **- 1.** [caractériser] : **~ qqn/qqch de qqch** jn/etw als etw bezeichnen **- 2.** [professionnellement] : **être qualifié pour qqch** zu etw befähigt sein ; **être qualifié pour faire qqch** dazu befähigt sein, etw zu tun **- 3.** SPORT : **~ qqn** jm die Qualifikation verschaffen. ◆ **se qualifier** *vp* SPORT sich qualifizieren.

qualitatif, ive [kalitatif, iv] *adj* qualitativ.

qualité [kalite] *nf* **- 1.** [caractéristique, condition] Eigenschaft *die ;* **de bonne/mauvaise ~** von guter/schlechter Qualität ; **~ de la vie** Lebensqualität *die* **- 2.** [supériorité, perfection] Qualität *die*, Güte *die.*

quand [kɑ̃] ◇ *conj* **- 1.** [dans le passé ponctuel] als **- 2.** [dans le passé répétitif, dans le futur] wenn ; **réveille-moi ~ tu partiras** weck mich, wenn du weggehst **- 3.** [alors que] wo doch ; **pourquoi rester enfermé ~ il fait si beau dehors?** warum im Haus bleiben, wo es doch draußen so schön ist? **- 4.** *sout* [introduit une hypothèse] selbst wenn ◇ *adv interr* wann ; **~ arriveras-tu?** wann kommst du an? ; **depuis ~ es-tu là?** seit wann bist du da? ; **jusqu'à ~ restez-vous?** bis wann bleibt ihr? ◆ **quand même** ◇ *loc adv* trotzdem, trotz allem ; **c'était ~ même bien** es war trotzdem gut ; **tu pourrais faire attention ~ même!** pass doch mal auf! ◇ *interj* : **~ même, à son âge!** also wirklich, in seinem Alter! ◆ **quand bien même** *loc conj sout* und wenn ; **je viendrai, ~ bien même je devrais y aller à pied!** ich komme, und wenn ich zu Fuß gehen müsste. ◆ **n'importe quand** *loc adv* irgendwann ; **il vient n'importe ~** er kommt, wann es ihm gerade passt ; **tu peux venir n'importe ~** du kannst jederzeit kommen.

quant [kɑ̃] ◆ **quant à** *loc prép* was ... betrifft.

quantifier [9] [kɑ̃tifje] *vt* **- 1.** [déterminer la quantité de] quantifizieren **- 2.** PHYS quanteln, quantisieren.

quantitatif, ive [kɑ̃titatif, iv] *adj* quantitativ, mengenmäßig.

quantité [kɑ̃tite] *nf* **- 1.** [mesure, abondance] Menge *die ;* **une ~ de gens** eine Menge Leute ; **en ~** in (großen) Mengen **- 2.** MATHS & PHYS Größe *die.*

quarantaine [karɑ̃tɛn] *nf* **- 1.** [nombre, âge] an die vierzig ; **une ~ de personnes** etwa vierzig Leute ; **avoir la ~** um die Vierzig sein, an die vierzig Jahre alt sein **- 2.** [isolement] Quarantäne *die.*

quarante [karɑ̃t] ◇ *adj inv & pron inv* vierzig ◇ *nm inv* Vierzig *die ; voir aussi* **six.**

quarantième [karɑ̃tjɛm] ◇ *adj* vierzigste,-r,-s ◇ *nmf* Vierzigste *der*, Vierzigste *die, das ; voir aussi* **sixième.**

quart [kar] *nm* **- 1.** [fraction] Viertel *das ;* **un ~ de beurre** ein Viertel Butter ; **deux heures moins le ~** Viertel vor zwei ; **un ~ d'heure** eine Viertelstunde **- 2.** NAVIG Wache *die ;* **prendre son ~** die Wache übernehmen.

quartier [kartje] *nm* **- 1.** [de ville] (Stadt)viertel *das*, Stadtteil *der ;* **~ chaud** Rotlichtviertel **- 2.** [portion & ASTRON] Viertel *das* **- 3.** MIL : **~ général** Stabsquartier *das*, Hauptquartier *das ;* **avoir ~ libre le soir** den Abend zur freien Verfügung haben.

quartier latin *nm Pariser Stadtviertel.*

quartier-maître *nm* NAVIG Gefreite *der.*

quart-monde [karmɔ̃d] (*pl* **quarts-mondes**) *nm* [pays sous-developpés] ärmste Entwicklungsländer ; [pauvres] Arme *pl.*

quartz [kwarts] *nm* Quarz *der ;* **à ~** Quarz-.

quasi [kazi] *adv* **- 1.** [devant adjectif] sozusagen **- 2.** [devant terme quantitatif] beinahe.

quasi- [kazi] *préf* : **c'est un ~divorce** sie sind so gut wie geschieden ; **la ~totalité des invités** fast alle Gäste.

quasiment [kazimɑ̃] *adv* fast.

quatorze [katɔrz] ◇ *adj inv & pron inv* vierzehn ; **le ~ juillet** *französischer Nationalfeiertag (am 14. Juli in Erinnerung an den Sturm* *auf die Bastille)* ◇ *nm inv* Vierzehn *die ; voir aussi* **six.**

quatorzième [katɔrzjɛm] ◇ *adj* vierzehnte,-r,-s ◇ *nmf* Vierzehnte *der,* Vierzehnte *die, das* ◇ *nm* [arrondissement] vierzehntes Arrondissement ; *voir aussi* **sixième.**

quatrain [katrɛ̃] *nm* Vierzeiler *der.*

quatre [katr] ◇ *adj inv & pron inv* vier ; **grimper les marches ~ à ~** die Stufen hinaufleilen ; **se mettre en ~** *fig* sein Möglichstes tun ◇ *nm inv* Vier *die ; voir aussi* **six.**

quatre-vingt, quatre-vingts [katrəvɛ̃] ◇ *adj & pron* achtzig ; **les années ~s** die Achtzigerjahre ◇ *nm* Achtzig *die ; voir aussi* **six.**

quatre-vingt-dix [katrəvɛ̃dis] ◇ *adj inv & pron inv* neunzig ◇ *nm inv* Neunzig *die ; voir aussi* **six.**

quatre-vingt-dixième [katrəvɛ̃dizjɛm] ◇ *adj* neunzigste,-r,-s ◇ *nmf* Neunzigste *der,* Neunzigste *die, das ; voir aussi* **sixième.**

quatre-vingtième [katrəvɛ̃tjɛm] ◇ *adj* achtzigste,-r,-s ◇ *nmf* Achtzigste *der,* Achtzigste *die, das ; voir aussi* **sixième.**

quatrième [katrijɛm] ◇ *adj* vierte,-r,-s ◇ *nmf* Vierte *der,* Vierte *die, das* ◇ *nf* **- 1.** SCOL ≃ achte Klasse **- 2.** [vitesse] Vierte *der* ◇ *nm* **- 1.** [fraction] Viertel *das* **- 2.** [arrondissement] viertes Arrondissement **- 3.** [étage] vierter Stock, vierte Etage ; *voir aussi* **sixième.**

quatuor [kwatɥɔr] *nm* Quartett *das.*

que [kə], **qu'** *(devant voyelle ou h muet)* ◇ *conj* **- 1.** [introduit une subordonnée] dass ; **je sais ~** ich weiß, dass **- 2.** [introduisant une hypothèse] ob ; **~ vous le vouliez ou non, il faut en passer par là** ob Sie es wollen oder nicht, darum kommt man nicht herum **- 3.** [reprend une autre conjonction] : **quand l'hiver arrive et ~ les arbres perdent leurs feuilles** wenn der Winter kommt und die Bäume ihre Blätter verlieren ; **s'il fait beau et ~ nous avons le temps** wenn es schön ist und wir Zeit haben **- 4.** [indique un ordre] : **qu'il vienne tout de suite!** er soll sofort kommen! **- 5.** [après un présentatif] : **voilà** OU **voici ~ ça recommence!** jetzt geht es wieder los! ; **il y a huit jours qu'il est parti** er ist vor acht Tagen weggefahren **- 6.** [dans comparaison - égalité] wie ; [- supériorité, infériorité] : **plus grand ~** größer als ; **aussi grand ~** so groß wie ◇ *pron rel* den, die, das ; **la femme ~ j'aime** die Frau, die ich liebe ; **ce ~** was ◇ *pron interr* was ; **qu'en savez-vous?** was wissen Sie davon? ; **je me demande ~ faire** ich frage mich, was ich tun soll ◇ *adv exclamatif* wie ; **qu'elle est belle!** wie schön sie ist! ; **~ de monde!** wie viele Leute! ◆ **c'est que** *loc conj* dann weil ; **si je vais me coucher, c'est ~ j'ai sommeil** wenn ich schlafen gehe, dann weil ich müde bin ; **ce n'est pas qu'il est fainéant mais** nicht etwa, dass er faul wäre, sondern. ◆ **qu'est-ce que** *pron interr* was ; **qu'est-ce ~ tu veux encore?** was willst du denn noch? ◆ **qu'est-ce qui** *pron interr* : **qu'est-ce qui t'arrive?** was ist los mit dir?

Québec [kebɛk] *nm* **- 1.** [province] : **le ~** Quebec *nt* ; **la province de** OU **du ~** die Provinz Quebec ; **au ~** in Quebec **- 2.** [ville] Quebec *nt* ; **à ~** in Quebec.

québécois, e [kebekwa, az] *adj* Quebec-, aus Quebec. ◆ **québécois** *nm* [langue] *das in Quebec gesprochene Französisch.* ◆ **Québécois, e** *nm, f* Quebecer *der,* -in *die.*

quel [kɛl] (*f* **quelle** ; *mpl* **quels** ; *fpl* **quelles**) ◇ *adj interr* welche,-r,-s, was für ein,-e ; **quelle actrice serait capable de jouer ce rôle?** welche Schauspielerin wäre in der Lage, diese Rolle zu spielen? ; **de ~ côté es-tu?** auf welcher Seite stehst du? ; **quelle heure est-il?** wie spät ist es?, wie viel Uhr ist es? ; **je ne sais ~s sont ses projets** ich weiß nicht, was er vorhat ◇ *adj exclamatif* was für ein,-e, welch, welche,-r,-s ; **~ dommage!** wie schade! ; **quelle honte!** was für eine OU welche Schande! ◇ *adj indéf* : **les insectes, ~s qu'ils soient** die Insekten, welcher Art auch immer ; **il se baigne, ~ que soit le temps** er badet bei jedem Wetter ; **il refuse de voir les nouveaux arrivants, ~s qu'ils soient** er weigert sich, die Neuankömmlinge zu sehen, was für Leute es auch immer sein mögen ◇ *pron interr* welche,-r,-s ; **~ est le plus jeune?** welches ist der jüngste?

quelconque [kɛlkɔ̃k] ◇ *adj indéf (avant ou après n)* irgendein,-e ◇ *adj péj* [personne ordinaire] mittelmäßig ; [chose ordinaire] Nullachtfünfzehn-.

quelque [kɛlk(əœ] ◇ *adj indéf* **- 1.** *sout* [un certain] ein gewisser, eine gewisse, ein gewisses ; **à ~ distance de là** in einiger Entfernung (von dort) ; **~ peu** ein wenig **- 2.** [un peu] : **il m'a répondu avec ~ retard** er hat mir mit einiger Verspätung geantwortet ; **dans ~ temps** demnächst (mal) ◇ *adv sout* [approximation] : **ça m'a coûté ~ deux cents francs** das hat mich um die zweihundert Francs gekostet. ◆ **quelques** *adj indéf pl* [petite quantité] einige ; **les ~s fleurs** die wenigen Blumen ; **... et ~s** *fam* ein bisschen mehr als ... ; **il est deux heures et ~s** *fam* es ist kurz nach zwei. ◆ **quelque chose** *pron indéf* etwas.

quelquefois [kɛlkəfwa] *adv* manchmal.

quelques-uns, quelques-unes

[kɛlkəzœ̃, kɛlkəzyn] *pron indéf pl* einige, manche ; **c'est l'opinion de ~** das ist die Meinung einiger ou mancher Leute ; **~ de** einige *(+ G)*, manche *(+ G)* ; **j'ai invité ~ de nos amis** ich habe einige unserer Freunde eingeladen.

quelqu'un [kɛlkœ̃] *pron indéf m* jemand ; **~ de grand** ein großer Mensch ; **c'est ~ d'intelligent** er ou sie ist ein kluger Mensch.

quémander [3] [kemɑ̃de] *vt :* **~ qqch** um etw betteln.

qu'en-dira-t-on [kɑ̃diratɔ̃] *nm inv fam* Gerede *das* der Leute ; **se moquer/se soucier du ~** auf das Gerede der Leute pfeifen/achten.

quenelle [kənɛl] *nf* Klößchen *das.*

querelle [kərɛl] *nf* Streit *der.*

quereller [4] [kərele] *vt sout* aus|schelten. ◆ **se quereller** *vp :* **se ~ (avec qqn)** sich (mit jm) zanken.

querelleur, euse [kərɛlœr, øz] ◇ *adj* streitsüchtig, zänkisch ◇ *nm, f* Streithahn *der.*

qu'est-ce que [kɛskə] ▭ **que.**

qu'est-ce qui [kɛski] ▭ **que.**

question [kɛstjɔ̃] *nf* [gén] Frage *die ;* **il est ~ de faire qqch** es ist die Rede davon, etw zu tun ; **il n'en est pas ~** das kommt nicht in Frage ; **c'est une vaste ~** das ist ein weites Feld ; **poser une ~ à qqn** jm eine Frage stellen ; **se remettre en ~** sich in Frage stellen ; **~ subsidiaire** Nebenfrage ; [concours] Stichfrage.

questionnaire [kɛstjɔnɛr] *nm* Fragebogen *der.*

questionner [3] [kɛstjɔne] *vt* aus|fragen.

quête [kɛt] *nf* **- 1.** *sout* [recherche] Suche *die ;* **se mettre en ~ de qqn/qqch** sich auf die Suche nach jm/etw machen **- 2.** [collecte] Sammlung *die ;* [à l'église] Kollekte *die ;* **faire la ~ dans le métro** in der Metro betteln.

quêter [4] [kete] ◇ *vi* sammeln ◇ *vt fig* [quémander] suchen ; **~ une explication** um eine Erklärung bitten.

queue [kø] *nf* **- 1.** [d'animal] Schwanz *der* **- 2.** [de plante, d'objet] Stiel *der* **- 3.** [derniers éléments] Ende *das ;* **être à la ~ du peloton** hinten im Feld liegen ; **wagon de ~** letzter ou hinterster Wagen **- 4.** [file] Schlange *die ;* **faire la ~** Schlange stehen, an|stehen ; **à la ~ leu leu** im Gänsemarsch.

queue-de-cheval (*pl* **queues-de-cheval**) *nf* Pferdeschwanz *der.*

qui [ki] ◇ *pron rel* **- 1.** [sujet] der, die, das ; **l'homme ~ parle** der Mann, der spricht, der sprechende Mann ; **je l'ai vu ~ passait** ich habe ihn vorübergehen sehen ; **voilà ~ est fait** das wär's ; **~ plus est** noch dazu **- 2.** [complément direct] wen, wem ; **devine ~ j'ai rencontré** rate mal, wen ich getroffen habe ; **tu sais ~ j'ai aidé?** weißt du, wem ich geholfen habe? **- 3.** [avec une préposition] der, die, das ; **la personne à ~ je parle** die Person, mit der ich spreche **- 4.** [pronom indéfini] wer ; **~ que tu sois** wer du auch (immer) bist ou sein magst ; **~ que ce soit ~ ait téléphoné** wer auch (immer) angerufen hat **- 5.** [avec ce] : **ce ~** was ; **je ne sais plus ce ~ est arrivé** ich weiß nicht mehr, was passiert ist ◇ *pron interr* **- 1.** [sujet] wer ; **~ es-tu?** wer bist du? ; **je ne sais pas ~ tu es** ich weiß nicht, wer du bist **- 2.** [complément direct] wen, wem ; **~ dois-je aider?** wem muss ich helfen? **- 3.** [avec une préposition] : **pour ~ est-ce que tu te prends?** für wen hältst du dich? ; **à ~ vas-tu donner ça?** wem gibst du es? ◆ **qui plus est** *loc adv* noch dazu.

quiche [kiʃ] *nf Käsespeckkuchen.*

quiconque [kikɔ̃k] ◇ *pron indéf* irgendjemand, jeder ; **il est parti sans en avertir ~** er ist weggegangen, ohne irgendjemandem Bescheid zu sagen ◇ *pron rel indéf* jeder.

quidam [kidam] *nm fam :* **un ~** irgendein Mensch.

quiétude [kjetyd] *nf sout :* **en toute ~** in aller Seelenruhe.

quignon [kiɲɔ̃] *nm fam* Kanten *der*, Ranken *der.*

quille [kij] *nf* **- 1.** [de bateau] Kiel *der* **- 2.** JEU Kegel *der ;* **jouer aux ~s** kegeln.

quincaillerie [kɛ̃kajri] *nf* **- 1.** [ustensiles] : **la ~** Eisen- und Haushaltswaren *Pl* **- 2.** [magasin] Eisen- und Haushaltswarengeschäft *das.*

quinconce [kɛ̃kɔ̃s] ◆ **en quinconce** ◇ *loc adj* versetzt angeordnet ◇ *loc adv* versetzt.

quinine [kinin] *nf* Chinin *das.*

quinquagénaire [kɛ̃kaʒenɛr] ◇ *nmf* Fünfziger *der*, - in *die* ◇ *adj* fünfzigjährig.

quinquennal, e, aux [kɛ̃kenal, o] *adj* [élection] alle fünf Jahre stattfindend ; **plan ~** Fünfjahresplan *der.*

quintal, aux [kɛ̃tal, o] *nm* Doppelzentner *der.*

quinte [kɛ̃t] *nf* **- 1.** MUS Quint(e) *die* **- 2.** [jeu] *fünf aufeinander folgende Karten gleicher Farbe* **- 3.** [accès] : **~ (de toux)** Hustenanfall *der.*

quintuple [kɛ̃typl] ◇ *nm* Fünffache *das* ◇ *adj* fünffach.

quinzaine [kɛ̃zɛn] *nf* **- 1.** [nombre] : **une ~** etwa fünfzehn ; **une ~ de participants** etwa fünfzehn Teilnehmer **- 2.** [deux semaines] ≃ vierzehn Tage ; **la première ~ de juillet** die erste Julihälfte.

quinze [kɛ̃z] ◇ *adj inv & pron inv* fünfzehn ; **dans ~ jours** ≃ in vierzehn Tagen ◇ *nm inv* Fünfzehn *die ; voir aussi* **six.**

quinzième [kɛ̃zjɛm] ◇ *adj* fünfzehnte,-r,-s ◇ *nmf* Fünfzehnte *der*, Fünfzehnte *die, das* ◇ *nm* fünfzehntes Arrondissement ; *voir aussi* **sixième.**

quiproquo [kiprɔko] *nm* Verwechslung *die.*

quittance [kitɑ̃s] *nf* Quittung *die ;* **~ d'électricité** Stromquittung ; **~ de loyer** Mietquittung.

quitte [kit] *adj* quitt ; **en être ~ pour qqch** mit etw davon|kommen ; **nous partons dès ce soir, ~ à nous arrêter en chemin** wir fahren heute Abend los, auch wenn wir unterwegs Halt machen müssen.

quitter [3] [kite] *vt* **- 1.** [renoncer à] auf|geben **- 2.** [au téléphone] : **ne quittez pas!** (einen) Moment bitte! **- 3.** [lieu, personne] verlassen **- 4.** [vêtement] ab|legen. ◆ **se quitter** *vp* sich trennen.

qui-vive [kiviv] *nm inv :* **être sur le ~** auf alles gefasst sein.

quoi [kwa] ◇ *pron rel (après une préposition)* wo(r) ... *(+ préposition) ;* **ce à ~ je me suis intéressé** das, wofür ich mich interessiert habe ; **de ~ s'agit-il?** worum handelt es sich? ; **avoir de ~ faire qqch** etwas ou genug haben, um etw zu tun ; **avoir de ~ manger/écrire** etwas zu essen/zum Schreiben haben ◇ *adv interr* was, wo(r) ... *(+ préposition) ;* **je ne sais pas ~ dire** ich weiß nicht, was ich sagen soll ; **à ~ penses-tu?** woran denkst du? ; **à ~ bon?** wozu?, was nützt das schon? ; **~ de neuf?** was gibts Neues? ; **~? je n'ai pas compris** *fam* was? ich hab dich nicht verstanden ; **tu viens ou ~?** *fam* kommst du oder nicht? ◆ **quoi que** *loc conj (+ subjonctif)* was ... auch (immer) ; **~ qu'il arrive** was auch (immer) geschieht ou geschehen mag ; **~ qu'il dise** was er auch (immer) sagt ou sagen mag ; **~ qu'il en soit** wie dem auch sei.

quoique [kwakə], **quoiqu'** *(devant voyelle ou h muet) conj* obwohl ; **~ riche, il n'est pas généreux** obwohl er reich ist ou trotz seines Reichtums ist er nicht freigebig.

quolibet [kɔlibɛ] *nm sout* Anzüglichkeit *die.*

quota [k(wœ)ɔta] *nm* Quote *die.*

quotidien, enne [kɔtidjɛ̃, ɛn] *adj* täglich. ◆ **quotidien** *nm* **- 1.** [vie quotidienne] Alltag *der* **- 2.** [journal] Tageszeitung *die ;* **acheter un ~ du matin** eine Morgenzeitung kaufen.

quotient [kɔsjɑ̃] *nm* Quotient *der ;* **~ familial** (Steuer)bewertungsziffer *die ;* **~ intellectuel** Intelligenzquotient.

R

r, R [ɛr] *nm inv* [lettre] r *das*, R *das.*

rabâcher [3] [rabaʃe] ◇ *vi* immer dasselbe labern ◇ *vt* ständig herunter|leiern.

rabais [rabɛ] *nm* Rabatt *der*, (Preis)nachlass *der.* ◆ **au rabais** ◇ *loc adj* zweitklassig ◇ *loc adv* zu herabgesetzten Preisen ; **travailler au ~** für einen sehr niedrigen Lohn ou Hungerlohn arbeiten.

rabaisser [4] [rabɛse] *vt* [personne] herab|setzen, herab|würdigen. ◆ **se rabaisser** *vp* [s'humilier] sich (selbst) erniedrigen ou herab|setzen.

rabat [raba] *nm* **- 1.** [col] ≃ Beffchen *das* **- 2.** [de poche] Klappe *die ;* [de sac à main] Überschlag *der.*

rabat-joie ◇ *adj inv* griesgrämig ◇ *nm inv* Griesgram *der*, Spielverderber *der.*

rabatteur, euse [rabatœr, øz] *nm, f* **- 1.** [de gibier] Treiber *der* **- 2.** *fig & péj* [vendeur] Marktschreier *der.*

rabattre [83] [rabatr] *vt* **- 1.** [vers le bas, aplatir, replier] herunter|drücken ; [col, couvercle] herunter|klappen **- 2.** [gibier] treiben **- 3.** *fig & péj* [clients] werben **- 4.** [décompter] Nachlass gewähren. ◆ **se rabattre** *vp* **- 1.** [se replier] sich umklappen lassen **- 2.** [en voiture] wieder ein|scheren **- 3.** [se contenter] : **se ~ sur qqn/qqch** mit jm/etw vorlieb nehmen.

rabattu, e [rabaty] *pp* ▷ **rabattre.**

rabbin [rabɛ̃] *nm* Rabbiner *der.*

râblé, e [rable] *adj* stämmig.

rabot [rabo] *nm* Hobel *der.*

raboter [3] [rabɔte] *vt* hobeln.

rabougri, e [rabugri] *adj* **- 1.** [plante] verkümmert **- 2.** [personne] verkrüppelt ; **vieillard ~** verhutzelter Greis.

rabrouer [3] [rabrue] *vt* (grob) an|fahren.

raccommodage [rakɔmɔdaʒ] *nm* Flicken *das.*

raccommoder [3] [rakɔmɔde] *vt* [vêtement] flicken, stopfen.

raccompagner [3] [rakɔ̃paɲe] *vt* zurück|begleiten.

raccord [rakɔr] *nm* **- 1.** [de peinture, de papier peint] Ansatz *der*, Nahtstelle *die* **- 2.** CIN Übergang *der* **- 3.** [de tuyau, de pompe] Anschlussstück *das* **- 4.** ÉLECTR Adapter *der.*

raccordement [rakɔrdəmɑ̃] *nm* Verbindung *die.*

raccorder [3] [rakɔrde] *vt :* **~ qqch (à qqch)**

etw (mit etw) verbinden, etw (an etw *(A)*) an|schließen. ◈ **se raccorder** *vp :* **se ~ à qqch** [être relié] mit etw verbunden werden, an etw *(A)* angeschlossen werden.

raccourci [rakursi] *nm* Abkürzung *die ;* **prendre un ~** eine Abkürzung nehmen ; **en ~** in geraffter Form.

raccourcir [32] [rakursir] ◇ *vt* kürzen ◇ *vi* kürzer werden.

raccrocher [3] [rakrɔʃe] ◇ *vt* wieder auf|hängen ◇ *vi* [au téléphone] auf|legen. ◈ **se raccrocher** *vp :* **se ~ à qqn/qqch** sich an jn/etw klammern.

race [ras] *nf* [humaine, animale] Rasse *die ;* **de ~** reinrassig ; **cheval de ~** Vollblüter *der.*

racé, e [rase] *adj* **- 1.** [animal] reinrassig, Rasse- **- 2.** [distingué] rassig ; **une femme ~e** ein Rasseweib.

rachat [raʃa] *nm* **- 1.** JUR & FIN Rückkauf *der ;* [d'entreprise] Ankauf *der ;* [de dette] Ablösung *die* **- 2.** *fig* [expiation - de torts] Wiedergutmachung *die ;* [- de péchés] Abbüßen *das.*

racheter [28] [raʃte] *vt* **- 1.** [acheter - de nouveau] wieder kaufen ; [- d'occasion] : **~ qqch à qqn** jm etw ab|kaufen **- 2.** [expier, compenser - sujet : personne] ab|büßen ; [- sujet : chose] wieder gut|machen **- 3.** [prisonnier] frei|kaufen. ◈ **se racheter** *vp fig* seine Fehler wieder gut|machen.

rachitique [raʃitik] *adj* **- 1.** MÉD rachitisch **- 2.** [maigre] spindeldürr.

racial, e, aux [rasjal, o] *adj* Rassen-.

racine [rasin] *nf* Wurzel *die ;* **avoir de profondes ~s dans un pays** *fig* in einem Land stark verwurzelt sein ; **être privé de ses ~s** *fig* entwurzelt sein ; **~ carrée** Quadratwurzel.

raciste [rasist] ◇ *nmf* Rassist *der,* -in *die* ◇ *adj* rassistisch.

racket [rakɛt] *nm* Erpressung *die.*

raclée [rakle] *nf fam* **- 1.** [correction] Tracht Prügel *die* **- 2.** [défaite] Schlappe *die.*

raclement [rakləmɑ̃] *nm :* **~ de gorge** Räuspern *das.*

racler [3] [rakle] *vt* [frotter] ab|kratzen ; **~ le fond de la casserole** den Topf aus|kratzen. ◈ **se racler** *vp :* **se ~ la gorge** sich räuspern.

racoler [3] [rakɔle] *vt* **- 1.** [sujet : prostituée] auf|reißen **- 2.** *péj* [attirer] : **~ qqn** sich bei jm an|biedern ; **~ des électeurs** auf Wählerfang gehen.

racoleur, euse [rakɔlœr, øz] *adj péj* [publicité] reißerisch ; [sourire] einladend, aufreißerisch.

racontar [rakɔ̃tar] *nm :* **les ~s** das Gerede, der Klatsch.

raconter [3] [rakɔ̃te] *vt* erzählen ; **~ qqch à qqn** jm etw erzählen.

racorni, e [rakɔrni] *adj* verhornt.

radar [radar] *nm* Radar *der* OU *das.*

rade [rad] *nf* Reede *die,* Hafenbucht *die.*

radeau, x [rado] *nm* Floß *das.*

radial, e, aux [radjal, o] *adj* Radial-, Speichen-.

radiateur [radjatœr] *nm* **- 1.** [de chauffage] Heizkörper *der* **- 2.** AUTOM Kühler *der.*

radiation [radjasjɔ̃] *nf* **- 1.** [rayonnement] Strahlung *die* **- 2.** [de personne] Streichung *die.*

radical, e, aux [radikal, o] ◇ *adj* radikal ; **traitement ~** Radikalkur *die* ◇ *nm, f* HIST Radikale *der,* Radikale *die,* Radikalsozialist *der,* -in *die.* ◈ **radical** *nm* **- 1.** LING (Wort)stamm *der* **- 2.** MATHS Wurzelzeichen *das.*

radicaliser [3] [radikalize] *vt* radikalisieren. ◈ **se radicaliser** *vp* radikaler werden.

radier [9] [radje] *vt :* **~ d'une liste** aus einer Liste streichen ; **~ qqn d'une profession** jm die Berufserlaubnis entziehen.

radieux, euse [radjø, øz] *adj* **- 1.** [lumière, soleil] strahlend **- 2.** [personne, sourire] (freude)strahlend.

radin, e [radɛ̃, in] *fam péj* ◇ *adj* knauserig ◇ *nm, f* Geizhals *der,* Geizkragen *der.*

radio [radjo] ◇ *nf* **- 1.** [transistor] : **allumer** OU **mettre la ~** das Radio ein|schalten OU an|stellen ; **éteindre la ~** das Radio aus|schalten **- 2.** [diffusion] Rundfunk *der* **- 3.** [rayons X] Röntgenbild *das ;* **passer une ~** sich röntgen lassen ◇ *nm* Funker *der.*

radioactif, ive [radjɔaktif, iv] *adj* radioaktiv.

radioactivité [radjɔaktivite] *nf* Radioaktivität *die.*

radiocassette [radjɔkasɛt] *nf* Radiorekorder *der.*

radiodiffuser [3] [radjɔdifyze] *vt* (im Rundfunk) senden.

radiographie [radjɔgrafi] *nf* [image] Röntgenbild *das,* Röntgenaufnahme *die ; fig* Nahaufnahme *die.*

radiologue [radjɔlɔg], **radiologiste** [radjɔlɔʒist] *nmf* Radiologe *der,* -gin *die,* Röntgenarzt *der,* -ärztin *die.*

radioréveil, radio-réveil [radjɔrevɛj] *nm* Radiowecker *der.*

radiotélévisé, e [radjɔtelevize] *adj* von Funk und Fernsehen übertragen.

radis [radi] *nm* [plante] Radieschen *das ;* **~ noir** (schwarzer) Rettich.

radium [radjɔm] *nm* Radium *das.*

radius [radjys] *nm* Radius *der.*

radoucir [32] [radusir] *vt* [température]

ansteigen lassen. ◆ **se radoucir** *vp* **- 1.** [temps] milder werden **- 2.** [personne] sich besänftigen.

radoucissement [radusismɑ̃] *nm* Milderung *die.*

rafale [rafal] *nf* **- 1.** [de vent] Bö *die* ; **le vent souffle en ~s** es bläst ein böiger Wind **- 2.** [de coups de feu] Salve *die* **- 3.** [d'applaudissements] Sturm *der.*

raffermir [32] [rafɛrmir] *vt* festigen. ◆ **se raffermir** *vp* [pouvoir] sich festigen.

raffinage [rafinaʒ] *nm* Raffination *die.*

raffiné, e [rafine] *adj* **- 1.** [produit] raffiniert **- 2.** [personne] geschliffen.

raffinement [rafinmɑ̃] *nm* Schliff *der.*

raffiner [3] [rafine] *vt* [matériau] raffinieren.

raffinerie [rafinri] *nf* Raffinerie *die.*

raffoler [3] [rafɔle] *vi* : **~ de qqn** für jn schwärmen ; **~ de qqch** für etw eine Schwäche haben.

raffut [rafy] *nm fam* Radau *der* ; **faire du ~** Krach schlagen.

rafistoler [3] [rafistɔle] *vt fam* zusammen|flicken, reparieren.

rafle [rafl] *nf* Razzia *die.*

rafler [3] [rafle] *vt fam* **- 1.** [s'emparer de] ein|kassieren **- 2.** [voler] : **~ qqch** sich *(D)* etw unter den Nagel reißen.

rafraîchir [32] [rafrɛʃir] ◇ *vt* **- 1.** [refroidir] (ab)|kühlen **- 2.** [appartement, tableau] auf|frischen ; [coiffure] nach|schneiden (lassen) **- 3.** [sujet : boisson] erfrischen ◇ *vi* kühlen. ◆ **se rafraîchir** *vp* **- 1.** [temps] (sich) ab|kühlen **- 2.** [personne] sich erfrischen.

rafraîchissant, e [rafrɛʃisɑ̃, ɑ̃t] *adj* erfrischend.

rafraîchissement [rafrɛʃismɑ̃] *nm* **- 1.** [de temps] Abkühlung *die* ; **~ des températures** Temperaturrückgang *der* **- 2.** [boisson] Erfrischung *die* ; **prendre un ~** eine Erfrischung zu sich nehmen **- 3.** [rénovation] Auffrischen *das.*

raft [raft], **rafting** [raftiŋ] *nm* Rafting *das.*

ragaillardir [32] [ragajardir] *vt fam* auf|muntern.

rage [raʒ] *nf* **- 1.** [maladie] Tollwut *die* **- 2.** [fureur, passion] Wut *die* ; **~ de lire** Lesewut **- 3.** *loc* : **faire ~** wüten. ◆ **rage de dents** *nf* heftige Zahnschmerzen *Pl.*

rager [17] [raʒe] *vi* : **ça me fait ~** *fam* das macht mich rasend OU wütend.

rageur, euse [raʒœr, øz] *adj* **- 1.** [ton] wütend **- 2.** *fam* [personne] jähzornig.

raglan [raglɑ̃] *nm* Raglan *der.*

ragot [rago] *nm fam* Klatsch *der (sans pl).*

ragoût [ragu] *nm* Ragout *das.*

rai [rɛ] *nm littéraire* Strahl *der.*

raid [rɛd] *nm* MIL & BOURSE Raid *der* ; **~ (aérien)** Luftangriff *der.*

raide [rɛd] ◇ *adj* **- 1.** [cheveux] glatt **- 2.** [membre, démarche] steif **- 3.** [pente, escalier] steil ◇ *adv* [abruptement] steil.

raideur [rɛdœr] *nf* **- 1.** [de membre] Steifheit *die* **- 2.** [de principe] Starrheit *die.*

raidir [32] [rɛdir] *vt* spannen ; [muscle] an|spannen. ◆ **se raidir** *vp* steif werden.

raie [rɛ] *nf* **- 1.** [rayure] Streifen *der* **- 2.** [dans les cheveux] Scheitel *der* **- 3.** [poisson] Rochen *der* **- 4.** [des fesses] Spalt *der.*

rail [raj] *nm* **- 1.** [voie] Schiene *die* **- 2.** [chemin de fer] Bahn *die.*

railler [3] [raje] *vt sout* verspotten.

railleur, euse [rajœr, øz] *sout* ◇ *adj* spöttisch ◇ *nm, f* Spötter *der,* -in *die.*

rainure [rɛnyr] *nf* Rille *die.*

raisin [rɛzɛ̃] *nm* Traube *die,* Weintraube *die* ; **du ~** Weintrauben *Pl.*

raison [rɛzɔ̃] *nf* **- 1.** [motif] Grund *der* ; **à plus forte ~** umso mehr ; **~ de plus (de faire qqch)** ein Grund mehr (, etw zu tun) ; **en ~ de qqch** aufgrund einer Sache *(G)* **- 2.** [sagesse] Vernunft *die* ; **mariage de ~** Vernunftehe *die* **- 3.** [entendement, lucidité] Verstand *der* **- 4.** *loc* : **avoir ~** Recht haben ; **avoir ~ de faire qqch** etw zu Recht tun ; **donner ~ à qqn** jm Recht geben. ◆ **à raison de** *loc prép* zu, zum Preis von ; **trois semaines à ~ d'une heure par semaine** drei Wochen lang eine Stunde pro Woche. ◆ **raison sociale** *nf* Firmenname *der.*

raisonnablement [rɛzɔnabləmɑ̃] *adv* **- 1.** [parler, agir] vernünftig **- 2.** [boire, manger] mit Verstand.

raisonné, e [rɛzɔne] *adj* vernunftbetont.

raisonnement [rɛzɔnmɑ̃] *nm* **- 1.** [faculté] Urteilsvermögen *das* **- 2.** [argumentation] Überlegung *die.*

raisonner [3] [rɛzɔne] ◇ *vt* zur Vernunft bringen ◇ *vi* [penser] nach|denken.

rajeunir [32] [raʒœnir] ◇ *vt* **- 1.** [équipement, installation] modernisieren **- 2.** [parti, organisation] verjüngen ◇ *vi* jünger werden.

rajouter [3] [raʒute] *vt* hinzu|fügen ; **en ~** *fam* etwas dazu|dichten, übertreiben.

rajuster [raʒyste], **réajuster** [reaʒyste] [3] *vt* **- 1.** [salaire] an|gleichen **- 2.** [tir] neu aus|richten **- 3.** [vêtement, coiffure] zurecht|rücken. ◆ **se rajuster** *vp* seine Kleider wieder in Ordnung bringen.

râle [ral] *nm* Röcheln *das.*

ralenti, e [ralɑ̃ti] *adj* verlangsamt, langsam. ◆ **ralenti** *nm* **- 1.** [de moteur] Leerlauf *der* ; **au ~** *fig* gemütlich *(adv)* **- 2.** CIN Zeitlupe *die.*

ralentir [32] [ralɑ̃tir] <> *vt* - **1.** [progression] verlangsamen ; **~ l'allure** die Geschwindigkeit herab|setzen - **2.** [diminuer] verringern <> *vi* langsamer werden ; [en véhicule] langsamer fahren.

ralentissement [ralɑ̃tismɑ̃] *nm* - **1.** [freinage] Verlangsamung *die ;* **on signale un ~ sur l'autoroute** auf der Autobahn kommt es zu zähflüssigem Verkehr - **2.** [diminution] Rückgang *der.*

râler [3] [rale] *vi* - **1.** [malade] röcheln - **2.** *fam* [protester] meckern.

râleur, euse [ralœr, øz] *fam* <> *adj* motzig <> *nm, f* Nörgler *der*, -in *die.*

ralliement [ralimɑ̃] *nm* - **1.** MIL Sammeln *das* - **2.** [adhésion] : **~ à qqch** Anschließen *das* an etw *(A).*

rallier [9] [ralje] *vt* - **1.** [parti, opinion] : **~ qqch** sich einer Sache *(D)* an|schließen - **2.** [suffrage] zusammen|führen - **3.** [troupes] sammeln. ◈ **se rallier** *vp* - **1.** [se regrouper] sich sammeln - **2.** [rejoindre] : **se ~ à qqch** sich einer Sache *(D)* an|schließen.

rallonge [ralɔ̃ʒ] *nf* - **1.** [de table] Ausziehplatte *die* - **2.** [de câble] Verlängerungsschnur *die* - **3.** *fam* [d'argent] Aufgeld *das.*

rallonger [17] [ralɔ̃ʒe] <> *vt* verlängern ; [vêtement] aus|lassen <> *vi* länger werden.

rallumer [3] [ralyme] *vt* - **1.** [feu, cigarette] wieder an|zünden ; [lampe] wieder an|machen - **2.** [querelle] neu entfachen.

rallye [rali] *nm* SPORT Rallye *die.*

ramadan [ramadɑ̃] *nm* Ramadan *der.*

ramage [ramaʒ] *nm littéraire* Zwitschern *das.* ◈ **ramages** *nmpl* Rankenmuster *das.*

ramassage [ramasaʒ] *nm* (Auf)sammeln *das ;* **~ scolaire** Schülerabholdienst *der.*

ramasser [3] [ramase] *vt* - **1.** [rassembler] (an)|sammeln ; [copies] ein|sammeln - **2.** [champignons, forces] sammeln - **3.** [balle, enfant] auf|heben.

rambarde [rɑ̃bard] *nf* Reling *die.*

rame [ram] *nf* - **1.** [aviron] Ruder *das* - **2.** [de wagons] Wagenzug *der* - **3.** [de papier] Ries *das* - **4.** [de haricots] Stange *die.*

rameau, x [ramo] *nm* Zweig *der.* ◈ **Rameaux** *nmpl :* **dimanche des Rameaux** Palmsonntag *der.*

ramener [19] [ramne] *vt* - **1.** [reconduire] zurück|bringen ; **~ qqn chez lui** jn heim|bringen - **2.** [amener de nouveau] wieder hin|bringen - **3.** [rapporter] mit|bringen - **4.** *fig* [faire revenir] zurück|führen ; **~ qqn à qqch** jn wieder zu etw bringen ; **~ à la vie** wiederbeleben - **5.** [paix, inquiétude] bringen - **6.** [réduire] : **~ qqch à qqch** etw auf etw *(A)* bringen.

ramer [3] [rame] *vi* SPORT rudern.

rameur, euse [ramœr, øz] *nm, f* Ruderer *der*, -rin *die.*

ramification [ramifikasjɔ̃] *nf* - **1.** [d'arbre] Verzweigung *die* - **2.** [d'entreprise] Filialstruktur *die (sans pl).*

ramifier [9] [ramifje] ◈ **se ramifier** *vp* sich verzweigen.

ramolli, e [ramɔli] *adj* - **1.** [matière] aufgeweicht - **2.** *fam fig* [personne] verblödet.

ramollir [32] [ramɔlir] <> *vt* weich machen <> *vi* [devenir mou] auf|weichen. ◈ **se ramollir** *vp* [beurre] weich werden.

ramoner [3] [ramɔne] *vt* [cheminée] fegen.

ramoneur [ramɔnœr] *nm* Schornsteinfeger *der.*

rampant, e [rɑ̃pɑ̃, ɑ̃t] *adj* - **1.** [animal, plante] kriechend - **2.** [attitude] kriecherisch.

rampe [rɑ̃p] *nf* - **1.** [d'escalier] Geländer *das* - **2.** [plan incliné] : **~ d'accès** Auffahrt *die ;* **~ de lancement** Abschussrampe *die.*

ramper [3] [rɑ̃pe] *vi* kriechen.

rance [rɑ̃s] <> *nm :* **sentir le ~** ranzig riechen <> *adj* ranzig.

rancir [32] [rɑ̃sir] *vi* ranzig werden.

rancœur [rɑ̃kœr] *nf* Verstimmung *die.*

rançon [rɑ̃sɔ̃] *nf* Lösegeld *das ; fig* Preis *der.*

rancune [rɑ̃kyn] *nf* Groll *der ;* **garder** OU **tenir ~ à qqn de qqch** jm etw nach|tragen ; **sans ~!** nichts für ungut!

rancunier, ère [rɑ̃kynje, ɛr] <> *adj* nachtragend <> *nm, f* nachtragende Person.

randonnée [rɑ̃dɔne] *nf* - **1.** [à pied] Wanderung *die* - **2.** [à bicyclette] Radtour *die* - **3.** [à skis] Skiwanderung *die.*

randonneur, euse [rɑ̃dɔnœr, øz] *nm, f* Wanderer *der*, -erin *die.*

rang [rɑ̃] *nm* - **1.** [d'objets, de personnes] Reihe *die ;* **se mettre en ~ par deux** sich in Zweierreihen auf|stellen - **2.** [hiérarchie, au théâtre] Rang *der.*

rangé, e [rɑ̃ʒe] *adj* ordentlich ; [vie] solid. ◈ **rangée** *nf :* **une ~e de** eine Reihe von ; **~e de chaises** Stuhlreihe *die.*

rangement [rɑ̃ʒmɑ̃] *nm* - **1.** [action] Aufräumen *das* - **2.** [placard] Schrank *der.*

ranger [17] [rɑ̃ʒe] *vt* - **1.** [chambre] auf|räumen - **2.** [dossier] sortieren - **3.** [voiture] parken - **4.** *fig* [livre, auteur] : **~ parmi qqch** zu etw zählen. ◈ **se ranger** *vp* - **1.** [élèves, soldats] sich auf|stellen - **2.** [piéton] zur Seite gehen - **3.** [s'assagir] solide werden - **4.** [se rallier] : **se ~ du côté de qqn** sich jm an|schließen.

ranimer [3] [ranime] *vt* - **1.** [personne] wiederbeleben, auf|muntern - **2.** [feu, sentiment] neu entfachen.

rap [rap] *nm* Rap *der.*

rapace [rapas] ◇ *nm* Greifvogel *der* ◇ *adj* [cupide] habgierig.
rapatrier [10] [rapatrije] *vt* - **1.** [personne] repatriieren - **2.** [capitaux] zurück|führen.
râpe [rap] *nf* [de cuisine] Reibe *die*.
râpé, e [rape] *adj* - **1.** CULIN gerieben - **2.** [manteau] abgetragen.
râper [3] [rape] *vt* - **1.** CULIN reiben - **2.** [bois, métal] raspeln.
rapide [rapid] ◇ *adj* - **1.** [gén] schnell - **2.** [pente] steil - **3.** [courant] reißend ◇ *nm* - **1.** [train] Schnellzug *der* - **2.** [de fleuve] Stromschnelle *die*.
rapidement [rapidmɑ̃] *adv* schnell.
rapidité [rapidite] *nf* Schnelligkeit *die* ; **avec ~** schnell *(adv)*, rasch *(adv)*.
rapiécer [20] [rapjese] *vt* aus|bessern, zusammen|flicken.
rapière [rapjɛr] *nf* Rapier *das*.
rappel [rapɛl] *nm* - **1.** [de paiement] Nachzahlung *die* ; **lettre de ~** Mahnschreiben *das* - **2.** [de vaccination] Wiederholungsimpfung *die* - **3.** [au spectacle] Herausrufen *das* - **4.** [de personne] Zurück(be) rufen *das* - **5.** [en alpinisme] Abseilen *das*. ◆ **rappel à l'ordre** *nm* Ordnungsruf *der*.
rappeler [24] [raple] *vt* - **1.** [faire penser à] : **~ qqch à qqn** jn an etw *(A)* erinnern - **2.** [personne, chien] zurück|rufen - **3.** [acteur] heraus|rufen - **4.** *loc* : **~ qqn à l'ordre** jn zur Ordnung rufen. ◆ **se rappeler** *vp* : **se ~ (qqn/qqch)** sich (js/einer Sache) erinnern.
rapport [rapɔr] *nm* - **1.** [corrélation] Zusammenhang *der* - **2.** [relation] Beziehung *die* - **3.** [compte rendu] Bericht *der* - **4.** [profit] Ertrag *der* - **5.** [ratio] Verhältnis *das*. ◆ **par rapport à** *loc prép* im Vergleich zu.
rapporter [3] [rapɔrte] ◇ *vt* - **1.** [de voyage] : **~ qqch (à qqn)** jm (etw) mit|bringen - **2.** [apporter de nouveau] nochmals bringen - **3.** [rendre] : **~ qqch (à qqn)** jm (etw) zurück|bringen - **4.** [produire] ein|bringen - **5.** [raconter] berichten ◇ *vi* - **1.** [placement] Gewinn bringen - **2.** [dénoncer] petzen. ◆ **se rapporter** *vp* : **se ~ à qqch** sich auf etw *(A)* beziehen.
rapporteur, euse [rapɔrtœr, øz] *nm, f* Petze *die*. ◆ **rapporteur** *nm* - **1.** [de commission] Berichterstatter *der*, -in *die* - **2.** GÉOM Winkelmesser *der*.
rapproché, e [raprɔʃe] *adj* - **1.** [dans l'espace] Nah- - **2.** [dans le temps] aufeinander folgend.
rapprochement [raprɔʃmɑ̃] *nm* - **1.** [de personnes, d'objets] Zusammenrücken *das* - **2.** [comparaison] : **faire le ~** einen Zusammenhang sehen - **3.** [de pays, de partis] Annäherung *die*.
rapprocher [3] [raprɔʃe] *vt* - **1.** [mettre plus près] : **~ qqch de qqch** etw an etw *(A)* heran|rücken ; **~ qqn de qqch** jn an etw *(A)* an|nähern - **2.** [unir] näher bringen - **3.** [comparer] in Zusammenhang bringen. ◆ **se rapprocher** *vp* - **1.** [approcher] : **se ~ de qqn/qqch** sich jm/etw nähern - **2.** [se ressembler] sich gleichen - **3.** [se réconcilier] : **se ~ (de qqn)** (jm) näher kommen.
rapt [rapt] *nm* Entführung *die*.
raquette [rakɛt] *nf* - **1.** SPORT Schläger *der* - **2.** [de neige] Schneeteller *der*.
rare [rar] *adj* - **1.** [peu fréquent, peu commun] selten - **2.** [peu nombreux] wenig - **3.** [peu dense] spärlich.
raréfier [9] [rarefje] *vt* selten(er) werden lassen ; [air] verdünnen. ◆ **se raréfier** *vp* selten werden ; [air] dünner werden.
rarement [rarmɑ̃] *adv* selten.
rareté [rarte] *nf* - **1.** [gén] Seltenheit *die* - **2.** [objet précieux] Rarität *die*.
ras, e [ra, raz] *adj* - **1.** [herbe, cheveux] kurz geschoren ; **chien à poil ~** kurzhaariger Hund - **2.** [mesure] gestrichen ; **trois cuillères ~es de farine** drei gestrichene Löffel Mehl. ◆ **ras** *adv* kurz. ◆ **ras du cou** *loc adj* mit rundem Ausschnitt ODER Kragen.
rasade [razad] *nf* : **une ~ de** ein Glas voll.
rasage [razaʒ] *nm* Rasieren *das*.
rasant, e [razɑ̃, ɑ̃t] *adj fam* [livre, discours] todlangweilig.
rasé, e [raze] *adj* rasiert ; **~ de frais** frisch rasiert.
raser [3] [raze] *vt* - **1.** [couper - barbe] rasieren ; [- cheveux] kahl scheren - **2.** [longer] streifen - **3.** [détruire] zerstören - **4.** *fam* [ennuyer] zu Tode langweilen. ◆ **se raser** *vp* - **1.** [au rasoir] sich rasieren - **2.** *fam* [s'ennuyer] sich zu Tode langweilen.
ras-le-bol [ralbɔl] *nm inv fam* Unzufriedenheit *die*.
rasoir [razwar] ◇ *nm* Rasierapparat *der* ; **~ mécanique** Nassrasierer *der* ◇ *adj fam* öde.
rassasier [9] [rasazje] *vt* sättigen.
rassemblement [rasɑ̃bləmɑ̃] *nm* - **1.** [d'objets] Sammeln *das* - **2.** [foule] Auflauf *der* - **3.** [union, parti] Sammlungsbewegung *die*.
rassembler [3] [rasɑ̃ble] *vt* - **1.** [personnes] versammeln - **2.** [documents] (an)|sammeln - **3.** [courage, idées] zusammen|nehmen ; **~ ses esprits** sich sammeln. ◆ **se rassembler** *vp* - **1.** [manifestants] sich sammeln - **2.** [famille] sich versammeln.
rasseoir [65] [raswar] ◆ **se rasseoir** *vp* sich wieder (hin)|setzen.
rasséréner [18] [raserene] *vt sout* beschwichtigen.

rassis, e [rasi, iz] *adj* [pain] altbacken, trocken.

rassurant, e [rasyrɑ̃, ɑ̃t] *adj* beruhigend.

rassuré, e [rasyre] *adj* beruhigt ; **ne pas être ~** ein ungutes Gefühl haben.

rassurer [3] [rasyre] *vt* beruhigen.

rassurer

Du wirst sehen, das klappt schon. Tu verras, ça va aller.
Keine Sorge, sie kommt bestimmt wieder. Ne t'en fais pas, elle va revenir.
Das ist nicht schlimm. Ce n'est pas grave !
Es wird schon nichts passiert sein. Que veux-tu qu'il se soit passé ?
Immer mit der Ruhe, bis jetzt ist alles gut gegangen. Du calme, tout s'est toujours très bien passé.

rat [ra] ◇ *nm* **- 1.** ZOOL Ratte *die* **- 2.** *fam* [avare] : **quel ~!** so ein Geizkragen! ◇ *adj fam* knickrig.

ratatiné, e [ratatine] *adj* [fruit, personne] verschrumpelt.

rate [rat] *nf* **- 1.** [organe] Milz *die* **- 2.** [animal] Rattenweibchen *das.*

raté, e [rate] ◇ *adj* gescheitert ◇ *nm, f* Versager *der*, -in *die.* ◆ **raté** *nm* **- 1.** AUTOM Fehlzündung *die ;* **avoir des ~s** aus|setzen **- 2.** [difficulté] Hindernis *das.*

râteau, x [rato] *nm* Rechen *der.*

rater [3] [rate] ◇ *vt* **- 1.** [cible] verfehlen **- 2.** [train] verpassen **- 3.** [occasion] versäumen **- 4.** [ouvrage, plat] misslingen **- 5.** [examen] : **~ qqch** bei etw *(D)* durch|fallen ◇ *vi* scheitern ; **faire ~ qqch** etw verderben.

ratification [ratifikasjɔ̃] *nf* [de contrat, d'alliance] Bestätigung *die ;* [de traité] Ratifizierung *die.*

ratifier [9] [ratifje] *vt* [contrat, alliance] bestätigen ; [traité] ratifizieren.

ration [rasjɔ̃] *nf* Ration *die*, Portion *die ;* **~ alimentaire** Lebensmittelration.

rationaliser [3] [rasjɔnalize] *vt* rationalisieren.

rationnel, elle [rasjɔnɛl] *adj* **- 1.** [organisation & MATHS] rational **- 2.** [esprit] vernünftig.

rationnement [rasjɔnmɑ̃] *nm* Rationierung *die.*

rationner [3] [rasjɔne] *vt* **- 1.** [chose] rationieren **- 2.** [personne] auf Ration setzen.

Ratisbonne [ratisbɔn] *n* Regensburg *nt.*

ratisser [3] [ratise] *vt* **- 1.** [jardin] harken **- 2.** [quartier] durch|kämmen.

RATP (*abr de* **Régie autonome des transports parisiens**) *nf Pariser Verkehrsbetriebe.*

rattachement [rataʃmɑ̃] *nm :* **~ à qqch** Angliederung *die* ou Anschluss *der* an etw *(A).*

rattacher [3] [rataʃe] *vt* **- 1.** [relier] : **~ qqch à qqch** etw an etw *(A)* an|gliedern ; *fig* etw mit etw in Verbindung bringen **- 2.** [chien] wieder an|binden ; [lacets] zu|binden ; [cheveux] zusammen|binden **- 3.** [unir] : **~ qqn à qqch** jn mit etw verbinden. ◆ **se rattacher** *vp :* **se ~ à qqch** mit etw in Zusammenhang stehen.

rattrapage [ratrapaʒ] *nm* **- 1.** [pour élève] : **cours de ~** Nachhilfestunde *die* **- 2.** [de salaires, de prix] Angleichung *die.*

rattraper [3] [ratrape] *vt* **- 1.** [animal, prisonnier] wieder ein|fangen **- 2.** [temps] auf|holen **- 3.** [rejoindre] ein|holen **- 4.** [erreur] wieder gut|machen ; [malfaçon] aus|bessern. ◆ **se rattraper** *vp* **- 1.** [se retenir] : **se ~ à qqn/qqch** sich an jm/etw fest|halten **- 2.** [s'améliorer] sich verbessern **- 3.** [se faire pardonner] : **il s'est rattrapé** er hat es wieder gutgemacht.

rature [ratyr] *nf* Streichung *die*, durchgestrichene Stelle.

rauque [rok] *adj* rau.

ravage [ravaʒ] *nm* Verwüstung *die ;* **faire des ~s** *fig* Unheil an|richten.

ravagé, e [ravaʒe] *adj* **- 1.** [visage] verwüstet **- 2.** *fam* [fou] : **être ~** vollkommen ausgeflippt sein.

ravager [17] [ravaʒe] *vt* **- 1.** [dévaster] verwüsten **- 2.** [marquer] schwer mit|nehmen.

ravalement [ravalmɑ̃] *nm :* **~ (de façade)** Fassadenrenovierung *die.*

ravaler [3] [ravale] *vt* **- 1.** [façade] renovieren **- 2.** [salive] wieder hinunter|schlucken **- 3.** [colère] hinunter|schlucken ; [larmes] zurück|halten.

rave [rav] *nf* Rübe *die.*

ravi, e [ravi] *adj* entzückt ; **~ de vous connaître** sehr erfreut, Sie kennen zu lernen.

ravigoter [3] [ravigɔte] *vt fam* auf die Beine bringen.

ravin [ravɛ̃] *nm* Schlucht *die.*

ravioli [ravjɔli] (*pl inv* ou **raviolis**) *nm* Ravioli *Pl.*

ravir [32] [ravir] *vt* **- 1.** [charmer] entzücken, bezaubern ; **être ravi de faire qqch** begeistert sein, etw zu tun ; **être ravi que** *(+ subjonctif)* hocherfreut darüber sein, dass **- 2.** *littéraire* [arracher] : **~ qqch à qqn** jn einer Sache *(G)* berauben ; [proie] jm etw entreißen. ◆ **à ravir** *loc adv* hinreißend.

raviser [3] [ravize] ◆ **se raviser** *vp* sich anders besinnen.

ravissant, e [ravisɑ̃, ɑ̃t] *adj* bezaubernd, entzückend.

ravissement [ravismɑ̃] *nm* **- 1.** [enchantement] Entzücken *das* **- 2.** *littéraire* [rapt] Raub *der.*

ravisseur, euse [ravisœr, øz] *nm, f* Entführer *der*, -in *die.*

ravitaillement [ravitajmɑ̃] *nm* Versorgung *die.*

ravitailler [3] [ravitaje] *vt* **- 1.** [en denrées] versorgen **- 2.** [en carburant] betanken. ◆ **se ravitailler** *vp* **- 1.** [en denrées] sich versorgen **- 2.** [en carburant] auf|tanken.

raviver [3] [ravive] *vt* **- 1.** [feu] schüren **- 2.** [couleurs] auf|frischen **- 3.** [douleur] wieder hervor|rufen.

rayé, e [rɛje] *adj* **- 1.** [tissu] gestreift **- 2.** [disque, vitre] verkratzt.

rayer [11] [rɛje] *vt* **- 1.** [disque, vitre] verkratzen **- 2.** [nom, mot] (durch)|streichen ; **~ qqn d'une liste** jn von einer Liste streichen.

rayon [rɛjɔ̃] *nm* **- 1.** [de lumière, radiation] Strahl *der ;* **~ laser** Laserstrahl ; **~s X** Röntgenstrahlen *Pl* **- 2.** [de roue] Speiche *die* **- 3.** GÉOM Radius *der ;* **dans un ~ de** in einem Umkreis von **- 4.** [étagère] Regal *das* **- 5.** [de magasin] Abteilung *die.*

rayonnant, e [rɛjɔnɑ̃, ɑ̃t] *adj* strahlend ; **~ de joie** freudestrahlend ; **~ de santé** vor Gesundheit strotzend.

rayonnement [rɛjɔnmɑ̃] *nm* **- 1.** PHYS Strahlung *die* **- 2.** *fig* [influence] (weit reichender) Einfluss **- 3.** *fig* [de personne] Ausstrahlung *die.*

rayonner [3] [rɛjɔne] *vi* **- 1.** [soleil, personne] strahlen **- 2.** [culture] weithin Spuren hinterlassen **- 3.** [avenue, lignes] strahlenförmig auseinander laufen **- 4.** [touristes] Ausflüge machen ; **~ autour de Paris** von Paris aus Ausflüge machen.

rayure [rɛjyr] *nf* **- 1.** [raie] Streifen *der ;* **à ~s** gestreift **- 2.** [éraflure] Kratzer *der.*

raz de marée, raz-de-marée [radmare] *nm inv* **- 1.** [vague] Flutwelle *die* **- 2.** *fig* [révolution] Flut *die.*

razzia [razja] *nf* Beutezug *der ;* **faire une ~ sur qqch** *fam* sich auf etw *(A)* stürzen.

RdC (*abr de* **rez-de-chaussée**) EG.

ré [re] *nm inv* d *das*, D *das.*

réabonner [3] [reabɔne] *vt :* **~ qqn** js Abonnement verlängern. ◆ **se réabonner** *vp :* **se ~ (à qqch)** (etw) neu abonnieren.

réac [reak] (*abr de* **réactionnaire**) *fam péj* ◇ *nmf* Reaktionär *der*, -in *die* ◇ *adj* reaktionär.

réaccoutumer [3] [reakutyme] *vt :* **~ qqn à qqch** jn wieder an etw *(A)* gewöhnen. ◆ **se réaccoutumer** *vp :* **se ~ à qqn/qqch** sich wieder an jn/etw gewöhnen.

réacteur [reaktœr] *nm* Strahltriebwerk *das ;* **~ nucléaire** Atomreaktor *der*, Atommeiler *der.*

réaction [reaksjɔ̃] *nf* Reaktion *die ;* **en ~ contre qqn/qqch** als Reaktion auf jn/etw ; **~ en chaîne** Kettenreaktion.

réactionnaire [reaksjɔnɛr] *péj nmf* Reaktionär *der*, -in *die.*

réactualisation [reaktɥalizasjɔ̃] *nf* Neubearbeitung *die.*

réactualiser [3] [reaktɥalize] *vt* neu bearbeiten, auf den neuesten Stand bringen.

réadapter [3] [readapte] *vt* **- 1.** [adapter de nouveau] wieder an|passen **- 2.** [rééduquer] die Funktionsfähigkeit wieder her|stellen. ◆ **se réadapter** *vp :* **se ~ à qqch** sich wieder an etw *(A)* anpassen.

réaffirmer [3] [reafirme] *vt* bekräftigen.

réagir [32] [reaʒir] *vi :* **~ (à qqch)** (auf etw *(A)*) reagieren ; **~ contre qqch** sich gegen etw wehren ; **~ sur qqch** sich auf etw *(A)* aus|wirken.

réajuster = **rajuster.**

réalisable [realizabl] *adj* realisierbar.

réalisateur, trice [realizatœr, tris] *nm, f* CIN Regisseur *der*, -in *die.*

réaliser [3] [realize] *vt* **- 1.** [terminer] realisieren **- 2.** [concrétiser] verwirklichen **- 3.** TÉLÉ & CIN machen **- 4.** [se rendre compte de] begreifen. ◆ **se réaliser** *vp* [se concrétiser] sich verwirklichen.

réaliste [realist] ◇ *nmf* Realist *der*, -in *die* ◇ *adj* realistisch.

réalité [realite] *nf* **- 1.** [existence] Realität *die* **- 2.** [réel] Wirklichkeit *die ;* **en ~** in Wirklichkeit.

reality-show, reality show [realitiʃo] (*pl* **reality(-) shows**) *nm* Realityshow *die.*

réaménagement [reamenaʒmɑ̃] *nm* **- 1.** [projet] Neugestaltung *die ;* **~ du territoire** Neugestaltung der Raumordnung **- 2.** [de taux d'intérêt] Angleichung *die.*

réamorcer [16] [reamɔrse] *vt* wieder in Gang bringen.

réanimation [reanimasjɔ̃] *nf* Wiederbelebung *die ;* **être en ~** auf der Intensivstation sein.

réanimer [3] [reanime] *vt* wieder|beleben.

réapparaître [91] [reaparɛtr] *vi* wieder erscheinen.

rébarbatif, ive [rebarbatif, iv] *adj* **- 1.** [air, personne, visage] abstoßend **- 2.** [travail, livre] öde.

rebâtir [32] [rəbatir] *vt* wieder auf|bauen.

rebattu, e [rəbaty] *adj* abgedroschen.

rebelle [rəbɛl] *adj* **- 1.** [personne] : **~ (à qqch)** rebellisch (gegen etw) **- 2.** [mèche, boucle] widerspenstig - **3.** [fièvre, maladie] hartnäckig.

rebeller [4] [rəbɛle] ◆ **se rebeller** *vp* rebellieren.

rébellion [rebɛljɔ̃] *nf* Rebellion *die*, Aufstand *der*.

rebiffer [3] [rəbife] ◆ **se rebiffer** *vp* sich widersetzen.

reboiser [3] [rəbwaze] *vt* auf|forsten.

rebond [rəbɔ̃] *nm* Rückprall *der*.

rebondir [32] [rəbɔ̃dir] *vi* - **1.** [objet] zurück|prallen - **2.** *fig* [affaire] wieder in den Vordergrund treten.

rebondissement [rəbɔ̃dismɑ̃] *nm* neue Entwicklung.

rebord [rəbɔr] *nm* Rand *der* ; ~ **de fenêtre** Fensterbrett *das*.

reboucher [3] [rəbuʃe] *vt* - **1.** [trou] wieder zu|stopfen - **2.** [bouteille] wieder verschließen.

rebours [rəbur] ◆ **à rebours** *loc adv* [à l'envers] gegen den Strich ; **compte à ~** Count-down *der* OU *das*.

reboutonner [3] [rəbutɔne] *vt* wieder zu|knöpfen.

rebrousse-poil [rəbruspwal] ◆ **à rebrousse-poil** *loc adv* gegen den Strich ; **prendre qqn à ~** jn vor den Kopf stoßen.

rebrousser [3] [rəbruse] *vt* [poils] gegen den Strich bürsten OU kämmen ; **~ chemin** *fig* um|kehren.

rébus [rebys] *nm* Rebus *der* OU *das*.

rebut [rəby] *nm* Abfall *der* ; *fig* Abschaum *der* ; **mettre qqch au ~** etw ausrangieren.

rebuter [3] [rəbyte] *vt* - **1.** [décourager] ab|schrecken - **2.** [choquer] ab|stoßen.

récalcitrant, e [rekalsitrɑ̃, ɑ̃t] *adj* widerspenstig ; **se montrer ~ à qqch** einer Sache *(D)* ablehnend gegenüber|stehen.

recaler [3] [rəkale] *vt fam* durchfallen lassen.

récapituler [3] [rekapityle] *vt* rekapitulieren ; **voyons, récapitulons!** fassen wir nochmal zusammen!

recel [rəsɛl] *nm* Hehlerei *die*.

receleur, euse [rəsəlœr, øz] *nm, f* Hehler *der*, -in *die*.

récemment [resamɑ̃] *adv* kürzlich, unlängst.

recensement [rəsɑ̃smɑ̃] *nm* - **1.** [de population] Volkszählung *die* - **2.** [de ressources, d'objets] Erfassung *die*.

recenser [3] [rəsɑ̃se] *vt* - **1.** [population] zählen - **2.** [inventorier] : **~ qqch** eine Bestandsaufnahme einer Sache *(G)* machen.

récent, e [resɑ̃, ɑ̃t] *adj* neu ; **les ~s événements** die neuesten Ereignisse.

recentrer [3] [rəsɑ̃tre] *vt* neu aus|richten.

récépissé [resepise] *nm* - **1.** [d'objet] Empfangsschein *der* - **2.** [de paiement] Quittung *die*.

récepteur, trice [resɛptœr, tris] *adj* Empfangs-. ◆ **récepteur** *nm* [de radio] Empfänger *der*.

réception [resɛpsjɔ̃] *nf* - **1.** [gén] Empfang *der* ; **donner une ~** einen Empfang geben ; **s'adresser à la ~** [hôtel] sich an den Empfang wenden - **2.** SPORT : **~ (du ballon)** (Ball)annahme *die*.

réceptionner [3] [resɛpsjɔne] *vt* an|nehmen.

réceptionniste [resɛpsjɔnist] *nmf* Empfangsangestellte *der*, Empfangsangestellte *die*.

récession [resesjɔ̃] *nf* ÉCON Rezession *die*.

recette [rəsɛt] *nf* - **1.** ÉCON Einnahme *die* - **2.** [méthode & CULIN] Rezept *das*.

recette

Vorsicht, das französische Substantiv **recette** kann zwar „Rezept" bedeuten, aber nur im Sinn von Küchenrezept. **J'ai une bonne recette pour un gâteau au chocolat** heißt auf Deutsch „Ich habe ein tolles Rezept für Schokoladenkuchen". Wenn es um das Arztrezept geht, spricht man dagegen von **ordonnance**. „Für dieses Medikament braucht man ein Rezept" dagegen wird mit **Ce médicament s'achète sur ordonnance** übersetzt.

recevable [rəsəvabl] *adj* - **1.** [acceptable] annehmbar - **2.** JUR zulässig.

receveur, euse [rəsəvœr, øz] *nm, f* - **1.** ADMIN : **~ des impôts** Leiter *der*, -in *die* des Finanzamts ; **~ des postes** Leiter *der*, -in *die* des Postamts - **2.** [de bus] Schaffner *der*, -in *die* - **3.** MÉD Empfänger *der*, -in *die* ; **~ universel** Universalempfänger.

recevoir [52] [rəsəvwar] *vt* - **1.** [obtenir, percevoir, être l'objet de] erhalten ; [accueil] finden ; [modifications] erfahren - **2.** [invités] empfangen - **3.** [coups] ab|bekommen - **4.** [admettre] : **être reçu à un examen** eine Prüfung bestehen. ◆ **se recevoir** *vp* SPORT : **se ~ bien/mal** gut/schlecht landen.

rechange [rəʃɑ̃ʒ] ◆ **de rechange** *loc adj* Ersatz- ; **vêtements de ~** Kleider zum Wechseln.

réchapper [3] [reʃape] *vi* : **~ de** OU **à qqch** [danger, maladie] etw überstehen ; [accident] etw überleben.

recharge [rəʃarʒ] *nf* - **1.** [de briquet, de stylo] Nachfüllung *die* - **2.** [de batterie] (erneutes) (Auf)laden.

rechargeable [rəʃarʒabl] *adj* - **1.** [briquet, stylo] nachfüllbar - **2.** [pile] (wieder) aufladbar.

recharger [17] [rəʃarʒe] *vt* **- 1.** [arme] nach|laden **- 2.** [batterie] wieder (auf)|laden **- 3.** PHOT spannen.

réchaud [reʃo] *nm* Kocher *der.*

réchauffé, e [reʃofe] *adj* aufgewärmt.

réchauffement [reʃofmɑ̃] *nm* Erwärmung *die.*

réchauffer [3] [reʃofe] *vt* auf|wärmen. ◆ **se réchauffer** *vp* **- 1.** [personne] sich auf|wärmen **- 2.** [climat, terre] sich erwärmen.

rêche [rɛʃ] *adj* **- 1.** [mains, drap] rau **- 2.** [vin] kratzig.

recherche [rəʃɛrʃ] *nf* **- 1.** [quête] Suche *die ;* **être à la ~ de qqn/qqch** auf der Suche nach jm/etw sein ; **faire** OU **effectuer des ~s** Nachforschungen an|stellen ; **se mettre** OU **partir à la ~ de qqn/qqch** sich auf die Suche nach jm/etw machen OU begeben **- 2.** SCIENCE Forschung *die ;* **faire de la ~** in der Forschung tätig sein. ◆ **avec recherche** *loc adv* gekonnt.

recherché, e [rəʃɛrʃe] *adj* **- 1.** [rare] selten **- 2.** [raffiné] ausgesucht.

rechercher [3] [rəʃɛrʃe] *vt* suchen.

rechigner [3] [rəʃiɲe] *vi :* **~ à faire qqch** etw nur ungern tun.

rechute [rəʃyt] *nf* Rückfall *der.*

récidive [residiv] *nf* Rückfall *der.*

récidiver [3] [residive] *vi* **- 1.** JUR rückfällig werden **- 2.** MÉD wieder aus|brechen.

récif [resif] *nm* Riff *das.*

récipient [resipjɑ̃] *nm* Behälter *der,* Gefäß *das.*

réciproque [resiprɔk] *adj* [mutuel] gegenseitig.

réciproquement [resiprɔkmɑ̃] *adv* [mutuellement] gegenseitig ; **et ~** und umgekehrt.

récit [resi] *nm* Erzählung *die,* Bericht *der.*

récital, als [resital] *nm* Solistenkonzert *das ;* **~ de piano** Klavierabend *der.*

récitation [resitasjɔ̃] *nf* **- 1.** [action] Aufsagen *das* **- 2.** [texte] Text *der* (zum Auswendiglernen).

réciter [3] [resite] *vt* [poème, leçon] auf|sagen.

réclamation [reklamasjɔ̃] *nf* Reklamation *die.*

réclame [reklam] *nf* Reklame *die ;* **en ~** im (Sonder) angebot.

réclamer [3] [reklame] *vt* verlangen ; **~ qqch à qqn** von jm etw verlangen.

reclasser [3] [rəklase] *vt* **- 1.** [dossiers, fiches] neu ordnen **- 2.** [chômeur] anderweitig unter|bringen **- 3.** [fonctionnaire] (in eine andere Besoldungsgruppe) ein|stufen.

réclusion [reklyzjɔ̃] *nf* JUR Haft *die.*

recoiffer [3] [rəkwafe] *vt :* **~ qqn** js Haare wieder in Ordnung bringen. ◆ **se recoiffer** *vp* seine Haare wieder in Ordnung bringen.

recoin [rəkwɛ̃] *nm* Winkel *der.*

recoller [3] [rəkɔle] *vt* wieder zusammen|kleben.

récolter [3] [rekɔlte] *vt* **- 1.** [fruits, céréales] ernten **- 2.** [renseignements] sammeln.

recommandable [rəkɔmɑ̃dabl] *adj* empfehlenswert ; **peu ~** dubios.

recommandation [rəkɔmɑ̃dasjɔ̃] *nf* [protection, conseil] Empfehlung *die.*

recommandé, e [rəkɔmɑ̃de] *adj* **- 1.** [envoi] eingeschrieben **- 2.** [conseillé] ratsam. ◆ **recommandé** *nm* Einschreiben *das,* Einschreibesendung *die ;* **en ~** per Einschreiben.

recommander [3] [rəkɔmɑ̃de] *vt* empfehlen ; **~ à qqn de faire qqch** jm empfehlen, etw zu tun ; **~ qqn à qqn** jn jm empfehlen ; **~ la prudence à qqn** jm zur Vorsicht raten.

recommencer [16] [rəkɔmɑ̃se] ◇ *vt* **- 1.** [processus, récit] von neuem OU wieder von vorne an|fangen **- 2.** [travail, cours] wieder auf|nehmen **- 3.** [erreur, expérience] wieder machen ◇ *vi* **- 1.** [récidiver] wieder damit an|fangen ; **~ à faire qqch** wieder an|fangen, etw zu tun **- 2.** [reprendre] wieder OU von neuem an|fangen.

récompense [rekɔ̃pɑ̃s] *nf* Belohnung *die.*

récompenser [3] [rekɔ̃pɑ̃se] *vt* belohnen.

recompter [3] [rəkɔ̃te] *vt* **- 1.** [monnaie] nach|zählen **- 2.** [recalculer] nach|rechnen.

réconciliation [rekɔ̃siljasjɔ̃] *nf* Versöhnung *die.*

réconcilier [9] [rekɔ̃silje] *vt* versöhnen.

reconduire [98] [rəkɔ̃dɥir] *vt* **- 1.** [accompagner] zurück|begleiten ; [ramener] zurück|bringen **- 2.** [contrat, budget] verlängern ; [politique] weiter|führen.

reconduit, e [rəkɔ̃dɥi, it] *pp* ▷ **reconduire.**

réconfort [rekɔ̃fɔr] *nm* Trost *der.*

réconfortant, e [rekɔ̃fɔrtɑ̃, ɑ̃t] *adj* tröstlich.

réconforter [3] [rekɔ̃fɔrte] *vt* trösten.

réconforter

Mach dir nichts daraus. Ne t'en fais pas.
Das wird schon wieder werden. Ça va s'arranger.
Kopf hoch! Du nerf !
Lass den Kopf nicht hängen. Ne te laisse pas aller.
Nimms nicht so schwer! Ne le prends pas au tragique !

reconnaissable [rəkɔnɛsabl] *adj :* **être ~ à qqch** an etw *(D)* zu erkennen sein.

reconnaissance [rəkɔnɛsɑ̃s] *nf* - **1.** [gratitude] Dankbarkeit *die* ; **avoir beaucoup de ~ envers qqn** jm sehr dankbar sein - **2.** [aveu] (Ein)geständnis *das* - **3.** [de lieu] : **aller** OU **partir en ~** auf Erkundung (aus)|gehen - **4.** JUR [d'enfant, d'État] Anerkennung *die.*

reconnaissant, e [rəkɔnɛsɑ̃, ɑ̃t] *adj* dankbar ; **je vous serais ~ de** ich wäre Ihnen sehr dankbar, wenn.

reconnaître [91] [rəkɔnɛtr] *vt* - **1.** [se souvenir de, identifier] wieder erkennen ; **~ qqn/qqch à qqch** jn/etw an etw *(D)* (wieder) erkennen - **2.** [fait, gouvernement, enfant] an|erkennen - **3.** [avouer] ein|sehen - **4.** [explorer] erkunden.

reconnecter [4] [rəkɔnɛkte] ◆ **se reconnecter** *vp* sich wieder an|schließen.

reconnu, e [rəkɔny] ◇ *pp* ▷ **reconnaître** ◇ *adj* anerkannt.

reconquête [rəkɔ̃kɛt] *nf* Zurückeroberung *die.*

reconsidérer [18] [rəkɔ̃sidere] *vt* noch einmal überprüfen.

reconstituer [7] [rəkɔ̃stitɥe] *vt* - **1.** [entité] wiederher|stellen ; [puzzle] (wieder) zusammen|setzen - **2.** [crime, délit] rekonstruieren.

reconstitution [rəkɔ̃stitysjɔ̃] *nf* - **1.** [d'entité] Wiederherstellung *die ;* [de puzzle] Wiederzusammensetzen *das* - **2.** [de crime, de délit] Rekonstruierung *die.*

reconstruction [rəkɔ̃stryksjɔ̃] *nf* Wiederaufbau *der.*

reconstruire [98] [rəkɔ̃strɥir] *vt* - **1.** [immeuble, ville] wieder auf|bauen - **2.** *fig* [fortune, société] neu auf|bauen.

reconstruit, e [rəkɔ̃strɥi, it] *pp* ▷ **reconstruire.**

reconversion [rəkɔ̃vɛrsjɔ̃] *nf* - **1.** [de personne] Umschulung *die* - **2.** [transformation] Umstellung *die.*

reconvertir [32] [rəkɔ̃vɛrtir] *vt* - **1.** [personne] um|schulen - **2.** [transformer] um|stellen. ◆ **se reconvertir** *vp* [personne] sich umschulen lassen ; **se ~ dans l'informatique/l'édition** in die Computerbranche/das Verlagswesen über|wechseln.

recopier [9] [rəkɔpje] *vt* ab|schreiben.

record [rəkɔr] ◇ *nm* Rekord *der ;* **détenir/battre un ~** einen Rekord inne|haben/brechen ◇ *adj inv* Rekord-.

recoucher [3] [rəkuʃe] *vt* wieder ins Bett bringen. ◆ **se recoucher** *vp* wieder schlafen OU ins Bett gehen.

recoudre [86] [rəkudr] *vt* [bouton] wieder an|nähen ; [vêtement] reparieren.

recoupement [rəkupmɑ̃] *nm* Gegenüberstellung *die ;* **par ~** durch Gegenüberstellung.

recouper [3] [rəkupe] ◇ *vt* - **1.** [pain, viande] noch einmal (ab)|schneiden - **2.** [coïncider avec] : **~ qqch** mit etw überein|stimmen ◇ *vi* [aux cartes] noch einmal ab|heben. ◆ **se recouper** *vp* - **1.** [lignes, cercles] sich überschneiden - **2.** [témoignages, faits] sich decken.

recourir [45] [rəkurir] *vi* - **1.** [s'adresser] : **~ à qqn/qqch** sich an jn/etw wenden - **2.** [se servir] : **~ à qqch** zu etw greifen.

recours [rəkur] *nm* - **1.** [emploi] : **~ à qqch** Anwendung *die* OU Einsatz *der* einer Sache *(G) ;* **avoir ~ à la violence** Gewalt an|wenden ; **avoir ~ à qqn** sich an jn wenden - **2.** [solution] (Hilfs)mittel *das,* Notlösung *die ;* **en dernier ~** als letztes Mittel, zur Not - **3.** JUR Rechtsbehelf *der ;* [contestation] Berufung *die.*

recouru [rəkury] *pp inv* ▷ **recourir.**

recouvert, e [rəkuvɛr, ɛrt] *pp* ▷ **recouvrir.**

recouvrir [34] [rəkuvrir] *vt* - **1.** [couvrir de nouveau - surface] (wieder) bedecken ; [- toit] decken - **2.** [s'appliquer à] umfassen - **3.** [couvrir entièrement] : **~ (de qqch)** (mit etw) bedecken - **4.** [couvrir pour protéger - meuble] (neu) beziehen ; [- livre] ein|binden - **5.** *fig* [masquer] verbergen. ◆ **se recouvrir** *vp* - **1.** [se superposer] sich (gegenseitig) überdecken - **2.** [se couvrir] : **se ~ (de qqch)** (mit etw) überzogen sein.

recracher [3] [rəkraʃe] *vt* aus|spucken.

récréatif, ive [rekreatif, iv] *adj* unterhaltend.

récréation [rekreasjɔ̃] *nf* - **1.** [à l'école] Pause *die* - **2.** [détente] Entspannung *die.*

recréer [15] [rəkree] *vt* - **1.** [reconstituer] rekonstruieren - **2.** *fig* [atmosphère] wieder erschaffen.

récrimination [rekriminasjɔ̃] *nf* Nörgelei *die.*

récrire = **réécrire.**

recroqueviller [3] [rəkrɔkvije] ◆ **se recroqueviller** *vp* [personne] : **se ~ (sur soi-même)** sich zusammen|rollen ; *fig* sich ab|kapseln.

recrudescence [rəkrydɛsɑ̃s] *nf* Zunahme *die ;* [de maladie] Wiederausbruch *der.*

recrutement [rəkrytmɑ̃] *nm* - **1.** MIL Rekrutierung *die* - **2.** [de personnel] Einstellung *die.*

recruter [3] [rəkryte] *vt* - **1.** MIL rekrutieren - **2.** [personnel] ein|stellen.

rectal, e, aux [rɛktal, o] *adj* rektal ; **par voie ~e** rektal *(adv).*

rectangle [rɛktɑ̃gl] *nm* Rechteck *das.*

rectangulaire [rɛktɑ̃gylɛr] *adj* rechteckig.

recteur [rɛktœr] *nm* : ~ **(d'académie)** *Präsident eines französischen Hochschulbezirks.*

rectificatif, ive [rɛktifikatif, iv] *adj* berichtigend. ◆ **rectificatif** *nm* Berichtigung *die.*

rectification [rɛktifikasjɔ̃] *nf* Korrektur *die* ; ~ **d'une information** Berichtigung *die* einer Nachricht.

rectifier [9] [rɛktifje] *vt* korrigieren ; [information] berichtigen.

rectiligne [rɛktiliɲ] *adj* geradlinig.

recto [rɛkto] *nm* Vorderseite *die.* ◆ **recto verso** *loc adv* beidseitig ; **remplir qqch ~ verso** etw auf beiden Seiten aus|füllen.

rectorat [rɛktɔra] *nm Amt oder Sitz des Präsidenten eines französischen Schul- und Hochschulbezirks.*

rectum [rɛktɔm] *nm* Mastdarm *der.*

reçu, e [rəsy] *pp* ▷ **recevoir.** ◆ **reçu** *nm* Quittung *die,* Beleg *der.*

recueil [rəkœj] *nm* Sammlung *die.*

recueillement [rəkœjmɑ̃] *nm* Andacht *die.*

recueilli, e [rəkœji] *adj* [prière, attitude] gesammelt.

recueillir [41] [rəkœjir] *vt* - **1.** [dons, fonds] sammeln - **2.** [suffrages] erhalten, auf sich vereinigen - **3.** [enfant, animal] auf|nehmen. ◆ **se recueillir** *vp* sich sammeln ; **se ~ sur une tombe** in Andacht vor einem Grab verharren.

recul [rəkyl] *nm* - **1.** [de troupes] Zurückweichen *das* - **2.** [régression] Rückgang *der* - **3.** [distance] Abstand *der.*

reculé, e [rəkyle] *adj* - **1.** [isolé] abgelegen - **2.** [dans le temps] lang zurückliegend.

reculer [3] [rəkyle] ◇ *vt* - **1.** [véhicule] zurück|fahren ; [objet, meuble] zurück|schieben - **2.** [différer] verschieben ◇ *vi* - **1.** [personne] zurück|weichen - **2.** [véhicule] zurück|fahren.

reculons [rəkylɔ̃] ◆ **à reculons** *loc adv* rückwärts.

récupération [rekyperasjɔ̃] *nf* Wiederverwertung *die* ; **où as-tu trouvé cette table? - c'est de la ~** wo hast du denn den Tisch her? - vom Sperrmüll.

récupérer [18] [rekypere] ◇ *vt* - **1.** [reprendre] zurück|bekommen - **2.** [collectionner] sammeln - **3.** POLIT [idées] (für sich) vereinnahmen ; [contestataires] für sich gewinnen - **4.** [heures de travail] nach|holen ◇ *vi* [se reposer] sich erholen.

récurer [3] [rekyre] *vt* scheuern.

récuser [3] [rekyze] *vt* - **1.** JUR [témoin, juge] ab|lehnen - **2.** [argument] zurück|weisen.

recyclage [rəsiklaʒ] *nm* - **1.** [de salarié] Umschulung *die* - **2.** [d'objets] Wiederverwertung *die,* Recycling *das.*

recycler [3] [rəsikle] *vt* - **1.** [personne] um|schulen - **2.** [objet] wieder verwerten, recyceln. ◆ **se recycler** *vp* [personne] sich um|schulen, sich weiter|bilden.

rédacteur, trice [redaktœr, tris] *nm, f* Redakteur *der,* -in *die* ; ~ **en chef** Chefredakteur.

rédaction [redaksjɔ̃] *nf* - **1.** [de texte - action] Verfassen *das* ; [- résultat] Formulierung *die* - **2.** SCOL Aufsatz *der* - **3.** [équipe, locaux] Redaktion *die* ; **note de la ~** Anmerkung *die* der Redaktion.

redécouvrir [34] [rədekuvrir] *vt* wieder entdecken.

redéfinir [32] [rədefinir] *vt* neu fest|legen, neu definieren.

redéfinition [rədefinisjɔ̃] *nf* Neubestimmung *die.*

redemander [3] [rədəmɑ̃de] *vt* : ~ **qqch** erneut um etw bitten.

rédemption [redɑ̃psjɔ̃] *nf* RELIG Erlösung *die.*

redescendre [73] [rədesɑ̃dr] ◇ *vt* - **1.** [objet] wieder hinunter|bringen - **2.** [escalier, montagne] wieder hinunter|steigen - **3.** [en voiture] wieder hinunter|fahren ◇ *vi* - **1.** [à pied] herab|kommen, wieder hinunter|gehen - **2.** [en véhicule] hinunter|fahren.

redevable [rədəvabl] *adj* : **être ~ de qqch à qqn** [d'argent] jm etw schuldig sein ; [de service] jm etw verdanken.

redevance [rədəvɑ̃s] *nf* [taxe] Gebühr *die.*

rédhibitoire [redibitwar] *adj* abschreckend.

rediffusion [rədifyzjɔ̃] *nf* Wiederholung *die.*

rédiger [17] [rediʒe] *vt* ab|fassen ; ~ **en anglais** in Englisch verfassen.

redire [102] [rədir] *vt* noch einmal sagen ; **il redit toujours les mêmes choses** er sagt immer wieder dasselbe ; **avoir** OU **trouver à ~ à qqch** an etw *(D)* etwas auszusetzen haben.

redistribuer [7] [rədistribɥe] *vt* [argent] um|verteilen ; [rôles] neu verteilen ; [cartes] neu aus|teilen.

redit, e [rədi, it] *pp* ▷ **redire.**

redondance [rədɔ̃dɑ̃s] *nf* Weitschweifigkeit *die (sans pl).*

redoublant, e [rədublɑ̃, ɑ̃t] *nm, f Schüler, der eine Klasse wiederholt.*

redoubler [3] [rəduble] ◇ *vt* - **1.** [augmenter, répéter] verdoppeln - **2.** SCOL wiederholen ◇ *vi* sich verstärken ; ~ **d'efforts** sich noch mehr an|strengen.

redoutable [rədutabl] *adj* furchtbar ; **avoir l'air ~** Furcht erregend aus|sehen.
redouter [3] [rədute] *vt* : **~ qqch** etw fürchten, sich vor etw *(D)* fürchten ; **~ que** befürchten, dass.
redoux [rədu] *nm* Temperaturanstieg *der*.
redressement [rədrɛsmɑ̃] *nm* **- 1.** [de pays] Wiedererstarken *das* ; [d'économie] Aufschwung *der* **- 2.** FIN : **~ fiscal** Nachforderung *die* fehlender Steuerbeträge.
redresser [4] [rədrɛse] *vt* **- 1.** [relever] wieder auf|richten **- 2.** [tôle, barre] gerade biegen **- 3.** *fig* [situation] wieder in Ordnung bringen. ◆ **se redresser** *vp* **- 1.** [personne - se remettre debout] sich auf|richten ; [- se tenir droit] sich gerade hin|setzen **- 2.** [pays] wieder erstarken ; [économie] wieder in Schwung kommen.
redresseur [rədrɛsœr] *nm* : **~ de torts** Weltverbesserer *der*.
réducteur, trice [redyktœr, tris] *adj* **- 1.** CHIM Reduktions- **- 2.** [appareil] : **engrenage ~** Untersetzungsgetriebe *das*.
réduction [redyksjɔ̃] *nf* **- 1.** [diminution] Reduzierung *die* ; **~ des effectifs** Personalabbau *der* ; **~ du temps de travail** Arbeitszeitverkürzung *die* **- 2.** [rabais] Ermäßigung *die* **- 3.** [copie] Verkleinerung *die*.
réduire [98] [redɥir] ◇ *vt* **- 1.** [diminuer] senken, reduzieren **- 2.** [photo, tableau] verkleinern **- 3.** [contraindre] : **être réduit à qqch** zu etw gezwungen sein ; **être réduit au silence** zum Schweigen verurteilt sein ; **il en est réduit à mendier** es bleibt ihm nichts anderes übrig als zu betteln **- 4.** CULIN (durch Kochen) ein|dicken ◇ *vi* CULIN ein|dicken.
réduit, e [redɥi, it] ◇ *pp* ▻ **réduire** ◇ *adj* [moins cher] ermäßigt ; **c'est tarif ~ aujourd'hui** heute ist es billiger. ◆ **réduit** *nm* **- 1.** [local] (finsteres) Loch **- 2.** [renfoncement] Nische *die*, Winkel *der*.
réécrire [reekrir], **récrire** [rekrir] [99] *vt* **- 1.** [écrire de nouveau] noch einmal schreiben **- 2.** [corriger] um|schreiben.
réédition [reedisjɔ̃] *nf* Neuausgabe *die*.
rééducation [reedykasjɔ̃] *nf* **- 1.** MÉD : **~ (motrice)** Krankengymnastik *die* **- 2.** [de délinquant] Umerziehung *die*.
réel, elle [reɛl] *adj* **- 1.** [authentique] wirklich ; **un ~ plaisir** ein echtes Vergnügen **- 2.** MATHS reell.
réélection [reelɛksjɔ̃] *nf* Wiederwahl *die*.
réellement [reɛlmɑ̃] *adv* wirklich.
rééquilibrer [3] [reekilibre] *vt* wieder ins Gleichgewicht bringen.
réévaluer [7] [reevalɥe] *vt* **- 1.** [monnaie] auf|werten **- 2.** [salaire] auf|bessern.
réexaminer [3] [reɛgzamine] *vt* erneut prüfen.
réf. (*abr de* **référence**) Ref. *(Referenz)*, Zeichen.
refaire [109] [rəfɛr] *vt* **- 1.** [recommencer] noch einmal machen **- 2.** [appartement] : **~ les papiers/peintures** neu tapezieren/ an|streichen ; **~ un mur** eine Mauer neu bauen. ◆ **se refaire** *vp* [se rétablir] : **se ~ une santé** sich erholen.
refait, e [rəfɛ, ɛt] *pp* ▻ **refaire.**
réfection [refɛksjɔ̃] *nf* Ausbesserung *die*.
réfectoire [refɛktwar] *nm* Speisesaal *der* ; [de monastère] Refektorium *das*.
référence [referɑ̃s] *nf* **- 1.** [source] Belegstelle *die* ; **ouvrage de ~** Nachschlagewerk *das* **- 2.** [renvoi] Verweis *der* ; **faire ~ à qqn/qqch** [citer] sich auf jn/etw beziehen.
référendum [referɛ̃dɔm] *nm* Volksentscheid *der*.
référer [18] [refere] *vi* : **en ~ à qqn** sich an jn wenden.
refermer [3] [rəfɛrme] *vt* wieder zu|machen.
réfléchi, e [refleʃi] *adj* **- 1.** [action, démarche] wohl überlegt **- 2.** [personne] besonnen **- 3.** GRAM reflexiv.
réfléchir [32] [refleʃir] ◇ *vt* reflektieren ◇ *vi* : **~ (à** OU **sur qqch)** (über etw *(A)*) nach|denken. ◆ **se réfléchir** *vp* sich (wider) spiegeln.
reflet [rəflɛ] *nm* **- 1.** [de lumière] Widerschein *der* **- 2.** [image] Spiegelbild *das* ; *fig* Spiegel *der*.
refléter [18] [rəflete] *vt* **- 1.** [réfléchir] reflektieren **- 2.** [exprimer] wider|spiegeln. ◆ **se refléter** *vp* sich (wider)spiegeln.
refleurir [32] [rəflœrir] *vi* **- 1.** [plante] wieder blühen **- 2.** *fig* [renaître] wieder auf|blühen.
réflexe [reflɛks] ◇ *nm* Reflex *der* ; **avoir de bons ~s** gute Reflexe haben ; **~ conditionné** bedingter Reflex ◇ *adj* Reflex-.
réflexion [reflɛksjɔ̃] *nf* **- 1.** [remarque] Bemerkung *die* **- 2.** [méditation] Überlegen *das*, Nachdenken *das* **- 3.** [de lumière, d'ondes] Reflexion *die*.
refluer [3] [rəflye] *vi* **- 1.** [liquide] zurück|fließen **- 2.** [foule] zurück|strömen.
reflux [rəfly] *nm* **- 1.** [gén] Zurückströmen *das* **- 2.** [des eaux] Ebbe *die*.
refonte [rəfɔ̃t] *nf* **- 1.** [de métal] Einschmelzen *das* **- 2.** [d'ouvrage] Überarbeitung *die*, Neufassung *die*.
reforestation [rəfɔrɛstasjɔ̃] *nf* Aufforstung *die*.
réformateur, trice [refɔrmatœr, tris] ◇ *adj* reformerisch ◇ *nm, f* Reformer *der*, -in *die*.
réforme [refɔrm] *nf* Reform *die*.
réformé, e [refɔrme] ◇ *adj* **- 1.** RELIG

reformiert - **2.** [matériel] ausrangiert ◇ *nm, f* RELIG Reformierte *der*, Reformierte *die*.

reformer [3] [rəfɔrme] *vt* neu zusammen|stellen, neu auf|stellen.

réformer [3] [refɔrme] *vt* - **1.** [améliorer] reformieren - **2.** MIL [déclarer inapte] aus|mustern.

refoulé, e [rəfule] ◇ *adj* - **1.** [pulsion, désir] verdrängt - **2.** [personne] verklemmt ◇ *nm, f* PSYCHOL verklemmter Mann, verklemmte Frau.

refouler [3] [rəfule] *vt* - **1.** [repousser] zurück|drängen ; [réfugié] ab|schieben - **2.** [problème] verdrängen ; [sentiment, colère] unterdrücken.

réfractaire [refraktɛr] *adj* - **1.** [personne] widerspenstig - **2.** [matière] hitzebeständig, feuerfest.

refrain [rəfrɛ̃] *nm* - **1.** MUS Refrain *der* - **2.** *fig* [rengaine] Leier *die*.

refréner [18] [rəfrene] *vt* zügeln. ◈ **se refréner** *vp* sich zügeln.

réfrigérant, e [refriʒerɑ̃, ɑ̃t] *adj* Kühl-.

réfrigérateur [refriʒeratœr] *nm* Kühlschrank *der*.

refroidir [32] [rəfrwadir] ◇ *vt* - **1.** [rendre froid] ab|kühlen - **2.** *fig* [décourager] ab|schrecken ◇ *vi* ab|kühlen, kalt werden.

refroidissement [rəfrwadismɑ̃] *nm* - **1.** [du temps] Temperaturrückgang *der* ; [de moteur] Kühlung *die* - **2.** [grippe] Erkältung *die*.

refuge [rəfyʒ] *nm* - **1.** [abri] Zuflucht *die* - **2.** [de montagne] Hütte *die* - **3.** [sur la chaussée] Verkehrsinsel *die*.

réfugié, e [refyʒje] ◇ *adj* geflüchtet, geflohen ◇ *nm, f* Flüchtling *der*.

réfugier [9] [refyʒje] ◈ **se réfugier** *vp* [s'abriter] sich flüchten.

refus [rəfy] *nm* - **1.** [d'offre, de cadeau] Ablehnung *die* - **2.** [de demande, de désir] Verweigerung *die* ; **essuyer un ~** einen Korb bekommen.

refuser [3] [rəfyze] *vt* - **1.** [cadeau, offre] ab|lehnen - **2.** [demande, autorisation] verweigern ; **~ de faire qqch** sich weigern, etw zu tun ; **~ qqch à qqn** jm etw verweigern OU verwehren - **3.** [clients, spectateurs] ab|weisen. ◈ **se refuser** *vp* : **se ~ à qqch** etw ab|lehnen.

réfuter [3] [refyte] *vt* widerlegen.

regagner [3] [rəgaɲe] *vt* - **1.** [reprendre] wieder|gewinnen ; **~ du terrain** wieder an Boden gewinnen - **2.** [retourner à] zurück|kehren in *(+A)* ; **~ sa place** an seinen Platz zurück|kehren.

regain [rəgɛ̃] *nm* [retour] : **un ~ de** ein erneutes Ansteigen *(+ G)*.

régal, als [regal] *nm* - **1.** [délice] Gaumenfreude *die* - **2.** *fig* [plaisir] Genuss *der* ; **un ~ pour les yeux** eine Augenweide.

régaler [3] [regale] *vt* verwöhnen ; **aujourd'hui, c'est moi qui régale** heute gebe ich einen aus. ◈ **se régaler** *vp* - **1.** [apprécier] es sich *(D)* schmecken lassen - **2.** [s'amuser] es genießen.

regard [rəgar] *nm* Blick *der*.

regardant, e [rəgardɑ̃, ɑ̃t] *adj* - **1.** [économe] sparsam - **2.** *péj* [minutieux] : **être très/peu ~ sur qqch** es sehr/nicht so genau mit einer Sache nehmen.

regarder [3] [rəgarde] ◇ *vt* - **1.** [observer] an|sehen, an|schauen ; **~ par la fenêtre** aus dem Fenster sehen ; **~ la pluie tomber** zu|sehen, wie es regnet ; **~ la télé** fern|sehen - **2.** [contempler] betrachten - **3.** [consulter] ein|sehen ; **~ sa montre** auf die Uhr sehen OU schauen - **4.** [envisager] : **~ qqn/qqch comme qqn/qqch** jn/etw für jn/etw halten - **5.** [pour chercher] nach|sehen - **6.** [concerner] an|gehen ; **ça ne te regarde pas!** das geht dich nichts an! ◇ *vi* : **~ à la dépense** auf den Pfennig sehen.

régate [regat] *nf* Regatta *die*.

régénérer [18] [reʒenere] *vt* - **1.** [organe] regenerieren - **2.** *fig* [personne] : **~ qqn** jm neue Kräfte verleihen. ◈ **se régénérer** *vp* sich regenerieren.

régent, e [reʒɑ̃, ɑ̃t] *nm, f* Regent *der*, -in *die*.

régenter [3] [reʒɑ̃te] *vt péj* bestimmen.

reggae [rege] *nm* Reggae *der*.

régie [reʒi] *nf* - **1.** [entreprise] staatliches Unternehmen ; **~ des tabacs** staatliches Tabakwarenmonopol - **2.** [de spectacle] ≃ Veranstalter *der* - **3.** [de radio, de télé] Regieraum *der*.

regimber [3] [rəʒɛ̃be] *vi* - **1.** [cheval, âne] bocken - **2.** *fig* [personne] sich sträuben.

régime [reʒim] *nm* - **1.** [politique] Regierungsform *die* ; **~ totalitaire** totalitäres Regime - **2.** [administratif] System *das*, Wesen *das* ; **~ de Sécurité sociale** *französisches Sozialversicherungssystem* - **3.** [alimentaire] Diät *die* ; **se mettre au/suivre un ~** eine Diät an|fangen/machen - **4.** [de moteur] Drehzahl *die*.

régiment [reʒimɑ̃] *nm* MIL Regiment *das*.

région [reʒjɔ̃] *nf* - **1.** [contrée] Gegend *die*, Region *die* - **2.** ADMIN ≃ Region *die*.

régional, e, aux [reʒjɔnal, o] *adj* regional.

régir [32] [reʒir] *vt* bestimmen.

régisseur [reʒisœr] *nm* - **1.** [intendant] Verwalter *der* - **2.** [de spectacle] Intendant *der*.

registre [rəʒistr] *nm* - **1.** [livre & MUS] Register *das* - **2.** [niveau de langue] Ton *der*.

réglable [reglabl] *adj* - **1.** [adaptable] verstellbar - **2.** [payable] zahlbar, zu zahlend.

réglage [reglaʒ] *nm* [action] Einstellen *das* ; [résultat] Einstellung *die.*

règle [rɛgl] *nf* - **1.** [instrument] Lineal *das* - **2.** [principe, loi] Regel *die* ; **être en ~** sich *(D)* nichts zuschulden kommen lassen ; **se mettre en ~** seine Situation in Ordnung bringen. ◆ **règles** *nfpl* [menstruation] Regel *die*, Tage *Pl.* ◆ **en règle générale** *loc adv* in der Regel.

réglé, e [regle] *adj* - **1.** [organisé] geregelt, geordnet - **2.** [papier] liniert - **3.** [moteur, appareil] : **bien/mal ~** richtig/falsch eingestellt.

règlement [rɛgləmɑ̃] *nm* - **1.** [d'affaire] Erledigung *die* ; [de conflit] Beilegung *die* ; **~ judiciaire** Vergleichsverfahren *das* - **2.** [arrêté, décret] Vorschrift *die (gén pl)* ; **~ intérieur** Betriebsordnung *die* - **3.** [paiement] Zahlung *die*, Begleichung *die.*

réglementaire [rɛgləmɑ̃tɛr] *adj* - **1.** [régulier] ordnungsgemäß - **2.** [imposé] vorschriftsmäßig.

réglementation [rɛgləmɑ̃tasjɔ̃] *nf* - **1.** [action] Regelung *die* - **2.** [ensemble de règles] Bestimmungen *Pl*, Vorschriften *Pl.*

régler [18] [regle] *vt* - **1.** [affaire, problème] klären, regeln ; [conflit] bei|legen - **2.** [appareil] ein|stellen ; [montre] stellen - **3.** [payer - personne] bezahlen ; [- facture] begleichen.

réglisse [reglis] *nm* [bonbon] Lakritz *der* ou *das.*

règne [rɛɲ] *nm* - **1.** [pouvoir] Herrschaft *die* ; **sous le ~ de** unter der Herrschaft von - **2.** SCIENCE Reich *das* ; **~ animal** Tierreich.

régner [18] [reɲe] *vi* : **~ (sur qqn/qqch)** (über jn/etw) herrschen.

regonfler [3] [rəgɔ̃fle] *vt* [pneu] wieder auf|pumpen ; [ballon] wieder auf|blasen.

regorger [17] [rəgɔrʒe] *vi* : **~ de qqch** etw in Hülle und Fülle besitzen.

régresser [4] [regrese] *vi* - **1.** [sentiment, douleur] zurück|gehen - **2.** [personne] Rückschritte machen.

régression [regresjɔ̃] *nf* - **1.** [recul] Rückgang *der* - **2.** PSYCHOL Regression *die.*

regret [rəgrɛ] *nm* Bedauern *das* ; **à ~** ungern ; **sans ~s** ohne Bedauern ; **tous mes ~s!** tut mir Leid, ich bedaure!

regrettable [rəgrɛtabl] *adj* [fâcheux] bedauerlich.

regretter [4] [rəgrɛte] *vt* - **1.** [avoir la nostalgie de] : **~ qqch** etw *(D)* nach|trauern - **2.** [se repentir] bereuen - **3.** [déplorer] bedauern ; **~ que** *(+ subjonctif)* bedauern, dass ; **je regrette de vous avoir fait attendre** es tut mir Leid, dass ich Sie warten lassen musste.

regretter

Ich bedauere, dass sie gegangen ist. Je regrette qu'elle soit partie.

Das tut mir sehr Leid. Ça me fait beaucoup de peine.

Leider habe ich ihn nicht erreicht. Je n'ai malheureusement pas pu le joindre.

Unglücklicherweise habe ich ausgerechnet an diesem Tag eine Verabredung. Ce n'est pas de chance, j'ai justement un rendez-vous ce jour-là.

Wirklich schade, dass wir uns nicht mehr sehen können. C'est vraiment dommage que nous ne puissions plus nous voir.

regrouper [3] [rəgrupe] *vt* zusammen|fassen ; [personnes] (wieder) zusammen|bringen. ◆ **se regrouper** *vp* sich versammeln.

régulariser [3] [regylarize] *vt* - **1.** [situation] in Ordnung bringen - **2.** [fleuve, débit] regulieren.

régularité [regylarite] *nf* - **1.** [de mouvement] Gleichmäßigkeit *die* - **2.** [constance] Regelmäßigkeit *die* - **3.** [conformité aux règles] Ordnungsmäßigkeit *die.*

réguler [3] [regyle] *vt* regulieren.

régulier, ère [regylje, ɛr] *adj* - **1.** [uniforme] gleichmäßig - **2.** [constant & GRAM] regelmäßig ; **être ~ dans son travail** in seiner Arbeit beständig sein - **3.** [légal] ordnungsgemäß.

régulièrement [regyljɛrmɑ̃] *adv* - **1.** [légalement] ordnungsgemäß - **2.** [uniformément] gleichmäßig - **3.** [souvent] regelmäßig.

réhabilitation [reabilitasjɔ̃] *nf* - **1.** [de personne] Rehabilitierung *die* - **2.** [d'immeuble] Sanierung *die.*

réhabiliter [3] [reabilite] *vt* - **1.** [personne] rehabilitieren - **2.** [immeuble] sanieren.

rehausser [3] [rəose] *vt* - **1.** [surélever] erhöhen - **2.** [mettre en valeur] auf|werten.

rehausseur [rəosœr] *nm* Sitzerhöhung *die.*

rein [rɛ̃] *nm* Niere *die* ; **~ artificiel** künstliche Niere. ◆ **reins** *nmpl* : **les ~s** das Kreuz *(sans pl).*

réincarnation [reɛ̃karnasjɔ̃] *nf* Reinkarnation *die.*

reine [rɛn] *nf* - **1.** [souveraine] Königin *die* - **2.** [aux échecs, aux cartes] Dame *die.*

réinsertion [reɛ̃sɛrsjɔ̃] *nf* Wiedereingliederung *die.*

réintégrer [18] [reɛ̃tegre] *vt* - **1.** [lieu] : **~ qqch** wieder in etw *(A)* zurück|kehren - **2.** [employé] wieder ein|setzen.

rejaillir [32] [rəʒajir] *vi* (auf)lspritzen ; **~ sur qqn** *fig* auf jn zurücklfallen.

rejet [rəʒɛ] *nm* - **1.** [refus] Zurückweisung *die* - **2.** MÉD Abstoßung *die*.

rejeter [27] [rəʒte] *vt* - **1.** [relancer] zurücklwerfen - **2.** MÉD [greffe] ablstoßen - **3.** [offre] zurücklweisen, auslschlagen - **4.** [personne] auslstoßen, verstoßen - **5.** [matière polluante] abllassen - **6.** [imputer] : **~ la responsabilité sur qqn** die Verantwortung auf jn ablwälzen.

rejeton [rəjtɔ̃] *nm* Knirps *der*.

rejoindre [82] [rəʒwɛ̃dr] *vt* - **1.** [retrouver] : **~ qqn** jm nachlreisen ; **je finis mon travail, je te rejoindrai plus tard** ich beende meine Arbeit und komme später nach - **2.** [regagner] : **~ son pays** in sein Land zurücklkehren - **3.** [concorder avec] : **cela rejoint ce que tu disais** das stimmt mit dem überein, was du sagtest. ◆ **se rejoindre** *vp* - **1.** [se rencontrer] sich treffen - **2.** [se réunir] zusammenllaufen - **3.** [concorder] miteinander übereinlstimmen.

rejoint, e [rəʒwɛ̃, ɛ̃t] *pp* ▷ **rejoindre.**

réjoui, e [reʒwi] *adj* fröhlich, heiter.

réjouir [32] [reʒwir] *vt* erfreuen. ◆ **se réjouir** *vp* sich freuen.

se réjouir

Ich bin froh, dass wir uns gesehen haben. Je suis content que nous nous soyons vus.
Ich freue mich schon auf den Urlaub. Je me réjouis à l'avance des vacances.
Es freut mich, dass es dir besser geht. Ça me fait plaisir que tu ailles mieux.
Wie schön, dich zu sehen. Quel plaisir de te voir !
Was für eine angenehme Überraschung. Quelle bonne surprise !

relâche [rəlaʃ] *nf* THÉÂTRE Spielpause *die* ; **faire ~** keine Vorstellung geben. ◆ **sans relâche** *loc adv* ununterbrochen.

relâchement [rəlaʃmɑ̃] *nm* - **1.** [d'étreinte] Lockerung *die* - **2.** [d'attention, d'effort] Nachlassen *das* - **3.** [de prisonnier] Freilassung *die*.

relâcher [3] [rəlaʃe] *vt* - **1.** [étreinte, cordes] lockern - **2.** [attention, effort] erlahmen lassen - **3.** [prisonnier] freillassen. ◆ **se relâcher** *vp* - **1.** [effort] nachllassen - **2.** [personne] sich gehen lassen.

relais [rəlɛ] *nm* - **1.** [auberge] Raststätte *die* - **2.** SPORT Staffellauf *der*.

relance [rəlɑ̃s] *nf* - **1.** [économique] Aufschwung *der* - **2.** [au jeu] höherer Einsatz.

relancer [16] [rəlɑ̃se] *vt* - **1.** [renvoyer] zurücklwerfen - **2.** [économie] (wieder) anlkurbeln ; [projet] wieder auflgreifen ; [moteur, machine] wieder anllassen - **3.** [personne] bedrängen ; [client] mahnen.

relater [3] [rəlate] *vt sout* erzählen.

relatif, ive [rəlatif, iv] *adj* - **1.** [partiel] relativ - **2.** [concernant] : **~ à qqn/qqch** jn/etw betreffend. ◆ **relative** *nf* GRAM Relativsatz *der*.

relation [rəlasjɔ̃] *nf* - **1.** [entre personnes] Beziehung *die* ; **mettre qqn en ~ avec qqn** zwischen jm und jm den Kontakt herlstellen - **2.** [entre choses] Zusammenhang *der*. ◆ **relations** *nfpl* - **1.** [rapports] Beziehungen *Pl* ; **avoir des ~s** Beziehungen haben ; **~s sexuelles** sexueller Kontakt - **2.** [personnes] Bekannte *Pl*, Bekanntenkreis *der*.

relationnel, elle [rəlasjɔnɛl] *adj* PSYCHOL Beziehungs-.

relative ▷ **relatif.**

relativement [rəlativmɑ̃] *adv* - **1.** [par comparaison] : **~ à** im Verhältnis zu - **2.** [de façon relative] relativ.

relativiser [3] [rəlativize] *vt* relativieren.

relativité [rəlativite] *nf* Relativität *die*.

relax, relaxe [rəlaks] *adj fam* - **1.** [soirée, ambiance] zwanglos, locker - **2.** [personne] entspannt, gelöst.

relaxant, e [rəlaksɑ̃, ɑ̃t] *adj* Entspannungs-, entspannend.

relaxation [rəlaksasjɔ̃] *nf* Entspannung *die* ; **faire de la ~** Entspannungsübungen machen.

relaxe = **relax.**

relaxer [3] [rəlakse] *vt* - **1.** [muscle] entspannen - **2.** JUR [libérer] freillassen. ◆ **se relaxer** *vp* sich entspannen.

relayer [11] [rəlɛje] *vt* [remplacer] abllösen. ◆ **se relayer** *vp* sich abllösen.

relecture [rəlɛktyr] *nf* - **1.** [lecture] nochmaliges Lesen - **2.** [correction] Korrekturlesen *das*.

reléguer [18] [rəlege] *vt* - **1.** [chose] : **~ qqch à/dans qqch** etw auf/in etw *(D)* ablstellen - **2.** [personne] : **~ qqn à qqch** jn in etw *(A)* verbannen.

relent [rəlɑ̃] *nm* [mauvaise odeur] Gestank *der*.

relevé, e [rəlve] *adj* - **1.** [épicé] scharf, stark gewürzt - **2.** [soutenu] gehoben. ◆ **relevé** *nm* Ablesen *das* ; **faire le ~ de qqch** etw ablesen ; **~ de compte** Kontoauszug *der* ; **~ d'identité bancaire** (Nachweis *der* über die) Bankverbindung.

relève [rəlɛv] *nf* Ablösung *die* ; **prendre la ~ de qqn** jn ab|lösen ; *fig* [succession] js Nachfolge an|treten.

relever [19] [rəlve] ◇ *vt* - **1.** [redresser - personne, pays] (wieder)auf|richten ; [- chaise] wieder hin|stellen ; [- économie, entreprise] in Schwung bringen - **2.** [remonter - store] hoch|ziehen ; [- vitre] hoch|kurbeln ; [- col] hoch|schlagen ; [- manche] um|schlagen - **3.** [partie du corps] heben - **4.** [quota, niveau] erhöhen - **5.** [ramasser] ein|sammeln ; [courrier] holen - **6.** CULIN [pimenter] würzen - **7.** [adresse] auf|schreiben ; [compteur] ab|lesen - **8.** [relayer] ab|lösen ; **~ qqn de ses fonctions** jn seines Amtes entheben ◇ *vi* - **1.** [se rétablir] : **~ de qqch** sich gerade von etw erholt haben - **2.** [être du domaine] : **~ de qqch** eine Sache betreffen - **3.** [être de la responsabilité] : **cela relève de qqn** jn ist dafür zuständig. ◆ **se relever** *vp* - **1.** [se remettre debout] wieder auf|stehen ; [du lit] auf|stehen - **2.** [se rehausser] sich anheben lassen ; [accoudoir] sich hochklappen lassen.

relief [rəljɛf] *nm* Relief *das* ; **carte en ~** Reliefkarte *die* ; **mettre qqch en ~** *fig* etw heraus|stellen.

relier [9] [rəlje] *vt* verbinden ; [livre] binden ; **~ qqch à qqch** etw mit etw verbinden ; *fig* etw zu etw in Beziehung setzen.

religieux, euse [rəliʒjø, øz] ◇ *adj* - **1.** [mariage, cérémonie] kirchlich ; [doctrine] religiös ; **école religieuse** Konfessionsschule *die* - **2.** [silence, respect] andächtig ◇ *nm, f* Ordensbruder *der*, Ordensschwester *die*.

religion [rəliʒjɔ̃] *nf* [croyance] Religion *die*.

relique [rəlik] *nf (gén pl)* RELIG Reliquie *die*.

relire [106] [rəlir] *vt* - **1.** [lire] nochmals lesen - **2.** [corriger] Korrektur lesen.

reliure [rəljyr] *nf* [couverture] Bucheinband *der*, Einband *der*.

reloger [17] [rəlɔʒe] *vt* unter|bringen, um|quartieren.

relu, e [rəly] *pp* ▷ **relire.**

reluire [97] [rəlɥir] *vi* glänzen.

reluisant, e [rəlɥizɑ̃, ɑ̃t] *adj* glänzend ; **peu** OU **pas très ~** [avenir] nicht gerade rosig.

reluquer [3] [rəlyke] *vt fam* begaffen.

remake [rimɛk] *nm* CIN Remake *das*.

remaniement [rəmanimɑ̃] *nm* - **1.** [de livre, de projet] Überarbeitung *die* - **2.** [d'organisation] Umbildung *die* ; **~ ministériel** Kabinettsumbildung.

remanier [9] [rəmanje] *vt* - **1.** [texte] überarbeiten - **2.** [équipe] um|organisieren.

remarier [9] [rəmarje] ◆ **se remarier** *vp* wieder heiraten.

remarquable [rəmarkabl] *adj* - **1.** [événement] bemerkenswert - **2.** [personne] hervorragend.

remarque [rəmark] *nf* - **1.** [observation, critique] Bemerkung *die* ; **faire une ~ à qqn sur qqch** jm gegenüber eine Bemerkung über etw *(A)* machen - **2.** [annotation] Anmerkung *die*.

remarquer [3] [rəmarke] *vt* bemerken ; **faire ~ qqch** auf etw *(A)* hin|weisen OU aufmerksam machen ; **se faire ~** *péj* (unangenehm) auf|fallen. ◆ **se remarquer** *vp* auf|fallen.

rembarrer [3] [rɑ̃bare] *vt fam* ab|wimmeln.

remblai [rɑ̃blɛ] *nm* Aufschüttung *die*.

rembobiner [3] [rɑ̃bɔbine] *vt* zurück|spulen.

rembourrage [rɑ̃buraʒ] *nm* [matière - de fauteuil] Polsterung *die* ; [- de coussin, de matelas] Füllung *die*.

remboursement [rɑ̃bursəmɑ̃] *nm* Rückerstattung *die* ; [de dette] Rückzahlung *die* ; **contre ~** per Nachnahme.

rembourser [3] [rɑ̃burse] *vt* zurück|zahlen ; **~ qqn de tous ses frais** jm sämtliche Auslagen erstatten.

remède [rəmɛd] *nm* (Heil)mittel *das*.

remédier [9] [rəmedje] *vi* : **~ à une situation** in einer Situation Abhilfe schaffen ; **~ à un inconvénient** einen Nachteil beheben.

remembrement [rəmɑ̃brəmɑ̃] *nm* Flurbereinigung *die*.

remémorer [3] [rəmemɔre] ◆ **se remémorer** *vp sout* : **se ~ qqch** sich einer Sache *(G)* entsinnen.

remerciement [rəmɛrsimɑ̃] *nm* Dank *der (sans pl)* ; **avec tous mes ~s** mit bestem Dank.

remercier [9] [rəmɛrsje] *vt* - **1.** [dire merci à] : **~ qqn** jm danken ; **~ qqn de** OU **pour qqch** jm für etw danken ; **non, je vous remercie!** nein danke! - **2.** [congédier] entlassen.

remettre [84] [rəmɛtr] *vt* - **1.** [replacer - à plat] zurück|legen ; [- verticalement] zurück|stellen ; [- dans sac, dans poche] zurück|stecken - **2.** [rajouter - ingrédient] dazu|geben ; [- carburant, liquide] nach|füllen - **3.** [vêtement] wieder an|ziehen ; [lunettes, chapeau] wieder auf|setzen - **4.** [lumière, son] wieder an|machen ; **~ qqch à neuf** etw überholen - **5.** [donner - dossier, document] ein|reichen ; [- objet] : **~ qqch à qqn** jm etw übergeben - **6.** [ajourner] : **~ qqch à plus tard/à lundi/au 12 mai** etw auf später/auf Montag/auf den 12. Mai verschieben. ◆ **se remettre** *vp* - **1.** [recommencer] : **se ~ à faire qqch** wieder an|fangen, etw zu tun - **2.** [se rétablir] : **se ~ (de qqch)** sich (von etw) erholen - **3.** *loc* : **s'en ~ à qqn/qqch** sich auf jn/etw verlassen.

réminiscence [reminisɑ̃s] *nf sout* (dunkle) Erinnerung.

remis, e [rəmi, iz] *pp* ▻ **remettre.**

remise [rəmiz] *nf* - **1.** [action] : **~ en marche** Wiederingangsetzen *das* ; **~ en jeu** SPORT Einwurf *der* ; **~ en question** OU **cause** (erneutes) Infragestellen - **2.** [de document] Übergabe *die* ; [de décoration] Verleihung *die* - **3.** [réduction] Nachlass *der*, Preisnachlass *der* ; **~ de peine** Strafnachlass - **4.** [hangar] Schuppen *der*.

rémission [remisjɔ̃] *nf* MÉD [diminution] vorübergehendes Abklingen. ◆ **sans rémission** *loc adv* schonungslos.

remodeler [25] [rəmɔdle] *vt* - **1.** [objet] um|formen - **2.** [projet, équipe] um|gestalten.

remonter [3] [rəmɔ̃te] ◇ *vt (aux : avoir)* - **1.** [escalier, pente - à pied] wieder hinauf|gehen ; [- à vélo, en véhicule] wieder hinauf|fahren - **2.** [assembler] wieder zusammen|bauen - **3.** [relever - store] hoch|ziehen ; [- manches] hoch|krempeln - **4.** [mécanisme] auf|ziehen ◇ *vi (aux : être)* - **1.** [monter de nouveau - niveau] wieder steigen ; [- personne] wieder hinauf|gehen ; **~ dans sa voiture** wieder ins Auto steigen - **2.** [dater] : **~ à la Renaissance** auf die Renaissance zurück|gehen ; **ça remonte à une semaine** es liegt eine Woche zurück.

remontoir [rəmɔ̃twar] *nm* Stellrad *das*.

remontrer [3] [rəmɔ̃tre] *vt* noch einmal zeigen.

remords [rəmɔr] *nm* Gewissensbisse *Pl*.

remorque [rəmɔrk] *nf* Anhänger *der*.

remorquer [3] [rəmɔrke] *vt* [voiture, bateau] ab|schleppen.

remorqueur [rəmɔrkœr] *nm* Schlepper *der*.

remous [rəmu] ◇ *nm* - **1.** [d'eau] Wirbel *der*, Strudel *der* - **2.** [de bateau] Sog *der* ◇ *nmpl* [agitation] Aufruhr *der*.

rempailler [3] [rɑ̃paje] *vt* mit Strohgeflecht auf|arbeiten.

rempart [rɑ̃par] *nm* Befestigungsanlage *die* ; **les ~s (d'une ville)** die Stadtmauer.

rempiler [3] [rɑ̃pile] ◇ *vt* wieder auf|stapeln ◇ *vi fam* MIL sich erneut verpflichten.

remplaçant, e [rɑ̃plasɑ̃, ɑ̃t] *nm, f* Vertreter *der*, -in *die* ; SPORT Ersatzspieler *der*, -in *die*.

remplacement [rɑ̃plasmɑ̃] *nm* - **1.** [de vitre, de pneu] Auswechseln *das* - **2.** [intérim] Vertretung *die* ; **faire un ~** eine Vertretung übernehmen.

remplacer [16] [rɑ̃plase] *vt* - **1.** [changer, joueur] aus|wechseln - **2.** [tenir lieu de] ersetzen - **3.** [personne] : **~ qqn** [malade] jn vertreten ; [mutée, retraitée] an js Stelle treten.

rempli, e [rɑ̃pli] *adj* [occupé] ausgefüllt.

remplir [32] [rɑ̃plir] *vt* - **1.** [gén] füllen ; **~ qqch de qqch** etw mit etw füllen ; **~ qqn de joie/d'orgueil** jn mit Freude/Stolz erfüllen - **2.** [questionnaire] aus|füllen - **3.** [mission] erfüllen ; [fonction] aus|üben.

remplissage [rɑ̃plisaʒ] *nm* Füllen *das* ; **faire du ~** *fig & péj* leeres Stroh dreschen.

remporter [3] [rɑ̃pɔrte] *vt* - **1.** [partir avec] (wieder) mit|nehmen - **2.** [gagner] erringen ; [succès] davon|tragen.

rempoter [3] [rɑ̃pɔte] *vt* um|topfen.

remuant, e [rəmɥɑ̃, ɑ̃t] *adj* unruhig.

remue-ménage [rəmymenaʒ] *nm inv fig* [agitation] Durcheinander *das*.

remuer [7] [rəmɥe] ◇ *vt* - **1.** [mélanger] um|rühren - **2.** [émouvoir, partie du corps] bewegen ◇ *vi* [gesticuler] herum|zappeln. ◆ **se remuer** *vp* - **1.** [se mouvoir] sich bewegen - **2.** *fig* [se démener] sich ins Zeug legen.

rémunération [remynerasjɔ̃] *nf* Bezahlung *die*, Vergütung *die*.

rémunérer [18] [remynere] *vt* bezahlen.

renâcler [3] [rənakle] *vi* murren ; **~ à qqch** etw nur widerwillig tun ; **faire qqch sans ~** etw tun, ohne die Nase zu rümpfen ; **~ devant les difficultés** den Schwierigkeiten aus|weichen.

renaissance [rənɛsɑ̃s] *nf* [renouveau] erneutes Aufleben.

renaître [92] [rənɛtr] *vi* wieder auf|leben ; [végétation] zu neuem Leben erwachen.

rénal, e, aux [renal, o] *adj* Nieren-.

renard [rənar] *nm* Fuchs *der*.

renchérir [32] [rɑ̃ʃerir] *vi* [surenchérir] : **~ sur qqch** etw überbieten.

rencontre [rɑ̃kɔ̃tr] *nf* - **1.** [gén] Treffen *das*, Begegnung *die* ; **aller** OU **marcher à la ~ de qqn** jm entgegen|gehen ; **faire la ~ de qqn** mit jm Bekanntschaft machen ; **venir à la ~ de qqn** jm entgegen|kommen - **2.** SPORT : **~ amicale** Freundschaftsspiel *das*.

rencontrer [3] [rɑ̃kɔ̃tre] *vt* - **1.** [par hasard] : **~ qqn** jn treffen, jm begegnen - **2.** [faire la connaissance de] kennen lernen - **3.** [obstacle, difficulté] : **~ qqch** auf etw *(A)* stoßen. ◆ **se rencontrer** *vp* - **1.** [gén] sich treffen, sich begegnen - **2.** [faire connaissance] sich kennen lernen.

rendement [rɑ̃dmɑ̃] *nm* - **1.** [productivité] Ertrag *der* - **2.** [efficacité] Ergiebigkeit *die*.

rendez-vous [rɑ̃devu] *nm inv* - **1.** [rencontre] Verabredung *die ;* **donner ~ à qqn** sich mit jm verabreden - **2.** [lieu] Treffpunkt *der.*

rendez-vous

Das französische Wort **rendez-vous** wird anders gebraucht als das deutsche Substantiv „Rendezvous", denn es bedeutet ganz allgemein „Termin" und hat nicht den Sinn der romantischen Verabredung. **J'ai rendez-vous chez le médecin** wird mit „Ich habe einen Termin beim Arzt" übersetzt.

rendormir [36] [rɑ̃dɔrmir] ◆ **se rendormir** *vp* wieder einǀschlafen.

rendre [73] [rɑ̃dr] ◇ *vt* - **1.** [objet, monnaie] : **~ qqch à qqn** jm etw zurückǀgeben - **2.** [donner en retour] : **~ qqch à qqn** [invitation, politesse] sich für etw revanchieren - **3.** JUR [jugement] erlassen - **4.** [faire devenir] : **~ fou/nerveux** verrückt/nervös machen - **5.** [vomir] erbrechen ◇ *vi* - **1.** [avoir un effet] ausǀsehen - **2.** [vomir] sich übergeben - **3.** [produire] tragen, ertragreich sein. ◆ **se rendre** *vp* - **1.** [capituler] sich ergeben - **2.** [aller] : **se ~ à qqch** sich zu etw begeben, zu etw gehen ; **se ~ à Paris/en Afrique** sich nach Paris/Afrika begeben - **3.** [devenir] : **se ~ utile/malade** sich nützlich/krank machen.

rêne [rɛn] *nf* Zügel *der ;* **les ~s** *fig* Ruder *das ;* **tenir/prendre les ~s de qqch** *fig* die Zügel einer Sache fest in der Hand haben/ in die Hand nehmen.

renégat, e [rənega, at] *nm, f sout* Abtrünnige *der*, Abtrünnige *die.*

renégocier [9] [rənegɔsje] *vt* neu ausǀhandeln.

renfermé, e [rɑ̃fɛrme] *adj* unzugänglich. ◆ **renfermé** *nm :* **sentir le ~** muffig riechen.

renfermer [3] [rɑ̃fɛrme] *vt* - **1.** [enfermer] verschließen - **2.** [contenir] enthalten - **3.** *fig* [idées] beinhalten. ◆ **se renfermer** *vp* sich abǀschotten.

renflé, e [rɑ̃fle] *adj* [partie] gewölbt.

renflouer [3] [rɑ̃flue] *vt* - **1.** [bateau] wieder flottǀmachen - **2.** *fig* [entreprise, personne] (finanziell) auf Vordermann bringen.

renfoncement [rɑ̃fɔ̃smɑ̃] *nm* Vertiefung *die.*

renforcer [16] [rɑ̃fɔrse] *vt* - **1.** [mur, effectifs, politique] verstärken - **2.** [paix, sentiment] stärken.

renfort [rɑ̃fɔr] *nm* - **1.** [assistance] Verstärkung *die ;* **en ~** als Verstärkung - **2.** TECHNOL Verstärkungsteil *das.*

renfrogner [3] [rɑ̃frɔɲe] ◆ **se renfrogner** *vp* das Gesicht verziehen.

rengaine [rɑ̃gɛn] *nf* Schlager *der.*

rengorger [17] [rɑ̃gɔrʒe] ◆ **se rengorger** *vp* sich aufǀplustern.

renier [9] [rənje] *vt* verleugnen.

renifler [3] [rənifle] ◇ *vi* schnüffeln ◇ *vt* [odeur] schnuppern.

renne [rɛn] *nm* Ren(tier) *das.*

renom [rənɔ̃] *nm* Ansehen *das ;* **de grand ~** hoch angesehen *(adj).*

renommé, e [rənɔme] *adj* renommiert, bekannt ; **~ pour qqch** für etw bekannt. ◆ **renommée** *nf* Renommee *das*, Ruf *der.*

renoncement [rənɔ̃smɑ̃] *nm :* **~ (à qqch)** Verzicht (auf etw *(A)).*

renoncer [16] [rənɔ̃se] *vi* aufǀgeben ; **~ (à qqch)** (auf etw *(A))* verzichten ; **~ à faire qqch** darauf verzichten, etw zu tun ; **~ à comprendre/chercher qqch** es aufǀgeben, etw zu verstehen/suchen.

renouer [6] [rənwe] ◇ *vt* - **1.** [cravate, lacets] wieder binden - **2.** [conversation, liaison] wieder aufǀnehmen ◇ *vi :* **~ avec qqn** wieder Kontakt zu jm aufǀnehmen ; **~ avec qqch** an etw *(A)* anǀknüpfen.

renouveau, x [rənuvo] *nm* - **1.** [des sciences, des arts] Aufblühen *das* - **2.** [regain] Wiederkehr *die ;* [de succès] Neuauflage *die.*

renouvelable [rənuvlabl] *adj* - **1.** [passeport, bail, énergie] erneuerbar - **2.** [expérience] wiederholbar - **3.** POLIT [mandat] verlängerbar.

renouveler [24] [rənuvle] *vt* - **1.** [gén] erneuern ; [assemblée] neu besetzen ; [air] ausǀtauschen - **2.** [demande] erneut vorǀbringen. ◆ **se renouveler** *vp* [incident, erreur] sich wiederholen.

renouvellement [rənuvɛlmɑ̃] *nm* - **1.** [gén] Erneuerung *die* - **2.** [de bail] Verlängerung *die.*

rénovation [renɔvasjɔ̃] *nf* - **1.** [de bâtiment, d'appartement] Renovierung *die* - **2.** [de parti, d'enseignement] Neugestaltung *die.*

rénover [3] [renɔve] *vt* - **1.** [immeuble, appartement] renovieren - **2.** [parti, enseignement] erneuern, modernisieren.

renseignement [rɑ̃sɛɲmɑ̃] *nm* Auskunft *die*, Information *die ;* **prendre ses ~s** Erkundigungen einǀholen. ◆ **renseignements** *nmpl* Auskunft *die*, Informationen *Pl ;* **guichet des ~s** Informationsschalter *der.*

renseigner [4] [rɑ̃seɲe] *vt :* **~ qqn (sur qqch)** jm (über etw *(A))* Auskunft geben. ◆ **se renseigner** *vp :* **se ~ (sur qqn/qqch)** sich (über jn/etw) erkundigen.

rentabiliser [3] [rɑ̃tabilize] *vt* rentabilisieren.

rentabilité [rɑ̃tabilite] *nf* Rentabilität *die.*

rentable [rɑ̃tabl] *adj* ÉCON rentabel, einträglich ; **être ~** sich rentieren.

rente [rɑ̃t] *nf* - **1.** [revenu] Rente *die ;* **vivre de ses ~s** von seinem Vermögen leben - **2.** [de capital] Rendite *die.*

rentier, ère [rɑ̃tje, ɛr] *nm, f* Rentner *der,* -in *die.*

rentrée [rɑ̃tre] *nf* - **1.** [retour] Rückkehr *die* - **2.** [reprise des activités] der ; **la ~ des classes** der Schulbeginn - **3.** COMM [recette] Einnahme *die.*

rentrée

In Frankreich wird die **rentrée scolaire**, der Schulbeginn nach den Sommerferien, für alle Schüler einheitlich auf einen Termin festgelegt: er findet immer in den ersten Septembertagen statt. Dieses Datum steht nicht nur für den Beginn des neuen Schuljahrs, sondern auch für die Wiederaufnahme des politischen und kulturellen Lebens.
Die Lehrer nehmen ihre Arbeit einige Tage früher auf: hier spricht man von der so genannten **prérentrée**.

rentrer [3] [rɑ̃tre] ◇ *vi (aux : être)* - **1.** [retourner] zurück|gehen, zurück|kommen - **2.** [revenir chez soi] : **~ (chez soi)** [partir pour] nach Hause gehen ; [arriver] nach Hause kommen - **3.** [s'enfoncer] : **~ dans qqch** sich in etw *(A)* einschieben lassen ; **ça ne rentre pas** es passt nicht - **4.** *fig* [faire partie] : **~ dans qqch** zu etw gehören - **5.** [heurter] : **~ dans qqch** [sujet : voiture] gegen etw fahren ; [sujet : personne] in etw *(A)* hinein|rennen - **6.** [argent, fonds] rein|kommen ◇ *vt (aux : avoir)* - **1.** [plantes, linge] hinein|bringen ; [voiture] in die Garage fahren ; [foins] ein|fahren - **2.** [dissimuler - ventre, griffes] ein|ziehen ; [- train d'atterrissage] ein|fahren ; [- vêtement] hinein|stecken.

renversant, e [rɑ̃vɛrsɑ̃, ɑ̃t] *adj* überraschend, umwerfend.

renverse [rɑ̃vɛrs] ◆ **à la renverse** *loc adv* auf den Rücken.

renversement [rɑ̃vɛrsəmɑ̃] *nm* - **1.** [mise à l'envers] Umkehrung *die* - **2.** [de situation] Wende *die* - **3.** [de régime, de souverain] Sturz *der.*

renverser [3] [rɑ̃vɛrse] *vt* - **1.** [faire tomber] um|stoßen ; **~ un piéton** einen Fußgänger um|fahren - **2.** [liquide, sable] um|kippen - **3.** [gouvernement] stürzen ; [obstacle] aus dem Weg räumen - **4.** [étonner] (bass) erstaunen - **5.** [situation] um|kehren. ◆ **se renverser** *vp* - **1.** [en arrière] sich zurück|lehnen - **2.** [véhicule] um|kippen.

renvoi [rɑ̃vwa] *nm* - **1.** [licenciement] Kündigung *die* - **2.** [de lettre, de paquet] Zurückschicken *das* - **3.** [d'élève] Verweisung *die* - **4.** [ajournement] : **~ à** Verschiebung *die* auf *(+A)* - **5.** [référence] : **~ à** Verweis *der* auf *(+A)* - **6.** [éructation] Aufstoßen *das (sans pl).*

renvoyer [30] [rɑ̃vwaje] *vt* - **1.** [faire retourner, réexpédier] zurück|schicken - **2.** [congédier] kündigen ; **il s'est fait ~ de l'école** er ist von der Schule verwiesen worden - **3.** [balle, reflet] zurück|werfen - **4.** [à une note, à un ouvrage] : **~ à qqn/qqch** auf jn/etw verweisen - **5.** [différer] : **~ à** verschieben auf *(+A).*

réorganisation [reɔrganizasjɔ̃] *nf* Umorganisierung *die.*

réorganiser [3] [reɔrganize] *vt* um|organisieren.

réorienter [3] [reɔrjɑ̃te] *vt* um|orientieren, um|stellen.

réouverture [reuvɛrtyr] *nf* - **1.** [d'établissement] Wiedereröffnung *die* - **2.** [de débats] Wiedereröffnen *das.*

repaire [rəpɛr] *nm* - **1.** [d'animal] Höhle *die* - **2.** [de malfaiteurs] Unterschlupf *der.*

répandre [74] [repɑ̃dr] *vt* - **1.** [gén] verbreiten - **2.** [liquide, poudre] verschütten ; [larmes] vergießen.

répandu, e [repɑ̃dy] ◇ *pp* ▷ **répandre** ◇ *adj* (weit) verbreitet.

réparable [reparabl] *adj* reparabel.

réparateur, trice [reparatœr, tris] ◇ *adj* erholsam, wohl tuend ◇ *nm, f* Reparateur *der,* -in *die.*

réparation [reparasjɔ̃] *nf* - **1.** [d'objet, de mécanisme] Reparatur *die ;* **être en ~** repariert werden - **2.** [d'offense] Wiedergutmachung *die.* ◆ **réparations** *nfpl* [à un pays] Reparationen *Pl.*

réparer [3] [repare] *vt* - **1.** [mécanisme, objet] reparieren - **2.** [faute, oubli] wieder gut|machen.

reparler [3] [rəparle] *vi* [mentionner de nouveau] : **~ de qqn/qqch** noch einmal über jn/etw sprechen.

repartie [rəparti] *nf* Schlagfertigkeit *die ;* **avoir de la ~** nicht auf den Mund gefallen sein, schlagfertig sein.

répartir [32] [repartir] *vt* - **1.** [gén] verteilen - **2.** [classer] : **~ qqch en qqch** etw in etw *(A)* auf|teilen. ◆ **se répartir** *vp* untereinander auf|teilen ; **se ~ en trois groupes** sich in drei Gruppen auf|teilen.

répartition [repartisjɔ̃] *nf* Aufteilung *die ;* [géographique] Ausbreitung *die.*

repas [rəpa] *nm* Mahlzeit *die,* Essen *das ;*

prendre son ~ seine Mahlzeit ein|nehmen ; **~ d'affaires** Geschäftsessen.

repassage [rəpasaʒ] *nm* Bügeln *das ;* **faire du ~** bügeln.

repasser [3] [rəpase] ◇ *vi* - **1.** [bus, personne] wieder vorbei|kommen - **2.** [film] wiederholt werden, wieder laufen ◇ *vt* - **1.** [linge] bügeln - **2.** [examen] nochmal machen - **3.** [ligne, frontière] erneut überqueren ; [montagnes] erneut durchqueren.

repêchage [rəpeʃaʒ] *nm* Herausholen *das* (aus dem Wasser) ; **examen de ~** *fig* Nachholprüfung *die.*

repêcher [4] [rəpeʃe] *vt* - **1.** [dans l'eau] aus dem Wasser holen - **2.** *fig* [candidat] durchkommen lassen.

repeindre [81] [rəpɛ̃dr] *vt* neu (an)|streichen.

repeint, e [rəpɛ̃, ɛ̃t] *pp* ▷ **repeindre.**

repenser [3] [rəpɑ̃se] ◇ *vt* [reconsidérer] neu überdenken ◇ *vi* [se souvenir de] wieder denken an *(+ A).*

repentir¹ [rəpɑ̃tir] *nm* - **1.** [regret] Reue *die* - **2.** RELIG Buße *die.*

repentir² [37] [rəpɑ̃tir] ◆ **se repentir** *vp* - **1.** [regretter] : **se ~ d'avoir fait qqch** es bereuen, etw getan zu haben ; **se ~ de qqch** etw bereuen - **2.** RELIG Buße tun, büßen.

répercussion [reperkysjɔ̃] *nf* [effet] : **~ de qqch sur qqch** Auswirkung *die* von etw auf etw *(A).*

répercuter [3] [reperkyte] *vt* - **1.** [son, voix] wider|hallen, zurück|werfen - **2.** [ordre, consigne] weiter|leiten. ◆ **se répercuter** *vp* - **1.** [reflet, son] zurückgeworfen werden - **2.** [se ressentir] : **se ~ sur qqch** sich auf etw *(A)* aus|wirken.

repère [rəper] *nm* Markierung *die ;* **point de ~** Bezugspunkt *der.*

repérer [18] [rəpere] *vt* - **1.** [localiser] orten - **2.** *fam* [remarquer - lieu, objet] ausfindig machen, auf|spüren ; [- personne] bemerken ; **se faire ~** auf|fallen.

répertoire [repertwar] *nm* - **1.** [agenda] Adressbuch *das,* Adressenverzeichnis *das* - **2.** [inventaire] Verzeichnis *das* - **3.** [de théâtre, d'artiste] Repertoire *das.*

répertorier [9] [repertɔrje] *vt* - **1.** [établir un répertoire de] : **~ qqch** ein Verzeichnis von etw erstellen - **2.** [inventorier] : **~ qqch** etw in ein Verzeichnis auf|nehmen.

répéter [18] [repete] *vt* - **1.** [redire, reproduire] wiederholen ; **~ à qqn de faire qqch** jm wiederholt sagen, er solle etw tun ; **~ que** nochmal sagen, dass - **2.** [rapporter] weiter|sagen, weiter|erzählen - **3.** [expérience] nochmal durch|machen - **4.** [s'exercer - musicien] üben ; [- acteur] ein|studieren. ◆ **se répéter** *vp* [personne, événement] sich wiederholen ; [refrain] wiederholt werden.

répétitif, ive [repetitif, iv] *adj* wiederkehrend ; **travail ~** eintönige Arbeit.

répétition [repetisjɔ̃] *nf* - **1.** [de mot, de geste, d'erreur] Wiederholung *die ;* **arme à ~** Repetiergewehr *das,* Mehrlader *der* - **2.** [exercice] Probe *die ;* **~ générale** Generalprobe.

repeupler [5] [rəpœple] *vt* [région, pays] wieder besiedeln.

répit [repi] *nm* Ruhe *die ;* **sans ~** unermüdlich *(adv).*

replacer [16] [rəplase] *vt* - **1.** [remettre en place] wieder an seinen Platz stellen ; **~ un livre sur l'étagère** ein Buch wieder ins Regal stellen - **2.** [situer] ein|ordnen.

replet, ète [rəplɛ, ɛt] *adj* pummelig, wohl beleibt.

repli [rəpli] *nm* - **1.** [d'ourlet] Doppelfalte *die,* Doppelknick *der* - **2.** MIL Rückzug *der* - **3.** [recul] Rückgang *der.*

réplique [replik] *nf* - **1.** [riposte] Erwiderung *die ;* **sans ~** ohne Widerworte - **2.** THÉÂTRE Antwort *die ;* **donner la ~ à qqn** jn das Stichwort geben.

répliquer [3] [replike] ◇ *vt* erwidern, antworten ; **~ qqch à qqn** jm etw antworten ◇ *vi* antworten.

replonger [17] [rəplɔ̃ʒe] ◇ *vt :* **~ qqn/qqch dans qqch** jn/etw wieder in etw *(A)* ein|tauchen ; *fig* jn/etw wieder in etw *(A)* stürzen ◇ *vi* wieder tauchen. ◆ **se replonger** *vp :* **se ~ dans qqch** *fig* sich wieder in etw *(A)* stürzen.

répondeur [repɔ̃dœr] *nm :* **~ téléphonique, ~-enregistreur** (automatischer) Anrufbeantworter.

répondre [75] [repɔ̃dr] ◇ *vi* - **1.** [gén] antworten ; **~ (à qqn)** (jm) antworten ; **~ à qqch** [donner une réponse] auf etw *(A)* antworten, etw beantworten ; [réagir] einer Sache *(D)* antworten - **2.** [répliquer] : **~ à qqch** [attaque, violence] etw erwidern - **3.** [avec insolence] Widerworte geben - **4.** [au téléphone] sich melden - **5.** [mécanisme] an|sprechen - **6.** [correspondre] : **~ à qqch** auf etw *(A)* ein|gehen ; [attente, description] einer Sache *(D)* entsprechen ◇ *vt* antworten ; [répliquer] erwidern ; **~ qqch à qqn** jm etw antworten OU erwidern.

répondu, e [repɔ̃dy] *pp* ▷ **répondre.**

réponse [repɔ̃s] *nf* Antwort *die ;* **en ~ à votre lettre** Bezug nehmend auf Ihr Schreiben ; **droit de ~** Recht *das* auf freie Meinungsäußerung.

report [rəpɔr] *nm* [renvoi] : **~ de qqch (à qqch)** Verschiebung *die* einer Sache *(G)* (auf etw *(A)*).

reportage [rəpɔrtaʒ] *nm* [article, enquête] Reportage *die*, Bericht *der*.

reporter¹ [rəpɔrtɛr] *nm* Reporter *der*, -in *die*.

reporter² [3] [rəpɔrte] *vt* - **1.** [différer] verschieben, vertagen ; **~ qqch à** etw verschieben auf *(+A)* - **2.** [transférer] : **~ sur qqn/qqch** auf jn/etw übertragen. ◆ **se reporter** *vp* : **se ~ à qqch** sich auf etw *(A)* beziehen ; **reportez-vous au chapitre 3** siehe Kapitel 3.

repos [rəpo] *nm* [détente, congé, sommeil] Erholung *die*, Ruhe *die* ; **prendre du ~** sich aus|ruhen, aus|spannen.

reposé, e [rəpoze] *adj* erholt, ausgeruht ; **à tête ~e** mit klarem Kopf.

reposer [3] [rəpoze] ◇ *vt* - **1.** [poser de nouveau - à la verticale] wieder (hin)|stellen ; [- à l'horizontale] wieder (hin)|legen - **2.** [question] nochmal stellen - **3.** [délasser] : **~ la vue** OU **les yeux** erholsam OU eine Wohltat für die Augen sein ◇ *vi* - **1.** [objet] : **~ sur qqch** auf etw *(D)* stehen - **2.** [raisonnement, théorie] : **~ sur qqch** sich auf etw *(A)* stützen, auf etw *(D)* basieren - **3.** CULIN ruhen - **4.** *sout* [mort] : **ici repose ...** hier ruht .... ◆ **se reposer** *vp* - **1.** [se délasser - en congé] sich erholen ; [- un moment] sich aus|ruhen - **2.** [compter] : **se ~ sur qqn** sich auf jn verlassen.

repoussant, e [rəpusɑ̃, ɑ̃t] *adj* abstoßend.

repousser [3] [rəpuse] ◇ *vi* nach|wachsen ◇ *vt* - **1.** [faire reculer - ennemi] zurück|drängen ; [- objet] zurück|schieben - **2.** [prétendant, offre] ab|weisen - **3.** [différer] verschieben.

répréhensible [repreɑ̃sibl] *adj* tadelnswert, verwerflich.

reprendre [79] [rəprɑ̃dr] ◇ *vt* - **1.** [récupérer] wieder mit|nehmen ; **elle a repris mon appartement** sie hat meine Wohnung übernommen - **2.** [remporter & COMM] zurück|nehmen - **3.** [revenir chercher] wieder ab|holen - **4.** [prisonnier] wieder fassen - **5.** [se resservir] : **~ (de) qqch** sich *(D)* etw nach|nehmen - **6.** [activité, projet] wieder auf|nehmen ; **~ la route** weiter|fahren - **7.** [chant, refrain] an|stimmen - **8.** [corriger] verbessern - **9.** [courage, espoir] wieder finden ; **~ haleine** OU **son souffle** wieder zu Atem kommen ◇ *vi* - **1.** [affaires] wieder in Gang kommen ; [malade] wieder zu Kräften kommen - **2.** [école] wieder an|fangen ; [pluie, froid] wieder ein|setzen.

représailles [rəprezaj] *nfpl* Vergeltungsmaßnahmen *Pl*, Repressalien *Pl*.

représentant, e [rəprezɑ̃tɑ̃, ɑ̃t] *nm, f* - **1.** [délégué] Vertreter *der*, -in *die*, Repräsentant *der*, -in *die* - **2.** [vendeur] Vertreter *der*, -in *die* ; **~ de commerce** Handelsvertreter.

représentatif, ive [rəprezɑ̃tatif, iv] *adj* repräsentativ ; **~ (de qqch)** (für etw) repräsentativ.

représentation [rəprezɑ̃tasjɔ̃] *nf* - **1.** [expression, dessin] Darstellung *die* - **2.** [spectacle] Aufführung *die*, Vorstellung *die* ; **donner une ~** eine Vorstellung geben.

représentativité [rəprezɑ̃tativite] *nf* Repräsentation *die*.

représenter [3] [rəprezɑ̃te] *vt* - **1.** [exprimer, dessiner] dar|stellen - **2.** [remplacer] vertreten. ◆ **se représenter** *vp* - **1.** [s'imaginer] : **se ~ qqch** sich *(D)* etw vor|stellen - **2.** [occasion] sich erneut bieten - **3.** [réessayer] : **se ~ à un examen** eine Prüfung erneut ab|legen ; **se ~ aux élections** sich noch einmal zur Wahl stellen.

répression [represjɔ̃] *nf* - **1.** [de crime] Ahndung *die* - **2.** [de révolte, de liberté] Repression *die*.

réprimande [reprimɑ̃d] *nf* Rüge *die*.

réprimander [3] [reprimɑ̃de] *vt* rügen.

réprimer [3] [reprime] *vt* - **1.** [envie] zügeln ; [colère] unterdrücken - **2.** [légalement] ahnden.

repris, e [rəpri, iz] *pp* ▷ **reprendre**. ◆ **repris de justice** *nm* vorbestrafter Verbrecher.

reprise [rəpriz] *nf* - **1.** [des hostilités] Wiederaufleben *das* - **2.** [économique] Konjunkturaufschwung *der* - **3.** [de marchandise] Zurücknahme *die* - **4.** COUTURE : **faire une ~ sur qqch** etw stopfen. ◆ **à plusieurs reprises** *loc adv* mehrfach.

réprobateur, trice [reprɔbatœr, tris] *adj* vorwurfsvoll, missbilligend.

réprobation [reprɔbasjɔ̃] *nf* Missbilligung *die*.

reproche [rəprɔʃ] *nm* Vorwurf *der*.

reprocher [3] [rəprɔʃe] *vt* : **~ qqch à qqn** jm etw vor|werfen. ◆ **se reprocher** *vp* : **se ~ qqch** sich *(D)* etw vor|werfen.

reproducteur, trice [rəprɔdyktœr, tris] *adj* Fortpflanzungs-.

reproduction [rəprɔdyksjɔ̃] *nf* - **1.** [d'espèce] Fortpflanzung *die* - **2.** [de sons] Wiedergabe *die* - **3.** [copie] Vervielfältigung *die*, Nachdruck *der* ; [de tableau, de photographie] Repro(duktion) *die* ; **~ interdite** [livre] Nachdruck verboten ; [disque] Wiedergabe verboten.

reproduire [98] [rəprɔdɥir] *vt* - **1.** [sons] wieder|geben - **2.** [copier - texte] nach|drucken ; [- tableau, photographie] reproduzieren. ◆ **se reproduire** *vp* - **1.** [espèce] sich fort|pflanzen - **2.** [événement, erreur] sich wiederholen.

reproduit, e [rəprɔdɥi, it] *pp* ▻ **reproduire.**

réprouver [3] [repruve] *vt* [blâmer] missbilligen, verwerfen.

reptile [rɛptil] *nm* Reptil *das.*

repu, e [rəpy] *adj* gesättigt.

républicain, e [repyblikɛ̃, ɛn] ◇ *adj* republikanisch ◇ *nm, f* Republikaner *der,* -in *die.*

république [repyblik] *nf* Republik *die* ; **la République française** die Französische Republik ; **la République populaire de Chine** die Volksrepublik China.

répudier [9] [repydje] *vt* verstoßen ; *fig* nicht ein|halten, verwerfen.

répugnance [repyɲɑ̃s] *nf* - **1.** [répulsion] Abscheu *die* - **2.** [manque d'enthousiasme] Widerwille *der* ; **avec ~** widerwillig.

répugnant, e [repyɲɑ̃, ɑ̃t] *adj* widerwärtig.

répugner [3] [repyɲe] *vi* : **~ à qqn** jn an|ekeln.

répulsion [repylsjɔ̃] *nf* [aversion] : **~ pour qqch** Abneigung *die* OU Ekel *der* gegen etw.

réputation [repytasjɔ̃] *nf* Ruf *der* ; **avoir bonne/mauvaise ~** einen guten/schlechten Ruf haben.

réputé, e [repyte] *adj* : **~ (pour qqch)** (für etw) bekannt.

requérir [39] [rəkerir] *vt* - **1.** [nécessiter] erfordern - **2.** JUR [peine] fordern.

requête [rəkɛt] *nf* - **1.** *sout* [demande] Bitte *die,* Gesuch *das* ; **à la** OU **sur la ~ de qqn** auf js Ersuchen (hin) - **2.** JUR Antrag *der.*

requiem [rekɥijɛm] *nm inv* Requiem *das.*

requin [rəkɛ̃] *nm* [animal] Hai(fisch) *der.*

requis, e [rəki, iz] ◇ *pp* ▻ **requérir** ◇ *adj* gefordert, vorgeschrieben.

réquisition [rekizisjɔ̃] *nf* - **1.** ADMIN [de biens] Beschlagnahmung *die* ; [de personnes] *Heranziehen von Dienstverpflichteten* - **2.** JUR Antrag *der,* Gesuch *das.*

réquisitionner [3] [rekizisjɔne] *vt* - **1.** ADMIN [biens] beschlagnahmen ; [personnes] zwangsverpflichten - **2.** *fam* [demander l'aide de] verdonnern.

réquisitoire [rekizitwar] *nm* JUR Strafantrag *der* ; *fig* Anklagerede *die.*

RER (*abr de* **réseau express régional**) *nm Regionales Schnellbahnnetz im Pariser Raum,* ≃ S-Bahn *die.*

rescapé, e [rɛskape] ◇ *adj* überlebend, davongekommen ◇ *nm, f* Überlebende *der,* Überlebende *die.*

rescousse [rɛskus] ◆ **à la rescousse** *loc adv* zu Hilfe.

réseau, x [rezo] *nm* - **1.** [de communication, commercial] Netz *das* ; INFORM Netz *das,* Netzwerk *das* ; **~ ferroviaire** Schienennetz ; **~ routier** Straßennetz - **2.** [clandestin] Ring *der.*

réservation [rezɛrvasjɔ̃] *nf* - **1.** [de voyage] Buchung *die* - **2.** [au théâtre] Vorbestellung *die* ; [de train] Reservierung *die* - **3.** [billet] Platzkarte *die.*

réserve [rezɛrv] *nf* - **1.** [restriction] Vorbehalt *der* ; **sans ~** vorbehaltlos ; **sous ~** unter Vorbehalt ; **sous ~ de qqch** vorbehaltlich einer Sache *(G)* - **2.** [circonspection] Zurückhaltung *die* - **3.** [provision] Reserve *die* ; **en ~** in Reserve, auf Vorrat - **4.** MIL : **officier de ~** Reserveoffizier *der* - **5.** [territoire] Reservat *das* ; **~ indienne** Indianerreservat ; **~ naturelle** Naturschutzgebiet *das* - **6.** [local] Lager *das,* Vorratsraum *der.*

réservé, e [rezɛrve] *adj* - **1.** [personne] reserviert - **2.** [place, endroit] vorbestellt, reserviert ; **~ à qqn/qqch** jm/einer Sache vorbehalten.

réserver [3] [rezɛrve] *vt* - **1.** [louer] reservieren, vor|bestellen - **2.** [place, table] : **~ qqch à qqn** etw für jn bestimmen - **3.** [marchandise] zurück|legen - **4.** [garder] auf|sparen.

réservoir [rezɛrvwar] *nm* Reservoir *das,* Behälter *der* ; *fig* Vorrat *der.*

résidence [rezidɑ̃s] *nf* - **1.** [habitation] Wohnsitz *der* ; **~ principale** Hauptwohnsitz ; **~ secondaire** Zweitwohnsitz - **2.** [groupe d'habitations] Wohnanlage *die.*

résident, e [rezidɑ̃, ɑ̃t] *nm, f* [ressortissant] Ansässige *der,* Ansässige *die.*

résidentiel, elle [rezidɑ̃sjɛl] *adj* Wohn-.

résider [3] [rezide] *vi* [habiter] ansässig sein.

résidu [rezidy] *nm* [reste] Rückstand *der.*

résignation [reziɲasjɔ̃] *nf* Resignation *die.*

résigné, e [reziɲe] *adj* resigniert.

résigner [3] [reziɲe] *vt* [fonction] nieder|legen ; [emploi] auf|geben. ◆ **se résigner** *vp* sich ab|finden ; **se ~ à qqch** sich mit etw ab|finden ; **se ~ à faire qqch** sich damit ab|finden, etw zu tun.

résilier [9] [rezilje] *vt* kündigen.

résine [rezin] *nf* - **1.** [de conifère] Harz *das* - **2.** [plastique] Kunstharz *das.*

résineux, euse [rezinø, øz] *adj* harzig, Harz- ; **bois ~** Nadelholz *das.* ◆ **résineux** *nm* Nadelbaum *der.*

résistance [rezistɑ̃s] *nf* - **1.** [gén] : **~ (à qqch)** Widerstand *der* (gegen etw) ; **opposer une ~** sich widersetzen, Widerstand leisten - **2.** [endurance] : **~ (à qqch)** Widerstandsfähigkeit *die* (gegenüber einer Sache *(D)*).

résistant, e [rezistɑ̃, ɑ̃t] ◇ *adj* - **1.** [matière, objet] fest - **2.** [personne] widerstandsfähig ◇ *nm, f* HIST Widerstandskämpfer *der*, -in *die*.

résister [3] [reziste] *vi* - **1.** [contester] Widerstand leisten - **2.** [supporter] : **~ à qqch** [sentiment, objet] einer Sache *(D)* standl-halten ; [personne] etw verkraften, etw auslhalten - **3.** *fig* [lutter] : **~ à qqch** sich gegen etw wehren ; **~ à la fatigue** gegen die Müdigkeit anlkämpfen.

résolu, e [rezɔly] ◇ *pp* ▻ **résoudre** ◇ *adj* entschlossen ; **être bien ~ à faire qqch** fest entschlossen sein, etw zu tun.

résolument [rezɔlymɑ̃] *adv* entschieden.

résolution [rezɔlysjɔ̃] *nf* - **1.** [décision] Beschluss *der* ; **prendre de bonnes ~s** gute Vorsätze fassen ; **prendre la ~ de faire qqch** beschließen OU den Beschluss fassen, etw zu tun - **2.** [détermination] Entschlossenheit *die*.

résonance [rezɔnɑ̃s] *nf* - **1.** PHYS & ÉLECTR Resonanz *die* ; **caisse de ~** Klangkörper *der* - **2.** *fig* [écho] Echo *das*.

résonner [3] [rezɔne] *vi* - **1.** [cloche] erklingen - **2.** [salle, pas] widerlhallen.

résorber [3] [rezɔrbe] *vt* [déficit, chômage] beseitigen. ◆ **se résorber** *vp* - **1.** [disparaître] zurücklgehen - **2.** MÉD ablklingen.

résoudre [88] [rezudr] *vt* [problème, équation] lösen. ◆ **se résoudre** *vp* : **se ~ à faire qqch** sich entschließen, etw zu tun.

respect [rɛspɛ] *nm* Respekt *der*, Ehrfurcht *die* ; **avoir du ~ pour qqn/qqch** vor jm/etw Respekt haben, jm/etw gegenüber Respekt haben.

respectable [rɛspɛktabl] *adj* - **1.** [personne, endroit] ehrwürdig, respektabel - **2.** [somme, nombre] beachtlich.

respecter [4] [rɛspɛkte] *vt* - **1.** [personne, principe] achten, respektieren - **2.** [sommeil, tranquillité] : **~ qqch** auf etw *(A)* Rücksicht nehmen ; **faire ~ la loi** für die Einhaltung des Gesetzes sorgen.

respectif, ive [rɛspɛktif, iv] *adj* jeweilige,-r,-s.

respectivement [rɛspɛktivmɑ̃] *adv* je(weils) ; **les accusés ont été condamnés ~ à deux et cinq ans de prison** die Angeklagten sind zu zwei beziehungsweise fünf Jahren Gefängnis verurteilt worden.

respectueux, euse [rɛspɛktɥø, øz] *adj* respektvoll ; **être ~ de qqch** einer Sache *(D)* gegenüber respektvoll sein.

respiration [rɛspirasjɔ̃] *nf* - **1.** [fonction] Atmung *die* ; **~ artificielle** künstliche Beatmung - **2.** [souffle] Atem *der*.

respiratoire [rɛspiratwar] *adj* Atem- ; **appareil ~** Atmungsorgane *Pl*.

respirer [3] [rɛspire] ◇ *vi* - **1.** [inhaler] (ein)atmen - **2.** [être soulagé] auflatmen ◇ *vt* - **1.** [inhaler] (ein)atmen - **2.** [santé, gentillesse] auslstrahlen.

resplendissant, e [rɛsplɑ̃disɑ̃, ɑ̃t] *adj* hell leuchtend, strahlend ; **~ de qqch** vor etw *(D)* strahlend.

responsabilisation [rɛspɔ̃sabilizasjɔ̃] *nf* Übertragung *die* von Verantwortung.

responsabiliser [3] [rɛspɔ̃sabilize] *vt* : **~ qqn** jn Verantwortungsgefühl vermitteln.

responsabilité [rɛspɔ̃sabilite] *nf* - **1.** [morale] Verantwortung *die* ; **avoir la ~ de qqch** für etw die Verantwortung tragen ; **assumer la ~ de qqch** für etw die Verantwortung übernehmen ; **rejeter la ~ sur qqn** die Verantwortung auf jn ablwälzen - **2.** JUR Haftung *die* ; **~ civile** Haftpflicht *die*.

responsable [rɛspɔ̃sabl] ◇ *nmf* - **1.** [auteur, coupable] : **~ (de qqch)** (für etw) Verantwortliche *der*, (für etw) Verantwortliche *die* - **2.** [de décision, de groupe] zuständige Person ; **~ syndical** Gewerkschaftsvertreter *der*, -in *die* ◇ *adj* - **1.** [gén] : **~ (de qqch)** (für etw) verantwortlich ; JUR (für etw) haftbar - **2.** [raisonnable] verantwortungsvoll, verantwortungsbewusst - **3.** [chargé] : **~ (de qqch)** (für etw) zuständig.

resquiller [3] [rɛskije] *vi* [se faufiler] sich vorldrängeln.

resquilleur, euse [rɛskijœr, øz] *nm, f* Vordrängler *der*, -in *die*, Schummler *der*, -in *die*.

ressac [rəsak] *nm* Brandung *die*.

ressaisir [32] [rəsezir] ◆ **se ressaisir** *vp* sich zusammenlnehmen, sich fassen.

ressasser [3] [rəsase] *vt* - **1.** [paroles] herunterlleiern - **2.** [regrets, images] wiederlkäuen.

ressemblance [rəsɑ̃blɑ̃s] *nf* Ähnlichkeit *die*.

ressemblant, e [rəsɑ̃blɑ̃, ɑ̃t] *adj* realitätsgetreu, dem Vorbild getreu.

ressembler [3] [rəsɑ̃ble] *vi* : **~ à qqn/qqch** [physiquement] jm/etw ähnlich sehen OU ähneln ; [moralement] jm/etw ähnlich sein ; [visuellement] jm/etw ähneln OU gleichen.

ressemeler [24] [rəsəmle] *vt* neu besohlen.

ressentiment [rəsɑ̃timɑ̃] *nm* Groll *der*, Ressentiment *das*.

ressentir [37] [rəsɑ̃tir] *vt* empfinden, verspüren.

resserrer [4] [rəsere] *vt* - **1.** [ceinture] enger schnallen ; [nœud] fester ziehen ; [boulon, écrou] anlziehen - **2.** *fig* [union, relation] festigen. ◆ **se resserrer** *vp* - **1.** [route] sich verengen - **2.** [relations, union] enger werden.

resservir [38] [rəsɛrvir] <> *vt* - **1.** [plat] wieder auf|tischen ; [vin] nach|schenken - **2.** [personne] nach|geben <> *vi* nochmals gebraucht werden. ◆ **se resservir** *vp* - **1.** [réutiliser] : **se ~ de qqch** sich einer Sache *(G)* nochmals bedienen - **2.** [à manger] : **se ~ (de qqch)** sich *(D)* (von etw) nach|nehmen.

ressort [rəsɔr] *nm* - **1.** [mécanisme] Feder *die ; fig* Triebfeder *die* - **2.** [compétence] Zuständigkeitsbereich *der* - **3.** *loc :* **en dernier ~** in letzter Instanz.

ressortir[1] [43] [rəsɔrtir] <> *vi* - **1.** [personne] wieder hinaus|gehen - **2.** [couleur] heraus|kommen - **3.** *(emploi impersonnel) :* **il ressort de qqch que** es ergibt sich aus einer Sache, dass <> *vt* wieder hervor|holen.

ressortir[2] [32] [rəsɔrtir] *vi sout :* **~ à qqch** zu etw gehören ; JUR in js Zuständigkeitsbereich fallen.

ressortissant, e [rəsɔrtisɑ̃, ɑ̃t] *nm, f* - **1.** [national] Staatsangehörige *der,* Staatsangehörige *die* - **2.** [étranger] ausländischer Staatsbürger, ausländische Staatsbürgerin.

ressource [rəsurs] *nf* [recours] Möglichkeit *die.* ◆ **ressources** *nfpl* - **1.** [moyens financiers] Geldmittel *Pl,* Mittel *Pl* - **2.** [énergétiques] Ressourcen *Pl ;* **~s minières** Bodenschätze *Pl ;* **~s pétrolières** Erdölvorkommen *Pl* - **3.** [potentiel - financier] Hilfsmittel *Pl ;* [- intellectuel] Möglichkeiten *Pl,* Künste *Pl.* ◆ **ressources humaines** *nfpl* Arbeitskräftereserven *Pl.*

ressusciter [3] [resysite] <> *vi* - **1.** RELIG auf|erstehen - **2.** [tradition, mode] wieder auf|leben <> *vt* [mort] auf|erwecken.

restant, e [rɛstɑ̃, ɑ̃t] *adj* - **1.** [gén] übrig - **2.** [personne] übrig geblieben.

restaurant [rɛstɔrɑ̃] *nm* Speiselokal *das ;* **~ d'entreprise** Kantine *die.*

restaurateur, trice [rɛstɔratœr, tris] *nm, f* - **1.** CULIN Gastwirt *der,* -in *die,* Gastronom *der,* -in *die* - **2.** ART Restaurator *der,* -in *die.*

restauration [rɛstɔrasjɔ̃] *nf* - **1.** CULIN Gaststättengewerbe *das,* Gastronomie *die* - **2.** ART Restaurierung *die.*

restaurer [3] [rɛstɔre] *vt* - **1.** [tableau, monument] restaurieren - **2.** [paix, monarchie] wiederher|stellen. ◆ **se restaurer** *vp* [manger] sich stärken.

reste [rɛst] *nm* Rest *der ;* **le ~ du temps** die übrige Zeit ; **du** OU **au ~** übrigens. ◆ **restes** *nmpl* - **1.** [de repas] Reste *Pl* - **2.** [de mort] Überreste *Pl.*

rester [3] [rɛste] <> *vi* - **1.** [demeurer] bleiben - **2.** [être restant] übrig bleiben - **3.** *loc :* **en ~ là** es dabei belassen ; **y ~** *fam* dabei drauf|gehen <> *v impers :* **il en reste un peu** es ist noch etwas übrig ; **il reste que, il n'en reste pas moins que** nichtsdestoweniger.

restituer [7] [rɛstitɥe] *vt* - **1.** [bien] zurück|geben - **2.** [texte, plan] wiederher|stellen.

restreindre [81] [rɛstrɛ̃dr] *vt* beschränken ; [budget] ein|schränken.

restreint, e [rɛstrɛ̃, ɛ̃t] *pp* ▻ **restreindre.**

restrictif, ive [rɛstriktif, iv] *adj* einschränkend.

restriction [rɛstriksjɔ̃] *nf* - **1.** [condition] Einschränkung *die ;* **sans ~** uneingeschränkt *(adv)* - **2.** [limitation] Beschränkung *die.* ◆ **restrictions** *nfpl* Rationierung *die (sans pl).*

restructuration [rəstryktyrasjɔ̃] *nf* Umstrukturierung *die.*

restructurer [3] [rəstryktyre] *vt* um|strukturieren.

résultat [rezylta] *nm* Ergebnis *das.*

résulter [3] [rezylte] *vi (emploi impersonnel) :* **il en résulte que** daraus folgt, dass ; **de la discussion, il résulte que** aus der Diskussion ergibt sich, dass.

résumé [rezyme] *nm* Zusammenfassung *die ;* **en ~** kurz (gesagt).

résumer [3] [rezyme] *vt* zusammen|fassen. ◆ **se résumer** *vp* - **1.** [personne] (nochmal) zusammen|fassen - **2.** [se réduire] : **se ~ à qqch** sich auf etw *(A)* beschränken ; **se ~ à faire qqch** sich darauf beschränken, etw zu tun.

résurgence [rezyrʒɑ̃s] *nf* Wiederhervorquellen *das ; fig* Wiederaufflammen *das.*

résurrection [rezyrɛksjɔ̃] *nf* - **1.** [du Christ] Auferstehung *die* - **2.** [de mort] Auferweckung *die ;* [de malade] Wiederauferstehung *die.*

rétablir [32] [retablir] *vt* wiederher|stellen ; [vérité] richtig stellen ; [ordre] wieder bringen. ◆ **se rétablir** *vp* - **1.** [silence] sich wieder ein|stellen - **2.** [malade] wieder gesund werden.

rétablissement [retablismɑ̃] *nm* - **1.** [de loi, de peine] Wiedereinführung *die* - **2.** [de ligne téléphonique] Wiederherstellung *die* - **3.** [de malade] Erholung *die,* Genesung *die ;* **souhaiter un prompt ~ à qqn** jm gute Besserung wünschen.

retard [rətar] *nm* - **1.** [de train, de personne] Verspätung *die ;* **être en ~** Verspätung haben, spät dran sein ; *fig* im Rückstand sein, Nachholbedarf haben - **2.** MÉD geistige Behinderung.

retardataire [rətardatɛr] <> *nmf* Nachzügler *der,* -in *die* <> *adj* verspätet.

retardement [rətardəmɑ̃] ◆ **à retardement** <> *loc adv :* **comprendre à ~** erst im Nachhinein verstehen <> *loc adj* ▻ **bombe.**

retarder [3] [rətarde] ◇ *vt* - **1.** [départ, rendez-vous] auf|schieben - **2.** [montre] zurück|stellen ◇ *vi* - **1.** [horloge, montre] nach|gehen - **2.** *fam* [personne] nicht auf dem neuesten Stand sein.

retenir [40] [rətnir] *vt* - **1.** [se souvenir de] (im Gedächtnis) behalten - **2.** [projet, idée] auf|greifen ; [candidature] berücksichtigen - **3.** [réserver] vor|bestellen - **4.** [prélever] ein|behalten - **5.** [empêcher d'agir] ab|halten ; ~ **qqn de faire qqch** jn davon ab|halten, etw zu tun - **6.** [cri, son] unterdrücken ; [souffle] an|halten - **7.** [otage] fest|halten - **8.** [attention] auf sich ziehen ; [intérêt] wecken - **9.** MATHS (im Sinn) behalten. ◆ **se retenir** *vp* - **1.** [s'accrocher] : **se ~ (à qqn/qqch)** sich (an jm/etw) fest|halten - **2.** [se contenir] sich zurück|halten ; **se ~ de faire qqch** sich beherrschen, um etw nicht zu tun.

rétention [retɑ̃sjɔ̃] *nf* MÉD Verhaltung *die.*

retentir [32] [rətɑ̃tir] *vi* [son] schallen, erschallen.

retentissant, e [rətɑ̃tisɑ̃, ɑ̃t] *adj* - **1.** [son, cri] schallend - **2.** [succès] Aufsehen erregend.

retentissement [rətɑ̃tismɑ̃] *nm* [gén] Auswirkung *die.*

retenu, e [rətny] *pp* ▷ **retenir.** ◆ **retenue** *nf* - **1.** [prélèvement] Abzug *der ;* **~e à la source** Quellenbesteuerung *die* - **2.** MATHS behaltene Zahl - **3.** SCOL Nachsitzen *das* - **4.** [réserve] Zurückhaltung *die ;* **sans ~e** ohne Hemmungen.

réticence [retisɑ̃s] *nf* Unschlüssigkeit *die,* Zögern *das,* Zurückhaltung *die ;* **avec ~** mit Zögern ; **sans ~** ohne zu zögern.

réticent, e [retisɑ̃, ɑ̃t] *adj* zurückhaltend ; [sourire] verhalten.

rétine [retin] *nf* Netzhaut *die.*

retiré, e [rətire] *adj* - **1.** [lieu] entlegen - **2.** [personne, vie] zurückgezogen.

retirer [3] [rətire] *vt* - **1.** [vêtement] aus|ziehen - **2.** [enlever] : **~ qqch à qqn** [permis] jm etw ab|nehmen ; [objet] jm etw weg|nehmen - **3.** [plainte] zurück|ziehen - **4.** [reprendre] herunter|nehmen - **5.** [avantage, profit] : **~ qqch (de qqch)** etw (aus etw) ziehen - **6.** [argent] ab|heben - **7.** [bagages, billet] ab|holen. ◆ **se retirer** *vp* - **1.** [gén] : **se ~ (de qqch)** sich (aus OU von einer Sache) zurück|ziehen - **2.** [mer] zurück|gehen.

retomber [3] [rətɔ̃be] *vi* - **1.** [atterrir] landen ; [fusée] wieder hinunter|fallen - **2.** [redevenir] : **~ malade** wieder krank werden - **3.** [succomber de nouveau] : **~ dans qqch** wieder in etw *(A)* verfallen - **4.** [colère, vent] sich legen - **5.** [responsabilité] : **~ sur qqn** auf jn zurück|fallen.

rétorquer [3] [retɔrke] *vt :* **~ à qqn que** jm entgegen|halten, dass.

retors, e [rətɔr, ɔrs] *adj* gewieft.

rétorsion [retɔrsjɔ̃] *nf* Vergeltung *die.*

retouche [rətuʃ] *nf* - **1.** COUTURE Änderung *die* - **2.** PHOT & ART Retusche *die.*

retoucher [3] [rətuʃe] *vt* - **1.** COUTURE ändern - **2.** [texte, tableau, photo] retuschieren.

retour [rətur] *nm* - **1.** [gén] Rückkehr *die ;* **~ à qqch** Rückkehr zu etw ; **à mon/ton etc ~** bei meiner/deiner etc Rückkehr ; **être de ~ (de)** zurück(gekehrt) sein (aus) - **2.** [trajet] Rückweg *der,* Heimweg *der* - **3.** [réexpédition] Rücksendung *die.* ◆ **en retour** *loc adv* dafür.

retourner [3] [rəturne] ◇ *vt* - **1.** [renverser, tourner] um|drehen ; [terre] um|graben - **2.** [veste, pull] um|kehren ; [poches] um|stülpen - **3.** [lettre, colis] zurück|senden ◇ *vi* - **1.** [gén] : **~ à** zurück|kehren zu ; **~ faire qqch** wieder etw tun gehen - **2.** [aller de nouveau] : **~ à ...** [à pied] wieder nach ... gehen ; [en voiture] wieder nach ... fahren. ◆ **se retourner** *vp* - **1.** [personne] sich um|drehen - **2.** [chose, véhicule] sich überschlagen - **3.** [s'opposer] : **se ~ contre qqn/qqch** sich gegen jn/etw wenden.

retracer [16] [rətrase] *vt* - **1.** [modifier] neu zeichnen ; [dessiner de nouveau] nach|zeichnen - **2.** [décrire] schildern.

rétracter [3] [retrakte] *vt* [griffes] ein|ziehen. ◆ **se rétracter** *vp* - **1.** [muscle] sich zusammen|ziehen - **2.** [personne] widerrufen.

retrait [rətrɛ] *nm* - **1.** [d'argent] Abheben *das* - **2.** [de bagages] Abholen *das* - **3.** [de permis] Entzug *der* - **4.** [de troupes] Rückzug *der.* ◆ **en retrait** *loc adv & loc adj* zurückgesetzt ; **rester en ~** sich im Hintergrund halten.

retraite [rətrɛt] *nf* - **1.** [cessation d'activité] Ruhestand *der ;* **être à la ~** im Ruhestand sein - **2.** [revenu] Rente *die.*

retraité, e [rətrɛte] ◇ *adj* - **1.** [personne] im Ruhestand - **2.** [déchet] wieder aufgearbeitet, wieder aufbereitet ◇ *nm, f* Rentner *der,* -in *die.*

retraitement [rətrɛtmɑ̃] *nm* - **1.** [de déchets nucléaires] Wiederaufbereitung *die* - **2.** [des eaux] Aufbereitung *die.*

retrancher [3] [rətrɑ̃ʃe] *vt* - **1.** [supprimer] streichen - **2.** [somme] ab|ziehen. ◆ **se retrancher** *vp :* **se ~ (derrière qqn/qqch)** sich (hinter jm/etw) verschanzen.

retranscrire [99] [rətrɑ̃skrir] *vt* [exposé] nieder|schreiben.

retransmission [rətrɑ̃smisjɔ̃] *nf* Übertragung *die ;* **~ en direct** Live-Übertragung.

retravailler [3] [rətravaje] *vt* neu bearbeiten, überarbeiten.

rétrécir [32] [retresir] ◇ *vt* enger machen ◇ *vi* ein|laufen. ◆ **se rétrécir** *vp* sich verengen.

rétrécissement [retresismã] *nm* - **1.** [gén] Verengung *die* - **2.** [de vêtement] Einlaufen *das*.

rétribution [retribysjɔ̃] *nf* Bezahlung *die*.

rétroactif, ive [retrɔaktif, iv] *adj* rückwirkend.

rétrograde [retrɔgrad] *adj péj* rückschrittlich.

rétrograder [3] [retrɔgrade] *vi* AUTOM zurück|schalten.

rétroprojecteur [retrɔprɔʒɛktœr] *nm* Overheadprojektor *der*.

rétrospectivement [retrɔspɛktivmɑ̃] *adv* im Nachhinein.

retrousser [3] [rətruse] *vt* - **1.** [pantalon, manche] hoch|krempeln - **2.** [lèvres, jupe] schürzen.

retrouvailles [rətruvaj] *nfpl* Wiedersehen *das (sans pl)*.

retrouver [3] [rətruve] *vt* - **1.** [objet] wieder finden - **2.** [fugitif] ausfindig machen - **3.** [travail, occasion] wieder bekommen - **4.** [ami] (wieder) treffen - **5.** [recouvrer] : **~ l'appétit** wieder Appetit haben. ◆ **se retrouver** *vp* - **1.** [se rencontrer] sich (wieder) treffen - **2.** [se présenter] vor|kommen - **3.** [être] da|stehen - **4.** [s'orienter] sich zurecht|finden.

rétroviseur [retrɔvizœr] *nm* Rückspiegel *der*.

réunification [reynifikasjɔ̃] *nf* Wiedervereinigung *die*.

réunifier [9] [reynifje] *vt* wieder vereinigen.

réunion [reynjɔ̃] *nf* - **1.** [de travail] Sitzung *die* - **2.** [d'amis, de famille] Treffen *das* - **3.** [jonction] Vereinigung *die*.

Réunion [reynjɔ̃] *nf* : **(l'île de) la ~** (La) Reunion *nt* ; **à la ~** auf (La) Reunion.

réunir [32] [reynir] *vt* - **1.** [personnes] versammeln ; [après séparation] wieder zusammen|führen - **2.** [documents] zusammen|stellen ; [fonds] auf|bringen. ◆ **se réunir** *vp* [personnes] sich versammeln ; [États] sich vereinigen.

réussi, e [reysi] *adj* gelungen, geglückt.

réussir [32] [reysir] ◇ *vi* - **1.** [personne] es schaffen ; **~ à qqch** etw bestehen ; **~ à faire qqch** es schaffen, etw zu tun - **2.** [affaire, entreprise] gelingen, glücken - **3.** [climat, situation] : **~ à qqn** jm bekommen ◇ *vt* : **qqn réussit qqch** jm gelingt etw.

réussite [reysit] *nf* - **1.** [succès] Erfolg *der* - **2.** [jeu de cartes] Patience *die*.

réutiliser [3] [reytilize] *vt* wieder verwenden.

revaloriser [3] [rəvalɔrize] *vt* [monnaie, théorie] auf|werten ; [salaire] auf|bessern.

revanche [rəvɑ̃ʃ] *nf* - **1.** [vengeance] Rache *die* ; **prendre sa ~** sich rächen - **2.** JEU & SPORT Revanche *die*. ◆ **en revanche** *loc adv* hingegen.

rêvasser [3] [rɛvase] *vi* seinen Gedanken nach|hängen.

rêve [rɛv] *nm* Traum *der* ; **de ~** Traum-.

rêvé, e [rɛve] *adj* [idéal] Traum-.

revêche [rəvɛʃ] *adj* kratzbürstig.

réveil [revɛj] *nm* - **1.** [de personne] Aufwachen *das*, Erwachen *das* - **2.** [de volcan] Wiedererwachen *das* - **3.** [horloge] Wecker *der*.

réveiller [4] [reveje] *vt* - **1.** [personne] (auf)|wecken, wach machen - **2.** [sentiment] erwecken ; [appétit] an|regen. ◆ **se réveiller** *vp* - **1.** [personne] auf|wachen, wach werden - **2.** [douleur] wieder auf|leben - **3.** [volcan] wieder aktiv werden.

réveillon [revɛjɔ̃] *nm* - **1.** [veille - de Noël] Heiligabend *der* ; [- de nouvel an] Silvesterabend *der* - **2.** [fête - de Noël] Weihnachtsfeier *die* ; [- de nouvel an] Silvesterfeier *die*.

réveillonner [3] [revɛjɔne] *vi* [à Noël] Weihnachten feiern ; [au nouvel an] Silvester feiern.

révélateur, trice [revelatœr, tris] *adj* aufschlussreich. ◆ **révélateur** *nm* - **1.** PHOT Entwickler *der* - **2.** [signe] (An)zeichen *das*.

révélation [revelasjɔ̃] *nf* - **1.** [déclaration] Aufdeckung *die* ; **faire des ~s à la police** der Polizei Enthüllungen machen - **2.** [explication, découverte] Einsicht *die*.

révéler [18] [revele] *vt* - **1.** [divulguer] auf|decken - **2.** [être révélateur de] offenbaren. ◆ **se révéler** *vp* - **1.** [apparaître] sich zeigen, sich offenbaren - **2.** [s'avérer] : **se ~ qqch** sich als etw erweisen.

revenant, e [rəvnɑ̃, ɑ̃t] *nm, f* Gespenst *das*.

revendeur, euse [rəvɑ̃dœr, øz] *nm, f* Händler *der*, -in *die*.

revendication [rəvɑ̃dikasjɔ̃] *nf* Forderung *die*.

revendiquer [3] [rəvɑ̃dike] *vt* - **1.** [dû] : **~ qqch** auf etw *(A)* Anspruch erheben - **2.** [avantage] fordern, verlangen - **3.** [responsabilité, attentat] sich zu etw bekennen.

revendre [73] [rəvɑ̃dr] *vt* verkaufen ; **avoir de qqch à ~** *fig* von etw reichlich haben.

revendu, e [rəvɑ̃dy] *pp* ▷ **revendre.**

revenir [40] [rəvnir] *vi* - **1.** [venir de nouveau] wieder|kommen ; **le froid/l'hiver est**

revenu es ist wieder kalt/Winter geworden - 2. [rentrer, retourner] zurück|kommen ; ~ **sur qqch** [sujet] auf etw *(A)* zurück|kommen ; [décision, aveux] etw widerrufen - 3. [mot, thème] wieder|kehren - 4. [à l'esprit] : ~ **à qqn** jm wieder ein|fallen - 5. [coûter] : ~ **à qqn** jm kosten ; ~ **cher** ein teurer Spaß sein - 6. CULIN : **faire ~** [viande] an|braten ; [oignons] an|dünsten - 7. [plaire] : **ne pas ~ à qqn** jm nicht gefallen - 8. *loc* : **cela revient au même** das läuft aufs Gleiche hinaus ; **cela revient à dire que** das heißt mit anderen Worten, dass.

revente [rəvɑ̃t] *nf* Verkauf *der.*

revenu, e [rəvny] *pp* ▷ **revenir.** ◆ **revenu** *nm* Einkommen *das ;* **avoir de gros ~s** erhebliche Einkünfte haben ; ~ **national** Volkseinkommen.

rêver [4] [rɛve] ◇ *vi* - 1. [gén] träumen ; ~ **de** OU **à qqn/qqch** von jm/etw träumen ; ~ **de faire qqch** davon träumen, etw zu tun - 2. [rêvasser] vor sich hin träumen ◇ *vt* träumen.

réverbération [reverberasjɔ̃] *nf* [de lumière] Widerschein *der ;* [de chaleur] Zurückstrahlen *das.*

réverbère [reverbɛr] *nm* Straßenlaterne *die.*

révérence [reverɑ̃s] *nf* [salut] Knicks *der.*

révérer [18] [revere] *vt littéraire* verehren ; [Dieu] ehren.

rêverie [rɛvri] *nf* Träumerei *die.*

revers [rəvɛr] *nm* - 1. [de main, de pièce] Rückseite *die* - 2. [de col] Revers *das ;* [de pantalon] Aufschlag *der* - 3. TENNIS Rückhand *die* - 4. [échec] Rückschlag *der ;* ~ **de fortune** Schicksalsschlag *der.*

reverser [3] [rəvɛrse] *vt* - 1. [liquide] nach|gießen - 2. [argent - sur compte] überweisen ; [- rembourser] zurück|zahlen.

réversible [reversibl] *adj* [vêtement] Wende-.

revêtement [rəvɛtmɑ̃] *nm* [de paroi] Verkleidung *die ;* [de sol, de route] Belag *der.*

revêtir [44] [rəvɛtir] *vt* - 1. [vêtement] an|legen - 2. [mur] : ~ **qqch de qqch** etw mit etw bekleiden - 3. [aspect, caractère] an|nehmen.

revêtu, e [rəvɛty] *pp* ▷ **revêtir.**

rêveur, euse [rɛvœr, øz] ◇ *adj* verträumt ◇ *nm, f* Träumer *der,* -in *die.*

revient [rəvjɛ̃] ▷ **prix.**

revigorer [3] [rəvigɔre] *vt* kräftigen, stärken.

revirement [rəvirmɑ̃] *nm* Umschwenken *das ;* ~ **de situation** Wendung *die.*

réviser [3] [revize] *vt* - 1. [texte, jugement] revidieren ; [prix, tarif] neu fest|setzen ; [position] überdenken - 2. [machine] überholen - 3. SCOL & UNIV wiederholen.

révision [revizjɔ̃] *nf* - 1. [de texte] Überarbeitung *die ;* [de constitution] Änderung *die ;* [de procès] Wiederaufnahme *die ;* [de jugement] Revision *die* - 2. [de machine] Inspektion *die* - 3. SCOL & UNIV Wiederholen *das.*

révisionnisme [revizjɔnism] *nm* Revisionismus *der.*

revisser [3] [rəvise] *vt* wieder fest|schrauben.

revivre [90] [rəvivr] ◇ *vi* - 1. [personne] zu neuem Leben erwachen - 2. [événement, souvenir] : **faire ~ qqch à qqn** jn etw nochmals erleben lassen ◇ *vt* nochmals durchleben.

revoir [62] [rəvwar] *vt* - 1. [voir de nouveau] wieder sehen - 2. [réviser] : ~ **qqch** sich *(D)* etw noch einmal an|sehen. ◆ **se revoir** *vp* sich wieder sehen. ◆ **au revoir** *interj* auf Wiedersehen.

révoltant, e [revɔltɑ̃, ɑ̃t] *adj* empörend.

révolte [revɔlt] *nf* Aufstand *der.*

révolter [3] [revɔlte] *vt* empören. ◆ **se révolter** *vp* sich auf|lehnen ; **se ~ contre qqn/qqch** sich gegen jn/etw auf|lehnen.

révolu, e [revɔly] *adj* vergangen ; **avoir quinze ans ~s** das fünfzehnte Lebensjahr vollendet haben.

révolution [revɔlysjɔ̃] *nf* - 1. [changement, révolte] Revolution *die* - 2. *fam* [effervescence] Aufruhr *der* - 3. ASTRON Umlauf *der.*

Révolution française *nf* Französische Revolution.

révolutionnaire [revɔlysjɔnɛr] ◇ *nmf* Revolutionär *der,* -in *die* ◇ *adj* - 1. POLIT aufrührerisch - 2. [découverte] revolutionär.

révolutionner [3] [revɔlysjɔne] *vt* - 1. [industrie] revolutionieren - 2. [quartier] in Aufruhr versetzen.

revolver [revɔlvɛr] *nm* Revolver *der.*

révoquer [3] [revɔke] *vt* - 1. [fonctionnaire] aus dem Dienst entlassen - 2. [loi] widerrufen.

revue [rəvy] *nf* - 1. [magazine] Zeitschrift *die* - 2. [inspection] Musterung *die ;* **passer qqch en ~** etw mustern ; *fig* etw durch|gehen. ◆ **revue de presse** *nf* Presseschau *die.*

révulsé, e [revylse] *adj* [yeux] verdreht.

rez-de-chaussée [redʃose] *nm inv* Erdgeschoss *das.*

RFA (*abr de* **République fédérale d'Allemagne**) *nf* BRD *die,* D.

rhabiller [3] [rabije] *vt* wieder an|ziehen. ◆ **se rhabiller** *vp* sich wieder an|ziehen.

Rhénanie [renani] *nf* : **la ~** das Rheinland.

Rhésus [rezys] *nm* Rhesusfaktor *der.*

rhétorique [retɔrik] *nf* [art] Rhetorik *die.*

Rhin [rɛ̃] *nm :* **le ~** der Rhein.

rhinocéros [rinɔserɔs] *nm* Nashorn *das.*

rhino-pharyngite [rinɔfarɛ̃ʒit] (*pl* **rhino-pharyngites**) *nf* Nasen- und Rachenschleimhautentzündung *die.*

Rhône [ron] *nm :* **le ~** die Rhône.

rhubarbe [rybarb] *nf* Rhabarber *der.*

rhum [rɔm] *nm* Rum *der.*

rhumatisme [rymatism] *nm* Rheumatismus *der.*

rhume [rym] *nm* Schnupfen *der ;* **attraper un ~** sich erkälten ; **~ des foins** Heuschnupfen.

ri [ri] *pp inv* ▷ **rire.**

riant, e [rijɑ̃, ɑ̃t] *adj* fröhlich ; *fig* lieblich.

ribambelle [ribɑ̃bɛl] *nf :* **une ~ de** eine ganze Reihe von.

ricaner [3] [rikane] *vi* hämisch lachen.

riche [riʃ] ◇ *nmf* Reiche *der,* Reiche *die* ◇ *adj* **- 1.** [gén] reich **- 2.** [vêtement, demeure] üppig **- 3.** [terre] ergiebig **- 4.** [aliment] nahrhaft.

richesse [riʃɛs] *nf* **- 1.** [de personne, de pays] Reichtum *der* **- 2.** [de décoration] Üppigkeit *die* **- 3.** [ressources] : **~ (en qqch)** Reichhaltigkeit *die* (an etw *(D)*).

ricochet [rikɔʃɛ] *nm* [rebond] Abprallen *das ;* [caillou] Hüpfer *der ;* **faire des ~s sur l'eau** auf der Wasseroberfläche hüpfen ; **par ~** indirekt *(adv).*

rictus [riktys] *nm* verzerrtes Grinsen.

ride [rid] *nf* [de peau] Falte *die.*

rideau, x [rido] *nm* Vorhang *der.*

rider [3] [ride] *vt* **- 1.** [peau] faltig werden lassen **- 2.** [surface] kräuseln. ◆ **se rider** *vp* faltig werden.

ridicule [ridikyl] ◇ *nm :* **se couvrir de ~** sich lächerlich machen ; **tourner qqn/qqch en ~** jn/etw lächerlich machen ◇ *adj* lächerlich.

ridiculiser [3] [ridikylize] *vt* lächerlich machen. ◆ **se ridiculiser** *vp* sich lächerlich machen.

rien [rjɛ̃] ◇ *pron indéf* **- 1.** [avec ne] : **ne ... ~** nichts ; **je n'en sais ~** ich habe keine Ahnung ; **ça ne sert à ~** das ist vollkommen sinnlos **- 2.** [aucune chose] nichts ; **de ~** bitte, gern geschehen ; **c'est ça ou ~** entweder das oder gar nichts ; **pour ~** umsonst ; **compter pour ~** nicht zählen **- 3.** *sout* [quelque chose] (irgend)etwas ; **sans ~ dire** ohne etwas zu sagen ◇ *nm* Kleinigkeit *die ;* **pour un ~** wegen nichts (und abernichts) ; **en un ~ de temps** im Nu. ◆ **rien que** *loc adv* nur ; **~ que l'idée de qqch** schon allein der Gedanke an etw *(A).*

rieur, euse [rijœr, øz] *adj* fröhlich.

rigide [riʒid] *adj* **- 1.** [matériau] steif **- 2.** [morale] streng.

rigidité [riʒidite] *nf* **- 1.** [de matériau] Steifheit *die ;* TECHNOL Steifigkeit *die* **- 2.** [de morale, de principe, de méthode] Strenge *die.*

rigoler [3] [rigɔle] *vi fam* **- 1.** [rire] lachen **- 2.** [plaisanter] Spaß machen ; **~ de qqch** über etw *(A)* Witze reißen ; **tu rigoles?** soll das ein Witz sein?

rigolo, ote [rigɔlo, ɔt] *fam* ◇ *adj* witzig ◇ *nm, f* Spaßvogel *der.*

rigoureusement [rigurøzmɑ̃] *adv* **- 1.** [durement] streng **- 2.** [exactement] vollkommen.

rigoureux, euse [rigurø, øz] *adj* **- 1.** [gén] streng **- 2.** [analyse] gewissenhaft.

rigueur [rigœr] *nf* **- 1.** [d'analyse] Genauigkeit *die* **- 2.** [de punition] Härte *die.* ◆ **à la rigueur** *loc adv* allenfalls ; [en réponse] wenns sein muss.

rime [rim] *nf* Reim *der.*

rimer [3] [rime] *vi :* **~ (avec qqch)** sich (auf etw *(A)*) reimen ; **ça ne rime à rien** *fig* das bringt nichts, das macht keinen Sinn.

rinçage [rɛ̃saʒ] *nm* [à l'eau] (Aus)spülen *das.*

rincer [16] [rɛ̃se] *vt* **- 1.** [laver] aus|spülen, ab|spülen **- 2.** [enlever le savon de] spülen.

ring [riŋ] *nm* Ring *der.*

riposte [ripɔst] *nf* **- 1.** [réponse] Rückantwort *die* **- 2.** [contre-attaque] Rückschlag *der,* Gegenschlag *der.*

riposter [3] [ripɔste] ◇ *vt :* **~ que** zurück|geben OU erwidern, dass ◇ *vi* **- 1.** [répondre] : **~ à qqn** jm (schlagfertig) antworten **- 2.** [contre-attaquer] zurück|schlagen.

rire[1] [95] [rir] *vi* lachen ; **~ de qqn/qqch** über jn/etw lachen ; **c'était pour ~** *fam* das war (nur so) zum Spaß.

rire[2] [rir] *nm* Lachen *das ;* **éclater de ~** lauthals lachen.

risée [rize] *nf* Gespött *das ;* **être la ~ du village** zum Dorfgespött werden.

risible [rizibl] *adj* **- 1.** [ridicule] lachhaft **- 2.** [drôle] lustig.

risque [risk] *nm* Risiko *das ;* **courir le ~ de faire qqch** Gefahr laufen, etw zu tun ; **prendre des/tous les ~s** etwas/alles riskieren ; **à tes** OU **vos etc ~s et périls** auf eigene Gefahr.

risqué, e [riske] *adj* **- 1.** [entreprise, expédition] riskant **- 2.** [plaisanterie] gewagt.

risquer [3] [riske] *vt* **- 1.** [gén] riskieren ; **~ de faire qqch** Gefahr laufen, etw zu tun ; **ça ne risque pas d'arriver** das passiert ganz bestimmt nicht **- 2.** [tenter] wagen. ◆ **se risquer** *vp* [s'aventurer] sich wagen ; **se ~ à qqch** sich auf etw *(A)* ein|lassen ; **se ~ à faire qqch** sich darauf ein|lassen, etw zu tun.

rite [rit] *nm* Ritual *das ; fig* Gepflogenheit *die.*

rituel, elle [ritɥɛl] *adj* Ritual- ; *fig* ewig,

unvermeidlich. ◆ **rituel** *nm* [religieux] Ritual *das* ; *fig* Zeremonie *die*.

rivage [rivaʒ] *nm* Ufer *das*, Uferzone *die*.

rival, e, aux [rival, o] ◇ *adj* rivalisierend ◇ *nm, f* Rivale *der*, -lin *die*.

rivaliser [3] [rivalize] *vi* : **~ avec qqn/qqch** mit jm/etw rivalisieren.

rivalité [rivalite] *nf* Rivalität *die*.

rive [riv] *nf* [de rivière] Ufer *das*.

river [3] [rive] *vt* **- 1.** [clou, pointe] ab|knicken **- 2.** [fixer] : **~ qqch à qqch** etw an etw *(D)* befestigen **- 3.** [clou, pointe] ab|knicken **- 4.** [fixer] : **~ qqch à qqch** etw an etw *(D)* befestigen ; [riveter] etw an etw *(A)* nieten ; **être rivé à qqch** [travail, télévision] von etw nicht wegzubekommen sein.

riverain, e [rivrɛ̃, ɛn] ◇ *adj* Anwohner- ◇ *nm, f* Anwohner *der*, -in *die* ; **'sauf ~s'** 'Anlieger frei'.

rivet [rivɛ] *nm* Niete *die*.

rivière [rivjɛr] *nf* [cours d'eau] Fluss *der*.

rixe [riks] *nf* Schlägerei *die*.

riz [ri] *nm* Reis *der*.

rizière [rizjɛr] *nf* Reisfeld *das*.

RMI (*abr de* **revenu minimum d'insertion**) *nm* Sozialmindesthilfe *die*.

RMiste [ɛrɛmist] *nmf* Sozialmindesthilfeempfänger *der*, -in *die*.

RN (*abr de* **route nationale**) *nf* Nationalstraße *die*, ≃ Bundesstraße *die*.

robe [rɔb] *nf* **- 1.** [de femme] Kleid *das* **- 2.** [de magistrat] Talar *der*.

robinet [rɔbinɛ] *nm* Hahn *der*.

robinetterie [rɔbinɛtri] *nf* [installation] : **la ~** die Armaturen.

robot [rɔbo] *nm* **- 1.** [gén] Roboter *der* **- 2.** [ménager] Küchenmaschine *die*.

robotique [rɔbɔtik] *nf* Automatisierungstechnik *die*.

robotisation [rɔbɔtizasjɔ̃] *nf* Umstellung *die* auf Roboter, Automatisierung *die*.

robuste [rɔbyst] *adj* **- 1.** [personne] kräftig **- 2.** [voiture, moteur, santé] robust.

robustesse [rɔbystɛs] *nf* **- 1.** [de personne] Widerstandskraft *die* **- 2.** [de moteur] Robustheit *die*, Belastbarkeit *die*.

roc [rɔk] *nm* Fels *der*.

rocade [rɔkad] *nf* [route] Umgehungsstraße *die*, Ring *der*.

rocaille [rɔkaj] *nf* **- 1.** [cailloux] Geröll *das* **- 2.** [terrain] Steinboden *der*.

rocailleux, euse [rɔkajø, øz] *adj* [terrain] steinig ; *fig* rau.

rocambolesque [rɔkɑ̃bɔlɛsk] *adj* haarsträubend.

roche [rɔʃ] *nf* [bloc] Fels(en) *der*.

rocher [rɔʃe] *nm* [gén] Felsen *der*.

rocheux, euse [rɔʃø, øz] *adj* Fels-.

rock [rɔk] ◇ *nm* MUS Rock ('n' Roll) *der*, Rockmusik *die* ◇ *adj inv* Rock-.

rodage [rɔdaʒ] *nm* **- 1.** [de véhicule] Einfahren *das* ; **être en ~** eingefahren werden **- 2.** *fig* [de méthode] Sicheinspielen *das* ; [de personne] Sicheinarbeiten *das*.

rodé, e [rɔde] *adj* **- 1.** [voiture] eingefahren **- 2.** [méthode] eingespielt ; [personne] eingearbeitet.

rodéo [rɔdeo] *nm* [sport] Rodeo *das*.

rôder [3] [rode] *vi* herum|streunen.

rôdeur, euse [rodœr, øz] *nm, f* Streuner *der*, -in *die*.

rogne [rɔɲ] *nf fam* Wut *die* ; **être/se mettre en ~** wütend sein/werden.

rogner [3] [rɔɲe] ◇ *vt* beschneiden ; **~ les ailes à qqn** *fig* jm die Flügel stutzen ◇ *vi* : **~ sur qqch** *fig* bei etw sparen.

roi [rwa] *nm* [monarque, figure de jeu] König *der* ; **le ~ de l'arnaque** der Oberschwindler ; **le ~ des imbéciles** der Obertrottel. ◆ **Rois mages** *nmpl* : **les Rois mages** die Heiligen Drei Könige.

rôle [rol] *nm* Rolle *die*.

roller [rɔlœr] *nm* Inlineskate *der* ; **les ~s** die Inlineskates ; **faire du roller** skaten.

roman, e [rɔmɑ̃, an] *adj* romanisch. ◆ **roman** *nm* [gén] Roman *der*.

romance [rɔmɑ̃s] *nf* [chanson] Liebeslied *das*.

romancier, ère [rɔmɑ̃sje, ɛr] *nm, f* Romanautor *der*, -in *die*.

romanesque [rɔmanɛsk] *adj* **- 1.** LITTÉRATURE Roman- **- 2.** [histoire, imagination] romanhaft.

roman-feuilleton *nm* Fortsetzungsroman *der*.

roman-photo *nm* Fotoroman *der*.

romantique [rɔmɑ̃tik] ◇ *nmf* Romantiker *der*, -in *die* ◇ *adj* romantisch.

romantisme [rɔmɑ̃tism] *nm* **- 1.** ART Romantik *die* **- 2.** [sensibilité] Empfindsamkeit *die*.

romarin [rɔmarɛ̃] *nm* Rosmarin *der*.

Rome [rɔm] *n* Rom *nt*.

rompre [78] [rɔ̃pr] ◇ *vt* [fiançailles] lösen ; [relations] ab|brechen ; [marché] rückgängig machen ◇ *vi* **- 1.** [casser] (durch)|reißen **- 2.** [cesser les relations] : **~ avec qqn** [dans famille] mit jm brechen ; [dans couple] sich von jm trennen, mit jm Schluss machen. ◆ **se rompre** *vp* **- 1.** [corde] (zer)reißen ; [digue, branche] brechen **- 2.** [personne] : **se ~ qqch** sich *(D)* etw brechen.

rompu, e [rɔ̃py] *pp* ▷ **rompre.**

ronce [rɔ̃s] *nf* [arbuste] Brombeerstrauch *der*.

rond, e [rɔ̃, rɔ̃d] *adj* **- 1.** [circulaire, exact] rund ; **voilà, ça fait 100 francs tout ~!** so, das wären ganz genau 50 Euro! - **2.** [grassouillet - personne] beleibt ; [- ventre] dick, rund ; **joues ~es** Pausbacken *Pl* - **3.** *fam* [ivre] voll, blau. ◆ **rond** <> *nm* - **1.** [cercle] Kreis *der*, Rundform *die* - **2.** [anneau] Ring *der* - **3.** *fam* [argent] : **des ~s** Kröten *Pl* ; **ne plus avoir un ~** keine müde Mark mehr haben <> *adv* : **ça ne tourne pas ~** *fam fig* da ist was faul, da stimmt was nicht. ◆ **ronde** *nf* - **1.** [de surveillance] Rundgang *der* - **2.** [danse] Reigen *der* ; **faire la ~e** Ringelreihen tanzen - **3.** *loc* : **à 10 km à la ~e** in einem Umkreis von 10 km.

rondelle [rɔ̃dɛl] *nf* Scheibe *die*.

rondement [rɔ̃dmɑ̃] *adv* [efficacement] mit Elan, zügig.

rondeur [rɔ̃dœr] *nf* - **1.** [forme] runde Form, Kreisförmigkeit *die* - **2.** [partie charnue] Rundung *die* - **3.** [de caractère] Offenheit *die*.

rond-point *nm* [place] kreisförmiger Platz, Kreisel *der*.

ronflant, e [rɔ̃flɑ̃, ɑ̃t] *adj péj* [prétentieux] hochtrabend.

ronflement [rɔ̃fləmɑ̃] *nm* - **1.** [de dormeur] Schnarchen *das* - **2.** [de moteur] Brummen *das*.

ronfler [3] [rɔ̃fle] *vi* - **1.** [personne] schnarchen - **2.** [moteur] brummen.

ronger [17] [rɔ̃ʒe] *vt* - **1.** [grignoter, attaquer] zerfressen ; [os] ab|nagen - **2.** *fig* [miner] aus|mergeln, zermürben. ◆ **se ronger** *vp* : **se ~ les ongles** an den Nägeln kauen.

ronronner [3] [rɔ̃rɔne] *vi* [chat] schnurren.

rosace [rozas] *nf* Rosette *die*.

rose [roz] <> *nf* [fleur] Rose *die* <> *nm* [couleur] Rosa *das* <> *adj* [couleur] rosa(farben) ; **~ bonbon** pink, grellrosa.

rosé, e [roze] *adj* - **1.** [vin] Rosé- - **2.** [teinte] rosig. ◆ **rosé** *nm* [vin] Rosé(wein) *der*.

roseau, x [rozo] *nm* Schilfrohr *das*.

rosée [roze] *nf* Tau *der*.

rosier [rozje] *nm* Rosenstrauch *der*, Rose *die*.

rosir [32] [rozir] *vi* leicht erröten.

rosser [3] [rɔse] *vt* verdreschen, verprügeln.

rossignol [rɔsiɲɔl] *nm* [oiseau] Nachtigall *die*.

rot [ro] *nm* Rülpser *der* ; [de nourrisson] Bäuerchen *das* ; **faire son ~** (ein) Bäuerchen machen.

rotatif, ive [rɔtatif, iv] *adj* Dreh-.

rotation [rɔtasjɔ̃] *nf* - **1.** [mouvement] (Achsen)drehung *die* ; [de planète] Umlauf *der* - **2.** [alternance] abwechselnder Einsatz - **3.** ÉCON Kreislauf *der*.

roter [3] [rote] *vi fam* rülpsen.

rôti, e [roti] *adj* CULIN Brat-. ◆ **rôti** *nm* CULIN Braten *der* ; **~ de porc** Schweinebraten ; **~ de veau** Kalbsbraten.

rotin [rɔtɛ̃] *nm* Rattan *das*.

rôtir [32] [rotir] *vt & vi* braten.

rôtisserie [rotisri] *nf* - **1.** [magasin] *Geschäft, in dem gegrilltes Fleisch verkauft wird* - **2.** [restaurant] Grillrestaurant *das*, Rotisserie *die*.

rotonde [rɔtɔ̃d] *nf* - **1.** [bâtiment] Rundbau *der* - **2.** [de bus] Rundsitzbank *die*.

rotule [rɔtyl] *nf* Kniescheibe *die*.

rouage [rwaʒ] *nm* : **les ~s** das Räderwerk.

rouble [rubl] *nm* Rubel *der*.

roucouler [3] [rukule] *vi* - **1.** [pigeons] gurren - **2.** *fig* [personnes] zwitschern.

roue [ru] *nf* - **1.** [gén] Rad *das* ; **~ de secours** Reserverad - **2.** [de loterie] Glücksrad *das*.

rouer [6] [rwe] *vt* : **~ qqn de coups** jn verprügeln.

rouge [ruʒ] <> *nm* - **1.** [couleur] Rot *das* ; **le ~ lui monta aux joues** die Röte stieg ihr ins Gesicht - **2.** *fam* [vin] Rotwein *der* - **3.** [fard] Rouge *das* ; **~ à lèvres** Lippenstift *der* <> *adj* - **1.** [couleur] rot - **2.** *péj* [communiste] rot.

rougeâtre [ruʒatr] *adj* rötlich.

rouge-gorge *nm* Rotkehlchen *das*.

rougeole [ruʒɔl] *nf* Masern *Pl*.

rougeoyer [13] [ruʒwaje] *vi* rot leuchten.

rougeur [ruʒœr] *nf* - **1.** [de ciel, de visage] Röte *die* - **2.** [de peau] roter Fleck.

rougir [32] [ruʒir] <> *vt* [colorer] röten, rot machen <> *vi* - **1.** [devenir rouge] rot werden ; **~ de colère/de honte** vor Wut/Scham erröten - **2.** [avoir honte] : **ne pas avoir à ~ de qqch** sich nicht für etw schämen müssen.

rougissant, e [ruʒisɑ̃, ɑ̃t] *adj* [ciel] glutrot.

rouille [ruj] <> *nf* - **1.** [oxyde] Rost *der* - **2.** CULIN *Paprikamajonäse mit Knoblauch* <> *adj inv* rostfarben.

rouiller [3] [ruje] <> *vt* rosten <> *vi* (ver)rosten. ◆ **se rouiller** *vp* rosten.

roulade [rulad] *nf* - **1.** [galipette] Rolle *die* - **2.** CULIN Roulade *die*.

rouleau, x [rulo] *nm* - **1.** [gén] Walze *die* ; **~ compresseur** Dampfwalze ; **~ encreur** Farbwalze ; **~ à pâtisserie** Nudelholz *das* - **2.** [instrument] Roller *der* ; [pour peindre] Farbroller *der* - **3.** [bigoudi] Haarwickler *der* - **4.** [culin] : **~ de printemps** Frühlingsrolle *die*.

roulement [rulmɑ̃] *nm* - **1.** [action, geste] Rollen *das* - **2.** [rotation - de stock] FIN Umschlag *der* ; [- de personnel] Schichtarbeit *die* ; **~ de capitaux** Kapitalumschlag ; **faire un ~** sich ab|wechseln - **3.** [de tonnerre, de tambour] Grollen *das*, Rollen *das*.

rouler [3] [rule] <> *vt* - **1.** [tonneau, brouette]

weg|rollen **- 2.** [tapis] auf|rollen ; [cigarette] drehen **- 3.** *fam* [duper] übers Ohr hauen ◇ *vi* **- 1.** [ballon, bateau] rollen **- 2.** [véhicule, conducteur] fahren. ◆ **se rouler** *vp* sich rollen ; **se ~ en boule** sich zusammen|rollen ; **se ~ par terre** sich auf dem Boden (herum)|wälzen.
roulette [rulɛt] *nf* **- 1.** [de dentiste] Bohrer *der* **- 2.** [petite roue] Rolle *die* **- 3.** [jeu] Roulette *das.*
roulis [ruli] *nm* Rollen *das.*
roulotte [rulɔt] *nf* [caravane] Wohnwagen *der ;* [à cheval] Planwagen *der.*
roumain, e [rumɛ̃, ɛn] *adj* rumänisch. ◆ **roumain** *nm* [langue] Rumänisch(e) *(das).* ◆ **Roumain, e** *nm, f* Rumäne *der,* -nin *die.*
Roumanie [rumani] *nf* : **la ~** Rumänien *nt.*
rouquin, e [rukɛ̃, in] *fam* ◇ *adj* rothaarig ◇ *nm, f* Rotkopf *der,* rothaarige Person.
rouspéter [18] [ruspete] *vi fam* meckern.
rousse ▷ **roux.**
rousseur [rusœr] *nf* [couleur] Röte *die ;* **taches de ~** Sommersprossen *Pl.*
routage [rutaʒ] *nm* [de journaux] *Zusammenpacken von Zeitungen nach Zustellungsgebieten.*
route [rut] *nf* **- 1.** [gén] Straße *die ;* **prendre la ~** los|fahren ; **~ nationale** ≃ Bundesstraße **- 2.** *loc* : **mettre en ~** [moteur] in Gang setzen ; [projet] in die Wege leiten. ◆ **en route** *loc adv* unterwegs ; **en ~!** auf gehts!
routier, ère [rutje, ɛr] *adj* Straßen-. ◆ **routier** *nm* **- 1.** [chauffeur] Lkw-Fahrer *der,* -in *die* **- 2.** [restaurant] (einfaches) Lokal.
routine [rutin] *nf* Routine *die.*
routinier, ère [rutinje, ɛr] *adj* [travail] Routine- ; **esprit ~** Gewohnheitsmensch *der.*
rouvert, e [ruvɛr, ɛrt] *pp* ▷ **rouvrir.**
rouvrir [34] [ruvrir] ◇ *vt* **- 1.** [porte, fenêtre, yeux] wieder auf|machen ; [livre] wieder auf|schlagen **- 2.** [débat] wieder eröffnen ◇ *vi* wieder auf|machen.
roux, rousse [ru, rus] ◇ *adj* **- 1.** [cheveux, feuilles] rot **- 2.** [sucre] braun ◇ *nm, f* Rothaarige *der,* Rothaarige *die.* ◆ **roux** *nm* **- 1.** [couleur] Rot *das,* Rotbraun *das* **- 2.** CULIN Mehlschwitze *die.*
royal, e, aux [rwajal, o] *adj* **- 1.** [de roi] Königs- **- 2.** [magnifique] königlich, fürstlich.
royaliste [rwajalist] ◇ *nmf* Royalist *der,* -in *die* ◇ *adj* royalistisch.
royaume [rwajom] *nm* Königreich *das ; fig* Reich *das.*
Royaume-Uni [rwajomyni] *nm* : **le ~** das Vereinigte Königreich.
royauté [rwajote] *nf* Königtum *das.*
RPR (*abr de* **Rassemblement pour la République**) *nm national-konservative französische Partei.*
RTL (*abr de* **Radio-télévision Luxembourg**) *n* **- 1.** [Programme] RTL *das* **- 2.** [Anstalt] *Luxemburger Fernseh- und Rundfunkanstalt.*
RTT (*abr de* **réduction du temps de travail**) ◇ *nf* Arbeitszeitverkürzung *die.* ◇ *adj* : **journée ~** *Ferientag aufgrund der Arbeitszeitverkürzung.*
ruade [ryad] *nf* Ausschlagen *das (sans pl).*
ruban [rybɑ̃] *nm* Band *das ;* [de machine à écrire] Farbband *das.*
rubéole [rybeɔl] *nf* Röteln *die.*
rubis [rybi] ◇ *nm* Rubin *der* ◇ *adj inv* rubinrot.
rubrique [rybrik] *nf* Rubrik *die.*
ruche [ryʃ] *nf* [abri de l'essaim] Bienenstock *der.*
rude [ryd] *adj* **- 1.** [surface] roh **- 2.** [personne, manières] ungehobelt **- 3.** [hiver, épreuve] hart ; [adversaire] hart gesotten.
rudesse [rydɛs] *nf* **- 1.** [de climat] Härte *die* **- 2.** [de comportement] Barschheit *die.*
rudimentaire [rydimɑ̃tɛr] *adj* [connaissances] lückenhaft ; [installation] spartanisch.
rudoyer [13] [rydwaje] *vt* unsanft behandeln.
rue [ry] *nf* Straße *die ;* **~ piétonnière** Fußgängerzone *die ;* **être à la ~** *fig* auf der Straße stehen.
ruée [rɥe] *nf* Ansturm *der ;* **la ~ vers l'or** der Goldrausch.
ruelle [rɥɛl] *nf* Gasse *die.*
ruer [7] [rɥe] *vi* aus|schlagen. ◆ **se ruer** *vp* : **se ~ sur qqn/qqch** sich auf jn/etw stürzen.
rugby [rygbi] *nm* Rugby *das.*
rugir [32] [ryʒir] ◇ *vt* aus|stoßen ◇ *vi* **- 1.** [moteur] auf|heulen **- 2.** [vent] heulen.
rugissement [ryʒismɑ̃] *nm* **- 1.** [de lion] Brüllen *das* **- 2.** [de moteur] Aufheulen *das* **- 3.** [de vent] Heulen *das.*
rugosité [rygozite] *nf* Rauheit *die (sans pl).*
rugueux, euse [rygø, øz] *adj* rau ; [sol] uneben.
ruine [rɥin] *nf* **- 1.** [de construction] Ruine *die* **- 2.** [effondrement, perte] Ruin *der* **- 3.** [acquisition] teurer Spaß.
ruiner [3] [rɥine] *vt* ruinieren ; *iron & fig* in den Ruin stürzen. ◆ **se ruiner** *vp* sich ruinieren.
ruineux, euse [rɥinø, øz] *adj* ruinös.
ruisseau, x [rɥiso] *nm* Bach *der.*
ruisseler [24] [rɥisle] *vi* [couler] rinnen.
rumeur [rymœr] *nf* **- 1.** [bruit] Gemurmel *das* **- 2.** [nouvelle] Gerücht *das.*
ruminer [3] [rymine] *vt* wieder|käuen ; **~ qqch** *fig* über etw *(D ou A)* grübeln.

rupture [ryptyr] *nf* - **1.** [cassure] Bruch *der* ; [de câble, de tendon] Riss *der* - **2.** *fig* [changement] abrupter Wandel - **3.** [annulation] : **~ de contrat** Vertragsbruch *der* - **4.** [séparation] Trennung *die*.

rural, e, aux [ryral, o] ◇ *adj* ländlich ◇ *nm, f* Landbewohner *der*, -in *die*.

ruse [ryz] *nf* List *die*.

rusé, e [ryze] ◇ *adj* listig, schlau ◇ *nm, f* Schlitzohr *das*.

russe [rys] ◇ *adj* russisch ◇ *nm* [langue] Russisch(e) *(das)*. ◆ **Russe** *nmf* Russe *der*, -sin *die*.

Russie [rysi] *nf* : **la ~** Russland *nt*.

Rustine® [rystin] *nf* Flicken *der (für Fahrrad)*.

rustique [rystik] ◇ *nm* rustikaler Stil ◇ *adj* - **1.** [mobilier] rustikal - **2.** [manières] bäurisch.

rustre [rystr] *péj* ◇ *nmf* Bauerntölpel *der* ◇ *adj* ungehobelt.

rutilant, e [rytilɑ̃, ɑ̃t] *adj* blitzend.

R-V *abr de* **rendez-vous.**

rythme [ritm] *nm* - **1.** MUS Rhythmus *der* ; **en ~** im Takt - **2.** [de travail, de production] Tempo *das*.

rythmer [3] [ritme] *vt* einen Rhythmus geben ; **~ son travail** seine Arbeit ein|teilen.

rythmique [ritmik] *adj* rhythmisch.

S

s, S [ɛs] *nm inv* - **1.** [lettre] s *das*, S *das* - **2.** [forme] : **en s** S-förmig ; **virage en S** S-Kurve *die*. ◆ **s** (*abr de* **seconde**) s, Sek. ◆ **S** (*abr de* **sud**) S.

sa ▷ **son** *(adj)*.

SA (*abr de* **société anonyme**) *nf* ≃ AG *die*.

sabbatique [sabatik] *adj* [congé] : **année ~** Urlaubsjahr *das*.

sable [sabl] *nm* Sand *der* ; **~s mouvants** Treibsand *(sans pl)*.

sablé, e [sable] *adj* - **1.** [route] gestreut - **2.** CULIN : **pâte ~e** Mürbeteig *der*. ◆ **sablé** *nm* (trockenes) Butterplätzchen.

sabler [3] [sable] *vt* - **1.** [route] streuen - **2.** [boire] : **~ le champagne à l'occasion d'une réjouissance** ein freudiges Ereignis (mit Champagner) begießen.

sablier [sablije] *nm* Sanduhr *die*.

sabot [sabo] *nm* - **1.** [chaussure - en bois] Holzschuh *der* ; [- en cuir et bois] Clog *der* - **2.** [de cheval] Huf *der* - **3.** AUTOM : **~ de frein** Bremsklotz *der*.

sabotage [sabɔtaʒ] *nm* - **1.** [volontaire] Sabotage *die* - **2.** [bâclage] Verpfuschen *das*.

saboter [3] [sabɔte] *vt* - **1.** [volontairement] sabotieren - **2.** [bâcler] verpfuschen.

saboteur, euse [sabɔtœr, øz] *nm, f* - **1.** [destructeur] Saboteur *der*, -in *die* - **2.** [mauvais travailleur] Pfuscher *der*, -in *die*.

sabre [sabr] *nm* Säbel *der*.

sac [sak] *nm* - **1.** [gén] Tasche *die* ; **~ à main** Handtasche - **2.** [pour grains, charbon] Sack *der* - **3.** *sout* [pillage] : **mettre à ~** plündern. ◆ **sac de couchage** *nm* Schlafsack *der*.

saccade [sakad] *nf* Stoß *der*.

saccadé, e [sakade] *adj* stoßartig ; [façon de parler] abgehackt.

saccage [sakaʒ] *nm* Verwüstung *die*.

saccager [17] [sakaʒe] *vt* - **1.** [piller] plündern - **2.** [dévaster] verwüsten ; [travail] zunichte machen.

sacerdoce [sasɛrdɔs] *nm* Priesteramt *das* ; *fig* aufopferungsvolle Aufgabe.

sache *etc* ▷ **savoir.**

sachet [saʃɛ] *nm* Tüte *die* ; **~ de thé** Teebeutel *der*.

sacoche [sakɔʃ] *nf* - **1.** [sac] Umhängetasche *die* - **2.** [de médecin] Arztkoffer *der* - **3.** [de bicyclette] Satteltasche *die*.

sac-poubelle (*pl* **sacs-poubelle**) *nm* Müllbeutel *der*.

sacre [sakr] *nm* - **1.** [de roi] Krönung *die* - **2.** [d'évêque] Weihe *die*.

sacré, e [sakre] *adj* - **1.** [gén] heilig ; **musique ~e** Kirchenmusik *die* - **2.** *fam* [maudit] verflixt.

sacrement [sakrəmɑ̃] *nm* Sakrament *das*.

sacrer [3] [sakre] *vt* - **1.** [roi] krönen - **2.** [évêque] : **~ qqn évêque** jn zum Bischof weihen - **3.** [déclarer] : **~ qqn qqch** jn zu etw ernennen.

sacrifice [sakrifis] *nm* Opfer *das* ; **faire un ~** ein Opfer bringen.

sacrifié, e [sakrifje] *adj* - **1.** [personne] geopfert - **2.** COMM : **prix ~** Schleuderpreis *der*.

sacrifier [9] [sakrifje] *vt* - **1.** [abandonner] : **~ qqch pour faire qqch** etw opfern, um etw zu tun - **2.** [négliger] : **~ qqn/qqch à qqn/qqch** jn/etw zugunsten jm/etw auf|geben. ◆ **se sacrifier** *vp* [se dévouer] : **se ~ à** OU **pour qqn/qqch** sich für jn/etw auf|opfern.

sacrilège [sakrilɛʒ] ◇ *adj* gotteslästerlich ; *fig* frevelhaft ◇ *nm* Gotteslästerung *die* ; *fig* Schande *die* ◇ *nmf* Frevler *der*, -in *die*.

sacristain [sakristɛ̃] *nm* Küster *der*, -in *die*.

sacristie [sakristi] *nf* Sakristei *die*.

sadique [sadik] ◇ *nmf* Sadist *der*, -in *die* ◇ *adj* sadistisch.

sadisme [sadism] *nm* Sadismus *der.*

safari [safari] *nm* Safari *die.*

safari-photo [safarifɔto] (*pl* **safaris-photos**) *nm* Fotosafari *die.*

safran [safrɑ̃] ◇ *nm* - **1.** [épice] Safran *der* - **2.** [de gouvernail] Ruderblatt *das* ◇ *adj inv* safrangelb.

saga [saga] *nf* - **1.** [conte] Saga *die* - **2.** [de famille] Geschichte *die.*

sage [saʒ] ◇ *nm* Weise *der*, Weise *die* ◇ *adj* - **1.** [conseil] weise, klug - **2.** [enfant, chien] brav, artig - **3.** [goûts, vêtement, propos] maßvoll.

sage-femme *nf* Hebamme *die.*

sagesse [saʒɛs] *nf* - **1.** [bon sens] Weisheit *die*, Klugheit *die ;* **la voix de la ~** die Stimme der Vernunft - **2.** [docilité] Folgsamkeit *die.*

Sagittaire [saʒitɛr] *nm* ASTRON & ASTROL Schütze *der ;* **sous le signe du ~** im Zeichen des Schützen.

Sahara [saara] *nm :* **le ~** die Sahara ; **au ~** in der Sahara.

saignant, e [sɛɲɑ̃, ɑ̃t] *adj* - **1.** [blessure] blutend, blutig - **2.** [viande] (nur) halb gebraten.

saignement [sɛɲmɑ̃] *nm* Blutung *die.*

saigner [4] [seɲe] ◇ *vt* - **1.** MÉD zur Ader lassen - **2.** [animal] ab|stechen ◇ *vi* bluten.

saillant, e [sajɑ̃, ɑ̃t] *adj* hervortretend, hervorstehend.

saillie [saji] *nf* - **1.** [avancée] Vorsprung *der* - **2.** [accouplement] Begattung *die.*

sain, e [sɛ̃, sɛn] *adj* - **1.** [gén] gesund ; **~ et sauf** wohlbehalten - **2.** [lectures, goûts] vernünftig.

saint, e [sɛ̃, sɛ̃t] ◇ *adj* heilig ; **l'histoire ~e** die biblische Geschichte ; **avoir une ~e horreur de qqch** eine heilige Abscheu vor etw haben ◇ *nmf* Heilige *der*, Heilige *die.*

sainteté [sɛ̃tte] *nf* Heiligkeit *die ;* **Sa Sainteté** [titre] Seine Heiligkeit.

Saint-Gall [sɛ̃gal] *n* Sankt Gallen *nt.*

Saint-Père [sɛ̃pɛr] *nm* Heiliger Vater.

Saint-Pétersbourg [sɛ̃petɛrsbur] *n* Sankt Petersburg *nt.*

sais *etc* ▷ **savoir.**

saisie [sezi] *nf* - **1.** JUR & FIN Pfändung *die* - **2.** INFORM Datenerfassung *die ;* **erreur de ~** Erfassungsfehler *der.*

saisir [32] [sezir] *vt* - **1.** [empoigner] ergreifen ; [avec force] packen ; **~ une occasion** eine Gelegenheit ergreifen - **2.** JUR & FIN pfänden - **3.** INFORM erfassen, ein|geben - **4.** [comprendre] begreifen - **5.** CULIN an|braten. ◆ **se saisir** *vp :* **se ~ de qqn** jn in seine Gewalt bringen ; **se ~ de qqch** [prendre] etw an sich *(A)* reißen ; [se charger de] etw übernehmen.

saisissant, e [sezisɑ̃, ɑ̃t] *adj* - **1.** [spectacle] ergreifend ; [ressemblance] frappierend - **2.** [froid] durchdringend.

saison [sɛzɔ̃] *nf* - **1.** [de l'année] Jahreszeit *die* - **2.** [époque] Zeit *die ;* **la ~ des amours** Paarungszeit - **3.** [touristique] Saison *die ;* **~ creuse** Nebensaison ; **basse ~** Nachsaison ; **haute ~** Hochsaison.

saisonnier, ère [sɛzɔnje, ɛr] ◇ *adj* saisonabhängig ◇ *nm, f* Saisonarbeiter *der*, -in *die.*

salace [salas] *adj sout* lüstern.

salade [salad] *nf* [plante, plat] Salat *der.*

saladier [saladje] *nm* Salatschüssel *die.*

salaire [salɛr] *nm* [rémunération - de cadre] Gehalt *das ;* [- d'ouvrier] Lohn *der ;* **~ de base** Grundgehalt ; **~ brut** Bruttogehalt ; **~ net** Nettogehalt.

salant [salɑ̃] *adj m* Salz- ; **marais ~** Salzgarten *der.*

salarial, e, aux [salarjal, o] *adj* Lohn-.

salarié, e [salarje] ◇ *adj* - **1.** [personne] angestellt ; **personne ~e** Angestellte *der*, Angestellte *die* - **2.** [travail] unselbstständig ◇ *nm, f* [personne] Beschäftigte *der*, Beschäftigte *die.*

salaud [salo] *vulg* ◇ *nm péj* Schweinehund *der* ◇ *adj m* gemein.

sale [sal] *adj* - **1.** [linge, couleur] schmutzig - **2.** *fam* [déplaisant] eklig, fies ; [coup] schlimm, übel ; **~ tour** Gemeinheit *die.*

salé, e [sale] *adj* - **1.** [eau, lac] Salz- ; [beurre] gesalzen ; [poisson] eingesalzen ; [viande] Pökel- - **2.** [histoire] deftig - **3.** *fam* [addition] gesalzen, gepfeffert.

saler [3] [sale] *vt* - **1.** [plat] salzen - **2.** [poisson, viande] ein|salzen - **3.** [route] streuen.

saleté [salte] *nf* - **1.** [de lieu] Unsauberkeit *die ;* [de personne] Schmuddeligkeit *die* - **2.** [salissure] Dreck *der (sans pl)* - **3.** *fam* [pacotille] Ramsch *der* - **4.** [obscénité] Schweinerei *die* - **5.** [action] Gemeinheit *die ;* **faire une ~ à qqn** jm einen gemeinen Streich spielen.

salir [32] [salir] *vt* - **1.** [linge, mains] dreckig machen, beschmutzen - **2.** [réputation] beflecken ; [personne] in den Schmutz ziehen.

salissant, e [salisɑ̃, ɑ̃t] *adj* - **1.** [travail] dreckig - **2.** [tissu] schmutzempfindlich.

salive [saliv] *nf* Speichel *der*, Spucke *die.*

saliver [3] [salive] *vi* Speichel ab|sondern ; **faire ~ qqn** *fig* jm das Wasser im Munde zusammenlaufen lassen.

salle [sal] *nf* - **1.** [pièce] Raum *der ;* **~ d'attente** Wartezimmer *das ;* **~ de bains** Badezimmer *das ;* **~ d'eau** Waschraum ; **~ d'embarquement** Abflugwartehalle *die*, Wartehalle *die ;* **~ d'opération** OP-Saal *der*,

Operationssaal *der* - **2.** [de spectacle, public] Saal *der ;* ~ **de cinéma** Vorführraum *der.*

salon [salɔ̃] *nm* - **1.** [de maison] Wohnzimmer *das,* Salon *der* - **2.** [foire-exposition] Messe *die.*

salope [salɔp] *nf vulg péj* Schlampe *die.*

saloperie [salɔpri] *nf tfam* - **1.** [pacotille] Schund *der ;* [aliment] Junk-Food *das,* Mist *der* - **2.** [maladie] Seuche *die* - **3.** [salissure] Dreck *der* - **4.** [action, propos] Gemeinheit *die.*

salopette [salɔpɛt] *nf* Latzhose *die.*

saltimbanque [saltɛ̃bɑ̃k] *nmf* Gaukler *der,* -in *die.*

salubre [salybr] *adj* hygienisch einwandfrei ; [climat] gesund.

salubrité [salybrite] *nf* hygienische Unbedenklichkeit.

saluer [7] [salɥe] *vt* - **1.** [dire bonjour à] grüßen - **2.** [accueillir] begrüßen - **3.** [dire au revoir à] sich verabschieden - **4.** MIL : ~ **qqn/qqch** vor jm/etw salutieren ; *fig* jm/etw seine Anerkennung aus|sprechen. ◆ **se saluer** *vp* sich grüßen.

salut [saly] ◇ *nm* - **1.** [signe] Gruß *der* - **2.** [d'acteur] Verbeugung *die* - **3.** [de l'âme] Seelenheil *das,* Heil *das* ◇ *interj fam :* ~! [bonjour] hallo! ; [au revoir] tschüs!

salutaire [salytɛr] *adj* - **1.** [conseil, réflexion] nützlich ; [épreuve] heilsam - **2.** [remède, repos] wohl tuend.

salutation [salytasjɔ̃] *nf* Gruß *der.* ◆ **salutations** *nfpl :* **veuillez agréer mes ~s distinguées** mit freundlichen Grüßen, hochachtungsvoll.

salve [salv] *nf* [d'arme, de rire] Salve *die.*

Salzbourg [salsbur] *n* Salzburg *nt.*

samedi [samdi] *nm* Samstag *der ;* ~ **dernier/prochain** letzten/nächsten Samstag.

SAMU, Samu [samy] (*abr de* **Service d'aide médicale d'urgence**) *nm* Rettungsdienst *der,* Notarzt *der.*

sanatorium [sanatɔrjɔm] *nm* Sanatorium *das.*

sanctifier [9] [sɑ̃ktifje] *vt* heiligen.

sanction [sɑ̃ksjɔ̃] *nf* - **1.** [peine] Bestrafung *die ;* [politique] Sanktion *die ;* **prendre des ~s contre qqn/qqch** gegen jn/etw vor|gehen ; [politique] gegen jn/etw Sanktionen verhängen - **2.** [ratification] Billigung *die.*

sanctionner [3] [sɑ̃ksjɔne] *vt* - **1.** [punir] bestrafen - **2.** [ratifier] billigen.

sanctuaire [sɑ̃ktɥɛr] *nm* RELIG - **1.** [d'église] Altarraum *der* - **2.** [lieu saint] Heiligtum *das.*

sandale [sɑ̃dal] *nf* Sandale *die.*

sandalette [sɑ̃dalɛt] *nf* Sandalette *die.*

sandwich [sɑ̃dwitʃ] (*pl* **sandwiches** OU **sandwichs**) *nm* Sandwich *das.*

sang [sɑ̃] *nm* Blut *das.*

sang-froid *nm inv* Kaltblütigkeit *die ;* **de ~** kaltblütig ; **perdre son ~** die Nerven verlieren.

sanglant, e [sɑ̃glɑ̃, ɑ̃t] *adj* [combat] blutig.

sangle [sɑ̃gl] *nf* Gurt *der.*

sangler [3] [sɑ̃gle] *vt* gurten.

sanglier [sɑ̃glije] *nm* Wildschwein *das.*

sanglot [sɑ̃glo] *nm* Schluchzer *der ;* **éclater en ~s** zu schluchzen beginnen.

sangloter [3] [sɑ̃glɔte] *vi* schluchzen.

sangria [sɑ̃grija] *nf* Sangria *die.*

sangsue [sɑ̃sy] *nf* ZOOL Blutegel *der.*

sanguin, e [sɑ̃gɛ̃, in] *adj* - **1.** ANAT Blut- - **2.** [tempérament] sanguinisch.

sanguinaire [sɑ̃ginɛr] *adj* - **1.** [tyran] blutrünstig - **2.** [brute] blutig.

Sanisette® [sanizɛt] *nf selbst reinigendes öffentliches WC.*

sanitaire [sanitɛr] *adj* - **1.** [service, mesure] Gesundheits- - **2.** [installation, appareil] sanitär. ◆ **sanitaires** *nmpl* Sanitäreinrichtungen *Pl.*

sans [sɑ̃] *prép* ohne ; ~ **faire qqch** ohne etw zu tun ; ~ **défense** schutzlos *(adj).* ◆ **sans plus** *loc adv* mehr nicht. ◆ **sans que** *loc conj (+ subjonctif)* ohne dass ; ~ **que tu le saches** ohne dass du es weißt. ◆ **sans quoi** *loc adv* sonst.

sans-abri *nmf inv* Obdachlose *der,* Obdachlose *die.*

sans-emploi *nmf inv* Stellungslose *der,* Stellungslose *die.*

sans-gêne ◇ *nm inv* Unverschämtheit *die* ◇ *nmf inv* unverschämte Person ◇ *adj inv* unverschämt.

sanskrit [sɑ̃skri] *nm* Sanskrit *das.*

sans-plomb [sɑ̃plɔ̃] *nm inv* bleifreies Benzin ; **prendre du ~** bleifrei tanken.

santé [sɑ̃te] *nf* Gesundheit *die ;* **à ta/votre ~!** auf dein/Ihr Wohl!

santon [sɑ̃tɔ̃] *nm* Krippenfigur *die.*

Santorin [sɑ̃tɔrɛ̃] *n* Santorin *nt,* Thera *nt.*

sapeur-pompier [sapœrpɔ̃pje] *nm* Feuerwehrmann *der.*

saphir [safir] *nm* Saphir *der.*

sapin [sapɛ̃] *nm* Tanne *die ;* ~ **de Noël** Weihnachtsbaum *der.*

sarabande [sarabɑ̃d] *nf* MUS Sarabande *die.*

Sarajevo [sarajevo] *n* Sarajevo *nt,* Sarajewo *nt.*

sarbacane [sarbakan] *nf* Blasrohr *das.*

sarcasme [sarkasm] *nm* Sarkasmus *der.*

sarcastique [sarkastik] *adj* sarkastisch.

sarcler [3] [sarkle] *vt* jäten.
sarcophage [sarkɔfaʒ] *nm* Sarkophag *der.*
Sardaigne [sardɛɲ] *nf* : **la ~** Sardinien *nt.*
sardine [sardin] *nf* Sardine *die.*
sari [sari] *nm* [vêtement] Sari *der.*
SARL, Sarl (*abr de* **société à responsabilité limitée**) *nf* GmbH *die.*
sarment [sarmɑ̃] *nm* Ranke *die.*
Sarrebruck [sarbryk] *n* Saarbrücken *nt.*
sas [sas] *nm* **- 1.** NAVIG & AÉRON Schleuse *die* **- 2.** [d'écluse] Schleusenbecken *das.*
satanique [satanik] *adj* satanisch.
satelliser [3] [satelize] *vt* in die Umlaufbahn bringen.
satellite [satelit] *nm* [gén] Satellit *der* ; **par ~** über Satellit.
satiété [sasjete] *nf* : **à ~** (mehr als) genug ; *fig* bis zum Gehtnichtmehr.
satin [satɛ̃] *nm* Satin *der.*
satiné, e [satine] *adj* seidig. ◆ **satiné** *nm* Seidenglanz *der.*
satire [satir] *nf* Satire *die.*
satirique [satirik] *adj* satirisch.
satisfaction [satisfaksjɔ̃] *nf* **- 1.** [de faim, de désir] Befriedigung *die* **- 2.** [plaisir] Genugtuung *die.*
satisfaire [109] [satisfɛr] *vt* befriedigen ; [faim] stillen. ◆ **se satisfaire** *vp* : **se ~ de qqch** sich mit etw zufrieden geben.
satisfaisant, e [satisfəzɑ̃, ɑ̃t] *adj* **- 1.** [travail] zufrieden stellend **- 2.** [expérience] befriedigend.
satisfait, e [satisfɛ, ɛt] ◇ *pp* ▷ **satisfaire** ◇ *adj* **- 1.** [content] : **~ (de qqch)** (mit etw) zufrieden **- 2.** [curiosité, désir] befriedigt.
saturation [satyrasjɔ̃] *nf* Sättigung *die.*
saturé, e [satyre] *adj* **- 1.** [gaz, marché] gesättigt **- 2.** [personne] : **être ~ de qqch** von etw übersättigt sein.
satyre [satir] *nm* **- 1.** MYTH Satyr *der* **- 2.** [homme lubrique] Lüstling *der.*
sauce [sos] *nf* CULIN Soße *die,* Sauce *die.*
saucer [16] [sose] *vt* : **~ qqch avec qqch** mit etw die Flüssigkeit von etw auf|saugen.
saucisse [sosis] *nf* Wurst *die.*
saucisson [sosisɔ̃] *nm* (Dauer)wurst *die.*
sauf[1]**, sauve** [sof, sov] *adj* gerettet.
sauf[2] [sof] *prép* **- 1.** [à l'exclusion de] : **~ qqn/qqch** außer jm/etw ; **~ que** außer dass **- 2.** [sous réserve] vorbehaltlich einer Sache *(G)* ; **~ erreur** Irrtum vorbehalten.
sauf-conduit (*pl* **sauf-conduits**) *nm* Passierschein *der.*
sauge [soʒ] *nf* Salbei *der.*
saugrenu, e [sogrəny] *adj* abstrus.
saule [sol] *nm* Weide *die* ; **~ pleureur** Trauerweide.
saumon [somɔ̃] ◇ *nm* Lachs *der* ◇ *adj inv* lachsfarben.
saumoné, e [somɔne] *adj* Lachs- ; **truite ~e** Lachsforelle *die.*
sauna [sona] *nm* Sauna *die.*
saupoudrer [3] [sopudre] *vt* : **~ qqch de qqch** CULIN eine Sache mit etw überstreuen ; *fig* etw mit etw aus|schmücken.
saurai *etc* ▷ **savoir.**
saut [so] *nm* Sprung *der* ; **~ à l'élastique** SPORT Bungeejumping *das* ; **faire du ~ à l'élastique** Bungeejumping machen.
sauté, e [sote] *adj* CULIN gebraten ; **pommes de terre ~es** Bratkartoffeln *Pl.*
saute-mouton [sotmutɔ̃] *nm inv* : **jouer à ~** Bock springen.
sauter [3] [sote] ◇ *vi* **- 1.** [bondir] springen ; **~ de joie** *fig* Freudensprünge machen **- 2.** [exploser] in die Luft fliegen **- 3.** [fusible] raus|springen **- 4.** [bouton, chaîne de vélo] ab|springen ; [bouchon] hoch|knallen ; [serrure] auf|springen ◇ *vt* **- 1.** [fossé, obstacle] : **~ qqch** über etw *(A)* springen **- 2.** [page, repas, classe] überspringen.
sauterelle [sotrɛl] *nf* Heuschrecke *die.*
sauteur, euse [sotœr, øz] ◇ *adj* [insecte] hüpfend ◇ *nm, f* [athlète] Springer *der,* -in *die.*
sautiller [3] [sotije] *vi* hüpfen.
sautoir [sotwar] *nm* **- 1.** [bijou] (lange) Halskette *die* **- 2.** SPORT Sprunganlage *die.*
sauvage [sovaʒ] ◇ *nmf* Wilde *der,* Wilde *die* ◇ *adj* **- 1.** [gén] wild ; [plante] wild wachsend **- 2.** [paysage] unberührt.
sauvagerie [sovaʒri] *nf* [férocité] Barbarei *die.*
sauve ▷ **sauf.**
sauvegarde [sovgard] *nf* **- 1.** [protection] Schutz *der* **- 2.** INFORM Sichern *das* ; [copie] Sicherungskopie *die,* Datensicherung *die.*
sauvegarder [3] [sovgarde] ◇ *vt* **- 1.** [réputation, liberté] wahren **- 2.** [monument] schützen **- 3.** INFORM sichern, ab|speichern ◇ *vi* INFORM sichern.
sauve-qui-peut [sovkipø] *nm inv* Panik *die* ; **sauve-qui-peut!** rette sich wer kann!
sauver [3] [sove] *vt* : **~ qqn/qqch (de qqch)** jn/eine Sache (vor etw *(D)*) retten. ◆ **se sauver** *vp* **- 1.** [fuir] davon|laufen **- 2.** [s'échapper] : **se ~ de qqch** einer Sache *(D)* entkommen.
sauvetage [sovtaʒ] *nm* Rettung *die.*
sauveteur [sovtœr] *nm* Retter *der.*
sauvette [sovɛt] ◆ **à la sauvette** ◇ *loc adv* auf die Schnelle ◇ *loc adj* : **revendeur à la ~** fliegender Händler.
savamment [savamɑ̃] *adv* **- 1.** [avec érudition] gelehrt **- 2.** [avec habileté] geschickt.
savane [savan] *nf* Savanne *die.*

savant, e [savɑ̃, ɑ̃t] *adj* - **1.** [érudit] gelehrt - **2.** [habile] klug - **3.** [animal] dressiert. ◆ **savant** *nm* Gelehrte *der*, Gelehrte *die*.

saveur [savœr] *nf* [goût] Aroma *das*.

savoir¹ [59] [savwar] *vt* - **1.** [gén] wissen ; **faire ~ qqch à qqn** jn etw wissen lassen ; **si j'avais su!** wenn ich das gewusst hätte! ; **que je sache** soweit ich weiß ; **reste à ~ si** (es) fragt sich nur, ob - **2.** [être capable de] können ; **sais-tu conduire?** kannst du fahren? - **3.** [nom, leçon] kennen. ◆ **à savoir** *loc adv* das heißt.

savoir² [savwar] *nm* Wissen *das*.

savoir-faire *nm inv* COMM Know-how *das*.

savoir-vivre *nm inv* Lebensart *die*, Kultiviertheit *die*.

savon [savɔ̃] *nm* - **1.** [matière, pain] Seife *die* - **2.** *fam* [réprimande] Gardinenpredigt *die* ; **passer un ~ à qqn** jm den Kopf waschen.

savonnette [savɔnɛt] *nf* kleines Seifenstück.

savourer [3] [savure] *vt* genießen.

savoureux, euse [savurø, øz] *adj* köstlich.

Saxe [saks] *nf* : **la ~** Sachsen *nt*.

saxophone [saksɔfɔn] *nm* Saxofon *das*.

saxophoniste [saksɔfɔnist] *nmf* Saxofonist *der*, *die* Saxofonistin.

scabreux, euse [skabrø, øz] *adj* - **1.** [propos] anstößig - **2.** [entreprise] heikel.

scalpel [skalpɛl] *nm* Skalpell *das*.

scalper [3] [skalpe] *vt* skalpieren.

scandale [skɑ̃dal] *nm* [fait choquant, tapage] Skandal *der*.

scandaleux, euse [skɑ̃dalø, øz] *adj* skandalös.

scandaliser [3] [skɑ̃dalize] *vt* empören. ◆ **se scandaliser** *vp* : **se ~ de qqch** an etw *(D)* Anstoß nehmen.

scander [3] [skɑ̃de] *vt* skandieren.

scandinave [skɑ̃dinav] *adj* skandinavisch. ◆ **Scandinave** *nmf* Skandinavier *der*, -in *die*.

Scandinavie [skɑ̃dinavi] *nf* : **la ~** Skandinavien *nt*.

scanner¹ [skanɛr] *nm* Scanner *der* ; **saisir qqch avec un ~** etw einllesen.

scanner² [3] [skane] *vt* abltasten, scannen.

scaphandre [skafɑ̃dr] *nm* - **1.** [de plongeur] Taucheranzug *der* - **2.** [d'astronaute] Raumanzug *der*.

scatologique [skatɔlɔʒik] *adj* skatologisch.

sceau, x [so] *nm* Siegel *das*.

scélérat, e [selera, at] *sout* ◇ *adj* ruchlos ◇ *nm, f* Schuft *der*.

sceller [4] [sele] *vt* - **1.** [lettre, porte] versiegeln - **2.** CONSTR einlzementieren.

scénario [senarjo] *nm* - **1.** CIN, THÉÂTRE & LITTÉRATURE [histoire] Szenario *das* - **2.** CIN Szenario *das* - **3.** *fig* [rituel] Schema *das*.

scénariste [senarist] *nmf* Drehbuchautor *der*, -in *die*.

scène [sɛn] *nf* - **1.** [gén] Szene *die* - **2.** [estrade] Bühne *die*.

scepticisme [sɛptisism] *nm* - **1.** [incrédulité] Skepsis *die* - **2.** PHILOSOPHIE & RELIG Skeptizismus *der*.

sceptique [sɛptik] ◇ *nmf* Skeptiker *der*, -in *die* ◇ *adj* skeptisch.

être sceptique

Wer hätte das gedacht? Qui aurait cru ça ?

Das fasse ich nicht. Je n'arrive pas à y croire.

Das ist doch nicht die Möglichkeit! Ce n'est pas possible !

Das kann ich mir nicht vorstellen. C'est inimaginable !

Wirklich? Vraiment ?

Das ist wirklich unglaublich. C'est vraiment incroyable.

sceptre [sɛptr] *nm* Zepter *das*.

schéma [ʃema] *nm* Schema *das*.

schématique [ʃematik] *adj* schematisch.

schématiser [3] [ʃematize] *vt* schematisieren.

schisme [ʃism] *nm* - **1.** RELIG Schisma *das* - **2.** [d'opinion] Spaltung *die*.

schizophrène [skizɔfrɛn] ◇ *nmf* Schizophrene *der*, Schizophrene *die* ◇ *adj* schizophren.

schizophrénie [skizɔfreni] *nf* Schizophrenie *die*.

sciatique [sjatik] ◇ *nf* Ischias *der* ◇ *adj* Ischias-.

scie [si] *nf* [outil] Säge *die*.

sciemment [sjamɑ̃] *adv* bewusst, mit (voller) Absicht.

science [sjɑ̃s] *nf* [gén] Wissenschaft *die* ; **~s humaines** Humanwissenschaften *Pl* ; **~s sociales** Sozialwissenschaften *Pl*.

science-fiction *nf* Sciencefiction *die*.

scientifique [sjɑ̃tifik] ◇ *nmf* Wissenschaftler *der*, -in *die* ◇ *adj* wissenschaftlich.

scier [9] [sje] *vt* [bois] sägen.

scierie [siri] *nf* Sägewerk *das*.

scinder [3] [sɛ̃de] *vt* auflspalten. ◆ **se scinder** *vp* : **se ~ en qqch** sich in etw *(A)* spalten.

scintillement [sɛ̃tijmɑ̃] *nm* Funkeln *das.*
scintiller [3] [sɛ̃tije] *vi* funkeln.
scission [sisjɔ̃] *nf* Spaltung *die.*
sciure [sjyr] *nf* Sägemehl *das.*
sclérose [skleroz] *nf* Sklerose *die ; fig* Erstarrung *die ;* ~ **en plaques** multiple Sklerose.
sclérosé, e [skleroze] *adj* (sklerotisch) verhärtet ; *fig* erstarrt.
scolaire [skɔlɛr] *adj* Schul- ; [exposé] schulmeisterlich.
scolarisable [skɔlarizabl] *adj* einschulbar.
scolarité [skɔlarite] *nf* - **1.** [études] Schulbesuch *der,* Schulausbildung *die* - **2.** [durée] Schulzeit *die.*
scooter [skutœr] *nm* Motorroller *der.*
score [skɔr] *nm* Ergebnis *das.*
scorpion [skɔrpjɔ̃] *nm* Skorpion *der.* ◆ **Scorpion** *nm* ASTRON & ASTROL Skorpion *der ;* **sous le signe du Scorpion** im Zeichen des Skorpions.
scotch [skɔtʃ] *nm* [alcool] Scotch *der.*
Scotch® [skɔtʃ] *nm* [adhésif] Tesafilm® *der.*
scotcher [3] [skɔtʃe] *vt* [attacher] (mit Tesafilm) an|kleben ; [fermer] (mit Tesafilm) zu|kleben.
scout, e [skut] ◇ *adj* Pfadfinder- ◇ *nm, f* Pfadfinder *der,* -in *die.*
Scrabble® [skrabl] *nm* Scrabble® *das.*
scribe [skrib] *nm* HIST Schreiber *der.*
scribouillard, e [skribujar, ard] *nm, f péj* Schreiberling *der.*
script [skript] *nm* - **1.** TYPO Blockschrift *die* - **2.** CIN & TÉLÉ Skript *das.*
scripte [skript] *nf* CIN & TÉLÉ Scriptgirl *das.*
scrupule [skrypyl] *nm* - **1.** [cas de conscience] Skrupel *der ;* **sans ~s** skrupellos *(adj)* - **2.** [rigueur, exigence] Gewissenhaftigkeit *die.*
scrupuleux, euse [skrypylø, øz] *adj* - **1.** [conscience] gewissenhaft - **2.** [attention] pingelig.
scrutateur, trice [skrytatœr, tris] *adj* forschend.
scruter [3] [skryte] *vt* - **1.** [dans l'obscurité] mustern - **2.** [horizon] ab|suchen - **3.** [intention] ergründen.
scrutin [skrytɛ̃] *nm* - **1.** [vote] Wahl *die ;* **tour de** ~ Wahlgang *der* - **2.** [système] Wahlrecht *das ;* ~ **majoritaire** Mehrheitswahlrecht ; ~ **proportionnel** Verhältniswahlrecht.
sculpter [3] [skylte] *vt* - **1.** ART : ~ **(qqch)** Skulpturen (aus etw) machen - **2.** [façonner - pierre] (in Stein) meißeln ; [- bois] (aus Holz) schnitzen.
sculpteur [skyltœr] *nm* Bildhauer *der,* -in *die.*
sculpture [skyltyr] *nf* - **1.** ART Bildhauerei *die* - **2.** [objet] Skulptur *die.*
SDF (*abr de* **sans domicile fixe**) *nmf Person ohne festen Wohnsitz.*
se [sə], **s'** *(devant voyelle ou h muet) pron pers* sich ; **ils ~ sont rencontrés hier** sie haben sich gestern getroffen ; **elle ~ lave les mains** sie wäscht sich die Hände ; **elles ~ parlaient** sie sprachen miteinander.
séance [seɑ̃s] *nf* - **1.** [réunion, période] Sitzung *die ;* ~ **plénière** Plenarsitzung - **2.** CIN & THÉÂTRE Vorstellung *die.*
seau, x [so] *nm* Eimer *der ;* ~ **à champagne** Champagnerkübel *der.*
sec, sèche [sɛk, sɛʃ] *adj* - **1.** [gén] trocken ; **vol** ~ Flug *der* ohne Hotelbuchung - **2.** [fruits] getrocknet. ◆ **sec** ◇ *adv* [frapper] hart ; [démarrer] abrupt ◇ *nm :* **tenir qqch au** ~ etw trocken lagern.
sécable [sekabl] *adj* teilbar.
sécateur [sekatœr] *nm* Gartenschere *die.*
sécession [sesesjɔ̃] *nf* Sezession *die.*
sèche [sɛʃ] *adj* ▭ **sec.**
sèche-cheveux *nm inv* Föhn *der.*
sèchement [sɛʃmɑ̃] *adv* - **1.** [accueillir] kühl - **2.** [répondre] ruppig.
sécher [18] [seʃe] ◇ *vt* [rendre sec] trocknen ◇ *vi* - **1.** [linge, route] trocknen - **2.** [pain] vertrocknen.
sécheresse [sɛʃrɛs] *nf* - **1.** [gén] Trockenheit *die* - **2.** [de ton, de cœur] Schroffheit *die ;* **répondre avec ~** schroff antworten.
séchoir [seʃwar] *nm* - **1.** [local] Trockenkammer *die* - **2.** [appareil - étendoir] (Wäsche)trockner *der ;* [- électrique] Haartrockner *der.*
second, e [səgɔ̃, ɔ̃d] ◇ *adj* zweite,-r,-s ◇ *nm, f* Zweite *der,* Zweite *die, das.* ◆ **seconde** *nf* - **1.** [unité de temps, instant] Sekunde *die ;* **je reviens dans une ~e** ich bin gleich wieder da - **2.** SCOL ≃ zehnte Klasse - **3.** [en train] zweite Klasse - **4.** [vitesse] Zweite *der.*
secondaire [səgɔ̃dɛr] *adj* - **1.** [accessoire] untergeordnet ; **rôle** ~ Nebenrolle *die* - **2.** GÉOL : **ère** ~ Mesozoikum *das* - **3.** MÉD Neben- ; **effets ~s** *litt & fig* Nebenwirkungen *Pl* - **4.** SCOL : **enseignement ~** ≃ Sekundarstufe *die.*
seconder [3] [səgɔ̃de] *vt :* ~ **qqn** jm zur Hand gehen.
secouer [6] [səkwe] *vt* - **1.** [objet, arbre, tête] schütteln - **2.** [brusquer] auf|rütteln - **3.** [ébranler] erschüttern. ◆ **se secouer** *vp fam* sich auf|raffen.
secourable [səkurabl] *adj* hilfreich.

secourir [45] [səkurir] *vt :* ~ **qqn** jm Hilfe leisten.

secourisme [səkurism] *nm* Rettungsdienst *der.*

secouriste [səkurist] *nmf* Sanitäter *der,* -in *die.*

secours [səkur] ◇ *nm* [aide] Hilfeleistung *die ;* **appeler au ~** zu Hilfe rufen ; **au ~!** (zu) Hilfe! ◇ *nmpl* - **1.** [dons] Hilfsgüter *Pl* - **2.** [soins] Rettungsaktion *die ;* **apporter les premiers ~ à qqn** jm erste Hilfe leisten - **3.** [renfort] Hilfstruppe *die.* ◆ **de secours** *loc adj* [poste, sortie] Not- ; **roue de ~** Ersatzrad *das ;* **trousse de ~** Verband(s)kasten *der.*

secouru, e [səkury] *pp* ▷ **secourir.**

secousse [səkus] *nf* Stoß *der ; fig* Erschütterung *die.*

secret, ète [səkrɛ, ɛt] *adj* - **1.** [confidentiel, caché] geheim ; [pensée] heimlich - **2.** [personne] verschwiegen. ◆ **secret** *nm* - **1.** [gén] Geheimnis *das ;* **dans le plus grand ~** in aller Heimlichkeit ; **un plat dont il a le ~** ein Gericht, wie nur er es zu machen weiß ; **~ de polichinelle** offenes Geheimnis - **2.** [discrétion] Geheimhaltung *die* - **3.** *loc :* **mettre qqn au ~** jn in Isolationshaft stecken.

secrétaire [səkretɛr] ◇ *nmf* [personne] Sekretär *der,* -in *die* ◇ *nm* [meuble] Sekretär *der.*

secrétariat [səkretarja] *nm* [gén] Sekretariat *das ;* **assurer le ~ de qqn** für jn die Büroarbeit erledigen.

sécréter [18] [sekrete] *vt* ab|sondern.

sécrétion [sekresjɔ̃] *nf* - **1.** [fonction] Absondern *das* - **2.** [substance] Absonderung *die.*

sectaire [sɛktɛr] ◇ *nmf* intoleranter Mensch ◇ *adj* intolerant.

secte [sɛkt] *nf* Sekte *die.*

secteur [sɛktœr] *nm* - **1.** [zone] Sektor *der* - **2.** ADMIN Bezirk *der* - **3.** ÉCON Branche *die ;* **~ primaire/secondaire/tertiaire** primärer/sekundärer/tertiärer Sektor ; **~ privé** Privatsektor *der ;* **~ public** öffentlicher Sektor - **4.** ÉLECTR (Strom)netz *das ;* **panne de ~** Netzausfall *der.*

section [sɛksjɔ̃] *nf* - **1.** [dessin & MATHS] Schnitt *der* - **2.** ADMIN Abteilung *die ;* **~ électorale** Wahlbezirk *der* - **3.** [de parcours, d'autoroute] Abschnitt *der.*

sectionner [3] [sɛksjɔne] *vt* - **1.** [trancher] ab|trennen ; [artère] durch|trennen - **2.** *fig* [diviser] auf|teilen.

sécu [seky] *nf fam abr de* **Sécurité sociale.**

séculaire [sekylɛr] *adj* - **1.** [tradition, préjugé] jahrhundertealt ; [arbre] hundertjährig - **2.** [événement, fête] Jahrhundert-.

sécuriser [3] [sekyrize] *vt :* ~ **qqn** jm ein beruhigendes Gefühl geben.

sécurité [sekyrite] *nf* - **1.** [d'esprit, physique] Sicherheit *die ;* **~ de l'emploi** Arbeitsplatzsicherheit ; **en toute ~** (ganz) beruhigt *(adv) ;* **~ routière** Verkehrssicherheit - **2.** [dispositif] Sicherung *die.* ◆ **Sécurité sociale** *nf französische Sozialversicherung.*

sédatif, ive [sedatif, iv] *adj* MÉD Beruhigungs-. ◆ **sédatif** *nm* MÉD Beruhigungsmittel *das.*

sédentaire [sedɑ̃tɛr] ◇ *nmf* Sesshafte *der, die* Sesshafte ◇ *adj* sesshaft ; **mener une vie trop ~** zu wenig Bewegung haben.

sédentariser [3] [sedɑ̃tarize] ◆ **se sédentariser** *vp* [tribu] sesshaft werden.

sédiment [sedimɑ̃] *nm* Sediment *das.*

sédition [sedisjɔ̃] *nf sout* Aufruhr *der.*

séduction [sedyksjɔ̃] *nf* Verführung *die ;* **pouvoir de ~** Anziehungskraft *die.*

séduire [98] [sedɥir] *vt* - **1.** [sujet : personne] verführen - **2.** [sujet : projet, idée] reizen.

séduisant, e [sedɥizɑ̃, ɑ̃t] *adj* - **1.** [personne] verführerisch - **2.** [offre] verlockend.

séduit, e [sedɥi, it] *pp* ▷ **séduire.**

segment [sɛgmɑ̃] *nm* Segment *das.*

segmenter [3] [sɛgmɑ̃te] *vt* in Teile zerlegen.

ségrégation [segregasjɔ̃] *nf* [discrimination] Segregation *die ;* **~ raciale** Rassentrennung *die.*

seigle [sɛgl] *nm* Roggen *der.*

seigneur [sɛɲœr] *nm* HIST Lehnsherr *der.* ◆ **Seigneur** *nm* Herr(gott) *der.*

sein [sɛ̃] *nm* [mamelle, buste] Brust *die ;* **donner le ~ (à un enfant)** (einem Kind) die Brust geben ; **serrer qqn contre son ~** jn an sich *(A)* drücken. ◆ **au sein de** *loc prép :* **au ~ de qqch** in etw *(D).*

Seine [sɛn] *nf :* **la ~** die Seine.

séisme [seism] *nm* Erdbeben *das.*

seize [sɛz] ◇ *adj inv & pron inv* sechzehn ◇ *nm inv* Sechzehn *die ; voir aussi* **six.**

seizième [sɛzjɛm] ◇ *adj* sechzehnte,-r,-s ◇ *nmf* Sechzehnte *der,* Sechzehnte *die, das* ◇ *nm* [arrondissement] sechzehntes Arrondissement ; *voir aussi* **sixième.**

séjour [seʒur] *nm* - **1.** [durée] Aufenthalt *der ;* **être interdit de ~** Aufenthaltsverbot haben ; **~ linguistique** Sprachaufenthalt - **2.** [pièce] Wohnzimmer *das.*

séjourner [3] [seʒurne] *vi* sich auf|halten.

sel [sɛl] *nm* [de table & CHIM] Salz *das.*

sélection [selɛksjɔ̃] *nf* - **1.** [gén] Auswahl *die* - **2.** [naturelle] Auslese *die.*

sélectionné, e [selɛksjɔne] *adj* ausgewählt.

sélectionner [3] [selɛksjɔne] *vt* aus|wählen.

self-service [sɛlfsɛrvis] (*pl* **self-services**) *nm* Selbstbedienungsrestaurant *das.*

selle [sɛl] *nf* [de cheval, de deux-roues] Sattel *der.*

seller [4] [sele] *vt* satteln.

selon [səlɔ̃] *prép* - **1.** [conformément à] : **~ qqch** gemäß einer Sache *(D)* - **2.** [en fonction de] je nach ; **c'est ~** *fam* je nachdem - **3.** [d'après] nach ; **~ lui** seiner Meinung nach ; **l'Évangile ~ saint Matthieu** das Matthäusevangelium. ◆ **selon que** *loc conj* je nachdem, ob.

semaine [səmɛn] *nf* - **1.** [période] Woche *die* ; **à la ~** wochenweise - **2.** [salaire] Wochenlohn *der.*

sémantique [semɑ̃tik] ◇ *nf* Semantik *die* ◇ *adj* semantisch ; **du point de vue ~** vom Sinn her.

semblable [sɑ̃blabl] ◇ *nm* - **1.** [égal] : **mon ~** meinesgleichen - **2.** [être humain] Mitmensch *der* ◇ *adj* - **1.** [analogue] ähnlich ; **être ~ à qqn/qqch** jm/einer Sache ähnlich sein - **2.** *(avant n)* [tel] derartig.

semblant [sɑ̃blɑ̃] *nm* : **faire ~ de faire qqch** so tun, als ob man etw tun würde.

sembler [3] [sɑ̃ble] ◇ *v attr* zu sein scheinen ; **il semble malade** er scheint krank zu sein ◇ *vi* : **~ faire qqch** etw zu tun scheinen ◇ *v impers* : **il semble que** es scheint, dass ; **il me/te semble que** mir/dir scheint, dass ; **il me semble que vous étiez absent hier** mir scheint, Sie waren gestern nicht da.

semelle [səmɛl] *nf* [de chaussure - extérieure] Sohle *die* ; [- intérieure] Einlage *die.*

semence [səmɑ̃s] *nf* - **1.** [graine] Saat *die* - **2.** [sperme] Samen *der.*

semer [19] [səme] *vt* - **1.** [graines, légumes] säen - **2.** [répandre] verstreuen ; *fig* verbreiten - **3.** [personne] ab|schütteln.

semestre [səmɛstr] *nm* Halbjahr *das.*

semestriel, elle [səmɛstrijɛl] *adj* - **1.** [assemblée, revue] halbjährlich - **2.** [qui dure six mois] sechsmonatig.

séminaire [seminɛr] *nm* Seminar *das.*

séminariste [seminarist] *nm* Seminarist *der.*

semi-remorque [səmirəmɔrk] (*pl* **semi-remorques**) *nm* [camion] Sattelschlepper *der.*

semis [səmi] *nm* - **1.** [plant] Sämling *der* - **2.** [terrain] Saatbeet *das.*

semoule [səmul] *nf* Gries *der.*

sempiternel, elle [sɑ̃pitɛrnɛl] *adj* ewig.

sénat [sena] *nm* - **1.** [assemblée] Senat *der* - **2.** [édifice] Senatsgebäude *das.*

sénateur [senatœr] *nm* Senator *der*, -in *die.*

Sénégal [senegal] *nm* : **le ~** Senegal *nt.*

sénégalais, e [senegalɛ, ɛz] *adj* senegalesisch, senegalisch. ◆ **Sénégalais, e** *nm, f* Senegalese *der*, -sin *die*, Senegaler *der*, -in *die.*

sénile [senil] *adj* - **1.** MÉD senil - **2.** *péj* [gâteux] altersschwachsinnig.

sénilité [senilite] *nf* Senilität *die.*

sens [sɑ̃s] ◇ *nm* - **1.** [fonction, signification] Sinn *der* ; **au ~ propre/figuré** im eigentlichen/übertragenen Sinn - **2.** [instinct] : **avoir le ~ de qqch** für etw ein Gespür haben ; **avoir le ~ des affaires** Geschäftssinn haben - **3.** [raison, sagesse] Verstand *der* ; **bon ~** gesunder Menschenverstand - **4.** [direction] Richtung *die* ; **refaire le chemin en ~ inverse** den ganzen Weg noch einmal zurück|gehen ; **~ interdit** OU **unique** Einbahnstraße *die* ◇ *nmpl* Sinne *Pl* ; **les plaisirs des ~** Sinnenfreuden *Pl.*

sensation [sɑ̃sasjɔ̃] *nf* - **1.** [perception] Empfindung *die* - **2.** [impression] Gefühl *das.*

sensationnel, elle [sɑ̃sasjɔnɛl] *adj* - **1.** [impressionnant] Aufsehen erregend - **2.** *fam* [super] einfach spitze.

sensé, e [sɑ̃se] *adj* vernünftig.

sensibiliser [3] [sɑ̃sibilize] *vt* - **1.** MÉD sensibilisieren - **2.** *fig* [informer] : **~ qqn à qqch** jm etw bewusst machen.

sensibilité [sɑ̃sibilite] *nf* - **1.** [de personne] Empfindsamkeit *die* - **2.** PHOT (Licht)empfindlichkeit *die* - **3.** PHYS [d'appareil] Empfindlichkeit *die.*

sensible [sɑ̃sibl] *adj* - **1.** [émotif] empfindsam - **2.** [notable] spürbar - **3.** [délicat] problematisch ; **point ~** heikle Frage - **4.** [peu résistant] empfindlich ; **~ à qqch** [douleur] gegen etw empfindlich ; [compliments] für etw empfänglich ; **~ à la chaleur** hitzeempfindlich ; **~ au froid** kälteempfindlich.

sensiblement [sɑ̃sibləmɑ̃] *adv* - **1.** [quasiment] annähernd - **2.** [notablement] spürbar.

sensoriel, elle [sɑ̃sɔrjɛl] *adj* Sinnes-.

sensualité [sɑ̃sɥalite] *nf* Sinnlichkeit *die.*

sensuel, elle [sɑ̃sɥɛl] *adj* sinnlich.

sentence [sɑ̃tɑ̃s] *nf* - **1.** [jugement] (Urteils)spruch *der* - **2.** *vieilli* [maxime] Sentenz *die.*

sentencieux, euse [sɑ̃tɑ̃sjø, øz] *adj péj* sentenzenhaft.

senteur [sɑ̃tœr] *nf sout* Duft *der.*

sentier [sɑ̃tje] *nm* Pfad *der* ; **~ de grande randonnée** Fernwanderweg *der.*

sentiment [sɑ̃timɑ̃] *nm* - **1.** [gén] Gefühl *das* ; **faire du ~** auf die Tränendrüse drücken - **2.** [opinion] Auffassung *die.*

sentimental, e, aux [sɑ̃timɑ̃tal, o] ◇ *adj* - **1.** [vie, chanson] Liebes- ; **sur le**

plan ~ in Sachen Liebe - **2.** [personne] gefühlvoll ◇ *nm, f* gefühlsbetonte Person.

sentinelle [sɑ̃tinɛl] *nf* Wache *die.*

sentir [37] [sɑ̃tir] ◇ *vt* - **1.** [à l'odorat] riechen ; [au goût] heraus|schmecken ; [au toucher] fühlen - **2.** [sujet : chose] riechen ; ~ **la vanille/l'ail** nach Vanille/Knoblauch riechen ; ~ **le brûlé** angebrannt riechen - **3.** [percevoir, pressentir] spüren ; **faire ~ à qqn que** jn merken lassen, dass ◇ *vi* riechen ; ~ **bon/mauvais** gut/schlecht riechen. ◆ **se sentir** ◇ *vp* [être perceptible] sich bemerkbar machen ; **ça se sent!** das merkt man! ◇ *v attr :* **se ~ malade/fatigué** sich krank/müde fühlen ; **ne pas se ~ la force de faire qqch** sich zu schwach fühlen, um etw zu tun.

Séoul [seul] *n* Seoul *nt.*

séparation [separasjɔ̃] *nf* Trennung *die.*

séparatiste [separatist] *nmf* Separatist *der,* -in *die.*

séparé, e [separe] *adj* getrennt.

séparer [3] [separe] *vt* - **1.** [gén] trennen ; ~ **qqn/qqch de qqn/qqch** jn etw von jm/etw trennen - **2.** [partager] : ~ **en deux** zweiteilen. ◆ **se séparer** *vp* - **1.** [gén] : **se ~ (de qqn/qqch)** sich (von jm/etw) trennen - **2.** [se disjoindre] sich teilen ; **se ~ en deux** [route, fleuve] sich gabeln.

sept [sɛt] ◇ *adj inv & pron inv* sieben ◇ *nm inv* Sieben *die ; voir aussi* **six.**

septembre [sɛptɑ̃br] *nm* September *der ;* **le premier/trente ~** der erste/dreißigste September ; **c'est arrivé le deux ~** es ist am zweiten September passiert ; **de ~** September- ; **en ~, au mois de ~** im September ; **début ~, au début du mois de ~** Anfang September ; **fin ~, à la fin du mois de ~** Ende September.

septennat [sɛptena] *nm siebenjähriges Mandat des französischen Staatspräsidenten.*

septicémie [sɛptisemi] *nf* Blutvergiftung *die.*

septième [sɛtjɛm] ◇ *adj* siebte,-r,-s ◇ *nmf* Siebte *der,* Siebte *die, das* ◇ *nf* SCOL ≃ fünfte Klasse ◇ *nm* - **1.** [fraction] Siebtel *das* - **2.** [arrondissement] siebtes Arrondissement - **3.** [étage] siebter Stock, siebte Etage ; *voir aussi* **sixième.**

sépulcre [sepylkr] *nm sout* Grab *das.*

sépulture [sepyltyr] *nf* - **1.** [lieu] Grabstätte *die* - **2.** [inhumation] Bestattung *die.*

séquelles [sekɛl] *nfpl* Folgeerscheinungen *Pl.*

séquence [sekɑ̃s] *nf* Sequenz *die.*

séquestrer [3] [sekɛstre] *vt* - **1.** [personne] : ~ **qqn** jn seiner Freiheit berauben - **2.** [biens] zwangsverwalten.

serai *etc* ▷ **être.**

serbe [sɛrb] *adj* serbisch. ◆ **Serbe** *nmf* Serbe *der,* -bin *die.*

Serbie [sɛrbi] *nf :* **la ~** Serbien *nt.*

serbo-croate [sɛrbɔkrɔat] (*pl* **serbo-croates**) ◇ *adj* serbokroatisch ◇ *nm* [langue] Serbokroatisch(e) (*das*). ◆ **Serbo-Croate** *nmf* Serbokroate *der,* -tin *die.*

serein, e [sərɛ̃, ɛn] *adj* [calme] heiter.

sérénade [serenad] *nf* MUS Serenade *die.*

sérénité [serenite] *nf* [calme] Abgeklärtheit *die.*

serf, serve [sɛr(f), sɛrv] *nm, f* HIST Leibeigene *der,* Leibeigene *die.*

sergent [sɛrʒɑ̃] *nm* MIL ≃ Unteroffizier *der.*

série [seri] *nf* - **1.** [succession & MATHS] Reihe *die* - **2.** TÉLÉ Serie *die* - **3.** SPORT Liga *die.* ◆ **en série** *loc adv & loc adj* - **1.** COMM & IND serienmäßig - **2.** ÉLECTR : **montage en ~** Reihenschaltung *die.* ◆ **hors série** *loc adj* Sonder- ; **numéro hors ~** Sonderausgabe *die.* ◆ **série noire** *nf* - **1.** [catastrophes] Pechsträhne *die* - **2.** LITTÉRATURE Kriminalromanreihe *die.*

sérieusement [serjøzmɑ̃] *adv* - **1.** [consciencieusement] ernsthaft - **2.** [gravement] ernstlich ; **je parle ~** ich meine das ernst - **3.** *fam* [vraiment] echt.

sérieux, euse [serjø, øz] *adj* - **1.** [grave, raisonnable] ernst ; **ce n'est pas ~!** das ist doch wohl nicht ernst gemeint! - **2.** [fiable] ernsthaft - **3.** [considérable] groß. ◆ **sérieux** *nm* - **1.** [application] Ernsthaftigkeit *die* - **2.** [gravité] Ernst *der ;* **garder son ~** ernst bleiben ; **prendre qqn/qqch au ~** jn/etw ernst nehmen.

serin [sərɛ̃] *nm* [oiseau] Zeisig *der.*

seringue [sərɛ̃g] *nf* Spritze *die.*

serment [sɛrmɑ̃] *nm* - **1.** [officiel] Eid *der ;* **sous ~** unter Eid - **2.** [promesse] Schwur *der ;* **faire le ~ de faire qqch** schwören, etw zu tun.

sermon [sɛrmɔ̃] *nm* - **1.** RELIG Predigt *die* - **2.** *péj* [remontrance] Gardinenpredigt *die.*

séronégatif, ive [serɔnegatif, iv] *adj* HIV-negativ.

séropositif, ive [serɔpozitif, iv] *adj* HIV-positiv, HIV-infiziert.

séropositivité [serɔpozitivite] *nf* (sero)positiver Zustand.

serpe [sɛrp] *nf* Hippe *die.*

serpent [sɛrpɑ̃] *nm* ZOOL Schlange *die.*

serpenter [3] [sɛrpɑ̃te] *vi* sich schlängeln.

serpillière [sɛrpijɛr] *nf* Scheuerlappen *der.*

serre [sɛr] *nf* [bâtiment] Gewächshaus *das.* ◆ **serres** *nfpl* ZOOL Krallen *Pl* (von Greifvögeln).

serré, e [sere] *adj* - **1.** [dense] gedrängt ;

[tissu] dicht gewebt ; [tapis] eng geknüpft ; **en rangs ~s** dicht gedrängt *(adv)* **- 2.** [vêtement, chaussures, écriture] eng **- 3.** [discussion, match] hart **- 4.** [contracté - gorge] zugeschnürt ; [- poings] geballt ; [- cœur] beklommen.

serre-livres *nm inv* Buchstütze *die.*

serrer [4] [sere] ◇ *vt* **- 1.** [étreindre] drücken ; **~ qqn dans ses bras** jn in die Arme schließen **- 2.** [rapprocher] zusammen|drängen ; **~ les rangs** zusammen|rücken **- 3.** [dents] zusammen|beißen ; [poings] ballen ; [lèvres] zusammen|kneifen ; **ça me serre le cœur** das schnürt mir das Herz zusammen **- 4.** [sujet : vêtement] kneifen ; [sujet : chaussure] drücken **- 5.** [robinet] zu|schrauben ; [vis] an|ziehen ; [ceinture] enger|schnallen **- 6.** [se tenir près de] : **~ qqch** dicht an etw *(A)* heran|fahren ◇ *vi* AUTOM : **~ à droite/gauche** sich rechts/links halten. ◆ **se serrer** *vp* [se rapprocher] zusammen|rücken.

serre-tête [sɛrtɛt] *nm inv* Haarreif *der.*

serrure [seryr] *nf* Schloss *das.*

serrurier [seryrje] *nm* Schlosser *der,* -in *die.*

sertir [32] [sɛrtir] *vt* [pierre précieuse] fassen.

sérum [serɔm] *nm* Serum *das ;* **sanguin** Blutserum ; **~ thérapeutique** Heilserum ; **~ physiologique** Kochsalzlösung *die.*

servage [sɛrvaʒ] *nm* HIST Leibeigenschaft *die ; fig* Hörigkeit *die.*

servante [sɛrvɑ̃t] *nf* Magd *die.*

serve ▷ **serf.**

serveur, euse [sɛrvœr, øz] *nm, f* [de bar, de restaurant] Kellner *der,* -in *die.* ◆ **serveur** *nm* INFORM Dienstprogramm *das,* Server *der.*

servi, e [sɛrvi] *pp* ▷ **servir.**

serviable [sɛrvjabl] *adj* hilfsbereit.

service [sɛrvis] *nm* **- 1.** [fonction & ADMIN] Dienst *der ;* **~ après-vente** COMM Kundendienst ; **~ des postes** Postwesen *das ;* **~ des transports** Transportwesen *das* **- 2.** [fonctionnement] : **être en/hors ~** in/außer Betrieb sein **- 3.** [dans entreprise, hôpital] Abteilung *die ;* **chef de ~** Abteilungsleiter *der ;* **~ (de la) comptabilité** Buchhaltung *die* **- 4.** MIL : **~ (militaire)** Wehrdienst *der* **- 5.** [aide] Gefälligkeit *die ;* **demander un ~ à qqn** jn um einen Gefallen bitten ; **rendre ~ à qqn** jm helfen ; **rendre un ~ à qqn** jm einen Dienst erweisen **- 6.** [au restaurant] Bedienung *die ;* **'~ (non) compris'** 'Bedienung (nicht) inbegriffen' **- 7.** RELIG Gottesdienst *der ;* **~ funèbre** Trauergottesdienst.

serviette [sɛrvjɛt] *nf* **- 1.** [de table] Serviette *die* **- 2.** [de toilette] Handtuch *das* **- 3.** [porte-documents] Aktentasche *die.*

serviette-éponge *nf* Frottiertuch *das.*

servile [sɛrvil] *adj* [personne] unterwürfig ; [flatterie] kriecherisch ; [obéissance] blind.

servir [38] [sɛrvir] ◇ *vt* **- 1.** [client] bedienen **- 2.** [convive] : **~ qqch à qqn** [aliment] jm etw auf den Teller geben ; [plat] jm etw servieren ; [boisson] jm etw ein|schenken **- 3.** [aider] nützen ; **~ les intérêts de qqn** js Interessen dienen **- 4.** [patrie, gouvernement] dienen ◇ *vi* **- 1.** [avoir un usage, tenir le rôle] : **~ à faire qqch** zu etw dienen ; **~ de** dienen als ; **ne pleure pas, ça ne sert à rien** weine nicht, das hilft (auch) nichts **- 2.** [être utile] nützlich sein ; **ça peut toujours** OU **encore ~** das kann (immer) noch mal nützlich sein **- 3.** SPORT [au tennis] auf|schlagen ; [au ping-pong] an|geben. ◆ **se servir** *vp* **- 1.** [gén] sich bedienen ; **se ~ de qqn/qqch** sich js/einer Sache bedienen **- 2.** [boisson] : **se ~ chaud/froid** warm/kalt serviert werden.

serviteur [sɛrvitœr] *nm* Diener *der.*

servitude [sɛrvityd] *nf* [esclavage] Knechtschaft *die.*

ses ▷ **son** *(adj).*

session [sesjɔ̃] *nf* [d'assemblée] Sitzung *die,* Sitzungsdauer *die ;* **~ (extra)ordinaire** (außer)ordentliche Sitzung(speriode).

set [sɛt] *nm* **- 1.** SPORT Satz *der* **- 2.** [napperon] : **~ (de table)** Set *das.*

seuil [sœj] *nm* **- 1.** [de porte] Schwelle *die* **- 2.** *fig* [limite] (Unter)grenze *die.*

seul, e [sœl] ◇ *adj* **- 1.** [isolé, simple] allein ; **le ~ fait que** allein die Tatsache, dass ; **~ à ~** unter vier Augen **- 2.** [unique] : **le ~, la ~e** *(+ nom)* der OU die OU das einzige ; **un ~, une ~e** *(+ nom)* ein einziger, eine einzige, ein einziges **- 3.** [célibataire] allein stehend ◇ *nm, f* [unique] : **le ~, la ~e** der OU die OU das einzige ; **un ~, une ~e** ein einziger, eine einzige, ein einziges. ◆ **seul** *adv* **- 1.** [gén] allein ; **(tout) ~** (ganz) allein ; **parler tout ~** Selbstgespräche führen ; **ça va tout ~** das geht problemlos **- 2.** [uniquement] nur ; **~ le hasard peut nous sauver** nur noch der Zufall kann uns retten.

seulement [sœlmɑ̃] *adv* **- 1.** [gén] nur **- 2.** [pas plus tôt que] erst **- 3.** [même] : **pas ~** noch nicht einmal ; **non ~ ... mais encore** OU **aussi** nicht nur ... sondern auch.

sève [sɛv] *nf* BOT Saft *der.*

sévère [sever] *adj* **- 1.** [exigeant, austère] streng **- 2.** [perte, dégâts] schwer.

sévérité [severite] *nf* **- 1.** [dureté, austérité] Strenge *die* **- 2.** [de mesures, de peine] Härte *die.*

sévices [sevis] *nmpl* Misshandlungen *Pl ;* **subir des ~** misshandelt werden.

sévir [32] [sevir] *vi* **- 1.** [punir] hart

durch|greifen ; ~ **contre qqn** gegen jn streng vor|gehen - **2.** [épidémie] wüten.

sevrer [19] [səvre] *vt* [enfant] ab|stillen.

sexe [sɛks] *nm* - **1.** [catégorie] Geschlecht *das* - **2.** [organe] Geschlechtsteile *Pl* - **3.** [sexualité] Sex *der.*

sexiste [sɛksist] ◇ *nmf* Sexist *der*, -in *die* ◇ *adj* sexistisch.

sexologue [sɛksɔlɔg] *nmf* Sexualwissenschaftler *der*, -in *die.*

sex-shop [sɛksʃɔp] (*pl* **sex-shops**) *nm* Sexshop *der.*

sextant [sɛkstɑ̃] *nm* Sextant *der.*

sexualité [sɛksɥalite] *nf* Sexualität *die*, Geschlechtlichkeit *die.*

sexuel, elle [sɛksɥɛl] *adj* geschlechtlich ; **relations ~les** Geschlechtsverkehr *der (sans pl).*

sexy [sɛksi] *adj inv fam* sexy.

seyant, e [sɛjɑ̃, ɑ̃t] *adj* [vêtement] kleidsam ; [coiffure] gefällig.

shampooing, shampoing [ʃɑ̃pwɛ̃] *nm* - **1.** [produit] Shampoo *das* - **2.** [lavage] Haarwäsche *die ;* **faire un ~ à qqn** jm die Haare waschen.

shérif [ʃerif] *nm* Sheriff *der.*

shopping [ʃɔpiŋ] *nm* Einkaufsbummel *der ;* **faire du ~** einen Einkaufsbummel machen.

short [ʃɔrt] *nm* Shorts *Pl.*

show-business [ʃobiznɛs] *nm inv* Showbusiness *das.*

si[1] [si] *nm inv* MUS h *das*, H *das.*

si[2] [si], **s'** *(devant « il » ou « ils »)* ◇ *adv* - **1.** [gén] so ; **elle est ~ belle** sie ist so schön ; **Pierre ne court pas ~ vite que Jean** Pierre läuft nicht so schnell wie Jean ; **~ intelligente qu'elle soit** so intelligent sie auch sein mag - **2.** [oui] doch ◇ *conj* - **1.** [au cas où] wenn ; **~ tu veux, on y va** wenn du willst, gehen wir - **2.** [d'hypothèse improbable] : **~ elle gagnait au loto** falls sie im Lotto gewinnen sollte - **3.** [interrogation] ob ; **je ne sais pas s'il est parti** ich weiß nicht, ob er weggefahren ist ◆ **si bien que** *loc conj* sodass. ◆ **si ce n'est** *loc prép* wenn nicht (gar). ◆ **si ce n'est que** *loc conj* außer dass.

siamois, e [sjamwa, az] *adj* siamesisch ; **chat ~** Siamkatze *die ;* **frères ~** siamesische Zwillinge ; **sœurs ~es** siamesische Zwillinge.

Sibérie [siberi] *nf :* **la ~** Sibirien *nt.*

sibyllin, e [sibilɛ̃, in] *adj* [obscur] rätselhaft.

Sicile [sisil] *nf :* **la ~** Sizilien *nt.*

sicilien, enne [sisiljɛ̃, ɛn] *adj* sizilianisch, sizilisch. ◆ **Sicilien, enne** *nm, f* Sizilianer *der*, -in *die*, Sizilier *der*, -in *die.*

SIDA, sida [sida] (*abr de* **syndrome immunodéficitaire acquis**) *nm* Aids *das.*

side-car [sidkar] (*pl* **side-cars**) *nm* Beiwagen *der.*

sidéré, e [sidere] *adj* verblüfft.

sidérer [18] [sidere] *vt fam* fassungslos machen.

sidérurgie [sideryrʒi] *nf* [industrie] Eisen- und Stahlindustrie *die.*

siècle [sjɛkl] *nm* - **1.** [période, date] Jahrhundert *das ;* **au XXe ~** im 20. Jahrhundert - **2.** [époque, âge] Zeitalter *das* - **3.** *fam* [éternité] Ewigkeit *die ;* **ça peut durer des ~s** das kann Ewigkeiten dauern.

siège [sjɛʒ] *nm* - **1.** [meuble, mandat, d'entreprise] Sitz *der ;* **~ social** Firmensitz, Unternehmenssitz - **2.** MIL Belagerung *die* - **3.** MÉD [postérieur] Steiß *der.*

siéger [22] [sjeʒe] *vi* - **1.** [personne, mal] sitzen - **2.** [cour, tribunal - tenir séance] tagen.

sien [sjɛ̃] ◆ **le sien** (*f* **la sienne** [lasjɛn] ; *mpl* **les siens** [lesjɛ̃] ; *fpl* **les siennes** [lesjɛn]) *pron poss* [à lui] seine,-r,-s, der ou die ou das seine ; [à elle] ihre,-r,-s, der ou die ou das ihre ; **ma voiture roule plus vite que la ~ne** mein Wagen ist schneller als seiner ou ihrer.

sieste [sjɛst] *nf* Mittagsschlaf *der.*

sifflement [sifləmɑ̃] *nm* Pfeifen *das.*

siffler [3] [sifle] ◇ *vi* - **1.** [gén] pfeifen - **2.** [serpent] zischen ◇ *vt* - **1.** [air, chanson] pfeifen - **2.** [appeler] : **~ son chien** (nach) seinem Hund pfeifen ; **~ une fille** hinter einem Mädchen her|pfeifen - **3.** [huer] aus|pfeifen.

sifflet [siflɛ] *nm* - **1.** [instrument] (Triller)pfeife *die* - **2.** [son, huée] Pfiff *der* - **3.** SPORT : **coup de ~** [initial] Anpfiff ; [final] Abpfiff.

siffloter [3] [siflɔte] *vi & vt* vor sich hin pfeifen.

sigle [sigl] *nm* Abkürzung *die*, Kürzel *das.*

signal, aux [siɲal, o] *nm* - **1.** [signe] Zeichen *das* - **2.** [d'avertissement] Signal *das ;* **donner le ~ (de qqch)** das Zeichen (zu etw) geben ; **~ d'alarme** Alarmsignal ; **~ de détresse** Notsignal.

signalement [siɲalmɑ̃] *nm* Beschreibung *die.*

signaler [3] [siɲale] *vt* - **1.** [indiquer] an|zeigen - **2.** [attirer l'attention sur] : **~ qqch (à qqn)** (jn) auf etw *(A)* aufmerksam machen ; **rien à ~** keine besonderen Vorkommnisse.

signalétique [siɲaletik] *adj :* **fiche ~** Personalbogen *der ;* **plaque ~** Kennzeichen *das*, Schild *das.*

signalisation [siɲalizasjɔ̃] *nf* **- 1.** [par panneaux] Beschilderung *die*, Ausschilderung *die* **- 2.** [lumineuse, acoustique] Signalsystem *das ;* **~ routière** Verkehrszeichen *Pl.*
signataire [siɲatɛr] *nmf* Unterzeichner *der*, -in *die.*
signature [siɲatyr] *nf* [nom, marque] Unterschrift *die ;* **apposer sa ~ au bas d'une lettre** seine Unterschrift unter einen Brief setzen.
signe [siɲ] *nm* **- 1.** [gén] Zeichen *das* **- 2.** [caractéristique] Kennzeichen *das ;* **~ particulier** besonderes Kennzeichen **- 3.** ASTROL Sternzeichen *das.*
signer [3] [siɲe] *vt* unterschreiben. ◆ **se signer** *vp* sich bekreuzigen.
signet [siɲɛ] *nm* Lesezeichen *das.*
significatif, ive [siɲifikatif, iv] *adj :* **~ (de qqch)** (für etw) bezeichnend.
signification [siɲifikasjɔ̃] *nf* [sens] Bedeutung *die.*
signifier [9] [siɲifje] *vt* [vouloir dire] bedeuten.
silence [silɑ̃s] *nm* **- 1.** [mutisme, pause] Schweigen *das* **- 2.** [tranquillité] Stille *die.*
silencieux, euse [silɑ̃sjø, øz] *adj* **- 1.** [sans parler] still, stumm **- 2.** [taciturne] schweigsam **- 3.** [sans bruit - véhicule, mécanisme] geräuscharm ; [- pas] leise ; [- lieu] ruhig. ◆ **silencieux** *nm* [d'arme] Schalldämpfer *der.*
silex [silɛks] *nm* Feuerstein *der.*
silhouette [silwɛt] *nf* **- 1.** [au loin, à l'horizon] Silhouette *die* **- 2.** [dessin] Umriss *der* **- 3.** [corps] Figur *die.*
sillage [sijaʒ] *nm* NAVIG Kielwasser *das ;* **marcher dans le ~ de qqn** *fig* in js Fußstapfen treten.
sillon [sijɔ̃] *nm* **- 1.** [tranchée, ride] Furche *die* **- 2.** [de disque] Rille *die.*
sillonner [3] [sijɔne] *vt* **- 1.** [creuser] (durch)furchen ; **visage sillonné de rides** zerfurchtes Gesicht **- 2.** [sujet : personne] : **~ qqch** durch etw ziehen.
silo [silo] *nm* Silo *der.*
simagrées [simagre] *nfpl péj* Getue *das (sans pl).*
similaire [similɛr] *adj* gleichartig.
similarité [similarite] *nf* Gleichartigkeit *die.*
similicuir [similikɥir] *nm* Kunstleder *das.*
similitude [similityd] *nf* Ähnlichkeit *die.*
simple [sɛ̃pl] ◇ *adj* einfach ; **c'est ~ comme bonjour** das ist kinderleicht ◇ *nm* **- 1.** [naïf] : **~ d'esprit** Einfaltspinsel *der* **- 2.** [au tennis] Einzel *das.*
simplement [sɛ̃pləmɑ̃] *adv* einfach.
simplicité [sɛ̃plisite] *nf* **- 1.** [facilité] Einfachheit *die* **- 2.** [modestie] Natürlichkeit *die.*
simplifier [9] [sɛ̃plifje] *vt* **- 1.** [faciliter] vereinfachen ; **~ la tâche à qqn** es jm leicht machen **- 2.** MATHS kürzen.
simpliste [sɛ̃plist] *adj péj* einseitig, vergröbernd.
simulacre [simylakr] *nm* **- 1.** *péj* [semblant] Trugbild *das ;* **un ~ de gouvernement** eine Pseudoregierung **- 2.** [action simulée] Schein *der ;* **~ de combat** Scheingefecht *das.*
simulateur, trice [simylatœr, tris] *nm, f péj* Simulant *der*, -in *die.* ◆ **simulateur** *nm* TECHNOL Simulator *der ;* **~ de vol** Flugsimulator.
simulation [simylasjɔ̃] *nf* **- 1.** [de sentiment] Vortäuschung *die ;* [de maladie] Simulieren *das* **- 2.** TECHNOL Simulation *die.*
simuler [3] [simyle] *vt* **- 1.** [feindre] vor|täuschen **- 2.** TECHNOL simulieren.
simultané, e [simyltane] *adj* gleichzeitig ; **traduction ~e** Simultanübersetzung *die.*
sincère [sɛ̃sɛr] *adj* **- 1.** [personne] ehrlich **- 2.** [regrets, sentiment] aufrichtig.
sincèrement [sɛ̃sɛrmɑ̃] *adv* **- 1.** [franchement] ganz offen ; **~, je crois que vous vous trompez** ehrlich gesagt glaube ich, dass Sie sich irren **- 2.** [vraiment] aufrichtig.
sincérité [sɛ̃serite] *nf* **- 1.** [franchise] Ehrlichkeit *die* **- 2.** [honnêteté] Aufrichtigkeit *die.*
sine qua non [sinekwanɔn] *loc adj inv :* **condition ~** unerlässliche Voraussetzung.
Singapour [sɛ̃gapur] *n* Singapur *nt.*
singe [sɛ̃ʒ] *nm* Affe *der.*
singer [17] [sɛ̃ʒe] *vt péj* **- 1.** [imiter] nach|äffen **- 2.** [feindre] vor|gaukeln.
singeries [sɛ̃ʒri] *nfpl* Nachäfferei *die (sans pl).*
singulariser [3] [sɛ̃gylarize] *vt* von den anderen ab|heben. ◆ **se singulariser** *vp* sich von den anderen ab|heben.
singularité [sɛ̃gylarite] *nf* **- 1.** *sout* [bizarrerie] Sonderbarkeit *die* **- 2.** [particularité] Eigentümlichkeit *die.*
singulier, ère [sɛ̃gylje, ɛr] *adj* **- 1.** [bizarre] sonderbar **- 2.** [particulier] eigentümlich **- 3.** GRAM in der Einzahl **- 4.** [à deux] : **combat ~** Einzelkampf *der.* ◆ **singulier** *nm* GRAM Einzahl *die.*
singulièrement [sɛ̃gyljɛrmɑ̃] *adv* **- 1.** [beaucoup] ganz besonders **- 2.** [bizarrement] sonderbar.
sinistre [sinistr] ◇ *nm* **- 1.** [catastrophe] Unglück *das*, Katastrophe *die* **- 2.** JUR Schaden *der* ◇ *adj* **- 1.** [triste, ennuyeux] düster **- 2.** [inquiétant] finster ; **bruit ~**

beängstigendes Geräusch - **3.** [de mauvais augure] Unheil verkündend.

sinistré, e [sinistre] <> *adj* geschädigt <> *nm, f* Geschädigte *der*, Geschädigte *die*.

sinon [sinɔ̃] *conj* - **1.** [autrement] sonst - **2.** [sauf] außer.

sinueux, euse [sinɥø, øz] *adj* gewunden ; *fig* umständlich ; **route sinueuse** kurvenreiche Straße.

sinuosité [sinɥozite] *nf* Windung *die*.

sinus [sinys] *nm* - **1.** ANAT Höhle *die* - **2.** MATHS Sinus *der*.

sinusite [sinyzit] *nf* Nebenhöhlenentzündung *die*.

Sion [sjɔ̃] *n* Sitten *nt*.

sionisme [sjɔnism] *nm* Zionismus *der*.

siphon [sifɔ̃] *nm* - **1.** [de lavabo] Geruchverschluss *der* - **2.** [tube] Saugheber *der* - **3.** [bouteille] Sifon *der*.

siphonner [3] [sifɔne] *vt* ab|saugen.

sirène [sirɛn] *nf* Sirene *die*.

sirocco, siroco [sirɔko] *nm* Schirokko *der*.

sirop [siro] *nm* Sirup *der* ; **~ d'érable** Ahornsirup ; **~ de menthe** Pfefferminzsirup.

siroter [3] [sirɔte] *vt fam* schlürfen.

sismique [sismik] *adj* Erdbeben- ; **secousse ~** Erdstoß *der*.

site [sit] *nm* - **1.** [emplacement] Lage *die* ; **~ historique/archéologique** historische/archäologische Stätte ; **~ naturel** unberührte Landschaft - **2.** [paysage] Landschaft *die* - **3.** IND : **~ industriel** Industriestandort *der* ; **~ (de production)** Produktionsstätte *die* - **4.** : INFORM **~ Web** Website *die*.

sitôt [sito] *adv* sobald ; **~ dit, ~ fait** gesagt, getan ; **pas de ~** nicht so bald. ◆ **sitôt que** *loc conj* sobald.

situation [sitɥasjɔ̃] *nf* - **1.** [emplacement, contexte] Lage *die* ; **~ de famille** Familienstand *der* - **2.** [emploi] Stellung *die*.

situé, e [sitɥe] *adj* : **bien/mal ~** [emplacement] schön/ungünstig gelegen.

situer [7] [sitɥe] *vt* - **1.** [localiser] ausfindig machen - **2.** [classer] ein|ordnen - **3.** [placer] hin|stellen.

six [*en fin de phrase* sis, *devant consonne ou h aspiré* si, *devant voyelle ou h muet* siz] <> *adj inv* sechs ; **il est arrivé le ~ mars** er ist am sechsten März angekommen ; **le ~ janvier 2000** der sechste Januar 2000 ; **il a ~ ans** er ist sechs Jahre alt ; **il est ~ heures** es ist sechs Uhr ; **Charles ~** Karl der Sechste <> *nm inv* Sechs *die* ; **elle habite (au) ~ rue de Valois** sie wohnt in der Rue de Valois Nummer sechs ; **perdre ~ à neuf** sechs zu neun verlieren ; **le ~ de cœur** Herz Sechs <> *pron inv* sechs ; **à ~** zu sechst ; **ils étaient ~** sie waren zu sechst ; **en ~** in sechs Teile ; **~ par ~** in Sechsergruppen ; **une fois sur ~** jedes sechste Mal ; **cinq personnes sur ~** fünf Personen von sechs.

sixième [sizjɛm] <> *adj* sechste,-r,-s <> *nmf* [de position] Sechste *der*, Sechste *die, das* ; **arriver** ou **se classer ~** Sechster werden, Sechste werden <> *nf* SCOL ≃ sechste Klasse ; **entrer en ~** in die sechste Klasse kommen ; **être en ~** in der sechsten Klasse sein <> *nm* - **1.** [fraction] : **le/un ~ de qqch** das/ein Sechstel von etw ; **cinq ~s** fünf Sechstel - **2.** [arrondissement] sechstes Arrondissement - **3.** [étage] sechster Stock, sechste Etage.

skateboard [skɛtbɔrd] *nm* Skateboard *das*.

sketch [skɛtʃ] (*pl* **sketches**) *nm* Sketsch *der*.

ski [ski] *nm* - **1.** [patin] Ski *der* - **2.** SPORT Skilaufen *das* ; **faire du ~** Ski fahren ; **~ alpin** alpiner Skilauf ; **~ de fond** Langlauf *der* ; **~ nautique** Wasserski *das*.

skier [10] [skje] *vi* Ski laufen.

skieur, euse [skjœr, øz] *nm, f* Skiläufer *der*, -in *die*.

skipper [skipœr] *nm* Skipper *der*.

slalom [slalɔm] *nm* Slalom *der*, Slalomlauf *der*.

slave [slav] <> *adj* slawisch <> *nm* [langue] Slawisch(e) (*das*).

slip [slip] *nm* Slip *der*.

slogan [slɔgɑ̃] *nm* Schlagwort *das* ; **~ publicitaire** Werbeslogan *der*.

slovaque [slɔvak] <> *adj* slowakisch <> *nm* [langue] Slowakisch(e) (*das*). ◆ **Slovaque** *nmf* Slowake *der*, -kin *die*.

Slovaquie [slɔvaki] *nf* : **la ~** die Slowakei.

slovène [slɔvɛn] <> *adj* slowenisch <> *nm* [langue] Slowenisch(e) (*das*). ◆ **Slovène** *nmf* Slowene *der*, -nin *die*.

Slovénie [slɔveni] *nf* : **la ~** Slowenien *nt*.

slow [slo] *nm* Slow *der*.

smala, smalah [smala] *nf fam* [famille nombreuse] Sippe *die*.

smasher [3] [smaʃe] *vi* schmettern.

SMIC, Smic [smik] (*abr de* **salaire minimum interprofessionnel de croissance**) *nm* garantierter Mindestlohn.

smiley [smaɪlɪ] *nm* Smilie *der*, Smiley *der*.

smoking [smɔkiŋ] *nm* Smoking *der*.

SMS [ɛsɛmɛs] (*abr de* **Short Message System**) *nm* SMS *die*.

SNCF (*abr de* **Société nationale des chemins de fer français**) *nf französische Staatsbahnen*.

snob [snɔb] <> *nmf* Snob *der* <> *adj* snobistisch.

snober [3] [snɔbe] *vt* herablassend behandeln.

snobisme [snɔbism] *nm* Snobismus *der.*
soap opera [sopɔpera] (*pl* **soap operas**), **soap** [sop] (*pl* **soaps**) *nm* Soap *die*, Seifenoper *die.*
sobre [sɔbr] *adj* **- 1.** [modéré] enthaltsam **- 2.** [simple] schlicht.
sobriété [sɔbrijete] *nf* **- 1.** [mesure] Mäßigkeit *die* **- 2.** [simplicité] Schlichtheit *die.*
sobriquet [sɔbrikɛ] *nm* Spitzname *der.*
soc [sɔk] *nm* Pflugschar *die.*
sociable [sɔsjabl] *adj* gesellig.
social, e, aux [sɔsjal, o] *adj* **- 1.** [de la société] gesellschaftlich ; **classe ~e** ≃ Gesellschaftsklasse *die* **- 2.** [pour la collectivité & ADMIN] sozial ; **assistante ~e** Sozialarbeiterin *die* ; **service ~** Sozialabteilung *die* **- 3.** COMM : **raison ~e** Firmenname *der* ; ▷ **siège.** ◈ **social** *nm* Sozialbereich *der.*
socialisme [sɔsjalism] *nm* Sozialismus *der.*
socialiste [sɔsjalist] ◇ *nmf* Sozialist *der*, -in *die* ◇ *adj* sozialistisch.
sociétaire [sɔsjetɛr] *nmf* [d'association] Mitglied *das* ; [de société] Gesellschafter *der*, -in *die.*
société [sɔsjete] *nf* Gesellschaft *die* ; **~ anonyme** ≃ Aktiengesellschaft, AG *die* ; **~ à responsabilité limitée** ≃ Gesellschaft mit beschränkter Haftung, GmbH *die.*
sociologie [sɔsjɔlɔʒi] *nf* Soziologie *die.*
sociologue [sɔsjɔlɔg] *nmf* Soziologe *der*, -gin *die.*
socioprofessionnel, elle [sɔsjɔprɔfɛsjɔnɛl] *adj* Berufs-.
socle [sɔkl] *nm* ARCHIT Sockel *der.*
socquette [sɔkɛt] *nf* Söckchen *das.*
soda [sɔda] *nm* Sodawasser *das.*
sodium [sɔdjɔm] *nm* Natrium *das.*
sodomiser [3] [sɔdɔmize] *vt* sodomisieren.
sœur [sœr] *nf* Schwester *die.*
sofa [sɔfa] *nm* Sofa *das.*
SOFRES, Sofres [sɔfrɛs] (*abr de* **Société française d'enquête par sondages**) *nf französisches Meinungsforschungsinstitut.*
software [sɔftwɛr] *nm* INFORM Software *die.*
soi [swa] *pron pers* sich ; **n'aimer que ~** nur sich selbst lieben ; **cela va de ~** das versteht sich von selbst.
soi-disant [swadizɑ̃] ◇ *adj inv* **- 1.** *péj* [qui se prétend] Pseudo-, selbst ernannt **- 2.** [prétendu] vermeintlich ◇ *adv fam* angeblich.
soie [swa] *nf* **- 1.** [textile] Seide *die* **- 2.** [poil] Borste *die.*
soierie [swari] *nf* [textile] Seidenstoffe *Pl.*
soif [swaf] *nf* Durst *der* ; **avoir ~** Durst haben, durstig sein ; **~ de qqch** *fig* Durst nach etw.
soigné, e [swaɲe] *adj* **- 1.** [travail] sorgfältig **- 2.** [personne, mains] gepflegt.
soigner [3] [swaɲe] *vt* **- 1.** [guérir] behandeln **- 2.** [s'occuper de - personne] umsorgen ; [- jardin, présentation] pflegen ; **~ un travail** eine Arbeit sorgfältig erledigen. ◈ **se soigner** *vp* [personne] sich gesund pflegen ; **la tuberculose, ça se soigne** Tuberkulose ist heilbar.
soigneur [swaɲœr] *nm* Betreuer *der*, -in *die.*
soigneusement [swaɲøzmɑ̃] *adv* **- 1.** [méticuleusement] sorgfältig **- 2.** [sérieusement] sorgsam.
soigneux, euse [swaɲø, øz] *adj* **- 1.** [ordonné] gründlich **- 2.** [recherches] sorgfältig.
soi-même [swamɛm] *pron pers* sich selbst ; **il faut toujours tout faire ~** man muss immer alles selber machen.
soin [swɛ̃] *nm* **- 1.** [application] Sorgfalt *die* ; **avec/sans ~** mit/ohne Sorgfalt ; **avoir ~ de bien refermer le tube** darauf achten, die Tube wieder gut zu verschließen **- 2.** [souci] Erledigung *die* ; **prendre le ~ de faire qqch** sich die Mühe machen, etw zu tun **- 3.** [sollicitude] : **prendre ~ de qqn/qqch** für jn/etw sorgen. ◈ **soins** *nmpl* Behandlung *die (sans pl)* ; **être aux petits ~s pour qqn** jn verwöhnen ; **recevoir des ~s** verarztet werden.
soir [swar] *nm* Abend *der* ; **ce ~** heute Abend ; **mardi ~** Dienstagabend.
soirée [sware] *nf* **- 1.** [moment de la journée] Abend *der* **- 2.** [réception] Party *die* ; **tenue de ~** Abendkleidung *die.*
sois *etc* ▷ **être**[1].
soit[1] [swat] *adv sout* : **(eh bien) ~!** meinetwegen!, nun gut!
soit[2] [swa] ◇ *v* ▷ **être** ◇ *conj* **- 1.** [c'est-à-dire] sprich ; **il a perdu toute sa fortune, ~ plusieurs millions d'euros** er hat sein ganzes Vermögen, sprich mehrere Millionen Euro, verloren **- 2.** [étant donné] gegeben ; **~ une droite** gegeben sei eine Gerade **- 3.** *loc* : **~ dit en passant** nebenbei bemerkt. ◈ **soit ... soit** *loc corrélative* sei es ... sei es, entweder ... oder ; **c'est ~ l'un ~ l'autre** es ist entweder der eine oder der andere.
soixantaine [swasɑ̃tɛn] *nf* an die sechzig ; **une ~ de personnes** ungefähr sechzig Leute ; **avoir la ~** um die sechzig sein, an die sechzig Jahre alt sein.
soixante [swasɑ̃t] ◇ *adj inv & pron inv* sechzig ; **les années ~** die Sechzigerjahre ◇ *nm inv* Sechzig *die* ; *voir aussi* **six.**

soixante-dix [swasɑ̃tdis] <> *adj inv & pron inv* siebzig ; **les années ~** die Siebzigerjahre <> *nm inv* Siebzig *die ; voir aussi* **six.**

soixante-dixième [swasɑ̃tdizjɛm] <> *adj* siebzigste,-r,-s <> *nmf* Siebzigste *der,* Siebzigste *die, das.*

soixantième [swasɑ̃tjɛm] <> *adj* sechzigste,-r,-s <> *nmf* Sechzigste *der,* Sechzigste *die, das.*

soja [sɔʒa] *nm* Soja *die.*

sol [sɔl] <> *nm* Boden *der* <> *nm inv* MUS g *das,* G *das.*

solaire [sɔlɛr] *adj* **- 1.** [énergie, four] Solar-, Sonnen- **- 2.** [crème] Sonnen-.

solarium [sɔlarjɔm] *nm* Solarium *das,* Sonnenbank *die.*

soldat [sɔlda] *nm* Soldat *der.*

solde [sɔld] *nm* **- 1.** BANQUE [de compte] Kontostand *der,* Saldo *der ;* **~ créditeur** Haben *das,* Aktivsaldo ; **~ débiteur** Soll *das,* Passivsaldo **- 2.** [de facture] Restbetrag *der* **- 3.** COMM [rabais] : **en ~** heruntergesetzt ; **acheter qqch en ~** etw im Schlussverkauf kaufen. ◈ **soldes** *nmpl* COMM [articles] Schlussverkaufswaren *Pl ;* **faire les ~s** im Schlussverkauf einkaufen gehen.

solder [3] [sɔlde] *vt* **- 1.** BANQUE [compte] saldieren **- 2.** [stock] aus|verkaufen ; [articles] herunter|setzen. ◈ **se solder** *vp :* **se ~ par qqch** BOURSE mit etw ab|schließen ; *fig* etw zum Resultat haben.

sole [sɔl] *nf* ZOOL Seezunge *die.*

soleil [sɔlɛj] *nm* **- 1.** [gén] Sonne *die ;* **au ~** in der Sonne ; **~ couchant** untergehende Sonne ; **~ levant** aufgehende Sonne **- 2.** BOT Sonnenblume *die.*

solennel, elle [sɔlanɛl] *adj* feierlich.

solennité [sɔlanite] *nf* [gravité, raideur] Feierlichkeit *die.*

Soleure [sɔlœr] *n* Solothurn *nt.*

solfège [sɔlfɛʒ] *nm* Musiklehre *die.*

solidaire [sɔlidɛr] *adj* **- 1.** [lié] : **être ~ (de qqn)** (mit jm) solidarisch sein **- 2.** MÉCANIQUE untrennbar miteinander verbunden.

solidarité [sɔlidarite] *nf* [entraide] Solidarität *die ;* **par ~** aus Solidarität.

solide [sɔlid] <> *adj* **- 1.** [objet, meuble] solide (gebaut) ; **tu peux t'asseoir dessus, c'est ~!** du kannst dich ruhig daraufsetzen, das hält was aus! **- 2.** [physiquement] kräftig **- 3.** [argument, raison] solide **- 4.** [couple, relation] fest **- 5.** [nerfs] stark <> *nm* Feststoff *der.*

solidifier [9] [sɔlidifje] *vt* **- 1.** [substance] fest machen **- 2.** [structure] festigen. ◈ **se solidifier** *vp* fest werden.

solidité [sɔlidite] *nf* Haltbarkeit *die,* Festigkeit *die ;* [de mariage] Beständigkeit *die.*

soliste [sɔlist] *nmf* Solist *der,* -in *die.*

solitaire [sɔlitɛr] <> *adj* **- 1.** [personne] einzelgängerisch **- 2.** [soirée, vie, contrée] einsam <> *nmf* [individu] Einzelgänger *der,* -in *die* <> *nm* [jeu, diamant] Solitär *der.*

solitude [sɔlityd] *nf* Einsamkeit *die.*

sollicitation [sɔlisitasjɔ̃] *nf* Drängen *das (sans pl) ;* **répondre aux ~s de qqn** auf js Drängen ein|gehen.

solliciter [3] [sɔlisite] *vt* **- 1.** [demander] : **~ qqch auprès de qqn** jn um etw ersuchen **- 2.** [relancer] bedrängen **- 3.** [faire appel à] : **~ qqn pour faire qqch** jn bitten, etw zu tun **- 4.** [susciter] : **~ l'attention/l'intérêt de qqn** js Aufmerksamkeit/Interesse zu wecken suchen.

sollicitude [sɔlisityd] *nf* Besorgtheit *die.*

solo [sɔlo] *nm* MUS Solo *das ;* **jouer en ~** solo spielen ; **~ de batterie** Schlagzeugsolo ; **~ de guitare** Gitarrensolo.

solstice [sɔlstis] *nm :* **~ d'été** Sommersonnenwende *die ;* **~ d'hiver** Wintersonnenwende *die.*

soluble [sɔlybl] *adj* [matière] löslich ; **café ~** Pulverkaffee *der.*

solution [sɔlysjɔ̃] *nf* Lösung *die ;* **chercher/trouver la ~** die Lösung suchen/finden.

solvable [sɔlvabl] *adj* zahlungsfähig, solvent.

solvant [sɔlvɑ̃] *nm* Lösungsmittel *das.*

Somalie [sɔmali] *nf :* **la ~** Somalia *nt.*

sombre [sɔ̃br] *adj* **- 1.** [sans lumière, soucieux, pessimiste] düster **- 2.** [couleur, costume, affaire] dunkel.

sombrer [3] [sɔ̃bre] *vi* **- 1.** [bateau] versinken **- 2.** *fig* [se perdre] : **~ dans qqch** einer Sache *(D)* verfallen ; **~ dans l'oubli** in Vergessenheit geraten.

sommaire [sɔmɛr] <> *adj* **- 1.** [exposé] knapp ; [explication] spärlich **- 2.** [jugement] beschleunigt ; [exécution] standrechtlich **- 3.** [confort, repas] spärlich <> *nm* Inhaltsverzeichnis *das.*

sommairement [sɔmɛrmɑ̃] *adv* **- 1.** [en gros] zusammenfassend **- 2.** [superficiellement, sans formalités] im Schnellverfahren **- 3.** [peu] notdürftig.

sommation [sɔmasjɔ̃] *nf* Aufforderung *die.*

somme [sɔm] <> *nf* [gén] Summe *die* <> *nm* Schläfchen *das,* Nickerchen *das.* ◈ **en somme** *loc adv* kurz. ◈ **somme toute** *loc adv* alles in allem.

sommeil [sɔmɛj] *nm* [repos] Schlaf *der ;* **avoir ~** müde OU schläfrig sein.

sommeiller [4] [sɔmɛje] *vi sout* **- 1.** [somnoler] vor sich hin dämmern **- 2.** *fig* [être latent] schlummern.

sommelier, ère [sɔməlje, ɛr] *nm, f* Kellermeister *der*, -in *die*.

sommes [sɔm] ▷ **être.**

sommet [sɔmɛ] *nm* - **1.** [haut] Gipfel *der ;* **~ d'un organigramme** Spitze *die* eines Organigramms - **2.** GÉOM Scheitel *der*.

sommier [sɔmje] *nm* Bettboden *der*, Unterbett *das ;* **~ à lattes** Lattenrost *der*.

sommité [sɔmite] *nf* [personne] Größe *die*.

somnambule [sɔmnɑ̃byl] ◇ *nmf* Schlafwandler *der*, -in *die* ◇ *adj* schlafwandlerisch.

somnifère [sɔmnifɛr] *nm* Schlafmittel *das*.

somnolent, e [sɔmnɔlɑ̃, ɑ̃t] *adj* schläfrig.

somnoler [3] [sɔmnɔle] *vi* [s'assoupir] dösen.

somptueux, euse [sɔ̃ptɥø, øz] *adj* prunkvoll, prachtvoll.

somptuosité [sɔ̃ptɥozite] *nf* Pracht *die*.

son[1] [sɔ̃] (*f* **sa** [sa] ; *pl* **ses** [se]) *adj poss* - **1.** [possesseur défini] sein,-e, ihr,-e ; **il aime ~ père** er liebt seinen Vater ; **elle aime ~ père** sie liebt ihren Vater - **2.** [possesseur indéfini] sein (eigener), seine (eigene), sein (eigenes).

son[2] [sɔ̃] *nm* - **1.** [bruit] Ton *der ;* **au ~ de ta voix/la harpe** zum Klang deiner Stimme/der Harfe - **2.** PHYS Schall *der* - **3.** [céréale] Kleie *die*.

sonate [sɔnat] *nf* Sonate *die*.

sondage [sɔ̃daʒ] *nm* - **1.** [interview, vérification rapide] Umfrage *die ;* **~ d'opinion** Meinungsumfrage - **2.** TECHNOL & MÉD Sondierung *die*.

sonde [sɔ̃d] *nf* - **1.** MÉD Sonde *die* - **2.** NAVIG Lot *das*.

sondé, e [sɔ̃de] *nm, f* Befragte *der*, Befragte *die*.

sonder [3] [sɔ̃de] *vt* - **1.** [gén] sondieren - **2.** [demander l'opinion de] befragen - **3.** *fig* [chercher à connaître] aus|horchen.

songe [sɔ̃ʒ] *nm sout* [rêve] Traum *der*.

songer [17] [sɔ̃ʒe] ◇ *vt :* **~ que** [prendre conscience] bedenken, dass ◇ *vi :* **~ à qqch** an etw *(A)* denken ; **~ à faire qqch** sich mit dem Gedanken tragen, etw zu tun.

songeur, euse [sɔ̃ʒœr, øz] *adj* nachdenklich.

sonnant, e [sɔnɑ̃, ɑ̃t] *adj :* **à dix heures ~es** (um) Punkt zehn.

sonné, e [sɔne] *adj* [passé] : **il est trois heures ~es** es ist drei Uhr vorbei.

sonner [3] [sɔne] ◇ *vt* - **1.** [actionner] : **~ les cloches** die Glocken läuten - **2.** [annoncer] : **~ l'alarme** Alarm aus|lösen - **3.** [appeler] : **~ qqn** (nach) jm läuten ◇ *vi* - **1.** [cloche] läuten, klingeln - **2.** [réveil, téléphone, personne] klingeln ; **on sonne à la porte** es klingelt an der Tür.

sonnerie [sɔnri] *nf* - **1.** [bruit] Klingeln *das*, Läuten *das* - **2.** [d'alarme, à l'école] Klingel *die* - **3.** [air] Signal *das*.

sonnet [sɔnɛ] *nm* Sonett *das*.

sonnette [sɔnɛt] *nf* Klingel *die*.

sono [sɔno] *nf fam* Verstärkeranlage *die*.

sonore [sɔnɔr] *adj* - **1.** [qui fait du bruit] akustisch, klanglich ; **signal ~** Tonsignal *das* - **2.** [voix] klangvoll ; [rire] schallend - **3.** [salle] hallend ; [appartement] hellhörig.

sonorisation [sɔnɔrizasjɔ̃] *nf* - **1.** TECHNOL [de film] Vertonung *die ;* [de salle] Ausstattung *die* mit einer Verstärkeranlage - **2.** [matériel] Verstärkeranlage *die*.

sonoriser [3] [sɔnɔrize] *vt* - **1.** [film] vertonen - **2.** [salle] mit einer Verstärkeranlage aus|statten.

sonorité [sɔnɔrite] *nf* - **1.** [qualité sonore] Klang *der* - **2.** [inflexions] : **avoir des ~s bizarres** einen komischen Klang haben - **3.** [de salle] Akustik *die*.

sont [sɔ̃] ▷ **être.**

sophistiqué, e [sɔfistike] *adj* - **1.** [affecté] gekünstelt - **2.** [évolué] hoch entwickelt - **3.** [raffiné] anspruchsvoll.

soporifique [sɔpɔrifik] ◇ *adj* einschläfernd ◇ *nm* [somnifère] Schlafmittel *das*.

soprano [sɔprano] ◇ *nm* [voix] Sopran *der* ◇ *nmf* [personne] Sopranist *der*, -in *die*.

sorbet [sɔrbɛ] *nm* Sorbet *der* ou *das ;* **~ au citron** Zitronensorbet ; **~ à la fraise** Erdbeersorbet.

Sorbonne [sɔrbɔn] *nf :* **la ~** die Sorbonne.

sorcellerie [sɔrsɛlri] *nf* [magie] Hexerei *die*.

sorcier, ère [sɔrsje, ɛr] *nm, f* [magicien] Hexenmeister *der*, Hexe *die*. ◆ **sorcier** ◇ *nm* [guérisseur] Medizinmann *der*, Wunderheiler *der* ◇ *adj fam :* **ce n'est (pourtant) pas ~** das ist doch (gar) nicht schwer.

sordide [sɔrdid] *adj* dreckig ; [mesquin, ignoble] düster.

sornettes [sɔrnɛt] *nfpl* leeres Gerede *(sans pl)*.

sors *etc* ▷ **sortir.**

sort [sɔr] *nm* - **1.** [maléfice] Fluch *der ;* **jeter un ~ à qqn** jn behexen - **2.** [destinée] Schicksal *das* - **3.** [condition, hasard] Los *das ;* **tirer au ~** aus|losen.

sortant, e [sɔrtɑ̃, ɑ̃t] *adj* - **1.** [gagnant] : **numéro ~** Gewinnzahl *die* - **2.** POLIT bisherige,-r,-s.

sorte [sɔrt] *nf* Sorte *die ;* **une ~ de crainte/joie** eine Art Furcht/Freude ; **toutes ~s de fruits/livres** Früchte/Bücher aller Art, alle möglichen Früchte/Bücher.

sorti, e [sɔrti] *pp* ▻ **sortir.**

sortie [sɔrti] *nf* - **1.** [issue] Ausgang *der ;* **~ de secours** Notausgang - **2.** [départ d'un endroit] Verlassen *das ;* **~ des bureaux** Büroschluss *der* - **3.** [parution] Erscheinen *das* - **4.** [dépense] Ausgabe *die* - **5.** [loisir] Ausgehen *das ;* **être de ~** Ausgang haben - **6.** INFORM : **~ papier** OU **imprimante** Ausdruck *der*, Hardcopy-Ausgabe *die.*

sortilège [sɔrtilɛʒ] *nm* [maléfice] Verzauberung.

sortir [43] [sɔrtir] ◇ *vi* - **1.** [partir] gehen ; **~ de qqch** [lieu] aus etw heraus|gehen ; **~ du travail/de l'école** von der Arbeit/aus der Schule kommen - **2.** [aller dehors] hinaus|gehen - **3.** [se distraire] aus|gehen - **4.** *fig* [quitter] : **~ de qqch** [période, adolescence] gerade etw hinter sich *(D)* haben ; [ordinaire, domaine, sujet] über etw *(A)* hinaus|gehen ; **~ de sa réserve** aus sich heraus|gehen - **5.** [livre, nouveauté] heraus|kommen ; [film] an|laufen ◇ *vt* - **1.** [extraire] heraus|nehmen - **2.** [disque, livre] heraus|geben. ◆ **se sortir** *vp :* **se ~ de qqch** [se tirer de] aus etw heraus|kommen ; **j'ai trop de boulot, je ne m'en sors pas** ich habe zu viel Arbeit, ich schaffe es nicht.

S.O.S. (*abr de* **save our souls**) *nm* S.O.S. *das ;* **lancer un ~** ein S.O.S. senden ; *fig* um Hilfe rufen.

sosie [sɔzi] *nm* Doppelgänger *der.*

sot, sotte [so, sɔt] ◇ *adj* töricht ◇ *nm, f* Tor *der*, Törin *die.*

sottise [sɔtiz] *nf* - **1.** [stupidité] Torheit *die* - **2.** [parole, acte] Dummheit *die.*

sou [su] *nm* [pièce de monnaie] Groschen *der.* ◆ **sous** *nmpl fam* [argent] : **les ~s** das Geld, die Kohle.

soubassement [subasmɑ̃] *nm* CONSTR Unterbau *der.*

soubresaut [subrəso] *nm* - **1.** [de véhicule] Rucken *das (sans pl)* - **2.** [de personne, de corps] Zusammenzucken *das.*

souche [suʃ] *nf* - **1.** [d'arbre] (Baum)-stumpf *der* - **2.** [origine] Stamm *der* - **3.** [de famille] Stammvater *der*, Stammmutter *die* - **4.** [talon] Stammabschnitt *der ;* **carnet à ~(s)** Heft mit Stammabschnitten.

souci [susi] *nm* - **1.** [tracas, préoccupation] Sorge *die ;* **se faire du ~** sich Sorgen machen - **2.** BOT Ringelblume *die.*

soucier [9] [susje] ◆ **se soucier** *vp :* **se ~ de qqn/qqch** sich um jn/etw kümmern OU sorgen.

soucieux, euse [susjø, øz] *adj* - **1.** [préoccupé] besorgt - **2.** [concerné] : **être ~ de faire qqch** darauf bedacht sein, etw zu tun.

soucoupe [sukup] *nf* Untertasse *die ;* **~ volante** fliegende Untertasse.

soudain, e [sudɛ̃, ɛn] *adj* plötzlich. ◆ **soudain** *adv* plötzlich.

Soudan [sudɑ̃] *nm :* **le ~** der Sudan, Sudan *nt ;* **au ~** im Sudan, in Sudan.

soudanais, e [sudanɛ, ɛz] *adj* sudanesisch, sudanisch. ◆ **Soudanais, e** *nm, f* Sudanese *der*, -sin *die*, Sudaner *der*, -in *die.*

soude [sud] *nf* CHIM Soda *das.*

souder [3] [sude] *vt* - **1.** TECHNOL schweißen - **2.** *fig* [unir] zusammen|schweißen.

soudoyer [13] [sudwaje] *vt* bestechen.

soudure [sudyr] *nf* - **1.** TECHNOL Schweißen *das ;* **atelier de ~** Schweißwerkstatt *die* - **2.** [résultat] Schweißnaht *die.*

souffert, e [sufɛr, ɛrt] *pp* ▻ **souffrir.**

souffle [sufl] *nm* - **1.** [respiration] Atem *der ;* **j'en ai eu le ~ coupé** *fig* mir blieb die Luft weg - **2.** [expiration] Atemstoß *der* - **3.** [d'explosion] Druckwelle *die* - **4.** MÉD : **avoir un ~ au cœur** ein Herzgeräusch haben.

souffler [3] [sufle] ◇ *vt* - **1.** [bougie] aus|blasen - **2.** TECHNOL [verre, émail] blasen - **3.** [chuchoter] : **~ qqch à qqn** jm etw zu|flüstern - **4.** *fam* [époustoufler] : **alors là, ça m'a soufflé!** da bin ich baff! ◇ *vi* - **1.** [se calmer] verschnaufen ; **~ un instant** ein wenig verschnaufen - **2.** [expirer] blasen ; **~ dans le ballon** [test] (ins Röhrchen) blasen OU pusten - **3.** [vent] wehen ; **~ fort** heftig blasen.

soufflet [suflɛ] *nm* - **1.** [instrument] Blasebalg *der* - **2.** [partie souple] Balg *der.*

souffleur, euse [suflœr, øz] *nm, f* THÉÂTRE Souffleur *der*, -euse *die.* ◆ **souffleur** *nm :* **~ (de verre)** Glasbläser *der.*

souffrance [sufrɑ̃s] *nf* - **1.** [physique] Schmerz *der* - **2.** [morale] Leid *das.*

souffrant, e [sufrɑ̃, ɑ̃t] *adj* unpässlich, krank.

souffre-douleur [sufrədulœr] *nm inv* Prügelknabe *der.*

souffrir [34] [sufrir] ◇ *vi* leiden ; **~ de qqch** unter etw *(D)* leiden ; [maladie] an etw *(D)* leiden ; **~ des dents** Zahnschmerzen haben ; **~ du dos** Rückenschmerzen haben ; **ma blessure me fait ~** meine Verletzung bereitet mir Schmerzen ◇ *vt* - **1.** [ressentir] erleiden - **2.** *sout* [supporter - chose] ertragen ; [- personne] aus|stehen. ◆ **se souffrir** *vp :* **ils ne peuvent pas se ~** *sout* sie können sich nicht leiden.

soufre [sufr] *nm* CHIM Schwefel *der.*

souhait [swɛ] *nm* Wunsch *der ;* **à tes** OU **vos ~s!** Gesundheit!

souhait

Ich würde gerne ins Kino gehen. J'aimerais bien aller au cinéma.
Wenn es nach mir ginge, wären wir schon längst dort. Si ça dépendait de moi, nous y serions déjà depuis longtemps.
Am liebsten wäre mir ein heißes Bad. J'ai très envie d'un bain chaud.
Ich fände es am schönsten, wenn wir alle zusammen blieben. Le mieux c'est que nous restions tous ensemble.
Ich habe große Lust, mir einen Hamburger zu kaufen. J'ai vraiment envie de m'acheter un hamburger.

souhaiter [4] [swete] *vt* **- 1.** [désirer] : **~ qqch** sich etw *(D)* wünschen ; **~ faire qqch** sich wünschen, etw zu tun **- 2.** [exprimer un vœu pour] : **~ que** *(+ subjonctif)* wünschen, dass ; **~ à qqn de faire qqch** jm wünschen, etw zu tun.
souiller [3] [suje] *vt sout* verschmutzen, verunreinigen ; *fig* besudeln.
souillon [sujɔ̃] *nf* schmutziges Frauenzimmer.
soulagement [sulaʒmɑ̃] *nm* Erleichterung *die.*
soulager [17] [sulaʒe] *vt* **- 1.** [douleur, peine] lindern ; **~ qqn** [malade] jm Linderung verschaffen **- 2.** [moralement] erleichtern.

Être soulagé

Zum Glück kommen wir noch rechtzeitig. Heureusement que nous arriverons à temps.
Gott sei Dank ist die Vase nicht kaputt! Ouf, le vase n'est pas cassé !
Da kommt sie endlich! La voilà enfin !
Jetzt bin ich aber erleichtert. Me voilà soulagé.
Mir fällt ein Stein vom Herzen. Tu m'ôtes un poids.

soulèvement [sulɛvmɑ̃] *nm* Erhebung *die*, Aufstand *der.*
soulever [19] [sulve] *vt* **- 1.** [élever] hoch|heben **- 2.** [rideau, couvercle] an|heben **- 3.** [question] auf|werfen ; [objection] vor|bringen **- 4.** [peuple, opinion] : **~ qqn contre qqn/qqch** jn gegen jn/etw auf|wiegeln. ◆ **se soulever** *vp* sich erheben.
soulier [sulje] *nm* Schuh *der*, Schuhwerk *das.*
souligner [3] [suliɲe] *vt* unterstreichen.
soumettre [84] [sumɛtr] *vt* **- 1.** [dominer, vaincre, contraindre] : **~ qqn/qqch (à qqn/qqch)** jn/etw (jm/einer Sache) unterwerfen **- 2.** [proposer] : **~ qqch à qqn** jm etw unterbreiten. ◆ **se soumettre** *vp* [obéir] sich unterwerfen ; **se ~ à qqch** [loi] etw befolgen ; [jugement] sich einer Sache *(D)* fügen.
soumis, e [sumi, iz] ◇ *pp* ▷ **soumettre** ◇ *adj* unterwürfig.
soumission [sumisjɔ̃] *nf* **- 1.** [obéissance] Ergebenheit *die*, Folgsamkeit *die* **- 2.** [subordination] Befolgung *die* von Vorschriften.
soupape [supap] *nf* TECHNOL Ventil *das ;* **~ de sûreté** Sicherheitsventil ; *fig* Hintertürchen *das.*
soupçon [supsɔ̃] *nm* [suspicion, intuition] Verdacht *der.*
soupçonner [3] [supsɔne] *vt* **- 1.** [suspecter] verdächtigen ; **~ qqn de faire qqch** jn verdächtigen, etw zu tun **- 2.** [deviner] vermuten ; **~ que** *(+ subjonctif)* vermuten, dass.
soupçonneux, euse [supsɔnø, øz] *adj* argwöhnisch.
soupe [sup] *nf* [potage] Suppe *die ;* **~ populaire** Armenspeisung *die.*
souper[1] [3] [supe] *vi* ein Nachtmahl zu sich nehmen.
souper[2] [supe] *nm* Nachtmahl *das.*
soupeser [19] [supəze] *vt* mit der Hand wiegen ; *fig* ab|wägen.
soupière [supjɛr] *nf* Suppenschüssel *die.*
soupir [supir] *nm* **- 1.** [souffle] Seufzer *der ;* **pousser un ~** seufzen **- 2.** MUS [silence] Viertelpause *die.*
soupirail, aux [supiraj, o] *nm* Kellerfenster *das.*
soupirant [supirɑ̃] *nm* [amoureux] Verehrer *der.*
soupirer [3] [supire] *vt & vi* seufzen.
souple [supl] *adj* **- 1.** [agile] gelenkig **- 2.** [fluide] geschmeidig **- 3.** [mou, flexible] weich **- 4.** [maniable, conciliant] beweglich.
souplesse [suplɛs] *nf* **- 1.** [de corps] Gelenkigkeit *die*, Geschmeidigkeit *die* **- 2.** [d'esprit] Beweglichkeit *die.*
source [surs] *nf* Quelle *die ;* **prendre sa ~ à** OU **dans qqch** in etw *(D)* entspringen.
sourcil [sursi] *nm* Augenbraue *die ;* **froncer les ~s** die Stirn runzeln.
sourcilière [sursiljɛr] ▷ **arcade.**
sourciller [3] [sursije] *vi* mit der Wimper zucken ; **sans ~** ohne mit der Wimper zu zucken.
sourcilleux, euse [sursijø, øz] *adj* pedantisch ; **être ~ sur qqch** peinlich auf etw *(A)* achten.
sourd, e [sur, surd] ◇ *adj* **- 1.** [non-entendant] taub **- 2.** [bruit, douleur] dumpf ◇ *nm, f* Taube *der*, Taube *die.*

sourdine [surdin] *nf* MUS Dämpfer *der* ; **en ~** im Stillen.

sourd-muet, sourde-muette ◇ *adj* taubstumm ◇ *nm, f* Taubstumme *der*, Taubstumme *die*.

sourdre [73] [surdr] *vi sout :* **~ de qqch** aus etw quellen ; *fig* aus etw hoch|steigen.

souriant, e [surjɑ̃, ɑ̃t] *adj* lächelnd.

souricière [surisjɛr] *nf* Mauseloch *das* ; *fig* Mausefalle *die*.

sourire[1] [95] [surir] *vi* lächeln ; **~ à qqn** [sujet : personne, vie, avenir] jm zu|lächeln ; [sujet : projet, proposition] jm behagen ; **la chance lui sourit** er hat das Glück auf seiner Seite.

sourire[2] [surir] *nm* Lächeln *das*.

souris [suri] *nf* [animal & INFORM] Maus *die* ; **~ grise/blanche** graue/weiße Maus.

sournois, e [surnwa, az] ◇ *adj* heimtückisch, hinterhältig ◇ *nm, f* heimtückischer Mensch.

sous [su] *prép* **- 1.** [gén] unter ; **être assis ~ la fenêtre** unter dem Fenster sitzen ; **mettre ~ la table** unter den Tisch stellen ; **~ les ordres/la direction de** unter den Anweisungen/der Leitung von **- 2.** [dans un délai de] binnen, innerhalb von.

sous-alimenté, e *adj* unterernährt.

sous-bois *nm inv* Unterholz *das*.

souscription [suskripsjɔ̃] *nf* **- 1.** [procédé] Zeichnung *die*, Subskription *die* **- 2.** [somme d'argent] Subskriptionspreis *der*.

souscrire [99] [suskrir] ◇ *vt* [abonnement] ein|gehen ; [emprunt] zeichnen ◇ *vi :* **~ à qqch** sich einer Sache *(D)* an|schließen.

sous-développé, e *adj* ÉCON unterentwickelt ; **les pays ~s** die Entwicklungsländer.

sous-directeur, trice (*mpl* **sous-directeurs** ; *fpl* **sous-directrices**) *nm, f* stellvertretender Direktor, stellvertretende Direktorin.

sous-ensemble *nm* Teilmenge *die*.

sous-entendu *nm* Anspielung *die*.

sous-équipé, e *adj* ÉCON unzureichend ausgestattet.

sous-estimer [3] *vt* unterschätzen.

sous-évaluer [7] *vt* unterschätzen.

sous-jacent, e [suʒasɑ̃, ɑ̃t] *adj* **- 1.** [en-dessous] tiefer liegend **- 2.** *fig* [dissimulé] unterschwellig.

sous-louer [6] *vt* untervermieten, weiter|vermieten.

sous-officier *nm* Unteroffizier *der*.

sous-préfecture *nf* Unterpräfektur *die*.

soussigné, e [susiɲe] ◇ *adj :* **je, ~** der Unterzeichnete ; **nous, ~s** die Unterzeichneten ; **je, ~ Pierre Dupont, certifie que** der Unterzeichnete, Pierre Dupont, bestätigt, dass ◇ *nm, f* Unterzeichnete *der*, Unterzeichnete *die*.

sous-sol *nm* **- 1.** [sol] Boden *der* **- 2.** [de bâtiment] Untergeschoss *das*.

sous-tasse *nf* Untertasse *die*.

sous-titre *nm* Untertitel *der*.

soustraction [sustraksjɔ̃] *nf* **- 1.** [action] Abziehen *das* **- 2.** [opération] Substraktion *die*.

soustraire [112] [sustrɛr] *vt* **- 1.** [retrancher] : **~ qqch de qqch** etw von etw subtrahieren, etw von etw ab|ziehen **- 2.** [protéger] : **~ qqn à qqch** jn vor etw *(D)* bewahren **- 3.** [cacher] : **~ qqn/qqch à qqn/qqch** jn/etw jm/einer Sache entziehen. ◆ **se soustraire** *vp :* **se ~ à qqch** sich einer Sache *(D)* entziehen.

soustrait, e [sustrɛ, ɛt] *pp* ▷ **soustraire.**

sous-traitance [sutrɛtɑ̃s] *nf* ÉCON *Auftragsvergabe an bzw. Auftragsannahme durch Zulieferer.*

sous-traitant, e [sutrɛtɑ̃, ɑ̃t] *adj* Zuliefer-. ◆ **sous-traitant** *nm* Zulieferer *der*, -rin *die*, Subunternehmer *der*, -in *die*.

sous-verre *nm inv* Bild *das* unter Glas.

sous-vêtement *nm* Unterwäsche *die (sans pl)*.

soutane [sutan] *nf* Sutane *die*.

soute [sut] *nf* Frachtraum *der* ; **~ à bagages** Gepäckraum.

soutenance [sutnɑ̃s] *nf Verteidigung einer Diplom-, Doktorarbeit o.ä.*

souteneur [sutnœr] *nm* [proxénète] Zuhälter *der*.

soutenir [40] [sutnir] *vt* **- 1.** [gén] unterstützen **- 2.** [empêcher de tomber - immeuble] (ab)|stützen ; [- personne] stützen **- 3.** [regard, comparaison] : **~ qqch** einer Sache *(D)* stand|halten **- 4.** [affirmer] behaupten ; **~ une thèse** eine These verteidigen.

soutenu, e [sutny] *adj* **- 1.** [style] gewählt **- 2.** [attention, effort] verstärkt **- 3.** [couleur, rythme] kräftig.

souterrain, e [sutɛrɛ̃, ɛn] *adj* [sous terre] unterirdisch. ◆ **souterrain** *nm* unterirdischer Gang ; [passage, tunnel] Unterführung *die*.

soutien [sutjɛ̃] *nm* Unterstützung *die* ; **apporter son ~ à qqn/qqch** jm/einer Sache seine Unterstützung zuteil werden lassen, jn/etw unterstützen.

soutien-gorge [sutjɛ̃gɔrʒ] (*pl* **soutiens-gorge**) *nm* Büstenhalter *der*, BH *der*.

soutirer [3] [sutire] *vt* **- 1.** [liquide] ab|zapfen **- 2.** [extorquer] : **~ qqch à qqn** jm etw entlocken.

souvenir[1] [40] [suvnir] ◆ **se souvenir** *vp* : **se ~ de qqn/qqch** sich an jn/etw erinnern, sich js/einer Sache entsinnen ; **se ~ que** sich entsinnen, dass, sich erinnern, dass.

souvenir[2] [suvnir] *nm* - **1.** [réminiscence] Erinnerung *die* ; **garder un bon ~ de qqn** jn in guter Erinnerung behalten - **2.** [objet] Andenken *das*, Souvenir *das*.

souvent [suvɑ̃] *adv* - **1.** [fréquemment] oft - **2.** [généralement] oftmals.

souvenu, e [suvny] *pp* ▷ **souvenir** *v.*

souverain, e [suvrɛ̃, ɛn] ◇ *adj* - **1.** [suprême] absolut - **2.** POLIT [état] souverän ◇ *nm, f* Herrscher *der*, - in *die*, Souverän *der*.

souveraineté [suvrɛnte] *nf* - **1.** [autorité] Herrschaft *die* - **2.** [indépendance] Souveränität *die*, Hoheit *die*.

soyeux, euse [swajø, øz] *adj* seidig, seidenweich.

SPA (*abr de* **Société protectrice des animaux**) *nf* Tierschutzverein *der*.

spacieux, euse [spasjø, øz] *adj* geräumig.

spaghetti [spagɛti] *nmpl* Spaghetti *Pl.*

sparadrap [sparadra] *nm* Heftpflaster *das*.

spartiate [sparsjat] *adj* spartanisch.

spasme [spasm] *nm* Krampf *der*, Verkrampfung *die*.

spasmodique [spasmɔdik] *adj* spasmisch, spastisch, krampfartig.

spatial, e, aux [spasjal, o] *adj* Raum-.

spatule [spatyl] *nf* - **1.** CULIN Teigschaber *der*, Bratenwender *der* ; [pour peindre] Spachtel *der* - **2.** SPORT [de ski] Schaufel *die*.

speaker, speakerine [spikœr, spikrin] *nm, f* Ansager *der*, -in *die*.

spécial, e, aux [spesjal, o] *adj* - **1.** [particulier] Sonder-, Spezial-, speziell - **2.** [réservé] Extra- - **3.** [bizarre] speziell.

spécialement [spesjalmɑ̃] *adv* - **1.** [exprès] speziell - **2.** [particulièrement] ausgesprochen, besonders.

spécialisé, e [spesjalize] *adj* Fach-.

spécialiser [3] [spesjalize] *vt* : **~ qqn/qqch dans qqch** jn/etw auf etw *(A)* spezialisieren. ◆ **se spécialiser** *vp* : **se ~ (dans qqch)** sich (auf etw *(A)*) spezialisieren.

spécialiste [spesjalist] *nmf* - **1.** [expert] Fachmann *der*, Spezialist *der*, -in *die* - **2.** [médecin] Facharzt *der*, -ärztin *die*.

spécialité [spesjalite] *nf* - **1.** [domaine] Fachgebiet *das*, Spezialität *die* - **2.** CULIN Spezialität *die*.

spécificité [spesifisite] *nf* Besonderheit *die*, Eigentümlichkeit *die*.

spécifier [9] [spesifje] *vt* - **1.** [oralement] (genau) sagen - **2.** [par écrit] (genau) beschreiben, (genau) festlegen.

spécifique [spesifik] *adj* - **1.** [particulier] (ganz) besondere,-r,-s, speziell - **2.** [unique] ihm OU ihr eigen, ihm OU ihr eigentümlich.

spécimen [spesimɛn] *nm* - **1.** [représentant] Exemplar *das* - **2.** [exemplaire] Spezimen *das*, Muster *das*.

spectacle [spɛktakl] *nm* - **1.** THÉÂTRE Aufführung *die* - **2.** *fig* [tableau] Spektakel *das*, Anblick *der*.

spectaculaire [spɛktakylɛr] *adj* - **1.** [impressionnant] spektakulär - **2.** [sensationnel] umwerfend.

spectateur, trice [spɛktatœr, tris] *nm, f* Zuschauer *der*, -in *die*.

spectre [spɛktr] *nm* - **1.** [fantôme, menace] Gespenst *das* - **2.** PHYS Spektrum *das*.

spéculateur, trice [spekylatœr, tris] *nm, f* Spekulant *der*, -in *die*.

spéculation [spekylasjɔ̃] *nf* Spekulation *die*.

spéculer [3] [spekyle] *vi* : **~ sur qqch** mit etw spekulieren.

speeder [spide] *vi fam* einen Zahn zulegen ; **il faut ~** mach hin.

spéléologie [speleɔlɔʒi] *nf* Speläologie *die*, Höhlenkunde *die*.

spermatozoïde [spɛrmatɔzɔid] *nm* Samenfaden *der*, Samenzelle *die*.

sperme [spɛrm] *nm* Sperma *das*, Samenflüssigkeit *die*.

spermicide [spɛrmisid] *adj* Spermizid-.

sphère [sfɛr] *nf* Kugel *die*.

sphérique [sferik] *adj* kugelförmig.

spirale [spiral] *nf* Spirale *die* ; **en ~** spiralförmig.

spiritualité [spiritɥalite] *nf* Spiritualität *die*, Verinnerlichung *die*.

spirituel, elle [spiritɥɛl] *adj* - **1.** [personne] geistreich - **2.** [de l'âme] spirituell, geistig - **3.** [moral] geistlich.

splendeur [splɑ̃dœr] *nf* - **1.** [beauté] Pracht *die* - **2.** [prospérité] Herrlichkeit *die*.

splendide [splɑ̃did] *adj* herrlich.

spongieux, euse [spɔ̃ʒjø, øz] *adj* schwammartig.

sponsor [spɔ̃sɔr] *nm* Sponsor *der*.

sponsorisation [spɔ̃sɔrizasjɔ̃] *nf* Sponsern *das*.

sponsoriser [3] [spɔ̃sɔrize] *vt* sponsern.

spontané, e [spɔ̃tane] *adj* - **1.** [instinctif] spontan - **2.** [sincère] aufrichtig.

spontanéité [spɔ̃taneite] *nf* Spontaneität *die*.

sporadique [spɔradik] *adj* sporadisch, vereinzelt.

sport [spɔr] ◇ *nm* - **1.** [activité] Sport *der* ;

faire du ~ Sport treiben - 2. [discipline] Sportart *die*, Sport *der* ; **~s d'hiver** Wintersport(art) <> *adj inv* - 1. [style] : **les vêtements ~** die Sportswear - 2. [fair-play] sportlich, fair.

sportif, ive [spɔrtif, iv] <> *adj* - 1. [du sport] Sport- - 2. [qui pratique le sport] sportlich - 3. [fair-play] sportlich, fair <> *nm, f* Sportler *der*, -in *die*.

spot [spɔt] *nm* - 1. [lampe] Spot *der*, Strahler *der* - 2. [film] : **~ (publicitaire)** (Werbe)spot *der*.

sprint [sprint] *nm* SPORT [accélération] Sprint *der*, (End)spurt *der* ; [course] Sprint *der*, Kurzstreckenlauf *der*.

sprinter[1] [3] [sprinte] *vi* sprinten, spurten.

sprinter[2] [sprintœr] *nm* Sprinter *der*, - in *die*.

square [skwar] *nm* Grünanlage *die*.

squash [skwaʃ] *nm* Squash *das*.

squatter [skwate], **squattériser** [skwaterize] [3] *vt* (unrechtmäßig) besetzen.

squelette [skəlɛt] *nm* - 1. ANAT Skelett *das* - 2. *fig* [armature] Gerippe *das*.

squelettique [skəletik] *adj* [corps] spindeldürr, dürr.

St (*abr de* **saint**) hl., St.

stabiliser [3] [stabilize] *vt* - 1. [gén] stabilisieren - 2. [meuble] (gegen Umfallen) sichern, sicher hin|stellen. ◆ **se stabiliser** *vp* - 1. [chose] sich stabilisieren - 2. [personne] sich fangen, sein OU ihr Gleichgewicht (wieder) finden.

stabilité [stabilite] *nf* - 1. [gén] Stabilität *die* - 2. [aplomb - de meuble] Standsicherheit *die* ; [- de maison] Statik *die* - 3. [de caractère] Beständigkeit *die*, Ausgeglichenheit *die*.

stable [stabl] *adj* - 1. [d'aplomb] standsicher - 2. [durable] stabil - 3. [équilibré] beständig, ausgeglichen.

stade [stad] *nm* - 1. [terrain] Stadion *das* - 2. [étape] Stadium *das*.

stage [staʒ] *nm* Praktikum *das*.

stagiaire [staʒjɛr] <> *nmf* Praktikant *der*, -in *die* <> *adj* : **avocat ~** ≃ Assessor *der* ; **professeur ~** Lehramtsanwärter *der*, -in *die*.

stagnant, e [stagnɑ̃, ɑ̃t] *adj* stagnierend.

stagner [3] [stagne] *vi* - 1. [eau, commerce] stagnieren - 2. *fig* [personne] nicht vom Fleck kommen.

stalactite [stalaktit] *nf* Stalaktit *der*.

stalagmite [stalagmit] *nf* Stalagmit *der*.

stand [stɑ̃d] *nm* Stand *der*.

standard [stɑ̃dar] <> *adj inv* - 1. [conforme à la norme] Standard- - 2. *fig* [conventionnel] routinemäßig <> *nm* - 1. [norme] Standard *der* - 2. [téléphonique] Telefonvermittlung *die*, Vermittlung *die*.

standardiste [stɑ̃dardist] *nmf* Telefonist *der*, -in *die*.

standing [stɑ̃diŋ] *nm* Niveau *das*.

star [star] *nf* Star *der*, Filmstar *der*.

starter [startɛr] *nm* Starterklappe *die*, Choke *der*.

starting-block [startiŋblɔk] (*pl* **starting-blocks**) *nm* Startblock *der*.

station [stasjɔ̃] *nf* - 1. [de bus, de métro] Haltestelle *die*, Station *die* - 2. [installation] : **~ d'épuration** Klärwerk *das* - 3. [ville] : **~ balnéaire** Badeort *der* ; **~ de ski** OU **de sports d'hiver** Wintersportort *der*.

stationnaire [stasjɔnɛr] *adj* unverändert.

stationnement [stasjɔnmɑ̃] *nm* Parken *das*.

stationner [3] [stasjɔne] *vi* - 1. [se garer] parken - 2. MIL [troupes] : **être stationné** stationiert sein.

station-service (*pl* **stations-service**) *nf* Tankstelle *die*.

statique [statik] *adj* - 1. [personne] regungslos, unbeweglich - 2. [situation] festgefahren - 3. PHYS statisch.

statisticien, enne [statistisjɛ̃, ɛn] *nm, f* Statistiker *der*, -in *die*.

statistique [statistik] <> *adj* statistisch <> *nf* Statistik *die*.

statue [staty] *nf* Statue *die*, Standbild *das*.

statuer [7] [statɥe] *vi* : **~ (sur qqch)** (in einer Sache *(D)*) entscheiden.

statuette [statɥɛt] *nf* ART kleine Statue, Statuette *die*.

statu quo [statykwo] *nm inv* Status quo *der*.

stature [statyr] *nf* - 1. [taille] Statur *die*, Körperbau *der* - 2. *fig* [valeur] Format *das*.

statut [staty] *nm* - 1. [de société] Statut *das* - 2. [de personne] Status *der*. ◆ **statuts** *nmpl* Satzung *die*.

statutaire [statytɛr] *adj* satzungsgemäß, satzungskonform.

Ste (*abr de* **sainte**) hl., St.

Sté (*abr de* **société**) Ges. *(Gesellschaft)*, Fa. *(Firma)*.

steak [stɛk] *nm* Steak *das*.

stèle [stɛl] *nf* Gedenkstein *der* ; **~ funéraire** Grabstein *der*.

sténo [steno] *nf* Steno *die*.

sténodactylo [stenɔdaktilo] *nmf* Stenotypist *der*, -in *die*.

sténodactylographie [stenɔdaktilɔgrafi] *nf* *Stenografie und Maschinenschreiben.*

sténographie [stenɔgrafi] *nf* Stenografie *die*.

steppe [stɛp] *nf* Steppe *die.*

stéréo [stereo] ◇ *adj inv* Stereo- ◇ *nf* Stereoanlage *die* ; **en ~** in Stereo, stereo(fon).

stéréotypé, e [stereɔtipe] *adj* stereotyp.

stérile [steril] *adj* - **1.** [aride] unfruchtbar, steril - **2.** [sans microbe] steril, keimfrei.

stérilet [sterilɛ] *nm* Spirale *die.*

stériliser [3] [sterilize] *vt* [personne, instrument] sterilisieren.

stérilité [sterilite] *nf* - **1.** [de personne, de terre] Unfruchtbarkeit *die*, Sterilität *die* - **2.** [d'instrument] Sterilität *die*, Keimfreiheit *die.*

sternum [stɛrnɔm] *nm* Brustbein *das.*

stéthoscope [stetɔskɔp] *nm* Stethoskop *das.*

steward [stiwart] *nm* Steward *der.*

stigmatiser [3] [stigmatize] *vt* stigmatisieren.

stimulant, e [stimylɑ̃, ɑ̃t] *adj* anregend. ◆ **stimulant** *nm* - **1.** [remontant] anregendes Mittel, Aufputschmittel *das* - **2.** [motivation] Anreiz *der.*

stimulation [stimylasjɔ̃] *nf* - **1.** [encouragement] Anregung *die*, Ansporn *der* - **2.** BIOL [excitation] Stimulierung *die.*

stimuler [3] [stimyle] *vt* - **1.** [personne] stimulieren, an|regen - **2.** [appétit, énergie] an|regen.

stipuler [3] [stipyle] *vt* bekannt geben ; **il est stipulé que** es wurde festgelegt, dass ; **l'accord/le contrat stipule que** die Abmachung/der Vertrag sieht vor, dass.

stock [stɔk] *nm* - **1.** [de marchandises] Lager *das*, Lagerbestand *der* ; **renouveler le ~** das Lager erneuern - **2.** [réserve] Vorrat *der* ; **en ~** vorrätig, auf Lager.

stocker [3] [stɔke] *vt* lagern.

Stockholm [stɔkɔlm] *n* Stockholm *nt.*

stoïque [stɔik] ◇ *nmf* Stoiker *der*, -in *die* ◇ *adj* stoisch.

stomacal, e, aux [stɔmakal, o] *adj* Magen-.

stop [stɔp] ◇ *interj* stopp, Halt ◇ *nm* - **1.** [feu] Bremslicht *das* - **2.** [panneau] Stoppschild *das* - **3.** [auto-stop] Trampen *das.*

stopper [3] [stɔpe] ◇ *vt* stoppen ; **~ un véhicule** ein Fahrzeug an|halten ◇ *vi* an|halten.

store [stɔr] *nm* - **1.** [de fenêtre - à lamelles] Jalousette *die* ; [- en tissu] Rollo *das* - **2.** [de magasin] Gitter *das.*

strabisme [strabism] *nm* MÉD Strabismus *der.*

strangulation [strɑ̃gylasjɔ̃] *nf* Erdrosseln *das*, Erwürgen *das.*

strapontin [strapɔ̃tɛ̃] *nm* [siège] Klappsitz *der.*

Strasbourg [strasbur] *n* Straßburg *nt.*

strass [stras] *nm* Strass *der.*

stratagème [strataʒɛm] *nm* List *die.*

stratège [stratɛʒ] *nm* Stratege *der*, -gin *die.*

stratégie [strateʒi] *nf* Strategie *die.*

stratégique [strateʒik] *adj* MIL strategisch.

stress [strɛs] *nm* Stress *der.*

stressé, e [strɛse] *adj* gestresst.

stresser [4] [strɛse] ◇ *vt* stressen ◇ *vi* gestresst sein.

stretching [strɛtʃiŋ] *nm* Stretching *das.*

strict, e [strikt] *adj* - **1.** [personne] streng - **2.** [règlement] strikt - **3.** [tenue] überkorrekt - **4.** [absolu] : **~ minimum** absolutes Minimum ; **~e vérité** reine Wahrheit.

strident, e [stridɑ̃, ɑ̃t] *adj* markerschütternd, gellend.

strie [stri] *nf* - **1.** [relief] Rille *die* - **2.** [rayure] Streifen *der.*

strier [10] [strije] *vt* - **1.** [marquer de stries] riffeln - **2.** [rayer] mit Streifen versehen.

strip-tease [striptiz] (*pl* **strip-teases**) *nm* Striptease *der.*

strophe [strɔf] *nf* Strophe *die.*

structure [stryktyr] *nf* Struktur *die*, Aufbau *der.*

structurer [3] [stryktyre] *vt* strukturieren.

studieux, euse [stydjø, øz] *adj* - **1.** [personne] eifrig, beflissen - **2.** [vacances] dem Lernen gewidmet, lernintensiv.

studio [stydjo] *nm* - **1.** [de peintre, cinéma] Studio *das* - **2.** [appartement] Einzimmerwohnung *die.*

stupéfaction [stypefaksjɔ̃] *nf* Verblüffung *die*, (großes) Erstaunen.

stupéfait, e [stypefɛ, ɛt] *adj* sehr erstaunt, verblüfft, fassungslos.

stupéfiant, e [stypefjɑ̃, ɑ̃t] *adj* verblüffend, (höchst) erstaunlich. ◆ **stupéfiant** *nm* Betäubungsmittel *das.*

stupeur [stypœr] *nf* Verblüffung *die*, Fassungslosigkeit *die.*

stupide [stypid] *adj* dumm ; **une mort ~** ein sinnloser Tod.

stupidité [stypidite] *nf* Dummheit *die.*

style [stil] *nm* - **1.** [gén] Stil *der* - **2.** GRAM : **~ direct/indirect** direkte/indirekte Rede.

styliste [stilist] *nmf* Stylist *der*, -in *die.*

stylo [stilo] *nm* Stift *der.*

stylo-feutre *nm* Filzstift *der.*

Styrie [stiri] *nf* : **la ~** die Steiermark.

su, e [sy] *pp* ▷ **savoir.**

suave [sɥav] *adj* - **1.** [parfum] lieblich - **2.** [voix, musique] sanft.

subalterne [sybaltɛrn] ◇ *nmf* Untergebene *der*, Untergebene *die* ◇ *adj* - **1.** [personne] untergeben - **2.** [rôle, emploi] untergeordnet.

subconscient, e [sybkɔ̃sjɑ̃, ɑ̃t] *adj* unterbewusst.

subdiviser [3] [sybdivize] *vt* unterteilen, untergliedern. ◆ **se subdiviser** *vp* : **se ~ en qqch** in etw *(A)* untergliedert sein, sich in etw *(A)* unterteilen.

subir [32] [sybir] *vt* - **1.** [autorité, personne] ertragen - **2.** [examen, traitement] durch|machen, über sich ergehen lassen - **3.** [hausse, modification] erfahren - **4.** [dommages, pertes] erleiden.

subit, e [sybi, it] *adj* (ganz) plötzlich.

subitement [sybitmɑ̃] *adv* (ganz) plötzlich.

subjectif, ive [sybʒɛktif, iv] *adj* subjektiv.

subjonctif [sybʒɔ̃ktif] *nm* Subjunktiv *der*, Konjunktiv *der*.

subjuguer [3] [sybʒyge] *vt* (ganz für sich) ein|nehmen, fesseln.

sublime [syblim] *adj* vollendet, erhaben ; [personne] überragend.

submergé, e [sybmɛrʒe] *adj* : **être ~ de qqch** *fig* mit etw überhäuft sein ; **être ~ de travail** in Arbeit ersticken.

submerger [17] [sybmɛrʒe] *vt* [inonder] überschwemmen.

subordination [sybɔrdinasjɔ̃] *nf* - **1.** [soumission] Unterstellung *die*, Unterordnung *die* - **2.** [dépendance] Zurückstellen *das*.

subordonné, e [sybɔrdɔne] *nm, f* Untergebene *der*, Untergebene *die*. ◆ **subordonnée** *nf* GRAM Nebensatz *der*.

subornation [sybɔrnasjɔ̃] *nf* JUR [corruption] Bestechung *die* ; [pression] Zeugenbeeinflussung *die*.

subrepticement [sybrɛptismɑ̃] *adv sout* heimlich, klammheimlich.

subsidiaire [sybzidjɛr] *adj* zusätzlich ; **question ~** Stichfrage *die*.

subsistance [sybzistɑ̃s] *nf* Unterhalt *der*.

subsister [3] [sybziste] *vi* - **1.** [chose] fort|bestehen, übrig bleiben - **2.** [personne] seinen Unterhalt verdienen, sein Auskommen haben.

substance [sypstɑ̃s] *nf* Substanz *die*, Stoff *der*.

substantiel, elle [sypstɑ̃sjɛl] *adj* - **1.** [nourrissant] gehaltvoll - **2.** [important] substanziell - **3.** [essentiel] wesentlich.

substantif [sypstɑ̃tif] *nm* Substantiv *das*, Hauptwort *das*.

substituer [7] [sypstitɥe] *vt* : **~ qqch à qqch** etw durch etw ersetzen, etw mit etw vertauschen. ◆ **se substituer** *vp* : **se ~ à qqn/qqch** an js Stelle/die Stelle einer Sache *(G)* treten.

substitut [sypstity] *nm* Stellvertreter *der*, -in *die* des Staatsanwalts.

substitution [sypstitysjɔ̃] *nf* Ersetzen *das*, Substituieren *das*.

subterfuge [sypterfyʒ] *nm* List *die*.

subtil, e [syptil] *adj* - **1.** [perspicace] scharfsinnig - **2.** [ingénieux] findig - **3.** [délicat] fein.

subtiliser [3] [syptilize] *vt* stibitzen.

subtilité [syptilite] *nf* - **1.** [de personne] Scharfsinn *der* - **2.** [de parfum, de pensée] Feinheit *die*.

subvenir [40] [sybvənir] *vi* : **~ aux besoins de qqn** für js Lebensunterhalt auf|kommen.

subvention [sybvɑ̃sjɔ̃] *nf* Subvention *die*.

subventionner [3] [sybvɑ̃sjɔne] *vt* subventionieren.

subvenu [sybvəny] *pp inv* ▷ **subvenir.**

subversif, ive [sybvɛrsif, iv] *adj* subversiv.

succédané [syksedane] *nm* - **1.** MÉD Surrogat *das* - **2.** [ersatz] : **~ de café** Kaffeeersatz *der*.

succéder [18] [syksede] *vi* : **~ à qqn/qqch** jm/einer Sache folgen. ◆ **se succéder** *vp* [se suivre] aufeinander folgen.

succès [syksɛ] *nm* Erfolg *der* ; **avoir du ~** Erfolg haben.

successeur [syksesœr] *nm* - **1.** [continuateur] Nachfolger *der*, -in *die* - **2.** JUR [héritier] Erbe *der*, -bin *die*.

successif, ive [syksesif, iv] *adj* nachfolgend.

succession [syksesjɔ̃] *nf* - **1.** [série] Folge *die* - **2.** JUR [héritage] Erbschaft *die* ; **droits de ~** Erbschaftssteuer *die* - **3.** [suite] Nachfolge *die* ; **prendre la ~ de qqn** js Nachfolge an|treten.

succinct, e [syksɛ̃, ɛ̃t] *adj* - **1.** [bref] knapp - **2.** [peu abondant] dürftig.

succion [syksjɔ̃, sysjɔ̃] *nf* Saugen *das*.

succomber [3] [sykɔ̃be] *vi* - **1.** [mourir] sterben ; **~ à qqch** einer Sache *(D)* erliegen - **2.** [céder] : **~ à qqch** einer Sache *(D)* erliegen.

succulent, e [sykylɑ̃, ɑ̃t] *adj* lecker.

succursale [sykyrsal] *nf* Filiale *die*, Zweigstelle *die*.

sucer [16] [syse] *vt* lutschen.

sucette [sysɛt] *nf* Lutscher *der*.

sucre [sykr] *nm* Zucker *der* ; **~ en morceaux** Würfelzucker ; **~ en poudre** Streuzucker.

sucrer [3] [sykre] *vt* [café, thé] süßen, zuckern.

sucrerie [sykrəri] *nf* Zuckerraffinerie *die*. ◆ **sucreries** *nfpl* Süßigkeiten *Pl*.

Sucrette® [sykrɛt] *nf* Süßstofftablette *die*.

sucrier, ère [sykrije, ɛr] *adj* Zucker-. ◆ **sucrier** *nm* [récipient] Zuckerdose *die*.

sud [syd] ◇ *adj inv* Süd-, südlich ◇ *nm inv* : **le ~** der Süden. ◆ **Sud** *nm inv* : **le Sud** der Süden.

sud-africain, e (*mpl* **sud-africains** ; *fpl* **sud-africaines**) *adj* südafrikanisch. ◆ **Sud-Africain, e** *nm, f* Südafrikaner *der*, -in *die*.

sud-américain, e (*mpl* **sud-américains** ; *fpl* **sud-américaines**) *adj* südamerikanisch. ◆ **Sud-Américain, e** *nm, f* Südamerikaner *der*, -in *die*.

sudation [sydasjɔ̃] *nf* Schweißbildung *die*, Schwitzen *das*.

sud-est ◇ *adj inv* Südost-, südöstlich ◇ *nm inv* : **le ~** der Südosten.

sud-ouest ◇ *adj inv* Südwest-, südwestlich ◇ *nm inv* : **le ~** der Südwesten.

Suède [sɥɛd] *nf* : **la ~** Schweden *nt*.

suédois, e [sɥedwa, az] *adj* schwedisch. ◆ **suédois** *nm* [langue] Schwedisch(e) (*das*). ◆ **Suédois, e** *nm, f* Schwede *der*, -din *die*.

suer [7] [sɥe] *vi* schwitzen.

sueur [sɥœr] *nf* Schweiß *der* ; **avoir des ~s froides** *fig* ins Schwitzen geraten.

Suez [sɥɛz] *n* : **le canal de ~** der Suezkanal.

suffi [syfi] *pp inv* ▷ **suffire**.

suffire [100] [syfir] ◇ *vi* (aus)|reichen ; **~ pour qqch** für etw (aus)|reichen ; **~ pour faire qqch** (aus)|reichen, um etw zu tun ; **ça suffit!** es reicht! ◇ *v impers* : **il ne suffit pas à qqn que** jd begnügt sich nicht damit, dass. ◆ **se suffire** *vp* : **se ~ à soi-même** sich selbst genügen.

suffisamment [syfizamɑ̃] *adv* genug, genügend.

suffisant, e [syfizɑ̃, ɑ̃t] *adj* **- 1.** [satisfaisant] ausreichend **- 2.** *péj* [vaniteux] selbstgefällig.

suffixe [syfiks] *nm* Suffix *das*, Nachsilbe *die*.

suffocation [syfɔkasjɔ̃] *nf* Atemnot *die*, Erstickungsanfall *der*.

suffoquer [3] [syfɔke] ◇ *vt* **- 1.** [sujet : chaleur, fumée] : **~ qqn** jm die Luft ab|schnüren **- 2.** [sujet : colère] : **~ qqn** jm den Atem verschlagen ◇ *vi* einen Erstickungsanfall bekommen ; *fig* nach Luft schnappen.

suffrage [syfraʒ] *nm* (abgegebene) Stimme ; **~ restreint/universel/indirect** beschränktes/allgemeines/indirektes Wahlrecht.

suggérer [18] [sygʒere] *vt* **- 1.** [proposer] : **~ qqch (à qqn)** (jm) etw vor|schlagen, (jm) etw nahe legen ; **je vous suggère d'agir sans attendre** ich rate Ihnen, unverzüglich zu handeln **- 2.** [évoquer] anklingen lassen.

suggestif, ive [sygʒɛstif, iv] *adj* **- 1.** [aguicheur] aufreizend **- 2.** [évocateur] anregend, suggestiv.

suggestion [sygʒɛstjɔ̃] *nf* **- 1.** [conseil] Anregung *die* **- 2.** PSYCHOL Suggestion *die*.

suicidaire [sɥisidɛr] *adj* selbstmordgefährdet ; [acte] selbstmörderisch.

suicide [sɥisid] *nm* Selbstmord *der*.

suicider [3] [sɥiside] ◆ **se suicider** *vp* sich um|bringen, Selbstmord begehen.

suie [sɥi] *nf* Ruß *der*.

suinter [3] [sɥɛ̃te] *vi* **- 1.** [liquide] durch|sickern **- 2.** [mur] schwitzen.

suis [sɥi] ▷ **être**[1].

suisse [sɥis] *adj* schweizerisch, Schweizer-. ◆ **Suisse** ◇ *nf* : **la Suisse** die Schweiz ◇ *nmf* Schweizer *der*, -in *die*.

Suissesse [sɥisɛs] (*f inv* ou *inv*) *nf* Schweizerin *die*.

suite [sɥit] *nf* **- 1.** [de liste, de feuilleton] Folge *die* **- 2.** [série] Reihe *die* **- 3.** [succession] : **à la ~ de** nach ; **~ à qqch** infolge einer Sache *(G)* **- 4.** [escorte] Gefolge *das* **- 5.** [appartement d'hôtel & MUS] Suite *die*. ◆ **suites** *nfpl* [conséquences] Folgen *Pl*.

suivant, e [sɥivɑ̃, ɑ̃t] ◇ *adj* nächste,-r,-s ◇ *nm, f* Nächste *der*, Nächste *die*, *das* ; **au ~!** der Nächste bitte! ◆ **suivant** *prép* je nach. ◆ **suivant que** *loc conj* je nachdem, ob.

suivi, e [sɥivi] ◇ *pp* ▷ **suivre** ◇ *adj* **- 1.** [régulier] regelmäßig **- 2.** [cohérent] schlüssig. ◆ **suivi** *nm* **- 1.** [de personne] Betreuung *die* **- 2.** [de dossier] Bearbeitung *die*.

suivre [89] [sɥivr] ◇ *vt* **- 1.** [gén] : **~ qqn/qqch** jm/einer Sache folgen ; **faire ~** bitte nachsenden ; **à ~** Fortsetzung folgt **- 2.** [discours, match] verfolgen **- 3.** [sujet : médecin] betreuen ◇ *vi* **- 1.** [venir après] nach|kommen **- 2.** SCOL mit|kommen. ◆ **se suivre** *vp* [se succéder - logiquement] aufeinander folgen ; [- dans le temps] einander folgen.

sujet, ette [syʒɛ, ɛt] *nm, f* Untertan *der*. ◆ **sujet** *nm* **- 1.** [thème] Thema *das* ; **au ~ de qqch** wegen etw *(G)* ; **c'est à quel ~?** in welcher Angelegenheit?, worum geht es? ;

~ **de conversation** Gesprächsthema - **2.** [cobaye] Versuchsperson *die*, Proband *der*, -in *die* - **3.** GRAM Subjekt *das*, Satzgegenstand *der*.

sulfate [sylfat] *nm* Sulfat *das*.

sulfurique [sylfyrik] *adj* Schwefel-.

superbe [sypɛrb] *adj* prächtig.

supercherie [sypɛrʃəri] *nf* Schwindel *der*.

superficie [sypɛrfisi] *nf* [surface] Fläche *die*.

superficiel, elle [sypɛrfisjɛl] *adj* oberflächlich.

superflu, e [sypɛrfly] *adj* überflüssig. ◆ **superflu** *nm* Unwesentliche *das*, Drumherum *das*, Nebensächlichkeiten *Pl*.

supérieur, e [syperjœr] ◇ *adj* - **1.** [du dessus] obere,-r,-s - **2.** [plus élevé] : **être ~ à qqch** über etw *(D)* liegen - **3.** [de meilleure qualité] : **être ~ à qqn/qqch** jm/einer Sache überlegen sein - **4.** *fig* [condescendant] hochnäsig, herablassend ◇ *nm, f* - **1.** [hiérarchique] Vorgesetzte *der*, Vorgesetzte *die* - **2.** RELIG Superior *der*, Superiorin *die*, Oberin *die*.

supériorité [syperjɔrite] *nf* Überlegenheit *die*.

superlatif [sypɛrlatif] *nm* Superlativ *der*.

supermarché [sypɛrmarʃe] *nm* Supermarkt *der*.

superposé, e [sypɛrpoze] *adj* : **lits ~s** Etagenbett *das*.

superposer [3] [sypɛrpoze] *vt* - **1.** [debout] aufeinander stellen - **2.** [couché] aufeinander legen, stapeln. ◆ **se superposer** *vp* : **se ~ à qqch** sich zu etw gesellen.

superproduction [sypɛrprɔdyksjɔ̃] *nf* Superproduktion *die*.

superpuissance [sypɛrpɥisɑ̃s] *nf* Supermacht *die*.

supersonique [sypɛrsɔnik] *adj* Überschall-.

superstitieux, euse [sypɛrstisjø, øz] ◇ *adj* abergläubisch ◇ *nm, f* abergläubischer Mensch.

superstition [sypɛrstisjɔ̃] *nf* Aberglaube *der*.

superviser [3] [sypɛrvize] *vt* überwachen.

supplanter [3] [syplɑ̃te] *vt* verdrängen.

suppléant, e [sypleɑ̃, ɑ̃t] ◇ *adj* stellvertretend ◇ *nm, f* ADMIN Stellvertreter *der*, -in *die*.

suppléer [15] [syplee] *vt* - **1.** *sout* [carence, lacune] schließen - **2.** [remplacer - personne] vertreten ; [- chose] ersetzen.

supplément [syplemɑ̃] *nm* - **1.** [surplus] Zusatz *der* ; ~ **d'information** zusätzliche Informationen - **2.** [de journal] Beilage *die* - **3.** [somme] Zuschlag *der*.

supplémentaire [syplemɑ̃tɛr] *adj* zusätzlich, Zusatz- ; **train ~** Sonderzug *der*.

supplication [syplikasjɔ̃] *nf* Anflehung *die*.

supplice [syplis] *nm* Marter *die* ; *fig* [souffrance] Qual *die*.

supplier [10] [syplije] *vt* : ~ **qqn de faire qqch** jn anlflehen, etw zu tun, jn inständig bitten, etw zu tun ; **je t'en/vous en supplie** ich bitte dich/Sie.

support [sypɔr] *nm* Träger *der*, Stütze *die* ; ~ **de communication** Trägermedium *das* ; ~ **publicitaire** Werbeträger.

supportable [sypɔrtabl] *adj* erträglich.

supporter [3] [sypɔrte] *vt* - **1.** [soutenir] tragen - **2.** [endurer] ertragen ; ~ **que** *(+ subjonctif)* es ertragen, dass - **3.** SPORT [encourager] anlspornen. ◆ **se supporter** *vp* sich ertragen.

supposer [3] [sypoze] *vt* - **1.** [imaginer] anlnehmen ; **en supposant** OU **à ~ que** *(+ subjonctif)* (einmal) angenommen, (dass) - **2.** [impliquer] vorauslsetzen.

supposer

Ich nehme an, er ist verreist. Je suppose qu'il est en voyage.

Womöglich hat er das absichtlich getan. Peut-être qu'il a fait ça exprès.

Wenn ich mich nicht irre, hat er bald Geburtstag. Si je ne m'abuse, c'est bientôt son anniversaire.

Es könnte durchaus sein, dass ich mit dem Singen aufhöre. Il se pourrait très bien que j'arrête la chanson.

Wahrscheinlich kommt sie morgen. Elle viendra sans doute demain.

supposition [sypozisjɔ̃] *nf* Annahme *die*.

suppositoire [sypozitwar] *nm* Zäpfchen *das*.

suppression [sypresjɔ̃] *nf* [d'emplois, d'aides] Abbau *der*.

supprimer [3] [syprime] *vt* - **1.** [document] vernichten - **2.** [mot, passage] streichen - **3.** [loi, poste] ablschaffen - **4.** [tuer] beseitigen.

suprématie [sypremasi] *nf* Vorherrschaft *die*, Vormacht *die* ; ~ **intellectuelle** intellektuelle Vormachtstellung.

suprême [syprɛm] *adj* - **1.** [au-dessus de tout] oberste,-r,-s - **2.** [extrême] höchste,-r,-s - **3.** *sout* [dernier] letzte,-r,-s.

sur [syr] *prép* - **1.** [position] : **être ~ qqch** auf etw *(D)* sein ; **poser ~ qqch** auf etw *(A)* stellen - **2.** [direction] : ~ **la droite/gauche**

rechter/linker Hand, auf der rechten/linken Seite ; ~ **le côté** zur Seite, auf die Seite - **3.** [distance] : ~ **10 km** über eine Strecke von 10 km ; ~ **les 300 derniers mètres** auf den letzten 300 Metern - **4.** [proportion] : **une fois ~ deux** jedes zweite Mal - **5.** [au sujet de] : ~ **qqn/qqch** über jn/etw.

sûr, e [syr] *adj* - **1.** [sans danger, certain] sicher ; **être ~ de qqch** sich einer Sache *(G)* sicher sein ; ~ **et certain** ganz sicher - **2.** [digne de confiance] zuverlässig.

surabondance [syrabɔ̃dɑ̃s] *nf* Überfluss *der.*

surcharge [syrʃarʒ] *nf* - **1.** [excès de poids] Überlast *die* - **2.** [surabondance] : ~ **de qqch** Übermaß *das* an etw *(D)*, Überladensein *das* mit etw.

surcharger [17] [syrʃarʒe] *vt* - **1.** [en poids, texte] überladen - **2.** [de travail, d'impôts] : ~ **qqn de qqch** jn mit etw überlasten.

surchauffé, e [syrʃofe] *adj fig* überhitzt.

surcroît [syrkrwa] *nm :* **un ~ de travail** Mehrarbeit *die ;* **un ~ d'inquiétude** zusätzliche Sorge.

surdimensionné, e [syrdimɑ̃sjɔne] *adj* überdimensioniert.

surdité [syrdite] *nf* Taubheit *die.*

surdoué, e [syrdwe] *adj* überdurchschnittlich begabt, hoch begabt.

sureffectif [syrefɛktif] *nm* überflüssiges Personal *(sans pl) ;* **être en ~** überbesetzt sein.

surélever [19] [syrɛlve] *vt* erhöhen ; [immeuble] auf|stocken.

sûrement [syrmɑ̃] *adv* sicher, sicherlich ; ~ **pas!** *fam* ganz bestimmt nicht!

surenchère [syrɑ̃ʃɛr] *nf* Überbieten *das.*

surenchérir [32] [syrɑ̃ʃerir] *vi* überbieten.

surendetté, e [syrɑ̃dɛte] *adj* überschuldet.

surendettement [syrɑ̃dɛtmɑ̃] *nm* Überschuldung *die.*

surestimer [3] [syrɛstime] *vt* überbewerten. ◆ **se surestimer** *vp* sich überschätzen.

sûreté [syrte] *nf* - **1.** [sécurité] Sicherheit *die* - **2.** [fiabilité] Zuverlässigkeit *die.* ◆ **Sûreté** *nf* : **la Sûreté** ≃ die Schutzpolizei.

surexposer [3] [syrɛkspoze] *vt* überbelichten.

surf [sœrf] *nm* Surfen *das*, Wellenreiten *das*, Surfing *das ;* ~ **des neiges** Snowboard *das.*

surface [syrfas] *nf* - **1.** [partie extérieure] Oberfläche *die* - **2.** [étendue] Fläche *die ;* **grande ~** Verbrauchermarkt *der.*

surfait, e [syrfɛ, ɛt] *adj* überbewertet ; **réputation ~e** ungerechtfertigter Ruf.

surgelé, e [syrʒəle] *adj* tiefgefroren. ◆ **surgelé** *nm* Tiefkühlprodukt *das ;* **les ~s** Tiefkühlkost *die (sans pl).*

surgir [32] [syrʒir] *vi* auf|tauchen.

surhumain, e [syrymɛ̃, ɛn] *adj* übermenschlich.

surimpression [syrɛ̃presjɔ̃] *nf* PHOT Doppelbelichtung *die.*

sur-le-champ *loc adv* auf der Stelle.

surlendemain [syrlɑ̃dmɛ̃] *nm* übernächster Tag.

surligner [3] [syrliɲe] *vt* mit dem Textmarker an|streichen.

surligneur [syrliɲœr] *nm* Leuchtstift *der*, Textmarker *der.*

surmenage [syrmənaʒ] *nm* Überarbeitung *die.*

surmené, e [syrməne] *adj* überarbeitet.

surmener [19] [syrməne] *vt* überanstrengen. ◆ **se surmener** *vp* sich überanstrengen.

surmonter [3] [syrmɔ̃te] *vt* - **1.** [obstacle, peur] überwinden - **2.** [être placé au-dessus de] : ~ **qqch** sich über etw *(D)* befinden.

surnager [17] [syrnaʒe] *vi* - **1.** [flotter] an der Oberfläche schwimmen - **2.** *fig* [subsister] übrig bleiben.

surnaturel, elle [syrnatyrɛl] *adj* übernatürlich. ◆ **surnaturel** *nm* Übernatürliche *das.*

surnom [syrnɔ̃] *nm* Spitzname *der.*

surnombre [syrnɔ̃br] ◆ **en surnombre** *loc adv* überzählig.

surpasser [3] [syrpase] *vt* übertreffen. ◆ **se surpasser** *vp* sich selbst übertreffen.

surpeuplé, e [syrpœple] *adj* überbevölkert, übervölkert.

surplomb [syrplɔ̃] *nm* Überhang *der ;* **en ~** überhängend.

surplomber [3] [syrplɔ̃be] *vt :* ~ **qqch** über etw *(A)* über|hängen, über etw *(D)* hoch|ragen.

surplus [syrply] *nm* - **1.** [excédent] : ~ **de qqch** Überschuss *der* an etw *(D)* - **2.** [magasin] : ~ **(américains)** *Laden zum Verkauf von (amerikanischen) Armee(rest)beständen.*

surprenant, e [syrprənɑ̃, ɑ̃t] *adj* - **1.** [étonnant] überraschend - **2.** [remarquable] erstaunlich.

surprendre [79] [syrprɑ̃dr] *vt* - **1.** [gén] überraschen - **2.** [secret, conversation] (zufällig) mit|bekommen.

surpris, e [syrpri, iz] *pp* ▷ **surprendre.** ◆ **surprise** *nf* Überraschung *die ;* **faire une ~ à qqn** jm eine Überraschung machen.

surproduction [syrprɔdyksjɔ̃] *nf* Überproduktion *die.*
surréalisme [syrrealism] *nm* ART Surrealismus *der.*
sursaut [syrso] *nm* - **1.** [mouvement brusque] Hochschrecken *das ;* **avoir un ~** hoch|schrecken ; **se réveiller en ~** aus dem Schlaf hoch|fahren - **2.** [regain] Aufwallung *die.*
sursauter [3] [syrsote] *vi* (vor Schreck) hoch|fahren.
sursis [syrsi] *nm* - **1.** [délai] Aufschub *der* - **2.** JUR Bewährung *die ;* **six mois avec ~** sechs Monate mit Bewährung.
sursitaire [syrsitɛr] *adj* - **1.** [étudiant] zurückgestellt - **2.** [condamné] auf Bewährung.
surtaxe [syrtaks] *nf* Nachgebühr *die.*
surtout [syrtu] *adv* vor allem ; **je ne veux ~ pas d'histoires avec eux** ich möchte bloß keine Scherereien mit ihnen. ◆ **surtout que** *loc conj fam* zumal.
survécu [syrveky] *pp inv* ▷ **survivre.**
surveillance [syrvɛjɑ̃s] *nf* Aufsicht *die.*
surveillant, e [syrvɛjɑ̃, ɑ̃t] *nm, f* Aufsichtsperson *die.*

surveillant

Die **surveillants** führen in den Schulen die Pausenaufsicht, überwachen das Kommen und Gehen bei Schulschluss und Schulbeginn und beaufsichtigen die Schüler bei ihren Hausaufgaben. Meistens handelt es sich um Studenten, die ihr Studium durch diese Nebentätigkeit finanzieren.

surveiller [4] [syrvɛje] *vt* - **1.** [enfants, travaux] überwachen ; [examen] Aufsicht führen - **2.** [soigner] : **~ son langage** auf seine Ausdrucksweise achten. ◆ **se surveiller** *vp* auf|passen.
survenir [40] [syrvənir] *vi* - **1.** [personne] auf|tauchen - **2.** [événement] sich ereignen.
survenu, e [syrvəny] *pp* ▷ **survenir.**
survêtement [syrvɛtmɑ̃] *nm* SPORT Trainingsanzug *der.*
survie [syrvi] *nf* [de malade] Überleben *das.*
survivant, e [syrvivɑ̃, ɑ̃t] ◇ *nm, f* Überlebende *der,* Überlebende *die* ◇ *adj* überlebend.
survivre [90] [syrvivr] *vi :* **~ (à qqn/qqch)** (jn/etw) überleben.
survol [syrvɔl] *nm* Überfliegen *das.*
survoler [3] [syrvɔle] *vt* überfliegen.
survolté, e [syrvɔlte] *adj* [excité] aufgeregt.
sus [sy(s)] *adv :* **~ à l'ennemi!** *littéraire* ran an den Feind! ◆ **en sus** *loc adv :* **en ~ (de qqch)** zusätzlich (zu etw).
susceptibilité [sysɛptibilite] *nf* Empfindlichkeit *die.*
susceptible [sysɛptibl] *adj* - **1.** [chatouilleux] (über)empfindlich - **2.** [apte] : **~ d'être amélioré** verbesserungsfähig ; **une proposition ~ de vous intéresser** ein Vorschlag, der Sie interessieren könnte.
susciter [3] [sysite] *vt* hervor|rufen.
suspect, e [syspɛ, ɛkt] ◇ *adj* - **1.** [personne, attitude] verdächtig ; **être ~ de qqch** unter dem Verdacht von etw stehen - **2.** [témoignage] fragwürdig ◇ *nm, f* Verdächtige *der,* Verdächtige *die.*
suspecter [4] [syspɛkte] *vt* - **1.** [personne] verdächtigen ; **~ qqn de faire qqch** jn verdächtigen, etw zu tun - **2.** [fait] in Frage stellen.
suspendre [73] [syspɑ̃dr] *vt* - **1.** [accrocher] auf|hängen ; **~ qqch au mur** etw an der Wand auf|hängen - **2.** [interrompre - négociations, parution] ein|stellen ; [- séance] auf|heben - **3.** [fonctionnaire] vom Dienst suspendieren.
suspendu, e [syspɑ̃dy] *pp* ▷ **suspendre.**
suspens [syspɑ̃] ◆ **en suspens** *loc adv* in der Schwebe.
suspense [syspɛns] *nm* Spannung *die.*
suspension [syspɑ̃sjɔ̃] *nf* - **1.** [interruption] Einstellung *die ;* [d'audience] Aufhebung *die* - **2.** [de fonctionnaire] Suspendierung *die* - **3.** [lustre] Hängelampe *die* - **4.** AUTOM Aufhängung *die.*
suspicion [syspisjɔ̃] *nf* Argwohn *der.*
susurrer [3] [sysyre] ◇ *vt* flüstern ◇ *vi* säuseln.
suture [sytyr] ▷ **point.**
svelte [zvɛlt] *adj* schlank.
SVP *abr de* **s'il vous plaît.**
sweat-shirt [switʃœrt] (*pl* **sweat-shirts**) *nm* Sweatshirt *das.*
syllabe [silab] *nf* Silbe *die.*
symbole [sɛ̃bɔl] *nm* - **1.** [signe, image] Symbol *das* - **2.** [personnification] Sinnbild *das.*
symbolique [sɛ̃bɔlik] ◇ *adj* symbolisch ◇ *nf* Symbolik *die.*
symboliser [3] [sɛ̃bɔlize] *vt* symbolisieren, versinnbildlichen.
symétrie [simetri] *nf* Symmetrie *die.*
symétrique [simetrik] *adj* symmetrisch.
sympa [sɛ̃pa] *adj fam* nett.
sympathie [sɛ̃pati] *nf* - **1.** [entente, amitié] Sympathie *die* - **2.** [bonne disposition] Wohlwollen *das* - **3.** [condoléances] Mitgefühl *das.*
sympathique [sɛ̃patik] *adj* sympathisch.

sympathiser [3] [sɛ̃patize] *vi* sich gut verstehen ; **~ avec qqn** sich mit jm an|freunden.

symphonie [sɛ̃fɔni] *nf* Sinfonie *die*.

symphonique [sɛ̃fɔnik] *adj* sinfonisch.

symptomatique [sɛ̃ptɔmatik] *adj* symptomatisch.

symptôme [sɛ̃ptom] *nm* Symptom *das*.

synagogue [sinagɔg] *nf* Synagoge *die*.

synchronique [sɛ̃krɔnik] *adj* synchronisch.

synchroniser [3] [sɛ̃krɔnize] *vt* **- 1.** [harmoniser] (zeitlich) aufeinander ab|stimmen **- 2.** CIN synchronisieren.

syncope [sɛ̃kɔp] *nf* **- 1.** [évanouissement] (kurze) Ohnmacht *die* **- 2.** MUS Synkope *die*.

syndic [sɛ̃dik] *nm* (Haus)verwaltung *die*.

syndicaliste [sɛ̃dikalist] ◇ *nmf* Gewerkschafter *der*, -in *die* ◇ *adj* Gewerkschafts-.

syndicat [sɛ̃dika] *nm* Gewerkschaft *die*. ◆ **syndicat d'initiative** *nm* Fremdenverkehrsbüro *das*.

syndiqué, e [sɛ̃dike] ◇ *adj* gewerkschaftlich organisiert ◇ *nm, f* Gewerkschaftsmitglied *das*.

syndrome [sɛ̃drom] *nm* Syndrom *das*.

synergie [sinɛrʒi] *nf* Zusammenwirken *das (sans pl)* ; ÉCON Synergie *die*.

synonyme [sinɔnim] ◇ *nm* Synonym *das* ◇ *adj* synonym.

syntaxe [sɛ̃taks] *nf* Satzbau *der*.

synthé [sɛ̃te] (*abr de* **synthétiseur**) *nm fam* Synthesizer *der*.

synthèse [sɛ̃tɛz] *nf* **- 1.** [gén] Synthese *die* ; **avoir l'esprit de ~** den Überblick behalten **- 2.** [résumé] Zusammenfassung *die*.

synthétique [sɛ̃tetik] *adj* **- 1.** [gén] synthetisch ; **vanille ~** künstliches Vanillearoma **- 2.** [exposé] zusammenfassend.

synthétiseur [sɛ̃tetizœr] *nm* MUS Synthesizer *der*.

syphilis [sifilis] *nf* Syphilis *die*.

Syrie [siri] *nf* : **la ~** Syrien *nt*.

syrien, enne [sirjɛ̃, ɛn] *adj* syrisch. ◆ **Syrien, enne** *nm, f* Syrer *der*, -in *die*.

systématique [sistematik] *adj* systematisch ; **il a l'esprit ~** er ist ein Systematiker.

systématiser [3] [sistematize] *vi* & *vt* systematisieren.

système [sistɛm] *nm* **- 1.** [gén] System *das* **- 2.** [organisation] : **~ bureautique** Bürokommunikationssystem ; **~ nerveux** Nervensystem ; **~ politique** Staatsform *die* **- 3.** INFORM : **~ expert** Expertensystem ; **~ d'exploitation** Betriebssystem ; **~ intégré** integriertes System, ≃ Mis.

T

t, T [te] *nm inv* [lettre] t *das*, T *das*. ◆ **t** (*abr de* **tonne**) t.

ta ▷ **ton** *(adj)*.

tabac [taba] *nm* **- 1.** [plante] Tabak *der* ; **~ blond/brun/gris** heller/dunkler/grauer Tabak ; **~ à priser** Schnupftabak **- 2.** [magasin] Tabakwarengeschäft *der*.

tabagisme [tabaʒism] *nm* [abus] Rauchen *das*.

tabernacle [tabɛrnakl] *nm* Tabernakel *das* ou *der*.

table [tabl] *nf* Tisch *der* ; **à ~!** zu Tisch! ; **mettre la ~** den Tisch decken ; **se mettre à ~** sich zu Tisch setzen ; **~ d'opération** Operationstisch. ◆ **table des matières** *nf* Inhaltsverzeichnis *das*. ◆ **table de multiplication** *nf* Einmaleins *das*.

tableau [tablo] *nm* **- 1.** [peinture, description] Bild *das* **- 2.** [panneau, liste] Tafel *die* ; **~ d'affichage** Anzeigetafel ; **~ de bord** AÉRON Instrumententafel ; AUTOM Armaturenbrett *das* **- 3.** THÉÂTRE Aufzug *der*.

tabler [3] [table] *vi* : **~ sur qqch** auf etw *(A)* setzen.

tablette [tablɛt] *nf* **- 1.** [planchette] Ablage *die* **- 2.** [de chocolat] Tafel *die*.

> **tablette**
>
> Vorsicht! Das französische Wort **tablette** hat nichts mit den deutschen Substantiven „Tablette" und „Tablett" zu tun, sondern bedeutet „Ablage" oder im Zusammenhang mit Schokolade „Tafel".
> **Mets tes livres sur la tablette** heißt „Leg deine Bücher auf die Ablage" und **une tablette de chocolat de 500 g** wäre „eine 500 g- Tafel Schokolade".
> „Ich brauche eine Kopfschmerztablette" dagegen wird mit **J'ai besoin d'un comprimé contre les maux de têtes** und „Stell die Tasse auf das Tablett" mit **Pose la tasse sur le plateau** übersetzt.

tableur [tablœr] *nm* INFORM Tabellenkalkulationsprogramm *das*.

tablier [tablije] *nm* **- 1.** [de cuisinière] Schürze *die* ; [d'écolier] Schulkittel *der* **- 2.** [de cheminée] Umlaufblech *das* **- 3.** CONSTR [de pont] Fahrbahnplatte *die*.

tabou, e [tabu] *adj* verboten ; **être ~** tabu sein. ◈ **tabou** *nm* Tabu *das*.
tabouret [taburɛ] *nm* Hocker *der*.
tabulateur [tabylatœr] *nm* Tabulator *der*.
tac [tak] *nm* : **du ~ au ~** schlagfertig *(adv)*.
tache [taʃ] *nf* [gén] Fleck *der* ; **~s de rousseur** OU **de son** Sommersprossen *Pl*.
tâche [taʃ] *nf* Aufgabe *die* ; **faciliter la ~ à qqn** jm die Arbeit erleichtern.
tacher [3] [taʃe] *vt* beflecken.
tâcher [3] [taʃe] ◇ *vi* : **~ de faire qqch** sich bemühen, etw zu tun ◇ *vt* : **tâche que ça ne se reproduise plus!** sieh zu, dass das nicht wieder vorkommt!
tacheté, e [taʃte] *adj* gesprenkelt ; **~ de blanc** weiß getüpfelt.
tacheter [27] [taʃte] *vt* sprenkeln.
tacite [tasit] *adj* stillschweigend.
taciturne [tasityrn] *adj* schweigsam.
tact [takt] *nm* [délicatesse] Takt *der*.
tactique [taktik] ◇ *adj* taktisch ◇ *nf* Taktik *die*.
taffe [taf] *nf fam* Zug *der (an einer Zigarette)* ; **passe-moi une taffe** lass mich mal ziehen!
tag [tag] *nm* Graffiti *das*.
taguer [3] [tage] ◇ *vt* : **~ qqch** etw mit Graffiti besprühen ◇ *vi* Graffiti sprühen.
tagueur, euse [tagœr, øz] *nm, f* Graffitisprüher *der*, -in *die*.
taie [tɛ] *nf* [enveloppe] : **~ (d'oreiller)** Kopfkissenbezug *der*.
taille [taj] *nf* - **1.** [action de tailler - plante] Stutzen *das* ; [- pierre] Behauen *das* ; [- diamant] Schleifen *das* - **2.** [stature, dimensions] Größe *die* ; **cette veste n'est pas à ta ~** diese Jacke passt dir nicht ; **une erreur de ~** *fig* ein großer Fehler - **3.** [milieu du corps] Taille *die*.
taille-crayon (*pl* **taille-crayons**) *nm* (Bleistift)spitzer *der*.
tailler [3] [taje] *vt* [bois, pierre] zu|richten ; [arbre] stutzen ; [crayon] an|spitzen.
tailleur [tajœr] *nm* - **1.** [couturier] Schneider *der*, -in *die* - **2.** [vêtement] Kostüm *das* - **3.** [artisan] : **~ de pierres** Steinmetz *der*.
taillis [taji] *nm* Niederwald *der*.
tain [tɛ̃] *nm* Spiegelbelag *der*.
taire [111] [tɛr] *vt* verschweigen. ◈ **se taire** *vp* - **1.** [rester sans parler] schweigen - **2.** [cesser de parler] still sein ; **tais-toi!, taisez-vous!** sei still!, seien Sie still!
Taiwan [tajwan] *n* Taiwan *nt*, Formosa *nt*.
talc [talk] *nm* (Talk)puder *der*.
talent [talɑ̃] *nm* Talent *das* ; **avoir du ~** Talent besitzen.
talentueux, euse [talɑ̃tɥø, øz] *adj* talentiert.
talisman [talismɑ̃] *nm* Talisman *der*, Glücksbringer *der*.
talkie-walkie [tɔkiwɔki] *nm* Walkie-Talkie *das*.
talon [talɔ̃] *nm* - **1.** [du pied, de chaussette] Ferse *die* - **2.** [de chaussure] Absatz *der* ; **~s aiguilles** Stöckelabsätze ; **~s hauts/plats** hohe/flache Absätze - **3.** [de pain, de jambon] Reststück *das* - **4.** [de chèque, de cartes] Talon *der*.
talonner [3] [talɔne] *vt* [suivre] : **~ qqn/qqch** jm/etw auf den Fersen sein.
talonnette [talɔnɛt] *nf* - **1.** [de chaussure] Ferseneinlage *die* - **2.** COUTURE [de pantalon] Stoßborte *die*.
talquer [3] [talke] *vt* (ein)|pudern.
talus [taly] *nm* Böschung *die*.
tambour [tɑ̃bur] *nm* - **1.** [instrument, cylindre] Trommel *die* - **2.** [musicien] Trommler *der* - **3.** [porte] Flügeltür *die*.
tambourin [tɑ̃burɛ̃] *nm* Tamburin *das*.
tambouriner [3] [tɑ̃burine] ◇ *vt* trommeln ◇ *vi* : **~ sur/à/contre qqch** auf/an/gegen etw *(A)* trommeln.
tamis [tami] *nm* - **1.** [crible] Sieb *das* ; **passer au ~** sieben - **2.** [de raquette] Bespannung *die*.
tamisé, e [tamize] *adj* [éclairage] gedämpft.
tamiser [3] [tamize] *vt* - **1.** [farine] sieben - **2.** [lumière] dämpfen.
tampon [tɑ̃pɔ̃] *nm* - **1.** [de coton] Bausch *der* ; **~ hygiénique** OU **périodique** Tampon *der* - **2.** [cachet] Stempel *der* - **3.** [bouchon] Pfropfen *der* - **4.** [amortisseur] Puffer *der*.
tamponner [3] [tɑ̃pɔne] *vt* - **1.** [plaie] ab|tupfen - **2.** [document] (ab)|stempeln - **3.** [heurter] rammen.
tam-tam [tamtam] (*pl* **tam-tams**) *nm* afrikanische Trommel.
tandem [tɑ̃dɛm] *nm* - **1.** [vélo] Tandem *das* - **2.** [duo] Gespann *das*.
tandis que [tɑ̃dikə], **tandis qu'** *(devant voyelle ou h muet) loc conj* während *(+ G)*.
tangage [tɑ̃gaʒ] *nm* Stampfen *das*.
tangent, e [tɑ̃ʒɑ̃, ɑ̃t] *adj* - **1.** MATHS : **une droite ~e à qqch** eine Tangente zu etw - **2.** [juste] haarscharf. ◈ **tangente** *nf* Tangente *die*.
tangible [tɑ̃ʒibl] *adj* greifbar.
tango [tɑ̃go] *nm* Tango *der*.
tanguer [3] [tɑ̃ge] *vi* stampfen.
tanière [tanjɛr] *nf* Bau *der* ; *fig* Höhle *die*.
tank [tɑ̃k] *nm* MIL [char] Panzer *der*.
tanner [3] [tane] *vt* - **1.** [peau] gerben - **2.** *fam* [personne] nerven.
tant [tɑ̃] *adv* - **1.** [tellement] : **~ de** so viel - **2.** [employé seul] so sehr - **3.** [valeur indéfinie] soundso viel ; **ça coûte ~** das kostet

soundso viel - **4.** [date] : **le ~** der Soundsovielte - **5.** [comparatif]: **elle n'aime pas ~ les cerises que les fraises** sie mag Kirschen nicht so gerne wie Erdbeeren - **6.** [temporel] : **~ que** solange. ◆ **en tant que** *loc conj* als ; **en ~ que tel** als solche,-r,-s *(adj)*. ◆ **tant bien que mal** *loc adv* mehr schlecht als recht. ◆ **tant et plus** *loc adv* sehr viel. ◆ **tant et si bien que** *loc conj : faire* **~ et si bien que** es fertig bringen, dass. ◆ **tant mieux** *loc adv* umso besser. ◆ **tant pis** *loc adv* Pech gehabt ; **~ pis pour lui!** sein Pech! ◆ **tant qu'à** *loc conj* wenn (es) schon (sein muss) ; **~ qu'à partir, partons maintenant** wenn wir schon gehen müssen, dann gleich ; **~ qu'à faire** wenn schon, denn schon. ◆ **(un) tant soit peu** *loc adv* nur ein klein wenig.

tante [tɑ̃t] *nf* [parente] Tante *die*.

tantinet [tɑ̃tinɛ] *nm :* **un ~ exagéré** ein (klein) wenig OU etwas übertrieben.

tantôt [tɑ̃to] *adv* - **1.** [parfois] : **~ le matin, ~ le soir** erst morgens, dann abends, bald morgens, bald abends - **2.** *fam* [après-midi] heute Nachmittag.

tapage [tapaʒ] *nm* Lärm *der*.

tapageur, euse [tapaʒœr, øz] *adj* - **1.** [bruyant] lärmend - **2.** [voyant, scandaleux] aufdringlich.

tape [tap] *nf* [claque] Klaps *der*.

tape-à-l'œil ◇ *adj inv* pompös ◇ *nm inv* Schein *der*, Schaustellerei *die*.

taper [3] [tape] ◇ *vt* - **1.** [personne, animal] schlagen, hauen - **2.** [dactylographier] (ab)|tippen ; **~ qqch à la machine** etw tippen - **3.** [code] ein|geben ◇ *vi* - **1.** [donner un coup] schlagen ; **~ sur qqn** auf jn ein|schlagen - **2.** [écrire] : **~ (à la machine)** tippen - **3.** *fam* [soleil] stechen ; [vin] zu Kopfe steigen.

tapis [tapi] *nm* Teppich *der ;* **~ de souris** Mousepad *das ;* **~ roulant** [pour personnes] Laufband *das ;* [pour objets] Transportband *das ;* **dérouler le tapis rouge (à qn)** *fig* für jn den roten Teppich aus|rollen.

tapisser [3] [tapise] *vt* - **1.** [sujet : personne] tapezieren - **2.** [sujet : objets, papier, feuilles] überziehen.

tapisserie [tapisri] *nf* - **1.** [papier peint] Tapete *die* - **2.** [canevas] Teppichknüpferei *die* - **3.** ART gewirkter Wandbehang.

tapissier, ère [tapisje, ɛr] *nm, f* - **1.** [commerçant] Polsterer *der*, -rin *die* - **2.** [décorateur] Tapezierer *der*, -in *die*.

tapoter [3] [tapɔte] ◇ *vt :* **~ qqch** auf etw *(A)* klopfen ◇ *vi :* **~ sur qqch** [table, objet] auf etw *(D)* herum|klopfen ; [piano, clavier] auf etw *(D)* herum|klimpern.

taquin, e [takɛ̃, in] ◇ *adj* schelmisch, keck ◇ *nm, f* Schelm *der*.

taquiner [3] [takine] *vt* [personne] auf|ziehen, auf die Schippe nehmen.

tarabuster [3] [tarabyste] *vt* - **1.** [sujet : personne] bearbeiten, zu|setzen - **2.** [sujet : histoire, idée] zu schaffen machen.

tard [tar] *adv* spät ; **plus ~** später ; **au plus ~** spätestens.

tarder [3] [tarde] ◇ *vi* - **1.** [personne] : **~ à faire qqch** zögern, etw zu tun ; **je ne vais pas ~ à en avoir assez** bald habe ich davon die Nase voll - **2.** [chose, événement] : **ça ne va pas ~** es wird nicht mehr lange dauern ◇ *v impers :* **il me/nous tarde de faire qqch** ich sehne mich/wir sehnen uns danach, etw zu tun.

tardif, ive [tardif, iv] *adj* spät.

tare [tar] *nf* - **1.** [de balance] Eigengewicht *das* - **2.** [défaut] Fehler *der*, Makel *der*.

tarif [tarif] *nm* - **1.** [prix - de service] Gebühr *die ;* [- de marchandise] Preis *der ;* **plein ~** voller Preis ; **~ réduit** ermäßigter Preis - **2.** [tableau des prix] Tarif *der ;* **les ~s** die Preisliste.

tarir [32] [tarir] ◇ *vt* versiegen lassen ◇ *vi* versiegen. ◆ **se tarir** *vp* versiegen.

tarot [taro] *nm* ≃ Tarock *das*. ◆ **tarots** *nmpl* ≃ Tarockkarten *Pl ;* **tirer les ~s à qqn** jm die Zukunft aus Tarockkarten voraus|sagen.

tartare [tartar] *adj* tatarisch ; **(steak) ~** Tatarsteak *das*.

tarte [tart] ◇ *nf* - **1.** [gâteau] Torte *die*, Kuchen *der* - **2.** *fam loc :* **c'est pas de la ~!** das ist kein Leichtes OU Vergnügen! ; **~ à la crème** alter Hut ◇ *adj fam* [bête] tumb.

tartine [tartin] *nf* [de pain] Butterbrot *das*.

tartiner [3] [tartine] *vt* [pain] bestreichen, schmieren.

tartre [tartr] *nm* - **1.** [calcaire] Kesselstein *der* - **2.** [des dents] Zahnstein *der*.

tas [ta] *nm* [monceau] Haufen *der ;* **un ~ de qqch** jede Menge etw, ein Haufen etw.

tasse [tas] *nf* Tasse *die ;* **~ à café** Kaffeetasse ; **~ à thé** Teetasse ; **~ de café/de thé** Tasse Kaffee/Tee.

tassé, e [tase] *adj :* **il a cinquante ans bien ~s** *fam* er ist gut und gerne fünfzig Jahre alt.

tasser [3] [tase] *vt* [neige, terre] fest stampfen, fest treten. ◆ **se tasser** *vp* - **1.** [s'affaisser] ab|sacken - **2.** [se serrer] zusammen|rücken.

tâter [3] [tate] *vt* betasten, an|tippen ; *fig* erkunden ; **~ le terrain** sich um|sehen (wie die Verhältnisse sind). ◆ **se tâter** *vp fam fig* sich *(D)* unschlüssig sein.

tatillon, onne [tatijɔ̃, ɔn] ◇ *adj* pingelig ◇ *nm, f* pingeliger Mensch.

tâtonnement [tatɔnmɑ̃] *nm* - **1.** [dans le

noir] (Ab)ltasten *das* - **2.** [tentative] zögernde Versuche *Pl* ; **~s** Probeläufe *Pl.*

tâtonner [3] [tatɔne] *vi* sich vorltasten ; *fig* herumlsuchen.

tâtons [tatɔ̃] ◆ **à tâtons** *loc adv* tastend ; **avancer à ~** *litt & fig* sich vorltasten.

tatouage [tatwaʒ] *nm* [dessin] Tätowierung *die.*

tatouer [6] [tatwe] *vt* tätowieren.

taudis [todi] *nm* Behausung *die*, Elendsquartier *das* ; *fig & péj* Saustall *der.*

taule = **tôle.**

taupe [top] *nf* Maulwurf *der* ; *fig* Schnüffler *der.*

taureau, x [tɔro] *nm* [animal] Stier *der.* ◆ **Taureau** *nm* ASTRON & ASTROL Stier *der* ; **sous le signe du Taureau** im Zeichen des Stiers.

tauromachie [tɔrɔmaʃi] *nf* Stierkampf *der.*

taux [to] *nm* - **1.** [cours] Kurs *der*, Satz *der* ; **~ de change** Wechselkurs ; **~ d'escompte** Diskontsatz ; **~ d'intérêt** Zinssatz - **2.** [pourcentage] Rate *die* ; **~ de cholestérol** Cholesterinspiegel *der.*

taverne [tavɛrn] *nf* - **1.** [auberge] Wirtshaus *das* - **2.** [bar] Bierkeller *der.*

taxe [taks] *nf* [redevance] Steuer *die*, Abgabe *die* ; **hors ~s** ohne Steuern ; **~ foncière** Grundsteuer ; **~ professionnelle** Gewerbesteuer.

taxer [3] [takse] *vt* - **1.** [imposer] besteuern, mit einer Steuer OU Abgabe belegen - **2.** [traiter] : **~ qqn de qqch** jn als etw bezeichnen ; [accuser] jm etw vorlwerfen.

taxi [taksi] *nm* [voiture] Taxi *das.*

TB, tb *abr de* **très bien.**

Tchad [tʃad] *nm* : **le ~** der Tschad, Tschad *nt.*

tchadien, enne [tʃadjɛ̃, ɛn] *adj* tschadisch. ◆ **tchadien** *nm* [langue] Tschadisch(e) (*das*). ◆ **Tchadien, enne** *nm, f* Tschader *der*, -in *die.*

tchatche [tʃaʃ] *nf fam* Quasselei *die* ; **avoir la ~** ununterbrochen quasseln.

tchatcher [tʃaʃe] *vi fam* quasseln.

Tchécoslovaquie [tʃekɔslɔvaki] *nf* : **la ~** die Tschechoslowakei.

tchèque [tʃɛk] ◇ *adj* tschechisch ◇ *nm* [langue] Tschechisch(e) (*das*). ◆ **Tchèque** *nmf* Tscheche *der*, -chin *die.*

te [tə], **t'** *(devant voyelle ou h muet) pron pers* - **1.** [complément d'objet, réfléchi] dich, dir ; **ça t'a fait plaisir** es hat dich gefreut ; **il t'a remercié** er dankte dir - **2.** [avec un présentatif] : **~ voici/voilà!** hier/da bist du ja! ; **~ voilà bien avancé!** das hast du nun davon!

technicien, enne [tɛknisjɛ̃, ɛn] *nm, f* Techniker *der*, -in *die.*

technico-commercial, e [tɛknikokɔmɛrsjal] (*mpl* **technico-commerciaux** [tɛknikokɔmɛrsjo] ; *fpl* **technico-commerciales**) ◇ *adj* : **ingénieur ~** Verkaufsingenieur *der* ◇ *nm, f* Techniker *der*, -in *die* im Außendienst.

technique [tɛknik] ◇ *adj* - **1.** [gén] technisch - **2.** [terme, revue] Fach- ◇ *nf* Technik *die.*

techno [tɛkno] ◇ *adj* techno ; **la musique ~** die Technomusik ◇ *nf* Techno *der.*

technocrate [tɛknɔkrat] *nm péj* Technokrat *der.*

technologie [tɛknɔlɔʒi] *nf* Technologie *die.*

technologique [tɛknɔlɔʒik] *adj* technologisch.

teckel [tekɛl] *nm* Dackel *der.*

tee-shirt (*pl* **tee-shirts**), **T-shirt** (*pl* **T-shirts**) [tiʃœrt] *nm* T-shirt *das.*

teigne [tɛɲ] *nf fam* [personne] Zimtzicke *die*, Giftspritze *die.*

teindre [81] [tɛ̃dr] *vt* [colorer] färben.

teint, e [tɛ̃, tɛ̃t] ◇ *pp* ▻ **teindre** ◇ *adj* gefärbt. ◆ **teint** *nm* [carnation] Teint *der.*

teinte [tɛ̃t] *nf* Farbton *der.*

teinté, e [tɛ̃te] *adj* getönt ; **~ de qqch** *fig* mit etw durchsetzt, von etw durchzogen.

teinter [3] [tɛ̃te] *vt* [colorer] färben.

teinture [tɛ̃tyr] *nf* - **1.** [action] Färben *das* - **2.** [produit] Färbemittel *das.* ◆ **teinture d'iode** *nf* Jodtinktur *die.*

teinturerie [tɛ̃tyrri] *nf* [pressing] Reinigung *die.*

teinturier, ère [tɛ̃tyrje, ɛr] *nm, f* - **1.** [qui nettoie] Reinigungsfachmann *der* ; **porter un costume chez le ~** einen Anzug in die Reinigung bringen - **2.** [qui teint] Färbereifachmann *der.*

tel [tɛl] (*f* **telle** ; *mpl* **tels** ; *fpl* **telles**) ◇ *adj* - **1.** [valeur indéterminée] diese,-r,-s ; **dans telle ou telle circonstance** unter diesen oder jenen Umständen - **2.** [semblable] solche,-r,-s ; **je n'ai rien dit de ~** ich habe nichts dergleichen gesagt - **3.** [reprend ce qui a été énoncé] : **telle fut l'histoire qu'il nous raconta** das war die Geschichte, die er uns erzählte - **4.** [valeur intensive] solche,-r,-s, derartige,-r,-s ; **c'est un ~ pianiste!** er ist ein so großartiger Pianist! ; **un ~ bonheur** ein solches Glück ; **elle est d'une telle gentillesse!** sie ist so nett! ; **~ que** so groß, dass, derartige,-r,-s, dass ; **un bonheur ~ qu'il ne pouvait y croire** ein Glück, wie er es gar nicht fassen konnte ◇ *pron indéf* - **1.** [désigne des personnes ou des choses indéterminées] diese,-r,-s ; **~ ou ~**

diese,-r,-s oder jene,-r,-s - **2.** [évoque une personne] : **(Monsieur) un ~** Herr Soundso. ◈ **à tel point que** *loc conj* so sehr, dass. ◈ **de telle manière que** *loc conj (+ subjonctif)* so, dass. ◈ **de telle sorte que** *loc conj (+ subjonctif)* so, dass.

tél. (*abr de* **téléphone**) Tel.

télé [tele] *nf fam* Fernseher *der.*

téléachat [teleaʃa] *nm* Einkauf *der* per Bildschirmtext.

télécommande [telekɔmɑ̃d] *nf* Fernbedienung *die.*

télécommunication [telekɔmynikasjɔ̃] *nf* Telekommunikation *die.*

téléconférence [telekɔ̃ferɑ̃s] *nf* - **1.** [conférence] Telekonferenz *die* - **2.** [procédé] Konferenzschaltung *die.*

télécopie [telekɔpi] *nf* Fernkopie *die*, Telefax *das.*

télécopieur [telekɔpjœr] *nm* Telefaxgerät *das.*

téléfilm [telefilm] *nm* Fernsehspiel *das*, Fernsehfilm *der.*

télégramme [telegram] *nm* Telegramm *das*, Fernschreiben *das.*

télégraphe [telegraf] *nm* Telegraf *der.*

télégraphier [9] [telegrafje] *vt* telegrafieren.

téléguider [3] [telegide] *vt* fern|steuern.

télématique [telematik] *nf* Fernmelde- und Datenverarbeitungstechnik *die ;* INFORM Telematik *die.*

téléobjectif [teleɔbʒɛktif] *nm* Teleobjektiv *das.*

télépathie [telepati] *nf* Telepathie *die.*

téléphérique [teleferik] *nm* Seilbahn *die.*

téléphone [telefɔn] *nm* Telefon *das ;* **~ cellulaire** OU **sans fil** schnurloses Telefon, Mobil(funk)telefon.

téléphoner [3] [telefɔne] *vi* telefonieren ; **~ à qqn** jn an|rufen.

téléphonique [telefɔnik] *adj* Telefon-.

télescope [teleskɔp] *nm* Teleskop *das.*

télescoper [3] [teleskɔpe] *vt* : **~ qqch** etw mit|reißen, gegen etw prallen, auf etw *(A)* auf|prallen. ◈ **se télescoper** *vp* aufeinander auf|fahren ; *fig* sich überschneiden.

télescopique [teleskɔpik] *adj* - **1.** ASTRON [observation] teleskopisch - **2.** [antenne] Teleskop-.

téléscripteur [teleskriptœr] *nm* Fernschreiber *der.*

télésiège [telesjɛʒ] *nm* Sessellift *der.*

téléski [teleski] *nm* Skilift *der.*

téléspectateur, trice [telespɛktatœr, tris] *nm, f* Fernsehzuschauer *der*, -in *die.*

télétransmission [teletrɑ̃smisjɔ̃] *nf* Fernübertragung *die.*

télétravail, télétravaux [teletravaj] *nm* Telearbeit *die.*

téléviseur [televizœr] *nm* Fernseher *der*, Fernsehgerät *das.*

télévision [televizjɔ̃] *nf* - **1.** [technique, services] Fernsehen *das ;* **~ numérique** digitales Fernsehen ; **studio de ~** Fernsehstudio *das* - **2.** [téléviseur] Fernseher *der*, Fernsehgerät *das*, Fernsehapparat *der.*

télex [telɛks] *nm* Telex *das*, Fernschreiber *der.*

tellement [tɛlmɑ̃] *adv* - **1.** [avec adjectif] so, dermaßen ; [avec comparatif] so viel ; **pas ~** nicht sonderlich - **2.** [autant] so ; **~ de** so viele ; **~ ... que** so ..., dass ; **il travaille ~ qu'il n'a plus le temps de sortir** er arbeitet so viel, dass er keine Zeit mehr zum Ausgehen hat.

téméraire [temerɛr] ◇ *adj* - **1.** [personne] wagemutig - **2.** [projet, idée] waghalsig ◇ *nmf* [personne] unerschrockene Person.

témérité [temerite] *nf* Waghalsigkeit *die.*

témoignage [temwaɲaʒ] *nm* - **1.** JUR (Zeugen)aussage *die* - **2.** [gage] Beweis *der*, Zeugnis *das ;* **en ~ de qqch** als Beweis für etw - **3.** [récit] Zeugnis *das ;* **porter un ~ sur qqch** von etw Zeugnis ab|legen.

témoigner [3] [temwaɲe] ◇ *vt* - **1.** [laisser paraître - sujet : personne] zeigen ; [- sujet : attitude] : **~ qqch** von etw zeugen - **2.** [en justice] : **~ que** aus|sagen, dass, zu Protokoll geben, dass ◇ *vi* eine Zeugenaussage machen, als Zeuge aus|sagen ; **~ en faveur de/contre qqn** eine Zeugenaussage zu js Gunsten/gegen jn machen.

témoin [temwɛ̃] ◇ *nm* - **1.** [gén] Zeuge *der ;* **être ~ de qqch** Zeuge einer Sache *(G)* sein - **2.** JUR Zeuge *der*, -gin *die* - **3.** [de mariage] Trauzeuge *der*, -gin *die* ◇ *adj* - **1.** [maison] Muster- - **2.** [tube, lampe] Kontroll-.

tempe [tɑ̃p] *nf* Schläfe *die.*

tempérament [tɑ̃peramɑ̃] *nm* Temperament *das.*

température [tɑ̃peratyr] *nf* Temperatur *die ;* **avoir de la ~** (erhöhte) Temperatur OU Fieber haben ; **prendre sa ~** die Temperatur messen.

tempéré, e [tɑ̃pere] *adj* gemäßigt.

tempérer [18] [tɑ̃pere] *vt* - **1.** [rigueur, climat] mildern - **2.** [douleur, peine] lindern.

tempête [tɑ̃pɛt] *nf* Sturm *der ;* **une ~ de qqch** *fig* ein Sturm von etw ; **~ d'applaudissements** stürmischer Beifall.

tempêter [4] [tɑ̃pete] *vi* auf|brausen.

temple [tɑ̃pl] *nm* - **1.** [de l'Antiquité] Tempel *der* - **2.** [protestant] (evangelische) Kirche.

tempo [tεmpo] *nm* Tempo *das ; fig* Handlungsgeschwindigkeit *die.*

temporaire [tɑ̃pɔrεr] *adj* - **1.** [nomination, modification] vorläufig - **2.** [arrangement, directeur] Interims- - **3.** [travail] Zeit-.

temporairement [tɑ̃pɔrεrmɑ̃] *adv* vorübergehend.

temporel, elle [tɑ̃pɔrεl] *adj* [défini dans le temps] zeitlich.

temps [tɑ̃] *nm* - **1.** [gén] Zeit *die ;* **combien de ~ restez-vous?** wie lange bleiben Sie? ; **combien de ~ avez-vous?** wie viel Zeit haben Sie? ; **un certain ~** eine Weile OU Zeit lang ; **ces ~-ci, ces derniers ~** in letzter Zeit ; **le ~ presse** es eilt ; **il y a peu de ~** vor kurzem ; **~ libre** freie Zeit, Freizeit - **2.** [époque, période] Zeiten *Pl ;* **de mon ~** zu meiner Zeit ; **en ~ de guerre** in Kriegszeiten - **3.** MUS & TECHNOL Takt *der* - **4.** GRAM Zeitform *die* - **5.** MÉTÉOR Wetter *das.* ◆ **à plein temps** *loc adv* ganztags. ◆ **à temps** *loc adv* rechtzeitig. ◆ **au temps de, du temps de** *loc prép :* **au** OU **du ~ de qqn/qqch** zur Zeit js/einer Sache ; **au ~ de ma jeunesse** in meiner Jugend. ◆ **dans le temps** *loc adv* anno dazumal, früher. ◆ **de temps à autre** *loc adv* von Zeit zu Zeit. ◆ **de temps en temps** *loc adv* von Zeit zu Zeit, ab und zu. ◆ **en même temps** *loc adv* gleichzeitig. ◆ **tout le temps** *loc adv* andauernd, ständig.

tenable [tənabl] *adj :* **pas ~** unerträglich ; **plus ~** nicht länger erträglich.

tenace [tənas] *adj* [gén] hartnäckig.

ténacité [tenasite] *nf* Hartnäckigkeit *die.*

tenailler [3] [tənaje] *vt* zernagen.

tenailles [tənaj] *nfpl* [outil] Zange *die.*

tenancier, ère [tənɑ̃sje, εr] *nm, f* [de bar, d'hôtel] Geschäftsführer *der*, -in *die.*

tendance [tɑ̃dɑ̃s] *nf* - **1.** [disposition] Neigung *die*, Hang *der ;* **avoir ~ à faire qqch** dazu neigen OU tendieren, etw zu tun - **2.** [courant, mouvement] Trend *der*, Tendenz *die ;* [artistique, de mode] Trend *der* - **3.** [évolution] : **~ à la hausse/baisse** steigende/fallende Tendenz ; **les prix ont ~ à monter** die Preise haben steigende Tendenz.

tendancieux, euse [tɑ̃dɑ̃sjø, øz] *adj péj* tendenziös.

tendeur [tɑ̃dœr] *nm* [gén] Spanner *der.*

tendinite [tɑ̃dinit] *nf* Sehnen(scheiden)-entzündung *die.*

tendon [tɑ̃dɔ̃] *nm* Sehne *die.*

tendre[1] [tɑ̃dr] *adj* - **1.** [aliment, couleur] zart - **2.** [matériau] weich - **3.** [personne] sanft - **4.** [parole] zärtlich.

tendre[2] [73] [tɑ̃dr] <> *vt* - **1.** [corde, tissu] spannen - **2.** [donner] : **~ qqch à qqn** jm etw reichen - **3.** [bras, jambe] aus|strecken - **4.** [piège, embuscade] auf|stellen <> *vi :* **~ à** OU **vers la perfection** Vollkommenheit an|streben. ◆ **se tendre** *vp* sich spannen ; *fig* sich an|spannen.

tendresse [tɑ̃drεs] *nf* - **1.** [sentiment] Zärtlichkeit *die* - **2.** [indulgence] Nachsicht *die ;* **avoir de la ~ pour qqch** etwas für etw übrig haben.

tendu, e [tɑ̃dy] <> *pp* ▷ **tendre** *v* <> *adj* - **1.** [fil, corde] gespannt - **2.** [personne] angespannt - **3.** [ambiance, rapports] spannungsgeladen.

ténèbres [tenεbr] *nfpl sout* Finsternis *die*, Dunkelheit *die ; fig* Abgründe *Pl.*

ténébreux, euse [tenebrø, øz] *adj* - **1.** *sout* [forêt] finster, düster - **2.** [affaire, dessein] dunkel.

teneur [tənœr] *nf* Gehalt *der ;* **~ en alcool** Alkoholgehalt ; **~ en cuivre** Kupfergehalt.

tenir [40] [tənir] <> *vt* - **1.** [avoir à la main] (fest) halten - **2.** [maintenir, retenir] halten - **3.** [conserver] auf|bewahren - **4.** [engagement, promesse] ein|halten - **5.** [hôtel, commerce] führen, leiten - **6.** [apprendre] : **~ qqch de qqn** etw von jm haben <> *vi* - **1.** [être solide, durer] halten - **2.** [pouvoir être contenu] hinein|passen - **3.** [être attaché] : **~ à qqn/qqch** an jm/etw hängen - **4.** [vouloir] : **~ à qqch** auf etw *(A)* Wert legen ; **~ à ce que** darauf bestehen, dass - **5.** [ressembler] : **~ de qqn** viel von jm haben - **6.** *loc :* **à quoi ça tient?** woran liegt das? ; **tiens, tenez!** da!, hier! ; [d'ailleurs] ach! ◆ **se tenir** *vp* - **1.** [avoir lieu] statt|finden, abgehalten werden - **2.** [emploi réciproque] sich halten ; **se ~ par la main** sich die Hand geben - **3.** [raisonnement] schlüssig sein - **4.** [se conduire] : **(bien) se ~** sich (gut) benehmen - **5.** [s'accrocher] sich fest halten - **6.** *loc :* **s'en ~ à qqch** sich an etw *(A)* halten.

tennis [tenis] <> *nm* - **1.** [sport] Tennis *das* - **2.** [terrain] Tennisplatz *der* <> *nmpl* [chaussures] Tennisschuhe *Pl.*

ténor [tenɔr] <> *adj* [instrument de musique] Tenor- <> *nm* Tenor *der ; fig* Star *der.*

tension [tɑ̃sjɔ̃] *nf* - **1.** [contraction & ÉLECTR] Spannung *die ;* **basse ~** Niedrigspannung ; **haute ~** Hochspannung - **2.** [de relations, de situation] Angespanntheit *die* - **3.** MÉD : **~ (artérielle)** Blutdruck *der ;* **avoir de la ~** Bluthochdruck haben.

tentaculaire [tɑ̃takylεr] *adj* ZOOL mit Fangarmen ; *fig* alles überwuchernd, unkontrolliert wuchernd.

tentant, e [tɑ̃tɑ̃, ɑ̃t] *adj* verlockend.

tentation [tɑ̃tasjɔ̃] *nf* Versuchung *die.*

tentative [tɑ̃tativ] *nf* Versuch *der ;* **~ de suicide** Selbstmordversuch.

tente [tɑ̃t] *nf* Zelt *das* ; ~ **à oxygène** Sauerstoffzelt.

tenter [3] [tɑ̃te] *vt* [attirer] in Versuchung führen ; **être tenté de faire qqch** geneigt sein, etw zu tun ; **être tenté par qqch** einer Sache *(D)* zugeneigt sein.

tenture [tɑ̃tyr] *nf* Behang *der*, Wandbehang *der*.

tenu, e [təny] ◇ *pp* ▷ **tenir** ◇ *adj* **- 1.** [obligé] : **être ~ de faire qqch** gehalten sein, etw zu tun **- 2.** [en ordre] : **bien/mal ~** gut/schlecht gehalten.

ténu, e [teny] *adj* [fin] hauchdünn.

tenue [təny] ◇ *adj* ▷ **tenu** ◇ *nf* **- 1.** [entretien] Führung *die* ; ~ **des comptes** Buchführung **- 2.** [manières, attitude] Haltung *die* **- 3.** [habillement] Bekleidung *die*.

ter [tɛr] *adv* : **12 ~, rue de Rennes** Rue de Rennes 12 c.

Tergal® [tɛrgal] *nm* Tergal® *das*.

tergiverser [3] [tɛrʒivɛrse] *vi* Ausflüchte machen.

terme [tɛrm] *nm* **- 1.** [fin] Abschluss *der* ; **mettre un ~ à qqch** einer Sache *(D)* ein Ende machen ; **être arrivée à ~** am Ende der Schwangerschaft sein **- 2.** [échéance] Termin *der* ; **à court ~** kurzfristig ; **à moyen ~** mittelfristig ; **à long ~** langfristig **- 3.** [mot] Begriff *der*.

terminaison [tɛrminɛzɔ̃] *nf* GRAM Endung *die*.

terminal, e, aux [tɛrminal, o] *adj* Schluss-. ◆ **terminal** *nm* **- 1.** INFORM Terminal *das* **- 2.** [aérogare, de déchargement] Terminal *der* ou *das*.

terminer [3] [tɛrmine] *vt* ab|schließen, beenden. ◆ **se terminer** *vp* **- 1.** [prendre fin] zu Ende gehen **- 2.** [se conclure] enden, aus|gehen ; **se ~ par qqch** mit etw ab|schließen.

terminologie [tɛrminɔlɔʒi] *nf* Terminologie *die*.

terminus [tɛrminys] *nm* Endstation *die*.

termite [tɛrmit] *nm* Termite *die*.

terne [tɛrn] *adj* **- 1.** [couleur] stumpf **- 2.** [vie, journée] stumpfsinnig **- 3.** [personne] farblos.

ternir [32] [tɛrnir] *vt* **- 1.** [salir] glanzlos machen **- 2.** *fig* [flétrir] : **~ qqch** einer Sache *(D)* den Glanz nehmen.

terrain [tɛrɛ̃] *nm* **- 1.** [gén] Gelände *das* **- 2.** [parcelle] Grundstück *das* ; **~ à bâtir** Baugrundstück, Bauland *das* **- 3.** [domaine d'étude] Feld *das (sans pl)*.

terrasse [tɛras] *nf* Terrasse *die*.

terrassement [tɛrasmɑ̃] *nm* Erdarbeiten *Pl*.

terrasser [3] [tɛrase] *vt* nieder|schmettern ; **être terrassé par la maladie** krank danieder|liegen.

terre [tɛr] *nf* **- 1.** [sol, matière] Erde *die* ; **s'asseoir par ~** sich auf den Boden setzen ; **sur la ~ ferme** auf festem Boden **- 2.** [territoire, parcelle] Land *das* ; **posséder des ~s** Ländereien besitzen.

terreau, x [tɛro] *nm* Blumenerde *die*.

terre-plein (*pl* **terre-pleins**) *nm* [de route] Mittelstreifen *der*.

terrer [4] [tɛre] ◆ **se terrer** *vp* sich ein|graben.

terrestre [tɛrɛstr] *adj* **- 1.** [de la planète] Erd- **- 2.** [plaisir, paradis] irdisch.

terreur [tɛrœr] *nf* Schrecken *der*. ◆ **Terreur** *nf* HIST : **la Terreur** die Schreckensherrschaft.

terrible [tɛribl] *adj* **- 1.** [gén] schrecklich ; **j'ai un travail ~** ich habe schrecklich viel Arbeit **- 2.** *fam* [étonnant, excellent] toll.

terriblement [tɛribləmɑ̃] *adv* schrecklich.

terrien, enne [tɛrjɛ̃, ɛn] ◇ *adj* [foncier] : **propriétaire ~** Grundbesitzer *der*, -in *die* ◇ *nm, f* [habitant de la Terre] Erdbewohner *der*, -in *die*.

terrier [tɛrje] *nm* **- 1.** [tanière] Bau *der* **- 2.** [chien] Terrier *der*.

terrifier [9] [tɛrifje] *vt* in Angst und Schrecken versetzen.

terrine [tɛrin] *nf* **- 1.** [récipient] Terrine *die* **- 2.** CULIN [pâté] Pastete *die*.

> **terrine**
>
> Der französische Begriff **terrine** hat nicht die Bedeutung des deutschen Substantivs „Terrine" als Behältnis für Suppe, sondern wird im Sinne von „Pastete" als kalte, in einer Form zubereitete Speise verwendet. Generell bezeichnet **terrine** eine Fleischpastete, es gibt aber auch **terrine de poisson** oder **terrine de légumes**.
> **Cette terrine de poisson est délicieuse** wird übersetzt mit: „Diese Fischpastete ist wirklich ausgezeichnet". „Die Suppe wurde in einer Porzellanterrine serviert" heißt dagegen auf Französisch **On nous a servi le potage dans une soupière en porcelaine**.

territoire [tɛritwar] *nm* **- 1.** [d'État] Hoheitsgebiet *das* ; **les ~s d'outre-mer** die Überseegebiete **- 2.** [d'animal] Territorium *das*.

territorial, e, aux [tɛritɔrjal, o] *adj* Territorial- ; **eaux ~es** Hoheitsgewässer *das*.

terroir [tɛrwar] *nm* Anbaugebiet *das* ;

produit du ~ Regionalprodukt *das* ; **un accent du ~** ein (regional) typischer Akzent.

terroriser [3] [tɛrɔrize] *vt* in Schrecken versetzen, terrorisieren.

terrorisme [tɛrɔrism] *nm* Terrorismus *der.*

terroriste [tɛrɔrist] ◇ *adj* terroristisch ◇ *nmf* Terrorist *der*, -in *die.*

tertiaire [tɛrsjɛr] ◇ *adj* tertiär ; **ère ~** Tertiär *das* ◇ *nm* ÉCON tertiärer Sektor, Dienstleistungssektor *der.*

tes ▷ **ton** *(adj).*

tesson [tɛsɔ̃] *nm* Scherbe *die* ; **~ de bouteille** Glasscherbe.

test [tɛst] *nm* Test *der* ; **~ de grossesse** Schwangerschaftstest.

testament [tɛstamɑ̃] *nm* Testament *das.*

tester [3] [tɛste] *vt* testen.

testicule [tɛstikyl] *nm* Hoden *der.*

tétaniser [3] [tetanize] *vt* **- 1.** [muscle] verkrampfen **- 2.** *fig* [stupéfier] erstarren lassen.

tétanos [tetanos] *nm* Tetanus *der*, Wundstarrkrampf *der.*

têtard [tɛtar] *nm* Kaulquappe *die.*

tête [tɛt] *nf* **- 1.** [gén] Kopf *der* ; **de la ~ aux pieds** von Kopf bis Fuß ; **calculer qqch de ~** etw im Kopf aus|rechnen **- 2.** [visage] Gesicht *das* ; **il a une sale ~** [malade] er sieht schlecht aus ; [peu sympathique] er sieht finster aus **- 3.** [direction, devant] Spitze *die* ; **en ~** an der Spitze.

tête-à-queue *nm inv* : **faire un ~** sich um die eigene Achse drehen.

tête-à-tête *nm inv* vertrauliches Beisammensein.

tête-bêche *loc adv* umgekehrt nebeneinander (liegend).

tétée [tete] *nf* : **donner une ~ à un bébé** [au sein] ein Baby stillen ; [au biberon] einem Baby das Fläschchen geben.

tétine [tetin] *nf* **- 1.** [de biberon] Sauger *der* **- 2.** [sucette] Schnuller *der* **- 3.** [mamelle] Zitze *die.*

Tétrabrick® [tetrabrik] *nm* Tetrapack® *der.*

tétraplégique [tetraplеʒik] *adj* an allen vier Gliedmaßen gelähmt.

têtu, e [tety] *adj* starrköpfig.

tex mex [tɛksmɛks] ◇ *adj* tex-mex ◇ *nm* Tex-Mex *das* ; **un resto ~** ein mexikanisches Restaurant.

texte [tɛkst] *nm* Text *der.*

textile [tɛkstil] ◇ *adj* Textil- ◇ *nm* [matière] Textilie *die.*

texto® *nm* TEL SMS *die* ; **envoyer un ~** eine SMS schicken.

textuel, elle [tɛkstɥɛl] *adj* wörtlich ; **il a dit ça, ~!** das hat er wortwörtlich gesagt!

texture [tɛkstyr] *nf* Textur *die*, Beschaffenheit *die.*

TF1 (*abr de* **Télévision Française 1**) *n französische Privatfernsehanstalt für das 1. Programm.*

TGV (*abr de* **train à grande vitesse**) *nm französischer Hochgeschwindigkeitszug.*

Thaïlande [tajlɑ̃d] *nf* : **la ~** Thailand *nt.*

thalasso [talasɔ] *nf fam abr de* **thalassothérapie.**

thalassothérapie [talasɔterapi] *nf* MÉD Thalassotherapie *die.*

thé [te] *nm* Tee *der* ; **prendre son ~ nature** seinen Tee schwarz trinken.

théâtral, e, aux [teatral, o] *adj* Theater- ; *fig* theatralisch.

théâtre [teatr] *nm* Theater *das.*

théière [tejɛr] *nf* Teekanne *die.*

thématique [tematik] ◇ *adj* thematisch ; **chaîne ~** Spartenkanal *der* ◇ *nf* LITTÉRATURE Thematik *die.*

thème [tɛm] *nm* **- 1.** [sujet, motif] Thema *das* **- 2.** SCOL [traduction] Hinübersetzung *die.* ◆ **thème astral** *nm* ASTROL Horoskop *das.*

théologie [teɔlɔʒi] *nf* Theologie *die.*

théorème [teɔrɛm] *nm* MATHS Theorem *das.*

théoricien, enne [teɔrisjɛ̃, ɛn] *nm, f* Theoretiker *der*, -in *die.*

théorie [teɔri] *nf* Theorie *die* ; **en ~** in der Theorie.

théorique [teɔrik] *adj* theoretisch.

théoriser [3] [teɔrize] *vt & vi* theoretisieren.

thérapeutique [terapøtik] ◇ *adj* therapeutisch ◇ *nf* Therapeutik *die.*

thérapie [terapi] *nf* PSYCHOL Therapie *die.*

thermal, e, aux [tɛrmal, o] *adj* Thermal-.

thermes [tɛrm] *nmpl* Thermen *Pl.*

thermique [tɛrmik] *adj* Wärme-.

thermomètre [tɛrmɔmɛtr] *nm* Thermometer *das.*

Thermos® [tɛrmos] *nm* ou *nf* Thermosgefäß *das* ; **(bouteille) ~** Thermosflasche *die.*

thermostat [tɛrmɔsta] *nm* Thermostat *der*, Temperaturregler *der.*

thèse [tɛz] *nf* **- 1.** [opinion] These *die*, Behauptung *die* **- 2.** UNIV Dissertation *die* ; **~ de doctorat** Doktorarbeit *die.*

thon [tɔ̃] *nm* Thunfisch *der.*

thorax [tɔraks] *nm* Brustkorb *der.*

Thurgovie [tyrgɔvi] *nf* : **la ~** der Thurgau.

Thuringe [tyrɛ̃ʒ] *nf* : **la ~** Thüringen *nt.*

thym [tɛ̃] *nm* Thymian *der.*

thyroïde [tirɔid] *nf* Schilddrüse *die.*

Tibet [tibɛ] *nm* : **le ~** Tibet *nt.*

tibia [tibja] *nm* Schienbein *das.*

tic [tik] *nm* Tick *der.*

ticket [tikɛ] *nm* [de bus, de métro] Fahrschein *der* ; **~-repas** Essensmarke *die*.

tic-tac [tiktak] *nm inv* Ticktack *das* ; **faire ~** ticken.

tiède [tjɛd] ◇ *adj* lauwarm ; [air, vent] lau ◇ *adv* lauwarm.

tiédir [32] [tjedir] ◇ *vt* erwärmen ◇ *vi* an|wärmen.

tien [tjɛ̃] ◆ **le tien** (*f* **la tienne** [latjɛn] ; *mpl* **les tiens** [letjɛ̃] ; *fpl* **les tiennes** [letjɛn]) *pron poss* deine,-r,-s, der OU die OU das deine ; **mon appartement est plus grand que le ~** meine Wohnung ist größer als deine ; **à la tienne!** auf dein Wohl!

tierce [tjɛrs] *nf* - **1.** MUS & ESCRIME Terz *die* - **2.** [aux cartes] Dreierreihe *die*.

tiercé [tjɛrse] *nm* Pferdewette *die*.

tiers, tierce [tjɛr, tjɛrs] *adj* : **une tierce personne** ein Dritter. ◆ **tiers** *nm* - **1.** [personne] Dritte *der* - **2.** [fraction] Drittel *das* ; **~ provisionnel** *die in Frankreich je zu einem Drittel zu entrichtende Steuervorauszahlung*.

tiers-monde *nm* dritte Welt.

tiers-mondisation [tjɛrmɔ̃dizasjɔ̃] *nf Zurückfallen auf das Niveau von Entwicklungsländern*.

tige [tiʒ] *nf* - **1.** [de plante] Stiel *der* - **2.** [de bois, de métal] Stift *der*.

tignasse [tiɲas] *nf fam voller, ungezähmter Haarschopf*.

tigre [tigr] *nm* Tiger *der*.

tigresse [tigrɛs] *nf* Tigerin *die*.

tilleul [tijœl] *nm* Linde *die*.

timbale [tɛ̃bal] *nf* - **1.** [gobelet] Metallbecher *der* - **2.** MUS Pauke *die*.

timbre [tɛ̃br] *nm* - **1.** [de la poste] Briefmarke *die* - **2.** [vignette] Marke *die* ; **~ fiscal** Steuermarke - **3.** [sonorité] Timbre *das* - **4.** [sonnette] Klingel *die*.

timbré, e [tɛ̃bre] *adj* - **1.** [enveloppe] frankiert - **2.** *fam* [fou] bekloppt.

timide [timid] ◇ *adj* schüchtern ◇ *nmf* Schüchterne *der*, Schüchterne *die*.

timidité [timidite] *nf* - **1.** [de personne] Schüchternheit *die* - **2.** [de protestation] Zaghaftigkeit *die*.

timoré, e [timɔre] *adj* ängstlich.

tintamarre [tɛ̃tamar] *nm fam* Krach *der*, Radau *der*.

tintement [tɛ̃tmɑ̃] *nm* Klingen *das (sans pl)*.

tinter [3] [tɛ̃te] *vi* - **1.** [cloche, horloge] schlagen - **2.** [métal] klingeln.

tir [tir] *nm* - **1.** [action] Schießen *das* ; **~ au but** Elfmeterschießen *das* - **2.** [coup] Schuss *der*.

tirage [tiraʒ] *nm* - **1.** [de journal] Auflage *die* ; **à grand ~** mit großer Auflage, auflagenstark *(adj)* - **2.** [de film, de cheminée] Abzug *der* - **3.** [du loto] Ziehung *die* ; **~ au sort** Auslosung *die*.

tiraillement [tirajmɑ̃] *nm* [crampe] Ziehen *das (sans pl)*. ◆ **tiraillements** *nmpl* [conflit] Reibereien *Pl*.

tirailler [3] [tiraje] ◇ *vt* - **1.** [tirer] . **~ qqn/qqch** an jm/etw herum|zerren - **2.** [écarteler] : **être tiraillé entre deux choses** zwischen zwei Dingen hin- und hergerissen sein ◇ *vi* schießen.

tiré, e [tire] *adj* : **avoir les traits ~s** OU **le visage ~** abgespannt aus|sehen.

tire-bouchon [tirbuʃɔ̃] (*pl* **tire-bouchons**) *nm* Korkenzieher *der*. ◆ **en tire-bouchon** *loc adj* gekringelt.

tirelire [tirlir] *nf* Sparbüchse *die*.

tirer [3] [tire] ◇ *vt* - **1.** [gén] ziehen ; **~ qqch de sa poche** etw aus der Tasche ziehen ; **~ la langue** die Zunge heraus|strecken ; **~ parti de qqch** aus etw Nutzen ziehen - **2.** [imprimer] : **~ un roman à 5 000 exemplaires** einen Roman mit einer Auflage von 5 000 Exemplaren drucken - **3.** [liquide] zapfen - **4.** [avec arme] (ab)|schießen ◇ *vi* - **1.** [gén] ziehen ; **~ sur qqch** an etw *(D)* ziehen - **2.** [avec arme] : **~ sur qqn/qqch** auf jn/etw schießen - **3.** PRESSE : **ce journal tire à 10 000 exemplaires** diese Zeitung hat eine Auflage von 10 000 (Stück) - **4.** *loc* : **~ à sa fin** dem Ende zu|gehen. ◆ **se tirer** *vp* - **1.** *fam* [s'en aller] ab|hauen - **2.** [se sortir] : **se ~ d'affaire** sich aus der Affäre ziehen.

tiret [tirɛ] *nm* Bindestrich *der*.

tireur, euse [tirœr, øz] *nm, f* [avec arme à feu] Schütze *der*, -zin *die* ; **~ d'élite** Meisterschütze.

tiroir [tirwar] *nm* Schublade *die*.

tiroir-caisse *nm* (Laden)kasse *die*.

tisane [tizan] *nf* Kräutertee *der*.

tisonnier [tizɔnje] *nm* Schürhaken *der*.

tissage [tisaʒ] *nm* Weben *das*.

tisser [3] [tise] *vt* - **1.** [laine, vêtement] weben - **2.** [sujet : araignée] spinnen.

tissu [tisy] *nm* Gewebe *das*, Stoff *der*.

titiller [3] [titije] *vt* kitzeln.

titre [titr] *nm* - **1.** [gén] Titel *der* - **2.** [de presse] Überschrift *die* ; **gros ~** Schlagzeile *die* - **3.** JUR Urkunde *die* ; **~ de propriété** Eigentumsurkunde - **4.** FIN Wertpapier *das* - **5.** *loc* : **à ~ d'exemple** als Beispiel. ◆ **titre de transport** *nm* Fahrkarte *die*.

tituber [3] [titybe] *vi* torkeln.

titulaire [titylɛr] ◇ *adj* - **1.** [nommé] fest angestellt ; **professeur ~** Lehrstuhlinhaber *der*, -in *die* - **2.** [en possession] : **être ~ de qqch** Inhaber *der*, -in *die* einer Sache *(G)* sein ◇ *nmf* Inhaber *der*, -in *die*.

titulariser [3] [titylarize] *vt* ins Beamtenverhältnis übernehmen, verbeamten.

TNP *nm abr de* **traité de non-prolifération.**

toast [tost] *nm* - **1.** [pain grillé] Toast *der* - **2.** [en buvant] Trinkspruch *der* ; **porter un ~ à qqn/qqch** einen Trinkspruch auf jn/etw auslbringen.

toboggan [tɔbɔgɑ̃] *nm* - **1.** [gén] Rutschbahn *die* - **2.** [sur route] : **Toboggan®** Überführung *die.*

toc [tɔk] ◇ *interj* : **toc!** zack! ◇ *nm fam* unechter Schmuck ; **en ~** falsch, unecht.

toi [twa] *pron pers* - **1.** [avec un impératif, complément] dich, dir ; **lave-~ les mains!** wasch dir die Hände! ; **réveille-~!** wach auf! ; **tourne-~!** dreh dich um! ; **ce livre est à ~** dieses Buch gehört dir ; **qui te l'a dit, à ~?** wer hat es dir gesagt? - **2.** [sujet, avec présentatif, avec comparatif, en renforcement de tu] du ; **~ non plus** du auch nicht ; **c'est ~?** bist du es? ; **c'est ~ qui l'as fait?** hast du das getan?

toile [twal] *nf* - **1.** [étoffe] Leinen *das* - **2.** [tableau] Gemälde *das* - **3.** INFORM : **la Toile** das Web, das Netz. ◈ **toile d'araignée** *nf* Spinn(en) gewebe *das.*

toilette [twalɛt] *nf* - **1.** [de personne] : **faire sa ~** sich waschen - **2.** [vêtements] Toilette *die* ; **~ de bal** Balltoilette ; **~ du soir** Abendtoilette. ◈ **toilettes** *nfpl* Toilette *die* ; **aller aux ~s** zur Toilette gehen.

toi-même [twamɛm] *pron pers* du selbst.

toise [twaz] *nf* [tige graduée] Messstab *der.*

toiser [3] [twaze] *vt* mustern. ◈ **se toiser** *vp* sich gegenseitig mustern.

toison [twazɔ̃] *nf* - **1.** [pelage] Fell *das* - **2.** [chevelure] Mähne *die.*

toit [twa] *nm* Dach *das* ; **~ ouvrant** Schiebedach.

toiture [twatyr] *nf* Bedachung *die*, Dach *das.*

Tokyo [tɔkjo] *n* Tokio *nt*, Tokyo *nt.*

tôle[1] [tol] *nf* [plaque] Blech *das* ; **~ ondulée** Wellblech.

tôle[2], taule [tol] *nf tfam* Knast *der* ; **être en ~** im Knast sitzen.

tolérance [tɔlerɑ̃s] *nf* - **1.** [largeur d'esprit, respect & MÉD] Toleranz *die* - **2.** [liberté] Duldung *die* - **3.** [écart] zulässige Abweichung ; **marge de ~** Toleranzbereich *der.*

tolérant, e [tɔlerɑ̃, ɑ̃t] *adj* tolerant.

tolérer [18] [tɔlere] *vt* - **1.** [autoriser] : **~ que** *(+ subjonctif)* es hinlnehmen, dass - **2.** [supporter] (er)dulden - **3.** MÉD vertragen. ◈ **se tolérer** *vp* einander tolerieren, miteinander auslkommen.

tollé [tɔle] *nm* Gezeter *das.*

tomate [tɔmat] *nf* Tomate *die.*

tombant, e [tɔ̃bɑ̃, ɑ̃t] *adj* - **1.** [épaules] hängend ; [moustaches, cheveux] herunterhängend - **2.** [qui commence] : **à la nuit ~e** bei Einbruch der Dunkelheit.

tombe [tɔ̃b] *nf* - **1.** [fosse] Grab *das* - **2.** [pierre tombale] Grabstein *der.*

tombeau, x [tɔ̃bo] *nm* Grabmal *das.*

tombée [tɔ̃be] *nf* : **à la ~ de la nuit** OU **du jour** bei Einbruch der Nacht.

tomber [3] [tɔ̃be] ◇ *vi* - **1.** [gén] fallen ; [feuille] ablfallen ; [cheveux, dent] auslfallen ; **faire ~ qqn** jn zu Fall bringen ; **bien/mal ~** [événement] sich gut/schlecht treffen ; [personne] wie gerufen/ungelegen kommen - **2.** [perdre le pouvoir] gestürzt werden - **3.** [décliner - jour] zur Neige gehen ; [- fièvre] sinken ; [- vent, enthousiasme] nachllassen ; [- colère] verfliegen ; [- nuit] hereinlbrechen - **4.** [rencontrer] : **~ sur qqn/qqch** auf jn/etw stoßen - **5.** [dans un état] : **~ dans l'oubli** in Vergessenheit geraten ◇ *vt fam* [séduire] herumlkriegen.

tombola [tɔ̃bɔla] *nf* [jeu] Tombola *die.*

tome [tɔm] *nm* Band *der.*

tomette = **tommette.**

tommette, tomette [tɔmɛt] *nf* sechseckige Fließe.

ton[1] [tɔ̃] (*f* **ta** [ta] ; *pl* **tes** [te]) *adj poss* dein,-e.

ton[2] [tɔ̃] *nm* - **1.** [de discours] Ton *der*, Tonart *die* - **2.** [de voix] Stimme *die* - **3.** [couleur] Farbton *der.*

tonalité [tɔnalite] *nf* - **1.** MUS Tonart *die* - **2.** [au téléphone] Wählton *der.*

tondeuse [tɔ̃døz] *nf* - **1.** [à gazon] Rasenmäher *der* - **2.** [à cheveux] Haarschneider *der* - **3.** [pour toison d'animal] Scherapparat *der.*

tondre [75] [tɔ̃dr] *vt* - **1.** [raser - animal] scheren ; [- cheveux] kahl scheren - **2.** [gazon] mähen.

tondu, e [tɔ̃dy] *adj* - **1.** [animal, cheveux] (kahl) geschoren - **2.** [pelouse] gemäht.

tonicité [tɔnisite] *nf* - **1.** [de l'air] anregende Wirkung - **2.** [des cheveux, de la peau] Spannkraft *die*, Elastizität *die.*

tonifier [9] [tɔnifje] *vt* - **1.** [corps] stärken - **2.** [peau] erfrischen - **3.** [esprit] beleben.

tonique [tɔnik] ◇ *adj* - **1.** [revigorant] stärkend ; **boisson ~** Stärkungstrunk *der* ; **lotion ~** Gesichtswasser *das* - **2.** LING betont ; **accent ~** Betonung *die* ◇ *nm* [remède] Tonikum *das* ◇ *nf* MUS Grundton *der*, Tonika *die.*

tonitruant, e [tɔnitryɑ̃, ɑ̃t] *adj* dröhnend.

tonnage [tɔnaʒ] *nm* Tonnengehalt *der.*

tonnant, e [tɔnɑ̃, ɑ̃t] *adj* donnernd.

tonne [tɔn] *nf* [1000 kg, tonneau] Tonne *die* ; **~ à bière** Bierfass *das.*

tonneau, x [tɔno] *nm* - **1.** [baril] Fass *das*

- **2.** [accident] : **la voiture a fait un ~** das Auto hat sich überschlagen.

tonnelle [tɔnɛl] *nf* Laube *die.*

tonner [3] [tɔne] *vi* - **1.** [orage, canon] donnern - **2.** [personne] wettern.

tonnerre [tɔnɛr] *nm* Donner *der ;* **coup de ~** Donnerschlag *der ; fig* furchtbarer Schlag ; **~ d'applaudissements** tosender Beifall.

tonte [tɔ̃t] *nf* Schur *die.*

tonus [tɔnys] *nm* - **1.** [dynamisme] Schwung *der ;* **manquer de ~** schlaff sein - **2.** BIOL Tonus *der.*

top [tɔp] *nm* [signal] Tonsignal *das ;* **au quatrième ~, il sera 20 heures** beim vierten Schlag ist es 20 Uhr.

topographie [tɔpɔgrafi] *nf* Topografie *die.*

toque [tɔk] *nf* [coiffure] Mütze *die ;* [de magistrat] Barett *das ;* **~ de cuisinier** Kochmütze ; **~ en fourrure** Pelzmütze.

torche [tɔrʃ] *nf* Fackel *die ;* **~ électrique** Stablampe *die.*

torcher [3] [tɔrʃe] *vt fam* [finir - repas] weg|putzen ; [- bouteille] leeren.

torchon [tɔrʃɔ̃] *nm* - **1.** [serviette] Wischtuch *das* - **2.** *fam* [journal mensonger] Schundblatt *das.*

tordre [76] [tɔrdr] *vt* - **1.** [essorer] aus|wringen - **2.** [partie du corps] um|drehen ; **~ le cou à qqn** jm den Hals um|drehen - **3.** [plier] um|biegen ; [barre de fer] verbiegen.

tordu, e [tɔrdy] ◇ *pp* ▷ **tordre** ◇ *adj fam* [bizarre, fou] spleenig ; [idée] abartig ◇ *nm, f fam* [fou] Spinner *der,* -in *die.*

torero [tɔrero] *nm* Stierkämpfer *der.*

tornade [tɔrnad] *nf* MÉTÉOR Tornado *der.*

torpeur [tɔrpœr] *nf* Erstarrung *die ;* **tirer qqn de sa ~** jn aus der Betäubung reißen.

torpille [tɔrpij] *nf* - **1.** MIL Torpedo *der* - **2.** [poisson] Zitterrochen *der.*

torpiller [3] [tɔrpije] *vt* - **1.** [attaquer] torpedieren - **2.** *fig* [projet, négociations] zu Fall bringen.

torréfaction [tɔrefaksjɔ̃] *nf* Rösten *das.*

torrent [tɔrɑ̃] *nm* - **1.** [cours d'eau] Wildbach *der* - **2.** [de lave, de boue] Strom *der.*

torrentiel, elle [tɔrɑ̃sjɛl] *adj :* **pluie ~le** Wolkenbruch *der.*

torride [tɔrid] *adj* heiß ; **chaleur ~** sengende Hitze.

tors, e [tɔr, tɔrs] *adj* [jambe] krumm.

torsade [tɔrsad] *nf* Kordel *die ;* **pull à ~s** Pullover *der* mit Zopfmuster.

torsader [3] [tɔrsade] *vt* verwinden.

torse [tɔrs] ◇ *adj* ▷ **tors** ◇ *nm* [buste] Oberkörper *der ;* **se promener ~ nu** mit freiem Oberkörper herum|laufen.

torsion [tɔrsjɔ̃] *nf* [gén] Verwindung *die.*

tort [tɔr] *nm* - **1.** [erreur] Fehler *der ;* **avoir ~** Unrecht haben ; **j'ai/tu as ~ de faire qqch** es ist ein Fehler von mir/von dir, etw zu tun ; **à ~** zu Unrecht - **2.** [préjudice] Schaden *der.*

torticolis [tɔrtikɔli] *nm* steifer Hals ; **attraper un ~** sich einen steifen Hals zu|ziehen.

tortillement [tɔrtijmɑ̃] *nm* Zusammendrehen *das.*

tortiller [3] [tɔrtije] *vt* (zusammen)|drehen ; **~ sa moustache** seinen Schnurrbart zwirbeln. ◆ **se tortiller** *vp* sich winden ; **se ~ sur sa chaise** auf dem Stuhl hin- und her|rutschen.

tortionnaire [tɔrsjɔnɛr] *nmf* Folterknecht *der.*

tortue [tɔrty] *nf* ZOOL Schildkröte *die ; fig* lahme Ente.

tortueux, euse [tɔrtɥø, øz] *adj* gewunden ; *fig* undurchsichtig ; **manœuvres tortueuses** dunkle Machenschaften.

torture [tɔrtyr] *nf* - **1.** [supplice] Folter *die* - **2.** *fig* [souffrance] Qual *die.*

torturer [3] [tɔrtyre] *vt* - **1.** [supplicier] foltern - **2.** [tourmenter] quälen.

tôt [to] *adv* - **1.** [de bonne heure] früh - **2.** [vite] zeitig. ◆ **au plus tôt** *loc adv* frühestens.

total, e, aux [tɔtal, o] *adj* - **1.** [complet, parfait] vollständig ; **confiance ~e** vollstes Vertrauen ; **réussite ~e** voller Erfolg - **2.** [global] Gesamt-. ◆ **total** ◇ *nm* Gesamtsumme *die ;* **faire le ~** zusammen|rechnen ◇ *adv fam* kurz und gut.

totalement [tɔtalmɑ̃] *adv* - **1.** [complètement] völlig - **2.** [absolument] vollkommen.

totaliser [3] [tɔtalize] *vt* - **1.** [additionner] zusammen|zählen - **2.** [réunir au total] auf sich vereinigen.

totalitaire [tɔtalitɛr] *adj* totalitär.

totalitarisme [tɔtalitarism] *nm* Totalitarismus *der.*

totalité [tɔtalite] *nf* Gesamtheit *die ;* **en ~** im Ganzen.

totem [tɔtɛm] *nm* Totem *das.*

toubib [tubib] *nm fam* Onkel Doktor *der.*

touchant, e [tuʃɑ̃, ɑ̃t] *adj* ergreifend.

touche [tuʃ] *nf* - **1.** [de clavier] Taste *die* - **2.** [de peinture] Pinselstrich *der* - **3.** *fam* [allure] : **avoir une drôle de ~** komisch aus|sehen - **4.** [à la pêche] Anbeißen *das* - **5.** [football] Seitenlinie *die ;* **sortie en ~** Ausball *der ;* **être mis sur la ~** *fig* aufs Abstellgleis gestellt werden.

toucher [3] [tuʃe] *vt* - **1.** [effleurer, émouvoir, concerner] berühren - **2.** [atteindre] treffen - **3.** [argent, tiercé] bekommen ; **~ le**

gros lot das große Los ziehen - **4.** [jouxter] : ~ **qqch** an etw *(A)* grenzen. ◈ **toucher à** *v prép* - **1.** [manipuler, entamer, agresser] an|rühren - **2.** [modifier] verändern - **3.** [aborder] : ~ **à qqch** auf etw *(A)* zu sprechen kommen ; ~ **à sa fin** sich dem Ende zu|neigen.

touffe [tuf] *nf* [d'herbe] Büschel *das ;* [de cheveux] Haarbüschel *das.*

touffu, e [tufy] *adj* buschig ; *fig* verworren ; **forêt ~e** dichter Wald.

toujours [tuʒur] *adv* - **1.** [éternellement, chaque fois] immer ; ~ **plus/moins** immer mehr/weniger ; ~ **plus belle** immer hübscher ; **depuis** ~ schon immer - **2.** [encore] immer noch - **3.** [de toute façon] ja mal ; **tu peux** ~ **lui écrire** du kannst ihr ja mal schreiben. ◈ **de toujours** *loc adj* (ur)alt ; **des amis de** ~ alte Freunde. ◈ **toujours est-il que** *loc conj :* ~ **est-il qu'il n'est pas venu** jedenfalls ist er nicht gekommen.

toupet [tupɛ] *nm* - **1.** [de cheveux] Haarbüschel *das,* Schopf *der* - **2.** *fam* [audace] Dreistigkeit *die ;* **avoir du** ou **ne pas manquer de** ~ unverschämt sein.

toupie [tupi] *nf* Kreisel *der.*

tour [tur] <> *nm* - **1.** [périmètre] Umfang *der ;* **faire un** ~ eine Runde drehen ; **faire le** ~ **de qqch** [lieu] um etw *(A)* herum|gehen ; [question] etw erörtern ; ~ **du monde** Weltreise *die ;* ~ **de taille** Taillenweite *die* - **2.** [rotation] Drehung *die* - **3.** [attraction, plaisanterie] Trick *der ;* **le** ~ **est joué!** das ist schon alles! - **4.** [succession, rang] Reihe *die ;* **c'est ton ~!** du bist dran! ; **passer son** ~ passen ; **à** ~ **de rôle** der Reihe nach ; ~ **à** ~ abwechselnd *(adv)* - **5.** [machine-outil] Drehbank *die ;* ~ **de potier** Töpferscheibe *die* <> *nf* - **1.** [monument, aux échecs] Turm *der* - **2.** [immeuble] Hochhaus *das.* ◈ **tour de contrôle** *nf* Kontrollturm *der,* Tower *der.*

tourbe [turb] *nf* Torf *der.*

tourbillon [turbijɔ̃] *nm* [de vent, de poussière] Wirbel *der ;* [d'eau] Strudel *der.*

tourbillonner [3] [turbijɔne] *vi* (herum)|wirbeln ; *fig* wirbeln.

tourelle [turɛl] *nf* Türmchen *das.*

tourisme [turism] *nm* Fremdenverkehr *der,* Tourismus *der.*

touriste [turist] *nmf* Tourist *der,* -in *die ;* **classe** ~ Touristenklasse *die.*

touristique [turistik] *adj* - **1.** [activité, secteur] Fremdenverkehrs-, Tourismus- ; **guide** ~ Reiseführer *der* - **2.** [région, lieu] touristisch.

tourment [turmɑ̃] *nm sout* Qual *die.*

tourmente [turmɑ̃t] *nf sout* Unwetter *das ; fig* Wirren *Pl.*

tourmenté, e [turmɑ̃te] *adj* - **1.** [personne, mer] aufgewühlt - **2.** [période] bewegt.

tourmenter [3] [turmɑ̃te] *vt* quälen. ◈ **se tourmenter** *vp* sich Sorgen machen.

tournage [turnaʒ] *nm* CIN Dreharbeiten *Pl.*

tournant, e [turnɑ̃, ɑ̃t] *adj* drehbar ; **fauteuil** ~ Drehsessel *der ;* **pont** ~ Drehbrücke *die.* ◈ **tournant** *nm* Biegung *die ; fig* Wendepunkt *der ;* **attendre qqn au** ~ *fam fig* es jm bei erstbester Gelegenheit heim|zahlen.

tourne-disque [turnədisk] *(pl* **tourne-disques)** *nm* Plattenspieler *der.*

tournée [turne] *nf* - **1.** [voyage] Geschäftsreise *die ;* ~ **électorale** Wahlkampftournee *die ;* ~ **d'inspection** Inspektionsfahrt *die ;* ~ **théâtrale** Tournee *die* - **2.** *fam* [au bar] Runde *die.*

tourner [3] [turne] <> *vt* - **1.** [gén] drehen ; [clé] um|drehen ; ~ **qqch en dérision** ou **ridicule** *fig* etw ins Lächerliche ziehen - **2.** [tête, pas] : ~ **le dos à qqn** jm den Rücken zu|wenden - **3.** [regard, attention] : ~ **qqch vers qqch** etw auf etw *(A)* richten - **4.** [page] um|blättern <> *vi* - **1.** [décrire un cercle] sich drehen ; ~ **autour de qqch** sich um etw drehen ; [sujet, problème] einer Sache *(D)* aus|weichen ; ~ **autour de qqn** *fig* um jn herum|scharwenzeln ; **l'heure tourne** die Zeit vergeht - **2.** [véhicule] ab|biegen ; ~ **à gauche/droite** nach links/rechts ab|biegen ; [piéton] links/rechts gehen - **3.** [chemin] kurvenreich sein - **4.** [acteur] drehen - **5.** [évoluer] : **bien/mal** ~ eine gute/schlechte Wendung nehmen - **6.** [lait, crème] sauer werden. ◈ **se tourner** *vp* - **1.** [se retourner] sich um|drehen - **2.** [s'intéresser] : **se** ~ **vers qqch** sich etw *(D)* zu|wenden.

tournesol [turnəsɔl] *nm* [plante] Sonnenblume *die.*

tournevis [turnəvis] *nm* Schraubenzieher *der.*

tourniquet [turnikɛ] *nm* Drehkreuz *das.*

tournis [turni] *nm fam :* **avoir le** ~ den Drehwurm haben.

tournoi [turnwa] *nm* Turnier *das.*

tournoyer [13] [turnwaje] *vi* sich im Kreise drehen.

tournure [turnyr] *nf* - **1.** [évolution] Wendung *die ;* **prendre une** ~ **inattendue** eine überraschende Wendung nehmen - **2.** [formulation] : ~ **(de phrase)** Redewendung *die.*

tourteau, x [turto] *nm* [crabe] Taschenkrebs *der.*

tourterelle [turtərɛl] *nf* Turteltaube *die.*

Toussaint [tusɛ̃] *nf* Allerheiligen *(sans art déf) ;* **à la** ~ an Allerheiligen.

tousser [3] [tuse] *vi* husten.

toussotement [tusɔtmɑ̃] *nm* Hüsteln *das.*

toussoter [3] [tusɔte] *vi* hüsteln.

tout [tu] (*f* **toute** [tut] ; *mpl* **tous** [tus] ; *fpl* **toutes** [tut]) <> *adj qualificatif* ganze,-r,-s ; **~e la journée** den ganzen Tag <> *adj indéf* **- 1.** [exprime la totalité ou la fréquence] alle **- 2.** [avec un pronom démonstratif] alle ; **tous ceux que j'ai vus** alle, die ich gesehen habe ; **tous les jours** alle Tage ; **~es les semaines** jede Woche ; **~es les fois** jedes Mal ; **~ ce que** OU **qui** alles was **- 3.** [n'importe quel] jede,-r,-s <> *pron indéf* **- 1.** [représente le pluriel] alle,-r,-s ; **ils sont tous venus** sie sind alle gekommen **- 2.** [toutes les choses] : **c'est ~** das ist alles ; **il sait ~** er weiß alles. ◆ **tout** <> *adv* ganz ; **ils étaient ~ seuls** sie waren ganz alleine ; **il est ~ jeune** er ist sehr jung ; **~ autour** rund herum <> *nm :* **un ~** ein Ganzes. ◆ **du tout au tout** *loc adv* von Grund auf. ◆ **pas du tout** *loc adv* überhaupt nicht ; **je n'ai pas du ~ peur** ich habe überhaupt keine Angst. ◆ **rien du tout** *loc adj* gar OU überhaupt nichts. ◆ **tout à fait** *loc adv* [complètement] vollkommen ; **~ à fait!** (ganz) genau!, richtig! ◆ **tout autant** *loc adv* ebenso sehr. ◆ **tout comme** *loc conj* genau(so) wie. ◆ **tout de suite** *loc adv* sofort. ◆ **tout en** *loc prép* **- 1.** [même si] : **~ en étant riche, elle vit simplement** obwohl sie reich ist, lebt sie bescheiden **- 2.** [en même temps] : **ils parlaient ~ en marchant** sie sprachen miteinander, während sie weitergingen.

tout-à-l'égout *nm inv* Kanalisation *die.*

toutefois [tutfwa] *adv* dennoch.

tout-petit (*pl* **tout-petits**) *nm* Kleinkind *das.*

tout-puissant, toute-puissante (*mpl* **tout-puissants** ; *fpl* **toutes-puissantes**) *adj* allmächtig.

toux [tu] *nf* Husten *der.*

toxicité [tɔksisite] *nf* Giftigkeit *die.*

toxicomane [tɔksikɔman] *nmf* Süchtige *der*, Süchtige *die.*

toxine [tɔksin] *nf* Giftstoff *der.*

trac [trak] *nm* Lampenfieber *das.*

tracas [traka] *nm* Schererei *die.*

tracasser [3] [trakase] *vt* plagen. ◆ **se tracasser** *vp* sich verrückt machen.

tracasserie [trakasri] *nf* Schikane *die.*

trace [tras] *nf* Spur *die ;* **~s de brûlures** Brandnarben *Pl ;* **~s de coups** Schlagwunden *Pl ;* **suivre un animal à la ~** der Fährte eines Tieres nach|gehen.

tracé [trase] *nm* **- 1.** [plan] Riss *der* **- 2.** [de route] Verlauf *der.*

tracer [16] [trase] <> *vt* **- 1.** [dessiner] auf|zeichnen ; **~ un tableau/portrait de qqn/qqch** *fig* ein Bild/Porträt von jm/etw entwerfen **- 2.** [route, piste] trassieren <> *vi fam* [aller vite] rasen.

trachéite [trakeit] *nf* Luftröhrenentzündung *die.*

tract [trakt] *nm* Flugblatt *das.*

tractations [traktasjɔ̃] *nfpl* zähe Verhandlungen *Pl.*

tracter [3] [trakte] *vt* schleppen.

tracteur [traktœr] *nm* Traktor *der.*

traction [traksjɔ̃] *nf* **- 1.** [remorquage & TECHNOL] Ziehen *das*, Schleppen *das ;* **~ arrière** AUTOM Hinterradantrieb *der ;* **~ avant** AUTOM Vorderradantrieb *der* **- 2.** SPORT [à la barre] Klimmzug *der ;* [au sol] Liegestütz *der.*

tradition [tradisjɔ̃] *nf* Tradition *die ;* **selon la ~** traditionsgemäß.

traditionnel, elle [tradisjɔnɛl] *adj* traditionell.

traducteur, trice [tradyktœr, tris] *nm, f* Übersetzer *der*, -in *die.*

traduction [tradyksjɔ̃] *nf* **- 1.** [action] Übersetzen *das* **- 2.** [texte] Übersetzung *die.*

traduire [98] [tradɥir] *vt* **- 1.** [texte] übersetzen **- 2.** [révéler] : **~ qqch** Ausdruck einer Sache *(G)* sein **- 3.** [sentiment, pensée] wieder|geben **- 4.** JUR : **~ qqn en justice** jn gerichtlich belangen.

trafic [trafik] *nm* **- 1.** [commerce] Schwarzhandel *der ;* **faire du ~ de qqch** mit etw Schwarzhandel treiben ; **~ d'armes** Waffenhandel ; **~ de drogue** Rauschgifthandel **- 2.** [circulation] Verkehr *der ;* **~ aérien** Flugverkehr ; **~ maritime** Schiffsverkehr.

trafiquant, e [trafikɑ̃, ɑ̃t] *nm, f* Schwarzhändler *der*, -in *die ;* **~ de drogue** Dealer *der*, -in *die.*

trafiquer [3] [trafike] <> *vt* [falsifier - papiers] fälschen ; [- vin] panschen ; [- moteur] frisieren <> *vi* Schwarzhandel (be)treiben.

tragédie [traʒedi] *nf* Tragödie *die.*

tragi-comédie [traʒikɔmedi] (*pl* **tragi-comédies**) *nf* Tragikomödie *die.*

tragique [traʒik] *adj* tragisch.

tragiquement [traʒikmɑ̃] *adv* tragisch.

trahir [32] [trair] *vt* [livrer, révéler] verraten. ◆ **se trahir** *vp* sich verraten.

trahison [traizɔ̃] *nf* [de pays] Verrat *der.*

train [trɛ̃] *nm* **- 1.** [chemin de fer] Zug *der ;* **~ à grande vitesse** Hochgeschwindigkeitszug **- 2.** [allure] Gangart *die ;* **ralentir le ~** eine langsamere Gangart ein|legen ; **être en ~** *fig* fit sein. ◆ **train de vie** *nm* Lebensstandard *der.* ◆ **en train de** *loc prép :* **être en ~ de lire/manger** gerade beim Lesen/Essen sein.

traînant, e [trɛnɑ̃, ɑ̃t] *adj* schleppend.

traîne [trɛn] *nf* - **1.** [de robe] Schleppe *die* - **2.** *loc :* **être à la ~** zurück|bleiben.

traîneau, x [trɛno] *nm* Schlitten *der.*

traînée [trene] *nf* - **1.** [trace] Streifen *der ;* **~ de sang** Blutspur *die* - **2.** *tfam péj* [prostituée] Flittchen *das.*

traîner [4] [trene] ◇ *vt* - **1.** [tirer, emmener] schleppen ; **~ les pieds** schlurfen - **2.** [trimbaler] (mit)|schleppen - **3.** [rhume, maladie] mit sich herum|schleppen ◇ *vi* - **1.** [s'attarder, errer] bummeln - **2.** [durer] sich hin|ziehen - **3.** [pendre] : **~ (par terre)** (bis auf den Boden) herunter|hängen - **4.** [être éparpillé] herum|liegen. ◆ **se traîner** *vp* - **1.** [personne] sich schleppen - **2.** [négociation, réunion] sich dahin|schleppen.

train-train *nm inv fam* (üblicher) Trott.

traire [112] [trɛr] *vt* melken.

trait [trɛ] *nm* - **1.** [ligne] Strich *der ;* **~ d'union** Bindestrich - **2.** [caractéristique, acte] Zug *der* - **3.** [traction] : **animal de ~** Zugtier *das.* ◆ **traits** *nmpl* [du visage] Gesichtszüge *Pl.*

traitant, e [trɛtɑ̃, ɑ̃t] *adj* - **1.** [crème, shampooing] Pflege- - **2.** [médecin] behandelnd.

traite [trɛt] *nf* - **1.** [de vache] Melken *das* - **2.** FIN Wechsel *der,* Tratte *die* - **3.** [trafic] : **~ des esclaves** Sklavenhandel *der.* ◆ **d'une seule traite** *loc adv* in einem Zug.

traité [trete] *nm* - **1.** [ouvrage] Abhandlung *die* - **2.** POLIT Abkommen *das ;* **~ de non-prolifération** Atomwaffensperrvertrag *der.*

traitement [trɛtmɑ̃] *nm* - **1.** [manière d'agir, médical] Behandlung *die ;* **faire subir des mauvais ~s à qqn** jn misshandeln - **2.** [rémunération] Bezüge *Pl,* Besoldung *die* - **3.** [de matériau] Bearbeitung *die* - **4.** INFORM Verarbeitung *die ;* **~ de texte** Textverarbeitung.

traiter [4] [trete] ◇ *vt* - **1.** [gén] behandeln ; **bien/mal ~ qqn** jn gut/schlecht behandeln - **2.** [qualifier] : **~ qqn de qqch** jn etw nennen - **3.** [matériau] bearbeiten - **4.** INFORM verarbeiten ◇ *vi* [négocier] verhandeln.

traiteur [trɛtœr] *nm* Feinkosthändler *der,* -in *die.*

traître, esse [trɛtr, ɛs] ◇ *adj* - **1.** [déloyal, perfide] verräterisch - **2.** *fig* [dangereux] heimtückisch ◇ *nm, f* [personne] Verräter *der,* -in *die.*

traîtrise [trɛtriz] *nf sout* - **1.** [déloyauté] Verrat *der* - **2.** [acte] verräterische Handlung.

trajectoire [traʒɛktwar] *nf* Flugbahn *die ; fig* Laufbahn *die.*

trajet [traʒɛ] *nm* - **1.** [distance] Strecke *die* - **2.** [itinéraire] Weg *der ;* **c'est sur mon ~** es liegt auf meinem Weg.

trame [tram] *nf* [de tissu] Schuss *der.*

tramer [3] [trame] *vt sout* schmieden. ◆ **se tramer** *vp* - **1.** [chose, complot] sich zusammen|brauen - **2.** *(emploi impersonnel) :* **il se trame quelque chose** es braut sich etwas zusammen.

trampoline [trɑ̃pɔlin] *nm* Trampolin *das.*

tramway [tramwɛ] *nm* Straßenbahn *die,* Tram *die.*

tranchant, e [trɑ̃ʃɑ̃, ɑ̃t] *adj* - **1.** [instrument] scharf - **2.** [ton] schneidend. ◆ **tranchant** *nm* Schneide *die.*

tranche [trɑ̃ʃ] *nf* - **1.** [d'aliment] Scheibe *die ;* **une ~ de gâteau** ein Stück Kuchen - **2.** [bord] Rand *der ;* **~ d'un livre** Steg *der* eines Buches - **3.** [période] Abschnitt *der* - **4.** [catégorie] : **~ d'âge** Altersgruppe *die ;* **~ d'imposition** Steuerklasse *die.*

trancher [3] [trɑ̃ʃe] ◇ *vt* - **1.** [sectionner - câble, gorge] durch|schneiden ; [- doigt] ab|schneiden - **2.** [couper en tranches] schneiden - **3.** [question] endgültig klären ◇ *vi* - **1.** [décider] eine Entscheidung fällen - **2.** [contraster] : **~ sur** OU **avec qqch** sich von etw ab|heben.

tranquille [trɑ̃kil] *adj* - **1.** [paisible, sans histoire] ruhig ; **laisser qqn ~** jn in Ruhe lassen ; **bonheur ~** stilles Glück ; **homme ~** friedlicher Mensch - **2.** [rassuré] unbesorgt ; **je ne serai pas ~ tant que ...** solange ... werde ich keine Ruhe haben.

tranquillement [trɑ̃kilmɑ̃] *adv* - **1.** [lentement] in aller Ruhe - **2.** [sereinement] unbesorgt.

tranquillisant, e [trɑ̃kilizɑ̃, ɑ̃t] *adj* beruhigend. ◆ **tranquillisant** *nm* MÉD Beruhigungsmittel *das.*

tranquilliser [3] [trɑ̃kilize] *vt* beruhigen. ◆ **se tranquilliser** *vp* sich beruhigen.

tranquillité [trɑ̃kilite] *nf* Ruhe *die.*

transaction [trɑ̃zaksjɔ̃] *nf* - **1.** COMM Geschäft *das* - **2.** FIN Transaktion *die.*

transat [trɑ̃zat] ◇ *nm* Liegestuhl *der* ◇ *nf* Transatlantikrennen *das.*

transatlantique [trɑ̃zatlɑ̃tik] ◇ *nm* [paquebot] Überseedampfer *der* ◇ *nf* [course] Transatlantikrennen *das.*

transcription [trɑ̃skripsjɔ̃] *nf* - **1.** [copie] Abschreiben *das* - **2.** [dans un autre alphabet] Umschreiben *das* - **3.** MUS Transkription *die.*

transcrire [99] [trɑ̃skrir] *vt* - **1.** [copier] ab|schreiben - **2.** [dans un autre alphabet] um|schreiben - **3.** MUS transkribieren.

transcrit, e [trɑ̃skri, it] *pp* ▷ **transcrire.**

transe [trɑ̃s] *nf* Trance *die ;* **être en ~** in Trance sein.

transférer [18] [trɑ̃sfere] *vt* verlegen.

transfert [trɑ̃sfɛr] *nm* **- 1.** [déplacement - de population] Umsiedelung *die ;* [- de prisonniers] Überstellung *die ;* [- de marchandises, de fonds] Transfer *der* **- 2.** [de locaux] Verlegung *die* **- 3.** JUR [transmission] Übertragung *die* **- 4.** PSYCHOL Transfer *der.*

transfigurer [3] [trɑ̃sfigyre] *vt* **- 1.** [personne] verklären **- 2.** [chose] verwandeln.

transformateur, trice [trɑ̃sfɔrmatœr, tris] *adj* **- 1.** [industrie] weiterverarbeitend **- 2.** *fig* [qui modifie] verwandelnd. ◆ **transformateur** *nm* Transformator *der.*

transformation [trɑ̃sfɔrmasjɔ̃] *nf* **- 1.** [changement] Veränderung *die* **- 2.** [de matière] Weiterverarbeitung *die.*

transformer [3] [trɑ̃sfɔrme] *vt* **- 1.** [lieu, objet, matière] um|gestalten ; **~ qqch en qqch** etw in etw *(A)* verwandeln **- 2.** [personne] wandeln. ◆ **se transformer** *vp :* **se ~ en qqch** sich in etw *(A)* verwandeln.

transfuge [trɑ̃sfyʒ] *nmf* Überläufer *der,* -in *die.*

transfuser [3] [trɑ̃sfyze] *vt* [sang] übertragen.

transfusion [trɑ̃sfyzjɔ̃] *nf* Transfusion *die ;* **~ sanguine** Bluttransfusion.

transgénique [trɑ̃ʒenik] *adj* transgen.

transgresser [4] [trɑ̃sgrese] *vt* übertreten.

transhumance [trɑ̃zymɑ̃s] *nf* Almauftrieb *der.*

transi, e [trɑ̃zi] *adj :* **être ~ de froid/peur** vor Kälte/Angst starr sein.

transistor [trɑ̃zistɔr] *nm* **- 1.** [composant] Transistor *der* **- 2.** [radio] Transistorradio *das.*

transit [trɑ̃zit] *nm* Transit *der ;* **en ~** Transit-.

transiter [3] [trɑ̃zite] ◇ *vt* im Transitverkehr verfrachten ◇ *vi* **- 1.** [marchandise] im Transitverkehr durch|gehen **- 2.** [voyageur] durch|reisen.

transitif, ive [trɑ̃zitif, iv] *adj* transitiv.

transition [trɑ̃zisjɔ̃] *nf* **- 1.** [passage, étape] Übergang *der ;* **~ de qqch à qqch** Übergang von etw zu etw **- 2.** [dans un texte] Überleitung *die.*

transitivité [trɑ̃zitivite] *nf* Transitivität *die.*

transitoire [trɑ̃zitwar] *adj* [passager] vorübergehend ; **mesures ~s** Übergangsmaßnahmen *Pl.*

translucide [trɑ̃slysid] *adj* durchscheinend.

transmettre [84] [trɑ̃smɛtr] *vt* **- 1.** [objet] : **~ qqch à qqn** etw an jn weiter|geben **- 2.** [ordre, nouvelle, message] übermitteln **- 3.** [patrimoine, héritage] vermachen **- 4.** [émission, pouvoir, fonction, signal] übertragen. ◆ **se transmettre** *vp* [maladie, courant, ondes] übertragen werden.

transmis, e [trɑ̃smi, iz] *pp* ⊳ **transmettre.**

transmissible [trɑ̃smisibl] *adj* übertragbar.

transmission [trɑ̃smisjɔ̃] *nf* **- 1.** [de biens, de maladie] Übertragung *die* **- 2.** [de message] Übermittlung *die* **- 3.** TECHNOL Kraftübertragung *die.*

transparaître [91] [trɑ̃sparɛtr] *vi :* **laisser ~ qqch** etw erkennen lassen ; **~ à travers qqch** durch etw durch|scheinen.

transparence [trɑ̃sparɑ̃s] *nf* **- 1.** [d'objet, de matériau] Durchsichtigkeit *die* **- 2.** *fig* [de l'information] Transparenz *die.*

transparent, e [trɑ̃sparɑ̃, ɑ̃t] *adj* **- 1.** [objet, matériau] durchsichtig **- 2.** *fig* [clair, évident] durchschaubar. ◆ **transparent** *nm* [pour rétroprojecteur] Overheadfolie *die.*

transpercer [16] [trɑ̃spɛrse] *vt* [perforer] durchbohren.

transpiration [trɑ̃spirasjɔ̃] *nf* [de personne] Schwitzen *das.*

transpirer [3] [trɑ̃spire] *vi* [suer] schwitzen.

transplanter [3] [trɑ̃splɑ̃te] *vt* **- 1.** [arbre] um|pflanzen **- 2.** [organe] transplantieren **- 3.** *fig* [déplacer] um|siedeln.

transport [trɑ̃spɔr] *nm* [gén] Transport *der,* Beförderung *die ;* **~s en commun** öffentliche Verkehrsmittel *Pl.*

transportable [trɑ̃spɔrtabl] *adj* **- 1.** [marchandise] transportabel **- 2.** [blessé] transportfähig.

transporter [3] [trɑ̃spɔrte] *vt* transportieren, befördern ; *fig* mit|reißen.

transporteur [trɑ̃spɔrtœr] *nm* **- 1.** [personne] Spediteur *der ;* **~ routier** Straßentransportunternehmer *der* **- 2.** [machine] Förderanlage *die.*

transposer [3] [trɑ̃spoze] *vt* **- 1.** [situation, intrigue] übertragen **- 2.** [adapter] um|schreiben ; **~ un roman à l'écran** einen Roman verfilmen.

transposition [trɑ̃spozisjɔ̃] *nf* **- 1.** [de situation, d'intrigue] Übertragung *die* **- 2.** [adaptation] : **~ à l'écran** Verfilmung *die* **- 3.** [de mots, de lettres] Umstellung *die.*

transsexuel, elle [trɑ̃ssɛksɥɛl] ◇ *adj* transsexuell ◇ *nm, f* Transsexuelle *der,* Transsexuelle *die.*

transvaser [3] [trɑ̃svaze] *vt* um|füllen.

transversal, e, aux [trɑ̃svɛrsal, o] *adj* Quer-.

trapèze [trapɛz] *nm* [de gymnastique & GÉOM] Trapez *das.*

trapéziste [trapezist] *nmf* Trapezkünstler *der,* -in *die.*

trappe [trap] *nf* - **1.** [ouverture] Bodenluke *die* - **2.** [piège] Fallgrube *die.*

trapu, e [trapy] *adj* - **1.** [personne] gedrungen - **2.** [édifice] wuchtig.

traquenard [traknar] *nm* [piège] Falle *die.*

traquer [3] [trake] *vt* - **1.** [animal] hetzen - **2.** [personne] in die Enge treiben.

traumatisant, e [tromatizɑ̃, ɑ̃t] *adj* : **être ~ pour qqn** für jn ein Schock sein.

traumatiser [3] [tromatize] *vt* - **1.** [psychiquement] : **~ qqn** jm einen Schock versetzen - **2.** MÉD verletzen.

traumatisme [tromatism] *nm* - **1.** [psychique] Schock *der* - **2.** MÉD Trauma *das.*

travail [travaj] *nm* - **1.** [gén] Arbeit *die* ; **se mettre au ~** sich an die Arbeit machen ; **~ intérimaire** OU **temporaire** Zeitarbeit - **2.** [de matériau] : **~ du bois** Holzbearbeitung *die.* ◆ **travaux** *nmpl* [chantier] Bauarbeiten *Pl* ; **(le bâtiment et les) travaux publics** (Hoch- und) Tiefbau *der.*

travaillé, e [travaje] *adj* - **1.** [matériau] bearbeitet - **2.** [style] ausgefeilt.

travailler [3] [travaje] ◇ *vi* arbeiten ; **~ chez IBM/dans l'édition** bei IBM/im Verlagswesen arbeiten ; **~ à temps partiel** teilzeit arbeiten ; **~ sur** OU **à qqch** an etw *(D)* arbeiten ◇ *vt* - **1.** [s'exercer à, étudier] üben - **2.** [matière, personne] bearbeiten - **3.** [sujet : idée, doute] beschäftigen.

travailleur, euse [travajœr, øz] ◇ *adj* [appliqué] arbeitsam ◇ *nm, f* Arbeiter *der,* -in *die* ; **~ immigré** Gastarbeiter.

travelling [travliŋ] *nm* Fahraufnahme *die.*

travers [travɛr] *nm* [défaut] Eigenart *die.* ◆ **à travers** *loc adv* & *loc prép* durch. ◆ **au travers de** *loc prép* : **au ~ de qqch** durch etw hindurch. ◆ **de travers** *loc adv* - **1.** [pas droit, de biais] schief ; **avaler de ~** sich verschlucken ; **marcher de ~** torkeln - **2.** *fig* [mal] falsch ; **comprendre qqch de ~** etw missverstehen. ◆ **en travers** *loc adv* : **scier une planche en ~** ein Brett quer durch|sägen. ◆ **en travers de** *loc prép* : **en ~ de qqch** quer über etw *(D).*

traverse [travɛrs] *nf* Bahnschwelle *die* ; **chemin de ~** Abkürzung *die.*

traversée [travɛrse] *nf* - **1.** [de lieu] Durchquerung *die,* Durchfahrt *die* - **2.** [en bateau] Überfahrt *die.*

traverser [3] [travɛrse] *vt* - **1.** [rue, pièce, mer] überqueren - **2.** [montagne, tunnel, foule] durchqueren - **3.** [transpercer] durchdringen.

traversin [travɛrsɛ̃] *nm* [coussin] ≃ Nackenrolle *die.*

travestir [32] [travɛstir] *vt* verkleiden ; *fig* entstellen. ◆ **se travestir** *vp* - **1.** [pour un bal] sich verkleiden - **2.** [s'habiller en femme] sich transvestieren.

trébucher [3] [trebyʃe] *vi* stolpern ; **~ sur** OU **contre qqch** über etw *(A)* stolpern.

trèfle [trɛfl] *nm* - **1.** [plante] Klee *der* ; **~ à quatre feuilles** vierblättriges Kleeblatt - **2.** [aux cartes] Kreuz *(das).*

treille [trɛj] *nf* - **1.** [de vigne] Kletterrebe *die* - **2.** [tonnelle] Weinlaube *die.*

treillis [trɛji] *nm* - **1.** [clôture] Gitter(werk) *das* - **2.** MIL Drillichanzug *der.*

treize [trɛz] ◇ *adj inv* & *pron inv* dreizehn ◇ *nm inv* Dreizehn *die* ; *voir aussi* **six.**

treizième [trɛzjɛm] ◇ *adj* dreizehnte,-r,-s ; **~ mois** dreizehntes Monatsgehalt ◇ *nmf* Dreizehnte *der,* Dreizehnte *die, das* ◇ *nm* [arrondissement] dreizehntes Arrondissement ; *voir aussi* **sixième.**

trekking [trɛkiŋ] *nm* Trekking *das.*

tréma [trema] *nm* [français] Trema *das* ; [allemand] Umlaut *der.*

tremblant, e [trɑ̃blɑ̃, ɑ̃t] *adj* - **1.** [de froid, voix] zitternd - **2.** [d'émotion] bebend.

tremblement [trɑ̃bləmɑ̃] *nm* Zittern *das* ; **~ de terre** Erdbeben *das.*

trembler [3] [trɑ̃ble] *vi* - **1.** [de froid, voix] zittern - **2.** [d'émotion, terre] beben.

trembloter [3] [trɑ̃blɔte] *vi* - **1.** [personne, voix] zittern - **2.** [lumière] flimmern.

trémousser [3] [tremuse] ◆ **se trémousser** *vp* sich hin- und herwiegen.

trempe [trɑ̃p] *nf* - **1.** [force de caractère] : **de cette/ta ~** von diesem/deinem Schlag - **2.** *fam* [coups] Prügel *Pl* ; **donner une ~ à qqn** jm Prügel verabreichen.

trempé, e [trɑ̃pe] *adj* durchnässt.

tremper [3] [trɑ̃pe] ◇ *vt* - **1.** [mouiller] durchnässen - **2.** [plonger] : **~ qqch dans qqch** etw in etw *(A)* ein|tauchen ◇ *vi* [linge] (ein)|weichen ; **faire ~ qqch** [linge] etw (ein)|weichen ; [légumes] etw ins Wasser legen.

tremplin [trɑ̃plɛ̃] *nm* - **1.** [gén] Sprungbrett *das* - **2.** [au ski] Sprungschanze *die.*

trentaine [trɑ̃tɛn] *nf* an die dreißig ; **une ~ de personnes** etwa dreißig Leute ; **avoir la ~** um die Dreißig sein, an die dreißig Jahre alt sein.

trente [trɑ̃t] ◇ *adj inv* & *pron inv* dreißig ◇ *nm inv* Dreißig *die* ; *voir aussi* **six.**

trente-trois tours *nm inv* Langspielplatte *die.*

trentième [trɑ̃tjɛm] ◇ *adj* dreißigste,-r,-s ◇ *nmf* Dreißigste *der,* Dreißigste *die, das* ; *voir aussi* **sixième.**

trépasser [3] [trepase] *vi littéraire* verscheiden.

trépidant, e [trepidɑ̃, ɑ̃t] *adj* - **1.** [rythme] rasant - **2.** [vie] unruhig.
trépied [trepje] *nm* Dreifuß *der.*
trépigner [3] [trepiɲe] *vi* trampeln.
très [trɛ] *adv* sehr ; **avoir ~ faim** großen Hunger haben ; **être ~ au-dessus de qqch** weit über etw *(D)* sein.
trésor [trezɔr] *nm* [gén] Schatz *der.* ◆ **Trésor public** *nm* - **1.** [finances] Staatskasse *die* - **2.** [institution] ≃ Finanzamt *das.*
trésorerie [trezɔrri] *nf* - **1.** [d'entreprise] Kasse *die*, Finanzen *Pl* - **2.** [gestion] Kassenführung *die.*
trésorier, ère [trezɔrje, ɛr] *nm, f* [d'association, de parti] Kassenführer *der*, -in *die* ; [de club] Kassenwart *der.*
tressaillement [tresajmɑ̃] *nm* - **1.** [de joie] Erbeben *das* - **2.** [de douleur] Zusammenzucken *das.*
tressaillir [47] [tresajir] *vi* - **1.** [de joie] erbeben - **2.** [de douleur] zusammen|zucken - **3.** [sursauter] auf|schrecken.
tressauter [3] [tresote] *vi* - **1.** [sursauter] hoch|fahren - **2.** [bringuebaler] gerüttelt werden.
tresse [trɛs] *nf* - **1.** [de cheveux] Zopf *der* - **2.** [de rubans] Geflecht *das.*
tresser [4] [trese] *vt* flechten.
tréteau, x [treto] *nm* Bock *der.*
treuil [trœj] *nm* Winde *die.*
trêve [trɛv] *nf* - **1.** [cessez-le-feu] Waffenruhe *die* - **2.** *fig* [répit] Rast *die* ; **~ de plaisanteries** Spaß beiseite. ◆ **sans trêve** *loc adv* ohne Unterlass.
tri [tri] *nm* [de lettres] Sortieren *das* ; **faire le ~ dans qqch** etw aus|sortieren.
triage [trijaʒ] *nm* [classement] Sortieren *das.*
triangle [trijɑ̃gl] *nm* - **1.** [figure] Dreieck *das* - **2.** MUS Triangel *der.*
triangulaire [trijɑ̃gylɛr] *adj* dreieckig, Dreiecks-.
triathlon [triatlɔ̃] *nm* Dreikampf *der.*
tribal, e, aux [tribal, o] *adj* Stammes-.
tribord [tribɔr] *nm* Steuerbord *das* ; **à ~** nach Steuerbord.
tribu [triby] *nf* - **1.** [ethnie] Volksstamm *der* - **2.** [groupe] Sippschaft *die.*
tribulations [tribylasjɔ̃] *nfpl* Unbill *die (sans pl).*
tribunal, aux [tribynal, o] *nm* Gericht *das* ; **~ correctionnel** ≃ Strafgericht ; **~ de grande instance** ≃ Landgericht ; **~ de police** ≃ Polizeigericht.
tribune [tribyn] *nf* [d'orateur, de stade] Tribüne *die.*
tribut [triby] *nm littéraire* Tribut *der.*
tributaire [tribytɛr] *adj* : **être ~ de qqn/qqch** auf jn/etw angewiesen sein.
tricher [3] [triʃe] *vi* - **1.** [au jeu] schummeln - **2.** [à un examen] spicken - **3.** [mentir] : **~ sur qqch** etw falsch an|geben.
tricherie [triʃri] *nf* [au jeu] Schummelei *die.*
tricheur, euse [triʃœr, øz] *nm, f* [au jeu] Mogler *der*, -in *die.*
tricolore [trikɔlɔr] *adj* - **1.** [à trois couleurs] dreifarbig - **2.** [français] : **drapeau ~** Trikolore *die.*
tricot [triko] *nm* - **1.** [étoffe] Strick *der* - **2.** [ouvrage] Strickarbeit *die* ; **faire du ~** stricken - **3.** [vêtement] Strickoberteil *das.*
tricoter [3] [trikɔte] *vt* & *vi* stricken.
tricycle [trisikl] *nm* Dreirad *das.*
trier [10] [trije] *vt* - **1.** [classer] sortieren - **2.** [sélectionner] aus|wählen.
trigonométrie [trigɔnɔmetri] *nf* Trigonometrie *die.*
trilingue [trilɛ̃g] ◇ *adj* - **1.** [revue] in drei Sprachen - **2.** [personne] dreisprachig ◇ *nmf* dreisprachige Person.
trimestre [trimɛstr] *nm* [période] Vierteljahr *das*, Quartal *das.*
trimestriel, elle [trimɛstrijɛl] *adj* - **1.** [publication, bulletin] vierteljährlich - **2.** [charge] Quartals-.
tringle [trɛ̃gl] *nf* Stange *die* ; **~ à rideaux** Gardinenstange.
Trinité [trinite] *nf* RELIG Dreieinigkeit *die.*
trinquer [3] [trɛ̃ke] *vi* [boire] an|stoßen ; **~ à la santé de qqn** auf js Gesundheit an|stoßen.
trio [trijo] *nm* Trio *das.*
triomphal, e, aux [trijɔ̃fal, o] *adj* triumphal.
triomphant, e [trijɔ̃fɑ̃, ɑ̃t] *adj* triumphierend.
triomphe [trijɔ̃f] *nm* - **1.** [succès] Triumph *der* - **2.** [victoire] Sieg *der* ; **en ~** als Sieger.
triompher [3] [trijɔ̃fe] *vi* [gagner, réussir] triumphieren ; **~ de qqn/qqch** jn/etw bezwingen.
tripes [trip] *nfpl* - **1.** [d'animal] Eingeweide *Pl* - **2.** CULIN Kaldaunen *Pl* - **3.** *fam* [de personne] : **avoir des ~** Mumm in den Knochen haben.
triple [tripl] ◇ *adj* dreifach ◇ *nm* Dreifache *das.*
triplé [triple] *nm* - **1.** [au turf] Dreiersieg *der* - **2.** SPORT dreifacher Sieg. ◆ **triplés, ées** *nm, f pl* [bébés] Drillinge *Pl.*
triste [trist] *adj* - **1.** [personne] traurig ; **être ~ de qqch** über etw *(A)* traurig sein ; **être ~ de faire qqch** etw mit Bedauern tun - **2.** [pénible] betrüblich - **3.** [morne] trostlos - **4.** *(avant n)* [lamentable] traurig.
tristement [tristəmɑ̃] *adv* - **1.** [d'un air triste] traurig ; **il est ~ célèbre** er hat es zu

einer traurigen Berühmtheit gebracht - **2.** [lugubrement] trostlos.

tristesse [tristɛs] *nf* - **1.** [chagrin] Traurigkeit *die* - **2.** [de ville, de paysage] Trostlosigkeit *die.*

triturer [3] [trityre] *vt* [malaxer] zerknautschen.

trivial, e, aux [trivjal, o] *adj* - **1.** [banal] gewöhnlich - **2.** *péj* [vulgaire] ordinär.

troc [trɔk] *nm* - **1.** [échange] Tausch *der* - **2.** ÉCON Tauschhandel *der.*

trois [trwa] ◇ *adj inv & pron inv* drei ◇ *nm inv* Drei *die ; voir aussi* **six.**

troisième [trwazjɛm] ◇ *adj* dritte,-r,-s ◇ *nmf* Dritte *der,* Dritte *die, das* ◇ *nf* - **1.** SCOL ≃ neunte Klasse - **2.** [vitesse] Dritte *der* ◇ *nm* - **1.** [fraction] Drittel *das* - **2.** [arrondissement] drittes Arrondissement - **3.** [étage] dritter Stock, dritte Etage ; *voir aussi* **sixième.**

troisièmement [trwazjɛmmɑ̃] *adv* drittens.

trombe [trɔ̃b] *nf :* **il tombe des ~s d'eau** es gießt (wie aus Eimern).

trombone [trɔ̃bɔn] *nm* - **1.** [agrafe] Büroklammer *die* - **2.** [MUS - instrument] Posaune *die ;* [- musicien] Posaunist *der,* -in *die.*

trompe [trɔ̃p] *nf* - **1.** [instrument] Horn *das* - **2.** [d'éléphant] Rüssel *der ;* [d'insecte] Saugrüssel - **3.** ANAT Tuba *die,* Tube *die.*

trompe-l'œil [trɔ̃plœj] *nm inv* Trompe-l'œil *der ; fig* Augenwischerei *die.*

tromper [3] [trɔ̃pe] *vt* - **1.** [berner, être infidèle à] betrügen - **2.** [déjouer, induire en erreur] täuschen - **3.** [faim, ennui] überlisten. ◆ **se tromper** *vp* sich täuschen, sich irren ; **se ~ d'heure/d'adresse** sich in der Uhrzeit/Adresse irren ; **se ~ de cinq euros** sich um fünf Euro verrechnen ; **se ~ de numéro** sich verwählen.

tromperie [trɔpri] *nf* Täuschung *die,* Betrug *der.*

trompette [trɔ̃pɛt] *nf* Trompete *die.*

trompettiste [trɔ̃petist] *nmf* Trompeter *der,* -in *die.*

trompeur, euse [trɔ̃pœr, øz] ◇ *adj* - **1.** [chose] täuschend, trügerisch ; **les apparences sont trompeuses** der Schein trügt - **2.** [personne] betrügerisch ◇ *nm, f* Betrüger *der,* -in *die.*

tronc [trɔ̃] *nm* - **1.** [d'arbre] Stamm *der* - **2.** [torse] Rumpf *der* - **3.** [d'église] Opferstock *der.*

tronçon [trɔ̃sɔ̃] *nm* - **1.** [d'objet] Abschnitt *der* - **2.** [de route, de voie] Streckenabschnitt *der.*

tronçonneuse [trɔ̃sɔnøz] *nf* Motorsäge *die.*

trône [tron] *nm* Thron *der.*

trôner [3] [trone] *vi* thronen.

trop [tro] *adv* - **1.** [excessivement - en quantité] zu viel ; [- en fréquence] zu oft ; [- en intensité] zu sehr ; **nous étions ~ (nombreux)** wir waren zu viele ; **~ de café** zu viel Kaffee ; **~ de monde** zu viele Leute ; **bien** OU **beaucoup ~** viel zu (viel) ; **avoir ~ peur** übergroße Angst haben - **2.** [avec un adjectif] (all)zu ; **il a ~ chaud/froid** ihm ist es zu warm/kalt ; **la maison est ~ chauffée** das Haus ist überheizt - **3.** [avec une négation] : **pas ~** nicht sonderlich ; **c'est pas ~ mal** es ist gar nicht so schlecht ; **je ne le connais pas ~** ich kenne ihn nicht näher ; **je n'aime pas ~ ça** das mag ich nicht so gerne ; **sans ~ savoir pourquoi** ohne zu wissen, warum eigentlich. ◆ **de trop, en trop** *loc adv* zu viel ; **trois euros de** OU **en ~** drei Euro zu viel ; **se sentir en** OU **de ~** sich überflüssig vor|kommen. ◆ **trop peu** *loc adv* zu wenig ; [en fréquence] zu selten.

trophée [trɔfe] *nm* Trophäe *die.*

tropical, e, aux [trɔpikal, o] *adj* tropisch, Tropen-.

tropique [trɔpik] *nm* Wendekreis *der.* ◆ **tropiques** *nmpl* Tropen *Pl.*

trop-plein (*pl* **trop-pleins**) *nm* - **1.** [ce qui déborde] überschüssige Menge ; **un ~ de qqch** *fig* ein Übermaß an etw *(D)* - **2.** [déversoir] Überlauf *der.*

troquer [3] [trɔke] *vt :* **~ qqch contre qqch** [biens] etw gegen etw tauschen ; *fig* etw gegen etw ein|tauschen.

trot [tro] *nm* Trab *der.*

trotter [3] [trɔte] *vi* - **1.** [cheval] traben - **2.** [personne] herum|rennen, herum|tippeln.

trotteur, euse [trɔtœr, øz] *nm, f* Traber *der.* ◆ **trotteuse** *nf* Sekundenzeiger *der.*

trottiner [3] [trɔtine] *vi* - **1.** [cheval] leicht traben, im langsamen Trab laufen - **2.** [personne] trippeln, einher|traben.

trottoir [trɔtwar] *nm* Bürgersteig *der,* Gehsteig *der.*

trou [tru] *nm* Loch *das ;* **~ d'air** [en avion] Luftloch ; **~ de mémoire** Gedächtnislücke *die.*

troublant, e [trublɑ̃, ɑ̃t] *adj* - **1.** [déconcertant] verwirrend ; **ressemblance ~e** täuschende Ähnlichkeit - **2.** [femme, décolleté] verführerisch.

trouble [trubl] ◇ *adj* - **1.** [liquide] trüb(e) - **2.** [image] unscharf ; **avoir la vue ~** verschwommen sehen - **3.** [affaire, situation] undurchsichtig, unklar ◇ *nm* - **1.** [désordre, émotion] Verwirrung *die* - **2.** [dérèglement] Störung *die.* ◆ **troubles** *nmpl* [émeutes] Unruhen *Pl.*

trouble-fête *nmf inv* Spielverderber *der,* -in *die,* Miesmacher *der.*

troubler [3] [truble] *vt* - **1.** [liquide, esprit, raison] trüben - **2.** [vue] verschwommen machen, trüben - **3.** [perturber] stören - **4.** [rendre perplexe] verwirren - **5.** [inquiéter] beunruhigen - **6.** [émouvoir] ergreifen. ◆ **se troubler** *vp* - **1.** [liquide] trübe werden, sich trüben - **2.** [personne] verlegen werden.

trouée [true] *nf* [large ouverture] Schneise *die.*

trouer [3] [true] *vt* [percer] : **~ qqch** etw (durch)löchern, in etw *(A)* Löcher machen.

troupe [trup] *nf* - **1.** MIL & THÉÂTRE Truppe *die* - **2.** [groupe] Gruppe *die.*

troupeau, x [trupo] *nm* Herde *die.*

trousse [trus] *nf* Etui *das*, Necessaire *das* ; **~ d'écolier** Federmäppchen *das* ; **~ de secours** Verbandstasche *die* ; **~ de toilette** Toilettenetui.

trousseau, x [truso] *nm* - **1.** [de clés] Schlüsselbund *der* - **2.** [de mariée] *zur Aussteuer gehörende Wäsche und Kleidung.*

trouvaille [truvaj] *nf* - **1.** [découverte] Glückstreffer *der* ; **faire une ~** fündig werden, ein Schnäppchen machen - **2.** [idée, invention] glücklicher Einfall.

trouvé, e [truve] *adj* : **bien ~** treffend.

trouver [3] [truve] *vt* - **1.** [gén] finden ; **~ du charme/de l'esprit à qqn** jn charmant/geistreich finden ; **mais qu'est-ce qu'elle lui trouve?** was findet sie an ihm? ; **~ du plaisir à faire qqch** Gefallen daran finden, etw zu tun ; **~ la maison vide** ein leeres Haus vor|finden ; **il a trouvé à s'occuper** er hat etwas zu tun gefunden ; **aller ~ qqn** jn auf|suchen - **2.** [par déduction] heraus|finden - **3.** [par hasard] entdecken. ◆ **se trouver** ◇ *vp* - **1.** [dans un lieu, dans un état] sich befinden - **2.** [problème, solution] liegen - **3.** [s'estimer] : **se ~ beau/gros** sich schön/dick finden ◇ *v impers* : **il se trouve que** der Zufall will, dass ; **si ça se trouve** womöglich.

truand [tryɑ̃] *nm* Gauner *der*, -in *die.*

truc [tryk] *nm fam* - **1.** [combine] Trick *der* - **2.** [chose] Ding *das*, Teil *das.*

trucage = **truquage.**

truculent, e [trykylɑ̃, ɑ̃t] *adj* [langage, passage] unverblümt.

truelle [tryɛl] *nf* Spachtel *der*, Kelle *die.*

truffe [tryf] *nf* - **1.** [champignon, friandise] Trüffel *die* - **2.** [museau] Nase *die.*

truffer [3] [tryfe] *vt* CULIN mit Trüffeln füllen ; **~ qqch de qqch** *fig* etw mit etw voll stopfen OU spicken.

truie [trɥi] *nf* Sau *die.*

truite [trɥit] *nf* Forelle *die.*

truquage, trucage [trykaʒ] *nm* - **1.** CIN Trick *der*, Trickaufnahme *die* - **2.** [falsification] Fälschung *die*, Betrug *der.*

truquer [3] [tryke] *vt* [dés] zinken ; **~ des élections** Wahlbetrug begehen.

trust [trœst] *nm* - **1.** [groupement] Trust *der* - **2.** [entreprise puissante] Multi *der*, Konzern *der.*

tsar, tzar [tsar, dzar] *nm* Zar *der.*

tsé-tsé [tsetse] *nf inv* : **(mouche) ~** Tsetsefliege *die.*

tsigane [tsigan], **tzigane** [dzigan] *adj* Zigeuner-. ◆ **Tsigane, Tzigane** *nmf* Zigeuner *der*, -in *die.*

tu[1], e [ty] *pp* ▻ **taire.**

tu[2] [ty] *pron pers* du ; **se dire ~** sich duzen.

tuba [tyba] *nm* - **1.** MUS Tuba *die* - **2.** [de plongée] Schnorchel *der.*

tube [tyb] *nm* - **1.** [tuyau] Rohr *das*, Röhrchen *das* ; **~ cathodique** Kathodenstrahlröhre *die* - **2.** [de colle, de crème] Tube *die* ; [d'aspirine] Röhrchen *das* - **3.** *fam* [chanson] Hit *der*, Schlager *der.* ◆ **tube digestif** *nm* Verdauungstrakt *der.*

tubercule [tybɛrkyl] *nm* - **1.** BOT Wurzelknolle *die* - **2.** ANAT Höcker *der.*

tuberculose [tybɛrkyloz] *nf* Tuberkulose *die.*

tue-mouches [tymuʃ] *adj inv* : **papier ~** Fliegenpapier *das.*

tuer [7] [tɥe] *vt* - **1.** [faire mourir] töten ; [plante] eingehen lassen ; **se faire ~** um|kommen - **2.** *fig* [épuiser] um|bringen.

tuerie [tyri] *nf* Gemetzel *das.*

tue-tête [tytɛt] ◆ **à tue-tête** *loc adv* lauthals.

tueur, euse [tɥœr, øz] *nm, f* - **1.** [assassin] Mörder *der*, -in *die* ; **~ en série** Serienmörder *der*, -in *die* - **2.** [d'abattoir] Schlächter *der*, -in *die.*

tuile [tɥil] *nf* - **1.** [de toit] (Dach)ziegel *der* - **2.** *fam* [problème] Missgeschick *das*, Malheur *das.*

tulipe [tylip] *nf* Tulpe *die.*

tulle [tyl] *nm* Tüll *der.*

tuméfié, e [tymefje] *adj* aufgequollen, geschwollen.

tumeur [tymœr] *nf* Tumor *der*, Geschwulst *die.*

tumulte [tymylt] *nm* [bruit] Tumult *der*, Auflauf *der.*

tunique [tynik] *nf* [chemise] Tunika *die.*

Tunisie [tynizi] *nf* : **la ~** Tunesien *nt.*

tunisien, enne [tynizjɛ̃, ɛn] *adj* tunesisch. ◆ **Tunisien, enne** *nm, f* Tunesier *der*, -in *die.*

tunnel [tynɛl] *nm* Tunnel *der.*

turban [tyrbɑ̃] *nm* Turban *der.*

turbine [tyrbin] *nf* Turbine *die.*

turbo [tyrbo] <> *nm* [moteur] Turbo *der*, Turbolader *der* <> *nf* [voiture] Turbo *der*.

turbulence [tyrbylɑ̃s] *nf* - **1.** [de personne] Lebhaftigkeit *die* - **2.** MÉTÉOR Störung *die*.

turbulent, e [tyrbylɑ̃, ɑ̃t] *adj* [enfant] unruhig, lebhaft.

turc, turque [tyrk] *adj* türkisch. ◆ **turc** *nm* [langue] Türkisch(e) *(das)*. ◆ **Turc, Turque** *nm, f* Türke *der*, -kin *die*.

Turquie [tyrki] *nf* : **la ~** die Türkei.

turquoise [tyrkwaz] <> *nf* Türkis *der* <> *adj inv* türkis.

tutelle [tytɛl] *nf* - **1.** JUR Vormundschaft *die* - **2.** [dépendance] Vorherrschaft *die* - **3.** [protection] Schutz *der* - **4.** ADMIN : **ministre de ~** die Dienstaufsicht ausübender Minister.

tuteur, trice [tytœr, tris] *nm, f* Vormund *der*. ◆ **tuteur** *nm* [bâton] Stütze *die*.

tutoyer [13] [tytwaje] *vt* duzen.

tuyau [tɥijo] *nm* - **1.** [conduit] Rohr *das* ; **~ d'arrosage** Gartenschlauch *der* - **2.** *fam* [renseignement] Tipp *der*.

tuyauterie [tɥijotri] *nf* Rohrleitungssystem *das*.

TV (*abr de* **télévision**) *nf* TV *das*.

TVA (*abr de* **taxe sur la valeur ajoutée**) *nf* MwST, Mw.-St.

tympan [tɛ̃pɑ̃] *nm* ANAT Trommelfell *das*.

type [tip] *nm* - **1.** [genre] Typ *der* - **2.** *fam* [personne] Kerl *der* ; **c'est un chic ~** er ist ein netter Kerl - **3.** *(en apposition)* typisch.

typé, e [tipe] *adj* ausgeprägten Typs ; **être très ~** ein stark ausgeprägter Typ sein.

typhoïde [tifɔid] *adj* : **fièvre ~** Bauchtyphus *der*, typhoides Fieber.

typhon [tifɔ̃] *nm* Taifun *der*.

typhus [tifys] *nm* Fleckfieber *das*, Flecktyphus *der*.

typique [tipik] *adj* : **~ (de qqch)** (für etw) typisch.

typographie [tipɔgrafi] *nf* - **1.** [technique] Buchdruck *der* - **2.** [présentation] Typografie *die*.

tyran [tirɑ̃] *nm* Tyrann *der*, -in *die*.

tyrannie [tirani] *nf* Tyrannei *die* ; **la ~ de la mode** der Modezwang.

tyrannique [tiranik] *adj* tyrannisch ; **pouvoir ~** Willkürherrschaft *die*.

tyranniser [3] [tiranize] *vt* tyrannisieren.

Tyrol [tirɔl] *nm* : **le ~** Tirol *nt*.

tzar = **tsar**.

tzigane = **tsigane**.

U

u, U [y] *nm inv* [lettre] u *das*, U *das*.

UDF (*abr de* **Union pour la démocratie française**) *nf französische liberal-konservative Partei*.

UE (*abr de* **Union européenne**) *nf* EU *die (Europäische Union)*.

Ukraine [ykrɛn] *nf* : **l' ~** die Ukraine.

ukrainien, enne [ykrɛnjɛ̃, ɛn] *adj* ukrainisch. ◆ **ukrainien** *nm* [langue] Ukrainisch(e) *(das)*. ◆ **Ukrainien, enne** *nm, f* Ukrainer *der*, -in *die*.

ulcère [ylsɛr] *nm* Geschwür *das* ; **~ à l'estomac** Magengeschwür.

ulcérer [18] [ylsere] *vt fig* [scandaliser] empören. ◆ **s'ulcérer** *vp* MÉD ein Geschwür bilden.

ULM (*abr de* **ultraléger motorisé**) *nm* Ultraleichtflugzeug *das*.

ultérieur, e [ylterjœr] *adj* später.

ultérieurement [ylterjœrmɑ̃] *adv* zu einem späteren Zeitpunkt.

ultimatum [yltimatɔm] *nm* Ultimatum *das* ; **envoyer un ~ à qqn** jm ein Ultimatum stellen.

ultime [yltim] *adj* (aller)letzte,-r,-s.

ultramoderne [yltramɔdɛrn] *adj* hochmodern.

ultrasensible [yltrasɑ̃sibl] *adj* hoch empfindlich.

ultrason [yltrasɔ̃] *nm* Ultraschall *der*.

ultraviolet, ette [yltravjɔlɛ, ɛt] *adj* ultraviolett. ◆ **ultraviolet** *nm* Ultraviolett *das*.

ululement, hululement [ylylmɑ̃] *nm* Eulengeschrei *das*.

un [œ̃, *devant voyelle ou h muet* œ̃n] (*f* **une** [yn] ; *pl* **des** [de]) *art indéf* ein, -e ; **il y a des enfants qui jouent dans la rue** Kinder spielen auf der Straße ; **des livres bon marché** billige Bücher. ◆ **un** (*f* **une**) <> *pron indéf* einer, eine, eins ; **pas ~ seul** kein einziger ; **l'~, l'une** der OU die OU das eine ; **les ~s jouent, les autres travaillent** die einen spielen, die anderen arbeiten ; **~ par ~** einer nach dem anderen ; **l'~ et l'autre** beide, der eine wie der andere ; **l'~ ou l'autre** der eine oder der andere ; **l'~ l'autre** gegenseitig *(adv)* ; **~ de ceux qui** einer der ; **l'~ de ceux qui chantent** einer der Sänger ; **l'~ d'eux** einer von ihnen <> *adj num* ein,-e ; [page, chapitre] eins ; **cent** ~ hunderteins. ◆ **un** *nm inv* Eins *die ; voir aussi* **six.**

unanime [ynanim] *adj* einstimmig ; **être ~s à faire qqch** geschlossen etw tun.

unanimité [ynanimite] *nf* allgemeine Zustimmung ; **à l'~** einstimmig *(adv).*

UNESCO, Unesco [ynɛsko] (*abr de* **United Nations Educational, Scientific and Cultural Organization**) *nf* UNESCO *die.*

uni, e [yni] *adj* - **1.** [joint, réuni] geeint, vereint - **2.** [famille, couple] harmonisch - **3.** [uniforme] einfarbig, uni.

UNICEF, Unicef [ynisɛf] (*abr de* **United Nations International Children's Emergency Fund**) *nf* UNICEF *die.*

uniforme [ynifɔrm] ◇ *adj* - **1.** [monotone, homogène] gleich bleibend - **2.** [semblable] gleich, Einheits- ◇ *nm* Uniform *die.*

uniformiser [3] [ynifɔrmize] *vt* vereinheitlichen.

unijambiste [ynizɑ̃bist] ◇ *adj* beinamputiert ◇ *nmf* Beinamputierte *der,* Beinamputierte *die.*

unilatéral, e, aux [ynilateral, o] *adj* [gén] einseitig.

union [ynjɔ̃] *nf* - **1.** [combinaison] Verbindung *die* - **2.** [mariage] Gemeinschaft *die,* Bindung *die ;* ~ **conjugale** eheliche Gemeinschaft, Ehegemeinschaft ; ~ **libre** wilde Ehe, eheähnliche Gemeinschaft - **3.** ÉCON Union *die* - **4.** [groupement] Verband *der ;* ~ **syndicale** Berufsverband.

unique [ynik] *adj* - **1.** [seul en son genre] einzige,-r,-s ; **enfant** ~ Einzelkind *das* - **2.** [prix, règle] einheitlich - **3.** [exceptionnel] einzigartig.

uniquement [ynikmɑ̃] *adv* nur.

unir [32] [ynir] *vt* - **1.** [assembler] vereinen ; [sujet : sentiment] einen ; ~ **qqch à qqch** [rassembler] etw mit etw vereinigen ; [conjuguer] etw mit etw verbinden ; **un même idéal les unit** das selbe Ideal verbindet sie - **2.** [marier] vermählen, trauen. ◆ **s'unir** *vp* - **1.** [s'associer, se joindre] sich vereinigen - **2.** [par le mariage] sich vermählen.

unitaire [ynitɛr] *adj* - **1.** [à l'unité] Stück-, Einheits- - **2.** [unifié] einheitlich.

unité [ynite] *nf* Einheit *die ;* ~ **centrale** INFORM Zentraleinheit ; ~ **de mesure** Einheit, Maßeinheit.

univers [ynivɛr] *nm* Universum *das ; fig* Welt *die.*

universel, elle [ynivɛrsɛl] *adj* - **1.** [valable pour tous] allgemein gültig - **2.** [savoir] universell.

universitaire [ynivɛrsitɛr] ◇ *adj* Universitäts- ◇ *nmf* Lehrbeauftragte *der,* Lehrbeauftragte *die,* Hochschullehrer *der,* -in *die.*

université [ynivɛrsite] *nf* Universität *die,* Hochschule *die.*

untel, unetelle [œ̃tɛl, yntɛl] *nm, f* Herr Sowieso, Frau Sowieso.

uranium [yranjɔm] *nm* Uran *das.*

urbain, e [yrbɛ̃, ɛn] *adj* [de la ville] städtisch, Stadt-.

urbaniser [3] [yrbanize] *vt* verstädtern.

urbanisme [yrbanism] *nm* Städtebau *der,* Stadtplanung *die.*

urbaniste [yrbanist] *nmf* Stadtplaner *der,* -in *die.*

urgence [yrʒɑ̃s] *nf* - **1.** [gén] Dringlichkeit *die* - **2.** MÉD Notfall *der ;* **les ~s** die Notfallstation. ◆ **d'urgence** *loc adv* dringend.

urgent, e [yrʒɑ̃, ɑ̃t] *adj* - **1.** [besoin, convocation] dringend - **2.** [affaire, travail] eilig.

urine [yrin] *nf* Harn *der,* Urin *der.*

uriner [3] [yrine] *vi* urinieren.

urinoir [yrinwar] *nm* - **1.** [toilettes publiques] Pissoir *das* - **2.** [cuvette] Urinal *das.*

urne [yrn] *nf* Urne *die.*

urticaire [yrtikɛr] *nf* Nesselausschlag *der.*

Uruguay [yrygwɛ] *nm :* **l'** ~ Uruguay *nt.*

uruguayen, enne [yrygwejɛ̃, ɛn] *adj* uruguayisch. ◆ **Uruguayen, enne** *nm, f* Uruguayer *der,* -in *die.*

usage [yzaʒ] *nm* - **1.** [utilisation] Verwendung *die ;* **à ~ externe** zur äußeren Anwendung ; **à ~ interne** zum Einnehmen - **2.** [fonctionnement] Gebrauch *der ;* **hors d'~** außer Gebrauch - **3.** [coutume] Brauch *der,* Gepflogenheit *die.*

usagé, e [yzaʒe] *adj* gebraucht.

usager [yzaʒe] *nm* [utilisateur] Benutzer *der,* -in *die.*

usé, e [yze] *adj* - **1.** [objet, plaisanterie] abgenutzt ; [vêtement] abgetragen - **2.** [personne] verbraucht.

user [3] [yze] *vt* - **1.** [abîmer] ab|nutzen - **2.** [affaiblir] auf|zehren, strapazieren ; ~ **sa santé** seine Gesundheit ruinieren - **3.** [consommer] verbrauchen. ◆ **s'user** *vp* - **1.** [objet, vêtement, amour] sich ab|nutzen - **2.** [personne] sich auf|zehren ; **s'~ au travail** sich bei der Arbeit auf|zehren.

usine [yzin] *nf* Fabrik *die,* Werk *das.*

usiner [3] [yzine] *vt* - **1.** [pièce] (industriell) bearbeiten - **2.** [produit] her|stellen, fertigen.

usité, e [yzite] *adj* gebräuchlich ; **très/peu ~** sehr/kaum gebräuchlich.

ustensile [ystɑ̃sil] *nm* Hilfsmittel *das,* Utensil *das.*

usufruit [yzyfrɥi] *nm* Nießbrauch *der.*

usure [yzyr] *nf* - **1.** [détérioration] Abnutzung *die* - **2.** [affaiblissement] Aufzehren *das,* Strapazieren *das.*

usurier, ère [yzyrje, ɛr] *nm, f* Wucherer *der*, -in *die*.

usurpateur, trice [yzyrpatœr, tris] ◇ *adj* unrechtmäßig, usurpatorisch ◇ *nm, f* Usurpator *der*, -in *die*.

usurper [3] [yzyrpe] *vt* unrechtmäßig erwerben, usurpieren.

ut [yt] *nm inv* c *das*, C *das*.

utérus [yterys] *nm* Gebärmutter *die*, Uterus *der*.

utile [ytil] *adj* [gén] nützlich ; **~ à qqn/qqch** für jn/etw nützlich.

utilisateur, trice [ytilizatœr, tris] *nm, f* - **1.** [gén] Benutzer *der*, -in *die* - **2.** INFORM Anwender *der*, -in *die*, Benutzer *der*, -in *die*.

utiliser [3] [ytilize] *vt* verwenden, benutzen.

utilitaire [ytilitɛr] ◇ *adj* [objet, véhicule] Nutz- ◇ *nm* - **1.** INFORM Dienstprogramm *das* - **2.** AUTOM Nutzfahrzeug *das*.

utilité [ytilite] *nf* Nutzen *der*.

utopie [ytɔpi] *nf* Utopie *die*, Wunschdenken *das*.

utopiste [ytɔpist] *nmf* Utopist *der*, -in *die*.

UV *nm* (*abr de* **ultraviolet**) UV *das*.

V

v, V [ve] *nm inv* [lettre] v *das*, V *das* ; **moteur en V** V-Motor *der*.

va [va] ◇ *v* ▷ **aller** ◇ *interj* : **courage, ~!** nur Mut! ; **~ donc!** so geh doch! ; **~ pour cette fois** also gut, diesmal (ja).

vacance [vakɑ̃s] *nf* [de poste] freie Stelle, Vakanz *die*. ◆ **vacances** *nfpl* Ferien *Pl*, Urlaub *der* ; **les grandes ~s** ≃ die Sommerferien.

vacancier, ère [vakɑ̃sje, ɛr] *nm, f* Urlauber *der*, -in *die*, Feriengast *der*.

vacant, e [vakɑ̃, ɑ̃t] *adj* - **1.** [poste] unbesetzt, vakant - **2.** [logement] frei, unbelegt.

vacarme [vakarm] *nm* Lärm *der*, Krach *der*.

vacataire [vakatɛr] ◇ *adj* Aushilfs-, vertretend ◇ *nmf* Aushilfskraft *die* ; UNIV Assistent *der*, -in *die* mit Zeitvertrag.

vacation [vakasjɔ̃] *nf* Sitzung *die*.

vaccin [vaksɛ̃] *nm* - **1.** [substance] Impfstoff *der* - **2.** [injection] Impfung *die* ; **faire un ~ à qqn** jn impfen.

vaccination [vaksinasjɔ̃] *nf* Impfung *die*.

vacciner [3] [vaksine] *vt* MÉD impfen ; *fig* immun machen.

vache [vaʃ] ◇ *nf* - **1.** ZOOL Kuh *die* - **2.** *fam péj* [personne] Biest *das* ◇ *adj fam* : **être ~ avec qqn** mit OU zu jm gemein sein ; **c'est ~ (ce qui lui arrive)** das ist ja hart (was ihm passiert).

vachement [vaʃmɑ̃] *adv fam* total.

vaciller [3] [vasije] *vi* - **1.** [personne] wanken - **2.** [lumière] flackern.

vadrouiller [3] [vadruje] *vi fam* sich herum|treiben.

va-et-vient [vaevjɛ̃] *nm inv* - **1.** [allées et venues] Hin und Her *das* - **2.** [de balancier] Pendeln *das*, Hin- und Herschwingen *das* - **3.** ÉLECTR Wechselschalter *der*.

vagabond, e [vagabɔ̃, ɔ̃d] ◇ *adj* - **1.** [errant] zerstreut, rastlos - **2.** [imagination, esprit] wirr, abschweifend ; [humeur] schwankend ◇ *nm, f* Landstreicher *der*, -in *die*.

vagabondage [vagabɔ̃daʒ] *nm* - **1.** [de personne] Landstreicherei *die* - **2.** [d'esprit, d'imagination] Abschweifung *die*.

vagin [vaʒɛ̃] *nm* Scheide *die*.

vagissement [vaʒismɑ̃] *nm* Schreien *das*.

vague [vag] ◇ *adj* - **1.** [imprécis] ungenau, vage - **2.** [ample] weit geschnitten - **3.** *(avant n)* [quelconque] irgend so ein - **4.** *(avant n)* [lointain] entfernt ; **c'est un ~ cousin à nous** er ist ein entfernter Vetter von uns ◇ *nf* Welle *die*.

vaguement [vagmɑ̃] *adv* sehr ungenau.

vaillant, e [vajɑ̃, ɑ̃t] *adj* - **1.** [vigoureux] kräftig - **2.** *littéraire* [brave] tapfer.

vaille *etc* ▷ **valoir.**

vain, e [vɛ̃, vɛn] *adj* - **1.** [inutile] vergeblich ; **tout me paraît ~** alles kommt mir sinnlos vor ; **en ~** vergeblich *(adv)*, umsonst *(adv)* - **2.** *littéraire* [vaniteux] eitel.

vaincre [114] [vɛ̃kr] *vt* besiegen.

vaincu, e [vɛ̃ky] ◇ *pp* ▷ **vaincre** ◇ *adj* besiegt, unterlegen ◇ *nm, f* Besiegte *der*, Besiegte *die*, Unterlegene *der*, Unterlegene *die*.

vainement [vɛnmɑ̃] *adv* vergebens, vergeblich.

vainqueur [vɛ̃kœr] ◇ *nm* Sieger *der*, -in *die* ◇ *adj m* siegreich.

vais [vɛ] ▷ **aller.**

vaisseau, x [vɛso] *nm* - **1.** NAVIG Schiff *das* ; **~ spatial** Raumschiff - **2.** ANAT Gefäß *das*.

vaisselle [vɛsɛl] *nf* [service] Geschirr *das* *(sans pl)* ; **faire** OU **laver la ~** ab|waschen, spülen.

val [val] (*pl* **vals** OU **vaux** [vo]) *nm* Tal *das*.

valable [valabl] *adj* - **1.** [valide] gültig - **2.** [acceptable - excuse] vernünftig, brauchbar ; [- raison] triftig **- 3.** [de valeur] ordentlich ; [personne] tüchtig ; **interlocuteur ~** kompetenter Gesprächspartner.

Valais [valɛ] *nm :* **le ~** das Wallis.

valet [valɛ] *nm* **- 1.** [serviteur] Diener *der ; fig* Lakai *der* **- 2.** [aux cartes] Bube *der,* Bauer *der.*

valeur [valœr] *nf* **- 1.** [gén] Wert *der ;* **de (grande) ~** [cher] (sehr) wertvoll ; [de mérite] (vor)trefflich *(adv) ;* **mettre en ~** [talents, qualités] zur Geltung bringen ; [mot] hervorǀheben ; [terre] nutzen ; **se mettre en ~** [s'arranger] sich zurechtǀmachen **- 2.** BOURSE [cote] Börsenwert *der ;* [titre] Wertpapier *das.*

valide [valid] *adj* **- 1.** [personne] rüstig **- 2.** [contrat, passeport] gültig.

valider [3] [valide] *vt* bestätigen ; INFORM freiǀgeben.

validité [validite] *nf* Gültigkeit *die.*

valise [valiz] *nf* Koffer *der.*

vallée [vale] *nf* Tal *das.*

vallon [valɔ̃] *nm* kleines Tal.

vallonné, e [valɔne] *adj* hügelig.

valoir [60] [valwar] ◇ *vi* **- 1.** [coûter] kosten ; **combien ça vaut?** wie viel kostet das? **- 2.** [mériter] : **ça ne vaut pas la peine** das lohnt sich nicht **- 3.** [être équivalent à] genauso viel wert sein wie **- 4.** *fig* [avoir du mérite] taugen ; **ne rien ~** nichts taugen ◇ *vt :* **~ qqch à qqn** jm etw (ein)ǀbringen ◇ *v impers :* **il vaut mieux que** *(+ subjonctif)* es ist besser, wenn. ◆ **se valoir** *vp* gleichwertig sein.

valoriser [3] [valɔrize] *vt* aufǀwerten.

valse [vals] *nf* **- 1.** [danse] Walzer *der* **- 2.** *fam fig* [changement] : **~ des ministres** ständige Kabinettsumbildung ; **~ des prix** ständige Preisschwankungen *Pl.*

valser [3] [valse] *vi* **- 1.** [danser] tanzen **- 2.** *fam* [être projeté] fliegen.

valu, e [valy] *pp* ▷ **valoir.**

valus *etc* ▷ **valoir.**

valve [valv] *nf* TECHNOL & ÉLECTR Ventil *das.*

vampire [vɑ̃pir] *nm* [fantôme] Vampir *der.*

vandalisme [vɑ̃dalism] *nm* Vandalismus *der.*

vanille [vanij] *nf* Vanille *die.*

vanité [vanite] *nf* Eitelkeit *die.*

vaniteux, euse [vanitø, øz] ◇ *adj* eingebildet ◇ *nm, f* eingebildeter Mensch.

vanne [van] *nf* **- 1.** [dispositif] Ventil *das* **- 2.** *fam* [remarque] Jux *der ;* **envoyer des ~s à qqn** jn veräppeln.

vannier [vanje] *nm* Korbflechter *der,* -in *die.*

vantard, e [vɑ̃tar, ard] ◇ *adj* angeberisch ◇ *nm, f* Angeber *der,* -in *die.*

vanter [3] [vɑ̃te] *vt* [louer] rühmen ; **~ sa marchandise** seine Waren anǀpreisen. ◆ **se vanter** *vp* anǀgeben ; **se ~ de qqch** mit etw prahlen ; **se ~ de faire qqch** damit anǀgeben, etw zu tun.

va-nu-pieds [vanypje] *nmf inv fam* Habenichts *der.*

vapeur [vapœr] ◇ *nf* **- 1.** [dans l'air] Dampf *der ;* **faire cuire à la ~** CULIN dämpfen **- 2.** [sur une vitre] Dunst *der* ◇ *nm* NAVIG Dampfer *der.*

vapocuiseur [vapokɥizœr] *nm* Dampfkochtopf *der.*

vaporisateur [vapɔrizatœr] *nm* [atomiseur] Zerstäuber *der.*

vaporiser [3] [vapɔrize] *vt* [pulvériser] versprühen.

vaquer [3] [vake] *vi :* **~ à qqch** einer Sache *(D)* nachǀgehen.

variable [varjabl] ◇ *adj* **- 1.** [temps] veränderlich **- 2.** [varié] unterschiedlich **- 3.** [réglable] verstellbar ; **horaires ~s** Gleitzeit *die (sans pl)* ◇ *nf* MATHS Variable *die.*

variante [varjɑ̃t] *nf* Variante *die.*

variateur [varjatœr] *nm* [de lampe] Dimmer *der.*

variation [varjasjɔ̃] *nf* **- 1.** [changement] Schwankung *die* **- 2.** MUS Variation *die.*

varice [varis] *nf* Krampfader *die.*

varicelle [varisɛl] *nf* Windpocken *Pl.*

varié, e [varje] *adj* **- 1.** [programme] vielseitig ; [couleurs, produits] unterschiedlich **- 2.** [sans monotonie] abwechslungsreich.

varier [9] [varje] ◇ *vt* [diversifier] abwechslungsreich gestalten ◇ *vi* **- 1.** [ne pas être constant] wechselhaft sein **- 2.** [différer] verschieden sein.

variété [varjete] *nf* **- 1.** [diversité] Vielfalt *die* **- 2.** [catégorie, espèce] Sorte *die.* ◆ **variétés** *nfpl* Varieté *das.*

variole [varjɔl] *nf* Pocken *Pl.*

Varsovie [varsɔvi] *n* Warschau *nt ;* **le pacte de ~** der Warschauer Pakt.

vase [vaz] ◇ *nm* [récipient] Vase *die* ◇ *nf* Schlick *der.*

vaseline [vazlin] *nf* Vaseline *die.*

vaste [vast] *adj* groß(zügig).

Vatican [vatikɑ̃] *nm :* **le ~** der Vatikan.

Vaud [vo] *nm :* **le canton de ~** die Waadt.

vaudrai *etc* ▷ **valoir.**

vaut [vo] ▷ **valoir.**

vautour [votur] *nm* (Aas)geier *der ; fig* Geier *der.*

vaux [vo] ▷ **valoir.**

veau, x [vo] *nm* **- 1.** [animal] Kalb *das* **- 2.** [viande] Kalbfleisch *das.*

vecteur [vɛktœr] *nm* **- 1.** MATHS Vektor *der* **- 2.** MÉD Überträger *der.*

vécu, e [veky] ◇ *pp* ▷ **vivre** ◇ *adj* erlebt ; **histoire ~e** wahre Geschichte.

vedette [vədɛt] *nf* - **1.** [bateau] Schnellboot *das* ; [pour touristes] Ausflugsboot *das* - **2.** [star] Star *der.*

végétal, e, aux [veʒetal, o] *adj* Pflanzen-.

végétarien, enne [veʒetarjɛ̃, ɛn] ◇ *adj* vegetarisch ◇ *nm, f* Vegetarier *der,* -in *die.*

végétation [veʒetasjɔ̃] *nf* BOT Vegetation *die.* ◆ **végétations** *nfpl* MÉD Wucherungen *Pl.*

végéter [18] [veʒete] *vi* vegetieren ; *fig & péj* verkümmern.

véhémence [veemɑ̃s] *nf* Heftigkeit *die.*

véhément, e [veemɑ̃, ɑ̃t] *adj* heftig ; **discours ~** leidenschaftliche Rede.

véhicule [veikyl] *nm* - **1.** [moyen de transport] Fahrzeug *das* - **2.** *fig* [vecteur] Träger *der.*

veille [vɛj] *nf* - **1.** [jour précédent] Vortag *der ;* **la ~ de Noël** Heiliger Abend - **2.** [éveil] wacher Zustand ; **être en état de ~** wach sein - **3.** [privation de sommeil] Aufbleiben das - **4.** [garde de nuit] Nachtdienst *der ;* **être de ~** Nachtdienst haben.

veillée [veje] *nf* - **1.** [soirée] Abend *der* - **2.** [de mort] : **~ (funèbre)** Totenwache *die.*

veiller [4] [veje] *vi* - **1.** [rester éveillé] aufbleiben - **2.** [rester vigilant] : **~ à faire qqch** darauf achten, etw zu tun ; **~ sur qqn/qqch** auf jn/etw achten.

veilleur [vejœr] *nm* Nachtwächter *der ;* [soldat] Wachposten *der.*

veilleuse [vejøz] *nf* - **1.** [lampe] Nachtlicht *das* - **2.** AUTOM Parklicht *das* - **3.** [d'appareil] Kontrolllampe *die.*

veinard, e [vɛnar, ard] *fam* ◇ *adj :* **être ~** Glück haben ◇ *nm, f* Glückspilz *der.*

veine [vɛn] *nf* - **1.** [gén] Ader *die* - **2.** [de bois, de pierre] Maserung *die* - **3.** *fam* [chance] (saumäßiges) Glück.

veineux, euse [venø, øz] *adj* ANAT Venen-.

véliplanchiste [veliplɑ̃ʃist] *nmf* Windsurfer *der,* - in *die.*

velléité [veleite] *nf* Anwandlung *die.*

vélo [velo] *nm* (Fahr)rad *das.*

vélocité [velɔsite] *nf* - **1.** MUS Geläufigkeit *die* - **2.** *sout* [vitesse] Schnelligkeit *die.*

vélodrome [velɔdrom] *nm* Radrennbahn *die.*

vélomoteur [velɔmɔtœr] *nm* Moped *das.*

velours [vəlur] *nm* [tissu] Samt *der.*

velouté, e [vəlute] *adj* [papier, peau, voix] samtig. ◆ **velouté** *nm* - **1.** [douceur] samtige Weiche - **2.** [potage] : **~ d'asperges** Spargelcremesuppe *die ;* **~ de tomates** Tomatencremesuppe *die.*

velu, e [vəly] *adj* (stark) behaart.

vénal, e, aux [venal, o] *adj* - **1.** [personne] bestechlich - **2.** [charge, amour] käuflich.

vendange [vɑ̃dɑ̃ʒ] *nf* - **1.** [raisins] Weinlese *die* - **2.** [période] Weinlesezeit *die.*

vendanger [17] [vɑ̃dɑ̃ʒe] ◇ *vt* ernten ◇ *vi* Trauben ernten.

vendeur, euse [vɑ̃dœr, øz] *nm, f* - **1.** [employé] Verkäufer *der,* -in *die* - **2.** [marchand] Händler *der,* -in *die.*

vendre [73] [vɑ̃dr] *vt* - **1.** [céder] verkaufen - **2.** [faire le commerce de] : **~ qqch** mit etw handeln - **3.** *fam* [trahir] verraten.

vendredi [vɑ̃drədi] *nm* Freitag *der.* ◆ **vendredi saint** *nm* Karfreitag *der ; voir aussi* **samedi.**

vendu, e [vɑ̃dy] ◇ *pp* ▷ **vendre** ◇ *adj* [corrompu] bestochen ◇ *nm, f péj* Verräter *der,* -in *die.*

vénéneux, euse [venenø, øz] *adj* giftig.

vénérable [venerabl] *adj* ehrwürdig.

vénération [venerasjɔ̃] *nf* Verehrung *die.*

vénérer [18] [venere] *vt* verehren.

vénérien, enne [venerjɛ̃, ɛn] *adj* Geschlechts-, venerisch.

Venezuela [venezɥela] *nm :* **le ~** Venezuela *nt.*

vénézuélien, enne [venezɥeljɛ̃, ɛn] *adj* venezolanisch. ◆ **Vénézuélien, enne** *nm, f* Venezolaner *der,* -in *die.*

vengeance [vɑ̃ʒɑ̃s] *nf* Rache *die.*

venger [17] [vɑ̃ʒe] *vt* rächen. ◆ **se venger** *vp* sich rächen ; **se ~ de qqn/qqch** sich an jm/für etw rächen.

vengeur, eresse [vɑ̃ʒœr, vɑ̃ʒrɛs] ◇ *adj* rächend ◇ *nm, f* Rächer *der,* -in *die.*

venimeux, euse [vənimø, øz] *adj* giftig.

venin [vənɛ̃] *nm* Gift *das.*

venir [40] [vənir] *vi* - **1.** [gén] kommen ; **~ de qqch** [lieu, origine] aus etw kommen ; [être dû] von etw kommen ; **où veux-tu en ~?** worauf willst du hinaus? ; **en ~ aux mains** handgreiflich werden - **2.** [envie, bouton, idée] : **qqch vient à qqn** jd bekommt etw - **3.** [croître] gedeihen - **4.** [niveau, surface] reichen ; **l'eau vient jusqu'aux genoux de qqn** das Wasser reicht jm bis zu den Knien - **5.** [marque une éventualité] : **s'il venait à mourir** falls er sterben sollte - **6.** [marque le passé proche] : **~ de faire qqch** gerade etw getan haben ; **je viens de la voir** ich habe sie gerade gesehen. ◆ **à venir** *loc adj :* **la génération à ~** die kommende Generation.

Venise [vəniz] *n* Venedig *nt.*

vent [vɑ̃] *nm* - **1.** [gén] Wind *der ;* **bon ~!** [bonne chance] gute Fahrt! ; [bon débarras] auf Nimmerwiedersehen! - **2.** [gaz intestinal] : **avoir des ~s** Blähungen haben.

vente [vɑ̃t] *nf* Verkauf *der* ; **en ~ libre** frei verkäuflich ; **ne pas être en ~ libre** [médicament] rezeptpflichtig sein. ◆ **ventes** *nfpl* COMM Absatz *der (sans pl)*.

venteux, euse [vɑ̃tø, øz] *adj* windig.

ventilateur [vɑ̃tilatœr] *nm* Ventilator *der*.

ventilation [vɑ̃tilasjɔ̃] *nf* **- 1.** [aération] Lüftung *die*, Belüftung *die* **- 2.** *fig* [répartition] Aufschlüsselung *die*.

ventouse [vɑ̃tuz] *nf* **- 1.** [de caoutchouc & ZOOL] Saugnapf *der* **- 2.** MÉD Schröpfkopf *der*.

ventre [vɑ̃tr] *nm* [gén] Bauch *der* ; **avoir/prendre du ~** einen Bauch haben/anlsetzen ; **avoir mal au ~** Bauchschmerzen haben ; **être à plat ~** auf dem Bauch liegen.

ventriloque [vɑ̃trilɔk] *nmf* Bauchredner *der*, -in *die*.

venu, e [vəny] *pp* ▷ **venir.** ◆ **venue** *nf* [de personne] Ankunft *die* ; [d'événement] Eintreffen *das*.

vêpres [vɛpr] *nfpl* RELIG Vesper *die (sans pl)*.

ver [vɛr] *nm* Wurm *der* ; **~ luisant** Glühwürmchen *das* ; **~ à soie** Seidenraupe *die*.

véracité [verasite] *nf* Zuverlässigkeit *die*.

véranda [verɑ̃da] *nf* Veranda *die*.

verbal, e, aux [vɛrbal, o] *adj* **- 1.** [oral] mündlich **- 2.** GRAM Verbal-.

verbaliser [3] [vɛrbalize] *vi* ein Strafprotokoll auslstellen.

verbe [vɛrb] *nm* GRAM Verb *das*.

verdâtre [vɛrdatr] *adj* grünlich.

verdeur [vɛrdœr] *nf* **- 1.** [de langage] Derbheit *die* **- 2.** [vigueur] jugendliche Frische.

verdict [vɛrdikt] *nm* JUR Urteilsspruch *der* ; *fig* Urteil *das*.

verdir [32] [vɛrdir] ◇ *vt* grün(lich) erscheinen lassen ◇ *vi* grün werden.

verdoyant, e [vɛrdwajɑ̃, ɑ̃t] *adj* grün.

verdure [vɛrdyr] *nf* **- 1.** [végétation, couleur] Grün *das* **- 2.** [salade, crudités] Grünzeug *das*.

véreux, euse [verø, øz] *adj* **- 1.** [fruit] wurmstichig **- 2.** *fig* [personne] anrüchig.

verge [vɛrʒ] *nf* **- 1.** ANAT Glied *das* **- 2.** *sout* [baguette] Rute *die*.

verger [vɛrʒe] *nm* Obstgarten *der*.

vergeture [vɛrʒətyr] *nf* Schwangerschaftsstreifen *der*.

verglas [vɛrgla] *nm* Glatteis *das*.

véridique [veridik] *adj* [témoignage, récit] wahr.

vérification [verifikasjɔ̃] *nf* **- 1.** [examen, contrôle] Überprüfung *die* **- 2.** [d'hypothèse] Nachweis *der* ; [d'affirmation] Bestätigung *die*.

vérifier [9] [verifje] *vt* **- 1.** [contrôler] nachlprüfen **- 2.** [confirmer] nachlweisen.

véritable [veritabl] *adj* **- 1.** [gén] echt **- 2.** [nom, identité] wirklich.

véritablement [veritabləmɑ̃] *adv* wirklich.

vérité [verite] *nf* **- 1.** [gén] Wahrheit *die* **- 2.** [sincérité] Aufrichtigkeit *die*. ◆ **en vérité** *loc adv* in Wirklichkeit.

vermeil, eille [vɛrmɛj] *adj* leuchtend rot ; **carte ~le** Seniorenkarte *die*. ◆ **vermeil** *nm* vergoldetes Silber.

vermicelle [vɛrmisɛl] *nm* Fadennudeln *Pl*.

vermine [vɛrmin] *nf* Ungeziefer *das* ; *fig* Gesindel *das*.

vermoulu, e [vɛrmuly] *adj* wurmstichig.

verni, e [vɛrni] *adj* **- 1.** *fam* [chanceux] : **être ~** ein Glückspilz sein **- 2.** [chaussure] Lack-.

vernir [32] [vɛrnir] *vt* lackieren.

vernis [vɛrni] *nm* **- 1.** [enduit] Lack *der* ; **~ à ongles** Nagellack **- 2.** *fig* [apparence] Anstrich *der*.

vernissage [vɛrnisaʒ] *nm* **- 1.** [de surface] Lackieren *das* **- 2.** [d'exposition] Vernissage *die*.

vérole [verɔl] *nf* : **petite ~** Pocken *Pl*.

verre [vɛr] *nm* Glas *das* ; **un ~ d'eau** ein Glas Wasser ; **(aller) boire un ~** einen trinken (gehen) ; **~s de contact** Kontaktlinsen *Pl* ; **~s progressifs** Brillengläser *pl* für Weitsichtige.

verrière [vɛrjɛr] *nf* **- 1.** [baie vitrée] Fensterfront *die* **- 2.** ARCHIT Glasdach *das*.

verrou [vɛru] *nm* **- 1.** [de porte] Riegel *der* ; **être sous les ~s** im Gefängnis sitzen **- 2.** [d'arme] Sicherung *die*.

verrouillage [vɛrujaʒ] *nm* [dispositif] Verriegelung *die*.

verrouiller [3] [vɛruje] *vt* **- 1.** [porte, quartier] ablsperren **- 2.** INFORM verschlüsseln.

verrue [vɛry] *nf* Warze *die*.

vers[1] [vɛr] *nm* Vers *der*.

vers[2] [vɛr] *prép* **- 1.** [dans la direction de] in Richtung auf *(+A)*, nach, zu ; **aller ~ Berlin** in Richtung OU nach Berlin fahren ; **aller ~ la Seine** in Richtung OU zur Seine gehen ; **du bas ~ le haut** von unten nach oben ; **~ le nord/le sud** gegen Norden/Süden ; **elle se dirigea ~ moi** sie kam auf mich zu **- 2.** [auprès de] zu ; **c'est lui qui m'a dirigé ~ vous** er hat mich zu Ihnen geschickt **- 3.** [aux environs de] : **~ Orléans** [spatial] etwa bei Orléans.

versant [vɛrsɑ̃] *nm* **- 1.** [de vallée] Seite *die* **- 2.** [de montagne] Hang *der*.

versatile [vɛrsatil] *adj* unbeständig.

verse [vɛrs] ◆ **à verse** *loc adv* : **pleuvoir à ~** in Strömen gießen.

Verseau [vɛrso] *nm* ASTRON & ASTROL Wassermann *der* ; **sous le signe du ~** im Zeichen des Wassermanns.

versement [vɛrsəmɑ̃] *nm* [paiement] Zahlung *die* ; **en trois ~s** in drei Teilzahlungen ; **~s échelonnés** FIN Raten *Pl.*

verser [3] [vɛrse] *vt* - **1.** [liquide] gießen ; [larmes, sang] vergießen - **2.** [payer] (be)zahlen.

verset [vɛrsɛ] *nm* Vers *der.*

verseur [vɛrsœr] *adj m* : **bec ~** Tülle *die*, Schnabel *der.*

version [vɛrsjɔ̃] *nf* - **1.** [traduction] Übersetzung *die (in die Muttersprache)* ; **faire une ~ latine** einen Text aus dem Lateinischen übersetzen - **2.** [variante] Version *die* ; **~ originale** Originalfassung *die* ; **~ française/allemande** französische/deutsche Fassung.

verso [vɛrso] *nm* Rückseite *die* ; ▷ **recto.**

vert, e [vɛr, vɛrt] *adj* - **1.** [couleur, bois, légumes] grün - **2.** [pas mûr] unreif, grün - **3.** *fig* [vieillard] rüstig. ◆ **vert** *nm* Grün *das.*

vertébral, e, aux [vɛrtebral, o] *adj* Wirbel- ; **colonne ~e** Wirbelsäule *die.*

vertèbre [vɛrtɛbr] *nf* Wirbel *der.*

vertébré, e [vɛrtebre] *adj* Wirbel-.

vertement [vɛrtəmɑ̃] *adv* unverblümt ; **reprendre qqn ~** jn energisch zurecht|weisen.

vertical, e, aux [vɛrtikal, o] *adj* senkrecht, vertikal. ◆ **verticale** *nf* Senkrechte *die* ; **à la ~e** senkrecht *(adv).*

vertige [vɛrtiʒ] *nm* [peur du vide, étourdissement] Schwindel *der* ; **j'ai le ~** mir ist schwindelig, ich bin nicht schwindelfrei.

vertigineux, euse [vɛrtiʒinø, øz] *adj* [vitesse, prix] Schwindel erregend.

vertu [vɛrty] *nf* - **1.** [morale, chasteté] Tugend *die* - **2.** [pouvoir] Wirkung *die.*

vertueux, euse [vɛrtɥø, øz] *adj* - **1.** [sage] anständig - **2.** [chaste] sittsam.

verve [vɛrv] *nf* [brio] Schwung *der.*

verveine [vɛrvɛn] *nf* - **1.** [plante] Eisenkraut *das* - **2.** [infusion] Eisenkrauttee *der.*

vésicule [vezikyl] *nf* Bläschen *das* ; **~ biliaire** Gallenblase *die.*

vessie [vesi] *nf* ANAT Blase *die.*

veste [vɛst] *nf* [d'homme] Jackett *das* ; [de femme] Blazer *der* ; [de sport] Jacke *die* ; **~ croisée** Zweireiher *der* ; **~ droite** Einreiher *der.*

veste

Der französische Begriff **veste** und das deutsche Substantiv „Weste" können leicht miteinander verwechselt werden, haben jedoch nicht viel gemeinsam.
Elle a une jupe et une veste assortie wird auf Deutsch mit „Sie hat einen Rock mit passendem Blazer" und **Cette veste va bien avec ce pantalon** mit „Dieses Jackett passt gut zu dieser Hose" wiedergegeben. **Il fait frais, j'enfile ma veste** heißt auf Deutsch „Es ist kühl, ich ziehe mir meine Jacke über."
Das deutsche Wort „Weste" dagegen wird mit **gilet** übersetzt „Ich habe mir einen Anzug mit einer gestreiften Weste gekauft" heißt auf Französisch **Je me suis acheté un costume avec un gilet rayé**.

vestiaire [vɛstjɛr] *nm* - **1.** [de musée, de théâtre] Garderobe *die* - **2.** [de gymnase] Umkleideraum *der.*

vestibule [vɛstibyl] *nm* - **1.** [pièce] Eingangshalle *die* - **2.** [couloir] Flur *der.*

vestige [vɛstiʒ] *nm* Überreste *Pl.*

vestimentaire [vɛstimɑ̃tɛr] *adj* : **dépenses ~s** Ausgaben *Pl* für Kleidung ; **tenue ~** Bekleidung *die.*

veston [vɛstɔ̃] *nm* Jackett *das.*

vêtement [vɛtmɑ̃] *nm* Kleidungsstück *das* ; **les ~s** die Kleidung *(sans pl)*, die Kleider *Pl.*

vétéran [veterɑ̃] *nm* Veteran *der.*

vétérinaire [veterinɛr] ◇ *adj* tierärztlich ◇ *nmf* Tierarzt *der*, -ärztin *die.*

vêtir [44] [vetir] *vt littéraire* an|kleiden. ◆ **se vêtir** *vp* sich (an)|kleiden.

veto [veto] *nm inv* POLIT Veto *das* ; **mettre son ~ à qqch** (s)ein Veto gegen etw ein|legen ; [s'opposer à] etw vereiteln.

vêtu, e [vety] ◇ *pp* ▷ **vêtir** ◇ *adj* : **~ de qqch** mit etw bekleidet, in etw *(A)* gekleidet.

vétuste [vetyst] *adj* - **1.** [immeuble, locaux] baufällig, verkommen - **2.** [outil, meuble] veraltet.

veuf, veuve [vœf, vœv] ◇ *adj* verwitwet ◇ *nm, f* Witwer *der*, Witwe *die.*

veuille *etc* ▷ **vouloir.**

veut [vø] ▷ **vouloir.**

veuvage [vœvaʒ] *nm* [de femme] Witwenschaft *die* ; [d'homme] Witwerschaft *die.*

veuve ▷ **veuf.**

veux [vø] ▷ **vouloir.**

vexation [vɛksasjɔ̃] *nf* [humiliation] Kränkung *die.*

vexer [4] [vɛkse] *vt* kränken. ◆ **se vexer** *vp* beleidigt sein.

VF *abr de* **version française.**
via [vja] *prép :* **~ qqn/qqch** über jn/etw.
viabiliser [3] [vjabilize] *vt* erschließen.
viable [vjabl] *adj* **- 1.** [route] befahrbar **- 2.** [enfant, entreprise] lebensfähig **- 3.** [projet] durchführbar.
viaduc [vjadyk] *nm* Viadukt *das.*
viager, ère [vjaʒe, ɛr] *adj* auf Lebenszeit ; **rente viagère** Leibrente *die.* ◆ **viager** *nm* Leibrente *die ;* **en ~** auf Leibrentenbasis.
viande [vjɑ̃d] *nf* Fleisch *das.*
vibration [vibrasjɔ̃] *nf* **- 1.** [oscillation] Schwingung *die,* Vibration *die* **- 2.** [de voix] Beben *das.*
vibrer [3] [vibre] *vi* [osciller] vibrieren.
vice [vis] *nm* **- 1.** [penchant, débauche] Laster *das* **- 2.** [défaut] Fehler *der.*
vice-président, e (*mpl* **vice-présidents ;** *fpl* **vice-présidentes**) *nm, f* Vizepräsident *der,* -in *die.*
vice versa [vis(e)vɛrsa] *loc adv* umgekehrt.
vicié, e [visje] *adj* [air] verbraucht, stickig.
vicieux, euse [visjø, øz] *adj* **- 1.** [regard, air, personne] pervers **- 2.** [défectueux] fehlerhaft ; **cercle ~** *fig* Teufelskreis *der.*
victime [viktim] *nf* Opfer *das.*
victoire [viktwar] *nf* Sieg *der ;* **remporter la ~** den Sieg davon|tragen.
victorieux, euse [viktɔrjø, øz] *adj* **- 1.** [gén] Sieger- ; **air ~** Siegermiene *die ;* **marche victorieuse** Siegeszug *der* **- 2.** MIL siegreich.
victuailles [viktɥaj] *nfpl* Proviant *der.*
vidange [vidɑ̃ʒ] *nf* **- 1.** TECHNOL Entleerung *die* **- 2.** AUTOM Ölwechsel *der ;* **faire une ~** das Öl wechseln **- 3.** [mécanisme] Abfluss *der.*
vidanger [17] [vidɑ̃ʒe] *vt* [fosse, réservoir] entleeren.
vide [vid] ◇ *nm* **- 1.** [gouffre, vacuité] Leere *die* **- 2.** [espace sans air] Vakuum *das ;* **emballé sous ~** vakuumverpackt **- 3.** [ouverture, fente] Hohlraum *der ; fig* Lücke *die* **- 4.** *loc :* **faire le ~ autour de soi** sich die Mitmenschen vom Leibe halten ◇ *adj* **- 1.** [récipient] leer ; [fauteuil, place] unbesetzt ; [maison] unbewohnt **- 2.** [sans intérêt] inhaltslos.
vidéo [video] ◇ *nf* **- 1.** [cassette] Videofilm *der* **- 2.** [système] Video(technik) *die* ◇ *adj inv* Video-.
vidéocassette [videɔkasɛt] *nf* Videokassette *die.*
vidéoconférence [videokɔ̃ferɑ̃s] *nf* = **visioconférence.**
vidéodisque [videɔdisk] *nm* Bildplatte *die,* Videoplatte *die.*
vide-ordures [vidɔrdyr] *nm inv* Müllschlucker *der.*
vidéothèque [videɔtɛk] *nf* Videothek *die.*
vidéotransmission [videɔtrɑ̃smisjɔ̃] *nf* Videoübertragung *die.*
vide-poches *nm inv* **- 1.** [chez soi] *Schälchen für Kleingeld und anderen Tascheninhalt* **- 2.** [de voiture] Kleingeldablage *die.*
vider [3] [vide] *vt* **- 1.** [ôter le contenu de] (aus)|leeren ; **~ qqch de son contenu** den Inhalt einer Sache *(G)* aus|leeren **- 2.** [ôter de son contenant] : **~ l'eau d'une piscine** das Wasser aus einem Schwimmbad ab|lassen **- 3.** [boire] leeren, aus|trinken **- 4.** [quitter, évacuer] räumen ; **~ les lieux** das Feld räumen ; **~ les ordures** den Müll weg|bringen **- 5.** [volaille] aus|nehmen. ◆ **se vider** *vp* **- 1.** [eau, baignoire, lavabo] ab|laufen **- 2.** [salle, rue] sich leeren **- 3.** *loc :* **se ~ de son sang** verbluten.
vie [vi] *nf* **- 1.** [gén] Leben *das ;* **être en ~** leben, am Leben sein ; **gagner sa ~** Geld verdienen, seinen Lebensunterhalt verdienen ; **plein de ~** lebendig ; **refaire sa ~** wieder heiraten ; **coût de la ~** Lebenshaltungskosten *Pl ;* **niveau de ~** Lebensstandard *der ;* **~ privée** Privatleben ; **~ professionnelle** Berufsleben **- 2.** [biographie] Lebensgeschichte *die.*
vieil ▷ **vieux.**
vieillard [vjɛjar] *nm* alter Mann, Greis *der ;* **les ~s** die alten Leute.
vieille ▷ **vieux.**
vieillerie [vjɛjri] *nf* [objet] : **des ~s** Trödel *der,* alter Kram.
vieillesse [vjejɛs] *nf* [période de la vie] Alter *das ;* **assurance ~** Rentenversicherung *die.*
vieillir [32] [vjejir] ◇ *vi* **- 1.** [devenir vieux] altern, alt werden **- 2.** [paraître vieux] (sichtlich) altern **- 3.** [mode, expression] veralten ◇ *vt* älter machen ; **~ qqn de cinq ans** jn fünf Jahre älter schätzen.
vieillissement [vjejismɑ̃] *nm* **- 1.** [de personne, de peau] Altern *das ;* **~ de la population** Überalterung *die* der Bevölkerung **- 2.** [de mot, d'idée] Veralten *das.*
Vienne [vjɛn] *n* **- 1.** [en France] *Stadt im französischen Département Isère* **- 2.** [en Autriche] Wien *nt ;* **le congrès de ~** der Wiener Kongress.
viennois, e [vjenwa, az] *adj* Wiener ; **baguette ~e** leicht süße Hefebaguette. ◆ **Viennois, e** *nm, f* Wiener *der,* -in *die.*
viennoiserie [vjenwazri] *nf* Hefe- und Blätterteiggebäck *das.*
vierge [vjɛrʒ] ◇ *nf* **- 1.** [pucelle] Jungfrau *die* **- 2.** [madone] Madonna *die* ◇ *adj* **- 1.** [personne] : **être ~** Jungfrau sein ; **une**

femme ~ eine Jungfrau **- 2.** [intact - page] unbeschrieben, weiß ; [- cassette] unbespielt **- 3.** [inexploité] : **forêt ~** Urwald *der ;* **terre ~** Wildnis *die.* ◆ **Vierge** *nf* **- 1.** ASTRON & ASTROL Jungfrau *die ;* **sous le signe de la Vierge** im Sternzeichen der Jungfrau **- 2.** RELIG : **la (Sainte) Vierge** die Mutter Gottes.

Viêt-nam [vjɛtnam] *nm :* **le ~** Vietnam *nt ;* **au ~** in Vietnam.

vieux, vieille [vjø, vjɛj], *(***vieil** *devant voyelle ou h muet)* <> *adj* **- 1.** [gén] alt ; **~ client** Stammkunde *der ;* **~ habitués** Stammgäste *Pl* **- 2.** [invétéré] hartnäckig ; **~ garçon** eingefleischter Junggeselle ; **vieille fille** alte Jungfer <> *nm, f* **- 1.** [personne âgée] Alte *der, die* **- 2.** *fam* [ami] : **mon ~, ma vieille** mein Lieber, meine Liebe **- 3.** *tfam* [parents] Alte *der, die.*

vif, vive [vif, viv] *adj* **- 1.** [enfant, œil, esprit] lebhaft **- 2.** [couleur] leuchtend ; **jaune ~** leuchtend gelb ; **rouge ~** knallrot **- 3.** [violent, intense] heftig **- 4.** [vivant] lebendig ; **brûler ~** bei lebendigem Leibe verbrennen. ◆ **vif** *nm loc :* **prendre sur le ~** schnell skizzieren ; **photo (prise) sur le ~** Schnappschuss *der ;* **trancher dans le ~** kurzen Prozess machen. ◆ **à vif** *loc adj* **- 1.** [chair] blank ; [blessure] offen **- 2.** *fig* [nerfs] gereizt.

vigie [viʒi] *nf* [NAVIG - personne] Matrose *der* im Ausguck ; [- poste] Ausguck *der.*

vigilance [viʒilɑ̃s] *nf* Wachsamkeit *die.*

vigilant, e [viʒilɑ̃, ɑ̃t] *adj* wachsam.

vigile [viʒil] *nm* [veilleur] Wachmann *der ;* **les ~s** das Sicherheitspersonal.

vigne [viɲ] *nf* **- 1.** [plante] Weinstock *der* **- 2.** [vignoble] Weinberg *der,* Weingarten *der.* ◆ **vigne vierge** *nf* wilder Weinstock.

vigneron, onne [viɲrɔ̃, ɔn] *nm, f* Winzer *der,* -in *die.*

vignette [viɲɛt] *nf* [timbre] Marke *die ;* [automobile] *Kfz-Steuermarke ;* [de médicament] *Preisschild auf Arzneimittelpackungen, das an die französische Krankenkasse eingeschickt werden muss.*

vignoble [viɲɔbl] *nm* **- 1.** [vigne] Weinberg *der,* Weingarten *der* **- 2.** [région] Weingegend *die.*

vigoureux, euse [vigurø, øz] *adj* **- 1.** [robuste] kräftig **- 2.** [attaque, sentiment] heftig.

vigueur [vigœr] *nf* **- 1.** [robustesse] Kraft *die* **- 2.** [énergie morale] Energie *die* **- 3.** [de sentiment, de réaction] Heftigkeit *die ;* **style plein de ~** kraftvoller Stil. ◆ **en vigueur** <> *loc adj* gültig <> *loc adv :* **entrer en ~** in Kraft treten.

vilain, e [vilɛ̃, ɛn] *adj* **- 1.** [méchant] böse ; **être ~ avec qqn** zu jm böse sein **- 2.** [laid] hässlich **- 3.** [temps] scheußlich **- 4.** [blessure, toux] schlimm.

vilebrequin [vilbrəkɛ̃] *nm* **- 1.** [outil] Bohrkurbel *die* **- 2.** AUTOM Kurbelwelle *die.*

villa [vila] *nf* [maison] Villa *die.*

village [vilaʒ] *nm* Dorf *das.*

villageois, e [vilaʒwa, az] <> *adj* dörflich <> *nm, f* Dorfbewohner *der,* -in *die ;* **les ~** die Dörfler.

ville [vil] *nf* Stadt *die ;* **à la** OU **en ~** in der Stadt ; **vivre en ~** in der Stadt leben.

villégiature [vileʒjatyr] *nf* [séjour] Sommerfrische *die.*

vin [vɛ̃] *nm* Wein *der.* ◆ **vin d'honneur** *nm* Stehempfang *der.*

vinaigre [vinɛgr] *nm* Essig *der.*

vinaigrette [vinɛgrɛt] *nf* Vinaigrette *die,* Salatsauce *die.*

vindicatif, ive [vɛ̃dikatif, iv] *adj* rachsüchtig.

vingt [vɛ̃] <> *adj inv* & *pron inv* zwanzig <> *nm inv* Zwanzig *die ; voir aussi* **six.**

vingtaine [vɛ̃tɛn] *nf* ungefähr zwanzig ; **une femme d'une ~ d'années** eine Frau um die Zwanzig.

vingtième [vɛ̃tjɛm] <> *adj* zwanzigste,-r,-s <> *nmf* Zwanzigste *der,* Zwanzigste *die, das* <> *nm* **- 1.** [fraction] Zwanzigstel *das* **- 2.** [arrondissement] zwanzigstes Arrondissement ; *voir aussi* **sixième.**

vinicole [vinikɔl] *adj* Weinbau-.

vinification [vinifikasjɔ̃] *nf* Weinherstellung *die.*

viol [vjɔl] *nm* **- 1.** [sexuel] Vergewaltigung *die* **- 2.** [profanation] Schändung *die.*

violacé, e [vjɔlase] *adj* blaurot.

violation [vjɔlasjɔ̃] *nf* [de droit] Verletzung *die ;* [d'engagement] Nichteinhaltung *die.*

violence [vjɔlɑ̃s] *nf* **- 1.** [brutalité, contrainte] Gewalt *die ;* **avoir recours à la ~** zu gewaltsamen Mitteln greifen ; **se faire ~** sich zusammen|reißen **- 2.** [de tempête, de sentiment] Heftigkeit *die.*

violent, e [vjɔlɑ̃, ɑ̃t] *adj* **- 1.** [tempête, sentiment] heftig **- 2.** [homme] gewalttätig **- 3.** [mort] gewaltsam **- 4.** [sport] hart.

violer [3] [vjɔle] *vt* **- 1.** [personne] vergewaltigen **- 2.** [enfreindre - loi] verletzen ; [- serment] brechen **- 3.** [profaner] schänden.

violet, ette [vjɔlɛ, ɛt] *adj* violett. ◆ **violet** *nm* [couleur] Violett *das.* ◆ **violette** *nf* Veilchen *das.*

violeur [vjɔlœr] *nm* Vergewaltiger *der.*

violon [vjɔlɔ̃] *nm* [instrument, musicien] Geige *die.*

violoncelle [vjɔlɔ̃sɛl] *nm* **- 1.** [instrument]

Violoncello *das*, Cello *das* - **2.** [musicien] Cello *das*.

violoniste [vjɔlɔnist] *nmf* Geiger *der*, -in *die*.

vipère [vipɛr] *nf* Viper *die* ; **(langue de) ~** *fig & péj* Giftschlange *die*.

virage [viraʒ] *nm* - **1.** [sur la route] Kurve *die* - **2.** *fig* [changement d'orientation] Wende *die* ; **~ à droite** POLIT Rechtsruck *der*.

viral, e, aux [viral, o] *adj* Virus-.

virée [vire] *nf fam* Spritztour *die*, Tour *die*.

virement [virmɑ̃] *nm* - **1.** FIN Überweisung *die* ; **~ bancaire** Banküberweisung ; **~ postal** Postüberweisung - **2.** NAVIG : **~ de bord** Wende *die*.

virer [3] [vire] ◇ *vi* - **1.** [tourner] : **~ à droite/à gauche** nach rechts/links ab|biegen - **2.** [changer] : **~ au jaune/bleu** sich gelblich/bläulich verfärben - **3.** PHOT [négatif] schwarz werden ◇ *vt* - **1.** FIN überweisen - **2.** *fam* [personne] raus|werfen ; **il s'est fait ~ du lycée** er ist vom Gymnasium geflogen.

virevolter [3] [virvɔlte] *vi* [papillonner] umher|schwirren.

virginité [virʒinite] *nf* [physique] Jungfräulichkeit *die*.

virgule [virgyl] *nf* Komma *das*.

viril, e [viril] *adj* männlich.

virilité [virilite] *nf* Männlichkeit *die*.

virtuel, elle [virtɥɛl] *adj* virtuell.

virtuose [virtɥoz] *nmf* MUS Virtuose *der*, -sin *die*.

virulence [virylɑ̃s] *nf* - **1.** [gén] Heftigkeit *die* - **2.** MÉD Virulenz *die*.

virulent, e [virylɑ̃, ɑ̃t] *adj* - **1.** [gén] bissig - **2.** MÉD virulent.

virus [virys] *nm* MÉD & INFORM Virus *der* ; *fig* Fieber *das* ; **avoir le ~ de la lecture** ein Büchernarr sein.

vis [vis] *nf* Schraube *die*.

visa [viza] *nm* Visum *das*.

visage [vizaʒ] *nm* - **1.** [face] Gesicht *das* - **2.** [expression] Gesichtsausdruck *der*.

vis-à-vis [vizavi] *nm* [personne] Gegenüber *das*. ◆ **vis-à-vis de** *loc prép* - **1.** [envers, en face] : **~ de qqn/qqch** jm/etw gegenüber ; **nous étions placés l'un ~ de l'autre** wir saßen einander gegenüber - **2.** [en comparaison] : **~ de qqch** im Vergleich zu etw.

viscéral, e, aux [viseral, o] *adj* - **1.** ANAT Eingeweide- - **2.** [peur] tief sitzend ; **avoir une haine ~e de qqch** einen Horror vor etw *(D)* haben.

viscères [visɛr] *nmpl* Eingeweide *Pl.*

viscose [viskoz] *nf* Viskose *die*.

visé, e [vize] *adj* - **1.** [concerné] getroffen - **2.** [objectif] angestrebt, gewollt.

visée [vize] *nf* [d'arme] Zielen *das*. ◆ **visées** *nfpl* [intention] Absicht *die* ; **avoir des ~s politiques/belliqueuses** politische/kriegerische Absichten verfolgen.

viser [3] [vize] ◇ *vt* - **1.** [cible] : **~ qqn/qqch** auf jn/etw zielen - **2.** *fig* [objectif] an|streben - **3.** [concerner] betreffen - **4.** [passeport, document] mit einem Sichtvermerk versehen ◇ *vi* - **1.** [pour tirer] zielen ; **~ à qqch** auf etw *(A)* zielen - **2.** [avoir des ambitions] : **~ haut** hoch hinaus|wollen - **3.** [s'efforcer] : **~ à qqch** auf etw *(A)* ab|zielen ; **~ à faire qqch** darauf ab|zielen, etw zu tun.

viseur [vizœr] *nm* - **1.** [d'arme] Zielrohr *das*, Visier *das* - **2.** PHOT Sucher *der*.

visibilité [vizibilite] *nf* - **1.** [de phénomène] Sichtbarkeit *die* - **2.** [en voiture] Sicht *die*.

visible [vizibl] *adj* - **1.** [perceptible] sichtbar ; **~ à l'œil nu** mit bloßem Auge sichtbar - **2.** [évident] (offen)sichtlich.

visiblement [viziblәmɑ̃] *adv* [manifestement] offensichtlich.

visière [vizjɛr] *nf* - **1.** [de casque] Visier *das* - **2.** [de casquette] Schirm *der* - **3.** [de protection] Augenschirm *der*, Schirm *der*.

visioconférence [vizjokɔ̃ferɑ̃s], **vidéoconférence** [videokɔ̃ferɑ̃s] *nf* Videokonferenz *die*.

vision [vizjɔ̃] *nf* Sehen *das*, Sehvermögen *das* ; **troubles de la ~** Sehstörungen ; **~ du monde** Weltanschauung *die* ; **~ réaliste** realistische Sehweise ; **avoir des ~s** Halluzinationen haben.

visionnaire [vizjɔnɛr] ◇ *nmf* Visionär *der*, -in *die* ◇ *adj* visionär.

visionner [3] [vizjɔne] *vt* sichten *(in einem Film-/Diabetrachter)*.

visite [vizit] *nf* - **1.** [chez une personne] Besuch *der* ; **~ chez le médecin** Arztbesuch ; **~ du médecin** Hausbesuch - **2.** [de monument] Besichtigung *die* - **3.** [inspection - de douane] Durchsuchung *die* ; [- de navire] Inspektion *die* ; [- d'expert, de médecin] Untersuchung *die* ; [- à l'hôpital] Visite *die* *(des Arztes in seiner Station)* ; **~ médicale** ärztliche Untersuchung.

visiter [3] [vizite] *vt* - **1.** [malade, prisonnier, pays] besuchen - **2.** [ville, monument, appartement] besichtigen.

visiteur, euse [vizitœr, øz] *nm, f* Besucher *der*, -in *die*.

vison [vizɔ̃] *nm* [animal, fourrure] Nerz *der*.

visqueux, euse [viskø, øz] *adj* - **1.** [liquide] zähflüssig - **2.** [surface, personne, manières] schleimig.

visser [3] [vise] *vt* - **1.** [fixer avec des vis] fest|schrauben - **2.** [couvercle, robinet] zu|drehen.

visu [vizy] ◆ **de visu** *loc adv* mit eigenen Augen.

visualiser [3] [vizɥalize] *vt* - **1.** [rendre

visible] sichtbar machen - **2.** [imaginer] : **~ qqch** sich *(D)* etw bildlich vor|stellen.

visuel, elle [vizɥɛl] *adj* Seh- ; **acuité ~le** Sehschärfe *die* ; **mémoire ~le** optisches Gedächtnis.

vital, e, aux [vital, o] *adj* lebenswichtig.

vitalité [vitalite] *nf* Vitalität *die*, Lebenskraft *die*.

vitamine [vitamin] *nf* Vitamin *das*.

vitaminé, e [vitamine] *adj* mit Vitaminen angereichert.

vite [vit] *adv* schnell ; **faire ~** schnell machen.

vitesse [vitɛs] *nf* - **1.** [rapidité, allure] Geschwindigkeit *die* ; **à toute ~** in aller Eile - **2.** [hâte] Schnelligkeit *die* - **3.** AUTOM Gang *der* ; **changer de ~, passer les ~s** schalten.

viticole [vitikɔl] *adj* Weinbau-.

viticulteur, trice [vitikyltœr, tris] *nm, f* Winzer *der*, -in *die*.

viticulture [vitikyltyr] *nf* Weinbau *der*.

vitrail, aux [vitraj, o] *nm* Buntglasfenster *das*, Kirchenfenster *das*.

vitre [vitr] *nf* [de maison] Scheibe *die*, Fensterscheibe *die* ; [de véhicule] Fenster *das* ; **nettoyer** OU **faire les ~s** Fenster putzen.

vitré, e [vitre] *adj* : **baie ~e** Fensterfront *die* ; **porte ~e** Glastür *die*.

vitreux, euse [vitrø, øz] *adj* - **1.** [œil, regard] glasig - **2.** [matériau] glasartig.

vitrifier [9] [vitrifje] *vt* - **1.** [parquet] versiegeln - **2.** [matériau] zu einer glasartigen Masse verschmelzen.

vitrine [vitrin] *nf* - **1.** [de boutique] Schaufenster *das* - **2.** [meuble] Vitrine *die*.

vivable [vivabl] *adj* erträglich.

vivace [vivas] *adj* - **1.** [robuste] zäh, langlebig - **2.** [plante] mehrjährig - **3.** *fig* [préjugé] hartnäckig ; [haine] tief verwurzelt.

vivacité [vivasite] *nf* - **1.** [d'esprit, d'enfant] Lebhaftigkeit *die* - **2.** [de propos, de réaction] Heftigkeit *die*.

vivant, e [vivɑ̃, ɑ̃t] *adj* - **1.** [en vie, durable] lebend - **2.** [vif] lebhaft - **3.** [rue, quartier] belebt. ◆ **vivant** *nm* [personne] Lebende *der*, Lebende *die*.

vive¹ [viv] *nf* Stachelfisch *der*.

vive² [viv] *interj* : **~ la démocratie!** es lebe die Demokratie!

vivement [vivmɑ̃] ◇ *adv* - **1.** [promptement] rasch - **2.** [répondre] (recht) scharf - **3.** [profondément] tief ◇ *interj* : **~ les vacances!** hoffentlich gibt es bald Ferien! ; **~ que l'été arrive!** hoffentlich ist bald Sommer!

vivifiant, e [vivifjɑ̃, ɑ̃t] *adj* belebend.

vivisection [vivisɛksjɔ̃] *nf* Tierversuch *der*, Vivisektion *die*.

vivre¹ [90] [vivr] ◇ *vi* leben ; **faire ~ qqn** js Lebensunterhalt bestreiten ◇ *vt* erleben ; **~ des moments difficiles** schwere Zeiten durch|machen.

vivre² [vivr] *nm* : **le ~ et le couvert** Verpflegung und Unterkunft. ◆ **vivres** *nmpl* Verpflegung *die*.

vizir [vizir] *nm* Wesir *der*.

VO *abr de* **version originale.**

vocable [vɔkabl] *nm* Vokabel *die*.

vocabulaire [vɔkabylɛr] *nm* - **1.** [de personne] Wortschatz *der* - **2.** [terminologie] Vokabular *das*.

vocalise [vɔkaliz] *nf* : **faire des ~s** Stimmübungen machen.

vocation [vɔkasjɔ̃] *nf* - **1.** [goût & RELIG] Berufung *die* - **2.** [mission] Bestimmung *die*.

vociférations [vɔsiferasjɔ̃] *nfpl* Gezeter *das (sans pl)*.

vociférer [18] [vɔsifere] ◇ *vt* brüllen ◇ *vi* zetern ; **~ contre qqn** über jn schimpfen.

vodka [vɔdka] *nf* Wodka *der*.

vœu, x [vø] *nm* - **1.** [souhait, requête] Wunsch *der* ; **faire un ~** sich etwas wünschen ; **~ pieux** frommer Wunsch - **2.** [résolution] Schwur *der* ; **faire le ~ de faire qqch** sich schwören, etw zu tun - **3.** RELIG Gelübde *das* ; **faire ~ de chasteté** Keuschheit geloben. ◆ **vœux** *nmpl* Glückwünsche *Pl.*

vogue [vɔg] *nf* [succès] Beliebtheit *die* ; **être en ~** in sein.

voguer [3] [vɔge] *vi* - **1.** [gén] fahren - **2.** [voilier] segeln.

voici [vwasi] *prép* - **1.** [pour désigner] hier ist OU sind ; **vous ~ déjà!** Sie sind schon da! ; **le/la ~ qui revient** hier ist er/sie wieder ; **vous vouliez les clés : les ~** Sie wollten die Schlüssel : hier bitte - **2.** [pour introduire] Folgendes ; **~ ce que je pense** ich denke Folgendes - **3.** [il y a] : **j'y suis allé ~ trois mois/ans** ich war vor drei Monaten/Jahren dort ; **~ quelques années que je ne l'ai pas vu** ich habe ihn schon seit einigen Jahren nicht mehr gesehen.

voie [vwa] *nf* - **1.** [route, artère] Straße *die* ; **~ navigable** NAVIG Schifffahrtsstraße ; **route à trois ~s** dreispurige Straße ; **~ sans issue** Sackgasse *die* ; **sur la ~ publique** in der Öffentlichkeit - **2.** [de chemin de fer] : **~ (ferrée)** Gleis *das* ; **~ de garage** Abstellgleis - **3.** [chemin, filière, moyen] Weg *der* ; **arriver par la ~ des airs** auf dem Luftweg an|kommen ; **être en ~ d'extinction** vom Aussterben bedroht sein ; **pays en ~ de développement** Entwicklungsland *das* - **4.** ANAT Bahn *die* ; **~s digestives** Verdauungstrakt *der* ; **~s respiratoires** Luftwege *Pl.* ◆ **voie d'eau** *nf* Leck *das*. ◆ **voie de fait** *nf* JUR Tätlichkeit *die*. ◆ **Voie lactée** *nf* ASTRON Milchstraße *die*.

voilà [vwala] *prép* - **1.** [pour désigner] dort ist OU sind, dort siehst du OU sehen Sie ; **me ~** hier bin ich (schon) ; **vous vouliez les clés : les ~** Sie wollten die Schlüssel : da sind sie - **2.** [temporel] jetzt (endlich) ; **~ qu'il se met à pleuvoir** jetzt fängt es an zu regnen - **3.** [pour introduire] : **~ ce que j'ai dit** da habe ich also Folgendes gesagt ; **mais ~** zwar aber - **4.** [en conclusion] : **~ ce qui arrive quand on ne fait pas attention** so geht es eben, wenn man nicht aufpasst ; **et ~! j'en étais sûr!** das hatte ich doch gesagt! - **5.** [il y a] : **Pierre est arrivé ~ dix jours** Pierre ist vor zehn Tagen angekommen ; **~ dix ans que je le connais** ich kenne ihn seit zehn Jahren.

voile [vwal] <> *nf* - **1.** [de bateau] Segel *das* - **2.** SPORT Segeln *das*, Segelsport *der ;* **faire de la ~** segeln <> *nm* - **1.** [gén] Schleier *der ;* **~ de mariée** Brautschleier ; **~ au poumon** MÉD Schatten *der* auf der Lunge - **2.** [de coton, à rideaux] Voile *der.*

voilé, e [vwale] *adj* - **1.** [femme & PHOT] verschleiert - **2.** [termes, allusion] verhüllt - **3.** [ciel, regard] trübe - **4.** [porte, surface] verzogen ; [roue] verbogen.

voiler [3] [vwale] *vt* - **1.** [statue, objet] verhüllen - **2.** [vérité, regard, ciel, femme] verschleiern - **3.** [roue] verbiegen. ◆ **se voiler** *vp* - **1.** [yeux, ciel, femme] sich verschleiern ; **se ~ la face** *fig* sich etwas vor|machen - **2.** [roue] sich verbiegen ; [étagère, surface] sich verziehen.

voilier [vwalje] *nm* [bateau] Segelboot *das.*

voilure [vwalyr] *nf* - **1.** [de bateau] Besegelung *die* - **2.** [d'avion] Tragwerk *das* - **3.** [de parachute] Schirmkappe *die.*

voir [62] [vwar] <> *vt* - **1.** [gén] sehen ; **faire ~ qqch (à qqn)** (jm) etw zeigen ; **tu vois, j'avais raison** siehst du, ich hatte Recht ; **essaye un peu pour ~!** versuch es doch, du wirst schon sehen! ; **voyons!** mal sehen! ; **il faudra ~ ça avec votre chef** das müssen Sie mit Ihrem Chef besprechen - **2.** [imaginer, se représenter] sich vor|stellen ; **ne pas ~ de quoi il s'agit** nicht verstehen, worum es geht ; **je ne vois pas où il a pu perdre ses clés** ich habe keine Ahnung, wo er seine Schlüssel verloren hat - **3.** [rencontrer] : **aller ~ qqn** [ami, parent] jn besuchen ; [avocat, médecin] jn auf|suchen <> *vi* sehen ; **ne pas ~ clair** schlecht sehen ; **il faut ~!** das muss man ab|warten! ◆ **se voir** *vp* - **1.** [se regarder] sich (an)|sehen - **2.** [se rencontrer] sich sehen - **3.** [détail, défaut] auf|fallen - **4.** [s'imaginer] sich vor|stellen ; **se ~ président/clochard** sich schon als Präsident/Penner sehen - **5.** [se produire] : **ça ne se voit pas souvent** das sieht man nicht oft.

voire [vwar] *adv* oder sogar.

voirie [vwari] *nf* - **1.** ADMIN Straßenbauamt *das* - **2.** [décharge] Müllabfuhr *die.*

voisin, e [vwazɛ̃, in] <> *adj* - **1.** [chambre, ville] Nachbar- - **2.** [semblable] ähnlich <> *nm, f* Nachbar *der*, -in *die.*

voisinage [vwazinaʒ] *nm* Nachbarschaft *die.*

voiture [vwatyr] *nf* - **1.** [gén] Auto *das*, Wagen *der ;* **~ de fonction** Dienstwagen ; **~ de location** Mietwagen ; **~ d'occasion** Gebrauchtwagen ; **~ de sport** Sportwagen - **2.** [de train] Wagon *der*, Wagen *der ;* **~ de première/seconde classe** Wagen erster/zweiter Klasse ; **~ fumeur** Raucherwagen ; **~ non-fumeur** Nichtraucherwagen.

voix [vwa] *nf* - **1.** [gén] Stimme *die ;* **à ~ basse** leise *(adv) ;* **à ~ haute** laut *(adv) ;* **de vive ~** persönlich *(adv)* - **2.** GRAM : **~ active** Aktiv *das ;* **~ passive** Passiv *das.*

vol [vɔl] *nm* - **1.** [d'avion, d'oiseau] Flug *der ;* **en plein ~** mitten im Flug ; **prendre son ~** sich in die Lüfte erheben ; **c'est à 3 kilomètres d'ici à ~ d'oiseau** von hier aus sind es 3 km Luftlinie - **2.** [groupe d'oiseaux] Schwarm *der* - **3.** [délit] Diebstahl *der.* ◆ **vol à voile** *nm* Segelfliegen *das.*

vol. (*abr de* **volume**) Bd.

volage [vɔlaʒ] *adj sout* flatterhaft.

volaille [vɔlaj] *nf* Vogel *der ;* **la ~** das Geflügel.

volant, e [vɔlɑ̃, ɑ̃t] *adj* fliegend ; **feuille ~e** loses Blatt. ◆ **volant** *nm* - **1.** [de voiture] Lenkrad *das* - **2.** [de jupe] Rüsche *die* - **3.** [de badminton] Federball *der.*

volatil, e [vɔlatil] *adj* flüchtig. ◆ **volatile** *nm* [oiseau] Vogel *der.*

volatiliser [3] [vɔlatilize] *vt* [substance] verflüchtigen lassen ; *fig* stibitzen. ◆ **se volatiliser** *vp* [substance] sich verflüchtigen ; *fig* sich in Luft auf|lösen.

volcan [vɔlkɑ̃] *nm* GÉOL Vulkan *der.*

volcanique [vɔlkanik] *adj* GÉOL vulkanisch ; *fig* leidenschaftlich.

volée [vɔle] *nf* - **1.** [groupe d'oiseaux] Schwarm *der* - **2.** [de flèches, de coups] Hagel *der* - **3.** *fam* [gifle] Tracht Prügel *die.* ◆ **à la volée** *loc adv* SPORT im Fluge ; **attraper une balle à la ~** [tennis] einen Ball volley nehmen.

voler [3] [vɔle] <> *vi* fliegen, eilen <> *vt* [dérober] stehlen.

volet [vɔlɛ] *nm* [de maison] Fensterladen *der ;* **~ roulant** Rollladen *der.*

voleur, euse [vɔlœr, øz] <> *adj* diebisch <> *nm, f* Dieb *der*, -in *die.*

volière [vɔljɛr] *nf* Voliere *die.*

volley-ball [vɔlɛbol] (*pl* **volley-balls**) *nm* Volleyball *der.*

volontaire [vɔlɔ̃tɛr] <> *nmf* Freiwillige *der*, Freiwillige *die* <> *adj* - **1.** [voulu]

bewusst, absichtlich - **2.** [non obligatoire] freiwillig - **3.** [déterminé] energisch.

volontariat [vɔlɔ̃tarja] *nm* freiwilliger Dienst.

volonté [vɔlɔ̃te] *nf* Wille *der* ; **bonne ~** guter Wille ; **y mettre de la mauvaise ~** es an gutem Willen fehlen lassen. ◆ **à volonté** *loc adj & loc adv* beliebig viel *(adv)*, nach Belieben.

volontiers [vɔlɔ̃tje] *adv* - **1.** [avec plaisir] gern(e) - **2.** [souvent] ohne weiteres, leicht.

volt [vɔlt] *nm* Volt *das*.

voltage [vɔltaʒ] *nm* Spannung *die*.

volte-face [vɔltəfas] *nf inv* Kehrtwendung *die*.

voltige [vɔltiʒ] *nf* - **1.** [au trapèze] : **(haute) ~** Trapezakt *der* ; *fam fig* Akrobatik *die* - **2.** [en avion] Kunstflug *der*.

voltiger [17] [vɔltiʒe] *vi* - **1.** [neige, papier, au trapèze] durch die Luft wirbeln - **2.** [insecte, oiseau] umher|schwirren.

volubile [vɔlybil] *adj* redselig.

volume [vɔlym] *nm* - **1.** [capacité, masse] Volumen *das* ; **doubler de ~** doppelt so groß werden - **2.** [tome] Band *der* - **3.** [d'eau, d'alcool] Menge *die* - **4.** [sonore] Lautstärke *die*.

volumineux, euse [vɔlyminø, øz] *adj* - **1.** [objet, meuble] voluminös - **2.** [dossier] umfangreich.

volupté [vɔlypte] *nf* - **1.** [des sens] Sinnenfreude *die* - **2.** [morale, esthétique] Genuss *der*.

voluptueux, euse [vɔlyptɥø, øz] *adj* [sensuel] sinnlich.

volute [vɔlyt] *nf* [de fumée] (Rauch)kringel *der*.

vomi [vɔmi] *nm fam* Erbrochene *das*.

vomir [32] [vɔmir] ◇ *vt* [repas] erbrechen ◇ *vi* sich übergeben.

vomitif, ive [vɔmitif, iv] *adj* Brechreiz hervorrufend. ◆ **vomitif** *nm* MÉD Brechmittel *das*.

vorace [vɔras] *adj* [animal, personne] gefräßig.

voracité [vɔrasite] *nf* Gefräßigkeit *die* ; *fig* Gier *die*.

vos ▷ **votre.**

vote [vɔt] *nm* - **1.** [suffrage, voix] Stimme *die* - **2.** [élection] Abstimmung *die*, Wahl *die*.

voter [3] [vɔte] ◇ *vi* wählen ◇ *vt* - **1.** [budget, crédits] nach Abstimmung an|nehmen - **2.** [loi] verabschieden.

votre [vɔtr] (*pl* **vos** [vo]) *adj poss* [de vouvoiement] Ihr,-e ; [collectif] euer,-e.

vôtre [votr] ◆ **le vôtre** (*f* **la vôtre** ; *pl* **les vôtres**) *pron poss* [de vouvoiement] Ihre,-r,-s, der ou die ou das Ihre ; [collectif] eure,-r,-s, der ou das ou die eurige ; **ma voiture roule plus vite que la ~** mein Wagen ist schneller als Ihrer ou eurer.

voudrai *etc* ▷ **vouloir.**

vouer [6] [vwe] *vt* - **1.** [éprouver] : **~ de la haine à qqn** Hass gegen jn nähren - **2.** [condamner] : **être voué à qqch** zu etw bestimmt sein.

vouloir[1] [57] [vulwar] ◇ *vt* - **1.** [gén] wollen ; **~ faire qqch** etw tun wollen ; **~ qqch (de qqn)** etw (von jm) wollen ou verlangen - **2.** [souhaiter] mögen ; **voulez-vous boire qqch?** möchten Sie etw trinken? - **3.** [requérir - sujet : loi] vor|schreiben ; [- sujet : raison] erfordern - **4.** [s'attendre à] : **que voulez-vous que j'y fasse?** was soll ich (dagegen) tun? ◇ *vi* : **ne pas ~ de qqch** etw nicht (haben) wollen ; **en ~ à qqn de qqch** jm etw übel nehmen ; **s'en ~ de faire qqch** sich Vorwürfe machen, weil man etw tut. ◆ **se vouloir** *vp* : **le livre se veut objectif** das Buch soll objektiv sein ; **il se veut tolérant** er gibt sich tolerant.

vouloir[2] [vulwar] *nm* : **bon ~** Bereitwilligkeit *die*.

voulu, e [vuly] ◇ *pp* ▷ **vouloir** ◇ *adj* - **1.** [requis] vorgeschrieben ; **au moment ~** im geeigneten Augenblick - **2.** [délibéré] gewünscht.

voulus *etc* ▷ **vouloir.**

vous [vu] *pron pers* - **1.** [désigne plusieurs personnes - sujet, dans comparaison] ihr ; [- complément, avec verbe pronominal] euch ; **~ le saviez, ~?** wusstet ihr das? ; **habillez-~!** zieht euch an! ; **réveillez-~!** aufwachen! - **2.** [désigne une personne - sujet, dans comparaison] Sie ; [- complément, avec verbe pronominal] Sie, Ihnen ; **qui est là? c'est ~?** wer ist da? sind Sie das? ; **je ~ fais confiance, à ~** Ihnen vertraue ich ; **habillez-~!** ziehen Sie sich an!

VOUS

In Arbeitsverhältnissen, Schüler/Lehrer-Beziehungen oder Situationen, in denen sich die Personen bereits länger kennen, ohne miteinander vertraut zu sein, siezt man sich in Frankreich gerne unter Verwendung des Vornamens: **Carine, est-ce que vous pouvez venir me voir ?** Man bietet aber auch ohne Weiteres das „du" an.

Es gibt noch einige wenige Familien, in denen die Kinder die Eltern siezen, was auf eine altüberlieferte Adelstradition zurückzuführen ist. Das Gleiche gilt für bestimmte Schulen, in denen selbst Minderjährige von den Lehrern gesiezt werden.

vous-même [vumɛm] *pron pers* Sie selbst.
vous-mêmes [vumɛm] *pron pers* ihr selbst.
voûte [vut] *nf* ARCHIT Gewölbe *das ; fig* Dach *das.*
voûter [3] [vute] *vt* überwölben. ◆ **se voûter** *vp* krumm werden, einen Buckel bekommen.
vouvoyer [13] [vuvwaje] *vt* siezen.
voyage [vwajaʒ] *nm* **- 1.** [assez lointain] Reise *die ;* **~ d'affaires** Geschäftsreise ; **~ de noces** Hochzeitsreise ; **~ organisé** Gruppenreise **- 2.** [trajet] : **ils ont dû faire trois ~s** sie mussten dreimal hin- und her|fahren.
voyager [17] [vwajaʒe] *vi* **- 1.** [faire du tourisme] reisen **- 2.** [se déplacer] unterwegs sein.
voyageur, euse [vwajaʒœr, øz] *nm, f* [gén] Reisende *der,* Reisende *die ;* **~ de commerce** COMM Handelsreisende.
voyance [vwajɑ̃s] *nf* Hellsehen *das.*
voyant, e [vwajɑ̃, ɑ̃t] ◇ *adj* auffallend ◇ *nm, f* **- 1.** [devin] Hellseher *der,* -in *die* **- 2.** [qui voit] Sehende *der,* Sehende *die.* ◆ **voyant** *nm* Kontrollicht *das ;* **~ d'essence** Benzinwarnlicht *das ;* **~ d'huile** Ölwarnlicht *das.*
voyelle [vwajɛl] *nf* Vokal *der.*
voyeur, euse [vwajœr, øz] *nm, f* Voyeur *der,* -in *die.*
voyou [vwaju] *nm* **- 1.** [enfant] Schlingel *der* **- 2.** [vaurien] Ganove *der.*
vrac [vrak] ◆ **en vrac** *loc adj & loc adv* **- 1.** [sans emballage, au poids] lose **- 2.** [en désordre] durcheinander.
vrai, e [vrɛ] *adj* **- 1.** [authentique, non simulé, problème] echt **- 2.** [histoire, sentiment, ami, art] wahr **- 3.** [exact] richtig ; **c'est** OU **il est ~ que** es ist richtig, dass, es stimmt, dass ; **c'est ~ que ...?** stimmt es, dass ...? ◆ **vrai** *nm :* **à ~ dire, à dire ~** ehrlich gesagt.
vraiment [vrɛmɑ̃] *adv* wirklich.
vraisemblable [vrɛsɑ̃blabl] *adj* wahrscheinlich.
vraisemblance [vrɛsɑ̃blɑ̃s] *nf* Wahrscheinlichkeit *die.*
vrille [vrij] *nf* [outil] Handbohrer *der.* ◆ **en vrille** *loc adj :* **escalier en ~** Wendeltreppe *die.*
vrombir [32] [vrɔ̃bir] *vi* dröhnen.
vrombissement [vrɔ̃bismɑ̃] *nm* Gedröhne *das.*
V.T.T. (*abr de* **vélo tout terrain**) *nm* Mountainbike *das.*
vu, e [vy] ◇ *pp* ▷ **voir** ◇ *adj* **- 1.** [perçu] gesehen **- 2.** [compris] kapiert. ◆ **vu** *prép :* **~ qqch** in Anbetracht einer Sache *(G).* ◆ **vu que** *loc conj* da. ◆ **vue** *nf* **- 1.** [sens] Augenlicht *das ;* **perdre la ~e** das Augenlicht verlieren **- 2.** [vision] Augen *Pl ;* **sa ~e a baissé** seine Augen haben nachgelassen ; **perdre qqn de ~e** jn aus den Augen verlieren ; **à première ~e** auf den ersten Blick ; **à ~e d'œil** OU **de nez** über den Daumen gepeilt **- 3.** [panorama] Aussicht *die* **- 4.** [idée] Ansicht *die ;* **échange de ~es** Meinungsaustausch *der.* ◆ **en vue de** *loc prép* für ; **en ~e de faire qqch** um etw zu tun, in der Absicht, etw zu tun.
vulgaire [vylgɛr] *adj* **- 1.** *péj* [grossier] vulgär, ordinär **- 2.** *péj* [quelconque] ganz gewöhnlich.
vulgairement [vylgɛrmɑ̃] *adv* [grossièrement] vulgär, ordinär.
vulgarisation [vylgarizasjɔ̃] *nf* populärwissenschaftliche Darstellung.
vulgariser [3] [vylgarize] *vt* populärwissenschaftlich dar|stellen.
vulgarité [vylgarite] *nf* Geschmacklosigkeit *die.*
vulnérable [vylnerabl] *adj* [psychologiquement] verletzlich ; **point ~** wunder Punkt.
vulve [vylv] *nf* Vulva *die.*

W

w, W [dubləve] *nm inv* [lettre] w *das,* W *das.*
wagon [vagɔ̃] *nm* Wagen *der (vom Zug).*
wagon-lit *nm* Schlafwagen *der.*
wagon-restaurant *nm* Speisewagen *der.*
Walkman® [wɔkman] *nm* Walkman® *der.*
water-polo [watɛrpɔlo] (*pl* **water-polos**) *nm* Wasserball *der.*
waterproof [watɛrpru:f] *adj inv* [étanche] wasserdicht ; [résistant à l'eau] wasserfest.
watt [wat] *nm* Watt *das.*
W.-C. [vese] (*abr de* **water-closet**) *nmpl* WC *das.*
Web [wɛb] *nm :* **le ~** das Web.
week-end [wikɛnd] (*pl* **week-ends**) *nm* Wochenende *das.*
western [wɛstɛrn] *nm* Western *der.*
Westphalie [vɛstfali] *nf :* **la ~** Westfalen *nt.*
whisky [wiski] (*pl* **whiskys** OU **whiskies**) *nm* Whisky *der.*
white-spirit [wajtspirit] (*pl* **white-spirits**) *nm* Terpentinersatz *der,* Verdünner *der.*

Wurtemberg [wyrtɛ̃bɛr] *nm :* **le ~** Württemberg *nt.*

WWW (*abr de* **World Wide Web**) *nf* WWW *das (World Wide Web).*

X

x, X [iks] *nm inv* - **1.** [lettre] x *das,* X *das* - **2.** [forme] : **jambes en x** X-Beine - **3.** [algèbre] X *das* - **4.** [personne inconnue] X ; **déposer une plainte contre X** Anzeige gegen unbekannt erstatten. ◆ **X** *n :* **l'X** *fam* [École Polytechnique] *französische Ingenieurhochschule.*

xénophobie [gzenɔfɔbi] *nf* Fremdenfeindlichkeit *die,* Ausländerfeindlichkeit *die.*

xérès [gzerɛs] *nm* Sherry *der.*

xylophone [ksilɔfɔn] *nm* Xylofon *das.*

Y

y, Y [igrɛk] *nm inv* [lettre] y *das,* Y *das.* ◆ **y** ◇ *adv* da, dorthin ; **j'y suis allé** ich bin (schon) da gewesen ; **j'y vais!** [au téléphone] ich gehe schon, ich gehe hin, ich gehe dran ◇ *pron :* **n'y pensez plus** vergessen Sie's ; **n'y comptez pas** darauf sollten Sie sich nicht verlassen.

yacht [jɔt] *nm* Jacht *die.*

yaourt [jaurt], **yogourt, yoghourt** [jɔgurt] *nm* Joghurt *der.*

yard [jard] *nm* Yard *das.*

Yémen [jemɛn] *nm :* **le ~** Jemen *nt,* Yemen *nt.*

yen [jɛn] *nm* Yen *der.*

yeux ▷ **œil.**

yiddish [jidiʃ] ◇ *nm inv* Jiddisch *das* ◇ *adj inv* jiddisch.

yoga [jɔga] *nm* Yoga *das.*

yogourt = **yaourt.**

yucca [juka] *nm* Yucca *die.*

Z

z, Z [zɛd] *nm inv* [lettre] z *das,* Z *das.*

Zaïre [zair] *nm :* **le ~** Zaire *nt.*

zapper [3] [zape] *vi* zappen.

zapping [zapiŋ] *nm* (ständiges) Umschalten.

zèbre [zɛbr] *nm* Zebra *das.*

zébrure [zebryr] *nf* - **1.** [de pelage] Streifen *der* - **2.** [marque] Striemen *der.*

zébu [zeby] *nm* Zebu *das* ou *der.*

zèle [zɛl] *nm* Eifer *der ;* **faire du ~** *péj* den Musterschüler spielen, übereifrig sein.

zélé, e [zele] *adj* eifrig.

zen [zɛn] ◇ *nm* Zen *das* ◇ *adj inv* Zen-.

zénith [zenit] *nm* ASTRON Zenit *der.*

zéro [zero] ◇ *nm* - **1.** [chiffre] Null *die* - **2.** [dans nombre & MATHS] null - **3.** [dans graduation] Nullpunkt *der ;* **au-dessus/au-dessous de ~** über/unter Null ◇ *adj* keine,-r,-s.

zeste [zɛst] *nm :* **~ de citron** Zitronenschale *die.*

zézayer [11] [zezeje] *vi* lispeln.

zigzag [zigzag] *nm* Zickzack *der ;* **en ~** im Zickzack.

zigzaguer [3] [zigzage] *vi* im Zickzack (ver)laufen.

zinc [zɛ̃g] *nm* - **1.** [matière] Zink *das* - **2.** *fam* [comptoir] Theke *die.*

zizi [zizi] *nm fam* Pimmel *der.*

zodiaque [zɔdjak] *nm* Tierkreis *der.*

zona [zona] *nm* Gürtelrose *die.*

zone [zon] *nf* - **1.** [région] Gebiet *das,* Bereich *der* - **2.** *fam* [banlieue défavorisée] öder Vorort.

zoo [zo(oœ] *nm* Zoo *der.*

zoologie [zɔɔlɔʒi] *nf* Zoologie *die.*

zoom [zum] *nm* Zoom *das.*

zoophile [zɔɔfil] ◇ *nmf* Sodomit *der,* -in *die* ◇ *adj* sodomitisch.

Zoug [zug] *n* Zug *nt.*

Zurich [zyrik] *n* Zürich *nt.*

zut [zyt] *interj fam :* **zut!** verflixt!

zygomatique [zigɔmatik] *adj* Jochbein-.

DEUTSCH-FRANZÖSISCH

ALLEMAND-FRANÇAIS

A

a, A [aː] (*pl* - ODER **-s**) *das* - **1.** [Buchstabe] a *m inv*, A *m inv* - **2.** MUS la *m inv*.

a. (*abk für* **am**) : **a. Rhein** sur le Rhin.

Aal (*pl* **-e**) *der* anguille *f*.

Aas (*pl* **-e** ODER **Äser**) *das* - **1.** *(Pl Aase)* [Kadaver] charogne *f* - **2.** *(Pl Äser) salopp abw* [Luder] crapule *f* ; **kein ~** personne.

ab <> *präp (+ D)* à partir de ; **~ Köln 15.30 Uhr** [Zug] départ de Cologne à 15 h 30 ; '**freigegeben ~ 16 Jahren**' 'interdit aux moins de 16 ans' <> *adv* [los] (allez) hop! ; **~ ins Bett!** allez hop, au lit! ◆ **ab und zu, ab und an** *adv* de temps en temps.

ab|arbeiten *vt* [Schuld, Schulden] s'acquitter de *(en travaillant)*. ◆ **sich abarbeiten** *ref* se tuer à la tâche.

Ab|art *die* variété *f*.

abartig *adj* pervers(e).

Abb. (*abk für* **Abbildung**) fig.

Ab|bau *der (ohne Pl)* - **1.** [von Gerüst, Bühne, Zelt] démontage *m* - **2.** [von Arbeitsplätzen] réduction *f*.

ab|bauen <> *vt* - **1.** [Gerüst, Bühne, Zelt] démonter - **2.** [Defizit, Personal] réduire - **3.** [Vorurteil, Ängste] éliminer <> *vi fam* baisser.

ab|bekommen *vt (unreg)* [erhalten] recevoir.

ab|bestellen *vt* [Termin, Zimmer] annuler ; [Abonnement] résilier.

ab|bezahlen *vt* [Haus, Auto] payer ; [Schulden] s'acquitter de.

ab|biegen (*perf* **hat/ist abgebogen**) *(unreg)* <> *vi (ist)* tourner <> *vt (hat) fam* [Plan, Thema] éluder.

Ab|bild *das* reflet *m*.

ab|bilden *vt* représenter.

Abbildung (*pl* **-en**) *die* - **1.** [Bild] illustration *f* - **2.** [Wiedergabe] reflet *m*.

ab|binden *vt (unreg)* - **1.** [Schürze, Tuch] défaire - **2.** [Gliedmaße] mettre un garrot à.

ab|blasen *vt (unreg) fam* annuler.

ab|blättern *vi* s'écailler.

ab|blenden *vt* [Licht] tamiser.

Abblend|licht *das* codes *mpl*, feux *mpl* de croisement.

ab|blitzen *vi fam* se faire rembarrer.

ab|blocken *vt* [Person] neutraliser ; [Angriff] parer.

ab|brechen (*perf* **hat/ist abgebrochen**) *(unreg)* <> *vt (hat)* - **1.** [Ast] casser - **2.** [abreißen] démolir - **3.** [Experiment, Streik, Studium] interrompre - **4.** [Verhandlung, Beziehung] rompre <> *vi (ist)* [Musik, Gelächter] cesser.

ab|brennen (*perf* **hat/ist abgebrannt**) *(unreg)* <> *vt (hat)* [Haus, Dorf] incendier <> *vi (ist)* être réduit(e) en cendres.

ab|bringen *vt (unreg)* [ablenken] : **jn von etw ~** détourner qqn de qqch.

ab|bröckeln (*perf* **ist abgebröckelt**) *vi* s'effriter.

Ab|bruch *der* - **1.** [von Reise, Wettkampf] interruption *f* ; [von Beziehung, Verhandlung] rupture *f* - **2.** *RW* : **etw** *(D)* **keinen ~ tun** ne pas nuire à qqch.

abbruchreif *adj* délabré(e).

ab|buchen *vt* WIRTSCH prélever.

Abc [a(ː)be(ː)'tseː] *das (ohne Pl)* alphabet *m*.

ab|danken *vi* abdiquer.

ab|decken *vt* - **1.** [zudecken] recouvrir - **2.** [Bedürfnis, Punkt] couvrir - **3.** [Tisch] desservir - **4.** WIRTSCH compenser.

Abdeckung (*pl* **-en**) *die* - **1.** [zum Schutz] couverture *f* - **2.** WIRTSCH compensation *f*.

ab|dichten *vt* [Fenster, Tür] calfeutrer.

Ab|dichtung *die* [von Tür, Fenster] calfeutrage *m*.

ab|drehen <> *vt* [Wasser, Gas] couper <> *vi* [den Kurs ändern] virer.

Ab|druck (*pl* **Abdrücke**) *der* - **1.** [von Fuß, Pfote] empreinte *f* - **2.** [von Text] publication *f*.

ab|drucken *vt* publier.

ab|drücken <> *vt fam* - **1.** [umarmen] couvrir de baisers - **2.** [abquetschen] écraser

<> *vi* appuyer sur la détente. ◆ **sich abdrücken** *ref* laisser une empreinte.

ab|ebben *vi* se calmer.

Abend (*pl* **-e**) *der* - **1.** [Tageszeit] soir *m* ; **jeden ~** tous les soirs ; **am ~** le soir ; **gestern/morgen ~** hier/demain soir ; **heute ~** ce soir ; **guten ~!** bonsoir! ; **zu ~ essen** dîner - **2.** [Beisammensein, Zeitdauer] soirée *f* ; **bunter ~** *soirée au programme varié.*

Abend|brot *das* repas *m* du soir.

Abend|essen *das* dîner *m.*

Abend|kasse *die* vente *f* au guichet.

Abend|kurs *der* cours *m* du soir.

Abend|land *das (ohne Pl)* Occident *m.*

abendlich *adj* du soir.

Abend|mahl *das* REL Cène *f* ; [Kommunion] communion *f.*

Abend|programm *das* programme *m* du soir.

abends *adv* le soir ; **um acht Uhr ~** à huit heures du soir ; **spät ~** tard dans la soirée.

Abenteuer (*pl* **-**) *das* aventure *f.*

abenteuerlich *adj* - **1.** [Unternehmen, Reise] aventureux(euse) - **2.** [fantastisch] extravagant(e).

Abenteurer, in (*mpl* **-** ; *fpl* **-nen**) *der, die* aventurier *m*, -ère *f.*

aber <> *konj* mais <> *adv* mais ; **wie kannst du ~ nur so dumm sein!** mais comment peux-tu être aussi bête! ; **jetzt komm ~ endlich!** alors, tu viens? ; **du bist ~ groß!** mais que tu es grand! ; **~ ja** ODER **sicher** mais oui.

Aber|glaube, Aber|glauben *der* superstition *f.*

abergläubisch *adj* superstitieux(euse).

ab|erkennen *vt (unreg)* : **jm etw ~** déclarer qqn déchu(e) de qqch.

ab|fahren (*perf* **hat/ist abgefahren**) *(unreg)* <> *vi (ist)* [losfahren] partir ; **wieder ~** repartir ; **auf jn/etw ~** *fam fig* craquer pour qqn/qqch <> *vt (hat)* - **1.** [abtransportieren] emmener - **2.** [Straße, Stadt] parcourir - **3.** [Reifen, Ski] user - **4.** [Fahrkarte] profiter à fond de.

Ab|fahrt *die* - **1.** [Start] départ *m* - **2.** [Autobahnabfahrt] sortie *f* - **3.** [Skiabfahrt] descente *f.*

Abfahrts|zeit *die* heure *f* de départ.

Ab|fall *der* - **1.** [Müll] déchets *mpl* - **2.** *(ohne Pl)* [von Temperatur, Leistung] baisse *f.*

Abfall|beseitigung *die* élimination *f* des déchets.

ab|fallen (*perf* **ist abgefallen**) *vi (unreg)* - **1.** [herunterfallen] tomber - **2.** [übrig bleiben] : **für jn ~** revenir à qqn - **3.** [schlechter sein] : **gegen jn/etw ~** être franchement moins bon (bonne) que qqn/qqch - **4.** [sich neigen] descendre - **5.** [Druck, Leistung, Temperatur] baisser.

abfällig <> *adj* désobligeant(e) <> *adv* de façon désobligeante.

ab|fangen *vt (unreg)* - **1.** [Brief, Transport, Flugzeug] intercepter - **2.** [Angriff] repousser.

ab|färben *vi* déteindre.

ab|fassen *vt* rédiger.

ab|fertigen *vt* enregistrer ; [bei Passkontrolle] contrôler ; **jn kurz ~** expédier qqn.

Abfertigung (*pl* **-en**) *die* enregistrement *m* ; [bei Passkontrolle] contrôle *m.*

ab|feuern *vt* [Schuss] tirer ; [Rakete] lancer.

ab|finden *vt (unreg)* : **jn mit etw ~** indemniser qqn de qqch. ◆ **sich abfinden** *ref* : **sich mit etw ~** finir par accepter qqch.

Abfindung (*pl* **-en**) *die* dédommagement *m*, indemnisation *f.*

ab|fliegen (*perf* **ist abgeflogen**) *vi (unreg)* décoller, partir.

ab|fließen (*perf* **ist abgeflossen**) *vi (unreg)* s'écouler.

Ab|flug *der* décollage *m*, départ *m.*

Ab|fluss *der* - **1.** [Rohr] bonde *f* - **2.** [Abfließen] écoulement *m.*

ab|fragen *vt* : **jn etw ~** interroger qqn sur qqch.

Abfuhr (*pl* **-en**) *die* : **jm eine ~ erteilen** envoyer promener qqn.

ab|führen <> *vt* - **1.** [Subj : Polizei] emmener - **2.** [von Thema] éloigner <> *vi* MED avoir un effet laxatif.

Abführ|mittel *das* laxatif *m.*

ab|füllen *vt* - **1.** [Flüssigkeit] : **etw ~** mettre qqch en bouteille - **2.** [Flaschen, Säcke] remplir.

Ab|gabe *die (ohne Pl)* [Übergabe] remise *f.* ◆ **Abgaben** *pl* [Steuern] taxes *fpl.*

abgabenfrei *adj* non imposable.

abgabenpflichtig *adj* imposable.

Ab|gang *der* [gen] départ *m.*

Abgangs|zeugnis *das* certificat *m* de fin d'études.

Abgase *pl* gaz *mpl* d'échappement.

ab|geben *vt (unreg)* - **1.** [Unterlagen, Arbeit, Geschenk] remettre ; [an der Garderobe] déposer - **2.** [verkaufen] : **billig ~** brader - **3.** [teilen] : **jm etw ~** donner à qqn une part de qqch - **4.** [Erklärung, Meinung] donner - **5.** [abtreten] céder - **6.** [darstellen] faire - **7.** SPORT [Ball] passer - **8.** [Wärme, Sauerstoff] dégager - **9.** [Schuss] tirer. ◆ **sich abgeben** *ref* : **sich mit etw ~** s'occuper de qqch ; **sich mit jm ~** s'acoquiner avec qqn.

abgebrüht *adj fam* endurci(e).

abgedroschen *adj* éculé(e) ; **ein ~es Argument** une tarte à la crème.

ạb|gehen (*perf* **ist ạbgegangen**) *(unreg)* ◇ *vi* - **1.** [Farbe, Fleck] s'en aller ; [Knopf] se détacher - **2.** [von Schule, Bühne] : **von etw ~** quitter qqch - **3.** [Zug, Schiff, Sendung] partir - **4.** [abgerechnet werden] : **von der Summe gehen noch 20 % ab** il faut retirer encore 20 % de la somme - **5.** [Weg, Straße] : **von etw ~** partir de qqch - **6.** [von Meinung, Forderung] : **von etw ~** renoncer à qqch ◇ *vt* parcourir.

ạbgekämpft *adj* éreinté(e).

ạbgekartet *adj* : **das ist ein ~es Spiel** les dés sont pipés.

ạbgelegen *adj* isolé(e).

ạbgemacht *adj* conclu(e) ; **abgemacht!** entendu!

ạbgemagert *adj* amaigri(e).

ạbgeneigt *adj* : **einer Sache** *(D)* **(nicht) ~ sein** (ne pas) être hostile ODER opposé(e) à qqch.

ạbgenutzt *adj* usé(e).

Ạbgeordnete (*pl* **-n**) *der, die* député *m*.

Ạb|gesandte *der, die* envoyé *m*, -e *f*.

ạbgeschieden *adj* isolé(e).

Ạbgeschiedenheit *die (ohne Pl)* isolement *m*.

ạbgeschmackt *adj* de mauvais goût.

ạbgesehen *adv* : **~ von jm/etw** à part qqn/qqch. ◆ **abgesehen davon, dass** *konj* mis à part le fait que.

ạbgespannt *adj* épuisé(e).

ạbgestanden *adj* [Wasser] croupi(e) ; [Bier] éventé(e) ; [Luft] vicié(e).

ạbgestorben ◇ *pp* ▷ **absterben** ◇ *adj* mort(e).

ạbgestumpft *adj* apathique.

ạbgetragen *adj* usé(e).

ạb|gewinnen *vt (unreg)* : **jm/einer Sache etw ~** trouver qqch à qqn/qqch.

ạb|gewöhnen *vt* : **jm etw ~** déshabituer qqn de qqch.

ạb|grenzen *vt* délimiter. ◆ **sich abgrenzen** *ref* se démarquer.

Ạbgrenzung (*pl* **-en**) *die* - **1.** [von Land] limite *f* - **2.** [von Begriffen] délimitation *f*.

Ạb|grund *der* - **1.** [Tiefe] précipice *m* - **2.** [Unglück] abîme *m*.

ạbgrundtief ◇ *adj* immense ◇ *adv* profondément.

ạb|gucken *vt fam* : **etw von** ODER **bei jm ~** pomper qqch sur qqn.

ạb|hacken *vt* trancher.

ạb|haken *vt* [Namen] cocher.

ạb|halten *vt (unreg)* - **1.** [veranstalten] tenir - **2.** [fern halten] : **jn von der Arbeit ~** empêcher qqn de travailler.

ạb|handeln *vt* [Thema, Fall] traiter.

abhạnden *adv* : **jm kommt etw ~** qqn égare qqch.

Ạb|handlung *die* traité *m (scientifique)*.

Ạb|hang *der* versant *m*.

ạb|hängen ◇ *vt (reg)* - **1.** [gen] décrocher - **2.** [Verfolger] semer ; [Konkurrenten] distancer ◇ *vi (unreg)* : **von jm/etw ~** dépendre de qqn/qqch.

ạbhängig *adj* : **von jm ~ sein** être dépendant(e) de qqn ; **von etw ~ sein** dépendre de qqch.

Ạbhängigkeit (*pl* **-en**) *die* dépendance *f*.

ạb|härten *vt & vi* endurcir. ◆ **sich abhärten** *ref* s'aguerrir.

ạb|hauen (*perf* **ist ạbgehauen**) *vi salopp* [verschwinden] déguerpir, ficher le camp.

ạb|heben *(unreg)* ◇ *vt* - **1.** [Geld] retirer - **2.** [Hörer] décrocher - **3.** [beim Kartenspiel] couper ◇ *vi* [abfliegen] décoller. ◆ **sich abheben** *ref* : **sich von jm/etw** ODER **gegen jn/etw ~** trancher sur qqn/qqch.

ạb|heften *vt* classer.

ạb|heilen (*perf* **ist ạbgeheilt**) *vi* guérir.

ạb|hetzen *vt* forcer. ◆ **sich abhetzen** *ref* courir comme un dératé.

Ạb|hilfe *die (ohne Pl)* : **einer Sache** *(D)* **~ schaffen** remédier à qqch.

ạb|holen *vt* - **1.** [Paket, Ware] réceptionner - **2.** [Person] aller ODER venir chercher.

ạb|holzen *vt* déboiser.

ạb|hören *vt* - **1.** [am Telefon] mettre sur écoute - **2.** [Schüler] : **jm etw ~** interroger qqn sur qqch - **3.** [Patienten] ausculter.

Ạbi (*pl* **-s**) *das* bac *m*.

Abitur (*pl* **-e**) *das* baccalauréat *m*.

Abitur|feier *die cérémonie de remise des diplômes du baccalauréat.*

Abiturfeier

La fête de fin d'études a généralement lieu après les épreuves du baccalauréat et avant les résultats de l'examen. C'est en effet au cours de cette soirée – à laquelle sont conviés les élèves de terminale, les parents et les professeurs – que sont délivrés les relevés de notes. Cette cérémonie est souvent doublée d'un spectacle ou d'un bal.

Abituriẹnt, in [abituri̯'ɛnt, ɪn] (*mpl* **-en** ; *fpl* **-nen**) *der, die* bachelier *m*, -ère *f*.

Abitur|zeugnis *das* diplôme *m* du baccalauréat.

ạb|kanzeln *vt fam* enguirlander.

ạb|kapseln ◆ **sich abkapseln** *ref* s'isoler.

ạb|kaufen *vt* - **1.** [kaufen] : **jm etw ~** acheter qqch à qqn - **2.** *fam* [glauben] : **das kaufe**

ich dir nicht ab tu ne vas pas me faire avaler ça.

ạb|klappern *vt fam :* **alle Geschäfte nach etw ~** faire tous les magasins à la recherche de qqch.

Ạbklatsch *der (ohne Pl)* pâle copie *f.*

ạb|klingen (*perf* **ist ạbgeklungen**) *vi (unreg)* diminuer.

ạb|knöpfen *vt fam :* **jm etw ~** soutirer qqch à qqn.

ạb|kochen *vt* faire bouillir.

ạb|kommen (*perf* **ist ạbgekommen**) *vi (unreg) :* **von etw ~** [Weg, Kurs] s'écarter de qqch ; [Thema] s'éloigner de qqch.

Ạbkommen (*pl* **-**) *das* accord *m.*

ạbkömmlich *adj* disponible.

ạb|können *vt (unreg) salopp :* **etw nicht ~** ne pas pouvoir supporter qqch.

ạb|kriegen *vt fam* **- 1.** [abbekommen] recevoir **- 2.** [Schaden erleiden] encaisser.

ạb|kühlen (*perf* **hat/ist ạbgekühlt**) *vi* [kühler werden] refroidir. ◆ **sich abkühlen** *ref* se rafraîchir.

Ạbkühlung *die (ohne Pl)* rafraîchissement *m ;* [von Beziehungen] refroidissement *m.*

ạb|kürzen *vt* **- 1.** [Weg] raccourcir **- 2.** [Wort, Verfahren] abréger **- 3.** [Reise] écourter.

Ạb|kürzung *die* **- 1.** [von Weg, Strecke] raccourci *m* **- 2.** [von Worten] abréviation *f.*

ạb|laden *vt (unreg)* **- 1.** [Last, Wagen] décharger **- 2.** *fam* [erzählen] déballer.

Ạb|lage *die* **- 1.** [für Papiere, Akten] classeur *m* **- 2.** [Abheften] classement *m.*

Ạb|lagerung *die* [Sediment] dépôt *m.*

ạb|lassen *(unreg)* ◇ *vt* [Flüssigkeit, Gas] : **etw ~** laisser (s') échapper qqch ◇ *vi :* **von jm ~** [in Ruhe lassen] laisser qqn tranquille ; **von etw ~** [aufgeben] renoncer à qqch.

Ạb|lauf *der* **- 1.** [Verlauf] déroulement *m* **- 2.** *(ohne Pl)* [Ende] échéance *f.*

ạb|legen *vt* **- 1.** [Jacke, Mantel] retirer **- 2.** [Gewohnheit, Vorurteil] abandonner **- 3.** [leisten] : **einen Eid ~** prêter serment **- 4.** [Prüfung] passer **- 5.** [Akten] ranger.

Ạbleger (*pl* **-**) *der* **- 1.** [von Pflanzen] bouture *f* **- 2.** [Filiale] filiale *f.*

ạb|lehnen *vt* **- 1.** [gen] refuser ; [Vorschlag, Anfrage] rejeter **- 2.** [Verantwortung, Einladung] décliner.

Ạblehnung (*pl* **-en**) *die* refus *m ;* **bei jm auf ~ stoßen** se heurter au refus de qqn ; [von Vorschlag, Anfrage] rejet *m.*

ạb|leisten *vt* effectuer.

ạb|leiten *vt* [folgern, zurückführen] : **etw von** ODER **aus etw ~** [Wort, Formel] dériver qqch de qqch ; [Recht] justifier qqch par qqch.

Ạb|leitung *die* [von Wort, Formel] dérivation *f.*

ạb|lenken *vt* détourner ; [zerstreuen] distraire.

Ạblenkung (*pl* **-en**) *die* [Zerstreuung] distraction *f.*

ạb|lesen *vt (unreg)* **- 1.** [Text, Rede] lire **- 2.** [Zählerstand] relever **- 3.** [erraten] : **etw von** ODER **an etw ~** lire qqch dans ODER sur qqch.

ạb|liefern *vt* livrer ; [Kind] déposer.

ạb|lösen *vt* **- 1.** [Kollegen] relayer **- 2.** [abmachen] décoller. ◆ **sich ablösen** *ref* **- 1.** [sich abwechseln] se relayer **- 2.** [abgehen] se décoller.

Ạb|lösung *die* relève *f.*

ạb|luchsen ['aplʊksn̩] *vt fam :* **jm etw ~** soutirer qqch à qqn.

ABM (*pl* **-s**) (*abk für* **Arbeitsbeschaffungsmaßnahme**) *die* ≃ C.E.S. *m (Contrat Emploi Solidarité).*

ạb|machen *vt* **- 1.** [entfernen] retirer, enlever **- 2.** [verabreden] : **etw ~** convenir de qqch.

Ạbmachung (*pl* **-en**) *die* accord *m.*

ạb|magern (*perf* **ist ạbgemagert**) *vi* maigrir.

ạb|malen *vt* peindre.

Ạb|marsch *der (ohne Pl)* départ *m.*

ạb|marschieren (*perf* **ist ạbmarschiert**) *vi* partir.

ạb|melden *vt* **- 1.** [Person] rayer des listes **- 2.** [Telefon] : **das Telefon ~** résilier son abonnement de téléphone.

Ạb|meldung *die* radiation *f (des listes).*

ạb|messen *vt (unreg)* mesurer.

ABM-|Stelle *die emploi d'utilité publique.*

ạb|mühen ◆ **sich abmühen** *ref* suer sang et eau.

ạb|nehmen *(unreg)* ◇ *vt* **- 1.** [Hut, Deckel] enlever ; [Telefon, Bild, Wäsche] décrocher **- 2.** [wegnehmen] : **jm etw ~** [gen] enlever qqch à qqn ; [Erlaubnis] retirer qqch à qqn **- 3.** [Last, Arbeit] : **jm etw ~** décharger qqn de qqch **- 4.** *fam* [glauben] : **das nehme ich dir nicht ab** tu ne me feras pas avaler ça **- 5.** [Prüfung] faire passer **- 6.** [Blut] prélever **- 7.** [Gewicht verlieren] perdre ◇ *vi* **- 1.** [Person] maigrir **- 2.** [sich verringern] diminuer ; [Mond] décroître.

Ạbnehmer, in (*mpl* **-** ; *fpl* **-nen**) *der, die* acheteur *m*, -euse *f.*

Ạb|neigung *die* aversion *f.*

ạb|nutzen, ạb|nützen *vt* user. ◆ **sich abnutzen, sich abnützen** *ref* s'user.

Ạbo *fam* = **Abonnement.**

Abonnement [abɔnə'mɑ̃ː], **Ạbo** (*pl* **-s**) *das* abonnement *m.*

abonnieren *vt* s'abonner à.

ab|ordnen *vt* déléguer.

ab|packen *vt* empaqueter, emballer.

ab|passen *vt* guetter.

ab|pflücken *vt* cueillir.

ab|prallen (*perf* **ist abgeprallt**) *vi* [Ball, Kugel] rebondir.

ab|putzen *vt* nettoyer ; **sich die Schuhe ~** s'essuyer les pieds.

ab|quälen ◆ **sich abquälen** *ref* [sich plagen] : **sich mit etw ~** se donner du mal pour faire qqch.

ab|raten *vi (unreg)* : **(jm) von etw ~** déconseiller qqch (à qqn).

ab|räumen *vt* débarrasser.

ab|reagieren *vt* : **etw an jm ~** passer qqch sur qqn. ◆ **sich abreagieren** *ref* : **sich (an jm) ~** se défouler (sur qqn).

ab|rechnen ◇ *vi* - **1.** [Kasse machen] faire les comptes - **2.** [mit Person] : **mit jm ~** *eigtl & fig* régler ses comptes avec qqn ◇ *vt* [abziehen] déduire.

Ab|rechnung *die* - **1.** [Bilanz, Rechnung] comptes *mpl* - **2.** [Rache] règlement *m* de comptes.

ab|reiben *vt (unreg)* - **1.** [Schmutz, Hände] frotter - **2.** [Kind, Hund] bien sécher.

Abreibung (*pl* **-en**) *die* raclée *f*.

Ab|reise *die* départ *m*.

ab|reisen (*perf* **ist abgereist**) *vi* partir.

ab|reißen (*perf* **hat/ist abgerissen**) *(unreg)* ◇ *vt (hat)* - **1.** [Zettel] détacher ; [Tapete] arracher - **2.** [Gebäude] démolir ◇ *vi (ist)* - **1.** [zerreißen] s'arracher - **2.** [Verbindung] cesser.

ab|richten *vt* dresser.

ab|riegeln *vt* [Tür, Raum] verrouiller.

ab|ringen *vt (unreg)* : **jm etw ~** arracher qqch de force à qqn.

Ab|riss *der* [von Gebäude] démolition *f*.

ab|rollen (*perf* **hat/ist abgerollt**) ◇ *vt (hat)* [abspulen] dérouler ◇ *vi (ist)* [Band, Veranstaltung] se dérouler.

ab|rücken (*perf* **hat/ist abgerückt**) ◇ *vt (hat)* écarter ◇ *vi (ist)* - **1.** [wegrücken] : **von jm/etw ~** s'écarter de qqn/qqch ; *fig* prendre ses distances à l'égard de qqn/qqch - **2.** *fam* [fortgehen] se tirer.

Ab|ruf *der* EDV appel *m*. ◆ **auf Abruf** *adv* sur demande.

ab|rufen *vt (unreg)* appeler.

ab|runden *vt* - **1.** [Zahl, Summe, Ecke] arrondir - **2.** [Küche, Programm] compléter.

abrupt ◇ *adj* brusque ◇ *adv* brusquement.

ab|rüsten *vi & vt* désarmer.

Ab|rüstung *die (ohne Pl)* désarmement *m*.

ab|rutschen (*perf* **ist abgerutscht**) *vi* - **1.** [wegrutschen] glisser ; [beim Bergsteigen] dévisser - **2.** [Leistung] dégringoler.

Abs. - **1.** (*abk für* **Absender**) exp. - **2.** (*abk für* **Absatz**) alinéa *m*.

ab|sacken (*perf* **ist abgesackt**) *vi* - **1.** [Gebäude] s'affaisser ; [Flugzeug] perdre brusquement de l'altitude - **2.** [Leistung] s'effondrer.

Ab|sage *die* annulation *f* ; **jm/etw eine ~ erteilen** adresser un refus à qqn/qqch.

ab|sagen ◇ *vt* annuler ◇ *vi* se décommander.

ab|sägen *vt* [sägen] scier.

ab|sahnen *fam* ◇ *vt* rafler ◇ *vi* se sucrer.

Ab|satz *der* - **1.** [vom Schuh] talon *m* - **2.** [Verkauf] vente *f* - **3.** [im Text] paragraphe *m*.

ab|saufen (*perf* **ist abgesoffen**) *vi (unreg) fam* [Motor] : **den Motor ~ lassen** noyer le moteur.

ab|schaffen *vt* [Institution] supprimer ; [Gesetz] abroger ; [Todesstrafe] abolir.

ab|schalten ◇ *vt* [Strom, Gas] couper ; [Radio, Fernsehen] éteindre ◇ *vi fam* [nicht zuhören] déconnecter.

ab|schätzen *vt* [Menge, Zahl] estimer.

abschätzig ◇ *adj* méprisant(e) ◇ *adv* avec mépris.

Ab|scheu *die* ODER *der (ohne Pl)* dégoût *m*.

abscheulich ◇ *adj* horrible ◇ *adv* horriblement.

ab|schicken *vt* envoyer.

ab|schieben (*perf* **hat/ist abgeschoben**) *(unreg)* ◇ *vt (hat)* [außer Landes] expulser ; [an der Grenze] refouler ◇ *vi (ist) salopp abw* [fortgehen] décaniller, déguerpir.

Abschied (*pl* **-e**) *der* - **1.** [Trennung, Weggehen] adieux *mpl* ; **von jm/etw ~ nehmen** prendre congé de qqn/qqch - **2.** [Entlassung] départ *m* ; **seinen ~ nehmen** quitter son poste, partir.

ab|schießen *vt (unreg)* - **1.** [Flugzeug, Wild] abattre - **2.** [Gewehr] décharger.

ab|schirmen *vt* protéger.

ab|schlachten *vt salopp* abattre, massacrer.

ab|schlagen *vt (unreg)* - **1.** [verweigern] : **jm etw ~** refuser qqch à qqn - **2.** [abtrennen] couper.

abschlägig ◇ *adj* négatif(ive) ◇ *adv* par la négative.

Abschlepp|dienst *der* service *m* de dépannage.

ab|schleppen *vt* [Auto] dépanner ; [durch Polizei] enlever. ◆ **sich abschleppen** *ref fam* : **sich mit etw ~** se trimbaler qqch.

Abschlepp|seil *das* câble *m* de remorquage.

ab|schließen *(unreg)* <> *vt* **- 1.** [verschließen] : **etw ~** fermer qqch à clef **- 2.** [beenden - Studium, Arbeit] terminer ; [- Angelegenheit] classer **- 3.** [Vertrag, Geschäft] conclure <> *vi* **- 1.** [mit etw enden] : **mit etw ~** [Erfolg, Verlust] se solder par qqch ; [Diplom] obtenir qqch **- 2.** [sich zu rückziehen] : **mit etw ~** en avoir fini avec qqch.

abschließend <> *adj* final(e) <> *adv* en guise de conclusion, en conclusion.

Ab|schluss *der* **- 1.** [Ende] fin *f*, conclusion *f* ; **zum ~** pour conclure **- 2.** [von Vertrag, Versicherung] conclusion *f* **- 3.** [von Schule, Studium] diplôme *m* de fin d'études.

Abschluss|zeugnis *das* certificat *m* de fin d'études.

ab|schmecken *vt* vérifier l'assaisonnement de.

ab|schmieren <> *vt* [Motor, Fahrradkette] graisser <> *vi* **- 1.** *fam* [Flugzeug, Pilot] se scratcher **- 2.** [Computer, Programm] se planter, planter.

ab|schminken *vt* : **jn ~** démaquiller qqn. ◆ **sich abschminken** *ref* se démaquiller.

ab|schnallen (*perf* **hat/ist abgeschnallt**) *vt (hat)* détacher. ◆ **sich abschnallen** *ref* détacher sa ceinture.

ab|schneiden *(unreg)* <> *vt* couper <> *vi* : **gut/schlecht ~** obtenir un bon/mauvais résultat.

Ab|schnitt *der* **- 1.** [im Text] paragraphe *m* **- 2.** [von Formular, Karte] talon *m* **- 3.** [von Strecken] tronçon *m* **- 4.** [Zeitraum] tranche *f*, période *f* **- 5.** MATH segment *m*.

ab|schrauben *vt* dévisser.

ab|schrecken *vt* **- 1.** [abhalten] dissuader, rebuter **- 2.** [mit kaltem Wasser] passer sous l'eau froide.

Abschreckung (*pl* **-en**) *die* dissuasion *f*.

ab|schreiben *vt (unreg)* **- 1.** [Text] copier **- 2.** *fam* [aufgeben] considérer comme perdu(e).

Ab|schrift *die* copie *f*.

Ab|schuss *der* **- 1.** [von Geschossen] départ *m* d'un coup **- 2.** [von Wild] chasse *f*.

abschüssig *adj* [Ufer, Straße] en pente raide.

ab|schütteln *vt* **- 1.** [Obst] faire tomber **- 2.** [Gegner] semer.

ab|schwächen *vt* atténuer. ◆ **sich abschwächen** *ref* s'atténuer.

ab|schweifen (*perf* **ist abgeschweift**) *vi* **- 1.** [Gedanke] divaguer ; [Blick] s'égarer **- 2.** [vom Thema] s'écarter.

ab|schwellen (*perf* **ist abgeschwollen**) *vi (unreg)* [Schwellung] désenfler.

absehbar *adj* prévisible.

ab|sehen *(unreg)* <> *vt* **- 1.** [voraussehen] prévoir **- 2.** [nachmachen] : **jm etw ~** copier qqc sur qqn <> *vi* **- 1.** [verzichten] : **von etw ~** renoncer à qqch **- 2.** [ärgern] : **es auf jn abgesehen haben** faire de qqn sa bête noire.

ab|seifen *vt* savonner.

ab|seilen *vt* descendre au moyen d'une corde. ◆ **sich abseilen** *ref* [mit einem Seil] descendre en rappel.

ab sein (*perf* **ist ab gewesen**) *vi (unreg) fam* [abgetrennt sein] être détaché(e).

abseits <> *präp* : **~ eines Ortes** ODER **von einem Ort** à l'écart d'un endroit <> *adv* à l'écart ; **sich ~ halten** se tenir à l'écart.

Abseits *das (ohne Pl)* **- 1.** SPORT hors-jeu *m* **- 2.** [Isolation] : **im ~ stehen** être à l'écart.

ab|senden *vt* envoyer.

Ab|sender *der* expéditeur *m*.

Absenderin (*pl* **-nen**) *die* expéditrice *f*.

ab|setzen *vt* **- 1.** [Mitfahrer] déposer ; [König] destituer ; [Koffer, Stift, Glas] poser **- 2.** [Hut, Brille] enlever **- 3.** [Film, Stück] retirer **- 4.** [Medikament] arrêter de prendre. ◆ **sich absetzen** *ref* **- 1.** [fliehen] s'enfuir **- 2.** [am Boden] se déposer **- 3.** [als Kontrast] : **sich gegen etw ~** se détacher de qqch.

ab|sichern *vt* protéger. ◆ **sich absichern** *ref* : **sich gegen etw ~** se protéger contre qqch.

Ab|sicht *die* intention *f*.

absichtlich <> *adj* intentionnel(elle) <> *adv* intentionnellement.

absolut <> *adj* absolu(e) <> *adv* absolument.

absolvieren [apzɔl'viːrən] *vt* [Kursus, Lehrgang] suivre, mener à bien ; [Prüfung] être reçu(e) à.

ab|sondern *vt* **- 1.** [Sekret] sécréter **- 2.** [isolieren] isoler. ◆ **sich absondern** *ref* s'isoler.

ab|spalten *vt* CHEM séparer. ◆ **sich abspalten** *ref* : **sich von etw ~** se détacher de qqch.

ab|speisen *vt* : **jn mit leeren Versprechungen ~** payer qqn de vaines promesses.

abspenstig *adj* : **jm jn ~ machen** prendre qqn à qqn.

ab|sperren *vt* **- 1.** [Straße] barrer **- 2.** [Tür, Gebiet] verrouiller.

Ab|sperrung *die* barrage *m*.

ab|spielen *vt* jouer. ◆ **sich abspielen** *ref* se dérouler.

Ab|sprache *die* entente *f*.

ab|sprechen *vt (unreg)* [vereinbaren] convenir de. ◆ **sich absprechen** *ref* se mettre d'accord.

ab|springen (*perf* **ist abgesprungen**) *vi (unreg)* **- 1.** [Person, Fahrradkette] sauter **- 2.** [Lack] s'écailler.

ab|spülen <> *vt* [Geschirr] laver <> *vi* faire la vaisselle.
ab|stammen *vi* : **von jm/etw ~** descendre de qqn/qqch.
Abstammung *die (ohne Pl)* descendance *f*, origine *f*.
Abstand (*pl* **-stände**) *der* intervalle *m* ; **von jm/etw ~ halten** garder ses distances avec qqn/qqch. ◆ **mit Abstand** *adv* de loin.
ab|statten *vt* : **jm einen Besuch ~** rendre visite à qqn.
ab|stauben *vt* [putzen] épousseter.
Abstecher (*pl* **-**) *der* détour *m*.
ab|stehen (*perf* **hat/ist abgestanden**) *vi (unreg)* : **von etw ~** [Möbel] être éloigné(e) de qqch.
abstehend *adj* : **~e Ohren** oreilles *fpl* décollées.
ab|steigen (*perf* **ist abgestiegen**) *vi (unreg)* [gen] descendre.
ab|stellen *vt* **- 1.** [Gerät] éteindre **- 2.** [Last, Möbel] déposer ; [Auto] garer ; [Fahrrad] poser **- 3.** [Strom, Wasser] couper **- 4.** [Missstand, Problem] mettre fin à.
Abstell|raum *der* débarras *m*.
ab|stempeln *vt* [Brief] tamponner.
ab|sterben (*perf* **ist abgestorben**) *vi (unreg)* **- 1.** [Pflanze] dessécher **- 2.** [Gliedmaßen] se nécroser.
Abstieg (*pl* **-e**) *der* **- 1.** [vom Berg] descente *f* **- 2.** [sozial, finanziell] déclin *m*.
ab|stimmen <> *vi* [wählen] voter <> *vt* **- 1.** [einstellen] : **etw auf jn/etw ~** adapter qqch à qqn/qqch **- 2.** [absprechen] : **etw mit jm ~** convenir de qqch avec qqn. ◆ **sich abstimmen** *ref* : **sich mit jm (über etw** *(A)*) **~** s'accorder avec qqn (sur qqch).
Ab|stimmung *die* **- 1.** [Wahl] vote *m* **- 2.** [Koordinierung] harmonisation *f* **- 3.** [Absprache] accord *m*.
ab|stoßen *vt (unreg)* **- 1.** [Boot] pousser **- 2.** [anekeln] dégoûter **- 3.** [Ecke] abîmer. ◆ **sich abstoßen** *ref* se donner de l'élan.
abstoßend <> *adj* dégoûtant(e) <> *adv* d'une manière répugnante.
abstrakt *adj* abstrait(e).
ab|streiten *vt (unreg)* contester.
Ab|strich *der* [Einschränkungen] réserve *f* ; **~e machen** faire des sacrifices.
ab|stumpfen (*perf* **hat/ist abgestumpft**) <> *vt (hat)* abrutir <> *vi (ist)* : **gegen etw ~** devenir insensible à qqch.
Ab|sturz *der* [von Flugzeugen] crash *m*.
ab|stürzen (*perf* **ist abgestürzt**) *vi* [Flugzeug] s'écraser.
ab|suchen *vt* [Gelände, Wohnung] : **etw (nach jm/etw) ~** fouiller qqch (pour trouver qqn/qqch).
absurd *adj* absurde.
Abt (*pl* **Äbte**) *der* abbé *m*.
Abt. (*abk für* **Abteilung**) dépt.
ab|tasten *vt* tâter ; [Körper] palper.
ab|tauen (*perf* **hat/ist abgetaut**) <> *vt (hat)* décongeler <> *vi (ist)* [Kühlschrank] se décongeler ; [Eis, Schnee] fondre.
Abtei (*pl* **-en**) *die* abbaye *f*.
Ab|teil *das* compartiment *m*.
ab|teilen *vt* séparer.
Ab|teilung[1] *die* **- 1.** [einer Firma] département *m* **- 2.** [im Kaufhaus] rayon *m*.
Ab|teilung[2] *die* [Trennung] séparation *f*.
Äbtissin (*pl* **-nen**) *die* abbesse *f*.
ab|törnen *vt salopp* gonfler ; **das törnt mich ab** ça me gonfle.
ab|tragen *vt (unreg)* **- 1.** [Erde, Steine] emporter **- 2.** [Kleidung] user.
ab|treiben (*perf* **hat/ist abgetrieben**) *(unreg)* <> *vt (hat)* **- 1.** [Kind] avorter **- 2.** [Boot] déporter <> *vi (ist)* [Boot] aller à la dérive.
Abtreibung (*pl* **-en**) *die* avortement *m*.
ab|trennen *vt* **- 1.** [Coupon] détacher ; [Ärmel, Knopf] enlever **- 2.** [abteilen] séparer.
ab|treten *vt (unreg)* **- 1.** [Schuh] user **- 2.** [abgeben] : **etw (an jn) ~** céder qqch (à qqn).
ab|trocknen *vt* essuyer ; **sich** *(D)* **etw ~** s'essuyer qqch. ◆ **sich abtrocknen** *ref* s'essuyer.
ab|verlangen *vt* : **jm etw ~** exiger qqch de qqn.
ab|wägen *vt* évaluer ; [Urteil, Worte] soupeser ; **etw gegeneinander ~** peser le pour et le contre de qqch.
ab|wählen *vt* **- 1.** [absetzen] ne plus réélire **- 2.** [Schulfach] abandonner.
ab|wälzen *vt* : **etw auf jn ~** rejeter qqch sur qqn.
ab|wandeln *vt* modifier.
ab|wandern (*perf* **ist abgewandert**) *vi* [fortgehen] quitter le pays.
Ab|wandlung *die* modification *f*.
ab|warten <> *vt* attendre <> *vi* attendre.
abwärts *adv* vers le bas.
Abwasch *der (ohne Pl)* vaisselle *f* (sale).
ab|waschen *(unreg)* <> *vt* laver <> *vi* faire la vaisselle.
Ab|wasser *das* eaux *fpl* usées.
ab|wechseln ['apvɛksl̩n] ◆ **sich abwechseln** *ref* **- 1.** [Personen] : **sich (mit jm) ~** se relayer avec qqn **- 2.** [Zustände] alterner.
abwechselnd *adv* tour à tour.
Abwechselung, Abwechslung (*pl* **-en**) *die* changement *m*.
Abwege *pl* : **auf ~ geraten** s'écarter du droit chemin.
abwegig *adj* bizarre.

Abwehr *die (ohne Pl)* défense *f*.
ab|wehren ◇ *vt* [Schlag] parer ; [Angriff] repousser ◇ *vi* refuser.
ab|weichen (*perf* **ist abgewichen**) *vi (unreg) :* **von etw ~** s'écarter de qqch.
abweichend *adj* divergent(e).
ab|weisen *vt (unreg)* **- 1.** [Bitte] refuser ; [Antrag] rejeter **- 2.** [Person] ne pas recevoir.
abweisend ◇ *adj* [Bemerkung] négatif(ive) ; [Handbewegung] de refus ◇ *adv :* **sich ~ verhalten** avoir une attitude de refus.
ab|wenden *vt (unreg)* **- 1.** [Augen, Blick] détourner ; [Kopf] tourner **- 2.** [Unglück] prévenir. ◆ **sich abwenden** *ref :* **sich (von jm/etw) ~** se détourner (de qqn/qqch).
ab|werfen *vt (unreg)* **- 1.** [Subj : Flugzeug] larguer ; [Subj : Pferd] désarçonner **- 2.** [Gewinn] rapporter.
ab|werten *vt* **- 1.** [Währung] dévaluer **- 2.** [herabsetzen] déprécier.
abwesend ◇ *adj* absent(e) ◇ *adv* d'un air absent.
Abwesenheit *die (ohne Pl)* absence *f* ; **in js ~** en l'absence de qqn.
ab|wickeln *vt* **- 1.** [Garn, Kabel] dévider **- 2.** [Geschäft] conclure.
Abwicklung (*pl* **-en**) *die* [von Geschäft] conclusion *f*.
ab|wiegen *vt (unreg)* peser.
ab|wimmeln *vt fam* se débarrasser de.
ab|wischen *vt* [gen] essuyer.
ab|würgen *vt fam* **- 1.** [Motor] : **den Motor ~** caler **- 2.** [Gespräch, Kritik] étouffer.
ab|zahlen *vt* payer à tempérament.
ab|zählen *vt :* **Kleingeld ~** préparer l'appoint.
Ab|zeichen *das* insigne *m*.
ab|zeichnen *vt* copier. ◆ **sich abzeichnen** *ref* se profiler.
ab|ziehen (*perf* **hat/ist abgezogen**) *(unreg)* ◇ *vt (hat)* **- 1.** [Schlüssel, Soldaten] retirer **- 2.** [Zahl, Summe] déduire **- 3.** [Bett] défaire **- 4.** [Fotos] tirer ◇ *vi (ist)* **- 1.** [Rauch] s'échapper **- 2.** *fam* [fortgehen] : **zieh ab!** fous le camp!
ab|zocken ◇ *vt salopp* arnaquer ◇ *vi salopp* s'en mettre plein les poches.
Ab|zug *der* **- 1.** [Foto] tirage *m* **- 2.** [Subtraktion] déduction *f* **- 3.** *(ohne Pl)* [von Soldaten] retrait *m*.
abzüglich *präp :* **~ einer Sache** *(G)* déduction faite de qqch.
ab|zweigen ◇ *vi :* **von etw ~** partir de qqch ◇ *vt* mettre de côté.
Abzweigung (*pl* **-en**) *die* embranchement *m*.
ach *interj* ah, oh. ◆ **Ach** *das :* **mit Ach und Krach** *fam fig* à grand-peine. ◆ **ach deshalb!** *interj* c'est donc ça! ◆ **ach ja!** *interj* ah oui! ◆ **ach nein!** *interj* ah non! ◆ **ach so!** *interj* ah bon!
Achse ['aksə] (*pl* **-n**) *die* axe *m* ; [von Autos] essieu *m* ; **auf ~ sein** *fig* être sur les routes.
Achsel ['aksl] (*pl* **-n**) *die* aisselle *f* ; **mit den ~n zucken** hausser les épaules.
achselzuckend *adv* en haussant les épaules.
acht *num* huit ; *siehe auch* **sechs.**
Acht[1] ◆ **außer Acht** *adv :* **etw außer ~ lassen** ne pas tenir compte de qqch. ◆ **in Acht** *adv :* **sich (vor etw) in ~ nehmen** prendre garde (à qqch). ◆ **Acht geben** *vi (unreg)* faire attention ; **auf jn/etw ~** prendre garde à qqn/qqch.
Acht[2] (*pl* **-en**) *die* huit *m* ; *siehe auch* **Sechs.**
achte, r, s *adj* huitième ; *siehe auch* **sechste.**
Achte (*pl* **-n**) *der, die, das* huitième *mf* ; *siehe auch* **Sechste.**
Achteck (*pl* **-e**) *das* octogone *m*.
achtel *adj* huitième ; *siehe auch* **sechstel.**
Achtel (*pl* **-**) *das* [Teil] huitième *m*.
achten ◇ *vt* respecter ◇ *vi :* **auf jn/etw ~** faire attention à qqn/qqch.
Achter|bahn *die* montagnes *fpl* russes.
achtfach *adv* huit fois.
acht|geben ▷ **Acht.**
achthundert *num* huit cents.
achtlos ◇ *adj* négligent(e) ◇ *adv* par négligence.
achtmal *adv* huit fois.
Achtstunden|tag *der* journée *f* de huit heures.
achttausend *num* huit mille.
Achtundsechziger (*pl* **-**) *der* soixante-huitard *m*.
Achtung *die (ohne Pl)* respect *m* ; **Achtung!** attention! ; **~, fertig, los!** SPORT à vos marques, prêts, partez!
achtzehn *num* dix-huit ; *siehe auch* **sechs.**
Achtzehn (*pl* **-en**) *die* dix-huit *m* ; *siehe auch* **Sechs.**
achtzig *num* quatre-vingt, quatre-vingts ; **jn auf ~ bringen** *fig* mettre qqn en boule ; *siehe auch* **sechs.**
Achtzig *die (ohne Pl)* quatre-vingt *m* ; *siehe auch* **Sechs.**
Achtzigerjahre, achtziger Jahre *adj :* **die ~** les années quatre-vingt.
ächzen *vi* gémir.
Acker (*pl* **Äcker**) *der* champ *m*.
Acker|bau *der* agriculture *f*.
a. d. (*abk für* **an der**) : **~ Donau** sur le Danube.
ADAC (*abk für* **Allgemeiner Deutscher**

Automobil-Club) *der (ohne Pl)* Automobile-Club *m* allemand.
addieren *vt* MATH additionner. ◆ **sich addieren** *ref* : **sich auf zehn Euro ~** s'élever à dix euros.
ade *adv Süddt* : **ade!** adieu!
Adel *der (ohne Pl)* noblesse *f*.
adelig = **adlig.**
Ader (*pl* **-n**) *die* veine *f*.
Adjektiv (*pl* **-e**) *das* GRAM adjectif *m*.
adjektivisch GRAM ◇ *adj* adjectif(ive), adjectival(e) ◇ *adv* adjectivement.
Adler (*pl* **-**) *der* aigle *m*.
adlig, adelig *adj* noble.
Admiral (*pl* **-e** ODER **Admiräle**) *der* MIL amiral *m*.
adoptieren *vt* adopter.
Adoption (*pl* **-en**) *die* adoption *f*.
Adoptiv|eltern *pl* parents *mpl* adoptifs.
Adoptiv|kind *das* enfant *m* adoptif.
Adress|buch *das* [privat] carnet *m* d'adresses ; [öffentlich] registre *m* d'adresses.
Adresse (*pl* **-n**) *die* adresse *f* ; **an die falsche ~ kommen** ODER **geraten** se tromper d'adresse.
adressieren *vt* : **(etw an jn) ~** adresser (qqch à qqn).
Adria *die* Adriatique *f*, mer *f* Adriatique.
Advent [at'vɛnt] *der* Avent *m* ; **erster/zweiter ~** premier/deuxième dimanche de l'Avent.
Advents|kranz *der* couronne *f* de l'Avent.
Adverb [at'vɛrp] (*pl* **-ien**) *das* GRAM adverbe *m*.
adverbial [atvɛr'bi̯a:l] GRAM ◇ *adj* adverbial(e) ◇ *adv* adverbialement.
Affäre (*pl* **-n**) *die* **- 1.** [Angelegenheit] affaire *f* ; **sich aus der ~ ziehen** se tirer d'affaire, s'en sortir **- 2.** [Verhältnis] aventure *f (amoureuse)*.
Affe (*pl* **-n**) *der* [Tier] singe *m*.
affektiert *abw* ◇ *adj* **- 1.** [Verhalten] affecté(e) **- 2.** [Person] maniéré(e) ◇ *adv* avec affectation.
affig *fam abw* ◇ *adj* ridicule ◇ *adv* ridiculement.
Afrika *nt* Afrique *f*.
Afrikaner, in (*mpl* **-** ; *fpl* **-nen**) *der, die* Africain *m*, -e *f*.
afrikanisch *adj* africain(e).
After (*pl* **-**) *der* anus *m*.
AG (*pl* **-s**) (*abk für* **Aktiengesellschaft**) *die* ≃ SA *f*.
Ägäis *die* mer *f* Égée.
Agent, in (*mpl* **-en** ; *fpl* **-nen**) *der, die* agent *m*.
Agentur (*pl* **-en**) *die* agence *f*.
Aggression (*pl* **-en**) *die* agression *f*.
aggressiv ◇ *adj* agressif(ive) ◇ *adv* de façon agressive.
Agrar|politik *die* politique *f* agricole.
Ägypten *nt* Égypte *f*.
Ägypter, in (*mpl* **-** ; *fpl* **-nen**) *der, die* Égyptien *m*, -enne *f*.
ägyptisch *adj* égyptien(enne).
ah *interj* : **ah!** ah!
aha! *interj* : **aha!** ah, oui!
Aha-Erlebnis *das* révélation *f*.
ähneln *vi* : **jm/etw ~** ressembler à qqn/qqch.
ahnen *vt* **- 1.** [im Voraus fühlen] pressentir **- 2.** [vermuten] se douter de, présumer.
ähnlich ◇ *adj* semblable ; **jm/etw ~ sein** ressembler à qqn/qqch ◇ *adv* : **jm/etw ~ sehen** ressembler à qqn/qqch ; **das sieht ihm ~!** c'est tout à fait lui!
Ähnlichkeit (*pl* **-en**) *die* ressemblance *f*.
Ahnung (*pl* **-en**) *die* **- 1.** [Vorgefühl] pressentiment *m* **- 2.** *fam* [Vorstellung, Vermutung] idée *f* ; **(von etw) keine ~ haben** n'avoir aucune idée (de qqch).
ahnungslos ◇ *adj* inconscient(e) ◇ *adv* sans se douter de rien.
Ahnungslosigkeit *die (ohne Pl)* inconscience *f*.
ahoi *interj* SCHIFF : **ahoi!** ohé!
Ahorn (*pl* **-e**) *der* érable *m*.
Ähre (*pl* **-n**) *die* épi *m*.
Aids ['eidz] (*abk für* **Acquired Immune Deficiency Syndrome**) *nt (ohne Pl)* SIDA *m*, sida *m*.
Aids|kranke *der, die* sidéen *m*, -enne *f*, sidatique *mf*.
Akademie (*pl* **-n**) *die* académie *f*.
Akademiker, in (*mpl* **-** ; *fpl* **-nen**) *der, die* *homme ou femme qui a une formation universitaire.*
akademisch *adj* universitaire.
Akazie (*pl* **-n**) *die* acacia *m*.
Akkord (*pl* **-e**) *der* MUS accord *m*. ◆ **im Akkord** *adv* WIRTSCH aux pièces.
Akkordeon (*pl* **-s**) *das* accordéon *m*.
Akku (*pl* **-s**) (*abk für* **Akkumulator**) *der* accus *mpl*.
Akkumulator (*pl* **-latoren**) *der* accumulateur *m*.
Akkusativ (*pl* **-e**) *der* GRAM accusatif *m*.
Akne *die* MED acné *f*.
Akrobat, in (*mpl* **-en** ; *fpl* **-nen**) *der, die* acrobate *mf*.
akrobatisch *adj* acrobatique.
Akt (*pl* **-e**) *der* **- 1.** [Bild] nu *m* **- 2.** [im Theater] acte *m* **- 3.** [Handlung] acte *m*, action *f*.
Akte (*pl* **-n**) *die* **- 1.** [von Polizei, Gericht]

pièces *fpl* - **2.** [Personalakte] dossier *m* ; **etw zu den ~n legen** *fam fig* considérer qqch comme une affaire classée.

aktenkundig *adj* enregistré(e).

Akten|tasche *die* porte-documents *m*.

Aktie ['aktsiə] (*pl* **-n**) *die* WIRTSCH action *f* ; **die ~n steigen/fallen** les actions sont en hausse/baisse.

Aktien|gesellschaft *die* WIRTSCH ≃ société *f* anonyme.

Aktien|kurs *der* WIRTSCH cours *m* (des actions).

Aktion (*pl* **-en**) *die* - **1.** [Tätigkeit] action *f* ; **in ~ sein/treten** *fig* être en/passer à l' action - **2.** [Veranstaltung] opération *f*.

Aktionär, in [aktsio'nɛːɐ̯, rın] (*mpl* **-e** ; *fpl* **-nen**) *der, die* WIRTSCH actionnaire *mf*.

aktiv ◇ *adj* actif(ive) ◇ *adv* activement.

Aktiv *das (ohne Pl)* GRAM actif *m*.

aktivieren [akti'viːrən] *vt* activer.

Aktivität [aktivi'tɛːt] (*pl* **-en**) *die* activité *f*.

Aktualität *die (ohne Pl)* actualité *f*.

aktuell *adj* [modisch] actuel(elle) ; [wichtig] d'actualité.

Akupressur (*pl* **-en**) *die* acupression *f*.

Akupunktur (*pl* **-en**) *die* MED acupuncture *f*.

Akustik *die (ohne Pl)* acoustique *f*.

akut *adj* - **1.** [vordringlich] urgent(e) - **2.** MED aigu(uë).

AKW (*pl* **-s**) *das abk für* **Atomkraftwerk.**

Akzent (*pl* **-e**) *der* accent *m* ; **den ~ auf etw legen** *fig* mettre l'accent sur qqch.

akzeptieren *vt* accepter.

Alarm (*pl* **-e**) *der* [Notsignal] alarme *f* ; **~ schlagen** donner l'alarme ; **blinder ~** *fig* fausse alerte.

Alarm|anlage *die* dispositif *m* d'alarme, alarme *f*.

alarmieren *vt* - **1.** [aufschrecken] alarmer - **2.** [rufen] alerter.

Albaner, in (*mpl* **-** ; *fpl* **-nen**) *der, die* Albanais *m*, -e *f*.

Albanien *nt* Albanie *f*.

albanisch *adj* albanais(e).

albern ◇ *adj* puéril(e), bête ◇ *adv* bêtement, stupidement ◇ *vi* faire l'imbécile.

Albino (*pl* **-s**) *der* albinos *mf*.

Alb|traum *der* cauchemar *m*.

Album (*pl* **-ben**) *das* album *m*.

Aldi® (*pl* **-s**) *der chaîne de supermarchés distribuant, dans une présentation simple, des produits à très bas prix.*

Alge (*pl* **-n**) *die* algue *f*.

Algebra *die* MATH algèbre *f*.

Algerien *nt* Algérie *f*.

Algerier, in [al'geːriɐ, rın] (*mpl* **-** ; *fpl* **-nen**) *der, die* Algérien *m*, -enne *f*.

algerisch *adj* algérien(enne).

Algier ['alʒiːɐ̯] *nt* Alger.

alias *adv* alias.

Alibi (*pl* **-s**) *das* alibi *m*.

Alimente *pl* pension *f* alimentaire.

alkalisch *adj* CHEM alcalin(e).

Alkohol (*pl* **-e** ODER **Alkoholika**) *der* - **1.** *(Pl Alkohole)* CHEM alcool *m* - **2.** *(Pl Alkoholika)* [Getränk] alcool *m*, boissons *fpl* alcoolisées.

alkoholabhängig *adj* alcoolique.

alkoholfrei *adj* sans alcool.

Alkohol|gehalt *der* teneur *f* en alcool.

Alkoholiker, in (*mpl* **-** ; *fpl* **-nen**) *der, die* alcoolique *mf*.

alkoholisch *adj* alcoolisé(e).

Alkoholismus *der (ohne Pl)* alcoolisme *m*.

all *det* : **all dies/jenes** tout ceci/cela ; **~ dies dumme Zeug** toutes ces bêtises ; **all mein/sein ...** tout mon/son ...

All *das (ohne Pl)* univers *m*.

alle (*nt* **-s**) ◇ *det* tout le, toute la, tous les, toutes les ; **~ fünf Minuten** toutes les cinq minutes ; **~ fünf Meter** tous les cinq mètres ◇ *pron* tous, toutes ; **~ auf einmal** tous à la fois ; **~ beide** tous les deux ; **~ zusammen** tous ensemble ; **wir ~** nous tous ODER toutes ; **~ sind da** tout le monde est là ◇ *adj fam* : **etw ist ~** il n'y a plus de qqch. ◆ **alles** *pron* [insgesamt] tout ; **~s auf einmal** tout à la fois ; **das ist ~s** c'est tout ; **~s andere als ...** tout sauf ... ; **~s in allem** tout compte fait ; **~s und jedes** absolument tout. ◆ **trotz allem** *adv* malgré tout. ◆ **vor allem** *adv* avant tout, surtout.

Allee (*pl* **-n**) *die* [Straße] avenue *f*.

allein ◇ *adj* seul(e) ◇ *adv* - **1.** [gen] seul(e) ; **~ dastehen** rester seul(e) ; **ganz ~** tout seul, toute seule - **2.** [nur] : **~ Petra** seule Petra ; **schon ~ etw** qqch à lui seul, qqch à elle seule. ◆ **von allein** *adv* tout seul, toute seule.

allein erziehend *adj* : **~e Mutter** mère *f* célibataire.

Allein|gang *der* : **etw im ~ tun** n'avoir besoin de personne pour faire qqch.

alleinig *adj* unique.

allein stehend *adj* qui vit ODER est seul(e).

Alleinstehende (*pl* **-n**) *der, die* personne *f* qui vit seule.

allemal *adv fam* à coup sûr ▷ **Mal.**

allenfalls *adv* tout au plus.

allerbeste, r, s *adj* le meilleur de tous, la meilleure de toutes.

allerdings *adv* - **1.** [als Antwort] effectivement - **2.** [aber] toutefois.

allererste, r, s *adj* tout premier, toute première.

Allergie (*pl* **-n**) *die* MED allergie *f.*

allergisch ◇ *adj* allergique ; **gegen etw ~ sein** MED être allergique à qqch ◇ *adv* de façon allergique.

allerhand *adj (unver) fam* pas mal de ; **das ist ja ~!** c'est un peu fort!

Allerheiligen *nt (ohne Artikel)* Toussaint *f.*

allerhöchstens *adv* tout au plus.

allerlei *det* toutes sortes de.

allerletzte, r, s *adj* **- 1.** [letzte] tout dernier, toute dernière **- 2.** [schlecht] pire ; **das ist das Allerletzte!** c'est la pire des choses!

Allerseelen *nt (ohne Artikel)* jour *m* des Morts.

allerseits *adv* : **guten Tag/Abend ~** bonjour/bonsoir à tous.

Allerwerteste (*pl* **-n**) *der hum* derrière *m.*

alles ▷ **alle.**

allesamt *adv* : **seine Schulden ~ bezahlen** payer toutes ses dettes ; **sie sind ~ verrückt** ils sont tous fous.

Alles|kleber *der* colle *f* universelle.

Allgäu *das* Allgäu *m.*

allgemein ◇ *adj* **- 1.** [gemeinsam] commun(e) ; **die ~e Wehrpflicht** le service militaire obligatoire ; **das ~e Wahlrecht** le suffrage universel **- 2.** [nicht detailliert] général(e) ◇ *adv* **- 1.** [bei allen] en général **- 2.** [von Einzelheiten absehend] de façon générale. ◆ **im Allgemeinen** *adv* en général.

Allgemein|bildung *die* culture *f* générale.

allgemein gültig ◇ *adj* généralement reconnu(e) ◇ *adv* de manière générale ODER universelle.

Allgemeinheit *die (ohne Pl)* **- 1.** [Öffentlichkeit] opinion *f* publique **- 2.** [Undifferenziertheit] généralité *f.* ◆ **Allgemeinheiten** *pl* [Floskel] généralités *fpl.*

Allgemein|platz *der* lieu *m* commun.

Allheil|mittel *das* panacée *f.*

Alligator (*pl* **-gatoren**) *der* alligator *m.*

alliiert *adj* allié(e).

Alliierte *pl* alliés *mpl* ; HIST : **die ~n** les Alliés *mpl.*

alljährlich ◇ *adj* annuel(elle) ◇ *adv* tous les ans.

allmächtig *adj* tout-puissant, toute-puissante.

allmählich ◇ *adj* progressif(ive) ◇ *adv* progressivement.

allseits *adv* partout.

All|tag *der (ohne Pl)* vie *f* quotidienne.

alltäglich *adj* quotidien(enne).

Alltags|trott *der (ohne Pl)* ronron *m* quotidien.

allwissend *adj* [Person] qui sait tout ; [Schöpfer] omniscient(e).

allzu *adv* bien trop. ◆ **allzu sehr** *adv* beaucoup trop. ◆ **allzu viel** *adv* beaucoup trop.

Alm (*pl* **-en**) *die* alpage *m.*

Almosen (*pl* **-**) *das* [Gabe] aumône *f.*

Aloe ['a:loe] (*pl* **-n**) *die* aloès *m.*

Alpen *pl* : **die ~** les Alpes *fpl.*

Alpen|veilchen *das* cyclamen *m.*

Alpen|verein *der* club *m* alpin.

Alpen|vorland *das (ohne Pl)* contreforts *mpl* des Alpes.

Alpha (*pl* **-s**) *das* alpha *m inv.*

Alphabet [alfa'be:t] (*pl* **-e**) *das* alphabet *m.*

alphabetisch ◇ *adj* alphabétique ◇ *adv* par ordre alphabétique.

alpin *adj* alpin(e).

Alptraum = **Albtraum.**

als *konj* **- 1.** [temporal] quand, lorsque ; **er fuhr erst, ~ die Arbeit fertig war** il n'est parti que lorsqu'il eut fini son travail **- 2.** [zur Angabe einer Relation] que ; **größer ~** plus grand que ; **mehr ~ drei Jahre** plus de trois ans ; **der Film ist besser, ~ ich gedacht hatte** le film est meilleur que je (ne) le pensais **- 3.** [zur Angabe einer Annahme] comme si ; **es sieht so aus, ~ habe er ...** on dirait qu'il ... ; **~ ob** comme si ; **es sieht so aus, ~ ob ...** on dirait que .... **- 4.** [zur Angabe eines Urteils, eines Verwendungszweckes] comme **- 5.** [zur Angabe der Identität] en tant que ; **~ Kind aß ich gerne Eis** quand j'étais petit, j'aimais manger de la glace ; **~ Mönch verkleidet** déguisé(e) en moine.

also ◇ *interj* mais alors ; **~, ich finde, dass er Recht hat** eh bien, je trouve qu'il a raison ; **~ doch!, na ~!** vous voyez, tu vois ; **~ gut** ODER **schön!** bon d'accord! ; **~ bitte!** allez! ◇ *konj* **- 1.** [das heißt] c'est-à-dire **- 2.** [demnach] alors, donc ; **da lag ~ der Fehler!** c'est donc là qu'était la faute! ◇ *adv* alors ; **du wusstest es ~ schon** alors tu le savais déjà.

alt (*komp* **älter** ; *superl* **älteste**) *adj* **- 1.** [Lebewesen] vieux (vieille), âgé(e) ; **wie ~ bist du?** quel âge as-tu? ; **er ist zehn Jahre ~** il a dix ans ; **sie ist zwei Jahre älter** elle a deux ans de plus ; **sein älterer Bruder** son frère aîné ; **sie ist drei Jahre älter als ich** [für Schwester] elle est mon aînée de trois ans **- 2.** [antik, ehemalig] ancien(enne) **- 3.** [benützt, vertraut] vieux (vieille). ◆ **Alt und Jung** *pron* (les) jeunes et (les) moins jeunes ; *siehe auch* **Alte.**

Alt (*pl* **-e** ODER **-**) ◇ *der (Pl Alte)* MUS alto *m* ◇ *das (Pl Alt)* = **Altbier.**

Altar (*pl* **Altäre**) *der* autel *m.*
Alt|bau *der* bâtiment *m* ancien.
altbekannt *adj* bien connu(e).
altbewährt *adj* éprouvé(e).
Alt|bier, Alt *das, sorte de bière brune d'origine rhénane.*
Alte (*pl* **-n**) ◇ *der, die* **- 1.** [Greis, Greisin] vieux *m*, vieille *f* **- 2.** [Gleiche] : **ganz der/die ~e** *fig* toujours le/la même ◇ *das (ohne Pl)* passé *m* ; **alles beim ~en lassen** ne rien changer.
alteingesessen *adj* établi(e) de longue date.
Alten|heim = **Altersheim.**
Altentages|stätte *die* club *m* du troisième âge.
Alter (*pl* **-**) *das* **- 1.** [Lebensalter] âge *m* **- 2.** *(ohne Pl)* [Altsein] vieillesse *f.*
älter *adj* **- 1.** ▷ **alt - 2.** [ziemlich alt] d'un certain âge.
Ältere (*pl* **-n**) *der* : **Holbein, der ~** Holbein l'Ancien ODER le Vieux.
altern (*perf* **ist gealtert**) *vi* vieillir.
alternativ ◇ *adj* **- 1.** [wahlweise] autre **- 2.** [unkonventionell] alternatif(ive) ◇ *adv* **- 1.** [wahlweise] comme autre possibilité **- 2.** [unkonventionell] de façon marginale.
Alternative [alterna'tiːvə] (*pl* **-n**) *die* alternative *f* ; **die ~ zu etw** l'alternative à qqch.
altersbedingt *adj* dû (due) à l'âge.
Alters|genosse *der* qqn du même âge *(de sexe masculin).*
Alters|genossin *die* qqn du même âge *(de sexe féminin).*
Alters|grenze *die* limite *f* d'âge.
Alters|gruppe *die* classe *f* d'âge.
Alters|heim, Alten|heim *das* maison *f* de retraite.
altersschwach *adj* **- 1.** [Person] sénile **- 2.** [Gegenstand] vétuste.
Alters|versicherung *die* assurance *f* vieillesse.
Alters|versorgung *die* pension *f* de retraite.
Altertum *das (ohne Pl)* [Antike] : **das ~** l'Antiquité *f.* ◆ **Altertümer** *pl* [antike Objekte] antiquités *fpl.*
Älteste (*pl* **-n**) *der, die* **- 1.** [ältestes Kind] aîné *m*, -e *f* **- 2.** [älteste Person] ancien *m*, -enne *f.*
althergebracht *adj* traditionnel(elle).
altklug ◇ *adj* [Kind] arrogant(e) ◇ *adv* [reden] de façon arrogante.
ältlich *adj* d'un certain âge.
Alt|material *das* matériel *m* usagé.
altmodisch ◇ *adj* démodé(e) ◇ *adv* de façon démodée.
Alt|papier *das (ohne Pl)* papier *m* recyclable.
Altpapier|container *der* conteneur *m* destiné au papier recyclable.
altsprachlich *adj* ▷ **Gymnasium.**
Alt|stadt *die* vieille ville *f.*
Alu *das (ohne Pl) fam* alu *m.*
Alu|folie *die* papier *m* aluminium.
Aluminium *das (ohne Pl)* aluminium *m.*
am *präp* **- 1.** [räumlich] : **~ Schreibtisch** au bureau ; **~ Meer** au bord de la mer ; **Frankfurt ~ Main** Francfort-sur-le-Main **- 2.** [zeitlich] : **er kommt ~ Montag** il viendra lundi ; **er kommt ~ Wochenende** il viendra ce week-end ; **~ 4. Oktober** le 4 octobre **- 3.** [zum Ausdruck des Superlativs] : **~ besten** le mieux.
amateurhaft *abw* ◇ *adj* d'amateur ◇ *adv* en amateur.
Amazonas *der* Amazone *f.*
Amboss (*pl* **-e**) *der* enclume *f.*
ambulant MED ◇ *adj* ambulatoire ◇ *adv* : **jn ~ behandeln** traiter qqn en consultation externe.
Ambulanz (*pl* **-en**) *die* MED service *m* des consultations externes.
Ameise (*pl* **-n**) *die* fourmi *f.*
Ameisen|haufen *der* fourmilière *f.*
amen *interj* : **amen!** amen!
Amen *das* [Zustimmung] aval *m.*
Amerika *nt* Amérique *f.*
Amerikaner, in (*mpl* **-** ; *fpl* **-nen**) *der, die* Américain *m*, -e *f.*
amerikanisch *adj* américain(e).
Ami (*pl* **-s**) *der fam* amerloque *m*, ricain *m.*
Amino|säure *die* CHEM acide *m* aminé.
Ammoniak *das (ohne Pl)* CHEM ammoniaque *m.*
Amnestie (*pl* **-n**) *die* amnistie *f.*
Amöbe (*pl* **-n**) *die* BIOL amibe *f.*
Amok *der* : **~ laufen** être pris(e) d'un accès de folie meurtrière.
Ampel (*pl* **-n**) *die* feu *m (de circulation).*
Ampere [am'pɛːɐ̯] (*pl* **-**) *das* ampère *m.*
Amphi|theater *das* amphithéâtre *m.*
Ampulle (*pl* **-n**) *die* ampoule *f.*
amputieren *vt* : **(jm) etw ~** amputer (qqn) de qqch.
Amsel (*pl* **-n**) *die* merle *m.*
Amsterdam *nt* Amsterdam.
Amt (*pl* **Ämter**) *das* **- 1.** [Behörde] service *m*, office *m* **- 2.** [Stellung] poste *m* **- 3.** [Pflicht, Aufgabe] mission *f.*
amtierend *adj* en fonction.
amtlich ◇ *adj* **- 1.** [behördlich] administratif(ive) **- 2.** [offiziell bestätigt] officiel(elle) ◇ *adv* [behördlich] : **etw ~ beglaubigen** certifier qqch conforme.

Ạmts|bereich *der* compétence *f.*

Ạmts|geheimnis *das* secret *m* professionnel.

Ạmts|gericht *das* tribunal *m* d'instance.

Ạmts|sitz *der* siège *m.*

Ạmts|sprache *die* langue *f* officielle.

Ạmts|weg *der* voie *f* administrative.

Ạmts|zeit *die* durée *f* du mandat.

Amulẹtt (*pl* **-e**) *das* amulette *f.*

amüsieren *vt* amuser. ◆ **sich amüsieren** *ref* s'amuser ; **sich über jn ~** se moquer de qqn ; **sich über etw** *(A)* **~** s'amuser de qqch.

an ◇ *präp* **- 1.** *(+ D, + A)* [räumlich] à ; **~ der Mauer** au ODER sur le mur ; **Frankfurt ~ der Oder** Francfort-sur-l'Oder ; **~ dieser Stelle** à cet endroit ; **~ die Ecke gehen** aller au coin de la rue **- 2.** *(+ D)* [zeitlich] : **~ diesem Tag** ce jour-là ; **~ meinem Geburtstag** le jour de mon anniversaire **- 3.** *(+ D)* [mit] avec ; **~ der Krücke gehen** marcher avec une béquille ; **~ der Leine führen** tenir en laisse **- 4.** *(+ D)* [von einer Menge] : **viel/wenig/genug ~ etw haben** avoir beaucoup/peu/assez de qqch **- 5.** [zur Angabe einer Ankunftszeit] : **~ Berlin zehn Uhr** [Zug] arrivée à Berlin à dix heures **- 6.** *fam* [um] : **~ die** environ **- 7.** *RW :* **~ und für sich** en général ; **~ sich** en soi ◇ *adv* **- 1.** [anstellen] : **Licht ~!** lumière! ; *siehe auch* **an sein - 2.** [ab] : **von heute ~** à partir d'aujourd'hui ; **von Köln ~** à partir de Cologne.

Analogie (*pl* **-n**) *die geh* analogie *f.*

Ạnalphabet, in (*mpl* **-en** ; *fpl* **-nen**) *der, die* analphabète *mf.*

Analyse (*pl* **-n**) *die* analyse *f.*

analysieren *vt* analyser.

Ạnanas (*pl* **-se**) *die* ananas *m.*

Anarchie (*pl* **-n**) *die* anarchie *f.*

Anarchịst, in (*mpl* **-en** ; *fpl* **-nen**) *der, die* POL anarchiste *mf.*

Anästhesie (*pl* **-n**) *die* MED anesthésie *f.*

Anatomie (*pl* **-n**) *die* anatomie *f.*

ạn|bahnen *vt* entamer ; [Ehe] arranger. ◆ **sich anbahnen** *ref* s'annoncer.

ạn|bändeln *vi :* **mit jm ~** entamer une liaison avec qqn.

Ạn|bau *der* **- 1.** [am Gebäude] annexe *f* **- 2.** *(ohne Pl)* [Bauen] construction *f (d'annexe)* **- 3.** *(ohne Pl)* [von Pflanzen] culture *f.*

ạn|bauen *vt* **- 1.** [Gebäude] construire *(annexe)* **- 2.** [Pflanze] cultiver.

ạn|behalten *vt (unreg) fam* garder.

anbei *adv amt* ci-joint.

ạn|beißen *(unreg)* ◇ *vt :* **etw ~** mordre dans qqch ◇ *vi* [Fisch] mordre.

ạn|belangen *vt :* **was jn/etw anbelangt** en ce qui concerne qqn/qqch.

ạn|beten *vt* **- 1.** [verehren] adorer **- 2.** [in Kirche] vénérer.

ạn|betreffen *vt (unreg) :* **was jn/etw anbetrifft** en ce qui concerne qqn/qqch.

ạn|biedern ◆ **sich anbiedern** *ref abw :* **sich bei jm ~** essayer de se faire bien voir de qqn.

ạn|bieten *vt (unreg)* offrir. ◆ **sich anbieten** *ref* **- 1.** [Mensch] se proposer **- 2.** [Sache] convenir **- 3.** [Lösung, Möglichkeit] être indiqué(e).

Ạnbieter, in (*mpl* **-** ; *fpl* **-nen**) *der, die* fournisseur *m*, -euse *f.*

ạn|binden *vt (unreg)* attacher.

Ạn|blick *der* **- 1.** [Betrachten] vue *f* **- 2.** [Bild] spectacle *m.*

ạn|blicken *vt* regarder.

ạn|braten *vt (unreg)* saisir *(viande).*

ạn|brechen (*perf* **hat/ist ạngebrochen**) *(unreg)* ◇ *vt (hat)* [Packung] entamer ; [Geldschein] casser ◇ *vi (ist) geh* se lever.

ạn|brennen (*perf* **hat/ist ạngebrannt**) ◇ *vt (hat)* [Brennbares] : **etw ~** mettre le feu à qqch ◇ *vi (ist)* [Essen] brûler.

ạn|bringen *vt (unreg)* [befestigen] fixer.

Ạn|bruch *der (ohne Pl) :* **bei ~ der Dunkelheit** à la tombée du jour.

ạn|brüllen *vt fam* engueuler.

ạndächtig ◇ *adj* recueilli(e) ◇ *adv* avec recueillement.

ạn|dauern *vi* se prolonger ; [Regen] persister.

ạndauernd ◇ *adj* persistant(e) ◇ *adv* constamment.

Ạnden *pl* Andes *fpl.*

Ạndenken (*pl* **-**) *das* **- 1.** *(ohne Pl)* [Erinnerung] mémoire *f ;* **zum ~ an jn/etw** en souvenir de qqn/qqch **- 2.** [Gegenstand] souvenir *m.*

ạndere, r, s ◇ *adj* autre ◇ *pron :* **der** ODER **die** ODER **das ~** l'autre ; **ein ~r** un autre ; **eine ~** une autre ; **~ (Leute)** d'autres (personnes) ; **etwas ~s** autre chose ; **unter ~m** entre autres.

ạnderenfalls = andernfalls.

ạndererseits, ạndrerseits *adv* d'autre part.

ạndermal ◆ **ein andermal** *adv* une autre fois.

ạ̈ndern *vt* changer ; **das lässt sich nicht ~** on ne peut rien y changer ODER faire. ◆ **sich ändern** *ref* changer.

ạndernfalls, ạnderenfalls *adv* autrement, sinon.

ạnders ◇ *adv* **- 1.** [andersartig, verschieden] autrement ; **sie sieht ganz ~ aus als ihre Schwester** elle ne ressemble pas du tout à sa sœur **- 2.** [sonst] : **irgendwo ~** quelque part ailleurs ; **irgendjemand ~** quelqu'un d'autre ; **jemand/niemand ~ als ...** quelqu'un/personne d'autre que .... ◇ *adj* différent(e) ; **ganz ~** tout autre ; **~ werden** changer.

andersartig *adj* différent(e).

andersherum *adv* [in die andere Richtung] dans l'autre sens.

anderswo *adv* ailleurs.

anderswoher *adv* d'ailleurs.

anderswohin *adv* ailleurs.

anderthalb *num* un et demi, une et demie.

Änderung (*pl* **-en**) *die* modification *f*.

anderweitig ◇ *adj* autre ◇ *adv* par ailleurs.

an|deuten *vt* - **1.** [ansprechen] : **etw ~** faire allusion à qqch ; **~, dass** laisser entendre que - **2.** [skizzieren] esquisser.

An|deutung *die* allusion *f*.

andeutungsweise *adv* par allusions.

Andorra *nt* Andorre *f* ; **in ~** en Andorre.

An|drang *der (ohne Pl)* cohue *f*.

an|drehen *vt fam* [verkaufen] : **jm etw ~** fourguer qqch à qqn.

andrerseits = **andererseits.**

an|drohen *vt* : **jm etw ~** menacer qqn de qqch.

An|drohung *die* : **unter ~ von etw** en menaçant de qqch.

an|ecken (*perf* **ist angeeckt**) *vi* - **1.** [stoßen] : **an etw** *(D)* **~** se cogner contre qqch - **2.** [sich unbeliebt machen] : **bei jm/überall ~** se faire mal voir de qqn/tout le monde.

an|eignen *vt* : **sich** *(D)* **etw ~** *abw* [nehmen] s'approprier qqch ; [lernen] assimiler qqch.

aneinander *adv* l'un (l'une) contre l'autre.

aneinander fügen *vt* assembler. ◆ **sich aneinander fügen** *ref* s'assembler.

aneinander geraten (*perf* **ist aneinander geraten**) *vi (unreg) fam* avoir une prise de bec.

aneinander grenzen *vi* être voisins.

aneinander hängen *vi (unreg)* [einander lieben] être unis (unies).

aneinander legen *vt* assembler.

Anekdote (*pl* **-n**) *die* anecdote *f*.

an|ekeln *vt* dégoûter.

Anemone (*pl* **-n**) *die* BIOL anémone *f*.

anerkannt *adj* reconnu(e) ; **staatlich ~** agréé(e) (d'État).

an|erkennen *vt (unreg)* reconnaître.

Anerkennung (*pl* **-en**) *die* - **1.** [Würdigung] éloge *m* - **2.** [Bestätigung] reconnaissance *f*.

an|fachen *vt* attiser.

an|fahren (*perf* **hat/ist angefahren**) *(unreg)* ◇ *vt (hat)* - **1.** [auf der Straße] renverser - **2.** [Ziel] se diriger vers - **3.** *fig* [tadeln] réprimander ◇ *vi (ist)* [starten] démarrer.

An|fahrt *die* trajet *m*.

An|fall *der* crise *f*.

an|fallen (*perf* **hat/ist angefallen**) *(unreg)* ◇ *vi (ist)* [Kosten] résulter ◇ *vt (hat)* attaquer.

anfällig *adj* : **für etw ~ sein** être sujet(ette) à qqch.

An|fang *der* début *m* ; **von ~ an** dès le début ; **von ~ bis Ende** du début à la fin. ◆ **zu Anfang** *adv* au début.

an|fangen *(unreg)* ◇ *vi* - **1.** [beginnen] commencer ; **mit etw ~** commencer qqch ; **wieder (mit etw) ~** *fam* recommencer (à faire qqch) - **2.** [machen] : **mit etw nichts ~ können** [gebrauchen] ne pouvoir rien faire de qqch ; [verstehen] ne rien comprendre à qqch ◇ *vt* [beginnen] commencer.

Anfänger, in (*mpl* **-** ; *fpl* **-nen**) *der, die* débutant *m*, -e *f*.

anfänglich ◇ *adj* initial(e) ◇ *adv* au début.

anfangs *adv* au début.

Anfangs|buchstabe *der* initiale *f*.

Anfangs|gehalt *das* salaire *m* de départ.

Anfangs|stadium *das* début *m*.

an|fassen ◇ *vt* [berühren] toucher ◇ *vi* [helfen] aider ; **mit ~** donner un coup de main.

an|fechten *vt (unreg)* [anzweifeln] contester.

an|fertigen *vt* [Kleidung] confectionner ; [Möbel] fabriquer.

Anfertigung *die (ohne Pl)* [von Kleidung] confection *f* ; [von Möbeln] fabrication *f*.

an|feuchten *vt* humecter.

an|feuern *vt* encourager.

an|flehen *vt* supplier.

an|fliegen (*perf* **hat/ist angeflogen**) *(unreg)* ◇ *vt (hat)* [Subj : Flugzeug] approcher de ; [Subj : Fluggesellschaft] desservir ◇ *vi (ist)* : **angeflogen kommen** arriver.

An|flug *der* FLUG : **im ~ sein** être en approche.

an|fordern *vt* exiger.

An|forderung *die* - **1.** *(ohne Pl)* [Bestellung] commande *f* - **2.** [Anspruch] exigence *f* ; **~en stellen** être exigeant(e).

An|frage *die amt* demande *f* ; [im Parlament] question *f*.

an|freunden ◆ **sich anfreunden** *ref* : **sich (mit jm) ~** devenir amis (amies) (avec qqn) ; **sich mit etw ~** se faire à qqch.

an|fühlen *vt* toucher. ◆ **sich anfühlen**

ref : **sich rau/weich ~** être rugueux(euse)/doux (douce) au toucher.

an|führen *vt* **- 1.** [nennen] mentionner **- 2.** [täuschen] blouser **- 3.** [Gruppe] mener.

An|führer, in *der, die* meneur *m*, -euse *f*.

Anführungs|zeichen *das* guillemet *m* ; **in ~** entre guillemets.

An|gabe *die* **- 1.** [Hinweis] indication *f* **- 2.** [Aufschneiderei] frime *f*.

an|geben *(unreg)* ◇ *vt* **- 1.** [nennen, bestimmen] indiquer **- 2.** [behaupten] déclarer ◇ *vi* [aufschneiden] crâner ; **mit etw ~** crâner avec qqch.

Angeber (*pl* **-**) *der* crâneur *m*.

Angeberei (*pl* **-en**) *die* esbroufe *f*.

Angeberin (*pl* **-nen**) *die* crâneuse *f*.

angeblich ◇ *adj* prétendu(e) ◇ *adv* il paraît que.

angeboren *adj* [Krankheit] congénital(e) ; [Talent] inné(e).

Angebot (*pl* **-e**) *das* **- 1.** [Anbieten] offre *f* ; **~ und Nachfrage** l'offre et la demande **- 2.** [Sortiment] choix *m*.

angebracht ◇ *pp* ▷ **anbringen** ◇ *adj* convenable ; **nicht ~** déplacé(e).

angebunden ◇ *pp* ▷ **anbinden** ◇ *adj* : **kurz ~ sein** *fam* être peu loquace.

angegriffen ◇ *pp* ▷ **angreifen** ◇ *adj* attaqué(e).

angeheitert *adj* émoustillé(e).

an|gehen (*perf* **hat/ist angegangen**) *(unreg)* ◇ *vi (ist)* **- 1.** [Licht] s'allumer **- 2.** [vorgehen] : **gegen jn/etw ~** lutter contre qqn/qqch, s'opposer à qqn/qqch ◇ *vt (hat)* [betreffen] concerner ; **jn etwas ~** regarder qqn.

angehend *adj* futur(e).

an|gehören *vi* : **einer Sache** *(D)* **~** appartenir à qqch.

Angehörige (*pl* **-n**) *der, die* **- 1.** [Verwandte] parent *m*, -e *f* **- 2.** [Mitglied] membre *m*.

Angeklagte (*pl* **-n**) *der, die* accusé *m*, -e *f*.

Angel (*pl* **-n**) *die* **- 1.** [zum Fischen] canne *f* à pêche **- 2.** [Scharnier] gond *m*.

angelaufen ◇ *pp* ▷ **anlaufen** ◇ *adj* terni(e).

An|gelegenheit *die* affaire *f*.

angeln ◇ *vi* **- 1.** [fischen] pêcher à la ligne **- 2.** [fassen] : **nach etw ~** chercher à attraper qqch ◇ *vt* pêcher.

angemessen ◇ *adj* : **einer Sache** *(D)* **~** approprié(e) à qqch ◇ *adv* convenablement.

angenehm ◇ *adj* agréable ◇ *adv* agréablement.

angenommen ◇ *pp* ▷ **annehmen** ◇ *adj* **- 1.** [Kind] adoptif(ive) **- 2.** [Name] d'emprunt. ◈ **angenommen, dass** *adv* supposons ODER à supposer que *(+ subjonctif)*.

angeregt ◇ *adj* animé(e) ◇ *adv* vivement.

angeschlagen *adj* **- 1.** [Gegenstand] ébréché(e) **- 2.** *fam* [krank] : **sich ~ fühlen** ne pas se sentir bien.

angesehen ◇ *pp* ▷ **ansehen** ◇ *adj* de renom.

An|gesicht *das (ohne Pl)* : **im ~ einer Sache** *(G)* face à ODER en face de qqch ; **von ~ zu ~** face à face.

angesichts *präp* : **~ einer Sache** *(G)* eu égard à qqch.

angespannt ◇ *adj* tendu(e) ◇ *adv* avec attention.

Angestellte (*pl* **-n**) *der, die* employé *m*, -e *f* ; [leitend] cadre *m*.

angestrengt *adv* avec concentration.

angetan ◇ *pp* ▷ **antun** ◇ *adj* : **von etw ~ sein** être séduit(e) par qqch.

angewiesen ◇ *pp* ▷ **anweisen** ◇ *adj* : **auf jn/etw ~ sein** dépendre de qqn/qqch.

an|gewöhnen *vt* : **sich ~, etw zu tun** prendre l'habitude de faire qqch.

An|gewohnheit *die* habitude *f*.

Angler, in (*mpl* **-** ; *fpl* **-nen**) *der, die* pêcheur *m*, -euse *f* (à la ligne).

Anglistik *die (ohne Pl)* philologie *f* anglaise.

Angola *nt* Angola *m* ; **in ~** en Angola.

Angora|wolle *die* laine *f* angora, angora *m*.

an|greifen *(unreg)* ◇ *vt* **- 1.** [bekämpfen, beschädigen, kritisieren] attaquer **- 2.** [krank machen] affecter **- 3.** [Vorrat] entamer ◇ *vi* attaquer.

Angreifer, in (*mpl* **-** ; *fpl* **-nen**) *der, die* **- 1.** [im Krieg] assaillant *m*, -e *f* **- 2.** [im Sport] attaquant *m*, -e *f*.

An|griff *der* attaque *f* ; **etw in ~ nehmen** *fig* attaquer ODER entreprendre qqch.

angriffslustig ◇ *adj* agressif(ive) ◇ *adv* de manière agressive.

Angriffs|punkt *der* point *m* critiquable.

angst *adj* **jm wird es ~ und bange** qqn commence à avoir très peur.

Angst (*pl* **Ängste**) *die* peur *f* ; **vor jm/etw ~ haben** avoir peur de qqn/qqch ; **jm ~ machen** faire peur à qqn.

Angst|hase *der fam abw* trouillard *m*, -e *f*.

ängstigen *vt* faire peur à. ◈ **sich ängstigen** *ref* : **sich vor jm/etw ~** avoir peur de qqn/qqch ; **sich um jn/etw ~** s'inquiéter pour qqn/qqch.

ängstlich ◇ *adj* [Person] peureux *m*, -euse *f* ; [Tier] craintif(ive) ◇ *adv* [furchtsam] craintivement.

an|gucken *vt fam :* **(sich** *(D)* **jn/etw)** ~ regarder (qqn/qqch).
an|haben *vt (unreg)* - **1.** [tragen] porter - **2.** [schaden] : **jm/etw nichts ~ können** n'avoir aucune prise sur qqn/qqch.
An|halt *nt* Anhalt *m.*
an|halten *(unreg)* <> *vi* - **1.** [stoppen] s'arrêter - **2.** [andauern] persister <> *vt* [stoppen] arrêter ; [Atem] bloquer.
anhaltend *adj* persistant(e).
Anhalter *(pl -)* <> *der* - **1.** [Mitfahrer] auto-stoppeur *m ;* **per ~ fahren** faire de l'autostop - **2.** [Einwohner von Anhalt] habitant *m* de l'Anhalt <> *adj (unver)* de l'Anhalt.
Anhalterin *(pl* **-nen)** *die* - **1.** [Mitfahrerin] auto-stoppeuse *f* - **2.** [Einwohnerin von Anhalt] habitante *f* de l'Anhalt.
anhaltinisch *adj* de l'Anhalt.
Anhalts|punkt *der* repère *m ;* [bei Verbrechen] indice *m.*
anhand, an Hand *präp :* ~ **einer Sache** *(G)* à l'aide de qqch.
An|hang *der (ohne Pl)* - **1.** [Nachwort] annexe *f* - **2.** *fam* [Personen - Familie] smala *f ;* [- Partner] : **mit ~ kommen** venir accompagné(e).
an|hängen *vt* - **1.** [ankoppeln] : **etw an etw** *(A)* ~ [Waggon] accrocher qqch à qqch ; [Anhänger] attacher qqch à qqch - **2.** [hinzufügen] : **etw an etw** *(A)* ~ ajouter qqch à qqch - **3.** [anlasten] : **jm etw ~** mettre qqch sur le dos de qqn.
Anhänger *(pl -) der* - **1.** [von Fahrzeugen] remorque *f* - **2.** [Person - religiös] adepte *m ;* [- politisch] partisan *m* - **3.** [Schmuck] pendentif *m.*
Anhängerin *(pl* **-nen)** *die* - **1.** [religiös] adepte *f* - **2.** [politisch] partisane *f.*
anhänglich *adj* [Kind] affectueux(euse).
Anhängsel *(pl -) das* - **1.** [Anhänger] breloque *f* - **2.** *abw* [Person] compagnie *f* insignifiante.
an|hauchen *vt :* **etw** ~ souffler sur qqch ; **jn** ~ faire sentir son haleine à qqn.
Anhäufung *(pl* **-en)** *die* accumulation *f.*
an|heben *vt (unreg)* - **1.** [Gegenstand] soulever - **2.** [Niveau, Betrag] relever.
an|heuern *vt* [auf Schiff] enrôler.
Anhieb ◆ **auf Anhieb** *adv* d'emblée.
An|höhe *die* hauteur *f.*
an|hören *vt* - **1.** [hören] : **sich** *(D)* **etw ~** écouter qqch ; **etw mit ~** être témoin de qqch ; *fig* supporter qqch - **2.** [befragen] entendre. ◆ **sich anhören** *ref* sonner ; *fig* sembler.
Anis *der (ohne Pl)* anis *m.*
an|kämpfen *vi :* **gegen jn/etw ~** lutter contre qqn/qqch.
Ankara *nt* Ankara.
An|kauf *der* achat *m.*
Anker *(pl -) der* ancre *f ;* **vor ~ liegen** être au mouillage ODER à l'ancre.
ankern *vi* mouiller.
an|ketten *vt* attacher.
An|klage *die* accusation *f ;* **gegen jn ~ erheben** porter plainte contre qqn.
an|klagen *vt* [Person] accuser.
An|klang *der :* **(bei jm) ~ finden** avoir du succès (auprès de qqn).
an|kleben *vt* coller.
an|klicken *vt :* **etw ~** cliquer sur qqch.
an|klopfen *vi* frapper *(à la porte).*
an|knüpfen *vt* - **1.** [knoten] : **etw an etw** *(A)* ~ attacher qqch à qqch - **2.** *fig* [beginnen] : **ein Gespräch ~** lier conversation.
an|kommen *(perf* **ist angekommen)** *vi (unreg)* - **1.** [am Ziel, näher kommen] arriver ; **mit etw ~** venir avec qqch - **2.** [erfolgreich] avoir la cote ; **bei jm ~** avoir la cote auprès de qqn ; [Publikum] bien passer auprès de qqn - **3.** [sich durchsetzen] : **gegen jn/etw nicht ~** ne pas pouvoir s'imposer face à qqn/qqch - **4.** [wichtig sein] : **es kommt auf jn/etw an** cela dépend de qqn/qqch ; **jm kommt es auf jn/etw an** qqn/qqch importe à qqn - **5.** [abhängen] : **es kommt darauf an** cela dépend - **6.** [riskieren] : **es auf etw** *(A)* **~lassen** risquer qqch.
an|kreiden *vt fam :* **jm etw ~** en vouloir à qqn pour qqch.
an|kreuzen *vt* cocher.
an|kündigen *vt* annoncer. ◆ **sich ankündigen** *ref* s'annoncer ; [Person] prévenir de son arrivée.
Ankunft *die (ohne Pl)* arrivée *f.*
an|kurbeln *vt* stimuler.
Anl. *(abk für* **Anlage)** PJ *(pièce jointe).*
an|lächeln *vt* sourire à.
an|lachen *vt* - **1.** [lachen] : **jn ~** regarder qqn en riant - **2.** [erobern] : **sich** *(D)* **jn ~** faire la conquête de qqn.
An|lage *die* - **1.** [Gelände] terrain *m* - **2.** [Park] jardin *m* (public) - **3.** [Talent] don *m* - **4.** [Bau] installation *f.*
Anlass *(pl* **-lässe)** *der* - **1.** [Grund] raison *f* - **2.** [Ereignis] occasion *f.*
an|lassen *vt (unreg)* - **1.** [Licht, Gerät] : **etw ~** laisser qqch allumé(e) - **2.** [starten] démarrer - **3.** [Kleidungsstück] garder.
Anlasser *(pl -) der* AUTO démarreur *m.*
anlässlich *präp :* ~ **einer Sache** *(G)* à l'occasion de qqch.
an|lasten *vt :* **jm etw ~** imputer qqch à qqn.
An|lauf *der* - **1.** [Schwung] élan *m ;* ~ **nehmen** prendre son élan - **2.** [Beginn] essai *m.*
an|laufen *(perf* **hat/ist angelaufen)** *(unreg)* <> *vi (ist)* - **1.** [beginnen] débuter - **2.** [Film]

sortir - **3.** [Motor, Maschine] démarrer - **4.** [Körperteil] : **rot ~** rougir ; **blau ~** bleuir - **5.** [sich nähern] : **angelaufen kommen** accourir ◇ *vt (hat)* [ansteuern] mettre le cap sur.

an|legen ◇ *vt* - **1.** [Garten] aménager - **2.** [Straße] construire - **3.** [Kartei, Verzeichnis] constituer - **4.** [Vorrat] faire - **5.** [beabsichtigen] : **es auf etw** *(A)* **~** chercher qqch - **6.** [investieren] placer - **7.** [anlehnen] : **etw an etw** *(A)* **~** appuyer qqch contre qqch - **8.** [umbinden, anziehen] mettre ◇ *vi* [an Land] accoster. ◆ **sich anlegen** *ref* : **sich mit jm ~** se quereller avec qqn.

Anlege|stelle *die* embarcadère *m.*

an|lehnen *vt* - **1.** [Tür, Fenster] laisser entrouvert(e) - **2.** [stützend] appuyer ; **etw an etw** *(A)* **~** appuyer qqch contre qqch. ◆ **sich anlehnen** *ref* - **1.** [sich stützen] : **sich an etw** *(A)* **~** [gen] s'appuyer contre qqch ; [mit Rücken] s'adosser à qqch - **2.** *fig* [nachahmen] : **sich an etw** *(A)* **~** s'inspirer de qqch.

Anlehnung *(pl* **-en)** *die* : **in ~ an jn/etw** en s'inspirant de qqn/qqch.

An|leitung *die* - **1.** [zum Gebrauch] mode *m* d'emploi - **2.** [Führung] : **unter js ~** sous la direction de qqn.

an|lernen *vt* former.

an|liegen *vi (unreg)* - **1.** [sitzen] : **eng ~** être moulant(e) - **2.** *fam* [zu erledigen sein] : **was liegt an?** qu'est-ce qu'il y a à faire? - **3.** [vorhanden sein] : **Gas und Kabel liegt an** il y a le gaz et l'électricité.

Anlieger *(pl* **-)** *der* riverain *m.*

an|locken *vt* attirer.

an|lügen *vt (unreg)* mentir à.

Anm. *abk für* **Anmerkung.**

an|machen *vt* - **1.** [einschalten] allumer - **2.** [Salat] assaisonner.

an|malen *vt* peindre.

An|marsch *der (ohne Pl)* : **im ~ sein** être en route ODER sur le chemin.

an|maßen ◆ **sich anmaßen** *ref* : **sich etw ~** se permettre qqch.

anmaßend *adj* prétentieux(euse).

Anmelde|formular *das* bulletin *m* d'inscription.

an|melden *vt* - **1.** [amtlich] déclarer ; [Telefon] s'abonner à ; [Patent] déposer ; [Auto] immatriculer - **2.** [einschreiben] inscrire - **3.** [für Termin] : **angemeldet sein** avoir un rendez-vous. ◆ **sich anmelden** *ref* - **1.** [sich einschreiben] s'inscrire - **2.** [für Termin] prendre rendez-vous.

An|meldung *die* - **1.** [amtlich] déclaration *f* - **2.** [Einschreibung] inscription *f* - **3.** [für Termin] rendez-vous *m.*

an|merken *vt* - **1.** [spüren] : **jm etw ~** remarquer qqch chez qqn ; **sich** *(D)* **nichts ~ lassen** ne rien laisser paraître - **2.** [sagen] faire remarquer.

Anmerkung *(pl* **-en)** *die* remarque *f.*

an|nähern *vt* rapprocher. ◆ **sich annähern** *ref* : **sich einander ~** se rapprocher l'un (l'une) de l'autre ODER les uns (les unes) des autres.

annähernd *adv* approximativement.

Annäherung *(pl* **-en)** *die* approche *f.*

Annahme *(pl* **-n)** *die* - **1.** [Meinung] hypothèse *f* - **2.** [Empfang] réception *f.*

annehmbar ◇ *adj* acceptable ◇ *adv* passablement.

an|nehmen *vt (unreg)* - **1.** [empfangen] recevoir - **2.** [Kind, Antrag] adopter - **3.** [akzeptieren] accepter - **4.** [vermuten] supposer - **5.** [Gewohnheit, Form] prendre.

Annehmlichkeit *(pl* **-en)** *die* agrément *m.*

Annonce [a'nɔŋsə] *(pl* **-n)** *die* annonce *f.*

annoncieren [anɔŋ'siːrən] ◇ *vi* passer une annonce ◇ *vt* : **etw ~** passer qqch par annonce.

annullieren *vt* annuler.

an|öden *vt fam* : **jn ~** barber qqn, ennuyer qqn à mourir.

anonym ◇ *adj* anonyme ◇ *adv* anonymement.

Anorak *(pl* **-s)** *der* anorak *m.*

an|ordnen *vt* - **1.** [befehlen] ordonner - **2.** [Gegenstände] disposer.

An|ordnung *die* - **1.** [Befehl, Klassifizierung] ordre *m* ; **auf js ~** sur ordre de qqn ; **eine ~ treffen** prendre une disposition - **2.** [von Gegenständen] disposition *f.*

an|packen *fam* ◇ *vt* - **1.** [mit Händen] saisir - **2.** [behandeln] traiter ; **jn hart ~** traiter qqn à la dure - **3.** *fam* [angehen] attaquer ◇ *vi* [helfen] : **(mit) ~** mettre la main à la pâte.

an|passen *vt* adapter. ◆ **sich anpassen** *ref* s'adapter.

Anpassung *(pl* **-en)** *die* adaptation *f.*

An|pfiff *der* SPORT coup *m* de sifflet *(marquant le début d'une partie).*

an|pflanzen *vt* planter.

an|pöbeln *vt fam* : **jn ~** prendre qqn à partie.

an|prangern *vt* : **jn/etw ~** mettre qqn/qqch au pilori.

an|preisen *vt (unreg)* vanter.

An|probe *die* essayage *m.*

an|probieren *vt* essayer.

an|rechnen *vt* - **1.** [einbeziehen] prendre en compte ; **ich rechne dir etw hoch an** je te suis fort reconnaissant(e) de qqch - **2.** [berechnen] compter.

Anlrecht *das :* **ein ~ auf etw** *(A)* **haben** ODER **besitzen** avoir droit à qqch.

Anlrede *die formule de début de lettre ou de discours.*

anlreden *vt* aborder ; **jn mit Vornamen ~** appeler qqn par son prénom.

anlregen *vt* - **1.** [beleben] stimuler ; [Appetit] ouvrir - **2.** [ermutigen] : **jn zu etw ~** inciter qqn à (faire) qqch.

Anlregung *die* incitation *f* ; **~en geben** donner des idées ; **zur ~** pour stimuler.

Anlreise *die* voyage *m* aller.

anlreisen (*perf* **ist angereist**) *vi* venir.

Anlreiz *der* incitation *f* ; **ein ~ zu etw** une incitation à qqch.

anlrempeln *vt fam* bousculer.

anlrichten *vt* - **1.** [Essen] préparer - **2.** [Schaden] causer.

anlrücken (*perf* **ist angerückt**) *vi* s'avancer.

Anlruf *der* appel *m (téléphonique).*

Anrufbeantworter (*pl* -) *der* répondeur *m.*

anlrufen *(unreg)* ◇ *vt* [telefonieren] appeler ◇ *vi :* **bei jm ~** appeler qqn.

anlrühren *vt* - **1.** [Person] toucher - **2.** [Kleister, Teig] mélanger.

ans *präp (an + das) :* **~ Fenster klopfen** frapper à la fenêtre.

Anlsage *die* annonce *f.*

anlsagen *vt* annoncer.

anlsammeln *vt* accumuler. ◆ **sich ansammeln** *ref* - **1.** [anhäufen] s'accumuler - **2.** [Personen] s'attrouper.

Anlsammlung *die* - **1.** [Anhäufung] accumulation *f* - **2.** [von Personen] attroupement *m.*

Anlsatz *der* - **1.** [Methode] démarche *f* - **2.** [Anzeichen] début *m* - **3.** [von Körperteilen] naissance *f.*

anlsaugen *vt* aspirer.

anlschaffen *vt :* **sich** *(D)* **etw ~** se procurer ODER s'acheter qqch.

Anschaffung (*pl* **-en**) *die* acquisition *f.*

anlschalten *vt* - **1.** [Licht, Fernsehen] allumer - **2.** [Maschine] : **etw ~** mettre qqch en marche.

anlschauen *vt* regarder ; **sich** *(D)* **etw ~** regarder qqch.

anschaulich ◇ *adj* clair(e) ◇ *adv* clairement.

Anlschein *der (ohne Pl)* apparence *f* ; **dem** ODER **allem ~ nach** tout porte à croire que.

anscheinend *adv* apparemment.

anlschieben *vt (unreg)* pousser.

Anlschlag *der* - **1.** [Attentat] attentat *m* ; **einen ~ auf jn/etw verüben** commettre un attentat contre qqn/qqch - **2.** [Zettel] annonce *f* ; [Plakat] affiche *f.*

anlschlagen *(unreg) vt* - **1.** [aufhängen] afficher - **2.** [beschädigen] ébrécher - **3.** [Ton, Redeweise] prendre - **4.** [Taste] frapper - **5.** [Maschen] monter.

anlschließen *vt (unreg)* - **1.** [Gerät] brancher - **2.** [folgen lassen] enchaîner - **3.** [mit Schloss] attacher. ◆ **sich anschließen** *ref* - **1.** [mitmachen] : **sich jm ~** se joindre à qqn ; **sich einer Meinung ~** se rallier à une opinion - **2.** [folgen] : **sich an etw** *(A)* **~** suivre qqch.

anschließend ◇ *adj* suivant(e) ◇ *adv* ensuite.

Anlschluss *der* - **1.** [Zug] correspondance *f* - **2.** [Telefonanschluss] ligne *f (téléphonique)* ; **kein ~ unter dieser Nummer** il n'y a pas d'abonné au numéro que vous avez demandé - **3.** [Kontakt] : **~ finden** établir des contacts - **4.** [Folge] : **im ~ an etw** *(A)* à la suite de qqch.

anlschmiegen ◆ **sich anschmiegen** *ref :* **sich an jn/etw ~** se blottir contre qqn/qqch.

anlschnallen *vt* attacher. ◆ **sich anschnallen** *ref* attacher sa ceinture *(de sécurité).*

anlschneiden *vt (unreg)* - **1.** [Brot, Wurst, Kuchen] entamer - **2.** *fig* [ansprechen] aborder.

anlschreiben *(unreg)* ◇ *vt* - **1.** [per Brief] écrire à - **2.** [an Tafel] écrire ◇ *vi :* **~ lassen** acheter à crédit.

anlschreien *vt (unreg) :* **jn ~** apostropher qqn violemment.

Anlschrift *die* adresse *f.*

anlschuldigen *vt geh :* **jn (wegen etw) ~** accuser qqn (de qqch).

Anschuldigung (*pl* **-en**) *die* accusation *f.*

anlschwellen (*perf* **ist angeschwollen**) *vi (unreg)* - **1.** [Körperteil] enfler - **2.** [Gewässer] grossir.

anlschwemmen *vt* charrier.

anlsehen *(unreg) vt* - **1.** [anblicken] regarder ; **jn scharf ~** fixer qqn ; **jn böse ~** lancer des regards noirs à qqn - **2.** [prüfend] : **sich** *(D)* **jn/etw ~** examiner qqn/qqch - **3.** [betrachten] : **sich** *(D)* **etw ~** [als Zuschauer] aller voir qqch ; [als Tourist] visiter qqch - **4.** [erkennen] : **man sieht ihr ihr Alter nicht an** elle ne fait pas son âge ; **man sieht ihr ihre Müdigkeit nicht an** chez elle, la fatigue ne se voit pas - **5.** [erachten] : **jn/etw als etw ~** considérer qqn/qqch comme qqch.

Ansehen *das (ohne Pl)* [Ruf] image *f.*

ansehnlich *adj* - **1.** [groß] non négligeable, appréciable - **2.** [schön] de toute beauté.

ạn sein (*perf* **ist ạn gewesen**) *vi fam (unreg)* être allumé(e).

ạn|setzen ◇ *vt* **- 1.** [in Stellung bringen - Werkzeug] mettre, poser, placer ; [- Trinkgefäß] porter à la bouche **- 2.** [Termin, Preis] fixer **- 3.** [Kosten] estimer **- 4.** [anlagern - Fett] grossir ; [- Rost] être en train de rouiller ◇ *vi* **- 1.** [Haar, Augenbrauen] commencer **- 2.** [zu Handlung] : **zu etw ~** [Flugzeug, Sprecher] se préparer à qqch ; [zum Sprung] prendre son élan pour faire qqch. ◆ **sich ansetzen** *ref* se déposer.

Ạnsicht (*pl* **-en**) *die* **- 1.** [Meinung] avis *m* ; **der gleichen/anderer ~ sein** être du même/d'un autre avis ; **meiner ~ nach** à mon avis, d'après moi **- 2.** *(ohne Pl)* [Betrachtung] : **zur ~** [zur Probe] à titre d'essai **- 3.** [Abbildung] vue *f*. ◆ **Ansichten** *fpl* idées *fpl*.

Ạnsichts|karte *die* carte *f* postale.

ansọnsten *adv* sinon, à part cela.

ạn|spannen *vt* **- 1.** [Muskel] bander **- 2.** [Seil] tendre **- 3.** [Pferd] atteler.

Ạnspannung (*pl* **-en**) *die* effort *m*.

ạn|spielen ◇ *vi* : **auf jn/etw ~** faire allusion à qqn/qqch ◇ *vt* SPORT passer le ballon à.

Ạnspielung (*pl* **-en**) *die* : **eine ~ auf jn/etw** une allusion à qqn/qqch.

ạn|spornen ['anʃpɔrnən] *vt* stimuler.

Ạnsprache (*pl* **-n**) *die* allocution *f* ; **eine ~ halten** faire une allocution.

ạnsprechbar *adj* : **nicht ~ sein** [aus Zeitgründen] ne pas être disponible ; [geistig, körperlich] être inabordable.

ạn|sprechen *(unreg) vt* [Person, Thema] aborder ; **jn auf ein Thema ~** aborder un sujet avec qqn.

ạn|springen (*perf* **hat/ist ạngesprungen**) *(unreg)* ◇ *vt (hat)* sauter sur ◇ *vi (ist)* [Auto, Motor] démarrer.

Ạn|spruch *der* prétention *f*, exigence *f* ; **auf etw ~ haben** pouvoir prétendre à qqch ; **jn/etw in ~ nehmen** [Subj : Person] faire appel à qqn/qqch.

ạnspruchslos *adj* **- 1.** [Person, Lektüre, Publikum] simple **- 2.** [Pflanze] qui demande peu de soins.

ạnspruchsvoll *adj* exigeant(e) ; [Programm, Unterricht] poussé(e).

ạn|stacheln ['anʃtaxl̩n] *vt* exciter ; **jn zu etw ~** inciter qqn à qqch.

Ạnstalt (*pl* **-en**) *die* **- 1.** [Institution] institut *m* **- 2.** [Irrenanstalt] asile *m*.

Ạnstand *der (ohne Pl)* bonnes mœurs *fpl*, convenances *fpl*.

ạnständig ◇ *adj* **- 1.** [ordentlich, integer] convenable **- 2.** *fam* [groß] sacré(e) ◇ *adv* **- 1.** [ordentlich, integer] convenablement, comme il faut **- 2.** *fam* [kräftig] vachement.

ạnstandslos *adv* sans aucune difficulté.

ạn|starren *vt* fixer (du regard).

anstạtt ◇ *konj* au lieu de ◇ *präp (+ G)* au lieu de, à la place de. ◆ **anstatt dass** *konj fam* au lieu que *(+ subjonctif)*. ◆ **anstatt zu** *konj* au lieu de.

ạn|stecken *vt* **- 1.** [infizieren, mitreißen] contaminer ; **jn mit etw ~** passer qqch à qqn **- 2.** [anzünden] allumer **- 3.** [Orden, Brosche] épingler. ◆ **sich anstecken** *ref* : **sich (bei jm) mit etw ~** attraper qqch (au contact de qqn).

ạnsteckend *adj* contagieux(euse).

Ạnsteckung (*pl* **-en**) *die* contamination *f*.

ạn|stehen *vi (unreg)* [in Schlange] faire la queue.

ạn|steigen (*perf* **ist ạngestiegen**) *vi (unreg)* **- 1.** [nach oben - Straße, Berg, Skala] monter ; [- Gelände] être en pente **- 2.** [zunehmen] augmenter.

anstẹlle *präp* : **~ js/einer Sache, ~ von jm/etw** à la place de qqn/qqch.

ạn|stellen *vt* **- 1.** [Gerät, Wasser] mettre en marche **- 2.** [Person - einstellen] embaucher, engager ; [- beschäftigen] employer **- 3.** [zustande bringen] faire. ◆ **sich anstellen** *ref* **- 1.** [Schlange stehen] faire la queue **- 2.** [sich benehmen] faire des manières.

Ạnstellung (*pl* **-en**) *die* place *f*, emploi *m*.

Ạnstieg (*pl* **-e**) *der* **- 1.** *(ohne Pl)* [Zunahme] hausse *f* **- 2.** [von Straße, Berg] montée *f*.

ạn|stiften *vt* : **jn zu etw ~** inciter qqn à (faire) qqch.

Ạnstifter (*pl* **-**) *der* instigateur *m*.

Ạn|stoß *der* **- 1.** [Anlass] impulsion *f* ; **den ~ zu etw geben** être le point de départ de ODER ouvrir la voie à qqch **- 2.** *(ohne Pl)* [Ärger] : **an etw** *(D)* **~nehmen** s'offusquer de qqch **- 3.** SPORT coup *m* d'envoi.

ạn|stoßen (*perf* **hat/ist ạngestoßen**) *(unreg)* ◇ *vt (hat)* [mit Körperteil] : **jn/etw (mit etw) ~** pousser qqn/qqch (de qqch) ; **sich** *(D)* **etw ~** se cogner qqch ◇ *vi* **- 1.** *(ist)* [mit Körperteil] : **mit etw an etw ~** se cogner qqch contre qqch **- 2.** *(hat)* [angrenzen] : **an etw** *(D)* **~** jouxter qqch, être attenant(e) à qqch **- 3.** *(hat)* [mit Gläsern] : **auf jn ~** porter un toast à qqn ; **(mit jm) auf etw ~** boire ODER trinquer (avec qqn) à qqch.

ạn|strahlen *vt* **- 1.** [beleuchten] éclairer **- 2.** [anlächeln] : **jn ~** faire un grand sourire à qqn.

ạn|streichen *vt (unreg)* **- 1.** [mit Pinsel] peindre **- 2.** [mit Stift] souligner.

ạn|strengen ['anʃtrɛŋən] *vt* **- 1.** [ermüden] fatiguer **- 2.** [Kräfte, Fantasie] : **etw ~** se servir de ODER faire travailler qqch. ◆ **sich anstrengen** *ref* [sich bemühen] se donner du mal ODER de la peine.

Anstrengung (*pl* **-en**) *die* effort *m.*
Anstrich *der (ohne Pl)* [Farbe] peinture *f.*
Ansturm *der (ohne Pl)* assaut *m.*
an|stürmen (*perf* **ist angestürmt**) *vi* : **gegen jn/etw ~** se jeter sur ODER assaillir qqn/qqch.
Antarktis *die* Antarctique *f.*
Anteil (*pl* **-e**) *der* [Teil] part *f* ; [an Kosten] participation *f.*
Anteilnahme *die (ohne Pl)* - **1.** [bei Trauerfall] sympathie - **2.** [aktiv] participation *f* ; [Interesse] intérêt *m.*
Antenne (*pl* **-n**) *die* TV antenne *f.*
Anthrax (*pl* **-**) *das* anthrax *m.*
Anti|alkoholiker, in [anti|alko'ho:likɐ, rɪn] *der, die* antialcoolique *mf.*
antiautoritär [anti|autori'tɛ:ɐ̯] *adj* permissif(ive), libéral(e).
Antibiotikum [anti'bi̯o:tikum] (*pl* **-biotika**) *das* antibiotique *m.*
antifaschistisch *adj* antifasciste.
antik *adj* - **1.** [klassisch] antique - **2.** [alt] ancien(enne) *(nachgestellt).*
Antike *die (ohne Pl)* : **die ~** l'Antiquité *f.*
Antikörper (*pl* **-**) *der* MED anticorps *m.*
Antilope (*pl* **-n**) *die* antilope *f.*
an|tippen *vt* effleurer.
antiquarisch *adj* d'occasion *(livre).*
Antiquität [antikvi'tɛ:t] (*pl* **-en**) *die* antiquité *f.*
Antrag ['antra:k] (*pl* **Anträge**) *der* [Gesuch] demande *f* ; [in Parlament, Verein] proposition *f*, motion *f* ; **einen ~ (auf etw** *(A)***) stellen** faire une demande (de qqch).
Antrags|formular *das* (formulaire *m* de) demande *f.*
an|treffen *vt (unreg)* trouver.
an|treiben *vt (unreg)* - **1.** [Wagen, Gerät] entraîner, propulser - **2.** [Person] stimuler ; **jn dazu ~, etw zu tun** pousser ODER inciter qqn à faire qqch.
an|treten (*perf* **hat/ist angetreten**) *(unreg)* ◇ *vt (hat)* [beginnen] commencer ◇ *vi (ist)* - **1.** [sich aufstellen] se mettre en rang - **2.** [kämpfen] : **gegen jn ~** entrer en lice contre qqn.
Antrieb *der (ohne Pl)* - **1.** [von Geräten] entraînement *m*, propulsion *f* - **2.** [von Personen] impulsion *f.*
an|trinken *vt (unreg)* : **sich** *(D)* **Mut ~** boire pour se donner du courage ; **sich** *(D)* **einen Schwips ~** boire un petit coup de trop.
Antritt *der (ohne Pl)* [Beginn] début *m*, commencement *m.*
an|tun *vt (unreg)* - **1.** [Schaden] : **jm etw ~** faire du mal à qqn - **2.** [lieben] : **es jm angetan haben** plaire à qqn.
Antwort ['antvɔrt] (*pl* **-en**) *die* réponse *f* ; **die ~ auf etw** *(A)* la réponse à qqch.
antworten *vi & vt* répondre ; **auf etw** *(A)* **~** répondre à qqch.
an|vertrauen *vt* : **jm etw ~** confier qqch à qqn. ◆ **sich anvertrauen** *ref* se confier.
an|visieren ['anvizi:rən] *vt* viser.
an|wachsen [anvaksn̩] (*perf* **ist angewachsen**) *vi (unreg)* - **1.** [Pflanze] prendre (racine) - **2.** [mehr werden] augmenter, s'accroître.
Anwalt ['anvalt] (*pl* **Anwälte**) *der* avocat *m.*
Anwältin ['anvɛltɪn] (*pl* **-nen**) *die* - **1.** [Rechtsanwältin] avocate *f* - **2.** *fig* [Fürsprecherin] avocat *m.*
Anwalts|büro *das* cabinet *m* d'avocat.
Anwärter, in (*mpl* **-** ; *fpl* **-nen**) *der, die* : **~ (auf etw** *(A)***) sein** être candidat(e) (à qqch).
an|weisen *vt (unreg)* - **1.** [beauftragen] : **jn ~, etw zu tun** donner à qqn l'instruction de faire qqch - **2.** [Betrag] virer *(de l'argent).*
Anweisung (*pl* **-en**) *die* - **1.** [Befehl] instruction *f* - **2.** [Zahlung - per Bank] virement *m* ; [- per Post] mandat *m.*
anwendbar *adj* : **(auf jn/etw) ~** applicable (à qqn/qqch).
an|wenden *vt (unreg)* - **1.** [Hilfsmittel, Gewalt, List] utiliser, employer - **2.** [Methode, Regel] : **etw auf jn/etw ~** appliquer qqch à qqn/qqch.
Anwendung (*pl* **-en**) *die* - **1.** [von Hilfsmitteln] utilisation *f* ; [von Gewalt] usage *m* ; [von List] emploi *m* - **2.** [von Methode, Regel] application *f.*
an|werben *vt (unreg)* recruter.
anwesend *adj* présent(e) ; **bei etw ~ sein** être présent à qqch.
Anwesenheit *die (ohne Pl)* présence *f* ; **in js ~, in ~ von jm** en présence de qqn.
an|widern ['anvi:dɐn] *vt* dégoûter.
Anwohner (*pl* **-**) *der* riverain *m.*
Anzahl *die (ohne Pl)* nombre *m.*
an|zahlen *vt* verser un acompte.
Anzahlung (*pl* **-en**) *die* acompte *m.*
Anzeichen (*pl* **-**) *das* signe *m*, indice *m* ; [von Krankheiten] symptôme *m.*
Anzeige ['antsai̯gə] (*pl* **-n**) *die* - **1.** [Bekanntgabe - in Zeitung, auf Tafel] annonce *f* ; [- als Brief] faire-part *m* - **2.** [Strafanzeige] plainte *f* ; **gegen jn/etw ~ erstatten** porter plainte contre qqn/qqch.
an|zeigen *vt* - **1.** [Person] signaler - **2.** [Subj : Schild] indiquer ; [am Bahnhof, bei Wettkampf] afficher.
Anzeigen|teil *der* petites annonces *fpl.*
an|zetteln ['antsɛtl̩n] *vt* provoquer.
an|ziehen *(unreg)* ◇ *vt* - **1.** [Kleidung] : **jm etw ~** mettre qqch à qqn - **2.** [bekleiden] : **jn ~** habiller qqn ; **sich** *(D)* **etw ~** mettre qqch

- 3. [Subj : Magnet] attirer - 4. [Schraube, Bremse] serrer - 5. [Knie, Arm] plier ◇ *vi* - 1. WIRTSCH être en hausse - 2. [beschleunigen] accélérer. ◆ **sich anziehen** *ref* - 1. [sich ankleiden] s'habiller - 2. [aufeinander wirken] : **sich (gegenseitig) ~** s'attirer.

anziehend *adj* attirant(e).

Anziehungs|kraft *die* force *f* d'attraction.

Anzug (*pl* **Anzüge**) *der* - 1. [Kleidungsstück] costume *m* - 2. [Nähern] : **im ~ sein** [Gefahr, Feind] se préparer, approcher.

anzüglich ['antsy:klıç] ◇ *adj* salace ◇ *adv* de façon salace.

an|zünden *vt* allumer ; [Haus] incendier ; [Streichholz] frotter, gratter.

an|zweifeln *vt* : **etw ~** mettre qqch en doute.

AOK (*abk für* **Allgemeine Ortskrankenkasse**) *die (ohne Pl) caisse primaire allemande d'assurance maladie.*

Apartment = **Appartement.**

Aperitif (*pl* **-s**) *der* apéritif *m.*

Apfel ['apfl̩] (*pl* **Äpfel**) *der* pomme *f.*

Apfel|baum *der* pommier *m.*

Apfel|kuchen *der* tarte *f* aux pommes.

Apfel|mus *das* compote *f* de pommes.

Apfel|saft *der* jus *m* de pommes.

Apfelsine [apfl̩'zi:nə] (*pl* **-n**) *die* orange *f.*

Apfel|wein *der* cidre *m.*

Apostel (*pl* **-**) *der* apôtre *m.*

Apostroph [apo'stro:f] (*pl* **-e**) *der* apostrophe *f.*

Apotheke [apo'te:kə] (*pl* **-n**) *die* pharmacie *f.*

Apotheker, in (*mpl* **-** ; *fpl* **-nen**) *der, die* pharmacien *m*, -enne *f.*

App. (*abk für* **Appartement**) appt.

Apparat [apa'ra:t] (*pl* **-e**) *der* - 1. [Gerät, politisch] appareil *m* - 2. [Telefon] : **wer ist am ~?** qui est à l'appareil? - 3. *fam* [Riesending] engin *m.*

Appartement [apartə'mɑ̃:], **Apartment** [a'partmənt] (*pl* **-s**) *das* - 1. [privat] studio *m* - 2. [im Hotel] suite *f.*

Appell [a'pɛl] (*pl* **-e**) *der* appel *m.*

appellieren *vi* : **an jn ~, etw zu tun** exhorter qqn à faire qqch.

Appenzell *nt* canton *m* d'Appenzell.

Appetit [ape'ti:t] *der (ohne Pl)* appétit *m* ; **(keinen) ~ auf etw** *(A)* **haben** (ne pas) avoir envie de (manger) qqch ; **guten ~!** bon appétit!

appetitlich ◇ *adj* appétissant(e) ◇ *adv* de façon appétissante.

applaudieren [aplau'di:rən] *vi* applaudir ; **jm ~** applaudir qqn.

Applaus [a'plaus] *der (ohne Pl)* applaudissements *mpl.*

Aprikose (*pl* **-n**) *die* abricot *m.*

April *der (ohne Pl)* avril *m* ; **~, ~!** poisson d'avril! ; *siehe auch* **September.**

April|scherz *der* poisson *m* d'avril.

apropos [apro'po:] *adv* à propos de.

Aquarell [akva'rɛl] (*pl* **-e**) *das* aquarelle *f.*

Aquarium [a'kva:rium] (*pl* **Aquarien**) *das* aquarium *m.*

Äquator [ɛ'kva:tɔr] *der (ohne Pl)* GEOGR équateur *m.*

Ar (*pl* **-e** ODER **-**) *der* ODER *das* are *m.*

Ära (*pl* **Ären**) *die* ère *f.*

Araber, in (*mpl* **-** ; *fpl* **-nen**) *der, die* Arabe *mf.*

Arabien *nt* Arabie *f.*

arabisch *adj* arabe.

Arabisch *das (ohne Pl)* arabe *m*, langue *f* arabe.

Arbeit ['arbait] (*pl* **-en**) *die* - 1. [gen] travail *m* ; **etw ist in ~** on travaille à ODER sur qqch - 2. [künstlerisch] œuvre *f* - 3. [wissenschaftlich] mémoire *m* - 4. [Klassenarbeit] devoir *m* sur table.

arbeiten ◇ *vi* - 1. [gen] travailler ; **an etw** *(D)* **~** travailler à ODER sur qqch ; **an sich** *(D)* **~** accomplir un travail sur soi-même - 2. [Maschine, Herz] fonctionner, marcher ◇ *vt* : **was arbeitet er?** qu'est-ce qu'il fait? ◆ **sich arbeiten** *ref* : **sich müde ~** travailler jusqu'à épuisement ; **sich nach oben ~** faire carrière.

Arbeiter (*pl* **-**) *der* [im Beruf] ouvrier *m.*

Arbeiterin (*pl* **-nen**) *die* ouvrière *f.*

Arbeiterschaft *die (ohne Pl)* : **die ~** les travailleurs *mpl.*

Arbeitgeber, in (*mpl* **-** ; *fpl* **-nen**) *der, die* employeur *m*, -euse *f.*

Arbeitnehmer, in (*mpl* **-** ; *fpl* **-nen**) *der, die* salarié *m*, -e *f.*

Arbeits|amt *das* agence *f* pour l'emploi.

Arbeits|aufwand *der (ohne Pl)* temps *m* de travail investi, investissement *m* en travail.

Arbeits|bereich *der* [Zuständigkeitsbereich] secteur *m* d'activité.

Arbeits|erlaubnis *die* permis *m* de travail.

arbeitsfrei *adj* : **einen ~en Tag haben** avoir un jour de congé.

Arbeits|kraft *die (ohne Pl)* [Leistungsfähigkeit] capacité *f* de travail. ◆ **Arbeitskräfte** *pl* main-d'œuvre *f.*

Arbeits|kreis *der* cercle *m* d'études.

arbeitslos *adj* au chômage, sans travail.

Arbeitslose (*pl* **-n**) *der, die* chômeur *m*, -euse *f.*

Arbeitslosigkeit *die (ohne Pl)* chômage *m.*
Arbeits|markt *der* marché *m* du travail ODER de l'emploi.
Arbeits|platz *der* - **1.** [Stellung, Job] emploi *m* - **2.** [Ort] lieu *m* de travail.
arbeitsscheu *adj* fainéant(e).
Arbeits|speicher *der* EDV mémoire *f* vive ODER de travail.
Arbeits|stelle *die* [Stellung] poste *m*, emploi *m* ; [Abteilung] service *m.*
Arbeits|suche *die* recherche *f* d'emploi.
Arbeits|tag *der* journée *f* de travail.
Arbeits|teilung *die* division *f* du travail.
Arbeits|unfall *der* accident *m* du travail.
Arbeits|vermittlung *die* bureau *m* de placement.
Arbeits|weise *die* méthode *f* de travail.
Arbeits|zeit *die* horaires *mpl* de travail.
Arbeitszeit|konto *das décompte des heures supplémentaires récupérables.*
Arbeits|zimmer *das* bureau *m.*
Archäologe [arçeo'lo:gə] (*pl* **-n**) *der* archéologue *m.*
Archäologin [arçeo'lo:gɪn] (*pl* **-nen**) *die* archéologue *f.*
Arche ['arçə] (*pl* **-n**) *die* : **die ~ Noah** l'arche *f* de Noé.
Architekt, in [arçi'tɛkt, ɪn] (*mpl* **-en** ; *fpl* **-nen**) *der, die* architecte *mf.*
Architektur [arçitɛk'tu:ɐ̯] *die (ohne Pl)* architecture *f.*
Archiv [ar'çi:f] (*pl* **-e**) *das* archives *fpl.*
archivieren *vt* archiver.
ARD (*abk für* **Arbeitsgemeinschaft der Rundfunkanstalten Deutschlands**) *die (ohne Pl) première chaîne de télévision allemande.*
Arena (*pl* **Arenen**) *die* arène *f.*
arg [ark] (*komp* **ärger** ; *superl* **ärgste**) ◇ *adj* - **1.** [schlimm] mauvais(e) ; **sein ärgster Feind** son pire ennemi - **2.** [Schmerzen, Enttäuschung] cuisant(e) ◇ *adv* [schlimm, sehr] très.
Argentinien *nt* Argentine *f.*
Ärger *der (ohne Pl)* - **1.** [Verärgerung] colère *f* - **2.** [Problem] ennuis *mpl.*
ärgerlich *adj* - **1.** [verärgert] : **auf jn/über etw** *(A)* **~ sein** être en colère contre qqn/à cause de qqch - **2.** [unangenehm] fâcheux(euse).
ärgern *vt* énerver. ◆ **sich ärgern** *ref* s'énerver ; **sich über jn/etw ~** se mettre en colère contre qqn/à cause de qqch.
Ärgernis (*pl* **-se**) *das* [Ärgerliches] sujet *m* d'énervement.
Argument (*pl* **-e**) *das* argument *m.*
argumentieren *vi* argumenter.
Argwohn *der (ohne Pl)* suspicion *f* ; **mit ~** avec défiance.
argwöhnisch ◇ *adj* [Blick, Mensch] soupçonneux(euse) ◇ *adv* d'un air soupçonneux, avec méfiance.
Arie ['a:ri̯ə] (*pl* **-n**) *die* air *m (d'opéra).*
aristokratisch *adj* aristocratique.
Arithmetik *die (ohne Pl)* arithmétique *f.*
Arkade (*pl* **-n**) *die* ARCHIT arcade *f.*
Arktis *die* Arctique *m.*
arm (*komp* **ärmer** ; *superl* **ärmste**) ◇ *adj* pauvre ; **~ dran sein** *fam* être mal barré(e) ◇ *adv* [mittellos] pauvrement.
Arm (*pl* **-e**) *der* - **1.** [gen] bras *m* ; **jn/etw im ~ halten** tenir qqn/qqch dans ses bras - **2.** [Ärmel] manche *f* - **3.** *RW* : **jn auf den ~ nehmen** se payer la tête de qqn ; **jn mit offenen ~en aufnehmen** accueillir qqn à bras ouverts. ◆ **Arm in Arm** *adv* bras dessus, bras dessous.
Armatur (*pl* **-en**) *die* armature *f.* ◆ **Armaturen** *pl* robinetterie *f.*
Armaturen|brett *das* AUTO tableau *m* de bord.
Arm|band *das* bracelet *m.*
Armband|uhr *die* montre *f.*
Arm|binde *die* brassard *m.*
Arme (*pl* **-n**) *der, die* pauvre *mf.*
Armee [ar'me:] (*pl* **-n**) *die* armée *f.*
Ärmel (*pl* **-**) *der* manche *f* ; **die ~ hochkrempeln** *eigtl & fig* retrousser ses manches.
Ärmelkanal *der* Manche *f.*
Arm|lehne *die* accoudoir *m.*
ärmlich ◇ *adj* misérable ◇ *adv* de manière misérable, pauvrement.
armselig *adj* misérable ; [Gehalt] de misère.
Armut *die (ohne Pl)* pauvreté *f.*
Aroma (*pl* **-s** ODER **Aromen**) *das* arôme *m.*
arrangieren [araŋ'ʒi:rən] *vt* [organisieren] mettre sur pied ; [Treffen] arranger. ◆ **sich arrangieren** *ref* : **sich mit jm ~** [sich verständigen] s'arranger avec qqn.
Arrest (*pl* **-e**) *der* arrêts *mpl.*
arrogant ◇ *adj* arrogant(e) ◇ *adv* avec arrogance.
Arroganz *die (ohne Pl)* arrogance *f.*
Arsch (*pl* **Ärsche**) *der salopp* - **1.** [Gesäß] cul *m* - **2.** [Blödmann] con *m.*
Arsen *das (ohne Pl)* CHEM arsenic *m.*
Art (*pl* **-en**) *die* - **1.** [Weise] façon *f*, manière *f* ; **auf seine ~** à sa façon ODER manière ; **auf eine andere ~** d'une autre façon ODER manière ; **die ~ und Weise (wie)** la façon ODER la manière (dont) ; **(Schwarzwälder Kirschtorte) nach ~ des Hauses** KÜCHE (une forêt noire) maison - **2.** *(ohne Pl)* [Wesen, Verhal-

ten] nature *f*, caractère *m* ; **es ist nicht meine/seine ~, etw zu tun** ce n'est pas dans ma/sa nature de faire qqch - **3.** [Sorte] genre *m*, espèce *f* ; **eine ~ von jm/etw** une espèce de qqn/qqch ; **aller** ODER **jeder ~** en tout genre ODER tous genres ; **in seiner ~** dans ODER en son genre ; **in dieser ~** sous cette forme - **4.** BIOL espèce *f*.

Artensterben *das (ohne Pl)* disparition *f* des espèces.

Arterie (*pl* **-n**) *die* artère *f*.

Arterio|sklerose *die* MED artériosclérose *f*.

Arthritis *die* MED arthrite *f*.

artig <> *adj* sage <> *adv* sagement, gentiment.

Artikel (*pl* -) *der* article *m* ; **der bestimmte/unbestimmte ~** l'article défini/indéfini.

artikulieren *vt* - **1.** [Laute, Wörter] articuler - **2.** [Gedanken] exprimer.

Artillerie (*pl* **-n**) *die* MIL artillerie *f*.

Artischocke (*pl* **-n**) *die* artichaut *m*.

Artist, in (*mpl* **-en** ; *fpl* **-nen**) *der, die* [im Zirkus] saltimbanque *mf*.

artistisch *adj* acrobatique.

Arznei (*pl* **-en**) *die* médicament *m*, remède *m*.

Arzt [aːɐ̯tst] (*pl* **Ärzte**) *der* médecin *m* ; **zum ~ gehen** aller chez le médecin.

Arzthelfer, in *der, die* secrétaire médical *m*, secrétaire médicale *f*.

Ärztin ['ɛːɐ̯tstɪn] (*pl* **-nen**) *die* médecin *m*.

ärztlich *adj* médical(e).

Arzt|praxis *die* cabinet *m* médical.

as, As (*pl* **-se**) *das*.

As *das* [Spielkarte] = **Ass.**

Asbest (*pl* **-e**) *das* amiante *m*.

Asche (*pl* **-n**) *die* cendre *f*, cendres *fpl*.

Aschen|becher *der* cendrier *m*.

Aschen|puttel (*pl* -) *das* Cendrillon *f*.

Ascher|mittwoch *der* mercredi *m* des Cendres.

Asiat, in (*mpl* **-en** ; *fpl* **-nen**) *der, die* Asiatique *mf*.

asiatisch *adj* asiatique.

Asien *nt* Asie *f*.

asozial *adj* asocial(e).

Aspekt (*pl* **-e**) *der* aspect *m*.

Asphalt [as'falt] (*pl* **-e**) *der* asphalte *m*.

asphaltieren *vt* goudronner.

Aspik (*pl* **-e**) *der* aspic *m*.

aß *prät* ▷ **essen.**

Ass (*pl* **-se**) *das* [Spielkarte, Person] as *m*.

Assessmentcenter (*pl* -) *das bilan comportemental permettant d'évaluer un candidat.*

Assistent, in (*mpl* **-en** ; *fpl* **-nen**) *der, die* assistant *m*, -e *f*.

assistieren *vi* : **jm bei etw ~** assister qqn pendant qqch.

Ast (*pl* **Äste**) *der* branche *f*.

AStA ['asta] (*pl* **-(s)** ODER **ASten**) (*abk für* **Allgemeiner Studentenausschuss**) *der comité des étudiants en Allemagne.*

Aster (*pl* **-n**) *die* aster *m*.

Ast|gabel *die* fourche *f*.

Ästhetik [ɛs'teːtɪk] (*pl* **-en**) *die* esthétique *f*.

Asthma *das (ohne Pl)* asthme *m*.

Astrologie *die (ohne Pl)* astrologie *f*.

astrologisch *adj* astrologique.

Astronaut, in (*mpl* **-en** ; *fpl* **-nen**) *der, die* astronaute *mf*.

Astronomie *die (ohne Pl)* astronomie *f*.

Asyl (*pl* **-e**) *das* - **1.** *(ohne Pl)* [Zuflucht] asile *m* - **2.** [Obdachlosenasyl] asile *m* de nuit, foyer *m*.

Asylant (*pl* **-en**) *der* réfugié *m* politique.

Asylantin (*pl* **-nen**) *die* réfugiée *f* politique.

Asyl|bewerber, in *der, die* demandeur *m* d'asile.

Asyl|recht *das (ohne Pl)* droit *m* d'asile.

asymmetrisch *adj* asymétrique.

Atem *der (ohne Pl)* - **1.** [Atmung] respiration *f*, souffle *m* ; **außer ~ sein** être essoufflé(e) ODER à bout de souffle - **2.** [Atemluft] air *m* ; **~ holen** [einatmen] respirer ; [sich ausruhen] souffler - **3.** *RW* : **jn in ~ halten** [in Spannung versetzen] tenir qqn en haleine ; **jm den ~ verschlagen** [verblüffen] couper le souffle à qqn, laisser qqn pantois.

atemberaubend <> *adj* époustouflant(e) <> *adv* incroyablement.

atemlos <> *adj* [außer Atem] (tout) essoufflé, (toute) essoufflée, hors d'haleine <> *adv* [außer Atem] à perdre haleine.

Atemnot *die (ohne Pl)* manque *m* de souffle ; MÉD difficultés *fpl* respiratoires.

Atem|pause *die* pause *f (pour reprendre son souffle).*

Atem|zug *der* inspiration *f*.

Atheist, in (*mpl* **-en** ; *fpl* **-nen**) *der, die* athée *mf*.

Athen *nt* Athènes.

Äther *der (ohne Pl)* CHEM éther *m*.

Äthiopien *nt* Éthiopie *f*.

Athlet, in (*mpl* **-en** ; *fpl* **-nen**) *der, die* athlète *mf*.

athletisch <> *adj* athlétique <> *adv* de manière athlétique.

Atlantik *der* Atlantique *m*.

Atlas (*pl* **-se** ODER **Atlanten**) *der* [Buch] atlas *m*.

atmen *vi* & *vt* respirer.

Atmosphäre (*pl* **-n**) *die* - **1.** [Luft] atmosphère *f* - **2.** *(ohne Pl)* [Stimmung] atmosphère *f*, ambiance *f*.

Atmung *die (ohne Pl)* respiration *f*.

Atoll (*pl* **-e**) *das* GEOGR atoll *m*.

Atom (*pl* **-e**) *das* atome *m*.

atomar *adj* - **1.** [von Atomen] atomique - **2.** [Energie, Zerstörung] nucléaire.

Atom|bombe *die* bombe *f* atomique, bombe *f* A.

Atom|kraft *die (ohne Pl)* énergie *f* nucléaire, nucléaire *m*.

Atomkraft|werk *das* centrale *f* nucléaire.

Atom|krieg *der* guerre *f* nucléaire.

Atom|macht *die* puissance *f* nucléaire.

Atom|müll *der (ohne Pl)* déchets *mpl* radioactifs.

Atom|sprengkopf *der* ogive *f* nucléaire.

Atom|waffe *die* arme *f* nucléaire.

Attentat (*pl* **-e**) *das* attentat *m*.

Attentäter, in (*mpl* **-** ; *fpl* **-nen**) *der, die* auteur *m* d'un attentat.

Attest (*pl* **-e**) *das* certificat *m (médical)*.

Attraktion (*pl* **-en**) *die* - **1.** [Anziehungskraft] pouvoir *m* d'attraction - **2.** [Sehenswürdigkeit] attraction *f*.

attraktiv *adj* - **1.** [Frau] séduisant(e) - **2.** [Preis, Angebot] intéressant(e).

Attrappe (*pl* **-n**) *die* leurre *m*.

Attribut (*pl* **-e**) *das* GRAM complément *m* ; [als Adjektiv] épithète *m*.

ätzend *adj* [Säure, Chemikalie] corrosif(ive) ; [Geruch] âcre.

au *interj* - **1.** [Ausdruck von Schmerz] : **au!** aïe! - **2.** [Ausdruck von Begeisterung] : **~ ja!** chouette!

Aubergine [obɛr'ʒiːnə] (*pl* **-n**) *die* aubergine *f*.

auch *adv* - **1.** [ebenfalls, sogar] aussi ; [in Verneinungen] non plus ; **ich ~ nicht** moi non plus ; **~ das noch!** il ne manquait plus que ça! - **2.** [bestimmt] bien - **3.** [zum Ausdruck einer Begründung] : **so sieht er ~ aus** il en a bien l'air - **4.** [zum Ausdruck der Beliebigkeit] : **wo du ~ immer bist** où que tu sois ; **was ~ immer geschehen mag** quoi qu'il arrive ; **wie viel das ~ kosten mag** quel qu'en soit le prix.

Audienz (*pl* **-en**) *die* audience *f*.

audiovisuell *adj* audiovisuel(elle).

auf <> *präp* - **1.** (*+ D, + A*) [zur Angabe einer Position, oben auf] sur ; [für Straße, Insel, Welt] dans ; **sie ist ~ ihrem Zimmer** elle est dans sa chambre ; **~ dem Land** à la campagne ; **~ der Post** à la poste - **2.** (*+ D*) [während] à, pendant ; **~ Reisen** en voyage ; **~ der Hochzeit** au mariage - **3.** (*+ A*) [zu einem Ereignis, zu einer Beschäftigung] à ; **~ die Arbeit** au travail ; **~ die Universität** à l'université - **4.** (*+ A*) [zur Angabe der Art und Weise] : **~ diese Weise** de cette manière ; **~ deutsch** en allemand ; **~ jeden Fall** en tout cas ; **was hat es damit ~ sich?** *fig* que se passe-t-il donc? - **5.** (*+ A*) [zur Angabe eines Anlasses] : **~ js Rat** sur le conseil de qqn ; **~ etw hin** à la suite de qqch - **6.** (*+ A*) [zur Angabe einer Abfolge] à ; **in der Nacht von Freitag ~ Samstag** dans la nuit de vendredi à samedi ; **Schlag ~ Schlag** coup sur coup - **7.** (*+ A*) [zur Angabe eines Wunsches] à ; **~ dein Wohl!** à ta santé! ; **~ dass** (pour) que - **8.** (*+ A*) [zur Angabe eines Abstandes] à ; **bis ~ 50 Meter** à 50 mètres - **9.** (*+ A*) [zur Angabe eines Verhältnisses] pour <> *adv* - **1.** [aufmachen] : **Mund/Tür ~!** ouvre ODER ouvrez la bouche/la porte! - **2.** [aufgestanden] debout <> *interj* [los, weg] allez! ◆ **auf und ab** *adv* - **1.** [herauf und herunter] de haut en bas, de bas en haut - **2.** [hin und her] de long en large.

auf|arbeiten *vt* [erledigen] : **einen Rückstand ~** rattraper un retard.

auf|atmen *vi* pousser un soupir de soulagement.

Aufbau (*pl* **-ten**) *der* - **1.** *(ohne Pl)* [von Gerüst, Tribüne] montage *m* ; [von Lagern] installation *f* ; [von Orten] construction *f* - **2.** *(ohne Pl)* [von Betrieb, Organisation] création *f* ; [von Systemen] mise *f* en place - **3.** *(ohne Pl)* [Struktur] structure *f* ; [von Gedichten] plan *m* ; [von Sinfonien] construction *f*.

auf|bauen *vt* - **1.** [bauen - gen] construire ; [- Gerüst] monter ; [- Zelt] planter ; **wieder ~** reconstruire - **2.** [Betrieb, Organisation] créer ; [System] mettre en place - **3.** [zusammensetzen] monter ; **aus etw aufgebaut sein** se composer de qqch - **4.** [ordnen - Waren, Geschenke] disposer ; [- Roman, Rede] organiser. ◆ **sich aufbauen** *ref* [sich zusammensetzen] : **sich aus etw ~** se composer de qqch.

auf|bäumen ◆ **sich aufbäumen** *ref* [Pferd] se cabrer.

auf|bauschen *vt* - **1.** [übertreiben] : **etw ~** monter qqch en épingle - **2.** [bauschen] faire bouffer.

auf|bekommen *vt (unreg)* - **1.** [öffnen] réussir à ouvrir - **2.** [Schulaufgabe] avoir à ODER devoir faire.

auf|bereiten *vt* traiter.

auf|bessern *vt* [Kenntnisse] améliorer ; **sein Gehalt ~** arrondir ses fins de mois.

auf|bewahren *vt* garder ; [Lebensmittel] conserver.

Aufbewahrung *die (ohne Pl)* garde *f* ; [von Lebensmitteln] conservation *f*.

auf|bieten *vt (unreg)* - **1.** [Kraft, Einfluss] user de - **2.** [Polizei, Militär] mobiliser.

auf|blasen *vt (unreg)* [Ballon, Luftmatratze] gonfler.

auf|bleiben (*perf* **ist aufgeblieben**) *vi (unreg)* - **1.** [Person] rester debout ODER éveillé(e) - **2.** [Tür, Geschäft] rester ouvert(e).

auf|blenden *vi* faire un appel de phares.

auf|blicken *vi* - **1.** [hochsehen] lever les yeux - **2.** [bewundern] : **zu jm ~** admirer qqn.

auf|blitzen *vi* jaillir.

auf|blühen (*perf* **ist aufgeblüht**) *vi* [Blume, Person] s'épanouir.

auf|brauchen *vt* épuiser.

auf|brausen (*perf* **ist aufgebraust**) *vi* - **1.** [Lärm, Beifall] éclater - **2.** [Person] s'emporter.

auf|brechen (*perf* **hat/ist aufgebrochen**) *(unreg)* <> *vt (hat)* [öffnen - mit Gewalt] forcer, fracturer ; [- in krimineller Absicht] pénétrer de force dans <> *vi (ist)* - **1.** [abreisen] se mettre en route ; **nach London ~** partir pour Londres - **2.** [Wunde] se rouvrir ; [Erde] se craqueler.

auf|bringen *vt (unreg)* - **1.** [beschaffen] : **die Kraft/den Mut ~, etw zu tun** trouver la force/le courage de faire qqch ; **Geld ~** réunir des fonds - **2.** [Gerücht, Mode] lancer - **3.** [wütend machen] : **jn gegen jn/etw ~** monter qqn contre qqn/qqch.

Aufbruch *der (ohne Pl)* départ *m.*

auf|brummen *vt fam* : **jm etw ~** flanquer ODER coller qqch à qqn.

auf|bürden *vt* : **jm etw ~** charger qqn de qqch ; **sich** *(D)* **etw ~** se charger de qqch, se mettre qqch sur le dos.

auf|decken *vt* - **1.** [Laken, Decke] retirer - **2.** [Geheimnis, Verbrechen] lever le voile sur - **3.** [Spielkarten] : **seine Karten** ODER **sein Spiel ~** dévoiler son jeu. ◆ **sich aufdecken** *ref* se découvrir.

auf|drängen *vt* : **jm etw ~** contraindre qqn à accepter qqch. ◆ **sich aufdrängen** *ref* s'imposer ; **sich jm ~** imposer sa présence à qqn.

auf|drehen *vt* [öffnen] ouvrir ; [Schraube] dévisser.

aufdringlich <> *adj* [Person] importun(e) ; [Farbe] voyant(e) ; [Geruch] incommodant(e) <> *adv* de manière insistante.

aufeinander *adv* - **1.** [einer auf dem anderen] l'un (l'une) sur l'autre, les uns (les unes) sur les autres ; **~ stapeln** empiler - **2.** [gegenseitig] l'un (l'une) l'autre, les uns (les unes) les autres, mutuellement ; **~ aufpassen** se surveiller.

aufeinander folgen *vi* se succéder ; **dicht ~** se suivre de près.

aufeinander prallen (*perf* **sind aufeinander geprallt**) *vi* - **1.** [Autos] entrer en collision - **2.** [Meinungen] s'opposer.

aufeinander stoßen (*perf* **sind aufeinander gestoßen**) *vi (unreg)* - **1.** [Autos] entrer en collision - **2.** [Meinungen] s'opposer.

Aufenthalt (*pl* **-e**) *der* - **1.** [Anwesenheit] séjour *m* - **2.** [Unterbrechung] arrêt *m*, étape *f.*

Aufenthalts|genehmigung *die* permis *m* de séjour.

Aufenthalts|ort *der* lieu *m* de séjour.

Auferstehung *die (ohne Pl)* résurrection *f.*

auf|essen *vt (unreg)* finir *(de manger).*

auf|fädeln *vt* enfiler.

auf|fahren (*perf* **ist aufgefahren**) *(unreg)* <> *vi* - **1.** [Auto] : **dicht ~** s'approcher de très près ; **auf jn/etw ~** heurter qqn/qqch par derrière - **2.** [erschrecken] sursauter <> *vt* [Geschütze] mettre en batterie.

Auffahrt (*pl* **-en**) *die* - **1.** [zur Autobahn] bretelle *f* d'accès - **2.** [zu Gebäude] chemin *m* d'accès.

Auffahr|unfall *der* collision *f.*

auf|fallen (*perf* **ist aufgefallen**) *vi (unreg)* : **jd/etw fällt jm auf** qqn remarque qqn/qqch.

auffallend <> *adj* [Schönheit, Intelligenz] remarquable ; [Ähnlichkeit] frappant(e) ; [Kleidung] voyant(e) <> *adv* particulièrement.

auffällig <> *adj* [Verhalten, Erscheinung] singulier(ère) <> *adv* - **1.** [geschminkt] outrageusement - **2.** [häufig] étonnamment.

auf|fangen *vt (unreg)* - **1.** [Ball] attraper - **2.** [Signale] capter - **3.** [Schlag, Sturz] amortir - **4.** [Flüssigkeit, Flüchtlinge] recueillir.

Auffang|lager *das* camp *m* d'accueil *(de réfugiés).*

auf|fassen *vt* comprendre, saisir ; **etw als etw ~** prendre qqch pour qqch.

Auffassung (*pl* **-en**) *die* opinion *f* ; **nach js ~** selon qqn.

Auffassungs|gabe *die* capacité *f* de compréhension.

auf|flackern (*perf* **ist aufgeflackert**) *vi* [Licht, Kerze] jeter une lueur vacillante.

auf|fliegen (*perf* **ist aufgeflogen**) *vi (unreg)* - **1.** [Vögel, Papier] s'envoler - **2.** [Tür, Fenster] s'ouvrir brusquement - **3.** *fam fig* [Pläne, Bande] être démasqué(e).

auf|fordern *vt* - **1.** [bitten] : **jn dazu ~, etw zu tun** inviter qqn à faire qqch - **2.** [befehlen] : **jn dazu ~, etw zu tun** ordonner à qqn de faire qqch - **3.** [zum Tanz] : **jn ~** inviter qqn à danser.

Aufforderung (*pl* **-en**) *die* - **1.** [Bitte] invitation *f* - **2.** [Befehl] ordre *m.*

auf|frischen ◇ *vt* [Erinnerung, Kenntnisse] rafraîchir ◇ *vi* [Wind] fraîchir.

auf|führen *vt* - **1.** [auf Bühne] représenter - **2.** [auf Liste] énumérer. ◆ **sich aufführen** *ref abw* [sich benehmen] se conduire.

Aufführung (*pl* **-en**) *die* [Vorstellung] représentation *f*.

auf|füllen *vt* - **1.** [Benzin, Kaffee] faire le plein de - **2.** [Tank, Dose] remplir - **3.** [Vorräte] reconstituer.

Aufgabe (*pl* **-n**) *die* - **1.** [Pflicht] tâche *f* ; **eine ~ übernehmen** se charger d'une tâche - **2.** *(ohne Pl)* [von Briefen] envoi *m* - **3.** [Schulaufgabe - schriftlich] devoir *m* ; [- mündlich] leçon *f* ; [- in der Mathematik] problème *m*.

Aufgaben|bereich *der* domaine *m* de compétence, compétence *f*.

Aufgaben|stellung *die* problème *m* à résoudre.

Aufgang (*pl* **Aufgänge**) *der* - **1.** [Treppe] escalier *m* - **2.** [Weg] montée *f* - **3.** [von Sonne, Mond] lever *m*.

auf|geben *(unreg)* ◇ *vt* - **1.** [Gewohnheit] arrêter ; **das Rauchen ~** arrêter de fumer - **2.** [Stelle, Beruf] quitter ; [Geschäft] fermer - **3.** [Person, Plan, Spiel] abandonner - **4.** [Schulaufgabe] : **jm etw ~** donner qqch à faire à qqn - **5.** [Anzeige] faire passer ; [Bestellung] passer - **6.** [Brief, Telegramm] envoyer, expédier ◇ *vi* [aufhören, kapitulieren] abandonner.

aufgebläht *adj* [Bauch] ballonné(e).

Auf|gebot *das* - **1.** [Einsatz] mobilisation *f* - **2.** [einer Hochzeit] bans *mpl* ; **das ~ bestellen** faire publier les bans.

aufgebracht ◇ *pp* ▷ **aufbringen** ◇ *adj* [wütend] exaspéré(e).

aufgedunsen *adj* bouffi(e).

auf|gehen (*perf* **ist aufgegangen**) *vi (unreg)* - **1.** [Sonne, Mond, Sterne] se lever - **2.** [sich lösen] se défaire - **3.** [sich öffnen] s'ouvrir - **4.** [Rechnung, Gleichung] tomber juste - **5.** [verschwinden] : **in etw** *(D)* **~** disparaître dans ODER en qqch - **6.** [sich einsetzen] : **in etw** *(D)* **~** s'investir totalement dans qqch.

aufgehoben ◇ *pp* ▷ **aufheben** ◇ *adj* : **(bei jm) gut/schlecht~ sein** être/ne pas être entre de bonnes mains (avec qqn).

aufgeklärt *adj* éclairé(e).

aufgelegt *adj* : **gut/schlecht ~ sein** être bien/mal disposé(e).

aufgeregt ◇ *adj* énervé(e), excité(e) ◇ *adv* avec excitation.

aufgeschlossen ◇ *pp* ▷ **aufschließen** ◇ *adj* ouvert(e) ; **für etw** ODER **etw gegenüber ~ sein** être ouvert(e) à qqch.

aufgeweckt *adj* éveillé(e).

auf|greifen *vt (unreg)* - **1.** [fangen] ramasser - **2.** [übernehmen] s'inspirer de.

aufgrund, auf Grund *präp* : **~ einer Sache** *(G)* à la suite de qqch, en raison de qqch.

auf haben ◇ *vt (unreg)* - **1.** SCHULE : **etw ~** avoir qqch à faire - **2.** [tragen] porter ◇ *vi* [geöffnet sein] être ouvert(e).

auf|halten *vt (unreg)* - **1.** [offen halten] tenir ouvert(e) ; **jm die Tür ~** tenir la porte à qqn - **2.** [anhalten - Ablauf] enrayer ; [- Inflation] freiner - **3.** [stören] retenir ; **ich möchte Sie nicht ~** je ne veux pas vous retarder. ◆ **sich aufhalten** *ref* [sich befinden] séjourner.

auf|hängen ◇ *vt* - **1.** [hinhängen - Mantel, Bild] accrocher ; [- Lampe] suspendre - **2.** [erhängen] pendre ◇ *vi* [am Telefon] raccrocher. ◆ **sich aufhängen** *ref fam* [sich erhängen] se pendre.

Aufhänger (*pl* **-**) *der* [Halterung] attache *f*.

auf|häufen *vt* entasser. ◆ **sich aufhäufen** *ref* s'entasser.

auf|heben *vt (unreg)* - **1.** [nehmen] ramasser - **2.** [Hand, Kopf] lever ; [Baby] soulever - **3.** [aufbewahren] garder - **4.** [Gesetz, Verordnung] abolir - **5.** [ausgleichen] : **einander** ODER **sich ~** s'égaliser, s'équilibrer.

auf|heitern *vt* [Person] dérider, distraire ; [Abend] animer. ◆ **sich aufheitern** *ref* [sonnig werden] s'éclaircir.

auf|hellen *vt* éclaircir. ◆ **sich aufhellen** *ref* s'éclaircir.

auf|hetzen *vt abw* provoquer ; **jn gegen jn/etw ~** monter qqn contre qqn/qqch.

auf|holen ◇ *vt* rattraper ◇ *vi* gagner du terrain, rattraper son retard.

auf|horchen *vi* [horchen] tendre l'oreille.

auf|hören *vi* - **1.** [beenden, kündigen] arrêter ; **~, etw zu tun** arrêter de faire qqch ; **mit etw ~** arrêter qqch - **2.** [zu Ende sein] se terminer ; [Lärm, Regen] s'arrêter ; [Nebel] se lever.

auf|klappen *vt* ouvrir.

auf|klären *vt* - **1.** [Verbrechen] élucider ; [Missverständnis] dissiper - **2.** [informieren] : **jn über etw** *(A)* **~** informer qqn de qqch - **3.** [über Sexualität informieren] faire l'éducation sexuelle de. ◆ **sich aufklären** *ref* - **1.** [sich auflösen] s'expliquer - **2.** [sonnig werden] s'éclaircir.

Auf|klärung *die (ohne Pl)* - **1.** [von Verbrechen, Irrtum] explication *f* - **2.** [Information] information *f* - **3.** [Information über Sexualität] éducation *f* sexuelle - **4.** HIST : **die ~** les Lumières.

Auf|kleber *der* autocollant *m*.

auf|knöpfen *vt* déboutonner.

auf|kommen (*perf* **ist aufgekommen**) *vi*

(unreg) **- 1.** [entstehen] apparaître, naître *(fig)* ; [Sturm] se lever **- 2.** [zahlen] : **für etw ~** [Kosten] prendre qqch en charge ; [Schaden] répondre de qqch.

auf|krempeln *vt :* **sich** *(D)* **die Ärmel/die Hosenbeine ~** retrousser ses manches/son pantalon.

auf|kriegen *vt fam* [öffnen können] arriver à ouvrir ; [Knoten] arriver à défaire.

auf|laden *vt (unreg)* **- 1.** [lasten] : **etw auf etw** *(A)* **~** charger qqch sur qqch **- 2.** [aufbürden] : **jm etw ~** charger qqn de qqch **- 3.** [Batterie] recharger.

Auf|lage *die* **- 1.** [von Büchern, von Zeitungen] édition *f ;* [Anzahl] tirage *m* **- 2.** [Bedingung] obligation *f ;* **jm etw zur ~ machen** obliger qqn à faire qqch.

auf|lassen *vt (unreg)* **- 1.** [geöffnet lassen] laisser ouvert(e) **- 2.** [Hut, Mütze] garder.

auf|lauern *vi :* **jm ~** guetter qqn.

Auf|lauf *der* **- 1.** [Speise] gratin *m* **- 2.** [Menschenansammlung] attroupement *m.*

auf|laufen (*perf* **ist aufgelaufen**) *vi (unreg)* [Schiff] : **auf etw** *(A)* **~** s'échouer sur qqch.

auf|leben (*perf* **ist aufgelebt**) *vi* **- 1.** [aktiv werden] reprendre vie **- 2.** [sich beleben] s'animer.

auf|legen ◇ *vt* **- 1.** [hinlegen] poser, mettre **- 2.** [Buch] : **neu ~** rééditer **- 3.** [Telefon, Hörer] raccrocher ◇ *vi* [am Telefon] raccrocher.

auf|lehnen ◆ **sich auflehnen** *ref :* **sich gegen jn/etw ~** s'élever contre qqn/qqch.

auf|leuchten *vi* s'allumer.

auf|listen *vt* faire la liste de.

auf|lockern *vt* **- 1.** [Erde] ameublir **- 2.** [Muskel, Stimmung] détendre. ◆ **sich auflockern** *ref* **- 1.** [entspannen] se détendre **- 2.** [Bewölkung] se disperser.

auf|lösen *vt* **- 1.** [in Flüssigkeit, in Bestandteile] dissoudre ; **etw in etw** *(D)* **~** dissoudre qqch dans qqch **- 2.** [beenden] rompre ; [Versammlung] dissoudre ; [Demonstration] disperser **- 3.** [aufgeben] liquider. ◆ **sich auflösen** *ref* **- 1.** [sich lösen] se dissoudre ; **sich in etw** *(D)* **~** se dissoudre dans qqch **- 2.** [Nebel] se dissiper **- 3.** [Knoten] se relâcher **- 4.** [sich zerstreuen] se disperser.

Auf|lösung *die* **- 1.** [Ende, Beendigung] rupture *f ;* [von Versammlung, Haushalt] dissolution *f* **- 2.** [Antwort] solution *f.*

auf|machen ◇ *vt* **- 1.** [gen] ouvrir **- 2.** [gestalten] : **etw modern ~** présenter qqch de façon moderne ◇ *vi* ouvrir ; **jm ~** ouvrir (la porte) à qqn. ◆ **sich aufmachen** *ref* [abreisen] partir, se mettre en route.

Aufmachung (*pl* **-en**) *die* présentation *f.*

aufmerksam ◇ *adj* **- 1.** [konzentriert] attentif(ive) ; **jn auf jn/etw ~ machen** attirer l'attention de qqn sur qqn/qqch **- 2.** [höflich] attentionné(e) ◇ *adv* attentivement, avec attention.

Aufmerksamkeit (*pl* **-en**) *die* **- 1.** [Konzentration] attention *f* **- 2.** [Mitbringsel] petit cadeau *m.*

auf|muntern *vt* encourager ; [belustigen] égayer.

Aufnahme (*pl* **-n**) *die* **- 1.** [Empfang] accueil *m ;* **die ~ in etw** *(A)* admission *f* à qqch **- 2.** [Beginn] début *m* **- 3.** [Aufzeichnung] enregistrement *m* **- 4.** [Fotografie] photo *f.*

aufnahmefähig *adj* réceptif(ive).

Aufnahme|prüfung *die* examen *m* ODER concours *m* d'entrée.

auf|nehmen *vt (unreg)* **- 1.** [aufheben, ergreifen] ramasser **- 2.** [einfügen, empfangen] admettre, accueillir ; **jn in etw** *(D)* **~** [Verein] accueillir qqn dans qqch ; **jn bei sich** *(D)* **~** accueillir ODER héberger qqn chez soi ; **etw in etw** *(D)* **~** intégrer qqch à qqch **- 3.** [Gelerntes] assimiler ; [Nahrung] absorber **- 4.** [beginnen] entamer ; **Kontakt ~** prendre contact **- 5.** [konkurrieren] : **es mit jm/etw ~ können** pouvoir rivaliser avec qqn/qqch **- 6.** [fotografieren] photographier **- 7.** [auf Tonband] enregistrer.

auf|opfern ◆ **sich aufopfern** *ref* se sacrifier.

auf|päppeln *vt fam* requinquer.

auf|passen *vi* [aufmerksam sein] faire attention ; [im Unterricht] être attentif(ive) ; **auf etw** *(A)* **~** faire attention à qqch ; **auf jn ~** surveiller qqn.

auf|platzen (*perf* **ist aufgeplatzt**) *vi* craquer.

Aufprall (*pl* **-e**) *der* choc *m.*

auf|prallen (*perf* **ist aufgeprallt**) *vi :* **auf etw** *(A)* **~** entrer en collision avec qqch.

Auf|preis *der* supplément *m.*

auf|pumpen *vt* gonfler.

Aufputsch|mittel *das* stimulant *m.*

auf|quellen (*perf* **ist aufgequollen**) *vi (unreg)* gonfler.

auf|raffen ◆ **sich aufraffen** *ref* **- 1.** [aufstehen] se relever **- 2.** [sich entschließen] : **sich dazu ~, etw zu tun** se résoudre à faire qqch.

auf|ragen *vi* se dresser.

auf|räumen ◇ *vt* ranger ◇ *vi* [ordnen] ranger, faire du rangement.

auf|rechnen *vt :* **etw gegen etw ~** compenser qqch par qqch.

aufrecht ◇ *adj* droit(e) ◇ *adv* **- 1.** [gerade] droit(e) ; **~ sitzen** être assis(e) bien droit **- 2.** *fig* [bestärken] : **jn ~ halten** permettre à qqn de tenir (le coup).

aufrecht|erhalten *vt (unreg)* maintenir.

auf|regen *vt* énerver. ◆ **sich aufregen** *ref* s'énerver ; **sich über jn ~** s'énerver contre qqn ; **sich über etw** *(A)* **~** s'indigner de qqch.
aufregend *adj* excitant(e).
Auf|regung *die* excitation *f*, effervescence *f* ; **jn in ~ versetzen** affoler qqn.
aufreibend *adj* [anstrengend] éreintant(e).
auf|reißen (*perf* **hat/ist aufgerissen**) *(unreg)* ◇ *vt (hat)* **- 1.** [Fenster, Schublade] ouvrir violemment ; [Mund, Augen] ouvrir grand **- 2.** [Brief, Karton] ouvrir (en déchirant) ; [Straße] défoncer ◇ *vi (ist)* [Naht] se découdre.
aufreizend *adj* **- 1.** [erregend] provocant(e) **- 2.** [ärgerlich] irritant(e).
auf|richten *vt* **- 1.** [Person] redresser **- 2.** [Schild, Pfahl] dresser **- 3.** [trösten] remonter. ◆ **sich aufrichten** *ref* **- 1.** [sich hochziehen] se redresser **- 2.** [sich trösten] reprendre courage, se consoler.
aufrichtig ◇ *adj* sincère ◇ *adv* sincèrement.
Auf|richtigkeit *die (ohne Pl)* sincérité *f*.
auf|rücken (*perf* **ist aufgerückt**) *vi* avancer.
Auf|ruf *der* appel *m*.
auf|rufen *vt (unreg)* [nennen, rufen] appeler.
Aufruhr (*pl* **-e**) *der* **- 1.** [Aufstand] soulèvement *m* **- 2.** *(ohne Pl)* [Unruhe] effervescence *f*.
auf|runden *vt* arrondir.
auf|rüsten *vi* réarmer.
Auf|rüstung *die* réarmement *m*.
aufs *präp (auf + das)* : **es kommt ~ Wetter an** ça dépend du temps ; **er setzt sich ~ Sofa/Bett** il s'assoit sur le canapé/lit ; **~ Neue** de nouveau ; **~ Äußerste** très, extrêmement.
auf|sagen *vt* réciter.
auf|sammeln *vt* ramasser.
aufsässig *adj* indocile.
Auf|satz *der* **- 1.** [Schularbeit] rédaction *f* **- 2.** [Abhandlung] article *m* **- 3.** [Aufbau] chapiteau *m*.
auf|saugen *vt* absorber.
auf|schauen *vi* [mit Bewunderung] : **zu jm ~** regarder qqn avec admiration.
auf|scheuchen *vt* [verscheuchen] effrayer ; [Wild] débusquer.
auf|schieben *vt (unreg)* **- 1.** [verschieben] repousser **- 2.** [öffnen] pousser.
Auf|schlag *der* **- 1.** [Aufprall] choc *m* **- 2.** [auf den Preis] supplément *m* **- 3.** [am Hosenbein, am Ärmel] revers *m*.
auf|schlagen (*perf* **hat/ist aufgeschlagen**) *(unreg)* ◇ *vt (hat)* **- 1.** [öffnen] ouvrir **- 2.** [Schale, Eis] casser **- 3.** [verletzen] : **sich** *(D)* **etw ~** s'ouvrir qqch **- 4.** [aufbauen] installer ; [Zelt] planter **- 5.** [dazurechnen] : **10 DM auf etw** *(A)* **~** augmenter qqch de 10 DM ◇ *vi (ist)* [aufprallen] rebondir.
auf|schließen *(unreg)* ◇ *vt* ouvrir ◇ *vi* **- 1.** [öffnen] ouvrir **- 2.** [nachrücken] avancer.
Auf|schluss *der (ohne Pl)* : **über etw** *(A)* **~ geben** donner des éclaircissements sur qqch.
aufschlussreich *adj* instructif(ive).
auf|schneiden *(unreg)* ◇ *vt* ouvrir (en coupant) ◇ *vi fam* [angeben] fanfaronner.
Auf|schnitt *der (ohne Pl)* charcuterie *f* (en tranches).
auf|schrauben *vt* ouvrir (en dévissant).
auf|schrecken (*perf* **hat/ist aufgeschreckt**) ◇ *vt (hat)* effrayer ◇ *vi (ist)* sursauter.
Auf|schrei *der* cri *m*.
auf|schreiben *vt (unreg)* [notieren] noter.
Auf|schrift *die* inscription *f*.
Auf|schub *der* : **jm ~ gewähren** accorder un délai à qqn.
auf|schütten *vt* [Damm, Wall] remblayer.
Auf|schwung *der* [Auftrieb] essor *m*.
auf|sehen *vi (unreg)* **- 1.** [hochschauen] lever les yeux **- 2.** [mit Bewunderung] : **zu jm ~** regarder qqn avec admiration.
Aufsehen *das (ohne Pl)* : **~ erregen** faire sensation ; **~ erregend** qui fait sensation.
Aufseher, in (*mpl* **-** ; *fpl* **-nen**) *der, die* surveillant *m*, -e *f*.
auf sein *vi (unreg) fam* **- 1.** [offen sein] être ouvert(e) **- 2.** [wach sein] être debout.
auf|setzen ◇ *vt* **- 1.** [anziehen] mettre **- 2.** [annehmen] arborer **- 3.** [schreiben] rédiger **- 4.** [auf den Herd stellen] mettre à chauffer **- 5.** [niedersetzen] poser ◇ *vi* [landen] se poser. ◆ **sich aufsetzen** *ref* se redresser.
Aufsicht *die (ohne Pl)* **- 1.** [Kontrolle] surveillance *f* **- 2.** [Person] surveillant *m*, -e *f*.
auf|sitzen (*perf* **hat/ist aufgesessen**) *vi (unreg)* **- 1.** *(ist)* [beim Pferd, Motorrad] se mettre en selle **- 2.** *(ist)* [sich täuschen lassen] : **jm ~** se laisser duper par qqn.
auf|spannen *vt* ouvrir.
auf|sparen *vt* : **sich** *(D)* **etw ~** se garder qqch, se mettre qqch de côté.
auf|sperren *vt* **- 1.** [aufschließen] ouvrir **- 2.** [offen halten] ouvrir grand.
auf|spielen ◆ **sich aufspielen** *ref* se faire mousser.
auf|springen (*perf* **ist aufgesprungen**) *vi (unreg)* **- 1.** [vor Schreck] sursauter ; [vor Begeisterung] bondir **- 2.** [Tür, Blüte] s'ouvrir **- 3.** [Haut, Hände] (se) gercer.

auf|stacheln *vt* pousser.
auf|stampfen *vi* frapper du pied.
Auf|stand *der* soulèvement *m*, insurrection *f*.
aufständisch *adj* insurrectionnel(elle).
auf|stauen *vt* retenir. ◆ **sich aufstauen** *ref* s'accumuler.
auf|stecken *vt* [hochstecken] relever.
auf|stehen (*perf* **hat/ist aufgestanden**) *vi (unreg)* - **1.** *(ist)* [sich erheben] se lever - **2.** *(hat)* [offen stehen] être ouvert(e).
auf|steigen (*perf* **ist aufgestiegen**) *vi (unreg)* - **1.** [nach oben] monter ; **auf etw** *(A)* ~ monter sur qqch - **2.** [Erfolg haben] monter en grade.
auf|stellen *vt* - **1.** [hinstellen] placer - **2.** [Gerüst] construire - **3.** [Theorie, Behauptung] avancer - **4.** [Spieler, Kandidaten] sélectionner - **5.** [aufrichten - Stacheln] dresser ; [- Kragen] relever. ◆ **sich aufstellen** *ref* - **1.** [sich hinstellen] se placer - **2.** [sich aufrichten] se hérisser.
Auf|stellung *die* - **1.** [Hinstellen] mise en place *f*, disposition *f* - **2.** [von Behauptung, These, Programm] établissement *m* - **3.** [von Spielern, Kandidaten] sélection *f*.
Aufstieg (*pl* **-e**) *der* - **1.** [Aufsteigen] ascension *f* - **2.** [Erfolg] avancement *m*, promotion *f*.
auf|stocken *vt* - **1.** [höher bauen] surélever - **2.** [vergrößern] augmenter.
auf|stoßen (*perf* **hat/ist aufgestoßen**) *(unreg)* <> *vt (hat)* ouvrir *(en poussant)* <> *vi* - **1.** *(ist)* [stoßen] : **mit etw auf etw** *(A)* ~ frapper avec qqch sur qqch - **2.** *(hat)* [rülpsen] avoir des renvois.
aufstrebend *adj* [Person] en pleine réussite ; [Stadt, Industrie] en plein essor.
auf|stützen *vt* appuyer. ◆ **sich aufstützen** *ref* s'appuyer.
auf|suchen *vt* [Arzt, Beratungsstelle] consulter.
Auf|takt *der* [Anfang] amorce *f*.
auf|tanken *vi* faire le plein.
auf|tauchen (*perf* **ist aufgetaucht**) *vi* - **1.** [aus dem Wasser] émerger - **2.** [sichtbar werden] apparaître - **3.** [aufkommen] se faire jour, naître.
auf|tauen (*perf* **hat/ist aufgetaut**) <> *vt (hat)* décongeler <> *vi (ist)* décongeler.
auf|teilen *vt* - **1.** [verteilen] répartir ; **etw unter sich** *(D)* ~ se répartir qqch - **2.** [einteilen] partager, diviser ; **etw in etw** *(A)* ~ partager ODER diviser qqch en qqch.
Auf|teilung *die* - **1.** [Verteilung] répartition *f* - **2.** [Einteilung] partage *m*, division *f*.
auf|tischen *vt* servir.
Auftrag (*pl* **-träge**) *der* - **1.** [Befehl, Aufgabe] ordre *m*, mission *f* ; **jm einen ~ geben** ODER **erteilen** donner un ordre ODER une mission à qqn - **2.** [Bestellung] commande *f*.
auf|tragen <> *vt (unreg)* - **1.** [Farbe, Creme] appliquer - **2.** [bestellen] : **jm ~, etw zu tun** charger qqn de faire qqch - **3.** [Kleidungsstück] user <> *vi* : **dick** ~ *fam* en rajouter.
Auftraggeber, in (*mpl* **-** ; *fpl* **-nen**) *der, die* client *m*, -e *f*, commanditaire *mf*.
auf|treffen (*perf* **ist aufgetroffen**) *vi (unreg)* heurter.
auf|treiben *vt (unreg) fam* [finden] dénicher.
auf|treten (*perf* **ist aufgetreten**) *vi (unreg)* - **1.** [treten] poser le pied - **2.** [sich benehmen] : **schüchtern** ~ avoir l'air timide - **3.** [erscheinen - Schauspieler] se produire ; [- Problem, Gefahr] apparaître, se manifester.
Auftreten *das (ohne Pl)* - **1.** [Benehmen] attitude *f*, présentation *f* - **2.** [Erscheinen] apparition *f*.
Auf|trieb *der (ohne Pl)* poussée *f* ; **jm/einer Sache ~ geben** *fig* donner de l'élan à qqn/qqch.
auf|tun *(unreg) vi* [servieren] servir. ◆ **sich auftun** *ref* [Perspektiven] : **sich jm** ~ s'offrir à qqn.
auf|türmen *vt* amonceler. ◆ **sich auftürmen** *ref* s'amonceler.
auf|wachen (*perf* **ist aufgewacht**) *vi* se réveiller.
auf|wachsen [aufvaksn̩] (*perf* **ist aufgewachsen**) *vi (unreg)* grandir.
Aufwand *der (ohne Pl)* - **1.** [Einsatz] investissement *m* - **2.** [Luxus] dépenses *fpl*.
aufwändig <> *adj* dispendieux(euse) ; [Film] à gros budget <> *adv* largement.
auf|wärmen *vt* [Essen] réchauffer. ◆ **sich aufwärmen** *ref* se réchauffer.
aufwärts *adv* vers le haut, en amont.
aufwärts gehen (*perf* **ist aufwärts gegangen**) *vi (unreg)* : **mit etw geht es aufwärts** qqch est en progression.
auf|wecken *vt* réveiller.
auf|weisen *vt (unreg)* [zeigen] montrer, présenter.
auf|wenden *vt* investir.
aufwendig = **aufwändig**.
auf|werfen *vt (unreg)* [ansprechen] : **ein Problem** ~ soulever un problème.
auf|werten *vt* [Geld] réévaluer ; [Ansehen] revaloriser.
auf|wickeln *vt* enrouler.
auf|wiegeln *vt abw* : **jn gegen jn** ~ monter qqn contre qqn.
Auf|wind *der* vent *m* favorable ; **~ bekommen** *fig* recevoir une impulsion favorable.

auf|wirbeln <> *vi* s'élever en tourbillonnant <> *vt* soulever des tourbillons de.

auf|wischen *vt* nettoyer, essuyer.

auf|wühlen *vt* - **1.** [Erde] retourner - **2.** [erregen] remuer, retourner.

auf|zählen *vt* énumérer.

Auf|zählung *die* énumération *f.*

auf|zeichnen *vt* - **1.** [zeichnen] tracer - **2.** [Sendung] enregistrer.

Auf|zeichnung *die* [Aufnahme] enregistrement *m.* ◆ **Aufzeichnungen** *pl* [Notizen] notes *fpl.*

auf|ziehen (*perf* **hat/ist aufgezogen**) *(unreg)* <> *vt (hat)* - **1.** [Uhr, Spielzeug] remonter - **2.** [erziehen] élever - **3.** [öffnen] ouvrir - **4.** *fam* [necken] narguer <> *vi (ist)* approcher.

Auf|zucht *die* élevage *m.*

Auf|zug *der* - **1.** [Lift] ascenseur *m* - **2.** *abw* [Aufmachung] accoutrement *m.*

auf|zwingen *vt (unreg)* : **jm etw ~** imposer qqch à qqn. ◆ **sich aufzwingen** *ref* s'imposer.

Auge (*pl* **-n**) *das* - **1.** [Sehorgan] œil *m* ; **ein blaues ~** un œil au beurre noir ; **mit bloßem ~** à l'œil nu ; **unter vier ~n** entre quatre yeux ; **ihm wurde schwarz vor ~n** il a eu un étourdissement - **2.** [Würfelpunkt] point *m (de dé)* - **3.** *RW* : **etw vor ~n haben** avoir qqch à l'esprit ; **seinen ~n nicht trauen** ne pas en croire ses yeux ; **jn aus den ~n verlieren** perdre qqn de vue ; **ein ~ zudrücken** fermer les yeux *(fig)* ; **jn/etw im ~ behalten** garder un œil sur qqn/qqch ; **in js ~n** aux yeux de qqn ; **jn/etw mit anderen** ODER **neuen ~n sehen** voir qqn/qqch d'un autre œil ; **jn/etw nicht aus den ~n lassen** ne pas quitter qqn/qqch des yeux.

Augen|arzt, -ärztin *der, die* ophtalmologiste *mf.*

Augen|blick *der* - **1.** [kurze Zeit] instant *m*, moment *m* - **2.** [Zeitpunkt] moment *m* ; **im ~** pour l'instant, pour le moment ; **jeden ~** d'un moment à l'autre.

augenblicklich <> *adj* [jetzig] actuel(elle) <> *adv* - **1.** [umgehend] tout de suite - **2.** [jetzig] pour le moment.

Augen|braue *die* sourcil *m.*

Augen|farbe *die* couleur *f* des yeux.

Augen|höhe *die* : **in ~** à (la) hauteur des yeux.

Augen|winkel *der* : **jn/etw aus den ~n beobachten** observer qqn/qqch du coin de l'œil.

Augen|zeuge, -zeugin *der, die* témoin *m* oculaire.

augenzwinkernd <> *adj* de connivence <> *adv* d'un air complice.

August *der (ohne Pl)* août *m* ; *siehe auch* **September.**

Auktion [auk'tsio:n] (*pl* **-en**) *die* vente *f* aux enchères.

Aula (*pl* **-s**) *die* SCHULE préau *m* ; UNI grande salle *f (d'activités).*

Aupair|mädchen, Au-pair-Mädchen [o'pɛ:r|mɛ:tçən] *das* (jeune) fille *f* au pair.

aus <> *präp (+ D)* - **1.** [gen] de ; **~ dem Haus gehen** sortir de la maison ; **~ Frankreich** de France ; **~ Paris** de Paris ; **~ den Siebzigerjahren** des années soixante-dix ; **~ dem Französischen übersetzen** traduire du français ; **ein Tisch ~ Holz** une table de ODER en bois ; **~ dem Fenster** par la fenêtre - **2.** [zur Angabe einer Entfernung] à ; **~ 30 Metern Entfernung** à une distance de 30 mètres - **3.** [zur Angabe eines Anlasses, einer Ursache] par ; **~ Liebe** par amour ; **~ diesem Grunde** pour cette raison <> *adv* - **1.** [zu Ende] : **es ist ~** c'est fini ; **es ist ~ mit jm/etw** c'en est fini de qqn/qqch ; **etw ist ~ und vorbei** qqch est bien fini - **2.** [ausschalten] : **Licht ~!** éteins ODER éteignez la lumière!

Aus *das (ohne Pl)* fin *f* ; **ins ~ gehen** SPORT sortir en touche.

aus|arbeiten *vt* [Plan] élaborer ; [Text] rédiger.

Ausarbeitung (*pl* **-en**) *die* [von Plänen] élaboration *f* ; [von Texten] rédaction *f.*

aus|arten (*perf* **ist ausgeartet**) *vi* : **in etw** *(A)* ODER **zu etw ~** dégénérer en qqch.

aus|atmen *vi* expirer.

aus|baden *vt fam* : **etw ~ müssen** devoir payer les pots cassés.

Aus|bau *der (ohne Pl)* - **1.** [von Haus] agrandissement *m* ; [von Verkehrsnetz] extension *f* ; [von Kontakten] développement *m* - **2.** [von Motor] démontage *m.*

aus|bauen *vt* - **1.** [Haus] agrandir ; [Verkehrsnetz] étendre ; [Vorsprung] augmenter ; [Kontakt] développer - **2.** [Motor] démonter.

aus|bessern *vt* réparer ; [Kleidungsstück] raccommoder.

aus|beulen *vt* - **1.** [glätten] débosseler - **2.** [verformen] déformer. ◆ **sich ausbeulen** *ref* [Beulen bilden] se déformer.

Aus|beute *die* rendement *m.*

aus|beuten *vt* exploiter.

aus|bilden *vt* - **1.** [Schüler] former ; **sich zu etw ~ lassen** suivre une formation de qqch - **2.** [Begabung] développer.

Ausbilder, in (*mpl* **-** ; *fpl* **-nen**) *der, die* formateur *m*, -trice *f* ; MIL instructeur *m.*

Aus|bildung *die* - **1.** [gen] formation *f* ; **in der ~ sein** être en formation - **2.** [handwerklich] apprentissage *m* - **3.** [an Universität] formation *f* universitaire.

Ausbildungs|zeit *die* - **1.** [gen] durée *f* de formation - **2.** [im Handwerk] durée *f* d'apprentissage.

aus|bleiben (*perf* **ist ausgeblieben**) *vi (unreg)* - **1.** [Zug, Person] ne pas venir - **2.** [Ereignis] ne pas se produire ; **es bleibt nicht aus, dass** il est inévitable que.

Aus|blick *der* vue *f* ; **ein ~ auf etw** *(A)* une vue d'ensemble sur qqch.

aus|booten *vt fam* évincer.

aus|brechen (*perf* **hat/ist ausgebrochen**) *(unreg)* ◇ *vi (ist)* - **1.** [fliehen] s'échapper ; **aus etw ~** [gen] s'échapper de qqch ; [Häftling] s'évader de qqch - **2.** [entstehen - Krieg, Streit] éclater ; [- Krankheit, Feuer] se déclarer ; [- Vulkan] entrer en éruption ; [- Panik] se déclencher - **3.** [verfallen] : **in Jubel/Tränen ~** éclater de joie/en sanglots ◇ *vt (hat)* [herausbrechen] arracher.

aus|breiten *vt* - **1.** [Decke] : **etw (über jm/etw) ~** étaler qqch (sur qqn/qqch) - **2.** [Waren, Geschenke] présenter - **3.** [Arme] étendre. ◆ **sich ausbreiten** *ref* se répandre.

Aus|bruch *der* - **1.** [von Häftlingen] évasion *f* - **2.** [Beginn - von Krieg, Feuer, Panik] déclenchement *m* ; [- von Krankheit] apparition *f* ; [- von Vulkan] éruption *f* ; **etw kommt zum ~** qqch se déclare - **3.** [von Gefühl] accès *m*.

aus|brüten *vt* [Eier] couver.

Aus|dauer *die (ohne Pl)* endurance *f*.

ausdauernd *adj* résistant(e).

aus|dehnen *vt* - **1.** [räumlich] étendre - **2.** [zeitlich] prolonger. ◆ **sich ausdehnen** *ref* - **1.** [räumlich] s'étendre ; **sich auf etw ~** *(A)* s'étendre à qqch - **2.** [zeitlich] se prolonger.

aus|denken *vt (unreg)* : **sich** *(D)* **etw ~** avoir l'idée de qqch.

Ausdruck (*pl* **-drücke** ODER **-e**) *der* - **1.** *(Pl Ausdrücke)* [gen] expression *f* ; **etw kommt (in etw** *(D)***) zum ~** qqch s'exprime (dans qqch) - **2.** *(Pl Ausdrucke)* EDV - Blatt] sortie *f* papier ; [- Drucken] impression *f*.

aus|drucken *vt* EDV imprimer.

aus|drücken *vt* - **1.** [auspressen] presser - **2.** [Gedanke, Gefühl] exprimer - **3.** [Zigarette] éteindre. ◆ **sich ausdrücken** *ref* s'exprimer.

ausdrücklich ◇ *adj* formel(elle) ◇ *adv* expressément.

Ausdrucks|weise *die* manière *f* de s'exprimer.

auseinander *adv* - **1.** [räumlich] : **~ liegen** être distant(e) (l'un (l'une) de l'autre) ; **auseinander!** séparez-vous! - **2.** *fam* [getrennt] : **~ sein** être séparés (séparées) - **3.** *fam* [zeitlich] : **die Brüder sind sechs Jahre ~** les frères ont six ans d'écart.

auseinander fallen (*perf* **ist auseinander gefallen**) *vi (unreg)* [Gebäude] tomber en ruines ; [Gegenstand] tomber en morceaux ; [Gruppe] se disloquer.

auseinander gehen (*perf* **ist auseinander gegangen**) *vi (unreg)* - **1.** [sich trennen] se séparer - **2.** [Meinungen] diverger - **3.** [Ehe] se briser.

auseinander halten *vt (unreg)* distinguer.

auseinander laufen (*perf* **ist auseinander gelaufen**) *vi (unreg)* - **1.** [Gruppe] se disperser - **2.** [Flüssigkeit] couler.

auseinander leben ◆ **sich auseinander leben** *ref* ne plus avoir de vie commune, s'éloigner (l'un de l'autre).

auseinander nehmen *vt (unreg)* démonter.

auseinander setzen *vt* : **jm etw ~** expliquer qqch à qqn. ◆ **sich auseinander setzen** *ref* - **1.** [sich beschäftigen] : **sich mit etw ~** se pencher sur qqch - **2.** [sich streiten] : **sich mit jm ~** s'expliquer avec qqn.

Auseinandersetzung (*pl* **-en**) *die* - **1.** [Beschäftigung] réflexion *f* - **2.** [Streit] dispute *f*, conflit *m*.

auserwählt *adj* élu(e).

aus|fahren (*perf* **hat/ist ausgefahren**) *(unreg)* ◇ *vt (hat)* - **1.** [spazieren fahren] promener *(en voiture)* - **2.** [Fahrwerk, Antenne] sortir - **3.** [Waren] livrer - **4.** [Auto] pousser *(à fond)* ◇ *vi (ist)* - **1.** [spazieren fahren] se promener *(en voiture)* - **2.** [hinausfahren] sortir.

Aus|fahrt *die* sortie *f* ; '**~ freihalten**' 'sortie de voiture'.

aus|fallen (*perf* **ist ausgefallen**) *vi (unreg)* - **1.** [herausfallen] : **jm fallen die Haare/die Zähne aus** les cheveux/les dents de qqn tombent - **2.** [Veranstaltung] être annulé(e) - **3.** [Mitarbeiter, Einnahme] manquer - **4.** [Bremse, Signal, Maschine] ne pas fonctionner - **5.** [sich erweisen] : **gut/schlecht ~** donner de bons/mauvais résultats.

ausfallend *adj* injurieux(euse) ; **~ werden** devenir agressif(ive).

Ausfall|straße *die* voie *f* rapide *(pour sortir de la ville)*.

aus|fegen *vt & vi* balayer.

aus|fertigen *vt amt* établir.

ausfindig *adv* : **jn/etw ~ machen** finir par trouver qqn/qqch.

aus|fließen (*perf* **ist ausgeflossen**) *vi (unreg)* s'écouler.

Ausflucht (*pl* **-flüchte**) *die* échappatoire *f* ; **Ausflüchte machen** utiliser des échappatoires.

Aus|flug *der* excursion *f*, tour *m*.

Ausflugs|lokal *das* restaurant *m* touristique.

Aus|fluss *der* - **1.** *(ohne Pl)* [gen] écoulement *m* - **2.** [im Waschbecken] tuyau *m* d'écoulement, orifice *m* d'écoulement.

aus|fragen *vt* questionner.

aus|fressen *vt (unreg)* : **etwas ausgefressen haben** *fam* avoir fait une bêtise.

Ausfuhr (*pl* **-en**) *die* exportation *f*.

aus|führen *vt* - **1.** [spazieren führen] sortir - **2.** [exportieren] exporter - **3.** [Arbeit] effectuer - **4.** [Befehl] exécuter - **5.** [Plan] réaliser - **6.** [erklären] expliquer.

Ausfuhr|land *das* pays *m* exportateur.

ausführlich <> *adj* détaillé(e) <> *adv* en détail.

aus|füllen *vt* - **1.** [Formular] remplir - **2.** [Loch] combler - **3.** [zufrieden stellen] satisfaire - **4.** [Raum] occuper.

Aus|gabe *die* - **1.** *(ohne Pl)* [Ausgeben] distribution *f* - **2.** [von Geld] dépense *f* - **3.** [von Buch] édition *f*.

Aus|gang *der* - **1.** [gen] sortie *f* - **2.** *(ohne Pl)* [Ausgeherlaubnis] : **~ haben** [gen] avoir la permission de sortir ; MIL avoir une permission - **3.** *(ohne Pl)* [Ende] fin *f*.

Ausgangs|lage *die* conditions *fpl* de départ.

Ausgangs|punkt *der* point *m* de départ.

Ausgangs|sperre *die* couvre-feu *m*.

aus|geben *vt (unreg)* - **1.** [verteilen] distribuer - **2.** [Banknoten, Aktien] émettre - **3.** [Befehl] donner - **4.** [Geld] dépenser - **5.** *fam* [spendieren] : **jm einen ~** offrir un pot à qqn - **6.** [bezeichnen] : **sich für** ODER **als jn/etw ~** se faire passer pour qqn/qqch.

ausgebucht *adj* complet(ète).

ausgedient *adj* : **~ haben** avoir fait son temps.

ausgedörrt *adj* desséché(e).

ausgefallen <> *pp* ▷ **ausfallen** <> *adj* original(e) <> *adv* de manière originale.

ausgeflippt *adj fam* flippé(e).

ausgeglichen <> *pp* ▷ **ausgleichen** <> *adj* équilibré(e).

aus|gehen (*perf* **ist ausgegangen**) *vi (unreg)* - **1.** [nach draußen] sortir - **2.** [Licht, Feuer, Ofen] s'éteindre - **3.** [Geschichte] se terminer - **4.** [hervorgebracht werden] : **von jm ~** émaner de qqn - **5.** [zugrunde legen] : **von etw ~** partir de qqch - **6.** [ausfallen] : **jm gehen die Haare/Zähne aus** qqn perd ses cheveux/dents - **7.** [zu Ende gehen] : **jm gehen die Vorräte/Ideen aus** qqn est à court de provisions/d'idées.

ausgehungert *adj* affamé(e).

ausgelassen <> *pp* ▷ **auslassen** <> *adj* turbulent(e) <> *adv* avec entrain.

ausgelaugt *adj* épuisé(e).

ausgemergelt *adj* affaibli(e).

ausgenommen *konj* sauf si.

ausgeprägt *adj* prononcé(e).

ausgerechnet *adv* justement.

ausgereift *adj* longuement mûri(e).

ausgeschlossen <> *pp* ▷ **ausschließen** <> *adj* exclu(e).

ausgesprochen <> *pp* ▷ **aussprechen** <> *adj* véritable <> *adv* vraiment.

ausgestorben <> *pp* ▷ **aussterben** <> *adj* : **wie ~** désert(e).

ausgewachsen ['ausgevaksn̩] *adj* - **1.** [Lebewesen] adulte - **2.** *fam* [Skandal] grand(e).

ausgewogen *adj* équilibré(e).

ausgezeichnet <> *adj* excellent(e) <> *adv* à la perfection.

ausgiebig <> *adj* long (longue) <> *adv* longtemps.

aus|gießen *vt (unreg)* vider.

Ausgleich (*pl* **-e**) *der* - **1.** [Gleichgewicht] compensation *f* ; **einen ~ schaffen** trouver une compensation - **2.** *(ohne Pl)* SPORT égalisation *f*.

aus|gleichen *(unreg)* <> *vt* - **1.** [gen] équilibrer - **2.** [Gegensatz] harmoniser - **3.** [Schaden] compenser - **4.** [Mängel] remédier à <> *vi* SPORT égaliser. ◆ **sich ausgleichen** *ref* [sich angleichen] s'harmoniser.

aus|graben *vt (unreg)* - **1.** [aus Erde] déterrer - **2.** [Vergessenes] faire ressurgir.

Aus|grabung *die* fouille *f*.

Ausguck (*pl* **-e**) *der fam* poste *m* d'observation, observatoire *m*.

Aus|guss *der* évier *m*.

aus|haken *vt* décrocher.

aus|halten *(unreg)* <> *vt* - **1.** [ertragen] supporter ; **mit ihm ist es nicht auszuhalten** il est vraiment impossible - **2.** *fam abw* [Person] entretenir <> *vi* [durchhalten] tenir bon.

aus|handeln *vt* négocier.

aus|händigen *vt* remettre.

Aus|hang *der* annonce *f*, placard *m*.

aus|hängen <> *vi (unreg)* [Bekanntmachung] être affiché(e) <> *vt* - **1.** [Bekanntmachung] afficher - **2.** [Tür] décrocher, enlever de ses gonds.

Aushängeschild (*pl* **-er**) *das* enseigne *f*.

aus|heben *vt (unreg)* - **1.** [Loch, Erde] creuser - **2.** [Bande] démanteler.

aus|hecken *vt* manigancer.

aus|helfen *vi (unreg)* aider.

Aus|hilfe *die* auxiliaire *mf*, travailleur *m*, -euse *f* temporaire.

Aushilfs|kraft *die* aide *f*.

aushilfsweise *adv* temporairement.

aus|höhlen *vt* creuser.

aus|holen *vi* - **1.** [mit dem Arm] prendre son élan *(pour frapper, pour lancer)* - **2.** [beim Erzählen] : **weit ~** raconter de A à Z.

aus|horchen *vt* sonder.

aus|kennen ◆ **sich auskennen** *ref:* **sich (mit/in etw** *(D)***)** ~ s'y connaître (en/dans qqch).

aus|kippen *vt* vider.

aus|klammern *vt* exclure.

aus|klappen *vt* déplier.

aus|klingen (*perf* **hat/ist ausgeklungen**) *vi (unreg)* **- 1.** *(hat, ist)* [Musik] s'achever **- 2.** *(ist)* [zu Ende gehen] se terminer.

aus|klinken (*perf* **hat/ist ausgeklinkt**) ◇ *vt (hat)* décrocher ◇ *vi (ist)* se décrocher, se détacher. ◆ **sich ausklinken** *ref* se détacher.

aus|klopfen *vt* **- 1.** [Teppich, Mantel] battre, secouer **- 2.** [Pfeife] débourrer **- 3.** [Schmutz] enlever.

aus|knipsen *vt fam* éteindre.

aus|knobeln *vt fam* **- 1.** [auslosen] tirer au sort **- 2.** [ausklügeln] combiner.

aus|kommen (*perf* **ist ausgekommen**) *vi (unreg)* **- 1.** [zurechtkommen] se débrouiller ; **mit etw ~** avoir qqch en quantité suffisante **- 2.** [sich vertragen] : **mit jm (gut/schlecht/nicht) ~** (bien/mal/ne pas) s'entendre avec qqn.

aus|kosten *vt geh* savourer.

aus|kratzen *vt* gratter.

aus|kundschaften *vt* explorer.

Auskunft (*pl* **-künfte**) *die* **- 1.** [Hinweis] renseignement *m* **- 2.** *(ohne Pl)* [Auskunftsschalter] guichet *m* d'information ; **die ~ anrufen** appeler les renseignements.

Auskunfts|schalter *der* guichet *m* d'information.

aus|kurieren *vt fam* guérir.

aus|lachen *vt* se moquer de.

aus|laden *vt (unreg)* **- 1.** [Fahrzeug, Fracht] décharger **- 2.** [Gast] décommander.

ausladend *adj* ample.

Aus|lage *die* étalage *m.* ◆ **Auslagen** *pl* dépenses *fpl.*

Aus|land *das (ohne Pl)* étranger *m.*

Ausländer (*pl* **-**) *der* étranger *m.*

ausländerfeindlich ◇ *adj* xénophobe ◇ *adv* de manière xénophobe.

Ausländer|feindlichkeit *die* xénophobie *f.*

Ausländerin (*pl* **-nen**) *die* étrangère *f.*

ausländisch *adj* étranger(ère).

Auslands|gespräch *das* communication *f* internationale.

Auslands|korrespondent, in *der, die* correspondant *m* à l'étranger, correspondante à l'étranger *f.*

Auslands|reise *die* voyage *m* à l'étranger.

Auslandsschutz|brief *der* AUTO *assurance automobile complémentaire pour un voyage à l'étranger.*

aus|lassen *vt (unreg)* **- 1.** [Einzelheit] sauter **- 2.** [Gelegenheit] laisser passer **- 3.** [abreagieren] : **seine Wut/seinen Ärger an jm ~** passer sa colère/sa mauvaise humeur sur qqn. ◆ **sich auslassen** *ref* [sich äußern] s'expliquer ; **sich über jn/etw ~** dire tout ce qu'on a à dire sur qqn/qqch.

aus|lasten *vt* **- 1.** [nutzen] employer (au maximum) **- 2.** [Person] : **mit etw ausgelastet sein** être accaparé(e) par qqch.

Aus|lauf *der (ohne Pl)* espace *m* libre.

aus|laufen (*perf* **ist ausgelaufen**) *vi (unreg)* **- 1.** [Behälter] se vider **- 2.** [Flüssigkeit] couler **- 3.** [Schiff] prendre la mer **- 4.** [Modell] ne plus être fabriqué(e) **- 5.** [Vertrag] arriver à son terme.

aus|laugen *vt* lessiver.

aus|lecken *vt* lécher.

aus|leeren *vt* vider.

aus|legen *vt* **- 1.** [öffentlich] exposer **- 2.** [Köder] poser, tendre **- 3.** [Boden] revêtir **- 4.** [Summe] avancer **- 5.** [interpretieren] expliquer, interpréter.

aus|leiern (*perf* **hat/ist ausgeleiert**) *fam* ◇ *vi (ist)* se détendre ◇ *vt (hat)* déformer.

Ausleihe (*pl* **-n**) *die* prêt *m.*

aus|leihen *vt (unreg)* : **jm etw ~** prêter qqch à qqn ; **sich** *(D)* **etw ~** emprunter qqch.

Auslese *die (ohne Pl)* **- 1.** [Auswahl] sélection *f* **- 2.** [Wein] vin *m* de cru.

aus|liefern *vt* **- 1.** [gen] livrer **- 2.** [Ausländer] extrader.

aus|liegen *vi (unreg)* être exposé(e).

aus|löschen *vt* **- 1.** [Licht, Feuer] éteindre **- 2.** [Spuren] effacer.

aus|losen *vt* tirer au sort.

aus|lösen *vt* déclencher ; [Freude] susciter ; [Krieg, Panik] provoquer.

Auslöser (*pl* **-**) *der* **- 1.** PHOT déclencheur *m* **- 2.** [Ursache] cause *f.*

aus|machen *vt* **- 1.** *fam* [ausschalten] éteindre **- 2.** [vereinbaren] fixer ; **~, etw zu tun** décider de faire qqch ; **etw mit jm ~** convenir de qqch avec qqn **- 3.** [stören] ennuyer ; **das macht (jm) nichts aus** ça ne fait rien (à qqn) **- 4.** [betragen] représenter **- 5.** [bedeuten] : **viel/wenig ~** changer beaucoup/peu de choses **- 6.** [bilden] faire.

aus|malen *vt* **- 1.** [mit Farbe] colorier **- 2.** [schildern] dépeindre **- 3.** [sich vorstellen] : **sich** *(D)* **etw ~** se faire une image de qqch.

Aus|maß *das* étendue *f.*

aus|merzen *vt* supprimer.

aus|messen *vt (unreg)* mesurer.

aus|mustern *vt* - **1.** MIL réformer - **2.** *fam* [aussondern] mettre au rancart.
Ausnahme (*pl* **-n**) *die* exception *f* ; **eine ~ machen** faire une exception ; **mit ~ von** à l'exception de.
Ausnahme|zustand *der* : **den ~ verhängen** proclamer l'état d'exception.
ausnahmslos *adv* sans exception.
ausnahmsweise *adv* exceptionnellement.
aus|nutzen, aus|nützen *vt* - **1.** [nutzen] utiliser - **2.** [missbrauchen] exploiter.
aus|packen *vt* déballer.
aus|plaudern *vt* divulguer.
aus|pressen *vt* - **1.** [Frucht] presser - **2.** [ausfragen] harceler.
aus|probieren *vt* essayer.
Auspuff (*pl* **-e**) *der* pot *m* d'échappement.
aus|pumpen *vt* pomper ; **jm den Magen ~** faire un lavage d'estomac à qqn.
aus|quetschen *vt* [Obst] presser.
aus|radieren *vt* [mit Radiergummi] gommer.
aus|rangieren *vt fam* mettre au rancart.
aus|rauben *vt* dévaliser.
aus|räumen *vt* - **1.** [entfernen, ausrauben] vider - **2.** [Missverständnis, Zweifel] balayer.
aus|rechnen *vt* calculer ; **sich** *(D)* **etw ~ können** pouvoir s'imaginer qqch.
Aus|rede *die* prétexte *m*.
aus|reden ◇ *vi* finir (de parler) ◇ *vt* : **jm etw ~** détourner qqn de qqch.
aus|reichen *vi* suffire.
ausreichend ◇ *adj* - **1.** [genügend] suffisant(e) - **2.** SCHULE passable ◇ *adv* suffisamment.
Aus|reise *die* sortie *f* (du territoire).
Ausreise|genehmigung *die* autorisation *f* de sortie (du territoire).
aus|reisen (*perf* **ist ausgereist**) *vi* : **aus einem Land ~** quitter un pays ; **nach Deutschland/Spanien ~** partir pour l'Allemagne/l'Espagne.
aus|reißen (*perf* **hat/ist ausgerissen**) *(unreg)* ◇ *vi (ist) fam* se tirer ; [Kind, Jugendlicher] fuguer, faire une fugue ◇ *vt (hat)* arracher.
ausrenken *vt* : **sich** *(D)* **etw ~** se démettre qqch ; **jm etw ~** démettre qqch à qqn.
aus|richten *vt* - **1.** [Grüße, Nachricht] transmettre ; **kann ich etwas ~?** puis-je transmettre un message? - **2.** [erreichen] : **(bei jm) etw ~** obtenir qqch (auprès de qqn) - **3.** [anordnen] aligner.
aus|rotten *vt* exterminer.
aus|rücken (*perf* **ist ausgerückt**) *vi* MIL se mettre en marche.
aus|rufen *vt (unreg)* - **1.** [rufen] s'exclamer - **2.** [mit Lautsprecher] annoncer ; **jn ~ lassen** faire appeler qqn par haut-parleur - **3.** [proklamieren] proclamer.
Ausrufe|zeichen, Ausrufungs|zeichen *das* point *m* d'exclamation.
aus|ruhen ◆ **sich ausruhen** *ref* se reposer.
aus|rüsten *vt* équiper. ◆ **sich ausrüsten** *ref* s'équiper.
Aus|rüstung *die* équipement *m*.
aus|rutschen (*perf* **ist ausgerutscht**) *vi* [auf Boden] déraper ; [aus Hand] glisser des mains.
Ausrutscher (*pl* **-**) *der fam* faux pas *m*.
Aus|sage *die* - **1.** [vor Gericht] déposition *f* - **2.** [Inhalt] expression *f*.
Aussage|kraft *die (ohne Pl)* puissance *f* d'expression.
aus|sagen ◇ *vt* [vor Gericht] déclarer ◇ *vi* faire une déposition.
aus|schalten *vt* - **1.** [Licht, Gerät] éteindre - **2.** [Konkurrent] écarter.
Aus|schau *die (ohne Pl)* : **nach jm/etw ~ halten** guetter qqn/qqch.
aus|schauen *vi* [mit Augen] : **nach jm/etw ~** chercher qqn/qqch des yeux.
aus|scheiden (*perf* **hat/ist ausgeschieden**) *(unreg)* ◇ *vi (ist)* - **1.** [aus Gruppe] : **aus etw ~** quitter qqch - **2.** SPORT être éliminé(e) - **3.** [wegfallen] ne pas entrer en ligne de compte ◇ *vt (hat)* éliminer.
aus|schenken *vt* débiter.
aus|schildern *vt* baliser.
aus|schlafen *vi (unreg)* dormir tout son soûl.
Aus|schlag *der* - **1.** [auf Haut] éruption *f* (cutanée) - **2.** [das Entscheidende] : **den ~ geben** être déterminant(e).
aus|schlagen (*perf* **hat/ist ausgeschlagen**) *(unreg)* ◇ *vt (hat)* - **1.** [Zahn] casser - **2.** [ablehnen] décliner ◇ *vi* - **1.** *(hat)* [Tier] ruer - **2.** *(hat, ist)* [Pendel, Zeiger] dévier.
ausschlaggebend *adj* déterminant(e).
aus|schließen *vt (unreg)* : **(jn von etw) ~** exclure (qqn de qqch). ◆ **sich ausschließen** *ref* s'exclure.
ausschließlich, ausschließlich ◇ *adj* exclusif(ive) ◇ *adv* exclusivement.
Aus|schluss *der* exclusion *f* ; **unter ~ der Öffentlichkeit** à huis clos.
aus|schmücken *vt* - **1.** [Raum] décorer - **2.** [Geschichte] enjoliver.
aus|schneiden *vt (unreg)* découper.
Aus|schnitt *der* - **1.** [von Kleid, Bluse] décolleté *m* - **2.** [aus Zeitungen] coupure *f* - **3.** [Auszug] extrait *m*.
aus|schöpfen *vt* - **1.** [Gefäß] vider ; [Boot] écoper - **2.** *fig* [Möglichkeiten] épuiser.

Ausschreibung (*pl* **-en**) *die* [von Wettbewerben] **ouverture** *f* ; [von Geschäften] **appel** *m* d'offres ; [von Stellen] **publication** *f*.

Ausschreitungen *pl* excès *mpl*.

Aus|schuss *der* **- 1.** [Gremium] comité *m* **- 2.** *(ohne Pl)* [Ware] rebut *m*.

aus|schütteln *vt* secouer.

aus|schütten *vt* **- 1.** [Gefäß] vider **- 2.** [Flüssigkeit] jeter.

ausschweifend ◇ *adj* **- 1.** [Fantasie] débordant(e) **- 2.** [Leben] dissolu(e) ◇ *adv* : **~ leben** vivre dans la débauche.

aus|sehen *vi (unreg)* avoir l'air ; **sie sieht gut aus** elle est jolie ; **es sieht danach aus, als** ODER **dass ...** on dirait que ... ; **sehe ich danach aus, als würde ich stehlen?** est-ce que j'ai l'air d'un voleur? ; **es sieht mit jm/etw gut/schlecht aus** ça se présente bien/mal pour qqn/qqch ; **wie siehts aus?** *fam* qu'est-ce que tu fais ODER vous faites? ; **nach nichts ~** *fam* ne ressembler à rien ; **so siehst du aus!** *fam fig* tu parles!

aus sein *vi (unreg) fam* **- 1.** [zu Ende sein] être fini(e) ; **mit dem Faulenzen ist es jetzt aus** c'est fini la paresse ; **es ist aus zwischen ihnen** c'est fini entre eux **- 2.** [nicht eingeschaltet] être éteint(e) **- 3.** [erpicht sein] : **auf etw** *(A)* **~** tenir à faire qqch.

außen *adv* à l'extérieur ; **nach ~** vers l'extérieur ; **von ~** de l'extérieur.

Außen|handel *der (ohne Pl)* commerce *m* extérieur.

Außen|minister, in *der, die* ministre *m* des Affaires étrangères.

Außen|politik *die (ohne Pl)* politique *f* étrangère.

Außen|seite *die* face *f* extérieure.

Außenseiter, in (*mpl* **-** ; *fpl* **-nen**) *der, die* outsider *m*.

Außenstehende (*pl* **-n**) *der, die* non averti *m*, non avertie *f*.

Außen|welt *die* monde *m* extérieur.

außer ◇ *präp* **- 1.** *(+ D)* [ausgenommen] excepté ; **~ ihm** excepté lui ; **~ Betrieb** hors service **- 2.** *(+ D)* [neben] à part **- 3.** *(+ D, + G)* [aus, außerhalb] hors de ; **~ Haus sein** être sorti(e) ; **~ sich** *(D)* **sein** *fig* être hors de soi ; **~ sich** *(D)* **geraten** sortir de ses gonds ◇ *konj* sauf si ; **~ wenn** sauf quand ; **ich habe nichts getan, ~ schlafen** je n'ai fait que dormir.

außerdem *adv* en outre.

äußere, r, s *adj* extérieur(e).

Äußere *das (ohne Pl)* apparence *f*.

außergewöhnlich ◇ *adj* extraordinaire ◇ *adv* extraordinairement.

außerhalb ◇ *präp* : **~ einer Sache** *(G)* [räumlich] à l'extérieur de qqch ; [zeitlich] en dehors de qqch ◇ *adv* [räumlich] à l'extérieur.

außerirdisch *adj* extraterrestre.

äußerlich ◇ *adj* **- 1.** [an der Außenseite] externe **- 2.** [nach außen hin] extérieur(e) ◇ *adv* [nach außen hin] à l'extérieur.

Äußerlichkeiten *pl* **- 1.** [Umgangsform] apparence *f* **- 2.** [Unwesentliches] détails *mpl* insignifiants.

äußern *vt* exprimer. ◆ **sich äußern** *ref* **- 1.** [seine Meinung sagen] : **sich über jn/etw ~** donner son avis sur qqn/qqch ; **sich zu etw ~** se prononcer sur qqch **- 2.** [sich zeigen] : **sich in etw** *(D)* **~** s'exprimer dans qqch.

außerordentlich ◇ *adj* extraordinaire. ◇ *adv* extraordinairement.

äußerst *adv* extrêmement.

außerstande, außer Stande *adj* : **zu etw ~ sein** être incapable de qqch.

äußerste, r, s *adj* **- 1.** [entfernt] le plus éloigné, la plus éloignée ; **die ~ Schicht** la couche extérieure **- 2.** [letzte] dernier(ère) ; **der ~ Termin** la date limite **- 3.** [höchste, schlimmste] extrême ; **im ~n Fall** au pire.

Äußerung (*pl* **-en**) *die* déclaration *f*.

aus|setzen ◇ *vt* **- 1.** [Kind, Tier] abandonner **- 2.** [Belohnung, Preis] offrir **- 3.** [ausliefern] exposer **- 4.** [beanstanden] : **etwas an jm/etw auszusetzen haben** avoir qqch à reprocher à qqn/qqch ◇ *vi* **- 1.** [aufhören] s'arrêter brusquement **- 2.** [pausieren] s'interrompre. ◆ **sich aussetzen** *ref* : **sich einer Sache** *(D)* **~** s'exposer à qqch.

Aus|sicht (*pl* **-en**) *die* **- 1.** [Sicht] vue *f* **- 2.** [Zukunftsperspektive] perspectives *fpl* ; **etw in ~ haben** avoir qqch en vue ; **jm etw in ~ stellen** promettre qqch à qqn.

aussichtslos *adj* sans issue.

aussichtsreich *adj* prometteur(euse).

Aussichts|turm *der* point *m* de vue *(tour)*.

aus|söhnen *vt* réconcilier. ◆ **sich aussöhnen** *ref* : **sich mit jm/etw ~** se réconcilier avec qqn/qqch.

aus|sortieren *vt* trier.

aus|spannen ◇ *vt* **- 1.** [Netz, Tuch] étendre ; [Flügel] déployer **- 2.** *fam* [wegnehmen] : **jm die Freundin/den Freund ~** piquer son amie/ami à qqn ◇ *vi* se détendre.

aus|sperren *vt* [ausschließen] : **jn ~** enfermer qqn dehors.

aus|spielen *tr* **- 1.** [einsetzen] faire jouer **- 2.** [manipulieren] : **jn gegen jn ~** monter qqn contre qqn.

aus|spionieren *vt* espionner.

Aus|sprache *die* **- 1.** [von Worten] prononciation *f* **- 2.** [Gespräch] explication *f*.

aus|sprechen *vt (unreg)* **- 1.** [Wort, Laut,

Urteil] prononcer - **2.** [Meinung, Verdacht, Wunsch] exprimer. ◆ **sich aussprechen** *ref* - **1.** [sich äußern] s'épancher - **2.** [Stellung nehmen] : **sich gegen/für jn/etw ~** se prononcer contre/pour qqn/qqch - **3.** [offen sprechen] : **sich mit jm ~** s'expliquer avec qqn.

aus|spucken ◇ *vi* cracher ◇ *vt* [spucken, ausgeben] cracher.

aus|spülen *vt* rincer.

ausstatten *vt* : **jn/etw mit etw ~** équiper qqn/qqch de qqch.

Ausstattung (*pl* **-en**) *die* - **1.** [Handlung] installation *f* - **2.** [Ausrüstung, Einrichtung] équipement *m*.

aus|stehen *(unreg)* ◇ *vi* : **etw steht noch aus** on attend toujours qqch ◇ *vt* [Schmerzen] supporter ; [Angst, Sorge] avoir ; **jn/etw nicht ~ können** *fam* ne pas pouvoir encaisser qqn/qqch.

aus|steigen (*perf* **ist ausgestiegen**) *vi (unreg)* - **1.** [aus Fahrzeug] descendre - **2.** *fam* [aus Geschäft, Projekt] se retirer.

Aussteiger, in (*mpl* **-** ; *fpl* **-nen**) *der, die fam* marginal *m*, -e *f*.

aus|stellen *vt* - **1.** [öffentlich] exposer - **2.** [Dokument] établir - **3.** *fam* [Gerät] éteindre.

Aus|stellung *die* exposition *f*.

aus|sterben (*perf* **ist ausgestorben**) *vi (unreg)* disparaître.

Aus|steuer *die* dot *f*.

Ausstieg (*pl* **-e**) *der* - **1.** [von Fahrzeugen] sortie *f* - **2.** *(ohne Pl)* [aus Projekt] retrait *m*.

aus|stoßen *vt (unreg)* - **1.** [Person] expulser - **2.** [Schrei, Fluch] pousser - **3.** [Gas, Rauch] rejeter.

aus|strahlen ◇ *vt* [Wärme, Licht, Programm] diffuser ◇ *vi* [strahlen] briller.

Aus|strahlung *die* - **1.** [von Personen] rayonnement *m* - **2.** [im Fernsehen] diffusion *f*.

aus|strecken *vt* [Körperteil] étendre ; [Fühler] sortir. ◆ **sich ausstrecken** *ref* s'étendre.

aus|suchen *vt* choisir.

Aus|tausch *der* échange *m*.

austauschbar *adj* échangeable.

aus|tauschen *vt* - **1.** [gen] échanger - **2.** [ersetzen] changer.

aus|teilen *vt* distribuer.

Auster (*pl* **-n**) *die* huître *f*.

aus|toben *vt* déverser. ◆ **sich austoben** *ref* se défouler.

aus|tragen *vt (unreg)* - **1.** [Waren, Post] distribuer - **2.** [Konflikt] régler - **3.** [Wettkampf] avoir lieu.

Australien *nt* Australie *f*.

Australier, in [aus'traːli̯ɐ, rɪn] (*mpl* **-** ; *fpl* **-nen**) *der, die* Australien *m*, -enne *f*.

australisch *adj* australien(enne).

aus|treiben *vt (unreg)* - **1.** [Teufel, Geister] chasser - **2.** *fam* [Gewohnheit, Eigenschaft] : **jm etw ~** faire passer qqch à qqn.

aus|treten (*perf* **hat/ist ausgetreten**) *(unreg)* ◇ *vt (hat)* - **1.** [Zigarette, Feuer] éteindre avec le pied - **2.** [Treppe] user - **3.** [Schuhe] élargir ◇ *vi (ist)* [aus Organisation] : **aus etw ~** quitter qqch.

aus|trinken *(unreg)* ◇ *vt* [Gefäß] vider ; [Flüssigkeit] finir *(de boire)* ◇ *vi* finir *(de boire)*.

Aus|tritt *der* départ *m*.

aus|trocknen (*perf* **hat/ist ausgetrocknet**) ◇ *vi (ist)* [Haut, Brot] se dessécher ; [Gewässer, Boden] s'assécher ◇ *vt (hat)* [Haut, Brot] dessécher ; [Gewässer, Boden] assécher.

aus|tüfteln *vt fam* concocter.

aus|üben *vt* exercer.

aus|ufern (*perf* **ist ausgeufert**) *vi* dépasser les bornes.

Aus|verkauf *der* soldes *mpl*.

ausverkauft *adj* [Ware] épuisé(e) ; [Konzert, Veranstaltung] complet(ète).

Aus|wahl *die* choix *m* ; **es stehen mehrere Dinge zur ~** on propose plusieurs choses.

aus|wählen *vt* choisir.

aus|walzen *vt* [Blech] laminer.

aus|wandern (*perf* **ist ausgewandert**) *vi* émigrer.

Aus|wanderung *die (ohne Pl)* émigration *f*.

auswärtig *adj* - **1.** [fern] extérieur(e) - **2.** [von außen] d'ailleurs ; [Mannschaft] invité(e) - **3.** [außenpolitisch] étranger(ère).

Auswärtige Amt *das ministère des Affaires étrangères allemand.*

auswärts *adv* à l'extérieur.

aus|waschen *vt (unreg)* [Kleidung, Pinsel] laver ; [Fleck] enlever.

aus|wechseln *vt* remplacer ; **wie ausgewechselt sein** être transformé(e).

Aus|weg *der* issue *f*.

ausweglos *adj* sans issue.

aus|weichen (*perf* **ist ausgewichen**) *vi (unreg)* [gen] : **jm/etw ~** éviter qqn/qqch.

ausweichend *adj* évasif(ive).

aus|weinen ◆ **sich ausweinen** *ref* : **sich bei jm ~** pleurer (tout son soûl) auprès de qqn.

Ausweis (*pl* **-e**) *der* [Personalausweis] carte *f* d'identité.

aus|weisen *vt (unreg)* - **1.** [aus Land] expulser - **2.** [erkennen lassen] : **jn als etw ~** prouver que qqn est qqch. ◆ **sich ausweisen** *ref* montrer ses papiers (d'identité).

Ausweis|kontrolle *die* contrôle *m* d'identité.

Ausweispapiere *pl* papiers *mpl* d'identité.

Ausweitung (*pl* **-en**) *die* extension *f*.

auswendig *adv* par cœur.

Aus|wertung *die* exploitation *f*.

aus|wirken ◆ **sich auswirken** *ref* avoir des répercussions ; **sich auf jn/etw ~** se répercuter sur qqn/qqch.

Aus|wirkung *die* répercussions *fpl* ; **die ~ auf jn/etw** les répercussions sur qqn/qqch.

aus|wringen *vt (unreg)* essorer *(à la main)*.

Auswuchs (*pl* **-wüchse**) *der* excès *m*, débordement *m*.

aus|zahlen *vt* payer. ◆ **sich auszahlen** *ref* être payant(e).

aus|zählen *vt* [Stimmzettel] dépouiller.

aus|zeichnen *vt* **- 1.** [Waren] étiqueter **- 2.** [Personen] : **jn ~** remettre un prix à qqn **- 3.** [Subj : Eigenschaft] caractériser. ◆ **sich auszeichnen** *ref* : **sich durch etw ~** se distinguer par qqch.

aus|ziehen (*perf* **hat/ist ausgezogen**) *(unreg)* <> *vt (hat)* **- 1.** [Kleidung] enlever **- 2.** [Person] déshabiller **- 3.** [Tisch] mettre les rallonges ; [Couch] mettre en position lit ; [Antenne] sortir <> *vi (ist)* [umziehen] déménager. ◆ **sich ausziehen** *ref* se déshabiller.

Auszubildende (*pl* **-n**) *der, die* apprenti *m*, -e *f*.

Aus|zug *der* **- 1.** [aus Text, Rede, Konto] extrait *m* **- 2.** [aus Wohnung] déménagement *m*.

auszugsweise *adv* par extraits.

Auto (*pl* **-s**) *das* voiture *f*.

Auto|atlas *der* atlas *m* routier.

Auto|bahn *die* autoroute *f*.

Autobahn|gebühr *die* droit *m* de péage, péage *m*.

Autobahn|kreuz *das* échangeur *m*.

Autobahn|meisterei (*pl* **-en**) *die* centre *m* d'entretien autoroutier.

Auto|bus *der* autobus *m*.

Auto|fahrer, in *der, die* automobiliste *mf*.

autogene Training *das* autorelaxation *f*.

Auto|gramm *das* autographe *m*.

Auto|karte *die* carte *f* routière.

Automat (*pl* **-en**) *der* [für Waren, Fahrkarten] distributeur *m*.

Automatik (*pl* **-en**) *die* dispositif *m* automatique.

Automatik|getriebe *das* boîte *f* (de vitesses) automatique.

automatisch <> *adj* **- 1.** [Maschine] automatique **- 2.** [Geste] machinal(e) <> *adv* **- 1.** [Maschine] automatiquement **- 2.** [Person] machinalement.

automatisieren *vt* automatiser.

Autonomie (*pl* **-n**) *die* autonomie *f*.

Autor (*pl* **-en**) *der* auteur *m*.

Auto|radio *das* autoradio *m*.

Auto|reifen *der* pneu *m* (de voiture).

Autoreise|zug *der* ≃ train *m* autocouchettes.

Auto|rennen *das* course *f* automobile.

Autorin (*pl* **-nen**) *die* auteur *m*.

autoritär *adj* autoritaire.

Autorität (*pl* **-en**) *die* **- 1.** *(ohne Pl)* [Eigenschaft] autorité *f* **- 2.** [Person] sommité *f* ; **eine ~ sein** faire autorité.

Auto|unfall *der* accident *m* de voiture.

Auto|verkehr *der* trafic *m*.

avantgardistisch [avɑ̃'gardɪstiʃ] *adj* d'avant-garde.

Avocado (*pl* **-s**) *die* avocat *m*.

Axt (*pl* **Äxte**) *die* hache *f*.

Azalee (*pl* **-n**) *die* azalée *f*.

Azubi (*pl* **-s**) *der, die fam* apprenti *m*, -e *f*.

B

b, B [beː] (*pl* **-** ODER **-s**) *das* **- 1.** [Buchstabe] b *m inv*, B *m inv* **- 2.** [MUS - Note] si *m* bémol ; [- Vorzeichen] bémol *m*. ◆ **B** (*pl* **-**) (*abk für* **Bundesstraße**) *die* ≃ RN *f*.

Baby ['beːbi] (*pl* **-s**) *das* bébé *m*.

Baby|sitter, in ['beːbisitɐ] (*mpl* **-** ; *fpl* **-nen**) *der, die* baby-sitter *mf*.

Bach (*pl* **Bäche**) *der* ruisseau *m*.

Back|bord *das (ohne Pl)* SCHIFF bâbord *m*.

Backe (*pl* **-n**) *die* **- 1.** [Wange] joue *f* **- 2.** *fam* [Hinterbacke] fesse *f*.

backen (*präs* **bäckt** ODER **backt** ; *prät* **backte** ODER **buk** ; *perf* **hat gebacken**) <> *vt* **- 1.** [in Backofen] faire cuire *(au four)* **- 2.** [Brot, Kuchen] faire <> *vi* **- 1.** [Brot, Kuchen] cuire **- 2.** [Person] faire de la pâtisserie.

Backen|zahn *der* molaire *f*.

Bäcker (*pl* **-**) *der* boulanger *m*.

Bäckerei (*pl* **-en**) *die* boulangerie *f*.

Bäckerin (*pl* **-nen**) *die* boulangère *f*.

Back|form *die* moule *m* à pâtisserie.

Back|obst *das* fruits *mpl* séchés.

Back|ofen *der* four *m*.

Back|pulver *das* levure *f* chimique.
Back|stein *der* brique *f*.
bäckt *präs* ▷ **backen.**
Bad (*pl* **Bäder**) *das* - **1.** [Badezimmer] salle *f* de bains - **2.** [Baden - im Meer] baignade *f* ; [- in der Wanne] bain *m* - **3.** [Schwimmbad] piscine *f* - **4.** [Kurort] station *f* thermale.
Bade|anzug *der* maillot *m* de bain *(pour femme)*.
Bade|hose *die* maillot *m* de bain *(pour homme)*, slip *m* de bain.
Bade|kappe *die* bonnet *m* de bain.
Bade|mantel *der* peignoir *m*.
Bade|meister, in *der, die* maître *m* nageur.
baden ◇ *vt* baigner ◇ *vi* [in der Wanne] prendre un bain ; [schwimmen] se baigner ; ~ **gehen** aller se baigner ; **(bei** ODER **mit etw)** ~ **gehen** *fam fig* se planter dans qqch. ◆ **sich baden** *ref* prendre un bain.
Badener, in (*mpl* - ; *fpl* **-nen**) *der, die* Badois *m*, -e *f*.
Baden-Württemberg *nt* Bade-Wurtemberg *m*.
Baden-Württemberger, in (*mpl* - ; *fpl* **-nen**) *der, die* habitant *m*, -e *f* du Land de Bade-Wurtemberg.
baden-württembergisch *adj* du Land de Bade-Wurtemberg.
Bade|wanne *die* baignoire *f*.
Bade|zimmer *das* salle *f* de bains.
badisch *adj* badois(e).
baff *adj* : **(ganz)** ~ **sein** *fam* être épaté(e).
BAföG, Bafög ['ba:fœk] (*abk für* **Bundesausbildungsförderungsgesetz**) *das (ohne Pl) loi fédérale sur les bourses d'études* ; ~ **bekommen** recevoir une bourse (d'études).
Bagger (*pl* -) *der* excavatrice *f*.
baggern *vt* creuser, excaver.
Bahn (*pl* **-en**) *die* - **1.** [Eisenbahn] chemin *m* de fer ; **mit der ~ fahren** aller en train ; **jm von der ~ abholen** aller chercher qqn à la gare - **2.**. [Institution] chemins *mpl* de fer - **3.** [Umlaufstrecke, Spur] trajectoire *f* - **4.** SPORT [beim Schwimmen] longueur *f* ; [beim Spurt] couloir *m* - **5.** [Weg, Fahrbahn] voie *f* - **6.** [Straßenbahn] tram *m* - **7.** [Streifen] lé *m* - **8.** *RW* : **auf die schiefe ~ geraten** mal tourner.
bahnbrechend *adj* révolutionnaire.
BahnCard ['ba:nka:d] (*pl* **-s**) *die carte offrant une réduction de 50% sur les chemins de fer allemands.*
Bahn|damm *der* remblai *m*.
bahnen *vt* : **jm einen Weg** ~ ouvrir un passage à qqn ; **sich** *(D)* **einen Weg** ~ se frayer un passage.
Bahn|hof *der* gare *f*.
Bahn|steig (*pl* **-e**) *der* quai *m (de gare)*.
Bahn|übergang *der* passage *m* à niveau.
Bahre (*pl* **-n**) *die* brancard *m*, civière *f*.
Baiser [bɛ'ze:] (*pl* **-s**) *das* meringue *f*.
Bakterie (*pl* **-n**) *die* microbe *m*.
Balance [ba'laŋsə] *die (ohne Pl)* équilibre *m*.
balancieren [balaŋ'si:rən] (*perf* **hat/ist balanciert**) ◇ *vt (hat)* tenir en équilibre ◇ *vi (ist)* se tenir en équilibre.
bald *adv* [in Kürze, endlich] bientôt ; ~ **ist Weihnachten** c'est bientôt Noël. ◆ **bis bald!** *interj* à bientôt!
Baldrian (*pl* **-e**) *der* valériane *f*.
balgen *vi* se chamailler. ◆ **sich balgen** *ref* : **sich (mit jm um etw)** ~ se chamailler (avec qqn pour (avoir) qqch).
Balkan *der* Balkans *mpl* ; **auf dem** ~ dans les Balkans.
Balken (*pl* -) *der* poutre *f*.
Balkon (*pl* **-s** ODER **-e**) *der* balcon *m*.
Ball (*pl* **Bälle**) *der* - **1.** [für Kinder, im Tennis] balle *f* - **2.** SPORT ballon *m* - **3.** [Kugel] boule *f* - **4.** [Fest] bal *m* - **5.** *RW* : **am ~ bleiben** s'accrocher, ne pas lâcher prise.
Ballade (*pl* **-n**) *die* ballade *f*.
Ballast *der* lest *m*.
Ballaststoffe *pl* fibres *fpl*.
ballen *vt* : **die Faust** ~ fermer le poing. ◆ **sich ballen** *ref* - **1.** [Schnee] s'agglomérer - **2.** [Fehler, Schwierigkeiten] s'accumuler.
Ballen (*pl* -) *der* - **1.** [Stroh] botte *f* ; [Stoff] rouleau *m* - **2.** [der Hand] paume *f* de la main ; [des Fußes] plante *f* du pied.
ballern ◇ *vi fam* [schießen] tirer ◇ *vt fam* [werfen] balancer.
Ballett (*pl* **-e**) *das* - **1.** [Bühnentanz, Musik] ballet *m* ; **ins ~ gehen** aller voir un ballet - **2.** [Tanzgruppe] compagnie *f* de ballet - **3.** [klassischer Tanz] danse *f* classique.
Ballon (*pl* **-s**) *der* - **1.** [Luftballon] ballon *m (de baudruche)* - **2.** [Fesselballon] ballon *m*, montgolfière *f*.
Ball|spiel *das* jeu *m* de balle ODER ballon.
Ballungs|gebiet *das*, **-raum** *der* agglomération *f*, conurbation *f*.
Balsam *der* baume *m*.
Balte (*pl* **-n**) *der* Balte *m*.
Baltikum *das* pays *mpl* Baltes ; **im** ~ dans les pays Baltes.
Baltin (*pl* **-nen**) *die* Balte *f*.
baltisch *adj* balte.
balzen *vi* être en rut.
Bambus (*pl* **-se**) *der* bambou *m*.
banal ◇ *adj* - **1.** [einfach] banal(e) - **2.** *abw* [platt - Erkenntnis] insignifiant(e) ; [- Gerede] plat(e) ◇ *adv* - **1.** [einfach] d'une ma-

nière banale, banalement - **2.** *abw* [platt] d'une manière plate, platement.

Banane (*pl* **-n**) *die* banane *f.*

Bananen|republik *die péj* république *m* bananière.

Banause (*pl* **-n**) *der abw* personne *f* inculte.

band *prät* ▷ **binden.**

Band[1] (*pl* **Bänder** ODER **Bände**) ◇ *das (Pl Bänder)* - **1.** [aus Stoff] ruban *m* - **2.** [Tonband] bande *f (magnétique)* - **3.** [Fließband] chaîne *f* - **4.** [aus Bindegewebe] ligament *m* - **5.** *RW* : **am laufenden ~** sans arrêt ODER cesse ◇ *der (Pl Bände)* [Buch] volume *m.*

Band[2] [bɛnt] (*pl* **-s**) *die* groupe *m.*

Bandage [ban'da:ʒə] (*pl* **-n**) *die* [Verband] bandage *m.*

bandagieren [banda'ʒi:rən] *vt* bander.

Band|breite *die fig* [an Angeboten] choix *m* ; [an Ideen] variété *f.*

Bande (*pl* **-n**) *die* - **1.** [Verbrecher] bande *f*, gang *m* - **2.** *fam* [Gruppe, von Spielflächen] bande *f.*

bändigen *vt* [Raubtier, Kind] dresser ; [Pferd] maîtriser.

Bandit (*pl* **-en**) *der* bandit *m*, brigand *m.*

Band|maß *das* mètre *m* à ruban.

Band|nudel *die* nouille *f* plate.

Band|scheibe *die* disque *m (intervertébral).*

Band|wurm *der* [Wurm] ver *m* solitaire.

bange *adj* plein(e) d'angoisse ODER d'inquiétude ; **jm ist** ODER **wird ~** qqn a peur.

Bange *die (ohne Pl)* : **keine ~!** ne crains ODER craignez rien!

Bank (*pl* **-en** ODER **Bänke**) *die* - **1.** *(Pl Bänke)* [Sitzgelegenheit] banc *m* - **2.** *(Pl Banken)* [Geldinstitut] banque *f.*

Bank|anweisung *die* virement *m* bancaire.

Bankett (*pl* **-e**) *das* banquet *m.*

Bank|geheimnis *das* secret *m* bancaire.

Bankier [baŋ'kie:] (*pl* **-s**) *der* banquier *m*, -ère *f.*

Bank|konto *das* compte *m* bancaire.

Bankleit|zahl *die* code *m* (de la) banque.

Bank|note *die* billet *m* de banque.

Bank|raub *der* hold-up *m.*

Bank|räuber, in *der, die* auteur *m* d'un hold-up.

bankrott *adj* : **~ sein** être en faillite.

Bankrott (*pl* **-e**) *der* faillite *f* ; **~ gehen** faire faillite.

Bank|überfall *der* hold-up *m (d'une banque).*

Bank|verbindung *die* références *fpl* bancaires, ≃ relevé *m* d'identité bancaire.

bannen *vt* - **1.** [fesseln] subjuguer, captiver - **2.** [besiegen, vertreiben] conjurer.

Banner (*pl* **-**) *das* bannière *f.*

Baptist, in (*mpl* **-en** ; *fpl* **-nen**) *der, die* REL baptiste *mf.*

bar ◇ *adj* - **1.** [Geld] liquide - **2.** [pur] pur(e) ; **das ist ~er Unsinn!** c'est vraiment n'importe quoi! ◇ *adv* [in Bargeld] en espèces, (au) comptant. ◆ **gegen bar** *adv* contre espèces. ◆ **in bar** *adv* en espèces, (au) comptant.

Bar (*pl* **-s**) *die* - **1.** [Nachtlokal] bar *m*, nightclub *m* - **2.** [Theke, Hausbar] bar *m.*

Bär (*pl* **-en**) *der* ours *m* ; **jm einen ~en aufbinden** *fig* faire marcher qqn.

Baracke (*pl* **-n**) *die* baraque *f.*

Barbar, in (*mpl* **-en** ; *fpl* **-nen**) *der, die* barbare *mf.*

barbarisch ◇ *adj* barbare ◇ *adv* de façon barbare.

Barcelona [bartse'lo:na] *nt* Barcelone.

barfuß *adv* pieds nus.

barg *prät* ▷ **bergen.**

Bar|geld *das* espèces *fpl*, argent *m* liquide.

bargeldlos ◇ *adj* par virement ◇ *adv* avec un titre de paiement.

Bariton (*pl* **-e**) *der* baryton *m* ; **~ singen** être baryton.

Barke (*pl* **-n**) *die* barque *f.*

Barkeeper ['ba:ɐ̯ki:pɐ] (*pl* **-**) *der* barman *m.*

barock *adj* baroque.

Barock *der* ODER *das (ohne Pl)* baroque *m.*

Barometer *das* baromètre *m.*

Baron (*pl* **-e**) *der* baron *m.*

Baronesse [baro'nɛs(ə)] (*pl* **-n**) *die* baronne *f (fille d'un baron).*

Baronin (*pl* **-nen**) *die* baronne *f (épouse d'un baron).*

Barrel ['bɛrəl] (*pl* **-s** ODER **-**) *das* baril *m.*

Barren (*pl* **-**) *der* - **1.** [Block] lingot *m* - **2.** [Turngerät] barre *f.*

Barriere [ba'rie:rə] (*pl* **-n**) *die* barrière *f.*

Barrikade (*pl* **-n**) *die* barricade *f* ; **auf die ~n gehen** *fig* se révolter.

barsch (*superl* **barsch(e)ste**) ◇ *adj* sec (sèche), bourru(e) ◇ *adv* d'un ton sec ODER bourru.

Barsch (*pl* **-e**) *der* [Fisch] perche *f.*

Bar|scheck *der* chèque *m* payable au comptant.

Bart (*pl* **Bärte**) *der* - **1.** [Gesichtshaar] barbe *f* - **2.** [Schlüsselbart] panneton *m.*

bärtig *adj* barbu(e).

Bar|zahlung *die* paiement *m* comptant.

Basar, Bazar (*pl* **-e**) *der* [orientalisch] bazar *m* ; [karitativ] vente *f* de charité.

Baseball ['be:sbo:l] *der (ohne Pl)* base-ball *m.*

Basel *nt* Bâle.

basieren *vi* : **auf etw** *(D)* ~ reposer sur qqch.

Basilika (*pl* **Basiliken**) *die* basilique *f*.

Basilikum *das (ohne Pl)* basilic *m*.

Basis (*pl* **Basen**) *die* base *f* ; **an der ~ arbeiten** faire un travail de terrain.

Baske (*pl* **-n**) *der* Basque *m*.

Baskenland *das* Pays *m* basque ; **im ~** au Pays basque.

Basket|ball ['baːskətbal] *der* basket-ball *m*, basket *m*.

Baskin (*pl* **-nen**) *die* Basque *f*.

baskisch *adj* basque.

Basler (*pl* **-**) ◇ *der* Bâlois *m* ◇ *adj (unver)* bâlois(e).

Baslerin, Baselerin (*pl* **-nen**) *die* Bâloise *f*.

Bass (*pl* **Bässe**) *der* **- 1.** [Stimme, Sänger] basse *f* ; **~ singen** être basse **- 2.** [Instrument] basse *f*.

Bassist, in (*mpl* **-en** ; *fpl* **-nen**) *der, die* **- 1.** [Musiker] bassiste *mf* **- 2.** [Sänger] basse *f*.

Bass|schlüssel *der* MUS clef *f* de fa.

Bast (*pl* **-e**) *der* raphia *m*.

Bastelei (*pl* **-en**) *die* **- 1.** [Handlung] bricolage *m* **- 2.** [Objekt] objet *m* de sa propre fabrication.

basteln ◇ *vt* bricoler ◇ *vi* fabriquer *(soi-même)* ; **an etw** *(D)* ~ être en train de bricoler qqch.

Bastler, in (*mpl* **-** ; *fpl* **-nen**) *der, die* bricoleur *m*, -euse *f*.

bat *prät* ▷ **bitten.**

BAT (*abk für* **Bundesangestelltentarif**) *der (ohne Pl) conventions collectives pour les employés (non fonctionnarisés) de la fonction publique en Allemagne.*

Batterie (*pl* **-n**) *die* **- 1.** [für Auto] batterie *f* **- 2.** [für Radio, Uhr] pile *f*.

batteriebetrieben *adj* à piles.

Batzen (*pl* **-**) *der fam* : **ein ~ Geld** une belle somme d'argent.

Bau (*pl* **-ten** ODER **-e**) *der* **- 1.** *(ohne Pl)* [das Bauen] construction *f* ; **in ~ sein** être en construction **- 2.** *(ohne Pl)* [Baustelle] chantier *m* **- 3.** *(Pl Bauten)* [Gebäude] bâtiment *m* **- 4.** *(ohne Pl)* [Körperbau] stature *f*, constitution *f* **- 5.** *(Pl Baue)* [Höhle] terrier *m*, tanière *f* **- 6.** *(ohne Pl) salopp* [Gefängnis] : **im ~** en tôle ODER cabane.

Bau|arbeiten *pl* travaux *mpl*.

Bau|arbeiter, in *der, die* ouvrier *m*, -ère *f* du bâtiment.

Bauch (*pl* **Bäuche**) *der* ventre *m* ; **(mit etw) auf den ~ fallen** *fig* se casser la figure (avec qqch).

bauchig *adj* bombé(e).

Bauch|nabel *der* nombril *m*.

Bauch|schmerzen *pl* : **~ haben** avoir mal au ventre.

Bau|denkmal *das* monument *m* historique.

bauen ◇ *vt* **- 1.** [Straße, Maschine, Haus] construire ; [Stadt] bâtir ; [Kanal, Höhle] creuser **- 2.** [Instrument] fabriquer **- 3.** *fam* [verursachen] : **einen Unfall ~** provoquer un accident ; **Mist ~** faire des bourdes *fpl* ◇ *vi* **- 1.** [als Bauherr] faire construire **- 2.** [arbeiten] : **an etw** *(D)* ~ travailler à qqch **- 3.** [vertrauen] : **auf jn/etw ~** compter sur qqn/qqch.

Bauer (*pl* **-n** ODER **-**) ◇ *der (G Bauern, Pl Bauern)* **- 1.** [Landwirt] paysan *m*, fermier *m* **- 2.** [Schachfigur] pion *m* **- 3.** [Spielkarte] valet *m* ◇ *der* ODER *das (G Bauers, Pl Bauer)* [Vogelkäfig] cage *f*.

Bäuerin (*pl* **-nen**) *die* paysanne *f*, fermière *f*.

bäuerlich ◇ *adj* rural(e) ; [Verhalten] paysan(anne) ◇ *adv* [abw] comme un paysan, comme une paysanne.

Bauern|frühstück *das repas constitué de pommes de terres sautées, d'œufs brouillés et de lard.*

Bauern|hof *der* ferme *f*.

baufällig *adj* délabré(e), vétuste.

Bau|firma *die* entreprise *f* de construction.

Bau|genehmigung *die* permis *m* de construire.

Bau|kasten *der* jeu *m* de construction ODER de cubes.

Bau|land *das (ohne Pl)* terrain *m* à bâtir.

Baum (*pl* **Bäume**) *der* arbre *m*.

baumeln *vi* : **(an etw) ~** pendiller (sur qqch) ; **etw ~ lassen** laisser pendre qqch.

Baum|schule *die* pépinière *f*.

Baum|stamm *der* tronc *m* d'arbre.

Baum|sterben *das* dépérissement *m* des arbres *(dû à la pollution)*.

Baum|stumpf *der* souche *f* d'arbre.

Baum|wolle *die* coton *m*.

Bau|satz *der* kit *m*.

Bausch (*pl* **-e** ODER **Bäusche**) *der* : **~ Watte** tampon *m* d'ouate ODER de ouate.

bauschen *vt* gonfler ; **gebauschte Ärmel** manches *f* bouffantes. ◆ **sich bauschen** *ref* gonfler, être bouffant(e).

Bau|sparkasse *die* caisse *f* d'épargne-logement.

Bau|stein *der* **- 1.** [zum Bauen] pierre *f* à bâtir **- 2.** [zum Spielen] cube *m* **- 3.** [Bestandteil] élément *m*.

Bau|stelle *die* chantier *m*.

Bauten *pl* ▷ **Bau.**

Bau|unternehmer, in *der, die* entrepreneur *m* (de travaux publics).
Bau|werk *das* édifice *m.*
Bayer, in (*mpl* - ; *fpl* **-nen**) *der, die* Bavarois *m*, -e *f.*
bayerisch, bayrisch ◇ *adj* bavarois(e) ◇ *adv* [kleiden] comme un Bavarois (une Bavaroise).
Bayerisch, Bayrisch *das (ohne Pl)* [Sprache] bavarois *m.*
Bayern *nt* Bavière *f.*
Bazille (*pl* **-n**) *die* = **Bazillus.**
Bazillus (*pl* **Bazillen**) *der* bacille *m.*
Bd. (*abk für* **Band**) vol.
beabsichtigen *vt* : **~, etw zu tun** envisager ODER avoir l'intention de faire qqch.
beachten *vt* - **1.** [Hinweisschild] respecter ; [Vorschrift] **suivre** - **2.** [berücksichtigen] : **etw ~** prendre qqch en considération ; **jn ~** tenir compte de qqn.
beachtlich ◇ *adj* [Erfolg, Fortschritt] considérable, remarquable ; [Position] respectable ◇ *adv* considérablement.
Beachtung *die (ohne Pl)* - **1.** [Befolgung] respect *m* - **2.** [Berücksichtigung] considération *f* ; **jm/etw ~ schenken** tenir compte de qqn/qqch ; **~ finden** être pris(e) en considération.
Beamte (*pl* **-n**) *der* fonctionnaire *m.*
Beamtenschaft *die (ohne Pl)* : **die ~** les fonctionnaires *mpl.*
Beamtin (*pl* **-nen**) *die* fonctionnaire *f.*
beängstigend ◇ *adj* inquiétant(e) ◇ *adv* de manière inquiétante.
beanspruchen *vt* - **1.** [fordern] réclamer, revendiquer ; **etw ~ können** être en droit de réclamer qqch - **2.** [abnutzen] : **stark beansprucht** usé(e) - **3.** [Subj : Baby, Beruf] : **jn stark ~** prendre toute son énergie à qqn - **4.** [Raum, Zeit] nécessiter, requérir.
Beanspruchung (*pl* **-en**) *die* : **starke ~** [einer Sache, der Nerven] usure *f* ; [durch Baby, Beruf] sollicitation *f.*
beanstanden *vt* contester ; **nichts zu ~** rien à objecter.
Beanstandung (*pl* **-en**) *die* contestation *f.*
beantragen *vt* - **1.** [verlangen] demander - **2.** [vorschlagen] proposer.
beantworten *vt* répondre à.
Beantwortung (*pl* **-en**) *die* : **die ~ dieser Frage ist schwierig** il est difficile de répondre à cette question ; **mit der ~ eines Briefes zögern** hésiter à répondre à une lettre.
bearbeiten *vt* - **1.** [mit Werkzeug] travailler - **2.** [Text] réviser ; MUS arranger - **3.** [für Film, Theater] : **etw für etw ~** adapter qqch à qqch - **4.** [Antrag, Fall] être chargé(e) de.
Bearbeitung (*pl* **-en**) *die* - **1.** [von Rohmaterial, Antrag] traitement *m* - **2.** [von Texten] révision *f* ; MUS arrangement *m.*
beatmen *vt* : **jn künstlich ~** pratiquer la respiration artificielle sur qqn.
Beatmung (*pl* **-en**) *die* assistance *f* respiratoire.
beaufsichtigen *vt* surveiller ; [im Betrieb] superviser.
beauftragen *vt* : **jn ~, etw zu tun** charger qqn de faire qqch.
Beauftragte (*pl* **-n**) *der, die* chargé de mission *m*, chargée de mission *f.*
bebauen *vt* [mit Gebäuden] : **etw (mit etw) ~** construire (qqch) sur qqch.
beben *vi* trembler.
Beben (*pl* -) *das* tremblement *m.*
Becher (*pl* -) *der* gobelet *m* ; [für Jogurt, Sahne] pot *m.*
Becken (*pl* -) *das* - **1.** [Gefäß, Schwimmbecken, Körperteil] **bassin** *m* ; [Waschbecken] **lavabo** *m* ; [Spülbecken] **évier** *m* - **2.** [Instrument] cymbales *fpl.*
bedacht ◇ *pp* ▻ **bedenken** ◇ *adj* [bemüht] : **auf etw** *(A)* **~ sein** veiller à qqch.
bedächtig ◇ *adj* - **1.** [langsam - Mensch] posé(e) ; [- Schritte] mesuré(e) - **2.** [nachdenklich] réfléchi(e) ◇ *adv* - **1.** [langsam] doucement - **2.** [überlegt] avec pondération.
bedanken ◆ **sich bedanken** *ref* dire merci ; **sich bei jm für etw ~** remercier qqn de qqch.
Bedarf *der (ohne Pl)* besoins *mpl* ; **~ an etw** *(D)* besoins en qqch. ◆ **bei Bedarf** *adv* en cas de besoin.
bedauerlich *adj* regrettable.
bedauern *vt* : **jn ~** plaindre qqn ; **etw ~** regretter qqch ; **~, dass** regretter que *(+ subjonctif)* ; **ich bedauere, dass ich nicht kommen kann** je regrette de ne pas pouvoir venir.
Bedauern *das (ohne Pl)* regret *m.*
bedauernswert *adj* [Irrtum] regrettable ; [Mensch] à plaindre.
bedecken *vt* couvrir ; [Subj : Schnee] recouvrir.
bedeckt *adj* [Himmel] couvert(e).
bedenken (*prät* **bedachte** ; *perf* **hat bedacht**) *vt* : **etw ~** réfléchir à qqch.
Bedenken (*pl* -) *das* [Zweifel] réserve *f*, scrupule *m.*
bedenklich *adj* - **1.** [prekär - Zustand, Wendung] préoccupant(e) ; [- Lage] délicat(e) - **2.** [fragwürdig] douteux(euse).
Bedenk|zeit *die* temps *m* de réflexion.
bedeuten *vt* - **1.** [heißen] signifier - **2.** [wichtig sein] : **jm viel/wenig ~** représenter beaucoup/peu pour qqn ; **das hat nichts zu ~** cela ne veut rien dire.

bedeutend <> *adj* important(e) ; [Leistung] considérable <> *adv* [sehr] considérablement.

Bedeutung (*pl* **-en**) *die* - **1.** [Sinn] signification *f* - **2.** [Wichtigkeit] importance *f*.

bedienen <> *vt* - **1.** [Person] servir - **2.** [Hebel] actionner ; [Maschine] faire fonctionner <> *vi* servir. ◈ **sich bedienen** *ref* se servir ; **~ Sie sich!** servez-vous!

Bedienung (*pl* **-en**) *die* - **1.** *(ohne Pl)* [im Geschäft] service *m* - **2.** *(ohne Pl)* [Steuerung, Anwendung] utilisation *f* - **3.** [Kellner, Kellnerin] serveur *m*, -euse *f*.

Bedienungs|anleitung *die* mode *m* d'emploi.

bedingen *vt* - **1.** [verursachen] être à l'origine de - **2.** [verlangen] nécessiter.

Bedingung (*pl* **-en**) *die* condition *f* ; **eine ~ stellen** poser une condition ; **unter einer ~** à une (seule) condition.

bedingungslos <> *adj* absolu(e), total(e) <> *adv* sans conditions.

bedrängen *vt* : **jn (mit etw) ~** harceler qqn (de qqch).

bedrohen *vt* menacer.

bedrohlich <> *adj* [Miene] menaçant(e) ; [Lage] dangereux(euse) ; [Nähe] inquiétant(e) <> *adv* de façon inquiétante ; [blicken] d'un air menaçant.

Bedrohung (*pl* **-en**) *die* : **~ (einer Sache** *(G)***)** menace *f* (pour qqch).

bedrücken *vt* déprimer.

bedrückt *adj* [Mensch] déprimé(e).

Bedürfnis (*pl* **-se**) *das* besoin *m*.

bedürfnislos *adj* [Leben] simple ; [Mensch] : **~ sein** ne pas être matérialiste.

bedürftig *adj* nécessiteux(euse), dans le besoin.

beeilen [bəˈailən] ◈ **sich beeilen** *ref* se dépêcher.

beeindrucken [bəˈ|aindrʊkn̩] *vt* & *vi* impressionner.

beeinflussen *vt* influencer.

beeinträchtigen *vt* nuire à.

Beeinträchtigung (*pl* **-en**) *die* [von Konzentration, Reflex] diminution *f* ; [von Appetit, Qualität, Stimmung] altération *f* ; [von Wert, Spielraum] réduction *f* ; [Schaden] préjudice *m*.

beenden [bəˈ|ɛndn̩] *vt* terminer ; [Unterhaltung] mettre fin à.

beengt *adv* à l'étroit.

beerben [bəˈ|ɛrbn̩] *vt* : **jn ~** hériter de qqn.

beerdigen [bəˈ|eːɐ̯dɪgn̩] *vt* enterrer.

Beerdigung (*pl* **-en**) *die* enterrement *m*.

Beerdigungs|institut *das* pompes *fpl* funèbres.

Beere (*pl* **-n**) *die* baie *f*.

Beet (*pl* **-e**) *das* [mit Blumen] parterre *m* ; [mit Gemüse] carré *m* de jardin.

Beete ◈ **rote Beete** *die* betterave *f* (rouge).

befahl *prät* ▷ **befehlen.**

befahrbar *adj* [Straße] praticable.

befahren (*präs* **befährt** ; *prät* **befuhr** ; *perf* **hat befahren**) <> *vt* emprunter <> *adj* : **stark ~** très fréquenté(e).

befallen (*präs* **befällt** ; *prät* **befiel** ; *perf* **hat befallen**) *vt* : **von etw ~ sein** [von Krankheit] être atteint(e) de qqch ; [von Schädlingen] être attaqué(e) par qqch.

befangen <> *adj* [schüchtern] emprunté(e) <> *adv* timidement.

Befangenheit *die (ohne Pl)* [Schüchternheit] gêne *f*.

befassen *vt* : **jn mit etw ~** charger qqn de qqch. ◈ **sich befassen** *ref* : **sich mit etw ~** étudier qqch ; **sich mit jm ~** s'occuper de qqn.

Befehl (*pl* **-e**) *der* - **1.** [Aufforderung] ordre *m* ; [dienstlich] directive *f* - **2.** EDV : **externer ~** commande *f* externe ; **interner ~** commande *f* interne.

befehlen (*präs* **befiehlt** ; *prät* **befahl** ; *perf* **hat befohlen**) <> *vt* : **(jm) etw ~** ordonner qqch (à qqn) <> *vi* : **über jn/etw ~** commander qqn/qqch.

Befehls|form *die* GRAM impératif *m*.

befestigen *vt* - **1.** [anbringen] attacher - **2.** [Straße, Ufer] stabiliser ; [Stadt] fortifier.

Befestigung (*pl* **-en**) *die* - **1.** [Anbringen] fixation *f* - **2.** [von Ufer, Straße] stabilisation *f* ; [von Städten] fortification *f*.

befiehlt *präs* ▷ **befehlen.**

befinden (*prät* **befand** ; *perf* **hat befunden**) *vt* : **etw für gut** ODER **richtig ~** *geh* trouver qqch valable. ◈ **sich befinden** *ref* se trouver.

Befinden *das (ohne Pl)* état *m* de santé.

beflecken *vt* tacher.

befohlen *pp* ▷ **befehlen.**

befolgen *vt* [Rat] suivre ; [Vorschrift, Befehl] obéir à.

befördern *vt* - **1.** [Waren, Lasten] transporter - **2.** [im Beruf] promouvoir.

Beförderung (*pl* **-en**) *die* - **1.** *(ohne Pl)* [Transport] transport *m* - **2.** [im Beruf] promotion *f*.

Beförderungs|mittel *das* moyen *m* de transport.

befragen *vt* [Person] interroger.

Befragung (*pl* **-en**) *die* - **1.** [von Angeklagten] interrogatoire *m* - **2.** [Umfrage] sondage *m*.

befreien *vt* : **jn (von etw) ~** [gen] libérer qqn (de qqch) ; [vom Unterricht] dispenser qqn (de qqch) ; [von Schmerzen] délivrer qqn (de qqch).

Befreiung *die (ohne Pl)* **- 1.** [gen] libération *f* **- 2.** [vom Unterricht] dispense *f.*

befreundet *adj* ami(e) ; **mit jm ~ sein** être ami(e) avec qqn.

befriedigen *vt* satisfaire.

befriedigend ◇ *adj* **- 1.** [gen] satisfaisant(e) **- 2.** [als Note] passable ◇ *adv* de manière satisfaisante.

Befriedigung *die (ohne Pl)* satisfaction *f.*

befristen *vt* : **etw ~** limiter qqch dans le temps.

befruchten *vt* féconder.

Befruchtung (*pl* **-en**) *die* fécondation *f.*

befugt *adj* : **dazu ~ sein, etw zu tun** être habilité(e) à faire qqch.

Befund (*pl* **-e**) *der* diagnostic *m* ; **'ohne ~'** MED 'résultat : néant'.

befürchten *vt* craindre, redouter.

Befürchtung (*pl* **-en**) *die* crainte *f.*

befürworten *vt* soutenir.

Befürworter, in (*mpl* **-** ; *fpl* **-nen**) *der, die* partisan *m.*

begabt *adj* doué(e).

Begabung (*pl* **-en**) *die* don *m* ; **eine ~ (für etw) haben** être doué(e) (pour qqch).

begann *prät* ▷ **beginnen.**

Begebenheit (*pl* **-en**) *die* fait *m* ; **wahre ~** fait réel.

begegnen *vi* : **jm ~** rencontrer qqn ; **etw** *(D)* **~** affronter qqch. ◆ **sich begegnen** *ref* se rencontrer.

Begegnung (*pl* **-en**) *die* rencontre *f.*

begehen (*prät* **beging** ; *perf* **hat begangen**) *vt* **- 1.** [Verbrechen] commettre **- 2.** [Weg] emprunter.

begehren *vt* désirer, convoiter ; **sehr begehrt sein** être très demandé(e).

begeistern *vt* enthousiasmer ; **jn für etw ~** passionner qqn pour qqch. ◆ **sich begeistern** *ref* : **sich für etw ~** [Hobby] être passionné(e) de qqch ; [Buch, Film] être passionné(e) par qqch.

begeistert ◇ *adj* [Publikum] enthousiaste ; [passioniert] passionné(e) ; **von jm/etw ~ sein** être enchanté(e) par qqn/de qqch ◇ *adv* avec enthousiasme.

Begeisterung *die (ohne Pl)* enthousiasme *m* ; **etw mit ~ tun** adorer faire qqch.

begierig ◇ *adj* avide ; **nach etw** ODER **auf etw** *(A)* **~ sein** désirer qqch ; *fig* avoir soif de qqch ◇ *adv* avidement.

begießen (*prät* **begoss** ; *perf* **hat begossen**) *vt* arroser.

Beginn *der (ohne Pl)* début *m.* ◆ **zu Beginn** *adv* au départ, au début.

beginnen (*prät* **begann** ; *perf* **hat begonnen**) ◇ *vt* commencer ◇ *vi* commencer ; **mit etw ~** [gen] commencer qqch ; [als Erstes tun] commencer par qqch ; **mit der Arbeit ~** commencer à travailler.

beglaubigen *vt* certifier, authentifier ; [Kopie] certifier conforme.

Beglaubigung (*pl* **-en**) *die* certification *f*, authentification *f.*

begleichen (*prät* **beglich** ; *perf* **hat beglichen**) *vt* [Rechnung] régler ; [Schulden] s'acquitter de.

begleiten *vt* accompagner.

Begleiter, in (*mpl* **-** ; *fpl* **-nen**) *der, die* [Kamerad] compagnon *m*, compagne *f.*

Begleit|erscheinung *die* [bei Krankheit] symptôme *m* secondaire ; [bei Behandlung] effet *m* secondaire.

Begleit|person *die* accompagnateur *m*, -trice *f.*

Begleitung (*pl* **-en**) *die* **- 1.** [Anwesenheit] compagnie *f* ; **in js ~** en compagnie de qqn **- 2.** [bei Musik] accompagnement *m.*

beglückwünschen *vt* : **jn zu etw ~** féliciter qqn pour ODER de qqch.

begnadigen *vt* gracier.

Begnadigung (*pl* **-en**) *die* grâce *f.*

begnügen ◆ **sich begnügen** *ref* : **sich mit etw ~** se contenter ODER se satisfaire de qqch.

begonnen *pp* ▷ **beginnen.**

begraben (*präs* **begräbt** ; *prät* **begrub** ; *perf* **hat begraben**) *vt* enterrer.

Begräbnis (*pl* **-se**) *das* enterrement *m.*

begreifen (*prät* **begriff** ; *perf* **hat begriffen**) ◇ *vt* [Problem, Aufgabe] saisir, comprendre ; [Menschen] comprendre ◇ *vi* comprendre.

begrenzen *vt* **- 1.** [Dauer, Geschwindigkeit] limiter **- 2.** [Fläche] délimiter.

Begrenzung (*pl* **-en**) *die* **- 1.** [von Dauer, Geschwindigkeit] limitation *f* **- 2.** [von Flächen] délimitation *f.*

Begriff (*pl* **-e**) *der* **- 1.** [Wort] terme *m* **- 2.** [Vorstellung] notion *f* ; **im ~ sein** ODER **stehen, etw zu tun** être sur le point de faire qqch ; **jm ein ~ sein** être (bien) connu(e) de qqn.

begriffsstutzig *adj abw* borné(e), obtus(e).

begründen *vt* **- 1.** [Urteil, Meinung] : **(etw mit etw) ~** fonder (qqch sur qqch) **- 2.** [Abwesenheit] justifier.

Begründer, in (*mpl* **-** ; *fpl* **-nen**) *der, die* fondateur *m*, -trice *f.*

Begründung (*pl* **-en**) *die* **- 1.** [von Argumenten] justification *f* **- 2.** [Gründung] fondation *f* ; [von Stil] création *f.*

begrüßen *vt* [grüßen] accueillir.

begrüßenswert *adj* positif(ive).

Begrüßung (*pl* **-en**) *die* salut *m*, salutation *f* ; [offiziell] (discours d'')accueil *m*.

> **Begrüßung**
>
> Quand on salue quelqu'un, la formule choisie (**Guten Tag, Guten Abend, ...**) est utilisée seule, contrairement au français où elle est accompagnée du terme « Madame » ou « Mademoiselle » ou « Monsieur ». On peut également faire suivre la formule de salutation par le nom de famille ou le titre complet : **Guten Morgen Herr Müller, Guten Tag Frau Doktor Ludwig**.

begünstigen *vt* favoriser.

begutachten *vt* **- 1.** [kritisch] examiner **- 2.** [durch Gutachten] expertiser.

begütert *adj* aisé(e).

behaart *adj* poilu(e) ; [Kopf] chevelu(e).

behäbig ◇ *adj* **- 1.** [Mensch] pépère **- 2.** [Bewegung] lourd(e) ◇ *adv* posément.

behaglich ◇ *adj* **- 1.** [Atmosphäre] agréable **- 2.** [Zimmer, Einrichtung] confortable ◇ *adv* confortablement.

behalten (*präs* **behält** ; *prät* **behielt** ; *perf* **hat behalten**) *vt* **- 1.** [nicht abgeben] garder **- 2.** [sich merken] retenir.

Behälter (*pl* -) *der* réservoir *m*.

behandeln *vt* **- 1.** [gen] traiter ; **jn mit Penizillin ~** soigner qqn à la pénicilline **- 2.** [Subj : Text] traiter de.

Behandlung (*pl* **-en**) *die* [gen] traitement *m* ; **sofortige ~** soins *mpl* immédiats ; **ambulante/stationäre ~** traitement ambulatoire/en hôpital.

beharren *vi* : **auf etw** *(D)* **~** tenir fermement à qqch.

beharrlich ◇ *adj* obstiné(e) ◇ *adv* obstinément.

behaupten *vt* **- 1.** [versichern] affirmer, prétendre **- 2.** [Standpunkt, Stellung] maintenir. ◆ **sich behaupten** *ref* [sich durchsetzen] s'affirmer.

Behauptung (*pl* **-en**) *die* [Versicherung] affirmation *f*.

beheben (*prät* **behob** ; *perf* **hat behoben**) *vt* remédier à, réparer.

beheimatet *adj* : **~ in** *(+ D)* [Mensch] domicilié(e) à ODER en ; [Tier, Pflanze] originaire de.

beheizen *vt* chauffer.

behelfen (*präs* **behilft** ; *prät* **behalf** ; *perf* **hat beholfen**) ◆ **sich behelfen** *ref* : **sich mit etw ~** se contenter de qqch.

behelfsmäßig *adj* de fortune.

beherbergen *vt* héberger.

beherrschen *vt* **- 1.** [Land, Markt, Situation] dominer **- 2.** [Sprache, Instrument, Gefühle] maîtriser ; [Auto] avoir le contrôle de. ◆ **sich beherrschen** *ref* se dominer, se retenir.

beherrscht *adj* maître de soi.

Beherrschung *die (ohne Pl)* **- 1.** [von Gefühl, Sprache, Instrument] maîtrise *f* ; **die ~ verlieren** perdre contenance ODER son sang-froid **- 2.** [von Land, Markt] domination *f*.

beherzigen *vt* prendre à cœur.

behilflich *adj* : **jm bei etw ~ sein** aider qqn à faire qqch.

behindern *vt* **- 1.** [gen] : **(jn bei etw) ~** gêner (qqn dans qqch) **- 2.** [Verkehr, Sicht] boucher.

behindert *adj* handicapé(e).

Behinderte (*pl* **-n**) *der, die* handicapé *m*, -e *f*.

Behinderung (*pl* **-en**) *die* **- 1.** [von Verkehr, Sicht, Arbeit] : **~ von etw** obstacle *m* à qqch **- 2.** *(ohne Pl)* [Handicap] handicap *m*.

Behörde (*pl* **-n**) *die* administration *f*. ◆ **Behörden** *pl* : **die ~n** l'administration *f*.

behutsam ◇ *adj* prudent(e) ◇ *adv* prudemment ; [berühren] doucement.

bei *präp (+ D)* **- 1.** [räumlich - in Institution, auf Veranstaltung] à ; [- zu Hause, mit einer Person] chez ; [- in der Nähe] près ODER à côté de ; **~ der Post** à la poste ; **~ uns** chez nous ; **~ der Ärztin** chez le médecin **- 2.** [zusammen mit einer Person] auprès de **- 3.** [zur Angabe von Umständen] par ; **~ Sonnenschein** par beau temps ; **~ einem Unfall** dans un accident **- 4.** [zur Angabe der Ursache, der Voraussetzung] avec ; **~ deinem Talent** avec le talent que tu as **- 5.** [zeitlich - Angabe eines Zeitpunktes] à ; [- Angabe einer Zeitspanne] pendant ; **~ Gelegenheit** à l'occasion ; **~ Tag/Nacht** de jour/nuit. ◆ **bei sich** *adv* : **etw ~ sich haben** avoir qqch sur ODER avec soi.

bei|behalten *vt (unreg)* conserver.

bei|bringen *vt (unreg)* **- 1.** [lehren] : **jm etw ~** apprendre ODER enseigner qqch à qqn **- 2.** [Nachricht] : **jm etw schonend ~** annoncer qqch à qqn avec ménagement.

Beichte (*pl* **-n**) *die* confession *f*.

beichten ◇ *vt* : **(jm etw) ~** confesser (qqch à qqn) ◇ *vi* se confesser.

beide ◇ *pron* les deux ; **alle ~** tous les deux, toutes les deux ◇ *adj* [zwei] deux. ◆ **beides** *pron* les deux (choses).

beiderlei *det* : **Menschen ~ Geschlechts** les personnes des deux sexes.

beiderseitig *adj* mutuel(elle), réciproque ; **in ~em Einverständnis** d'un commun accord.

beiderseits *präp* des deux côtés de, de part et d'autre de.

beides ▷ **beide.**

beidseitig ◇ *adj* réciproque, mutuel(elle) ◇ *adv* des deux côtés.

beieinander *adv* ensemble, réuni(e).

Beifahrer, in (*mpl* - ; *fpl* **-nen**) *der, die* passager *m*, -ère *f (en voiture).*

Beifahrer|sitz *der* siège *m* du passager.

Beifall *der (ohne Pl)* applaudissements *mpl* ; **~ spenden** ODER **klatschen** applaudir.

beifällig ◇ *adj* approbateur(trice) ◇ *adv* avec approbation.

bei|fügen *vt* : **etw** *(D)* **etw ~** joindre qqch à qqch.

beige [beːʃ] *adj* beige.

Beigeschmack *der (ohne Pl)* arrière-goût *m* ; **übler ~** *fig* connotation *f* négative.

Beihilfe (*pl* **-n**) *die* - **1.** [finanziell] soutien *m* (financier) ; [für Beamte] allocation *f* - **2.** *(ohne Pl)* [kriminell] complicité *f* ; **~ zum Mord** complicité de meurtre.

bei|kommen (*perf* **ist beigekommen**) *vi (unreg)* : **jm/etw ist nicht beizukommen** ne pas pouvoir venir à bout de qqn/qqch.

beil. *abk für* **beiliegend.**

Beil (*pl* **-e**) *das* hache *f.*

Beilage (*pl* **-n**) *die* - **1.** [zu einer Zeitung] supplément *m* - **2.** [Speise] garniture *f.*

beiläufig ◇ *adj* accessoire ◇ *adv* en passant, incidemment.

bei|legen *vt* - **1.** [beifügen] : **einer Sache** *(D)* **etw ~** joindre qqch à qqch - **2.** [Streit, Disput] régler.

Beileid *das (ohne Pl)* condoléances *fpl* ; **herzliches** ODER **aufrichtiges ~** sincères condoléances.

beiliegend *adj amt* ci-joint(e).

beim *präp (bei + dem)* : **ich bin ~ Essen** je suis en train de manger ; **er war ~ Arzt** il était chez le médecin ; **~ letzten Test** lors du dernier test.

bei|messen *vt (unreg)* : **einer Sache** *(D)* **etw ~** attacher ODER accorder qqch à qqch.

Bein (*pl* **-e**) *das* - **1.** [von Mensch, Pferd, Hose] jambe *f* ; [von Hund, Katze] patte *f* - **2.** [von Möbeln] pied *m* - **3.** *RW* : **etw auf die ~e stellen** mettre qqch sur pied ; **sich** *(D)* **die ~e vertreten** se dégourdir les jambes.

beinah(e) *adv* presque.

Bei|name *der* surnom *m.*

beinhalten [bəˈɪnhaltn̩] *vt* - **1.** [Dose] contenir, comprendre - **2.** [Brief] inclure.

Beipack|zettel *der* notice *f.*

bei|pflichten *vi* : **jm ~** approuver qqn.

Beirut [ˈbairuːt] *nt* Beyrouth.

beisammen *adv* ensemble, réuni(e).

Beisammensein *das (ohne Pl)* réunion *f.*

Beisein *das (ohne Pl)* : **im ~ von jm, in js ~** en présence de qqn.

beiseite *adv* sur le côté ; **~ stehen** être à part, se tenir à l'écart ; **~ lassen/legen** laisser/mettre de côté.

Beisetzung (*pl* **-en**) *die* obsèques *fpl.*

Bei|spiel *das* - **1.** [Exempel] exemple *m* - **2.** [Person] modèle *m* ; **sich ein ~ an jm/etw nehmen** prendre exemple sur qqn/qqch.
◆ **zum Beispiel** *adv* par exemple.

beispielhaft *adj* exemplaire.

beispiellos *adj* [Haltung] sans pareil(eille) ; [Handlung] sans précédent.

beispielsweise *adv* par exemple.

beißen (*prät* **biss** ; *perf* **hat gebissen**) ◇ *vt* mordre ; [Subj : Insekt] piquer ◇ *vi* - **1.** [mit den Zähnen] mordre ; **auf etw** *(A)* **~** tomber sur qqch - **2.** [Rauch] : **der Rauch beißt in den Augen** la fumée pique les yeux.
◆ **sich beißen** *ref* - **1.** [mit Zähnen] se mordre - **2.** [Farben] jurer.

bei|stehen *vi (unreg)* : **jm ~** assister qqn.

bei|steuern *vt* [Geld, Beitrag] : **etw zu etw ~** contribuer à qqch par qqch.

bei|stimmen *vi* : **jm ~** être de l'avis de qqn ; **einer Sache** *(D)* **~** approuver qqch.

Beitrag (*pl* **-träge**) *der* - **1.** [Geld, Mitarbeit] contribution *f* - **2.** [Zeitung] article *m.*

bei|tragen *(unreg)* ◇ *vt* contribuer ; **sie hat einiges/wenig beigetragen** elle s'est beaucoup/peu investie ◇ *vi* : **(mit etw) zu etw ~** contribuer à qqch (par qqch).

bei|treten (*perf* **ist beigetreten**) *vi (unreg)* : **einer Partei** *(D)* **~** adhérer à un parti.

Bei|tritt *der* adhésion *f.*

beizeiten *adv* - **1.** [frühmorgens] de bonne heure - **2.** [rechtzeitig] à temps.

bejahen *vt* - **1.** [Frage] : **etw ~** répondre à qqch par l'affirmative - **2.** [Standpunkt] approuver.

bekämpfen *vt* combattre ; [Krankheit] lutter contre.

Bekämpfung *die (ohne Pl)* : **~ einer Sache** *(G)* lutte *f* contre qqch.

bekannt *adj* connu(e).

Bekannte (*pl* **-n**) *der, die* connaissance *f.*

Bekannten|kreis *der* cercle *m* d'amis.

bekanntermaßen *adv* comme on sait.

Bekannt|gabe *die (ohne Pl)* annonce *f.*

bekannt geben *vt (unreg)* annoncer.

Bekanntheit *die (ohne Pl)* [von Gegenstand, Person] popularité *f.*

bekanntlich *adv* notoirement.

bekannt machen *vt* - **1.** [vorstellen] : **jn mit jm ~** présenter qqn à qqn ; **jn mit etw ~** familiariser qqn avec qqch - **2.** [für Öffentlichkeit] rendre public - 3. [Geheimnis] divulguer.

Bekanntschaft (*pl* **-en**) *die* - 1. [Person] : **die ~** les connaissances *fpl* - 2. [Kontakt] amitié *f* ; **mit jm ~ schließen** lier connaissance avec qqn.

bekehren *vt* convertir. ◆ **sich bekehren** *ref* : **sich (zu etw) ~** se convertir (à qqch).

bekennen (*prät* **bekannte** ; *perf* **hat bekannt**) *vt* [Sünde, Schuld] reconnaître. ◆ **sich bekennen** *ref* : **sich zu etw ~** se réclamer de qqch.

beklagen *vt* déplorer. ◆ **sich beklagen** *ref* : **sich bei jm über jn/etw ~** se plaindre de qqn/qqch auprès de qqn.

bekleckern *vt* tacher ; **etw mit etw ~** tacher qqch de qqch. ◆ **sich bekleckern** *ref* se barbouiller.

bekleiden *vt* [Posten] occuper.

bekleidet *adj* : **mit etw ~ sein** être vêtu(e) de qqch.

Bekleidung *die (ohne Pl)* [Kleidung] vêtements *mpl*.

beklemmend *adj* oppressant(e).

Beklemmung (*pl* **-en**) *die* angoisse *f*.

beklommen *adj* [Miene] oppressé(e) ; [Schweigen] pesant(e).

bekommen (*prät* **bekam** ; *perf* **hat/ist bekommen**) ◇ *vt (hat)* - 1. [gen] recevoir ; **etw geschenkt ~** recevoir qqch en cadeau ; **etw geliehen ~** se faire prêter qqch ; **etw zu essen/trinken ~** avoir qqch à manger/boire ; **etw zu spüren ~** ressentir qqch ; **jd bekommt von jm etw zu sehen** qqn fait voir qqch à qqn ; **einen Zahn gezogen ~** se faire arracher une dent - 2. [Lob, Kritik] faire l'objet de - 3. [Ware] trouver ; **was ~ Sie?** que désirez-vous? ; **was ~ Sie dafür?** je vous dois combien? - 4. [Urlaub, Unterstützung] obtenir - 5. [Angst, Hunger, Falten, etc] commencer à avoir ; [Krankheit] attraper - 6. [Kind, Besuch, Wetter] attendre - 7. [Verkehrsmittel] attraper - 8. [entfernen] : **etw aus etw ~** faire partir qqch de qqch ◇ *vi (ist)* : **etw bekommt jm gut/schlecht** qqn supporte bien/mal qqch.

bekräftigen *vt* - 1. [Meinung] conforter ; **jn in etw** *(D)* **~** conforter qqn dans qqch - 2. [Kritik] renforcer.

bekreuzigen ◆ **sich bekreuzigen** *ref* se signer.

bekritzeln *vt* griffonner sur.

bekümmert ◇ *adj* soucieux(euse) ◇ *adv* d'un air soucieux.

belächeln *vt abw* sourire de.

beladen (*präs* **belädt** ; *prät* **belud** ; *perf* **hat beladen**) *vt* : **etw (mit etw) ~** charger qqch (de qqch).

Belag (*pl* **Beläge**) *der* - 1. [für Straße, Fußboden] revêtement *m* - 2. [auf Brot] garniture *f* - 3. [am Zahn] plaque *f* (dentaire) - 4. [auf der Zunge] : **einen ~ auf der Zunge haben** avoir la langue chargée.

belagern *vt* assiéger.

Belagerung (*pl* **-en**) *die* siège *m (de ville)*.

Belang *der (ohne Pl)* [Wichtigkeit] : **von ~ sein** être important ; **ohne ~ sein** être sans importance.

belangen *vt* RECHT : **jn für etw ~** poursuivre qqn pour qqch.

belasten *vt* - 1. [mit Anklage, Gewicht] charger ; **etw mit etw ~** charger qqch de qqch - 2. [schädigen - Magen, Leber] embarrasser ; [- Umwelt] être néfaste à - 3. [beanspruchen] : **jn mit etw ~** importuner qqn avec qqch ; **das belastet ihn** ça lui pèse - 4. [beunruhigen] préoccuper - 5. [Konto] débiter ; **etw mit etw ~** [mit Schulden, Hypothek] grever qqch de qqch.

belästigen *vt* importuner ; [sexuell] harceler ; **jn mit etw ~** accabler qqn de qqch.

Belästigung (*pl* **-en**) *die* harcèlement *m*.

Belastung (*pl* **-en**) *die* - 1. [gen] charge *f* - 2. [psychisch] poids *m*.

belauern *vt* - 1. [Person] épier - 2. [Verhalten] guetter.

belaufen (*präs* **beläuft** ; *prät* **belief** ; *perf* **hat belaufen**) ◆ **sich belaufen** *ref* : **sich auf etw** *(A)* **~** s'élever à qqch.

belauschen *vt* épier *(en écoutant)*.

belebt *adj* animé(e).

Beleg (*pl* **-e**) *der* [Quittung] justificatif *m*.

belegen *vt* - 1. [mit Belag] : **etw (mit etw) ~** [Boden] revêtir qqch (de qqch) ; [Brot] garnir qqch (de qqch) - 2. [Kursus] s'inscrire à - 3. [Haus, Raum] occuper - 4. [Rang] se classer à - 5. [versehen] : **etw mit einer Strafe ~** punir qqch ; **etw mit einer Steuer ~** imposer qqch - 6. [nachweisen] justifier ; [Behauptung, Argument] étayer.

Belegschaft (*pl* **-en**) *die* personnel *m*.

belegt *adj* - 1. [Brot] garni(e) - 2. [Zimmer, Sitzplatz, Telefonanschluss] occupé(e) ; **voll ~** complet(ète).

belehren *vt* : **jn (über etw** *(A)***) ~** informer qqn de qqch.

beleibt *adj* corpulent(e).

beleidigen *vt* offenser.

Beleidigung (*pl* **-en**) *die* offense *f*.

beleuchten *vt* éclairer.

Beleuchtung (*pl* **-en**) *die* [mit Licht] éclairage *m*.

Belfast *nt* Belfast.

Belgien *nt* Belgique *f*.

Belgier, in ['bɛlgiɐ, rɪn] (*mpl* **-** ; *fpl* **-nen**) *der, die* Belge *mf*.

belgisch *adj* belge.

Belgrad *nt* Belgrade.

belichten *vt* exposer.

Belichtung (*pl* **-en**) *die* FOTO exposition *f.*

Belieben *das* : **nach ~** à volonté.

beliebig <> *adj* **- 1.** [irgendein] n'importe quel (quelle) **- 2.** [Betrag, Summe] de mon ODER ton etc choix <> *adv* : **~ viel** peu importe le nombre ODER la quantité.

beliebt *adj* **- 1.** [geschätzt] : **~ (bei jm)** apprécié(e) (de qqn) ; **sich bei jm ~ machen** se faire bien voir de qqn **- 2.** [populär] populaire **- 3.** [gängig] répandu(e).

Beliebtheit *die (ohne Pl)* popularité *f.*

beliefern *vt* : **jn (mit etw) ~** fournir qqn (en qqch).

bellen *vi* aboyer.

belohnen *vt* récompenser.

Belohnung (*pl* **-en**) *die* récompense *f.*

Belüftung *die (ohne Pl)* aération *f.*

belügen (*prät* **belog** ; *perf* **hat belogen**) *vt* mentir à. ◆ **sich belügen** *ref* : **sich selbst ~** se leurrer.

bemalen *vt* peindre.

bemängeln *vt* critiquer.

bemerkbar *adj* sensible ; **sich ~ machen** [durch Rufen] se faire remarquer ; [sichtbar werden] se voir.

bemerken *vt* **- 1.** [sehen] remarquer **- 2.** [sagen] : **~, dass** faire remarquer que.

bemerkenswert <> *adj* remarquable <> *adv* remarquablement.

Bemerkung (*pl* **-en**) *die* remarque *f.*

bemitleiden *vt* avoir pitié de.

bemühen *vt geh* avoir recours à. ◆ **sich bemühen** *ref* **- 1.** [sich anstrengen] : **sich ~, etw zu tun** s'efforcer de faire qqch **- 2.** [sich kümmern] : **sich um jn ~** être empressé(e) auprès de qqn.

Bemühung (*pl* **-en**) *die* effort *m.*

benachbart *adj* voisin(e).

benachrichtigen *vt* prévenir.

benachteiligen *vt* désavantager.

benehmen (*präs* **benimmt** ; *prät* **benahm** ; *perf* **hat benommen**) ◆ **sich benehmen** *ref* se comporter ; **sich gut/schlecht ~** bien/mal se conduire.

Benehmen *das (ohne Pl)* comportement *m.*

beneiden *vt* envier ; **jn um etw ~** envier qqch à qqn.

beneidenswert <> *adj* **- 1.** [Person, Glück] enviable **- 2.** [Mut, Intelligenz] admirable <> *adv* admirablement.

Benelux-Länder *pl* pays *mpl* du Benelux.

benennen (*prät* **benannte** ; *perf* **hat benannt**) *vt* [Straße, Kind] : **jn/etw nach jm/etw ~** donner le nom de qqn/qqch à qqn/qqch.

Bengel (*pl* -) *der* garnement *m.*

benommen <> *adj* étourdi(e) <> *adv* : **~ dastehen** rester hébété(e).

benoten *vt* noter.

benötigen *vt* avoir besoin de.

benutzen, benützen *vt* **- 1.** [Gegenstand] utiliser ; [Treppe, Auto] prendre **- 2.** [Person] se servir de.

Benutzer, in (*mpl* **-** ; *fpl* **-nen**) *der, die* utilisateur *m,* -trice *f* ; [von Telefon, Verkehrsmitteln] usager *m.*

Benutzer|konto *das* EDV compte *m* utilisateur.

Benutzeroberfläche *die* EDV surface *f* utilisateur.

Benutzung *die (ohne Pl)* utilisation *f.*

Benzin (*pl* **-e**) *das* essence *f* ; **~ tanken** prendre de l'essence ; **bleifreies ~** essence sans plomb.

Benzin|kanister *der* bidon *m* d'essence.

beobachten *vt* **- 1.** [mit Augen] observer **- 2.** [bemerken] constater.

Beobachter, in (*mpl* **-** ; *fpl* **-nen**) *der, die* observateur *m,* -trice *f.*

Beobachtung (*pl* **-en**) *die* **- 1.** [mit Augen] observation *f* **- 2.** [von Tatsachen] constatation *f.*

bepackt *adj* chargé(e).

bequem <> *adj* **- 1.** [Kleidung, Sitzmöbel] confortable ; **es sich ~ machen** se mettre à l'aise **- 2.** [Person] indolent(e) <> *adv* confortablement.

Bequemlichkeit (*pl* **-en**) *die* **- 1.** [Komfort] confort *m* **- 2.** *(ohne Pl)* [von Personen] fainéantise *f.*

beraten (*präs* **berät** ; *prät* **beriet** ; *perf* **hat beraten**) <> *vt* [Person] conseiller <> *vi* délibérer ; **über etw** *(A)* **~** discuter de qqch. ◆ **sich beraten** *ref* : **sich mit jm ~** consulter qqn ; **sich mit jm über etw** *(A)* **~** s'entretenir de qqch avec qqn.

Berater, in (*mpl* **-** ; *fpl* **-nen**) *der, die* conseiller *m,* -ère *f.*

beratschlagen *vi* se concerter ; **über etw** *(A)* **~** concerter qqch.

Beratung (*pl* **-en**) *die* **- 1.** [juristisch, ärztlich] consultation *f* ; [durch Psychologen] aide *f* **- 2.** [im Ausschuss] délibération *f.*

Beratungs|stelle *die* centre *m* d'information.

berauben *vt* : **jn einer Sache** *(G)* **~** [von Gegenständen] dérober qqch à qqn ; [von Gefühlen] ôter qqch à qqn.

berauschend *adj* **- 1.** [Duft, Alkohol] grisant(e) **- 2.** [Schönheit] troublant(e).

berechenbar *adj* **- 1.** [mathematisch] mesurable **- 2.** [Reaktion] prévisible.

berechnen *vt* **- 1.** [ausrechnen] calculer

- **2.** [für Kunden] : **jm für eine Leistung 100 DM ~** facturer un service 100 DM à qqn.

berechnend *adj* calculateur(trice).

Berechnung (*pl* **-en**) *die* - **1.** [Rechnung] calcul *m ;* **aus ~** par calcul - **2.** *(ohne Pl)* [von Plan, Vorhaben] préparation *f* méthodique - **3.** *(ohne Pl)* [aus Egoismus] calcul *m.*

berechtigen *vt :* **etw berechtigt jn zu etw** qqch donne droit à qqn à qqch.

berechtigt *adj* justifié(e).

Berechtigung (*pl* **-en**) *die* - **1.** [gen] autorisation *f ;* [beruflich] habilitation *f* - **2.** [von Frage, Aussage] bien-fondé *m.*

bereden *vt* [besprechen] discuter de.

Bereich (*pl* **-e**) *der* - **1.** [Gegend] région *f* - **2.** [Aufgabe, Thema] domaine *m.*

bereichern *vt* enrichir. ◆ **sich bereichern** *ref* s'enrichir ; **sich an jm ~** s'enrichir sur le compte de qqn ; **sich an etw** *(D)* **~** s'enrichir en profitant de qqch.

Bereicherung (*pl* **-en**) *die* enrichissement *m.*

bereisen *vt* parcourir.

bereit <> *adj :* **(zu etw) ~ sein** être prêt(e) (à qqch) <> *adv :* **sich (zu etw) ~ erklären** se déclarer prêt(e) (à qqch) ; *siehe auch* **bereithaben.**

bereit|haben *vt* avoir à portée de main.

bereit|halten *vt (unreg)* garder à portée de main ; **etw für jn ~** tenir qqch à la disposition de qqn. ◆ **sich bereithalten** *ref :* **sich zu** ODER **für etw ~** se tenir prêt(e) pour qqch.

bereit|machen *vt* préparer. ◆ **sich bereitmachen** *ref* se préparer.

bereits *adv* déjà.

Bereitschaft *die* - **1.** [Wille] : **~, etw zu tun** disposition *f* à faire qqch - **2.** [Personal] personnel *m* de garde ; **~ haben** être de garde.

bereit|stehen *vi (unreg)* être prêt(e).

Bereit|stellung *die* mise *f* à disposition.

bereitwillig <> *adj* empressé(e) <> *adv* de bon cœur.

bereuen *vt* regretter ; [Verbrechen, Sünde] se repentir de.

Berg (*pl* **-e**) *der* montagne *f.* ◆ **Berge** *pl* montagne *f ;* **in die ~e fahren** aller à la montagne.

bergab *adv :* **~ fahren** ODER **laufen** descendre une côte ; **mit etw geht es ~** qqch est sur le déclin ; **mit jm geht es ~** qqn est sur une mauvaise pente.

bergan = **bergauf.**

bergauf, bergan *adv :* **~ fahren** ODER **laufen** monter une côte ; **mit jm/etw geht es ~** qqn/qqch remonte la pente.

Berg|bau *der* industrie *f* minière.

bergen (*präs* **birgt ;** *prät* **barg ;** *perf* **hat geborgen**) *vt* - **1.** [Person] porter secours à ; [Tote] dégager - **2.** [Gegenstand] enlever.

Berg|führer, in *der, die* guide *mf* de haute montagne.

Berg|hütte *die* chalet *m.*

bergig *adj* montagneux(euse).

Berg|mann (*pl* **-leute**) *der* mineur *m.*

Berg|steigen *das (ohne Pl)* alpinisme *m.*

Berg|steiger, in (*mpl* **- ;** *fpl* **-nen**) *der, die* alpiniste *mf.*

Bergung (*pl* **-en**) *die* [von Personen] sauvetage *m ;* [von Fahrzeugen] enlèvement *m ;* [von Toten] évacuation *f.*

Bergwacht *die (ohne Pl)* service *m* de sauvetage en montagne.

Berg|wandern *das (ohne Pl)* randonnée *f* en montagne.

Berg|werk *das* mine *f.*

Bericht (*pl* **-e**) *der* rapport *m ;* **über etw** *(A)* **~ erstatten** faire un rapport sur qqch.

berichten *vi* faire un rapport ; **von jm** ODER **über jn ~** parler de qqn ; **von etw** ODER **über etw** *(A)* **~** rendre compte de qqch.

berichten

Il m'a dit que… Er hat mir gesagt, dass …

Il m'a confié que… Er sagte mir ganz im Vertrauen, dass …

Selon la météo, il fera beau demain. Laut Wetterbericht wird es morgen schön.

D'après ce que j'ai entendu, ils viendront à trois. Sie sollen angeblich zu dritt kommen.

J'ai entendu dire que… Ich habe gehört, dass …

Berichterstattung (*pl* **-en**) *die* couverture *f (d'un événement).*

berichtigen *vt* corriger.

Berichtigung (*pl* **-en**) *die* correction *f.*

Berlin *nt* Berlin.

Berliner (*pl* **-**) <> *der* - **1.** [Person] Berlinois *m* - **2.** [Gebäck] *beignet fourré* <> *adj* de Berlin.

Berlinerin (*pl* **-nen**) *die* Berlinoise *f.*

berlinerisch *adj* berlinois(e).

Berliner Mauer *die (ohne Pl)* mur *m* de Berlin.

Berliner Philharmoniker *pl* orchestre *m* philharmonique de Berlin.

Bern *nt* Berne.

Berner (*pl* **-**) <> *der* Bernois *m* <> *adj* de Berne.

Bernerin (*pl* **-nen**) *die* Bernoise *f.*

Bern|stein *der (ohne Pl)* ambre *m.*

berüchtigt *adj* tristement célèbre ; **für**

ODER **wegen etw ~ sein** être bien connu(e) pour qqch.

berücksichtigen *vt* tenir compte de.

Beruf (*pl* **-e**) *der* profession *f* ; [nach Lehre] métier *m* ; **etw von ~ sein** [gen] exercer la profession de ; [nach Lehre] être qqch de métier.

berufen *adj* : **zu etw ~ sein** avoir la vocation de qqch. ◆ **sich berufen** *ref* : **sich auf jn ~** se recommander de qqn ; **sich auf etw** *(A)* **~** se référer à qqch.

beruflich ◇ *adj* professionnel(elle) ◇ *adv* pour raisons professionnelles.

Berufs|ausbildung *die* formation *f* professionnelle.

Berufs|beratung *die* orientation *f* professionnelle.

Berufs|leben *das (ohne Pl)* vie *f* professionnelle.

Berufs|schule *die* ≃ centre *m* de formation d'apprentis *(CFA)*.

Berufs|soldat *der* militaire *m* de carrière.

berufstätig *adj* actif(ive) ; **~ sein** être en activité, avoir une activité professionnelle.

Berufstätige (*pl* **-n**) *der, die* personne *f* en activité, actif *m* ; **die ~n** la population active.

Berufs|verkehr *der (ohne Pl)* trafic *m* aux heures de pointe.

Berufung (*pl* **-en**) *die* **- 1.** [zu einem Amt] nomination *f* **- 2.** [in andere Stadt] mutation *f* **- 3.** RECHT appel *m* ; **~ einlegen** faire appel **- 4.** [Begabung] vocation *f*.

beruhen *vi* : **auf etw** *(D)* **~** reposer sur qqch ; **etw auf sich** *(D)* **~ lassen** laisser qqch de côté.

beruhigen *vt* calmer. ◆ **sich beruhigen** *ref* se calmer.

beruhigen

Ne t'en fais pas, il reviendra. Mach dir nichts daraus, der kommt schon wieder.

Ne t'inquiète pas ! Nous serons de retour avant la nuit. Keine Angst, wir sind vor Mitternacht wieder zurück.

Mais si, ça ira. Doch, doch, das geht schon.

Soyez tranquille, tout ira bien. Machen Sie sich keine Gedanken, das klappt schon.

Ça s'arrangera, vous verrez. Das kommt alles wieder in Ordnung, ihr werdet sehen.

Beruhigung (*pl* **-en**) *die* [von Personen] apaisement *m*.

Beruhigungs|mittel *das* tranquillisant *m*.

berühmt *adj* célèbre ; **wegen** ODER **für etw ~ sein** être célèbre pour qqch.

Berühmtheit (*pl* **-en**) *die* célébrité *f*.

berühren *vt* toucher.

Berührung (*pl* **-en**) *die* contact *m* ; **mit jm/etw in ~ kommen** entrer en contact avec qqn/qqch.

bes. *abk für* **besonders.**

besagen *vt* vouloir dire ; **nichts ~** ne rien vouloir dire.

besänftigen *vt* [Person] apaiser.

Besatzung (*pl* **-en**) *die* **- 1.** [Personal] équipage *m* **- 2.** MIL occupation *f*.

beschädigen *vt* endommager.

Beschädigung (*pl* **-en**) *die* **- 1.** *(ohne Pl)* [Beschädigen] dégradation *f* **- 2.** [Schaden] dégâts *mpl*.

beschaffen ◇ *vt* : **jm etw ~** procurer qqch à qqn ◇ *adj* : **so ~ sein, dass** être à même de *(+infinitif)*.

Beschaffenheit *die (ohne Pl)* nature *f*, qualité *f*.

beschäftigen *vt* **- 1.** [Angestellte, Arbeiter] employer **- 2.** [Kinder, Kranke] occuper **- 3.** [Subj : Problem, Frage] préoccuper. ◆ **sich beschäftigen** *ref* : **sich mit Philosophie ~** se consacrer à la philosophie.

Beschäftigte (*pl* **-n**) *der, die* employé *m*, -e *f*.

Beschäftigung (*pl* **-en**) *die* **- 1.** [Tätigkeit] occupation *f*, activité *f* **- 2.** *(ohne Pl)* [in Betrieb] emploi *m* **- 3.** *(ohne Pl)* [Auseinandersetzung] : **~ mit etw** réflexion *f* sur qqch.

Bescheid (*pl* **-e**) *der* avis *m* ; **~ wissen** être au courant ; **jm ~ geben** ODER **sagen** [benachrichtigen] prévenir (qqn) ; *fam* [die Meinung sagen] dire son fait à qqn.

bescheiden ◇ *adj* **- 1.** [Mensch, Leben, Wohnung] modeste **- 2.** [Ergebnis, Leistung] médiocre ◇ *adv* simplement.

bescheinigen *vt* attester.

Bescheinigung (*pl* **-en**) *die* attestation *f*.

bescheißen (*prät* **beschiss** ; *perf* **hat beschissen**) *vt salopp* : **jn um zwei Euro ~** arnaquer qqn de deux euros.

Bescherung (*pl* **-en**) *die* remise *f* des cadeaux de Noël.

beschießen (*prät* **beschoss** ; *perf* **hat beschossen**) *vt* tirer sur.

beschimpfen *vt* insulter ; **jn als etw ~** traiter qqn de qqch.

Beschimpfung (*pl* **-en**) *die* insulte *f*.

beschissen ◇ *pp* ▷ **bescheißen** ◇ *adj salopp* [Situation, Wetter] pourri(e) ; [Job] nul (nulle).

beschlagen (*präs* **beschlägt** ; *prät* **beschlug** ; *perf* **hat/ist beschlagen**) ◇ *vt (hat)* ferrer <> *vi (ist)* se couvrir de buée <> *adj* [Glasscheibe] couvert(e) de buée.

beschlagnahmen *vt* saisir, confisquer.

beschleunigen <> *vt* accélérer ; [Abreise] précipiter <> *vi* accélérer.

Beschleunigung (*pl* **-en**) *die* accélération *f*.

beschließen (*prät* **beschloss ;** *perf* **hat beschlossen**) *vt* décider ; [Gesetz] arrêter ; [Vorhaben] adopter ; *geh* [beenden] finir, achever ; **~, etw zu tun** décider de faire qqch ; **etw mit etw ~** conclure qqch par qqch.

Beschluss (*pl* **Beschlüsse**) *der* décision *f* ; **einen ~ fassen** prendre une décision.

beschmutzen *vt* salir. ◆ **sich beschmutzen** *ref* se salir, se tacher.

beschränken *vt* limiter ; [Waren, Plätze] contingenter. ◆ **sich beschränken** *ref* : **sich auf etw** *(A)* **~** se limiter à qqch.

beschränkt *adj* **- 1.** *abw* [engstirnig - Ansichten] limité(e) ; [- Mensch] borné(e) **- 2.** [Verantwortung, Mittel] limité(e), réduit(e).

beschreiben (*prät* **beschrieb ;** *perf* **hat beschrieben**) *vt* **- 1.** [darstellen] décrire ; **den Weg ~** indiquer le chemin **- 2.** [Blatt, Seite] remplir.

Beschreibung (*pl* **-en**) *die* description *f* ; [von Menschen] portrait *m*.

beschriften *vt* [Brief] écrire l'adresse sur ; [Etikett] écrire sur.

beschuldigen *vt* accuser ; **jn einer Sache** *(G)* **~** accuser qqn de qqch.

Beschuldigung (*pl* **-en**) *die* accusation *f*.

beschützen *vt* protéger ; **jn vor jm/etw ~** protéger qqn de qqn/qqch.

Beschützer, in (*mpl* **- ;** *fpl* **-nen**) *der, die* protecteur *m*, -trice *f*.

Beschwerde (*pl* **-n**) *die* [Klage] plainte *f*, réclamation *f*. ◆ **Beschwerden** *pl* [Schmerzen] ennuis *mpl (de santé)*.

beschweren *vt* [Briefe, Papier] poser un presse-papier sur. ◆ **sich beschweren** *ref* [sich beklagen] se plaindre ; **sich über jn/etw ~** se plaindre de qqn/qqch.

beschwichtigen *vt* [Zorn, Wut] apaiser ; [Person] tranquilliser.

beschwindeln *vt* : **jn ~** monter un bateau à qqn, mener qqn en bateau.

beschwingt <> *adj* entraînant(e) <> *adv* avec entrain.

beschwipst *adj fam* éméché(e).

beschwören (*prät* **beschwor ;** *perf* **hat beschworen**) *vt* **- 1.** [beeiden] : **etw ~** affirmer qqch sous serment **- 2.** [bitten] : **jn ~, etw zu tun** exhorter qqn à faire qqch.

beseitigen *vt* **- 1.** [entfernen - Flecken, Schnee] enlever ; [- Spuren] effacer ; [- Ungerechtigkeit] lever ; [- Schwierigkeiten] aplanir **- 2.** [ermorden] éliminer.

Beseitigung (*pl* **-en**) *die* élimination *f*.

Besen (*pl* **-**) *der* balai *m*.

besessen <> *pp* ▷ **besitzen** <> *adj* [gen] possédé(e).

besetzen *vt* [gen] occuper.

besetzt *adj* occupé(e).

Besetzung (*pl* **-en**) *die* **- 1.** [Vergeben] : **~ eines Postens** nomination *f* à un poste **- 2.** [Team] distribution *f* **- 3.** [Eroberung] occupation *f*.

besichtigen *vt* visiter.

Besichtigung (*pl* **-en**) *die* visite *f (d'une ville, d'un monument)*.

besiegen *vt* vaincre.

Besiegte (*pl* **-n**) *der, die* vaincu *m*, -e *f*.

Besinnung *die (ohne Pl)* [Bewusstsein] : **die ~ verlieren** perdre connaissance.

Besitz *der (ohne Pl)* **- 1.** [Eigentum] propriété *f* **- 2.** [Besitzen] possession *f* ; [von Waffen] détention *f*.

besitzen (*prät* **besaß ;** *perf* **hat besessen**) *vt* posséder ; [Waffen] détenir.

Besitzer, in (*mpl* **- ;** *fpl* **-nen**) *der, die* propriétaire *mf* ; [von Fabrik] patron *m*, -onne *f*.

besondere, r, s *adj* particulier(ère), spécial(e) ; **im Besonderen** en particulier.

Besonderheit (*pl* **-en**) *die* caractéristique *f*.

besonders <> *adv* **- 1.** [vor allem] en particulier, particulièrement **- 2.** [sehr] particulièrement, très **- 3.** [gut] : **nicht ~** pas très bien <> *adj* : **nicht ~ sein** ne pas être génial(e) ODER fameux(euse).

besorgen *vt* [beschaffen] : **jm etw ~** procurer qqch à qqn ; **sich etw ~** se trouver qqch.

besorgt *adj* soucieux(euse) ; **um jn ~ sein** se faire du souci pour qqn.

Besorgung (*pl* **-en**) *die* [Einkäufe] course *f*, emplette *f*.

bespielen *vt* enregistrer.

bespitzeln *vt* espionner.

besprechen (*präs* **bespricht ;** *prät* **besprach ;** *perf* **hat besprochen**) *vt* [erörtern] : **etw mit jm ~** discuter de qqch avec qqn. ◆ **sich besprechen** *ref* se concerter.

Besprechung (*pl* **-en**) *die* **- 1.** [Beratung] réunion *f* ; **in einer ~ sein** être en réunion **- 2.** [Rezension] critique *f*.

bespritzen *vt* éclabousser.

besser <> *adj* **- 1.** [als Komparativ von gut] meilleur(e) **- 2.** [verbessert] amélioré(e) ; **~ gehen** aller mieux, se porter mieux **- 3.** [vornehm] bon (bonne) ; **die ~en Leute** les gens bien <> *adv* **- 1.** [als Komparativ von gut] mieux **- 2.** [lieber] : **du solltest ~ aufhören** tu ferais mieux d'arrêter.

Bessere (*pl* **-n**) *der, die, das* meilleur *m*, -e *f* ; **ich habe ~s zu tun** j'ai mieux à faire.

bessern *vt* améliorer. ◆ **sich bessern** *ref* s'améliorer.

Besserung *die (ohne Pl)* amélioration *f*. ◆ **gute Besserung!** *interj* bon rétablissement!

Bestand (*pl* **-stände**) *der* [Vorrat] stock *m*.

bestanden *pp* ▷ **bestehen.**

beständig ◇ *adj* **- 1.** [dauernd] perpétuel(elle), permanent(e) **- 2.** [gleich bleibend - Wetter] stable ; [- Freund, Mitarbeiter] fiable **- 3.** [widerstandsfähig] : **gegen etw ~ sein** être résistant(e) à qqch ◇ *adv* **- 1.** [dauernd] continuellement **- 2.** [arbeiten] avec constance.

Bestandsaufnahme *die* inventaire *m*.

Bestandteil *der* élément *m*.

bestätigen *vt* confirmer. ◆ **sich bestätigen** *ref* se confirmer.

bestätigen

Je t'assure que tu ne me déranges pas. Du störst mich ganz bestimmt nicht.
Bien sûr que c'est possible. Natürlich geht das.
C'est sûr et certain. Das ist ganz sicher.
Je suis à cent pour cent sûr de te l'avoir envoyé. Ich bin hundertprozentig sicher, dass ich es dir geschickt habe.
Il n'y a pas l'ombre d'un doute. Daran gibt es nicht den geringsten Zweifel.

Bestätigung (*pl* **-en**) *die* confirmation *f*.

beste, r, s ◇ *adj* meilleur(e) ◇ *adv* mieux ; **am ~n** le mieux.

Beste (*pl* **-n**) *der, die, das* meilleur *m*, -e *f* ; **das ~ aus etw machen** *fig* faire ce que l'on peut de qqch ; : **es steht nicht zum ~n mit jm/etw** qqn/qqch n'est pas au mieux ; **etw zum ~n geben** [Anekdote] raconter qqch *(en société)* ; **jn zum ~n halten** se payer la tête de qqn.

bestechen (*präs* **besticht** ; *prät* **bestach** ; *perf* **hat bestochen**) ◇ *vt* corrompre ◇ *vi* : **durch etw ~** séduire par qqch.

bestechlich *adj* corruptible.

Besteck (*pl* **-e**) *das* [Essbesteck] couverts *mpl*.

bestehen (*prät* **bestand** ; *perf* **hat bestanden**) ◇ *vi* **- 1.** [existieren] exister **- 2.** [sich zusammensetzen] : **aus etw ~** se composer de qqch **- 3.** [beinhalten] : **in etw** *(D)* **~** consister dans ODER en qqch **- 4.** [beharren] : **auf etw** *(D)* **~** ne pas démordre de qqch ◇ *vt* réussir.

bestehen bleiben *vi (unreg)* **- 1.** [übrig bleiben] subsister **- 2.** [erhalten bleiben] maintenir.

bestellen ◇ *vt* **- 1.** [anfordern] commander **- 2.** [reservieren] réserver, retenir **- 3.** [Person] convoquer **- 4.** [ausrichten] : **einer Person etw von jm ~** transmettre qqch à une personne de la part de qqn ◇ *vi* commander, passer commande.

Bestellung (*pl* **-en**) *die* **- 1.** [von Waren] commande *f* **- 2.** [Reservierung] réservation *f*. ◆ **auf Bestellung** *adv* sur commande.

bestenfalls *adv* dans le meilleur des cas, au mieux.

bestens *adv* très bien.

bestialisch ◇ *adj abw* [grausam] bestial(e) ◇ *adv abw* [grausam] de manière bestiale ODER brutale.

Bestie (*pl* **-n**) *die* [Raubtier] bête *f* féroce.

bestimmbar *adj* définissable.

bestimmen ◇ *vt* **- 1.** [Preis, Termin] fixer **- 2.** [vorsehen] : **für jn/etw bestimmt sein** être destiné(e) à qqn/qqch **- 3.** [ermitteln, prägen] déterminer ◇ *vi* **- 1.** [entscheiden] décider **- 2.** [verfügen] : **über jn/etw ~** disposer de qqn/qqch.

bestimmt ◇ *adj* **- 1.** [gewiss] (bien) précis(e) **- 2.** [festgelegt] fixé(e) **- 3.** [entschieden] déterminé(e) ◇ *adv* **- 1.** [entschieden] avec détermination **- 2.** [sicher] sûrement, certainement.

Bestimmtheit *die (ohne Pl)* assurance *f*. ◆ **mit Bestimmtheit** *adv* **- 1.** [sagen, wissen] avec certitude **- 2.** [ablehnen] sans hésitation.

Bestimmung (*pl* **-en**) *die* **- 1.** *(ohne Pl)* [von Preis, Frist etc.] fixation *f* **- 2.** [Vorschrift] disposition *f* **- 3.** *(ohne Pl)* [Zweck] destination *f* *(d'un objet)* **- 4.** [Definition] définition *f*.

Bestleistung *die* SPORT meilleure performance *f*, record *m*.

Best.-Nr. (*abk für* **Bestellnummer**) numéro *m* de référence.

bestrafen *vt* punir ; **jn für etw ~** punir qqn pour qqch.

Bestrafung (*pl* **-en**) *die* **- 1.** [Bestrafen] punition *f* **- 2.** [Strafe] peine *f*.

bestreiten (*prät* **bestritt** ; *perf* **hat bestritten**) *vt* **- 1.** [leugnen] contester **- 2.** [finanzieren] payer **- 3.** [gestalten] assumer.

bestürmen *vt* **- 1.** [angreifen] prendre d'assaut **- 2.** [bedrängen] : **jn mit etw ~** assaillir qqn de qqch.

bestürzt ◇ *adj* : **über etw** *(A)* **~ sein** être consterné(e) par qqch ◇ *adv* avec consternation.

Bestzeit *die* SPORT record *m*, meilleur temps *m*.

Besuch (*pl* **-e**) *der* **- 1.** [Besuchen] visite *f* ; [von Schule] fréquentation *f* ; **jm einen**

~ **machen** rendre visite à qqn ; **bei jm zu ~ sein** être en visite chez qqn - **2.** [Gast] invité *m*, -e *f* ; ~ **haben** avoir des invités ODER de la visite.

besuchen *vt* - **1.** [Mensch] rendre visite à - **2.** [Institution, Veranstaltung] aller à.

Besucher, in (*mpl* - ; *fpl* **-nen**) *der, die* visiteur *m*, -euse *f*.

besucht *adj* : **gut/schlecht** ~ très/peu fréquenté(e).

betätigen *vt* actionner. ◆ **sich betätigen** *ref* : **sich politisch** ~ avoir une activité politique.

betäuben *vt* MED anesthésier.

beteiligen *vt* : **jn an etw** *(D)* ~ faire participer qqn à qqch. ◆ **sich beteiligen** *ref* : **sich an etw** *(D)* ~ participer ODER prendre part à qqch.

Beteiligung (*pl* **-en**) *die* : ~ **an etw** *(D)* participation *f* à qqch.

beten ◇ *vi* prier ◇ *vt* réciter.

beteuern *vt* affirmer.

Beton [be'tɔŋ] (*pl* **-s** ODER **-e**) *der* béton *m*.

betonen *vt* - **1.** [Wort, Silbe] accentuer - **2.** [hervorheben] souligner.

Betonung (*pl* **-en**) *die* - **1.** [von Wörtern, Silben] accentuation *f* - **2.** [Hervorhebung] : **die ~ von etw** l'accent *m* mis sur qqch.

betr. *abk für* **betreffend.**

Betracht *(ohne Artikel)* ◆ **in Betracht** *adv* : **jn/etw in ~ ziehen** prendre qqn/qqch en considération. ◆ **außer Betracht** *adv* : **etw außer ~ lassen** ne pas tenir compte de qqch, ne pas prendre qqch en considération.

betrachten *vt* - **1.** [ansehen] contempler, regarder - **2.** [beurteilen] : **jn/etw ~ als** considérer qqn/qqch comme. ◆ **sich betrachten** *ref* se regarder.

Betrachter, in (*mpl* - ; *fpl* **-nen**) *der, die* observateur *m*, -trice *f*.

beträchtlich ◇ *adj* important(e), considérable ◇ *adv* considérablement.

Betrachtung (*pl* **-en**) *die* - **1.** *(ohne Pl)* [Betrachten] contemplation *f* - **2.** [Überlegung] considération *f*.

Betrag (*pl* **Beträge**) *der* montant *m*, somme *f* d'argent.

betragen (*präs* **beträgt** ; *prät* **betrug** ; *perf* **hat betragen**) *vi* [Preis, Miete] s'élever à ; [Entfernung, Temperatur] être de. ◆ **sich betragen** *ref* : **sich gut/schlecht** ~ se conduire bien/mal.

Betragen *das (ohne Pl)* conduite *f*, attitude *f*.

betreffen (*präs* **betrifft** ; *prät* **betraf** ; *perf* **hat betroffen**) *vt* concerner ; **was mich betrifft** en ce qui me concerne.

betreffend *adj* en question.

Betreffende (*pl* **-n**) *der, die* intéressé *m*, -e *f*, personne *f* concernée.

betreiben (*prät* **betrieb** ; *perf* **hat betrieben**) *vt* - **1.** [Forschungen, Studien] faire - **2.** [führen] exercer - **3.** [antreiben] : **mit etw betrieben werden** fonctionner à qqch.

betreten[1] (*präs* **betritt** ; *prät* **betrat** ; *perf* **hat betreten**) *vt* entrer dans ; [Rasen] marcher sur. ◆ **Betreten** *das (ohne Pl)* accès *m* ; '**Betreten verboten**' 'Entrée interdite', 'Défense d'entrer'.

betreten[2] ◇ *adj* embarrassé(e) ◇ *adv* avec embarras ODER gêne.

betreuen *vt* s'occuper de.

Betreuer, in (*mpl* - ; *fpl* **-nen**) *der, die* [von Kindern] animateur *m*, -trice *f* ; [von Touristen] accompagnateur *m*, -trice *f* ; [von Sportlern] entraîneur *m*.

Betreuung *die (ohne Pl)* : **ärztliche** ~ surveillance *f* médicale.

Betrieb (*pl* **-e**) *der* - **1.** [Unternehmen] entreprise *f* - **2.** *(ohne Pl)* [Treiben, Verkehr] : **es ist** ODER **herrscht viel** ~ il y a foule. ◆ **in Betrieb** *adv* : **in ~ sein** [eingeschaltet] être en marche ; [funktionstüchtig] être en service. ◆ **außer Betrieb** *adv* hors service.

betriebsam *adj* affairé(e).

Betriebs|rat *der* ≃ comité *m* d'entreprise.

Betriebs|unfall *der* accident *m* du travail.

Betriebs|wirtschaft *die* gestion *f* des entreprises, micro-économie *f*.

betrinken (*prät* **betrank** ; *perf* **hat betrunken**) ◆ **sich betrinken** *ref* s'enivrer.

betroffen ◇ *pp* ▷ **betreffen** ◇ *adj* - **1.** [gerührt] consterné(e) - **2.** [nicht verschont] : **von etw ~ sein** être concerné(e) par qqch ◇ *adv* avec consternation.

betrübt *adj* [Gesicht] soucieux(euse) ; [Stimmung] triste ; [Person] : **über etw** *(A)* ~ **sein** être attristé(e) par qqch.

Betrug *der (ohne Pl)* escroquerie *f* ; RECHT fraude *f*.

betrügen (*prät* **betrog** ; *perf* **hat betrogen**) *vt* & *vi* tromper.

Betrüger (*pl* -) *der* escroc *m*.

Betrügerei (*pl* **-en**) *die* tromperie *f* ; RECHT fraude *f*.

Betrügerin (*pl* **-nen**) *die* escroc *m*.

betrunken ◇ *pp* ▷ **betrinken** ◇ *adj* ivre, soûl(e).

Bett (*pl* **-en**) *das* - **1.** [gen] lit *m* ; **ins** ODER **zu ~ gehen** aller au lit ODER se coucher ; **das ~ machen** faire le lit - **2.** [Federbett] couette *f*.

Bett|decke *die* couverture *f*.

betteln *vi* mendier ; **um etw** ~ quémander qqch.

betten *vt :* **jn auf etw** *(A)* ~ coucher qqn sur qqch.
Bettler, in (*mpl* - ; *fpl* **-nen**) *der, die* mendiant *m*, -e *f.*
Betttuch (*pl* **-tücher**) *das* drap *m.*
Bett|wäsche *die* linge *m* de lit.
Bett|zeug *das (ohne Pl)* draps *mpl*, couette *f* et oreiller *m.*
beugen *vt* [biegen] courber. ◆ **sich beugen** *ref* - **1.** [sich lehnen] se pencher - **2.** [sich unterwerfen] : **sich einer Sache** *(D)* ~ se plier à qqch.
Beule (*pl* **-n**) *die* bosse *f.*
beunruhigen [bəˈ|ʊnruːɪgn̩] *vt* inquiéter ; **über etw** *(A)* **beunruhigt sein** être inquiet(ète) de qqch. ◆ **sich beunruhigen** *ref* s'inquiéter.
beurlauben [bəˈ|uːɐ̯laubn̩] *vt* [von Unterricht, Arbeit] donner congé à ; [vom Dienst] suspendre.
beurteilen [bə|uːɐ̯tailn̩] *vt* juger.
Beurteilung [bə|uːɐ̯tailʊŋ] (*pl* **-en**) *die* appréciation *f.*
Beute *die (ohne Pl)* proie *f.*
Beutel (*pl* -) *der* [Sack] sac *m ;* [aus Plastik] sachet *m.*
bevölkern *vt* - **1.** [bewohnen] peupler - **2.** [füllen] envahir. ◆ **sich bevölkern** *ref* se remplir (de monde).
Bevölkerung (*pl* **-en**) *die* population *f.*
bevollmächtigen *vt* donner procuration à.
Bevollmächtigung (*pl* **-en**) *die* procuration *f.*
bevor *konj* avant que *(+ subjonctif).*
bevor|stehen *vi (unreg)* être imminent(e).
bevorzugen *vt* - **1.** [vorziehen] : **etw einer Sache** *(D)* ~ préférer qqch à qqch - **2.** [bevorzugt behandeln] favoriser.
bewachen *vt* garder.
Bewacher, in (*mpl* - ; *fpl* **-nen**) *der, die* gardien *m*, -enne *f.*
bewaffnen *vt* armer. ◆ **sich bewaffnen** *ref :* **sich (mit etw)** ~ s'armer (de qqch).
Bewaffnung (*pl* **-en**) *die* armement *m.*
bewahren *vt* - **1.** [Person] : **jn vor etw** *(D)* ~ préserver qqn de qqch - **2.** [Ruhe] garder.
bewähren ◆ **sich bewähren** *ref* faire ses preuves.
bewahrheiten ◆ **sich bewahrheiten** *ref* s'avérer juste.
Bewährung (*pl* **-en**) *die* RECHT : **auf** ODER **zur** ODER **mit** ~ avec sursis.
bewaldet *adj* boisé(e).
bewältigen *vt* [Vergangenheit, Problem] surmonter ; [Arbeit] venir à bout de.
bewässern *vt* irriguer.
bewegen[1] (*prät* **bewegte** ; *perf* **hat bewegt**) *vt (reg)* - **1.** [Körperteil, Gegenstand] bouger - **2.** [rühren] toucher. ◆ **sich bewegen** *ref* [äußerlich] bouger.
bewegen[2] (*prät* **bewog** ; *perf* **hat bewogen**) *vt* **jn zu etw** ~ inciter qqn à qqc.
beweglich *adj* - **1.** [Teil] mobile - **2.** [Person, Turner] souple - **3.** [geistig] vif (vive).
bewegt *adj* - **1.** [Leben, Meer] agité(e) - **2.** [Stimme, Worte] ému(e).
Bewegung (*pl* **-en**) *die* - **1.** [von Körperteil, Gegenstand, politisch] mouvement *m ;* **etw in ~ setzen** mettre qqch en branle ; **sich in ~ setzen** [Auto, Zug] démarrer - **2.** [im Freien] exercice *m.*
Bewegungs|freiheit *die (ohne Pl) fig* liberté *f* d'action.
bewegungslos ◇ *adj* immobile ◇ *adv* sans bouger.
Beweis (*pl* **-e**) *der* preuve *f.*
beweisen (*prät* **bewies** ; *perf* **hat bewiesen**) *vt* prouver.
bewerben (*präs* **bewirbt** ; *prät* **bewarb** ; *perf* **hat beworben**) ◆ **sich bewerben** *ref :* **(sich um etw)** ~ postuler (pour qqch).
Bewerber, in (*mpl* - ; *fpl* **-nen**) *der, die* candidat *m*, -e *f.*
Bewerbung (*pl* **-en**) *die* candidature *f.*
bewerfen (*präs* **bewirft** ; *prät* **bewarf** ; *perf* **hat beworfen**) *vt :* **jn/etw mit etw** ~ bombarder qqn/qqch de qqch.
bewerten *vt* évaluer.
bewilligen *vt* accorder.
bewirken *vt* - **1.** [Subj : Person] provoquer - **2.** [Subj : Maßnahme] amener.
bewohnen *vt* habiter.
Bewohner, in (*mpl* - ; *fpl* **-nen**) *der, die* habitant *m*, -e *f.*
bewölkt *adj* couvert(e).
Bewölkung *die (ohne Pl)* nuages *mpl.*
bewundern *vt* admirer.
Bewunderung *die (ohne Pl)* admiration *f.*
bewusst ◇ *adj* - **1.** [mit Absicht] délibéré(e) - **2.** [mit Überlegung] conscient(e) ; **sich** *(D)* **einer Sache** *(G)* ~ **sein** être conscient de qqch ◇ *adv* [absichtlich] sciemment.
bewusstlos *adj* sans connaissance.
Bewusstlosigkeit *die (ohne Pl)* inconscience *f.*
Bewusstsein *das (ohne Pl)* conscience *f ;* **das ~ verlieren** perdre connaissance.
bezahlen *vt & vi* payer.
bezahlt *adj* payé(e).
Bezahlung *die (ohne Pl)* - **1.** [von Ware, Rechnung] paiement *m* - **2.** [Entgelt] rémunération *f.*
bezeichnen *vt* désigner ; **jn/etw als etw** ~ traiter qqn/qqch de qqch.

bezeichnend *adj* caractéristique.
Bezeichnung (*pl* **-en**) *die* **- 1.** [Benennung] désignation *f* **- 2.** *(ohne Pl)* [Markierung] marquage *m*.
beziehen (*prät* **bezog** ; *perf* **hat bezogen**) *vt* **- 1.** [überziehen] : **etw mit etw ~** couvrir qqch de qqch **- 2.** [Bett] changer les draps **- 3.** [Wohnraum] : **ein Haus ~** emménager dans une maison **- 4.** [Zeitung, Waren] recevoir *(régulièrement)* **- 5.** [anwenden] : **etw auf sich/jn ~** rapporter qqch à soi/qqn. ◆ **sich beziehen** *ref* **- 1.** [angewendet werden] : **sich auf jn/etw ~** concerner qqn/qqch **- 2.** [sich berufen] : **sich auf etw** *(A)* **~** faire référence à qqch **- 3.** [sich bewölken] : **der Himmel bezieht sich** le ciel se couvre.
Beziehung (*pl* **-en**) *die* **- 1.** [mit Personen, Staaten] relation *f* **- 2.** [Zusammenhang] rapport *m* **- 3.** [Hinsicht] : **in dieser ~** sur ce plan, à cet égard.
beziehungsweise *konj* **- 1.** [genauer gesagt] plus précisément **- 2.** [oder] ou **- 3.** [jeweils] respectivement.
Bezirk (*pl* **-e**) *der* [geographisch] secteur *m* ; [Verwaltungsbezirk] circonscription *f*.
Bezug (*pl* **Bezüge**) *der* [für Decke, Kissen] housse *f*. ◆ **Bezüge** *pl* revenus *mpl*.
Bezugs|person *die* modèle *m*, référence *f*.
bezwecken *vt* : **etw (mit etw) ~** viser qqch (avec qqch).
bezweifeln *vt* douter de.
BGB (*abk für* **Bürgerliches Gesetzbuch**) *das (ohne Pl) code civil allemand.*
BGS *der (ohne Pl) abk für* **Bundesgrenzschutz.**
BH (*pl* **-s**) *der abk für* **Büstenhalter.**
Bhf. *abk für* **Bahnhof.**
Bibel (*pl* **-n**) *die* Bible *f*.
Biber (*pl* **-**) *der* [Tier] castor *m*.
Bibliothek (*pl* **-en**) *die* bibliothèque *f*.
biegen (*prät* **bog** ; *perf* **hat gebogen**) ◇ *vt* courber ◇ *vi* tourner. ◆ **sich biegen** *ref* plier.
Biegung (*pl* **-en**) *die* tournant *m*.
Biene (*pl* **-n**) *die* abeille *f*.
Bier (*pl* **-e**) *das* bière *f*.
Bier|dose *die* canette *f* de bière *(boîte)*.
Bier|garten *der jardin ou terrasse où l'on consomme de la bière.*
Bier|glas *das* verre *m* à bière.
bieten (*prät* **bot** ; *perf* **hat geboten**) *vt* **- 1.** [anbieten] : **(jm) etw ~** offrir qqch à (qqn) ; [Subj : Person] proposer qqch (à qqn) **- 2.** [Anblick] présenter **- 3.** [gefallen] : **sich etw nicht ~ lassen** ne pas tolérer qqch. ◆ **sich bieten** *ref* : **sich jm ~** s'offrir à qqn.
Bilanz (*pl* **-en**) *die* bilan *m*.
Bild (*pl* **-er**) *das* **- 1.** [Abbild] image *f* ; [Gemälde] tableau *m* ; [Foto] photographie *f* **- 2.** [Anblick] spectacle *m* ; **sich ein ~ von jm/etw machen** se faire une idée de qqn/qqch.
bilden ◇ *vt* [gen] former ◇ *vi* instruire. ◆ **sich bilden** *ref* **- 1.** [sich formen] se former **- 2.** [sich informieren] s'instruire.
Bilder|buch *das* livre *m* d'images.
Bild|hauer, in (*mpl* **-** ; *fpl* **-nen**) *der, die* sculpteur *m*.
bildlich ◇ *adj* imagé(e) ◇ *adv* de façon imagée.
Bild|schirm *der* écran *m*.
Bildschirmschoner (*pl* **-**) *der* EDV économiseur *m* d'écran.
Bildung *die (ohne Pl)* formation *f*.
Bildungs|politik *die* politique *f* en matière d'éducation.
Bildungs|weg *der* : **der zweite ~** *formation pour obtenir le baccalauréat ou un autre diplôme après avoir interrompu le cursus scolaire normal.*
Bild|zeitung *die journal à sensation ayant le plus gros tirage de la presse allemande.*
Billard ['bɪljart] *das* billard *m*.
billig ◇ *adj* **- 1.** [gen] bon marché **- 2.** *abw* [Vergnügen, Ausrede] facile ◇ *adv* à bon marché.
Billig|angebot *das* offre *f* exceptionnelle.
Billiglohn|land *das* pays *m* à faible coûts salariaux.
bimmeln *vi* [Klingel, Glocke] tinter ; [Wecker] sonner.
bin *präs* ▷ **sein.**
Binde (*pl* **-n**) *die* **- 1.** [aus Stoff] bande *f* ; [Verband] bandage *m* ; [für Augen] bandeau *m* **- 2.** [Damenbinde] serviette *f* hygiénique.
Bindehaut|entzündung *die* conjonctivite *f*.
Binde|mittel *das* liant *m*.
binden (*prät* **band** ; *perf* **hat gebunden**) ◇ *vt* **- 1.** [mit Seil, Faden] attacher **- 2.** [Schnürsenkel, Krawatte] nouer **- 3.** [Buch, Heft] relier ◇ *vi* lier. ◆ **sich binden** *ref* se lier.
Binde|strich *der* trait *m* d'union.
Bind|faden *der* ficelle *f*.
Bindung (*pl* **-en**) *die* **- 1.** [emotional] lien *m* **- 2.** [von Skiern] fixation *f*.
Binnen|markt *der* marché *m* intérieur.
Bio|chemie *die* biochimie *f*.
Bio|kost *die* produits *mpl* biologiques ODER naturels.
Biologe (*pl* **-n**) *der* biologiste *m*.
Biologie *die (ohne Pl)* biologie *f*.
Biologin (*pl* **-nen**) *die* biologiste *f*.
biologisch *adj* biologique.
BIP (*abk für* **Bruttoinlandsprodukt**) *das (ohne Pl)* PIB *m*.
birgt *präs* ▷ **bergen.**
Birke (*pl* **-n**) *die* bouleau *m*.

Birn|baum *der* poirier *m.*

Birne (*pl* **-n**) *die* **- 1.** [Frucht] poire *f* **- 2.** [Glühbirne] ampoule *f.*

bis ◇ *präp (+ A)* **- 1.** [zeitlich, räumlich] jusqu'à ; **~ heute** jusqu'à présent ; **~ wann?** jusqu'à quand? ; **~ morgen/Sonntag/demnächst/später!** à demain/dimanche/bientôt/plus tard! ; **~ Frankfurt** jusqu'à Francfort ; **~ Österreich** jusqu'en Autriche ; **~ wo?** jusqu'où? **- 2.** [zwischen] ou, à ; **sieben ~ acht Tage** sept à huit jours ◇ *konj* jusqu'à ce que ; **warte, ~ ich komme** attends que je vienne ; **~ du fertig bist, ...** avant que ODER en attendant que tu aies fini, ... ◆ **bis auf** *präp* à part. ◆ **bis zu** *präp* jusqu'à.

Bischof (*pl* **Bischöfe**) *der* évêque *m.*

bischöflich *adj* épiscopal(e).

bisher *adv* **- 1.** [bis jetzt] jusqu'ici **- 2.** [noch] pour l'instant.

bisherig *adj* **- 1.** [ehemalig] ancien(enne) **- 2.** [bisher gewesen] : **seine ~e Stellung** le poste qu'il a occupé jusqu'à maintenant.

Biskaya *die* golfe *m* de Gascogne.

bislang *adv* **- 1.** [bisher] jusqu'à présent **- 2.** [noch] pour l'instant.

Bison (*pl* **-s**) *der* bison *m.*

biss *prät* ▷ **beißen.**

Biss (*pl* **-e**) *der* [von Tier, Insekt] morsure *f.*

bisschen *adj* [wenig] peu de. ◆ **ein bisschen** ◇ *adj* [etwas] un peu de ◇ *adv* [ein wenig] un peu. ◆ **kein bisschen** ◇ *adj* pas du tout de ◇ *adv* pas du tout.

Bissen (*pl* **-**) *der* bouchée *f.*

bissig *adj* **- 1.** [Tier] méchant(e) **- 2.** [Bemerkung, Antwort] mordant(e).

bist *präs* ▷ **sein.**

Bistum (*pl* **-tümer**) *das* évêché *m.*

bitte ◇ *adv* [als Bitte] s'il te plaît, s'il vous plaît ; **wie ~?** comment? ◇ *interj* **- 1.** [gen] je t'en prie, je vous en prie ; **~ sehr** ODER **schön!** [Antwort auf einen Dank] je t'en prie, je vous en prie ; [im Laden] je peux vous aider?, vous désirez? **- 2.** [am Telefon] : **ja ~** allo, oui **- 3.** *RW :* **na ~!** alors, tu vois ODER vous voyez!

bitte

En Allemagne, on utilise **bitte** avant de demander un service à quelqu'un mais aussi en réponse à **danke** au sens de « je vous en prie ». Ainsi on peut imaginer le dialogue suivant :

Kann ich bitte telefonieren? « Est-ce que je peux téléphoner ? »

Aber natürlich! « Mais naturellement ! »

Danke. « Merci ».

Bitte sehr. « Je vous en prie. »

Bitte (*pl* **-n**) *die* requête *f*, prière *f* ; **ich habe eine ~ an dich** j'ai quelque chose à te demander ; **eine ~ um etw** une demande de qqch.

bitten (*prät* **bat** ; *perf* **hat gebeten**) ◇ *vt* [höflich auffordern] prier ; **jn um etw ~** demander qqch à qqn ◇ *vi* [Bitte aussprechen] : **um etw ~** demander qqch.

bitten

Tu peux m'aider ? Kannst du mir helfen?

J'aurais besoin de ton aide. Ich bräuchte deine Hilfe.

Ce serait bien si vous pouviez m'aider. Es wäre schön, wenn Sie mir helfen könnten.

Puis-je téléphoner ? Kann ich bitte telefonieren?

Tu permets que je passe un coup de fil ? Hast du etwas dagegen, wenn ich mal telefoniere?

Je peux téléphoner ? Kann ich mal telefonieren?

bitter ◇ *adj* **- 1.** [Geschmack, Enttäuschung, Vorwurf] amer(ère) **- 2.** [Armut, Unrecht] extrême **- 3.** [Kälte] mordant(e) **- 4.** [Ironie] acerbe ◇ *adv* **- 1.** [schmecken] : **~ schmecken** avoir un goût amer **- 2.** [bereuen, beklagen, enttäuscht sein] amèrement.

Bitterkeit *die (ohne Pl)* amertume *f.*

Biwak (*pl* **-s** ODER **-e**) *das* bivouac *m.*

Bizeps (*pl* **-e**) *der* biceps *m.*

BKA (*abk für* **Bundeskriminalamt**) *das (ohne Pl) office fédéral des affaires criminelles,* ≃ PJ *f.*

Blähung ◆ **Blähungen** *pl* : **~en haben** avoir des gaz.

Blamage [bla'maːʒə] (*pl* **-n**) *die* honte *f.*

blamieren *vt* ridiculiser. ◆ **sich blamieren** *ref* se ridiculiser.

blamieren

L'allemand **blamieren** correspond au français « ridiculiser » et non à la traduction « blâmer ».

Ainsi, on traduira la phrase **Er hat sich vor allen Leuten blamiert** par « Il s'est ridiculisé devant tout le monde ».

Le français « blâmer » correspond à l'allemand **tadeln**, comme on peut le voir dans la phrase suivante « On ne peut pas le blâmer » que l'on traduira par **Dafür darf man ihn nicht tadeln**.

blank *adj* **- 1.** [Schuhe, Boden, Münze] brillant(e) **- 2.** [Neid, Unsinn] pur(e).

Blase (*pl* **-n**) *die* **- 1.** [auf der Haut] ampoule *f* - **2.** [Luftblase] bulle *f* - **3.** [Harnblase] vessie *f*.

Blasebalg (*pl* **-bälge**) *der* soufflet *m*.

blasen (*präs* **bläst** ; *prät* **blies** ; *perf* **hat geblasen**) <> *vt* - **1.** [pusten] souffler sur - **2.** [Trompete, Posaune] jouer de <> *vi* souffler.

Blas|instrument *das* instrument *m* à vent.

Blas|kapelle *die* fanfare *f*, orchestre *m* de cuivres.

blass (*komp* **blasser** ODER **blässer** ; *superl* **blasseste** ODER **blässeste**) *adj* - **1.** [Haut, Farbe] pâle - **2.** [Erinnerung, Hoffnung] vague.

Blässe *die (ohne Pl)* pâleur *f*.

bläst *präs* ▷ **blasen.**

Blatt (*pl* **Blätter**) *das* - **1.** [von Pflanze, aus Papier] feuille *f* - **2.** [Zeitung] journal *m*.

blättern (*perf* **hat/ist geblättert**) <> *vi* - **1.** *(hat)* [in Buch, Heft] : **in etw** *(D)* **~** feuilleter qqch - **2.** *(ist)* [abblättern] s'écailler <> *vt (hat)* [Scheine, Karten] étaler.

Blätter|teig *der* pâte *f* feuilletée.

blau (*komp* **blauer** ; *superl* **blau(e)ste**) *adj* - **1.** [Farbe] bleu(e) - **2.** [geschwänzt] : **er hat einen ~en Montag gemacht** il a prolongé son week-end d'une journée - **3.** *RW :* **~ sein** *fam* être soûl(e).

Blau *das (ohne Pl)* [Farbe] bleu *m*.

blauäugig *adj* - **1.** [Augen] aux yeux bleus - **2.** [naiv - Person] crédule ; [- Verhalten] naïf(ïve).

Blau|beere *die* myrtille *f*.

Blaue (*pl* **-n**) *das* - **1.** *(ohne Pl)* [Farbe] bleu *m* - **2.** *(ohne Pl)* [Unbekannte] : **ins ~** [Ausflug, Fahrt] sans but précis ; [fahren] à l'aventure ; [reden] dans le vague.

Blau|helm *der* casque *m* bleu.

bläulich *adj* [Farbe] bleuâtre.

Blau|licht *das* [Signal] gyrophare *m*.

blau|machen *vi fam* [schwänzen] se faire porter malade.

Blazer ['ble:zɐ] (*pl* **-**) *der* [Jackett] blazer *m*.

Blech (*pl* **-e**) *das* - **1.** [Metall] tôle *f* - **2.** [zum Backen] plaque *f (de four)*.

blechen *vt & vi fam* [bezahlen] casquer.

Blech|instrument *das* instrument *m* de cuivre ; **~e** cuivres *mpl*.

Blech|schaden *der* dégâts *mpl* matériels.

Blei *das* [Metall] plomb *m*.

Bleibe (*pl* **-n**) *die* gîte *m*.

bleiben (*prät* **blieb** ; *perf* **ist geblieben**) *vi* rester ; **wo bleibst du denn so lange?** mais qu'est-ce que tu fabriques? ; **bei etw ~** s'en tenir à qqch ; **das bleibt unter uns** *fig* cela reste entre nous.

bleibend *adj* durable.

bleiben lassen *vt (unreg)* laisser tomber.

bleich *adj* pâle.

bleifrei *adj* sans plomb.

Blei|stift *der* crayon *m*.

Bleistiftspitzer (*pl* **-**) *der* taille-crayon *m*.

Blende (*pl* **-n**) *die* FOTO diaphragme *m*.

blenden <> *vt* [blind machen - durch Licht] éblouir ; [- als Strafe] crever les yeux <> *vi* [Licht] être aveuglant(e).

blendend <> *adj* éblouissant(e) <> *adv* à merveille.

Blick (*pl* **-e**) *der* - **1.** [der Augen, Urteil] regard *m* ; **den ~ senken** baisser les yeux - **2.** [Aussicht] vue *f* ; **jn/etw keines ~es würdigen** ignorer qqn/qqch.

blicken *vi* [schauen] regarder ; **sich ~ lassen** se montrer.

Blick|punkt *der* : **im allgemeinen ~** sous les feux de l'actualité.

blieb *prät* ▷ **bleiben.**

blies *prät* ▷ **blasen.**

blind <> *adj* - **1.** [gen] aveugle ; **~ für etw sein** être aveugle à qqch - **2.** ▷ **Passagier** - **3.** ▷ **Alarm** - **4.** [Spiegel, Glas] terne <> *adv* - **1.** [ohne hinzusehen] sans regarder ; [vorangehen] à l'aveuglette - **2.** [kritiklos] aveuglément.

Blinddarm|entzündung *die* appendicite *f*.

Blinde (*pl* **-n**) *der, die* aveugle *mf*.

Blinden|schrift *die* braille *m*.

Blindheit *die (ohne Pl)* - **1.** [der Augen] cécité *f* - **2.** [der Gefühle] aveuglement *m*.

blindlings *adv* aveuglément.

blinken *vi* - **1.** [Stern, Diamant] scintiller - **2.** [Blinker, Warnlampe] clignoter.

Blinker (*pl* **-**) *der* clignotant *m*.

Blink|licht *das* feu *m* clignotant.

blinzeln *vi* cligner des yeux.

Blitz (*pl* **-e**) *der* - **1.** [am Himmel] éclair *m* ; [Blitzschlag] foudre *f* ; **wie der ~** comme l'éclair - **2.** *fam* [Blitzlicht] flash *m*.

Blitzableiter (*pl* **-**) *der* paratonnerre *m*.

blitzblank <> *adj* étincelant(e) <> *adv* : **~ putzen** astiquer.

blitzen <> *vi* - **1.** [am Himmel] : **es blitzt** il y a des éclairs - **2.** [Metall, Schmuck] briller ; [Wohnung, Geschirr] être étincelant(e) <> *vt fam* [fotografieren] prendre au flash.

Blitz|licht *das* flash *m*.

Blitz|schlag *der* foudre *f*.

blitzschnell <> *adj* rapide comme l'éclair <> *adv* - **1.** [laufen] à toute vitesse - **2.** [reagieren] en un rien de temps.

Block (*pl* **Blöcke** ODER **-s**) *der* - **1.** *(Pl Blöcke)* [gen] bloc *m* - **2.** *(Pl Blöcke, Blocks)* [Häuserblock] pâté *m* de maisons.

Blockade (*pl* **-n**) *die* blocus *m*.

Block|flöte *die* flûte *f* à bec.

Block|haus *das* cabane *f.*
blockieren ◇ *vt* bloquer ◇ *vi* se bloquer.
Block|schrift *die* caractères *mpl* d'imprimerie.
blöd, blöde *fam* ◇ *adj* idiot(e) ◇ *adv* bêtement.
Blöd|sinn *der fam* idioties *fpl.*
blond *adj* blond(e).
Blondine (*pl* **-n**) *die* blonde *f.*
bloß ◇ *adv fam* **- 1.** [lediglich] juste ; **ich habe ~ noch zwei** je n'en ai plus que deux **- 2.** [zum Ausdruck von Ratlosigkeit] bien ; **was war ~ los mit dir?** mais qu'est-ce qui t'a pris? **- 3.** [zum Ausdruck von Ärger] donc **- 4.** [zum Ausdruck einer Drohung] maintenant ; **hau ~ ab!** maintenant, dégage! ; **~ nicht!** surtout pas! **- 5.** [zum Ausdruck einer Aufforderung] **surtout - 6.** [zum Ausdruck eines Wunsches] : **hätte ich ~ nichts gesagt** si seulement je n'avais rien dit ◇ *adj* **- 1.** [nackt] nu(e) **- 2.** [rein] : **der ~e Gedanke daran** rien que (le fait) d'y penser.
bloß|stellen *vt* : **jn ~** mettre qqn dans une situation délicate.
bluffen [blœfn̩] *vt & vi abw* bluffer.
blühen *vi* **- 1.** [Pflanze] fleurir ; [Garten, Park] être en fleurs **- 2.** [Geschäft] être florissant(e).
blühend *adj* **- 1.** [Pflanze, Garten] en fleurs **- 2.** [Aussehen, Gesicht] resplendissant(e) **- 3.** [Fantasie] débordant(e).
Blume (*pl* **-n**) *die* [Pflanze] fleur *f.*
Blumen|kohl *der (ohne Pl)* chou-fleur *m.*
Blumen|strauß *der* bouquet *m* (de fleurs).
Blumen|topf *der* pot *m* de fleurs.
Bluse (*pl* **-n**) *die* corsage *m*, chemisier *m.*

Bluse

Le terme allemand **Bluse** n'équivaut pas au français « blouse » mais à la traduction « chemisier », comme on peut le constater dans la phrase suivante : **Diese Bluse passt gut zu meinem blauen Rock**, qui correspond au français « Ce chemisier va bien avec ma jupe bleue ». Le terme français « blouse » correspond à l'allemand **Kittel**. On traduira donc la phrase « Avant d'opérer, le chirurgien enfile une blouse verte » par **Vor der Operation zieht der Chirurg einen grünen Kittel an**.

Blut *das (ohne Pl)* sang *m* ; **~ spenden** donner son sang.
Blut|abnahme *die* prise *f* de sang.
Blut|bad *das* bain *m* de sang, carnage *m.*
Blut|druck *der (ohne Pl)* tension *f* (artérielle) ; **hoher ~** hypertension *f* ; **niedriger ~** hypotension *f* ; **den ~ messen** prendre la tension.
Blüte (*pl* **-n**) *die* **- 1.** [am Baum] fleur *f* ; [an Blume] bouton *m* **- 2.** *(ohne Pl)* [das Blühen] floraison *f* ; **in voller ~ stehen** être en fleur **- 3.** *(ohne Pl)* [Aufschwung] apogée *m.*
Blutegel (*pl* **-**) *der* sangsue *f.*
bluten *vi* : **(aus etw) ~** saigner (de qqch).
Bluter (*pl* **-**) *der* hémophile *m.*
Blut|erguss *der* hématome *m.*
Bluterin (*pl* **-nen**) *die* hémophile *f.*
Blüte|zeit *die* [von Pflanzen] floraison *f* ; [von Kulturen] apogée *f.*
Blut|gefäß *das* vaisseau *m* sanguin.
Blut|gruppe *die* groupe *m* sanguin.
blutig *adj* **- 1.** [Körperteil] en sang ; [Hemd, Verband] taché(e) de sang **- 2.** [gewaltsam] sanglant(e).
Blut|konserve *die* sang *m (destiné à la transfusion).*
Blut|körperchen (*pl* **-**) *das* : **weiße/rote ~** globules *mpl* blancs/rouges.
Blut|kreislauf *der* circulation *f* sanguine.
Blut|probe *die* prise *f* de sang.
Blut|spender, in *der, die* donneur de sang *m*, donneuse de sang *f.*
Blut|übertragung *die* transfusion *f* sanguine.
Blutung (*pl* **-en**) *die* **- 1.** [aus Wunde] hémorragie *f* **- 2.** [Menstruation] règles *fpl.*
blutunterlaufen *adj* ecchymosé(e).
Blut|wurst *die* boudin *m.*
BLZ *abk für* **Bankleitzahl.**
BND (*abk für* **Bundesnachrichtendienst**) *der (ohne Pl) service fédéral des renseignements généraux,* ≃ RG.
Bö = **Böe.**
Boa (*pl* **-s**) *die* boa *m.*
Bock (*pl* **Böcke**) *der* **- 1.** [Tier] bouc *m* **- 2.** SPORT mouton *m* **- 3.** [Gestell] tréteau *m.*
Bock|bier *das* bière *f* de mars.
bockig ◇ *adj* entêté(e) ◇ *adv* avec entêtement.
Bockspringen *das (ohne Pl)* [Spiel] saute-mouton *m.*
Bock|wurst *die* saucisse *f* de Strasbourg.
Boden (*pl* **Böden**) *der* **- 1.** [gen] sol *m* ; **etw vom ~ aufheben** ramasser qqch par terre ; **den ~ unter den Füßen verlieren** [Halt] perdre pied **- 2.** [von Gefäß, Koffer, Meer] fond *m* **- 3.** [Speicher] grenier *m* **- 4.** *RW* : **am ~ zerstört** effondré(e) ; **an ~ gewinnen/verlieren** gagner/perdre du terrain.
bodenlos *adj* **- 1.** [tief] vertigineux(euse) **- 2.** [unglaublich] inouï(e).
Boden|personal *das* personnel *m* au sol.

Bodenschätze *pl* ressources *fpl* naturelles.
Bodensee *der* lac *m* de Constance.
Bodenturnen *das (ohne Pl)* gymnastique *f* au sol.
Böe (*pl* **-n**), **Bö** (*pl* **-en**) *die* rafale *f (de vent).*
bog *prät* ▷ **biegen.**
Bogen (*pl* - ODER **Bögen**) *der* - **1.** [Biegung] courbe *f* ; **einen ~ um jn/etw machen** éviter qqn/qqch - **2.** ARCHIT arc *m* - **3.** [Waffe] arc *m* - **4.** [von Instrumenten] archet *m* - **5.** [Blatt] feuille *f* de papier.
Bogenschießen *das (ohne Pl)* tir *m* à l'arc.
Bohle (*pl* **-n**) *die* madrier *m.*
Böhmen *nt* Bohême *f.*
Bohne (*pl* **-n**) *die* - **1.** [Gemüse] haricot *m* - **2.** [Kaffeebohnen] grain *m (de café).*
bohnern *vt* cirer.
bohren ◇ *vt* - **1.** [Loch, Brunnen, Schacht] creuser ; **ein Loch in die Wand ~** faire un trou dans le mur - **2.** [hineinstoßen] enfoncer ◇ *vi* - **1.** [mit Bohrmaschine] percer ; [Zahnarzt] passer la fraise - **2.** *fam* [drängen] insister. ◆ **sich bohren** *ref* [eindringen] : **sich in etw** *(A)* **~** s'enfoncer dans qqch.
bohrend *adj* [Blick] perçant(e) ; [Schmerz] aigu(uë).
Bohrer (*pl* -) *der* [Gerät] perceuse *f.*
Bohr|maschine *die* perceuse *f.*
Bohrung (*pl* **-en**) *die* forage *m.*
böig *adj* [Wind] en rafales ; [Wetter] à bourrasques.
Boiler [bɔylɐ] (*pl* -) *der* chauffe-eau *m.*
Boje (*pl* **-n**) *die* balise *f.*
Bolzen (*pl* -) *der* boulon *m.*
bombardieren *vt* : **(mit etw) ~** bombarder (de qqch).
Bombe (*pl* **-n**) *die* bombe *f.*
Bomben|anschlag *der* attentat *m* à la bombe.
Bomben|erfolg *der fam* succès *m* fou.
Bomben|stimmung *die (ohne Pl) fam* ambiance *f* du tonnerre.
Bon [bɔŋ] (*pl* **-s**) *der* ticket *m.*
Bonbon [bɔŋ'bɔŋ] (*pl* **-s**) *der* ODER *das* bonbon *m.*
Bonn *nt* Bonn.
Bonze (*pl* **-n**) *der abw* [in Partei] grosse légume *f.*
Boom [bu:m] (*pl* **-s**) *der* boom *m.*
Boot (*pl* **-e**) *das* bateau *m* ; **~ fahren** faire du bateau ; **in einem** ODER **im selben ~ sitzen** *fig* être logé(e) à la même enseigne.
Bord (*pl* **-e**) ◇ *das* [Brett] étagère *f* ◇ *der (ohne Pl)* SCHIFF & FLUG bord *m* ; **von ~ gehen** [Flugzeug] descendre de l'avion ; [Schiff] débarquer. ◆ **an Bord** *adv* à bord. ◆ **über Bord** *adv* par-dessus bord.
Bordell (*pl* **-e**) *das* bordel *m.*
Bord|karte *die* carte *f* d'accès à bord.
Bordstein|kante *die* bord *m* du trottoir.
borgen *vt* - **1.** [entleihen] : **etw von** ODER **bei jm ~** emprunter qqch à qqn ; **sich** *(D)* **etw ~** emprunter qqch - **2.** [verleihen] : **jm etw ~** prêter qqch à qqn.
Borke (*pl* **-n**) *die* écorce *f.*
Börse (*pl* **-n**) *die* - **1.** [Geldbeutel] bourse *f* - **2.** WIRTSCH Bourse *f* ; **an die ~ gehen** être coté(e) en Bourse.
Borte (*pl* **-n**) *die* galon *m.*
bösartig *adj* - **1.** [Verhalten] méchant(e) - **2.** [Krankheit] malin(igne).
Böschung (*pl* **-en**) *die* talus *m.*
böse ◇ *adj* - **1.** [bösartig - Lebewesen] méchant(e) ; [- Omen, Vorzeichen] mauvais(e) - **2.** *fam* [wütend] : **jm** ODER **auf jn ~ sein** en vouloir à qqn ; **~ sein** être fâché(e) ; **~ werden** se fâcher ; **über etw** *(A)* **~ sein** être mécontent(e) de qqch - **3.** *fam* [schlimm] grave - **4.** *fam* [ungezogen] vilain(e) ◇ *adv* - **1.** [schlimm] gravement - **2.** [bösartig] : **ich habe es nicht ~ gemeint** je n'ai pas pensé à mal - **3.** [wütend] méchamment.
Böse (*pl* **-n**) *der, die, das* méchant *m*, -e *f* ; **etw ~s sagen** dire qqch de méchant ; **nichts ~s ahnen** ne pas se douter de qqch.
Bösewicht (*pl* **-er** ODER **-e**) *der* - **1.** [Schuft] malfrat *m* - **2.** [Schlingel] chenapan *m.*
boshaft ◇ *adj* - **1.** [böse] mauvais(e) - **2.** [höhnisch] malveillant(e) ◇ *adv* [höhnisch] méchamment.
Bosheit (*pl* **-en**) *die* méchanceté *f.*
Bosnien-Herzegowina *nt* Bosnie-Herzégovine *f.*
Bosnier, in ['bɔsniɐ, rɪn] (*mpl* - ; *fpl* **-nen**) *der, die* Bosniaque *mf.*
bosnisch *adj* bosniaque.
Boss (*pl* **-e**) *der fam* patron *m.*
böswillig ◇ *adj* malveillant(e) ◇ *adv* [handeln] avec malveillance.
bot *prät* ▷ **bieten.**
Botanik *die (ohne Pl)* botanique *f.*
botanisch *adj* botanique ▷ **Garten.**
Bote (*pl* **-n**) *der* - **1.** [von Firma] coursier *m* - **2.** [Überbringer, Vorbote] messager *m.*
Botin (*pl* **-nen**) *die* - **1.** [von Firma] coursière *f* - **2.** [Überbringerin] messagère *f.*
Botschaft (*pl* **-en**) *die* - **1.** [Mitteilung] message *m* ; **die frohe ~** la bonne nouvelle - **2.** [von Staaten] ambassade *f.*
Botschafter, in (*mpl* - ; *fpl* **-nen**) *der, die* ambassadeur *m*, -drice *f.*
Bouillon [bʊl'jɔŋ] (*pl* **-s**) *die* bouillon *m.*
Boulette = **Bulette.**
Boulevard [bul(ə)'va:ɐ] (*pl* **-s**) *der* boulevard *m.*

Boulevard|presse *die (ohne Pl) abw* presse *f* à sensation.
Boulevard|theater *das* théâtre *m* de boulevard.
Boutique, Butike [bu'ti:k] (*pl* **-n**) *die* magasin *m* de vêtements.
Bowle ['bo:lə] (*pl* **-n**) *die punch à base de fruits, vin blanc et mousseux.*
Bowling ['boʊ:lɪŋ] (*pl* **-s**) *das* bowling *m.*
Box (*pl* **-en**) *die* **- 1.** [Stand] box *m* **- 2.** [Kasten] boîte *f* **- 3.** [Lautsprecher] baffle *m.*
boxen ◇ *vt* boxer ◇ *vi* faire de la boxe. ◆ **sich boxen** *ref* [kämpfen] se battre à coups de poing. ◆ **Boxen** *das (ohne Pl)* boxe *f.*
Boxer (*pl* **-**) *der* **- 1.** [Sportler] boxeur *m* **- 2.** [Hund] boxer *m.*
Box|kampf *der* combat *m* de boxe.
boykottieren [bɔykɔ'ti:rən] *vt* boycotter.
brach *prät* ▷ **brechen.**
brachte *prät* ▷ **bringen.**
Branche ['brã:ʃə] (*pl* **-n**) *die* branche *f.*
Brand (*pl* **Brände**) *der* [Feuer] incendie *m* ; **etw in ~ setzen** ODER **stecken** mettre le feu à qqch ; **in ~ geraten** s'enflammer.
Brandenburg *nt* Brandebourg *m.*
Brandenburger Tor *das (ohne Pl)* porte *f* de Brandebourg *(monument berlinois qui se trouvait dans le no man's land à l'époque de la division entre la RFA et la RDA).*
brandenburgisch *adj* brandebourgeois(e).
brandneu *adj* [Erfindung] tout récent, toute récente ; [Modell] dernier cri.
Brandstifter, in (*mpl* **-** ; *fpl* **-nen**) *der, die* incendiaire *mf.*
Brand|stiftung *die* incendie *m* criminel.
Brandung (*pl* **-en**) *die* ressac *m.*
Brand|wunde *die* brûlure *f.*
brannte *prät* ▷ **brennen.**
Brannt|wein *der* eau-de-vie *f.*
Brasilianer, in (*mpl* **-** ; *fpl* **-nen**) *der, die* Brésilien *m*, -enne *f.*
brasilianisch *adj* brésilien(enne).
Brasilien *nt* Brésil *m* ; **in ~** au Brésil.
braten (*präs* **brät** ; *prät* **briet** ; *perf* **hat gebraten**) ◇ *vt* faire cuire *(à la poêle)* ◇ *vi* cuire.
Braten (*pl* **-**) *der* rôti *m.*
Brat|hähnchen *das* poulet *m* rôti.
Brat|kartoffeln *pl* pommes de terre *fpl* sautées.
Brat|pfanne *die* poêle *f* à frire.
Bratsche (*pl* **-n**) *die* MUS alto *m.*
Brat|wurst *die* [roh] saucisse *f* à griller ; [gebraten] saucisse *f* grillée.
Brauch (*pl* **Bräuche**) *der* coutume *f.*
brauchbar ◇ *adj* **- 1.** [Kleidung] mettable ; [Material] utilisable **- 2.** [akzeptabel] passable ◇ *adv* passablement.
brauchen ◇ *vt* **- 1.** [benötigen] avoir besoin de ; **jn/etw für** ODER **zu etw ~** avoir besoin de qqn/qqch pour qqch ; **ich brauche drei Stunden für diese Arbeit** il me faut trois heures pour ce travail **- 2.** [verbrauchen] consommer **- 3.** [verwenden] : **das kann ich ~** ça me sera utile ; **das kann ich nicht ~** ça ne me servira à rien ◇ *aux* [müssen] : **etw nicht zu tun ~** ne pas avoir besoin de faire qqch ; **du brauchst nicht zu lachen!** inutile de rire! ; **bloß** ODER **nur etw zu tun ~** n'avoir qu'à faire qqch.
Braue (*pl* **-n**) *die* sourcil *m.*
brauen *vt* [Bier] brasser ; [Tee, Trank] préparer.
Brauerei (*pl* **-en**) *die* brasserie *f (usine).*
braun ◇ *adj* [Farbe - Haar] brun(e) ; [- Augen] marron ; [- gebräunt] bronzé(e) ; [- Pferd] bai(e) ; *siehe auch* **braun gebrannt** ◇ *adv* [farbig] en marron.
Braun *das* marron *m.*
Bräune *die (ohne Pl)* bronzage *m.*
bräunen (*perf* **hat/ist gebräunt**) *vt (hat)* **- 1.** [braun machen] faire bronzer **- 2.** KÜCHE [Butter, Zwiebeln] faire roussir ; [Zucker] caraméliser. ◆ **sich bräunen** *ref (hat)* [braun werden - Haut] bronzer ; [- Person] se bronzer.
braun gebrannt *adj* bronzé(e), noir(e).
Braun|kohle *die (ohne Pl)* lignite *m.*
bräunlich *adj* brunâtre.
Brause *die* [Dusche] douche *f.*
brausen (*perf* **hat/ist gebraust**) *vi* **- 1.** *(hat)* [rauschen - Gewässer] gronder ; [- Wind] mugir ; [- Beifall] retentir **- 2.** *(ist)* [sich fortbewegen] foncer.
Braut (*pl* **Bräute**) *die* **- 1.** [am Hochzeitstag] mariée *f* **- 2.** [Verlobte] fiancée *f* **- 3.** *salopp* [Mädchen] minette *f.*
Bräutigam (*pl* **-e**) *der* **- 1.** [am Hochzeitstag] marié *m* **- 2.** [Verlobter] fiancé *m.*
Braut|paar *das* mariés *mpl.*
brav ◇ *adj* gentil(ille) ; **~ sein** être sage ◇ *adv* sagement.

brav

L'allemand **brav** ne se traduit pas par « brave » mais par « sage » ou « gentil ». On traduira donc la phrase **Wenn du brav bist, bekommst du ein Eis** par « Si tu es sage, tu auras une glace ».
Le français « brave » au sens de « courageux » correspond à l'allemand **tapfer**. Ainsi, l'expression « De braves soldats » a pour traduction **Tapfere Soldaten**.

bravo ['bra:vo] *interj* bravo.

BRD (*abk für* **Bundesrepublik Deutschland**) *die (ohne Pl)* RFA *f*.

brechen (*präs* **bricht** ; *prät* **brach** ; *perf* **hat/ist gebrochen**) <> *vt* - **1.** *(hat)* [Brot] rompre ; [Ast] casser, briser ; [Blume] cueillir ; **sich etw ~** se casser qqch - **2.** *(hat)* [Widerstand] briser ; [Rekord] battre - **3.** *(hat)* [Abkommen] rompre ; [Recht, Eid] violer - **4.** *(hat)* [Kontakt abbrechen] : **mit jm ~** rompre avec qqn - **5.** *(hat)* [erbrechen] vomir <> *vi* - **1.** *(ist)* [Ast, Rohr] se casser ODER briser - **2.** *(hat) fam* [erbrechen] vomir. ◆ **sich brechen** *ref* [Licht, Schall] se réfracter ; [Wellen] se briser.

brechend *adv* : **~ voll** plein(e) à craquer.

Brech|reiz *der* nausée *f*.

Brei (*pl* **-e**) *der* bouillie *f*.

breiig *adj* en bouillie.

breit <> *adj* - **1.** [gen] large ; **30 cm ~ sein** faire 30 cm de large - **2.** [Mund, Interesse, Publikum] grand(e) - **3.** [Aussprache] traînant(e) <> *adv* : **~ gebaut** large de carrure.

breitbeinig *adv* les jambes écartées.

Breite (*pl* **-n**) *die* - **1.** [Ausdehnung] largeur *f* ; **von drei Meter ~** d'une largeur de trois mètres - **2.** [geographische Lage] latitude *f*.

Breiten|grad *der* parallèle *m*.

breit machen *vt* : **die Beine ~** écarter les jambes. ◆ **sich breit machen** *ref fam* - **1.** [in Sessel, Bett] s'étaler - **2.** [sich einquartieren] prendre ses aises.

breit|schlagen *vt (unreg) fam* [überreden] embobiner.

breit|schultrig, breitschulterig *adj* aux épaules larges.

Bremen *nt* Brême.

Brems|belag *der* - **1.** [von Scheibenbremsen] plaquette *f* de frein - **2.** [von Trommelbremsen] garniture *f* de frein.

Bremse (*pl* **-n**) *die* - **1.** [in Auto, Zug] frein *m* ; **auf die ~ treten** appuyer sur le frein - **2.** [Insekt] taon *m*.

bremsen *vi & vt* freiner.

Brems|licht *das* feu *m* stop.

Brems|pedal *das* pédale *f* de frein.

Brems|weg *der* distance *f* de freinage.

brennbar *adj* inflammable.

brennen (*prät* **brannte** ; *perf* **hat gebrannt**) <> *vi* - **1.** [Haus, Sonne, Wunde] brûler ; **es brennt!** au feu! - **2.** [Lampe] être allumé(e) - **3.** [erregt sein] : **darauf ~, etw zu tun** brûler de faire qqch <> *vt* - **1.** [einbrennen] : **ein Loch in etw ~** *(A)* faire un trou dans qqch - **2.** [Ton] cuire ; [Schnaps] distiller.

Brenner *der* Brenner *m*.

Brenn|holz *das (ohne Pl)* bois *m* de chauffage.

Brennnessel, Brenn-Nessel (*pl* **-n**) *die* ortie *f*.

brenzlig *adj* - **1.** [Geruch] de brûlé - **2.** *fam* [Lage] qui sent le roussi.

Bretagne *die* Bretagne *f*.

Bretone (*pl* **-n**) *der* Breton *m*.

Bretonin (*pl* **-nen**) *die* Bretonne *f*.

bretonisch *adj* breton(onne).

Brett (*pl* **-er**) *das* - **1.** [aus Holz] planche *f (de bois)* ; **das schwarze ~** le panneau d'affichage - **2.** [Schachbrett] échiquier *m* ; [Damebrett] damier *m*.

Brett|spiel *das jeu de société se jouant sur un échiquier, un damier, etc.*

Brezel (*pl* **-n**) *die* bretzel *m*.

bricht *präs* ▷ **brechen**.

Brief (*pl* **-e**) *der* lettre *f* ; **blauer ~** [Schule] lettre d'avertissement ; [Betrieb] lettre de licenciement.

blauer Brief

Lorsque le niveau d'un élève baisse (du niveau 4 au niveau 5 ou du niveau 5 au niveau 6), l'école envoie à cet élève un courrier officiel trois mois avant la fin de l'année scolaire. Cette lettre informe l'élève et sa famille du risque de redoublement. C'est ce courrier que les élèves appellent **blauer Brief**.

briefen [bri:fn̩] (*Präs* **brieft** ; *Prät* **briefte** ; *Perf* **hat gebrieft**) *vt* briefer.

Brief|freund, in *der, die* correspondant *m*, -e *f*.

Brief|kasten *der* boîte *f* aux lettres.

Brief|kopf *der* en-tête *m*.

Brief|marke *die* timbre *m*, faire collection de timbres.

Brief|tasche *die* portefeuille *m*.

Brief|träger, in *der, die* facteur *m*, -trice *f*.

Brief|umschlag *der* enveloppe *f*.

briet *prät* ▷ **braten**.

Brikett (*pl* **-s**) *das* briquette *f*.

Brillant [brɪl'jant] (*pl* **-en**) *der* diamant *m*.

Brille (*pl* **-n**) *die* - **1.** [Sehhilfe] lunettes *fpl* - **2.** *fam* [Klosettbrille] lunette *f (de W.-C.)*.

bringen (*prät* **brachte** ; *perf* **hat gebracht**) *vt* - **1.** [Gegenstände] : **(jm etw) ~** apporter (qqch à qqn) - **2.** [Personen] emmener ; **jn nach Hause ~** ramener qqn à la maison - **3.** [verursachen - Ergebnis] amener ; [- Gewinn] rapporter ; **etw mit sich ~** entraîner qqch ; **er bringt mich zur Raserei** il me rend fou (folle) - **4.** [zu Erfolg, Ansehen] : **es zu etw ~** [gen] atteindre à qqch ; [im Beruf] réussir à devenir qqch ; **es weit ~** aller loin - **5.** *fam* [Leistung] : **Leistung** ODER **Einsatz ~** faire des efforts ; **das bringt nichts** *fam* ça ne sert à rien - **6.** *RW* : **etw hinter sich** *(A)* **~** se débarrasser de qqch ; **es nicht über sich** *(A)* **~, etw zu tun** ne pas pouvoir se résoudre à faire qqch ; **jn um etw ~** faire perdre qqch à qqn.

brisant *adj* [heikel] explosif(ive).

Brise *(pl* **-n)** *die* brise *f.*

Brite *(pl* **-n)** *der* Britannique *m.*

Britin *(pl* **-nen)** *die* Britannique *f.*

britisch *adj* britannique.

Britische Inseln *pl* îles *fpl* Britanniques.

Broccoli, Brokkoli ['brɔkoli] *der (ohne Pl)* brocoli *m.*

bröckeln *(perf* **hat/ist gebröckelt)** <> *vi* - **1.** *(hat)* [Brot] s'émietter ; [Wand] s'effriter - **2.** *(ist)* [sich lösen] : **von etw ~** tomber de qqch <> *vt (hat)* [zerkleinern] émietter.

Brocken *(pl* **-)** *der eigtl & fig* morceau *m ;* **ein paar ~ Französisch sprechen** parler quelques bribes de français.

brodeln *vi* bouillonner ; **es brodelt** il y a de l'effervescence.

Brokkoli = **Broccoli.**

Brom|beere *die* mûre *f.*

Bronchien ['brɔnçi̯ən] *pl* bronches *fpl.*

Bronchitis ['brɔnçi:tɪs] *die* MED bronchite *f.*

Bronze ['brɔŋsə] *(pl* **-n)** *die* bronze *m.*

Brosche *(pl* **-n)** *die* broche *f.*

Broschüre *(pl* **-n)** *die* brochure *f.*

Brot *(pl* **-e)** *das* - **1.** *(ohne Pl)* [als Laib] pain *m* - **2.** [als Scheibe] tranche *f* de pain ; **belegtes ~** sandwich *m.*

Brötchen *(pl* **-)** *das* petit pain *m.*

Browser ['braʊzə[r]] *(pl* **-)** *der* EDV navigateur *m*, browser *m.*

Bruch *(pl* **Brüche)** *der* - **1.** [gen] rupture *f ;* **zu ~ gehen** se casser - **2.** [Bruchstelle] cassure *f* - **3.** MED [-von Knochen] fracture *f ;* [-von Eingeweiden] hernie *f* - **4.** MATH [Bruchzahl] fraction *f.*

brüchig *adj* [Material, Beziehung] fragile ; [Gestein] friable ; [Stimme] cassé(e).

Bruch|landung *die* crash *m.*

Bruch|rechnung *die* calcul *m* de fractions ODER fractionnaire.

Bruch|strich *der* barre *f* de fraction.

Bruch|stück *das* - **1.** [von Gegenständen] morceau *m*, débris *m* - **2.** [Fragment] fragment *m.*

bruchstückhaft <> *adj* fragmenté(e), fragmentaire <> *adv* [wahrnehmen] par bribes ; [überliefern] de manière fragmentée ODER fragmentaire.

Bruch|teil *der* fraction *f.*

Brücke *(pl* **-n)** *die* - **1.** [gen] pont *m* - **2.** [im Gebiss] bridge *m* - **3.** [Teppich] carpette *f.*

Bruder *(pl* **Brüder)** *der* [Geschwister, Mönch] frère *m.*

brüderlich <> *adj* fraternel(elle) <> *adv* en frères, fraternellement.

Brühe *(pl* **-n)** *die* - **1.** [Suppe] bouillon *m* - **2.** *abw* [Tee, Kaffee] jus *m* de chaussette.

Brüh|würfel *der* bouillon *m* cube.

brüllen <> *vt* hurler <> *vi* - **1.** [Person] hurler - **2.** [Löwe] rugir ; [Rind] mugir.

brummen *vi* - **1.** [Bär] grogner ; [Insekt] bourdonner - **2.** [Motor] ronfler.

brummig <> *adj* grognon(onne) <> *adv* en grommelant.

brünett *adj* brun(e).

Brunnen *(pl* **-)** *der* - **1.** [zum Wasserholen] puits *m* - **2.** [Springbrunnen] fontaine *f.*

brüsk <> *adj* brusque <> *adv* brusquement, avec brusquerie.

Brüssel *nt* Bruxelles.

Brust *(pl* **Brüste)** *die* - **1.** *(ohne Pl)* [Thorax] poitrine *f* - **2.** [Busen] sein *m*, poitrine *f.*

brüsten ◆ **sich brüsten** *ref abw* se pavaner ; **sich mit etw ~** se vanter de qqch.

Brust|korb *der* cage *f* thoraxique.

Brust|schwimmen *das* brasse *f.*

Brüstung *(pl* **-en)** *die* balustrade *f.*

Brust|warze *die* mamelon *m.*

brutal <> *adj* brutal(e) <> *adv* brutalement, avec brutalité.

Brutalität *(pl* **-en)** *die* [von Menschen, Verbrechen] brutalité *f ;* [in Gesellschaft, Film] violence *f.*

brüten *vi* - **1.** [Vögel] couver - **2.** *fig* [nachdenken] : **über etw** *(D)* **~** ruminer qqch.

brutto *adv* brut.

Bruttosozial|produkt *das* produit *m* national brut.

brutzeln <> *vi* grésiller <> *vt fam* (faire) mijoter.

BSE *(abk für* **Bovine Spongiforme Enzephalopathie)** *die* ESB *f.*

Bube *(pl* **-n)** *der* [Spielkarte] valet *m.*

Buch *(pl* **Bücher)** *das* livre *m ;* **ein Schwindler wie er im ~e steht** le type même de l'escroc ; **über etw** *(A)* **~ führen** tenir registre de qqch.

Buchbinder, in *(mpl* **- ;** *fpl* **-nen)** *der, die* relieur *m*, -euse *f.*

Buche *(pl* **-n)** *die* hêtre *m ;* **aus ~** en (bois de) hêtre.

buchen *vt* [reservieren] réserver ; **einen Flug ~** réserver une place dans un avion.

Bücher|brett *das* étagère *f* ODER tablette *f* à livres.

Bücherei *(pl* **-en)** *die* bibliothèque *f.*

Bücher|regal *das* bibliothèque *f.*

Bücher|schrank *der* bibliothèque *f* (vitrée).
Buch|führung *die* comptabilité *f.*
Buch|halter, in (*mpl* - ; *fpl* **-nen**) *der, die* comptable *mf.*
Buch|haltung *die* comptabilité *f.*
Buch|händler, in *der, die* libraire *mf.*
Buch|handlung *die* librairie *f.*
Buchse ['bʊksə] (*pl* **-n**) *die* ELEKTR fiche *f* femelle.
Büchse ['byksə] (*pl* **-n**) *die* [Dose] boîte *f.*
Büchsen|milch *die* lait *m* concentré ODER en boîte.
Büchsen|öffner *der* ouvre-boîtes *m.*
Buchstabe (*pl* **-n**) *der* [des Alphabets] lettre *f* ; [im Druck] caractère *m* ; **großer ~** majuscule *f* ; **kleiner ~** minuscule *f.*
buchstabieren *vt* épeler.
buchstäblich *adv* littéralement.
Bucht (*pl* **-en**) *die* [groß] baie *f* ; [klein] crique *f.*
Buchung (*pl* **-en**) *die* [Reservierung] réservation *f.*
Buch|weizen *der* sarrasin *m*, blé *m* noir.
Buckel (*pl* -) *der* bosse *f* ; **rutsch mir den ~ runter!** *fam abw* lâche-moi (les baskets)!
bücken ◆ **sich bücken** *ref* se baisser, se courber.
bucklig *adj* [Mensch] bossu(e).
Bückling (*pl* **-e**) *der* [Hering] hareng *m* fumé ODER saur.
Budapest *nt* Budapest.
buddeln ◇ *vi* : **in etw** *(D)* **~** creuser qqch, fouiller qqch ◇ *vt* creuser.
buddhistisch *adj* bouddhiste.
Bude (*pl* **-n**) *die* - **1.** [Verkaufsstand] stand *m* - **2.** *fam abw* [Zimmer] piaule *f.*
Budget [by'dʒe:] (*pl* **-s**) *das* budget *m.*
Büfett [by'fɛt] (*pl* **-s**) *das* - **1.** [für Speisen] : **(kaltes) ~** buffet *m* (froid) - **2.** [Schrank] buffet *m.*
Büffel (*pl* -) *der* buffle *m.*
Buffet [by'fe:] (*pl* **-s**) *das Österr & Schweiz* = **Büfett.**
Bug (*pl* **-e**) *der* [von Flugzeugen] nez *m* ; [von Schiffen] proue *f.*
Bügel (*pl* -) *der* - **1.** [Brillenbügel] branche *f* - **2.** [Kleiderbügel] cintre *m* - **3.** [Griff] poignée *f* renforcée.
Bügel|brett *das* planche *f* à repasser.
Bügel|eisen *das* fer *m* à repasser.
Bügel|falte *die* pli *m (de pantalon).*
bügeln *vt & vi* repasser.
Bühne (*pl* **-n**) *die* - **1.** [im Theater] scène *f* - **2.** [Theater] théâtre *m.*
Bühnen|bild *das* décors *mpl.*
buk *prät* ▷ **backen.**
Bukarest *nt* Bucarest.
Bulette, Boulette (*pl* **-n**) *die* boulette *f* (de viande).
Bulgare (*pl* **-n**) *der* Bulgare *m.*
Bulgarien *nt* Bulgarie *f.*
Bulgarin (*pl* **-nen**) *die* Bulgare *f.*
bulgarisch *adj* bulgare.
Bull|auge *das* hublot *m.*
Bull|dogge *die* bouledogue *m.*
Bull|dozer ['bʊldo:zɐ] (*pl* -) *der* bulldozer *m.*
Bummel (*pl* -) *der* balade *f* ; **einen ~ durch die Geschäfte machen** faire les magasins.
bummeln (*perf* **hat/ist gebummelt**) *vi* - **1.** *(ist)* [spazieren] flâner - **2.** *(hat)* [langsam sein] traîner.
Bummel|zug *der* tortillard *m.*
bumsen (*perf* **hat/ist gebumst**) *vi* - **1.** *(ist) fam* [prallen] : **gegen** ODER **an etw** *(A)* **~** se cogner contre qqch - **2.** *(hat) fam* [schlagen] : **gegen** ODER **an etw** *(A)* **~** cogner à qqch - **3.** *(hat) fam* [koitieren] baiser.
Bund (*pl* **Bünde** ODER **-e**) ◇ *der* - **1.** *(Pl Bünde)* [Zusammenschluss] alliance *f*, union *f* ; **einen ~ schließen** s'allier - **2.** *(ohne Pl)* [Bundesrepublik] l'État *m* fédéral - **3.** *(ohne Pl) fam* [Bundeswehr] : **der ~** *abréviation désignant l'armée allemande ou le service militaire en Allemagne* - **4.** *(Pl Bünde)* [an Kleidung] taille *f* ◇ *das (Pl Bunde)* [von Gemüse] botte *f.*
BUND (*abk für* **Bund für Umwelt und Naturschutz in Deutschland**) *der (ohne Pl) association allemande pour la protection de l'environnement et de la nature.*
Bündel (*pl* -) *das* - **1.** [aus Wäsche] paquet *m* ; [von Geldscheinen] liasse *f* - **2.** [aus Stroh] botte *f.*
bündeln *vt* [Papier] faire un paquet de ; [Banknoten] faire une liasse de ; [Produkte] (re)grouper.
Bundes|bahn ▷ **Deutsche Bundesbahn.**
Bundes|bürger, in *der, die* citoyen d'Allemagne fédérale *m*, citoyenne d'Allemagne fédérale *f.*
Bundes|genosse *der* allié *m*, -e *f.*
Bundesgrenz|schutz *der police fédérale des frontières en Allemagne.*
Bundes|kanzler, in *der, die* chancelier *m* fédéral.
Bundes|land *das* Land *m (région autonome de la RFA)* ; **die fünf neuen Bundesländer** les cinq nouveaux Länder ; **die alten/neuen Bundesländer** les anciens/nouveaux Länder.
Bundes|liga *die* SPORT *division nationale allemande.*
Bundes|post ▷ **Deutsche Bundespost.**

Bundes|präsident, in *der, die* président *m* de la République fédérale.

Bundes|rat *der* - **1.** [Parlament] Bundesrat *m*, conseil *m* fédéral - **2.** [Parlamentarier] membre *m* du Bundesrat.

Bundes|rätin (*pl* **-nen**) *die* membre *m* du Bundesrat.

Bundes|regierung *die* gouvernement *m* fédéral.

Bundes|republik *die* - **1.** [gen] république *f* fédérale - **2.** ▷ **Bundesrepublik Deutschland.**

Bundesrepublik Deutschland *die* République *f* fédérale d'Allemagne.

Bundesrepublik Österreich *die* République *f* fédérale d'Autriche.

Bundes|staat *der* État *m* fédéral.

Bundes|straße *die* ≃ route *f* nationale.

Bundes|tag *der* ▷ **Deutsche Bundestag.**

Bundes|verfassungs|gericht *das (ohne Pl)* Cour *f* constitutionnelle allemande.

Bundes|wehr *die (ohne Pl)* Bundeswehr *f armée allemande.*

bundesweit ◇ *adj* qui concerne toute l'Allemagne, dans toute l'Allemagne ◇ *adv* dans toute l'Allemagne.

bündig ◇ *adj* concis(e) ◇ *adv* brièvement.

Bündnis (*pl* **-se**) *das* alliance *f.*

Bündnis 90/Grüne *das (ohne Pl) parti constitué d'écologistes de l'ancienne Allemagne de l'Ouest et de l'ex-RDA.*

Bungalow ['buŋgalo] (*pl* **-s**) *der* bungalow *m.*

Bunker (*pl* **-**) *der* [Schutzraum] abri *m* ; HIST bunker *m.*

bunt ◇ *adj* - **1.** [vielfarbig] multicolore, bariolé(e) - **2.** [abwechslungsreich] varié(e) ; **~er Abend** soirée *f* d'animation - **3.** [durcheinander] confus(e), désordonné(e) ◇ *adv* - **1.** [vielfarbig] en couleurs - **2.** [abwechslungsreich] : **~ gemischt** hétéroclite ; **es zu ~ treiben** aller trop loin, dépasser les bornes.

Bunt|stift *der* crayon *m* de couleur.

Burg (*pl* **-en**) *die* château (fort) *m.*

Bürge (*pl* **-n**) *der* caution *f*, garant *m*, -e *f.*

bürgen *vi* : **für jn ~** cautionner qqn, se porter garant(e) pour qqn ; **für etw ~** *eigtl* cautionner qqch, se porter garant(e) de qqch ; *fig* être la garantie de qqch.

Burgenland *das* Burgenland *m.*

burgenländisch *adj* du Burgenland.

Bürger, in (*mpl* **-** ; *fpl* **-nen**) *der, die* [Mitbürger] citoyen *m*, -enne *f.*

Bürger|initiative *die* [in Stadt] association *f* de quartier.

Bürger|krieg *der* guerre *f* civile.

bürgerlich ◇ *adj* - **1.** [Rechte, Pflichten] civil(e) - **2.** [Leben, Partei] bourgeois(e) ◇ *adv* [leben] bourgeoisement.

Bürger|meister, in *der, die* maire *m*, bourgmestre *m Helv & Belg.*

Bürgersteig (*pl* **-e**) *der* trottoir *m.*

Bürgertum *das (ohne Pl)* bourgeoisie *f.*

Bürgschaft (*pl* **-en**) *die* : **~ (für jn/etw)** caution *f* (pour qqn/qqch).

Büro [by'ro:] (*pl* **-s**) *das* bureau *m* ; [von Sekretärinnen] pool *m.*

Büro|klammer *die* trombone *m.*

bürokratisch ◇ *adj* bureaucratique ◇ *adv* [verwaltungstechnisch] suivant les procédures administratives.

Bursche (*pl* **-n**) *der* [Junge] garçon *m.*

burschikos ◇ *adj* garçonnier(ère) ◇ *adv* comme un garçon.

Bürste (*pl* **-n**) *die* [Gerät] brosse *f.*

bürsten *vt* brosser.

Bus (*pl* **-se**) *der* - **1.** [Omnibus] bus *m* - **2.** [Reisebus] car *m.*

Busch (*pl* **Büsche**) *der* - **1.** [Strauch] buisson *m* - **2.** GEOGR brousse *f.*

Büschel (*pl* **-**) *das* touffe *f.*

buschig *adj* - **1.** [Augenbrauen, Gelände] broussailleux(euse) - **2.** [Pflanze] touffu(e).

Busen (*pl* **-**) *der* poitrine *f*, seins *mpl.*

Bus|fahrer, in *der, die* - **1.** [von Omnibussen] conducteur de bus *m*, conductrice de bus *f* - **2.** [von Reisebussen] chauffeur *m* de car.

Bushalte|stelle *die* arrêt *m* de bus.

Business Class *die (ohne pl)* classe *f* affaires.

Bussard (*pl* **-e**) *der* buse *f.*

büßen ◇ *vt* - **1.** [Sünde] expier - **2.** [Untat] payer *fig* ◇ *vi* : **für etw ~** REL faire pénitence pour qqch ; [für eine Untat] payer qqch *fig.*

Buß|geld *das* amende *f.*

Buß- und Bet|tag *der mercredi (férié) précédant Christ Roi, jour de pénitence et de prière pour les protestants luthériens allemands.*

Büste (*pl* **-n**) *die* buste *m.*

Büstenhalter (*pl* **-**) *der* soutien-gorge *m.*

Butike = **Boutique.**

Butter *die (ohne Pl)* beurre *m.*

Butter|brot *das* tartine *f* beurrée.

Butter|dose *die* beurrier *m.*

Butter|milch *die* babeurre *m.*

b. w. (*abk für* **bitte wenden**) T.S.V.P.

BWL (*abk für* **Betriebswirtschaftslehre**) *die (ohne Pl)* gestion *f.*

bzw. *abk für* **beziehungsweise.**

C

c, C [tse:] (*pl* - ODER **-s**) *das* - **1.** [Buchstabe] c *m inv*, C *m inv* - **2.** MUS do *m*, ut *m*. ◆ **C** (*abk für* **Celsius**) C.
ca. (*abk für* **circa**) env.
Cabaret [kaba're:] *das* = **Kabarett.**
Cabrio ['ka:brio] *das* = **Kabrio.**
Café [ka'fe:] (*pl* **-s**) *das* café *m*, salon *m* de thé.
Cafeteria [kafetə'ri:a] (*pl* **-s**) *die* cafétéria *f*.
cal (*abk für* **Kalorie**) cal.
Callcenter ['kɔ:lsɛntɐ] (*pl* **-s**) *das* TELEKOM centre *m* d'appels.
Calls [kɔ:lz] *pl* WIRTSCH option *f* d'achat.
Calzium ['kaltsium] *das* = **Kalzium.**
campen ['kɛmpn̩] *vi* camper, faire du camping.
Camping ['kɛmpɪŋ] *das (ohne Pl)* camping *m*.
canceln ['kɛnsɛln̩] (*Präs* **cancelt** ; *Prät* **cancelte** ; *Perf* **hat gecancelt**) *vt* - **1.** [Flug, Termin] annuler - **2.** [Abo] résilier.
Cape [ke:p] (*pl* **-s**) *das* cape *f*.
Carsharing *das (ohne pl)* covoiturage *m*.
Carving|ski *der* SPORT carving *m*, ski *m* parabolique.
CB-Funker [tse:'be:fʊŋkɐ] *der* cibiste *mf*.
CD [tse:'de:] (*pl* **-s**) (*abk für* **Compactdisc**) *die* CD *m*.
CD-|Spieler [tse:'de:ʃpi:lɐ] *der* lecteur *m* de disques compacts, platine *f* laser.
CDU [tse:de:'|u:] (*abk für* **Christlich-Demokratische Union**) *die (ohne Pl) parti démocrate-chrétien allemand.*
C-Dur ['tse:du:ɐ̯] *das (ohne Pl)* do *m* ODER ut *m* majeur.
CeBit ['tse:bɪt] *die (ohne Pl) salon de l'informatique qui a lieu chaque année à Hanovre.*
Cello ['tʃɛlo] (*pl* **-s**) *das* violoncelle *m*.
Celsius ['tsɛlzius] : **10 Grad ~** 10 degrés Celsius.
Cent [(t)sɛnt] (*pl* **-s** ODER **-**) *der* [in EU] centime *m* (d'euro).
Chamäleon [ka'mɛ:leɔn] (*pl* **-s**) *das* caméléon *m*.
Champagner [ʃam'panjɐ] (*pl* **-**) *der* champagne *m*.
Champignon ['ʃampɪnjɔŋ] (*pl* **-s**) *der* champignon *m* de Paris.
Chance ['ʃɑ̃:s(ə)] (*pl* **-n**) *die* [Möglichkeit] chance *f* ; **jm eine ~ geben** donner une ODER sa chance à qqn ; **~n (bei jm) haben** avoir ses chances (auprès de qqn).
Chanson [ʃɑ̃'sɔ̃] (*pl* **-s**) *das* chanson *f* (satirique).
Chaos ['ka:ɔs] *das (ohne Pl)* chaos *m*.
chaotisch [ka'o:tɪʃ] <> *adj* désordonné(e) <> *adv* de manière désordonnée ; **~ handeln** faire n'importe quoi.
Charakter [ka'raktɐ] (*pl* **-tere**) *der* - **1.** [gen] caractère *m* - **2.** [Mensch] personnalité *f*.
charakterisieren [karakteri'zi:rən] *vt* caractériser.
Charakteristik [karakte'rɪstɪk] (*pl* **-en**) *die* caractéristique *f*.
charakteristisch [karakte'rɪstɪʃ] <> *adj* caractéristique ; **für jn/etw ~ sein** être caractéristique de qqn/qqch <> *adv* de manière caractéristique.
charakterlich [ka'raktɐlɪç] *adj* de caractère.
charakterlos [ka'raktɐlo:s] <> *adj* dépourvu(e) de caractère <> *adv* de façon amorale.
charmant, scharmant [ʃar'mant] <> *adj* charmant(e) <> *adv* de façon charmante.
Charme, Scharm [ʃarm] *der (ohne Pl)* charme *m*.
Charter|flug ['tʃartɐflu:k] *der* vol *m* charter.
Charter|maschine *die* charter *m*.
chartern ['tʃartɐn] *vt* affréter.
Chat [tʃɛt] (*pl* **-s**) *der* EDV discussion *f (sur Internet)*.
Chatroom [tʃɛtˌru:m] (*pl* **-s**) *der* EDV forum *m* de discussion.
Chauvinismus [ʃovi'nɪsmʊs] *der (ohne Pl) abw* - **1.** [Sexismus] machisme *m* - **2.** [Nationalismus] chauvinisme *m*.
chauvinistisch [ʃovi'nistɪʃ] *abw* <> *adj* [sexistisch] machiste ; [nationalistisch] chauvin(e) <> *adv* - **1.** [sexistisch] comme un machiste - **2.** [nationalistisch] comme un chauviniste.
checken ['tʃɛkn̩] *vt* [untersuchen] vérifier.
Chef [ʃɛf] (*pl* **-s**) *der* chef *m*, patron *m*.
Chef|arzt, |ärztin *der, die* médecin-chef *m*.
Chefin (*pl* **-nen**) *die* chef *m*, patronne *f*.
Chemie [çe'mi:] *die (ohne Pl)* - **1.** [Wissenschaft] chimie *f* - **2.** *fam* [Chemikalien] produits *mpl* chimiques.
Chemikalie [çemi'ka:liə] (*pl* **-n**) *die* produit *m* chimique.
Chemiker, in ['çe:mikɐ, rɪn] (*mpl* **-** ; *fpl* **-nen**) *der, die* chimiste *mf*.
chemisch ['çe:mɪʃ] <> *adj* chimique <> *adv* chimiquement.

Chemo|therapie [ç'emoterapi:] *die* chimiothérapie *f.*
Chicorée, Schikoree ['ʃikore] (*pl* **-s**) *die* ODER *der* endive *f.*
Chiffre ['ʃifrə] (*pl* **-n**) *die* - **1.** [Zeichen] chiffre *m* - **2.** [von Anzeigen] référence *f* ; **unter ~** sous une référence.
chiffrieren [ʃɪ'fri:rən] *vt* coder, crypter.
Chile ['tʃi:le] *nt* Chili *m* ; **in ~** au Chili.
Chili ['tʃi:li] *der (ohne Pl)* - **1.** [Schote] piment *m* - **2.** [Gewürz] poivre *m* de Cayenne.
China ['çi:na] *nt (ohne Pl)* Chine *f.*
China|kohl *der* chou *m* chinois.
Chinese [çi'ne:zə] (*pl* **-n**) *der* Chinois *m.*
Chinesin [çi'ne:zin] (*pl* **-nen**) *die* Chinoise *f.*
chinesisch [çi'ne:zɪʃ] *adj* chinois(e).
Chinin [çi'ni:n] *das (ohne Pl)* quinine *f.*
Chip [tʃɪp] (*pl* **-s**) *der* - **1.** ELEKTR puce *f*, microprocesseur *m* - **2.** [beim Spiel] jeton *m.*
Chips [tʃɪps] *pl* chips *fpl.*
Chirurg [çi'rʊrk] (*pl* **-en**) *der* chirurgien *m.*
Chirurgie [çirʊr'gi:] (*pl* **-n**) *die* chirurgie *f.*
Chirurgin [çi'rʊrgɪn] (*pl* **-nen**) *die* chirurgienne *f.*
chirurgisch [çi'rʊrgɪʃ] ◇ *adj* chirurgical(e) ◇ *adv* par la chirurgie.
Chlor [klo:ɐ̯] *das (ohne Pl)* CHEM chlore *m.*
Choke [tʃo:k] (*pl* **-s**) *der* starter *m.*
Cholesterin [kolɛste'ri:n] *das (ohne Pl)* cholestérol *m.*
Chor [ko:ɐ̯] (*pl* **Chöre**) *der* - **1.** MUS chœur *m*, chorale *f* ; **im ~** en chœur - **2.** ARCHIT chœur *m.*
Choreografie, Choreographie [koreogra'fi:] (*pl* **-n**) *die* chorégraphie *f.*
Christ ['krɪst] (*pl* **-en**) *der* chrétien *m* ; **der ~** le Christ.
Christ|baum *der* arbre *m* ODER sapin *m* de Noël.
Christ|demokrat, in *der, die* démocrate-chrétien *m*, -enne *f.*
Christentum ['krɪstn̩tu:m] *das (ohne Pl)* christianisme *m.*
Christi Himmelfahrt *(ohne Artikel)* [Feiertag] Ascension *f.*
Christin ['krɪstɪn] (*pl* **-nen**) *die* chrétienne *f.*
Christ|kind *das (ohne Pl)* - **1.** [Jesuskind] enfant Jésus *m* - **2.** [zu Weihnachten] : **das ~** ≃ le Père Noël.
christlich ['krɪstlɪç] ◇ *adj* chrétien(enne) ◇ *adv* en bon chrétien.
Christus ['krɪstʊs] *der (ohne Pl)* Christ *m.*
Chrom [kro:m] *das (ohne Pl)* chrome *m.*
Chromosom [kromo'zo:m] (*pl* **-en**) *das* BIOL chromosome *m.*
Chronik ['kro:nɪk] (*pl* **-en**) *die* chronique *f.*
chronisch ['kro:nɪʃ] *adj* MED chronique.
chronologisch [krono'lo:gɪʃ] ◇ *adj* chronologique ◇ *adv* dans l'ordre chronologique.
circa ['tsɪrka] = **zirka.**
clever ['klɛvɐ] *adj* futé(e).
Clique ['klɪkə] (*pl* **-n**) *die* [Gruppe] bande *f* *(d'amis, de jeunes).*
Clown, in [klaun, ɪn] (*mpl* **-s** ; *fpl* **-nen**) *der, die* clown *m.*
cm (*abk für* **Zentimeter**) cm.
c-Moll ['tse:mɔl] *das (ohne Pl)* MUS do *m* mineur.
c/o (*abk für* **care of**) c/o, a/s.
Cockerspaniel ['kɔkɐspa:ni̯əl] (*pl* **-s** ODER **-**) *der* cocker *m.*
Cocktail ['kɔkte:l] (*pl* **-s**) *der* cocktail *m.*
Code ['ko:t] *der* = **Kode.**
Cognac® ['kɔnjak] (*pl* **-s**) *der* cognac® *m.*
Cola ['ko:la] (*pl* **-s**) *die* ODER *das fam* coca(-cola) *m.*
Comic ['kɔmɪk] (*pl* **-s**) *der* bande *f* dessinée.
Computer [kɔm'pju:tɐ] (*pl* **-**) *der* ordinateur *m.*
Container [kɔn'te:nɐ] (*pl* **-**) *der* conteneur *m* ; [für Abfall] benne *f.*
contra ['kɔntra] *präp* RECHT = **kontra.**
Copyright ['kɔpirait] (*pl* **-s**) *das* copyright *m.*
Cord [kɔrt] *der* = **Kord.**
Couch [kautʃ] (*pl* **-s** ODER **-en**) *die* divan *m.*
Count-down ['kaunt'daun] (*pl* **-s**) *der* ODER *das* compte *m* à rebours.
Cousin [ku'zɛ̃] (*pl* **-s**) *der* cousin *m.*
Cousine, Kusine [ku'zi:nə] (*pl* **-n**) *die* cousine *f.*
Cowboy ['kaubɔy] (*pl* **-s**) *der* cow-boy *m.*
Creme, Krem [kre:m, krɛ:m] (*pl* **-s** ODER **-n**) *die* - **1.** [Salbe, Küche] crème *f* - **2.** *fam fig* [Gesellschaftsschicht] gratin *m.*

Creme

Outre la traduction « crème », le terme allemand **Creme** se traduit au figuré par « gratin ». Ainsi, on traduira la phrase **Auf diesem Ball war die Creme der Gesellschaft anwesend** par « Tout le gratin était présent à ce bal ».
Au sens propre, le terme « gratin » correspond à l'allemand **Auflauf**, comme on peut le constater dans l'exemple suivant « Elle servit un rôti accompagné de gratin dauphinois » que l'on traduira par **Sie servierte einen Braten mit einem Kartoffelauflauf**.

cremig, kremig ['kre:mɪç] *adj* [Ei, Jogurt] onctueux(euse).
CSU [tse:ɛs'u:] (*abk für* **Christlich-Soziale**

Union) *die (ohne Pl) parti social-chrétien en Bavière.*

Curry ['kœri] (*pl* **-s**) *das* curry *m.*

Curry|wurst *die saucisse grillée à la sauce curry et ketchup.*

CVP [tseːlfaulpeː] (*abk für* **Christliche Volkspartei (der Schweiz))** *die (ohne Pl) parti populiste chrétien suisse.*

Cyberspace ['saibɐspeɪs] *das (ohne pl)* cyberespace *m.*

D

d, D [deː] (*pl* - ODER **-s**) *das* **- 1.** [Buchstabe] d *m inv*, D *m inv* **- 2.** MUS ré *m inv.*

da ◇ *adv* **- 1.** [gen] là ; **~ liegt deine Tasche** ton sac est là ; **der Mann ~** cet homme-là ; **~ bist du ja!** te voilà! ; **~ drüben** là-bas ; **~ lang** par là ; **von ~ an** à partir de ce moment-là **- 2.** [als Satzanfang] : **~ fällt mir gerade ein!** tiens ODER tenez, je viens de penser à quelque chose! ◇ *konj* [weil] comme.

da|behalten *vt (unreg)* garder.

dabei, dabei *adv* **- 1.** [räumlich] : **etw ist nicht ~** il n'y a pas qqch ; **nahe ~** tout près **- 2.** [gleichzeitig] en même temps ; **~ sein, etw zu tun** être en train de faire qqch ; **essen und ~ reden** discuter en mangeant **- 3.** [bei etwas] dans cette affaire ; **jm ~ helfen, etw zu tun** aider qqn à faire qqch ; **es bleibt ~** c'est entendu ; **es ist nichts ~** *fam* il n'y a pas de mal à qqch **- 4.** [doch] pourtant ; *siehe auch* **dabei sein.**

dabei|haben *vt (unreg)* **- 1.** [Gegenstand] avoir sur soi **- 2.** [Person] avoir avec soi.

dabei sein (*perf* **ist dabei gewesen**) *vi (unreg)* être là ODER présent(e) ; **~, etw zu tun** être en train de faire qqch.

da|bleiben (*perf* **ist dageblieben**) *vi (unreg)* rester.

Dach (*pl* **Dächer**) *das* toit *m.*

Dach|boden *der* grenier *m.*

Dach|luke *die* lucarne *f.*

Dach|rinne *die* gouttière *f.*

Dachs [daks] (*pl* **-e**) *der* blaireau *m.*

dachte *prät* ▷ **denken.**

Dach|ziegel *der* tuile *f.*

Dackel (*pl* -) *der* teckel *m.*

Dadaismus [dada'ɪsmʊs] *der (ohne Pl)* dadaïsme *m.*

dadurch, dadurch *adv* **- 1.** [räumlich] par là **- 2.** [deshalb] de ce fait. ◆ **dadurch, dass** *konj* du fait que.

dafür, dafür *adv* **- 1.** [für etwas] pour ODER à cela, en, y ; **~ zahlen** payer pour cela ; **~ verantwortlich sein** en être responsable ; **sich ~ interessieren** s'y intéresser, s'intéresser à cela ; **~ sein** être pour **- 2.** [trotzdem] par contre ; **schön, aber ~ unpraktisch** beau, mais par contre peu pratique. ◆ **dafür, dass** *konj* bien que.

dafür|können *vt (unreg)* : **nichts ~** *fam* n'y être pour rien.

DAG (*abk für* **Deutsche Angestellten-Gewerkschaft)** *die (ohne Pl) syndicat des employés et cadres allemands.*

dagegen, dagegen *adv* **- 1.** [gegen etwas] contre cela ; **~ sein** être contre ; **etwas ~ haben (, dass)** être contre (le fait que *(+ subjonctif))* ; **nichts ~ haben** n'avoir rien contre ; **~ sprechen** s'opposer à **- 2.** [im Gegensatz] par contre **- 3.** [im Vergleich] en comparaison.

daheim *adv Süddt, Österr & Schweiz* à la maison.

daher *adv* **- 1.** [von da] de là **- 2.** [dadurch] : **~, dass** du fait que **- 3.** [deswegen] donc.

dahin, dahin ◇ *adv* **- 1.** [räumlich] là, là-bas, y ; **etw ~ legen** poser qqch là ODER là-bas ; **~ fahren** ODER **gehen** y aller ; **sich ~ drehen** se tourner de ce côté-là **- 2.** [zeitlich] : **bis ~** jusque-là ◇ *adj* : **~ sein** [kaputt] être cassé(e) ; [verschwunden] être parti(e).

dahingestellt *pp* : **etw bleibt** ODER **sei ~** qqch reste à prouver.

dahinten *adv* là-bas.

dahinter *adv* derrière ; **es ist** ODER **steckt nicht viel ~** c'est du vent ODER de l'esbroufe.

dahinter|kommen (*perf* **ist dahintergekommen**) *vi (unreg) fam* découvrir le pot aux roses.

dahinter|stecken *vi fam* se cacher derrière.

dahinter|stehen *vi (unreg)* **- 1.** [gemeinsam] faire bloc **- 2.** [zugrundeliegen] être à la base de.

Dakar *nt* Dakar.

damalig *adj* de l'époque.

damals *adv* à cette époque ; **seit ~** depuis lors.

Damaskus *nt* Damas.

Damast (*pl* **-e**) *der* damas *m.*

Dame (*pl* **-n**) *die* [Frau, als Karte] dame *f* ; **meine (sehr verehrten) ~n und Herren** Mesdames, Messieurs.

Damen|binde *die* serviette *f* hygiénique.

damenhaft ◇ *adj* de dame ◇ *adv* comme une dame.

Damen|toilette *die* toilettes *fpl* pour dames.

damit ◇ *konj* pour que ◇ *adv* **- 1.** [mit etwas] avec cela, en ; **hör auf ~!** arrête ça! ; **~ zufrieden sein** en être content ; **~ etw beweisen** prouver qqch par là ; **~ hat er Recht** pour ça, il a raison **- 2.** [dadurch] de ce fait.

dämlich *fam abw* ◇ *adj* idiot(e) ◇ *adv* bêtement.

Damm (*pl* **Dämme**) *der* [Deich] digue *f*.

dämmerig = **dämmrig.**

dämmern *vi* [einsetzen] : **es dämmert** [am Morgen] le jour se lève ; [am Abend] la nuit tombe.

Dämmerung (*pl* **-en**) *die* **- 1.** [am Morgen] aube *f* **- 2.** [am Abend] crépuscule *m*.

dämmrig, dämmerig *adj* sombre.

Dämon (*pl* **-en**) *der* démon *m*.

dämonisch *adj* démoniaque.

Dampf (*pl* **Dämpfe**) *der* vapeur *f* ; [im Bad] buée *f* ; [von Speisen] fumée *f* ; **wir müssen mehr ~ dahinter machen** nous devons passer à la vitesse supérieure.

Dampf|bad *das* bain *m* de vapeur.

dampfen *vi* fumer.

dämpfen *vt* **- 1.** [dünsten] cuire à l'étuvée **- 2.** [Ton, Licht] adoucir ; [Stoß] amortir ; [Kosten] réduire ; [Erwartungen] tempérer **- 3.** [Zorn] apaiser ; [Begeisterung] calmer.

Dampfer (*pl* **-**) *der* [für Ausflug] bateau *m* à vapeur ; [Ozeandampfer] paquebot *m*.

Dämpfer (*pl* **-**) *der* : **jm einen ~ aufsetzen** ODER **verpassen** refroidir qqn.

Dampf|maschine *die* machine *f* à vapeur.

Dampf|walze *die* rouleau *m* compresseur.

danach, danach *adv* **- 1.** [zeitlich] après ; **kurz ~** peu après ; **davor ... und ~ ...** avant ... et après ... ; **zuerst ... und ~ ...** d'abord ... et ensuite .... **- 2.** [nach etwas] après cela, y ; **sich ~ richten** s'y conformer ; **~ fragen** poser des questions à ce sujet **- 3.** [entsprechend] : **es sieht ~ aus, dass ...** on dirait, que ... ; **jm ist ~, etw zu tun** qqn a envie de faire qqch.

Däne (*pl* **-n**) *der* Danois *m*.

daneben *adv* **- 1.** [nebenan] à côté **- 2.** [vergleichend] en comparaison **- 3.** [dazu] en plus.

daneben|benehmen *(unreg)* ◈ **sich danebenbenehmen** *ref fam* se conduire mal.

daneben|gehen (*perf* **ist danebengegangen**) *vi (unreg)* **- 1.** [danebenzielen] manquer son but **- 2.** *fam* [misslingen] échouer.

Dänemark *nt* Danemark *m* ; **in ~** au Danemark.

Dänin (*pl* **-nen**) *die* Danoise *f*.

dänisch *adj* danois(e).

Dänisch *das (ohne Pl)* danois *m ; siehe auch* **Englisch.**

Dänische *das (ohne Pl)* danois *m ; siehe auch* **Englische.**

dank *präp :* **~ einer Sache** *(G)* grâce à qqch.

Dank *der (ohne Pl)* remerciement *m ;* **zum ~ für** en reconnaissance de ; **vielen** ODER **schönen** ODER **besten ~ auch!** merci beaucoup!

dankbar ◇ *adj* **- 1.** [voller Dank] reconnaissant(e) ; **jm (für etw) ~ sein** être reconnaissant(e) à qqn (de qqch) **- 2.** [Aufgabe, Investition] gratifiant(e) ◇ *adv* [voller Dank] avec reconnaissance.

Dankbarkeit *die (ohne Pl)* reconnaissance *f*.

danke *interj* merci ; **~ gleichfalls!** merci, vous de même ODER toi aussi! ; **~ sehr** ODER **schön!** merci beaucoup!

danken *vi :* **jm (für etw) ~** remercier qqn (de ODER pour qqch) ; **nichts zu ~!** de rien!, il n'y a pas de quoi!

Dankeschön *das (ohne Pl)* grand merci *m ;* **als ~** pour dire merci.

Dank|schreiben *das* lettre *f* de remerciement.

dann ◇ *adv* **- 1.** [danach, dahinter] ensuite, puis **- 2.** [zu dieser Zeit] alors **- 3.** [dazu] : **~ (auch) das noch** et par-dessus le marché **- 4.** *fam* [demnächst, irgendwann] bientôt ; **bis ~** ODER **denn!** *fam* à bientôt! ◇ *konj* alors ; **erst ~ wenn** c'est seulement quand. ◈ **also dann!** *interj* allez! ◈ **dann und wann** *adv* de temps en temps.

Danzig *nt* Dantzig, Gdansk.

daran, daran, dran *adv* **- 1.** [räumlich] y ; **~ kleben** y coller **- 2.** [an etwas] à cela, y, en ; **jn ~ erkennen** reconnaître qqn à cela ; **~ denken** y penser ; **~ zweifeln** en douter ; **sich ~ machen** s'y mettre.

daran|setzen *vt :* **alles ~, etw zu tun** mettre tout en œuvre pour faire qqch.

darauf, drauf *adv* **- 1.** [räumlich] (là-)dessus **- 2.** [zeitlich] après ; **am Tag ~** le lendemain **- 3.** [sagen] à cela **- 4.** [final] : **~ hinauswollen** vouloir en venir à cela ; **~ spekulieren** spéculer là-dessus.

daraufhin *adv* **- 1.** [aus einem Grund] sur ce, à la suite de cela **- 2.** [zu einem Zweck] : **~ prüfen, ob** tester pour voir si.

daraus, draus *adv* **- 1.** [aus Behältnis, Material] y **- 2.** [aus Plan, Tatsache] en ; **mach dir nichts ~!** ne t'en fais pas! ; **ich mache mir nichts ~!** je m'en moque!

darf *präs* ▷ **dürfen.**

darin, drin *adv* **- 1.** [örtlich] (là-)dedans **- 2.** [in diesem Sachverhalt] en cela.

dar|legen *vt* exposer.

Darlehen (*pl* -) *das* - **1.** [für Geber] prêt *m* - **2.** [für Nehmer] emprunt *m*.

Darm (*pl* **Därme**) *der* - **1.** [Organ] intestin *m* - **2.** *(ohne Pl)* [Material] boyau *m*.

Darm|infektion *die* infection *f* intestinale.

dar|stellen *vt* - **1.** [Subj : Bild] représenter - **2.** [beschreiben] présenter - **3.** [Subj : Schauspieler] interpréter - **4.** [sein] représenter ; **etwas ~** représenter quelque chose.

Darsteller, in (*mpl* - ; *fpl* **-nen**) *der, die* interprète *mf*.

Darstellung (*pl* **-en**) *die* - **1.** [als Bild] représentation *f* - **2.** [als Rolle] interprétation *f* - **3.** [Bericht] présentation *f*.

darüber, darüber, drüber *adv* - **1.** [räumlich] au-dessus ; **~ (hinweg)** pardessus - **2.** [über etw] en, y, sur cela ; **~ sprechen** en parler ; **~ nachdenken** y réfléchir ; **~ hinaus** *fig* en outre ; **~ hinaus sein** *fig* en être sorti(e) - **3.** [mehr] plus.

darum, drum *adv* - **1.** [um eine Sache herum] autour ; **~ geht es nicht!** *fig* ce n'est pas le problème! - **2.** [deswegen] c'est pourquoi.

darunter, darunter, drunter *adv* - **1.** [räumlich] en dessous ; **~ hindurch** par dessous - **2.** [unter etwas] sous cela, en, par là ; **~ versteckt** caché sous cela ; **sich etwas ~ vorstellen** en avoir une idée ; **~ verstehen, dass** comprendre par là que - **3.** [weniger] moins ; **20 Jahre und ~** 20 ans et moins - **4.** [zu der Menge] parmi ceux-là ODER celles-là ; **~ fallen** être parmi ceux-là ODER celles-là.

das ◇ *det (Nominativ Singular)* - **1.** [vor Substantiven] le, la, l' ; **~ Buch** le livre ; **~ Mädchen** la fille ; **~ Kind** l'enfant *mf* - **2.** [vor Verben] : **sich ~ Rauchen abgewöhnen** arrêter de fumer ; **~ Segeln lernen** apprendre à faire de la voile ◇ *pron (Nominativ Singular)* - **1.** [Demonstrativ] ça, cela ; **~ macht nichts** cela ODER ça ne fait rien ; **~ dort** celui-là, celle-là ; **~ ist alles** c'est tout ; **~ hier ist unser Haus** voici notre maison ; **~ und ~** ceci et cela, toutes sortes de choses - **2.** [Relativpronomen] qui, que ; **~ Auto, ~ da steht** la voiture qui se trouve là ; **~ Mädchen, ~ ich kenne** la jeune fille que je connais - **3.** *fam* [bei unpersönlichen Verben] il ; **wie ~ schneit!** comme il neige!

da sein (*perf* **ist da gewesen**) *vi (unreg)* - **1.** [vorrätig sein] : **es ist etw da** il y a qqch - **2.** [anwesend sein, leben] être là ; **gleich wieder ~** revenir tout de suite - **3.** [eingetreten sein] se présenter ; **noch nie da gewesen** qui ne s'est jamais présenté(e). ◆ **Dasein** *das (ohne Pl)* - **1.** [Leben] existence *f* - **2.** [Anwesenheit] présence *f*.

da|sitzen *vi (unreg)* [auf Stuhl] être assis(e) là.

dasjenige ◇ *det* : **~ Kind, das** l'enfant qui ◇ *pron* : **~, das** celui *m* ODER celle *f* qui.

dass *konj* - **1.** [gen] que ; **ich weiß, ~ das stimmt** je sais que c'est vrai ; **so ..., ~** tellement ... que - **2.** *fam* [zum Ausdruck einer Drohung] : **~ das nicht wieder vorkommt** que ça ne se reproduise pas.

dasselbe ◇ *det* le même, la même ◇ *pron* le même, la même.

da|stehen *vi (unreg)* - **1.** [örtlich] se tenir là - **2.** [in persönlicher Lage] se trouver ; **gut** ODER **glänzend ~** être en bonne posture.

Datei (*pl* **-en**) *die* EDV fichier *m*.

Daten *pl* - **1.** [Zeiten] ▷ **Datum** - **2.** [technische] données *fpl* ; **~ verarbeitend** informatique.

Datenauto|bahn *die* EDV autoroute *f* de l'information.

Datenbank (*pl* **-en**) *die* EDV banque *f* de données.

Daten|netz *das* réseau *m* électronique.

Datenschutz|gesetz *das (ohne Pl)* loi *f* informatique et libertés.

Daten|typist, in (*mpl* **-en** ; *fpl* **-nen**) *der, die* opérateur *m*, -trice *f*.

Daten|verarbeitung *die* - **1.** EDV informatique *f* - **2.** [Bearbeitung] traitement *m* de données.

datieren *vt* dater.

Dativ (*pl* **-e**) *der* datif *m*.

Datum (*pl* **Daten**) *das* date *f*.

> **Datum**
>
> En allemand, le jour est signalé par un chiffre suivi d'un point à l'écrit (7. Juni 2000).
> À l'oral ou si l'on souhaite écrire la date en toutes lettres, on utilisera les nombres ordinaux (**siebter Juni 2000** ou **siebter sechster 2000**).
> En abrégé, le jour, le mois et l'année sont séparés par des points (07.06.00).
> Quand on indique une date, le jour est toujours au datif (terminaison : **en**) précédé de **am** (**am siebten Juni 2000**).

Dauer *die (ohne Pl)* durée *f* ; **auf (die) ~** à la longue.

dauerhaft ◇ *adj* durable ◇ *adv* [langfristig] de façon durable ; [endgültig] une bonne fois pour toutes.

Dauer|karte *die* abonnement *m*.

Dauer|lauf *der* course *f* de fond.

dauern *vi* durer ; **es dauert** ça dure.

dauernd ◇ *adj* permanent(e) ◇ *adv* toujours.

Dauer|welle *die* permanente *f.*

Dauer|zustand *der* état *m* permanent.

Däumchen (*pl* -) *das* : ~ **drehen** *fam* se tourner les pouces.

Daumen (*pl* -) *der* pouce *m* ; **jm die ~ drücken** ODER **halten** *fam fig* croiser les doigts pour qqn.

Daune (*pl* -**n**) *die* duvet *m.*

Daunen|decke *die* édredon *m.*

davon, davon *adv* - **1.** [räumlich] de là ; **nicht weit ~** non loin de là - **2.** [von etwas] de cela, en ; **~ weiß ich nichts** je n'en sais rien ; **das hängt ~ ab** ça dépend - **3.** [von der Gesamtheit] en ; **~ ein Stück nehmen/abreißen** en prendre/arracher un morceau.

davon|kommen (*perf* **ist davongekommen**) *vi (unreg)* s'en tirer.

davon|laufen (*perf* **ist davongelaufen**) *vi (unreg)* se sauver ; **jm ~** [Ehepartner] quitter qqn ; [Verfolger] semer qqn.

davor, davor *adv* - **1.** [räumlich] devant - **2.** [zeitlich] avant ; **kurz ~** juste avant - **3.** [vor etwas] de cela, en ; **~ Angst haben** en avoir peur ; **~ fliehen** fuir (devant cela).

dazu, dazu *adv* - **1.** [zu etwas] à cela, en, y ; **Lust ~ haben** en avoir envie ; **~ beitragen** y contribuer ; **nicht ~ kommen, etw zu tun** ne pas arriver à faire qqch - **2.** [außerdem] en plus - **3.** [daneben] avec cela.

dazu|geben *vt (unreg)* ajouter.

dazu|gehören *vi* - **1.** [zu etw gehören] : **zu jm ~** être avec qqn ; **(zu etw) ~** aller avec (qqch) - **2.** [nötig sein] : **es gehört Mut** ODER **einiges dazu (, etw zu tun)** il en faut du courage (pour faire qqch).

dazu|kommen (*perf* **ist dazugekommen**) *vi (unreg)* [ankommen] : **zu jm ~** se joindre à qqn ; **kommen noch viele dazu?** il en manque encore beaucoup? ; **kommt noch was dazu?** et avec ça?

dazu|tun *vt (unreg) fam* ajouter. ◆ **Dazutun** *das (ohne Pl)* : **ohne js Dazutun** sans l'aide de qqn.

dazwischen *adv* entre les deux.

dazwischen|kommen (*perf* **ist dazwischengekommen**) *vi (unreg)* - **1.** [dazwischengeraten] : **mit dem Finger ~** se prendre le doigt dedans - **2.** [ungeplant] : **ihr kommt etw dazwischen** elle a un empêchement.

dazwischen|rufen *(unreg)* <> *vt* crier <> *vi* faire des remarques à haute voix.

DB (*abk für* **Deutsche Bundesbahn**) *die (ohne Pl) entreprise de chemins de fer allemands,* ≃ SNCF *f.*

DDR (*abk für* **Deutsche Demokratische Republik**) *die (ohne Pl)* HIST RDA *f.*

Dealer, in ['diːlɐ, rɪn] (*mpl* - ; *fpl* -**nen**) *der, die* dealer *m.*

Debatte (*pl* -**n**) *die* débat *m* ; **zur ~ stehen** être à l'ordre du jour.

debattieren <> *vt* débattre <> *vi* : **über etw** *(A)* **~** débattre de qqch.

Deck (*pl* -**s**) *das* pont *m.* ◆ **an Deck** *adv* sur le pont.

Deck|blatt *das* couverture *f.*

Decke (*pl* -**n**) *die* - **1.** [Tischdecke] nappe *f* - **2.** [warm] couverture *f* - **3.** [von Zimmern] plafond *m* - **4.** *RW* : **(mit jm) unter einer ~ stecken** *fam* être de mèche avec qqn.

Deckel (*pl* -) *der* - **1.** [von Gefäßen] couvercle *m* - **2.** [von Büchern] couverture *f.*

decken <> *vt* : **etw über etw** *(A)* **~** couvrir qqch de qqch ; **etw über jn ~** étendre qqch sur qqn <> *vi* - **1.** [den Tisch decken] : **für fünf Personen ~** mettre cinq couverts - **2.** [Farbe] être couvrant(e). ◆ **sich decken** *ref* coïncider.

Deck|farbe *die* gouache *f.*

Deck|mantel *der (ohne Pl)* : **unter dem ~ einer Sache** *(G)* sous le couvert de qqch.

Deck|name *der* pseudonyme *m.*

Deckung (*pl* -**en**) *die* - **1.** [gen] couverture *f* ; **~ geben** couvrir ; **in ~ gehen** se mettre à couvert - **2.** *(ohne Pl)* [Übereinstimmung] coïncidence *f.*

deckungsgleich *adj* concordant(e) ; MATH congruent(e).

Decoder [de'koːdɐ] (*pl* -) *der* décodeur *m.*

decodieren = **dekodieren.**

defekt *adj* cassé(e).

Defekt (*pl* -**e**) *der* panne *f.*

defensiv [defen'ziːf] <> *adj* défensif(ive) <> *adv* : **sich ~ verhalten** être sur la défensive.

definieren *vt* définir. ◆ **sich definieren** *ref* se définir.

Definition (*pl* -**en**) *die* définition *f.*

definitiv <> *adj* définitif(ive) <> *adv* définitivement.

Defizit (*pl* -**e**) *das* - **1.** [finanziell] déficit *m* - **2.** [Mangel] manque *m.*

deformieren *vt* déformer.

deftig *adj fam* - **1.** [Essen] consistant(e) - **2.** [Reden] cru(e).

Degen (*pl* -) *der* épée *f.*

dehnbar *adj* [Stoff] extensible ; [Gummi] élastique ; [Metall] malléable.

dehnen *vt* - **1.** [Stoff] étirer ; [Gummiband] distendre - **2.** [Körperteil] étendre, allonger. ◆ **sich dehnen** *ref* - **1.** [Textilie, Person] s'étirer - **2.** [sich erstrecken] : **sich (in die Länge) ~** [zeitlich] se prolonger ; [räumlich] s'étendre.

Deich (*pl* -**e**) *der* digue *f.*

Deichsel ['daiksl̩] (*pl* -**n**) *die* timon *m.*

dein, e *det* ton, ta, tes.

deine, r, s *pron* le tien, la tienne, les tiens, les tiennes.
deiner *pron (Genitiv von du)* de toi.
deinerseits *adv* de ton côté, en ce qui te concerne.
deinesgleichen *pron :* **(du und) ~** (toi et) tes semblables.
deinetwegen *adv* - **1.** [für dich] pour toi - **2.** [wegen dir] à cause de toi.
deinetwillen ◆ **um deinetwillen** *adv* par égard pour toi.
dekadent *adj* décadent(e).
Deklination (*pl* **-en**) *die* déclinaison *f.*
deklinieren *vt* décliner.
dekodieren, decodieren *vt* décoder.
Dekolletee [dekɔl'teː] (*pl* **-s**) *das* décolleté *m.*
Dekor (*pl* **-s** ODER **-e**) *der* ODER *das* [Verzierung] décor *m.*
Dekoration (*pl* **-en**) *die* [von Schaufenster, Raum] décoration *f.*
dekorativ *adj* décoratif(ive).
dekorieren *vt* décorer.
Delegation (*pl* **-en**) *die* délégation *f.*
Delegierte (*pl* **-n**) *der, die* délégué *m*, -e *f.*
Delfin (*pl* **-e**) *der* = **Delphin.**
delikat ◇ *adj* - **1.** [Speise] exquis(e) - **2.** [Angelegenheit] délicat(e) ◇ *adv* [behutsam] avec délicatesse.
Delikatesse (*pl* **-n**) *die* produit *m* d'épicerie fine.
Delikt (*pl* **-e**) *das* délit *m.*
Delle (*pl* **-n**) *die* creux *m.*
Delphin (*pl* **-e**) ◇ *der* [Säugetier] dauphin *m* ◇ *das (ohne Pl)* [Sportart] papillon *m.*
Delta (*pl* **-s**) *das* delta *m.*
dem ◇ *det (Dativ Singular von der, das)* au, à la, à l' ; **mit ~ Wagen** en voiture ◇ *pron (Dativ Singular)* - **1.** [Demonstrativ von der, das] lui - **2.** [Relativpronomen von der, das] auquel, à laquelle.
dementsprechend ◇ *adj* approprié(e), en conséquence ◇ *adv* en conséquence.
demgegenüber *adv* au contraire.
demgemäß *adv* en conséquence.
demnach *adv* donc, par conséquent.
demnächst *adv* prochainement, bientôt.
Demokrat (*pl* **-en**) *der* démocrate *m.*
Demokratie (*pl* **-n**) *die* démocratie *f.*
Demokratin (*pl* **-nen**) *die* démocrate *f.*
demokratisch ◇ *adj* démocratique ◇ *adv* démocratiquement.
demolieren *vt* démolir.
Demonstrant, in (*mpl* **-en** ; *fpl* **-nen**) *der, die* manifestant *m*, -e *f.*
Demonstration (*pl* **-en**) *die* manifestation *f.*
demonstrativ ◇ *adj* - **1.** [auffällig] ostensible - **2.** [anschaulich] démonstratif(ive) ◇ *adv* de manière ostentatoire.
Demonstrativpronomen *das* pronom *m* démonstratif.
demonstrieren ◇ *vi :* **gegen/für etw ~** manifester contre/pour qqch ◇ *vt* - **1.** [bekunden] manifester - **2.** [zeigen] démontrer.

> **demonstrieren**
>
> Il faut se méfier du terme allemand **demonstrieren** qui ne signifie pas « démontrer » mais « manifester ».
> Ainsi, on traduira la phrase **Tausende haben letzte Woche gegen die Atompolitik demonstriert** par « La semaine dernière, des milliers de personnes ont manifesté contre la politique nucléaire ».
> Le français « démontrer » se traduit par **beweisen**. Pour traduire :« Galilée a démontré que la Terre tourne », on dira donc **Galilei hat bewiesen, dass die Erde sich dreht**.

demoskopisch ◇ *adj :* **~(es Institut)** (institut *m*) de sondage ◇ *adv* par (voie de) sondage.
demütig *adj* - **1.** [ergeben] humble - **2.** [unterwürfig] soumis(e).
demütigen *vt* humilier. ◆ **sich demütigen** *ref* s'humilier.
Demütigung (*pl* **-en**) *die* humiliation *f.*
demzufolge *adv* par conséquent, en conséquence.
den ◇ *det* - **1.** [Akkusativ Singular von der] le, la, l' - **2.** [Dativ Plural von der, die, das] les ◇ *pron (Akkusativ Singular)* - **1.** [Demonstrativ von der] **celui-là, celle-là** - **2.** [Relativpronomen von der] **que.**
denen *pron (Dativ Plural)* - **1.** [Demonstrativpronomen von der, die, das] **à ceux-là, à celles-là** - **2.** [Relativpronomen von der, die, das] à qui, auxquels, auxquelles.
Den Haag *nt* La Haye.
Denkanstoß *der* impulsion *f.*
denkbar ◇ *adj* imaginable, possible ; **nicht ~** impensable ◇ *adv* éminemment.
denken (*prät* **dachte ;** *perf* **hat gedacht**) ◇ *vi* - **1.** [gen] penser ; **an jn/etw ~** penser à qqn/qqch ; **ich denke ja** je pense que oui ; **über jn/etw ~** penser de qqn/qqch - **2.** [planen] : **an etw** *(A)* **~** songer à qqch ◇ *vt* - **1.** [glauben, meinen] penser ; **wer hätte das gedacht!** qui l'eût cru! - **2.** [sich vorstellen] : **sich** *(D)* **etw ~** s'imaginer qqch ; **das habe ich mir gleich gedacht** je m'en suis douté. ◆ **Denken** *das (ohne Pl)* [Überlegen] pensée *f.*
denkfaul *adj* qui n'aime pas les efforts intellectuels.

Denk|fehler *der* erreur *f* de raisonnement.
Denkmal (*pl* **-mäler** ODER **-e**) *das* monument *m.*
Denkmals|pflege, Denkmal|pflege *die entretien et restauration d'œuvres et de monuments d'intérêt historique ou esthétique.*
Denkmals|schutz, Denkmalschutz *der (ohne Pl)* protection *f* des monuments.
Denk|prozess *der* réflexion *f.*
Denk|vermögen *das (ohne Pl)* capacités *fpl* intellectuelles.
Denk|weise *die* [Denkart] mode *m* de penser ; [Mentalität] mentalité *f.*
denkwürdig *adj* mémorable.
Denk|zettel *der* leçon *f fig.*
denn ◇ *konj* [zur Angabe einer Begründung] car ◇ *adv* donc ; **wo ist er ~?** où est-il donc? ; **was ist ~?** qu'est-ce qui se passe? ; **es sei ~, ...** à moins que ... ne.
dennoch *adv* néanmoins.
Deodorant, Deo (*pl* **-s**) *das* déodorant *m.*
Deponie (*pl* **-n**) *die* décharge *f.*
deponieren *vt* déposer.
Depp [dɛp] (*pl* **-en**) *der fam Österr, Schweiz & Süddt abw* crétin *m.*
Depression (*pl* **-en**) *die* dépression *f* (nerveuse) ; **~en haben** faire une dépression.
depressiv *adj* [Person, Charakter] dépressif(ive).
der ◇ *det* - **1.** [Nominativ Singular] le, la, l' - **2.** [Genitiv und Dativ Singular von die] du, de la, au, à la - **3.** [Genitiv Plural von der, die, das] des ◇ *pron* - **1.** [Nominativ Singular von Demonstrativpronomen] celui-là, celle-là ; **~ und ~** untel - **2.** [Relativpronomen - von der] qui ; [- von die im Dativ Singular] à laquelle, auquel, à qui.
derart *adv* autant, comme cela. ◆ **derart, dass** *konj* tellement que.
derartig *adj* tel (telle).
derb ◇ *adj* - **1.** [Art, Witz] grossier(ère) - **2.** [Kost] consistant(e) - **3.** [Material] solide ◇ *adv* - **1.** [fest] solidement - **2.** [grob] crûment, sans ménagement.
deren ◇ *det* - **1.** [Genitiv Singular von die] de celle-ci - **2.** [Genitiv Plural von der, die, das] de ceux-ci, de celles-ci ◇ *pron* [Relativpronomen - Genitiv Singular von die] dont ; [- Genitiv Plural von der, die, das] dont.
derentwegen ◇ *adv* - **1.** [für sie] pour eux ODER elles - **2.** [wegen ihnen] à cause d'eux ODER d'elles - **3.** [wegen ihr] à cause d'elle ◇ *pron* - **1.** [für die] pour laquelle ODER lesquels ODER lesquelles - **2.** [wegen der, denen] à cause de laquelle ODER desquels ODER desquelles.
dergleichen *pron* des choses pareilles, de telles choses.
derjenige ◇ *det :* **~ Mensch, der** l'homme qui ◇ *pron :* **~, der** celui qui.
dermaßen ◆ **dermaßen, dass** *konj* tellement que.
derselbe ◇ *det* le même, la même ◇ *pron* le même, la même.
derzeit *adv* en ce moment, actuellement.
derzeitig *adj* du moment, actuel.
desertieren (*perf* **ist desertiert**) *vi* déserter.
desgleichen ◇ *adv* de même ◇ *konj* de même que.
deshalb ◇ *adv* pour cette raison, à cause de cela ; **ach, ~!** ah, c'est pour ça! ◇ *konj* c'est pourquoi. ◆ **deshalb, weil** *konj* parce que.
Desinfektions|mittel *das* désinfectant *m.*
desinfizieren *vt* désinfecter.
dessen ◇ *det* [Genitiv Singular von der, das] de celui-ci, de celle-ci ◇ *pron* [Relativpronomen von der, das] dont.
Dessert [dɛˈseːɐ̯] (*pl* **-s**) *das* dessert *m.* ◆ **zum Dessert** *adv* en dessert.
destillieren *vt* distiller.
desto *konj :* **je ..., ~ ...** plus ..., plus ... ; **je schneller du arbeitest, ~ eher bist du fertig** plus tu travailleras vite, plus tu finiras tôt ; **je eher, ~ besser** le plus tôt sera le mieux ; **je mehr ich rauche, ~ weniger esse ich** plus je fume, moins je mange.
deswegen ◇ *adv* pour cette raison, pour cela ◇ *konj* c'est pour cela que, c'est la raison pour laquelle. ◆ **deswegen, weil** *konj* parce que.
Detail [deˈtai] (*pl* **-s**) *das* détail *m.* ◆ **im Detail** *adv* dans le détail.
detailliert ◇ *adj* détaillé(e) ◇ *adv* de manière détaillée, en détail.
Detektiv, in (*mpl* **-e** ; *fpl* **-nen**) *der, die* détective *m.*
deuten ◇ *vt* interpréter ◇ *vi* - **1.** [Person] : **auf jn/etw ~** désigner qqn/qqch - **2.** [Sache] : **auf etw** *(A)* **~** indiquer qqch ; [Wolken] annoncer qqch ; **darauf ~, dass** porter à croire ODER indiquer que.
deutlich ◇ *adj* clair(e) ; [Bild] net (nette) ; **jm etw ~ machen** faire comprendre qqch à qqn ◇ *adv* clairement ; **klar und ~** de manière claire et nette.
Deutlichkeit *die (ohne Pl)* clarté *f.* ◆ **mit aller Deutlichkeit** *adv* [nachdrücklich] très clairement, explicitement.
deutsch *adj* - **1.** [aus Deutschland] allemand(e) - **2.** [Sprache] allemand(e) ; *siehe auch* **englisch.**
Deutsch *das (ohne Pl)* allemand *m ;* **auf** ODER **in ~** en allemand ; **fließend ~ sprechen** parler couramment l'allemand ; *siehe auch* **Englisch.**

Deutsche (*pl* **-n**) ◇ *der, die* [Person] Allemand *m*, -e *f* ◇ *das (ohne Pl)* **- 1.** [deutsche Sprache] : **das ~** l'allemand *m* **- 2.** [deutsche Wesensart] : **das (typisch) ~ an jm** le côté (typiquement) allemand de qqn ; *siehe auch* **Englische.**

Deutsche Bahn *die (ohne Pl)* chemins de fer allemands.

Deutsche Bundesbahn = **Deutsche Bahn.**

Deutsche Bundesbank *die (ohne Pl)* Bundesbank *f.*

Deutsche Bundespost = **Deutsche Post.**

Deutsche Bundestag *der (ohne Pl)* Bundestag *m.*

Deutsche Demokratische Republik *die (ohne Pl)* HIST République *f* démocratique allemande.

Deutsche Gewerkschaftsbund *der (ohne Pl)* confédération *f* syndicale allemande.

Deutsche Mark *die (ohne Pl)* deutschemark *m.*

Deutsche Post *die (ohne Pl)* Poste allemande.

Deutsche Reich *das (ohne Pl) l'Empire allemand* (*1871-1945*).

deutsch-französisch *adj* **- 1.** [zwischen Deutschland und Frankreich] franco-allemand(e) **- 2.** [zweisprachig] français-allemand(e).

Deutschland *nt* Allemagne *f.*

Deutschland|lied *das (ohne Pl) hymne national allemand.*

deutschsprachig *adj* germanophone.

Deutsch|unterricht *der (ohne Pl)* cours *m* d'allemand.

Devise (*pl* **-n**) *die* devise *f.* **Devisen** *pl* devises *fpl.*

Devisen|kurs *der* taux *m* de change.

Dezember *der (ohne Pl)* décembre *m* ; *siehe auch* **September.**

dezent ◇ *adj* discret(ète) ; [Lächeln] réservé(e) ◇ *adv* discrètement, avec discrétion.

dezimal *adj* décimal(e).

Dezimal|system *das (ohne Pl)* système *m* décimal.

Dezimal|zahl *die* nombre *m* décimal.

DFJW (*abk für* **Deutsch-französisches Jugendwerk**) *das (ohne Pl)* OFAJ *m.*

DGB (*abk für* **Deutscher Gewerkschaftsbund**) confédération *f* syndicale allemande.

dgl. *abk für* **dergleichen.**

d. h. (*abk für* **das heißt**) c.-à-d.

Dia (*pl* **-s**) *das* diapo *f.*

Diabetes *der (ohne Pl)* diabète *m.*

Diabetiker, in (*mpl* **- ;** *fpl* **-nen**) *der, die* diabétique *mf.*

Diagnose (*pl* **-n**) *die* diagnostic *m* ; **die ~ auf etw** *(A)* **stellen** diagnostiquer qqch.

diagonal *adj* diagonal(e).

Diagonale (*pl* **-n**) *die* diagonale *f.*

Diakon (*pl* **-e**) *der* diacre *m.*

Diakonisse (*pl* **-n**) *die* diaconesse *f.*

Dialekt (*pl* **-e**) *der* dialecte *m.*

Dialog (*pl* **-e**) *der* dialogue *m.*

Diamant (*pl* **-en**) *der* diamant *m.*

Dia|projektor *der* projecteur *m* de diapositives.

diät *adv* : **~ kochen** faire de la cuisine diététique ; **~ essen** ODER **leben** suivre un régime.

Diät (*pl* **-en**) *die* régime *m* ; **~ halten (müssen)** être au régime.

Diäten *pl* [in der Politik] indemnités *fpl* parlementaires.

Diät|kost *die (ohne Pl)* aliments *mpl* diététiques.

dich *pron (Akkusativ Singular)* **- 1.** [Personalpronomen von du] **te, t' - 2.** [Reflexivpronomen] te, t', toi ; **du beeilst ~** tu te dépêches ; **du hast ~ verletzt** tu t'es blessé(e) ; **wasch ~!** lave-toi!

dicht ◇ *adj* **- 1.** [undurchlässig - Behälter] étanche ; [- Jacke] imperméable ; **nicht ~ sein** [Dach, Schuhe] prendre l'eau ; [Eimer, Windel] fuir **- 2.** [Wald, Nebel, Haar] épais(aisse) ; [Verkehr] dense ◇ *adv* **- 1.** [undurchlässig] de façon étanche ODER hermétique ; **etw ~ machen** colmater qqch **- 2.** [eng] : **~ bevölkert/besiedelt** très peuplé(e) **- 3.** [ganz nahe] : **~ dabei/davor/daneben stehen** être juste là/devant/à côté.

Dichte *die (ohne Pl)* **- 1.** [Undurchlässigkeit] étanchéité *f* **- 2.** [von Nebel] épaisseur *f* ; [von Verkehr] densité *f* **- 3.** [Gedrängtheit & PHYS] densité *f.*

dichten *vi* [Verse schreiben] faire des vers.

Dichter, in (*mpl* **- ;** *fpl* **-nen**) *der, die* [Lyriker] poète *m*, poétesse *f* ; [Autor] auteur *m.*

dichterisch ◇ *adj* poétique ◇ *adv* de manière poétique.

Dichtung (*pl* **-en**) *die* **- 1.** [Kunstwerk] œuvre *f* **- 2.** *(ohne Pl)* [Literatur] littérature *f* **- 3.** [aus Gummi] joint *m.*

dick ◇ *adj* **- 1.** [gen] gros (grosse) ; **~e Freunde** de grands amis **- 2.** [geschwollen] enflé(e) **- 3.** [Scheibe, Flüssigkeit] épais(aisse) **- 4.** [in Maßangaben] : **zwei Meter ~ sein** faire deux mètres d'épaisseur ◇ *adv* [Farbe, Creme] en couche épaisse.

Dicke (*pl* **-n**) ◇ *die (G Dicke)* **- 1.** [in Maßangaben] épaisseur *f* **- 2.** *(ohne Pl)* [von Bäumen] grosseur *f* ; [von Personen] corpu-

lence *f* ◇ *der, die (G Dicken)* [Person] gros *m*, grosse *f*.
dickflüssig *adj* épais(aisse) ; [Öl] visqueux(euse).
Dickicht (*pl* **-e**) *das* sous-bois *m*.
Dick|kopf *der abw* [Person] tête *f* de lard.
dickköpfig *adj abw* têtu(e) (comme une mule).
Dick|milch *die (ohne Pl)* lait *m* caillé.
Didaktik *die* didactique *f*.
die ◇ *det* - **1.** [Nominativ und Akkusativ Singular] le, la, l' - **2.** [Nominativ und Akkusativ Plural von der, die, das] les ◇ *pron* - **1.** [Nominativ und Akkusativ Singular von Demonstrativpronomen] celui-là, celle-là - **2.** [Relativpronomen von die] qui, que ; **~ Kollegin, ~ hier arbeitet** la collègue qui travaille ici ; **~ Zeitungen, ~ ich lese** les journaux que je lis - **3.** [Nominativ und Akkusativ Plural von der, die, das] ceux-ci, celles-ci.
Dieb (*pl* **-e**) *der* voleur *m*.
Diebin (*pl* **-nen**) *die* voleuse *f*.
diebisch ◇ *adj* [Elster, Person] voleur(euse) ◇ *adv* : **sich ~ freuen** *fam* éprouver une joie maligne.
Diebstahl (*pl* **-stähle**) *der* vol *m*.
diejenige ◇ *det* : **~ Frau, die** la femme qui ◇ *pron* : **~, die** celle qui.
Diele (*pl* **-n**) *die* - **1.** [Flur] entrée *f*, vestibule *m* - **2.** [Brett] latte *f*.
dienen *vi* - **1.** [nützen] : **jm/einer Sache ~** servir à qqn/qqch ; **(jm) als etw ~** servir de qqch (à qqn) - **2.** [für etw wirken] : **jm/einer Sache ~** être au service de qqn/qqch.
Diener, in (*mpl* **-** ; *fpl* **-nen**) *der, die* serviteur *m*, servante *f*.
Dienst (*pl* **-e**) *der* - **1.** [gen] service *m* ; **der öffentliche ~** la fonction publique ; **jm einen (guten) ~ erweisen** ODER **leisten** (bien) rendre service à qqn - **2.** *(ohne Pl)* [Arbeit, Pflicht] travail *m* ; **~ haben** être de service ; **~ habend** [Arzt] de service ; [Wache, Apotheke] de garde. ◆ **im Dienst** *adv* : **im ~ sein** être en service ODER au travail.
Dienstag (*pl* **-e**) *der* mardi *m* ; *siehe auch* **Samstag**.
dienstags *adv* le mardi.
Dienst|geheimnis *das* secret *m* professionnel.
Dienst|grad *der* grade *m*.
diensthabend ▷ **Dienst**.
Dienst|leistung *die* - **1.** WIRTSCH prestation *f* de service - **2.** [Dienst] service *m*.
dienstlich ◇ *adj amt* [Schreiben, Termin] professionnel(elle), de service ◇ *adv amt* [verreisen] pour des raisons professionnelles.
Dienst|reise *die* : **(auf) ~** (en) déplacement *m (professionnel)*.
Dienst|stelle *die* service *m*, autorités *fpl*.
Dienst|wagen *der* voiture *f* de service ODER fonction.
Dienst|weg *der (ohne Pl)* voie *f* hiérarchique.
Dienst|wohnung *die* logement *m* de fonction.
Dienst|zeit *die* horaires *mpl* de travail.
dies *pron* ceci ; **~ und das** ODER **jenes** *fig* ceci et cela.
diesbezüglich ◇ *adj* à ce sujet ◇ *adv* : **~ habe ich eine Frage** j'ai une question à ce sujet.
diese, r, s ODER **dies** ◇ *det* ce, cet, cette ; **~s Jahr** cette année-ci ◇ *pron* celui-ci, celle-ci.
Diesel (*pl* **-**) *der* - **1.** *(ohne Pl)* [Kraftstoff] gasoil *m*, gazole *m* - **2.** [Auto] diesel *m*.
dieselbe ◇ *det* le même, la même ◇ *pron* le même, la même.
diesig *adj* brumeux(euse).
diesjährig *adj* annuel(elle).
diesmal *adv* cette fois.
diesseits *präp* [auf dieser Seite] : **~ eines Ortes** de ce côté(-ci) d'un endroit.
Dietrich (*pl* **-e**) *der* passe-partout *m*.
Differenz (*pl* **-en**) *die* - **1.** [gen] différence *f* - **2.** [Fehlbetrag] écart *m*. ◆ **Differenzen** *pl* différends *mpl*.
differenzieren ◇ *vt* nuancer ◇ *vi* faire la part des choses.
digital *adj* EDV numérique.
Digital|anzeige *die* affichage *m* numérique.
Diktat (*pl* **-e**) *das* - **1.** [Nachschrift] dictée *f* - **2.** *geh* [Zwang] diktat *m*.
Diktator, Diktatorin (*mpl* **-en** ; *fpl* **-nen**) *der, die abw* dictateur *m*.
Diktatur (*pl* **-en**) *die* dictature *f*.
diktieren *vt* dicter ; **jm etw ~** [Text] dicter qqch à qqn.
Dill (*pl* **-e**) *der* aneth *m*.
Dimension (*pl* **-en**) *die* dimension *f*.
DIN [di:n] (*abk für* **Deutsche Industrienorm**) DIN.
Ding (*pl* **-e** ODER **-er**) *das* - **1.** *(Pl Dinge)* [gen] chose *f* ; **vor allen ~en** avant tout ; **den ~en ihren Lauf lassen** laisser les choses aller leur cours ; **nicht mit rechten ~en zugehen** être truqué(e) ; **wie die ~e liegen** dans l'état actuel des choses - **2.** *fam (Pl Dinger)* [unbekannte Sache] machin *m*, truc *m* - **3.** *fam (Pl Dinger) RW* : **das is (ja) 'n ~!** ça alors! ; **ein ~ drehen** faire un mauvais coup.
Dings *(ohne Pl) fam* ◇ *der, die* [Person] : **der** ODER **die ~** Machin *m*, -e *f* ◇ *das* [Gegenstand] truc *m*, machin *m*.
Dinosaurier (*pl* **-**) *der* dinosaure *m*.
Diözese (*pl* **-n**) *die* diocèse *m*.

Diplom (*pl* **-e**) *das* diplôme *m*.
Diplom|arbeit *die* mémoire *m*.
Diplomat (*pl* **-en**) *der* diplomate *m*.
Diplomatie *die (ohne Pl)* diplomatie *f*.
Diplomatin (*pl* **-nen**) *die* diplomate *f*.
diplomatisch ◇ *adj* - **1.** [zwischen Staaten] diplomatique - **2.** [Person] diplomate ; [Reden] diplomatique ◇ *adv* - **1.** [staatlich] diplomatiquement - **2.** [taktisch] avec diplomatie.
Diplom|ingenieur, in *der, die* ingénieur *m* diplômé.
dir *pron (Dativ Singular von du)* te, t', toi ; **ich sage ~ ...** je te dis ... ; **das gehört ~** cela t'appartient ; **ich komme mit ~** je viens avec toi.
direkt ◇ *adj* - **1.** [ohne Umwege] direct(e) - **2.** [Person] franc (franche) ◇ *adv* - **1.** [sofort] immédiatement ; TV en direct - **2.** [nahe] juste ; **~ an** ODER **neben** ODER **bei** juste à côté de - **3.** [unmittelbar] directement - **4.** [unverblümt] franchement.
Direktheit *die (ohne Pl)* franchise *f*.
Direktor (*pl* **Direktoren**) *der* directeur *m* ; [von Abteilung] chef *m* de service ; [von Gymnasium] proviseur *m*.
Direktorin (*pl* **-nen**) *die* directrice *f* ; [von Abteilung] chef *m* de service ; [von Gymnasium] proviseur *m*.
Direkt|übertragung *die* (re)transmission *f* en direct.
Dirigent, in (*mpl* **-en** ; *fpl* **-nen**) *der, die* [von Orchester] chef *m* d'orchestre ; [von Chor] chef *m* de chœur.
dirigieren *vt & vi* diriger.
Diskettenlaufwerk *das* EDV lecteur *m* de disquettes.
Disko (*pl* **-s**) *die fam* boîte *f (de nuit)* ; **in die ~ gehen** aller en boîte.
Diskont|satz *der* WIRTSCH taux *m* d'escompte.
Diskothek (*pl* **-en**) *die* boîte *f* de nuit, discothèque *f*.
Diskretion *die (ohne Pl)* discrétion *f*.
diskriminieren *vt* discriminer.
Diskus (*pl* **-se** ODER **Disken**) *der* SPORT disque *m*.
Diskussion (*pl* **-en**) *die* discussion *f* ; **zur ~ stehen** être à débattre.
Diskuswerfen *das (ohne Pl)* SPORT lancer *m* du disque.
diskutieren ◇ *vi* discuter ; **über jn ~** parler de qqn ; **über etw** *(A)* **~** discuter ODER débattre de qqch ◇ *vt* discuter.
disqualifizieren *vt* SPORT disqualifier.
Dissertation (*pl* **-en**) *die* thèse *f* de doctorat.
Distanz (*pl* **-en**) *die* - **1.** [Entfernung] distance *f* - **2.** *(ohne Pl)* [persönlich] distance *f*.
distanziert ◇ *adj* distant(e) ◇ *adv* avec distance.
Distel (*pl* **-n**) *die* chardon *m*.
Disziplin (*pl* **-en**) *die* discipline *f*.
disziplinarisch *adj* disciplinaire.
diszipliniert ◇ *adj* discipliné(e) ◇ *adv* de manière disciplinée ; [arbeiten] avec discipline.
diverse (*superl* **diverseste**) *adjpl* divers (diverses).
Dividende (*pl* **-n**) *die* dividende *m*.
dividieren *vt* diviser.
Division (*pl* **-en**) *die* division *f*.
Diwan (*pl* **-e**) *der* divan *m*.
DLRG (*abk für* **Deutsche Lebensrettungsgesellschaft**) *die (ohne Pl)* société *f* de sauvetage allemande.
DM (*abk für* **Deutsche Mark**) DM.
D-Mark ['de:mark] (*abk für* **Deutsche Mark**) *die (ohne Pl)* deutschemark *m*.
DNA (*abk für* **deoxyribonucleic acid**) *die* ADN *f*.
DNS (*abk für* **Desoxyribonukleinsäure**) *die* = **DNA**.
doch ◇ *adv* - **1.** [zum Ausdruck der Konzession] pourtant ; **er kam ~ noch** il est venu quand même ; **das wusste ich ~ nicht** mais je ne le savais pas - **2.** [zur Verstärkung] : **sei ~ nicht so dickköpfig** ne sois donc pas si entêté(e) ; **das kann ~ nicht wahr sein!** mais ce n'est pas vrai! ◇ *interj* si ◇ *konj* pourtant. ◆ **ja doch!** *interj* mais si! ◆ **nicht doch!** *interj* mais non!
Docht (*pl* **-e**) *der* mèche *f (de bougie)*.
Dock (*pl* **-s**) *das* dock *m*.
Documenta *die (ohne Pl) exposition d'art moderne se tenant à Kassel tous les quatre ou cinq ans.*
Dogge (*pl* **-n**) *die* dogue *m*.
Doktor (*pl* **Doktoren**) *der* - **1.** *(ohne Pl)* [Titel] titre *m* de docteur ; **seinen ~ machen** passer son doctorat - **2.** [Träger des Titels] docteur *m* ; **~ der Biologie** docteur en biologie - **3.** *fam* [Arzt] docteur *m*.

Doktor

En Allemagne, le titre de docteur (en médecine mais aussi en sciences ou en lettres) est beaucoup plus utilisé qu'il ne l'est en France, car il apparaît beaucoup plus fréquemment dans la vie quotidienne (sur la sonnette, sur le courrier et les cartes de visite) ainsi qu'à l'oral.
Il est en effet d'usage de s'adresser à une personne titulaire d'un tel diplôme en employant l'expression **Herr Doktor Schmitt** ou **Frau Doktor Linder**, il serait même impoli de ne pas en faire état.

Doktorand, in (*mpl* **-en** ; *fpl* **-nen**) *der, die* étudiant *m*, -e *f* en doctorat.

Doktor|arbeit *die* thèse *f* de doctorat.
Doktorin (*pl* **-nen**) *die* docteur *m*, doctoresse *f*.
Doktrin (*pl* **-en**) *die* doctrine *f*.
Dokument (*pl* **-e**) *das* document *m*.
Dokumentar|film *der* film *m* documentaire, documentaire *m*.
Dokumentation (*pl* **-en**) *die* [Informationsmaterial] documentation *f*.
Dolch (*pl* **-e**) *der* poignard *m*.
Dollar (*pl* **-s** ODER **-**) *der* dollar *m*.
dolmetschen ◇ *vi* servir d'interprète ◇ *vt* traduire.
Dolmetscher, in (*mpl* **-** ; *fpl* **-nen**) *der, die* interprète *mf*.
Dolomiten *pl* Dolomites *fpl*.
Dom (*pl* **-e**) *der* cathédrale *f*.

Dom

Attention, le mot allemand **Dom** ne se traduit pas par « dôme » mais par « cathédrale » comme on peut le voir dans la phrase suivante : **Im letzten Krieg wurde der Kölner Dom nicht zerstört** qui équivaut à la traduction : « Durant la dernière guerre, la cathédrale de Cologne n'a pas été détruite ».
En revanche, le terme français « le dôme » équivaut à l'allemand **die Kuppel**. Ainsi, la phrase « Ce bâtiment est surmonté d'un dôme » se traduira par **Dieses Gebäude ist mit einer Kuppel versehen**.

dominant *adj* **- 1.** [überlegen] dominateur(trice) **- 2.** BIOL dominant(e).
Dominanz (*pl* **-en**) *die* **- 1.** [Vorherrschaft] prédominance *f* **- 2.** BIOL dominance *f*.
dominieren ◇ *vi* prédominer ◇ *vt* dominer.
Dominikaner, in (*mpl* **-** ; *fpl* **-nen**) *der, die* dominicain *m*, -e *f*.
Domino (*pl* **-s**) *das* jeu *m* de dominos, dominos *mpl*.
Donau *die* Danube *m*.
Donner *der (ohne Pl)* coup *m* de tonnerre, tonnerre *m*.
donnern (*perf* **hat/ist gedonnert**) *vi* **- 1.** *(hat)* [beim Gewitter] : **es donnert** il tonne **- 2.** *fam (ist)* [prallen] : **gegen etw ~** heurter violemment qqch. ◆ **Donnern** *das (ohne Pl)* tonnerre *m*.
Donner|schlag *der* coup *m* de tonnerre.
Donnerstag (*pl* **-e**) *der* jeudi *m* ; *siehe auch* **Samstag**.
donnerstags *adv* le jeudi ; *siehe auch* **samstags**.
Donner|wetter *das fam* : **das gibt ein ~!** ça va barder! ; **Donnerwetter!** mince (alors)!, diable!
doof ◇ *adj* **- 1.** *fam* [einfältig] idiot(e) ; **die ist vielleicht ~** qu'est-ce qu'elle est bête! **- 2.** *fam* [langweilig] barbant(e) **- 3.** [ärgerlich] bête ◇ *adv* bêtement.
dopen ['do:pn̩] *vt* doper. ◆ **sich dopen** *ref* se doper.
Doping ['do:pɪŋ] (*pl* **-s**) *das* dopage *m*.
Doppel (*pl* **-**) *das* double *m*.
Doppel|bett *das* lit *m* double.
Doppel|decker (*pl* **-**) *der* **- 1.** FLUG biplan *m* **- 2.** [Omnibus] autobus *m* à impériale.
doppeldeutig *adj* équivoque.
Doppel|gänger, in (*mpl* **-** ; *fpl* **-nen**) *der, die* sosie *m*.
Doppel|haus *das* maison *f* mitoyenne.
Doppel|kinn *das* double menton *m*.
Doppelklick (*pl* **-s**) *der* EDV double-clic *m* ; **mit einem ~** en faisant un double-clic.
Doppel|name *der* [Vorname] nom *m* composé ; [Nachname] double patronyme *m*.
Doppel|punkt *der* deux-points *m*.
doppelseitig *adj* **- 1.** MED double **- 2.** [Anzeige, Broschüre] de deux pages.
doppelt ◇ *adj* **- 1.** [zweifach] double **- 2.** [gesteigert] redoublé(e) ◇ *adv* en double ; **~ so viel** le double. ◆ **Doppelte** *das (ohne Pl)* : **das Doppelte** le double.
Doppel|zimmer *das* chambre *f* double.
Dorf (*pl* **Dörfer**) *das* [Ort] village *m* ; **auf dem ~** à la campagne.
Dorf|bewohner, in *der, die* villageois *m*, -e *f*.
dörflich *adj* campagnard(e).
Dorn (*pl* **-en**) *der* épine *f*.
Dornröschen *das (ohne Pl)* la Belle au bois dormant.
Dörr|obst *das* fruits *mpl* secs.
Dorsch (*pl* **-e**) *der* morue *f*.
dort *adv* là-bas ; **~ drüben** là-bas.
dorther *adv* de là-bas.
dorthin *adv* [in Ferne] là-bas ; [in Nähe] là.
dortig *adj* local(e).
Dose (*pl* **-n**) *die* **- 1.** [Behälter, Konserve] boîte *f* **- 2.** [Bierdose] canette *f* (de bière).
dösen *vi fam* [schlafen] somnoler ; [träumen] rêvasser.
Dosen|milch *die* lait *m* concentré.
Dosen|öffner *der* ouvre-boîtes *m inv*.
dosieren *vt* doser.
Dosierung (*pl* **-en**) *die* dosage *m*.
Dosis (*pl* **Dosen**) *die* dose *f*.
Dotter (*pl* **-**) *der* ODER *das* jaune *m* d'œuf.
Double ['du:bl̩] (*pl* **-s**) *das* [Schauspieler] doublure *f*.

down [daʊn] *adj fam :* ~ **sein** [müde] être vanné(e) ; [niedergeschlagen] être à bout.

down|loaden (*Präs* **loadet down** ; *Prät* **loadete down** ; *Perf* **hat downgeloadet**) *vt* EDV télécharger.

Dozent, in (*mpl* **-en** ; *fpl* **-nen**) *der, die* maître *m* de conférences, chargé *m*, -e *f* de cours.

dpa (*abk für* **Deutsche Presseagentur**) *die (ohne Pl)* agence *f* de presse allemande.

Dr. *abk für* **Doktor.**

Drache (*pl* **-n**) *der* dragon *m*.

Drachen (*pl* **-**) *der* **- 1.** [Spielzeug] cerf-volant *m* **- 2.** *abw* [Frau] mégère *f*.

Drachenfliegen *das (ohne Pl)* vol *m* libre.

Draht (*pl* **Drähte**) *der* **- 1.** [aus Metall] fil *m* de fer **- 2.** [Leitung] ligne *f (téléphonique) ;* **über ~** par câble **- 3.** *RW :* **auf ~ sein** *fam* être futé(e) ; **einen guten ~ zu jm haben** avoir un bon contact avec qqn.

Drahtseil|bahn *die* [hängend] téléphérique *m ;* [auf Schienen] funiculaire *m*.

Draht|zieher, in (*mpl* **-** ; *fpl* **-nen**) *der, die* [Hintermann] instigateur *m*, -trice *f*.

drall *adj* plantureux(euse).

Drama (*pl* **Dramen**) *das* drame *m*.

dramatisch *adj* dramatique.

dramatisieren *vt* dramatiser ; **etw ~** faire un drame de qqch.

Dramaturg, in (*mpl* **-en** ; *fpl* **-nen**) *der, die assistant(e) du metteur en scène qui choisit et adapte les textes.*

dran *adv fam* **- 1.** = **daran - 2.** [an der Reihe] : **ich bin/du bist ~** c'est mon/ton tour ; *fig* ça va être ma/ta fête ; **wer ist ~?** à qui le tour? **- 3.** *RW :* **~ glauben müssen** y laisser sa peau.

drang *prät* ▻ **dringen.**

Drängelei (*pl* **-en**) *die* **- 1.** [durch Schieben] bousculade *f* **- 2.** [durch Reden] pression *f*, insistance *f*.

drängeln ◇ *vi* **- 1.** [durch Schieben] jouer des coudes **- 2.** [durch Reden] insister ◇ *vt* **- 1.** [durch Schieben] pousser **- 2.** [durch Reden] harceler. ◆ **sich drängeln** *ref :* **sich nach vorn ~** se presser devant.

drängen ◇ *vi* **- 1.** [schieben] se presser **- 2.** [nicht warten] : **auf etw** *(A)* **~** exiger qqch ◇ *vt* pousser ; **(jn) ~, etw zu tun** pousser (qqn) à faire qqch.

dran|halten ◆ **sich dranhalten** *ref (unreg) fam* se magner.

dran|kommen (*perf* **ist drangekommen**) *vi (unreg) fam* passer.

drastisch ◇ *adj* **- 1.** [einschneidend] drastique **- 2.** [grob] cru(e) ◇ *adv* **- 1.** [stark] de façon spectaculaire **- 2.** [grob] crûment.

drauf *adv fam* **- 1.** = **darauf - 2.** *RW :* **es kommt ~ an (, wie das Wetter ist)** ça dépend (du temps) ; **etw ~ haben** [Fähigkeit] maîtriser qqch ; **gut ~ sein** être en forme ODER bien luné(e) ; **~ und dran sein, etw zu tun** être sur le point de faire qqch.

Draufgänger, in (*mpl* **-** ; *fpl* **-nen**) *der, die* fonceur *m*, -euse *f*.

drauf|gehen (*perf* **ist draufgegangen**) *vi fam (unreg)* **- 1.** [umkommen] passer l'arme à gauche **- 2.** [verbraucht werden] y passer.

draus *fam* = **daraus.**

draußen *adv* dehors. ◆ **nach draußen** *adv* dehors. ◆ **von draußen** *adv* de dehors.

Dreck *der (ohne Pl) fam* **- 1.** [Schmutz] crasse *f ;* **~ machen** faire des saletés **- 2.** *RW :* **jn/etw in den ~ ziehen** traîner qqn/qqch dans la boue.

Dreck|arbeit *die fam* **- 1.** [schmutzig] sale boulot *m* **- 2.** [unangenehm] travail *m* de forçat.

dreckig ◇ *adj fam* [schmutzig] crasseux(euse) ; [Geschirr] sale ; **sich ~ machen** se salir ◇ *adv* **- 1.** *fam abw* [grinsen] grossièrement **- 2.** *fam RW* [schlecht] : **jm geht es ~** qqn va hyper mal.

Dreck|spatz *der* cochon *m fig*.

Dreh|bewegung *die* rotation *f*.

Dreh|buch *das* scénario *m*.

drehen ◇ *vt* **- 1.** [Kopf, Kurbel, Film] tourner **- 2.** *fam* [einstellen] : **etw laut/leise ~** monter/baisser le son de qqch **- 3.** [Zigarette] rouler ◇ *vi* **- 1.** [Fahrzeug] tourner **- 2.** [am Knopf, Schalter] : **an etw** *(D)* **~** tourner qqch. ◆ **sich drehen** *ref* tourner ; **sich auf den Rücken ~** se retourner sur le dos ; **mir dreht sich alles** *fam* la tête me tourne ; **es dreht sich um jn/etw** il s'agit de qqn/qqch.

Dreh|orgel *die* orgue *m* de barbarie.

Dreh|scheibe *die* plaque *f* tournante.

Dreh|stuhl *der* chaise *f* pivotante.

Dreh|tür *die* porte *f* tambour.

Drehung (*pl* **-en**) *die* tour *m ;* [der Erde] rotation *f*.

Dreh|zahl *die* nombre *m* de tours ; AUTO régime *m*.

drei *num* **- 1.** [Zahl] trois **- 2.** *RW :* **für ~ essen** manger comme quatre ; *siehe auch* **sechs.**

Drei (*pl* **-en**) *die* trois *m ;* [Schulnote] ≃ 12/20 ; *siehe auch* **Sechs.**

dreidimensional ◇ *adj* tridimensionnel(elle) ◇ *adv* en trois dimensions.

Dreieck (*pl* **-e**) *das* triangle *m*.

dreieckig *adj* triangulaire.

Dreier (*pl* **-**) *der* **- 1.** [Drei] trois *m* **- 2.** [beim Lotto] *combinaison gagnante à trois chiffres,* ≃ trois bons numéros.

dreierlei *adj (unver)* : **auf ~ Weise** de trois façons ; **mit ~ Maß** selon trois critères.
dreifach *num* triple.
dreihundert *num* trois cents.
Dreikönigs|fest *das* Épiphanie *f.*
dreimal *adv* trois fois.
Drei|satz *der (ohne Pl)* règle *f* de trois.
dreißig *num* trente ; *siehe auch* **sechs.**
Dreißig *die (ohne Pl)* trente *m ; siehe auch* **Sechs.**
Dreißigerjahre, dreißiger Jahre *pl* : **die ~** les années trente.
dreist ◇ *adj* effronté(e) ◇ *adv* de manière effrontée.
Dreistigkeit (*pl* **-en**) *die* - **1.** *(ohne Pl)* [Wesen, Verhalten] hardiesse *f* - **2.** [Handlung] impudence *f.*
dreistöckig *adj* de ODER à trois étages ; [Torte] en trois couches.
dreitausend *num* trois mille.
dreiteilig *adj* en trois parties.
drei viertel *num* trois quarts.
Dreiviertel|takt *der* trois-quatre *m inv.*
dreizehn *num* treize ; *siehe auch* **sechs.**
Dreizehn (*pl* **-en**) *die* treize *m ; siehe auch* **Sechs.**
Dreizimmer|wohnung *die* trois-pièces *m inv.*
dreschen (*präs* **drischt** ; *prät* **drosch** ; *perf* **hat gedroschen**) *vt* [Getreide] battre.
Dresden *nt* Dresde.
Dress (*pl* **-e**) *der* tenue *f* (de sport).
dressieren *vt* dresser.
Dressing (*pl* **-s**) *das* sauce *f* ; [von Salat] assaisonnement *m.*
Dressur (*pl* **-en**) *die* dressage *m.*
drillen *vt* - **1.** MIL entraîner - **2.** [streng erziehen] dresser.
drin *adv fam* - **1.** = **darin** - **2.** [möglich] : **~ sein** être possible - **3.** [gewöhnt] : **~ sein** être dans le bain.
dringen (*prät* **drang** ; *perf* **hat/ist gedrungen**) *vi* - **1.** *(ist)* [eindringen] : **in etw ~** [Stachel, Geruch] pénétrer dans qqch ; [Wasser] s'infiltrer dans qqch ; **durch etw ~** traverser qqch - **2.** *(hat)* [drängen] : **auf etw** *(A)* **~** réclamer qqch avec insistance.
dringend ◇ *adj* urgent(e) ◇ *adv* - **1.** [bitten] instamment - **2.** [weg müssen] tout de suite.
Dringlichkeit *die (ohne Pl)* urgence *f.*
drinnen *adv* à l'intérieur.
drischt *präs* ▻ **dreschen.**
dritt ◆ **zu dritt** *num* à trois.
dritte, r, s *adj* troisième ; *siehe auch* **sechste.**
Dritte *der, die, das* troisième *mf ; siehe auch* **Sechste.**
drittel *adj* tiers ; *siehe auch* **sechstel.**
Drittel *das* tiers *m ; siehe auch* **Sechstel.**
dritteln *vt* partager en trois.
drittens *adv* troisièmement.
Dritte Reich *das (ohne Pl)* : **das ~** le troisième Reich.
DRK (*abk für* **Deutsches Rotes Kreuz**) *das (ohne Pl)* croix *f* rouge allemande, ≃ CRF *f.*
Droge (*pl* **-n**) *die* drogue *f.*
drogenabhängig *adj* toxicomane.
Drogenabhängige (*pl* **-n**) *der, die* drogué *m*, -e *f*, toxicomane *mf.*
Drogen|händler, in *der, die* dealer *m.*
Drogerie (*pl* **-n**) *die* droguerie *f.*
drohen *vt* : **jm (mit etw) ~** menacer qqn (de qqch) ; **~, etw zu tun** menacer de faire qqch.
dröhnen *vi* [Musik] résonner ; [Beifall] retentir.
Drohung (*pl* **-en**) *die* menace *f.*
Dromedar (*pl* **-e**) *das* dromadaire *m.*
drosch *prät* ▻ **dreschen.**
Drossel (*pl* **-n**) *die* grive *f.*
drosseln *vt* réduire.
drüben *adv* [nebenan] à côté ; [auf der anderen Seite] de l'autre côté.
drüber *fam* = **darüber.**
Druck (*pl* **-e**) *der* - **1.** *(ohne Pl)* [gen] pression *f* ; **~ machen** mettre la pression ; **unter ~ stehen** être sous pression - **2.** *(ohne Pl)* [Drucken] impression *f* - **3.** [Gravur] gravure *f.*
Druck|buchstabe *der* caractère *m* d'imprimerie.
Drückeberger, in (*mpl* **-** ; *fpl* **-nen**) *der, die abw* tire-au-flanc *m inv.*
druckempfindlich *adj* sensible (à la pression).
drucken *vt* imprimer.
drücken ◇ *vt* [pressen] appuyer sur ; **jn/etw an sich** *(A)* **~** serrer qqn/qqch contre soi ◇ *vi* [Schuh] serrer. ◆ **sich drücken** *ref* - **1.** [sich pressen] : **sich an etw** *(A)* **~** se coller contre qqch - **2.** [sich entziehen] : **sich vor etw** *(D)* **~** *fam abw* se défiler devant qqch.
drückend *adj* accablant(e).
Drucker (*pl* **-**) *der* - **1.** [Beruf] imprimeur *m* - **2.** [Apparat] imprimante *f.*
Drücker (*pl* **-**) *der* - **1.** [Türdrücker] poignée *f* de porte - **2.** *RW* : **am ~ sitzen** *fam* commander.
Druckerei (*pl* **-en**) *die* imprimerie *f.*
Druck|fehler *der* coquille *f*, faute *f* d'impression.
Druck|knopf *der* bouton-pression *m*, pression *f.*
Druck|sache *die* imprimé *m.*

Druck|schrift *die* caractères *mpl* ODER lettres *fpl* d'imprimerie.
drum *adv fam* = **darum.** ◆ **Drum** *das* : **mit allem Drum und Dran** *fam* avec tout le tremblement.
drunter *adv fam* - **1.** = **darunter** - **2.** *RW* : **alles** ODER **es geht ~ und drüber** *fig* tout est sens dessus dessous.
Drüse (*pl* **-n**) *die* glande *f*.
Dschungel (*pl* **-**) *der* jungle *f*.
dt. *abk für* **deutsch.**
DTP (*abk für* **Desktoppublishing**) *das (ohne pl)* EDV PAO *f*.
du *pron* tu ; [betont] toi ; **mit jm per Du sein** tutoyer qqn.
Duale System *das système privé de recyclage des déchets.*
Dübel (*pl* **-**) *der* cheville *f (pour vis)*.
Dublin ['dablin] *nt* Dublin.
ducken ◆ **sich ducken** *ref* se baisser.
dudeln ◇ *vi fam abw* jouer une rengaine ◇ *vt fam abw* jouer de manière monotone.
Dudel|sack *der* cornemuse *f*.
Duell [du'ɛl] (*pl* **-e**) *das* duel *m*.
Duett [du'ɛt] (*pl* **-e**) *das* duo *m (de chant)*.
Duft (*pl* **Düfte**) *der* parfum *m*.
duften *vi* sentir bon ; **nach etw ~** sentir qqch.
dulden *vt geh* tolérer.
duldsam *adj* - **1.** [Mensch] tolérant(e), indulgent(e) - **2.** [Miene] résigné(e).
dumm (*komp* **dümmer** ; *superl* **dümmste**) ◇ *adj* - **1.** [unintelligent] bête - **2.** [töricht, unangenehm] idiot(e) ; **~es Zeug** idioties *fpl* ; **jm ist** ODER **wird etw zu ~** qqn commence à en avoir assez de qqch ◇ *adv* - **1.** [töricht] : **~ fragen** poser des questions idiotes - **2.** *fam* [unangenehm] bêtement.
Dumme (*pl* **-n**) *der, die* : **der ~ sein** être le dindon de la farce.
dummerweise *adv fam* [leider] malheureusement.
Dummheit (*pl* **-en**) *die* bêtise *f*.
Dumm|kopf *der* imbécile *mf*.
dümmlich ◇ *adj* niais(e) ◇ *adv* bêtement.
dumpf ◇ *adj* [Klang] sourd(e) ◇ *adv* [dunkel] sourdement.
Düne (*pl* **-n**) *die* dune *f*.
Dünge|mittel *das* engrais *m*.
düngen ◇ *vt* mettre de l'engrais dans ; [Feld] fumer ◇ *vi* fumer.
Dünger (*pl* **-**) *der* engrais *m*.
dunkel ◇ *adj* - **1.** [Licht] sombre, obscur(e) ; **im Dunkeln tappen** *fig* tâtonner - **2.** [Farbe] foncé(e) ; [Bier] brun(e) - **3.** [Ton] grave - **4.** [vage] vague ; **jn über etw** *(A)* **im Dunkeln lassen** laisser qqn dans l'incertitude à propos de qqch ◇ *adv* - **1.** [streichen, färben] en foncé - **2.** [tönen] : **~ klingen** produire un son grave.
dunkelblau ◇ *adj* bleu foncé ◇ *adv* en bleu foncé.
dunkel|blond ◇ *adj* blond foncé ◇ *adv* en blond foncé.
dunkel|haarig *adj* aux cheveux foncés.
Dunkelheit *die (ohne Pl)* obscurité *f*.
Dunkel|ziffer *die* estimation *f* non officielle.
dünn ◇ *adj* - **1.** [Person, Bleistift, Buch] mince ; [Körperteil] maigre ; [Teppich] peu épais(aisse) - **2.** [Luft, Farbe, Getränk] léger(ère) - **3.** [Stimme, Argument] faible ◇ *adv* peu ; **~ auftragen** appliquer en couches minces.
dünnflüssig *adj* fluide.
Dunst (*pl* **Dünste**) *der* - **1.** *(ohne Pl)* [Nebel] brume *f* - **2.** [von Zigaretten] fumée *f* ; [in der Küche] vapeur *f*.
dünsten *vt* cuire à la vapeur.
dunstig *adj* [neblig] brumeux(euse).
Duo (*pl* **-s**) *das* MUS duo *m*.
Dur *das (ohne Pl)* MUS mode *m* majeur ; **in C-~** en do majeur.

> **Dur**
>
> Il ne faut pas confondre le terme allemand **Dur** qui, en musique, correspond au français « majeur » avec l'adjectif « dur ». On traduira donc la phrase **Die Sonate in D-Dur ist mein Lieblingsstück** par « La sonate en ré majeur est mon morceau préféré ».
> L'adjectif « dur » se traduit le plus communément par **hart**, ainsi qu'on peut le voir dans la phrase suivante « Les vendanges sont un dur travail » qui se traduit par **Weinlesen ist harte Arbeit**.

durch ◇ *präp (+ A)* - **1.** [hindurch, mit Hilfe] par ; **~ etw gehen** ODER **fahren** traverser qqch ; **~ Drehen des Verschlusses** en tournant le bouchon - **2.** [kreuz und quer] à travers - **3.** [in Wasser, Luft, Schnee] dans ; **~ den Schnee gehen** marcher dans la neige - **4.** [wegen] à cause de ; **~ vieles Arbeiten** à force de travail - **5.** [zeitlich] : **die ganze Nacht ~** toute la nuit, la nuit durant ◇ *adv* - **1.** *fam* [durchgebraten] bien cuit(e) - **2.** [durchfahren, durchgehen] : **darf ich ~?** est-ce que je peux passer? - **3.** *RW* : **~ und ~** *fam* complètement, dans l'âme ; *siehe auch* **durch sein.**
durch|arbeiten ◇ *vt* [Text] étudier à fond ◇ *vi* [durchgehend arbeiten] travailler sans interruption. ◆ **sich durcharbeiten** *ref* [durch Text] venir à bout de.

durch|atmen *vi* respirer à fond.

durchaus, durchaus *adv* - **1.** [gut, ohne weiteres] tout à fait - **2.** [absolut, überhaupt] : **~ nicht** pas du tout.

durch|blättern *vt* feuilleter.

Durch|blick *der (ohne Pl)* : **den ~ verlieren** *fam* ne plus suivre.

durch|blicken *vi* - **1.** [durchsehen] : **(durch etw) ~** [Fernglas] regarder (à travers qqch) ; [Loch] regarder (par qqch) - **2.** *fam* [etw verstehen] piger.

Durch|blutung *die* circulation *f (sanguine).*

durch|bohren¹ *vt* percer.

durchbohren² *vt* - **1.** [Blick] : **~ (mit)** transpercer (de) - **2.** [Kugel] cribler.

durch|braten *vt (unreg)* faire bien cuire.

durch|brechen¹ (*perf* **hat/ist durchgebrochen**) *(unreg)* ◇ *vt (hat)* - **1.** [zerbrechen] casser (en deux) - **2.** [einreißen] percer ◇ *vi (ist)* [Ast, Bleistift] se casser en deux ; [Boden] s'enfoncer ; [Decke] s'écrouler.

durchbrechen² (*präs* **durchbricht** ; *prät* **durchbrach** ; *perf* **hat durchbrochen**) *vt* enfoncer.

durch|brennen (*perf* **ist durchgebrannt**) *vi (unreg)* - **1.** [Sicherung] sauter ; [Glühbirne] griller - **2.** *fam* [weglaufen] faire une fugue.

Durch|bruch *der* - **1.** [Erfolg] percée *f* - **2.** [Öffnung] : **~ (durch)** ouverture *f* (dans).

durch|checken *vt* [kontrollieren] contrôler systématiquement ; [Wagen] réviser.

durchdacht *adj* - **1.** [Text] élaboré(e) - **2.** [Vorschlag] mûrement réfléchi(e).

durch|denken¹ *vt (unreg)* : **etw ~** réfléchir à qqch.

durchdenken² (*prät* **durchdachte** ; *perf* **hat durchdacht**) *vt* [Problem] examiner à fond ; [Vorschlag] réfléchir à.

durch|diskutieren *vt* discuter dans le détail.

durch|drehen (*perf* **hat/ist durchgedreht**) *vi* - **1.** *fam (ist)* [verrückt werden] perdre la tête - **2.** *(hat)* [Räder] patiner.

durch|dringen (*perf* **ist durchgedrungen**) *vi (unreg)* - **1.** [Licht] traverser ; [Geräusch] s'entendre ; [Wasser] s'infiltrer - **2.** [Gerücht] se répandre ; [Information] filtrer.

durch|drücken *vt* - **1.** *fam* [durchsetzen] arriver à imposer - **2.** [Rücken] redresser ; [Knie] raidir - **3.** [passieren] presser.

Durcheinander *das (ohne Pl)* [von Dingen] désordre *m.*

durcheinander bringen *vt (unreg)* - **1.** [Person] déconcerter - **2.** [Dinge] mettre en désordre - **3.** [verwechseln] confondre.

durch|exerzieren *vt fam* - **1.** [Übung] bûcher - **2.** [Möglichkeiten] passer en revue.

durch|fahren (*perf* **ist durchgefahren**) *vi (unreg)* - **1.** *fam* [durchqueren] : **durch etw ~** [Stadt, Gegend, Tunnel] traverser qqch *(en véhicule)* ; [Unterführung] passer sous qqch - **2.** [durchgehend fahren] rouler sans s'arrêter.

Durch|fahrt *die* - **1.** *(ohne Pl)* [Durchfahren] traversée *f* - **2.** [Durchreise, Weg] passage *m* ; **auf der ~ sein** être de passage.

Durch|fall *der* [Diarrhöe] diarrhée *f.*

durch|fallen (*perf* **ist durchgefallen**) *vi (unreg)* - **1.** [beim Examen] échouer ; [im Theater] faire un four - **2.** [durch eine Öffnung] : **(durch etw) ~** passer à travers (qqch).

durchforsten *vt* - **1.** [Gegend] explorer ; [Text] étudier à fond - **2.** [Wald] éclaircir.

durch|fragen → **sich durchfragen** *ref* : **sich (zu etw) ~** demander son chemin (pour parvenir à qqch).

durchführbar *adj* réalisable.

durch|führen ◇ *vt* [Experiment, Projekt] réaliser ◇ *vi* traverser.

Durch|gang *der* - **1.** [Phase] étape *f* - **2.** [Weg] passage *m* - **3.** [bei der Wahl] tour *m.*

durchgängig ◇ *adj* [Meinung] répandu(e) ; [Tendenz] général(e) ◇ *adv* en grande majorité.

Durchgangs|verkehr *der (ohne Pl)* circulation *f* en transit.

durch|geben *vt (unreg)* transmettre.

durchgebraten ◇ *pp* ▷ **durchbraten** ◇ *adj* : **gut ~** bien cuit(e).

durchgefroren *adj* gelé(e).

durch|gehen (*perf* **ist durchgegangen**) *(unreg)* ◇ *vi* - **1.** [weitergehen] aller plus loin - **2.** [durchdringen] traverser - **3.** [durch eine Öffnung] : **durch etw ~** [Tür] passer par qqch ; [Tor] passer sous qqch - **4.** [durchpassen] passer - **5.** [Verkehrsmittel] être direct(e) - **6.** [akzeptiert werden] : **~ (lassen)** (laisser) passer ; **(jm) etw ~ lassen** passer qqch (à qqn) - **7.** *RW* : **die Nerven gehen mit ihm durch** il craque ◇ *vt* examiner.

durch|greifen *vi (unreg)* - **1.** [einschreiten] : **~ (bei)** intervenir (en cas de) - **2.** [durch eine Öffnung] : **(durch etw) ~** passer la main (par qqch).

durch|halten *(unreg)* ◇ *vi* tenir bon ◇ *vt* aller jusqu'au bout de ; [Belastung] supporter.

Durchhalte|vermögen *das (ohne Pl)* endurance *f.*

durchkämmen *vt* passer au peigne fin.

durch|kommen (*perf* **ist durchgekommen**) *vi (unreg)* - **1.** [gen] passer ; **durch etw ~** traverser qqch ; [Wasser] s'infiltrer par qqch - **2.** [Telefon] obtenir la communication - **3.** [überleben] survivre.

durch|lassen *vt (unreg)* laisser passer.

durchlässig *adj* perméable.

durch|lesen *vt (unreg)* - **1.** [Text] lire à fond - **2.** [Buch] finir de lire, lire jusqu'au bout.

durchleuchten *vt* [röntgen] faire une radio de ; [Gepäck] passer aux rayons X.

durch|lüften *vt* bien aérer.

durch|machen ◇ *vt* - **1.** *fam* [durchfeiern, weiterarbeiten] : **die Nacht ~** passer une nuit blanche - **2.** [durchleiden] traverser ; **viel ~** passer par des épreuves ◇ *vi fam* passer une nuit blanche.

Durch|messer *der* diamètre *m.*

durch|nehmen *vt* étudier.

durchqueren *vt* traverser.

durch|rechnen *vt* calculer (du début à la fin).

Durch|reise *die* : **~ (durch)** traversée *f* (de) ; **auf der ~ sein** être de passage.

durch|reißen (*perf* **hat/ist durchgerissen**) *(unreg)* ◇ *vt (hat)* - **1.** [Papier, Stoff] déchirer (de part en part) - **2.** [Faden] casser ◇ *vi (ist)* [Stoff] se déchirer.

durch|ringen ❖ **sich durchringen** *ref (unreg)* : **sich zu etw ~** se résoudre à faire qqch.

durch|rosten *vi* rouiller *(complètement).*

durch|sagen *vt* annoncer.

durch|schauen[1] *vt* : **etw ~** regarder qqch de près ; **durch etw ~** regarder à travers qqch.

durchschauen[2] *vt* - **1.** [Person] cerner - **2.** [Grund] percer à jour - **3.** [Angebot, Bemerkung] : **etw ~** comprendre ce que cache qqch.

durch|schlafen *(unreg)* ◇ *vt* : **eine Nacht/zehn Stunden ~** dormir toute la nuit/dix heures d'affilée ◇ *vi* dormir sans se réveiller ; [Baby] faire ses nuits.

Durch|schlag *der* - **1.** [Kopie] copie *f* carbone - **2.** [Sieb] passoire *f.*

durch|schlagen (*perf* **hat/ist durchgeschlagen**) *(unreg)* ◇ *vt (hat)* [Glas, Brett] casser (en frappant) ; [Wand] défoncer ◇ *vi (ist)* [Eigenschaft] ressortir. ❖ **sich durchschlagen** *ref* - **1.** [durch Gegend] : **sich bis zu etw ~** parvenir à qqch - **2.** [durch Zeit] se débrouiller.

durch|schneiden *vt (unreg)* couper ; [Kehle] trancher, couper.

Durch|schnitt *der* moyenne *f.*

durchschnittlich ◇ *adj* - **1.** [im Durchschnitt] moyen(enne) - **2.** *abw* [mittelmäßig] médiocre ◇ *adv* passablement.

durch|schütteln *vt* [Flüssigkeit] agiter ; [Person] secouer.

durch|schwitzen *vt* tremper de sueur.

durch|sehen *(unreg)* ◇ *vt* : **etw ~** regarder qqch de près ◇ *vi* : **durch etw ~** regarder à travers qqch.

durch sein (*perf* **ist durch gewesen**) *vi (unreg) fam* - **1.** [Zug, Gesetz] être passé(e) - **2.** [fertig sein] avoir fini - **3.** [gar sein] être cuit(e) - **4.** [kaputt sein] être troué(e) - **5.** *RW* : **bei jm unten ~** *fam abw* être grillé(e) auprès de qqn.

durch|setzen *vt* imposer. ❖ **sich durchsetzen** *ref* s'imposer.

Durchsetzungs|vermögen *das (ohne Pl)* autorité *f.*

durchsichtig *adj* transparent(e).

durch|sprechen *vt (unreg)* discuter en détail de.

durch|stehen *vt (unreg)* endurer.

durch|stellen *vt* passer.

durchstöbern *vt* fouiller de fond en comble.

durch|stoßen[1] *vt (unreg)* enfoncer.

durchstoßen[2] (*präs* **durchstößt** ; *prät* **durchstieß** ; *perf* **hat durchstoßen**) *vt* percer.

durch|streichen *vt (unreg)* barrer, rayer.

durchsuchen *vt* fouiller.

durchtrainiert ['durçtreni:ɐt] *adj* [Person] musclé(e) ; [Muskeln] développé(e).

durchtrennen[1] *vt* couper ; [Sehne] sectionner.

durch|trennen[2] *vt* couper ; [Sehne] sectionner.

durchtrieben ◇ *adj* [Person] rusé(e) ; [Frage] insidieux(euse) ◇ *adv* insidieusement.

durchwachsen *adj* - **1.** [mit Fleisch] : **~er Speck** lard *m* - **2.** *fam* [mittelmäßig] maussade.

Durch|wahl *die (ohne Pl)* ligne *f* directe.

durchweg *adv* d'un bout à l'autre, généralement.

durchwühlen[1] *vt* fouiller (dans).

durch|wühlen[2] *vt* fouiller (dans).

durch|zählen *vt* compter un à un.

durch|ziehen[1] (*perf* **hat/ist durchgezogen**) *(unreg)* ◇ *vt (hat)* - **1.** [durch eine Öffnung] : **(etw durch etw) ~** glisser (qqch dans qqch) - **2.** *fam* [verwirklichen, beenden] aller jusqu'au bout de ◇ *vi (ist)* [durch eine Gegend] passer ; **durch etw ~** traverser qqch.

durchziehen[2] *vt (unreg)* - **1.** [Gegend] traverser, parcourir - **2.** [Subj : Thema, Motiv] se retrouver dans.

Durch|zug *der* - **1.** [Wetter] passage *m* - **2.** *(ohne Pl)* [Zugluft] courant *m* d'air.

dürfen (*präs* **darf** ; *prät* **durfte** ; *perf* **hat gedurft** ODER **hat dürfen**) ◇ *aux (Perf hat* *dürfen)* - **1.** [als Erlaubnis] avoir le droit de ; **im Urlaub darf man faul sein** pendant les vacances on a droit à la paresse ; **ich darf kein Bier trinken** la bière m'est interdite - **2.** [als Höflichkeit, Berechtigung] pouvoir - **3.** [in Aufforderung, als Ratschlag] devoir - **4.** [als Annahme] : **das dürfte eine Hyazinthe sein** ça doit être une jacinthe ◇ *vi (Perf hat gedurft)* [als Erlaubnis] avoir le droit ◇ *vt (Perf hat gedurft) fam* [als Erlaubnis] : **darf ich ein Eis?** je peux manger une glace ? ; **das darfst du nicht** tu n'as pas le droit.

dürftig ◇ *adj* - **1.** [ärmlich] pauvre, misérable ; [Einkünfte] maigre - **2.** *abw* [unzureichend] qui laisse à désirer ◇ *adv* - **1.** [ärmlich] pauvrement - **2.** *abw* [unzureichend] insuffisamment.

dürr *adj* - **1.** [mager] maigre - **2.** [trocken] desséché(e) ; [Boden] aride.

Dürre (*pl* **-n**) *die* sécheresse *f.*

Durst *der (ohne Pl)* [Gefühl] : **~ (nach etw** ODER **auf etw** *(A)*) soif *f* (de qqch) ; **~ haben** avoir soif.

durstig ◇ *adj* : **~ sein** avoir soif ◇ *adv* avidement.

Durst|strecke *die* traversée *f* du désert.

Dusche (*pl* **-n**) *die* douche *f.*

duschen ◇ *vi* prendre une douche ◇ *vt* doucher. ◆ **sich duschen** *ref* se doucher ; **sich heiß ~** prendre une douche très chaude.

Dusch|raum *der* douches *fpl.*

Düse (*pl* **-n**) *die* gicleur *m.*

düsen (*perf* **ist gedüst**) *vi fam* [Person] : **(nach etw) ~** filer (à qqch).

Düsen|flugzeug *das* avion *m* à réaction.

Dussel (*pl* **-**) *der fam* idiot *m*, -e *f.*

düster ◇ *adj* - **1.** [Nacht, Haus] sombre ; [Wetter] gris(e) - **2.** [Gedanken, Mensch] lugubre ◇ *adv* d'un air lugubre.

Dutzend (*pl* **-**) *das* [zwölf] : **(im) ~** (à la) douzaine. ◆ **Dutzende** *pl* [viele] : **~e von** des dizaines de ; **zu ~en** par dizaines.

dutzendmal *adv* : **ich habe es dir ~ gesagt** je te l'ai dit cent fois.

dutzendweise *adv* - **1.** [im Dutzend] par douzaines, à la douzaine - **2.** [in Mengen] en grande quantité.

duzen *vt* tutoyer. ◆ **sich duzen** *ref* se tutoyer ; **sich mit jm ~** tutoyer qqn.

DVD (*pl* **-s**) (*abk für* **Digital Versatile Disc**) *die* EDV DVD *m inv.*

Dynamit *das (ohne Pl)* dynamite *f.*

DZ *abk für* **Doppelzimmer.**

E

e, E [eː] (*pl* - ODER **-s**) *das* - **1.** [Buchstabe] e *m inv*, E *m inv* - **2.** MUS mi *m inv.*

Ebbe (*pl* **-n**) *die* marée *f* basse ; **~ und Flut** le flux et le reflux.

eben ◇ *adj* plat(e) ◇ *adv* - **1.** [vor kurzem] : **jd hat ~ etw getan** qqn vient (juste) de faire qqch - **2.** [knapp] de justesse - **3.** [zum Ausdruck der Geringfügigkeit] : **da kann man ~ nichts machen** on ne peut rien y faire - **4.** [genau] justement, précisément ◇ *interj* - **1.** [zum Ausdruck von Einverständnis] exactement - **2.** [zum Ausdruck von Widerspruch, Ironie] justement.

Eben|bild *das* portrait *m.*

ebenbürtig *adj* de même valeur ; **jm/einer Sache ~ sein** égaler qqn/qqch.

Ebene (*pl* **-n**) *die* - **1.** [Flachland] plaine *f* - **2.** [Niveau, PHYS & MATH] plan *m* ; **auf gleicher** ODER **der gleichen ~** sur le même plan ; **auf höchster ~** au plus haut niveau.

ebenfalls *adv* - **1.** [auch] également - **2.** [gleichfalls] pareillement.

ebenmäßig *adj* régulier(ère) ; [Körperbau] harmonieux(euse).

eben|so *adv* aussi ; **~ wie** comme.

ebenso gut *adv* aussi bien.

Eber (*pl* **-**) *der* verrat *m*, sanglier *m* mâle.

ebnen *vt* aplanir.

ec *abk für* **Eurocheque.**

EC [eːˈtseː] (*pl* **-s**) (*abk für* **EuroCity**) *der* EC *m.*

Echo (*pl* **-s**) *das* écho *m.*

Echse [ˈɛksə] (*pl* **-n**) *die* saurien *m.*

echt ◇ *adj* vrai(e) ; [Gefühl] véritable ; [Unterschrift, Wertsache] authentique ◇ *adv* vraiment.

Echtheit *die (ohne Pl)* authenticité *f.*

Ecke (*pl* **-n**) *die* - **1.** [gen] coin *m* ; **um die ~** *fam* dans le coin - **2.** *fam* [Strecke] trotte *f* - **3.** [Eckball] corner *m.*

eckig ◇ *adj* - **1.** [Form] anguleux(euse) - **2.** [Bewegung, Art] brusque ◇ *adv* - **1.** [sich bewegen] de façon heurtée - **2.** [sich benehmen] de manière brusque.

Eck|zahn *der* canine *f.*

edel (*komp* **edler** ; *superl* **edelste**) *adj* - **1.** [hochwertig] noble - **2.** [reinrassig] de race.

Edel|metall *das* métal *m* précieux.

Edel|stahl *der* acier *m* de qualité supérieure.
Edel|stein *der* pierre *f* précieuse.
Edinburgh ['ɛdinbʊrk] *nt* Édimbourg.
EDV (*abk für* **Elektronische Datenverarbeitung**) *die (ohne Pl)* informatique *f*.
Efeu *der (ohne Pl)* lierre *m*.
Effekt (*pl* **-e**) *der* effet *m*.
effektiv ◇ *adj* efficace ; [tatsächlich] réel(elle) ◇ *adv* efficacement ; **~ nichts** strictement rien.
effektvoll ◇ *adj* spectaculaire ◇ *adv* de façon spectaculaire.
egal *adj* **- 1.** *fam* [gleichgültig] sans importance ; **es** ODER **das ist ~** cela n'a pas d'importance ; **etw ist jm ~** qqch est égal à qqn **- 2.** [gleichartig] égal(e). ◆ **egal ob** *konj* peu importe que *(+ subjonctif)*.

egal sein

Ça n'a pas d'importance. Das ist unwichtig.
Ça m'est égal. Das ist mir egal.
Il ne m'a pas rappelée mais je m'en moque. Er hat nicht zurückgerufen, aber das kann mir auch egal sein.
Peu importe si tu n'as pas fait ton travail. Es ist gleichgültig, ob du deine Arbeit gemacht hast oder nicht.
C'est pas un problème si tu arrives en retard. Es macht nichts, wenn du etwas später kommst.

Egoismus *der (ohne Pl)* égoïsme *m*.
eh ◇ *interj fam* **- 1.** [heda] eh **- 2.** [vor Erstaunen] hein ◇ *adv* [immer] : **wie ~ und je** comme toujours.
Ehe (*pl* **-n**) *die* mariage *m*.
Ehe|bett *das* lit *m* conjugal.
Ehe|bruch *der* adultère *m*.
Ehe|frau *die* épouse *f*.
Ehe|leute *pl* époux *mpl*.
ehelich *adj* **- 1.** [in der Ehe] conjugal(e) **- 2.** [legitim] légitime.
ehemalig *adj* ancien(enne) ; **~er Mann** ex-mari *m* ; **~e Frau** ex-femme *f*.
ehemals *adv* jadis.
Ehemann (*pl* **-männer**) *der* mari *m*.
Ehe|paar *das* couple *m* marié.
Ehe|partner *der* conjoint *m*, -e *f*.
eher *adv* **- 1.** [vorher] plus tôt **- 2.** [lieber, vielmehr] plutôt.
Ehe|ring *der* alliance *f*.
Ehe|schließung *die* mariage *m* civil.
Ehre (*pl* **-n**) *die* honneur *m* ; **jm zu ~n** en l'honneur de qqn ; **diese Tat macht ihm ~** cet acte est tout à son honneur.
ehren *vt* honorer.
ehrenamtlich ◇ *adj* bénévole ◇ *adv* bénévolement.
Ehren|bürger, in *der, die* citoyen d'honneur *m*, citoyenne d'honneur *f*.
Ehren|gast *der* invité *m*, -e *f* d'honneur.
ehrenhaft *adj* honorable.
ehrenhalber *adv* à titre honorifique.
Ehrenmann (*pl* **-männer**) *der* homme *m* d'honneur.
Ehren|mitglied *das* membre *m* d'honneur.
Ehren|sache *die* affaire *f* d'honneur ; **das ist doch ~!** *fam* ça va de soi!
Ehrenwort (*pl* **-worte**) *das* parole *f* d'honneur ; **(großes) ~!** *fam* c'est promis!
Ehr|furcht *die (ohne Pl)* profond respect *m*.
ehrfürchtig ◇ *adj* plein(e) de respect ◇ *adv* avec un profond respect.
Ehr|geiz *der* ambition *f*.
ehrgeizig *adj* ambitieux(euse).
ehrlich ◇ *adj* honnête ◇ *adv* honnêtement ; **~ gesagt** honnêtement.
Ehrlichkeit *die (ohne Pl)* honnêteté *f*.
Ehrung (*pl* **-en**) *die* : **(js) ~** hommage *m* (rendu à qqn).
ehrwürdig *adj* [Person] respectable ; [Gebäude, Brauch] vénérable.
Ei (*pl* **-er**) *das* **- 1.** [gelegt] œuf *m* ; **jn/etw wie ein rohes ~ behandeln** prendre des gants avec qqn/qqch **- 2.** [Eizelle] ovule *m* **- 3.** [Hoden] *vulg* couille *f*.
Eiche (*pl* **-n**) *die* chêne *m*.
Eichel (*pl* **-n**) *die* gland *m*.
Eichhörnchen (*pl* **-**) *das* écureuil *m*.
Eid (*pl* **-e**) *der* serment *m*. ◆ **unter Eid** *adv* sous serment.
Eidechse ['aidɛksə] (*pl* **-n**) *die* lézard *m*.
eidesstattlich ◇ *adj* solennel(elle) ◇ *adv* sur l'honneur.
Eid|genosse *der* citoyen *m* helvétique.
Eid|genossin *die* citoyenne *f* helvétique.
Ei|dotter *der* ODER *das* jaune *m* d'œuf.
Eier|becher *der* coquetier *m*.
Eier|kuchen *der* omelette *f*.
Eier|schale *die* coquille *f* d'œuf.
Eier|stock *der* ovaire *m*.
Eifer *der (ohne Pl)* zèle *m*.
Eifer|sucht *die* jalousie *f*.
eifersüchtig ◇ *adj* jaloux(ouse) ; **auf jn ~ sein** être jaloux de qqn ◇ *adv* avec jalousie.
eifrig ◇ *adj* plein(e) de zèle ◇ *adv* avec zèle.
Eigelb (*pl* **-** ODER **-e**) *das* jaune *m* d'œuf.
eigen *adj* propre ; **in einer Sache ~ sein** être pointilleux(euse) sur qqch.

Eigen *das :* **sich** *(D)* **etw zu ~ machen** adopter qqch.

Eigen|art *die* caractéristique *f.*

eigenartig <> *adj* bizarre <> *adv* bizarrement.

Eigen|bedarf *der (ohne Pl)* besoins *mpl* personnels.

eigenbrötlerisch <> *adj* individualiste <> *adv* en solitaire.

eigenhändig *adj & adv* de ma ODER ta ODER sa etc. propre main.

Eigenheit (*pl* **-en**) *die* manie *f.*

Eigen|liebe *die (ohne Pl)* amour-propre *m.*

eigenmächtig <> *adj* arbitraire <> *adv* de son propre chef.

Eigen|name *der* nom *m* propre.

eigennützig *adj* intéressé(e).

eigens *adv* uniquement.

Eigenschaft (*pl* **-en**) *die* caractéristique *f ;* **gute ~** qualité *f ;* **in seiner ~ als etw** en sa qualité de.

Eigenschaftswort (*pl* **-wörter**) *das* adjectif *m.*

eigensinnig <> *adj* obstiné(e) <> *adv* avec obstination.

eigenständig <> *adj* autonome <> *adv* de manière autonome.

eigentlich <> *adv* **- 1.** [im Grunde] en fait, à vrai dire **- 2.** [übrigens] au fait **- 3.** [zum Ausdruck von Ärger] : **bist du ~ verrückt?** mais tu es fou (folle)? **- 4.** [wirklich] en fait ODER réalité <> *adj* [wirklich] véritable.

Eigen|tor *das* SPORT : **ein ~ schießen** marquer un but contre son camp.

Eigentum *das (ohne Pl)* propriété *f.*

Eigentümer, in (*mpl* **- ;** *fpl* **-nen**) *der, die* propriétaire *mf.*

eigentümlich <> *adj* **- 1.** [seltsam] bizarre **- 2.** [eigen] propre <> *adv* bizarrement.

eigenwillig *adj* **- 1.** [eigen] original(e) **- 2.** [starrsinnig] têtu(e).

eignen ◈ **sich eignen** *ref* convenir ; **sich als etw ~** [Person] être apte à qqch ; [Gegenstand] pouvoir servir de qqch ; **sich zu** ODER **für etw ~** [Gegenstand] être approprié(e) à qqch ; [Person] être bon (bonne) à qqch.

Eignungs|prüfung *die* examen *m* d'aptitude.

Eil|brief *der* lettre *f* exprès.

Eile *die (ohne Pl)* hâte *f ;* **in ~ sein** être pressé(e) ; **etw hat keine ~** qqch n'est pas urgent(e).

eilen (*perf* **hat/ist geeilt**) *vi* **- 1.** *(ist)* [Person] se presser ; **zu jm ~** se dépêcher d'aller chez qqn ; **zu** ODER **nach etw ~** se dépêcher d'aller à qqch **- 2.** *(hat)* [Angelegenheit] presser ; **eilt!** urgent ; **mit etw eilt es nicht** qqch ne presse pas.

eilig <> *adj* **- 1.** [hastig] pressé(e) ; **es ~ haben** être pressé **- 2.** [dringend] urgent(e) <> *adv* en hâte.

Eil|zug *der* train *m* express, express *m.*

Eimer (*pl* **-**) *der* seau *m.*

ein, e <> *det* un, une ; **~ Buch** un livre ; **~e Mappe** une serviette ; **~e Vase** un vase ; **da ist ~ Herr X am Telefon** il y a un certain monsieur X au téléphone ; **~es Tages** un jour <> *adj* **- 1.** [als Zahl] un, une ; **nur noch der ~e** plus que celui-ci ; **es ist ~ Uhr** il est une heure ; **in ~em fort** *fig* sans discontinuer ; **js ~ und alles sein** *fig* être tout pour qqn **- 2.** [derselbe, dieselbe, dasselbe] le même, la même ; **~er Meinung sein** être du même avis ; **das ist ~ und dasselbe** c'est du pareil au même <> *pron* **- 1.** [Teil aus Menge] un, une **- 2.** [Dativ und Akkusativ von man] vous ; **er lässt ~en nicht ausreden** il ne vous laisse pas parler <> *adv :* **~ - aus** marche-arrêt ; **(bei jm) ~ und aus gehen** *fig* être tout le temps chez qqn ; **nicht ~ noch aus wissen** *fig* ne pas savoir comment s'en tirer.

ein|arbeiten *vt* **- 1.** [Person] briefer **- 2.** [Bestandteil] incorporer. ◈ **sich einarbeiten** *ref* s'accoutumer.

ein|atmen <> *vt* inhaler <> *vi* inspirer.

Einbahn|straße *die* rue *f* à sens unique, sens *m* unique.

Ein|band (*pl* **-bände**) *der* reliure *f.*

ein|bauen *vt* **- 1.** [Bauteil] installer ; [Motor, Ersatzteil] monter **- 2.** [in Text] insérer.

Einbau|küche *die* cuisine *f* intégrée.

ein|berufen *vt (unreg)* **- 1.** [Beteiligte, Versammlung] convoquer **- 2.** MIL appeler sous les drapeaux.

Einberufung (*pl* **-en**) *die* **- 1.** [Zusammenrufen] convocation *f* **- 2.** [zur Wehrpflicht] appel *m* (sous les drapeaux).

ein|betten *vt* envelopper.

ein|beziehen *vt (unreg)* **- 1.** [Sache] inclure **- 2.** [Person] : **jn in etw ~** associer qqn à qqch.

ein|biegen (*perf* **hat/ist eingebogen**) *(unreg) vi (ist)* tourner.

ein|bilden *vt* **- 1.** [sich einreden] : **sich** *(D)* **etw ~** s'imaginer qqch ; **sich** *(D)* **~, jd/etw zu sein** s'imaginer être qqn/qqch **- 2.** [stolz sein] : **sich** *(D)* **viel auf etw** *(A)* **~** se croire quelqu'un en raison de qqch ; **sich** *(D)* **nichts auf etw** *(A)* **~** ne pas se glorifier de qqch.

Einbildung (*pl* **-en**) *die* **- 1.** [Fantasie] imagination *f* **- 2.** *(ohne Pl)* [Hochmut] vanité *f.*

Einbildungs|kraft *die (ohne Pl)* imagination *f.*

ein|binden *vt (unreg)* [Buch] relier.

ein|bläuen *vt :* **jm etw ~** seriner qqch à qqn.
ein|bleuen = **einbläuen.**
Ein|blick *der* - **1.** [in Unterlagen] accès *m ;* **~ in etw** *(A)* **haben** ODER **gewähren** avoir/donner accès à qqch ; **~ in etw** *(A)* **nehmen** examiner qqch - **2.** [Verstehen] aperçu *m.*
ein|brechen (*perf* **hat/ist eingebrochen**) *vi (unreg)* - **1.** *(hat)* [Dieb] : **in etw** *(A)* **~** cambrioler qqch - **2.** *(ist)* [Gebäude] s'effondrer - **3.** *(ist)* [auf Eis] passer à travers la glace.
Einbrecher (*pl* -) *der* cambrioleur *m.*
ein|bringen *vt (unreg)* - **1.** [Ernte] rentrer - **2.** [verschaffen] rapporter.
ein|brocken *vt fam :* **sich** *(D)* **etwas ~** s'attirer des ennuis.
Ein|bruch *der* - **1.** [in Wohnung, Gebäude] cambriolage *m* - **2.** [Beginn - von Jahreszeit] arrivée *f ;* [- von Nacht] tombée *f.*
einbürgern *vt* [Person] naturaliser. ◆ **sich einbürgern** *ref* [üblich werden] s'établir, s'installer.
Ein|buße *die* perte *f.*
ein|büßen ◇ *vt* perdre ◇ *vi :* **an etw** *(D)* **~** perdre en qqch.
ein|checken ◇ *vt* enregistrer ◇ *vi* se présenter à l'enregistrement.
ein|cremen, einkremen *vt :* **jn/etw ~** enduire qqn/qqch de crème. ◆ **sich eincremen** *ref* s'enduire de crème.
ein|dämmen *vt* endiguer ; [Brand] circonscrire.
ein|decken *vt fam* [überhäufen] : **jn mit etw ~** [mit Vorrat] approvisionner qqn en qqch ; [mit Arbeit] fournir qqch à qqn. ◆ **sich eindecken** *ref* [sich versorgen] : **sich mit etw ~** s'approvisionner en qqch.
eindeutig ◇ *adj* net (nette) ; [Befehl] clair(e), univoque ◇ *adv* nettement ; [erklären] clairement.
ein|dringen (*perf* **ist eingedrungen**) *vi (unreg)* - **1.** [hineingelangen] pénétrer - **2.** [Einbrecher, Armee] faire irruption.
eindringlich ◇ *adj* insistant(e) ◇ *adv* avec insistance.
Eindringling (*pl* **-e**) *der* intrus *m,* -e *f.*
Eindruck (*pl* **-drücke**) *der* impression *f ;* **einen ~ von etw bekommen** ODER **erhalten** se faire une idée de qqch ; **~ auf jn machen** faire impression sur qqn.
ein|drücken *vt* [gewaltsam] enfoncer.
eindrucksvoll ◇ *adj* impressionnant(e) ◇ *adv* de manière impressionnante.
eine ▷ **ein.**
ein|ebnen *vt* aplanir.
eineiig *adj :* **~e Zwillinge** vrais jumeaux *mpl,* vraies jumelles *fpl.*
eineinhalb *num* un et demi, une et demie ; **~ Stunden** une heure et demie.
ein|engen *vt* - **1.** [Subj : Kleidung] serrer - **2.** [Freiheit, Begriff] restreindre.
einerlei *adj* indifférent(e) ; **etw ist jm ~** qqch est égal à qqn.
einerseits *adv :* **~ ... andererseits** d'une part ... d'autre part.
einfach ◇ *adj* simple ◇ *adv* simplement ; **etw ~ falten** plier qqch en deux.
Einfachheit *die (ohne Pl)* simplicité *f.*
ein|fädeln *vt* - **1.** [Faden] enfiler - **2.** *fam* [bewerkstelligen] manigancer.
ein|fahren (*perf* **hat/ist eingefahren**) *(unreg)* ◇ *vi (ist)* entrer *(en gare)* ◇ *vt (hat)* - **1.** [Ernte, Antenne, Fahrwerk] rentrer - **2.** [beschädigen] enfoncer - **3.** [Fahrzeug] roder.
Ein|fahrt *die (ohne Pl)* [Einfahren] entrée *f ;* **~ haben** [Zug] entrer en gare.
Ein|fall *der* - **1.** [Idee] idée *f* - **2.** *(ohne Pl)* [von Licht] pénétration *f.*
ein|fallen (*perf* **ist eingefallen**) *vi (unreg)* - **1.** [in den Sinn kommen] : **etw fällt mir ein** qqch me vient à l'esprit ; **sich** *(D)* **etwas ~ lassen** trouver une idée ; **was fällt dir/Ihnen ein?** qu'est-ce qui te/vous prend? - **2.** [Licht] pénétrer - **3.** MIL : **in etw** *(A)* **~** envahir qqch, faire irruption dans qqch - **4.** [Gebäude] s'écrouler.
einfallslos ◇ *adj* dénué(e) d'imagination ◇ *adv* sans originalité.
einfallsreich *adj* - **1.** [Person] plein(e) d'imagination - **2.** [Plan] ingénieux(euse).
einfältig *adj* - **1.** [arglos] candide - **2.** [beschränkt] niais(e).
Einfamilien|haus *das* maison *f* individuelle.
ein|fangen *vt (unreg)* - **1.** [Lebewesen] capturer - **2.** *fam* [bekommen] : **sich** *(D)* **etw ~** [Krankheit] choper qqch ; [Prügel] prendre qqch.
einfarbig *adj* uni(e).
ein|fassen *vt* [Edelstein] sertir.
ein|fliegen *vt (unreg)* faire venir par avion ; **jn/etw ~ lassen** faire venir qqn/qqch par avion ; **alles muss eingeflogen werden** on doit tout acheminer par avion.
ein|fließen (*perf* **ist eingeflossen**) *vi (unreg)* - **1.** [Luft] se répandre - **2.** [Wasser] couler - **3.** [Bemerkung] : **etw ~ lassen** glisser qqch.
ein|flößen *vt* - **1.** [Getränk] faire boire - **2.** [Gefühl] inspirer.
Ein|fluss *der* influence *f ;* **auf jn/etw ~ haben** ODER **ausüben** avoir ODER exercer une influence sur qqn/qqch.
einflussreich *adj* influent(e).
einförmig ◇ *adj* monotone ◇ *adv* avec monotonie.
ein|frieren (*perf* **hat/ist eingefroren**) *(un-*

reg) ◇ *vt (hat)* - **1.** [Lebensmittel] congeler - **2.** [stoppen] geler ◇ *vi (ist)* geler.

ein|fügen *vt* insérer. ◆ **sich einfügen** *ref* s'intégrer.

einfühlsam *adj* compréhensif(ive).

Einfuhr (*pl* **-en**) *die* importation *f.*

ein|führen *vt* - **1.** [gen] introduire - **2.** [Waren] importer - **3.** [einweisen] : **jn in etw** *(A)* ~ initier qqn à qqch.

Einführung (*pl* **-en**) *die* - **1.** [gen] introduction *f* ; [Geldschein] mise *f* en circulation - **2.** [Belehrung] : **~ (in etw** *(A)***)** initiation *f* (à qqch).

ein|füllen *vt* : **etw in etw** *(A)* ~ remplir qqch de qqch.

Ein|gang *der* - **1.** [Tür] entrée *f* - **2.** *(ohne Pl)* [von Post] arrivée *f.*

eingangs *adv* au début.

Eingangs|halle *die* hall *m* d'entrée.

ein|geben *vt (unreg)* EDV entrer, saisir.

eingebildet *adj* - **1.** [hochmütig] prétentieux(euse) - **2.** [Gefahr, Zustand] imaginaire.

Eingeborene, Eingeborne (*pl* **-n**) *der, die* indigène *mf.*

eingefleischt *adj* ▷ **Junggeselle.**

ein|gehen (*perf* **ist eingegangen**) *(unreg)* ◇ *vi* - **1.** [ankommen] arriver - **2.** [Tier, Pflanze] dépérir - **3.** [Firma] fermer - **4.** [Person] : **auf jn/etw ~** prêter attention à qqn/qqch ; **auf etw** *(A)* ~ [auf Angebot] accepter qqch ◇ *vt* - **1.** [Bündnis, Ehe] contracter - **2.** [Verpflichtung, Risiko] prendre.

eingehend ◇ *adj* détaillé(e) ◇ *adv* minutieusement ; [besprechen] en long et en large.

eingenommen ◇ *pp* ▷ **einnehmen** ◇ *adj* : **(von sich) ~** imbu(e) (de sa personne) ; **für/gegen etw ~ sein** être favorable/défavorable à qqch ; **von jm/etw ~ sein** être séduit(e) par qqn/qqch.

eingeschlossen *pp* ▷ **einschließen.**

eingetragen ◇ *pp* ▷ **eintragen** ◇ *adj* [Firma] enregistré(e).

Eingeweide *pl* entrailles *fpl.*

ein|gewöhnen ◆ **sich eingewöhnen** *ref* : **sich in etw** *(D)* ~ s'habituer ODER se faire à qqch.

ein|gießen *vt (unreg)* verser ; **jm etw ~** servir qqch à qqn.

ein|gliedern *vt* : **jn/etw (in etw** *(A)***)** ~ intégrer qqn/qqch (à qqch). ◆ **sich eingliedern** *ref* s'intégrer.

ein|graben *(unreg) vt* - **1.** [in den Boden] enterrer - **2.** [eindrücken] graver. ◆ **sich eingraben** *ref* : **sich (in etw** *(A)***)** ~ [Tier] se terrer (dans qqch) ; [Schrift, Spuren] rester gravé(e) (dans qqch).

ein|greifen *vi (unreg)* : **(bei etw) ~** intervenir (dans qqch).

Ein|griff *der* [operativ, schlichtend] intervention *f.*

ein|haken *vt* attacher, fermer.

ein|halten *(unreg)* ◇ *vt* [befolgen, erfüllen] respecter ◇ *vi* [stoppen] s'interrompre.

einhändig *adv* d'une seule main.

ein|hängen ◇ *vt* - **1.** [Tür, Fenster] bloquer - **2.** [Hörer] reposer ◇ *vi* raccrocher. ◆ **sich einhängen** *ref* : **sich bei jm ~** prendre le bras de qqn.

einheimisch *adj* local(e), autochtone.

Einheit (*pl* **-en**) *die* unité *f.*

einheitlich ◇ *adj* - **1.** [geregelt] uniforme - **2.** [gleich] homogène ◇ *adv* de manière uniforme ; [gliedern] de manière cohérente.

einhellig ◇ *adj* [Zustimmung] général(e) ; [Meinung] unanime ◇ *adv* d'une même voix.

ein|holen *vt* - **1.** [Person, Vorsprung] rattraper - **2.** [Erlaubnis, Rat] demander - **3.** [Netz] ramener.

einhundert *num* cent ; *siehe auch* **sechs.**

einig *adj* uni(e) ; **(sich) über etw ~ sein** être d'accord sur qqch.

einige ◇ *det* - **1.** [ein paar] quelques ; **~ Hundert Angestellte** quelques centaines d'employés - **2.** [reichlich] pas mal de - **3.** [etwas] un peu ◇ *pron* un bon nombre, quelques-uns(unes). ◆ **einiges** *pron* pas mal ODER beaucoup de choses.

einigen *vt* unir. ◆ **sich einigen** *ref* se mettre d'accord.

einigermaßen *adv* relativement.

einiges ▷ **einige.**

Einigkeit *die (ohne Pl)* entente *f.*

Einigung (*pl* **-en**) *die* [in Streitfall] accord *m*, entente *f.*

Ein|kauf *der* [Handlung] achat *m.*

ein|kaufen ◇ *vt* acheter ◇ *vi* : **~ gehen** (aller) faire les ODER des courses.

Einkaufs|bummel *der* shopping *m* ; **einen ~ machen** faire du lèche-vitrines.

Einkaufs|tasche *die* cabas *m.*

ein|kehren (*perf* **ist eingekehrt**) *vi* faire une halte *(dans un café, un hôtel).*

ein|klammern *vt* mettre entre parenthèses.

ein|kleiden *vt* habiller. ◆ **sich einkleiden** *ref* : **sich (völlig) neu ~** renouveler (toute) sa garde-robe.

Einkommen (*pl* **-**) *das* revenu *m.*

Einkommens|steuer *die* impôt *m* sur le revenu.

einkreisen *vt* **- 1.** [mit Stift] entourer **- 2.** [Lebewesen, Stadt, Problem] cerner.

einkremen = **eincremen.**

Einkünfte *pl* revenus *mpl.*

ein|laden *vt (unreg)* **- 1.** [Gast] : **jn (zu etw) ~** inviter qqn (à qqch) **- 2.** [Last] charger.

einladend *adj* accueillant(e).

Ein|ladung *die* invitation *f.*

Ein|lage *die* **- 1.** [im Schuh] semelle *f* orthopédique **- 2.** [im Programm] interlude *m.*

Einlass *der (ohne Pl)* entrée *f.*

ein|lassen *vt (unreg)* **- 1.** [Person] faire ODER laisser entrer **- 2.** [Wasser] faire couler. ◆ **sich einlassen** *ref* **: sich auf etw** *(A)* **~** se laisser entraîner dans qqch ; **sich mit jm ~** fréquenter qqn.

ein|laufen (*perf* **hat/ist eingelaufen**) *(unreg)* <> *vi (ist)* **- 1.** SPORT arriver **- 2.** [Wasser] couler **- 3.** [einfahren - Zug] entrer en gare ; [- Schiff] entrer dans le port **- 4.** [Stoff] rétrécir <> *vt (hat)* [Schuhe] faire (à son pied). ◆ **sich einlaufen** *ref* s'échauffer.

ein|leben ◆ **sich einleben** *ref* **: sich in einem Ort ~** s'adapter à un endroit.

ein|legen *vt* **- 1.** [Kassette, Film] mettre **- 2.** [Gang] : **den zweiten Gang ~** passer en seconde **- 3.** KÜCHE faire macérer ; [einmachen] : **etw ~** mettre qqch en conserve **- 4.** [Ruhetag] prendre ; **eine Pause ~** faire une pause **- 5.** [vorbringen] : **ein gutes Wort für jn ~** intervenir en faveur de qqn.

ein|leiten *vt* [Untersuchung, Diskussion, Tagung] entamer.

einleitend <> *adj* introductif(ive) <> *adv* en guise d'introduction.

Ein|leitung *die* **- 1.** [Einführung] introduction *f* **- 2.** [von Untersuchungen] ouverture *f.*

ein|lenken *vi* se montrer conciliant(e).

ein|leuchten *vi* être convaincant(e).

einleuchtend <> *adj* convaincant(e) <> *adv* de manière convaincante.

ein|liefern *vt* conduire, amener.

ein|loggen

ein|lösen *vt* **- 1.** [Subj : Empfänger] encaisser ; [Subj : Zahler] payer **- 2.** [Gutschein] échanger **- 3.** [wahr machen] : **sein Versprechen ~** tenir promesse.

Ein|lösung *die* [von Schecks - durch Empfänger] encaissement *m ;* [- durch Auszahler] paiement *m.*

ein|machen *vt* **: etw ~** faire des conserves de qqch.

einmal *adv* **- 1.** [ein einzelnes Mal] une fois ; **noch ~** encore une fois **- 2.** [irgendwann] un jour **- 3.** [mal, bitte] donc ; **komm ~ her!** viens un peu ici! ◆ **auf einmal** *adv* **- 1.** [plötzlich] tout à coup **- 2.** [gleichzeitig] tout d'un coup.

Einmaleins *das (ohne Pl)* [Zahlenreihe] table *f* de multiplication.

einmalig *adj* **- 1.** [einzig] unique **- 2.** [außergewöhnlich, erstklassig] exceptionnel(elle).

ein|marschieren *vi* MIL entrer.

ein|mischen ◆ **sich einmischen** *ref* mettre son grain de sel ; **sich in etw** *(A)* **~** mettre son nez dans qqch.

Ein|mischung *die* ingérence *f.*

ein|münden (*perf* **hat/ist eingemündet**) *vi* [Straße] déboucher.

einmütig <> *adj* unanime <> *adv* à l'unanimité.

Einnahme (*pl* **-n**) *die* **- 1.** [finanziell] rentrée *f*, recette *f* **- 2.** *(ohne Pl)* [von Arznei, Stadt] prise *f.*

ein|nehmen *vt (unreg)* **- 1.** [gen] prendre ; **jn für sich ~** conquérir qqn **- 2.** [Geld] gagner.

einnehmend *adj* agréable.

ein|ordnen *vt* classer, ranger. ◆ **sich einordnen** *ref* **- 1.** [im Verkehr] se ranger **- 2.** [in Gruppe] trouver sa place.

ein|packen *vt* **- 1.** [in Papier] emballer **- 2.** [in Koffer] mettre.

ein|parken <> *vt* garer <> *vi* se garer.

ein|passen *vt* ajuster.

ein|pflanzen *vt* [Pflanze] planter.

ein|planen *vt* prévoir.

ein|prägen *vt* [ins Gedächtnis] : **sich** *(D)* **etw ~** se mettre qqch dans la tête.

einprägsam *adj* qui se retient facilement.

ein|quartieren *vt* installer. ◆ **sich einquartieren** *ref* s'installer.

ein|rahmen *vt* encadrer.

ein|räumen *vt* **- 1.** [in Schrank, Zimmer] ranger **- 2.** [Kredit, Frist] accorder **- 3.** [zugeben] avouer.

ein|reden *vi* **: auf jn ~** baratiner qqn ; **jm etw ~** faire croire qqch à qqn.

ein|reiben *vt (unreg)* **- 1.** [Creme, Öl] faire pénétrer **- 2.** [Körperteil] passer de la crème sur ; [Rücken] passer de la crème dans.

ein|reichen *vt* [Antrag] déposer.

Ein|reise *die* entrée *f.*

ein|reisen *vi* entrer ; **nach Deutschland ~** passer la frontière allemande.

Einreise|visum *das* visa *m* d'entrée.

ein|reißen (*perf* **hat/ist eingerissen**) *(unreg)* <> *vt (hat)* **- 1.** [Gebäude] démolir **- 2.** [Papier, Stoff] déchirer <> *vi (ist)* **- 1.** [Papier, Stoff] se déchirer **- 2.** [Unsitte] se développer.

ein|renken *vt* **- 1.** [Gelenk] remettre en place **- 2.** [Konflikt] régler. ◆ **sich einrenken** *ref* **: sich wieder ~** rentrer dans l'ordre.

ein|richten *vt* - **1.** [Wohnung] décorer - **2.** [Institution, Arbeitsstelle] créer - **3.** [organisieren] : **etw so ~, dass man etw tun kann** faire en sorte de pouvoir faire qqch. ◆ **sich einrichten** *ref* - **1.** [mit Möbeln] se meubler - **2.** [sich einstellen] : **sich auf etw** *(A)* **~** se préparer à qqch.

Ein|richtung *die* - **1.** [Möbel] aménagement *m* - **2.** *(ohne Pl)* [Möblieren] décoration *f* - **3.** *(ohne Pl)* [Schaffung] création *f* - **4.** [Institution] organisme *m*, service *m*.

ein|rücken (*perf* **hat/ist eingerückt**) ◇ *vi (ist)* [Armee] entrer ◇ *vt (hat)* [in Text] décrocher.

eins *num* - **1.** [Zahl] un (une) ; **~ A** excellent(e) - **2.** *RW* : **mit jm ~ werden** [verschmelzen] ne faire plus qu'un avec qqn ; [einig werden] se mettre d'accord avec qqn ; *siehe auch* **sechs.**

Eins *die* - **1.** [Zahl] un *m* - **2.** [Schulnote] ≃ 20/20 ; *siehe auch* **Sechs.**

einsam *adj* - **1.** [Person] seul(e) - **2.** [Haus, Gegend] isolé(e).

Einsamkeit *die (ohne Pl)* solitude *f*.

ein|sammeln *vt* ramasser.

Ein|satz *der* - **1.** [Geld] mise *f* - **2.** [persönlich] engagement *m* - **3.** [Verwendung] utilisation *f* ; **unter ~ einer Sache** *(G)* en employant qqch ; **zum ~ kommen** entrer en action - **4.** [militärisch] intervention *f*.

einsatzbereit *adj* - **1.** [Person] prêt(e) (à intervenir) - **2.** [Gerät] en état de marche.

ein|schalten *vt* - **1.** [Gerät] allumer - **2.** [Person] faire intervenir. ◆ **sich einschalten** *ref* - **1.** [Gerät] se mettre en marche - **2.** [Person] intervenir.

ein|schärfen *vt* : **jm ~, etw zu tun** rappeler à qqn de faire qqch.

ein|schätzen *vt* évaluer ; **etw richtig/falsch ~** bien/mal évaluer qqch ; **jn richtig ~** apprécier qqn à sa juste valeur ; **jn falsch ~** se tromper sur le compte de qqn.

Ein|schätzung *die* appréciation *f*.

ein|schenken *vt* servir.

ein|schicken *vt* envoyer.

ein|schieben *vt (unreg)* [zeitlich] intercaler.

ein|schiffen *vt* embarquer. ◆ **sich einschiffen** *ref* : **sich nach Australien ~** embarquer pour l'Australie.

ein|schlafen (*perf* **ist eingeschlafen**) *vi (unreg)* - **1.** [aus Müdigkeit] s'endormir - **2.** [Körperteil] s'ankyloser ; **meine Hand ist eingeschlafen** j'ai la main engourdie - **3.** [Kontakt] se relâcher.

ein|schläfern *vt* [töten] piquer.

einschläfernd *adj* qui endort.

ein|schlagen (*perf* **hat/ist eingeschlagen**) *(unreg)* ◇ *vi* - **1.** *(hat, ist)* [Blitz, Bombe] éclater - **2.** *(hat, ist)* [Neuheit] faire un tabac ; [Skandal] faire beaucoup de bruit - **3.** *(hat)* [mit dem Lenkrad] braquer - **4.** *(hat)* [bei Geschäft, Wette] toper ; **schlag ein!** tope là! - **5.** *(hat)* [mit Faust, Knüppel] : **auf jn ~** rouer qqn de coups ◇ *vt (hat)* - **1.** [Nagel] enfoncer - **2.** [Glas, Tür] casser - **3.** [in Papier] envelopper - **4.** [einbinden] couvrir - **5.** [Richtung] choisir.

einschlägig *adj* [Literatur] spécialisé(e) ; [Methode] adapté(e).

ein|schleichen ◆ **sich einschleichen** *ref (unreg)* se glisser.

ein|schleusen *vt* [Person] faire entrer (en fraude).

ein|schließen *vt (unreg)* - **1.** [zur Strafe] enfermer - **2.** [Wertsachen] mettre sous clé - **3.** [enthalten] inclure - **4.** [Stadt, Armee] cerner.

einschließlich *präp & adv* inclus.

ein|schmeicheln ◆ **sich einschmeicheln** *ref* : **sich bei jm ~** *abw* se concilier les bonnes grâces de qqn.

einschneidend *adj* radical(e).

ein|schneien (*perf* **ist eingeschneit**) *vi* : **eingeschneit sein** [Dorf, Haus] être (complètement) enneigé(e) ; [Person] être bloqué(e) par la neige.

Ein|schnitt *der* - **1.** [mit Messer] incision *f* - **2.** [in Text] coupure *f*.

ein|schränken *vt* limiter ; **jn in seiner Freiheit ~** entraver la liberté de qqn. ◆ **sich einschränken** *ref* se serrer la ceinture.

Einschränkung (*pl* **-en**) *die* - **1.** [Einschränken] limitation *f* - **2.** [Vorbehalt] restriction *f*.

ein|schreiben *vt (unreg)* [Name, Text] inscrire. ◆ **sich einschreiben** *ref* s'inscrire.

Ein|schreiben *das* recommandé *m* ; **als ~** en recommandé.

ein|schreiten (*perf* **ist eingeschritten**) *vi (unreg)* intervenir.

ein|schüchtern *vt* intimider.

Einschüchterung (*pl* **-en**) *die* intimidation *f*.

ein|schulen *vt* scolariser.

Ein|schulung *die* scolarisation *f* ; [für ABC-Schützen] *le premier jour d'école primaire (d'un enfant)*.

ein|sehen ◇ *vt (unreg)* - **1.** [Fehler, Schuld] reconnaître - **2.** [Papiere] examiner ◇ *vi* : **nicht ~, warum** ne pas voir pourquoi.

einseitig ◇ *adj* - **1.** [subjektiv] qui manque d'objectivité, partial(e) - **2.** [auf einer Seite] d'un seul côté - **3.** [Beziehung] unilatéral(e) ◇ *adv* - **1.** [subjektiv] avec partialité - **2.** [auf einer Seite] sur un seul côté - **3.** [essen] de manière peu équilibrée.

ein|senden *vt (unreg)* envoyer.

ein|setzen <> *vt* - **1.** [hineinsetzen] mettre - **2.** [gebrauchen] : **etw ~** [Transportmittel, Gerät] mettre qqch en place ; [Hilfsmittel] avoir recours à qqch - **3.** [in Amt] nommer - **4.** [riskieren] mettre en jeu ; [Geld] miser ; [Leben] risquer <> *vi* - **1.** [anfangen] commencer ; **der Regen setzt ein** la pluie commence à tomber - **2.** MUS commencer à jouer. ◆ **sich einsetzen** *ref* s'engager ; **sich für jn ~** prendre la défense ODER le parti de qqn ; **sich für etw ~** s'engager en faveur de qqch.

Ein|sicht *die* - **1.** [Erkenntnis] prise *f* de conscience ; **zu der ~ kommen, dass** réaliser que - **2.** *(ohne Pl)* [in Papiere] coup *m* d'œil.

einsichtig <> *adj* [Person, Verhalten] sensé(e) <> *adv* [vernünftig] avec discernement, raisonnablement.

Ein|siedler, in *der, die* ermite *m.*

einsilbig *adj* - **1.** [Person] laconique, pas très bavard(e) - **2.** [Antwort] bref (brève) - **3.** [aus einer Silbe] monosyllabique, monosyllabe.

ein|sinken (*perf* **ist eingesunken**) *vi (unreg)* [versinken] s'enfoncer ; [in Schlamm] s'embourber.

ein|spannen *vt* - **1.** [Pferd] atteler - **2.** [zur Arbeit] faire travailler - **3.** [Blatt] introduire.

ein|sparen *vt* économiser.

ein|sperren *vt* enfermer ; [im Gefängnis] emprisonner.

ein|spielen *vt* [Geld] rapporter ; [Unkosten] couvrir. ◆ **sich einspielen** *ref* - **1.** SPORT s'échauffer - **2.** [Arbeitsablauf, Zusammenarbeit] se mettre en place ; **sich aufeinander ~** s'adapter les uns aux autres.

ein|springen (*perf* **ist eingesprungen**) *vi (unreg)* : **für jn ~** remplacer qqn.

Ein|spruch *der* recours *m* ; **~ (gegen etw) erheben** protester (contre qqch) ; **~!** [bei Gericht] objection!

einspurig <> *adj* à une seule voie <> *adv* : **nur ~ befahrbar** réduit(e) à une seule voie.

ein|stecken *vt* - **1.** [in Tasche] prendre *(sur soi)* - **2.** [Kritik, Niederlage, Verlust] encaisser - **3.** [Stecker] brancher.

ein|steigen (*perf* **ist eingestiegen**) *vi (unreg)* [in Fahrzeug] monter.

einstellbar *adj* réglable ; [Frequenz] modulable.

ein|stellen *vt* - **1.** [Arbeitskraft] embaucher ; [Arzt, Lehrer] recruter - **2.** [regulieren] régler - **3.** [beenden] arrêter ; [Zahlungen] interrompre. ◆ **sich einstellen** *ref* [sich anpassen] : **sich auf jn/etw ~** se régler sur qqn/qqch.

Ein|stellung *die* - **1.** [von Arbeitskräften] embauche *f* - **2.** [Regulierung] réglage *m* - **3.** [Anpassung] adaptation *f* - **4.** [Meinung, Haltung] position *f* - **5.** [Beendigung] arrêt *m* ; [von Zahlungen] suspension *f.*

Einstellungs|gespräch *das* entretien *m* d'embauche.

Einstieg (*pl* **-e**) *der* - **1.** [beruflich] entrée *f* - **2.** [Einführung] : **~ (in etw** *(A)***)** entrée *f* en matière (pour qqch).

ein|stimmen <> *vi* : **in etw** *(A)* **~** joindre sa voix à qqch <> *vt* : **jn auf etw** *(A)* **~** mettre qqn en condition pour qqch.

einstimmig <> *adj* - **1.** MUS à une seule voix - **2.** [übereinstimmend] unanime <> *adv* - **1.** MUS à l'unisson - **2.** [übereinstimmend] à l'unanimité.

einstöckig *adj* à un seul étage.

ein|studieren *vt* [Rolle] étudier.

ein|stufen *vt* classer ; [in Klasse, Kategorie] répartir par niveau.

einstündig *adj* d'une heure.

Ein|sturz *der* écroulement *m.*

ein|stürzen (*perf* **ist eingestürzt**) *vi* [Gebäude, Gerüst] s'écrouler.

Einsturz|gefahr *die* risque *m* d'éboulement.

einstweilig <> *adj* provisoire <> *adv* à titre provisoire.

eintägig *adj* d'une journée.

ein|tauchen (*perf* **hat/ist eingetaucht**) <> *vt (hat)* tremper <> *vi (ist)* plonger.

ein|tauschen *vt* : **etw gegen etw ~** échanger qqch contre qqch.

eintausend *num* mille.

ein|teilen *vt* - **1.** [klassifizieren] classer ; **etw nach etw ~** classer qqch par qqch ; **etw in etw ~** découper qqch en qqch - **2.** [Geld, Vorrat, Zeit] répartir - **3.** [für einen Dienst] : **jn für etw ~** affecter qqn à qqch.

einteilig *adj* d'une seule pièce.

Ein|teilung *die* - **1.** [Klassifizierung] classement *m* ; [in Abschnitte] découpage *m* - **2.** [von Geld, Vorrat, Zeit] répartition *f.*

eintönig <> *adj* monotone <> *adv* de manière monotone.

Ein|topf *der sorte de pot-au-feu.*

einträchtig <> *adj* harmonieux(euse) <> *adv* en accord.

Eintrag (*pl* **-träge**) *der* - **1.** [Notiz] inscription *f* - **2.** [ins Klassenbuch] *avertissement inscrit dans le cahier d'appel.*

ein|tragen *vt (unreg)* - **1.** [notieren, registrieren] inscrire ; ▷ **Warenzeichen** - **2.** [einbringen] rapporter. ◆ **sich eintragen** *ref* : **sich (für etw) ~** s'inscrire (à qqch).

einträglich *adj* [Job] bien payé(e).

ein|treffen (*perf* **ist eingetroffen**) *vi (unreg)* - **1.** [Person, Lieferung, Zug] arriver - **2.** [wahr werden] se réaliser.

ein|treiben *vt (unreg)* faire rentrer.

ein|treten (*perf* **hat/ist eingetreten**) *(unreg)* ◇ *vi (ist)* **- 1.** [in Raum, Phase] entrer **- 2.** [in Gruppe] : **in etw** *(A)* **~** adhérer à qqch **- 3.** [helfend] : **für etw ~** s'engager en faveur de qqch ; **für jn ~** prendre la défense de qqn **- 4.** [Ereignis] avoir lieu, se produire ◇ *vt (hat)* enfoncer.

Ein|tritt *der* **- 1.** [gen] entrée *f* ; '**~ frei**' 'entrée libre' ; '**~ verboten!**' 'défense d'entrer' **- 2.** [in Gruppe] adhésion *f* **- 3.** [helfend] engagement *m.*

Eintritts|geld *das* droit *m* d'entrée, entrée *f.*

Eintritts|karte *die* billet *m.*

ein|üben *vt* répéter.

einverstanden ◇ *adj :* **mit jm/etw ~ sein** être d'accord avec qqn/qqch ◇ *adv :* **sich mit etw ~ erklären** donner son accord pour qqch. ❖ **einverstanden!** *interj* d'accord!

Ein|verständnis *das (ohne Pl)* accord *m.*

Ein|wand *der* objection *f* ; **~ gegen etw** objection contre qqch.

ein|wandern (*perf* **ist eingewandert**) *vi* immigrer.

Ein|wanderung *die* immigration *f.*

einwandfrei ◇ *adj* **- 1.** [Material] impeccable, en parfait état **- 2.** [Verhalten] irréprochable **- 3.** [Nachweis] irréfutable ◇ *adv* **- 1.** [funktionieren] à merveille **- 2.** [sich verhalten] parfaitement.

einwärts *adv* vers l'intérieur.

Einweg|flasche *die* bouteille *f* non consignée.

ein|weichen *vt* faire tremper.

ein|weihen *vt* [Gebäude] inaugurer.

Einweihung (*pl* **-en**) *die* [von Gebäuden] inauguration *f* ; [von Wohnung] crémaillère *f.*

ein|weisen *vt (unreg)* **- 1.** [Patient, Verbrecher] faire admettre **- 2.** [in Tätigkeit] : **jn in etw** *(A)* **~** mettre qqn au courant de qqch **- 3.** [Fahrer] guider.

Ein|weisung *die* **- 1.** [von Patient, Verbrecher] transfert *m* ; **~ ins Krankenhaus** hospitalisation *f* **- 2.** [in Tätigkeit] initiation *f* **- 3.** [von Fahrer] guidage *m.*

ein|wenden *vt (unreg)* objecter ; **dagegen ist nichts einzuwenden** il n'y a rien à dire à cela.

ein|werfen *vt (unreg)* **- 1.** [Brief] poster ; [Münze] introduire **- 2.** [Ball, Frage, Bemerkung] lancer ; [Glasscheibe] casser.

ein|wickeln *vt* **- 1.** [Ding] envelopper **- 2.** *fam abw* [Person] embobiner.

ein|willigen *vi* acquiescer ; **in etw** *(A)* **~** consentir à qqch.

Einwilligung (*pl* **-en**) *die* consentement *m.*

ein|wirken *vi* **- 1.** [Salbe] agir **- 2.** [Person] : **auf jn/etw ~** exercer une influence sur qqn/qqch.

Einwohner, in (*mpl* **-** ; *fpl* **-nen**) *der, die* habitant *m*, -e *f.*

Einwohnermelde|amt *das service municipal chargé de répertorier les arrivées et les départs des habitants d'une ville.*

Einwohner|zahl *die* nombre *m* d'habitants.

Ein|wurf *der* **- 1.** [Ausspruch] remarque *f* **- 2.** [von Bällen] lancement *m* **- 3.** [von Münzen] introduction *f.*

Ein|zahl *die (ohne Pl)* singulier *m.*

ein|zahlen *vt* verser.

Ein|zahlung *die* versement *m.*

ein|zeichnen *vt :* **etw in etw** *(A)* **~** dessiner qqch sur qqch.

Einzel (*pl* **-**) *das* simple *m.*

Einzel|fall *der* cas *m* isolé.

Einzel|gänger, in (*mpl* **-** ; *fpl* **-nen**) *der, die* solitaire *mf.*

Einzel|handel *der* commerce *m* de détail.

Einzelheit *die* détail *m.*

Einzel|kind *das* enfant *mf* unique.

einzeln ◇ *adj* **- 1.** [vereinzelt] isolé(e) ; **jedes ~e Exemplar** chaque exemplaire séparément ; **~ stehend** isolé(e) **- 2.** [ohne Gegenstück] seul(e) ◇ *adv* **- 1.** [nacheinander] un par un, une par une **- 2.** [extra] séparément ◇ *det (nur Pl) :* **~e Personen/Regentropfen** quelques rares personnes/gouttes de pluie.

Einzelne ◇ *der, die* [Individuum] seul homme *m*, seule femme *f* ; **jeder** ODER **jede** ODER **jedes ~e** chacun(e) ◇ *das :* **ins ~e gehen** entrer dans le détail ; **im ~n** en détail.

einzelnstehend *adj* ▷ **einzeln.**

Einzel|person *die* individu *m.*

Einzel|stück *das* exemplaire *m* unique.

Einzel|teil *das* pièce *f* ; TECH composant *m.*

Einzel|zimmer *das* chambre *f* simple.

ein|ziehen (*perf* **hat/ist eingezogen**) *(unreg)* ◇ *vt (hat)* **- 1.** [Körperteil, Fahrgestell] rentrer ; [Netz] amener **- 2.** [Band] enfiler **- 3.** [Wand] poser, installer **- 4.** [zur Armee] enrôler **- 5.** [fordern] encaisser ; [Steuern] (pré)lever **- 6.** [beschlagnahmen] confisquer ◇ *vi (ist)* **- 1.** [in Wohnung] emménager **- 2.** [Einzug halten] faire son entrée **- 3.** [Fett] pénétrer ; [Flüssigkeit] s'infiltrer.

einzig ◇ *adj (ohne Kompar)* **- 1.** [alleinig] seul(e) **- 2.** [total] véritable ◇ *adv* seulement ; **~ und allein** purement et simplement.

einzigartig <> *adj* unique <> *adv* remarquablement.
Einzige *der, die, das* : **der ~** le seul ; **die ~** la seule ; **das ~** la seule chose.
Einzimmer|wohnung *die* studio *m*.
Einzug (*pl* **-züge**) *der* - **1.** [von Jahreszeit] arrivée *f* ; [von Armee, Sportlern] entrée *f* - **2.** [in Wohnung] emménagement *m*.
Eis *das (ohne Pl)* - **1.** [auf Gewässer, zum Essen] glace *f* - **2.** [Würfel] glaçon *m* ; **etw auf ~ legen** *fig* [Projekt] geler qqch.
Eis|bahn *die* patinoire *f*.
Eis|bär *der* ours *m* blanc.
Eis|becher *der* coupe *f* glacée.
Eis|bein *das (ohne Pl)* jambonneau *m*.
Eis|berg *der* iceberg *m*.
Eis|café *das* glacier *m*.
Ei|schnee *der* œufs *mpl* en neige.
Eis|creme, Eiskrem *die (ohne Pl)* crème *f* glacée.
Eis|diele *die* glacier *m*.
Eisen *das (ohne Pl)* [Metall, Metallstück] fer *m*.
Eisen|bahn *die* - **1.** [Zug] train *m* - **2.** [Institution] chemin *m* de fer.
Eisenbahn|netz *das* réseau *m* ferré.
Eisen|erz *das* minerai *m* de fer.
eisenhaltig *adj* ferreux(euse) ; [Nahrung] riche en fer.
eisern <> *adj* - **1.** [aus Eisen] en fer - **2.** [unnachgiebig] de fer ; **~ bleiben** rester inflexible <> *adv* [unnachgiebig] fermement ; [sparen] dur.
eisgekühlt *adj* glacé(e).
Eis|hockey *das* hockey *m* sur glace.
eisig <> *adj* glacial(e) <> *adv* : **es ist ~ kalt** il fait un froid glacial.
Eis|kaffee *der* café *m* liégeois.
eiskalt <> *adj* - **1.** [Körperteil, Getränk] glacé(e) ; [Luft] glacial(e) - **2.** [Blick, Mensch] glacial(e) ; [Mord] de sang-froid <> *adv* - **1.** [gekühlt] glacé(e) - **2.** [herzlos] froidement.
Eiskrem = **Eiscreme.**
Eiskunst|lauf *der (ohne Pl)* patinage *m* artistique.
Eis|zapfen *der* stalactite *f* de glace.
Eis|zeit *die* période *f* glaciaire.
eitel *adj* vaniteux(euse).
Eitelkeit (*pl* **-en**) *die* vanité *f*.
Eiter *der (ohne Pl)* pus *m*.
eitern *vi* suppurer.
eitrig, eiterig *adj* purulent(e).
Eiweiß (*pl* **-e**) *das* - **1.** *(ohne Pl)* [im Ei] blanc *m* d'œuf - **2.** BIOL & CHEM albumine *f*.
Ei|zelle *die* ovule *m*.
EKD (*abk für* **Evangelische Kirche in Deutschland**) *die (ohne Pl)* Église *f* évangélique d'Allemagne.
Ekel (*pl* **-**) *der (ohne Pl)* [Abscheu] dégoût *m*.
ekelhaft <> *adj* répugnant(e) <> *adv* de façon écœurante.
ekelig = **eklig.**
ekeln *vt* dégoûter. ◆ **sich ekeln** *ref* être dégoûté(e) ; **sich vor jm/etw ~** être écœuré(e) par qqn/qqch.
eklig, ekelig <> *adj* - **1.** [Ekel erregend] répugnant(e) ; [Geruch] fétide - **2.** *fam* [gemein] abject(e) <> *adv* de façon abjecte.
Ekzem (*pl* **-e**) *das* MED eczéma *m*.
elastisch *adj* - **1.** [Gummi, Feder] élastique - **2.** [Mensch, Gang] souple.
Elbe *die* Elbe *f*.
Elch (*pl* **-e**) *der* élan *m*.
Elefant (*pl* **-en**) *der* éléphant *m*.
elegant <> *adj* élégant(e) <> *adv* avec élégance.
Eleganz *die (ohne Pl)* élégance *f*.
Elektriker, in (*mpl* **-** ; *fpl* **-nen**) *der, die* électricien *m*, -enne *f*.
elektrisch <> *adj* électrique <> *adv* à l'électricité.
Elektrizitäts|werk *das* centrale *f* électrique.
Elektrode (*pl* **-n**) *die* électrode *f*.
Elektro|gerät *das* appareil *m* électroménager.
Elektro|geschäft *das fam* magasin *m* d'électroménager.
Elektro|herd *der* cuisinière *f* électrique.
Elektro|motor *der* moteur *m* électrique.
Elektronik *die* électronique *f*.
elektronisch <> *adj* électronique <> *adv* électroniquement.
Elektro|technik *die (ohne Pl)* électrotechnique *f*.
Element (*pl* **-e**) *das* - **1.** [Bestandteil, Person, Urstoff & CHEM] élément *m* - **2.** *(ohne Pl)* [Lebensraum] élément *m* ; **in seinem ~ sein** être dans son élément.
elend <> *adj* - **1.** [erbärmlich] misérable - **2.** [krank] pitoyable <> *adv* - **1.** [erbärmlich] misérablement - **2.** [schlecht] mal fichu(e) ; **~ aussehen** avoir mauvaise mine ; **sich ~ fühlen** être mal en point.
Elend *das (ohne Pl)* - **1.** [Unglück] malheur *m* - **2.** [Ärmlichkeit] misère *f*.
Elends|viertel *das* bidonville *m*.
elf *num* onze ; *siehe auch* **sechs.**
Elf (*pl* **-en**) *die* onze *m*.
Elfen|bein *das (ohne Pl)* ivoire *m*.
elfhundert *num* mille cent.
Elf|meter *der* penalty *m*.
elfte, r, s *adj* onzième ; *siehe auch* **sechste.**

Elfte (*pl* **-n**) *der, die, das* onzième *mf ; siehe auch* **Sechste.**
elftel *num* onzième ; *siehe auch* **sechstel.**
Elftel (*pl* **-**) *das* onzième *m ; siehe auch* **Sechstel.**
Elite (*pl* **-n**) *die* élite *f.*
Elite|schule *die* grande école *f.*
Ellbogen, Ellenbogen (*pl* **-**) *der* coude *m.*
Elle (*pl* **-n**) *die* **- 1.** [Knochen] cubitus *m* **- 2.** [Maßeinheit] aune *f.*
Ellen|bogen = **Ellbogen.**
Elsass *das* Alsace *f.*
Elsässer (*pl* **-**) ◇ *der* Alsacien *m* ◇ *adj* alsacien(enne).
Elsässerin (*pl* **-nen**) *die* Alsacienne *f.*
elsässisch *adj* alsacien(enne).
Elster (*pl* **-n**) *die* pie *f.*
elterlich *adj* parental(e).
Eltern *pl* parents *mpl.*
Eltern|abend *der* SCHULE réunion *f* parents-professeurs.
Eltern|haus *das* foyer *m* familial.
elternlos ◇ *adj* orphelin(e) ◇ *adv* : **~ aufwachsen** grandir sans ses parents.
Eltern|teil *der* l'un des parents ; **beide ~e** les deux parents.
EM (*pl* **-s**) (*abk für* **Europameisterschaft**) *die* championnat *m* d'Europe.
E-Mail ['i:meil] (*pl* **-s**) *die* EDV e-mail ; **per ~** par e-mail.
E-Mail-|Adresse *die* EDV adresse *f* e-mail.
Emanzipation *die (ohne Pl)* émancipation *f.*
emanzipieren ◆ **sich emanzipieren** *ref* s'émanciper.
Embargo (*pl* **-s**) *das* embargo *m.*
Embryo (*pl* **-s** ODER **-onen**) *der* embryon *m.*
Emigrant, in (*mpl* **-en** ; *fpl* **-nen**) *der, die* émigrant *m*, -e *f.*
emigrieren (*perf* **ist emigriert**) *vi* émigrer.
Emission (*pl* **-en**) *die* émission *f.*
emotional ◇ *adj* émotionnel(elle) ; [Mensch] émotif(ive) ◇ *adv* de façon émotionnelle.
empfahl *prät* ▷ **empfehlen.**
empfand *prät* ▷ **empfinden.**
Empfang (*pl* **Empfänge**) *der* **- 1.** *(ohne Pl)* [Erhalt] réception *f* ; **etw in ~ nehmen** réceptionner qqch **- 2.** [Begrüßung] accueil *m* ; **jn in ~ nehmen** *fam* accueillir qqn **- 3.** *(ohne Pl)* TV réception *f* **- 4.** [Fest, Rezeption] réception *f.*
empfangen (*präs* **empfängt** ; *prät* **empfing** ; *perf* **hat empfangen**) *vt* **- 1.** [erhalten, begrüßen] recevoir **- 2.** TV recevoir, capter.
Empfänger (*pl* **-**) *der* [Adressat] destinataire *m* ; [von Kindergeld] allocataire *m.*
Empfängerin (*pl* **-nen**) *die* [Adressatin] destinataire *f* ; [von Kindergeld] allocataire *f.*
empfänglich *adj* sensible ; **für etw ~ sein** être sensible à qqch.
Empfängnis *die (ohne Pl)* conception *f.*
Empfängnisverhütung *die (ohne Pl)* contraception *f.*
Empfangs|bescheinigung *die* accusé *m* de réception.
empfängt *präs* ▷ **empfangen.**
empfehlen (*präs* **empfiehlt** ; *prät* **empfahl** ; *perf* **hat empfohlen**) *vt* conseiller, recommander. ◆ **sich empfehlen** *ref* [sich anbieten] être tout indiqué(e) ; **es empfiehlt sich, etw zu tun** il est indiqué de faire qqch.
empfehlenswert *adj* recommandable ; [ratsam] recommandé(e).
Empfehlung (*pl* **-en**) *die* [Ratschlag, Beurteilung] recommandation *f* ; **auf js ~** sur les conseils de qqn.
Empfehlungs|schreiben *das* lettre *f* de recommandation.
empfiehlt *präs* ▷ **empfehlen.**
empfinden (*präf* **empfand** ; *perf* **hat empfunden**) *vt* ressentir ; [Liebe] éprouver. ◆ **Empfinden** *das (ohne Pl)* sens *m* ; **nach meinem Empfinden** selon moi, à mon sens.
empfindlich ◇ *adj* **- 1.** [Haut, Film] sensible **- 2.** [verletzlich] susceptible **- 3.** [anfällig] vulnérable **- 4.** [spürbar] sensible **- 5.** [Material] fragile ◇ *adv* **- 1.** [reagieren] avec susceptibilité **- 2.** [merklich] sensiblement **- 3.** [sehr] bigrement.
Empfindlichkeit (*pl* **-en**) *die* **- 1.** [von Haut, Film] sensibilité *f* **- 2.** [Verletzlichkeit] susceptibilité *f* **- 3.** *(ohne Pl)* [Anfälligkeit] fragilité *f.*
Empfindung (*pl* **-en**) *die* **- 1.** [Wahrnehmung] sensation *f* **- 2.** [Emotion] sentiment *m.*
empfing *prät* ▷ **empfangen.**
empfohlen *pp* ▷ **empfehlen.**
empfunden *pp* ▷ **empfinden.**
empören *vt* révolter. ◆ **sich empören** *ref* s'indigner ; **sich über etw** *(A)* **~** s'indigner de qqch.
empört ◇ *adj* indigné(e) ◇ *adv* avec indignation.
Empörung *die (ohne Pl)* indignation *f.*
emsig ◇ *adj* affairé(e) ◇ *adv* avec zèle.
Ende (*pl* **-n**) *das* **- 1.** *(ohne Pl)* [Schluss] fin *f* ; **zu ~ sein** être terminé(e) ; **zu ~ gehen** toucher à sa fin ; **ein/kein ~ nehmen** prendre/ne pas prendre fin **- 2.** [von Wurst, Schnur, Straße] bout *m* **- 3.** *RW* : **am ~ sein** *fam* être à

bout. ◆ **am Ende** *adv* en fin de compte. ◆ **letzten Endes** *adv* finalement.

End|effekt ◆ **im Endeffekt** *adv* au bout du compte.

enden (*perf* **hat/ist geendet**) *vi* - **1.** *(hat)* [zu Ende gehen] se terminer ; **mit etw ~** se terminer par qqch ; **gut/schlecht ~** bien/mal se terminer ; **nicht ~ wollend** interminable - **2.** *(hat, ist)* [sterben] finir.

End|ergebnis *das* résultat *m* final.

endgültig ◇ *adj* définitif(ive) ◇ *adv* définitivement.

Endivie [ɛn'diːvi̯ə] (*pl* **-n**) *die* [kraus] chicorée *f* ; [glatt] scarole *f*.

endlich *adv* - **1.** [nach langem Warten] enfin - **2.** [zuletzt] finalement.

endlos ◇ *adj* infini(e) ◇ *adv* sans fin.

End|runde *die* finale *f*.

End|silbe *die* syllabe *f* finale.

End|spurt *der* sprint *m* final.

End|station *die* terminus *m*.

Endung (*pl* **-en**) *die* terminaison *f*.

End|verbraucher, in *der, die* WIRTSCH consommateur *m* final.

Energie (*pl* **-n**) *die* énergie *f*.

Energie|bedarf *der (ohne Pl)* besoins *mpl* énergétiques.

Energie|krise *die* crise *f* du pétrole.

Energie|verbrauch *der (ohne Pl)* consommation *f* d'énergie.

energisch ◇ *adj* énergique ◇ *adv* de façon énergique, énergiquement.

eng ◇ *adj* étroit(e) ; [Freund, Verwandter] proche ; **es ist ~ in etw** *(D)* on est à l'étroit dans qqch ; **dein Pulli ist zu ~** ton pull te serre trop ; **im ~eren Sinn** au sens strict ◇ *adv* - **1.** [dicht gedrängt] : **~ beieinander stehen** être tout près l'un de l'autre - **2.** [Kleidung] : **~ anliegen** être moulant(e) - **3.** [eingeschränkt] littéralement - **4.** [nah] étroitement.

Engadin *das* Engadine *f*.

engagieren [ɑ̃ga'ʒiːrən] *vt* engager. ◆ **sich engagieren** *ref* s'engager ; **sich für jn/etw ~** s'engager en faveur de qqn/qqch.

Enge *die (ohne Pl)* étroitesse *f*.

Engel (*pl* **-**) *der* ange *m*.

England *nt* Angleterre *f*.

Engländer, in (*mpl* **-** ; *fpl* **-nen**) *der, die* Anglais *m*, -e *f*.

englisch ◇ *adj* anglais(e) ◇ *adv* : **etw ~ aussprechen** prononcer qqch à l'anglaise.

Englisch *das (ohne Pl)* - **1.** [Sprache] anglais *m* ; **~ sprechen** parler anglais ; **auf** ODER **in ~** en anglais ; **wie heißt das auf ~?** comment dit-on cela en anglais? ; **fehlerfreies ~ sprechen** parler un anglais parfait ; **~ ist eine schwere Sprache** l'anglais est une langue difficile - **2.** [Lehrfach] anglais *m* ; **~ lernen/unterrichten** apprendre/enseigner l'anglais ; **die Aufgaben/die Schulnote in ~** les devoirs/la note d'anglais.

Englische *das (ohne Pl)* : **aus dem ~n** de l'anglais ; **ins ~** vers l'anglais, en anglais ; **die Aussprache des ~n** la prononciation de l'anglais.

engstirnig ◇ *adj* [Mensch] borné(e) ; [Verhalten] étriqué(e) ◇ *adv* de façon bornée.

Enkel, in (*mpl* **-** ; *fpl* **-nen**) *der, die* petit-fils *m*, petite-fille *f*.

Enkel|kind *das* petit-fils *m*, petite-fille *f* ; **-er** petits-enfants *mpl*.

enorm ◇ *adj* [Größe, Kosten] énorme ; [Leistung] extraordinaire ◇ *adv* énormément ; **~ schwer** extrêmement lourd(e).

entarten (*perf* **ist entartet**) *vi* dégénérer.

entbehren *vt* [Dinge] se passer de.

entbehrlich *adj* inutile.

Entbehrung (*pl* **-en**) *die* privation *f*.

Entbindung (*pl* **-en**) *die* [Gebären] accouchement *m*.

entblößen *vt*. ◆ **sich entblößen** *ref* [sich ausziehen] se dévêtir.

entdecken *vt* découvrir.

Entdecker, in (*mpl* **-** ; *fpl* **-nen**) *der, die* découvreur *m*.

Entdeckung (*pl* **-en**) *die* découverte *f*.

Ente (*pl* **-n**) *die* - **1.** [Tier, in Zeitung] canard *m* - **2.** *fam* [Citroën 2 CV] deudeuche *f*.

enteignen *vt* exproprier.

enterben *vt* déshériter.

entfallen (*präs* **entfällt** ; *prät* **entfiel** ; *perf* **ist entfallen**) *vi* - **1.** *eigtl & fig* échapper - **2.** [sich verteilen] : **auf jn ~** revenir à qqn.

entfalten *vt* - **1.** [öffnen] déplier - **2.** [entwickeln - Fähigkeit] développer ; [- Energie] déployer. ◆ **sich entfalten** *ref* - **1.** [Blüte] éclore - **2.** [Mensch, Talent] s'épanouir.

Entfaltung (*pl* **-en**) *die* - **1.** [von Aktivitäten] déploiement *m* - **2.** [von Menschen, Eigenschaften] épanouissement *m*.

entfernen *vt* [beseitigen] enlever ; **jn/etw von etw ~** enlever qqn/qqch de qqch. ◆ **sich entfernen** *ref* [weggehen] s'absenter ; **sich von etw ~** s'éloigner de qqch.

entfernt ◇ *adj* - **1.** [fort, weitläufig] éloigné(e) ; **zwei Kilometer ~ von hier** à deux kilomètres d'ici ; **weit davon ~ sein, etw zu tun** *fig* être loin de faire qqch - **2.** [gering] vague - **3.** [abgelegen] reculé(e) ◇ *adv* - **1.** [weitläufig] de loin - **2.** [kaum] vaguement.

Entfernung (*pl* **-en**) *die* - **1.** [Distanz] distance *f* ; **in einer ~ von 2 km** à une distance de 2 km - **2.** [Beseitigung] élimination *f*; [Weggehen] départ *m*.

entfremden *vt* [Person] : **jn jm ~** éloigner qqn de qqn.

entführen *vt* [Mensch] enlever ; [Verkehrsmittel] détourner.

Ent|führer, in *der, die* ravisseur *m*, -euse *f*.

Entführung (*pl* **-en**) *die* [von Menschen] enlèvement *m* ; [von Verkehrsmitteln] détournement *m*.

entgegen *präp (+ D)* contrairement à.

entgegen|gehen (*perf* **ist entgegengegangen**) *vi (unreg)* : **jm/etw ~** aller au devant de qqn/qqch.

entgegengesetzt <> *adj* opposé(e) <> *adv* [liegen] à l'opposé ; [denken] de façon opposée.

entgegen|halten *vt (unreg)* - **1.** [nähern] tendre - **2.** [entgegnen] opposer.

entgegen|kommen (*perf* **ist entgegengekommen**) *vi (unreg)* - **1.** [herankommen] : **jm ~** [Subj : Person] aller à la rencontre de qqn ; [Subj : Fahrzeug] se diriger vers qqn - **2.** [auf Wünsche] : **js Erwartungen ~** satisfaire les attentes de qqn. ◆ **Entgegenkommen** *das (ohne Pl)* bonne volonté *f*.

entgegenkommend <> *adj* conciliant(e) <> *adv* avec empressement.

entgegen|nehmen *vt (unreg)* recevoir.

entgegen|setzen *vt* opposer.

entgegen|stehen *vi (unreg)* : **dem steht nichts entgegen** rien ne s'y oppose.

entgegnen *vt* répliquer.

entgehen (*prät* **entging** ; *perf* **ist entgangen**) *vi* : **jm/etw ~** échapper à qqn/qqch.

entgleisen (*perf* **ist entgleist**) *vi eigtl & fig* dérailler.

entgleiten (*prät* **entglitt** ; *perf* **ist entglitten**) *vi* [Angelegenheit] échapper.

enthalten (*präs* **enthält** ; *prät* **enthielt** ; *perf* **hat enthalten**) *vt* contenir. ◆ **sich enthalten** *ref* [nicht abstimmen] : **sich der Stimme ~** s'abstenir.

enthaltsam <> *adj* : **~es Leben** vie *f* d'abstinence <> *adv* avec tempérance.

Enthaltsamkeit *die (ohne Pl)* abstinence *f*.

Enthaltung (*pl* **-en**) *die* abstention *f*.

enthüllen *vt* dévoiler.

entjungfern *vt* déflorer.

entkommen (*prät* **entkam** ; *perf* **ist entkommen**) *vi* s'échapper ; **jm ~** échapper à qqn.

entkräftet *adj* [Mensch] affaibli(e).

entladen (*präs* **entlädt** ; *prät* **entlud** ; *perf* **hat entladen**) *vt* décharger. ◆ **sich entladen** *ref* - **1.** [Gewitter, Aggressionen] éclater - **2.** ELEKTR se décharger.

entlang *präp & adv* : **den Weg** ODER **am Weg ~, ~ des Weges** le long du chemin.

entlang|gehen (*perf* **ist entlanggegangen**) *vi (unreg)* - **1.** [am Rand] : **etw** ODER **an etw** *(D)* **~** longer qqch - **2.** [Weg] suivre.

entlarven *vt* démasquer.

entlassen (*präs* **entlässt** ; *prät* **entließ** ; *perf* **hat entlassen**) *vt* - **1.** [gehen lassen - aus Krankenhaus] laisser sortir ; [- aus Gefängnis] relâcher ; [- aus Armee] libérer - **2.** [kündigen] licencier.

Entlassung (*pl* **-en**) *die* - **1.** [Entlassen - aus Krankenhaus] sortie *f* ; [- aus Gefängnis] mise *f* en liberté ; [- aus Armee] libération *f* - **2.** [Kündigung] licenciement *m*.

entlasten *vt* [gen] décharger.

entleeren *vt* vider. ◆ **sich entleeren** *ref* se vider.

entlegen *adj* éloigné(e).

entleihen (*prät* **entlieh** ; *perf* **hat entliehen**) *vt* emprunter ; **eine Sache von jm/aus etw ~** emprunter qqch à qqn/qqch.

entlocken *vt* arracher.

Entmachtung (*pl* **-en**) *die* destitution *f*.

entmilitarisieren *vt* démilitariser.

entmündigen *vt* : **jn ~** mettre qqn en tutelle.

entmutigen *vt* décourager.

entnervt *adj* à bout de nerfs.

entreißen (*prät* **entriss** ; *perf* **hat entrissen**) *vt* arracher.

entrüsten *vt* indigner. ◆ **sich entrüsten** *ref* : **sich über etw** *(A)* **~** s'indigner de qqch.

Entrüstung (*pl* **-en**) *die* indignation *f*.

entschädigen *vt* indemniser ; **jn für etw ~** indemniser qqn de qqch.

Entschädigung (*pl* **-en**) *die* - **1.** [Zahlung] indemnisation *f* - **2.** [Betrag] indemnité *f*.

entschärfen *vt* [Bombe] désamorcer.

entscheiden (*prät* **entschied** ; *perf* **hat entschieden**) <> *vi* : **über etw** *(A)* **~** décider de qqch <> *vt* trancher ; SPORT être décisif(ive) pour. ◆ **sich entscheiden** *ref* [sich entschließen] : **sich für jn/etw ~** se décider pour qqn/qqch ; **sich gegen jn/etw ~** se prononcer contre qqn/qqch.

entscheidend <> *adj* décisif(ive) <> *adv* de façon décisive.

Entscheidung (*pl* **-en**) *die* décision *f* ; **eine ~ treffen** prendre une décision.

entschieden <> *pp* ▷ **entscheiden** <> *adj* décidé(e) ; [Verteidiger] convaincu(e) ; [Gegner] acharné(e) <> *adv* - **1.** [mit Entschiedenheit] catégoriquement - **2.** [eindeutig] décidément.

entschließen (*prät* **entschloss** ; *perf* **hat entschlossen**) ◆ **sich entschließen** *ref* se décider ; **sich zu etw ~** se résoudre à faire qqch.

entschlossen <> *pp* ▷ **entschließen** <> *adj* **- 1.** [Mensch, Auftreten] résolu(e) **- 2.** [Handlung] décidé(e) ; **zum Kauf von etw ~ sein** être décidé(e) à acheter qqch <> *adv* sans hésitation.

Entschlossenheit *die (ohne Pl)* résolution *f*.

Ent|schluss *der* décision *f* ; **einen ~ fassen** prendre une décision.

entschlüsseln *vt* déchiffrer.

entschuldigen *vt* excuser. ◆ **entschuldige bitte!** *interj* excuse-moi! ◆ **sich entschuldigen** *ref* s'excuser ; **sich für etw ~** s'excuser de qqch ; **sich bei jm ~** s'excuser auprès de qqn.

sich entschuldigen

Je suis désolé d'être en retard. Es tut mir leid, dass ich zu spät komme.

Désolé de ne pas t'avoir appelé avant. Es tut mir leid, dass ich nicht schon früher angerufen habe.

Je regrette de t'avoir vexé. Ich wollte dich nicht verärgern.

Excusez-moi, je ne voulais pas vous blesser. Bitte entschuldigen Sie, ich wollte Sie nicht verletzen.

Je vous demande pardon. Verzeihen Sie mir bitte.

Entschuldigung (*pl* **-en**) *die* **- 1.** [Rechtfertigung] excuse *f* **- 2.** SCHULE mot *m* d'excuse **- 3.** [Nachsicht] : **jn um ~ bitten** présenter ses excuses à qqn.

Entsetzen *das (ohne Pl)* effroi *m*.

entsetzlich <> *adj* épouvantable <> *adv* [sehr] épouvantablement.

entsetzt <> *adj* : **(über etw** *(A)***) ~** épouvanté(e) (de qqch) <> *adv* avec effroi.

entsichern *vt* enlever le cran de sûreté de.

Entsorgung (*pl* **-en**) *die* collecte *f* des déchets.

entspannen *vt* détendre. ◆ **sich entspannen** *ref* se détendre.

Ent|spannung *die (ohne Pl)* détente *f*.

Entspannungs|politik *die* politique *f* de détente.

entsprechen (*präs* **entspricht** ; *prät* **entsprach** ; *perf* **hat entsprochen**) *vi* [genügen] correspondre ; [einem Zweck] répondre.

entsprechend <> *adj* **- 1.** [angemessen] correspondant(e) **- 2.** [dementsprechend] en rapport **- 3.** [zuständig - Abteilung] approprié(e) ; [- Person] compétent(e) <> *adv* de façon adéquate <> *präp* : **einer Sache** *(D)* **~** conformément à qqch.

entspringen (*prät* **entsprang** ; *perf* **ist entsprungen**) *vi* [Fluss] prendre sa source.

entstehen (*prät* **entstand** ; *perf* **ist entstanden**) *vi* **- 1.** [konstruiert werden] être créé(e) ; **aus** ODER **durch etw ~** naître de qqch, résulter de qqch **- 2.** [anfangen] naître **- 3.** [Text] voir le jour **- 4.** [Schaden] : **jm entsteht ein Schaden durch etw** qqch occasionne un dommage à qqn.

Entstehung (*pl* **-en**) *die* **- 1.** [prozesshaft] genèse *f* **- 2.** [Anfang] naissance *f*.

entstellen *vt* défigurer, déformer.

enttäuschen *vt* & *vi* décevoir.

enttäuscht <> *adj* déçu(e) ; **von jm ~ sein** être déçu par qqn <> *adv* l'air déçu.

enttäuscht sein

Dommage que tu ne sois pas venu. Schade, dass du nicht gekommen bist.

Vous ne nous accompagnerez pas ? Comme c'est dommage. Wie? Ihr kommt nicht mit? Das ist aber schade.

Il est parti il y a dix minutes ? Oh non ! C'est trop bête. Was, er ist gerade vor zehn Minuten gegangen? Oh nein! So etwas Dummes.

Je regrette vraiment que vous ne puissiez pas venir. Es tut mir wirklich leid, dass ihr nicht kommen könnt.

Tu as perdu son adresse ? Quel dommage. Du findest seine Adresse nicht mehr? Schade.

Ent|täuschung *die* déception *f*.

entwaffnen *vt* désarmer.

Ent|warnung *die* fin *f* de l'alerte.

entwässern *vt* assécher ; [Körper] drainer.

entweder ◆ **entweder ... oder** *konj* **- 1.** [satzeinleitend] ou (bien) ..., ou (bien) **- 2.** [worteinleitend] soit ..., soit.

entweichen (*prät* **entwich** ; *perf* **ist entwichen**) *vi* s'échapper.

entwerfen (*präs* **entwirft** ; *prät* **entwarf** ; *perf* **hat entworfen**) *vt* **- 1.** [gen] faire l'ébauche de **- 2.** [Gebäude] concevoir le plan de.

entwerten *vt* **- 1.** [Ticket] composter ; [Briefmarke] oblitérer **- 2.** [Geld] dévaluer.

Entwerter (*pl* **-**) *der* composteur *m*.

entwickeln *vt* **- 1.** [entfalten & FOTO] développer **- 2.** [ausarbeiten] élaborer. ◆ **sich entwickeln** *ref* se développer ; [Angelegenheit] évoluer ; [Dämpfe] se former ; **sich aus etw ~** naître de qqch ; **sich zu jm/etw ~** devenir qqn/qqch.

Entwicklung (*pl* **-en**) *die* **- 1.** [Entfaltung & FOTO] développement *m* ; **in der ~** en évolution - **2.** [Ausarbeitung] élaboration *f*.

Entwicklungs|helfer, in *der, die* coopérant *m*.

Entwicklungs|hilfe *die* aide *f* aux pays en voie de développement.

Entwicklungs|land *das* pays *m* en voie de développement.

entwirren *vt* démêler.

entwischen (*perf* **ist entwischt**) *vi fam* : **(jm) ~** filer (entre les doigts de qqn).

entwöhnen *vt* sevrer.

entwürdigend *adj* dégradant(e).

Ent|wurf *der* - **1.** [Zeichnung] plan *m* - **2.** [Konzept] ébauche *f*.

entwurzeln *vt* déraciner.

entziehen (*prät* **entzog** ; *perf* **hat entzogen**) *vt* : **jm etw ~** retirer qqch à qqn. ◆ **sich entziehen** *ref* : **sich einer Sache** *(D)* **~** se soustraire à qqch.

Entziehungs|kur *die* cure *f* de désintoxication.

entziffern *vt* déchiffrer.

entzücken *vt* enchanter.

entzückend *adj* ravissant(e).

Ent|zug *der (ohne Pl)* - **1.** [Wegnehmen] retrait *m* - **2.** [von Drogen, Alkohol] désintoxication *f*.

Entzugs|erscheinung *die* symptôme *m* de manque.

entzünden *vt* allumer ; [Streichholz] gratter. ◆ **sich entzünden** *ref* [durch Feuer, Krankheitskeim] s'enflammer.

Entzündung (*pl* **-en**) *die* inflammation *f*.

entzwei|gehen (*perf* **ist entzweigegangen**) *vi (unreg)* se casser (en morceaux).

Enzian (*pl* **-e**) *der* gentiane *f*.

Enzyklopädie (*pl* **-n**) *die* encyclopédie *f*.

Enzym (*pl* **-e**) *das* BIOL & CHEM enzyme *f*.

Epidemie (*pl* **-n**) *die* épidémie *f*.

Epik *die (ohne Pl)* genre *m* épique.

Epilepsie (*pl* **-n**) *die* épilepsie *f*.

Episode (*pl* **-n**) *die* épisode *m*.

Epoche (*pl* **-n**) *die* époque *f*. ◆ **Epoche machend** *adj* qui fait date.

Epos (*pl* **Epen**) *das* épopée *f*.

er *pron* il, elle ; [betont] lui ; **~ lacht** il rit ; **der Tisch ist schön, aber ~ ist zu klein** la table est belle, mais elle est trop petite ; **ausgerechnet ~** justement lui ; **~ selber** lui-même.

erachten *vt* : **jn/etw als** ODER **für etw ~** considérer qqn/qqch comme qqch.

Erachten *das (ohne Pl)* : **meinem ~ nach, nach meinem ~, meines ~s** à mon avis.

erahnen *vt* deviner ; [im Dunkeln] entrevoir.

erarbeiten *vt* - **1.** [Stellung, Wissen] acquérir *(par le travail)* - **2.** [Konzept] élaborer.

Erb|anlage *die* disposition *f* héréditaire.

Erbarmen *das (ohne Pl)* pitié *f* ; **mit jm/etw ~ haben** avoir pitié de qqn/qqch. ◆ **zum Erbarmen** *adv* à faire pitié.

erbärmlich ◇ *adj* - **1.** [Leben, Zustand] pitoyable - **2.** *abw* [Leistung] lamentable - **3.** *abw* [Person] minable ◇ *adv* terriblement.

erbarmungslos ◇ *adj* impitoyable ◇ *adv* sans pitié.

erbauen *vt* édifier.

Erbauer, in (*mpl* **-** ; *fpl* **-nen**) *der, die* constructeur *m*, -trice *f*.

Erbe (*pl* **-n**) ◇ *das (ohne Pl) (G Erbes)* héritage *m* ◇ *der (G Erben)* héritier *m* ; **jn zum** ODER **als ~n einsetzen** instituer qqn héritier.

erben ◇ *vt* hériter de ; **etw von jm ~** hériter qqch de qqn ◇ *vi* hériter.

erbeuten *vt* prendre *(à l'ennemi)*.

Erb|folge *die* ordre *m* de succession.

Erb|gut *das* BIOL patrimoine *m* génétique.

Erbin (*pl* **-nen**) *die* héritière *f*.

erbittert ◇ *adj* acharné(e) ◇ *adv* avec acharnement.

Erb|krankheit *die* maladie *f* héréditaire.

erblich *adj* héréditaire.

erblinden (*perf* **ist erblindet**) *vi* perdre la vue.

erbrechen (*präs* **erbricht** ; *prät* **erbrach** ; *perf* **hat erbrochen**) *vt* vomir. ◆ **sich erbrechen** *ref* vomir.

Erbrechen *das (ohne Pl)* vomissement *m*.

erbringen (*prät* **erbrachte** ; *perf* **hat erbracht**) *vt* - **1.** [ergeben] apporter - **2.** [finanziell] rapporter - **3.** [Nachweis, Leistung] fournir.

Erbschaft (*pl* **-en**) *die* héritage *m*.

Erbse (*pl* **-n**) *die* pois *m* ; **grüne ~n** petits pois.

Erb|stück *das* objet *m* hérité.

Erd|ball *der (ohne Pl)* globe *m* terrestre.

Erd|beben (*pl* **-**) *das* tremblement *m* de terre.

Erd|beere *die* fraise *f*.

Erd|boden *der* - **1.** [Boden] sol *m* ; **auf dem ~** sur le sol, par terre - **2.** *RW* : **etw dem ~ gleichmachen** raser qqch.

Erde *die (ohne Pl)* - **1.** [gen] terre *f* - **2.** [Welt] monde *m*.

erden *vt* ELEKTR : **etw ~** mettre qqch à la terre.

erdenklich *adj* imaginable. ◆ **alles Erdenkliche** *adv* tout mon ODER ton ODER son etc possible.

Erd|gas *das* gaz *m* naturel.

Erd|geschoss *das* : **(im) ~** (au) rez-de-chaussée *m*.
Erd|kugel *die (ohne Pl)* globe *m* terrestre.
Erd|kunde *die (ohne Pl)* géographie *f*.
Erd|nuss *die* cacahuète *f*.
Erd|öl *das* pétrole *m*. ◆ **Erdöl exportierend** *adj* exportateur *m*, -trice *f* de pétrole.
erdrosseln *vt* étrangler.
erdrücken *vt* écraser.
Erdrutsch (*pl* **-e**) *der* glissement *m* de terrain ; [politisch] effondrement *m*.
Erd|teil *der* continent *m*.
erdulden *vt* endurer.
ereifern ◆ **sich ereifern** *ref* s'échauffer ; **sich über etw** *(A)* **~** s'échauffer au sujet de qqch.
ereignen ◆ **sich ereignen** *ref* se passer, se produire ; [Unglück] arriver.
Ereignis (*pl* **-se**) *das* événement *m*.
ereignisreich *adj* riche en événements.
erfahren (*präs* **erfährt** ; *prät* **erfuhr** ; *perf* **hat erfahren**) ◇ *vt* **- 1.** [Neuigkeit] apprendre ; **etw von jm/etw** ODER **durch jn/etw ~** apprendre qqch par qqn/qqch **- 2.** [erleben - Gefühl] éprouver ; [- Entwicklung] connaître ◇ *adj* expérimenté(e).
Erfahrung (*pl* **-en**) *die* **- 1.** [Kenntnis] expérience *f* **- 2.** [durch Nachforschen] : **etw in ~ bringen** prendre connaissance de qqch.
erfahrungsgemäß *adv* par expérience.
erfassen *vt* **- 1.** [mitreißen - Subj : Wasser] entraîner ; [- Subj : Fahrzeug] faucher **- 2.** [begreifen, ergreifen, eingeben] saisir **- 3.** [registrieren] recenser **- 4.** [berücksichtigen] comprendre.
erfinden (*prät* **erfand** ; *perf* **hat erfunden**) *vt* inventer.
Erfinder, in (*mpl* **-** ; *fpl* **-nen**) *der, die* inventeur *m*, -trice *f*.
Erfindung (*pl* **-en**) *die* [Entwicklung] invention *f* ; **eine ~ machen** faire une découverte.
Erfolg (*pl* **-e**) *der* succès *m* ; [verdient] réussite *f* ; **~ haben** avoir du succès. ◆ **Erfolg versprechend** ◇ *adj* prometteur(euse) ◇ *adv* de façon prometteuse.
erfolglos *adj* [Suche] infructueux(euse) ; [Person] malchanceux(euse).
erfolgreich ◇ *adj* couronné(e) de succès ◇ *adv* avec succès.
Erfolgs|chance *die* chance *f* de réussite.
Erfolgs|erlebnis *das* sentiment *m* de satisfaction.
erforderlich *adj* requis(e) ; **zu etw ~ sein** être requis pour qqch.
erfordern *vt* exiger.
Erfordernis (*pl* **-se**) *das* condition *f* nécessaire.
erforschen *vt* étudier (à fond) ; [Land, Gelände] explorer ; [Gewissen] interroger.
Er|forschung *die* étude *f* approfondie ; [geografisch] exploration *f*.
erfreuen *vt* faire plaisir à. ◆ **sich erfreuen** *ref* : **sich an etw** *(D)* **~** se réjouir de qqch.
erfreulich *adj* réjouissant(e).
erfreulicherweise *adv* heureusement.
erfrieren (*prät* **erfror** ; *perf* **ist erfroren**) *vi* **- 1.** [Person - sterben] mourir de froid ; [- leiden] être transi(e) (de froid) ; **sich** *(D)* **etw ~** avoir des engelures à qqch **- 2.** [Pflanze] geler **- 3.** *fig* [Lächeln] se figer.
erfrischen *vt & vi* [körperlich] rafraîchir. ◆ **sich erfrischen** *ref* se rafraîchir.
erfrischend *adj* [durch Kühle] rafraîchissant(e).
Erfrischung (*pl* **-en**) *die* rafraîchissement *m*.
erfüllen *vt* **- 1.** [Bedingung] remplir **- 2.** [Pflicht] accomplir **- 3.** [Wunsch] exaucer. ◆ **sich erfüllen** *ref* se réaliser.
ergänzen *vt* **- 1.** [vervollständigen] compléter **- 2.** [hinzufügen] ajouter. ◆ **sich ergänzen** *ref* se compléter.
Ergänzung (*pl* **-en**) *die* **- 1.** [Vervollständigung] action *f* de compléter **- 2.** [Zusatz] complément *m* ; [zu Gesetz] annexe *f*.
ergeben (*präs* **ergibt** ; *prät* **ergab** ; *perf* **hat ergeben**) *vt* **- 1.** [beweisen] révéler **- 2.** [erbringen] rapporter. ◆ **sich ergeben** *ref* **- 1.** [erfolgen] apparaître ; **sich aus etw ~** résulter de qqch **- 2.** [kapitulieren] se rendre.
Ergebenheit *die (ohne Pl)* dévouement *m*.
Ergebnis (*pl* **-se**) *das* résultat *m*.
ergebnislos *adj* infructueux(euse).
ergiebig *adj* abondant(e) ; [Thema] riche.
ergießen (*prät* **ergoss** ; *perf* **hat ergossen**) ◆ **sich ergießen** *ref* [Wasser] se déverser ; [Fluss] se jeter.
ergreifen (*prät* **ergriff** ; *perf* **hat ergriffen**) *vt* **- 1.** [gen] saisir **- 2.** [Verbrecher] arrêter **- 3.** [Beruf] embrasser.
ergreifend *adj* saisissant(e).
ergriffen ◇ *pp* ▷ **ergreifen** ◇ *adj* : **~ sein** être bouleversé(e).
ergründen *vt* élucider.
erhalten (*präs* **erhält** ; *prät* **erhielt** ; *perf* **hat erhalten**) *vt* **- 1.** [bekommen] recevoir ; [Note] avoir **- 2.** [bewahren] maintenir ; **gut ~** en bon état ; **der alte Hausmeister ist uns ~ geblieben** le vieux concierge nous est resté. ◆ **sich erhalten** *ref* **- 1.** [Person] se maintenir **- 2.** [Pflanze] se conserver.
erhältlich *adj* disponible.
Er|haltung *die (ohne Pl)* maintien *m* ; [von Lebewesen] sauvegarde *f*.

erhängen *vt* pendre. ◆ **sich erhängen** *ref* se pendre.

erheben (*prät* **erhob** ; *perf* **hat erhoben**) *vt* - **1.** [in die Höhe] lever ; [Stimme] élever - **2.** [Gebühren] lever ; [Eintrittsgeld] percevoir - **3.** [vorbringen] : **Anklage ~** porter une accusation ; **auf etw** *(A)* **Anspruch ~** prétendre à qqch ; **Einspruch ~** [gen] protester ; RECHT soulever une objection. ◆ **sich erheben** *ref* - **1.** [aufstehen] se lever - **2.** [losfliegen - Vogel] s'élever ; [- Flugzeug] décoller - **3.** [überragen] : **sich über jn/etw ~** s'élever au-dessus de qqn/qqch.

erheblich ◇ *adj* considérable ◇ *adv* considérablement.

Erhebung (*pl* **-en**) *die* - **1.** [Hügel] élévation *f* - **2.** [von Steuern] perception *f*.

erhitzen *vt* [Gegenstand] chauffer.

erhoffen *vt* : **sich** *(D)* **etw von jm ~** attendre qqch de qqn.

erhöhen *vt* - **1.** [steigern] augmenter - **2.** [Mauer, Gebäude] surélever. ◆ **sich erhöhen** *ref* [steigen] augmenter.

Erhöhung (*pl* **-en**) *die* augmentation *f*.

erholen ◆ **sich erholen** *ref* [von Krankheit] se remettre ; **sich von etw ~** se remettre de qqch.

erholsam *adj* reposant(e).

Erholung *die (ohne Pl)* - **1.** [nach Krankheit] rétablissement *m* - **2.** [nach Arbeit, Anstrengung] repos *m*.

erinnern *vt & vi* - **1.** [mahnen] : **(jn) an etw** *(A)* **~** rappeler qqch (à qqn) - **2.** [ins Gedächtnis rufen] : **(jn) an jn/etw ~** rappeler qqn/qqch (à qqn) ; **etw ~** se souvenir ODER se rappeler qqch. ◆ **sich erinnern** *ref* : **sich (an jn/etw) ~** se souvenir (de qqn/qqch).

Erinnerung (*pl* **-en**) *die* - **1.** [Gedanke, Andenken] : **~ (an jn/etw)** souvenir *m* (de qqn/qqch) - **2.** *(ohne Pl)* [Gedenken] : **zur ~ an** en souvenir de ; [feierlich] à la mémoire de.

erkälten ◆ **sich erkälten** *ref* prendre froid.

Erkältung (*pl* **-en**) *die* refroidissement *m*, rhume *m*.

erkämpfen *vt* : **sich** *(D)* **etw ~** se battre pour (obtenir) qqch.

erkennbar *adj* [mit den Augen] reconnaissable ; [Motiv, Ursache] apparent(e).

erkennen (*prät* **erkannte** ; *perf* **hat erkannt**) *vt* reconnaître.

erkenntlich *adj* : **sich ~ zeigen** faire preuve de gratitude.

Erkenntnis (*pl* **-se**) *die* - **1.** [Wissen] connaissances *fpl* - **2.** *(ohne Pl)* [Erkennen] connaissance *f* ; **zu der ~ kommen** ODER **gelangen, dass** se rendre compte que.

Erker (*pl* **-**) *der* ARCHIT encorbellement *m*.

erklärbar *adj* explicable.

erklären *vt* - **1.** [erläutern] expliquer - **2.** [verkünden, ansagen] déclarer ; **seinen Rücktritt ~** démissionner. ◆ **sich erklären** *ref* - **1.** [sich klar machen] : **sich** *(D)* **etw ~** s'expliquer qqch - **2.** [sich äußern] se déclarer ; **sich (mit etw) einverstanden ~** donner son accord (à qqch) ; **sich zu etw bereit ~** se déclarer prêt(e) à qqch.

Erklärung (*pl* **-en**) *die* - **1.** [Erläuterung] explication *f* - **2.** [Mitteilung] déclaration *f*.

erklingen (*prät* **erklang** ; *perf* **ist erklungen**) *vi* retentir.

erkranken (*perf* **ist erkrankt**) *vi* tomber malade.

Erkrankung (*pl* **-en**) *die* [von Personen] maladie *f* ; [von Organ, Körperteil] affection *f*.

erkundigen ◆ **sich erkundigen** *ref* se renseigner ; **sich nach jm ~** prendre des nouvelles de qqn ; **sich nach etw ~** se renseigner sur qqch.

erlangen *vt* parvenir à ; [Zustimmung, Erlaubnis] obtenir.

Erlass (*pl* **-e** ODER **Erlässe**) *der* - **1.** [Vorschrift] décret *m* - **2.** [Befreiung] remise *f* (de peine).

erlassen (*präs* **erlässt** ; *prät* **erließ** ; *perf* **hat erlassen**) *vt* - **1.** [Richtlinie, Dekret] publier ; [Gesetz] promulguer ; [Haftbefehl] délivrer - **2.** [ersparen] : **jm etw ~** dispenser qqn de qqch.

erlauben *vt* : **(jm) etw ~** permettre qqch (à qqn) ; **sich** *(D)* **etw ~** [sich herausnehmen] se permettre qqch ; [sich genehmigen] s'accorder qqch ; **erlaube mal!** non mais dis donc!

erlauben

Tu peux passer un coup de fil. Du kannst telefonieren.

Prends ma voiture, je t'en prie. Nimm ruhig mein Auto.

Fais comme chez toi. Fühl dich wie zu Hause.

Vous avez ma permission. Das ist Ihnen erlaubt.

N'hésite pas à te servir de mon ordinateur. Du kannst jederzeit meinen Computer benutzen.

Erlaubnis *die (ohne Pl)* permission *f* ; [amtlich] autorisation *f*.

erläutern *vt* expliciter.

Erläuterung (*pl* **-en**) *die* explication *f* (détaillée).

Erle (*pl* **-n**) *die* aune *f*, aulne *f*.

erleben *vt* [erfahren] vivre.

Erlebnis (*pl* **-se**) *das* expérience *f (vécue)*.

erledigen *vt* - **1.** [Auftrag] exécuter ; [Arbeit] expédier, liquider ; [Frage, Angelegenheit] classer, régler ; [Einkäufe] faire - **2.** *fam* [töten] descendre. ◆ **sich erledigen** *ref* se régler.

erledigt *adj* - **1.** [Arbeit, Angelegenheit] classé(e) - **2.** *fam* [erschöpft] : **~ sein** être claqué(e).

erleichtern *vt* - **1.** [Arbeit, Verständnis] faciliter - **2.** [von Gewicht, Last] alléger.

erleichtert ◇ *adj* : **~ sein** être soulagé(e) ◇ *adv* avec soulagement.

Erleichterung (*pl* **-en**) *die* - **1.** (*ohne Pl*) [Befreiung] soulagement *m* - **2.** [von Aufgabe, Bedingungen] allègement *m*.

erleiden (*prät* **erlitt** ; *perf* **hat erlitten**) *vt* [Schmerzen] souffrir ; [Verlust, Unrecht, Niederlage] subir.

erlernen *vt* [Beruf, Sprache] apprendre ; [Methode, Fertigkeit] acquérir.

erlesen *adj* [Publikum] de choix ; [Wein, Mahl] exquis(e).

erleuchten *vt* [erhellen] éclairer.

erlischt *präs* ▷ **erlöschen.**

Erlös (*pl* **-e**) *der* produit *m*.

erlosch *prät* ▷ **erlöschen.**

erloschen *pp* ▷ **erlöschen.**

erlöschen (*präs* **erlischt** ; *prät* **erlosch** ; *perf* **ist erloschen**) *vi* [Licht, Gefühle, Leben, Feuer] s'éteindre.

erlösen *vt* : **jn (von etw) ~** délivrer qqn (de qqch).

ermächtigen *vt* : **jn zu etw ~** habiliter qqn à faire qqch.

ermahnen *vt* : **jn (zu etw) ~** exhorter qqn (à qqch).

Ermahnung (*pl* **-en**) *die* exhortation *f*.

ermäßigt *adj* réduit(e).

Ermäßigung (*pl* **-en**) *die* réduction *f*.

Ermessen *das (ohne Pl)* jugement *m* ; **nach meinem ~** autant que je puisse en juger ; **nach menschlichem ~** selon toute vraisemblance.

ermitteln ◇ *vt* déterminer ◇ *vi* enquêter.

Ermittlung (*pl* **-en**) *die* recherche *f* ; [gerichtlich] instruction *f* ; [polizeilich] enquête *f*.

ermöglichen *vt* : **(jm etw) ~** permettre (qqch à qqn).

ermorden *vt* assassiner.

Ermordung (*pl* **-en**) *die* assassinat *m*.

ermüden (*perf* **hat/ist ermüdet**) ◇ *vi (ist)* (se) fatiguer ◇ *vt (hat)* fatiguer.

Ermüdung *die (ohne Pl)* fatigue *f*.

ermuntern *vt* : **jn (zu etw) ~** encourager qqn (à faire qqch).

ermutigen *vt* : **jn (zu etw) ~** encourager qqn (à faire qqch).

ernähren *vt* nourrir. ◆ **sich ernähren** *ref* - **1.** [sich verpflegen] : **sich (mit** ODER **von etw) ~** se nourrir (de qqch) - **2.** [sich unterhalten] : **sich von seiner Arbeit ~** vivre de son travail.

Ernährung *die (ohne Pl)* - **1.** [Verpflegung] alimentation *f* - **2.** [Lebensunterhalt] subsistance *f*.

ernennen (*prät* **ernannte** ; *perf* **hat ernannt**) *vt* : **jn (zu etw) ~** nommer qqn (qqch).

erneuern [ɛɐ̯'nɔyɐn] *vt* - **1.** [gen] renouveler - **2.** [Gebäude] rénover.

Erneuerung [ɛɐ̯'nɔyərʊŋ] (*pl* **-en**) *die* - **1.** [gen] renouvellement *m* - **2.** [von Gebäuden] rénovation *f*.

erneut ◇ *adj* nouveau(elle) ◇ *adv* de ODER à nouveau.

erniedrigen *vt* [Person] rabaisser. ◆ **sich erniedrigen** *ref* [Person] s'abaisser.

Erniedrigung (*pl* **-en**) *die* [von Personen] humiliation *f*.

ernst ◇ *adj* - **1.** [Wesen, Film, Buch] grave - **2.** [Krankheit, Angebot, Angelegenheit] sérieux(euse) ◇ *adv* sérieusement ; **jn ~ ansehen** regarder qqn d'un air grave ; **es ~ meinen** être sérieux(euse) ; **jn/etw ~ nehmen** prendre qqn/qqch au sérieux.

Ernst *der (ohne Pl)* - **1.** [Wesen] sérieux *m* - **2.** [Aufrichtigkeit] : **mit etw ~ machen** passer aux actes - **3.** [von Angelegenheit, Worten] gravité *f*. ◆ **im Ernst?** *interj* sérieusement?

Ernst|fall *der* : **im ~** en situation critique.

ernsthaft ◇ *adj* - **1.** [Mensch, Miene, Angebot] sérieux(euse) - **2.** [Angelegenheit, Krankheit] grave ◇ *adv* - **1.** [bemühen, wünschen, sprechen] sérieusement - **2.** [erkranken, gefährden] gravement.

ernstlich ◇ *adv* [krank werden, bedrohen] gravement ◇ *adj* [Erkrankung, Bedrohung] grave.

Ernte (*pl* **-n**) *die* récolte *f* ; [von Obst] cueillette *f* ; [von Getreide] moisson *f* ; [von Trauben] vendanges *fpl*.

ernten *vt* - **1.** [gen] récolter ; [Obst] cueillir ; [Getreide] moissonner ; [Kartoffeln] arracher - **2.** [Undank] récolter.

ernüchtern *vt* - **1.** [desillusionieren] : **jn ~** enlever ses illusions à qqn - **2.** [Betrunkene] dégriser.

Ernüchterung (*pl* **-en**) *die* - **1.** [Desillusionierung] désillusion *f*, désenchantement *m* - **2.** [von Betrunkenen] dégrisement *m*.

erobern *vt* conquérir.

Eroberung (*pl* **-en**) *die* conquête *f*.

eröffnen *vt* - **1.** [gen] ouvrir - **2.** [Ausstellung] inaugurer - **3.** [bekannt geben] : **jm etw ~** annoncer qqch à qqn. ◆ **sich eröffnen** *ref* [Möglichkeit] : **sich jm ~** s'offrir à qqn.

Eröffnung (*pl* **-en**) *die* - **1.** [gen] ouverture *f* - **2.** [von Ausstellung] vernissage *m*.

erörtern *vt* débattre de.

Erörterung (*pl* **-en**) *die* [mündlich] débat *m* ; [schriftlich] dissertation *f*.

Erotik *die (ohne Pl)* érotisme *m*.

erotisch ◇ *adj* érotique ◇ *adv* de façon érotique.

erpicht *adj* : **auf etw** *(A)* **~ sein** être avide de qqch.

erpressen *vt* : **jn (mit etw) ~** faire chanter qqn (avec qqch).

Erpresser, in (*mpl* **-** ; *fpl* **-nen**) *der, die* maître chanteur *m*.

Erpressung (*pl* **-en**) *die* chantage *m*.

erproben *vt* [Methode, Zuverlässigkeit] mettre à l'épreuve ; [Medikament] tester ; [Maschine] essayer.

erraten (*präs* **errät** ; *prät* **erriet** ; *perf* **hat erraten**) *vt* deviner.

erregen *vt* - **1.** [aufregen] énerver - **2.** [anregen] exciter - **3.** [verursachen - Aufmerksamkeit, Mitleid] éveiller ; [- Widerspruch] susciter.

Erreger (*pl* **-**) *der* MED agent *m* pathogène.

Erregung (*pl* **-en**) *die* - **1.** [Aufregung] énervement *m* - **2.** [Anregung] excitation *f*.

erreichbar *adj* [Ort] accessible ; [Person] joignable.

erreichen *vt* - **1.** [Ziel, Ort] arriver à ; [Geschwindigkeit, Alter] atteindre ; [Zug] attraper - **2.** [Person] joindre - **3.** [berühren] atteindre - **4.** [durchsetzen] obtenir.

errichten *vt* [Gebäude] ériger ; [Gerüst] dresser.

Errichtung *die (ohne Pl)* [von Gebäuden] élévation *f*.

erringen (*prät* **errang** ; *perf* **hat errungen**) *vt* [Sieg, Vorteil] remporter ; [Freundschaft, Vertrauen] gagner.

erröten (*perf* **ist errötet**) *vi* rougir.

Errungenschaft (*pl* **-en**) *die* acquis *m*.

Ersatz *der (ohne Pl)* - **1.** [Ausgleich] remplacement *m* ; **als ~ für jn/etw** en remplacement de qqn/qqch - **2.** [von Schaden, Verlust] dédommagement *m*.

Ersatz|dienst *der (ohne Pl)* service *m* civil.

ersatzlos *adj & adv* sans contrepartie.

Ersatzmann (*pl* **-männer** ODER **-leute**) *der* remplaçant *m*.

Ersatz|rad *das* roue *f* de secours.

Ersatz|teil *das* pièce *f* de rechange.

erscheinen (*prät* **erschien** ; *perf* **ist erschienen**) *vi* - **1.** [kommen, sich zeigen] apparaître ; [vor Gericht] comparaître - **2.** [Buch, Zeitung] paraître - **3.** [wirken] paraître.

Erscheinung (*pl* **-en**) *die* - **1.** [Ereignis] phénomène *m* - **2.** [Gestalt] allure *f* - **3.** [Vision] apparition *f*.

erschießen (*prät* **erschoss** ; *perf* **hat erschossen**) *vt* abattre ; MIL fusiller. ◆ **sich erschießen** *ref* se suicider d'un coup de feu.

erschlagen (*präs* **erschlägt** ; *prät* **erschlug** ; *perf* **hat erschlagen**) *vt* abattre.

erschöpft *adj* épuisé(e) ; [Geduld] à bout.

Erschöpfung *die (ohne Pl)* épuisement *m*.

erschrak *prät* ▷ **erschrecken.**

erschrecken (*präs* **erschreckt** ODER **erschrickt** ; *prät* **erschreckte** ODER **erschrak** ; *perf* **hat erschreckt** ODER **ist erschrocken**) ◇ *vt (hat) (reg)* : **jn/ein Tier ~** effrayer qqn/un animal ; **du hast mich erschreckt** tu m'as fait sursauter ◇ *vi (ist) (unreg)* être effrayé(e) ; **über etw** *(A)* **~** s'alarmer de qqch. ◆ **sich erschrecken** *ref fam* s'effrayer.

erschreckend ◇ *adj* effroyable ◇ *adv* effroyablement.

erschrickt *präs* ▷ **erschrecken.**

erschrocken *pp* ▷ **erschrecken.**

erschüttern *vt* ébranler.

erschütternd *adj* bouleversant(e).

Erschütterung (*pl* **-en**) *die* - **1.** [Wanken] secousse *f* - **2.** *(ohne Pl)* [Ergriffenheit] bouleversement *m*.

erschweren *vt* rendre (plus) difficile.

erschwinglich *adj* abordable.

ersetzbar *adj* remplaçable.

ersetzen *vt* - **1.** [auswechseln] remplacer - **2.** [Schaden, Verlust] : **jm etw ~** dédommager qqn de qqch.

ersichtlich ◇ *adj* [verständlich] compréhensible ; [offensichtlich] manifeste ◇ *adv* manifestement.

ersparen *vt* - **1.** [Geld] économiser - **2.** [Ärger, Enttäuschung] : **jm etw ~** épargner qqch à qqn.

Ersparnis *die (ohne Pl)* économie *f*. ◆ **Ersparnisse** *pl* économies *fpl*.

erst *adv* - **1.** [gen] seulement, ne ... que ; **er ist ~ zwanzig** il n'a que vingt ans ; **~ als** seulement quand ODER lorsque ; **~ als wir ihn sahen,** c'est seulement lorsque nous l'avons vu que .... - **2.** [vor kurzem] pas plus tard que - **3.** [zum Ausdruck einer Steigerung] : **aber ihr Bruder ~!** mais alors son frère! ◆ **erst einmal** *adv* - **1.** [nur einmal] une seule fois - **2.** [zuerst] d'abord. ◆ **erst recht nicht** *adv* encore moins.

erstarren (*perf* **ist erstarrt**) *vi* [Person] se

raidir ; [Gesicht] se figer ; [Gips, Zement] se solidifier.

erstatten *vt* - **1.** [zurückzahlen] rembourser - **2.** [Bericht, Meldung] rendre compte à.

Erstauf|führung *die* première *f.*

erstaunen (*perf* **hat/ist erstaunt**) ◇ *vt (hat)* étonner ◇ *vi (ist)* : **über etw** *(A)* **erstaunt sein** s'étonner de qqch.

Erstaunen *das (ohne Pl)* étonnement *m* ; **jn in ~ (ver)setzen** stupéfier qqn.

erstaunlich ◇ *adj* étonnant(e) ◇ *adv* étonnamment.

erstaunt *adj* étonné(e).

erstbeste, r, s *adj* premier ... venu, première ... venue. ◆ **Erstbeste** *der, die, das* : **der** ODER **die** ODER **das Erstbeste** le premier venu, la première venue.

erste, r, s *adj* premier(ère).

Erste *der, die, das* premier *m*, -ère *f* ; *siehe auch* **Sechste**. ◆ **als Erstes** *adv* en premier lieu ; **etw als ~s tun** commencer par faire qqch. ◆ **fürs Erste** *adv* dans un premier temps.

erstechen (*präs* **ersticht** ; *prät* **erstach** ; *perf* **hat erstochen**) *vt* poignarder.

erstens *adv* premièrement.

ersticken (*perf* **hat/ist erstickt**) ◇ *vi (ist)* étouffer ; **in Arbeit ~** *fam* crouler sous le travail ◇ *vt (hat)* étouffer.

Erstickung *die (ohne Pl)* asphyxie *f.*

erstklassig ◇ *adj* [Hotel, Restaurant] de (toute) première qualité ; [Ausbildung, Material] de (tout) premier ordre ; [Person] émérite ◇ *adv* magistralement.

erstmalig *adj* premier(ère).

erstmals *adv* pour la première fois.

erstrangig ◇ *adj* - **1.** [vorrangig] prioritaire - **2.** [erstklassig] de (tout) premier ordre ◇ *adv* prioritairement.

erstreben *vt* aspirer à.

erstrebenswert *adj* motivant(e).

erstrecken ◆ **sich erstrecken** *ref* [sich ausdehnen] : **sich ~ bis** s'étendre jusqu'à ; **sich über etw** *(A)* **~** [zeitlich] s'étaler sur qqch ; [räumlich] s'étendre sur qqch.

ertappen *vt* prendre (sur le fait) ; **jn bei etw ~** surprendre qqn en train de faire qqch ; **jn auf frischer Tat ~** prendre qqn en flagrant délit.

erteilen *vt* : **jm etw ~** donner qqch à qqn.

ertönen (*perf* **ist ertönt**) *vi* retentir.

Ertrag (*pl* **Erträge**) *der* rendement *m.*

ertragen (*präs* **erträgt** ; *prät* **ertrug** ; *perf* **hat ertragen**) *vt* supporter.

erträglich *adj* supportable.

ertragreich *adj* [Boden] productif(ive) ; [Jahr] à haut rendement.

ertränken *vt* noyer.

ertrinken (*prät* **ertrank** ; *perf* **ist ertrunken**) *vi* se noyer *(par accident).*

erübrigen *vt* : **für jn/etw Zeit/Geld ~** trouver du temps/de l'argent pour qqn/qqch. ◆ **sich erübrigen** *ref* être superflu(e) ; **das erübrigt sich** c'est inutile.

Erw. *abk für* **Erwachsene.**

Erwachen *das (ohne Pl)* éveil *m.*

erwachsen ◇ *adj* adulte ◇ *adv* en adulte.

Erwachsene (*pl* **-n**) *der, die* adulte *mf.*

Erwachsenen|bildung *die (ohne Pl)* formation *f* des adultes.

erwägen (*prät* **erwog** ; *perf* **hat erwogen**) *vt* [Vorschlag, Vorhaben] peser ; [Kauf] considérer.

erwähnen *vt* mentionner.

erwähnenswert *adj* remarquable.

Erwähnung (*pl* **-en**) *die* mention *f.*

erwärmen *vt* [erhitzen] réchauffer. ◆ **sich erwärmen** *ref* - **1.** [sich aufwärmen] s'échauffer - **2.** [sich begeistern] : **sich für etw (nicht) ~ können** *fam* (ne pas) arriver à se passionner pour qqch.

erwarten *vt* - **1.** [warten auf] attendre - **2.** [erhoffen] s'attendre à.

Erwartung (*pl* **-en**) *die* attente *f* ; **in ~ js/einer Sache** dans l'attente de qqn/qqch ; **~en erfüllen** répondre à des attentes ; **hinter den ~en weit zurückbleiben** ne pas du tout correspondre aux attentes.

erwartungsvoll ◇ *adj* plein(e) d'espoir ◇ *adv* plein espoir.

erwecken *vt* - **1.** [Gefühle] susciter - **2.** [Tote] ressusciter.

erweisen (*prät* **erwies** ; *perf* **hat erwiesen**) *vt* [bezeugen] : **jm einen Dienst** ODER **Gefallen ~** rendre service à qqn. ◆ **sich erweisen** *ref* [sich zeigen] : **sich als etw ~** se révéler être qqch.

erweitern *vt* [Wissen, Horizont, Freundeskreis] élargir ; [räumlich] agrandir ; [Pupille] dilater. ◆ **sich erweitern** *ref* s'élargir ; [Pupille] se dilater.

Erweiterung (*pl* **-en**) *die* [von Wissen, Horizont, Freundeskreis] élargissement *m* ; [räumlich] agrandissement *m* ; [von Pupillen] dilatation *f.*

Erwerb *der* [mit Geld, von Kenntnissen] acquisition *f.*

erwerben (*präs* **erwirbt** ; *prät* **erwarb** ; *perf* **hat erworben**) *vt* acquérir.

erwerbslos *adj* sans travail.

erwerbstätig *adj* actif(ive).

erwidern *vt* - **1.** [Antwort] rétorquer - **2.** [Besuch, Gefälligkeit, Gruß] rendre.

erwiesen ◇ *pp* ▷ **erweisen** ◇ *adj* avéré(e).

erwischen *vt* - **1.** [ertappen] : **jn (bei etw) ~**

attraper qqn (en train de faire qqch) - 2. [Taxi, Flugzeug] attraper ; [Person] : **jn am Telefon ~** réussir à joindre qqn au téléphone.

erwog *prät* ▷ **erwägen.**

erwogen *pp* ▷ **erwägen.**

erwünscht *adj* souhaité(e).

erwürgen *vt* étrangler.

Erz (*pl* **-e**) *das* minerai *m.*

erzählen *vt* [Geschichte, Witz] raconter.

Erzählung (*pl* **-en**) *die* récit *m ;* [Kurzgeschichte] nouvelle *f.*

Erz|bischof *der* archevêque *m.*

Erz|engel *der* archange *m.*

erzeugen *vt* produire.

Erzeugnis (*pl* **-se**) *das* produit *m.*

Erzeugung *die (ohne Pl)* production *f.*

erziehen (*prät* **erzog ;** *perf* **hat erzogen**) *vt* élever ; **jn zu etw ~** éduquer qqn à qqch.

Erzieher, in (*mpl* **- ;** *fpl* **-nen**) *der, die* éducateur *m,* -trice *f.*

erzieherisch *adj* éducatif(ive).

Erziehung *die (ohne Pl)* éducation *f.*

Erziehungsberechtigte (*pl* **-n**) *der, die personne qui dispose de l'autorité parentale.*

erzielen *vt* : **etw ~** [Kompromiss] parvenir à qqch ; [Ertrag, Gewinn] réaliser qqch.

erzogen ◇ *pp* ▷ **erziehen** ◇ *adj* : **gut/schlecht ~** bien/mal élevé(e).

erzwingen (*prät* **erzwang ;** *perf* **hat erzwungen**) *vt* forcer.

es *pron* - **1.** [Personalpronomen - im Nominativ] il, elle ; [- im Akkusativ] le, la, l' ; **das Heft? ~ ist dort** le cahier? il est là? ; **~ ist offen, das Fenster** elle est ouverte, la fenêtre? ; **wer ist ~?** qui est-ce? ; **ich glaube ~ nicht** je ne le crois pas - **2.** [unpersönliches Pronomen] il ; **~ regnet/schneit** il pleut/neige ; **~ ist vier Uhr** il est quatre heures ; **~ ärgert mich** ça m'ennuie ; **~ gibt viel zu erzählen** il y a beaucoup à raconter ; **~ ist gut** c'est bien ; **~ nicht aushalten** ne pas tenir ; **~ wird etwas getan** on fait quelque chose.

Es *das (ohne Pl)* [psychologisch] ça *m.*

Esche (*pl* **-n**) *die* frêne *m.*

Esel (*pl* **-**) *der* - **1.** [Tier] âne *m* - **2.** *fam* [Schimpfwort] imbécile *mf.*

Eselin (*pl* **-nen**) *die* ânesse *f.*

Eskimo (*pl* **-** ODER **-s**) *der* [Person] Esquimau *m,* Eskimo *m.*

Eskimofrau *die* Esquimaude *f,* Eskimo *f.*

Espe (*pl* **-n**) *die* tremble *m.*

Espresso [ɛs'prɛso] (*pl* **-** ODER **-s**) *der* [Tasse Kaffee] express *m.*

Essay ['ɛse] (*pl* **-s**) *der* ODER *das* essai *m.*

essbar *adj* comestible.

Ess|besteck *das* couverts *mpl.*

essen (*präs* **isst ;** *prät* **aß ;** *perf* **hat gegessen**) *vt & vi* manger ; **~ gehen** aller (manger) au restaurant.

Essen (*pl* **-**) *das* - **1.** [Mahlzeit] repas *m ;* **~ machen** ODER **kochen** faire le repas ODER à manger - **2.** [Nahrung] nourriture *f.*

Essig (*pl* **-e**) *der* vinaigre *m.*

Ess|löffel *der* cuillère *f* à soupe.

Ess|zimmer *das* salle *f* à manger.

Este (*pl* **-n**) *der* Estonien *m.*

Estin (*pl* **-nen**) *die* Estonienne *f.*

Estland *nt* Estonie *f.*

estnisch *adj* estonien(enne).

Estragon *der (ohne Pl)* estragon *m.*

Etage [e'taːʒə] (*pl* **-n**) *die* étage *m.*

Etagen|wohnung *die* appartement *m.*

Etappe (*pl* **-n**) *die* étape *f.*

Etat [e'taː] (*pl* **-s**) *der* budget *m.*

Ethik (*pl* **-en**) *die* éthique *f.*

ethnisch *adj* ethnique.

Etikett (*pl* **-e(n)** ODER **-s**) *das* étiquette *f.*

etliche, r, s ◇ *det* beaucoup de ◇ *pron* beaucoup. ◆ **etliches** *pron* bien des choses.

Etui [ɛt'viː] (*pl* **-s**) *das* étui *m.*

etwa *adv* - **1.** [zirka, ungefähr] à peu près - **2.** [zum Beispiel] notamment - **3.** [zum Ausdruck der Beunruhigung, eines Vorwurfs] : **ist es ~ schon Mitternacht?** serait-il déjà minuit? ; **hast du ~ wieder getrunken?** tu as encore bu?

etwaig *adj* éventuel(elle).

etwas, was *fam* ◇ *pron* - **1.** [ein Ding, ein Umstand] quelque chose ; **~ anderes** quelque chose d'autre ; **~ Neues/Komisches** quelque chose de nouveau/drôle ; **ohne ~ zu bemerken** sans rien remarquer ; **so ~** une chose pareille, une telle chose ; **so ~ wie ...** quelque chose du genre de .... - **2.** [ein wenig] un peu - **3.** [etwas Besonderes] quelque chose (de particulier) ; **das ist doch ~!** c'est déjà quelque chose! ; **~ werden** aller loin ◇ *det* [ein wenig] un peu de ◇ *adv* [ein wenig] un peu.

EU (*abk für* **Europäische Union**) *die* Union *f* européenne.

euch *pron (Akkusativ und Dativ von ihr)* vous.

euer, e ODER **eure** *det* votre, vos.

eure, r, s ◇ *pron* le vôtre, la vôtre, les vôtres ◇ *det* ▷ **euer.**

eurer *pron (Genitiv von ihr)* de vous.

eurerseits *adv* de votre côté ODER part.

eures ▷ **eure.**

euretwegen *adv* à cause de vous, pour vous.

Euro (*pl* -) *der* euro *m* ; **in ~** en euros.
Eurocard® ['ɔyrokaɐ̯d] (*pl* **-s**) *die* eurocard® *f*.
Eurocent ['ɔyrosɛnt] (*pl* **-s**) *der* centime *m* (d'euro).
Eurocheque, Euro|scheck ['ɔyroʃɛk] (*pl* **-s**) *der* eurochèque *m*.
EuroCity ['ɔyrosɪti] (*pl* **-s**) *der train rapide international*.
Europa *nt* Europe *f*.
Europäer, in (*mpl* - ; *fpl* **-nen**) *der, die* Européen *m*, -enne *f*.
europäisch *adj* européen(enne).
Europa|parlament *das (ohne Pl)* Parlement *m* européen.
Europa|rat *der (ohne Pl)* Conseil *m* de l'Europe.
Euro|scheck = **Eurocheque.**
ev. *abk für* **evangelisch.**
evakuieren [evaku'iːrən] *vt* évacuer.
evangelisch [evaŋ'geːlɪʃ] *adj* protestant(e).
Evangelium [evaŋ'geːli̯ʊm] (*pl* **-gelien**) *das* Évangile *m*.
eventuell [evɛn'tu̯ɛl] <> *adj* éventuel(elle) <> *adv* éventuellement.
ewig <> *adj* - **1.** [nie endend] éternel(elle) - **2.** *fam abw* [überlang] interminable - **3.** *fam abw* [Klage, Gejammer] sempiternel(elle) <> *adv* - **1.** [endlos] éternellement - **2.** *fam abw* [zu lange] : **~ warten** attendre une éternité - **3.** [immer wieder] toujours. ◆ **auf ewig** *adv* [für immer] à tout jamais.
Ewigkeit (*pl* **-en**) *die* éternité *f*.
EWS (*abk für* **Europäisches Währungssystem**) *das (ohne Pl)* SME *m*.
exakt <> *adj* exact(e) ; [Arbeit] précis(e) <> *adv* exactement ; [arbeiten] avec précision ; **~ um neun Uhr** à neuf heures précises.
Exaktheit *die (ohne Pl)* exactitude *f* ; [von Arbeit] précision *f*.
Examen (*pl* -) *das* examen *m (de fin d'études)* ; **~ machen** passer son diplôme.
Examens|arbeit *die* mémoire *m*.
Exekutive [ɛkseku'tiːvə] *die (ohne Pl)* pouvoir *m* exécutif, exécutif *m*.
Exempel (*pl* -) *das* : **das ~ (für etw)** le modèle (de qqch).
Exemplar (*pl* **-e**) *das* exemplaire *m*.
exerzieren *vi* MIL faire l'exercice.
Exil (*pl* **-e**) *das* exil *m* ; **im ~** en exil.
existent *adj* existant(e).
Existenz (*pl* **-en**) *die* - **1.** *(ohne Pl)* [Bestehen, Unabhängigkeit] existence *f* - **2.** *abw* [Person] individu *m* ; **gescheiterte** ODER **verkrachte ~** raté *m*, -e *f*.
Existenz|minimum *das (ohne Pl)* minimum *m* vital.
existieren *vi* - **1.** [bestehen] exister - **2.** [auskommen] subsister.
exklusiv <> *adj* - **1.** [Geschäft] de luxe - **2.** [Personenkreis] distingué(e) - **3.** [Klub, Verein] fermé(e) - **4.** [Privileg, Meldung] exclusif(ive) <> *adv* - **1.** [vornehm] de manière raffinée ODER distinguée - **2.** [ausschließlich] exclusivement.
Exkursion (*pl* **-en**) *die* excursion *f*.
Exmatrikulation (*pl* **-en**) *die* UNI *radiation des listes des étudiants inscrits à l'université*.
Exot (*pl* **-en**), **Exote** (*pl* **-n**) *der personne, animal ou plante originaire d'un pays exotique*.
Exotik *die (ohne Pl)* exotisme *m*.
exotisch *adj & adv* exotique.
Expedition (*pl* **-en**) *die* - **1.** [Reise, Gruppe] expédition *f* - **2.** [in Firma] service *m* des expéditions.
Experiment (*pl* **-e**) *das* - **1.** [Versuch] : **~ (mit etw)** expérience *f* (sur qqch) - **2.** [Wagnis] expérimentation *f*.
experimentell *adj* expérimental(e).
experimentieren *vi* : **(mit etw) ~** faire des expériences (sur qqch).
Experte (*pl* **-n**) *der* expert *m*.
Expertin (*pl* **-nen**) *die* expert *m*.
explodieren (*perf* **ist explodiert**) *vi* - **1.** [Gegenstand] exploser - **2.** *fig* [Person] éclater.
Explosion (*pl* **-en**) *die* explosion *f*.
explosiv *adj* - **1.** [Gegenstand] explosif(ive) - **2.** *fig* [Person] colérique.
Export *der (ohne Pl)* [Ausfuhr] exportation *f*.
Exporteur [ɛkspɔr'tøːɐ̯] (*pl* **-e**) *der* exportateur *m*.
Expressionismus *der (ohne Pl)* expressionnisme *m*.
extra <> *adj (unver)* supplémentaire <> *adv* - **1.** [separat] à part, séparément - **2.** [zusätzlich] en plus - **3.** [speziell] exprès. ◆ **Extra** (*pl* **-s**) *das* - **1.** [Aufwand] extra *m* - **2.** [Zusatzteil] option *f*.
Extra|blatt *das* édition *f* spéciale.
Extrakt (*pl* **-e**) *der* [Substanz] extrait *m*.
extrem <> *adj* extrême <> *adv* extrêmement ; **~ rechts/links** très à droite/gauche.
Extrem|fall *der* cas *m* extrême ; **im ~** dans le pire des cas.
Extremist, in (*mpl* **-en** ; *fpl* **-nen**) *der, die* extrémiste *mf*.
Extrem|sport *der* sport *m* extrême.
exzellent <> *adj* excellent(e) <> *adv* à merveille ; **~ schmecken** être excellent(e).
Exzess (*pl* **-e**) *der* excès *m* ; **etw bis zum ~ treiben** pousser qqch trop loin.
EZ *abk für* **Einzelzimmer.**
EZB (*abk für* **Europäische Zentralbank**) *die* BCE *f*.

F

f, F [ɛf] (*pl* - ODER **-s**) *das* - **1.** [Buchstabe] f *m inv*, F *m inv* - **2.** MUS fa *m inv*. ◈ **F** (*abk für* **Fahrenheit**) F.

Fa. (*abk für* **Firma**) sté.

fabelhaft ◇ *adj* fabuleux(euse) ◇ *adv* fabuleusement ; [sich verhalten, kleiden] fabuleusement bien.

Fabrik (*pl* **-en**) *die* usine *f* ; **in der ~** à l'usine.

Fabrikant, in (*mpl* **-en** ; *fpl* **-nen**) *der, die* fabricant *m*, -e *f*.

Fabrik|arbeiter, in *der, die* ouvrier d'usine *m*, ouvrière d'usine *f*.

fabrikneu *adj* sortant de l'usine.

fabrizieren *vt* fabriquer.

Facette, Fassette [fa'sɛtə] (*pl* **-n**) *die* facette *f*.

Fach (*pl* **Fächer**) *das* - **1.** [Teil - von Schrank, Koffer] compartiment *m* ; [- für Post] boîte *f* - **2.** [Fachgebiet] domaine *m* ; **vom ~ sein** être du métier - **3.** [Schulfach] matière *f* - **4.** [Studienfach] discipline *f*.

Fach|arbeiter, in *der, die* ouvrier qualifié *m*, ouvrière qualifiée *f*.

Fach|arzt, ärztin *der, die* spécialiste *mf*.

Fach|ausdruck *der* terme *m* technique.

Fächer (*pl* -) *der* éventail *m*.

Fach|geschäft *das* magasin *m* spécialisé.

Fachhoch|schule *die institut universitaire préparant à un diplôme comparable au BTS.*

Fach|kenntnis *die* connaissances *fpl* spécialisées.

Fach|kraft *die* spécialiste *mf*.

fachkundig ◇ *adj* - **1.** [Handlung] spécialisé(e) - **2.** [Person] expert(e) ◇ *adv* en spécialiste ODER expert(e).

fachlich ◇ *adj* spécialisé(e) ◇ *adv* [sich äußern] en spécialiste.

Fachmann (*pl* **-leute**) *der* : **~ (für etw)** spécialiste *m* (de qqch).

fachmännisch ◇ *adj* d'un (d'une) spécialiste ◇ *adv* en spécialiste.

fachsimpeln *vi fam* parler boutique.

Fach|wissen *das* savoir *m* spécialisé.

Fackel (*pl* **-n**) *die* flambeau *m*.

fade *adj abw* - **1.** [Nahrung, Geschmack] fade - **2.** [Person] terne.

Faden (*pl* **Fäden**) *der* - **1.** [Faser] fil *m* - **2.** *RW* : **den ~ verlieren** perdre le fil.

fähig *adj* capable ; **zu etw ~ sein** être capable de qqch.

Fähigkeit (*pl* **-en**) *die* capacité *f*.

fahnden *vi* : **nach jm/etw ~** rechercher qqn/qqch.

Fahndung (*pl* **-en**) *die* recherches *fpl*.

Fahne (*pl* **-n**) *die* drapeau *m* ; **eine ~ haben** *fam fig* sentir l'alcool à plein nez.

Fahnen|flucht *die (ohne Pl)* MIL désertion *f* ; **~ begehen** déserter.

Fahr|ausweis *der* - **1.** [Fahrschein] titre *m* de transport - **2.** *Schweiz* [Führerschein] permis *m* de conduire.

Fahr|bahn *die* chaussée *f*.

Fähre (*pl* **-n**) *die* [klein] bac *m* ; [groß] ferry *m*, ferryboat *m*.

fahren (*präs* **fährt** ; *prät* **fuhr** ; *perf* **hat/ist gefahren**) ◇ *vi (ist)* - **1.** [Fahrer] conduire ; [mit Verkehrsmittel] aller ; **mit etw ~** aller en qqch ; **mit jm/etw gut ~** *fam fig* être content de qqn/qqch ; **durch etw ~** traverser qqch ; **über Berlin ~** passer par Berlin ; **wir sind die ganze Nacht gefahren** on a roulé toute la nuit - **2.** [Fahrzeug] rouler ; **200 km/h ~** faire du 200 à l'heure - **3.** [Verkehrsmittel] circuler ; **alle zehn Minuten ~** passer toutes les dix minutes - **4.** [mit Hand] : **über etw** *(A)* **~** passer (la main) sur qqch ◇ *vt* - **1.** *(hat)* [Fahrzeug, Person] conduire - **2.** *(ist)* [Entfernung] parcourir ; [Strecke, Route] prendre - **3.** *(ist)* SPORT : **Schlitten/Ski ~** faire de la luge/du ski.

Fahrenheit *nt* degré *m* Fahrenheit.

Fahrer (*pl* -) *der* conducteur *m* ; [beruflich] chauffeur *m*.

Fahrer|flucht *die (ohne Pl)* délit *m* de fuite.

Fahrerin (*pl* **-nen**) *die* conductrice *f* ; [beruflich] chauffeur *m*.

Fahr|gast *der* passager *m*, -ère *f*.

Fahr|geld *das* frais *mpl* de transport.

Fahr|karte *die* billet *m*.

Fahrkarten|schalter *der* guichet *m*.

Fahr|kosten = **Fahrtkosten**.

fahrlässig ◇ *adj* négligent(e) ; [Tötung] involontaire ◇ *adv* par négligence.

Fahrlässigkeit (*pl* **-en**) *die* négligence *f*.

Fahr|plan *der* horaire *m*.

Fahrplan

Dans les gares allemandes, on trouve sur chaque quai les informations utiles au voyageur selon un code très précis : Les départs (**Abfahrt**) sont signalés par des affiches jaunes, les arrivées (**Ankunft**) par des affiches blanches.
Sur chaque panneau figure l'heure de départ ou d'arrivée, le numéro du train, sa provenance et le numéro de la voie.

fahrplanmäßig <> *adj* conforme à l'horaire <> *adv* - **1.** [laut Fahrplan] selon l'horaire - **2.** [pünktlich] à l'heure.
Fahr|preis *der* prix *m* du transport.
Fahr|prüfung *die* examen *m* du permis de conduire.
Fahr|rad *das* bicyclette *f* ; **mit dem ~ fahren** aller à bicyclette.
Fahr|schein *der* billet *m*, ticket *m*.
Fahr|schule *die* auto-école *f*.
Fahr|stuhl *der* ascenseur *m*.
Fahrt (*pl* **-en**) *die* - **1.** *(ohne Pl)* [Fortbewegung] trajet *m* ; **auf der ~ nach Berlin sein** être en route pour Berlin ; **Sie haben freie ~ auf der A1** la circulation est fluide sur la A1 - **2.** [Ausflug] sortie *f* ; [Reise] voyage *m* - **3.** *(ohne Pl)* [Geschwindigkeit] vitesse *f* ; **in voller ~** à toute vitesse ODER allure - **4.** *RW* : **in ~ kommen** ODER **geraten** *fam* se mettre en train ; *fam fig* se mettre en rogne. ◆ **gute Fahrt!** *interj* bon voyage!
fährt *präs* ▷ **fahren.**
Fährte (*pl* **-n**) *die* trace *f*, piste *f*.
Fahrt|kosten, Fahr|kosten *pl* frais *mpl* de déplacement.
Fahrt|richtung *die* sens *m* de la marche.
fahrtüchtig *adj* - **1.** [Fahrzeug] en état de marche - **2.** [Mensch] en état de conduire.
Fahr|verbot *das* [Führerscheinentzug] retrait *m* temporaire du permis (de conduire).
Fahr|wasser *das* chenal *m*.
Fahr|zeug (*pl* **-e**) *das* véhicule *m*.
Fahr|zeughalter, in (*mpl* **-** ; *fpl* **-nen**) *der, die* détenteur *m*, -trice *f* d'un véhicule.
fair [fɛːɐ̯] <> *adj* loyal(e) ; SPORT fair-play ; [Urteil] juste <> *adv* loyalement ; SPORT avec fair-play.
Fairness ['fɛːɐ̯nɛs] *die (ohne Pl)* loyauté *f* ; SPORT fair-play *m inv*.
Fakt *der (ohne Pl)* : **~ ist** le fait est que.
Faktor (*pl* **-en**) *der* facteur *m*.
Fakultät (*pl* **-en**) *die* UNI faculté *f*.
Falke (*pl* **-n**) *der* faucon *m*.
Fall (*pl* **Fälle**) *der* - **1.** *(ohne Pl)* [Sturz] chute *f* ; **jn/etw zu ~ bringen** *fig* renverser qqn/qqch - **2.** [Situation, Vorkommnis, in Grammatik] cas *m* - **3.** [Rechtsfall] affaire *f* - **4.** *RW* : **sie ist ganz mein ~** elle est tout à fait mon genre. ◆ **auf jeden Fall** *adv* en tout cas. ◆ **auf alle Fälle** *adv* - **1.** [unbedingt] de toute façon - **2.** [vorsichtshalber] en tout cas. ◆ **auf keinen Fall** *adv* en aucun cas. ◆ **für den Fall** *konj* : **für den ~, dass** au cas où *(+ conditionnel)*. ◆ **im Fall(e), dass** *konj* au cas où *(+ conditionnel)*.
Falle (*pl* **-n**) *die* [zum Fangen] piège *m* ; **jm/etw eine ~ stellen** *fig* tendre un piège à qqn/qqch.
fallen (*präs* **fällt** ; *prät* **fiel** ; *perf* **ist gefallen**) *vi* - **1.** [gen] tomber ; **in etw** *(A)* **~** tomber dans qqch - **2.** [Temperatur, Preise, Kurse] baisser - **3.** [bei Prüfung] : **durch etw ~** *fam* rater qqch - **4.** [geschehen] : **plötzlich fiel ein Schuss** soudain un coup est parti ; **Weihnachten fällt auf einen Montag** Noël tombe un lundi ; **das Tor fiel in der zehnten Minute** le but a été marqué à la dixième minute.
fällen *vt* - **1.** [Baum] abattre - **2.** [Entscheidung] prendre - **3.** [Urteil - persönlich] porter ; [- richterlich] rendre.
fällig *adj* - **1.** [Wechsel] arrivé(e) à échéance, dû (due) ; **am 1. 10. ~** payable le 01/10 - **2.** [abzugeben] : **die Arbeit ist am 1.10. ~** le devoir doit être rendu le 01/10 - **3.** [notwendig] (devenu(e)) nécessaire.
Fall|obst *das* fruits *mpl* tombés.
falls *konj* si.
Fall|schirm *der* parachute *m* ; **mit dem ~** en parachute.
Fall|schirmspringer, in (*mpl* **-** ; *fpl* **-nen**) *der, die* parachutiste *mf*.
fällt *präs* ▷ **fallen.**
Fall|tür *die* trappe *f*.
falsch <> *adj* - **1.** [gen] faux (fausse) - **2.** [aus Irrtum, irreführend] mauvais(e) <> *adv* - **1.** [nicht korrekt] mal ; **~ singen** chanter faux ; **~ fahren** se tromper de route - **2.** [hinterhältig, irreführend] faussement.
Falsche (*pl* **-n**) *der, die, das* : **das ~ tun** ne pas faire ce qu'il faut ; **den ~n fragen** ne pas demander à la bonne personne ; **an den ~n** ODER **die ~ geraten** *fam* se tromper d'adresse.
fälschen *vt* falsifier ; [Karten] truquer ; [Würfel] piper.
Fälscher, in (*mpl* **-** ; *fpl* **-nen**) *der, die* faussaire *mf*.
Falsch|fahrer, in *der, die personne qui conduit à contresens.*
Falsch|geld *das (ohne Pl)* fausse monnaie *f*.
Falschheit *die (ohne Pl) abw* [von Personen] sournoiserie *f*.
fälschlich <> *adj* - **1.** [falsch] faux (fausse) - **2.** [irrtümlich] erroné(e) <> *adv* - **1.** [falsch] à tort - **2.** [irrtümlich] par erreur.
Fälschung (*pl* **-en**) *die* - **1.** *(ohne Pl)* [Handlung] falsification *f* - **2.** [Gegenstand] faux *m*.
Falte (*pl* **-n**) *die* - **1.** [Kniff] pli *m* - **2.** [Hautfalte] ride *f*.
falten *vt* - **1.** [Stoff, Papier] plier - **2.** [Hände] joindre - **3.** [Stirn] plisser.
Falter (*pl* **-**) *der* papillon *m*.
faltig *adj* - **1.** [Haut] ridé(e) - **2.** [Stoff] plein(e) de plis.
familiär <> *adj* - **1.** [die Familie betreffend] familial(e) - **2.** [vertraut] familier(ère) <> *adv* familièrement.

Familie [fa'mi:li̯ə] (*pl* **-n**) *die* famille *f* ; **~ haben** avoir une famille ODER des enfants.
Familien|betrieb *der* entreprise *f* familiale.
Familien|feier *die* fête *f* de famille.
Familien|kreis *der* cercle *m* familial ; **im ~** en famille.
Familien|leben *das (ohne Pl)* vie *f* familiale ODER de famille.
Familien|name *der* nom *m* de famille ; *amt* nom *m* patronymique, patronyme *m*.
Familien|stand *der (ohne Pl)* situation *f* familiale.
Fan (*pl* **-s**) *der* fan *mf* ; SPORT supporter *m*, supporteur *m*, -trice *f*.
Fanatiker, in (*mpl* **-** ; *fpl* **-nen**) *der, die abw* fanatique *mf*.
Fanclub = **Fanklub.**
fand *prät* ▷ **finden.**
Fanfare (*pl* **-n**) *die* [Instrument] clairon *m*.
Fang *der (ohne Pl)* prise *f*.
fangen (*präs* **fängt** ; *prät* **fing** ; *perf* **hat gefangen**) *vt* attraper ; [Fisch] prendre. ◆ **sich fangen** *ref* - **1.** [Tier] se faire prendre (au piège) - **2.** [Mensch] se reprendre. ◆ **Fangen** *das (ohne Pl)* : **Fangen spielen** jouer à chat perché.
fängt *präs* ▷ **fangen.**
Fantasie, Phantasie [fanta'zi:] (*pl* **-n**) *die* imagination *f*. ◆ **Fantasien** *pl* fantasmes *mpl*.

> **Fantasie**
>
> L'allemand **Fantasie** correspond au français « imagination » et non au terme « fantaisie ». Ainsi, on traduira la phrase **Dieses Kind hat viel Fantasie** par « Cet enfant a beaucoup d' imagination ».
> Le français « fantaisie » se traduit souvent par le terme **Laune** comme on peut le constater dans l'expression suivante « Il lui passe toutes ses fantaisies » que l'on traduira par **Er läßt ihr alle Launen durchgehen**.

fantasieren, phantasieren *vi* - **1.** [irrereden] délirer - **2.** [träumen] rêver.
fantastisch, phantastisch ◇ *adj* fantastique ◇ *adv* [großartig] d'une façon remarquable.
Farb|aufnahme *die* photo *f* couleur.
Farbband (*pl* **-bänder**) *das* ruban *m* (encreur).
Farb|drucker *der* EDV imprimante *f* couleur.
Farbe (*pl* **-n**) *die* - **1.** [Eigenschaft, Symbol] couleur *f* ; [von Pferden] robe *f* ; **in ~** en couleurs ; **~ bekommen** *Fig* prendre des couleurs - **2.** [zum Malen, Streichen] peinture *f*.
farbecht *adj* grand teint.
färben ◇ *vt* teindre ◇ *vi* déteindre. ◆ **sich färben** *ref* se colorer.
farbenblind *adj* daltonien(enne).
Farb|fernsehen *das* télévision *f* en couleurs.
Farb|fernseher *der* téléviseur *m* couleur.
Farb|film *der* - **1.** [für Fotos] pellicule *f* couleur - **2.** [Spielfilm] film *m* en couleurs.
Farb|foto *das* photo *f* couleur.
farbig ◇ *adj* - **1.** [in Farbe] en couleurs ; [Person, Papier] de couleur ; [Bildschirm] couleur - **2.** [farbenfroh] coloré(e) ◇ *adv* [farbenfroh] avec beaucoup de couleurs.
Farbige (*pl* **-n**) *der, die* homme de couleur *m*, femme de couleur *f*. ◆ **Farbigen** *pl* : **die ~n** les personnes *fpl* de couleur.
farblich ◇ *adj* des couleurs ◇ *adv* sur le plan des couleurs.
farblos *adj* - **1.** [durchsichtig] incolore - **2.** [nichts sagend] terne.
Farb|stoff *der* colorant *m*.
Färbung (*pl* **-en**) *die* coloration *f*.
Farn (*pl* **-e**) *der* fougère *f*.
Fasan (*pl* **-e** ODER **-en**) *der* faisan *m*.
Fasching (*pl* **-e** ODER **-s**) *der Österr & Süddt*, **Fast|nacht** *die (ohne Pl) période de carnaval* ; **~ feiern** fêter le carnaval.
Faschismus *der (ohne Pl)* fascisme *m*.
Faschist, in (*mpl* **-en** ; *fpl* **-nen**) *der, die* fasciste *mf*.
faseln *fam abw* ◇ *vt* : **Unsinn ~** raconter n'importe quoi ◇ *vi* parler à tort et à travers.
Faser (*pl* **-n**) *die* fibre *f*.
faserig *adj* fibreux(euse).
Fass (*pl* **Fässer**) *das* tonneau *m*. ◆ **vom Fass** *adv* [Bier] à la pression ; [Wein] en fût.
Fassade (*pl* **-n**) *die* façade *f*.
fassen (*präs* **fasst** ; *prät* **fasste** ; *perf* **hat gefasst**) ◇ *vt* - **1.** [mit den Händen] saisir ; **am Arm ~** saisir par le bras ; **jn/etw zu ~ bekommen** réussir à saisir qqn/qqch - **2.** [Verbrecher] arrêter - **3.** [begreifen] : **es nicht ~ können** ne pas pouvoir y croire - **4.** [Text] rédiger - **5.** [Entschluss, Beschluss] prendre - **6.** [als Inhalt] avoir une contenance de ◇ *vi* : **in** ODER **an etw** *(A)* **~** toucher qqch. ◆ **sich fassen** *ref* se contenir ; **fass dich!** remets-toi! ; **sich kurz ~** être bref (brève) ; **sich auf etw** *(A)* **gefasst machen** *fig* s'attendre à qqch.
Fassette = **Facette.**
Fassung (*pl* **-en**) *die* - **1.** [für Glühbirnen] douille *f* - **2.** [von Brille, Schmuck] monture *f* - **3.** [von Text, Rede] version *f* - **4.** *RW* : **jn aus der ~ bringen** faire perdre contenance à qqn.
fassungslos *adj* bouleversé(e).

fassungslos sein

Mais c'est une honte ! So eine Schande!
Partir sans payer ! On aura tout vu ! Gehen, ohne zu zahlen, das ist ja wohl das Letzte!
Il a osé te critiquer ? Non mais je rêve ! Er hat es gewagt, dich zu kritisieren? Ich glaube, ich spinne!
N'importe quoi ! So ein Unsinn!
Ça va pas, non ? Ich glaube, du spinnst!

Fassungs|vermögen *das (ohne Pl)* contenance *f.*
fast *adv* presque, pratiquement ; ~ **wäre sie gekommen** elle a failli venir.
fasten *vi* jeûner.
Fasten|zeit *die* jeûne *m ;* [katholisch] carême *m.*
Fastnacht = **Fasching.**
fatal *adj* fatal(e) ; [Situation] fâcheux(euse).
fauchen *vi* - **1.** [Tier] feuler - **2.** [Mensch] pester - **3.** [Maschine] siffler.
faul ◇ *adj* - **1.** [Essen, Holz] pourri(e) ; [Fleisch] avarié(e) - **2.** [Person] paresseux(euse) - **3.** *fam* [zweifelhaft - Witz, Ausrede] douteux(euse) ; [- Geschäft] louche ◇ *adv* paresseusement.
faulen (*perf* **ist gefault**) *vi* pourrir ; [Wasser] croupir.
faulenzen *vi* paresser.
Faulheit *die (ohne Pl)* paresse *f.*
faulig ◇ *adj* putride ◇ *adv :* ~ **riechen** sentir mauvais ; ~ **schmecken** avoir un goût de pourri.
Fäulnis *die (ohne Pl)* putréfaction *f.*
Fauna *die* BIOL faune *f.*
Faust (*pl* **Fäuste**) *die* poing *m ;* **die ~ ballen** serrer le poing ; **auf eigene ~** *fig* de son propre chef.
Faust|regel *die* règle *f* de base.
Faust|schlag *der* coup *m* de poing.
Fax (*pl* - ODER **-e**) *das* fax *m.*
faxen *vt* faxer.
Faxen *pl fam* bêtises *fpl.*
FAZ ['ef|a:|tsɛt] (*abk für* **Frankfurter Allgemeine Zeitung**) *die (ohne Pl)* F.A.Z. *f.*
Fazit (*pl* **-s** ODER **-e**) *das* bilan *m ;* ~ **ziehen** dresser un bilan.
FCKW (*abk für* **Fluorchlorkohlenwasserstoff**) *der (ohne Pl)* CFC *m.*
FDP (*abk für* **Freie Demokratische Partei**) *die (ohne Pl) parti libéral allemand.*
Februar *der (ohne Pl)* février *m ; siehe auch* **September.**
fechten (*präs* **ficht** ; *prät* **focht** ; *perf* **hat gefochten**) *vi* faire de l'escrime ; **mit jm ~** SPORT croiser le fer avec qqn ; *fig* se quereller avec qqn.
Fechter, in (*mpl* - ; *fpl* **-nen**) *der, die* escrimeur *m*, -euse *f.*
Feder (*pl* **-n**) *die* - **1.** [von Vogel, zum Schreiben] plume *f* - **2.** [Metallteil] ressort *m.*
♦ **Federn** *pl :* **noch in den ~n liegen** *fam* être encore au plumard.
Feder|ball *der (ohne Pl)* [Spiel] : ~ **spielen** jouer au volant.
Feder|bett *das* édredon *m.*
federn *vi* faire ressort.
Federung (*pl* **-en**) *die* [am Fahrzeug] suspension *f.*
Fee (*pl* **-n**) *die* fée *f.*
fegen (*perf* **hat/ist gefegt**) ◇ *vt (hat)* balayer ◇ *vi* - **1.** *(hat)* [säubern] *Norddt* balayer - **2.** *(ist)* [rasen] : **über etw** *(A)* ~ [Sturm, Wind] balayer qqch ; **durch etw ~** [Person] passer en trombe à travers qqch.
fehl *adv :* ~ **am Platz sein** être déplacé(e).
Fehl|betrag *der* déficit *m (dans la caisse).*
fehlen *vi* - **1.** [nicht vorhanden sein] manquer ; **es fehlt an etw** *(D)* on manque de qqch - **2.** [vermisst werden] : **jd/etw fehlt jm** qqn/qqch manque à qqn - **3.** [erkrankt sein] : **was fehlt dir** ODER **Ihnen?** qu'est-ce qui ne va pas?
Fehl|entscheidung *die* mauvaise décision *f.*
Fehler (*pl* -) *der* - **1.** [in Text, bei Aussprache] faute *f* - **2.** [Irrtum] erreur *f* - **3.** [von Material, Charakter] défaut *m ;* **js ~ sein** être la faute de qqn.
fehlerfrei ◇ *adj* [Text, Aussprache] sans fautes ; [Material, Mensch] sans défauts ◇ *adv* sans faire de fautes, impeccablement.
fehlerhaft ◇ *adj* [Text] contenant des fautes ; [Aussprache] incorrect(e) ; [Material, Maschine] défectueux(euse) ◇ *adv* en faisant des fautes ; **etw ist ~ verarbeitet** qqch a des défauts.
Fehl|geburt *die* fausse couche *f.*
Fehl|griff *der* erreur *f ;* [Einkauf] mauvais achat *m.*
fehl|schlagen (*perf* **ist fehlgeschlagen**) *vi (unreg)* échouer.
Fehl|start *der* SPORT faux départ *m.*
Fehl|urteil *das* - **1.** [bei Gericht] erreur *f* judiciaire - **2.** [Beurteilung] jugement *m* erroné.
Feier (*pl* **-n**) *die* fête *f.*
Feier|abend *der soirée après le travail ;* ~ **machen** arrêter de travailler *(en fin de journée) ;* **mit dem Radfahren ist ~!** *fam fig* le vélo, c'est fini!
feierlich ◇ *adj* solennel(elle) ◇ *adv* solennellement.

Feierlichkeit *die (ohne Pl)* solennité *f.* ◈ **Feierlichkeiten** *pl* festivités *fpl.*
feiern ◇ *vt* - **1.** [Fest] fêter - **2.** [Person] faire (la) fête à ◇ *vi* faire la fête.
Feier|tag *der* jour *m* férié ; [gesetzlich, kirchlich] fête *f.*
feiertags *adv* les jours fériés.
feige *abw* ◇ *adj* lâche ◇ *adv* lâchement.
Feige (*pl* **-n**) *die* [Frucht] figue *f.*
Feigheit *die (ohne Pl) abw* lâcheté *f.*
Feigling (*pl* **-e**) *der abw* lâche *mf.*
Feile (*pl* **-n**) *die* lime *f.*
feilen ◇ *vt* limer ◇ *vi* : **an etw** *(D)* ~ [Text] peaufiner qqch.
feilschen *vi* : **um den Preis einer Sache** *(G)* ~ marchander le prix de qqch.
fein ◇ *adj* - **1.** [gen] fin(e) - **2.** [vornehm] distingué(e) ; **sich ~ machen** se faire beau (belle) - **3.** *fam* [schön, erfreulich] génial(e) ; **das hast du aber ~ gemacht!** *fam iron* c'est réussi! - **4.** *fam* [sympathisch] chic ◇ *adv* - **1.** [dünn, pulverig] finement - **2.** *fam* [gut] bien ; **~ heraus sein** *fig* bien s'en sortir ODER s'en tirer - **3.** [vornehm] avec élégance - **4.** *fam* [anständig, brav] gentiment. ◈ **vom Feinsten** *adj* de la meilleure qualité.
Feind (*pl* **-e**) *der* ennemi *m.*
Feindin (*pl* **-nen**) *die* ennemie *f.*
feindlich *adj* ennemi(e) ; [ablehnend] hostile.
Feindlichkeit (*pl* **-en**) *die* hostilité *f.*
Feindschaft (*pl* **-en**) *die* inimitié *f.*
feindselig ◇ *adj* hostile ◇ *adv* avec hostilité.
Feind|seligkeit *die (ohne Pl)* hostilité *f.* ◈ **Feindseligkeiten** *pl* hostilités *fpl.*
feinfühlig ◇ *adj* fin(e) ◇ *adv* avec beaucoup de sensibilité.
Feinheit (*pl* **-en**) *die* - **1.** *(ohne Pl)* [von Gegenstand, Benehmen] finesse *f* - **2.** [Detail] nuance *f.*
Feinkost|geschäft *das* épicerie *f* fine.
Fein|schmecker, in (*mpl* **-** ; *fpl* **-nen**) *der, die* gourmet *m.*
Feld (*pl* **-er**) *das* - **1.** [Acker & ELEKTR] champ *m* - **2.** *(ohne Pl)* [Bereich] domaine *m* - **3.** [von Formular, Brettspiel] case *f* - **4.** [SPORT - Platz] terrain *m* ; [- Gruppe] peloton *m* - **5.** *RW* : **das ~ räumen** plier bagages ; **jm das ~ überlassen** céder la place à qqn.
Feld|bett *das* lit *m* de camp.
Feld|flasche *die* gourde *f.*
Feld|salat *der (ohne Pl)* mâche *f.*
Feld|weg *der* chemin *m* rural.
Feld|zug *der* campagne *f.*
Felge (*pl* **-n**) *die* [am Rad] jante *f.*
Fell (*pl* **-e**) *das* - **1.** *(ohne Pl)* [Haarkleid] pelage *m* - **2.** [Material] peau *f.*
Fels *der (G Fels) (ohne Pl)* [Gestein] roche *f.*
Felsen (*pl* **-**) *der* rocher *m.*
felsenfest ◇ *adj* inébranlable ◇ *adv* dur comme fer.
felsig *adj* rocheux(euse).
feminin *adj* - **1.** [weiblich & GRAM] féminin(e) - **2.** *abw* [unmännlich] efféminé(e).
Femininum (*pl* **Feminina**) *das* GRAM féminin *m.*
Feminismus *der (ohne Pl)* féminisme *m.*
Feminist, in (*mpl* **-en** ; *fpl* **-nen**) *der, die* féministe *mf.*
feministisch *adj* féministe.
Fenchel *der (ohne Pl)* fenouil *m.*
Fenster (*pl* **-**) *das* - **1.** [Öffnung] fenêtre *f* - **2.** [Scheibe] vitre *f* - **3.** *RW* : **weg vom ~ sein** *fam* tomber dans les oubliettes.
Fenster|laden *der* volet *m.*
Fenster|platz *der* place *f* côté fenêtre.
Fenster|scheibe *die* vitre *f.*
Ferien *pl* vacances *fpl* ; **in den ~** pendant les vacances ; **in die ~ fahren** partir en vacances.
Ferien|gast *der* vacancier *m*, -ère *f.*
Ferien|lager *das* colonie *f* de vacances.
Ferien|ort *der* lieu *m* de villégiature.
Ferkel (*pl* **-**) *das* - **1.** [Tier] porcelet *m* - **2.** *fam* [Mensch - dreckig] porc *m* ; [- unanständig] cochon *m.*
fern ◇ *adj* lointain(e) ◇ *adv* loin.
Fern|bedienung *die* télécommande *f.*
Ferne *die (ohne Pl)* [räumlich] lointain *m* ; **in der ~** au loin ; **aus der ~** de loin.
Ferne Osten *der* Extrême-Orient *m.*
ferner *konj* en outre.
Fern|gespräch *das* communication *f* longue distance.
ferngesteuert *adj* téléguidé(e).
Fern|glas *das* jumelles *fpl.*
fern|halten *vt (unreg)* : **jn/etw von jm/etw ~** tenir qqn/qqch éloigné(e) de qqn/qqch. ◈ **sich fernhalten** *ref* : **sich von jm ~** éviter qqn ; **sich von etw ~** se tenir à l'écart de qqch.
Fern|licht *das (ohne Pl)* feux *mpl* de route.
fern liegen *vi (unreg)* : **es liegt mir fern, etw zu tun** loin de moi l'idée de faire qqch.
Fern|rohr *das* télescope *m.*
Fern|schreiben *das* télex *m.*
Fern|schreiber *der* télex *m.*
Fernseh|apparat *der* téléviseur *m.*
fern|sehen *vi (unreg)* regarder la télé.
Fernsehen *das (ohne Pl)* - **1.** [Fernsehanstalt] télévision *f* ; **im ~** à la télévision - **2.** *fam* [Fernsehgerät] télé *f.*
Fernseher (*pl* **-**) *der* télé *f.*
Fernseh|film *der* téléfilm *m.*

Fernseh|programm *das* - **1.** [Sendungen] programmes *mpl (de télévision)* - **2.** [Programmheft] programme *m* (de télévision).

Fern|steuerung *die* téléguidage *m.*

Fern|straße *die* route *f* principale.

Fern|verkehr *der* transports *mpl* longues distances ; [für Zugreisende] grandes lignes *fpl.*

Ferse (*pl* **-n**) *die* talon *m* ; **jm auf den ~n sein** *fig* être sur les talons de qqn.

fertig *adj* - **1.** [vollendet, bereit] prêt(e) ; **(zur Abreise) ~ sein** être prêt (à partir) - **2.** [am/zu Ende] : **~ sein** avoir terminé ; **mit etw ~ sein** avoir fini de faire qqch - **3.** [Person] : **~ sein** *fam* [physisch] être crevé(e) ; [psychisch] être à bout - **4.** *RW* : **mit etw (nicht) ~ werden** (ne pas) s'accommoder de qqch ; **mit jm ~ werden** *fam* venir à bout de qqn.

fertig bringen *vt (unreg)* [zustande bringen] réussir.

Fertig|haus *das* maison *f* préfabriquée.

Fertigkeit *die (ohne Pl)* aptitude *f.* ◆ **Fertigkeiten** *pl* capacités *fpl.*

fertig machen *vt* - **1.** [beenden] terminer - **2.** [bereitmachen] préparer. ◆ **sich fertig machen** *ref* - **1.** [sich bereitmachen] se préparer - **2.** *fam* [sich überanstrengen] se crever.

fertig|stellen *vt* achever.

Fessel (*pl* **-n**) *die* [Strick, Zwang] lien *m* ; **jm ~n anlegen** ligoter qqn.

fesseln *vt* - **1.** [binden] ligoter ; **jn an den Händen ~** ligoter les mains de qqn - **2.** [Subj : Krankheit] : **jn ans Bett ~** clouer qqn au lit - **3.** [faszinieren] captiver.

fesselnd ◇ *adj* captivant(e) ◇ *adv* de manière captivante.

fest ◇ *adj* - **1.** [eng] serré(e) - **2.** [kräftig] fort(e) - **3.** [verbindlich, sicher] ferme - **4.** [Essen, Material, Kleidung] solide - **5.** [ständig] fixe - **6.** [Schlaf] profond(e) ◇ *adv* - **1.** [gen] fermement - **2.** [straff] solidement - **3.** [schlafen] profondément - **4.** *fam* [tüchtig] activement.

Fest (*pl* **-e**) *das* fête *f.* ◆ **frohes Fest!** *interj* joyeuses fêtes!

festangestellt *adj ayant un contrat à durée indéterminée.*

Fest|betrag *der* somme *f* fixe.

fest|binden *vt (unreg)* attacher.

Fest|essen *das* repas *m* de fête.

fest|halten *(unreg)* ◇ *vt* - **1.** [bildlich] fixer - **2.** [feststellen] constater ◇ *vi* : **an jm/etw ~** tenir à qqn/qqch. ◆ **sich fest halten** *ref* : **sich an jm/etw ~** se cramponner à qqn/qqch.

fest halten *(unreg) vt* [mit Hand] retenir ; [Gegenstand] tenir.

festigen *vt* consolider. ◆ **sich festigen** *ref* se consolider.

Festiger (*pl* **-**) *der* [Gel] gel *m* fixant.

Festigkeit *die (ohne Pl)* - **1.** [von Material] solidité *f* - **2.** [Charakterzug] fermeté *f.*

Festival (*pl* **-s**) *das* festival *m.*

Fest|land *das (ohne Pl)* [von Schiffen aus] terre *f* ferme ; [von Inseln aus] continent *m.*

fest|legen *vt* - **1.** [Termin, Preis, Ablauf] fixer - **2.** [Person] : **jn auf etw** *(A)* **~** lier qqn par qqch - **3.** [Geld] bloquer. ◆ **sich festlegen** *ref* faire son choix.

festlich ◇ *adj* de fête ◇ *adv* - **1.** [geschmückt, gekleidet] pour la fête - **2.** [bewirten] royalement.

Festlichkeit *die (ohne Pl)* caractère *m* solennel. ◆ **Festlichkeiten** *pl* festivités *fpl.*

fest|machen *vt* [befestigen] fixer ; [Boot] attacher.

Festnahme (*pl* **-n**) *die* arrestation *f.*

fest|nehmen *vt (unreg)* arrêter.

Fest|netz *das* TELEKOM réseau *m* de téléphonie fixe.

Fest|platte *die* EDV disque *m* dur.

fest|setzen *vt* fixer. ◆ **sich festsetzen** *ref* [Ablagerung] se déposer.

fest sitzen *vi (unreg)* [haften] être solidement fixé(e).

Festspiele *pl* festival *m.*

fest|stehen *vi (unreg)* - **1.** [Termin] être fixé(e) - **2.** [Tatsache, Entscheidung] être établi(e).

fest|stellen *vt* - **1.** [ermitteln] déterminer - **2.** [beobachten, anmerken] constater.

Fest|stellung *die* constatation *f.*

Festung (*pl* **-en**) *die* forteresse *f.*

Fete ['fe:tə] (*pl* **-n**) *die fam* soirée *f.*

fett ◇ *adj* - **1.** [Nahrung, Boden] gras (grasse) - **2.** [Lebewesen, Erbe, Beute] gros (grosse) ; **~ werden** grossir ◇ *adv* - **1.** [essen] gras - **2.** [drucken] en (caractères) gras.

Fett (*pl* **-e**) *das* - **1.** [zum Kochen] matière *f* grasse - **2.** *(ohne Pl)* [im Körper] graisse *f.*

fettarm ◇ *adj* pauvre en matières grasses ; [Kost] allégé(e) ◇ *adv* avec peu de matières grasses.

fetten *vt & vi* graisser.

fett gedruckt *adj* imprimé(e) en (caractères) gras.

fettig *adj* gras (grasse).

Fettnäpfchen *das (ohne Pl)* : **ins ~ treten** *fam fig* mettre les pieds dans le plat.

Fetzen (*pl* **-**) *der* lambeau *m* ; [von Gesprächen] bribe *f.*

fetzig *adj fam* d'enfer.

feucht ◇ *adj* humide ◇ *adv* : **~ wischen** passer une serpillière humide.

Feuchtigkeit *die (ohne Pl)* humidité *f.*

Feuchtigkeits|creme, Feuchtigkeits-krem *die* crème *f* hydratante.

feudal ◇ *adj* - **1.** HIST féodal(e) - **2.** [aristokratisch] aristocrate - **3.** *fam* [vornehm] huppé(e) ◇ *adv fam* [vornehm] de manière princière.

Feuer (*pl* -) *das* - **1.** [gen] feu *m* ; **~ machen** *fam* faire du feu ; **jm ~ geben** donner du feu à qqn ; **(an etw** *(D)***) ~ legen** mettre le feu (à qqch) ; **~ fangen** prendre feu - **2.** *(ohne Pl)* [Temperament] fougue *f* - **3.** *RW* : **(für jn/etw) ~ und Flamme sein** *fam* être tout feu tout flamme (pour qqn/qqch). ◆ **Feuer!** *interj* [Ausruf - bei Brand] au feu! ; [- zum Schießen] Feu!

Feuer|alarm *der (ohne Pl)* alerte *f* au feu.

feuerfest *adj* thermorésistant(e) ; [für Backofen] qui va au four.

Feuer|gefahr *die (ohne Pl)* danger *m* d'incendie.

feuergefährlich *adj* inflammable.

Feuer|löscher (*pl* -) *der* extincteur *m.*

feuern ◇ *vt* - **1.** *fam* [Angestellten] virer - **2.** *fam* [schleudern] balancer ◇ *vi* [schießen] : **auf jn/etw ~** ouvrir le feu sur qqn/qqch.

Feuer|wehr (*pl* **-en**) *die* pompiers *mpl.*

Feuer|wehrmann (*pl* **-männer** ODER **-leute**) *der* pompier *m.*

Feuer|werk *das* feu *m* d'artifice.

Feuer|zeug *das* briquet *m.*

Feuilleton [fœjə'tõ] (*pl* **-s**) *das* - **1.** [Kulturteil] pages *fpl* culturelles - **2.** [Artikel] chronique *f* littéraire.

Feuilleton

Le terme allemand **Feuilleton** ne correspond pas à l'acception française de ce mot, on le traduit par « pages culturelles ». Ainsi, la phrase **Das habe ich im Feuilleton der Zeit gelesen** correspond à « Je l'ai lu dans les pages culturelles de 'die Zeit' ».

Le terme français « feuilleton » correspond dans le contexte littéraire à l'allemand **Fortsetzungsroman**, comme dans la phrase « Beaucoup de romans de Balzac ont d'abord été publiés sous forme de feuilleton » que l'on traduira par **Viele Romane von Balzac wurden zuerst als Fortsetzungsroman veröffentlicht**.

Le « feuilleton » télévisé correspond, quant à lui, à l'allemand **Fernsehserie**. Ainsi, on traduira la phrase « Aujourd'hui, on rediffuse beaucoup de feuilletons des années 60 » par **Heutzutage werden wieder viele Fernsehserien aus den sechziger Jahren ausgestrahlt**.

feurig *adj* fougueux(euse).

ff. (*abk für* **folgende Seiten**) et suiv.

FH (*pl* **-s**) *die abk für* **Fachhochschule.**

ficht *präs* ▷ **fechten.**

Fichte (*pl* **-n**) *die* - **1.** [Baum] épicéa *m* - **2.** [Holz] sapin *m.*

fidel *adj fam* gai(e).

Fieber *das (ohne Pl)* [Temperatur] fièvre *f* ; **~ haben** avoir de la fièvre ; **~ messen** prendre sa température.

fieberhaft ◇ *adj* - **1.** [Krankheit] accompagné(e) de fièvre - **2.** [hektisch] fébrile ◇ *adv* fébrilement.

fiebern *vi* [Fieber haben] avoir de la fièvre.

Fieber|thermometer *das* thermomètre *m (médical).*

fiebrig *adj* fiévreux(euse).

fiel *prät* ▷ **fallen.**

fies *fam abw* ◇ *adj* infect ◇ *adv* de manière infecte.

Figur (*pl* **-en**) *die* - **1.** [Körperform] silhouette *f* - **2.** [Person] personnage *m* - **3.** [Darstellung] statue *f* - **4.** [geometrische, beim Tanz] figure *f* - **5.** [Spielstein] pion *m* ; [Schach] pièce *f.*

Filet [fi'le:] (*pl* **-s**) *das* filet *m.*

Filiale (*pl* **-n**) *die* succursale *f.*

Film (*pl* **-e**) *der* - **1.** [gen] film *m* - **2.** [für Kamera] pellicule *f.*

filmen ◇ *vt* filmer ◇ *vi* tourner.

Film|kamera *die* caméra *f.*

Film|star *der* vedette *f* de cinéma.

Filter (*pl* -) *der* ODER *das* filtre *m.*

filtern *vt* filtrer.

Filter|tüte *die* filtre *m* à café.

Filter|zigarette *die* cigarette *f* filtre.

Filz (*pl* **-e**) *der* [Stoff] feutre *m.*

filzen *vt fam* fouiller.

Filz|stift *der* crayon *m* feutre.

Finale (*pl* -) *das* finale *f.*

Finanz|amt *das* perception *f.*

Finanz|beamte *der* fonctionnaire *m* des contributions.

Finanz|beamtin *die* fonctionnaire *f* des contributions.

Finanz|bedarf *der* besoins *mpl* financiers.

Finanzen *pl* finances *fpl.*

finanziell [finan'tsi̯el] ◇ *adj* financier(ère) ◇ *adv* financièrement.

finanzieren *vt* financer.

Finanzierung (*pl* **-en**) *die* financement *m.*

Finanz|ministerium *das* ministère *m* des Finances.

finden (*prät* **fand** ; *perf* **hat gefunden**) ◇ *vt* - **1.** [gen] trouver - **2.** [Beifall, Unterstützung] avoir ◇ *vi* trouver. ◆ **sich finden**

den *ref* se retrouver ; **das** ODER **es wird sich schon (alles)** ~ *fig* on verra bien.

Finder, in (*mpl* - ; *fpl* **-nen**) *der* inventeur *m*, -trice *f (d'un objet perdu)*.

Finder|lohn *der* récompense *f*.

fing *prät* ▷ **fangen.**

Finger (*pl* -) *der* doigt *m* ; **der kleine** ~ l'auriculaire *m*, le petit doigt ; **jn/etw in die** ~ **kriegen** ODER **bekommen** *fam fig* mettre la main sur qqn/qqch.

Finger|abdruck *der* empreinte *f* (digitale).

Finger|hut *der* - **1.** [zum Nähen] dé *m* à coudre - **2.** [Blume] digitale *f*.

Finger|nagel *der* ongle *m*.

Finger|spitze *die* bout *m* des doigts.

Fingerspitzen|gefühl *das (ohne Pl)* doigté *m* ; ~ **haben** ODER **besitzen** ODER **beweisen** faire preuve de doigté.

Fink (*pl* **-en**) *der* pinson *m*.

Finne (*pl* **-n**) *der* Finlandais *m*.

Finnin (*pl* **-nen**) *die* Finlandaise *f*.

finnisch *adj* [Staat] finlandais(e) ; [Sprache, Brauch] finnois(e).

Finnisch *das (ohne Pl)* finnois *m* ; *siehe auch* **Englisch.**

Finnische *das* finnois *m* ; *siehe auch* **Englische.**

Finnland *nt* Finlande *f*.

finster ◇ *adj* - **1.** [Nacht, Miene] sombre - **2.** [Person, Gegend] sinistre ◇ *adv* [unfreundlich] d'un air sombre.

Finsternis (*pl* **-se**) *die* obscurité *f*.

Finte (*pl* **-n**) *die* feinte *f*.

Firma (*pl* **Firmen**) *die* entreprise *f*, société *f*.

Firmen|name *der* raison *f* sociale.

Firmen|wagen *der* voiture *f* de fonction.

Firmung (*pl* **-en**) *die* REL confirmation *f*.

First Class *die (ohne Pl)* première *f* classe ; ~ **fliegen** voyager en première classe.

Fisch (*pl* **-e**) *der* - **1.** [Tier] poisson *m* - **2.** ASTROL Poisson *m*.

Fisch|besteck *das* couvert *m* à poisson.

Fische *pl* ASTROL Poissons *mpl*.

fischen *vt* & *vi* pêcher.

Fischer, in (*mpl* - ; *fpl* **-nen**) *der, die* pêcheur *m*, -euse *f*.

Fischer|boot *das* barque *f* de pêcheur.

Fischerei *die (ohne Pl)* pêche *f*.

Fisch|fang *der (ohne Pl)* pêche *f*.

Fisch|händler, in *der, die* poissonnier *m*, -ère *f*.

Fisch|markt *der* marché *m* au poisson.

Fisch|stäbchen *das* bâtonnet *m* de poisson.

Fiskus *der (ohne Pl)* fisc *m*, trésor *m* public.

fit *adj* en forme.

Fitness ['fɪtnɛs] *die (ohne Pl)* bonne condition *f*.

Fitnesscenter (*pl* -) *das* centre *m* de remise en forme.

fix ◇ *adj* - **1.** *fam* [Person] preste - **2.** [Kosten] fixe - **3.** *RW* : ~ **und fertig sein** *fam* être sur les rotules ◇ *adv* [schnell] promptement.

Fixer, in (*mpl* - ; *fpl* **-nen**) *der, die fam* junkie *mf*.

fixieren *vt* fixer.

FKK *(ohne Pl) abk für* **Freikörperkultur.**

flach ◇ *adj* - **1.** [gen] plat(e) - **2.** [Wasser] peu profond(e) ◇ *adv* [niedrig] à plat.

Fläche (*pl* **-n**) *die* - **1.** [Gebiet] surface *f* - **2.** [geometrisch] superficie *f*.

flach|fallen (*perf* **ist flachgefallen**) *vi (unreg) fam* tomber à l'eau.

Flach|land *das (ohne Pl)* plaine *f*.

flachsen ['flaksn̩] *vi fam* : **über jn/etw** ~ rigoler de qqn/qqch.

flackern *vi* vaciller.

Fladen (*pl* -) *der* galette *f*.

Flagge (*pl* **-n**) *die* pavillon *m (de bateau)*.

flambieren *vt* flamber.

Flame (*pl* **-n**) *der* Flamand *m*.

Flämin (*pl* **-nen**) *die* Flamande *f*.

Flamingo (*pl* **-s**) *der* flamant *m* rose.

flämisch *adj* flamand(e).

Flamme (*pl* **-n**) *die* [von Feuer] flamme *f* ; **etw steht in ~n** qqch est en flammes.

Flandern *nt* Flandres *fpl*.

Flanell (*pl* **-e**) *der* flanelle *f*.

Flanke (*pl* **-n**) *die* [gen] flanc *m*.

Flasche (*pl* **-n**) *die* [Gefäß] bouteille *f*.

Flaschen|bier *das* bière *f* en canette.

Flaschen|öffner *der* décapsuleur *m*.

Flaschen|zug *der* treuil *m*.

flattern (*perf* **hat/ist geflattert**) *vi* - **1.** *(hat)* [schlagen] battre des ailes ; **im Wind** ~ flotter au vent - **2.** *(ist)* [fliegen] : **durch die Luft** ~ voleter.

Flaum *der (ohne Pl)* duvet *m*.

flauschig *adj* moelleux(euse).

Flausen *pl* : **nur** ~ **im Kopf haben** n'avoir que des bêtises en tête.

Flaute (*pl* **-n**) *die* - **1.** [wirtschaftlich] marasme *m* - **2.** [Windstille] calme *m* plat.

Flechte (*pl* **-n**) *die* - **1.** [Pflanze] lichen *m* - **2.** [Hautausschlag] dartre *f*.

flechten (*präs* **flicht** ; *prät* **flocht** ; *perf* **hat geflochten**) *vt* tresser.

Fleck (*pl* **-e** ODER **-en**) *der* - **1.** [Klecks] tache *f* ; **blauer** ~ bleu *m* - **2.** [Ort] coin *m*.

fleckenlos ◇ *adj* [sauber] sans tache ◇ *adv* [ohne Flecken] impeccablement.

Fleckentferner (*pl* -) *der* détachant *m*.

fleckig *adj* - **1.** [schmutzig] taché(e) - **2.** [gefleckt] tacheté(e).

Fleder|maus *die* chauve-souris *f*.

Flegel (*pl* -) *der abw* voyou *m*.

flegelhaft *abw* ◇ *adj* grossier(ère) ◇ *adv* avec muflerie.

flehen *vi* : **um etw ~** implorer qqch.

Fleisch *das (ohne Pl)* - **1.** [Muskelgewebe] chair *fRG* : **~ fressend** carnivore - **2.** [Nahrungsmittel] viande *f* - **3.** [Fruchtfleisch] pulpe *f*.

Fleisch|brühe *die* bouillon *m (de viande)*.

Fleischer (*pl* -) *der* boucher *m*.

Fleischerei (*pl* **-en**) *die* boucherie *f*.

Fleischerin (*pl* **-nen**) *die* bouchère *f*.

fleischfressend ▻ **Fleisch.**

fleischig *adj* charnu(e).

Fleisch|vergiftung *die intoxication due à la viande.*

Fleisch|wolf *der* hachoir *m* à viande.

Fleisch|wurst *die* cervelas *m*.

Fleiß *der (ohne Pl)* assiduité *f*.

fleißig ◇ *adj* travailleur(euse) ◇ *adv* - **1.** [eifrig] assidûment - **2.** *fam* [oft, viel] sacrément.

fletschen *vt* : **die Zähne ~** montrer les dents.

flicht *präs* ▻ **flechten.**

flicken *vt* - **1.** [nähen] raccommoder - **2.** [reparieren] réparer.

Flicken (*pl* -) *der* pièce *f (de tissu)*.

Flick|zeug *das* nécessaire *m* ODER kit *m* de réparation.

Flieder (*pl* -) *der* lilas *m*.

Fliege (*pl* **-n**) *die* - **1.** [Insekt] mouche *f* - **2.** [Schleife] nœud *m* papillon.

fliegen (*prät* **flog** ; *perf* **hat/ist geflogen**) ◇ *vi (ist)* - **1.** [Vogel, Flugzeug, Ball] voler - **2.** [Person] prendre l'avion ; **nach Berlin ~** aller à Berlin en avion ; **über London ~** passer par Londres ◇ *vt* - **1.** *(hat)* [Person, Gegenstand] acheminer - **2.** *(hat)* [Flugzeug] piloter - **3.** *(hat/ist)* [Strecke] desservir.

Fliegen|pilz *der* tue-mouche *m*.

Flieger (*pl* -) *der* [Pilot] aviateur *m*.

Fliegerin (*pl* **-nen**) *die* aviatrice *f*.

fliehen (*prät* **floh** ; *perf* **hat/ist geflohen**) ◇ *vi (ist)* : **~ aus** s'enfuir de ; **vor jm/etw ~** s'enfuir devant qqn/qqch ◇ *vt (hat) geh* fuir.

Fliese (*pl* **-n**) *die* carreau *m*.

Fließband (*pl* **-bänder**) *das* chaîne *f* (de montage).

fließen (*prät* **floss** ; *perf* **ist geflossen**) *vi* - **1.** [gen] couler - **2.** [Haare] flotter.

fließend ◇ *adj* - **1.** [Wasser] courant(e) - **2.** [Übergang] flou(e) - **3.** [Verkehr] fluide - **4.** [weich fallend] flottant(e) ◇ *adv* - **1.** [sprechen] couramment - **2.** [unscharf] de manière floue.

flimmern *vi* scintiller ; [Luft] vibrer.

flink ◇ *adj* leste ; [Person] alerte ◇ *adv* lestement.

Flinte (*pl* **-n**) *die* fusil *m*.

flirten ['flœrtn̩] *vi* flirter ; **mit jm ~** flirter avec qqn.

Flitterwochen *pl* lune *f* de miel.

flitzen (*perf* **ist geflitzt**) *vi fam* filer.

flocht *prät* ▻ **flechten.**

Flocke (*pl* **-n**) *die* flocon *m*.

flog *prät* ▻ **fliegen.**

floh *prät* ▻ **fliehen.**

Floh (*pl* **Flöhe**) *der* puce *f*.

Floh|markt *der* marché *m* aux puces.

Flora *die* flore *f*.

Florenz *nt* Florence.

florieren *vi* être florissant(e).

Floskel (*pl* **-n**) *die* paroles *fpl* creuses.

floss *prät* ▻ **fließen.**

Floß (*pl* **Flöße**) *das* radeau *m*.

Flosse (*pl* **-n**) *die* - **1.** [von Tieren] nageoire *f* - **2.** [Schwimmflosse] palme *f*.

Flöte (*pl* **-n**) *die* flûte *f*.

flöten ◇ *vi* - **1.** [Flöte spielen] jouer de la flûte - **2.** [pfeifen] siffler ◇ *vt* - **1.** [spielen] : **etw ~** jouer qqch à la flûte - **2.** [pfeifen] siffler.

Flötist, in (*mpl* **-en** ; *fpl* **-nen**) *der, die* flûtiste *mf*.

flott ◇ *adj* - **1.** *fam* [schick] chic - **2.** *fam* [schnell] rapide ; [Tanz] enlevé(e) ; [Person] dégourdi(e) ◇ *adv* - **1.** *fam* [schnell, lebhaft] vite - **2.** *fam* [schick] avec chic.

Flotte (*pl* **-n**) *die* flotte *f*.

Fluch (*pl* **Flüche**) *der* - **1.** [Schimpfwort] juron *m* - **2.** *(ohne Pl)* [Verwünschung] malédiction *f*.

fluchen *vi* jurer.

Flucht *die (ohne Pl)* [aus Land] fuite *f* ; [aus Gefängnis] évasion *f* ; **die ~ ergreifen** prendre la fuite.

fluchtartig ◇ *adj* précipité(e) ◇ *adv* précipitamment.

flüchten (*perf* **ist geflüchtet**) *vi* : **nach Amerika/Frankreich etc ~** se réfugier en Amérique/France etc ; **vor jm/etw ~** s'enfuir devant qqn/qqch. ◆ **sich flüchten** *ref (hat)* : **sich in etw** *(A)* **~** se réfugier dans qqch.

Fluchtlhelfer, in *der, die* passeur *m*, -euse *f*.
flüchtig <> *adj* - **1.** [Blick, Berührung] fugitif(ive) ; [Gruß, Abschied] rapide ; [Augenblick] fugace - **2.** [ungenau] superficiel(elle) <> *adv* - **1.** [ungenau] superficiellement - **2.** [kurz] rapidement.
Flüchtigkeitslfehler *der* faute *f* d'étourderie.
Flüchtling (*pl* **-e**) *der* réfugié *m*, -e *f*.
Fluchtlweg *der* issue *f* de secours.
Flug (*pl* **Flüge**) *der* vol *m*.
Fluglbahn *die* trajectoire *f*.
Fluglblatt *das* tract *m*.
Flügel (*pl* -) *der* - **1.** [gen] aile *f* - **2.** [von Tür, Fenster] battant *m* - **3.** [Musikinstrument] piano *m* à queue.
Fluglgast *der* passager *m*, -ère *f (d'avion)*.
flügge *adj* prêt(e) à quitter le nid.
Fluglgesellschaft *die* compagnie *f* aérienne.
Fluglhafen *der* aéroport *m*.
Fluglotse *der* aiguilleur *m* du ciel.
Fluglplatz *der* aérodrome *m*.
Fluglverkehr *der* trafic *m* aérien.
Fluglzeug *das* avion *m* ; **mit dem ~ fliegen** prendre l'avion.
Flugzeugträger *der* porte-avions *m inv*.
Flunder (*pl* **-n**) *die* flet *m*.
flunkern *vi fam* raconter des histoires.
Fluor *das (ohne Pl)* fluor *m*.
Flur (*pl* **-e** ODER **-en**) *der (G Flur(e)s) (Pl Flure)* [Korridor] couloir *m*.
Fluss (*pl* **Flüsse**) *der* - **1.** [Wasserlauf - groß] fleuve *m* ; [- klein] rivière *f* - **2.** *(ohne Pl)* [Bewegung] flux *m*.
flussabwärts *adv* en aval.
flussaufwärts *adv* en amont.
Flusslbett *das* lit *m (de fleuve)*.
flüssig <> *adj* - **1.** [gen] liquide ; [Metall, Butter] fondu(e) - **2.** [Stil, Ausdruck] aisé(e) ; [Verkehr] fluide - **3.** [zahlungsfähig] : **nicht ~ sein** ne pas avoir d'argent <> *adv* [sprechen] couramment.
Flüssigkeit (*pl* **-en**) *die* liquide *m*.
Flusslauf *der* cours *m (de fleuve)*.
Flusslpferd *das* hippopotame *m*.
flüstern <> *vi* chuchoter <> *vt* murmurer ; **jm etw ins Ohr ~** murmurer qqch à l'oreille de qqn.
Flut (*pl* **-en**) *die (ohne Pl)* [Wasserstand] marée *f* haute ; [Ansteigen] flux *m*.
Flutllicht *das (ohne Pl)* projecteur *m*.
focht *prät* ▷ **fechten.**
Fohlen (*pl* -) *das* poulain *m*.
Föhn (*pl* **-e**) *der* - **1.** [Wind] fœhn *m* - **2.** [Haartrockner] sèche-cheveux *m inv*.
föhnen *vt* : **sich** *(D)* **die Haare ~** se sécher les cheveux.
Folge (*pl* **-n**) *die* - **1.** [Konsequenz] conséquence *f* ; **etw hat etw zur ~** qqch a qqch pour conséquence - **2.** [Fortsetzung] épisode *m* - **3.** [Serie] série *f*.
folgen (*perf* **ist gefolgt**) *vi* - **1.** [gen] : **jm/einer Sache ~** suivre qqn/qqch - **2.** [sich anschließen] : **auf etw** *(A)* **~** succéder à qqch - **3.** [sich logisch ergeben] : **aus etw ~** résulter de qqch.
folgend *adj* - **1.** [nachfolgend] suivant(e) - **2.** [später erwähnt] prochain(e). ◆ **Folgende** *das* ce qui suit ; **im Folgenden** ensuite. ◆ **Folgendes** *nt* la chose suivante.
folgendermaßen *adv* de la façon suivante, comme suit.
folgern *vt* : **aus etw ~, dass** déduire de qqch que.
Folgerung (*pl* **-en**) *die* conclusion *f* ; [logisch] déduction *f*.
folglich *adv* par conséquent.
folgsam <> *adj* docile <> *adv* docilement.
Folie ['foːli̯ə] (*pl* **-n**) *die* [für Lebensmittel] film *m* (étirable) ; [für Overheadprojektor] transparent *m*.
Folklore *die (ohne Pl)* folklore *m*.
folkloristisch *adj* folklorique.
Folter (*pl* **-n**) *die* torture *f* ; **jn auf die ~ spannen** *fig* mettre qqn au supplice.
foltern *vt* torturer.
Fön = **Föhn.**
fönen = **föhnen.**
Fonetik, Phonetik *die (ohne pl)* phonétique *f*.
fonetisch, phonetisch <> *adj* phonétique <> *adv* phonétiquement.
Fontäne (*pl* **-n**) *die* jet *m*.
Förderlkreis *der* association *f* de soutien.
Förderlkurs *der* SCHULE cours *m* de soutien.
fordern *vt* - **1.** [verlangen] demander, exiger - **2.** [beanspruchen] solliciter.
fördern *vt* - **1.** [unterstützen] aider ; [finanziell] subventionner ; [Begabung] encourager - **2.** [abbauen] extraire *(charbon, minerais)*.
Forderung (*pl* **-en**) *die* - **1.** [Verlangen] exigence *f* - **2.** [finanzieller Anspruch] arriéré *m (finance)*.
Förderung (*pl* **-en**) *die* [Unterstützung] aide *f*.
Forelle (*pl* **-n**) *die* truite *f*.
Form (*pl* **-en**) *die* - **1.** [gen] forme *f* ; **in ~ von** sous forme de ; **in ~ sein** être en forme ; **in aller ~** en bonne et due forme - **2.** [für Kuchen] moule *m (à gâteaux)*.

formal ◇ *adj* formel(elle) ◇ *adv* formellement.

Formalität (*pl* **-en**) *die* formalité *f*.

Format (*pl* **-e**) *das* **- 1.** [Größe] format *m* **- 2.** *(ohne Pl)* [Niveau] envergure *f*.

Format

Outre la traduction « format », le terme allemand **Format** correspond aussi – au sens figuré – au français « envergure ». Ainsi, on traduira la phrase **Der Außenminister ist ein Politiker von internationalem Format** par « Le ministre des Affaires étrangères est un homme politique d' envergure internationale ».

formatieren *vt* EDV formater.

Formation (*pl* **-en**) *die* formation *f*.

Formel (*pl* **-n**) *die* formule *f*.

formell ◇ *adj* formel(elle) ◇ *adv* **- 1.** [höflich, distanziert] selon les formes **- 2.** [offiziell] officiellement **- 3.** [formal] formellement.

formen *vt* former. ◆ **sich formen** *ref* [sich bilden] se former.

formieren *vt* former. ◆ **sich formieren** *ref* se former.

förmlich ◇ *adj* **- 1.** *abw* [steif] guindé(e) **- 2.** [offiziell] cérémonieux(euse) ◇ *adv* **- 1.** *abw* [steif] de façon guindée **- 2.** [offiziell] en bonne et due forme **- 3.** [regelrecht] véritablement.

formlos ◇ *adj* **- 1.** [Antrag, Bewerbung] sur papier libre **- 2.** [amorph] informe **- 3.** [ungezwungen] informel(elle) ◇ *adv* **- 1.** [beantragen, sich bewerben] sous forme libre **- 2.** [ungezwungen] sans façon.

Formular (*pl* **-e**) *das* formulaire *m* ; **ein ~ ausfüllen** remplir un formulaire.

formulieren *vt* formuler.

Formulierung (*pl* **-en**) *die* **- 1.** [Handlung] formulation *f* **- 2.** [Wendung] formule *f*.

formvollendet ◇ *adj* [Benehmen, Bewegung] exécuté(e) dans les règles de l'art ◇ *adv* dans les règles de l'art.

forsch ◇ *adj* **- 1.** [Mensch] fougueux(euse) **- 2.** [Benehmen] décidé(e) ◇ *adv* **- 1.** [energisch] avec fougue **- 2.** [bestimmt] d'un air décidé.

forschen *vi* **- 1.** [Wissenschaftler] faire de la recherche **- 2.** [etw ermitteln] : **nach jm/etw ~** rechercher qqn/qqch.

Forscher, in (*mpl* **-** ; *fpl* **-nen**) *der, die* chercheur *m*, -euse *f*.

Forschung (*pl* **-en**) *die* recherche *f*.

Förster, in (*mpl* **-** ; *fpl* **-nen**) *der, die* garde *m* forestier.

fort *adv* : **~ sein** [Person] être parti(e) ; [Ding] avoir disparu. ◆ **und so fort** *adv* et cetera. ◆ **in einem fort** *adv* sans arrêt.

fort|bestehen *vi (unreg)* se perpétuer ; [Situation] se maintenir ; [Regierung] rester en place ; [Staat] demeurer.

fort|bewegen *vt* déplacer. ◆ **sich fortbewegen** *ref* se déplacer.

Fort|bildung *die (ohne Pl)* formation *f* continue.

fort|fahren (*perf* **hat/ist fortgefahren**) *(unreg)* ◇ *vi* **- 1.** *(ist)* [wegfahren] partir **- 2.** *(hat, ist)* [etw weiter tun] continuer ; **~, etw zu tun** continuer à faire qqch ◇ *vt (hat)* [wegfahren] emmener.

fort|führen *vt* [weitermachen] poursuivre, continuer ; [Geschäft] reprendre ; [Methode, Taktik] suivre.

fort|gehen (*perf* **ist fortgegangen**) *vi (unreg)* [Person] partir, s'en aller.

fortgeschritten *adj* **- 1.** [zeitlich, modern] avancé(e) **- 2.** [Schüler] confirmé(e).

Fortgeschrittene (*pl* **-n**) *der, die* non débutant *m*, non débutante *f*.

fort|kommen (*perf* **ist fortgekommen**) *vi (unreg)* **- 1.** [wegkommen] s'en aller **- 2.** [abhanden kommen] : **jm kommt etw fort** qqn égare qqch.

fortlaufend ◇ *adj* continuel(elle) ; [Nummerierung] continu(e) ◇ *adv* continuellement, sans arrêt ; [durchnummerieren] en continu.

fort|pflanzen ◆ **sich fortpflanzen** *ref* [Lebewesen] se reproduire.

Fortpflanzung *die (ohne Pl)* reproduction *f*.

Fort|schritt *der* progrès *m*.

fortschrittlich *adj* progressiste.

fort|setzen *vt* poursuivre.

Fortsetzung (*pl* **-en**) *die* suite *f*.

Fossil (*pl* **-ien**) *das* fossile *m*.

Foto, Photo (*pl* **-s**) *das* photo *f*.

Foto|apparat *der* appareil photo *m*.

Fotograf (*pl* **-en**) *der* photographe *m*.

Fotografie (*pl* **-n**) *die* photographie *f*.

fotografieren ◇ *vt* photographier ◇ *vi* prendre des photos.

Fotografin (*pl* **-nen**) *die* photographe *f*.

Foto|kopie *die* photocopie *f*.

fotokopieren ◇ *vt* photocopier ◇ *vi* faire des photocopies.

Foto|modell *das* mannequin *m*.

Foto|synthese, Photosynthese *die (ohne pl)* photosynthèse *f*.

Foto|zelle, Photozelle *die* cellule *f* photo.

Fötus (*pl* **-se** ODER **Föten**) *der* MED fœtus *m*.

foulen ['faulən] SPORT <> *vt* faire une faute sur <> *vi* commettre une faute.

FPÖ (*abk für* **Freiheitliche Partei Österreichs**) *die (ohne Pl) parti libéral autrichien.*

Fr. - **1.** (*abk für* **Frau**) Mme - **2.** (*abk für* **Freitag**) ven.

Fracht (*pl* **-en**) *die* fret *m.*

Frachter (*pl* **-**) *der* cargo *m.*

Fracht|gut *das* chargement *m (d'un train de marchandises).*

Frack (*pl* **Fräcke**) *der* frac *m.*

Frage (*pl* **-n**) *die* question *f* ; **jm ~n stellen** interroger qqn ; **das kommt nicht in ~** c'est hors de question ; **etw in ~ stellen** [bezweifeln] remettre qqch en question ; [gefährden] mettre qqch en cause.

Frage|bogen *der* questionnaire *m.*

fragen <> *vt* demander à ; **jn nach jm ~** [sich erkundigen] demander à qqn des nouvelles de qqn ; [für Treffen] demander à voir qqn à qqn ; **jn nach etw ~** demander qqch à qqn <> *vi* poser des questions. ◆ **sich fragen** *ref* se demander.

Frage|wort (*pl* **-wörter**) *das* pronom *m* interrogatif.

Frage|zeichen *das* point *m* d'interrogation.

fraglich *adj* - **1.** [zweifelhaft] incertain(e) - **2.** [in Frage kommend] en question.

fragwürdig *adj* - **1.** [zweifelhaft] douteux(euse) - **2.** *abw* [zwielichtig] louche.

Fraktion [frak'tsio:n] (*pl* **-en**) *die* groupe *m* parlementaire.

Franc [frɑ̃:] (*pl* **-s** ODER **-**) *der* franc *m.*

Franke (*pl* **-n**) *der* - **1.** [Einwohner] Franconien *m* - **2.** HIST Franc *m.*

Franken *(ohne Pl)* <> *nt* Franconie *f* <> *der* franc *m.*

Frankfurt am Main *nt* Francfort-sur-le-Main.

Frankfurter Allgemeine Zeitung *die (ohne Pl) quotidien de tendance conservatrice paraissant à Francfort.*

frankieren *vt* affranchir.

Fränkin (*pl* **-nen**) *die* - **1.** [Einwohnerin] Franconienne *f* - **2.** HIST Franque *f.*

fränkisch *adj* - **1.** [aus Franken] franconien(enne) - **2.** HIST franc (franque).

Frankreich *nt* France *f.*

Franse (*pl* **-n**) *die* frange *f.*

Franziskaner, in (*mpl* **-** ; *fpl* **-nen**) *der, die* Franciscain *m*, -e *f.*

Franzose (*pl* **-n**) *der* Français *m.*

Französin (*pl* **-nen**) *die* Française *f.*

französisch *adj* français(e) ; *siehe auch* **englisch.**

Französisch *das (ohne Pl)* français *m* ; *siehe auch* **Englisch.**

Französische *das* français *m* ; *siehe auch* **Englische.**

fraß *prät* ▷ **fressen.**

Fratze (*pl* **-n**) *die* [Grimasse] grimace *f.*

Frau (*pl* **-en**) *die* - **1.** [Erwachsene, Gattin] femme *f* - **2.** [als Anrede] Madame ; [vor Titel] : **~ Doktor** docteur.

Frauen|arzt, ärztin *der, die* gynécologue *mf.*

frauenfeindlich <> *adj* misogyne <> *adv* avec misogynie.

Fräulein (*pl* **-**) *das* - **1.** [jung] demoiselle *f* - **2.** [als Anrede] Mademoiselle.

fraulich <> *adj* féminin(e) <> *adv* avec féminité.

frdl. *abk für* **freundlich.**

frech <> *adj* - **1.** [dreist] effronté(e) ; [Lüge] éhonté(e) - **2.** [kess - Person] impertinent(e) ; [- Kleidung] audacieux(euse) <> *adv* - **1.** [dreist] avec insolence - **2.** [kess] : **sich ~ kleiden** porter des tenues audacieuses.

Frechheit (*pl* **-en**) *die* impudence *f.*

Freelancer (*pl* **-**) *der* travailleur indépendant *m*, travailleuse indépendante *f.*

frei <> *adj* - **1.** [gen] libre ; **~ von etw** libre de qqch - **2.** [nackt] : **sich ~ machen** se déshabiller <> *adv* - **1.** [gen] librement ; **~ haben** [Schüler] ne pas avoir cours ; [Arbeitnehmer] être en congé - **2.** [nicht inhaftiert] en liberté - **3.** [gratis] gratuitement. ◆ **im Freien** *adv* en plein air, à l'air libre.

Frei|bad *das* piscine *f* (découverte).

freiberuflich <> *adj* indépendant(e) <> *adv* à son compte.

Frei|bier *das (ohne Pl)* tournée *f* gratuite *(de bière).*

Freiburg *nt* Fribourg. ◆ **Freiburg im Breisgau** *nt* Fribourg-en-Brisgau.

frei|geben *(unreg)* <> *vt* - **1.** [Gefangene] libérer - **2.** [Guthaben] débloquer - **3.** [Zeit] donner - **4.** [Film] autoriser la projection de ; '**freigegeben ab 18 Jahre**' 'interdit aux moins de 18 ans' <> *vi* [einem Untergebenen] : **jm ~** libérer qqn.

freigebig *adj* généreux(euse).

Freiheit (*pl* **-en**) *die* liberté *f* ; [Privileg] privilège *m.*

Freiheits|strafe *die* peine *f* de prison.

freiheraus *adv* sans détour.

Frei|karte *die* carton *m* d'invitation, entrée *f* gratuite.

Freikörper|kultur *die (ohne Pl)* naturisme *m.*

frei|lassen *vt (unreg)* libérer ; [Tier] lâcher.

freilich ◇ *adv* **- 1.** [jedoch] cependant **- 2.** *Süddt* [sicher] bien sûr ◇ *konj* quoique.

Freilicht|bühne *die* théâtre *m* en plein air.

frei|machen ◇ *vt* affranchir ◇ *vi fam* avoir congé. ◆ **sich freimachen** *ref fam* se libérer.

freimütig ◇ *adj* franc (franche) ◇ *adv* franchement.

frei|nehmen *vt (unreg)* : **sich** *(D)* **einen Tag ~** prendre sa journée.

frei|sprechen *vt (unreg)* acquitter.

frei|stehen *vi (unreg)* **- 1.** [Raum, Haus] être libre **- 2.** [erlaubt sein] : **es steht jm frei, etw zu tun** libre à qqn de faire qqch.

frei|stellen *vt* **- 1.** [von Pflicht] : **jn von etw ~** exempter qqn de qqch **- 2.** [überlassen] : **jm ~, etw zu tun** laisser qqn libre de faire qqch.

Frei|stoß *der* SPORT coup *m* franc.

Frei|stunde *die* heure *f* de battement.

Frei|tag *der* vendredi *m ; siehe auch* **Samstag.**

freitags *adv* le vendredi.

freiwillig ◇ *adj* **- 1.** [nicht erzwungen] volontaire **- 2.** [unbezahlt] bénévole ◇ *adv* **- 1.** [ohne Zwang] de plein gré ; **sich ~ melden** se porter volontaire **- 2.** [unbezahlt] bénévolement.

Freiwillige (*pl* **-n**) *der, die* volontaire *mf.*

Frei|zeichen *das* tonalité *f (de téléphone).*

Frei|zeit *die* **- 1.** *(ohne Pl)* [nach Arbeit] loisirs *mpl* **- 2.** [Reise] colonie *f* de vacances.

freizügig ◇ *adj* **- 1.** [großzügig] généreux(euse) **- 2.** [gewagt] audacieux(euse) ; [Abbildung] osé(e) ◇ *adv* **- 1.** [großzügig] généreusement, avec libéralité **- 2.** [gewagt] avec audace.

fremd *adj* **- 1.** [ausländisch, unvertraut] étranger(ère) ; **ich bin hier ~** je ne suis pas d'ici **- 2.** [Besitz, Angelegenheit] d'autrui.

fremdartig *adj* étrange.

Fremde (*pl* **-n**) *der, die (G Fremden)* étranger *m*, -ère *f.*

Fremden|führer, in *der, die* guide *m (touristique).*

Fremden|hass *der* xénophobie *f.*

Fremden|verkehr *der* tourisme *m.*

Fremdenverkehrs|büro *das* syndicat *m* d'initiative ; [in Großstadt] office *m* de tourisme.

Fremden|zimmer *das* chambre *f* d'hôte.

Fremd|körper *der* corps *m* étranger.

Fremd|sprache *die* langue *f* étrangère.

fremdsprachig *adj* en langue étrangère ; [Wort] étranger(ère).

Fremdwort (*pl* **-wörter**) *das* mot *m* étranger.

Frequenz (*pl* **-en**) *die* PHYS fréquence *f.*

fressen (*präs* **frisst ;** *prät* **fraß ;** *perf* **hat gefressen**) ◇ *vt* **- 1.** [Subj : Tier] manger **- 2.** *salopp abw* [Subj : Mensch, Schädling] bouffer ◇ *vi* : **an etw** *(D)* **~** ronger qqch ; [Reinigungsmittel] attaquer qqch ; **an jm ~** [an Seele] miner qqn. ◆ **Fressen** *das (ohne Pl)* [für Tier] pitance *f ;* [für Hund, Katze] pâtée *f.*

Freude (*pl* **-n**) *die* joie *f ;* **an etw** *(D)* **~ haben** être content(e) de qqch ; **jm eine ~ machen** faire plaisir à qqn.

freudig ◇ *adj* **- 1.** [Mensch, Äußerung] joyeux(euse) **- 2.** [Nachricht, Ereignis] heureux(euse) ◇ *adv* **- 1.** [erfreut] joyeusement **- 2.** [überrascht, erregt] agréablement.

freuen *vt* réjouir. ◆ **sich freuen** *ref* : **sich über etw** *(A)* **~** se réjouir de qqch, être content(e) de qqch.

Freund (*pl* **-e**) *der* **- 1.** [Vertrauter] ami *m* **- 2.** [Geliebter] petit ami *m* **- 3.** [der Kunst] amateur *m.*

Freundin (*pl* **-nen**) *die* **- 1.** [Vertraute] amie *f* **- 2.** [Geliebte] petite amie *f.*

freundlich ◇ *adj* **- 1.** [Mensch, Charakter, Gruß] aimable **- 2.** [Stimmung] agréable ; [Gegend, Umgebung] hospitalier(ère) ; [Haus, Farbe] pimpant(e) **- 3.** [Rat] amical(e) ◇ *adv* **- 1.** [nett] aimablement **- 2.** [wohlwollend] amicalement.

Freundlichkeit (*pl* **-en**) *die* **- 1.** *(ohne Pl)* [von Person] amabilité *f* **- 2.** *(ohne Pl)* [von Einrichtung] caractère *m* accueillant **- 3.** [Gefälligkeit] gentillesse *f.*

Freundschaft (*pl* **-en**) *die* amitié *f ;* **mit jm ~ schließen** se lier d'amitié avec qqn.

freundschaftlich ◇ *adj* amical(e) ◇ *adv* amicalement.

Frieden, Friede *der (ohne Pl)* paix *f ;* **jn in ~ lassen** laisser qqn en paix ; **~ schließen** faire la paix.

Friedens|bewegung *die* mouvement *m* pacifiste.

Friedens|vertrag *der* traité *m* de paix.

Fried|hof *der* cimetière *m.*

friedlich ◇ *adj* **- 1.** [ohne Krieg, Streit] pacifique **- 2.** [still, harmonisch] paisible ◇ *adv* **- 1.** [ohne Krieg, Streit] de manière pacifique **- 2.** [still, harmonisch] paisiblement.

frieren (*prät* **fror ;** *perf* **hat/ist gefroren**) *vi* **- 1.** *(hat)* [Lebewesen] avoir froid **- 2.** *(hat)* [kalt sein] : **es friert** il gèle **- 3.** *(ist)* [Wasser] geler.

Frikadelle (*pl* **-n**) *die* boulette *f (de viande hachée).*

frisch ◇ *adj* **- 1.** [neu, kühl, wach] frais (fraîche) **- 2.** [sauber] propre **- 3.** [Ereignis] récent(e) ; [Briefbogen] nouveau(elle)

- **4.** [gesund] en forme ◇ *adv* - **1.** [gerade erst] fraîchement ; **'frisch gestrichen'** 'peinture fraîche!' - **2.** [direkt] directement.

Frische *die (ohne Pl)* fraîcheur *f* ; [Sauberkeit] propreté *f*.

Frischkäse *der* fromage *m* frais.

Friseur, Frisör, in [fri'zøːɐ̯, rɪn] (*mpl* **-e** ; *fpl* **-nen**) *der, die* coiffeur *m*, -euse *f*.

Friseuse, Frisöse [fri'zøːzə] (*pl* **-n**) *die* coiffeuse *f*.

frisieren *vt* - **1.** [Haar] coiffer - **2.** *fam* [fälschen] truquer - **3.** *fam* AUTO trafiquer. ◆ **sich frisieren** *ref* se coiffer.

Frisör, -in = **Friseur.**

Frisöse = **Friseuse.**

frisst *präs* ▷ **fressen.**

Frist (*pl* **-en**) *die* délai *m*.

fristlos ◇ *adj* immédiat(e) ◇ *adv* sur-le-champ.

Frisur (*pl* **-en**) *die* coiffure *f*.

Frl. (*abk für* **Fräulein**) Mlle.

froh *adj* - **1.** [vergnügt, Fest] joyeux(euse) - **2.** *fam* [erleichtert] content(e) ; **über etw** *(A)* ~ **sein** être content(e) de qqch - **3.** [Nachricht, Ereignis] heureux(euse).

fröhlich ◇ *adj* gai(e) ◇ *adv* gaiement.

Fröhlichkeit *die (ohne Pl)* gaieté *f*.

fromm (*komp* **frommer** ODER **frömmer** ; *superl* **frommste** ODER **frömmste**) ◇ *adj* [gläubig] pieux(euse) ◇ *adv* [gläubig] pieusement.

Fronleichnam *(ohne Pl) (ohne Artikel)* Fête-Dieu *f*.

Front (*pl* **-en**) *die* front *m* ; [von Gebäude] façade *f*.

frontal ◇ *adj* frontal(e) ◇ *adv* de front ; [abbilden] de face.

fror *prät* ▷ **frieren.**

Frosch (*pl* **Frösche**) *der* grenouille *f*.

Frost (*pl* **Fröste**) *der* gel *m*.

frösteln *vi* frissonner.

Frostgefahr *die (ohne Pl)* risque *m* de gelées.

frostig ◇ *adj* glacial(e) ◇ *adv* froidement.

Frottee [frɔ'teː] (*pl* **-s**) *der* ODER *das* tissu-éponge *m*.

Frucht (*pl* **Früchte**) *die* fruit *m*.

fruchtbar *adj* - **1.** [Pflanze, Land, Regen] fertile - **2.** [Lebewesen, Tag, Gespräch] fécond(e) - **3.** [Untersuchung] fructueux(euse).

Fruchtbarkeit *die (ohne Pl)* - **1.** [von Lebewesen, Gespräch] fécondité *f* - **2.** [von Boden] fertilité *f*.

fruchtig *adj* fruité(e).

Fruchtsaft *der* jus *m* de fruit.

früh ◇ *adj* - **1.** [frühzeitig] matinal(e) ; **am ~en Morgen/Abend** tôt le matin/soir - **2.** [jung] jeune - **3.** [vorzeitig] précoce ◇ *adv* tôt ; **gestern/heute/morgen ~** hier/ce/demain matin. ◆ **zu früh** *adv* trop tôt ; **zu ~ dran sein** *fam* être en avance.

früher ◇ *adj* ancien(enne) ◇ *adv* autrefois.

frühestens *adv* au plus tôt.

Frühgeburt *die* - **1.** [Ereignis] accouchement *m* prématuré - **2.** [Baby] prématuré *m*, -e *f*.

Frühjahr *das* printemps *m*.

Frühling (*pl* **-e**) *der* printemps *m*.

frühlingshaft *adj* printanier(ère).

frühreif *adj* précoce.

Frührentner, in *der, die* préretraité *m*, -e *f*.

Frühstück *das* petit déjeuner *m*.

frühstücken ◇ *vi* prendre son petit déjeuner ◇ *vt* : **etw ~** prendre qqch au petit déjeuner.

frustrieren *vt* frustrer.

Fuchs (*pl* **Füchse**) *der* [Tier, Fell] renard *m*.

Fuchsie (*pl* **-n**) *die* fuchsia *m*.

Füchsin (*pl* **-nen**) *die* renarde *f*.

Fuchsschwanz *der* - **1.** [Schwanz] queue *f* de renard - **2.** [Säge] égoïne *f*.

fuchteln *vi fam* gesticuler.

Fuge (*pl* **-n**) *die* - **1.** [Ritze] jointure *f* - **2.** MUS fugue *f*.

fügen *vt* [Gegenstand] : **ein Teil an ein anderes ~** assembler des pièces. ◆ **sich fügen** *ref* - **1.** [Gegenstand] : **sich in etw** *(A)* **~** s'adapter à qqch - **2.** [Person] obéir.

fühlbar ◇ *adj* - **1.** [Änderung] sensible - **2.** [Schmerz, Witterung] pénible - **3.** [Schlag] douloureux(euse) ◇ *adv* sensiblement.

fühlen ◇ *vt* - **1.** [empfinden] ressentir - **2.** [ahnen] sentir ◇ *vi* - **1.** [empfinden] avoir des sensations - **2.** [tasten] : **nach etw ~** chercher qqch à tâtons. ◆ **sich fühlen** *ref* - **1.** [krank, glücklich] se sentir - **2.** [sich für etw halten] s'estimer.

Fühler (*pl* **-**) *der* antenne *f (d'un insecte)*.

fuhr *prät* ▷ **fahren.**

Fuhre (*pl* **-n**) *die* - **1.** [Wagenladung] chargement *m* - **2.** [Taxifahrt] course *f*.

führen ◇ *vt* - **1.** [Person] guider - **2.** [leiten] diriger - **3.** [Verhandlung, Diskussion] mener - **4.** [Ware] faire - **5.** [registrieren] enregistrer - **6.** [Liste, Tagebuch, Haushalt] tenir ◇ *vi* - **1.** [im Sport] mener - **2.** [zu Ergebnis] : **zu etw ~** conduire à qqch ; **etw führt zu nichts** *fig* qqch ne mène à rien. ◆ **sich führen** *ref* se comporter.

führend *adj* [Rolle, Stellung] de premier ordre ; [Unternehmen] leader.

Führer, in (*mpl* - ; *fpl* -nen) *der, die* - 1. [Leiter] chef *m* - 2. [touristisch] guide *m*.

Führer|schein *der* permis *m* de conduire.

Führung (*pl* -en) *die* - 1. (*ohne Pl*) [Leitung] direction *f* ; **unter (der) ~ von** sous la direction de - 2. (*ohne Pl*) [führende Stellung] : **die ~ haben** être en position de leader ; **in ~ liegen** mener - 3. [Besichtigung] visite *f* guidée.

Führungs|zeugnis ◈ **polizeiliches Führungszeugnis** *das* extrait *m* du casier judiciaire.

Fülle *die* (*ohne Pl*) [Menge] abondance *f* ; [von Aufgaben] quantité *f*.

füllen *vt* - 1. [Gefäß] remplir ; **etw in etw** (*A*) **~** mettre qqch en qqch - 2. [Speisen - salzig] farcir ; [- süß] fourrer - 3. [Raum] occuper ; [Lücke] combler. ◈ **sich füllen** *ref* [voll werden] : **sich mit etw ~** se remplir de qqch.

Füller (*pl* -) *der fam* stylo *m* plume.

Füllfederhalter (*pl* -) *der* stylo *m* plume.

füllig *adj* rondouillard(e) ; [Busen] généreux(euse).

Füllung (*pl* -en) *die* - 1. [für Speisen - salzig] farce *f* ; [- süß] garniture *f* - 2. [in Zahn] plombage *m*.

fummeln *vi fam* [tasten] : **an etw** (*D*) **~** tripatouiller qqch.

Fund (*pl* -e) *der* - 1. [Entdeckung] découverte *f* - 2. [Fundsache] objet *m* trouvé ; [originell] trouvaille *f*.

Fundament (*pl* -e) *das* - 1. [von Gebäude] fondations *fpl* - 2. [Grundlage] fondements *mpl*.

Fund|büro *das* bureau *m* des objets trouvés.

Fund|grube *die* mine *f*.

fundiert *adj* solide ; [Kritik] fondé(e).

fündig *adj* : **~ werden** voir ses recherches aboutir.

Fund|sache *die* objet *m* trouvé.

fünf *num* cinq ; *siehe auch* **sechs.**

Fünf *die* - 1. [Zahl] cinq *m* - 2. [Schulnote] ≃ 4/20 ; *siehe auch* **Sechs.**

fünf|fach *adj* quintuple.

fünf|hundert *num* cinq cents.

Fünf|kampf *der* pentathlon *m*.

fünfmal *adv* cinq fois.

Fünfmark|stück *das* pièce *f* de cinq marks.

fünftausend *num* cinq mille.

fünfte *num* cinquième ; *siehe auch* **sechste.**

Fünfte *der, die, das* cinquième *mf* ; *siehe auch* **Sechste.**

fünftel *num* cinquième ; *siehe auch* **sechstel.**

Fünftel *das* cinquième *m* ; *siehe auch* **Sechstel.**

fünfzehn *num* quinze ; *siehe auch* **sechs.**

Fünfzehn *die* quinze *m* ; *siehe auch* **Sechs.**

fünfzig *num* cinquante ; *siehe auch* **sechs.**

Fünfzig *die* (*ohne Pl*) cinquante *m* ; *siehe auch* **Sechs.**

Fünfzigerjahre, fünfziger Jahre *pl* : **die ~** les années cinquante.

Funk *der* (*ohne Pl*) radio *f* ; **über** ODER **per ~** par radio.

Funke (*pl* -n), **Funken** (*pl* -) *der* étincelle *f* ; **keinen ~n von etw haben** ODER **besitzen** ne pas avoir un brin de qqch.

funkeln *vi* étinceler.

funken ◇ *vt* : **etw ~** transmettre qqch par radio ◇ *vi* faire des étincelles ; **bei jm hat es gefunkt** *fam* qqn a pigé.

Funken = **Funke.**

Funk|gerät *das* poste *m* radio (*d'émission*).

Funk|haus *das* maison *f* de la radio.

Funk|loch *das* TELEKOM zone *f* hors couverture.

Funktion [fʊnk'tsi̯oːn] (*pl* -en) *die* - 1. [Aufgabe, Tätigkeit, mathematisch] fonction *f* - 2. [Position] : **in js ~ als** en qualité de.

Funktionär, in (*mpl* -e ; *fpl* -nen) *der, die* permanent *m*, -e *f*.

funktionieren *vi* fonctionner.

für ◇ *präp* (+ *A*) - 1. [gen] pour ; **~ sein Alter** pour son âge ; **jn ~ klug/glaubwürdig halten** prendre qqn pour quelqu'un d'intelligent/de crédible - 2. [zur Angabe der Folge] après ; **Tag ~ Tag** jour après jour ; **Punkt ~ Punkt** point par point ; **Jahr ~ Jahr** d'une année sur ODER à l'autre ◇ *adv* - 1. [pro] : **das hat was ~ sich** ça se défend - 2. *RW* : **was ~ ein** ODER **eine** ODER **einen ...?** quel genre de ...? ◈ **Für** *das* (*ohne Pl*) : **das Für und Wider** le pour et le contre.

Furcht *die* (*ohne Pl*) crainte *f* ; **aus ~ vor jm/etw** par crainte de qqn/qqch. ◈ **Furcht erregend** ◇ *adj* effrayant(e) ◇ *adv* horriblement.

furchtbar ◇ *adj* terrible ◇ *adv fam* énormément.

fürchten ◇ *vt* craindre ◇ *vi* : **um jn/etw ~** craindre pour qqn/qqch. ◈ **sich fürchten** *ref* avoir peur ; **sich vor jm/etw ~** avoir peur de qqn/qqch.

fürchterlich ◇ *adj* épouvantable ◇ *adv fam* [sehr] terriblement.

furchtsam *adj* craintif(ive).

füreinander *adv* l'un (l'une) pour l'autre, les uns (unes) pour les autres.

Furnier (*pl* -e) *das* placage *m*.

fürs *präp (für + das)* : **alles ~ Kind** tout pour l'enfant ; **~ neue Auto** pour la nouvelle voiture.

Fürsorge *die (ohne Pl)* [Unterstützung - menschlich] assistance *f* ; [- öffentlich] aide *f* sociale.

fürsorglich *adj* prévenant(e).

Fürsprecher, in *der, die* intercesseur *m*.

Fürst (*pl* **-en**) *der* prince *m*.

Fürstentum (*pl* **-tümer**) *das* principauté *f*.

Fürstin (*pl* **-nen**) *die* princesse *f*.

fürstlich ◇ *adj* princier(ère) ◇ *adv* comme un prince.

Fuß (*pl* **Füße**) *der* **- 1.** [von Lebewesen, Gegenstand, Berg] pied *m* **- 2.** *RW* : **auf eigenen Füßen stehen** être indépendant(e) ; **(festen) ~ fassen** prendre pied. ◆ **zu Fuß** *adv* à pied.

Fußball *der* **- 1.** [Ball] ballon *m* de foot **- 2.** *(ohne Pl)* [Spiel] football *m*, foot *m*.

Fußballer, in (*mpl* **-** ; *fpl* **-nen**) *der, die fam* footballeur *m*, -euse *f*.

Fußballmannschaft *die* équipe *f* de football.

Fußballplatz *der* terrain *m* de football.

Fußballspiel *das* match *m* de football.

Fußballspieler, in *der, die* footballeur *m*, -euse *f*.

Fußboden *der* plancher *m*.

Fussel (*pl* **-(n)**) *die* ODER *der* peluche *f*.

fusseln *vi* pelucher.

Fußgänger (*pl* **-**) *der* piéton *m*.

Fußgängerin (*pl* **-nen**) *die* piétonne *f*.

Fußgängerüberweg *der* passage *m* protégé.

Fußgängerzone *die* zone *f* piétonne.

Fußgelenk *das* cheville *f*.

Fußnote *die* note *f* de bas de page.

Fußsohle *die* plante *f* du pied.

Fußspur *die* trace *f (de pas)*.

Fußstapfen (*pl* **-**) *der* empreinte *f (de pas)*.

Fußtritt *der* coup *m* de pied.

Fußweg *der* **- 1.** [geteert] trottoir *m* **- 2.** [zwischen Feldern] chemin *m*.

futsch *adj fam* : **~ sein** [kaputt] être foutu(e) ; [weg] avoir disparu.

Futter (*pl* **-**) *das* **- 1.** *(ohne Pl)* [für Tiere] aliments *mpl* ; [für Vieh] fourrage *m* **- 2.** [Stoff] doublure *f*.

futtern *fam* ◇ *vt* se gaver de ◇ *vi* avoir un bon coup de fourchette.

füttern *vt* **- 1.** [nähren - Tier] donner à manger à ; [- Kind, Patient] faire manger ; [- Computer] entrer des données dans **- 2.** [Heu, Rüben] donner (à manger) **- 3.** [Kleidung - mit Stoff] doubler ; [- mit Fell] fourrer.

Futur (*pl* **-e**) *das* GRAM futur *m*.

G

g, G [geː] (*pl* **-** ODER **-s**) *das* **- 1.** g *m inv*, G *m inv* **- 2.** MUS sol *m*. ◆ **g** (*abk für* **Gramm**) g.

gab *prät* ▷ **geben.**

Gabe (*pl* **-n**) *die* [Talent] don *m*.

Gabel (*pl* **-n**) *die* **- 1.** [Besteck] fourchette *f* **- 2.** [am Fahrrad, Werkzeug] fourche *f* **- 3.** [vom Telefon] : **den Hörer auf die ~ legen** raccrocher.

gabeln ◆ **sich gabeln** *ref* [Weg] bifurquer ; [Ast] former une fourche.

Gabelung, Gablung (*pl* **-en**) *die* bifurcation *f* ; [von Ast] fourche *f*.

gackern *vi* glousser.

gaffen *vi fam abw* regarder bouche bée.

Gag [gɛ(ː)k] (*pl* **-s**) *der fam* [Witz] gag *m*.

Gage ['gaːʒə] (*pl* **-n**) *die* cachet *m*.

gähnen *vi* [Person] bâiller.

Gala *die (ohne Pl)* **- 1.** [Vorstellung] gala *m* **- 2.** [Kleidung] tenue *f* de soirée.

Galavorstellung gala *m*.

Galaxis (*pl* **Galaxien**) *die (ohne Pl)* [Milchstraße] Voie *f* lactée ; [Sternsystem] galaxie *f*.

Galerie (*pl* **-n**) *die* galerie *f*.

Galgen (*pl* **-**) *der* gibet *m*.

Galgenfrist *die (ohne Pl)* délai *m* de grâce.

Gälisch *das* gaélique *m* ; *siehe auch* **Englisch.**

Galle (*pl* **-n**) *die* **- 1.** [Organ] vésicule *f* biliaire **- 2.** [Flüssigkeit] bile *f*.

Gallien ['galiən] *nt (ohne Pl)* Gaule *f*.

Gallier, in ['galiɐ, rɪn] (*mpl* **-** ; *fpl* **-nen**) *der, die* Gaulois *m*, -e *f*.

Galopp (*pl* **-s** ODER **-e**) *der* galop *m*.

galoppieren (*perf* **hat/ist galoppiert**) *vi* galoper.

galt *prät* ▷ **gelten.**

gammeln *vi fam* [Essen] se gâter.

Gämse (*pl* **-n**) *die* chamois *m*.

gang *adj* : **~ und gäbe sein** être monnaie courante.

Gang[1] (*pl* **Gänge**) *der* **- 1.** [Flur] couloir *m* **- 2.** [von Fahrzeugen] vitesse *f* **- 3.** [von Menüs] plat *m* **- 4.** [Gangart] démarche *f* **- 5.** [Spaziergang] tour *m* **- 6.** *(ohne Pl)* [Bewegung] : **etw in ~ bringen** ODER **setzen** démarrer qqch **- 7.** *(ohne Pl)* [Ablauf] cours *m* ; **etw ist in** ODER **im ~e** qqch est en cours.

Gang[2] [gɛŋ] (*pl* **-s**) *die* [von Jugendlichen] bande *f* ; [von Kriminellen] gang *m*.

Ganges *der* Gange *m*.

gängig *adj* courant(e).
Gangway ['gɛŋwe:] (*pl* **-s**) *die* passerelle *f*.
Ganove [ga'no:və] (*pl* **-n**) *der* malfrat *m*.
Gans (*pl* **Gänse**) *die* **- 1.** [Vogel, Fleisch] oie *f* **- 2.** *fam abw* [als Schimpfwort] bécasse *f*, oie *f* blanche.
Gänseblümchen (*pl* **-**) *das* pâquerette *f*.
Gänse|braten *der* oie *f* rôtie.
Gänse|füßchen *pl fam* guillemets *mpl* ; **in ~ setzen** mettre entre guillemets.
Gänse|haut *die (ohne Pl)* chair *f* de poule.
Gänse|marsch ◆ **im Gänsemarsch** *adv (ohne Pl)* à la queue leu leu.
Gänserich (*pl* **-e**) *der* jars *m*.
ganz ◇ *adj* **- 1.** [komplett] tout(e), entier(ère) ; **die ~e Stadt** toute la ville ; **~ Deutschland** toute l'Allemagne ; **ein ~er Monat** un mois entier ; **auf der ~en Welt** dans le monde entier **- 2.** *fam* [alle] tous (toutes) ; **die ~en Bewohner** tous les habitants **- 3.** *fam* [heil] : **etw bleibt ~** qqch tient le coup **- 4.** [zum Ausdruck der Geringfügigkeit] pas plus de **- 5.** [zum Ausdruck großer Bedeutung] bon (bonne) ◇ *adv* **- 1.** [total, komplett] complètement ; **hast du den Wein ~ getrunken?** tu as bu tout le vin? ; **~ bestimmt** très certainement ; **~ und gar nicht** pas du tout, absolument pas **- 2.** [sehr] tout à fait ; **er ist ~ der Vater** c'est tout à fait son père **- 3.** [ziemlich] assez ; **das hat ~ gut geschmeckt** ce n'était pas mauvais.
Ganze *das (ohne Pl)* tout *m* ; **aufs ~ gehen** jouer le tout pour le tout ; **es geht ums ~** c'est quitte ou double. ◆ **im Ganzen** *adv* globalement.
gänzlich *adv* totalement.
ganztägig *adj* d'une journée.
ganztags *adv* : **~ arbeiten** travailler à plein temps.
Ganztags|schule *die école fréquentée le matin et l'après-midi par les élèves.*
gar ◇ *adv* **- 1.** [überhaupt] : **~ nicht** pas du tout ; **~ keine Lust haben** ne pas avoir du tout envie ; **~ nichts** rien du tout **- 2.** [ganz, viel] bien ; **~ nicht** vraiment pas ◇ *adj* [Gemüse, Kuchen] cuit(e) ; [Fleisch] à point.
Garage (*pl* **-n**) *die* garage *m*.
Garantie (*pl* **-n**) *die* garantie *f* ; **~ haben** être sous garantie. ◆ **unter Garantie** *adv* sans aucun doute.
garantieren *vt & vi* : **(für) etw ~** garantir qqch.
garantiert ◇ *adj* garanti(e) ◇ *adv fam* à coup sûr.
Garderobe (*pl* **-n**) *die* **- 1.** [Kleidung, in Wohnung] garde-robe *f* **- 2.** [in Theater, Museum, Restaurant] vestiaire *m*.
Garderoben|ständer *der* portemanteau *m*.
Gardine (*pl* **-n**) *die* rideau *m*.
garen *vt* mijoter.
gären (*prät* **gor** ODER **gärte** ; *perf* **hat/ist gegoren** ODER **gegärt**) *vi (ist) (unreg)* [Wein, Trauben] fermenter.
Garn (*pl* **-e**) *das* fil *m*.
Garnele (*pl* **-n**) *die* crevette *f*.
garnieren *vt* : **(etw mit etw) ~** garnir (qqch de qqch).
Garnitur (*pl* **-en**) *die* [Set - von Unterwäsche] parure *f* ; [- von Kleidung] tenue *f*.
Garten (*pl* **Gärten**) *der* jardin *m*. ◆ **botanische Garten** *der* jardin *m* botanique. ◆ **zoologische Garten** *der* jardin *m* ODER parc *m* zoologique.
Garten|arbeit *die* jardinage *m*.
Garten|bau *der (ohne Pl)* horticulture *f*.
Garten|schere *die* sécateur *m*.
Gärtner (*pl* **-**) *der* jardinier *m*.
Gärtnerei (*pl* **-en**) *die* [Betrieb] jardinerie *f*.
Gärtnerin (*pl* **-nen**) *die* jardinière *f*.
gärtnern *vi* jardiner.
Gar|zeit *die* temps *m* de cuisson.
Gas (*pl* **-e**) *das* **- 1.** [gen] gaz *m* **- 2.** *(ohne Pl)* [beim Fahrzeug] : **~ geben** accélérer ; **(das) ~ wegnehmen** lever le pied.
Gas|flasche *die* bouteille *f* de gaz.
gasförmig *adj* gazeux(euse).
Gas|hahn *der* robinet *m* de gaz.
Gas|heizung *die* chauffage *m* au gaz.
Gas|herd *der* gazinière *f*.
Gas|kocher *der* réchaud *m*.
Gas|maske *die* masque *m* à gaz.
Gas|pedal *das* accélérateur *m*.
Gas|pistole *die* pistolet *m* à gaz.
Gasse (*pl* **-n**) *die* ruelle *f*.
Gast (*pl* **Gäste**) *der* **- 1.** [Eingeladene] invité *m*, -e *f*, hôte *m* ; **bei jm zu ~ sein** être invité(e) chez qqn ; **Gäste haben** avoir du monde **- 2.** [im Lokal, Hotel] client *m*, -e *f*.
Gast|arbeiter, in *der, die* travailleur immigré *m*, travailleuse immigrée *f*.
Gäste|buch *das* [im Hotel] registre *m*.
Gäste|zimmer *das* chambre *f* d'amis.
gastfreundlich *adj* hospitalier(ère).
Gast|geber, in (*mpl* **-** ; *fpl* **-nen**) *der, die* [Einladende] hôte *m*, hôtesse *f*.
Gast|haus *das* auberge *f*.
Gast|hof *der* auberge *f*.
Gast|hörer, in *der, die* UNI auditeur libre *m*, auditrice libre *f*.
gastieren *vi* être en tournée.
Gast|land *das* pays *m* d'accueil.
Gast|mannschaft *die* visiteurs *mpl*.
Gastronomie *die (ohne Pl)* **- 1.** [Gewerbe]

restauration *f* - 2. [Kochkunst] gastronomie *f*.
Gastspiel *das spectacle donné au cours d'une tournée.*
Gaststätte *die* auberge *f*.
Gastwirt, in *der, die* aubergiste *mf*.
Gatter (*pl* -) *das* - 1. [Zaun] clôture *f* - 2. [Tor] barrière *f*.
Gattung (*pl* -en) *die* - 1. BIOL espèce *f* - 2. [Typ, Stilrichtung] genre *m*.
GAU [gau] (*pl* -s) (*abk für* **Größter anzunehmender Unfall**) *der* accident *m* maximal prévisible.
Gaumen (*pl* -) *der* palais *m*.
Gauner (*pl* -) *der* - 1. [Betrüger] escroc *m* - 2. *fam* [Spitzbube] filou *m*.
Gaunerin (*pl* -nen) *die* escroc *m*.
Gaze ['ga:zə] *die (ohne Pl)* gaze *f*.
Gazelle (*pl* -n) *die* gazelle *f*.
geb. - 1. (*abk für* **geborene**) née - 2. *abk für* **geboren.**
Gebäck (*pl* -e) *das* petits gâteaux *mpl*.
gebacken ◇ *pp* ▷ **backen** ◇ *adj* cuit(e).
Gebälk (*pl* -e) *das* charpente *f*.
gebar *prät* ▷ **gebären.**
gebärden ◈ **sich gebärden** *ref* se comporter.
gebären (*präs* **gebärt** ; *prät* **gebar** ; *perf* **hat geboren**) *vt* accoucher de.
Gebärmutter *die* utérus *m*.
Gebäude (*pl* -) *das* - 1. [Bauwerk] bâtiment *m* - 2. [gedanklich] édifice *m*.
Gebell, Gebelle *das (ohne Pl)* aboiements *mpl*.
geben (*präs* **gibt** ; *prät* **gab** ; *perf* **hat gegeben**) ◇ *vt* - 1. [gen] : **(jm) etw ~** donner qqch (à qqn) ; **etw gibt jm zu denken** qqch donne à réfléchir à qqn ; **dem habe ich es aber gegeben** *fam fig* il en a eu pour son grade ; **etw von sich ~** *fam abw & fig* sortir qqch - 2. [Interview, Rabatt, Chance] accorder ; **viel/wenig/etwas auf etw** *(A)* **~** accorder beaucoup/peu/un peu d'importance à qqch - 3. [vorhanden sein] : **es gibt** [es existiert] il y a ; [in Zukunft] il y aura ; **was gibts zu essen?** qu'est-ce qu'il y a à manger? ; **das gibt es doch nicht!** *fam fig* c'est pas possible! - 4. [im Küchenrezept] mettre - 5. [am Telefon] passer - 6. *fam* [ergeben] faire ; **das gibt doch nie etwas!** ça ne donnera rien! ◇ *vi fam* [beim Kartenspiel] donner ; **du gibst!** à toi de donner. ◈ **sich geben** *ref* - 1. [sich verhalten] : **sich lässig ~** jouer le décontracté ODER la décontractée ODER les décontracté(e) s - 2. [aufhören] : **das gibt sich (wieder)** ça se remettra.
Gebet (*pl* -e) *das* prière *f*.
gebeten *pp* ▷ **bitten.**
Gebiet (*pl* -e) *das* - 1. [geografisch] région *f* - 2. [Bereich] domaine *m*.
gebieten (*prät* **gebot** ; *perf* **hat geboten**) ◇ *vt* - 1. [befehlen] : **jm ~, etw zu tun** intimer à qqn l'ordre de faire qqch - 2. [empfehlen] : **geboten sein** être de rigueur ◇ *vi* : **über etw (A) ~** commander qqch.
gebieterisch ◇ *adj* impérieux(euse) ◇ *adv* impérieusement.
Gebilde (*pl* -) *das* figure *f*.
gebildet ◇ *adj* cultivé(e) ◇ *adv* de façon cultivée.
Gebirge (*pl* -) *das* montagne *f*.
gebirgig *adj* montagneux(euse).
Gebiss (*pl* -e) *das* - 1. [echt] dentition *f* - 2. [künstlich] dentier *m*.
gebissen *pp* ▷ **beißen.**
Gebläse (*pl* -) *das* ventilation *f*.
geblasen *pp* ▷ **blasen.**
geblieben *pp* ▷ **bleiben.**
geblümt *adj* [Stoff, Tapete] à fleurs.
gebogen ◇ *pp* ▷ **biegen** ◇ *adj* - 1. [Linie] courbe - 2. [Körperteil] crochu(e) - 3. [Metall] cintré(e).
geboren ◇ *pp* ▷ **gebären** ◇ *adj* né(e) ; **zu etw ~ sein** *fig* être prédestiné(e) à qqch.
geborgen ◇ *pp* ▷ **bergen** ◇ *adj* en sécurité ◇ *adv* : **sich bei jm ~ fühlen** se sentir en sécurité auprès de qqn.
Gebot (*pl* -e) *das* - 1. [Befehl] ordre *m* ; [göttlich] commandement *m* ; [moralisch] devoir *m* - 2. [bei Versteigerung] offre *f*. ◈ **Zehn Gebote** *pl* REL : **die Zehn ~e** les dix commandements, le décalogue.
geboten ◇ *pp* ▷ **bieten** ▷ **gebieten** ◇ *adj* requis(e).
Gebr. (*abk für* **Gebrüder**) Frères.
gebracht *pp* ▷ **bringen.**
gebrannt ◇ *pp* ▷ **brennen** ◇ *adj* grillé(e).
gebraten ◇ *pp* ▷ **braten** ◇ *adj* [Fleisch] cuit(e) *(à la poêle)* ; [Fisch] frit(e) ; [Kartoffeln] sauté(e).
Gebräu (*pl* -e) *das abw* breuvage *m*.
Gebrauch [gə'braux] *der (ohne Pl)* emploi *m* ; [regelmäßig] usage *m* ; **etw in ~ nehmen** mettre qqch en service. ◈ **Gebräuche** *pl* coutumes *fpl*.
gebrauchen *vt* - 1. [verwenden] utiliser - 2. *fam Norddt* [brauchen] avoir besoin de.
gebräuchlich *adj* courant(e), usuel(elle).
Gebrauchsanweisung *die* mode *m* d'emploi.
gebrauchsfertig *adj* prêt(e) à l'emploi.
Gebrauchsgegenstand *der* objet *m* utilitaire.
gebraucht *adj* d'occasion.

Gebrauchtlwagen *der* voiture *f* d'occasion.
gebrechlich *adj* fragile.
gebrochen ◇ *pp* ▷ **brechen** ◇ *adj* - **1.** [Sprache] mauvais(e) - **2.** [Mensch] brisé(e) ◇ *adv* : ~ **Deutsch sprechen** mal parler l'allemand.
Gebrüll *das (ohne Pl)* [von Raubtieren] rugissement *m* ; [von Rindern] mugissement *m* ; [von Menschen] hurlement *m*.
Gebühr (*pl* **-en**) *die* - **1.** [Tarif] tarif *m* - **2.** [Beitrag] frais *mpl* ; [für Autobahn] péage *m* ; [für Rundfunk] redevance *f*. ◆ **über Gebühr** *adv* outre mesure.
gebührend ◇ *adj* dû (due) ◇ *adv* comme il se doit.
Gebührenleinheit *die* TELEKOM unité *f (de téléphone)*.
gebührenfrei ◇ *adj* - **1.** [Lieferung] gratuit(e) - **2.** [Brief, Paket] franco de port ◇ *adv* - **1.** [liefern] sans frais - **2.** [verschicken] franco de port.
gebührenpflichtig *adj* payant(e).
Geburt (*pl* **-en**) *die* - **1.** [Geborenwerden, Herkunft] naissance *f* - **2.** [Entbindung] accouchement *m*.
gebürtig *adj* de naissance.
Geburtsldatum *das* date *f* de naissance.
Geburtslort *der* lieu *m* de naissance.
Geburtsltag *der* - **1.** [Fest] anniversaire *m* - **2.** *amt* [Datum] date *f* de naissance.
Geburtstagslfeier *die* fête *f* d'anniversaire, anniversaire *m*.
Geburtstagslkind *das personne dont c'est l'anniversaire*.
Geburtslurkunde *die* extrait *m* d'acte de naissance, acte *m* de naissance.
Gebüsch (*pl* **-e**) *das* buissons *mpl*.
gedacht ◇ *pp* ▷ **denken** ◇ *adj* : ~ **sein als** être censé(e) servir de ; **anders ~ sein** être prévu(e) autrement ; **etw ist für jn ~** qqch est destiné(e) à qqn.
Gedächtnis (*pl* **-se**) *das* - **1.** [Fähigkeit] mémoire *f* - **2.** [an Person] souvenir *m*.
Gedächtnislfeier *die* commémoration *f*.
gedämpft *adj* - **1.** [Geräusch] étouffé(e) - **2.** [Licht] tamisé(e) - **3.** [Stimmung] terni(e).
Gedanke (*pl* **-n**) *der* - **1.** [Denken] pensée *f* - **2.** [Plan] : **sich** *(D)* **~n über etw machen** réfléchir à qqch - **3.** [Sorge] : **sich** *(D)* **~n über jn/etw machen** s'inquiéter de qqn/qqch - **4.** [Vorstellung, Vorhaben] idée *f*. ◆ **Gedanken** *pl* idées *fpl*.
gedankenlos ◇ *adj* [Handlung] irréfléchi(e) ◇ *adv* [ohne nachzudenken] sans réfléchir.
Gedankenlstrich *der* tiret *m*.
gedankenverloren *adv* distraitement.
Gedeck (*pl* **-e**) *das* - **1.** [für Gäste] couvert *m* - **2.** [Speisenfolge] menu *m*.
Gedenklminute *die (ohne Pl)* minute *f* de silence.
Gedenklstätte *die* mémorial *m*.
Gedenkltafel *die* plaque *f* commémorative.
Gedicht (*pl* **-e**) *das* poème *m*.
Gedränge *das (ohne Pl)* bousculade *f*.
gedrängt ◇ *adj* condensé(e) ; [zeitlich] bousculé(e) ; [Schrift] ramassé(e) ◇ *adv* de façon condensée ; [schreiben] de façon ramassée.
gedroschen *pp* ▷ **dreschen.**
gedrückt *adj* abattu(e).
gedrungen ◇ *pp* ▷ **dringen** ◇ *adj* trapu(e).
Geduld *die (ohne Pl)* patience *f* ; **mit jm ~ haben** être patient(e) avec qqn.
gedulden ◆ **sich gedulden** *ref* patienter.
geduldig ◇ *adj* patient(e) ◇ *adv* patiemment.
Geduldslfaden *der (ohne Pl)* : **ihm reißt der ~** *fam fig* la moutarde lui monte au nez.
gedurft *pp* ▷ **dürfen.**
geeignet *adj* approprié(e) ; [Zeitpunkt] opportun(e) ; **für etw (nicht) ~ sein** (ne pas) être fait(e) pour qqch.
Gefahr (*pl* **-en**) *die* danger *m*, péril *m* ; **~ laufen, etw zu tun** risquer de faire qqch. ◆ **auf eigene Gefahr** *adv* à mes ODER tes ODER ses etc risques et périls.
gefährden *vt* [gen] : **jn/etw ~** mettre qqn/qqch en danger ODER péril.
gefahren *pp* ▷ **fahren.**
gefährlich ◇ *adj* dangereux(euse) ; [Krankheit] grave ; [Alter] critique ◇ *adv* dangereusement ; [erkrankt] gravement.
gefahrlos *adj & adv* sans danger ODER risque.
Gefälle (*pl* **-**) *das* [geografisch] dénivelé *m* ; [statistisch] écart *m*.
gefallen[1] (*präs* **gefällt** ; *prät* **gefiel** ; *perf* **hat gefallen**) *vi* plaire ; **sich** *(D)* **nichts ~ lassen** ne pas se laisser faire ; **das lass ich mir ~** cela me plaît. ◆ **sich gefallen** *ref* se complaire.
gefallen[2] ◇ *pp* ▷ **fallen** ◇ *adj* [Soldat] tombé(e).
Gefallen (*pl* **-**) *der* service *m* ; **jm einen ~ tun** rendre (un) service à qqn ; **jn um einen ~ bitten** demander un service à qqn.
gefällig *adj* - **1.** [entgegenkommend] serviable - **2.** [genehm] : **noch ein Bier ~?** désirez-vous encore une bière?
Gefälligkeit (*pl* **-en**) *die* - **1.** [Dienst] service *m* - **2.** [Hilfsbereitschaft] : **aus ~** pour te ODER lui etc rendre service.

gefälligst *adv :* **hör ~ auf!** veux-tu bien arrêter!

Gefangene (*pl* **-n**) *der, die* prisonnier *m*, -ère *f.*

gefangen nehmen *vt (unreg)* [im Krieg] : **jn ~** faire qqn prisonnier(ère).

Gefangenschaft *die (ohne Pl)* captivité *f.*

Gefängnis (*pl* **-se**) *das* prison *f.*

Gefängnis|strafe *die* peine *f* de prison.

Gefängnis|wärter, in *der, die* gardien *m*, -ne *f* de prison.

gefärbt *adj* teint(e).

Gefäß (*pl* **-e**) *das* **- 1.** [Behältnis] récipient *m* **- 2.** [in Körper] vaisseau *m.*

gefasst ◇ *adj* **- 1.** [gelassen] calme **- 2.** [vorbereitet] : **auf etw** *(A)* **~ sein, sich auf etw** *(A)* **~ machen** *fam* s'attendre à qqch ◇ *adv* avec calme.

Gefecht (*pl* **-e**) *das* combat *m.*

Gefieder (*pl* **-**) *das* plumage *m.*

geflogen *pp* ▷ **fliegen.**

geflohen *pp* ▷ **fliehen.**

geflossen *pp* ▷ **fließen.**

Geflügel *das (ohne Pl)* volaille *f.*

Geflüster *das (ohne Pl)* chuchotements *mpl.*

gefochten *pp* ▷ **fechten.**

Gefolge *das (ohne Pl)* suite *f*, escorte *f.*

Gefolgschaft (*pl* **-en**) *die* **- 1.** *(ohne Pl)* [Loyalität] : **jm ~ leisten** être loyal(e) envers qqn **- 2.** [Anhängerschaft] partisans *mpl.*

gefragt *adj* demandé(e).

gefräßig *adj abw* vorace, glouton(onne).

Gefreite (*pl* **-n**) *der* caporal *m.*

gefressen *pp* ▷ **fressen.**

gefrieren (*prät* **gefror** ; *perf* **hat/ist gefroren**) *vi (ist)* geler ; **es hat gefroren** il a gelé.

Gefrier|fach *das* freezer *m.*

Gefrier|truhe *die* congélateur *m.*

gefroren ◇ *pp* ▷ **frieren** ▷ **gefrieren** ◇ *adj* gelé(e) ; [Nahrung] congelé(e).

Gefühl (*pl* **-e**) *das* **- 1.** [physisch] sensation *f ;* [im Glied] : **ohne ~ sein** avoir perdu sa sensibilité **- 2.** [psychisch, Instinkt] sentiment *m* **- 3.** *(ohne Pl)* [Vorahnung] intuition *f ;* **etw im ~ haben** sentir qqch *(par instinct).*

gefühllos ◇ *adj* insensible ◇ *adv* sans pitié.

Gefühlsduselei (*pl* **-en**) *die fam abw* sentimentalisme *m*, sensiblerie *f.*

Gefühls|leben *das (ohne Pl)* vie *f* affective.

gefühlsmäßig ◇ *adj* affectif(ive) ◇ *adv* affectivement.

gefunden *pp* ▷ **finden.**

gegangen *pp* ▷ **gehen.**

gegebenenfalls *adv* le cas échéant.

Gegebenheit (*pl* **-en**) *die* donnée *f.*

gegen *präp (+ A)* **- 1.** [gen] contre ; **etwas ~ jn haben** avoir quelque chose contre qqn **- 2.** [zur Angabe eines Widerspruchs] contre, à l'encontre de **- 3.** [zeitlich] vers.

Gegen|argument *das* argument *m* contraire.

Gegend (*pl* **-en**) *die* **- 1.** [Gebiet, Bereich] région *f ;* **in der ~ sein** être dans les parages **- 2.** [Nachbarschaft] quartier *m.*

Gegen|darstellung *die* [andere Meinung] réponse *f.*

gegeneinander *adv* l'un (l'une) contre l'autre, les uns (les unes) contre les autres.

Gegen|fahrbahn *die* autre côté *m* de la chaussée.

Gegen|gewicht *das* contrepoids *m ;* **ein ~ zu etw bilden** *fig* contrebalancer qqch.

Gegen|gift *das* contrepoison *m.*

gegenläufig ◇ *adj* inverse ◇ *adv* en sens inverse.

Gegen|leistung *die* contrepartie *f.*

Gegen|liebe *die (ohne Pl)* amour *m (réciproque) ;* **auf (keine) ~ stoßen, (keine) ~ finden** (ne pas) susciter l'enthousiasme.

Gegen|maßnahme *die* contre-mesure *f.*

Gegen|mittel *das* antidote *m.*

Gegen|richtung *die (ohne Pl)* sens *m* inverse, direction *f* opposée.

Gegen|satz *der* **- 1.** [Gegenteil] contraire *m ;* **im ~ zu** contrairement à **- 2.** [Widerspruch] contraste *m.* ◆ **Gegensätze** *pl* oppositions *fpl.*

gegensätzlich *adj* contraire, opposé(e).

Gegen|seite *die* **- 1.** [Gegenpartei] partie *f* adverse ; SPORT camp *m* adverse **- 2.** [andere Seite] côté *m* opposé.

gegenseitig ◇ *adj* réciproque ◇ *adv* réciproquement ; **sich ~ helfen** s'entraider.

Gegen|spieler, in *der, die* [Gegner] adversaire *mf.*

Gegensprech|anlage *die* Interphone® *m.*

Gegenstand (*pl* **-stände**) *der* objet *m.*

gegenständlich *adj* réaliste.

gegenstandslos *adj* **- 1.** [Kritik, Verdächtigung] sans objet **- 2.** [Einwand, Problem] : **~ werden** perdre sa raison d'être.

Gegen|stimme *die* **- 1.** [bei Wahl] voix *f* contre **- 2.** [bei Diskussion] opposition *f.*

Gegen|teil *das (ohne Pl)* contraire *m ;* **das ~ von jm/etw sein** être le contraire de qqn/qqch. ◆ **(ganz) im Gegenteil** *adv* (bien) au contraire.

gegenteilig *adj* contraire.

gegenüber ◇ *präp (+ D)* **- 1.** [räumlich] en face de ; **~ der Post** en face de la poste **- 2.** [zur Angabe einer Beziehung] : **jm ~** vis-à-vis de qqn **- 3.** [zur Angabe einer Relation] par rapport à ◇ *adv* en face ; **der Garten ~** le jardin d'en face. ◆ **Gegenüber** *das (ohne Pl)* vis-à-vis *m.*

gegenüber|liegen *vi (unreg)* être situé(e) en face. ◆ **sich gegenüberliegen** *ref* être face à face, se faire face.

gegenüber|stehen *vi (unreg)* **- 1.** [frontal] : **jm/etw ~** être face à qqn/qqch **- 2.** [gegenübergestellt sein] : **einer Sache** *(D)* ~ être confronté(e) à qqch. ◆ **sich gegenüberstehen** *ref* **- 1.** [frontal] être ODER se tenir face à face **- 2.** [Meinungen, in Spiel] s'affronter.

gegenüber|stellen *vt* [Personen] confronter.

gegenüber|treten (*perf* **ist gegenübergetreten**) *vi (unreg)* faire face à.

Gegen|verkehr *der* trafic *m* en sens inverse.

Gegenwart *die (ohne Pl)* **- 1.** [Jetzt & GRAM] présent *m* **- 2.** [von Personen] présence *f* ; **in ~ von jm** en présence de qqn.

Gegenwehr *die (ohne Pl)* résistance *f*.

Gegen|wert *der* contre-valeur *f*.

Gegen|wind *der* vent *m* debout ODER contraire.

gegessen *pp* ▷ **essen.**

geglichen *pp* ▷ **gleichen.**

geglitten *pp* ▷ **gleiten.**

geglommen *pp* ▷ **glimmen.**

Gegner, in (*mpl* **-** ; *fpl* **-nen**) *der, die* adversaire *mf*.

gegnerisch *adj* adverse ; [Argument] contraire.

gegolten *pp* ▷ **gelten.**

gegoren ◇ *pp* ▷ **gären** ◇ *adj* fermenté(e).

gegossen *pp* ▷ **gießen.**

gegraben *pp* ▷ **graben.**

gegriffen *pp* ▷ **greifen.**

Gehabe *das (ohne Pl) abw* manières *fpl* (affectées).

gehabt *pp* ▷ **haben.**

Gehackte *das (ohne Pl)* haché *m*, viande *f* hachée.

Gehalt (*pl* **Gehälter**) ◇ *das* salaire *m* ◇ *der (ohne Pl)* **- 1.** [geistig] contenu *m* **- 2.** [Anteil] : **~ an etw** *(A)* [gering] teneur *f* en qqch ; [bedeutend] proportion *f* de qqch.

gehalten *pp* ▷ **halten.**

Gehalts|abrechnung *die* bulletin *m* de salaire.

Gehalts|empfänger, in *der, die* salarié *m*, -e *f*.

gehandikapt [ge'hɛndikɛpt] *adj* handicapé(e) *(momentanément)*.

gehangen *pp* ▷ **hängen.**

gehässig ◇ *adj* méchant(e) ◇ *adv* avec méchanceté.

Gehäuse (*pl* **-**) *das* **- 1.** [Hülle] boîtier *m* ; [von Schnecken] coquille *f* **- 2.** [von Früchten] trognon *m*.

gehbehindert *adj* incapable de marcher *(suite à un handicap physique)*.

Gehege (*pl* **-**) *das* enclos *m*.

geheim ◇ *adj* **- 1.** [heimlich] secret(ète) **- 2.** [magisch] mystérieux(euse) ◇ *adv* [nicht offen] : **~ abstimmen** voter à bulletins secrets. ◆ **im Geheimen** *adv* en secret ODER cachette.

Geheim|dienst *der* services *mpl* secrets.

geheim halten *vt (unreg)* garder secret(ète).

Geheimnis (*pl* **-se**) *das* secret *m* ; [rätselhaft] mystère *m*.

Geheimnistuerei *die (ohne Pl) fam abw* cachotteries *fpl*.

geheimnisvoll *adj* mystérieux(euse).

Geheim|nummer *die* [von Telefonen] numéro *m* sur (la) liste rouge ; [von Tresoren] code *m* secret ; [bei Bank] code *m* confidentiel.

Geheim|polizei *die* police *f* secrète.

geheißen *pp* ▷ **heißen.**

gehemmt ◇ *adj* gêné(e), embarrassé(e) ◇ *adv* d'un air gêné ODER embarrassé.

gehen (*prät* **ging** ; *perf* **ist gegangen**) ◇ *vi* **- 1.** [gen] aller ; **zum Film ~** aller travailler dans le cinéma ; **ins Exil ~** s'exiler ; **sie geht mir bis zur Schulter** elle m'arrive à l'épaule ; **es geht nichts über ...** *(A) fig* il n'y a rien de mieux que ; **mit jm ~** *fam fig* sortir avec qqn ; **zu weit ~** *fig* aller trop loin **- 2.** [zu Fuß gehen, funktionieren, sich verkaufen] marcher **- 3.** [weggehen - kündigen] s'en aller ; [- Zug] partir **- 4.** [passen] : **durch etw ~** passer par qqch ; **in etw** *(A)* **~** tenir dans qqch **- 5.** [bewegt werden] passer ; **die Kugel ging daneben** la balle passa à côté **- 6.** *fam* [annehmbar sein] : **es geht** ça peut aller **- 7.** [ergehen] : **es geht jm gut/schlecht** qqn va bien/mal ; **wie geht es dir/Ihnen?** comment vas-tu/allez-vous? ; **wie gehts?** *fam* comment ça va? **- 8.** [sich handeln] : **um etw ~** s'agir de qqch **- 9.** [geschehen] se passer ; **etw geht vor sich** il se passe qqch **- 10.** [anfassen] : **an etw** *(A)* **~** toucher à qqch ◇ *vt* faire ◆ **sich gehen lassen** *ref* se laisser aller.

geheuer *adj* : **etw ist jm nicht (ganz) ~** qqch n'inspire pas (une grande) confiance à qqn.

Geheul, Geheule *das (ohne Pl)* **- 1.** [von Tier, Wind, Sirene] hurlement *m* **- 2.** *fam abw* [von Personen] pleurnicherie *f*.

Gehilfe (*pl* **-n**) *der* **- 1.** [Titel] assistant *m* **- 2.** [Helfer] aide *m*.

Gehilfin (*pl* **-nen**) *die* **- 1.** [Titel] assistante *f* **- 2.** [Helferin] aide *f*.

Gehirn (*pl* **-e**) *das* [Organ] cerveau *m*.

Gehirnerschütterung *die* commotion *f* cérébrale.

gehoben ◇ *pp* ▷ **heben** ◇ *adj* **- 1.** [Position, Anspruch, Interesse] élevé(e) **- 2.** [gewählt] choisi(e) **- 3.** [Stimmung] gai(e).

geholfen *pp* ▷ **helfen.**

Gehör (*pl* **-e**) *das* ouïe *f* ; **jm/einer Sache (kein) ~ schenken** (ne pas) prêter l'oreille à qqn/qqch.

gehorchen *vi* obéir.

gehören *vi* **- 1.** [als Besitz] : **jm ~** appartenir à qqn **- 2.** [Gefühle] : **ihr gehört meine ganze Zuneigung** elle a toute ma sympathie **- 3.** [an einen Ort] avoir sa place **- 4.** [als Bestandteil] : **zu jm/etw ~** faire partie de qqn/qqch **- 5.** [als Notwendigkeit] : **es gehört Mut dazu, dies zu tun** faire ceci exige du courage **- 6.** *fam* [müssen] : **das gehört verboten!** ça devrait être interdit! ◆ **sich gehören** *ref* : **es** ODER **das gehört sich nicht** cela ne se fait pas.

gehörig ◇ *adj* **- 1.** [gebührend] qui convient **- 2.** [beachtlich] gros (grosse) ; [Portion, Tracht Prügel] bon (bonne) ◇ *adv* **- 1.** [gebührend] selon les convenances **- 2.** [beachtlich] sérieusement ; [ansteigen] sensiblement.

Gehörlose (*pl* **-n**) *der, die* sourd *m*, -e *f*.

gehorsam *adj* obéissant(e) ; **jm ~ sein** obéir à qqn.

Gehorsam *der*, **Gehorsamkeit** *die (ohne Pl)* obéissance *f* ; [gegenüber Gesetz] respect *m*.

Gehweg *der* **- 1.** [Gehsteig] trottoir *m* **- 2.** [Fußweg] chemin *m* pour piétons.

Geige (*pl* **-n**) *die* violon *m*.

geil *adj* **- 1.** *abw* [lüstern] lubrique ; [Person] excitant(e) **- 2.** *salopp* [toll] d'enfer.

Geisel (*pl* **-n**) *die* otage *m*.

Geiselnahme (*pl* **-n**) *die* prise *f* d'otages.

Geist (*pl* **-e** ODER **-er**) *der* **- 1.** [gen] esprit *m* ; **den ~ aufgeben** *fam fig* rendre l'âme ; **jm auf den ~ gehen** *fam fig* taper sur le système de qqn **- 2.** *(Pl Geister)* [Gespenst] fantôme *m*.

Geisterfahrer, in *der, die fam personne qui conduit à contresens.*

geistesabwesend *adj* absent(e) ; [Reaktion] distrait(e).

Geistesblitz *der fam* éclair *m* de génie.

geistesgegenwärtig *adj* qui montre de la présence d'esprit.

geistesgestört *adj* qui montre des troubles mentaux.

geisteskrank *adj* mentalement handicapé(e).

Geisteskranke *der, die* handicapé mental *m*, handicapée mentale *f*.

Geisteswissenschaft *die* sciences *fpl* humaines.

Geisteszustand *der (ohne Pl)* état *m* mental.

geistig ◇ *adj* [intellektuell] intellectuel(elle) ; [Kraft] mental(e) ; [Freiheit] de l'esprit ◇ *adv* intellectuellement ; **~ behindert** handicapé *m* mental, handicapée *f* mentale.

geistlich *adj* spirituel(elle).

Geistliche (*pl* **-n**) *der* ecclésiastique *m*.

geistlos *adj* dépourvu(e) d'esprit.

geistreich *adj* plein(e) d'esprit.

Geiz *der (ohne Pl)* avarice *f*.

geizen *vi* : **mit etw ~** être avare de qqch.

Geizhals *der abw* avare *mf*.

geizig *adj* avare.

Geizkragen *der fam abw* pingre *mf*, radin *m*, -e *f*.

Gejammer *das (ohne Pl) fam abw* jérémiades *fpl*.

gekannt *pp* ▷ **kennen.**

Gekicher *das (ohne Pl) fam abw* rires *mpl* étouffés.

geklungen *pp* ▷ **klingen.**

gekniffen *pp* ▷ **kneifen.**

gekommen *pp* ▷ **kommen.**

gekonnt ◇ *pp* ▷ **können** ◇ *adj* (bien) maîtrisé(e) ◇ *adv* avec adresse.

gekrochen *pp* ▷ **kriechen.**

gekünstelt *abw* ◇ *adj* affecté(e) ◇ *adv* avec affectation.

Gel (*pl* **-e**) *das* gel *m*.

Gelächter (*pl* **-**) *das* rires *mpl*.

geladen *pp* ▷ **laden.**

gelähmt *adj* paralysé(e).

Gelähmte (*pl* **-n**) *der, die* paralytique *mf*.

Gelände (*pl* **-**) *das* **- 1.** [Land] étendue *f* de terre, terre *f* **- 2.** [Grundstück] terrain *m*.

Geländelauf *der* cross *m*, cross-country *m*.

Geländer (*pl* **-**) *das* [von Treppen] rampe *f* ; [von Brücken] rambarde *f* ; [von Balkon] balustrade *f*.

gelang *prät* ▷ **gelingen.**

gelangen (*perf* **ist gelangt**) *vi* : **an etw** *(A)* **~** parvenir à qqch ; **in js Besitz ~** rentrer en la possession de qqn ; **zu etw ~** accéder à qqch.

gelassen ◇ *pp* ▷ **lassen** ◇ *adj* placide ◇ *adv* avec placidité.

Gelassenheit *die (ohne Pl)* placidité *f*.

Gelatine *die (ohne Pl)* gélatine *f*.

gelaufen *pp* ▷ **laufen.**

geläufig *adj* courant(e) ; **etw ist jm ~** qqch est familier(ère) à qqn.

gelb ◇ *adj* jaune ◇ *adv* en jaune.

◆ **Gelbe Sack** *der sac poubelle jaune destiné aux emballages.*

Gelb *das (ohne Pl)* jaune *m.* ◆ **bei Gelb** *adv* [Ampel] à l'orange.

gelblich ◇ *adj* jaunâtre ◇ *adv :* **~ schimmern** avoir des reflets jaunes.

Gelb|sucht *die (ohne Pl)* jaunisse *f.*

Geld *das (ohne Pl)* argent *m ;* **kleines ~** monnaie *f ;* **großes ~** billets *mpl ;* **etw geht ins ~** *fam* qqch revient cher ; **etw ist sein ~ wert** qqch vaut son prix. ◆ **Gelder** *pl* fonds *mpl.*

Geld|automat *der* distributeur *m* de billets.

Geld|börse *die* porte-monnaie *m.*

Geld|geber, in *der, die* bailleur *m* de fonds.

geldgierig *abw adj* cupide.

Geld|karte *die carte à puce prépayée.*

Geld|mittel *pl* moyens *mpl* financiers.

Geld|schein *der* billet *m* de banque.

Geld|schrank *der* coffre-fort *m.*

Geld|strafe *die* amende *f.*

Geld|stück *das* pièce *f* de monnaie.

Gelee [ʒəˈleː] (*pl* **-s**) *der* ODER *das* gelée *f.*

gelegen ◇ *pp* ▷ **liegen** ◇ *adj* [Gebäude, Dorf] situé(e).

Gelegenheit (*pl* **-en**) *die* occasion *f.* ◆ **bei Gelegenheit** *adv* à l'occasion.

gelegentlich ◇ *adj* occasionnel(elle) ◇ *adv* **- 1.** [bei Gelegenheit] à l'occasion **- 2.** [manchmal] de temps à autre.

gelehrt *adj* érudit(e).

Gelehrte (*pl* **-n**) *der, die* érudit *m*, -e *f.*

Gelenk (*pl* **-e**) *das* articulation *f.*

gelenkig *adj* souple.

gelernt *adj* [Arbeiter, Angestellte] qualifié(e) ; [Handwerker] de métier.

gelesen *pp* ▷ **lesen.**

Geliebte (*pl* **-n**) *der, die* amant *m*, maîtresse *f.*

geliehen *pp* ▷ **leihen.**

gelingen (*prät* **gelang ;** *perf* **ist gelungen**) *vi :* **etw gelingt jm** qqn réussit qqch.

gelitten *pp* ▷ **leiden.**

gellend ◇ *adj* perçant(e) ◇ *adv* d'une voix perçante.

gelockt *adj :* **~es Haar** cheveux *mpl* bouclés.

gelogen *pp* ▷ **lügen.**

gelöst ◇ *adj* détendu(e) ◇ *adv* d'un air détendu.

gelten (*präs* **gilt ;** *prät* **galt ;** *perf* **hat gegolten**) *vi* **- 1.** [gültig sein] être valable ; [Gesetz] être en vigueur ; **für jn/etw ~** concerner qqn/qqch **- 2.** [anerkannt sein] : **als etw ~** être considéré(e) comme qqch **- 3.** [akzeptieren] : **etw ~ lassen** accepter qqch **- 4.** [adressiert sein an] : **etw gilt jm** qqch s'adresse à qqn.

geltend *adj* en vigueur ; **etw ~ machen** faire valoir qqch.

Geltung *die (ohne Pl)* **- 1.** [Gültigkeit] validité *f* **- 2.** [Wirkung] importance *f ;* **zur ~ kommen** être mis(e) en valeur.

gelungen ◇ *pp* ▷ **gelingen** ◇ *adj* réussi(e).

gemächlich ◇ *adj* tranquille ◇ *adv* tranquillement.

Gemälde (*pl* **-e**) *das* tableau *m.*

gemäß ◇ *präp* selon ◇ *adj :* **etw ist einer Sache** *(D)* **~** qqch est en conformité avec qqch.

gemäßigt *adj* modéré(e).

Gemecker, Gemeckere *das (ohne Pl)* **- 1.** [von Ziegen] bêlement *m* **- 2.** *fam abw* [von Menschen] rouspétance *f.*

gemein ◇ *adj* **- 1.** [niederträchtig] odieux(euse) **- 2.** *fam* [ärgerlich] dégoûtant(e) ◇ *adv* **- 1.** [gemeinsam] : **etw mit jm/etw ~ haben** avoir qqch en commun avec qqn/qqch **- 2.** [niederträchtig] de façon odieuse **- 3.** *fam* [sehr] vachement.

Gemeinde (*pl* **-n**) *die* **- 1.** [Kommune] commune *f* **- 2.** [Konfession] communauté *f* **- 3.** [kirchlich] paroisse *f.*

Gemeinde|zentrum *das bâtiment(s) de la commune regroupant les services administratifs et la salle des fêtes.*

gemeingefährlich ◇ *adj :* **~e Verbrecher** danger *m* public ◇ *adv* en danger public.

Gemeinheit (*pl* **-en**) *die* **- 1.** *(ohne Pl)* [Wesen] bassesse *f* **- 2.** [Handlung] coup *m* bas **- 3.** *(ohne Pl) fam* [Ärgernis] poisse *f.*

gemeinnützig ◇ *adj* d'utilité publique ◇ *adv* dans l'intérêt général.

gemeinsam ◇ *adv* ensemble ; **etw ~ haben** avoir qqch en commun ◇ *adj* commun(e).

Gemeinsamkeit (*pl* **-en**) *die* [gleiche Eigenschaft] point *m* commun.

Gemeinschaft (*pl* **-en**) *die* communauté *f.*

gemeinschaftlich ◇ *adj* commun(e) ◇ *adv* en commun.

Gemeinschafts|kunde *die (ohne Pl)* SCHULE *enseignement qui regroupe l'histoire, la géographie, l'instruction civique et la sociologie.*

Gemeinschafts|raum *der* salle *f* commune.

gemeint *adj :* **das war nicht so ~** *fam* ce n'est pas ce que je voulais dire ; **das ist ernst ~** c'est sérieux ; **das ist gut ~** ça part d'une bonne intention.

gemessen *pp* ▷ **messen.**

Gemetzel (*pl* **-**) *das* carnage *m.*

Gemisch (*pl* **-e**) *das* mélange *m*.
gemischt *adj* **- 1.** [Gegenstände] mélangé(e) **- 2.** [Klasse, Chor] mixte.
gemocht *pp* ▷ **mögen.**
gemolken *pp* ▷ **melken.**
Gemurmel *das (ohne Pl)* murmure *m*.
Gemüse (*pl* **-**) *das* légumes *mpl*.

> **Gemüse**
>
> En Allemagne, les pommes de terre (**Kartoffeln**) ne sont pas considérées comme des légumes mais comme un accompagnement à part (**Beilage**). Ainsi, le terme **Gemüse**, s'il apparaît sur une carte, englobe tous les légumes sauf les pommes de terre.

Gemüse|eintopf *der* potée *f*.
Gemüse|händler, in *der, die* primeur *m*.
gemusst *pp* ▷ **müssen.**
Gemüt *das (ohne Pl)* **- 1.** [Wesen] tempérament *m* **- 2.** [Gefühl] moral *m* ; **etw schlägt jm aufs ~** qqch donne le cafard à qqn. ◆ **Gemüter** *pl* esprits *mpl*.
gemütlich ◇ *adj* **- 1.** [Restaurant, Umgebung] chaleureux(euse) ; [Bett, Sofa] douillet(ette) ; **es sich** *(D)* **~ machen** se mettre à l'aise **- 2.** [Abend, Reise] agréable ; [Treffen] informel(elle) **- 3.** [Person] débonnaire ◇ *adv* **- 1.** [behaglich] confortablement **- 2.** [ohne Zwang, Stress] paisiblement.
Gemütlichkeit *die (ohne Pl)* **- 1.** [Komfort] confort *m* **- 2.** [Zwanglosigkeit] tranquillité *f* ; **in aller ~** en toute tranquillité.
Gen (*pl* **-e**) *das* gène *m*.
genannt *pp* ▷ **nennen.**
genau ◇ *adj* précis(e) ◇ *adv* **- 1.** [für Zeitangabe] pile ; **auf die Minute ~** à la minute pile **- 2.** [gründlich] précisément ; [kennen, wissen] parfaitement ; **es mit etw nicht so ~ nehmen** ne pas être si regardant(e) sur qqch. **- 3.** [gerade] : **~ als** juste au moment où. ◆ **genau!** *interj* tout à fait!
genau genommen *adv* à vrai dire.
Genauigkeit *die (ohne Pl)* précision *f*.
genauso *adv* exactement de la même manière ; **~ gut/schlecht/schnell wie** tout aussi bien/mal/vite que.
Gen|bank *die* banque *f* de séquences génétiques.
Gen|datei *die* fichier *m* d'empreintes génétiques.
genehmigen *vt* autoriser ; [Antrag, Plan] agréer ; **sich** *(D)* **etw ~** *fam* s'accorder qqch.
Genehmigung (*pl* **-en**) *die* autorisation *f*.
General (*pl* **-e** ODER **-räle**) *der* général *m*.
General|probe *die* répétition *f* générale.
generalüberholen *vt* : **etw ~** effectuer la révision générale de qqch.
Generation (*pl* **-en**) *die* génération *f*.
Generations|konflikt *der* conflit *m* des générations.
Generator (*pl* **-toren**) *der* générateur *m*.
generell ◇ *adj* général(e) ◇ *adv* en général.
Genetik *die (ohne Pl)* BIOL génétique *f*.
Genf *nt* Genève.
Genfer (*pl* **-**) ◇ *der* Genevois *m* ◇ *adj* genevois(e).
Genferin (*pl* **-nen**) *die* Genevoise *f*.
Genfer See *der* lac *m* Léman.
genial ◇ *adj* génial(e) ◇ *adv* de manière géniale.
Genick (*pl* **-e**) *das* nuque *f* ; **einer Sache das ~ brechen** *fam fig* faire échouer qqch.
Genie [ʒe'niː] (*pl* **-s**) *das* génie *m*.
genieren [ʒe'niːrən] *vt* gêner. ◆ **sich genieren** *ref* **- 1.** [sich schämen] avoir honte ; **sich vor jm ~** être gêné(e) devant qqn **- 2.** [sich nicht trauen] ne pas oser.
genießbar *adj* : **nicht mehr ~** [Essen] immangeable ; [Getränke] imbuvable.
genießen (*prät* **genoss** ; *perf* **hat genossen**) *vt* [auskosten - Speisen, Getränke] savourer ; [- Leben, Urlaub] profiter de.
Genießer, in (*mpl* **-** ; *fpl* **-nen**) *der, die* [im Leben] épicurien *m*, -enne *f* ; [beim Essen] gourmet *m*.
genießerisch ◇ *adj* épicurien(enne) ◇ *adv* en gourmet, en connaisseur.
Genitalien *pl* parties *fpl* génitales.
Genitiv (*pl* **-e**) *der* GRAM génitif *m*.
genommen *pp* ▷ **nehmen.**
genormt *adj* standard, normalisé(e).
genoss *prät* ▷ **genießen.**
genossen *pp* ▷ **genießen.**
Genossenschaft (*pl* **-en**) *die* coopérative *f*.
gentechnisch ◇ *adj* génétique ◇ *adv* génétiquement ; **~ verändert** par manipulations génétiques.
genug *adv* assez.
Genüge *die (ohne Pl)* : **einer Sache** *(D)* **~ tun** *geh* satisfaire à qqch. ◆ **zur Genüge** *adv abw* suffisamment.
genügen *vi* [ausreichen] suffire ; **jm ~** suffire à qqn.
genügend ◇ *adj* suffisant(e) ◇ *adv* suffisamment.
genügsam ◇ *adj* simple, peu exigeant(e) ◇ *adv* simplement.
Genugtuung *die (ohne Pl)* satisfaction *f* ; **~ für etw** réparation *f* pour qqch.
Genus (*pl* **Genera**) *das* GRAM genre *m*.
Genuss (*pl* **Genüsse**) *der* **- 1.** *(ohne Pl)* [von

Lebensmitteln] consommation *f* - 2. [Befriedigung] plaisir *m*, régal *m*.

Geografie, Geographie *die (ohne Pl)* géographie *f*.

geografisch, geographisch *adj* géographique.

Geologie *die (ohne Pl)* géologie *f*.

geologisch *adj* géologique.

Geometrie *die (ohne Pl)* géométrie *f*.

geordnet *adj* rangé(e), réglé(e).

Gepäck *das (ohne Pl)* bagages *mpl*.

Gepäck|abfertigung *die (ohne Pl)* enregistrement *m* des bagages.

Gepäckab|lage *die* compartiment *m* à bagages.

Gepäck|annahme *die (ohne Pl)* guichet *m* d'enregistrement *(des bagages)*.

Gepäckaufbe|wahrung *die* consigne *f* *(des bagages)*.

Gepäckaus|gabe *die (ohne Pl)* [im Bahnhof] guichet *m* de remise des bagages ; [im Flughafen] carrousel *m*.

Gepäck|schein *der* bulletin *m* de bagages.

Gepäck|stück *das* bagage *m*.

Gepäck|träger *der* - 1. [Person] porteur *m* - 2. [vom Fahrrad] porte-bagages *m inv* ; [auf Auto] galerie *f*.

Gepäck|wagen *der* voiture *f* à bagages.

gepfeffert *adj fam* [Rechnung] salé(e) ; [Preis] exorbitant(e).

gepfiffen *pp* ▻ **pfeifen.**

gepflegt ◇ *adj* - 1. [Haus, Garten] entretenu(e) - 2. [Kleidung, Äußeres, Stil] soigné(e) - 3. [Restaurant, Wein] de qualité ◇ *adv* bien.

gepriesen *pp* ▻ **preisen.**

gequollen *pp* ▻ **quellen.**

gerade ◇ *adv* - 1. [vor kurzem] : **sie ist ~ gegangen** elle vient de sortir - 2. [jetzt] tout de suite ; **hast du ~ Zeit?** tu as cinq minutes? ; **wir sind ~ beim Essen** nous sommes en train de manger - 3. [in diesem Moment] : **ich war ~ eingeschlafen** je venais juste de m'endormir ; **er wollte ~ fortgehen** il allait partir - 4. [senkrecht, waagerecht, unkompliziert] droit(e) ; **er steht ~** il se tient droit - 5. [besonders] : **~ du als Psychologin solltest das wissen!** en tant que psychologue, tu devrais (bien) le savoir! ; **~ deshalb** c'est justement pour cela que - 6. [genau] exactement - 7. [knapp] : **~ noch** juste ; **das hat ~ noch gefehlt** il ne manquait plus que cela ◇ *adj* droit(e). ◈ **nicht gerade** *adv iron* pas vraiment.

Gerade (*pl* **-n**) *die* - 1. MATH droite *f* - 2. SPORT ligne *f* droite.

geradeaus *adv* tout droit.

geradeheraus *fam adv* carrément, franchement.

gerade stehen *vi (unreg) (unreg)* [aufrecht stehen] se tenir droit(e).

gerade|stehen *vi (unreg)* [einstehen] : **für jn/etw ~** répondre de qqn/qqch.

geradewegs *adv* - 1. [ohne Umweg] directement - 2. [unmittelbar] immédiatement.

geradezu *adv* franchement.

geradlinig ◇ *adj* rectiligne ◇ *adv* droit, en ligne droite.

Gerangel *das (ohne Pl) fam* bagarre *f*.

Geranie (*pl* **-n**) *die* géranium *m*.

gerannt *pp* ▻ **rennen.**

gerät *präs* ▻ **geraten.**

Gerät (*pl* **-e**) *das* [Apparat] appareil *m*.

geraten (*präs* **gerät** ; *prät* **geriet** ; *perf* **ist geraten**) ◇ *vi* - 1. [gelangen] : **an jn ~** tomber sur qqn ; **in etw** *(A)* **~** tomber dans qqch - 2. [ähneln] : **nach jm ~** ressembler à qqn ◇ *pp* ▻ **raten.**

Geräte|turnen *das* gymnastique *f* aux agrès.

Geratewohl ◈ **aufs Geratewohl** *adv* au petit bonheur (la chance).

geräumig *adj* spacieux(euse).

Geräusch (*pl* **-e**) *das* bruit *m*.

geräuschempfindlich *adj* sensible au bruit.

geräuschlos ◇ *adj* silencieux(euse) ◇ *adv* discrètement, sans bruit.

gerecht ◇ *adj* juste, équitable ◇ *adv* équitablement.

Gerechtigkeit *die (ohne Pl)* justice *f*.

Gerede *das (ohne Pl) abw* - 1. *fam* [Geschwätz] bla-bla *m*, bavardage *m* - 2. [Klatsch] : **ins ~ kommen** faire parler de soi.

geregelt ◇ *adj* régulier(ère), réglé(e) ◇ *adv* de façon régulière.

gereizt ◇ *adj* tendu(e) ◇ *adv* nerveusement.

Gericht (*pl* **-e**) *das* - 1. [Speise] plat *m* - 2. [Institution] tribunal *m*, cour *f* ; **vor ~ gehen** aller en justice ; **vor ~ stehen** être jugé(e) - 3. [Richter] cour *f* - 4. [Gebäude] palais *m* de justice.

gerichtlich ◇ *adj* judiciaire ◇ *adv* judiciairement ; **jn ~ verfolgen** poursuivre qqn en justice.

Gerichts|hof *der* cour *f (de justice)*.

Gerichtsver|handlung *die* délibéré *m*.

Gerichts|vollzieher, in (*mpl* **-** ; *fpl* **-nen**) *der, die* huissier *m*.

gerieben *pp* ▻ **reiben.**

geriet *prät* ▻ **geraten.**

gering *adj* [Menge] peu important(e), petit(e) ; [Preis] bas (basse) ; [Problem] mineur(e) ; [Gewicht] faible ; [Dauer] court(e) ; [Chance, Rolle] minime. ◆ **nicht im Geringsten** *adv* pas le moins du monde.

geringfügig ◇ *adj* minime, infime ◇ *adv* légèrement.

gering schätzen *vt* [Person] estimer peu ; [Erfolg] faire peu de cas de.

gerinnen (*präs* **gerinnt** ; *prät* **gerann** ; *perf* **ist geronnen**) *vi* [Milch] se cailler ; [Blut] se coaguler.

Gerippe (*pl* -) *das* squelette *m.*

gerissen ◇ *pp* ▷ **reißen** ◇ *adj fam* malin(igne), futé(e).

geritten *pp* ▷ **reiten.**

Germane (*pl* **-n**) *der* Germain *m.*

Germanin (*pl* **-nen**) *die* Germaine *f.*

germanisch *adj* germanique.

Germanist (*pl* **-en**) *der* germaniste *m.*

Germanistik *die (ohne Pl)* études *fpl* de littérature et de linguistique allemandes.

Germanistin (*pl* **-nen**) *die* germaniste *f.*

gern, gerne (*komp* **lieber** ; *superl* **am liebsten**) *adv* - **1.** [mit Vergnügen, problemlos] avec plaisir ; **~ etw tun** bien aimer faire qqch ; **ich möchte ~** j'aimerais bien ; **~ geschehen** il n'y a pas de quoi - **2.** [zum Ausdruck der Zuneigung] : **~ haben** ODER **mögen** bien aimer.

gerochen *pp* ▷ **riechen.**

Geröll *das* éboulis *m.*

geronnen *pp* ▷ **rinnen.**

Gerste *die (ohne Pl)* orge *f.*

Gerte (*pl* **-n**) *die* badine *f*, baguette *f.*

Geruch (*pl* **Gerüche**) *der* odeur *f.*

geruchlos *adj* sans odeur, inodore.

Geruchs|sinn *der (ohne Pl)* odorat *m.*

Gerücht (*pl* **-e**) *das* bruit *m*, rumeur *f.*

gerufen *pp* ▷ **rufen.**

geruhsam ◇ *adj* tranquille, paisible ◇ *adv* tranquillement.

Gerümpel *das (ohne Pl) abw* fatras *m*, bric-à-brac *m.*

Gerundium (*pl* **-dien**) *das* GRAM gérondif *m.*

gerungen *pp* ▷ **ringen.**

Gerüst (*pl* **-e**) *das* [beim Bauen] échafaudage *m.*

gesalzen ◇ *pp* ▷ **salzen** ◇ *adj fam* salé(e).

gesamt *adj* tout(e), l'ensemble de.

Gesamtaus|gabe *die* œuvres *fpl* complètes.

gesamtdeutsch *adj* interallemand(e).

Gesamt|eindruck *der* impression *f* d'ensemble.

Gesamtheit *die (ohne Pl)* ensemble *m*, totalité *f.*

Gesamt|schule *die collège et lycée polyvalents (en Allemagne).*

Gesamtschule

Ces écoles, fréquentées par des enfants de 10 à 16, ans proposent des matières principales et secondaires. L'enseignement des matières principales est le même pour tous, alors que pour les matières secondaires, on établit un programme adapté au niveau de chaque élève.

gesandt *pp* ▷ **senden.**

Gesandte (*pl* **-n**) *der, die* envoyé *m*, -e *f*, chargé d'affaires *m*, chargée d'affaires *f.*

Gesang (*pl* **Gesänge**) *der* - **1.** *(ohne Pl)* [Singen] chant *m* - **2.** REL [Lied] cantique *m.*

Gesang|verein *der* chorale *f.*

Geschädigte (*pl* **-n**) *der, die* sinistré *m*, -e *f.*

geschaffen *pp* ▷ **schaffen.**

Geschäft (*pl* **-e**) *das* - **1.** [gen] affaire *f* ; **mit jm ~e machen** faire des affaires avec qqn - **2.** [Laden] magasin *m* ; [Firma] entreprise *f.*

geschäftig ◇ *adj* [Treiben] intense ; [Person] actif(ive) ◇ *adv* activement, avec entrain.

geschäftlich ◇ *adj* - **1.** [beruflich] commercial(e) - **2.** [unpersönlich] impersonnel(elle) ◇ *adv* - **1.** [beruflich] pour (les) affaires - **2.** [unpersönlich] de façon impersonnelle ; [reden] d'un ton impersonnel.

Geschäfts|bedingungen *pl* conditions *fpl* de vente et d'achat.

Geschäfts|beziehungen *pl* relations *fpl* d'affaires ODER commerciales.

Geschäfts|frau *die* femme *f* d'affaires.

Geschäfts|führer, in *der, die* [von Unternehmen] gérant *m*, -e *f.*

Geschäfts|führung *die (ohne Pl)* - **1.** [Person] direction *f* - **2.** [Verwaltung] gestion *f.*

Geschäfts|lage *die* - **1.** [wirtschaftlich] situation *f* - **2.** [örtlich] emplacement *m.*

Geschäfts|leute *pl* hommes *mpl* d'affaires.

Geschäftsmann (*pl* **-leute** ODER **-männer**) *der* homme *m* d'affaires.

Geschäfts|partner, in *der, die* - **1.** [Teilhaber] associé *m*, -e *f* - **2.** [Kunde] partenaire commercial *m*, partenaire commerciale *f.*

Geschäfts|reise *die* voyage *m* d'affaires.

Geschäfts|schluss *der (ohne Pl)* fermeture *f* du magasin ODER des magasins.

Geschäfts|stelle *die* agence *f* ; [von Partei] secrétariat *m* de section.

Geschäfts|straße *die* rue *f* commerçante.

geschäftstüchtig *adj* qui a le sens des affaires.

Geschäfts|zeit *die* heures *fpl* d'ouverture.

geschah *prät* ▷ **geschehen.**

gescheckt *adj* moucheté(e).

geschehen (*präs* **geschieht** ; *prät* **geschah** ; *perf* **ist geschehen**) *vi* - **1.** [sich ereignen] se produire, arriver, se passer - **2.** [widerfahren] : **etw geschieht jm** qqch arrive à qqn - **3.** [verloren sein] : **es ist um etw ~** c'en est fait de qqch ; **es ist um jn ~** *eigtl & fig* c'en est fait de qqn.

gescheit ◇ *adj* intelligent(e) ◇ *adv* avec sagacité.

Geschenk (*pl* **-e**) *das* cadeau *m.*

Geschichte (*pl* **-n**) *die* histoire *f* ; **~ machen** faire date.

geschichtlich ◇ *adj* historique ◇ *adv* historiquement.

Geschichts|unterricht *der (ohne Pl)* cours *m* d'histoire.

Geschick *das (ohne Pl)* [Talent] adresse *f.*

Geschicklichkeit *die (ohne Pl)* adresse *f.*

geschickt ◇ *adj* adroit(e) ◇ *adv* adroitement.

geschieden ◇ *pp* ▷ **scheiden** ◇ *adj* divorcé(e).

geschieht *präs* ▷ **geschehen.**

geschienen *pp* ▷ **scheinen.**

Geschirr (*pl* **-e**) *das* - **1.** *(ohne Pl)* [für Essen] vaisselle *f* ; **~ spülen** ODER **abwaschen** faire la vaisselle - **2.** [für Zugtiere] harnais *m.*

Geschirrspül|maschine *die* lave-vaisselle *m.*

Geschirr|tuch *das* torchon *m.*

geschissen *pp* ▷ **scheißen.**

geschlafen *pp* ▷ **schlafen.**

Geschlecht (*pl* **-er**) *das* - **1.** [biologisch] sexe *m* - **2.** [Familie] famille *f*, lignée *f* - **3.** GRAM genre *m.*

Geschlechts|krankheit *die* maladie *f* vénérienne ODER sexuellement transmissible.

Geschlechts|organ *das* organes *mpl* génitaux.

geschlechtsreif *adj* pubère.

Geschlechts|verkehr *der (ohne Pl)* rapport *m* sexuel.

geschlichen *pp* ▷ **schleichen.**

geschliffen *pp* ▷ **schleifen.**

geschlossen *pp* ▷ **schließen.**

geschlungen *pp* ▷ **schlingen.**

Geschmack (*pl* **Geschmäcke** ODER **Geschmäcker**) *der* goût *m* ; **jd hat ~** qqn a du goût.

geschmacklos *adj* - **1.** [fade] insipide - **2.** [unfein] de mauvais goût ; [Person] dépourvu(e) de goût, sans goût.

Geschmack|sache = **Geschmackssache.**

Geschmacks|richtung *die* [von Nahrungsmitteln] parfum *m.*

Geschmacks|sache, Geschmack|sache *die (ohne Pl)* : **das ist ~** c'est une affaire de goût.

Geschmacks|sinn *der (ohne Pl)* goût *m.*

geschmackvoll ◇ *adj* de bon goût ◇ *adv* avec goût.

geschmeidig ◇ *adj* souple ◇ *adv* avec souplesse.

geschmissen *pp* ▷ **schmeißen.**

geschmolzen *pp* ▷ **schmelzen.**

Geschnetzelte *das (ohne Pl) viande (en général filet) coupée en fines lanières, servie avec une sauce.*

geschnitten *pp* ▷ **schneiden.**

geschoben *pp* ▷ **schieben.**

Geschöpf (*pl* **-e**) *das* - **1.** [real] créature *f* - **2.** [erfunden] personnage *m.*

geschoren *pp* ▷ **scheren.**

Geschoss (*pl* **-e**) *das* - **1.** [Munition] projectile *m* - **2.** [Stockwerk] étage *m.*

geschossen *pp* ▷ **schießen.**

Geschrei *das (ohne Pl) abw* - **1.** [Schreien] cris *mpl* - **2.** *fam* [Gezeter] criailleries *fpl.*

geschrieben *pp* ▷ **schreiben.**

geschrien *pp* ▷ **schreien.**

Geschütz (*pl* **-e**) *das* pièce *f* d'artillerie.

Geschwätz *das (ohne Pl) fam abw* - **1.** [Gerede] bavardage *m* - **2.** [Tratsch] ragot *m.*

geschwätzig *adj abw* bavard(e).

geschweige ◆ **geschweige denn** *konj* encore moins.

geschwiegen *pp* ▷ **schweigen.**

geschwind *Süddt* ◇ *adj* rapide ◇ *adv* rapidement.

Geschwindigkeit (*pl* **-en**) *die* vitesse *f.*

Geschwister *pl* frères et sœurs *mpl.*

geschwollen ◇ *pp* ▷ **schwellen** ◇ *adj* - **1.** [Körperteil] enflé(e) - **2.** *abw* [Sprache] emphatique ; [Stil] ampoulé(e) ◇ *adv abw* avec emphase.

geschwommen *pp* ▷ **schwimmen.**

geschworen *pp* ▷ **schwören.**

Geschworene (*pl* **-n**) *der, die* juré *m.*

Geschwulst (*pl* **Geschwülste**) *die* tumeur *f.*

geschwungen ◇ *pp* ▷ **schwingen** ◇ *adj* [Linie] courbe.

Geschwür (*pl* **-e**) *das* abcès *m.*

gesehen *pp* ▷ **sehen.**

Geselle (*pl* **-n**) *der* compagnon *m.*

gesellig *adj* - **1.** [kontaktfreudig] sociable - **2.** [Treffen, Abend] convivial(e).

Geselligkeit *die (ohne Pl)* convivialité *f.*

Gesellin (*pl* **-nen**) *die* - **1.** [Handwerkerin] compagnon *m* - **2.** [Gefährtin] compagne *f.*
Gesellschaft (*pl* **-en**) *die* - **1.** [gen] société *f* - **2.** *(ohne Pl)* [freundschaftlich] compagnie *f* ; **jm ~ leisten** tenir compagnie à qqn - **3.** [Vereinigung] association *f.*
gesessen *pp* ▷ **sitzen.**
Gesetz (*pl* **-e**) *das* loi *f.*
Gesetzbuch *das* code *m (législation).*
gesetzgebend *adj* législatif(ive).
Gesetzgeber *der* législateur *m.*
Gesetzgebung *die (ohne Pl)* législation *f.*
gesetzlich ◇ *adj* légal(e) ◇ *adv* légalement.
gesetzmäßig *adj* [erwartungsgemäß] conforme à la loi ; [rechtmäßig] légitime.
gesetzt *adj* d'âge mûr. ◆ **gesetzt den Fall, dass** *konj* à supposer que *(+ subjonctif).*
Gesicht (*pl* **-er**) *das* [von Personen] visage *m* ; **jm etw ins ~ sagen** dire qqch à qqn en face.
Gesichtspunkt *der* point *m* de vue.
Gesichtszüge *pl* traits *mpl.*
Gesindel *das (ohne Pl)* racaille *f.*
Gesinnung (*pl* **-en**) *die* mentalité *f* ; [politisch] opinion *f.*
gesittet ◇ *adj* civilisé(e) ◇ *adv* avec civilité.
gesoffen *pp* ▷ **saufen.**
gesogen *pp* ▷ **saugen.**
gesondert ◇ *adj* séparé(e) ◇ *adv* séparément.
gespannt ◇ *adj* - **1.** [Gegenstand, Lage] tendu(e) - **2.** [Person] impatient(e) ; **auf etw** *(A)* **~ sein** attendre qqch avec impatience ◇ *adv* - **1.** [warten] impatiemment - **2.** [zuhören] attentivement.
Gespenst (*pl* **-er**) *das* fantôme *m.*
gespien *pp* ▷ **speien.**
gesponnen *pp* ▷ **spinnen.**
Gespött *das (ohne Pl)* moquerie *f* ; **jn zum ~ der Leute machen** livrer qqn à la risée publique.
Gespräch (*pl* **-e**) *das* - **1.** [Konversation] conversation *f* ; **etw ist im ~** il est question de qqch - **2.** [Telefonanruf] appel *m.*
gesprächig *adj* bavard(e).
Gesprächspartner, in *der, die* interlocuteur *m*, -trice *f.*
Gesprächsthema *das* sujet *m* de conversation.
gesprochen *pp* ▷ **sprechen.**
gesprossen *pp* ▷ **sprießen.**
gesprungen *pp* ▷ **springen.**
Gespür *das (ohne Pl)* : **~ (für etw)** sens *m* (de qqch).
Gestalt (*pl* **-en**) *die* - **1.** [Person] personnage *m* ; [zwielichtig] individu *m* - **2.** *(ohne Pl)* [Form] silhouette *f* ; **einer Sache** *(D)* **~ geben** ODER **verleihen** donner forme à qqch. ◆ **in Gestalt** *präp* : **in ~ einer Sache** *(G)* sous forme de qqch.
gestalten *vt* - **1.** [organisieren] organiser - **2.** [arrangieren - Wohnung] aménager ; [- Rede] mettre en forme. ◆ **sich gestalten** *ref* prendre tournure.
Gestaltung *die (ohne Pl)* - **1.** [Organisation] organisation *f* - **2.** [Arrangieren - von Wohnung] aménagement *m* ; [- von Vortrag] mise *f* en forme.
gestanden *pp* ▷ **stehen** ▷ **gestehen.**
Geständnis (*pl* **-se**) *das* aveu *m* ; **ein ~ ablegen** faire des aveux.
Gestank *der (ohne Pl)* puanteur *f.*
gestatten *vt* permettre. ◆ **gestatten Sie?** *interj* vous permettez?
Geste (*pl* **-n**) *die* geste *m.*
gestehen (*prät* **gestand** ; *perf* **hat gestanden**) *vt & vi* avouer.
Gestein (*pl* **-e**) *das* roche *f.*
Gestell (*pl* **-e**) *das* [Gerüst] échafaudage *m.*
gestern *adv* hier ; **~ früh** ODER **Morgen/Mittag/Abend** hier matin/midi/soir.
gestiegen *pp* ▷ **steigen.**
Gestik *die (ohne Pl)* gestuelle *f.*
gestochen *pp* ▷ **stechen.**
gestohlen *pp* ▷ **stehlen.**
gestorben *pp* ▷ **sterben.**
gestoßen *pp* ▷ **stoßen.**
gestreift *adj* rayé(e).
gestrichen *pp* ▷ **streichen.**
gestrig *adj* d'hier.
gestritten *pp* ▷ **streiten.**
Gestrüpp *das (ohne Pl)* fourré *m.*
gestunken *pp* ▷ **stinken.**
Gestüt (*pl* **-e**) *das* haras *m.*
Gesuch (*pl* **-e**) *das* demande *f*, requête *f.*
gesund (*komp* **gesünder** ODER **gesunder** ; *superl* **gesündeste** ODER **gesundeste**) ◇ *adj* sain(e) ; [Person] en bonne santé ◇ *adv* [gesundheitsfördernd] sainement.
Gesundheit *die (ohne Pl)* santé *f.* ◆ **Gesundheit!** *interj* à tes ODER vos souhaits!
gesundheitlich ◇ *adj* de santé ◇ *adv* : **sich ~ übernehmen** se surmener.
Gesundheitsamt *das* service *m* de santé publique.
gesundheitsschädlich ◇ *adj* - **1.** [Ernährung] malsain(e) - **2.** [Stoff] nocif(ive) pour la santé ◇ *adv* d'une façon malsaine.
Gesundheitszeugnis *das* certificat *m* médical.
Gesundheitszustand *der (ohne Pl)* état *m* (de santé).

gesungen *pp* ▷ **singen.**
gesunken *pp* ▷ **sinken.**
getan *pp* ▷ **tun.**
Getöse *das (ohne Pl)* vacarme *m.*
getragen *pp* ▷ **tragen.**
Getränk (*pl* **-e**) *das* boisson *f.*
Getreide *das (ohne Pl)* céréales *fpl.*
Getreidean|bau *der (ohne Pl)* culture *f* céréalière.
getrennt ◇ *adj* séparé(e) ◇ *adv* séparément ; **(von jm) ~ leben** vivre séparé(e) (de qqn).
getreten *pp* ▷ **treten.**
Getriebe (*pl* -) *das* boîte *f* de vitesses, transmission *f.*
getrieben *pp* ▷ **treiben.**
getroffen *pp* ▷ **treffen** ▷ **triefen.**
getrogen *pp* ▷ **trügen.**
getrost *adv* en toute tranquillité, tranquillement.
getrunken *pp* ▷ **trinken.**
Getto, Ghetto (*pl* **-s**) *das* ghetto *m.*
Getue [gəˈtuːə] *das (ohne Pl)* chichi *m.*
Getümmel *das (ohne Pl)* cohue *f.*
Gewächs (*pl* **-e**) *das* plante *f.*
gewachsen ◇ *pp* ▷ **wachsen** ◇ *adj* : **jm ~ sein** être de taille à tenir tête ; **etw ~ sein** être à la hauteur de qqch.
Gewächs|haus *das* serre *f.*
gewagt ◇ *adj* osé(e) ◇ *adv* de manière osée.
gewählt ◇ *adj* **- 1.** [Person] élu(e) **- 2.** [Sprache] châtié(e) ◇ *adv* en termes choisis.
Gewähr *die (ohne Pl)* responsabilité *f* ; **~ leisten** garantir. ◆ **ohne Gewähr** *adv* sans garantie.
gewähren *vt* : **(jm) etw ~** accorder qqch (à qqn).
gewährleisten ▷ **Gewähr.**
Gewalt (*pl* **-en**) *die* **- 1.** *(ohne Pl)* [Brutalität, Kraft] violence *f* ; **mit aller ~** de toutes mes ODER tes ODER ses etc. forces ; **jn mit ~ zu etw zwingen** contraindre qqn par force à qqch **- 2.** [politisch] pouvoir *m* ; **jn in der ~ haben** avoir qqn en son pouvoir **- 3.** *(ohne Pl)* [Willkür] : **einer Sache** *(D)* **~ antun** déformer qqch.
Gewaltan|wendung *die* usage *m* de la force.
Gewalt|herrschaft *die* despotisme *m.*
gewaltig ◇ *adj* **- 1.** [viel] énorme **- 2.** [riesig] immense ◇ *adv fam* énormément.
gewaltsam ◇ *adj* violent(e) ◇ *adv* de force.
gewalttätig ◇ *adj* brutal(e) ◇ *adv* : **~ veranlagt** enclin(e) à la brutalité.
Gewalt|verbrechen *das* acte *m* de violence.
gewandt ◇ *pp* ▷ **wenden** ◇ *adj* adroit(e) ◇ *adv* adroitement, avec adresse.
Gewandtheit *die (ohne Pl)* aisance *f.*
gewann *prät* ▷ **gewinnen.**
gewaschen *pp* ▷ **waschen.**
Gewässer (*pl* -) *das* eaux *fpl.*
Gewebe (*pl* -) *das* tissu *m.*
Gewehr (*pl* **-e**) *das* fusil *m.*
Geweih (*pl* **-e**) *das* bois *mpl (de gibier).*
Gewerbe (*pl* -) *das* [Beruf] métier *m* ; **ein ~ ausüben** exercer une activité.
Gewerbe|schein *der* licence *f.*
gewerblich *adj* **- 1.** [beruflich] professionnel(elle) **- 2.** [geschäftlich] commercial(e).
Gewerkschaft (*pl* **-en**) *die* syndicat *m.*
Gewerkschaft(l)er, in (*mpl* -; *fpl* **-nen**) *der, die* syndicaliste *mf.*
Gewerkschafts|bund *der (ohne Pl)* confédération *f* de syndicats.
gewesen *pp* ▷ **sein.**
Gewicht (*pl* **-e**) *das* poids *m* ; **etw fällt ins ~** qqch a une importance décisive.
Gewichtheben *das (ohne Pl)* haltérophilie *f.*
Gewinde (*pl* -) *das* pas *m (de vis).*
Gewinn (*pl* **-e**) *der* **- 1.** [Profit - materiell] bénéfice *m* ; [- ideell] avantage *m* **- 2.** [Preis] lot *m*, prix *m* **- 3.** [Sieg] : **~ (einer Sache** *(G)***)** victoire *f* (dans qqch). ◆ **Gewinn bringend** ◇ *adj* lucratif(ive) ◇ *adv* avec profit.
gewinnen (*prät* **gewann** ; *perf* **hat gewonnen**) ◇ *vi* **- 1.** [gen] gagner ; **im Lotto ~** gagner au loto ; **an etw** *(D)* **~** gagner en qqch **- 2.** [besser werden] : **durch etw ~** s'améliorer grâce à qqch ◇ *vt* [gen] gagner ; **jn für etw ~** gagner qqn à qqch.
gewinnend ◇ *adj* séduisant(e) ◇ *adv* : **~ lächeln** avoir un sourire séducteur.
Gewinner, in (*mpl* - ; *fpl* **-nen**) *der, die* gagnant *m*, -e *f* ; [bei Wettkampf] vainqueur *m.*
Gewinnung *die (ohne Pl)* extraction *f.*
Gewirr, Gewirre *das (ohne Pl)* **- 1.** [hörbar] bruits *mpl* confus **- 2.** [sichtbar] enchevêtrement *m.*
gewiss ◇ *adj* **- 1.** [unbestimmt] certain(e) **- 2.** [minimal] minimum *m* ; **ein gewisses Maß an etw** *(D)* un minimum de qqch **- 3.** [sicher] ferme ; **(sich** *(D)***) einer Sache** *(G)* **~ sein** être certain(e) de qqch ◇ *adv* [sicherlich] certainement.
Gewissen *das (ohne Pl)* conscience *f.*
gewissenhaft ◇ *adj* consciencieux(euse) ◇ *adv* consciencieusement.

Gewissensbisse *pl* remords *mpl*.
Gewissens|gründe *pl* raisons *fpl* morales. ◆ **aus Gewissensgründen** *adv* pour des raisons morales.
Gewissens|konflikt *der* conflit *m* de conscience.
gewissermaßen *adv* en quelque sorte.
Gewissheit *die (ohne Pl)* certitude *f*.
Gewitter (*pl* -) *das* orage *m*.
gewittrig *adj* orageux(euse).
gewitzt ◇ *adj* astucieux(euse) ◇ *adv* astucieusement.
gewogen *pp* ▷ **wiegen.**
gewöhnen *vt* : **jn an jn/etw ~** habituer qqn à qqn/qqch. ◆ **sich gewöhnen** *ref* : **sich an jn/etw ~** s'habituer à qqn/qqch ; **sich daran ~, etw zu tun** s'habituer à faire qqch.
Gewohnheit (*pl* **-en**) *die* habitude *f*.
gewöhnlich *adj* **- 1.** [normal, gewohnt] habituel(elle) **- 2.** [primitiv] commun(e). ◆ **wie gewöhnlich** *adv* comme d'habitude.
gewohnt *adj* habituel(elle) ; **etw ~ sein** être habitué(e) à qqch.
gewöhnt *adj* : **an etw** *(A)* **~ sein** être habitué(e) à qqch.
Gewölbe (*pl* -) *das* voûte *f*.
gewonnen *pp* ▷ **gewinnen.**
geworben *pp* ▷ **werben.**
geworden *pp* ▷ **werden.**
geworfen *pp* ▷ **werfen.**
Gewühl *das (ohne Pl) abw* [Menschenmenge] cohue *f*.
gewunden ◇ *pp* ▷ **winden** ◇ *adj* [sich schlängelnd] sinueux(euse).
Gewürz (*pl* **-e**) *das* épice *f*.
Gewürz|gurke *die* ≃ cornichon *m (au vinaigre)*.
gewusst *pp* ▷ **wissen.**
Gezeiten *pl* marée *f*.
Gezeter *das (ohne Pl) abw* : **~ (über jn/etw)** criailleries *fpl* (à propos de qqn/qqch).
gezielt ◇ *adj* ciblé(e) ◇ *adv* dans un but précis.
geziert *abw* ◇ *adj* précieux(euse) ◇ *adv* avec affectation ; **sich ~ verhalten** faire des manières.
gezogen *pp* ▷ **ziehen.**
gezwungen ◇ *pp* ▷ **zwingen** ◇ *adj* forcé(e) ◇ *adv* : **~ lächeln** avoir un sourire forcé.
gezwungenermaßen *adv* contraint et forcé.
ggf. *abk für* **gegebenenfalls.**
Ghetto = **Getto.**
Gibraltar *nt* Gibraltar *m* ; **in ~** à Gibraltar.
gibt *präs* ▷ **geben.**
Gicht *die (ohne Pl)* goutte *f*.
Giebel (*pl* -) *der* **- 1.** [Dachgiebel] pignon *m* **- 2.** [über Fenster, Tür] fronton *m*.
Gier *die (ohne Pl)* avidité *f*.
gierig ◇ *adj* avide ; **~ nach** ODER **auf etw** *(A)* avide de qqch ◇ *adv* avidement.
gießen (*prät* **goss** ; *perf* **hat gegossen**) ◇ *vt* **- 1.** [schütten] verser **- 2.** [verschütten] : **etw (über** ODER **auf etw** *(A)*) **~** renverser qqch (sur qqch) **- 3.** [Pflanzen] arroser **- 4.** [in Formen] couler ◇ *vi* [regnen] : **es gießt** il pleut des cordes.
Gift (*pl* **-e**) *das* poison *m* ; [von Tieren] venin *m*.
giftgrün *adj* vert acide.
giftig *adj* **- 1.** [Substanz] toxique ; [Tier] venimeux(euse) ; [Pflanze] vénéneux(euse) **- 2.** [grell] acide.
Gift|müll *der (ohne Pl)* déchets *mpl* toxiques.
Gigant, in (*mpl* **-en** ; *fpl* **-nen**) *der, die* géant *m*, -e *f*.
gilt *präs* ▷ **gelten.**
Gin [dʒɪn] *der (ohne Pl)* gin *m*.
ging *prät* ▷ **gehen.**
Ginster (*pl* -) *der* genêt *m*.
Gipfel (*pl* -) *der* sommet *m*.
Gipfel|treffen *das* rencontre *f* au sommet.
Gips *der (ohne Pl)* plâtre *m*.
Gips|bein *das* jambe *f* plâtrée.
Gips|verband *der* plâtre *m*.
Giraffe (*pl* **-n**) *die* girafe *f*.
Girlande (*pl* **-n**) *die* guirlande *f*.
Giro|konto [ˈʒiːro|kɔnto] *das* compte *m* courant.
Gischt *die (ohne Pl)* écume *f*.
Gitarre (*pl* **-n**) *die* guitare *f*.
Gitarrist, in (*mpl* **-en** ; *fpl* **-nen**) *der, die* guitariste *mf*.
Gitter (*pl* -) *das* grille *f* ; [für Pflanzen] treillage *m*. ◆ **hinter Gittern** *adv fam* derrière les barreaux.
Glanz *der (ohne Pl)* éclat *m*.
glänzen *vi* briller.
glänzend *fam* ◇ *adj* brillant(e) ◇ *adv* **- 1.** [bestehen, lösen] brillamment **- 2.** [sich fühlen] merveilleusement.
Glas (*pl* **Gläser**) *das* **- 1.** [gen] verre *m* ; **hinter ~** sous verre ; **aus ~** en verre **- 2.** [für Eingemachtes] bocal *m*.
Glaser, in (*mpl* **-** ; *fpl* **-nen**) *der, die* vitrier *m*.
glasig *adj* [Blick, Ausdruck] vitreux(euse).
glasklar *adj* limpide.
Glas|scheibe *die* vitre *f*.
Glas|tür *die* porte *f* vitrée.

Glasur (*pl* **-en**) *die* - **1.** [für Keramik] glaçure *f* - **2.** [für Speisen] glaçage *m.*

glatt <> *adj* - **1.** [eben] lisse - **2.** [rutschig] glissant(e) - **3.** [Bruch] net (nette) - **4.** [Landung] en douceur - **5.** [Angelegenheit] simple - **6.** *fam* [eindeutig] pur(e) <> *adv* - **1.** [reibungslos] sans incidents ; **etw geht ~** qqch se déroule bien - **2.** *fam* [eindeutig] carrément.

Glätte *die (ohne Pl)* - **1.** [Ebenheit] aspect *m* lisse - **2.** [von Boden, Fahrbahn] état *m* glissant.

Glattleis *das (ohne Pl)* verglas *m.*

glätten *vt* lisser. ◆ **sich glätten** *ref* [Wogen] se calmer.

Glatze (*pl* **-n**) *die* calvitie *f* ; **er hat eine ~** il est chauve.

Glaube *der (ohne Pl)* foi *f* ; **jm/einer Sache ~n schenken** accorder du crédit à qqn/qqch.

glauben *vt & vi* croire ; **jm ~** croire qqn ; **an jn ~** croire en qqn ; **an etw** *(A)* **~** croire à qqch.

Glaubenslbekenntnis *das (ohne Pl)* REL Credo *m.*

glaubhaft *adj* crédible.

gläubig *adj* - **1.** [fromm] croyant(e) - **2.** [vertrauensselig] crédule.

Gläubige (*pl* **-n**) *der, die* croyant *m*, -e *f.*

Gläubiger, in (*mpl* **-;** *fpl* **-nen**) *der, die* créancier *m*, -ère *f.*

glaubwürdig *adj* crédible.

gleich <> *adj* même ; **etw ist jm (völlig) ~** *fam* qqch est (complètement) égal(e) à qqn <> *adv* - **1.** [gleichermaßen] de la même façon ; **sie sind ~ groß** l'un est aussi grand que l'autre - **2.** [sofort] tout de suite - **3.** [unmittelbar] juste - **4.** [noch] déjà - **5.** [ebenso gut] aussi bien. ◆ **bis gleich!** *interj* à tout de suite! .

gleichaltrig, gleichalterig *adj* du même âge.

gleichlberechtigt <> *adj* égal(e) en droits ; **jm ~ sein** avoir les mêmes droits que qqn <> *adv* avec les mêmes droits.

Gleichlberechtigung *die (ohne Pl)* égalité *f.*

gleichen (*prät* **glich** ; *perf* **hat geglichen**) *vi* : **jm/einer Sache ~** ressembler à qqn/qqch ; **sich** *(D)* **~** se ressembler.

gleichfalls *adv* également. ◆ **danke, gleichfalls!** *interj* merci, à toi ODER vous aussi!

Gleichlgewicht *das (ohne Pl)* équilibre *m* ; **im ~** en équilibre ; **das ~ halten** garder l'équilibre.

gleichgültig <> *adj* - **1.** [desinteressiert] indifférent(e) ; **jd/etw ist jm ~** qqn/qqch est indifférent à qqn - **2.** [einerlei] peu importe <> *adv* avec indifférence.

Gleichheit *die (ohne Pl)* - **1.** [Übereinstimmung] similitude *f* - **2.** [Gleichberechtigung] égalité *f.*

gleichlkommen (*perf* **ist gleichgekommen**) *vi (unreg)* : **jm an etw** *(D)* **~** égaler qqn en qqch.

gleich lautend *adj* identique.

gleichmäßig <> *adj* régulier(ère) <> *adv* régulièrement.

Gleichnis (*pl* **-se**) *das* parabole *f.*

gleichschenklig, gleichschenkelig *adj* MATH : **~es Dreieck** triangle *m* isocèle.

Gleichlschritt *der (ohne Pl)* : **(im) ~** (au) pas *m* cadencé.

gleichlstellen *vt* : **jn (mit) jm ~** mettre qqn au même niveau ODER sur le même plan que qqn.

Gleichlstrom *der (ohne Pl)* courant *m* continu.

gleichltun *vt (unreg)* : **es jm ~** suivre la voie de qqn.

Gleichung (*pl* **-en**) *die* équation *f.*

gleichlzeitig <> *adj* simultané(e) <> *adv* en même temps.

gleichlziehen (*perf* **ist gleichgezogen**) *vi (unreg)* : **mit jm ~** égaler qqn.

Gleis (*pl* **-e**) *das* voie *f* ; **aus den ~en geraten** dérailler.

gleiten (*prät* **glitt** ; *perf* **hat/ist geglitten**) *vi (ist)* [sich fortbewegen, rutschen] glisser ; **aus etw ~** glisser de qqch.

Gleitlzeit *die* horaire *m* flexible.

Gletscher (*pl* **-**) *der* glacier *m.*

glich *prät* ▷ **gleichen.**

Glied (*pl* **-er**) *das* - **1.** [von Finger, Zeh] phalange *f* - **2.** [Gliedmaßen, Penis, Einzelteil] membre *m* - **3.** [Bindeglied] chaînon *m.*

gliedern *vt* ordonner. ◆ **sich gliedern** *ref* : **(sich in etw** *(A)***) ~** se diviser (en qqch).

Gliederung (*pl* **-en**) *die* - **1.** [von Texten] division *f* ; **eine ~ machen** faire un plan - **2.** [von Gruppe, Gebäude] structure *f.*

Gliedmaßen *pl* membres *mpl.*

glimmen (*prät* **glimmte** ODER **glomm** ; *perf* **hat geglimmt** ODER **geglommen**) *vi* rougeoyer.

glimpflich *adv* - **1.** [ohne Schaden] assez bien ; **~ davonkommen** s'en tirer à bon compte - **2.** [nachsichtig] avec indulgence.

glitschig *adj fam* glissant(e).

glitt *prät* ▷ **gleiten.**

glitzern *vi* scintiller.

global <> *adj* - **1.** [weltumfassend] international(e), mondial(e) - **2.** [vielseitig] général(e) - **3.** [allgemein] global(e) <> *adv* - **1.** [weltumfassend] à l'échelle mondiale

- **2.** [vielseitig] sur le plan général - **3.** [allgemein] globalement.
Globalisierung *die (ohne pl)* mondialisation *f.*
Globus (*pl* **-se** ODER **Globen**) *der* globe *m.*
Glocke (*pl* **-n**) *die* cloche *f.*
Glocken|spiel *das* carillon *m.*
Glocken|turm *der* clocher *m.*
glomm *prät* ▷ **glimmen.**
glorreich ◇ *adj* glorieux(euse) ◇ *adv* glorieusement.
Glossar (*pl* **-e**) *das* glossaire *m.*
glotzen *vi fam abw* faire des yeux ronds.
Glück *das (ohne Pl)* - **1.** [Glücksfall, Fortuna] chance *f* ; **~ haben** avoir de la chance ; **bei jm ~ haben** avoir du succès auprès de qqn ; **sein ~ versuchen** tenter sa chance - **2.** [Segen] bonheur *m* ; **~ bringen** porter bonheur. ◆ **auf gut Glück** *adv* au petit bonheur. ◆ **viel Glück!** *interj* bonne chance! ◆ **zum Glück** *adv* heureusement.

Glück wünschen

Bonne chance. Viel Glück.
Je croise les doigts. Ich drücke dir die Daumen.
Je vous souhaite bonne chance. Ich wünsche Ihnen viel Glück..
Tu passes ton examen demain ? Je penserai à toi. Morgen ist deine Prüfung? Ich werde an dich denken.
Je te souhaite plein de bonnes choses. Ich wünsche dir alles Gute.

Glucke (*pl* **-n**) *die* poule *f (couveuse).*
glücken (*perf* **ist geglückt**) *vi* : **jm glückt etw** qqn réussit qqch.
gluckern *vi* glouglouter.
glücklich ◇ *adj* heureux(euse) ◇ *adv* - **1.** [beglückt] d'un air heureux - **2.** [günstig] favorablement ; **~ enden** trouver une fin heureuse.
glücklicherweise *adv* heureusement.
Glücksbringer (*pl* -) *der* porte-bonheur *m.*
Glücks|fall *der* coup *m* de chance.
Glücks|pilz *der fam* veinard *m*, -e *f.*
Glücks|spiel *das* - **1.** [um Geld] jeu *m* de hasard - **2.** *fig* [Glückssache] loterie *f.*
Glücks|strähne *die* période *f* de chance.
Glück|wunsch *der* félicitation *f* ; **herzlichen ~ zum Geburtstag!** joyeux anniversaire! ◆ **herzliche Glückwünsche!** *interj* toutes mes ODER nos félicitations!
Glucose = **Glukose.**
Glüh|birne *die* ampoule *f* (électrique).
glühen *vi* [brennen] rougeoyer.
glühend ◇ *adj* - **1.** [heiß] incandescent(e) ; [Hitze] brûlant(e) - **2.** [leidenschaftlich] fervent(e) ; [Hass] féroce ◇ *adv* [leidenschaftlich] passionnément.
Glüh|wein *der* vin *m* chaud.
Glukose, Glucose *die (ohne Pl)* CHEM glucose *m.*
Glut (*pl* **-en**) *die* [in Feuer] braise *f.*
GmbH (*pl* **-s**) (*abk für* **Gesellschaft mit beschränkter Haftung**) *die* ≃ SARL *f.*
Gnade *die (ohne Pl)* - **1.** [Gunst] faveur *f* - **2.** [Erbarmen - menschlich] miséricorde *f* ; [- göttlich] grâce *f.*
gnadenlos ◇ *adj* impitoyable ; [Hitze] accablant(e) ◇ *adv* impitoyablement.
gnädig ◇ *adj* - **1.** [wohlmeinend] bienveillant(e) - **2.** [barmherzig] miséricordieux(euse) ◇ *adv* avec bienveillance. ◆ **gnädige Frau!** *interj* Madame!
Gockel (*pl* -) *der* coq *m.*
Gold *das (ohne Pl)* or *m.*
Gold|barren *der* lingot *m* d'or.
golden ◇ *adj* - **1.** [aus Gold] en or - **2.** [goldfarben] doré(e) ◇ *adv* avec l'éclat de l'or.
Gold|fisch *der* poisson *m* rouge.
goldgelb *adj* jaune d'or.
Gold|medaille *die* médaille *f* d'or.
Gold|schmied, in *der, die* orfèvre *mf.*
Golf (*pl* **-e**) ◇ *der* golfe *m* ◇ *das (G Golfs) (ohne Pl)* golf *m.*
Golf|platz *der* terrain *m* de golf.
Golf|strom *der (ohne Pl)* Gulf Stream *m.*
gönnen *vt* : **jm etw ~** [genehmigen] accorder qqch à qqn ; [neidlos] souhaiter qqch à qqn de bon cœur ; **sich** *(D)* **etw ~** s'accorder qqch.
Gönner (*pl* -) *der* protecteur *m* ; [für Kunst] mécène *m.*
gönnerhaft *abw adj* suffisant(e).
Gönnerin (*pl* **-nen**) *die* protectrice *f* ; [für Kunst] mécène *m.*
Gorilla (*pl* **-s**) *der* gorille *m.*
goss *prät* ▷ **gießen.**
Gosse (*pl* **-n**) *die* caniveau *m.*
Gotik *die (ohne Pl)* gothique *m.*
gotisch *adj* gothique.
Gott (*pl* **Götter**) *der* - **1.** *(ohne Pl)* [christlich] Dieu *m* - **2.** [Gottheit] dieu *m.* ◆ **Gott sei Dank!** *interj fam* Dieu soit loué! ◆ **leider Gottes** *adv fam* malheureusement.
Gottes|dienst *der* office *m* ; [evangelisch] culte *m.*
Göttin (*pl* **-nen**) *die* déesse *f.*
göttlich ◇ *adj* divin(e) ◇ *adv* divinement.
gottlos *adj* - **1.** [respektlos] impie - **2.** [ungläubig] incroyant(e).

gottverlassen *adj* - **1.** *fam* [Ort] paumé(e) - **2.** [Mensch] abandonné(e).
Götze (*pl* **-n**) *der* idole *f.*
Gouverneur, in [guvɛr'nøːɐ̯, rɪn] (*mpl* **-e** ; *fpl* **-nen**) *der, die* gouverneur *m.*
GPS (*abk für* **Grüne Partei der Schweiz**) *die (ohne Pl) parti écologiste suisse.*
Grab (*pl* **Gräber**) *das* tombe *f.*
graben (*präs* **gräbt** ; *prät* **grub** ; *perf* **hat gegraben**) <> *vt* creuser <> *vi* : **in etw** *(D)* ~ creuser qqch ; **nach etw** ~ chercher qqch.
Graben (*pl* **Gräben**) *der* fossé *m* ; MIL tranchée *f.*
Grab|stein *der* pierre *f* tombale.
gräbt *präs* ▷ **graben.**
Grabung (*pl* **-en**) *die* fouille *f.*
Grad (*pl* **-e**) *der* - **1.** [Maß] degré *m* - **2.** [Rang] grade *m.*
gradweise *adv* graduellement.
Graf (*pl* **-en**) *der* comte *m.*
Grafik, Graphik (*pl* **-en**) *die* - **1.** *(ohne Pl)* [Kunst] arts *mpl* graphiques - **2.** [Kunstwerk] œuvre *f* graphique - **3.** [Schema] graphique *m.*
Gräfin (*pl* **-nen**) *die* comtesse *f.*
grafisch, graphisch <> *adj* graphique <> *adv* graphiquement.
Grafschaft (*pl* **-en**) *die* comté *m.*
Gramm (*pl* **-e** ODER **-**) *das* gramme *m.*
Grammatik (*pl* **-en**) *die* grammaire *f.*
grammatikalisch, grammatisch <> *adj* - **1.** [Problem, Regel] de grammaire - **2.** [Struktur] grammatical(e) <> *adv* grammaticalement.
Granate (*pl* **-n**) *die* obus *m.*
grandios <> *adj* grandiose <> *adv* avec brio.
Granit *der (ohne Pl)* granite *m.*
Grapefruit ['greːpfruːt] (*pl* **-s**) *die* pamplemousse *m.*
Graphik = **Grafik.**
graphisch = **grafisch.**
Gras (*pl* **Gräser**) *das* herbe *f.*
grasen *vi* brouter.
Gras|halm *der* brin *m* d'herbe.
grassieren *vi* sévir.
grässlich <> *adj* horrible <> *adv* horriblement.
Grat (*pl* **-e**) *der* crête *f.*
Gräte (*pl* **-n**) *die* arête *f.*
gratis <> *adv* gratuitement <> *adj* : **etw ist** ~ qqch est gratuit(e).
Grätsche (*pl* **-n**) *die* [im Stand] : **in der** ~ les jambes écartées.
gratulieren *vi* : **(jm zu etw)** ~ féliciter (qqn pour ODER de qqch) ; **sich** *(D)* **zu jm/etw ~ können** *fam fig* pouvoir être fier (fière) de qqn/qqch.
grau <> *adj* - **1.** [Farbe] gris(e) ; ~ **meliert** poivre et sel - **2.** [trist] morne <> *adv* en gris.
Grau *das (ohne Pl)* - **1.** [graue Farbe] gris *m* - **2.** [Tristheit] grisaille *f.*
Grau|brot *das* pain *m* bis.
Graubünden *nt* Grisons *mpl.*
Graubündner, in (*mpl* **-** ; *fpl* **-nen**) *der, die* Grison *m*, -onne *f.*
graubündnerisch *adj* des Grisons.
grauhaarig *adj* aux cheveux gris.
Graupel|schauer *der* giboulée *f.*
grausam <> *adj* - **1.** [brutal] cruel(elle) - **2.** [fürchterlich, unangenehm] terrible, horrible <> *adv* - **1.** [brutal] avec cruauté - **2.** [fürchterlich, unangenehm] terriblement, horriblement.
Grausamkeit (*pl* **-en**) *die* - **1.** *(ohne Pl)* [einer Person] cruauté *f* - **2.** [Tat] acte *m* de cruauté.
grausig <> *adj* effroyable <> *adv* épouvantablement.
Gravur [gra'vuːɐ̯] (*pl* **-en**) *die* gravure *f.*
Graz *nt* Graz.
Grazie *die (ohne Pl)* grâce *f.* ◆ **Grazien** *pl* Grâces *fpl.*
graziös <> *adj* gracieux(euse) <> *adv* gracieusement, avec grâce.
greifbar <> *adj* - **1.** [in Reichweite] : **etw ~ haben** avoir qqch sous la main - **2.** [parat] disponible - **3.** [absehbar] tangible <> *adv* : ~ **nahe** tout proche.
greifen (*prät* **griff** ; *perf* **hat gegriffen**) <> *vt* - **1.** [mit Hand, Werkzeug] saisir - **2.** [erwischen] : **jn/etw an etw** *(D)* ~ attraper (qqn/qqch par qqch) - **3.** MUS [Klavierakkord] plaquer <> *vi* - **1.** [fassen] : **nach etw** ~ [nach Gegenstand, Hand] saisir qqch ; [besitzergreifend] s'emparer de qqch - **2.** [langen] : **in/hinter/unter etw** *(A)* ~ mettre la main dans/derrière/sous qqch - **3.** [Reifen] avoir une bonne adhérence - **4.** *RW* : **um sich** ~ s'étendre.
Greif|vogel *der* oiseau *m* de proie.
Greis, in (*mpl* **-e** ; *fpl* **-nen**) *der, die* vieillard *m.*
grell <> *adj* - **1.** [Licht] cru(e) - **2.** [Farbe] criard(e) - **3.** [Geräusch] strident(e) <> *adv* - **1.** [blendend] d'un éclat vif - **2.** [farbig] d'un ton vif.
Grenz|beamte *der* douanier *m.*
Grenz|beamtin *die* douanière *f.*
Grenz|bereich *der* - **1.** *(ohne Pl)* [von Ländern] région *f* frontalière - **2.** [von Leistung, Fachgebiet] limites *fpl.*
Grenze (*pl* **-n**) *die* - **1.** [Trennlinie] frontière *f* - **2.** [Beschränkung, Endpunkt] limites *fpl.* ◆ **grüne Grenze** *die* : **über die grüne ~ gehen** passer clandestinement la frontière en rase campagne.
grenzen *vi* : **an etw** *(A)* ~ border qqch ; *fig*

frôler qqch ; **aneinander ~** être limitrophes.
grenzenlos <> *adj* illimité(e) <> *adv* infiniment.
Grenz|fall *der* cas *m* limite.
Grenz|kontrolle *die* contrôle *m* douanier.
Grenz|posten *der* poste *m* frontière.
Grenz|schutz *der (ohne Pl)* protection *f* des frontières ; [in Deutschland] ▻ **Bundesgrenzschutz.**
Grenzüber|gang *der* - **1.** [Handlung] passage *m* de la frontière - **2.** [Ort] poste *m* frontière.
grenzüberschreitend <> *adj* transfrontalier(ère) <> *adv* à l'échelle internationale.
Grenz|verkehr *der (ohne Pl)* trafic *m* frontalier.
Grenz|wert *der* valeur *f* limite.
Grieche (*pl* **-n**) *der* Grec *m.*
Griechenland *nt* Grèce *f.*
Griechin (*pl* **-nen**) *die* Grecque *f.*
griechisch *adj* grec (grecque).
Griechisch *das (ohne Pl)* grec *m ; siehe auch* **Englisch.**
Griechische *das (ohne Pl)* grec *m ; siehe auch* **Englische.**
griesgrämig <> *adj* grincheux(euse) <> *adv* de manière grincheuse.
Grieß *der (ohne Pl)* semoule *f.*
griff *prät* ▻ **greifen.**
Griff (*pl* **-e**) *der* - **1.** [Bewegung] : **beim ~ in die Tasche** en cherchant dans sa poche ; **mit einem ~** en un tour de main - **2.** SPORT prise *f* ; **etw im ~ haben** *fig* avoir qqch bien en main ; **jn/etw in den ~ bekommen** ODER **kriegen** *fig* venir à bout de qqn/qqch - **3.** [Hilfe suchend] recours *m* - **4.** [Teil - von Korb] anse *f* ; [- von Tür] poignée *f* ; [- von Werkzeug] manche *m.*
griffbereit *adj & adv* à portée de main.
griffig *adj* - **1.** [handlich] maniable - **2.** [gut greifend] qui présente une bonne adhérence ; [Schnee] bon (bonne).
Grill (*pl* **-s**) *der* gril *m.*
Grille (*pl* **-n**) *die* [Insekt] grillon *m.*
grillen <> *vt* griller <> *vi* faire un barbecue.
Grill|fest *das* barbecue *m.*
Grimasse (*pl* **-n**) *die* grimace *f.*
grimmig <> *adj* - **1.** [wütend] furieux(euse) ; [Furcht erregend] féroce - **2.** [Kälte, Hunger] terrible <> *adv* d'un air furieux ; [Furcht erregend] d'un air féroce.
grinsen *vi* - **1.** [dumm] sourire bêtement - **2.** [frech] avoir un sourire moqueur.
Grippe (*pl* **-n**) *die* grippe *f.*
Grips *der (ohne Pl) fam* matière *f* grise.
grob (*komp* **gröber** ; *superl* **gröbste**) <> *adj* - **1.** [gen] grossier(ère) - **2.** [Salz] gros (grosse) - **3.** [Papier, Haut] rugueux(euse) - **4.** *RW* : **aus dem Gröbsten heraus sein** avoir passé le cap le plus difficile <> *adv* - **1.** [mahlen] grossièrement - **2.** [planen, schätzen] en gros - **3.** [unhöflich] avec grossièreté.
Grobheit (*pl* **-en**) *die* grossièreté *f.*
grölen *vt & vi abw* brailler.
Grönland *nt* Groenland *m.*
Groschen (*pl* **-**) *der* - **1.** [deutsche Münze] *pièce de dix pfennigs* - **2.** [österreichische Münze] groschen *m.*
groß (*komp* **größer** ; *superl* **größte**) <> *adj* - **1.** [gen] grand(e) ; [Buchstabe] majuscule ; **sich ~e Mühe geben** se donner beaucoup de peine - **2.** [mit Maßangabe] : **zwei Meter ~ sein** mesurer deux mètres (de haut) ; **eine 60 m² ~e Wohnung** un appartement de 60 m² ; **wie ~ ist sie?** combien mesure-t-elle? - **3.** [Kosten, Vermögen, Appetit] gros (grosse) <> *adv* - **1.** [räumlich] : **~ wirken** paraître vaste - **2.** [zeitlich] : **~ und breit** en long et en large - **3.** [wesentlich] : **im Großen und Ganzen** en gros, globalement - **4.** [wichtig] : **~ geschrieben werden : bei uns wird Teamarbeit groß geschrieben** nous accordons beaucoup d'importance au travail en équipe - **5.** [erstaunt] : **jn ~ ansehen** regarder qqn avec de grands yeux - **6.** [glanzvoll] en grande pompe. ◆ **Groß und Klein** *pron* petits et grands.
großartig <> *adj* [hervorragend] magnifique <> *adv* [hervorragend] à merveille.
Groß|aufnahme *die* gros plan *m.*
Großbritannien *nt* Grande-Bretagne *f.*
Groß|buchstabe *der* lettre *f* capitale, capitale *f*, majuscule *f.*
Größe (*pl* **-n**) *die* - **1.** [gen] taille *f* - **2.** [von Schuh, Handschuh] pointure *f* - **3.** [Bedeutsamkeit, Wert] grandeur *f.*
Groß|einsatz *der* [von Personen] déploiement *m* massif ; [von Gegenständen, Maschinen] utilisation *f* massive.
Groß|eltern *pl* grands-parents *mpl.*
großenteils *adv* en grande partie.
Größen|wahn *der (ohne Pl) abw* mégalomanie *f*, folie *f* des grandeurs.
größenwahnsinnig *adj* mégalomane.
größer *adj* - **1.** [Komparativ von groß] plus grand(e) - **2.** [von mittlerer Größe] d'une certaine importance.
Groß|familie *die* grande famille *f.*
Groß|handel *der (ohne Pl)* commerce *m* de gros.
Groß|händler, in *der, die* grossiste *mf.*
Groß|macht *die* grande puissance *f.*
Groß|maul *das fam abw* crâneur *m*, -euse *f.*

großmütig ◇ *adj* magnanime ◇ *adv* avec grandeur d'âme.

Großmutter *die* grand-mère *f.*

Großraumwagen *der* [von Zug] voiture salle *f.*

Großrechner *der* EDV gros ordinateur.

großschreiben *vt (unreg)* écrire en majuscules ; **großgeschrieben werden** prendre une majuscule.

Großschreibung *die (ohne Pl)* majuscules *fpl.*

großspurig *abw* ◇ *adj* prétentieux(euse) ◇ *adv* d'un air prétentieux.

Großstadt *die* grande ville *f.*

Großstädter, in *der, die* habitant *m,* -e *f* d'une grande ville.

größtenteils *adv* pour la plupart.

größtmöglich *adj* le plus grand possible, la plus grande possible.

großtun *vi (unreg) abw* faire l'important(e).

Großunternehmer, in *der, die* chef *m* d'une grande entreprise.

Großvater *der* grand-père *m.*

Großverdiener, in (*mpl* - ; *fpl* **-nen**) *der, die* gros salaire *m* ; ~ **sein** avoir un gros salaire.

großziehen *vt (unreg)* élever.

großzügig ◇ *adj* - **1.** [gen] généreux(euse) - **2.** [Raum, Haus] vaste ◇ *adv* - **1.** [freigebig] avec largesse - **2.** [weiträumig] spacieusement - **3.** [großmütig] avec générosité.

Grotte (*pl* **-n**) *die* grotte *f.*

grub *prät* ▷ **graben.**

Grübchen (*pl* -) *das* fossette *f.*

Grube (*pl* **-n**) *die* [in der Erde] excavation *f* ; [Bergwerk] mine *f.*

grübeln *vi :* **(über etw** *(A, D)***)** ~ ruminer (qqch). ◆ **Grübeln** *das (ohne Pl) :* **ins Grübeln kommen** se mettre à ruminer.

Gruft (*pl* **Grüfte**) *die* caveau *m.*

grün ◇ *adj* - **1.** [gen] vert(e) ; ~ **werden** verdir - **2.** [unerfahren] inexpérimenté(e) ◇ *adv* - **1.** [farbig] en vert - **2.** [ökologisch] vert.

Grün *das* - **1.** [Farbe] vert *m* - **2.** *(ohne Pl)* [Pflanzen] verdure *f.* ◆ **bei Grün** *adv* au (feu) vert.

Grünanlage *die* espace *m* vert.

Grund (*pl* **Gründe**) *der* - **1.** [Ursache] raison *f* - **2.** *(ohne Pl)* [von Gewässern] fond *m* - **3.** [Erdboden] sol *m* - **4.** *RW :* **etw** *(D)* **auf den ~ gehen** examiner qqch à fond. ◆ **im Grunde** *adv* dans le fond, au fond. ◆ **von Grund auf** *adv* de fond en comble.

Grundausstattung *die* équipement *m* de base.

Grundbedürfnis *das* besoin *m* vital.

Grundbegriff *der* bases *fpl.*

Grundbesitz *der* propriété *f* foncière.

gründen *vt* [schaffen] fonder. ◆ **sich gründen** *ref :* **sich auf etw** *(A)* ~ se fonder sur qqch.

Gründer, in (*mpl* - ; *fpl* **-nen**) *der, die* fondateur *m,* -trice *f.*

Grundgebühr *die* taxe *f* de base ; [bei Telefon] abonnement *m.*

Grundgedanke *der* idée *f* de base.

Grundgesetz *das (ohne Pl)* loi *f* fondamentale.

Grundkurs *der* - **1.** [Anfängerkurs] cours *m* pour débutants - **2.** SCHULE *cours obligatoires au lycée.*

> **Grundkurs**
>
> Ce sont des cours obligatoires ou optionnels, proposés durant le dernier cycle du lycée, qui ont pour but de donner des bases dans une matière donnée. Il faut impérativement choisir deux matières parmi l'allemand, les mathématiques et une langue vivante. Celles-ci seront présentées au baccalauréat.

Grundlage *die* fondement *m,* base *f.*

grundlegend *adj* fondamental(e).

gründlich ◇ *adj* [Mensch, Arbeit, Reinigung] minutieux(euse) ; [Kenntnisse, Ausbildung] approfondi(e) ◇ *adv* [gewissenhaft] à fond.

Grundlohn *der* salaire *m* de base.

grundlos ◇ *adj* sans fondement ◇ *adv* sans raison.

Grundnahrungsmittel *das* aliment *m* de base.

Gründonnerstag *der (ohne Pl)* jeudi *m* saint.

Grundrecht *das* droit *m* fondamental.

Grundriss *der* - **1.** ARCHIT plan *m* - **2.** [Schema] esquisse *f.*

Grundsatz *der* principe *m.*

grundsätzlich ◇ *adj* - **1.** [grundlegend] fondamental(e) - **2.** [aus Prinzip] de principe ◇ *adv* - **1.** [eigentlich] en principe - **2.** [bedingungslos] radicalement.

Grundschule *die* école *f* primaire.

Grundstück *das* terrain *m.*

Gründung (*pl* **-en**) *die* fondation *f* ; [von Stiftung] création *f.*

grundverschieden ◇ *adj* foncièrement différents (différentes) ◇ *adv :* **die Brüder sehen ~ aus** les frères ne se ressemblent pas du tout.

Grundwasser *das (ohne Pl)* [im Boden] nappe *f* phréatique.

Grüne *das (ohne Pl)* - **1.** [Farbe] vert *m* - **2.** [Natur] : **im ~n** dans la verdure.

Grünen *pl :* **die ~** les verts *mpl.*

Grüne Punkt *der (ohne Pl)* point *m* éco-emballage.

Grün|fläche *die* - **1.** [Park] espace *m* vert - **2.** [Rasen] pelouse *f.*

Grün|kohl *der (ohne Pl)* chou *m* vert.

grünlich ◇ *adj* verdâtre ◇ *adv :* **~ glänzen** avoir des reflets verdâtres.

grunzen *vi* grogner.

Gruppe (*pl* **-n**) *die* groupe *m.*

Gruppen|arbeit *die (ohne Pl)* travail *m* de groupe.

Gruppen|reise *die* voyage *m* organisé.

gruppieren *vt* regrouper. ◆ **sich gruppieren** *ref* se regrouper.

Gruppierung (*pl* **-en**) *die* - **1.** [politisch] groupement *m* - **2.** [Anordnung] regroupement *m.*

gruselig *adj* qui donne le frisson.

gruseln *vt :* **es gruselt jm** ODER **jn (vor jm/ etw)** qqn frissonne d'horreur (devant qqn/ qqch). ◆ **sich gruseln** *ref :* **sich (vor jm/ etw) ~** frissonner d'horreur (devant qqn/qqch).

Gruß (*pl* **Grüße**) *der* - **1.** [Handlung] salut *m* - **2.** [Resultat] bonjour *m ;* **jm Grüße bestellen** ODER **ausrichten** transmettre le bonjour à qqn. ◆ **herzliche Grüße!** *interj* meilleurs souvenirs.

grüßen ◇ *vt* - **1.** [begrüßen] saluer qqn - **2.** [Gruß senden] : **jd lässt jn ~, jn von jm ~** saluer qqn de la part de qqn ◇ *vi* [begrüßen] dire bonjour. ◆ **grüß Gott!** *interj Süddt* bonjour!

Grütze (*pl* **-n**) *die* bouillie *f (de céréales) ;* **rote ~** gelée *f* de fruits rouges.

GSG 9 (*abk für* **Grenzschutzgruppe**) *die (ohne Pl) troupe d'intervention antiterroriste.*

gucken *fam* ◇ *vi* regarder ◇ *vt* regarder.

Guillotine [gijo'tiːnə] (*pl* **-n**) *die* guillotine *f.*

Gulasch (*pl* **-e** ODER **-s**) *der* ODER *das* goulasch *m,* goulache *m.*

Gulasch|kanone *die* cuisine *f* roulante, roulante *f.*

Gulden (*pl* **-**) *der* florin *m.*

Gully (*pl* **-s**) *der* bouche *f* d'égout.

gültig *adj* valable.

Gültigkeit *die (ohne Pl)* validité *f.*

Gummi (*pl* **-s**) *der* ODER *das* - **1.** *(ohne Pl)* [Material] caoutchouc *m* - **2.** *fam* [Band] élastique *m.*

Gummi|band (*pl* **-bänder**) *das* élastique *m.*

Gummi|knüppel *der* matraque *f* (en caoutchouc).

Gummi|stiefel *der* botte *f* de ODER en caoutchouc.

Gunst *die (ohne Pl)* faveur *f ; siehe auch* **zugunsten.**

günstig ◇ *adj* [Gelegenheit, Umstände] favorable, propice ; [Preis] avantageux(euse) ◇ *adv* favorablement ; [kaufen] à des conditions avantageuses.

Gurgel (*pl* **-n**) *die* gorge *f.*

gurgeln *vi* - **1.** [Person] se gargariser, faire des gargarismes - **2.** [Bach, Flüssigkeit] gargouiller.

Gurke (*pl* **-n**) *die* concombre *m ;* [eingelegt] cornichon *m.*

gurren *vi* roucouler.

Gurt (*pl* **-e**) *der* - **1.** [im Auto, Flugzeug] ceinture *f* (de sécurité) - **2.** [zum Tragen, Halten] sangle *f.*

Gürtel (*pl* **-**) *der* ceinture *f.*

Gürtel|linie *die (ohne Pl) :* **unter der ~** [unfair] odieux(euse) ; [anzüglich] au dessous de la ceinture.

Gurt|pflicht *die (ohne Pl)* obligation *f* de mettre la ceinture (de sécurité).

Guss (*pl* **Güsse**) *der* - **1.** [Gießen - von Metall] fonte *f ;* [- von Beton] coulée *f* - **2.** [Regen] averse *f* - **3.** KÜCHE glaçage *m.*

Guss|eisen *das (ohne Pl)* fonte *f.*

gut (*komp* **besser ;** *superl* **beste**) ◇ *adj* [gen] bon (bonne) ; **es ~ sein lassen** *fam fig* en rester là ; **es ~ haben** avoir de la chance ; **in etw** *(D)* **~ sein** être bon en qqch ◇ *adv* - **1.** [gen] bien ; **~ gelaunt** de bonne humeur ; **~ gehen** [Produkt] bien partir ; [Geschäft] bien marcher ; **du tätest ~ daran, mehr zu arbeiten** tu ferais bien de travailler davantage ; **du hast ~ reden!** tu peux parler! - **2.** *RW :* **so ~ wie** *fam* quasiment.

Gut (*pl* **Güter**) *das* - **1.** [Bauernhof] domaine *m* - **2.** [Ware] marchandise *f* - **3.** [Eigentum] bien *m.*

Gutachten (*pl* **-**) *das* - **1.** [juristisch] rapport *m* d'expertise - **2.** [vom Arzt] certificat *m* médical - **3.** [in der Schule] rapport *m.*

Gutachter, in (*mpl* **- ;** *fpl* **-nen**) *der, die* expert *m.*

gutartig *adj* - **1.** [Mensch, Tier] bon (bonne) - **2.** MED bénin(igne).

gut|bürgerlich *adj* bourgeois(e).

Gute *das (ohne Pl)* bien *m.* ◆ **alles Gute!** *interj* tous mes ODER nos vœux!

Güte *die (ohne Pl)* - **1.** [Haltung] bonté *f* - **2.** [Qualität] (bonne) qualité *f.*

Güte|klasse *die* catégorie *f.*

Güter|bahnhof *der* gare *f* de marchandises.

Güter|verkehr *der (ohne Pl)* trafic *m* de marchandises.

Güter|zug *der* train *m* de marchandises.

Güte|zeichen *das* label *m* de qualité.

gut gehen (*perf* **ist gut gegangen**) *vi (unreg)* - **1.** [gesundheitlich] : **jm geht es gut** qqn va bien - **2.** [Projekt, Handlung] bien tourner - **3.** [im Verkauf] bien se vendre.

gut gelaunt *adj* de bonne humeur.

gut gemeint *adj* fait(e) dans une bonne intention.

gut|gläubig *adj* crédule.

Guthaben (*pl* -) *das* avoir *m*.

gut|heißen *vt (unreg)* approuver.

gütig *adj* plein(e) de bonté.

gütlich *adj* (à l') amiable.

gutmütig *adj* débonnaire.

Gutmütigkeit *die (ohne Pl)* bonhomie *f*.

Gut|schein *der* bon *m*.

gut|schreiben *vt (unreg)* : **jm etw ~** créditer qqn de qqch.

Gut|schrift *die* - **1.** [Handlung] crédit *m* - **2.** [Quittung] avis *m* de crédit.

gut situiert *adj* aisé(e).

gut tun *vi (unreg)* : **etw tut jm/einer Sache gut** qqch fait du bien à qqn/qqch.

gutwillig *adj* de bonne volonté.

Gymnasial|lehrer, in *der, die* professeur *m* de lycée.

Gymnasiast, in (*mpl* **-en** ; *fpl* **-nen**) *der, die* lycéen *m*, -enne *f*.

Gymnasium (*pl* **Gymnasien**) *das* lycée *m* ; **altsprachliches/neusprachliches ~** lycée classique/moderne.

Gymnastik *die (ohne Pl)* gymnastique *f*.

Gynäkologe (*pl* **-n**) *der* gynécologue *m*.

Gynäkologin (*pl* **-nen**) *die* gynécologue *f*.

H

h, H [haː] (*pl* - ODER **-s**) *das* - **1.** [Buchstabe] h *m inv*, H *m inv* - **2.** MUS si *m inv*. ◆ **h** (*abk für* **Stunde, Uhr**) h.

ha ◇ *interj* : **ha!** ha! ◇ (*abk für* **Hektar**) ha.

Haar (*pl* **-e**) *das* - **1.** [auf Kopf] cheveu *m* ; [an Körper] poil *m* ; **sich** *(D)* **die ~e schneiden lassen** se faire couper les cheveux - **2.** *RW* : **sich in die ~e kriegen** ODER **geraten** *fam* s'accrocher.

Haar|bürste *die* brosse *f* à cheveux.

haaren *vi* perdre ses poils.

Haares|breite *die (ohne Pl)* : **um ~** à un cheveu près.

Haar|festiger *der* fixateur *m* (pour les cheveux).

haargenau ◇ *adj* très précis(e) ◇ *adv* [beobachten] à la loupe.

haarig *adj* [Beine, Körper] poilu(e).

haarklein *adv* par le menu.

haarscharf ◇ *adj* extrêmement précis(e) ◇ *adv* - **1.** [sehr nah] : **etw** *(D)* **~ entgehen** éviter qqch de justesse - **2.** [sehr genau] : **etw ~ beobachten** observer qqch dans les moindres détails.

Haar|schnitt *der* coupe *f* (de cheveux).

Haar|spange *die* barrette *f* (pour cheveux).

Haar|spray *der* ODER *das* spray *m* (pour cheveux), laque *f*.

haarsträubend *adj* - **1.** [empörend] exaspérant(e) - **2.** [grauenhaft] à faire dresser les cheveux sur la tête.

Haarwasch|mittel *das* shampooing *m*.

haben (*präs* **hat** ; *prät* **hatte** ; *perf* **hat gehabt**) ◇ *aux* avoir ; **ich habe mich gewaschen** je me suis lavé(e) ◇ *vt* - **1.** [gen] avoir ; **Dienst ~** être de service ; **frei ~** être en congé ; **das kann ich nicht ~** je ne supporte pas ça ; **jn bei sich ~** avoir qqn avec soi ; **etw bei sich ~** avoir qqch sur soi - **2.** [Fläche, Temperatur] faire - **3.** [mit Zeitangabe] : **wir ~ zehn Uhr** il est dix heures ; **wir ~ bald Winter** c'est bientôt l'hiver ; **welchen Tag ~ wir?** quel jour sommes-nous? - **4.** *RW* : **sie nicht mehr alle ~** *fam* avoir un grain ; **etw hinter sich** *(D)* **~** en avoir fini avec qqch ; **das hat nichts auf sich** cela ne veut rien dire ; **es eilig ~** être pressé(e) ; **es schwer ~** avoir du mal ; **es schön ~** avoir la belle vie ; **etw gegen jn ~** avoir qqch contre qqn ; **~ Sie etw dagegen, wenn ich rauche?** est-ce que cela vous dérange si je fume? ◆ **sich haben** *ref fam* faire des chichis. ◆ **Haben** *das (ohne Pl)* avoir *m*.

Habenichts (*pl* **-e**) *der abw* traîne-misère *m*.

habgierig *adj abw* cupide.

Habseligkeiten *pl* babioles *fpl*.

habsüchtig *adj* cupide.

Hack|braten *der viande hachée présentée sous forme de rôti et cuite au four.*

Hacke (*pl* **-n**) *die* - **1.** [am Fuß, Schuh] talon *m* - **2.** [Gartengerät] pioche *f*.

hacken ◇ *vt* - **1.** [zerkleinern - Lebensmittel] hacher ; [- Holz] fendre - **2.** [schlagen] : **ein Loch in etw** *(A)* **~** faire un trou dans qqch - **3.** [im Garten] piocher ◇ *vi* - **1.** [im Garten] travailler à la pioche - **2.** [mit dem Schnabel] : **nach jm/etw ~** becqueter qqn/qqch.

Hack|fleisch *das* viande *f* hachée.

Hafen (*pl* **Häfen**) *der* port *m*.

Hafen|arbeiter, in *der, die* docker *m*.

Hafenrund|fahrt *die* tour *m* du port.
Hafen|stadt *die* ville *f* portuaire.
Hafer *der (ohne Pl)* avoine *f*.
Hafer|flocken *pl* flocons *mpl* d'avoine.
Haft *die (ohne Pl)* détention *f*.
Haft|anstalt *die* maison *f* d'arrêt.
haftbar *adj* : **für etw ~ sein** être responsable de qqch.
Haft|befehl *der (ohne Pl)* mandat *m* d'arrêt.
haften *vi* **- 1.** [kleben] adhérer **- 2.** [bürgen] : **für jn ~** répondre (des actes) de qqn.
Häftling (*pl* **-e**) *der* détenu *m*, -e *f*.
Haftpflicht|versicherung *die* assurance *f* responsabilité civile.
Haft|strafe *die* peine *f* de prison.
Haftung *die (ohne Pl)* [Verantwortung] responsabilité *f* ; **mit beschränkter ~** à responsabilité limitée.
Hagebutte (*pl* **-n**) *die* **- 1.** [Strauch] églantier *m* **- 2.** [Frucht] cynorhodon *m*.
Hagel *der (ohne Pl)* grêle *f*.
Hagel|korn *das* grêlon *m*.
hageln ◇ *vi* : **es hagelt** il grêle ◇ *vt fig* pleuvoir.
Hahn (*pl* **Hähne**) *der* **- 1.** [Vogel] coq *m* **- 2.** [für Wasser, Gas] robinet *m*.
Hähnchen (*pl* **-**) *das* **- 1.** [Brathähnchen] poulet *m* **- 2.** [kleiner Hahn] coquelet *m*.
Hai, Haifisch (*pl* **-e**) *der* requin *m*.
häkeln ◇ *vt* : **etw ~** faire qqch au crochet ◇ *vi* faire du crochet.
Häkel|nadel *die* crochet *m*.
Haken (*pl* **-**) *der* **- 1.** [Aufhänger, beim Boxen] crochet *m* **- 2.** [Zeichen] coche *f* **- 3.** [Problem] hic *m* ; **etw hat einen ~** il y a un hic dans qqch.
halb ◇ *adj (ohne Kompar)* **- 1.** [fünfzig Prozent] demi(e) ; **auf ~er Strecke** à mi-chemin ; **~ und ~** *fam* moitié-moitié ; **~ drei** deux heures et demie **- 2.** [unvollständig, vermindert] : **~e Sachen machen** faire les choses à moitié **- 3.** [fast ganz] : **die ~e Stadt** presque toute la ville ◇ *adv* à moitié ; [zerteilen] en deux.
Halb|bruder *der* demi-frère *m*.
Halb|dunkel *das (ohne Pl)* pénombre *f*.
Halbe (*pl* **-n**) *der* ODER *das* moitié *f* ; **ein ~s** [Bier] demi *m*.
halbfett *adj* KÜCHE allégé(e).
Halb|finale *das* demi-finale *f*.
halbherzig ◇ *adj* hésitant(e) ; [Antwort] pas très enthousiaste ◇ *adv* mollement.
halbieren *vt* partager en deux ; [Summe] diviser par deux ; [Investitionen] réduire de moitié. ◆ **sich halbieren** *ref* diminuer de moitié.
Halb|insel *die* [klein] presqu'île *f* ; [groß] péninsule *f*.
Halb|jahr *das* semestre *m*.
halbjährlich ◇ *adj* semestriel(elle) ◇ *adv* deux fois par an ; [Zeitschrift] : **~ erscheinen** avoir une parution semestrielle.
Halb|kreis *der* demi-cercle *m*.
Halb|kugel *die* **- 1.** [Figur] hémisphère *m* **- 2.** [Erdteil] hémisphère *m*.
halblaut ◇ *adj* faible ; [Gespräch] à mi-voix ◇ *adv* doucement ; [sprechen] à mi-voix.
halbmast *adv* : **auf ~** en berne.
Halb|mond *der (ohne Pl)* quartier *m* de lune.
halb offen *adj* entrouvert(e).
Halb|pension *die (ohne Pl)* demi-pension *f* ; **ein Zimmer mit ~** une chambre en demi-pension.
Halb|schuh *der* chaussure *f* basse.
Halb|schwester *die* demi-sœur *f*.
Halb|starke (*pl* **-n**) *der fam abw* loubard *m*.
Halbtags|arbeit *die (ohne Pl)* travail *m* à mi-temps.
Halbtags|kraft *die* employé *m*, -e *f* à mi-temps.
Halb|ton (*pl* **-töne**) *der* MUS demi-ton *m*.
halb|trocken *adj* demi-sec.
halb voll *adj* à moitié plein(e).
Halb|wahrheit *die* demi-mensonge *m*.
Halb|waise *die* : **er/sie ist ~** il/elle est à moitié orphelin/orpheline.
halbwegs *adv* à peu près.
Halb|zeit *die* mi-temps *f*.
Halde (*pl* **-n**) *die* [Aufschüttung] terril *m*.
half *prät* ▷ **helfen**.
Hälfte (*pl* **-n**) *die* moitié *f*. ◆ **zur Hälfte** *adv* à moitié.
Halfter (*pl* **-**) ◇ *der* ODER *das* [für Pferde] licou *m* ◇ *das* [für Pistole] étui *m*.
Halle (*pl* **-n**) *die* salle *f* ; [von Hotels] hall *m* ; [zum Reiten] manège *m* couvert ; [zum Turnen] gymnase *m*.
hallen *vi* résonner.
Hallen|bad *das* piscine *f* couverte.
Hallig (*pl* **-en**) *die îlot inondable sur la côte de Frise.*
hallo *interj* **- 1.** [Gruß] salut **- 2.** [am Telefon] allô.
Halm (*pl* **-e**) *der* tige *f*.
Halogen|lampe *die* lampe *f* halogène.
Hals (*pl* **Hälse**) *der* **- 1.** [Körperteil - außen] cou *m* ; [- innen] gorge *f* **- 2.** [Teil - von Flasche] goulot *m* ; [- von Instrument] manche *m* **- 3.** *RW* : **aus vollem ~(e)** [schreien] à pleine gorge ; [lachen] à gorge déployée ; **er fällt mir um den ~** il me saute au cou ; **etw hängt jm zum ~ heraus** *fam abw* qqn en a

jusque-là de qqch ; **etw in den falschen ~ bekommen** *fam* mal prendre qqch ; **~ über Kopf** *fam* avec précipitation.

Halsausschnitt *der* encolure *f*.

Halsband (*pl* **-bänder**) *das* collier *m*.

halsbrecherisch ◇ *adj* (très) risqué(e) ◇ *adv* dangereusement.

Halsentzündung *die* angine *f*.

Halskette *die* collier *m*.

Hals-Nasen-Ohren-Arzt, Ärztin *der, die* oto-rhino(-laryngologiste) *mf*.

Halsschlagader *die* carotide *f*.

Halsschmerzen *pl* mal *m* de gorge ; **~ haben** avoir mal à la gorge.

Halstuch *das* foulard *m* ; [aus Wolle] châle *m*.

halt *interj* : **halt!** halte-là!

Halt (*pl* **-e** ODER **-s**) *der* - **1.** *(ohne Pl)* [Stütze] appui *m* ; **den ~ verlieren** perdre l'équilibre - **2.** [Stopp] arrêt *m* ; **~ machen** faire (une) halte ; **vor jm/etw nicht ~ machen** *fig* ne pas reculer devant qqn/qqch.

haltbar *adj* - **1.** [Essen] qui se conserve - **2.** [Material, Schuhe] solide.

Haltbarkeit *die (ohne Pl)* - **1.** [von Essen] durée *f* de conservation - **2.** [von Material] solidité *f*.

Haltbarkeitsdatum *das* date *f* de péremption.

halten (*präs* **hält** ; *prät* **hielt** ; *perf* **hat gehalten**) ◇ *vt* - **1.** [gen] tenir - **2.** [beibehalten] maintenir - **3.** [binden, zurückhalten] retenir - **4.** SPORT [Ball, Schuss] arrêter - **5.** [Vorsprung, Position] conserver - **6.** [Haustiere] élever - **7.** [ausführen, komponieren] : **das Kleid ist schlicht gehalten** la robe est d'un style sobre - **8.** *RW* : **etw auf sich** *(A)* **~** avoir de l'estime pour soi ; **jn/etw für jn/etw ~** tenir qqn/qqch pour qqn/qqch ; **viel/wenig von jm/etw ~** avoir beaucoup/peu d'estime pour qqn/qqch ◇ *vi* - **1.** [Fahrzeug, Fahrer] s'arrêter - **2.** [Gegenstand, Partnerschaft] tenir - **3.** *RW* : **zu jm ~** être du côté de qqn. ◆ **sich halten** *ref* - **1.** [in Zustand - Lebensmittel] se garder ; [- Person] *fam* être bien conservé(e) - **2.** [in Position, an Ort] rester ; **sich rechts/links ~** rester à droite/à gauche - **3.** [sich fest halten] se retenir - **4.** [in Körperhaltung] : **sich gerade ~** se tenir droit.

Halterung (*pl* **-en**) *die* support *m*.

Haltestelle *die* arrêt *m*.

Halteverbot *das (ohne Pl)* interdiction *f* de s'arrêter ODER stationner.

haltlos *adj* [grundlos] non fondé(e).

haltmachen ▻ **Halt.**

Haltung (*pl* **-en**) *die* - **1.** [Körperhaltung] position *f* ; **eine schlechte ~ haben** se tenir mal - **2.** [Einstellung] attitude *f* - **3.** [Beherrschung] maîtrise *f* de soi - **4.** [von Tieren] : **'die ~ von Haustieren ist verboten'** 'interdiction d'avoir des animaux domestiques'.

Halunke (*pl* **-n**) *der* - **1.** [Gauner] crapule *f* - **2.** *iron* [Lausejunge] garnement *m*.

Hamburg *nt* Hambourg.

hämisch ◇ *adj* perfide ◇ *adv* d'un air perfide.

Hammel (*pl* **-**) *der* [Tier, Fleisch] mouton *m*.

Hammer (*pl* **Hämmer**) *der* [gen] marteau *m*.

hämmern ◇ *vi* - **1.** [mit Hammer] donner des coups de marteau - **2.** [mit Faust] tambouriner - **3.** [Herz, Puls] battre fort ◇ *vt* marteler.

Hampelmann (*pl* **-männer**) *der* [Spielzeug] pantin *m*.

Hamster (*pl* **-**) *der* hamster *m*.

hamstern *vt* faire des stocks de *(provisions)*.

Hand (*pl* **Hände**) *die* main *f* ; **Hände hoch!** les mains en l'air! ; **jn an die ~ nehmen** prendre qqn par la main ; **etw in die ~ nehmen** [ergreifen] prendre qqch dans la main ; [initiativ werden] prendre qqch en main ; **alle Hände voll zu tun haben** être très occupé(e) ; **eine ~ voll Demonstranten** une poignée de manifestants ; **aus erster/zweiter ~** de première/seconde main ; **die öffentliche ~** l'État ; **etw aus der ~ geben** renoncer à qqch ; **freie ~ haben** avoir carte blanche ; **in festen Händen sein** être casé(e) ; **in js ~ sein** être sous la coupe ODER à la merci de qqn ; **jm in die Hände fallen** tomber entre les mains de qqn ; **js rechte ~** le bras droit de qqn ; **linker/rechter ~** à gauche/droite ; **unter der ~** sous le manteau. ◆ **an Hand** = **anhand.**

Handarbeit *die* - **1.** *(ohne Pl)* [Herstellung] fabrication *f* artisanale - **2.** [als Hobby, Schulfach] travaux *mpl* d'aiguille - **3.** [Textilien] ouvrage *m*.

Handball *der (ohne Pl)* handball *m*.

Handballer, in (*mpl* **-** ; *fpl* **-nen**) *der, die* *fam* handballeur *m*, -euse *f*.

Handbewegung *die* geste *m* ODER mouvement *m* de la main.

handbreit ◇ *adj* de la largeur d'une main ◇ *adv* : **~ offen stehen** être entrouvert(e).

Handbremse *die* frein *m* à main.

Handbuch *das* manuel *m*, précis *m*.

Händchen (*pl* **-**) *das* : **~ halten** se tenir la main.

Hände|druck *der (ohne Pl)* poignée *f* de main.

Händedruck

En dehors du cercle restreint de la famille, les Allemands ne se saluent pas par une bise mais se serrent la main, que ce soit entre adultes, d'adultes à enfants ou entre enfants.
Si l'on est invité chez des Allemands, on serre la main de ses hôtes quand il s'agit d'une rencontre formelle ou on se contente d'un **Hallo** de bienvenue quand les rapports sont plus chaleureux.

Handel *der (ohne Pl)* commerce *m* ; **illegaler ~** trafic *m* ; **~ treiben** faire du commerce ; **~ treibendes Volk** peuple *m* de commerçants.
handeln ◇ *vi* - **1.** [Handel treiben] : **mit etw ~** faire le commerce de qqch - **2.** [feilschen] marchander ; **mit jm um etw ~** marchander qqch auprès de qqn - **3.** [zupacken, vorgehen] agir - **4.** [von Thema] : **von etw ~** traiter ODER parler de qqch ◇ *vt* [verkaufen] vendre. ◆ **sich handeln** *ref* : **es handelt sich um** il s'agit de.
Handels|beziehungen *pl* relations *fpl* commerciales.
Handels|kammer *die* chambre *f* de commerce.
Handels|partner *der* partenaire *m* commercial.
Handels|schule *die* école *f* de commerce.
handelsüblich *adj* usuel(elle), standard.
Handels|vertreter, in *der, die* représentant *m*, -e *f*.
händeringend *adv* désespérément.
Handfeger (*pl* -) *der* balayette *f*.
handfest *adj* [Beweis] concret(ète).
Hand|fläche *die* paume *f*.
Hand|gelenk *das* poignet *m*.
Hand|gemenge *das (ohne Pl)* mêlée *f*.
Hand|gepäck *das (ohne Pl)* bagage *m* à main.
handgeschrieben *adj* manuscrit(e) ; [Manuskript] écrit(e) à la main.
Hand|granate *die* grenade *f* (à main).
handgreiflich *adj* : **~ werden** en venir aux mains.
Handgreiflichkeit (*pl* **-en**) *die* voie *f* de fait.
Hand|griff *der* - **1.** [Geste] geste *m* (de la main) - **2.** [Haltegriff] poignée *f* ; [von Werkzeug] manche *m*.
Hand|habe *die* : **keine ~ gegen jn haben** ne rien pouvoir retenir contre qqn.
handhaben *vt* [Gerät, Vorschrift] manier, manipuler.

Handicap, Handikap ['hɛndikɛp] (*pl* **-s**) *das* handicap *m*.
Hand|kuss *der* baisemain *m*.
Hand|langer (*pl* -) *der* - **1.** [Hilfsarbeiter] manœuvre *m* - **2.** *abw* [Zuarbeiter] sous-fifre *m*.
Händler, in (*mpl* - ; *fpl* **-nen**) *der, die* marchand *m*, -e *f*.
handlich *adj* pratique.
Handlung (*pl* **-en**) *die* - **1.** [Tat] acte *m* - **2.** [in Texten] action *f* - **3.** [Laden] magasin *m*.
Handlungs|freiheit *die (ohne Pl)* liberté *f* d'action ; **jm völlige ~ einräumen** donner carte blanche à qqn.
Handlungs|weise *die* manière *f* d'agir.
Hand|rücken *der* dos *m* de la main.
Hand|schellen *pl* menottes *fpl* ; **jm ~ anlegen** passer les menottes à qqn.
Hand|schlag *der (ohne Pl)* [Händeschütteln] : **durch** ODER **per ~** en topant.
Hand|schrift *die* - **1.** [Schrift] écriture *f* - **2.** [Text] manuscrit *m*.
handschriftlich *adj* manuscrit(e).
Hand|schuh *der* gant *m*.
Handschuh|fach *das* boîte *f* à gants.
Hand|stand *der* SPORT équilibre *m*.
Hand|tasche *die* sac *m* à main.
Hand|tuch *das* serviette *f*.
Hand|umdrehen *das (ohne Pl)* : **im ~** en moins de deux.
Hand|werk *das* - **1.** [Beruf] métier *m* artisanal ; **jm das ~ legen** *fig* mettre un terme aux agissements de qqn - **2.** [Berufsstand] artisanat *m*.
Hand|werker, in (*mpl* - ; *fpl* **-nen**) *der, die* artisan *m*, -e *f*.
handwerklich ◇ *adj* artisanal(e) ; [Beruf] d'artisan ◇ *adv* : **~ geschickt** doué(e) de ses mains.
Handwerks|zeug *das (ohne Pl)* [von Handwerkern] outils *mpl*, matériel *m*.
Handy ['hɛndi] (*pl* **-s**) *das* (téléphone) *m* portable.
Handy|loch *das* zone *f* hors couverture.
Hand|zeichen *das* signe *m* de la main.
Hanf *der (ohne Pl)* chanvre *m*.
Hang (*pl* **Hänge**) *der* - **1.** [Abhang] pente *f* - **2.** *(ohne Pl)* [Vorliebe] : **einen ~ zu etw haben** avoir tendance à faire qqch.
Hänge|brücke *die* pont *m* suspendu.
hangeln (*perf* **ist/hat gehangelt**) *vi (ist)* : **an etw** *(D)* **~** avancer à la force des bras. ◆ **sich hangeln** *ref (hat)* : **sich nach unten/drüben ~** descendre/traverser en s'agrippant.
Hänge|matte *die* hamac *m*.
hängen (*prät* **hing** ODER **hängte** ; *perf* **hat gehangen** ODER **gehängt**) ◇ *vt (reg)* - **1.** [an-

bringen] : **etw an etw** *(A)* ~ accrocher qqch à qqch - **2.** [Körperteil] : ~ **lassen** [Gliedmaßen] laisser pendre ; [Schultern] laisser tomber - **3.** [am Galgen] pendre ◇ *vi (unreg)* - **1.** [angebracht sein] être accroché(e) - **2.** [emotional] : **an jm/etw** ~ tenir à qqn/qqch - **3.** [herunterhängen] tomber - **4.** [Schwaden, Geruch] flotter - **5.** [haften] être collé(e). ◆ **sich hängen** *ref* s'accrocher.

hängen bleiben (*perf* **ist hängen geblieben**) *vi (unreg)* - **1.** [festhängen] : **an etw** *(D)* ~ rester accroché(e) à qqch - **2.** *fam* [länger bleiben] traîner - **3.** [Lernstoff] rester.

hängen lassen *vt (unreg)* - **1.** [vergessen] laisser - **2.** [Person] : **jn** ~ laisser tomber qqn, laisser qqn en rade. ◆ **sich hängen lassen** *ref* se laisser aller.

Hannover *nt* Hanovre.

Hanse *die (ohne Pl)* : **die** ~ la Hanse.

hänseln *vt* se moquer de.

Hanse|stadt *die* ville *f* hanséatique.

Hantel (*pl* **-n**) *die* haltère *m.*

Häppchen (*pl* **-**) *das* canapé *m*, amuse-gueule *m.*

happig *fam adj* faramineux(euse).

Hardt|höhe *die (ohne Pl) ministère de la Défense de la RFA.*

Hardware ['ha:(r)dwɛə] (*pl* **-s**) *die* EDV matériel *m.*

Harem (*pl* **-s**) *der* harem *m.*

Harfe (*pl* **-n**) *die* harpe *f.*

Harke (*pl* **-n**) *die* râteau *m.*

harken *vt* ratisser.

harmlos ◇ *adj* - **1.** [ungefährlich - Tier] inoffensif(ive) ; [- Krankheit] bénin(igne) ; [- Medikament] anodin(e) - **2.** [naiv] innocent(e) ◇ *adv* - **1.** [ungefährlich] : ~ **verlaufen** évoluer normalement - **2.** [naiv] d'un air innocent.

Harmlosigkeit (*pl* **-en**) *die* - **1.** [Ungefährlichkeit] innocuité *f* - **2.** [Arglosigkeit] innocence *f.*

Harmonie (*pl* **-n**) *die* harmonie *f.*

harmonieren *vi* : **miteinander** ~ [Farben, Töne] s'harmoniser ; [Personen] être bien assortis (assorties).

harmonisch ◇ *adj* harmonieux(euse) ◇ *adv* de manière harmonieuse ; [zusammenleben] en harmonie.

Harn (*pl* **-e**) *der* urine *f.*

Harn|blase *die* vessie *f.*

Harpune (*pl* **-n**) *die* harpon *m.*

hart (*komp* **härter** ; *superl* **härteste**) ◇ *adj* - **1.** [gen] dur(e) ; **es geht** ~ **auf** ~ *fig* on se livre une lutte acharnée - **2.** [Winter] rude - **3.** [Währung] fort(e) ◇ *adv* - **1.** [gen] durement ; ~ **arbeiten** travailler dur - **2.** [nah] : ~ **an etw** *(D)* tout près de qqch.

Härte (*pl* **-n**) *die* - **1.** [von Material, Wasser] dureté *f* - **2.** [sozial] injustice *f* - **3.** [Strenge] sévérité *f.*

hart gekocht *adj* : **~es Ei** œuf *m* dur.

hartherzig *adj* dur(e), insensible.

hartnäckig ◇ *adj* opiniâtre ; [Verfolger] assidu(e) ; [Krankheit] tenace ◇ *adv* avec opiniâtreté ODER obstination ; [verfolgen] assidûment.

haschen *vi* - **1.** [fangen] : **nach jm/etw** ~ essayer d'attraper qqn/qqch - **2.** [rauchen] fumer du haschisch.

Haschisch *der* ODER *das (ohne Pl)* haschisch *m*, haschich *m.*

Hase (*pl* **-n**) *der* lièvre *m.*

Hasel|nuss *die* noisette *f.*

Hass *der (ohne Pl)* haine *f* ; ~ **auf jn** haine pour qqn ; ~ **auf etw** *(A)* haine de qqch.

hassen *vt* haïr ; **etw** ~ détester qqch.

hässlich ◇ *adj* - **1.** [unattraktiv] laid(e) - **2.** [gemein] méchant(e) ◇ *adv* [unattraktiv] vilainement, sans goût.

Hässlichkeit *die (ohne Pl)* laideur *f.*

hast *präs* ▷ **haben.**

Hast *die (ohne Pl)* hâte *f* ; **etw in** ~ **tun** faire qqch à la hâte.

hasten (*perf* **ist gehastet**) *vi* aller à la hâte.

hastig ◇ *adj* brusque ◇ *adv* avec précipitation ; [gehen] à toute allure.

hat *präs* ▷ **haben.**

hätscheln *vt* faire des câlins à.

hatschi *interj fam* : **hatschi!** atchoum!

hatte *prät* ▷ **haben.**

Haube (*pl* **-n**) *die* - **1.** [Kopfbedeckung] coiffe *f* - **2.** [von Autos] capot *m* - **3.** [Trockenhaube] casque *m.*

Hauch *der (ohne Pl)* - **1.** [Wind] brise *f* - **2.** [Spur] : **ein** ~ **von etw** un soupçon de qqch.

hauchdünn ◇ *adj* très fin(e), fin(e) comme du papier à cigarettes ◇ *adv* en fines couches ; [schneiden] en tranches fines.

hauchen *vt & vi* : **(auf** ODER **gegen etw** *(A)***)** ~ souffler (sur qqch).

hauen (*prät* **haute** ODER **hieb** ; *perf* **hat gehauen**) ◇ *vt* - **1.** *fam* [Person] cogner - **2.** [Gegenstand] : **etw in etw** *(A)* ~ enfoncer qqch dans qqch *(en frappant avec un outil)* ◇ *vi fam* : **jm in** ODER **auf etw** *(A)* ~ [schlagen] frapper qqn à qqch.

Haufen (*pl* **-**) *der* tas *m* ; **ein** ~ **Freunde** un tas d'amis ; **etw auf einen** ~ **legen** faire un tas de qqch ; **auf einem** ~ **stehen** *fig* être regroupé(e).

häufen *vt* entasser, amasser. ◆ **sich häufen** *ref* - **1.** [Gegenstand] s'entasser, s'amasser - **2.** [Vorfall, Beweis] s'accumuler, se multiplier.

haufenweise *adv fam* plein de.

häufig ◇ *adj* fréquent(e) ◇ *adv* fréquemment.
Häufigkeit (*pl* **-en**) *die* fréquence *f*.
Häufung (*pl* **-en**) *die* - **1.** [von Gegenständen] entassement *m*, amoncellement *m* - **2.** [von Vorfällen] accumulation *f*, multiplication *f*.
Haupt|bahnhof *der* gare *f* centrale.
hauptberuflich ◇ *adj* : **~e Tätigkeit** activité *f* principale ◇ *adv* : **er ist ~ Lehrer** l'enseignement est son activité principale.
Haupt|beschäftigung *die* occupation *f* principale ; [Beruf] emploi *m* principal.
Haupt|bestandteil *der* élément *m* principal.
Haupt|darsteller, in *der, die* interprète principal *m*, interprète principale *f*.
Haupt|eingang *der* entrée *f* principale.
Haupt|fach *das* matière *f* principale.
Haupt|figur *die* personnage *m* principal, protagoniste *mf*.
Haupt|gericht *das* plat *m* principal.
Hauptgeschäfts|zeit *die* heures *fpl* d'affluence ODER de pointe.
Haupt|gewinn *der* gros lot *m*.
Haupt|grund *der* raison *f* principale.
Häuptling (*pl* **-e**) *der* chef *m* de tribu.
Haupt|person *die* vedette *f* ; [von Theaterstück] personnage *m* principal, protagoniste *mf*.
Haupt|post *die* *(ohne Pl)* poste *f* centrale.
Haupt|quartier *das* quartier *m* général.
Hauptreise|zeit *die* période *f* ODER saison *f* touristique.
Haupt|rolle *die* rôle *m* principal ; [in Film] premier rôle *m*.
Haupt|sache *die* principal *m*, essentiel *m*. ◆ **in der Hauptsache** *adv* principalement, en premier lieu.
hauptsächlich ◇ *adv* essentiellement ◇ *adj* principal(e), essentiel(elle).
Haupt|saison *die* haute saison *f* ; **in der ~** en haute saison.
Haupt|satz *der* (phrase) principale *f*.
Haupt|schule *die* *école secondaire du premier cycle.*

> **Hauptschule**
>
> Ce type d'établissement concerne des élèves de 10 à 15 ans, on y dispense un enseignement général mais on met essentiellement l'accent sur la formation pratique. Les élèves issus de ces écoles se destinent surtout à des apprentissages dans des domaines variés tels que l'artisanat, le commerce, la branche économique et sociale ou l'agriculture.

Haupt|stadt *die* capitale *f*.
Haupt|straße *die* rue *f* ODER route *f* principale.
Haupt|teil *der* partie *f* principale ; [in Rede, Text] développement *m*.
Hauptverkehrs|straße *die* route *f* à grande circulation ODER à grand trafic.
Hauptverkehrs|zeit *die* heures *fpl* d'affluence ODER de pointe.
Haupt|wohnsitz *der* domicile *m* principal.
Haupt|wort (*pl* **-wörter**) *das* substantif *m*.
Haus (*pl* **Häuser**) *das* [gen] maison *f* ; [Wohnhaus] immeuble *m*. ◆ **nach Haus(e)** *adv* à la maison, chez soi. ◆ **zu Haus(e)** *adv* - **1.** [Wohnort] à la maison, chez soi - **2.** [in Wissensgebiet] : **in etw** *(D)* **zu ~ sein** être sur son terrain en qqch.
Haus|apotheke *die* - **1.** [Medikamente] pharmacie *f* - **2.** [Schrank] armoire *f* à pharmacie.
Haus|arbeit *die* - **1.** [im Haushalt] travaux *mpl* domestiques - **2.** [schriftlich - für Schule] devoirs *mpl (à la maison)* ; [- für Universität] *mémoire rendu à chaque fin de semestre universitaire.*
Haus|arzt, ärztin *der, die* médecin *m* de famille.
Haus|aufgabe *die* devoirs *mpl (à la maison).*
Haus|besetzer, in (*mpl* **-** ; *fpl* **-nen**) *der, die* squatter *m*.
Haus|bewohner, in *der, die* habitant *m*, -e *f (d'un immeuble).*
Häuschen ['hɔyzçən] (*pl* **-**) *das* [Haus] maisonnette *f* ; **ganz aus dem ~ sein** *fam* être dans tous ses états.
hauseigen *adj* privé(e).
Haus|eigentümer, in *der, die* propriétaire *mf (d'un immeuble).*
hausen *vi fam* [wohnen] loger.
Häuserblock (*pl* **-blöcke**) *der* pâté *m* de maisons.
Haus|flur *der* vestibule *m*.
Haus|frau *die* femme *f* au foyer.
Haus|gast *der* hôte *mf*.
hausgemacht *adj* fait(e) maison.
Haushalt (*pl* **-e**) *der* - **1.** [Hausarbeit, Familie] ménage *m* - **2.** WIRTSCH budget *m*.
haus|halten ▷ **Haus.**
Haushälter, in (*mpl* **-** ; *fpl* **-nen**) *der, die* gérant *m*, -e *f* d'une maison.
Haushalts|artikel *der* article *m* ménager.
Haus|herr *der* maître *m* de maison.
Haus|herrin *die* maîtresse *f* de maison.
haushoch ◇ *adj* immense ; [Niederlage, Sieg] écrasant(e) ◇ *adv* - **1.** [anwachsen] de façon spectaculaire - **2.** [gewinnen] franchement ; **jm ~ überlegen sein** être de

beaucoup supérieur(e) à qqn ; ~ **gewinnen** gagner haut la main ; ~ **verlieren** être écrasé(e).

hausieren *vi* faire du porte-à-porte.

häuslich <> *adj* - **1.** [Angelegenheit] familial(e) ; [Arbeit] à la maison ; [Pflege] à domicile - **2.** [Person] casanier(ère) <> *adv* : **sich ~ niederlassen** *fam* s'installer.

Hauslmann (*pl* **-männer**) *der* homme *m* au foyer.

Hausmannslkost *die (ohne Pl)* cuisine *f* maison.

Hauslmarke *die* [im Restaurant] cuvée *f* du patron.

Hauslmeister, in *der, die* concierge *mf*.

Hauslmittel *das* remède *m* de bonne femme.

Hauslnummer *die* numéro *m (de la maison)*.

Hauslordnung *die* règlement *m* intérieur.

Hauslrat *der (ohne Pl) effets mobiliers du ménage*.

Hauslschuh *der* chausson *m*.

Hausltier *das* animal *m* domestique.

Hausltür *die* porte *f* de la maison.

Hauslverwaltung *die* [Büro] syndic *m*.

Hauslwirt, in *der, die* propriétaire *mf (d'un immeuble)*.

Haut (*pl* **Häute**) *die* - **1.** [organisch] peau *f* - **2.** [künstlich] membrane *f*.

Hautabschürfung (*pl* **-en**) *die* écorchure *f*.

Hautlarzt, ärztin *der, die* dermatologue *mf*.

Hautlausschlag *der* éruption *f* cutanée.

Hautlcreme, Hautkrem *die* crème *f (pour la peau)*.

häuten *vt* peler ; [Tier] dépouiller. ◆ **sich häuten** *ref* muer.

hauteng *adj* moulant(e).

Hautlfarbe *die* couleur *f* de la peau.

hautnah <> *adj* [Darstellung] proche de la réalité <> *adv* [direkt] de très près.

Hbf. *abk für* **Hauptbahnhof.**

Headhunter (*pl* **-**) *der* chasseur *m*, -euse *f* de têtes.

Hebamme (*pl* **-n**) *die* sage-femme *f*.

Hebel (*pl* **-**) *der* levier *m* ; [Schalter] manette *f*.

heben (*prät* **hob** ; *perf* **hat gehoben**) *vt* - **1.** [hochnehmen] lever ; [Last] soulever ; **jn/etw auf etw** *(A)* ~ poser qqn/qqch sur qqch - **2.** [Niveau] relever ; [Umsatz] augmenter ; [Ansehen] améliorer - **3.** [bergen - Schiff] renflouer ; [- Schatz] déterrer. ◆ **sich heben** *ref* - **1.** [Vorhang, Schranke, Nebel] se lever - **2.** [Brustkorb] se soulever - **3.** [Niveau] être en hausse, augmenter ; [Stimmung] s'améliorer.

hebräisch *adj* hébraïque.

hecheln *vi* [atmen] haleter.

Hecht (*pl* **-e**) *der* brochet *m*.

Heck (*pl* **-e** ODER **-s**) *das* - **1.** [von Auto, Flugzeug] arrière *m* - **2.** [von Schiffen] poupe *f*.

Hecke (*pl* **-n**) *die* haie *f*.

Heckenlschütze *der* franc-tireur *m*.

Hecklklappe *die* hayon *m*.

Hecklscheibe *die* lunette *f* arrière.

Heer (*pl* **-e**) *das* armée *f*.

Hefe (*pl* **-n**) *die* levure *f*.

Hefelteig *der pâte préparée avec de la levure de boulanger*.

Heft (*pl* **-e**) *das* - **1.** [Schulheft] cahier *m* - **2.** [von Zeitschriften] numéro *m* - **3.** [dünnes Buch] fascicule *m*.

heften *vt* - **1.** [befestigen] : **etw an etw** *(D)* ~ fixer qqch sur qqch ; [mit Büroklammer] attacher qqch à qqch - **2.** [mit Faden] bâtir, surfiler - **3.** [richten] : **die Augen auf etw** *(A)* ~ avoir les yeux rivés sur qqch. ◆ **sich heften** *ref* : **sich auf etw** *(A)* ~ se fixer sur qqch.

Hefter (*pl* **-**) *der* classeur *m*.

heftig <> *adj* violent(e) ; [Schmerz] vif (vive) <> *adv* violemment.

Heftlklammer *die* agrafe *f*.

Heftlpflaster *das* sparadrap *m*.

Heftlzwecke (*pl* **-n**) *die* punaise *f*.

hegen *vt* - **1.** [empfinden] éprouver ; [Hoffnung] nourrir ; **einen Verdacht gegen jn ~** soupçonner qqn - **2.** [hüten] protéger ; **etw ~ und pflegen** prendre soin de qqch.

Hehl *der* ODER *das* : **kein(en) ~ aus etw machen** ne pas faire mystère de qqch.

Hehlerei (*pl* **-en**) *die* recel *m*.

Heide (*pl* **-n**) <> *die (G Heide)* lande *f* <> *der (G Heiden)* païen *m*.

Heidelkraut *das (ohne Pl)* bruyère *f*.

Heidellbeere *die* myrtille *f*.

Heidenlangst *die (ohne Pl) fam* : **eine ~ haben** avoir une peur bleue.

Heidenlgeld *das (ohne Pl) fam* argent *m* fou.

Heidenlspaß *der (ohne Pl) fam* plaisir *m* fou.

Heidin (*pl* **-nen**) *die* païenne *f*.

heidnisch *adj* païen(enne).

heikel (*komp* **heikler** ; *superl* **heikelste**) *adj* - **1.** [kompliziert] délicat(e) - **2.** [anspruchsvoll] difficile.

heil *adj* - **1.** [unzerstört] intact(e) ; [Welt] parfait(e) - **2.** [geheilt] guéri(e).

Heiland *der (ohne Pl)* Sauveur *m*.

Heillbad *das* - **1.** [Ort] station *f* thermale,

ville *f* d'eau - **2.** [Baden] bain *m* (thérapeutique).

heilbar *adj* curable ; [Wunde] guérissable.

heilen (*perf* **hat/ist geheilt**) <> *vt (hat)* : **(jn von etw) ~** guérir (qqn de qqch) <> *vi (ist)* guérir ; [Wunde] cicatriser.

heilfroh *adj fam* : **~ (über etw** *(A)***)** très content(e) après coup (de qqch).

heilig *adj* [Gegenstand] sacré(e) ; [Ort, Person, Tag] saint(e).

Heiligabend *der* veille *f* de Noël.

Heilige (*pl* **-n**) *der, die* saint *m*, -e *f*.

Heiligenschein *der* auréole *f*.

Heiligtum (*pl* **-tümer**) *das* [Ort] sanctuaire *m*, lieu *m* saint.

Heilkraft *die* vertu *f* médicinale.

Heilkraut *das* herbe *f* médicinale.

heillos *adj* épouvantable.

Heilmittel *das* remède *m*.

Heilpflanze *die* plante *f* médicinale.

Heilpraktiker, in *der, die praticien dans le domaine de la médecine parallèle.*

heilsam *adj* salutaire.

Heilsarmee *die (ohne Pl)* Armée *f* du salut.

Heilung (*pl* **-en**) *die* guérison *f* ; [von Wunden] cicatrisation *f*.

heim *adv* à la maison, chez soi.

Heim (*pl* **-e**) *das* - **1.** [Zuhause] chez-soi *m* - **2.** [Anstalt - für Hilfsbedürftige] foyer *m* ; [- für Kur, Erholung] maison *f*.

Heimarbeit *die (ohne Pl)* travail *m* à domicile.

Heimat *die* - **1.** [von Personen] patrie *f* - **2.** [von Tieren] pays *m* d'origine.

Heimatanschrift *die* adresse *f* de la résidence principale.

Heimathafen *der* port *m* d'attache.

Heimatkunde *die (ohne Pl)* SCHULE *enseignement de la géographie, de l'histoire, de la faune et de la flore régionales à l'école primaire.*

Heimatland *das* patrie *f*.

heimatlich *adj* natal(e), du pays (natal) ; [vertraut] familier(ère).

heimatlos *adj* - **1.** [Mensch] apatride, sans patrie - **2.** [Tier] errant(e).

Heimatmuseum *das* musée *m* régional.

Heimcomputer *der* EDV ordinateur *m* familial ODER individuel.

Heimfahrt *die* retour *m* (chez soi ODER à la maison).

heimisch *adj* - **1.** [hiesig] local(e) ; [Lebewesen, Pflanze] indigène - **2.** [zu Hause] chez soi ; **~ werden** s'acclimater.

Heimkehr *die (ohne Pl)* retour *m* (chez soi ODER à la maison).

heimkehren (*perf* **ist heimgekehrt**) *vi* revenir (chez soi ODER à la maison).

heimkommen (*perf* **ist heimgekommen**) *vi (unreg)* rentrer chez soi ODER à la maison.

heimlich <> *adj* secret(ète) ; [illegal] clandestin(e) <> *adv* secrètement ; [illegal] clandestinement.

Heimlichkeit *die (ohne Pl)* caractère *m* mystérieux. ◆ **Heimlichkeiten** *pl* cachotteries *fpl*.

Heimreise *die* retour *m* (chez soi ODER à la maison).

Heimspiel *das* match *m* à domicile.

heimsuchen *vt* - **1.** [plagen] frapper *(d'un mal)* - **2.** *iron* [belästigen] importuner.

Heimtrainer *der* home-trainer *m*.

heimtückisch <> *adj* perfide, sournois(e) <> *adv* sournoisement, perfidement.

Heimweg *der* chemin *m* du retour.

Heimweh *das (ohne Pl)* mal *m* du pays.

heimzahlen *vt* : **jm etw ~** faire payer qqch à qqn.

Heirat (*pl* **-en**) *die* mariage *m*.

heiraten <> *vi* se marier <> *vt* épouser.

Heiratsannonce *die* annonce *f* matrimoniale.

Heiratsantrag *der* demande *f* en mariage.

Heiratsvermittlung *die* agence *f* matrimoniale.

heiser <> *adj* enroué(e) <> *adv* d'une voix enrouée ; **sich ~ schreien** s'égosiller.

Heiserkeit (*pl* **-en**) *die* enrouement *m*, extinction *f* de voix.

heiß <> *adj* - **1.** [Temperatur, Diskussion] chaud(e) ; **jm ist ~** qqn a chaud - **2.** [hitzig] ardent(e) ; **jn überläuft es ~ und kalt** qqn a des sueurs froides - **3.** *fam* [Sonne, Stirn, Thema] brûlant(e) - **4.** [Ware] illégal(e) - **5.** [Zeit] trouble - **6.** [aufreizend] excitant(e) - **7.** [Tipp, Spur] bon (bonne) <> *adv* - **1.** [warm] : **~ duschen** prendre une douche chaude - **2.** [innig] ardemment - **3.** [lebhaft] : **es geht ~ her** ça chauffe.

heißblütig *adj* fougueux(euse).

heißen (*prät* **hieß** ; *perf* **hat geheißen**) *vi* - **1.** [mit Namen] s'appeler ; **wie heißt du mit Vornamen/Nachnamen?** quel est ton prénom/nom de famille? - **2.** [bedeuten] vouloir dire ; **wie heißt das auf Englisch?** comment cela se dit en anglais? ; **das heißt ...** [erklärend] c'est-à-dire ... ; [einschränkend] du moins - **3.** [Titel, Slogan] être.

Heißhunger *der (ohne Pl)* appétit *m* dévorant.

heiß laufen (*perf* **ist heiß gelaufen**) *vi (unreg)* chauffer. ◆ **sich heiß laufen** *ref* s'échauffer.

Heißluftballon *der* montgolfière *f*.

heiter *adj* - **1.** [fröhlich] serein(e) ; [Aus-

druck] enjoué(e) - **2.** [sonnig] clair(e) ; [Tag] beau (belle).
Heiterkeit *die (ohne Pl)* - **1.** [Fröhlichkeit] gaieté *f* - **2.** [als Ausdruck] ton *m* enjoué.
heizen <> *vi* se chauffer <> *vt* chauffer.
Heiz|kessel *der* chaudière *f.*
Heiz|kissen *das* coussin *m* chauffant.
Heiz|körper *der* radiateur *m.*
Heiz|öl *das (ohne Pl)* mazout *m.*
Heizung (*pl* **-en**) *die* chauffage *m.*
Heizungs|keller *der* chaufferie *f.*
Hektar (*pl* **-e** ODER **-**) *der* ODER *das* hectare *m.*
Hektik *die (ohne Pl)* agitation *f* fébrile, frénésie *f.*
hektisch <> *adj* trépidant(e), frénétique <> *adv* avec fébrilité ODER frénésie.
Hekto|liter *der* ODER *das* hectolitre *m.*
Held (*pl* **-en**) *der* héros *m.*
heldenhaft *adj* héroïque.
Helden|tat *die* action *f* héroïque, exploit *m.*
Heldin (*pl* **-nen**) *die* héroïne *f.*
helfen (*präs* **hilft**; *prät* **half**; *perf* **hat geholfen**) *vi* - **1.** [Hilfe leisten] : **jm (bei etw) ~** aider qqn (dans qqch) ; **jm ~, etw zu tun** aider qqn à faire qqch ; **sich** *(D)* **zu ~ wissen** se débrouiller - **2.** [nützlich sein] : **(jm) ~** servir ODER être utile (à qqn).

helfen

Avez-vous besoin d'aide ? Brauchen Sie Hilfe?
Tu as besoin d'un coup de main ? Kann ich dir helfen?
Puis-je vous aider ? Kann ich Ihnen behilflich sein?
Je peux faire quelque chose pour vous ? Kann ich etwas für Sie tun?
Je peux vous renseigner ? Kann ich Ihnen weiterhelfen?

Helfer, in (*mpl* **-** ; *fpl* **-nen**) *der, die* aide *mf*, assistant *m*, -e *f.*
Helgoland *nt* Helgoland ; **auf ~** à Helgoland.
Helium *das (ohne Pl)* CHEM hélium *m.*
hell <> *adj* - **1.** [Raum, Ton, Farbe] clair(e) ; **es wird ~** le jour se lève - **2.** [leuchtend - Licht, Flamme] vif (vive) ; [- Lampe] qui éclaire bien ; [- Stern] brillant(e) - **3.** *fig* [schlau] lucide ; [Moment] de lucidité - **4.** [Freude] profond(e) ; [Wahnsinn] pur(e) <> *adv* - **1.** [leuchtend] : **~ leuchten** [Licht] bien éclairer ; [Stern] être très brillant(e) - **2.** [hoch] : **~ lachen/singen** avoir un rire clair/une voix claire - **3.** [sehr] très ; **~ begeistert** très enthousiaste.
hellblau *adj* bleu clair.
hellblond *adj* blond clair.
hell|hörig *adj* - **1.** [misstrauisch] : **~ werden** dresser l'oreille - **2.** [Raum] sonore.
Helligkeit (*pl* **-en**) *die* clarté *f* ; [von Sternen] luminance *f.*
helllicht *adj* : **am ~en Tage** en plein jour.
hell|sehen *vi (unreg)* avoir le don de voyance.
Hellseher, in (*mpl* **-** ; *fpl* **-nen**) *der, die* voyant *m*, -e *f.*
hellwach *adj* - **1.** [wach] parfaitement réveillé(e) - **2.** *fam* [rege] éveillé(e).
Helm (*pl* **-e**) *der* casque *m.*
Hemd (*pl* **-en**) *das* - **1.** [Oberhemd] chemise *f* - **2.** [Unterhemd] maillot *m (de corps).*
hemdsärmelig *adj* [Person] débraillé(e) ; [Auftreten] décontracté(e).
Hemi|sphäre *die* hémisphère *m.*
hemmen *vt* - **1.** [bremsen] freiner - **2.** [behindern] entraver.
Hemm|schwelle *die* blocage *m.*
Hemmung (*pl* **-en**) *die* [Hindernis] obstacle *m*, frein *m.* ◆ **Hemmungen** *pl* gêne *f*, complexes *mpl* ; **~en haben (, etw zu tun)** se sentir gêné(e) (de faire qqch).
hemmungslos <> *adj* [ohne Hemmungen] sans gêne <> *adv* [ohne Hemmungen] sans gêne.
Hengst (*pl* **-e**) *der* étalon *m.*
Henkel (*pl* **-**) *der* anse *f.*
Henker, in (*mpl* **-** ; *fpl* **-nen**) *der, die* bourreau *m.*
Henne (*pl* **-n**) *die* poule *f.*
her *adv* - **1.** [räumlich] par ici ; **Bier ~!** de la bière! ; **~ damit!** donne-moi ça! - **2.** [zeitlich] : **von früher** ODER **damals ~** d'autrefois - **3.** [unter dem Aspekt] : **von ... ~** au point de vue de ... ; *siehe auch* **her sein.**
herab|lassen *vt (unreg) geh* faire descendre. ◆ **sich herablassen** *ref* : **sich ~, etw zu tun** daigner faire qqch.
herablassend <> *adj* condescendant(e) <> *adv* avec condescendance.
herab|setzen *vt* - **1.** [Betrag] réduire - **2.** [Person] rabaisser.
heran, ran *adv* : **an etw** *(A)* **~** près de qqch.
heran|kommen (*perf* **ist herangekommen**) *vi (unreg)* - **1.** [sich nähern] s'approcher ; **an jn ~** *fig* égaler qqn - **2.** [zu fassen kriegen] : **an etw** *(A)* **~** accéder à qqch.
heran|machen ◆ **sich heranmachen** *ref* : **sich an etw** *(A)* **~** se mettre à qqch.
heran|reichen *vi* : **an jn/etw ~** égaler qqn/qqch.
heran|treten (*perf* **ist herangetreten**) *vi (unreg)* : **an jn ~** s'adresser à qqn.

heranlwachsen (*perf* **ist herangewachsen**) *vi (unreg)* grandir.

Heranwachsende (*pl* **-n**) *der, die* adolescent *m*, -e *f*.

heranlziehen (*perf* **hat/ist herangezogen**) *(unreg)* <> *vt (hat)* **- 1.** [Gegenstand] approcher *(en tirant)* **- 2.** [befragen] consulter <> *vi (ist)* s'approcher.

herauf, rauf *adv* vers le haut.

herauflbeschwören *vt (unreg)* **- 1.** [verursachen] provoquer **- 2.** [Vergangenes] évoquer.

herauflkommen (*perf* **ist heraufgekommen**) *vt & vi (unreg)* monter.

heraus, raus *adv* dehors ; **~ mit dem Geld!** *fam* file l'argent! ; *siehe auch* **heraus sein**.

herauslbekommen *vt (unreg)* **- 1.** [Lösung] deviner ; [Geheimnis] percer **- 2.** [entfernen] parvenir à extraire **- 3.** [Wechselgeld] : **sie bekommen noch einen Euro heraus** je vous dois un euro.

herauslbringen *vt (unreg)* sortir ; **etw aus jm ~** *fam fig* tirer qqch de qqn.

herauslfinden *(unreg)* <> *vt* parvenir à trouver <> *vi :* **(aus etw) ~** trouver la sortie (de qqch).

herauslfliegen (*perf* **hat/ist herausgeflogen**) *(unreg)* <> *vi (ist)* **- 1.** [fliegen] : **(aus etw) ~** [Tier] sortir (de qqch) *(en volant) ; fam* [Gegenstand] valser (de qqch) **- 2.** *fam* [entlassen werden] se faire virer **- 3.** *fam* [wegkommen] se débarrasser <> *vt (hat) :* **jn ~** évacuer qqn par avion.

herauslfordern *vt :* **jn ~** provoquer qqn ; SPORT être le challenger de qqn.

herausfordernd <> *adj* provocant(e) <> *adv* de manière provocante.

Herauslforderung *die* **- 1.** [zum Kräftemessen] défi *m* **- 2.** [Provokation] provocation *f*.

herauslgeben *vt (unreg)* **- 1.** [veröffentlichen] publier **- 2.** [geben] : **jm etw ~** tendre qqch à qqn **- 3.** [Wechselgeld] rendre ; **auf 50 Euro ~** rendre la monnaie sur 50 euros.

Herausgeber, in (*mpl* **-** ; *fpl* **-nen**) *der, die* éditeur *m*, -trice *f*.

herauslgehen (*perf* **ist herausgegangen**) *vi (unreg)* [nach draußen] sortir ; **aus sich ~** *fig* prendre de l'assurance.

herauslhalten *(unreg)* *vt* [nach draußen] tenir (dehors). ◆ **sich heraushalten** *ref :* **sich aus etw ~** rester en dehors de qqch.

herauslholen *vt* **- 1.** [holen] : **jn/etw aus etw ~** sortir qqn/qqch de qqch **- 2.** *fam* [Information] : **etw aus jm ~** tirer qqch de qqn.

herauslhören *vt* **- 1.** [erahnen] : **etw (aus etw) ~** déduire qqch (de qqch) **- 2.** [hören] percevoir.

herauslkommen (*perf* **ist herausgekommen**) *vi (unreg)* **- 1.** [nach draußen] : **(aus etw) ~** sortir (de qqch) **- 2.** *fam* [Resultat] : **etw kommt heraus** on arrive à qqch ; **das kommt auf dasselbe heraus** *fam* ça revient au même **- 3.** [Buch] paraître **- 4.** [Ware] sortir **- 5.** [Verbrechen] : **es ist jetzt herausgekommen, dass** on sait maintenant que **- 6.** [entkommen] : **aus etw ~** se sortir de qqch.

herauslnehmen *vt (unreg)* **- 1.** [Gegenstand, Lebewesen] : **etw (aus etw) ~** sortir qqch (de qqch) **- 2.** [wagen] : **sich** *(D)* **etw ~** se permettre qqch.

herauslragen *vi* **- 1.** [Person] : **über jn ~** surpasser qqn **- 2.** [Gegenstand] dépasser.

herauslreden ◆ **sich herausreden** *ref :* **sich damit ~, dass** *fam* se tirer d'affaire en disant que.

herauslrücken (*perf* **hat/ist herausgerückt**) *fam* <> *vt (hat)* débourser <> *vi (ist) :* **mit etw ~** avouer qqch.

herauslschlagen (*perf* **hat/ist herausgeschlagen**) *(unreg)* <> *vt (hat)* **- 1.** [Gegenstand] faire sortir **- 2.** *fam* [Gewinn] : **aus etw Gewinn ~** tirer des bénéfices de qqch <> *vi (ist)* [Feuer] : **aus etw ~** sortir de qqch.

heraus sein (*perf* **ist heraus gewesen**) *vi (unreg)* **- 1.** [Person] : **(aus etw) ~** être sorti(e) (de qqch) **- 2.** [Produkt] être sorti(e) **- 3.** *fam* [entfernt sein] être retiré(e) ; [Fleck] être parti(e).

herauslstellen *vt* **- 1.** [nach draußen] sortir **- 2.** [hervorheben] : **etw ~** mettre qqch en évidence. ◆ **sich herausstellen** *ref* [klar werden] apparaître ; **sich als falsch/richtig ~** se révéler juste/faux (fausse).

herauslstrecken *vt* tendre ; [Zunge] tirer.

herauslsuchen *vt :* **etw (aus etw) ~** choisir qqch (dans qqch) ; **jm etw ~** chercher qqch pour qqn.

herb, herbe <> *adj* **- 1.** [Geschmack] âpre ; [Wein] sec (sèche) **- 2.** [Person] dur(e) <> *adv* **- 1.** [leicht bitter] : **~ schmecken/riechen** avoir un goût/une odeur âpre **- 2.** [schlimm] rudement.

herbei *adv* par ici.

herbeilschaffen *vt (unreg)* rapporter.

herlbitten *vt (unreg) :* **jn ~** prier qqn de venir.

herlbringen *vt (unreg)* apporter.

Herbst (*pl* **-e**) *der* automne *m*. ◆ **im Herbst** *adv* en automne.

herbstlich *adj* automnal(e).

Herd (*pl* **-e**) *der* [Gerät] cuisinière *f* ; **etw vom ~ nehmen** retirer qqch du feu.

Herde (*pl* **-n**) *die* troupeau *m*.

Herd|platte *die* plaque *f* chauffante.

herein, rein *adv* dedans. ◆ **herein!** *interj* entrez!

herein|brechen (*perf* **ist hereingebrochen**) *vi (unreg)* - **1.** [Nacht] tomber - **2.** [Unglück] : **über jn ~** s'abattre sur qqn.

herein|fallen (*perf* **ist hereingefallen**) *vi (unreg)* - **1.** [Person] tomber dans le panneau ; **auf jn/etw ~** se faire avoir par qqn/qqch - **2.** [Gegenstand] tomber.

herein|kommen (*perf* **ist hereingekommen**) *vi (unreg)* [Person] entrer.

herein|lassen *vt (unreg)* faire entrer.

herein|legen *vt fam* [Person] rouler.

Her|fahrt *die* aller *m*.

her|fallen (*perf* **ist hergefallen**) *vi (unreg)* : **über jn/etw** *(A)* **~** [Nahrung, Person] se jeter sur qqn/qqch ; **über jn ~** [kritisieren] s'en prendre à qqn.

Hergang *der (ohne Pl)* déroulement *m*.

her|geben *vt (unreg)* - **1.** [geben] donner - **2.** [erbringen] apporter. ◆ **sich hergeben** *ref* : **sich zu etw ~** *abw* se prêter à qqch.

hergeholt *adj* : **weit ~** tiré(e) par les cheveux.

her|haben *vt (unreg) fam* tirer ; **wo hast du das her?** d'où est-ce que tu sors ça?

her|halten *(unreg)* ◇ *vi abw* : **als etw ~** servir de qqch ; **er musste für den verreisten Direktor ~** il devait représenter le directeur parti en vacances ◇ *vt* tendre.

her|hören *vi* écouter.

Hering (*pl* **-e**) *der* - **1.** [Fisch] hareng *m* - **2.** [am Zelt] piquet *m*.

her|kommen (*perf* **ist hergekommen**) *vi (unreg)* - **1.** [Person] venir - **2.** [Sache] provenir.

herkömmlich *adj* traditionnel(elle).

Herkunft *die (ohne Pl)* origine *f*.

Herkunfts|land *das* pays *m* d'origine.

her|machen *vi fam* : **viel ~** faire de l'effet ; **wenig ~** ne pas payer de mine. ◆ **sich hermachen** *ref fam* : **sich über etw** *(A)* **~** se jeter sur qqch.

her|nehmen *vt (unreg)* tirer.

Heroin *das (ohne Pl)* héroïne *f*.

Herr (*pl* **-en**) *der* - **1.** [Mann] monsieur *m* ; **meine ~en!** Messieurs! - **2.** [Gott] Seigneur *m* - **3.** [Gebieter] maître *m* - **4.** *RW* : **aus aller ~en Länder** de tous pays.

herrenlos *adj* sans propriétaire ; [Tier] errant(e).

her|richten *vt* - **1.** [vorbereiten] préparer - **2.** [reparieren] restaurer.

Herrin (*pl* **-nen**) *die* maîtresse *f*.

herrisch *adj* autoritaire.

herrlich ◇ *adj* superbe ; **ein ~er Abend** une magnifique soirée ◇ *adv* superbement ; **~ schmecken** être délicieux(euse).

Herrschaft *die (ohne Pl)* domination *f* ; **die ~ über jn/etw verlieren** perdre le contrôle de qqn/qqch. ◆ **Herrschaften** *pl* personnes *fpl* ; **meine ~en!** Mesdames et Messieurs!

herrschen *vi* - **1.** [regieren] : **in etw** *(D)* **~** dominer qqch ; **über jn/etw ~** régner sur qqn/qqch - **2.** [bestehen] régner.

Herrscher, in (*mpl* **-** ; *fpl* **-nen**) *der, die* souverain *m*, -e *f*.

her|schieben *vt (unreg)* approcher *(en poussant)* ; **etw vor sich** *(D)* **~** [Gegenstand] pousser qqch devant soi ; *fig* [vertagen] repousser qqch.

her sein (*perf* **ist her gewesen**) *vi (unreg)* - **1.** [Ereignis] faire ; **es ist erst drei Tage her** cela ne fait que trois jours - **2.** [Person] : **~ von** venir de - **3.** *RW* : **es ist nicht weit her mit jm** qqn ne fait pas le poids ; **hinter jm/etw ~** courir après qqn/qqch.

her|stellen *vt* - **1.** [Ware] fabriquer - **2.** [Ruhe, Ordnung] instaurer - **3.** [Gesundheit, Person] : **wiederhergestellt werden** être rétabli(e).

Hersteller, in (*mpl* **-** ; *fpl* **-nen**) *der, die* fabricant *m*, -e *f*.

Her|stellung *die* - **1.** [von Waren] fabrication *f* - **2.** [von Ruhe, Ordnung] établissement *m*.

herüber, rüber *adv* par ici.

herum, rum ◆ **um ... herum** *adv* - **1.** [gen] (tout) autour de - **2.** *fam* [circa] vers ; **um 30 Euro ~** dans les 30 euros.

herum|drehen *vt* retourner ; [Schlüssel] tourner. ◆ **sich herumdrehen** *ref fam* se retourner.

herum|fahren (*perf* **hat/ist herumgefahren**) *(unreg)* ◇ *vi (ist)* - **1.** [im Kreis] : **um etw ~** contourner qqch - **2.** *fam* [umherfahren] se balader ◇ *vt (hat)* balader.

herum|geben *vt (unreg)* faire circuler ODER passer.

herum|gehen (*perf* **ist herumgegangen**) *vi (unreg)* - **1.** *fam* [spazieren] flâner - **2.** [zwischen Personen] aller de l'un à l'autre - **3.** [im Kreis] : **um etw ~** faire le tour de qqch - **4.** [Gerücht] se répandre - **5.** *fam* [Zeit] : **schnell ~** passer vite.

herum|kommen (*perf* **ist herumgekommen**) *vi (unreg) fam* - **1.** [in der Welt] bourlinguer - **2.** [gehen, fahren] : **um etw ~** passer autour de qqch - **3.** [vermeiden] : **um etw ~/nicht ~** (ne pas) pouvoir éviter qqch.

herum|kriegen *vt fam* - **1.** [Person] : **jn ~** mettre qqn dans sa poche ; [verführen] séduire qqn - **2.** [Zeit, Gegenstand] arriver à faire passer.

herumlliegen *vi (unreg)* traîner ; **um etw** ~ se trouver autour de qqch.
herumllungern (*perf* **hat/ist herumgelungert**) *vi fam* glander.
herumlsprechen ◆ **sich herumsprechen** *ref (unreg)* se répandre.
herumltreiben ◆ **sich herumtreiben** *ref (unreg) fam abw* traîner.
herumlzeigen *vt* : **etw** ~ montrer qqch *(à plusieurs personnes)*.
herumlziehen (*perf* **hat/ist herumgezogen**) *(unreg)* <> *vi (ist)* - **1.** *fam* [in Welt] aller de par le monde - **2.** [Gruppe] : **um etw** ~ faire le tour de qqch <> *vt (hat)* : **etw um etw** ~ faire passer qqch autour de qqch ; [zur Umzäunung] clôturer qqch avec qqch.
herunter, runter *adv* en bas.
herunterlbekommen *vt (unreg) fam* - **1.** [schlucken können] pouvoir avaler - **2.** [nach unten] parvenir à descendre - **3.** [entfernen können] parvenir à enlever.
herunterlfahren *vt (unreg)* - **1.** [Geschwindigkeit,Produktion] diminuer - **2.** [Computer, Programm] arrêter.
heruntergekommen *adj* - **1.** [Haus, Geschäft] délabré(e) - **2.** [Person] à la dérive.
herunterlholen *vt* descendre.
herunterlladen *vt (unreg)* EDV télécharger.
herunterllassen *vt (unreg)* - **1.** [senken] baisser - **2.** [herunterbefördern] faire descendre ; **etw an etw** *(D)* ~ faire descendre qqch à l'aide de qqch.
herunterlmachen *vt* : **jn/etw** ~ *fam* descendre qqn/qqch.
herunterlschlucken *vt* avaler.
hervor *adv* en avant.
hervorlbringen *vt (unreg)* - **1.** [Ton] proférer - **2.** [entwickeln] produire.
hervorlgehen (*perf* **ist hervorgegangen**) *vi (unreg)* : **aus etw** ~ [entstehen] procéder de qqch ; [Person] sortir de qqch ; [aus Worten] ressortir de qqch.
hervorlheben *vt (unreg)* - **1.** [in Text] faire ressortir - **2.** [lobend] souligner.
hervorlholen *vt* : **etw (aus etw)** ~ extraire qqch (de qqch).
hervorragend <> *adj* remarquable <> *adv* remarquablement bien.
hervorlrufen *vt (unreg)* - **1.** [verursachen] provoquer - **2.** [rufen] rappeler.
hervorlstechen *vi (unreg)* se faire remarquer.
hervorltun ◆ **sich hervortun** *ref (unreg)* [auffallen] s'illustrer.
Herlweg *der (ohne Pl)* aller *m*.
Herz (*pl* **-en**) *das* - **1.** [gen] cœur *m* - **2.** *RW* : **ein ~ für jn/etw haben** aimer qqn/qqch ; **es nicht übers ~ bringen, etw zu tun** ne pas avoir le courage de faire qqch ; **etw auf dem ~en haben** avoir qqch sur le cœur ; **jd/etw liegt jm am ~en** qqn/qqch tient à cœur à qqn ; **jm das ~ brechen** briser le cœur de qqn ; **sich** *(D)* **etw zu ~en nehmen** prendre qqch à cœur. ◆ **von ganzem Herzen** *adv* de tout cœur.
Herzenslust ◆ **nach Herzenslust** *adv* [essen, trinken] à volonté.
herzerfrischend <> *adj* - **1.** [Person] plein(e) d'entrain - **2.** [Eigenschaft] rafraîchissant(e) <> *adv* gaiement.
herzergreifend <> *adj* émouvant(e) <> *adv* de façon émouvante.
herzhaft <> *adj* - **1.** [Nahrung] consistant(e) - **2.** [Biss] à pleines dents ; [Kuss] chaleureux(euse) <> *adv* : ~ **zubeißen** mordre à pleines dents.
herlziehen (*perf* **hat/ist hergezogen**) *(unreg)* <> *vt (hat)* approcher *(en tirant)* ; **etw hinter sich** ~ traîner qqch derrière soi <> *vi (ist/hat)* [lästern] : **über jn** ~ *fam abw* casser du sucre sur le dos de qqn.
Herzlinfarkt *der* infarctus *m* (du myocarde).
Herzlklopfen *das (ohne Pl)* palpitations *fpl*.
herzlich <> *adj* - **1.** [freundlich] cordial(e) - **2.** [aufrichtig] sincère <> *adv* - **1.** [freundlich] cordialement - **2.** [aufrichtig] sincèrement - **3.** [sehr] profondément.
Herzog, in (*mpl* **Herzöge** ; *fpl* **-nen**) *der, die* duc *m*, duchesse *f*.
Herzlschlag *der* pouls *m*.
Herzlschrittmacher (*pl* -) *der* stimulateur *m* cardiaque.
Herzlstillstand *der (ohne Pl)* arrêt *m* cardiaque.
herzzerreißend <> *adj* déchirant(e) <> *adv* de manière déchirante.
Hesse (*pl* **-n**) *der* Hessois *m*.
Hessen *nt* Hesse *f*.
Hessin (*pl* **-nen**) *die* Hessoise *f*.
hessisch *adj* hessois(e).
Hetze *die (ohne Pl)* - **1.** [zeitlich] précipitation *f* - **2.** [Lästern] : ~ **(gegen jn)** harcèlement *m* (de qqn).
hetzen (*perf* **hat/ist gehetzt**) <> *vi* - **1.** *(ist)* [rennen] courir - **2.** *(hat)* [lästern] semer la zizanie <> *vt (hat)* : **jn/etw auf jn** ~ dresser qqn/qqch contre qqn.
Heu *das (ohne Pl)* foin *m*.
Heuchelei (*pl* **-en**) *die abw* hypocrisie *f*.
heucheln *vt & vi* feindre.
Heuchler, in (*mpl* - ; *fpl* **-nen**) *der, die* hypocrite *mf*.
heulen *vi* - **1.** *fam* [Person] chialer - **2.** [Tier, Gerät] hurler.

Heu|schnupfen *der (ohne Pl)* rhume *m* des foins.
heute *adv* aujourd'hui ; **~ früh** ODER **Morgen/Abend** ce matin/soir ; **~ Mittag** à midi ; **~ in vierzehn Tagen/einer Woche** aujourd'hui en quinze/en huit ; **von ~ auf morgen** *fig* du jour au lendemain.
heutig *adj* **- 1.** [von heute] d'aujourd'hui **- 2.** [gegenwärtig] actuel(elle).
heutzutage *adv* de nos jours.
Hexe (*pl* **-n**) *die* sorcière *f.*
Hexerei (*pl* **-en**) *die* magie *f*, sorcellerie *f.*
Hieb (*pl* **-e**) *der* coup *m.*
hiebfest ◆ **hieb- und stichfest** *adj* irréfutable.
hielt *prät* ▷ **halten.**
hier ◇ *adv* **- 1.** [gen] ici ; **~ bin ich** me voilà ; **von ~ aus** d'ici ; **von ~ an** ODER **ab** à partir d'ici **- 2.** [dort] là ; **mit dieser Maschine ~** avec cette machine-là ; **der** ODER **die** ODER **das ~** celui-ci (celle-ci) ; *siehe auch* **hier sein** ◇ *interj* voilà! ; **~, nimm!** tiens! ◆ **hier und da** *adv* [räumlich] par endroits.
hieran, hieran *adv* **- 1.** [an dieser Sache] à ceci **- 2.** [an dieser Stelle] ici.
Hierarchie (*pl* **-n**) *die* hiérarchie *f.*
hierauf *adv* **- 1.** [auf dieser Sache] là-dessus **- 2.** [auf diese Sache] à ceci **- 3.** [auf diese Stelle] ici *(sur qqch)* **- 4.** [daraufhin] là-dessus.
hieraus *adv* **- 1.** [aus dieser Sache] de ceci **- 2.** [aus diesem Material] à partir de ceci.
hier behalten *vt (unreg) fam* : **jn/etw ~** garder qqn/qqch auprès de soi.
hierbei *adv* **- 1.** [gleichzeitig] à cette occasion **- 2.** [dazu] à ceci.
hier bleiben (*perf* **ist hier geblieben**) *vi (unreg)* rester sur place.
hierdurch *adv* **- 1.** [örtlich] par ici **- 2.** [ursächlich] ainsi.
hierfür, hierfür *adv* pour ceci.
hierher, hierher *adv* par ici.
hierhin, hierhin *adv* par ici.
hierin *adv* **- 1.** [örtlich] à l'intérieur (de ceci) **- 2.** [in dieser Angelegenheit] en ceci.
hiermit *adv* [mit etwas] avec ceci.
hiernach *adv* **- 1.** [zeitlich] là-dessus **- 2.** [nach etw] à cela.
hier sein (*perf* **ist hier gewesen**) *vi (unreg)* être ici.
hierüber *adv* **- 1.** [örtlich] au-dessus de ceci **- 2.** [über etw] à ce sujet.
hierum *adv* **- 1.** [örtlich] autour de ceci **- 2.** [um diese Sache] pour cela.
hierunter *adv* **- 1.** [örtlich] là-dessous **- 2.** [unter dieser Sache] à ce sujet **- 3.** [unter dieser Menge] parmi ceci.
hiervon *adv* **- 1.** [von diesem Gegenstand] de ceci **- 2.** [von dieser Angelegenheit] de cela **- 3.** [örtlich] de là **- 4.** [ursächlich] de là **- 5.** [von dieser Menge] dont.
hierzu *adv* **- 1.** [zu dieser Angelegenheit] à cela **- 2.** [zu diesem Gegenstand] à ceci **- 3.** [zu dieser Menge - von Gegenständen] à ceci ODER cela ; [- von Personen] à eux ODER elles.
hierzulande *adv* ici.
hiesig *adj* local(e).
hieß *prät* ▷ **heißen.**
Hilfe (*pl* **-n**) *die* aide *f* ; **mit js ~** avec l'aide de qqn ; **jn/etw zu ~ nehmen** avoir recours à qqn/qqch ; **um ~ rufen** appeler au secours. ◆ **Hilfe!** *interj* au secours! ◆ **Hilfe suchend** ◇ *adj* suppliant(e) ◇ *adv* d'un air suppliant. ◆ **mit Hilfe** *adv* = **mithilfe.** ◆ **erste Hilfe** *die* secourisme *m* ; **(jm) erste ~ leisten** prodiguer les premiers soins (à qqn).
Hilfe|leistung *die* assistance *f.*
Hilfe|ruf *der* appel *m* au secours.
hilfesuchend ▷ **Hilfe.**
hilflos ◇ *adj* **- 1.** [hilfsbedürftig] désemparé(e) ; [wegen Krankheit] impotent(e) **- 2.** [ratlos] impuissant(e) ◇ *adv* **- 1.** [hilfsbedürftig] en détresse **- 2.** [ratlos] : **~ lächeln** avoir un sourire embarrassé.
hilfreich ◇ *adj* [Mittel, Werkzeug] pratique ; [Mensch] précieux(euse) ◇ *adv* avec obligeance.
Hilfs|arbeiter, in *der, die* ouvrier spécialisé *m*, ouvrière spécialisée *f* ; [beim Bau] manœuvre *m.*
hilfsbedürftig *adj* [arm] indigent(e) ; [schwach] sans défense.
hilfsbereit *adj* serviable.
Hilfs|kraft *die* auxiliaire *mf.*
Hilfs|mittel *das* aide *f.*
Hilfs|verb *das* GRAM auxiliaire *m.*
hilft *präs* ▷ **helfen.**
Himalaja, Himalaja *der* Himalaya *m.*
Him|beere *die* framboise *f.*
Himmel (*pl* **-**) *der* **- 1.** *(ohne Pl)* [gen] ciel *m* ; **in den** ODER **im ~** au ciel ; **unter freiem ~** en plein air **- 2.** *RW* : **aus heiterem ~** à l'improviste.
himmelblau *adj* bleu ciel.
Himmel|fahrt *die (ohne Artikel)* [Feiertag] Ascension *f.*
Himmels|richtung *die* point *m* cardinal ; **die Vögel fliegen in alle ~en davon** les oiseaux s'envolent dans toutes les directions.
himmlisch *adj* **- 1.** [des Himmels] céleste **- 2.** [wunderbar] sublime.
hin *adv* **- 1.** [zum Ausdruck einer Richtung] : **nach** ODER **zu/bis ... ~** vers/jusqu'à ... ; **der Weg zum Stadium ~** le chemin du stade ; **München ~ und zurück** un aller-retour

pour Munich ; **nach außen** ~ *fig* extérieurement - **2.** [zum Ausdruck einer Strecke] : **über Kilometer** ~ sur des kilomètres - **3.** [in Richtung auf Zeitpunkt] : **gegen Mittag** ~ vers midi - **4.** [zum Ausdruck eines zeitlichen Verlaufs] : **über Jahre** ~ pendant des années - **5.** *RW* : **jn/etw auf etw** *(A)* ~ **untersuchen** rechercher qqch sur qqn/qqch ; **auf js Rat/Hinweis** ~ sur les conseils/les indications de qqn ; *siehe auch* **hin sein.** ◆ **hin und her** *adv* : ~ **und her laufen** ODER **gehen** aller et venir. ◆ **hin und wieder** *adv* de temps à autre. ◆ **Hin** *das (ohne Pl)* : **das Hin und Her** le va-et-vient.

hinab *adv* : **die Treppe/den Berg** ~ en descendant l'escalier/la côte.

hinab|gehen (*perf* **ist hinabgegangen**) *vt & vi (unreg)* *geh*descendre.

hin|arbeiten *vi* : **auf etw** *(A)* ~ travailler en vue de qqch.

hinauf *adv* : **die Treppe/den Berg** ~ en montant l'escalier/la côte.

hinauf|gehen (*perf* **ist hinaufgegangen**) *(unreg)* <> *vi* - **1.** [gen] monter ; **es geht hinauf** ça monte - **2.** *fam* [Preis, Miete] grimper <> *vt* [Treppe, Leiter] monter ; [Weg, Berg] gravir.

hinauf|sehen *vi (unreg)* : **zu jm/etw** ~ lever les yeux vers qqn/qqch.

hinauf|steigen (*perf* **ist hinaufgestiegen**) *vi (unreg)* : **auf einen Berg** ~ escalader une montagne.

hinaus *adv* - **1.** [nach draußen] vers l'extérieur ; **ein Fenster zur Straße** ~ une fenêtre qui donne sur la rue - **2.** [zeitlich] : **über etw** *(A)* ~ au-delà de qqch. ◆ **auf ... hinaus** *adv* à l'avance. ◆ **über ... hinaus** *adv* outre.

hinaus|begleiten *vt* accompagner *(jusqu'à la porte).*

hinaus|gehen (*perf* **ist hinausgegangen**) *vi (unreg)* - **1.** [nach draußen] sortir - **2.** [gerichtet sein] : **in etw** *(A)* ODER **zu etw** ODER **nach etw** ~ donner sur qqch ; **durch diese Tür geht es in den Garten hinaus** cette porte donne sur le jardin - **3.** [überschreiten] : **über etw** *(A)* ~ aller au-delà de qqch.

hinaus|laufen (*perf* **ist hinausgelaufen**) *vi (unreg)* - **1.** [nach draußen] sortir en courant - **2.** [abzielen] : **auf etw** *(A)* ~ aboutir à qqch ; **das läuft auf dasselbe hinaus** cela revient au même.

hinaus|schieben *vt (unreg)* - **1.** [nach draußen] pousser (au-dehors) - **2.** [zeitlich] reporter. ◆ **sich hinausschieben** *ref* [zeitlich] être reporté(e).

hinaus|werfen *vt (unreg)* - **1.** [nach draußen] : **etw** ~ jeter qqch (au-dehors) - **2.** *fam* [kündigen] virer.

hinaus|zögern *vt* : **etw** ~ faire traîner qqch en longueur. ◆ **sich hinauszögern** *ref* traîner en longueur.

hin|bekommen *vt (unreg) fam* réussir ; **etw wieder** ~ réparer qqch.

hin|bestellen *vt* faire venir.

Hin|blick *der (ohne Pl)* : **in** ODER **im** ~ **auf etw** vu qqch.

hinderlich *adj* : **jm/einer Sache** ~ **sein** gêner qqn/qqch.

hindern *vt* : **(jn an etw** *(A)*) ~ empêcher (qqn de faire qqch).

Hindernis (*pl* **-se**) *das* obstacle *m.*

Hinderungs|grund *der* : **für jn ein** ~ **sein** représenter un obstacle pour qqn.

hin|deuten *vi* - **1.** [mit der Hand] : **auf jn/etw** ~ indiquer qqn/qqch - **2.** [erkennen lassen] : **etw deutet darauf hin, dass** qqch porte à croire que.

Hindi *das (ohne Pl)* [Sprache] hindi *m ; siehe auch* **Englisch.**

Hindu (*pl* **-s**) *der* Hindou *m.*

hindurch *adv* - **1.** [zeitlich] sans interruption - **2.** [örtlich] à travers.

hinein *adv* - **1.** [örtlich] à l'intérieur - **2.** [zeitlich] : **bis in die Nacht** ~ jusque tard dans la nuit.

hinein|denken ◆ **sich hineindenken** *ref (unreg)* : **sich in jn** ~ se mettre à la place de qqn ; **sich in etw** *(A)* ~ se représenter qqch.

hinein|fressen *vt (unreg)* : **etw in sich** ~ engloutir qqch. ◆ **sich hineinfressen** *ref* : **sich in etw** *(A)* ~ attaquer qqch.

hinein|gehen (*perf* **ist hineingegangen**) *vi (unreg)* rentrer ; **in den Tank gehen 50 Liter hinein** le réservoir peut contenir 50 litres.

hinein|geraten (*perf* **ist hineingeraten**) *vi (unreg)* : **in etw** *(A)* ~ se retrouver dans qqch.

hinein|steigern ◆ **sich hineinsteigern** *ref* : **sich in etw** *(A)* ~ se monter la tête avec qqch.

hinein|versetzen ◆ **sich hineinversetzen** *ref* : **sich in jn** ODER **in js Lage** ~ se mettre à la place de qqn.

hinein|ziehen (*perf* **hat/ist hineingezogen**) *(unreg)* <> *vt (hat)* - **1.** [nach drinnen] attirer - **2.** [verwickeln] : **jn in etw** *(A)* ~ entraîner qqn dans qqch <> *vi (ist)* [in Haus, Wohnung] emménager.

hin|fahren (*perf* **hat/ist hingefahren**) *(unreg)* <> *vi (ist)* partir *(en véhicule)* <> *vt (hat)* emmener *(en véhicule).*

Hin|fahrt *die* aller *m.*

hin|fallen (*perf* **ist hingefallen**) *vi (unreg)* tomber.

hinfällig *adj* [ungültig] caduc (caduque).

Hin|flug *der* aller *m (en avion).*
hin|führen ◇ *vt* [an einen Ort] guider ◇ *vi* mener.
hing *prät* ▷ **hängen.**
hin|geben *vt (unreg) geh* donner. ◆ **sich hingeben** *ref :* **sich einer Sache** *(D)* ~ [Aufgabe] se consacrer à qqch ; [Gefühl] s'adonner à qqch.
hingegen *konj* en revanche.
hin|gehen (*perf* **ist hingegangen**) *vi (unreg)* [gehen] : **zu jm** ~ aller chez qqn.
hin|halten *vt (unreg)* - **1.** [reichen] tendre - **2.** [vertrösten] faire attendre.
hin|hocken ◆ **sich hinhocken** *ref* s'accroupir.
hinken (*perf* **hat/ist gehinkt**) *vi* - **1.** *(hat)* [humpeln] boiter - **2.** *(ist)* [an einen Ort] : **über die Straße** ~ traverser la rue en boitant.
hin|knien ◆ **sich hinknien** *ref* s'agenouiller.
hin|kommen (*perf* **ist hingekommen**) *vi (unreg)* - **1.** [ankommen] arriver - **2.** *fam* [hingehören] se ranger - **3.** *fam* [hingeraten] passer - **4.** *fam* [auskommen] : **kommen wir mit der Milch hin?** est-ce qu'il y aura assez de lait?
hin|kriegen *vt fam* - **1.** [schaffen] réussir - **2.** [reparieren] remettre en état.
hinlänglich ◇ *adj* suffisant(e) ◇ *adv* suffisamment.
hin|legen *vt* - **1.** [Gegenstand] poser ; [Nachricht] laisser - **2.** [ins Bett] coucher. ◆ **sich hinlegen** *ref* [sich legen] s'allonger.
hin|nehmen *vt (unreg)* [ertragen] : **etw** ~ accepter qqch bon gré mal gré.
hin|reichen ◇ *vt* [reichen] : **jm etw** ~ tendre qqch à qqn ◇ *vi* - **1.** [sich erstrecken] s'étendre - **2.** [ausreichen] suffire.
Hin|reise *die (ohne Pl)* aller *m.*
hin|reißen *vt (unreg)* - **1.** [begeistern] transporter - **2.** [verleiten] : **sich (von jm) zu etw ~ lassen** se laisser entraîner (par qqn) à faire qqch.
hinreißend *adj* irrésistible.
hin|richten *vt* exécuter.
Hin|richtung *die* exécution *f.*
hin sein (*perf* **ist hin gewesen**) *vi (unreg) fam :* **etw ist hin** [Gegenstand] qqch est cassé(e) ; [Tier] qqch est crevé(e).
hin|setzen *vt* [Gegenstand] poser ; [Kind] asseoir. ◆ **sich hinsetzen** *ref* [sich setzen] s'asseoir.
Hin|sicht *die (ohne Pl) :* **in dieser** ~ à cet égard ; **in jeder** ~ en tous points ; **in ~ auf etw** *(A)* compte tenu de qqch.
hin|stellen *vt* - **1.** [Gegenstand] poser - **2.** [darstellen] : **jn/etw als etw** ~ présenter qqn/qqch comme qqch. ◆ **sich hinstellen** *ref* [sich stellen] se camper.
hinten *adv* - **1.** [am Ende] à la fin - **2.** [räumlich] au fond ; [im Fahrzeug] à l'arrière - **3.** [an der Rückseite] à l'arrière, derrière - **4.** [als Richtungsangabe] : **nach** ~ en arrière ; **von** ~ par-derrière - **5.** [dort] : **da** ~ là-bas.
hintenherum *adv fam* [um etw herum] par derrière.
hinter *präp* - **1.** *(+ D, + A)* [räumlich] derrière ; ~ **dem Hotel** derrière l'hôtel ; ~ **das Haus gehen** aller derrière la maison ; ~ **js Rücken** dans le dos de qqn - **2.** *(+ D)* [zeitlich] derrière ; **etw ~ sich** *(A)* **bringen** en terminer avec qqch.
Hinter|ausgang *der* porte *f* de derrière, sortie *f* de service.
Hinterbliebene (*pl* **-n**) *der, die* survivant *m*, -e *f.*
hintere, r, s *adj* de derrière, arrière.
Hintere (*pl* **-n**) *der, die* celui qui est situé derrière, celle qui est située derrière.
hintereinander *adv* - **1.** [räumlich] l'un derrière l'autre, l'une derrière l'autre - **2.** [zeitlich] de suite.
Hinter|eingang *der* porte *f* de derrière.
hinterfragen *vt* mettre en question.
Hinter|gedanke *der* arrière-pensée *f.*
hintergehen (*prät* **hinterging** ; *perf* **hat hintergangen**) *vt* tromper.
Hinter|grund *der* arrière-plan *m ;* [akustisch] fond *m ;* [von Tat] raison *f* cachée ; **im ~ bleiben** rester dans l'ombre.
Hinterhalt (*pl* **-e**) *der :* **in einen ~ geraten** ODER **fallen** tomber dans une embuscade.
hinterhältig *adj* sournois(e).
hinterher[1] *adv* [räumlich] derrière.
hinterher[2] *adv* [zeitlich] après.
hinterher|fahren (*perf* **ist hinterhergefahren**) *vi (unreg) :* **jm/einer Sache** ~ suivre qqn/qqch *(en véhicule).*
hinterher|gehen (*perf* **ist hinterhergegangen**) *vi (unreg) :* **jm** ~ suivre qqn *(à pied).*
Hinter|kopf *der* occiput *m ;* **etw im ~ haben** ODER **behalten** *fam fig* garder qqch en mémoire.
Hinter|land *das (ohne Pl)* arrière-pays *m.*
hinterlassen (*präs* **hinterlässt** ; *prät* **hinterließ** ; *perf* **hat hinterlassen**) *vt* - **1.** [vererben] : **(jm) etw** ~ léguer qqch (à qqn) - **2.** [zurücklassen] laisser.
hinterlegen *vt :* **etw bei jm** ~ [gen] déposer qqch chez qqn ; [Amt] déposer qqch auprès de qqn.
Hinter|list *die (ohne Pl)* ruse *f.*
hinterlistig *adj* fourbe.

Hintern (*pl* -) *der fam* derrière *m*.
Hinter|rad *das* roue *f* arrière.
hinterrücks *adv abw* par-derrière.
Hinter|seite *die* arrière *m*.
Hinter|teil *das fam* derrière *m*.
Hinter|treffen *das (ohne Pl) fam* : **ins ~ geraten** se retrouver à la traîne.
hintertreiben (*prät* **hintertrieb** ; *perf* **hat hintertrieben**) *vt* saper.
Hinter|tür *die* porte *f* de derrière.
Hinterwäldler, in (*mpl* - ; *fpl* **-nen**) *der, die abw* rustre *mf*.
hinterziehen (*prät* **hinterzog** ; *perf* **hat hinterzogen**) *vt* : **Steuern ~** frauder le fisc.
hin|treten (*perf* **hat/ist hingetreten**) *vi (unreg)* - **1.** *(ist)* [an einen Ort] : **zu etw ~** s'avancer vers qqch ; **vor jn ~** se présenter à qqn - **2.** *(hat)* [mit Fuß] frapper du pied.
hinüber, rüber *adv* : **nach rechts/links ~** vers la droite/gauche ; *siehe auch* **hinüber sein**.
hinüber sein (*perf* **ist hinüber gewesen**) *vi (unreg) fam* [am Ende sein] être fichu(e) ; [betrunken sein] être bourré(e).
hinunter, runter *adv* : **bis ~** jusque *(en bas)* ; **den Berg ~** en descendant la montagne.
hinunter|blicken *vi* : **in etw** *(A)* **~** regarder dans qqch.
hinunter|schlucken *vt* [Nahrung] avaler.
hinunter|stürzen (*perf* **hat/ist hinuntergestürzt**) <> *vt (hat)* [werfen] précipiter <> *vi (ist)* [hinunterfallen] dégringoler. ◆ **sich hinunterstürzen** *ref* [sich hinunterwerfen] se jeter.
hinweg *adv geh* : **über jn/etw ~** par-dessus qqn/qqch ; **über Jahre ~** par-delà les années.
Hin|weg *der (ohne Pl)* aller *m* ; **auf dem ~** à l'aller.
hinweg|gehen (*perf* **ist hinweggegangen**) *vi (unreg)* : **über etw** *(A)* **~** ne pas tenir compte de qqch.
hinweg|kommen (*perf* **ist hinweggekommen**) *vi (unreg)* : **über etw** *(A)* **~** surmonter qqch.
hinweg|sehen *vi (unreg)* : **über jn/etw ~** voir par-dessus qqn/qqch ; **über etw** *(A)* **~** *fig* fermer les yeux sur qqch.
hinweg|setzen ◆ **sich hinwegsetzen** *ref* : **sich über etw** *(A)* **~** passer outre (à) qqch.
Hinweis (*pl* **-e**) *der* indication *f* ; **ein ~ für** ODER **auf etw** *(A)* un signe de qqch ; **jm einen ~ geben** donner une indication à qqn.
hin|weisen *(unreg)* <> *vi* indiquer <> *vt* : **jn auf etw** *(A)* **~** faire remarquer qqch à qqn.
hin|wenden *vt (unreg)* : **etw zu jm/etw ~** tourner qqch vers qqn/qqch. ◆ **sich hinwenden** *ref* : **sich zu jm/etw ~** se tourner vers qqn/qqch.
hin|werfen *vt (unreg)* - **1.** [werfen] jeter (par terre) - **2.** [Frage, Satz] lancer. ◆ **sich hinwerfen** *ref* se jeter par terre.
hin|ziehen (*perf* **hat/ist hingezogen**) *(unreg)* <> *vt (hat)* - **1.** [anziehen] : **jn/etw zu sich ~** attirer qqn/qqch vers soi - **2.** [zeitlich] faire traîner en longueur <> *vi (ist)* [umziehen] s'installer. ◆ **sich hinziehen** *ref* [lange dauern] se prolonger.
hinzu *adv* en plus.
hinzu|fügen *vt* : **(etw zu etw) ~** ajouter (qqch à qqch).
hinzu|kommen (*perf* **ist hinzugekommen**) *vi (unreg)* - **1.** [Personen] : **zu jm/etw ~** se joindre à qqn/qqch - **2.** [Dinge, Sachen] venir s'ajouter.
hinzu|treten (*perf* **ist hinzugetreten**) *vi (unreg)* : **zu jm ~** se joindre à qqn.
hinzu|ziehen *vt (unreg)* consulter.
Hirn (*pl* **-e**) *das* [Gehirn] cerveau *m*.
Hirngespinst (*pl* **-e**) *das abw* élucubration *f*.
Hirsch (*pl* **-e**) *der* cerf *m*.
Hirse *die (ohne Pl)* mil *m*.
Hirte (*pl* **-n**), **Hirt** (*pl* **-en**) *der* berger *m*.
Hirtin (*pl* **-nen**) *die* bergère *f*.
hissen *vt* hisser.
Historiker, in (*mpl* - ; *fpl* **-nen**) *der, die* historien *m*, -enne *f*.
historisch <> *adj* historique <> *adv* [geschichtlich] du point de vue historique.
Hit (*pl* **-s**) *der fam* tube *m*.
Hit|parade *die* hit-parade *m*.
Hitze *die (ohne Pl)* chaleur *f*.
hitzebeständig *adj* [in Technik] thermorésistant(e) ; [Geschirr] résistant(e) à la chaleur.
hitzefrei *adj* : **~ haben** *être en congé scolaire à cause de la chaleur.*
Hitze|welle *die* vague *f* de chaleur.
hitzig <> *adj* - **1.** [Mensch, Temperament] fougueux(euse) - **2.** [Diskussion, Streit] véhément(e) <> *adv* [lebhaft] avec véhémence.
hitzköpfig *adj* soupe au lait.
Hitz|schlag *der* insolation *f*.
HIV-positiv *adj* MED séropositif(ive).
H-|Milch *die (ohne Pl)* lait *m* UHT.
hob *prät* ▷ **heben**.
Hobby ['hɔbi] (*pl* **-s**) *das* hobby *m*.
Hobby|koch *der* cuisinier *m* amateur.
Hobby|köchin *die* cuisinière *f* amateur.

Hobel (*pl* -) *der* - **1.** [Werkzeug] rabot *m* - **2.** [Küchengerät] râpe *f*.

Hobelbank (*pl* **-bänke**) *die* établi *m*.

hobeln ◇ *vt* [Holz] raboter ; [Gemüse] émincer ◇ *vi* raboter.

hoch (*komp* **höher** ; *superl* **höchste**) ◇ *adj* - **1.** [lang, ranghoch] haut(e) - **2.** [weit oben, beträchtlich, gehoben] élevé(e) - **3.** [mit Maßangabe] de haut, de hauteur ; **ein zwei Meter hoher Baum** un arbre de deux mètres (de haut) - **4.** [Klang] aigu(uë) - **5.** MATH : **zehn ~ zwei** dix puissance deux - **6.** *RW* : **etw ist jm zu ~** *fam* qqch dépasse qqn ◇ *adv* - **1.** [lang, sehr] très - **2.** [in Höhe, klingen] haut.

Hoch (*pl* **-s**) *das* - **1.** [Jubelruf] vivat *m* - **2.** [meteorologisch] anticyclone *m*.

Hoch|achtung *die* haute considération *f*.

hochachtungsvoll *adv* 'veuillez agréer, Madame, Monsieur, mes salutations distinguées'.

hoch|arbeiten ◆ **sich hocharbeiten** *ref* s'élever par le travail.

Hoch|bau *der (ohne Pl)* bâtiment *m*.

hoch begabt *adj* extrêmement doué(e).

Hoch|betrieb *der (ohne Pl) fam* : **es herrscht ~** ça grouille de monde.

hoch bezahlt *adj* très bien payé(e).

Hoch|burg *die* haut lieu *m*.

hochdeutsch ◇ *adj* haut allemand(e) ◇ *adv* en haut allemand.

Hoch|druck *der (ohne Pl)* - **1.** [technisch] haute pression *f* ; **unter ~ stehen** être sous haute pression - **2.** [meteorologisch] anticyclone *m*.

Hochdruck|gebiet *das* front *m* de hautes pressions.

Hoch|ebene *die* plateau *m*.

hoch empfindlich *adj* hypersensible.

hoch|fahren (*perf* **hat/ist hochgefahren**) *(unreg)* ◇ *vi* - **1.** *fam* [nach oben] monter - **2.** [erschrecken] se lever en sursaut - **3.** [zornig] s'emporter ◇ *vt fam* [nach oben] monter.

Hoch|form *die (ohne Pl)* : **in ~ sein** être en pleine forme.

Hoch|frequenz *die* PHYS haute fréquence *f*.

Hoch|gebirge *das* haute montagne *f*.

Hoch|gefühl *das* : **im ~ einer Sache** *(G)* dans l'euphorie de qqch.

hoch|gehen (*perf* **ist hochgegangen**) *vi (unreg)* - **1.** *fam* [Bombe, Drogenring] sauter ; **jn ~ lassen** [verraten] donner qqn ; [verhaften] arrêter qqn - **2.** *fam* [wütend werden] monter sur ses grands chevaux.

hoch gehen (*perf* **ist hoch gegangen**) *vi (unreg)* - **1.** [Schranke, Vorhang] se lever - **2.** [Person] monter.

Hoch|glanz *der* brillant *m* ; **etw auf ~ bringen** *fig* astiquer qqch.

hochgradig ◇ *adj* intense ◇ *adv* extrêmement.

hoch|halten *vt (unreg)* [Verfassung, Wahrheit] tenir en haute estime ; [Tradition] perpétuer.

hoch halten *vt (unreg)* [Gegenstand, Arme] lever.

Hoch|haus *das* tour *f (immeuble)*.

hoch|heben *vt (unreg)* : **jn/etw ~** soulever qqn/qqch.

hochkant *adv* de chant.

hoch|klappen (*perf* **hat/ist hochgeklappt**) ◇ *vt (hat)* relever ◇ *vi (ist)* se relever.

hoch|klettern (*perf* **ist hochgeklettert**) *vi fam* : **an etw** *(D)* **~** grimper à qqch.

hoch|kommen (*perf* **ist hochgekommen**) *vi (unreg) fam* - **1.** [nach oben] monter - **2.** [vom Boden] se relever - **3.** [erbrechen] : **jm kommt es/etw hoch** cela/qqch donne la nausée à qqn.

Hoch|konjunktur *die* expansion *f*.

hoch|krempeln *vt* retrousser.

Hoch|land *das* hauts plateaux *mpl*.

hoch|leben *vi* : **jn/etw ~ lassen** acclamer qqn/qqch ; **das Hochzeitspaar lebe hoch!** vive les mariés!

Hochleistungs|sport *der (ohne Pl)* sport *m* de haut niveau.

Hoch|mut *der* morgue *f*.

hochmütig *adj* hautain(e).

hochnäsig *fam abw adj* prétentieux(euse).

hoch nehmen *vt (unreg)* [nehmen] relever ; **jn/etw mit ~** monter qqn/qqch.

Hoch|ofen *der* haut-fourneau *m*.

hochprozentig *adj* fortement concentré(e) en qqch ; [Alkohol] fortement alcoolisé(e).

hoch|rechnen *vt* calculer à partir d'estimations.

Hoch|rechnung *die* estimation *f*.

hochrot *adj* écarlate.

Hoch|saison *die* haute saison *f*.

hoch|schlagen (*perf* **hat/ist hochgeschlagen**) *(unreg)* ◇ *vt (hat)* relever ◇ *vi (ist)* s'élever.

hoch|schrecken (*prät* **schreckte** ODER **schrak hoch** ; *perf* **hat/ist hochgeschreckt**) ◇ *vt (hat) (reg)* [Person] faire sursauter ; [Tiere] effrayer ◇ *vi (ist)* sursauter.

Hochschul|abschluss *der* UNI diplôme *m* de fin d'études.

Hoch|schule *die* établissement *m* d'enseignement supérieur.

Hochschul|lehrer, in *der, die* professeur *m* dans l'enseignement supérieur.
Hochschul|reife *die* baccalauréat *m.*
hochschwanger *adj* en fin de grossesse.
Hoch|sommer *der* plein été *m.*
Hoch|spannung *die (ohne Pl)* - **1.** [Strom] haute tension *f* - **2.** [Stimmung] atmosphère *f* survoltée.
hoch|spielen *vt* monter en épingle.
Hoch|springer, in *der, die* SPORT sauteur *m*, -euse *f* en hauteur.
Hoch|sprung *der (ohne Pl)* SPORT saut *m* en hauteur.
höchst *adv* extrêmement.
Hochstapler, in (*mpl* - ; *fpl* **-nen**) *der, die* imposteur *m.*
Höchst|belastung *die* charge *f* maximale.
höchstens *adv* tout au plus.
Höchst|fall *der (ohne Pl)* : **im ~** au maximum.
Höchst|form *die (ohne Pl)* : **in ~ sein** être au meilleur de sa forme.
Höchst|geschwindigkeit *die* vitesse *f* maximale.
Höchst|grenze *die* plafond *m.*
Hoch|stimmung *die (ohne Pl)* atmosphère *f* extrêmement gaie.
höchstmöglich *adj* le plus élevé possible, la plus élevée possible.
höchstwahrscheinlich *adv* très vraisemblablement.
Hoch|tour *die* : **auf ~en laufen** [Maschinen] fonctionner à plein régime ; [Vorbereitungen] aller bon train.
hochtrabend *abw* <> *adj* ronflant(e) <> *adv* pompeusement.
Hoch|wasser *das (ohne Pl)* crue *f* ; **~ haben** être en crue.
hochwertig *adj* de bonne qualité.
Hoch|zeit *die* mariage *m* ; **silberne/goldene ~** noces *fpl* d'argent/d'or.
Hochzeits|kleid *das* robe *f* de mariée.
Hochzeits|nacht *die* nuit *f* de noces.
Hochzeits|paar *das* mariés *mpl.*
Hochzeits|reise *die* voyage *m* de noces.
Hochzeits|tag *der* [Trauung] jour *m* du mariage ; [Jahrestag] anniversaire *m* de mariage.
hoch|ziehen *vt (unreg)* - **1.** [ziehen] relever ; [Segel, Flagge] hisser - **2.** [Augenbrauen] lever ; [Schultern] hausser ; [Nase] renifler. ◆ **sich hochziehen** *ref* : **sich an etw** *(D)* **~** se relever en s'agrippant à qqch ; *fig* faire ses choux gras de qqch.
Hocke *die (ohne Pl)* [Haltung] : **in die ~ gehen** s'accroupir.
hocken *vi* - **1.** [kauern] être ODER se tenir accroupi(e) - **2.** *fam* [sitzen] être assis(e). ◆ **sich hocken** *ref* - **1.** [sich kauern] s'accroupir - **2.** *fam* [sich setzen] s'asseoir.
Hocker (*pl* -) *der* tabouret *m.*
Höcker (*pl* -) *der* bosse *f*
Hockey *das (ohne Pl)* hockey *m* ; **~ spielen** jouer au hockey.
Hockey|spieler, in *der, die* joueur de hockey *m*, joueuse de hockey *f.*
Hoden (*pl* -) *der* testicule *m.*
Hof (*pl* **Höfe**) *der* - **1.** [gen] cour *f* - **2.** [landwirtschaftlich] ferme *f* - **3.** *RW* : **jm den ~ machen** faire la cour à qqn.
Hofbräu|haus *das (ohne Pl) célèbre brasserie munichoise.*
hoffen <> *vt* espérer <> *vi* : **auf jn ~** mettre son espoir en qqn ; **auf etw** *(A)* **~** espérer qqch.
hoffentlich *adv* pourvu que *(+ subjonctif).*
Hoffnung (*pl* **-en**) *die* espoir *m* ; **voller ~ sein** être plein(e) d'espoir ; **die ~ aufgeben/nicht aufgeben** (ne pas) perdre espoir.
hoffnungslos *adj* désespéré(e).
Hoffnungslosigkeit *die (ohne Pl)* [von Menschen] désespoir *m* ; [von Situationen] caractère *m* désespéré.
hoffnungsvoll *adj* - **1.** [optimistisch] plein(e) d'espoir - **2.** [Erfolg versprechend] prometteur(euse).
höflich <> *adj* poli(e) <> *adv* poliment.
Höflichkeit (*pl* **-en**) *die* politesse *f.*
Höhe (*pl* **-n**) *die* - **1.** [Maß, Hügel] hauteur *f* - **2.** [von Preis, Betrag] montant *m* - **3.** [Richtung] : **in die ~** en l'air ; **in die ~ steigen** [Gegenstand] s'élever ; **in die ~ gehen** [Preis] être en hausse - **4.** [Linie] : **auf der** ODER **in ~ von jm/etw** à hauteur de qqn/qqch ; **auf gleicher ~** à la même hauteur - **5.** *RW* : **das ist die ~!** *fam* c'est le comble!
Hoheit (*pl* **-en**) *die* - **1.** *(ohne Pl)* [Herrschaft] souveraineté *f* - **2.** [als Anrede] Altesse *f.*
Hoheits|gebiet *das* territoire *m* national.
Höhen|lage *die* altitude *f.*
Höhen|sonne *die* lampe *f* à (rayons) ultra-violets.
Höhe|punkt *der* [von Entwicklung] point *m* culminant ; [von Ereignis] moment *m* fort ; [von Karriere] sommet *m.*
hohl <> *adj* creux(euse) ; **in der ~en Hand** dans le creux de la main <> *adv* : **~ daherreden** débiter des paroles creuses.
Höhle (*pl* **-n**) *die* - **1.** [Grotte] grotte *f*, caverne *f* - **2.** [von Tieren] tanière *f* ; [von Dachs, Fuchs] terrier *m* ; *fig* [von Löwe] antre *m.*
Hohl|kreuz *das (ohne Pl)* lordose *f* ; **ein ~ machen** cambrer le dos.
Hohl|raum *der* cavité *f.*

höhnisch <> *adj* railleur(euse) <> *adv* sarcastiquement ; **~ lachen** ricaner.

holen *vt* - **1.** [Gegenstände - heranholen] aller chercher ; [- entnehmen] prendre ; **Kohlen aus dem Keller/Möbel vom Speicher ~** aller chercher du charbon à la cave/des meubles au grenier ; **das Buch aus dem Regal ~** prendre le livre sur l'étagère ; **sich** *(D)* **etw ~** [Informationen] rechercher qqch ; *fam fig* [Krankheit] attraper qqch ; **etw ~ kommen** venir chercher qqch - **2.** [Personen - herbeirufen] faire venir ; [- aufnehmen] : **jn zu sich ~** prendre qqn chez soi.

Holland *nt* Hollande *f*.

Holländer *(pl -)* <> *der* Hollandais *m* <> *adj* de Hollande.

Holländerin *(pl* **-nen**) *die* Hollandaise *f*.

holländisch *adj* hollandais(e).

Hölle *die (ohne Pl)* enfer *m* ; **die ~ ist los** *fam fig* c'est l'enfer ; **jm die ~ heiß machen** *fam fig* tanner qqn.

höllisch <> *adj* infernal(e) <> *adv fam* diablement.

Holm *(pl* **-e**) *der* SPORT barre *f*.

holpern *(perf* **hat/ist geholpert**) *vi (ist)* [beim Fahren] cahoter.

holprig <> *adj* - **1.** [uneben] cahoteux(euse) - **2.** [stockend] hésitant(e) <> *adv* [stockend] de façon hésitante.

Holunder *(pl -) der* sureau *m*.

Holz *(pl* **Hölzer**) *das* bois *m* ; **~ hacken** faire du petit bois ; **~ verarbeitende Industrie** industrie *f* de transformation du bois.

Holz|boden *der* plancher *m* (de bois).

Holzfäller, in *(mpl - ; fpl* **-nen**) *der, die* bûcheron *m*, -onne *f*.

holzig *adj* ligneux(euse).

Holz|kohle *die (ohne Pl)* charbon *m* de bois.

Holz|schuh *der* sabot *m*.

Holz|weg *der (ohne Pl)* : **auf dem ~ sein** faire fausse route.

Homebanking ['ho:mbɛŋkɪŋ] *das (ohne pl)* WIRTSCH *opérations bancaires sur internet.*

Homepage ['ho:mpe:dz] *(pl* **-s**) *die* EDV page *f* d'accueil.

Homeshopping *das (ohne pl)* téléachat *m*.

Homöopathie *die (ohne Pl)* homéopathie *f*.

Homosexualität *die (ohne Pl)* homosexualité *f*.

homosexuell <> *adj* homosexuel(elle) <> *adv* : **~ veranlagt sein** avoir des tendances homosexuelles.

Honig *der (ohne Pl)* miel *m* ; **türkischer ~** nougat *m*.

Honorar *(pl* **-e**) *das* honoraires *mpl*.

Hopfen *(pl -) der* houblon *m*.

hopsen *(perf* **ist gehopst**) *vi* sautiller.

hörbar <> *adj* audible <> *adv* bruyamment.

hörbehindert *adj* qui souffre de troubles auditifs.

Hör|buch *das* - **1.** livre-cassette *m*, livre-CD *m* - **2.** [Erzählung] audio-livre *m*.

horchen *vi* écouter (avec attention).

Horde *(pl* **-n**) *die* horde *f*.

hören <> *vt* - **1.** [wahrnehmen, erfahren] entendre - **2.** [bewusst verfolgen] écouter ; **etw/nichts von sich ~ lassen** donner/ne pas donner de ses nouvelles - **3.** *RW* : **etwas zu ~ kriegen** *fam fig* en entendre ; **der kriegt etwas von mir zu ~** il va m'entendre! <> *vi* - **1.** [als Hörfähigkeit] entendre ; **schwer ~** entendre mal - **2.** [zuhören] : **hör mal!, ~ Sie mal!** écoute!, écoutez! - **3.** [als Drohung] : **Sie werden noch von mir ~!** vous aurez de mes nouvelles! - **4.** [auf Rat] : **auf jn/etw ~** écouter qqn/qqch.

Hörensagen *das (ohne Pl)* : **etw vom ~ kennen** connaître qqch par ouï-dire.

Hörer *(pl -) der* - **1.** [Person] auditeur *m* - **2.** [von Telefon] écouteur *m*, combiné *m*.

Hörerin *(pl* **-nen**) *die* auditrice *f*.

Hörerschaft *die (ohne Pl)* auditeurs *mpl*, auditoire *m*.

Hör|fehler *der* défaut *m* de l'ouïe.

Hör|funk *der (ohne Pl)* radio *f*.

Hör|gerät *das* appareil *m* auditif.

hörgeschädigt *adj* malentendant(e).

Horizont *(pl* **-e**) *der* horizon *m* ; **etw geht über js ~** *fig* qqch dépasse qqn.

horizontal <> *adj* horizontal(e) <> *adv* horizontalement.

Horizontale *(pl* **-n**) *die* horizontale *f*.

Hormon *(pl* **-e**) *das* hormone *f*.

Horn *(pl* **Hörner** ODER **-e**) *das* - **1.** *(Pl Hörner)* [von Tieren] corne *f* - **2.** *(Pl Horne)* [Material] corne *f* ; **aus ~** en corne - **3.** *(Pl Hörner)* [Instrument] cor *m* ; **~ blasen** jouer du cor.

Hörnchen *(pl -) das* [Gebäck] croissant *m*.

Horn|haut *die* - **1.** [Hautschicht] callosité *f* - **2.** [von Augen] cornée *f*.

Hornisse *(pl* **-n**) *die* frelon *m*.

Horoskop *(pl* **-e**) *das* horoscope *m*.

horrend *adj* faramineux(euse).

Horror *der (ohne Pl) fam* horreur *f* ; **einen ~ vor jm/etw haben** avoir horreur de qqn/qqch.

Hör|saal *der* amphithéâtre *m*.

Hör|spiel *das* pièce *f* radiophonique.

Hort *(pl* **-e**) *der* [für Kinder] halte-garderie *f*, garderie *f*.

horten *vt* [Gegenstände] stocker ; [Geld] thésauriser.

Hör|weite *die (ohne Pl)* portée *f* de la voix.

Hose (*pl* **-n**) *die* pantalon *m ;* [mit kurzen Beinen] culotte *f ;* **in die ~ machen** faire dans sa culotte ; **die ~n anhaben** *fam fig* porter la culotte ; **in die ~ gehen** *fam fig* foirer.
Hosen|bein *das* jambe *f* de pantalon.
Hosen|schlitz *der* braguette *f.*
Hosen|träger *der* bretelle *f.*
Hospital (*pl* **-e** ODER **-täler**) *das* hôpital *m.*
hospitieren *vi* UNI assister en auditeur libre.
Hostess (*pl* **-en**) *die* hôtesse *f.*
Hostie (*pl* **-n**) *die* REL hostie *f.*
Hotdog ['hɔt'dɔk] (*pl* **-s**) *der* ODER *das* hot dog *m.*
Hotel (*pl* **-s**) *das* hôtel *m ;* **im ~** à l'hôtel ; **~ garni** hôtel sans restaurant.
Hotel|gewerbe *das* hôtellerie *f.*
Hotel|zimmer *das* chambre *f* d'hôtel.
Hotline ['hotlain] (*pl* **-s**) *die* TELEKOM hotline *f.*
Hr. (*abk für* **Herr**) M.
hrsg. (*abk für* **herausgegeben**) publié(e).
Hub|raum *der (ohne Pl)* cylindrée *f.*
hübsch <> *adj* **- 1.** [gen] joli(e) **- 2.** *fam iron* [unangenehm] : **eine ~e Überraschung!** une drôle de surprise! <> *adv* **- 1.** [schön] joliment **- 2.** *fam* [sehr] drôlement.
Hubschrauber (*pl* -) *der* hélicoptère *m.*
huckepack *adv :* **jn/etw ~ nehmen/ tragen** *fam* prendre/porter qqn/ qqch sur son dos.
Huf (*pl* **-e**) *der* sabot *m.*
Huf|eisen *das* fer *m* à cheval.
Hüfte (*pl* **-n**) *die* hanche *f.*
Huf|tier *das* ongulé *m.*
Hügel (*pl* -) *der* **- 1.** [Berg] colline *f* **- 2.** [Haufen] butte *f.*
hügelig *adj* vallonné(e).
Huhn (*pl* **Hühner**) *das* **- 1.** [Vogel] poule *f ;* [gebraten] poulet *m* **- 2.** *fam* [Mensch] dinde *f.*
Hühnchen (*pl* -) *das* poulet *m.*
Hühner|auge *das* cor *m* (au pied).
Hühner|brühe *die (ohne Pl)* bouillon *m* de poule.
Hühner|ei *das* œuf *m* de poule.
Hülle (*pl* **-n**) *die* enveloppe *f ;* [von Schallplatten] pochette *f ;* [von Buch] jaquette *f.* ◆ **in Hülle und Fülle** *adv* à foison.
hüllen *vt :* **jn/etw in etw** *(A)* **~** envelopper qqn/qqch dans qqch.
Hülse (*pl* **-n**) *die* **- 1.** [von Füller] capuchon *m ;* [von Patrone] douille *f* **- 2.** [bei Pflanzen] cosse *f.*
Hülsen|frucht *die* légume *m* sec.
Humanismus *der (ohne Pl)* humanisme *m.*
Hummel (*pl* **-n**) *die* bourdon *m.*
Hummer (*pl* -) *der* homard *m.*
Humor *der (ohne Pl)* humour *m ;* **etw mit ~ nehmen** ODER **tragen** prendre qqch avec humour.
humoristisch <> *adj* humoristique <> *adv* de façon humoristique.
humorvoll <> *adj* plein(e) d'humour <> *adv* avec humour.
humpeln (*perf* **hat/ist gehumpelt**) *vi* **- 1.** *(hat, ist)* [hinken] boiter **- 2.** *(ist)* [in eine Richtung] aller en clopinant.
Hund (*pl* **-e**) *der* **- 1.** [Tier] chien *m ;* **'Vorsicht, bissiger ~!'** 'attention, chien méchant!' **- 2.** *RW :* **vor die ~e gehen** *fam* y passer.
Hunde|hütte *die* niche *f (de chien).*
Hunde|leine *die* laisse *f.*
hundemüde *adj fam* vanné(e).
hundert *num* **- 1.** [Zahl] cent ; **auf ~ kommen** *fam* monter sur ses grands chevaux **- 2.** *fam* [sehr viele] une foule de ; *siehe auch* **sechs.**
Hundert (*pl* **-e**) <> *die (G Hundert)* [Ziffer] cent *m* <> *das (G Hunderts)* [Anzahl] centaine *f.* ◆ **Hunderte** *pl :* **~e von** des centaines de. ◆ **zu Hunderten** *adv* par centaines ; *siehe auch* **Sechs.**
hundertfach *adv* centuple.
Hundertjahr|feier *die* centenaire *m.*
hundertjährig *adj* centenaire.
Hundertmark|schein *der* billet *m* de cent marks.
Hundertmeter|lauf *der* course *f* de cent mètres.
hundertprozentig *adj & adv* à cent pour cent ; **~er Alkohol** alcool *m* pur.
hundertste, r, s *adj* centième ; *siehe auch* **sechste.**
Hundertste *der, die, das* centième *mf ; siehe auch* **Sechste.**
hundertstel *num* centième ; **eine ~ Sekunde** un centième de seconde ; *siehe auch* **sechstel.**
Hundertstel (*pl* -) *das* centième *m ; siehe auch* **Sechstel.**
hunderttausend *num* cent mille.
Hunde|steuer *die (ohne Pl) taxe municipale sur les chiens.*
Hunde|zwinger (*pl* -) *der* chenil *m.*
Hündin (*pl* **-nen**) *die* chienne *f.*
Hunger *der (ohne Pl)* [nach Nahrung] faim *f.*
Hunger|lohn *der abw* salaire *m* de misère.
hungern *vi* [nach Nahrung] endurer la faim.
Hungers|not *die* famine *f.*
Hunger|streik *der* grève *f* de la faim.

hungrig <> *adj* qui a faim ; **sehr ~ sein** être affamé(e) <> *adv* avec avidité.

Hupe (*pl* **-n**) *die* klaxon *m*.

hupen *vi* klaxonner.

hüpfen (*perf* **ist gehüpft**) *vi* sautiller.

Hürde (*pl* **-n**) *die* haie *f* ; **eine ~ nehmen** *fig* franchir un obstacle.

Hürden|lauf *der (ohne Pl)* course *f* de haies ODER d'obstacles.

Hure (*pl* **-n**) *die* putain *f*.

hurra *interj* : **hurra!** hourra!

huschen (*perf* **ist gehuscht**) *vi* passer rapidement.

hüsteln *vi* toussoter.

husten <> *vi* tousser ; **auf jn/etw ~** *fam* cracher sur qqn/qqch <> *vt* cracher.

Husten *der (ohne Pl)* toux *f* ; **~ haben** tousser.

Husten|saft *der* sirop *m* contre la toux.

Hut (*pl* **Hüte**) <> *der (G Hut(e)s)* chapeau *m* ; **ein alter ~** *fam fig* un vieux truc ; **mit jm nichts am ~ haben** *fam fig* ne pas avoir d'atomes crochus avec qqn ; **mit etw nichts am ~ haben** *fam fig* ne pas accrocher avec qqch ; **seinen ~ nehmen** *fam fig* rendre son tablier ; **alle unter einen ~ bringen** *fam fig* mettre tout le monde d'accord <> *die (G Hut) (ohne Pl)* : **(bei** ODER **vor jm/etw) auf der ~ sein** se méfier (de qqn/qqch). ◆ **Hut ab!** *interj* chapeau!

hüten *vt* garder. ◆ **sich hüten** *ref* : **sich vor jm/etw ~** se garder de qqn/qqch ; **sich ~, etw zu tun** se garder de faire qqch.

Hütte (*pl* **-n**) *die* [Haus] cabane *f* ; [in den Bergen] chalet *m*.

Hütten|käse *der* fromage *m* en faisselle.

Hyäne (*pl* **-n**) *die* hyène *f*.

Hyazinthe (*pl* **-n**) *die* jacinthe *f*.

Hydrant (*pl* **-en**) *der* bouche *f* d'incendie.

Hydraulik *die (ohne Pl)* système *m* hydraulique.

hydraulisch <> *adj* hydraulique <> *adv* en utilisant un système hydraulique.

Hydro|kultur *die* hydroculture *f*.

Hygiene [hy'gie:nə] *die (ohne Pl)* hygiène *f*.

hygienisch [hy'gie:nɪʃ] *adj* hygiénique.

Hymne (*pl* **-n**) *die* hymne *m*.

hypnotisieren *vt* hypnotiser.

Hypothek (*pl* **-en**) *die* hypothèque *f*.

Hypothese (*pl* **-n**) *die* hypothèse *f*.

Hysterie [hyste'ri:] (*pl* **-n**) *die* hystérie *f*.

hysterisch <> *adj* hystérique <> *adv* avec hystérie.

I

i, I [i:] (*pl* **-** ODER **-s**) *das* i *m inv*, I *m inv*.

i. A. (*abk für* **im Auftrag**) par ordre de, au nom de.

IC [i:'ltse:] (*pl* **-s**) (*abk für* **InterCity**) *der* IC *m*.

ICE [i:tse:'le:] (*pl* **-s**) (*abk für* **InterCity Express**) *der* ICE *m*, ≃ TGV *m*.

ich *pron* je, j' ; [betont] moi ; **~ komme** je viens ; **~ schreibe** j'écris ; **~ bins** c'est moi. ◆ **Ich** *das (ohne Pl)* : **das Ich** le Moi.

ideal <> *adj* idéal(e) <> *adv* **- 1.** [vollkommen] de façon idéale, idéalement **- 2.** [abstrakt] dans l'abstrait.

Ideal (*pl* **-e**) *das* idéal *m*.

Ideal|fall *der* cas *m* idéal.

Idealismus *der (ohne Pl)* idéalisme *m*.

Idealist, in (*mpl* **-en** ; *fpl* **-nen**) *der, die* idéaliste *mf*.

Idee (*pl* **-n**) *die* **- 1.** [gen] idée *f* **- 2.** *fam* [Kleinigkeit] : **eine ~ Salz** un soupçon de sel ; **eine ~ schneller** un tout petit peu plus vite.

identifizieren *vt* [erkennen] identifier. ◆ **sich identifizieren** *ref* [sich gleichsetzen] : **sich mit jm/etw ~** s'identifier à qqn/qqch.

Identifizierung (*pl* **-en**) *die* identification *f*.

identisch *adj* identique.

Identität *die (ohne Pl)* identité *f*.

Ideologie (*pl* **-n**) *die* idéologie *f*.

Idiot (*pl* **-en**) *der fam abw* [Dummkopf] idiot *m*.

Idiotin (*pl* **-nen**) *die fam abw* idiote *f*.

idiotisch <> *adj fam abw* [dumm, unsinnig] idiot(e) <> *adv fam abw* [unsinnig] de façon idiote.

Idol (*pl* **-e**) *das* idole *f*.

Idylle (*pl* **-n**) *die* idylle *f*.

idyllisch <> *adj* idyllique <> *adv* de façon idyllique ; **~ gelegen** idéalement situé(e).

IG (*pl* **-s**) *die* (*abk für* **Industriegewerkschaft**) : **die ~ Medien/Metall** le syndicat ouvrier IG Medien/Metall.

Igel (*pl* **-**) *der* hérisson *m*.

ignorieren *vt* ignorer.

IHK (*abk für* **Industrie- und Handelskammer**) *die (ohne Pl)* ≃ CCI *f*.

ihm *pron (Dativ von er)* lui.

ihn *pron (Akkusativ von er)* le, la, l' ; **siehst du ~?** tu le vois? ; **das ist für ~** c'est pour lui.

ihnen *pron (Dativ Plural von sie)* leur ; ~ **etw geben** leur donner qqch ; **neben** ~ à côté d'eux (d'elles).

Ihnen *pron (Dativ von Sie)* vous.

ihr[1] *pron* - **1.** [Nominativ] vous - **2.** [Dativ Singular von sie] lui ; ~ **etw geben** lui donner qqch ; **mit** ~ avec elle.

ihr[2]**, e** *det* - **1.** [Singular] son, sa, ses - **2.** [Plural] leur, leurs.

Ihr, e *det* votre, vos.

ihre, r, s *pron* - **1.** [Singular] le sien, la sienne, les siens, les siennes - **2.** [Plural] le ODER la leur, les leurs.

Ihre, r, s *pron* le ODER la vôtre, les vôtres.

ihrerseits *adv* de son côté, de leur côté.

Ihrerseits *adv* de votre côté, pour votre part.

ihretwegen *adv* à cause de lui (d'elle) ODER d'eux (d'elles).

Ihretwegen *adv* à cause de vous.

ihretwillen ◆ **um ihretwillen** *adv* pour lui (elle) ODER eux (elles).

Ihretwillen ◆ **um Ihretwillen** *adv* pour vous.

ihrige *pron geh* : **der** ODER **die** ODER **das** ~ le sien, la sienne, le ODER la leur.

Ikone (*pl* **-n**) *die* icône *f.*

illegal ◇ *adj* illégal(e) ◇ *adv* illégalement.

illegitim ◇ *adj* illégitime ◇ *adv* de manière illégitime.

Illusion (*pl* **-en**) *die* illusion *f.*

Illustration (*pl* **-en**) *die* illustration *f.*

illustrieren *vt* illustrer.

Illustrierte (*pl* **-n**) *die* magazine *m.*

im *präp* - **1.** *(in + dem)* : ~ **Garten meiner Eltern** dans le jardin de mes parents - **2.** [räumlich] dans ; ~ **Norden** au nord ; ~ **Krankenhaus** à l'hôpital - **3.** *(nicht auflösbar)* [in festen Wendungen] en ; ~ **Jahre 2000** en 2000 ; ~ **Sonderangebot** en promotion ; ~ **Winter/März** en hiver/mars - **4.** [in Bezug auf, zur Angabe der Gleichzeitigkeit] en ; ~ **Schlaf** en dormant ; ~ **Fallen** en tombant.

Image ['ɪmɪtʃ] (*pl* **-s**) *das* - **1.** [von Produkten] image *f* (de marque) - **2.** [von Personen] réputation *f.*

Imbiss (*pl* **-e**) *der* - **1.** [Mahlzeit] en-cas *m*, collation *f* - **2.** [Imbissbude] snack *m.*

Imbiss|bude *die fam* snack *m.*

Imitation (*pl* **-en**) *die* imitation *f.*

imitieren *vt* [Lebewesen] imiter.

Immatrikulation (*pl* **-en**) *die* UNI inscription *f.*

immatrikulieren *vt* UNI inscrire. ◆ **sich immatrikulieren** *ref* UNI : **sich (an etw** *(D)***)** ~ s'inscrire (à qqch).

immens *adj* immense.

immer *adv* - **1.** [dauernd, jedes Mal] toujours ; **für** ~ pour toujours, à jamais ; ~ **wieder** tout le temps - **2.** [ansteigend, sich steigernd] : ~ **stärker** de plus en plus fort - **3.** [zum Ausdruck der Beliebigkeit] ▷ **auch.** ◆ **immer noch** *adv* encore, toujours ; **er ist** ~ **noch nicht gekommen** il n'est pas encore ODER toujours pas arrivé.

immerfort *adv* sans cesse.

immerhin *adv* - **1.** [wenigstens, trotzdem] quand même - **2.** [schließlich] après tout.

immerzu *adv* sans arrêt.

Immigrant, in (*mpl* **-en** ; *fpl* **-nen**) *der, die* immigré *m*, -e *f.*

Immigration (*pl* **-en**) *die* immigration *f.*

Immobilien [ɪmo'biːli̯ən] *pl* immobilier *m.*

immun *adj* : ~ **sein** être immunisé(e) ; *fig* être vacciné(e).

Immunität *die (ohne Pl)* immunité *f.*

Imperativ (*pl* **-e**) *der* GRAM impératif *m.*

Imperfekt (*pl* **-e**) *das* GRAM imparfait *m.*

impfen *vt* vacciner ; **jn gegen etw** ~ vacciner qqn contre qqch.

Impf|pass *der* carnet *m* de vaccinations.

Impf|stoff *der* vaccin *m.*

Impfung (*pl* **-en**) *die* vaccination *f.*

imponieren *vi* : **jm** ~ en imposer à qqn, faire impression à qqn.

imponierend ◇ *adj* imposant(e), impressionnant(e) ◇ *adv* extrêmement.

Import (*pl* **-e**) *der (ohne Pl)* [Einfuhr] importations *fpl.*

importieren *vt* importer.

impotent *adj* impuissant(e).

Impotenz *die (ohne Pl)* impuissance *f.*

imprägnieren *vt* : **etw (mit etw)** ~ imprégner qqch (de qqch).

Impressionist, in (*mpl* **-en** ; *fpl* **-nen**) *der, die* impressionniste *mf.*

improvisieren *vt & vi* improviser.

Impuls (*pl* **-e**) *der* impulsion *f.*

impulsiv ◇ *adj* impulsif(ive) ◇ *adv* avec impulsivité.

imstande *adj* : ~ **sein, etw zu tun** être à même ODER en mesure de faire qqch.

in ◇ *präp* - **1.** *(+ D, + A)* [räumlich] à, dans ; ~ **eine** ODER **einer Schachtel/Schublade** dans une boîte/un tiroir ; ~ **Paris** à Paris ; ~ **Belgien** en Belgique ; ~ **Kanada** au Canada ; ~ **die** ODER **der Mitte** au milieu - **2.** *(+ D)* [zeitlich - gleichzeitiges Geschehen] en, dans ; [- zukünftiges Geschehen] dans ; ~ **dieser Woche** cette semaine ; ~ **diesem Moment** en ce moment ; ~ **fünf Minuten bin ich wieder hier** je serai de retour dans cinq minutes ; ~ **zwei Wochen** [Zukunft] dans deux semaines ; [Dauer] en deux semaines - **3.** *(+ D)* [zur Angabe von Umständen, einer Beschaffenheit] en, dans ; **~ großer Eile** en grande hâte ; **~ dieser Farbe** dans cette couleur **- 4.** *(+ D)* [zur Maß- oder Mengenangabe] par, en ; **~ Metern** en mètres **- 5.** [in Bestandteile] en <> *adj :* **~ sein** *fam* être branché(e).

Inlbegriff *der (ohne Pl)* archétype *m.*

inbegriffen *adj* inclus(e), compris(e).

Inbetriebnahme (*pl* **-n**) *die* mise *f* en service.

Indefinitlpronomen *das* GRAM pronom *m* indéfini.

indem *konj* [instrumental] : **~ man etw tut** en faisant qqch.

Inder, in (*mpl* **- ;** *fpl* **-nen**) *der, die* Indien *m*, -enne *f (d'Inde).*

indessen, indes *adv* **- 1.** [zeitlich] en attendant, pendant ce temps **- 2.** [gegensätzlich] mais, cependant.

Index ['ɪndɛks] (*pl* **-e** ODER **Indizes**) *der* **- 1.** *(Pl Indexe)* [Verzeichnis] index *m* **- 2.** *(Pl Indizes)* WIRTSCH & MATH indice *m.*

Indianer, in (*mpl* **- ;** *fpl* **-nen**) *der, die* Indien *m*, -enne *f (d'Amérique du Nord).*

indianisch *adj* indien(enne) *(d'Amérique du Nord).*

Indien *nt* Inde *f.*

Indikativ (*pl* **-e**) *der* GRAM indicatif *m.*

indirekt <> *adj* indirect(e) <> *adv* indirectement.

indisch *adj* indien(enne) *(d'Inde).*

Indische Ozean *der* océan *m* Indien.

indiskret <> *adj* indiscret(ète) <> *adv* avec indiscrétion.

indiskutabel *adj abw* inacceptable.

Individualist, in (*mpl* **-en ;** *fpl* **-nen**) *der, die* individualiste *mf.*

individuell <> *adj* **- 1.** [einzeln, privat] individuel(elle) **- 2.** [eigentümlich] personnel(elle) <> *adv* **- 1.** [persönlich] individuellement **- 2.** [nach Eigenart] de façon personnelle **- 3.** [jeweils] selon les personnes.

Individuum (*pl* **Individuen**) *das* individu *m.*

Indiz (*pl* **-ien**) *das* indice *m.*

Indonesien *nt* Indonésie *f.*

Industrie (*pl* **-n**) *die* industrie *f.*

Industrielgebiet *das* zone *f* industrielle.

industriell <> *adj* industriel(elle) <> *adv* de manière industrielle.

Industrielle (*pl* **-n**) *der, die* industriel *m*, -elle *f.*

Industrie- und Handelslkammer *die* chambre *f* de commerce et d'industrie.

ineinander *adv :* **~ verliebt** amoureux l'un de l'autre ; **~ verwickelt** enchevêtrés(ées).

ineinander fügen *vt* assembler. ◆ **sich ineinander fügen** *ref* s'adapter.

ineinander greifen *vi (unreg)* s'engrener.

Infanterie ['ɪnfantəriː] *die (ohne Pl)* infanterie *f.*

Infarkt (*pl* **-e**) *der* infarctus *m.*

Infekt (*pl* **-e**) *der* MED infection *f.*

Infektion (*pl* **-en**) *die* **- 1.** [Ansteckung] infection *f* **- 2.** [Entzündung] inflammation *f.*

Infektionslkrankheit *die* maladie *f* infectieuse.

Infinitiv (*pl* **-e**) *der* GRAM infinitif *m.*

infizieren *vt* contaminer ; **jn mit etw ~** passer qqch à qqn ; **sich mit etw ~** attraper qqch.

Inflation (*pl* **-en**) *die* inflation *f.*

Inflationslrate *die* taux *m* d'inflation.

infolge *präp :* **~ einer Sache** *(G)* ODER **von etw** en raison de qqch.

infolgedessen <> *konj* par conséquent <> *adv* pour cette raison.

Informatik *die (ohne Pl)* informatique *f.*

Informatiker, in (*mpl* **- ;** *fpl* **-nen**) *der, die* informaticien *m*, -enne *f.*

Information (*pl* **-en**) *die* information *f* ; **eine ~ über jn/etw** des renseignements *mpl* au sujet de qqn/qqch.

Informationslmaterial *das* documents *mpl.*

Informationslstand *der* stand *m* d'information.

informativ *adj* instructif(ive).

informieren *vt :* **jn über jn/etw ~** informer qqn au sujet de qqn/qqch. ◆ **sich informieren** *ref* s'informer.

Infralrot *das* PHYS infrarouge *m.*

Infralstruktur *die* infrastructure *f.*

Infusion (*pl* **-en**) *die* MED perfusion *f.*

Infusion

Le terme allemand **Infusion** ne se traduit jamais par « infusion » mais par « perfusion ». Ainsi, on traduira la phrase **Sie war schwer verletzt und bekam eine Infusion** par « Elle était gravement blessée et a été perfusée ».
Le mot français « infusion » correspond à l'allemand **Kräutertee**, comme on peut le constater à travers l'exemple suivant « Préférez-vous une infusion ou un lait chaud? » que l'on traduira par **Trinken Sie lieber einen Kräutertee oder warme Milch?**

Ingenieur, in [ɪnʒe'ni̯øːɐ̯, rɪn] (*mpl* **-e ;** *fpl* **-nen**) *der, die* ingénieur *m.*

Ingwer *der (ohne Pl)* gingembre *m.*

Inh. *abk für* **Inhaber.**

Inhaber, in (*mpl* **-**; *fpl* **-nen**) *der, die* **- 1.** [von Laden] propriétaire *mf* **- 2.** [von Amt] titulaire *mf* **- 3.** [in Sport, Politik] détenteur *m*, -trice *f*.

inhaftieren *vt* arrêter.

inhalieren ◇ *vt* inhaler ◇ *vi* MED faire des inhalations.

Inhalt (*pl* **-e**) *der* **- 1.** [von Behältern] contenu *m* **- 2.** [von Text, Gespräch] teneur *f* **- 3.** [von Begriff, Leben] sens *m* **- 4.** [Größe - von Flächen] superficie *f* ; [- von Räumen] volume *m*.

inhaltlich ◇ *adj* sémantique ◇ *adv* sur le plan du contenu, quant au contenu.

Inhalts|angabe *die* **- 1.** [Zusammenfassung] sommaire *m* **- 2.** [von Paketen] indication *f* du contenu.

Inhalts|verzeichnis *das* table *f* des matières, sommaire *m*.

Initiative (*pl* **-n**) *die* **- 1.** [Anstoß, Eigenschaft] initiative *f* ; **die ~ ergreifen** prendre l'initiative ; **aus eigener ~** de sa propre initiative **- 2.** [Vereinigung] initiative *f* populaire.

Injektion (*pl* **-en**) *die* injection *f*.

inkl. (*abk für* **inklusive**) incl.

inklusive *präp* : **~ einer Sache** *(G)* qqch compris(e) ODER inclus(e).

inkompatibel *adj* incompatible.

inkompetent ◇ *adj* incompétent(e) ◇ *adv* **- 1.** [in Unkenntnis] sans la compétence nécessaire **- 2.** *amt* [unbefugt] sans être compétent.

inkonsequent ◇ *adj* inconséquent(e) ◇ *adv* de façon inconséquente.

In|land *das (ohne Pl)* [Staatsgebiet] territoire *m* national.

inländisch *adj* intérieur(e) ; [Produkt] national(e).

Inlands|verkehr *der* trafic *m* intérieur.

Inlineskates ['ɪnlaɪnskeɪt] *pl* roller *mpl* ; **~ fahren** faire du roller.

inmitten *präp* : **~ einer Sache/Gruppe** *(G)* au milieu de qqch/d'un groupe.

Inn *der* Inn *m*.

innen *adv* à l'intérieur ; **nach ~** vers l'intérieur ; **von ~** de l'intérieur.

Innen|leben *das (ohne Pl)* vie *f* intérieure.

Innen|minister, in *der, die* ministre *m* de l'Intérieur.

Innen|politik *die* politique *f* intérieure.

Innen|seite *die* intérieur *m*.

Innen|stadt *die* centre-ville *m*.

innere, r, s *adj* **- 1.** [innen befindlich, persönlich] intérieur(e) **- 2.** [in Organismus, Gemeinschaft & MED] interne.

Innere *das (ohne Pl)* **- 1.** [von Gebieten, Körpern] intérieur *m* **- 2.** [geistig] : **im ~n** en mon ODER ton ODER son etc for intérieur **- 3.** [Herzstück] cœur *m* **- 4.** [Innenpolitik] Intérieur *m*.

innerhalb ◇ *präp* : **~ einer Sache** *(G)* [örtlich] à l'intérieur de qqch ; [zeitlich] en l'espace de qqch ◇ *adv* : **~ von** [örtlich] au centre de, dans ; [zeitlich] en l'espace de.

innerlich ◇ *adj* **- 1.** [geistig] intérieur(e) **- 2.** [körperlich] interne ◇ *adv* intérieurement.

innig ◇ *adj* **- 1.** [heftig] fervent(e) **- 2.** [Beziehung] intime **- 3.** [herzlich] vif (vive) ◇ *adv* **- 1.** [heftig] ardemment **- 2.** [liebend] intimement **- 3.** [herzlich] : **aufs Innigste** vivement.

Innung (*pl* **-en**) *die* corporation *f*.

inoffiziell ◇ *adj* **- 1.** [Mitteilung] officieux(euse) **- 2.** [nicht öffentlich] informel(elle) ◇ *adv* de manière informelle.

Input (*pl* **-s**) *der* ODER *das* **- 1.** EDV entrée *f* **- 2.** WIRTSCH facteur *m* de production.

ins *präp (in + das)* [räumlich] : **~ Krankenhaus** à l'hôpital ; **~ Wohnzimmer** au salon.

Insasse (*pl* **-n**) *der* [in Wagen] passager *m*.

Insassin (*pl* **-nen**) *die* [in Wagen] passagère *f*.

insbes. *abk für* **insbesondere.**

insbesondere, insbesondre *adv* en particulier.

In|schrift *die* inscription *f*.

Insekt (*pl* **-en**) *das* insecte *m*.

Insektenschutz|mittel *das* insecticide *m*.

Insekten|stich *der* piqûre *f* d'insecte.

Insel (*pl* **-n**) *die* île *f*.

Inserat (*pl* **-e**) *das* annonce *f* ; **ein ~ aufgeben** faire passer une annonce.

insgeheim *adv* en secret.

insgesamt *adv* en tout.

insofern[1] *adv* **- 1.** [diesbezüglich] à cet égard **- 2.** [demzufolge] donc.

insofern[2] *konj* du moment que. ◆ **insofern als** *konj* dans la mesure où.

insoweit[1] *adv* à cet égard.

insoweit[2] *konj* du moment que. ◆ **insoweit als** *konj* dans la mesure où.

in spe [ɪn'speː] *adj* futur(e).

Inspektion (*pl* **-en**) *die* **- 1.** [von Anlagen, Betrieben] inspection *f* **- 2.** [von Autos] révision *f*.

inspizieren *vt* inspecter.

installieren *vt* installer. ◆ **sich installieren** *ref* s'installer.

instand|halten *vt (unreg)* entretenir.

inständig *adv* instamment.

instand|setzen *vt* **- 1.** [Gerät] réparer **- 2.** [Gebäude] restaurer.

Instanz (*pl* **-en**) *die* instance *f.*
Instinkt (*pl* **-e**) *der* instinct *m.*
instinktiv <> *adj* instinctif(ive) <> *adv* instinctivement.
Institut (*pl* **-e**) *das* institut *m.*
Institution (*pl* **-en**) *die* institution *f.*
Instrument (*pl* **-e**) *das* instrument *m.*
inszenieren *vt* **- 1.** [Stück] : **etw ~** mettre qqch en scène **- 2.** [Skandal, Kampagne] monter.
Inszenierung (*pl* **-en**) *die* mise *f* en scène.
intakt *adj* intact(e).
Integral|rechnung *die* calcul *m* intégral.
integrieren *vt* intégrer.
intellektuell [ɪntɛlɛk'tu̯ɛl] <> *adj* intellectuel(elle) <> *adv* intellectuellement.
Intellektuelle [ɪntɛlɛk'tu̯ɛlə] (*pl* **-n**) *der, die* intellectuel *m*, -elle *f.*
intelligent <> *adj* intelligent(e) <> *adv* avec intelligence.
Intelligenz *die (ohne Pl)* [Eigenschaft] intelligence *f.*
Intendant, in (*mpl* **-en** ; *fpl* **-nen**) *der, die* directeur *m*, -trice *f (d'un théâtre, d'une chaîne de radio ou de télévision).*
intensiv <> *adj* [Farbe, Gefühl, Schmerz] intense ; [Arbeit] intensif(ive) <> *adv* **- 1.** [stark] avec intensité **- 2.** [gründlich - sich auseinander setzen] intensément ; [- arbeiten] intensivement.
Intensiv|kurs *der* cours *m* intensif.
Intensiv|station *die* unité *f* de soins intensifs, service *m* de réanimation.
interaktiv *adj* EDV interactif(ive).
Inter|City *der* ≃ train *m* corail.
interessant <> *adj* intéressant(e) <> *adv* de manière intéressante ; **sich ~ machen** *abw* faire l'intéressant(e).
Interesse (*pl* **-n**) *das* intérêt *m* ; **an jm/etw ~ haben** [geistig] s'intéresser à qqn/qqch ; **an etw** *(D)* **~ haben** [als Käufer, Mieter] être intéressé(e) par qqch ; **in js eigenem ~** dans le propre intérêt de qqn. ◆ **Interessen** *pl* centres *mpl* d'intérêt.
Interessent, in (*mpl* **-en** ; *fpl* **-nen**) *der, die* **- 1.** [Interessierte] personne *f* intéressée **- 2.** [Kunde] client *m* potentiel, cliente *f* potentielle.
interessieren *vt* intéresser. ◆ **sich interessieren** *ref* : **sich für jn/etw ~** [geistig] s'intéresser à qqn/qqch ; **sich für etw ~** [als Käufer] être intéressé(e) par qqch.
interessiert <> *adj* qui manifeste de l'intérêt <> *adv* avec intérêt.
intern <> *adj* interne <> *adv* en interne.
Internat (*pl* **-e**) *das* internat *m.*
international <> *adj* international(e) <> *adv* internationalement.
Internet ['ɪntɐ(r)nɛt] *das (ohne pl)* Internet *m* ; **über das ~** par internet ; **im ~** sur Internet.
Internet|anschluss *der* EDV connexion *f* Internet.
Interpretation (*pl* **-en**) *die* interprétation *f.*
interpretieren *vt* interpréter.
Inter|punktion *die (ohne Pl)* ponctuation *f.*
Inter|Regio (*pl* **-s**) *der train de grandes lignes allemand couvrant le réseau national.*
Inter|vall (*pl* **-e**) *das* intervalle *m.*
Interview [ɪntɐ'vjuː] (*pl* **-s**) *das* interview *f.*
interviewen [ɪntɐ'vjuːən] *vt* interviewer.
intim <> *adj* **- 1.** [gen] intime **- 2.** [Kenntnis] approfondi(e) ; [Kenner] excellent(e) **- 3.** [sexuell] : **mit jm ~ sein** avoir des rapports sexuels avec qqn <> *adv* intimement.
Intimität (*pl* **-en**) *die* **- 1.** *(ohne Pl)* [Wärme] intimité *f* **- 2.** [private Angelegenheit] affaire *f* privée.
intolerant *adj* intolérant(e) ; **jm/etw gegenüber ~ sein** faire preuve d'intolérance à l'égard de qqn/qqch.
Intrige (*pl* **-n**) *die* intrigue *f.*
Intuition (*pl* **-en**) *die* intuition *f.*
intuitiv <> *adj* intuitif(ive) <> *adv* intuitivement.
Invalide [ɪnva'liːdə] (*pl* **-n**) *der, die* invalide *mf.*
Invalidität [ɪnvalidi'tɛːt] *die (ohne Pl)* invalidité *f.*
Invasion [ɪnva'zi̯oːn] (*pl* **-en**) *die* invasion *f.*
Inventar [ɪnvɛn'taːɐ̯] (*pl* **-e**) *das* [von Läden] inventaire *m* ; [von Häusern] mobilier *m* ; **zum ~ gehören** [Laden] faire partie de l'inventaire ; [Haus] faire partie du mobilier.
Inventur [ɪnvɛn'tuːɐ̯] (*pl* **-en**) *die* inventaire *m* ; **~ machen** faire l'inventaire.
investieren [ɪnvɛs'tiːrən] *vt* investir.
Investition [ɪnvɛsti'tsi̯oːn] (*pl* **-en**) *die* investissement *m.*
inwiefern *adv & konj* dans quelle mesure.
inwieweit *adv & konj* dans quelle mesure.
Inzest (*pl* **-e**) *der* inceste *m.*
inzwischen *adv* **- 1.** [gleichzeitig] pendant ce temps **- 2.** [mittlerweile] maintenant ; **~ war es Winter geworden** entre-temps, l'hiver était arrivé.
Ion [i̯oːn] (*pl* **-en**) *das* ion *m.*

IQ (*pl* **-s**) (*abk für* **Intelligenzquotient**) *der* Q.I. *m.*
i. R. (*abk für* **im Ruhestand**) à la retraite.
Irak *der* Iraq *m* ; **im ~** en Iraq.
irdisch *adj* terrestre ; REL de ce monde.
Ire (*pl* **-n**) *der* Irlandais *m.*
irgend *adv* **- 1.** : **~ so ein** une espèce de **- 2.** [irgendwie] d'une manière ou d'une autre.
irgendein, e *det* **- 1.** [unbekannt] un ODER une quelconque **- 2.** [beliebig] n'importe quel ODER quelle.
irgendeine (*m* **-r** ; *nt* **-s**) *pron* **- 1.** [Person] quelqu'un **- 2.** [beliebig] n'importe lequel ODER laquelle.
irgendetwas *pron* quelque chose.
irgendjemand *pron* quelqu'un.
irgendwann *adv* un jour.
irgendwas *adv* [etwas] quelque chose ; [egal was] n'importe quoi.
irgendwer *pron* quelqu'un, n'importe qui.
irgendwie *adv* **- 1.** [auf unbekannte Weise] d'une manière ou d'une autre **- 2.** [in gewisser Weise] en quelque sorte.
irgendwo *adv* quelque part.
Irin (*pl* **-nen**) *die* Irlandaise *f.*
Iris (*pl* **-**) *die* iris *m.*
irisch *adj* irlandais(e).
Irland *nt* Irlande *f.*
Ironie *die (ohne Pl)* ironie *f.*
ironisch *adj* ironique.
irre, irr ◇ *adj* **- 1.** [verwirrt] fou (folle) ; **(an jm/etw) ~ werden** être déconcerté(e) (par qqn/qqch) **- 2.** *fam* [riesig, außergewöhnlich] dingue ◇ *adv* **- 1.** [verwirrt] comme un fou (une folle) **- 2.** *fam* [sehr] vachement **- 3.** *fam* [außergewöhnlich] d'une manière complètement dingue.
Irre (*pl* **-n**) ◇ *der, die (Pl Irren)* [Person] fou *m*, folle *f* ◇ *die (G Irre) (ohne Pl)* [Ungewissheit] : **jn in die ~ führen** égarer qqn.
irre|führen *vt* : **jn ~** induire qqn en erreur.
irren (*perf* **hat/ist geirrt**) *vi (ist)* errer. ◆ **sich irren** *ref (hat)* se tromper ; **sich in jm ~** se tromper sur le compte de qqn ; **sich in etw** *(D)* **~** se tromper sur qqch.
irritieren *vt* **- 1.** [verwirren] troubler **- 2.** [stören] déranger.
Irrtum (*pl* **-tümer**) *der* erreur *f.*
irrtümlich *adj & adv* par erreur.
ISDN-Anschluss *der* TELEKOMM connection *f* ISDN.
Islam *der (ohne Pl)* [Religion] islam *m* ; [Kultur] Islam *m.*
islamisch *adj* islamique.
Island *nt* Islande *f.*
Isländer, in (*mpl* **-** ; *fpl* **-nen**) *der, die* Islandais *m*, -e *f.*
isländisch *adj* islandais(e).
Isolation (*pl* **-en**) *die* **- 1.** [von Personen] isolement *m* **- 2.** [Abdichtung] isolation *f.*
Isolierband (*pl* **-bänder**) *das* ruban *m* isolant, chatterton *m.*
isolieren *vt* isoler.
Israel *nt* Israël *m* ; **in ~** en Israël.
Israeli (*pl* **-** ODER **-s**) *der, die* Israélien *m*, -enne *f.*
israelisch *adj* israélien(enne).
isst *präs* ▷ **essen.**
ist *präs* ▷ **sein.**
Istanbul *nt* Istanbul.
Italien *nt* Italie *f.*
Italiener, in [ita'li̯eːnɐ, rɪn] (*mpl* **-** ; *fpl* **-nen**) *der, die* Italien *m*, -enne *f.*
italienisch [ita'li̯eːnɪʃ] *adj* italien(enne).
Italienisch *das (ohne Pl)* italien *m* ; *siehe auch* **Englisch.**
Italienische *das (ohne Pl)* italien *m* ; *siehe auch* **Englische.**

J

j, J [jɔt] (*pl* **-** ODER **-s**) *das* j *m inv*, J *m inv.*
ja *interj* **- 1.** [zum Ausdruck der Zustimmung] oui ; **~, bitte!** oui, merci! **- 2.** [zum Ausdruck der Aufmerksamkeit] oui **- 3.** *fam* [zum Ausdruck von Zweifel] : **ich kann ~ mal fragen** je peux toujours demander **- 4.** [zum Ausdruck der Überraschung] : **das ist ~ toll** mais c'est super **- 5.** [zum Ausdruck einer Bitte] : **ja?** d'accord? **- 6.** [zum Ausdruck der Selbstverständlichkeit] bien ; **du siehst es ~** mais tu le vois bien **- 7.** [zum Ausdruck einer Drohung] surtout ; **sag es ~ niemandem** n'en parle surtout à personne **- 8.** [tatsächlich] vraiment ; **da kommt er ~** mais tiens, le voilà qui arrive **- 9.** [als Einleitung] : **~ also** alors. ◆ **Ja** (*pl* **-s**) *das* oui *m.*
Jacht, Yacht [jaxt] (*pl* **-en**) *die* yacht *m.*
Jacke (*pl* **-n**) *die* **- 1.** [Strickjacke] gilet *m* **- 2.** [Windjacke] blouson *m.*
Jackett [ʒa'kɛt] (*pl* **-s**) *das* veste *f.*
Jagd (*pl* **-en**) *die* **- 1.** [auf Tiere] : **~ (auf etw** *(A)***)** chasse *f* (à qqch) ; **auf die ~ gehen** aller à la chasse **- 2.** [auf Personen, Dinge] : **~ nach etw** course *f* à qqch.
jagen (*perf* **hat/ist gejagt**) ◇ *vt (hat)*

- 1. [Tiere] chasser - 2. [Person] pourchasser ; **jn aus etw ~** chasser qqn de qqch - 3. *fam* [stecken] planter - 4. [Kugel] envoyer ◇ *vi* - 1. *(hat)* [als Sport] chasser - 2. *(ist)* [hetzen] aller à toute allure.

Jäger (*pl* -) *der* [Person, Flugzeug] chasseur *m.*

Jägerin (*pl* **-nen**) *die* chasseuse *f.*

jäh ◇ *adj* - 1. [plötzlich] brusque - 2. [steil] abrupt(e) ◇ *adv* - 1. [plötzlich] brusquement - 2. [steil] abruptement.

Jahr (*pl* **-e**) *das* [Zeitabschnitt] an *m* ; [im Verlauf] année *f* ; **im ~(e) 2000** en 2000 ; **seit ~en** depuis des années ; **(ein) gutes neues ~!** bonne année! ◆ **Jahr für Jahr** *adv* chaque année, tous les ans.

jahrelang ◇ *adj* qui dure des années ◇ *adv* pendant des années.

Jahres|abschluss *der* bilan *m* annuel.

Jahres|tag *der* anniversaire *m.*

Jahres|zeit *die* saison *f.*

Jahr|gang *der* - 1. [von Personen] classe *f* d'âge - 2. [von Zeitschriften] année *f (de parution)* ; [Wein] cuvée *f.*

Jahrhundert (*pl* **-e**) *das* siècle *m* ; **im 19. ~** au XIXe siècle.

Jahrhundert|wende *die* tournant *m* du siècle ; **um die ~** au tournant du siècle.

jährlich ◇ *adj* annuel(elle) ◇ *adv* tous les ans ; **einmal ~** une fois par an.

Jahr|markt *der* fête *f* foraine.

Jahrtausend (*pl* **-e**) *das* millénaire *m.*

Jahrzehnt (*pl* **-e**) *das* décennie *f.*

jähzornig *adj* irascible.

Jalousie [ʒalu'ziː] (*pl* **-n**) *die* store *m* vénitien.

Jammer *der (ohne Pl)* misère *f* ; **es ist ein ~ (, dass)** c'est vraiment dommage (que *(+ subjonctif)*).

jämmerlich ◇ *adj* - 1. [traurig] misérable - 2. *abw* [schlecht] lamentable ◇ *adv* - 1. [weinen] misérablement - 2. *abw* [singen, versagen] lamentablement - 3. [frieren] à pierre fendre.

jammern *vi* se lamenter.

Januar *der (ohne Pl)* janvier *m* ; *siehe auch* **September.**

Japan *nt* Japon *m* ; **in ~** au Japon.

Japaner, in (*mpl* **-** ; *fpl* **-nen**) *der, die* Japonais *m*, -e *f.*

japanisch *adj* japonais(e).

Japanisch *das (ohne Pl)* japonais *m* ; *siehe auch* **Englisch.**

Japanische *das (ohne Pl)* japonais *m* ; *siehe auch* **Englische.**

Jargon [ʒar'gõ] (*pl* **-s**) *der* jargon *m.*

jäten *vt* sarcler ; [Unkraut] enlever.

jauchzen *vi* pousser des cris de joie.

jaulen *vi* hurler.

jawohl *interj* : **jawohl!** (mais) oui!

Ja|wort *das (ohne Pl)* : **jm sein ~ geben** dire oui à qqn *(pour l'épouser).*

Jazz [dʒɛs] *der (ohne Pl)* jazz *m.*

je ◇ *adv* - 1. [jeweils] chacun(e) ; **die Zimmer haben ~ zwei Betten** les chambres ont chacune deux lits ; **~ eins** un de chaque - 2. [pro] par ; **30 Zeilen ~ Seite** 30 lignes par page - 3. [irgendwann, jemals] jamais ; **mehr denn ~** plus que jamais ◇ *konj* : **~ ... desto** ODER **umso** plus ... plus .... ◆ **je nach** *präp* selon. ◆ **je nachdem** *konj* : **~ nachdem, ob** suivant ODER selon que ; **~ nachdem, wie das Wetter ist** selon le temps ; **~ nachdem, wann der Zug ankommt** suivant l'heure d'arrivée du train.

Jeans [dʒiːnz] (*pl* -) *die* jean *m*, jeans *m.*

jede, r, s ◇ *det* chaque ; **~n Tag** tous les jours ◇ *pron* chacun(e) ; **~r von euch** chacun d'entre vous ; **~r zweite/fünfte** un sur deux/cinq.

jedenfalls *adv* - 1. [wenigstens] en tout cas - 2. [wohl] de toute façon.

jedermann *pron* tout le monde.

jederzeit *adv* à tout moment.

jedesmal *adv* (à) chaque fois.

jedoch ◇ *adv* pourtant, néanmoins ◇ *konj* pourtant.

jegliche, r, s *pron* tout(e).

jeher *adv* : **von ~** depuis toujours.

jemals *adv* jamais.

jemand *pron* quelqu'un.

jene, r, s *geh* ◇ *det* ce ...(-là), cet ...(-là), cette ...(-là) ◇ *pron* celui-là, celle-là.

jenseits *präp* : **~ von etw** ODER **einer Sache** *(G)* au-delà de qqch.

Jerusalem *nt* Jérusalem.

Jetlag ['dʒɛtlɛg] (*pl* **-s**) *der* décalage *m* horaire.

jetzig *adj* actuel(elle).

jetzt *adv* - 1. [gen] maintenant ; **bis ~** jusqu' ici ODER à maintenant ; **von ~ an** à partir de maintenant ; **~ gleich** tout de suite ; **etw nicht von ~ auf gleich tun können** ne pas pouvoir faire qqch en un clin d'œil - 2. [gegenwärtig, heute] maintenant.

jeweilig *adj* respectif(ive) ; [zeitlich] du moment.

jeweils *adv* - **1.** [jeder] respectivement - **2.** [momentan] à ce moment-là.

Jh. *abk für* **Jahrhundert.**

JH (*abk für* **Jugendherberge**) AJ *f.*

Jiddisch *das (ohne Pl)* Yiddish *m ; siehe auch* **Englisch.**

Jiddische *das (ohne Pl)* Yiddish *m ; siehe auch* **Englische.**

Job [dʒɔp] (*pl* **-s**) *der* - **1.** [als Aushilfe] job *m* - **2.** *fam* [Aufgabe, Beruf] boulot *m.*

jobben [dʒɔbn̩] *vi fam* avoir un job.

Jockey ['dʒɔke, 'dʒɔki] (*pl* **-s**) *der* jockey *mf.*

Jod *das (ohne Pl)* iode *m.*

jodeln *vi* iouler, yodler.

Joga, Yoga ['jo:ga] *der* ODER *das (ohne pl)* yoga *m.*

Jogging ['dʒɔgɪŋ] *das (ohne Pl)* jogging *m.*

Joghurt, Yoghurt (*pl* **-(s)**) *der* ODER *das* yaourt *m*, yoghourt *m.*

Johannis|beere *die :* **rote ~** groseille *f ;* **schwarze ~** cassis *m.*

Joker ['dʒo:kɐ] (*pl* -) *der* - **1.** [Spielkarte] joker *m* - **2.** [Trumpf] atout *m.*

jonglieren [ʒɔŋ'li:rən] <> *vi* jongler <> *vt* [balancieren] : **etw ~** porter qqch en équilibre.

Joule [dʒu:l, dʒaul] (*pl* -) *das* joule *m.*

Journalist, in [ʒurna'lɪst, ɪn] (*mpl* **-en ;** *fpl* **-nen**) *der, die* journaliste *mf.*

Jubel *der (ohne Pl)* jubilation *f.*

jubeln *vi* jubiler.

Jubiläum [jubi'lɛ:ʊm] (*pl* **Jubiläen**) *das* anniversaire *m (de mariage, d'entrée en fonction, etc.) ;* **ein ~ feiern** célébrer un anniversaire.

jucken <> *vi* - **1.** [Haut] démanger - **2.** [Material] gratter <> *vt* - **1.** [kratzen] gratter - **2.** *fam* [verlocken] : **es juckt mich, das zu tun** j'ai envie de le faire.

Juck|reiz *der* démangeaison *f.*

Jude (*pl* **-n**) *der* Juif *m.*

Jüdin (*pl* **-nen**) *die* Juive *f.*

jüdisch *adj* juif(ive).

Judo *das (ohne Pl)* judo *m.*

Jugend *die (ohne Pl)* - **1.** [Alter] jeunesse *f* - **2.** [Personen] jeunes *mpl*, jeunesse *f.*

Jugend|amt *das* service *m* de la jeunesse.

Jugend|arbeit *die (ohne Pl) ensemble des activités ayant trait à l'animation et la formation des jeunes.*

jugendfrei *adj :* **'nicht ~'** 'interdit(e) aux moins de 18 ans'.

Jugend|herberge *die* auberge *f* de jeunesse.

jugendlich *adj & adv* jeune.

Jugendliche (*pl* **-n**) *der, die* jeune *mf.*

Jugend|stil *der (ohne Pl)* style *m* Art nouveau, Art *m* nouveau.

Jugoslawien *nt* Yougoslavie *f.*

Juli *der (ohne Pl)* juillet *m ;* **der 20. ~** *jour de l'attentat manqué contre Hitler, le 20 juillet 1944 ; siehe auch* **September.**

jun. *abk für* **junior.**

jung (*komp* **jünger ;** *superl* **jüngste**) <> *adj* jeune ; **der/die jüngste** le/la plus jeune <> *adv* jeune.

Junge (*pl* **-n** ODER **Jungs**) <> *der (Pl Jungen, Jungs)* - **1.** [Knabe] garçon *m* - **2.** *fam* [Mann] gars *m ;* **ein grüner ~** *fig* un blanc-bec <> *das (Pl Jungen)* petit *m ;* **~ kriegen** ODER **werfen** avoir des petits.

Jünger, in (*mpl* - ; *fpl* **-nen**) *der, die* disciple *mf.*

Jungfer (*pl* **-n**) *die :* **alte ~** *abw* vieille fille *f.*

Jung|frau *die* - **1.** [weibliche Person] vierge *f* - **2.** ASTROL Vierge *f.*

Jung|geselle *der* célibataire *m ;* **ein eingefleischter ~** un célibataire endurci.

jüngste *adj* ▻ **jung.**

Juni *der (ohne Pl)* juin *m ;* **der 17. ~** *avant la réunification, fête de l'unité allemande en Allemagne de l'Ouest commémorant le soulèvement populaire de 1953 contre le régime de la RDA ; siehe auch* **September.**

junior *adj inv :* **Karl Werner ~** Karl Werner fils ODER junior.

Junior (*pl* **Junioren**) *der* - **1.** *(ohne Pl)* [Sohn] fils *m* - **2.** SPORT junior *m.*

Juniorin (*pl* **-nen**) *die* - **1.** *(ohne Pl)* [Tochter] fille *f* - **2.** SPORT junior *f.*

Jura *der (ohne Pl)* - **1.** *(G Jura) (ohne Artikel)* [Studienfach] droit *m* - **2.** *(G Juras)* [Gebirge] Jura *m* - **3.** *(G Juras)* [Juraformation] jurassique *m.*

Jurist, in (*mpl* **-en ;** *fpl* **-nen**) *der, die* juriste *mf.*

juristisch <> *adj* juridique <> *adv* juridiquement.

Jury [ʒy'ri:] (*pl* **-s**) *die* jury *m.*

Justiz *die (ohne Pl)* justice *f.*

Justiz|ministerium *das* ministère *m* de la Justice.

Justizvollzugs|anstalt *die amt* établissement *m* pénitentiaire.

Juwel (*pl* **-en**) *der* ODER *das* - **1.** *(der)* [Schmuck] joyau *m* - **2.** *(der)* ODER *(das)* [Mensch] perle *f* (rare).

Juwelier (*pl* **-e**) *der* joailler *m.*

Juwelierin (*pl* **-nen**) *die* joaillère *f.*

Jux *der fam* blague *f.*

K

k, K [ka:] (*pl* - ODER **-s**) *das* k *m inv*, K *m inv*.

Kabarett, Cabaret [kaba'rɛt, kaba're:] (*pl* **-s** ODER **-e**) *das* - **1.** [Aufführung] spectacle *m* de cabaret - **2.** [Institution] cabaret *m*.

Kabarettist, in (*mpl* **-en** ; *fpl* **-nen**) *der, die* chansonnier *m*, -ère *f*.

kabbeln ◆ **sich kabbeln** *ref fam* : **sich mit jm ~** avoir une prise de bec avec qqn.

Kabel (*pl* -) *das* câble *m*.

Kabel|anschluss *der* raccordement *m* au câble.

Kabel|fernsehen *das (ohne Pl)* télévision *f* par câble(s).

Kabeljau (*pl* **-s**) *der* cabillaud *m*.

Kabel|kanal *der* chaîne *f* câblée.

Kabine (*pl* **-n**) *die* cabine *f* ; [in Flugzeug] carlingue *f*.

Kabinett (*pl* **-e**) *das* - **1.** [aus Ministern] cabinet *m* - **2.** *(ohne Pl)* [Wein] *appellation œnologique allemande désignant un vin de première catégorie.*

Kabrio, Cabrio (*pl* **-s**) *das* décapotable *f*.

Kachel (*pl* **-n**) *die* carreau *m*.

kacheln (*perf* **hat/ist gekachelt**) ◇ *vt (hat)* carreler ◇ *vi (ist) fam* rouler à toute berzingue.

Kadaver (*pl* -) *der* cadavre *m*.

Käfer (*pl* -) *der* - **1.** [Tier] coléoptère *m* - **2.** [Auto] coccinelle *f*.

Kaff (*pl* **-s** ODER **-e**) *das fam* patelin *m*.

Kaffee, Kaffee ['kafe, ka'fe:] (*pl* **-s**) *der* - **1.** *(ohne Pl)* [Getränk, Gewächs] café *m* ; **~ trinken** boire du café - **2.** [Mahlzeit] ≃ goûter *m*.

> **Kaffee**
>
> Les Allemands ont coutume de consommer vers seize heures un café accompagné de pâtisseries. Outre l'usage du **Kaffee und Kuchen** dominical, qui se prend dans la famille ou chez des amis, ils ont l'habitude de se rendre dans un salon de thé (**Café** ou **Kaffeehaus**) où l'on commande son gâteau à un comptoir vitré et sa boisson à table. C'est un endroit feutré où l'on peut consulter les journaux mis à la disposition des clients. La clientèle de ces établissements est mixte et on y rencontre toutes les tranches d'âge, même si les retraités y sont plus nombreux que les jeunes.

Kaffee|bohne *die* grain *m* de café.

Kaffee|filter *der* filtre *m* à café.

Kaffee|kanne *die* cafetière *f*.

Kaffee|klatsch (*pl* **-e**) *der fam sorte de goûter où l'on sert du café et des gâteaux et où l'on parle de tout et de rien.*

Kaffee|löffel *der* cuillère *f* à café.

Kaffee|maschine *die* cafetière *f (automatique).*

Kaffee|tasse *die* tasse *f* à café.

Käfig (*pl* **-e**) *der* cage *f*.

kahl *adj* - **1.** [Mensch] chauve - **2.** [Landschaft, Pflanze, Wald] dépouillé(e).

Kahn (*pl* **Kähne**) *der* barque *f*.

Kai (*pl* **-s** ODER **-e**) *der* quai *m (du port).*

Kairo *nt* Le Caire ; **in ~** au Caire.

Kaiser (*pl* -) *der* empereur *m* ; **sich um des ~s Bart streiten** *fig* chicaner.

Kaiserin (*pl* **-nen**) *die* impératrice *f*.

kaiserlich *adj* impérial(e).

Kaiser|reich *das* empire *m*.

Kaiser|schmarrn (*pl* -) *der plat autrichien : crêpe aux raisins secs, coupée en petits morceaux et saupoudrée de sucre.*

Kaiser|schnitt *der* MED césarienne *f*.

Kajak (*pl* **-s**) *der* ODER *das* kayac *m*.

Kajüte (*pl* **-n**) *die* cabine *f (de bateau).*

Kakao [ka'kau] *der (ohne Pl)* cacao *m* ; **eine Tasse ~** une tasse de chocolat.

Kakerlake (*pl* **-n**) *die* cafard *m*.

Kaktee (*pl* **-n**) *die* = **Kaktus.**

Kaktus (*pl* **Kakteen** ODER **-se**) *der* cactus *m*.

Kalb (*pl* **Kälber**) *das* veau *m*.

Kalb|fleisch *das* veau *m (viande).*

Kalender (*pl* -) *der* - **1.** [an Wand] calendrier *m* - **2.** [Taschenkalender] agenda *m*.

Kaliber (*pl* -) *das* calibre *m* ; **dieses Argument ist ein schweres ~** c'est un argument massue.

Kalium *das (ohne Pl)* potassium *m*.

Kalk *der* calcaire *m* ; [Baumaterial] chaux *f*.

Kalk|stein *der* pierre *f* calcaire.

kalkulieren ◇ *vt* calculer ◇ *vi* faire le calcul ; **scharf ~** calculer au plus juste.

Kalorie [kalo'ri:] (*pl* **-n**) *die* calorie *f*.

kalorienarm [kalo'ri:ənarm] ◇ *adj* hypocalorique ◇ *adv* : **~ essen** manger léger.

kalt (*komp* **kälter** ; *superl* **kälteste**) ◇ *adj* froid(e) ; **jm ist ~** qqn a froid ; **es ist ~** il fait froid ; **das Essen wird ~** le plat refroidit ◇ *adv* - **1.** [bezüglich der Temperatur] à l'eau froide ; **~ duschen** prendre une douche froide ; **Bier/Wein ~ stellen** mettre de la bière/du vin au frais - **2.** [gefühllos] froidement.

kaltblütig ◇ *adj* de sang-froid ◇ *adv* froidement.

Kälte *die (ohne Pl)* **- 1.** [Kaltsein] froid *m* **- 2.** [Gefühlskälte] froideur *f*.
Kälte|einbruch *der* coup *m* de froid.
Kalte Krieg *der* guerre *f* froide.
Kalt|miete *die* loyer *m* sans les charges.
Kalzium *das (ohne Pl)* calcium *m*.
kam *prät* ▷ **kommen.**
Kambodscha *nt* Cambodge *m* ; **in ~** au Cambodge.
Kamel (*pl* **-e**) *das* [Tier] chameau *m*.
Kamera (*pl* **-s**) *die* **- 1.** [Fotoapparat] appareil *m* photo **- 2.** [Film-/Fernseh-/Videokamera] caméra *f*.

Kamera

Malgré la ressemblance, il ne faut pas confondre l'allemand **Kamera**, qui signifie « appareil photo », avec le français « caméra ». En effet, on traduira la phrase **Sie fotografierte die Kinder mit der neuen Kamera** par « Elle photographia les enfants avec le nouvel appareil photo ».
Le français « caméra » correspond, suivant le contexte, au terme allemand **Filmkamera** ou **Videokamera**. On traduira donc la phrase « Il est difficile de filmer des animaux sauvages, car ils ont peur de la caméra » par **Es ist schwer, wilde Tiere zu filmen, weil sie vor der Videokamera Angst haben**.

Kamerad, in (*mpl* **-en** ; *fpl* **-nen**) *der, die* camarade *mf*.
kameradschaftlich ◇ *adj* amical(e) ◇ *adv* en bon camarade.
Kamerun *nt* Cameroun *m* ; **in ~** au Cameroun.
Kamille (*pl* **-n**) *die* camomille *f*.
Kamillen|tee *der* infusion *f* de camomille.
Kamin (*pl* **-e**) *der* cheminée *f*.
Kamm (*pl* **Kämme**) *der* **- 1.** [Haarkamm] peigne *m* ; **alles über einen ~ scheren** mettre tout dans le même sac **- 2.** [von Hahn, Berg] crête *f*.
kämmen *vt* peigner. ◆ **sich kämmen** *ref* se peigner.
Kammer (*pl* **-n**) *die* **- 1.** [kleines Zimmer] débarras *m* ; [für Vorräte] garde-manger *m* **- 2.** POL chambre *f*.
Kammer|musik *die* musique *f* de chambre.
Kampagne (*pl* **-n**) *die* campagne *f*.
Kampf (*pl* **Kämpfe**) *der* **- 1.** [Auseinandersetzung] : **~ (um etw)** lutte *f* (pour qqch) ; **~ gegen jn/etw** lutte *f* contre qqn/qqch ; **jm/einer Sache den ~ ansagen** déclarer la guerre à qqn/qqch **- 2.** MIL combat *m*.
kämpfen *vi* se battre ; **gegen jn/etw ~** se battre contre qqn/qqch ; **für jn/etw ~** lutter ODER combattre pour qqn/qqch ; **um etw ~** lutter pour obtenir qqch.
Kampf|gebiet *das* zone *f* de combat.
Kampf|handlungen *pl* hostilités *fpl*.
kampflos ◇ *adj* MIL sans résistance ◇ *adv* MIL sans combattre.
Kampf|richter, in *der, die* SPORT arbitre *m*.
Kanada *nt* Canada *m* ; **in ~** au Canada.
Kanadier [ka'naːdi̯ɐ] (*pl* **-**) *der* **- 1.** [Einwohner Kanadas] Canadien *m* **- 2.** [Boot] canadienne *f*.
Kanadierin [ka'naːdi̯ərɪn] (*pl* **-nen**) *die* Canadienne *f*.
kanadisch *adj* canadien(enne).
Kanal (*pl* **Kanäle**) *der* [Wasserweg] canal *m*.
Kanalisation (*pl* **-en**) *die* canalisation *f*.
Kanal|tunnel *der* tunnel *m* sous la Manche.
Kanarien|vogel *der* canari *m*.
Kanarische Inseln *pl* Canaries *fpl*.
Kandidat, in (*mpl* **-en** ; *fpl* **-nen**) *der, die* : **~ (für etw)** candidat *m*, -e *f* (à qqch) ; **jn als ~en aufstellen** ODER **nominieren** présenter qqn comme candidat.
Kandidatur (*pl* **-en**) *die* : **~ (für etw)** candidature *f* (à qqch).
kandidieren *vi* poser sa candidature, se présenter ; **für etw ~** être candidat(e) à qqch.
Kandis|zucker *der* sucre *m* candi.
Känguru (*pl* **-s**) *das* kangourou *m*.
Kaninchen (*pl* **-**) *das* lapin *m*.
Kanister (*pl* **-**) *der* bidon *m* ; [für Benzin] jerricane *m*.
kann *präs* ▷ **können.**
Kännchen (*pl* **-**) *das* **- 1.** [gen] petit pot *m* **- 2.** [im Café] *petite cafetière ou théière contenant deux tasses, servie dans les cafés.*
Kanne (*pl* **-n**) *die* pot *m*.
Kannibale (*pl* **-n**) *der* cannibale *m*.
Kannibalin (*pl* **-nen**) *die* cannibale *f*.
kannte *prät* ▷ **kennen.**
Kanon (*pl* **-s**) *der* MUS canon *m*.
Kanone (*pl* **-n**) *die* canon *m*.
Kante (*pl* **-n**) *die* **- 1.** [von Möbeln] bord *m* **- 2.** [hart, scharf] arête *f*.
Kantine (*pl* **-n**) *die* cantine *f*.
Kantinen|essen *das* repas *m* de cantine.
Kanton (*pl* **-e**) *der* canton *m*.
kantonal *adj Schweiz* cantonal(e).
Kantor (*pl* **-en**) *der* maître *m* de chapelle.
Kantorin (*pl* **-nen**) *die* maître *m* de chapelle.
Kanu (*pl* **-s**) *das* canoë *m*.

Kanzel (*pl* **-n**) *die* **- 1.** [in Kirche] chaire *f* **- 2.** [im Flugzeug] cockpit *m.*
Kanzlei (*pl* **-en**) *die* chancellerie *f ;* [für Anwalt] cabinet *m ;* [von Behörden] secrétariat *m.*
Kanzler (*pl* **-**) *der* [Bundeskanzler] chancelier *m.*
Kanzler|amt *das* chancellerie *f.*
Kap (*pl* **-s**) *das* cap *m.*
Kapazität (*pl* **-en**) *die* **- 1.** [von Gegenständen, Unternehmen] capacité *f* **- 2.** *(ohne Pl)* [geistig] capacités *fpl* **- 3.** [Experte] autorité *f.*
Kapelle (*pl* **-n**) *die* **- 1.** [Kirche] chapelle *f* **- 2.** MUS orchestre *m (dans les bals).*
Kapell|meister, in *der, die* chef *m* d'orchestre.
Kaper (*pl* **-n**) *die* capre *m.*
kapieren *vt fam* piger.
kapital *adj* **- 1.** *fam* [Fehler, Irrtum, Verbrechen] grave **- 2.** [Tier] superbe.
Kapital (*pl* **-ien** ODER **-e**) *das* **- 1.** *(ohne Pl)* [Vermögen] capitaux *mpl,* fonds *mpl* **- 2.** [Gesellschaftskapital] capital *m* **- 3.** *RW :* **aus etw ~ schlagen** tirer profit de qqch.
Kapital|anlage *die* placement *m* financier, investissement *m* de capitaux.
Kapitalismus *der (ohne Pl)* capitalisme *m.*
Kapitalist, in (*mpl* **-en ;** *fpl* **-nen**) *der, die* capitaliste *mf.*
kapitalistisch *adj* capitaliste.
Kapitän (*pl* **-e**) *der* capitaine *m.*
Kapitel (*pl* **-**) *das* chapitre *m ;* **ein ~ für sich sein** *fig* être un problème à part.
Kapitulation (*pl* **-en**) *die* capitulation *f.*
kapitulieren *vi* capituler.
Kaplan (*pl* **Kapläne**) *der* vicaire *m.*
Kappe (*pl* **-n**) *die* casquette *f.*
kappen *vt* **- 1.** [Pflanze] tailler **- 2.** [Seil, Kabel] couper.
Kapsel (*pl* **-n**) *die* **- 1.** [Behälter] petite boîte *f* **- 2.** [Medikament] gélule *f.*
Kapstadt *nt* Le Cap ; **in ~** au Cap.
kaputt *adj fam* **- 1.** [Gegenstand - defekt] en panne ; [- zerbrochen] cassé(e) **- 2.** [Beziehung] gâché(e) **- 3.** [Gesundheit] ruiné(e) **- 4.** *fig* [erschöpft] : **~ sein** être lessivé(e).
kaputt|gehen (*perf* **ist kaputtgegangen**) *vi (unreg) fam* **- 1.** [zerbrechen] se casser **- 2.** [Pflanze] mourir.
kaputt|lachen ◆ **sich kaputtlachen** *ref fam* mourir de rire.
Kapuze (*pl* **-n**) *die* capuche *f.*
Karaffe (*pl* **-n**) *die* carafe *f.*
Karamell *das (ohne Pl)* caramel *m.*
Karamell|bonbon *der* ODER *das* caramel *m.*
Karat (*pl* **-e** ODER **-**) *das* carat *m.*
Karate *das (ohne Pl)* karaté *m.*
Karawane (*pl* **-n**) *die* **- 1.** [Gruppe] caravane *f* **- 2.** [aus Fahrzeugen] file *f.*
Kardinal (*pl* **Kardinäle**) *der* cardinal *m.*
Kardinal|zahl *die* nombre *m* cardinal.
Kar|freitag *der (ohne Pl)* vendredi *m* saint.
karg *adj* **- 1.** [dürftig - Lohn] maigre ; [- Essen] frugal(e) ; [- Zimmer] dépouillé(e) **- 2.** [Boden] pauvre.
Karibik *die (ohne Pl)* Caraïbes *fpl.*
karibisch *adj* des Caraïbes.
kariert *adj* à carreaux ; [Papier] quadrillé(e).
Karies ['kaːriɛs] *die (ohne Pl)* MED carie *f.*
Karikatur (*pl* **-en**) *die* caricature *f.*
kariös *adj* carié(e).
Karlsruhe *nt (ohne Pl)* **- 1.** [Stadt] Karlsruhe **- 2.** [Gericht] *Cour constitutionnelle allemande.*
Karneval ['karnəval] (*pl* **-e** ODER **-s**) *der* carnaval *m.*
karnevalistisch [karnəva'lɪstɪʃ] *adj* du carnaval.
Karnevals|zug *der* défilé *m* du carnaval.
Karnickel (*pl* **-**) *das fam* lapin *m.*
Kärnten *nt* Carinthie *f.*
Karo (*pl* **-s**) *das* carreau *m.*
Karosserie (*pl* **-n**) *die* carrosserie *f.*
Karotte (*pl* **-n**) *die* carotte *f.*
Karpfen (*pl* **-**) *der* carpe *f.*
Karre (*pl* **-n**) *die* **- 1.** [Handwagen] charrette *f* **- 2.** *fam* [Auto] bagnole *f.*
Karren (*pl* **-**) *der* [Handwagen] charrette *f.*
Karriere [ka'rieːrə] (*pl* **-n**) *die* carrière *f.*
Karte (*pl* **-n**) *die* **- 1.** [gen] carte *f ;* **jm die ~n legen** [wahrsagen] tirer les cartes à qqn **- 2.** SPORT : **jm die gelbe/rote ~ zeigen** montrer le carton jaune/rouge à qqn.
Kartei (*pl* **-en**) *die* fichier *m.*
Kartei|karte *die* fiche *f.*
Kartei|kasten *der* fichier *m.*
Kartell (*pl* **-e**) *das* WIRTSCH cartel *m.*
Karten|spiel *das* jeu *m* de cartes.
Karten|telefon *das* téléphone *m* à carte.
Karten|vorverkauf *der* location *f* de billets.
Kartoffel (*pl* **-n**) *die* pomme de terre *f.*
Kartoffel|brei *der* purée *f* de pommes de terre.
Kartoffel|chips *pl* chips *fpl.*
Kartoffel|puffer *der* KÜCHE *galette de pommes de terre râpées.*
Kartoffel|püree *das* purée *f* de pommes de terre.
Kartoffel|salat *der* salade *f* de pommes de terre.
Karton (*pl* **-s**) *der* carton *m.*
Karussell (*pl* **-s**) *das* manège *m ;* **~ fahren** faire un tour de manège.

Karlwoche *die* semaine *f* sainte.

Käse (*pl* -) *der* fromage *m* ; **das ist ~!** *abw & fig* c'est du baratin!

Käselfondue *das* KÜCHE fondue *f* savoyarde.

Käselkuchen *der* KÜCHE gâteau *m* au fromage blanc.

Kaserne (*pl* **-n**) *die* MIL caserne *f.*

käsig *adj* blême.

Kasino (*pl* **-s**) *das* **- 1.** [Spielkasino] casino *m* **- 2.** MIL mess *m.*

Kasper (*pl* -) *der* guignol *m.*

Kasperleltheater *das* théâtre *m* de marionnettes.

Kasse (*pl* **-n**) *die* **- 1.** [Ladenkasse] caisse *f* ; **~ machen** faire sa ODER la caisse **- 2.** *fam* [Krankenkasse] caisse *f (d'assurance maladie)* **- 3.** *RW* : **knapp bei ~ sein** *fam* être à court d'argent.

Kassenlarzt, lärztin *der, die* médecin *m* conventionné.

Kassenlbon *der* ticket *m* de caisse.

Kassenlpatient, in *der, die malade affilié(e) à la sécurité sociale.*

Kassenlzettel *der* ticket *m* de caisse.

Kassette (*pl* **-n**) *die* **- 1.** [für Magnetband, Schmuck] cassette *f* **- 2.** [Behälter] coffret *m.*

Kassettenrekorder (*pl* -) *der* magnétophone *m.*

kassieren *vt* **- 1.** [Gebühren, Niederlage] encaisser **- 2.** *fam* [Honorar] toucher **- 3.** *fam* [Lob, Kritik] récolter.

Kassierer, in (*mpl* - ; *fpl* **-nen**) *der, die* caissier *m*, -ère *f.*

Kastanie [kas'taːni̯ə] (*pl* **-n**) *die* **- 1.** [Baum - Rosskastanie] marronnier *m* ; [- Edelkastanie] châtaignier *m* **- 2.** [Frucht - Rosskastanie] marron *m* (d'Inde) ; [- Edelkastanie] châtaigne *f.*

Kasten (*pl* **Kästen**) *der* **- 1.** [für Getränke, Werkzeug] caisse *f* **- 2.** [für Nähzeug, Briefe, Farben] boîte *f* **- 3.** *fam* [Gebäude] cube *m* **- 4.** *RW* : **er hat etwas auf dem ~!** *fam* il est loin d'être idiot!

kastrieren *vt* MED châtrer, castrer.

Kasus (*pl* -) *der* GRAM cas *m.*

Kat = **Katalysator.**

Katalanisch *das (ohne Pl)* catalan *m* ; *siehe auch* **Englisch.**

Katalanische *das (ohne Pl)* catalan *m* ; *siehe auch* **Englische.**

Katalog (*pl* **-e**) *der* catalogue *m.*

Katalonien *nt* Catalogne *f.*

Katalonier, in [kata'loːni̯ɐ, rın] (*mpl* - ; *fpl* **-nen**) *der, die* Catalan *m*, -e *f.*

katalonisch *adj* catalan(e).

Katalysator (*pl* **Katalysatoren**), **Kat** (*pl* **-s**) *der* AUTO pot *m* catalytique.

Katamaran (*pl* **-e**) *der* catamaran *m.*

katastrophal [katastro'faːl] ◇ *adj* catastrophique ◇ *adv* de manière catastrophique.

Katastrophe [katas'troːfə] (*pl* **-n**) *die* catastrophe *f.*

Katastrophenlgebiet *das* zone *f* sinistrée.

Katechismus (*pl* **-men**) *der* catéchisme *m.*

Kategorie (*pl* **-n**) *die* catégorie *f.*

kategorisch ◇ *adj* catégorique ◇ *adv* catégoriquement.

Kater (*pl* -) *der* **- 1.** [Tier] matou *m* **- 2.** *fam* [von Alkohol] gueule *f* de bois ; **einen ~ haben** *fam* avoir la gueule de bois.

kath. *abk für* **katholisch.**

Kathedrale (*pl* **-n**) *die* cathédrale *f.*

Kathode (*pl* **-n**) *die* PHYS cathode *f.*

Katholik (*pl* **-en**) *der* catholique *m.*

Katholikenltag *der congrès des catholiques en Allemagne (tous les deux ans).*

Katholikin (*pl* **-nen**) *die* catholique *f.*

katholisch *adj* catholique.

Katholizismus *der (ohne Pl)* catholicisme *m.*

Kat-Motor *der* moteur *m* avec catalyseur.

Katz *die (ohne Pl)* : **~ und Maus spielen** *fam* jouer au chat et à la souris ; **für die ~ sein** *fam* ne servir à rien.

Katze (*pl* **-n**) *die* **- 1.** [Tier] chat *m* **- 2.** [weibliches Tier] chatte *f.*

Katzenlsprung *der fam* : **nur einen ~ (von etw entfernt) sein** être à deux pas (de qqch).

Kauderwelsch *das (ohne Pl)* charabia *m* ; **~ sprechen** baragouiner.

kauen *vi & vt* mâcher ; **an etw** *(D)* **~** [Essen] mastiquer qqch ; [Problem] ruminer qqch.

kauern *vi* être accroupi(e). ◆ **sich kauern** *ref* s'accroupir.

Kauf (*pl* **Käufe**) *der* **- 1.** [Handlung, Ware] achat *m* ; **etw zum ~ anbieten** mettre qqch en vente **- 2.** *RW* : **etw in ~ nehmen** s'accommoder de qqch.

kaufen *vt* acheter ; **jm etw ~** acheter qqch à qqn ; **sich** *(D)* **etw ~** s'acheter qqch.

Käufer, in (*mpl* - ; *fpl* **-nen**) *der, die* acheteur *m*, -euse *f.*

Kauflfrau *die* commerçante *f* ; [im Betrieb] assistante *f* commerciale.

Kauflhaus *das* grand magasin *m.*

Kauflkraft *die* pouvoir *m* d'achat.

Kaufleute *pl* commerçants *mpl.*

käuflich *adj* **- 1.** [Gegenstand] : **(nicht) ~ sein** (ne pas) être à vendre **- 2.** [Liebe, Mädchen] vénal(e).

Kaufmann (*pl* **-leute**) *der* commerçant *m ;* [im Betrieb] assistant *m* commercial.
kaufmännisch *adj* commercial(e).
Kauf|preis *der* prix *m* d'achat.
Kau|gummi *der* ODER *das* chewing-gum *m.*
Kaukasus *der* Caucase *m ;* **im ~** dans le Caucase.
kaum *adv* **- 1.** [gen] à peine ; **~ noch** presque plus ; **ich kann es ~ fassen** je n'arrive pas à le croire ; **etw ~ erwarten können** attendre qqch avec impatience **- 2.** [wohl nicht] probablement pas ; **das ist ~ anzunehmen** c'est peu probable.
Kausal|satz *der* GRAM subordonnée *f* de cause.
Kaution (*pl* **-en**) *die* caution *f.*
Kautschuk *der* caoutchouc *m.*
Kauz (*pl* **Käuze**) *der* **- 1.** BIOL (chouette) chevêche *f* **- 2.** [Person] : **ein komischer ~** *fig* un hurluberlu.
Kavalier [kava'liːɐ̯] (*pl* **-e**) *der* gentleman *m.*
Kaviar [kaːviar] (*pl* **-e**) *der* caviar *m.*
keck ◇ *adj* [Person] qui a du toupet ; [Handlung] hardi(e) ; [Frisur, Hut] olé olé ◇ *adv* d'un air effronté.
Kegel (*pl* **-**) *der* **- 1.** MATH cône *m* **- 2.** [zum Spielen] quille *f.*
Kegel|klub *der club de bowling allemand.*
kegeln *vi* jouer au bowling.
Kehle (*pl* **-n**) *die* gorge *f ;* **aus voller ~ singen/schreien** *fam fig* chanter/crier à tue-tête.
Kehl|kopf *der* larynx *m.*
kehren *vt* **- 1.** [wenden] tourner ; **etw nach innen** ODER **außen ~** retourner qqch **- 2.** [fegen] balayer. ◈ **sich kehren** *ref* **- 1.** [sich kümmern] : **sich nicht um** ODER **an etw** *(A)* **~** ne pas se soucier de qqch **- 2.** [sich richten] : **sich gegen jn ~** se retourner contre qqn.
Kehr|reim *der* refrain *m.*
Kehr|seite *die* inconvénient *m ;* **die ~ der Medaille** le revers de la médaille.
kehrt|machen *vi* faire demi-tour.
Kehrt|wendung *die* [Bewegung] demi-tour *m ;* [von Meinung, Haltung] revirement *m.*
keifen *vi abw* brailler.
Keil (*pl* **-e**) *der* **- 1.** [Werkzeug] coin *m* **- 2.** [zum Bremsen] cale *f.*
Keil|riemen *der* courroie *f.*
Keim (*pl* **-e**) *der* germe *m ;* **etw im ~ ersticken** *fig* étouffer qqch dans l'œuf.
keimen *vi* germer.
keimfrei *adj* [Bedingungen, Raum] stérile ; [Instrumente, Milch] stérilisé(e).
Keimling (*pl* **-e**) *der* germe *m.*
keimtötend *adj* antiseptique.
Keim|zelle *die* **- 1.** BIOL gamète *m* **- 2.** *fig* [Ausgangspunkt] point *m* de départ.
kein, e *det* **- 1.** [bei zählbaren Mengen] aucun(e) ; **~ einziger** pas un seul ; **~ Mensch ist gekommen** personne n'est venu ; **dort gibt es ~ Hotel** il n'y a pas d'hôtel là-bas **- 2.** [bei nicht zählbaren Mengen] ne ... pas de ; **~ ... mehr** ne ... plus de **- 3.** [nicht ganz] ne ... même pas ; **das dauert ~e fünf Minuten** ça ne dure même pas cinq minutes **- 4.** [überhaupt nicht] pas un, pas une, pas des ; **das war ~ schöner Anblick** ce n'était pas beau à voir. ◈ **keine** (*m* **-r** ; *nt* **-s**) *pron* **- 1.** [Person] personne ; **~er von ihnen** pas un seul d'entre eux **- 2.** [Gegenstand] aucun(e).
keinerlei *adj (unver)* aucun(e).
keinesfalls *adv :* **~ leicht/schwer** en aucun cas facile/difficile ; **~ etw sagen/vergessen/verraten** ne dire/n'oublier/ne trahir qqch en aucun cas.
keineswegs *adv :* **~ besser/schlechter** nullement meilleur/pire ; **~ beabsichtigen** ODER **vorhaben** n'avoir nullement l'intention de.
Keks (*pl* **-e**) *der* biscuit *m*, (petit) gâteau *m.*
Kelle (*pl* **-n**) *die* louche *f.*
Keller (*pl* **-**) *der* cave *f.*
Kellner, in (*mpl* **-** ; *fpl* **-nen**) *der, die* serveur *m*, -euse *f.*
Kelte (*pl* **-n**) *der* Celte *m.*
Kelter (*pl* **-n**) *die* pressoir *m.*
keltern *vt* pressurer.
Keltin (*pl* **-nen**) *die* Celte *f.*
keltisch *adj* celte, celtique.
Kenia *nt* Kenya *m ;* **in ~** au Kenya.
kennen (*prät* **kannte** ; *perf* **hat gekannt**) *vt* connaître ; **da kennst du ihn aber schlecht!** tu le connais bien mal! ; **jn/etw gut ~** bien connaître qqn/qqch.
kennen lernen *vt* **- 1.** [Person] : **jn ~** faire la connaissance de qqn **- 2.** [Gegenstand] apprendre à connaître ; [Land, Sitten, Methode] se familiariser avec. ◈ **sich kennen lernen** *ref* se connaître.
Kenntnis *die (ohne Pl)* connaissance *f ;* **etw zur ~ nehmen, ~ von etw nehmen** prendre (bonne) note de qqch ; **zur ~ nehmen, dass** noter que ; **jn von etw in ~ setzen** aviser qqn de qqch. ◈ **Kenntnisse** *pl* connaissances *fpl.*
Kennwort (*pl* **-wörter**) *das* mot *m* de passe.
Kenn|zahl *die* [Telefon] indicatif *m* (téléphonique).
Kenn|zeichen *das* **- 1.** [Merkmal] caractéristique *f*, signe *m* (distinctif) **- 2.** [Symbol] marque *f* (distinctive) **- 3.** [am Auto] : **amtliches ~** numéro *m* minéralogique.

kennzeichnen *vt* - **1.** [markieren] : **etw (mit** ODER **durch etw) ~** marquer qqch (de qqch) - **2.** [charakterisieren] caractériser ; **jn/etw als jn/etw ~** désigner qqn/qqch comme étant qqn/qqch.
kennzeichnend *adj* : **für jn/etw ~ sein** être caractéristique de qqn/qqch.
Kennlzeichnung *die* marque *f* distinctive.
Kennlziffer *die* numéro *m* d'identification.
kentern (*perf* **ist gekentert**) *vi* chavirer.
Keramik (*pl* **-en**) *die* céramique *f*.
Kerbe (*pl* **-n**) *die* entaille *f*.
Kerbel *der (ohne Pl)* cerfeuil *m*.
Kerker (*pl* **-**) *der* cachot *m*.
Kerl (*pl* **-e**) *der fam* type *m* ; **ein netter ~** un type sympa.
Kern (*pl* **-e**) *der* - **1.** PHYS [von Obst] noyau *m* ; [von Apfel, Birne, Melone] **pépin** *m* ; [von Nüssen] cerneau *m* - **2.** *fig* [von Sache, Problem] cœur *m*.
Kernlenergie *die* énergie *f* nucléaire, nucléaire *m*.
Kernlforschung *die* recherche *f* nucléaire.
Kernlgehäuse *das* trognon *m*.
kerngesund *adj* plein(e) de santé ; **er ist ~** il respire la santé.
Kernkraftlgegner, in *der, die* antinucléaire *mf*.
Kernkraftlwerk *das* centrale *f* nucléaire.
kernlos *adj* sans pépins.
Kernlpunkt *der* point *m* central.
Kernlseife *die* ≃ savon *m* de Marseille.
Kernlstück *das* élément *m* majeur.
Kernlwaffe *die* arme *f* nucléaire.
Kerze (*pl* **-n**) *die* - **1.** [zur Beleuchtung] bougie *f* ; [in Kirche] cierge *m* - **2.** [Turnübung] chandelle *f*.
kerzengerade ◇ *adj* droit(e) comme un i ◇ *adv* : **~ sitzen/stehen** être assis(e)/planté(e) droit(e) comme un i.
Kerzenllicht *das* lueur *f* de bougie ; **bei ~ essen** dîner aux chandelles.
kess ◇ *adj* - **1.** [frech] effronté(e) - **2.** [Frisur, Kleidung] coquin(e) ◇ *adv* [frech] avec aplomb.
Kessel (*pl* **-**) *der* - **1.** [für Wasser] bouilloire *f* ; [zum Kochen] chaudron *m* ; [für Heizungsanlage] chaudière *f* - **2.** [Tal] vallée *f* (profonde).
Ketschup, Ketchup ['kɛtʃap] *der* ODER *das (ohne Pl)* ketchup *m*.
Kette (*pl* **-n**) *die* chaîne *f* ; **eine ~ von Unfällen** des accidents en chaîne ; **ein Tier an die ~ legen** enchaîner un animal.
ketten *vt* : **jn/etw an etw** *(A)* **~** enchaîner qqn/qqch à qqch ; **an jn gekettet sein** *fig* être enchaîné(e) à qqn.
Kettenlfahrzeug *das* véhicule *m* chenillé.
Kettenlreaktion *die* réaction *f* en chaîne ; **eine ~ von etw** un enchaînement de qqch.
Ketzer (*pl* **-**) *der* hérétique *m*.
Ketzerin (*pl* **-nen**) *die* hérétique *f*.
keuchen (*perf* **hat/ist gekeucht**) *vi* - **1.** *(hat)* [beim Atmen] haleter - **2.** *(ist)* [beim Gehen] avancer avec difficulté.
Keuchlhusten *der* coqueluche *f*.
Keule (*pl* **-n**) *die* - **1.** [Fleisch - vom Hammel] gigot *m* ; [- von Geflügel] cuisse *f* ; [- von Wild] cuissot *m* - **2.** [Waffe] massue *f*.
keusch *adj* chaste.
Keuschheit *die (ohne Pl)* chasteté *f*.
Keyboard ['kiːbɔːd] (*pl* **-s**) *das* EDV clavier *m*.
Kfz (*pl* **-**) *das abk für* **Kraftfahrzeug.**
Kfz-Steuer *die* ≃ vignette *f* (automobile).
kg (*abk für* **Kilogramm**) kg.
kichern *vi* glousser.
kicken ◇ *vi* jouer *(au football)* ◇ *vt* : **den Ball ~** taper dans le ballon.
kidnappen ['kɪtnɛpn̩] *vt* kidnapper.
Kidnapper, in ['kɪtnɛpɐ, rɪn] (*mpl* **-** ; *fpl* **-nen**) *der, die* kidnappeur *m*, -euse *f*.
Kiefer (*pl* **-** ODER **-n**) ◇ *der (G Kiefers, Pl Kiefer)* mâchoire *f* ◇ *die (G Kiefer, Pl Kiefern)* pin *m*.
Kiel (*pl* **-e**) *der* [eines Schiffs] quille *f*.
Kieler Woche *die série de régates organisées annuellement à Kiel.*
Kieme (*pl* **-n**) *die* branchie *f*.
Kies *der* - **1.** [Steine] gravier *m* ; [im Fluss] galets *mpl* - **2.** *salopp* [Geld] blé *m*.
Kiesellstein *der* galet *m*.
Kieslgrube *die* carrière *f* de gravier.
Kiew ['kiːɛf] *nt* Kiev.
kikeriki *interj* : **kikeriki!** cocorico!
Kilimandscharo *der* Kilimandjaro *m*.
Killer, in (*mpl* **-** ; *fpl* **-nen**) *der, die* tueur *m*, -euse *f*.
Kilo (*pl* **-**) *das* kilo *m*.
Kilolgramm *das* kilogramme *m*.
Kilolhertz *das* kilohertz *m*.
Kilolkalorie *die* kilocalorie *f*.
Kilolmeter *der* kilomètre *m* ; **~ pro Stunde** kilomètre (à l') heure.
kilometerlang *adj* de plusieurs kilomètres (de long).
Kilometerlstand *der* kilométrage *m*.
Kilometerlzähler *der* compteur *m* (kilométrique).
Kilolwatt *das* kilowatt *m*.

Kilo|watt|stunde *die* kilowattheure *m.*

Kind (*pl* **-er**) *das* enfant *mf* ; **neugeborenes ~** nouveau-né *m* ; **fünfjähriges ~** enfant de cinq ans ; **von ~ auf** ODER **an** depuis mon ODER ton ODER son etc plus jeune âge ; **ein ~ erwarten/bekommen** attendre ODER avoir un enfant ; **mit ~ und Kegel** *fig* avec toute la smala.

Kinder|arzt, ärztin *der, die* pédiatre *mf.*

Kinder|buch *das* livre *m* pour enfants.

Kinderei (*pl* **-en**) *die* enfantillage *m.*

kinderfeindlich <> *adj* hostile aux enfants <> *adv* : **sich ~ verhalten** se comporter de manière hostile envers les enfants.

kinderfreundlich <> *adj* bien disposé(e) envers les enfants <> *adv* : **sich ~ verhalten** traiter les enfants avec égards.

Kinder|garten *der* ≃ (école) maternelle *f.*

Kinder|gärtner, in *der, die* éducateur *m*, -trice *f*, ≃ instituteur *m*, -trice *f* d'école maternelle.

Kinder|geld *das* allocations *fpl* familiales.

Kinder|heim *das* [für Behinderte] foyer *m* ODER centre *m* pour enfants ; [für Waisen] orphelinat *m.*

Kinder|hort *der* garderie *f.*

Kinder|krankheit *die* maladie *f* infantile.

Kinder|krippe *die* crèche *f.*

Kinder|lähmung *die* poliomyélite *f*, polio *f.*

kinderleicht *fam* <> *adj* d'une simplicité enfantine <> *adv* : **~ zu bedienen/lösen** très facile à utiliser/résoudre.

kinderlieb *adj* : **~ sein** aimer les enfants.

Kinder|lied *das* chanson *f* enfantine.

Kinder|mädchen *das* bonne *f* (d'enfants).

kinderreich *adj* : **~e Familie** famille *f* nombreuse.

Kinderschutz|bund *der* association *f* pour la protection de l'enfance.

Kinder|sicherung *die* sécurité *f* enfants.

Kinder|sitz *der* siège *m* (pour) enfant.

Kinder|spiel *das* : **(für jn) ein/kein ~ sein** être/ne pas être un jeu d'enfant (pour qqn).

Kinder|stube *die* : **eine gute/schlechte ~ haben** *fig* être bien/mal élevé(e).

Kindertages|stätte *die* garderie *f.*

Kinder|wagen *der* [zum Sitzen] poussette *f* ; [zum Liegen] landau *m.*

Kinder|zimmer *das* chambre *f* d'enfant.

Kindes|alter *das (ohne Pl)* enfance *f.*

Kindes|misshandlung *die* mauvais traitements *mpl* infligés à un enfant.

Kindheit *die (ohne Pl)* enfance *f* ; **von ~ an** depuis mon ODER ton ODER son, etc. plus jeune âge.

kindisch *abw* <> *adj* puéril(e) <> *adv* de manière puérile.

kindlich *adj* enfantin(e).

Kinn (*pl* **-e**) *das* menton *m.*

Kinn|haken *der* crochet *m (à la mâchoire).*

Kinnlade (*pl* **-n**) *die* mâchoire *f* (inférieure).

Kino (*pl* **-s**) *das* cinéma *m* ; **ins ~ gehen** aller au cinéma.

Kino|besucher, in *der, die* spectateur *m*, -trice *f.*

Kino|programm *das* programme *m* du cinéma ODER des cinémas.

Kiosk (*pl* **-e**) *der* kiosque *m.*

Kippe (*pl* **-n**) *die* **- 1.** *fam* [Zigarette - abgebrannt] mégot *m* ; [- angezündet] clope *m* ODER *f* **- 2.** *RW* : **auf der ~ stehen** [zu fallen drohen] être en équilibre instable ; [gefährdet sein] être dans une situation précaire ; [unsicher sein] être en suspens.

kippen (*perf* **hat/ist gekippt**) <> *vi (ist)* basculer <> *vt (hat)* **- 1.** [neigen] incliner, basculer **- 2.** [schütten] verser.

Kirche (*pl* **-n**) *die* **- 1.** [Gebäude] église *f* **- 2.** [Institution] : **die ~** l'Église.

Kirchen|chor *der* chorale *f.*

Kirchen|gemeinde *die* paroisse *f.*

Kirchen|musik *die (ohne Pl)* musique *f* religieuse.

Kirchen|schiff *das* ARCHIT nef *f.*

Kirchen|steuer *die impôt (prélevé par l'État) reversé aux différentes institutions religieuses.*

Kirchen|tag *der rassemblement des membres d'une confession chrétienne en Allemagne.*

Kirchgänger, in (*mpl* **-** ; *fpl* **-nen**) *der, die* pratiquant *m*, -e *f.*

kirchlich *adj* religieux(euse).

Kirch|turm *der* clocher *m.*

Kirmes *die (ohne Pl)* kermesse *f.*

Kirsch|baum *der* cerisier *m.*

Kirsche (*pl* **-n**) *die* cerise *f.*

Kirsch|torte *die* tarte *f* aux cerises.

Kirsch|wasser *das* kirsch *m.*

Kissen (*pl* **-**) *das* coussin *m* ; [im Bett] oreiller *m.*

Kiste (*pl* **-n**) *die* **- 1.** [Behälter] caisse *f* **- 2.** *fam* [Auto] bagnole *f* **- 3.** *fam* [Beziehung] relation *f.*

kitschig *adj* **- 1.** [Gegenstand] kitsch **- 2.** [Film, Geschichte] à l'eau de rose.

Kitt *der* mastic *m* ; *fig* ciment *m.*

Kittchen (*pl* **-**) *das fam* taule *f.*

Kittel (*pl* **-**) *der* blouse *f.*

kitten *vt* [Porzellan, Gefäß] recoller.

Kitzel (*pl* **-**) *der* : **jd verspürt einen ~ nach etw** l'envie de faire qqch démange qqn.

kitzelig = **kitzlig.**

kitzeln *vt* [zum Lachen] chatouiller.

kitzlig, kitzelig *adj* - **1.** [am Körper] chatouilleux(euse) - **2.** [Angelegenheit, Situation] délicat(e).
Kiwi (*pl* **-s**) *die* kiwi *m.*
kJ (*abk für* **Kilojoule**) kJ.
klaffen *vi* s'ouvrir, être béant(e).
kläffen *vi abw* japper.
Klage (*pl* **-n**) *die* : **~ (über jn/etw)** plainte *f* (au sujet de qqn/qqch).
klagen ◇ *vi* - **1.** [jammern] : **(über jn/etw) ~** se plaindre (de qqn/qqch) - **2.** [vor Gericht] : **gegen jn ~** porter plainte contre qqn ◇ *vt* : **jm etw ~** se lamenter de qqch auprès de qqn.
Kläger, in (*mpl* **-** ; *fpl* **-nen**) *der, die* RECHT plaignant *m*, -e *f.*
klaglos *adv* sans broncher.
Klammer (*pl* **-n**) *die* - **1.** [Gegenstand] pince *f* - **2.** [Symbol] : **runde ~** parenthèse *f* ; **eckige ~** crochet *m* ; **~ auf/zu** ouvrez/fermez la parenthèse ; **in ~n setzen/stehen** mettre/être entre parenthèses.
Klammer|affe *der fam* EDV arrobas *f.*
klammern *vt* : **etw an etw** *(A)* **~** agrafer qqch à qqch. ◆ **sich klammern** *ref* : **sich an jn/etw ~** [fest halten] s'agripper à qqn/qqch ; *fig* se raccrocher à qqn/qqch.
Klamotten *pl fam* fringues *fpl.*
klang *prät* ▷ **klingen.**
Klang (*pl* **Klänge**) *der* son *m* ; [Stimme] timbre *m.*
Klapp|bett *das* lit *m* pliant.
Klappe (*pl* **-n**) *die* - **1.** *fam* [Mund] gueule *f* - **2.** [Gegenstand] clapet *m.*
klappen ◇ *vt* rabattre ◇ *vi fam* [gelingen] marcher ; **es klappt gut** ça marche bien.
klapperig = **klapprig.**
klappern *vi* claquer ; **mit etw ~** faire cliqueter qqch ; **mit den Zähnen ~** claquer des dents.
Klapp|rad, Klappfahr|rad *das* vélo *m* pliant.
klapprig, klapperig *adj* - **1.** [Gegenstand] déglingué(e) - **2.** *fam* [Mensch, Tier] décharné(e).
Klapp|sitz *der* strapontin *m.*
Klaps (*pl* **-e**) *der fam* tape *f.*
klar ◇ *adj* clair(e) ; [Vorsprung, Sieg] net (nette) ; **jm (nicht) ~ sein** (ne pas) être clair pour qqn ◇ *adv* - **1.** [deutlich] clairement ; [gewinnen, siegen] nettement - **2.** [bewusst] : **sich** *(D)* **über jn/etw im Klaren sein** se faire une idée juste de qqn/qqch - **3.** [fertig] : **~ zu etw** prêt(e) à qqch. ◆ **alles klar** *interj* : **alles ~?** c'est clair? ; **alles ~!** O.K. ◆ **klar und deutlich** ◇ *adj* clair et net, claire et nette ◇ *adv* clairement.
Klär|anlage *die* station *f* d'épuration.
Klare (*pl* **-n**) *der* schnaps *m.*
klären *vt* clarifier.
klar|gehen (*perf* **ist klargegangen**) *vi (unreg) fam* : **das geht klar** ça roule.
Klarheit *die (ohne Pl)* - **1.** [Gewissheit, Deutlichkeit] clarté *f* ; **über etw** *(D)* **~ gewinnen** ODER **bekommen** tirer qqch au clair - **2.** [Reinheit] pureté *f.*
Klarinette (*pl* **-n**) *die* clarinette *f.*
klar|kommen (*perf* **ist klargekommen**) *vi (unreg)* : **mit jm (nicht) ~** (ne pas) s'entendre avec qqn ; **mit etw (nicht) ~** (ne pas) s'en sortir avec qqch.
klar machen *vt* : **jm etw ~** faire comprendre qqch à qqn.
Klarsicht|folie *die* film *m* étirable pour contact alimentaire.
Klarsicht|hülle *die* pochette *f* transparente.
klar|stellen *vt* élucider.
Klärung (*pl* **-en**) *die* [von Problemen] éclaircissement *m.*
klar werden (*perf* **ist klar geworden**) *vi (unreg)* : **jm wird etw klar** qqn réalise qqch.
klasse *fam* ◇ *adj* génial(e) ◇ *adv* formidablement bien.
Klasse (*pl* **-n**) *die* - **1.** SCHULE & POL classe *f* ; **eine ~ wiederholen** redoubler une classe - **2.** [Qualitätsstufe] : **erster/zweiter ~** de première/seconde classe ; **erster/zweiter ~ fahren** voyager en première/seconde - **3.** [Kategorie] catégorie *f.*
Klassen|arbeit *die* devoir *m* sur table.
Klassen|kamerad, in *der, die* camarade *mf* de classe.
Klassen|lehrer, in *der, die* professeur *m* principal.
Klassen|zimmer *das* salle *f* de classe.
Klassik *die (ohne Pl)* - **1.** [Epoche] classicisme *m* - **2.** [Antike] : **die ~** l'antiquité *f* - **3.** [Musik] classique *m* - **4.** [Literatur] classiques *mpl.*
Klassiker, in (*mpl* **-** ; *fpl* **-nen**) *der, die* [Dichter] classique *m.*
klassisch *adj* classique.
Klatsch *der (ohne Pl) fam abw* potin *m.*
klatschen (*perf* **hat/ist geklatscht**) *vi* - **1.** *(hat)* [schlagen] taper ; **in die Hände ~** frapper dans ses mains - **2.** *(hat)* [Publikum] applaudir - **3.** *(ist)* [Wasser, Regen] clapoter - **4.** *(hat) fam abw* [tratschen] : **über jn ~** jaser sur le compte de qqn.
Klaue (*pl* **-n**) *die* [von Greifvögeln] serre *f* ; [von Katzen] griffe *f* ; [von Kuh, Schaf] sabot *m.*
klauen *fam* ◇ *vt* : **(jm) etw ~** piquer qqch (à qqn) ◇ *vi* voler.
Klausel (*pl* **-n**) *die* RECHT clause *f.*
Klausur (*pl* **-en**) *die* UNI partiel *m.*

Klavier [kla'viːɐ̯] (*pl* **-e**) *das* piano *m* ; **~ spielen** jouer du piano.

> **Klavier**
>
> Malgré leur ressemblance, il ne faut pas confondre le mot allemand **Klavier**, qui signifie « piano », avec le français « clavier ». Il faudra donc traduire la phrase **Er setzte sich ans Klavier und spielte eine Sonate von Beethoven** par « Il se mit au piano et joua une sonate de Beethoven ».
> Lorsqu'il s'agit de machine à écrire, le terme « clavier » se traduit par **Tastatur**, comme on peut le constater dans la phrase suivante « J'ai toujours du mal à trouver les guillemets sur le clavier » qui se traduit par **Ich habe immer Schwierigkeiten, die Anführungszeichen auf der Tastatur zu finden**.

Klavier|konzert *das* **- 1.** [Musikstück] concerto *m* pour piano **- 2.** [Konzert] récital *m* de piano.
kleben ◇ *vt* [befestigen] coller ◇ *vi* [haften] : **an etw** *(D)* **~** coller à qqch ; *fig* s'accrocher à qqch.
Kleber (*pl* **-**) *der* colle *f.*
Klebe|streifen *der* ruban *m* adhésif.
klebrig *adj* collant(e).
Kleb|stoff *der* colle *f.*
kleckern *fam* ◇ *vi* faire des taches ◇ *vt* : **etw auf etw** *(A)* **~** tacher qqch de qqch.
Klecks (*pl* **-e**) *der* tache *f.*
Klee *der (ohne Pl)* trèfle *m.*
Klee|blatt *das* feuille *f* de trèfle.
Kleid (*pl* **-er**) *das* [Frauenkleid] robe *f.* ◆ **Kleider** *pl* vêtements *mpl.*
Kleider|bügel *der* cintre *m.*
Kleider|schrank *der* [Möbelstück] armoire *f* à vêtements.
Kleidung (*pl* **-en**) *die* tenue *f.*
Kleie (*pl* **-n**) *die* son *m.*
klein ◇ *adj* **- 1.** [gen] petit(e) **- 2.** [bescheiden] modeste **- 3.** *RW* : **haben Sie es nicht ~er?** vous n'auriez pas la monnaie? ; **~er werden** se faire tout petit ◇ *adv* : **~ stellen** mettre à feu doux ; **von ~ auf** depuis tout petit, depuis toute petite.
Klein|anzeige *die* petite annonce *f.*
kleinbürgerlich *abw* ◇ *adj* petit bourgeois, petite bourgeoise ◇ *adv* : **~ denken** avoir les idées étriquées.
Kleine (*pl* **-n**) ◇ *der, die* [Kind] petit *m*, -e *f* ◇ *das* [Baby] petit *m*, -e *f.*
klein gedruckt *adj* imprimé(e) en petits caractères. ◆ **Kleingedruckte** *das (ohne Pl)* : **das Kleingedruckte** *parties d'un texte en petits caractères.*

Klein|geld *das* monnaie *f.*
Kleinigkeit (*pl* **-en**) *die* **- 1.** [Bagatelle] broutille *f* ; **für jn eine/keine ~ sein** être/ne pas être un jeu d'enfant pour qqn **- 2.** [Essen] petit quelque chose *m.*
Klein|kind *das* jeune enfant *mf.*
Klein|kram *der (ohne Pl) fam* [Gegenstände] babioles *fpl.*
klein|kriegen *vt fam* **- 1.** [einschüchtern] : **sich nicht ~ lassen** ne pas se laisser démonter ; **jn ~** rabaisser le caquet de qqn **- 2.** [kaputtmachen] : **nicht kleinzukriegen sein** être increvable.
kleinlaut ◇ *adj* [Mensch] qui adopte un profil bas ; [Antwort] penaud(e) ◇ *adv* d'un air penaud.
kleinlich *adj abw* mesquin(e).
klein machen *vt* **- 1.** [Holz] couper **- 2.** *fam* [Geld] faire de la monnaie ; **50 DM ~** faire de la monnaie sur 50 DM. ◆ **sich klein machen** *ref* se faire tout petit (toute petite).
klein schneiden *vt (unreg)* hacher menu.
klein|schreiben *vt (unreg)* [Buchstabe] écrire en minuscules.
Klein|schreibung *die* écriture *f* en minuscules.
Klein|stadt *die* petite ville *f.*
Kleister (*pl* **-**) *der* colle *f (d'amidon).*
kleistern *vt* coller.
Klemme (*pl* **-n**) *die* [Bedrängnis] situation *f* difficile ; **jm aus der ~ helfen** aider qqn à se sortir d'une mauvaise passe ; **in der ~ stecken** ODER **sitzen** ODER **sein** être dans le pétrin.
klemmen ◇ *vt* **- 1.** [feststecken] coincer **- 2.** [Finger] : **sich** *(D)* **etw ~** se coincer qqch **- 3.** *fam* [stehlen] barboter ◇ *vi* [festsitzen] coincer. ◆ **sich klemmen** *ref* : **sich hinter etw** *(A)* **~** s'atteler à qqch.
Klempner, in (*mpl* **-** ; *fpl* **-nen**) *der, die* plombier *m.*
Klerus *der (ohne Pl)* clergé *m.*
Klette (*pl* **-n**) *die* **- 1.** *fam* [Mensch] pot de colle *m* **- 2.** [Pflanze] glouteron *m.*
klettern (*perf* **hat/ist geklettert**) *vi* **- 1.** *(ist)* [auf Baum, in Auto] grimper ; **auf einen Berg ~** escalader une montagne **- 2.** *(ist) fam* [aus Auto, Boot] : **aus etw ~** descendre de qqch **- 3.** *(hat)* SPORT faire de l'escalade.
klicken *vi* [Fotoapparat] produire un déclic ; [mit Computermaus] cliquer.
Klient (*pl* **-en**) *der* client *m.*
Klientin (*pl* **-nen**) *die* cliente *f.*
Kliff (*pl* **-e**) *das* falaise *f.*
Klima (*pl* **-s**) *das* climat *m.*
Klima|anlage *die* climatisation *f.*

klimpern ◇ *vi* - **1.** [auf dem Klavier] pianoter ; [auf der Gitarre] gratter - **2.** [Geld, Münzen] tinter ; **mit etw ~** faire tinter qqch ◇ *vt* [spielen] jouer maladroitement.

Klinge (*pl* **-n**) *die* lame *f*.

Klingel (*pl* **-n**) *die* sonnette *f*.

klingeln *vi* sonner ; **bei jm ~** sonner chez qqn ; **nach jm ~** sonner qqn.

klingen (*prät* **klang** ; *perf* **hat geklungen**) *vi* - **1.** [Töne, Stimme] : **hohl/falsch ~** sonner creux/faux ; **jd klingt heiser** qqn à l'air enroué ; **deine Stimme klingt heiser** ta voix est enrouée - **2.** [Glas] tinter.

Klinik (*pl* **-en**) *die* clinique *f*.

klinisch ◇ *adj* clinique ◇ *adv* cliniquement.

Klinke (*pl* **-n**) *die* poignée *f* de porte.

klipp ◆ **klipp und klar** *adv* d'une manière claire et nette.

Klipp (*pl* **-s**) *der* clip *m*.

Klippe (*pl* **-n**) *die* écueil *m*.

klirren *vi* cliqueter.

klirrend *adj* [Kälte, Frost] glacial(e).

Klischee (*pl* **-s**) *das* cliché *m*.

Klo (*pl* **-s**) *das fam* cabinets *mpl* ; **aufs ~ gehen** aller aux toilettes.

klobig *adj* - **1.** [Mensch, Benehmen] fruste - **2.** [Hände] grossier(ère) - **3.** [Bau, Möbel] lourd(e).

Klo|frau *die fam* dame *f* pipi.

Klo|papier *das fam* papier *m* toilette.

klopfen *vi* frapper. ◆ **sich klopfen** *ref fam* se bagarrer.

Klops (*pl* **-e**) *der petite boulette de viande hachée.*

Klosett (*pl* **-e**) *das* cabinets *mpl*.

Kloß (*pl* **Klöße**) *der* boulette *f* ; **einen ~ im Hals haben** *fig* avoir la gorge nouée.

Kloster (*pl* **Klöster**) *das* [für Mönche] monastère *m* ; [für Nonnen] couvent *m*.

Klotz (*pl* **Klötze**) *der* - **1.** [vom Baum] bûche *f* - **2.** [zum Spielen] cube *m* de bois.

klotzig *adj fam abw* - **1.** [groß] massif(ive) - **2.** [auffällig] tape-à-l'œil.

Klub (*pl* **-s**) *der* club *m*.

Kluft (*pl* **-en** ODER **Klüfte**) *die* - **1.** *(Pl Klüfte)* [Gegensatz] fossé *m* - **2.** *(Pl Klüfte)* [im Berg] crevasse *f* - **3.** *(Pl Kluften)* [Kleidung] tenue *f*.

klug (*komp* **klüger** ; *superl* **klügste**) ◇ *adj* - **1.** [Mensch] intelligent(e) - **2.** [Verhalten] judicieux(euse) - **3.** *RW* : **aus jm/etw nicht ~ werden** ne rien comprendre à qqn/qqch ◇ *adv* [umsichtig] intelligemment.

Klugheit *die (ohne Pl)* - **1.** [von Menschen] intelligence *f* - **2.** [von Verhalten] clairvoyance *f*.

Klumpen (*pl* **-**) *der* [von Gold, Teig] bloc *m* ; [von Erde, Butter] motte *f*.

klüngeln *vi* magouiller *(en politique)*.

km (*abk für* **Kilometer**) km.

km/h (*abk für* **Stundenkilometer**) km/h.

knabbern ◇ *vt* grignoter ◇ *vi* : **an etw** *(D)* **~** grignoter qqch.

Knabe (*pl* **-n**) *der fam* [Mann] gars *m*.

Knäcke|brot *das* galette *f* suédoise, Wasa® *f*.

knacken ◇ *vt* - **1.** [Nüsse] casser - **2.** *fam* [mit Gewalt] forcer ◇ *vi* - **1.** [Holz] craquer - **2.** *RW* : **jd hat an etw** *(D)* **zu ~** qqch donne du fil à retordre à qqn.

knackig *adj* [Brot] croustillant(e) ; [Gemüse, Obst] croquant(e).

Knacks (*pl* **-e**) *der* - **1.** *fam* [psychischer Schaden] : **einen ~ haben** être timbré(e) - **2.** *fam* [Sprung] fêlure *f* - **3.** [Geräusch] craquement *m*.

Knall (*pl* **-e**) *der* [von Schuss, Explosion] détonation *f* ; [von Türen] claquement *m*. ◆ **Knall auf Fall** *adv* brusquement.

knallen (*perf* **hat/ist geknallt**) ◇ *vi* - **1.** *(hat)* [Schuss] retentir ; [Peitsche] claquer ; [Korken] sauter - **2.** *(ist) fam* [aufprallen] heurter ◇ *vt fam* - **1.** [werfen] flanquer ; [Tür] claquer - **2.** [ohrfeigen] : **jm eine ~** en flanquer une à qqn - **3.** [streiten] barder.

knapp ◇ *adj* - **1.** [gen] petit(e) - **2.** [Kleidung, Schuhe, Vorräte] juste ; **das war ~** c'était limite ; **~ bei Kasse sein** être à court d'argent ◇ *adv* - **1.** [um weniges] de justesse - **2.** [eng] à l'étroit.

knarren *vi* craquer.

Knast (*pl* **Knäste**) *der fam* taule *f*.

Knatsch *der fam* querelle *f*.

knattern *vi fam* [Motor] pétarader ; [Maschinengewehr] crépiter ; [Fahne] claquer.

Knäuel (*pl* **-**) *das* pelote *f*.

Knauf (*pl* **Knäufe**) *der* [von Türen] bouton *m* (de porte) ; [von Pistolen] crosse *f* ; [von Gehstöcken] pommeau *m* (de canne).

knauserig *fam adj* radin(e).

knausern *vi* : **mit etw ~** lésiner sur qqch.

knautschen *vt & vi* froisser.

Knebel (*pl* **-**) *der* bâillon *m*.

knebeln *vt* bâillonner.

Knecht (*pl* **-e**) *der* - **1.** [für Herren] valet *m* - **2.** [auf Bauernhof] garçon *m* de ferme.

kneifen (*prät* **kniff** ; *perf* **hat gekniffen**) ◇ *vi fam* - **1.** [Kleidung] serrer - **2.** *abw* [sich drücken] se défiler ; **vor etw** *(D)* **~** se défiler devant qqch ◇ *vt* pincer.

Kneif|zange *die* tenaille *f*.

Kneipe (*pl* **-n**) *die fam* bistrot *m*.

kneten *vt* pétrir.

Knick (*pl* **-e**) *der* [Krümmung] coude *m*.

knicken *vt* [falten] plier.

knickerig, knickrig *adj fam abw* pingre.
Knicks (*pl* **-e**) *der* révérence *f*.
Knie (*pl* -) *das* [Körperteil] genou *m*.
Kniebeuge (*pl* **-n**) *die* flexion *f* des genoux.
Knie|fall *der* génuflexion *f*.
Knie|gelenk *das* articulation *f* du genou.
Knie|kehle *die* jarret *m*.
knien *vi* être à genoux. ◈ **sich knien** *ref* s'agenouiller ; **sich in etw** *(A)* ~ *fig* se plonger dans qqch.
Knie|scheibe *die* rotule *f*.
Knie|strumpf *der* mi-bas *m*.
kniff *prät* ▻ **kneifen.**
Kniff (*pl* **-e**) *der* [Trick] truc *m*, astuce *f*.
knifflig *adj* épineux(euse).
knipsen *fam* ◇ *vi* [fotografieren] prendre des photos ◇ *vt* **- 1.** [Fahrkarte] composter **- 2.** [fotografieren] : **jn/etw** ~ prendre qqn/qqch en photo.
Knirps (*pl* **-e**) *der* **- 1.** [Kind] bout de chou *m* **- 2.** *fam abw* [Mann] gringalet *m*.
knirschen *vi* **- 1.** [Zähne] grincer **- 2.** [Schnee, Sand] crisser.
knistern *vi* [Geräusch] craquer ; [Feuer] crépiter ; **mit etw** ~ faire du bruit en froissant qqch.
knitterfrei *adj* infroissable.
knittern *vi* froisser.
knobeln *vi* **- 1.** *fam* [losen] tirer à la courte paille **- 2.** [spielen] jouer aux dés **- 3.** *fam* [an Rätsel, Problem] : **an etw** *(D)* ~ s'escrimer sur qqch.
Knob|lauch *der* ail *m*.
Knöchel (*pl* -) *der* cheville *f*.
Knochen (*pl* -) *der* os *m*.
Knochen|bruch *der* fracture *f*.
Knochen|mark *das* moelle *f*.
knochig *adj* osseux(euse).
Knödel (*pl* -) *der boulette de pommes de terre ou de pâte.*
Knolle (*pl* **-n**) *die* BIOL [Zwiebel] bulbe *m* ; [Kartoffel] tubercule *m*.
Knopf (*pl* **Knöpfe**) *der* bouton *m*.
Knopf|druck *der (ohne Pl)* pression *f* du doigt *(sur bouton)*.
knöpfen *vt* boutonner.
Knopf|loch *das* boutonnière *f*.
Knorpel (*pl* -) *der* cartilage *m*.
Knospe (*pl* **-n**) *die* [von Blüten] bouton *m* ; [von Blättern] bourgeon *m*.
knoten *vt* nouer.
Knoten (*pl* -) *der* **- 1.** [Schlinge] nœud *m* **- 2.** [Seemeile] nœud *m* (marin).
Knoten|punkt *der* **- 1.** [von Eisenbahn] nœud *m* ferroviaire ; [von Autobahn] jonction *f (d'autoroutes)* **- 2.** [wichtiger Ort] carrefour *m*.
Know-how ['nouhau] (*pl* **-s**) *das* savoir-faire *m*.
knüllen *vt* froisser.
Knüller (*pl* -) *der fam* : **ein ~ sein** faire un tabac.
knüpfen *vt* [Teppich] nouer ; [Netz] confectionner ; **etw an etw** *(A)* ~ [anbinden] nouer qqch à qqch ; *fig* lier qqch à qqch.
Knüppel (*pl* -) *der* gourdin *m*.
knurren *vi* **- 1.** [Magen] gargouiller **- 2.** [Tier, Mensch] grogner.
knusperig, knusprig ◇ *adj* croustillant(e) ◇ *adv* : **etw ~ braten** faire dorer qqch.
knutschen *fam* ◇ *vt* bécoter ◇ *vi* se bécoter. ◈ **sich knutschen** *ref* se bécoter.
k. o. [kaːˈloː] *adj* K.-O. ; **~ sein** être K.-O.
Koala (*pl* **-s**) *der* koala *m*.
Kobalt *das (ohne Pl)* CHEM cobalt *m*.
Kobold (*pl* **-e**) *der* lutin *m*.
Koch [kɔx] (*pl* **Köche** ['kœçə]) *der* cuisinier *m*.
Koch|buch *das* livre *m* de cuisine.
kochen ◇ *vt* **- 1.** [Essen] préparer ; **jm etw** ~ préparer qqch pour qqn ; **sich** *(D)* **etw** ~ se cuisiner qqch **- 2.** [Wäsche] faire bouillir ◇ *vi* **- 1.** [Wasser, Person] bouillir **- 2.** [Koch] : **gut/schlecht** ~ bien/mal faire la cuisine.
Koch|gelegenheit *die* possibilité *f* de faire la cuisine, coin cuisine *m*.
Köchin [kœçɪn] (*pl* **-nen**) *die* cuisinière *f*.
Koch|löffel *der* cuillère *f* en bois.
Koch|rezept *das* recette *f* de cuisine.
Koch|salz *das* sel *m* de cuisine.
Koch|topf *der* fait-tout *m* ; [mit Griff] casserole *f*.
Koch|wäsche *die* linge *m* à bouillir.
Kode, Code ['koːt] (*pl* **-s**) *der* code *m*.
Köder (*pl* -) *der* appât *m*.
ködern *vt* [Fisch] appâter.
Koffein *das (ohne Pl)* caféine *f*.
koffeinfrei *adj* décaféiné(e).
Koffer (*pl* -) *der* valise *f* ; **die ~ packen** faire ses valises.
Koffer|raum *der* coffre *m*.
Kognak ['kɔnjak] (*pl* **-s**) eau-de-vie *f (de vin)*.
Kohl *der* chou *m*.
Kohle (*pl* **-n**) *die* **- 1.** [Brennstoff] charbon *m* **- 2.** *(ohne Pl) fam* [Geld] fric *m*.
Kohlen|hydrat (*pl* **-e**) *das* hydrate *m* de carbone.
Kohlen|säure *die* acide *m* carbonique ; **Mineralwasser mit/ohne ~** eau *f* minérale gazeuse/non gazeuse.
Kohle|zeichnung *die* KUNST dessin *m* au fusain.

Kohlrabi (*pl* - ODER **-s**) *der* chou *m* rave.
Kohlroulade *die* chou *m* farci.
Koje (*pl* **-n**) *die* [auf Schiff] couchette *f*.
Kokain *das (ohne Pl)* cocaïne *f*.
kokettieren *vi* : **mit jm ~** faire du charme à qqn ; **mit etw ~** minauder avec qqch.
Kokosnuss *die* noix *f* de coco.
Koks *der (ohne Pl)* coke *m*.
Kolben (*pl* -) *der* - **1.** [von Maschinen] piston *m* - **2.** CHEM cornue *f*.
Kolik, Kolik (*pl* **-en**) *die* colique *f*.
Kollaps, Kollaps (*pl* **-e**) *der* [von Personen] syncope *f*.
Kollege (*pl* **-n**) *der* collègue *m*.
Kollegin (*pl* **-nen**) *die* collègue *f*.
Kollegium [kɔ'leːgiʊm] (*pl* **-gien**) *das* [in Schule] équipe *f* enseignante.
Kollektion (*pl* **-en**) *die* collection *f*.
kollidieren (*perf* **ist kollidiert**) *vi* [Dinge] entrer en collision.
Kollision (*pl* **-en**) *die* collision *f*.
Köln *nt* Cologne.
Kölnischwasser® *das* eau *f* de Cologne.
Kolonie [kolo'niː] (*pl* **-n**) *die* colonie *f*.
Kolonne (*pl* **-n**) *die* - **1.** [aus Fahrzeugen] file *f* - **2.** MIL colonne *f*.
kolossal ◇ *adj* colossal(e) ◇ *adv fam* énormément.
Kolumbien *nt* Colombie *f*.
Koma (*pl* **-s**) *das* coma *m*.
Kombination (*pl* **-en**) *die* combinaison *f*.
kombinieren ◇ *vi* déduire ◇ *vt* combiner ; **etw mit etw ~** assortir qqch à qqch.
Komet (*pl* **-en**) *der* ASTRON comète *f*.
Komfort [kɔm'foːɐ̯] *der (ohne Pl)* confort *m*.
komfortabel ◇ *adj* confortable ◇ *adv* confortablement.
Komik *die (ohne Pl)* comique *m*.
Komiker, in (*mpl* **-** ; *fpl* **-nen**) *der, die* [Künstler] comique *m*.
komisch ◇ *adj* - **1.** [lustig] comique - **2.** [seltsam] bizarre ◇ *adv* - **1.** [lustig] de façon comique - **2.** [seltsam] bizarrement.
Komitee (*pl* **-s**) *das* comité *m*.
Komma (*pl* **-s** ODER **-ta**) *das* virgule *f*.
Kommandeur, in [kɔman'døːɐ̯, rɪn] (*mpl* **-e** ; *fpl* **-nen**) *der, die* commandant *m*.
kommandieren *vt* - **1.** [befehligen] commander - **2.** *fam* [herumkommandieren] mener.
Kommando (*pl* **-s**) *das* - **1.** [Befehl, Befehlsgewalt] commandement *m* ; **auf ~** au commandement ; *fig* sur commande ; **das ~ haben/übernehmen** avoir/prendre le commandement - **2.** [Einheit] commando *m*.
kommen (*prät* **kam** ; *perf* **ist gekommen**) *vi* - **1.** [zum Sprecher hin] venir ; **jn/etw ~ lassen** faire venir qqn/qqch - **2.** [ankommen, eintreten, ans Ziel gelangen] **arriver** ; **ungelegen ~** tomber mal - **3.** [zurückkommen] rentrer - **4.** [erreichen] aller ; **an etw** *(A)* **~** [Macht, Regierung] **arriver à qqch** ; **zu etw ~** [Wohlstand, Ansehen] **acquérir qqch** ; [zum nächsten Punkt] **arriver à qqch** ; [Zeit finden] **trouver le temps de faire qqch** - **5.** [herstammen] : **aus Paris ~** venir de Paris ; **wie ist es zu dem Unfall gekommen?** comment l'accident s'est-il produit? ; **etw ~ sehen** voir venir qqch - **6.** [folgen - räumlich, zeitlich] : **dann kommt ein Weg/Vortrag** il y aura ensuite un chemin/exposé ; [- ursächlich] provenir ; **das kommt davon!** c'est bien fait pour toi ODER lui etc! - **7.** [im Fernsehen, Kino] passer - **8.** [entstehen] apparaître - **9.** [hingehören] avoir sa place - **10.** [Gefühl, Gedanke] : **auf etw** *(A)* **~** [herausfinden] trouver qqch ; [verfallen] en venir à qqch ; **mir kommt ein Gedanke** il me vient une idée - **11.** [in Institution, Organisation] : **in die Schule/ins Krankenhaus ~** entrer à l'école/à l'hôpital ; **ins Gefängnis ~** être mis(e) en prison - **12.** [aus Institution, Organisation] : **aus der Schule/dem Krankenhaus ~** sortir de l'école/de l'hôpital - **13.** [als Reaktion, Handlung] venir ; **jm frech ~** *fam* être insolent(e) envers qqn - **14.** [anfangen] : **ins Schleudern/Stolpern ~** déraper, trébucher - **15.** *RW* : **hinter etw** *(A)* **~** découvrir qqch ; **zu kurz ~** être lésé(e) ; **zu sich ~** revenir à soi. ◆ **Kommen** *das (ohne Pl)* : **ein Kommen und Gehen** un va-et-vient.
kommend *adj* - **1.** [nächste] prochain(e) - **2.** [künftig] nouveau(elle).
Kommentar (*pl* **-e**) *der* commentaire *m*.
kommentieren *vt* commenter.
kommerziell *adj* commercial(e).
Kommilitone (*pl* **-n**) *der* UNI camarade *m* d'études.
Kommilitonin (*pl* **-nen**) *die* UNI camarade *f* d'études.
Kommissar, in (*mpl* **-e** ; *fpl* **-nen**) *der, die* commissaire *m*.
kommunal *adj* communal(e).
Kommune (*pl* **-n**) *die* - **1.** [Gemeinde] commune *f* - **2.** [Wohngemeinschaft] communauté *f*.
Kommunikation (*pl* **-en**) *die* communication *f*.
Kommunion (*pl* **-en**) *die* REL communion *f* ; **die ~ empfangen** communier.
Kommunismus *der (ohne Pl)* communisme *m*.
Kommunist, in (*mpl* **-en** ; *fpl* **-nen**) *der, die* communiste *mf*.
kommunistisch *adj* communiste.

Komödie [ko'mø:diə] (*pl* **-n**) *die* comédie *f*.
kompakt <> *adj* compact(e) ; [Bauweise] massif(ive) <> *adv* de façon massive.
Kompanie [kɔmpa'ni:] (*pl* **-n**) *die* compagnie *f*.
Komparativ (*pl* **-e**) *der* GRAM comparatif *m*.
Kompass (*pl* **-e**) *der* boussole *f*.

Kompass

L'allemand **Kompass** correspond au français « boussole » et non au terme « compas ». On traduira donc la phrase **Er navigierte mit Kompass** par « Il naviguait à la boussole ».
Le français « compas » correspond à l'allemand **Zirkel**, comme le montre l'exemple suivant « Pour le cours de maths, les élèves ont besoin d'un compas et d'un rapporteur » que l'on traduira par **Für den Matheunterricht brauchen die Schüler Zirkel und Winkelmesser**

kompatibel *adj* EDV compatible.
kompetent *adj* compétent(e).
Kompetenz (*pl* **-en**) *die* **-1.** [Fähigkeit] compétence *f* **-2.** [Zuständigkeitsbereich] ressort *m*.
komplett <> *adj* [vollständig] complet(ète) <> *adv* [vollständig] complètement.
Komplex (*pl* **-e**) *der* **-1.** [in Psychologie, von Gebäuden] complexe *m* **-2.** [Bereich] ensemble *m*.
Kompliment (*pl* **-e**) *das* compliment *m*.
Komplize (*pl* **-n**) *der* complice *m*.
kompliziert <> *adj* compliqué(e) <> *adv* de manière compliquée.
Komplizin (*pl* **-nen**) *die* complice *f*.
Komplott (*pl* **-e**) *das* complot *m*.
komponieren *vt* composer.
Komponist, in (*mpl* **-en** ; *fpl* **-nen**) *der, die* compositeur *m*, -trice *f*.
Komposition (*pl* **-en**) *die* composition *f*.
Kompost, Kompost (*pl* **-e**) *der* compost *m*.
Kompott (*pl* **-e**) *das* compote *f*.
Kompresse (*pl* **-n**) *die* compresse *f*.
Kompromiss (*pl* **-e**) *der* compromis *m*.
kompromissbereit *adj* conciliant(e).
kondensieren <> *vi* se condenser <> *vt* concentrer.
Kondens|milch *die* lait *m* concentré.
Kondens|wasser *das* eau *f* condensée.
Konditional (*pl* **-e**) *der* GRAM conditionnel *m*.
Konditions|training *das* entraînement *m (pour l'endurance)*.
Konditor (*pl* **Konditoren**) *der* pâtissier *m*.
Konditorei (*pl* **-en**) *die* pâtisserie *f*.
Konditorin (*pl* **-nen**) *die* pâtissière *f*.
Kondom (*pl* **-e**) *das* préservatif *m*.
Konfekt (*pl* **-e**) *das* confiserie *f*.
Konfektion (*pl* **-en**) *die* confection *f*.
Konferenz (*pl* **-en**) *die* conférence *f*.
Konfession (*pl* **-en**) *die* REL confession *f*.
Konfetti *das (ohne Pl)* confetti *mpl*.
Konfirmation (*pl* **-en**) *die* REL confirmation *f*.
konfirmieren *vt* REL confirmer.
Konfitüre (*pl* **-n**) *die geh* confiture *f*.
Konflikt (*pl* **-e**) *der* conflit *m* ; **mit etw in ~ geraten** ODER **kommen** entrer en conflit avec qqch.
konform <> *adj* conforme <> *adv* convenablement.
Konfrontation (*pl* **-en**) *die* confrontation *f*.
konfrontieren *vt* : **jn mit jm ~** confronter qqn avec qqn ; **jn mit etw ~** confronter qqn à qqch.
konfus <> *adj* confus(e) ; **~ sein** avoir les idées embrouillées <> *adv* de manière confuse.
Kongo *der* Congo *m* ; **im ~** au Congo.
Kongress (*pl* **-e**) *der* congrès *m*.
König (*pl* **-e**) *der* roi *m*.
Königin (*pl* **-nen**) *die* reine *f*.
königlich <> *adj* royal(e) <> *adv* formidablement.
König|reich *das* royaume *m*.
Konjugation (*pl* **-en**) *die* GRAM conjugaison *f*.
konjugieren *vt* GRAM conjuguer.
Konjunktiv (*pl* **-e**) *der* GRAM subjonctif *m*.
Konjunktur (*pl* **-en**) *die* conjoncture *f* ; **~ haben** constituer un marché florissant.
konkret <> *adj* concret(ète) <> *adv* de manière concrète.
Konkurrent, in (*mpl* **-en** ; *fpl* **-nen**) *der, die* concurrent *m*, -e *f*.
Konkurrenz (*pl* **-en**) *die* concurrence *f* ; SPORT compétition *f* ; **jm ~ machen** concurrencer qqn. ◆ **außer Konkurrenz** *adv* hors concours.
konkurrenzfähig <> *adj* compétitif(ive) <> *adv* de manière compétitive.
Konkurrenz|kampf *der* concurrence *f* ; [in Natur] loi *f* de la jungle.
Konkurs (*pl* **-e**) *der* **-1.** [Zahlungsunfähigkeit] faillite *f* **-2.** [Verfahren] liquidation *f* des biens.
können (*präs* **kann** ; *prät* **konnte** ; *perf* **hat können** ODER **gekonnt**) <> *aux (Perf hat kön-*

nen) - **1.** [fähig sein] savoir - **2.** [die Möglichkeit, Erlaubnis haben] pouvoir ; **es kann sein, dass** il se peut que *(+subjonctif)* ; **das kann nicht sein** c'est impossible ◇ *vt (Perf hat gekonnt)* [Sprache] savoir ; **Deutsch ~** savoir l'allemand ◇ *vi* - **1.** *fam* [dürfen] : **kann ich nach Hause?** je peux rentrer? - **2.** *fam* [Zeit haben] pouvoir - **3.** *RW* : **nicht mehr ~** *fam* ne plus en pouvoir ; **für etw nichts ~** *fam* ne rien y pouvoir. ◆ **Können** *das* savoir *m*, savoir-faire *m*.

Können, in (*mpl* - ; *fpl* **-nen**) *der, die* expert *m*, -e *f*.

konnte *prät* ▷ **können.**

konsequent ◇ *adj* - **1.** [folgerichtig] conséquent(e) - **2.** [entschlossen] convaincu(e) ◇ *adv* - **1.** [folgerichtig] de manière conséquente - **2.** [entschlossen] fermement.

Konsequenz (*pl* **-en**) *die* - **1.** [Folge] conséquence *f* ; **aus etw die ~en ziehen** tirer les conclusions de qqch - **2.** *(ohne Pl)* [Unbeirrbarkeit] fermeté *f*.

konservativ *adj* conservateur(trice).

Konservative (*pl* **-n**) *der, die* conservateur *m*, -trice *f*.

Konserve (*pl* **-n**) *die* conserve *f*.

Konservenldose *die* boîte *f* de conserve.

konservieren [kɔnzɛr'viːrən] *vt* conserver.

Konservierungsstoffe [kɔnzɛr'viːrʊŋsʃtɔfə] *pl* conservateurs *mpl*.

Konsonant (*pl* **-en**) *der* consonne *f*.

konstant ◇ *adj* constant(e) ◇ *adv* avec constance.

konstruieren [kɔnstru'iːrən] *vt* construire.

Konstrukteur, in [kɔnstrʊk'tøːɐ̯, rɪn] (*mpl* **-e** ; *fpl* **-nen**) *der, die* constructeur *m*, -trice *f*.

Konstruktion (*pl* **-en**) *die* construction *f*.

Konsul (*pl* **-e**) *der* POL consul *m*.

Konsulat (*pl* **-e**) *das* POL consulat *m*.

Konsulin (*pl* **-nen**) *die* POL consul *m*.

konsultieren *vt geh* consulter.

Konsum *der (ohne Pl)* consommation *f*.

Konsument, in (*mpl* **-en** ; *fpl* **-nen**) *der, die* consommateur *m*, -trice *f*.

konsumieren *vt* consommer.

Kontakt (*pl* **-e**) *der* contact *m* ; **mit jm ~ aufnehmen** prendre contact avec qqn ; **zu** ODER **mit jm/etw ~ haben** avoir des contacts avec qqn/qqch.

kontaktarm *adj* farouche.

kontaktfreudig *adj* d'un contact facile.

Kontaktllinse *die* lentille *f* de contact.

kontern ◇ *vt* - **1.** [antworten] : **etw mit etw ~** rétorquer qqch à qqch - **2.** SPORT contrer ◇ *vi* riposter.

Kontinent, Kontinent (*pl* **-e**) *der* continent *m*.

Konto (*pl* **Konten**) *das* compte *m (en banque)* ; **ein ~ eröffnen/auflösen** ouvrir/clôturer un compte.

Kontolauszug *der* extrait *m* ODER relevé *m* de compte.

Kontolstand *der* état *m* du compte.

kontra, contra *präp* RECHT contre.

Kontra (*pl* **-s**) *das* - **1.** [erwidern] : **jm ~ geben** contredire vertement qqn - **2.** [im Spiel] : **jm ~ sagen** contrer qqn.

Kontralbass *der* contrebasse *f*.

Kontrast (*pl* **-e**) *der* contraste *m* ; **einen ~ zu etw bilden** contraster avec qqch.

Kontrolle (*pl* **-n**) *die* contrôle *m* ; **jn/etw unter ~ haben** [durch Überwachung] avoir qqn/qqch sous contrôle ; **etw unter ~ bekommen/haben** [durch Beherrschung] prendre/avoir le contrôle de qqch.

kontrollieren *vt* contrôler.

Kontur (*pl* **-en**) *die* contour *m*.

konventionell [kɔnvɛntsi̯o'nɛl] *adj* conventionnel(elle).

Konversation [kɔnvɛrza'tsi̯oːn] (*pl* **-en**) *die geh* conversation *f*.

Konzentrat (*pl* **-e**) *das* concentré *m*.

Konzentration (*pl* **-en**) *die* concentration *f*.

Konzentrationsllager *das* camp *m* de concentration.

konzentrieren *vt* concentrer. ◆ **sich konzentrieren** *ref* se concentrer ; **sich auf etw** *(A)* **~** se concentrer sur qqch.

konzentriert ◇ *adj* concentré(e) ◇ *adv* avec concentration.

Konzept (*pl* **-e**) *das* - **1.** [vorläufig] brouillon *m* - **2.** [Plan] projet *m* ; **jn aus dem ~ bringen** *fig* faire perdre le fil à qqn.

Konzern (*pl* **-e**) *der* trust *m*.

Konzert (*pl* **-e**) *das* - **1.** [Veranstaltung] concert *m* - **2.** [Komposition] concerto *m*.

Konzession (*pl* **-en**) *die* concession *f* ; [für Lokal] licence *f*.

Koordinate (*pl* **-n**) *die* coordonnée *f*.

koordinieren *vt* coordonner.

Kopenhagen *nt* Copenhague.

Kopf (*pl* **Köpfe**) *der* - **1.** [gen] tête *f* ; [Salat] pied *m* ; **mit dem** ODER **den ~ schütteln** hocher la tête - **2.** [Anführer] cerveau *m* - **3.** *RW* : **den ~ hängen lassen** se décourager ; **~ stehen** être sens dessus dessous ; **jm etw an den ~ werfen** lancer qqch à la figure de qqn ; *fig* lancer qqch à qqn ; **etw wächst jm über den ~** *fam* qqn est dépassé(e) par qqch ; **jm zu ~ steigen** *fam* monter à la tête de qqn ; **etw auf den ~ stellen** *fam* mettre qqch sens dessus dessous ; **sich** *(D)* **etw durch den ~ gehen lassen** *fam* réfléchir à qqch ; **sich** *(D)* **(über etw** *(A)***) den ~ zerbrechen** se casser la tête (à propos de qqch). ◆ **aus dem Kopf** *adv* par cœur. ◆ **Kopf an Kopf** *adv* au coude à coude. ◆ **pro Kopf** *adv* par tête. ◆ **von Kopf bis Fuß** *adv* de la tête aux pieds.

Köpfchen (*pl* **-**) *das* petite tête *f* ; **~ haben** *fam fig* avoir de la jugeote.

köpfen *vt* **- 1.** SPORT : **etw ~** frapper qqch avec la tête **- 2.** [hinrichten] décapiter.

Kopf|haut *die* cuir *m* chevelu.

Kopf|hörer *der* écouteur *m*.

Kopf|kissen *das* oreiller *m*.

kopflos ◇ *adj* **- 1.** [ohne Kopf] sans tête **- 2.** [wirr] étourdi(e) ◇ *adv* l'air déboussolé.

Kopf|rechnen *das* calcul *m* mental.

Kopf|salat *der* laitue *f*.

Kopf|schmerz *der* mal *m* de tête ; **~en haben** avoir des maux de tête.

Kopf|sprung *der* plongeon *m*.

Kopf|stand *der* poirier *m*.

kopf|stehen ▷ **Kopf.**

Kopf|stütze *die* appui-tête *m*.

Kopf|tuch *das* fichu *m*.

kopfüber *adv* **- 1.** [nach vorn] la tête la première **- 2.** [überstürzt] tête baissée.

Kopfzerbrechen *das (ohne Pl)* : **jm ~ machen** ODER **bereiten** être un casse-tête pour qqn.

Kopie [ko'piː] (*pl* **-n**) *die* copie *f*.

kopieren *vt* copier.

Kopierer (*pl* **-**) *der fam* = **Kopiergerät.**

Kopier|gerät *das* photocopieuse *f*, photocopieur *m*.

koppeln *vt* **- 1.** [knüpfen] lier **- 2.** [Gegenstände] connecter.

Koppelung, Kopplung (*pl* **-en**) *die* couplage *m*.

Koralle (*pl* **-n**) *die* corail *m*.

Koran (*pl* **-e**) *der* Coran *m*.

Korb (*pl* **Körbe**) *der* **- 1.** [Gegenstand] panier *m* **- 2.** *fam* [Abfuhr] : **einen ~ bekommen** prendre une veste ; **jm einen ~ geben** éconduire qqn.

Korb|stuhl *der* fauteuil *m* en rotin.

Kord, Cord [kɔrt] *der* velours *m* (côtelé).

Kordel (*pl* **-n**) *die* corde *f*.

Korea *nt* Corée *f*.

Korinthe (*pl* **-n**) *die* raisin *m* de Corinthe.

Kork *der* liège *m*.

Korken (*pl* **-**) *der* bouchon *m*.

Korkenzieher (*pl* **-**) *der* tire-bouchon *m*.

Korn (*pl* **Körner** ODER **-**) ◇ *das (Pl Körner)* **- 1.** *(ohne Pl)* [Getreide] céréales *fpl* **- 2.** [für Vögel, aus Gold, aus Sand] grain *m* **- 3.** *RW* : **jn/etw aufs ~ nehmen** *fam* avoir qqn/qqch dans le collimateur ◇ *der (Pl Korn)* [Schnaps] eau-de-vie *f*.

Korn|blume *die* bleuet *m*.

Körper (*pl* **-**) *der* corps *m*.

Körper|bau *der* stature *f*.

körperbehindert *adj* handicapé(e) physique.

Körper|behinderte *der, die* handicapé *m*, -e *f* physique.

Körper|gewicht *das amt* poids *m*.

Körper|größe *die amt* taille *f*.

körperlich ◇ *adj* physique ◇ *adv* physiquement.

Körper|pflege *die* hygiène *f* corporelle.

Körperschaft (*pl* **-en**) *die* RECHT collectivité *f*.

Körper|teil *der* partie *f* du corps.

Körper|temperatur *die* température *f*.

Körper|verletzung *die* blessure *f* corporelle.

korpulent *adj* corpulent(e).

korrekt ◇ *adj* correct(e) ◇ *adv* **- 1.** [richtig] correctement **- 2.** [tadellos] avec correction.

Korrektur (*pl* **-en**) *die* **- 1.** [Verbesserung] correction *f* **- 2.** [Änderung] rectification *f*.

Korrespondent, in (*mpl* **-en** ; *fpl* **-nen**) *der, die* [Berichterstatter] correspondant *m*, -e *f*.

Korrespondenz *die (ohne Pl)* correspondance *f*.

Korridor (*pl* **-e**) *der* couloir *m*.

korrigieren *vt* [verbessern] corriger.

korrupt *adj* corrompu(e).

Korruption (*pl* **-en**) *die* corruption *f*.

Korsika *nt* Corse *f* ; **auf ~** en Corse.

Kosmetik *die* **- 1.** *(ohne Pl)* [Pflege] soins *mpl* esthétiques **- 2.** [Artikel] produit *m* de beauté.

Kosmetiker, in (*mpl* **-** ; *fpl* **-nen**) *der, die* esthéticien *m*, -enne *f*.

kosmetisch ◇ *adj* esthétique ◇ *adv* : **jn ~ behandeln** donner à qqn des soins esthétiques.

Kosmos *der (ohne Pl)* cosmos *m*.

Kost *die (ohne Pl)* nourriture *f*.

kostbar *adj* précieux(euse).

Kostbarkeit (*pl* **-en**) *die* **- 1.** *(ohne Pl)* [Wert] grande valeur *f* **- 2.** [Wertgegenstand] pièce *f* de valeur.

kosten *vt* **- 1.** [einen Preis] : **(jn etw) ~** coûter (qqch à qqn) **- 2.** [probieren] : **von etw** ODER **etw ~** goûter qqch.

Kosten *pl* frais *mpl*, coût *m* ; **auf js ~** [finanziell] aux frais de qqn ; [zu js Schaden] aux dépens de qqn ; **es geht auf meine ~** c'est moi qui paie ; **auf ~ einer Sache** *(G)* **gehen**

porter préjudice à qqch ; **auf seine ~ kommen** en avoir pour son argent.

kostenlos ◇ *adj* gratuit(e) ◇ *adv* gratuitement.

Kostenvoranschlag (*pl* **-schläge**) *der* devis *m*.

köstlich ◇ *adj* **- 1.** [im Geschmack] délicieux(euse) **- 2.** [amüsant] amusant(e) ◇ *adv* : **~ schmecken** être délicieux(euse) ; **sich ~ amüsieren** bien s'amuser.

Kostprobe *die* dégustation *f* ; [von js Können] échantillon *m*.

kostspielig *adj* onéreux(euse).

Kostüm (*pl* **-e**) *das* **- 1.** [Rock und Jacke] tailleur *m* **- 2.** [Verkleidung] costume *m*, déguisement *m*.

> **Kostüm**
>
> Outre le sens « costume », « déguisement », le nom allemand **Kostüm** correspond souvent au français « tailleur ». Ainsi, la phrase **Lena braucht ein neues Kostüm für die Hochzeit ihres Bruders** se traduira par « Lena a besoin d'un nouveau tailleur pour aller au mariage de son frère ».
> Le français « costume » correspond à l'allemand **Anzug**. On traduira donc la phrase « Il travaille dans une banque et porte toujours des costumes » par **Er arbeitet bei einer Bank und trägt immer einen Anzug**.

kostümieren ◆ **sich kostümieren** *ref* se déguiser.

Kot *der (ohne Pl)* excréments *mpl*.

Kotelett (*pl* **-s**) *das* côtelette *f*.

Koteletten *pl* favoris *mpl*.

Kotflügel *der* aile *f (de voiture)*.

kotzen *vi salopp* dégueuler.

KP (*pl* **-s**) (*abk für* **Kommunistische Partei**) *die* PC *m*.

Kr. *abk für* **Kreis**.

Krabbe (*pl* **-n**) *die* [Krebs] crabe *m* ; [Garnele] crevette *f*.

krabbeln (*perf* **hat/ist gekrabbelt**) ◇ *vi (ist)* [Käfer] marcher ; [Kind] marcher à quatre pattes ◇ *vt (hat) fam* gratter.

Krach (*pl* **Kräche**) *der* **- 1.** *(ohne Pl)* [Lärm] vacarme *m* **- 2.** *fam* [Ärger] dispute *f* ; **mit jm ~ haben** être fâché(e) avec qqn.

krachen (*perf* **hat/ist gekracht**) ◇ *vi (hat) fam* [lärmen - Donner] gronder ; [- Schuss] claquer ; [- Holz] craquer ◇ *vt (hat) fam* balancer, flanquer.

krächzen *vi & vt* croasser.

Kraft (*pl* **Kräfte**) *die* **- 1.** [gen] force *f* ; **viel ~ haben** être très fort(e) ; **~ haben/finden, etw zu tun** avoir/trouver la force de faire qqch ; **js ~ übersteigen** être au-dessus des forces de qqn ; **aus eigener ~** tout seul, toute seule ; **mit vereinten Kräften** en unissant leurs ODER nos ODER vos forces **- 2.** [Hilfskraft] aide *f*. ◆ **Kräfte** *pl* [politisch] forces *fpl*. ◆ **außer Kraft** *adv* : **außer ~ treten** cesser d'être en vigueur ; **außer ~ setzen** abroger. ◆ **in Kraft** *adv* : **in ~ treten/setzen/sein** entrer/mettre/être en vigueur.

Kraftfahrzeug *das* véhicule *m*.

Kraftfahrzeugbrief *der carnet répertoriant les propriétaires successifs d'un véhicule*.

Kraftfahrzeugschein *der* carte *f* grise.

Kraftfahrzeugsteuer *die* vignette *f* automobile, taxe *f* automobile.

kräftig ◇ *adj* **- 1.** [stark] vigoureux(euse) ; [Körperbau] costaud(e) ; [Stimme] sonore ; [Farbe] vif (vive) ; [Mahlzeit] solide **- 2.** [Sprache] cru(e) ◇ *adv* **- 1.** [stark] énergiquement **- 2.** [sehr] beaucoup.

kräftigen *vt* fortifier ; [Muskeln] développer.

kraftlos ◇ *adj* faible ◇ *adv* faiblement.

Kraftprobe *die* épreuve *f* de force.

Kraftstoff *der* carburant *m*.

kraftvoll ◇ *adj* énergique ◇ *adv* énergiquement.

Kraftwerk *das* centrale *f* électrique.

Kragen (*pl* - ODER **Krägen**) *der* col *m* ; **es geht jm an den ~** *fam fig* qqn va avoir des ennuis ; **jm platzt der ~** *fam fig* la moutarde monte au nez de qqn.

Krähe (*pl* **-n**) *die* corneille *f*.

krähen *vi* [Hahn] chanter.

Kralle (*pl* **-n**) *die* griffe *f*.

Kram *der (ohne Pl) fam* **- 1.** [Zeug] bazar *m* **- 2.** [Arbeit] boulot *m* **- 3.** *RW* : **jm nicht in den ~ passen** *fam* ne pas arranger qqn.

kramen *vi* fouiller.

Krampf (*pl* **Krämpfe**) *der* crampe *f*.

Krampfader *die* varice *f*.

krampfhaft ◇ *adj* convulsif(ive) ; [Anstrengung] acharné(e) ◇ *adv* nerveusement.

Kran (*pl* **Kräne**) *der* grue *f*.

krank (*komp* **kränker** ; *superl* **kränkste**) *adj* malade ; **~ werden** tomber malade.

Kranke (*pl* **-n**) *der, die* malade *mf*.

kranken *vi* : **an etw** *(D)* **~** pécher par qqch.

kränken *vt* offenser.

Krankengeld *das* prestations *fpl* maladie.

Krankengymnastik *die* rééducation *f*.

Krankenhaus *das* hôpital *m*.

Krankenkasse *die* caisse *f* d'assurance maladie.

Krankenpfleger *der* infirmier *m*.

Kranken|schein *der feuille de la caisse d'assurance maladie donnant accès aux soins.*
Kranken|schwester *die* infirmière *f.*
Kranken|versicherung *die* assurance *f* maladie.
Kranken|wagen *der* ambulance *f.*
krankhaft ◇ *adj* - **1.** [krank] pathologique - **2.** [Eifersucht] maladif(ive) ◇ *adv* [übertrieben] : **~ eifersüchtig/ehrgeizig sein** être d'une jalousie/d'une ambition maladive.
Krankheit (*pl* **-en**) *die* maladie *f.*
kränklich *adj* souffreteux(euse).
krank|melden *vt* : **sich bei jm ~** se faire porter malade auprès de qqn.
Kränkung (*pl* **-en**) *die* affront *m.*
Kranz (*pl* **Kränze**) *der* couronne *f.*
krass *adj* flagrant(e) ; **das krasse Gegenteil von etw** tout le contraire de qqch.
Krater (*pl* **-**) *der* cratère *m.*
kratzen ◇ *vi* - **1.** [mit Krallen, Fingernägeln] griffer - **2.** [schaben] racler - **3.** [jucken] gratter ◇ *vt* - **1.** [verletzen] griffer - **2.** [schaben] racler - **3.** [Rücken] gratter. ◆ **sich kratzen** *ref* : **sich (an etw** *(D)*) **~** se gratter (qqch).
Kratzer (*pl* **-**) *der* - **1.** [Spur] rayure *f* - **2.** [Verletzung] égratignure *f.*
kratzig *adj* - **1.** [rau] rêche - **2.** [heiser] éraillé(e).
Kraul *das* SPORT crawl *m.*
kraulen (*perf* **hat/ist gekrault**) ◇ *vi (ist)* SPORT crawler ◇ *vt (hat)* [streicheln] caresser du bout des doigts.
kraus ◇ *adj* - **1.** [Haar] frisé(e) - **2.** [gerunzelt] plissé(e) - **3.** [Gedanken] confus(e) ◇ *adv* [gerunzelt] froncer.
kräuseln *vt* - **1.** [Haar] friser - **2.** [Stoff] froncer. ◆ **sich kräuseln** *ref* - **1.** [Haar] friser - **2.** [Stoff] se froisser.
Kraut (*pl* **Kräuter**) *das* - **1.** *(ohne Pl)* [Kohl] chou *m* - **2.** *(ohne Pl)* [Grünes] feuilles *fpl* - **3.** [Gewürzkraut] herbe *f.*
Kräuter|tee *der* tisane *f.*
Krawall *der (ohne Pl)* [Krach, Lärm] tapage *m.* ◆ **Krawalle** *pl* [Unruhen] émeutes *fpl.*
Krawatte (*pl* **-n**) *die* cravate *f.*
kreativ *adj* créatif(ive).
Kreativität *die (ohne Pl)* créativité *f.*
Kreatur (*pl* **-en**) *die* créature *f.*
Krebs (*pl* **-e**) *der* - **1.** [Tier] crabe *m* ; [Flusskrebs] écrevisse *f* - **2.** *(ohne Pl)* [Tumor] cancer *m* ; **~ haben** avoir un cancer - **3.** ASTROL Cancer *m.*
Kredit (*pl* **-e**) *der* [Darlehen] crédit *m* ; **einen ~ aufnehmen/gewähren** contracter/accorder un crédit.
Kredit|karte *die* carte *f* de crédit.
Kreide (*pl* **-n**) *die* - **1.** [zum Schreiben] craie *f* - **2.** [Stein] calcaire *m.*
kreideweiß *adj* livide.
kreieren [kre'iːrən] *vt* créer.
Kreis (*pl* **-e**) *der* - **1.** [Form, Gruppe] cercle *m* ; **im ~** en cercle - **2.** [Landkreis] *circonscription administrative allemande d'importance équivalente à celle de la sous-préfecture en France* - **3.** *RW* : **~e ziehen** faire tache d'huile ; **sich im ~ drehen** tourner en rond.
kreischen *vi* [Person] crier (d'une voix perçante), brailler ; [Tier] crier, criailler ; [Säge, Bremse] crisser.
kreisen (*perf* **hat/ist gekreist**) *vi* : **(um etw) ~** tourner (autour de qqch).
Kreis|lauf *der* - **1.** [Zyklus] cycle *m* - **2.** [Blutkreislauf] circulation *f.*
Kreis|laufstörungen *pl* problèmes *mpl* circulatoires.
Kreis|säge *die* [Säge] scie *f* circulaire.
Kreis|stadt *die* ≃ sous-préfecture *f.*
Kreis|verkehr *der* sens *m* giratoire.
Krem = **Creme.**
Kreme = **Creme.**
kremig = **cremig.**
Krempe (*pl* **-n**) *die* rebord *m (de chapeau).*
Krempel *der (ohne Pl) fam* fatras *m.*
Krepppapier (*pl* **-e**) *das* papier *m* crêpé.
Kresse (*pl* **-n**) *die* cresson *m.*
Kreta *nt* Crète *f* ; **auf ~** en Crète.
Kreuz (*pl* **-e**) *das* - **1.** [Zeichen & REL] croix *f* - **2.** [Rücken] dos *m* ; **jn aufs ~ legen** *fig* rouler qqn - **3.** [Autobahnkreuz] échangeur *m* - **4.** *(ohne Pl)* [Qual] calvaire *m* - **5.** *(ohne Pl)* [Spielkarte] trèfle *m.* ◆ **kreuz und quer** *adv* [fahren, laufen] en long et en large ; [stellen, liegen] pêle-mêle. ◆ **über Kreuz** *adv* : **etw über ~ legen** croiser qqch.
kreuzen (*perf* **hat/ist gekreuzt**) ◇ *vt (hat)* croiser ◇ *vi (hat/ist)* - **1.** [Boot] croiser - **2.** [Segelboot] tirer des bords. ◆ **sich kreuzen** *ref* [Weg, Brief] se croiser.
Kreuz|fahrt *die* croisière *f.*
Kreuz|gang *der* cloître *m.*
kreuzigen *vt* crucifier.
Kreuzigung (*pl* **-en**) *die* crucifixion *f.*
Kreuz|otter *die* vipère *f.*
Kreuzung (*pl* **-en**) *die* - **1.** [Straßenkreuzung] carrefour *m* - **2.** [Züchtung] croisement *m.*
Kreuzwort|rätsel *das* mots *mpl* croisés.
kriechen (*prät* **kroch** ; *perf* **ist gekrochen**) *vi* - **1.** [sich bewegen] ramper - **2.** [langsam] se traîner.
Kriech|spur *die* voie *f* réservée aux véhicules lents.
Krieg (*pl* **-e**) *der* guerre *f* ; **jm/einer Sache**

den ~ erklären déclarer la guerre à qqn/qqch.
kriegen *vt fam* avoir ; [Kind] attendre ; **ich kriege eine neue Wohnung** je vais avoir un nouvel appartement.
Kriegs|dienstverweigerer (*pl* -) *der* objecteur *m* de conscience.
Kriegs|gefangene *der, die* prisonnier *m*, -ère *f* de guerre.
Krimi (*pl* -s) *der fam* polar *m*.
Kriminal|beamte *der* fonctionnaire *m* de la police judiciaire.
Kriminal|beamtin *die* fonctionnaire *f* de la police judiciaire.
Kriminalität *die (ohne Pl)* criminalité *f*.
Kriminal|polizei *die* police *f* judiciaire.
kriminell *adj* criminel(elle).
Kripo *die (ohne Pl) fam* ≃ P.J. *f*.
Krippe (*pl* -n) *die* - **1.** [Kinderkrippe, Weihnachtskrippe] crèche *f* - **2.** [Futterkrippe] mangeoire *f*.
Krise (*pl* -n) *die* crise *f* ; **in einer ~ stecken** être en crise.
Krisen|herd *der* foyer *m* de tensions.
Kristall (*pl* -e) *das* cristal *m*. ◆ **Kristalle** *pl* cristaux *mpl*.
Kriterium (*pl* **Kriterien**) *das* critère *m*.
Kritik (*pl* -en) *die* - **1.** *(ohne Pl)* [Beurteilung] critiques *fpl* ; **an jm/etw ~ üben** émettre des critiques au sujet de qqn/qqch - **2.** [Rezension] critique *f*.
Kritiker, in (*mpl* - ; *fpl* -nen) *der, die* - **1.** [Tadler] censeur *m* - **2.** [Rezensent] critique *mf*.
kritisch ◇ *adj* critique ◇ *adv* - **1.** [schauen] d'un air critique - **2.** [gefährlich] : **es steht ~ um jn** qqn est dans un état critique - **3.** [sich äußern] de façon critique.
kritisieren *vt* critiquer.
kritzeln *vt fam* griffonner.
Kroate (*pl* -n) *der* Croate *m*.
Kroatien *nt* Croatie *f*.
Kroatin (*pl* -nen) *die* Croate *f*.
kroatisch *adj* croate.
kroch *prät* ▷ **kriechen.**
Krokant *der (ohne Pl)* nougatine *f*.
Krokodil (*pl* -e) *das* crocodile *m*.
Krokus (*pl* -se) *der* crocus *m*.
Krone (*pl* -n) *die* - **1.** [gen] couronne *f* - **2.** *(ohne Pl)* [Vollendung] couronnement *m* - **3.** [Baumkrone] cime *f*.
krönen *vt* couronner ; **der ~de Abschluss** le couronnement.
Kron|leuchter *der* lustre *m*.
Krönung (*pl* -en) *die* couronnement *m*.
Kropf (*pl* **Kröpfe**) *der* goître *m*.
Kröte (*pl* -n) *die* crapaud *m*.
Krücke (*pl* -n) *die* [Stock] béquille *f*.
Krug (*pl* **Krüge**) *der* [für Milch, Wasser] cruche *f* ; [für Wein] pichet *m* ; [für Bier] chope *f*.
Krümel (*pl* -) *der* miette *f*.
krumm ◇ *adj* - **1.** [gebogen] tordu(e) ; [Linie] courbe ; [Rücken] voûté(e) ; [Nase] crochu(e) - **2.** *fam* [unehrlich] louche ◇ *adv* : **~ sitzen** ODER **stehen** se tenir voûté(e).
krümmen *vt* [Finger, Beine] plier. ◆ **sich krümmen** *ref* se tordre ; [Rücken] se voûter.
krumm nehmen *vt (unreg) fam* : **etw ~** mal prendre qqch ; **jm etw ~** en vouloir à qqn pour qqch.
Krümmung (*pl* -en) *die* courbure *f*.
Krüppel (*pl* -) *der* infirme *mf*.
Kruste (*pl* -n) *die* croûte *f*.
Kruzifix (*pl* -e) *das* crucifix *m*.
Krypta (*pl* **Krypten**) *die* crypte *f*.
Kt. *abk für* **Kanton.**
Kto. *abk für* **Konto.**
Kuba *nt* Cuba ; **auf ~** à Cuba.
Kübel (*pl* -) *der* bac *m*.
Kubik|meter *der* mètre *m* cube.
Küche (*pl* -n) *die* cuisine *f*.
Kuchen (*pl* -) *der* gâteau *m*.
Kuchen|blech *das* plaque *f* à pâtisserie.
Kuchen|form *die* moule *m* à pâtisserie.
Kuchen|gabel *die* fourchette *f* à gâteaux.
Küchenschabe (*pl* -n) *die* blatte *f*.
Kuckuck (*pl* -e) *der* coucou *m*.
Kufe (*pl* -n) *die* [von Schlitten] patin *m* ; [von Schlittschuh] lame *f*.
Kugel (*pl* -n) *die* - **1.** [Gegenstand] boule *f* - **2.** [Form] sphère *f* - **3.** [Geschoss] balle *f*.
Kugel|lager *das* roulement *m* à billes.
Kugelschreiber (*pl* -) *der* stylo-bille *m*.
kugelsicher *adj* blindé(e) ; **~e Weste** gilet *m* pare-balles.
Kugelstoßen *das (ohne Pl)* SPORT lancer *m* du poids.
Kuh (*pl* **Kühe**) *die* - **1.** [Tier] vache *f* - **2.** *fam* [Person] : **dumme ~!** pauvre cruche!
kühl ◇ *adj* - **1.** [Temperatur] frais (fraîche) - **2.** [Stimmung] froid(e) ◇ *adv* - **1.** [kalt] frais - **2.** [distanziert] fraîchement.
kühlen *vt* rafraîchir.
Kühler (*pl* -) *der* - **1.** AUTO radiateur *m* - **2.** [für Getränke] seau *m* à glace.
Kühler|haube *die* capot *m*.
Kühl|schrank *der* réfrigérateur *m*, frigo *m*.
Kühl|truhe *die* congélateur *m*.
Kühlung (*pl* -en) *die* - **1.** *(ohne Pl)* [Erfrischung] fraîcheur *f* - **2.** TECH refroidissement *m*.
kühn *adj* audacieux(euse).
Küken (*pl* -) *das* [Tier] poussin *m*.

kulant *adj* [Person] accommodant(e) ; [Preise] abordable.
Kuli (*pl* **-s**) *der fam* [Schreiber] stylo *m*.
Kulisse (*pl* **-n**) *die* **- 1.** [Bühnenbild] coulisse *f* **- 2.** [Hintergrund] décor *m*.
kullern (*perf* **ist gekullert**) *vi* [rollen] rouler ; [Tränen] couler.
Kult (*pl* **-e**) *der* culte *m*.
kultivieren [kʊlti'viːrən] *vt* cultiver.
kultiviert ◇ *adj* distingué(e) ◇ *adv* avec distinction.
Kultur (*pl* **-en**) *die* culture *f*.
Kultur|beutel *der* nécessaire *m* de toilette.
kulturell *adj* culturel(elle).
Kultur|kreis *der* espace *m* culturel.
Kultus|minister, in *der, die ministre de l'Éducation et des Affaires culturelles d'un Land.*
Kultus|ministerium *das ministère de l'Éducation et des Affaires culturelles d'un Land.*
Kümmel (*pl* **-**) *der* **- 1.** [Gewürzpflanze] cumin *m* **- 2.** [Schnaps] kummel *m*.
Kummer *der (ohne Pl)* chagrin *m* ; **jm ~ machen** donner du souci à qqn.
kümmerlich *adj* pitoyable.
kümmern *vt* préoccuper. ◆ **sich kümmern** *ref* : **sich um jn/etw ~** s'occuper de qqn/qqch.
Kumpel (*pl* **-**) *der* **- 1.** [Bergarbeiter] gueule *f* noire **- 2.** *fam* [Kamerad] copain *m*, copine *f*.
kündbar *adj* [Vertrag] résiliable.
Kunde (*pl* **-n**) *der* client *m*.
Kunden|dienst *der* service *m* après-vente.
Kunden|karte *die* **- 1.** carte *f* de fidélité *(délivrée par un magasin)* **- 2.** [Kreditkarte] carte *f* accréditive.
Kundgebung (*pl* **-en**) *die* meeting *m*.
kündigen ◇ *vi* [Angestellter] donner sa démission ; [Mieter] donner son congé ; **jm ~** licencier qqn ◇ *vt* résilier.
Kündigung (*pl* **-en**) *die* **- 1.** [von Vertrag] résiliation *f* **- 2.** [von Arbeitsstelle - durch Arbeitgeber] licenciement *m* ; [- durch Arbeitnehmer] démission *f*.
Kündigungs|frist *die* délai *m* de préavis.
Kündigungs|schutz *der* **- 1.** [für Mieter] *protection des locataires contre l'éviction* **- 2.** [für Arbeitnehmer] *protection contre le licenciement.*
Kundin (*pl* **-nen**) *die* cliente *f*.
Kundschaft *die (ohne Pl)* clientèle *f*.
künftig ◇ *adj* futur(e) ◇ *adv* à l'avenir.
Kunst (*pl* **Künste**) *die* art *m* ; **das ist keine ~!** *fam* ce n'est pas sorcier!
Kunst|dünger *der* engrais *m* chimique.
Kunst|erziehung *die (ohne Pl)* arts *mpl* plastiques *(à l'école)*.
Kunst|faser *die* fibre *f* synthétique.
Kunst|fehler *der* erreur *f* médicale.
kunstfertig *adj* habile.
Kunstgegen|stand *der* objet *m* d'art.
Kunst|geschichte *die (ohne Pl)* histoire *f* de l'art.
Kunst|gewerbe *das* arts *mpl* décoratifs.
Kunsthand|werk *das* artisanat *m* d'art.
Künstler, in (*mpl* **-** ; *fpl* **-nen**) *der, die* artiste *mf*.
künstlerisch ◇ *adj* artistique ◇ *adv* artistiquement.
Künstler|name *der* nom *m* d'artiste.
künstlich ◇ *adj* artificiel(elle) ◇ *adv* **- 1.** [nicht natürlich] artificiellement **- 2.** [übertrieben] trop.
Kunst|stoff *der* matière *f* plastique ODER artificielle ODER synthétique.
Kunst|stück *das* **- 1.** [Trick] tour *m* d'adresse **- 2.** [Leistung] exploit *m* ; **das ist kein ~!** ce n'est pas sorcier!
Kunst|werk *das* **- 1.** [Gegenstand] œuvre *f* d'art **- 2.** [Meisterwerk] chef-d'œuvre *m*.
kunterbunt *fam* ◇ *adj* bigarré(e) ◇ *adv* en vrac.
Kupfer *das (ohne Pl)* cuivre *m*.
Kupfer|stich *der* [Bild] gravure *f* sur cuivre.
Kuppe (*pl* **-n**) *die* **- 1.** [von Hügeln] sommet *m* **- 2.** [von Fingern] bout *m*.
Kuppel (*pl* **-n**) *die* **- 1.** [von innen] coupole *f* **- 2.** [von außen] dôme *m*.
Kupplung (*pl* **-en**) *die* [in Autos] embrayage *m* ; **die ~ treten** embrayer.
Kur (*pl* **-en**) *die* cure *f* ; **auf** ODER **zur ~ sein/gehen** être/aller en cure.
Kür (*pl* **-en**) *die* figures *fpl* libres.
Kurbel (*pl* **-n**) *die* manivelle *f*.
Kürbis (*pl* **-se**) *der* potiron *m*.
Kur|gast *der* curiste *mf*.
Kurier (*pl* **-e**) *der* messager *m*.
kurieren *vt* soigner ; **von etw kuriert sein** *fam fig* être guéri(e) de qqch.
kurios *adj* bizarre.
Kuriosität (*pl* **-en**) *die* curiosité *f*.
Kur|ort *der* station *f* thermale.
Kurs (*pl* **-e**) *der* **- 1.** [von Schiff, Flugzeug] cap *m* ; **den ~ ändern** changer de cap ; **vom ~ abweichen** dévier de son cap **- 2.** [Lehrgang, Marktpreis] cours *m* ; **hoch im ~ stehen** avoir la cote.
Kurs|buch *das* indicateur *m* des chemins de fer.
kursieren *vi* circuler ; [Gerücht] courir.
Kursus (*pl* **Kurse**) *der* cours *m*.
Kurtaxe (*pl* **-n**) *die* taxe *f* de séjour.
Kurve (*pl* **-n**) *die* **- 1.** [von Straßen] virage *m* **- 2.** [geometrisch] courbe *f*.
kurvenreich *adj* sinueux(euse).

kurz (*komp* **kürzer** ; *superl* **kürzeste**) ◇ *adj* - **1.** [gen] court(e) ; **den Kürzeren ziehen** *fam fig* ne pas avoir le dessus - **2.** [knapp] bref (brève) ; **es ~ machen** être bref ◇ *adv* - **1.** [niedrig] court ; **etw ~ und klein schlagen** *fam* réduire qqch en miettes - **2.** [momentan] un petit moment - **3.** [wenig] : **~ vor/hinter/nach etw** *(D)* juste avant/derrière/après qqch.

Kurz|arbeit *die* chômage *m* partiel.

kurzärmelig, kurzärmlig ◇ *adj* à manches courtes ◇ *adv fam* en manches courtes.

Kürze *die (ohne Pl)* - **1.** [Länge] : **die ~ des Rockes/der Haare** la longueur de la jupe/des cheveux - **2.** [zeitlich, schriftlich] brièveté *f*. ◆ **in Kürze** *adv* sous peu.

kürzen *vt* - **1.** [Kleidung] raccourcir - **2.** [Text] abréger ; [Szenisches] écourter - **3.** [Haare, Nägel] couper - **4.** [finanziell] réduire - **5.** MATH simplifier.

kurzerhand *adv* sans hésiter.

kurzfristig ◇ *adj* - **1.** [Kündigung] à bref délai - **2.** [Investition] à court terme - **3.** [vorübergehend] provisoire - **4.** [rasch] de dernière heure ◇ *adv* - **1.** [investieren] à court terme - **2.** [vorübergehend] provisoirement - **3.** [rasch] au dernier moment.

Kurz|geschichte *die* nouvelle *f (brève).*

kurzhaarig *adj* - **1.** [Person] aux cheveux courts - **2.** [Tier, Pinsel] à poils courts.

kurz halten *vt (unreg) fam* : **jn ~** tenir la bride à qqn.

kürzlich *adv* récemment.

Kurznachrichten *pl* - **1.** [in Fernsehen, Radio] flash *m* d'information - **2.** [in Zeitung] brèves *fpl.*

Kurz|schluss *der* - **1.** [elektrisch] court-circuit *m* - **2.** [seelisch] réaction *f* de panique.

kurzsichtig ◇ *adj* - **1.** [Augen] myope - **2.** [Handlungsweise] à courte vue ◇ *adv* sans voir plus loin que le bout de son nez.

Kürzung (*pl* **-en**) *die* - **1.** [finanziell, schriftlich] réduction *f* - **2.** [von Personal] diminution *f*.

Kurzwahl|taste *die* EDV touche *f* mémoire.

Kurz|welle *die* ondes *fpl* courtes, petites ondes *fpl.*

kuschelig *adj fam* - **1.** [Kleidung] douillet(ette) - **2.** [Sitzmöbel] moelleux(euse).

kuscheln *vi fam* se prélasser. ◆ **sich kuscheln** *ref fam* : **sich (an jn) ~** se blottir (contre qqn).

Kusine (*pl* **-n**) *die* cousine *f*.

Kuss (*pl* **Küsse**) *der* baiser *m*.

küssen *vt & vi* embrasser. ◆ **sich küssen** *ref* s'embrasser.

Küste (*pl* **-n**) *die* côte *f*.

Küster, in (*mpl* **-** ; *fpl* **-nen**) *der, die* sacristain *m*, sacristine *f*.

Kutsche (*pl* **-n**) *die* - **1.** [Pferdewagen] calèche *f* - **2.** *fam* [Auto] bagnole *f*.

Kuvert [ku'vɛːɐ̯] (*pl* **-s**) *das* enveloppe *f*.

kyrillisch *adj* cyrillique.

KZ (*pl* **-s**) *das abk für* **Konzentrationslager.**

L

l, L [ɛl] (*pl* **-** ODER **-s**) *das* l *m inv*, L *m inv*. ◆ **l** (*abk für* **Liter**) l.

labil *adj* [Person] labile.

Labor (*pl* **-s** ODER **-e**) *das* laboratoire *m*.

Laborant, in (*mpl* **-en** ; *fpl* **-nen**) *der, die* préparateur *m*, -trice *f*.

Labyrinth (*pl* **-e**) *das* labyrinthe *m*.

Lache (*pl* **-n**) *die* [Pfütze] flaque *f*.

lächeln *vi* sourire ; **über jn/etw ~** sourire de qqn/qqch.

Lächeln *das (ohne Pl)* sourire *m*.

lachen *vi* rire ; **über jn/etw ~** rire de qqn/qqch ; **es** ODER **das wäre doch gelacht, wenn** *fig* ce serait étonnant si ; **du hast gut ~** *fig* tu peux bien rire.

Lachen *das (ohne Pl)* rire *m* ; **jn zum ~ bringen** faire rire qqn ; **etw ist zum ~** *fam fig & abw* il y a de quoi rire ; **jm vergeht das ~** *fig* qqn perd l'envie de rire.

lächerlich *adj* ridicule ; **sich ~ machen** se ridiculiser.

Lächerliche *das (ohne Pl)* : **etw ins ~ ziehen** tourner qqch en dérision.

lachhaft *adj abw* ridicule.

Lachs [laks] (*pl* **-e**) *der* saumon *m*.

Lack (*pl* **-e**) *der* [farbig] laque *f* ; [farblos] vernis *m*.

lackieren *vt* [farbig] laquer ; [durchsichtig] vernir ; **sich die Nägel ~** se vernir les ongles.

Lackierung (*pl* **-en**) *die* - **1.** [Lackieren - farbig] laquage *m* ; [- farblos] vernissage *m* - **2.** [Lack - für Autos] peinture *f* ; [- farbig] laque *f* ; [- farblos] vernis *m*.

Lade|fläche *die* surface *f* de chargement.

laden (*präs* **lädt** ; *prät* **lud** ; *perf* **hat geladen**) ◇ *vt* - **1.** [gen] charger - **2.** [abladen] : **etw aus** ODER **von etw ~** décharger qqch de qqch ◇ *vi* charger.

Laden (*pl* **Läden**) *der* [Geschäft] magasin *m*.

Laden|dieb, in *der, die* voleur à l'étalage *m*, voleuse à l'étalage *f*.
Laden|preis *der* prix *m* de vente au public.
Laden|schluss *der (ohne Pl)* fermeture *f* des magasins.
Laden|tisch *der* comptoir *m* ; **etw unter dem ~ verkaufen** *fig* vendre qqch sous le manteau.
Lade|rampe *die* rampe *f* de chargement.
lädieren *vt* abîmer.
lädt *präs* ▷ **laden.**
Ladung (*pl* **-en**) *die* **- 1.** [Fracht] chargement *m*, cargaison *f* **- 2.** [zum Schießen] charge *f*.
lag *prät* ▷ **liegen.**
Lage (*pl* **-n**) *die* **- 1.** [räumlich] position *f* ; [in Ort] emplacement *m* ; [in Landschaft] site *m* **- 2.** [Verhältnisse] situation *f* ; **zu etw in der ~ sein** être capable de qqch ; **in der ~ sein, etw zu tun** être en mesure de faire qqch ; **sich in js ~ versetzen** se mettre à la place de qqn **- 3.** [Schicht] couche *f*.
Lage|plan *der* plan *m*.
Lager (*pl* **-**) *das* **- 1.** [für Waren] entrepôt *m*, magasin *m* ; **etw auf ~ haben** [Ware] avoir qqch en stock ; [beim Reden] avoir qqch en réserve **- 2.** [Unterkunft, Partei] camp *m* **- 3.** TECH roulement *m*.
Lagerbe|stand *der* stock *m*.
Lager|feuer *das* feu *m* de camp.
Lager|haus *das* entrepôt *m*.
lagern ◇ *vt* **- 1.** [aufbewahren] conserver ; [Wein, Holz] laisser reposer **- 2.** [unterstellen] entreposer **- 3.** [Person] installer ◇ *vi* camper. ◆ **sich lagern** *ref* : **sich um jn/etw ~** s'installer autour ODER auprès de qqn/qqch.
Lagerung (*pl* **-en**) *die* [Aufbewahren] conservation *f*.
lahm ◇ *adj* **- 1.** [gelähmt] paralysé(e) **- 2.** *fam* [ermüdet - Körperteil] sans forces ; [- Lebewesen, Bewegung] lent(e) ◇ *adv fam* lentement.
lähmen *vt* paralyser.
lahm legen *vt fam* paralyser.
Lähmung (*pl* **-en**) *die* paralysie *f*.
Laib (*pl* **-e**) *der* **- 1.** [aus Brot] miche *f* **- 2.** [aus Käse] meule *f*.
Laie ['la͜iə] (*pl* **-n**) *der* **- 1.** [unfachmännisch] profane *mf*, amateur *mf* ; **blutiger ~** véritable profane **- 2.** [weltlich] laïque *mf*.
laienhaft ['la͜iənhaft] *adj* de profane.
Laken (*pl* **-**) *das* drap *m*.
Lakritz (*pl* **-e**) *der* ODER *das* réglisse *f*.
lallen *vi* & *vt* balbutier.
Lama (*pl* **-s**) *das* lama *m*.
Lamelle (*pl* **-n**) *die* lamelle *f* ; [an Heizung] élément *m*.
Lametta *das (ohne Pl)* [an Weihnachtsbaum] cheveux *mpl* d'ange *(décoration)*.
Lamm (*pl* **Lämmer**) *das* agneau *m*.
Lampe (*pl* **-n**) *die* lampe *f*.
Lampen|fieber *das* trac *m*.
Lampen|schirm *der* abat-jour *m*.
Land (*pl* **Länder**) *das* **- 1.** [Staatsgebiet] pays *m* ; **wieder im ~(e) sein** *fig* être de retour (au pays) **- 2.** *(ohne Pl)* [Gelände, Festland] terre *f* **- 3.** *(ohne Pl)* [ländliche Gegend] campagne *f* ; **auf dem ~** à la campagne **- 4.** [Bundesland] Land *m*. ◆ **hier zu Lande** = **hierzulande.**
Land|bevölkerung *die* population *f* rurale.
Lande|bahn *die* piste *f* d'atterrissage.
landen (*perf* **hat/ist gelandet**) ◇ *vi (ist)* **- 1.** [gen] atterrir ; **auf etw** *(D)* **~** se poser sur qqch **- 2.** *fam* [geraten] se retrouver ; **bei jm nicht ~ können** *fam* ne pas avoir de succès auprès de qqn ◇ *vt (hat)* [Flugzeug] faire atterrir.
Lande|platz *der* [kleinerer Flughafen] terrain *m* d'aviation.
Länder|spiel *das* match *m* international.
Landes|ebene *die* : **auf ~** [national] à l'échelle nationale ; [bei Bundesland] à l'échelle du Land.
Landes|farben *pl* couleurs *fpl* nationales ; [von Bundesland] couleurs *fpl* d'un Land.
Landeshaupt|mann *der Österr* ministre-président *m* d'un Land *(en Autriche)*.
Landes|innere *das (ohne Pl)* intérieur *m* des terres.
Landes|kunde *die (ohne Pl)* civilisation *f*.
Landes|regierung *die* gouvernement *m* du Land.
Landes|sprache *die* langue *f* du pays.
Landes|verrat *der (ohne Pl)* haute trahison *f*.
Landes|währung *die* monnaie *f* nationale.
Land|flucht *die (ohne Pl)* exode *m* rural.
Land|haus *das* maison *f* de campagne.
Land|karte *die* carte *f* géographique.
Land|kreis *der circonscription administrative.*
landläufig *adj* courant(e).
Land|leben *das (ohne Pl)* vie *f* champêtre ODER à la campagne.
ländlich *adj* rural(e).
Land|plage *die abw* fléau *m*.
Landschaft (*pl* **-en**) *die* paysage *m*.
landschaftlich ◇ *adj* **- 1.** [bei Gegend] régional(e) **- 2.** [bei Natur] du paysage ◇ *adv* au point de vue du paysage.
Landsleute *pl* compatriotes *mpl*.

Lạnd|straße *die* ≃ route *f* départementale.
Lạnd|streicher, in (*mpl* **-** ; *fpl* **-nen**) *der, die* vagabond *m*, -e *f*.
Lạnd|strich *der* région *f*.
Lạnd|tag *der* - **1.** [Volksvertretung] *Assemblée du Land* - **2.** [Gebäude] assemblée *f*.
Lạndung (*pl* **-en**) *die* [von Flugzeugen] atterrissage *m* ; [von Schiffen] accostage *m*.
Lạnd|weg *der* route *f*.
Lạnd|wein *der* vin *m* de pays.
Lạnd|wirt, in *der, die* agriculteur *m*, -trice *f*.
Lạnd|wirtschaft *die (ohne Pl)* agriculture *f*.
lạng (*komp* **lạnger** ; *superl* **lạngste**) ◇ *adj* - **1.** [räumlich - lang gestreckt] long (longue) ; [- groß] grand(e) ; [- Person] *fam* grand(e) ; [- mit Maßangabe] : **drei Meter ~** trois mètres de long - **2.** [zeitlich] long (longue) ; **seit ~em** depuis longtemps - **3.** [mit Zeitangabe] : **drei Tage/Stunden ~** pendant trois jours/heures ; **den ganzen Tag ~** toute la journée ◇ *adv fam* - **1.** [entlang] : **hier/dort ~** par ici/là - **2.** [groß] grand.
lạngärmelig, lạngärmlig *adj* à manches longues.
lạngatmig *adj* interminable.
lạnge (*komp* **lạnger** ; *superl* **am lạngsten**) *adv* longtemps ; **~ dauern** durer longtemps ; **das ist ~ nicht alles** c'est loin d'être tout ; **es ist ~ her** il y a longtemps.
Lạnge (*pl* **-n**) *die* - **1.** [gen] longueur *f* ; **der ~ nach** [teilen] dans le sens de la longueur ; [stürzen] de tout son long ; **etw zieht sich in die ~** qqch traîne (en longueur) ; **um ~n voraus sein** avoir plusieurs longueurs d'avance - **2.** *(ohne Pl)* [Größe] taille *f* - **3.** GEOGR latitude *f*. ◆ **Längen** *pl* [langweilige Stellen] longueurs *fpl*.
lạngen *fam* ◇ *vi* - **1.** [ausreichen] suffire - **2.** [greifen] : **in etw** *(A)* **~** mettre sa main dans qqch ◇ *vt* : **mir langt es!** *fam* j'en ai assez!
Lạngen|grad *der* méridien *m*.
Lạngen|maß *das* mesure *f* linéaire.
lạngerfristig *adj & adv* à plus long terme.
Langeweile *die (ohne Pl)* ennui *m* ; **aus ~** par ennui.
lạngfristig ◇ *adj* à long terme ; [lange dauernd] de longue durée ◇ *adv* à long terme.
Lạng|lauf *der (ohne Pl)* SPORT course *f* de fond.
lạnglebig *adj* - **1.** [Organismus] qui vit longtemps - **2.** [Gegenstand] solide.
lạnglich *adj* oblong(ongue).
lạngs ◇ *präp* : **~ einer Sache** *(G)* le long de qqch ◇ *adv* dans le sens de la longueur.
Lạngs|achse *die* axe *m* longitudinal.
lạngsam ◇ *adj* - **1.** [nicht schnell, schwerfällig] lent(e) - **2.** [allmählich] progressif(ive) ◇ *adv* - **1.** [nicht schnell, schwerfällig] lentement - **2.** [allmählich] petit à petit ; **es wird ~ Zeit** il commence à être temps.
Lạngsamkeit *die (ohne Pl)* lenteur *f*.
Lạngschläfer, in (*mpl* **-** ; *fpl* **-nen**) *der, die* grand dormeur *m*, grande dormeuse *f*.
Lạngs|richtung *die* : **in ~** en longueur.
Lạngs|seite *die* longueur *f*.
lạngst *adv* depuis longtemps ; **das ist ~ nicht alles** c'est loin d'être tout ; **~ nicht so groß wie** beaucoup moins grand(e) que.
lạngstens *adv fam* - **1.** [höchstens] au maximum - **2.** [seit langem] depuis bien longtemps.
Langstrecken|flug *der* long-courrier *f*.
Lạngstrecken|lauf *der* course *f* de fond.
Languste [laŋ'gʊstə] (*pl* **-n**) *die* langouste *f*.
lạngweilen *vt* ennuyer. ◆ **sich langweilen** *ref* s'ennuyer.
lạngweilig *adj* ennuyeux(euse).
Lạng|welle *die* ondes *fpl* longues, grandes ondes *fpl*.
lạngwierig *adj* long (longue), qui dure.
Lạnze (*pl* **-n**) *die* lance *f*.
Lappalie [la'paːli̯ə] (*pl* **-n**) *die* bagatelle *f*.
Lạppen (*pl* **-**) *der* chiffon *m* ; **etw geht mir durch die ~** qqch me passe sous le nez.
lạppern ◆ **sich läppern** *ref* : **das** ODER **es läppert sich** ça s'accumule.
lạppisch *adj fam abw* - **1.** [albern] idiot(e) - **2.** [gering] ridicule.
Laptop (*pl* **-s**) *der* EDV laptop *m*, portable *m*.
Lạrche (*pl* **-n**) *die* mélèze *m*.
Lạrm *der (ohne Pl)* bruit *m* ; **~ schlagen** *fam fig* donner l'alerte.
lạrmen *vi* faire du bruit.
Lạrm|schutz *der* - **1.** [Schutz] protection *f* sonore - **2.** [Vorrichtung] dispositif *m* antibruit.
Lạrve (*pl* **-n**) *die* larve *f*.
las *prät* ▷ **lesen.**
lạsch ◇ *adj* - **1.** [Bewegung, Spiel] mou (molle) - **2.** [Speise] fade ◇ *adv* - **1.** [schlaff] mollement - **2.** [fade] : **die Suppe schmeckt ~** la soupe est fade.
Lạsche (*pl* **-n**) *die* languette *f*.
Laser ['leːzɐ] (*pl* **-**) *der* laser *m*.
Laser|drucker *der* EDV imprimante *f* (à) laser.
lạssen (*präs* **lạsst** ; *prät* **ließ** ; *perf* **hat gelạssen** ODER **-**) ◇ *aux (Perf hat lassen)* - **1.** [veranlassen] : **(jn/jm) etw machen** ODER **tun ~**

faire faire qqch (à/ par qqn) ; **sich** *(D)* **etw machen** ODER **tun ~** se faire faire qqch ; **jn machen** ODER **tun ~** faire faire qqn ; **jn/etw kommen ~** faire venir qqn/qqch **- 2.** [zulassen] : **jn/etw machen** ODER **tun ~** laisser faire qqn/qqch ; **jn/etw allein arbeiten ~** laisser qqn/qqch travailler seul(e) ; **etw mit sich/ nicht mit sich machen ~** (ne pas) se laisser faire <> *vt (Perf hat gelassen)* **- 1.** [gen] laisser ; **lasst uns gehen** allons-y ; **jn in Ruhe ~** laisser qqn tranquille **- 2.** [unterlassen] arrêter ; **lass das Jammern** arrête de te plaindre **- 3.** [strömen lassen] : **Wasser in etw** *(A)* **~** faire couler de l'eau dans qqch ; **frische Luft in etw** *(A)* **~** faire entrer de l'air frais dans qqch <> *vi (Perf hat gelassen)* : **von jm/ etw ~** *geh* abandonner qqn/qqch ; **lass mal!** laisse donc! ◆ **sich lassen** *ref* **- 1.** [veranlassen] : **sich machen** ODER **tun ~** se faire faire ; **sich massieren ~** se faire masser **- 2.** [zulassen] : **sich machen** ODER **tun ~** se laisser faire ; **sich überraschen ~** se laisser surprendre **- 3.** [möglich sein] : **etw lässt sich machen** ODER **tun** il est possible de faire qqch.

lässig <> *adj* décontracté(e) <> *adv* **- 1.** [sich bewegen, sich anziehen] de façon décontractée ; [sprechen, grüßen] d'un air décontracté **- 2.** *fam* [leicht] facilement.

Lässigkeit *die (ohne Pl)* décontraction *f.*

lässt *präs* ▷ **lassen.**

Last (*pl* **-en**) *die* charge *f* ; **jm etw zur ~ legen** *fig* reprocher qqch à qqn ; **jm zur ~ fallen** *fig* être à la charge de qqn. ◆ **Lasten** *pl* [Kosten] charges *fpl ; siehe auch* **zulasten.**

lasten *vi* **- 1.** [gen] : **auf jm/etw ~** peser sur qqn/qqch **- 2.** [Verantwortung] : **auf jm ~** reposer sur qqn.

Laster (*pl* **-**) <> *das* [Untugend] vice *m* <> *der fam* [Lastwagen] poids lourd *m.*

lästern *vi abw* : **(über jn/etw) ~** médire (sur qqn/qqch).

lästig *adj* **- 1.** [Person] agaçant(e) ; **jm ~ werden** ODER **sein** agacer qqn **- 2.** [Pflicht] pénible.

Last|kahn *der* péniche *f.*

Lastkraft|wagen *der amt* poids lourd *m.*

Last-Minute-|Angebot [laːst'mɪnɪt|angəboːt] *das séjour à prix réduit acheté juste avant le départ.*

Last-Minute-|Flug [laːst'mɪnɪt|fluːk] *der billet à prix réduit acheté juste avant le départ.*

Last|schrift *die* **- 1.** [Buchung] débit *m* **- 2.** [Mitteilung] avis *m* de débit.

Last|wagen *der* poids lourd *m.*

Latein *das (ohne Pl)* latin *m ; siehe auch* **Englisch.**

Latein|amerika *nt* Amérique *f* latine.

Latein|amerikaner, in *der, die* Latino-Américain *m*, -e *f.*

lateinisch *adj* latin(e).

latent *adj* latent(e).

Laterne (*pl* **-n**) *die* **- 1.** [Lampion] lanterne *f* **- 2.** [Straßenlaterne] réverbère *m.*

Latinum *das (ohne Pl)* : **großes/kleines ~** *niveau en latin correspondant à cinq/trois années d'études secondaires.*

latschen (*perf* **hat/ist gelatscht**) *fam vi (ist)* se traîner.

Latschen (*pl* **-**) *der fam* savate *f.*

Latte (*pl* **-n**) *die* latte *f* ; [beim Hochsprung] barre *f* ; **lange ~** *fam* échalas *m.*

Latten|rost *der* caillebotis *m* ; [im Bett] sommier *m* à lattes.

Latz (*pl* **Lätze**) *der* bavette *f.*

Lätzchen (*pl* **-**) *das* bavoir *m.*

Latz|hose *die* salopette *f.*

lau <> *adj* **- 1.** [Flüssigkeit, Begrüßung] tiède **- 2.** [Klima, Abend] doux (douce) <> *adv* **- 1.** [begrüßen] avec tiédeur **- 2.** [mäßig] doucement.

Laub *das (ohne Pl)* [am Baum] feuillage *m* ; [am Boden] feuilles *fpl* mortes.

Laub|baum *der* feuillu *m.*

Laub|frosch *der* rainette *f.*

Laub|säge *die* scie *f* à bois.

Laub|wald *der* bois *m* de feuillus.

Lauch *der* poireau *m.*

Lauer *die (ohne Pl)* : **auf der ~ sitzen** ODER **liegen** *fam* être aux aguets.

lauern *vi* : **(auf jn/etw) ~** [warten] guetter (qqn/qqch) ; **darauf ~, dass** attendre que.

Lauf (*pl* **Läufe**) *der* **- 1.** *(ohne Pl)* [Laufen] course *f* **- 2.** *(ohne Pl)* [von Maschine, Motor] fonctionnement *m* **- 3.** *(ohne Pl)* [Verlauf] déroulement *m* ; **im ~e des Tages** dans le courant de la journée ; **etw nimmt seinen ~** qqch est engagé(e) ; **im ~(e) der Zeit** au fil du temps ; **einer Sache** *(D)* **freien** ODER **ihren ~ lassen** [Tränen, Gefühl] donner libre cours à qqch **- 4.** *(ohne Pl)* [von Flüssen] cours *m* **- 5.** [von Gewehren] canon *m* **- 6.** [von Hund, Hase] patte *f.*

Lauf|bahn *die* carrière *f.*

laufen (*präs* **läuft** ; *prät* **lief** ; *perf* **hat/ist gelaufen**) <> *vi* **- 1.** *(ist)* [schnell] courir **- 2.** *(ist)* [gehen] aller ; **jn ~ lassen** laisser partir qqn ; **das Kind kann schon ~** l'enfant sait déjà marcher ; **dauernd zum Arzt/zu den Nachbarn ~** aller sans arrêt chez le médecin/chez les voisins **- 3.** *(ist)* [funktionieren, verlaufen] marcher ; [Motor, Maschine] tourner ; **das Gerät/die Prüfung/ der Film läuft gut** l'appareil/l'examen/le film marche bien ; **die Zeit läuft!** c'est parti! ; **auf js Namen ~** être au nom de qqn **- 4.** *(ist)* [fließen] couler ; [Butter] fondre ; **jm läuft die Nase** qqn a le nez qui coule ; **jm läuft es kalt über den Rücken** qqn en a froid dans le dos - **5.** *(ist)* [gelten] : **(zwei Monate) ~** couvrir (deux mois) ; **bis zum 31.12 ~** aller jusqu'au 31/12 - **6.** *(ist)* [andauern] continuer - **7.** *(ist)* [Film, Theaterstück] : **im Kino ~** passer au cinéma ; **der Film läuft schon** le film a déjà commencé - **8.** *(ist)* [Schiff] : **auf Grund ~** s'échouer - **9.** *RW* : **etw ist gelaufen** *fam* qqch est fini(e) ◇ *vt* - **1.** *(hat, ist)* SPORT courir ; **Ski/Schlittschuh ~** faire du ski/du patin à glace - **2.** *(ist)* [gehen] aller ; **fünf Kilometer ~** faire cinq kilomètres. ◆ **sich laufen** *ref* : **sich warm ~** s'échauffer.

laufend ◇ *adj* - **1.** [ständig] incessant(e) ; [Ausgaben, Kosten] courant(e) - **2.** [Monat, Verfahren] en cours - **3.** [Gerät] en marche - **4.** *RW* : **auf dem Laufenden sein** ODER **bleiben** être au courant ◇ *adv* [ständig] constamment.

Läufer (*pl* -) *der* - **1.** SPORT coureur *m* - **2.** [beim Schach] fou *m*.

Läuferin (*pl* **-nen**) *die* coureuse *f*.

läufig *adj* en chaleur.

Lauf|masche *die* maille *f* filée.

Lauf|pass *der* : **jm den ~ geben** laisser tomber qqn.

Lauf|schritt *der* : **im ~** au pas de course.

läuft *präs* ▻ **laufen.**

Lauf|werk *das* EDV lecteur *m*.

Lauge (*pl* **-n**) *die* - **1.** CHEM base *f* - **2.** [Waschlauge] lessive *f*.

Laugen|brezel *die* bretzel *m*.

Laune (*pl* **-n**) *die (ohne Pl)* [Stimmung] humeur *f* ; **gute/schlechte ~ haben** être de bonne/mauvaise humeur. ◆ **Launen** *pl* sautes *fpl* d'humeur.

launisch *adj* lunatique.

Laus (*pl* **Läuse**) *die* pou *m*.

Lausbub (*pl* **-en**), **Lausbube** (*pl* **-n**) *der fam* polisson *m*.

lauschen *vi* tendre l'oreille ; [an Tür, Wand] écouter.

lausig *fam* ◇ *adj abw* [schlecht] minable ; **~e Zeiten** des temps difficiles ◇ *adv* très mal ; **es ist ~ kalt** *fam* il fait un froid de canard.

laut ◇ *adj* - **1.** [Stimme, Musik] fort(e) - **2.** [Person, Straße, Maschine] bruyant(e) - **3.** *RW* : **etw wird ~** qqch est divulgué(e) ◇ *adv* fort ◇ *präp* : **~ einer Sache** *(D)* d'après qqch.

Laut (*pl* **-e**) *der* son *m*.

lauten *vi* : **auf etw** *(A)* **~** consister en qqch ; **auf wessen Namen ~ die Papiere?** à quel nom sont les papiers?

läuten *vi* sonner ; **es läutet** on sonne.

lauter *adv* : **~ nette Leute** rien que des gens sympathiques.

lauthals *adv* [schreien, protestieren] à tue-tête ; [lachen] à gorge déployée.

lautlos ◇ *adj* silencieux(euse) ◇ *adv* en silence.

Laut|schrift *die* écriture *f* phonétique.

Laut|sprecher *der* - **1.** [von Anlage] enceinte *f* - **2.** [auf Bahnhof, in Stadion] haut-parleur *m*.

lautstark ◇ *adj* fracassant(e) ◇ *adv* haut et fort.

Laut|stärke *die* volume *m*.

lauwarm ◇ *adj* tiède ◇ *adv* à l'eau tiède.

Lava ['la:va] (*pl* **Laven**) *die* lave *f*.

Lavendel [la'vɛndl̩] (*pl* -) *der* lavande *f*.

Lawine (*pl* **-n**) *die eigtl & fig* avalanche *f* ; [aus Geröll] éboulement *m*.

lax *adj* laxiste.

Leasing ['li:zɪŋ] (*pl* **-s**) *das* crédit-bail *m*, leasing *m*.

leben *vi* - **1.** [gen] vivre ; **von etw ~** vivre de qqch ; **es lebe jd/etw!** *fig* vive qqn/qqch! - **2.** [lebendig wirken] s'animer.

Leben (*pl* -) *das* vie *f* ; **einsames ~** existence *f* isolée ; **etw ins ~ rufen** *fig* créer qqch ; **jm das ~ schwer machen** rendre la vie dure à qqn ; **sich** *(D)* **das ~ nehmen** mettre fin à ses jours ; **ums ~ kommen** trouver la mort.

lebendig ◇ *adj* vivant(e) ◇ *adv* [lebhaft] de façon vivante.

lebensfähig *adj* viable.

Lebens|gefahr *die* danger *m* de mort.

lebensgefährlich ◇ *adj* - **1.** [gen] très dangereux(euse) - **2.** [Verletzung] très grave ◇ *adv* - **1.** [handeln] en prenant de gros risques - **2.** [sich verletzen] très grièvement.

Lebens|gefährte *der* concubin *m*.

Lebens|gefährtin *die* concubine *f*.

Lebenshaltungs|kosten *pl* : **die ~** le coût de la vie.

Lebens|jahr *das* année *f*.

lebenslänglich ◇ *adj* perpétuel(elle) ◇ *adv* à perpétuité.

Lebens|lauf *der* curriculum vitae *m*.

lebenslustig *adj* heureux(euse) de vivre.

Lebens|mittel *das* denrée *f* alimentaire ; **die ~** l'alimentation *f*.

Lebensmittel|geschäft *das* épicerie *f*.

lebensmüde *adj* [den Tod herbeisehnend] : **~ sein** être dégoûté(e) de la vie.

Lebens|retter, in *der, die* sauveteur *m*.

Lebens|standard *der* niveau *m* de vie.

Lebens|unterhalt *der* : **seinen ~ verdienen** gagner sa vie.

Lebens|versicherung *die* assurance-vie *f*.

Lebens|wandel *der (ohne Pl)* mœurs *fpl*.

Lebens|weise *die* style *m* de vie.

lebenswichtig *adj* vital(e).
Lebens|zeichen *das* signe *m* de vie.
Lebens|zeit *die* : **auf ~** à vie.
Leber (*pl* **-n**) *die* foie *m*.
Leber|fleck *der* grain *m* de beauté.
Leber|käse *der pâté à base de viande finement hachée que l'on mange chaud ou froid.*
Leber|tran *der* huile *f* de foie de morue.
Leber|wurst *die saucisse ou pâté de foie.*
Lebe|wesen *das* être *m* vivant.
lebhaft ◇ *adj* **- 1.** [Person, Fantasie, Interesse] vif (vive) ; [Kind] éveillé(e) **- 2.** [Unterhaltung, Treiben] animé(e) ◇ *adv* **- 1.** [angeregt] avec animation **- 2.** [stark] vivement **- 3.** [gut] bien.
Leb|kuchen *der* pain *m* d'épice.
leblos *adj* **- 1.** [Person] inanimé(e) **- 2.** [Gesicht, Bild] inexpressif(ive).
leck *adj* : **~ sein** être percé(e).
Leck (*pl* **-s**) *das* [in Behälter] fuite *f* ; [in Schiff] voie *f* d'eau.
lecken *vi* & *vt* lécher ; **sich** *(D)* **etw ~** se lécher qqch ; *fam fig* [Person] être tiré(e) à quatre épingles. ◆ **sich lecken** *ref* se lécher.
lecker ◇ *adj* délicieux(euse) ◇ *adv* bon ; **das schmeckt ~** c'est bon.
Lecker|bissen *der* KÜCHE délice *m*.
Leder (*pl* **-**) *das* cuir *m*.
Leder|hose *die* **- 1.** [kurz] culotte *f* de peau **- 2.** [lang] pantalon *m* en cuir.
Leder|waren *pl* maroquinerie *f*.
ledig *adj* célibataire.
lediglich *adv* seulement.
leer *adj* **- 1.** [gen] vide ; **~ ausgehen** *fig* repartir les mains vides **- 2.** [Seite, Zettel] blanc (blanche) **- 3.** [Worte, Versprechung] en l'air **- 4.** *abw* [Phrase, Gerede] creux(euse).
Leere *die (ohne Pl)* vide *m* ; **ins ~** dans le vide.
leeren *vt* vider. ◆ **sich leeren** *ref* se vider.
Leer|gut *das (ohne Pl)* verre *m* consigné.
Leer|lauf *der* TECH fonctionnement *m* à vide ; **im ~** [beim Auto] au point mort ; [beim Fahrrad] en roue libre.
leer stehend *adj* inoccupé(e).
Leerung (*pl* **-en**) *die* [von Briefkästen] levée *f (du courrier).*
legal ◇ *adj* légal(e) ◇ *adv* en toute légalité.
legalisieren *vt* [Droge, Methode] légaliser.
Legalität *die (ohne Pl)* légalité *f*.
legen *vt* **- 1.** [ablegen] mettre ; **etw in/auf etw** *(A)* **~** mettre qqch dans/sur qqch **- 2.** [horizontal] coucher ; **das Baby auf den Bauch ~** coucher le bébé sur le ventre **- 3.** [hinlegen] poser ; **die Hand auf seine Schulter ~** poser ODER mettre la main sur son épaule ; **Leitungen/Gleise/Fliesen ~** poser des fils électriques/des rails/des carreaux **- 4.** [Ei] pondre. ◆ **sich legen** *ref* **- 1.** [sich hinlegen] se coucher ; [zum Ausruhen] s'étendre **- 2.** [Aufregung, Sturm] se calmer.
Legende (*pl* **-n**) *die* légende *f*.
leger [le'ʒɛːɐ̯] ◇ *adj* décontracté(e) ◇ *adv* avec décontraction.
Legierung (*pl* **-en**) *die* alliage *m*.
Legislative [legɪsla'tiːvə] (*pl* **-n**) *die* pouvoir *m* législatif.
legitim *adj* **- 1.** [rechtmäßig] légal(e) **- 2.** [berechtigt] légitime.
Lehm (*pl* **-e**) *der* argile *f*.
lehmig *adj* **- 1.** [Lehm enthaltend] argileux(euse) **- 2.** [mit Lehm bedeckt] maculé(e) d'argile.
Lehne (*pl* **-n**) *die* [Rückenlehne] dossier *m* ; [Armlehne] accoudoir *m*.
lehnen ◇ *vt* : **etw an** ODER **gegen etw** *(A)* **~** [Gegenstand] appuyer qqch contre qqch ; [Körperteil] poser qqch sur qqch ◇ *vi* : **an etw** *(D)* ODER **gegen etw ~** être appuyé(e) à ODER contre qqch. ◆ **sich lehnen** *ref* **- 1.** [sich stützen] : **sich an** ODER **gegen jn/etw ~** s'appuyer sur ODER contre qqn/qqch **- 2.** [sich beugen] : **sich aus etw/über etw** *(A)* **~** se pencher par qqch/par-dessus qqch.
Lehr|amt *das* professorat *m*.
Lehr|buch *das* manuel *m*.
Lehre (*pl* **-n**) *die* **- 1.** [Ausbildung] apprentissage *m* ; **in der ~ sein** être en apprentissage **- 2.** [Erfahrung] leçon *f* **- 3.** [Ideologie] doctrine *f*.
lehren ◇ *vi* enseigner ◇ *vt* enseigner ; **jn lesen ~** apprendre à lire à qqn.
Lehrer, in (*mpl* **-** ; *fpl* **-nen**) *der, die* professeur *m* ; [an Grundschule] instituteur *m*, -trice *f*.
Lehr|gang *der* stage *m*.
Lehr|jahr *das* année *f* d'apprentissage.
Lehrling (*pl* **-e**) *der* apprenti *m*, -e *f*.
Lehr|plan *der* programme *m* scolaire.
lehrreich *adj* instructif(ive).
Lehr|satz *der* théorème *m*.
Lehr|stelle *die* place *f* d'apprenti.
Lehr|stuhl *der amt* chaire *f*.
Lehr|zeit *die* durée *f* de la formation.
Leib (*pl* **-er**) *der* **- 1.** *geh* [Körper] corps *m* **- 2.** *RW* : **jm jn/etw vom ~ halten** *fam* débarrasser qqn de qqn/qqch, tenir qqn/qqch à distance de qqn.
Leibeskräfte *pl* : **aus ~n** de toutes mes ODER tes ODER ses etc forces.
Leib|gericht *das* plat *m* préféré.

leibhaftig *adv & adj* en personne.
leiblich *adj* **- 1.** [körperlich] physique **- 2.** [blutsverwandt] génétique.
Leiche (*pl* **-n**) *die* cadavre *m* ; **über ~n gehen** *fam fig* ne reculer devant rien.
Leichen|halle *die* morgue *f*.
Leichnam (*pl* **-e**) *der geh* dépouille *f*.
leicht ◇ *adj* **- 1.** [an Gewicht] léger(ère) **- 2.** [einfach] facile ; **es ~ haben** avoir la vie facile **- 3.** [schwach] faible, léger(ère) **- 4.** [kalorienarm] allégé(e) ; [Mahlzeit, Zigarette] léger(ère) ◇ *adv* **- 1.** [schwach, wenig] légèrement **- 2.** [einfach] facilement **- 3.** [problemlos, schnell] vite.
Leicht|athletik *die (ohne Pl)* athlétisme *m*.
leicht fallen (*perf* **ist leicht gefallen**) *vi (unreg)* : **jm nicht ~** coûter à qqn.
leichtfertig *abw* ◇ *adj* irréfléchi(e) ◇ *adv* à la légère.
leichtgläubig *adj* crédule.
Leichtigkeit *die (ohne Pl)* **- 1.** [geringes Gewicht] légèreté *f* **- 2.** [Einfachheit] jeu *m* d'enfant ; **mit ~** facilement.
Leicht|metall *das* métal *m* léger.
leicht nehmen *vt (unreg)* : **etw ~** prendre qqch à la légère.
Leicht|sinn *der (ohne Pl)* inconscience *f*.
leichtsinnig ◇ *adj* [Person] inconscient(e) ; [Handlung] inconsidéré(e) ◇ *adv* imprudemment.
leid *adj* : **jn/etw ~ sein** ODER **haben** en avoir assez de qqn/qqch.
Leid *das (ohne Pl)* chagrin *m*, peine *f* ; **jd tut jm ~** qqn fait pitié à qqn ; **etw tut jm ~** qqn est désolé(e) de qqch.
leiden (*prät* **litt** ; *perf* **hat gelitten**) ◇ *vi* souffrir ; **unter** ODER **an etw** *(D)* **~** souffrir de qqch ◇ *vt* **- 1.** [erdulden] souffrir de ; **Hunger ~** endurer la faim **- 2.** [mögen] : **etw nicht ~ können** ne pas pouvoir supporter qqch ; **jn gut ~ können** bien aimer qqn ; **jn nicht ~ können** ne pas pouvoir sentir qqn.
Leiden (*pl* **-**) *das* mal *m*.
Leidenschaft (*pl* **-en**) *die* passion *f*.
leidenschaftlich ◇ *adj* passionné(e) ; [Worte] enflammé(e) ◇ *adv* **- 1.** [begeistert] : **etw ~ (gern) tun** adorer faire qqch **- 2.** [feurig] passionnément.
leider *adv* malheureusement.
leidlich ◇ *adj* moyen(enne) ◇ *adv* moyennement (bien) ; [reparieren] sommairement.
Leidtragende (*pl* **-n**) *der, die* victime *f*.
Leid|wesen *das* : **zu js ~** au grand regret de qqn.
Leih|bücherei *die* bibliothèque *f (de prêt)*.
leihen (*prät* **lieh** ; *perf* **hat geliehen**) *vt* **- 1.** [leihweise geben] : **jm etw ~** prêter qqch à qqn **- 2.** [ausleihen] : **sich** *(D)* **(von jm) etw ~** emprunter qqch (à qqn) ; [mieten] louer qqch (à qqn).
Leih|gebühr *die* frais *mpl* de location ; [für Buch] participation *f* d'emprunt.
Leih|haus *das* mont-de-piété *m*.
Leih|wagen *der* voiture *f* de location.
Leim (*pl* **-e**) *der* colle *f*.
leimen *vt* coller.
Leine (*pl* **-n**) *die* **- 1.** [Seil] corde *f* **- 2.** [für Tier] laisse *f*.
Leinen (*pl* **-**) *das* toile *f*, lin *m*.
Lein|samen *der* graine *f* de lin.
Lein|wand *die* [Projektionswand] écran *m*.
leise ◇ *adj* **- 1.** [Ton, Stimme] bas (basse) ; [Musik] doux (douce) ; [Gerät] silencieux(euse) **- 2.** [Zweifel, Hoffnung, Geräusch] léger(ère) ; [Gefühl] vague ◇ *adv* sans bruit ; [sprechen] à voix basse.
Leiste (*pl* **-n**) *die* **- 1.** [Latte] baguette *f* ; [für Fußboden] plinthe *f* **- 2.** [Körperteil] aine *f*.
leisten *vt* **- 1.** [vollbringen] accomplir **- 2.** [machen] réaliser ; [Überstunden] faire **- 3.** [Beitrag, Zahlung] verser **- 4.** *RW* : **sich** *(D)* **etw ~** [sich gönnen] se payer qqch ; **sich** *(D)* **~, etw zu tun** *fam* [sich erlauben] se permettre de faire qqch.
Leistung (*pl* **-en**) *die* **- 1.** [gen] performance *f* **- 2.** [Bezahlung] versement *m*.
Leistungs|druck *der (ohne Pl)* obligation *f* de performance.
Leistungs|kurs *der l'une des matières principales choisie pour le baccalauréat.*

Leistungskurs

Ces cours font partie du dernier cycle du lycée. Contrairement à l'enseignement pratiqué en **Grundkurs**, on transmet ici des connaissances approfondies dans un domaine. Au baccalauréat, on présente quatre matières dont deux **Leistungskurse** dont le coefficient compte double. Un de ces cours fondamentaux doit forcément être choisi parmi les mathématiques, les langues vivantes ou une matière scientifique.

Leistungs|sport *der* sport *m* de haut niveau.
Leit|artikel *der* éditorial *m*.
leiten ◇ *vt* **- 1.** [gen] diriger **- 2.** [Strom] conduire ◇ *vi* être conducteur(trice).
leitend *adj* **- 1.** [verantwortlich] en chef ; **~er Angestellter** cadre *m* **- 2.** [Gedanke] directeur(trice).
Leiter (*pl* **-n** ODER **-**) ◇ *die (G Leiter, Pl Leitern)* échelle *f* ◇ *der (G Leiters, Pl Leiter)* directeur *m*.
Leiterin (*pl* **-nen**) *die* directrice *f*.

Leit|faden *der* [wissenschaftlich] précis *m* ; [für Benutzer] guide *m (d'utilisation).*

Leit|motiv *das* leitmotiv *m.*

Leit|planke *die* glissière *f* de sécurité.

Leitung (*pl* -en) *die* - 1. *(ohne Pl)* [von Betrieb, Schule, Projekt] direction *f* ; **unter der ~ von jm** sous la direction de qqn - 2. [für Wasser, Gas] canalisation *f* - 3. [Kabel, für Telefon] ligne *f* - 4. *RW* : **eine lange ~ haben** *fam* être dur(e) à la détente.

Leitungs|rohr *das* conduite *f.*

Leitungs|wasser *das (ohne Pl)* eau *f* du robinet.

Lektion (*pl* -en) *die* leçon *f.*

Lektor, in (*mpl* -en ; *fpl* -nen) *der, die* lecteur *m*, -trice *f* ; [im Verlag] éditeur *m*, -trice *f.*

Lektüre (*pl* -en) *die* lecture *f.*

Lende (*pl* -n) *die* - 1. [Körpergegend] reins *mpl* - 2. [Fleisch] filet *m.*

lenken *vt* - 1. [Fahrzeug] conduire - 2. [Aufmerksamkeit, Verdacht] : **etw auf jn/etw ~** attirer qqch sur qqn/qqch - 3. [Verhandlung, Partei, Staat] diriger.

Lenker (*pl* -) *der* - 1. [Gegenstand] guidon *m* - 2. [Person] conducteur *m.*

Lenkerin (*pl* -nen) *die* conductrice *f.*

Lenk|rad *das* volant *m.*

Lenkung (*pl* -en) *die* [Lenkvorrichtung] direction *f.*

Leopard (*pl* -en) *der* léopard *m.*

Lepra *die (ohne Pl)* lèpre *f.*

Lerche (*pl* -n) *die* alouette *f.*

lernen ◇ *vt* - 1. [gen] apprendre ; **lesen/schreiben ~** apprendre à lire/écrire ; **Französisch/Englisch ~** apprendre le français/l'anglais - 2. [als Lehrling] faire son apprentissage de ◇ *vi* - 1. [Erfahrungen machen] : **aus etw ~** tirer des leçons de qqch - 2. [für Prüfung] réviser *(des cours)* - 3. [als Lehrling] être en apprentissage.

Lesbierin ['lɛsbiərɪn] (*pl* -nen) *die* lesbienne *f.*

lesbisch *adj* lesbien(enne).

lesen (*präs* **liest** ; *prät* **las** ; *perf* **hat gelesen**) ◇ *vt* - 1. [Geschriebenes] lire - 2. [Früchte] cueillir ; [Trauben] vendanger ◇ *vi* [erfassen] lire.

Leser (*pl* -) *der* lecteur *m.*

Leser|brief *der* lettre *f* d'un lecteur ODER d'une lectrice.

Leserin (*pl* -nen) *die* lectrice *f.*

leserlich ◇ *adj* lisible ◇ *adv* lisiblement.

Lese|zeichen *das* marque-page *m.*

Lettland *nt* Lettonie *f.*

Letzt ◈ **zu guter Letzt** *adv* finalement.

letzte, r, s *adj* dernier(ère) ; **~n Montag/Monat** lundi/le mois dernier.

Letzte (*pl* -n) ◇ *der, die* [Person] dernier *m*, -ère *f* ◇ *der* [Tag] dernier jour *m* ◇ *das* : **das ist das ~** *fam fig* c'est ce qui se fait de pire ; **bis ins ~** dans le moindre détail.

letztemal ▷ **Mal.**

letztendlich *adv* en fin de compte.

letztenmal ▷ **Mal.**

letztens *adv* - 1. [an letzter Stelle] en dernier lieu - 2. [vor kurzem] dernièrement.

letztere, r, s ◇ *adj* dernier(ère) ◇ *pron* : **Anja und Eva, ~ ist meine Schwester** Anja et Eva, cette dernière est ma sœur.

letztgenannte, r, s *adj* dernier ... (cité), dernière ... (citée).

letztlich *adv* en définitive, en fin de compte.

leuchten *vi* - 1. [Lichtquelle] luire - 2. [Augen, Meer] briller.

leuchtend ◇ *adj* brillant(e) ; [Farbe] lumineux(euse) ◇ *adv* : **~ rot/blau** rouge/bleu vif ; **~ grün/gelb** vert/jaune fluorescent.

Leuchter (*pl* -) *der* chandelier *m.*

Leucht|farbe *die* couleur *f* fluorescente.

Leucht|stift *der* surligneur *m.*

Leuchtstoff|röhre *die* tube *m* fluorescent.

Leucht|turm *der* phare *m.*

leugnen ◇ *vt* nier ; **er leugnet, diese Tat begangen zu haben** il nie avoir commis cet acte ◇ *vi* nier.

Leukämie *die (ohne Pl)* leucémie *f.*

Leute *pl* - 1. [Menschen] gens *mpl* ; **dreißig ~** trente personnes - 2. *RW* : **junge ~** jeunes *mpl* ; **etw unter die ~ bringen** *fam* propager qqch ; **unter (die) ~ gehen** *fam* voir du monde.

Leutnant (*pl* -s) *der* sous-lieutenant *m.*

Lexikon (*pl* -ka ODER -ken) *das* dictionnaire *m* encyclopédique.

Libanon *der* Liban *m* ; **im ~** au Liban.

Libelle (*pl* -n) *die* libellule *f.*

liberal ◇ *adj* libéral(e) ◇ *adv* [tolerant] avec libéralisme ; **~ gesinnt sein** avoir des opinions libérales.

Libyen *nt* Libye *f.*

Licht (*pl* -er) *das* - 1. *(ohne Pl)* [Helligkeit, elektrisch] lumière *f* ; **~ machen** allumer la lumière - 2. [Kerze] bougie *f* - 3. *RW* : **ans ~ kommen** être révélé(e) ; **grünes ~ geben** donner le feu vert ; **jn hinters ~ führen** duper qqn.

Licht|blick *der* rayon *m* de soleil.

lichten *vt* éclaircir. ◈ **sich lichten** *ref* s'éclaircir.

lichterloh *adv :* **~ brennen** flamber.
Licht|hupe *die* AUTO appel *m* de phares.
Licht|maschine *die* AUTO alternateur *m*.
Licht|schalter *der* interrupteur *m*.
lichtscheu *adj* [Tier] lucifuge.
Licht|schranke *die* barrage *m* photoélectrique.
Lichtschutz|faktor *der* indice *m* ODER coefficient *m* de protection.
Licht|strahl *der* rayon *m* lumineux.
Lichtung (*pl* **-en**) *die* clairière *f*.
Lid (*pl* **-er**) *das* paupière *f*.
Lid|schatten *der* ombre *f* à paupières.
lieb ◇ *adj* - **1.** [nett] gentil(ille) - **2.** [als Anrede] cher(ère) ◇ *adv* gentiment ; **am ~sten etw tun** préférer faire qqch ; *siehe auch* **lieb gewinnen ;** *siehe auch* **lieb haben.**
liebäugeln *vi :* **mit etw ~** caresser l'idée de faire qqch.
Liebe *die (ohne Pl)* amour *m ;* **aus ~ zu jm** par amour pour qqn ; **aus ~ zu etw** par amour de qqch ; **~ auf den ersten Blick** coup *m* de foudre.
Liebelei (*pl* **-en**) *die abw* amourette *f*.
lieben *vt* aimer. ◆ **sich lieben** *ref* - **1.** [lieb haben] s'aimer - **2.** [sexuell] faire l'amour.
liebenswert *adj* aimable.
liebenswürdig *adj* aimable.
Liebes|brief *der* lettre *f* d'amour.
Liebes|kummer *der* chagrin *m* d'amour.
Liebes|paar *das* couple *m* d'amoureux.
liebevoll ◇ *adj* affectueux(euse) ◇ *adv* avec amour.
lieb gewinnen *vt (unreg) :* **jn/etw ~** prendre qqn/qqch en affection.
lieb haben *vt (unreg)* aimer. ◆ **sich lieb haben** *ref* s'aimer.
Liebhaber (*pl* **-**) *der* - **1.** [Geliebter] amant *m* - **2.** [von Kunst, Musik] amateur *m*.
Liebhaberin (*pl* **-nen**) *die* amateur *m*.
Liebling (*pl* **-e**) *der* chéri *m*, -e *f*.
Lieblings|gericht *das* plat *m* préféré.
lieblos *adj & adv* sans amour.
Liebschaft (*pl* **-en**) *die* aventure *f*.
Liechtenstein *nt* Liechtenstein *m ;* **in ~** au Liechtenstein.
Lied (*pl* **-er**) *das* - **1.** [Melodie] chanson *f* - **2.** [Gedicht] chant *m*.
liederlich *adj* - **1.** [schlampig] négligé(e) - **2.** [unanständig] dissolu(e).
lief *prät* ▷ **laufen.**
Lieferant, in (*mpl* **-en ;** *fpl* **-nen**) *der, die* fournisseur *m*, -euse *f*.
lieferbar *adj* livrable.
liefern ◇ *vt* - **1.** [Ware] livrer - **2.** [Rohstoffe, Ernte, Beispiel] fournir - **3.** *RW :* **geliefert sein** *fam* être fichu(e) ◇ *vi* livrer.
Lieferung (*pl* **-en**) *die* [von Waren] livraison *f*.
Liefer|wagen *der* camionnette *f*.
Liege (*pl* **-n**) *die* chaise *f* longue.
liegen (*prät* **lag ;** *perf* **hat gelegen**) *vi* - **1.** [horizontal] être couché(e) ; **auf etw** *(D)* **hart/bequem ~** qqch est dur(e)/confortable - **2.** [angelehnt] : **an** ODER **auf etw** *(D)* **~** reposer sur qqch - **3.** [sich befinden - räumlich] se trouver ; **etw ~ lassen** laisser qqch ; **es liegt viel Schnee** il y a beaucoup de neige ; [- zeitlich] : **weit zurück ~** remonter loin ; [- in Reihenfolge] être placé(e) ; **an der Spitze/auf dem dritten Platz ~** être en tête/à la troisième place - **4.** [Talent] : **etw liegt jm** qqn est doué(e) pour qqch - **5.** [Schuld, Grund] : **etw liegt an jm/etw** qqn/qqch est la cause de qqch ; **es liegt an jm, ob** ça dépend de qqn si ; **jm liegt viel/wenig an etw** *(D)* qqch importe beaucoup/peu à qqn ; **jm liegt viel/wenig an jm** qqn estime beaucoup/n'estime pas beaucoup qqn.
liegen bleiben (*perf* **ist liegen geblieben**) *vi (unreg)* - **1.** [nicht aufstehen] rester couché(e) - **2.** [Schnee] tenir ; [Laub, Obst] ne pas être ramassé(e) - **3.** [vergessen werden] rester - **4.** [Arbeit] rester en souffrance - **5.** [mit Fahrzeug] être en panne.
liegen lassen (*perf* **hat liegen gelassen** ODER **-**) *vt (unreg)* - **1.** [nicht mitnehmen] laisser - **2.** [Arbeit] laisser en plan.
Liege|platz *der* mouillage *m*.
Liege|sitz *der* siège *m* rabattable (en couchette).
Liege|stuhl *der* chaise *f* longue.
Liege|stütz (*pl* **-e**) *der* SPORT pompe *f*.
Liege|wagen *der* voiture-couchettes *f*.
lieh *prät* ▷ **leihen.**
ließ *prät* ▷ **lassen.**
liest *präs* ▷ **lesen.**
Lift (*pl* **-e** ODER **-s**) *der* - **1.** [Aufzug] ascenseur *m* - **2.** *(Pl Lifte)* [Skilift] remontée *f* mécanique.
Likör (*pl* **-e**) *der* liqueur *f*.
lila ◇ *adj (unver)* (couleur) lilas ◇ *adv* en lilas.
Lila *das (ohne Pl)* lilas *m*.
Lilie ['li:li̯ə] (*pl* **-n**) *die* lis *m*.
Limit (*pl* **-s**) *das* limite *f*.
Limonade (*pl* **-n**) *die* limonade *f*.
Linde (*pl* **-n**) *die* tilleul *m*.
lindern *vt* soulager.
Lineal (*pl* **-e**) *das* règle *f*.
Linguistik *die (ohne Pl)* linguistique *f*.
Linie ['li:ni̯ə] (*pl* **-n**) *die* - **1.** [gen] ligne *f* - **2.** *RW :* **in erster/zweiter ~** en premier/deuxième lieu.

Linien|bus *der* autobus *m* ODER bus *m* de ligne.
Linien|flug *der* vol *m* régulier.
Linien|verkehr *der* trafic *m* régulier *(des transports en commun).*
link *adj fam abw* véreux(euse).
linke, r, s *adj* - **1.** [Seite] gauche - **2.** [politisch] de gauche.
Linke (*pl* **-n**) ◇ *die* - **1.** *(ohne Pl)* [Hand] gauche *f* ; **mit der ~n** de la main gauche - **2.** POL gauche *f* ◇ *der, die* [Person] homme de gauche *m*, femme de gauche *f*.
linkisch *adj* gauche.
links ◇ *adv* - **1.** [zur Angabe der Seite, der Richtung] à gauche ; **~ von jm/etw** à gauche de qqn/qqch ; **nach/von ~** vers la/de la gauche ; **nach ~ fahren** tourner à gauche ; **etw mit ~ machen** *fam fig* faire qqch les doigts dans le nez - **2.** [politisch] à gauche ◇ *präp (+ G)* à gauche de.
Linksabbieger (*pl* -) *der* véhicule *m* qui tourne à gauche.
Links|außen (*pl* **Linksaußen**) *der* ailier *m* gauche.
linksextrem ◇ *adj* d'extrême gauche ◇ *adv* : **~ denken** avoir des opinions d'extrême gauche.
Links|extremist, in *der, die* extrémiste *mf* de gauche.
linksgerichtet *adj* de gauche.
Linkshänder, in (*mpl* - ; *fpl* **-nen**) *der, die* gaucher *m*, -ère *f*.
linksherum *adv* - **1.** [nach links] vers la gauche - **2.** [falsch herum] à l'envers.
Links|kurve *die* tournant *m* ODER virage *m* à gauche.
linksradikal *adj* d'extrême gauche.
Links|radikale *der, die* extrémiste *mf* de gauche.
linksseitig *adj & adv* du côté gauche.
Links|verkehr *der* conduite *f* à gauche.
Linse (*pl* **-n**) *die* lentille *f*.
Lippe (*pl* **-n**) *die* lèvre *f*.
Lippen|stift *der* rouge *m* à lèvres.
lispeln *vi* zézayer.
Lissabon *nt* Lisbonne.
List (*pl* **-en**) *die* ruse *f*.
Liste (*pl* **-n**) *die* liste *f* ; **eine ~ aufstellen** dresser une liste.
listig ◇ *adj* rusé(e) ◇ *adv* avec ruse.
Litauen *nt* Lituanie *f*.
Litauer, in (*mpl* - ; *fpl* **-nen**) *der, die* Lituanien *m*, -enne *f*.
litauisch *adj* lituanien(enne).
Liter (*pl* -) *der* ODER *das* litre *m*.
literarisch ◇ *adj* littéraire ◇ *adv* [Literatur betreffend] : **~ interessiert sein** s'intéresser à la littérature.
Literatur (*pl* **-en**) *die* littérature *f*.
Literatur|wissenschaft *die* lettres *fpl*.
Liter|flasche *die* bouteille *f* d'un litre.
Litfass|säule *die* ≃ colonne *f* Morris.
litt *prät* ▷ **leiden.**
Lizenz (*pl* **-en**) *die* licence *f*.
Lkw, LKW [ɛlkaːˈveː] (*pl* **-s**) *der abk für* **Lastkraftwagen.**
Lob *das* [von Menschen] éloge *m* ; [von Gott] louange *f*.
loben *vt* : **jn/etw ~** faire l'éloge de qqn/qqch.
lobenswert *adj* louable.
löblich *adj* louable.
Loch (*pl* **Löcher**) *das* trou *m*.
lochen *vt* perforer ; [Fahrkarten] poinçonner.
Locher (*pl* -) *der* perforateur *m*.
löchern *vt fam* tanner.
löchrig *adj* percé(e).
Locke (*pl* **-n**) *die* boucle *f* (de cheveux) ; **~n haben** avoir les cheveux bouclés ODER frisés.
locken *vt* - **1.** [anlocken] attirer - **2.** [Haare] friser.
Lockenwickler (*pl* -) *der* bigoudi *m*.
locker ◇ *adj* - **1.** [nicht fest - Schraube, Nagel] desserré(e) ; [- Zahn] qui se déchausse ; [- Seil] lâche - **2.** [zwanglos - Beziehung] libre ; [- Haltung] relâché(e) ; [- Einstellung] coulant(e) - **3.** [Erde] meuble - **4.** *fam* [Lebenswandel] léger(ère) ◇ *adv* - **1.** [nicht fest] sans serrer ; **~ sitzen** ne pas être serré(e) - **2.** [zwanglos] sans fermeté.
locker|lassen *vi (unreg) fam* : **nicht ~** ne pas en démordre.
lockern *vt* - **1.** [locker machen] desserrer - **2.** [Gesetze, Vorschriften] assouplir - **3.** [Erde] ameublir. ◆ **sich lockern** *ref* - **1.** [lose werden - Schraube, Seil] se desserrer ; [- Zahn] se déchausser ; [- Bremsen] se relâcher - **2.** [sich entspannen] se relâcher.
lockig *adj* bouclé(e).
Lock|vogel *der* appât *m*.
lodern *vi* flamber.
Löffel (*pl* -) *der* cuillère *f*, cuiller *f*.
löffeln *vt* manger à la cuillère.
log *prät* ▷ **lügen.**
Logarithmus (*pl* **-men**) *der* MATH logarithme *m*.
Loge [ˈloːʒə] (*pl* **-n**) *die* loge *f*.
Logik *die (ohne Pl)* logique *f*.
logisch ◇ *adj* logique ◇ *adv* de façon logique.
Lohn (*pl* **Löhne**) *der* - **1.** [Bezahlung] salaire *m* - **2.** *(ohne Pl)* [Belohnung] récompense *f*.
lohnen *vt* [rechtfertigen] valoir la peine que *(+ subjonctif)* ; **das alte Haus lohnt keine**

Reparatur mehr la vieille maison ne vaut pas la peine qu'on la rénove. ◆ **sich lohnen** *ref* valoir la peine.

lohnend *adj* payant(e).

Lohn|gruppe *die* tranche *f* de salaire.

Lohn|steuer *die impôt sur les salaires.*

Lohnsteuerjahres|ausgleich *der ajustement du montant imposable.*

Lohnsteuer|karte *die fiche du contribuable permettant le prélèvement de l'impôt sur les salaires.*

Lok (*pl* **-s**) *die* locomotive *f.*

lokal *adj* local(e).

Lokal (*pl* **-e**) *das* café *m*, café-restaurant *m.*

> **Lokal**
>
> L'allemand **Lokal** ne se traduit pas par « local » mais par « café ». On traduira donc la phrase **Abends waren wir noch in einem netten Lokal** par « Et le soir on a été dans un café sympathique ».
> Le français « local » correspond à l'allemand **Raum**, comme le montre l'exemple suivant « Nous avons besoin d'un petit local pour ranger les outils » que l'on traduira par **Wir brauchen einen kleinen Raum für das Werkzeug**.

Lokalnachrichten *pl* nouvelles *fpl* locales.

Lokomotive (*pl* **-n**) *die* locomotive *f.*

London *nt* Londres.

Londoner, in (*mpl* **-** ; *fpl* **-nen**) *der, die* Londonien *m*, -enne *f.*

Lorbeer (*pl* **-en**) *der* [Gewürz] laurier *m.* ◆ **Lorbeeren** *pl* [Ruhm] lauriers *mpl.*

Lorbeer|blatt *das* feuille *f* de laurier.

los ◇ *adj* **- 1.** [lose] défait(e), lâche **- 2.** *RW* : **jn/etw ~ sein** *fam* être débarrassé(e) de qqn/qqch ; **es ist viel ~** *fam* il se passe des tas de choses ; **es ist wenig/nichts ~** il ne se passe pas grand-chose/rien ; **was ist ~?** *fam* qu'est-ce qui se passe? ◇ *adv* **- 1.** [Ausdruck der Ungeduld] allez **- 2.** [Kommando] : **los!** partez!

Los (*pl* **-e**) *das* **- 1.** [Losentscheid] tirage *m* au sort **- 2.** [in der Lotterie] billet *m* de loterie. ◆ **große Los** *das* gros lot *m.*

lösbar *adj* qui peut être résolu(e).

los|binden *vt (unreg)* détacher.

löschen *vt* **- 1.** [Feuer, Kerze] éteindre **- 2.** [tilgen - Schuld] éteindre ; [- Konto] fermer ; [- Hypothek] radier **- 3.** [Daten, Kassette, Aufnahme] effacer.

Löschen *das (ohne Pl)* **- 1.** [von Feuer] extinction *f* **- 2.** [Tilgung - von Schuld] extinction *f* ; [- von Hypothek] radiation *f* ; [- von Konto] fermeture *f* **- 3.** [von Daten, Tonträgern] effacement *m.*

Lösch|papier *das (ohne Pl)* papier *m* buvard, buvard *m.*

lose ◇ *adj* **- 1.** [locker] branlant(e) ; [Knopf] qui se découd ; [Knoten] lâche **- 2.** [Blätter, Seiten] volant(e) **- 3.** [Mundwerk, Reden] frivole **- 4.** [unverpackt] en vrac ◇ *adv* [sitzen, befestigt] sans être serré(e) ; [hängen] mollement.

Löse|geld *das* rançon *f.*

losen *vi* : **(um etw) ~** tirer (qqch) au sort.

lösen *vt* **- 1.** [aufmachen] défaire ; [Schraube, Bremse] desserrer **- 2.** [abmachen] : **etw (von** ODER **aus etw) ~** enlever qqch (de qqch) **- 3.** [Problem, Aufgabe, Rätsel] résoudre **- 4.** [Vertrag] résilier ; [Verlobung] rompre **- 5.** [Fahrkarte, Eintrittskarte] prendre **- 6.** [auflösen] dissoudre. ◆ **sich lösen** *ref* **- 1.** [sich lockern] se détacher ; [Knoten, Last] se défaire ; [Tapete, Briefmarke] se décoller ; [Schuss] partir ; [Schraube] se dévisser ; [Lawine] se déclencher **- 2.** [sich auflösen] se dissoudre **- 3.** [Problem, Frage] se résoudre.

los|fahren (*perf* **ist losgefahren**) *vi (unreg)* partir.

los|gehen (*perf* **ist losgegangen**) *vi (unreg)* **- 1.** [Person] partir **- 2.** [Veranstaltung] commencer **- 3.** *RW* : **auf jn ~** se jeter sur qqn ; **auf ein Ziel ~** aller droit au but.

los|kommen (*perf* **ist losgekommen**) *vi (unreg)* partir ; **von jm ~** se débarrasser de qqn ; **von etw ~** se libérer de qqch ; **von jm/etw nicht ~** ne pas parvenir à se détacher de qqn/qqch.

los|lassen *vt (unreg)* **- 1.** [Person, Tier, Gegenstand] lâcher **- 2.** [Schrei, Fluch] laisser échapper **- 3.** [Subj : Gedanke, Plan, Problem] : **der Gedanke lässt mich nicht mehr los** cette idée ne me lâche plus.

los|legen *vi fam* : **mit etw ~** attaquer qqch.

löslich *adj* soluble.

los|machen *vt* détacher. ◆ **sich losmachen** *ref fam* se libérer.

Losung (*pl* **-en**) *die* **- 1.** [Motto] mot *m* d'ordre **- 2.** [Kennwort] mot *m* de passe.

Lösung (*pl* **-en**) *die* **- 1.** [gen] solution *f* **- 2.** [von Ehe, Bündnis] dissolution *f.*

Lösungs|mittel *das* solvant *m.*

los|werden (*perf* **ist losgeworden**) *vt (unreg) fam* **- 1.** [Person] se débarrasser de **- 2.** [Vermögen] perdre **- 3.** [sich befreien können] : **etw nicht ~** ne pas pouvoir se débarrasser de qqch **- 4.** [verkaufen] se défaire de.

Lot (*pl* **-e**) *das* **- 1.** [Senkblei] fil *m* à plomb **- 2.** MATH perpendiculaire *f.*

löten *vt* souder.

Lothringen *nt* Lorraine *f.*
Lotion [lo'tsioːn] (*pl* **-en**) *die* lotion *f.*
Lotse (*pl* **-n**) *der* pilote *m.*
lotsen *vt* piloter.
Lotterie [lɔtə'riː] (*pl* **-n**) *die* loterie *f.*
Lotto (*pl* **-s**) *das* loto *m* ; **im ~ gewinnen** gagner au loto.
Lotto|schein *der* bulletin *m* de loto.
Loveparade ['lavpərɛid] *die (ohne pl) grande fête de la musique techno à Berlin sous la forme d'un long défilé de chars de carnaval.*
Löwe (*pl* **-n**) *der* **- 1.** [Tier] lion *m* **- 2.** ASTROL Lion *m.*
Löwen|zahn *der (ohne Pl)* pissenlit *m.*
Löwin (*pl* **-nen**) *die* lionne *f.*
Luchs [lʊks] (*pl* **-e**) *der* lynx *m.*
Lücke (*pl* **-n**) *die* **- 1.** [leerer Raum] espace *m* ; [im Gebiss] trou *m* **- 2.** [Mangel] lacune *f.*
lückenhaft ◇ *adj* lacunaire ; [Gedächtnis] déficient(e) ◇ *adv* de manière lacunaire.
lud *prät* ▷ **laden.**
Luft (*pl* **Lüfte**) *die* **- 1.** *(ohne Pl)* [gen] air *m* ; **die ~ anhalten** retenir son souffle ; **~ holen** inspirer ; **frische ~ schöpfen** prendre l'air ; **nach ~ schnappen** chercher à respirer **- 2.** *(ohne Pl)* [Platz] place *f* **- 3.** *RW* : **die ~ ist rein** *fam* la voie est libre ; **etw liegt in der ~** *fam* qqch est dans l'air ; **in die ~ gehen** *fam* exploser ; **jm bleibt die ~ weg** *fam* qqn est sidéré(e) ; **~ holen** *fam* reprendre son souffle.
Luftan|griff *der* attaque *f* aérienne.
Luft|ballon *der* ballon *m* (gonflable).
Luft|brücke *die* pont *m* aérien.
luftdicht ◇ *adj* hermétique ◇ *adv* hermétiquement.
Luft|druck *der (ohne Pl)* pression *f* atmosphérique.
lüften ◇ *vt* **- 1.** [Zimmer, Wäsche] aérer **- 2.** [Geheimnis] dévoiler ◇ *vi* [Luft hereinlassen] aérer.
Luft|fahrt *die (ohne Pl)* aviation *f.*
luftig ◇ *adj* **- 1.** [Kleidung] léger(ère) **- 2.** [Raum] aéré(e) ◇ *adv* [gekleidet] légèrement.
Luft|linie *die (ohne Pl)* : **es sind 500 km ~** ça fait 500 km à vol d'oiseau.
Luft|matratze *die* matelas *m* gonflable.
Luft|pirat, in *der, die* pirate *m* de l'air.
Luft|post *die (ohne Pl)* poste *f* aérienne ; **mit** ODER **per ~** par avion.
Luft|pumpe *die* pompe *f* à air.
Luft|röhre *die* trachée *f*, trachée-artère *f.*
Luft|schlange *die* serpentin *m.*
Luft|schloss *das* château *m* en Espagne.
Lüftung (*pl* **-en**) *die* **- 1.** [Gerät] ventilation *f* **- 2.** [Handlung] aération *f.*
Luft|verkehr *der (ohne Pl)* trafic *m* aérien.
Luft|verschmutzung *die* pollution *f* de l'air.
Luft|waffe *die (ohne Pl)* armée *f* de l'air.
Luft|zug *der (ohne Pl)* courant *m* d'air.
Lüge (*pl* **-n**) *die* mensonge *m.*
lügen (*prät* **log** ; *perf* **hat gelogen**) *vi* mentir.
Lügner, in (*mpl* **-** ; *fpl* **-nen**) *der, die* menteur *m*, -euse *f.*
Lümmel (*pl* **-**) *der fam* **- 1.** [Kind] coquin *m*, -e *f* **- 2.** [Rüpel] goujat *m.*
lümmeln ◆ **sich lümmeln** *ref fam abw* se vautrer.
Lump (*pl* **-en**) *der* gredin *m.*
Lumpen (*pl* **-**) *der* chiffon *m.* ◆ **Lumpen** *pl* guenilles *fpl.*
Lunge (*pl* **-n**) *die* poumons *mpl.*
Lungenent|zündung *die* pneumonie *f.*
Lunte (*pl* **-n**) *die* mèche *f.*
Lupe (*pl* **-n**) *die* loupe *f* ; **jn unter die ~ nehmen** *fam fig* avoir qqn à l'œil ; **etw unter die ~ nehmen** passer qqch au crible.
Lust (*pl* **Lüste**) *die* **- 1.** *(ohne Pl)* [Bedürfnis, Begierde] envie *f* ; **~ haben, etw zu tun** avoir envie de faire qqch ; **(keine) ~ auf etw** *(A)* **haben** (ne pas) avoir envie de qqch ; **nach ~ und Laune** à mon ODER ton ODER son etc gré **- 2.** *(ohne Pl)* [Freude] plaisir *m.*
lüstern ◇ *adj* concupiscent(e) ◇ *adv* avec concupiscence.
lustig ◇ *adj* **- 1.** [Mensch, Geschichte, Film] amusant(e) **- 2.** [Abend] gai(e) ◇ *adv* **- 1.** [fröhlich] de manière amusante **- 2.** [munter] gaiement **- 3.** *RW* : **sich über jn/etw ~ machen** se moquer de qqn/qqch.
lustlos *adj & adv* sans entrain.
lutherisch *adj* luthérien(enne).
lutschen *fam* ◇ *vt* sucer ◇ *vi* : **an etw** *(D)* **~** sucer qqch.
Lutscher (*pl* **-**) *der* sucette *f.*
Luxemburg *nt* Luxembourg *m* ; **in ~** au Luxembourg.
Luxemburger (*pl* **-**) ◇ *der* Luxembourgeois *m* ◇ *adj (unver)* luxembourgeois(e).
Luxemburgerin (*pl* **-nen**) *die* Luxembourgeoise *f.*
luxemburgisch *adj* luxembourgeois(e).
luxuriös ◇ *adj* luxueux(euse) ◇ *adv* avec luxe.
Luxus *der (ohne Pl)* luxe *m.*
Luzern *nt* Lucerne.
Lyrik *die (ohne Pl)* lyrisme *m*, genre *m* lyrique.
lyrisch *adj* lyrique.

M

m, M [ɛm] (*pl* - ODER **-s**) *das* m *m inv*, M *m inv*.
◆ **m** (*abk für* **Meter**) m.

MA *abk für* **Mittelalter**.

Maas *die* Meuse *f*.

machbar *adj* faisable.

machen ◇ *vt* - **1.** [gen] faire ; **jm etw ~** faire qqch à qqn ; **etw aus etw ~** [herstellen] faire qqch avec qqch ; **das macht drei Euro** ça fait trois euros ; **jn zu jm/etw ~** faire de qqn qqn/qqch ; **etw aus jm/etw ~** [verwandeln] faire qqch de qqn/qqch ; **aus einer Hütte einen Palast ~** faire d'une cabane un palais ; **etw macht jm/einer Sache etw** qqch fait qqch à qqn/qqch ; **das macht nichts** cela ne fait rien ; **jn ~ lassen** laisser faire qqn ; **sich** *(D)* **etw ~ lassen** se faire faire qqch ; **wo macht ihr Urlaub?** où passez-vous vos vacances? - **2.** [Gefühl] faire ; [Hunger, Durst] donner - **3.** *fam* [reparieren] réparer ; **etw ~ lassen** faire réparer qqch - **4.** [erreichen - Prüfung, Diplom] passer ; [- Punkte, Tor, Preis] obtenir - **5.** [Kurs, Lehrgang] suivre - **6.** [bewirken] rendre ; **jn glücklich/traurig/bekannt ~** rendre qqn heureux(euse)/triste/célèbre ; **jn wütend ~** mettre qqn en colère ; **das macht die Hitze/das Rauchen** c'est la chaleur/le tabac - **7.** [erscheinen lassen] : **(jn) schlank/dick/alt/jung ~** amincir/grossir/vieillir/rajeunir (qqn) - **8.** *RW* : **da ist nichts zu ~** il n'y a rien à faire ; **das macht (ja) nichts** ça ne fait rien ; **es nicht mehr lange ~** ne plus durer longtemps ; **etw nicht mit sich ~ lassen** ne pas accepter qqch ; **für etw wie gemacht sein** être fait pour qqch ; **für jn nichts ~ können** ne rien pouvoir faire pour qqn ; **etwas aus sich ~** faire quelque chose de soi ; **sich** *(D)* **nichts aus etw ~** ne pas être amateur de qqch ; **sowas macht man nicht!** ça ne se fait pas! ; **machs gut!** bonne chance! ◇ *vi* - **1.** [bewirken] : **~, dass** faire que - **2.** *fam* [sich verstellen] : **auf etw** *(A)* **~** faire qqch ; **auf dumm/elegant ~** faire l'imbécile/l'élégant(e) - **3.** *RW* : **na, mach schon!** *fam* grouille-toi un peu! ◆ **sich machen** *ref* - **1.** *fam* [sich entwickeln - Personen] s'arranger ; [- Sache] avancer - **2.** [anfangen mit] : **sich an etw** *(A)* **~** se mettre à qqch ; **sich an eine Arbeit ~** s'atteler à un travail - **3.** [js Rolle übernehmen] : **sich zu etw ~** se faire qqch - **4.** [werden] : **sich beliebt/verständlich ~** se faire aimer/comprendre ; **sich wichtig ~** faire l'important - **5.** [passen] : **sich zu etw gut ~** bien aller avec qqch.

Machenschaft (*pl* **-en**) *die abw* intrigue *f*.

Macht (*pl* **Mächte**) *die* - **1.** *(ohne Pl)* [gen] pouvoir *m* ; **an der ~ sein** être au pouvoir - **2.** [Staat] puissance *f* - **3.** *(ohne Pl)* [Kraft] force *f*.

Machthaber, in (*mpl* **-** ; *fpl* **-nen**) *der, die* détenteur *m*, -trice *f* du pouvoir.

mächtig ◇ *adj* - **1.** [gen] puissant(e) - **2.** [Gefühl, Baum, Berg] énorme ◇ *adv* [enorm] énormément.

machtlos *adj* impuissant(e) ; **gegen etw ~ sein** être impuissant face à qqch.

Macht|probe *die* épreuve *f* de force.

Machtwort (*pl* **-e**) *das* : **ein ~ sprechen** faire acte d'autorité.

Macke (*pl* **-n**) *die fam* - **1.** [Tick] lubie *f* - **2.** [Fehler] défaut *m*.

Madagaskar *nt* Madagascar *m*.

Mädchen (*pl* **-**) *das* - **1.** [gen] fille *f* - **2.** [Hausangestellte] bonne *f*.

Mädchen|name *der* nom *m* de jeune fille.

Made (*pl* **-n**) *die* ver *m*.

madig *adj* véreux(euse) ; **jm etw ~ machen** *fam fig* gâcher qqch à qqn.

Madonna (*pl* **Madonnen**) *die* madone *f*.

Madrid *nt* Madrid.

mag *präs* ▷ **mögen**.

Magazin (*pl* **-e**) *das* - **1.** [Illustrierte] magazine *m* - **2.** [Lager] entrepôt *m* - **3.** [für Patronen] chargeur *m*.

Magd (*pl* **Mägde**) *die* servante *f*.

Magdeburg *nt* Magdebourg.

Magen (*pl* **Mägen** ODER **-**) *der* estomac *m* ; **etw schlägt jm auf den ~** *fam* qqch détraque l'estomac de qqn ; **sich** *(D)* **den ~ verderben** se détraquer l'estomac ; **jm knurrt der ~** *fam fig* le ventre de qqn gargouille.

Magenbeschwerden *pl* maux *mpl* d'estomac.

Magen|geschwür *das* ulcère *m* à ODER de l'estomac.

Magen|schmerzen *pl* maux *mpl* d'estomac.

mager ◇ *adj* maigre ◇ *adv* [fettarm] : **~ essen** éviter les graisses.

Mager|milch *die (ohne Pl)* lait *m* écrémé.

magersüchtig *adj* anorexique.

Magie [ma'giː] *die (ohne Pl)* magie *f*.

magisch ◇ *adj* magique ◇ *adv* : **~ anziehen** exercer un attrait magique.

Magister (*pl* **-**) *der* UNI - **1.** [Titel] ≃ maîtrise *f* - **2.** [Person] ≃ titulaire *mf* d'une maîtrise.

Magnesium *das (ohne Pl)* magnésium *m*.

Magnet (*pl* **-e** ODER **-en**) *der* aimant *m*.

magnetisch <> *adj* magnétique <> *adv* par magnétisme ; *fig* comme un aimant.
Mahagoni *das (ohne Pl)* acajou *m.*
mähen <> *vt* [Rasen] tondre ; [Getreide] faucher <> *vi* - **1.** [mit Mäher] tondre ; [mit Sense] faucher - **2.** [Schaf] bêler.
mahlen *vt & vi* moudre.
Mahl|zeit *die* repas *m.* ◆ **Mahlzeit!** *interj* bon appétit!
Mähne (*pl* **-n**) *die* crinière *f.*
mahnen <> *vt* - **1.** [ermahnen] avertir ; **jn zu etw ~** exhorter qqn à qqch - **2.** [erinnern] : **jn an etw** *(A)* **~** rappeler qqch à qqn <> *vi* [ermahnen] : **zu etw ~** inciter à qqch.
Mahn|mal *das* monument *m* commémoratif.
Mahnung (*pl* **-en**) *die* - **1.** [Handlung] exhortation *f* - **2.** [Brief] avertissement *m*, lettre *f* de rappel.
Mai *der (ohne Pl)* mai *m.* ◆ **Erste Mai** *der* : **der Erste ~** le Premier Mai ; *siehe auch* **September.**
Mai|glöckchen (*pl* **-**) *das* muguet *m.*
Mai|käfer *der* hanneton *m.*
Mailand *nt* Milan.
Mailbox (*pl* **-en**) *die* EDV boîte *f* aux lettres électronique.
Main *der* Main *m.*
Mainz *nt* Mayence.
Mais *der (ohne Pl)* maïs *m.*
Mais|kolben *der* épi *m* de maïs.
Majestät (*pl* **-en**) *die* majesté *f.*
majestätisch <> *adj* majestueux(euse) <> *adv* majestueusement.
Majonäse [majɔ'nɛːzə], **Mayonnaise** (*pl* **-n**) *die* mayonnaise *f.*
Major (*pl* **-e**) *der* commandant *m.*
Majoran *der (ohne Pl)* marjolaine *f.*
makaber *adj* macabre.
makellos <> *adj* - **1.** [tadellos] irréprochable - **2.** [fehlerfrei] parfait(e), impeccable <> *adv* - **1.** [tadellos] de façon irréprochable - **2.** [einwandfrei] impeccablement.
Make-up [meːk'|ap] (*pl* **-s**) *das* - **1.** [Schminken] maquillage *m* - **2.** [Creme] fond *m* de teint.
Makkaroni *pl* macaronis *mpl.*
Makler (*f* **-in** ; *mpl* **-** ; *fpl* **-nen**) *der, die* [an Börse] agent *m* de change ; [für Immobilien] agent *m* immobilier.
Makrele (*pl* **-n**) *die* maquereau *m.*
mal <> *adv fam* - **1.** [für Vergangenes] autrefois ; [für Zukünftiges] un jour - **2.** [als Aufforderung] : **hör mir ~ gut zu!** écoute-moi bien! ; **beruhig dich ~!** calme-toi un peu! ; **sag ~!** dis donc! ; **hör ~!** écoute un peu! - **3.** [zur Verstärkung eines Adverbs] : **vielleicht ~** peut-être bien ; **gerade ~** tout juste - **4.** [einmal] : **~ so, ~ so** tantôt comme ci, tantôt comme ça <> *konj* : **zwei ~ zwei** deux fois deux.
Mal (*pl* **-e** ODER **Mäler**) *das (Pl Male)* [Zeitpunkt] fois *f* ; **das letzte ~** la dernière fois ; **mit einem ~(e)** tout d'un coup ; **von ~ zu ~** d'une fois sur l'autre ; **beim ersten/letzten ~** la première/dernière fois ; **zum ersten/letzten ~** pour la première/dernière fois ; **jedes ~** chaque fois.
Malaria *die (ohne Pl)* MED malaria *f*, paludisme *m.*
Mal|buch *das* livre *m* de coloriage.
malen *vt & vi* peindre.
Maler (*pl* **-**) *der* peintre *m.*
Malerei (*pl* **-en**) *die* peinture *f.*
Malerin (*pl* **-nen**) *die* - **1.** [Künstlerin] artiste *f* peintre - **2.** [Handwerkerin] femme *f* peintre.
malerisch <> *adj* [idyllisch] pittoresque <> *adv* [schön] : **~ gelegen** situé(e) dans un cadre adorable.
mal|nehmen *vt (unreg)* : **etw mit etw ~** multiplier qqch par qqch.
malochen *vi* trimer.
Malta *nt* Malte ; **auf ~** à Malte.
Malteser Hilfs|dienst *der (ohne Pl) organisation de secouristes bénévoles intervenant en cas de sinistres.*
Malz *das (ohne Pl)* malt *m.*
Malz|bier *das* bière *f* de malt *(peu alcoolisée).*
Mama (*pl* **-s**) *die fam* maman *f.*
man *pron* on ; **~ muss etw tun** il faut faire qqch ; **das tut ~ nicht** ça ne se fait pas.
manche, r, s <> *pron* - **1.** [einige] certains - **2.** [viele] beaucoup ; **manch einer** d'aucuns <> *det* - **1.** [einzelne] certains - **2.** [viele] beaucoup de ; **~s Mal** souvent. ◆ **so manche, r s** <> *pron* quelques uns <> *det* plusieurs.
manchmal *adv* parfois.
Mandarine (*pl* **-n**) *die* mandarine *f.*
Mandat (*pl* **-e**) *das* mandat *m.*
Mandel (*pl* **-n**) *die* amande *f.* ◆ **Mandeln** *pl* MED amygdales *fpl.*
Mandelent|zündung *die* amygdalite *f.*
Manege [ma'neːʒə] (*pl* **-n**) *die* manège *m.*
Mangel (*pl* **Mängel**) *der* - **1.** *(ohne Pl)* [Zustand] manque *m* ; **aus ~ an etw** *(D)* par manque de qqch ; **es herrscht ~ an etw** *(D)* il y a pénurie de qqch - **2.** *(ohne Pl)* [Not] privations *fpl* - **3.** [Fehler] défaut *m.*
Mangel|erscheinung *die* symptôme *m* de carence.
mangelhaft <> *adj* insuffisant(e) <> *adv* de manière insuffisante.
mangeln *vi* : **jm mangelt etw, es mangelt**

jm an etw *(D)* qqn manque de qqch ; **es mangelt an etw** *(D)* on manque de qqch.

mangelnd *adj* déficient(e).

mangels *präp* : ~ **einer Sache** *(G)* faute de qqch.

Mangel|ware *die (ohne Pl)* : ~ **sein** *eigtl & fig* être une denrée rare.

Mango (*pl* **-s**) *die* mangue *f*.

Manie (*pl* **-n**) *die* manie *f*.

Manier *die (ohne Pl)* manière *f*. ◆ **Manieren** *pl* manières *fpl*.

Manila *nt* Manille.

manisch *adj* MED maniaque.

Manko (*pl* **-s**) *das* - **1.** [Nachteil] lacune *f* - **2.** WIRTSCH [Geldsumme] déficit *m*.

Mann (*pl* **Männer** ODER **Leute** ODER **-en**) *der* - **1.** *(Pl Männer)* [Erwachsener] homme *m* ; **von ~ zu ~** d'homme à homme - **2.** *(Pl Männer)* [Ehemann] mari *m* - **3.** *(Pl Männer, Leute)* [Angestellter] homme *m* - **4.** *(Pl Mannen, Männer)* [eines Königs] fidèle *m* - **5.** *RW* : **seinen ~ stehen** se montrer à la hauteur. ◆ **alle Mann** *pron fam* tout le monde. ◆ **kleine Mann** *der fam* : **der kleine ~** le commun des mortels. ◆ **Mann!** *interj fam* nom d'une pipe! ◆ **oh Mann!** *interj fam* mon Dieu!

Männchen (*pl* -) *das* - **1.** [Tier] mâle *m* - **2.** *fam* [kleiner Mann] petit bonhomme *m*.

männlich ◇ *adj* - **1.** [Lebewesen] mâle - **2.** [viril] viril(e) - **3.** [zum Mann gehörig, grammatisch] masculin(e) ◇ *adv* [viril] en homme.

Mannschaft (*pl* **-en**) *die* - **1.** [beim Sport] équipe *f* - **2.** [von Schiff, Flugzeug] équipage *m* - **3.** [militärisch] troupe *f*. ◆ **vor versammelter Mannschaft** *adv fam* devant tout le monde.

Mannschafts|geist *der (ohne Pl)* esprit *m* d'équipe.

Mannschafts|sport *der (ohne Pl)* sport *m* d'équipe.

Manöver [ma'nøːvɐ] (*pl* -) *das* manœuvre *f*.

manövrieren ◇ *vt* - **1.** [Fahrzeug] manœuvrer - **2.** [führen] : **jn in eine Position ~** intriguer pour placer qqn ◇ *vi* [vorgehen] manœuvrer. ◆ **sich manövrieren** *ref* [sich führen] se mettre dans une position.

Manschetten|knopf *der* bouton *m* de manchette.

Mantel (*pl* **Mäntel**) *der* - **1.** [Kleidungsstück] manteau *m* - **2.** [technisch] gaine *f*.

Mantel|tarif *der* convention *f* collective *(stipulant les conditions de travail)*.

manuell ◇ *adj* manuel(elle) ◇ *adv* manuellement.

Manuskript (*pl* **-e**) *das* manuscrit *m*.

Mappe (*pl* **-n**) *die* - **1.** [Hülle] chemise *f* - **2.** [Tasche] serviette *f*.

Maracuja (*pl* **-s**) *die* fruit *m* de la passion.

Marathon (*pl* **-s**) *der* SPORT marathon *m*.

Marathon|läufer, in *der, die* marathonien *m*, -enne *f*.

Märchen (*pl* -) *das* - **1.** [Erzählung] conte *m* (de fée) - **2.** [Lüge] histoire *f*.

märchenhaft ◇ *adj* - **1.** [sagenhaft, zauberhaft] féerique - **2.** [unglaublich] fabuleux(euse) ◇ *adv* - **1.** [wunderbar] merveilleusement - **2.** [unglaublich] fabuleusement.

Marder (*pl* -) *der* martre *f*.

Margarine *die (ohne Pl)* margarine *f*.

Margerite (*pl* **-n**) *die* marguerite *f*.

Mariä Himmel|fahrt *(ohne Artikel, ohne Pl)* Assomption *f*.

Marien|käfer *der* coccinelle *f*.

Marihuana *das (ohne Pl)* marihuana *f*, marijuana *f*.

Marinade (*pl* **-n**) *die* - **1.** [zum Einlegen] marinade *f* - **2.** [Salatsoße] vinaigrette *f*.

Marine *die (ohne Pl)* MIL marine *f*.

marineblau ◇ *adj* bleu marine ◇ *adv* en bleu marine.

marinieren *vt* mariner.

Marionette (*pl* **-n**) *die* marionnette *f*.

Mark (*pl* -) ◇ *die (G Mark)* mark *m* ; **eine ~ fünfzig** un mark cinquante ; **keine müde ~** *fig* pas un sou ◇ *das (G Mark(e)s) (ohne Pl)* - **1.** [in Knochen] moelle *f* ; **etw geht jm durch ~ und Bein** *fig* qqch prend qqn aux tripes - **2.** [aus Obst, Gemüse] concentré *m*.

markant *adj* caractéristique.

Marke (*pl* **-n**) *die* - **1.** [Fabrikmarke] marque *f* - **2.** [Briefmarke] timbre *m* - **3.** [von Hund, Polizist] plaque *f* - **4.** [für Garderobe, Lebensmittel] ticket *m* ; [für Spiel] jeton *m* - **5.** *fam* [Person] type *m*.

Marken|artikel *der* produit *m* de marque.

Marken|zeichen *das* marque *f*.

markieren ◇ *vt* - **1.** [kennzeichnen] marquer ; [Weg, Text] baliser ; **mit einem Leuchtstift ~** surligner - **2.** *fam* [vortäuschen] : **den Ahnungslosen ~** faire l'innocent ◇ *vi fam* [vortäuschen] faire semblant.

Markise (*pl* **-n**) *die* store *m*.

Mark|stück *das* pièce *f* d'un mark.

Markt (*pl* **Märkte**) *der* marché *m* ; **auf den** ODER **zum ~ gehen** aller au marché ; **auf den ~ bringen** mettre sur le marché.

Markt|forschung *die (ohne Pl)* étude *f* de marché.

Markt|frau *die* marchande *f*.

Markt|halle *die* marché *m* couvert, halle *f*.

Marktlücke *die* créneau *m.*

Marktlplatz *der* place *f* du marché.

Marktlpreis *der* prix *m* du marché.

Marktlwert *der* valeur *f* marchande.

Marktlwirtschaft *die (ohne Pl)* économie *f* de marché.

Marmelade (*pl* **-n**) *die* confiture *f.*

Marmor *der (ohne Pl)* marbre *m.*

Marokkaner, in (*mpl* **-** ; *fpl* **-nen**) *der, die* Marocain *m,* -e *f.*

marokkanisch *adj* marocain(e).

Marokko *nt* Maroc *m* ; **in ~** au Maroc.

Marone (*pl* **-n**) *die* châtaigne *f.*

marsch *interj* : **marsch!** en avant!

Marsch (*pl* **Märsche**) *der* marche *f* ; **sich in ~ setzen** se mettre en marche.

marschieren (*perf* **ist marschiert**) *vi* marcher ; MIL marcher au pas.

Marschlmusik *die (ohne Pl)* musique *f* militaire.

Märtyrer, in (*mpl* **-** ; *fpl* **-nen**) *der, die* martyr *m,* -e *f.*

marxistisch *adj* marxiste.

März *der (ohne Pl)* mars *m* ; *siehe auch* **September.**

Marzipan, Marzipan (*pl* **-e**) *das* pâte *f* d'amandes, massepain *m.*

Masche (*pl* **-n**) *die* **- 1.** [beim Stricken, Häkeln] maille *f* **- 2.** *fam* [Trick] combine *f* **- 3.** *RW* : **die neueste ~** *fam* [Marotte] la dernière lubie ; *fam* [Mode] le dernier cri.

Maschine (*pl* **-n**) *die* **- 1.** [Gerät] machine *f* **- 2.** *fam* [Motor] moteur *m* **- 3.** [Flugzeug] appareil *m,* avion *m* **- 4.** [Schreibmaschine] : **~ schreiben** écrire à la machine ; **ein ~ geschriebener Brief** une lettre dactylographiée.

Maschine

Outre la traduction « machine », le terme allemand **Maschine** peut, selon le contexte, correspondre au français « avion » ou « appareil ». Ainsi, on traduira la phrase **Meine Maschine hatte eine Stunde Verspätung** par « Mon avion avait une heure de retard ».

maschinell ◇ *adj* mécanisé(e) ◇ *adv* à la machine.

Maschinenlbau *der (ohne Pl)* construction *f* mécanique.

Maschinenlgewehr *das* fusil-mitrailleur *m.*

Maschinenlpistole *die* mitraillette *f.*

Maschinenlschaden *der* avarie *f* de moteur.

maschinelschreiben, maschinenlschreiben *vi (unreg)* ▷ **Maschine.**

Masern *pl* rougeole *f.*

Maske (*pl* **-n**) *die* **- 1.** [gen] masque *m* **- 2.** [beim Theater] maquillage *m* **- 3.** [Tarnung] apparence *f.*

Maskenlball *der* bal *m* masqué.

maskieren *vt* masquer. ◆ **sich maskieren** *ref* **- 1.** [Einbrecher, Demonstrant] se camoufler **- 2.** [sich verkleiden] : **(sich als etw) ~** se déguiser (en qqch).

Maskottchen (*pl* **-**) *das* mascotte *f.*

maskulin, maskulin *adj* masculin(e).

Maskulinum (*pl* **Maskulina**) *das* GRAM masculin *m.*

maß *prät* ▷ **messen.**

Maß (*pl* **-e** ODER **-**) ◇ *das (G Maßes, Pl Maße)* **- 1.** [Einheit] unité *f* de mesure **- 2.** [Messgerät] mètre *m* **- 3.** [Körpermaß] : **~ nehmen** prendre les mesures **- 4.** [Umfang, Verhältnis] quantité *f* ; **~ halten** se modérer ◇ *die (G Maß, Pl Maß) Süddt & Österr* [Krug] chope *f (d'un litre).* ◆ **Maße** *pl* [von Raum] dimensions *fpl* ; [von Personen] mensurations *fpl.* ◆ **in Maßen** *adv* avec modération. ◆ **nach Maß** *adv* sur mesure.

Massage [ma'sa:ʒə] (*pl* **-n**) *die* massage *m.*

Massaker (*pl* **-**) *das* massacre *m.*

Maßlarbeit *die* travail *m* sur mesure.

Masse (*pl* **-n**) *die* masse *f* ; **die breite ~** *abw* le commun des mortels. ◆ **in Massen** *adv* en masse.

Maßleinheit *die* unité *f* de mesure.

massenhaft ◇ *adj* en masse ◇ *adv* en grand nombre.

Massenlmedien *pl* mass média *pl.*

Massenlmord *der* massacre *m.*

maßgebend ◇ *adj* [Person] de premier plan ; [Meinung] déterminant(e) ◇ *adv* largement.

maßgeschneidert *adj* taillé(e) sur mesure.

massieren *vt* masser.

massig *adj* massif(ive).

mäßig ◇ *adj* **- 1.** [gen] modéré(e) **- 2.** [Leistung, Person, Wetter] moyen(enne) ◇ *adv* modérément.

mäßigen *vt* [Wut, Zorn] contrôler ; [Worte] modérer. ◆ **sich mäßigen** *ref* se contrôler.

massiv ◇ *adj* **- 1.** [gen] massif(ive) **- 2.** [Kritik] sévère ◇ *adv* **- 1.** [gen] massivement **- 2.** [kritisieren] sévèrement.

Massiv (*pl* **-e**) *das* massif *m.*

Maßlkrug *der Süddt & Österr* chope *f.*

maßlos <> *adj* démesuré(e) ; [Wut] noir(e) <> *adv* déraisonnablement ; **~ übertreiben** exagérer énormément.

Maßnahme (*pl* **-n**) *die* mesure *f* ; **~n einleiten** ODER **ergreifen** ODER **treffen** prendre des mesures.

Maß|stab *der* **- 1.** [auf Landkarten] échelle *f* **- 2.** [Richtlinie] critère *m*. ◆ **im Maßstab** *adv* : **im ~ 1 : 25000** à l'échelle 1/25000.

maßstabgetreu, maßstabsgetreu *adj* & *adv* à l'échelle.

Mast (*pl* **-en** ODER **-e**) *der* mât *m*.

mästen *vt* engraisser ; [Geflügel] gaver.

masturbieren *vi* se masturber.

Material [mate'ri̯a:l] (*pl* **-ien**) *das* **- 1.** [Werkstoff] matériau *m* **- 2.** [Gerät] matériel *m* **- 3.** [Unterlagen] documents *mpl*.

materialistisch *adj* matérialiste.

Materie [ma'te:ri̯ə] (*pl* **-n**) *die* **- 1.** *(ohne Pl)* [Thema] matière *f* **- 2.** PHYS & CHEM matière *f* **- 3.** *(ohne Pl)* [Stoff] corps *m*.

materiell <> *adj* matériel(elle) <> *adv* **- 1.** [materialistisch] : **~ eingestellt sein** être matérialiste **- 2.** [wirtschaftlich] matériellement.

Mathematik, Mathematik *die (ohne Pl)* mathématiques *fpl*.

Mathematiker, in (*mpl* **-** ; *fpl* **-nen**) *der, die* mathématicien *m*, -enne *f*.

mathematisch <> *adj* mathématique <> *adv* mathématiquement.

Matjes|hering *der* hareng *m (salé)*.

Matratze (*pl* **-n**) *die* matelas *m*.

Matrose (*pl* **-n**) *der* marin *m*.

Matsch *der (ohne Pl)* [Schlamm] boue *f*.

matschen *vi fam* [im Schlamm] barboter.

matt <> *adj* **- 1.** [kraftlos] épuisé(e) **- 2.** [glanzlos, trübe] mat(e) **- 3.** [beim Schach] mat **- 4.** [schwach] faible <> *adv* **- 1.** [beim Schach] : **jn ~ setzen** [besiegen] mettre qqn échec et mat ; *Fig* [ausschalten] déboulonner qqn **- 2.** [trübe, schwach] faiblement.

Matte (*pl* **-n**) *die* **- 1.** [Fußmatte] paillasson *m* ; [zum Schlafen] natte *f* **- 2.** [zum Turnen] tapis *m*.

Matterhorn *das* Cervin *m*.

Mätzchen *pl fam* caprices *mpl*.

Mauer (*pl* **-n**) *die* mur *m*.

mauern <> *vi* [bauen] monter un mur <> *vt* [bauen] construire.

Mauer|werk *das (ohne Pl)* maçonnerie *f*.

Maul (*pl* **Mäuler**) *das* gueule *f*.

maulen *vi fam abw* râler.

Maul|korb *der* muselière *f*.

Maul|- und Klauen|seuche *die (ohne Pl)* fièvre *f* aphteuse.

Maul|wurf *der* taupe *f*.

Maulwurfs|hügel *der* taupinière *f*.

Maurer, in (*mpl* **-** ; *fpl* **-nen**) *der, die* maçon *m*.

Maus (*pl* **Mäuse**) *die* souris *f* ; **graue ~** *fam abw* & *fig* femme *f* insignifiante.

Mause|falle *die* souricière *f*.

mausern ◆ **sich mausern** *ref* **- 1.** [Vögel] muer **- 2.** *fam* [Person] se transformer.

mausetot *adj fam* raide mort(e).

Mausklick (*pl* **-s**) *der* EDV clic *m* ; **per ~** en cliquant sur la souris.

Mauspad (*pl* **-s**) *das* tapis *m* de souris.

Maut|gebühr *die Österr* péage *m*.

Maut|stelle *die Österr* péage *m*.

max. (*abk für* **maximal**) max.

maximal <> *adj* maximal(e) <> *adv* au maximum ; **~ ausgelastet sein** être au maximum.

Maximum (*pl* **Maxima**) *das* maximum *m*.

Mayonnaise = **Majonäse.**

MB (*abk für* **Megabyte**) Mo.

MdB (*abk für* **Mitglied des Bundestags**) membre *m* du Parlement (allemand).

MdL (*abk für* **Mitglied des Landtags**) membre *m* de l'Assemblée du Land.

Mechanik (*pl* **-en**) *die* **- 1.** *(ohne Pl)* [als Fach, von Geräten] mécanique *f* **- 2.** [Mechanismus] mécanisme *m*.

Mechaniker, in (*mpl* **-** ; *fpl* **-nen**) *der, die* mécanicien *m*, -enne *f*.

mechanisch <> *adj* **- 1.** [gen] mécanique **- 2.** [gedankenlos] machinal(e) <> *adv* **- 1.** [automatisch] mécaniquement **- 2.** [gedankenlos] machinalement.

Mechanismus (*pl* **Mechanismen**) *der* [gen] mécanisme *m*.

meckern *vi* **- 1.** [Ziege] bêler **- 2.** *fam* [nörgeln] : **über jn/etw ~** râler contre qqn/qqch.

Mecklenburger (*pl* **-**) <> *der* Mecklembourgeois *m* <> *adj* du Mecklembourg.

Mecklenburgerin (*pl* **-nen**) *die* Mecklembourgeoise *f*.

mecklenburgisch *adj* de Mecklembourg.

Mecklenburg-Vorpommern *nt* Mecklembourg-Poméranie occidentale *m*.

Medaille [me'daljə] (*pl* **-n**) *die* médaille *f*.

Medaillon [medal'jɔŋ] (*pl* **-s**) *das* médaillon *m*.

Medien *pl* **- 1.** [Kommunikationsmittel] médias *mpl* **- 2.** [im Unterricht] : **(audiovisuelle) ~** supports *mpl* (audiovisuels).

Medikament (*pl* **-e**) *das* médicament *m* ; **ein ~ gegen etw** un médicament contre ODER pour qqch.

Meditation (*pl* **-en**) *die* méditation *f*.

meditieren *vi* méditer.

Medium ['meːdi̯ʊm] (*pl* **Medien**) *das* **- 1.** [Kommunikationsmittel] média *m* **- 2.** [Person] médium *mf* **- 3.** [Kunst, Sprache, Musik] truchement *m.*

Medizin *die (ohne Pl)* **- 1.** [Heilkunde] médecine *f* **- 2.** *fam* [Medikament] médicament *m.*

Mediziner, in (*mpl* **-** ; *fpl* **-nen**) *der, die* médecin *m.*

medizinisch ◇ *adj* médical(e) ; [Salbe, Bad] traitant(e) ◇ *adv* médicalement.

Medizin|student, in (*mpl* **-en** ; *fpl* **-nen**) *der, die* étudiant *m*, -e *f* en médecine.

Meer (*pl* **-e**) *das* [Ozean] mer *f* ; **ans ~ fahren** aller à la mer. ◆ **am Meer** *adv* à la mer ; **am ~ wohnen** habiter au bord de la mer.

Meer|enge *die* détroit *m.*

Meeresfrüchte *pl* fruits *mpl* de mer.

Meeres|grund *der* fond *m* marin.

Meeres|spiegel *der (ohne Pl)* niveau *m* de la mer ; **50 Meter über/unter dem ~** 50 mètres au-dessus/en dessous du niveau de la mer.

Meer|rettich *der* raifort *m.*

Meer|schweinchen (*pl* **-**) *das* cochon *m* d'Inde, cobaye *m.*

Meer|wasser *das (ohne Pl)* eau *f* de mer.

Megafon [mega'foːn] (*pl* **-e**) *das* mégaphone *m.*

Megaphon = **Megafon.**

Mehl *das* **- 1.** [zum Backen] farine *f* **- 2.** [von Holz, Knochen] poudre *f.*

Mehlschwitze (*pl* **-n**) *die* roux *m (culinaire).*

Mehl|speise *die plat salé ou sucré à base de farine.*

mehr ◇ *pron* **- 1.** [Komparativ von viel] plus de ; **~ Zucker** plus de sucre **- 2.** [übrig] : **keiner ~** plus personne ; **es ist keiner ~ da** il n'y a plus personne ; **nichts ~** plus rien ◇ *adv* **- 1.** [Komparativ von viel] plus ; **~ nicht?** pas plus? ; **~ arbeiten als früher** travailler plus qu'avant **- 2.** [wieder] : **nie ~** plus jamais **- 3.** *RW* : **immer ~, ~ und ~** de plus en plus ; **~ oder weniger** plus ou moins.

Mehr|aufwand *der (ohne Pl)* [von Kosten] surcroît *m* de dépenses.

mehrdeutig *adj* ambigu(uë).

mehrere ◇ *num* plusieurs ◇ *pron* plusieurs ; **ich habe ~** j'en ai plusieurs. ◆ **mehreres** *pron* diverses choses *fpl.* ◆ **zu mehreren** *adv* à plusieurs.

mehrfach ◇ *adj* plusieurs ; **~er Sieger** plusieurs fois champion ◇ *adv* à plusieurs reprises.

mehrfarbig ◇ *adj* multicolore ◇ *adv* avec ODER de plusieurs couleurs.

Mehrheit (*pl* **-en**) *die* majorité *f* ; **mit großer/knapper ~** avec une forte/faible majorité. ◆ **absolute Mehrheit** *die* : **die absolute ~** la majorité absolue.

mehrheitlich ◇ *adj* majoritaire ◇ *adv* à la majorité *(des voix).*

Mehr|kampf *der* épreuves *fpl* combinées d'athlétisme.

mehrmalig *adj* répété(e).

mehrmals *adv* plusieurs fois.

mehrsprachig ◇ *adj* [Wörterbuch] multilingue ; [Person] polyglotte ; [Unterhaltung] en plusieurs langues ◇ *adv* en plusieurs langues ; [aufwachsen] dans un milieu multilingue.

mehrstimmig ◇ *adj* polyphonique ◇ *adv* à plusieurs voix.

Mehrwert|steuer *die (ohne Pl)* taxe *f* sur la valeur ajoutée, TVA *f.*

Mehr|zahl *die (ohne Pl)* **- 1.** [von Personen, Gegenständen] majorité *f* **- 2.** [Plural] pluriel *m.*

Mehrzweck|halle *die* salle *f* polyvalente.

Meile (*pl* **-n**) *die* mille *m.*

meilenweit *adv* sur ODER à des kilomètres.

mein, e *det* mon, ma, mes.

meine, r, s ◇ *pron* le mien, la mienne, les miens, les miennes ◇ *det* ▷ **mein.**

Mein|eid *der* parjure *m.*

meinen ◇ *vt* **- 1.** [denken] penser **- 2.** [glauben] croire **- 3.** [sagen] dire ; **etw zu jm ~** dire qqch à qqn ; **was meinst du dazu?** qu'en dis-tu? ; **so war das nicht gemeint** ce n'est pas ce que je voulais dire ; **etw ironisch/wörtlich/böse ~** dire qqch ironiquement/au sens propre/méchamment **- 4.** [im Auge haben] : **jn ~** viser qqn ; **es gut/ehrlich mit jm ~** vouloir du bien à/agir honnêtement envers qqn ◇ *vi* : **wie Sie ~** comme vous voulez.

meiner *pron (Genitiv von ich)* de moi.

meinerseits *adv* pour ma part ; **ganz ~** tout le plaisir est pour moi.

meinesgleichen *pron* mes semblables *mpl.*

meinetwegen *adv* **- 1.** [wegen mir] à cause de moi **- 2.** [für mich] pour moi **- 3.** [von mir aus] d'accord. ◆ **(also) meinetwegen!** *interj* bon, d'accord!

meinetwillen ◆ **um meinetwillen** *adv* par égard pour moi.

Meinung (*pl* **-en**) *die* opinion *f*, avis *m* ; **seine ~ äußern** donner son avis ; **der ~ sein,**

dass être d'avis que ; **einer** ODER **derselben ~ sein** être d'accord ; **jm die ~ sagen** *fam Fig* dire ses quatre vérités à qqn ; **js ~ nach** d'après qqn.

seine Meinung äußern

À mon avis, il ne t'aidera pas. Meiner Meinung nach hilft er dir nicht.
D'après moi, elle n'y arrivera pas. Ich glaube nicht, dass sie es schafft.
Je pense qu'elle réussira à les convaincre. Ihr wird es sicher gelingen, sie zu überzeugen.
À votre place, je partirais avant la nuit. An Ihrer Stelle würde ich vor Einbruch der Dunkelheit losfahren.
Je trouve que tu devrais lui répondre. Ich finde, du solltest ihm antworten.

Meinungs|austausch *der (ohne Pl)* débat *m.*
Meinungs|freiheit *die (ohne Pl)* liberté *f* d'expression.
Meinungsum|frage *die* sondage *m* d'opinion.
Meinungs|verschiedenheit (*pl* **-en**) *die* désaccord *m* ; **~en haben** être en désaccord.
Meise (*pl* **-n**) *die* mésange *f.*
Meißel (*pl* **-**) *der* burin *m.*
meißeln *vi & vt* travailler au burin.
meist *adv* en général. ◆ **am meisten** *adv* le plus ; **das am ~en verkaufte Auto** la voiture la plus vendue.
meiste ◇ *num* : **das ~ Geld** la plus grande partie de l'argent ; **die ~n Bücher** la plupart des livres ◇ *pron* presque tout. ◆ **die meisten** *pron* la plupart.
meistens *adv* généralement.
Meister (*pl* **-**) *der* **- 1.** [gen] maître *m* ; **seinen ~ machen** *fam* passer maître **- 2.** SPORT champion *m.*
Meisterin (*pl* **-nen**) *die* SPORT championne *f.*
meistern *vt* maîtriser ; [Problem] dominer.
Meisterschaft (*pl* **-en**) *die* SPORT championnat *m.*
Meister|werk *das* chef-d'œuvre *m.*
Mekka *nt* La Mecque.
melancholisch [melaŋ'ko:lɪʃ] *adj* mélancolique.
Melde|frist *die* délai *m* d'inscription.
melden *vt* **- 1.** [bei Behörde, Versicherung] : **etw (bei jm) ~** déclarer qqch (à qqn) **- 2.** [in Medien, Besucher] annoncer ; **nichts/nicht viel zu ~ haben** *fam fig* ne rien avoir/ne pas avoir grand chose à dire. ◆ **sich melden** *ref* **- 1.** [sich zeigen] se manifester ; [Schüler] lever la main **- 2.** [Nachricht geben] donner de ses nouvelles ; **sich bei jm ~** se présenter chez qqn **- 3.** [am Telefon] s'annoncer ; **es meldet sich niemand** personne ne répond **- 4.** [an Rezeption, auf Amt] se présenter ; **sich freiwillig zu etw ~** se porter volontaire pour faire qqch.
Meldung (*pl* **-en**) *die* **- 1.** [Nachricht] information *f* **- 2.** [amtlich, von Unfall] déclaration *f* **- 3.** [von Verdächtigen, Vorkommnissen] dénonciation *f.*
melken (*prät* **melkte** ODER **molk** ; *perf* **hat gemolken**) ◇ *vt* **- 1.** [Tier] traire **- 2.** *salopp* [Person] taper ◇ *vi* traire.
Melodie [melo'di:] (*pl* **-n**) *die* mélodie *f.*
melodisch ◇ *adj* mélodieux(euse) ◇ *adv* mélodieusement.
Melone (*pl* **-n**) *die* melon *m.*
Membran (*pl* **-en**) *die* membrane *f.*
Memoiren [me'mo̯a:rən] *pl* Mémoires *mpl.*
Menge (*pl* **-n**) *die* **- 1.** [Anzahl, Vielzahl] quantité *f* ; **die doppelte/dreifache ~** deux/trois fois plus **- 2.** *(ohne Pl)* [Menschenmasse] foule *f* **- 3.** MATH ensemble *m.* ◆ **eine ganze Menge** *adv fam* un paquet ; **eine ganze ~ Geld** un paquet d'argent. ◆ **in rauen Mengen** *adv fam* : **Geld in rauen ~n** plein d'argent. ◆ **jede Menge** *adv fam* des tas ; **jede ~ Arbeit** un tas de travail ; **jede ~ Leute** des tas de gens.
Mengen|lehre *die (ohne Pl)* MATH théorie *f* des ensembles.
mengenmäßig ◇ *adj* quantitatif(ive) ◇ *adv* en quantité.
Mengen|rabatt *der* rabais *m* de gros.
Mensa (*pl* **Mensen**) *die* UNI restaurant *m* universitaire.
Mensch (*pl* **-en**) *der* **- 1.** [Lebewesen] homme *m* ; **Männer sind auch ~en** les hommes sont aussi des êtres humains **- 2.** [Person] personne *f.* ◆ **kein Mensch** *pron* : **kein ~ war da** il n'y avait personne. ◆ **Mensch!** *interj fam* [wütend] bon sang! ; [begeistert] ma parole!
Menschen|kenntnis *die (ohne Pl)* psychologie *f.*
menschenleer *adj* désert(e).
Menschen|menge *die* foule *f.*
Menschenrechte *pl* droits *mpl* de l'homme.
menschenscheu *adj* [Mensch] sauvage ; [Tier] farouche.
Menschen|seele ◆ **keine Menschenseele** *pron* pas âme qui vive.
menschenunwürdig *adj* inhumain(e).
Menschen|verstand *der* : **der gesunde ~** le bon sens.

Menschen|würde *die (ohne Pl)* dignité *f* humaine.
Menschheit *die (ohne Pl)* humanité *f.*
menschlich ◇ *adj* humain(e) ◇ *adv* [human] humainement.
Menstruation (*pl* **-en**) *die* MED menstruation *f.*
Mentalität (*pl* **-en**) *die* mentalité *f.*
Menthol *das (ohne Pl)* menthol *m.*
Menü (*pl* **-s**) *das* menu *m.*
merken *vt* remarquer ; **du merkst aber auch alles!** *fam iron* on ne peut vraiment rien te cacher! ; **sich** *(D)* **etw ~** retenir qqch.
Merkmal (*pl* **-e**) *das* caractéristique *f* ; **besonderes ~** signe *m* particulier.
Merk|satz *der* moyen *m* mnémotechnique.
merkwürdig ◇ *adj* curieux(euse) ◇ *adv* curieusement.
Messe (*pl* **-n**) *die* - **1.** [Gottesdienst] messe *f* - **2.** [Ausstellung] salon *m*, foire *f.*

Messe

Outre le sens « messe, office religieux », le terme allemand **Messe** a pour traduction « foire », comme on peut le constater dans la phrase suivante : **Auf der Frankfurter Buchmesse treffen sich Verleger aller Länder** que l'on traduira par « Des éditeurs de tous les pays se retrouvent à la Foire du livre de Francfort ».

messen (*präs* **misst** ; *prät* **maß** ; *perf* **hat gemessen**) ◇ *vt* mesurer ; [Temperatur] prendre ◇ *vi* [groß sein] mesurer.
Messer (*pl* **-**) *das* couteau *m.* ◆ **bis aufs Messer** *adv fam fig* avec acharnement.
messerscharf ◇ *adj* - **1.** [scharf] tranchant(e) - **2.** *fam* [Verstand] aigu(uë) ◇ *adv fam* [scharfsinnig] avec sagacité.
Messe|stand *der* stand *m* d'exposition.
Messing *das (ohne Pl)* laiton *m.*
Messung (*pl* **-en**) *die* mesure *f.*
Metall (*pl* **-e**) *das* métal *m.*
Metall|arbeiter, in *der, die* métallurgiste *mf.*
Metall|industrie *die* métallurgie *f.*
metallisch *adj* métallique.
Metapher [me'tafɐ] (*pl* **-n**) *die* métaphore *f.*
Meteor (*pl* **-e**) *der* météore *m.*
Meteorologe (*pl* **-n**) *der* météorologiste *m.*
Meteorologin (*pl* **-nen**) *die* météorologiste *f.*
Meter (*pl* **-**) *der* ODER *das* mètre *m* ; **zwei ~ breit/hoch/lang/tief sein** faire deux mètres de large/haut/long/profondeur.
Meter|maß *das* mètre *m (pliant).*
Methan *das (ohne Pl)* méthane *m.*
Methode (*pl* **-n**) *die* méthode *f.*
methodisch ◇ *adj* méthodique ◇ *adv* méthodiquement.
Mett|wurst *die* saucisse *f* à tartiner.
Metzger (*pl* **-**) *der Süddt & Schweiz* boucher *m.*
Metzgerei (*pl* **-en**) *die Süddt & Schweiz* boucherie *f.*
Metzgerin (*pl* **-nen**) *die Süddt & Schweiz* bouchère *f.*
Meute (*pl* **-n**) *die* [Hunde] meute *f.*
Meuterei (*pl* **-en**) *die* mutinerie *f.*
meutern *vi* [Besatzung, Gefangene] se mutiner.
Mexiko *nt* Mexique *m* ; **in ~** au Mexique.
Mexiko-City *nt* Mexico.
MEZ (*abk für* **mitteleuropäische Zeit**) *die (ohne Pl)* heure *f* de l'Europe centrale.
MFG *abk für* **Mitfahrgelegenheit.**
mg (*abk für* **Milligramm**) mg.
MG (*pl* **-s**) *das abk für* **Maschinengewehr.**
MHz (*abk für* **Megahertz**) MHz.
miauen *vi* miauler.
mich *pron (Akkusativ)* - **1.** [Personalpronomen] me, m', moi ; **er stellt ~ vor** il me présente ; **ruf ~ an** appelle-moi ; **man hat ~ gehört** on m'a entendu - **2.** [Reflexivpronomen] me, m'.
Miene (*pl* **-n**) *die* mine *f* ; **keine ~ verziehen** ne pas broncher.
mies *fam* ◇ *adj* pourri(e) ◇ *adv* : **sich ~ fühlen** être mal fichu(e).
Miese *pl fam* découvert *m* ; **in den ~n sein** être à découvert ; **~ machen** [geschäftlich] perdre de l'argent.
Mies|muschel *die* moule *f.*
Miete (*pl* **-n**) *die* loyer *m* ; **zur ~ wohnen** être locataire.
mieten *vt* : **(sich** *(D)***) etw ~** louer qqch, prendre qqch en location.
Mieter (*pl* **-**) *der* locataire *m.*
Mieterin (*pl* **-nen**) *die* locataire *f.*
Miet|preis *der* loyer *m.*
Miets|haus *das* immeuble *m.*
Miet|vertrag *der* contrat *m* de location ; [für Wohnung, Geschäft] bail *m.*
Migräne *die (ohne Pl)* migraine *f.*
Mikro|chip *der* puce *f.*
Mikrofon, Mikrophon (*pl* **-e**) *das* microphone *m.*
Mikroskop (*pl* **-e**) *das* microscope *m.*
mikroskopisch ◇ *adj* microscopique ◇ *adv* [mit einem Mikroskop] au microscope.

Mikrowellen|herd *der* four *m* à micro-ondes.
Milch *die (ohne Pl)* lait *m*.
Milch|flasche *die* [im Handel] bouteille *f* de lait ; [für Säugling] biberon *m*.
milchig *adj* laiteux(euse).
Milch|produkt *das* produit *m* laitier, laitage *m*.
Milch|pulver *das* lait *m* en poudre.
Milch|reis *der (ohne Pl)* riz *m* au lait.
Milch|straße *die* ASTRON voie *f* lactée.
Milch|suppe *die* soupe *f* au lait.
Milch|zahn *der* dent *m* de lait.
mild, milde ◇ *adj* doux (douce) ; [Urteil] clément(e) ◇ *adv* - **1.** [gnädig] avec indulgence ; ~ **lächeln** avoir un doux sourire - **2.** [nicht scharf] : ~ **würzen** épicer légèrement.
Milde *die (ohne Pl)* douceur *f* ; [von Urteil] clémence *f*.
mildern *vt* - **1.** [gen] atténuer - **2.** [Wut, Zorn] apaiser. ◆ **sich mildern** *ref* [Klima] s'adoucir.
Milieu [mi'li̯øː] *(pl* **-s)** *das* milieu *m*.
militant *adj* militant(e).
Militär *(pl* **-s)** ◇ *das (ohne Pl)* armée *f* ◇ *der* militaire *m*.
Militär|dienst *der (ohne Pl)* service *m* militaire.
militärisch ◇ *adj* militaire ◇ *adv* militairement.
Militär|regierung *die* gouvernement *m* militaire.
Milliardär, in *(mpl* **-e** ; *fpl* **-nen)** *der, die* milliardaire *mf*.
Milliarde *(pl* **-n)** *die* milliard *m*.
Milli|gramm *das* milligramme *m*.
Milli|liter *der* millilitre *m*.
Milli|meter *der* millimètre *m*.
Milli|meter|papier *das (ohne Pl)* papier *m* millimétré ODER millimétrique.
Million *(pl* **-en)** *die* million *m*.
Millionär, in *(mpl* **-e** ; *fpl* **-nen)** *der, die* millionnaire *mf*.
Millionen|stadt *die* mégapole *f*, mégalopole *f*.
Milz *(pl* **-en)** *die* rate *f*.
Milzbrand *der (ohne Pl)* maladie *f* du charbon.
Mimik *die (ohne Pl)* mimique *f*.
min, Min *abk für* **Minute.**
Minderheit *(pl* **-en)** *die* minorité *f* ; **in der ~ sein** être en minorité.
minderjährig *adj* mineur(e).
Minderjährige *(pl* **-n)** *der, die* mineur *m*, -e *f*.
mindern *vt* réduire.
minderwertig ◇ *adj* de qualité inférieure ◇ *adv* : **sich ~ fühlen** se sentir inférieur(e).
Mindest|alter *das (ohne Pl)* âge *m* minimum.
mindeste, r, s *adj* moindre ; **das ist das Mindeste** c'est la moindre des choses. ◆ **nicht im Mindesten** *adv* pas le moins du monde.
mindestens *adv* au moins.
Mindest|lohn *der* salaire *m* minimum.
Mine *(pl* **-n)** *die* mine *f*.
Mineral *(pl* **-e** ODER **-ien)** *das* minéral *m*.
Mineral|öl *das* huile *f* minérale.
Mineralöl|steuer *die* taxe *f* sur les produits pétroliers.
Mineral|wasser *das* eau *f* minérale.
mini *adv* : **in ~** en mini-jupe.
Mini *(pl* **-s)** ◇ *das (ohne Pl) (ohne Artikel)* [Mode] mode *f* mini, mini *m* ◇ *der fam* [Rock] mini-jupe *f*.
minimal *adj* minimum.
Minimum *(pl* **Minima)** *das* minimum *m*.
Minister *(pl* **-)** *der* ministre *m*.
ministeriell ◇ *adj* ministériel(elle) ◇ *adv* par la voie ministérielle.
Ministerin *(pl* **-nen)** *die* ministre *m*.
Ministerium [minɪs'teːri̯ʊm] *(pl* **Ministerien)** *das* ministère *m* ; **~ des Inneren/der Finanzen** ministère de l'Intérieur/des Finances.
Minister|präsident, in *der, die* - **1.** [eines Bundeslandes] ministre-président *m* - **2.** [Premierminister] Premier ministre *m*.
Minister|rat *der* conseil *m* des ministres.
minus ◇ *präp* moins ◇ *adv* : **~ dreizehn (Grad)** moins treize (degrés) ◇ *konj* : **zehn ~ drei** dix moins trois.
Minus *das (ohne Pl)* - **1.** [Fehlbetrag] déficit *m* ; **im ~ stehen** être à découvert - **2.** [Zeichen] moins *m*, signe *m* négatif.
Minute *(pl* **-n)** *die* minute *f* ; **in letzter ~** à la dernière minute ; **auf die ~ pünktlich** *fam* pile à l'heure.
Minze *(pl* **-n)** *die* menthe *f*.
Mio. *abk für* **Million.**
mir *pron (Dativ)* - **1.** [Personalpronomen] me, m', moi ; **er gibt ~ etw** il me donne qqch ; **verzeih ~** pardonne-moi ; **jd hat ~ etw gegeben** qqn m'a donné qqch - **2.** [Reflexivpronomen] me, m'.
Misch|brot *das* pain *m* bis.
mischen *vt* mélanger ; **etw mit etw ~** mélanger qqch à qqch, mélanger qqch et qqch. ◆ **sich mischen** *ref* : **sich unter etw** *(A)* **~** se mêler à qqch.
Mischling *(pl* **-e)** *der* - **1.** [Tier] bâtard *m* - **2.** [Mensch] métis *m*, -isse *f*.
Mischung *(pl* **-en)** *die* mélange *m*.
missachten *vt* - **1.** [Vorschrift, Regel] ne

pas observer - **2.** [Person] n'avoir aucun respect pour.

Misslbehagen *das (ohne Pl)* malaise *m.*

missbilligen *vt* désapprouver.

> ### missbilligen
>
> **Je ne suis pas d'accord avec vous.** Ich bin nicht Ihrer Meinung.
>
> **Tu as eu tort de faire ça.** Das hättest du nicht tun dürfen.
>
> **Mais qu'est-ce qui t'a pris ?** Was ist nur in dich gefahren?
>
> **Je désapprouve ton attitude.** Ich bin mit deiner Haltung nicht einverstanden.
>
> **À ta place, je ne l'aurais pas fait.** An deiner Stelle hätte ich das nicht getan.

Misslbrauch *der* abus *m.*

missbrauchen *vt :* **jn/etw ~** abuser de qqn/qqch.

missen *vt :* **etw nicht (mehr) ~ wollen** ne pas vouloir se passer de qqch.

Misslerfolg *der* échec *m.*

missfallen (*präs* **missfällt ;** *prät* **missfiel ;** *perf* **hat missfallen**) *vi* déplaire.

Missfallen *das (ohne Pl)* mécontentement *m.*

missgebildet *adj* malformé(e).

Misslgeschick *das* malchance *f ;* **jm passiert ein ~** il arrive une mésaventure à qqn.

missglücken (*perf* **ist missglückt**) *vi* échouer ; **jm missglückt etw** qqn rate qqch.

missgönnen *vt :* **jm etw ~** envier qqch à qqn.

Misslgunst *die (ohne Pl)* envie *f.*

misshandeln *vt* maltraiter.

Misslhandlung *die* mauvais traitement *m.*

Mission (*pl* **-en**) *die* mission *f.*

Misslkredit *der (ohne Pl) :* **jn in ~ bringen** discréditer qqn ; **in ~ geraten** ODER **kommen** tomber en discrédit.

misslingen (*prät* **misslang ;** *perf* **ist misslungen**) *vi* échouer ; **jm misslingt etw** qqn rate qqch.

missmutig *adj* grincheux(euse).

missraten (*präs* **missrät ;** *prät* **missriet ;** *perf* **ist missraten**) ◇ *vi* échouer ; **jm missrät etw** qqn rate qqch ◇ *adj* raté(e).

Misslstand *der* situation *f* intenable.

misst *präs* ▻ **messen.**

misstrauen *vi :* **jm/etw ~** se méfier de qqn/qqch.

Misstrauen *das (ohne Pl)* méfiance *f ;* **js ~ wecken** éveiller la méfiance de qqn.

misstrauisch ◇ *adj* méfiant(e) ; **jm gegenüber ~ sein** se méfier de qqn ◇ *adv* avec méfiance.

Misslverhältnis *das* déséquilibre *m.*

Misslverständnis *das* malentendu *m ;* **ein ~ klären** dissiper un malentendu.

misslverstehen *vt (unreg)* mal comprendre.

Misslwirtschaft *die (ohne Pl)* mauvaise gestion *f.*

Mist *der (ohne Pl)* - **1.** [Dung] fumier *m* - **2.** *fam abw* [Plunder] fourbi *m* - **3.** *fam abw* [Blödsinn] conneries *fpl ;* **~ machen** ODER **bauen** *fam* faire des conneries. ◆ **so ein Mist!** *interj fam* quelle merde!

mit ◇ *präp (+ D)* - **1.** [gen] avec ; **einen Fleck ~ Wasser auswaschen** enlever une tache avec de l'eau ; **~ Zucker** avec du sucre - **2.** [instrumental] par ; **~ dem Zug/der Post** par le train/la poste ; **~ dem Auto/Flugzeug** en voiture/avion - **3.** [Angabe eines Bestandteils, eines Charakteristikums] à ; **ein Mann ~ Schnurrbart** un moustachu ; **der Mann ~ dem Schnurrbart** l'homme à la moustache ; **eine Frau ~ Hut** une femme avec un chapeau - **4.** [zur Angabe des Zeitpunktes] : **~ 18 Jahren** à 18 ans ; **~ diesen Worten** à ces mots ; **~ den Hühnern schlafen gehen** se coucher avec les poules ; **~ den Jahren** avec le temps ◇ *adv* - **1.** *fam* [zusammen mit anderen] aussi ; **sie weiß ~ Bescheid** elle est aussi au courant ; **ich warte noch ~ auf den Zug** j'attends le train avec toi ODER vous ; **~ dabei** parmi nous - **2.** [in Vertretung, anstelle] : **für jn ~** pour qqn - **3.** *(+ Superl) fam* [unter anderen, anderem] : **sie war ~ eine der Schönsten** elle était parmi les plus belles.

Mitlarbeit *die (ohne Pl)* collaboration *f.*

mitlarbeiten *vi* - **1.** [in einem Bereich] coopérer ; **an etw** *(D)* ODER **bei etw ~** coopérer à qqch - **2.** [in der Schule] participer.

Mitlarbeiter, in *der, die* collaborateur *m,* -trice *f.*

mitlbekommen *vt (unreg)* - **1.** [verstehen] comprendre - **2.** [aufschnappen] : **etw von etw ~** savoir qqch de qqch ; **nicht viel ~** ne pas remarquer grand-chose - **3.** [bekommen] recevoir.

Mitlbewohner, in *der, die personne avec laquelle on partage un appartement ou une maison.*

mitlbringen *vt (unreg)* - **1.** [Gegenstand] apporter ; [vom Einkauf] rapporter - **2.** [Person, Tier] amener - **3.** [Fähigkeit, Eigenschaft] présenter.

Mitlbürger, in *der, die* concitoyen *m,* -enne *f.*

miteinander *adv* ensemble ; **zwei Sachen ~ verbinden** lier deux choses ; **nicht**

mehr ~ reden ne plus se parler. ➡ **alle miteinander** *pron* tous ensemble.

mit|erleben *vt* assister à.

Mitesser (*pl* -) *der* point *m* noir.

mit|fahren (*perf* **ist mitgefahren**) *vi (unreg) :* **(mit** ODER **bei jm) ~** aller avec qqn *(à bord du même véhicule).*

Mitfahr|gelegenheit *die place dans une voiture avec participation aux frais d'essence.*

Mitfahr|zentrale, Mitfahrer|zentrale *die* agence *f* de covoiturage, ≃ Allô Stop.

mit|fühlen ◇ *vi :* **mit jm ~** partager les sentiments de qqn ◇ *vt* partager.

mit|geben *vt (unreg)* donner.

Mit|gefühl *das (ohne Pl)* compassion *f*.

mit|gehen (*perf* **ist mitgegangen**) *vi (unreg)* **- 1.** [mitkommen] : **(mit jm) ~** accompagner qqn **- 2.** [Publikum] suivre avec enthousiasme **- 3.** [Dieb] : **etw ~ lassen** chaparder qqch.

mitgenommen ◇ *pp* ▷ **mitnehmen** ◇ *adj fam* fatigué(e) ; **~ aussehen** avoir l'air épuisé.

Mitgift (*pl* **-en**) *die* dot *f*.

Mit|glied *das* membre *m*.

Mitglieds|beitrag *der* cotisation *f*.

Mitgliedschaft (*pl* **-en**) *die* [in Krankenkasse] affiliation *f ;* [in Verein] adhésion *f*.

mit|halten *vi (unreg)* tenir le coup ; **mit jm (nicht) ~ können** (ne pas) pouvoir rivaliser avec qqn.

mithilfe *adv :* **~ von jm** à l'aide de qqn ; **~ von etwas** au moyen de qqc.

Mit|hilfe *die (ohne Pl)* aide *f*.

mit|hören ◇ *vi* écouter ◇ *vt* entendre.

mit|kommen (*perf* **ist mitgekommen**) *vi (unreg)* **- 1.** [gemeinsam kommen] : **(mit jm) ~** accompagner qqn ; **kommst du mit?** tu viens? **- 2.** [eintreffen] arriver **- 3.** *fam* [folgen können] arriver à suivre ; **da komme ich nicht (mehr) mit!** *fam* je n'y comprends (plus) rien!

Mit|leid *das (ohne Pl)* pitié *f ;* **mit jm ~ haben** ODER **empfinden** avoir pitié de qqn.

Mit|leidenschaft *die (ohne Pl) :* **jn/etw in ~ ziehen** qqn/qqch doit supporter les conséquences de.

mitleidig ◇ *adj* compatissant(e) ◇ *adv* avec compassion.

mit|machen ◇ *vt* **- 1.** [Spiel] participer à ; [Mode] suivre **- 2.** [erledigen] : **für jn etw ~** faire qqch pour qqn **- 3.** [aushalten] supporter ; **etw nicht mehr (länger) ~** ne plus pouvoir supporter qqch ; **jd hat schon viel mitgemacht** qqn en a déjà vu de toutes les couleurs ◇ *vi* [sich beteiligen] participer ; **bei etw (nicht) ~** (ne pas) participer à qqch.

Mitmenschen *pl* prochains *mpl.*

mit|mischen *vi fam* mettre son grain de sel ; **bei etw ~** *fam* se mêler de qqch.

mit|nehmen *vt (unreg)* **- 1.** [mit sich nehmen - Person] emmener ; [- Gegenstand] emporter ; **sich** *(D)* **etw ~** emporter qqch ; **wieder ~** remporter **- 2.** [psychisch] affecter ; [physisch] épuiser.

Mitreisende (*pl* **-n**) *der, die* compagnon de voyage *m*, compagne de voyage *f*.

mit|reißen *vt (unreg)* **- 1.** [begeistern] entraîner ; [Zuschauer] galvaniser **- 2.** [Subj : Lawine, Flut] emporter.

mitsamt *präp* avec.

mit|schreiben *(unreg)* ◇ *vt* **- 1.** [Vorlesung, Rede] prendre des notes de **- 2.** [Arbeit] : **eine Klassenarbeit ~** faire un devoir sur table ◇ *vi* [festhalten] prendre des notes.

Mit|schuld *die (ohne Pl)* complicité *f*.

mitschuldig *adj :* **(an etw** *(D)*) **~ sein** [Verbrechen] être complice (de qqch) ; [Unglück] porter une part de responsabilité (dans qqch).

Mit|schüler, in *der, die* camarade *mf* de classe.

mit|spielen ◇ *vi* **- 1.** [in Orchester, Film, Gruppe] : **bei etw ~** jouer dans qqch **- 2.** [Faktor, Überlegung] : **bei etw ~** jouer un rôle dans qqch **- 3.** *fam* [mitmachen] : **bei etw ~** apporter son concours à qqch **- 4.** *RW :* **jm übel ~** jouer un mauvais tour à qqn ◇ *vt* [Spiel] participer à.

Mit|spieler, in *der, die* coéquipier *m*, -ère *f*.

Mitsprache|recht *das* droit *m* d'intervention ; **ein/kein ~ bei etw haben** être/ne pas être consulté(e) sur qqch.

Mittag (*pl* **-e**) *der* midi *m ;* **am ~** à midi ; **über ~** pendant midi ; **zu ~ essen** déjeuner ; **gestern/heute/morgen ~** hier/ce/demain midi.

Mittag|essen *das* déjeuner *m*, repas *m* de midi.

mittags *adv* à midi.

Mittags|pause *die* pause *f* de midi.

Mittags|schlaf *der* sieste *f*.

Mitte (*pl* **-n**) *die* milieu *m ;* **in der ~** au milieu ; **jn in die ~ nehmen** mettre qqn au milieu ; **~ vierzig sein** avoir autour de quarante cinq ans ; **~ nächster Woche** au milieu de la semaine prochaine.

mit|teilen *vt :* **jm etw ~** faire part de qqch à qqn.

Mit|teilung *die* information *f ;* **jm eine ~ machen** informer qqn.

Mittel (*pl* -) *das* **- 1.** [Hilfsmittel] moyen *m ;* **mit allen ~n** par tous les moyens **- 2.** [zur Reinigung, Pflege] produit *m* **- 3.** [Medikament] remède *m ;* **ein ~ gegen etw** un re-

mède contre qqch. ◆ **Mittel** *pl* [Geldmittel] moyens *mpl* financiers ; **öffentliche ~** fonds *mpl* publics.
Mittel|alter *das (ohne Pl)* Moyen Âge *m.*
mittelalterlich ◇ *adj* médiéval(e) ; *abw* moyenâgeux(euse) ◇ *adv* comme au Moyen Âge.
Mittel|amerika *nt* Amérique *f* centrale.
Mittel|finger *der* majeur *m.*
Mittel|gebirge *das* moyenne montagne *f.*
mittelgroß *adj* de taille moyenne.
mittelhoch|deutsch *adj* en moyen haut allemand.
mittellos *adj* démuni(e).
mittelmäßig *abw adj* médiocre ; [Leistung] : **~ sein** être passable.
Mittel|meer *das (ohne Pl)* mer *f* Méditerranée, Méditerranée *f.*
Mittel|punkt *der* centre *m* ; **im ~ stehen** [Gegenstand] être le centre d'intérêt ; [Person] être le point de mire.
Mittel|stand *der* bourgeoisie *f.*
Mittel|streifen *der* terre-plein *m* central.
Mittel|weg *der* moyen terme *m.*
Mittel|wert *der* moyenne *f.*
mitten *adv* : **~ auf** en plein milieu de ; **~ durch** à travers ; **~ in** en plein ; **~ unter** parmi ; **~ am Tag/in der Nacht** en plein jour/pleine nuit.
mittendrin *adv* : **~ (in)** en plein milieu (de), au beau milieu (de).
mittendurch *adv* à travers.
Mitter|nacht *die (ohne Pl)* minuit *m.*
mittlere, r, s *adj* **- 1.** [durchschnittlich] moyen(enne) **- 2.** [in der Mitte] du milieu.
Mittlere Osten *der* Moyen-Orient *m.*
mittlerweile *adv* **- 1.** [inzwischen] entretemps **- 2.** [jetzt] maintenant.
Mittwoch (*pl* **-e**) *der* mercredi *m* ; *siehe auch* **Samstag.**
mittwochs *adv* le mercredi.
mitunter *adv* parfois.
mitverantwortlich *adj* coresponsable.
mit|verdienen *vi* : **seine Frau muss ~** il faut que sa femme travaille aussi.
mit|wirken *vi* : **(bei etw) ~** collaborer (à qqch).
Mitwisser, in (*mpl* **-** ; *fpl* **-nen**) *der, die* complice *mf.*
mixen *vt* mixer.
MKS (*abk für* **Maul- und Klauenseuche**) *die (ohne Pl)* fièvre *f* aphteuse.
mm (*abk für* **Millimeter**) mm.
Mob *der (ohne Pl) fam* populace *f.*
Möbel (*pl* **-**) *das* meuble *m.*
Möbel|wagen *der* camion *m* de déménagement.
mobil *adj* **- 1.** [beweglich] mobile **- 2.** [munter] alerte, vif (vive) ; **jn ~ machen** *fam* [munter machen] mettre qqn d'attaque ; MIL mobiliser qqn.
Mobil|funk *der (ohne pl)* [Technik] radiotéléphonie *f* ; [Gerät] radiotéléphone *m* ; **jn über ~ erreichen** joindre qqn par radiotéléphone.
Mobiliar (*pl* **-e**) *das* mobilier *m.*
Mobil|telefon *das* téléphone *m* mobile.
möblieren *vt* meubler.
möbliert *adj* meublé(e).
mochte *prät* ▷ **mögen.**
Mode (*pl* **-n**) *die* mode *f.*
Mode|haus *das* maison *f* de mode.
Modell (*pl* **-e**) *das* **- 1.** [gen] modèle *m* ; **~ stehen** poser **- 2.** [Callgirl] hôtesse *f.*
modellieren *vt* modeler.
Modem (*pl* **-s**) *der* ODER *das* EDV modem *m.*
Moden|schau *die* défilé *m* de mode.
Moderator (*pl* **-ratoren**) *der* animateur *m.*
Moderatorin (*pl* **-nen**) *die* animatrice *f.*
moderig = **modrig.**
modern[1] (*perf* **hat/ist gemodert**) *vi* moisir.
modern[2] ◇ *adj* moderne ◇ *adv* de manière moderne.
modernisieren *vt* moderniser.
Mode|schmuck *der* bijoux *mpl* fantaisie.
modisch ◇ *adj* à la mode, moderne ◇ *adv* à la mode.
modrig, moderig *adj* qui sent le moisi ; [Wasser] croupi(e).
Mofa (*pl* **-s**) *das* mobylette® *f.*
mogeln *vi fam* tricher.
mögen (*präs* **mag** ; *prät* **mochte** ; *perf* **hat gemocht** ODER **-**) ◇ *vt* **- 1.** [gern haben] : **etw ~** aimer qqch ; **jn ~** bien aimer qqn ; **jn/etw (nicht) ~** (ne pas) aimer qqn/qqch ; **jn/etw lieber ~** préférer qqn/qqch **- 2.** [wollen] vouloir ; **ich möchte etw** je voudrais qqch ; **was möchten Sie?** que désirez-vous? ◇ *vi* vouloir ; **ich mag nicht mehr** je n'ai plus envie ◇ *aux (Perf hat mögen)* **- 1.** [wollen] vouloir **- 2.** [können] : **mag sein** c'est possible ; **wo mag er wohl sein?** où peut-il bien être? ; **was auch kommen mag** quoi qu'il arrive.
möglich ◇ *adj* possible ; **ihm/mir ist es nicht ~, etw zu tun** il lui/m'est impossible de faire qqch ◇ *pron* : **alles Mögliche** toutes sortes de choses ◇ *adv* : **etw ~ machen** rendre qqch possible ; **etw für ~ halten** considérer qqch comme possible.
möglicherweise *adv* il est possible que (+ *subjonctif*), peut-être.
Möglichkeit (*pl* **-en**) *die* possibilité *f* ; **es besteht die ~, dass** il est possible que (+ *subjonctif*) ; **nach ~** si possible. ◆ **Möglichkeiten** *pl* [Fähigkeiten] possibilités *fpl.*
möglichst *adv* **- 1.** [wenn möglich] si pos-

sible - **2.** [so viel wie möglich] : **~ groß/laut** le plus grand/fort possible ; **~ viel** le plus possible.
Mohammedaner, in (*mpl* **-** ; *fpl* **-nen**) *der, die* Musulman *m*, -e *f*.
mohammedanisch *adj* musulman(e).
Mohn (*pl* **-e**) *der* pavot *m*.
Mohn|blume *die* coquelicot *m*.
Möhre (*pl* **-n**) *die* carotte *f*.
Mohren|kopf *der* KÜCHE - **1.** [Negerkuss] ≃ tête *f* de nègre - **2.** [Gebäck] profiterole *f*.
Mokka (*pl* **-s**) *der* moka *m*.
Molekül (*pl* **-e**) *das* molécule *f*.
molk *prät* ▻ **melken.**
Molke *die (ohne Pl)* petit-lait *m*.
Molkerei (*pl* **-en**) *die* laiterie *f*.
Moll *das (ohne Pl)* MUS mineur *m*.
mollig *adj* potelé(e).
Moment (*pl* **-e**) ◇ *der* moment *m* ; [kurz] instant *m* ; **im ~** pour le moment ; **jeden ~** à tout instant ; **~** ODER **einen ~, bitte!** un instant, s'il vous plaît! ; **~!, ~ mal!** *fam* un instant! ◇ *das* facteur *m*.
momentan ◇ *adj* momentané(e) ◇ *adv* momentanément.
Monaco, Monako *nt* Monaco *m* ; **in ~** à Monaco.
Monarch, in (*mpl* **-en** ; *fpl* **-nen**) *der, die* monarque *m*.
Monarchie (*pl* **-n**) *die* monarchie *f*.
Monat (*pl* **-e**) *der* mois *m* ; **diesen ~** ce mois-ci ; **nächsten/vorigen ~** le mois prochain/dernier ; **sie ist im fünften ~ (schwanger)** elle est enceinte de cinq mois.
monatelang ◇ *adj* de plusieurs mois ◇ *adv* pendant plusieurs mois.
monatlich ◇ *adj* mensuel(elle) ◇ *adv* mensuellement.
Monats|karte *die* carte *f* mensuelle.
Mönch (*pl* **-e**) *der* moine *m*.
Mond (*pl* **-e**) *der* lune *f*.
Mond|finsternis *die* éclipse *f* de lune.
Mond|landung *die* atterrissage *m* sur la lune, alunissage *m*.
Mond|schein *der* clair *m* de lune.
mongoloid *adj* MED mongolien(enne).
Monitor (*pl* **-toren** ODER **-e**) *der* moniteur *m* ; [Bildschirm] écran *m*.
mono ◇ *adj (unver)* mono ◇ *adv* en mono.
Monogramm (*pl* **-e**) *das* monogramme *m*.
Monolog (*pl* **-e**) *der* monologue *m*.
Monopol (*pl* **-e**) *das* monopole *m* ; **das ~ auf etw** *(A)* **haben** avoir le monopole de qqch.
monoton *adj* monotone.
Monster (*pl* **-**) *das* monstre *m*.
Monsun (*pl* **-e**) *der* mousson *f*.
Montag (*pl* **-e**) *der* lundi *m* ; **blauen ~ machen** manquer le lundi *(volontairement)* ; *siehe auch* **Samstag.**
Montage [mɔnˈtaːʒə] (*pl* **-n**) *die* montage *m* ; **auf ~ sein** être en mission.
montags *adv* le lundi.
Montblanc [mɔ̃ˈblɑ̃ː] *der* Mont-Blanc *m*.
montieren *vt* monter.
Montreal *nt* Montréal.
Monument (*pl* **-e**) *das* monument *m*.
monumental *adj* monumental(e).
Moor (*pl* **-e**) *das* marais *m*.
Moos (*pl* **-e**) *das* - **1.** [Pflanze] mousse *f* - **2.** *(ohne Pl) fam* [Geld] fric *m*.
Moped (*pl* **-s**) *das* cyclomoteur *m*.
Mops (*pl* **Möpse**) *der* [Hund] carlin *m*.
Moral *die (ohne Pl)* morale *f*.
moralisch ◇ *adj* moral(e) ◇ *adv* moralement.
Moral|predigt *die* : **jm eine ~ halten** faire la morale à qqn.
Morast (*pl* **-e**) *der* [Sumpf] marécage *m* ; [Schlamm] boue *f*.
Morchel (*pl* **-n**) *die* morille *f*.
Mord (*pl* **-e**) *der* meurtre *m*.
Mörder, in (*mpl* **-** ; *fpl* **-nen**) *der, die* meurtrier *m*, -ère *f*.
mörderisch ◇ *adj* - **1.** [lebensgefährlich] meurtrier(ère) - **2.** *fam* [groß] terrible ◇ *adv* terriblement.
Mord|verdacht *der* : **unter ~ stehen** être suspecté(e) de meurtre.
morgen *adv* - **1.** [am Tag nach heute, in Zukunft] demain ; **bis ~!** à demain! ; **~ früh** demain matin - **2.** [vormittag] matin.
Morgen (*pl* **-**) *der* matin *m* ; **am ~** le matin ; **gestern/heute ~** hier/ce matin. ◆ **guten Morgen!** *interj* bonjour!
morgendlich *adj* matinal(e).
Morgen|grauen *das* aube *f*.
Morgen|rot *das* aurore *f*.
morgens *adv* le matin ; **von ~ bis abends** du matin au soir.
morgig *adj* de demain ; **der ~e Tag** la journée de demain.
Morphium *das (ohne Pl)* morphine *f*.
morsch *adj* pourri(e).
morsen ◇ *vt* écrire en morse ◇ *vi* faire du morse.
Mörtel (*pl* **-**) *der* mortier *m*.
Mosaik (*pl* **-e** ODER **-en**) *das* mosaïque *f*.
Moschee [mɔˈʃeː] (*pl* **-n**) *die* mosquée *f*.
Mosel *die* Moselle *f*.
Moskau *nt* Moscou.

Moskauer (*pl* -) <> *der* Moscovite *m* <> *adj* moscovite.
Moskauerin (*pl* **-nen**) *die* Moscovite *f.*
Moskito (*pl* **-s**) *der* moustique *m.*
Moslem (*pl* **-s**) *der* Musulman *m.*
Moslime (*pl* **-n**) *die* Musulmane *f.*
Most (*pl* **-e**) *der* **- 1.** [Fruchtsaft] moût *m* **- 2.** *Süddt* [Apfelwein] cidre *m.*
Motiv (*pl* **-e**) *das* **- 1.** [von Taten] mobile *m* **- 2.** [von Bildern] motif *m* **- 3.** [von Kunstwerken] thème *m.*
motivieren [moti'viːrən] *vt* : **jn (zu etw) ~** motiver qqn (pour qqch) ; **jn ~, etw zu tun** motiver qqn à faire qqch.
Motor, Motor (*pl* **-toren**) *der* moteur *m.*
Motor|rad *das* moto *f.*
Motor|schaden *der* panne *f* (de moteur).
Motte (*pl* **-n**) *die* mite *f.*
Motto (*pl* **-s**) *das* devise *f* ; **unter dem ~ stehen** avoir pour mot d'ordre.
Möwe (*pl* **-n**) *die* mouette *f.*
MP [ɛm'piː] (*pl* **-s**) *die abk für* **Maschinenpistole.**
Mrd. *abk für* **Milliarde.**
MTA (*pl* **-s**) (*abk für* **Medizinisch-technische Assistentin**) *die* assistante *f* médicale et laborantine.
Mücke (*pl* **-n**) *die* moustique *m.*
Mücken|stich *der* piqûre *f* de moustique.
müde <> *adj* fatigué(e) <> *adv* avec lassitude ; **nicht ~ werden, etw zu tun** ne pas se lasser de faire qqch.
Müdigkeit *die (ohne Pl)* fatigue *f.*
muffig <> *adj* [modrig] confiné(e) <> *adv* : **~ riechen** sentir le renfermé.
Mühe (*pl* **-n**) *die* peine *f* ; **jm ~ machen** donner de la peine à qqn ; **sich** *(D)* **~ machen** se donner du mal ; **sich** *(D)* **~ geben** faire un effort ; **mit Müh und Not** *fam* à grand-peine.
mühelos *adj* facile.
mühevoll *adj* pénible.
Mühle (*pl* **-n**) *die* **- 1.** [gen] moulin *m* **- 2.** [Spiel] *jeu de société où, en alignant trois pions, on peut prendre un pion de l'adversaire.*
mühsam *adj* pénible, difficile.
mühselig *adj* pénible, difficile.
Mulde (*pl* **-n**) *die* [Tal] cuvette *f* ; [Vertiefung] creux *m.*
Mull (*pl* **-e**) *der* gaze *f.*
Müll *der (ohne Pl)* ordures *fpl* ; **etw in den ~ werfen** ODER **tun** jeter qqch à la poubelle.
Müll|abfuhr *die* ramassage *m* des ordures.
Mull|binde *die* bande *f* de gaze.
Müll|deponie *die* décharge *f*, déchetterie *f.*
Müll|eimer *der* poubelle *f.*
Müller, in (*mpl* - ; *fpl* **-nen**) *der, die* meunier *m*, -ère *f.*
Müll|schlucker (*pl* -) *der* vide-ordures *m.*
Müll|tonne *die* poubelle *f.*
Müll|trennung *die (ohne pl)* tri *m* des ordures ménagères.
Müll|wagen *der* camion-poubelle *m.*
mulmig *adj fam* désagréable ; **jm wird ~** qqn se sent mal.
multikulturell *adj* multiculturel(elle).
Multiplex|kino *das* multiplexe *m*, complexe *m* multisalle.
multiplizieren *vt* multiplier.
Mumie ['muːmi̯ə] (*pl* **-n**) *die* momie *f.*
Mumm *der (ohne Pl) fam* cran *m* ; **~ haben** avoir du cran.
Mumps *der (ohne Pl)* MED oreillons *mpl.*
München *nt* Munich.
Münchner (*pl* -) <> *der* Munichois *m* <> *adj* de Munich, munichois(e).
Münchnerin (*pl* **-nen**) *die* Munichoise *f.*
Mund (*pl* **Münder**) *der* bouche *f* ; **jn von ~ zu ~ beatmen** faire du bouche à bouche à qqn ; **den** ODER **seinen ~ halten** *fam fig* la fermer.
Mund|art *die* patois *m*, dialecte *m.*
münden (*perf* **hat/ist gemündet**) *vi* **- 1.** [Fluss] : **in etw** *(A)* **~** se jeter dans qqch **- 2.** [Straße, Handlung] déboucher sur qqch.
Mund|harmonika *die* harmonica *m.*
mündig *adj* **- 1.** [volljährig] majeur(e) **- 2.** [unabhängig] libre.
mündlich <> *adj* oral(e) <> *adv* oralement.
mundtot *adj* : **jn ~ machen** faire taire qqn.
Mündung (*pl* **-en**) *die* **- 1.** [Einmündung] embouchure *f* **- 2.** [Öffnung] bouche *f.*
Mund|werk *das (ohne Pl) fam* clapet *m* ; **ein loses ~ haben** tenir des propos insolents.
Munition (*pl* **-en**) *die* munitions *fpl.*
munkeln *fam* <> *vi* cancaner <> *vt* : **~, dass** raconter que.
Münster (*pl* -) *das* cathédrale *f.*
munter <> *adj* **- 1.** [wach] éveillé(e) **- 2.** [lebhaft] vif (vive) **- 3.** [fröhlich] gai(e) <> *adv* **- 1.** [fröhlich] gaiement **- 2.** [unbekümmert] avec insouciance.
Münze (*pl* **-n**) *die* pièce *f (de monnaie).*
münzen *vt* battre monnaie ; **auf jn/etw gemünzt sein** *fig* s'adresser à qqn/qqch.
Münzfern|sprecher *der* [amt] cabine *f* téléphonique à pièces.
mürbe <> *adj* **- 1.** [Material] friable **- 2.** [Nahrung - Fleisch] tendre ; [- Obst] fondant(e) **- 3.** *fig* [zermürbt] : **jn ~ machen** démoraliser qqn <> *adv* [zart] : **Fleisch ~ klopfen** attendrir de la viande.
Mürbe|teig *der* pâte *f* brisée.

murmeln *vi & vt* murmurer.

murren *vi* grogner ; **über etw** *(A)* ~ pester contre qqch.

mürrisch *adj* bougon(onne).

Mus *(pl* **-e**) *das* compote *f.*

Muschel *(pl* **-n**) *die* **- 1.** [Miesmuschel] moule *f* **- 2.** [Schale] coquillage *m.*

Museum *(pl* **Museen**) *das* musée *m.*

Musical ['mju:zik(ə)l] *(pl* **-s**) *das* comédie *f* musicale.

Musik *(pl* **-en**) *die* musique *f.*

musikalisch ◇ *adj* **- 1.** [Musik betreffend] musical(e) **- 2.** [als Begabung] musicien(enne) ◇ *adv* [begabt] pour la musique.

Musiker, in *(mpl* **-** ; *fpl* **-nen**) *der, die* musicien *m,* -enne *f.*

Musik|instrument *das* instrument *m* de musique.

Musik|unterricht *der (ohne Pl)* cours *m* de musique.

musizieren *vi* faire de la musique.

Muskat *der* muscade *f.*

Muskat|nuss *die* noix *f* de muscade.

Muskel *(pl* **-n**) *der* muscle *m.*

Muskel|kater *der (ohne Pl)* courbatures *fpl* ; **(einen) ~ haben** avoir des courbatures.

Muskulatur *(pl* **-en**) *die* musculature *f.*

muskulös *adj* musclé(e).

Müsli *(pl* **-**) *das* muesli *m.*

muss *präs* ▷ **müssen.**

Muss *das (ohne Pl)* nécessité *f.*

Muße *die (ohne Pl)* temps *m* libre.

müssen *(präs* **muss** ; *prät* **musste** ; *perf* **hat gemusst** ODER **-**) ◇ *aux (Perf hat müssen)* **- 1.** [gezwungen] devoir ; **etw nicht tun ~** ne pas être obligé(e) de faire qqch ; **muss das sein?** est-ce indispensable? **- 2.** [nötig, dringend] : **etw tun ~** devoir faire qqch ; **man müsste ...** il faudrait .... ◇ *vi* : **an einen Ort ~** devoir aller quelque part ; **mal ~** *fam fig* avoir envie d'aller aux toilettes.

musste *prät* ▷ **müssen.**

Muster *(pl* **-**) *das* **- 1.** [Vorlage, Beispiel] modèle *m* **- 2.** [Musterung] motif *m* **- 3.** [Warenprobe] échantillon *m.*

mustergültig ◇ *adj* exemplaire ◇ *adv* de manière exemplaire.

mustern *vt* **- 1.** [betrachten] inspecter **- 2.** [Wehrpflichtige] : **gemustert werden** faire ses trois jours.

Musterung *(pl* **-en**) *die* **- 1.** [von Wehrpflichtigen] les trois jours *mpl* **- 2.** [Betrachtung] inspection *f.*

Mut *der (ohne Pl)* **- 1.** [Furchtlosigkeit] courage *m* **- 2.** [Zuversicht] confiance *f* ; **jm ~ machen** encourager qqn.

mutig ◇ *adj* courageux(euse) ◇ *adv* courageusement.

mutmaßlich ◇ *adj* présumé(e) ◇ *adv* probablement.

Mutter *(pl* **Mütter** ODER **-n**) *die* **- 1.** *(Pl Mütter)* [Frau, Tier] mère *f* **- 2.** *(Pl Muttern)* [von Schrauben] écrou *m.*

mütterlich *adj* **- 1.** [der Mutter eigen] maternel(elle) **- 2.** [fürsorgend] prévenant(e).

mütterlicherseits *adv* du côté maternel.

Mutter|mal *das* tache *f* de naissance.

Mutter|sprache *die* langue *f* maternelle.

Mutter|tag *der* fête *f* des mères.

mutwillig ◇ *adj* volontaire ◇ *adv* volontairement.

Mütze *(pl* **-n**) *die* bonnet *m,* casquette *f.*

MwSt. *(abk für* **Mehrwertsteuer**) TVA *f.*

Myanmar *nt* Myanmar.

Mythos *(pl* **Mythen**) *der* mythe *m.*

N

n, N [ɛn] *(pl* **-** ODER **-s**) *das* n *m inv,* N *m inv.*
◆ **N** *(abk für* **Nord**) N.

na *interj* : **na!** alors! ◆ **na also!** *interj* tu vois!, vous voyez! ◆ **na ja!** *interj* eh bien!

Nabel *(pl* **-**) *der* nombril *m.*

Nabel|schnur *die* cordon *m* ombilical.

nach *präp (+ D)* **- 1.** [im Anschluss, später] après **- 2.** [zur Angabe der Uhrzeit] : **es ist zehn ~ zwei** il est deux heures dix ; **es ist Viertel ~ drei** il est trois heures et quart **- 3.** [räumlich] à ; **~ Deutschland/Hamburg fahren** aller en Allemagne/à Hambourg ; **~ rechts** à droite ; **~ Norden** vers le nord **- 4.** [Angabe eines Maßstabes, einer Quelle] d'après, selon ; **~ dieser Regel** selon cette règle. ◆ **nach und nach** *adv* peu à peu. ◆ **nach wie vor** *adv* aujourd'hui comme hier, toujours.

nach|ahmen *vt* imiter.

Nachbar, in *(mpl* **-n** ; *fpl* **-nen**) *der, die* voisin *m,* -e *f.*

Nachbarschaft *die (ohne Pl)* voisinage *m.*

nach|bessern *vt* retoucher.

nach|bestellen ◇ *vt* commander de nouveau ◇ *vi* réassortir.

nach|datieren *vt* antidater.

nachdem *konj* après que.

nach|denken *vi (unreg)* réfléchir ; **über etw** *(A)* ~ réfléchir à qqch.

nachdenklich ◇ *adj* songeur(euse) ; ~ **machen** rendre pensif(ive) ◇ *adv* d'un air songeur.

Nachdruck (*pl* **-e**) *der* **- 1.** *(ohne Pl)* [Eindringlichkeit] insistance *f* ; **einer Sache** *(D)* ~ **verleihen** donner du poids à qqch **- 2.** [von Büchern] réimpression *f*. ◆ **mit Nachdruck** *adv* avec insistance.

nachdrücklich ◇ *adj* exprès(esse) ◇ *adv* expressément.

nach|eifern *vi* : **jm** ~ suivre l'exemple de qqn.

nacheinander *adv* **- 1.** [als Reihenfolge] l'un (l'une) après l'autre **- 2.** [gegenseitig] l'un (l'une) l'autre.

nach|empfinden *vt (unreg)* [nachfühlen] : **jm etw** ~ comprendre ce que qqn ressent ; **Freude/Trauer/Wut** ~ **können** partager la joie/la peine/la colère.

Nacher|zählung *die* compte-rendu *m*.

Nach|folge *die (ohne Pl)* succession *f*.

nach|folgen (*perf* **ist nachgefolgt**) *vi* **- 1.** [in Funktion, Amt] succéder à **- 2.** [nachkommen] suivre.

Nachfolger, in (*mpl* **-** ; *fpl* **-nen**) *der, die* successeur *m*.

nach|forschen *vi* faire des recherches.

Nach|frage *die (ohne Pl)* WIRTSCH demande *f*.

nach|fragen *vi* **- 1.** [um Auskunft] se renseigner **- 2.** [nachhaken] demander *(avec insistance)*.

nach|füllen *vt* **- 1.** [Gefäß] remplir de nouveau **- 2.** [Inhalt] rajouter.

nach|geben *(unreg) vi* céder.

Nach|gebühr *die (ohne Pl)* surtaxe *f*.

nach|gehen (*perf* **ist nachgegangen**) *vi (unreg)* **- 1.** [folgen] : **jm** ~ suivre qqn *(à pied)* **- 2.** [Fragen, Problemen] : **etw** *(D)* ~ se pencher sur qqch **- 3.** [Uhr] retarder.

Nach|geschmack *der (ohne Pl)* arrière-goût *m*.

nachgiebig *adj* conciliant(e).

nach|haken *vi fam* revenir à la charge.

nachhaltig ◇ *adj* durable ◇ *adv* de manière durable.

nach|hängen *vi (unreg)* **- 1.** [Gedanken, Erinnerungen] donner libre cours à **- 2.** *fam* [zurückliegen] : **in etw** *(D)* ~ être en retard en ODER pour qqch.

Nachhause|weg *der* chemin *m* du retour.

nach|helfen *vi (unreg)* **- 1.** *fam* [jn antreiben] : **bei jm** ~ pousser qqn **- 2.** [helfen] : **jm** ~ aider qqn.

nachher, nachher *adv* **- 1.** [später] tout à l'heure **- 2.** [anschließend] après. ◆ **bis nachher!** *interj* à tout à l'heure!

Nach|hilfe *die (ohne Pl)* soutien *m* scolaire *(privé)*.

Nachhinein *adv* : **im** ~ après coup, avec du recul.

nach|holen *vt* [Versäumtes] rattraper.

nach|jagen (*perf* **ist nachgejagt**) *vi* : **jm/einer Sache** ~ pourchasser qqn/qqch.

Nachkomme (*pl* **-n**) *der* descendant *m*, -e *f*.

nach|kommen (*perf* **ist nachgekommen**) *vi (unreg)* **- 1.** [später kommen] venir plus tard **- 2.** *geh* [Bitten, Wünschen] : **einer Sache (D)** ~ répondre à qqch.

Nachkömmling (*pl* **-e**) *der* petit dernier *m*, petite dernière *f*.

Nachkriegs|zeit *die* après-guerre *m* ODER *f*.

nach|lassen *(unreg)* ◇ *vi* [schwächer werden - Unwetter, Schmerzen] se calmer ; [- Spannung] diminuer ; [- Augen, Gehör] baisser ; [- Gedächtnis, Anstrengung] faiblir ◇ *vt* [Preis] faire une réduction de.

nachlässig ◇ *adj* négligé(e) ; [Mensch] négligeant(e) ◇ *adv* de manière négligée.

nach|laufen (*perf* **ist nachgelaufen**) *vi (unreg)* : **jm/einer Sache** ~ [folgen] suivre qqn/qqch ; *fam* [laufen] courir après qqn/qqch.

nach|machen *vt fam* **- 1.** [nachahmen] imiter ; **jm etw** ~ imiter qqn en qqch **- 2.** [nachholen] refaire.

Nach|mittag *der* après-midi *m* ODER *f* ; **am** ~ l'après-midi ; **gestern/heute/morgen/Dienstag** ~ hier/cet/demain/mardi après-midi.

nachmittags *adv* l'après-midi.

Nachnahme (*pl* **-n**) *die* : **per** ODER **gegen** ~ contre remboursement.

Nach|name *der* nom *m* de famille.

nach|prüfen *vt* [kontrollieren] vérifier.

nach|rechnen *vt & vi* recalculer.

Nach|rede *die* : **üble** ~ diffamation *f*.

Nachricht (*pl* **-en**) *die* nouvelle *f* ; **eine** ~ **von jm** des nouvelles de qqn. ◆ **Nachrichten** *pl* informations *fpl*.

Nachrichten|agentur *die* agence *f* de presse.

Nachrichten|sprecher, in *der, die* présentateur de journal *m*, présentatrice de journal *f*.

Nachrichten|technik *die* télécommunications *fpl*.

nach|rücken (*perf* **ist nachgerückt**) *vi* **- 1.** [in Amt, Funktion] prendre la relève **- 2.** [Truppen, Namen auf Liste] avancer.

Nach|ruf *der* article *m* nécrologique.

nach|rüsten ◇ *vt* EDV étendre ◇ *vi* réarmer.

nach|sagen *vt* [behaupten] : **jm etw** ~ dire qqch de qqn.

Nach|saison *die (ohne Pl)* arrière-saison *f.*
nach|schicken *vt* réexpédier.
Nach|schlag *der* rabiot *m.*
nach|schlagen (*perf* **hat/ist nachgeschlagen**) *(unreg)* ◇ *vi (hat)* [nachlesen] vérifier ◇ *vt (hat)* [nachlesen] compulser.
Nachschlage|werk *das* ouvrage *m* de référence.
Nach|schlüssel *der* double *m (clé).*
Nach|schub *der (ohne Pl)* ravitaillement *m.*
nach|sehen *(unreg)* ◇ *vi* - **1.** [hinterhersehen] : **jm/einer Sache ~** suivre qqn/qqch des yeux - **2.** [suchen] regarder - **3.** [etw prüfen] vérifier - **4.** [nachschlagen] : **in etw** *(D)* **~** consulter qqch ◇ *vt* - **1.** [nachschlagen, prüfen] vérifier - **2.** [verzeihen] passer sur.
Nach|sehen *das (ohne Pl)* : **das ~ haben** en être pour ses frais.
nach|senden *vt (unreg)* réexpédier.
Nach|sicht *die (ohne Pl)* indulgence *f* ; **mit jm ~ haben** être indulgent(e) envers qqn.
nach|sitzen *vi (unreg)* être en retenue.
Nach|speise *die* dessert *m.*
Nach|spiel *das* suites *fpl* ; **etw wird ein ~ haben** qqch aura des suites.
nach|sprechen *vt & vi (unreg)* répéter.
nächstbeste, r, s *adj* : **der ~ Zug** le premier train qui passe ; **der ~ Hotel** le premier hôtel venu. ◆ **Nächstbeste** *der, die, das* : **der/die/das Nächstbeste** *fig* le premier venu, la première venue.
nächste, r, s *adj* - **1.** [nah] le ODER la plus proche - **2.** [folgend] prochain(e).
Nächste (*pl* **-n**) *der* - **1.** [Kunde, Patient] suivant *m*, -e *f* ; **der ~, bitte!** au suivant! - **2.** REL prochain *m*, -e *f.*
Nächsten|liebe *die (ohne Pl)* amour *m* du prochain.
nächstens *adv* prochainement.
nächstliegend *adj* le plus évident, la plus évidente.
nächstmöglich *adj* : **der ~e Termin** le premier rendez-vous possible.
Nacht (*pl* **Nächte**) *die* nuit *f* ; **über ~ bleiben** rester pour la nuit ; **gestern/morgen ~** dans la nuit d'hier/de demain ; **heute ~** cette nuit. ◆ **gute Nacht!** *interj* bonne nuit!
Nach|teil *der* inconvénient *m* ; [finanziell] dommage *m* ; **zu js ~** au désavantage de qqn.
nächtelang ◇ *adj* qui dure des nuits entières ◇ *adv* des nuits entières.
Nacht|frost *der (ohne Pl)* gelée *f* nocturne.
Nacht|hemd *das* chemise *f* de nuit.
Nachtigall (*pl* **-en**) *die* rossignol *m.*
Nach|tisch *der (ohne Pl)* dessert *m.*
nächtlich *adj* nocturne.
Nachtrag (*pl* **-träge**) *der* supplément *m*, annexe *f.*
nach|tragen *vt (unreg)* - **1.** [übel nehmen] : **jm etw ~** en vouloir à qqn de qqch - **2.** [ergänzen] ajouter - **3.** [hinterhertragen] : **jm etw ~** rapporter qqch à qqn.
nachträglich ◇ *adj* tardif(ive) ◇ *adv* après coup.
nach|trauern *vi* : **jm/einer Sache ~** regretter qqn/qqch.
Nacht|ruhe *die (ohne Pl)* repos *m* nocturne.
nachts *adv* la nuit ; **um vier Uhr ~** à quatre heures du matin.
Nacht|schicht *die* équipe *f* de nuit.
Nacht|wache *die* - **1.** *(ohne Pl)* [Dienst] garde *f* de nuit - **2.** [Person] personne *f* de garde *(la nuit).*
Nacht|wächter, in *der, die* veilleur *m* de nuit.
nach|vollziehen *vt (unreg)* comprendre.
nach|wachsen (*perf* **ist nachgewachsen**) *vi (unreg)* repousser.
Nachweis (*pl* **-e**) *der* preuve *f.*
nach|weisen *vt (unreg)* - **1.** [belegen] prouver - **2.** [aufzeigen] détecter.
Nach|welt *die (ohne Pl)* générations *fpl* futures.
Nach|wirkung *die* effets *mpl.*
Nach|wuchs *der (ohne Pl)* - **1.** [Kinder] progéniture *f* ; **sie haben ~ bekommen** ils ont eu un enfant - **2.** [im Beruf] relève *f.*
nach|zahlen ◇ *vi* payer le complément ◇ *vt* payer ultérieurement.
nach|zählen *vt* recompter.
Nachzügler, in (*mpl* **-** ; *fpl* **-nen**) *der, die* retardataire *mf.*
Nacken (*pl* **-**) *der* nuque *f.*
nackt ◇ *adj* - **1.** [gen] nu(e) - **2.** [Zahlen, Tatsachen] brut(e) - **3.** [bloß] : **auf dem ~en Boden** à même le sol ◇ *adv* : **jn ~ fotografieren** photographier qqn nu(e).
Nadel (*pl* **-n**) *die* aiguille *f.*
Nadel|baum *der* résineux *m.*
Nadel|öhr *das* [von Nadeln] chas *m.*
Nadel|wald *der* bois *m* de résineux.
Nagel (*pl* **Nägel**) *der* - **1.** [aus Metall] clou *m* - **2.** [an Fuß, Finger] ongle *m* - **3.** *RW* : **etw an den ~ hängen** *fam* laisser tomber qqch ; **sich** *(D)* **etwas unter den ~ reißen** *fam abw* s'approprier qqch.
Nagel|feile *die* lime *f* à ongles.
Nagel|lack *der* vernis *m* à ongles.
nageln *vt* clouer.
nagelneu *fam* ◇ *adj* flambant neuf ◇ *adv* : **sich ~ einrichten** s'équiper de neuf.
nagen ◇ *vi* - **1.** [knabbern] : **an etw** *(D)* **~**

ronger qqch - **2.** [Zweifel, Hunger] : **an jm ~** ronger qqn ◇ *vt* [bohren] creuser.

Nageltier *das* rongeur *m*.

Nahlaufnahme *die* gros plan *m*.

nahe, nah (*komp* **näher** ; *superl* **nächste**) ◇ *adj* - **1.** [räumlich] proche ; **die nähere Umgebung** les proches environs ; **die nächste Stadt** la ville la plus proche - **2.** [zeitlich, vertraut] proche ; **ein ~r Freund** un ami proche - **3.** *fam* [kurz] court(e) ; **dieser Weg ist näher als der andere** ce chemin est plus court que l'autre - **4.** [kurz davor] : **einer Sache** *(D)* **~ sein** être proche de ODER au bord de qqch ; **~ daran sein, etw zu tun** *fam* faillir faire qqch ◇ *adv* - **1.** [räumlich] : **von ~m** de près ; **zu ~** trop près ; **von nah und fern** de partout - **2.** [eng, vertraut] : **jm zu ~ treten** *fig* froisser qqn ◇ *präp (+ D)* : **~ der Grenze** près de la frontière ; **~ an** ODER **bei** près de.

Nähe *die (ohne Pl)* proximité *f* ; **aus der ~** de près ; **in der ~** à proximité.

nahe gehen (*perf* **ist nahe gegangen**) *vi (unreg)* affecter.

nahe legen *vt* - **1.** [Verdacht, Vermutung] laisser supposer - **2.** [jn auffordern] : **jm etw ~** suggérer qqch à qqn.

nahe liegen *vi (unreg)* tomber sous le sens.

nähen ◇ *vt* - **1.** [schneidern] coudre - **2.** [flicken] recoudre ◇ *vi* [schneidern] coudre.

Nahe Osten *der* Proche-Orient *m*.

näher ◇ *adj* - **1.** [Komparativ von nahe] plus proche - **2.** [genau] plus exact(e) ◇ *adv* - **1.** [Komparativ von nahe] de plus près - **2.** [genau] plus exactement.

Naherholungsgebiet *das amt alentours d'une grande ville propices aux loisirs et à la détente.*

näher kommen (*perf* **ist näher gekommen**) *vi (unreg)* : **jm/etw ~** se rapprocher de qqn/qqch ; **sich** *(D)* **~** se rapprocher.

nähern ◆ **sich nähern** *ref* - **1.** [räumlich] s'approcher - **2.** [zeitlich] approcher.

nahe stehen *vi (unreg)* : **jm/einer Sache ~** être proche de qqn/qqch.

nahe stehend *adj* proche.

nahezu *adv* presque.

nahm *prät* ▷ **nehmen.**

Nählmaschine *die* machine *f* à coudre.

Nählnadel *die* aiguille *f* à coudre.

Nahost *(ohne Artikel)* Proche-Orient *m*.

nahrhaft *adj* nourrissant(e).

Nährlstoff *der* élément *m* nutritif.

Nahrung *die (ohne Pl)* nourriture *f*.

Nahrungslmittel *das* aliment *m*.

Nährlwert *der* valeur *f* nutritive.

Naht (*pl* **Nähte**) *die* - **1.** [an Kleidung] couture *f* - **2.** [in Medizin] suture *f*.

nahtlos ◇ *adj* [ununterbrochen] : **~er Übergang** transition *f* harmonieuse ◇ *adv* [ununterbrochen] : **~ ineinander übergehen** se fondre progressivement.

Nahlverkehr *der (ohne Pl)* trafic *m* de banlieue.

Nählzeug *das* nécessaire *m* de couture.

naiv [na'iːf] ◇ *adj* naïf(ïve) ◇ *adv* [arglos, einfältig] naïvement.

Naivität [naivi'tɛːt] *die (ohne Pl)* naïveté *f*.

Name (*pl* **-n**) *der* nom *m* ; **im ~n von jm** au nom de qqn ; **jn/etw (nur) dem ~n nach kennen** connaître qqn/qqch (seulement) de nom.

namentlich ◇ *adj* nominatif(ive) ◇ *adv* [mit dem Namen] nommément.

namhaft *adj* - **1.** [Person] de renom - **2.** [Summe, Ausgabe] considérable.

Namibia *nt* Namibie *f*.

nämlich *adv* - **1.** [als Begründung] en effet - **2.** [und zwar] en l'occurrence.

nannte *prät* ▷ **nennen.**

nanu *interj* : **nanu!** ça alors!

Napf (*pl* **Näpfe**) *der* écuelle *f*.

Narbe (*pl* **-n**) *die* cicatrice *f*.

narbig *adj* plein(e) de cicatrices.

Narkose (*pl* **-n**) *die* anesthésie *f*.

närrisch ◇ *adj* - **1.** *fam* [verrückt] fou (folle) - **2.** [im Karneval] : **das ~e Treiben** la folle agitation du carnaval ◇ *adv* comme un fou.

Narzisse (*pl* **-n**) *die* narcisse *m*.

naschen *vt & vi* grignoter.

Nase (*pl* **-n**) *die* - **1.** [gen] nez *m* ; **sich** *(D)* **die ~ putzen** se moucher ; **jm läuft die ~** le nez de qqn coule - **2.** *RW* : **die ~ rümpfen** faire la grimace ; **jn an der ~ herumführen** *fam* mener qqn en bateau.

Nasenlbluten *das (ohne Pl)* saignement *m* de nez.

Nasenlloch *das* narine *f*.

Nashorn (*pl* **-hörner**) *das* rhinocéros *m*.

nass ◇ *adj* mouillé(e) ◇ *adv* : **jn ~ spritzen** asperger qqn.

Nässe *die (ohne Pl)* humidité *f*.

nässen *vi* suinter.

Nation (*pl* **-en**) *die* nation *f*.

national ◇ *adj* national(e) ◇ *adv* au niveau national.

Nationalfeierltag *der* fête *f* nationale.

Nationallhymne *die* hymne *m* national.

Nationalismus *der (ohne Pl)* nationalisme *m*.

nationalistisch ◇ *adj* nationaliste ◇ *adv* : **~ gesinnt** ODER **eingestellt sein** être nationaliste.

Nationalität (*pl* **-en**) *die* nationalité *f.*
Nationalsozialismus *der (ohne Pl)* national-socialisme *m.*
NATO ['na:to:] (*abk für* **North Atlantic Treaty Organization**) *die (ohne Pl)* OTAN *f.*
Natron *das (ohne Pl)* CHEM soude *f.*
Natter (*pl* **-n**) *die* couleuvre *f.*
Natur (*pl* **-en**) *die* nature *f.* ◆ **von Natur aus** *adv* de nature.
Naturalien [natu'ra:li̯ən] *pl* : **in ~ bezahlen** payer en nature.
Naturalismus *der (ohne Pl)* naturalisme *m.*
naturbelassen *adj* à l'état naturel.
Naturereignis *das* phénomène *m* naturel.
naturgemäß ◇ *adj* naturel(elle) ◇ *adv* **- 1.** [gemäß der Natur] de manière naturelle **- 2.** [grundsätzlich] foncièrement.
naturgetreu ◇ *adj* fidèle ◇ *adv* fidèlement.
Naturheilkunde *die (ohne Pl)* médecine *f* douce.
natürlich ◇ *adj* naturel(elle) ◇ *adv* **- 1.** [nicht künstlich] naturellement **- 2.** [selbstverständlich] bien entendu. ◆ **natürlich!** *interj* bien sûr!
naturrein *adj* naturel(elle).
Naturschutz *der (ohne Pl)* protection *f* de la nature ; **unter ~ stehen** faire partie des espèces et sites protégés.
Naturschutzgebiet *das* réserve *f* naturelle.
Naturwissenschaft *die* science *f* physique et naturelle.
Naturwissenschaftler, in *der, die* scientifique *mf.*
Nazi (*pl* **-s**) *der abw* nazi *m.*
n. Chr. (*abk für* **nach Christus**) apr. J.-C.
Neapel *nt* Naples.
Nebel (*pl* **-**) *der* brouillard *m.*
nebelig = **neblig.**
Nebelscheinwerfer *der* feu *m* de brouillard.
Nebelschwaden *pl* nappes *fpl* de brouillard.
neben *präp (+ A, + D)* à côté de.
nebenan *adv* à côté.
nebenbei *adv* **- 1.** [außerdem] à côté **- 2.** [beiläufig] : **~ gesagt** soit dit en passant.
nebenberuflich ◇ *adj* secondaire ◇ *adv* : **~ tätig sein** avoir une activité secondaire.
nebeneinander *adv* [neben jm/etw] côte à côte.
Nebenfach *das* SCHULE option *f.*
Nebenfluss *der* affluent *m.*
Nebengeräusch *das* bruit *m* de fond.
nebenher *adv* en plus.
Nebenjob *der* travail *m* d'appoint.
Nebenkosten *pl* **- 1.** [bei Miete] charges *fpl* **- 2.** [zusätzliche Auslagen] frais *mpl* annexes.
Nebenrolle *die* second rôle *m.*
Nebensache *die* chose *f* secondaire.
nebensächlich *adj* secondaire.
Nebensatz *der* GRAM proposition *f* subordonnée.
Nebenstraße *die* rue *f* latérale.
neblig, nebelig *adj* brumeux(euse) ; **es ist ~** il y a du brouillard.
necken *vt* taquiner ; **jn mit etw ~** taquiner qqn avec ODER à cause de qqch. ◆ **sich necken** *ref* se taquiner.
neckisch *adj* **- 1.** [Lachen, Blick] taquin(e) **- 2.** [Kleidung, Frisur] coquin(e).
Neffe (*pl* **-n**) *der* neveu *m.*
negativ ◇ *adj* négatif(ive) ◇ *adv* négativement.
Negativ (*pl* **-e**) *das* négatif *m.*
Neger, in (*mpl* **-** ; *fpl* **-nen**) *der, die* [abw] nègre *m*, négresse *f.*
Negerkuss *der* KÜCHE tête *f* de nègre.
nehmen (*präs* **nimmt** ; *prät* **nahm** ; *perf* **hat genommen**) *vt* **- 1.** [gen] prendre ; **sich** *(D)* **etw ~** prendre qqch ; **jm etw ~** [wegnehmen] prendre qqch à qqn ; [Freude, Hoffnung] enlever qqch à qqn ; **etw an sich** *(A)* **~** [Dokument, Fund] mettre qqch en sûreté ; **etw auf sich** *(A)* **~** [Verantwortung, Belastung] prendre qqch sur soi ; **etw zu sich ~** [Mahlzeit] prendre qqch ; **jn zu sich ~** [Kind, Flüchtling] prendre qqn chez soi ; **sich** *(D)* **einen Rechtsanwalt/eine Hausangestellte ~** prendre un avocat/une employée (de maison) ; **jn/etw ernst** ODER **wichtig ~** prendre qqn/qqch au sérieux **- 2.** *fam* [Lohn, Preis] : **(für etw) drei Euro ~** demander trois euros (pour qqch) **- 3.** *RW* : **es (mit etw) genau/nicht so genau ~** considérer qqch comme important/pas très important ; **wie mans nimmt** c'est selon. ◆ **sich nehmen** *ref* : **sich ernst** ODER **wichtig ~** se prendre au sérieux ; **sich in Acht ~** faire attention.
Neid *der (ohne Pl)* envie *f.*
neidisch ◇ *adj* envieux(euse) ◇ *adv* avec envie.
neigen ◇ *vi* : **zu etw ~** [gen] avoir tendance à (faire) qqch ; [zu Krankheiten] être sujet(ette) à qqch ◇ *vt* [beugen] pencher. ◆ **sich neigen** *ref* [sich beugen - Mensch] se pencher ; [- Gegenstand] ployer.
Neigung (*pl* **-en**) *die* **- 1.** [Veranlagung, Vorliebe] penchant *m* **- 2.** *(ohne Pl)* [Hang, Tendenz] tendance *f* **- 3.** [Gefälle] inclinaison *f.*
nein *adv* **- 1.** [zum Ausdruck der Ableh-

nung, der Überraschung] non ; **~, danke!** non merci! **- 2.** [nicht wahr] non ; **du glaubst ihm doch nicht, ~?** tu ne le crois tout de même pas, non?

Nein *das (ohne Pl)* non *m* ; **mit Nein antworten** répondre par la négative ; **(zu etw) ~ sagen** dire non (à qqch).

Nektar *der (ohne Pl)* nectar *m*.

Nelke (*pl* **-n**) *die* **- 1.** [Blume] œillet *m* **- 2.** [Gewürz] clou *m* de girofle.

nennen (*prät* **nannte ;** *perf* **hat genannt**) *vt* **- 1.** [bezeichnen] appeler **- 2.** [anführen] nommer. ◆ **sich nennen** *ref* **- 1.** [heißen] s'appeler **- 2.** [sich bezeichnen] se nommer.

nennenswert *adj* notable.

Nenner (*pl* **-**) *der* MATH dénominateur *m*.

Neon *das (ohne Pl)* CHEM néon *m*.

Neon|licht (*pl* **-lichter**) *das* éclairage *m* au néon.

Nerv (*pl* **-en**) *der* nerf *m*. ◆ **Nerven** *pl* nerfs *mpl* ; **die ~en verlieren/behalten** perdre/garder son calme ; **jm auf die ~en gehen** ODER **fallen** *fam* taper sur les nerfs à qqn.

Nervenzusammen|bruch *der* dépression *f* nerveuse.

nervlich ◇ *adj* nerveux(euse) ◇ *adv* nerveusement.

nervös ◇ *adj* **- 1.** [unruhig] nerveux(euse) ; **jn ~ machen** énerver qqn **- 2.** [der Nerven] des nerfs ◇ *adv* nerveusement.

Nervosität *die (ohne Pl)* nervosité *f*.

Nerz (*pl* **-e**) *der* vison *m*.

Nessel (*pl* **-n**) *die (G Nessel)* [Pflanze] ortie *f*.

Nest (*pl* **-er**) *das* [von Vögeln] nid *m*.

nett ◇ *adj* **- 1.** [sympathisch] gentil(ille) **- 2.** [hübsch] agréable **- 3.** *fam* [ziemlich] joli(e) ◇ *adv* **- 1.** [ansprechend] gentiment **- 2.** *fam* [ziemlich] joliment.

nett

L'adjectif **nett** correspond au français « gentil » et non à la traduction « net ». Ainsi on traduira la phrase **Sie ist aber nett!** par « Comme elle est gentille ! » Le terme français « net » au sens d'« impeccable » se traduit par **sauber** ou **einwandfrei**, comme on peut le voir dans la phrase suivante « Après douze heures de train, son pullover n'était plus tout à fait net » qui correspond à l'allemand **Nach zwölf Stunden Zugfahrt war ihr Pullover nicht mehr ganz einwandfrei**.

netterweise *adv* gentiment.

netto *adv* : **1000 DM ~ verdienen** gagner 1000 DM net.

Netz (*pl* **-e**) *das* **- 1.** [gen] filet *m* **- 2.** [von Spinnen] toile *f* **- 3.** [von Straßen, Linien, Telefon] réseau *m* **- 4.** [Internet] Net *m*, Internet *m* ; **keinen Zugang zum ~ bekommen** ne pas réussir à se connecter à Internet.

Netz|haut *die* rétine *f*.

Netz|karte *die* carte *f* d'abonnement, ≃ carte *f* orange.

neu ◇ *adj* **- 1.** [nicht alt, gerade bekommen] nouveau, nouvel, nouvelle ; **jm ist etw ~** qqn ne savait pas qqch **- 2.** [aktuell] récent(e) ; **die ~este Mode/Idee** la dernière mode/idée ; **seit ~estem** depuis peu **- 3.** [frisch] propre ◇ *adv* **- 1.** [kürzlich] nouvellement ; **jn ~ einstellen/kennen lernen** venir d'engager qqn/de faire la connaissance de qqn **- 2.** [von neuem, wieder] à nouveau ; **~ ausstatten** rééquiper ; **~ streichen** repeindre. ◆ **aufs Neue** *adv* de nouveau, à nouveau. ◆ **von neuem** *adv* de nouveau, à nouveau.

neuartig *adj* nouveau, nouvel, nouvelle.

Neubau (*pl* **-ten**) *der* immeuble *m* récent.

Neue *das (ohne Pl)* : **nichts ~s** rien de nouveau ; **was gibt es ~s?** quoi de neuf?

Neuenburg *nt* Neuchâtel.

Neuenburger See *der* lac *m* de Neuchâtel.

neuerdings *adv* depuis peu.

Neuerung (*pl* **-en**) *die* innovation *f*.

Neugier, Neugierde *die (ohne Pl)* curiosité *f*.

neugierig ◇ *adj* curieux(euse) ; **jd ist ~, ob** qqn est curieux de savoir si ◇ *adv* avec curiosité.

Neuheit (*pl* **-en**) *die* nouveauté *f*.

neuhoch|deutsch *adj* en haut allemand moderne.

Neuigkeit (*pl* **-en**) *die* nouvelle *f*.

Neu|jahr *(ohne Artikel, ohne Pl)* nouvel an *m*. ◆ **prost Neujahr!** *interj* bonne année!

neulich *adv* l'autre jour ; **~ abends** l'autre soir.

Neuling (*pl* **-e**) *der* novice *mf*.

Neu|mond *der (ohne Pl)* nouvelle lune *f*.

neun *num* neuf ; *siehe auch* **sechs.**

Neun (*pl* **-en**) *die* neuf *m* ; *siehe auch* **Sechs.**

neunfach *adj* neuf fois ; *siehe auch* **sechsfach.**

neunhundert *num* neuf cents.

neunmal *adv* neuf fois.

neuntausend *num* neuf mille.

neunte, r, s *adj* neuvième ; *siehe auch* **sechste.**

Neunte (*pl* **-n**) *der, die, das* neuvième *mf* ; *siehe auch* **Sechste.**

neuntel *num* un neuvième ; *siehe auch* **sechstel.**

Neuntel (*pl* -) *das* neuvième *m ; siehe auch* **Sechstel.**

neunzehn *num* dix-neuf ; *siehe auch* **sechs.**

Neunzehn (*pl* **-en**) *die* dix-neuf *m ; siehe auch* **Sechs.**

neunzig *num* quatre-vingt-dix ; *siehe auch* **sechs.**

Neunzig *die (ohne Pl)* quatre-vingt-dix *m ; siehe auch* **Sechs.**

Neunzigerjahre, neunziger Jahre *pl* : **die ~** les années *fpl* quatre-vingt-dix.

neureich *abw adj* de nouveau riche ; **die ~en Leute** les nouveaux riches.

Neurose (*pl* **-n**) *die* névrose *f.*

neurotisch <> *adj* névrosé(e) <> *adv* comme un névrosé (une névrosée).

Neuseeland *nt* Nouvelle-Zélande *f.*

neusprachlich *adj* - **1.** [Unterricht] de langue vivante - **2.** ▷ **Gymnasium.**

neutral <> *adj* - **1.** [gen] neutre - **2.** [unparteiisch] impartial(e) <> *adv* - **1.** [gen] d'une façon neutre - **2.** [unparteiisch] impartialement.

Neutralität *die (ohne Pl)* - **1.** [eines Staates] neutralité *f* - **2.** [einer Person] impartialité *f.*

Neutron (*pl* **Neutronen**) *das* PHYS neutron *m.*

Neutrum (*pl* **Neutra** ODER **Neutren**) *das* GRAM neutre *m.*

neuwertig *adj* (comme) neuf (neuve).

Neu|zeit *die (ohne Pl)* temps *mpl* modernes.

Newsgroup (*pl* **-s**) *die* EDV forum *m* de discussion.

Nicaragua *nt* Nicaragua *m ;* **in ~** au Nicaragua.

nicht <> *adv* - **1.** [gen] ne ... pas ; **ich habe Sie ~ gesehen** je ne vous ai pas vu ; **ich auch ~** moi non plus ; **im Moment ~** pas pour le moment ; **warum ~?** pourquoi pas? ; **~ doch!** mais non! - **2.** [Zustimmung erheischend] : **das schmeckt gut, ~?** c'est bon, non? <> *konj* [unwahr] : **~ dass** ce n'est pas que ; [final] pour ne pas *(+ inf).* ◆ **nicht einmal** *adv* ne ... même pas. ◆ **nicht mehr** *adv* ne ... plus.

Nichte (*pl* **-n**) *die* nièce *f.*

nichtig *adj* - **1.** [ungültig] nul (nulle), caduc (caduque) - **2.** [bedeutungslos] futile.

Nicht|raucher *der* non-fumeur *m.*

Nicht|raucherin *die* non-fumeuse *f.*

nichts *pron* rien ; **ich rieche ~** je ne sens rien ; **für ~ und wieder ~** *fam* pour des prunes ; **das macht ~** ça ne fait rien. ◆ **nichts als** *pron* rien que. ◆ **nichts anderes** *pron* rien d'autre. ◆ **nichts da!** *interj fam* pas question! ◆ **nichts mehr** *adv* ne ... plus ; **davon gibt es ~ mehr** il n'en reste plus rien. ◆ **Nichts** *das (ohne Pl)* néant *m.*

nichts ahnend <> *adj* qui ne se doute de rien <> *adv* : **~ etw tun** faire qqch sans se douter de rien.

Nicht|schwimmer, in *der, die* personne qui ne sait pas nager.

nichts sagend <> *adj* insignifiant(e) <> *adv* de manière insignifiante.

Nichtstun *das (ohne Pl)* oisiveté *f.*

Nickel *das (ohne Pl)* CHEM nickel *m.*

nicken *vi* - **1.** [mit dem Kopf] hocher la tête *(de haut en bas)* - **2.** *fam* [dösen] somnoler.

Nickerchen (*pl* -) *das fam* : **ein ~ machen** faire un petit somme.

nie *adv* jamais. ◆ **nie mehr** *adv* plus jamais. ◆ **nie und nimmer** *adv* jamais de la vie.

nieder ◆ **nieder mit ...!** *interj* à bas ...!

niedere, r, s *adj* - **1.** [niedrig] bas ; [Beamte, Adlige] petit(e) - **2.** [gering geschätzt - Arbeit] humble ; [- Gründe] vil(e).

Nieder|gang *der (ohne Pl)* déclin *m.*

niedergeschlagen <> *pp* ▷ **niederschlagen** <> *adj* abattu(e) <> *adv* l'air abattu.

Nieder|lage *die* défaite *f.*

Niederlande *pl* Pays-Bas *mpl ;* **in den ~n** aux Pays-Bas.

Niederländer, in (*mpl* - ; *fpl* **-nen**) *der, die* Néerlandais *m*, -e *f.*

niederländisch *adj* néerlandais(e).

Niederländisch *das (ohne Pl)* néerlandais *m ; siehe auch* **Englisch.**

Niederländische *das (ohne Pl)* néerlandais *m ; siehe auch* **Englische.**

nieder|lassen ◆ **sich niederlassen** *ref (unreg)* [ansässig werden] s'établir.

Niederlassung (*pl* **-en**) *die* [Unternehmen] succursale *f.*

Nieder|österreich *nt* Basse-Autriche *f.*

Nieder|österreicher, in *der, die* habitant *m*, -e *f* de la Basse-Autriche.

Nieder|sachse ['niːdɐ'zaksə] *der* habitant *m* de Basse-Saxe.

Niedersachsen *nt* Basse-Saxe *f.*

Nieder|sächsin ['niːdɐ'zɛksɪn] *die* habitante *f* de Basse-Saxe.

niedersächsisch ['niːdɐ'zɛksɪʃ] *adj* de Basse-Saxe.

Nieder|schlag *der* précipitations *fpl.*

nieder|schlagen *vt (unreg)* - **1.** [zusammenschlagen] assommer - **2.** [Revolution] mater. ◆ **sich niederschlagen** *ref* [sich auswirken] : **sich in** ODER **auf etw** *(A)* **~** se répercuter sur qqch.

niederträchtig <> *adj* ignoble <> *adv* d'une façon ignoble.

niedlich *adj* mignon(onne).

niedrig ◇ *adj* - **1.** [Gegenstand] bas (basse) - **2.** [Kosten, Preis, Lohn] peu élevé(e) ; [Verbrauch] modéré(e) - **3.** [gering geschätzt] bas (basse) ◇ *adv* - **1.** [wenig hoch] : ~ **fliegen** voler à basse altitude - **2.** [gering] à un bas niveau - **3.** [geringschätzig] de manière vile.

niemals *adv* jamais.

niemand *pron* personne ; ~ **ist gekommen** personne n'est venu ; **ich sehe ~en** je ne vois personne ; ~ **anders, sonst** ~ personne d'autre.

Niere (*pl* **-n**) *die* - **1.** [Organ] rein *m* - **2.** KÜCHE rognon *m*.

nieseln *vi* : **es nieselt** il bruine.

Niesel|regen *der* bruine *f*.

niesen *vi* éternuer.

Niete (*pl* **-n**) *die* - **1.** [Los] billet *m* perdant, mauvais numéro *m* - **2.** [aus Metall] rivet *m* - **3.** *fam* [Mensch] nullité *f*.

niet- und nagelfest *adj* : **(alles,) was nicht ~ ist** *fam* (tout) ce qui n'est pas solidement fixé.

Nigeria *nt* Nigeria *m* ; **in** ~ au Nigeria.

Nikolaus (*pl* **-läuse**) *der* - **1.** [Person] saint Nicolas ; **der ~ kommt am 6. Dezember** saint Nicolas viendra le 6 décembre - **2.** [aus Schokolade] saint Nicolas *m* en chocolat.

Nikolaus|tag *der (ohne Pl)* Saint-Nicolas *f*.

Nikotin *das (ohne Pl)* nicotine *f*.

Nil *der* Nil *m*.

Nil|pferd *das* hippopotame *m*.

nimmt *präs* ▷ **nehmen.**

nippen *vi* boire une petite gorgée, tremper ses lèvres dans.

nirgends, nirgendwo *adv* nulle part.

Nische (*pl* **-n**) *die* niche *f*.

nisten *vi* nicher.

Niveau [niˈvoː] (*pl* **-s**) *das* niveau *m*.

Nixe (*pl* **-n**) *die* ondine *f*.

NO (*abk für* **Nordost**) NE.

nobel ◇ *adj* - **1.** [luxuriös] de luxe - **2.** *iron* [vornehm] chic ◇ *adv* - **1.** [kostspielig] luxueusement - **2.** *iron* [vornehm] comme un prince.

noch ◇ *adv* - **1.** [gen] encore ; [immer noch] toujours - **2.** [innerhalb kurzer Zeit] bientôt ; **heute** ~ aujourd'hui même ; **am gleichen Tag** ~ le jour même - **3.** [vorher] d'abord ; **er muss ~ essen** il doit d'abord manger - **4.** *(+ Kompar)* [zur Verstärkung] encore *(+ compar)* ; **das ist ~ besser** c'est encore mieux - **5.** [zur Warnung] : **das wird ~ böse enden** ça va mal finir - **6.** [zum Ausdruck der Geringschätzung] : **(ja) wohl** ~ bien encore - **7.** [zur Nachfrage] déjà ; **wie heißt sie ~?** comment s'appelle-t-elle déjà? ◇ *konj* : **weder ... ~ ...** ni ... ni .... ◆ **noch einmal** *adv* encore une fois. ◆ **noch immer, immer noch** *adv* toujours, encore ; **die Überweisung ist ~ immer nicht da** le virement n'est toujours pas arrivé. ◆ **noch mal** *adv fam* : ~ **versuchen** réessayer ; ~ **anrufen** rappeler. ◆ **noch mehr** *adv* encore plus ; ~ **mehr Zeit** encore plus de temps. ◆ **noch nicht** *adv* pas encore. ◆ **noch so** *adv* : **du kannst ~ so arbeiten** tu peux travailler tant que tu veux.

nochmals *adv* encore une fois, à nouveau.

Nomade (*pl* **-n**) *der* nomade *m*.

Nomadin (*pl* **-nen**) *die* nomade *f*.

Nominativ (*pl* **-e**) *der* GRAM nominatif *m*.

No-Name-|Produkt [noːˈneːmproːdʊkt] *das* produit *m* sans marque.

Nonne (*pl* **-n**) *die* religieuse *f*.

Nord|amerika *nt* Amérique *f* du Nord.

norddeutsch *adj* d'Allemagne du Nord.

Norden *der (ohne Pl)* - **1.** [Gegend] Nord *m* ; **aus dem** ~ du Nord - **2.** [Richtung] nord *m*. ◆ **im Norden** *adv* au nord ; **im hohen** ~ dans le Grand Nord. ◆ **nach Norden** *adv* vers le nord.

Nordirland *nt* Irlande *f* du Nord, Ulster *m*.

nordisch *adj* nordique.

Nordkap *das* cap *m* Nord.

Nordkorea *nt* Corée *f* du Nord.

nördlich ◇ *adj* du nord ODER Nord ; **die ~e Halbkugel** l'hémisphère *m* Nord ; **in ~er Richtung** vers le nord ◇ *präp* : ~ **einer Sache** *(G)* ODER **von etw** au nord de qqch.

Nord|osten *der* - **1.** [Gegend] Nord-Est *m* - **2.** [Richtung] nord-est *m*.

Nord|pol *der (ohne Pl)* - **1.** GEOGR Pôle *m* Nord - **2.** PHYS pôle *m* nord.

Nordrhein-Westfalen *nt* Rhénanie *f* du Nord-Westphalie.

Nord|see *die (ohne Pl)* Mer *f* du Nord.

Nord|westen *der* - **1.** [Gegend] Nord-Ouest *m* - **2.** [Richtung] nord-ouest *m*.

nörgeln *vi* : **(über jn/etw)** ~ râler (contre qqn/qqch).

Norm (*pl* **-en**) *die* norme *f*.

normal ◇ *adj* normal(e) ◇ *adv* normalement.

Normal|benzin *das* ordinaire *m*, essence *f* ordinaire.

normalerweise *adv* normalement.

normalisieren *vt* normaliser. ◆ **sich normalisieren** *ref* revenir à la normale.

normen *vt* normaliser.

Norwegen *nt* Norvège *f*.

Norweger, in (*mpl* **-** ; *fpl* **-nen**) *der, die* Norvégien *m*, -enne *f*.

norwegisch *adj* norvégien(enne).

Norwegisch *das* norvégien *m ; siehe auch* **Englisch.**

Norwegische *das* norvégien *m ; siehe auch* **Englische.**

Not (*pl* **Nöte**) *die* - **1.** *(ohne Pl)* [Notlage] détresse *f ;* **in ~ sein** être dans la détresse ; **~ leidend** nécessiteux(euse) - **2.** *(ohne Pl)* [Armut] misère *f* - **3.** *RW :* **~ tun** être nécessaire ; **zur ~** *fam* à la rigueur.

Notar (*pl* **-e**) *der* notaire *m.*

notariell <> *adj* notarié(e) <> *adv* devant notaire.

Notarin (*pl* **-nen**) *die* notaire *m.*

Not|arzt, ärztin *der, die* médecin *m* d'urgence.

Not|ausgang *der* sortie *f* de secours.

Not|bremse *die* signal *m* d'alarme.

notdürftig <> *adj* provisoire <> *adv* provisoirement.

Note (*pl* **-n**) *die* - **1.** [Zensur & MUS] note *f* - **2.** [Eigenschaft] touche *f.*

Not|fall *der* cas *m* d'urgence. ◆ **im Notfall** *adv* en cas d'urgence.

notfalls *adv* si besoin est.

notgedrungen *adv :* **~ etw tun** être contraint(e) de faire qqch.

notieren *vt* noter.

nötig *adj* nécessaire ; **etw (nicht) ~ haben** (ne pas) avoir besoin de qqch ; **etw ~ finden** juger qqch nécessaire ; **wenn ~** au besoin ; **falls ~** si besoin est ; **hast du das ~?** ne peux-tu pas t'en passer?

Notiz (*pl* **-en**) *die* - **1.** [gen] notice *f* - **2.** [in Zeitung] entrefilet *m ;* **keine ~ von jm/etw nehmen** *fig* ne pas faire attention à qqn/qqch. ◆ **Notizen** *pl* notes *fpl.*

Notiz|buch *das* carnet *m* de notes, calepin *m.*

Not|lage *die* situation *f* critique.

Not|lösung *die* solution *f* provisoire.

Not|ruf *der* - **1.** [Telefonnummer] numéro *m* d'appel d'urgence - **2.** [Hilferuf] appel *m* d'urgence.

Notruf|säule *die* borne *f* téléphonique d'urgence.

Not|stand *der* - **1.** [Notlage] situation *f* critique - **2.** *(ohne Pl)* RECHT état *m* d'urgence.

Notstands|gebiet *das* zone *f* sinistrée.

notwendig, notwendig <> *adj* nécessaire <> *adv* nécessairement.

Nougat = **Nugat.**

Novelle [no'vɛlə] (*pl* **-n**) *die* - **1.** [Literatur] nouvelle *f* - **2.** RECHT amendement *m.*

November [no'vɛmbɐ] *der (ohne Pl)* novembre *m ; siehe auch* **September.**

Nr. (*abk für* **Nummer**) n°.

NRW *abk für* **Nordrhein-Westfalen.**

NS-Verbrechen *pl* crimes *mpl* nazis.

Nu *der :* **im ~** *fam* en un clin d'œil.

nüchtern <> *adj* - **1.** [nicht betrunken, nicht satt] à jeun - **2.** [sachlich] sobre <> *adv* - **1.** [nicht betrunken] à jeun - **2.** [sachlich] lucidement.

Nudel (*pl* **-n**) *die* pâte *f*, nouille *f.*

Nugat ['nu:gat], **Nougat** (*pl* **-s**) *der* ODER *das* ≃ praliné *m.*

null *(unver)* <> *num* zéro ; **~ Komma fünf** zéro virgule cinq ; **in ~ Komma nichts** *fam* en deux coups de cuiller à pot ; **~ und nichtig** *fig* nul (nulle) et non avenu(e) <> *adj fam :* **~ Ahnung haben** ne rien y connaître ; *siehe auch* **sechs.**

Null (*pl* **-en**) *die* [Zahl] zéro *m.*

Null|punkt *der* [Tiefpunkt] point *m* mort.

numerieren = **nummerieren.**

Nummer (*pl* **-n**) *die* numéro *m.*

nummerieren *vt* numéroter.

Nummern|schild *das* plaque *f* minéralogique ODER d'immatriculation.

nun <> *adv* - **1.** [gen] maintenant ; **von ~ an** à partir de maintenant, désormais - **2.** [Ausdruck der Ungeduld] alors, maintenant ; **ist das ~ beschlossene Sache?** alors, c'est une affaire conclue? ; **bist du ~ zufrieden?** es-tu content maintenant? <> *interj* maintenant ; **~ denn!, ~ gut!** eh bien! ◆ **nun mal** *adv* maintenant ; **es ist ~ mal passiert** maintenant c'est fait.

nur <> *adv* - **1.** [lediglich] ne ... que, seulement ; **ich habe ~ drei Euro** je n'ai que trois euros ; **~ du allein** il n'y a que toi - **2.** [aber] seulement ; **ich meine ~** je veux seulement dire - **3.** [mit Fragewort] mais ; **wo bleibt sie ~?** mais où est-elle donc passée? - **4.** [zur Warnung] et ; **versuch ~ nicht** et n'essaie pas de - **5.** [zur Verstärkung] tout ; **sie strengte sich an, so sehr sie ~ konnte** elle a fait tout ce qu'elle a pu - **6.** [zum Ausdruck eines Wunsches] seulement ; **hätte ich doch ~ auf dich gehört!** si seulement je t'avais écouté! <> *konj :* **nicht ~ ..., sondern (auch)** non seulement ..., mais (aussi). ◆ **nur noch** *adv* ne ... plus que. ◆ **nur so** *adv* - **1.** [sehr] fort, beaucoup - **2.** *fam* [grundlos] comme ça. ◆ **nur zu!** *interj* vas-y!, allons-y!, allez-y!

Nürnberg *nt* Nuremberg.

nuscheln *vi* bafouiller.

Nuss (*pl* **Nüsse**) *die* [Frucht] noix *f ;* [Haselnuss] noisette *f.*

Nuss|baum *der* noyer *m.*

Nussknacker (*pl* **-**) *der* casse-noisettes *m inv.*

Nutte (*pl* **-n**) *die salopp* pute *f.*

nutzbar *adj* utilisable ; **(sich** *(D)***) etw ~ machen** exploiter qqch.

nützе *adj (unver)* : **zu etw ~ sein** servir à qqch ; **zu nichts ~ sein** ne servir à rien.
nutzen, nützen ◇ *vt* exploiter ; **eine Gelegenheit** ~ saisir une occasion ; **die Zeit** ~ profiter du temps ◇ *vi* : **(jm) ~** servir (à qqn) ; **nichts ~** ne servir à rien.
Nutzen *der (ohne Pl)* profit *m*.
nützlich *adj* utile ; **sich ~ machen** *fam* se rendre utile.
nutzlos *adj* inutile.
Nutzung (*pl* **-en**) *die* exploitation *f*.
NW (*abk für* **Nordwest**) NO.
Nylon® ['nailɔn] *das (ohne Pl)* Nylon® *m*.

O

o, O [oː] (*pl* - ODER **-s**) *das* o *m inv*, O *m inv*.
◆ **O** (*abk für* **Ost**) E.
Oase (*pl* **-n**) *die* oasis *f*.
ob *konj* - **1.** [zur Einleitung einer indirekten Frage] si ; **ich weiß nicht, ~ die Post geöffnet ist** je ne sais pas si la poste est ouverte - **2.** *RW* : **~ gebraten, ~ gekocht** rôti(e) ou bouilli(e). ◆ **als ob** *konj* comme si ; **(so) tun als ~** faire comme si. ◆ **und ob!** *interj* et comment!
ÖBB (*abk für* **Österreichische Bundesbahn**) *die (ohne Pl) entreprise de chemins de fer autrichiens,* ≃ SNCF *f*.
obdachlos *adj* sans abri.
Obelisk (*pl* **-en**) *der* obélisque *m*.
oben *adv* - **1.** [räumlich] en haut ; **hoch ~** très haut ; **nach ~** vers le haut ; **von ~** du haut, d'en haut ; **bis ~ hin** jusqu'en haut ; [für Volumen] à ras bord ; **von ~ bis unten** de haut en bas ; **weiter ~** plus haut ; **~ ohne** *fig* seins *mpl* nus ; **von ~ herab** *fig* de haut - **2.** [im Text] plus haut ; **auf Seite 100 ~** en haut de la page 100.
Ober (*pl* **-**) *der* garçon *m (de café)*.
Ober|arm *der* bras *m (du coude à l'épaule)*.
obere, r, s *adj* du dessus.
Ober|fläche *die* - **1.** [Außenfläche] surface *f* - **2.** MATH superficie *f*.
oberflächlich ◇ *adj* superficiel(elle) ◇ *adv* [ungenau] de façon superficielle.
Ober|geschoss *das* étage *m* supérieur.
Ober|haupt *das* chef *m*.
Ober|hemd *das* chemise *f*.
Ober|körper *der* torse *m*.
Ober|lippe *die* lèvre *f* supérieure.
Ober|österreich *nt* Haute-Autriche *f*.
Ober|österreicher, in *der, die* habitant *m*, -e *f* de la Haute-Autriche.
oberösterreichisch *adj* de Haute-Autriche.
Ober|schenkel *der* cuisse *f*.
Ober|schicht *die* haute société *f*.
Oberst (*pl* **-en**) *der* colonel *m*.
oberste, r, s *adj* - **1.** [räumlich] d'en haut - **2.** [hierarchisch] suprême.
Ober|stufe *die* SCHULE lycée *m les trois classes précédant le baccalauréat*.
Ober|teil *das* haut *m*.
Ober|weite *die* tour *m* de poitrine.
Objekt (*pl* **-e**) *das* - **1.** [gen] objet *m* - **2.** KUNST œuvre *f*.
objektiv [ɔpjɛk'tiːf] ◇ *adj* objectif(ive) ◇ *adv* objectivement.
Objektiv (*pl* **-e**) *das* FOTO objectif *m*.
obligatorisch *adj* - **1.** [vorgeschrieben] obligatoire - **2.** [üblich] inévitable.
Oboe (*pl* **-n**) *die* hautbois *m*.
Obst *das (ohne Pl)* fruits *mpl*.
Obst|baum *der* arbre *m* fruitier.
Obst|kuchen *der* gâteau *m* ODER tarte *f* aux fruits.
obszön ◇ *adj* obscène ◇ *adv* de façon obscène.
obwohl *konj* bien que *(+ subjonctif)*.
Ochse ['ɔksə] (*pl* **-n**) *der* bœuf *m*.
od. *abk für* **oder**.
öde *adj* - **1.** [trostlos] morne - **2.** *fam* [langweilig] barbant(e).
oder *konj* - **1.** [gen] ou ; **~ kurz** ou en abrégé - **2.** *fam* [nicht wahr] : **~?** non? ; **du kommst aus Köln, ~?** tu es de Cologne, non? ; **~ etwa nicht?** ou pas? ◆ **oder aber** *konj* ou alors ; ▷ **entweder**.
Oder *die* Oder *m*.
Oder-Neiße-Linie *die (ohne Pl)* ligne *f* Oder-Neisse.
Ofen (*pl* **Öfen**) *der* - **1.** [zum Heizen] poêle *m* - **2.** [zum Backen] four *m*.
offen ◇ *adj* - **1.** [gen] ouvert(e) ; **sperrangelweit ~** grand ouvert, grande ouverte ; **für etw ~ sein** être ouvert à qqch ; **~ zu jm sein, jm gegenüber ~ sein** être franc (franche) avec qqn ; **~er Wein** vin *m* en pichet - **2.** [Geschäft] : **~ haben** ODER **sein** être ouvert(e) - **3.** [Frage] : **~ sein** être en suspens - **4.** [Rechnung] impayé(e) - **5.** [unbegrenzt] : **auf ~em Meer** au large ; **auf ~er Straße** en pleine rue ◇ *adv* [aufrichtig] librement.
offenbar ◇ *adv* manifestement ◇ *adj* manifeste.
offen bleiben (*perf* **ist offen geblieben**) *vi (unreg)* - **1.** [Tür, Geschäft] rester ouvert(e) - **2.** [Frage] rester en suspens.
Offenheit (*pl* **-en**) *die* - **1.** [Ehrlichkeit]

franchise *f* ; **in aller ~** franchement - **2.** [Aufgeschlossenheit] ouverture *f* d'esprit.
offenherzig <> *adj* franc (franche) <> *adv* franchement.
offen lassen *vt (unreg)* - **1.** [Tür, Geschäft] laisser ouvert(e) - **2.** [Frage] laisser en suspens.
offensichtlich <> *adj* manifeste <> *adv* manifestement.
offen stehen *vi (unreg)* - **1.** [Tür] être ouvert(e) - **2.** [zugänglich sein] : **jm ~** être ouvert(e) à qqn.
öffentlich <> *adj* public(ique) <> *adv* publiquement.
Öffentlichkeit *die (ohne Pl)* public *m* ; **an die ~ bringen** rendre public(ique) ; **in aller ~** devant tout le monde.
offiziell <> *adj* officiel(elle) <> *adv* officiellement.
Offizier (*pl* **-e**) *der* officier *m*.
offline ['ɔflain] *adv* EDV : **~ gehen** se déconnecter.
öffnen *vt* ouvrir. ◆ **sich öffnen** *ref* s'ouvrir.
Öffnung (*pl* **-en**) *die* ouverture *f*.
Öffnungszeiten *pl* heures *fpl* d'ouverture.
oft (*komp* **öfter** ; *superl* **am öftesten**) *adv* souvent ; **wie ~?** combien de fois? ◆ **oft genug** *adv fam* [sehr oft] assez souvent.
öfter *adv* souvent ; **~ als jm lieb ist** plus souvent que qqn ne (le) voudrait.
ohne <> *präp (+ A)* sans ; **~ Milch** sans lait ; **jd ist nicht ~** *fam* qqn est loin d'être bête ; **~ weiteres** tout simplement <> *konj* : **~ dass** sans que *(+ subjonctif)* ; **~ dass ich es bemerkt hätte, hat sie** sans que je m'en aperçoive, elle a ; **~ zu überlegen** sans réfléchir. ◆ **ohne alles** *adv* sans rien. ◆ **ohne mich!** *interj* sans moi!
ohnehin *adv* de toute façon.
Ohnmacht (*pl* **-en**) *die* - **1.** [Bewusstlosigkeit] évanouissement *m* ; **in ~ fallen** s'évanouir - **2.** [Machtlosigkeit] impuissance *f*.
ohnmächtig <> *adj* - **1.** [bewusstlos] évanoui(e) ; **~ werden** s'évanouir - **2.** [machtlos] impuissant(e) <> *adv* [bewusstlos] sans connaissance.
Ohr (*pl* **-en**) *das* oreille *f* ; **halt die ~en steif!** *fam fig* haut les cœurs! ; **jn übers ~ hauen** *fam fig* rouler qqn (dans la farine).
Öhr (*pl* **-e**) *das* chas *m*.
ohrenbetäubend <> *adj* assourdissant(e) <> *adv* de façon assourdissante.
Ohr|feige *die* gifle *f*.
ohrfeigen *vt* gifler.
Ohr|läppchen (*pl* **-**) *das* lobe *m* (de l'oreille).
Ohr|ring *der* boucle *f* d'oreille.
Ohr|wurm *der fam* rengaine *f*.
Öko|laden *der magasin où se vendent uniquement des produits écologiques.*
ökologisch <> *adj* écologique <> *adv* de façon écologique.
ökonomisch <> *adj* économique <> *adv* de façon économique.
Öko|steuer *die* écotaxe *f*.
Öko|system *das* écosystème *m*.
Oktan (*pl* **-e**) *das* CHEM octane *m*.
Oktave [ɔk'ta:və] (*pl* **-n**) *die* MUS octave *f*.
Oktober *der (ohne Pl)* octobre *m* ; **der 3. ~** *fête nationale allemande (anniversaire de la réunification du 3 octobre 1990) ; siehe auch* **September.**
Oktober|fest *das* Fête *f* de la bière.
Öl (*pl* **-e**) *das* - **1.** [gen] huile *f* - **2.** [Erdöl] pétrole *m* - **3.** [Heizöl] mazout *m*, fioul *m*.
ölen *vt* huiler.
Öl|farbe *die* - **1.** KUNST peinture *f* à l'huile - **2.** [Streichmittel] peinture *f* laquée.
Öl|gemälde *das* tableau *m* peint à l'huile, huile *f*.
Öl|heizung *die* chauffage *m* au mazout ODER au fioul.
ölig *adj* huileux(euse).
Olive [o'li:və] (*pl* **-n**) *die* olive *f*.
Öl|pest *die* marée *f* noire.
Öl|quelle *die* gisement *m* de pétrole.
Öl|stand *der* niveau *m* d'huile.
Öl|wechsel *der* vidange *f*.
Olympia|sieger, in *der, die* champion olympique *m*, championne olympique *f*.
olympisch *adj* SPORT olympique.
Olympische Spiele *pl* jeux *mpl* Olympiques.
Oma (*pl* **-s**) *die* [Großmutter] mamie *f*.
Omelett [ɔm(ə)'lɛt] (*pl* **-e** ODER **-s**) *das* omelette *f*.
Omni|bus *der* omnibus *m*.
Onkel (*pl* **-**) *der* [Verwandter] oncle *m*.
online ['ɔnlain] <> *adj* EDV : **~ sein** être connecté(e) *(à Internet)* <> *adv* en ligne ; **~ gehen** se connecter *(à Internet)*.
Online-Banking ['ɔnlainbɛŋkiŋ] *das (ohne pl)* WIRTSCH *opérations bancaires sur Internet.*
Online-|Dienst ['ɔnlaindi:nst] *der* EDV service *m* en ligne.
OP (*pl* **-s**) (*abk für* **Operationssaal**) *der* salle *f* d'opération.
Opa (*pl* **-s**) *der* [Großvater] papy *m*.
Openair-|Konzert [opənɛ:ɐ] *das* concert *m* en plein air.
Oper (*pl* **-n**) *die* opéra *m* ; **in die ~ gehen** aller à l'opéra.
Operation (*pl* **-en**) *die* opération *f*.
Operette (*pl* **-n**) *die* opérette *f*.
operieren *vt* opérer ; **jn an etw** *(D)* **~** opérer qqn de qqch.
Opfer (*pl* **-**) *das* - **1.** [Mensch] victime *f*

- 2. [Verzicht & REL] sacrifice *m* - 3. *RW* : **jm/einer Sache zum ~ fallen** être victime de qqn/qqch.
opfern *vt* : **(jm) etw ~** sacrifier qqch (à qqn). ◆ **sich opfern** *ref* se sacrifier.
Opium *das (ohne Pl)* opium *m*.
Opposition (*pl* **-en**) *die* opposition *f*.
Optik *die* optique *f*.
Optiker, in (*mpl* **-** ; *fpl* **-nen**) *der, die* opticien *m*, -enne *f*.
optimal *adj* optimal(e).
Optimismus *der (ohne Pl)* optimisme *m*.
optimistisch *adj* optimiste.
optisch *adj* optique.
orange [o'rɑ̃:ʒ] *adj* [unver] orange.
Orange [o'raŋ:ʒə, o'rɑ̃:ʒ] (*pl* **-** ODER **-n**) ◇ *die (Pl Orangen)* orange *f* ◇ *das (Pl Orange)* orange *m*.
Orangen|saft *der* jus *m* d'orange.
Orchester [ɔr'kɛstɐ] (*pl* **-**) *das* orchestre *m*.
Orchidee [ɔrçi'de:ə] (*pl* **-n**) *die* orchidée *f*.
Orden (*pl* **-**) *der* - 1. [Auszeichnung] décoration *f* ; **jm einen ~ verleihen** remettre une décoration à qqn - 2. REL ordre *m*.
ordentlich ◇ *adj* - 1. [Wohnung, Leben] rangé(e) - 2. [Person] ordonné(e) - 3. [Ergebnis, Arbeit] convenable - 4. *fam* [groß] bon (bonne) ◇ *adv* - 1. [aufräumen] convenablement - 2. *fam* [viel] bien.
Ordinal|zahl *die* nombre *m* ordinal.
ordinär ◇ *adj* vulgaire ◇ *adv* vulgairement, avec vulgarité.
ordnen *vt* - 1. [sortieren] classer ; [Gedanken] : **etw ~** mettre qqch en ordre - 2. [aufräumen] ranger - 3. [regeln] régler. ◆ **sich ordnen** *ref* [Personen] se ranger.
Ordner (*pl* **-**) *der* - 1. [Hefter] classeur *m* - 2. [Person] membre *m* du service d'ordre.
Ordnerin (*pl* **-nen**) *die* membre *m* du service d'ordre.
Ordnung *die (ohne Pl)* - 1. [gen] ordre *m* ; **~ schaffen** mettre de l'ordre - 2. [Handlung] classement *m* - 3. [Disziplin] discipline *f* ; **für ~ sorgen** faire régner l'ordre - 4. *RW* : **etw in ~ bringen** [ordnen] mettre qqch en ordre ; [erledigen] arranger qqch ; **in ~ sein** *fam* [gesund sein] aller bien ; *fam* [okay sein] être qqn de bien ; **nicht in ~ sein** *fam* [Angelegenheit] ne pas être normal(e) ; [Essen] ne pas être bon (bonne). ◆ **in Ordnung!** *interj* pas de problème!
ordnungsgemäß ◇ *adj* réglementaire, régulier(ère) ◇ *adv* conformément à l'ordre.
ordnungswidrig *amt* ◇ *adj* irrégulier(ère), contraire à l'ordre ◇ *adv* de façon irrégulière.
Oregano *der (ohne Pl)* origan *m*.
ORF (*abk für* **Oesterreichischer Rundfunk**) *der (ohne Pl) radio autrichienne.*
Organ (*pl* **-e**) *das* organe *m*.
Organisation (*pl* **-en**) *die* - 1. *(ohne Pl)* [Organisieren, Struktur] organisation *f* - 2. [Vereinigung] association *f*.
Organisator (*pl* **-satoren**) *der* organisateur *m*.
Organisatorin (*pl* **-nen**) *die* organisatrice *f*.
organisatorisch *adj* d'organisation.
organisch ◇ *adj* organique ◇ *adv* - 1. [physiologisch] du point de vue organique - 2. [natürlich] naturellement.
organisieren *vt* - 1. [planen] organiser - 2. [gründen] fonder, créer - 3. [ordnen] structurer. ◆ **sich organisieren** *ref* s'organiser ; [gewerkschaftlich] se syndiquer.
Organismus (*pl* **-men**) *der* organisme *m*.
Organ|spende *die* don *m* d'organe.
Organ|verpflanzung (*pl* **-en**) *die* greffe *f* d'organe.
Orgasmus (*pl* **-men**) *der* orgasme *m*.
Orgel (*pl* **-n**) *die* orgue *m*.
Orient ['o:ri̯ɛnt] *der (ohne Pl)* Orient *m*.
orientalisch ◇ *adj* oriental(e) ◇ *adv* à l'orientale.
orientieren [ori̯ɛn'ti:rən] *vt* - 1. [informieren] : **jn über etw** *(A)* **~** renseigner qqn sur qqch - 2. [ausrichten] : **etw an** ODER **nach etw** *(D)* **~** orienter qqch d'après qqch. ◆ **sich orientieren** *ref* - 1. [sich zurechtfinden] s'orienter - 2. [sich informieren] : **sich über etw** *(A)* **~** se renseigner sur qqch - 3. [sich ausrichten] : **sich an** ODER **nach etw** *(D)* **~** se conformer à qqch.
Orientierung *die (ohne Pl)* - 1. [räumlich] orientation *f* - 2. [Information] : **~ (über etw** *(A)***)** information *f* (sur qqch) - 3. [Ausrichtung - an Person] orientation *f* ; [- nach Regeln] conformité *f*.
Orientierungs|sinn *der (ohne Pl)* sens *m* de l'orientation.
Orientierungs|stufe *die* SCHULE cycle *m* d'orientation.

Orientierungsstufe

Quelle que soit l'école que l'on fréquente, l'orientation a lieu entre 10 et 12 ans (**5./6. Klasse**), d'où le terme **Orientierungsstufe**. À ce niveau de la scolarité, l'élève peut passer sans problème d'une école à une autre puisque les programmes sont alignés. Ce sont des classes que l'on ne peut pas redoubler. En cas d'échec après ces deux ans (à 12 ans), l'élève doit changer d'école pour passer par exemple d'un **Gymnasium** à une **Gesamtschule** ou une **Hauptschule**.

original ◇ *adj* - 1. [unverfälscht] original(e) - 2. [ursprünglich] d'origine <> *adv* [echt] : **eine ~ englische Tasse** une authentique tasse anglaise.

Original (*pl* **-e**) *das* - **1.** [Urform] original *m* - **2.** *fam* [Person] original *m*, -e *f*.

Orkan (*pl* **-e**) *der* ouragan *m*.

Ornament (*pl* **-e**) *das* ornement *m*.

Ort (*pl* **-e**) *der* - **1.** [Stelle] lieu *m* ; **an ~ und Stelle** sur place - **2.** [Ortschaft] localité *f*. ◆ **vor Ort** *adv* sur place.

Orthografie, Orthographie [ɔrtogra'fiː] (*pl* **-n**) *die* orthographe *f*.

Orthopädie *die (ohne Pl)* orthopédie *f*.

orthopädisch *adj* orthopédique.

ortsansässig *adj* : **ich bin hier ~** je viens d'ici ; **~e Bevölkerung** population *f* locale.

Ortschaft (*pl* **-en**) *die* localité *f*.

Orts|gespräch *das* communication *f* urbaine.

Orts|kenntnis *die* connaissance *f* des lieux.

ortskundig *adj* : **~ sein** bien connaître la région.

Orts|netz *das* réseau *m* local.

öS (*abk für* **österreichischer Schilling**) SCH.

Öse (*pl* **-n**) *die* œillet *m*.

Oslo *nt* Oslo.

Ossi (*pl* **-s**) *der fam dénomination désignant les habitants de l'ex-Allemagne de l'Est.*

Ostalgie *die (ohne pl) nostalgie de certains Allemands de l'Est à l'égard de l'ex-RDA.*

Ost|block *der (ohne Pl)* bloc *m* de l'Est.

ostdeutsch *adj* est-allemand(e).

Ost|deutschland *nt* Allemagne *f* de l'Est.

Osten *der (ohne Pl)* - **1.** [Gegend] Est *m* - **2.** [Richtung] est *m*. ◆ **im Osten** *adv* - **1.** [östlich] à l'est - **2.** [im Ostblock] à l'Est. ◆ **nach Osten** *adv* vers l'est.

Oster|ei *das* œuf *m* de Pâques.

Oster|hase *der lièvre qui selon la tradition allemande apporte les œufs de Pâques.*

Ostern *(ohne Artikel)* Pâques *fpl* ; **an** ODER **zu ~** *(D)* à Pâques. ◆ **frohe Ostern!** *interj* joyeuses Pâques!

Österreich *nt* Autriche *f*.

Österreicher, in (*mpl* **-** ; *fpl* **-nen**) *der, die* Autrichien *m*, -enne *f*.

österreichisch *adj* autrichien(enne).

Oster|sonntag *der* dimanche *m* de Pâques.

Ost|europa *das (ohne Pl)* Europe *f* de l'Est.

ostfriesisch *adj* de Frise orientale.

Ostfriesland *nt* Frise *f* orientale.

Ost|küste *die* côte *f* est.

östlich <> *adj* oriental(e) <> *adv* : **~ einer Sache** *(G)* ODER **von etw** à l'est de qqch.

Ost|preußin *die* HIST habitante *f* de Prusse orientale.

Ost|see *die (ohne Pl)* mer *f* Baltique, Baltique *f*.

Otter (*pl* - ODER **-n**) <> *der (G Otters, Pl Otter)* loutre *f* <> *die (G Otter, Pl Ottern)* vipère *f*.

ÖTV (*abk für* **Gewerkschaft Öffentliche Dienste, Transport und Verkehr**) *die (ohne Pl) syndicat des services publics et des transports en Allemagne.*

Outdoor-Aktivitäten *pl* activités *fpl* de plein air.

outen ◆ **sich outen** *ref* révéler son homosexualité.

oval [o'vaːl] <> *adj* ovale <> *adv* en ovale.

ÖVP (*abk für* **Österreichische Volkspartei**) *die (ohne Pl)* parti *m* populaire autrichien *(de tendance sociale-chrétienne).*

oxidieren, oxydieren (*perf* **hat/ist oxidiert**) <> *vi (hat, ist)* s'oxyder <> *vt (hat)* oxyder.

Ozean (*pl* **-e**) *der* océan *m*.

Ozon *der* ODER *das (ohne Pl)* ozone *m*.

P

p, P [peː] (*pl* - ODER **-s**) *das* p *m inv*, P *m inv*.

paar *adj* quelques. ◆ **ein paar** <> *det* quelques <> *pron* quelques-uns, quelques-unes.

Paar (*pl* - ODER **-e**) *das* - **1.** [zwei Personen] couple *m* - **2.** [zwei Dinge] paire *f* ; **ein ~ Strümpfe** une paire de chaussettes.

paaren *vt* accoupler. ◆ **sich paaren** *ref* s'accoupler.

paarmal ◆ **ein paar Mal** *adv* plusieurs fois.

Paarung (*pl* **-en**) *die* [von Tieren] accouplement *m*.

paarweise <> *adv* deux par deux <> *adj (unver)* par paires.

Pacht (*pl* **-en**) *die* - **1.** [Pachten - von Grundstücken] fermage *m* ; [- von Geschäften] gérance *f* - **2.** [Pachtzins] bail *m (loyer)* - **3.** [Vertrag] contrat *m* de bail.

Pächter, in (*mpl* **-** ; *fpl* **-nen**) *der, die* - **1.** [von Grundstücken] preneur *m*, -euse *f* à bail - **2.** [von Geschäften] gérant *m*, -e *f*.

Pack *das (ohne Pl) abw* racaille *f*.

Päckchen (*pl* **-**) *das* - **1.** [Paket] petit paquet *m* - **2.** [Packung] paquet *m*.

packen <> *vt* - **1.** [voll packen] : **seinen Koffer/seinen Schulranzen ~** faire sa valise/son cartable - **2.** [legen, stellen] : **etw**

auf/in etw *(A)* ~ mettre qqch sur/dans qqch ; **etw aus etw** ~ sortir qqch de qqch **- 3.** [fassen] attraper **- 4.** [überkommen] : **etw packt jn** qqn est pris(e) de qqch **- 5.** *fam* [schaffen] réussir ◇ *vi* faire ses bagages.

Packen (*pl* -) ◇ *der* paquet *m* ◇ *das (ohne Pl)* préparatifs *mpl.*

packend ◇ *adj* prenant(e) ◇ *adv* de manière prenante.

Pack|papier *das (ohne Pl)* papier *m* d'emballage.

Packung (*pl* **-en**) *die* **- 1.** [für Waren - Schachtel] boîte *f* ; [- Päckchen] paquet *m* ; [- Tüte] sac *m* **- 2.** [heilend] compresse *f.*

Pädagogik *die (ohne Pl)* pédagogie *f.*

pädagogisch ◇ *adj* **- 1.** [erziehend] pédagogique **- 2.** [bei Ausbildung] de pédagogie ◇ *adv* d'un point de vue pédagogique.

Paddel (*pl* -) *das* pagaie *f.*

Paddel|boot *das* canoë *m.*

paddeln (*perf* **hat gepaddelt**) *vi* **- 1.** *(hat)* [rudern] pagayer **- 2.** *(ist)* [Boot fahren] faire du canoë.

paffen *fam* ◇ *vt* fumer ◇ *vi abw* cloper ; [ohne zu inhalieren] crapoter.

Page ['paːʒə] (*pl* **-n**) *der* page *m.*

Paket (*pl* **-e**) *das* **- 1.** [gen] paquet *m* **- 2.** [Post] colis *m.*

Pakistan *nt* Pakistan *m* ; **in** ~ au Pakistan.

Pakt (*pl* **-e**) *der* pacte *m* ; **einen ~ schließen** conclure un pacte.

Palast (*pl* **Paläste**) *der* palais *m.*

Palästina *nt* Palestine *f.*

Palästinenser, in (*mpl* **-** ; *fpl* **-nen**) *der, die* Palestinien *m*, -enne *f.*

palästinensisch *adj* palestinien(enne).

Palette (*pl* **-n**) *die* **- 1.** [Gegenstand] palette *f* **- 2.** *(ohne Pl)* [Vielfalt] gamme *f.*

Palme (*pl* **-n**) *die* palmier *m.*

Palme

Le terme allemand **Palme** ne correspond pas à son homonyme français mais à la traduction « palmier », comme on peut le voir dans la phrase suivante **In Südfrankreich sieht man viele Palmen in den Gärten** que l'on traduira par « Dans le midi de la France, on voit beaucoup de palmiers dans les jardins ».
Le français « palme » se dit **Schwimmflosse** en allemand. Ainsi, on traduira la phrase « L'homme-grenouille mit ses palmes et son tuba » par **Der Froschmann zog seine Schwimmflossen und seinen Schnorchel an**.

Palm|sonntag *der* Rameaux *mpl*, dimanche *m* des Rameaux.

Pampelmuse (*pl* **-n**) *die* pamplemousse *m.*

pampig *fam* ◇ *adj* **- 1.** [breiig] pâteux(euse) **- 2.** [frech] culotté(e) ◇ *adv* avec insolence.

Panamakanal *der* canal *m* de Panamá.

panieren *vt* paner.

Panier|mehl *das (ohne Pl)* chapelure *f.*

Panik *die (ohne Pl)* panique *f* ; **in ~ geraten** s'affoler.

panisch ◇ *adj* **- 1.** [Angst] panique **- 2.** [Reaktion] de panique ◇ *adv* **- 1.** [sich fürchten] terriblement **- 2.** [reagieren] sous l'effet de la panique.

Panne (*pl* **-n**) *die* **- 1.** [Defekt] panne *f* ; **eine ~ haben** tomber en panne **- 2.** [Fehler] bévue *f* ; **ohne** ~ sans incident.

Pannen|dienst *der* service *m* de dépannage.

panschen *vt & vi fam* couper.

Panther, Panter (*pl* -) *der* panthère *f.*

Pantoffel (*pl* **-n**) *der* pantoufle *f.*

Pantomime (*pl* **-n**) ◇ *die (G Pantomime)* pantomime *f*, mime *m* ◇ *der (G Pantomimen)* mime *m.*

Panzer (*pl* -) *der* **- 1.** [Fahrzeug] tank *m*, char *m* (de combat) **- 2.** [von Tieren] carapace *f* **- 3.** [Schutzplatte] blindage *m.*

Panzer|schrank *der* coffre-fort *m.*

Papa (*pl* **-s**) *der fam* papa *m.*

Papagei (*pl* **-en**) *der* perroquet *m.*

Papier (*pl* **-e**) *das* **- 1.** *(ohne Pl)* [Material] papier *m* **- 2.** [Dokument] document *m* **- 3.** [Wertpapier] titre *m.* ◆ **Papiere** *pl* [Dokumente] papiers *mpl.*

Papier|geld *das (ohne Pl)* billets *mpl.*

Papier|korb *der* corbeille *f (à papier).*

Papier|kram *der fam* paperasse *f.*

Papier|krieg *der fam* paperasserie *f.*

Papier|tüte *die* sac *m* an papier.

Papierwaren|geschäft *das* papeterie *f.*

Papp|becher *der* gobelet *m* en carton.

Pappe (*pl* **-n**) *die* carton *m.*

Papp|karton *der* carton *m.*

Paprika (*pl* **-** ODER **-s**) *der* **- 1.** [Pflanze] poivron *m* **- 2.** *(ohne Pl)* [Gewürz] paprika *m.*

Paprika|schote *die* poivron *m.*

Papst (*pl* **Päpste**) *der* pape *m.*

Parabel (*pl* **-n**) *die* parabole *f.*

Parade (*pl* **-n**) *die* [Aufmarsch] défilé *m.*

Paradebei|spiel *das* exemple *m* type.

Paradies (*pl* **-e**) *das* paradis *m.*

paradiesisch *adj* paradisiaque.

Paragraf, Paragraph (*pl* **-en**) *der* **- 1.** [rechtlich] article *m* **- 2.** [Zeichen] paragraphe *m.* ◆ **Paragraf 218** *der (ohne Pl)* *article de la Constitution allemande relatif à l'avortement.*

parallel ◇ *adj* parallèle ◇ *adv* - **1.** [gleichzeitig] : **~ (zu)** parallèlement (à) - **2.** [in gleichem Abstand] : **~ zu etw verlaufen** être parallèle à qqch.

Parallele (*pl* **-n**) *die* - **1.** MATH parallèle *f* - **2.** [Ähnlichkeit] parallèle *m* - **3.** *RW :* **~n zu etw ziehen** faire un parallèle avec qqch.

Parallelogramm (*pl* **-e**) *das* MATH parallélogramme *m*.

Para|nuss *die* noix *f* ODER châtaigne *f* du Brésil.

Parasit (*pl* **-en**) *der* parasite *m*.

parat ◇ *adv :* **etw ~ haben** avoir qqch à disposition ; **eine Antwort ~ haben** avoir une réponse sous le coude ; **sich ~ halten** se tenir prêt(e) ◇ *adj (unver) :* **~ sein** être prêt(e).

Pärchen (*pl* **-**) *das* [Liebespaar] tourtereaux *mpl*.

Parfüm (*pl* **-e** ODER **-s**) *das* parfum *m*.

Parfümerie [parfymə'riː] (*pl* **-n**) *die* parfumerie *f*.

parfümieren *vt* parfumer. ◆ **sich parfümieren** *ref* se parfumer.

parieren ◇ *vt* contrer ; [Schlag] parer ◇ *vi* obéir.

Paris *nt* Paris.

Pariser (*pl* **-**) ◇ *der* - **1.** [Einwohner] Parisien *m* - **2.** *fam* [Kondom] capote *f* (anglaise) ◇ *adj* parisien(enne).

Pariserin (*pl* **-nen**) *die* Parisienne *f*.

Park (*pl* **-s**) *der* parc *m*.

Parka (*pl* **-s**) *die* ODER *der* parka *m* ODER *f*.

Park-and-ride-System ['paːkɛnd'raitsys'teːm] *das (ohne Pl) système de transport selon lequel les personnes laissent leur véhicule sur un parking pour se rendre au centre-ville en transports en commun.*

Parkan|lage *die* jardins *mpl*.

parken ◇ *vt* garer ◇ *vi* se garer ; **falsch ~** mal se garer.

Parken *das (ohne Pl)* stationnement *m* ; '**~ verboten**' 'stationnement interdit'.

Parkett (*pl* **-e** ODER **-s**) *das* - **1.** [Fußbodenbelag] parquet *m* - **2.** [im Kino, Theater] parterre *m*.

Park|gebühr *die* frais *mpl* de stationnement.

Park|haus *das* parking *m (à plusieurs étages)*.

Park|lücke *die* place *f (de stationnement)*.

Park|platz *der* - **1.** [Parklücke] place *f (de stationnement)* - **2.** [Gelände] parking *m*.

Park|scheibe *die* disque *m* de stationnement.

Park|schein *der* ticket *m* de stationnement.

Park|uhr *die* parcmètre *m*.

Park|verbot *das* interdiction *f* de stationner ; **im ~ stehen** être en stationnement interdit, être mal garé(e).

Parlament (*pl* **-e**) *das* parlement *m*.

Parlamentarier, in [parlamɛn'taːriɐ, rɪn] (*mpl* **-** ; *fpl* **-nen**) *der, die* parlementaire *mf*.

parlamentarisch ◇ *adj* parlementaire ◇ *adv* par le biais du parlement.

Parmesan, Parmesan|käse *der (ohne Pl)* parmesan *m*.

Parodie [paro'diː] (*pl* **-n**) *die* parodie *f ;* **eine ~ auf jn/etw** une parodie de qqn/qqch.

Parole (*pl* **-n**) *die* - **1.** [Kennwort] mot *m* de passe - **2.** [Leitspruch] mot *m* d'ordre.

Partei (*pl* **-en**) *die* - **1.** [gen] parti *m ;* **einer ~ angehören** appartenir à un parti ; **für jn ~ ergreifen** *fig* prendre le parti de qqn - **2.** [vor Gericht] partie *f*.

parteiisch *adj* partial(e).

Parterre [par'tɛr] (*pl* **-s**) *das* rez-de-chaussée *m*. ◆ **im Parterre** *adv* au rez-de-chaussée.

Partie [par'tiː] (*pl* **-n**) *die* partie *f ;* **eine ~ Schach/Billard/Tennis spielen** faire une partie d'échecs/de billard/de tennis ; **mit von der ~ sein** *fam fig* être partant(e).

Partitur (*pl* **-en**) *die* MUS partition *f*.

Partizip (*pl* **-ien**) *das* GRAM participe *m*. ◆ **Partizip Perfekt** *das* participe *m* passé. ◆ **Partizip Präsens** *das* participe *m* présent.

Partner, in (*mpl* **-** ; *fpl* **-nen**) *der, die* - **1.** [bei Spiel, Freizeit, Theater, Film] partenaire *mf* - **2.** [Lebenspartner] compagnon *m*, compagne *f*.

Partnerschaft (*pl* **-en**) *die* - **1.** [zwischen Personen] couple *m* - **2.** [zwischen Städten] jumelage *m*.

partnerschaftlich ◇ *adj* - **1.** [ehelich, freundschaftlich] de couple - **2.** [kollegial] d'amitié ◇ *adv* - **1.** [ehelich, freundschaftlich] en couple - **2.** [kollegial] amicalement.

Partner|stadt *die* ville *f* jumelée.

partout [par'tuː] *adv fam* absolument.

Party ['paːɐ̯ti] (*pl* **-s**) *die* fête *f*, soirée *f*.

Pass (*pl* **Pässe**) *der* - **1.** [Dokument] passeport *m* - **2.** [Gebirgspass] col *m* - **3.** [beim Fußball] passe *f*.

Passage [pa'saːʒə] (*pl* **-n**) *die* - **1.** [gen] passage *m* - **2.** [Reise] traversée *f*.

Passagier [pasa'ʒiːɐ̯] (*pl* **-e**) *der* passager *m*, -ère *f ;* **blinder ~** *fig* passager *m* clandestin.

Passant, in (*mpl* **-en** ; *fpl* **-nen**) *der, die* passant *m*, -e *f*.

Pass|bild *das* photo *f* d'identité.

passen (*präs* **passt** ; *prät* **passte** ; *perf* **hat gepasst**) *vi* - **1.** [in Größe, Form, Art] aller ;

jm ~ aller à qqn ; **in etw** *(A)* ~ rentrer dans qqch ; **zu etw ~** aller bien avec qqch ; **zu jm ~** [Person] aller bien avec qqn ; [Verhalten] aller bien à qqn - **2.** [gefallen] : **jm ~/nicht ~** convenir/ne pas convenir à qqn - **3.** [im Spiel] passer - **4.** *RW* : **das könnte dir** ODER **ihm etc so ~** c'est hors de question.

passend <> *adj* approprié(e) ; **die ~e Gelegenheit** le bon moment <> *adv* : **haben Sie es ~?** *fam* avez-vous l'appoint?

Pass|foto *das* photo *f* d'identité.

passieren (*perf* **hat/ist passiert**) <> *vt (hat)* - **1.** [gen] passer - **2.** [überschreiten, durchschreiten] traverser <> *vi (ist)* arriver ; **es ist etw passiert** il est arrivé qqch.

passiv, passiv <> *adj* passif(ive) <> *adv* passivement.

Passiv ['pasif] (*pl* **-e**) *das* GRAM passif *m.*

Passivität [pasivi'tɛːt] *die (ohne Pl)* passivité *f.*

Pass|kontrolle *die* - **1.** [Kontrollieren] contrôle *m* des passeports - **2.** [Kontrollstelle] point *m* de contrôle des passeports.

Paste (*pl* **-n**) *die* - **1.** [Masse] pâte *f* - **2.** [Salbe] pommade *f.*

Pastell|farbe *die* pastel *m.*

Pastete (*pl* **-n**) *die* - **1.** [aus Teig] vol-au-vent *m* - **2.** [aus Fleisch, Leber] terrine *f.*

Pastor (*pl* **Pastoren**) *der* [katholisch] curé *m* ; [evangelisch] pasteur *m.*

Pastorin (*pl* **-nen**) *die* - **1.** [Pfarrerin] femme *f* pasteur - **2.** [Ehefrau des Pastors] femme *f* du pasteur.

Pate (*pl* **-n**) *der* - **1.** [Onkel, Mafioso] parrain *m* - **2.** [Vorbild] : **bei etw ~ stehen** être l'inspirateur *m*, -trice *f* de qqch.

Paten|kind *das* filleul *m*, -e *f.*

Paten|onkel *der* parrain *m.*

Patenschaft (*pl* **-en**) *die* : **die ~ für jn/etw übernehmen** être parrain *m*, marraine *f* de qqn/qqch.

patent *adj* - **1.** [tüchtig] capable - **2.** [praktisch] épatant(e).

Patent (*pl* **-e**) *das* brevet *m* ; **auf etw** *(A)* **ein ~ anmelden** déposer un brevet pour qqch.

Paten|tante *die* marraine *f.*

patentieren *vt* breveter ; **sich** *(D)* **etw ~ lassen** faire breveter qqch.

Pater (*pl* -) *der* père *m (membre d'un ordre monastique).*

Patient, in (*mpl* **-en** ; *fpl* **-nen**) *der, die* patient *m*, -e *f.*

Patin (*pl* **-nen**) *die* marraine *f.*

Patina *die (ohne Pl)* patine *f.*

Patriot, in (*mpl* **-en** ; *fpl* **-nen**) *der, die* patriote *mf.*

patriotisch <> *adj* patriotique <> *adv* en patriote.

Patron (*pl* **-e**) *der* patron *m.*

Patrone (*pl* **-n**) *die* cartouche *f.*

Patronin (*pl* **-nen**) *die* patronne *f.*

patrouillieren [patrʊl'(j)iːrən] (*perf* **hat/ist patrouilliert**) *vi* patrouiller.

Patsche (*pl* **-n**) *die fam* [Not] : **in der ~ sitzen** être dans le pétrin ; **jm aus der ~ helfen** tirer qqn d'affaire.

patschen *vi fam* - **1.** [mit Händen] taper - **2.** [mit Füßen] patauger.

patschnass *adj fam* trempé(e) jusqu'aux os.

patzig *fam* <> *adj* impertinent(e) <> *adv* insolemment.

Pauke (*pl* **-n**) *die* timbale *f*, grosse caisse *f* ; **auf die ~ hauen** *fam fig* faire la nouba.

pauken *fam* <> *vi* bûcher <> *vt* potasser.

pausbäckig *adj* joufflu(e).

pauschal <> *adj* - **1.** [Preis, Summe] forfaitaire - **2.** [Urteil, Kritik] général(e) <> *adv* - **1.** [beurteilen] de manière globale - **2.** [abrechnen] globalement.

Pauschale (*pl* **-n**) *die* forfait *m.*

Pauschal|reise *die* voyage *m* organisé.

Pauschal|urteil *das* jugement *m* à l'emporte-pièce.

Päuschen ['pɔysçən] (*pl* -) *das fam* petite pause *f.*

Pause (*pl* **-n**) *die* - **1.** [Unterbrechung] pause *f* ; [in der Schule] récréation *f* ; [im Theater, Konzert] entracte *m* - **2.** MUS silence *m.*

Pausen|brot *das* en-cas *m.*

pausenlos <> *adj* ininterrompu(e) <> *adv* sans interruption.

Pavian ['paːviaːn] (*pl* **-e**) *der* babouin *m.*

Pay-TV ['pɛi|tiːviː] (*pl* **-s**) *das* TV chaîne *f* à péage ; **im ~** sur la chaîne à péage.

Pazifik *der* Pacifique *m.*

Pazifische Ozean *der* océan *m* Pacifique.

Pazifist, in (*mpl* **-en** ; *fpl* **-nen**) *der, die* pacifiste *mf.*

pazifistisch *adj* pacifique.

PC [peː'tseː] (*pl* - ODER **-s**) (*abk für* **Personal Computer**) *der* PC *m.*

PDS (*abk für* **Partei des Demokratischen Sozialismus**) *die (ohne Pl)* parti *m* du socialisme démocratique.

Pech (*pl* **-e**) *das* - **1.** *(ohne Pl)* [Unglück] malchance *f* ; **~ haben** ne pas avoir de chance - **2.** [Erdölprodukt] poix *f.*

Pech|strähne *die* série *f* noire.

Pech|vogel *der* malchanceux *m*, -euse *f.*

Pedal (*pl* **-e**) *das* pédale *f.*

pedantisch *abw* <> *adj* [Mensch] pointilleux(euse) ; [Ordnung, Sauberkeit] maniaque <> *adv* méticuleusement.

Pegel (*pl* -) *der* niveau *m.*

peilen <> *vt* - **1.** [Lage] sonder - **2.** [Position] : **seinen Standort** ~ relever sa position ◇ *vi :* **über den Daumen** ~ *fam* juger au pif.

peinlich ◇ *adj* - **1.** [unangenehm] embarrassant(e) ; **das ist mir sehr** ~ cela m'ennuie beaucoup - **2.** [sorgfältig] méticuleux(euse) ◇ *adv* - **1.** [unangenehm] de façon gênante - **2.** [sorgfältig] : ~ **genau** scrupuleusement.

Peitsche (*pl* **-n**) *die* fouet *m.*

peitschen *vt & vi* fouetter.

Peking *nt* Pékin.

Pelikan (*pl* **-e**) *der* pélican *m.*

Pelle (*pl* **-n**) *die Norddt* peau *f.*

pellen *vt Norddt* peler. ◆ **sich pellen** *ref fam* peler.

Pell|kartoffel *die* pomme de terre *f* en robe des champs.

Peloponnes *der* Péloponnèse *m ;* **auf dem** ~ dans le Péloponnèse.

Pelz (*pl* **-e**) *der* - **1.** [von Tier - lebend] pelage *m ;* [- verarbeitet] peau *f* - **2.** [Mantel] fourrure *f* - **3.** *RW :* **jm auf den** ~ **rücken** *fam* être sur le dos de qqn.

pelzig ◇ *adj* - **1.** [Zunge] chargé(e) ; [Zahnfleisch] insensible - **2.** [pelzartig] semblable à la fourrure ◇ *adv* [pelzartig] comme de la fourrure.

Pelz|mantel *der* manteau *m* de fourrure.

Pendel (*pl* -) *das* pendule *m ;* [von Standuhr] balancier *m.*

pendeln (*perf* **hat/ist gependelt**) *vi* - **1.** *(ist)* [fahren] faire la navette - **2.** *(hat)* [schwingen] se balancer.

Pendel|verkehr *der (ohne Pl) trafic banlieue - grande ville.*

Pendler, in (*mpl* **-** ; *fpl* **-nen**) *der, die* banlieusard *m,* -e *f (qui fait un trajet journalier pour se rendre au travail).*

penetrant *abw* ◇ *adj* - **1.** [Geruch, Geschmack] pénétrant(e) - **2.** [aufdringlich] pressant(e) ◇ *adv* - **1.** [intensiv] : ~ **riechen/schmecken** avoir une odeur pénétrante/un goût pénétrant - **2.** [aufdringlich] d'une manière pressante.

penibel *abw* ◇ *adj* - **1.** [Mensch] pointilleux(euse) - **2.** [Sauberkeit, Ordnung] méticuleux(euse) ◇ *adv* méticuleusement.

Penis (*pl* **-se**) *der* pénis *m.*

Penizillin (*pl* **-e**) *das* pénicilline *f.*

pennen *vi fam* [schlafen] pioncer.

Penner, in (*mpl* **-** ; *fpl* **-nen**) *der, die fam* - **1.** [Stadtstreicher] clochard *m,* -e *f* - **2.** [Schlafmütze] endormi *m,* -e *f.*

Pension [paŋ'zi̯oːn] (*pl* **-en**) *die* - **1.** [Hotel] pension *f* - **2.** *(ohne Pl)* [Ruhestand] : **in** ~ **gehen** prendre sa retraite ; **in** ~ **sein** être à la retraite - **3.** *(ohne Pl)* [Rente] pension *f* de retraite.

Pensionär, in [paŋzi̯on'ɛːɐ̯, rın] (*mpl* **-e** ; *fpl* **-nen**) *der, die* retraité *m,* -e *f.*

pensionieren [paŋzi̯o'niːrən] *vt* mettre à la retraite.

Pensions|gast *der* pensionnaire *mf.*

Pensum (*pl* **Pensen**) *das* travail *m.*

Peperoni (*pl* -) *die* piment *m.*

per *präp (+ A)* par.

perfekt ◇ *adj* - **1.** [vollkommen] parfait(e) - **2.** *fam* [abgeschlossen] : ~ **sein** [Vertrag, Kauf] être conclu(e) ; [Niederlage, Sieg] être complet(ète) ◇ *adv* - **1.** [vollkommen] parfaitement - **2.** *fam* [endgültig] : ~ **machen** rendre définitif(ive).

Perfekt (*pl* **-e**) *das* GRAM parfait *m.*

Perfektion *die (ohne Pl)* perfection *f.*

Pergament (*pl* **-e**) *das* parchemin *m.*

Pergament|papier *das (ohne Pl)* papier *m* sulfurisé.

Periode (*pl* **-n**) *die* - **1.** [zeitlich, mathematisch] période *f* - **2.** [Menstruation] règles *fpl.*

periodisch ◇ *adj* périodique ◇ *adv* périodiquement.

Perle (*pl* **-n**) *die* perle *f.*

perlen (*perf* **hat/ist geperlt**) *vi (hat)* [Getränk] pétiller.

Perlen|kette *die* collier *m* de perles.

Perlmutt, Perlmutt *das (ohne Pl)* nacre *f.*

Perlon® *das (ohne Pl)* perlon® *m.*

permanent ◇ *adj* permanent(e) ◇ *adv* en permanence.

perplex *fam* ◇ *adj :* **(ganz)** ~ **sein** être stupéfait(e) ◇ *adv* avec stupéfaction.

Person (*pl* **-en**) *die* - **1.** [gen] personne *f ;* **in (eigener)** ~ en personne ; **etw in** ~ **sein** *fig* être qqch personnifié(e) - **2.** [Figur] personnage *m.*

Personal *das (ohne Pl)* personnel *m.*

Personal|abbau *der (ohne Pl)* compression *f* de personnel.

Personal|abteilung *die* service *m* du personnel.

Personal|ausweis *der* carte *f* d'identité.

Personal|chef, in *der, die* chef *m* du personnel.

Personal|computer *der* EDV PC *m,* ordinateur *m (individuel).*

Personalien [pɛrzo'naːli̯ən] *pl* identité *f.*

Personal|pronomen *das* GRAM pronom *m* personnel.

Personal|rat *der* - **1.** [Gremium] ≃ comité *m* d'entreprise - **2.** [Vertreter] ≃ membre *m* du comité d'entreprise.

Personal|rätin (*pl* **-nen**) *die* ≃ membre *m* du comité d'entreprise *(femme).*

personell ◇ *adj* du personnel ◇ *adv* en ce qui concerne le personnel.

Personen|wagen *der* voiture *f* de tourisme.

persönlich ◇ *adj* personnel(elle) ;

~ **werden** faire des remarques personnelles ◇ *adv* [selbst, direkt] personnellement ; **etw ~ nehmen** prendre qqch pour soi.

Persönlichkeit (*pl* **-en**) *die* personnalité *f.*

Perspektive [pɛrspɛk'tiːvə] (*pl* **-n**) *die* perspective *f* ; **aus js ~** du point de vue de qqn.

Peru *nt* Pérou *m* ; **in ~** au Pérou.

Perücke (*pl* **-n**) *die* perruque *f.*

Pessimismus *der (ohne Pl)* pessimisme *m.*

pessimistisch *adj* pessimiste.

Pest *die (ohne Pl)* [Seuche] peste *f* ; **stinken wie die ~** *fam fig* empester.

Petersilie [petɐ'ziːli̯ə] *die (ohne Pl)* persil *m.*

Petroleum *das (ohne Pl)* pétrole *m.*

petzen *vi fam* cafter.

Pf. *abk für* **Pfennig.**

Pfad (*pl* **-e**) *der* chemin *m.*

Pfadfinder, in (*mpl* **-** ; *fpl* **-nen**) *der, die* scout *mf.*

Pfahl (*pl* **Pfähle**) *der* pieu *m.*

Pfalz *die* Palatinat *m.*

Pfälzer (*pl* **-**) ◇ *der* habitant *m* du Palatinat ◇ *adj (unver)* du Palatinat.

Pfälzerin (*pl* **-nen**) *die* habitante *f* du Palatinat.

pfälzisch *adj* palatin(e).

Pfand (*pl* **Pfänder**) *das* [von Flaschen] consigne *f* ; [Bürgschaft] gage *m* ; **etw als ~ nehmen** prendre qqch en gage.

pfänden *vt* saisir *(biens).*

Pfand|flasche *die* bouteille *f* consignée.

Pfand|haus *das* mont-de-piété *m.*

Pfändung (*pl* **-en**) *die* saisie *f (de biens).*

Pfanne (*pl* **-n**) *die* poêle *f.*

Pfann|kuchen *der* crêpe *f (épaisse).*

Pfarrei (*pl* **-en**) *die* paroisse *f.*

Pfarrer (*pl* **-**) *der* [katholisch] curé *m* ; [evangelisch] pasteur *m.*

Pfarrerin (*pl* **-nen**) *die* femme *f* pasteur.

Pfau (*pl* **-en**) *der* [Tier] paon *m.*

Pfeffer *der (ohne Pl)* poivre *m.*

Pfeffer|kuchen *der* pain *m* d'épice.

Pfeffer|minz, Pfefferminze *die (ohne Pl)* menthe *f.*

pfeffern *vt* **- 1.** [würzen] poivrer **- 2.** *fam* [werfen] flanquer **- 3.** *fam* [ohrfeigen] : **jm eine ~** donner une baffe à qqn.

Pfeife (*pl* **-n**) *die* **- 1.** [zum Rauchen] pipe *f* ; **~ rauchen** fumer la pipe **- 2.** [zum Pfeifen] sifflet *m* **- 3.** *fam abw* [Mensch] minable *m* **- 4.** *RW* : **nach js ~ tanzen** *fam* faire les quatre volontés de qqn.

pfeifen (*prät* **pfiff** ; *perf* **hat gepfiffen**) ◇ *vi* siffler ; **auf jn/etw ~** *fam fig* se ficher de qqn/qqch ◇ *vt* [Lied] siffloter.

Pfeil (*pl* **-e**) *der* [gen] flèche *f.*

Pfeiler (*pl* **-**) *der* pilier *m.*

Pfennig (*pl* **-e** ODER **-**) *der* pfennig *m* ; **keinen ~ haben** *fam* ne pas avoir le sou.

Pferd (*pl* **-e**) *das* cheval *m* ; **aufs falsche/richtige ~ setzen** *eigtl & fig* miser sur le mauvais/bon cheval.

Pferde|apfel *der* crottin *m* de cheval.

Pferde|rennen *das* course *f* de chevaux.

Pferde|schwanz *der* queue *f* de cheval.

Pferde|sport *der (ohne Pl)* sport *m* équestre.

Pferde|stall *der* écurie *f.*

Pferde|stärke *die* cheval(-vapeur) *m.*

pfiff *prät* ▷ **pfeifen.**

Pfiff (*pl* **-e**) *der* **- 1.** [Ton] sifflement *m* **- 2.** *fam fig* [Reiz] : **~ haben** avoir du chien ; **eine Frau mit ~** *fam* une femme qui a du chien ; **ein Hut mit ~** un chapeau qui a de l'allure.

Pfifferling (*pl* **-e**) *der* girolle *f* ; **nicht einen** ODER **keinen ~** *fam fig* pas un clou.

pfiffig *adj* malin(e).

Pfingsten *(ohne Artikel)* Pentecôte *f.*

Pfirsich (*pl* **-e**) *der* pêche *f.*

Pflanze (*pl* **-n**) *die* plante *f.*

pflanzen *vt* [anpflanzen] planter.

pflanzlich ◇ *adj* végétal(e) ◇ *adv* : **sich ~ ernähren** se nourrir de végétaux.

Pflaster (*pl* **-**) *das* **- 1.** [Verband] pansement *m* ; [Klebeband] sparadrap *m* **- 2.** *(ohne Pl)* [von Straße] revêtement *m* ; **Zürich ist ein teures ~** *Fig* la vie est chère à Zurich.

Pflaume (*pl* **-n**) *die* [Frucht] prune *f.*

Pflaumen|baum *der* prunier *m.*

Pflaumen|kuchen *der* tarte *f* aux prunes.

Pflaumen|mus *das* compote *f* de prunes.

Pflege *die (ohne Pl)* **- 1.** [von Lebewesen] soins *mpl* ; **bei jm in ~ sein** être soigné(e) par qqn ; **jn in ~ nehmen/haben** prendre/avoir qqn à sa charge **- 2.** [von Tradition, Beziehung, Sprache] maintien *m* ; [von Garten] entretien *m.*

Pflege|dienst *der* service *m* de soins à domicile.

Pflege|eltern *pl* parents *mpl* nourriciers.

Pflege|heim *das* hospice *m.*

Pflege|kind *das* enfant *m* en nourrice.

pflegeleicht *adj* **- 1.** [Material] facile d'entretien **- 2.** *fam* [Mensch] pas compliqué(e).

pflegen *vt* [Lebewesen, Gegenstände] soigner.

Pflege|personal *das (ohne Pl)* personnel *m* soignant.

Pfleger, in (*mpl* - ; *fpl* **-nen**) *der, die* [in Krankenhäusern] infirmier *m*, -ère *f*.
Pflicht (*pl* **-en**) *die* - **1.** [Aufgabe] devoir *m* ; **etw ist ~** qqch est obligatoire - **2.** *(ohne Pl)* SPORT figures *fpl* imposées.
pflichtbewusst *adj* responsable.
Pflicht|fach *das* matière *f* obligatoire.
Pflicht|gefühl *das (ohne Pl)* sens *m* du devoir.
Pflicht|versicherung *die* assurance *f* obligatoire.
Pflock (*pl* **Pflöcke**) *der* piquet *m*.
pflücken *vt* cueillir.
Pflug (*pl* **Pflüge**) *der* charrue *f*.
pflügen *vt* & *vi* labourer.
Pforte (*pl* **-n**) *die* [von Krankenhaus, Firma] porte *f*.
Pförtner, in (*mpl* - ; *fpl* **-nen**) *der, die* portier *m*, -ère *f*, gardien *m*, -enne *f*.
Pfosten (*pl* -) *der* poteau *m*.
Pfote (*pl* **-n**) *die* [von Tieren] patte *f*.
Pfropf (*pl* **-e**) *der* caillot *m*.
Pfropfen (*pl* -) *der* bouchon *m*.
pfui *interj* : **pfui!** berk!
Pfund (*pl* **-e**) *das* livre *f*.
Pfusch *der (ohne Pl) fam abw* travail *m* bâclé.
Pfuscher, in (*mpl* - ; *fpl* **-nen**) *der, die fam abw* [Arzt] charlatan *m* ; [Handwerker] bousilleur *m*, -euse *f*.
Pfütze (*pl* **-n**) *die* flaque *f*.
PH (*pl* **-s**) (*abk für* **Pädagogische Hochschule**) *die institut allemand de formation des maîtres*, ≃ IUFM *m*.
Phantasie = **Fantasie.**
phantasieren = **fantasieren.**
phantastisch = **fantastisch.**
Pharao (*pl* **-Pharaonen**) *der* pharaon *m*.
Phase (*pl* **-n**) *die* phase *f*.
Philharmoniker *pl* orchestre *m* philharmonique.
Philippinen *pl* Philippines *fpl*.
Philosoph, in (*mpl* **-en** ; *fpl* **-nen**) *der, die* philosophe *mf*.
Philosophie [fɪlozo'fiː] (*pl* **-n**) *die* philosophie *f*.
philosophisch ◇ *adj* philosophique ◇ *adv* philosophiquement.
Phonetik = **Fonetik.**
Phosphat (*pl* **-e**) *das* phosphate *m*.
Phosphor *der (ohne Pl)* phosphore *m*.
phosphoreszieren *vi* être fluorescent(e).
Phrase (*pl* **-n**) *die abw* phrases *fpl* ; **leere ~n** mots *mpl* vides de sens ; **~n dreschen** *fam fig* faire de belles phrases.

PH-|Wert [peː'haː|veːɐ̯t] *der* pH *m*.
Physik *die (ohne Pl)* physique *f*.
physikalisch *adj* physique.
Physiker, in (*mpl* - ; *fpl* **-nen**) *der, die* physicien *m*, -enne *f*.
physisch ◇ *adj* physique ◇ *adv* physiquement.
Pianist, in (*mpl* **-en** ; *fpl* **-nen**) *der, die* pianiste *mf*.
Pickel (*pl* -) *der* - **1.** [auf Haut] bouton *m* - **2.** [Gerät] piolet *m*.
pickelig, picklig *adj* boutonneux(euse).
picken ◇ *vi* - **1.** [fressen] picorer - **2.** [hacken] : **nach jm/etw ~** donner un coup de bec à qqn/qqch ◇ *vt* picorer.
picklig = **pickelig.**
Picknick (*pl* **-s** ODER **-e**) *das* pique-nique *m* ; **ein ~ machen** pique-niquer.
pieken *vi fam* picoter.
piepen *vi* - **1.** [Vogel] pépier - **2.** [Maus] chicoter ; **bei dir piepts wohl** *fam fig* t'es pas bien?
Piercing ['piːrsɪŋ] (*pl* **-s**) *das* piercing *m*.
piesacken *vt fam* martyriser.
Pigment (*pl* **-e**) *das* pigment *m*.
Pik (*pl* -) *(ohne Artikel)* pique *m*.
pikant *adj* - **1.** [scharf] piquant(e) - **2.** [frivol] croustillant(e).
Pike (*pl* **-n**) *die* : **einen Beruf von der ~ auf lernen** *fam fig* passer par toutes les étapes d'un métier.
Pilger (*pl* -) *der* pèlerin *m*.
Pilger|fahrt *die* pèlerinage *m*.
Pilgerin (*pl* **-nen**) *die* pèlerin *m*.
pilgern (*perf* **ist gepilgert**) *vi* [wallfahren] faire un pèlerinage.
Pille (*pl* **-n**) *die fam* pilule *f* ; **die ~** *fam* [Verhütungsmittel] la pilule.
Pilot (*pl* **-en**) *der* pilote *m*.
Pilotin (*pl* **-nen**) *die* pilote *m*.
Pils (*pl* -) *das* pils *f*.
Pilz (*pl* **-e**) *der* - **1.** [Pflanze] champignon *m* - **2.** *(ohne Pl) fam* [Hautpilz] mycose *f*.
PIN (*pl* **-s**) (*abk für* **Personal Identification Number**) *die* code *m* confidentiel.
pingelig *fam* ◇ *adj* maniaque ◇ *adv* : **sich ~ anstellen** être maniaque.
Pinguin ['pɪŋguiːn] (*pl* **-e**) *der* pingouin *m*.
Pinie ['piːni̯ə] (*pl* **-n**) *die* pin *m* parasol.
pink ◇ *adj (unver)* rose vif ◇ *adv* en rose vif.
Pink (*pl* **-s**) *das* rose *m* vif.
pinkeln *vi fam* pisser.
Pinscher (*pl* -) *der* pinscher *m*.
Pinsel (*pl* -) *der* pinceau *m*.
pinseln ◇ *vt* - **1.** *fam* [malen] peindre

- **2.** [auf Wunde] badigeonner ◇ *vi fam* peindre.

Pinzette (*pl* **-n**) *die* pince *f* à épiler.

Pionier (*pl* **-e**) *der* **- 1.** [Vorkämpfer] pionnier *m* **- 2.** [Soldat] soldat *m* du génie.

Pionierin (*pl* **-nen**) *die* pionnière *f*.

Pipi *das (ohne Pl) fam :* **~ machen** faire pipi.

Pirat (*pl* **-en**) *der* pirate *m*.

Piraten|sender *der* émetteur-pirate *m*.

Piratin (*pl* **-nen**) *die* pirate *m*.

Pirsch *die (ohne Pl) :* **auf die ~ gehen** chasser à l'approche.

Pistazie [pɪs'ta:tsi̯ə] (*pl* **-n**) *die* pistache *f*.

Piste (*pl* **-n**) *die* **- 1.** [gen] piste *f* **- 2.** [Rennstrecke] circuit *m*.

Pistole (*pl* **-n**) *die* pistolet *m ;* **wie aus der ~ geschossen** *fam fig* du tac au tac.

Pizza ['pɪtsa] (*pl* **-s**) *die* pizza *f*.

Pizzeria [pɪtse'ri:a] (*pl* **Pizzerien** ODER **-s**) *die* pizzeria *f*.

Pkw (*pl* **-s**) (*abk für* **Personenkraftwagen**) *der* voiture *f* de tourisme.

plädieren *vi :* **für etw ~** plaider en faveur de qqch ; **auf etw** *(A)* **~** plaider qqch.

Plage (*pl* **-n**) *die* fléau *m*.

plagen *vt* **- 1.** [körperlich] tenailler **- 2.** [seelisch] tourmenter ; **von Gewissensbissen geplagt sein** être tenaillé(e) par le remords. ◆ **sich plagen** *ref :* **sie plagt sich mit diesem Problem** ce problème la tracasse.

Plakat (*pl* **-e**) *das* affiche *f*.

Plakette (*pl* **-n**) *die* badge *m*.

Plan (*pl* **Pläne**) *der* **- 1.** [Vorgehensweise, Karte] plan *m* **- 2.** [Vorhaben] projet *m ;* **Pläne schmieden** faire des projets. ◆ **nach Plan** *adv* comme prévu.

Plane (*pl* **-n**) *die* bâche *f*.

planen *vt* projeter.

planen

Il ne faut surtout pas confondre le terme allemand **planen**, qui signifie « projeter » ou « prévoir », avec le français « planer ».
En effet, la phrase **Für den nächsten Urlaub haben wir eine Reise durch Italien geplant** correspond au français « Pour les prochaines vacances, nous avons prévu un voyage à travers l'Italie ».
Le verbe « planer » se traduit par **schweben**, comme le montre la phrase suivante « Il regarde planer le cerf-volant », qui se traduit par **Er sieht zum Drachen hinauf, der durch die Luft schwebt**.

Planet (*pl* **-en**) *der* planète *f*.

planieren *vt* aplanir.

Planke (*pl* **-n**) *die* planche *f*.

planlos ◇ *adj* brouillon(onne) ◇ *adv* sans aucune méthode.

planmäßig ◇ *adj* **- 1.** [nach Plan] prévu(e) **- 2.** [systematisch] planifié(e) ◇ *adv* **- 1.** [nach Plan] à l'heure prévue **- 2.** [systematisch] systématiquement, avec méthode.

planschen, plantschen *vi* barboter.

Plantage [plan'ta:ʒə] (*pl* **-n**) *die* plantation *f*.

Planung (*pl* **-en**) *die* **- 1.** [Handlung] préparation *f ;* [wirtschaftlich] planification *f* **- 2.** [Ergebnis] plan *m*.

Planwirtschaft *die (ohne Pl)* économie *f* planifiée.

plappern *vi fam* papoter ; [Kind] babiller.

plärren *vi abw* [weinen] brailler.

Plastik (*pl* **-en**) ◇ *das (G Plastiks, ohne Pl)* plastique *m* ◇ *die (G Plastik, Pl Plastiken)* sculpture *f*.

Plastik|tüte *die* sac *m* en plastique.

plastisch ◇ *adj* **- 1.** [dreidimensional] plastique **- 2.** [lebendig] vivant(e) ◇ *adv* **- 1.** [dreidimensional] en volume **- 2.** [lebendig] concrètement.

Platane (*pl* **-n**) *die* platane *m*.

Platin *das (ohne Pl)* platine *m*.

platonisch ◇ *adj* platonique ◇ *adv* platoniquement.

plätschern (*perf* **hat/ist geplätschert**) *vi* **- 1.** *(ist)* [fließen] ruisseler **- 2.** *(hat)* [rauschen] clapoter **- 3.** [spielen] barboter.

platt ◇ *adj* **- 1.** [flach, nichts sagend] plat(e) **- 2.** [Reifen] à plat ; **einen Platten haben** *fam* avoir crevé **- 3.** *RW :* **~ sein** *fam* être baba ◇ *adv* [liegen] à plat ; **~ drücken** écraser.

Platt *das (ohne Pl)* bas-allemand *m ;* **~ sprechen** parler en bas-allemand.

Platt|deutsch *das* bas-allemand *m ; siehe auch* **Englisch.**

Platt|deutsche *das* bas-allemand *m ; siehe auch* **Englische.**

Platte (*pl* **-n**) *die* **- 1.** [Bauelement] plaque *f ;* [aus Beton] dalle *f* **- 2.** [Servierplatte] plateau *m* **- 3.** [Schallplatte] disque *m ;* **eine ~ auflegen** ODER **spielen** mettre un disque **- 4.** [Herdplatte] plaque *f*. ◆ **kalte Platte** *die* buffet *m* froid.

Platten ▷ **platt.**

plätten *vt Norddt* repasser.

Platten|bau *der* grand immeuble en béton, caractéristique de l'architecture est-allemande.

Platten|spieler *der* tourne-disque *m*.

Platt|fuß *der (ohne Pl) fam* pneu *m* à plat. ◆ **Plattfüße** *pl* pieds *mpl* plats.

Platz (*pl* **Plätze**) *der* - **1.** [gen] place *f* ; ~ **nehmen** *geh* prendre place ; **jm ~ machen** [zur Seite gehen] laisser passer qqn ; *fig* [weichen] laisser la place à qqn ; **einer Sache** *(D)* ~ **machen** faire place à qqch ; **genug ~ haben** avoir de la place ; **auf die Plätze, fertig, los!** à vos marques, prêts, partez! - **2.** [Spielfeld] terrain *m.* ◆ **Platz sparend** ◇ *adj* qui ne prend pas beaucoup de place ◇ *adv* sans prendre beaucoup de place. ◆ **fehl am Platz** *adj* déplacé(e).

Platzanweiser, in (*mpl* **-** ; *fpl* **-nen**) *der, die* ouvreur *m*, -euse *f.*

Plätzchen (*pl* **-**) *das* - **1.** [Platz] petite place *f* - **2.** [Gebäck] petit gâteau *m.*

platzen (*perf* **ist geplatzt**) *vi* - **1.** [bersten] éclater - **2.** *fig* [vor Wut, Neid] : **vor etw ~** étouffer de qqch - **3.** *fam fig* [ausfallen, scheitern] tomber à l'eau ; **etw ~ lassen** laisser tomber qqch.

platzieren *vt* placer. ◆ **sich platzieren** *ref* [Platz belegen] se placer.

Platz|karte *die* réservation *f.*

Platz|mangel *der (ohne Pl)* manque *m* de place.

Platz|wunde *die* plaie *f* ouverte.

plaudern *vi* bavarder.

plausibel ◇ *adj* compréhensible ◇ *adv* de manière compréhensible ; **jm etw ~ machen** faire comprendre qqch à qqn.

plazieren = **platzieren.**

pleite *fam adj* : ~ **sein** être fauché(e).

Pleite (*pl* **-n**) *die fam* - **1.** [Ruin] faillite *f* ; ~ **gehen** ODER **machen** faire faillite - **2.** [Reinfall] bide *m.*

Plombe (*pl* **-n**) *die* - **1.** [Zahnfüllung] plombage *m* - **2.** [Siegel] plomb *m*, sceau *m* de plomb.

plombieren *vt* plomber.

plötzlich ◇ *adj* brusque, soudain(e) ◇ *adv* brusquement, soudain.

plump ◇ *adj* - **1.** [ungeschickt] balourd(e) - **2.** [schwerfällig] pataud(e) ◇ *adv* - **1.** [ungeschickt] avec balourdise - **2.** [schwerfällig] lourdement.

plumpsen (*perf* **ist geplumpst**) *vi fam* tomber lourdement.

Plunder *der (ohne Pl) fam* fatras *m.*

plündern ◇ *vt* - **1.** [ausrauben] piller - **2.** [leeren] vider ◇ *vi* piller.

Plural (*pl* **-e**) *der* GRAM pluriel *m.* ◆ **im Plural** *adv* GRAM au pluriel.

plus *konj & adv* plus.

Plus *das (ohne Pl)* - **1.** [Mehrbetrag] bénéfice *m* ; **im ~ stehen** *fam* être créditeur - **2.** [Vorteil] plus *m.*

Plüsch *der (ohne Pl)* peluche *f* ; **aus ~** en peluche.

Plus|pol *der* pôle *m* positif.

Plus|punkt *der* - **1.** [Vorteil] plus *m* - **2.** [Punkt] point *m.*

Plusquam|perfekt *das* GRAM plus-que-parfait *m.*

Plutonium *das (ohne Pl)* plutonium *m.*

PLZ *abk für* **Postleitzahl.**

Po (*pl* **-s**) *der fam* derrière *m.*

Pöbel *der (ohne Pl)* populace *f.*

pochen *vi* - **1.** [klopfen] frapper ; **auf sein Recht ~** faire valoir ses droits - **2.** [pulsieren] battre.

Pocken *pl* variole *f.*

Podest (*pl* **-e**) *das* estrade *f.*

Podium ['po:di̯ʊm] (*pl* **Podien**) *das* podium *m.*

Podiums|diskussion *die* colloque *m*, forum *m.*

Poesie *die (ohne Pl)* poésie *f.*

poetisch ◇ *adj* poétique ◇ *adv* avec poésie.

Pointe ['po̯ɛ̃:tə] (*pl* **-n**) *die* chute *f (d'une histoire).*

Pokal (*pl* **-e**) *der* coupe *f.*

Poker *der* ODER *das (ohne Pl)* poker *m.*

pokern *vi* - **1.** [Poker spielen] jouer au poker - **2.** *fam* [Risiko eingehen] tenter un coup de poker ; **hoch ~** *fig* risquer gros.

Pol (*pl* **-e**) *der* pôle *m.*

polar *adj* polaire.

Polar|kreis *der (ohne Pl)* cercle *m* polaire.

Pole (*pl* **-n**) *der* Polonais *m.*

polemisch ◇ *adj* polémique ◇ *adv* de façon polémique.

Polen *nt* Pologne *f.*

polieren *vt* polir.

Polin (*pl* **-nen**) *die* Polonaise *f.*

Politesse (*pl* **-n**) *die* contractuelle *f.*

Politesse

Le terme allemand **Politesse** correspond au français « contractuelle » et n'a jamais le sens de « politesse », comme le montre l'emploi suivant : **In Frankreich tragen die Politessen blaue Uniformen**, phrase que l'on traduira par « En France, les contractuelles portent des uniformes bleus ».
Le terme français « politesse » correspond à l'allemand **Höflichkeit**, ainsi, on traduira la phrase « Ce goujat ignorait tout de la politesse » par **Für diesen Rüpel war Höflichkeit ein Fremdwort**.

Politik *die (ohne Pl)* politique *f*.

Politiker, in (*mpl* - ; *fpl* -**nen**) *der, die* politicien *m*, -enne *f*, homme *m* politique, femme *f* politique.

politisch *adj* politique.

Politur (*pl* -**en**) *die* - **1.** [Mittel] encaustique *f* - **2.** [Schicht] vernis *m*.

Polizei *die (ohne Pl)* police *f*.

Polizei|beamte *der* fonctionnaire *m* de police.

Polizei|beamtin *die* fonctionnaire *f* de police.

polizeilich ◇ *adj* de police ; **~es Kennzeichen** numéro *m* d'immatriculation ◇ *adv* par la police.

Polizei|revier *das* [Polizeiwache] commissariat *m* de police.

Polizei|stunde *die (ohne Pl) heure légale de fermeture des bars et restaurants.*

Polizei|wache *die* commissariat *m* de police.

Polizist, in (*mpl* -**en** ; *fpl* -**nen**) *der, die* policier *m*, -ère *f*.

Pollen (*pl* -) *der* pollen *m*.

polnisch *adj* polonais(e).

Polo *das (ohne Pl)* polo *m*.

Polster (*pl* -) *das* - **1.** [zum Sitzen] coussin *m* - **2.** [Schulterpolster] épaulette *f* - **3.** *fam fig* [Fettpolster] bourrelets *mpl*.

Polster|möbel *pl* meubles *mpl* capitonnés.

polstern *vt* - **1.** [Möbel] rembourrer - **2.** [Kleidung] renforcer.

Polsterung (*pl* -**en**) *die* rembourrage *m*.

Polter|abend *der soirée précédant le jour des noces, au cours de laquelle on casse de la vaisselle afin de porter bonheur aux futurs époux.*

poltern (*perf* **hat/ist gepoltert**) *vi* - **1.** *(ist)* [lärmen] faire du bruit *(en entrant, tombant etc)* - **2.** *(hat) fam* [am Polterabend] casser de la vaisselle.

Polyester [poli'ɛstɐ] *das (ohne Pl)* polyester *m*.

Pommern *nt* Poméranie *f*.

Pommes frites [pɔm'frits] *pl* frites *fpl*.

Pomp *der (ohne Pl)* pompe *f*.

pompös ◇ *adj* pompeux(euse) ◇ *adv* en grande pompe.

Pony ['pɔni] (*pl* -**s**) ◇ *das* poney *m* ◇ *der* frange *f*.

popelig, poplig *fam abw* ◇ *adj* - **1.** [minderwertig] minable - **2.** [gewöhnlich] banal(e) ◇ *adv* [billig] misérablement.

Popelin *der (ohne Pl)* popeline *f*.

poplig = **popelig.**

Pop|musik *die (ohne Pl)* musique *f* pop.

Popo (*pl* -**s**) *der fam* derrière *m*.

populär *adj* populaire.

Popularität *die (ohne Pl)* popularité *f*.

Pore (*pl* -**n**) *die* pore *m*.

Porno (*pl* -**s**) *der fam* porno *m*.

Pornografie, Pornographie *die (ohne Pl)* pornographie *f*.

porös *adj* poreux(euse).

Porree *der (ohne Pl)* poireau *m*.

Portal (*pl* -**e**) *das* portail *m*.

Portier [pɔr'tjeː] (*pl* -**s**) *der* portier *m*.

Portion (*pl* -**en**) *die* - **1.** [von Essen] portion *f* - **2.** *fam* [viel] dose *f*.

Portmonee, Portemonnaie [pɔrtmɔ'neː] (*pl* -**s**) *das* porte-monnaie *m*.

Porto (*pl* -**s**) *das* affranchissement *m*.

portofrei *adj & adv* franco de port.

Porträt [pɔr'trɛː] (*pl* -**s**) *das* portrait *m*.

porträtieren *vt* : **jn ~** faire le portrait de qqn.

Portugal *nt* Portugal *m* ; **in ~** au Portugal.

Portugiese (*pl* -**n**) *der* Portugais *m*.

Portugiesin (*pl* -**nen**) *die* Portugaise *f*.

portugiesisch *adj* portugais(e).

Portugiesisch *das (ohne Pl)* portugais *m* ; *siehe auch* **Englisch.**

Portugiesische *das (ohne Pl)* portugais *m* ; *siehe auch* **Englische.**

Port|wein *der* porto *m*.

Porzellan (*pl* -**e**) *das* porcelaine *f*.

Posaune (*pl* -**n**) *die* trombone *m*.

posieren *vi* poser.

Position (*pl* -**en**) *die* - **1.** [Stellung, Standort, Meinung] position *f* - **2.** [beruflich] situation *f*.

positiv ◇ *adj* positif(ive) ◇ *adv* - **1.** [zustimmend] : **~ eingestellt sein** avoir une attitude positive - **2.** [vorteilhaft & PHYS] positivement - **3.** [in der Medizin] : **~ ausfallen** être positif(ive).

Possessiv|pronomen *das* GRAM pronom *m* possessif.

possierlich ◇ *adj* rigolo(ote) ◇ *adv* de façon rigolote.

Post *die (ohne Pl)* - **1.** [Gebäude, Institution] poste *f* ; **auf die** ODER **zur ~gehen** aller à la poste ; **etw mit der ~ schicken** envoyer qqch par la poste - **2.** [Postsendung] courrier *m*.

Post

Outre la traduction « poste », le terme allemand **Post** correspond aussi au français « courrier ». Ainsi, on traduira la phrase **Ist Post für mich da ?** par « Est-ce qu'il y a du courrier pour moi ? »

Post|amt *das* bureau *m* de poste.

Post|anweisung *die* mandat *m.*

Post|bote *der* facteur *m.*

Post|botin *die* factrice *f.*

Posten (*pl* -) *der* - **1.** [Ware] lot *m* - **2.** [Stelle, Stellung] poste *m.*

Poster (*pl* -) *der* ODER *das* poster *m.*

Postf. (*abk für* **Postfach**) BP.

Post|fach *das* boîte *f* postale.

Postgiro|konto *das* compte *m* chèques postal.

Post|karte *die* carte *f* postale.

postlagernd *adj* & *adv* (en) poste restante.

Postleit|zahl *die* code *m* postal.

Post|scheck *der* chèque *m* postal.

Postscheck|konto *das* compte *m* chèques postal.

Postspar|buch *das* livret *m* de caisse d'épargne de la poste.

Postspar|kasse *die* caisse *f* d'épargne de la poste.

Post|stempel *der* cachet *m* de la poste.

Post|weg *der (ohne Pl)* : **auf dem ~** par la poste.

postwendend *adv* par retour du courrier.

potent *adj* [Mann] viril(e).

Potenz (*pl* **-en**) *die* - **1.** *(ohne Pl)* [sexuell] virilité *f* - **2.** MATH [Kraft] puissance *f.*

Pott (*pl* **Pötte**) *der fam Norddt* - **1.** [Becher] grande tasse *f* - **2.** [Nachttopf] pot *m.*

Poularde [pu'lardə] (*pl* **-n**) *die* poularde *f.*

powern ['pauɛrn] *vi* mettre la gomme.

Pracht *die (ohne Pl)* magnificence *f* ; **eine wahre ~ sein** *fam* être une vraie merveille.

Pracht|exemplar *das fam* merveille *f.*

prächtig ◇ *adj* magnifique, superbe ◇ *adv* - **1.** [wunderschön] superbement - **2.** [hervorragend] à merveille.

prachtvoll ◇ *adj* superbe ◇ *adv* superbement.

Prädikat (*pl* **-e**) *das* - **1.** [Gütezeichen] label *m* - **2.** GRAM prédicat *m.*

Prag *nt* Prague.

prägen *vt* - **1.** [beeinflussen] marquer ; **von etw geprägt sein** porter la marque de qqch - **2.** [erfinden] forger - **3.** [Münze] frapper - **4.** [Motiv] imprimer.

prägnant *adj* concis(e).

Prägung (*pl* **-en**) *die* - **1.** [von Münzen] frappe *f* - **2.** *(ohne Pl)* [Einfluss] influence *f.*

prahlen *vi* se vanter ; **mit etw ~** se vanter de qqch.

Praktik (*pl* **-en**) *die* pratique *f.* ◆ **Praktiken** *pl abw* pratiques *fpl.*

praktikabel *adj* réalisable.

Praktikant, in (*mpl* **-en** ; *fpl* **-nen**) *der, die* stagiaire *mf.*

Praktikum (*pl* **Praktika**) *das* stage *m* ; **ein ~ machen** ODER **absolvieren** effectuer un stage.

praktisch ◇ *adj* pratique ◇ *adv* - **1.** [zweckmäßig] de manière pratique ; **etw ~ anwenden** employer qqch dans la pratique - **2.** *fam* [so gut wie] pratiquement.

praktizieren *vi* & *vt* pratiquer.

Praline (*pl* **-n**) *die* bonbon *m* au chocolat.

prall ◇ *adj* rebondi(e) ; **in der ~en Sonne** en plein soleil ◇ *adv* : **~ gefüllt** bien rempli(e).

prallen (*perf* **hat/ist geprallt**) *vi* - **1.** *(ist)* [stoßen] : **gegen** ODER **auf etw** *(A)* **~** heurter qqch - **2.** *(hat)* [Sonne] taper.

Prämie ['prɛːmi̯ə] (*pl* **-n**) *die* - **1.** [von Bank, Versicherung] prime *f* - **2.** [Belohnung] récompense *f.*

prämieren *vt* primer.

Pranger (*pl* -) *der* pilori *m* ; **jn/etw an den ~ stellen** *fig* mettre qqn/qqch au pilori.

Pranke (*pl* **-n**) *die* [Pfote] patte *f.*

Präparat (*pl* **-e**) *das geh* préparation *f.*

Präposition (*pl* **-en**) *die* GRAM préposition *f.*

Prärie [prɛ'riː] (*pl* **-n**) *die* prairie *f.*

Präsens *das (ohne Pl)* GRAM présent *m.*

Präservativ (*pl* **-e**) *das* préservatif *m.*

Präsident, in (*mpl* **-en** ; *fpl* **-nen**) *der, die* président *m.*

Präsidentschaft (*pl* **-en**) *die* présidence *f.*

Präsidium [prɛ'ziːdi̯ʊm] (*pl* **Präsidien**) *das* comité *m (directeur).*

prasseln (*perf* **hat/ist geprasselt**) *vi* - **1.** *(ist)* [Regen] tomber fort ODER avec fracas - **2.** *(hat)* [Feuer] crépiter.

Prater *der (ohne Pl) quartier de Vienne où se tient une fête foraine permanente.*

Präteritum *das (ohne Pl)* GRAM prétérit *m.*

Praxis (*pl* **Praxen**) *die* - **1.** *(ohne Pl)* [Wirklichkeit] pratique *f* ; **etw in die ~ umsetzen** mettre qqch en pratique - **2.** *(ohne Pl)* [Erfahrung] expérience *f* - **3.** [von Arzt, Anwalt] cabinet *m.* ◆ **in der Praxis** *adv* en pratique.

präzis, präzise ◇ *adj* précis(e) ◇ *adv* avec précision.

predigen ◇ *vt* prêcher ◇ *vi* [Predigt halten] prêcher.

Prediger, in (*mpl* - ; *fpl* **-nen**) *der, die* prédicateur *m*, -trice *f.*

Predigt (*pl* **-en**) *die* sermon *m.*

Preis (*pl* **-e**) *der* prix *m* ; **der ~ für etw** le prix de qqch ; **um jeden/keinen ~** à tout/aucun prix. ◆ **zum halben Preis** *adv* à moitié prix.

Preisaus|schreiben *das* concours *m.*

preisbewusst <> *adj* attentif(ive) aux prix <> *adv* en faisant attention aux prix.
Preisel|beere *die* airelle *f* rouge.
preisen (*prät* **pries** ; *perf* **hat gepriesen**) *vt geh* louer.
Preis|gabe *die (ohne Pl) geh* - **1.** [Aufgabe] renoncement *m* - **2.** [Verrat] révélation *f*.
preisgünstig <> *adj* à un prix intéressant <> *adv* à un prix intéressant, à des prix intéressants.
preislich <> *adj* de ODER des prix <> *adv* au point de vue du ODER des prix.
Preis|richter, in *der, die* membre *m* du jury.
Preis|schild (*pl* **-er**) *das* étiquette *f (indiquant le prix)*.
Preis|träger, in *der, die* lauréat *m*, -e *f*.
Preis|verleihung (*pl* **-en**) *die* remise *f* de prix.
preiswert <> *adj* bon marché <> *adv* à bon marché.
prellen *vt* - **1.** [betrügen] escroquer - **2.** [stoßen] : **sich** *(D)* **etw ~** se blesser qqch - **3.** [Ball] faire rebondir.
Prellung (*pl* **-en**) *die* contusion *f*.
Premiere [prəˈmi̯eːrə] (*pl* **-n**) *die* première *f*.
Premier|minister, in [prəˈmi̯eːminɪstɐ, rɪn] *der, die* Premier ministre *m*.
Presse (*pl* **-n**) *die* - **1.** *(ohne Pl)* [Zeitungen] presse *f* - **2.** [Maschine] presse *f* - **3.** KÜCHE [für Zitrusfrüchte] presse-citron *m*.
Presse|agentur *die* agence *f* de presse.
Presse|bericht *der* reportage *m*.
Presse|freiheit *die (ohne Pl)* liberté *f* de la presse.
Presse|konferenz *die* conférence *f* de presse.
Presse|meldung *die* communiqué *m*.
pressen *vt* - **1.** [Obst, Saft] presser ; [Knoblauch] écraser - **2.** [drücken] appuyer - **3.** [formen] mouler.
Presse|sprecher, in *der, die* porte-parole *m*.
Presse|stelle *die* service *m* de presse.
Preuße (*pl* **-n**) *der* HIST Prussien *m*.
Preußen *nt* HIST Prusse *f*.
Preußin (*pl* **-nen**) *die* HIST Prussienne *f*.
preußisch *adj* HIST prussien(enne).
prickeln *vi* - **1.** [kitzeln] picoter - **2.** [perlen] pétiller.
prickelnd *adj* - **1.** [Wein, Wasser] pétillant(e) - **2.** [Gefühl] émoustillant(e).
pries *prät* ▷ **preisen**.
Priester, in (*mpl* **-** ; *fpl* **-nen**) *der, die* prêtre *m*, -esse *f*.
prima *fam* <> *adj (unver)* super <> *adv* super bien.
Primel (*pl* **-n**) *die* primevère *f*.
primitiv <> *adj* primitif(ive) <> *adv* de manière primitive.
Prinz (*pl* **-en**) *der* prince *m*.
Prinzessin (*pl* **-nen**) *die* princesse *f*.
Prinzip (*pl* **-ien**) *das* principe *m*. ◆ **aus Prinzip** *adv* par principe. ◆ **im Prinzip** *adv* en principe.
prinzipiell <> *adj* - **1.** [Meinung] de principe - **2.** [Unterschied] essentiel(elle) <> *adv* - **1.** [generell] par principe - **2.** [grundsätzlich] en principe.
Priorität *die (ohne Pl)* priorité *f*. ◆ **Prioritäten** *pl* priorités *fpl*.
Prise (*pl* **-n**) *die* : **eine ~ Salz/Pfeffer** une pincée de sel/poivre.

Prise

Le terme allemand **Prise** correspond au français « pincée » et non au terme « prise », comme on peut le constater dans la formule suivante **eine Prise Salz**, qui se traduit par « une pincée de sel ». Le mot français « prise » correspond à l'allemand **Fang**. On traduira donc la phrase « Pour la police, ce fut une bonne prise » par **Für die Polizei war das ein guter Fang**.

pritschen *vt* [beim Volleyball] passer.
priv. *abk für* **privat**.
privat [priˈvaːt] <> *adj* - **1.** [persönlich] personnel(elle) - **2.** [nicht öffentlich, nicht staatlich] privé(e) <> *adv* - **1.** [persönlich] personnellement - **2.** [nicht öffentlich, nicht staatlich] en privé - **3.** [nicht gewerblich] : **etw ~ kaufen** acheter qqch à un particulier.
Privat|adresse *die* adresse *f* personnelle.
Privatan|gelegenheit *die* affaire *f* privée.
Privat|eigentum *das* biens *mpl* personnels.
Privat|gespräch *das* conversation *f* privée.
Privat|initiative *die* initiative *f* privée.
Privat|leben *das (ohne Pl)* vie *f* privée.
Privat|patient, in *der, die patient affilié à une caisse d'assurance maladie privée*.
Privat|person *die* particulier *m*.
Privat|unterkunft *die* hébergement *m* privé ODER chez un particulier.
Privat|unterricht *der (ohne Pl)* cours *mpl* particuliers.
Privileg [priviˈleːk] (*pl* **-ien**) *das* privilège *m*.

pro ◇ *präp* : **~ Person** par personne ◇ *adv* pour.

Pro (*pl* **-s**) *das* : **das ~ und Kontra** le pour et le contre.

Probe (*pl* **-n**) *die* **- 1.** [Prüfung] essai *m*, test *m* ; **jn/etw auf die ~ stellen** mettre qqn/qqch à l'épreuve **- 2.** [Teil] échantillon *m* **- 3.** [von Theaterstück] répétition *f*. ◆ **auf Probe** *adv* à l'essai.

Probe|exemplar *das* échantillon *m*.

proben *vt* & *vi* répéter.

probeweise *adv* à l'essai.

probieren *vt* **- 1.** [Essen, Getränk] goûter **- 2.** [versuchen] essayer.

Problem (*pl* **-e**) *das* problème *m* ; **~e mit jm/etw haben** avoir des problèmes avec qqn/qqch. ◆ **kein Problem!** *interj fam* pas de problème!

problematisch *adj* problématique.

problemlos *adj* & *adv* sans problèmes.

Produkt (*pl* **-e**) *das* produit *m*.

Produktion (*pl* **-en**) *die* production *f*.

produktiv *adj* productif(ive).

Produktivität [prodʊktivi'tɛːt] *die (ohne Pl)* productivité *f*.

Produzent, in (*mpl* **-en** ; *fpl* **-nen**) *der, die* producteur *m*, -trice *f*.

produzieren *vt* **- 1.** [Waren, Film] produire **- 2.** *fam abw* [machen] fabriquer.

Prof. *abk für* **Professor.**

professionell ◇ *adj* **- 1.** [beruflich] professionnel(elle) **- 2.** [fachmännisch] de professionnel ◇ *adv* en professionnel.

Professor (*pl* **Professoren**) *der* professeur *m*.

Professorin (*pl* **-nen**) *die* professeur *m*.

Profi (*pl* **-s**) *der* **- 1.** [Sportler] professionnel *m* **- 2.** [Fachmann] pro *mf*.

Profil (*pl* **-e**) *das* **- 1.** [von Personen] profil *m* **- 2.** [von Reifen, Sohle] relief *m*.

Profit (*pl* **-e**) *der* profit *m* ; **aus etw ~ schlagen** ODER **ziehen** tirer profit de qqch ; **~ machen** faire du profit.

profitieren *vi* : **von etw ~** profiter de qqch.

pro forma *adv* pour la forme.

Prognose (*pl* **-n**) *die* **- 1.** [gen] prévision *f* **- 2.** [von Wahlen] estimation *f* **- 3.** [von Krankheiten] pronostic *m*.

Programm (*pl* **-e**) *das* **- 1.** [gen] programme *m* ; **auf dem ~ stehen** être au programme **- 2.** [Sender] chaîne *f*. ◆ **nach Programm** *adv* comme prévu.

programmgemäß ◇ *adj* prévu(e) ◇ *adv* comme prévu.

Programm|heft *das* programme *m*.

Programm|hinweis *der* annonce *f* de ODER du programme.

programmieren *vt* programmer.

Programmierer, in (*mpl* **-** ; *fpl* **-nen**) *der, die* EDV programmeur *m*, -euse *f*.

Programm|punkt *der* point *m* à l'ordre du jour.

progressiv ◇ *adj* [fortschrittlich] progressiste ◇ *adv* [fortschrittlich] : **~ eingestellt sein** avoir des idées progressistes.

Projekt (*pl* **-e**) *das* projet *m*.

Projektor (*pl* **Projektoren**) *der* projecteur *m*.

Projektwoche *die* semaine *f* de projet.

> **Projektwoche**
>
> Durant une semaine, tous les élèves d'un même établissement scolaire participent à la semaine de projet. Pendant cette période, il n'y a pas de cours : les professeurs encadrent des activités de groupe ayant un caractère plus pratique. L'objectif de ce type de travail est de stimuler l'autonomie et l'esprit d'initiative des jeunes mais aussi de leur faire découvrir des aptitudes jusque-là inexploitées. Parmi les activités proposées, on peut citer les ateliers-photo, le sport, la manufacture de petits objets ou encore la restauration de meubles anciens.

projizieren *vt* projeter.

Prolet (*pl* **-en**) *der* prolo *m*.

Promenade (*pl* **-n**) *die* promenade *f* ; [am Strand] front *m* de mer.

Promille (*pl* **-**) *das* [von Alkohol] : **1,5 ~ haben** avoir 1,5 gramme d'alcool ; **über 0,8 ~ haben** avoir un taux d'alcoolémie supérieur à 0,8 gramme.

prominent *adj* célèbre.

Prominenz *die (ohne Pl)* personnalités *fpl*.

promovieren *vi* passer son doctorat.

prompt ◇ *adj* immédiat(e) ◇ *adv* immédiatement.

Pronomen (*pl* **-** ODER **Pronomina**) *das* GRAM pronom *m*.

Propaganda *die (ohne Pl)* **- 1.** [Verbreitung] propagande *f* **- 2.** [Werbung] : **für jn/etw ~ machen** faire la promotion de qqn/qqch.

Propan|gas *das (ohne Pl)* propane *m*.

Propeller (*pl* **-**) *der* hélice *f*.

Prophet, in (*mpl* **-en** ; *fpl* **-nen**) *der, die* prophète *m*, prophétesse *f*.

prophezeien *vt* présager, prédire.

Proportion (*pl* **-en**) *die* proportion *f*.

proportional ◇ *adj* proportionnel(elle) ◇ *adv* proportionnellement.

Prosa *die (ohne Pl)* prose *f.*

prosit, prost *interj* : **prosit!** à votre ODER ta santé! ◈ **prost Neujahr!** *interj* bonne année!

Prostituierte (*pl* **-n**) *die* prostituée *f.*

Prostitution *die (ohne Pl)* prostitution *f.*

Protest (*pl* **-e**) *der* protestation *f* ; **gegen etw ~ einlegen** ODER **erheben** s'opposer à qqch.

Protestant, in (*mpl* **-en** ; *fpl* **-nen**) *der, die* protestant *m*, -e *f.*

protestantisch <> *adj* protestant(e) <> *adv* en protestant.

protestieren *vi* : **(gegen etw) ~** protester (contre qqch).

Protest|kundgebung *die* manifestation *f* d'opposition.

Prothese (*pl* **-n**) *die* prothèse *f.*

Protokoll (*pl* **-e**) *das* **- 1.** [Aufzeichnung] procès-verbal *m*, compte-rendu *m* ; **etw zu ~ geben/nehmen** faire inscrire/inscrire qqch au procès-verbal ; **~ führen** dresser un procès-verbal **- 2.** *(ohne Pl)* [Zeremoniell] protocole *m.*

Protokoll|führer, in *der, die* rédacteur *m*, -trice *f* de procès-verbal.

protokollieren <> *vt* prendre acte de ; [Unfall] faire le constat de <> *vi* dresser un procès-verbal.

protzig *fam abw* <> *adj* tape-à-l'œil <> *adv* de manière à épater.

Proviant [pro'vi̯ant] *der (ohne Pl)* provisions *fpl.*

Provider [pro'vaidɐ] (*pl* **-**) *der* EDV fournisseur *m* d'accès à Internet.

Provinz [pro'vɪnt͜s] (*pl* **-en**) *die* province *f.*

provinziell [provɪn't͜si̯ɛl] *abw adj* provincial(e).

Provision [provi'zi̯oːn] (*pl* **-en**) *die* commission *f.*

provisorisch [provi'zoːrɪʃ] <> *adj* provisoire <> *adv* provisoirement.

Provokation [provoka't͜si̯oːn] (*pl* **-en**) *die* provocation *f.*

provozieren [provo't͜siːrən] *vt & vi* provoquer.

Prozedur (*pl* **-en**) *die* procédure *f.*

Prozent (*pl* **-e**) *das (ohne Pl)* pour-cent *m* ; **zu 25 ~** à 25 pour-cent. ◈ **Prozente** *pl* réduction *f.*

Prozent|satz *der* pourcentage *m.*

prozentual <> *adj* : **~er Anteil** pourcentage *m* <> *adv* en pourcentage.

Prozess (*pl* **-e**) *der* **- 1.** RECHT procès *m* ; **jm den ~ machen** faire un procès à qqn **- 2.** [Vorgang] processus *m.*

prozessieren *vi* intenter un procès.

Prozession (*pl* **-en**) *die* REL procession *f.*

prüde <> *adj* prude <> *adv* de manière prude.

prüfen <> *vt* **- 1.** [Person] : **(jn in etw** *(D)***) ~** faire passer un examen (en qqch à qqn) **- 2.** [Gerät, Material] contrôler **- 3.** [Rechnung, Aussage, Unterschrift] vérifier **- 4.** [Angebot] revoir <> *vi* [Lehrer] examiner.

Prüfer, in (*mpl* **-** ; *fpl* **-nen**) *der, die* **- 1.** [Lehrer] examinateur *m*, -trice *f* **- 2.** [Tester] contrôleur *m*, -euse *f.*

Prüfling (*pl* **-e**) *der* candidat *m*, -e *f.*

Prüfung (*pl* **-en**) *die* **- 1.** [Kontrolle] contrôle *m* **- 2.** [Examen] épreuve *f* ; **eine ~ machen** ODER **haben** passer un examen ; **eine ~ bestehen** être reçu(e) à un examen ; **eine mündliche/schriftliche ~** une épreuve orale/écrite, un examen oral/écrit.

Prügel *pl* coups *mpl.*

Prügelei (*pl* **-en**) *die* bagarre *f.*

prügeln *vt* battre. ◈ **sich prügeln** *ref* se battre.

Prunk *der (ohne Pl)* luxe *m.*

prunkvoll <> *adj* somptueux(euse) <> *adv* somptueusement.

prusten *vi* **- 1.** [Tier] s'ébrouer **- 2.** [vor Lachen] s'esclaffer.

PS (*pl* **-**) *das* **- 1.** (*abk für* **Pferdestärke**) CV *(chevaux fiscaux)* **- 2.** (*abk für* **Postskriptum**) PS.

Psalm (*pl* **-en**) *der* psaume *m.*

Psychiater, in (*mpl* **-** ; *fpl* **-nen**) *der, die* psychiatre *mf.*

psychisch <> *adj* psychique <> *adv* psychiquement.

Psycho|analyse *die (ohne Pl)* psychanalyse *f.*

Psychologe (*pl* **-n**) *der* psychologue *m.*

Psychologie *die (ohne Pl)* psychologie *f.*

Psychologin (*pl* **-nen**) *die* psychologue *f.*

psychologisch <> *adj* psychologique <> *adv* psychologiquement.

Psycho|therapie *die* psychothérapie *f.*

Pubertät *die (ohne Pl)* puberté *f.*

publik *adj* : **etw ~ machen** rendre qqch public.

Publikation [publika't͜si̯oːn] (*pl* **-en**) *die* publication *f.*

Publikum *das (ohne Pl)* public *m.*

Pudding (*pl* **-e** ODER **-s**) *der* *flan non passé au four.*

Pudel (*pl* **-**) *der* caniche *m.*

pudelwohl *adv fam* : **sich ~ fühlen** se sentir très bien.

Puder (*pl* **-**) *der* ODER *das* **- 1.** [kosmetisch] poudre *f* **- 2.** [pflegend] talc *m.*

Puder|dose *die* poudrier *m.*
pudern *vt* poudrer. ◆ **sich pudern** *ref* se poudrer.
Puder|zucker *der (ohne Pl)* sucre *m* glace.
Puff (*pl* **-s**) *der* ODER *das fam* bordel *m.*
Puffer (*pl* **-**) *der* **- 1.** [von Waggon] tampon *m (de train)* **- 2.** *fam* KÜCHE *galette de pommes de terre râpées.*
Pulli (*pl* **-s**) *der fam* pull *m.*
Pullover [pʊ'loːvɐ] (*pl* **-**) *der* pull-over *m.*
Puls (*pl* **-e**) *der* pouls *m* ; **am ~ von etw** au cœur de qqch.
Puls|ader *die* veine *f (du poignet).*
pulsieren *vi* circuler.
Pult (*pl* **-e**) *das* pupitre *m.*
Pulver ['pʊlfɐ, 'pʊlvɐ] (*pl* **-**) *das* poudre *f.*
Pulver|kaffee *der (ohne Pl)* café *m* en poudre.
Pulver|schnee *der (ohne Pl)* neige *f* poudreuse, poudreuse *f.*
Puma (*pl* **-s**) *der* puma *m.*
pummelig *adj fam* rondelet(ette) ; [Kind] potelé(e).
Pumpe (*pl* **-n**) *die* [Gerät] pompe *f.*
pumpen ◇ *vt* **- 1.** [saugen] pomper **- 2.** *fam* [leihen] : **jm** *(D)* **etw ~** prêter qqch à qqn ; **(sich** *(D)***) etw von jm ~** emprunter qqch à qqn ◇ *vi* [saugen] pomper.
Pumps [pœmps] (*pl* **-**) *der* escarpin *m.*
Punker, in ['paŋkɐ, rɪn] (*mpl* **-** ; *fpl* **-nen**) *der, die* punk *mf.*
Punkt (*pl* **-e**) *der* **- 1.** [gen] point *m* **- 2.** [Stelle] endroit *m* **- 3.** *RW* : **der springende ~** l'élément *m* essentiel ; **ein wunder** ODER **schwacher ~** un point faible ; **~ zwei Uhr** à deux heures précises ODER sonnantes.
pünktlich ◇ *adj* ponctuel(elle) ◇ *adv* à l'heure.
Pünktlichkeit *die (ohne Pl)* ponctualité *f.*
Pupille (*pl* **-n**) *die* pupille *f.*
Puppe (*pl* **-n**) *die* poupée *f* ; **bis in die ~n** *fam fig* jusqu'à une heure indue.
pur *adj* pur(e).
Püree (*pl* **-s**) *das* purée *f.*
Purzel|baum *der fam* : **einen ~ machen** ODER **schlagen** faire une galipette.
Puste *die (ohne Pl) fam* souffle *m* ; **aus der ~ sein** *fam* être à bout de souffle.
pusten ◇ *vi* souffler ◇ *vt* enlever en soufflant.
Pute (*pl* **-n**) *die* dinde *f.*
Puter (*pl* **-**) *der* dindon *m.*
Puts *pl* WIRTSCH options *fpl* de vente.
Putsch (*pl* **-e**) *der* putsch *m.*
Putz *der (ohne Pl)* crépi *m*, plâtre *m.*
putzen ◇ *vt* nettoyer ; **sich** *(D)* **die Nase ~** se moucher ; **sich** *(D)* **die Zähne ~** se laver les dents ◇ *vi* faire le ménage. ◆ **sich putzen** *ref* se nettoyer.
Putz|frau *die* femme *f* de ménage.
Putz|lappen *der* chiffon *m (à nettoyer).*
Putz|mittel *das* produit *m* d'entretien.
Puzzle ['pazḷ] (*pl* **-s**) *das* puzzle *m.*
Pyramide (*pl* **-n**) *die* pyramide *f.*
Pyrenäen *pl* Pyrénées *fpl.*

Q

q, Q [kuː] (*pl* **-** ODER **-s**) *das* q *m inv*, Q *m inv.*
qm (*abk für* **Quadratmeter**) m^2.
Quader (*pl* **-**) *der* **- 1.** MATH parallélépipède *m* **- 2.** [Block] bloc *m* de pierre.
Quadrat (*pl* **-e**) *das* carré *m* ; **im ~** MATH au carré.
quadratisch *adj* carré(e).
Quadrat|meter *der* mètre *m* carré.
quaken *vi* **- 1.** [Frosch] coasser ; [Ente] cancaner **- 2.** *fam abw* [reden] jacasser.
Qual *die (ohne Pl)* supplice *m.* ◆ **Qualen** *pl* souffrances *fpl.*
quälen *vt* **- 1.** [gen] : **jn ~** faire souffrir qqn **- 2.** [körperlich] torturer **- 3.** [seelisch] tourmenter, obséder **- 4.** *fam* [bedrängen] harceler ; **jn mit etw ~** harceler qqn par ODER de qqch. ◆ **sich quälen** *ref* **- 1.** [leiden] souffrir **- 2.** *fam* [sich abmühen] se donner du mal.
Quälerei (*pl* **-en**) *die* **- 1.** [Peinigung] torture *f* **- 2.** *(ohne Pl)* [Anstrengung] supplice *m.*
qualifizieren *vt* qualifier. ◆ **sich qualifizieren** *ref* [sich befähigen] se qualifier.
Qualität (*pl* **-en**) *die* qualité *f.*
Qualle (*pl* **-n**) *die* méduse *f.*
Qualm *der (ohne Pl)* fumée *f.*
qualmen *vi* fumer.
qualvoll ◇ *adj* atroce ◇ *adv* atrocement.
Quantität *die (ohne Pl)* quantité *f.*
Quarantäne [karan'tɛːnə] (*pl* **-n**) *die* quarantaine *f.*
Quark *der (ohne Pl)* ≃ fromage *m* blanc.
Quartal (*pl* **-e**) *das* trimestre *m.*
Quartett (*pl* **-e**) *das* **- 1.** MUS quatuor *m* **- 2.** *(ohne Pl)* [Kartenspiel] ≃ jeu *m* des sept familles.
Quartier (*pl* **-e**) *das* hébergement *m.*
Quarz|uhr *die* montre *f* à quartz.
quasi *adv* quasiment.

Quatsch *der (ohne Pl) fam abw* bêtise *f.*

quatschen *fam vi* **- 1.** [reden] bavarder **- 2.** *abw* [quasseln] jacasser.

Queck|silber *das (ohne Pl)* CHEM mercure *m.*

Quelle (*pl* **-n**) *die* source *f* ; **an der ~ sitzen** *fam fig* être à la source.

quellen (*präs* **quillt** ; *prät* **quoll** ; *perf* **ist gequollen**) *vi* **- 1.** [austreten] : **(aus etw) ~** [Flüssigkeit] jaillir (de qqch) ; [Adern] ressortir (sur qqch) ; [Augen] sortir (de qqch) **- 2.** [Hülsenfrüchte] : **~ lassen** faire gonfler.

quengeln *vi fam* pleurnicher.

quer *adv* en travers ; **~ durch** à travers ; **~ über etw** *(A)* à travers qqch ; **~ zu etw** en travers de qqch.

Quere *die (ohne Pl)* : **jm in die ~ kommen** *fig* [behindern] entraver les projets de qqn ; [Weg abschneiden] couper le chemin ODER la route à qqn.

querfeldein *adv* à travers champs.

Quer|flöte *die* flûte *f* traversière.

Quer|schnitt *der* **- 1.** [Auswahl] profil *m*, portrait *m* **- 2.** [Bild] coupe *f.*

querschnittsgelähmt *adj* paraplégique.

Quer|straße *die* rue *f* perpendiculaire.

quetschen *vt* **- 1.** [zerquetschen] écraser **- 2.** [verletzen] coincer ; **sich** *(D)* **den Arm/Finger ~** s'écraser le bras/le doigt **- 3.** [unterbringen] pousser. ◆ **sich quetschen** *ref* [sich zwängen] se serrer.

Quetschung (*pl* **-en**) *die* ecchymose *f.*

quieken *vi* crier.

quietschen *vi* **- 1.** [Geräusch machen] grincer **- 2.** *fam* [juchzen] crier, glousser.

quillt *präs* ▷ **quellen.**

Quirl (*pl* **-e**) *der* mixeur *m.*

quitt *adj (unver)* : **mit jm ~ sein** *fam* être quitte envers qqn.

Quitte (*pl* **-n**) *die* **- 1.** [Frucht] coing *m* **- 2.** [Baum] cognassier *m.*

quittieren ◇ *vt* **- 1.** [Summe, Ausgabe] quittancer **- 2.** [erwidern] répondre **- 3.** [kündigen] : **den Dienst ~** démissionner ◇ *vi* [Empfang bestätigen] signer.

Quittung (*pl* **-en**) *die* **- 1.** [Beleg] reçu *m* **- 2.** [von Miete, Schulden] quittance *f* **- 3.** [Rechnung] facture *f* **- 4.** *fig* [Konsequenz] : **da hast du die ~!** voilà le résultat!

Quiz [kvis] (*pl* **-**) *das* jeu *m (radiophonique, télévisé).*

quoll *prät* ▷ **quellen.**

Quote (*pl* **-n**) *die* quota *m.*

R

r, R [ɛr] (*pl* **-** ODER **-s**) *das* r *m inv*, R *m inv.*

Rabatt (*pl* **-e**) *der* rabais *m*, remise *f.*

Rabbi (*pl* **-s**) *der* rabbin *m.*

Rabe (*pl* **-n**) *der* corbeau *m.*

rabiat ◇ *adj* violent(e) ◇ *adv* violemment.

Rache *die (ohne Pl)* vengeance *f.*

Rachen (*pl* **-**) *der* **- 1.** [von Menschen] gorge *f* **- 2.** [von Tieren] gueule *f.*

rächen *vt* venger. ◆ **sich rächen** *ref* **- 1.** [Rache nehmen] se venger ; **sich an jm (für** ODER **wegen etw) ~** se venger sur qqn (de qqch) **- 2.** [Konsequenzen haben] avoir des conséquences *(fâcheuses).*

Rad (*pl* **Räder**) *das* **- 1.** [von Fahrzeug, Maschine] roue *f* **- 2.** [Fahrrad] vélo *m* ; **mit dem ~** à vélo ; **~ fahren** faire du vélo.

Radar *der* ODER *das (ohne Pl)* radar *m.*

Radar|kontrolle *die* contrôle *m* radar.

Radau *der (ohne Pl) fam* vacarme *m.*

radebrechen *vi* baragouiner *(une langue).*

radeln (*perf* **ist geradelt**) *vi fam* faire du vélo.

rad|fahren ▷ **Rad.**

Rad|fahrer, in *der, die* cycliste *mf.*

Radfahr|weg *der* piste *f* cyclable.

radieren ◇ *vi* [mit Radiergummi] gommer ◇ *vt* [mit Radiergummi] effacer.

Radier|gummi *der* gomme *f.*

Radierung (*pl* **-en**) *die* gravure *f.*

Radieschen [ra'diːsçən] (*pl* **-**) *das* radis *m (rose).*

radikal ◇ *adj* radical(e) ◇ *adv* radicalement.

Radio (*pl* **-s**) *das* **- 1.** [Gerät] poste *m* de radio, radio *f* **- 2.** *(ohne Pl)* [Rundfunk] radio *f* ; **~ hören** écouter la radio.

Radio|aktivität *die (ohne Pl)* radioactivité *f.*

Radiorekorder (*pl* **-**) *der* radiocassette *f.*

Radio|sendung *die* émission *f* de radio.

Radio|wecker *der* radio-réveil *m.*

Radius (*pl* **Radien**) *der* rayon *m (de cercle).*

Rad|rennen *das* course *f* cycliste.

Rad|sport *der (ohne Pl)* cyclisme *m.*

Rad|tour *die* excursion *f* à bicyclette.

Rad|weg *der* piste *f* cyclable.

RAF (*abk für* **Rote Armee Fraktion**) *die (ohne Pl)* FAR *(Fraction armée rouge).*

raffen *vt* - **1.** *abw* [nehmen] : **etw an sich** *(A)* ~ s'emparer de qqch - **2.** [Stoff] froncer.
Raffinerie [rafinəˈriː] *(pl* **-n)** *die* raffinerie *f.*
raffiniert ◇ *adj* - **1.** [ausgetüftelt] raffiné(e) - **2.** [gerissen] astucieux(euse) ◇ *adv* - **1.** [ausgetüftelt] : ~ **kochen** faire de la cuisine raffinée ; ~ **geschnitten sein** avoir une coupe sophistiquée - **2.** [gerissen] astucieusement.
ragen *vi* : **aus etw** ODER **über etw** *(A)* ~ dépasser qqch.
Ragout [raˈguː] *(pl* **-s)** *das* ragoût *m.*
Rahm *der (ohne Pl)* crème *f (du lait).*
rahmen *vt* encadrer.
Rahmen *(pl* -) *der* - **1.** [von Bild, Fahrrad, Fenster] cadre *m* - **2.** [von Türen] chambranle *m* - **3.** [von Fahrzeugen] châssis *m* - **4.** *(ohne Pl)* [Umgebung] cadre *m* - **5.** *RW :* **aus dem ~ fallen** sortir de l'ordinaire. ◆ **im Rahmen** *adv :* **im ~ einer Sache** *(G)* dans le cadre de qqch.
räkeln, rekeln ◆ **sich räkeln, sich rekeln** *ref fam* s'étirer.
Rakete *(pl* **-n)** *die* fusée *f.*
rammen *vt* - **1.** [Fahrzeug] heurter - **2.** [Pfahl] enfoncer.
Rampe *(pl* **-n)** *die* - **1.** [gen] rampe *f* - **2.** [Laderampe] plate-forme *f (de chargement).*
Rampen|licht *das (ohne Pl) :* **im ~ stehen** *fig* se trouver sous les feux de l'actualité.
ramponiert *adj fam* abîmé(e).
Ramsch *der (ohne Pl) fam abw* camelote *f.*
ran *fam* = **heran.**
Rand *(pl* **Ränder)** *der* - **1.** [gen] bord *m ;* **(dunkle) Ränder um die Augen haben** avoir des cernes ODER les yeux cernés - **2.** [von Seiten] marge *f* - **3.** *RW :* **mit jm/etw zu ~e kommen** *fam* se débrouiller avec qqn/qqch. ◆ **am Rande** *adv* en passant, accessoirement ; **sich am ~e abspielen** se dérouler en marge.
randalieren *vi* provoquer des désordres.
Rand|bezirk *der* banlieue *f.*
Rand|erscheinung *die* phénomène *m* marginal.
Rand|gruppe *die* groupe *m* marginal.
randvoll ◇ *adj* rempli(e) à ras bord ◇ *adv* à ras bord.
rang *prät* ▷ **ringen.**
Rang *(pl* **Ränge)** *der* - **1.** [militärisch] grade *m ;* [von Beamten] rang *m ;* [in Gesellschaft] position *f ;* **jd/etw von ~** qqn/qqch de renom - **2.** [im Theater] balcon *m ;* **der erste/zweite ~** [im Theater] le premier/deuxième balcon ; [im Wettbewerb] la première/deuxième place.
rangieren [raŋˈʒiːrən] *vi* - **1.** [Sportler] être (placé(e)) - **2.** [Zug] ranger.
Rang|liste *die* classement *m.*
Rang|ordnung *die* hiérarchie *f.*
ran|halten ◆ **sich ranhalten** *ref (unreg) fam* s'accrocher.
Ranke *(pl* **-n)** *die* vrille *f.*
ranken *(perf* **hat/ist gerankt)** *vi (ist)* grimper. ◆ **sich ranken** *ref* grimper ; **sich um etw ~** [Pflanze] s'enrouler autour de qqch ; *geh* [Geschichte] se greffer autour de qqch.
rann *prät* ▷ **rinnen.**
rannte *prät* ▷ **rennen.**
ranzig ◇ *adj* rance ◇ *adv :* ~ **schmecken** avoir le goût de rance.
Raps *der (ohne Pl)* colza *m.*
rar *adj* rare.
Rarität *(pl* **-en)** *die* rareté *f.*
rasant ◇ *adj* [Tempo] très rapide ◇ *adv* [schnell] à toute vitesse.
rasch ◇ *adj* rapide ◇ *adv* rapidement.
rascheln *vi* [Blätter] frémir ; [Tier] faire un léger bruit ; [Kleid] froufrouter.
rasen *(perf* **hat/ist gerast)** *vi* - **1.** *(ist)* [fahren] foncer - **2.** *(hat)* [toben] être déchaîné(e).
Rasen *(pl* -) *der* [Fläche] pelouse *f ;* [Gras] gazon *m.*
rasend ◇ *adj* - **1.** [schnell] fulgurant(e) - **2.** [gewaltig] fort(e) - **3.** [wütend] : **jn ~ machen** *fam* rendre qqn fou (folle) ◇ *adv* [schnell] : ~ **schnell** à toute allure.
Rasen|mäher *der* tondeuse *f* à gazon.
Raserei *die (ohne Pl)* - **1.** [Wut] rage *f* - **2.** *fam abw* [mit Fahrzeug] vitesse *f* excessive.
Rasier|apparat *der* rasoir *m* (électrique).
rasieren *vt* raser. ◆ **sich rasieren** *ref* se raser ; **sich nass/trocken ~** se raser au rasoir mécanique/électrique.
Rasierer *(pl* -) *der fam* rasoir *m.*
Rasier|klinge *die* lame *f* de rasoir.
Rasier|pinsel *der* blaireau *m.*
Rasier|schaum *der* mousse *f* à raser.
Rasier|wasser *das* après-rasage *m.*
raspeln *vt* râper.
Rasse *(pl* **-n)** *die* race *f.*
Rassel *(pl* **-n)** *die* [Spielzeug] hochet *m.*
rasseln *(perf* **hat/ist gerasselt)** *vi* - **1.** *(hat)* [Geräusch erzeugen] cliqueter ; [Wecker] retentir - **2.** *(ist) fam* [durchfallen] : **durch die Prüfung/das Abitur ~** se planter à l'examen/au bac.
rassig ◇ *adj* racé(e) ◇ *adv* avec agilité.
Rassismus *der (ohne Pl)* racisme *m.*
rassistisch ◇ *adj* raciste ◇ *adv* de manière raciste.
Rast *(pl* **-en)** *die* halte *f ;* ~ **machen** faire halte.
rasten *vi* s'arrêter.
Raster *(pl* -) *das* trame *f.*

Rastlhof *der* [an Autobahn] restoroute *m.*

rastlos ◇ *adj* sans repos ◇ *adv* sans cesse.

Rastlplatz *der* aire *f* de repos.

Rastlstätte *die* [auf Autobahnen] restoroute *m.*

Rasur (*pl* **-en**) *die* rasage *m.*

Rat (*pl* **Räte**) *der* **- 1.** *(ohne Pl)* [Ratschlag] conseil *m* ; **jm einen ~ geben** donner un conseil à qqn ; **jn/etw zu ~e ziehen** consulter qqn/qqch ; **jn um ~ fragen/bitten** demander conseil à qqn ; **sich** *(D)* **keinen ~ mehr wissen** ne plus savoir que faire **- 2.** [Ausschuss] conseil *m.*

rät *präs* ▷ **raten.**

Rate (*pl* **-n**) *die* **- 1.** [gen] traite *f* ; [monatlich] mensualité *f* ; **etw auf ~n kaufen** acheter qqch à crédit **- 2.** [statistisch] taux *m.*

raten (*präs* **rät** ; *prät* **riet** ; *perf* **hat geraten**) ◇ *vt* **- 1.** [erraten] deviner **- 2.** [empfehlen] : **jm etw ~** conseiller qqch à qqn ◇ *vi* **- 1.** [etw erraten] deviner **- 2.** [Rat geben] : **jm zu etw ~** conseiller qqch à qqn.

Ratenlzahlung *die* paiement *m* échelonné.

Ratgeber (*pl* **-**) *der* **- 1.** [Mensch] conseiller *m* **- 2.** [Buch] guide *m.*

Ratgeberin (*pl* **-nen**) *die* conseillère *f.*

Ratlhaus *das* mairie *f.*

Ration (*pl* **-en**) *die* ration *f.*

rational ◇ *adj* rationnel(elle) ◇ *adv* de façon rationnelle.

rationalisieren *vt* rationaliser.

rationell ◇ *adj* **- 1.** [wirksam] efficace **- 2.** [sparsam] économique ◇ *adv* **- 1.** [wirksam] efficacement **- 2.** [sparsam] économiquement.

rationieren *vt* rationner.

ratlos ◇ *adj* perplexe ◇ *adv* avec perplexité.

Rätoromanisch *das (ohne Pl)* romanche *m* ; *siehe auch* **Englisch.**

Rätoromanische *das (ohne Pl)* romanche *m* ; *siehe auch* **Englische.**

ratsam *adj* opportun(e).

Ratlschlag *der* conseil *m.*

Rätsel (*pl* **-**) *das* **- 1.** [Aufgabe] devinette *f* **- 2.** [Ratespiel] jeu *m* **- 3.** [Geheimnis] énigme *f* ; **etw ist jm ein ~** qqch est un mystère pour qqn.

rätselhaft *adj* énigmatique.

rätseln *vi* : **über etw** *(A)* **~** chercher la solution de qqch.

Ratslherr *der* conseiller *m* municipal.

Ratslkeller *der restaurant de l'hôtel de ville en Allemagne.*

Ratte (*pl* **-n**) *die* rat *m.*

rau ◇ *adj* **- 1.** [Material] rugueux(euse) **- 2.** [Klima, Sitte, Ton] rude **- 3.** [Stimme, Hals] enroué(e) ◇ *adv* : **sich ~ anfühlen** être rugueux(euse) au toucher.

Raub *der (ohne Pl)* vol *m.*

Raublbau *der (ohne Pl)* exploitation *f* excessive.

rauben *vt* **- 1.** [stehlen] dérober **- 2.** [kosten] : **jm etw ~** coûter qqch à qqn.

Räuber, in (*mpl* **-** ; *fpl* **-nen**) *der, die* brigand *m.*

Raublmord *der* crime *m* crapuleux.

Raubltier *das* prédateur *m*, animal *m* prédateur.

Raublüberfall *der* vol *m* avec agression.

Raublvogel *der* oiseau *m* de proie.

Rauch *der (ohne Pl)* fumée *f.*

rauchen *vt & vi* fumer. ◆ **Rauchen** *das (ohne Pl)* : **'Rauchen verboten'** 'défense de fumer'.

Raucher (*pl* **-**) *der* fumeur *m.*

Raucherlabteil *das* compartiment *m* fumeurs.

Raucherin (*pl* **-nen**) *die* fumeuse *f.*

räuchern *vt* fumer.

Rauchlverbot *das* interdiction *f* de fumer.

rauf *fam* = **herauf.**

raufen *vi* se bagarrer. ◆ **sich raufen** *ref* se bagarrer.

Rauferei (*pl* **-en**) *die* bagarre *f.*

rauh = **rau.**

Rauhreif = **Raureif.**

Raum (*pl* **Räume**) *der* **- 1.** [Zimmer] pièce *f* **- 2.** *(ohne Pl)* PHYS espace *m* **- 3.** *(ohne Pl)* GEOGR région *f* **- 4.** *(ohne Pl)* [Platz] espace *m*, place *f.*

räumen *vt* évacuer, déblayer.

Raumlfahrt *die (ohne Pl)* astronautique *f.*

Rauminhalt *der* volume *m.*

räumlich ◇ *adj* spatial(e) ◇ *adv* en trois dimensions.

Raumlschiff *das* vaisseau *m* spatial.

Räumung (*pl* **-en**) *die* évacuation *f.*

Räumungslverkauf *der* liquidation *f.*

Raupe (*pl* **-n**) *die* chenille *f.*

Raulreif *der (ohne Pl)* givre *m.*

raus *adv fam* **- 1.** = **heraus - 2.** [hinaus] dehors ; **~ hier!** dehors!

Rausch (*pl* **Räusche**) *der* ivresse *f* ; **einen ~ haben** être ivre ; **im ~** en état d'ivresse.

rauschen (*perf* **hat/ist gerauscht**) *vi* **- 1.** *(hat)* [Wasser, Bäume] bruisser ; **es rauscht** [im Telefon] ça grésille ; [in den Ohren] ça bourdonne **- 2.** *fam (ist)* [schnell] filer.

rauschend *adj* : **~er Beifall** applaudissements *mpl* nourris ; **~es Fest** soirée *f* féerique.

Rausch|gift *das* stupéfiant *m*.

rauschgiftsüchtig *adj* toxicomane.

raus|fliegen (*perf* **ist rausgeflogen**) *vi (unreg) fam* être viré(e).

raus|halten *vt (unreg) fam* [nach außen] mettre dehors. ◆ **sich raushalten** *ref fam* : **sich aus etw ~** [sich nicht einmischen] ne pas se mêler de qqch.

raus|kriegen *vt fam* **- 1.** [entdecken] découvrir **- 2.** [erraten] trouver.

räuspern ◆ **sich räuspern** *ref* se racler la gorge.

raus|rücken (*perf* **hat/ist rausgerückt**) *fam* ◇ *vi (ist)* : **mit der Wahrheit ~** cracher le morceau ◇ *vt (hat)* [geben] allonger, lâcher.

raus|schmeißen *vt (unreg) fam* jeter dehors.

Raute (*pl* **-n**) *die* losange *m*.

Razzia (*pl* **Razzien**) *die* rafle *f*.

rd. (*abk für* **rund**) env.

reagieren *vi* : **(auf etw** *(A)***) ~** réagir (à qqch).

Reaktion (*pl* **-en**) *die* réaction *f* ; **die ~ auf etw** *(A)* la réaction à qqch.

Reaktor (*pl* **Reaktoren**) *der* réacteur *m*.

Realismus *der (ohne Pl)* réalisme *m*.

realistisch ◇ *adj* réaliste ◇ *adv* avec réalisme.

Realität (*pl* **-en**) *die* **- 1.** *(ohne Pl)* [Wirklichkeit] réalité *f* **- 2.** [Tatsache] réalité *f*.

Real|schule *die école d'enseignement secondaire de cycle court.*

> **Realschule**
>
> Ces établissements scolaires, qui préparent avant tout à l'apprentissage et au cycle court, sont fréquentés par des élèves jusqu'à l'âge de 16 ans.
> On y dispense un enseignement général avec une seule langue vivante et des matières techniques.

Rebe (*pl* **-n**) *die* vigne *f*.

rebellieren *vi* : **(gegen jn/etw) ~** se rebeller (contre qqn/qqch).

Rebellion (*pl* **-en**) *die* rébellion *f*.

rebellisch *adj* **- 1.** [Person] rebelle **- 2.** [Truppen, Stadt] en rébellion.

Reb|huhn *das* perdrix *f*.

Reb|stock *der* cep *m* (de vigne).

Rechen (*pl* **-**) *der* râteau *m*.

Rechen|aufgabe *die* problème *m* d'arithmétique.

Rechen|fehler *der* erreur *f* de calcul.

Rechenschaft *die (ohne Pl)* : **jm über etw** *(A)* **~ ablegen** ODER **geben** rendre compte de qqch à qqn.

Rechen|zentrum *das* centre *m* de calcul.

rechnen ◇ *vi* calculer ; **mit etw ~** [erwarten] s'attendre à qqch ; **mit jm ~** [erwarten] attendre qqn ; **mit jm/etw ~** [bedenken] tenir compte de qqn/qqch ; **mit jm/etw** ODER **auf jn/etw ~** [sich verlassen] compter sur qqn/qqch ◇ *vt* calculer ; **jn zu einer Gruppe ~** considérer qqn comme faisant partie d'un groupe. ◆ **sich rechnen** *ref* être rentable.

Rechner (*pl* **-**) *der* EDV ordinateur *m*.

Rechnung (*pl* **-en**) *die* **- 1.** [Rechenaufgabe] calcul *m* **- 2.** WIRTSCH facture *f* ; [im Restaurant] addition *f* ; **eine ~ begleichen** régler une facture ; *fig* régler un compte **- 3.** *RW* : **js ~ geht auf/nicht auf** les calculs de qqn se révèlent justes/faux.

recht ◇ *adj* **- 1.** [richtig] bon (bonne) ; **~ und billig sein** *fig* être la moindre des choses **- 2.** [echt] vrai(e) ; **keinen ~en Spaß/keine ~e Lust/kein ~es Ziel haben** n'avoir pas vraiment de plaisir/d'envie/de but **- 3.** [passend] approprié(e) **- 4.** *RW* : **etw ist jm ~** qqch convient à qqn ◇ *adv* **- 1.** [ziemlich] vraiment **- 2.** *RW* : **jm nichts ~ machen können** ne pas pouvoir contenter qqn.

Recht (*pl* **-e**) *das* **- 1.** *(ohne Pl)* RECHT droit *m* ; **~ sprechen** rendre la justice ; **im ~ sein** être dans son droit ; **jm ~ geben** donner raison à qqn ; **~ haben** avoir raison **- 2.** [Anrecht] droit *m* ; **ein ~ auf etw** *(A)* **haben** avoir droit à qqch. ◆ **zu Recht** *adv* à juste titre.

rechte, r, s *adj* **- 1.** [Seitenangabe] droit(e) **- 2.** [politisch] de droite.

Rechte (*pl* **-n**) ◇ *die* **- 1.** *(ohne Pl)* [rechte Hand] droite *f* ; **mit der ~n** de la main droite ; **zur ~n** à droite **- 2.** POL droite *f* **- 3.** [Schlag] droit *m*, droite *f* ◇ *der, die* militant *m*, -e *f* de droite ◇ *das* : **nach dem ~n sehen** vérifier que tout est en ordre.

Recht|eck *das* rectangle *m*.

rechteckig *adj* rectangulaire.

rechtfertigen *vt* : **etw (vor jm) ~** justifier qqch (face à qqn). ◆ **sich rechtfertigen** *ref* : **sich (vor jm) ~** se justifier (devant qqn).

Rechtfertigung (*pl* **-en**) *die* justification *f*.

rechthaberisch *adj abw* qui veut toujours avoir raison.

rechtlich ◇ *adj* légal(e) ◇ *adv* légalement.

rechtmäßig *adj* légal(e), légitime.

rechts ◇ *adv* **- 1.** [zur Angabe der Seite, Richtung] à droite ; **~ von jm/etw** à droite de qqn/qqch ; **nach/von ~** vers la/de la droite ; **nach ~ fahren** tourner à droite - **2.** [politisch] à droite <> *präp (+ G)* à droite de.

Rechtsabbieger (*pl* -) *der* véhicule *m* qui tourne à droite.

Rechts|anwalt *der* avocat *m*.

Rechts|anwältin *die* avocate *f*.

Rechtsaußen (*pl* -) *der, die* SPORT ailier *m* droit.

rechtsbündig <> *adj* aligné(e) à droite <> *adv* avec alignement à droite.

Rechtschreib|fehler *der* faute *f* d'orthographe.

Rechtschreibung (*pl* **-en**) *die* orthographe *f*.

rechtsextrem <> *adj* d'extrême droite <> *adv* : **~ denken** avoir des opinions d'extrême droite.

Rechts|extremist, in *der, die* extrémiste *mf* de droite.

rechtsgerichtet *adj* de droite.

rechtsgültig <> *adj* valide <> *adv* de droit.

Rechtshänder, in (*mpl* **-** ; *fpl* **-nen**) *der, die* droitier *m*, -ère *f*.

rechtsherum *adv* à droite, vers la droite.

rechtskräftig <> *adj* exécutoire <> *adv* exécutoirement.

Rechts|kurve *die* tournant *m* ODER virage *m* à droite.

Rechts|lage *die* situation *f* juridique.

Rechtsprechung (*pl* **-en**) *die* jurisprudence *f*.

rechtsradikal *adj* d'extrême droite.

Rechts|radikale *der, die* extrémiste *mf* de droite.

rechtsseitig *adj & adv* du côté droit.

Rechts|staat *der* État *m* de droit.

Rechts|verkehr *der* conduite *f* à droite.

Rechts|weg *der* : **den ~ einschlagen** recourir aux tribunaux ; **der ~ ist ausgeschlossen** sans possibilité de recours.

rechtwinklig, rechtwinkelig <> *adj* à angle droit ; **ein ~es Dreieck** un triangle rectangle <> *adv* à angle droit.

rechtzeitig <> *adj* opportun(e) <> *adv* à temps ; **~ zu etw da sein/eintreffen** être/arriver quelque part à l'heure.

Reck (*pl* **-e** ODER **-s**) *das* barre *f* fixe.

recyclen [ri'saikəln] *vt* recycler.

Recycling [ri'saiklɪŋ] *das (ohne Pl)* recyclage *m*.

Recycling|papier *das (ohne Pl)* papier *m* recyclé.

Redakteur, in [redak'tøːɐ̯, rɪn] (*mpl* **-e** ; *fpl* **-nen**) *der, die* rédacteur *m*, -trice *f*.

Redaktion (*pl* **-en**) *die* rédaction *f*.

Rede (*pl* **-n**) *die* - **1.** [Ansprache] discours *m* ; **eine ~ halten** faire un discours ; **die ~ ist von jm/etw** il est question de qqn/qqch ; **wörtliche/indirekte ~** discours direct/indirect - **2.** *RW* : **jn zur ~ stellen** demander des comptes à qqn.

Rede|freiheit *die (ohne Pl)* liberté *f* d'expression.

reden <> *vi* [sprechen] parler ; **mit jm ~** parler avec qqn ; **über jn/etw ~** parler de qqn/qqch ; **du hast gut ~** *fig* c'est facile à dire <> *vt* dire.

Redens|art *die* façon *f* de parler.

Rede|wendung *die* expression *f*.

Redner, in (*mpl* **-** ; *fpl* **-nen**) *der, die* orateur *m*, -trice *f*.

redselig *adj* loquace.

reduzieren *vt* - **1.** [verringern] réduire - **2.** [vereinfachen] : **etw auf etw** *(A)* **~** résumer qqch à qqch. ◆ **sich reduzieren** *ref* diminuer, baisser.

Reederei (*pl* **-en**) *die* compagnie *f* maritime.

reell <> *adj* raisonnable, honnête <> *adv* de manière réelle.

Reeper|bahn *die (ohne Pl) avenue « chaude » de Hambourg, haut lieu de la prostitution.*

Referat (*pl* **-e**) *das* - **1.** [Abhandlung] rapport *m*, exposé *m* ; **ein ~ halten** faire un exposé - **2.** [Abteilung] service *m*.

Referendar (*pl* **-e**) *der* [an Schule] professeur *m* stagiaire.

Referendarin (*pl* **-nen**) *die* [an Schule] professeur *m* stagiaire.

Referenz (*pl* **-en**) *die* références *fpl*.

reflektieren *vt* [zurückstrahlen] refléter, réfléchir.

Reflex (*pl* **-e**) *der* - **1.** [Reaktion] réflexe *m* - **2.** [Lichtreflex] reflet *m*.

Reflexion (*pl* **-en**) *die* réflexion *f*.

reflexiv *adj* GRAM : **ein ~es Verb** un verbe pronominal.

Reflexiv|pronomen *das* GRAM pronom *m* réfléchi.

Reform (*pl* **-en**) *die* réforme *f*.

Reformations|tag *der* REL fête *f* de la Réformation.

Reform|haus *das* magasin *m* de produits diététiques.

reformieren *vt* - **1.** [Gesetz] modifier - **2.** [Schule] réformer.

Reform|kost *die (ohne Pl)* alimentation *f* diététique.

Refrain [rə'frɛ̃ː] (*pl* **-s**) *der* refrain *m*.

Regal (*pl* **-e**) *das* étagère *f*.

Regatta (*pl* **Regatten**) *die* régate *f*.

rege <> *adj* vif (vive) ; **~ Fantasie** imagination *f* vive ; **~r Betrieb** activité *f* intense <> *adv* activement.

Regel (*pl* **-n**) *die* **- 1.** [Norm] règle *f* ; **in aller** ODER **der ~** normalement, généralement **- 2.** [Periode] règles *fpl*.

Regel|blutung *die* menstruation *f*.

Regel|fall *der* cas *m* typique.

regelmäßig <> *adj* régulier(ère) <> *adv* régulièrement.

Regelmäßigkeit (*pl* **-en**) *die* régularité *f*.

regeln *vt* **- 1.** [ordnen] régler **- 2.** [festhalten] : **etw vertraglich/schriftlich ~** fixer qqch par contrat/écrit. ◆ **sich regeln** *ref* se régler.

regelrecht *adj fam* [richtig] véritable.

Regelung (*pl* **-en**) *die* réglementation *f*.

regen *vt* remuer. ◆ **sich regen** *ref* [sich bewegen] bouger.

Regen *der (ohne Pl)* pluie *f* ; **saurer ~** pluies acides.

Regen|bogen *der* arc-en-ciel *m*.

Regenbogen|presse *die (ohne Pl) abw* presse *f* à sensation.

Regen|mantel *der* imperméable *m*.

Regen|rinne *die* gouttière *f*.

Regen|schauer *der* averse *f*.

Regen|schirm *der* parapluie *m*.

Regen|tropfen *der* goutte *f* de pluie.

Regen|wald *der* forêt *f* humide.

Regen|wetter *das (ohne Pl)* temps *m* pluvieux.

Regen|wurm *der* ver *m* de terre.

Regen|zeit *die* saison *f* des pluies.

Regie [re'ʒiː] *die (ohne Pl)* [im Theater] mise *f* en scène ; CIN réalisation *f* ; TV régie *f* ; **~ führen** [Theater] mettre en scène ; [Film] réaliser ; **unter js ~** sous la direction de qqn.

regieren <> *vt* gouverner <> *vi* **- 1.** [herrschen] régner ; **über jn/etw ~** régner sur qqn/qqch **- 2.** [Politiker] être au pouvoir.

Regierung (*pl* **-en**) *die* **- 1.** [Regierungsmannschaft] gouvernement *m* **- 2.** [das Regieren] pouvoir *m*.

Regierungs|chef, in *der, die* chef *m* du gouvernement.

Regierungs|sitz *der* siège *m* du gouvernement.

Regierungs|sprecher, in *der, die* porte-parole *m* du gouvernement.

Regime [re'ʒiːm] (*pl* **-**) *das* régime *m*.

Regiment (*pl* **-er**) *das* MIL régiment *m*.

Region (*pl* **-en**) *die* région *f*.

regional <> *adj* régional(e) <> *adv* : **~ verschieden** différent(e) d'une région à l'autre.

Regisseur, in [reʒɪ'søːɐ̯, rɪn] (*mpl* **-e** ; *fpl* **-nen**) *der, die* [im Theater] metteur *m* en scène ; [im Kino] réalisateur *m*, -trice *f*.

Regisseur/Regisseurin

Le terme allemand **Regisseur** et son féminin **Regisseurin** ne correspondent pas à leur homonyme français mais se traduisent par « metteur en scène », comme on peut le constater dans la phrase suivante **Er machte sich als Regisseur einen Namen**, qui a pour traduction « Il s'est fait connaître comme metteur en scène ».
Le terme français « régisseur » correspond à l'allemand **Verwalter**. Ainsi, on traduira la phrase « Le comte ne s'intéressait pas à la campagne et engagea un régisseur » par **Der Graf hatte kein Interesse an dem Land und stellte einen Verwalter ein**.

Register (*pl* **-**) *das* **- 1.** [gen] registre *m* **- 2.** [alphabetisch] index *m*.

registrieren *vt* **- 1.** [wahrnehmen] remarquer **- 2.** [eintragen] enregistrer.

reglos <> *adj* immobile <> *adv* immobile, sans bouger.

regnen <> *vi* : **es regnet** il pleut <> *vt* : **es regnet etw** *fig* il pleut qqch.

regnerisch *adj* pluvieux(euse).

regulär <> *adj* **- 1.** [regelgerecht] régulier(ère) **- 2.** [vorgeschrieben] réglementaire <> *adv* de façon régulière.

regulieren *vt* **- 1.** [ordnen] régulariser **- 2.** [einstellen] régler.

Regung (*pl* **-en**) *die* [Bewegung] mouvement *m*.

regungslos <> *adj* immobile <> *adv* immobile, sans bouger.

Reh (*pl* **-e**) *das* chevreuil *m*.

Reha-|Klinik *die* établissement *m* de rééducation.

Reh|bock *der* chevreuil *m*.

Rehkitz (*pl* **-e**) *das* faon *m*.

Reibe (*pl* **-n**) *die fam* râpe *f*.

Reibe|kuchen *der galette de pommes de terre râpées et rissolées.*

reiben (*prät* **rieb** ; *perf* **hat gerieben**) <> *vt* **- 1.** [raspeln] râper ; **sich** *(D)* **die Augen/die Hände ~** se frotter les yeux/les mains **- 2.** [auftragen] : **etw auf etw** *(A)* **~** étaler qqch sur qqch <> *vi* frotter.

Reiberei (*pl* **-en**) *die* frictions *fpl*.

Reibung (*pl* **-en**) *die* frottement *m*.

reibungslos *adj & adv* sans heurt.

reich <> *adj* **- 1.** [gen] riche ; **~ an etw** *(D)* **sein** être riche en qqch **- 2.** [Ernte] abondant(e) <> *adv* richement ; **~ beschenkt** comblé(e) de cadeaux.

Reich (*pl* **-e**) *das* - **1.** POL empire *m* - **2.** [Bereich] monde *m*, règne *m*.

Reiche (*pl* **-n**) *der, die* riche *mf*.

reichen ◇ *vi* - **1.** [genügen] suffire ; **etw reicht nicht mehr** il n'y a plus assez de qqch - **2.** [räumlich] : **bis zu etw ~** [nach unten] descendre jusqu'à qqch ; [nach oben] monter jusqu'à qqch ; **(von etw) bis zu jm/etw ~** s'étendre (de qqch) à qqn/qqch - **3.** [in Vergangenheit] remonter à - **4.** [genug sein] : **das reicht!** ça suffit! ; **mir reichts!** *fam* j'en ai assez! ◇ *vt* : **jm etw ~** passer qqch à qqn ; **sich** *(D)* **die Hand ~** se tendre la main.

reichhaltig *adj* abondant(e).

reichlich ◇ *adj* copieux(euse) ◇ *adv* - **1.** [viel] copieusement - **2.** [ziemlich] assez.

Reichs|tag *der (ohne Pl) chambre législative allemande (1867-1945)*.

Reichtum *der (ohne Pl)* fortune *f* ; **der ~ an etw** *(D)* la richesse en qqch. ◆ **Reichtümer** *pl* richesses *fpl*.

Reich|weite *die* - **1.** [gen] portée *f* - **2.** [von Flugzeugen] autonomie *f* - **3.** [von Boxern] allonge *f*. ◆ **außer Reichweite** *adv* hors de portée, hors d'atteinte. ◆ **in Reichweite** *adv* à portée de (la) main.

reif *adj* mûr(e) ; **~ für etw sein** être prêt(e) à faire qqch.

Reife *die (ohne Pl)* maturité *f* ; **mittlere ~** SCHULE ≃ brevet *m* des collèges.

Reifen (*pl* **-**) *der* - **1.** [von Fahrzeugen] pneu *m* - **2.** [Ring] cerceau *m*.

Reifen|druck *der (ohne Pl)* pression *f* du pneu ODER des pneus.

Reifen|panne *die* crevaison *f*.

Reife|prüfung *die* baccalauréat *m*.

Reife|zeugnis *das* diplôme *m* de bachelier.

reiflich ◇ *adj* mûr(e) ◇ *adv* mûrement.

Reihe (*pl* **-n**) *die* - **1.** [Linie] file *f* ; **eine ~ Zwiebeln pflanzen** planter un rang d'oignons - **2.** [Sitzreihe] rangée *f* - **3.** [Menge] : **eine ~ von etw** une série de qqch - **4.** *(ohne Pl)* [Reihenfolge] tour *m* ; **jd ist an der ~** c'est le tour de qqn ; **etw kommt an die ~** [behandelt werden] c'est le tour de qqch. ◆ **der Reihe nach** *adv* dans l'ordre.

reihen *vt* - **1.** [nähen] faufiler - **2.** [auffädeln] : **etw auf etw** *(A)* **~** enfiler qqch sur qqch - **3.** [nebeneinander] aligner.

Reihen|folge *die* ordre *m*.

Reihen|haus *das maison attenante à d'autres maisons dans une rangée.*

Reiher (*pl* **-**) *der* héron *m*.

Reim (*pl* **-e**) *der* rime *f*.

reimen ◇ *vt* rimer ◇ *vi* faire des rimes. ◆ **sich reimen** *ref* rimer ; **etw reimt sich auf etw** *(A)* qqch rime avec qqch.

rein ◇ *adj* - **1.** [gen] pur(e) - **2.** [ausnahmslos] : **eine ~e Arbeitergegend** une région exclusivement ouvrière - **3.** [sauber] impeccable - **4.** *RW* : **etw ins Reine bringen** régler qqch ◇ *adv* - **1.** [ausnahmslos] purement - **2.** *fam* [völlig] carrément - **3.** [sauber] proprement - **4.** *fam* = **herein** - **5.** *fam* [hinein] : **~ ins Vergnügen!** en avant! ; **~ mit dir!** allez, rentre maintenant! ◆ **rein gar nichts** *adv fam* que dalle.

Rein|fall *der fam* bide *m*.

rein|fallen (*perf* **ist reingefallen**) *vi (unreg) fam* - **1.** [hineinfallen] tomber dans - **2.** [getäuscht werden] : **auf jn/etw ~** se faire avoir par qqn/qqch ; **mit jm/etw ~** se faire avoir avec qqn/qqch.

Rein|gewinn *der* bénéfice *m* net.

reinigen *vt* nettoyer. ◆ **sich reinigen** *ref* se nettoyer.

Reinigung (*pl* **-en**) *die* - **1.** [Geschäft] pressing *m* - **2.** *(ohne Pl)* [Handlung] nettoyage *m* ; **chemische ~** nettoyage à sec.

Reinigungs|mittel *das* produit *m* d'entretien.

rein|legen *vt fam* - **1.** [hineinlegen] mettre dans - **2.** [übertölpeln] rouler.

reinrassig *adj* de pure race.

rein|reden *vi fam* - **1.** [ins Wort fallen] couper la parole - **2.** [sich einmischen] intervenir ; **sich von niemandem ~ lassen** n'en faire qu'à sa tête.

Reis *der (ohne Pl)* riz *m*.

Reise (*pl* **-n**) *die* voyage *m* ; **auf ~n sein** être en voyage ; **eine ~ machen** faire un voyage. ◆ **gute Reise!** *interj* bon voyage!

Reise|apotheke *die* pharmacie *f* de secours.

Reise|begleiter, in *der, die* accompagnateur *m*, -trice *f*.

Reise|büro *das* agence *f* de voyages.

Reise|bus *der* (auto)car *m*.

Reise|führer *der* - **1.** [Mensch] guide *m* - **2.** [Buch] guide *m* de voyage.

Reise|führerin (*pl* **-nen**) *die* guide *f*.

Reise|gepäck *das (ohne Pl)* bagages *mpl*.

Reise|gesellschaft *die* groupe *m* de touristes.

Reise|gruppe *die* groupe *m* de voyage.

Reise|leiter, in *der, die* guide *mf*.

reiselustig *adj* qui a envie de voyager.

reisen (*perf* **ist gereist**) *vi* voyager.

Reisende (*pl* **-n**) *der, die* - **1.** [Urlauber] voyageur *m*, -euse *f* - **2.** [von Firmen] représentant *m*, -e *f*.

Reise|pass *der* passeport *m*.

Reise|route *die* itinéraire *m*.

Reise|ruf *der* appel *m* radio.

Reise|tasche *die* sac *m* de voyage.

Reise|verkehr *der (ohne Pl)* départs et retours *mpl*.
Reisever|sicherung *die* assurance *f* voyage.
Reise|zeit *die* saison *f* touristique.
Reise|ziel *das* destination *f* (du voyage).
Reißaus *das* : **~ nehmen** *fam* prendre ses jambes à son cou.
Reiß|brett *das* planche *f* à dessin.
reißen (*prät* **riss** ; *perf* **hat/ist gerissen**) ◇ *vi* - **1.** *(ist)* [Faden, Seil] se casser, se déchirer - **2.** *(hat)* [ziehen] : **an etw** *(D)* **~** tirer sur qqch ◇ *vt (hat)* - **1.** [zerreißen] : **etw in Stücke/Fetzen ~** déchirer qqch en morceaux/lambeaux ; **ein Loch in etw** *(A)* **~** trouer qqch - **2.** [ziehen] : **jn nach hinten/zur Seite ~** tirer brusquement qqn en arrière/sur le côté ; **jn aus dem Schlaf ~** réveiller brutalement qqn ; **etw aus dem Zusammenhang ~** sortir qqch de son contexte - **3.** [wegnehmen] : **etw aus** ODER **von etw ~** arracher qqch de qqch - **4.** [Besitz, Macht] : **etw an sich** *(A)* **~** s'approprier qqch - **5.** *RW* : **hin und her gerissen sein** *fam* ne pas savoir sur quel pied danser. ◆ **sich reißen** *ref* : **sich um jn ~** s'arracher qqn ; **sich um etw ~** se décarcasser pour qqch.
reißend *adj* - **1.** [Gewässer] rapide - **2.** [Absatz] : **~en Absatz finden** se vendre comme des petits pains.
Reißver|schluss *der* fermeture *f* Éclair®.
Reiß|zwecke (*pl* **-n**) *die* punaise *f*.
reiten (*prät* **ritt** ; *perf* **hat/ist geritten**) ◇ *vi (ist)* - **1.** [auf Tier] monter ; **auf einem Pferd ~** monter à cheval - **2.** [zur Fortbewegung] parcourir à cheval ◇ *vt* - **1.** *(hat)* [Tier] monter - **2.** *(hat, ist)* [Wettkampf] concourir (à cheval).
Reiter, in (*mpl* **-** ; *fpl* **-nen**) *der, die* cavalier *m*, -ère *f*.
Reit|pferd *das* cheval *m* de selle.
Reit|sport *der (ohne Pl)* équitation *f*.
Reit|stiefel *der* botte *f* d'équitation.
Reit|weg *der* allée *f* cavalière.
Reiz (*pl* **-e**) *der* - **1.** [physikalisch] stimulation *f* - **2.** [Verlockung, Schönheit] attrait *m*.
reizbar *adj* irascible.
reizen *vt* - **1.** [verlocken] attirer - **2.** [provozieren - Tier] exciter ; [- Mensch] échauffer - **3.** [Augen, Magen] irriter - **4.** [Neugierde, Begierde] susciter.
reizend ◇ *adj* charmant(e) ◇ *adv* de façon charmante.
reizlos *adj & adv* sans attrait.
Reizung (*pl* **-en**) *die* irritation *f*.
reizvoll *adj* plein(e) de charme.
rekeln = **räkeln**.
Reklamation (*pl* **-en**) *die* réclamation *f*.
Reklame *die (ohne Pl)* publicité *f* ; **für jn/etw ~ machen** faire de la publicité pour qqn/qqch ; *fig* vanter les mérites de qqn/qqch.
reklamieren ◇ *vt* - **1.** [beanstanden] faire une réclamation à propos de - **2.** [fordern] réclamer ◇ *vi* [Einspruch erheben] : **gegen etw ~** contester qqch.
rekonstruieren *vt* - **1.** [wiederherstellen] reconstruire - **2.** [nachstellen] reconstituer.
Rekord (*pl* **-e**) *der* record *m* ; **einen ~ aufstellen/brechen** établir/battre un record.
Rekrut (*pl* **-en**) *der* MIL recrue *f*.
rekrutieren *vt* recruter.
Rektor (*pl* **-en**) *der* - **1.** [von Schulen] directeur *m* - **2.** [von Hochschulen] recteur *m*.
relativ, relativ ◇ *adj* relatif(ive) ◇ *adv* relativement.
Relativ|pronomen *das* GRAM pronom *m* relatif.
Relativ|satz *der* GRAM proposition *f* relative.
relaxen [ri'lɛksn̩] *vi fam* décompresser.
relevant [rele'vant] *adj* capital(e).
Religion (*pl* **-en**) *die* - **1.** [Glaube] religion *f* - **2.** *(ohne Pl)* [Unterricht] instruction *f* religieuse.
Religions|unterricht *der (ohne Pl)* cours *m* d'enseignement religieux.
religiös *adj* religieux(euse).
Relikt (*pl* **-e**) *das* vestige *m*.
Reling (*pl* **-s** ODER **-e**) *die* SCHIFF bastingage *m*.
remis [rə'miː] *adv* SPORT : **~ enden** faire match nul.
Remoulade (*pl* **-n**) *die* rémoulade *f*.
Ren (*pl* **-s**) *das* renne *m*.
Renaissance [rənɛ'sɑ̃ːs] *die (ohne Pl)* [Stil, Epoche] : **die ~** la Renaissance.
Renn|bahn *die* [für Pferde] hippodrome *m* ; [für Autos] circuit *m*.
rennen (*prät* **rannte** ; *perf* **ist gerannt**) *vi* [laufen] courir.
Rennen (*pl* **-**) *das* course *f* ; **das ~ machen** *fam* gagner la course.
Renner (*pl* **-**) *der fam* : **der ~ sein** faire un tabac.
Renn|fahrer, in *der, die* coureur *m*.
Renn|rad *das* vélo *m* de course.
Renn|sport *der (ohne Pl)* course *f*.
Renn|wagen *der* voiture *f* de course.
renovieren [reno'viːrən] *vt* rénover.
Renovierung [reno'viːrʊŋ] (*pl* **-en**) *die* rénovation *f*.
rentabel ◇ *adj* rentable ◇ *adv* de façon rentable.

Rente (*pl* **-n**) *die* retraite *f* ; **auf** ODER **in ~ gehen** prendre sa retraite.

Rentenver|sicherung *die* assurance *f* vieillesse.

Ren|tier *das* renne *m.*

rentieren ◆ **sich rentieren** *ref* - **1.** [Gewinn bringen] être rentable - **2.** [sich lohnen] en valoir la peine.

Rentner, in (*mpl* - ; *fpl* **-nen**) *der, die* retraité *m*, -e *f.*

Rep [rɛp] (*pl* **-s**) (*abk für* **Republikaner**) *der membre d'un parti d'extrême droite en Allemagne.*

Reparatur (*pl* **-en**) *die* réparation *f* ; **in ~ sein** être en réparation.

reparaturbedürftig *adj* qui a besoin d'être réparé(e).

Reparatur|werkstatt *die* atelier *m* de réparations ; [für Autos] garage *m.*

reparieren *vt* réparer.

Reportage [repɔr'ta:ʒə] (*pl* **-n**) *die* reportage *m.*

Reporter, in (*mpl* - ; *fpl* **-nen**) *der, die* reporter *m.*

Repräsentant, in (*mpl* **-en** ; *fpl* **-nen**) *der, die* représentant *m*, -e *f.*

repräsentativ <> *adj* [gen] représentatif(ive) <> *adv* [gen] de façon représentative.

re|präsentieren <> *vt* représenter <> *vi* avoir un rôle de représentation.

Re|produktion *die* reproduction *f.*

reproduzieren *vt* reproduire.

Reptil (*pl* **-ien** ODER **-e**) *das* reptile *m.*

Republik (*pl* **-en**) *die* république *f.*

Republikaner, in (*mpl* - ; *fpl* **-nen**) *der, die* républicain *m*, -e *f.* ◆ **Republikaner** *pl* : **die ~** *membres d'un parti d'extrême droite en Allemagne.*

Requiem ['re:kviɛm] (*pl* **-s** ODER **Requien**) *das* requiem *m.*

Reserve [re'zɛrvə] (*pl* **-n**) *die* réserve *f* ; **jn/etw in ~ haben** ODER **halten** garder qqn/qqch en réserve ; **jn aus der ~ locken** *fig* faire sortir qqn de sa réserve.

Reserve|kanister *der* bidon *m* de secours.

Reserve|rad *das* roue *f* de secours.

Reserve|reifen *der* pneu *m* de secours.

Reserve|spieler, in *der, die* remplaçant *m*, -e *f.*

reservieren [rezɛr'vi:rən] *vt* réserver.

reserviert [rezɛr'vi:ɐt] <> *adj* réservé(e) <> *adv* avec réserve.

Reservierung [rezɛr'vi:rʊŋ] (*pl* **-en**) *die* réservation *f.*

Reset [ri'sɛt] (*pl* **-s**) *der* EDV : **einen ~ machen** redémarrer l'ordinateur.

Residenz (*pl* **-en**) *die* résidence *f.*

Resignation (*pl* **-en**) *die* résignation *f.*

resignieren *vi* se résigner.

Resonanz (*pl* **-en**) *die* - **1.** [Reaktion] retentissement *m* ; **die ~ auf etw** *(A)* accueil *m* réservé à qqch ; **auf ~ stoßen** trouver un écho - **2.** [musikalisch, physikalisch] résonance *f.*

Respekt *der (ohne Pl)* respect *m* ; **~ vor jm haben** avoir du respect pour qqn ; **sich** *(D)* **~ verschaffen** se faire respecter.

respektieren *vt* respecter.

respektlos <> *adj* irrespectueux(euse) <> *adv* de façon irrespectueuse.

respektvoll <> *adj* respectueux(euse) <> *adv* avec respect.

Rest (*pl* **-e**) *der* reste *m* ; **jm/etw den ~ geben** *fam fig* donner le coup de grâce à qqn/qqch.

Restaurant [rɛsto'rɑ̃:] (*pl* **-s**) *das* restaurant *m.*

restaurieren *vt* restaurer.

Restaurierung (*pl* **-en**) *die* restauration *f.*

Rest|betrag *der* solde *m.*

restlich *adj* restant(e).

restlos *adv* complètement.

Resultat (*pl* **-e**) *das* résultat *m.*

Retorte (*pl* **-n**) *die* CHEM cornue *f.*

Retorten|baby *das fam* bébé-éprouvette *m.*

Retrospektive [retrospɛk'ti:və] (*pl* **-n**) *die* rétrospective *f.*

retten *vt* : **jn/etw (vor jm/etw) ~** sauver qqn/qqch (de qqn/qqch). ◆ **sich retten** *ref* : **sich vor jm/etw ~** se protéger de qqn/qqch ; **sich auf einen Baum/ins Haus ~** trouver refuge dans un arbre/la maison ; **sich vor jm/etw nicht mehr ~ können** *fam fig* ne plus pouvoir se défaire de qqn/qqch.

Retter, in (*mpl* - ; *fpl* **-nen**) *der, die* sauveur *m.*

Rettich (*pl* **-e**) *der* radis *m.*

Rettung *die (ohne Pl)* - **1.** [Handlung] sauvetage *m* - **2.** [Mannschaft] secours *mpl* ; [als Ergebnis] salut *m* ; **jd/etw ist js letzte ~** *fam Fig* qqn/qqch est le dernier recours de qqn.

Rettungs|boot *das* canot *m* de sauvetage.

Rettungs|dienst *der* service *m* de secours.

Rettungs|ring *der* bouée *f* de sauvetage.

Rettungs|wagen *der* ambulance *f.*

Revanche [re'vɑ̃:ʃ(e)] (*pl* **-n**) *die* revanche *f.*

Revier [re'vi:ɐ] (*pl* **-e**) *das* - **1.** [von Tieren] territoire *m* - **2.** [von Polizei] commissariat *m* - **3.** *fam* [Bereich] domaine *m* - **4.** [von Förster] secteur *m* ; [von Jäger] terrain *m.*

Revolte [re'vɔltə] (*pl* **-n**) *die* révolte *f.*

revoltieren [revɔl'tiːrən] *vi* : **(gegen jn/etw) ~** se révolter (contre qqn/qqch).
Revolution [revolu'tsi̯oːn] (*pl* **-en**) *die* révolution *f*.
revolutionär [revolutsi̯o'nɛːɐ̯] *adj* révolutionnaire.
Revolutionär, in [revolutsi̯o'nɛːɐ̯, rɪn] (*mpl* **-e** ; *fpl* **-nen**) *der, die* révolutionnaire *mf*.
Revolver [re'vɔlvɐ] (*pl* **-**) *der* revolver *m*.
Revue [re'vyː] (*pl* **-n**) *die* revue *f*.
Rezension (*pl* **-en**) *die* critique *f (littéraire ou cinématographique)*.
Rezept (*pl* **-e**) *das* **- 1.** [ärztlich] ordonnance *f* **- 2.** [in Küche] recette *f*.
rezeptfrei *adj & adv* sans ordonnance.
Rezeption (*pl* **-en**) *die* [im Hotel] réception *f*.
rezeptpflichtig *adj* délivré(e) uniquement sur ordonnance.
R-Gespräch *das* TELEKOM appel *m* en P.C.V.
Rhabarber *der (ohne Pl)* rhubarbe *f*.
Rhein *der* Rhin *m*.
rheinisch *adj* rhénan(e).
Rheinland *das* Rhénanie *f*.
Rheinländer, in (*mpl* **-** ; *fpl* **-nen**) *der, die* Rhénan *m*, -e *f*.
Rheinland-Pfalz *nt* Rhénanie-Palatinat *f*.
Rheinland-Pfälzer, in *der, die* habitant *m*, -e *f* de la Rhénanie-Palatinat.
Rhesusfaktor *der (ohne Pl)* MED facteur *m* Rhésus, Rhésus *m*.
rhetorisch *adj* rhétorique.
Rheuma *das (ohne Pl)* rhumatisme *m*.
Rheumatismus (*pl* **-tismen**) *der* rhumatisme *m*.
Rhododendron (*pl* **-dendren**) *der* rhododendron *m*.
Rhone *die* Rhône *m*.
rhythmisch ◇ *adj* rythmique ◇ *adv* en rythme.
Rhythmus (*pl* **Rhythmen**) *der* rythme *m*.
richten ◇ *vt* **- 1.** [wenden] diriger ; [Waffe] braquer ; **etw auf jn/etw ~** diriger qqch sur qqn/qqch **- 2.** [Brief, Beschwerde, Frage] : **etw an jn ~** adresser qqch à qqn **- 3.** [reparieren] régler **- 4.** [vorbereiten] préparer ◇ *vi* [urteilen] juger. ◈ **sich richten** *ref* **- 1.** [sich einstellen] : **sich nach jm/etw ~** se conformer à qqn/qqch **- 2.** [abhängen von] : **sich nach etw ~** dépendre de qqch **- 3.** [sich wenden] : **sich gegen jn/etw ~** être dirigé(e) contre qqn/qqch.
Richter, in (*mpl* **-** ; *fpl* **-nen**) *der, die* juge *m*.
richterlich ◇ *adj* judiciaire ◇ *adv* d'ordre judiciaire.
richtig ◇ *adj* **- 1.** [ohne Fehler] exact(e) **- 2.** [moralisch] juste **- 3.** [echt - Person] vrai(e) ; [- Sache] véritable **- 4.** [passend] adéquat(e) ; **bin ich hier ~?** c'est bien ici? ◇ *adv* **- 1.** *fam* [ausgesprochen] franchement **- 2.** [tatsächlich] effectivement **- 3.** [ohne Fehler] correctement **- 4.** [moralisch] : **etw für ~ halten** considérer qqch comme étant juste **- 5.** [wirklich] vraiment.
Richtige (*pl* **-n**) ◇ *das (ohne Pl)* **- 1.** [Zutreffende] ce qui est bon ; **genau das ~** juste ce qu'il faut **- 2.** [Ordentliche] : **nichts ~s essen** ne rien manger de correct ◇ *der, die* [Passende] celui (celle) qui convient.
richtig gehend *adj* [Uhr] juste.
Richtigkeit *die (ohne Pl)* exactitude *f*.
richtig liegen *vi (unreg) fam* : **mit etw ~** être dans le ton de qqch.
richtig stellen *vt* rectifier.
Richtlinie *die* directive *f*.
Richtpreis *der* prix *m* indicatif.
Richtung (*pl* **-en**) *die* **- 1.** [räumlich] direction *f* ; **aus allen ~en** de partout ; **in eine ~** dans une direction ; **in ~ Osten** vers l'est ; **in ~ Berlin** en direction de Berlin **- 2.** [Themenbereich] : **einer Sache** *(D)* **eine bestimmte ~ geben** orienter qqch dans un sens donné ; **eine andere ~ nehmen** prendre un autre tour **- 3.** [geistig] tendance *f*.
rieb *prät* ▻ **reiben.**
riechen (*prät* **roch** ; *perf* **hat gerochen**) ◇ *vi* sentir ; **jd/etw/es riecht nach etw** qqn/qqch/ça sent qqch ◇ *vt* [Duft] sentir.
Riecher (*pl* **-**) *der salopp* pif *m* ; **den richtigen** ODER **einen ~ für etw haben** *fam fig* avoir du flair pour qqch.
rief *prät* ▻ **rufen.**
Riegel (*pl* **-**) *der* **- 1.** [Verschluss] verrou *m* ; **einer Sache einen ~ vorschieben** *fig* mettre un terme à qqch **- 2.** [Stück] barre *f*.
Riemen (*pl* **-**) *der* **- 1.** [Band] courroie *f* **- 2.** [von Boot] rame *f* **- 3.** *RW* : **sich am ~ reißen** *fam fig* se prendre en main.
Riese (*pl* **-n**) *der* géant *m*.
rieseln (*perf* **ist gerieselt**) *vi* [Flüssigkeit] ruisseler ; [Schnee] tomber.
Riesenerfolg *der fam* succès *m* fou.
riesengroß *adj fam* [Gegenstand] gigantesque ; *fig* inouï(e).
Riesenrad *das* grande roue *f*.
Riesenslalom *der* slalom *m* géant.
riesig *adj* [groß] géant(e).
Riesling (*pl* **-e**) *der* riesling *m*.
riet *prät* ▻ **raten.**
Riff (*pl* **-e**) *das* récif *m*.
Rille (*pl* **-n**) *die* **- 1.** [von Schallplatte] sillon *m* **- 2.** [im Stein] fissure *f*.
Rind (*pl* **-er**) *das* [Tier] bœuf *m*.
Rinde (*pl* **-n**) *die* **- 1.** [von Bäumen] écorce *f* **- 2.** [von Lebensmitteln] croûte *f*.

Rinder|braten *der* rôti *m* de bœuf.
Rinderwahnsinn, Rinderwahn *der* *(ohne Pl)* maladie *f* de la vache folle.
Rind|fleisch *das* viande *f* de bœuf.
Ring (*pl* **-e**) *der* **- 1.** [Schmuck] bague *f* **- 2.** [runder Gegenstand] anneau *m* **- 3.** [beim Boxen] ring *m* **- 4.** [von Verbrechern] gang *m* **- 5.** [von Augen, Baumstamm] cerne *m* ; [Straße - in der Stadt] boulevards *mpl* extérieurs ; [- um die Stadt] périphérique *m* ; [- in Wien] Ring *m*. ◆ **Ringe** *pl* SPORT anneaux *mpl*.
Ring|buch *das* classeur *m*.
Ringel|natter *die* couleuvre *f* à collier.
ringen (*prät* **rang** ; *perf* **hat gerungen**) ◇ *vi* **- 1.** SPORT lutter **- 2.** [mit Problem] se débattre ◇ *vt* : **die Hände ~** se tordre les mains.
Ringer, in (*mpl* **-** ; *fpl* **-nen**) *der, die* lutteur *m*, -euse *f*.
Ring|finger *der* annulaire *m*.
Ring|kampf *der* **- 1.** SPORT combat *m* de lutte **- 2.** [Rauferei] bagarre *f*.
Ring|richter, in *der, die* arbitre *m* de ring.
rings *adv* : **~ um jn/etw (herum)** tout autour de qqn/qqch.
ringsherum, ringsumher *adv* tout autour.
Rinne (*pl* **-n**) *die* **- 1.** [Vertiefung] rigole *f* **- 2.** [am Dach] gouttière *f*.
rinnen (*prät* **rann** ; *perf* **ist geronnen**) *vi* ruisseler.
Rinnsal (*pl* **-e**) *das* ruisselet *m*.
Rinn|stein *der* caniveau *m*.
Rippchen (*pl* **-**) *das* KÜCHE côtelette *f (de porc)*.
Rippe (*pl* **-n**) *die* côte *f*.
Risiko (*pl* **Risiken**) *das* risque *m* ; **auf eigenes ~** à mes ODER tes etc risques et périls ; **ein ~ eingehen** prendre un risque.
riskant *adj* risqué(e).
riskieren *vt* risquer.
riss *prät* ▷ **reißen.**
Riss (*pl* **-e**) *der* [im Stoff] accroc *m* ; [in Stein, Wand] fissure *f*.
rissig *adj* fendillé(e).
ritt *prät* ▷ **reiten.**
Ritt (*pl* **-e**) *der* sortie *f* à cheval.
Ritter (*pl* **-**) *der* chevalier *m*.
Ritual (*pl* **-e**) *das* rituel *m*.
rituell *adj* rituel(elle).
Ritze (*pl* **-n**) *die* fente *f*.
ritzen *vt* **- 1.** [gravieren] graver **- 2.** [verletzen] érafler. ◆ **sich ritzen** *ref* [sich verletzen] s'érafler.
Rivale [ri'vaːlə] (*pl* **-n**) *der* rival *m*.
Rivalin [ri'vaːlɪn] (*pl* **-nen**) *die* rivale *f*.
rivalisieren [rivali'siːrən] *vi* rivaliser ; **(mit jm) um etw ~** *fig* rivaliser (avec qqn) pour qqch.
rivalisierend *adj* rival(e).
Rivalität [rivali'tɛːt] (*pl* **-en**) *die* rivalité *f*.
Roastbeef ['rɔstbiːf] (*pl* **-s**) *das* rosbif *m*.
Robbe (*pl* **-n**) *die* phoque *m*.
robben (*perf* **ist gerobbt**) *vi* ramper.
Roboter (*pl* **-**) *der* robot *m*.
robust *adj* robuste.
roch *prät* ▷ **riechen.**
röcheln *vi* râler.
Rock (*pl* **Röcke**) *der* [für Frauen] jupe *f*.
Rocker, in (*mpl* **-** ; *fpl* **-nen**) *der, die* rockeur *m*, -euse *f*.
Rock|musik *die* musique *f* rock, rock *m*.
Rocky Mountains ['rɔki'maʊntɪns] *pl* : **die ~** les montagnes *fpl* Rocheuses.
Rodel|bahn *die* piste *f* de luge.
rodeln (*perf* **hat/ist gerodelt**) *vi* faire de la luge. ◆ **Rodeln** *das (ohne Pl)* luge *f*.
roden *vt* défricher.
Roggen *der* seigle *m*.
Roggen|brot *das* pain *m* de seigle.
roh ◇ *adj* **- 1.** [Nahrung, Spaß, Worte] cru(e) **- 2.** [Person, Sitten] grossier(ère) **- 3.** [Material, Stein, Entwurf] brut(e) ◇ *adv* **- 1.** [ungekocht] : **etw ~ essen** manger qqch cru(e) **- 2.** [behandeln] rudement **- 3.** [entwerfen, behauen] grossièrement.
Rohbau (*pl* **-ten**) *der* gros œuvre *m*.
Roh|kost *die (ohne Pl)* crudités *fpl*.
Roh|material *das* matériau *m* brut.
Rohr (*pl* **-e**) *das* **- 1.** [Hohlkörper] tuyau *m* **- 2.** [Pflanze] roseau *m*.
Rohr|bruch *der* rupture *f* de tuyau.
Röhre (*pl* **-n**) *die* **- 1.** TECH tuyau *m* **- 2.** [vom Fernseher] tube *m* **- 3.** [Backofen] four *m*.
Rohr|zucker *der (ohne Pl)* sucre *m* de canne.
Roh|stoff *der* matière *f* première.
Rokoko *das (ohne Pl)* rococo *m*.
Rolladen = **Rollladen.**
Roll|bahn *die* taxiway *m*.
Rolle (*pl* **-n**) *die* **- 1.** [Funktion, im Film, Theater] rôle *m* **- 2.** [von Papier] rouleau *m* **- 3.** [von Möbeln] roulette *f* **- 4.** SPORT culbute *f* **- 5.** *RW* : **eine ~ spielen** avoir de l'importance.
rollen (*perf* **hat/ist gerollt**) ◇ *vi (ist)* rouler ◇ *vt (hat)* rouler. ◆ **sich rollen** *ref* se rouler ; [Papier, Foto] s'enrouler.
Roller (*pl* **-**) *der* **- 1.** [für Kinder] trottinette *f* **- 2.** [mit Motor] scooter *m*.
Roll|kragen *der* col *m* roulé.
Rollladen (*pl* **Rollläden**) *der* volet *m* roulant.
Roll|mops *der* [Fisch] rollmops *m*, hareng *m* roulé.
Rollo (*pl* **-s**) *das* store *m*.

Roll|schuh *der* patin *m* à roulettes ; **~ laufen** faire du patin à roulettes.
Roll|splitt *der (ohne Pl)* gravillons *mpl.*
Roll|stuhl *der* fauteuil *m* roulant.
Rollstuhl|fahrer, in *der, die* personne *f* en fauteuil roulant.
Roll|treppe *die* Escalator® *m*, escalier *m* roulant.
Rom *nt* Rome.
Roma *pl* Rom *mpl.*
Roman (*pl* **-e**) *der* roman *m.*
romanisch *adj* roman(e).
Romanistik *die (ohne Pl)* études *fpl* de langue et littérature romanes.
Romantik *die (ohne Pl)* romantisme *m.*
romantisch <> *adj* romantique <> *adv* : **~ gestimmt sein** avoir l'âme romantique.
Romanze (*pl* **-n**) *die* romance *f.*
Römer, in (*mpl* **-** ; *fpl* **-nen**) *der, die* Romain *m*, -e *f.*
römisch *adj* romain(e).
römisch-katholisch *adj* catholique romain(e).
Rommee, Rommé (*pl* **-s**) *das* rami *m.*
röntgen *vt* faire une radio.
Röntgen|aufnahme, Röntgen|bild *das* radio *f*, radiographie *f.*
Röntgen|strahlen *pl* rayons X *mpl.*
rosa <> *adj (unver)* rose <> *adv* en rose.
Rosa (*pl* **-s**) *das* rose *m.*
Rose (*pl* **-n**) *die* rose *f.*
Rosen|kohl *der (ohne Pl)* chou *m* de Bruxelles.
Rosen|montag *der* veille *f* du mardi gras.
Rosette (*pl* **-n**) *die* rosace *f.*
rosig *adj* rose.
Rosine (*pl* **-n**) *die* raisin *m* sec.
Rosmarin *der (ohne Pl)* romarin *m.*
Rost (*pl* **-e**) *der* **- 1.** *(ohne Pl)* [Eisenoxid] rouille *f* **- 2.** [Gitter] grille *f.*
Rostbrat|wurst *die* saucisse *f* grillée.
rosten (*perf* **hat/ist gerostet**) *vi* rouiller.
rösten <> *vt* griller <> *vi fam* griller.
rostfrei *adj* inoxydable.
Rösti *pl Schweiz* rœsti *mpl.*
rostig *adj* rouillé(e).
Rostock *nt* Rostock.
rot (*komp* **röter** ODER **roter** ; *superl* **röteste** ODER **roteste**) <> *adj* **- 1.** [Farbe] rouge ; **~ werden** rougir **- 2.** *fam* POL rouge <> *adv* en rouge.
Rot *das (ohne Pl)* rouge *m.* ◆ **bei Rot** *adv* au rouge.
Röte *die (ohne Pl)* rougeur *f.*
Rote Kreuz *das* : **das ~** la Croix-Rouge.
Röteln *pl* MED rougeole *f.*
Rote Meer *das* mer *f* Rouge.
rothaarig *adj* roux (rousse).
rotieren (*perf* **hat/ist rotiert**) *vi* **- 1.** *(hat)* [sich drehen] tourner (autour de son axe) **- 2.** *fam (hat, ist)* [arbeiten] carburer **- 3.** *(hat)* [wechseln] faire un roulement.
Rotkäppchen *das (ohne Pl)* Petit Chaperon rouge *m.*
Rot|kehlchen (*pl* **-**) *das* rouge-gorge *m.*
Rot|kohl *der (ohne Pl)* chou *m* rouge.
rötlich <> *adj* rougeâtre <> *adv* : **sich ~ färben** se colorer de reflets rouges.
Rotlicht *das (ohne Pl)* [rote Lampe] lampe *f* à infrarouges.
Rötung (*pl* **-en**) *die* rougissement *m.*
Rot|wein *der* vin *m* rouge.
Rot|wild *das* grands cervidés *mpl.*
Roulade [ru'la:də] (*pl* **-n**) *die* paupiette *f.*
Roulette [ru'lɛ:t] (*pl* **-s**) *das* roulette *f.*
Route ['ru:tə] (*pl* **-n**) *die* itinéraire *m.*

> **Route**
>
> Malgré la parfaite ressemblance de l'allemand **Route** avec son homonyme français, ce mot signifie « itinéraire », comme le montre la phrase suivante **Was ist die beste Route von Düsseldorf nach München ?** qui correspond à la traduction « Quel est le meilleur itinéraire pour aller de Düsseldorf à Munich ? »
> Le français « route » a pour traduction **Straße**. Ainsi, on traduira la phrase « Après l'hiver, la route sera refaite » par **Nach dem Winter wird die Straße neu geteert**.

Routine [ru'ti:nə] (*pl* **-n**) *die* routine *f.*
routiniert [ruti'ni:ɐt] <> *adj* expérimenté(e) <> *adv* en faisant preuve d'expérience.
RTL (*abk für* **Radio-Télévision Luxembourg**) *nt* RTL.
Rubbel|los *das bulletin de jeu à gratter,* ≃ Morpion®.
rubbeln *vt* **- 1.** [gen] frotter **- 2.** [Los] gratter. ◆ **sich rubbeln** *ref* se frotter.
Rübe (*pl* **-n**) *die* [Pflanze] rave *f.*
Rubel (*pl* **-**) *der* rouble *m.*
rüber *adv fam* **- 1.** = **herüber - 2.** = **hinüber.**
Rubin (*pl* **-e**) *der* rubis *m.*
Rubrik (*pl* **-en**) *die* rubrique *f.*
Ruck (*pl* **-e**) *der* **- 1.** [Bewegung] secousse *f* **- 2.** *fam* [politisch] poussée *f* **- 3.** *RW* : **sich** *(D)* **einen ~ geben** *fam* se secouer.
Rück|antwort *die* réponse *f.*
Rück|blick *der* : **im ~** avec le recul ; **ein ~ auf etw** *(A)* un examen rétrospectif de qqch.
rücken (*perf* **hat/ist gerückt**) <> *vt (hat)*

- 1. [Gegenstand] pousser **- 2.** [Spielfigur] déplacer <> *vi (ist)* se pousser.
Rücken (*pl* -) *der* dos *m.*
Rücken|lehne *die* dossier *m.*
Rücken|mark *das (ohne Pl)* moelle *f* épinière.
Rücken|schmerzen *pl* mal *m* de dos.
Rücken|schwimmen *das (ohne Pl)* nage *f* sur le dos.
Rücken|wind *der (ohne Pl)* vent *m* arrière ; **~ haben** avoir le vent dans le dos.
rück|erstatten *vt :* **(jm etw) ~** rembourser (qqch à qqn).
Rückfahr|karte *die* billet *m* retour.
Rück|fahrt *die* retour *m.*
rückfällig *adj* qui rechute ; **~ werden** rechuter.
Rück|flug *der* vol *m* retour.
Rück|frage *die* question *f* supplémentaire.
Rück|gabe *die* restitution *f.*
Rück|gang *der* baisse *f.*
rückgängig <> *adj* en baisse <> *adv :* **etw ~ machen** annuler qqch.
Rück|gewinnung *die* recyclage *m.*
Rück|grat *das* colonne *f* vertébrale ; **~ zeigen** ODER **haben** *fig* avoir du caractère.
Rück|griff *der* recours *m ;* **der ~ auf etw** *(A)* le recours à qqch.
Rück|kehr *die (ohne Pl)* retour *m.*
Rück|kopplung, Rückkoppelung (*pl* **-en**) *die* ELEKTR rétroaction *f.*
rückläufig *adj* en baisse.
Rücklicht (*pl* **-lichter**) *das* feu *m* arrière.
Rück|reise *die* retour *m.*
Rück|ruf *der* rappel *m.*
Ruck|sack *der* sac à dos *m.*
Rück|schlag *der* revers *m.*
Rück|schluss *der* déduction *f ;* **aus etw Rückschlüsse ziehen** tirer une conclusion de qqch.
Rück|schritt *der* régression *f.*
Rück|seite *die* [von Gegenständen] dos *m ;* [von Papier] verso *m ;* [von Häusern] façade *f* arrière.
Rück|sicht *die (ohne Pl)* **- 1.** [Beachtung] égard *m ;* **aus ~ auf jn/etw** par égard pour qqn/qqch ; **auf jn/etw ~ nehmen** avoir des égards pour qqn/qqch **- 2.** [Sicht] vue *f* par la vitre arrière.
rücksichtslos *adj & adv* sans égards.
rücksichtsvoll <> *adj* plein(e) d'égards <> *adv* avec tact.
Rück|sitz *der* [von Motorrad] siège *m* arrière ; [von Auto] banquette *f* arrière.
Rück|spiegel *der* rétroviseur *m (intérieur).*
Rück|spiel *das* SPORT match *m* retour.
Rück|stand *der* **- 1.** [wirtschaftlich, technisch & SPORT] retard *m ;* **(mit etw) im ~ sein** [Zahlung] être en retard (avec qqch) ; SPORT avoir un retard (de qqch) ; **den ~ aufholen** combler le retard **- 2.** [Rest] résidu *m.*
rückständig *abw adj* **- 1.** [Person, Denken] rétrograde **- 2.** [Land, Technik] arriéré(e).
Rück|stau *der* [von Fluss] reflux *m.*
Rück|stoß *der* **- 1.** [Antriebskraft] réaction *f* **- 2.** [von Waffen] recul *m.*
Rück|tritt *der* **- 1.** [Demission] démission *f* **- 2.** *fam* [am Fahrrad] rétropédalage *m.*
rück|versichern *vt* réassurer. ◆ **sich rückversichern** *ref* demander confirmation.
Rück|wand *die* paroi *f* arrière, dos *m.*
rückwärts *adv* **- 1.** [nach hinten] en arrière **- 2.** [von hinten] à l'envers.
Rückwärts|gang *der* marche *f* arrière ; **im ~** en marche arrière.
Rück|weg *der* chemin *m* du retour.
rückwirkend <> *adj* rétroactif(ive) <> *adv* avec effet rétroactif.
Rück|zahlung *die* remboursement *m.*
Rück|zug *der (ohne Pl)* retraite *f.*
Rüde (*pl* **-n**) *der* mâle *m (chien, loup, renard).*
Rudel (*pl* -) *das* horde *f.*
Ruder (*pl* -) *das* **- 1.** [zum Rudern] rame *f* **- 2.** [zum Steuern] barre *f.*
Ruder|boot *das* barque *f.*
Ruderer, in (*mpl* **-** ; *fpl* **-nen**) *der, die* rameur *m,* -euse *f.*
rudern (*perf* **hat/ist gerudert**) *vi* **- 1.** *(hat)* SPORT ramer **- 2.** *(ist)* [in bestimmte Richtung] ramer **- 3.** *fam (hat)* [wedeln] : **mit den Armen ~** balancer les bras.
Ruf (*pl* **-e**) *der* **- 1.** *(ohne Pl)* [Image] réputation *f* **- 2.** [Aufforderung, Laut] appel *m.*
rufen (*prät* **rief** ; *perf* **hat gerufen**) <> *vi :* **(nach jm/etw) ~** appeler (qqn/qqch) <> *vt* **- 1.** [herbeirufen, nennen] appeler ; **jd/etw kommt wie gerufen** qqn/qqch tombe à pic **- 2.** [mit lauter Stimme] crier.
Ruf|name *der amt* prénom *m* usuel.
Ruf|nummer *die amt* numéro *m* d'appel.
Rüge (*pl* **-n**) *die* réprimande *f.*
rügen *vt* [zurechtweisen] réprimander.
Rügen *nt* Rügen *f ;* **auf ~** à Rügen.
Ruhe *die (ohne Pl)* **- 1.** [Stille] silence *m ;* **~ bitte!** silence, s'il te ODER vous plaît **- 2.** [Erholung, Gelassenheit] calme *m ;* **keine ~ haben** ne pas être tranquille ; **ich will jetzt meine ~** maintenant je veux avoir la paix ; **in ~** tranquillement ; **jn (mit etw) in ~ lassen** *fam* ne pas ennuyer qqn (avec qqch) ; **(die) ~ bewahren** garder mon ODER ton ODER son etc. calme **- 3.** *RW :* **zur ~ kommen** se calmer.
ruhen *vi* **- 1.** [gen] reposer **- 2.** [stillstehen - Verkehr, Maschinen] être arrêté(e) ;

[- Arbeit] être suspendu(e) ; [- Waffen] se taire.
Ruhe|stand *der (ohne Pl)* retraite *f* ; **in den ~ gehen** ODER **treten** prendre sa retraite ; **in den ~ versetzt werden** être mis(e) à la ODER en retraite.
Ruhe|störung *die* perturbation *f* de l'ordre public ; **nächtliche ~** tapage *m* nocturne.
Ruhe|tag *der* jour *m* de repos ; **'montags ~'** 'fermé le lundi'.
ruhig ◇ *adj* calme ◇ *adv* **- 1.** [still] : **~ wohnen** habiter un endroit calme **- 2.** [gelassen] calmement **- 3.** *fam* [gerne] sans problème ; **soll sie uns ~ anzeigen!** qu'elle nous dénonce si ça lui chante!
Ruhm *der (ohne Pl)* gloire *f*.
Ruhr *die (ohne Pl)* [Fluss] Ruhr *f*.
Rühr|ei *das* œuf *m* brouillé.
rühren ◇ *vt* **- 1.** [mit Löffel] tourner **- 2.** [Körperteil] bouger **- 3.** [innerlich] émouvoir ◇ *vi* [ansprechen] : **an etw** *(D)* **~** toucher à qqch. ◆ **sich rühren** *ref* [sich bewegen] bouger.
Ruhrgebiet *das* Ruhr *f* ; **im ~** dans la Ruhr.
Rühr|teig *der* [weich] pâte *f* molle ; [flüssig] pâte *f* semi-liquide.
Ruin *der (ohne Pl)* ruine *f*.
Ruine *(pl* **-n***)* *die* [Gebäude] ruine *f*.
ruinieren *vt* **- 1.** [zugrunde richten] ruiner **- 2.** *fam* [beschädigen] abîmer. ◆ **sich ruinieren** *ref* se ruiner.
rülpsen *vi fam* roter.
Rülpser *(pl* **-***)* *der fam* rot *m*.
rum *fam* = **herum.**
Rum *(pl* **-s***)* *der* rhum *m*.
Rumäne *(pl* **-n***)* *der* Roumain *m*.
Rumänien *nt* Roumanie *f*.
Rumänin *(pl* **-nen***)* *die* Roumaine *f*.
rumänisch *adj* roumain(e).
rum|gammeln *vi* glander.
rum|hängen *vi (unreg) fam* glandouiller.
rum|kriegen *vt fam* **- 1.** [Person] baratiner **- 2.** [Zeit] meubler.
Rummel *(pl* **-***)* *der* **- 1.** [Jahrmarkt] foire *f*, fête *f* foraine **- 2.** *fam* [Theater] : **um jn/etw viel ~ machen** faire beaucoup de cinéma autour de qqn/qqch.
rumoren *vi* **- 1.** [Magen] gargouiller **- 2.** [laut sein] faire du bruit.
Rumpel|kammer *die* débarras *m*.
Rumpf *(pl* **Rümpfe***)* *der* **- 1.** [von Mensch, Tier] tronc *m* **- 2.** TECH [von Flugzeugen] fuselage *m* ; [von Schiffen] coque *f*.
rümpfen *vt* ▭ **Nase.**
Rump|steak *das* rumsteck *m*.
rund ◇ *adj* **- 1.** [Form, Summe] rond(e) **- 2.** [ungefähr] : **eine ~e Woche** environ une semaine ◇ *adv* **- 1.** [ungefähr] environ **- 2.** [ohne Ecken] en arrondi **- 3.** [rings] : **~ um jn/etw** autour de qqn/qqch.
Runde *(pl* **-n***)* *die* **- 1.** [Strecke - beim Sport] tour *m* ; [- beim Boxen] round *m* **- 2.** [Personenkreis] cercle *m* **- 3.** [Getränkerunde, Kneipenrunde] tournée *f* **- 4.** *RW* : **etw macht die ~** qqch fait le tour ; **über die ~n kommen** *fam* se maintenir à flot.
Rund|fahrt *die* circuit *m* ; [in Stadt] tour *m* de ville *(en véhicule)*.
Rund|flug *der* tour *m* de ville *(en avion)*.
Rund|funk *der (ohne Pl)* radio *f*.
Rundfunk|gebühr *die* redevance *f* radio.
Rund|gang *der* [Spaziergang] tour *m* ; [zum Überwachen] ronde *f*.
rund|gehen *(perf* **ist rundgegangen***)* *vi (unreg) fam* : **es geht rund** [bei Arbeit] ça carbure ; [bei Fest] il y a de l'ambiance.
rundheraus *adv* sans détour.
rundherum *adv* **- 1.** [ganz] pleinement **- 2.** [ringsherum] tout autour.
rundlich *adj* **- 1.** [Mensch] rond(e) **- 2.** [Gegenstand] arrondi(e).
Rund|reise *die* circuit *m*.
rundum *adv* entièrement.
rundweg *adv* sans hésitation.
runter *fam* = **herunter, hinunter.**
runter|hauen *vi (unreg) fam* : **jm eine ~** mettre une baffe à qqn.
runzeln *vt* ▭ **Stirn.**
rupfen *vt* [ausreißen] arracher ; [Vogel] plumer.
ruppig ◇ *adj* **- 1.** *abw* [unfreundlich] rude **- 2.** SPORT brutal(e) ◇ *adv* **- 1.** *abw* [unfreundlich] rudement **- 2.** SPORT brutalement.
Rüsche *(pl* **-n***)* *die* ruche *f*.
Ruß *der (ohne Pl)* suie *f*.
Russe *(pl* **-n***)* *der* Russe *m*.
Rüssel *(pl* **-***)* *der* trompe *f* ; [von Schweinen] groin *m*.
rußig *adj* plein de suie.
Russin *(pl* **-nen***)* *die* Russe *f*.
russisch *adj* russe.
Russisch *das (ohne Pl)* russe *m* ; *siehe auch* **Englisch.**
Russische *das (ohne Pl)* russe *m* ; *siehe auch* **Englische.**
Russland *nt* Russie *f*.
rüstig *adj* alerte.
rustikal ◇ *adj* rustique ◇ *adv* en rustique.
Rüstung *(pl* **-en***)* *die* **- 1.** *(ohne Pl)* MIL armement *m* **- 2.** [von Rittern] armure *f*.
Rutsch *(pl* **-e***)* *der* : **in einem** ODER **auf einen**

~ d'un trait. ◆ **guten Rutsch!** *interj fam* bonne fin d'année!

Rutsch|bahn *die* - **1.** [zum Spielen] toboggan *m* - **2.** [Straße] patinoire *f.*

Rutsche (*pl* **-n**) *die fam* [zum Spielen] toboggan *m.*

rutschen (*perf* **ist gerutscht**) *vi* - **1.** [gleiten] glisser - **2.** [zur Seite rücken] se pousser.

rutschfest *adj* antidérapant(e).

rutschig *adj* glissant(e).

rütteln ◇ *vt* secouer ◇ *vi* : **an etw** *(D)* ~ secouer qqch.

S

s, S [ɛs] (*pl* -) *das* s *m inv*, S *m inv*. ◆ **S** (*abk für* **Süd**) S.

s. (*abk für* **siehe**) v., cf.

S. (*abk für* **Seite**) p.

Saal (*pl* **Säle**) *der* salle *f.*

Saarbrücken *nt* Sarrebruck.

Saarland *das* Sarre *f.*

Saarländer (*pl* -) ◇ *der* Sarrois *m* ◇ *adj* de la Sarre.

Saarländerin (*pl* **-nen**) *die* Sarroise *f.*

saarländisch *adj* sarrois(e).

Saat (*pl* **-en**) *die* - **1.** *(ohne Pl)* [das Säen] semailles *fpl* - **2.** [Samen] semence *f.*

Säbel (*pl* -) *der* sabre *m.*

Sabotage [sabo'taːʒə] (*pl* **-n**) *die* sabotage *m.*

sabotieren *vt* saboter.

Sach|bearbeiter, in *der, die* responsable *mf* du dossier.

Sach|buch *das* livre *m* pratique.

sachdienlich *adj* : **~e Hinweise** indices *mpl.*

Sache (*pl* **-n**) *die* - **1.** [Angelegenheit] affaire *f* ; **das ist js ~** c'est l'affaire de qqn ; **in ~n** en matière de ; **in ~n Politik** en matière de politique - **2.** [Ding] chose *f* - **3.** [Thema] fait *m* ; **zur ~ kommen** en venir au fait ; **nicht bei der ~ sein** être distrait(e) ; **das tut nichts zur ~** *fig* cela ne change rien à l'affaire - **4.** *fam* [Verrücktheit] âneries *fpl* ; **du machst vielleicht ~n!** tu en fais de belles! - **5.** *RW* : **das ist so eine ~** *fam* c'est une affaire délicate ; **mit jm gemeinsame ~ machen** *fam* faire cause commune avec qqn ; **seiner ~ sicher sein** être sûr(e) de son affaire. ◆ **Sachen** *pl* [Dinge] affaires *fpl.*

Sach|gebiet *das* domaine *m* (de spécialité).

Sach|kenntnis *die* connaissances *fpl (d'un domaine).*

sachkundig ◇ *adj* averti(e) ◇ *adv* de manière compétente.

Sach|lage *die (ohne Pl)* situation *f.*

sachlich ◇ *adj* - **1.** [objektiv] objectif(ive) - **2.** [in der Sache] de fond - **3.** [Stil, Einrichtung] fonctionnel(elle) ◇ *adv* - **1.** [objektiv] objectivement ; **~ bleiben** rester objectif(ive) - **2.** [in der Sache] sur le fond - **3.** [gestalten, einrichten] de manière fonctionnelle.

Sach|schaden *der* dégâts *mpl* matériels.

Sachse ['zaksə] (*pl* **-n**) *der* Saxon *m.*

Sachsen ['zaksn̩] *nt* Saxe *f.*

Sachsen-Anhalt *nt* Saxe-Anhalt *f.*

Sächsin ['zɛksɪn] (*pl* **-nen**) *die* Saxonne *f.*

sächsisch ['zɛksɪʃ] *adj* saxon(onne).

sacht, sachte ◇ *adj* - **1.** [sanft] doux (douce) - **2.** [vorsichtig] : **mit ~en Schritten** d'un pas léger ◇ *adv* doucement. ◆ **sachte!** *interj fam* doucement!

Sachver|stand *der (ohne Pl)* compétence *f.*

Sachverständige (*pl* **-n**) *der, die* expert *m.*

Sack (*pl* **Säcke** ODER -) *der* [Behälter] sac *m.*

Sack|gasse *die* impasse *f.*

Sadismus *der (ohne Pl)* sadisme *m.*

säen *vt* semer.

Safe [seːf] (*pl* **-s**) *der* coffre-fort *m.*

Saft (*pl* **Säfte**) *der* - **1.** [von Obst, Gemüse, Fleisch] jus *m* - **2.** [von Pflanzen] sève *f* - **3.** *fam* [elektrischer Strom] jus *m.*

saftig *adj* - **1.** [Obst, Fleisch] juteux(euse) - **2.** *fam* [gewaltig] carabiné(e).

Sage (*pl* **-n**) *die* légende *f.*

Säge (*pl* **-n**) *die* scie *f.*

sagen *vt* - **1.** [sprechen, mitteilen] dire ; **jm etw ~** dire qqch à qqn ; **was sagst du dazu?** qu'en dis-tu? ; **das kann jeder ~** c'est facile à dire - **2.** [denken, sich entschließen] : **sich** *(D)* **etw ~** se dire qqch - **3.** [bedeuten] dire ; **etw sagt jm viel/nichts** qqch dit beaucoup/ne dit rien à qqn ; **etw sagt etwas/nichts über jn** qqch indique quelque chose/n'indique rien au sujet de qqn - **4.** [befehlen] : **(jm) etwas/nichts zu ~ haben** avoir/ne pas avoir son mot à dire ; **sich** *(D)* **etwas/nichts ~ lassen** accepter/refuser un conseil ODER un avis - **5.** *RW* : **das kann man wohl ~** *fam* c'est le cas de le dire ; **dagegen ist nichts zu ~** il n'y a rien à redire à cela ; **wie gesagt** comme je l'ai dit. ◆ **sag mal!** *interj* dis donc! ◆ **sag bloß!** *interj* sans blague!

sägen *vt & vi* scier.

sagenhaft ◇ *adj* fabuleux(euse) ◇ *adv* fabuleusement.
Sägespäne *pl* sciure *f*.
sah *prät* ▷ **sehen.**
Sahara, Sahara *die* Sahara *m*.
Sahne *die (ohne Pl)* crème *f* ; [geschlagen] crème *f* Chantilly, Chantilly *f*.

> **Sahne**
>
> En Allemagne, on propose toujours de la crème Chantilly avec les pâtisseries, la glace, le chocolat chaud ou même le café. En effet, dans les salons de thé ou dans les restaurants, on demande toujours au client s'il désire sa boisson ou sa pâtisserie avec ou sans chantilly (**mit oder ohne Sahne**).

Sahne|torte *die* tarte *f* à la crème.
sahnig *adj* crémeux(euse).
Saison [sɛ'zɔŋ] (*pl* **-s**) *die* saison *f*.
Saite (*pl* **-n**) *die* corde *f*.
Saiten|instrument *das* instrument *m* à cordes.
Sakko (*pl* **-s**) *der* veston *m*.
Sakrament (*pl* **-e**) *das* REL sacrement *m*.
Sakristei (*pl* **-en**) *die* sacristie *f*.
Salamander (*pl* **-**) *der* salamandre *f*.
Salami (*pl* **-s**) *die* salami *m*.
Salat (*pl* **-e**) *der* [Gericht, Pflanze] salade *f* ; **grüner ~** salade verte.
Salat|schüssel *die* saladier *m*.
Salat|soße *die* vinaigrette *f*.
Salbe (*pl* **-n**) *die* pommade *f*.
Salbei *der (ohne Pl)* sauge *f*.
Salmonellen|vergiftung *die* salmonellose *f*.
Salon [sa'lɔŋ] (*pl* **-s**) *der* salon *m*.
salopp ◇ *adj* **- 1.** [Kleidung] décontracté(e) **- 2.** [Verhalten, Ausdrucksweise] relâché(e) ◇ *adv* **- 1.** [sich kleiden] de manière décontractée **- 2.** [sich benehmen, ausdrücken] avec désinvolture.
Salto (*pl* **-s**) *der* salto *m*.
Salve ['salvə] (*pl* **-n**) *die* salve *f*.
Salz (*pl* **-e**) *das* sel *m*.
Salzburg *nt* Salzbourg.
Salzburger Festspiele *pl* festival *m* de Salzbourg *(manifestation culturelle où sont présentés opéras et pièces de théâtre)*.
salzen (*perf* **hat gesalzen**) *vt* saler.
salzig *adj* salé(e).
Salzkartoffeln *die* pommes *fpl* de terre à l'eau.
Salz|säure *die (ohne Pl)* acide *m* chlorhydrique.
Salz|stange *die* stick *m* salé.
Salz|streuer (*pl* **-**) *der* salière *f*.
Salz|wasser *das (ohne Pl)* **- 1.** [Meerwasser] eau *f* de mer **- 2.** [Kochwasser] eau *f* salée.
Samen (*pl* **-**) *der* **- 1.** *(ohne Pl)* [von Mensch, Tier] sperme *m* **- 2.** [von Pflanzen] graine *f*.
sämig *adj* velouté(e).
Sammel|band (*pl* **-bände**) *der* recueil *m*.
Sammel|lager *das* camp *m (de refugiés ou prisonniers)*.
sammeln *vt* **- 1.** [zusammensuchen] rassembler ; [Pilze, Beeren, Kräuter] cueillir **- 2.** [Eindrücke, Erfahrungen] accumuler **- 3.** [Münzen, Briefmarken] collectionner.
◆ **sich sammeln** *ref* **- 1.** [sich konzentrieren] se concentrer **- 2.** [zu sich finden] se recueillir.
Sammel|stelle *die* dépôt *m*.
Sammelsurium [zaml̩'zu:riʊm] (*pl* **-surien**) *das* bric-à-brac *m*.
Sammler, in (*mpl* **-** ; *mpl* **-nen**) *der, die* collectionneur *m*, -euse *f*.
Sammlung (*pl* **-en**) *die* **- 1.** [von Gegenständen] collection *f* **- 2.** [von Geld, Spenden] collecte *f*.
Samstag (*pl* **-e**) *der* samedi *m* ; **am ~ waren wir im Kino** samedi nous sommes allés au cinéma ; **am nächsten ~ kommt sie** elle vient samedi prochain ; **das Fest findet statt am ~, den 31. Dezember** la fête aura lieu le samedi 31 décembre ; **langer ~** *premier samedi du mois où les magasins ouvrent jusqu'à 16 ou 18 heures au lieu de midi.*
Samstag|abend *der* samedi soir.
Samstag|morgen *der* samedi matin.
Samstag|nacht *die* dans la nuit de samedi.
samstags *adv* le samedi.
samt *präp* : **~ jm/einer Sache** avec qqn/qqch.
Samt (*pl* **-e**) *der* velours *m*.
sämtlich ◇ *adj* : **~e Schüler** l'ensemble des élèves ; **Schillers ~e Werke** les œuvres complètes de Schiller ◇ *adv* au complet.
Sanatorium [zana'to:ri̯ʊm] (*pl* **-torien**) *das* sanatorium *m*.
Sand *der (ohne Pl)* sable *m* ; **~ streuen** sabler ; **im ~(e) verlaufen** *fig* finir en queue de poisson.
Sandale (*pl* **-n**) *die* sandale *f*.
Sandbank (*pl* **-bänke**) *die* banc *m* de sable.
sandig *adj* sablonneux(euse) ; [Schuhe, Füße] sableux(euse).
Sand|kasten *der* bac *m* à sable.
Sand|korn (*pl* **-körner**) *das* grain *m* de sable.
Sand|männchen *das (ohne Pl)* marchand *m* de sable.
Sand|papier *das* papier *m* de verre.

Sandlstein *der* grès *m.*
Sandlstrand *der* plage *f* de sable.
sandte *prät* ▻ **senden.**
Sandluhr *die* sablier *m.*
sanft ◇ *adj* **- 1.** [gen] doux (douce) **- 2.** [Tourismus, Geburt] alternatif(ive) ◇ *adv* **- 1.** [gen] doucement **- 2.** [schwach] faiblement.
sanftmütig ◇ *adj* placide ◇ *adv* avec placidité.
sang *prät* ▻ **singen.**
Sänger, in (*mpl* **-** ; *fpl* **-nen**) *der, die* chanteur *m*, -euse *f.*
sanieren *vt* **- 1.** [Gebäude, Viertel] réhabiliter **- 2.** [Unternehmen] assainir. ◆ **sich sanieren** *ref* se redresser.
Sanierung (*pl* **-en**) *die* **- 1.** [von Gebäude, Viertel] réhabilitation *f* **- 2.** [von Unternehmen] assainissement *m.*
sanitär *adj* sanitaire ; **~e Anlagen** sanitaires *mpl.*
Sanitäter, in (*mpl* **-** ; *fpl* **-nen**) *der, die* **- 1.** MED secouriste *mf* **- 2.** MIL brancardier *m.*
sank *prät* ▻ **sinken.**
Sankt Bernhard *der* : **Großer/Kleiner ~** Grand/Petit Saint-Bernard *m.*
Sankt Gallen *nt* Saint-Gall.
Sankt Gotthard *der* Saint-Gothard *m.*
Sanktion (*pl* **-en**) *die* [Strafe] sanction *f* ; **~en verhängen** prendre des sanctions.
Sankt Petersburg *nt* Saint-Pétersbourg.
Saphir, Saphir (*pl* **-e**) *der* saphir *m.*
Sardelle (*pl* **-n**) *die* anchois *m.*
Sardine (*pl* **-n**) *die* sardine *f.*
Sardinien [zar'diːnjən] *nt* Sardaigne *f.*
Sarg (*pl* **Särge**) *der* cercueil *m.*
Sarkasmus (*pl* **Sarkasmen**) *der* sarcasme *m.*
saß *prät* ▻ **sitzen.**
SAT 1 ['zat'ains] *nt chaîne de télévision privée allemande.*
Satan (*pl* **-e**) *der* [Teufel] Satan *m.*
Satellit (*pl* **-en**) *der* satellite *m.*
Satellitenlfernsehen *das (ohne Pl)* télévision *f* par satellite.
Satellitenlschüssel *die* antenne *f* parabolique.
Satire (*pl* **-n**) *die* satire *f.*
satt ◇ *adj* **- 1.** [gesättigt] rassasié(e) ; **~ sein** ne plus avoir faim ; **etw macht ~** qqch est nourrissant(e) **- 2.** *fam* [Sound] plein(e) **- 3.** [Farbe] franc (franche) ◇ *adv* **- 1.** [überdrüssig] : **sich an etw** *(A)* **~ gesehen haben** avoir contemplé qqch à satiété **- 2.** *RW* : **jn/etw ~ haben** *fam* en avoir marre de qqn/qqch.
Sattel (*pl* **Sättel**) *der* selle *f.*
satteln *vt* seller.
Sattellschlepper *der* semi-remorque *m.*
sättigen *vt* **- 1.** [Markt, Nachfrage] saturer **- 2.** *geh* [satt machen] rassasier.
Satz (*pl* **Sätze**) *der* **- 1.** [grammatisch] phrase *f* ; **mit einem ~** en deux mots **- 2.** [Sprung] bond *m* **- 3.** SPORT manche *f* ; [im Tennis] set *m* **- 4.** *(ohne Pl)* TYPO composition *f* **- 5.** MUS mouvement *m* **- 6.** MATH théorème *m* **- 7.** [Set] jeu *m.*
Satzlbau *der (ohne Pl)* syntaxe *f.*
Satzlteil *der* élément *m* de phrase.
Satzung (*pl* **-en**) *die* statuts *mpl.*
Satzlzeichen *das* signe *m* de ponctuation.
Sau (*pl* **Säue** ODER **Sauen**) *die* [Schwein] truie *f.*
sauber ◇ *adj* **- 1.** [rein, gut] propre **- 2.** *fam iron* [fein] : **ein ~es Pärchen** un couple pas (très) catholique ◇ *adv* proprement.
Sauberkeit *die (ohne Pl)* propreté *f.*
sauber machen *vt* nettoyer.
säubern *vt* **- 1.** [reinigen] nettoyer **- 2.** [frei machen] épurer.
Sauce ['zoːsə] (*pl* **-n**) *die* sauce *f.*
Saudi (*pl* **-s**) *der* Saoudien *m.*
Saudi-Arabien *nt* Arabie *f* Saoudite.
sauer ◇ *adj* **- 1.** [Essen] acide, aigre ; [Milch] tourné(e) **- 2.** [Stimmung] contrarié(e) ; **~ auf jn sein** *fam* en vouloir à qqn ◇ *adv* **- 1.** [schlecht gelaunt] avec contrariété **- 2.** [nicht süß] : **~ schmecken** avoir un goût aigre **- 3.** CHEM : **~ reagieren** être à réaction acide.
Sauerlbraten *der rôti de bœuf mariné dans du vinaigre avec des épices.*
Sauerei (*pl* **-en**) *die fam* cochonnerie *f.*
Sauerlkirsche *die* griotte *f.*
Sauerlkraut *das (ohne Pl)* choucroute *f.*
säuerlich ◇ *adj* **- 1.** [Essen] acidulé(e) **- 2.** [Stimmung] aigre-doux (aigre-douce) ◇ *adv* **- 1.** [nicht süß] : **~ schmecken** avoir un goût acidulé **- 2.** [verstimmt] de manière aigre-douce.
Sauerlstoff *der (ohne Pl)* oxygène *m.*
saufen (*präs* **säuft** ; *prät* **soff** ; *perf* **hat gesoffen**) ◇ *vt* **- 1.** [Subj : Tier] boire **- 2.** *salopp* [Alkohol] picoler ◇ *vi* **- 1.** [Tier] s'abreuver **- 2.** *salopp* [Mensch] picoler.
Säufer (*pl* **-**) *der salopp abw* ivrogne *m.*
Sauferei (*pl* **-en**) *die salopp abw* beuverie *f.*
Säuferin (*pl* **-nen**) *die salopp abw* ivrogne *f.*
säuft *präs* ▻ **saufen.**
saugen (*prät* **sog** ODER **saugte** ; *perf* **hat gesogen** ODER **gesaugt**) ◇ *vt* **- 1.** [heraussaugen] : **(etw aus etw) ~** aspirer (qqch de qqch) **- 2.** *(reg)* [Teppich] passer l'aspirateur sur ODER dans ◇ *vi* **- 1.** [Baby, Tier] téter ; [mit Strohhalm] aspirer ; **an etw** *(D)* **~** [Subj : Baby, Tier] téter qqch ; [Pfeife] tirer sur

qqch - **2.** [mit Staubsauger] passer l'aspirateur.
säugen *vt* allaiter.
Säugeltier *das* mammifère *m.*
Säugling (*pl* **-e**) *der* nourrisson *m.*
Säule (*pl* **-n**) *die* ARCHIT colonne *f.*
Saum (*pl* **Säume**) *der* ourlet *m.*
säumen *vt* [nähen] ourler.
Sauna (*pl* **-s** ODER **Saunen**) *die* sauna *m.*
Säure (*pl* **-n**) *die* - **1.** CHEM acide *m* - **2.** *(ohne Pl)* [als Geschmack] acidité *f.*
Saurier ['zaurie] (*pl* **-**) *der* saurien *m.*
säuseln ◇ *vi* murmurer ◇ *vt* susurrer.
sausen (*perf* **hat/ist gesaust**) *vi* - **1.** *(ist) fam* [Person] foncer - **2.** *(hat)* [Wind] siffler.
Saxofon, Saxophon (*pl* **-e**) *das* saxophone *m.*
SB *abk für* **Selbstbedienung.**
S-lBahn *die réseau ferroviaire urbain et régional,* ≃ RER *m.*
S-Bahnlhof *der* ≃ gare *f* du RER.
SBB (*abk für* **Schweizerische Bundesbahn**) *die (ohne Pl)* chemins *mpl* de fer suisses, ≃ SNCF *f.*
Schabe (*pl* **-n**) *die* blatte *f.*
schaben ◇ *vt* râper ◇ *vi* racler.
schäbig *abw* ◇ *adj* - **1.** [ärmlich] miteux(euse) - **2.** [kleinlich] minable ◇ *adv* - **1.** [ärmlich] misérablement - **2.** [kleinlich] lamentablement.
Schablone (*pl* **-n**) *die* - **1.** [Gegenstand] patron *m* - **2.** [Schema] poncif *m.*
Schach (*pl* **-s**) *das* échecs *mpl* ; **~ spielen** jouer aux échecs ; **Schach!** échec!
Schachlbrett *das* échiquier *m.*
schachmatt *adj* [beim Spiel] échec et mat.
Schacht (*pl* **Schächte**) *der* - **1.** [Förderschacht] puits *m* (de mine) - **2.** [Hohlraum] cage *f* ; [für Lüftung] cheminée *f* ; [von Brunnen] puits *m.*
Schachtel (*pl* **-n**) *die* - **1.** [Behälter] boîte *f* ; [für Schuhe, Hüte] carton *m* ; **eine ~ Zigaretten** un paquet de cigarettes - **2.** *fam abw* [Frau] : **alte ~!** vieille peau!
Schachlzug *der* coup *m.*
schade *adj* dommage ; **es ist ~ um jn/etw** c'est dommage pour qqn/qqch ; **zu ~ für jn/etw sein** *fam* être trop bien pour qqn/qqch.
Schädel (*pl* **-**) *der* - **1.** [Knochen] crâne *m* - **2.** *fam* [Kopf] tête *f.*
Schädellbruch *der* fracture *f* du crâne.
schaden *vi* nuire à ; **das schadet nichts** ça ne fait pas de mal.
Schaden (*pl* **Schäden**) *der* [von Sachen] dommage *m*, dégâts *mpl.*
Schadenerlsatz, Schadensersatz *der (ohne Pl)* dédommagement *m.*
Schadenlfreude *die (ohne Pl)* joie *f* maligne.
schadenfroh ◇ *adj* empreint(e) d'une joie maligne ; **~ sein** se réjouir du malheur d'autrui ◇ *adv* avec une joie maligne.
Schadenslfall *der* cas *m* de sinistre.
schadhaft *adj* défectueux(euse).
schädigen *vt* porter atteinte à.
schädlich *adj* nocif(ive).
Schädling (*pl* **-e**) *der* parasite *m.*
Schadlstoff *der* polluant *m* ; [in Essen] toxique *m.*
Schaf (*pl* **-e**) *das* - **1.** [Tier] mouton *m* - **2.** *fam abw* [Mensch] âne *m* ; **ein schwarzes ~** une brebis galeuse.
Schäfer (*pl* **-**) *der* berger *m.*
Schäferlhund *der* chien *m* de berger.
Schäferin (*pl* **-nen**) *die* bergère *f.*
schaffen[1] ◇ *vt* - **1.** *fam* [beenden] arriver à finir ; **es ~, etw zu tun** arriver à faire qqch ; **es ~** y arriver ; **Ordnung ~** mettre de l'ordre ; **Platz ~** faire de la place ; **geschafft!** terminé! - **2.** [Prüfung] réussir - **3.** [transportieren] : **etw an einen Ort ~** porter qqch quelque part ; **jn an einen Ort ~** transporter qqn quelque part - **4.** [erschöpfen] : **jn ~** épuiser qqn - **5.** [erreichen] : **den Bus/die Bahn gerade noch ~** réussir à attraper le bus/le train ◇ *vi* - **1.** [tun] : **mit jm/etw nichts zu ~ haben** ne rien avoir à faire avec qqn/qqch ; **jm zu ~ machen** causer des difficultés à qqn - **2.** *Süddt* [arbeiten] travailler.
schaffen[2] (*prät* **schuf** ; *perf* **hat geschaffen**) *vt* [erschaffen] créer. ◆ **Schaffen** *das (ohne Pl)* œuvre *f.*
Schaffhausen *nt* Schaffhouse.
Schaffner, in (*mpl* **-** ; *fpl* **-nen**) *der, die* contrôleur *m.*
Schafslfell *das* - **1.** [am Tier] toison *f* - **2.** [Material, Teppich] peau *f* de mouton.
Schafslkäse *der (ohne Pl)* fromage *m* de brebis.
Schaft (*pl* **Schäfte**) *der* - **1.** [von Messern] manche *m* - **2.** [von Stiefel, Pfeil] tige *f* - **3.** [von Speeren] hampe *f.*
Schakal (*pl* **-e**) *der* chacal *m.*
schäkern *vi fam* flirter.
schal ◇ *adj* fade ◇ *adv* : **~ schmecken** avoir un goût fade.
Schal (*pl* **-s** ODER **-e**) *der* écharpe *f.*
Schälchen (*pl* **-**) *das* coupelle *f.*
Schale (*pl* **-n**) *die* - **1.** [Außenhaut] peau *f* ; [von Zitrusfrüchten] écorce *f* - **2.** [Gefäß] coupe *f* ; [Tasse] bol *m* - **3.** [Panzer] coquille *f.*
schälen *vt* - **1.** [Gemüse] éplucher - **2.** [Obst] peler ; [Zitrusfrucht, Banane] éplucher. ◆ **sich schälen** *ref* peler.
Schall (*pl* **-e** ODER **Schälle**) *der* son *m.*

Schall|dämpfer *der* - **1.** TECH amortisseur *m* de son - **2.** [von Waffen, Auspuff] silencieux *m*.

schalldicht *adj* insonorisé(e).

schallen (*prät* **schallte, scholl** ; *perf* **hat geschallt**) *vi* retentir.

schallend ◇ *adj* retentissant(e) ◇ *adv* bruyamment ; ~ **lachen** rire aux éclats.

Schall|mauer *die* mur *m* du son.

Schall|platte *die* disque *m*.

Schalotte (*pl* **-n**) *die* échalote *f*.

schalten ◇ *vi* - **1.** [im Auto] changer de vitesse - **2.** [umschalten] : **auf das zweite Programm** ~ passer sur la deuxième chaîne - **3.** *fam* [reagieren] réagir - **4.** [tun] : ~ **und walten, wie man will** agir à sa guise ◇ *vt* ELEKTR connecter ; **ich schalte die Heizung auf 1** je mets le chauffage sur 1.

Schalter (*pl* -) *der* - **1.** [Schaltknopf - für Licht] interrupteur *m* ; [- für Gerät] commutateur *m* - **2.** [für Verkauf, Auskunft] guichet *m*.

Schalter|schluss *der (ohne Pl)* fermeture *f* des guichets.

Schalt|hebel *der* levier *m* de vitesse.

Schalt|jahr *das* année *f* bissextile.

Schaltung (*pl* **-en**) *die* [Gangschaltung] boîte *f* de vitesse.

Scham *die (ohne Pl)* honte *f*.

schämen ◆ **sich schämen** *ref* avoir honte ; **sich wegen einer Sache (D)** ~ avoir honte de qqch.

schamlos ◇ *adj* - **1.** [ohne Schamgefühl] impudique - **2.** [rücksichtslos] éhonté(e) - **3.** [dreist] effronté(e) ◇ *adv* - **1.** [ohne Schamgefühl] sans gêne - **2.** [rücksichtslos] honteusement.

Schande *die (ohne Pl)* honte *f* ; **zu js** ~ à la grande honte de qqn.

schändlich ◇ *adj* honteux(euse), infâme ◇ *adv* honteusement.

Schand|tat *die* - **1.** [Verbrechen] infamie *f* - **2.** *fam hum* [Aktion] : **zu jeder ~ bereit sein** être prêt(e) à faire les 400 coups.

Schanze (*pl* **-n**) *die* tremplin *m*.

Schar (*pl* **-en**) *die* - **1.** [Kinder] ribambelle *f* - **2.** [Vögel] nuée *f*. ◆ **in Scharen** *adv* en masse.

scharen *vt* : **Personen um sich** ~ rassembler des personnes autour de soi. ◆ **sich scharen** *ref* : **sich um jn** ~ se grouper autour de qqn.

scharf (*komp* **schärfer** ; *superl* **schärfste**) ◇ *adj* - **1.** [Messer, Klinge] coupant(e), tranchant(e) ; [Kralle] pointu(e) - **2.** [Gericht] épicé(e) - **3.** [Foto, Umriss] net (nette) ; [Profil, Züge] marqué(e) - **4.** [Sinne - Augen] perçant(e) ; [- Gehör] fin(e) - **5.** [heftig] sévère ; [Tempo] rapide ; [Wind] vif (vive) - **6.** [Geräusch, Geruch] pénétrant(e) - **7.** *fam* [toll] super ; [erotisch] sexy ; **auf etw** *(A)* ~ **sein** avoir très envie de qqch - **8.** [Säure] puissant(e) - **9.** [Kurve] serré(e) - **10.** [Hund] méchant(e) - **11.** [Waffe] chargé(e) ◇ *adv* - **1.** [schleifen] : ~ **geschliffen** aiguisé(e) - **2.** [würzen] : ~ **gewürzt** épicé(e) - **3.** [umrissen] nettement - **4.** [genau] avec attention - **5.** [heftig] fortement - **6.** [stark] avec violence - **7.** [knapp] : ~ **an etw** *(D)* **vorbei** à ras de qqch - **8.** [bremsen] brutalement - **9.** [schießen] à balles réelles.

Schärfe (*pl* **-n**) *die* - **1.** *(ohne Pl)* [von Klingen] tranchant *m* - **2.** [von Bildschirmen] netteté *f* - **3.** *(ohne Pl)* [Ton] : **(mit)** ~ (d'un) ton tranchant - **4.** *(ohne Pl)* [Geschmack] goût *m* relevé - **5.** *(ohne Pl)* [von Sinnesorganen] acuité *f* - **6.** [Härte] sévérité *f* ; [von Auseinandersetzungen] âpreté *f*.

Scharf|schütze, schützin *der, die* tireur *m* d'élite.

Scharf|sinn *der (ohne Pl)* perspicacité *f*.

Scharlach *der (ohne Pl)* scarlatine *f*.

Scharlatan (*pl* **-e**) *der* charlatan *m*.

Scharm = **Charme.**

scharmant = **charmant.**

Scharnier (*pl* **-e**) *das* charnière *f*.

scharren *vt & vi* gratter.

Schaschlik (*pl* **-s**) *der* ODER *das* chachlik *m*.

Schatten (*pl* -) *der* ombre *f* ; **über seinen ~ springen** *fam fig* se faire violence.

Schatten|seite *die* - **1.** [ohne Sonne] côté *m* à l'ombre - **2.** [Nachteil] côté *m* négatif.

Schattierung (*pl* **-en**) *die* [farblich] dégradé *m*.

schattig *adj* ombragé(e).

Schatz (*pl* **Schätze**) *der* - **1.** [Reichtum] trésor *m* - **2.** *fam* [Liebling] amour *m* ; **mein** ~ (mon) chéri, (ma) chérie.

schätzen *vt* estimer ; **jn/etw zu ~ wissen** savoir apprécier qqn/qqch.

Schatz|kammer *die* chambre *f* du trésor.

Schätzung (*pl* **-en**) *die* estimation *f*.

schätzungsweise *adv* approximativement.

Schätz|wert *der* valeur *f* estimée.

Schau (*pl* **-en**) *die* - **1.** [Ausstellung] foire *f* ; [mit Tieren] exposition *f* - **2.** [mit Künstlern] revue *f* ; **eine ~ abziehen** *fam fig* faire du cinéma.

Schauder (*pl* -) *der* frisson *m*.

schauderhaft ◇ *adj* horrible ◇ *adv* : ~ **aussehen** avoir un air épouvantable.

schauen *vi* - **1.** [blicken] regarder ; **auf jn/etw** ~ regarder qqn/qqch - **2.** [sich kümmern] : **nach jm/etw** ~ s'occuper de qqn/qqch - **3.** [kontrollieren] vérifier. ◆ **schau mal!** *interj* tiens, regarde!

Schauer (*pl* -) *der* - **1.** [Regen] averse *f* - **2.** [Frösteln] frisson *m*.

Schaufel (*pl* -n) *die* pelle *f*.

schaufeln *vt* [arbeiten] : **etw ~** [Loch] creuser qqch à la pelle ; [wegschaufeln] ôter qqch à la pelle ; **Schnee ~** déblayer, déneiger.

Schau|fenster *das* vitrine *f*.

Schaufenster|bummel *der* lèche-vitrines *m inv*.

Schaufenster|puppe *die* mannequin *m* *(pour vitrine de magasin)*.

Schau|kasten *der* vitrine *f*.

Schaukel (*pl* -n) *die* balançoire *f*.

schaukeln ◇ *vi* - **1.** [auf Wasser] balancer - **2.** [Person] se balancer ◇ *vt* - **1.** [wiegen] bercer - **2.** *fam* [erledigen] régler.

Schaukel|stuhl *der* rocking-chair *m*.

Schaulustige (*pl* -n) *der, die* badaud *m*, -e *f*.

Schaum (*pl* **Schäume**) *der* - **1.** [Masse] mousse *f* - **2.** [Geifer] bave *f*.

schäumen *vi* - **1.** [Schaum bilden] mousser - **2.** *fam* [sich aufregen] écumer.

Schaum|gummi *der (ohne Pl)* caoutchouc *m* mousse, mousse *f*.

schaumig ◇ *adj* mousseux(euse) ◇ *adv* : **etw ~ rühren** battre qqch pour le rendre mousseux.

Schaum|stoff *der* mousse *f* synthétique.

Schaum|wein *der* mousseux *m*.

Schau|platz *der* théâtre *m*.

Schau|spiel *das* - **1.** *(ohne Pl)* [Gattung] théâtre *m* - **2.** [Bühnenstück] pièce *f* - **3.** *fam* [Spektakel] spectacle *m*.

Schau|spieler, in *der, die* [Künstler] acteur *m*, -trice *f*.

schauspielern *vi fam abw* jouer la comédie.

Schauspiel|haus *das* théâtre *m*.

Schau|steller, in (*mpl* - ; *fpl* **-nen**) *der, die* forain *m*, -e *f*.

Scheck (*pl* -s) *der* chèque *m* ; **mit ~ bezahlen** payer par chèque.

Scheck|heft *das* carnet *m* de chèques.

Scheck|karte *die carte d'identité bancaire que l'on doit présenter à chaque émission de chèque.*

scheffeln *vt fam abw* amasser.

Scheibe (*pl* -n) *die* - **1.** [Glas] vitre *f* - **2.** [essbar] tranche *f* - **3.** *fam* [Schallplatte] disque *m*.

Scheiben|wischer (*pl* -) *der* essuie-glace *m*.

Scheich (*pl* **-s** ODER **-e**) *der* - **1.** [Oberhaupt] chef *m* - **2.** *(ohne Pl)* [Titel] cheikh *m*.

Scheide (*pl* -n) *die* - **1.** [Vagina] vagin *m* - **2.** [Futteral - für Messer] gaine *f* ; [- für Schwert] fourreau *m*.

scheiden (*prät* **schied** ; *perf* **hat/ist geschieden**) ◇ *vt (hat)* dissoudre ; **sich ~ lassen** divorcer ◇ *vi (ist)* [entlassen werden] : **aus etw ~** quitter qqch.

Scheidung (*pl* -en) *die* divorce *m*.

Schein (*pl* -e) *der* - **1.** *(ohne Pl)* [Lichtschein] lueur *f* ; **im ~ einer Sache** *(G)* à la lueur de qqch - **2.** *(ohne Pl)* [Anschein] apparence *f* ; **der ~ trügt** les apparences sont trompeuses.

scheinbar ◇ *adj* en apparence ◇ *adv* apparemment.

scheinen (*prät* **schien** ; *perf* **hat geschienen**) *vi* - **1.** [leuchten] briller - **2.** [den Eindruck erwecken] paraître ; **es·scheint (jm), dass** il semble (à qqn) que.

scheinheilig *fam* ◇ *adj* hypocrite ◇ *adv* hypocritement.

scheintot *adj* MED en état de mort apparente.

Scheinwerfer (*pl* -) *der* - **1.** [am Auto] phare *m* - **2.** [Lampe] projecteur *m*.

Scheinwerfer|licht *das* feu *m* des projecteurs ; **im ~** sous le feu des projecteurs.

Scheiße *die (ohne Pl) salopp* - **1.** [gen] merde *f* - **2.** [Unsinn] conneries *fpl*. ◆ **Scheiße!** *interj salopp* merde!

scheißen (*prät* **schiss** ; *perf* **hat geschissen**) *vi salopp* chier ; **ich scheiß auf sein Geld** je me fous de son argent.

Scheitel (*pl* -) *der* [Frisur] raie *f*.

scheitern (*perf* **ist gescheitert**) *vi* échouer ; **an etw** *(D)* **~** échouer en raison de qqch.

Schell|fisch *der* haddock *m*.

schelmisch ◇ *adj* espiègle ◇ *adv* d'un air espiègle.

Schema (*pl* **-s** ODER **-ta** ODER **Schemen**) *das* schéma *m*.

schematisch ◇ *adj* schématique ◇ *adv* - **1.** [grob] schématiquement - **2.** [routiniert] de façon schématique.

schemenhaft ◇ *adj* fantasmagorique ◇ *adv* vaguement.

Schenkel (*pl* -) *der* - **1.** [Bein] cuisse *f* - **2.** MATH côté *m*.

schenken *vt* - **1.** [geben] offrir - **2.** [erlassen] : **jm etw ~** faire cadeau à qqn de qqch - **3.** [gewähren] accorder.

Schenkung (*pl* -en) *die* donation *f*.

scheppern *vi fam* cliqueter.

Scherbe (*pl* -n) *die* éclat *m*, débris *m (de verre, porcelaine etc)*.

Schere (*pl* -n) *die* - **1.** [zum Schneiden] ciseaux *mpl*, paire *f* de ciseaux - **2.** [von Tieren] pince *f*.

scheren[1] (*prät* **schor** ; *perf* **hat geschoren**) *vt* - **1.** [Tier] tondre - **2.** [Hecke, Bart] tailler.
scheren[2] (*prät* **scherte** ; *perf* **hat geschert**) ◆ **sich scheren** *ref fam* : **sich nicht um jn/etw ~** se ficher de qqn/qqch ; **scher dich um deinen eigenen Kram!** occupe-toi de tes oignons!
Schererei (*pl* **-en**) *die* ennuis *mpl.*
Scherz (*pl* **-e**) *der* plaisanterie *f.*
scherzen *vi geh* plaisanter ; **mit etw ist nicht zu ~** on ne plaisante pas avec qqch.
scherzhaft ◇ *adj* plaisant(e) ◇ *adv* par plaisanterie.
scheu ◇ *adj* farouche ; **jn/etw ~ machen** effaroucher qqn/qqch ◇ *adv* timidement.
Scheu *die (ohne Pl)* - **1.** [Schüchternheit] timidité *f* - **2.** [Angst] crainte *f.*
scheuchen *vt* - **1.** [Person] chasser - **2.** [Tier] faire fuir *(en effarouchant).*
scheuen ◇ *vt* craindre ; **keine Kosten ~** ne pas regarder à la dépense ◇ *vi* faire un écart.
Scheuer|lappen *der* serpillière *f.*
scheuern ◇ *vt* - **1.** [Boden] frotter - **2.** [Topf] récurer - **3.** [Körperteil] : **wund ~** écorcher ◇ *vi* gratter.
Scheu|klappen *pl* œillères *fpl.*
Scheune (*pl* **-n**) *die* grange *f.*
Scheusal (*pl* **-e**) *das fam abw* monstre *m.*
scheußlich *abw* ◇ *adj* - **1.** [ekelhaft] atroce - **2.** [hässlich] affreux(euse) - **3.** [unangenehm] épouvantable ◇ *adv* - **1.** [ekelhaft] atrocement - **2.** [hässlich] affreusement - **3.** [unangenehm] épouvantablement.
Schi = **Ski.**
Schicht (*pl* **-en**) *die* - **1.** [gen] couche *f* - **2.** [Arbeit] : **~ arbeiten** faire les trois-huit.
schichten *vt* empiler.
schick ◇ *adj* chic ◇ *adv* avec chic.
Schick *der (ohne Pl)* chic *m.*
schicken *vt* envoyer ; **etw an jn ~** envoyer qqch à qqn. ◆ **sich schicken** *ref geh* [sich gehören] être convenable.
Schickimicki (*pl* **-s**) ◇ *der fam* B.C.B.G. *mf* ◇ *adj* : **~ sein** être B.C.B.G.
Schicksal (*pl* **-e**) *das* destin *m* ; **jn/etw seinem ~ überlassen** abandonner qqn/qqch à son destin.
Schiebe|dach *das* toit *m* ouvrant.
schieben (*prät* **schob** ; *perf* **hat geschoben**) *vt* - **1.** [wegschieben] pousser ; **etw auf jn/etw ~** *fig* rejeter qqch sur qqn/qqch - **2.** [in Ofen] : **in den Ofen ~** enfourner. ◆ **sich schieben** *ref* - **1.** [Person] : **sich durch etw ~** se frayer un chemin à travers qqch - **2.** [Wolke] : **sich vor etw** *(A)* **~** cacher qqch.
Schieber (*pl* **-**) *der* - **1.** [Gerät] curseur *m* - **2.** *fam* [Mensch] trafiquant *m.*
Schiebe|tür *die* porte *f* coulissante.
Schiebung (*pl* **-en**) *die fam* - **1.** [Betrug] combine *f* - **2.** [als Ausruf] : **Schiebung!** vendu!
schied *prät* ▷ **scheiden.**
Schieds|richter, in *der, die* arbitre *m.*
schief ◇ *adj* - **1.** [nicht gerade] penché(e) - **2.** [Absatz] usé(e) - **3.** [falsch] faux (fausse) ◇ *adv* de travers ; **jn ~ ansehen** regarder qqn de travers.
Schiefer (*pl* **-**) *der* schiste *m*, ardoise *f.*
schief gehen (*perf* **ist schief gegangen**) *vi (unreg) fam* rater.
schief|lachen ◆ **sich schieflachen** *ref fam* se tordre de rire.
schief liegen *vi (unreg) fam* se tromper.
schielen *vi* - **1.** [wegen Augenfehler] loucher - **2.** *fam* [schauen] lorgner ; **nach etw ~** *fig* lorgner qqch.
schien *prät* ▷ **scheinen.**
Schien|bein *das* tibia *m.*
Schiene (*pl* **-n**) *die* - **1.** [Gleis] rail *m* - **2.** MED attelle *f* - **3.** [Leiste] glissière *f.*
schienen *vt* MED : **etw ~** faire une attelle à qqch.
schießen (*prät* **schoss** ; *perf* **hat/ist geschossen**) ◇ *vi* - **1.** *(hat)* [mit Waffe & SPORT] : **(auf jn/etw) ~** tirer (sur qqn/qqch) - **2.** *(ist)* [Pflanze] monter en graine ; [Kind] : **in die Höhe ~** pousser - **3.** *(ist)* [sich schnell bewegen - Flüssigkeit] jaillir ; [- Gegenstand] foncer ◇ *vt (hat)* - **1.** [Tier] abattre - **2.** [Tor] marquer.
Schießerei (*pl* **-en**) *die* fusillade *f.*
Schiff (*pl* **-e**) *das* - **1.** [Wasserfahrzeug] bateau *m* ; **mit dem ~** en bateau - **2.** [von Kirchen] nef *f.*
Schiffahrt = **Schifffahrt.**
Schiff|bruch *der* naufrage *m.*
Schifffahrt *die (ohne Pl)* navigation *f.*
Schiffs|reise *die* voyage *m* en bateau.
Schiffs|verkehr *der* trafic *m* maritime et fluvial.
Schikane (*pl* **-n**) *die* chicane *f* ; **mit allen ~n** *fam fig* avec tous les accessoires.
schikanieren *vt abw* : **jn ~** chercher chicane à qqn.
Schikoree = **Chicorée.**
Schild (*pl* **-er** ODER **-e**) ◇ *der (Pl Schilde)* bouclier *m* ; **etw im ~e führen** *fig* manigancer qqch ◇ *das (Pl Schilder)* [im Verkehr] panneau *m* ; [von Geschäften] enseigne *f* ; [für Preis] étiquette *f* ; [an Auto, an Tür] plaque *f.*
Schild|drüse *die* thyroïde *f.*
schildern *vt* dépeindre.
Schilderung (*pl* **-en**) *die* description *f.*
Schild|kröte *die* tortue *f.*

Schilf (*pl* **-e**) *das* **- 1.** [Pflanze] roseau *m* **- 2.** *(ohne Pl)* [Gebiet] roselière *f.*
schillern *vi* chatoyer.
Schilling (*pl* **-e** ODER **-**) *der* schilling *m.*
Schimmel (*pl* **-**) *der* **- 1.** *(ohne Pl)* [Pilz] moisissure *f* **- 2.** [Pferd] cheval *m* blanc.
schimmelig, schimmlig *adj* moisi(e).
schimmeln (*perf* **hat/ist geschimmelt**) *vi* moisir.
Schimmer (*pl* **-**) *der* lueur *f.*
schimmern *vi* luire.
schimmlig = **schimmelig.**
Schimpanse (*pl* **-n**) *der* chimpanzé *m.*
schimpfen *vi* gronder ; **auf** ODER **über jn/etw ~** pester contre qqn/qqch ; **mit jm ~** gronder qqn.
Schimpf|wort *das* gros mot *m.*
schinden (*prät* **schund** ; *perf* **hat geschunden**) *vt* **- 1.** *abw* [quälen] éreinter **- 2.** [Zeit] grapiller ; **Eindruck ~** impressionner. ◆ **sich schinden** *ref* s'échiner.
Schinderei (*pl* **-en**) *die* **- 1.** *abw* [Quälerei] supplice *m* **- 2.** [Strapaze] travail *m* de forçat.
Schinken (*pl* **-**) *der* [Fleisch] jambon *m.*
Schirm (*pl* **-e**) *der* **- 1.** [Regenschirm] parapluie *m* **- 2.** [Sonnenschirm] parasol *m* **- 3.** [Schutz] écran *m.*
Schirm|mütze *die* casquette *f.*
schiss *prät* ▷ **scheißen.**
Schiss *der (ohne Pl) salopp* trouille *f.*
schlabberig, schlabbrig *fam abw adj* **- 1.** [wässrig] : **~er Kaffee** jus *m* de chaussettes **- 2.** [Kleidung] sans tenue.
Schlacht (*pl* **-en**) *die* bataille *f.*
schlachten *vt* tuer *(un animal pour le manger).*
Schlachter (*pl* **-**) *der* boucher *m.*
Schlacht|feld *das* champ *m* de bataille.
Schlacht|hof *der* abattoir *m.*
Schlaf *der (ohne Pl)* sommeil *m.*
Schlafan|zug *der* pyjama *m.*
Schläfe (*pl* **-n**) *die* tempe *f.*
schlafen (*präs* **schläft** ; *prät* **schlief** ; *perf* **hat geschlafen**) *vi* **- 1.** [gen] dormir ; **~ gehen, sich ~ legen** aller se coucher ; **schlaf schön** ODER **gut!** dors bien! **- 2.** [sexuell] : **mit jm ~** coucher avec qqn.
schlaff ◇ *adj* **- 1.** [locker] lâche **- 2.** [ohne Kraft] mou (molle) **- 3.** [Haut] flasque ◇ *adv* **- 1.** [locker] : **~ herunterhängen** pendouiller **- 2.** [energielos] mollement.
Schlaf|gelegenheit *die* endroit *m* pour dormir.
Schlaf|lied *das* berceuse *f.*
schlaflos ◇ *adj* sans sommeil ; **eine ~e Nacht** une nuit blanche ◇ *adv* sans dormir.
Schlaf|mittel *das* somnifère *m.*
schläfrig ◇ *adj* somnolent(e) ◇ *adv* l'air endormi.
Schlaf|saal *der* dortoir *m.*
Schlaf|sack *der* sac *m* de couchage.
schläft *präs* ▷ **schlafen.**
Schlaf|tablette *die* somnifère *m.*
schlaftrunken *adj* endormi(e).
Schlaf|wagen *der* wagon-lit *m.*
schlaf|wandeln (*perf* **hat/ist schlafgewandelt**) *vi* être somnambule.
Schlaf|zimmer *das* chambre *f* (à coucher).
Schlag (*pl* **Schläge**) *der* **- 1.** [Stoß] coup *m* ; **jm einen ~ versetzen** porter un coup à qqn **- 2.** [Geräusch - Uhr] coup *m* ; [- Knall] fracas *m* **- 3.** *fam* [elektrisch] coup *m* de jus **- 4.** *RW* : **auf einen ~** d'un seul coup. ◆ **Schläge** *pl* : **Schläge bekommen** recevoir une fessée.
Schlag|ader *die* artère *f.*
Schlagan|fall *der* attaque *f (cérébrale).*
schlagartig ◇ *adj* brusque ◇ *adv* soudain.
schlagen (*präs* **schlägt** ; *prät* **schlug** ; *perf* **hat/ist geschlagen**) ◇ *vt (hat)* **- 1.** [gen] : **jn ~** battre qqn ; **jn ins Gesicht ~** frapper qqn au visage ; **jn eins zu null ~** battre qqn un à zéro **- 2.** [hämmern] : **ein Loch ~** faire un trou ; **einen Nagel in die Wand ~** planter un clou dans le mur **- 3.** [befestigen] : **etw an etw** *(A)* **~** accrocher qqch à qqch **- 4.** [Ball] envoyer **- 5.** [legen] mettre ◇ *vi* **- 1.** *(hat)* [hauen] taper ; **mit etw ~** frapper avec qqch ; **um sich ~** donner des coups dans tous les sens ; **gegen etw ~** [klopfen] frapper à qqch ; [aufprallen] cogner contre qqch **- 2.** *(ist)* [sich auswirken] : **jm auf den Magen ~** rester sur l'estomac à qqn **- 3.** *(hat)* [Uhr, Glocke] sonner **- 4.** *(ist)* [ähneln] : **nach jm ~** ressembler à qqn **- 5.** *(hat)* [Herz] battre **- 6.** *(ist)* [Flamme] : **aus etw ~** jaillir de qqch. ◆ **sich schlagen** *ref* **- 1.** [sich prügeln] : **sich (mit jm) ~** se battre (avec qqn) **- 2.** *RW* : **sich um etw ~** *fam* se jeter sur qqch.
schlagend *adj* sans réplique.
Schlager (*pl* **-**) *der* tube *m.*
Schläger (*pl* **-**) *der* [beim Tennis, Badminton] raquette *f* ; [beim Hockey] batte *f* ; [beim Golf] canne *f.*
Schlägerei (*pl* **-en**) *die* bagarre *f.*
schlagfertig ◇ *adj* à la répartie facile ◇ *adv* : **~ antworten** répondre du tac au tac.
Schlag|loch *das* nid *m* de poule.
Schlag|sahne *die (ohne Pl)* crème *f* Chantilly, Chantilly *f.*
Schlag|seite *die (ohne Pl)* gîte *f* ; **~ haben** *fam fig* avoir un coup dans l'aile.
schlägt *präs* ▷ **schlagen.**

Schlagwort (*pl* **-e** ODER **-wörter**) *das* - **1.** *(Pl Schlagworte) abw* [Gemeinplatz] slogan *m* - **2.** *(Pl Schlagwörter)* [Stichwort] mot-clef *m.*

Schlag|zeile *die* manchette *f* ; **~n machen** faire la une.

Schlag|zeug *das* percussions *fpl.*

Schlamassel *der (ohne Pl) fam* pétrin *m.*

Schlamm (*pl* **-e** ODER **Schlämme**) *der* boue *f.*

schlammig *adj* boueux(euse).

Schlamperei (*pl* **-en**) *die fam* - **1.** [Nachlässigkeit] négligence *f* - **2.** [Durcheinander] fouillis *m.*

schlampig *fam abw* <> *adj* - **1.** [Kleidung, Aussehen] négligé(e) - **2.** [Arbeit] bâclé(e) <> *adv* - **1.** [ungepflegt] de façon négligée - **2.** [schlecht] avec négligence.

schlang *prät* ▻ **schlingen.**

Schlange (*pl* **-n**) *die* - **1.** [Tier] serpent *m* - **2.** [beim Warten] queue *f* ; **~ stehen** faire la queue.

schlängeln ◆ **sich schlängeln** *ref* - **1.** [Tier, Mensch] se faufiler - **2.** [Weg, Fluss] serpenter.

schlank <> *adj* mince ; **~ werden** maigrir <> *adv* : **~ machen** amincir.

schlapp <> *adj* flagada <> *adv* mollement.

schlapp|machen *vi fam* déclarer forfait.

schlau *adj* [Mensch, Tier] rusé(e) ; [Idee] astucieux(euse) ; **aus jm/etw nicht ~ werden** ne rien comprendre à qqn/qqch.

Schlauch (*pl* **Schläuche**) *der* tuyau *m* ; [von Reifen] boyau *m.*

Schlauch|boot *das* bateau *m* pneumatique.

schlauchen *vt & vi fam* crever.

Schlaufe (*pl* **-n**) *die* passant *m.*

schlecht <> *adj* mauvais(e) ; **etw ist nicht ~** *fam* qqch n'est pas mal ; **es sieht ~ für jn/etw aus** c'est mal parti pour qqn/qqch ; **jm ist** ODER **wird (es) ~** qqn se sent mal, qqn a mal au cœur ; **~ aussehen** avoir mauvaise mine ; **etw wird ~** [Lebensmittel] qqch se gâte <> *adv* - **1.** [mangelhaft] mal - **2.** [schwierig] difficilement ; **etw ~ sagen/behaupten können** ne pas pouvoir dire/affirmer qqch - **3.** [unangenehm] mauvais.

schlechthin *adv* [typisch] par excellence.

schlecht machen *vt fam* descendre.

schlecken <> *vt* [lecken] lécher <> *vi fam* [naschen] grignoter *(des sucreries).*

schleichen (*prät* **schlich** ; *perf* **ist geschlichen**) *vi* se glisser ; [Fahrzeug] avancer au ralenti. ◆ **sich schleichen** *ref* se glisser, se faufiler.

schleichend <> *adj* - **1.** [vorsichtig] furtif(ive) - **2.** [allmählich] insidieux(euse) <> *adv* [langsam] en se traînant.

Schleier (*pl* **-**) *der* voile *m.*

schleierhaft *adj* obscur(e) ; **jm ~ sein** *fam* être un mystère pour qqn.

Schleife (*pl* **-n**) *die* - **1.** [Band] boucle *f*, nœud *m* - **2.** [Kurve] tournant *m* ; [von Flüssen] boucle *f.*

schleifen (*prät* **schliff** ODER **schleifte** ; *perf* **hat geschliffen** ODER **hat/ist geschleift**) <> *vt* - **1.** *(unreg)* [Diamant, Glas] polir - **2.** *(unreg)* [Messer, Klinge] aiguiser - **3.** *(reg) (hat)* [zerren] traîner <> *vi (reg) (hat, ist)* traîner.

Schleim (*pl* **-e**) *der* [menschlich] mucus *m*, glaire *f* ; [von Weichtieren] bave *f.*

Schleim|haut *die* muqueuse *f.*

schlemmen *vi* faire bombance.

schlendern (*perf* **ist geschlendert**) *vi* flâner.

schleppen *vt* - **1.** [Last] traîner - **2.** [Fahrzeug] remorquer - **3.** *fam* [mitnehmen] traîner. ◆ **sich schleppen** *ref* - **1.** [Person] se traîner - **2.** [Entwicklung] traîner.

Schlesien *nt* Silésie *f.*

Schlesier, in ['ʃleːzi̯ɐ, rin] (*mpl* **-** ; *fpl* **-nen**) *der, die* Silésien *m*, -enne *f.*

schlesisch *adj* silésien(enne).

Schleswig-Holstein *nt* Schleswig-Holstein *m.*

Schleuder (*pl* **-n**) *die* - **1.** [Waffe] lance-pierre *m* - **2.** [für Wäsche] essoreuse *f.*

schleudern (*perf* **hat/ist geschleudert**) <> *vt (hat)* - **1.** *fam* [werfen] lancer - **2.** [Wäsche] essorer ; [Honig] extraire <> *vi (ist)* déraper. ◆ **Schleudern** *das* : **ins Schleudern kommen** ODER **geraten** [mit Fahrzeug] (commencer à) déraper.

Schleuder|sitz *der* siège *m* éjectable.

schleunigst *adv fam* au plus vite.

Schleuse (*pl* **-n**) *die* SCHIFF écluse *f.*

Schleuser, in (*mpl* **-** ; *fpl* **-nen**) *der, die* passeur *m*, -euse *f.*

schlich *prät* ▻ **schleichen.**

schlicht <> *adj* - **1.** [Stil] sobre - **2.** [Gemüt] simple <> *adv* - **1.** [einfach] sobrement - **2.** [nur] tout simplement.

schlichten *vt* arranger.

Schlick (*pl* **-e**) *der* vase *f.*

schlief *prät* ▻ **schlafen.**

schließen (*prät* **schloss** ; *perf* **hat geschlossen**) <> *vt* - **1.** [zumachen] fermer - **2.** [einschließen] : **jn/etw in etw** *(A)* **~** enfermer qqn/qqch dans qqch - **3.** [schlussfolgern] conclure - **4.** [befestigen] : **etw an etw** *(A)* **~** accrocher qqch à qqch - **5.** [umarmen] : **jn in die Arme ~** prendre qqn dans ses bras - **6.** [beenden] clore ; **etw mit etw ~** conclure qqch par qqch - **7.** [Vertrag, Abkommen] conclure <> *vi* - **1.** [zumachen] fermer - **2.** [enden] conclure. ◆ **sich schließen** *ref* [verschließen] se fermer.

Schließ|fach *das* casier *m.*

schließlich *adv* - **1.** [endlich] finalement - **2.** [als Begründung] enfin.
schliff *prät* ▷ **schleifen.**
Schliff (*pl* **-e**) *der* - **1.** [von Diamant, Glas] taille *f* - **2.** [von Messer, Klinge] affûtage *m* - **3.** [Vollkommenheit] dernière touche *f*.
schlimm *adj* - **1.** [ernst] grave ; **halb so ~** *fig* pas si grave - **2.** [schrecklich] terrible - **3.** [böse] mauvais(e) - **4.** *fam* [krank] malade. ◆ **Schlimmste** *das (ohne Pl)* pire *m* ; **auf das** ODER **aufs Schlimmste gefasst sein** s'attendre au pire.
schlimmstenfalls *adv* dans le pire des cas.
Schlinge (*pl* **-n**) *die* - **1.** [Armschlinge] écharpe *f* - **2.** [in einem Seil] nœud *m* coulant - **3.** [beim Jagen] collet *m*.
Schlingel (*pl* -) *der fam* galopin *m*.
schlingen (*prät* **schlang** ; *perf* **hat geschlungen**) ◇ *vt* - **1.** [binden] nouer ; **etw um etw ~** nouer qqch autour de qqch - **2.** *fam* [essen] engloutir - **3.** [legen] : **die Arme um jn/etw ~** enlacer qqn/qqch ◇ *vi fam* [essen] manger trop vite. ◆ **sich schlingen** *ref* : **sich um etw ~** s'enrouler autour de qqch.
schlingern *vi* être ballotté(e) ; [Boot] rouler.
Schlips (*pl* **-e**) *der fam* cravate *f*.
Schlitten (*pl* -) *der* - **1.** [zum Rodeln] luge *f* - **2.** [für Pferde] traîneau *m* - **3.** *fam* [Auto] tire *f*.
schlittern *vi* - **1.** [Fahrzeug] déraper - **2.** [Mensch] faire des glissades.
Schlitt|schuh *der* patin *m* à glace ; **~ laufen** faire du patin à glace.
Schlittschuh|bahn *die* patinoire *f*.
Schlitz (*pl* **-e**) *der* fente *f*.
schloss *prät* ▷ **schließen.**
Schloss (*pl* **Schlösser**) *das* - **1.** [Gebäude] château *m* - **2.** [Verschluss] serrure *f*.
Schlosser, in (*mpl* - ; *fpl* **-nen**) *der, die* serrurier *m*.
Schlot (*pl* **-e**) *der* cheminée *f*.
schlottern *vi* - **1.** [zittern] trembler - **2.** [Kleidung] flotter.
Schlucht (*pl* **-en**) *die* ravin *m*.
schluchzen *vi* sangloter.
Schluck (*pl* **-e**) *der* gorgée *f*.
Schluckauf *der (ohne Pl)* hoquet *m*.
schlucken ◇ *vt* - **1.** [mit Mund] avaler - **2.** [Gefühle] ravaler ◇ *vi* déglutir.
schludern *vi fam* : **bei etw ~** bâcler qqch.
schlug *prät* ▷ **schlagen.**
schlüpfen (*perf* **ist geschlüpft**) *vi* - **1.** [bei Kleidung] : **aus etw ~** ôter qqch ; **in etw** *(A)* **~** enfiler qqch - **2.** [sich bewegen] se glisser - **3.** [aus Ei] sortir de l'œuf.
Schlüpfer (*pl* -) *der* slip *m*.
Schlupf|loch *das* - **1.** [Öffnung] trou *m* - **2.** [Versteck] refuge *m*.
schlüpfrig *adj* - **1.** [Bemerkung, Witz] grivois(e) - **2.** [Oberfläche] glissant(e).
schlurfen (*perf* **ist geschlurft**) *vi fam* traîner les pieds.
schlürfen *vt* boire bruyamment.
Schluss (*pl* **Schlüsse**) *der* - **1.** *(ohne Pl)* [Ende] fin *f* ; **mit etw ~ machen** arrêter de faire qqch ; **mit jm ~ machen** *fam* rompre avec qqn - **2.** [Folgerung] déduction *f* ; **Schlüsse aus etw ziehen** tirer les conclusions de qqch.
Schlüssel (*pl* -) *der* - **1.** [für ein Schloss] clé *f*, clef *f* - **2.** *RW* : **der ~ zu etw** la clé de qqch.
Schlüssel|bein *das* clavicule *f*.
Schlüssel|bund *der* trousseau *m* de clés.
Schlüssel|loch *das* trou *m* de serrure.
Schluss|folgerung *die* conclusion *f*, déduction *f*.
schlüssig *adj* concluant(e).
Schluss|licht *das* - **1.** [Lampe] feu *m* arrière - **2.** [Letzter] lanterne *f* rouge.
Schluss|strich *der* : **einen ~ (unter etw** *(A)***) ziehen** tirer un trait (sur qqch).
Schlussver|kauf *der* soldes *mpl*.
schmächtig ◇ *adj* fluet(ette) ◇ *adv* : **~ aussehen** avoir l'air fluet.
schmackhaft ◇ *adj* savoureux(euse) ◇ *adv* de manière savoureuse ; **jm etw ~ machen** rendre qqch attrayant(e) à qqn.
schmal ◇ *adj* [Person] mince ; [Gegenstand] étroit(e) ◇ *adv* : **ein ~ gebauter Mann** un homme à la carrure étroite.
schmälern *vt* diminuer.
Schmalz (*pl* **-e**) *der* [Fett] saindoux *m*.
schmalzig *fam* ◇ *adj* mièvre ◇ *adv* mièvrement.
schmarotzen *vi abw* - **1.** [Person] faire le pique-assiette - **2.** [Pflanze] vivre en parasite.
Schmarotzer, in (*mpl* - ; *fpl* **-nen**) *der, die abw* parasite *m*.
schmatzen *vi* manger bruyamment.
schmecken ◇ *vi* : **jm ~** être au goût de qqn ; **schmeckt es dir?** tu aimes? ; **etw schmeckt nach etw** qqch a le goût de qqch ; **etw schmeckt gut/schlecht** qqch a bon/mauvais goût ; **lass es dir ~!** bon appétit! ◇ *vt* percevoir le goût de.
Schmeichelei (*pl* **-en**) *die* flatterie *f*.
schmeicheln *vi* : **jm ~** flatter qqn.
schmeißen (*prät* **schmiss** ; *perf* **hat geschmissen**) *fam* ◇ *vt* [werfen] envoyer ◇ *vi* : **mit etw ~** balancer qqch.
schmelzen (*präs* **schmilzt** ; *prät* **schmolz** ;

perf **hat/ist geschmolzen**) ◇ *vi (ist)* fondre ◇ *vt (hat)* fondre.
Schmelzlpunkt *der* point *m* de fusion.
Schmerz (*pl* **-en**) *der (meist Pl)* - **1.** [körperlich] douleur *f* - **2.** [seelisch] peine *f*.
schmerzen ◇ *vi* faire mal ◇ *vt* faire souffrir.
schmerzhaft *adj* douloureux(euse).
schmerzlos *adj & adv* sans douleur.
Schmerzlmittel *das* analgésique *m*.
schmerzstillend ◇ *adj* analgésique ◇ *adv* : ~ **wirken** avoir un effet calmant.
Schmerzltablette *die* cachet *m* analgésique.
Schmetterling (*pl* **-e**) *der* - **1.** [Tier] papillon *m* - **2.** *(ohne Pl) (ohne Artikel)* SPORT papillon *m*.
schmettern *vt* - **1.** SPORT smasher - **2.** [werfen] flanquer.
Schmied (*pl* **-e**) *der* forgeron *m*.
Schmiedeleisen *das* fer *m* forgé.
schmieden *vt* [Metall] forger.
schmiegen *vt* blottir. ◆ **sich schmiegen** *ref* : **sich an jn/etw** ~ se blottir contre qqn/qqch.
Schmiere (*pl* **-n**) *die* - **1.** [Fett] graisse *f* - **2.** *fam* [Wache] : ~ **stehen** faire le guet.
schmieren ◇ *vt* - **1.** [ölen] graisser - **2.** *fam* [bestechen] : **jn** ~ graisser la patte à qqn - **3.** [Brot] tartiner - **4.** *RW* : **wie geschmiert** *fam* comme sur des roulettes ◇ *vi* [schreiben] gribouiller.
Schmierlgeld *das fam* pot *m* de vin.
schmierig *adj* - **1.** [ölig] graisseux(euse) - **2.** *abw* [unanständig] graveleux(euse).
Schmierlmittel *das* lubrifiant *m*.
Schmierlseife *die* savon *m* mou.
schmilzt *präs* ▷ **schmelzen.**
Schminke (*pl* **-n**) *die* maquillage *m*.
schminken *vt* maquiller. ◆ **sich schminken** *ref* se maquiller.
schmirgeln *vt* poncer à l'émeri.
Schmirgellpapier *das* papier *m* (d')émeri.
schmiss *prät* ▷ **schmeißen.**
Schmöker (*pl* **-**) *der fam* roman *m* de quatre sous.
schmökern *vi & vt fam* bouquiner.
schmollen *vi* bouder.
schmolz *prät* ▷ **schmelzen.**
schmoren ◇ *vt* cuire à l'étuvée ◇ *vi* [braten] braiser.
Schmorlfleisch *das* bœuf *m* braisé.
Schmuck *der (ohne Pl)* [Schmuckstücke] bijoux *mpl*.
schmücken *vt* décorer. ◆ **sich schmücken** *ref* se parer.
schmucklos *adj* sans ornements.
Schmucklstück *das* - **1.** [Schmuck] bijou *m* - **2.** [von Sammlung, Ausstellung] joyau *m*.
Schmuggel *der (ohne Pl)* contrebande *f*.
schmuggeln ◇ *vt* - **1.** [über Grenze] introduire ODER sortir en contrebande - **2.** [heimlich] faire entrer ODER sortir clandestinement ◇ *vi* faire de la contrebande.
Schmuggler, in (*mpl* **-** ; *fpl* **-nen**) *der, die* contrebandier *m*, -ère *f*.
schmunzeln *vi* : **über etw** *(A)* ~ sourire de qqch.
schmusen *vi* câliner ; **mit jm** ~ faire un câlin à qqn.
Schmutz *der (ohne Pl)* saleté *f* ; ~ **abweisend** antisalissure.
schmutzen *vi* se salir.
Schmutzlfink *der fam* cochon *m*.
schmutzig *adj* - **1.** [dreckig] sale ; **sich ~ machen** se salir - **2.** [Bemerkung, Witz] salace - **3.** [Geschäfte] crapuleux(euse).
Schnabel (*pl* **Schnäbel**) *der* bec *m*.
Schnalle (*pl* **-n**) *die* boucle *f*.
schnallen *vt* [festmachen] attacher ; **den Gürtel enger/weiter** ~ serrer/desserrer la ceinture ; **etw auf etw** *(A)* ~ attacher qqch à qqch.
schnalzen *vi* : **mit etw** ~ faire claquer qqch.
Schnäppchen (*pl* **-**) *das* (bonne) affaire ; **ein ~ machen** faire une (bonne) affaire.
schnappen (*perf* **hat/ist geschnappt**) ◇ *vt (hat)* - **1.** *fam* [festnehmen] : **jn** ~ pincer qqn - **2.** *fam* [packen] : **(sich** *(D)***) etw** ~ attraper qqch ◇ *vi* - **1.** *(hat)* [Tier] : **nach jm/etw** ~ chercher à happer qqn/qqch - **2.** *(ist)* [Feder] se détendre ; **die Tür schnappte ins Schloss** la porte a claqué.
Schnapplschloss *das* serrure *f* à ressort.
Schnapplschuss *der* photo *f* prise sur le vif.
Schnaps (*pl* **Schnäpse**) *der* eau-de-vie *f*, schnaps *m*.
schnarchen *vi* [im Schlaf] ronfler.
schnattern *vi* - **1.** *fam* [reden] jacasser - **2.** [Gänse, Enten] cancanner - **3.** [vor Kälte] trembler.
schnauben *vi* [Pferde] renâcler.
schnaufen *vi* haleter.
Schnauzlbart *der* [Bart] moustache *f*.
Schnauze (*pl* **-n**) *die* - **1.** [von Tieren] museau *m* - **2.** *salopp abw* [von Menschen] gueule *f* - **3.** *RW* : **die ~ halten** *salopp* fermer sa gueule.
schnäuzen ◆ **sich schnäuzen** *ref* se moucher.
Schnauzer (*pl* **-**) *der* - **1.** [Hund] griffon *m* - **2.** *fam* [Schnurrbart] moustache *f*.
Schnecke (*pl* **-n**) *die* escargot *m* ; **jn zur ~ machen** *fig* passer un savon à qqn.

Schneckenlhaus *das* coquille *f* d'escargot.

Schnee *der (ohne Pl)* neige *f* ; **es liegt ~** il y a de la neige ; **~ räumen** déneiger.

Schneelball *der* boule *f* de neige.

Schneelbesen *der* fouet *m (de cuisine).*

Schneelfall *der* chute *f* de neige.

Schneelflocke *die* flocon *m* de neige.

Schneegestöber *das (ohne Pl)* rafales *fpl* de neige.

Schneelglätte *die* chaussée *f* glissante *(à cause de la neige).*

Schneelglöckchen (*pl* -) *das* perce-neige *m* ODER *f inv.*

Schneelkette *die* chaîne *f (de voiture).*

Schneelmann (*pl* **-männer**) *der* bonhomme *m* de neige.

Schneelpflug *der* chasse-neige *m.*

Schneelregen *der* neige *f* fondue *(qui tombe).*

Schneelschmelze *die (ohne Pl)* fonte *f* des neiges.

Schneelsturm *der* tempête *f* de neige.

Schneeltreiben *das* rafales *fpl* de neige.

Schneewittchen *das (ohne Pl)* Blanche-Neige *f.*

Schneide (*pl* **-n**) *die* tranchant *m.*

schneiden (*prät* **schnitt** ; *perf* **hat geschnitten**) ◇ *vt* - **1.** [gen] couper ; **etw in Würfel/Stücke ~** couper qqch en dés/morceaux ; **sich** *(D)* **etw ~** se couper qqch - **2.** [Hecke] tailler - **3.** [ausschneiden] découper - **4.** [ignorieren] : **jn ~** snober qqn - **5.** [beim Überholen] faire une queue de poisson ◇ *vi* couper. ◆ **sich schneiden** *ref* [sich verletzen, sich kreuzen] se couper.

schneidend *adj* [Stimme] aigu(uë) ; [Kälte, Wind] cinglant(e).

Schneider (*pl* -) *der* tailleur *m.*

Schneiderin (*pl* **-nen**) *die* couturière *f.*

schneidern ◇ *vt* : **(sich** *(D)***) etw ~** confectionner qqch ◇ *vi* faire de la couture.

Schneiderlsitz *der* : **im ~ sitzen** être assis(e) en tailleur.

Schneidelzahn *der* incisive *f.*

schneidig ◇ *adj* fougueux(euse) ◇ *adv* avec fougue.

schneien *vi* : **es schneit** il neige.

schnell ◇ *adj* rapide ◇ *adv* - **1.** [geschwind] vite, rapidement - **2.** [zügig] rapidement ; **~ machen** faire vite, se dépêcher. ◆ **Schnelle** *die (ohne Pl)* : **auf die Schnelle** vite fait.

Schnelllhefter *der* chemise *f* à languettes métalliques.

Schnelligkeit *die (ohne Pl)* - **1.** [Schnellsein] rapidité *f* - **2.** [mit hoher Geschwindigkeit] vitesse *f.*

Schnelllimbiss *der* fast-food *m.*

schnellstens *adv* au plus vite.

Schnelllstraße *die* voie *f* express.

Schnelllzug *der* train *m* express.

schneuzen = **schnäuzen.**

schnippisch *abw* ◇ *adj* impertinent(e) ◇ *adv* avec impertinence.

Schnipsel (*pl* -) *der* chute *f (de papier, de tissu).*

schnipsen ◇ *vt* faire partir d'une pichenette ◇ *vi* : **mit den Fingern ~** claquer des doigts.

schnitt *prät* ▷ **schneiden.**

Schnitt (*pl* **-e**) *der* - **1.** [Öffnung] coupure *f* ; [klein] incision *f* - **2.** [Schnittmuster] patron *m* - **3.** [von Haar, Kleidung] coupe *f* - **4.** [beim Film] montage *m* - **5.** *fam* [Durchschnitt] moyenne *f* ; **im ~** en moyenne - **6.** *fam* [Gewinn] bénef *m.*

Schnittlblume *die* [geschnitten] fleur *f* coupée ; [zum Schneiden] fleur *f (pour bouquet).*

Schnitte (*pl* **-n**) *die* - **1.** [Scheibe] tranche *f* - **2.** [belegtes Brot] sandwich *m.*

Schnittlfläche *die* - **1.** [angeschnittener Teil] tranche *f* - **2.** [von Prisma, Würfel] section *f.*

Schnittllauch *der* ciboulette *f.*

Schnittlpunkt *der* point *m* d'intersection.

Schnittlwunde *die* coupure *f.*

Schnitzel (*pl* -) *das* - **1.** [Fleisch] escalope *f* - **2.** [aus Papier, Stoff] chute *f* ; [aus Holz] copeau *m.*

schnitzen ◇ *vt* sculpter sur bois ◇ *vi* sculpter.

Schnitzer (*pl* -) *der* - **1.** *fam* [Fehler] bourde *f* - **2.** [Mensch] sculpteur *m* (sur bois).

Schnitzerei (*pl* **-en**) *die* sculpture *f* sur bois.

Schnorchel (*pl* -) *der* tuba *m.*

schnorcheln *vi* nager sous l'eau (avec un tuba).

Schnörkel (*pl* -) *der* fioriture *f* ; ARCHIT volute *f.*

schnüffeln ◇ *vi* - **1.** [riechen] : **an etw** *(D)* **~** flairer qqch - **2.** [suchen] fouiner ◇ *vt fam* [Drogen] sniffer.

Schnuller (*pl* -) *der* tétine *f.*

Schnulze (*pl* **-n**) *die abw* [Film] mélo *m* ; [Schlager] chanson *f* à l'eau de rose.

Schnupfen (*pl* -) *der* rhume *m* ; **einen ~ haben** être enrhumé(e) ; **einen ~ bekommen** s'enrhumer.

schnuppern ◇ *vi* - **1.** [riechen] renifler ; **an etw** *(D)* **~** renifler qqch - **2.** [testen] renifler ; **Tanzstunden ~** essayer un cours de danse ◇ *vt.*

Schnur (*pl* **Schnüre**) *die* ficelle *f.*

Schnürchen *das (ohne Pl)* : **wie am ~** *fam fig* comme sur des roulettes.

schnüren <> *vt* - **1.** [Schuhe, Mieder] lacer - **2.** [festmachen] attacher - **3.** [Paket, Bündel] ficeler ; **etw um etw ~** nouer qqch autour de qqch <> *vi* serrer.

Schnurr|bart *der* moustache *f.*

schnurren (*perf* **hat geschnurrt**) *vi* - **1.** [Katze] ronronner - **2.** [Motor] ronfler.

Schnürsenkel (*pl* -) *der* lacet *m.*

schob *prät* ▷ **schieben.**

Schock (*pl* **-s**) *der* choc *m* ; **unter ~ stehen** être en état de choc.

schockieren *vt* choquer.

schockiert <> *adj* choqué(e) ; **über etw** *(A)* **~ sein** être choqué par qqch <> *adv* d'un air consterné.

Schokolade (*pl* **-n**) *die* chocolat *m.*

Scholle (*pl* **-n**) *die* - **1.** [Fisch] sole *f* - **2.** [aus Erde] motte *f.*

schon *adv* - **1.** [gen] déjà ; **ich habe ~ davon gehört** j'en ai déjà entendu parler ; **er wohnt ~ zwei Jahre in Berlin** il y a déjà deux ans qu'il habite à Berlin ; **~ jetzt** ODER **mal** ODER **wieder** déjà ; **~ längst** depuis longtemps - **2.** [Ausdruck der Einschränkung] : **ihr hat der Roman nicht gefallen, mir ~** le roman ne lui a pas plu, à moi si ; **ich kann das ~, aber ich mache es nicht** certes je sais le faire, mais ne le ferai pas - **3.** [wirklich] vraiment - **4.** [zur Beruhigung] bien ; **das Brot wird ~ reichen** le pain suffira bien ; **~ gut** bon d'accord - **5.** [endlich] allez ; **trink ~ aus** allez, finis ton verre.

schön <> *adj* - **1.** [gen] beau (belle) ; **~en Dank** merci bien ; **das ist ~** c'est bien - **2.** [nett] gentil(ille) - **3.** *RW* : **das ist ~ und gut, aber ...** c'est bien beau mais ... <> *adv* bien ; *siehe auch* **schön machen.** ◆ **ganz schön** *adv fam* vraiment. ◆ **na schön!** *interj fam* très bien! ◆ **Schöne** (*pl* **-n**) *der, die, das* beauté *f.* ◆ **Schönes** *nt (ohne Pl)* : **da hast du was Schönes angerichtet!** *fam* tu as fait du beau travail!

schonen *vt* ménager. ◆ **sich schonen** *ref* se ménager.

schonend <> *adj* doux (douce) <> *adv* avec ménagement ; **jm etw ~ beibringen** annoncer qqch à qqn avec égards.

Schon|frist *die* délai *m* de grâce.

Schönheit (*pl* **-en**) *die* beauté *f.*

Schon|kost *die (ohne Pl)* alimentation *f* diététique.

schön machen *vt fam* - **1.** [äußerlich] pomponner - **2.** [angenehm machen] : **es sich** *(D)* **~** prendre du bon temps. ◆ **sich schön machen** *ref fam* se faire beau (belle).

Schonung (*pl* **-en**) *die* - **1.** [Baumschule] jeune plantation *f* - **2.** *(ohne Pl)* [Behandlung] égards *mpl.*

schonungslos <> *adj* sans ménagement <> *adv* sans ménagement ; **~ ausnutzen** exploiter impitoyablement.

Schon|zeit *die* fermeture *f* de la chasse.

Schopf (*pl* **Schöpfe**) *der* toupet *m* ; **die Gelegenheit beim ~ packen** *fig* saisir la balle au bond.

schöpfen *vt* - **1.** [Flüssigkeit] servir *(un potage)* ; **aus etw ~** puiser dans qqch - **2.** [Mut, Hoffnung, Atem] reprendre.

Schöpfer (*pl* -) *der* - **1.** *(ohne Pl)* [Gott] Créateur *m* - **2.** [Gestalter] créateur *m.*

Schöpferin (*pl* **-nen**) *die* créatrice *f.*

schöpferisch <> *adj* créateur(trice) <> *adv* dans le domaine de la création.

Schöpf|kelle *die* louche *f.*

Schöpfung (*pl* **-en**) *die* création *f.*

schor *prät* ▷ **scheren.**

Schorf *der (ohne Pl)* croûte *f.*

Schorn|stein *der* cheminée *f.*

Schornsteinfeger, in (*mpl* **-** ; *fpl* **-nen**) *der, die* ramoneur *m.*

schoss *prät* ▷ **schießen.**

Schoß (*pl* **Schöße**) *der* - **1.** [Körperteil, Schutz] giron *m* ; **auf dem ~ sitzen** être assis(e) sur les genoux - **2.** [von Kleidungsstücken] basque *f.*

Schote (*pl* **-n**) *die* [Frucht] cosse *f.*

Schotte (*pl* **-n**) *der* Écossais *m.*

Schottin (*pl* **-nen**) *die* Écossaise *f.*

schottisch *adj* écossais(e).

Schottland *nt* Écosse *f.*

schraffieren *vt* hachurer.

schräg <> *adj* - **1.** [schief] oblique ; [Dach] incliné(e) - **2.** *fam* [Musik, Ansichten] bizarre <> *adv* - **1.** [schief] en biais ; **das Bild hängt ~** le tableau est de travers - **2.** *fam* [falsch] faux ; **jn ~ ansehen** *fig* regarder qqn de travers.

Schräge (*pl* **-n**) *die* inclinaison *f.*

Schramme (*pl* **-n**) *die* éraflure *f.*

Schrank (*pl* **Schränke**) *der* armoire *f.*

Schranke (*pl* **-n**) *die* barrière *f.* ◆ **Schranken** *pl* [Grenzen] limites *fpl* ; **etw sind keine ~n gesetzt** laisser libre cours à qqch ; **jm sind keine ~n gesetzt** on laisse qqn agir librement.

schrankenlos *adj* sans bornes.

Schrank|wand *die* armoire *f* murale.

Schraube (*pl* **-n**) *die* - **1.** [aus Metall] vis *f* - **2.** SPORT vrille *f.*

schrauben *vt* - **1.** [drehen] : **etw auf/in etw** *(A)* **~** visser qqch sur/dans qqch - **2.** [befestigen] fixer en vissant ; **etw an etw** *(A)* **~** fixer qqch à qqch en vissant

- 3. [abmontieren] : **etw aus** ODER **von etw ~** dévisser qqch de qqch - 4. [Anforderungen, Ansprüche] : **hoch ~** faire monter ; **etw nach oben/unten ~** revoir qqc à la hausse/ baisse. ◆ **sich schrauben** *ref* [nach oben] s'élever.

Schraubenlschlüssel *der* clé *f*, clef *f (outil)*.

Schraubenlzieher (*pl* -) *der* tournevis *m*.

Schreberlgarten *der* jardin *m* ouvrier.

Schreck *der (ohne Pl)* frayeur *f* ; **einen ~ kriegen** *fam* avoir une frayeur ; **jm einen ~ einjagen** faire une frayeur à qqn.

Schrecken (*pl* -) *der* - 1. [Angst, Mensch] terreur *f* - 2. *geh* [von Tod, Krieg] affres *fpl*.

schreckhaft *adj* qui sursaute facilement.

schrecklich ◇ *adj* [entsetzlich] terrible ◇ *adv fam* terriblement.

Schredder (*pl* -), **Shredder** *der* destructeur *m* d'archives, broyeur *m*.

schreddern *vt* détruire en broyant.

Schrei (*pl* -e) *der* cri *m* ; **der letzte ~** *fam fig* le dernier cri.

schreiben (*prät* **schrieb** ; *perf* **hat geschrieben**) ◇ *vt* - 1. [aufschreiben] écrire ; **wie schreibt man das?** comment ça s'écrit? - 2. [verfassen] rédiger - 3. [Prüfung] passer - 4. [Rechnung] établir ◇ *vi* écrire ; **an jn ~** écrire à qqn ; *siehe auch* **großschreiben** ; *siehe auch* **kleinschreiben**. ◆ **sich schreiben** *ref* s'écrire. ◆ **Schreiben** (*pl* **Schreiben**) *das* lettre *f*.

Schreiber, in (*mpl* - ; *fpl* -nen) *der, die* auteur *m*.

Schreiblfehler *der* faute *f* d'orthographe.

Schreiblkraft *die* dactylo *f*.

Schreiblmaschine *die* machine *f* à écrire.

Schreiblschrift *die* écriture *f* manuscrite.

Schreibltisch *der* bureau *m*.

Schreibtischllampe *die* lampe *f* de bureau.

Schreiblwaren *pl* articles *mpl* de papeterie.

Schreibwarenlgeschäft *das* papeterie *f*.

schreien (*prät* **schrie** ; *perf* **hat geschrie(e)n**) *vi* crier ; **nach etw ~** [rufen] réclamer qqch ; *fig & geh* [verlangen] appeler qqch. ◆ **Schreien** *das* cris *mpl*. ◆ **zum Schreien** *adj* à hurler de rire.

Schreilhals *der fam* gueulard *m*.

Schreiner, in (*mpl* - ; *fpl* -nen) *der, die* menuisier *m*.

schrie *prät* ▷ **schreien**.

schrieb *prät* ▷ **schreiben**.

Schrift (*pl* -en) *die* écriture *f*. ◆ **Schriften** *pl* écrits *mpl*.

schriftlich ◇ *adj* écrit(e) ◇ *adv* par écrit ; **jm etw ~ geben** *fam* donner une attestation écrite à qqn.

Schriftsteller, in (*mpl* - ; *fpl* -nen) *der, die* écrivain *m*.

schrill ◇ *adj* aigu(uë) ◇ *adv* de façon aiguë.

Schrimp, Shrimp [ʃrɪmp] (*pl* -s) *der* crevette *f*.

Schritt (*pl* -e) *der* - 1. [gen] pas *m* - 2. [Handlung] démarche *f* - 3. [von Hose] entrejambe *m* - 4. *RW* : **~ für ~** pas à pas ; **mit jm ~ halten** marcher au même rythme que qqn ; **mit jm/etw ~ halten** *fig* être aussi fort(e) que qqn/qqch.

Schrittmacher (*pl* -) *der* [fürs Herz] pacemaker *m*, stimulateur *m* cardiaque.

schrittweise *adv* progressivement.

schroff ◇ *adj* - 1. [Verhalten] brusque ; [Antwort] sec (sèche) - 2. [Felsen, Abhang] abrupt(e) - 3. [Wechsel, Übergang] marquant(e) ◇ *adv* - 1. [ablehnen, abweisen] brusquement ; [antworten] sèchement - 2. [steil] tout droit.

schröpfen *vt fam* [finanziell] plumer.

Schrot *der* ODER *das* - 1. [Munition] grenaille *f* de plomb - 2. [von Getreide] gruau *m*.

Schrott *der* - 1. [Metall] ferraille *f* - 2. *fam* [Plunder] camelote *f*.

Schrottlplatz *der* casse *f*.

schrottreif ◇ *adj* bon (bonne) pour la casse ◇ *adv* : **ein Auto ~ fahren** réduire une voiture à l'état de ferraille.

schrubben *vt* frotter.

Schrubber (*pl* -) *der* balai-brosse *m*.

schrumpelig, schrumplig *adj* ratatiné(e) ; [Haut] flétri(e).

schrumpfen (*perf* **ist geschrumpft**) *vi* - 1. [Gegenstand] rapetisser - 2. [Ersparnisse, Vorrat] fondre.

schrumplig = **schrumpelig**.

Schub (*pl* **Schübe**) *der* - 1. [Schubkraft, Druck] poussée *f* - 2. [Anfall] accès *m* - 3. [Menschengruppe] fournée *f*.

Schublkarre *die*, **Schublkarren** *der* brouette *f*.

Schubllade (*pl* -n) *die* tiroir *m*.

Schubs (*pl* -e) *der fam* bourrade *f*.

schubsen *vt fam* pousser.

schüchtern ◇ *adj* timide ◇ *adv* timidement.

Schüchternheit *die (ohne Pl)* timidité *f*.

schuf *prät* ▷ **schaffen**.

Schuft (*pl* -e) *der abw* salaud *m*.

schuften *vi fam* trimer.

Schuh (*pl* -e) *der* chaussure *f* ; **jm etw in die ~e schieben** *fig* mettre qqch sur le dos de qqn.

Schuhlcreme, Schuhkrem *die* cirage *m*.

Schuh|geschäft *das* magasin *m* de chaussures.

Schuh|größe *die* pointure *f.*

Schuh|macher, in (*mpl* **-** ; *fpl* **-nen**) *der, die* cordonnier *m.*

Schul|ab|schluss *der* diplôme *m* (de fin d'études secondaires).

Schul|anfang *der* rentrée *f* (scolaire).

Schul|anfänger, in *der, die* élève *mf* de cours préparatoire.

Schul|aufgaben *pl* devoirs *mpl.*

Schul|besuch *der* fréquentation *f* de l'école.

Schul|bildung *die* formation *f* scolaire.

Schul|bus *der* car *m* (de ramassage) scolaire.

schuld *adj* : **an etw** *(D)* **~ sein** être responsable de qqch.

Schuld *die (ohne Pl)* **- 1.** [Verantwortung, Ursache] faute *f* ; **es war seine ~** c'était de sa faute ; **an etw (D) ~ haben** être responsable de qqch ; **jm an etw** *(D)* **~ geben** attribuer la responsabilité de qqch à qqn ; *siehe auch* **zuschulden - 2.** [Unrecht] faute *f*, tort *m* ; **sich** *(D)* **keiner ~ bewusst** ne pas se sentir coupable ODER fautif(ive). ◆ **Schulden** *pl* dettes *fpl* ; **Schulden haben/machen** avoir/faire des dettes.

schuldbewusst ◇ *adj* lourd(e) de culpabilité ◇ *adv* avec un sentiment de culpabilité.

schulden *vt* : **jm etw ~** devoir qqch à qqn.

schuldig ◇ *adj* **- 1.** [an Verbrechen] coupable ; **an etw** *(D)* **~ sein** être responsable de qqch **- 2.** [Betrag, Summe] dû (due) ; **jm etw ~ sein** devoir qqch à qqn ◇ *adv* [verantwortlich] : **sich ~ bekennen** se reconnaître coupable.

schuldlos ◇ *adj* innocent(e) ◇ *adv* à tort.

Schule (*pl* **-n**) *die* école *f* ; **zur** ODER **in die ~ gehen** aller à l'école ; **~ machen** *fig* faire école.

schulen *vt* **- 1.** [ausbilden - Person] former ; [- Tier] dresser **- 2.** [trainieren] exercer.

Schüler (*pl* **-**) *der* élève *m.*

Schüleraus|tausch *der (ohne Pl)* échange *m* scolaire.

Schüler|ausweis *der carte délivrée aux enfants d'âge scolaire donnant droit à des réductions.*

Schülerin (*pl* **-nen**) *die* élève *f.*

Schüler|karte *die carte d'abonnement réservée aux enfants d'âge scolaire.*

Schüler|vertretung *die* délégués *mpl* des élèves.

Schülervertretung

Cette initiative a pour objectif de donner la parole aux élèves pour tout ce qui concerne la vie scolaire. Ils peuvent en effet participer à l'organisation de fêtes et de voyages scolaires ou à l'élaboration d'un journal de classe.
Les élèves peuvent s'impliquer dans les projets de leur établissement par le biais de conseils d'élèves, de réunions de délégués ou par l'élection de délégués par niveau.
Ce sont les élèves qui choisissent leur mode d'intervention.

Schul|ferien *pl* vacances *fpl* scolaires.

Schulferien

En Allemagne, le calendrier scolaire diffère selon les Länder mais chaque élève dispose de 75 journées de congé.
Il s'agit des vacances d'automne, de Noël, de Pâques, de Pentecôte et d'été. Ces dernières durent 6 semaines et clôturent l'année scolaire.

schulfrei *adj* sans école ; **~ haben** ne pas avoir cours.

Schul|freund, in *der, die* camarade *mf* d'école.

Schul|hof *der* cour *f (de récréation).*

schulisch *adj* scolaire.

Schul|jahr *das* année *f* scolaire.

Schul|klasse *die* classe *f* (d'école).

Schul|leiter, in *der, die* directeur d'école *m*, directrice d'école *f.*

schulpflichtig *adj* d'âge scolaire.

Schul|schluss *der* fin *f* des cours.

Schul|stunde *die* heure *f* de cours.

Schul|system *das* système *m* scolaire.

Schul|tasche *die* cartable *m.*

Schulter (*pl* **-n**) *die* épaule *f* ; **mit den ~n zucken** hausser les épaules.

Schulter|blatt *das* omoplate *f.*

Schul|tüte *die cornet-surprise offert à la première rentrée.*

Schultüte

À l'occasion de leur première rentrée, les enfants reçoivent en cadeau un grand cornet en papier contenant des friandises qu'ils emportent à l'école.

Schulung (*pl* **-en**) *die* **- 1.** [gen] formation *f* **- 2.** [von Gedächtnis, Aufmerksamkeit] développement *m.*

Schulwesen *das (ohne Pl)* système *m* scolaire.
Schulzeit *die* années *fpl* d'école.
Schulzeugnis *das* bulletin *m* scolaire.
schummeln *vi fam* tricher.
Schund *der (ohne Pl) abw* [Gegenstand] camelote *f ;* [zum Lesen] mauvaise littérature *f.*
schunkeln (*perf* **hat/ist geschunkelt**) *vi (hat)* [Personen] chalouper.
Schuppe (*pl* **-n**) *die* **- 1.** [von Fischen] écaille *f* **- 2.** [von Haut] squame *f* **- 3.** [vom Kopf] pellicule *f.*
schuppen *vt* écailler. ◆ **sich schuppen** *ref* se desquamer.
schürfen ◇ *vi* [Gegenstand] frotter ◇ *vt* [Person] : **sich** *(D)* **etw ~** s'érafler qqch.
Schürfwunde *die* éraflure *f.*
Schurke (*pl* **-n**) *der abw* crapule *f.*
Schurwolle *die (ohne Pl)* laine *f* vierge.
Schürze (*pl* **-n**) *die* tablier *m.*
Schuss (*pl* **Schüsse**) *der* **- 1.** [mit Waffe] coup *m* **- 2.** [Alkohol] petit coup *m ;* [Milch] nuage *m ;* [Essig] goutte *f* **- 3.** [mit Ball] shoot *m* **- 4.** [beim Skifahren] : **~ fahren** descendre tout schuss **- 5.** *RW :* **gut in ~ sein** *fam* être en bon état.
Schüssel (*pl* **-n**) *die* [für Salat] saladier *m ;* [für Obst, Nachtisch] coupe *f ;* [für Gemüse] légumier *m ;* [für Braten] faitout *m ;* [für Wasser] cuvette *f.*
schusselig *adj fam* dans la lune.
Schusslinie *die :* **in js ~ geraten** *eigtl & fig* être dans la ligne de mire de qqn.
Schusswaffe *die* arme *f* à feu.
Schuster, in (*mpl* **- ;** *fpl* **-nen**) *der, die* cordonnier *m.*
Schutt *der (ohne Pl)* gravats *mpl.*
Schuttabladeplatz *der* décharge *f.*
Schüttelfrost *der* frissons *mpl* de fièvre.
schütteln *vt* secouer ; **den Kopf ~** hocher la tête *(de gauche à droite) ;* **'vor Gebrauch ~'** 'agiter avant emploi'. ◆ **sich schütteln** *ref* [Hund] s'ébrouer ; **sich vor etw ~** [Lachen] se tordre de qqch ; [Ekel, Kälte] avoir des frissons de qqch.
schütten ◇ *vt* verser ◇ *vi :* **es schüttet** *fam* il pleut à verse.
Schutz *der (ohne Pl)* protection *f ;* **jn in ~ nehmen** prendre la défense de qqn.
Schutzanzug *der* combinaison *f* de protection.
Schutzblech *das* garde-boue *m inv.*
Schutzbrief *der* contrat *m* d'assistance.
Schütze (*pl* **-n**) *der* **- 1.** [in Armee, Verein] tireur *m* **- 2.** ASTROL Sagittaire *m.*
schützen *vt :* **(jn/etw vor jm/etw) ~** protéger (qqn/qqch de qqn/qqch). ◆ **sich schützen** *ref :* **sich vor etw** *(D)* ODER **gegen etw ~** se protéger de ODER contre qqch.
Schützenfest *das fête de la bière locale incluant un concours de tir.*
Schutzgebiet *das* **- 1.** [historisch] protectorat *m* **- 2.** [von Natur, Wasser] **réserve** *f.*
Schutzimpfung *die* vaccination *f.*
Schützling (*pl* **-e**) *der* protégé *m*, -e *f.*
schutzlos *adj & adv* sans défense.
Schutzmaßnahme *die* mesure *f* de sécurité.
Schutzpatron, in *der, die* saint patron *m*, sainte patronne *f.*
schutzsuchend *adj* en quête de protection.
Schutzumschlag *der* jaquette *f.*
schwabbelig *fam* ◇ *adj* flasque ◇ *adv :* **sich ~ anfühlen** avoir une consistance flasque.
Schwabe (*pl* **-n**) *der* Souabe *m.*
Schwaben *nt* Souabe *f.*
Schwäbin (*pl* **-nen**) *die* Souabe *f.*
Schwabing *nt quartier d'artistes et d'étudiants de Munich.*
schwäbisch *adj* souabe.
schwach (*komp* **schwächer ;** *superl* **schwächste**) ◇ *adj* **- 1.** [gen] faible **- 2.** [Gesundheit, Konstruktion] fragile **- 3.** *RW :* **~ werden** *fig* se laisser aller ◇ *adv* **- 1.** [wenig, schlecht] mal **- 2.** [leicht] faiblement **- 3.** [besucht] peu.
Schwäche (*pl* **-n**) *die* faiblesse *f ;* **eine ~ für jn/etw haben** avoir un faible pour qqn/qqch.
schwächen *vt* affaiblir.
Schwachkopf *der fam abw* imbécile *mf.*
schwächlich *adj* faible.
Schwächling (*pl* **-e**) *der abw* lavette *f.*
Schwachsinn *der (ohne Pl)* **- 1.** *fam* [Unsinn] ânerie *f* **- 2.** MED débilité *f* mentale.
schwachsinnig *adj* **- 1.** *fam abw* [unsinnig] débile **- 2.** MED débile mental(e).
Schwächung (*pl* **-en**) *die* affaiblissement *m.*
Schwaden *pl* nuages *mpl.*
schwafeln *fam abw* ◇ *vi* baratiner ◇ *vt* raconter.
Schwager (*pl* **Schwäger**) *der* beau-frère *m.*
Schwägerin (*pl* **-nen**) *die* belle-sœur *f.*
Schwalbe (*pl* **-n**) *die* hirondelle *f.*
schwamm *prät* ▷ **schwimmen.**
Schwamm (*pl* **Schwämme**) *der* [im Meer, zum Saubermachen] éponge *f.*
schwammig ◇ *adj* **- 1.** *abw* [unklar] confus(e) **- 2.** [schwammartig] spongieux(euse) ◇ *adv* **- 1.** *abw* [unklar] de façon confuse

- 2. [schwammartig] : **sich ~ anfühlen** avoir une consistance spongieuse.
Schwan (*pl* **Schwäne**) *der* cygne *m*.
schwang *prät* ▷ **schwingen.**
schwanger *adj* enceinte ; **im dritten Monat ~ sein** être enceinte de trois mois.
Schwangere (*pl* **-n**) *die* femme *f* enceinte.
schwängern *vt* : **eine Frau ~** mettre une femme enceinte.
Schwangerschaft (*pl* **-en**) *die* grossesse *f*.
schwanken (*perf* **hat/ist geschwankt**) *vi* **- 1.** *(hat)* [unentschlossen, instabil] osciller **- 2.** *(ist)* [sich bewegen - Gegenstand] se balancer ; [- Schiff] tanguer ; [- Person] tituber.
Schwankung (*pl* **-en**) *die* oscillation *f*.
Schwanz (*pl* **Schwänze**) *der* queue *f*.
schwänzen *fam* ◇ *vi* sécher ◇ *vt* sécher ; **die Schule ~** sécher l'école, faire l'école buissonnière.
schwappen (*perf* **hat/ist geschwappt**) *vi* **- 1.** *(ist)* [überlaufen] déborder **- 2.** *(hat)* [sich bewegen] clapoter.
Schwarm (*pl* **Schwärme**) *der* **- 1.** [von Vögeln, Fischen] nuée *f* ; [von Insekten] essaim *m* **- 2.** [Idol] coqueluche *f*.
schwärmen (*perf* **hat/ist geschwärmt**) *vi* **- 1.** *(hat)* [begeistert sein] : **für jn/etw ~** raffoler de qqn/qqch **- 2.** *(hat)* [beim Erzählen] : **von jm/etw ~** parler avec enthousiasme de qqn/qqch **- 3.** *(ist)* [Insekten] voltiger, voleter.
Schwärmer, in (*mpl* **-** ; *fpl* **-nen**) *der, die* doux rêveur *m*.
Schwarte (*pl* **-n**) *die* **- 1.** [aus Speck] couenne *f* **- 2.** *fam abw* [Buch] bouquin *m*.
schwarz (*komp* **schwärzer** ; *superl* **schwärzeste**) ◇ *adj* **- 1.** [gen] noir(e) **- 2.** *abw* & POL conservateur(trice) ◇ *adv* en noir ; **~ auf weiß** *fam* noir sur blanc ; *siehe auch* **schwarz sehen.** ◈ **Schwarz** *das* noir *m*.
Schwarzlafrika *nt* Afrique *f* Noire.
Schwarzlarbeit *die (ohne Pl)* travail *m* au noir.
Schwarzlbrot *das* pain *m* noir.
Schwarze (*pl* **-n**) ◇ *der, die* Noir *m*, -e *f* ◇ *das (ohne Pl)* noir *m* ; **ins ~ treffen** taper dans le mille.
Schwärze *die (ohne Pl)* noir *m*.
Schwarze Markt *der* marché *m* noir.
Schwarze Meer *das* mer *f* Noire.
schwärzen *vt* noircir.
Schwarze Peter *der* mistigri *m* ; **jm den Schwarzen Peter zuschieben** *fam fig* faire porter le chapeau à qqn.
schwarzlfahren (*perf* **ist schwarzgefahren**) *vi (unreg)* voyager sans billet.
Schwarzlhändler, in *der, die* trafiquant *m*, -e *f*.
schwärzlich *adj* noirâtre.
Schwarzlmarkt *der* marché *m* noir.
schwarz sehen *vi (unreg) fam* voir tout en noir ; **für jn/etw ~** être pessimiste pour qqn/qqch.
Schwarzwald *der* Forêt-Noire *f*.
schwarzweiß ◇ *adj* (en) noir et blanc ◇ *adv* en noir et blanc.
Schwarzweißlfilm *der* **- 1.** [Film] film *m* (en) noir et blanc **- 2.** [für Kamera] pellicule *f* noir et blanc.
schwatzen, schwätzen ◇ *vi* bavarder ◇ *vt abw* raconter.
Schwätzer, in (*mpl* **-** ; *fpl* **-nen**) *der, die abw* jaseur *m*, -euse *f*.
schwatzhaft *adj abw* bavard(e).
Schwebe *die (ohne Pl)* : **in der ~** en suspens.
Schwebelbahn *die* train *m* suspendu.
Schwebelbalken *der* SPORT poutre *f*.
schweben *vi* **- 1.** [fliegen] planer **- 2.** [unentschieden sein] être en suspens **- 3.** [vorhanden sein] flotter.
Schwede (*pl* **-n**) *der* Suédois *m*.
Schweden *nt* Suède *f*.
Schwedin (*pl* **-nen**) *die* Suédoise *f*.
schwedisch *adj* suédois(e).
Schwedisch *das (ohne Pl)* suédois *m* ; *siehe auch* **Englisch.**
Schwedische *das (ohne Pl)* suédois *m* ; *siehe auch* **Englische.**
Schwefel *der (ohne Pl)* soufre *m*.
Schwefellsäure *die* CHEM acide *m* sulfurique.
Schweif (*pl* **-e**) *der* queue *f*.
schweigen (*prät* **schwieg** ; *perf* **hat geschwiegen**) *vi* se taire ; **zu etw ~** ne rien dire sur qqch ; **über etw** *(A)* **~** se taire sur qqch ; **von jm/etw ganz zu ~** sans parler de qqn/qqch.
Schweigen *das (ohne Pl)* silence *m* ; **jn zum ~ bringen** réduire qqn au silence.
Schweigelpflicht *die* secret *m* professionnel.
schweigsam *adj* taciturne.
Schwein (*pl* **-e**) *das* **- 1.** [Tier] cochon *m* ; [Fleisch] porc *m* **- 2.** *fam abw* [Mensch] porc *m*.
Schweinelbraten *der* rôti *m* de porc.
Schweinelfleisch *das (ohne Pl)* viande *f* de porc.
Schweinerei (*pl* **-en**) *die fam* **- 1.** [schlimme Sache] saloperie *f* **- 2.** [Schmutz, Unanständiges] cochonnerie *f*.
Schweinelstall *der* porcherie *f*.

Schweiß *der (ohne Pl)* sueur *f ;* **jm bricht der ~ aus** qqn est en sueur.

schweißen *vt & vi* souder.

schweißgebadet ◇ *adj* trempé(e) de sueur ◇ *adv* en sueur, en nage.

Schweiß|tropfen *der* goutte *f* de sueur.

Schweiz *die* Suisse *f.*

Schweizer (*pl* -) ◇ *der* Suisse *m* ◇ *adj* suisse.

Schweizer|deutsch *das (ohne Pl)* suisse allemand *m ; siehe auch* **Englisch.**

Schweizerin (*pl* **-nen**) *die* Suissesse *f.*

schweizerisch *adj* suisse.

Schweizerische Eidgenossenschaft *die* Confédération *f* helvétique.

schwelen *vi* [Feuer, Glut] couver.

schwelgen *vi geh :* **in etw** *(D)* **~** se griser de qqch.

Schwelle (*pl* **-n**) *die* **- 1.** [von Türen] seuil *m ;* **an der ~** au bord (de) **- 2.** [von Gleisen] traverse *f.*

schwellen (*präs* **schwillt ;** *prät* **schwoll ;** *perf* **ist geschwollen**) *vi* **- 1.** [dick werden] enfler **- 2.** [Fluss] être en crue.

Schwellung (*pl* **-en**) *die* gonflement *m.*

schwenken *vt* **- 1.** [drehen] tourner **- 2.** [Fahne, Taschentuch] agiter **- 3.** [beim Kochen] faire revenir.

schwer ◇ *adj* **- 1.** [Gewicht, Masse] lourd(e) ; **zehn Kilo ~ sein** peser dix kilos ; **wie ~ ist jd/etw?** combien pèse qqn/qqch? **- 2.** [stark] important(e) **- 3.** [schlimm] grave **- 4.** [schwierig] difficile ; **jd hat es ~ mit jm/etw** qqn/qqch rend la vie difficile à qqn ◇ *adv* **- 1.** [an Gewicht] lourdement **- 2.** [stark] fortement **- 3.** [schlimm] gravement **- 4.** [schwierig] difficilement **- 5.** [arbeiten] dur, durement **- 6.** [schlecht, kaum] difficilement ; **~ hören** entendre mal. ◆ **Schweres** *nt (ohne Pl) :* **Schweres durchmachen** traverser des épreuves.

Schwer|arbeit *die* travail *m* de force.

schwerbehindert *adj* ADMIN grand invalide civil, grande invalide civile.

schwer behindert (*superl* **schwerst behindert**) *adj* [körperlich] invalide ; [geistig] débile profond(e).

schwer beschädigt *adj* [Gegenstand] très endommagé(e), gravement détérioré(e).

schwer bewaffnet *adj* armé(e) jusqu'aux dents.

Schwere *die (ohne Pl)* **- 1.** [Gewicht] poids *m* **- 2.** [von Erkrankung, Schuld] gravité *f* **- 3.** [Schwierigkeitsgrad] difficulté *f* **- 4.** [in Gliedern, Kopf] lourdeur *f.*

schwerelos *adj & adv* en état d'apesanteur.

schwer erziehbar *adj* caractériel(elle).

schwer fallen (*perf* **ist schwer gefallen**) *vi (unreg) :* **jm ~** (en) coûter à qqn.

schwerfällig ◇ *adj* pataud(e) ◇ *adv* lourdement.

schwerhörig *adj* dur(e) d'oreille ; **er ist ~** il entend mal.

Schwerin *nt* Schwerin.

Schwer|industrie *die* industrie *f* lourde.

Schwer|kraft *die (ohne Pl)* pesanteur *f.*

schwer krank *adj* gravement malade.

schwer machen *vt* rendre difficile.

schwermütig ◇ *adj* grave, mélancolique ◇ *adv* avec mélancolie.

schwer nehmen *vt (unreg)* prendre trop au sérieux.

Schwer|punkt *der* **- 1.** [Hauptsache] point *m* capital **- 2.** PHYS centre *m* de gravité.

Schwert (*pl* **-er**) *das* épée *f.*

schwer tun ◆ **sich schwer tun** *ref (unreg) :* **sich mit etw ~** avoir du mal avec qqch.

Schwer|verbrecher, in *der, die* grand criminel *m*, grande criminelle *f.*

schwer verletzt ◇ *adj* grièvement blessé(e) ◇ *adv* avec des blessures graves.

schwerwiegend ◇ *adj* lourd(e) de conséquences ◇ *adv* gravement.

Schwester (*pl* **-n**) *die* **- 1.** [Verwandte, Ordensschwester] sœur *f* **- 2.** [im Krankenhaus] infirmière *f.*

schwieg *prät* ▷ **schweigen.**

Schwieger|eltern *pl* beaux-parents *mpl.*

Schwieger|mutter *die* belle-mère *f.*

Schwieger|sohn *der* gendre *m*, beau-fils *m.*

Schwieger|tochter *die* belle-fille *f*, bru *f.*

Schwieger|vater *der* beau-père *m.*

Schwiele (*pl* **-n**) *die* cal *m.*

schwierig *adj* difficile.

Schwierigkeit (*pl* **-en**) *die* difficulté *f ;* **jm ~en machen** faire des difficultés à qqn ; **in ~en geraten** ODER **stecken** être en difficulté.

schwillt *präs* ▷ **schwellen.**

Schwimm|bad *das* piscine *f.*

Schwimm|becken *das* bassin *m.*

schwimmen (*prät* **schwamm ;** *perf* **hat/ist geschwommen**) ◇ *vi* **- 1.** *(hat, ist)* [Person, Tier] nager ; **in etw** *(D)* **~** *Fig* nager dans qqch **- 2.** *(ist)* [Gegenstand] flotter ◇ *vt (hat, ist)* [als Sport] nager. ◆ **Schwimmen** *das (ohne Pl)* natation *f.*

Schwimmer, in (*mpl* **- ;** *fpl* **-nen**) *der, die* nageur *m*, -euse *f.*

Schwimm|halle *die* piscine *f* couverte.

Schwimm|sport *der (ohne Pl)* natation *f.*

Schwimm|weste *die* gilet *m* de sauvetage.

Schwindel *der (ohne Pl)* **- 1.** [Gleichgewichtsstörung] vertige *m ;* **~ erregend** vertigineux(euse) - **2.** *fam abw* [Lüge] mensonges *mpl* - **3.** *fam abw* [Betrug] escroquerie *f.*

schwindelfrei *adj :* **~ sein** ne pas être sujet(ette) au vertige.

schwindelig, schwindlig *adj* [taumelig] : **jm ist ~** qqn a le vertige.

Schwindler, in (*mpl* **- ;** *fpl* **-nen**) *der, die abw* - **1.** [Lügner] menteur *m,* -euse *f* - **2.** [Betrüger] escroc *m.*

schwindlig = **schwindelig.**

schwingen (*prät* **schwang ;** *perf* **hat/ist geschwungen**) <> *vi* - **1.** *(hat)* [vibrieren] vibrer - **2.** *(hat, ist)* [schaukeln] se balancer <> *vt (hat)* [Fahne, Axt, Schwert] brandir.
◆ **sich schwingen** *ref* - **1.** [springen] : **sich aufs Fahrrad ~** enfourcher sa bicyclette - **2.** [überspringen] : **sich über etw** *(A)* **~** sauter par-dessus qqch.

Schwips (*pl* **-e**) *der fam :* **einen ~ haben** être éméché(e).

schwirren (*perf* **ist geschwirrt**) *vi* - **1.** [Insekt] bourdonner - **2.** [Geschoss] siffler.

schwitzen *vi* [Person] transpirer.

schwoll *prät* ▷ **schwellen.**

schwören (*prät* **schwor ;** *perf* **hat geschworen**) <> *vt* jurer ; **jm etw ~ : sich** *(D)* **etw ~** se jurer qqch <> *vi* jurer ; **auf jn/etw ~** ne jurer que par qqn/qqch.

schwul *adj fam* pédé, homo.

schwül *adj* [Wetter] lourd(e).

Schwund *der (ohne Pl)* - **1.** [von Gedächtnis, Vertrauen] perte *f* - **2.** [von Masse, Gewicht] diminution *f.*

Schwung (*pl* **Schwünge**) *der* - **1.** [Bewegung] élan *m* - **2.** *(ohne Pl)* [Elan] ardeur *f,* entrain *m ;* **die Musik hat ~** la musique est entraînante ; **in ~ kommen** *fam* [aktiv werden] se mettre en train - **3.** *(ohne Pl) fam* [Menge] : **ein ganzer ~ Briefe/Zeitschriften** tout un tas de lettres/journaux.

schwungvoll <> *adj* plein(e) d'entrain <> *adv* avec entrain.

sec. (*abk für* **Sekunde**) s.

sechs <> *num* six ; **um ~** à six heures ; **jd ist ~** qqn a six ans ; **~ zu null** six à zéro ; **~ Liter/Gramm** six litres/grammes <> *pron* six ; **sie waren ~** ils étaient six ; **für ~** *fig* pour six.

Sechs (*pl* **-en**) *die* - **1.** [Zahl, Spielkarte] six *m* - **2.** [Spieler, Bus] numéro *m* six - **3.** [Schulnote] six *m (note la moins bonne en Allemagne, la meilleure en Suisse).*

sechsfach <> *adj :* **die ~e Menge** six fois plus ; **in ~er Größe** six fois plus grand(e) ; **in ~er Ausfertigung** en six exemplaires <> *adv* six fois.

sechshundert *num* six cents.

sechsmal *adv* six fois.

sechstausend *num* six mille.

sechste, r, s *adj* sixième ; **der ~ Januar** le six janvier ; **auf dem ~n Rang sein** être sixième au classement.

Sechste (*pl* **-n**) <> *der, die, das* [in einer Reihenfolge] sixième *mf ;* **Heinrich der ~** Henri VI <> *der* [Angabe des Datums] : **am** ODER **den ~n** le six.

sechstel *adj (unver) :* **ein ~ Liter** un sixième de litre.

Sechstel (*pl* **-**) *das* sixième *m ;* **etw in ~ teilen** couper qqch en six parts (égales) ; **fünf ~** cinq sixièmes.

sechzehn *num* seize ; *siehe auch* **sechs.**

Sechzehn (*pl* **-en**) *die* seize *m ; siehe auch* **Sechs.**

sechzehntel *adj* seizième.

Sech|zehntel *das* seizième *m.*

sechzig *num* soixante ; *siehe auch* **sechs.**

Sechzig *die* soixante *m ; siehe auch* **Sechs.**

Sechzigerjahre, sechziger Jahre *pl :* **die ~** les années soixante.

SED (*abk für* **Sozialistische Einheitspartei Deutschlands**) *die* HIST *(ohne Pl) parti socialiste unifié de l'ex-RDA.*

See (*pl* **-n**) <> *der (G Sees)* lac *m* <> *die (G See) (ohne Pl)* mer *f ;* **an die ~ fahren** aller au bord de la mer.

See|gang *der (ohne Pl) :* **leichter ~** mer *f* peu agitée ; **hoher ~** mer *f* forte.

See|hund *der* phoque *m.*

See|igel *der* oursin *m.*

seekrank *adj :* **~ sein** avoir le mal de mer.

Seele (*pl* **-n**) *die* âme *f ;* **etw auf der ~ haben** *fig* avoir qqch sur le cœur.

seelenruhig *adv* sereinement.

Seeleute ▷ **Seemann.**

seelisch *adj* psychique.

See|löwe *der* otarie *f.*

Seel|sorge *die (ohne Pl)* assistance *f* morale.

Seemann (*pl* **-leute**) *der* marin *m.*

See|meile *die* mile *m* marin.

See|not *die (ohne Pl) :* **in ~** en perdition.

See|räuber *der* pirate *m.*

See|rose *die* nénuphar *m.*

seetüchtig *adj* qui tient bien la mer.

See|weg *der :* **auf dem ~** par voie maritime.

See|zunge *die* sole *f.*

Segel (*pl* **-**) *das* voile *f.*

Segel|boot *das* voilier *m.*

segelfliegen *vi* pratiquer le vol à voile.

Segel|flugzeug *das* planeur *m.*

segeln (*perf* **hat/ist gesegelt**) *vi* - **1.** *(ist)* [Schiff] naviguer - **2.** *(hat, ist)* [Person] faire de la voile.

Segel|schiff *das* voilier *m.*

Segen (*pl* **-**) *der* bénédiction *f.*

segnen *vt* bénir.

sehbehindert *adj* malvoyant(e).

sehen (*präs* **sieht** ; *prät* **sah** ; *perf* **hat gesehen**) ◇ *vt* voir ; **etw an etw** *(D)* **~** voir qqch à qqch ; **wie ~ Sie das?** qu'est-ce que vous en pensez? ; **etw anders/genauso ~** être d'un autre/du même avis ; **jd ist gern gesehen** qqn est le bienvenu ODER la bienvenue ; **etw ist gern gesehen** qqch est bien vu(e) ; **sich bei jm ~ lassen** aller voir qqn ; **etw nicht mehr ~ können** *fam fig* ne plus pouvoir voir qqch ; **etw kann sich ~ lassen** *fig* qqch est remarquable ◇ *vi* - **1.** [mit dem Auge] : **gut/schlecht ~** bien/mal voir ; **auf jn/etw ~** regarder qqn/qqch - **2.** [hervorsehen] : **aus etw ~** émerger de qqch - **3.** [beachten] : **auf jn/etw ~** faire attention à qqn/qqch - **4.** [versorgen] : **nach jm/etw ~** s'occuper de qqn/qqch - **5.** [sich bemühen] : **~, dass** tâcher de - **6.** [ähneln] : **jm ähnlich ~** ressembler à qqn. ◆ **sich sehen** *ref* [sich treffen] se voir. ◆ **mal sehen!** *interj* on verra! ◆ **siehste, siehst du!** *interj* tu vois! ◆ **sieh mal!** *interj* regarde!

sehenswert *adj* remarquable.

Sehenswürdigkeit (*pl* **-en**) *die* - **1.** [Gebäude] monument *m* - **2.** [Gegenstand] curiosité *f*.

Sehkraft *die (ohne Pl)* vue *f*.

Sehne (*pl* **-n**) *die* - **1.** [von Muskeln] tendon *m* - **2.** [vom Bogen] corde *f*.

sehnen ◆ **sich sehnen** *ref* : **sich nach etw ~** avoir la nostalgie de qqch ; **ich sehne mich nach dir** tu me manques beaucoup.

sehnig *adj* - **1.** [Fleisch] tendineux(euse), nerveux(e) - **2.** [Körper] tout en nerfs.

Sehnsucht (*pl* **-süchte**) *die* nostalgie *f* ; **~ nach etw haben** avoir la nostalgie de qqch ; **ich habe große ~ nach dir** tu me manques beaucoup.

sehnsüchtig ◇ *adj* langoureux(euse) ◇ *adv* avec impatience.

sehr *adv* - **1.** [außerordentlich] très ; **zu ~** trop ; **~ viel** énormément ; **es geht ihm schon ~ viel besser** il va déjà beaucoup mieux - **2.** [zum Ausdruck der Höflichkeit] beaucoup ; **danke ~** merci beaucoup.

seicht *adj* [Gewässer] peu profond(e).

Seide (*pl* **-n**) *die* soie *f*.

seidig *adj* soyeux(euse).

Seife (*pl* **-n**) *die* savon *m*.

Seifen|blase *die* bulle *f* de savon.

Seifen|lauge *die* lessive *f*.

Seil (*pl* **-e**) *das* corde *f*.

Seil|bahn *die* téléphérique *m*.

sein (*präs* **ist** ; *prät* **war** ; *perf* **ist gewesen**) ◇ *aux* être ; **sie ist aufgestanden** elle s'est levée ; **der Schnee ist geschmolzen** la neige a fondu ◇ *vi* - **1.** [gen] être ; **aus etw ~** [Substanz] être en qqch ; **die Sohle ist aus Leder** la semelle est en cuir ; **aus Paris ~** être de Paris - **2.** [mit Dativ] : **mir ist kalt/warm** j'ai froid/chaud ; **mir ist schlecht** je me sens mal ; **das ist mir lieber** je préférerais ça - **3.** [mit Infinitiv, müssen] : **etw ist zu machen** ODER **tun** il faut faire qqch ; **die Fehler sind zu korrigieren** les erreurs sont à corriger - **4.** [mit Infinitiv, können] : **das ist nicht zu schaffen** on ne peut pas le faire ; **er ist nicht zu überzeugen** on ne peut pas le convaincre - **5.** [Lust haben auf] : **jm ist nach etw** qqn a envie de qqch - **6.** [Angaben von Temperaturen, Lichtverhältnissen] : **es ist** il fait ; **es ist warm** il fait chaud ; **es ist hell** il fait clair - **7.** [tun müssen] : **es ist an jm, etw zu tun** c'est à qqn de faire qqch - **8.** *RW* : **damit ist es nichts** ça tombe à l'eau ; **das wärs** voilà, c'est tout ; **es sei denn, dass** à moins que ... ne ; **es war einmal** il était une fois ; **etw ~ lassen** arrêter qqch ; **lass das ~!** laisse tomber! ; **lass es gut ~** arrête ; **ist was?** qu'est-ce qui ne va pas? ; **was ist?** qu'est-ce qu'il y a? ; **was ist mit dir?** qu'est-ce que tu as? ; **was ist mit meinem Auto?** qu'est-ce qu'elle a, ma voiture? ; **wie wäre es mit jm/etw?** que penses-tu de qqn/qqch?, que pensez-vous de qqn/qqch? ; *siehe auch* **sein lassen.**

sein, e *det* son, sa, ses.

seine, r, s *pron* le sien, la sienne, les siens, les siennes.

Seine [sɛːn(ə)] *die* Seine *f*.

seiner *pron (Genitiv von er, es)* de lui.

seinerseits *adv* pour sa part.

seinerzeit *adv* en ce temps-là, à l'époque.

seinesgleichen *pron abw* son ODER sa semblable, ses semblables ; **er und ~** lui et ses congénères.

seinetwegen *adv* - **1.** [wegen ihm] à cause de lui - **2.** [von ihm aus] quant à lui.

seinetwillen *adv* : **um ~** pour lui.

seinige (*pl* **-n**) *der, die, das* sien *m*, -enne *f* ; **das ~** [Anteil] sa part.

sein lassen *vt (unreg) fam* arrêter (de faire).

seit ◇ *präp (+ D)* depuis ; **~ gestern** depuis hier ; **~ wann?** depuis quand? ; **~ langem** depuis longtemps ◇ *konj* depuis que.

seitdem ◇ *adv* depuis ◇ *konj* depuis que.

Seite (*pl* **-n**) *die* - **1.** [Fläche, Richtung, Partei] côté *m* ; **auf der linken/rechten ~** [des Körpers] du côté gauche/droit ; **auf js ~ sein** ODER **stehen** être du côté de qqn ; **zur ~ gehen** ODER **treten** se ranger - **2.** [von Buch, Heft] page *f* - **3.** [Eigenschaft] aspect *m* ; **seine guten/schlechten ~n haben** avoir ses bons/mauvais côtés - **4.** *RW* : **jm zur ~ stehen** être aux côtés de qqn ; **jn von der ~ an-**

sehen regarder qqn du coin de l'œil ; **jn zur ~ nehmen** prendre qqn à part. ◆ **auf Seiten, von Seiten** *adv* du côté de. ◆ **Seite an Seite** *adv* côte à côte.

Seitenaufprall|schutz *der (ohne pl)* AUTO renfort *m* latéral.

Seiten|sprung *der* escapade *f.*

Seitenstechen *das (ohne Pl)* point *m* de côté.

Seiten|straße *die* rue *f* latérale.

seither *adv* depuis lors.

seitlich *adj* latéral(e).

seitwärts *adv* [zur Seite] de côté.

Sekretär (*pl* **-e**) *der* secrétaire *m.*

Sekretariat (*pl* **-e**) *das* secrétariat *m.*

Sekretärin (*pl* **-nen**) *die* secrétaire *f.*

Sekt (*pl* **-e**) *der* vin *m* mousseux.

Sekte (*pl* **-n**) *die* secte *f.*

Sekt|glas *das* flûte *f (à champagne).*

Sekundar|stufe *die* SCHULE secondaire *m*, enseignement *m* secondaire ; **~ I/II** premier/deuxième cycle de l'enseignement secondaire.

Sekundarstufe

Au lycée, on distingue la **Sekundarstufe I** qui comprend six années de scolarité, pour les élèves de 10 à 16 ans, et la **Sekundarstufe II**, que l'on appelle aussi **Oberstufe**. Celle-ci comprend trois années d'études et mène au baccalauréat. Dans ce dernier cycle, les élèves choisissent des matières principales et des options. De manière générale, deux à trois langues vivantes sont apprises au lycée.

Sekunde (*pl* **-n**) *die* seconde *f.*

selber *pron (unver) fam* soi-même ; **das kann ich ~** je sais le faire moi-même.

selbst ◇ *pron (unver)* soi-même ; **das können wir ~ tun** ODER **machen** nous pouvons le faire nous-mêmes ◇ *adv* [sogar] même ; **~ wenn** même si. ◆ **von selbst** *adv* **- 1.** [freiwillig] de lui-même, d'elle-même **- 2.** [automatisch] automatiquement ; *siehe auch* **selbst gemacht.**

Selbst|achtung *die (ohne Pl)* amour-propre *m.*

selbständig = **selbstständig.**

Selbständigkeit = **Selbstständigkeit.**

Selbst|bedienung *die (ohne Pl)* self-service *m.*

Selbst|befriedigung *die (ohne Pl)* masturbation *f.*

Selbst|beherrschung *die (ohne Pl)* maîtrise *f* de soi.

Selbst|beteiligung *die* participation *f ;* [bei Versicherung] franchise *f.*

selbstbewusst ◇ *adj* plein(e) d'assurance ◇ *adv* avec assurance.

Selbst|bewusstsein *das (ohne Pl)* (haute) opinion *f* de soi, assurance *f.*

selbst gemacht *adj* fait(e) par soi-même ; KÜCHE fait(e) maison.

Selbst|gespräch *das* soliloque *m ;* **~e führen** ODER **halten** soliloquer.

Selbstkosten|preis *der* prix *m* coûtant ; **zum ~** à prix coûtant.

selbstlos ◇ *adj* désintéressé(e) ◇ *adv* de manière désintéressée.

Selbst|mord *der* suicide *m ;* **~ begehen** ODER **machen** se suicider.

selbstsicher ◇ *adj* sûr(e) de soi ◇ *adv* avec assurance.

selbstständig, selbständig ◇ *adj* indépendant(e) ; **sich ~ machen** [beruflich] se mettre à son compte ; **jd ist ~** [im Beruf] qqn est indépendant ◇ *adv* de manière indépendante ; [als Eigenschaft] autonome.

Selbstständigkeit, Selbständigkeit *die (ohne Pl)* indépendance *f ;* [als Eigenschaft] autonomie *f.*

selbsttätig ◇ *adj* automatique ◇ *adv* automatiquement.

selbstverständlich ◇ *adj* évident(e) ◇ *adv* bien sûr, bien entendu.

Selbst|verteidigung *die (ohne Pl)* autodéfense *f.*

Selbst|vertrauen *das (ohne Pl)* confiance *f* en soi.

Selbst|zweck *der (ohne Pl)* fin *f* en soi.

selig ◇ *adj* **- 1.** [glücklich] heureux(euse) **- 2.** [heilig] bienheureux(euse) ◇ *adv* [glücklich] d'un air béat.

Sellerie *der (ohne Pl)* céleri *m.*

selten ◇ *adj* [rar] rare ◇ *adv* rarement ; **~ schön sein** être d'une rare beauté.

Selters (*pl* **-**) *die* ODER *das* eau *f* minérale gazeuse.

seltsam ◇ *adj* bizarre ◇ *adv* bizarrement.

Semester (*pl* **-**) *das* UNI semestre *m ;* **er ist im achten ~** c'est sa quatrième année.

Semikolon (*pl* **-s**) *das* point-virgule *m.*

Seminar (*pl* **-e**) *das* UNI **- 1.** [Veranstaltung] séminaire *m* **- 2.** [Institut] institut *m.*

Semmel (*pl* **-n**) *die Österr & Süddt* petit pain *m.*

Senat (*pl* **-e**) *der* [gen] sénat *m.*

Senator (*pl* **Senatoren**) *der* sénateur *m.*

Senatorin (*pl* **-nen**) *die* sénateur *m.*

senden (*prät* **sendete** ODER **sandte ;** *perf* **hat gesendet** ODER **gesandt**) *vt* **- 1.** *(reg)* [Film, Nachrichten] diffuser **- 2.** *(reg)* [Signal, SOS] émettre **- 3.** *(reg) (unreg)* [Brief, Gruß, Person] envoyer ; **etw an jn ~** envoyer qqch à qqn.

Sende|pause *die* interruption *f* d'émission.

Sender (*pl* -) *der* - **1.** [Station] station *f* émettrice, émetteur *m* - **2.** [Gerät] poste *m* émetteur, émetteur *m*.

Sendung (*pl* **-en**) *die* - **1.** [in Radio, Fernsehen] émission *f* - **2.** [von Post] envoi *m*.

Senegal *der* Sénégal *m* ; **im ~** au Sénégal.

Senf (*pl* **-e**) *der* moutarde *f*.

sengend *adj* torride.

senior *adj inv* : **Karl Werner ~** Karl Werner père ODER senior.

Senior (*pl* **Senioren**) *der* doyen *m*. ◆ **Senioren** *pl* - **1.** [Alte] : **die ~en** le troisième âge ; **Herr Maier Senior** Monsieur Maier père - **2.** SPORT seniors *mpl*.

Senioren|heim *das* maison *f* de retraite.

Seniorin (*pl* **-nen**) *die* dame *f* âgée.

senken *vt* baisser ; [Wasserspiegel, Blutdruck] faire baisser. ◆ **sich senken** *ref* - **1.** [Wasserspiegel, Niveau] baisser - **2.** [Vorhang, Schranke] se baisser.

senkrecht ◇ *adj* vertical(e) ◇ *adv* verticalement.

Senkrechte (*pl* **-n**) *die* verticale *f*.

Sense (*pl* **-n**) *die* faux *f*.

sensibel ◇ *adj* sensible ◇ *adv* [feinfühlig] de manière sensible.

sentimental *abw* ◇ *adj* sentimental(e) ◇ *adv* de manière sentimentale.

Seoul [se'u:l] *nt* Séoul.

separat ◇ *adj* séparé(e) ◇ *adv* séparément.

September *der (ohne Pl)* septembre *m* ; **am** ODER **den siebten ~** le sept septembre ; **im ~** en ODER au mois de septembre ; **irgendwann im ~ 1835** un jour de septembre 1835 ; **der ~ war in diesem Jahr noch sehr schön** le mois de septembre a encore été beau cette année ; **Mitte ~** à la mi-septembre ; **Anfang/Ende ~** début/fin septembre.

Serbe (*pl* **-n**) *der* Serbe *m*.

Serbien *nt* Serbie *f*.

Serbin (*pl* **-nen**) *die* Serbe *f*.

serbisch *adj* serbe.

Serie ['ze:ri̯ə] (*pl* **-n**) *die* série *f*.

serienmäßig *adj & adv* en série.

serienweise *adv* en série.

seriös ◇ *adj* sérieux(euse) ◇ *adv* avec sérieux.

Serpentine (*pl* **-n**) *die* lacet *m*.

Serum (*pl* **Seren**) *das* serum *m*.

servieren [zɛr'vi:rən] *vt & vi* servir.

Serviette [zɛr'vi̯ɛtə] (*pl* **-n**) *die* serviette *f*.

Servo|lenkung ['zɛrvolɛŋkʊŋ] *die* direction *f* assistée.

Sesam *der* sésame *m*.

Sessel (*pl* -) *der* fauteuil *m*.

Sessel|lift *der* télésiège *m*.

setzen (*perf* **hat/ist gesetzt**) ◇ *vt (hat)* - **1.** [Person] asseoir ; **jn auf einen Platz ~** placer qqn ; **jn vor die Tür ~** mettre qqn à la porte - **2.** [an einen Ort] mettre ; **etw in jn/etw ~** mettre qqch en ODER dans qqn/qqch ; **etw in Gang** ODER **Bewegung ~** mettre qqch en marche - **3.** [Frist, Ziel, Grenze] fixer - **4.** [Pflanzen] planter - **5.** [Denkmal] ériger - **6.** [vor Druck] composer ◇ *vi* - **1.** *(hat)* : **auf jn/etw ~** miser sur qqn/qqch - **2.** *(hat, ist)* : **über etw** *(A)* **~** [fahren] traverser qqch ; [springen] sauter qqch. ◆ **sich setzen** *ref* [hinsetzen] s'asseoir ; **sich zu jm ~** s'asseoir à côté de qqn ; **sich zur Ruhe ~** prendre sa retraite.

Seuche (*pl* **-n**) *die* épidémie *f*.

seufzen *vi* soupirer.

Seufzer (*pl* -) *der* soupir *m*.

Sex *der (ohne Pl)* - **1.** [Sexualität] sexe *m* - **2.** [Verkehr] rapport *m* (sexuel).

Sexualität *die (ohne Pl)* sexualité *f*.

sexuell ◇ *adj* sexuel(elle) ◇ *adv* sexuellement.

sexy *fam* ◇ *adj (unver)* sexy ◇ *adv* de façon sexy.

sezieren *vt & vi* disséquer.

sfr. (*abk für* **Schweizer Franken**) FS *(franc suisse)*.

Shampoo ['ʃampu] (*pl* **-s**) *das* shampooing *m*.

Shareware *die (ohne pl)* EDV logiciel *m* contributif, shareware *m*.

Sherry ['ʃɛrɪ] (*pl* **-s**) *der* sherry *m*.

shoppen *vi* : **~ gehen** faire du shopping.

Shorts ['ʃo:ɐts] *pl* short *m*.

Show [ʃo:] (*pl* **-s**) *die* show *m*.

Showmaster, in ['ʃo:ma:stɐ, rɪn] (*mpl* **-** ; *fpl* **-nen**) *der, die* présentateur *m*, -trice *f*.

Shredder *der* = **Schredder**.

shreddern *vt* = **schreddern**.

Shrimp = **Schrimp**.

Sibirien [zi'bi:ri̯ən] *nt* Sibérie *f*.

sich *pron* se, s' ; **er wäscht ~** il se lave ; **sie wundert ~** elle s'étonne ; **das lohnt ~** ça vaut la peine ; **er kauft ~ etw** il s'achète qqch ; **es lässt ~ nicht anders machen** on ne peut pas faire autrement. ◆ **an sich** *adv* en fait ; **etw an ~** qqch en lui-même ODER en elle-même ODER en soi.

Sichel (*pl* **-n**) *die* faucille *f*.

sicher ◇ *adj* - **1.** [ungefährdet, zuverlässig] sûr(e) ; **vor jm/etw ~ sein** être à l'abri de qqn/qqch - **2.** [Erfolg, Misserfolg] assuré(e) ; **etw ist ~** qqch est assuré - **3.** [selbstbewusst] qui a de l'assurance - **4.** [gewiss] certain(e) ; **sich** *(D)* **einer Sache** *(G)* **~ sein** être sûr(e) de qqch ◇ *adv* - **1.** [zuverlässig] de façon sûre

- **2.** [ungefährdet] en toute sécurité - **3.** [fundiert] avec certitude - **4.** [gewinnen, verlieren] à coup sûr - **5.** [sicherlich] certainement - **6.** [selbstbewusst] avec assurance. ◆ **aber sicher!** *interj* bien sûr!

sicher|gehen (*perf* **ist sichergegangen**) *vi (unreg)* : **~, dass** s'assurer que.

Sicherheit (*pl* **-en**) *die* - **1.** *(ohne Pl)* [Schutz, Zuverlässigkeit] sécurité *f* ; **in ~ sein** être en sécurité ; **in ~ vor jm/etw sein** être à l'abri de qqn/qqch - **2.** *(ohne Pl)* [Bestimmtheit] certitude *f* - **3.** *(ohne Pl)* [Selbstbewusstsein, Geschicklichkeit] assurance *f* - **4.** [Bürgschaft] garantie *f*.

Sicherheits|gurt *der* ceinture *f* de sécurité.

sicherheitshalber *adv* pour plus de sûreté.

Sicherheits|nadel *die* épingle *f* de sûreté ODER à nourrice.

Sicherheits|schloss *das* serrure *f* de sécurité.

sicherlich *adv* sûrement.

sichern *vt* - **1.** [Stelle] protéger ; [Grenze] renforcer - **2.** [Spuren] relever - **3.** [sich verschaffen] : **sich** *(D)* **etw ~** se procurer qqch. ◆ **sich sichern** *ref* [sich absichern] : **sich gegen etw ~** se prémunir de qqch.

sicher|stellen *vt* - **1.** [beschlagnahmen] : **etw ~** mettre qqch en sécurité ODER sûreté - **2.** [gewährleisten] garantir.

Sicherung (*pl* **-en**) *die* - **1.** *(ohne Pl)* [Schutz - von Arbeitsplätzen] préservation *f* ; [- von Frieden] sauvegarde *f* - **2.** ELEKTR fusible *m*.

Sicht *die (ohne Pl)* - **1.** [Aussicht] visibilité *f* ; **in/außer ~** en/hors de vue - **2.** [Betrachtungsweise] vue *f* ; **aus meiner ~** selon moi. ◆ **auf lange Sicht** *adv* à long terme.

sichtbar ◇ *adj* [wahrnehmbar] visible ◇ *adv* sensiblement.

sichten *vt* [Akte, Unterlagen] examiner.

sichtlich ◇ *adj* manifeste, apparent(e) ◇ *adv* visiblement, manifestement.

Sicht|weite *die* visibilité *f* ; **in/außer ~sein** être en/hors de vue.

sickern (*perf* **ist gesickert**) *vi* s'infiltrer.

sie *pron* - **1.** [Singular - Nominativ] elle, il ; [- Akkusativ] la, le, l' ; **~ hat angerufen** elle a téléphoné ; **die Spülmaschine läuft und ~ spült sehr gut** le lave-vaisselle marche et il lave très bien ; **ich kenne ~** je la connais ; **hast du ~ gesehen?** tu l'as vue? ; **ich frage ~** je lui demande - **2.** [Plural - Nominativ] ils, elles ; [- Akkusativ] les.

Sie *pron (Singular und Plural)* vous.

Sieb (*pl* **-e**) *das* - **1.** [grob] passoire *f* - **2.** [fein] tamis *m*.

sieben ◇ *vt* [durchsieben] tamiser ◇ *vi fam* trier sur le volet ◇ *num* sept ; *siehe auch* **sechs.**

Sieben (*pl* - ODER **-en**) *die* sept *m* ; *siehe auch* **Sechs.**

Siebenbürgen *nt* Transylvanie *f*.

siebenfach ◇ *adj* septuple ◇ *adv* sept fois.

siebenhundert *num* sept cents.

siebenmal *adv* sept fois.

Siebensachen *pl fam* saint-frusquin *m inv.*

siebentausend *num* sept mille.

siebte, siebente, r, s *num* septième ; *siehe auch* **sechste.**

Siebte (*pl* **-n**) *der, die, das* septième *mf* ; *siehe auch* **Sechste.**

siebtel *adj (unver)* septième ; *siehe auch* **sechstel.**

Siebtel (*pl* -) *das* septième *m* ; *siehe auch* **Sechstel.**

siebzehn *num* dix-sept ; *siehe auch* **sechs.**

Siebzehn (*pl* **-en**) *die* dix-sept *m* ; *siehe auch* **Sechs.**

siebzig *num* soixante-dix ; *siehe auch* **sechs.**

Siebzig *die (ohne Pl)* soixante-dix *m* ; *siehe auch* **Sechs.**

Siebzigerjahre, siebziger Jahre *pl* : **die ~** les années soixante-dix.

sieden (*prät* **siedete** ; *perf* **hat gesiedet**) ◇ *vi* bouillir ◇ *vt* [Flüssigkeit] bouillir.

Siedler, in (*mpl* - ; *fpl* **-nen**) *der, die* colon *m*.

Siedlung (*pl* **-en**) *die* cité *f*.

Sieg (*pl* **-e**) *der* victoire *f* ; **der ~ über jn/etw** la victoire sur qqn/qqch.

Siegel (*pl* -) *das* - **1.** [Abdruck] cachet *m* - **2.** [Stempel] sceau *m*.

siegen *vi* gagner, triompher ; **über jn/etw ~** remporter la victoire sur qqn/qqch.

Sieger (*pl* -) *der* vainqueur *m*.

Sieger|ehrung *die* remise *f* des prix.

Siegerin (*pl* **-nen**) *die* vainqueur *m*.

siehe *vi* [in Text] : **~ oben** voir plus haut ; **~ Seite 15** voir page 15.

sieht *präs* ▻ **sehen.**

siezen *vt* vouvoyer. ◆ **sich siezen** *ref* se vouvoyer.

Signal (*pl* **-e**) *das* signal *m* ; **das ~ zu etw geben** donner le signal de qqch.

Silbe (*pl* **-n**) *die* syllabe *f* ; **jn/etw mit keiner ~ erwähnen** *fig* ne pas faire la moindre allusion à qqn/qqch.

Silben|trennung *die* division *f* syllabique.

Silber *das (ohne Pl)* - **1.** [Metall] argent *m* - **2.** [Besteck, Geschirr] argenterie *f*.

Silberhoch|zeit *die* noces *fpl* d'argent.

Silber|medaille *die* médaille *f* d'argent.
silbern ◇ *adj* [aus Silber] en argent ◇ *adv* comme de l'argent.
Silo (*pl* **-s**) *der* ODER *das* silo *m*.
Silvester [zɪl'vɛstɐ] (*pl* **-**) *der* ODER *das* Saint-Sylvestre *f* ; **~ feiern** réveillonner *(le 31 décembre)*.
Sims (*pl* **-e**) *der* ODER *das* corniche *f*, rebord *m*.
Simulation (*pl* **-en**) *die* EDV simulation *f*.
simultan ◇ *adj* simultané(e) ◇ *adv* simultanément.
Sinai *der* Sinaï *m* ; **auf dem ~** sur le Sinaï.
sind *präs* ▷ **sein**.
Sinfonie, Symphonie (*pl* **-n**) *die* symphonie *f*.
Singapur *nt* Singapour.
singen (*prät* **sang** ; *perf* **hat gesungen**) ◇ *vi* [musizieren] chanter ◇ *vt* chanter.
Single ['sɪŋ(g)l] (*pl* **-s**) *der* célibataire *mf*.
Singular *der (ohne Pl)* GRAM singulier *m*.
Sing|vogel *der* oiseau *m* chanteur.
sinken (*prät* **sank** ; *perf* **ist gesunken**) *vi* **- 1.** [in Matsch, Sumpf] s'enfoncer **- 2.** [in Wasser] sombrer **- 3.** [abnehmen] baisser.
Sinn (*pl* **-e**) *der* **- 1.** [gen] sens *m* ; **im übertragenen ~** au sens figuré ; **einen/keinen ~ für etw haben** avoir/ne pas avoir le sens de qqch **- 2.** *(ohne Pl)* [Denken] esprit *m*.
Sinn|bild *das* symbole *m*.
Sinnes|organ *das* organe *m* sensoriel.
Sinnes|wandel *der (ohne Pl)* changement *m* d'optique, revirement *m*.
sinngemäß ◇ *adj* selon ODER d'après le sens ◇ *adv* en respectant le sens.
sinnig ◇ *adj* malin(igne) ◇ *adv* de manière réfléchie.
sinnlich ◇ *adj* **- 1.** [Genuss] sensuel(elle) **- 2.** [Wahrnehmung] sensoriel(elle) ◇ *adv* [Genuss betreffend] de façon sensuelle.
sinnlos ◇ *adj* **- 1.** [unsinnig] dépourvu(e) de sens ; [Leben] vide de sens **- 2.** *abw* [maßlos] gratuit(e) ◇ *adv* **- 1.** [unsinnig] de façon insensée **- 2.** *abw* [maßlos] à outrance, avec démesure ; [zerstören] gratuitement.
Sinnlosigkeit (*pl* **-en**) *die (ohne Pl)* [Wesen] absurdité *f*.
sinnvoll ◇ *adj* [befriedigend] qui a un sens ◇ *adv* [befriedigend] de façon sensée.
Sint|flut *die (ohne Pl)* [biblisch] Déluge *m*.
Sippe (*pl* **-n**) *die* clan *m*.
Sirene (*pl* **-n**) *die* sirène *f*.
Sirup *der (ohne Pl)* sirop *m*.
Sitte (*pl* **-n**) *die* [Gepflogenheit] coutume *f* ; **etw ist (bei jm) ~** qqch est l'usage (chez qqn). ◆ **Sitten** *pl* **- 1.** [Benehmen] habitudes *fpl* **- 2.** [Moral] (bonnes) mœurs *fpl*.
sittenwidrig *adj* contraire aux bonnes mœurs.
sittlich ◇ *adj* moral(e) ◇ *adv* [sittsam] de façon morale.
Sittlichkeits|verbrechen *das* attentat *m* à la pudeur.
Situation (*pl* **-en**) *die* situation *f*.
Sitz (*pl* **-e**) *der* **- 1.** [gen] siège *m* **- 2.** *(ohne Pl)* [von Firmen] siège *m* social.
Sitz|ecke *die* coin salon *m*.
sitzen (*prät* **saß** ; *perf* **hat gesessen**) *vi* **- 1.** [dasitzen] être assis(e) ; **auf etw** *(D)* **~** être (assis) sur qqch **- 2.** [sich befinden] être, se trouver ; [in Stadt] être situé(e) ; **in etw** *(D)* **~** [Mitglied] siéger à qqch ; **jd/etw sitzt fest** qqn/qqch est bloqué(e) ; **etw sitzt locker** qqch bouge **- 3.** [Kleidung] : **gut/schlecht ~** bien/mal aller **- 4.** *fam* [Gelerntes] être au point .
sitzen bleiben (*perf* **ist sitzen geblieben**) *vi (unreg) fam* **- 1.** [in Schule] redoubler **- 2.** [auf Waren] : **auf etw** *(D)* **~** ne pas trouver preneur pour qqch.
sitzen lassen *vt (unreg) fam* **- 1.** [Person] : **jn ~** [versetzen] faire faux bond à qqn ; [verlassen] laisser tomber qqn **- 2.** [beruhen lassen] : **etw (nicht) auf sich** *(D)* **~** (ne pas) laisser passer qqch.
Sitz|gelegenheit *die* siège *m*.
Sitz|ordnung *die* placement *m*.
Sitz|platz *der* place *f* assise.
Sitzung (*pl* **-en**) *die* [Konferenz, Behandlung] séance *f* ; [im Betrieb] réunion *f*.
Sizilien [zi'tsiːli̯ən] *nt* Sicile *f*.
Skala (*pl* **-s** ODER **-len**) *die* **- 1.** [für Messungen] échelle *f* graduée **- 2.** [für Abstufungen] gamme *f*.
Skalpell (*pl* **-e**) *das* scalpel *m*.
Skandal (*pl* **-e**) *der* scandale *m*.
skandalös ◇ *adj* scandaleux(euse) ◇ *adv* de façon scandaleuse.
Skandinavien *nt* Scandinavie *f*.
Skandinavier, in [skandi'naːvi̯ɐ, rɪn] (*mpl* **-** ; *fpl* **-nen**) *der, die* Scandinave *mf*.
skandinavisch [skandi'naːvɪʃ] *adj* scandinave.
Skat *der (ohne Pl)* skat *m jeux de cartes pour trois joueurs* ; **~ spielen** jouer au skat.
skaten *vi (ist)* faire du roller.
Skelett (*pl* **-e**) *das* squelette *m*.
Skepsis *die (ohne Pl)* scepticisme *m*.
skeptisch ◇ *adj* sceptique ◇ *adv* avec scepticisme.
Ski, Schi [ʃiː] (*pl* **-** ODER **-er**) *der* ski *m* ; **auf ~ern** sur des skis ; **~ fahren** ODER **laufen** faire du ski.
Skifahren *das (ohne Pl)* ski *m*.
Ski|gebiet *das* domaine *m* skiable.

Skikurs *der* cours *m* de ski.
Skilanglauf *der (ohne Pl)* ski *m* de fond.
Skiläufer, in *der, die* skieur *m*, -euse *f*.
Skilehrer, in *der, die* moniteur de ski *m*, monitrice de ski *f*.
Skilift *der* remonte-pente *m*.
Skipiste *die* piste *f* de ski.
Skistiefel *der* chaussure *f* de ski.
Skistock *der* bâton *m* de ski.
Skiurlaub *der* sports *mpl* d'hiver.
Skizze (*pl* **-n**) *die* - **1.** [Schema] schéma *m* - **2.** [künstlerisch] esquisse *f* ; [Zeichnung] croquis *m* - **3.** [Text] ébauche *f*.
skizzieren *vt* - **1.** [zeichnen] esquisser - **2.** [schreiben] ébaucher.
Sklave ['skla:və] (*pl* **-n**) *der* esclave *m*.
Sklavin ['skla:vɪn] (*pl* **-nen**) *die* esclave *f*.
Skorpion (*pl* **-e**) *der* - **1.** [Tier] scorpion *m* - **2.** ASTROL Scorpion *m*.
Skrupel (*pl* -) *der* scrupule *m*.
skrupellos *adj* & *adv* sans scrupules.
Skulptur (*pl* **-en**) *die* sculpture *f*.
Slalom (*pl* **-s**) *der* slalom *m*.
Slawe (*pl* **-n**) *der* Slave *m*.
Slawin (*pl* **-nen**) *die* Slave *f*.
slawisch *adj* slave.
Slip (*pl* **-s**) *der* slip *m*.
Slowakei *die* Slovaquie *f*.
Slowenien *nt* Slovénie *f*.
Slowenisch *das* slovène *m* ; *siehe auch* **Englisch.**
Slowenische *das* slovène *m* ; *siehe auch* **Englische.**
Slum [slam] (*pl* **-s**) *der* bidonville *m*.
Smaragd (*pl* **-e**) *der* émeraude *f*.
Smoking (*pl* **-s**) *der* smoking *m*.
SMS (*abk für* **Short Message System**) *die (ohne Pl)* SMS *m*.
Snob [snɔb] (*pl* **-s**) *der abw* snob *m*.
Snowboard ['sno:bɔ:d] (*pl* **-s**) *das* surf *m* des neiges ; **~ fahren** faire du surf des neiges.
so ◇ *adv* - **1.** [in dieser Art] ainsi ; **gut ~!** *fam* comme ça! ; **~ ist es!** *fam* c'est bien vrai! ; **weiter ~!** continue!, continuez! - **2.** [mit Adjektiv, Adverb] aussi ; **~... wie...** aussi ... que ... ; **sie ist ~ alt wie du** elle a le même âge que toi ; **er kommt ~ oft wie du** il vient aussi fréquemment que toi - **3.** [mit Substantiv, Pronom] : **~ ein/eine** un tel/une telle ; **~ laut/toll** si fort/bien ; **~ einer/eine/eins wie** des comme - **4.** *fam* [circa] à peu près - **5.** [mit Geste] comme ça - **6.** [Hinweis auf eine abgeschlossene Handlung] voilà ; **~, das wars dann** voilà, c'est terminé - **7.** [sehr] tellement - **8.** *fam* [allgemein] donc ; **na, was hast du ~ gemacht in letzter Zeit?** alors, qu'as-tu donc fait ces derniers temps? - **9.** *fam* [umsonst, ohne etw] comme ça - **10.** [zum Ausdruck von Ärger] allez! ◇ *konj* - **1.** [als Ausdruck eines Vergleichs] : **~ viel (wie)** autant que ; **iss ~ viel du willst** mange autant que tu voudras - **2.** [zum Ausdruck der Einschränkung] aussi ; **~ traurig es auch ist** aussi triste que ce soit - **3.** [zum Ausdruck der Folge] : **~ ..., dass** si ... que ◇ *interj* : **so?** ah bon? ; **~, ~!** eh bien! ◈ **oder so** *adv fam* ou quelque chose comme ça. ◈ **so oder so** *adv* de toute façon. ◈ **so und so** *adv* d'une façon ou d'une autre. ◈ **so dass** = **sodass.**
s. o. *abk für* **siehe oben** ▻ **siehe.**
SO (*abk für* **Südost**) SE.
sobald *konj* dès que.
Söckchen (*pl* -) *das* socquette *f*.
Socke (*pl* **-n**) *die* chaussette *f* ; **sich auf die ~n machen** *fam fig* filer.
Sockel (*pl* -) *der* socle *m*.
sodass, so dass *konj* si bien que, de telle sorte que.
Sodbrennen *das (ohne Pl)* brûlures *fpl* d'estomac.
soeben *adv* - **1.** [augenblicklich] à l'instant - **2.** [vor kurzem] : **~ erhielten wir die Nachricht** on vient de l'apprendre.
Sofa (*pl* **-s**) *das* canapé *m*.
soff *prät* ▻ **saufen.**
sofort *adv* - **1.** [augenblicklich] immédiatement - **2.** [gleich] tout de suite.
Sofortbildkamera *die* polaroïd® *m*.
sofortig *adj* immédiat(e).
Software [sɔftwɛɐ̯] *die (ohne Pl)* EDV logiciel *m*.
Softwarepaket *das* EDV progiciel *m*.
sog *prät* ▻ **saugen.**
sog. *abk für* **so genannt.**
sogar *adv* même.
so genannt *adj abw* [angeblich] prétendu(e), soi-disant.
Sohle (*pl* **-n**) *die* - **1.** [Fußsohle] plante *f* (du pied) - **2.** [Schuhsohle] semelle *f* - **3.** [von Tal, Fluss] fond *m*.
Sohn (*pl* **Söhne**) *der* fils *m*.
Soja *die (ohne Pl)* soja *m*.
solang, solange *konj* - **1.** [während] tant que - **2.** *fam* [sofern] pour autant que.
Solarenergie *die (ohne Pl)* énergie *f* solaire.
Solarium [zo'la:ri̯ʊm] (*pl* **Solarien**) *das* - **1.** [Raum] solarium *m* - **2.** [Gerät] appareil *m* à U.V.
solche, r, s *det* - **1.** [so beschaffene] pareil(eille) ; **~ Leute** des gens pareils - **2.** [so intensive] un tel, une telle ; **mit ~r Kraft, dass** avec une telle force que ; **er hat ~ Angst, dass er zittert** il a tellement peur qu'il tremble.
Soldat (*pl* **-en**) *der* soldat *m*.

Soldatin (*pl* **-nen**) *die* femme *f* soldat.
Söldner, in (*mpl* **- ;** *fpl* **-nen**) *der, die* mercenaire *m*.
solid = solide.
solidarisch ◇ *adj* solidaire ◇ *adv* de façon solidaire.
Solidaritätslzuschlag *der (ohne pl) impôt de solidarité créé lors de la réunification allemande pour aider à la reconstruction de l'ex-RDA.*
solide, solid ◇ *adj* **- 1.** [gen] solide **- 2.** [brav - Person] sérieux(euse) ; [- Lebensweise] rangé(e) ; [- Einrichtung] cossu(e) **- 3.** [Finanzen] sain(e) ◇ *adv* **- 1.** [gen] solidement **- 2.** [brav] de façon rangée.
Solist, in (*mpl* **-en ;** *fpl* **-nen**) *der, die* soliste *mf*.
Soll (*pl* **-** ODER **-s**) *das* **- 1.** [Minus] : **im ~ sein** être à découvert **- 2.** [Sollseite] débit *m ;* **im ~ verbuchen** débiter **- 3.** [Leistung] quota *m ;* **sein ~ erfüllen** [Pensum] atteindre son objectif ; [Pflicht] satisfaire à ses obligations.
sollen (*perf* **hat gesollt** ODER **-**) ◇ *aux (Perf hat sollen)* **- 1.** [als Aufforderung] devoir ; **jd soll etw tun** il faut que qqn fasse qqch ; **das hätte jd nicht tun ~** qqn n'aurait pas dû faire cela **- 2.** [als Vermutung] : **jd/etw soll etw sein/haben** il paraît que qqn/qqch est/a qqch ; **was soll das (heißen)?** qu'est-ce que cela veut dire? ; **was solls!** à quoi bon! **- 3.** [als Bedingung] : **sollte jd etw tun** si qqn faisait qqch ◇ *vi (Perf hat gesollt)* devoir ; **soll er doch!** *fig* qu'il le fasse!
solo ◇ *adv* [im Solo] en solo ◇ *adj (unver) fam* [allein] seul(e).
Solo (*pl* **Soli** ODER **-s**) *das* solo *m*.
Somalia *nt* Somalie *f*.
somit[1] *adv* donc, ainsi.
somit[2] *adv* par conséquent.
Sommer (*pl* **-**) *der* été *m*. ◆ **im Sommer** *adv* en été.
Sommeranlfang *der (ohne Pl)* début *m* de l'été.
Sommerfahrlplan *der* horaires *mpl* d'été.
Sommerlferien *pl* vacances *fpl* d'été.
sommerlich ◇ *adj* estival(e), d'été ◇ *adv* comme en été.
Sommerschlussverlkauf *der* soldes *mpl* d'été.
Sommerlsemester *das* semestre *m* d'été.
Sommerspiele *pl* [Olympiade] : **Olympische ~** jeux *mpl* Olympiques d'été.
Sommerlsprosse *die* tache *f* de rousseur.
Sommerlzeit *die (ohne Pl)* [Uhrzeit] heure *f* d'été.
Sonate (*pl* **-n**) *die* MUS sonate *f*.
Sonderanlgebot *das* promotion *f ;* **im ~** en promotion.
sonderbar ◇ *adj* étrange ◇ *adv* étrangement.
Sonderlfahrt *die amt* parcours *m* spécial.
Sonderlfall *der* cas *m* particulier.
Sonderlgenehmigung *die* autorisation *f* spéciale.
sondergleichen *adj* sans pareil(eille).
sonderlich ◇ *adj* **- 1.** [besondere] particulier(ère) **- 2.** [sonderbar] bizarre ◇ *adv :* **nicht ~** pas particulièrement.
Sonderlmüll *der (ohne Pl)* déchets *mpl* spéciaux.
sondern *konj* mais.
Sonderlschule *die établissement scolaire spécialisé pour enfants en difficulté.*
Sonderlzug *der* train *m* spécial.
Sonett (*pl* **-e**) *das* sonnet *m*.
Sonnlabend *der* samedi *m ; siehe auch* **Samstag.**
sonnabends *adv* le samedi.
Sonne (*pl* **-n**) *die* soleil *m ;* **die ~ geht auf/unter** le soleil se lève/se couche ; **die ~ scheint** il y a du soleil ; **in der ~ prallen** en plein soleil.
sonnen ◆ **sich sonnen** *ref* **- 1.** [in Sonne] prendre un bain de soleil **- 2.** [in Erfolg, Ruhm] : **sich in etw** *(D)* **~** savourer qqch.
Sonnenauflgang *der* lever *m* du soleil.
Sonnenlblume *die* tournesol *m*.
Sonnenlbrand *der* coup *m* de soleil.
Sonnenlbrille *die* lunettes *fpl* de soleil.
Sonnenlcreme *die* crème *f* solaire.
Sonnenldach *das* [für Auto] toit *m* ouvrant ; [für Terrasse] marquise *f*.
Sonnenlenergie *die (ohne Pl)* énergie *f* solaire.
Sonnenlfinsternis *die* éclipse *f* de soleil.
Sonnenllicht *das (ohne Pl)* lumière *f* solaire ODER du soleil.
Sonnenlöl *das* huile *f* solaire.
Sonnenlschein *der (ohne Pl)* lumière *f* du soleil, soleil *m*.
Sonnenlschirm *der* parasol *m*.
Sonnenlschutz *der (ohne Pl)* protection *f* solaire.
Sonnenlseite *die* côté *m* exposé au soleil.
Sonnenlstich *der (ohne Pl)* insolation *f*.
Sonnenlstrahl *der* rayon *m* de ODER du soleil.
Sonnenlsystem *das* système *m* solaire.
Sonnenluhr *die* cadran *m* solaire.
Sonnenunterlgang *der* coucher *m* de ODER du soleil.
Sonnenlwende *die* solstice *m*.
sonnig *adj* **- 1.** [mit viel Sonne] ensoleillé(e) **- 2.** [heiter] enjoué(e).

Sonntag (*pl* **-e**) *der* dimanche *m ; siehe auch* **Samstag.**

sonntags *adv* le dimanche.

sonst *adv* **- 1.** [überdies, außerdem] sinon ; **~ nichts** sinon rien, rien d'autre ; **~ noch was?** *salopp* et avec ça? **- 2.** [normalerweise] d'habitude **- 3.** [abgesehen davon] à part ça ; **was ~?** quoi d'autre? ; **wer/wie/wo (denn) ~?** sinon qui/comment/où?

sonstig *adj* autre.

sonst wo *adv fam* on ne sait où.

sonst woher *adv fam* on ne sait d'où.

sonst wohin *adv fam* on ne sait où.

sooft *konj* aussi souvent que.

Sopran (*pl* **-e**) *der* **- 1.** [Stimme] soprano *m* **- 2.** [Person] soprano *mf.*

Sorge (*pl* **-n**) *die* **- 1.** [Problem] souci *m ;* **sich um jn/etw ~n machen** se faire du souci pour qqn/qqch **- 2.** *(ohne Pl)* [Angst] inquiétude *f* **- 3.** *(ohne Pl)* [Pflege] soin *m.*

sorgen *vi :* **für etw ~** [aufpassen] veiller à qqch ; [etw beschaffen] s'occuper de qqch ; **für jn ~** se charger de qqn. ◆ **sich sorgen** *ref :* **sich um jn/etw ~** s'inquiéter au sujet de qqn/de qqch.

Sorgen|kind *das* enfant *mf* qui cause beaucoup de soucis.

Sorge|recht *das (ohne Pl)* droit *m* de garde.

Sorgfalt *die (ohne Pl)* soin *m.*

sorgfältig ◇ *adj* **- 1.** [Person] soigneux(euse) **- 2.** [Arbeit] soigné(e) ◇ *adv* avec soin.

sorglos ◇ *adj* insouciant(e) ◇ *adv* dans l'insouciance.

Sorte (*pl* **-n**) *die* sorte *f.* ◆ **Sorten** *pl* WIRTSCH monnaies *fpl.*

sortieren *vt* trier

> **sortieren**
>
> L'allemand **sortieren** ne correspond pas au verbe français « sortir » mais à « trier », comme il apparaît dans la phrase suivante **Hast du die Wäsche schon sortiert?** qui a pour traduction « As-tu déjà trié le linge ? ». « Sortir » se traduit le plus communément par **hinausgehen**, comme on peut le voir à travers l'exemple suivant « Tu ne peux pas sortir par cette pluie », qui correspond à l'allemand **Bei diesem Regen kannst du nicht hinausgehen**.

Sortiment (*pl* **-e**) *das* assortiment *m.*

sosehr *konj :* **~ jd auch etw tut...** qqn a beau faire qqch, ...

Soße (*pl* **-n**) *die* sauce *f.*

Sound|karte *die* EDV carte *f* son.

Souvenir [suvəˈniːɐ̯] (*pl* **-s**) *das* souvenir *m.*

souverän [suvəˈrɛːn] ◇ *adj* souverain(e) ◇ *adv* souverainement.

soviel *konj* autant que ; **~ ich weiß** autant que je sache.

so viel *adv* tant ; **~ wie** autant que ; **dreimal ~** trois fois autant ; **halb ~, (wie)** la moitié (de).

soweit *konj* autant que ; **~ ich weiß** autant que je sache.

so weit ◇ *adj :* **~ sein** *fam* être prêt(e) ; **es ist ~** ça y est ◇ *adv* [bis hier] jusque là ; **~ wie möglich** autant que possible.

sowenig *konj* pour le peu que.

so wenig *adv* aussi peu.

sowie *konj* ainsi que.

sowieso *adv* de toute façon.

sowjetisch *adj* soviétique.

Sowjetunion *die :* **die ehemalige ~** l'ex-Union *f* soviétique.

sowohl *konj :* **~... als auch ...** aussi bien ... que ...

sozial ◇ *adj* social(e) ◇ *adv* du ODER d'un point de vue social.

Sozialabgaben *pl* charges *fpl* sociales.

Sozial|amt *das* bureau *m* d'aide sociale.

Sozial|arbeiter, in *der, die* personne *f* employée dans le secteur de l'aide sociale.

Sozial|demokrat, in *der, die* social-démocrate *m*, sociale-démocrate *f.*

Sozial|fall *der* cas *m* social.

Sozial|hilfe *die (ohne Pl)* aide *f* sociale.

Sozialismus *der (ohne Pl)* socialisme *m.*

sozialkritisch *adj* critique de ODER envers la société.

Sozial|leistungen *pl* prestations *fpl* sociales.

Sozial|minister, in *der, die* ministre *m* des Affaires sociales.

Sozial|pädagogik *die (ohne Pl)* socio-pédagogie *f.*

Sozial|politik *die (ohne Pl)* politique *f* sociale.

Sozial|staat *der (ohne Pl)* État *m* providence.

Sozialver|sicherung *die* assurance *f* sociale.

Sozial|wohnung *die* logement *m* social.

Soziologie *die (ohne Pl)* sociologie *f.*

sozusagen *adv* pour ainsi dire.

Spachtel (*pl* **-**) *der* spatule *f ;* [von Kunstmalern] couteau *m.*

spachteln *vt* [mit Spachtelmasse] reboucher.

Spagat (*pl* **-e**) *der* SPORT *&* *fig* grand écart *m.*

Spaghetti, Spagetti *pl* spaghetti *mpl.*

Spalier (*pl* **-e**) *das* [von Menschen] : **~ stehen** former une haie.

Spalt (*pl* **-e**) *der* fente *f* ; **einen ~ weit** ODER **breit öffnen** entrouvrir.

Spalte (*pl* **-n**) *die* **- 1.** [in Fels, Gletscher] faille *f* **- 2.** [von Text] colonne *f*.

spalten *vt* [zerteilen] fendre.

Spaltung (*pl* **-en**) *die* [Teilung] division *f*.

Span (*pl* **Späne**) *der* copeau *m*.

Span|ferkel *das* KÜCHE cochon *m* de lait.

Spange (*pl* **-n**) *die* **- 1.** [im Haar] barrette *f* **- 2.** [Zahnspange] appareil *m (dentaire)*.

Spanien *nt* Espagne *f*.

Spanier, in ['ʃpaːni̯ɐ, rɪn] (*mpl* **- ;** *fpl* **-nen**) *der, die* Espagnol *m*, -e *f*.

spanisch ◇ *adj* espagnol(e) ◇ *adv* espagnol.

Spanisch *das (ohne Pl)* espagnol *m* ; *siehe auch* **Englisch.**

Spanische *das (ohne Pl)* espagnol *m* ; *siehe auch* **Englische.**

spann *prät* ▷ **spinnen.**

Spann|betttuch *das* drap-housse *m*.

Spanne (*pl* **-n**) *die* intervalle *m* ; **in der** ODER **einer ~ von ... bis ...** dans une fourchette de ... à ...

spannen ◇ *vt* **- 1.** [Schnur, Netz] tendre **- 2.** [Muskel, Bogen] bander ◇ *vi* **- 1.** *fam* [heimlich zusehen] épier **- 2.** [Kleidung] serrer. ◆ **sich spannen** *ref* : **sich über etw** *(A)* **~** s'étendre sur qqch.

spannend ◇ *adj* **- 1.** [Geschichte, Film] captivant(e) **- 2.** [Erlebnis] passionnant(e) ◇ *adv* de manière passionnante.

Spann|kraft *die (ohne Pl)* énergie *f*.

Spannung (*pl* **-en**) *die* **- 1.** [gen] tension *f* **- 2.** [elektrisch] voltage *m* ; **unter ~ stehen** être sous tension.

Spannungs|gebiet *das* zone *f* de tension.

Spann|weite *die* envergure *f*.

Span|platte *die* planche *f* d'aggloméré.

Spar|buch *das* livret *m* d'épargne.

Spar|büchse *die* tirelire *f*.

sparen ◇ *vt* économiser ; **sich** *(D)* **etw ~** économiser qqch ; **sich die Mühe ~** ne pas se donner la peine ◇ *vi* faire des économies ; **an etw** *(D)* **~** économiser sur qqch ; **auf** ODER **für etw** *(A)* **~** faire des économies pour qqch.

Spargel (*pl* **-**) *der* asperge *f*.

Spar|kasse *die* caisse *f* d'épargne.

spärlich ◇ *adj* rare, modeste ◇ *adv* peu.

Spar|programm *das* programme *m* de rigueur économique.

sparsam ◇ *adj* **- 1.** [Person] économe ; **mit etw ~ sein** ménager qqch ; **mit Lob/Worten ~ sein** être avare de compliments/paroles **- 2.** [Verbrauch] économique ◇ *adv* économiquement, avec modération ; **mit etw ~ umgehen** utiliser qqch avec mesure.

Sparsamkeit *die (ohne Pl)* économie *f (d'argent)*, action *f* d'économiser.

Spar|schwein *das* tirelire *f*.

Sparte (*pl* **-n**) *die* **- 1.** WIRTSCH branche *f* **- 2.** [in Zeitung] rubrique *f*.

Spaß (*pl* **Späße**) *der* **- 1.** *(ohne Pl)* [Vergnügen] plaisir *m* ; **zum ~** pour le plaisir ; **an etw** *(D)* **~ haben** prendre plaisir à qqch ; **etw macht jm ~/keinen ~** qqch amuse/n'amuse pas qqn ; **jm den ~ verderben** gâcher le plaisir de qqn ; **viel ~!** amuse-toi bien!, amusez-vous bien! **- 2.** [erzählt] plaisanterie *f* ; [vorgeführt] farce *f* ; **aus** ODER **im** ODER **zum ~** pour rire ODER plaisanter ; **~ machen** [nicht ernst meinen] plaisanter ; [Witze reißen] faire des blagues ; **~/keinen ~ verstehen** avoir/ne pas avoir le sens de l'humour.

Spaß|bad *das* parc *m* aquatique.

spaßen *vi* plaisanter.

Spaßverderber, in (*mpl* **- ;** *fpl* **-nen**) *der, die* trouble-fête *mf*.

spät ◇ *adj* tardif(ive) ; **am ~en Abend** tard dans la soirée ; **es ist schon ~** il se fait tard ; **wie ~ ist es?** quelle heure est-il? ◇ *adv* [zeitlich fortgeschritten] tard ; **bis ~ in die Nacht/den Abend** jusque tard dans la nuit/la soirée. ◆ **zu spät** *adv* trop tard ; [verspätet] en retard.

Spaten (*pl* **-**) *der* bêche *f*.

später ◇ *adj* postérieur(e) ◇ *adv* plus tard. ◆ **bis später!** *interj* à plus tard!

spätestens *adv* au plus tard.

Spät|lese (*pl* **-n**) *die vin de qualité issu d'une récolte tardive.*

Spätnach|mittag *der* fin *f* d'après-midi.

Spät|sommer *der* fin *f* de l'été.

Spätvor|stellung *die* dernière séance *f*.

Spatz (*pl* **-en**) *der* [Tier] moineau *m*.

Spätzle *pl Süddt petites pâtes aux œufs frais.*

spazieren (*perf* **ist spaziert**) *vi* se promener.

spazieren gehen (*perf* **ist spazieren gegangen**) *vi (unreg)* (aller) se promener.

Spazier|gang *der* promenade *f*.

Spazier|gänger, in (*mpl* **- ;** *fpl* **-nen**) *der, die* promeneur *m*, -euse *f*.

SPD (*abk für* **Sozialdemokratische Partei Deutschlands**) *die (ohne Pl)* parti *m* social-démocrate allemand.

Specht (*pl* **-e**) *der* pic *m*.

Speck *der (ohne Pl)* **- 1.** KÜCHE lard *m* **- 2.** *fam* [Fett] graisse *f*.

Spediteur, in [ʃpedi'tøːɐ̯, rɪn] (*mpl* **-e** ; *fpl* **-nen**) *der, die* transporteur *m.*

Spedition [ʃpedi'tsioːn] (*pl* **-en**) *die* transport *m.*

Speer (*pl* **-e**) *der* **- 1.** SPORT javelot *m* **- 2.** [Waffe] lance *f.*

Speiche (*pl* **-n**) *die* rayon *m (d'une roue).*

Speichel *der (ohne Pl)* salive *f.*

Speicher (*pl* **-**) *der* **- 1.** [Dachboden] grenier *m* **- 2.** EDV mémoire *f.*

speichern *vt* **- 1.** [Vorrat] stocker **- 2.** [Wissen] enregistrer **- 3.** EDV sauvegarder.

speien ['ʃpaiən] (*prät* **spie** ; *perf* **hat gespie(e) n**) *vt & vi* cracher.

Speise (*pl* **-n**) *die* **- 1.** [Gericht] plat *m* **- 2.** [Nahrung] nourriture *f.*

speisen *vt & vi geh* manger.

Speise|röhre *die* œsophage *m.*

Speise|saal *der* réfectoire *m.*

Speise|wagen *der* wagon-restaurant *m.*

Spektakel (*pl* **-**) ◇ *das* spectacle *m* ◇ *der (ohne Pl)* vacarme *m.*

Spektrum (*pl* **Spektren**) *das* **- 1.** [Bandbreite] palette *f* **- 2.** PHYS spectre *m.*

Spekulant, in (*mpl* **-en** ; *fpl* **-nen**) *der, die* spéculateur *m*, -trice *f.*

Spekulation (*pl* **-en**) *die* **- 1.** WIRTSCH spéculation *f* **- 2.** [Mutmaßungen] supposition *f.*

spekulieren *vi* **- 1.** *fam* [hoffen] : **auf etw** *(A)* **~** viser qqch **- 2.** WIRTSCH spéculer ; **auf etw** *(A)* **~** spéculer sur qqch.

spendabel *adj fam* généreux(euse).

Spende (*pl* **-n**) *die* don *m (pour une bonne cause).*

spenden ◇ *vt* donner *(pour une bonne cause)* ◇ *vi* donner.

Spender, in (*mpl* **-** ; *fpl* **-nen**) *der, die* donneur *m*, -euse *f.*

spendieren *vt fam* : **(jm) etw ~** offrir qqch (à qqn).

Sperling (*pl* **-e**) *der* moineau *m.*

Sperma (*pl* **-ta** ODER **Spermen**) *das* sperme *m.*

Sperre (*pl* **-n**) *die* **- 1.** [Verbot] : **eine ~ verhängen/aufheben** décréter/lever un blocus **- 2.** [Absperrung] barrage *m* **- 3.** TECH verrouillage *m.*

sperren *vt* **- 1.** [einsperren] : **jn/etw in etw** *(A)* **~** enfermer qqn/qqch dans qqch **- 2.** [Straße] interdire *(à la circulation)* **- 3.** [Konto, Scheck] bloquer **- 4.** [Sportler] suspendre. ◆ **sich sperren** *ref* : **sich (gegen etw) ~** s'opposer (à qqch).

Sperr|gebiet *das* zone *f* interdite.

Sperr|holz *das (ohne Pl)* contreplaqué *m.*

sperrig *adj* encombrant(e).

Sperr|müll *der (ohne Pl)* encombrants *mpl.*

Sperr|sitz *der* fauteuil *m* d'orchestre.

Sperr|stunde *die* couvre-feu *m.*

Sperrung (*pl* **-en**) *die* **- 1.** [von Straßen] barrage *m* **- 2.** [von Konto, Scheck] blocage *m.*

Spesen *pl* frais *mpl* ; **auf ~** sur (la) note de frais.

Spezi (*pl* **-s**) *fam* ◇ *der Süddt* copain *m* ◇ *das mélange de coca-cola® et de limonade.*

spezialisieren ◆ **sich spezialisieren** *ref* : **sich auf etw** *(A)* **~** se spécialiser en qqch.

Spezialist, in (*mpl* **-en** ; *fpl* **-nen**) *der, die* spécialiste *mf.*

Spezialität (*pl* **-en**) *die* spécialité *f.*

speziell ◇ *adj* **- 1.** [besondere] spécial(e) **- 2.** [persönlich] particulier(ère) ◇ *adv* spécialement ; **jn/etw ~ meinen** penser à qqn/qqch en particulier.

spicken ◇ *vt* **- 1.** KÜCHE : **etw mit etw ~** larder qqch avec qqch **- 2.** *fam* [ausstatten] : **etw mit etw ~** truffer qqch de qqch ◇ *vi fam* SCHULE copier.

Spick|zettel *der fam* antisèche *f.*

spie *prät* ▻ **speien.**

Spiegel (*pl* **-**) *der* **- 1.** [Gegenstand] miroir *m* **- 2.** [von Gewässern] niveau *m* **- 3.** MED taux *m* **- 4.** *(ohne Pl)* [Magazin] : **der ~** *grand magazine hebdomadaire d'information de tendance centre-gauche.*

Spiegel|bild *das* reflet *m.*

Spiegel|ei *das* œuf *m* sur le plat.

spiegelglatt ◇ *adj* très glissant(e) ◇ *adv* comme un miroir.

spiegeln *vi* briller. ◆ **sich spiegeln** *ref* : **sich in etw** *(D)* **~** se refléter dans qqch.

Spiegelreflex|kamera *die* appareil-photo *m* muni d'un système reflex, reflex *m.*

Spiel (*pl* **-e**) *das* **- 1.** [gen] jeu *m* **- 2.** SPORT match *m* **- 3.** *RW* : **auf dem ~ stehen** être en jeu ; **etw aufs ~ setzen** mettre qqch en péril ; **jn/etw aus dem ~ lassen** ne pas mêler qqn/qqch à une affaire.

Spiel|automat *der* machine *f* à sous.

spielen ◇ *vi* **- 1.** [gen] jouer ; **mit jm/etw ~** jouer avec qqn/qqch ; **um etw ~** jouer pour qqch ; **etw ~ lassen** faire jouer qqch **- 2.** [Roman, Film] : **an einem Ort/zu einer Zeit ~** se dérouler quelque part/à une époque ◇ *vt* **- 1.** [gen] jouer ; **Karten/Schach ~** jouer aux cartes/aux échecs ; **eine Rolle ~** jouer un rôle **- 2.** SPORT : **Tennis/Fußball ~** jouer au tennis/au football **- 3.** [Instrument] : **Klavier/Geige ~** jouer du piano/du violon **- 4.** [vorführen] interpréter.

spielend *adv* [einfach] facilement.

Spieler (*pl* **-**) *der* joueur *m.*

Spielerin (*pl* **-nen**) *die* joueuse *f.*

spielerisch ◇ *adj* [Mittel, Fähigkeit] ludique ◇ *adv* - **1.** [locker] aisément - **2.** [sportlich] : **jm ~ überlegen sein** avoir un meilleur jeu que qqn.
Spiel|feld *das* terrain *m (de jeu).*
Spiel|film *der* film *m (de fiction).*
Spielkonsole (*pl* **-n**) *die* console *f* de jeux.
Spiel|plan *der* [von Theatern] calendrier *m (des spectacles).*
Spiel|platz *der* terrain *m* de jeux.
Spiel|raum *der (ohne Pl)* marge *f.*
Spiel|regel *die* règle *f* du jeu.
Spiel|verderber, in (*mpl* **-** ; *fpl* **-nen**) *der, die* trouble-fête *mf.*
Spiel|waren *pl* jouets *mpl.*
Spiel|zeug *das* - **1.** *(ohne Pl)* [Spielsachen] jouets *mpl* - **2.** [einzelnes Spielgerät] jouet *m.*
Spieß (*pl* **-e**) *der* broche *f (à rôtir)* ; **am ~** à la broche ; **den ~ umdrehen** *fig* inverser les rôles.
spießen *vt* : **etw auf etw** *(A)* **~** embrocher qqch sur qqch.
Spießer, in (*mpl* **-** ; *fpl* **-nen**) *der, die fam abw* petit bourgeois *m*, petite bourgeoise *f.*
Spinat *der* épinard *m.*
Spind (*pl* **-e**) *der* placard *m.*
Spinne (*pl* **-n**) *die* araignée *f.*
spinnen (*prät* **spann** ; *perf* **hat gesponnen**) ◇ *vt* filer *(un textile)* ◇ *vi* - **1.** *fam* [verrückt sein] avoir une araignée au plafond ; **du spinnst!** ça va pas (la tête)! - **2.** [arbeiten] filer.
Spinnwebe (*pl* **-n**) *die* toile *f* d'araignée.
Spion (*pl* **-e**) *der* - **1.** [Person] espion *m* - **2.** [Guckloch] judas *m.*
Spionage [ʃpio'na:ʒə] *die (ohne Pl)* espionnage *m.*
spionieren *vi* espionner.
Spionin (*pl* **-nen**) *die* espionne *f.*
Spirale (*pl* **-n**) *die* - **1.** [gewundene Linie] spirale *f* - **2.** MED stérilet *m.*
Spirituose (*pl* **-n**) *die amt* spiritueux *m.*
Spiritus (*pl* **-se**) *der* alcool *m* à brûler.
spitz ◇ *adj* - **1.** [mit einer Spitze] pointu(e) - **2.** [stichelnd] agressif(ive), mordant(e) - **3.** [Winkel] aigu(üe) ◇ *adv* - **1.** [zulaufen] en pointe - **2.** [stichelnd] avec mordant.
Spitz|bogen *der* ogive *f.*
Spitze (*pl* **-n**) *die* - **1.** [spitzes Ende] pointe *f* ; [von Bergen] sommet *m* - **2.** [Führung] tête *f* ; **an der ~** SPORT en tête ; [in Betrieb] à la tête - **3.** [Höchstwert] maximum *m* - **4.** *fam* [besonders gut] : **jd/etw ist ~** qqn/qqch est génial(e) - **5.** *RW* : **etw auf die ~ treiben** pousser qqch à l'extrême.
Spitzel (*pl* **-**) *der* indicateur *m.*
spitzen *vt* tailler, aiguiser.
Spitzen|reiter, in *der, die* premier *m*, -ère *f.*
spitzfindig *abw adj* pointilleux(euse).
Spitz|name *der* surnom *m.*
Splitter (*pl* **-**) *der* éclat *m* ; [aus Holz] écharde *f.*
Splitter|gruppe *die* groupuscule *m.*
splittern (*perf* **hat/ist gesplittert**) *vi* - **1.** *(ist)* [zersplittern] briser - **2.** *(hat)* [absplittern] éclater.
splitternackt *fam* ◇ *adj* nu(e) comme un ver ◇ *adv* tout nu, toute nue.
SPÖ (*abk für* **Sozialdemokratische Partei Österreichs**) *die (ohne Pl) parti social-démocrate autrichien.*
Sponsor (*pl* **-en**) *der* sponsor *m.*
Sponsorin (*pl* **-nen**) *die* sponsor *m.*
spontan ◇ *adj* spontané(e) ◇ *adv* spontanément.
Sport *der (ohne Pl)* sport *m* ; **~ treiben** faire du sport.
Sport|art *die* sport *m.*
Sport|gerät *das* agrès *mpl.*
Sport|halle *die* gymnase *m*, salle *f* de sport ODER des sports.
Sport|lehrer, in *der, die* professeur *m* d'éducation physique.
Sportler, in (*mpl* **-** ; *fpl* **-nen**) *der, die* sportif *m*, -ive *f.*
sportlich *adj* sportif(ive).
Sport|platz *der* terrain *m* de sport.
Sport|verein *der* association *f* sportive.
Sport|wagen *der* - **1.** [Auto] voiture *f* de sport - **2.** [Kinderwagen] poussette *f.*
Spott *der (ohne Pl)* dérision *f.*
spottbillig *fam* ◇ *adj* d'un prix dérisoire ◇ *adv* à un prix dérisoire.
spotten *vi* : **(über jn/etw) ~** se moquer (de qqn/qqch).
spöttisch ◇ *adj* moqueur(euse) ◇ *adv* de façon moqueuse.
Spott|preis *der fam* prix *m* dérisoire.
sprach *prät* ▷ **sprechen.**
Sprache (*pl* **-n**) *die* langue *f* ; **etw verschlägt einem die ~** *fam fig* qqch la coupe à qqn ; **etw zur ~ bringen** *fig* évoquer qqch ; **mit der ~ herausrücken** *fam fig* s'expliquer.
Sprach|kenntnisse *pl* connaissances *fpl* linguistiques ODER en langues.
Sprach|kurs *der* cours *m* de langue.
Sprach|labor *das* laboratoire *m* de langues.
sprachlich ◇ *adj* - **1.** [Begabung, Studium] linguistique - **2.** [Ausdruck] verbal(e) ◇ *adv* - **1.** [begabt] pour les ODER en langues - **2.** [ausdrücken] verbalement.
sprachlos ◇ *adj* muet(ette) ; **~ sein** être interloqué(e) ◇ *adv* sans rien dire.

Sprachreise *die* voyage *m* linguistique.

Sprachrohr *das* porte-parole *m.*

sprang *prät* ▷ **springen.**

Spray [ʃpreː, spreː] (*pl* **-s**) *der* ODER *das* spray *m.*

Sprechanlage *die* interphone *m.*

sprechen (*präs* **spricht** ; *prät* **sprach** ; *perf* **hat gesprochen**) ◇ *vi* - **1.** [reden] parler ; **über jn/etw ~** parler de qqn/qqch ; **mit jm ~** parler à qqn ; **von jm/etw ~** parler de qqn/qqch ; **zu jm ~** s'adresser à qqn ; **hallo, wer spricht da bitte?** allô, qui est à l'appareil? ; **auf jn/etw zu ~ kommen** en venir à parler de qqn/qqch ; **frei ~** parler sans notes - **2.** [Vorzug] : **für jn/etw ~** parler en faveur de qqn/qqch - **3.** [Nachteil] : **gegen jn ~** parler en défaveur de qqn ; **gegen etw ~** s'opposer à qqch ◇ *vt* - **1.** [sagen, reden] parler ; **jn ~** parler à qqn ; **Englisch ~** parler anglais - **2.** *RW* : **nicht gut auf jn/etw zu ~ sein** ne pas vouloir entendre parler de qqn/qqch.

Sprecher, in (*mpl* **-** ; *fpl* **-nen**) *der, die* - **1.** [einer Gruppe] porte-parole *m* - **2.** [von Nachrichten] présentateur *m*, -trice *f.*

Sprechstunde *die* - **1.** [von Ärzten - Behandlung] consultation *f* ; [- Zeitplan] heures *fpl* de consultation - **2.** [von Professoren] heures *fpl* de rendez-vous.

Sprechstundenhilfe *die* assistance *f* médicale.

Sprechzimmer *das* cabinet *m* de consultation.

spreizen *vt* écarter.

sprengen *vt* - **1.** [zerstören] faire sauter - **2.** [befeuchten - Rasen] arroser ; [- Wäsche] humecter.

Sprengsatz *der* charge *f* d'explosif.

Sprengstoff *der* explosif *m.*

spricht *präs* ▷ **sprechen.**

Sprichwort (*pl* **-wörter**) *das* proverbe *m.*

sprießen (*prät* **spross** ; *perf* **ist gesprossen**) *vi* pousser.

Springbrunnen *der* jet *m* d'eau.

springen (*prät* **sprang** ; *perf* **hat/ist gesprungen**) ◇ *vi* - **1.** *(ist)* [hüpfen] sauter ; **auf etw** *(A)* **~** sauter sur qqch ; **aus** ODER **von etw ~** sauter de qqch - **2.** *(ist)* [Glas, Porzellan] se fêler - **3.** *RW* : **etw ~ lassen** *fam* se fendre de qqch ◇ *vt (hat)* SPORT : **einen Salto/eine Figur ~** faire un salto/une figure.

Sprint (*pl* **-s**) *der* SPORT sprint *m.*

Spritze (*pl* **-n**) *die* - **1.** [Injektion] piqûre *f* - **2.** [Wasserspritze] embout *m (de tuyau).*

spritzen (*perf* **hat/ist gespritzt**) ◇ *vi* gicler, éclabousser ◇ *vt (hat)* - **1.** [nass machen] arroser ; **jn nass ~** asperger qqn - **2.** [lackieren] peindre au pistolet - **3.** [Pflanzen, Obst] traiter - **4.** [eine Spritze geben] injecter.

Spritzer (*pl* **-**) *der* éclaboussure *f.*

spröde *adj* - **1.** [Material, Haar] cassant(e) ; [Haut] sec (sèche) - **2.** [abweisend] farouche.

spross *prät* ▷ **sprießen.**

Sprosse (*pl* **-n**) *die* échelon *m.*

Sprössling (*pl* **-e**) *der fam hum* rejeton *m.*

Spruch (*pl* **Sprüche**) *der* - **1.** [Redensart] adage *m*, aphorisme *m* ; **dumme Sprüche** balivernes *fpl* - **2.** [Sprichwort] proverbe *m.*

spruchreif *adj* : **noch nicht ~ sein** ne pas être encore mûr(e) *(projet, idée).*

Sprudel (*pl* **-**) *der* eau *f* gazeuse.

sprudeln (*perf* **hat/ist gesprudelt**) *vi* - **1.** *(ist)* [strömen] jaillir - **2.** *(hat)* [schäumen] mousser.

Sprühdose *die* bombe *f (aérosol).*

sprühen (*perf* **hat/ist gesprüht**) ◇ *vt (hat)* vaporiser ; [schreiben] inscrire à la bombe ◇ *vi* - **1.** *(ist)* [Wasser] : **gegen etw ~** éclabousser qqch - **2.** *(hat)* [glänzen] : **vor Witz/Charme ~** briller par son esprit/son charme.

Sprühregen *der (ohne Pl)* bruine *f.*

Sprung (*pl* **Sprünge**) *der* - **1.** [Bewegung] saut *m* ; [plötzlich] bond *m* - **2.** [Riss] fêlure *f* ; **einen ~ haben** être fêlé(e) - **3.** *RW* : **jm auf die Sprünge helfen** *fam* mettre qqn sur la voie.

Sprungbrett *das* tremplin *m.*

sprunghaft *adj* - **1.** [Person] inconstant(e) - **2.** [Denken] incohérent(e) - **3.** [Entwicklung, Steigerung] vertigineux(euse).

SPS (*abk für* **Sozialdemokratische Partei der Schweiz**) *die (ohne Pl)* parti *m* social-démocrate suisse.

Spucke *die (ohne Pl)* salive *f.*

spucken ◇ *vi* - **1.** [ausspucken] cracher - **2.** *fam* [sich übergeben] vomir ◇ *vt* - **1.** [ausspucken] cracher - **2.** [erbrechen] vomir.

Spuk *der (ohne Pl) apparition de fantôme.*

spuken *vi* : **in etw** *(D)* **~** hanter qqch ; **es spukt** il y a des fantômes.

Spule (*pl* **-n**) *die* bobine *f.*

Spüle (*pl* **-n**) *die* évier *m.*

spülen ◇ *vt* - **1.** [Geschirr] laver - **2.** [schwemmen] : **etw an Land ~** rejeter qqch sur la côte ◇ *vi* - **1.** [reinigen] faire la vaisselle - **2.** [in der Toilette] tirer la chasse (d'eau).

Spülmaschine *die* lave-vaisselle *m.*

Spülmittel *das* produit *m* de vaisselle.

Spur (*pl* **-en**) *die* - **1.** [gen] trace *f* - **2.** [Fahrstreifen] voie *f*, file *f* ; **die ~ wechseln** changer de file - **3.** [Menge] tout petit peu *m* de.

◆ **keine Spur!** *interj* pas du tout!

spürbar *adj* **-1.** [fühlbar] sensible **-2.** [deutlich] net (nette).

spüren *vt* sentir, ressentir ; **etw zu ~ bekommen** *fam* sentir passer qqch.

Spuren|element *das* BIOL & CHEM oligo-élément *m*.

spurlos *adv* sans laisser de traces.

Spurt (*pl* **-s** ODER **-e**) *der* sprint *m*.

sputen ◆ **sich sputen** *ref* se dépêcher.

Squash [skvɔʃ] *das (ohne Pl)* squash *m*.

Sri Lanka *nt* Sri-Lanka *m*.

s. S. (*abk für* **siehe Seite**) cf. p.

SS UNI (*abk für* **Sommersemester**) semestre *m* d'été *(l'année universitaire est divisée en deux semestres en Allemagne)*.

SSV *abk für* **Sommerschlussverkauf.**

St. (*abk für* **Sankt**) St, Ste.

Staat (*pl* **-en**) *der* état *m* ; **die ~en** *fam* les États-Unis.

Staaten|bund *der* confédération *f* d'États.

staatenlos *adj* apatride.

staatlich ◇ *adj* [Souveränität] national(e) ; [Geld, Maßnahme] de l'État ; [Betrieb] d'État ◇ *adv* par l'État ; **~ anerkannt** reconnu(e) par l'État ; **~ geprüft** diplômé(e) d'État.

Staats|angehörigkeit (*pl* **-en**) *die* nationalité *f* ; **doppelte ~** double nationalité.

Staats|anwalt, anwältin *der, die* procureur *m*.

Staats|besuch *der* visite *f* officielle.

Staats|bürger, in *der, die* citoyen *m*, -enne *f*.

Staats|dienst *der (ohne Pl)* fonction *f* publique.

staatseigen *adj* nationalisé(e).

Staats|examen *das examen d'État permettant en particulier l'accès à l'enseignement et aux professions juridiques.*

Staats|mann (*pl* **-männer**) *der* homme *m* d'État.

Staatsober|haupt *das* [Funktion] chef *m* d'État ; [Person] chef *m* de l'État.

Staats|sekretär, in *der, die* secrétaire *mf* d'État.

Staatssicherheits|dienst *der (ohne Pl) police secrète de l'ex-RDA.*

Staats|streich *der* coup *m* d'État.

staatstragend *adj* en faveur du gouvernement ; **die ~e Schicht** les piliers de l'État.

Staats|vertrag *der* convention *f* internationale.

Stab (*pl* **Stäbe**) *der* **-1.** [Stock] bâton *m* **-2.** [Führungsstab] état-major *m*.

Stäbchen (*pl* **-**) *das* [Essstäbchen] baguette *f*.

Stabhoch|sprung *der* SPORT saut *m* à la perche.

stabil *adj* **-1.** [unveränderlich] stable **-2.** [widerstandsfähig] solide.

stabilisieren *vt* stabiliser. ◆ **sich stabilisieren** *ref* se stabiliser.

stach *prät* ▷ **stechen.**

Stachel (*pl* **-n**) *der* **-1.** [von Insekten] dard *m* **-2.** [von Igeln] piquant *m* **-3.** [von Pflanzen] épine *f*.

Stachel|beere *die* groseille *f* à maquereau.

Stachel|draht *der* fil *m* de fer barbelé, barbelé *m*.

stachelig, stachlig *adj* épineux(euse).

Stadion ['ʃtaːdi̯ɔn] (*pl* **Stadien**) *das* stade *m (sportif)*.

Stadium ['ʃtaːdi̯ʊm] (*pl* **Stadien**) *das* stade *m (étape)*.

Stadt (*pl* **Städte**) *die* ville *f* ; **die ~ Köln** la ville de Cologne.

Stadt|auto *das association qui loue des véhicules à ses membres.*

stadtbekannt *adj* connu(e) dans toute la ville.

Stadt|bummel *der fam* balade *f* en ville.

Städte|bau *der (ohne Pl)* urbanisme *m*.

Städter, in (*mpl* **-** ; *fpl* **-nen**) *der, die* citadin *m*, -e *f*.

Stadt|gespräch *das (ohne Pl)* : **das ist ~** on ne parle que de ça.

städtisch ◇ *adj* **-1.** [der Stadtverwaltung] municipal(e) **-2.** [der Stadt] urbain(e) ◇ *adv* au niveau de la commune.

Stadt|kern *der* centre-ville *m*.

Stadt|park *der* parc *m* municipal.

Stadt|plan *der* plan *m* de la ville.

Stadt|rand *der* périphérie *f*, banlieue *f*.

Stadt|rat *der* **-1.** [Organ] conseil *m* municipal **-2.** [Person] conseiller *m* municipal.

Stadt|rätin (*pl* **-nen**) *die* conseillère *f* municipale.

Stadtrund|fahrt *die* tour *m* de la ville.

Stadt|staat *der* ville-état *f*.

Stadt|teil *der* quartier *m*.

Stadt|tor *das* porte *f* de la ville.

Stadt|viertel *das* quartier *m*.

Stadt|zentrum *das* centre-ville *m*.

Staffel (*pl* **-n**) *die* SPORT relais *m*.

Staffelei (*pl* **-en**) *die* chevalet *m*.

staffeln *vt* échelonner.

stahl *prät* ▷ **stehlen.**

Stahl (*pl* **Stähle**) *der* acier *m*.

Stahl|industrie *die* sidérurgie *f*.

staksen (*perf* **ist gestakst**) *vi fam* marcher *(avec raideur)*.

Stall (*pl* **Ställe**) *der* [für Pferde] écurie *f* ; [für Rinder] étable *f* ; [für Schweine] porcherie *f* ;

[für Hühner] poulailler *m* ; [für Kaninchen] clapier *m*.

Stamm (*pl* **Stämme**) *der* - **1.** [Stammesverband] tribu *f* - **2.** [Baumstamm] tronc *m* - **3.** [Wortstamm] racine *f*.

Stamm|baum *der* - **1.** [von Familien] arbre *m* généalogique - **2.** [von Tieren] pedigree *m*.

stammeln *vt* & *vi* balbutier.

stammen *vi* venir ; **aus etw ~** [herkommen] être originaire de qqch ; [Zitat] être extrait(e) de qqch ; **von jm ~** être de qqn ; **aus** ODER **von etw ~** [zeitlich] dater de qqch.

Stamm|gast *der* habitué *m*, -e *f*.

stämmig *adj* trapu(e).

Stamm|platz *der* [gewohnter Platz] place *f* habituelle.

Stamm|tisch *der* - **1.** [Gruppe] habitués *mpl* - **2.** [Tisch] table *f* des habitués.

stampfen (*perf* **hat/ist gestampft**) ◇ *vi* - **1.** *(hat)* [auftreten] piétiner - **2.** *(ist)* [gehen] marcher à pas lourds ◇ *vt (hat)* - **1.** [treten] fouler - **2.** [zerdrücken] écraser.

stand *prät* ▷ **stehen.**

Stand (*pl* **Stände**) *der* - **1.** *(ohne Pl)* [Stellung] position *f* - **2.** [Verkaufsstand] stand *m* - **3.** *(ohne Pl)* [Entwicklungsstufe] : **der ~ der Dinge** l'état *m* des choses ; **auf dem neuesten ~ sein** être à jour - **4.** *RW* : **einen schweren ~ (bei jm) haben** *fam* avoir bien du mal (avec qqn) ; *siehe auch* **imstande** ; *siehe auch* **zustande.**

Standard (*pl* **-s**) *der* - **1.** [Niveau] niveau *m* - **2.** [Norm] norme *f*.

Stand-by [stɛnt'bai] (*pl* **-s**) *der* - **1.** [bei Elektrogeräten] : **in ~** en veille - **2.** [bei Flugreisen] : **als ~** en stand-by.

Ständchen (*pl* -) *das* sérénade *f*, aubade *f* ; **jm ein ~ bringen** donner une sérénade pour qqn.

Ständer (*pl* -) *der* support *m* ; [von Fahrrädern] béquille *f* ; [für Mäntel] portemanteau *m* ; [für Schirme] porte-parapluie *m*.

Standes|amt *das* bureau *m* de l'état civil ; [für Heirat] mairie *f*.

standesamtlich ◇ *adj* : **~e Trauung** mariage *m* civil ◇ *adv* : **sich ~ trauen lassen** se marier civilement.

standesgemäß *adj* & *adv* conforme au rang.

Standes|unterschied *der* différence *f* sociale.

standhaft ◇ *adj* persévérant(e) ◇ *adv* fermement.

stand|halten *vi (unreg)* : **(einer Sache** *(D)***) ~** résister (à qqch).

ständig ◇ *adj* permanent(e) ◇ *adv* continuellement, en permanence.

Stand|ort *der* - **1.** [gen] place *f* - **2.** [Betrieb, Industrie] site *m*.

Stand|punkt *der* point *m* de vue ; **den ~ vertreten, dass** être d'avis que.

Stand|spur *die* bande *f* d'arrêt d'urgence.

Stange (*pl* **-n**) *die* perche *f* ; [für Bohnen, Hopfen] rame *f* ; [beim Slalom] piquet *m* ; **eine ~ Zigaretten** une cartouche de cigarettes ; **von der ~** *fam* de prêt-à-porter ; **eine ~ Geld** *fam fig* un fric fou.

Stängel (*pl* -) *der* tige *f*.

stank *prät* ▷ **stinken.**

stanzen *vt* - **1.** [pressen] estamper - **2.** [Löcher] poinçonner.

Stapel (*pl* -) *der* [Haufen] pile *f* ; [von Holz] tas *m*.

Stapel|lauf *der* lancement *m (d'un navire)*.

stapeln *vt* empiler ; [Holz] entasser. ◆ **sich stapeln** *ref* s'accumuler.

Star [ʃtaːɐ̯] (*pl* **-e** ODER **-s**) *der* - **1.** *(G Star(e)s, Pl Stare)* [Vogel] étourneau *m* - **2.** *(G Stars, Pl Stars)* [Mensch] star *f*.

starb *prät* ▷ **sterben.**

stark (*komp* **stärker** ; *superl* **stärkste**) ◇ *adj* - **1.** [gen] fort(e) ; **18 Millimeter ~** épais(aisse) de 18 millimètres - **2.** *RW* : **sich für jn/etw ~ machen** *fam* soutenir qqn/qqch ◇ *adv* - **1.** [intensiv] fortement - **2.** [viel] très ; **~ hoffen** espérer très fort.

Stärke (*pl* **-n**) *die* - **1.** *(ohne Pl)* [gen] force *f* - **2.** [Fähigkeit] point *m* fort - **3.** [Erdbeben] magnitude *f* - **4.** [von Lebensmitteln, für Wäsche] amidon *m*.

stärken *vt* - **1.** [Muskulatur, Abwehrkräfte] fortifier - **2.** [behandeln] amidonner. ◆ **sich stärken** *ref* se restaurer, reprendre des forces.

Stark|strom *der* courant *m* à haute tension.

Stärkung (*pl* **-en**) *die* - **1.** [Mahlzeit] en-cas *m* - **2.** [Aufbau] renforcement *m*.

starr ◇ *adj* - **1.** [Gliedmaße] raide - **2.** [Element, Blick] fixe - **3.** [System, Prinzip, Vorstellung] rigide ◇ *adv* [unflexibel] avec obstination.

starren *vi* - **1.** [sehen] : **auf jn/etw ~** fixer qqn/qqch ; **ins Leere ~** avoir le regard dans le vide - **2.** [Felsen] se dresser - **3.** [vor Schmutz] : **vor** ODER **von etw ~** être couvert(e) de qqch.

starrsinnig *adj* obstiné(e).

Start (*pl* **-s** ODER **-e**) *der* - **1.** [von Rennen] départ *m* - **2.** [von Flugzeug, Rakete] décollage *m*.

Start|bahn *die* piste *f* de décollage.

starten (*perf* **hat/ist gestartet**) ◇ *vi (ist)* - **1.** [Läufer, Pferd] prendre le départ - **2.** [Flugzeug] décoller ◇ *vt (hat)* - **1.** [Rakete, Projekt, Aktion] lancer - **2.** [Fahrzeug, Motor] démarrer.

Stasi (*abk für* **Staatssicherheitsdienst**) *die* ODER *der (ohne Pl)* HIST Stasi *f (services de sécurité de l'État en ex-RDA).*

Statik *die (ohne Pl)* statique *f.*

Station (*pl* **-en**) *die* - **1.** [im Krankenhaus] service *m* - **2.** [von Zug, Bus] arrêt *m* ; [von U-Bahn] station *f* - **3.** [von Reisen] étape *f.*

stationär ◇ *adj* [Patient] hospitalisé(e) ; [Gesundheitszustand] stationnaire ◇ *adv :* **~ behandelt werden** être hospitalisé(e).

Statistik (*pl* **-en**) *die* statistique *f.*

Stativ (*pl* **-e**) *das* pied *m*, trépied *m.*

statt ◇ *konj* au lieu de ◇ *präp (+G) geh :* **~ js** à la place de qqn.

stattdessen *adv* à la place.

Stätte (*pl* **-n**) *die geh* lieu *m.*

statt|finden *vi (unreg)* avoir lieu.

stattlich *adj* - **1.** [Erscheinung, Anwesen] imposant(e) - **2.** [Summe] important(e).

Statue ['ʃtaːtu̯ə, 'staːtu̯ə] (*pl* **-n**) *die* statue *f.*

Stau (*pl* **-s** ODER **-e**) *der* [Verkehrsbehinderung] embouteillage *m*, bouchon *m* ; **im ~ stehen** être pris(e) dans un embouteillage.

Staub *der (ohne Pl)* poussière *f* ; **~ wischen** faire la poussière ; **sich aus dem ~ machen** *fam fig* décamper. ◆ **Staub saugen** = **staubsaugen.**

stauben *vi* faire de la poussière.

staubig *adj* poussiéreux(euse).

staub|saugen ◇ *vi* passer l'aspirateur ◇ *vt :* **etw ~** passer l'aspirateur sur qqch.

Staubsauger (*pl* **-**) *der* aspirateur *m.*

Stau|damm *der* barrage *m.*

Staude (*pl* **-n**) *die* arbuste *m.*

stauen *vt* arrêter, contenir. ◆ **sich stauen** *ref* - **1.** [Stau bilden] stagner - **2.** [sich ansammeln] s'accumuler.

staunen *vi* - **1.** [sich wundern] s'étonner - **2.** [bewundern] : **über jn/etw ~** s'émerveiller de qqn/qqch.

Staunen *das (ohne Pl)* étonnement *m.*

Stau|see *der* réservoir *m.*

Stauung (*pl* **-en**) *die* - **1.** [Stillstand] arrêt *m* - **2.** [Staubildung] : **~ des Verkehrs** embouteillages *mpl.*

Std. (*abk für* **Stunde**) h.

Steak [ʃteːk, steːk] (*pl* **-s**) *das* bifteck *m.*

stechen (*präs* **sticht** ; *prät* **stach** ; *perf* **hat gestochen**) ◇ *vt* [mit Nadel, Dorn, Stachel] piquer ◇ *vi* - **1.** [Sonne] brûler - **2.** [Nadel, Dorn, Stachel] piquer ; **(mit etw) in etw** *(A)* **~** piquer (qqch) dans qqch. ◆ **sich stechen** *ref* [sich verletzen] se piquer.

stechend ◇ *adj* - **1.** [Augen, Blick] perçant(e) - **2.** [Geruch] âcre - **3.** [Schmerz] aigu(uë) - **4.** [Sonne] brûlant(e) ◇ *adv* - **1.** [ansehen] d'un regard perçant - **2.** [aggressiv] : **~ riechen** avoir une odeur âcre.

Steck|brief *der* signalement *m.*

Steck|dose *die* prise *f* (électrique).

stecken ◇ *vt* mettre ; **sich** *(D)* **etw in etw** *(A)* **~** se mettre qqch dans qqch ◇ *vi* - **1.** [gen] être, se trouver ; **wo habt ihr denn gesteckt?** mais où étiez-vous donc passés? - **2.** [enthalten] contenir - **3.** [investiert sein] : **in diesem Projekt steckt viel Arbeit** ce projet a demandé beaucoup de travail - **4.** *RW :* **hinter etw** *(D)* **~** *fam* se cacher derrière qqch.

stecken bleiben (*perf* **ist stecken geblieben**) *vi (unreg)* - **1.** [festsitzen] rester bloqué(e) - **2.** [nicht weiterwissen] avoir un trou de mémoire.

Stecker (*pl* **-**) *der* prise *f* (mâle).

Steck|nadel *die* épingle *f.*

Steg (*pl* **-e**) *der* - **1.** [Brücke] passerelle *f* - **2.** [von Hosen] bride *f (sous le pied).*

stehen (*prät* **stand** ; *perf* **hat gestanden**) *vi* - **1.** [gen] être ; **vor etw ~** *fig* être au bord de qqch ; **es steht 15 : 3** SPORT ils en sont à 15 à 3 - **2.** [aufrecht] être debout ; **~ bleiben** rester debout - **3.** [geschrieben] être écrit(e) ; **was steht heute in der Zeitung?** qu'y a-t-il aujourd'hui dans le journal? - **4.** GRAM : **mit Akkusativ/Dativ ~** être suivi(e) de l'accusatif/du datif ; **im Plural/im Passiv ~** être (mis(e)) au pluriel/passif - **5.** [Uhr, Motor, Zeiger] être arrêté(e) ; **auf etw** *(D)* **~** indiquer qqch ; **still ~** être à l'arrêt - **6.** [Kleid, Farbe] : **jm (gut/schlecht) ~** aller (bien/mal) à qqn - **7.** [Währung] être coté(e) - **8.** [folgen] : **auf etw** *(A)* **steht etw** [als Strafe] qqch est puni(e) de qqch ; [als Belohnung] qqch est récompensé(e) par qqch - **9.** [verantwortlich, helfend] : **zu etw ~** [zu Versprechen] respecter qqch ; [zu Meinung] défendre qqch ; **zu jm ~** soutenir qqn - **10.** [beurteilend] : **zu etw (kritisch/positiv/ablehnend) ~** avoir une position (critique/positive/négative) vis-à-vis de qqch - **11.** [stellvertretend] : **für etw ~** [bedeuten] signifier qqch ; [typisch sein] être représentatif(ive) de qqch - **12.** *fam* [Arbeit, Text] être fini(e) - **13.** [in einem Zustand] : **es steht schlecht/kritisch um jn/etw** l'état de qqn/qqch est mauvais/critique ; **zur Debatte/Verfügung ~** être à l'ordre du jour/à disposition ; **es steht gut/schlecht mit jm/etw** qqn/qqch va, bien/mal ; **wie stehts?** *fam* comment ça va? - **14.** *RW :* **alles ~ und liegen lassen** tout laisser en plan ; **ihm steht es bis hier ~** *fam* il en a par-dessus la tête. ◆ **Stehen** *das :* **im Stehen** debout.

stehen bleiben (*perf* **ist stehen geblie-**

ben) *vi (unreg)* - **1.** [Uhr, Mensch, Zeit] s'arrêter - **2.** [stagnieren] ne pas dépasser - **3.** [übrig bleiben] rester intact(e) - **4.** [belassen] passer.

stehen lassen (*perf* **hat stehen lassen** ODER **stehen gelassen)** *vt (unreg)* - **1.** [gen] laisser - **2.** [sich abwenden] laisser en plan - **3.** [Satz] laisser tel(le) quel(le) ; [Behauptung] laisser passer.

Stehllampe *die* lampadaire *m*.

stehlen (*präs* **stiehlt** ; *prät* **stahl** ; *perf* **hat gestohlen)** *vt* [entwenden] voler ; **jm die Zeit ~** *fig* faire perdre son temps à qqn ; **sie kann mir gestohlen bleiben** *fam fig* moins je la vois, mieux je me porte.

Steierin (*pl* **-nen**) *die* Styrienne *f*.

Steiermark *die* Styrie *f*.

steif ◇ *adj* - **1.** [Hals, Gelenke, Bewegung] raide - **2.** [Sahne, Marmelade] solide - **3.** [Umgangsform, Ansprache] guindé(e) - **4.** [Kragen, Karton] rigide ◇ *adv* - **1.** [fest] : **Eiweiß ~ schlagen** monter les blancs d'œufs en neige - **2.** [sitzen, gehen, begrüßen] avec raideur - **3.** *RW* : **~ und fest** *fam* catégoriquement.

Steiglbügel *der* étrier *m*.

steigen (*prät* **stieg** ; *perf* **ist gestiegen)** *vi* - **1.** [hinaufsteigen] : **auf etw** *(A)* **~** monter sur qqch - **2.** [hineinsteigen] : **in etw** *(A)* **~** monter dans qqch - **3.** [aussteigen] : **aus etw ~** descendre de qqch - **4.** [absteigen] : **von etw ~** descendre de qqch - **5.** [in die Luft] s'élever ; [Nebel] se lever - **6.** [Preis, Temperatur, Flut, Spannung] monter ; [Anzahl, Wert, Kosten] augmenter ; **bis zu etw** ODER **auf etw** *(A)* **~** atteindre qqch.

Steigerung (*pl* **-en**) *die* - **1.** [von Preis, Umsatz] augmentation *f* - **2.** [von Leistung] amélioration *f* - **3.** GRAM *comparatif ou superlatif.*

steil ◇ *adj* - **1.** [Abhang] raide - **2.** [schnell] en flèche ; [Karriere] fulgurant(e) ◇ *adv* - **1.** [stark] : **~ ansteigen/abfallen** monter/descendre à pic - **2.** [schnell] : **~ ansteigen** monter en flèche.

Steillhang *der* pente *f* raide.

Stein (*pl* **-e**) *der* - **1.** [Gestein] pierre *f* - **2.** [Kern] noyau *m*.

Steinlbock *der* - **1.** [Tier] bouquetin *m* - **2.** ASTROL Capricorne *m*.

Steinlbruch *der* carrière *f (de pierre).*

Steingut *das* faïence *f*.

steinig *adj* pierreux(euse).

Steinlkohle *die* houille *f*.

Steinlschlag *der* chute *f* de pierres.

Steinlzeit *die* âge *m* de pierre.

Steirer (*pl* **-**) *der* Styrien *m*.

steirisch *adj* styrien(enne).

Steiß (*pl* **-e**) *der* coccyx *m*.

Stelle (*pl* **-n**) *die* - **1.** [Platz] endroit *m* - **2.** [von Musikstück, Text] passage *m* - **3.** [Arbeitsplatz] emploi *m* - **4.** [Amt] service *m*, bureau *m* - **5.** MATH chiffre *m* - **6.** [Rang] position *f* - **7.** *RW* : **an js ~** à la place de qqn.

stellen *vt* - **1.** [hinstellen, einstellen] mettre ; [aufrecht] mettre debout ; **etw warm/kalt ~** mettre qqch au chaud/au frais - **2.** [zur Verfügung] : **(jm) etw ~** fournir qqch (à qqn) - **3.** [Diagnose, Horoskop, Prognose] faire - **4.** [Frage, Bedingung, Antrag] poser ; [Aufgabe] donner - **5.** [Täter, Kriminellen] arrêter - **6.** [zu Wahl, Entscheidung] : **jn vor etw** *(A)* **~** confronter qqn à qqch - **7.** *RW* : **auf sich** *(A)* **(selbst) gestellt sein** être livré(e) à soi-même ; **gut gestellt sein** être à l'aise financièrement. ◆ **sich stellen** *ref* - **1.** [sich hinstellen] se placer, se mettre - **2.** [nicht ausweichen] : **sich jm/einer Sache ~** faire face à qqn/qqch - **3.** [Täter, Kriminelle] se livrer - **4.** [äußern] : **sich zu etw ~** se prononcer sur qqch ; **sich gegen jn/etw ~** s'opposer à qqn/qqch - **5.** [unterstützen] : **sich hinter jn/etw ~** prendre le parti de qqn/qqch - **6.** [angeblich] : **sich krank/dumm/taub ~** faire le malade/l'idiot/le sourd.

Stellenanlgebot *das* offre *f* d'emploi.

Stellenlgesuch *das* demande *f* d'emploi.

stellenweise *adv* par endroits.

Stellung (*pl* **-en**) *die* - **1.** [Anstellung] poste *m* - **2.** [Rang, Position] position *f* - **3.** [Ansicht] position *f* ; **~ nehmen** prendre position.

Stellungnahme (*pl* **-n**) *die* prise *f* de position.

Stelllvertreter, in *der, die* suppléant *m*, -e *f*, représentant *m*, -e *f*.

stemmen *vt* [drücken] appuyer. ◆ **sich stemmen** *ref* [sich drücken] : **sich gegen etw ~** [sich abstemmen] s'appuyer contre qqch ; *fig* [sich wehren] s'opposer à qqch.

Stempel (*pl* **-**) *der* - **1.** [Gerät] tampon *m* - **2.** [Abdruck] cachet *m*, timbre *m* ; [auf Schmuckstück] poinçon *m*.

stempeln *vt* [Stempel anbringen] apposer un cachet sur ; [Briefmarke] oblitérer ; [Fahrschein] composter ; [Schmuckstück] poinçonner.

Stengel = **Stängel**.

Stenografie, Stenographie (*pl* **-n**) *die* sténographie *f*.

Stepplldecke *die* couette *f (couverture).*

Steppe (*pl* **-n**) *die* steppe *f*.

steppen ◇ *vi* [tanzen] faire des claquettes ◇ *vt* [nähen] piquer.

sterben (*präs* **stirbt** ; *prät* **starb** ; *perf* **ist gestorben)** *vi* mourir ; **an etw** *(D)* **~** mourir de qqch ; **vor etw** *(D)* ~ *fig fam* mourir de qqch.

sterblich *adj* mortel(elle).

stereo <> *adj* stéréo <> *adv* en stéréo.

Stereoan|lage *die* chaîne *f* hi-fi, chaîne *f*.

steril <> *adj* - **1.** [ohne Keime, zeugungsunfähig] stérile - **2.** [leblos] aseptisé(e) <> *adv* - **1.** [leblos] : ~ **wirken** *fig* être aseptisé(e) - **2.** [ohne Keime] : **etw ~ machen** stériliser qqch.

sterilisieren *vt* stériliser.

Stern (*pl* **-e**) *der* - **1.** ASTRON étoile *f* - **2.** [für Fußnote] astérisque *m*.

Stern|bild *das* constellation *f*.

Sternschnuppe (*pl* **-n**) *die* étoile *f* filante.

Stern|warte (*pl* **-n**) *die* observatoire *m*.

Stern|zeichen *das* signe *m* astrologique ODER du zodiaque.

stetig <> *adj* constant(e) <> *adv* de manière constante.

stets *adv* toujours.

Steuer (*pl* **-n** ODER **-**) <> *die (G Steuer, Pl Steuern)* [Abgabe - direkt] impôt *m* ; [- indirekt] taxe *f* ; **von der ~ absetzen** déduire des impôts ; **~n hinterziehen** frauder le fisc <> *das (G Steuers, Pl Steuer)* [von Autos] volant *m* ; [von Schiffen] barre *f*.

Steuer|bord *das* tribord *m*.

Steuerer|klärung *die* déclaration *f* d'impôts.

Steuer|fahndung *die* service *m* de répression des fraudes fiscales.

Steuer|loch *das* déficit *m* fiscal.

Steuermann (*pl* **-männer**) *der* timonier *m*.

steuern *vt* [lenken] piloter.

Steuer|oase *die* paradis *m* fiscal.

Steuer|rad *das* [von Autos] volant *m* ; [von Schiffen] gouvernail *m*.

Steuerung (*pl* **-en**) *die* - **1.** *(ohne Pl)* [Lenken] pilotage *m* - **2.** [Steuergerät] commande *f*.

Steuer|zahler, in (*mpl* **-** ; *fpl* **-nen**) *der, die* contribuable *mf*.

Steward, Stewardess ['stjuːɐt, ʃtjuːɐt, 'stjuːɐdɛs, ʃtjuɐdɛs] (*mpl* **-s** ; *fpl* **-en**) *der, die* [in Flugzeug] steward *m*, hôtesse *f* de l'air.

Stich (*pl* **-e**) *der* - **1.** [Einstich] piqûre *f* ; [von Messer] coup *m* - **2.** *(ohne Pl)* [Färbung] : **einen ~ ins Blaue haben** tirer sur le bleu - **3.** [beim Nähen] point *m* - **4.** [Schmerz] douleur *f* aiguë - **5.** [beim Kartenspiel] pli *m* - **6.** [Bild] gravure *f* - **7.** *RW* : **einen ~ haben** *fam* [Milchprodukt] avoir un arrière-goût *(rance)* ; [Person] *salopp* être malade ; **jn/etw im ~ lassen** [verlassen] laisser tomber qqn/qqch ; [allein lassen] abandonner qqn/qqch.

sticheln <> *vt* taquiner <> *vi* envoyer des piques.

stichhaltig *adj* solide.

Stich|probe *die* [Handlung] sondage *m* ; [Menge] échantillon *m*.

sticht *präs* ▷ **stechen.**

Stich|tag *der* jour *m* de référence, date *f* d'échéance.

Stich|wahl *die* scrutin *m* de ballottage.

Stich|wort (*pl* **-worte** ODER **-wörter**) *das* - **1.** [Notiz] note *f* - **2.** *(Pl Stichwörter)* [Eintrag] mot-clé *m*.

sticken *vt* & *vi* broder.

Stickerei (*pl* **-en**) *die* broderie *f*.

stickig *adj* suffocant(e).

Stick|stoff *der (ohne Pl)* CHEM azote *m*.

Stief|bruder *der* demi-frère *m*.

Stiefel (*pl* **-**) *der* botte *f*.

Stief|kind *das enfant d'un premier lit du conjoint.*

Stief|mutter *die* belle-mère *f (marâtre)*.

Stief|mütterchen (*pl* **-**) *das* pensée *f (fleur)*.

Stief|schwester *die* demi-sœur *f*.

Stief|vater *der* beau-père *m (conjoint de la mère)*.

stieg *prät* ▷ **steigen.**

Stiel (*pl* **-e**) *der* - **1.** [von Blumen] tige *f* ; [von Frucht] queue *f* - **2.** [von Pfanne, Besen] manche *m* ; [von Eis] bâtonnet *m*.

Stier (*pl* **-e**) *der* - **1.** [Tier] taureau *m* - **2.** ASTROL Taureau *m*.

stieren *vi* regarder fixement.

stieß *prät* ▷ **stoßen.**

Stift (*pl* **-e**) *der* - **1.** [Schreibutensil] crayon *m* - **2.** TECH [aus Holz] taquet *m* ; [aus Metall] pointe *f*.

stiften *vt* - **1.** *fam* [spendieren] offrir - **2.** [Grundstück, Geld, Lebensmittel] faire don de - **3.** [Unruhe, Aufregung] provoquer.

Stiftung (*pl* **-en**) *die* - **1.** [Schenkung] donation *f* - **2.** [Institution] fondation *f*.

Stil (*pl* **-e**) *der* - **1.** [gen] style *m* - **2.** *(ohne Pl)* [Umgangsform] genre *m*.

still <> *adj* - **1.** [Mensch, Gegend, Wasseroberfläche] calme ; **sei bitte ~!** tais-toi, s'il te plaît! - **2.** [Saal, Protest] silencieux(euse) - **3.** [Hoffnung] secret(ète) <> *adv* - **1.** [lautlos, ohne Worte] en silence ; **im Stillen** [wortlos] en silence ; [heimlich] en secret - **2.** [bewegungslos] sans bouger ; **~ dastehen** rester immobile.

Stille *die (ohne Pl)* - **1.** [Ruhe] calme *m* - **2.** [Schweigen] silence *m* ; **in aller ~** discrètement.

Stilleben = **Stillleben.**

stillegen = **stilllegen.**

stillen <> *vt* - **1.** [Baby] allaiter

- **2.** [Schmerz] apaiser - **3.** [Bedürfnis] assouvir <> *vi* allaiter, donner le sein.
Stille Ozean *der* océan *m* Pacifique, Pacifique *m.*
stillgestanden *pp* ▻ **stillstehen.**
still|halten *vi (unreg)* [sich nicht wehren] se laisser faire.
still halten <> *vt (unreg)* ne pas bouger <> *vi* [sich nicht bewegen] se tenir tranquille.
Stillleben (*pl* -) *das* nature *f* morte.
stilllegen *vt* fermer.
stillschweigend <> *adj* tacite <> *adv* tacitement ; **etw ~ übergehen** passer qqch sous silence.
still sitzen *vi (unreg)* rester tranquille.
Still|stand *der* arrêt *m* ; **zum ~ kommen** être interrompu(e).
still|stehen *vi (unreg)* - **1.** [sich nicht bewegen] rester tranquille - **2.** [Maschine, Betrieb, Herz] s'arrêter - **3.** [stillliegen] être arrêté(e). ◆ **stillgestanden!** *interj* garde à vous!
Stimmband (*pl* **-bänder**) *das* corde *f* vocale.
stimmberechtigt *adj* qui a le droit de vote.
Stimm|bruch *der* mue *f (de voix)* ; **im ~ sein** muer.
Stimme (*pl* **-n**) *die* voix *f* ; **seine ~ abgeben** voter ; **sich der ~ enthalten** s'abstenir (de voter).
stimmen <> *vi* - **1.** [Übersetzung, Rechnung] être exact(e) ; **stimmt das?** c'est vrai? ; **stimmt so!** c'est bon! - **2.** [wählen] : **für/gegen jn/etw ~** voter pour/contre qqn/qqch - **3.** [Verhältnis] être correct(e) - **4.** [Aussage, Gerücht] être vrai(e) <> *vt* - **1.** MUS accorder - **2.** *RW* : **etw stimmt jn traurig/fröhlich** *fig* qqch rend qqn triste/joyeux(euse).
Stimm|gabel *die* diapason *m.*
stimmhaft *adj* sonore.
Stimm|lage *die* type *m* de voix.
Stimm|recht *das* droit *m* de vote.
Stimmung (*pl* **-en**) *die* - **1.** [Laune] humeur *f* ; **in ~ kommen** s'animer ; **guter/schlechter ~ sein** être de bonne/mauvaise humeur - **2.** [Atmosphäre] ambiance *f.*
Stimm|zettel *der* bulletin *m* de vote.
stinken (*präf* **stank** ; *perf* **hat gestunken**) *vi* - **1.** *abw* [schlecht riechen] puer ; **nach etw ~** sentir qqch - **2.** *RW* : **jm stinkt es** *salopp* qqn en a ras le bol.
Stipendium (*pl* **-dien**) *das* bourse *f.*
stirbt *präs* ▻ **sterben.**
Stirn (*pl* **-en**) *die* front *m* ; **die ~ runzeln** froncer les sourcils.
stöbern *vi* fouiller.
stochern *vi* : **(mit etw) in etw** *(A)* **~** piquer dans qqch (avec qqch).
Stock (*pl* **Stöcke** ODER **-**) *der* - **1.** *(Pl Stöcke)* [Stab] bâton *m* ; [Gehstock] canne *f* ; [von Dirigenten] baguette *f* ; [für Pflanzen] tuteur *m* - **2.** *(Pl Stock)* [Stockwerk] étage *m.*
stockdunkel *adj* très sombre.
stocken *vi* - **1.** [zum Stillstand kommen] s'arrêter - **2.** [von Verkehr] se ralentir - **3.** [verharren] : **bei** ODER **in etw** *(D)* **~** s'arrêter de faire qqch.
stockend <> *adj* - **1.** [Verkehr] ralenti(e) - **2.** [Antwort] hésitant(e) - **3.** [Gespräch, Verhandlung] qui s'enlise <> *adv* - **1.** [Verkehr] : **~ vorangehen** avancer par à-coups - **2.** [antworten, lesen] avec hésitation.
Stockung (*pl* **-en**) *die* [Stillstand] arrêt *m* ; [von Verkehr] ralentissement *m.*
Stock|werk *das* étage *m.*
Stoff (*pl* **-e**) *der* - **1.** [Tuch] tissu *m* - **2.** [Inhalt] matière *f*, sujet *m* - **3.** [Substanz] substance *f.*
Stoff|wechsel *der (ohne Pl)* métabolisme *m.*
stöhnen *vi* gémir.
Stollen (*pl* -) *der* - **1.** [Gang] galerie *f* - **2.** [Gebäck] *gâteau de Noël aux raisins, aux amandes et aux épices* - **3.** [unter Schuhen] crampon *m.*
stolpern (*perf* **ist gestolpert**) *vi* trébucher ; **über etw** *(A)* **~** trébucher sur qqch.
stolz <> *adj* fier (fière) ; **auf jn/etw ~ sein** être fier de qqn/qqch <> *adv* fièrement.
Stolz *der (ohne Pl)* fierté *f.*
stolzieren (*perf* **ist stolziert**) *vi* se pavaner.
stopfen <> *vt* - **1.** [ausbessern] raccommoder ; [Strümpfe] repriser - **2.** [hineinstopfen] : **(etw in/unter etw** *(A)***) ~** fourrer (qqch dans/sous qqch) - **3.** [Loch] boucher <> *vi fam* [Stuhlgang erschweren] constiper.
stopp *interj* : **stopp!** stop!
Stoppel (*pl* **-n**) *die* - **1.** *fam* [von Bärten] poil *m* - **2.** [auf Feld] chaume *m.*
stoppen <> *vt* - **1.** [anhalten] arrêter - **2.** [messen] chronométrer <> *vi* - **1.** [anhalten] s'arrêter - **2.** *fam* [per Anhalter fahren] faire du stop.
Stopp|schild *das* stop *m.*
Stopp|uhr *die* chronomètre *m.*
Stöpsel (*pl* -) *der* bouchon *m.*
Storch (*pl* **Störche**) *der* cigogne *f.*
stören <> *vt* - **1.** [belästigen] : **(jn bei etw** *(D)***) ~** déranger (qqn pendant qqch) - **2.** [missfallen] gêner <> *vi* - **1.** [lästig sein] déranger - **2.** [beeinträchtigend, missfallend sein] gêner.
Störenfried (*pl* **-e**) *der* fauteur *m* de troubles.

störrisch <> *adj* têtu(e) <> *adv* avec entêtement.

Störung (*pl* **-en**) *die* - **1.** [Belästigung, Funktionsstörung] trouble *m* - **2.** [von Fernsehbild, Funkkontakt] brouillage *m*.

Stoß (*pl* **Stöße**) *der* - **1.** [Schlag] coup *m* ; [Erschütterung] choc *m* ; **jm einen ~ versetzen** porter ODER donner un coup à qqn ; **einer Sache** *(D)* **einen ~ versetzen** donner un coup dans qqch - **2.** [Stapel] tas *m*.

Stoßdämpfer (*pl* **-**) *der* amortisseur *m*.

stoßen (*präs* **stößt** ; *prät* **stieß** ; *perf* **hat/ist gestoßen**) <> *vt (hat)* - **1.** [schubsen] pousser - **2.** [aufmerksam machen] : **jn auf etw** *(A)* **~** attirer l'attention de qqn sur qqch <> *vi* - **1.** *(ist)* [berühren] : **an etw** *(A)* **~** se cogner contre qqch ; **gegen etw ~** se cogner contre qqch ; [Fahrzeug] heurter qqch - **2.** *(hat)* [mit Waffe] : **mit etw nach jm ~** donner un coup de qqch à qqn - **3.** *(ist)* [grenzen] : **an etw** *(A)* **~** jouxter qqch - **4.** *(ist)* [finden] : **auf jn/etw ~** tomber sur qqn/qqch. ◆ **sich stoßen** *ref* [sich verletzen] se cogner.

Stoß|stange *die* pare-chocs *m inv*.

stößt *präs* ▷ **stoßen**.

Stoß|zahn *der* défense *f (d'éléphant)*.

stottern *vi* [Person] bégayer.

St. Pauli *nt quartier « chaud » de Hambourg*.

Str. (*abk für* **Straße**) r.

Straf|anstalt *die amt* pénitencier *m*.

Straf|arbeit *die* SCHULE devoir *m* supplémentaire.

strafbar <> *adj* répréhensible <> *adv* : **sich ~ machen** *amt* être passible d'une peine.

Strafe (*pl* **-n**) *die* - **1.** [Bestrafung] punition *f* ; **zur ~** en punition - **2.** [Geldbuße] : **~ zahlen** payer une amende - **3.** [im Gefängnis] peine *f*.

strafen *vt* : **(jn mit etw) ~** punir (qqn de qqch).

straff <> *adj* - **1.** [Leine, Saite] tendu(e) ; [Schenkel, Gewebe] ferme - **2.** [Organisation, Planung] rigoureux(euse) <> *adv* - **1.** [ziehen, spannen] fortement - **2.** [organisieren] de façon rigoureuse.

straffällig *adj* criminel(elle).

straffen *vt* - **1.** [Leine, Seil] tendre ; [Gewebe, Haut] raffermir - **2.** [Text] élaguer. ◆ **sich straffen** *ref* [Leine, Seil] se tendre ; [Gewebe, Haut] se raffermir.

sträflich <> *adj* impardonnable <> *adv* de manière impardonnable.

Sträfling (*pl* **-e**) *der* détenu *m*, -e *f*.

Straf|recht *das* droit *m* pénal.

Straf|tat *die* délit *m*.

Strafvoll|zug *der (ohne Pl)* - **1.** [Institution] système *m* pénitentiaire - **2.** [Strafe] exécution *f* de la peine.

Straf|zettel *der fam* procès-verbal *m*.

Strahl (*pl* **-en**) *der* - **1.** *(ohne Pl)* [Wasserstrahl] jet *m* - **2.** [Lichtstrahl] rayon *m*. ◆ **Strahlen** *pl* [Energiewellen] rayonnement *m*.

strahlen *vi* - **1.** [Person] rayonner - **2.** [Sonne, Augen, Küche] briller.

strahlend <> *adj* - **1.** [Gesicht, Lachen] radieux(euse) - **2.** [leuchtend, glänzend] brillant(e) - **3.** [Strahlen abgebend] radioactif(ive) <> *adv* - **1.** [glücklich] en rayonnant - **2.** [glänzend] : **~ weiß** d'un blanc lumineux.

Strahlung (*pl* **-en**) *die* rayonnement *m* ; [radioaktiv] radiation *f*.

Strähne (*pl* **-n**) *die* mèche *f*.

stramm <> *adj* - **1.** [Seil, Band] serré(e) - **2.** [Person] robuste - **3.** [aufrecht] raide <> *adv* - **1.** *fam* [zügig] sans relâche - **2.** [straff] : **der Rock sitzt zu ~** la jupe est trop serrée ; **eine Leine ~ anziehen** bien tendre une corde.

strampeln (*perf* **hat/ist gestrampelt**) *vi (hat)* [zappeln] gigoter.

Strand (*pl* **Strände**) *der* plage *f* ; **am ~** sur la plage.

stranden (*perf* **ist gestrandet**) *vi* [Boot] s'échouer.

Strang (*pl* **Stränge**) *der* - **1.** [Seil] corde *f* - **2.** [von Nerv, Sehne] cordon *m* - **3.** [von Wolle] écheveau *m*.

Strapaze (*pl* **-n**) *die* épreuve *f*.

strapazieren *vt* - **1.** [anstrengen] éprouver - **2.** [abnutzen] user ; [Kleidung] user jusqu'à la corde.

Straßburg *nt* Strasbourg.

Straße (*pl* **-n**) *die* [in Stadt] rue *f* ; [Landstraße] route *f* ; **auf der ~ sitzen** *fam fig* [arbeitslos sein] être sans travail ; [ohne Wohnung sein] être à la rue. ◆ **auf offener Straße** *adv* en pleine rue.

Straßenarbeiten *pl* travaux *mpl (sur la chaussée)*.

Straßen|bahn *die* tramway *m*.

Straßen|bau *der (ohne Pl)* construction *f* des routes.

Straßenfeger, in (*mpl* **-** ; *fpl* **-nen**) *der, die* balayeur *m*, -euse *f*.

Straßen|glätte *die (ohne Pl)* verglas *m*.

Straßen|karte *die* carte *f* routière.

Straßen|schild *das* plaque *f* de rue.

Straßen|sperre *die* barrage *m* (routier).

Straßenverhältnisse *pl* état *m* des routes.

Strategie (*pl* **-n**) *die* stratégie *f*.

sträuben *vt* [Fell, Federn] hérisser.

◈ **sich sträuben** *ref* - **1.** [Fell, Gefieder] se hérisser - **2.** *fig* [sich wehren] : **sich gegen etw ~** se refuser catégoriquement à qqch.

Strauch (*pl* **Sträucher**) *der* arbuste *m.*

Strauß (*pl* **Sträuße** ODER **-e**) *der* - **1.** *(Pl Sträuße)* [Blumen] bouquet *m* - **2.** *(Pl Strauße)* [Vogel] autruche *f.*

streben (*perf* **hat/ist gestrebt**) *vi* - **1.** *(ist)* [eilen] : **in etw** *(A)* ODER **zu etw ~** se presser vers qqch - **2.** *(hat)* [trachten] : **nach etw ~** chercher à atteindre qqch, aspirer à qqch.

Streber, in (*mpl* **-** ; *fpl* **-nen**) *der, die abw* arriviste *mf ;* [in Schule] fayot *m.*

Strecke (*pl* **-n**) *die* - **1.** [Weg] trajet *m* - **2.** [Entfernung] distance *f* - **3.** [von Straßen] tronçon *m* (de route) - **4.** [Eisenbahnstrecke] ligne *f* - **5.** MATH droite *f* - **6.** *RW :* **jn/etw zur ~ bringen** [erlegen] tuer qqn/qqch.

strecken *vt* - **1.** [Arm, Bein] étendre - **2.** [Kopf, Hals] tendre ; **den Kopf aus dem Fenster ~** passer la tête par la fenêtre - **3.** [Soße] allonger ; [Droge] couper. ◈ **sich strecken** *ref* [sich recken] s'étirer.

streckenweise *adv* par endroits.

Streich (*pl* **-e**) *der* [zum Ärgern] tour *m ;* **jm einen ~ spielen** *eigtl & fig* jouer un tour à qqn.

streicheln ◇ *vt* caresser ◇ *vi :* **jm über etw** *(A)* **~** caresser qqch à qqn.

streichen (*prät* **strich** ; *perf* **hat/ist gestrichen**) ◇ *vt (hat)* - **1.** [Raum, Gegenstand] peindre ; **'frisch gestrichen'** 'peinture fraîche' - **2.** [Satz, Teilnehmer] rayer - **3.** [Salbe, Tinktur] mettre ; **Butter aufs Brot ~** beurrer du pain - **4.** [Subventionen] supprimer ; [Auftrag, Projekt] annuler - **5.** [entfernen] : **die Haare aus dem Gesicht ~** écarter les cheveux de son visage ◇ *vi* - **1.** *(hat)* [gleiten] : **mit der Hand über etw** *(A)* **~** passer la main sur qqch - **2.** *(hat)* [mit Farbe] peindre - **3.** *(ist)* [streifen, umherschleichen] rôder.

Streich|holz *das* allumette *f.*

Streich|instrument *das* instrument *m* à cordes.

Streichung (*pl* **-en**) *die* suppression *f ;* [von Projekt, Auftrag] annulation *f.*

Streife (*pl* **-n**) *die* - **1.** [Personengruppe] patrouille *f* - **2.** [Kontrollfahrt] ronde *f.*

streifen (*perf* **hat/ist gestreift**) ◇ *vt (hat)* - **1.** [berühren] frôler - **2.** [überziehen] : **etw über etw** *(A)* **~** passer qqch par-dessus qqch - **3.** [wegziehen, entfernen] : **etw von etw ~** ôter qqch de qqch - **4.** [erwähnen] effleurer ◇ *vi (ist)* [umherziehen] se promener.

Streifen (*pl* **-**) *der* - **1.** [Stück, Band] bande *f* - **2.** [Strich] raie *f*, rayure *f ;* [Linie] ligne *f.*

Streifen|wagen *der* voiture *f* de police.

Streik (*pl* **-s**) *der* grève *f ;* **in (den) ~ treten** se mettre en grève.

streiken *vi* [im Streik stehen] faire grève.

Streit *der (ohne Pl)* querelle *f*, dispute *f ;* **~ mit jm haben** avoir une querelle avec qqn.

streiten (*prät* **stritt** ; *perf* **hat gestritten**) *vi* [sich auseinander setzen] se quereller, se disputer ; **über etw** *(A)* **~** se quereller ODER se disputer au sujet de qqch. ◈ **sich streiten** *ref* [sich zanken] se quereller, se disputer ; **sich mit jm ~** se quereller ODER se disputer avec qqn ; **sich um etw ~** se quereller au sujet de qqch.

Streit|frage *die* question *f* controversée.

streitig *adv :* **jm etw ~ machen** disputer qqch à qqn.

Streitigkeiten *pl* différends *mpl.*

Streitkräfte *pl* forces *fpl* armées.

streitsüchtig *adj* querelleur(euse).

streng ◇ *adj* - **1.** [Eltern, Frisur, Winter] sévère - **2.** [Geruch] âcre, âpre - **3.** [Diät, Einhaltung] strict(e) ◇ *adv* - **1.** [unnachgiebig] sévèrement - **2.** [durchdringend] : **~ riechen** avoir une odeur âcre - **3.** [strikt] strictement.

Strenge *die (ohne Pl)* [von Erziehung, Winter, Frisur] sévérité *f.*

streng genommen *adv* au sens strict (du terme).

strengstens *adv* [verbieten, befolgen] strictement ; [bestrafen] sévèrement.

Stress *der (ohne Pl)* stress *m ;* **jn in ~ bringen** *fam* stresser qqn.

Streu *die (ohne Pl)* litière *f.*

streuen ◇ *vt* répandre ◇ *vi* [mit Salz] saler ; [mit Sand] sabler.

streunen (*perf* **hat/ist gestreunt**) *vi (hat, ist)* [irgendwo] vagabonder, errer.

Streusel (*pl* **-**) *der* ODER *das pâte à gâteau granuleuse,* ≃ crumble *m.*

strich *prät* ⊳ **streichen.**

Strich (*pl* **-e**) *der* - **1.** [Linie] trait *m* - **2.** [Streichen] : **etw mit ein paar ~en glatt machen** passer plusieurs fois la main sur qqch pour le défroisser - **3.** *(ohne Pl)* [von Haaren] sens *m* (du poil) ; **gegen den ~** à rebrousse-poil - **4.** *(ohne Pl) salopp* [Prostitution] : **auf den ~ gehen** faire le trottoir - **5.** *RW :* **etw geht jm gegen den ~** *fam* qqch contrarie qqn ; **jm einen ~ durch die Rechnung machen** *fam* mettre des bâtons dans les roues à qqn. ◈ **unter dem Strich** *adv* en fin de compte.

strichweise *adv & adj* par endroits.

Strick (*pl* **-e**) *der* corde *f.*

stricken *vt & vi* tricoter.

Strick|jacke *die* gilet *m* (en tricot).

Strickleiter *die* échelle *f* de corde.

Stricknadel *die* aiguille *f* à tricoter.

Strickzeug *das (ohne Pl)* tricot *m*.

striegeln *vt* brosser.

Striemen (*pl* -) *der* marque *f* ODER trace *f* de coups.

Striptease ['ʃtrɪptiːs, 'strɪptiːs] *der* ODER *das (ohne Pl)* strip-tease *m*.

stritt *prät* ▷ **streiten.**

strittig *adj* controversé(e).

Stroh *das (ohne Pl)* paille *f*.

Strohdach *das* toit *m* de chaume.

Strolch (*pl* **-e**) *der* **- 1.** *abw* [Mann] vagabond *m* **- 2.** *fam hum* [Schlingel] coquin *m*.

Strom (*pl* **Ströme**) *der* **- 1.** *(ohne Pl)* [elektrisch, Strömung] courant *m* **- 2.** [Fluss] fleuve *m* **- 3.** [Menge] flot *m* **- 4.** *RW* : **es regnet** ODER **gießt in Strömen** il pleut à verse ; **gegen den ~ schwimmen** nager à contre-courant.

stromabwärts *adv* en aval ; **~ fahren** descendre le courant.

stromaufwärts *adv* en amont ; **~ fahren** remonter le courant.

Stromausfall *der* panne *f* de courant.

strömen (*perf* **ist geströmt**) *vi* **- 1.** [Personen] affluer **- 2.** [Flüssigkeit] couler ; [Gas] sortir.

Stromkreis *der* circuit *m* électrique.

Stromstärke *die* intensité *f* du courant, ampérage *m*.

Strömung (*pl* **-en**) *die eigtl & fig* courant *m*.

Stromzähler *der* compteur *m* électrique.

Strophe (*pl* **-n**) *die* strophe *f*.

strotzen *vi* : **von** ODER **vor etw** *(D)* **~** déborder de qqch.

Strudel (*pl* -) *der* **- 1.** [Wirbel] tourbillon *m* **- 2.** [Kuchen] strudel *m*.

Struktur (*pl* **-en**) *die* structure *f*.

Strumpf (*pl* **Strümpfe**) *der* bas *m* ; [aus Wolle] chaussette *f*.

Strumpfhose *die* collants *mpl*.

struppig *adj* hérissé(e).

Stube (*pl* **-n**) *die* **- 1.** [Wohnzimmer] salon *m* **- 2.** [Raum] chambre *f*.

stubenrein *adj* propre *(animal)*.

Stuck *der (ohne Pl)* stuc *m*.

Stück (*pl* **-e** ODER -) *das* **- 1.** *(Pl Stücke)* [Teil, Musikstück] morceau *m* ; [von Torte] part *f* ; [von Text, Sonate] passage *m* **- 2.** *(Pl Stück)* [einer Masse] morceau *m* ; **~ Papier** bout *m* de papier ; **im** ODER **am ~** à la pièce ; **zwei Euro pro** ODER **das ~** deux euros pièce ODER la pièce **- 3.** *(ohne Pl)* [Strecke] bout *m* (de chemin) **- 4.** *(Pl Stücke)* [Bühnenstück, Einzelstück] pièce *f* **- 5.** *RW* : **große ~e auf jn halten** *fam* faire grand cas de qqn.

stückeln *vt & vi* assembler plusieurs morceaux *(en couture)*.

Student (*pl* **-en**) *der* étudiant *m*.

Studentenwohnheim *das* cité *f* universitaire.

Studentin (*pl* **-nen**) *die* étudiante *f*.

Studie ['ʃtuːdi̯ə] (*pl* **-n**) *die* étude *f*.

Studienabschluss *der* diplôme *m*.

Studienfach *das* matière *f*, filière *f* universitaire.

Studienfahrt *die* voyage *m* d'études.

Studienplatz *der* place *f* (à l'université).

Studienrat *der* professeur *m (de lycée)*.

Studienrätin (*pl* **-nen**) *die* professeur *m (de lycée)*.

studieren [ʃtu'diːrən] ◇ *vt* **- 1.** [Studium machen] : **etw ~** faire des études de qqch **- 2.** [beobachten, durchlesen] étudier ◇ *vi* [Studium machen] étudier.

Studio (*pl* **-s**) *das* **- 1.** [Werkstatt] atelier *m* **- 2.** [von Medien] studio *m*.

Studium ['ʃtuːdi̯ʊm] (*pl* **Studien**) *das* **- 1.** [Ausbildung] études *fpl* **- 2.** [von Rolle, Unterlagen, Programm] étude *f*.

Stufe (*pl* **-n**) *die* **- 1.** [von Treppen] marche *f* ; **'Vorsicht ~'** 'attention à la marche' **- 2.** [Stand] étape *f* **- 3.** [in Hierarchie] niveau *m*, échelon *m* **- 4.** [Schaltstufe] vitesse *f*.

Stuhl (*pl* **Stühle**) *der* **- 1.** [Sitzmöbel] chaise *f* **- 2.** *(ohne Pl)* [Stuhlgang] selles *fpl*.

Stuhlgang *der (ohne Pl)* selles *fpl*.

stülpen *vt* : **etw auf** ODER **über etw** *(A)* **~** mettre qqch sur qqch.

stumm ◇ *adj* muet(ette) ◇ *adv* en silence.

Stummel (*pl* -) *der* **- 1.** [von Schwanz, Bleistift] bout *m* **- 2.** [von Arm, Bein] moignon *m* **- 3.** [von Zigaretten] mégot *m*.

Stummfilm *der* film *m* muet.

Stümper (*pl* -) *der abw* amateur *m*, incapable *m*.

Stümperin (*pl* **-nen**) *die abw* charlatan *m*.

stumpf ◇ *adj* **- 1.** [Messer, Klinge] émoussé(e) ; **etw ~ machen** émousser qqch **- 2.** [glanzlos] terne **- 3.** [nicht spitz] non pointu(e) ; [crayon] mal taillé(e) ◇ *adv* [abgestumpft] de façon obtuse ODER terne.

Stumpf (*pl* **Stümpfe**) *der* **- 1.** [von Bäumen] souche *f* **- 2.** [von Kerzen] bout *m* **- 3.** [von Bein, Arm] moignon *m*.

Stumpfsinn *der (ohne Pl)* **- 1.** [Monotonie] stupidité *m* **- 2.** [geistige Abwesenheit] abrutissement *m*.

Stunde (*pl* **-n**) *die* **- 1.** [gen] heure *f* ; **zu spä-**

ter ~ à une heure tardive - **2.** [Unterrichtsstunde] cours *m*.

stunden *vt* : **jm etw ~** accorder un délai de paiement à qqn pour qqch.

Stunden|geschwindigkeit *die* vitesse *f* horaire.

Stunden|kilometer *pl fam* kilomètre-heure *m*.

stundenlang ◇ *adj* de plusieurs heures ◇ *adv* pendant des heures.

Stunden|lohn *der* salaire *m* horaire.

Stunden|plan *der* emploi *m* du temps.

stundenweise *adv* à l'heure, par heure.

Stunden|zeiger *der* aiguille *f* des heures, petite aiguille *f*.

stündlich ◇ *adv* - **1.** [jede Stunde] toutes les heures - **2.** [jeden Augenblick] à toute heure ◇ *adj* [jede Stunde] : **eine ~e Kontrolle** un contrôle toutes les heures.

Stups (*pl* **-e**) *der fam* : **jm einen ~ geben** donner une bourrade à qqn.

Stups|nase *die* nez *m* retroussé ODER en trompette.

stur *abw* ◇ *adj* têtu(e) ◇ *adv* avec entêtement ; **sich ~ stellen** s'entêter.

Sturm (*pl* **Stürme**) *der* - **1.** [Unwetter, Gefühlsbewegung] tempête *f* - **2.** *(ohne Pl)* [Andrang, Angriff] assaut *m* - **3.** *(ohne Pl)* [beim Fußball] avants *mpl* - **4.** *RW* : **~ klingeln** sonner vigoureusement.

stürmen (*perf* **hat/ist gestürmt**) ◇ *vt* *(hat)* - **1.** [in Beschlag nehmen] prendre d'assaut - **2.** [Stellung] assaillir ◇ *vi* - **1.** *(ist)* [rennen] se précipiter - **2.** *(hat)* [Sturm herrschen] : **es stürmt** la tempête fait rage.

Stürmer, in (*mpl* **-** ; *fpl* **-nen**) *der, die* attaquant *m*, -e *f*.

Sturm|flut *die forte marée provoquée par une tempête.*

stürmisch ◇ *adj* - **1.** [windig] orageux(euse) ; [Meer] démonté(e) - **2.** [heftig] déchaîné(e) - **3.** [Mensch, Begrüßung] impétueux(euse) ◇ *adv* - **1.** [heftig] en ODER par rafales - **2.** [leidenschaftlich] avec ardeur.

Sturz (*pl* **Stürze**) *der* chute *f*.

stürzen (*perf* **hat/ist gestürzt**) ◇ *vi* *(ist)* - **1.** [fallen] tomber ; [mit Verletzung] faire une chute - **2.** [eilen] se précipiter ◇ *vt* *(hat)* - **1.** [Regierung, Herrscher] renverser - **2.** [stoßen] précipiter. ◆ **sich stürzen** *ref* - **1.** [springen] se jeter - **2.** [herfallen] : **sich auf jn/etw ~** [bestürmen] se précipiter sur qqn/qqch ; [angreifen] se jeter sur qqn/qqch - **3.** [sich begeben] : **sich in etw** *(A)* **~** [springen] se jeter dans qqch ; *fig* [sich etw widmen] se jeter à corps perdu dans qqch.

Sturz|helm *der* casque *m*.

Stute (*pl* **-n**) *die* jument *f*.

Stuttgart *nt* Stuttgart.

Stütze (*pl* **-n**) *die* [gen] soutien *m*, support *m*.

stutzen ◇ *vt* - **1.** [kupieren] couper - **2.** [Bart, Hecke] tailler ◇ *vi* [innehalten] rester interdit(e).

stützen *vt* - **1.** [gen] soutenir - **2.** [aufstützen] appuyer. ◆ **sich stützen** *ref* : **sich auf jn/etw ~** s'appuyer sur qqn/qqch.

stutzig *adj* : **~ werden** commencer à avoir des soupçons.

Stütz|punkt *der* MIL base *f*.

Styropor® *das (ohne Pl)* polystyrène *m*.

Subjekt (*pl* **-e**) *das* GRAM sujet *m*.

subjektiv ◇ *adj* subjectif(ive) ◇ *adv* avec subjectivité, subjectivement.

Substantiv (*pl* **-e**) *das* GRAM substantif *m*.

Substanz (*pl* **-en**) *die* substance *f*.

subtrahieren MATH *vt & vi* soustraire.

subventionieren [zʊpvɛntsi̯oˈniːrən] *vt* subventionner.

Suche (*pl* **-n**) *die* recherche *f* ; **auf der ~ nach jm/etw sein** être à la recherche de qqn/qqch.

suchen ◇ *vt* - **1.** [finden wollen] chercher - **2.** [sich wünschen] rechercher - **3.** *RW* : **jd/etw hat hier nichts zu ~** *fam* qqn/qqch n'a rien à faire ici ◇ *vi* chercher ; **nach jm/etw ~** chercher qqn/qqch.

Such|maschine *die* EDV moteur *m* de recherche.

Sucht (*pl* **Süchte**) *die* - **1.** [krankhaft] dépendance *f* - **2.** [zwanghaft] manie *f*.

süchtig *adj* dépendant(e) ; **~ machen** créer une dépendance.

suchtkrank *adj* intoxiqué(e).

Such|trupp *der* patrouille *f* de recherche.

Sud (*pl* **-e**) *der* décoction *f*.

Süd|afrika *nt* Afrique *f* du Sud.

Süd|afrikaner, in *der, die* Sud-Africain *m*, -e *f*.

südafrikanisch *adj* sud-africain(e).

Süd|amerika *nt* Amérique *f* du Sud.

Süd|amerikaner, in *der, die* Sud-Américain *m*, -e *f*.

südamerikanisch *adj* sud-américain(e).

süddeutsch *adj* d'Allemagne du Sud.

Süden *der (ohne Pl)* - **1.** [Gegend] Sud *m* ; **aus dem ~** du Sud - **2.** [Richtung] sud *m*. ◆ **im Süden** *adv* au sud. ◆ **nach Süden** *adv* vers le sud.

Süd|frucht *die* fruit *m* tropical.

Südkorea *nt* Corée *f* du Sud.

südländisch *adj* méditerranéen(enne).

südlich ◇ *adj* du sud ODER Sud ; **die ~e Halbkugel** l'hémisphère *m* Sud ; **in ~er**

Richtung vers le sud ◇ *präp :* **~ einer Sache** *(G)* ODER **von etw** au sud de qqch.
Süd|osten *der (ohne Pl)* **- 1.** [Gegend] Sud-Est *m* **- 2.** [Richtung] sud-est *m.*
Süd|pol *der (ohne Pl)* **- 1.** GEOGR Pôle *m* Sud **- 2.** PHYS pôle *m* sud.
Süd|tiroler, in *der, die* habitant *m*, -e *f* du Haut-Adige.
Süd|westen *der (ohne Pl)* **- 1.** [Gegend] Sud-Ouest *m* **- 2.** [Richtung] sud-ouest *m.*
Sueskanal *der* canal *m* de Suez.
süffig *adj fam* doux (douce).
Sulfat *(pl* **-e**) *das* CHEM sulfate *m.*
Sultan *(pl* **-e**) *der* sultan *m.*
Sultanine *(pl* **-n**) *die* raisin *m* de Smyrne.
Sülze *(pl* **-n**) *die* KÜCHE fromage *m* de tête.
Summe *(pl* **-n**) *die* somme *f.*
summen *(perf* **hat/ist gesummt**) ◇ *vi* **- 1.** *(hat)* [Person] fredonner ; [Gerät] ronronner **- 2.** *(ist)* [Insekt] bourdonner ◇ *vt (hat)* fredonner.
summieren *vt :* **(etw zu etw) ~** additionner (qqch à qqch). ◈ **sich summieren** *ref* s'accumuler.
Sumpf *(pl* **Sümpfe**) *der* [Gelände] marécage *m.*
sumpfig *adj* marécageux(euse).
Sünde *(pl* **-n**) *die* péché *m.*
Sünden|bock *der fam* bouc *m* émissaire.
super *fam* ◇ *adj* super ◇ *adv* super bien. ◈ **super!** *interj* super!
Super *das (ohne Pl) fam* super *m.*
Superlativ *(pl* **-e**) *der* GRAM superlatif *m.*
Super|markt *der* supermarché *m.*
Suppe *(pl* **-n**) *die* soupe *f ;* **jm die ~ versalzen** *fam fig* mettre à qqn des bâtons dans les roues.
Suppen|schüssel *die* soupière *f.*
Suppen|teller *der* assiette *f* à soupe.
Suppen|würfel *der* bouillon-cube® *m.*
Surf|brett ['sœːɐ̯fbrɛt] *das* **- 1.** [für Wellensurfen] surf *m* **- 2.** [für Windsurfen] planche *f* (à voile).
surfen ['sœːɐ̯fn̩] *(perf* **hat/ist gesurft**) *vi* **- 1.** *(hat, ist)* [auf Wellen] surfer **- 2.** *(hat, ist)* [windsurfen] faire de la planche à voile **- 3.** *(ist)* [in eine Richtung] surfer **- 4.** *(hat) (ist)* EDV : **im Internet ~** surfer ODER naviguer sur Internet.
Surrealismus *der (ohne Pl)* surréalisme *m.*
surren *(perf* **hat/ist gesurrt**) *vi* **- 1.** *(ist)* [fliegen] siffler **- 2.** *(hat)* [summen - Tier] bourdonner ; [- Motor] ronronner.
suspekt *adj* suspect(e) ; **jm ~ sein** être suspect aux yeux de qqn.
süß *adj* **- 1.** [süßlich] sucré(e) **- 2.** [niedlich] mignon(onne).
süßen *vt* sucrer.
Süßigkeit *(pl* **-en**) *die* friandise *f.*
süßlich ◇ *adj* **- 1.** [Geschmack] légèrement sucré(e) **- 2.** [Geruch] douceâtre **- 3.** [übertrieben freundlich] mielleux(euse) ◇ *adv* [süß] : **~ schmecken** avoir un goût sucré ; **~ riechen** avoir une odeur douceâtre.
süßsauer *adj* aigre-doux (aigre-douce).
Süß|speise *die* entremets *m.*
Süß|wasser *das* eau *f* douce.
SVP *(abk für* **Schweizer Volkspartei**) *die (ohne Pl) parti populiste suisse.*
SW *(abk für* **Südwest**) SO.
Symbol *(pl* **-e**) *das* [Zeichen] [Sinnbild] **- 1.** symbole *m* **- 2.** EDV [Icon] icône *f ;* **ein ~ anklicken** cliquer sur une icône.
symbolisch ◇ *adj* symbolique ◇ *adv* de façon symbolique.
Symfonie = **Sinfonie.**
Symmetrie *(pl* **-n**) *die* symétrie *f.*
symmetrisch ◇ *adj* symétrique ◇ *adv* de manière symétrique.
Sympathie *(pl* **-n**) *die* sympathie *f ;* **sich** *(D)* **js ~n verscherzen** s'aliéner la sympathie de qqn. ◈ **bei aller Sympathie!** *interj fam* il y a des limites!
sympathisch ◇ *adj* sympathique ; **jm ~ sein** être sympathique à qqn ◇ *adv :* **~ lächeln** avoir un sourire sympathique.
sympathisieren *vi :* **mit jm ~** sympathiser avec qqn.
Symphonie = **Sinfonie.**
Symptom *(pl* **-e**) *das* symptôme *m.*
Synagoge *(pl* **-n**) *die* synagogue *f.*
synchron ◇ *adj* synchrone ◇ *adv* de manière synchrone.
synchronisieren *vt* doubler *(film).*
Synonym *(pl* **-e**) *das* synonyme *m.*
Syntax *(pl* **-en**) *die* GRAM syntaxe *f.*
Synthese *(pl* **-n**) *die :* **die ~ aus etw** la synthèse de qqch.
synthetisch ◇ *adj* synthétique ◇ *adv :* **etw ~ herstellen** fabriquer qqch par synthèse.
Syrien *nt* Syrie *f.*
System [zys'teːm] *(pl* **-e**) *das* système *m.*
systematisch ◇ *adj* systématique ◇ *adv* **- 1.** [konsequent] de manière systématique **- 2.** [geordnet] de manière structurée.
Szene *(pl* **-n**) *die* **- 1.** [bei Schauspiel, Streit] scène *f ;* **jm eine ~ machen** faire une scène à qqn **- 2.** *(ohne Pl) fam* [Milieu] milieu *m* branché.

T

t, T [teː] (*pl* **t, T** ODER **-s**) *das* t *m inv*, T *m inv*. ◆ **t** (*abk für* **Tonne**) t.

Tabak, Tabak (*pl* **-e**) *der* tabac *m*.

Tabak|laden *der* débit *m* de tabac, tabac *m*.

Tabak|steuer *die* taxe *f* sur le tabac.

Tabakwaren *pl tout produit à base de tabac.*

tabellarisch *adj & adv* sous forme de tableau.

Tabelle (*pl* **-n**) *die* **- 1.** [Liste] tableau *m* **- 2.** SPORT classement *m*.

Tablett (*pl* **-s** ODER **-e**) *das* plateau *m*.

Tablett

Le terme **Tablett** a pour traduction « plateau » et non « tablette ». Ainsi, on traduira la phrase **Sie servierte den Kaffee auf einem Tablett** par « Elle apporta le café sur un plateau ».
Le terme français « tablette » correspond à **Tafel** lorsqu'il s'agit de chocolat, comme on peut le constater dans la phrase suivante « J'ai acheté des bonbons et une tablette de chocolat pour les enfants », qui a pour traduction **Für die Kinder habe ich Bonbons und eine Tafel Schokolade gekauft**.

Tablette (*pl* **-n**) *die* comprimé *m*.

tabu *adj* : **etw ist ~** qqch est tabou(e).

Tabu (*pl* **-s**) *das* tabou *m*.

Tacho|meter *der* compteur *m* de vitesse.

Tadel (*pl* **-**) *der geh* blâme *m*.

tadellos ◇ *adj* irréprochable ◇ *adv* de manière irréprochable.

tadeln *vt* blâmer.

Tafel (*pl* **-n**) *die* **- 1.** [Schreibtafel] tableau *m* **- 2.** *geh* [Tisch] table *f* ; **die ~ aufheben** inviter à quitter la table **- 3.** [Stück] : **eine ~ Schokolade** une tablette de chocolat.

tafelfertig ◇ *adj* prêt(e) à consommer ◇ *adv* : **~ zubereitet** prêt(e) à être consommé(e).

Täfelung (*pl* **-en**) *die* lambris *m*.

Tafelwasser (*pl* **-wässer**) *das* **- 1.** [ohne Kohlensäure] eau *f* plate **- 2.** [mit Kohlensäure] eau *f* minérale gazeuse.

Taft (*pl* **-e**) *der* taffetas *m*.

Tag (*pl* **-e**) *der* **- 1.** [gen] jour *m* ; **in vierzehn ~en** dans quinze jours ; **es ist ~** il fait jour **- 2.** [in seinem Verlauf] journée *f* **- 3.** *RW* : **am helllichten ~** en plein jour ; **über ~(e)** en surface ; **unter ~(e)** sous terre. ◆ **eines Tages** *adv* un (beau) jour. ◆ **guten Tag!** *interj* bonjour! ◆ **Tag für Tag** *adv* jour après jour. ◆ **von Tag zu Tag** *adv* de jour en jour. ◆ **Tage** *pl* **- 1.** [Leben] : **js ~e sind gezählt** les jours de qqn sont comptés **- 2.** *fam* [Menstruation] : **sie hat/bekommt ihre ~e** *fam* elle a ses règles ; *siehe auch* **zutage**.

tagaus *adv* : **~, tagein** jour après jour.

Tag der Deutschen Einheit *der (ohne Pl) fête nationale allemande.*

Tage|buch *das* journal *m* (intime).

tagelang ◇ *adj* qui dure des jours entiers ◇ *adv* des jours entiers.

tagen *vi* [Sitzung haben] siéger ; [Gericht] délibérer.

Tagesab|lauf *der* journée *f*.

Tagesan|bruch *der* aube *f*.

Tages|bedarf *der (ohne Pl)* besoin *m* quotidien.

Tages|fahrt *die* excursion *f* d'une journée.

Tages|gericht *das* plat *m* du jour.

Tages|geschehen *das* actualité *f* (du jour).

Tages|karte *die* forfait *m* journalier.

Tages|licht *das (ohne Pl)* lumière *f* du jour ; **etw kommt ans ~** qqch apparaît au grand jour.

Tages|ordnung *die* ordre *m* du jour ; **nach den Feierlichkeiten gingen wir wieder zur ~ über** après les festivités la vie a repris son cours.

Tagesrückfahr|karte *die* billet *m* de retour *(valable une journée).*

Tages|zeit *die* heure *f* de la journée.

Tages|zeitung *die* journal *m* quotidien, quotidien *m*.

täglich ◇ *adj* quotidien(enne) ◇ *adv* quotidiennement ; **dreimal ~** trois fois par jour.

tagsüber *adv* dans la journée.

tagtäglich ◇ *adj* quotidien(enne), de tous les jours ◇ *adv* tous les jours.

Tagung (*pl* **-en**) *die* congrès *m*.

Taifun (*pl* **-e**) *der* typhon *m*.

Taille ['taljə] (*pl* **-n**) *die* taille *f*.

tailliert [ta'jiːɐ̯t] *adj* cintré(e).

Taiwan, Taiwan *nt* Taïwan.

Takt (*pl* **-e**) *der* **- 1.** [musikalische Einheit] mesure *f* **- 2.** *(ohne Pl)* [Feingefühl] tact *m* **- 3.** *(ohne Pl)* [Rhythmus] rythme *m* **- 4.** [zeitlicher Abstand] fréquence *f* **- 5.** *RW* : **jn aus dem ~ bringen** déconcerter qqn.

Takt|gefühl *das (ohne Pl)* tact *m*.

Taktik (*pl* **-en**) *die* tactique *f.*
taktisch ◇ *adj* tactique ◇ *adv* tactiquement.
taktlos *adj* qui manque de tact.
Taktlosigkeit (*pl* **-en**) *die* manque *m* de tact.
Takt|stock *der* baguette *f (de chef d'orchestre).*
taktvoll ◇ *adj* plein(e) de tact ◇ *adv* avec tact.
Tal (*pl* **Täler**) *das* vallée *f.*
Talent (*pl* **-e**) *das* talent *m.*
talentiert *adj* talentueux(euse).
Talg (*pl* **-e**) *der* [von Tieren] suif *m.*
Talisman (*pl* **-e**) *der* talisman *m.*
Tal|kessel *der* cuvette *f.*
Talkshow ['tɔːkʃoː] (*pl* **-s**) *die* talk-show *m.*
Tal|station *die point de départ des remontées mécaniques.*
Tampon ['tampɔn, tam'poːn] (*pl* **-s**) *der* tampon *m.*
Tandem (*pl* **-s**) *das* tandem *m.*
Tang (*pl* **-e**) *der* varech *m.*
Tangente (*pl* **-n**) *die* MATH tangente *f.*
Tango (*pl* **-s**) *der* tango *m.*
Tank (*pl* **-s**) *der* réservoir *m.*
Tank|deckel *der* bouchon *m* du réservoir.
tanken *vi* prendre de l'essence.
Tanker (*pl* **-**) *der* pétrolier *m.*
Tank|schloss *das* serrure *f* du réservoir.
Tank|stelle *die* station-service *f.*
Tank|wart, in (*mpl* **-e** ; *pl* **-nen**) *der, die* pompiste *mf.*
Tanne (*pl* **-n**) *die* sapin *m.*
Tannen|baum *der* **- 1.** [Tanne] sapin *m* **- 2.** [Weihnachtsbaum] sapin *m* de Noël.
Tannen|zapfen *der* pomme *f* de pin.
Tansania *nt* Tanzanie *f.*
Tante (*pl* **-n**) *die* **- 1.** [Verwandte] tante *f* **- 2.** *fam* [Anrede] tata *f.*
Tante-Emma-|Laden *der* petite épicerie *f.*
Tanz (*pl* **Tänze**) *der* **- 1.** [Bewegung, Musikstück] danse *f* **- 2.** *(ohne Pl)* [Veranstaltung] bal *m.*
Tanz|bein *das* : **das ~ schwingen** *fam hum* guincher.
tanzen *vi* & *vt* danser ; **Walzer ~** danser la valse.
Tänzer, in (*mpl* **-** ; *fpl* **-nen**) *der, die* danseur *m*, -euse *f.*
Tanz|fläche *die* piste *f* de danse.
Tanz|schule *die* école *f* de danse.
Tanz|stunde *die* cours *m* de danse.

Tanzstunde

À partir de l'âge de 12 ans, la plupart des élèves fréquentent le cours de danse, où sont enseignées les danses de salon (rock, valse, ...). Il existe des cours pour débutants et pour danseurs confirmés.
Au terme du cours pour débutants, on organise un bal de fin d'année, **der Abschlussball**, auquel sont également invités les parents. L'élection des trois meilleurs couples de danseurs représente le clou de la soirée.

Tapete (*pl* **-n**) *die* papier *m* peint.
Tapeten|wechsel *der fam fig* changement *m* d'air.
tapezieren *vt* & *vi* tapisser.
tapfer ◇ *adj* courageux(euse) ; [Soldat] vaillant(e) ◇ *adv* **- 1.** [furchtlos] avec bravoure, vaillamment **- 2.** [beherrscht] courageusement.
Tapferkeit *die (ohne Pl)* bravoure *f.*
tappen (*perf* **ist getappt**) *vi fam* avancer à tâtons.
tapsig *fam adj* pataud(e).
Tarif (*pl* **-e**) *der* tarif *m.*
Tarif|lohn *der* salaire *m* fixé par les conventions collectives.
Tarifver|handlung *die* négociation *f* entre partenaires sociaux.
Tarif|vertrag *der* convention *f* collective.
tarnen *vt* camoufler. ◆ **sich tarnen** *ref* : **sich (als etw) ~** se travestir (en qqch).
Tarnung *die (ohne Pl)* camouflage *m.*
Tasche (*pl* **-n**) *die* **- 1.** [tragbar] sac *m* **- 2.** [in Kleidung] poche *f* **- 3.** *RW* : **etw aus eigener ~ bezahlen** payer qqch de sa poche ; **etw (schon) in der ~ haben** *fam* avoir (déjà) qqch en poche ; **jm auf der ~ liegen** *fam* vivre aux crochets de qqn.
Taschen|buch *das* livre *m* de poche.
Taschen|dieb, in *der, die* pickpocket *m.*
Taschen|format *das* : **im ~** en format de poche.
Taschen|geld *das (ohne Pl)* argent *m* de poche.
Taschen|lampe *die* lampe *f* de poche.
Taschen|messer *das* couteau *m* de poche.
Taschen|rechner *der* calculette *m*, calculatrice *f* de poche.
Taschen|schirm *der* parapluie *m* pliable.
Taschen|tuch (*pl* **-tücher**) *das* mouchoir *m.*
Taschen|uhr *die* montre *f* de gousset.

Tasse (*pl* -n) *die* tasse *f* ; **nicht alle ~n im Schrank haben** *fam fig* être marteau.
Tastatur (*pl* -en) *die* clavier *m*.
Taste (*pl* -n) *die* touche *f*.
tasten ◇ *vi* tâtonner ; **nach etw ~** chercher qqch à tâtons ◇ *vt* tâter. ◆ **sich tasten** *ref* : **sich durch etw ~** tâtonner à travers qqch.
Tasten|instrument *das* instrument *m* à clavier.
Tasten|telefon *das* téléphone *m* à touches.
Tast|sinn *der (ohne Pl)* toucher *m*.
tat *prät* ▷ **tun.**
Tat (*pl* -en) *die* action *f* ; **etw in die ~ umsetzen** mettre qqch en pratique ; **jn auf frischer ~ ertappen** *fig* prendre qqn sur le fait. ◆ **in der Tat** *adv* en effet.
Tatbe|stand *der* - **1.** RECHT éléments *mpl* constitutifs - **2.** [Tatsache] état *m* de fait.
tatenlos ◇ *adj* passif(ive) ◇ *adv* sans rien faire.
Täter, in (*mpl* - ; *fpl* -nen) *der, die* coupable *m*.
tätig *adj* - **1.** [beschäftigt] : **~ sein** travailler - **2.** [aktiv] actif(ive) ; **~ werden** intervenir.
tätigen *vt* effectuer, réaliser.
Tätigkeit (*pl* -en) *die* activité *f*.
tatkräftig ◇ *adj* énergique ◇ *adv* énergiquement, avec énergie.
tätlich ◇ *adj* violent(e) ; **~ werden** en venir aux mains ◇ *adv* violemment.
Tat|ort *der* lieu *m* du crime.
Tätowierung (*pl* -en) *die* tatouage *m*.
Tat|sache *die* fait *m* ; **jn vor vollendete ~n stellen** *fig* mettre qqn devant le fait accompli.
tatsächlich, tatsächlich ◇ *adj* véritable ◇ *adv* effectivement.
tätscheln *vt* [liebkosen] cajoler ; [Wange, Kopf] tapoter.
Tattoo [ta'tu:] (*pl* -s) *das* tatouage *m*.
Tatze (*pl* -n) *die* patte *f*.
Tau (*pl* -e) ◇ *der (ohne Pl)* [Niederschlag] rosée *f* ◇ *das* [Seil] corde *f*.
taub ◇ *adj* - **1.** [Mensch, Ohr] sourd(e) - **2.** [Arm, Bein] engourdi(e) ◇ *adv* - **1.** [nichts hörend] : **sich ~ stellen** faire la sourde oreille - **2.** [nichts fühlend] : **sich ~ anfühlen** être engourdi(e).
Taube (*pl* -n) *die (G Taube)* [Tier] pigeon *m* ; [weiß] colombe *f*.
taubstumm *adj* sourd-muet (sourde-muette).
tauchen (*perf* **hat/ist getaucht**) ◇ *vi (hat, ist)* plonger (sous l'eau) ◇ *vt (hat)* - **1.** [eintauchen] tremper - **2.** [drücken] plonger.
Taucher (*pl* -) *der* plongeur *m*.
Taucher|brille *die* lunettes *fpl* de plongée.
Taucherin (*pl* -nen) *die* plongeuse *f*.
Tauchsieder (*pl* -) *der* thermoplongeur *m*.
tauen (*perf* **hat/ist getaut**) ◇ *vi (hat, ist)* fondre ; **es taut** c'est le dégel ◇ *vt (hat)* faire fondre.
Taufe (*pl* -n) *die* baptême *m*.
taufen *vt* baptiser.
Tauf|pate *der* parrain *m*.
Tauf|patin *die* marraine *f*.
taugen *vi fam* : **zu** ODER **für etw ~** être bon (bonne) pour qqch ; **nichts ~** [Gegenstand] ne rien valoir ; [Mensch] n'être bon (bonne) à rien.
tauglich *adj* - **1.** [geeignet] approprié(e) - **2.** MIL apte (au service).
Taumel *der (ohne Pl)* - **1.** [Rausch] ivresse *f* - **2.** [Schwindel] vertige *m*.
taumeln (*perf* **hat/ist getaumelt**) *vi* - **1.** *(ist)* [schwankend gehen] tituber - **2.** *(hat)* [schwanken] chanceler.
Tausch (*pl* -e) *der* échange *m* ; [Handel] troc *m*.
tauschen ◇ *vt* échanger ; [wechseln] changer ◇ *vi* : **mit jm ~** [Arbeitszeit] échanger avec qqn ; [an js Stelle sein] être à la place de qqn ; [jd anderes sein] changer avec qqn.
täuschen ◇ *vt* tromper ◇ *vi* tromper, être trompeur(euse). ◆ **sich täuschen** *ref* se tromper, faire erreur ; **sich in jm ~** se tromper sur qqn, se méprendre sur le compte de qqn.
täuschend ◇ *adj* trompeur(euse) ◇ *adv* : **sich ~ ähnlich sehen** se ressembler à s'y méprendre.
Täuschung (*pl* -en) *die* - **1.** [Irreführung] tromperie *f* - **2.** [Verwechslung] illusion *f*.
Täuschungs|manöver *das* feinte *f*.
tausend *num* mille *m* ; *siehe auch* **sechs.**
Tausend (*pl* - ODER -e) *das* mille *m*. ◆ **Tausende** *pl* [sehr viele] : **zu ~en** par milliers ; *siehe auch* **Sechs.**
Tausender (*pl* -) *der* - **1.** *fam* [Geldschein] billet *m* de mille - **2.** MATH millier *m*.
Tausendfüßler (*pl* -) *der* mille-pattes *m*.
tausendmal *adv* mille fois.
tausendste, r, s *adj* millième ; *siehe auch* **sechste.**
Tausendste (*pl* -n) *der, die, das* millième *m* ; *siehe auch* **Sechste.**
tausendstel *adj (unver)* : **eine ~ Sekunde** un millième de seconde ; *siehe auch* **sechstel.**
Tausendstel (*pl* -) *das* millième *m* ; *siehe auch* **Sechstel.**
Tau|wetter *das* dégel *m*.

Tau|ziehen *das* - **1.** [Spiel] tir *m* à la corde - **2.** *fig* [Verhandlung] bras *m* de fer.
Taxi (*pl* **-s**) *das* taxi *m*.
Tb, Tbc *die (ohne Pl) abk für* **Tuberkulose.**
Teak [ti:k] *das (ohne Pl)* teck *m*, bois *m* de teck.
Technik (*pl* **-en**) *die* technique *f*.
Techniker, in (*mpl* **- ;** *fpl* **-nen**) *der, die* technicien *m*, -enne *f*.
technisch <> *adj* technique <> *adv* techniquement.
Technische Hoch|schule *die établissement m d'enseignement supérieur technique.*
Technische Überwachungs|verein *der (ohne Pl) amt institution allemande chargée du contrôle technique entre autres des voitures.*
Techno *der (ohne pl)* MUS techno *f*.
Technologie (*pl* **-n**) *die* technologie *f*.
technologisch <> *adj* technologique <> *adv* sur le plan technologique.
Teddy (*pl* **-s**), **Teddybär** (*pl* **-en**) *der* ours *m* en peluche.
Tee (*pl* **-s**) *der* - **1.** [gen] thé *m* ; **schwarzer ~** thé - **2.** [Kräutertee] infusion *f*.
Tee|beutel *der* sachet *m* de thé.
Tee|kanne *die* théière *f*.
Tee|löffel *der* cuillère *f* à café.
Teer *der* goudron *m*.
teeren *vt* goudronner.
Tee|sieb *das* passe-thé *m*.
Teheran *nt* Téhéran.
Teich (*pl* **-e**) *der* étang *m*.
Teig (*pl* **-e**) *der* pâte *f*.
Teigwaren *pl* pâtes *fpl* alimentaires.
Teil (*pl* **-e**) <> *der* [Teilmenge] partie *f* <> *der* ODER *das* [Anteil] part *f* ; **sie denkt sich ihren ~ und sagt lieber nichts** *fam* elle ne dit rien mais elle n'en pense pas moins <> *das* [Einzelstück] pièce *f*. ◆ **zum Teil** *adv* [teilweise] en partie.
Teil|bereich *der* sous-domaine *m*.
teilen <> *vt* : **(etw mit jm) ~** partager (qqch avec qqn) ; **sich** *(D)* **etw ~** partager qqch <> *vi* partager. ◆ **sich teilen** *ref* [sich gabeln] se diviser.
teil|haben *vi (unreg)* : **an etw** *(D)* **~** participer à qqch.
Teilhaber, in (*mpl* **- ;** *fpl* **-nen**) *der, die* associé *m*, -e *f*.
Teilnahme (*pl* **-n**) *die* - **1.** [Mitmachen] participation *f* - **2.** [Mitgefühl] sympathie *f*.
teilnahmslos <> *adj* indifférent(e) <> *adv* avec indifférence.
teil|nehmen *vi (unreg)* [mitmachen] : **an etw** *(D)* **~** participer à qqch.
Teilnehmer, in (*mpl* **- ;** *fpl* **-nen**) *der, die* participant *m*, -e *f*.
teils *adv fam* en partie. ◆ **teils ... teils** *adv* en partie ... en partie ; **wie gehts dir? - ach, ~, ~** comment vas-tu? - oh, couci-couça.
Teilung (*pl* **-en**) *die* division *f*.
teilweise <> *adv* - **1.** [zu gewissen Teilen] en partie - **2.** [zeitweise] de temps à autre <> *adj* partiel(elle).
Tel. (*abk für* **Telefon**) tél.
Tele|arbeit *die (ohne pl)* télétravail *m*.
Telefon, Telefon (*pl* **-e**) *das* téléphone *m* ; **am ~** au téléphone ; **wer ist am ~?** qui est à l'appareil?
Telefonan|ruf *der* appel *m* téléphonique.
Telefonat (*pl* **-e**) *das* conversation *f* téléphonique.
Telefon|buch *das* annuaire *m (téléphonique).*
Telefon|gespräch *das* conversation *f* téléphonique.
telefonieren *vi* téléphoner ; **mit jm ~** [sich unterhalten] parler avec qqn au téléphone ; [anrufen] téléphoner ODER passer un coup de fil à qqn ; **nach Frankreich ~** téléphoner ODER passer un coup de fil en France.
telefonisch <> *adj* téléphonique <> *adv* par téléphone.
Telefon|karte *die* télécarte *f*.
Telefon|nummer *die* numéro *m* de téléphone.
Telefonver|bindung *die* communication *f* téléphonique.
Telefon|zelle *die* cabine *f* téléphonique.
Telefon|zentrale *die* [in Firma] standard *m*.
telegrafieren *vt* télégraphier.
telegrafisch <> *adj* télégraphique <> *adv* par télégramme.
Telegramm (*pl* **-e**) *das* télégramme *m*.
Telekom® *die (ohne Pl) société allemande de télécommunications.*
Tele|objektiv *das* FOTO téléobjectif *m*.
Telex (*pl* **-e**) *das* télex *m*.
Teller (*pl* **-**) *der* assiette *f* ; **seinen ~ leer essen** vider ODER finir son assiette.
Tempel (*pl* **-**) *der* temple *m*.
Temperament (*pl* **-e**) *das* tempérament *m* ; **~ haben** avoir du tempérament.
temperamentvoll <> *adj* plein(e) de tempérament <> *adv* avec tempérament.
Temperatur (*pl* **-en**) *die* température *f*.
Tempo (*pl* **-s** ODER **Tempi**) *das* - **1.** *(Pl Tempos)* [Geschwindigkeit] allure *f* ; [von Fahrzeugen] vitesse *f* ; **hier gilt ~ 30** la vitesse est limitée ici à 30 km/h ; **mit ~ 170 geblitzt werden** être repéré par le radar à une vitesse de 170 km/h - **2.** *(Pl Tempi)* MUS tempo *m*.
Tempo|limit *das* limitation *f* de vitesse.

Tempo|taschentuch® *das fam* Kleenex® *m.*

Tendenz (*pl* **-en**) *die* tendance *f.*

tendieren *vi* [neigen] : **nach etw ~** avoir une tendance à qqch ; **zu etw ~** tendre à qqch ; **dazu ~, etw zu tun** avoir tendance à faire qqch.

Tennis *das (ohne Pl)* tennis *m.*

Tennis|platz *der* - **1.** [Platz] court *m* de tennis - **2.** [Anlage] terrain *m* de tennis.

Tennis|schläger *der* raquette *f* de tennis.

Tenor (*pl* **Tenöre**) *der* MUS ténor *m* ; **~ singen** être ténor.

Teppich (*pl* **-e**) *der* - **1.** [Einzelstück] tapis *m* - **2.** [Teppichboden] moquette *f.*

Teppich|boden *der* moquette *f.*

Termin (*pl* **-e**) *der* [Zeitpunkt] rendez-vous *m* ; **einen ~ vereinbaren** fixer un rendez-vous.

Terminal ['tøːɐ̯minəl] (*pl* **-s**) ◇ *der* ODER *das* [Gebäude] terminal *m* ◇ *das* EDV terminal *m.*

Termin|kalender *der* agenda *m.*

Termin|plan *der* planning *m.*

Terpentin (*pl* **-e**) *das* térébenthine *f.*

Terrarium [tɛ'raːri̯ʊm] (*pl* **Terrarien**) *das* terrarium *m.*

Terrasse (*pl* **-n**) *die* terrasse *f.*

Terrier ['tɛri̯ɐ] (*pl* **-**) *der* [Hund] terrier *m.*

Territorium [tɛri'toːri̯ʊm] (*pl* **-torien**) *das* territoire *m.*

Terror *der (ohne Pl)* - **1.** [Gewalt] actes *mpl* de terrorisme - **2.** [Angst] terreur *f* - **3.** *fam* [Streit] : **~ machen** faire des histoires.

Terroran|schlag *der* attentat *m* terroriste.

terrorisieren *vt* [unterdrücken] terroriser.

Terrorismus *der (ohne Pl)* terrorisme *m.*

Terrorist, in (*mpl* **-en** ; *fpl* **-nen**) *der, die* terroriste *mf.*

Terz (*pl* **-en**) *die* MUS tierce *f.*

Tessin *das* Tessin *m* ; **im ~** au Tessin.

Tessiner, in (*mpl* **-** ; *fpl* **-nen**) *der, die* Tessinois *m*, -e *f.*

Test (*pl* **-e**) *der* test *m* ; [in Schule] contrôle *m.*

Testament (*pl* **-s**) *das* - **1.** [letzter Wille] testament *m* - **2.** REL : **das Alte/das Neue ~** l'Ancien/le Nouveau Testament.

testamentarisch ◇ *adj* testamentaire ◇ *adv* par testament.

testen *vt* tester.

Tetanus|impfung *die* vaccin *m* contre le tétanos.

teuer ◇ *adj* cher(ère) ◇ *adv* cher.

Teufel (*pl* **-**) *der* - **1.** *(ohne Pl)* [Satan] diable *m* - **2.** *fam* [Mensch] diable *m* - **3.** *RW* : **der ~ ist los** *fam* il y a du grabuge ; **zum ~ mit etw!** *fam* au diable qqch! ; **zum ~ mit ihm!** *fam* qu'il aille au diable!

Teufels|kreis *der* cercle *m* vicieux.

teuflisch *adj* - **1.** [böse] diabolique - **2.** *fam* [stark] infernal(e).

Text (*pl* **-e**) *der* [Geschriebenes] texte *m.*

Textilien *pl* textiles *mpl.*

Textil|industrie *die* industrie *f* textile.

Text|verarbeitung *die* EDV traitement *m* de texte(s).

TH (*abk für* **Technische Hochschule**) *die (ohne Pl)* établissement *m* d'enseignement supérieur technique.

Thailand *nt* Thaïlande *f.*

Theater (*pl* **-**) *das* - **1.** [Gebäude, Ensemble] théâtre *m* - **2.** *(ohne Pl)* [Aufführung, Kunstform] théâtre *m* ; **~ spielen** [als Beruf] faire du théâtre ; [vortäuschen] faire du cinéma - **3.** *(ohne Pl) fam* [Ärger] histoires *fpl* - **4.** *(ohne Pl) fam* [Vortäuschung] cinéma *m.* ◆ **so ein Theater!** *interj fam* quel cirque ODER cinéma!

Theaterauf|führung *die* représentation *f* théâtrale.

Theater|kasse *die* caisse *f* du théâtre.

Theater|stück *das* pièce *f* de théâtre.

theatralisch ◇ *adj* théâtral(e) ◇ *adv* de manière théâtrale.

Theke (*pl* **-n**) *die* comptoir *m.*

Thema (*pl* **Themen**) *das* sujet *m*, thème *m* ; **etw ist für jn kein ~** *fig* qqch n'importe pas pour ODER à qqn ; **das ist kein ~ mehr** *fig* il n'en est plus question.

Themenbe|reich *der* domaine *m.*

Themse *die* Tamise *f.*

Theologe (*pl* **-n**) *der* théologien *m.*

Theologie (*pl* **-n**) *die* théologie *f.*

Theologin (*pl* **-nen**) *die* théologienne *f.*

Theoretiker, in (*mpl* **-** ; *fpl* **-nen**) *der, die* [Wissenschaftler] théoricien *m*, -enne *f.*

theoretisch ◇ *adj* théorique ◇ *adv* théoriquement.

Theorie (*pl* **-n**) *die* théorie *f.*

therapeutisch ◇ *adj* thérapeutique ◇ *adv* par thérapeutique.

Therapie (*pl* **-n**) *die* thérapeutique *f*, thérapie *f.*

Thermal|bad *das* station *f* thermale.

Thermometer (*pl* **-**) *das* thermomètre *m.*

Thermos|flasche® *die* Thermos® *m* ODER *f.*

Thermostat (*pl* **-e** ODER **-en**) *der* thermostat *m.*

These (*pl* **-n**) *die* thèse *f.*

Thron (*pl* **-e**) *der* trône *m.*

thronen *vi* trôner.

Thronfolger, in (*mpl* **-** ; *fpl* **-nen**) *der, die* héritier *m*, -ère *f* du trône.

Thun|fisch, Tunfisch *der* thon *m.*

Thüringen *nt* Thuringe *f.*
Thüringer (*pl* -) ◇ *der* Thuringeois *m* ◇ *adj* thuringeois(e).
Thüringerin (*pl* **-nen**) *die* Thuringeoise *f.*
Thymian (*pl* **-e**) *der* thym *m.*
Tiber *der* Tibre *m.*
Tick (*pl* **-s**) *der fam* **- 1.** [Bewegung] tic *m* **- 2.** [Fimmel] manie *f.*
ticken *vi* faire tic-tac.
Tide (*pl* **-n**) *die Norddt* marée *f.*
tief ◇ *adj* **- 1.** [gen] profond(e) ; **ein ~er Teller** une assiette creuse ; **drei Meter ~** de trois mètres de profondeur ; **50 Zentimeter ~ sein** avoir 50 centimètres de profondeur **- 2.** [niedrig] bas (basse) ◇ *adv* **- 1.** [nach unten, stark, sehr] profondément ; **~ schlafen** dormir profondément **- 2.** [herab, unten] : **~ stehen** ODER **hängen** être bas (basse) ; **~ sinken** tomber bien bas **- 3.** [zeitlich] : **bis ~ in die Nacht** jusque tard dans la nuit.
Tief (*pl* **-s**) *das* dépression *f* (atmosphérique).
Tiefdruck|gebiet *das* zone *f* de basse pression.
Tiefe (*pl* **-n**) *die* profondeur *f.*
Tief|ebene *die* plaine *f* basse.
tiefernst ◇ *adj* grave ◇ *adv* gravement.
Tief|garage *die* parking *m* souterrain.
tiefgefroren *adj* surgelé(e).
tiefgekühlt ◇ *adj* congelé(e) ◇ *adv* : **etw ~ lagern** stocker qqch sous forme de congelé.
tief greifend *adj* profond(e).
Tiefkühl|fach *das* freezer *m.*
Tiefkühl|kost *die (ohne Pl)* surgelés *mpl.*
Tiefkühl|truhe *die* congélateur *m.*
Tief|punkt *der* point *m* le plus bas ; **auf einem ~ sein** être au plus bas.
tief schürfend *adj* profond(e).
tiefsinnig ◇ *adj* profond(e) ◇ *adv* avec profondeur.
Tief|stand *der (ohne Pl)* plus bas niveau *m.*
Tiegel (*pl* -) *der* creuset *m.*
Tier (*pl* **-e**) *das* animal *m* ; **ein großes** ODER **hohes ~** *fam fig* une grosse légume.
Tier|art *die* espèce *f* animale.
Tier|arzt, ärztin *der, die* vétérinaire *mf.*
Tier|garten *der* jardin *m* zoologique.
Tier|handlung *die* animalerie *f.*
Tier|heim *das* ≃ refuge *m* de la SPA.
tierisch *adj* [von Tieren] animal(e).
Tierkreis|zeichen *das* signe *m* du zodiaque.
tierlieb *adj* qui aime les animaux ; **~ sein** aimer les animaux.
Tier|park *der* jardin *m* zoologique.
Tier|quälerei *die acte de cruauté envers les animaux.*
Tierschutz|verein *der* société *f* protectrice des animaux.
Tier|versuch *der* expérience *f* sur les animaux.
Tiger, in (*mpl* - ; *fpl* **-nen**) *der, die* tigre *m*, tigresse *f.*
Tilde (*pl* **-n**) *die* tilde *m.*
tilgen *vt* rembourser ; [Schulden] éteindre.
Tilsiter (*pl* -) *der* [Käse] fromage *m* de Tilsit.
Tinktur (*pl* **-en**) *die* teinture *f.*
Tinte (*pl* **-n**) *die* encre *f* ; **in der ~ sitzen** *fam fig* être dans de beaux draps.
Tinten|fisch *der* seiche *f.*
Tip = **Tipp.**
Tipp (*pl* **-s**) *der* [Hinweis] tuyau *m.*
tippen ◇ *vi* **- 1.** [vorhersagen] deviner ; **darauf ~, dass etw passiert** parier que qqch va se produire **- 2.** [antippen] : **auf** ODER **an** ODER **gegen etw ~** toucher légèrement qqch **- 3.** *fam* [wetten] parier ; **auf etw** *(A)* **~** parier sur qqch ◇ *vt fam* [Schreibmaschine schreiben] taper.
tipptopp *fam adv* : **~ angezogen sein** être super bien habillé(e).
Tirol *nt* Tyrol *m.*
Tiroler (*pl* -) ◇ *der* Tyrolien *m* ◇ *adj* du Tyrol, tyrolien(enne).
Tirolerin (*pl* **-nen**) *die* Tyrolienne *f.*
tirolerisch *adj* tyrolien(enne).
Tisch (*pl* **-e**) *der* table *f* ; **den ~ decken** mettre la table ; **am grünen ~** *fig* de manière purement théorique ; **unter den ~ fallen** *fam fig* passer à l'as ; **dieses Projekt ist vom ~** ce projet est abandonné.
Tisch|decke *die* nappe *f.*
Tischler, in (*mpl* - ; *fpl* **-nen**) *der, die* menuisier *m.*
Tisch|tennis *das* tennis *m* de table, ping-pong *m.*
Tisch|tuch (*pl* **-tücher**) *das* nappe *f.*
Titel (*pl* -) *der* titre *m.*
Titel|bild *das* frontispice *m.*
Titel|seite *die* première page *f.*
Titel|verteidiger, in *der, die* SPORT tenant *m*, -e *f* du titre.
Toast [to:st] (*pl* **-e** ODER **-s**) *der* toast *m.*
Toast|brot *das* pain *m* de mie.
toasten ['to:stn̩] *vt* faire griller.
Toaster ['to:stɐ] (*pl* -) *der* toaster *m*, grille-pain *m.*
toben (*perf* **hat/ist getobt**) *vi* **- 1.** *(hat)* [wild werden] être déchaîné(e) **- 2.** *(hat)* [wüten] faire rage **- 3.** *(ist)* [herumtollen] se démener.
Tochter (*pl* **Töchter**) *die* fille *f.*

Tod (*pl* -e) *der* mort *f* ; **jn zum ~(e) verurteilen** condamner qqn à mort ; **zu ~e erschreckt** mort(e) de peur.

todernst *adj* très sérieux(euse).

Todes|angst *die* - 1. [große Angst] peur *f* bleue - 2. [Angst vor dem Tod] peur *f* de la mort.

Todes|anzeige *die* [in Zeitung] annonce *f* nécrologique.

Todes|fall *der* décès *m*.

Todes|kampf *der* agonie *f*.

Todes|opfer *das* victime *f*.

Todes|strafe *die* peine *f* de mort.

Todesur|sache *die* cause *f* de la mort.

Todesur|teil *das* arrêt *m* de mort.

todkrank *adj* & *adv* gravement malade.

tödlich ◇ *adj* [zum Tod führend] mortel(elle) ◇ *adv* - 1. [zum Tod führend] : **~ wirken** avoir un effet mortel - 2. *fam* [sehr] mortellement, à mort.

todmüde *fam adj* crevé(e).

tod|schick *adj* & *adv fam* super chic.

tod|sicher *fam* ◇ *adj* sûr(e) ◇ *adv* : **sie kommt ~, bloß wann?** c'est sûr qu'elle vient, mais on ne sait pas quand.

Tofu *der (ohne Pl)* tofu *m*.

toi, toi, toi ['tɔy 'tɔy 'tɔy] *interj* - 1. [unberufen] : **toi, toi, toi!** je touche du bois! - 2. [viel Glück] : **toi, toi, toi!** bonne chance!

Toilette [toa'lɛtə] (*pl* -n) *die* - 1. [WC] toilettes *fpl* - 2. *(ohne Pl)* [Morgentoilette] toilette *f*.

Toiletten|papier *das* papier *m* hygiénique.

Tokio *nt* Tokyo.

tolerant *adj* tolérant(e).

Toleranz (*pl* -en) *die* tolérance *f*.

Toleranz|grenze *die* seuil *m* de tolérance.

tolerieren *vt* tolérer.

toll *fam* ◇ *adj* - 1. [schön] génial(e) - 2. [unglaublich] inouï(e) ◇ *adv* - 1. [wunderbar] super bien - 2. [sehr] vachement.

tollen (*perf* **ist getollt**) *vi* s'amuser comme un petit fou (une petite folle).

tollkühn ◇ *adj* téméraire ◇ *adv* avec témérité.

Tollpatsch (*pl* -e) *der* balourd *m*.

Toll|wut *die (ohne Pl)* rage *f*.

Tolpatsch = **Tollpatsch**.

Tomate (*pl* -n) *die* tomate *f*.

Tomaten|mark *das* concentré *m* de tomates.

Ton (*pl* **Töne** ODER -e) *der* - 1. *(Pl Tone)* [Lehm] argile *f* ; **gebrannter ~** terre *f* cuite - 2. *(Pl Töne)* [Laut] note *f* ; **jm den ~ angeben** donner le ton à qqn - 3. *(Pl Töne)* [Tonfall] ton *m* ; **sich im ~ vergreifen** ne pas employer le ton qu'il faut - 4. *(Pl Töne)* [Farbton] ton *m* - 5. *(ohne Pl)* [Lautstärke] volume *m* - 6. *(ohne Pl)* [Tonaufnahme] son *m* - 7. *RW* : **zum guten ~ gehören** être de bon ton.

Ton|art *die* ton *m*.

Tonaus|fall *der* TV coupure *f* de son.

Tonband|gerät *das* magnétophone *m*.

tönen ◇ *vi* - 1. *fam* [prahlen] clamer - 2. [klingen] retentir ◇ *vt* colorer ; **seine Haare schwarz ~** se colorer les cheveux en noir.

Ton|fall *der* accent *m*.

Ton|film *der* film *m* parlant.

Ton|lage *die* hauteur *f* du son.

Ton|leiter *die* gamme *f*.

Tonne (*pl* -n) *die* - 1. [Behälter] tonneau *m* - 2. [Gewicht] tonne *f*.

top *fam adv* super bien.

Top (*pl* -s) *das* bustier *m*.

Topf (*pl* **Töpfe**) *der* - 1. [gen] pot *m* - 2. [Kochtopf] casserole *f*.

Töpfer (*pl* -) *der* potier *m*.

Töpferei (*pl* -en) *die* atelier *m* de poterie.

Töpferin (*pl* -nen) *die* potière *f*.

töpfern ◇ *vt* façonner (des poteries) ◇ *vi* faire de la poterie.

Topf|lappen *der* gant *m* (isolant).

Tor (*pl* -e) *das* - 1. SPORT but *m* ; **ein ~ schießen** marquer un but ; **im ~ stehen** être dans les buts - 2. [Tür - von Städten] porte *f* ; [- von Garagen] portail *m*.

Torein|fahrt *die* porte *f* cochère.

Torf *der* tourbe *f*.

Torhüter, in (*mpl* - ; *fpl* -nen) *der, die* gardien *m*, -enne *f* de but.

torkeln (*perf* **hat/ist getorkelt**) *vi fam* tituber.

Torpedo (*pl* -s) *das* torpille *f*.

Tor|schütze, schützin *der, die* buteur *m*, -euse *f*.

Torte (*pl* -n) *die* gâteau *m*.

Torten|guss *der* nappage *m*.

Tortur (*pl* -en) *die* torture *f*.

Torwart, in (*mpl* -e ; *fpl* -nen) *der, die* gardien *m*, -enne *f* de but.

tosen (*perf* **hat/ist getost**) *vi* - 1. *(hat)* [laut sein] gronder - 2. *(ist)* [sich schnell bewegen] déferler.

Toskana *die* Toscane *f*.

tot ◇ *adj* - 1. [gen] mort(e) - 2. [Kapital] qui dort ◇ *adv* : **~ umfallen** tomber raide mort(e) ; *siehe auch* **tot stellen**.

total ◇ *adj* total(e) ◇ *adv fam* complètement.

Total|schaden *der* dommage *m* intégral.

Tote (*pl* -n) *der, die* mort *m*, -e *f*.

töten *vt* & *vi* tuer.

Toten|kopf *der* tête *f* de mort.

Toten|schädel *der* crâne *m*.

Toten|schein *der* certificat *m* de décès.

Totensonn|tag *der* REL jour *m* des Morts.

totenstill *fam* <> *adj* : **das Haus war ~** la maison était plongée dans un silence de mort <> *adv* : **er lag ~ da** il était comme mort.

tot|lachen ◆ **sich totlachen** *ref fam* se tordre de rire.

Toto (*pl* **-s**) *das* loto *m* sportif.

Tot|schlag *der (ohne Pl)* RECHT homicide *m* involontaire.

tot|schlagen *vt (unreg) fam* [töten] tuer *(en frappant)*.

tot|schweigen *vt (unreg)* étouffer.

tot stellen ◆ **sich tot stellen** *ref* faire le mort.

Toupet [tu'pe:] (*pl* **-s**) *das* postiche *m*.

toupieren [tu'pi:rən] *vt* crêper.

Tour [tu:ɐ̯] (*pl* **-en**) *die* **- 1.** [Ausflug] excursion *f* **- 2.** *fam* [Verhaltensweise] : **er versucht es immer auf dieselbe ~** il essaie toujours le même truc ; **etw auf die sanfte/langsame ~ machen** faire qqch de manière douce/lente **- 3.** [Strecke] itinéraire *m* **- 4.** TECH tour *m* ; **auf vollen** ODER **höchsten ~en laufen** tourner à plein régime **- 5.** *RW* : **auf ~en kommen** *fam* s'animer.

Tourismus [tu'rɪsmʊs] *der (ohne Pl)* tourisme *m*.

Tourist [tu'rɪst] (*pl* **-en**) *der* touriste *m*.

Touristin [tu'rɪstɪn] (*pl* **-nen**) *die* touriste *f*.

Trab *der (ohne Pl)* trot *m* ; **auf ~ sein** *fig* ne pas arrêter ; **jn in ~ halten** *fam fig* faire courir qqn.

Trabant (*pl* **-s**) *der* AUTO *marque f de voiture minuscule et de mauvaise qualité fabriquée en ex-RDA.*

traben (*perf* **ist getrabt**) *vi* trotter.

Trabi (*pl* **-s**) *der fam abréviation de la marque de voiture « Trabant » fabriquée en ex-RDA.*

Trab|rennen *das* course *f* de trot.

Tracht (*pl* **-en**) *die* **- 1.** [Kleidung] costume *m* **- 2.** [Schläge] : **~ Prügel** *fam fig* raclée *f*.

trachten *vi* : **nach etw ~** aspirer à qqch ; **jm nach dem Leben ~** en vouloir à la vie de qqn.

trächtig *adj* pleine *(femelle)*.

Trackball [tr'ɛkbɔ:l] (*pl* **-s**) *der* EDV boule *f* roulante, boule *f* de commande.

Tradition (*pl* **-en**) *die* tradition *f*.

traditionell *adj* traditionnel(elle).

traf *prät* ▷ **treffen.**

Trag|bahre *die* civière *f*.

tragbar *adj* **- 1.** [transportabel] portable, portatif(ive) **- 2.** [finanzierbar, akzeptabel] supportable.

träge <> *adj* **- 1.** [müde] indolent(e) **- 2.** [langsam] lent(e) <> *adv* **- 1.** [müde] avec indolence **- 2.** [langsam] lentement.

tragen (*präs* **trägt** ; *prät* **trug** ; *perf* **hat getragen**) <> *vt* **- 1.** [gen] porter ; **etw bei sich ~** avoir qqch sur soi **- 2.** [Ertrag] donner ; [Zinsen] rapporter **- 3.** [Kosten] payer **- 4.** [finanziell] prendre en charge **- 5.** [Risiko, Konsequenzen, Verantwortung] assumer **- 6.** [Schicksal, Leid] endurer ; **etw mit Fassung/Würde ~** supporter qqch sans perdre son calme/avec dignité <> *vi* **- 1.** [gen] porter **- 2.** [Baum] donner. ◆ **sich tragen** *ref* **- 1.** [Last, Kleidung] se porter **- 2.** [finanziell] s'autofinancer. ◆ **Tragen** *das* : **zum Tragen kommen** prendre effet, s'appliquer.

tragend *adj* porteur(euse).

Träger, in (*mpl* **-** ; *fpl* **-nen**) <> *der, die* **- 1.** [von Gepäck, Titel] porteur *m* **- 2.** [von Staatsgewalt] représentant *m*, -e *f* **- 3.** [Geldgeber] sponsor *m* ; **~ dieser Institution ist die Kommune** la commune finance cette institution <> *der* **- 1.** ARCHIT support *m* **- 2.** [an Kleidung] bretelle *f*.

Trage|tasche *die* sac *m* (à provisions).

tragfähig *adj* solide.

Trag|fläche *die* [von Flugzeugen] aile *f*.

Trägheit *die (ohne Pl)* **- 1.** [Faulheit] indolence *f* **- 2.** PHYS inertie *f*.

Tragik *die (ohne Pl)* tragique *m*.

tragisch <> *adj* tragique <> *adv* tragiquement.

Tragödie [tra'gø:di̯ə] (*pl* **-n**) *die* tragédie *f*.

trägt *präs* ▷ **tragen.**

Trag|weite *die (ohne Pl)* portée *f*.

Trainer, in ['trɛ:nɐ, rɪn] (*mpl* **-** ; *fpl* **-nen**) *der, die* entraîneur *m*, -euse *f*.

trainieren [trɛ'ni:rən] <> *vt* **- 1.** [Verein, Sportler] : **jn/etw ~** entraîner qqn/qqch **- 2.** [Salto, Rechnen] : **etw ~** s'entraîner à faire qqch <> *vi* s'entraîner.

Training ['trɛ:nɪŋ] (*pl* **-s**) *das* entraînement *m*.

Trainingsan|zug *der* jogging *m*, survêtement *m*.

Traktor (*pl* **-en**) *der* tracteur *m*.

trällern *vt & vi* fredonner.

trampeln (*perf* **hat/ist getrampelt**) <> *vi* **- 1.** *(ist) fam* [gehen] marcher (d'un pas lourd) **- 2.** *(hat)* [aufstampfen] taper des pieds <> *vt (hat)* [treten] piétiner.

Trampel|pfad *der* sentier *m* battu.

trampen ['trɛmpn̩] (*perf* **hat/ist getrampt**) *vi* faire de l'auto-stop.

Tramper, in ['trɛmpɐ, rɪn] (*mpl* **-** ; *fpl* **-nen**) *der, die* auto-stoppeur *m*, -euse *f*.

Trampolin (*pl* **-e**) *das* trampoline *m*.

Tran (*pl* **-e**) *der* huile *f* de baleine ; **im ~** *fam* dans le coaltar ODER cirage.

Träne (*pl* **-n**) *die* larme *f* ; **in ~n ausbrechen** éclater en sanglots.

tränen *vi* : **jm ~ die Augen** qqn a les yeux qui pleurent.

Tränen|gas *das* gaz *m* lacrymogène.

trank *prät* ▷ **trinken.**

tränken *vt* abreuver.

Transformator (*pl* **-formatoren**) *der* ELEKTR transformateur *m.*

Transfusion (*pl* **-en**) *die* MED transfusion *f.*

transitiv *adj* GRAM transitif(ive).

Transit|verkehr *der* trafic *m* de transit.

transparent *adj* transparent(e).

Transparent (*pl* **-e**) *das* banderole *f.*

Transport (*pl* **-e**) *der* transport *m.*

transportabel *adj* transportable ; [tragbar] portatif(ive).

transportfähig *adj* transportable.

transportieren ◇ *vt* **- 1.** [befördern] transporter **- 2.** TECH entraîner ◇ *vi* assurer l'entraînement.

Transport|mittel *das* moyen *m* de transport.

Transvestit [tansvɛs'ti:t] (*pl* **-en**) *der* travesti *m.*

Trapez (*pl* **-e**) *das* trapèze *m.*

Trara *das (ohne Pl) fam* : **mit großem ~** en grand tralala ; **~ machen** faire du tralala.

trat *prät* ▷ **treten.**

Tratsch *der (ohne Pl) fam* commérages *mpl.*

Traube (*pl* **-n**) *die* **- 1.** [Obst] : **~n essen/pflücken** manger/cueillir du raisin **- 2.** [von Blüten, Obst, Menschen] grappe *f.*

Trauben|zucker *der* glucose *m.*

trauen ◇ *vi* : **jm ~** faire confiance à qqn ; **einer Sache ~** avoir confiance en qqch ◇ *vt* [Brautpaar] : **zwei Personen ~** unir deux personnes ; **sich ~ lassen** se marier ; **sich von jm ~ lassen** être marié(e) par qqn. ◆ **sich trauen** *ref* oser.

Trauer *die (ohne Pl)* **- 1.** [Schmerz] affliction *f* **- 2.** [Staatstrauer, Trauerkleidung] deuil *m.*

Trauer|fall *der* décès *m.*

trauern *vi* être en deuil ; **um jn ~** pleurer qqn.

Trauer|spiel *das* : **es ist ein ~ mit jm** *fam* qqn est une (véritable) catastrophe.

Trauer|zug *der* cortège *m* funèbre.

Traufe (*pl* **-n**) *die* : **vom Regen in die ~ kommen** tomber de Charybde en Scylla.

träufeln *vt* : **etw auf/in etw** *(A)* **~** verser qqch sur/dans qqch ; MED instiller qqch sur/dans qqch.

Traum (*pl* **Träume**) *der* rêve *m.* ◆ **nicht im Traum** *adv fam* [nie] jamais (, au grand jamais).

Trauma (*pl* **-ta**) *das* traumatisme *m.*

träumen ◇ *vi* **- 1.** [nachts] rêver ; **hast du schön geträumt?** as-tu fait de beaux rêves? ; **von jm/etw ~** rêver de qqn/qqch **- 2.** [wünschen] : **davon ~, etw zu tun** rêver de faire qqch ◇ *vt* rêver ; **sich** *(D)* **etw nicht ~ lassen** *fam fig* ne jamais penser faire ODER avoir qqch.

Träumerei (*pl* **-en**) *die* rêverie *f.*

träumerisch ◇ *adj* rêveur(euse) ◇ *adv* rêveusement.

traumhaft ◇ *adj* **- 1.** *fam* [wunderschön] de rêve **- 2.** [souverän] étonnant(e) ◇ *adv fam* [wunderschön] : **~ aussehen** être divinement beau (belle).

traurig ◇ *adj* triste ◇ *adv* tristement.

Traurigkeit *die (ohne Pl)* tristesse *f.*

Trau|schein *der* acte *m* de mariage.

Trauung (*pl* **-en**) *die* mariage *m (cérémonie)* ; **kirchliche/standesamtliche ~** mariage religieux/civil.

Trau|zeuge *der* témoin *m* (de mariage).

Trau|zeugin *die* témoin *m* (de mariage).

Traveller|scheck ['trɛvəlɐʃɛk] *der* chèque *m* de voyage.

Treck (*pl* **-s**) *der* convoi *m.*

treffen (*präs* **trifft** ; *prät* **traf** ; *perf* **hat/ist getroffen**) ◇ *vt (hat)* **- 1.** [antreffen] rencontrer **- 2.** [mit Geschoss, Worten] toucher **- 3.** [beschließen] : **eine Maßnahme/Entscheidung ~** prendre une mesure/décision ; **eine Abmachung ~** se mettre d'accord **- 4.** [das Richtige] trouver **- 5.** *RW* : **es gut/schlecht getroffen haben** être bien/mal tombé(e) ◇ *vi* **- 1.** *(hat)* [ins Ziel] atteindre son but **- 2.** *(ist)* [begegnen] : **auf jn/etw ~** rencontrer qqn/qqch. ◆ **sich treffen** *ref* se rencontrer ; **sich mit jm ~** voir qqn *(rencontrer)* ; **es trifft sich gut/schlecht, dass** *fig* cela tombe bien/mal que. ◆ **Treffen** (*pl* **-**) *das* rencontre *f* ; **etw ins Treffen führen** *geh & fig* faire valoir qqch.

treffend ◇ *adj* pertinent(e) ◇ *adv* avec pertinence.

Treffer (*pl* **-**) *der* **- 1.** [Tor] but *m* ; [Basketball] panier *m* **- 2.** [mit Schusswaffe] : **Treffer!** touché! **- 3.** [Losgewinn] lot *m*, gain *m.*

Treff|punkt *der* [Ort] lieu *m* de rendez-vous.

treiben (*prät* **trieb** ; *perf* **hat/ist getrieben**) ◇ *vt (hat)* **- 1.** [Tier, Herde] mener ; [Person, Wolke] chasser ; [Subj : Wasser] entraîner **- 2.** [veranlassen] : **jn in etw** *(A)* ODER **zu etw ~** pousser qqn à faire qqch **- 3.** [Schacht, Tunnel] creuser ; [Nagel, Keil, Pfahl] : **etw in etw** *(A)* **~** enfoncer qqch dans qqch **- 4.** [Maschine] actionner ; **durch etw getrieben werden** fonctionner à qqch **- 5.** [machen] faire ; **es schlimm** ODER **bunt** ODER **wild ~** *fam* faire les 400 coups ◇ *vi (ist)* [im Wasser] flotter ; **sich ~ lassen** se laisser

porter. ◆ **Treiben** *das (ohne Pl)* effervescence *f.*
Treib|haus *das* serre *f.*
Treibhaus|effekt *der (ohne Pl)* effet *m* de serre.
Treib|jagd *die* battue *f.*
Treib|stoff *der* carburant *m.*
Trend (*pl* **-s**) *der* tendance *f* ; **im ~ liegen** être à la page.
trennen *vt* - **1.** [gen] séparer - **2.** GRAM couper. ◆ **sich trennen** *ref* se séparer.
Trennung (*pl* **-en**) *die* - **1.** [gen] séparation *f* ; **die ~ von jm** la séparation d'avec qqn - **2.** GRAM césure *f.*
Trenn|wand *die* cloison *f.*
Treppe (*pl* **-n**) *die* escalier *m.*
Treppenab|satz *der* palier *m.*
Treppen|geländer *das* rampe *f* d'escalier.
Treppen|haus *das* cage *f* d'escalier.
Tresen (*pl* **-**) *der* comptoir *m.*
Tresor (*pl* **-e**) *der* coffre-fort *m.*

Tresor

Malgré la parfaite similitude des termes, l'allemand **Tresor** ne correspond pas à son homonyme français mais se traduit par « coffre-fort », comme on peut le constater dans la phrase suivante **Ihren wertvollsten Schmuck hat die Schauspielerin nicht zu Hause, sondern im Tresor**, qui correspond à la traduction « L'actrice n'a pas gardé ses bijoux les plus précieux chez elle, mais les a déposés dans un coffre-fort ».
Le français « trésor » se traduit en allemand par le mot **Schatz**, ainsi on traduira la phrase « Les pirates partirent aussitôt à la recherche du trésor » par **Die Piraten machten sich sofort auf die Suche nach dem Schatz**.

Tret|boot *das* Pédalo® *m.*
treten (*präs* **tritt** ; *prät* **trat** ; *perf* **hat/ist getreten**) ◇ *vt (hat)* - **1.** [mit Fuß] : **jn ~** donner un coup de pied à qqn - **2.** [als Verletzung] : **sich** *(D)* **etw in etw** *(A)* **~** s'enfoncer qqch dans qqch ◇ *vi* - **1.** *(hat)* [mit dem Fuß] donner un coup de pied ODER des coups de pieds - **2.** *(ist)* [gehen] marcher ; **auf etw** *(A)* **~** marcher sur qqch - **3.** *(hat, ist)* [betätigen] : **auf die Bremse/die Kupplung ~** appuyer sur le frein/l'embrayage - **4.** *(ist)* [hervor] : **aus etw ~** sortir de qqch - **5.** [beginnen] : **in Streik/Kontakt/Kraft ~** entrer en grève/contact/vigueur.
treu ◇ *adj* fidèle ; **jm/einer Sache** *(D)* **~ sein/bleiben** être/rester fidèle à qqn/qqch ◇ *adv* fidèlement.
Treue *die (ohne Pl)* fidélité *f.*
treuherzig ◇ *adj* candide ◇ *adv* avec une confiance aveugle.
treulos *adj* déloyal(e).
Tribüne (*pl* **-n**) *die* tribune *f.*
Trichine (*pl* **-n**) *die* trichine *f.*
Trichter (*pl* **-**) *der* entonnoir *m.*
Trick (*pl* **-s**) *der* - **1.** [Machenschaft] tour *m* - **2.** [Kniff] astuce *f* - **3.** [von Zauberer] truc *m.*
Trick|film *der* dessin *m* animé.
trieb *prät* ▷ **treiben.**
Trieb (*pl* **-e**) *der* - **1.** [von Menschen] pulsion *f* - **2.** [von Tieren] instinct *m* - **3.** [von Pflanzen] pousse *f.*
Trieb|feder *die* [für Verhalten] mobile *m.*
triebhaft *adj* compulsif(ive).
Trieb|kraft *die* - **1.** [in Technik] force *f* motrice - **2.** [für Verhalten] moteur *m.*
Trieb|wagen *der* autorail *m.*
Trieb|werk *das* FLUG réacteur *m.*
triefen (*prät* **triefte** ODER **troff** ; *perf* **hat/ist getrieft**) *vi* - **1.** *(hat)* [nass sein] : **von** ODER **vor etw** *(D)* **~** ruisseler de qqch ; *abw & fig* dégouliner de qqch - **2.** *(ist)* [fließen - Blut, Tränen] couler.
trifft *präs* ▷ **treffen.**
triftig *adj* valable, fondé(e).
Trikot, Trikot [tri'ko:, 'trɪko] (*pl* **-s**) *das* maillot *m.*
trillern ◇ *vt* chanter ◇ *vi* pépier.
Triller|pfeife *die* sifflet *m* à roulette.
Trimester (*pl* **-**) *das* trimestre *m.*
trinkbar *adj* - **1.** [nicht schädlich] potable - **2.** *fam* [mittelmäßig] buvable.
trinken (*prät* **trank** ; *perf* **hat getrunken**) ◇ *vt* boire ; **einen ~ (gehen)** *fam* (aller) boire un coup ◇ *vi* boire ; **auf jn ~** boire à la santé de qqn ; **auf etw** *(A)* **~** boire à qqch.
Trinker, in (*mpl* **-** ; *fpl* **-nen**) *der, die* buveur *m*, -euse *f.*
Trink|geld *das* pourboire *m.*
Trink|halm *der* paille *f.*
Trink|wasser *das* eau *f* potable.
Trio (*pl* **-s**) *das* trio *m.*
trippeln (*perf* **ist getrippelt**) *vi* trottiner.
Tripper (*pl* **-**) *der* blennorragie *f.*
tritt *präs* ▷ **treten.**
Tritt (*pl* **-e**) *der* - **1.** [Fußtritt] coup *m* de pied - **2.** *(ohne Pl)* [Gang, Schritt] pas *m.*
Tritt|brett *das* marchepied *m.*
Triumph (*pl* **-e**) *der* triomphe *m.*
triumphieren *vi* : **(über jn/etw) ~** triompher (de qqn/qqch).
trivial [tri'vja:l] *geh adj* trivial(e).
trocken ◇ *adj* - **1.** [gen] sec (sèche) - **2.** [Thema, Analyse] aride - **3.** *hum* [Humor] pince-sans-rire - **4.** *RW* : **auf dem Trockenen sitzen** *fam* être à sec ◇ *adv* [nicht

nass] : **sich ~ anfühlen** être sec (sèche) au toucher.

Trockenǀhaube *die* casque *m (sèche-cheveux).*

Trockenheit (*pl* **-en**) *die* sécheresse *f.*

trockenǀlegen *vt* - **1.** [Sumpf, Moor] assécher - **2.** [Baby] changer.

trocknen (*perf* **hat/ist getrocknet**) ◇ *vt (hat)* sécher ; **sich** *(D)* **etw ~** se sécher qqch ◇ *vi (ist)* sécher.

Trockner (*pl* **-**) *der* - **1.** [für Wäsche] sèche-linge *m inv* - **2.** [für Hände] sèche-mains *m inv.*

Trödel *der (ohne Pl)* vieillerie *f.*

trödeln (*perf* **hat/ist getrödelt**) *vi fam* - **1.** *(hat)* [langsam sein] traîner - **2.** *(ist)* [langsam gehen] traîner.

Trödler, in (*mpl* **-** ; *fpl* **-nen**) *der, die* brocanteur *m*, -euse *f.*

troff *prät* ▻ **triefen.**

trog *prät* ▻ **trügen.**

Trog (*pl* **Tröge**) *der* [für Futter] auge *f.*

Trommel (*pl* **-n**) *die* - **1.** [gen] tambour *m* - **2.** [von Revolvern] barillet *m.*

Trommelǀfell *das* MED tympan *m.*

trommeln ◇ *vi* - **1.** [Musik machen] battre le tambour - **2.** [Lärm machen] tambouriner ◇ *vt* - **1.** [Musik machen] tambouriner - **2.** [mit Lärm wecken] : **jn aus dem Bett ~** réveiller qqn en fanfare.

Trommler, in (*mpl* **-** ; *fpl* **-nen**) *der, die* tambour *m.*

Trompete (*pl* **-n**) *die* trompette *f* ; **~ blasen** ODER **spielen** jouer de la trompette.

Trompeter, in (*mpl* **-** ; *fpl* **-nen**) *der, die* trompettiste *mf.*

Tropen *pl* tropiques *mpl* ; **in den ~** sous les tropiques.

Tropf (*pl* **-e** ODER **Tröpfe**) *der* - **1.** *(Pl Tropfe)* MED perfusion *f* - **2.** *(Pl Tröpfe)* [Mensch] : **armer ~!** pauvre bougre!

tröpfeln (*perf* **hat/ist getröpfelt**) ◇ *vi* - **1.** *(hat) fam* [regnen] : **es tröpfelt** il bruine - **2.** *(ist)* [tropfen] tomber goutte à goutte ◇ *vt (hat)* verser goutte à goutte.

tropfen (*perf* **hat/ist getropft**) *vi* - **1.** *(ist)* [Flüssigkeit] goutter - **2.** *(hat)* [Wasserhahn, Haare] goutter ; **es tropft** il tombe des gouttes.

Tropfen (*pl* **-**) *der* goutte *f.*

tropfenweise *adv* goutte à goutte.

Trophäe (*pl* **-n**) *die* trophée *m.*

tropisch *adj* tropical(e).

Trost *der (ohne Pl)* réconfort *m*, consolation *f* ; **nicht ganz bei ~ sein** *fam fig* avoir un grain.

trösten *vt* réconforter, consoler. ◆ **sich trösten** *ref* : **(sich mit jm/etw) ~** se consoler (avec qqn/qqch).

tröstlich *adj* consolateur(trice), réconfortant(e).

trostlos ◇ *adj* - **1.** *fam* [deprimierend] désolant(e) - **2.** [Gefühl, Gegend, Viertel] désolé(e) ◇ *adv* l'air désespéré(e).

Trostǀpreis *der* prix *m* de consolation.

Trott (*pl* **-e**) *der* **alltägliche ~** le train-train quotidien.

Trottel (*pl* **-**) *der fam* imbécile *mf.*

trotten (*perf* **ist getrottet**) *vi* trotter.

trotz *präp* : **~ js/einer Sache** malgré qqn/qqch.

trotzdem *adv* malgré tout, quand même.

trotzig ◇ *adj* rétif(ive) ◇ *adv* de façon rétive.

Trotzǀkopf *der* tête *f* de mule.

trüb, trübe *adj* - **1.** [Flüssigkeit] trouble - **2.** [Wetter, Tag] couvert(e) - **3.** [Stimmung] morose - **4.** [Augen] brouillé(e).

Trubel *der (ohne Pl)* animation *f.*

trüben *vt* [Flüssigkeit, Laune] troubler. ◆ **sich trüben** *ref* [Himmel, Person, Stimmung] s'assombrir ; [Wasser] se troubler.

Trübsal *die (ohne Pl) geh* affliction *f* ; **~ blasen** *fam fig* broyer du noir.

trübselig ◇ *adj* morose, sombre ◇ *adv* tristement.

trudeln (*perf* **ist getrudelt**) *vi* - **1.** [fliegen] vriller - **2.** [rollen] rouler doucement.

Trüffel (*pl* **-**) *der* truffe *f.*

trug *prät* ▻ **tragen.**

trügen (*prät* **trog** ; *perf* **hat getrogen**) ◇ *vi* induire en erreur ; **der Schein trügt** les apparences sont trompeuses ◇ *vt* tromper.

trügerisch *adj* trompeur(euse).

Trugǀschluss *der* conclusion *f* erronée.

Truhe (*pl* **-n**) *die* coffre *m*, malle *f.*

Trümmer *pl* décombres *mpl* ; **in ~n** en ruine(s) ; **in ~n liegen** *fig* être ruiné(e).

Trumpf (*pl* **Trümpfe**) *der* atout *m.*

Trunkenheit *die (ohne Pl) amt* ivresse *f.*

Trunkǀsucht *die (ohne Pl)* alcoolisme *m.*

Trupp (*pl* **-s**) *der* détachement *m.*

Truppe (*pl* **-n**) *die* troupe *f.* ◆ **Truppen** *pl* troupes *fpl.*

Truppenabǀzug *der* retrait *m* des troupes.

Trutǀhahn *der* dindon *m.*

Tschad *der* Tchad *m* ; **im ~** au Tchad.

Tscheche (*pl* **-n**) *der* Tchèque *m.*

Tschechien *das* République *f* tchèque.

Tschechin (*pl* **-nen**) *die* Tchèque *f.*

tschechisch *adj* tchèque.

Tschechisch *das* tchèque *m* ; *siehe auch* **Englisch.**

Tschechische *das* tchèque *m* ; *siehe auch* **Englische.**

Tschechische Republik *die* République *f* tchèque.

Tschechoslowakei *die* HIST Tchécoslovaquie *f.*
tschüs, tschüss *interj fam* : **tschüs!** salut!
Tsd. *abk für* **Tausend.**
T-Shirt ['ti:ʃœːɐ̯t] (*pl* **-s**) *das* tee-shirt *m*, T-shirt *m.*
TU (*pl* **-s**) (*abk für* **Technische Universität**) *die* université *f* technique *(formant des ingénieurs).*
Tuba (*pl* **Tuben**) *die* tuba *m* ; **~ spielen** jouer du tuba.
Tube (*pl* **-n**) *die* tube *m.*
Tuberkulose (*pl* **-n**) *die* tuberculose *f.*
Tuch (*pl* **-e** ODER **Tücher**) *das* **- 1.** *(Pl Tücher)* [für Kopf] foulard *m* ; [für Staub] chiffon *m* ; [für Geschirr] torchon *m* **- 2.** *(Pl Tuche)* [Stoff] drap *m* **- 3.** *RW* : **für jn ein rotes ~ sein** *fam* faire voir rouge à qqn.
tüchtig ◇ *adj* **- 1.** [fleißig] travailleur(euse) **- 2.** *fam* [groß] copieux(euse) ; **ein ~er Schreck** une sacrée peur ◇ *adv fam* [viel] sacrément.
Tücke (*pl* **-n**) *die* méchanceté *f* ; *fam* [Maschine] qqch fait des caprices ; **die ~ des Objekts** le côté traître de l'objet.
tückisch *adj* **- 1.** [hinterhältig] sournois(e) **- 2.** [schwierig] plein(e) de pièges **- 3.** [gefährlich] mauvais(e).
Tugend (*pl* **-en**) *die* vertu *f.*
tugendhaft ◇ *adj* vertueux(euse) ◇ *adv* de manière vertueuse.
Tulpe (*pl* **-n**) *die* tulipe *f.*
tummeln ◆ **sich tummeln** *ref* s'ébattre.
Tumor, Tumor (*pl* **Tumore** ODER **Tumoren**) *der* tumeur *f.*
Tümpel (*pl* **-**) *der* mare *f.*
Tumult (*pl* **-e**) *der* tumulte *m.*
tun (*prät* **tat** ; *perf* **hat getan**) ◇ *vt* **- 1.** [gen] faire ; **etw aus etw ~** [aus Grund] faire qqch par ODER pour qqch ; **jm etwas/nichts ~** faire quelque chose/ne rien faire à qqn ; **für jn etw ~ können** pouvoir faire qqch pour qqn **- 2.** [legen] mettre **- 3.** *fam* [funktionieren] : **etw tut es noch/nicht mehr** qqch marche encore/ne marche plus **- 4.** *RW* : **mit etw ist es nicht getan** qqch ne suffit pas ◇ *vi* [sich benehmen] se montrer ; **schlau ~** faire le malin ; **so ~, als ob** *fam* faire semblant ; **zu ~ haben** avoir à faire ; **(es) mit jm zu ~ bekommen** *fam* avoir affaire à qqn *(ennuis)* ; **das hat damit nichts zu ~** cela n'a rien à voir. ◆ **sich tun** *ref* [geschehen] se passer ; **es tut sich etwas** il se passe quelque chose. ◆ **Tun** *das (ohne Pl)* actes *mpl.*
tünchen *vt* badigeonner, blanchir à la chaux.
Tunesien *nt* Tunisie *f.*
Tunesier, in [tu'neːzi̯ɐ, rɪn] (*mpl* **-** ; *fpl* **-nen**) *der, die* Tunisien *m*, -enne *f.*
tunesisch *adj* tunisien(enne).
Tunfisch = **Thunfisch.**
tunken *vt* tremper.
tunlichst *adv* [unbedingt] à tout prix ; [möglichst] dans la mesure du possible.
Tunnel (*pl* **-**) *der* tunnel *m.*
Tüpfelchen (*pl* **-**) *das* point *m* ; **bis aufs i-~** *fam fig* jusque dans les moindres détails ; **das ~ auf dem i** *fig* la cerise sur le gâteau.
tupfen *vt* **- 1.** [abtupfen] éponger **- 2.** [mit Tupfen versehen] : **etw auf etw** *(A)* **~** tamponner qqch de ODER avec qqch.
Tupfen (*pl* **-**) *der* pois *m.*
Tür (*pl* **-en**) *die* **- 1.** [zu Raum] porte *f* **- 2.** *RW* : **jn vor die ~ setzen** mettre qqn à la porte. ◆ **Tür zu!** *interj* la porte!
Turban (*pl* **-e**) *der* turban *m.*
Turbine (*pl* **-n**) *die* turbine *f.*
turbulent ◇ *adj* mouvementé(e) ◇ *adv* : **~ zugehen** être mouvementé(e).
Tür|griff *der* poignée *f* de porte.
Türke (*pl* **-n**) *der* Turc *m.*
Türkei *die* Turquie *f.*
Türkin (*pl* **-nen**) *die* Turque *f.*
Türkis (*pl* **-e**) ◇ *der* turquoise *f* ◇ *das* turquoise *m.*
türkisch *adj* turc (turque).
Türkisch *das (ohne Pl)* turc *m* ; *siehe auch* **Englisch.**
Türkische *das (ohne Pl)* turc *m* ; *siehe auch* **Englische.**
Tür|klinke *die* poignée *f* de porte.
Turm (*pl* **Türme**) *der* tour *f.*
türmen (*perf* **hat/ist getürmt**) ◇ *vi (ist) fam* décamper ◇ *vt (hat)* empiler. ◆ **sich türmen** *ref* s'empiler.
Turm|uhr *die* horloge *f.*
turnen (*perf* **hat/ist geturnt**) ◇ *vt (hat)* faire de la gymnastique ◇ *vi* **- 1.** *(hat)* [an einem Sportgerät] : **an den Ringen/am Barren ~** faire des anneaux/des barres **- 2.** *(ist) fam* [klettern] grimper.
Turnen *das (ohne Pl)* gymnastique *f* (aux agrès).
Turn|halle *die* gymnase *m.*
Turn|hose *die* short *m (de sport).*
Turnier (*pl* **-e**) *das* tournoi *m.*
Turn|schuh *der* chaussure *f* de sport, basket *m* ODER *f.*
Turnus (*pl* **-se**) *der* intervalle *m.*
Turn|verein *der* association *f* sportive.
Tür|rahmen *der* encadrement *m* de porte.
Tür|schloss *das* serrure *f* de porte.
Tür|schwelle *die* seuil *m* de la porte.
turteln *vi fam* roucouler.
Tusch (*pl* **-e**) *der* fanfare *f.*

Tusche (*pl* **-n**) *die* encre *f* de Chine.
tuscheln *vi* & *vt* chuchoter.
tut *präs* ▷ **tun.**
Tütchen (*pl* **-**) *das* sachet *m.*
Tüte (*pl* **-n**) *die* sac *m.*
tuten *vi* [Auto] klaxonner.
Tutor (*pl* **Tutoren**) *der* tuteur *m.*
Tutorin (*pl* **-nen**) *die* tutrice *f.*
TÜV [tyf] (*abk für* **Technischer Überwachungsverein**) *der (ohne Pl)* **ein Auto zum ~ bringen** faire passer le contrôle technique à une voiture.
TV (*abk für* **Fernsehen**) TV.
Typ (*pl* **-en**) *der* **- 1.** *(G Typs)* [Menschentyp, Art] type *m* ; **(nicht) js ~ sein** *fam* (ne pas) être le type de qqn **- 2.** *(G Typs, Typen) fam* [Mann] type *m.*
Typhus *der (ohne Pl)* MED typhus *m.*
typisch ◇ *adj* typique ; **etw ist ~ für jn** qqch est typique de qqn ◇ *adv* typiquement. ◆ **typisch!** *interj* typique! ; **~ Mann/Frau!** typiquement masculin/féminin!
Tyrann, in (*mpl* **-en** ; *fpl* **-nen**) *der, die* tyran *m.*
tyrannisieren *vt* tyranniser.

U

u, U [u:] (*pl* **-** ODER **-s**) *das* u *m inv*, U *m inv.*
u. *abk für* **und.**
u. a. *abk für* **unter anderem** ▷ **unter.**
u. a. m. (*abk für* **und anderes mehr**) etc.
U-Bahn *die* métro *m.*
übel (*komp* **übler** ; *superl* **übelste**) ◇ *adj* **- 1.** [Essen, Laune] mauvais(e) ; **nicht ~ sein** *fam* ne pas être mal **- 2.** [moralisch, materiell] sale ; **~ dran sein** *fam* être dans de sales draps **- 3.** [unwohl] : **jm ist ~** qqn a la nausée ; **jm wird ~** qqn commence à se sentir mal ◇ *adv* **- 1.** [geschmacklich] : **~ riechen** sentir mauvais **- 2.** [sehr] salement **- 3.** [unbehaglich] : **~ gelaunt sein** être d'une humeur de chien.
Übel (*pl* **-**) *das* mal *m.*
übel nehmen *vt (unreg)* : **jm etw ~** tenir rigueur à qqn de qqch.
üben ◇ *vt* **- 1.** [trainieren] s'exercer à ; [Instrument, Stück] travailler **- 2.** [Geduld] faire preuve de ◇ *vi* s'exercer.
über ◇ *präp* **- 1.** *(+ A, + D)* [räumlich - höher als, mehr als] au-dessus de ; **~ dem** ODER **den Tisch** au-dessus de la table ; **fünf Grad ~ null** cinq degrés au-dessus de zéro ; [- quer über] sur ; **~ die Straße gehen** traverser la rue ; [- über hinweg] par-dessus ; **~ die Grenze fahren** franchir la frontière ; [- zur Angabe der Route] via, par ; **von Düsseldorf ~ Paris nach Madrid** de Düsseldorf à Madrid via Paris **- 2.** *(+ A)* [zur Angabe des Themas] sur ; **eine Doktorarbeit ~ R. Walser** une thèse sur R. Walser **- 3.** *(+ A)* [weiter, mehr als] au-dessus, au-delà ; **das geht ~ meine Kräfte** c'est au-dessus de mes forces **- 4.** *(+ A, + D)* [zeitlich] pendant ; **~ Nacht bei jm bleiben** passer la nuit chez qqn ; **~ Wochen/Monate** (pendant) des semaines/mois ; **~ kurz oder lang** *fig* tôt ou tard **- 5.** *(+ A)* [mittels] par l'intermédiaire de ; **~ Satellit** par satellite **- 6.** *(+ A)* [zur Angabe des Betrages] de ; **ein Scheck ~ 500 Euro** un chèque de 500 euros **- 7.** *RW* : **etw nicht ~ sich bringen** ne pas pouvoir se résoudre à qqch ◇ *adv* **- 1.** [mehr als] plus de ; **eine Gruppe von ~ 30 Touristen** un groupe de plus de 30 touristes **- 2.** [zur Angabe der Dauer] : **den Sommer ~** pendant l'été ◇ *adj fam* **- 1.** [zu viel] : **etw ist jm ~** qqn en a marre de qqch **- 2.** [übrig] : **ich habe noch zwei Bananen ~** il me reste encore deux bananes. ◆ **über und über** *adv* entièrement.
überall, überall *adv* partout.
überanstrengen *vt* trop solliciter. ◆ **sich überanstrengen** *ref* se surmener.
überarbeiten ◆ **sich überarbeiten** *ref* se surmener.
überbacken (*präs* **überbackt** ODER **überbäckt** ; *prät* **überbackte** ODER **überbuk** ; *perf* **hat überbacken**) *vt* gratiner.
über|belichten *vt* surexposer.
überbieten (*prät* **überbot** ; *perf* **hat überboten**) *vt* surenchérir ; **er hat den Rekord um zehn cm überboten** il a battu le record de dix cm. ◆ **sich überbieten** *ref* se surpasser.
Überbleibsel (*pl* **-**) *das* reste *m.*
Über|blick *der* **- 1.** [Übersicht] : **ein ~ über etw** *(A)* un aperçu de qqch ; **den ~ verlieren** ne plus avoir de vue d'ensemble **- 2.** [Aussicht] : **ein ~ über etw** *(A)* une vue sur qqch.
überblicken *vt* **- 1.** [einschätzen] évaluer **- 2.** [sehen] embrasser du regard.
überbringen (*prät* **überbrachte** ; *perf* **hat überbracht**) *vt* : **jm etw ~** transmettre qqch à qqn.
überbrücken *vt* [Zeit] combler ; [Gegensätze] réconcilier.
Überdachung (*pl* **-en**) *die* [Dach] auvent *m.*
überdauern *vt* survivre à.

überdehnen *vt* [Muskel] distendre.

überdenken (*prät* **überdachte** ; *perf* **hat überdacht**) *vt* méditer sur.

Überdruss *der (ohne Pl)* : **~ (an etw** *(D)***)** dégoût *m* (de qqch) ; **bis zum ~** *fam fig* à satiété, jusqu'à plus soif.

übereifrig ◇ *adj* trop zélé(e) ◇ *adv* avec un excès de zèle.

übereilen *vt* précipiter.

übereilt ◇ *adj* précipité(e) ◇ *adv* avec précipitation.

übereinander *adv* **- 1.** [Dinge - aufeinander] l'un (l'une) sur l'autre, les uns (les unes) sur les autres ; [- mit Abstand] l'un (l'une) au-dessus de l'autre, les uns (les unes) au-dessus des autres ; **zwei Pullover ~ anziehen** mettre un pullover par-dessus l'autre **- 2.** [Personen] : **~ reden** parler l'un (l'une) de l'autre, parler les uns (les unes) des autres.

übereinander schlagen *vt (unreg)* croiser.

Übereinkunft (*pl* **-künfte**) *die geh* accord *m*.

überein|stimmen *vi* [gleich sein] concorder.

Überein|stimmung *die* [Gleichheit] concordance *f*.

überfahren (*präs* **überfährt** ; *prät* **überfuhr** ; *perf* **hat überfahren**) *vt* [Lebewesen] écraser, renverser.

Über|fahrt *die* traversée *f*.

Über|fall *der* : **~ (auf etw** *(A)***)** attaque *f* (de qqch) ; **~ auf jn** agression *f* de qqn.

überfallen (*präs* **überfällt** ; *prät* **überfiel** ; *perf* **hat überfallen**) *vt* [ausrauben] attaquer ; [Einzelperson] agresser.

überfällig *adj* [zu spät - Verkehrsmittel, Bote] en retard ; [- zu Erledigendes, Sendung] en souffrance.

überfliegen (*prät* **überflog** ; *perf* **hat überflogen**) *vt* survoler.

Über|fluss *der (ohne Pl)* [Reichtum] abondance *f* ; **etw im ~ haben** avoir qqch en abondance.

überflüssig ◇ *adj* superflu(e) ◇ *adv* : **~ sein** être de trop.

überfordern *vt* : **überfordert sein** être dépassé(e) ; **jd überfordert jn** qqn exige trop de qqn ; **etw überfordert mich** qqch est au-dessus de mes forces.

überfragt *adj* : **da bin ich ~** tu m'en demandes trop, vous m'en demandez trop.

Über|führung *die* **- 1.** [Transport] transfert *m* ; [in Heimat] rapatriement *m* **- 2.** [Brücke] passerelle *f*.

überfüllt *adj* [Raum] bondé(e).

Über|gabe *die* [von Gegenstand, Besitz] remise *f* ; **die ~ (einer Sache** *(G)***) an jn** la transmission (de qqch) à qqn.

Über|gang *der* **- 1.** [Weg] passerelle *f* **- 2.** [Phase] : **(im) ~** (en) transition *f*.

Übergangs|lösung *die* solution *f* provisoire.

übergeben (*präs* **übergibt** ; *prät* **übergab** ; *perf* **hat übergeben**) *vt* **- 1.** [verleihen, anvertrauen] : **jm etw ~** remettre qqch à qqn **- 2.** [an Nachfolger] : **jm etw ~** transmettre qqch à qqn ; [Amt] abandonner qqch à qqn. ◆ **sich übergeben** *ref* vomir.

übergehen[1] (*prät* **überging** ; *perf* **hat übergangen**) *vt* [nicht berücksichtigen] : **jn bei etw ~** oublier qqn lors de qqch.

über|gehen[2] (*perf* **ist übergegangen**) *vi (unreg)* **- 1.** [wechseln] : **zu etw ~** passer à qqch ; **dazu ~, etw zu tun** en venir à faire qqch **- 2.** [Besitz, Rechte] : **an jn ~** être transmis(e) à qqn.

Über|gewicht *das* **- 1.** [von Personen] surcharge *f* pondérale, excès *m* de poids **- 2.** [von Gegenständen] surcharge *f*.

übergießen (*prät* **übergoß** ; *perf* **hat übergossen**) *vt* : **jn/etw mit etw ~** arroser qqn/qqch de qqch.

über|greifen *vi (unreg)* : **auf etw** *(A)* **~** gagner qqch.

über|haben *vt (unreg) fam* : **jn/etw ~** (en) avoir assez de qqn/qqch.

überhand nehmen *vi (unreg)* augmenter de façon excessive.

überhäufen *vt* : **jn/etw mit etw ~** [mit Angenehmem] couvrir qqn/qqch de qqch ; [mit Unangenehmem] accabler qqn de qqch.

überhaupt *adv* **- 1.** [gen] de toute façon, d'ailleurs **- 2.** [Ausdruck des Zweifels] vraiment **- 3.** [gar] absolument ; **~ nicht** pas du tout **- 4.** [eigentlich] donc ; **wie gehts dir ~?** comment vas-tu donc?

überheblich ◇ *adj* présomptueux(euse) ◇ *adv* avec arrogance.

überholen ◇ *vt* **- 1.** [vorbeifahren] doubler **- 2.** *fam* [übertreffen] : **jn ~** dépasser qqn **- 3.** [warten] réviser ◇ *vi* doubler.

überholt *adj* dépassé(e).

überhören *vt* [nicht hören] ne pas entendre.

überirdisch *adj* **- 1.** [über der Erde] aérien(enne) **- 2.** [Wesen, Erscheinung] surnaturel(elle).

überladen (*präs* **überlädt** ; *prät* **überlud** ; *perf* **hat überladen**) *vt* surcharger.

überlassen (*präs* **überlässt** ; *prät* **überließ** ; *perf* **hat überlassen**) *vt* **- 1.** [leihen] : **jm etw ~** laisser qqch à qqn **- 2.** [sich nicht einmischen] : **jm etw ~** laisser le soin à qqn de faire qqch - **3.** [allein lassen] : **jn sich selbst ~** abandonner qqn à son sort.

überlastet *adj* - **1.** [belastet] saturé(e) - **2.** [überfordert] : **mit etw ~ sein** crouler sous qqch.

über|laufen[1] (*perf* **ist übergelaufen**) *vi (unreg)* - **1.** [überfließen] déborder - **2.** [überwechseln] passer dans le camp adverse ; **zu jm/etw ~** passer à qqn/qqch.

überlaufen[2] (*präs* **überläuft** ; *prät* **überlief** ; *perf* **hat überlaufen**) *vt* [überkommen] : **es überläuft jn** cela fait froid dans le dos à qqn.

überlaufen[3] *adj* : **~ sein** être bondé(e).

überleben ◇ *vt* - **1.** [Ereignis] survivre à - **2.** [Person] : **jn ~** survivre à qqn ◇ *vi* survivre.

Überlebende (*pl* **-n**) *der, die* survivant *m*, -e *f*, rescapé *m*, -e *f*.

überlegen ◇ *vt* réfléchir à ; **sich** *(D)* **etw ~** [nachdenken] se demander qqch ; [einfallen lassen] imaginer qqch ◇ *vi* réfléchir ◇ *adj* supérieur(e) ◇ *adv* - **1.** [haushoch] haut la main - **2.** [arrogant] : **~ lächeln** sourire avec un air supérieur.

Überlegenheit *die (ohne Pl)* supériorité *f*.

Überlegung (*pl* **-en**) *die* réflexion *f*.

überliefern *vt* transmettre.

Über|lieferung *die* [Ergebnis] tradition *f*.

Über|macht *die (ohne Pl)* prépondérance *f* ; **in der ~ sein** être supérieur(e).

Über|maß *das (ohne Pl)* profusion *f*.

übermäßig ◇ *adj* excessif(ive) ◇ *adv* - **1.** [sehr] excessivement - **2.** [zu stark] à l'excès.

übermitteln *vt* : **jm etw ~** transmettre qqch à qqn.

übermorgen *adv* après-demain.

übermüdet *adj* harassé(e).

Über|mut *der (ohne Pl)* exubérance *f*.

übernachten *vi* passer la nuit.

übernächtigt *adj* défait(e) *(après avoir veillé)*.

Übernachtung (*pl* **-en**) *die* nuitée *f* ; **eine ~ mit Frühstück** une chambre avec petit déjeuner.

Übernahme (*pl* **-n**) *die* [von Firma, Betrieb] reprise *f*.

übernehmen (*präs* **übernimmt** ; *prät* **übernahm** ; *perf* **hat übernommen**) *vt* - **1.** [Firma, Betrieb] prendre la direction de ; **etw von jm ~** reprendre qqch de qqn - **2.** [annehmen] se charger de - **3.** [einstellen] : **jn in ein festes Arbeitsverhältnis ~** transformer l'engagement temporaire de qqn en engagement ferme - **4.** [Verhaltensweise, Konzept] : **etw von jm/etw ~** emprunter qqch à qqn/qqch. ◆ **sich übernehmen** *ref* se surmener, présumer de ses forces.

überprüfen *vt* contrôler.

Über|prüfung *die* vérification *f*, examen *m*.

überqueren *vt* traverser.

überragen *vt* dépasser.

überragend ◇ *adj* excellent(e) ◇ *adv* avec brio.

überraschen *vt* surprendre ; **jn bei etw ~** surprendre qqn en train de faire qqch ; **jn mit etw ~** surprendre qqn par qqch.

Überraschung (*pl* **-en**) *die* surprise *f*.

Überraschung

Pierre est marié ? Ce n'est pas possible ! Was? Pierre ist verheiratet? Ist das denn die Möglichkeit?

Tu parles russe ? Ça alors ! Was, du kannst Russisch? Das ist ja ein Ding!

Alors ça, c'est la meilleure ! Also das ist ja die Höhe!

Tu es reçu à ton examen ? C'est pas vrai ! Du hast die Prüfung bestanden? Ach, wie schön!

Il s'est fait licencier ? Je n'en reviens pas ! Was, er wurde entlassen? Ich fasse es nicht!

überreden *vt* convaincre ; **jn zu etw ~** convaincre qqn de faire qqch.

überreichen *vt* : **jm etw ~** remettre qqch à qqn.

überreizt ◇ *adj* surexcité(e) ◇ *adv* de manière surexcitée.

Über|rest *der* reste *m*, restant *m*.

überrumpeln *vt* - **1.** [überwältigen] : **jn ~** prendre qqn par surprise - **2.** [überraschen] : **jn mit etw ~** prendre qqn au dépourvu avec qqch.

überrunden *vt* - **1.** SPORT : **jn ~** dépasser qqn d'un tour - **2.** [übertreffen] distancer.

übers *präp (über + das) fam* : **der Vogel fliegt ~ Haus** l'oiseau vole par-dessus la maison ; **~ Jahr verteilt** réparti(e) sur l'année ; **~ schlechte Wetter schimpfen** râler contre le mauvais temps ; ▷ **Ohr, Knie.**

übersät *adj* : **mit etw ~ sein** être parsemé(e) de qqch.

übersättigt *adj* saturé(e).

Überschall|geschwindigkeit *die (ohne Pl)* vitesse *f* supersonique.

überschatten *vt* assombrir.

überschätzen *vt* surestimer. ◆ **sich überschätzen** *ref* se surestimer.

über|schäumen (*perf* **ist übergeschäumt**) *vi* [überfließen] déborder.

überschlagen (*präs* **überschlägt** ; *prät*

überschlug; *perf* hat überschlagen) *vt* - **1.** [rechnen] : **etw ~** évaluer qqch approximativement - **2.** [überblättern] sauter. ◆ **sich überschlagen** *ref* - **1.** [Fahrzeug] faire un tonneau ; [Person] faire un tour sur soi-même - **2.** [Ereignisse] se précipiter - **3.** [Stimme] changer de registre.

über|schnappen (*perf* **ist übergeschnappt**) *vi fam* perdre la tête.

überschneiden (*prät* **überschnitt** ; *perf* **hat überschnitten**) ◆ **sich überschneiden** *ref* - **1.** [räumlich] se couper - **2.** [zeitlich] coïncider.

überschreiben (*prät* **überschrieb** ; *perf* **hat überschrieben**) *vt* [übereignen] : **jm etw ~** transférer qqch à qqn.

überschreiten (*prät* **überschritt** ; *perf* **hat überschritten**) *vt* - **1.** [räumlich] franchir - **2.** [inhaltlich] outrepasser - **3.** [zeitlich - Frist] dépasser ; [- Alter] passer.

Über|schrift *die* titre *m* ; [in Fettdruck] manchette *f*.

Über|schuss *der* excédent *m* ; **einen ~ von 1,5 Millionen Euro erzielen** réaliser un excédent de 1,5 millions d'euros.

überschüssig *adj* excédentaire.

überschütten *vt* : **jn/etw mit etw ~** répandre qqch sur qqn/qqch ; [mit Wasser] arroser qqn/qqch de qqch ; **jn mit etw ~** *fig* couvrir qqn de qqch.

überschwänglich ◇ *adj* exubérant(e) ◇ *adv* avec exubérance.

überschwemmen *vt* [nass machen] inonder.

Überschwemmung (*pl* **-en**) *die* inondation *f*.

überschwenglich = **überschwänglich**.

Übersee ◆ **aus Übersee** *adv* d'outre-mer. ◆ **in Übersee** *adv* outre-mer. ◆ **nach Übersee** *adv* outre-mer.

übersehen (*präs* **übersieht** ; *prät* **übersah** ; *perf* **hat übersehen**) *vt* - **1.** [nicht sehen] ne pas voir ; **jd übersieht etw** [Problem] qqch échappe à qqn - **2.** [ansehen] avoir une vue d'ensemble.

übersetzen¹ *vt* [in Sprache] traduire ; **in etw** *(A)* **~** traduire en qqch.

über|setzen² (*perf* **hat/ist übergesetzt**) ◇ *vi (ist)* [überqueren] traverser, franchir ◇ *vt (hat)* [befördern] : **jn ~** faire traverser qqn *(en bateau)*.

Über|setzer, in *der, die* traducteur *m*, -trice *f*.

Übersetzung (*pl* **-en**) *die* [das Übersetzen] traduction *f*.

Über|sicht *die* - **1.** [Fähigkeit] recul *m*, vue *f* d'ensemble - **2.** [Darstellung] : **eine ~ über etw** *(A)* un aperçu de qqch.

übersichtlich ◇ *adj* - **1.** [gut strukturiert] clair(e) - **2.** [gut zu sehen] dégagé(e) ◇ *adv* clairement.

überspitzt ◇ *adj* exagéré(e) ◇ *adv* de manière exagérée.

überspringen (*prät* **übersprang** ; *perf* **hat übersprungen**) *vt* sauter ; **etw ~** sauter par-dessus qqch.

über|sprudeln (*perf* **ist übergesprudelt**) *vi* - **1.** [Person] : **vor etw** *(D)* **~** déborder de qqch - **2.** [Flüssigkeit] déborder.

überstehen¹ (*prät* **überstand** ; *perf* **hat überstanden**) *vt* [hinter sich bringen] surmonter.

über|stehen² (*perf* **hat/ist übergestanden**) *vi (unreg)* [vorstehen] dépasser.

übersteigen (*prät* **überstieg** ; *perf* **hat überstiegen**) *vt* [zu viel sein] dépasser.

überstimmen *vt* : **jn ~** mettre qqn en minorité ; **etw ~** l'emporter sur qqch.

Über|stunde *die* heure *f* supplémentaire.

überstürzen *vt* précipiter. ◆ **sich überstürzen** *ref* se précipiter.

übertragbar *adj* - **1.** [Recht] cessible, transmissible, nominatif(ive) - **2.** [anwendbar] transposable.

übertragen¹ (*präs* **überträgt** ; *prät* **übertrug** ; *perf* **hat übertragen**) *vt* - **1.** [anwenden] : **etw auf etw ~** transposer qqch à qqch - **2.** [senden - TV] retransmettre ; [- im Radio] diffuser ; [- per Mobilfunk] transmettre - **3.** [überantworten] confier. ◆ **sich übertragen** *ref* : **sich auf jn ~** se transmettre à qqn.

übertragen² *adj* [nicht wörtlich] figuré(e).

Übertragung (*pl* **-en**) *die* - **1.** TV retransmission *f* ; [im Radio] diffusion *f* - **2.** MED & EDV transmission *f*.

übertreffen (*präs* **übertrifft** ; *prät* **übertraf** ; *perf* **hat übertroffen**) *vt* dépasser ; **jn an etw** *(D)* **~** surpasser qqn en qqch.

übertreiben (*prät* **übertrieb** ; *perf* **hat übertrieben**) *vt* & *vi* exagérer.

Übertreibung (*pl* **-en**) *die* exagération *f*.

übertreten¹ (*präs* **übertritt** ; *prät* **übertrat** ; *perf* **hat übertreten**) *vt* transgresser.

über|treten² (*perf* **hat/ist übergetreten**) *vi (unreg)* - **1.** *(ist)* [beitreten] : **zu etw ~** [zu Partei] passer à qqch ; [zu Konfession] se convertir à qqch, embrasser qqch - **2.** *(hat)* SPORT mordre.

übertrieben ◇ *adj* exagéré(e) ◇ *adv* en exagérant.

übervorteilen *vt* léser.

überwachen *vt* surveiller.

überwältigen *vt* - **1.** [besiegen] maîtriser - **2.** [überkommen] envahir.

überwältigend *adj* - **1.** [grandios] grandiose - **2.** [deutlich] écrasant(e).

überweisen (*prät* **überwies** ; *perf* **hat**

überwiesen) *vt* - **1.** [auf Konto, Sparbuch] virer ; **jm etw** ODER **etw an jn ~** virer qqch sur le compte de qqn - **2.** MED : **jn ins Krankenhaus ~** hospitaliser qqn.

Über|weisung *die* - **1.** [Zahlung] virement *m* - **2.** MED *formulaire délivré par un médecin permettant à un patient de s'adresser à un spécialiste.*

überwiegen (*prät* **überwog** ; *perf* **hat überwogen**) <> *vi* prédominer, l'emporter <> *vt* l'emporter sur.

überwinden (*prät* **überwand** ; *perf* **hat überwunden**) *vt* - **1.** [meistern] surmonter - **2.** [besiegen] vaincre. ◆ **sich überwinden** *ref* se résoudre ; **sich zu etw ~** se résoudre à faire qqch.

Über|windung *die (ohne Pl)* [das Sichüberwinden] : **es ist für mich eine ~** ODER **es kostet mich ~, etw zu tun** il m'en coûte de faire qqch.

überwintern *vi* [Pflanze, Tier] hiverner ; [im Winterschlaf] hiberner.

Über|zahl *die (ohne Pl)* majorité *f* ; **in der ~ sein** SPORT être en surnombre ; [mehr sein] être supérieur(e) en nombre.

überzählig *adj* excédentaire.

überzeugen *vt* : **(jn von etw) ~** convaincre (qqn de qqch). ◆ **sich überzeugen** *ref* : **sich (von etw) ~** se convaincre (de qqch).

überzeugt *adj* convaincu(e).

Über|zeugung *die* conviction *f* ; **zur ~ kommen** ODER **gelangen** acquérir la conviction.

überziehen[1] (*prät* **überzog** ; *perf* **hat überzogen**) <> *vi* [zeitlich] être plus long (longue) que prévu <> *vt* - **1.** [Konto] : **etw ~** mettre qqch à découvert ; **sein Konto ~** avoir un découvert - **2.** [übertreiben] : **seine Ansprüche ~** aller trop loin dans ses exigences - **3.** [zeitlich] : **(um zehn Minuten) ~** dépasser (de dix minutes) - **4.** [Speise, Sitzmöbel] : **etw mit etw ~** recouvrir qqch de qqch.

über|ziehen[2] *vt (unreg)* [anziehen] mettre.

überzogen <> *adj* démesuré(e) <> *adv* démesurément ; **völlig ~ reagieren** avoir une réaction démesurée.

Über|zug *der* - **1.** [Bezug] revêtement *m* - **2.** [Belag - synthetisch] revêtement *m* ; [- von Kuchen] glaçage *m*.

üblich *adj* habituel(elle). ◆ **wie üblich** *adv* comme d'habitude.

U-|Boot *das* sous-marin *m*.

übrig <> *adj* restant(e), qui reste ; **ist noch etwas ~?** reste-t-il encore quelque chose? <> *adv* : **für jn viel/wenig ~ haben** *fig* avoir beaucoup/peu de sympathie pour qqn ; **für etw viel/wenig ~ haben** *fig* avoir beaucoup/peu d'intérêt pour qqch. ◆ **im Übrigen** *adv* en outre.

übrig bleiben (*perf* **ist übrig geblieben**) *vi (unreg)* rester ; **jm bleibt nichts anderes übrig, als** *fig* il ne reste à qqn plus rien d'autre à faire que.

übrigens *adv* d'ailleurs, du reste.

Übung (*pl* **-en**) *die* exercice *m* ; **aus der ~ kommen** ODER **sein** manquer d'entraînement.

ü. d. M. *abk für* **über dem Meeresspiegel** ▷ **Meeresspiegel.**

UdSSR (*abk für* **Union der sozialistischen Sowjetrepubliken**) *die (ohne Pl)* HIST URSS *f* ; **die ehemalige ~** l'ex-URSS.

Ufer (*pl* **-**) *das* [von Fluss] rive *f* ; [von See, Meer] bord *m* ; **am ~** sur la rive, sur le bord ; [längs] le long de la rive.

UFO, Ufo (*pl* **-s**) *das* ovni *m*.

Uhr (*pl* **-en**) *die* - **1.** [Zeitanzeiger] horloge *f* ; [Armbanduhr] montre *f* - **2.** [Zeit] heure *f* ; **um wie viel ~?** à quelle heure? ; **wie viel ~ ist es?** quelle heure est-il? ; **rund um die ~** *fig* 24 heures sur 24.

Uhrmacher, in (*mpl* **-** ; *fpl* **-nen**) *der, die* horloger *m*, -ère *f*.

Uhr|zeiger *der* aiguille *f (d'horloge, de montre).*

Uhrzeiger|sinn *der* : **im/gegen den ~** dans le sens/dans le sens inverse des aiguilles d'une montre.

Uhr|zeit *die* heure *f*.

Uhu (*pl* **-s**) *der* grand duc *m*.

Ukraine *die* Ukraine *f*.

Ukrainer, in (*mpl* **-** ; *fpl* **-nen**) *der, die* Ukrainien *m*, -enne *f*.

ukrainisch *adj* ukrainien(enne).

Ukrainisch *das (ohne Pl)* ukrainien *m* ; *siehe auch* **Englisch.**

Ukrainische *das (ohne Pl)* ukrainien *m* ; *siehe auch* **Englische.**

UKW (*abk für* **Ultrakurzwelle**) *die (ohne Pl)* FM *f*.

ulkig <> *adj* rigolo(ote) <> *adv* de manière rigolote.

Ulme (*pl* **-n**) *die* orme *m*.

Ultimatum (*pl* **Ultimaten**) *das* ultimatum *m* ; **(jm) ein ~ stellen** lancer un ultimatum (à qqn).

Ultra|schall *der (ohne Pl)* - **1.** [Schall] ultrason *m* - **2.** [Untersuchung] échographie *f*.

um <> *präp (+ A)* - **1.** [räumlich, ungefähr] autour de ; **~ den Tisch** autour de la table ; **so ~ acht Uhr** *fam* autour de huit heures ; **~ etw herum** [räumlich] tout autour de qqch ; [zeitlich] autour de qqch - **2.** [zur Angabe der Zeit] à ; **~ acht** à huit heures ; **~ diese Zeit** vers ce temps-là - **3.** [zur Angabe eines Maßes] de ; **~ zehn Euro billiger** à dix euros de moins - **4.** [zur Angabe einer Abfolge] après ; **Tag ~ Tag** jour après jour - **5.** [zur Angabe eines Einsatzes] pour ; **~ jeden Preis** à tout prix <> *konj* : **~ zu** pour ; **er ging ins Bad, ~ kalt zu duschen** il est allé dans la salle de bains pour prendre une douche froide. ◆ **um so** = **umso.**

umarmen *vt* : **jn ~** serrer qqn dans ses bras. ◆ **sich umarmen** *ref* s'embrasser, s'étreindre.

Umbau (*pl* **-e** ODER **-bauten**) *der* transformation *f*, réfection *f*.

um|bauen <> *vt* [verändern] transformer, entreprendre la réfection de <> *vi* faire des travaux.

um|binden *vt (unreg)* mettre ; **sich** *(D)* **etw ~** mettre qqch.

um|blättern <> *vt* tourner *(page)* <> *vi* tourner la page.

Um|bruch *der* [Veränderung] bouleversement *m* ; **im ~** en plein bouleversement.

um|buchen <> *vt* : **etw ~** modifier la réservation de qqch <> *vi* modifier la réservation.

um|denken *vi (unreg)* changer sa façon de penser.

um|drehen (*perf* **hat/ist umgedreht**) <> *vt (hat)* [Seite, Schlüssel, Auto] tourner <> *vi (ist, hat)* [umkehren] faire demi-tour. ◆ **sich umdrehen** *ref* - **1.** [im Stehen] se retourner ; **sich nach jm/etw ~** se retourner sur qqn/qqch - **2.** [im Liegen] se tourner.

Um|drehung *die* - **1.** [um eigene Achse] rotation *f* - **2.** TECH tour *m*.

umeinander *adv* : **sich ~ kümmern** s'occuper l'un (l'une) de l'autre ODER les uns (les unes) des autres.

um|fahren[1] *vt (unreg)* [überfahren] renverser.

umfahren[2] (*präs* **umfährt** ; *prät* **umfuhr** ; *perf* **hat umfahren**) *vt* - **1.** [ausweichen] contourner ; **etw weiträumig ~** contourner largement qqch - **2.** [einkreisen] entourer.

um|fallen (*perf* **ist umgefallen**) *vi (unreg)* [umkippen, zusammenbrechen] tomber.

Umfang (*pl* **-fänge**) *der* - **1.** [von Kopf, Brust] tour *m* ; MATH circonférence *f* - **2.** [von Unternehmen, Aktion] importance *f* ; **in vollem ~** entièrement.

umfangreich *adj* important(e).

umfassen *vt* [beinhalten] comprendre.

umfassend, umfassend <> *adj* vaste <> *adv* globalement, de manière complète.

Um|feld *das* - **1.** [Umgebung] cadre *m* - **2.** [Milieu] milieu *m*.

Um|frage *die* sondage *m*.

um|füllen *vt* transvaser.

um|funktionieren *vt* transformer.

Um|gang *der (ohne Pl)* : **der ~** les relations *fpl* ; **mit jm ~ haben/pflegen** avoir/entretenir des relations avec qqn.

umgänglich <> *adj* sociable <> *adv* de manière sociable.

Umgangsformen *pl* (bonnes) manières *fpl*.

Umgangs|sprache *die* [informelle Sprache] langue *f* familière.

umgeben (*präs* **umgibt** ; *prät* **umgab** ; *perf* **hat umgeben**) *vt* entourer.

Umgebung (*pl* **-en**) *die* - **1.** [Gebiet] : **die ~** les environs *mpl* - **2.** [Umfeld] cadre *m (de vie)*.

umgehen[1] (*präs* **umgeht** ; *prät* **umging** ; *perf* **hat umgangen**) *vt* [Schwierigkeit, Antwort] éviter.

um|gehen[2] (*perf* **ist umgegangen**) *vi (unreg)* - **1.** [sich ausbreiten] se répandre ; [Gerücht, Nachricht] circuler - **2.** [Tier, Mensch] : **mit jm/etw ~** traiter qqn/qqch ; **mit einem Computer ~ können** savoir se servir d'un ordinateur.

umgehend <> *adj* immédiat(e) <> *adv* immédiatement, dans les meilleurs délais.

Umgehungs|straße *die* déviation *f (route)*, rocade *f*.

umgekehrt <> *adj* inverse <> *adv* inversement.

um|graben *vt (unreg)* bêcher.

Um|hang *der* cape *f*.

um|hängen *vt* - **1.** [woandershin hängen] suspendre ailleurs - **2.** [umlegen] : **jm eine Decke ~** mettre une couverture sur les épaules de qqn.

um|hauen *vt (unreg)* - **1.** [fällen] abattre - **2.** *fam* [niederschlagen] mettre K.-O.

umher *adv* par-ci par-là.

umher|irren (*perf* **ist umhergeirrt**) *vi* errer.

um|hören ◆ **sich umhören** *ref* se renseigner (autour de soi) ; **sich bei jm ~** se renseigner auprès de qqn.

Umkehr *die (ohne Pl)* retour *m*.

um|kehren (*perf* **hat/ist umgekehrt**) <> *vi (ist)* rentrer, faire demi-tour <> *vt (hat)* retourner. ◆ **sich umkehren** *ref* se retourner.

um|kippen (*perf* **ist umgekippt**) *vi* - **1.** [umfallen] tomber *(en basculant)* - **2.** *fam* [bewusstlos werden] tomber dans les pommes - **3.** *fam* [ökologisch] mourir.

Umkleide|kabine *die* [auf Sportplatz, in Schwimmbad] cabine *f* (de vestiaire).

um|kommen (*perf* **ist umgekommen**) *vi (unreg)* - **1.** [sterben] périr - **2.** *fam* [vor Sehnsucht, Hunger] mourir.

Um|kreis *der (ohne Pl)* [Umgebung] environs *mpl* ; **im ~ von 50 km** dans un rayon de 50 km.

ụm|krempeln *vt* - **1.** [hochkrempeln] retrousser - **2.** *fam* [verändern] réorganiser complètement ; **jn ~** refaire qqn.

Ụm|land *das (ohne Pl)* alentours *mpl.*

Ụm|lauf *der* [Zirkulation] circulation *f.*

Ụmlauf|bahn *die* orbite *f.*

Ụm|laut *der* voyelle *f* infléchie ; [Punkte] tréma *m.*

ụm|legen *vt* - **1.** *salopp* [erschießen] descendre - **2.** [verteilen] : **etw auf mehrere Personen ~** répartir qqch entre plusieurs personnes - **3.** [umhängen] : **jm etw ~** mettre qqch à qqn.

ụm|leiten *vt* dévier.

Ụm|leitung *die* déviation *f.*

ụmliegend *adj* environnant(e).

ụm|rechnen *vt* : **etw in etw** *(A)* **~** convertir qqch en qqch ; **etw auf etw** *(A)* **~** répartir qqch sur qqch.

umrịngen *vt* entourer.

Ụm|riss *der* contour *m* ; **in groben Umrissen** dans les grandes lignes.

ụm|rühren *vt* remuer.

ụm|rüsten *vt* [ändern] transformer.

ụms *präp (um + das)* autour de ; **mit dem Hund einmal ~ Viereck gehen** faire le tour du pâté de maisons avec le chien ; **ihm geht es dabei weniger ~ Geld, als** il s'agit moins pour lui d'une question d'argent que.

ụm|satteln *vi fam* changer de métier, se recycler.

Ụm|satz *der* chiffre *m* d'affaires.

Ụm|schau *die (ohne Pl)* : **~ halten** regarder autour de soi.

Ụm|schlag *der* - **1.** [für Briefe] enveloppe *f* ; [von Büchern] jaquette *f* - **2.** MED compresse *f* - **3.** [von Hosen] revers *m.*

ụm|schlagen (*perf* **hat/ist ụmgeschlagen**) *(unreg)* ◇ *vi (ist)* [Wetter, Laune] changer *(brutalement)* ◇ *vt (hat)* [umdrehen] tourner.

umschreiben[1] (*prät* **umschrieb** ; *perf* **hat umschrieben**) *vt* décrire.

ụm|schreiben[2] *vt (unreg)* [ändern] réécrire.

ụm|schulen ◇ *vt* - **1.** [ausbilden] reconvertir - **2.** [Schule wechseln lassen] : **ein Kind ~** changer un enfant d'école ◇ *vi fam* se recycler.

Ụmschweife *pl* détours *mpl.*

Ụm|schwung *der* revirement *m.*

ụm|sehen ◆ **sich umsehen** *ref (unreg)* - **1.** [sich umgucken] regarder autour de soi ; **sich in der Stadt ~** [besichtigen] visiter la ville - **2.** [sich umdrehen] se retourner *(pour voir)* ; **sich nach jm/etw ~** [suchen] chercher qqn/qqch ; [sich umdrehen] se retourner sur qqn/qqch.

ụm sein (*perf* **ist ụm gewesen**) *vi (unreg) fam* être fini(e) ; **die Stunde war aber schnell um!** l'heure a passé vite!

ụmseitig *adj & adv* au verso.

Ụm|sicht *die (ohne Pl)* prudence *f.*

ụmsọ *adv (+ Kompar)* : **~ leichter/größer** d'autant plus simple/grand ; **je ..., ~** plus ..., plus ... ; **je betrunkener er wurde, ~ mehr redete er** plus il était soûl, plus il parlait ; **~ besser!** tant mieux! ; **~ mehr** d'autant plus ; **~ weniger** d'autant moins.

umsọnst ◇ *adj* : **~ sein** [erfolglos] être vain(e) ; [gratis] être gratuit(e) ◇ *adv* - **1.** [erfolglos] pour rien - **2.** [gratis] gratuitement.

Ụm|stand *der* - **1.** [Mühe] peine *f*, dérangement *m* ; **mach dir keine Umstände wegen uns!** ne te dérange pas pour nous! - **2.** [Sachlage] circonstance *f* ; **unter Umständen** éventuellement ; **in anderen Umständen sein** *fig* attendre un enfant.

ụmständlich ◇ *adj* - **1.** [mühevoll] compliqué(e) - **2.** [langsam] trop minutieux(euse) ◇ *adv* - **1.** [mühevoll] de manière compliquée - **2.** [langsam] péniblement.

Ụmstands|kleid *das* robe *f* de grossesse.

Ụmstands|wort (*pl* **-wörter**) *das* GRAM adverbe *m.*

ụmstehend *adj* - **1.** [umgebend] proche, avoisinant(e) - **2.** [umseitig] ci-contre.

ụm|steigen (*perf* **ist ụmgestiegen**) *vi (unreg)* - **1.** [beim Reisen] prendre une correspondance, changer - **2.** [wechseln] : **auf etw** *(A)* **~** se mettre à qqch.

ụm|stellen[1] *vt* - **1.** [anders ausrichten] : **etw ~** modifier qqch ; **etw auf etw** *(A)* **~** mettre qqch à qqch - **2.** [verändern] modifier. ◆ **sich umstellen** *ref* s'adapter ; **sich auf etw** *(A)* **~** s'adapter à qqch.

umstẹllen[2] *vt* [einkreisen] cerner.

Ụm|stellung *die* - **1.** [andere Ausrichtung] changement *m*, adaptation *f* - **2.** [Veränderung] changement *m.*

ụm|stimmen *vt* faire changer d'avis.

ụm|stoßen *vt (unreg)* renverser.

umstrịtten *adj* contesté(e).

Ụm|sturz *der* renversement *m.*

ụm|stürzen (*perf* **hat/ist ụmgestürzt**) ◇ *vi (ist)* tomber ◇ *vt (hat)* renverser.

Ụm|tausch *der (ohne Pl)* échange *m* ; '**vom ~ ausgeschlossen**' 'ni repris ni échangé'.

ụm|tauschen *vt* - **1.** [auswechseln] échanger ; **etw gegen etw ~** échanger qqch pour ODER contre qqch - **2.** [Währung tauschen] changer.

ụmwälzend *adj* renversant(e).

ụm|wandeln *vt* : **etw zu etw** ODER **in etw**

(A) ~ transformer qqch en qqch. ◆ **sich umwandeln** *ref* se transformer.

Um|weg *der* détour *m* ; **einen ~ über etw** *(A)* **machen** faire un détour par qqch ; **auf ~en** *fig* indirectement.

Um|welt *die* [ökologisches System] environnement *m.*

Umwelt|belastung *die* pollution *f.*

umweltbewusst ◇ *adj* respectueux(euse) de l'environnement ◇ *adv* en respectant l'environnement.

umweltfreundlich ◇ *adj* écologique ◇ *adv* en respectant l'environnement.

Umwelt|papier *das* papier *m* recyclé.

Umwelt|schäden *pl* dommages *mpl* écologiques.

Umwelt|schutz *der* protection *f* de l'environnement.

Umwelt|schützer, in (*mpl* **-** ; *fpl* **-nen**) *der, die* écologiste *mf.*

Umwelt|verschmutzung *die* pollution *f.*

um|werfen *vt (unreg)* **- 1.** [umstürzen] renverser **- 2.** *fam* [Subj : Alkohol] assommer ; [Subj : Nachricht] souffler.

um|ziehen (*perf* **hat/ist umgezogen**) *(unreg)* ◇ *vi (ist)* déménager ; **nach ... ~** déménager à ... ◇ *vt :* **jn ~** changer qqn. ◆ **sich umziehen** *ref* se changer.

umzingeln *vt* encercler.

Um|zug *der* **- 1.** [Wohnungswechsel] déménagement *m* **- 2.** [Festzug] défilé *m.*

unabhängig ◇ *adj* indépendant(e) ; **von jm/etw ~ sein** être indépendant(e) de qqn/qqch ◇ *adv* de façon indépendante.

Un|abhängigkeit *die* indépendance *f.*

unabsichtlich ◇ *adj* non intentionnel(elle) ◇ *adv* sans le vouloir.

unachtsam ◇ *adj* inattentif(ive) ◇ *adv* distraitement.

Unachtsamkeit (*pl* **-en**) *die* distraction *f,* inattention *f.*

unangebracht *adj* inopportun(e) ; [Bemerkung] déplacé(e).

unangemessen ◇ *adj* inapproprié(e) ◇ *adv :* **~ hoch** excessivement élevé(e).

unangenehm ◇ *adj* désagréable ; **jm ~ sein** être désagréable à qqn ; **das ist mir sehr ~** ça me gêne beaucoup ◇ *adv* de façon désagréable, désagréablement.

unangetastet *adj* intact(e).

Unannehmlichkeiten *pl* désagréments *mpl.*

unansehnlich *adj* laid(e).

unanständig ◇ *adj* indécent(e), incorrect(e) ; **das ist ~!** ça ne se fait pas! ◇ *adv* incorrectement, de manière incorrecte.

unartig *adj* mal élevé(e).

unauffällig ◇ *adj* discret(ète) ◇ *adv* discrètement.

unauffindbar, unauffindbar *adj* introuvable.

unaufgefordert ◇ *adj* spontané(e) ◇ *adv* spontanément.

unaufhaltsam, unaufhaltsam ◇ *adj* irrésistible, inexorable ◇ *adv* irrésistiblement, inexorablement.

unaufhörlich, unaufhörlich ◇ *adj* incessant(e) ◇ *adv* sans cesse.

unaufmerksam ◇ *adj* [nicht aufmerksam] inattentif(ive) ; **ein ~er Moment** un moment d'inattention ◇ *adv* [nicht aufmerksam] distraitement.

unaufrichtig ◇ *adj* qui n'est pas sincère, malhonnête ; **jm gegenüber ~ sein** ne pas être sincère envers qqn ◇ *adv* malhonnêtement.

unausstehlich, unausstehlich ◇ *adj* insupportable ◇ *adv :* **sich ~ benehmen** se comporter de manière insupportable.

unausweichlich, unausweichlich ◇ *adj* inévitable ◇ *adv* inévitablement.

unbändig ◇ *adj* [Gefühl] effréné(e) ◇ *adv* infiniment.

unbeabsichtigt *adj* involontaire.

unbeachtet ◇ *adj* ignoré(e) ◇ *adv :* **~ bleiben** rester ignoré(e).

unbedenklich ◇ *adj* qui ne présente aucun inconvénient, inoffensif(ive) ; [Bemerkung, Maßnahme] anodin(e) ◇ *adv* sans hésiter.

unbedeutend ◇ *adj* insignifiant(e) ◇ *adv :* **~ abweichen** différer de peu ; **~ bleiben** rester minime.

unbedingt ◇ *adj* absolu(e) ◇ *adv* **- 1.** [auf jeden Fall] absolument **- 2.** [bedingungslos] de manière inconditionnelle.

unbefriedigend *adj* peu ODER pas satisfaisant(e).

unbefugt ◇ *adj* non autorisé(e) ◇ *adv* sans autorisation.

unbegreiflich, unbegreiflich *adj* incompréhensible.

unbegrenzt ◇ *adj* **- 1.** [uneingeschränkt] illimité(e) **- 2.** [groß] infini(e) ◇ *adv* entièrement, sans restrictions.

unbegründet ◇ *adj* injustifié(e) ◇ *adv* sans raison valable.

unbeholfen ◇ *adj* maladroit(e) ◇ *adv* maladroitement.

unbekannt *adj* inconnu(e) ; **Anzeige gegen unbekannt** RECHT plainte *f* contre X.

unbekümmert, unbekümmert ◇ *adj* insouciant(e) ◇ *adv* sans souci, sans se faire de souci.

unbeliebt ◇ *adj* peu aimé(e) ; [Politiker]

impopulaire <> *adv* : **sich ~ machen** se rendre impopulaire.

unbequem <> *adj* **- 1.** [Stuhl, Bank, Schuh] peu ODER pas confortable **- 2.** [Angelegenheit, Frage] embarrassant(e) <> *adv* [sitzen, liegen] inconfortablement.

unberechenbar, unberechenbar *adj* imprévisible.

unberechtigt <> *adj* injustifié(e) <> *adv* de manière injustifiée.

unberührt *adj* **- 1.** [nicht berührt] intact(e) ; **das Essen ~ lassen** ne pas toucher à la nourriture **- 2.** [Frau, Natur] vierge.

unbeschreiblich, unbeschreiblich <> *adj* indescriptible <> *adv* infiniment.

unbeschwert <> *adj* insouciant(e) <> *adv* avec insouciance.

unbesonnen <> *adj* irréfléchi(e) <> *adv* de manière irréfléchie.

unbeständig *adj* instable, changeant(e).

unbestechlich, unbestechlich <> *adj* [durch Geld] incorruptible <> *adv* sans en démordre.

unbestimmt <> *adj* **- 1.** [nicht bestimmt] indéterminé(e) **- 2.** GRAM indéfini(e) <> *adv* de manière vague.

unbeteiligt <> *adj* [nicht interessiert] désintéressé(e) ; [nicht verwickelt] étranger(ère) ; **an etw** *(D)* **~sein** être étranger à qqch <> *adv* sans participer.

unbewacht *adj* non surveillé(e).

unbeweglich <> *adj* **- 1.** [nicht beweglich] rigide, immobile **- 2.** [steif] raide **- 3.** [Blick, Gesichtsausdruck] figé(e) <> *adv* [regungslos] : **~ dastehen** rester immobile.

unbewusst <> *adj* inconscient(e) <> *adv* inconsciemment.

unbrauchbar *adj* inutilisable.

und *konj* **- 1.** [gen] et ; **drei ~ drei ist sechs** trois et trois font six ; **~ so weiter** et ainsi de suite ; **keine Freunde ~ keine Familie haben** n'avoir ni amis ni famille **- 2.** [ironisch] : **was, der ~ sich entschuldigen? - niemals!** quoi, lui s'excuser? - jamais! **- 3.** [Ausdruck der Intensivierung] : **das Wasser wird heißer ~ heißer** l'eau est de plus en plus chaude ; **er kauft ~ kauft** il ne cesse d'acheter. ◆ **na und?** *interj* et après?, et alors? ◆ **und wie!** *interj* et comment!

undankbar <> *adj* ingrat(e) <> *adv* avec ingratitude.

undenkbar, undenkbar <> *adj* inimaginable, inconcevable <> *adv* incroyablement.

undeutlich <> *adj* confus(e) ; [Aufnahme] flou(e) <> *adv* confusément.

undicht *adj* non étanche.

undurchsichtig *adj* **- 1.** [Geschichte] obscur(e) **- 2.** [Glasscheibe, Strümpfe] opaque.

uneben *adj* inégal(e), irrégulier(ère).

unehelich <> *adj* illégitime ; **~es Kind** enfant *m* naturel <> *adv* illégitimement.

unehrlich *adj* malhonnête.

uneigennützig <> *adj* désintéressé(e) <> *adv* de manière désintéressée.

uneinig *adj* divisé(e) ; **sich** *(D)* **über etw** *(A)* **~ sein** être en désaccord sur qqch.

unempfindlich *adj* résistant(e).

unendlich <> *adj* infini(e) ; [Geschichte] sans fin <> *adv* infiniment.

Unendlichkeit *die (ohne Pl)* **- 1.** [räumlich] immensité *f* **- 2.** *fam* [zeitlich] éternité *f*.

unentbehrlich, unentbehrlich *adj* indispensable.

unentgeltlich, unentgeltlich <> *adj* gratuit(e) <> *adv* gratuitement.

unentschieden <> *adj* **- 1.** [nicht entschieden] incertain(e) **- 2.** [unentschlossen] indécis(e) <> *adv* **- 1.** [nicht entschieden] : **das Spiel ging ~ aus** les équipes ont fait match nul ; **im Spiel steht es bis jetzt ~** les équipes sont à égalité **- 2.** [unentschlossen] d'un air indécis.

unentschlossen <> *adj* indécis(e) <> *adv* avec hésitation, de manière indécise.

unentwegt, unentwegt <> *adj* continuel(elle) <> *adv* sans cesse.

unerbittlich, unerbittlich <> *adj* **- 1.** [unnachgiebig] impitoyable **- 2.** [gnadenlos] implacable ; [Regen] incessant(e) <> *adv* **- 1.** [unnachgiebig] impitoyablement **- 2.** [gnadenlos] implacablement.

unerfahren *adj* inexpérimenté(e).

unerfreulich *adj* désagréable, peu réjouissant(e).

unerhört <> *adj* **- 1.** [Benehmen, Vorgehen] scandaleux(euse) ; **(das ist ja) ~!** c'est insensé! **- 2.** [Preis, Leistung] inouï(e) <> *adv* **- 1.** [sehr] incroyablement **- 2.** [empörend] de manière scandaleuse.

unerlässlich, unerlässlich *adj* indispensable.

unerlaubt <> *adj* sans autorisation ; [Methode, Besitz von Waffen] illicite <> *adv* sans autorisation.

unermesslich, unermesslich *geh* <> *adj* immense <> *adv* immensément.

unermüdlich, unermüdlich <> *adj* inlassable ; [Mensch] infatigable <> *adv* inlassablement.

unerschütterlich, unerschütterlich *adj* imperturbable, inébranlable.

unerschwinglich, unerschwinglich <> *adj* hors de prix ; [Preis] exorbitant(e) ; **für jn ~ sein** être inabordable pour qqn <> *adv* excessivement.

unerträglich ◇ *adj* insupportable ◇ *adv* insupportablement.

unerwartet ◇ *adj* inattendu(e), imprévu(e) ◇ *adv* inopinément.

unerwünscht *adj* indésirable.

UNESCO [u'nɛsko] (*abk für* **United Nations Educational, Scientific and Cultural Organization**) *die (ohne Pl)* Unesco *f.*

unfähig *adj* incompétent(e) ; **~ sein, etw zu tun** être incapable ODER ne pas être en mesure de faire qqch.

Un|fähigkeit *die (ohne Pl)* incompétence *f* ; **~, etw zu tun** incapacité *f* à faire qqch.

unfair ['ʊnfɛːɐ̯] ◇ *adj* déloyal(e) ◇ *adv* de manière déloyale.

Un|fall *der* accident *m.*

Unfall|flucht *die* délit *m* de fuite.

Unfall|stelle *die* lieu *m* de l'accident.

Unfallver|sicherung *die* assurance *f* accidents.

unfehlbar, unfehlbar *adj* infaillible.

unfreiwillig ◇ *adj* involontaire, forcé(e) ◇ *adv* contraint et forcé (contrainte et forcée), malgré soi.

unfreundlich ◇ *adj* **-1.** [nicht freundlich] peu aimable ; **zu jm ~ sein** ne pas être aimable avec qqn **-2.** [unangenehm] désagréable ◇ *adv* [nicht freundlich] peu aimablement.

unfruchtbar *adj* **-1.** [steril] stérile **-2.** [nutzlos] inutile **-3.** [trocken] aride.

Ungar, in (*mpl* **-n** ; *fpl* **-nen**) *der, die* Hongrois *m*, -e *f.*

ungarisch *adj* hongrois(e).

Ungarisch *das (ohne Pl)* hongrois *m* ; *siehe auch* **Englisch**.

Ungarische *das (ohne Pl)* hongrois *m* ; *siehe auch* **Englische**.

Ungarn *nt* Hongrie *f.*

ungeahnt, ungeahnt ['ʊngeaːnt, ʊnge'aːnt] *adj* insoupçonné(e).

ungebeten ◇ *adj* indésirable ◇ *adv* comme un intrus (une intruse).

ungebildet *adj* inculte.

ungedeckt ◇ *adj* [Scheck] sans provision ◇ *adv* à découvert.

Un|geduld *die (ohne Pl)* impatience *f.*

ungeduldig ◇ *adj* impatient(e) ◇ *adv* avec impatience.

ungeeignet *adj* [Gegenstand] inapproprié(e) ; [Person] : **für etw ~ sein** ne pas être fait(e) pour qqch.

ungefähr, ungefähr *adv* environ.

ungefährlich ◇ *adj* inoffensif(ive) ◇ *adv* : **~ aussehen** avoir l'air sans danger.

ungehalten ◇ *adj* irrité(e) ; **über jn/etw ~ sein** être irrité(e) par qqn/qqch ◇ *adv* avec irritation.

ungeheuer, ungeheuer ◇ *adj* monstrueux(euse) ◇ *adv* monstrueusement.

Ungeheuer (*pl* -) *das* monstre *m.*

ungehörig ◇ *adj* inconvenant(e) ◇ *adv* de manière incongrue.

ungehorsam *adj* désobéissant(e).

Un|gehorsam *der (ohne Pl)* désobéissance *f.*

ungeklärt *adj* **-1.** [nicht entschieden] inexpliqué(e) **-2.** [Abwasser] non épuré(e).

ungelegen ◇ *adj* inopportun(e) ◇ *adv* : **das kommt mir ~** cela me dérange.

ungelogen *adv fam* sans rire.

ungemein, ungemein ◇ *adj* énorme ◇ *adv* énormément.

ungemütlich ◇ *adj* **-1.** [Atmosphäre, Raum] sans chaleur **-2.** [Person] désagréable **-3.** [Situation, Lage] inconfortable ◇ *adv* : **~ kalt** désagréablement froid(e) ; **~ aussehen** avoir l'air peu accueillant.

ungenau ◇ *adj* imprécis(e) ◇ *adv* avec un manque d'exactitude.

ungeniert, ungeniert ◇ *adj* sans-gêne ◇ *adv* sans gêne.

ungenießbar, ungenießbar *adj* [Nahrung] non comestible ; [ekelhaft] immangeable.

ungenügend *adj* insuffisant(e).

ungerade *adj* MATH impair(e).

ungerecht ◇ *adj* injuste ◇ *adv* de manière injuste.

Un|gerechtigkeit *die* injustice *f.*

ungern *adv* à contrecœur.

ungeschehen *adj* : **etw ~ machen** revenir sur qqch.

ungeschickt ◇ *adj* **-1.** [Mensch, Verhalten] maladroit(e) **-2.** *fam Süddt* [Zeitpunkt] inopportun(e) ◇ *adv* avec maladresse.

ungeschminkt ◇ *adj* **-1.** [Frau, Gesicht] non maquillé(e) **-2.** [Wahrheit, Tatsache] cru(e) ◇ *adv* **-1.** [nicht geschminkt] sans maquillage **-2.** [unverhüllt] crûment.

ungestört ◇ *adj* tranquille ◇ *adv* en toute tranquillité.

ungesund ◇ *adj* **-1.** [Ernährung, Leben, Atmosphäre] malsain(e) **-2.** [Aussehen, Farbe] maladif(ive) ◇ *adv* **-1.** [gesundheitsschädlich] : **sich ~ ernähren** avoir une alimentation déséquilibrée **-2.** [nicht gesund] : **~ aussehen** avoir l'air en mauvaise santé.

ungetrübt ◇ *adj* sans nuage ◇ *adv* avec sérénité.

Ungetüm (*pl* **-e**) *das* monstre *m.*

ungewiss *adj* incertain(e).

ungewiss sein

Je ne suis pas sûr de pouvoir passer aujourd'hui. Ich bin nicht sicher, ob ich heute vorbeikommen kann.

Je ne sais pas vraiment s'il peut te recevoir. Ich weiß nicht recht, ob er Zeit für dich hat.

Je me demande si c'est possible. Ob das wohl geht?

C'est peut-être déjà trop tard. Womöglich ist es schon zu spät?

Il se pourrait qu'il soit malade. Vielleicht ist er krank?

ungewöhnlich ◇ *adj* [unüblich] inhabituel(elle) ◇ *adv* [unüblich] curieusement.

ungewohnt *adj* inaccoutumé(e).

Ungeziefer *das (ohne Pl)* vermine *f.*

ungezogen ◇ *adj* mal élevé(e) ◇ *adv* [antworten, reden] avec impertinence ; [sich benehmen] avec désinvolture.

ungezwungen ◇ *adj* décontracté(e) ◇ *adv* de manière décontractée.

ungläubig ◇ *adj* - **1.** [nicht gläubig] incroyant(e) - **2.** [zweifelnd] sceptique ◇ *adv* avec scepticisme.

unglaublich, unglaublich ◇ *adj* incroyable ◇ *adv fam* incroyablement.

unglaubwürdig *adj* [Geschichte, Aussage] non crédible ; [Mensch] peu digne de foi.

ungleich ◇ *adj* inégal(e) ◇ *adv* [nicht gleich] de manière inégale.

Un|glück *das* - **1.** [Unfall] accident *m* - **2.** [Leid] malheur *m* - **3.** *(ohne Pl)* [Pech] malchance *f* ; **das bringt ~** cela porte malheur.

unglücklich ◇ *adj* [gen] malheureux(euse) ◇ *adv* - **1.** [nicht glücklich] d'un air malheureux - **2.** [ungünstig] de manière malheureuse.

unglücklicherweise *adv* malheureusement, par malheur.

ungültig *adj* non valable.

Ungunsten *pl* : **zu js ~** en la défaveur de qqn.

ungünstig ◇ *adj* défavorable ◇ *adv* défavorablement.

ungut ◇ *adj* mauvais(e) ◇ *adv* : **~ verlaufen** mal se passer ; **nichts für ~!** oublions ça!

unhaltbar, unhaltbar *adj* - **1.** [Lage, Position] intenable ; [Vorwurf, Anschuldigung] insoutenable ; [Argument, These] indéfendable - **2.** [Schuss, Ball] imparable.

Un|heil *das (ohne Pl) geh* désastre *m*, calamité *f* ; **~ stiften** être à l'origine de bien des malheurs.

unheimlich, unheimlich ◇ *adj* [gruselig - Atmosphäre, Haus] lugubre ; [- Geräusch, Mensch] inquiétant(e) ; **jm ist ~** qqn a peur ◇ *adv* [gruselig] : **~ aussehen** avoir l'air lugubre.

unhöflich ◇ *adj* impoli(e) ◇ *adv* de manière impolie.

Uni *(pl* **-s**) *die fam* fac *f.*

Uniform, Uniform *(pl* **-en**) *die* uniforme *m.*

Union *(pl* **-en**) *die* union *f.*

Universität [univɛrzi'tɛːt] *(pl* **-en**) *die* université *f.*

Universum [uni'vɛrzʊm] *das (ohne Pl)* univers *m.*

unkenntlich *adv* méconnaissable.

Un|kenntnis *die (ohne Pl)* ignorance *f.*

unklar ◇ *adj* - **1.** [unverständlich] peu clair(e) - **2.** [vage] flou(e) - **3.** [nicht eindeutig] confus(e) ; **jn (über etw** *(A)***) im Unklaren lassen** laisser qqn dans le doute (à propos de qqch) ◇ *adv* - **1.** [unverständlich] de manière peu claire - **2.** [vage] de manière floue.

unklug ◇ *adj* déraisonnable ◇ *adv* de manière déraisonnable.

Un|kosten *pl* frais *mpl* ; **sich in ~ stürzen** *fig* se mettre en frais.

Unkosten|beitrag *der* participation *f* aux frais.

Un|kraut *das* mauvaises herbes *fpl.*

unleserlich ◇ *adj* illisible ◇ *adv* de manière illisible.

unlogisch *adj* illogique.

unmäßig ◇ *adj* démesuré(e) ◇ *adv* - **1.** [maßlos] de manière excessive, avec excès - **2.** [ungeheuer] excessivement.

Un|menge *die* quantité *f* énorme.

Un|mensch *der abw* monstre *m.*

unmenschlich ◇ *adj* [menschenunwürdig, brutal] inhumain(e) ◇ *adv* [menschenunwürdig] de manière inhumaine.

unmerklich, unmerklich ◇ *adj* imperceptible ◇ *adv* de manière imperceptible.

unmissverständlich *adj* & *adv* sans équivoque.

unmittelbar ◇ *adj* direct(e) ; **in ~er Nähe** à proximité immédiate ◇ *adv* directement ; **~ danach** ODER **darauf** juste après.

unmöglich, unmöglich ◇ *adj* impossible ◇ *adv* - **1.** [nicht möglich] : **etw für ~ halten** croire que qqch est impossible - **2.** *fam* [nicht annehmbar] de manière impossible ; **sich ~ machen** *fam* se rendre impossible - **3.** *fam* [keinesfalls] : **etw ~ tun können** il est hors de question que l'on fasse qqch.

unmoralisch ◇ *adj* immoral(e) ◇ *adv* de manière immorale.

unnachgiebig *adj* intransigeant(e).

unnahbar, unnahbar *adj* inaccessible, inabordable.

unnötig ◇ *adj* inutile ◇ *adv* inutilement.

unnütz ◇ *adj* inutile ◇ *adv* pour rien.

UNO ['uːno] (*abk für* **United Nations Organization**) *die (ohne Pl)* ONU *f*.

unordentlich ◇ *adj* [Mensch] désordonné(e) ; [Zimmer, Wohnung] en désordre ◇ *adv :* **~ aussehen** avoir l'air mal arrangé.

Un|ordnung *die (ohne Pl)* désordre *m ;* **in ~ geraten** se défaire.

unparteiisch ◇ *adj* impartial(e) ◇ *adv* avec impartialité.

unpassend ◇ *adj* inadapté(e) ◇ *adv :* **~ gekleidet sein** être vêtu(e) de manière incongrue.

unpersönlich ◇ *adj* impersonnel(elle) ◇ *adv* **- 1.** [nicht persönlich] de manière impersonnelle **- 2.** GRAM à la forme impersonnelle.

unpraktisch *adj* peu pratique.

unpünktlich ◇ *adj* qui n'est pas ponctuel(elle) ◇ *adv* en retard.

unrecht ◇ *adj* [Zeit, Moment] inopportun(e) ; **es ist jm ~** cela dérange qqn ◇ *adv* [ungelegen] : **~ kommen** arriver mal à propos.

Un|recht *das (ohne Pl)* tort *m*, injustice *f ;* **~ haben** avoir tort ; **im ~ sein** être dans son tort ; **zu ~** à tort.

unrechtmäßig ◇ *adj* illégal(e) ◇ *adv* illégalement.

unregelmäßig ◇ *adj* irrégulier(ère) ◇ *adv* **- 1.** [nicht regelmäßig] irrégulièrement **- 2.** GRAM : **~ konjugiert werden** avoir une conjugaison irrégulière.

unreif *adj* **- 1.** [Obst] pas mûr(e) **- 2.** [Mensch, Verhalten] immature.

Un|ruhe *die (ohne Pl)* **- 1.** [Bewegung] agitation *f ;* **~ stiften** semer le trouble **- 2.** [Ruhelosigkeit] anxiété *f*, inquiétude *f*. ◆ **Unruhen** *pl* [Aufruhr] troubles *mpl*.

unruhig ◇ *adj* **- 1.** [nicht ruhig] agité(e) **- 2.** [ruhelos] inquiet(ète) ; **~ sein** être nerveux(euse) ; **~ werden** commencer à s'inquiéter **- 3.** [hektisch] mouvementé(e) **- 4.** [laut] bruyant(e) ◇ *adv* **- 1.** [ruhelos] nerveusement **- 2.** [gestört] : **~ schlafen** avoir le sommeil agité.

uns *pron (+ A, + D)* nous ; **er hat ~ gesehen** il nous a vu(e) s ; **das wurde ~ geschickt** ça nous a été envoyé ; **wir putzen ~ die Zähne** nous nous lavons les dents ; **wir haben ~ geschlagen** nous nous sommes battus (battues).

unsachlich *adj* pas pertinent(e).

unsagbar, unsagbar ◇ *adj* indicible ◇ *adv :* **~ glücklich/müde sein** ressentir une joie/fatigue inouïe.

unsanft ◇ *adj* rude ◇ *adv* sans douceur.

unschädlich ◇ *adj* inoffensif(ive) ◇ *adv :* **jn/etw ~ machen** mettre qqn/qqch hors d'état de nuire.

unscharf ◇ *adj* flou(e) ◇ *adv* [nicht scharf] : **~ sehen** voir flou.

unscheinbar *adj* effacé(e).

unschlagbar, unschlagbar *adj* imbattable.

unschlüssig ◇ *adj* indécis(e) ; **(sich** *(D)***) über etw** *(A)* **~ sein** hésiter à propos de qqch ◇ *adv* en hésitant.

Un|schuld *die* innocence *f*.

unschuldig ◇ *adj* innocent(e) ; **an etw** *(D)* **~ sein** être innocent de qqch ◇ *adv* **- 1.** [schuldlos] à tort **- 2.** [unverdorben] avec innocence **- 3.** [harmlos] innocemment.

unselbstständig *adj* dépendant(e).

unser, e, unsre *det* notre, nos.

unsere, r, s ◇ *pron* le nôtre, la nôtre, les nôtres ◇ *det* ▷ **unser.**

unsereins *pron fam* nous autres.

unsererseits, unsrerseits *adv* de notre côté.

unseresgleichen, unsresgleichen *pron* nos semblables.

unseretwegen, unsertwegen *adv* à cause de nous.

unsicher ◇ *adj* **- 1.** [ungewiss, unbeständig] incertain(e) **- 2.** [nicht sicher] peu sûr(e) ; [Stimme, Hand] mal assuré(e) ◇ *adv* [nicht sicher] de manière mal assurée ; **etw ~ machen** *fam fig* [gefährden] semer le trouble dans qqch ; [sich vergnügen] faire la fiesta.

Un|sicherheit *die* manque *m* d'assurance.

unsichtbar *adj* invisible.

Un|sinn *der (ohne Pl)* **- 1.** [Blödsinn] bêtise *f* **- 2.** [Unsinnigkeit] non-sens *m*.

unsinnig *adj* **- 1.** [blödsinnig] absurde, inepte **- 2.** *fam* [ungeheuer] fou (folle).

Un|sitte *die abw* mauvaise habitude *f*.

unsportlich *adj* **- 1.** [Mensch] peu sportif(ive) **- 2.** [Verhalten] de mauvais joueur.

unsrerseits = unsererseits.

unsresgleichen = unseresgleichen.

unsterblich, unsterblich ◇ *adj* immortel(elle) ◇ *adv fam* [maßlos] : **~ verliebt sein** être follement amoureux(euse).

unstillbar *adj* insatiable.

Unstimmigkeiten *pl* **- 1.** [Differenzen] désaccords *mpl* **- 2.** [Abweichungen] inexactitude *f*.

Un|summe *die* somme *f* énorme.

unsympathisch *adj* [Mensch] antipathique ; **jm ~ sein** être antipathique à qqn.

Un|tat *die* méfait *m*.

untätig <> *adj* inactif(ive) <> *adv* sans rien faire.

untauglich *adj* [Mensch] inapte ; [Material] inapproprié(e).

unten *adv* **- 1.** [räumlich] en bas ; **tief ~** très bas ; **nach ~** vers le bas ; **von ~** d'en bas ; **weit ~** tout en bas **- 2.** [im Text] plus bas ; **siehe ~** voir plus bas ODER ci-dessous ; **auf Seite 100 ~** en bas de la page 100 **- 3.** *RW* : **(bei jm) ~ durch sein** *fam* être grillé(e) auprès de qqn.

unter <> *präp* **- 1.** *(+ D, + A)* [tiefer als, weniger als] en dessous de ; **~ dem** ODER **den Tisch** en dessous de la table ; **fünf Grad ~ null** cinq degrés en dessous de zéro **- 2.** *(+ D, + A)* [zwischen mehreren] parmi ; **~ seinen Sachen** parmi ses affaires ; **einer ~ vielen** un parmi (tant) d'autres ; **~ anderem** entre autres **- 3.** *(+ D)* [in einem Kreis] entre ; **~ uns** entre nous **- 4.** *(+ D, + A)* [zur Angabe einer Hierarchie, einer Bezeichnung] sous ; **~ js Leitung** sous la direction de qqn **- 5.** *(+ D)* [zur Angabe des Umstands] : **~ Vorbehalt** sous réserve ; **~ der Voraussetzung, dass** à condition que *(+ subjonctif)* ; **~ großem Gelächter** au milieu d'un éclat de rire général <> *adj* inférieur(eure) ; **der ~ste Knopf** le bouton du bas.

Unter|arm *der* avant-bras *m*.

unterbelichtet *adj* **- 1.** [Foto, Film] sous-exposé(e) **- 2.** *salopp* [Mensch] débile.

Unter|bewusstsein *das (ohne Pl)* subconscient *m*.

unterbieten (*prät* **unterbot** ; *perf* **hat unterboten**) *vt* **- 1.** [übertreffen] : **ein Angebot ~** faire une offre inférieure ; **nicht zu ~ sein** être imbattable **- 2.** SPORT battre.

unterbinden (*prät* **unterband** ; *perf* **hat unterbunden**) *vt* empêcher.

unterbrechen (*präs* **unterbricht** ; *prät* **unterbrach** ; *perf* **hat unterbrochen**) *vt* interrompre.

Unter|brechung *die* interruption *f*.

unter|bringen *vt (unreg)* **- 1.** [Platz finden] faire rentrer **- 2.** [über Nacht] loger.

Unterbringung *die (ohne Pl)* [Unterkunft] hébergement *m*.

unterdessen *adv* pendant ce temps-là.

unterdrücken *vt* **- 1.** [Volk, Minderheit] opprimer **- 2.** [Gefühl] réprimer.

untereinander *adv* **- 1.** [unter sich] entre nous ODER vous ODER eux ODER elles **- 2.** [unter das andere] l'un (l'une) sous l'autre, les uns (les unes) sous les autres.

unterentwickelt *adj* sous-développé(e).

unterernährt *adj* sous alimenté(e).

Unter|führung *die* passage *m* souterrain.

Unter|gang *der* **- 1.** [von Volk, Kultur] déclin *m* **- 2.** [von Schiffen] naufrage *m*.

Untergebene (*pl* **-n**) *der, die* subordonné *m*, -e *f*.

unter|gehen (*perf* **ist untergegangen**) *vi (unreg)* **- 1.** [Sonne, Mond] se coucher **- 2.** [Schiff] sombrer **- 3.** [Reich, Kultur] s'éteindre.

untergeordnet *adj* **- 1.** [Stellung, Position] subalterne **- 2.** [Bedeutung, Rolle] de moindre importance.

untergliedern *vt* subdiviser.

Unter|grenze *die* limite *f* inférieure.

Unter|grund *der* **- 1.** [Boden] sous-sol *m* **- 2.** *(ohne Pl)* [Unterwelt] clandestinité *f*.

Untergrund|bahn *die* métropolitain *m*.

unter|haken *vt fam* prendre le bras de. ◆ **sich unterhaken** *ref* : **sich bei jm ~** se pendre au bras de qqn.

unterhalb <> *adv* : **~ von** en bas de <> *präp* : **~ einer Sache** *(G)* en bas de qqch.

Unter|halt *der* **- 1.** [von Familie, Gebäuden] entretien *m* **- 2.** [Zahlung] pension *f* alimentaire.

unterhalten (*präs* **unterhält** ; *prät* **unterhielt** ; *perf* **hat unterhalten**) *vt* **- 1.** [amüsieren] divertir **- 2.** [Familie, Gebäude, Kontakte] entretenir **- 3.** [betreiben] gérer. ◆ **sich unterhalten** *ref* **- 1.** [reden] s'entretenir ; **sich mit jm ~** s'entretenir avec qqn ; **sich über etw** *(A)* **~** s'entretenir de qqch **- 2.** [sich amüsieren] se divertir.

sich unterhalten

Au fait, tu as des nouvelles de Claude ? Ach übrigens, gibt es etwas Neues von Claude?

Vous savez que Pierre n'habite plus Paris ? Wisst ihr, dass Pierre nicht mehr in Paris wohnt?

Tu sais la meilleure ? Françoise a eu des jumeaux ! Weißt du schon das Neuste? Françoise hat Zwillinge bekommen!

Alors, quoi de neuf ? Was gibt's Neues?

unterhaltsam *adj* divertissant(e).

Unterhaltung *die* **- 1.** [Gespräch, Aufrechterhaltung] entretien *m* **- 2.** *(ohne Pl)* [Zeitvertreib] divertissement *m* ; **gute ~!** passe ODER passez un bon moment!

Unter|händler, in *der, die* négociateur *m*, -trice *f*.

Unter|hemd *das* maillot *m* ODER tricot *m* de corps.

Unter|hose *die* [lang] caleçon *m*, [kurz] slip *m*.

unterirdisch <> *adj* souterrain(e) <> *adv* : ~ **verlegen** enterrer ; ~ **verlaufen** passer sous terre.
Unter|kiefer *der* mâchoire *f* inférieure.
unter|kriegen *vt fam* intimider ; **sich nicht ~ lassen** ne pas se laisser intimider.
unterkühlt <> *adj* - **1.** [Reaktion, Verhalten] glacial(e) - **2.** [Körpertemperatur] en hypothermie <> *adv* [sich verhalten, reagieren] de manière glaciale.
Unterkunft (*pl* **-künfte**) *die* hébergement *m.*
Unter|lage *die* support *m.* ◆ **Unterlagen** *pl* dossier *m.*
unterlassen (*präs* **unterlässt** ; *prät* **unterließ** ; *perf* **hat unterlassen**) *vt* s'abstenir de.
unterlaufen (*präs* **unterläuft** ; *prät* **unterlief** ; *perf* **ist unterlaufen**) *vt* [passieren] : **jm unterläuft ein Fehler** qqn fait une faute.
unter|legen[1] *vt* mettre en dessous.
unterlegen[2] <> *vt* [versehen] garnir de <> *adj* inférieur(e).
Unter|leib *der* bas-ventre *m.*
unterliegen (*prät* **unterlag** ; *perf* **hat/ist unterlegen**) *vi* - **1.** *(hat)* [ausgesetzt sein] être soumis(e) à - **2.** *(ist)* [verlieren] ne pas avoir le dessus.
Unter|lippe *die* lèvre *f* inférieure.
Unter|miete *die (ohne Pl)* sous-location *f* ; **in** ODER **zur ~ wohnen** sous-louer *(locataire).*
unternehmen (*präs* **unternimmt** ; *prät* **unternahm** ; *perf* **hat unternommen**) *vt* entreprendre.
Unternehmen (*pl* **-**) *das* entreprise *f.*
Unternehmer, in (*mpl* **-** ; *fpl* **-nen**) *der, die* entrepreneur *m.*
unternehmungslustig *adj* entreprenant(e).
unter|ordnen *vt* - **1.** [unterstellen] subordonner - **2.** [zusammenfassen] : **etw einer Sache** *(D)* ~ classer qqch dans qqch. ◆ **sich unterordnen** *ref* : **sich (jm/einer Sache)** ~ se soumettre (à qqn/qqch).
Unterredung (*pl* **-en**) *die* entrevue *f.*
Unterricht (*pl* **-e**) *der* cours *m* ; **jm ~ geben** ODER **erteilen** donner ODER dispenser un cours à qqn.
unterrichten <> *vt* - **1.** [Unterricht geben] enseigner - **2.** [informieren] informer ; **jn über etw** *(A)* ~ informer qqn de qqch <> *vi* enseigner.
Unterrichts|fach *das* matière *f (enseignée).*
Unter|rock *der* jupon *m.*
untersagen *vt* : **(jm etw)** ~ défendre (qqch à qqn).
unterschätzen *vt* sous-estimer.
unterscheiden (*prät* **unterschied** ; *prät* **hat unterschieden**) <> *vt* distinguer ; **jn/etw von jm/etw** ~ distinguer qqn/qqch de qqn/qqch <> *vi* - **1.** [abgrenzen] distinguer - **2.** [differenzieren] faire la distinction. ◆ **sich unterscheiden** *ref* se distinguer ; **sich durch etw** ODER **in etw** *(D)* ~ se distinguer par qqch.
Unter|scheidung *die* distinction *f.*
Unter|schenkel *der* mollet *m.*
Unter|schicht *die* classe *f* inférieure.
Unterschied (*pl* **-e**) *der* différence *f* ; **im ~ zu jm/etw** à la différence de qqn/qqch.
unterschiedlich <> *adj* différent(e) <> *adv* différemment.
unterschlagen (*präs* **unterschlägt** ; *prät* **unterschlug** ; *perf* **hat unterschlagen**) *vt* - **1.** [Gelder] détourner - **2.** [Informationen] dissimuler.
Unterschlagung (*pl* **-en**) *die* détournement *m.*
Unterschlupf (*pl* **-e**) *der* refuge *m* ; ~ **suchen/finden** chercher/trouver refuge.
unterschreiben (*prät* **unterschrieb** ; *perf* **hat unterschrieben**) *vt & vi* signer.
Unter|schrift *die* signature *f.*
unterschwellig <> *adj* latent(e) <> *adv* secrètement.
Untersee|boot *das* sous-marin *m.*
Unter|seite *die* dessous *m.*
Untersetzer (*pl* **-**) *der* - **1.** [für Gläser] dessous *m* de verre - **2.** [für Flaschen] dessous *m* de bouteille - **3.** [für Töpfe] dessous-de-plat *m.*
untersetzt *adj* trapu(e).
Unter|stand *der* abri *m.*
unterstehen (*prät* **unterstand** ; *perf* **hat unterstanden**) *vi* [untergeordnet sein] : **jm/einer Sache~** dépendre de qqn/qqch. ◆ **sich unterstehen** *ref* [wagen] : **untersteh dich!** ose un peu!
unter|stellen[1] *vt* - **1.** [zum Schutz] : **etw ~** mettre qqch à l'abri - **2.** [unter Gegenstand] : **etw ~** mettre qqch dessous. ◆ **sich unterstellen** *ref* se mettre à l'abri.
unterstellen[2] *vt* - **1.** [unterordnen] : **jn jm/etw ~** placer qqn sous l'autorité de qqn/qqch - **2.** [fälschlich] : **jm etw ~** imputer à tort qqch à qqn.
unterstreichen (*prät* **unterstrich** ; *perf* **hat unterstrichen**) *vt* souligner.
Unter|stufe *die* SCHULE - **1.** [in Realschule] classes *fpl* inférieures - **2.** [im Gymnasium] ≃ collège *m.*
unterstützen *vt* soutenir.
Unterstützung (*pl* **-en**) *die* soutien *m.*
untersuchen *vt* examiner ; [naturwissenschaftlich] analyser ; **etw auf etw** *(A)* **(hin)** ~ examiner qqch à la recherche de qqch.
Untersuchung (*pl* **-en**) *die* - **1.** [ärztlich]

examen *m* - **2.** [polizeilich] enquête *f* - **3.** [Studie] recherche *f*.

Untersuchungsaus|schuss *der* commission *f* d'enquête.

Untersuchungs|haft *die (ohne Pl)* détention *f* provisoire.

Untertan (*pl* **-en**) *der* sujet *m*.

Unter|tasse *die* soucoupe *f* ; **fliegende ~** *fig* soucoupe volante.

unter|tauchen (*perf* **hat/ist untergetaucht**) ◇ *vi (ist)* - **1.** [in Wasser] plonger - **2.** [verschwinden] disparaître ◇ *vt (hat)* faire couler.

Unterteilung (*pl* **-en**) *die* subdivision *f*.

Unter|titel *der* sous-titre *m* ; **mit ~n** sous-titré(e).

Untertreibung (*pl* **-en**) *die* affirmation *f* en dessous de la vérité ; **das ist eine ~!** c'est peu dire!

unter|vermieten *vt* sous-louer.

unterwandern *vt* infiltrer, noyauter.

Unter|wäsche *die (ohne Pl)* sous-vêtements *mpl*.

unterwegs *adv* en route, en chemin ; **~ nach** sur le chemin de, en route pour ; **viel ~ sein** voyager beaucoup.

unterweisen (*prät* **unterwies** ; *perf* **hat unterwiesen**) *vt geh* : **jn in etw** *(D)* **~** former qqn à qqch.

Unter|welt *die (ohne Pl)* [kriminell] pègre *f*, bas-fonds *mpl*.

unterwerfen (*präs* **unterwirft** ; *prät* **unterwarf** ; *perf* **hat unterworfen**) *vt* soumettre. ❖ **sich unterwerfen** *ref* se soumettre.

unterwürfig *abw* ◇ *adj* servile ◇ *adv* avec servilité.

unterzeichnen *vt* signer.

unterziehen (*prät* **unterzog** ; *perf* **hat unterzogen**) *vt* soumettre. ❖ **sich unterziehen** *ref* : **sich einer Sache** *(D)* **~** subir qqch.

Un|tiefe *die* - **1.** [sehr tief] abysse *m* - **2.** [seicht] bas-fond *m*.

untreu *adj* [treulos] infidèle ; **jm ~ werden** être infidèle à qqn.

Un|treue *die (ohne Pl)* [in Beziehung] infidélité *f*.

untröstlich *adj* : **über etw** *(A)* **~ sein** être inconsolable de qqch.

untrüglich *adj* infaillible.

unüberlegt ◇ *adj* irréfléchi(e) ◇ *adv* sans réfléchir.

unübersehbar *adj* - **1.** [deutlich] énorme - **2.** [Gelände] immense - **3.** [uneinschätzbar] inestimable.

unumgänglich *adj* incontournable.

unumwunden ◇ *adj* franc (franche) ◇ *adv* franchement.

ununterbrochen ◇ *adj* ininterrompu(e) ◇ *adv* sans cesse.

unveränderlich ◇ *adj* immuable ◇ *adv* invariablement.

unverantwortlich *adj* irresponsable.

unverbesserlich *adj* incorrigible.

unverbindlich *adj & adv* - **1.** [ohne Verpflichtung] sans engagement - **2.** [informationshalber] à titre indicatif.

unverblümt ◇ *adj* direct(e) ◇ *adv* sans prendre de gants.

unverfänglich *adj* anodin(e).

unverfroren ◇ *adj* insolent(e) ◇ *adv* insolemment.

unvergesslich *adj* inoubliable ; **jm ~ sein/bleiben** être/rester ancré(e) dans la mémoire de qqn.

unverheiratet *adj* célibataire.

unverkennbar ◇ *adj* évident(e) ◇ *adv* de toute évidence.

unvermeidlich *adj* inévitable.

unvermittelt ◇ *adj* soudain(e) ◇ *adv* soudainement.

unvermutet ◇ *adj* inopiné(e) ◇ *adv* : **sich ~ ereignen** se produire inopinément ; **~ schwierig** d'une difficulté inopinée.

unvernünftig ◇ *adj* déraisonnable ; **~ sein** ne pas être raisonnable ◇ *adv* de manière irraisonnée.

unverrichtet *adj* : **~er Dinge** bredouille.

unverschämt ◇ *adj* - **1.** [taktlos] effronté(e) - **2.** *fam* [enorm - Preis] honteux(euse) ; [- Glück] incroyable ◇ *adv* - **1.** [taktlos] de façon impertinente - **2.** *fam* [sehr] incroyablement.

Unverschämtheit (*pl* **-en**) *die* insolence *f*.

unversehrt *adj & adv* - **1.** [Person] indemne - **2.** [Sache] intact(e).

unverständlich *adj* incompréhensible ; **etw ist** ODER **bleibt jm ~** qqch est incompréhensible à ODER pour qqn.

unversucht *adj* : **nichts ~ lassen** tout tenter.

unverwüstlich *adj* - **1.** [Gegenstand] inusable - **2.** [Natur] increvable - **3.** [Humor] imperturbable.

unverzeihlich *adj* impardonnable.

unverzüglich ◇ *adj* immédiat(e) ◇ *adv* immédiatement.

unvorbereitet ◇ *adj* - **1.** [Person] non préparé(e) - **2.** [Handlung] improvisé(e) ◇ *adv* à l'improviste.

unvoreingenommen ◇ *adj* sans préjugés ◇ *adv* sans idée préconçue.

unvorhergesehen ◇ *adj* imprévu(e) ◇ *adv* par surprise.

unvorsichtig ◇ *adj* imprudent(e) ◇ *adv* imprudemment.

unvorstellbar ◇ *adj* inimaginable ◇ *adv* incroyablement.

unvorteilhaft ◇ *adj* peu avantageux(euse) ◇ *adv* à son désavantage.

unwahrscheinlich ◇ *adj* [nicht wahrscheinlich] improbable ◇ *adv fam* [sehr] vachement.

unweigerlich ◇ *adj* inéluctable ◇ *adv* inéluctablement.

Un|wesen *das (ohne Pl)* : **sein ~ treiben** *abw* causer des troubles.

Un|wetter *das* tourmente *f* ; [Gewitter] orage *m*.

unwichtig *adj* sans importance.

unwiderruflich ◇ *adj* irrévocable ◇ *adv* irrévocablement.

unwiderstehlich ◇ *adj* irrésistible ◇ *adv* irrésistiblement.

unwillig ◇ *adj* indigné(e) ◇ *adv* avec indignation.

unwillkürlich ◇ *adj* involontaire, spontané(e) ◇ *adv* involontairement, malgré soi.

unwirsch ◇ *adj* bourru(e) ◇ *adv* sans ménagement.

Unwissenheit *die (ohne Pl)* ignorance *f*.

unwohl *adj & adv* : **jm ist ~, jd fühlt sich ~** qqn se sent mal.

Unwohl|sein *das (ohne Pl)* malaise *m*.

unwürdig *adj* indigne ; **einer Sache** *(G)* **~ sein** être indigne de qqch.

unzählig ◇ *adj* innombrable ◇ *adv* en grand nombre ; **~ viele** un grand nombre de.

Unze (*pl* **-n**) *die* once *f*.

unzertrennlich *adj* inséparable.

unzüchtig ◇ *adj* obscène ◇ *adv* avec obscénité.

unzufrieden ◇ *adj* mécontent(e) ; **mit etw ~ sein** être mécontent de qqch ◇ *adv* : **~ blicken** regarder d'un air mécontent.

Un|zufriedenheit *die (ohne Pl)* : **~ (mit etw)** mécontentement *m* (face à qqch).

unzulässig ◇ *adj* [nicht erlaubt] non autorisé(e) ◇ *adv* [unerlaubterweise] sans autorisation.

unzurechnungsfähig *adj* irresponsable.

unzureichend *adj* insuffisant(e).

unzuverlässig *adj* **- 1.** [Person] auquel (à laquelle) on ne peut se fier **- 2.** [Maschine] : **~ sein** ne pas être fiable.

üppig ◇ *adj* **- 1.** [Person, Essen] plantureux(euse) **- 2.** [Haar, Leben] opulent(e) ◇ *adv* **- 1.** [essen] plantureusement **- 2.** [leben] dans l'opulence **- 3.** [bewachsen] abondamment.

Urab|stimmung *die* [für Streik] référendum *m* sur la grève.

Urauf|führung *die* première *f*.

urbar *adj* : **~ machen** rendre cultivable.

Ur|bevölkerung *die* population *f* autochtone.

Ur|einwohner, in *der, die* autochtone *mf*.

Ur|enkel, in *der, die* arrière-petit-fils *m*, arrière-petite-fille *f*.

Urgroß|mutter *die* arrière-grand-mère *f*.

Urgroß|vater *der* arrière-grand-père *m*.

Urheber, in (*mpl* **-** ; *fpl* **-nen**) *der, die* auteur *m*.

Uri *nt* Uri, canton *m* d'Uri.

Urin (*pl* **-e**) *der* urine *f*.

Urkunde (*pl* **-n**) *die* document *m (officiel)*.

Urkunden|fälschung *die (ohne Pl)* falsification *f* de document.

Urlaub (*pl* **-e**) *der* vacances *fpl* ; [für Arbeitnehmer] congé *m* ; **~ nehmen** prendre ses vacances ; **~ machen** ODER **haben, im** ODER **in ~ sein** être en vacances.

Urlauber, in (*mpl* **-** ; *fpl* **-nen**) *der, die* vacancier *m*, -ère *f*.

Urlaubs|ort *der* lieu *m* de vacances.

Urlaubs|zeit *die* période *f* de vacances.

Urne (*pl* **-n**) *die* urne *f*.

Ur|sache *die* : **~ (für etw)** cause *f* (de qqch).

Ur|sprung *der* origine *f*.

ursprünglich ◇ *adj* **- 1.** [anfänglich] initial(e) **- 2.** [naturhaft] primitif(ive) ◇ *adv* **- 1.** [zunächst] à l'origine **- 2.** [naturhaft] : **~ leben** vivre de façon primitive.

Ur|teil *das* jugement *m* ; **sich** *(D)* **ein ~ bilden** se faire une opinion.

urteilen *vi* juger ; **über jn/etw ~** porter un jugement sur qqn/qqch.

Urteils|kraft *die (ohne Pl)* faculté *f* de jugement, discernement *m*.

Urteils|spruch *der* sentence *f*.

Uruguay *nt* Uruguay *m*.

Ur|wald *der* forêt *f* vierge.

urwüchsig *adj* **- 1.** [Sprache, Humor] robuste **- 2.** [Gebiet] à l'état naturel.

Urzu|stand *der* état *m* primitif ODER d'origine.

USA [uːˈɛsˈaː] (*abk für* **United States of America**) *pl* : **die ~** les USA *mpl* ; **in den ~** aux USA, aux États-Unis.

User [ˈjuːzɐ] (*pl* **-**) *der* EDV utilisateur *m*, -trice *f* ; [im internet] internaute *mf*.

usw. (*abk für* **und so weiter**) etc.

Utensilien [utɛnˈziːli̯ən] *pl* ustensiles *mpl*.

Utopie [utoˈpiː] (*pl* **-n**) *die* utopie *f*.

u. U. (*abk für* **unter Umständen**) ▷ **Umstand.**

u. v. a. (*abk für* **und viele(s) andere**) etc.

V

v, V [faʊ] (*pl* - ODER **-s**) *das* v *m inv*, V *m inv*.

v. *abk für* **von.**

vage ['vaːgə], **vag** [vaːk] (*komp* **vager** ; *superl* **vagste**) <> *adj* vague <> *adv* vaguement.

Vagina [va'giːna] (*pl* **Vaginen**) *die* MED vagin *m*.

Vakuum ['vaːkuʊm] (*pl* **Vakuen**) *das* vide *m*.

vakuumverpackt *adj* emballé(e) sous vide.

Vampir ['vampiːɐ̯] (*pl* **-e**) *der* vampire *m*.

Vanille [va'nɪljə, va'nɪlə] *die (ohne Pl)* vanille *f*.

Vanille|eis *das* glace *f* à la vanille.

Vanille|zucker *der* sucre *m* vanillé.

Variation [varia'tsi̯oːn] (*pl* **-en**) *die* **- 1.** [künstlerisch, stilistisch] variation *f* **- 2.** [Variante] variante *f*.

variieren [vari'iːrən] *vt & vi* varier.

Vase ['vaːzə] (*pl* **-n**) *die* vase *m*.

Vaseline [vaze'liːnə] *die (ohne Pl)* vaseline *f*.

Vater (*pl* **Väter**) *der* [Erzeuger] père *m*.

Vater|land *das* patrie *f*.

väterlich <> *adj* paternel(elle) <> *adv* [wohlwollend] paternellement.

väterlicherseits *adv* du côté paternel ; **Großeltern ~** grands-parents *mpl* paternels ; **Verwandte ~** famille *f* du côté paternel.

Vater|tag *der* fête *f* des pères.

Vaterunser (*pl* **-**) *das* REL Notre Père *m*.

Vatikan *der* Vatican *m* ; **im ~** au Vatican.

V-Aus|schnitt *der* col *m* en V.

v. Chr. (*abk für* **vor Christus**) av. J.-C.

Veganer (*pl* **-**) *der* végétalien *m*, -enne *f*.

Vegetarier, in [vege'taːri̯ɐ, rɪn] (*mpl* **-** ; *fpl* **-nen**) *der, die* végétarien *m*, -enne *f*.

vegetarisch [vege'taːrɪʃ] <> *adj* végétarien(enne) <> *adv* **- 1.** [leben] en végétarien **- 2.** [essen] végétarien ; **~ kochen** faire de la cuisine végétarienne.

vegetieren [vege'tiːrən] *vi abw* végéter.

Veilchen ['fai̯lçən] (*pl* **-**) *das* **- 1.** [Blume] violette *f* **- 2.** *fam fig* [blaues Auge] œil *m* au beurre noir.

Vene ['veːnə] (*pl* **-n**) *die* MED veine *f*.

Venedig *nt* Venise.

Ventil [vɛn'tiːl] (*pl* **-e**) *das* **- 1.** TECH soupape *f* **- 2.** MUS piston *m*.

Ventilator [vɛnti'laːtɔr] (*pl* **Ventilatoren**) *der* ventilateur *m*.

verabreden *vt* convenir de, fixer ; **etw mit jm ~** convenir de qqch avec qqn. ◆ **sich verabreden** *ref* : **(sich mit jm) ~** prendre rendez-vous (avec qqn).

Verabredung (*pl* **-en**) *die* **- 1.** [Treffen] rendez-vous *m* **- 2.** [Übereinkommen] concertation *f* ; **(über etw) eine ~ treffen** se mettre d'accord (sur qqch).

verabreichen *vt* administrer.

verabscheuen *vt* détester.

verabschieden *vt* **- 1.** [zum Abschied] révoquer, congédier **- 2.** [beschließen] voter ; [Gesetz] adopter. ◆ **sich verabschieden** *ref* : **sich (von jm) ~** prendre congé (de qqn).

sich verabschieden

Bon, je te laisse. Ich muss jetzt gehen (am Telefon) : Ich muss jetzt Schluss machen.
À bientôt. Bis bald.
À la prochaine. Bis zum nächsten Mal.
Ça m'a fait plaisir de te parler. Es war schön, mal wieder mit dir zu reden.
Bon courage. Machs gut. Machen Sie es gut.

verachten *vt* mépriser.

verächtlich <> *adj* **- 1.** [missbilligend] méprisant(e) **- 2.** [verachtenswert] méprisable <> *adv* **- 1.** [missbilligend] avec mépris **- 2.** [verachtenswert] de façon méprisable.

Ver|achtung *die (ohne Pl)* mépris *m*.

verallgemeinern *vt & vi* généraliser.

Verallgemeinerung (*pl* **-en**) *die* généralisation *f*.

veraltet *adj* vieilli(e).

Veranda [vɛ'randa] (*pl* **-den**) *die* véranda *f*.

veränderlich *adj* variable.

verändern *vt* changer ; [Text] modifier. ◆ **sich verändern** *ref* [anders werden] changer.

Ver|änderung *die* changement *m* ; [von Texten] modification *f*.

verängstigt <> *adj* apeuré(e) <> *adv* de peur ; **~ blicken** regarder d'un air apeuré.

Verankerung (*pl* **-en**) *die* **- 1.** [von Schiffen] ancrage *m* **- 2.** [von Rechten] consécration *f*.

veranlagt *adj* : **musikalisch ~ sein** être prédisposé(e) ODER doué(e) pour la musique ; **homosexuell ~ sein** avoir des tendances homosexuelles.

Veranlagung (*pl* **-en**) *die* - **1.** [Begabung] don *m* - **2.** [Neigung] prédisposition *f*.
veranlassen *vt* : **jn dazu ~, etw zu tun** engager qqn à faire qqch ; **jn zu etw ~** faire faire qqch à qqn.
Veranlassung (*pl* **-en**) *die* - **1.** [Veranlassen] motif *m* ; **auf js ~ (hin)** sur l'ordre de qqn - **2.** [Anlass] raison *f* ; **keine ~ zu etw haben** n'avoir aucune raison de faire qqch.
veranschaulichen *vt* illustrer.
veranstalten *vt* [organisieren] organiser.
Veranstalter, in (*mpl* **-** ; *fpl* **-nen**) *der, die* organisateur *m*, -trice *f*.
Veranstaltung (*pl* **-en**) *die* - **1.** [Ereignis] manifestation *f* - **2.** *(ohne Pl)* [Organisation] organisation *f*.
Veranstaltungs|kalender *der* calendrier *m* des manifestations.
verantworten *vt* assumer la responsabilité de. ◆ **sich verantworten** *ref* : **sich (vor jm) ~** se justifier (auprès de qqn) ; **sich für** ODER **wegen etw ~** se justifier de qqch.
verantwortlich *adj* - **1.** [zuständig] responsable ; **für jn/etw ~ sein** être responsable de qqn/qqch ; **jn für etw ~ machen** rendre qqn responsable de qqch - **2.** [verantwortungsvoll] à responsabilités.
Verantwortung (*pl* **-en**) *die* responsabilité *f* ; **jn zur ~ ziehen** demander des comptes à qqn ; **auf eigene ~** sous ma ODER ta ODER sa etc. propre responsabilité.
verantwortungslos ◇ *adj* irresponsable ◇ *adv* légèrement, à la légère.
verarbeiten *vt* - **1.** [technisch] travailler ; **etw zu etw ~** transformer qqch en qqch - **2.** [Essen, Ereignis] digérer.
Verarbeitung (*pl* **-en**) *die* - **1.** [Qualität] finition *f* - **2.** [Verwendung] fabrication *f*.
verärgern *vt* irriter.
verarzten *vt fam* soigner.
verästelt *adj* ramifié(e).
verausgaben *vt amt* dépenser. ◆ **sich verausgaben** *ref* se dépenser.
Verb [vɛrp] (*pl* **-en**) *das* GRAM verbe *m*.
Verband (*pl* **-bände**) *der* - **1.** [für Wunden] pansement *m* ; **einen ~ anlegen** appliquer un pansement - **2.** [Organisation] association *f*.
Verband|kasten, Verbands|kasten *der* nécessaire *m* de premiers secours.
verbannen *vt* exiler.
verbarrikadieren *vt* barricader. ◆ **sich verbarrikadieren** *ref* se barricader.
verbergen (*präs* **verbirgt** ; *prät* **verbarg** ; *perf* **hat verborgen**) *vt* : **etw (vor jm) ~** dissimuler ODER cacher qqch (à qqn). ◆ **sich verbergen** *ref* se dissimuler, se cacher.
verbessern *vt* - **1.** [besser machen] améliorer - **2.** [Fehler] corriger. ◆ **sich verbessern** *ref* - **1.** [besser werden] s'améliorer - **2.** [sich korrigieren] se corriger.
Ver|besserung *die* - **1.** [Verbessern] amélioration *f* - **2.** [von Texten - das Korrigieren] correction *f* ; [- verbesserter Text] corrigé *m*.
verbeugen ◆ **sich verbeugen** *ref* s'incliner.
Verbeugung (*pl* **-en**) *die* révérence *f*.
verbiegen (*prät* **verbog** ; *perf* **hat verbogen**) *vt* tordre. ◆ **sich verbiegen** *ref* se tordre.
verbieten (*prät* **verbot** ; *perf* **hat verboten**) *vt* : **(jm) etw ~** interdire qqch (à qqn).
verbilligt *adj* & *adv* à prix réduit.
verbinden (*prät* **verband** ; *perf* **hat verbunden**) ◇ *vt* - **1.** [mit Verband] panser - **2.** [verdecken] : **jm die Augen ~** bander les yeux de qqn - **3.** [aneinander fügen] assembler - **4.** [Orte, Punkte] relier - **5.** [am Telefon] : **jn mit jm ~** passer qqn à qqn - **6.** [kombinieren] : **etw (mit etw) ~** combiner qqch (avec qqch) - **7.** [Freunde] unir ◇ *vi* [am Telefon] établir une communication ; **falsch verbunden!** il y a erreur. ◆ **sich verbinden** *ref* CHEM se combiner.
verbindlich ◇ *adj* - **1.** [freundlich] obligeant(e), aimable - **2.** [Zusage] définitif(ive) ◇ *adv* - **1.** [freundlich] aimablement - **2.** [zusagen] fermement.
Ver|bindung *die* - **1.** [Aneinanderfügen] assemblage *m* - **2.** [Kombination & CHEM] combinaison *f* - **3.** [Zusammenhang] rapport *m* - **4.** [am Telefon] communication *f* - **5.** [in Gedanken] association *f* - **6.** [Verkehrsverbindung] correspondance *f* - **7.** [Kontakt] contact *m* ; **sich mit jm in ~ setzen** se mettre en rapport avec qqn.
verbissen ◇ *adj* acharné(e) ◇ *adv* avec acharnement.
verbittert *adj* aigri(e), amer(ère).
verblassen (*präs* **verblasst** ; *prät* **verblasste** ; *perf* **ist verblasst**) *vi* - **1.** [Farbe] passer, se décolorer - **2.** [Erinnerung] s'estomper.
verbleiben (*prät* **verblieb** ; *perf* **ist verblieben**) *vi* - **1.** [übereinkommen] convenir - **2.** [bleiben] rester.
verbleit *adj* : **~es Benzin** essence *f* avec plomb.
verblöden (*perf* **hat/ist verblödet**) ◇ *vi* *(ist)* s'abrutir ◇ *vt (hat)* abrutir.
verblüffen *vt* & *vi* épater.
verblüht *adj* fané(e).
verbluten (*perf* **ist verblutet**) *vi* perdre tout son sang.
verbohrt *adj* obstiné(e).
verborgen ◇ *pp* ▷ **verbergen** ◇ *adj* caché(e).

Verbot (*pl* **-e**) *das* interdiction *f.*
verboten <> *pp* ▷ **verbieten** <> *adj* interdit(e) ; '**streng ~!**' 'strictement interdit'.
Verbotsschild (*pl* **-er**) *das* panneau *m* d'interdiction.
Ver|brauch *der (ohne Pl)* consommation *f* ; **der ~ von** ODER **an etw** *(D)* la consommation de ODER en qqch.
verbrauchen *vt* consommer.
Verbraucher (*pl* **-**) *der* consommateur *m.*
Verbrechen (*pl* **-**) *das* crime *m* ; **ein ~ begehen** commettre un crime.
Verbrecher, in (*mpl* **-** ; *fpl* **-nen**) *der, die* criminel *m*, -elle *f*, malfaiteur *m.*
verbrecherisch *adj* criminel(elle).
verbreiten *vt* [gen] répandre ; [Krankheit] propager. ◆ **sich verbreiten** *ref* [gen] se répandre ; [Krankheit] se propager.
verbreitern *vt* élargir. ◆ **sich verbreitern** *ref* s'élargir.
verbrennen (*prät* **verbrannte** ; *perf* **hat/ist verbrannt**) <> *vt (hat)* brûler <> *vi (ist)* brûler. ◆ **sich verbrennen** *ref* se brûler.
verbringen (*prät* **verbrachte** ; *perf* **hat verbracht**) *vt* [Zeit] passer.
verbrüdern ◆ **sich verbrüdern** *ref* : **sich mit jm ~** fraterniser avec qqn.
verbrühen *vt* ébouillanter. ◆ **sich verbrühen** *ref* s'ébouillanter.
verbuchen *vt* comptabiliser ; **etw für sich ~ können** pouvoir mettre qqch à son actif.
verbünden ◆ **sich verbünden** *ref* : **sich (mit jm) ~** s'allier (avec qqn).
Verbündete (*pl* **-n**) *der, die* allié *m*, -e *f.*
verbürgen *vt* garantir. ◆ **sich verbürgen** *ref* : **sich für jn/etw ~** cautionner qqn/qqch, se porter garant de qqn/qqch.
verbüßen *vt* purger.
Verdacht (*pl* **-e**) *der* soupçon *m* ; **im** ODER **unter ~ stehen** être soupçonné(e) ; **jn im** ODER **in ~ haben** soupçonner qqn.
verdächtigen *vt* : **jn (einer Sache** *(G)*) **~** soupçonner qqn (de qqch).
verdammt *fam* <> *adj* sacré(e) <> *adv* [sehr] vachement.
verdampfen (*perf* **ist verdampft**) *vi* s'évaporer.
verdanken *vt* : **jm etw ~** devoir qqch à qqn.
verdarb *prät* ▷ **verderben.**
verdauen *vt* digérer.
verdaulich *adj* : **leicht ~** digeste ; **schwer ~** indigeste.
Verdauung *die (ohne Pl)* digestion *f.*
Verdeck (*pl* **-e**) *das* [von Autos] capote *f.*
verdecken *vt* cacher.
verdenken (*prät* **verdachte** ; *perf* **hat verdacht**) *vt* : **jm etw nicht ~ können** ne pas pouvoir tenir rigueur à qqn de qqch.
verderben (*präs* **verdirbt** ; *prät* **verdarb** ; *perf* **hat/ist verdorben**) <> *vt (hat)* gâcher ; **es sich** *(D)* **mit niemandem ~ wollen** *fig* ne vouloir se mettre mal avec personne <> *vi (ist)* [Speisen] se gâter.
verderblich *adj* périssable.
verdeutlichen *vt* : **jm etw ~** expliquer qqch à qqn.
verdienen *vt* **- 1.** [Gehalt] gagner ; **gut/schlecht ~** bien/mal gagner sa vie **- 2.** [Lob, Strafe] mériter.
Ver|dienst <> *der* [Gehalt] salaire *m* <> *das* [Leistung] mérite *m.*
verdirbt *präs* ▷ **verderben.**
verdoppeln *vt* doubler. ◆ **sich verdoppeln** *ref* doubler.
verdorben *pp* ▷ **verderben.**
verdrängen *vt* **- 1.** [räumlich] repousser **- 2.** [psychisch] refouler.
Verdrängung (*pl* **-en**) *die* refoulement *m.*
verdrehen *vt* **- 1.** [drehen] tordre ; **die Augen ~** rouler les yeux **- 2.** *fam abw* [Worte, Tatsachen] déformer.
verdreifachen *vt* tripler. ◆ **sich verdreifachen** *ref* tripler.
verdrossen <> *adj* renfrogné(e) <> *adv* l'air ODER d'un air maussade.
Verdruss *der (ohne Pl)* ennui *m.*
verdünnen *vt* diluer.
verdunsten (*perf* **ist verdunstet**) *vi* s'évaporer.
verdursten (*perf* **ist verdurstet**) *vi* mourir de soif.
verdutzt <> *adj* ahuri(e) <> *adv* l'air ahuri.
verehren *vt* **- 1.** [anbeten] vénérer **- 2.** *iron* [schenken] : **jm etw ~** honorer qqn de qqch.
Verehrer, in (*mpl* **-** ; *fpl* **-nen**) *der, die* admirateur *m*, -trice *f.*
Ver|ehrung *die* **- 1.** [Anbetung] vénération *f* **- 2.** *geh* [Hochachtung] admiration *f.*
vereidigen *vt* assermenter.
Verein (*pl* **-e**) *der* association *f*, club *m.*
vereinbar *adj* compatible.
vereinbaren *vt* **- 1.** [verabreden] : **etw (mit jm) ~** convenir de qqch (avec qqn) **- 2.** [vereinen] : **etw mit etw ~** concilier qqch avec qqch.
Vereinbarung (*pl* **-en**) *die* accord *m* ; **eine ~ treffen** conclure un accord.
vereinen *vt* unir. ◆ **sich vereinen** *ref* s'unir.
vereinfachen *vt* simplifier.
vereinheitlichen *vt* uniformiser.
vereinigen *vt* unir. ◆ **sich vereinigen** *ref* s'unir.

Vereinigte Staaten (von Amerika) *pl* États-Unis *mpl* (d'Amérique) ; **in den Vereinigten Staaten (von Amerika)** aux États-Unis (d'Amérique).

Ver|einigung *die* - **1.** [Vereinigen] unification *f* - **2.** [Gruppe] association *f*.

vereint ◇ *adj* uni(e) ◇ *adv* en étant ODER restant uni(e).

Vereinte Nationen *pl* : **die Vereinten Nationen** les Nations unies.

vereinzelt ◇ *adj* isolé(e) ◇ *adv* en quelques endroits isolés.

vereist *adj* verglacé(e).

vereiteln *vt* contrecarrer, déjouer.

verenden (*perf* **ist verendet**) *vi* mourir.

vererben *vt* [Erbe] : **jm etw ~** léguer qqch à qqn ; **etw auf jn ~** [Merkmal, Eigenschaft] transmettre qqch à qqn.

Vererbung (*pl* **-en**) *die* héritage *m*.

verewigen *vt* immortaliser. ◆ **sich verewigen** *ref fam iron* s'éterniser.

Verf. *abk für* **Verfasser.**

verfahren (*präs* **verfährt** ; *prät* **verfuhr** ; *perf* **hat/ist verfahren**) *vi (ist)* procéder ; **mit jm ~** agir envers qqn. ◆ **sich verfahren** *ref* se tromper de route.

Verfahren (*pl* -) *das* - **1.** [Gerichtsverfahren] procédure *f* - **2.** [Methode] procédé *m*.

Ver|fall *der (ohne Pl)* - **1.** [Niedergang] déclin *m* ; [von Gebäuden] délabrement *m* - **2.** [von Gutschein, Garantie] échéance *f*.

verfallen (*präs* **verfällt** ; *prät* **verfiel** ; *perf* **ist verfallen**) *vi* - **1.** [Haus] se délabrer ; [Person] décliner - **2.** [Gutschein, Garantie] ne plus être valable - **3.** [geraten] : **in etw** *(A)* **~** tomber dans qqch - **4.** [hörig werden] : **jm/einer Sache ~** devenir esclave de qqn/qqch.

Verfalls|datum *das* date *f* de péremption.

verfälschen *vt* fausser.

verfänglich *adj* embarrassant(e).

verfärben *vt* déteindre sur. ◆ **sich verfärben** *ref* déteindre ; [Haut] prendre des couleurs ; [Metall] se ternir.

verfassen *vt* rédiger, écrire.

Verfasser, in (*mpl* - ; *fpl* **-nen**) *der, die* auteur *m*.

Ver|fassung *die* - **1.** [Gesetz] constitution *f* - **2.** [Zustand] état *m* ; **in guter/schlechter ~ sein** [Person] être/ne pas être en forme ; [Gegenstand] être en bon/mauvais état.

verfaulen (*perf* **ist verfault**) *vi* pourrir.

verfehlen *vt* manquer, rater.

verfehlt *adj* manqué(e).

verfeinern *vt* affiner.

verfilmen *vt* : **einen Roman ~** adapter un roman au cinéma.

verfliegen (*prät* **verflog** ; *perf* **hat/ist verflogen**) *vi (ist)* - **1.** [Geruch] se dissiper ; [Flüssigkeit] s'évaporer - **2.** [Zeit] passer (vite).

verflixt ◇ *adj* satané(e) ◇ *adv* [sehr] rudement.

verfluchen *vt* [verdammen] maudire.

verflüchtigen ◆ **sich verflüchtigen** *ref* [Gas] se dissiper ; [Flüssigkeit] s'évaporer.

verfolgen *vt* - **1.** [gen] poursuivre - **2.** [jagen] traquer - **3.** [unterdrücken] persécuter - **4.** [beobachten] suivre.

Verfolger, in (*mpl* - ; *fpl* **-nen**) *der, die* traqueur *m*, -euse *f*.

Verfolgung (*pl* **-en**) *die* - **1.** [gen] poursuite *f* - **2.** [Unterdrückung] persécution *f*.

Verfolgungs|wahn *der* délire *m* de persécution.

verfrachten *vt* [Last] charger.

verfressen (*präs* **verfrisst** ; *prät* **verfraß** ; *perf* **hat verfressen**) *vt vulg abw* : **er hat sein ganzes Geld ~** tout son argent est passé dans la bouffe.

verfrüht *adj* prématuré(e).

verfügbar *adj* disponible.

verfügen ◇ *vt* décider ◇ *vi* : **über jn/etw ~** disposer de qqn/qqch.

Ver|fügung *die* - **1.** *amt* ordonnance *f* - **2.** *(ohne Pl)* [Zugriff] disposition *f* ; **jm etw zur ~ stellen** mettre qqch à la disposition de qqn.

verführen *vt* - **1.** [verleiten] : **jn zu etw ~** entraîner qqn à qqch - **2.** [zum Geschlechtsverkehr] séduire.

verführerisch ◇ *adj* - **1.** [anziehend] attrayant(e) - **2.** [erotisch] séduisant(e) ◇ *adv* - **1.** [anziehend] délicieusement bon - **2.** [erotisch] de façon séduisante.

Verführung (*pl* **-en**) *die* séduction *f*.

vergammelt *adj fam abw* - **1.** [verdorben] moisi(e) - **2.** [heruntergekommen] négligé(e).

vergangen ◇ *pp* ▷ **vergehen** ◇ *adj* passé(e) ; **~en Dienstag** mardi *m* dernier.

Vergangenheit *die (ohne Pl)* passé *m*.

Vergaser (*pl* -) *der* carburateur *m*.

vergaß *prät* ▷ **vergessen.**

vergeben (*präs* **vergibt** ; *prät* **vergab** ; *perf* **hat vergeben**) ◇ *vi* : **jm ~** pardonner à qqn ◇ *vt* - **1.** [verzeihen] : **jm etw ~** pardonner qqch à qqn - **2.** [Auftrag, Preis] donner, attribuer - **3.** [Chance] manquer.

vergebens *adv* en vain.

vergeblich ◇ *adj* vain(e) ◇ *adv* en vain.

vergehen (*prät* **verging** ; *perf* **hat/ist vergangen**) *vi (ist)* passer ; **jm ist etw vergan-**

gen qqch est passé(e) à qqn ; **vor etw** *(D)* ~ *fig* mourir de qqch.

Vergeltung *die (ohne Pl)* représailles *fpl.*

vergessen (*präs* **vergisst** ; *prät* **vergaß** ; *perf* **hat vergessen**) *vt* oublier.

Vergessenheit *die (ohne Pl)* : **in ~ geraten** tomber dans l'oubli.

vergesslich *adj* distrait(e).

vergeuden *vt* gaspiller.

vergewaltigen *vt* violer.

Vergewaltigung (*pl* **-en**) *die* viol *m.*

vergewissern ◆ **sich vergewissern** *ref* : **sich (einer Sache** *(G)***)** ~ s'assurer (de qqch).

vergießen (*prät* **vergoss** ; *perf* **hat vergossen**) *vt* **- 1.** [verschütten] renverser **- 2.** [Blut, Tränen] verser.

vergiften *vt* empoisonner. ◆ **sich vergiften** *ref* s'empoisonner.

Vergiftung (*pl* **-en**) *die* intoxication *f* ; [kriminell] empoisonnement *m.*

vergilbt *adj* jauni(e).

Vergissmeinnicht (*pl* **-e**) *das* myosotis *m.*

vergisst *präs* ▷ **vergessen.**

verglasen *vt* vitrer.

Vergleich (*pl* **-e**) *der* **- 1.** [Gegenüberstellung] comparaison *f* ; **im ~ mit** ODER **zu jm/etw** comparé(e) à qqn/qqch **- 2.** RECHT transaction *f.*

vergleichbar *adj* comparable.

vergleichen (*prät* **verglich** ; *perf* **hat verglichen**) *vt* comparer ; **jn/etw (mit jm/etw)** ~ comparer qqn/qqch (à ODER avec qqn/qqch).

vergleichen

Elle a le même âge que lui. Sie ist genau so alt wie er.

Il parle mieux anglais qu'allemand. Er spricht besser Englisch als Deutsch.

C'est plus rapide que prévu. Das ging schneller, als ich dachte. Das geht schneller, als ich gedacht habe.

Autant son premier roman était bon, autant celui-ci laisse à désirer. So gut sein erster Roman auch war, so miserabel ist dieser hier.

Il est loin d'être aussi gentil que son frère. Er ist bei weitem nicht so nett wie sein Bruder.

vergnügen ◆ **sich vergnügen** *ref* s'amuser.

Vergnügen (*pl* -) *das (ohne Pl)* [Freude] plaisir *m.* ◆ **mit Vergnügen!** *interj* avec plaisir! ◆ **viel Vergnügen!** *interj* amuse-toi bien!, amusez-vous bien! ; *iron* bien du plaisir!

vergnügt ◇ *adj* **- 1.** [Person] gai(e) **- 2.** [angenehm] amusant(e) ◇ *adv* gaiement.

Vergnügungs|viertel *das* quartier *m* chaud.

vergoldet *adj* plaqué(e) or.

vergraben (*präs* **vergräbt** ; *prät* **vergrub** ; *perf* **hat vergraben**) *vt* **- 1.** [eingraben] enterrer **- 2.** [stecken] enfouir. ◆ **sich vergraben** *ref* se terrer.

vergreifen (*prät* **vergriff** ; *perf* **hat vergriffen**) ◆ **sich vergreifen** *ref* : **sich an jm ~** [brutal werden] s'attaquer à qqn ; [sexuell] abuser de qqn ; **sich an etw** *(D)* ~ [stehlen] faire main basse sur qqch.

vergriffen *adj* épuisé(e) *(article).*

vergrößern *vt & vi* agrandir. ◆ **sich vergrößern** *ref* s'agrandir.

Vergrößerung (*pl* **-en**) *die* agrandissement *m.*

Vergrößerungs|glas *das* loupe *f.*

Vergünstigung (*pl* **-en**) *die* avantage *m.*

vergüten *vt* : **jm etw ~** payer qqch à qqn.

verhaften *vt* arrêter.

Ver|haftung *die* arrestation *f.*

verhallen (*perf* **ist verhallt**) *vi* [Lärm, Ruf] se perdre.

verhalten (*präs* **verhält** ; *prät* **verhielt** ; *perf* **hat verhalten**) ◆ **sich verhalten** *ref* se comporter ; **damit verhält es sich so** cela se présente ainsi.

Verhalten *das (ohne Pl)* comportement *m.*

Verhältnis (*pl* **-se**) *das* **- 1.** [Relation] rapport *m* ; **im ~ zu jm/etw** par rapport à qqn/qqch **- 2.** [Beziehung] relation *f* ; **ein gutes ~ zu jm haben** avoir de bons rapports avec qqn ; **ein ~ mit jm haben** avoir une liaison avec qqn. ◆ **Verhältnisse** *pl* [Bedingungen] conditions *fpl* ; **über seine ~se leben** vivre au-dessus de ses moyens.

verhältnismäßig *adv* relativement.

verhandeln ◇ *vi* [beraten] délibérer ; **mit jm ~** négocier avec qqn ; **über etw** *(A)* ~ négocier qqch ◇ *vt* débattre de.

Ver|handlung *die* **- 1.** [Beratung] négociation *f* **- 2.** [vor Gericht] débats *mpl.*

verhängen *vt* **- 1.** [zuhängen] couvrir **- 2.** [Urteil, Verbot] ordonner, décréter.

Verhängnis (*pl* **-se**) *das* : **jm zum ~ werden** être fatal(e) à qqn.

verhängnisvoll *adj* fatal(e).

verharmlosen *vt* minimiser.

verhärten (*perf* **hat/ist verhärtet**) ◇ *vi (ist)* [Material] durcir ◇ *vt (hat)* **- 1.** [Person] endurcir **- 2.** [Material] durcir. ◆ **sich verhärten** *ref* **- 1.** [Material, Gewebe] se durcir **- 2.** [Person] s'endurcir.

verhasst *adj* détesté(e) ; **etw ist jm ~** qqn a horreur de qqch.

verheerend ◇ *adj* dévastateur(trice) ◇ *adv* terriblement mal.

verheilen (*perf* **ist verheilt**) *vi* guérir ; [Wunde] cicatriser.

verheimlichen *vt* dissimuler ; **jm etw ~** cacher qqch à qqn.

verheiratet *adj* marié(e).

verhindern *vt* empêcher.

Verhör (*pl* **-e**) *das* interrogatoire *m*.

verhören *vt* interroger. ◆ **sich verhören** *ref* mal comprendre.

verhungern (*perf* **ist verhungert**) *vi* mourir de faim.

verhüten ◇ *vt* empêcher ◇ *vi* se protéger.

Verhütungs|mittel *das* moyen *m* de contraception.

verirren ◆ **sich verirren** *ref* s'égarer.

verjagen *vt* chasser.

verjähren (*perf* **ist verjährt**) *vi* RECHT se prescrire.

verjüngen *vt* rajeunir. ◆ **sich verjüngen** *ref* se rétrécir.

verkalkt *adj* **- 1.** [verstopft] entartré(e) **- 2.** *fam* [senil] gâteux(euse).

Ver|kauf *der* vente *f*.

verkaufen *vt* [Ware] vendre ; **etw an jn ~** vendre qqch à qqn. ◆ **sich verkaufen** *ref* : **sich gut/schlecht ~** se vendre bien/mal. ◆ **zu verkaufen!** *interj* à vendre.

Ver|käufer, in *der, die* vendeur *m*, -euse *f*.

verkäuflich *adj* : **~ sein** [zum Verkauf geeignet] être vendable ; [zum Verkauf bestimmt] être à vendre.

Verkehr *der (ohne Pl)* **- 1.** [Straßenverkehr] circulation *f* **- 2.** [Gebrauch] : **etw aus dem ~ ziehen** retirer qqch de la circulation **- 3.** [Geschlechtsverkehr] rapports *mpl* (sexuels).

verkehren *vi* *geh* [Kontakt pflegen] fréquenter ; **mit jm ~** fréquenter qqn.

Verkehrs|ampel *die* feu *m* tricolore.

Verkehrs|aufkommen *das (ohne Pl)* : **dichtes** ODER **hohes ~** trafic *m* important ODER dense.

Verkehrs|funk *der* info-route *m*.

Verkehrs|kontrolle *die* contrôle *m* routier.

Verkehrs|minister, in *der, die* ministre *m* des Transports.

Verkehrs|mittel *das* : **die öffentlichen ~** les transports *mpl* en commun.

Verkehrs|polizei *die* police *f* de la route.

Verkehrs|regel *die* règle *f* du Code de la route.

Verkehrsun|fall *der* accident *m* de la route.

Verkehrs|verbindung *die* : **eine gute ~ haben** être bien desservi(e).

Verkehrs|zeichen *das* panneau *m* de signalisation.

verkehrt ◇ *adj* faux (fausse), mauvais(e) ◇ *adv* de travers. ◆ **verkehrt herum** *adv* à l'envers.

verkennen (*prät* **verkannte** ; *perf* **hat verkannt**) *vt* méconnaître.

verklagen *vt* poursuivre (en justice).

verkleben (*perf* **hat/ist verklebt**) ◇ *vi (ist)* coller ◇ *vt (hat)* **- 1.** [beschmieren] coller **- 2.** [zukleben] boucher.

verkleiden *vt* **- 1.** [beziehen] couvrir, recouvrir **- 2.** [anziehen] déguiser. ◆ **sich verkleiden** *ref* se déguiser.

Verkleidung (*pl* **-en**) *die* **- 1.** [Kostüm, Verkleiden] déguisement *m* **- 2.** [Umhüllung, Verdecken] revêtement *m*.

verkleinern *vt* réduire. ◆ **sich verkleinern** *ref* se réduire.

verklemmt *adj* complexé(e) ; **~ sein** avoir des complexes.

verklingen (*prät* **verklang** ; *perf* **ist verklungen**) *vi* s'évanouir.

verkneifen (*prät* **verkniff** ; *perf* **hat verkniffen**) *vt* : **sich etw ~** se retenir de faire qqch.

verknoten *vt* **- 1.** [verknüpfen] nouer **- 2.** [festbinden] attacher. ◆ **sich verknoten** *ref* s'emmêler.

verknüpfen *vt* **- 1.** [verknoten] nouer **- 2.** [verbinden] : **etw mit etw ~** combiner qqch avec qqch.

verkommen[1] (*prät* **verkam** ; *perf* **ist verkommen**) *vi* **- 1.** [verfallen] se délabrer **- 2.** [verderben] se gâter **- 3.** [verwahrlosen] : **~ lassen** négliger.

verkommen[2] *adj* **- 1.** [verdorben] dépravé(e) **- 2.** [verfallen] laissé(e) à l'abandon.

verkrachen ◆ **sich verkrachen** *ref* : **sich mit jm ~** se brouiller avec qqn.

verkraften *vt* supporter.

verkriechen (*prät* **verkroch** ; *perf* **hat verkrochen**) ◆ **sich verkriechen** *ref* se terrer.

verkrüppelt *adj* [Mensch] estropié(e).

verkümmern (*perf* **ist verkümmert**) *vi* **- 1.** [eingehen] dépérir **- 2.** [verloren gehen] s'étioler.

verkünden *vt* annoncer ; [Urteil] prononcer.

verkürzen *vt* [Kleid, Urlaub] raccourcir ; [Arbeitszeit, Lebensdauer] réduire.

Verlag (*pl* **-e**) *der* maison *f* d'édition, éditeur *m*.

verlagern *vt* déplacer. ◆ **sich verlagern** *ref* se déplacer.
verlangen *vt* - **1.** [gen] exiger, demander ; **etw von jm ~** demander qqch à qqn ; **jn am Telefon ~** demander qqn au téléphone - **2.** [Geldsumme, Ausweis] réclamer.
Verlangen *das (ohne Pl)* besoin *m.* ◆ **auf Verlangen** *adv* sur demande.
verlängern *vt* - **1.** [Rock, Ärmel] rallonger - **2.** [Ausweis, Straße, Vertrag] prolonger - **3.** [Soße] allonger. ◆ **sich verlängern** *ref* [Frist, Vertrag] se prolonger.
Verlängerung (*pl* **-en**) *die* - **1.** [Rock, Ärmel] rallongement *m* - **2.** [Ausweis, Straße, Fußballspiel] prolongation *f.*
Verlängerungs|schnur *die* ELEKTR rallonge *f.*
verlangsamen *vt* ralentir. ◆ **sich verlangsamen** *ref* se ralentir.
Verlass *der* : **auf jn/etw ist ~** on peut compter sur qqn/qqch.
verlassen[1] (*präs* **verlässt** ; *prät* **verließ** ; *perf* **hat verlassen**) *vt* quitter. ◆ **sich verlassen** *ref* : **sich auf jn/etw ~** compter sur qqn/qqch.
verlassen[2] *adj* - **1.** [leer] désert(e) - **2.** [unbewohnt] abandonné(e).
verlässlich *adj* fiable.
Ver|lauf *der* déroulement *m ;* [von Krankheit] évolution *f ;* **im ~ von etw** ODER **einer Sache** *(G)* au cours de qqch.
verlaufen (*präs* **verläuft** ; *prät* **verlief** ; *perf* **hat/ist verlaufen**) *vi (ist)* - **1.** [Weg, Strecke] passer - **2.** [Operation, Prüfung] se dérouler - **3.** [Tinte, Butter] couler. ◆ **sich verlaufen** *ref* - **1.** [sich verirren] se perdre - **2.** [auseinander gehen] se disperser.
verlegen[1] *vt* - **1.** [Brille, Portmonee] égarer - **2.** [Termin, Besuch] repousser, remettre - **3.** [Kabel, Teppichboden] poser - **4.** [Romane, Wörterbücher] éditer.
verlegen[2] ◇ *adj* gêné(e) ; **um etw nicht ~ sein** ne pas être à court de qqch ◇ *adv* avec gêne, de manière gênée.
Verlegenheit (*pl* **-en**) *die* - **1.** *(ohne Pl)* [Befangenheit] gêne *f ;* **jn in ~ bringen** mettre qqn dans l'embarras - **2.** [Notlage] embarras *m.*
Verleih (*pl* **-e**) *der (ohne Pl)* [das Verleihen] location *f.*
verleihen (*prät* **verlieh** ; *perf* **hat verliehen**) *vt* - **1.** [leihen] prêter - **2.** [vermieten] louer - **3.** [überreichen] : **jm etw ~** décerner qqch à qqn - **4.** [verschaffen] conférer.
verleiten *vt* : **jn zu etw ~** entraîner qqn à faire qqch.
verlernen *vt* désapprendre, oublier.
verletzen *vt* - **1.** [Mensch, Fuß, Gefühl] blesser ; **sich** *(D)* **etw ~** se blesser qqch - **2.** [Gesetz, Abkommen] violer. ◆ **sich verletzen** *ref* se blesser.
verletzlich *adj* sensible.
verletzt ◇ *pp* ▷ **verletzen** ◇ *adj* : **~ sein** être blessé(e).
Verletzte (*pl* **-n**) *der, die* blessé *m*, -e *f.*
Verletzung (*pl* **-en**) *die* - **1.** [Wunde] blessure *f* - **2.** [Verstoß] violation *f.*
verleugnen *vt* renier.
Verleumdung (*pl* **-en**) *die* calomnie *f.*
verlieben ◆ **sich verlieben** *ref* : **sich in jn/etw ~** tomber amoureux(euse) de qqn/qqch.
verliebt *adj* amoureux(euse).
verlieren (*prät* **verlor** ; *perf* **hat verloren**) ◇ *vt* perdre ; **nichts verloren haben** *fam fig* n'y avoir rien perdu ◇ *vi* perdre ; **gegen jn ~** perdre contre qqn ; **an etw** *(D)* **~** perdre en qqch. ◆ **sich verlieren** *ref* - **1.** [nicht mehr finden] se perdre - **2.** [weniger werden] s'atténuer.
Verlierer, in (*mpl* **-** ; *fpl* **-nen**) *der, die* [von Wettkampf, Spiel] perdant *m*, -e *f.*
verloben ◆ **sich verloben** *ref* : **sich mit jm ~** se fiancer avec qqn.
Verlobte (*pl* **-n**) *der, die* fiancé *m*, -e *f.*
Verlobung (*pl* **-en**) *die* fiançailles *fpl.*
verlockend *adj* séduisant(e), alléchant(e).
verlogen *adj* mensonger(ère) ; [Person] menteur(euse).
verlor *prät* ▷ **verlieren.**
verloren ◇ *pp* ▷ **verlieren** ◇ *adj* perdu(e).
verloren gehen (*perf* **ist verloren gegangen**) *vi (unreg)* se perdre.
verlosen *vt* mettre en loterie.
Verlosung (*pl* **-en**) *die* loterie *f.*
Verlust (*pl* **-e**) *der* perte *f.*
verm. (*abk für* **vermieten**) : **zu ~** à louer.
Vermächtnis (*pl* **-se**) *das* - **1.** [Legat] legs *m* - **2.** [Testament] testament *m.*
vermasseln *vt fam* : **jm etw ~** gâcher qqch à qqn.
vermehren *vt* accroître. ◆ **sich vermehren** *ref* - **1.** [größer werden] s'accroître - **2.** [sich fortpflanzen] se reproduire.
vermeiden (*prät* **vermied** ; *perf* **hat vermieden**) *vt* éviter.
vermeintlich *adj* présumé(e).
vermerken *vt* [notieren] noter.
vermessen[1] (*präs* **vermisst** ; *prät* **vermaß** ; *perf* **hat vermessen**) *vt* mesurer.
vermessen[2] *adj* présomptueux(euse).
vermieten *vt* louer *(par propriétaire)* ; **etw an jn ~** louer qqch à qqn ; **'zu vermieten'** 'à louer'.
Ver|mieter, in *der, die* loueur(euse).

Vermietung (*pl* **-en**) *die* location *f*.
Verminderung (*pl* **-en**) *die* diminution *f*.
vermischen *vt* mélanger ; **etw mit etw ~** mélanger qqch avec qqch. ◆ **sich vermischen** *ref* se mêler.
vermissen *vt* **-1.** [sehnsüchtig] : **er vermisst seine Eltern** ses parents lui manquent **-2.** [suchen] chercher.
vermisst *adj* porté disparu, portée disparue.
vermitteln ◇ *vi* servir de médiateur ◇ *vt* **-1.** [Ehe, Kontakt] arranger **-2.** [Job, Arbeitskraft] trouver **-3.** [Wissen, Erfahrung] transmettre.
Vermittlung (*pl* **-en**) *die* **-1.** [das Vermitteln] entremise *f* ; **durch js ~** par l'intermédiaire de qqn **-2.** [Telefonzentrale] central *m* téléphonique.
Vermögen (*pl* **-**) *das* [Besitz] fortune *f*.
vermögend *adj* fortuné(e).
vermuten *vt* supposer.
vermutlich ◇ *adj* probable ; [Täter] présumé(e) ◇ *adv* sans doute.
Vermutung (*pl* **-en**) *die* supposition *f*.
vernachlässigen *vt* négliger.
vernehmen (*präs* **vernimmt** ; *prät* **vernahm** ; *perf* **hat vernommen**) *vt* [verhören] interroger ; [Zeuge] entendre.
Vernehmung (*pl* **-en**) *die* interrogatoire *m* ; [von Zeugen] audition *f*.
verneinen *vt* : **eine Frage ~** répondre par la négative.
vernetzen *vt* mettre en réseau ; **vernetzt sein** être en réseau.
vernichten *vt* détruire ; [Schädlinge] exterminer.
vernichtend *adj* destructeur(trice) ; [Blick] foudroyant(e).
Vernichtung (*pl* **-en**) *die* destruction *f* ; [von Schädlingen] extermination *m*.
Vernunft *die (ohne Pl)* raison *f*, bon sens *m* ; **wieder zur ~ kommen** revenir à la raison ; **jn zur ~ bringen** faire entendre raison à qqn.
vernünftig ◇ *adj* **-1.** [klug] raisonnable **-2.** *fam* [ordentlich] correct(e) ◇ *adv* **-1.** [klug] avec bon sens **-2.** [ordentlich] convenablement.
veröffentlichen *vt* publier.
Veröffentlichung (*pl* **-en**) *die* publication *f*.
verordnen *vt* prescrire.
Verordnung (*pl* **-en**) *die* ordonnance *f* ; [ärztlich] prescription *f*.
verpacken *vt* emballer.
Ver|packung *die* emballage *m*.
verpassen *vt* **-1.** [versäumen] manquer **-2.** *fam* [Spritze, Haarschnitt] faire ; [Ohrfeige] flanquer.
verpesten *vt abw* empester.
verpflanzen *vt* transplanter.
verpflegen *vt* : **jn ~** nourrir qqn, s'occuper de qqn.
Verpflegung *die (ohne Pl)* **-1.** [das Verpflegen] ravitaillement *m* **-2.** [Essen] nourriture *f*.
verpflichten *vt* engager ; **jn zu etw ~** obliger qqn à faire qqch. ◆ **sich verpflichten** *ref* s'engager (à).
Verpflichtung (*pl* **-en**) *die* **-1.** [Pflichten] obligation *f* **-2.** [Einstellung, Schulden] engagement *m*.
verpfuschen *vt* **-1.** [Arbeit] bousiller **-2.** [Leben] gâcher.
verprügeln *vt* rouer de coups, battre.
verputzen *vt* crépir.
Verrat *der (ohne Pl)* trahison *f*.
verraten (*präs* **verrät** ; *prät* **verriet** ; *perf* **hat verraten**) *vt* **-1.** [preisgeben] : **jn ~** trahir qqn ; **etw ~** révéler qqch **-2.** [zeigen] dévoiler. ◆ **sich verraten** *ref* se trahir.
Verräter, in (*mpl* **-** ; *fpl* **-nen**) *der, die* traître *m*, traîtresse *f*.
verrechnen *vt* imputer, passer en compte ; **etw mit etw ~** compenser qqch avec qqch. ◆ **sich verrechnen** *ref* se tromper ; **sich um zwei Euro ~** se tromper de deux euros.
verregnet *adj* gâché(e) par la pluie.
verreisen (*perf* **ist verreist**) *vi* partir (en voyage) ; **verreist sein** être en voyage.
verrenken *vt* : **sich** *(D)* **etw ~** se luxer qqch.
verriegeln *vt* verrouiller.
verringern *vt* réduire. ◆ **sich verringern** *ref* se réduire.
verrosten (*perf* **ist verrostet**) *vi* rouiller.
verrücken *vt* déplacer.
verrückt *fam* ◇ *adj* **-1.** [geistesgestört] cinglé(e), fou (folle) ; **~ spielen** débloquer **-2.** [ausgefallen] extravagant(e) ◇ *adv* [ausgefallen] de manière extravagante. ◆ **wie verrückt** *adv fam* comme un (une) dingue.
Verrückte (*pl* **-n**) *der, die* dingue *mf*.
Verruf *der* : **in ~ kommen** acquérir une mauvaise réputation ; **in ~ bringen** discréditer.
verrufen *adj* qui a mauvaise réputation ; [Viertel] malfamé(e).
Vers (*pl* **-e**) *der* vers *m*.
versagen *vi* **-1.** [scheitern] échouer **-2.** [Mechanismus] tomber en panne ; **ihre Stimme versagt** elle n'a plus de voix.
Versagen *das (ohne Pl)* défaillance *f*.

Versager, in (*mpl* **-** ; *fpl* **-nen**) *der, die* raté *m*, -e *f*.

versalzen (*perf* **hat versalzen**) *vt* **- 1.** [salzen] trop saler **- 2.** [verderben] gâcher.

versammeln *vt* rassembler. ◆ **sich versammeln** *ref* se rassembler.

Ver|sammlung *die* réunion *f*, assemblée *f*.

Versand *der (ohne Pl)* expédition *f*.

Versand|haus *das* maison *f* de vente par correspondance.

versäumen *vt* **- 1.** [verpassen] rater ; **den Unterricht ~** manquer les cours **- 2.** [vernachlässigen] : **seine Pflichten ~** manquer à ses obligations.

verschaffen *vt* : **jm etw ~** procurer qqch à qqn ; **sich** *(D)* **etw ~** se procurer qqch.

verschämt ◇ *adj* timide ◇ *adv* avec gêne, avec timidité.

verschärfen *vt* **- 1.** [steigern] renforcer **- 2.** [verschlimmern] aggraver. ◆ **sich verschärfen** *ref* [sich verschlimmern] s'aggraver.

verschätzen ◆ **sich verschätzen** *ref* se tromper (dans ses estimations).

verschenken *vt* : **etw ~** faire cadeau de qqch.

verscherzen *vt* : **sich** *(D)* **etw ~** perdre qqch par sa propre faute.

verscheuchen *vt* chasser.

verschicken *vt* expédier.

verschieben (*prät* **verschob** ; *perf* **hat verschoben**) *vt* **- 1.** [Treffen, Besuch] différer, reporter **- 2.** [Bett, Kommode] déplacer. ◆ **sich verschieben** *ref* **- 1.** [verlegt werden] être reporté(e) **- 2.** [verrutschen] se déplacer, bouger.

Verschiebung (*pl* **-en**) *die* report *m*.

verschieden ◇ *adj* [unterschiedlich] différent(e) ; [Auffassungen, Interessen] divergent(e) ◇ *adv* [unterschiedlich] : **~ schwierig** de difficulté variable ; **~ groß** de tailles différentes. ◆ **verschiedene** *adj* plusieurs.

verschiedentlich *adv* à plusieurs reprises, en diverses circonstances.

verschimmeln (*perf* **ist verschimmelt**) *vi* moisir.

verschlafen (*präs* **verschläft** ; *prät* **verschlief** ; *perf* **hat verschlafen**) ◇ *vi* ne pas se réveiller, oublier de se réveiller ◇ *vt* [schlafend verbringen] : **das Wochenende ~** passer le week-end à dormir. ◆ **sich verschlafen** *ref* oublier de se réveiller.

verschlagen *abw* ◇ *adj* sournois(e) ◇ *adv* sournoisement.

verschlechtern *vt* détériorer. ◆ **sich verschlechtern** *ref* empirer.

Verschlechterung (*pl* **-en**) *die* détérioration *f*, dégradation *f*.

Verschleiß *der (ohne Pl)* usure *f*.

verschleißen (*prät* **verschliss** ; *perf* **hat/ist verschlissen**) ◇ *vt (hat)* user ◇ *vi (ist)* s'user.

verschleppen *vt* **- 1.** [deportieren] déporter **- 2.** [verzögern] faire traîner **- 3.** [unbehandelt lassen] laisser traîner.

verschleudern *vt* **- 1.** [billig verkaufen] brader **- 2.** *abw* [verschwenden] dilapider.

verschließen (*prät* **verschloss** ; *perf* **hat verschlossen**) *vt* **- 1.** [Haus, Tür, Schrank] fermer à clé **- 2.** [Flasche, Dose] fermer.

verschlimmern *vt* aggraver. ◆ **sich verschlimmern** *ref* s'aggraver.

verschlingen (*prät* **verschlang** ; *perf* **hat verschlungen**) *vt* dévorer.

verschlossen *adj* [Person] renfermé(e) ; [Raum, Tür] fermé(e) ; [Briefumschlag] cacheté(e).

verschlucken *vt* **- 1.** [hinunterschlucken] avaler **- 2.** [nicht äußern] ravaler. ◆ **sich verschlucken** *ref* avaler de travers.

Ver|schluss *der* fermeture *f* ; [von Kette, Tasche] fermoir *m* ; [von Flaschen] capsule *f*. ◆ **unter Verschluss** *adv* sous clé.

verschlüsseln *vt* chiffrer, coder.

verschmelzen (*präs* **verschmilzt** ; *prät* **verschmolz** ; *perf* **ist verschmolzen**) *vi* : **mit etw ~** s'amalgamer avec qqch ; **zu etw ~** se fondre en qqch.

verschmutzen (*perf* **hat/ist verschmutzt**) ◇ *vi (ist)* polluer ◇ *vt (hat)* [Luft, Umwelt] polluer ; [Teppich, Hose] salir.

verschnaufen *vi* reprendre haleine.

verschneit *adj* enneigé(e).

verschnupft *adj* : **~ sein** être enrhumé(e).

verschollen *adj* disparu(e).

verschonen *vt* ménager ; **jn mit etw ~** épargner qqch à qqn.

verschränken *vt* croiser.

verschreiben (*prät* **verschrieb** ; *perf* **hat verschrieben**) *vt* [Rezept] : **jm etw ~** prescrire qqch à qqn. ◆ **sich verschreiben** *ref* [falsch schreiben] se tromper (en écrivant).

verschreibungspflichtig *adj* délivré(e) uniquement sur ordonnance.

verschrieen *adj* décrié(e) ; **als etw ~ sein** passer pour qqch.

verschrotten *vt* mettre à la casse.

verschüchtert *adj* intimidé(e).

verschuldet *adj* endetté(e).

verschütten *vt* **- 1.** [vergießen] renverser **- 2.** [ganz bedecken] ensevelir.

verschweigen (*prät* **verschwieg** ; *perf* **hat verschwiegen**) *vt* passer sous silence, taire ; **jm etw ~** dissimuler qqch à qqn.

verschwenden *vt* gaspiller.
verschwenderisch ◇ *adj* prodigue ◇ *adv* avec prodigalité.
Verschwendung (*pl* **-en**) *die* gaspillage *m*.
verschwiegen ◇ *pp* ▷ **verschweigen** ◇ *adj* secret(ète) ; [Mitarbeiter] discret(ète).
Verschwiegenheit *die (ohne Pl)* discrétion *f*.
verschwinden (*prät* **verschwand** ; *perf* **ist verschwunden**) *vi* disparaître.
verschwommen ◇ *adj* flou(e) ◇ *adv* de manière vague, vaguement ; **~ sehen** voir flou.
verschwören (*prät* **verschwor** ; *perf* **hat verschworen**) ◆ **sich verschwören** *ref* : **sich gegen jn ~** conspirer contre qqn.
Verschwörung (*pl* **-en**) *die* conspiration *f*, complot *m*.
verschwunden ◇ *pp* ▷ **verschwinden** ◇ *adj* disparu(e).
versehen (*präs* **versieht** ; *prät* **versah** ; *perf* **hat versehen**) *vt* [ausrüsten] : **etw mit etw ~** doter qqch de qqch ; **jn mit etw ~** fournir qqch à qqn.
Versehen (*pl* **-**) *das* erreur *f* (involontaire). ◆ **aus Versehen** *adv* par inadvertance.
versehentlich ◇ *adj* involontaire ◇ *adv* par mégarde.
versenden (*prät* **versandte** ODER **versendete** ; *perf* **hat versandt** ODER **hat versendet**) *vt* expédier.
versengen *vt* brûler.
versenken *vt* [Schiff] couler ; [Sarg] descendre.
versessen *adj* : **auf jn/etw ~ sein** être fou (folle) de qqn/qqch.
versetzen *vt* **- 1.** [örtlich - Gegenstände] déplacer ; [- Beamte] muter **- 2.** [Schüler] faire passer dans la classe supérieure **- 3.** [in einen anderen Zustand] : **sich in js Lage ~** se mettre à la place de qqn **- 4.** [verpfänden] mettre en gage **- 5.** *fam* [bei Verabredung] : **jn ~** poser un lapin à qqn **- 6.** [Schlag, Tritt] administrer.
Versetzung (*pl* **-en**) *die* **- 1.** [beruflich] mutation *f* **- 2.** SCHULE passage *m*.
verseuchen *vt* contaminer.
versichern *vt* **- 1.** [erklären] affirmer **- 2.** [bei Versicherung] assurer. ◆ **sich versichern** *ref* [bei Versicherung] s'assurer.
Ver|sicherung *die* [Firma, Vertrag] assurance *f* ; **eine ~ (über 20.000 DM) abschließen** contracter une assurance (pour 20 000 DM).
Versicherungs|karte *die* [für Kfz] attestation *f* d'assurance.

versinken (*prät* **versank** ; *perf* **ist versunken**) *vi* **- 1.** [im Sumpf, Schnee] s'enliser **- 2.** [im Wasser] sombrer **- 3.** [in Gedanken, Gefühlen] : **in etw** *(A)* **versunken sein** être plongé(e) dans qqch.
versöhnen *vt* réconcilier. ◆ **sich versöhnen** *ref* se réconcilier.
versöhnlich ◇ *adj* conciliant(e) ◇ *adv* de manière conciliante.
Versöhnung (*pl* **-en**) *die* réconciliation *f*.
versorgen *vt* **- 1.** [versehen] : **jn mit etw ~** fournir qqch à qqn ; **sich mit etw ~** se munir de qqch **- 2.** [pflegen - Haus, Garten] entretenir ; [- Person, Tier] prendre soin de.
Versorgung (*pl* **-en**) *die* approvisionnement *m* ; [medizinisch] soins *mpl*.
verspäten ◆ **sich verspäten** *ref* être en retard.
verspätet ◇ *adj* tardif(ive) ◇ *adv* avec retard.
Verspätung (*pl* **-en**) *die* retard *m* ; **~ haben** avoir du retard.
versperren *vt* bloquer ; **jm die Sicht ~** boucher la vue à qqn.
verspielen *vt* [Summe, Geld] perdre (au jeu) ; [Glück, Chance] laisser passer.
verspielt *adj* [Kind, Tier] joueur(euse) ; [Kleidung] pimpant(e).
versprechen (*präs* **verspricht** ; *prät* **versprach** ; *perf* **hat versprochen**) *vt* **- 1.** [zusagen] promettre **- 2.** [erwarten] : **sich** *(D)* **etw von jm/etw ~** espérer qqch de qqn/qqch. ◆ **sich versprechen** *ref* faire un lapsus.

versprechen

Je te promets de passer demain. Ich verspreche dir, dass ich morgen vorbeikomme.
Je passerai demain sans faute. Ich komme morgen ganz bestimmt bei dir vorbei.
Je lui en parlerai, tu peux compter sur moi. Ich werde mit ihm reden, du kannst dich auf mich verlassen.
C'est comme si c'était fait. Wird erledigt.
Tu l'auras demain, c'est promis. Morgen hast du es, versprochen.

Versprechen (*pl* **-**) *das* promesse *f*.
verstaatlichen *vt* nationaliser.
Ver|stand *der (ohne Pl)* [Urteilsvermögen] discernement *m* ; [Intelligenz] entendement *m* ; **den ~ verlieren** *fam fig* perdre la tête ; **jn um den ~ bringen** *fam fig* faire perdre la raison à qqn.
verständigen *vt* [informieren] avertir ; **jn von etw** ODER **über etw** *(A)* **~** avertir qqn de

qqch. ◆ **sich verständigen** *ref* - **1.** [kommunizieren] se faire comprendre ; **sich mit jm ~** communiquer avec qqn - **2.** [übereinkommen] : **sich über etw** *(A)* ~ s'entendre sur qqch.

Verständigung (*pl* **-en**) *die* - **1.** [Benachrichtigung] information *f* - **2.** [Kommunikation] communication *f* ; [zwischen Völkern] entente *f*.

verständlich ◇ *adj* - **1.** [klar] intelligible - **2.** [begreiflich] compréhensible ; **sich ~ machen** se faire comprendre ◇ *adv* [klar] clairement.

Verständnis *das (ohne Pl)* compréhension *f*.

verständnisvoll ◇ *adj* compréhensif(ive) ◇ *adv* de manière compréhensive.

verstärken *vt* - **1.** [stärker machen] consolider - **2.** [intensivieren] renforcer ; [Bemühungen] redoubler - **3.** [zahlenmäßig] renforcer. ◆ **sich verstärken** *ref* s'intensifier.

Verstärkung (*pl* **-en**) *die* renforcement *m*.

verstauchen *vt* : **sich** *(D)* **etw ~** se fouler qqch.

verstauen *vt* caser.

Versteck (*pl* **-e**) *das* cachette *f*.

verstecken *vt* cacher. ◆ **sich verstecken** *ref* se cacher ; **sich vor jm/etw ~** fuir qqn/qqch. ◆ **Verstecken** *das (ohne Pl)* : **Verstecken spielen** jouer à cache-cache.

verstehen (*prät* **verstand** ; *perf* **hat verstanden**) ◇ *vt* - **1.** [gen] comprendre ; **sein Fach/Handwerk ~** maîtriser son domaine/art ; **von etw nichts ~** ne rien y connaître à qqch ; **etw unter etw** *(D)* **~** entendre qqch par qqch - **2.** [am Telefon] entendre - **3.** *RW* : **jm etw zu ~ geben** laisser entendre qqch à qqn ◇ *vi* - **1.** [gen] comprendre - **2.** [am Telefon] entendre. ◆ **sich verstehen** *ref* : **sich (mit jm) ~** s'entendre (avec qqn) ; **sich auf etw** *(A)* **~** s'y entendre en qqch ; **das versteht sich von selbst!** cela va de soi!

versteigern *vt* vendre aux enchères.

verstellen *vt* - **1.** [verändern] dérégler - **2.** [blockieren] : **jm etw ~** barrer qqch à qqn - **3.** [zur Täuschung] déguiser. ◆ **sich verstellen** *ref* - **1.** [sich anders einstellen] se dérégler - **2.** [zur Täuschung] dissimuler.

verstohlen ◇ *adj* furtif(ive) ◇ *adv* à la dérobée.

verstopfen (*perf* **hat/ist verstopft**) ◇ *vt* *(hat)* boucher ◇ *vi* *(ist)* être bouché(e).

verstört ◇ *adj* perturbé(e) ◇ *adv* : **~ blicken** avoir l'air perturbé(e).

Ver|stoß *der* infraction *f* ; **ein ~ gegen etw** une entorse à qqch.

verstoßen (*präs* **verstößt** ; *prät* **verstieß** ; *perf* **hat verstoßen**) ◇ *vi* : **gegen etw ~** contrevenir à qqch ◇ *vt* rejeter ; [Ehefrau] répudier.

verstreichen (*prät* **verstrich** ; *perf* **hat/ist verstrichen**) ◇ *vt* *(hat)* étaler ◇ *vi* *(ist)* *geh* s'écouler.

verstreuen *vt* [Pulver, Körner] répandre ; [Dinge] éparpiller.

verstümmeln *vt* estropier.

Versuch (*pl* **-e**) *der* - **1.** [Handlung] tentative *f* - **2.** [wissenschaftlich] expérience *f*.

versuchen *vt* - **1.** [sich bemühen] tenter, essayer - **2.** [kosten] goûter.

Versuchs|kaninchen *das fam abw* cobaye *m*.

Versuchung (*pl* **-en**) *die* tentation *f*.

versüßen *vt* adoucir.

vertagen *vt* reporter.

vertauschen *vt* échanger.

verteidigen *vt* défendre. ◆ **sich verteidigen** *ref* se défendre.

Verteidiger, in (*mpl* **-** ; *fpl* **-nen**) *der, die* défenseur *m*.

Verteidigung (*pl* **-en**) *die* défense *f*.

Verteidigungs|minister, in *der, die* ministre *m* de la Défense.

verteilen *vt* - **1.** [ausgeben] distribuer - **2.** [verbreiten] répartir. ◆ **sich verteilen** *ref* se répartir.

Ver|teilung *die* répartition *f*.

vertiefen *vt* [Kenntnisse, Wissen] approfondir. ◆ **sich vertiefen** *ref* - **1.** [Gefühle] se renforcer - **2.** [sich konzentrieren] : **sich in etw** *(A)* **~** se plonger dans qqch.

vertilgen *vt* - **1.** *fam* [aufessen] avaler - **2.** [vernichten] éliminer.

Vertrag (*pl* **Verträge**) *der* contrat *m*.

vertragen (*präs* **verträgt** ; *prät* **vertrug** ; *perf* **hat vertragen**) *vt* supporter. ◆ **sich vertragen** *ref* : **sich mit jm ~** s'entendre avec qqn.

vertraglich ◇ *adj* contractuel(elle) ◇ *adv* par contrat.

verträglich *adj* - **1.** [freundlich] accommodant(e) - **2.** [Essen] digeste ; [Medikament] sans effets secondaires.

vertrauen *vi* : **auf etw** *(A)* **~** se fier à qqch ; **jm ~** faire confiance à qqn.

Vertrauen *das (ohne Pl)* confiance *f* ; **zu jm ~ haben** avoir confiance en qqn. ◆ **im Vertrauen** *adv* en confidence. ◆ **Vertrauen erweckend** ◇ *adj* qui inspire (la) confiance ◇ *adv* de manière rassurante ; **~ aussehen** ODER **wirken** avoir l'air rassurant.

Vertrauens|lehrer, in (-s*mpl* - ; *fpl* -nen) *der, die* professeur *m* médiateur.

Vertrauenslehrer

Les élèves de chaque niveau (cycle d'orientation, cycle moyen, fin d'études) élisent un professeur, qui devient leur interlocuteur privilégié (**der Vertrauenslehrer** ou **der Verbindungslehrer**). Ce professeur a pour mission de conseiller les élèves qui le sollicitent mais aussi de défendre les intérêts des écoliers face à l'institution.

Vertrauens|sache *die (ohne Pl)* question *f* de confiance.

vertrauensselig ◇ *adj* crédule ◇ *adv* naïvement.

vertrauenswürdig ◇ *adj* digne de confiance ◇ *adv* : ~ **aussehen** ODER **wirken** inspirer confiance.

vertraulich ◇ *adj* - **1.** [geheim] confidentiel(elle) - **2.** [freundschaftlich] intime ◇ *adv* [geheim] en toute confidentialité.

verträumt ◇ *adj* rêveur(euse) ◇ *adv* d'un air rêveur.

vertraut *adj* familier(ère) ; **jm ~ sein** être familier à qqn ; **mit etw ~ sein** s'y connaître en qqch ; **sich mit etw ~ machen** se familiariser avec qqch.

vertreiben (*prät* **vertrieb** ; *perf* **hat vertrieben**) *vt* - **1.** [verjagen] chasser ; **jn aus etw ~** chasser qqn de qqch - **2.** [verkaufen] écouler.

vertretbar *adj* [Meinung] défendable ; [Kosten, Risiko] acceptable.

vertreten (*präs* **vertritt** ; *prät* **vertrat** ; *perf* **hat vertreten**) *vt* - **1.** [bei Urlaub, Krankheit] remplacer - **2.** [Interessen] représenter - **3.** [Meinung, Ansicht] défendre - **4.** [anwesend] : **~ sein** être présent(e). ◆ **sich vertreten** *ref* [verletzen] : **sich etw ~** se fouler qqch ; [hin- und herlaufen] **sich die Füße ~** se dégourdir les jambes.

Vertreter, in (*mpl* - ; *fpl* -nen) *der, die* - **1.** [bei Urlaub, Krankheit] remplaçant *m*, -e *f* - **2.** [von Firma, Land, Interessengruppe] représentant *m*, -e *f*.

Vertretung (*pl* -en) *die* - **1.** [Handlung] remplacement *m* ; [von Interessen] défense *f* - **2.** [bei Urlaub, Krankheit] remplaçant *m*, -e *f* - **3.** [Delegation] représentation *f* ; [Person] représentant *m*, -e *f* ; **diplomatische ~** représentation diplomatique.

Vertrieb *der (ohne Pl)* distribution *f*.

vertrocknen (*perf* **ist vertrocknet**) *vi* se dessécher ; [Brunnen] se tarir.

vertrödeln *vt fam* : **seine Zeit ~** glander.

vertrösten *vt* : **jn (auf später) ~** faire patienter qqn.

vertun (*prät* **vertat** ; *perf* **hat vertan**) *vt* [Zeit, Geld] gaspiller ; [Gelegenheit, Chance] manquer. ◆ **sich vertun** *ref fam* se tromper.

vertuschen *vt* [Skandal] étouffer ; [Fehler, Wahrheit] cacher.

verübeln *vt* : **jm etw ~** en vouloir à qqn pour qqch.

verüben *vt* commettre.

verunglücken (*perf* **ist verunglückt**) *vi* avoir un accident.

verunsichern *vt* troubler.

verunstalten *vt* enlaidir.

veruntreuen *vt* RECHT détourner.

verursachen *vt* provoquer, causer.

verurteilen *vt* condamner ; **jn zu etw ~** condamner qqn à qqch.

Verur|teilung *die* condamnation *f*.

vervielfachen *vt* multiplier. ◆ **sich vervielfachen** *ref* se multiplier.

vervielfältigen *vt* polycopier ; [fotokopieren] photocopier.

vervollkommnen *vt* [Technik, Methode] perfectionner ; [Kenntnisse, Kunst] parfaire ; [Fähigkeiten] améliorer.

vervollständigen *vt* compléter.

verwackelt *adj fam* flou(e).

verwählen ◆ **sich verwählen** *ref* faire un faux numéro.

verwahren *vt* conserver *(en lieu sûr)*.

verwahrlosen (*perf* **ist verwahrlost**) *vi* être négligé(e) ; [Gebäude, Garten] être à l'abandon.

verwaist *adj* - **1.** [elternlos] orphelin(e) - **2.** [einsam] déserté(e).

verwalten *vt* administrer ; [Geschäft] gérer.

Verwalter, in (*mpl* - ; *fpl* -nen) *der, die* administrateur *m*, -trice *f* ; [von Häusern] syndic *m* ; [von Geschäften] gérant *m*, -e *f*.

Verwaltung (*pl* -en) *die* - **1.** *(ohne Pl)* [gen] administration *f* - **2.** [von Geschäften] gestion *f*.

verwandeln *vt* métamorphoser ; **etw in etw** *(A)* **~** transformer qqch en qqch. ◆ **sich verwandeln** *ref* se transformer.

Verwandlung (*pl* -en) *die* [von Sachen] transformation *f* ; [von Menschen] métamorphose *f*.

verwandt ◇ *pp* ▷ **verwenden** ◇ *adj* [Menschen, Ideen, Gefühle] parent(e) ; [Tiere, Sprachen] d'une même famille ; **mit jm ~ sein** être apparenté(e) à qqn.

Verwandte (*pl* -n) *der, die* parent *m*, -e *f*.

Verwandtschaft (*pl* -en) *die* parenté *f*.

Ver|warnung *die* avertissement *m* ; **eine gebührenpflichtige ~** contravention *f*.

verwechseln [fɛr'vɛksl̩n] *vt* confondre ; **jn mit jm ~** prendre qqn pour qqn ; **etw mit etw ~** confondre qqch avec qqch.

Verwechslung, Verwechselung [fɛr-'vɛks(ə)lʊŋ] (*pl* **-en**) *die* confusion *f* ; **eine ~ von jm/etw mit jm/etw** une confusion entre qqn/qqch et qqn/qqch.

verweigern ◇ *vt* : **etw ~** refuser de faire qqch ; **jm etw ~** refuser qqch à qqn ◇ *vi fam* être objecteur de conscience.

Ver|weigerung *die* : **die ~ von etw** le refus de faire qqch.

Verweis (*pl* **-e**) *der* [Rüge] réprimande *f*.

verweisen (*prät* **verwies** ; *perf* **hat verwiesen**) ◇ *vt* **- 1.** [weiterleiten] : **jn/etw an jn/etw ~** renvoyer qqn/qqch à qqn/qqch **- 2.** [ausweisen - von Schule] renvoyer ; [- aus Raum] expulser ◇ *vi* : **auf etw** *(A)* **~** renvoyer à qqch.

verwelken (*perf* **ist verwelkt**) *vi* se faner.

verwenden (*prät* **verwendete** ODER **verwandte** ; *perf* **hat verwendet** ODER **verwandt**) *vt* **- 1.** [benutzen] utiliser **- 2.** [verbrauchen] : **etw für** ODER **zu etw ~** consacrer qqch à qqch.

Ver|wendung *die* utilisation *f* ; **(keine) ~ für etw haben** (ne pas) avoir l'utilité de qqch.

verwerfen (*präs* **verwirft** ; *prät* **verwarf** ; *perf* **hat verworfen**) *vt* rejeter.

verwerten *vt* utiliser.

verwest ◇ *adj* décomposé(e) ◇ *adv* : **~ riechen** sentir la pourriture.

Verwesung *die (ohne Pl)* décomposition *f*.

verwildern (*perf* **ist verwildert**) *vi* [Tier] retourner à l'état sauvage ; [Garten] être à l'abandon.

verwirklichen *vt* [Wunsch, Traum] réaliser ; [Überlegung] concrétiser. ◈ **sich verwirklichen** *ref* [Wunsch, Befürchtung] se réaliser.

Verwirklichung (*pl* **-en**) *die* réalisation *f*.

verwirren *vt* **- 1.** [Wolle, Garn] emmêler ; [Fäden] enchevêtrer **- 2.** [Personen] déconcerter. ◈ **sich verwirren** *ref* [Wolle, Garn] s'emmêler ; [Fäden] s'enchevêtrer.

Verwirrung (*pl* **-en**) *die* confusion *f*.

verwischen *vt* [verblassen] estomper ; [verschmieren] effacer ; [Spur] brouiller. ◈ **sich verwischen** *ref* s'estomper.

verwitwet *adj* veuf (veuve).

verwöhnen *vt* gâter.

verworren ◇ *adj* confus(e) ◇ *adv* de manière confuse.

verwunden *vt* blesser.

verwunderlich *adj* étonnant(e).

Verwunderung *die (ohne Pl)* étonnement *m*.

Verwundete (*pl* **-n**) *der, die* blessé *m*, -e *f*.

Verwundung (*pl* **-en**) *die* blessure *f*.

verwünschen *vt* **- 1.** [verfluchen] maudire **- 2.** [verzaubern] ensorceler.

verwüsten *vt* dévaster.

Verwüstung (*pl* **-en**) *die* ravages *mpl*.

verzählen ◈ **sich verzählen** *ref* se tromper dans ses calculs.

verzaubern *vt* ensorceler.

verzeichnen *vt* enregistrer.

Verzeichnis (*pl* **-se**) *das* répertoire *m* ; *amt* registre *m*.

verzeihen (*prät* **verzieh** ; *perf* **hat verziehen**) *vt* pardonner ; **jm etw ~** pardonner qqch à qqn. ◈ **verzeihen Sie bitte!** *interj* excusez-moi!, excusez-nous!

Verzeihung *die (ohne Pl)* pardon *m* ; **jn um ~ bitten** demander pardon à qqn. ◈ **Verzeihung!** *interj* pardon!

verzerren *vt* **- 1.** [Gesicht] distordre **- 2.** [optisch, akustisch] déformer. ◈ **sich verzerren** *ref* [sich entstellen] se distordre.

Verzicht (*pl* **-e**) *der* : **~ auf etw** *(A)* renoncement *m* à qqch.

verzichten *vi* : **(auf jn/etw) ~** renoncer (à qqn/qqch).

verzieh *prät* ▷ **verzeihen.**

verziehen (*prät* **verzog** ; *perf* **hat/ist verzogen**) ◇ *pp* ▷ **verzeihen** ◇ *vt (hat)* **- 1.** [verzerren] : **das Gesicht** ODER **den Mund ~** faire la grimace **- 2.** [Kind] mal élever ◇ *vi (ist)* [fortziehen] déménager. ◈ **sich verziehen** *ref* **- 1.** [Gesicht, Mund] se crisper **- 2.** [Holz, Tür] travailler **- 3.** [Wolken] se dissiper ; [Unwetter] s'éloigner **- 4.** *fam* [fortgehen] filer.

verzieren *vt* orner.

verzögern *vt* [verschieben] retarder. ◈ **sich verzögern** *ref* [sich verspäten] être retardé(e).

Verzögerung (*pl* **-en**) *die* [Verspätung] retard *m*.

verzollen *vt* déclarer à la douane ; **haben Sie etwas zu ~?** vous n'avez rien à déclarer?

Ver|zug *der (ohne Pl)* retard *m*. ◈ **im Verzug** *adv* en retard.

verzweifeln (*perf* **ist verzweifelt**) *vi* désespérer ; **über etw** *(A)* **~** être désespéré(e) par qqch. ◈ **Verzweifeln** *das (ohne Pl)* : **es ist zum Verzweifeln!** c'est à désespérer!

verzweifelt ◇ *adj* désespéré(e) ◇ *adv* désespérément.

Verzweiflung (*pl* **-en**) *die* : **(aus** ODER **vor) ~** (par ODER de) désespoir.

verzwickt *adj fam* compliqué(e).

Veto ['ve:to] (*pl* **-s**) *das* veto *m*.

Vetter (*pl* **-n**) *der* cousin *m*.

vgl. (*abk für* **vergleiche**) voir, cf.

VHS [faʊ|haː'|ɛs] *die (ohne Pl) abk für* **Volkshochschule.**

vibrieren [vi'briːrən] *vi* vibrer.

Video ['viːdeo] (*pl* **-s**) *das* **- 1.** *fam* [Film] vidéo *f* **- 2.** *(ohne Pl)* [Technik] vidéo *f.*

Video|film *der* film *m* vidéo.

Video|gerät *das* magnétoscope *m.*

Video|kamera *die* Caméscope® *m.*

Video|kassette *die* cassette *f* vidéo.

Videokonsole (*pl* -) *die* console *f* de jeux vidéo.

Video|rekorder (*pl* -) *der* magnétoscope *m.*

Video|spiel *das* jeu *m* vidéo.

Video|text *der* télétexte *m.*

Vieh *das (ohne Pl)* bétail *m.*

viel (*komp* **mehr** ; *superl* **meiste**), **vieles** ◇ *adj* **- 1.** [Menge] tout le, toute la ; **die ~e Arbeit** tout le travail **- 2.** [Anzahl] nombreux(euses) ; **die ~en Meinungen** les nombreuses opinions ◇ *det* **- 1.** [Menge] beaucoup de ; **~ Mühe** beaucoup de peine ; **zu ~** trop de **- 2.** [Anzahl] beaucoup de ; **~e Kinder** beaucoup d'enfants **- 3.** [Ausdruck der Höflichkeit] : **~en Dank!** merci beaucoup! ; **~ Spaß!** amuse-toi bien!, amusez-vous bien! ◇ *adv* **- 1.** [gen] beaucoup ; **~ besser** beaucoup mieux **- 2.** [von vielen Leuten] très ; **~ gefragt** très demandé(e). ◆ **viele** *pron* beaucoup. ◆ **vieles** *pron* beaucoup de choses. ◆ **nicht viel** ◇ *det* ne ... pas beaucoup de ; **nicht ~ Geld** pas beaucoup d'argent ◇ *adv* **- 1.** [gen] ne ... pas beaucoup **- 2.** *fam* [nichts] pas grand-chose. ◆ **nicht viele** *det* ne ... pas beaucoup. ◆ **viel zu viel** ◇ *det* beaucoup trop de ◇ *adv* beaucoup trop. ◆ **viel zu viele** *det* beaucoup trop de ; *siehe auch* **zu viel.**

vielfach *adj* [mehrfach, wiederholt] multiple.

Vielfache *das (ohne Pl)* : **das ~ von etw** ODER **einer Sache** *(G)* le multiple de qqch ; **um ein ~s** de beaucoup.

Vielfalt *die (ohne Pl)* [große Anzahl] multitude *f* ; [Verschiedenheit] variété *f*, diversité *f.*

vielfältig *adj* varié(e).

Vielflieger, in (*mpl* - ; *fpl* **-nen**) *der personne qui prend souvent l'avion.*

vielleicht *adv* **- 1.** [gen] peut-être ; **~ komme ich morgen** peut-être que je viendrai demain **- 2.** *fam* [wirklich, außerordentlich] : **der ist ~ gerannt!** tu l'aurais vu courir!

vielmals *adv* mille fois ; **danke ~!** mille fois merci!

vielsagend ◇ *adj* éloquent(e) ◇ *adv* de façon éloquente.

vielseitig ◇ *adj* **- 1.** [Person] polyvalent(e) **- 2.** [umfassend] varié(e) ◇ *adv* : **~ begabt** doué(e) dans plusieurs domaines ; **~ einsetzbar** polyvalent(e).

vielversprechend *adj* prometteur(euse).

vier [fiːɐ̯] *num* quatre ; **auf allen ~en** *fam* à quatre pattes ; *siehe auch* **sechs.**

Vier (*pl* **-en**) *die* **- 1.** [Zahl] quatre *m* **- 2.** [Schulnote] ≃ 8/20 ; *siehe auch* **Sechs.**

Viereck (*pl* **-e**) *das* **- 1.** [Quadrat] carré *m* ; [Rechteck] rectangle *m* **- 2.** MATH quadrilatère *m.*

viereckig *adj* **- 1.** [quadratisch] carré(e) **- 2.** [rechteckig] rectangulaire.

vierfach *adv* quadruple.

vierhundert *num* quatre cents.

viermal *adv* quatre fois.

vier|spurig *adj* à quatre voies.

viertausend *num* quatre mille.

vierte, r, s *adj* quatrième ; *siehe auch* **sechste.**

Vierte (*pl* **-n**) *der, die, das* quatrième *mf* ; *siehe auch* **Sechste.**

viertel *adj* quart *m* de ; **drei ~ Liter** trois quarts de litre ; *siehe auch* **sechstel.**

Viertel (*pl* -) *das* **- 1.** [Teil] quart *m* **- 2.** [von Städten] quartier *m* **- 3.** [Viertelstunde] : **~ vor/nach drei** trois heures moins le quart/et quart ; *siehe auch* **Sechstel.**

Viertel|finale *das* quart *m* de finale.

Viertel|jahr *das* trimestre *m.*

vierteln *vt* partager en quatre.

Viertel|stunde *die* quart *m* d'heure.

Vierwaldstätter See *der* lac *m* des Quatre-Cantons.

vierzehn *num* quatorze ; *siehe auch* **sechs.**

Vierzehn (*pl* **-en**) *die* quatorze *m* ; *siehe auch* **Sechs.**

vierzehntägig ◇ *adj* [zwei Wochen lang] de quinze jours ◇ *adv* [alle zwei Wochen] tous les quinze jours.

vierzig *num* quarante ; *siehe auch* **sechs.**

Vierzig *die (ohne Pl)* quarante *m* ; *siehe auch* **Sechs.**

Vierzigerjahre, vierziger Jahre *pl* : **die ~** les années quarante.

Vierzimmer|wohnung *die* quatre pièces *m.*

Vietnam *nt* Viêt-nam *m* ; **in ~** au Viêt-nam.

Vikar, in [vi'kaːɐ̯, rɪn] (*mpl* **-e** ; *fpl* **-nen**) *der, die* vicaire *m.*

Villa ['vɪla] (*pl* **Villen**) *die* villa *f.*

violett [vi̯o'lɛt] *adj* violet(ette).

Violine [vi̯o'liːnə] (*pl* **-n**) *die* violon *m.*

Violin|schlüssel *der* clef *f* de sol.

Viper ['viːpɐ] (*pl* **-n**) *die* vipère *f.*

virtuell ◇ *adj* virtuel(le) ◇ *adv* virtuellement.

Virus ['viːrʊs] (*pl* **Viren**) *der* ODER *das* virus *m*.

Virus|infektion *die* infection *f* virale.

Visage [vi'zaːʒə] (*pl* **-n**) *die salopp abw* tronche *f*.

Visage

Il faut se méfier du mot allemand **Visage** qui ne correspond pas à son homonyme français et qui a le sens péjoratif de « tronche ». On traduira donc la phrase **Seine Visage gefällt mir nicht** par « Je n'aime pas sa tronche ».
Le terme français « visage » a pour traduction **Gesicht**, comme on peut le voir dans la phrase suivante « Elle avait un beau visage expressif », qui correspond à l'allemand **Sie hatte ein schönes, ausdruckvolles Gesicht**.

Visier [vi'ziːɐ̯] (*pl* **-e**) *das* - **1.** [von Helmen] visière *f* - **2.** [Gewehrteil] viseur *m* ; **jn/etw im ~ haben** *fam fig* [es auf jn abgesehen haben] avoir qqn/qqch dans le collimateur ; [anpeilen] avoir des vues sur qqn/qqch.

Visite [vi'ziːtə] (*pl* **-n**) *die* visite *f*.

Visiten|karte *die* carte *f* de visite.

Viskose [vɪs'koːzə] *die (ohne Pl)* viscose *f*.

Visum ['viːzʊm] (*pl* **Visa** ODER **Visen**) *das* visa *m*.

Vitamin [vita'miːn] (*pl* **-e**) *das* vitamine *f*.

Vitrine [vi'triːnə] (*pl* **-n**) *die* vitrine *f*.

Vize|kanzler, in *der, die* vice-chancelier *m*.

Vize|präsident, in *der, die* vice-président *m*, -e *f*.

Vogel (*pl* **Vögel**) *der* - **1.** [Tier] oiseau *m* - **2.** *fam* [Person] : **ein komischer ~** un drôle d'oiseau - **3.** *RW* : **einen ~ haben** *fam abw* avoir un petit grain ; **jm einen ~ zeigen** traiter qqn de dingue d'un signe du doigt.

Vogelscheuche (*pl* **-n**) *die* épouvantail *m*.

Vokabel [vo'kaːbl̩] (*pl* **-n**) *die* mot *m* ; **~n lernen** apprendre son vocabulaire.

Vokabular [vokabu'laːɐ̯] (*pl* **-e**) *das* vocabulaire *m*.

Vokal [vo'kaːl] (*pl* **-e**) *der* voyelle *f*.

Volk (*pl* **Völker**) *das* peuple *m*.

Völker|bund *der (ohne Pl)* HIST Société *f* des Nations.

Völker|kunde *die (ohne Pl)* ethnologie *f*.

Völker|recht *das (ohne Pl)* droit *m* international.

Völker|wanderung *die* HIST invasions *fpl* barbares.

Volksab|stimmung *die* référendum *m*.

Volks|fest *das* [Kirmes] fête *f* foraine.

Volkshoch|schule *die établissement municipal dispensant des cours pour adultes.*

Volks|lied *das* [verbreitet] chanson *f* populaire ; [regional] chanson *f* folklorique.

Volks|musik *die* musique *f* folklorique.

Volks|tanz *der* danse *f* folklorique.

volkstümlich *adj* - **1.** [traditionell] folklorique - **2.** [populär] populaire.

Volks|wirtschaft *die (ohne Pl)* [Wissenschaft] macroéconomie *f*.

voll ◇ *adj* - **1.** [gen] plein(e) ; **~ einer Sache** *(G)* plein de qqch ; **~ von etw sein** être rempli(e) de qqch ; **halb ~** à moitié plein ; **gestrichen ~** à ras bord - **2.** *salopp* [betrunken] : **~ sein** être bourré(e) - **3.** [vollständig] entier(ère) ; **jn nicht für ~ nehmen** *fam fig* ne pas prendre qqn au sérieux ; **in ~er Fahrt** à toute allure ; **bei ~em Bewusstsein** pleinement conscient(e) ◇ *adv* [ganz] entièrement ; **~ und ganz** totalement.

vollauf *adv* tout à fait.

Voll|bart *der* (grande) barbe *f*.

Voll|blut (*pl* **-blüter**) *das* pur-sang *m*.

vollenden *vt* achever.

vollendet ◇ *pp* ▷ **vollenden** ◇ *adj* parfait(e) ◇ *adv* à la perfection.

vollends *adv* complètement.

Voll|endung *die* - **1.** [Perfektion] perfection *f* - **2.** [Vollenden] achèvement *m*.

voller *adj* : **~ Sand/Ameisen/Fehler** plein(e) de sable/fourmis/fautes.

Volley|ball ['vɔlibal] *der* - **1.** *(ohne Pl)* [Ballspiel] volley-ball *m* - **2.** [Ball] ballon *m* de volley.

Voll|gas *das (ohne Pl)* : **mit ~** à pleins gaz ; **~ geben** accélérer.

völlig ◇ *adj* complet(ète) ◇ *adv* complètement.

volljährig *adj* majeur(e).

Vollkaskover|sicherung *die* assurance *f* tous risques.

vollkommen ◇ *adj* parfait(e) ◇ *adv* - **1.** [spielen, tanzen] à la perfection - **2.** [absolut] tout à fait ; [übereinstimmen] parfaitement.

Vollkorn|brot *das* pain *m* complet.

voll machen *vt fam* [füllen] remplir ; **die Hose/die Windel ~** faire dans sa culotte/ses couches.

Vollmacht (*pl* **-en**) *die* - **1.** [Befugnis] mandat *m* ; **~ über etw** *(A)* **haben** avoir le plein-pouvoir sur qqch ; **jm die ~ geben** ODER **erteilen** donner mandat à qqn - **2.** [schriftlich] procuration *f*.

Voll|milch *die (ohne Pl)* lait *m* entier.

Voll|mond *der (ohne Pl)* pleine lune *f*.

Voll|pension *die (ohne Pl)* pension *f* complète ; **mit ~** en pension complète.

vollschlank *adj* bien en chair.
vollständig ◇ *adj* complet(ète) ◇ *adv* complètement.
vollstrecken *vt* exécuter.
voll tanken *vi* faire le plein.
Voll|treffer *der* - **1.** [Schuss] coup *m* dans le mille - **2.** [Erfolg] succès *m.*
Vollver|sammlung *die* assemblée *f* plénière.
vollwertig *adj* à part entière.
Vollwert|kost *die* aliments *mpl* complets.
vollzählig ◇ *adj* au complet ◇ *adv* au grand complet.
vollziehen (*prät* **vollzog** ; *perf* **hat vollzogen**) *vt* exécuter.
Voll|zug *der (ohne Pl)* exécution *f.*
Vollzugs|anstalt *die* prison *f*, maison *f* d'arrêt.
Volt [vɔlt] (*pl* -) *das* volt *m.*
Volumen [vo'luːmən] (*pl* -) *das* volume *m.*
vom *präp* - **1.** [von + dem, zur Angabe des Ausgangspunktes] du, de la - **2.** [nicht auflösbar] : **~ Lande sein** être de la campagne ; **~ Fach sein** être du métier.
von *präp (+ D)* - **1.** [gen] de ; **~ der Wurst** de la saucisse ; **eine Bekannte ~ uns** une de nos connaissances ; **ein Paket ~ zehn Kilo** un colis de dix kilos - **2.** [zur Angabe des Handelnden] par, de ; **das Buch wurde ~ einer Schauspielerin geschrieben** ce livre a été écrit par une actrice ; **das ist ein Film ~ Wenders** c'est un film de Wenders - **3.** [zur Angabe einer Teilmenge] de ; **das Ende ~ dem Film** la fin du film ; **neun ~ zehn** neuf sur dix - **4.** [zur Angabe der Ursache] : **er ist müde ~ der Fahrt** le voyage l'a fatigué - **5.** *RW* : **~ mir aus** *fam* moi, je suis d'accord ; **~ sich aus** *fam* de soi-même. ◆ **von ... an** *präp* à partir de ; **~ hier an** à partir d'ici ; **~ heute an** à partir d'aujourd'hui. ◆ **von ... aus** *präp* depuis, de. ◆ **von ... bis** *präp* de ... à ; **~ Düsseldorf bis Köln** de Düsseldorf à Cologne ; **~ zehn bis zwölf Uhr** de dix heures à midi. ◆ **von ... nach** *präp* de ... à. ◆ **von wegen** *interj salopp* [weit gefehlt] tu parles!
voneinander *adv* l'un (l'une) de l'autre ; **~ abhängig sein** être interdépendant(e).
vor ◇ *präp* - **1.** *(+ D, + A)* [räumlich] devant ; **~ dem Hotel** devant l'hôtel ; **~ das Haus gehen** aller devant la maison ; **~ Gericht** devant le tribunal - **2.** *(+ D)* [davor liegend, vorher] il y a ; **~ fünf Jahren** il y a cinq ans - **3.** [vor Ereignis] avant ; **~ dem Unterricht** avant les cours - **4.** [zur Angabe der Uhrzeit] : **es ist zehn ~ zwei** il est deux heures moins dix ; **es ist Viertel ~ drei** il est trois heures moins le quart - **5.** *(+ D)* [wegen] de ; **~ Vergnügen** de plaisir - **6.** *RW* : **~ sich haben** avoir devant soi, avoir à faire ◇ *adv* en avant ; **einen Schritt ~, einen Schritt zurück** un pas en avant, un pas en arrière.
vorab *adv* tout d'abord.
Vor|abend *der* veille *f* au soir.
voran *adv* - **1.** [vorweg] en tête - **2.** [vorwärts] en avant.
voran|gehen (*perf* **ist vorangegangen**) *vi (unreg)* - **1.** [vorwärts gehen] avancer - **2.** [vorne gehen] marcher en tête ; **geh du voran!** pars devant! - **3.** [vorher passieren] : **jm/etw ~** précéder qqn/qqch.
voran|kommen (*perf* **ist vorangekommen**) *vi (unreg)* avancer ; **mit etw ~** avancer dans qqch.
vor|arbeiten *vi* prendre de l'avance *(dans son travail).* ◆ **sich vorarbeiten** *ref* progresser.
Vorarlberg *nt* Vorarlberg *m.*
Vorarlberger (*pl* -) ◇ *der* habitant *m* du Vorarlberg ◇ *adj* du Vorarlberg.
Vorarlbergerin (*pl* **-nen**) *die* habitante *f* du Vorarlberg.
voraus *adv* : **jm ~ sein** être en avance sur qqn.
Voraus ◆ **im Voraus** *adv* à l'avance.
voraus|gehen (*perf* **ist vorausgegangen**) *vi (unreg)* - **1.** [vorher, früher gehen] partir *(avant qqn)* - **2.** [vorher passieren] : **etw geht etw** *(D)* **voraus** qqch précède qqch.
vorausgesetzt ◇ *pp* ▷ **voraussetzen** ◇ *konj* à condition que.
voraus|haben *vt (unreg)* : **jm etw ~** bénéficier de l'avantage de qqch sur qqn.
voraus|sagen *vt* prédire.
voraus|sehen *vt (unreg)* prévoir.
voraus|setzen *vt* - **1.** [Bedingung] exiger - **2.** [Annahme] supposer ; **etw als bekannt ~** supposer que qqch est connu(e).
Voraussetzung (*pl* **-en**) *die* - **1.** [Bedingung] condition *f* ; **unter der ~** à condition - **2.** [Annahme] supposition *f.*
Voraus|sicht *die (ohne Pl)* clairvoyance *f* ; **aller ~ nach** selon toute vraisemblance.
voraussichtlich ◇ *adv* vraisemblablement ◇ *adj* prévisible.
Voraus|zahlung *die* paiement anticipé *m.*
Vorbehalt (*pl* **-e**) *der* réticence *f* ; **etw unter** ODER **mit ~ annehmen** accepter qqch sous réserve.
vor|behalten *vt (unreg)* : **sich** *(D)* **etw ~** se réserver qqch.
vorbei *adj* - **1.** [zu Ende] : **~ sein** être terminé(e) ; **mit etw ist es ~** *fam* [aus] c'en est fini de qqch - **2.** [vorüber] passé(e).
vorbei|gehen (*perf* **ist vorbeigegangen**) *vi (unreg)* passer ; **an jm/etw ~** passer de-

vant qqn/qqch ; **bei jm ~** passer voir qqn. ◆ **im Vorbeigehen** *adv* en passant.

vorbeilkommen (*perf* **ist vorbeigekommen**) *vi (unreg)* passer ; **an etw** *(D)* **~** passer devant qqch ; **bei jm ~** passer voir qqn.

vorbeilreden *vi* : **aneinander ~** mener un dialogue de sourds.

vorbelastet *adj* prédisposé(e).

vorlbereiten *vt* préparer ; **jn/etw auf etw** *(A)* **~** préparer qqn/qqch à qqch. ◆ **sich vorbereiten** *ref* : **sich (auf etw** *(A)***) ~** se préparer (à qqch).

Vorbereitung (*pl* **-en**) *die* préparation *f* ; **in ~ sein** être en préparation. ◆ **Vorbereitungen** *pl* [für Feier, Reise] préparatifs *mpl*.

vorlbestellen *vt* réserver.

vorbestraft *adj* qui a des antécédents judiciaires.

vorlbeugen <> *vi* : **einer Sache** *(D)* **~** prévenir qqch, se prémunir contre qqch <> *vt* pencher *(en avant)*. ◆ **sich vorbeugen** *ref* se pencher en avant.

Vorbeugung *die (ohne Pl)* prévention *f*.

Vorlbild *das* modèle *m*.

vorbildlich <> *adj* exemplaire <> *adv* de façon exemplaire.

vorlbringen *vt (unreg)* **- 1.** [Bitte, Wunsch] exprimer ; **etw gegen etw ~** objecter qqch à qqch ; **etw gegen jn ~** exprimer qqch contre qqn **- 2.** *fam* [bringen] apporter.

vordere, r, s *adj* de devant.

Vorderlgrund *der* premier plan *m* ; **etw in den ~ stellen** ODER **rücken** mettre qqch au premier plan ODER en avant.

Vorderlmann *der* celui (celle) qui précède ; [im Kino] voisin *m*, -e *f* de devant.

Vorderlrad *das* roue *f* avant.

Vorderlsitz *der* siège *m* avant.

vorldrängen ◆ **sich vordrängen** *ref* jouer des coudes.

vorldringen (*perf* **ist vorgedrungen**) *vi (unreg)* avancer.

Vorldruck *der* imprimé *m*.

voreilig <> *adv* avec précipitation <> *adj* précipité(e).

voreinander *adv* : **~ sitzen** être assis(e) l'un (l'une) devant l'autre ; **~ Angst haben** avoir peur l'un (l'une) de l'autre.

voreingenommen <> *adj* partial(e) ; **gegen jn/etw ~ sein** avoir des préjugés contre qqn/qqch <> *adv* avec partialité.

vorlenthalten *vt (unreg)* : **jm etw ~** [nicht geben] spolier qqn de qqch ; [nicht sagen] dissimuler qqch à qqn.

vorerst *adv* d'abord.

Vorfahr (*pl* **-en**), **Vorfahre** (*pl* **-n**) *der* ancêtre *m*.

vorlfahren (*perf* **hat/ist vorgefahren**) <> *vi (ist)* **- 1.** [nach vorn] avancer ; **vor dem Haus ~** s'arrêter devant la maison **- 2.** *fam* [vorausfahren] partir *(avant qqn)* <> *vt (hat)* [nach vorn] faire avancer.

Vorlfahrt *die (ohne Pl)* priorité *f* ; **~ haben** avoir la priorité.

Vorfahrtslstraße *die* route *f* prioritaire.

Vorlfall *der* [Geschehnis] incident *m*.

vorlfallen (*perf* **ist vorgefallen**) *vi (unreg)* se passer.

vorlfinden *vt (unreg)* découvrir, trouver.

vorlführen *vt* **- 1.** [gen] présenter ; **jm etw ~** montrer qqch à qqn **- 2.** [Film] projeter.

Vorlführung *die* présentation *f*.

Vorlgang *der* processus *m*.

Vorgänger, in (*mpl* **-** ; *fpl* **-nen**) *der, die* prédécesseur *m*.

vorgefertigt *adj* préfabriqué(e).

Vorlgefühl *das* pressentiment *m*.

vorgegeben *adj* donné(e).

vorlgehen (*perf* **ist vorgegangen**) *vi (unreg)* **- 1.** [vorausgehen] partir *(avant qqn)* **- 2.** [nach vorne] s'avancer **- 3.** [passieren] se passer **- 4.** [handeln] procéder ; **gegen jn/etw ~** agir contre qqn/qqch **- 5.** [Uhr] avancer.

Vorlgeschichte *die* **- 1.** [vorherige Entwicklung] histoire *f* ; MED antécédents *mpl* **- 2.** *(ohne Pl)* [Frühgeschichte] préhistoire *f*.

Vorgesetzte (*pl* **-n**) *der, die* supérieur *m*, -e *f*.

vorgestern *adv* [vor zwei Tagen] avant-hier.

vorlhaben *vt (unreg)* : **etw ~** avoir qqch de prévu ; **~, etw zu tun** avoir l'intention de faire qqch.

Vorhaben (*pl* **-**) *das* projet *m*.

vorlhalten <> *vt (unreg)* : **jm etw ~** [halten] mettre qqch devant qqn ; [vorwerfen] reprocher qqch à qqn <> *vi fam* [ausreichen] tenir, durer.

Vorhaltungen *pl* reproches *mpl*.

vorhanden *adj* existant(e) ; **~ sein** exister.

Vorlhang *der* rideau *m* ; **der Eiserne ~** HIST le rideau de fer.

Vorhängelschloss *das* cadenas *m*.

Vorlhaut *die* prépuce *m*.

vorher *adv* avant, auparavant ; **am Tag ~** la veille ; **am Abend ~** la veille au soir.

vorherig *adj* précédent(e).

vorlherrschen *vi* dominer, prédominer.

Vorherlsage *die* prédiction *f*.

vorherlsehen *vt (unreg)* prévoir.

vorhin, vorhin *adv* tout à l'heure.

vorige *adj* dernier(ère).

Vorkehrungen *pl* : **~ treffen** prendre des mesures préventives.

Vorkenntnisse *pl* connaissances *fpl*.

vor|kommen (*perf* **ist vorgekommen**) *vi (unreg)* - **1.** [passieren] : **(jm) ~** arriver (à qqn) - **2.** [auftreten, existieren] se rencontrer - **3.** [scheinen] : **jm verdächtig/komisch ~** sembler suspect/bizarre à qqn ; **sich überflüssig ~** avoir l'impression d'être de trop ; **es kommt jm vor, als ob** qqn a l'impression que - **4.** [nach vorne kommen] avancer.

Vorkommen (*pl* -) *das* [an Bodenschätzen] gisement *m.*

Vorkommnis (*pl* **-se**) *das* incident *m.*

Vor|ladung *die* convocation *f ;* [vor Gericht] citation *f* à comparaître.

Vor|lage *die* - **1.** [von Zeichnung, Handarbeit] modèle *m* - **2.** *(ohne Pl)* [von Dokumenten] présentation *f.*

vor|lassen *vt (unreg) fam :* **jn ~** laisser qqn passer devant.

Vor|läufer, in *der, die* précurseur *m.*

vorläufig ◇ *adj* provisoire ◇ *adv* provisoirement.

vorlaut ◇ *adj* qui fait des remarques intempestives ◇ *adv* de manière intempestive.

vor|legen *vt* présenter ; **jm etw ~** soumettre qqch à qqn.

vor|lesen *vt (unreg) :* **(jm) etw ~** lire qqch (à qqn).

Vor|lesung *die* UNI cours *m* (magistral).

vor|letzte, r, s *adj* avant-dernier(ère).

Vorliebe (*pl* **-n**) *die* préférence *f ;* **eine ~ für jn/etw haben** préférer qqn/qqch.

vorlieb nehmen *vi (unreg) :* **mit jm/etw ~** se contenter de qqn/qqch.

vor|liegen *vi (unreg)* [vorgelegt sein] être disponible ; **gegen jn ~** être établi(e) contre qqn.

vor|machen *vt* - **1.** *fam* [zeigen] : **jm etw ~** montrer qqch à qqn - **2.** [vortäuschen] : **jm etwas ~** raconter des histoires à qqn.

Vormacht|stellung *die* prépondérance *f.*

Vor|marsch *der :* **auf dem ~ sein** gagner du terrain.

vor|merken *vt :* **sich als/für etw ~ lassen** se faire inscrire comme/à qqch.

Vor|mittag *der* matinée *f ;* **gestern/heute/morgen ~** hier/ce/demain matin.

vormittags *adv* le matin.

Vor|mund (*pl* **-e** ODER **Vormünder**) *der* tuteur *m*, -trice *f.*

vorn, vorne *adv* devant. ◆ **von vorn** *adv* [zeitlich] depuis le début.

Vor|name *der* prénom *m.*

vorne = **vorn.**

vornehm ◇ *adj* - **1.** [fein] distingué(e) - **2.** [elegant] chic ◇ *adv* [elegant] de manière distinguée, avec distinction.

vor|nehmen *vt (unreg)* - **1.** [durchführen] procéder à - **2.** [sich beschäftigen mit] : **sich** *(D)* **etw ~** *fam* s'attaquer à qqch - **3.** [sich entschließen] : **sich** *(D)* **~, etw zu tun** former le projet de faire qqch.

vornherein ◆ **von vornherein** *adv* d'emblée.

Vor|ort *der* banlieue *f.*

Vor|platz *der* esplanade *f.*

vor|programmieren *vt* préprogrammer.

Vor|rang *der (ohne Pl) :* **vor jm ~ haben** avoir priorité sur qqn.

vorrangig ◇ *adj* prioritaire ◇ *adv* en priorité.

Vorrat (*pl* **Vorräte**) *der* réserves *fpl*, stock *m ;* **ein ~ an etw** *(D)* des réserves de qqch. ◆ **auf Vorrat** *adv :* **etw auf ~ einkaufen** ODER **bestellen** faire des provisions de qqch.

vorrätig *adj* en réserve, en stock ; **dieser Artikel ist ~** on a cet article en stock.

Vor|raum *der* antichambre *f.*

Vor|recht *das* privilège *m.*

Vor|richtung *die* dispositif *m.*

vor|rücken (*perf* **hat/ist vorgerückt**) ◇ *vt (hat)* avancer ◇ *vi (ist)* [nach vorn] avancer ; [in Hierarchie] progresser.

Vorruhe|stand *der (ohne Pl)* préretraite *f.*

vor|sagen ◇ *vt :* **jm etw ~** souffler qqch à qqn ◇ *vi* souffler.

Vor|saison *die* basse saison *f ;* **in der ~** en basse saison.

Vor|satz *der* résolution *f ;* **einen ~ fassen** prendre une résolution.

vorsätzlich ◇ *adj* prémédité(e) ◇ *adv* avec préméditation.

Vor|schau *die* bande-annonce *f.*

Vor|schein *der :* **zum ~ kommen** apparaître.

vor|schieben *vt (unreg)* - **1.** [schieben] pousser ; [nach vorn] avancer - **2.** [Stellvertreter] se retrancher derrière.

Vor|schlag *der* proposition *f.*

vor|schlagen *vt (unreg)* proposer ; **jm etw ~** proposer qqch à qqn.

vorschlagen

Je te propose de venir dîner demain. Komm doch morgen zum Abendessen.

Et si on prenait le train ? Wie wäre es, wenn wir mit dem Zug fahren?

Prenons le train. Lasst uns mit dem Zug fahren.

Ça te dirait d'aller au cinéma ? Hättest du nicht Lust, ins Kino zu gehen?

Qu'est-ce que tu dirais d'une promenade en bateau ? Was hälst du von einem Dampferausflug?

vorschnell <> *adj* hâtif(ive) <> *adv* hâtivement.

vor|schreiben *vt (unreg)* prévoir ; **jm etw ~** dicter qqch à qqn.

Vor|schrift *die* instruction *f*, règlement *m*.

Vor|schule *die* dernière année *f* de maternelle, année *f* préscolaire.

Vor|schuss *der* avance *f* ; **jm einen ~ geben** accorder une avance à qqn.

vor|sehen *vt (unreg)* prévoir ; **jn für etw ~** pressentir qqn pour qqch ; **etw für etw ~** destiner qqch à qqch. ◆ **sich vorsehen** *ref* : **sich vor jm/etw ~** se prémunir contre qqn/qqch.

vor|setzen *vt* : **jm etw ~** servir qqch à qqn.

Vor|sicht *die (ohne Pl)* prudence *f*. ◆ **Vorsicht!** *interj* attention!

vorsichtig <> *adj* prudent(e) <> *adv* prudemment.

vorsichtshalber *adv* par prudence.

Vorsichts|maßnahme *die* précaution *f*.

Vor|silbe *die* préfixe *m*.

Vor|sitz *der* présidence *f*.

Vorsitzende (*pl* **-n**) *der, die* président *m*, -e *f*.

Vor|sorge *die (ohne Pl)* prévention *f* ; **~ treffen** prendre des dispositions.

vor|sorgen *vi* : **für etw ~** prévoir (le nécessaire) pour qqch.

vorsorglich <> *adj* prévoyant(e) <> *adv* par précaution.

Vor|speise *die* hors-d'œuvre *m*.

vor|spielen <> *vt* **- 1.** [vortragen] : **(jm) etw ~** [auf einem Instrument] jouer qqch (à qqn) **- 2.** [vortäuschen] jouer la comédie (à qqn) <> *vi* [zur Unterhaltung] : **(jm) ~** jouer (pour qqn) ; [zur Prüfung] passer une audition.

Vor|sprung *der* **- 1.** [Abstand] avance *f* **- 2.** [Ausbuchtung] éperon *m*.

Vor|stadt *die* faubourg *m*.

Vor|stand *der* direction *f*.

vor|stehen *vi (unreg)* **- 1.** [herausragen] saillir **- 2.** [verantwortlich] : **jm/etw ~** diriger qqn/qqch.

vor|stellen *vt* **- 1.** [bekannt machen] présenter ; **jn jm ~** présenter qqn à qqn **- 2.** [sich ausdenken] : **sich (D) etw ~** s'imaginer qqch **- 3.** [Uhr] avancer. ◆ **sich vorstellen** *ref* [bekannt machen] : **sich jm ~** se présenter à qqn.

Vor|stellung *die* **- 1.** [geistiges Bild] idée *f* ; **js ~en entsprechen** répondre aux attentes de qqn **- 2.** [Aufführung] représentation *f* **- 3.** [das Vorstellen] présentation *f*.

Vorstellungs|gespräch *das* entretien *m* (d'embauche).

Vor|strafe *die* RECHT antécédents *mpl* judiciaires.

vor|strecken *vt* **- 1.** [nach vorn] tendre **- 2.** [Geld] : **(jm) etw ~** avancer qqch (à qqn).

vor|täuschen *vt* feindre ; **jm etw ~** faire croire qqch à qqn.

Vor|teil *der* avantage *m* ; **zu js ~** à l'avantage de qqn ; **jm gegenüber im ~ sein** être avantagé(e) par rapport à qqn.

vorteilhaft *adj* avantageux(euse).

Vortrag (*pl* **Vorträge**) *der* conférence *f* ; **ein ~ über jn/etw** une conférence sur qqn/qqch ; **einen ~ halten** donner une conférence.

vor|tragen *vt (unreg)* **- 1.** [darbieten - Lied] interpréter ; [- Gedicht] réciter **- 2.** [Bitte, Sachverhalt] exposer ; **jm etw ~** exposer qqch à qqn.

Vor|tritt *der (ohne Pl)* : **jm den ~ lassen** céder le pas à qqn.

vorüber *adj* : **~ sein** être passé(e).

vorüber|gehen (*perf* **ist vorübergegangen**) *vi (unreg)* **- 1.** [vorbeigehen] passer ; **an jm/etw ~** passer devant qqn/qqch **- 2.** [vergehen] cesser.

vorübergehend <> *adj* passager(ère) <> *adv* passagèrement.

Vorur|teil *das* préjugé *m*.

Vorver|kauf *der* location *f*.

Vor|wahl *die* **- 1.** [telefonisch] indicatif *m* **- 2.** [einer Wahl] élections *fpl* primaires.

Vorwand (*pl* **Vorwände**) *der* prétexte *m* ; **unter dem ~, dass** sous prétexte que.

vorwärts *adv* en avant.

vorwärts gehen (*perf* **ist vorwärts gegangen**) *vi (unreg) fam* avancer.

vorwärts kommen (*perf* **ist vorwärts gekommen**) *vi (unreg)* progresser.

vorweg *adv* **- 1.** [vorher] au préalable **- 2.** [voraus] devant.

vorweg|nehmen *vt (unreg)* anticiper.

vor|weisen *vt (unreg)* présenter, produire.

vor|werfen *vt (unreg)* : **jm etw ~** reprocher qqch à qqn.

vorwiegend *adv* surtout.

Vor|wissen *das (ohne Pl)* connaissances *fpl* préalables.

Vor|wort *das* préface *f*.

Vor|wurf *der* reproche *m*.

vorwurfsvoll <> *adj* réprobateur(trice) <> *adv* avec réprobation.

Vor|zeichen *das* **- 1.** [Anzeichen] présage *m* **- 2.** MATH signe *m* **- 3.** MUS altération *f*.

vor|zeigen *vt* présenter, produire ; **jm etw ~** présenter qqch à qqn.

vorzeitig <> *adj* anticipé(e) <> *adv* avant l'heure ; **~ gealtert** vieilli(e) prématurément.

vor|ziehen *vt (unreg)* **- 1.** [lieber mögen]

préférer ; **etw einer Sache** *(D)* ~ préférer qqch à qqch - **2.** [Gardinen, Riegel] fermer - **3.** [Termin] avancer - **4.** [nach vorn ziehen] tirer vers l'avant.

Vor|zug *der* avantage *m* ; **jm/etw den ~ geben** donner la préférence à qqn/qqch.

vorzüglich ◇ *adj* exquis(e) ◇ *adv* à merveille.

vorzugsweise *adv* de préférence.

vulgär ◇ *adj* vulgaire ◇ *adv* vulgairement, avec vulgarité.

Vulkan (*pl* **-e**) *der* volcan *m*.

VW (*abk für* **Volkswagen**) *der* [Auto] Volkswagen *f*.

W

w, W [veː] (*pl* - ODER **-s**) *das* w *m inv*, W *m inv*. ◆ **W** - **1.** (*abk für* **West**) O - **2.** (*abk für* **Watt**) W.

Waadt *die* canton *m* de Vaud.

Waadtländer, in (*mpl* - ; *fpl* **-nen**) *der, die* Vaudois *m*, -e *f*.

waadtländisch *adj* vaudois(e).

Waage (*pl* **-n**) *die* - **1.** [Gerät] balance *f* - **2.** ASTROL Balance *f*.

waagerecht, waagrecht ◇ *adj* horizontal(e) ◇ *adv* horizontalement.

Wabe (*pl* **-n**) *die* rayon *m*.

wach ◇ *adj* - **1.** [nicht schlafend] réveillé(e) ; **~ halten** [Person] maintenir en éveil ; **die Erinnerung an jn/etw ~ halten** garder la mémoire de qqn/qqch ; **jn ~ machen** réveiller qqn ; **~ werden** se réveiller - **2.** [rege] vif (vive) ◇ *adv* [rege] avec intérêt.

Wache (*pl* **-n**) *die* - **1.** [gen] garde *f* ; **~ halten** monter la garde - **2.** [Polizeiwache] poste *m* de police.

wachen *vi* [wach bleiben] veiller.

Wach|hund *der* chien *m* de garde.

Wacholder *der (ohne Pl)* genièvre *m*.

Wach|posten, Wacht|posten *der* poste *m* de garde.

Wachs [vaks] (*pl* **-e**) *das* cire *f*.

wachsam ◇ *adj* vigilant(e) ; **~ sein** être vigilant ◇ *adv* avec vigilance.

wachsen [vaksn̩] (*präs* **wächst** ODER **wachst** ; *prät* **wuchs** ODER **wachste** ; *perf* **ist gewachsen** ODER **hat gewachst**) ◇ *vi (unreg) (ist)* - **1.** [Person] grandir - **2.** [Haar, Pflanze] pousser - **3.** [Zahl, Zustand] croître - **4.** *RW* : **einer Sache** *(D)* **gewachsen sein** être à la hauteur de qqch ◇ *vt (hat)* [mit Wachs - Treppe, Boden] cirer ; [- Ski, Snowboard] farter.

Wachsfiguren|kabinett *das* galerie *f* de figures de cire.

Wachsmal|stift *der* crayon *m* gras.

wächst *präs* ▷ **wachsen.**

Wachs|tuch *das* toile *f* cirée.

Wachstum ['vakstuːm] *das (ohne Pl)* croissance *f*.

Wachtel (*pl* **-n**) *die* caille *f*.

Wächter, in (*mpl* - ; *fpl* **-nen**) *der, die* gardien *m*, -enne *f*.

Wacht|posten = **Wachposten.**

Wach|turm, Wacht|turm *der* mirador *m*.

wackelig, wacklig *adj* - **1.** [Möbel] bancal(e) - **2.** *fam* [schwach] : **~ auf den Beinen sein** vaciller sur ses jambes - **3.** *fam* [unsicher] menacé(e).

Wackel|kontakt *der* ELEKTR faux contact *m*.

wackeln (*perf* **hat/ist gewackelt**) *vi* - **1.** *(hat)* [nicht fest sein] branler ; [Zahn] bouger - **2.** *(hat)* [hin und her bewegen] : **mit etw ~** remuer qqch - **3.** *(ist) fam* [gehen] tituber.

wacker ◇ *adj* - **1.** [anständig] brave - **2.** [tüchtig] vaillant(e) ◇ *adv* vaillamment.

wacklig = **wackelig.**

Wade (*pl* **-n**) *die* mollet *m*.

Waffe (*pl* **-n**) *die* arme *f*.

Waffel (*pl* **-n**) *die* gaufre *f*.

Waffel|eisen *das* moule *m* à gaufre, gaufrier *m*.

Waffen|gewalt *die (ohne Pl)* : **mit ~** par la force des armes.

Waffen|handel *der* [legal] commerce *m* des armes ; [illegal] trafic *m* d'armes.

Waffen|schein *der* permis *m* de port d'armes.

Waffenstill|stand *der* armistice *m*.

wagemutig *adj* audacieux(euse).

wagen *vt* risquer ; **es ~, etw zu tun** oser faire qqch. ◆ **sich wagen** *ref* se risquer ; **sich an etw** *(A)* ~ s'attaquer à qqch.

Wagen (*pl* -) *der* voiture *f*. ◆ **Große Wagen** *der* ASTRON Grande Ourse *f*, Grand Chariot *m*. ◆ **Kleine Wagen** *der* ASTRON Petite Ourse *f*, Petit Chariot *m*.

Wagenheber (*pl* -) *der* cric *m*.

Waggon, Wagon [va'gɔŋ] (*pl* **-s**) *der* wagon *m*.

waghalsig *adj* téméraire.

Wagnis (*pl* **-se**) *das* entreprise *f* risquée.

Wagon = **Waggon.**

Wahl (*pl* **-en**) *die* - **1.** *(ohne Pl)* [Auswahl] choix *m* ; **die ~ haben** avoir le choix ; **eine**

~ **treffen** faire un choix ; **erste/zweite ~ sein** être de premier/second choix ; **in die engere ~ kommen** être sélectionné(e) - **2.** [Abstimmung, Ernennung] élection *f* ; **öffentliche/geheime ~** scrutin *m* public/secret.

wahlberechtigt *adj* : ~ **sein** avoir le droit de vote.

wählen ◇ *vt* - **1.** [auswählen] choisir - **2.** [Telefonnummer] composer - **3.** [politisch] voter pour ◇ *vi* - **1.** [auswählen] choisir ; **zwischen etw** *(D)* **und etw** *(D)* ~ choisir entre qqch et qqch - **2.** [am Telefon] composer un numéro - **3.** [politisch] voter.

Wähler (*pl* -) *der* électeur *m*.

Wählerin (*pl* -nen) *die* électrice *f*.

wählerisch *adj* difficile, exigeant(e).

Wähler|stimme *die* voix *f*.

Wähler|vereinigung *die* : **eine freie ~** une liste indépendante.

Wahl|fach *das* SCHULE matière *f* facultative.

Wahl|gang *der* tour *m* de scrutin.

Wahl|heimat *die* terre *f* d'élection.

Wahl|kabine *die* isoloir *m*.

Wahl|kampf *der* campagne *f* électorale.

Wahl|kreis *der* circonscription *f* électorale.

Wahl|lokal *das* bureau *m* de vote.

wahllos *adv* au hasard.

Wahlnieder|lage *die* défaite *f* électorale.

Wahl|recht *das (ohne Pl)* - **1.** [individuelles Recht] droit *m* de vote - **2.** [Rechtsvorschriften] droit *m* électoral.

Wahl|rede *die* discours *m* électoral.

Wähl|scheibe *die* cadran *m*.

Wahl|sieg *der* victoire *f* électorale.

Wahl|spruch *der* devise *f*.

Wahl|versprechen *das* promesse *f* électorale.

wahlweise *adv* au choix.

Wahn *der (ohne Pl)* délire *m*.

Wahn|sinn *der (ohne Pl)* folie *f* ; **das ist heller** ODER **reiner ~** c'est de la pure folie. ◈ **Wahnsinn!** *interj fam* c'est dingue!

wahnsinnig ◇ *adj* - **1.** [geistesgestört, unvernünftig] fou (folle) - **2.** *fam* [groß] dingue ◇ *adv fam* [sehr] drôlement.

Wahnvor|stellung *die* hallucination *f*.

wahr *adj* vrai(e) ; **das darf doch nicht ~ sein!** *fam* ce n'est pas vrai! ; **etw ~ machen** *fig* réaliser qqch. ◈ **nicht wahr?** *interj* pas vrai?

während ◇ *konj* - **1.** [zeitlich] pendant que - **2.** [gegensätzlich] tandis que ◇ *präp* pendant.

währenddessen *adv* pendant ce temps.

wahrhaben *vt* : **etw nicht ~ wollen** ne pas vouloir admettre qqch.

Wahrheit (*pl* -en) *die* vérité *f*. ◈ **in Wahrheit** *adv* en vérité.

wahrheitsgemäß ◇ *adj* véridique ◇ *adv* : ~ **antworten** répondre la vérité.

wahr|nehmen *vt (unreg)* - **1.** [bemerken] percevoir - **2.** [Gelegenheit] profiter de.

Wahrnehmung (*pl* -en) *die* - **1.** [Spüren] perception *f* - **2.** [von Gelegenheit] exploitation *f*.

wahr|sagen ◇ *vi* prédire l'avenir ◇ *vt* prédire.

Wahrsager, in (*mpl* - ; *fpl* -nen) *der, die* diseur *m*, -euse *f* de bonne aventure.

wahrscheinlich ◇ *adj* vraisemblable ◇ *adv* vraisemblablement.

Wahrscheinlichkeit (*pl* -en) *die* probabilité *f* ; **aller ~ nach** selon toute vraisemblance, vraisemblablement.

Wahrung *die (ohne Pl)* défense *f*.

Währung (*pl* -en) *die* monnaie *f* ; **eine harte ~** une monnaie forte.

Währungs|einheit *die* unité *f* monétaire.

Währungsre|form *die* réforme *f* monétaire.

Währungs|system *das* système *m* monétaire.

Wahr|zeichen *das* emblème *m*.

Waise (*pl* -n) *die* orphelin *m*, -e *f*.

Waisen|haus *das* orphelinat *m*.

Waisen|kind *das* orphelin *m*, -e *f*.

Wal (*pl* -e) *der* baleine *f*.

Wald (*pl* **Wälder**) *der* forêt *f*.

Wald|brand *der* incendie *m* de forêt.

Wäldchen (*pl* -) *das* petit bois *m*.

Wald|gebiet *das* zone *f* forestière.

Wald|lauf *der* course *f* en sous-bois ; **einen ~ machen** faire un footing.

Wald|meister *der (ohne Pl)* aspérule *f*, reine *f* des bois.

Wald|sterben *das (ohne Pl)* dépérissement *m* des forêts.

Wald|weg *der* chemin *m* forestier.

Wales ['weːls] *nt* Pays *m* de Galles ; **in ~** au Pays de Galles.

Walkie-Talkie ['wɔːkɪ'tɔːkɪ] (*pl* -s) *das* talkie-walkie *m*.

Walkman®['wɔːkmɛn] (*pl* **Walkmen**) *der* baladeur *m*, Walkman® *m*.

Wall (*pl* **Wälle**) *der* rempart *m*.

Wall|fahrt *die* pèlerinage *m*.

Wallis *das* Valais *m*.

Walliser (*pl* -) ◇ *der* Valaisan *m* ◇ *adj* valaisan(anne).

Walliserin (*pl* -nen) *die* Valaisanne *f*.

wallliserisch *adj* valaisan(anne).

Wallone (*pl* -n) *der* Wallon *m*.

Wallonien *nt* Wallonie *f.*
Wallonin (*pl* **-nen**) *die* Wallone *f.*
wallonisch *adj* wallon(onne).
Wall|nuss *die* noix *f.*
Wall|ross *das* morse *m.*
walten *vi geh* régner.
Walze (*pl* **-n**) *die* rouleau *m.*
walzen *vt* passer au rouleau.
wälzen *vt* **- 1.** [bewegen] rouler **- 2.** *fam* [Buch, Akte] potasser. ◆ **sich wälzen** *ref* [im Liegen] se vautrer.
Walzer (*pl* **-**) *der* valse *f* ; **~ tanzen** valser.
Wälzer (*pl* **-**) *der fam* pavé *m.*
wand *prät* ▷ **winden.**
Wand (*pl* **Wände**) *die* **- 1.** [von Häusern] mur *m* **- 2.** [Fels, Seite] paroi *f* **- 3.** *RW* **: in den eigenen vier Wänden** *fam* dans son chez-soi ; **jn an die ~ stellen** *fam fig* mettre ODER envoyer qqn au poteau.
Wandel *der (ohne Pl)* transformation *f* ; **im ~ begriffen** en mutation.
wandeln (*perf* **hat/ist gewandelt**) *geh* ◇ *vi (ist)* se promener ◇ *vt (hat)* modifier. ◆ **sich wandeln** *ref* se modifier.
Wanderer, Wandrer (*pl* **-**) *der* randonneur *m.*
Wanderin, Wandrerin (*pl* **-nen**) *die* randonneuse *f.*
Wander|karte *die* carte *f* de (grande) randonnée.
wandern (*perf* **ist gewandert**) *vi* **- 1.** [als Hobby] faire de la randonnée **- 2.** [herumziehen] : **von Stadt zu Stadt ~** aller de ville en ville **- 3.** [Subj : Blick] : **sein Blick wandert durch den Raum** il promène son regard à travers la pièce.
Wander|schuh *der* chaussure *f* de marche.
Wander|tag *der* SCHULE journée *f* de sortie.
Wanderung (*pl* **-en**) *die* randonnée *f.*
Wander|weg *der* sentier *m* de (grande) randonnée.
Wand|gemälde *das* fresque *f.*
Wand|kalender *der* calendrier *m* mural.
Wandlung (*pl* **-en**) *die* transformation *f.*
Wand|malerei *die* peinture *f* murale.
Wandrer = **Wanderer.**
Wandrerin = **Wanderin.**
Wand|schrank *der* placard *m.*
Wand|tafel *die* tableau *m* noir.
wandte *prät* ▷ **wenden.**
Wand|teppich *der* tapisserie *f.*
Wand|uhr *die* horloge *f* murale.
Wange (*pl* **-n**) *die geh* joue *f.*
wankelmütig *geh & abw adj* inconstant(e).
wanken (*perf* **hat/ist gewankt**) *vi* **- 1.** *(hat)* [gen] chanceler **- 2.** *(ist)* [schwankend gehen] tituber. ◆ **Wanken** *das (ohne Pl)* **: ins Wanken kommen** ODER **geraten** se mettre à chanceler.
wann *adv* quand ; **bis ~?** jusqu'à quand? ; [für Stunden] jusqu'à quelle heure? ; **seit ~?** depuis quand? ; [für Stunden] depuis quelle heure? ; **von ~ bis ~?** de quand à quand? ; [für Stunden] de quelle heure à quelle heure? ; **~ du willst** quand tu veux.
Wanne (*pl* **-n**) *die* **- 1.** [zum Baden] baignoire *f* **- 2.** [Gefäß] cuvette *f*, bassine *f.*
Wanze (*pl* **-n**) *die* **- 1.** [Insekt] punaise *f* **- 2.** *fam* [Abhörgerät] micro *m (dissimulé).*
Wappen (*pl* **-**) *das* armoiries *fpl.*
war *prät* ▷ **sein.**
warb *prät* ▷ **werben.**
Ware (*pl* **-n**) *die* marchandise *f.*
Waren|haus *das* grand magasin *m.*
Waren|lager *das* entrepôt *m.*
Waren|zeichen *das* **: eingetragenes** ODER **geschütztes ~** marque *f* déposée.
warf *prät* ▷ **werfen.**
warm (*komp* **wärmer** ; *superl* **wärmste**) ◇ *adj* **- 1.** [Temperatur, Kleidung, Farbe] chaud(e) ; **es ist ~** il fait bon ; **jm ist ~** qqn a chaud ; **jm wird ~** qqn commence à avoir chaud ; **27 Grad ~es Wasser** eau *f* à 27 degrés **- 2.** [herzlich] chaleureux(euse) ; **mit jm ~ werden** *fam fig* le courant passe avec qqn ◇ *adv* **- 1.** [essen] chaud ; **etw ~ stellen** mettre qqch au chaud **- 2.** [anziehen, einwickeln] chaudement.
Wärme *die (ohne Pl)* chaleur *f.*
wärmedämmend *adj* isolant(e).
wärmen *vt & vi* chauffer. ◆ **sich wärmen** *ref* **: sich an etw** *(D)* **~** se réchauffer près de qqch.
Wärm|flasche *die* bouillotte *f.*
warmherzig ◇ *adj* chaleureux(euse) ◇ *adv* chaleureusement.
warm laufen (*perf* **hat/ist warm gelaufen**) *vi (unreg)* chauffer. ◆ **sich warm laufen** *ref* s'échauffer.
Warm|miete *die fam* ≃ loyer *m* charges comprises.
Warm|wasser *das (ohne Pl)* eau *f* chaude.
Warnblinkan|lage *die* AUTO feux *mpl* de détresse.
Warn|dreieck *das* AUTO triangle *m* de signalisation.
warnen *vt* avertir ; **jn vor jm/etw ~** mettre qqn en garde contre qqn/qqch.
Warnschild (*pl* **-er**) *das* panneau *m* de danger.
Warnung (*pl* **-en**) *die* avertissement *m (de danger).*
Warschau *nt* Varsovie.
warten ◇ *vi* attendre ; **auf jn/etw ~** at-

tendre qqn/qqch ; **mit etw ~** attendre pour faire qqch ◇ *vt* TECH entretenir.

Wärter, in (*mpl* **-** ; *fpl* **-nen**) *der, die* gardien *m*, -enne *f*.

Warte|saal *der* salle *f* d'attente.

Warte|zimmer *das* salle *f* d'attente.

Wartung (*pl* **-en**) *die* maintenance *f*.

warum *adv* pourquoi.

Warze (*pl* **-n**) *die* verrue *f*.

was *pron* **- 1.** [zur Frage nach etwas] que, qu', qu'est-ce que ; **~ suchst du?** que cherches-tu?, qu'est-ce que tu cherches? ; **~ ist los?** qu'y a-t-il?, qu'est-ce qu'il y a? ; **~ machst du?** que fais-tu?, qu'est-ce que tu fais? ; **~ heißt das?** qu'est-ce que cela veut dire? **- 2.** [wie viel] combien ; **~ kostet das?** combien ça coûte?, qu'est-ce que cela coûte? **- 3.** *fam* [warum] pourquoi ; **~ fragst du?** pourquoi poses-tu des questions?, pourquoi tu demandes? **- 4.** *fam* [mit Präposition] quoi ; **an ~ denkst du?** à quoi penses-tu? **- 5.** *fam* [nicht wahr] : **~?** n'est-ce pas? **- 6.** [Relativpronomen] que, qui, qu' ; **das Beste, ~ passieren kann** le meilleur qui puisse arriver ; **etwas, ~ ich nicht verstehe** quelque chose que je ne comprends pas ; **alles, ~** tout ce qui, tout ce que **- 7.** *fam* [Indefinitpronomen, etwas] quelque chose ; **ich muss dich mal ~ fragen** il faut que je te demande quelque chose **- 8.** *RW* : **~ für** quel (quelle) ; **~ weiß ich!** *fam* je n'en sais rien ! ◆ **was?** *interj* quoi? ◆ **ach was!** *interj* mais non ! ◆ **so was!** *interj* pas possible !

Waschan|lage *die* lavage *m* automatique.

waschbar *adj* lavable.

Wasch|becken *das* lavabo *m*.

Wäsche (*pl* **-n**) *die* **- 1.** *(ohne Pl)* [gen] linge *m* **- 2.** *(ohne Pl)* [Unterwäsche] sous-vêtements *mpl* ; [für Frauen] lingerie *f*.

waschecht *adj* **- 1.** [Kleidung, Stoff] qui ne rétrécit pas au lavage ; [Farbe] grand teint **- 2.** *fam fig* [typisch] pur jus.

Wäsche|klammer *die* pince *f* à linge.

Wäsche|korb *der* corbeille *f* à linge.

Wäsche|leine *die* corde *f* à linge.

waschen (*präs* **wäscht** ; *prät* **wusch** ; *perf* **hat gewaschen**) *vt* laver ; **sich** *(D)* **die Haare/die Hände ~** se laver les cheveux/les mains. ◆ **sich waschen** *ref* se laver.

Wäscherei (*pl* **-en**) *die* laverie *f*.

Wäscheschleuder (*pl* **-n**) *die* essoreuse *f*.

Wäsche|ständer *der* séchoir *m*.

Wäsche|trockner (*pl* **-**) *der* sèche-linge *m*.

Wasch|gelegenheit *die* cabinet *m* de toilette.

Wasch|lappen *der* **- 1.** [zum Waschen] gant *m* de toilette **- 2.** *fam abw* [Person] lavette *f*.

Wasch|maschine *die* machine *f* à laver, lave-linge *m*.

Wasch|mittel *das* lessive *f*.

Wasch|pulver *das* lessive *f*, poudre *f* à laver.

Wasch|raum *der* salle *f* d'eau.

Wasch|salon *der* laverie *f* automatique.

wäscht *präs* ▷ **waschen.**

Wasser (*pl* **-**) *das* eau *f* ; **~ abstoßend** imperméable, hydrofuge ; **unter ~ stehen** être inondé(e) ; **sich über ~ halten** *fig* se maintenir à flot. ◆ **am Wasser** *adv* au bord de l'eau.

Wasser

Lors d'un séjour dans une famille allemande, on se rendra compte que les Allemands boivent surtout de l'eau gazeuse (**Sprudel**). Même l'eau dite **ohne Kohlensäure** est légèrement salée et piquante.
Pour obtenir de l'eau plate, il faudra donc utiliser l'expression **Tafelwasser** ou **Leitungswasser**, qui signifie « eau du robinet ».

wasserabstoßend ▷ **Wasser.**

Wasser|bad *das* KÜCHE bain-marie *m*.

wasserdicht *adj* [Material, Gegenstand] étanche.

Wasser|farbe *die* aquarelle *f*.

Wasser|graben *der* douve *f*.

Wasser|hahn *der* robinet *m*.

Wasserkraft|werk *das* centrale *f* hydroélectrique.

Wasser|leitung *die* conduite *f* d'eau.

wasserlöslich *adj* soluble dans l'eau.

Wassermann (*pl* **-männer**) *der* ASTROL Verseau *m*.

Wasser|melone *die* pastèque *f*.

wässern *vt* [in Wasser legen] faire tremper ; KÜCHE dessaler.

Wasser|pflanze *die* plante *f* aquatique.

Wasser|ratte *die* [Tier] rat *m* d'eau.

wasserscheu *adj* qui a peur de l'eau.

Wasserschutz|polizei *die* police *f* fluviale.

Wasser|ski ◇ *der* [Gerät] ski *m* nautique ◇ *nt (ohne Pl)* [Sportart] ski *m* nautique.

Wasser|spiegel *der* niveau *m* d'eau.

Wasser|sport *der* sport *m* nautique.

Wasserspülung (*pl* **-en**) *die* chasse *f* d'eau.

Wasser|stand *der* niveau *m (d'eau)*.

Wasser|stelle *die* point *m* d'eau.

Wasser|stoff *der (ohne Pl)* CHEM hydrogène *m*.

Wasser|turm *der* château *m* d'eau.

Wasser|versorgung *die (ohne Pl)* alimentation *f* en eau.

Wasser|vogel *der* oiseau *m* aquatique.

Wasser|waage *die* niveau *m* à bulle.

Wasser|werk *das* [Institution] service *m* des eaux ; [Anlage] station *f* hydraulique.

Wasser|zeichen *das* filigrane *m*.

wässrig ◇ *adj* [Lösung, Farbe] aqueux(euse) ; [Suppe, Soße] clair(e) ◇ *adj* : ~ **schmecken** être fade.

waten (*perf* **ist gewatet**) *vi* patauger.

watscheln (*perf* **ist gewatschelt**) *vi* se dandiner.

Watt (*pl* **-en** ODER **-**) *das* - **1.** *(G Watt(e)s, Pl Watten)* [Küstengebiet] laisse *f* - **2.** *(G Watts, Pl Watt)* PHYS & TECH [Maßeinheit] watt *m*.

Watte *die (ohne Pl)* coton *m* hydrophile, ouate *f*.

Wattebausch (*pl* **-e** ODER **-bäusche**) *der* morceau *m* de coton.

Watten|meer *das* laisse *f*.

Watte|stäbchen *das* coton-tige® *m*.

wattiert *adj* ouaté(e).

WC [veː'tseː] (*pl* - ODER **-s**) (*abk für* **water closet**) *das* W.-C. *mpl*.

weben (*prät* **wob** ; *perf* **hat gewoben**) *vt* tisser.

Web|seite *die* EDV page *f* web.

Web|stuhl *der* métier *m* à tisser.

Wechsel ['vɛksl̩] (*pl* -) *der* - **1.** [Austausch] changement *m* - **2.** [nacheinander] alternance *f* - **3.** [von Devisen] change *m* - **4.** [Zahlungsmittel] traite *f*. ◆ **im Wechsel** *adv* à tour de rôle.

Wechsel|bad *das* [in Wasser] bains *mpl* alternés.

Wechsel|beziehung *die* corrélation *f*.

Wechsel|geld *das (ohne Pl)* monnaie *f*.

wechselhaft *adj* changeant(e).

Wechseljahre *pl* ménopause *f*.

Wechsel|kurs *der* cours *m* ODER taux *m* de change.

wechseln ['vɛksl̩n] (*perf* **hat/ist gewechselt**) ◇ *vt (hat)* - **1.** [erneuern, Geld umtauschen] changer ; **etw gegen** ODER **in etw** *(A)* ~ changer qqch contre qqch - **2.** [gegenseitig] échanger ◇ *vi* - **1.** *(hat)* [sich verändern] changer - **2.** *(ist)* [überwechseln] changer ; **nach Berlin ~** partir pour Berlin.

Wechsel|rahmen *der* passe-partout *m*.

wechselseitig *adj* mutuel(elle).

Wechsel|strom *der* ELEKTR courant *m* alternatif.

Wechsel|stube *die* bureau *m* de change.

Wechsel|wirkung *die* interaction *f*.

wecken *vt* - **1.** [aus Schlaf] réveiller - **2.** [Reaktion, Gefühl] éveiller.

Wecker (*pl* -) *der* réveil *m* ; **jm auf den ~ fallen** *fam fig* taper sur les nerfs de qqn.

wedeln (*perf* **hat/ist gewedelt**) *vi* - **1.** *(hat)* [Hund] frétiller (de la queue) - **2.** [mit Gegenstand] : **mit dem Taschentuch ~** agiter son mouchoir.

weder ◆ **weder ... noch** *konj* ni ... ni.

weg *adv* parti(e) ; **Finger ~!** pas touche! ; **nichts wie ~!** *salopp* cassons-nous! ; **~ damit!** *fam* direction la poubelle! ; **weit ~** éloigné(e) ; **über etw** *(A)* **~ sein** *fam fig* avoir surmonté qqch.

Weg (*pl* **-e**) *der* - **1.** [Pfad] chemin *m* ; **(jn) nach dem ~ fragen** demander son chemin (à qqn) ; **(jm) im ~ stehen** ODER **sein** barrer le chemin (à qqn) ; **jm über den ~ laufen** croiser le chemin de qqn ; **sich auf den ~ machen** se mettre en route - **2.** [Methode] voie *f* - **3.** *fam* [Erledigung] démarche *f* - **4.** *RW* : **jm/etw aus dem ~ gehen** éviter qqn/qqch ; **jm nicht über den ~ trauen** se méfier de qqn.

wegen *präp (+ G, + D)* à cause de.

weg|fahren (*perf* **hat/ist weggefahren**) *(unreg)* ◇ *vi (ist)* partir *(en véhicule)* ◇ *vt (hat)* emmener *(en véhicule)*.

weg|gehen (*perf* **ist weggegangen**) *vi (unreg)* - **1.** [fortgehen] partir, s'en aller - **2.** *fam* [verschwinden] disparaître.

weg|jagen *vt* chasser.

weg|kommen (*perf* **ist weggekommen**) *vi (unreg) fam* - **1.** [fortgehen können] pouvoir s'en aller - **2.** [verschwinden] disparaître - **3.** [behandelt werden] : **gut/schlecht bei etw ~** être bien/mal loti(e) avec qqch.

weg|lassen *vt (unreg)* - **1.** [gehen lassen] laisser partir - **2.** *fam* [auslassen] laisser tomber.

weg|laufen (*perf* **ist weggelaufen**) *vi (unreg)* se sauver ; **vor** ODER **von jm/etw ~** fuir devant qqn/qqch.

weg|legen *vt* mettre de côté.

weg|machen *vt fam* faire partir.

weg|müssen *vi (unreg) fam* devoir partir.

weg|nehmen *vt (unreg)* enlever ; **jm etw ~** prendre qqch à qqn.

weg|räumen *vt* débarrasser.

weg|schaffen *vt* se débarrasser de.

weg|schicken *vt* envoyer ; [Person] renvoyer.

weg|sehen *vi (unreg)* - **1.** [nicht hinsehen] détourner le regard - **2.** *fam* [hinwegsehen] : **über etw** *(A)* **~** fermer les yeux sur qqch.

weg|tun *vt (unreg) fam* - **1.** [weglegen] enlever - **2.** [wegwerfen] jeter.

Wegweiser (*pl* -) *der* panneau *m* indicateur.

weg|werfen *vt (unreg)* jeter.

wegwerfend <> *adj* méprisant(e) <> *adv* avec mépris.
Wegwerf|gesellschaft *die abw* société *f* de consommation.
weg|wischen *vt* essuyer.
weg|ziehen (*perf* **hat/ist weggezogen**) *(unreg)* <> *vi (ist)* : **aus etw ~** quitter qqch <> *vt (hat)* tirer.
weh *adj fam* douloureux(euse) ; *siehe auch* **wehtun.** ◆ **oh weh!** *interj* aïe, aïe, aïe!
wehen (*perf* **hat/ist geweht**) <> *vi* - **1.** *(hat)* [Wind] souffler - **2.** *(ist)* [Geruch, Fahne] flotter - **3.** *(ist)* [Blätter, Schneeflocken] tourbillonner <> *vt (hat)* emporter.
Wehen *pl* contractions *fpl.*
wehleidig *adj* larmoyant(e).
wehmütig <> *adj* mélancolique <> *adv* avec mélancolie.
Wehr (*pl* **-e**) <> *die (G Wehr)* : **sich zur ~ setzen** se défendre <> *das (G Wehr(e)s)* barrage *m.*
Wehr|dienst *der (ohne Pl)* service *m* militaire ODER national.
Wehr|dienstverweigerer (*pl* -) *der* objecteur *m* de conscience.
wehren ◆ **sich wehren** *ref* se défendre.
Wehrersatz|dienst *der* service *m* civil.
wehrlos *adj & adv* sans défense.
Wehr|pflicht *die (ohne Pl)* obligations *fpl* militaires.
wehrpflichtig *adj* astreint(e) au service militaire ODER national.
weh|tun <> *vi* : **jm ~** faire mal à qqn ; **mir tun die Füße ~** j'ai mal aux pieds <> *ref* : **sich wehtun** se faire mal.
Weib (*pl* **-er**) *das abw* femme *f.*
Weibchen (*pl* -) *das* femelle *f.*
weiblich <> *adj* féminin(e) <> *adv* avec féminité.
weich <> *adj* - **1.** [nicht hart] mou (molle) - **2.** [Stoff] moelleux(euse) - **3.** [sanft] doux (douce) ; **~ werden** *fam* s'attendrir ; **jn ~ machen** *fam* attendrir qqn - **4.** [gekocht] cuit(e) <> *adv* - **1.** [behutsam] doucement - **2.** [fertig gekocht] : **~ gekocht** [Ei] à la coque ; [Gemüse, Fleisch] cuit(e) - **3.** [sitzen, liegen] confortablement.
Weiche (*pl* **-n**) *die* aiguillage *m.*
weichgekocht ▷ **weich.**
Weich|käse *der* fromage *m* à pâte molle.
weichlich *adj* mou (molle).
Weichling (*pl* **-e**) *der abw* lavette *f.*
Weichsel *die* Vistule *f.*
Weichspüler (*pl* -) *der* adoucissant *m.*
Weide (*pl* **-n**) *die* - **1.** [für Vieh] pâturage *m* - **2.** [Baum] saule *m.*
weiden *vi* paître.
weigern ◆ **sich weigern** *ref* : **sich ~ (, etw zu tun)** refuser (de faire qqch).
Weigerung (*pl* **-en**) *die* refus *m.*
weihen *vt* consacrer ; **jn ~** consacrer qqn.
Weiher (*pl* -) *der* étang *m.*
Weihnachten (*pl* -) *(ohne Artikel)* Noël *m* ; **~ feiern** fêter Noël. ◆ **frohe Weihnachten!** *interj* Joyeux Noël!
weihnachtlich <> *adj* de Noël <> *adv* [in Vorweihnachtszeit] pour Noël ; [wie zu Weihnachten] comme pour Noël.
Weihnachts|abend *der* veillée *f* ODER soir *m* de Noël ; [als Feier] réveillon *m* de Noël.
Weihnachts|baum *der* arbre *m* ODER sapin *m* de Noël.
Weihnachts|geld *das* prime *f* de fin d'année.
Weihnachts|geschenk *das* cadeau *m* de Noël.
Weihnachts|lied *das* chant *m* de Noël.
Weihnachts|mann *der* père *m* Noël.
Weihnachts|markt *der* marché *m* de Noël.
Weihnachts|tag *der* : **erster ~** jour *m* de Noël *(25 décembre)* ; **zweiter ~** lendemain *m* de Noël *(26 décembre, férié en Allemagne).*
Weih|rauch *der* encens *m.*
Weih|wasser *das (ohne Pl)* eau *f* bénite.
weil *konj* parce que.
Weile ◆ **eine Weile** *adv* un moment.
Weimar *nt* Weimar.
Weimarer Republik *die (ohne Pl)* République *f* de Weimar *(régime démocratique en Allemagne de 1919 à 1933).*
Wein (*pl* **-e**) *der* - **1.** [Getränk] vin *m* - **2.** *(ohne Pl)* [Pflanze] vigne *f.*
Wein|bau *der (ohne Pl)* viticulture *f.*
Wein|berg *der* vignoble *m.*
Wein|brand *der* eau-de-vie *f (de vin),* cognac® *m.*
weinen <> *vi* pleurer ; **über etw** *(A)* **~** pleurer sur qqch ; **um jn ~** pleurer qqn ; **vor etw** *(D)* **~** pleurer de qqch <> *vt* pleurer.
weinerlich *adj* larmoyant(e).
Wein|flasche *die* bouteille *f* de vin.
Wein|keller *der* cave *f* à vin ODER vins.
Wein|lese (*pl* **-n**) *die* vendange *f,* vendanges *fpl.*
Wein|probe *die* dégustation *f* de vins.
Wein|stube *die* bar *m* à vin.
Wein|traube *die* raisin *m,* grain *m* de raisin.
weise <> *adj* sage <> *adv* sagement.
Weise (*pl* **-n**) <> *die* - **1.** [Art] manière *f,* façon *f* - **2.** [Melodie] air *m* <> *der, die* sage *m.* ◆ **auf seine Weise** *adv* à sa façon.
Weisheit (*pl* **-en**) *die (ohne Pl)* [Klugheit] sagesse *f.*
Weisheits|zahn *der* dent *f* de sagesse.
weis|machen *vt fam* : **jm etw ~** faire croire qqch à qqn.

weiß *adj* blanc (blanche).

weiß *präs* ▷ **wissen.**

Weiß *das* blanc *m.*

Weiß|brot *das* pain *m* blanc, pain *m* de froment.

Weiße (*pl* **-n**) ◇ *der, die* Blanc *m*, Blanche *f* ◇ *die* : **Berliner ~ mit Schuss** *bière blanche additionnée de sirop de framboise.*

weißen *vt* blanchir.

Weiß|glut *die (ohne Pl)* : **jn zur ~ bringen** *fam fig* chauffer qqn à blanc.

Weiß|kohl *der* chou *m* blanc.

Weiß|wein *der* vin *m* blanc.

weit ◇ *adj* **- 1.** [Strecke, Reise, Fläche] grand(e), long (longue) ; **20 Kilometer ~** de 20 kilomètres **- 2.** [Kleidung] large **- 3.** *RW* : **damit ist es nicht ~ her** *fam abw* ça ne va pas très loin ; **so ~ sein** *fam* être prêt(e) ◇ *adv* **- 1.** [beträchtlich] : **~ besser** bien mieux ; **~ weg** très loin **- 2.** [gehen, fahren] loin ; **zwei Kilometer ~ fahren** ODER **gehen** faire deux kilomètres **- 3.** [fallen, geschnitten] largement **- 4.** *RW* : **das geht zu ~!** ça va trop loin! ; **so ~, so gut** très bien ; **~ und breit** *fam* à la ronde. ◆ **bei weitem** *adv* de loin. ◆ **von weitem** *adv* de loin.

weitaus *adv* de loin.

Weite (*pl* **-n**) *die* **- 1.** *(ohne Pl)* [weite Fläche] étendue *f* ; **das ~ suchen** *fig* prendre le large **- 2.** SPORT distance *f* **- 3.** [von Kleidungsstücken] largeur *f.*

weiter *adv* plus loin. ◆ **immer weiter** *adv* toujours plus (loin). ◆ **nicht weiter** *adv* **- 1.** [gen] ne ... plus **- 2.** [nicht mehr] ne pas ... davantage **- 3.** [nicht weiter fort] pas plus loin. ◆ **und so weiter** *adv* et cetera. ◆ **weiter nichts** *adv* rien de plus, rien d'autre.

weiter|arbeiten *vi* continuer à travailler.

Weiter|bildung *die (ohne Pl)* formation *f* continue.

weitere *adj* d'autres. ◆ **bis auf weiteres** *adv* jusqu'à nouvel ordre. ◆ **ohne weiteres** *adv* sans problèmes.

weiter|empfehlen *vt (unreg)* : **(jm) etw ~** recommander qqch (à qqn).

weiter|geben *vt (unreg)* : **etw (an jn) ~** [Erfahrung, Nachricht] transmettre qqch (à qqn) ; [Gegenstand] remettre qqch (à qqn).

weiter|gehen (*perf* **ist weitergegangen**) *vi (unreg)* continuer.

weiterhin *adv* **- 1.** [immer noch] toujours **- 2.** [künftig] à l'avenir.

weiter|machen *vi* continuer.

weiter|wissen *vi (unreg)* : **nicht mehr ~** ne plus savoir quoi faire.

weit gehend ◇ *adj* considérable ◇ *adv* dans l'ensemble.

weitläufig ◇ *adj* **- 1.** [Haus, Grundstück] vaste **- 2.** [Verwandtschaft, Bekannte] lointain(e) ◇ *adv* **- 1.** [ausgedehnt] largement **- 2.** [verwandt, bekannt] de loin.

weiträumig ◇ *adj* spacieux(euse) ◇ *adv* sur un vaste périmètre ; **etw ~ umfahren** faire un grand détour pour contourner qqch.

weitsichtig ◇ *adj* **- 1.** [sehbehindert] presbyte **- 2.** [umsichtig] prudent(e) ◇ *adv* [umsichtig] prudemment.

Weit|sprung *der (ohne Pl)* SPORT saut *m* en longueur.

weit verbreitet *adj* très répandu(e).

Weizen *der (ohne Pl)* blé *m*, froment *m.*

Weizen|bier *das bière blonde faite à partir de froment.*

welche, r, s ◇ *det* quel, quelle, quels, quelles ◇ *pron* **- 1.** [Interrogativpronomen] lequel, laquelle, lesquels, lesquelles **- 2.** [Relativpronomen] qui, que.

welk *adj* fané(e).

welken (*perf* **ist gewelkt**) *vi* se faner.

Well|blech *das* tôle *f* ondulée.

Welle (*pl* **-n**) *die* **- 1.** [Woge] vague *f*, flot *m* **- 2.** [beim Rundfunk] onde *f.*

wellen *vt* onduler. ◆ **sich wellen** *ref* onduler ; [Haar] friser ; [Tapete] se gondoler.

Wellen|bad *das* bassin *m* à vagues.

Wellen|bereich *der* bande *f* de fréquence.

Wellen|gang *der (ohne Pl)* : **hoher ~** forte houle *f.*

Wellen|länge *die* PHYS longueur *f* d'ondes.

Wellen|linie *die* ligne *f* ondulée.

Wellen|sittich (*pl* **-e**) *der* perruche *f.*

wellig *adj* ondulé(e).

Wellness ['wɛlnɛs] *die (ohne pl)* bien-être *m.*

Well|pappe *die* carton *m* ondulé.

Welpe (*pl* **-n**) *der* **- 1.** [Hund] chiot *m* **- 2.** [Wolf] louveteau *m* **- 3.** [Fuchs] renardeau *m.*

Welt (*pl* **-en**) *die* monde *m* ; **auf der ~** au monde ; **die Dritte ~** le tiers-monde ; **alle ~** tout le monde ; **auf die** ODER **zur ~ kommen** venir au monde.

Welt|all *das* univers *m.*

Welt|anschauung (*pl* **-en**) *die* conception *f* du monde.

Weltaus|stellung *die* exposition *f* universelle.

weltberühmt *adj* mondialement connu(e).

weltfremd *adj* naïf(ïve).

Welt|krieg *der* HIST : **der Erste/Zweite ~** la Première/Seconde Guerre mondiale.

weltlich *adj* profane.

Welt|macht *die* puissance *f* mondiale.

Weltlmeister, in *der, die* champion *m*, -onne *f* du monde.
Weltlmeisterschaft *die* championnat *m* du monde.
Weltlrang *der :* **von ~** de renommée internationale.
Weltrangliste *die* SPORT classement *m* mondial.
Weltlraum *der (ohne Pl)* espace *m (cosmique).*
Weltlreise *die* tour *m* du monde.
Weltlrekord *der* record *m* du monde.
Weltlstadt *die* métropole *f.*
Weltunterlgang *der (ohne Pl)* fin *f* du monde.
weltweit <> *adj* mondial(e) <> *adv* mondialement.
wem *pron (Dativ von wer)* à qui ; **mit ~?** avec qui?
wen *pron (Akkusativ von wer)* qui ; **~ hat er gefragt?** à qui a-t-il demandé?
Wende (*pl* **-n**) *die* **- 1.** [Veränderung] changement *m ;* **die ~** HIST le tournant *(en référence à la réunification allemande) ;* **vor/nach der ~** avant/après la chute du mur ; **die ~ vom 19. zum 20. Jahrhundert** le tournant du XIXe au XXe siècle **- 2.** SPORT virage *m.*
Wendelkreis *der* **- 1.** [von Fahrzeugen] rayon *m* de braquage **- 2.** GEOGR tropique *m.* ◆ **Nördliche Wendekreis** *der* tropique *m* du Cancer. ◆ **Südliche Wendekreis** *der* tropique *m* du Capricorne.
Wendelltreppe *die* escalier *m* en colimaçon.
wenden (*prät* **wendete** ODER **wandte ;** *perf* **hat gewendet** ODER **gewandt**) <> *vt* **- 1.** *(reg)* [umdrehen] tourner ; [Jacke, Heu] retourner **- 2.** [Blick, Kopf] tourner <> *vi (reg) :* **'bitte ~'** 'tournez s'il vous plaît'. ◆ **sich wenden** *ref* **- 1.** *(reg)* [sich ändern] : **sich (für jn) zum Guten/Schlechten ~** tourner à la faveur/défaveur (de qqn) **- 2.** [sich richten] : **sich an jn/etw ~** s'adresser à qqn/qqch ; **sich gegen jn/etw ~** se retourner contre qqn/qqch.
Wendelpunkt *der* [Zeitpunkt] tournant *m.*
Wendung (*pl* **-en**) *die* **- 1.** [Redewendung] tournure *f* **- 2.** [Drehung] virage *m.*
wenig <> *det* peu de <> *pron* peu <> *adv* pas beaucoup, guère. ◆ **ein wenig** <> *det* un peu de <> *pron* un peu <> *adv* un peu. ◆ **nur wenig** <> *det* que peu <> *adv* ne ... pas beaucoup, ne ... guère. ◆ **zu wenig** <> *det* trop peu de <> *pron* pas assez <> *adv* trop peu, pas assez.
weniger *adv* moins ; **sieben ~ drei** sept moins trois.
wenigste ◆ **am wenigsten** *adv* le moins.
wenigstens *adv* au moins.
wenn *konj* **- 1.** [temporal] quand, lorsque **- 2.** [konditional, falls] si ; **~ sie das wüsste** si elle (le) savait. ◆ **wenn auch** *konj* même si. ◆ **wenn bloß** *konj* si seulement. ◆ **Wenn** *das (ohne Pl) :* **ohne Wenn und Aber** pas de si ni de mais.
wer *pron* **- 1.** [Interrogativpronomen] qui ; **~ war das?** qui était-ce? ; *fig* qui a fait cela? **- 2.** [Relativpronomen] celui ODER celle qui ; **~ keine Lust hat, bleibt eben hier** celui qui n'a pas envie reste là **- 3.** *fam* [Indefinitpronomen] quelqu'un ; **ist da ~?** y a-t-il quelqu'un?
Werbelfernsehen *das (ohne Pl)* publicité *f (à la télévision).*
werben (*präs* **wirbt ;** *prät* **warb ;** *perf* **hat geworben**) <> *vi* faire de la publicité <> *vt* [Kunden, Mitglieder] recruter.
Werbung (*pl* **-en**) *die* publicité *f.*
Werdelgang *der* évolution *f ;* **beruflicher ~** carrière *f* ODER expérience *f* professionnelle.
werden (*präs* **wird ;** *prät* **wurde ;** *perf* **ist geworden** ODER **worden**) <> *aux* **- 1.** [zur Bildung - des Futurs] : **ich werde gehen** je vais partir ; **er wird nicht kommen** il ne viendra pas ; [- des Konjunktivs] : **ich würde gern** je voudrais bien ; **sowas würde er nie tun!** il ne ferait jamais ça! ; **würdest du, würden Sie** pourrais-tu, pourriez-vous **- 2.** [zum Ausdruck der Wahrscheinlichkeit] devoir être ; **es klingelt, das wird Vati sein** on sonne, ça doit être papa **- 3.** *(Perf ist worden)* [zur Bildung des Passivs] être ; **gesehen ~** être vu(e) ; **gesehen worden sein** avoir été vu(e) ; **jetzt wird gearbeitet!** maintenant au travail! <> *vi (Perf ist geworden)* **- 1.** [gen] devenir ; **es wird zehn Uhr** il est bientôt dix heures ; **jd wird 30** qqn va avoir 30 ans ; **es wird hell** le jour se lève ; **es wird spät** il se fait tard ; **es wird besser** ça va mieux ; **es wird Winter** l'hiver arrive ; **jm wird heiß/angst** qqn commence à avoir chaud/peur ; **was willst du einmal ~?** [beruflich] que veux-tu faire plus tard? ; **daraus wird nichts** ça ne donnera rien ; **aus jm kann etw ~** on peut faire qqch de qqn **- 2.** *fam* [sich erholen] se remettre ; **es wird schon wieder ~** ça va aller mieux.
werfen (*präs* **wirft ;** *prät* **warf ;** *perf* **hat geworfen**) <> *vt* lancer ; [Tor] marquer <> *vi :* **(mit etw) ~** lancer (qqch). ◆ **sich werfen** *ref* se jeter.
Werft (*pl* **-en**) *die* chantier *m* naval.
Werk (*pl* **-e**) *das* **- 1.** *(ohne Pl)* [Arbeit] œuvre *f ;* **ans ~ gehen** se mettre à l'ouvrage **- 2.** [Betrieb] usine *f.*
Werkstatt (*pl* **-stätten**) *die* atelier *m ;* [für Autos] garage *m.*
Werkslverkauf *der* vente *f* à prix d'usine.
Werkltag *der* jour *m* ouvrable.

werktags *adv* les jours ouvrables.
werktätig *adj* actif(ive).
Werk|zeug (*pl* **-e**) *das* outil *m*, outils *mpl*.
Werkzeug|kasten *der* boîte *f* à outils.
Wermut (*pl* **-s**) *der* vermouth *m*.
wert *adj* cher(ère) ; **~ sein** valoir ; **diese Reparatur ist mir die 50 Euro ~** cette réparation vaut bien ses 50 euros ; **etwas ~ sein** avoir de la valeur.
Wert (*pl* **-e**) *der* valeur *f* ; **auf etw** *(A)* **~ legen** attacher de l'importance à qqch ; **im ~ steigen/fallen** prendre/perdre de la valeur ; **das hat keinen ~!** *fam* cela ne vaut pas la peine !
Wertan|gabe *die* valeur *f* déclarée.
werten *vt* **- 1.** [benoten] évaluer **- 2.** [einschätzen] : **etw als etw ~** considérer qqch comme qqch.
Wertgegen|stand *der* objet *m* de valeur.
wertlos *adj* sans valeur.
Wert|papier *das* WIRTSCH valeur *f*, titre *m*.
Wertung (*pl* **-en**) *die* **- 1.** [Benotung] évaluation *f* **- 2.** [Urteil] jugement *m*.
wertvoll *adj* précieux(euse), de valeur.
Wesen (*pl* **-**) *das* **- 1.** *(ohne Pl)* [Charakter] nature *f* **- 2.** [Mensch] être *m* (humain) **- 3.** [Lebewesen] créature *f*.
wesentlich ◇ *adj* essentiel(elle) ◇ *adv* pour l'essentiel. ◆ **im Wesentlichen** *adv* essentiellement.
weshalb *adv* pourquoi.
Wespe (*pl* **-n**) *die* guêpe *f*.
wessen *pron (Genitiv von wer)* de qui.
Wessi (*pl* **-s**) *der fam dénomination désignant les habitants de l'Allemagne de l'Ouest.*
West|deutschland *nt* ouest *m* de l'Allemagne ; [frühere BRD] Allemagne *f* de l'Ouest.
Weste (*pl* **-n**) *die* gilet *m*.

Weste

Le terme allemand **Weste** correspond au français « gilet » (de costume) et non au terme « veste ». On traduira donc la phrase **Die gestreifte Weste gehört zu meinem grauen Anzug** par « Le gilet rayé va avec mon costume gris ».
Le français « veste » se traduit par **Jacke**, comme on peut le constater dans l'exemple suivant « Cette veste va bien avec ton pantalon gris », qui correspond à la traduction **Diese Jacke passt gut zu deiner grauen Hose** .

Westen *der (ohne Pl)* **- 1.** [Richtung] ouest *m* **- 2.** [Gegend] Ouest *m* ; **der Wilde ~** le Far West **- 3.** POL Occident *m*, Ouest *m*. ◆ **nach Westen** *adv* vers l'ouest.
West|europa *nt* Europe *f* occidentale.
Westfale (*pl* **-n**) *der* habitant *m* de Westphalie, Westphalien *m*.
Westfalen *nt* Westphalie *f*.
Westfälin (*pl* **-nen**) *die* habitante *f* de Westphalie, Westphalienne *f*.
westfälisch *adj* de Westphalie.
westlich ◇ *adj* occidental(e) ◇ *adv* à l'ouest ; **~ von etw** à l'ouest de qqch.
weswegen *adv* pourquoi.
Wettbewerb (*pl* **-e**) *der* **- 1.** [Veranstaltung] concours *m* **- 2.** *(ohne Pl)* [Konkurrenz] concurrence *f*.
Wette (*pl* **-n**) *die* pari *m* ; **um die ~ laufen** ODER **rennen** faire la course.
wetten ◇ *vi* : **(mit jm) um etw ~** parier qqch (avec qqn) ◇ *vt* parier. ◆ **wetten, dass?** *interj* on parie ?
Wetter *das (ohne Pl)* [Klima] temps *m* ; **schönes/schlechtes ~** beau/mauvais temps.
Wetter|amt *das* ≃ météorologie *f* nationale, ≃ Météo France.
Wetter|bericht *der* bulletin *m* météorologique, météo *f*.
wetterfest *adj* résistant(e) aux intempéries.
Wetter|karte *die* carte *f* météorologique.
Wetter|lage *die* situation *f* météorologique.
wettern *vi fam* : **gegen jn/etw ~** pester contre qqn/qqch.
Wettervorher|sage *die* prévisions *fpl* météorologiques.
Wett|kampf *der* compétition *f*.
Wett|lauf *der* course *f* ; **ein ~ mit der Zeit** une course contre la montre.
wett|machen *vt fam* compenser.
Wett|rennen *das* course *f*.
wetzen *vt* [Messer] aiguiser.
WG (*pl* **-s**) (*abk für* **Wohngemeinschaft**) *die* : **in einer ~ wohnen** habiter dans une communauté.
Whg. (*abk für* **Wohnung**) appt.
Whirl|pool ['wœrlpu:l] *der* Jacuzzi® *m*.
Whiskey, Whisky ['vɪski] (*pl* **-s**) *der* whisky *m*.
wichtig *adj* important(e) ; **etw ~ nehmen** prendre qqch au sérieux.
Wichtigkeit *die (ohne Pl)* importance *f*.
Wichtigtuer (*pl* **-**) *der fam abw* frimeur *m*.
wickeln *vt* **- 1.** [aufwickeln] enrouler **- 2.** [binden] : **etw um etw ~** mettre qqch autour de qqch **- 3.** [einwickeln] : **jn/etw in etw** *(A)* **~** envelopper qqn/qqch dans qqch **- 4.** [Baby] langer.
Widder (*pl* **-**) *der* **- 1.** [Tier] bélier *m* **- 2.** ASTROL Bélier *m*.
wider *präp geh* contre.

widerlegen *vt* réfuter.
widerlich *abw adj* répugnant(e).
widerrechtlich ◇ *adj* illégal(e) ◇ *adv* illégalement.
Wider|ruf *der* rétractation *f*. ◆ **bis auf Widerruf** *adv* jusqu'à nouvel ordre.
widerrufen (*prät* **widerrief** ; *perf* **hat widerrufen**) *vt* [Geständnis] rétracter ; [Befehl] annuler.
widersetzen ◆ **sich widersetzen** *ref* : **sich jm/einer Sache ~** s'opposer à qqn/qqch.
widerspenstig ◇ *adj* récalcitrant(e) ◇ *adv* en se montrant récalcitrant(e).
wider|spiegeln *vt* refléter. ◆ **sich widerspiegeln** *ref* se refléter.
widersprechen (*präs* **widerspricht** ; *prät* **widersprach** ; *perf* **hat widersprochen**) *vi* : **(jm) ~** contredire (qqn) ; **einer Sache** *(D)* **~** contredire qqch ; **sich** *(D)* **~** se contredire.
Wider|spruch *der* **- 1.** *(ohne Pl)* [Protest] contestation *f* **- 2.** [in Text, Aussage] contradiction *f*.
Wider|stand *der* **- 1.** [gen] résistance *f* ; **~ gegen jn/etw** lutte *f* contre qqn/qqch ; **~ leisten** opposer une résistance **- 2.** HIST : **der ~** la Résistance.
widerstandsfähig *adj* résistant(e).
Widerstandskämpfer, in (*mpl* **-** ; *fpl* **-nen**) *der, die* résistant *m*, -e *f*.
widerstehen (*prät* **widerstand** ; *perf* **hat widerstanden**) *vi* : **jm/einer Sache ~** résister à qqn/qqch.
widerstrebend ◇ *adj* à contrecœur ◇ *adv* à contrecœur ; [einwilligen] de mauvaise grâce.
widerwärtig ◇ *adj* répugnant(e) ; [Geschmack] écœurant(e) ; [Person] repoussant(e) ◇ *adv* de façon répugnante.
Wider|wille, Wider|willen *der (ohne Pl)* répugnance *f* ; **~n gegen jn/etw empfinden** éprouver du dégoût vis-à-vis de qqn/qqch.
widmen *vt* **- 1.** [Buch] : **jm etw ~** dédier qqch à qqn **- 2.** [Leben, Zeit] : **jm/etw etw ~** consacrer qqch à qqn/qqch. ◆ **sich widmen** *ref* [sich zuwenden] : **sich jm/einer Sache ~** se consacrer à qqn/qqch.
Widmung (*pl* **-en**) *die* dédicace *f*.
wie ◇ *adv* **- 1.** [als Frage nach Eigenschaft] comment ; **~ geht es dir?** comment vas-tu? ; **~ wars?** *fam* comment ça a été ODER c'était ? **- 2.** [mit Adjektiv] : **~ spät ist es?** quelle heure est-il? **- 3.** [mit Adverb] : **~ lange?** combien de temps? **- 4.** [zur Verstärkung] comme (c'est) ... ; **~ schön!** comme c'est beau ! ◇ *interj* **- 1.** [nicht wahr] n'est-ce pas? **- 2.** *RW* : **~ bitte?** comment? ◇ *konj* **- 1.** [zum Ausdruck der Gleichsetzung] que ; **so ... wie** aussi ... que **- 2.** [zum Vergleich] comme **- 3.** [Angabe von Ausmaß oder Qualität] comme ; **so viel ~** autant que **- 4.** [Angabe von Beispielen] comme.
wieder *adv* **- 1.** [noch einmal, wie früher] de nouveau ; **nie ~** plus jamais **- 2.** *fam* [wiederum] à nouveau **- 3.** [zum Ausdruck von Ärger] encore ; **Sie schon ~?** encore vous?
wieder|bekommen *vt (unreg)* récupérer.
wieder|beleben *vt* réanimer.
wieder|bringen *vt (unreg)* rapporter.
wieder erkennen *vt (unreg)* reconnaître.
Wieder|gabe *die* reproduction *f*.
wieder|geben *vt (unreg)* **- 1.** [zurückgeben] : **jm etw ~** rendre qqch à qqn **- 2.** [Klang, Bild] reproduire.
wieder gutmachen *vt* réparer.
wiederher|stellen *vt* **- 1.** [Zustand] rétablir **- 2.** [Gegenstand] restaurer.
wiederholen *vt* **- 1.** [gen] répéter ; **eine Prüfung ~** repasser un examen ; **eine Klasse ~** redoubler **- 2.** [lernen] réviser. ◆ **sich wiederholen** *ref* **- 1.** [gen] se répéter **- 2.** [Ereignis] se reproduire.
Wiederholung (*pl* **-en**) *die* répétition *f*.
Wiederhören ◆ **auf Wiederhören!** *interj* au revoir! *(au téléphone)*.
wieder|sehen *vt (unreg)* revoir.
Wiedersehen (*pl* **-**) *das* retrouvailles *fpl*. ◆ **auf Wiedersehen!** *interj* au revoir!
wiederum *adv* **- 1.** [erneut] de nouveau **- 2.** [aber] en revanche.
Wiederver|einigung *die* réunification *f*.
wieder verwerten *vt* recycler.
Wiege (*pl* **-n**) *die* berceau *m*.
wiegen (*prät* **wiegte** ODER **wog** ; *perf* **hat gewiegt** ODER **gewogen**) *vt* **- 1.** *(unreg)* [schwer sein, abwiegen] peser **- 2.** [schaukeln] bercer.
Wiegen|lied *das* berceuse *f*.
wiehern *vi* hennir.
Wien *nt* Vienne.
Wiener (*pl* **-**) ◇ *der* Viennois *m* ◇ *adj* viennois(e) ; **~ Schnitzel** escalope *f* viennoise ; **~ Würstchen** ≃ saucisse *f* de Francfort.
Wienerin (*pl* **-nen**) *die* Viennoise *f*.
Wiese (*pl* **-n**) *die* prairie *f*, pré *m* ; **auf der grünen ~** dans la campagne.
Wiesel (*pl* **-**) *das* belette *f*.
wieso *pron* pourquoi.
wie viel *pron* combien (de) ; **~ Geld hast du noch?** combien d'argent te reste-t-il? ; **~ ist drei mal vier?** combien font trois fois quatre? ; **~ kostet das?** combien ça coûte? ; **~ teurer ist das?** c'est plus cher de combien? ; **~ Uhr ist es?** quelle heure est-il?
wievielt *adj* quel (quelle). ◆ **zu wievielt** *adv* à combien. ◆ **Wievielte** *der,*

die, das : **der Wievielte ist heute?** on est le combien aujourd'hui ?

wieweit *Konj* **- 1.** [wie viel] dans quelle mesure **- 2.** [bis wohin] jusqu'à quel point.

wild ◇ *adj* **- 1.** [gen] sauvage **- 2.** [heftig] violent(e) ; [wütend] enragé(e) **- 3.** [schnell] précipité(e) ; [Flucht, Jagd] effréné(e) ; *fam fig* [viel] ce n'est pas la mer à boire ◇ *adv* **- 1.** [unkultiviert] à l'état sauvage **- 2.** [heftig] de façon effrénée **- 3.** [illegal] : **~ zelten** faire du camping sauvage.

Wild *das (ohne Pl)* gibier *m.*

wildern *vi* [jagen - Mensch] braconner ; [- Tier] chasser.

wildfremd *adj* totalement inconnu(e).

Wild|leder *das* daim *m.*

Wildnis (*pl* **-se**) *die* contrée *f* sauvage.

Wild|schwein *das* sanglier *m.*

Wildwasser (*pl* -) *das* torrent *m.*

will *präs* ▷ **wollen.**

Wille (*pl* **-n**), **Willen** (*pl* -) *der* volonté *f* ; **beim besten ~n** avec la meilleure volonté du monde.

willen *präp :* **um js ~** pour l'amour de qqn ; **um einer Sache** *(G)* **~** par souci de qqch.

willenlos *adj* sans volonté.

willensstark *adj* volontaire.

willig ◇ *adj* de bonne volonté ◇ *adv* volontiers.

willkommen *adj* bienvenu(e). ◆ **herzlich willkommen!** *interj* soyez le bienvenu ODER la bienvenue ODER les bienvenus ODER les bienvenues!

Willkommen (*pl* -) *das* bienvenue *f.*

willkürlich ◇ *adj* arbitraire ◇ *adv* arbitrairement.

wimmeln *vi* fourmiller, grouiller ; **es wimmelt von Menschen** ça grouille de monde.

wimmern *vi* geindre ; [Hund] pleurer.

Wimper (*pl* **-n**) *die* cil *m* ; **ohne mit der ~ zu zucken** *fig* sans sourciller.

Wimpern|tusche *die* mascara *m.*

Wind (*pl* **-e**) *der* vent *m* ; **bei ~ und Wetter** par tous les temps ; **~ von etw bekommen** *fam fig* avoir vent de qqch.

Winde (*pl* **-n**) *die* [Seilwinde] treuil *m.*

Windel (*pl* **-n**) *die* couche *f.*

winden (*prät* **wand** ; *perf* **hat gewunden**) ◆ **sich winden** *ref* **- 1.** [Tier, Person] se tortiller ; **sich durch etw ~** se faufiler à travers qqch ; **sich vor Schmerz ~** se tordre de douleur **- 2.** [Linie, Weg] serpenter ; **sich um etw ~** s'enrouler autour de qqch.

Wind|hund *der* [Tier] lévrier *m.*

windig *adj* **- 1.** [Wetter] venteux(euse) **- 2.** *fam abw* [unzuverlässig] douteux(euse).

Wind|mühle *die* moulin *m* à vent.

Wind|pocken *pl* varicelle *f.*

Windschutz|scheibe *die* pare-brise *m inv.*

windstill *adj* calme *(sans vent).*

Wind|stoß *der* coup *m* de vent.

Windung (*pl* **-en**) *die* tournant *m.*

Wink (*pl* **-e**) *der* signe *m* ; **jm einen ~ geben** donner un tuyau à qqn.

Winkel (*pl* -) *der* **- 1.** MATH angle *m* ; **ein stumpfer/spitzer/rechter ~** un angle obtus/aigu/droit ; **toter ~** *fig* angle mort **- 2.** [Platz] coin *m.*

winken (*perf* **hat gewinkt** ODER **gewunken**) ◇ *vi :* **(jm) ~** [Person] faire un signe de la main (à qqn) *(pour saluer)* ; [Belohnung] attendre (qqn) ◇ *vt* [weisen] : **jn an einen Ort ~** faire signe à qqn d'aller quelque part.

winseln *vi* [Hund] pleurer.

Winter (*pl* -) *der* hiver *m* ; **den ~ über** durant l'hiver. ◆ **im Winter** *adv* en hiver.

winterlich *adj* **- 1.** [Wetter] hivernal(e) **- 2.** [Kleidung] d'hiver.

Winter|reifen *der* pneu *m* neige.

Winter|schlaf *der* hibernation *f.*

Winterschlussver|kauf *der* soldes *mpl* d'hiver.

Winter|semester *das* UNI semestre *m* d'hiver.

Winter|spiele *pl :* **Olympische ~** jeux *mpl* Olympiques d'hiver.

Winter|sport *der* sports *mpl* d'hiver.

Winter|zeit *die (ohne Pl)* **- 1.** [Uhrzeit] heure *f* d'hiver **- 2.** [Jahreszeit] saison *f* hivernale.

Winzer, in (*mpl* - ; *fpl* **-nen**) *der, die* vigneron *m*, -onne *f.*

winzig ◇ *adj* minuscule ◇ *adv :* **~ klein** minuscule.

wippen *vi* se balancer.

wir *pron* nous.

Wirbel (*pl* -) *der* **- 1.** [Drehung] tourbillon *m* **- 2.** [Aufregung] remous *mpl* **- 3.** [Haarwirbel] épi *m* **- 4.** [Rückenwirbel] vertèbre *f.*

wirbeln (*perf* **hat/ist gewirbelt**) ◇ *vi (ist)* tourbillonner ◇ *vt (hat) :* **etw durch die Luft ~** faire voltiger qqch.

Wirbel|säule *die* colonne *f* vertébrale.

Wirbel|tier *das* BIOL vertébré *m.*

wirbt *präs* ▷ **werben.**

wird *präs* ▷ **werden.**

wirft *präs* ▷ **werfen.**

wirken ◇ *vi* **- 1.** [erscheinen] avoir l'air ; **jd wirkt nett/arrogant** qqn a l'air gentil/arrogant ; **auf jn sympathisch ~** donner à qqn l'impression d'être sympathique

- 2. [Mittel] faire de l'effet ; **etw wirkt schmerzstillend/beruhigend** qqch a un effet antalgique/calmant ; **gegen etw ~** agir contre qqch <> *vt* [bewirken] : **Gutes/ Wunder ~** faire le bien/des miracles.

wirklich <> *adj* - 1. [Leben, Begebenheit] réel(elle) - 2. [tatsächlich] véritable <> *adv* - 1. [passieren] réellement - 2. [tatsächlich] vraiment.

Wirklichkeit (*pl* **-en**) *die* réalité *f*. ◆ **in Wirklichkeit** *adv* en réalité.

wirksam *adj* efficace.

Wirkung (*pl* **-en**) *die* effet *m*.

wirkungslos *adj* inefficace.

wirkungsvoll *adj* [Handlung] efficace.

wirr <> *adj* - 1. [konfus] confus(e) - 2. [unordentlich] désordonné(e) <> *adv* - 1. [konfus] confusément - 2. [unordentlich] de façon désordonnée ; **~ durcheinander** pêle-mêle.

Wirrwarr *der* ODER *das (ohne Pl)* confusion *f*.

Wirsing, Wirsing|kohl *der (ohne Pl)* chou *m* frisé.

Wirt, in (*mpl* **-e** ; *fpl* **-nen**) *der, die* patron *m*, -onne *f*.

Wirtschaft (*pl* **-en**) *die* - 1. [Ökonomie] économie *f* ; **die freie ~** [System] l'économie libérale ; [nicht staatlich] le privé - 2. [Restaurant] restaurant *m* ; [Kneipe] café *m*.

wirtschaften *vi* - 1. [leiten] gérer - 2. [tätig sein] s'affairer.

wirtschaftlich <> *adj* économique <> *adv* - 1. [materiell] économiquement ; [Geld betreffend] financièrement - 2. [sparsam] de façon économique.

Wirtschafts|abkommen *das* accord *m* économique.

Wirtschafts|krise *die* crise *f* économique.

Wirtschafts|ministerium *das* ministère *m* de l'Économie.

Wirtschafts|politik *die* politique *f* économique.

Wirtschafts|system *das* système *m* économique.

Wirtschafts|zweig *der* secteur *m* de l'économie.

Wirts|haus *das* auberge *f*.

Wirts|leute *pl* [von Gaststätte] aubergistes *mpl*.

Wirts|stube *die* salle *f* de restaurant.

wischen *vt & vi* essuyer.

wispern *vt & vi* chuchoter.

wissbegierig <> *adj* avide de savoir <> *adv* par désir de savoir.

wissen (*präs* **weiß** ; *prät* **wusste** ; *perf* **hat gewusst**) <> *vt* - 1. [gen] savoir ; **etw zu tun ~** savoir faire qqch ; **über jn nichts ~** ne rien savoir de qqn ; **alles besser ~** toujours tout savoir ; **was weiß ich?** *fam* j'en sais rien! ; **weißt du was,** *fam* tu sais .... - 2. [kennen] connaître <> *vi* : **von etw ~** être au courant de qqch ; **ich weiß nicht** *fam* j'en sais rien ; **man kann nie ~** *fam* on ne sait jamais ; **nicht, dass ich wüsste** *fam* pas que je sache ; **soviel ich weiß, ...** *fam* autant que je sache, ◆ **Wissen** *das (ohne Pl)* connaissances *fpl*, savoir *m* ; **nach bestem Wissen und Gewissen** en toute bonne foi ; **meines Wissens** à ma connaissance.

Wissenschaft (*pl* **-en**) *die* science *f*.

Wissenschaftler, in (*mpl* **-** ; *fpl* **-nen**) *der, die* scientifique *mf*.

wissenschaftlich <> *adj* scientifique <> *adv* de façon scientifique.

wissenswert *adj* intéressant(e).

Wissenswerte *das (ohne Pl)* choses *fpl* intéressantes.

wissentlich <> *adj* intentionnel(elle) <> *adv* délibérément.

wittern *vt* flairer.

Witterung (*pl* **-en**) *die* [Wetter] temps *m*.

Witwe (*pl* **-n**) *die* veuve *f*.

Witwer (*pl* **-**) *der* veuf *m*.

Witz (*pl* **-e**) *der* [Scherz] blague *f* ; [Anekdote] histoire *f* drôle ; **~e machen** ODER **reißen** *fam* raconter des blagues.

Witzbold (*pl* **-e**) *der fam* rigolo *m*, -ote *f*.

witzeln *vi* plaisanter.

witzig *adj* - 1. *fam* [Person, Gegenstand] marrant(e) - 2. [Geschichte, Erlebnis] amusant(e).

witzlos *adj* [langweilig] sans intérêt.

WM (*pl* **-s**) *abk für* **Weltmeisterschaft.**

wo <> *adv* [Fragewort] où <> *pron* où <> *konj* - 1. *fam* [obwohl] alors que - 2. *fam* [da] puisque.

woanders *adv* ailleurs.

wob *prät* ▷ **weben.**

wobei *pron* - 1. [als Frage] à l'occasion de quoi ; **~ wurde er gestört?** dans quoi l'a-t-on dérangé? - 2. [zeitlich] pendant que.

Woche (*pl* **-n**) *die* semaine *f* ; **vorige/ letzte/nächste ~** la semaine passée/ dernière/prochaine ; **diese ~** cette semaine.

Wochen|ende *das* week-end *m* ; **am ~** pendant le week-end. ◆ **schönes Wochenende!** *interj* bon week-end!

Wochen|karte *die* carte *f* hebdomadaire.

wochenlang <> *adj* qui dure des semaines <> *adv* pendant des semaines.

Wochen|markt *der* marché *m* (hebdomadaire).

Wochen|tag *der* jour *m* de la semaine.

wöchentlich <> *adj* hebdomadaire <> *adv* par semaine.

Wodka (*pl* **-s**) *der* vodka *f.*

wodurch *pron* **- 1.** [als Frage] : **~ wurde er gestört?** par quoi a-t-il été dérangé? ; **~ ist er umgekommen?** de quoi est-il mort? **- 2.** [im Relativsatz] par lequel (laquelle).

wofür *pron* **- 1.** [als Frage] pour quoi ; **~ wurde er ausgezeichnet?** pour quoi a-t-il eu ce prix? **- 2.** [im Relativsatz] pour lequel ODER laquelle ODER lesquels ODER lesquelles.

wog *prät* ▷ **wiegen.**

wogegen ◇ *pron* **- 1.** [als Frage] contre quoi **- 2.** [im Relativsatz] contre lequel ODER laquelle ODER lesquels ODER lesquelles ◇ *konj* [wohingegen] alors que.

woher *pron* d'où.

wohin *pron* où ; **~ damit?** *fam* qu'est-ce que j'en fais ?

wohl (*komp* **wohler** ODER **besser** ; *superl* **am wohlsten** ODER **am besten**) *adv* **- 1.** *(Kompar wohler, Superl am wohlsten)* [angenehm, gesund] : **sich ~ fühlen** se sentir bien **- 2.** [wahrscheinlich] sans doute ; **das ist ~ möglich** c'est bien possible **- 3.** [als Drohung] bien ; **wirst du ~ vorwärts machen!** veux-tu bien avancer! **- 4.** *(Kompar besser, Superl am besten) geh* [gut] bien **- 5.** *RW* : **~ oder übel** bon gré, mal gré. ◆ **wohl aber** *konj* néanmoins.

Wohl *das (ohne Pl)* bonheur *m.* ◆ **zum Wohl!** *interj* à votre santé!

wohlauf *adj geh* : **~ sein** bien se porter.

wohlbehalten *adv* sain et sauf, saine et sauve.

Wohl|fahrt *die (ohne Pl)* aide *f* sociale.

wohlhabend *adj* aisé(e).

wohlig ◇ *adj* agréable ◇ *adv* de bien-être.

Wohl|stand *der (ohne Pl)* prospérité *f* ; **im ~ leben** vivre dans l'aisance.

wohltätig *adj* bienfaisant(e).

wohlverdient *adj* bien mérité(e).

wohl|weislich *adv* pour une bonne raison.

wohl|wollend ◇ *adj* bienveillant(e) ◇ *adv* avec bienveillance.

wohnen *vi* habiter.

Wohn|gemeinschaft *die* communauté *f.*

wohnhaft *adj amt* domicilié(e).

Wohn|haus *das* immeuble *m (d'habitation).*

Wohn|heim *das* foyer *m.*

wohnlich ◇ *adj* confortable ◇ *adv* confortablement.

Wohnmobil (*pl* **-e**) *das* camping-car *m.*

Wohn|ort *der* lieu *m* de résidence.

Wohn|sitz *der* domicile *m.*

Wohnung (*pl* **-en**) *die* **- 1.** [gen] logement *m* **- 2.** [privat] appartement *m.*

Wohnungs|bau *der (ohne Pl)* construction *f* de logements.

Wohnungs|not *die (ohne Pl)* crise *f* du logement.

Wohnungs|suche *die* recherche *f* d'un logement.

Wohn|viertel *das* quartier *m* résidentiel.

Wohn|wagen *der* caravane *f.*

Wohn|zimmer *das* salle *f* de séjour, salon *m.*

Wölbung (*pl* **-en**) *die* voûte *f.*

Wolf (*pl* **Wölfe**) *der* [Tier] loup *m.*

Wolke (*pl* **-n**) *die* nuage *m* ; **aus allen ~n fallen** *fam fig* tomber des nues.

Wolken|bruch *der* averse *f.*

Wolken|kratzer *der* gratte-ciel *m inv.*

wolkig *adj* nuageux(euse).

Woll|decke *die* couverture *f* en laine.

Wolle *die (ohne Pl)* laine *f* ; **sich in die ~ kriegen** *fam fig* se crêper le chignon.

wollen (*präs* **will** ; *prät* **wollte** ; *perf* **hat gewollt** ODER **-**) ◇ *aux (Perf hat wollen)* vouloir ; **gerade etw tun ~** vouloir faire qqch ; **etw getan haben ~** prétendre avoir fait qqch ◇ *vi (Perf hat gewollt)* **- 1.** [gen] vouloir ; **wir wollten, das wäre schon vorbei** on voudrait bien que ce soit déjà fini ; **dann ~ wir mal!** *fam fig* on y va! ; **ganz wie du willst** *fam fig* (c'est) comme tu veux **- 2.** [gehen wollen] vouloir aller ; **zu jm ~** vouloir aller chez qqn ◇ *vt (Perf hat gewollt)* **- 1.** [gen] vouloir ; **etw mit etw ~** vouloir faire qqch avec qqch ; **~, dass jd etw tut** vouloir que qqn fasse qqch **- 2.** *fam* [brauchen] demander **- 3.** *fam* [Anliegen haben] : **etw von jm ~** vouloir demander qqch à qqn **- 4.** *fam* [Interesse haben] : **von jm etwas/nichts ~** s'intéresser/ne pas s'intéresser à qqn **- 5.** *RW* : **da ist nichts (mehr) zu ~** *fam* il n'y a (plus) rien à faire.

Woll|knäuel *das* pelote *f* de laine.

womit[1] *pron* [als Frage] avec quoi ; **~ habe ich das verdient?** qu'est-ce que j'ai fait pour mériter ça?

womit[2] *pron* [im Relativsatz] avec quoi.

womöglich *adv* peut-être.

wonach[1] *pron* [zeitlich] après quoi.

wonach[2] *pron* **- 1.** [im Relativsatz] après quoi **- 2.** [als Frage] : **~ schmeckt das?** quel goût ça a?

woran[1] *pron* [als Frage] à quoi ; **~ erinnerst du dich?** de quoi te souviens-tu?

woran[2] *pron* [im Relativsatz] dont ; **nicht wissen, ~ man ist** ne pas savoir à quoi s'en tenir.

worauf[1] *pron* [als Frage - final] à quoi, sur quoi ; [- Ortsangabe] sur quoi.

worauf[2] *pron* - **1.** [final] que ; **das Ereignis, ~ er wartet** l'événement qu'il attend - **2.** [Ortsangabe] dans lequel (laquelle), sur lequel (laquelle) - **3.** [woraufhin] à la suite de quoi.

woraus[1] *pron* [als Frage] en quoi? ; **~ macht man Brot?** avec quoi fait-on du pain?

woraus[2] *pron* [zur Materialangabe] à partir duquel (de laquelle) ; **das Holz, ~ die Möbel gemacht sind** le bois dont les meubles sont faits.

worin[1] *pron* [als Frage] en quoi, dans quoi.

worin[2] *pron* - **1.** [Ortsangabe] dans lequel (laquelle), où - **2.** [Angabe des Bereichs] sur lequel (laquelle).

Workshop ['wœ:(r)kʃɔp] (*pl* **-s**) *der* atelier *m.*

World Wide Web *das (ohne pl)* EDV Web *m.*

Wort (*pl* **-e** ODER **Wörter**) *das* - **1.** *(Pl Wörter)* [sprachliche Einheit] mot *m ;* **~ für ~** mot pour mot - **2.** *(Pl Worte)* [Äußerung] mot *m ;* **etw aufs ~ glauben** croire qqch sur parole ; **kein ~ sagen/glauben** ne pas dire/croire un mot ; **mir fehlen die ~e!** j'en reste coi (coite)! ; **mit anderen ~en** en d'autres termes ; **zu ~ kommen** arriver à prendre la parole - **3.** *(Pl Worte)* [Zitat] phrase *f* (célèbre) - **4.** *(ohne Pl)* [Zusage] parole *f* - **5.** *RW :* **das ~ haben/erteilen/ergreifen** avoir/donner/prendre la parole ; **für jn ein gutes ~ einlegen** intercéder pour qqn.

Wort|art *die* GRAM catégorie *f* grammaticale.

wortbrüchig *adj* qui ne tient pas parole.

Wörter|buch *das* dictionnaire *m.*

wort|gewandt <> *adj* éloquent(e) <> *adv* avec éloquence.

wort|karg <> *adj* [Antwort] laconique ; [Mensch] avare de paroles <> *adv* de façon laconique.

Wort|laut *der (ohne Pl)* formulation *f ;* **im vollen ~** in extenso.

wörtlich <> *adj* littéral(e) ; **~e Rede** discours *m* direct <> *adv* mot à mot ; **etw ~ nehmen** prendre qqch au pied de la lettre.

wortlos <> *adj* sans mot dire, silencieux(euse) <> *adv* sans un mot, silencieusement.

Wort|spiel *das* jeu *m* de mots.

wortwörtlich <> *adj* mot pour mot ; [Übersetzung] mot à mot <> *adv* mot pour mot ; [übersetzen] mot à mot.

worüber[1] *pron* [als Frage] de quoi ; **~ hat sie sich am meisten gefreut?** qu'est-ce qui lui a le plus fait plaisir?

worüber[2] *pron* [kausal] dont.

worum[1] *pron* [als Frage] de quoi ; **~ habt ihr gewettet?** qu'avez-vous parié?

worum[2] *pron* [im Relativsatz] autour duquel (de laquelle) ; **das Problem, ~ es sich handelt** le problème dont il s'agit.

worunter[1] *pron* [als Frage] sous quoi ; **~ hat er gelitten?** de quoi souffrait-il?

worunter[2] *pron* [im Relativsatz] sous lequel (laquelle).

wovon *pron* [im Relativsatz] dont ; **das Thema, ~ das Buch handelt** le sujet dont traite le livre ; **das Medikament, ~ ihr schlecht wird** le médicament qui lui donne des nausées.

wovor[1] *pron* [als Frage] de quoi ; **~ fürchtet er sich?** de quoi a-t-il peur?

wovor[2] *pron* [im Relativsatz] dont ; **die Sache, ~ er sich fürchtet** la chose qu'il redoute.

wozu[1] *pron* [als Frage] à quoi ; **~ dient dieser Schalter?** à quoi sert cet interrupteur?

wozu[2] *pron* [im Relativsatz] pour lequel (laquelle).

Wrack (*pl* **-s** ODER **-e**) *das* épave *f.*

WS *abk für* **Wintersemester.**

WSV *abk für* **Winterschlussverkauf.**

WTO (*abk für* **World Trade Organisation**) OMC *f*, Organisation *f* mondiale du commerce.

Wucher *der (ohne Pl) abw* usure *f.*

wuchern (*perf* **hat/ist gewuchert**) *vi* [Gebüsch, Hecke] proliférer, foisonner ; [Geschwür] se propager.

Wucher|preis *der* prix *m* usuraire.

wuchs *prät* ▻ **wachsen.**

Wuchs *der (ohne Pl)* [Gestalt] taille *f.*

Wucht *die (ohne Pl)* force *f ;* **mit voller ~** avec violence.

wuchtig *adj* imposant(e).

wühlen <> *vi* fouiller ; **in etw** *(D)* **~** fouiller dans qqch <> *vt* [graben] creuser. ◆ **sich wühlen** *ref* [sich graben] : **sich in etw** *(A)* **~** s'enfouir dans qqch.

Wulst (*pl* **Wülste**) *der* bourrelet *m.*

wund <> *adj* à vif ; **~ sein** avoir la peau irritée <> *adv :* **sich** *(D)* **etw ~ laufen** ODER **reiben** s'écorcher qqch.

Wunde (*pl* **-n**) *die* plaie *f*, blessure *f.*

Wunder (*pl* -) *das* miracle *m ;* **etw wirkt ~** *fam fig* qqch fait merveille ; **kein ~!** *fam fig* (c'est) pas étonnant! ; **~ was** *fam :* **er glaubt, er sei ~ für ein toller Kerl** Dieu sait quel type formidable il s'imagine être.

wunderbar <> *adj* [großartig] merveilleux(euse) <> *adv* [großartig] merveilleusement.

Wunder|kind *das* enfant *mf* prodige.

wunderlich ◇ *adj* étrange ◇ *adv* de façon étrange.

wundern *vt* étonner. ◆ **sich wundern** *ref* s'étonner ; **sich über jn/etw ~** être surpris(e) par qqn/qqch.

wunderschön ◇ *adj* magnifique ◇ *adv* à merveille, merveilleusement bien.

Wundstarr|krampf *der (ohne Pl)* MED tétanos *m* (traumatique).

Wunsch (*pl* **Wünsche**) *der* souhait *m* ; **auf js ~** à la demande de qqn ; **nach ~** à souhait. ◆ **Wünsche** *pl* vœux *mpl* ; **die besten Wünsche für etw** meilleurs vœux de ODER pour qqch.

wünschen ◇ *vt* - **1.** [gen] : **sich** *(D)* **etw ~** vouloir qqch ; **er wünscht sich von seinen Eltern ein Fahrrad** il voudrait bien que ses parents lui offrent un vélo ; **sich** *(D)* **~, dass** vouloir que ; **jd wünschte,** qqn voudrait que .... - **2.** [verlangen] désirer ; **was ~ Sie?** que désirez-vous? - **3.** [für eine Person] : **jm etw ~** souhaiter qqch à qqn - **4.** [erhoffen] désirer ◇ *vi* : **ganz wie Sie ~!** comme vous voudrez! ; **zu ~ übrig lassen** *fig* laisser à désirer.

wünschen

J'aimerais la revoir. Ich würde sie gern wieder sehen.
Il aimerait bien prendre sa retraite. Er würde gerne in den Ruhestand gehen.
J'ai envie de passer les voir dimanche. Ich habe Lust, sie am Sonntag zu besuchen.
J'irais bien à la piscine. Ich hätte Lust, ins Schwimmbad zu gehen.
Il rêve de travailler à l'étranger. Er würde schrecklich gerne im Ausland arbeiten.

wünschenswert *adj* souhaitable.

Wunsch|traum *der* rêve *m (projet).*

Wunsch|zettel *der* liste *f* de cadeaux (pour le Père Noël).

wurde *prät* ▷ **werden.**

Würde (*pl* **-n**) *die* - **1.** *(ohne Pl)* [Selbstachtung] dignité *f* ; **unter js ~ sein** être indigne de qqn - **2.** [Stellung] haute fonction *f.*

Würden|träger *der* dignitaire *m.*

würdig ◇ *adj* digne ; **einer Sache** *(G)* **~ sein** être digne de qqch ◇ *adv* - **1.** [sich bewegen, benehmen] dignement - **2.** [etw feiern, honorieren] comme il se doit.

würdigen *vt* honorer.

Wurf (*pl* **Würfe**) *der* - **1.** [Werfen] lancer *m* - **2.** [bei Säugetieren] portée *f.*

Würfel (*pl* -) *der* cube *m* ; [zum Spielen] dé *m.*

würfeln ◇ *vi* [Würfel werfen] jeter le(s) dé(s) ◇ *vt* - **1.** [mit dem Würfel] jouer *(aux dés)* ; **eine 4 ~** faire un 4 - **2.** [in Würfel schneiden] couper en dés.

Würfel|zucker *der (ohne Pl)* sucre *m* en morceaux.

Wurf|sendung *die* envoi *m* collectif.

würgen ◇ *vt* étrangler ; **jn am Hals ~** saisir qqn à la gorge ◇ *vi* - **1.** [schlucken] : **an etw** *(D)* **~** avoir du mal à avaler qqch - **2.** [Brechreiz haben] : **jn ~ lassen** donner la nausée à qqn.

Wurm (*pl* **Würmer**) *der* ver *m.*

wurmstichig *adj* véreux(euse).

Wurst (*pl* **Würste**) *die* - **1.** *(ohne Pl)* [Aufschnitt] charcuterie *f* - **2.** [Lebensmittel] saucisse *f* - **3.** [Wurstförmiges] boudin *m* - **4.** *RW* : **jm ~ sein** *fam* être égal(e) à qqn.

Würstchen (*pl* -) *das* [kleine Wurst] saucisse *f.*

Württemberger (*pl* -) ◇ *der* Wurtembergeois *m* ◇ *adj* wurtembergeois(e).

Württembergerin (*pl* **-nen**) *die* Wurtembergeoise *f.*

württembergisch *adj* wurtembergeois(e).

Würze (*pl* **-n**) *die* assaisonnement *m* ; *fig* piment *m.*

Wurzel (*pl* **-n**) *die* racine *f* ; **~n schlagen** prendre racine.

würzen *vt* assaisonner.

würzig *adj* relevé(e).

wusch *prät* ▷ **waschen.**

wusste *prät* ▷ **wissen.**

wüst ◇ *adj* - **1.** [vereinsamt] désert(e) - **2.** [wirr] désordonné(e) - **3.** *abw* [wild] sauvage ◇ *adv* - **1.** [wirr] : **~ durcheinander sein** être pêle-mêle - **2.** *abw* [wild] sauvagement.

Wüste (*pl* **-n**) *die* désert *m.*

Wut *die (ohne Pl)* colère *f* ; **eine ~ auf jn haben** être en colère contre qqn ; **seine ~ an jm/etw auslassen** passer sa colère sur qqn/qqch.

wüten *vi* [Sturm, Feuer, Krieg] faire rage ; [Person] sévir.

wütend ◇ *adj* furieux(euse) ; **auf** ODER **über jn ~ sein** être furieux contre qqn ◇ *adv* de rage, avec fureur.

WWW (*abk für* **World Wide Web**) *das* WWW *m.*

X

x, X [ɪks] (*pl* -) *das* x *m inv*, X *m inv*.
X-Beine *pl* jambes *fpl* cagneuses.
x-beliebig *adj fam* n'importe quel (quelle).
x-mal *adv fam* je ne sais combien de fois.

Y

y, Y ['ypsilɔn] (*pl* - ODER **-s**) *das* y *m inv*, Y *m inv*.
Yacht = **Jacht**.
Yoga = **Joga**.

Z

z, Z ['tsɛt] (*pl* - ODER **-s**) *das* z *m inv*, Z *m inv*.
zack *interj fam* : **zack!** et hop!
Zacke (*pl* **-n**) *die* [von Gabel, Kamm] dent *f* ; [von Sternen] branche *f*.
zackig ◇ *adj fam* [forsch] brusque, énergique ◇ *adv* **- 1.** [gezackt] : **~ geformt** de forme dentelée **- 2.** *fam* [forsch] de façon énergique.
zaghaft ◇ *adj* hésitant(e) ◇ *adv* de façon hésitante.
zäh ◇ *adj* **- 1.** [widerstandsfähig] solide **- 2.** [zähflüssig] épais(aisse) **- 3.** [Fleisch] dur(e) **- 4.** [hartnäckig] tenace ◇ *adv* **- 1.** [langsam] lentement **- 2.** [hartnäckig] fermement.
Zähigkeit *die (ohne Pl)* **- 1.** [von Menschen] ténacité *f* **- 2.** [von Material] dureté *f*.
Zahl (*pl* **-en**) *die* nombre *m* ; [Ziffer] chiffre *m* ; **eine gerade/ungerade ~** un nombre pair/impair ; **in den roten ~en stecken** *fig* être dans le rouge.
zahlbar *adj* payable ; **~ in** [Frist] payable dans ; [Währung, Raten] payable en.
zahlen ◇ *vt* payer ◇ *vi* payer ; **bitte ~!** l'addition, s'il vous plaît!
zählen ◇ *vt* **- 1.** [die Anzahl ermitteln] compter **- 2.** [einbeziehen] : **jn zu einer Gruppe ~** compter qqn parmi un groupe ; **etw zu etw ~** compter qqch parmi qqch **- 3.** [wert sein] valoir ◇ *vi* compter ; **zu jm/etw ~** compter parmi qqn/qqch ; **auf jn/etw ~** compter sur qqn/qqch.
zahlenmäßig ◇ *adj* numérique ◇ *adv* : **~ überlegen sein** être supérieur(e) en nombre.
Zähler (*pl* -) *der* **- 1.** [Gerät] compteur *m* **- 2.** MATH numérateur *m*.
Zahl|grenze *die* limite *f* de zone *(dans transports en commun)*.
zahllos *adj* innombrable.
zahlreich ◇ *adj* nombreux(euses) ◇ *adv* en grand nombre.
Zahlung (*pl* **-en**) *die* paiement *m*.
Zählung (*pl* **-en**) *die* comptage *m* ; [von Bevölkerung] recensement *m*.
Zahlungsan|weisung *die* mandat *m* de paiement.
zahlungsfähig *adj* solvable.
Zahlwort (*pl* **-wörter**) *das* GRAM adjectif *m* numéral.
zahm *adj* **- 1.** [Tier] apprivoisé(e) **- 2.** *fam* [Kind, Verhalten] docile.
zähmen *vt* [Tier] apprivoiser ; [Zirkustier] dompter.
Zähmung (*pl* **-en**) *die* [von Tieren] apprivoisement *m*.
Zahn (*pl* **Zähne**) *der* **- 1.** [im Mund] dent *f* ; **einen ~ ziehen** arracher une dent ; **sich** *(D)* **die Zähne putzen** se brosser ODER se laver les dents ; **die dritten Zähne** [Gebiss] une prothèse dentaire **- 2.** *RW* : **die Zähne zusammenbeißen** *fam* serrer les dents.
Zahn|arzt *der* dentiste *m*.
Zahn|ärztin *die* dentiste *f*.
Zahnbe|handlung *die* soins *mpl* dentaires.
Zahn|bürste *die* brosse *f* à dents.
Zahnersatz *der (ohne Pl)* prothèse *f* dentaire.
Zahn|fleisch *das* gencive *f*.
Zahn|klammer *die* appareil *m* dentaire *(pour redresser les dents)*.
Zahn|lücke *die* espace *m* interdentaire.
Zahn|pasta (*pl* **-pasten**), **Zahnpaste** (*pl* **-n**) *die* dentifrice *m*.
Zahn|rad *das* roue *f* dentée.
Zahnrad|bahn *die* chemin de fer *m* à crémaillère.

Zahnlschmelz *der (ohne Pl)* émail *m* (des dents).
Zahnlschmerzen *pl* maux *mpl* de dents ; **~ haben** avoir mal aux dents.
Zahnlseide *die (ohne Pl)* fil *m* dentaire.
Zahnlspange *die* appareil *m* dentaire *(pour redresser les dents).*
Zahnlstein *der (ohne Pl)* tartre *m (dentaire).*
Zahnlstocher (*pl* -) *der* cure-dent *m.*
Zaire [za'iːr(ə)] *nt* Zaïre *m ;* **in ~** au Zaïre.
Zange (*pl* **-n**) *die* pince *f ;* **jn in die ~ nehmen** *fam fig* coincer qqn.
zanken ◈ **sich zanken** *ref* se disputer ; **sich mit jm um etw ~** se disputer avec qqn pour qqch.
zänkisch *adj* querelleur(euse).
Zäpfchen (*pl* -) *das* suppositoire *m.*
zapfen *vt* tirer (au tonneau).
Zapfen (*pl* -) *der* - **1.** [von Fässern] bouchon *m* - **2.** [von Kiefern] pomme *f* de pin - **3.** [aus Eis] glaçon *m.*
Zapfenlstreich *der (ohne Pl)* extinction *f* des feux.
Zapflsäule *die* pompe *f* (à essence).
zappeln *vi* [Kind] gigoter ; [Fisch] frétiller ; **jn ~ lassen** *fam fig* faire mijoter qqn.
zappen *vi* zapper.
zart ◇ *adj* - **1.** [Gesundheit, Pflanze] fragile - **2.** [Gebäck, Gemüse] tendre - **3.** [Berührung, Stimme] doux (douce) ◇ *adv* [sanft] délicatement, tendrement.
zart besaitet *adj* à l'âme sensible.
zartlbitter *adj* amer(ère).
zärtlich ◇ *adj* tendre ; **zu jm ~ sein** être affectueux(euse) ODER tendre avec qqn ◇ *adv* tendrement.
Zärtlichkeit *die (ohne Pl)* [Gefühl] tendresse *f.* ◈ **Zärtlichkeiten** *pl* [Liebkosungen] caresses *fpl.*
Zauber (*pl* -) *der* magie *f*, enchantement *m ;* **fauler ~** *fam abw & fig* balivernes *fpl.*
Zauberei (*pl* **-en**) *die* - **1.** [Zaubern] magie *f* - **2.** [Kunststück] tour *m* de magie.
Zauberer (*pl* -) *der* magicien *m.*
zauberhaft ◇ *adj* [Idee, Ausflug] enchanteur(eresse) ; [Kleid, Mädchen] ravissant(e) ◇ *adv* de façon ravissante.
Zauberin (*pl* **-nen**) *die* magicienne *f.*
Zauberlkünstler, in *der, die* prestidigitateur *m*, -trice *f.*
Zauberkunstlstück *das* tour *m* de passe-passe.
zaubern ◇ *vi* faire de la magie ◇ *vt :* **etw aus etw ~** faire sortir qqch de qqch par magie.
Zauberlspruch *der* formule *f* magique.
Zauberlstab *der* baguette *f* magique.
Zaum (*pl* **Zäume**) *der* bride *f ;* **jn/etw im ~ halten** *fig* maîtriser qqn/qqch.
zäumen *vt* brider.
Zaumzeug (*pl* **-e**) *das* bride *f.*
Zaun (*pl* **Zäune**) *der* clôture *f.*
Zaunlpfahl *der* pieu *m.*
z. B. (*abk für* **zum Beispiel**) par ex.
ZDF (*abk für* **Zweites Deutsches Fernsehen**) *das (ohne Pl) deuxième chaîne de télévision allemande.*
Zebra (*pl* **-s**) *das* zèbre *m.*
Zebralstreifen *der* passage *m* protégé ODER piétons.
Zeche (*pl* **-n**) *die* - **1.** [Rechnung] addition *f* - **2.** [Mine] mine *f.*
zechen *vi* picoler.
Zechpreller, in (*mpl* - ; *fpl* **-nen**) *der, die* resquilleur *m*, -euse *f.*
Zechltour *die* tournée *f* des bistrots.
Zeder (*pl* **-n**) *die* cèdre *m.*
Zeh (*pl* **-en**) *der* doigt *m* de pied, orteil *m.*
Zehe (*pl* **-n**) *die* - **1.** [Fußglied] orteil *m ;* **jm auf die ~n treten** *fam fig* marcher sur les pieds de qqn - **2.** [Knoblauchzehe] gousse *f.*
Zehenlnagel *der* ongle *m* de doigt de pied.
Zehenlspitze *die* pointe *f* des pieds ; **auf ~n** sur la pointe des pieds.
zehn *num* dix ; *siehe auch* **sechs.**
Zehn (*pl* **-en**) *die* dix *m ; siehe auch* **Sechs.**
Zehnerlkarte *die* carte *f* de dix *(entrées, voyages).*
zehnfach *adj* décuple.
Zehnlkampf *der* SPORT décathlon *m.*
zehnmal *adv* dix fois.
Zehnmarklschein *der* billet *m* de dix marks.
zehntausend *num* dix mille ; *siehe auch* **sechs.**
zehnte, r, s *adj* dixième ; *siehe auch* **sechste.**
Zehnte (*pl* **-n**) *der, die, das* dixième *mf ; siehe auch* **Sechste.**
zehntel *adj* dixième ; *siehe auch* **sechstel.**
Zehntel (*pl* -) *das* dixième *m ; siehe auch* **Sechstel.**
Zehntellsekunde *die* dixième *m* de seconde.
zehren *vi :* **von etw ~** vivre sur qqch.
Zeichen (*pl* -) *das* - **1.** [gen] signe *m ;* **jm ein ~ geben** faire un signe à qqn ; **zum ~ einer Sache** *(G)* en signe de qqch - **2.** [Kennzeichnung] repère *m.*
Zeichenlblock *der* bloc *m* à dessin.
Zeichenerlklärung *die* légende *f.*
Zeichenlpapier *das* papier *m* à dessin.
Zeichenlsetzung *die (ohne Pl)* ponctuation *f.*

Zeichen|sprache *die* langage *m* des signes.

Zeichentrick|film *der* dessin *m* animé.

zeichnen <> *vt* - **1.** [Skizze, Plan] dessiner - **2.** [Waren, Fell] marquer - **3.** [Scheck] signer ; [Aktie, Anleihe] souscrire <> *vi* dessiner.

Zeichner, in (*mpl* - ; *fpl* **-nen**) *der, die* dessinateur *m*, -trice *f*.

Zeichnung (*pl* **-en**) *die* dessin *m*.

Zeige|finger *der* index *m*.

zeigen <> *vt* - **1.** [gen] montrer ; **jm etw ~** montrer qqch à qqn ; **das Kino zeigt den neuen Karatefilm** le cinéma passe le nouveau film de karaté - **2.** [Freude, Mitleid, Ärger] manifester - **3.** [Subjekt : Uhr, Waage] indiquer - **4.** *RW* : **es jm ~** *fam* rabattre le caquet à qqn <> *vi* : **nach** ODER **zu etw ~** indiquer qqch ; **auf jn/etw ~** montrer qqn/qqch (du doigt). ◆ **sich zeigen** *ref* se montrer ; **es zeigt sich** il s'avère ; **es wird sich ~, ob er Recht hat** on verra s'il a raison.

Zeiger (*pl* -) *der* aiguille *f (de montre, balance)*.

Zeile *die* - **1.** [eines Texts] ligne *f* - **2.** [Nachricht] mot *m*.

Zeit (*pl* **-en**) *die* - **1.** [gen] temps *m* ; **im Laufe der ~** avec le temps ; **~ raubend** de longue haleine ; **~ sparend** qui économise du temps ; **sich** *(D)* **für jn/etw ~ nehmen** se réserver du temps pour qqn/qqch ; **sich** *(D)* **die ~ vertreiben** passer le temps ; **sich** *(D)* **~ lassen** prendre son temps - **2.** [Zeitpunkt] : **seit dieser ~** depuis ; **von ~ zu ~** de temps en temps - **3.** [Zeitabschnitt] époque *f* ; **in der letzten ~** ces derniers temps - **4.** *(ohne Pl)* [Zeitung] : **Die ~** *hebdomadaire proposant des articles de fond*. ◆ **auf Zeit** *adv* à durée limitée ODER déterminée. ◆ **eine Zeit lang** *adv* un certain temps. ◆ **mit der Zeit** *adv* avec le temps ; *siehe auch* **zurzeit**.

keine Zeit haben

Je n'ai pas le temps de rester longtemps. Ich kann leider nicht lange bleiben.

Je suis débordé en ce moment. Ich habe momentan wirklich keine Zeit.

Nous n'y arriverons jamais. Das schaffen wir nie.

Demande de l'aide à Paul, moi j'ai trop à faire. Frag Paul, ob er dir helfen kann. Ich habe keine Zeit.

Je ne peux pas être partout. Ich kann nicht alles auf einmal machen.

Zeit|alter *das* époque *f*.

Zeitan|sage *die* horloge *f* parlante *(téléphone)*.

Zeit|arbeit *die* WIRTSCH travail *m* par intérim.

Zeit|bombe *die* bombe *f* à retardement.

Zeit|druck *der (ohne Pl)* : **in ~ sein, unter ~ stehen** être sous pression.

Zeit|geist *der (ohne Pl)* air *m* du temps.

zeitgemäß *adj* moderne.

Zeit|genosse *der* contemporain *m*.

Zeit|genossin *die* contemporaine *f*.

Zeit|geschehen *das (ohne Pl)* actualité *f*.

zeitig <> *adj* précoce <> *adv* tôt.

Zeit|karte *die* carte *f* d'abonnement.

zeitlebens *adv* toujours.

zeitlich <> *adj* dans le temps, temporel(elle) ; **~e Reihenfolge** ordre *m* chronologique <> *adv* dans le temps.

Zeitliche *das (ohne Pl)* : **das ~ segnen** rendre l'âme.

zeitlos *adj* intemporel(elle).

Zeit|lupe *die (ohne Pl)* ralenti *m*. ◆ **in Zeitlupe** *adv* au ralenti.

Zeit|punkt *der* moment *m* ; **zu diesem ~** à ce moment-là.

Zeit|raffer *der (ohne Pl)* accéléré *m*. ◆ **im Zeitraffer** *adv* en accéléré.

Zeit|raum *der* période *f*.

Zeit|rechnung *die (ohne Pl)* : **vor/nach unserer ~** avant/de notre ère.

Zeit|schrift *die* publication *f*, magazine *m*.

Zeit|soldat *der* engagé *m*.

Zeit|spanne (*pl* **-n**) *die* durée *f*.

Zeitung (*pl* **-en**) *die* journal *m*.

Zeitungs|annonce *die* petite annonce *f*.

Zeitungsaus|schnitt *der* coupure *f* de presse.

Zeitungs|bericht *der* reportage *m (de journal)*.

Zeitungs|kiosk *der* kiosque *m* à journaux.

Zeitungs|papier *das* papier *m* journal.

Zeit|unterschied *der* écart *m (de temps)* ; [zwischen Ländern] décalage *m* horaire.

Zeit|verlust *der (ohne Pl)* perte *f* de temps.

Zeit|verschiebung *die* décalage *m* horaire.

Zeit|verschwendung *die* perte *f* de temps.

Zeit|vertrag *der* contrat *m* à durée déterminée.

Zeit|vertreib (*pl* **-e**) *der* passe-temps *m*, loisir *m* ; **zum ~** pour passer le temps.

zeitweilig <> *adj* passager(ère) <> *adv* de temps en temps.

zeitweise *adv* - **1.** [gelegentlich] parfois - **2.** [vorübergehend] momentanément.

Zeit|zeichen *das* top *m (signal)*.

Zelle (*pl* **-n**) *die* cellule *f*.

Zell|stoff *der* cellulose *f.*
Zelt (*pl* -e) *das* tente *f* ; **die ~e abbrechen** *fig* mettre les voiles.
zelten *vi* camper, faire du camping.
Zelt|lager *das* campement *m.*
Zelt|plane *die* toile *f* de tente.
Zelt|platz *der* camping *m.*
Zelt|stange *die* mât *m.*
Zement (*pl* -e) *der* ciment *m.*
zensieren ◇ *vt* - **1.** [Klassenarbeit, Referat] noter - **2.** [Filme, Bücher] censurer ◇ *vi* noter.
Zensur (*pl* -en) *die* - **1.** [Benotung] note *f* - **2.** *(ohne Pl)* [Kontrolle, Behörde] censure *f.*
Zenti|liter *der* centilitre *m.*
Zenti|meter *der* centimètre *m.*
Zenti|meter|maß *das* mètre *m (objet).*
Zentner (*pl* -) *der 50 kilos.*
zentral ◇ *adj* - **1.** [im Zentrum, wichtig] central(e) - **2.** [übergeordnet] centralisateur(trice) ◇ *adv* : ~ **wohnen** habiter dans le centre.
Zentral|afrika *nt* Afrique *f* centrale.
Zentrale (*pl* -n) *die* - **1.** [zentrale Stelle] centrale *f* - **2.** [Telefonzentrale] standard *m.*
Zentral|heizung *die* chauffage *m* central.
Zentrifuge (*pl* -n) *die* centrifugeuse *f.*
Zentrum (*pl* **Zentren**) *das* centre *m.*
Zeppelin (*pl* -e) *der* dirigeable *m.*
zerbrechen (*präs* **zerbricht** ; *prät* **zerbrach** ; *perf* **hat/ist zerbrochen**) ◇ *vi (ist)* se briser ; **an etw** *(D)* ~ *fig* être brisé(e) par qqch ◇ *vt (hat)* briser, casser.
zerbrechlich *adj* fragile.
zerdrücken *vt* écraser.
Zeremonie (*pl* -n) *die* cérémonie *f.*
Zer|fall *der (ohne Pl)* [von Gebäude, Denkmal] délabrement *m.*
zerfallen (*präs* **zerfällt** ; *prät* **zerfiel** ; *perf* **ist zerfallen**) *vi* se décomposer ; [Mauer, Burg] tomber en ruine ; [Kuchen] tomber en morceaux ; **in etw** *(A)* ~ se décomposer en qqch.
zerfetzen *vt* déchirer.
zerfleddern *vt* abîmer.
zerfließen (*prät* **zerfloss** ; *perf* **ist zerflossen**) *vi* - **1.** [Eis, Schokolade] couler, fondre - **2.** [Tinte] fuir.
zergehen (*prät* **zerging** ; *perf* **ist zergangen**) *vi* fondre.
zerkleinern *vt* réduire en morceaux.
zerklüftet *adj* découpé(e).
zerknirscht *adj* contrarié(e) ; **über etw** *(A)* ~ **sein** être contrarié de qqch.
zerknittern *vt* froisser.
zerkratzen *vt* rayer ; [Arm, Hand] griffer.
zerlassen (*präs* **zerlässt** ; *prät* **zerließ** ; *perf* **hat zerlassen**) *vt* faire fondre.
zerlegen *vt* - **1.** [Bett, Motor] démonter ; **etw in etw** *(A)* ~ mettre qqch en qqch - **2.** [Reh] découper.
zermürben *vt* user.
zerquetschen *vt* écraser.
Zerr|bild *das* image *f* déformée.
zer|reden *vt* faire le tour de, épuiser.
zerreißen (*prät* **zerriss** ; *perf* **hat/ist zerrissen**) ◇ *vt (hat)* déchirer ; **sich** *(D)* **die Strümpfe** ~ filer ses collants ◇ *vi (ist)* - **1.** [Seil, Faden] casser - **2.** [Stoff] se déchirer.
zerren ◇ *vt* traîner ; **sich** *(D)* **etw** ~ se froisser qqch ◇ *vi* : **an etw** *(D)* ~ tirer sur qqch.
zerrinnen (*prät* **zerronn** ; *perf* **ist zerronnen**) *vi* - **1.** [Butter] fondre - **2.** [Träume] s'évanouir.
Zerrung (*pl* -en) *die* claquage *m.*
zerrüttet *adj* [Ehe] désuni(e), brisé(e).
zerschlagen *adj* abattu(e).
zerschneiden (*prät* **zerschnitt** ; *perf* **hat zerschnitten**) *vt* - **1.** [in Stücke] découper - **2.** [verletzen] couper.
zersetzen *vt* [auflösen] décomposer.
◆ **sich zersetzen** *ref* se décomposer.
zersplittern (*perf* **ist zersplittert**) *vi* éclater.
zerspringen (*prät* **zersprang** ; *perf* **ist zersprungen**) *vi* se briser.
zerstäuben *vt* vaporiser.
Zerstäuber (*pl* -) *der* vaporisateur *m.*
zerstechen (*präs* **zersticht** ; *prät* **zerstach** ; *perf* **hat zerstochen**) *vt* - **1.** [beschädigen] crever - **2.** [Subj : Mücken] dévorer.
zerstören *vt* détruire.
zerstörerisch *adj* destructeur(trice).
Zer|störung *die* destruction *f.*
zerstreuen *vt* - **1.** [Blätter] éparpiller - **2.** [Zweifel] dissiper ; [Demonstranten] disperser - **3.** [unterhalten] distraire. ◆ **sich zerstreuen** *ref* - **1.** [auseinander gehen] se dissoudre - **2.** [sich unterhalten] se distraire.
zerstreut ◇ *adj* distrait(e) ◇ *adv* distraitement.
Zerstreuung (*pl* -en) *die* distraction *f.*
Zertifikat (*pl* -e) *das* certificat *m.*
zertreten (*präs* **zertritt** ; *prät* **zertrat** ; *perf* **hat zertreten**) *vt* écraser *(avec les pieds).*
zertrümmern *vt* réduire en morceaux.
zerzaust *adj* ébouriffé(e).
zetern *vi abw* râler.
Zettel (*pl* -) *der* bout *m* de papier.
Zettel|wirtschaft *die fam abw* désordre *m (dans notes).*
Zeug *das (ohne Pl) fam* trucs *mpl*, choses *fpl* ; [Kleidung, Unterlagen] affaires *fpl* ; **das ~ zu etw haben** *fam fig* avoir ce qu'il faut

pour qqch ; **sich ins ~ legen** *fam fig* y mettre du sien. ◈ **dummes Zeug!** *interj fam* quelle connerie!

Zeuge (*pl* **-n**) *der* témoin *m*.

zeugen ◇ *vi* : **von etw ~** *geh* témoigner de qqch ◇ *vt* engendrer.

Zeugenaus|sage *die* témoignage *m*.

Zeugin (*pl* **-nen**) *die* témoin *m*.

Zeugnis (*pl* **-se**) *das* **- 1.** [von Prüfung] diplôme *m* **- 2.** [Arbeitszeugnis] certificat *m* de travail **- 3.** SCHULE bulletin *m (de notes)*.

z. H. (*abk für* **zu Händen**) att. *(à l'attention de)*.

Zicke (*pl* **-n**) *die* chèvre *f*. ◈ **Zicken** *pl fam* : **~n machen** faire des histoires.

Zickzack (*pl* **-e**) *der* zigzag *m*. ◈ **im Zickzack** *adv* en zigzag.

Ziege (*pl* **-n**) *die* **- 1.** [Tier] chèvre *f* **- 2.** *fam* [als Schimpfwort] abrutie *f*.

Ziegel (*pl* **-**) *der* **- 1.** [Stein] brique *f* **- 2.** [Dachziegel] tuile *f*.

Ziegel|stein *der* brique *f*.

Ziegen|bock *der* bouc *m*.

Ziegen|käse *der* fromage *m* de chèvre, chèvre *m*.

ziehen (*prät* **zog** ; *perf* **hat/ist gezogen**) ◇ *vt (hat)* **- 1.** [bewegen, betätigen] tirer ; **jn am Ärmel ~** tirer qqn par la manche ; **jn an den Haaren ~** tirer les cheveux à qqn **- 2.** [herausziehen, abmachen] : **(etw von etw) ~** enlever (qqch de qqch) ; **jm einen Zahn ~** arracher une dent à qqn **- 3.** [herausholen] prendre ; **jn/etw aus etw ~** sortir qqn/qqch de qqch **- 4.** [Grenze, Linie] tracer **- 5.** [zurechtrücken] : **etw um etw ~** resserrer qqch autour de qqch ; **etw in/vor etw** *(A)* **~** tirer qqch dans/devant qqch **- 6.** [Pflanze] cultiver **- 7.** [Blicke, Wut] : **etw auf sich** *(A)* **~** attirer qqch **- 8.** [Folge] : **etw nach sich ~** entraîner qqch ◇ *vi* **- 1.** *(hat)* [gen] tirer ; **an etw** *(D)* **~** tirer sur qqch **- 2.** *(ist)* [umziehen] déménager **- 3.** *(ist)* [wandern - Person] : **durch etw ~** sillonner qqch ; [- Tier] : **nach Süden ~** migrer vers le Sud **- 4.** *(ist)* [dringen] : **durch etw ~** passer à travers qqch ; **in etw** *(A)* **~** pénétrer dans qqch **- 5.** *(hat)* [Tee] infuser **- 6.** *(hat) fam* [Eindruck machen] : **das zieht bei mir nicht!** cela ne prend pas avec moi! **- 7.** *(hat)* [Luftzug haben] : **es zieht** il y a des courants d'air. ◈ **sich ziehen** *ref* **- 1.** *fam* [in die Länge] traîner en longueur **- 2.** [sich erstrecken] s'étendre.

Zieh|harmonika *die* accordéon *m*.

Ziehung (*pl* **-en**) *die* : **die ~ der Lottozahlen/Lose** le tirage du loto/des lots.

Ziel (*pl* **-e**) *das* **- 1.** [Zielort, Zweck] but *m* ; **sich** *(D)* **ein ~ setzen** se fixer un but **- 2.** SPORT ligne *f* d'arrivée.

zielbewusst ◇ *adj* assuré(e) ◇ *adv* avec assurance.

zielen *vi* viser ; **auf jn/etw ~** viser qqn/qqch.

Ziel|gruppe *die* public *m* visé.

ziellos ◇ *adj* égaré(e) ◇ *adv* sans but.

Ziel|scheibe *die* cible *f*.

zielstrebig ◇ *adj* appliqué(e) ◇ *adv* consciencieusement, avec application.

ziemlich ◇ *adv* **- 1.** [etwas] plutôt **- 2.** *fam* [fast] presque ◇ *adj fam* : **mit ~er Sicherheit** selon toute vraisemblance ; **mit ~er Genugtuung** avec une assez grande satisfaction. ◈ **ziemlich viel** *adv* pas mal ; **~ viele Filme** pas mal de films.

Zierde (*pl* **-n**) *die* décoration *f*.

zieren ◈ **sich zieren** *ref* faire des manières.

zierlich ◇ *adj* [Porzellanfigur, Hände] délicat(e) ; [Frau, Körperbau] gracile ◇ *adv* délicatement.

Zier|pflanze *die* plante *f* d'agrément.

Ziffer (*pl* **-n**) *die* chiffre *m*.

Ziffer|blatt *das* cadran *m*.

zig *num fam* un nombre incroyable de.

Zigarette (*pl* **-n**) *die* cigarette *f*.

Zigaretten|automat *der* distributeur *m* de cigarettes.

Zigaretten|schachtel *die* paquet *m* de cigarettes.

Zigarillo (*pl* **-s**) *der* ODER *das* cigarillo *m*.

Zigarre (*pl* **-n**) *die* cigare *m*.

Zigeuner, in (*mpl* **-** ; *fpl* **-nen**) *der, die abw* bohémien *m*, -enne *f*.

zigmal *adv fam* un nombre incroyable de fois.

Zimmer (*pl* **-**) *das* [Raum] pièce *f* ; [Schlafzimmer] chambre *f* ; '**~ frei**' 'chambres à louer' ; **~, Küche, Bad** studio avec cuisine et salle de bains.

Zimmerlaut|stärke *die (ohne Pl)* : **in ~** à volume réduit.

Zimmer|mädchen *das* femme *f* de chambre.

Zimmer|mann (**-(e) s** ; *pl* **-leute**) *der* charpentier *m*.

zimmern ◇ *vt* construire *(en bois)* ◇ *vi* travailler le bois.

Zimmer|pflanze *die* plante *f* d'intérieur.

Zimmer|service *der* service *m* d'étage.

Zimmer|suche *die* recherche *f* d'un logement.

Zimmer|vermittlung *die* service *m* d'hébergement.

zimperlich *abw* ◇ *adj* [empfindlich] douillet(ette) ; [prüde] prude ◇ *adv* : **sich ~ anstellen** faire la mijaurée ; **nicht ~ mit jm**

umgehen ne pas prendre de gants avec qqn.
Zimt *der (ohne Pl)* cannelle *f.*
Zimt|stange *die* bâton *m* de cannelle.
Zink *das (ohne Pl)* zinc *m.*
Zinke (*pl* **-n**) *die* dent *f (de fourchette, peigne).*
Zinn *das (ohne Pl)* **- 1.** [Metall] étain *m* **- 2.** [Gegenstände] étains *mpl.*
Zins (*pl* **-en**) *der* intérêt *m.*
Zins|fuß *der* taux *m* d'intérêt.
zinslos *adj* sans intérêt.
Zins|satz *der* taux *m* d'intérêt.
Zipfel (*pl* **-**) *der* coin *m.*
Zipfel|mütze *die* bonnet *m (pointu).*
zirka, circa ['tsɪrka] *adv* environ.
Zirkel (*pl* **-**) *der* **- 1.** [Gerät] compas *m* **- 2.** [Gruppe] cercle *m.*
Zirkus (*pl* **-se**) *der* cirque *m.*
zirpen *vi* [Grillen] chanter.
zischen (*perf* **hat/ist gezischt**) ◇ *vi* **- 1.** *(hat)* [Geräusch] siffler ; [Öl] crépiter **- 2.** *(ist)* [Fahrzeug] filer ◇ *vt (hat)* **- 1.** [sagen] siffler **- 2.** *salopp* [Bier] s'envoyer.
Zitat (*pl* **-e**) *das* citation *f.*
Zither (*pl* **-n**) *die* MUS cithare *f.*
zitieren ◇ *vt* **- 1.** [wiedergeben] citer ; **ich zitiere** je cite **- 2.** [rufen] : **jn zu jm/vor etw** *(A)* **~** convoquer qqn chez qqn/devant qqch ◇ *vi* : **aus etw ~** faire une citation de qqch.
Zitronat *das (ohne Pl)* KÜCHE citron *m* confit.
Zitrone (*pl* **-n**) *die* citron *m.*
Zitronen|saft *der* jus *m* de citron.
zitterig, zittrig *adj* tremblant(e).
zittern *vi* **- 1.** [vibrieren] trembler **- 2.** [Angst haben] : **vor jm/etw ~** trembler devant qqn/qqch ; **vor Angst ~** trembler de peur **- 3.** [sich sorgen] : **um** ODER **für jn/etw ~** trembler pour qqn/qqch.
zittrig = **zitterig.**
zivil *adj* [bürgerlich] civil(e).
Zivil *das (ohne Pl)* civil *m.* ◆ **in Zivil** *adv* en civil.
Zivil|bevölkerung *die* population *f* civile.
Zivil|courage *die* courage *m (civique).*
Zivil|dienst *der (ohne Pl)* service *m* civil ; **~ leisten** faire son service civil.
Zivilisation (*pl* **-en**) *die* civilisation *f.*
zivilisiert ◇ *adj* civilisé(e) ◇ *adv* de manière civilisée.
Zivilist, in (*mpl* **-en** ; *fpl* **-nen**) *der, die* civil *m.*
Zivil|recht *das (ohne Pl)* RECHT droit *m* civil.
ZOB (*abk für* **zentraler Omnibusbahnhof**) gare *f* routière centrale.
zog *prät* ▷ **ziehen.**

zögern *vi* hésiter ; **mit etw ~** hésiter à faire qqch. ◆ **Zögern** *das (ohne Pl)* hésitation *f.*
Zölibat *der* ODER *das (ohne Pl)* REL célibat *m.*
Zoll (*pl* **Zölle** ODER **-**) *der* **- 1.** *(Pl Zölle)* [Abgabe] droit *m* de douane **- 2.** *(ohne Pl)* [Behörde] douane *f* **- 3.** *(Pl Zoll)* [Maßeinheit] pouce *m.*
Zollabfertigung *die (ohne Pl)* formalités *fpl* de douane.
Zoll|amt *das* douane *f (service).*
Zoll|beamte *der* douanier *m.*
Zoll|beamtin *die* douanière *f.*
Zoller|klärung *die* déclaration *f* de douane.
zollfrei *adj* en franchise de douane.
Zoll|kontrolle *die* contrôle *m* douanier.
Zöllner (*pl* **-**) *der* douanier *m.*
zollpflichtig *adj* soumis(e) à des droits de douane.
Zoll|schranke *die* barrière *f* douanière.
Zoll|stock *der* mètre *m* pliant.
Zone (*pl* **-n**) *die* **- 1.** [Gebiet] zone *f* **- 2.** *fam* [DDR] RDA *f.*
Zonen|grenze *die frontière entre les deux États allemands avant la réunification.*
Zoo (*pl* **-s**) *der* zoo *m.*
Zoologie *die (ohne Pl)* zoologie *f.*
Zopf (*pl* **Zöpfe**) *der* natte *f.*
Zopf|spange *die* barrette *f (à cheveux).*
Zorn *der (ohne Pl)* colère *f.* ◆ **im Zorn** *adv* sous l'emprise de la colère.
zornig ◇ *adj* furieux(euse) ; **auf jn/über etw** *(A)* **~ sein** être en colère après qqn/à cause de qqch ◇ *adv* avec colère.
zottig *adj* emmêlé(e).
z. T. *abk für* **zum Teil.**
zu ◇ *präp (+ D)* **- 1.** [an, zu einem Ort] à ; **~ Hause** à la maison ; **~ einer Hochzeit** à un mariage **- 2.** [zu einer Person] chez ; **~ meiner Mutter** chez ma mère **- 3.** [zeitlich] à ; **~ Anfang** au début ; **~ Weihnachten/Ostern** à Noël/Pâques **- 4.** [zur Angabe der Konsequenz] à ; **~ meiner größten Überraschung** à ma grande surprise **- 5.** [zur Angabe des Endproduktes] en ; **~ Eis werden** se transformer en glace **- 6.** [zur Angabe der Menge, des Preises] à ; **~ zweit/fünft** à deux/cinq ; **~ Tausenden** par milliers ; **Äpfel ~ 1,50 Euro das Kilo** des pommes à 1,50 euros le kilo **- 7.** [zur Angabe der Fortbewegungsart] à ; **~ Fuß/Pferde** à pied/cheval **- 8.** SPORT à ; **zwei ~ eins gewinnen** gagner deux à un ◇ *adv* **- 1.** [zur Angabe des Übermaßes] trop ; **~ alt/jung** trop vieux/jeune ; **~ sehr** trop **- 2.** *fam* [zumachen] : **Fenster/Tür ~!** (ferme ODER fermez) la fenêtre/porte! **- 3.** [Angabe der Richtung] vers, à ; **der Stadt ~** vers la ville ◇ *konj* **- 1.** [Anschluss eines Infinitivs] à, de ; **es beginnt ~ schneien** il commence à neiger ; **es**

ist schön, dich ~ sehen c'est sympa de te voir - **2.** *(+ Partizip Präsens)* [zum Ausdruck einer Notwendigkeit] à ; **die ~ erledigenden Arbeiten** les travaux à faire. ◆ **eins zu zehn** *adv* - **1.** [positiv] un pour dix - **2.** [negativ] un contre dix.

zuallererst *adv* avant tout.

zuallerletzt *adv* en tout dernier lieu.

Zubehör *(pl* **-e***)* *das* accessoires *mpl.*

zu|beißen *vi (unreg)* mordre.

zu|bekommen *vt (unreg) fam :* **etw ~** arriver à fermer qqch.

zu|bereiten *vt* préparer.

zu|bewegen *vt :* **etw auf jn/etw ~** diriger qqch vers qqn/qqch. ◆ **sich zubewegen** *ref :* **sich auf jn/etw ~** se diriger vers qqn/qqch.

zu|binden *vt (unreg)* fermer *(en attachant).*

zu|bleiben *(perf* **ist zugeblieben***)* *vi (unreg) fam* rester fermé(e).

zu|blinzeln *vi :* **jm ~** faire un clin d'œil à qqn.

Zubringer *(pl* **-***)* *der* bretelle *f (d'autoroute).*

Zucchini [tsʊ'kiːni] *(pl* **-s***)* *die* courgette *f.*

Zucht *die (ohne Pl)* [von Tieren] élevage *m ;* [von Pflanzen, Perlen] culture *f.*

züchten *vt* [Tiere] élever ; [Pflanzen, Perlen, Bakterien] cultiver.

Züchtung *(pl* **-en***)* *die* [von Tieren] élevage *m ;* [von Pflanzen] culture *f.*

zucken *(perf* **hat/ist gezuckt***)* *vi (hat)* [unwillkürlich] tressaillir.

zücken *vt* - **1.** *geh* [Waffe] tirer - **2.** *hum* [herausholen] sortir.

Zucker *der* - **1.** [Nahrungsmittel] sucre *m* - **2.** *(ohne Pl) fam* [Krankheit] diabète *m ;* **~ haben** avoir du diabète.

Zucker|guss *der* glaçage *m.*

zuckerkrank *adj* diabétique.

zuckern *vt* sucrer.

Zucker|rohr *das* canne *f* à sucre.

Zucker|rübe *die* betterave *f* à sucre.

Zucker|watte *die* barbe *f* à papa.

Zuckung *(pl* **-en***)* *die* tressaillement *m,* spasme *m.*

zu|decken *vt* recouvrir ; **jn/etw mit etw ~** couvrir qqn/qqch de qqch.

zu|drehen *vt* - **1.** [drehend schließen] fermer *(en tournant)* - **2.** [zuwenden] : **jm den Rücken ~** tourner le dos à qqn.

zudringlich *adj* importun(e).

zu|drücken *vt* fermer *(en appuyant) ;* **jm die Kehle ~** étrangler qqn.

zueinander *adv* [passen, sprechen] ensemble ; [sich verhalten] l'un envers l'autre ; **ihr Verhältnis ~** leurs relations *fpl.*

zueinander halten *vi (unreg)* être solidaire.

zuerst *adv* - **1.** [als Erstes] : **~ ankommen** arriver en premier - **2.** [am Anfang] d'abord.

zu|fahren *(perf* **ist zugefahren***)* *vi (unreg)* [sich zubewegen] : **auf jn/etw ~** se diriger vers qqn/qqch *(en véhicule).*

Zu|fahrt *die* accès *m.*

Zufahrts|straße *die* route *f* ODER rue *f* d'accès.

Zu|fall *der* hasard *m.* ◆ **durch Zufall** *adv* par hasard.

zu|fallen *(perf* **ist zugefallen***)* *vi (unreg)* - **1.** [Tür, Augen] se fermer - **2.** [zuteil werden] revenir.

zufällig ◇ *adj* fortuit(e) ◇ *adv* par hasard.

zu|fassen *vi :* **schnell ~, ehe die Vase umkippt** vite rattraper le vase avant qu'il ne tombe ; **fest ~ und das Seil stramm ziehen** empoigner solidement la corde et la tendre.

Zu|flucht *die* refuge *m.*

zu|flüstern *vt :* **jm etw ~** chuchoter qqch à qqn.

zufolge *präp :* **jm/einer Sache ~** d'après qqn/qqch.

zufrieden ◇ *adj* satisfait(e) ; **mit jm/etw ~ sein** être satisfait de qqn/qqch ◇ *adv* avec satisfaction.

zufrieden geben ◆ **sich zufrieden geben** *ref (unreg) :* **sich mit etw ~** se contenter de qqch.

zufrieden lassen *vt (unreg)* laisser tranquille.

zufrieden stellen *vt* satisfaire.

zu|fügen *vt :* **jm etw ~** causer qqch à qqn.

Zufuhr *die (ohne Pl)* approvisionnement *m.*

Zug *(pl* **Züge***)* *der* - **1.** [Bahn] train *m ;* **mit dem ~ fahren** voyager en train, prendre le train - **2.** [Schar] cortège *m* - **3.** [Bewegung] passage *m ;* [von Vögeln] migration *f* - **4.** [mit Spielfigur] mouvement *m ;* **er ist am ~** *eigtl & fig* c'est à lui de jouer - **5.** [Schluck] gorgée *f ;* **in einem ~** d'un trait ; *fig* d'une traite - **6.** [beim Rauchen] bouffée *f* - **7.** [Atemzug] souffle *m ;* **in vollen Zügen** à grandes bouffées ; *fig* pleinement - **8.** *(ohne Pl)* [Durchzug] courant *m* d'air - **9.** [Gesichtszug, Charakterzug, Linienführung] trait *m* - **10.** *RW :* **in groben Zügen** dans les grandes lignes ; **zum ~(e) kommen** avoir l'occasion d'agir.

Zu|gabe *die* - **1.** *(ohne Pl)* [Zugeben] addition *f* - **2.** [Zugegebenes] prime *f,* supplément *m* - **3.** [zusätzliche Darbietung] rappel *m.* ◆ **Zugabe!** *interj* une autre!, bis!

Zugab|teil *das* compartiment *m (d'un train).*

Zu|gang *der* - **1.** [Betreten, Zugangsweg] accès *m ;* **~ zu etw haben** avoir accès à qqch

- 2. [zu Provider/Online-Dienst] accès *m* ; **~/keinen ~ haben/bekommen** avoir/ne pas avoir accès à.

zugänglich *adj* - 1. [Speisesaal, Informationsquelle] accessible ; **jm etw ~ machen** rendre qqch accessible à qqn - 2. [Person] ouvert(e).

Zug|brücke *die* pont-levis *m*.

zu|geben *vt (unreg)* - 1. [hinzugeben] ajouter - 2. [gestehen] avouer.

zu|gehen (*perf* **ist zugegangen**) *vi (unreg)* - 1. [sich zubewegen] : **auf jn/etw ~** se diriger vers qqn/qqch - 2. *fam* [sich schließen] (se) fermer.

zugehörig *adj* qui va avec ; **sich jm/einer Sache ~ fühlen** se sentir attaché(e) à qqn/qqch.

Zugehörigkeit *die (ohne Pl)* appartenance *f*.

zugeknöpft *adj* - 1. [Kleidungsstück] boutonné(e) - 2. *fam* [reserviert] renfermé(e).

Zügel (*pl* -) *der* bride *f*.

zügellos ◇ *adj* effréné(e) ; [Mensch, Leben] dévergondé(e) ◇ *adv* de façon excessive.

zügeln *vt* - 1. [Reittier] tenir en bride - 2. [Gefühl] contenir.

Zu|geständnis *das* concession *f*.

zu|gestehen *vt (unreg)* : **jm etw ~** concéder qqch à qqn.

Zug|führer, in *der, die* contrôleur *m* de train.

zugig *adj* exposé(e) aux courants d'air.

zügig ◇ *adj* rapide ◇ *adv* rapidement.

zugleich *adv* en même temps.

Zug|luft *die (ohne Pl)* courant *m* d'air.

Zug|personal *das* personnel *m* du train.

zu|greifen *vi (unreg)* - 1. [zufassen] se précipiter *(pour faire qqch)* - 2. [sich bedienen] se servir ; **kräftig ~** [beim Essen] avoir un bon coup de fourchette - 3. [mithelfen] aider.

zugrunde, zu Grunde *adv* : **an etw** *(D)* **~ gehen** [sterben] mourir de qqch ; [ruiniert werden] échouer en raison de qqch ; **diesem Artikel liegen viele Untersuchungen ~** cet article repose sur de nombreuses études ; **jn ~ richten** ruiner qqn.

Zug|schaffner, in *der, die* contrôleur *m* de train.

Zug|unglück *das* catastrophe *f* ferroviaire.

zugunsten, zu Gunsten ◇ *präp* : **~ js** en faveur de qqn ; **~ einer Sache** *(G)* au profit de qqch ◇ *adv* : **~ von jm** en faveur de qqn ; **~ von etw** au profit de qqch.

zugute *adv* : **jm/etw ~ kommen** profiter à qqn/qqch.

Zugver|bindung *die* correspondance *f (ferroviaire)*.

Zug|verkehr *der* trafic *m* ferroviaire.

zu|haben *vi (unreg) fam* être fermé(e).

zu|halten *(unreg) vt* tenir fermé(e) ; **sich** *(D)* **die Nase/Ohren ~** se boucher le nez/les oreilles.

Zuhälter (*pl* -) *der* proxénète *m*.

zuhause *adv Schweiz & Österr* à la maison ; **bist du heute Nachmittag ~?** tu seras chez toi cet après-midi? ; *siehe auch* **Haus.**

Zuhause *das (ohne Pl)* chez-soi *m*.

zu|hören *vi* écouter ; **jm/einer Sache ~** écouter qqn/qqch.

Zu|hörer, in *der, die* auditeur *m*, -trice *f*.

zu|kehren *vt* : **jm den Rücken ~** tourner le dos à qqn.

zu|knöpfen *vt* boutonner.

zu|kommen (*perf* **ist zugekommen**) *vi (unreg)* - 1. [sich bewegen] : **auf jn/etw ~** s'avancer vers qqn/qqch ; **ich lasse es auf mich ~!** on verra bien! - 2. [zustehen] : **jm ~** revenir à qqn.

Zukunft *die (ohne Pl)* - 1. [künftige Zeit] avenir *m* - 2. GRAM [Futur] futur *m*. ◆ **in Zukunft** *adv* à l'avenir.

zukünftig ◇ *adj* futur(e) ◇ *adv* à l'avenir.

zu|lächeln *vi* : **jm ~** sourire à qqn.

Zu|lage *die* indemnité *f*, prime *f*.

zu|lassen *vt (unreg)* - 1. [gestatten, ermöglichen] permettre - 2. [amtliche Erlaubnis erteilen] autoriser ; [Kraftfahrzeug] immatriculer ; **jn zu einer Prüfung ~** admettre qqn à un examen - 3. *fam* [nicht öffnen] laisser fermé(e).

zulässig *adj* autorisé(e).

Zulassung (*pl* **-en**) *die (ohne Pl)* [Zulassen] autorisation *f* ; [von Kraftfahrzeugen] immatriculation *f* ; **die ~ zu etw** l'admission *f* à qqch.

zulasten *präp* : **~ einer Person/einer Sache** [auf js Rechnung] aux frais de qqn/qqch ; [zu js Nachteil] aux dépens de qqn/qqc.

zu|laufen (*perf* **ist zugelaufen**) *vi (unreg)* - 1. [sich bewegen] : **auf jn/etw ~** courir vers qqn/qqch - 2. [sich anschließen] : **jm ~** se réfugier chez qqn - 3. [auslaufen] se terminer ; **spitz ~** se terminer en pointe.

zu|legen *fam vt* - 1. [anschaffen] : **sich** *(D)* **etw ~** faire l'acquisition de qqch ; [Künstlername] se prendre qqch - 2. [dazutun] ajouter.

zuletzt *adv* - 1. [als Letztes] en dernier - 2. [als Letzter] : **~ erscheinen** arriver le dernier (la dernière) - 3. *fam* [das letzte Mal] : **als ich ihn ~ sah** la dernière fois que je l'ai vu - 4. [am Ende] à la fin.

zuliebe *präp* : **jm ~** pour faire plaisir à qqn ; **einer Sache ~** pour l'amour de qqch.

zum *präp* **- 1.** [zu + dem, zu einer Person] au, à la ; **auf dem Weg ~ Kino** sur le chemin du cinéma **- 2.** [zu + dem, zu einer Person] chez le, chez la ; **~ Arzt** chez le médecin **- 3.** [nicht auflösbar] à ; **~ Schwimmen gehen** aller se baigner ; **der Film war ~ Totlachen** le film était à mourir de rire ; **~ Hof hin liegen** donner sur la cour ; **~ Teil** en partie.

zu|machen *vt & vi fam* fermer.

zumindest *adv* **- 1.** [auf jeden Fall] du moins **- 2.** [mindestens] au moins.

zumutbar *adj* supportable, raisonnable.

zu|muten *vt :* **jm etw ~** exiger qqch de qqn.

Zumutung (*pl* **-en**) *die* exigence *f* excessive ; **eine ~ sein** dépasser les bornes.

zunächst *adv* **- 1.** [zuerst] d'abord **- 2.** [einstweilen] pour l'instant.

zu|nähen *vt* coudre, recoudre *(pour fermer).*

Zunahme (*pl* **-n**) *die* augmentation *f*, accroissement *m.*

zünden ◇ *vt* allumer ◇ *vi* s'allumer.

zündend *adj fig* enflammé(e).

Zünder (*pl* **-**) *der* détonateur *m.*

Zünd|kerze *die* AUTO bougie *f.*

Zünd|schlüssel *der* AUTO clé *f* de contact.

Zünd|schnur *die* mèche *f.*

Zünd|stoff *der fig* dynamite *f.*

Zündung (*pl* **-en**) *die* AUTO allumage *m.*

zu|nehmen *(unreg)* ◇ *vi* **- 1.** [Arbeitslosigkeit, Kriminalität] augmenter **- 2.** [dicker werden] : **(an Gewicht) ~** prendre du poids ◇ *vt* [dazu aufnehmen] ajouter.

zu|neigen *vi* [zu etw tendieren] : **jm/einer Sache ~** pencher pour qqn/vers qqch.

Zu|neigung *die* attachement *m*, affection *f* ; **~ zu jm/etw** affection pour qqn/qqch.

Zunft (*pl* **Zünfte**) *die* HIST corporation *f.*

zünftig ◇ *adj fam* comme il faut, bon (bonne) ◇ *adv* comme il faut.

Zunge (*pl* **-n**) *die* langue *f* ; **auf der ~ zergehen** fondre dans la bouche ; **die ~ herausstrecken** tirer la langue ; **etw liegt jm auf der ~** *fig* qqn a qqch sur le bout de la langue.

Zungen|spitze *die* bout *m* de la langue.

zunichte *adj :* **etw ~ machen** réduire qqch à néant.

zu|nicken *vi :* **jm ~** faire un signe de (la) tête à qqn.

zunutze, zu Nutze *adj :* **sich** *(D)* **etw ~ machen** tirer profit de qqch.

zuoberst *adv* sur le dessus.

zu|ordnen *vt :* **jn/etw jm/einer Sache ~** ranger qqn/qqch parmi qqn/qqch.

zu|packen *vi* **- 1.** [zufassen] attraper **- 2.** [mitarbeiten] mettre la main à la pâte.

zupfen ◇ *vi :* **an etw** *(D)* **~** tirer qqch ; **jn am Ohr ~** tirer l'oreille à qqn ◇ *vt* **- 1.** [herauszupfen] arracher ; [Augenbrauen] épiler **- 2.** [bei Saiteninstrument] pincer.

zur *präp* **- 1.** [zu + der, zu einem Ort] au, à la ; **auf dem Weg ~ Schule** sur le chemin de l'école **- 2.** [zu + der, zu einer Person] chez le, chez la ; **~ Fußpflegerin** chez la pédicure **- 3.** [nicht auflösbar] à ; **~ allgemeinen Verwunderung** à la surprise générale ; **~ Straße hin liegen** donner sur la rue ; **~ Zeit** en ce moment.

zurechnungsfähig *adj* responsable de ses actes.

zurecht|finden ◆ **sichzurechtfinden** *ref (unreg)* se retrouver, trouver son chemin.

zurecht|kommen (*perf* **ist zurechtgekommen**) *vi (unreg)* se débrouiller ; **mit etw ~** se débrouiller avec qqch.

zurecht|legen *vt* préparer.

zurecht|machen *vt fam* [herrichten] préparer. ◆ **sich zurechtmachen** *ref* [schminken] se pomponner.

zurecht|weisen *vt (unreg)* réprimander.

Zurecht|weisung *die* réprimande *f.*

zu|reden *vi :* **jm ~** essayer de convaincre qqn ; **jm gut ~** savoir convaincre qqn.

Zürich *nt* Zurich.

Zürichsee *der* lac *m* de Zurich.

zu|richten *vt* **- 1.** [verletzen] : **jn übel ~** mettre qqn dans un bel état **- 2.** [beschädigen] dévaster.

zurück *adv* **- 1.** [wieder am Ausgangspunkt] : **~ sein** être de retour ; **der Weg ~** le chemin du retour **- 2.** [weiter hinten] en arrière, derrière.

zurück|bekommen *vt (unreg)* récupérer.

zurück|bleiben (*perf* **ist zurückgeblieben**) *vi (unreg)* **- 1.** [nicht folgen] rester (en arrière) ; **hinter jm/etw ~** rester derrière qqn/qqch **- 2.** [Schäden, Brandloch] rester.

zurück|blicken *vi* regarder en arrière ; **auf etw** *(A)* **~** se retourner pour regarder qqch ; *fig* porter son regard sur qqch.

zurück|bringen *vt (unreg)* rapporter ; [Person] ramener.

zurück|erhalten *vt (unreg)* récupérer ; **er hat seine Schlüssel ~** ses clés lui ont été restituées.

zurück|erstatten *vt :* **jm etw ~** rembourser qqch à qqn.

zurück|fahren (*perf* **hat/ist zurückgefahren**) *(unreg)* ◇ *vi (ist)* **- 1.** [zurückkehren] rentrer *(en véhicule)* **- 2.** [rückwärts fahren] reculer *(en véhicule)* ◇ *vt (hat)* ramener *(en véhicule).*

zurück|fallen (*perf* **ist zurückgefallen**) *vi (unreg)* - **1.** [an den Ausgangspunkt] retomber - **2.** [rückwärts fallen] retomber - **3.** [in Rückstand geraten] reculer - **4.** [zurückgegeben werden] : **an jn ~** revenir à qqn.
zurück|fordern *vt* réclamer.
zurück|führen ◇ *vt* [von etwas herleiten] : **etw ist auf etw** *(A)* **zurückzuführen** qqch est dû (due) à qqch ◇ *vi* : **welcher Weg führt zurück?** quel chemin faut-il prendre pour rentrer?
zurück|geben *vt (unreg)* [wiedergeben] rendre ; **jm etw ~** rendre qqch à qqn.
zurückgeblieben ◇ *pp* ▻ **zurückbleiben** ◇ *adj* attardé(e).
zurück|gehen (*perf* **ist zurückgegangen**) *vi (unreg)* - **1.** [zum Ausgangspunkt gehen] rentrer *(à pied)* - **2.** [rückwärts gehen] : **zwei Schritte ~** reculer de deux pas - **3.** [Geschwür, Schwellung] se résorber ; [Fieber, Umsatz, Zahl] baisser - **4.** [zurückzuführen sein] : **auf jn/etw ~** remonter à qqn/qqch - **5.** [zurückgesandt werden] : **etw ~ lassen** renvoyer qqch.
zurückgezogen ◇ *adj* retiré(e) ◇ *adv* en solitaire.
zurück|greifen *vi (unreg)* : **auf jn/etw ~** avoir recours à qqn/qqch.
zurück|halten *vt (unreg)* - **1.** [festhalten] retenir - **2.** [behalten] garder *(pour soi)* - **3.** [an etw hindern] : **jn von etw ~** empêcher qqn de faire qqch - **4.** [nicht zum Ausdruck kommen lassen] contenir. ◆ **sich zurückhalten** *ref* [sich bremsen] se retenir.
zurückhaltend ◇ *adj* réservé(e), discret(ète) ◇ *adv* avec retenue.
Zurück|haltung *die (ohne Pl)* retenue *f.*
zurück|holen *vt* ramener.
zurück|kehren (*perf* **ist zurückgekehrt**) *vi geh* rentrer.
zurück|kommen (*perf* **ist zurückgekommen**) *vi (unreg)* - **1.** [zurückkehren] revenir ; **von der Arbeit ~** rentrer du travail ; **nach Hause ~** rentrer (chez soi) - **2.** [zurückgreifen] : **auf jn/etw ~** revenir à qqn/qqch.
zurück|lassen *vt (unreg)* [hinterlassen] laisser *(derrière soi).*
zurück|legen *vt* - **1.** [wieder hinlegen] remettre (à sa place) - **2.** [zurücklehnen] mettre en arrière - **3.** [sparen, reservieren] mettre de côté - **4.** [bewältigen] parcourir. ◆ **sich zurücklegen** *ref* [sich zurücklehnen] se pencher en arrière, s'allonger.
zurück|liegen *vi (unreg)* - **1.** [vergangen sein] : **zwei Jahre ~** remonter à deux ans - **2.** SPORT [im Rückstand sein] être mené(e).
zurück|müssen *vi (unreg)* : **nach Hause ~** devoir rentrer ; **zur Arbeit ~** devoir retourner au travail.
zurück|nehmen *vt (unreg)* - **1.** [wieder annehmen] reprendre - **2.** [widerrufen] : **etw ~** revenir sur qqch.
zurück|rufen *(unreg)* ◇ *vt* [gen] rappeler ◇ *vi* [am Telefon] rappeler.
zurück|schrecken (*perf* **ist zurückgeschreckt**) *vi* - **1.** [erschreckt zurückweichen] reculer *(de peur)* - **2.** [sich scheuen] : **vor etw** *(D)* **~** reculer devant qqch ; **vor nichts ~** n'avoir peur de rien.
zurück|setzen ◇ *vt* - **1.** [rückwärts fahren] reculer - **2.** [an den Ausgangspunkt setzen] remettre - **3.** [rückwärts setzen] déplacer *(vers l'arrière)* - **4.** [benachteiligen] défavoriser ◇ *vi* [rückwärts fahren] reculer.
zurück|stellen *vt* - **1.** [an den Ausgangspunkt stellen] remettre *(en place)* - **2.** [rückwärts stellen] reculer - **3.** [kleiner stellen] baisser - **4.** [verschieben] reporter ; [Zweifel] mettre de côté.
zurück|stoßen *vt (unreg)* repousser.
zurück|strahlen ◇ *vt* refléter ◇ *vi* se refléter.
zurück|treten (*perf* **ist zurückgetreten**) *vi (unreg)* - **1.** [rückwärts treten] reculer ; **ein paar Schritte ~** reculer de quelques pas - **2.** [für nichtig erklären] : **von etw ~** annuler qqch - **3.** [auf ein Amt verzichten] démissionner.
zurück|weichen (*perf* **ist zurückgewichen**) *vi (unreg)* reculer ; **vor jm/etw ~** reculer devant qqn/qqch.
zurück|weisen *vt (unreg)* - **1.** [abweisen] refuser - **2.** [widersprechen] rejeter.
zurück|zahlen *vt* rembourser ; **jm etw ~** [Schulden] rembourser qqch à qqn ; **das hab ich ihm zurückgezahlt** *fig* [aus Rache] je lui ai rendu la pareille.
zurück|ziehen (*perf* **hat/ist zurückgezogen**) *(unreg)* ◇ *vt (hat)* - **1.** [wieder zurück] tirer - **2.** [nach hinten] reculer ; [Gardine] ouvrir - **3.** [Botschafter, Soldaten] rappeler - **4.** [Auftrag, Kandidatur] annuler - **5.** [Ware, Angebot] retirer ◇ *vi (ist)* [umziehen] retourner. ◆ **sich zurückziehen** *ref* [sich isolieren] se retirer ; [Soldaten] se replier.
Zu|ruf *der* appel *m.*
zu|rufen *vt (unreg)* crier.
zurzeit *adv* actuellement.
Zu|sage *die* acceptation *f* ; [Versprechen] engagement *m.*
zu|sagen ◇ *vt* : **(jm etw) ~** promettre (qqch à qqn) ◇ *vi* - **1.** [bei Einladung] confirmer sa venue - **2.** [gefallen] : **jm ~** plaire à qqn.
zusammen *adv* ensemble ; *siehe auch* **zusammen sein.**
Zusammen|arbeit *die (ohne Pl)* collaboration *f.*

zusammen|arbeiten *vi* collaborer.

zusammen|brauen *vt fam* concocter. ◆ **sich zusammenbrauen** *ref* [Gewitter, Katastrophe] se préparer.

zusammen|brechen (*perf* **ist zusammengebrochen**) *vi (unreg)* - **1.** [Gebäude, Person, System] s'écrouler, s'effondrer - **2.** [Versorgung, Verkehr] être coupé(e).

zusammen|bringen *vt (unreg)* - **1.** [Geld, Menge] rassembler - **2.** *fam* [Gelerntes] se rappeler - **3.** [Personen] faire se rencontrer.

Zusammen|bruch *der* - **1.** [Gebäude, Person, System] effondrement *m* - **2.** [Versorgung, Verkehr] rupture *f*.

zusammen|fahren (*perf* **ist zusammengefahren**) *vi (unreg)* - **1.** [zusammenstoßen] entrer en collision - **2.** [erschrecken] sursauter.

zusammen|fallen (*perf* **ist zusammengefallen**) *vi (unreg)* - **1.** [Gebäude] s'écrouler ; [Gebäck] retomber ; **in sich** *(A)* **~** s'affaisser - **2.** [gleichzeitig] coïncider.

zusammen|fassen *vt* résumer.

Zusammen|fassung *die* résumé *m*.

zusammen|gehören *vi fam* - **1.** [Personen] être ensemble - **2.** [Gegenstände] aller ensemble.

Zusammengehörigkeits|gefühl *das (ohne Pl)* sentiment *m* de solidarité.

zusammen|halten *(unreg)* ◇ *vi* - **1.** [Personen] être solidaire, se serrer les coudes - **2.** [Gegenstände] tenir ensemble ◇ *vt* maintenir.

Zusammen|hang *der* rapport *m* ; **etw in ~ mit etw bringen** mettre qqch en rapport avec qqch.

zusammen|hängen *vi (unreg)* - **1.** [verbunden sein] être attaché(e) - **2.** [ursächlich] : **mit etw ~** être lié(e) à qqch.

zusammenhängend *adj* cohérent(e).

zusammenhanglos, zusammenhangslos ◇ *adj* incohérent(e) ◇ *adv* de façon incohérente.

zusammen|kommen (*perf* **ist zusammengekommen**) *vi (unreg)* - **1.** [Personen] se réunir - **2.** [Menge] s'accumuler.

Zusammenkunft (*pl* **-künfte**) *die* rassemblement *m*.

zusammen|legen ◇ *vt* - **1.** [an einen Ort] réunir - **2.** [falten] plier - **3.** [Gruppen, Firmen, Termine] regrouper ◇ *vi* [bezahlen] se cotiser.

zusammen|nehmen *vt (unreg)* rassembler. ◆ **sich zusammennehmen** *ref* se dominer.

zusammen|passen *vi* aller ensemble.

zusammen|prallen (*perf* **ist zusammengeprallt**) *vi* se heurter.

zusammen|rechnen *vt* faire le total de.

zusammen|reißen *(unreg)* ◆ **sich zusammenreißen** *ref fam* se dominer.

zusammen|schlagen (*perf* **hat/ist zusammengeschlagen**) *(unreg) vt (hat)* - **1.** [Hände, Absätze] claquer - **2.** *fam* [Person] tabasser.

zusammen|schließen *vt (unreg)* [mit Schlüssel] attacher ensemble. ◆ **sich zusammenschließen** *ref* [sich vereinigen] s'associer.

Zusammen|schluss *der* regroupement *m*.

zusammen sein *vi (unreg)* être ensemble.

Zusammen|sein *das (ohne Pl)* réunion *f*.

zusammen|setzen *vt* assembler. ◆ **sich zusammensetzen** *ref* - **1.** [bestehen] : **sich aus etw ~** se composer de qqch - **2.** [zusammentreffen] : **sich (mit jm) ~** voir qqn.

Zusammensetzung (*pl* **-en**) *die* composition *f*.

zusammen|stellen *vt* - **1.** [Dekoration, Buch, Gruppe] composer ; [Liste, Programm] établir - **2.** [Möbel] grouper.

Zusammen|stoß *der* - **1.** [Unfall] collision *f* - **2.** [Kampf] heurt *m*.

zusammen|stoßen (*perf* **ist zusammengestoßen**) *vi (unreg)* entrer en collision.

zusammen|treffen (*perf* **ist zusammengetroffen**) *vi (unreg)* - **1.** [Personen] se rencontrer ; **mit jm ~** rencontrer qqn - **2.** [Ereignisse] se produire simultanément, coïncider. ◆ **Zusammentreffen** *das (ohne Pl)* réunion *f*.

zusammen|tun ◆ **sich zusammentun** *ref (unreg)* : **sich (mit jm) ~** s'associer (avec qqn).

zusammen|zählen *vt* additionner.

zusammen|ziehen (*perf* **hat/ist zusammengezogen**) *(unreg)* ◇ *vt (hat)* [enger] resserrer ; [Augenbrauen] froncer ◇ *vi (ist)* [in Wohnung] : **(mit jm) ~** se mettre en ménage (avec qqn). ◆ **sich zusammenziehen** *ref* [enger, kleiner werden] se contracter.

zusammen|zucken (*perf* **ist zusammengezuckt**) *vi* tressaillir.

Zu|satz *der* - **1.** *(ohne Pl)* [Zusetzen] addition *f* - **2.** [Mittel] additif *m*.

Zusatz|gerät *das* appareil *m* supplémentaire.

zusätzlich ◇ *adj* supplémentaire ◇ *adv* en plus.

Zuschauer, in (*mpl* **-** ; *fpl* **-nen**) *der, die* spectateur *m*, -trice *f*.

zu|schicken *vt* : **jm etw ~** envoyer qqch à qqn.

zu|schieben *vt (unreg)* - **1.** [schließen] fer-

mer *(en poussant)* - **2.** [hinschieben] : **jm etw ~** faire passer qqch à qqn.
Zu|schlag *der* [auf Preis, Fahrkarte] supplément *m.*
zu|schlagen (*perf* **hat/ist zugeschlagen**) *(unreg)* <> *vi* - **1.** *(ist)* [Tür, Fenster] claquer - **2.** *(hat)* [Person] frapper - **3.** *(hat)* [kaufen] profiter de l'occasion <> *vt (hat)* [Tür, Fenster] claquer ; [Buch] fermer.
zuschlagpflichtig *adj* à supplément.
zu|schließen *vt & vi (unreg)* fermer à clé.
zu|schnappen (*perf* **hat/ist zugeschnappt**) *vi* - **1.** *(hat)* [Hund] mordre - **2.** *(ist)* [Koffer, Deckel, Tür] se refermer.
zu|schneiden *vt (unreg)* couper.
zu|schrauben *vt* fermer *(en vissant).*
zu|schreiben *vt (unreg)* : **jm etw ~** attribuer qqch à qqn.
Zu|schrift *die* réponse *f (lettre).*
zuschulden, zu Schulden *adv* : **sich** *(D)* **etwas ~ kommen lassen** se rendre coupable.
Zu|schuss *der* - **1.** [öffentlich] subvention *f* - **2.** [privat] aide *f* financière.
zu|sehen *vi (unreg)* - **1.** [zuschauen] regarder ; **jm bei etw ~** regarder qqn faire qqch - **2.** [veranlassen] : **~, dass** veiller à ce que.
zusehends *adv* à vue d'œil.
zu sein (*perf* **ist zu gewesen**) *vi (unreg)* être fermé(e).
zu|setzen <> *vt* [Substanzen] ajouter <> *vi* : **jm ~** [schwer] éprouver qqn ; [leicht] incommoder qqn.
zu|sichern *vt* : **jm etw ~** assurer qqch à qqn.
zu|spitzen ◆ **sich zuspitzen** *ref* s'aggraver.
Zu|stand *der* état *m.* ◆ **Zustände** *pl* situation *f.*
zustande, zu Stande *adv* : **etw ~ bringen** parvenir à qqch ; **~ kommen** avoir lieu.
zuständig *adj* compétent(e).
zu|stehen *vi (unreg)* : **jm ~** revenir à qqn ; **es steht mir nicht zu, etw zu tun** il ne m'appartient pas de faire qqch.
zu|steigen (*perf* **ist zugestiegen**) *vi (unreg)* monter.
zu|stimmen *vi* être d'accord ; **jm ~** approuver qqn.
Zu|stimmung *die* approbation *f* ; **zu etw seine ~ geben** donner son approbation à qqch.
zu|stoßen (*perf* **hat/ist zugestoßen**) *(unreg)* <> *vt (hat)* [schließen] fermer *(en poussant)* <> *vi* - **1.** *(hat)* [mit Waffe] frapper - **2.** *(ist)* [geschehen] : **jm ~** arriver à qqn.
Zu|strom *der (ohne Pl)* afflux *m.*
zutage, zu Tage *adv* : **~ treten** ODER **kommen** apparaître ; *fig* paraître au grand jour.
Zutaten *pl* ingrédients *mpl.*
zu|teilen *vt* : **jm etw ~** attribuer qqch à qqn.
zutiefst *adv* très profondément.
zu|trauen *vt* : **jm/sich etw ~** croire qqn/se croire capable de faire qqch.
zutraulich <> *adj* confiant(e) <> *adv* avec confiance.
zu|treffen *vi (unreg)* être exact(e) ; **auf jn/etw ~** correspondre à qqn/qqch.
Zutreffendes *(ohne Artikel) amt* : '**~ bitte ankreuzen**' 'cocher la mention exacte'.
Zu|tritt *der (ohne Pl)* accès *m* ; **zu etw ~ haben** avoir accès à qqch ; '**~ verboten**' 'entrée interdite'.
Zutun *das (ohne Pl)* : **ohne js ~** sans l'intervention de qqn.
zuverlässig <> *adj* fiable <> *adv* - **1.** [wissen] avec certitude - **2.** [arbeiten] de manière fiable - **3.** [funktionieren] avec fiabilité.
Zuverlässigkeit *die (ohne Pl)* fiabilité *f.*
Zuver|sicht *die (ohne Pl)* confiance *f.*
zuversichtlich <> *adj* confiant(e) <> *adv* avec confiance.
zu viel *pron* trop.
zuvor *adv* d'abord.
zuvor|kommen (*perf* **ist zuvorgekommen**) *vi (unreg)* : **jm ~** devancer qqn ; **einer Sache** *(D)* **~** prévenir qqch.
zuvorkommend <> *adj* prévenant(e) <> *adv* avec prévenance.
Zu|wachs *der (ohne Pl)* accroissement *m* ; **auf ~** trop grand(e).
zu|wachsen (*perf* **ist zugewachsen**) *vi (unreg)* [Haus, Wand] être recouvert(e) *(de verdure).*
zuwege, zu Wege *adv* : **etw ~ bringen** parvenir à (faire) qqch.
zu|weisen *vt (unreg)* : **jm etw ~** attribuer qqch à qqn.
zu|wenden *vt (reg) (unreg)* : **jm etw ~** tourner qqch vers qqn. ◆ **sich zuwenden** *ref* : **sich jm/etw ~** se consacrer à qqn/qqch.
Zu|wendung *die* - **1.** *(ohne Pl)* [Aufmerksamkeit] attention *f* - **2.** [Geld] allocation *f.*
zuwenig ▷ **wenig.**
zuwider *adj* : **jm ~ sein** répugner qqn.
zu|winken *vi* : **jm ~** faire signe de la main à qqn *(pour saluer).*
zu|ziehen (*perf* **hat/ist zugezogen**) *(unreg)* <> *vt (hat)* - **1.** [schließen] fermer *(en tirant)* - **2.** [Spezialist] faire appel à - **3.** [bekommen] : **sich** *(D)* **etw ~** [Ärger] s'attirer qqch ; [Krankheit] attraper qqch <> *vi (ist)* [umziehen] s'installer.
zuzüglich *präp (+G, +D)* : **~ etw** *(G)* plus qqch, qqch en sus.

ZVS [tsɛtfau'ɛs] (*abk für* **Zentralstelle für die Vergabe von Studienplätzen**) *die (ohne Pl) bureau national d'attribution des places universitaires en Allemagne.*

zwang *prät* ▷ **zwingen.**

Zwang (*pl* **Zwänge**) *der* contrainte *f.*

zwängen *vt* **: etw in etw** *(A)* ~ faire entrer qqch dans qqch en forçant. ◆ **sich zwängen** *ref* **: sich in etw** *(A)* ~ forcer l'entrée de qqch.

zwanglos ◇ *adj* sans façon ◇ *adv* simplement.

Zwangs|lage *die* situation *f* de contrainte.

zwangsläufig ◇ *adj* inévitable ◇ *adv* inévitablement.

zwanzig *num* vingt ; *siehe auch* **sechs.**

Zwanzig *die (ohne Pl)* vingt *m ; siehe auch* **Sechs.**

Zwanzigerjahre, zwanziger Jahre *pl* **: die ~** les années vingt.

Zwanzigmark|schein *der* billet *m* de vingt marks.

zwanzigste, r, s *adj* vingtième ; *siehe auch* **sechste.**

Zwanzigste (*pl* **-n**) *der, die, das* vingtième *mf ; siehe auch* **Sechste.**

zwar *adv* [allerdings] certes ; **und ~** [genauer gesagt] à savoir ; [sogar] et même.

Zweck (*pl* **-e**) *der* **- 1.** [Ziel] but *m ;* **für einen guten ~** pour une bonne cause ; **seinen ~ erfüllen** remplir sa fonction ; **zu diesem ~** à cet effet **- 2.** [Sinn] sens *m.*

zwecklos *adj* inutile.

zweckmäßig *adj* approprié(e).

zwei *num* deux ; *siehe auch* **sechs.**

Zwei (*pl* **-en**) *die* **- 1.** [Zahl] deux *m* **- 2.** [Schulnote] ≃ 16/20 ; *siehe auch* **Sechs.**

Zweibett|zimmer *das* chambre *f* à deux lits.

zweideutig ◇ *adj* **- 1.** [frivol] équivoque **- 2.** [mehrdeutig] ambigu(uë) ◇ *adv* **- 1.** [frivol] d'un air équivoque **- 2.** [mehrdeutig] de façon ambiguë.

zweierlei *num* [zwei verschiedene] deux différents (différentes).

zweifach *num* double.

Zweifel (*pl* **-**) *der* doute *m ;* **~ an etw** *(D)* **haben** avoir un doute sur qqch ; **ohne ~** sans doute.

zweifelhaft *adj* douteux(euse).

zweifellos *adv* sans aucun doute.

zweifeln *vi* **: (an etw** *(D)***) ~** douter (de qqch).

Zweifels|fall *der* **: im ~** en cas de doute.

Zweig (*pl* **-e**) *der* branche *f.*

Zweig|stelle *die* succursale *f.*

zweihundert *num* deux cents.

Zweihundertmark|schein *der* billet *m* de deux cents marks.

zweimal *adv* deux fois.

Zweimark|stück *das* pièce *f* de deux marks.

Zwei|rad *das* deux-roues *m.*

zweiseitig *adj* **- 1.** [von zwei Seiten] de deux pages **- 2.** [gegenseitig] bilatéral(e).

zweisprachig ◇ *adj* bilingue ◇ *adv* en deux langues ; [aufwachsen] grandir dans un milieu bilingue.

zweistellig *adj* à deux chiffres.

zweistöckig *adj* à deux étages.

zweit ◆ **zu zweit** *adv* à deux.

zweitausend *num* deux mille.

zweitbeste, r, s *adj* deuxième.

zweite, r, s *adj* deuxième ; *siehe auch* **sechste.**

Zweite (*pl* **-n**) *der, die, das* deuxième *mf ;* **wie kein ~r** comme pas un ; *siehe auch* **Sechste.**

zweiteilig *adj* en deux parties.

zweitens *adv* deuxièmement.

zweitrangig *adj* secondaire.

Zweit|wagen *der* deuxième voiture *f.*

Zweizimmer|wohnung *die* deux-pièces *m.*

Zwerch|fell *das* diaphragme *m.*

Zwerg (*pl* **-e**) *der* nain *m.*

Zwetsche, Zwetschge (*pl* **-n**) *die* quetsche *f.*

zwicken ◇ *vt* pincer ◇ *vi* serrer.

Zwieback (*pl* **-bäcke** ODER **-e**) *der* biscotte *f.*

Zwiebel (*pl* **-n**) *die* oignon *m.*

zwielichtig *adj* louche.

Zwiespalt (*pl* **-e** ODER **-spälte**) *der* conflit *m.*

zwiespältig *adj* contradictoire.

Zwilling (*pl* **-e**) *der* [eins von zwei gleichzeitig geborenen Kindern] jumeau *m,* -elle *f.* ◆ **Zwillinge** *pl* ASTROL Gémeaux *mpl.*

Zwillings|bruder *der* frère *m* jumeau.

Zwillings|schwester *die* sœur *f* jumelle.

zwingen (*prät* **zwang** ; *perf* **hat gezwungen**) *vt* obliger ; **jn zu etw ~** contraindre qqn à faire qqch. ◆ **sich zwingen** *ref* **: sich (zu etw) ~** se forcer (à faire qqch).

zwinkern *vi* cligner (des yeux).

Zwirn (*pl* **-e**) *der* fil *m* fort.

zwischen *präp (+D, +A)* entre ; [bei nicht definierter Menge] parmi.

zwischendurch *adv* **- 1.** [zeitlich] entretemps ; **ich jobbe ~** je travaille de temps en temps **- 2.** [räumlich] çà et là.

Zwischen|fall *der* incident *m.*

Zwischen|landung *die* escale *f.*

Zwischen|prüfung *die* UNI *examen en fin de premier cycle universitaire.*

Zwischen|raum *der* espace *m*, interstice *m*.

Zwischen|ruf *der* interpellation *f*.

Zwischen|zeit *die* intervalle *m (de temps)* ; **in der ~** entre-temps.

zwitschern *vi & vt* gazouiller.

zwölf *num* douze ; *siehe auch* **sechs.**

Zwölf (*pl* **-en**) *die* douze *m ; siehe auch* **Sechs.**

zwölfte, r, s *adj* douzième ; *siehe auch* **sechste.**

Zwölfte (*pl* **-n**) *der, die, das* douzième *mf ; siehe auch* **Sechste.**

zwölftel *num* douzième ; *siehe auch* **sechstel.**

Zwölftel (*pl* **-**) *das* douzième *m ; siehe auch* **Sechstel.**

Zyankali [tsy̆aːn'kaːli] *das (ohne Pl)* cyanure *m* de potassium.

Zylinder [tsi'lɪndɐ] (*pl* **-**) *der* **- 1.** [Hut] haut-de-forme *m* **- 2.** MATH & TECH cylindre *m*.

Zynismus [tsy'nɪsmʊs] *der (ohne Pl)* cynisme *m*.

Zypern *nt* Chypre ; **auf ~** à Chypre.

Zypresse [tsy'prɛsə] (*pl* **-n**) *die* cyprès *m*.

Zyste ['tsystə] (*pl* **-n**) *die* MED kyste *m*.

z. Z. *abk für* **zur Zeit** = **zurzeit.**

L'ALLEMAND AU QUOTIDIEN

 Répertoire grammatical de A à Z

 Fiches pratiques

 La correspondance

Adjectif

1. Adjectif épithète et adjectif attribut

• L'adjectif épithète se place avant le nom. Il est toujours décliné.
eine *lange* Nacht une longue nuit
• L'adjectif attribut se place après le verbe et est invariable.
On le trouve après les verbes d'état. **aussehen wie** (avoir l'air de), **bleiben** (rester), **heißen** (s'appeler), **scheinen** (sembler), **sein** (être), **werden** (devenir)
Dein Hemd ist *schön.* Ta chemise est belle.
Er scheint ganz *glücklich.* Il a l'air très heureux.

2. Déclinaison de l'adjectif épithète

• L'adjectif ne prend la marque significative que si l'article ne la porte pas. C'est ce qu'on appelle le transfert de la marque.
de*r* grüne Tee - le thé vert
ein grüne*r* Tee - un thé vert

	Masculin	**Féminin**	**Neutre**
nominatif	de**r** grün**e** Tee (m)ein grüne**r** Tee grüne**r** Tee	di**e** kalt**e** Cola (m)ein**e** kalt**e** Cola kalt**e** Cola	da**s** hell**e** Bier (m)ein helle**s** Bier helle**s** Bier
accusatif	de**n** grüne**n** Tee (m)eine**n** grüne**n** Tee grüne**n** Tee	di**e** kalt**e** Cola (m)ein**e** kalt**e** Cola kalt**e** Cola	da**s** hell**e** Bier (m)ein helle**s** Bier helle**s** Bier
datif	de**m** grüne**n** Tee (m)eine**m** grüne**n** Tee grüne**m** Tee	de**r** kalte**n** Cola kalte**r** Cola (m)eine**r** kalte**n** Cola	de**m** helle**n** Bier (m)eine**m** helle**n** Bier helle**m** Bier
génitif	de**s** grüne**n** Tee**s** (m)eine**s** grüne**n** Tee**s** grüne**n** Tee**s**	de**r** kalte**n** Cola (m)eine**r** kalte**n** Cola kalte**r** Cola	de**s** helle**n** Bier**s** (m)eine**s** helle**n** Bier**s** helle**n** Bier**s**

	Pluriel
nominatif	di**e** heiße**n** Getränke mein**e** heiße**n** Getränke heiß**e** Getränke
accusatif	di**e** heiße**n** Getränke mein**e** heiße**n** Getränke heiß**e** Getränke
datif	de**n** heiße**n** Getränken meine**n** heiße**n** Getränken heiße**n** Getränken
génitif	de**r** heiße**n** Getränke meine**r** heiße**n** Getränke heiße**r** Getränke

• Les adjectifs terminés par -**el** perdent leur -**e** lorsqu'ils sont déclinés, de même que, dans la langue parlée, les adjectifs terminés par -**er** et -**en**.
dunkel - eine dunk*l*e Ecke sombre - un coin sombre
sauer - sau*r*e Gurken acide - des cornichons acides
gemahlen - ein Pfund gemahl*n*en Kaffee
moulu - une livre de café moulu

• **hoch** perd son -**c** lorsqu'il est décliné.
ein sehr ho*h*es Gebäude un bâtiment très haut

• Quelques adjectifs ne se déclinent pas lorsqu'ils sont épithètes. Ce sont les adjectifs de la langue parlée **super**, **klasse** et les adjectifs en -**er** formés sur un nom de lieu.
ein super Foto une super photo
die Düsseldorfer Straße la rue de Düsseldorf

Adverbe

1. Forme

• Certains adverbes ont la même forme que l'adjectif correspondant :
Der Wagen ist *schnell*. = adjectif
La voiture est rapide.
Der Wagen fährt *schnell*. = adverbe
La voiture va vite.

• D'autres ne peuvent être qu'adverbes :
morgen (demain), **dort** (là-bas), **sehr** (beaucoup), **vielleicht** (peut-être)

• Les adverbes sont invariables.

2. Comparaison de l'adverbe

• Les adverbes tirés d'un adjectif forment :
- leur comparatif en -**er**
Sie arbeitet *besser* als früher. Elle travaille **mieux** qu'avant.
- leur superlatif en -**am** + adverbe + (**e**)**sten**
Tanja arbeitet *am besten*. C'est Tanja qui travaille **le mieux**.

• Formes irrégulières
bald - **eher** - **am ehesten** bientôt - plus tôt - le plus tôt
gern (+ verbe) - **lieber** (+ verbe) - **am liebsten** (+ verbe)
aimer - préférer à - préférer par-dessus tout
gut - **besser** - **am besten** bien - mieux - le mieux
hoch - **höher** - **am höchsten** haut - plus haut - le plus haut
nah - **näher** - **am nächsten** proche - plus proche - le plus proche
oft - **öfter** - **am öftesten** souvent - plus souvent - le plus souvent
viel - **mehr** - **am meisten** beaucoup - plus - le plus

Auxiliaires

■ HABEN : avoir

Présent	Prétérit	Parfait
ich habe	ich hatte	ich habe gehabt
du hast	du hattest	du hast gehabt
er hat	er hatte	er hat gehabt
wir haben	wir hatten	wir haben gehabt
ihr habt	ihr hattet	ihr habt gehabt
sie haben	sie hatten	sie haben gehabt

■ SEIN : être

Présent	Prétérit	Parfait
ich bin	ich war	ich bin gewesen
du bist	du warst	du bist gewesen
er ist	er war	er ist gewesen
wir sind	wir waren	wir sind gewesen
ihr seid	ihr wart	ihr seid gewesen
sie sind	sie waren	sie sind gewesen

■ WERDEN : devenir (auxiliaire du futur et du passif)

Présent	Prétérit	Parfait
ich werde	ich wurde	ich bin geworden
du wirst	du wurdest	du bist geworden
er wird	er wurde	er ist geworden
wir werden	wir wurden	wir sind geworden
ihr werdet	ihr wurdet	ihr seid geworden
sie werden	sie wurden	sie sind geworden

Cas (emploi des)

1. Le nominatif

On emploie le nominatif :
- pour le sujet

***Der Wind* pfeift durch die Straßen.** Le vent siffle à travers les rues.
Dort steht *ihr Wagen*. Sa voiture est garée là-bas.

- pour l'attribut du sujet après les verbes **aussehen wie** (avoir l'air de), **bleiben** (rester), **heißen** (s'appeler), **sein** (être), **scheinen** (sembler), **werden** (devenir).

Er ist *mein bester Freund*. Il est mon meilleur ami.
Das Album wird sicher *ein Erfolg*. Cet album sera sûrement un succès.

2. L'accusatif

On emploie l'accusatif :
- pour le complément d'objet direct (C.O.D.).

Sie kauft *einen neuen Wagen*. Elle achète une nouvelle voiture.

- après cinq prépositions : **durch** (à travers), **für** (pour), **gegen** (contre), **ohne** (sans), **um** (autour de).
Hier ist ein Paket *für dich*. Voilà un paquet pour toi.

- en réponse à la question « wohin ? ».
Wohin geht ihr ? In *den Stadtpark*.
Où allez-vous ? Au parc municipal.

- en général pour les compléments de temps et de mesure.
Sie hat *den ganzen Tag* gewartet. Elle a attendu toute la journée.
Das Baby ist erst *einen Monat* alt. Le bébé a seulement un mois.
Das Wasser ist *einen Meter* tief. L'eau fait un mètre de profondeur.

3. Le datif

On trouve le datif :
- comme cas obligatoire après certains verbes.
Les plus courants sont : **danken** (remercier), **folgen** (suivre), **glauben** (croire), **gratulieren** (féliciter), **helfen** (aider).
Folgen Sie *mir* ! Suivez-moi !
Sie hilft *einem Kollegen*. Elle aide un collègue.

- après les verbes suivis d'un complément d'objet second ou d'un complément d'attribution et d'un complément d'objet direct.
Sie gab *dem Kunden* das Wechselgeld.
Elle rendit la monnaie au client.
Ich leihe *dir* das Geld. Je te prête l'argent.

- après sept prépositions : **aus** (hors de, de), **bei** (chez [avec localisation]), **mit** (avec), **nach** (après, à, en), **seit** (depuis), **von** (de), **zu** (chez [avec direction]).
***Nach dem Frühstück* fangen wir an.**
Nous commençons après le petit déjeuner.

- en réponse à la question « Wo ? ».
Wo warst du ? – *Im Keller*. Où étais-tu ? – À la cave.

- pour exprimer l'appartenance ou la référence à quelqu'un.
Der Hund hat *mir* die Schuhe zerbissen.
Le chien m'a mangé mes chaussures.

4. Le génitif

On emploie le génitif :
- pour un complément du nom
Heute ist der kürzeste Tag *des Jahres*.
Aujourd'hui, c'est le jour le plus court de l'année.
- pour le génitif saxon
***Annas* Jacke ist neu.** La veste d'Anna est neuve.

- après les rares verbes obligatoirement suivis d'un génitif
Ich enthalte mich *der Stimme*. Je m'abstiens.

- après quelques prépositions : **statt** (au lieu de), **trotz** (malgré), **während** (pendant), **wegen** (à cause de)
***Wegen des schlechten Wetters* wurde die Veranstaltung abgesagt.**
La manifestation a été annulée à cause du mauvais temps.

Le génitif a tendance à être remplacé par d'autres constructions, surtout dans la langue parlée.

Comparaison (comparatif et superlatif de l'adjectif)

1. Le comparatif de supériorité se forme en ajoutant -*er* à l'adjectif.
schmutzig - schmutziger sale - plus sale

2. Le superlatif se forme en ajoutant -*st* + déclinaison à l'adjectif.
schmutzig - der, die, das schmutzigste sale - le, la plus sale

3. Les adjectifs se terminant par -*d*, -*s*, -*sch*, -*ß*, -*t*, -*x* ou -*z* prennent un -*e* avant l'ajout de la terminaison du superlatif afin de faciliter la prononciation.
breit - der breiteste large - le plus large
Seul **groß** garde au comparatif et au superlatif son –**ß**.
groß - größer - der größte grand - plus grand - le plus grand

4. Comparatifs et superlatifs irréguliers

- Les adjectifs monosyllabiques comprenant les voyelles -**a**, -**o** ou -**u** prennent une inflexion.

De même :
alt (vieux), **arm** (pauvre), **dumm** (bête), **gesund** (en bonne santé), **groß** (grand), **hart** (dur), **hoch** (haut), **jung** (jeune), **kalt** (froid), **krank** (malade), **kurz** (court), **lang** (long), **nah** (proche), **scharf** (pointu, épicé), **schwarz** (noir), **warm** (chaud)

- Les adjectifs terminés par -**el** et -**er** perdent leur -**e** au comparatif.

eitel - eitler - der eitelste vaniteux - plus vaniteux - le plus vaniteux
sauer - saurer - der sauerste acide - plus acide - le plus acide

- Comparatifs et superlatifs très irréguliers :

gut - besser - der beste bon - meilleur - le meilleur
hoch - höher - der höchste haut - plus haut - le plus haut
nah - näher - der nächste proche - plus proche - le plus proche

5. Le comparatif de supériorité : adjectif + *-er* + *als*

Meine Katze ist *jünger als* deine.

Mon chat est plus jeune que le tien.

6. Le comparatif d'égalité : *so* + adjectif + *wie*

Die eine Möglichkeit ist *so gut wie* die andere.

Cette possibilité est aussi bonne que l'autre.

7. Difficultés de traduction

- Le superlatif n'est utilisé que si l'on compare au moins trois éléments. Pour deux éléments à comparer, on utilise le comparatif.

***der bessere* von beiden** le meilleur des deux

- Le complément du comparatif est au cas requis par le verbe.

Er ist kleiner *als ich* (es bin). Il est plus petit que moi (je ne le suis).

- « de plus en plus » : **immer** + comparatif de l'adjectif

Er wird *immer dicker*. Il est de plus en plus gros.

- Le comparatif d'infériorité est très peu courant en allemand, on préfère utiliser **nich so... wie**.

Dieses Buch ist *nicht so...* dick *wie* dieses Album.

Ce livre est moins épais que cet album.

Compléments à l'accusatif et au datif (place des)

1. Le complément au datif se place toujours devant le complément à l'accusatif.

·L'ordre des mots autour du verbe est très variable. Seul l'ordre des compléments à l'accusatif et au datif est défini : le complément au datif se trouve devant le complément à l'accusatif.

Dora gab ihrem Sohn den Schlüssel. Dora donna la clef à son fils.

2. Le pronom se place avant le groupe nominal.

- Si la phrase comprend un groupe nominal et un pronom tous deux compléments, le pronom se place avant le groupe nominal, quel que soit son cas.

Dora gab ihm den Schlüssel. Dora lui donna la clef.

Dora gab ihn ihrem Sohn. Dora la donna à son fils.

- Si l'on a affaire à deux pronoms compléments, le pronom à l'accusatif passe avant le pronom au datif.

Dora gab ihn ihm. Dora la lui donna.

Conditionnel

1. Conditionnel présent des auxiliaires et des verbes de modalité

■ SEIN

ich wäre	je serais
du wär(e)st	tu serais
er wäre	il serait
wir wären	nous serions
ihr wär(e)t	vous seriez
sie wären	ils seraient

■ HABEN

ich hätte	j'aurais
du hättest	tu aurais
er hätte	il aurait
wir hätten	nous aurions
ihr hättet	vous auriez
sie hätten	ils auraient

■ VERBES DE MODALITÉ

dürfen	**ich dürfte**	j'aurais la permission, je pourrais
können	**ich könnte**	j'aurais la possibilité, je pourrais
mögen	**ich möchte**	j'aimerais
müssen	**ich müßte**	je devrais, je serais obligé de faire
sollen	**ich sollte**	je devrais, on me dirait de faire
wollen	**ich wollte**	je voudrais

2. Conditionnel présent de tous les autres verbes

Il peut se construire de deux manières.

• La forme la plus employée, notamment dans la langue parlée, est composée du subjonctif II de **werden**

ich würde
du würdest
er würde
wir würden
ihr würdet
sie würden

et de l'infinitif du verbe au conditionnel en français.

ich würde lernen	j'apprendrais
du würdest lernen	tu apprendrais
er würde lernen	il apprendrait
wir würden lernen	nous apprendrions
ihr würdet lernen	vous apprendriez
sie würden lernen	ils apprendraient

• La forme utilisée dans la langue écrite et littéraire s'obtient, pour les verbes faibles, en prenant le prétérit

ich lernte, du lerntest...

et pour les verbes forts, en prenant le radical du prétérit (avec inflexion sur **a**, **o** et **u**) + **-e** + les terminaisons du prétérit.

ich vergäß -e	j'oublierais
du rief -(e) -st	tu appellerais
wir ging -e -n	nous irions

• À la deuxième personne du singulier et du pluriel, il est courant que le **-e** précédant la terminaison tombe.
du rief(e)st **ihr rief(e)t**

3. Conditionnel passé
Il se forme avec **haben** et **sein** au subjonctif II + participe passé.
ich hätte gelernt j'aurais appris
er wäre gekommen il serait venu
Si l'on utilise un verbe pronominal avec **würde** + infinitif, l'ensemble « pronom + verbe » se place après **würde**.
Er würde sich erkälten. Il s'enrhumerait.

4. Expression et emploi de l'irréel

« Si » se traduit par *wenn*.
À la différence du français, les deux verbes se mettent au conditionnel et leurs formes conjuguées se trouvent placées de chaque côté de la virgule.

Wenn sie reich wäre, würde sie eine Weltreise machen.
Si elle était riche, elle ferait le tour du monde.
Wenn ich schneller reagiert hätte, wäre ich Millionär geworden. Si j'avais réagi plus vite, je serais devenu millionnaire.

Conjonctions de coordination

1. Cinq conjonctions permettent de coordonner deux propositions sans modifier l'ordre des mots dans la phrase :
aber (mais), **denn** (car), **oder** (ou bien), **und** (et), **sondern** (mais [après une négation]).
Der Himmel ist blau und die Sonne *scheint*.
Le ciel est bleu et le soleil brille.

Elles se placent à la jonction des deux phrases.

On peut mémoriser les conjonctions de coordination à l'aide du moyen mnémotechnique **ADUSO : aber, denn, und, sondern, oder.**

2. Six conjonctions entraînent le passage du verbe en première position :
dann (alors), **danach** (après), **daher** (c'est pourquoi), **darum** (c'est pourquoi), **deshalb** (c'est pourquoi), **trotzdem** (quand même).
Es ist heiß, *deshalb gehen* wir Eis essen.
Il fait chaud, c'est pourquoi nous allons manger des glaces.

Déclinaison

La déclinaison est portée essentiellement par l'article. Dans deux cas, le nom porte aussi une partie de la déclinaison.

• Au génitif singulier masculin et neutre, on ajoute un -**s** à la fin du nom mais -**es** si le nom est monosyllabique ou s'il se termine par -**s**, -**ß**, -**x**, -**tz**, -**z**.

der Zug - am Ende des Zuges le train - à la fin du train

• Au datif pluriel, on ajoute un -**n** à la fin du nom sauf s'il forme son pluriel en -**s** ou en -**n** ou -**en**.

➠ ➠ *Voir* **Adjectif p. 2 §2.**

	Singulier			Pluriel
	masculin	féminin	neutre	
Nominatif	de**r** Wind	di**e** Luft	da**s** Feuer	di**e** Stürme
	ein Wind	ein**e** Luft	ein Feuer	**ø** Stürme
Accusatif	de**n** Wind	di**e** Luft	da**s** Feuer	di**e** Stürme
	eine**m** Wind	ein**e** Luft	ein Feuer	**ø** Stürme
Datif	de**m** Wind	de**r** Luft	de**m** Feuer	de**n** Stürme**n**
	eine**m** Wind	eine**r** Luft	eine**m** Feuer	**ø** Stürme**n**
Génitif	de**s** Winde**s**	de**r** Luft	de**s** Feuer**s**	de**r** Stürme
	eine**s** Winde**s**	eine**r** Luft	eine**s** Feuer**s**	**ø** Stürme

Futur

Il y a deux manières d'exprimer le futur.

1. **présent + complément de temps**

On utilise très fréquemment le présent, accompagné d'un complément de temps qui donne l'idée de futur.

Stefan kommt nächstes Jahr in die Schule.

Stefan ira l'année prochaine à la grande école.

2. ***werden*** **conjugué + infinitif du verbe au futur en français**

Wir werden uns freuen, euch wiederzusehen.

Nous serons contents de vous revoir.

1. *werden* a une conjugaison irrégulière (voir p. 4).
2. le verbe à l'infinitif se place en dernière position dans une phrase autonome.

Genres des noms

1. Il existe trois genres en allemand :
le masculin, le féminin et le neutre, auxquels correspondent trois articles définis : **der, die, das.** On emploie au pluriel un seul article : **die**.

***der* Wagen**	la voiture	***die* Wagen**	les voitures
***die* Dame**	la dame	***die* Damen**	les dames
***das* Kind**	l'enfant	***die* Kinder**	les enfants

2. Les groupes nominaux sont déclinés.
Ils s'emploient donc selon leur fonction à un cas particulier (nominatif, accusatif, datif et génitif) et selon leur nombre au singulier ou au pluriel.

3. Les noms communs prennent une majuscule, comme les noms propres.

4. Certains suffixes aident à reconnaître le genre des noms.
• Les noms terminés par -**ade**, -**age**, -**ei**, -**heit**, -**keit**, -**ie**, -**in**, -**schaft**, -**ung** sont féminins.

• Les noms terminés par -**chen**, -**lein** sont neutres.

• Les noms terminés par -**ling**, -**or**, -**ismus** sont masculins.

Impératif

Les formes les plus fréquemment utilisées sont celles de la deuxième personne et la forme de politesse.

	Singulier	Pluriel
2e personne	schreib	schreib**t**
forme de politesse	schreib**en** Sie	schreib**en** Sie

1. Deuxième personne du singulier
Elle correspond au radical :
geh ! pars ! **lauf !** cours !
Si le radical se termine par -**d**, -**t** ou -**ig** ou, dans la majorité des cas, par -**m** ou -**n**, on ajoute un -**e** final.
antworte ! réponds ! **rede !** parle !
entschuldige dich ! excuse-toi ! **rechne !** compte !

À l'impératif singulier, les verbes forts en *-e* subissent une transformation de la voyelle de leur radical en *-i*.
ex : sprechen (parler) **: sprich !** parle !

2. Deuxième personne du pluriel

Elle correspond à la conjugaison du présent, mais sans le pronom personnel.

geht ! partez !

3. Forme de politesse

Elle prend la forme de l'indicatif présent, mais en inversant le verbe et le pronom personnel.

gehen Sie ! partez !

4. Formes particulières

• Le verbe **sein**

sei ! sois ! **seid !** soyez ! **seien Sie !** soyez !

• Pour les verbes pronominaux, le pronom réfléchi se place après l'impératif.

Entschuldige *dich* ! excuse-toi !

• Les particules séparables se placent en fin de phrase.

Komm herein ! Entre !

Rufen Sie mich bitte an ! Appelez-moi s'il vous plaît !

Interrogatifs en W-

En allemand, les pronoms et adverbes interrogatifs ont la particularité de commencer tous par un **W**. C'est pourquoi on appelle les questions commençant par un interrogatif en **W-** des questions en **W-**. Dans les questions en **W-**, le verbe conjugué se place toujours en deuxième position.

- **wann** : quand

Wann kommst du ? Quand viens-tu ?

- **warum** : pourquoi

Warum kommst du so spät nach Hause ?

Pourquoi rentres-tu si tard ?

- **wie** : comment

Wie fährst du nach Hause ? Comment rentres-tu ?

- **wie oft** : combien de fois

Wie oft warst du schon in Deutschland ?

Combien de fois es-tu déjà allé en Allemagne ?

- **wie lange** : combien de temps

Wie lange bist du in München geblieben ?

Combien de temps es-tu resté à Munich ?

- **wie alt** : quel âge
Wie alt bist du ? Quel âge as-tu ?

- **wie spät** : quelle heure
Wie spät ist es ? Quelle heure est-il ?

- **wie viel** : combien
Wie viel Geld hast du mit ? Combien as-tu emporté d'argent ?

- **wo** : où [lieu où l'on est]
Wo wohnst du ? Où habites-tu ?

- **wohin** : où [lieu où l'on va]
Wohin fährst du im Urlaub ? Où pars-tu en vacances ?

- **woher** : d'où
Woher kommst du ? D'où viens-tu ?

Masculins faibles

1. Déclinaison

Parmi les noms masculins, certains ont une déclinaison particulière. On les appelle les masculins faibles.

	Singulier	**Pluriel**
Nominatif	der Affe	die Affe**n**
Accusatif	den Affe**n**	die Affe**n**
Datif	dem Affe**n**	den Affe**n**
Génitif	des Affe**n**	der Affe**n**

On ajoute un -**n** à la fin de ces noms masculins à tous les cas sauf au nominatif singulier.

> **pas de -s au génitif singulier !**
> **die Banane des Affen - la banane du singe**

2. On reconnaît les masculins faibles :

- à la forme de leur pluriel en -**n** ou -**en**.

- à leur terminaison en -**e** au nominatif.
der Junge le garçon

- aux terminaisons suivantes, d'origine étrangère :
-ant, **-ent**, **-at**, **-et**, **-it**, **-ist**, **-log**, **-naut**, **-nom**, **-soph**.
der Passant, der Pianist, der Philosoph
le passant, le pianiste, le philosophe

Modalité

➠ ➠ *Voir* **Verbes de modalité p. 26.**

Négation : kein ou nicht ?

1. *Kein* (décliné) sert à traduire « pas de »

On l'emploie chaque fois qu'on a dans la phrase :
- un groupe nominal précédé d'un article indéfini (**ein** décliné).

Möchtest du *eine Cola* ? Veux-tu un coca ?
Nein, ich möchte *keine Cola*. Non, je ne veux pas de coca.

- un groupe nominal sans article (un partitif ou une forme indéfinie plurielle).

Hast du ø *Hunger* ? As-tu faim ?
Nein, ich habe *keinen Hunger*. Non, je n'ai pas faim.
Hat Max ø *Geschwister* ? Max a-t-il des frères et sœurs ?
Nein, er hat *keine Geschwister*. Non, il n'a pas de frères et sœurs.

2. On utilise *nicht* dans tous les autres cas.

Wohnst du in Bern ? Habites-tu à Berne ?
Nein, ich wohne *nicht* in Bern. Non, je n'habite pas à Berne.

Nicht (place de)

1. Pour nier un groupe verbal, on place *nicht* en tête de ce groupe verbal.

in die Stadt gehen aller en ville
***nicht* in die Stadt gehen** ne pas aller en ville

2. *Nicht* se place généralement après le verbe conjugué et devant le déterminant accentué du groupe verbal.

Die Kinder spielen draußen.
Les enfants jouent dehors.
Die Kinder spielen *nicht* draußen.
Les enfants ne jouent pas dehors.

3. *Exception* : Lorsque le groupe verbal comprend un complément d'objet à l'accusatif ou au datif, nicht passe derrière ce complément.

die Geschenke für die Kinder kaufen
acheter les cadeaux pour les enfants
die Geschenke für die Kinder *nicht* kaufen
ne pas acheter les cadeaux pour les enfants
Ich kaufe die Geschenke für die Kinder *nicht*.
Je n'achète pas les cadeaux pour les enfants.

Ich habe die Geschenke für die Kinder *nicht* gekauft.
Je n'ai pas acheté les cadeaux pour les enfants.

Nombres

1. Les adjectifs cardinaux

0 null	13 dreizehn	60 sechzig
1 eins	14 vierzehn	70 siebzig
2 zwei	15 fünfzehn	80 achtzig
3 drei	16 sechzehn	90 neunzig
4 vier	17 siebzehn	100 (ein)hundert
5 fünf	18 achtzehn	110 hundertzehn
6 sechs	19 neunzehn	121 hunderteinundzwanzig
7 sieben	20 zwanzig	200 zweihundert
8 acht	21 einundzwanzig	300 dreihundert
9 neun	22 zweiundzwanzig	1 000 (ein)tausend
10 zehn	30 dreißig	2 000 zweitausend
11 elf	40 vierzig	100 000 (ein)hunderttausend
12 zwölf	50 fünfzig	1 000 000 eine Million

• Formation
- de 13 à 19 : unité + **zehn**
14 : **vierzehn**
- les dizaines : unité + **zig**
40 : **vierzig**
- de 20 à 99 : unité + **und** + dizaine
85 : **fünfundachtzig**
- à partir de 100 : centaine ou millier + nombre
193 : **hundertdreiundneunzig**

• Exceptions
- 6 perd son -**s** et 7 son -**en** final en composition
16 : **sechzehn** *60 :* **sechzig**
17 : **siebzehn** *70 :* **siebzig**
- 30 prend -**ßig** comme suffixe et non -**zig**
30 : **dreißig**
- 1 perd son -**s** final en composition
51 : **einundfünfzig**

• Les nombres s'écrivent en un seul mot.
3 451 : **dreitausendvierhunderteinundfünfzig**

La date s'exprime avec des centaines et non avec « mille + centaines ». *1999 :* neunzehnhundertneunundneunzig

2. **Les adjectifs ordinaux**

• Formation

- jusqu'à 19, on ajoute -**te** à l'adjectif cardinal.
- à partir de 20, on lui ajoute -**ste**.

der / die / das zweite *(2.)* : le, la deuxième
der / die / das dreiunddreißigste *(33.)* : le, la trente-troisième

• Exceptions avec modification du radical

der erste (der 1.), der dritte (der 3.), der siebte (der 7.), der achte (der 8.)

Parfait

1. Le parfait est composé d'un auxiliaire (avoir ou être) conjugué et d'un participe passé invariable.

2. Place des éléments dans la phrase

• L'auxiliaire se trouve à la place normalement occupée par le verbe conjugué.

• Le participe passé se place en dernière position dans la phrase, sauf dans une subordonnée.

Er hat schlecht *geschlafen*. Il a mal dormi.
Er ist müde, weil er schlecht *geschlafen* hat.
Il est fatigué parce qu'il a mal dormi.

3. Choix de l'auxiliaire

• **Haben** est le plus employé, notamment pour tous les verbes transitifs, réfléchis et pronominaux.

• On utilise **sein** lorsque le verbe exprime un changement de lieu ou un changement d'état et n'a pas de C.O.D.

Seid ihr gelaufen oder seid ihr mit dem Wagen gekommen ?
Êtes-vous venus à pied ou en voiture ?
Er ist sofort eingeschlafen. Il s'est endormi tout de suite.

Et pour trois autres verbes : **bleiben, sein** et **werden**.
Sie ist gestern zu Hause geblieben.
Elle est restée hier à la maison.
Bist du schon mal in Berlin gewesen ? Es-tu déjà allé à Berlin ?
Die Fotos sind schön geworden. Les photos sont bonnes.

Participe passé

Le participe passé n'a pas la même forme selon que le verbe est régulier ou non.

1. Pour les verbes faibles ou réguliers : *ge*- + radical + -*t*.

machen : ich habe **ge**-mach-**t**
lernen : du hast **ge**-lern-**t**

2. Pour les verbes forts ou irréguliers : *ge*-+ radical du parfait dont la voyelle est souvent modifiée + -*en*

nehmen : ihr habt **ge**-nomm-**en**
fahren : wir sind **ge**-fahr-**en**

3. Classification par séries

Voyelle du radical du présent	Voyelle du radical du p. passé	Exemples
a	**a**	f**a**hren gef**a**hren (aller en véhicule)
e	**e**	**e**ssen geg**e**ssen (manger)
e	**o**	n**e**hmen gen**o**mmen (prendre)
ei	**ie**	st**ei**gen gest**ie**gen (monter)
i	**u**	f**i**nden gef**u**nden (trouver)
ie	**o**	fr**ie**ren gefr**o**ren (geler)

4. Deux séries de verbes ne prennent pas de *ge*- :

- les verbes commençant par les huit particules inséparables et inaccentuées : **be**-, **emp**-, **ent**-, **er**-, **ge**-, **miß**-, **ver**-, **zer**-.
erkennen - er hat *er*kannt reconnaître - il a reconnu
verstehen - wir haben *ver*standen comprendre - nous avons compris

- les verbes à suffixe -**ieren**.
studieren - Sie hat *studiert.* faire des études - Elle a fait des études.

Passif

Le passif se forme à l'aide de l'auxiliaire « werden » + participe passé et non avec l'auxiliaire « être » comme en français.

1. Le complément d'agent est généralement introduit par *von* + datif.

Eva wird *von* Petra geschminkt.
Eva est maquillée par Petra.

2. Conjugaison du verbe
« gelobt werden » : être félicité

Présent	Prétérit	Futur
ich werde gelobt	wurde gelobt	werde gelobt werden
du wirst gelobt	wurdest gelobt	wirst gelobt werden
er wird gelobt	wurde gelobt	wird gelobt werden
wir werden gelobt	wurden gelobt	werden gelobt werden
ihr werdet gelobt	wurdet gelobt	werdet gelobt werden
sie werden gelobt	wurden gelobt	werden gelobt werden

Parfait	Plus-que-parfait
ich bin gelobt worden	war gelobt worden
du bist gelobt worden	warst gelobt worden
er ist gelobt worden	war gelobt worden
wir sind gelobt worden	waren gelobt worden
ihr seid gelobt worden	wart gelobt worden
sie sind gelobt worden	waren gelobt worden

3. L'infinitif passif se forme avec « participe passé + werden ».
Der Wagen muß *repariert werden*. La voiture doit être réparée.

4. Le passif peut servir à traduire le sujet indéfini « on » et à exprimer un ordre ou à décrire une activité.
Jetzt wird deutsch gesprochen ! Maintenant, on parle allemand.
Bei Müllers wird um 8 Uhr gefrühstückt.
On déjeune à 8 heures chez les Müller.

Place du verbe

1. Verbe en première position

Le verbe occupe la première place de la phrase dans trois cas :
- dans une question globale à laquelle on répond par **ja** ou **nein**

***Hast* du Brötchen geholt ? – Ja.**
Es-tu allé chercher les petits pains ? – Oui.
- dans une impérative

***Setzen* Sie sich, bitte !** Asseyez-vous s'il vous plaît !
- dans une exclamative

***Hätte* ich mich doch nur beeilt !** Si seulement je m'étais dépêché !

2. Verbe en deuxième position

Le verbe se trouve en deuxième position dans deux cas :
- dans une phrase autonome

- dans une question en W-

a) dans une phrase autonome

• Le verbe conjugué à un temps simple se trouve en règle générale en deuxième position.

Wir *waren* im August am Meer.

Nous étions à la mer au mois d'août.

• Lorsque le verbe est à un temps composé, la partie conjuguée se trouve en deuxième position, la partie invariable en fin de phrase.

Wir *werden* nächstes Jahr ans Meer fahren.

Nous irons l'année prochaine à la mer.

On peut trouver devant le verbe :

- un sujet

Ich *gehe heute vielleicht ins Kino.*

- un complément circonstanciel

In den Ferien *gehe ich vielleicht ins Kino.*

- un adverbe

Vielleicht *gehe ich heute ins Kino.*

- une subordonnée

Wenn ich Zeit habe, *gehe ich morgen ins Kino.*

b) dans une question partielle ou question en W-, le verbe est en deuxième position.

• Le verbe conjugué est en général suivi du sujet.

Warum *ärgerst* du dich ? Pourquoi t'énerves-tu ?

3. Verbe en dernière position dans une subordonnée

Dora gab ihm den Schlüssel, weil sie in Urlaub fahren *wollte*.

Dora lui donna la clef parce qu'elle voulait partir en vacances.

Lorsqu'une phrase commence par une proposition subordonnée, on trouve un verbe conjugué de chaque côté de la virgule.

Als sie zurückkam, hatte er den Schlüssel verloren.

Lorsqu'elle revint, il avait perdu la clef.

Plus-que-parfait

Le plus-que-parfait ne diffère du parfait que par le temps de son auxiliaire.

Haben ou **sein** est employé au prétérit.

Politesse (forme de)

Elle se forme à l'aide de la troisième personne du pluriel, en mettant une majuscule à **Sie**.

Können Sie mir bitte helfen ?

Pouvez-vous m'aider s'il vous plaît ?

Possession

L'idée de possession peut s'exprimer de quatre manières :

1. le verbe *gehören* + datif.

Die Jacke gehört de*m* Lehrer. La veste appartient au professeur.

2. l'adjectif possessif : *mein, dein*, etc.

Das ist *seine* Jacke. C'est sa veste.

Formes de l'adjectif possessif

	Singulier	masculin	neutre	féminin
1re personne	mein			
2e personne	dein			
3e personne		sein	sein	ihr
	Pluriel			
1re personne	unser			
2e personne	euer			
3e personne	ihr			

L'adjectif possessif suit la déclinaison de *ein* (cf. p. 10).

3. le génitif

C'est le cas du complément de nom.

Se reporter à la déclinaison p. 5.

Das ist die Jacke *des Lehrers*. C'est la veste du professeur.

4. le génitif saxon

Das ist *Peters* Jacke. C'est la veste de Peter.

Das ist *Herrn Beules* Jacke. C'est la veste de monsieur Beule.

Au génitif saxon, si le nom finit déjà par un « s », on se contente d'ajouter une apostrophe.
***Thomas' Schwester.* La sœur de Thomas.**

Comment traduire POUR ?

1. ***für* + accusatif** : pour + un destinataire [personne ou animal]
Das Buch ist für meinen Onkel. Le livre est pour mon oncle.
2. ***um... zu* + infinitif** : pour + verbe à l'infinitif [avec un même sujet]
Die Leute fahren in den Süden, um Sonne zu tanken.
Les gens descendent dans le sud pour faire provision de soleil.
3. ***damit* + verbe conjugué** : pour que / afin que
[les sujets sont différents]
Jan kommt heute früher, damit ihr ihn sehen könnt.
Jan va rentrer plus tôt aujourd'hui pour que vous puissiez le voir.

Prépositions

1. Prépositions + accusatif

Les prépositions suivies de l'accusatif sont au nombre de cinq pour les plus courantes :
durch (à travers), **für** (pour), **gegen** (contre), **ohne** (sans), **um** (autour de).
Das Paket ist für dich. Le paquet est pour toi.

2. Prépositions + datif

Les prépositions suivies du datif sont au nombre de sept pour les plus courantes : **aus** (de, hors de), **bei** (chez [localisation]), **mit** (avec), **nach** (après, à, en [directionnel], **seit** (depuis), **von** (de), **zu** (chez [direction]).
Wir fahren jedes Jahr nach Spanien.
Nous allons tous les ans en Espagne.

3. Prépositions mixtes

• Neuf prépositions sont suivies tantôt de l'accusatif, tantôt du datif :
an (à côté de [avec contact]), **auf** (sur), **hinter** (derrière), **in** (à, dans), **neben** (à côté de), **über** (au-dessus de), **unter** (sous), **vor** (devant), **zwischen** (entre).

• On trouve l'accusatif en réponse à la question **wohin ?**, pour exprimer un changement de lieu.
Wohin gehst du ? – In den Garten.
Où vas-tu ? – Dans le jardin.

• On trouve le datif :
- en réponse à la question **wo ?**, pour exprimer le lieu où l'on est.
Wo bist du ? – In dem Garten. Où es-tu ? – Dans le jardin.
- lorsque les prépositions ont un sens temporel.
Sie kam in der Nacht. Elle arriva dans la nuit.

Présent

1. Formation : radical + terminaisons du présent :
-e, -st, -t, -en, -t, -en.

LACHEN (rire)

ich	lach-**e**	wir	lach-**en**
du	lach-**st**	ihr	lach-**t**
er	lach-**t**	sie	lach-**en**

2. Seuls les verbes forts à voyelle radicale -*a*- ou -*e*- modifient leur radical à la deuxième et à la troisième personne du singulier :

- **a** devient **ä**

FALLEN (tomber)

ich	fall-**e**	wir	fall-**en**
du	fäll-**st**	ihr	fall-**t**
er	fäll-**t**	sie	fall-**en**

- **e** devient **i**

SPRECHEN (parler)

ich	sprech-**e**	wir	sprech-**en**
du	spr**i**ch-**st**	ihr	sprech-**t**
er	spr**i**ch-**t**	sie	sprech-**en**

3. Cas particuliers

• Si le radical d'un verbe se termine par -**d**, -**t** ou bien par une consonne suivie de -**m** ou -**n** (sauf après -**lm** / **ln** ou -**rm** / **rn**), on ajoute un -**e**- entre le radical et la terminaison.
arbeit-en - du arbeit-e-st - travailler

• Si le radical se termine par -**s**, -**ß**, -**x** ou -**z**, la terminaison -**st** de la deuxième personne du singulier devient –**t**.
schließen - du schließt - fermer
reizen - du reizt - énerver

Prétérit

1. Emploi

Le prétérit correspond au passé simple et à l'imparfait. On le rencontre par conséquent beaucoup à l'écrit, car c'est le temps du récit.
Als ich klein war, wohnten wir in Lübeck.
Quand j'étais petit, nous habitions à Lübeck.

Pour les auxiliaires et les verbes de modalité, le prétérit est plus employé que le parfait.

2. Formation : radical du prétérit + terminaisons du prétérit (qui sont identiques à celles des verbes de modalité) : -**ø**,-**st**,-**ø**,-**(e)n**,-**(e)t**, **(e)n**.
La formation du radical varie selon que le verbe est fort ou faible.

3. Prétérit des verbes forts

classement par séries

Voyelle du radical du présent	Voyelle du radical du prétérit	Exemples
a	**i(e)**	f**a**ngen f**i**ng (attraper)
a	**u**	tr**a**gen tr**u**g (porter)
e	**o**	h**e**ben h**o**b (soulever)
e	**a**	**e**ssen **a**ß (manger)
ei	**ie**	st**ei**gen st**ie**g (monter)
i	**a**	f**i**nden f**a**nd (trouver)
ie	**o**	fl**ie**gen fl**o**g (voler)

4. Prétérit des verbes faibles

Le radical du prétérit correspond au radical du présent + -**te**.

LACHEN (rire)

ich	lach-**te-ø**	wir lach-**te-n**
du	lach-**te-st**	ihr lach-**te-t**
er	lach-**te-ø**	sie lach-**te-n**

5. Prétérit des verbes faibles irréguliers

Ils modifient leur radical comme les verbes forts tout en prenant le -**te** du radical des verbes faibles.

bringen (apporter) - er **brach-te**

Cette série comprend neuf verbes : **brennen** (brûler), **bringen** (apporter), **denken** (penser), **kennen** (connaître), **nennen** (nommer), **rennen** (courir), **senden** (envoyer), **wenden** (tourner), **wissen** (savoir).

Pronoms personnels

	Singulier				
	1re personne	2e personne	3e personne		
			masculin	féminin	neutre
Nominatif	ich	du	er	sie	es
Accusatif	mich	dich	ihn	sie	es
Datif	mir	dir	ihm	ihr	ihm
Génitif	meiner	deiner	seiner	ihrer	seiner

	Pluriel		
	1re personne	2e personne	3e personne
Nominatif	wir	ihr	sie
Accusatif	uns	euch	sie
Datif	uns	euch	ihnen
Génitif	unser	euer	ihrer

Der Wagen ist neu. E*r* ist neu. La voiture est neuve. Elle est neuve.
Siehst du de*n* Wagen ? – Ja, ich sehe ih*n*.
Vois-tu la voiture ? – Oui, je la vois.

On retrouve sur les pronoms personnels les mêmes terminaisons ou marques significatives que sur l'article défini.

Pronoms relatifs

1. Déclinaison

	Singulier			Pluriel
	masculin	féminin	neutre	
Nominatif	der	die	das	die
Accusatif	den	die	das	die
Datif	dem	der	dem	denen
Génitif	dessen	deren	dessen	derer

2. Emploi

• Le pronom relatif s'accorde en genre et en nombre avec son antécédent, mais son cas vient de sa fonction.
Ich kenne den Mann, der jetzt kommt.
Je connais l'homme qui arrive maintenant.

• Si le verbe de la subordonnée se construit avec une préposition, cette préposition se place en tête de la relative et détermine le cas du pronom relatif.
Das ist die Frau, von der ich dir erzählt habe.
Voici la femme dont je t'ai parlé.

Le pronom relatif se place obligatoirement après une virgule.

3. Difficultés de traduction

ce que : **das, was...**
quelque chose que : **etwas, was...**
le mieux que : **das Beste, was...**

Comment traduire QUAND ?

1. *Als* s'emploie pour une action située dans le passé, quand il s'agit d'une action unique, même de longue durée.
Als ich klein war, sah alles ganz anders aus.
Quand j'étais petit(e), tout était différent.

Als est suivi le plus souvent d'un prétérit (parfois d'un présent de narration, d'un parfait ou d'un plus-que-parfait).

2. *Wenn* est utilisé lorsqu'on se projette dans le futur.
Wenn du groß bist, kannst du spät ins Bett gehen.
Quand tu seras grand, tu pourras te coucher tard.

Le verbe est dans ce cas au présent.

3. *Wenn* s'emploie dans le passé ou le présent quand il s'agit d'une action répétitive ou d'une sentence à valeur générale.
(Jedesmal) wenn ich nach Hause kam, hatte die Katze alles gefressen.
Quand (Chaque fois que) je rentrais à la maison, le chat avait tout mangé.
Wenn ein Kind gesund ist, freuen sich die Eltern.
Quand un enfant est en bonne santé, les parents sont contents.

4. *Wann* ne se trouve que dans une question. Il fait partie des interrogatifs en W-.
Wann fahren wir ? Um 3. Quand partons-nous ? À 3 heures.

Comment traduire SI ?

1. ob : dans une question indirecte, après des verbes tels que **(sich) fragen, nicht wissen, wissen wollen, wissen « möchten ».**
Ob exprime toujours une incertitude.
Karin möchte wissen, ob ihre Kusine angerufen hat.
Karin voudrait savoir si sa cousine a appelé.

> ***Ob* est toujours précédé d'une virgule.**

2. doch : dans une réponse positive à une question négative.
Sind die Franzosen noch nicht da ? – Doch !
Les Français ne sont pas encore arrivés ? – Si !

3. wenn : dans l'expression de la condition.
Wenn du willst, können wir ins Kino gehen.
Si tu veux, on peut aller au cinéma.
Wenn ich Geld hätte, würde ich eine Weltreise machen.
Si j'avais de l'argent, je ferais le tour du monde.

4. so : dans l'expression de l'intensité.
Es war so warm ! Il faisait si chaud !

Verbes de modalité

1. On appelle verbes de modalité les six verbes : sollen, wollen, können, dürfen, mögen et müssen.

2. Conjugaison au présent

sollen	**wollen**	**können**	**dürfen**	**müssen**	**mögen**
ich soll	ich will	ich kann	ich darf	ich muss	ich mag
du sollst	du willst	du kannst	du darfst	du musst	du magst
er soll	er will	er kann	er darf	er muss	er mag
wir sollen	wir wollen	wir können	wir dürfen	wir müssen	wir mögen
ihr sollt	ihr wollt	ihr könnt	ihr dürft	ihr müsst	ihr mögt
sie sollen	sie wollen	sie können	sie dürfen	sie müssen	sie mögen

• Les verbes de modalité ont tous les mêmes terminaisons :
-ø, **-st**, **-ø**, **-en**, **-t**, **-en**, que l'on ajoute au radical.
- la première et la troisième personne du singulier ont toujours une forme identique, sans terminaison et marquée par le signe Ø.
- la voyelle du radical se modifie au singulier, sauf pour **sollen**.
• Le verbe **mögen** est très fréquemment utilisé au conditionnel, pour exprimer un désir.
Stefan möchte ein Eis. Stefan voudrait une glace.

3. Emploi

• Les verbes de modalité sont en général accompagnés par un infinitif qui se place en fin de phrase.
Ich kann heute nicht *kommen*. Je ne peux pas venir aujourd'hui.
• Lorsque le verbe de modalité est employé à un temps composé (parfait, plus-que-parfait, futur) avec un infinitif complément, on utilise le « double infinitif » : seul l'auxiliaire est conjugué, les deux autres verbes sont à l'infinitif.
Ich habe gestern nicht *kommen können*. Je n'ai pas pu venir hier.
• On peut trouver les verbes de modalité employés sans infinitif.
Kannst du Englisch ? Parles-tu anglais ?
Dans ce cas, on se servira des formes de participe passé usuelles en **ge-** + radical + **-t**.
Viktor hat sehr früh Englisch gekonnt.
Victor a su parler anglais très tôt.

4. Sens

• Deux verbes ont leurs équivalents en français :
- **wollen** : vouloir
Sabine will einen Kuchen backen. Sabine veut faire un gâteau.
- **mögen** : aimer, et son conditionnel **ich möchte** : je voudrais
Ich mag Kaffee. J'aime le café.

Möchtest du eine Tasse Tee ? Voudrais-tu une tasse de thé ?

• « devoir » se traduit par **müssen** pour exprimer :
- une nécessité matérielle
Nach dem Sturm mußten wir das Dach reparieren lassen.
Après l'orage, nous avons dû faire réparer le toit.
- une obligation que je me formule à moi-même
Es ist spät, ich muß jetzt gehen. Il est tard, il faut que je rentre.

• « devoir » se traduit par **sollen** :
- dans les cas où une autre personne m'impose sa volonté, me dit ou me demande de faire quelque chose
Ich soll Sie von Frau Müller grüßen.
Madame Müller m'a demandé de vous saluer.
Was soll ich tun ? Que dois-je faire ?
Du sollst nicht soviel rauchen ! Tu ne dois pas fumer autant !
et par conséquent chaque fois que l'on transpose un ordre au discours indirect.
Der Lehrer sagt, die Kinder sollen ihre Bücher nehmen.
Le maître dit aux enfants de prendre leurs livres.
- pour exprimer le futur ou l'intention
Das Paket soll am Wochenende da sein.
Le paquet sera là pour le week-end.

• « pouvoir » se traduit par **können** lorsque les conditions matérielles sont remplies pour que l'action soit possible.
Wir können um acht ins Kino gehen.
Nous pouvons aller au cinéma à 8 heures.

• « pouvoir » se traduit par **dürfen** lorsque la possibilité dépend d'une autre personne qui donne ou non l'autorisation de faire l'action.
Darf ich das Fenster aufmachen ? Puis-je ouvrir la fenêtre ?

• Difficultés de traduction
- je sais faire qqch : **ich kann**
Katja kann schwimmen. Katja sait nager.
- je ne dois pas, il ne faut pas que je : **ich darf nicht**
Schüler dürfen nicht zu spät kommen.
Il ne faut pas que les élèves soient en retard.
- il faut que je : **ich muß**
Ich muß um acht in der Schule sein.
Il faut que je sois à 8 heures à l'école.
- veux-tu / voulez-vous que...? : **soll ich...?**
Soll ich euch fotografieren ?
Voulez-vous que je vous prenne en photo ?

Verbes à particules (ou préverbes) inséparables

1. Les particules inséparables modifient le sens du verbe de base.
hören : entendre **gehören** : appartenir

2. Huit particules sont toujours inséparables :
be-, emp-, ent-, er-, ge-, miß-, ver-, zer-.

> **Il existe un moyen mnémotechnique pour retenir les particules inséparables : la phrase « Cerbère gémit en Enfer » les contient dans l'ordre : zer, be, er, ge, miß, emp, ent, ver.**

3. Les particules inséparables sont inaccentuées.
gehören : **Das Haus gehört seinen Eltern.**

4. Le participe passé des verbes à particules inséparables se forme sans *ge-*.
erkennen - er hat erkannt **verstehen - er hat verstanden**
reconnaître - il a reconnu comprendre - il a compris

Verbes à particules (ou préverbes) séparables

1. La particule modifie le sens du verbe par rapport au verbe initial.
ein|kaufen - faire les courses
kaufen - acheter

2. La particule se sépare du verbe et va se placer en fin de phrase lorsque le verbe est conjugué au présent ou au prétérit dans une phrase indépendante.
an|rufen : Ich rufe Sie morgen *an*.
passer un coup de fil : Je vous passerai un coup de fil demain.

3. Dans une subordonnée, la particule ne se sépare pas du verbe.
Es ist besser, wenn ihr einen Schirm *mit*nehmt.
Il vaut mieux que vous preniez un parapluie.

4. Au participe passé, le *ge-* s'intercale entre la particule et le verbe.
Der Zug ist gerade angekommen. Le train vient juste d'arriver.

5. Dans une proposition infinitive, le *-zu* se place également entre la particule et le verbe.
Ich habe vergessen, ihn an*zu*rufen
J'ai oublié de lui passer un coup de fil.

6. La particule séparable est toujours accentuée.

Saluer quelqu'un

Bonjour. Guten Tag !
Bonjour. Grüss Gott ! *[en Allemagne du Sud et en Autriche]*
Bonjour, madame. Guten Tag, Frau Berger !
[en allemand, il convient d'ajouter le nom de famille]
Bonjour, monsieur. Guten Tag, Herr Berger !
[en allemand, il convient d'ajouter le nom de famille]
Bonjour. Guten Morgen ! *[jusqu'à 11 heures du matin]*
Bonsoir. Guten Abend !
Salut. Hallo !
Comment vas-tu ? Wie geht's (dir) ?
Comment allez-vous ? Wie geht's Ihnen ?
(Très) bien. Danke (sehr) gut.
Et vous-même ? Und Ihnen ?
Parfaitement bien. Ausgezeichnet.
Pas très bien. Nicht so gut.

Prendre congé

Au revoir. Auf Wiedersehen !
À tout à l'heure. Bis gleich !
Salut. Bye. Ciao. Tschüs !
Bonne nuit. Gute Nacht !
À bientôt. Bis bald !
Bon voyage. Gute Fahrt !
Bon courage. Mach's gut ! / Macht's gut !
Je suis désolé, mais je dois partir.
Es tut mir leid, ich muss jetzt leider gehen.

Se présenter

Je m'appelle Sabine Berger. Ich heiße Sabine Berger.
Je suis française / français. Ich bin Französin / Franzose.
D'où êtes-vous ? Woher kommen Sie ?
Je suis parisien (parisienne). Ich komme aus Paris.

Présenter quelqu'un

Je te présente Madame / Monsieur Berger. Darf ich dich mit Frau / Herrn Berger bekanntmachen ?
Enchanté(e). Angenehm.
Bienvenu(e). Herzlich willkommen.
Excusez-moi, je n'ai pas tout à fait saisi votre nom.
Entschuldigung, ich habe Ihren Namen nicht richtig verstanden.

Remercier

Merci. Danke.

Merci beaucoup. Danke sehr. / Danke schön. / Vielen Dank.

Merci, vous de même. Danke gleichfalls.

Je vous remercie de votre accueil chaleureux. Ich danke Ihnen für die herzliche Aufnahme.

Répondre à des remerciements

De rien. Bitte.

Je vous en prie. / Je t'en prie. Bitte sehr. / Bitte schön.

Ça va de soi. Ist doch selbstverständlich. / Nichts zu danken.

Il n'y a pas de quoi. Keine Ursache.

S'excuser

Veuillez m'excuser. Entschuldigen Sie bitte !

Excusez-moi. Entschuldigung !

Pardon. *[pour demander le passage]* Verzeihung !

Je suis désolé d'être en retard / de vous déranger. Entschuldigen Sie bitte die Verspätung / die Störung !

Je suis (vraiment) désolé(e). Das tut mir (wirklich) leid.

Accepter des excuses

Ce n'est pas grave. Das ist nicht schlimm.

Ça ne fait rien. Macht nichts.

Je vous en prie. / Je t'en prie. Ich bitte Sie. / Ich bitte dich.

Ce sont des choses qui arrivent. Das kann vorkommen.

Ça peut arriver à n'importe qui. Das kann jedem passieren.

Exprimer des vœux

Bonne chance. Viel Glück !

Amusez-vous bien. / Amuse-toi bien. Viel Spass ! / Viel Vergnügen !

Bon appétit. Guten Appetit !

Bon week-end. Schönes Wochenende !

Bonnes vacances. Schöne Ferien !

Meilleurs vœux. Herzliche Glückwünsche !

Bon anniversaire. Alles Gute zum Geburtstag ! / Herzlichen Glückwunsch zum Geburtstag !

Joyeux Noël. Fröhliche Weihnachten !

Bonne année. Gutes Neues Jahr !

Inviter quelqu'un

Entrez. Kommen sie bitte herein !

Asseyez-vous. Nehmen Sie bitte Platz !

Assieds-toi un instant. Setz dich doch !

Fais comme chez toi. Fühl dich wie zu Hause !

Voulez-vous boire quelque chose ? Möchten Sie etwas trinken ?

Puis-je vous inviter pour prendre un verre ? Kann ich Sie auf ein Glas einladen ?

Venez dîner à la maison. Kommen Sie zum Abendessen !

Accepter une invitation

Oui. / Merci, avec plaisir. Ja. / Danke gerne.

Merci de ton / votre invitation. Vielen Dank für die Einladung.

Très volontiers, merci. Aber sehr gern, danke.

Décliner une invitation

Je suis désolé, mais je n'ai pas le temps. Nein, danke, aber ich habe keine Zeit.

Ce serait avec plaisir, mais j'ai déjà quelque chose de prévu. Ich würde gerne kommen, aber ich habe schon etwas Anderes vor.

Prendre rendez-vous

Quand nous retrouvons-nous ? Après-demain vous irait-il ? Wann wollen wir uns treffen ? Passt es Ihnen übermorgen ?

On se donne rendez-vous pour ce soir ? Sollen wir uns für heute Abend verabreden ?

Accepter un rendez-vous

Oui, parfait. Ja das passt mir gut.

Très volontiers, avec plaisir. Ich komme sehr gern.

Refuser un rendez-vous

Non, je suis désolé, mais j'ai quelque chose de prévu après-demain. Nein, Übermorgen kann ich leider nicht.

On peut remettre ça à une autre fois ? Können wir das auf ein anderes Mal verschieben ?

Approuver quelqu'un

Oui, exactement. Ja genau.

Entendu. Einverstanden.

C'est vrai. Das stimmt. / Das ist richtig.

C'est une excellente idée. Das ist eine ausgezeichnete Idee.

C'est ce que je pense aussi. Das finde ich auch. / Das glaube ich auch.

Désapprouver quelqu'un

Je ne le pense pas. Das finde ich nicht. / Das glaube ich nicht.

Ce n'est pas mon avis. Da bin ich anderer Meinung.

Ce n'est pas vrai. Das stimmt nicht. / Das ist nicht richtig.

Dire ce qu'on aime

Ça me plaît. Das gefällt mir.

J'aime bien ça. Das mag ich.

C`est amusant. Das macht Spaß.

Je la / le trouve très sympathique. Ich finde sie / ihn sehr sympathisch.

Vous êtes très gentil(le) avec moi. Sie sind sehr nett.

J'aime faire du vélo. Ich fahre gern Rad.

Dire ce qu'on n'aime pas

Non, ça ne m'intéresse pas. Nein, das interessiert mich nicht.

Je n'aime pas ça. Das mag ich nicht.

Je n'aime pas regarder la télévision. Ich sehe nicht gerne fern.

Parler de sa famille

Je suis marié / célibataire. Ich bin verheiratet / ledig.

Ma femme / mon mari s'occupe des enfants. Meine Frau / mein Mann ist bei den Kindern.

J'ai un fils et deux filles. Ich habe einen Sohn und zwei Töchter.

As-tu des frères et sœurs ? Hast du Geschwister ?

J'ai un frère et une sœur. Ich habe einen Bruder und eine Schwester.

Ma grand-mère habite avec nous. Meine Großmutter wohnt bei uns.

J'ai un ami / une amie. Ich habe einen Freund / eine Freundin.

Ils sont divorcés. Sie sind geschieden.

Les enfants vivent avec leur mère / leur père. Die Kinder leben bei ihrer Mutter / bei ihrem Vater.

Parler du temps qu'il fait

Quel temps fait-il ? Wie ist das Wetter ?

Il fait beau. Le soleil brille. Es ist schön. / Das Wetter ist schön. Die Sonne scheint.

Il fait mauvais. Il pleut. Das Wetter ist schlecht. Es regnet.

Le ciel est couvert. Der Himmel ist bedeckt.

Quel temps épouvantable ! Das Wetter ist furchtbar !

Il fait chaud / très chaud / froid. Es ist warm / heiß / kalt.

Quelles sont les prévisions météo ? Was sagt der Wetterbericht ?

La météo annonce de la pluie pour demain. Laut Wetterbericht gibt es morgen Regen.

Si vous n'avez pas compris

Pardon ? Bitte ?

Pardon, vous dites ? Wie bitte ?

Qu'avez-vous dit ? Was haben Sie gesagt ?

Si je vous ai bien compris... Wenn ich Sie richtig verstanden habe...

Vous comprenez ce que je veux dire ? Verstehen Sie, was ich meine ?

Pourriez-vous répéter ce que vous venez de dire, s'il vous plaît ? Könnten Sie das bitte wiederholen ?

Je peux vous poser une question ? Darf ich Sie etwas fragen ?

Je suis désolé, je ne comprends pas. Tut mir Leid, das verstehe ich nicht.

Comment se dit « ordinateur » en allemand ? Was heißt « ordinateur » auf deutsch ?

Que signifie...? Was bedeutet... ?

Demander l'heure

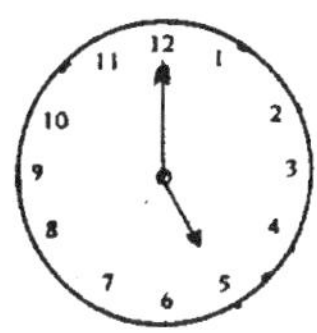

Quelle heure est-il ? Wie spät ist es ?

Excusez-moi, vous avez l'heure, s'il vous plaît ? Entschuldigen Sie bitte, können Sie mir sagen, wie spät es ist ?

Il est cinq heures. Es ist fünf Uhr.

Il est cinq heures cinq. Es ist fünf nach fünf.

Il est cinq heures et quart. Es ist Viertel nach fünf.

Il est cinq heures vingt cinq. Es ist fünf vor halb sechs.

Il est cinq heures et demie. Es ist halb sechs.

Il est six heures moins vingt cinq. Es ist fünf nach halb sechs.

Il est six heures moins le quart. Es ist Viertel vor sechs.

À l'hôtel

Avez-vous une chambre ? Haben Sie noch ein Zimmer frei ?

Désolé, nous sommes complets. Nein, alles ist leider besetzt.

Nous aurions besoin d'une chambre double / de deux chambres simples. Wir möchten ein Doppelzimmer / zwei Einzelzimmer.

Voulez-vous une douche ou une salle de bains ? Mit Dusche oder Bad ?

J'ai réservé une chambre au nom de Berger. Ich habe ein Zimmer auf den Namen Berger reserviert OU vorbestellt.

Chambre n° 305 : voici votre clé / votre badge.
Zimmernummer 305 : Hier ist Ihr Schlüssel / Ihre Magnetkarte.

Le petit déjeuner est-il compris ? Ist das Frühstück inbegriffen ?

Faites-vous la demi-pension / la pension complète ? Gibt es bei Ihnen Halbpension / Vollpension ?

Le petit déjeuner / le déjeuner / le dîner est à quelle heure ?
Wann gibt es Frühstück / Mittagessen / Abendessen ?

Pourriez-vous me réveiller à sept heures ? Können Sie mich um 7 Uhr wecken ?

Pouvez-vous me servir le petit déjeuner dans la chambre ?
Können Sie mir das Frühstück aufs Zimmer bringen ?

Veuillez appeler un taxi, s'il vous plaît.
Können Sie bitte ein Taxi rufen ?

Je partirai demain. Ich reise morgen ab.

Pour payer

Veuillez préparer l'addition, s'il vous plaît. Machen Sie bitte die Rechnung fertig.

À l'auberge de jeunesse

Votre carte des auberges de jeunesse, s'il vous plaît. Ihren Jugendherbergsausweis bitte ?

N'y a-t-il que des dortoirs ? Gibt es nur Gruppenzimmer ?

Non, nous disposons également de chambres pour les familles.
Nein, wir haben auch Familienzimmer.

À quelle heure l'auberge de jeunesse ferme-t-elle le soir ?
Wann schließt die Jugendherberge abends ?

Y a-t-il une consigne automatique ? Gibt es Schließfächer ?

Je voudrais parler au responsable de l'auberge. Ich möchte gern mit der Herbergsmutter / dem Herbergsvater sprechen.

Dans la famille d'accueil

Les repas

Puis-je avoir un peu d'eau avec le repas ? Kann ich etwas Wasser zum Essen bekommen ?

Puis-je avoir un peu de pain avec le repas ?
Kann ich ein Stück Brot zum Essen bekommen ?

Voulez-vous que je mette / débarrasse la table ?
Soll ich den Tisch decken / abräumen ?

Je voudrais vous aider à laver / à essuyer la vaisselle.
Ich möchte Ihnen beim Spülen / Abtrocknen helfen.

La vie quotidienne

Voulez-vous que je me déchausse ? Soll ich meine Schuhe ausziehen ?

À quelle heure vous levez-vous ? Wann stehen Sie auf ?

Pourriez-vous laver ma chemise si vous faites une lessive ?
Könnten Sie dieses Hemd für mich mitwaschen ?

Puis-je utiliser la salle de bains ?
Kann ich das Badezimmer benutzen ?

Voulez-vous que j'arrête le chauffage en quittant ma chambre ?
Soll ich beim Verlassen des Zimmers die Heizung abstellen ?

J'aurais besoin d'un oreiller / d'une couverture supplémentaire.
Hätten Sie noch ein Kopfkissen / eine Decke ?

J'ai l'habitude de dormir la fenêtre fermée / ouverte.
Ich schlafe gewöhnlich bei geschlossenem / offenen Fenster.

Puis-je appeler mes parents pour qu'ils me rappellent ?
Darf ich meine Eltern anrufen, damit sie mich zurückrufen ?

Ai-je reçu du courrier ? Ist Post für mich da ?

Au café

Cette table / place / chaise est-elle libre ? Ist der Tisch / Platz / Stuhl noch frei ?

Vous permettez ? *[en s'installant à côté de quelqu'un]* Dürfen wir uns zu Ihnen setzen ? / Darf ich mich zu Ihnen setzen ?

Vous permettez que je vous emprunte cette chaise ? Darf ich den Stuhl nehmen ?

S'il vous plaît. *[pour un garçon de café]* Herr Ober.

S'il vous plaît. *[pour une serveuse]* Fräulein.

Une bière, s'il vous plaît. Ein Bier bitte.

Quelles bières avez-vous à la pression ? Welche Fassbiere führen Sie ?

Une bière en bouteille, s'il vous plaît. Ein Flaschenbier bitte.

L'Allemagne est connue pour la variété et la qualité de ses bières. Plus de 1 000 brasseurs répartis dans le pays produisent environ 5 000 sortes de bières différentes. La « Loi de la pureté », édictée en 1516 et toujours strictement en vigueur, garantit la qualité de la bière allemande et la distingue des bières importées.

Avez-vous des cacahuètes ou des chips ? Haben Sie Erdnüsse oder Chips ?

Deux cafés. Zwei Tassen Kaffee bitte.

Un autre express, s'il vous plaît. Noch einen Espresso bitte.

Une eau minérale. Ein Mineralwasser.

Pour payer

L'addition, s'il vous plaît. Zahlen bitte.

Au restaurant

Une table pour quatre personnes. Einen Tisch für vier Personen bitte.

J'ai réservé une table au nom de Berger. Ich habe einen Tisch auf den Namen Berger reserviert OU vorbestellt.

Une table en zone non-fumeurs, s'il vous plaît. Einen Tisch im Nichtraucherbereich bitte.

Pouvons-nous voir le menu et la carte des boissons ? Die Speisekarte und die Getränkekarte bitte.

Que puis-je pour vous ? Was darf es sein ?

Que nous recommandez-vous ? Was empfehlen Sie uns ?

Avez-vous un plat du jour ? Haben Sie ein Tagesgericht ?

Pourrions-nous avoir plus de pain / d'eau ?
Könnten Sie uns noch etwas Brot / Wasser bringen ?

Tout va bien ? Schmeckt es Ihnen ?

Oui, c'est délicieux. Ja, ausgezeichnet.

Qu'avez-vous comme desserts ? Was gibt es als Dessert ?

Une coupe de glace, s'il vous plaît. Einen Eisbecher bitte.

Pour payer

L'addition, s'il vous plaît. Die Rechnung bitte.

Rendez-moi la monnaie sur 50 marks. Geben Sie bitte auf 50 Mark heraus. *[formule utilisée pour inclure le pourboire]*

Au salon de thé

Dans les grands salons de thé [Cafés OU Kaffeehäuser] vous choisissez votre gâteau dans la vitrine et vous recevez une contre-marque. Vous donnez celle-ci à la serveuse qui vous apporte alors votre gâteau et la consommation.

Une forêt noire et une tarte aux framboises. Ein Stück Schwarzwälder Kirschtorte und ein Stück Himbeertorte bitte.

Le gâteau avec ou sans chantilly ? Die Torte mit oder ohne Sahne ?

Une cafetière de café et un thé, s'il vous plaît. Ein Kännchen Kaffee und einen schwarzen Tee bitte.

Pour payer

L'addition, s'il vous plaît. *[pour une serveuse]* Fräulein, zahlen bitte.

Demander son chemin

Où est la gare ? Wo ist der Bahnhof ?

Comment rejoint-on la cathédrale ? Wie komme ich zum Dom ?

Excusez-moi, je cherche la Königsallee. Entschuldigung, ich suche die Königsallee.

Peut-on y aller à pied ? Kann man dorthin zu Fuß gehen ?

Non, il faut que vous preniez le métro / le tram / le bus. Nein, Sie müssen mit der U-Bahn / der Tram / dem Bus fahren.

Est-ce loin ? Wie weit ist es ?

À pied un quart d'heure, en bus cinq minutes. Zu Fuß eine Viertelstunde, mit dem Bus fünf Minuten.

Où est le syndicat d'initiative ? Wo ist das Fremdenvehrkehrsbüro OU die Touristeninformation ?

Avez-vous un plan ? Haben Sie einen Stadtplan ?

Pouvez-vous me montrer sur le plan où nous sommes ? Zeigen Sie mir bitte auf dem Stadtplan, wo wir sind !

Dans une boutique

Je peux vous aider ? Kann ich Ihnen helfen ?

Non merci, je ne fais que regarder. Nein danke, ich schaue mich nur um.

Combien ça coûte ? Was kostet das ? / Wie teuer ist das ?

Je fais / je cherche du 42. Ich habe / ich suche Grösse 40.

Avez-vous la taille au-dessous / au-dessus ? Haben Sie das etwas kleiner / etwas grösser ?

Est-ce possible de le changer ? Kann man es umtauschen ?

Pouvez-vous me faire un paquet-cadeau ? Bitte wickeln Sie es als Geschenk ein.

Y a-t-il des soldes ? Was gibt es im Ausverkauf ?

Pour payer

Acceptez-vous les cartes de crédit ? Nehmen Sie Kreditkarten ?

Je paie en liquide / par chèque. Ich bezahle bar / mit Scheck.

Désolé, je n'ai pas de monnaie. Ich habe leider kein Kleingeld.

Puis-je payer en euros ? Kann ich in Euro bezahlen ?

Au bureau de poste

Combien coûte une lettre / une carte postale pour la France / pour le Canada ? Was kostet ein Brief / eine Postkarte nach Frankreich / nach Kanada ?

Tarif normal ou prioritaire ? Normal oder prioritär ?

Je voudrais 10 timbres pour des cartes postales pour la France. Ich hätte gerne 10 Briefmarken für Ansichtskarten nach Frankreich.

Je voudrais envoyer ce paquet. Ich möchte gern dieses Paket aufgeben.

Combien de temps mettra la lettre ? Wie lange braucht der Brief ?

Je voudrais retirer 200 DM de mon compte chèque postal / de mon livret d'épargne. Ich möchte gern 200 DM von meinem Postgirokonto / von meinem Postsparbuch abheben.

À la banque

Je voudrais des DM / des schillings / des francs suisses pour 500 francs. Ich möchte für 500 Francs DM / Schilling / Franken.

Je voudrais changer 500 francs. Ich möchte 500 Francs umtauschen.

En petites coupures. Bitte in kleinen Scheinen.

À combien est le franc aujourd'hui ? Wie steht der Franc heute ?

Y a-t-il des frais de dossier ? Erheben Sie eine Gebühr ?

En euros, cela fait combien ? Wieviel macht das in Euro ?

Acceptez-vous ce traveller's cheque ? Kann ich diesen Reisescheck einlösen ?

Ma carte de crédit est restée coincée dans le distributeur. Meine Kreditkarte ist im Geldautomaten stecken geblieben.

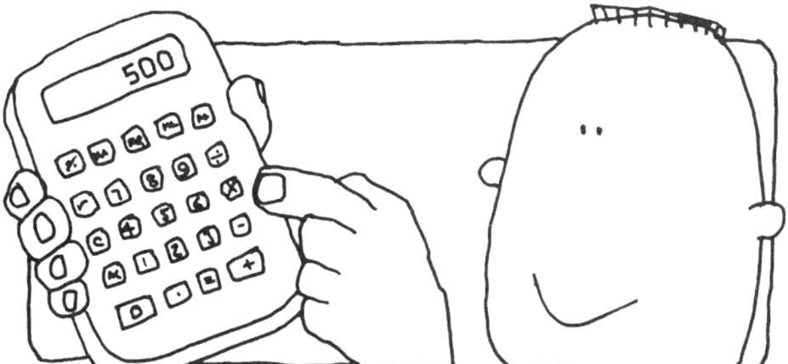

Les transports en commun

Dans les grandes villes, U-Bahn (métro), S-Bahn (train urbain), tram et bus sont gérés par la même société, ce qui rend leur utilisation facile. Il est toujours plus avantageux de se procurer son titre de transport avant de monter dans un train, un bus, etc.

Je voudrais un ticket / un carnet / un ticket pour la journée. Ich möchte gern einen Einzelfahrschein / eine Sammelkarte / eine Tageskarte.

Où se trouve le composteur ? Wo ist der Entwerter ?

Où s'arrête le 20 ? *[pour un bus]* Wo hält der 20er (Zwanziger) ?

Où s'arrête le 9 ? *[pour un tram]* Wo hält die 9 (Neun) ?

Quel est le bus qui va à l'aéroport ? Welcher Bus fährt zum Flughafen ?

Quelle est la fréquence de passage du 48 ? Wie oft fährt der 48er (Achtundvierziger) ?

Y a-t-il un bus de nuit ? Gibt es einen Nachtbus ?

Arrêt demandé. Wagen hält.

Je voudrais aller à la gare. Pourriez-vous m'indiquer quand je dois descendre ? Ich möchte zum Bahnhof. Sagen Sie mir bitte, wann ich aussteigen muss.

Prendre un taxi

En Allemagne, les taxis sont souvent des Mercedes blanches.

Où est la station de taxis la plus proche ? Wo ist der nächste Taxistand ?

À la gare centrale / à l'aéroport / à l'hôtel Astoria, s'il vous plaît. Ich möchte bitte zum Hauptbahnhof / zum Flughafen / zum Hotel Astoria.

5, rue Goethe, s'il vous plaît. Zur Goethestrasse 5 bitte.

Conduisez-moi à cette adresse, s'il vous plaît. Fahren Sie mich bitte zu dieser Adresse.

Arrêtez-vous ici / au feu / au coin de la rue. Halten Sie hier / an der Ampel / an der Ecke.

Pourriez-vous m'attendre pendant dix minutes ? Könnten Sie zehn Minuten auf mich warten ?

Pour payer

Combien vous dois-je ? Wieviel macht das ?

Je voudrais une fiche. Ich brauche eine Quittung.

Gardez la monnaie. Stimmt so.

En voiture

Y a-t-il un parking près d'ici ? Wo ist hier ein Parkplatz / eine Parkgarage ?

Comment rejoint-on le centre-ville ? Wie komme ich zur Innenstadt ?

Pouvez-vous me montrer sur le plan où nous sommes ? Zeigen Sie mir bitte auf der Karte, wo wir sind ?

Que se passe-t-il ? Nous n'avançons pas. Was ist los ? Wir kommen nicht weiter.

Je suis en panne. Ich habe eine Panne.

J'ai besoin d'un dépanneur. Ich brauche einen Pannenservice.

Pourriez-vous me remorquer jusqu'à la prochaine sortie / jusqu'à un garage ? Könnten Sie mich bis zur nächsten Ausfahrt / zu einer Werkstatt abschleppen ?

Il faut appeler l'ADAC. *[automobile club qui offre aussi un service de dépannage]* Wir müssen den ADAC anrufen.

Puis-je utiliser votre portable ? Darf ich Ihr Handy benutzen ?

En train

Quand le prochain train pour Francfort part-il ? Wann fährt der nächste Zug nach Frankfurt ?

À quel quai part-il ? Von welchem Bahnsteig fährt er ab ?

Où est la première classe ? Wo ist die erste Klasse ?

Ce train dessert-il Neustadt ? Hält der Zug auch in Neustadt ?

Veuillez m'excuser, je crois que votre place correspond à ma réservation. Regardez vous-même : voiture 5, place 86. Entschuldigen Sie bitte, ich glaube Ihr Platz ist für mich reserviert. Schauen Sie selbst : Wagen 5, Platz 86.

Excusez-moi, cette place est-elle encore libre ? Entschuldigen Sie, ist dieser Platz noch frei ?

Oui, allez-y. Ja, bitte.

Où est la voiture-restaurant ? En tête ou en queue ? Wo ist der Speisewagen ? Vorne oder hinten ?

Pourriez-vous m'avertir quand nous arriverons à Fulda ? Würden Sie mir bitte Bescheid sagen, wenn wir nach Fulda kommen ?

Chez le médecin

La consultation

Qu'est-ce qui ne va pas ? Was fehlt Ihnen ?

Je ne me sens pas bien et j'ai la diarrhée depuis deux jours. Mir ist schlecht und ich habe seit zwei Tagen Durchfall.

J'ai eu un malaise hier et j'ai perdu connaissance. Gestern hatte ich eine Schwächeanfall und bin ohnmächtig geworden.

J'ai mal à la tête / à la gorge / au ventre. Ich habe Kopfschmerzen / Halsschmerzen / Bauchschmerzen.

Mon enfant tousse et a de la fièvre. Mein Kind hustet und hat Fieber.

Je me suis foulé la cheville. Ich habe mir den Knöchel verstaucht.

La prescription

Je suis allergique aux antibiotiques. Ich bin gegen Antibiotika allergisch.

J'ai de la tension. Puis-je quand même prendre ce médicament ? Ich habe Bluthochdruck. Kann ich das Medikament trotzdem nehmen ?
Pourriez-vous me remplir ces formulaires pour mon assurance ? Könnten Sie diese Unterlagen für meine Versicherung ausfüllen ?

En Allemagne, pour bénéficier de soins médicaux, il faut être en possession du formulaire E 111. Celui-ci doit être présenté à la *Allgemeine Ortskrankasse (AOK)* [caisse locale de maladie] qui vous remet en échange un *Krankenschein*, document donnant droit à des soins gratuits par des médecins conventionnés. En principe, le médecin vous réclamera ce Krankenschein avant la consultation.

À la pharmacie

Je voudrais un médicament contre les maux de tête / le mal de gorge / la diarrhée. Ich hätte gern ein Mittel gegen Kopfschmerzen / Halsschmerzen / Durchfall.

Je voudrais de l'Aspirine. Ich möchte eine Packung Aspirin.

Une boîte de 12 ou de 24 comprimés ? Mit 12 oder 24 Tabletten ?

C'est sans danger pour les enfants ? Ist das Medikament für Kinder geeignet ?

Faites-vous des médicaments homéopathiques ? Haben Sie homöopathische Mittel ?

Répondre au téléphone

En règle générale, la personne appelée décline son identité en annonçant son prénom et son nom. Lorsque l'on répond au téléphone chez une autre personne, on utilise la formule suivante « *bei* (chez) + le nom ».

Âllo. Hallo.

Oui. Ja bitte.

Je suis bien chez Sabine Hempel ? Bin ich nicht bei Sabine Hempel ?

C'est lui-même / elle-même. Am Apparat.

Demander quelqu'un au téléphone

Je voudrais parler à Hans Maier. Ich möchte gerne mit Hans Maier sprechen.

Pourriez-vous me passer Sabine Unger ? Könnten Sie mir Sabine Unger geben ?

Un instant s'il vous plaît, je vous la passe. Einen Augenblick bitte, ich gebe Sie Ihnen.

Désolé, le poste de Mme Unger ne répond pas. Frau Unger ist zur Zeit leider nicht an Ihren Platz.

Je rappellerai plus tard. Ich versuch's später noch einmal.

Ne quittez pas. Bleiben Sie am Apparat !

Vous vous êtes trompé de numéro

Veuillez m'excuser, je dois avoir fait un mauvais numéro. Entschuldigen Sie bitte, ich muss mich verwählt haben.

Laisser un message

Voulez-vous lui laisser un message ? Soll ich etwas ausrichten ?

Dites-lui de bien vouloir me rappeler. Kann sie OU er mich zurückrufen ?

Est-ce qu'elle a votre numéro ? Hat sie Ihre Nummer ?

Oui, mais je préfère vous le redonner : 395 11 04. Ja, aber ich gebe sie Ihnen vorsichtshalber noch einmal : 395 11 04 (drei, neun, fünf, eins, eins, null, vier).

Prendre congé

Il faut que je te quitte. Ich muss jetzt Schluss machen.

Salut. Tschüs.

Au revoir. *[au téléphone]* Auf Wiederhören.

La correspondance privée

Pour commencer

Berlin, le 10 juin 1999 Berlin, den 10.06.1999

Cher Peter, Lieber Peter,

Chère Inge, Liebe Inge,

Chère Claudia, cher Klaus, Liebe Claudia, lieber Klaus,

Chère famille Bremer, Liebe Familie Bremer,

Quelques phrases indispensables

J'espère que tu vas / que vous allez bien. Ich hoffe, dass es dir / euch gut geht.

Merci beaucoup pour votre carte. Herzlichen Dank für eure Karte.

Excuse-moi, s'il te plaît, du temps que j'ai mis pour répondre à ta lettre. Entschuldige bitte, wenn ich mit Verspätung auf deinen Brief antworte.

Je te remercie de ta lettre qui est arrivée ce matin. Herzlichen Dank für deinen Brief, der heute morgen eingetroffen ist.

Cela m'a fait très plaisir d'avoir de tes nouvelles. Ich habe mich sehr gefreut von dir zu hören.

J'ai hâte de te voir. Ich freue mich auf dich.

J'espère avoir bientôt de tes nouvelles. Ich hoffe, bald von dir zu hören.

Réponds-moi vite. Schreib bitte schnell zurück.

Pour finir

Amitiés de Berlin. Viele Grüsse aus Berlin.

Transmets mes amitiés à ta famille. Grüsse bitte deine Familie von mir.

Embrassez vos enfants de ma part. Herzliche Grüsse auch an eure Kinder.

Je vous embrasse, Elmar. Seid ganz herzlich gegrüsst von Elmar.

Amitiés Mit freundlichen Grüssen

Cordialement Mit herzlichen Grüssen

Klaus Dein Klaus

Renate Eure Renate

La correspondance commerciale

Dans la formule d'appel, il faut toujours ajouter le nom de famille du destinataire avec le titre universitaire s'il y en a. Si l'on ignore le nom du destinataire, on utilise la formule *Sehr geehrte Damen und Herren.*

Pour commencer

Cher Monsieur, Sehr geehrter Herr Meier,
Chère Madame, Sehr geehrte Frau Dr. Schlüter,
Madame, Monsieur, Sehr geehrte Damen und Herren,

Quelques phrases indispensables

Nous vous remercions de votre courrier du 28.04.99.
Wir danken für Ihr Schreiben vom 28.04.99.
Comme nous en avons convenu par téléphone, je vous confirme que...
Wie wir telefonisch besprochen haben, möchte ich Ihnen bestätigen, dass...
Nous vous prions de bien vouloir nous envoyer votre catalogue.
Wir bitten um Zusendung Ihres Kataloges.
Je vous envoie le dépliant de notre maison par ce même courrier.
Ich schicke Ihnen beiligend unseren Hausprospekt.
Nous avons le regret de vous faire part de...
Wir müssen Ihnen leider mitteilen, dass...
Nous nous réjouissons de vous retrouver le 26.06.99.
Wir freuen uns auf das Treffen am 26.06.99.

Pour finir

Meilleurs sentiments. / Salutations distinguées.
Mit freundlichen Grüssen *[Cette formule standard convient à pratiquement toutes les situations.]*
Veuillez agréer l'expression de mes sentiments respectueux.
Hochachtungsvoll *[Cette expression est plus distante et cérémonieuse.]*
Je vous remercie par avance. Mit bestem Dank im voraus

L'enveloppe

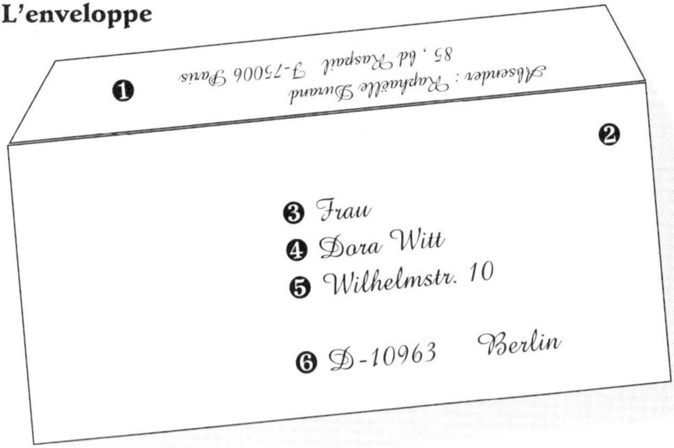

❶ Nom et adresse (die Adresse) de l'expéditeur (der Absender)

❷ Timbre (die Briefmarke) : pour envoyer une lettre ou une carte postale de France en Allemagne ou d'Allemagne en France, on affranchit au tarif normal du régime intérieur.

❸ Titre du destinataire (die Anrede). Il est toujours au datif : *Herrn, Frau, Fräulein, Familie.* On lui réserve toujours une ligne.

❹ Prénom et nom du destinataire (der Empfänger)

❺ Voie (die Straße). On indique d'abord la voie, après le numéro. *Bis, ter* se disent *a, b. Straße* est communément abrégé en *-str.* Entre l'indication de la voie et celle de la localité, on saute une ligne.

❻ Code postal à cinq chiffres (die Postleitzahl) suivi du nom de la localité.
Dans les grandes villes, le code postal peut varier d'un quartier à l'autre.

Lettre à une correspondante pour la remercier d'un séjour dans sa famille

Dans une lettre allemande, le texte commence par une minuscule.

Paris, den 10.9.99

Liebe Dora,

ich möchte mich noch einmal für die schöne Zeit bei euch bedanken. Es hat mir wirklich gut gefallen und ich habe einen guten Eindruck davon bekommen, wie heute eine deutsche Familie lebt. Auch die Ausflüge in die Umgebung waren sehr spannend. Es ist doch herrlich, dass man bei euch mit dem Fahrrad fast überall hinkommt.

Wir sind nach anstrengender Fahrt gut in Paris eingetroffen und morgen fängt die Schule wieder an. Ich freue mich schon auf den Deutschunterricht. Ich habe doch in diesen Ferien große Fortschritte gemacht.

Könntest du mir bitte das Rezept für deinen leckeren Nusskucken schicken ? Er hat mir so gut geschmeckt und ich würde ihn gern einmal hier backen.
Grüße bitte deine Familie von mir und auch euren Hund Bello.

Alles Liebe
Deine Raphaëlle

Demande de stage dans une entreprise allemande

Denis Berger
45, rue Paul Bert
F-69003 Lyon

Lyon, den 05.06.99

Internationale Data System GMBH
Personalabteilung
Albert-Einstein-Str. 6
D-54920 Trier

Sehr geehrte Damen und Herren,

ich bin Student der Betriebswirtschaft an einer französischenWirtschaftshochschule. Mein Spezialgebiet ist "Internationales Marketing". Für diesen Sommer suche ich ein Praktikum in der Marketingabteilung eines deutschen Unternehmens. Ich habe bereits ein Praktikum in einem Servicebetrieb für Informatikdienste hier in Frankreich absolviert.

Ich weiß, dass Sie überall in der Welt vertreten sind und würde mich freuen, wenn ich in diesem Sommer mehr über Ihr globales Marketingkonzept erfahren könnte. Vielleicht können ja auch Anregungen eines jungen Franzosen für Sie von Interesse sein. Über eine positive Antwort Ihrerseits würde ich mich sehr freuen.

Mit freundlichen Grüßen

Denis Berger

Anlage
Lebenslauf

Dans une lettre allemande, le texte de la lettre commence par une minuscule. L'adresse de l'entreprise se trouve à gauche sous vos coordonnées personnelles.